Ludwig Friedlaender
Darstellungen aus der Sittengeschichte Roms

Friedländer

Ludwig Friedlaender

Darstellungen aus der Sittengeschichte Roms

in der Zeit von Augustus bis zum Ausgang der Antonine

Erster Band
10. Auflage
Besorgt von Georg Wissowa

WBG
Wissen *verbindet*

Um ein neues Vorwort von Klaus Bringmann in Band 1 ergänzter reprografischer Nachdruck
der von G. Wissowa besorgten 9./10. Auflage, Leipzig 1921–1923

Die Deutsche Nationalbibliothek verzeichnet diese Publikation in der Deutschen
Nationalbibliographie; detaillierte bibliographische Daten sind im Internet über
http://www.dnb.de abrufbar.

Die Herausgabe des Werkes wurde
durch die Vereinsmitglieder der WBG ermöglicht.

Gestaltung & Satz von Titelei und Vorwort:
Verlag & Anzeigenagentur Schaus, Büttelborn

Einbandabbildung Bd. 1: Adler als römisches Reichssymbol, Römische Plastik,
2./3. Jahrhundert n. Chr., akg-images / Erich Lessing

Einbandgestaltung: Peter Lohse, Heppenheim

Gedruckt auf säurefreiem und alterungsbeständigem Papier
Printed in Germany

Besuchen Sie uns im Internet: www.wbg-wissenverbindet.de

ISBN: 978-3-534-26801-6

Elektronisch ist folgende Ausgaben erhältlich:
eBook (PDF): 978-3-534-74203-5

VORWORT

Ludwig Heinrich Friedlaender, geboren am 16. Juli 1824 in Königsberg und verstorben am 16. Dezember 1909 in Straßburg, entstammte einer wohlhabenden jüdischen Kaufmannsfamilie, die nach dem preußischen Judenedikt von 1812 in das deutsche Bildungsbürgertum hineinwuchs. Kennzeichen dieses Prozesses ist ihre Akademisierung. Ein Onkel väterlicherseits, der seinen Neffen förderte, war Professor der Medizin, und eine Schwester Friedlaenders heiratete einen Berliner Medizinprofessor. Friedlaender selbst heiratete als junger Gelehrter die Tochter eines ostpreußischen Rittergutsbesitzers. Beider Sohn, Paul Friedlaender, wurde ein bedeutender Chemiker, und die Tochter Charlotte heiratete den berühmten Kunsthistoriker Georg Dehio.

Ludwig Friedlaender studierte klassische Philologie und damit ein Fach, das damals als eine Leitdisziplin der Geisteswissenschaften gelten durfte. Diese Stellung des Faches beruhte einerseits auf seiner Privilegierung im Bildungskanon des von Wilhelm von Humboldt geschaffenen humanistischen Gymnasiums und andererseits auf der führenden Rolle, die es in dem Prozess der Historisierung aller Geisteswissenschaften spielte. Neben die altüberlieferten Aufgaben von Spracherklärung und Textverständnis der antiken Autoren trat zunehmend die Erschließung der geschichtlichen Grundlagen der antiken Kultur und ihrer Entwicklung anhand ihrer schriftlichen und bildlichen Zeugnisse. In den Vierzigerjahren des 19. Jahrhunderts, in seiner Studentenzeit, wurde Friedlaender in das damalige Spannungsverhältnis von Wort- und Sachphilologie hineingestellt. In Leipzig hörte er drei Semester bei Gottfried Hermann, dem gefeierten Meister der Wortphilologie, doch wandte er sich schließlich von dessen Richtung ab und wurde ein überzeugter Anhänger der Sachphilologie. 1847 habilitierte er sich in Königsberg mit einer Arbeit über griechische Grabreliefs, von der es heißt, sie sei stärker kulturgeschichtlich als archäologisch geprägt. Als er seinen Weg gefunden hatte, bezeichnete er einmal als Ziel seiner wissenschaftlichen Arbeit „die sittlich-ästhetische Betrachtung des Altertums, zu der mir alle übrigen Teile der Wissenschaft nur als notwendige Vorbereitung erscheinen“. Worum es ihm ging, war eine kulturgeschichtliche Betrachtung, die Kunst und Moralität einschloss, aber keineswegs, wie sein Œuvre zeigt, darin aufging. Dementsprechend erklärt sich die Breite seiner Lehrtätigkeit, die er zuerst als Privatdozent, dann als Professor in Königsberg bis zu seiner Emeritierung im Jahr 1892 ausübte. Er vertrat neben der klassischen Philologie im engeren Sinn, das heißt der Interpretation von Schriftwerken, auch die Archäologie und zog den Kreis der in der Lehre behandelten Gegenstände von der griechischen Religionsgeschichte bis zur römischen Numismatik, zu Epigraphik und Topographie.

Nicht nur in der Lehre, sondern auch in seinen Veröffentlichungen und literarischen

Plänen zeigte sich Friedlaender auf dem Weg zu seinem großen, in erster Auflage zwischen 1861 und 1871 erschienenen Werk *Darstellungen aus der Sittengeschichte Roms in der Zeit von August bis zum Ausgang der Antonine.* 1852 veröffentlichte er eine Untersuchung über den Kunstsinn der Römer in der Kaiserzeit, im dritten Band des Hauptwerkes kam er auf das Thema zurück. 1856 folgte der Aufsatz *Die Circusparteien zu Rom in der Kaiserzeit,* ein Vorverweis auf die entsprechende Partie im zweiten Band der Sittengeschichte. Im selben Jahr erklärte er sich bereit, den Teil über die römischen Schauspiele im vierten, den Privataltertümern gewidmeten Band des Becker-Marquardt'schen Handbuchs der römischen Altertümer zu übernehmen, ein Thema, das den ersten Teil des zweiten Bandes in der Sittengeschichte einnehmen sollte.
Die entscheidende Weichenstellung zu seinem *opus magnum* geschah, als Friedlaender 1857 den Leipziger Verleger des Handbuchs der römischen Altertümer, Salomon Hirzel, fragte, ob er bereit sei, das *Gastmahl des Trimalchio,* eine in der römischen Literatur einzigartige kulturgeschichtliche Satire, mit Kommentar zu publizieren. Hirzel lehnte ab. Stattdessen erklärte er sich bereit, eine Kulturgeschichte der römischen Kaiserzeit in das Verlagsprogramm aufzunehmen. Er hätte das Werk am liebsten *Sittengeschichte der römischen Kaiserzeit* genannt. Das fand Friedlaender zu anspruchsvoll. Der Titel, auf den man sich einigte, hieß *Darstellungen aus der Sittengeschichte.* So konnte Friedlaender sukzessive verschiedene Aspekte der Kulturgeschichte darstellen und diese auf eine sorgfältige Untersuchung der Quellenbasis gründen. Auf diese Weise schuf Friedlaender ein gewaltiges Werk. Es war in gewisser Weise die Fortsetzung eines erfolgreichen Vorgängerwerkes aus dem Vormärz. 1838 hatte Wilhelm Adolf Becker, der dann auch die Herausgabe des Handbuchs der römischen Altertümer für den Hirzel-Verlag übernahm, ein umfangreiches kulturhistorisch orientiertes Werk in drei Bänden unter dem Titel *Gallus oder römische Szenen aus der Zeit August's* veröffentlicht. Darin wurde in Anknüpfung an das Leben des zuletzt in Ungnade gefallenen Freundes des Augustus, Cornelius Gallus, das Privatleben der Römer in augusteischer Zeit geschildert. Dem Werk war ein großer Erfolg beim Publikum beschieden. Die englische Übersetzung erlebte zwischen 1844 und 1891 sage und schreibe zehn Auflagen. Ähnlich erging es dem Monumentalwerk Friedlaenders. Es wurde vom Verfasser siebenmal durchgesehen und überarbeitet und wuchs bis zur achten Auflage, die 1910 erschien, von 89 Bogen in drei Bänden auf 132 eines größeren Formats in vier Bänden.
Unmittelbar nach dem Ersten Weltkrieg besorgte dann Georg Wissowa eine weitere Überarbeitung, die zweimal abgedruckt wurde. Dieser Text liegt der hier vorgelegten Neuausgabe zugrunde. Gewiss ist seit dieser letzten Bearbeitung des Werkes ein Zuwachs an Material und neuen Gesichtspunkten eingetreten, doch bleiben Friedlaenders Darstellungen grundlegend und Ausgangspunkt für alle Versuche moderner Neuorientierung auf dem Feld der früh- und hochkaiserzeitlichen Kulturgeschichte.

Bad Homburg, im März 2016 Klaus Bringmann

Klaus Bringmann ist emeritierter Professor für Alte Geschichte an der Johann-Wolfgang-Goethe-Universität Frankfurt. Seine Forschungsschwerpunkte umfassen die römische Geschichte von der Republik bis zur Spätantike, die Geschichte des Hellenismus und die Geschichte des Judentums.

VORWORT ZUR 9. AUFLAGE

Im Herbst des Jahres 1861 übersandte nach Abschluß der darüber gepflogenen Verhandlungen der damals 37jährige Königsberger Professor Ludwig Friedlaender dem Verleger den ersten Teil des Manuskripts zum ersten Bande der Darstellungen aus der Sittengeschichte Roms, im Dezember 1909, im Alter von 85 Jahren, tat er wenige Tage vor seinem Tode (16. Dezember 1909) den letzten Federstrich an der 8. Auflage, die im Frühjahr des folgenden Jahres erschien. Die dazwischen liegenden 48 Jahre hat der Verfasser ganz überwiegend erst der Fortsetzung (der dritte Band erschien zuerst Ende 1871 zu einer Zeit, als der erste Band bereits in dritter, der zweite in zweiter Auflage vorlag), dann dem inneren Ausbau dieses Werkes gewidmet; was er in diesem Zeitraum sonst noch veröffentlichte, vor allem seine erklärenden Ausgaben des Martial, der Cena Trimalchionis und Juvenals sowie eine Reihe fesselnder Essays in der Deutschen Rundschau, steht größtenteils in unmittelbarem Zusammenhange mit ihm und in seinem Dienste: so wurde das Buch so recht eigentlich zu seinem Lebenswerke und zum Träger seines wissenschaftlichen Namens über die Grenzen seines Lebens hinaus. Der Verfasser hatte sich um die Mitte der 50er Jahre des vorigen Jahrhunderts von den homerischen Studien, welche unter dem Einflusse seines Lehrers Karl Lehrs die erste Periode seiner wissenschaftlichen Entwicklung beherrscht hatten, einem ganz anderen Arbeitsfelde, der Kulturgeschichte der römischen Kaiserzeit, zugewandt; einen Vorläufer für seine späteren umfassenden Arbeiten auf diesem Gebiete bildete schon 1852 die viel mehr kulturhistorisch als archäologisch orientierte Untersuchung über den Kunstsinn der Römer in der Kaiserzeit, die ihn in eine Polemik mit K. Fr. Hermann verwickelte, dann lenkten die starken Eindrücke der ersten italienischen Reise (1853/54) und die Behandlung der römischen Dichter der Kaiserzeit in seinen Vorlesungen seine Interessen immer mehr nach dieser Richtung, und die Bearbeitung des Abschnittes über die römischen Schauspiele für den 4. Band des Becker-Marquardtschen Handbuches der römischen Altertümer (1856) bot ihm Gelegenheit, eine wichtige Seite des Lebens der römischen Kaiserzeit in gründlicher Forschung zu erfassen und lichtvoll darzustellen: das lockte zu weiteren Versuchen ähnlicher Art, und nachdem er in den Jahren 1857 bis 1859 eine Reihe abgerundeter und lebensvoller Bilder aus der römischen Kaiserzeit in den Grenzboten veröffentlicht hatte — daß in denselben Bänden der Grenzboten auch einige von Gustav Freytags Bildern aus der deutschen

Vergangenheit zum ersten Male erschienen sind, ist kein ganz zufälliges Zusammentreffen —, reifte in ihm der Plan zu einem umfassenderen Werke, zu dem ihm ein Anstoß auch von außen her gegeben wurde. Als er im März 1857 der Hirzelschen Verlagsbuchhandlung eine Übersetzung der Cena Trimalchionis mit erläuternden Schilderungen der gesellschaftlichen Zustände der Zeit angeboten hatte, hatte Salomon Hirzel diesen Vorschlag wegen des zu geringen Umfanges des beabsichtigten Buches (8—10 Bogen) abgelehnt, sich aber bereit erklärt, ein größeres Werk über die Kultur der römischen Kaiserzeit in Verlag zu nehmen, eine Anregung, auf die Friedlaender sofort mit Freuden einging. Vier Jahre später war der erste Band des Werkes nach Stoff und Anlage soweit vorbereitet, daß an die Verwirklichung des Planes gedacht werden konnte: mit dem von Friedlaender ins Auge gefaßten Titel »Beiträge zur Sittengeschichte der Zeit von August bis zum Ausgang der Antonine« vermochte sich allerdings Hirzel »aus abergläubischer Scheu vor jedem den Titel ‚Beiträge' führenden Buche« nicht zu befreunden, während der Verfasser die Bezeichnung als »Sittengeschichte« schlechthin zu anspruchsvoll fand, wenn er auch plante, die Beiträge so lange fortzusetzen, bis sie eine Sittengeschichte, soweit er sie zu liefern imstande sei, ergäben; da er auch den Titel »Sittenschilderungen aus der Kaiserzeit« verwarf, da ihm die Untersuchung das Wesentliche war, so schlug er schließlich, wenn er auch ungern auf den ursprünglich beabsichtigten Titel verzichtete, die Bezeichnung »Darstellungen aus der Sittengeschichte Roms in der Zeit von August bis zum Ausgang der Antonine« vor, und unter diesem Titel hat das Werk dann seinen Weg gemacht; später hat Friedlaender, »da der bisherige, aus Furcht zu große Erwartungen zu erregen, vielleicht zu bescheiden gewählte Titel nach dem Erscheinen des 3. Bandes dem Inhalte nicht mehr entspreche und ihm noch weniger entsprechen werde, wenn der Verfasser imstande sein sollte, einen 4. Band hinzuzufügen«, an eine Abänderung des Titels in »Kultur und Sitten der Zeit von August bis zum Ausgang der Antonine« gedacht, diese Absicht aber auf den Widerspruch des Verlegers hin fallen gelassen. So ist das Werk in allen seinen Auflagen, die rasch aufeinander folgten, das geblieben, was es von Anfang an war, eine Reihe in sich abgeschlossener und durch eine gemeinsame Grundauffassung zusammengehaltener Kulturbilder aus der ersten Hälfte der römischen Kaiserzeit, ohne sich das zur Zeit der Entstehung wie auch heutzutage im wissenschaftlichen Sinne noch unerreichbare Ziel einer erschöpfenden Kulturgeschichte dieser Jahrhunderte zu stecken. Der erhebliche Fortschritt, den die weiteren Auflagen gegenüber der ersten Fassung darstellen und der äußerlich auch in dem starken Anwachsen des Umfanges zum Ausdrucke kommt (aus den 89 Bogen der drei Bände erster Auflage sind in der achten deren 132 größeren Formates in vier Bänden geworden), zeigt sich nicht in der Einfügung neuer Bilder, sondern in der mit größter Gewissenhaftigkeit und Umsicht durchgeführten ständigen Erweiterung und Vertiefung der wissenschaftlichen und schriftstellerischen Ausgestaltung; nur die Zahl der Anhänge, durch welche der Verfasser Text und Anmerkungen von zu sehr ins einzelne gehenden Ausführungen entlastete, hat mehrfache Veränderungen und im ganzen eine nicht unerhebliche Vermehrung erfahren.

Über Plan und Absicht seines Werkes hat sich Friedlaender in der Vorrede zur ersten Auflage mit Worten geäußert, die es verdienen, auch an dieser Stelle wiederholt zu werden, zumal der Verfasser selber sie auch vor den neuen Auflagen abzudrucken pflegte und damit zu erkennen gab, daß ihr Inhalt auch später noch seiner Meinung entsprach:

»Die Zeit von August bis Constantin zerfällt in zwei ungleiche, grell miteinander kontrastierende Abschnitte, deren Grenze die Regierungszeit des letzten Antoninen Commodus bildet. Im zweiten Jahrhundert erreichte das Weltreich seinen höchsten Glanz, es erschien dem geblendeten Auge als ein in seiner Art vollkommener, wie für die Ewigkeit gegründeter staatlicher Organismus. Aber schon zu Anfang des dritten Jahrhunderts brachen überall die Anzeichen inneren tödlichen Siechtums mit entsetzlicher Gewalt hervor und verbreiteten sich mit so reißender Schnelligkeit, daß wohl bald kein Einsichtiger sich mehr über die beginnende Auflösung des riesigen Körpers täuschen konnte.

Auch der geistige Verfall, wie er sich in der Literatur und Kunst des dritten Jahrhunderts offenbart, trat verhältnismäßig jäh und plötzlich ein. Daher rührt es hauptsächlich, daß die Quellen für die Kenntnis der damaligen Zustände, die bis auf Hadrian reichlich, dann spärlicher fließen, mit dem Ausgange der Antonine fast ganz versiegen, so daß unsere Anschauungen des dritten Jahrhunderts dürftig, lückenhaft und unzusammenhängend bleiben: und zwar gilt dies in noch weit höherem Grade von der Sittengeschichte als von der politischen. Dagegen ist in der Literatur und den Denkmälern der beiden ersten Jahrhunderte eine unermeßliche Fülle von Tatsachen und Reflexionen, von Andeutungen und Schilderungen aller Art zerstreut: und so sehr die Massenhaftigkeit und Zersplitterung dieses Materials seine Bewältigung erschwert, so liegt doch auch gerade darin ein unwiderstehlicher Reiz, die fast unzähligen Einzelheiten zu umfassenden Gesamtanschauungen zu vereinigen.

Das Unternehmen, die Kultur eines Zeitraums von zwei Jahrhunderten als ein Ganzes zu betrachten und darzustellen, kann dem bedenklich, ja unausführbar erscheinen, der an die Betrachtung neuerer Zeiten gewöhnt ist, wo Veränderungen, ja Umwälzungen schnell und häufig eintreten und zuweilen zwei aufeinander folgende Menschenalter sich völlig unähnlich sind. Doch im Altertum war die Stabilität der Kultur ungleich größer und ihre Entwicklungen langsamer, schon deshalb, weil die umgestaltenden Entdeckungen und Erfindungen der neueren Zeiten so gut wie ganz fehlten. Sodann sind auch noch heute die südlichen Länder, wo das Menschenleben mehr an die Natur gebunden ist als im Norden, in Gebräuchen, Sitten und Einrichtungen viel stabiler als die nördlichen: wie sich ja dort in Gegenden, die von der modernen Kultur nur oberflächlich berührt sind, so überraschend viel aus dem Altertum bis auf unsere Tage erhalten hat. Endlich läßt die unvollkommene Überlieferung die feineren Unterschiede der Zeitalter in jenen Jahrhunderten nur unvollkommen erkennen. In fernen Zeiten wie in fernen Gegenden fließen für die Betrachtung Formen und Umrisse ineinander und rückt das Getrennte näher zusammen. Doch muß uns diese unvollkommene Kenntnis so lange genügen, als wir außerstande sind, eine vollkommenere zu erlangen.

Hiermit soll weiter nichts behauptet werden, als daß die innerhalb dieses Zeitraums nachweisbaren Unterschiede nicht erheblich genug sind, um Gesamtdarstellungen der damaligen Zustände auszuschließen; daß vielmehr die Kultur dieser Periode, im großen und ganzen betrachtet und mit der der folgenden sowie der vorausgehenden Zeiten verglichen, einen einheitlichen Charakter trägt. Aber freilich ist diese Auffassung nur dann berechtigt, wenn die Erkenntnis der verschiedenen Phasen der damaligen Kultur nicht dadurch beeinträchtigt wird. Auch diese Periode zerfällt in vielen Beziehungen in zwei deutlich gesonderte Abschnitte; die Regierung Hadrians bildet hier die Grenze. Doch auch hiervon abgesehen, lassen sich Veränderungen in Sitten, Einrichtungen und Ansichten innerhalb dieser beiden Jahrhunderte vielfach nachweisen. Gerade hierauf ist mein Bestreben ganz vorzugsweise gerichtet gewesen, den Gang der Entwicklungen innerhalb der gesteckten Grenzen zu verfolgen, ihre Stadien auseinanderzuhalten, überhaupt alle erkennbaren Verschiedenheiten der einzelnen Abschnitte dieses Zeitraums zu beobachten und hervorzuheben; und ich habe dies vielfach im Gegensatz zu früheren Untersuchungen getan, in denen die unveränderte Fortdauer derselben Zustände irrtümlich vorausgesetzt worden war. Nur ausnahmsweise und mit großer Vorsicht habe ich aus Angaben und Äußerungen der Schriftsteller Schlüsse auf frühere oder spätere Zeiten gezogen, als in denen sie gemacht sind. Dagegen habe ich freilich auch in einzelnen Fällen kein Bedenken getragen, Angaben aus der letzten Zeit der Republik und dem dritten und vierten Jahrhundert für die Darstellung zu verwenden. Angaben, die sich auf Italien oder die Provinzen beziehen, habe ich bei der Behandlung von Zuständen der Stadt Rom äußerst selten und nur da benutzt, wo es mit voller Sicherheit geschehen zu können schien.

In die Darstellung selbst habe ich, soviel irgend möglich, nur tatsächlich Feststehendes oder zur Evidenz Erwiesenes aufgenommen und bei allem auf Vermutung und Kombination Beruhenden den sich nach meiner Ansicht ergebenden Grad der Wahrscheinlichkeit oder Möglichkeit genau bezeichnet. Es ist dies nicht zum Vorteil der Darstellung geschehen, deren ohnehin dürftiges Material so hier und da noch verkürzt worden ist; aber wenn es ein Fehler war, schien es mir ein Fehler nach der rechten Seite hin zu sein. Sodann habe ich, um die Gefahr subjektiver Auffassung so viel wie möglich zu vermeiden, wo es irgend geschehen konnte, Äußerungen von Zeitgenossen oder doch von Personen, die jener Zeit nicht fern standen, benutzt; auch so erfahren wir freilich oft nicht, wie die Dinge waren, sondern wie sie jenen erschienen, doch ist dies in vielen Fällen alles, was wir wissen können. Inwiefern diese Äußerungen subjektiv, befangen und einseitig sind, wird sich auch da, wo ich nicht ausdrücklich darauf aufmerksam gemacht habe, leicht ergeben.

Von dem größeren oder geringeren Reichtum des Materials hängt es ganz vorzüglich ab, nicht bloß, ob die Darstellung knapper oder reichlicher gehalten werden, sondern auch, ob sie vollständiger oder lückenhafter ausfallen, ob sie engere oder weitere Gebiete umfassen konnte. Wenn daher verschiedne Abschnitte oder Teile eines und desselben Abschnitts sehr ungleich erscheinen, so ist dies fast überall durch die verschiedne Beschaffenheit des Materials bedingt, auf dem sie beruhen. Freilich habe ich ohne Zweifel auch gar manches übersehen oder nicht gehörig verwertet. Bei der Masse von zerstreuten und winzigen Notizen, die hier zu benutzen waren, ist dergleichen auch bei vieljähriger Beschäftigung mit den Gegenständen und immer wiederholtem Lesen derselben Schriftsteller kaum zu vermeiden. Dazu kommt der in Königsberg so oft beklagte Mangel an literarischen Hilfsmitteln und monumentalen Sammlungen, der bei diesen Untersuchungen doppelt und dreifach empfindlich war; durch Benutzung einiger reicheren Bibliotheken habe ich ihm nur in sehr unvollkommener Weise abhelfen können.«

Daß Friedlaenders Absicht, lebendige Anschauung von den bestimmenden Faktoren im geistigen, sittlichen und gesellschaftlichen Leben einer bedeutsamen Geschichtsepoche nicht nur den Fachleuten, sondern auch weiteren Kreisen der kulturgeschichtlich interessierten Öffentlichkeit zu übermitteln, von ihm in vollem Umfange erreicht worden ist, kann nach dem außergewöhnlichen Erfolge seines Werkes nicht in Zweifel gezogen werden. Er verdankt diesen Erfolg neben der umfassenden Beherrschung des Stoffes und gesundem Urteile vor allem seiner ausgesprochenen Begabung zu einer bei aller wissenschaftlichen Gründlichkeit anziehenden und fesselnden Darstellung, welche es versteht, durch eine sachkundige und taktvolle Auswahl des Mitzuteilenden und wohlüberlegte Hervorhebung der wesentlichen Linien des Gesamtbildes der unendlichen Fülle der Einzelheiten das Ermüdende zu nehmen und durch maßvoll herangezogene Parallelen aus anderen Zeiten, namentlich aus der Gegenwart, abgerundete Vorstellungen zu erwecken: daß wir an Büchern dieser Art auf dem Gebiete der Altertumswissenschaft nicht gerade Überfluß haben, ist bekannt.

Friedlaenders Werk hat somit nicht nur die Bedeutung eines vortrefflichen Handbuchs, dessen Wert in erster Linie auf dem Stofflichen beruht, sondern darf darüber hinaus einen selbständigen schriftstellerischen Wert beanspruchen, der ihm neben den Werken eines Mommsen, Burckhardt, Hehn u. a. einen Platz in der neueren deutschen Literaturgeschichte sichert. Dadurch wird aber dem Herausgeber einer Neubearbeitung, deren Notwendigkeit sich durch die auch nach dem Tode des Verfassers unvermindert fortdauernde Nachfrage der Öffentlichkeit sehr bald herausstellte, ein hohes Maß von Zurückhaltung auferlegt. Als der Herr Verleger kurz vor dem Ausbruche des Weltkrieges an mich mit dem Ersuchen herantrat, diese Neubearbeitung zu übernehmen, bin ich diesem Rufe um so lieber gefolgt, als ich dadurch einer Pflicht der Dankbarkeit Genüge leisten konnte. Denn seitdem ich mir vor 45 Jahren in meiner Primanerzeit von meinem bescheidenen Taschengelde »den Friedlaender« anschaffte — diese erste größere Erwerbung meiner noch in den ersten Anfängen stehenden philologischen Bibliothek war für mich ein Ereignis —, ist mir das Buch ein Freund und Begleiter durchs Leben geblieben, und es war mir ein lieber Gedanke, ihm die guten Dienste, die es mir geleistet, dadurch vergelten zu können, daß ich es zu erneuter Reise in die Öffentlichkeit ausstattete. Über die Fassung der Aufgabe bestand von vornherein zwischen dem Herrn Verleger und mir volle Übereinstimmung: es konnte keinerlei Zweifel daran aufkommen, daß der Rahmen des gesamten Werkes beizubehalten und auch der Text, soweit es sich nicht um die leicht zu bewerkstelligende Beseitigung tatsächlicher Irrtümer handelte, als etwas Gegebenes zu behandeln sei, so daß sich die Tätigkeit des Herausgebers im wesentlichen auf die Nachprüfung und Ergänzung des in den Anmerkungen und Anhängen niedergelegten wissenschaftlichen Beweismaterials zu beschränken hatte. Für die Ausdehnung dieser Ergänzungen galt es feste Richtlinien zu gewinnen. Ein ebenso sachkundiger wie verständnisvoller Kritiker der 8. Auflage, Julius Ziehen, hat (in der Wochenschr. f. klass. Philologie 1915 Sp. 585 ff.) eine Art Programm für eine Neubearbeitung aufgestellt, welches darauf hinausläuft, daß zwar der Text nur in schonendster Weise von äußeren Mängeln und sachlichen Unrichtigkeiten zu befreien sei, die Anmerkungen aber eine wesentliche prinzipielle Erweiterung nach der Seite der vergleichenden Kulturgeschichte und »Kulturphilosophie« erfahren sollten, eine Anregung, die schon um der Bedeutung der Persönlichkeit willen, von der sie ausgeht, die ernsteste Erwägung verdiente. Ich habe auch in der Tat den ersten Entwurf für die Neubearbeitung auf diese Gesichtspunkte eingestellt und den Versuch probeweise für einzelne Partien durchgeführt, bin aber dabei zu der Überzeugung gekommen, daß eine Ergänzung dieser Art, wenn sie mehr als bloß nackte Literaturnachweise geben soll, nur unter vollständiger Sprengung des Rahmens und damit also unter Vernichtung des wesentlichen Charakters des alten Werkes durchführbar wäre: daß die Anmerkungen, auch bei knappster Fassung der Ausführung, über alles gesunde Maß angeschwollen wären, war noch nicht das Schlimmste, für mein Gefühl unerträglich aber war es, daß dann eine durchlaufende Disharmonie und (sei es ausgesprochene, sei es stillschweigende) Polemik zwischen Anmerkungen und Text entstanden wäre, meines Erachtens die größte Unbill, die man einem bedeutenden Werke bei der Neuherausgabe antun kann. Friedlaender ist selber bei der Veranstaltung der neuen Auflagen seines Werkes gegenüber der vergleichenden Betrachtung und der allgemeinen kulturwissenschaftlichen Kritik bewußt zurückhaltend gewesen, wohl aus dem ganz richtigen Gefühle heraus, daß diese Betrachtungsweise innerhalb des Rahmens seines Werkes, wie es einmal war und zu sein berechtigt war, keinen Platz finden konnte: sie nunmehr, wo er tot ist und sich nicht mehr dagegen wehren kann, durch fremde Hand dem Werke aufzuzwingen, wäre, so empfinde ich, ein Unrecht gegen das Werk und seinen Verfasser. Damit soll natürlich gegen die Berechtigung der kulturvergleichenden Betrachtung an sich nicht das geringste gesagt sein (ich möchte in dieser Frage nicht gern mißverstanden werden, da man mir auf andrem Gebiete eine viel größere Abneigung gegen die »vergleichende Methode« zuzuschreiben pflegt, als ich sie tatsächlich besitze); aber niemand leugnet z. B., daß die von Lamprecht, Beloch u. a. in den Vordergrund gestellten Gesichtspunkte geschichtlicher Betrachtung innerhalb gewisser Grenzen ihre volle Berechtigung besitzen, und doch wird es niemanden in den Sinn kommen, Mommsens Römische Geschichte durch Hineinarbeitung dieser Gesichtspunkte ergänzen zu wollen. Die üblichen Zusätze des Herausgebers in eckigen Klammern läßt man sich bei einem guten Handbuche, wie z. B. dem Marquardtschen, gefallen, damit die Materialsammlung auf dem Laufenden erhalten werde, bei einem Werke von starker persönlicher Note und künstlerischem Werte sind sie eine Barbarei. Prellers Römische Mythologie war ein ausgezeichnetes Buch, H. Jordan ein hervorragender Kenner der römischen Religion, der wie wenige befähigt gewesen wäre, eine Darstellung dieses Gegenstandes vom Standpunkte der modernen Quellenkritik und Geschichtsauffassung zu liefern, aber die von Jordan bearbeitete dritte Auflage des Prellerschen Werkes ist ein greulicher Wechselbalg, ein Abscheu für jeden, der gewohnt ist, ein Buch nicht nur als ein Handwerkszeug, sondern als ein Kunstwerk und ein Stück vom Leben seines Verfassers zu betrachten. Um Friedlaenders Werk einem ähnlichen Schicksale auszusetzen, dazu war es mir zu wert, und ich habe mich daher nach reiflicher und allseitiger Erwägung dazu entschlossen, mich bei der Neubearbeitung auf das zu beschränken, was der Verfasser selber, wenn er dazu in der Lage gewesen wäre, nach meiner Meinung dazugetan und abgeändert haben würde; eine Vergleichung der früheren Auflagen gab dafür die Anhaltspunkte. Natürlich habe ich mir nicht verhehlt, daß auf dem andern, von Ziehen empfohlenen Wege vielleicht eine höhere »Brauchbarkeit« des Buches zu erzielen gewesen wäre; doch konnte mich das in meiner Entscheidung nicht wanken machen. Kein wissenschaftliches Buch, auch nicht das beste, hat eine ungemessene Lebensdauer, je fruchtbarer es ist, um so eher führt es die Wissenschaft auf eine höhere Stufe, von der aus es selber überholt und überwunden wird; dann mag es vom Schauplatze verschwinden, es hat seine Mission erfüllt; solange es aber noch nicht durch ein besseres ersetzt ist, soll es in der organischen Form, die es bei seiner Schöpfung erhielt, bestehen bleiben und nicht durch wesensfremde Ergänzungen zu einem Zwitterwesen verunstaltet werden.

Demnach habe ich das gesamte in den Anmerkungen niedergelegte Beweismaterial aufs sorgfältigste revidiert, die Stellen der antiken Literatur und der Inschriften sind ausnahmslos nachgeprüft, vielfach berichtigt und in der Form modernisiert, die Zeugnisse durch zahlreiche neue Zusätze ergänzt, Literaturnachweise in großer Menge hinzugefügt oder durch andre ersetzt worden; doch habe ich mich auch hier bemüht, innerhalb des von Friedlaender Beabsichtigten zu bleiben und nicht ohne Not Gelehrsamkeit aufzustapeln, die mit der Darstellung nur in lockerem Zusammenhange stand. Für die Zitate neuerer Literatur, mit denen Friedlaender die aus der modernen Geschichte herangezogenen Parallelerscheinungen belegt, war eine Nachprüfung nicht durchweg möglich, da mir manche Bücher trotz redlichen Bemühens, zumal bei dem durch die Kriegszeit erschwerten Bibliotheksverkehr, unzugänglich blieben; die Zeitverhältnisse haben es auch mit sich gebracht, daß die neueste Literatur des Auslands nicht in der Vollständigkeit herangezogen werden konnte, die ich sonst angestrebt haben würde. Der Text ist, abgesehen von der Beseitigung störender Wiederholungen, nur da abgeändert worden, wo es sich um falsche Darstellung des Tatsächlichen handelte, in diskutabeln Fragen der Auffassung und Beurteilung habe ich Friedlaenders Entscheidung auch dann unangetastet gelassen, wenn ich mich ihr nicht anzuschließen vermochte; Polemik zwischen Anmerkungen und Text ist durchaus vermieden worden, ein knapper Hinweis auf abweichende Ansichten erschien zuweilen am Platze, um daran zu erinnern, daß die Wissenschaft in der betreffenden Frage noch nicht das letzte Wort gesprochen habe. Mit Rücksicht auf die Papiernot und um Umfang und Preis des Werkes nicht über Gebühr anschwellen zu lassen, ist auf Raumersparnis, auch in der Druckeinrichtung, tunlichst Bedacht genommen worden. Da sich die wissenschaftlichen Anhänge an einen engeren Leserkreis wenden als das Gesamtwerk, schien es passend, sie von diesem (das dadurch wieder auf den ursprünglichen Umfang von drei Bänden zurückgeführt werden konnte) loszutrennen und in einem gesondert käuflichen Schlußbande zu vereinigen. Um den Umfang der Bände einigermaßen auszugleichen, sind ihre Grenzen durch Umstellung einzelner Abschnitte verschoben worden, was bei der lockeren Fügung des Ganzen ohne Nachteil geschehen konnte: die Abschnitte über das Verkehrswesen und die Reisen der Touristen sind aus dem zweiten in den ersten, der Abschnitt über den Luxus aus dem dritten in den zweiten Band herübergenommen worden, in welchem auch die Behandlung der Musik (unter Loslösung von der der bildenden Künste) im Anschluß an die Darstellung der Schauspiele ihren Platz gefunden hat; die verbleibenden Teile des früheren dritten und vierten Bandes bilden den jetzigen dritten Band. Das am Ende des dritten Bandes stehende Register wird den Gesamtinhalt des Werkes zusammenfassen, der Anhangband wird ein eigenes Register erhalten; einige der Anhänge werden, nachdem sie seiner Zeit ihre Wirkung getan, jetzt ohne erheblichen Schaden fortgelassen werden können, dafür sind auch einige Erweiterungen in Aussicht genommen. Für die Revision, Neubearbeitung und Ergänzung der Anhänge haben mir eine Anzahl auf den betreffenden Gebieten besonders bewährter Spezialforscher ihre Mitwirkung zugesichert; aus der Tatsache, daß es sich in diesem Teile des Werkes nicht um Darstellung, sondern um Untersuchung und Stoffsammlung handelt, ergab sich von selber eine viel freiere Stellung zu Friedlaenders Text, der nach dem gegenwärtigen Stande der Forschung berichtigt, verkürzt und erweitert werden konnte. Nur die wertvollen Auseinandersetzungen des zweiten Bandes über die Entwicklung des Gefühls für das Romantische in der Natur im Gegensatz zum antiken Naturgefühl, deren zeitgemäße Neubearbeitung aus sachlichen und persönlichen Gründen nicht wohl zu bewerkstelligen war, sind auf ausdrücklichen Wunsch der Familie des Verfassers ohne jede Änderung wieder abgedruckt worden; sie sind aber in den Anhangband verwiesen worden, weil sie an der Stelle, an der sie standen, von dem Gegenstande der Auseinandersetzung zu weit abführten. Um Verweisungen auf spätere Abschnitte des Werkes, die vielfach unentbehrlich waren, zu ermöglichen, sind die Band- und Seitenzahlen der 8. Auflage an der Innenseite des oberen Seitenrandes angegeben; Verweisungen auf diese Zahlen sind (zur Unterscheidung von solchen auf Seitenzahlen der neuen Auflage) in eckige Klammern gesetzt. Endlich muß ich noch für einen kleinen Schönheitsfehler des Textes die Schuld auf mich nehmen. Friedlaender hat die griechischen Eigennamen in der Regel in der dem weiteren Leserkreise geläufigeren lateinischen Schreibung gegeben, aber mit einer Anzahl von Abweichungen, deren Prinzip mir nicht recht klar geworden ist; ich habe dann im einzelnen hier und da daran herumkorrigiert, aber die Sache dadurch eher schlimmer als besser gemacht. Ich bitte also kleine Inkonsequenzen auf diesem Gebiete nachsichtig zu beurteilen.

Die Männer, denen Friedlaender die einzelnen Bände seines Werkes zugeeignet hatte, Theodor Mommsen und die Jugendgenossen aus der Königsberger Burschenschaft Hochhemia, Ferdinand Gregorovius, Artur Hobrecht, Robert von Keudell, weilen nicht mehr unter den Lebenden, eine Erneuerung der Widmungsblätter erschien daher nicht passend; aber wenigstens an dieser Stelle mögen ihre Namen genannt sein.

Das beigegebene Bild Ludwig Friedlaenders (nach einer von seinem Sohne, Prof. Dr. Paul Friedlaender in Berlin, freundlichst zur Verfügung gestellten Photographie) wird den Lesern des Werkes willkommen sein. Der Plan, die neue Auflage mit einer Darstellung von Friedlaenders Leben und Persönlichkeit zu eröffnen, mußte unausgeführt bleiben, weil ich selbst den Verstorbenen nicht persönlich gekannt habe und es nicht gelang, einen geeigneten Ersatzmann zu finden. Es sei daher auf die Nekrologe von O. Hirschfeld (Kleine Schriften S. 923 ff.), A. Ludwich (Biograph. Jahrbuch für d. Altertumswissensch. XXXIV 1911 S. 1 ff.) und P. Stengel (in A. Bettelheims Biograph. Jahrb. u. deutsch. Nekrolog XV 1913 S. 221 ff.) verwiesen.

Unterstützung durch Rat und Auskunft über Einzelheiten habe ich von Freunden und Kollegen in so reichem Maße erhalten, daß ich es mir versagen muß, eine Liste aller derer, denen ich mich zu aufrichtigem Danke verpflichtet fühle, hier aufzustellen; nur das sei hervorgehoben, daß Hermann Abert auf meine Bitte dem Werke den großen Dienst erwiesen hat, den Abschnitt des zweiten Bandes über die Musik, für dessen Revision ich mich nicht ausreichend sachverständig fühlte, einer Durchsicht zu unterziehen, welche die Notwendigkeit einiger tieferen Eingriffe in den bisherigen Text ergab.

Halle (Saale), August 1919.

GEORG WISSOWA

VORBEMERKUNG ZUR 10. AUFLAGE

Der Druck der 9. Auflage war noch nicht viel über die Mitte des Werkes hinaus gediehen, als mir der Herr Verleger mitteilte, die Nachfrage sei eine so große, daß es nötig sei, unverzüglich die Vorbereitung einer neuen Auflage in Angriff zu nehmen. Bei dieser Sachlage war es selbstverständlich, daß die neue Auflage nur ein verbesserter und innerhalb bescheidener Grenzen vermehrter Neudruck ihrer Vorgängerin sein konnte; tiefgreifende Änderungen verboten sich ebenso durch die Kürze der Zeit wie durch die gebotene Rücksichtnahme auf die Besitzer der 9. Auflage. Der die Anhänge umfassende vierte Band konnte bereits in einer so großen Anzahl von Exemplaren gedruckt werden, daß er zugleich als 9. und 10. Auflage dienen konnte. Die drei ersten Bände sind von mir sorgfältig neu durchgesehen worden, ich habe mich aber darauf beschränkt, Druckfehler und sonstige Versehen zu berichtigen, Übersehenes nachzutragen, neu hinzu gekommenes oder mir erst jetzt zugänglich gewordenes Material an seinem Orte hineinzuarbeiten; um ein ungebührliches Anwachsen des Umfanges zu verhindern, habe ich auch hie und da Überflüssiges gestrichen, so daß der erste Band jetzt nur zwei Seiten stärker ist als in der 9. Auflage. Eine Anzahl wertvoller Nachweisungen verdanke ich Herrn Privatdozent Dr. F. Drexel (Frankfurt a. M.), vieles habe ich aus den inhaltreichen und verständnisvollen Besprechungen der 9. Auflage gelernt, von denen ich die folgenden hervorhebe: M. Gelzer in der Deutschen Literaturzeitung 1920 Nr. 39/40 Sp. 620 f. R. Heinze in den N. Jahrb. f. klass. Altert. XLVII 1921 S. 229 ff. R. Herzog in der Histor. Zeitschr. CXXIII (3. Folge XXVII) 1921 S. 487 ff. H. Lamer in der Wochenschr. f. klass. Philol. 1920 Nr. 31/32 Sp. 305 ff. Besonderen Dank schulde ich auch Herrn Pfarrer F. Haug in Schwäbisch-Hall, der mir aus eigenem Antrieb eine Liste von Hinweisen auf Druckfehler, Versehen und Unstimmigkeiten im Texte der 9. Auflage zur Verfügung gestellt und sich dadurch um die Korrektheit der neuen Auflage ein wesentliches Verdienst erworben hat.

Dem dritten Bande wird zur Erleichterung der Orientierung eine vergleichende Übersicht der Gesamtdisposition einerseits der letzten von L. Friedlaender selbst herausgegebenen (8.), andererseits der 9. und 10. Auflage beigegeben werden.

Halle (Saale), Ostern 1922.

GEORG WISSOWA

INHALT

III. DIE DREI STÄNDE S. 104—239.

CHRONOLOGISCHE ÜBERSICHT

der wichtigeren dem Jahre nach bestimmten Tatsachen aus der Geschichte und Literatur während der römischen Kaiserzeit bis zum Regierungsantritte Diocletians[1]).

723=31	Schlacht bei Actium 2. Sept. Mäcenas über Rom und Italien gesetzt.	
724=30	M. Antonius † 1. Aug. Ägypten Provinz. Cornelius Gallus erster Statthalter Ägyptens.	Dionys von Halikarnaß siedelt nach Rom über.
725=29	Erste Schließung des Janustempels 11. Jan.[2]). Octavians Rückkehr nach Rom und Triumph 13.—15. August.	Vergil liest (im August) dem Octavian in Atella die Georgica vor.
726=28	Zensus durch Octavian und Agrippa abgehalten: 4063000 röm. Bürger. Lectio senatus. Wiederherstellung der verfallenen und zerstörten Tempel.	
727=27	Octavian stellt die Verfassung wieder her (13. Januar) und erhält den Titel Augustus 16. Januar; Übertragung der Provinzialverwaltung auf Augustus für 10 Jahre[3]); Teilung der Provinzen zwischen ihm und dem Senat.	M. Terentius Varro † (geb. 638 = 116).
	Augustus geht wahrscheinlich im Sommer nach Gallien und vor Ende des Jahrs nach dem tarraconensischen Spanien.	
	Aquitanischer Feldzug und Triumph (25. Sept.) des M. Valerius Messalla Corvinus.	Elegie auf Messalla (Vergil. catal. 9).
728=26	Augustus am 1. Januar in Tarraco; Krieg gegen die Cantabrer und Asturier.	
	Cornelius Gallus † (geb. 685 = 69).	
729=25	Augustus am 1. Januar in Tarraco.	Der Dichter Krinagoras von Mytilene als Gesandter in Rom und bei Augustus in Tarraco[4]).
	A. Terentius Varro unterwirft die Salasser in den Grajischen und Penninischen Alpen.	
	M. Vinicius in Gallien siegreich gegen germanische Völkerschaften.	
	Feldzug des C. Aelius Gallus nach Arabien.	
	Galatien römische Provinz. Zweite Schließung des Janustempels.	
	Agrippa baut das Pantheon und die Porticus des Neptun.	
730=24	Augustus kehrt über Gallien nach Rom zurück (Anfang des Jahrs)[5]).	
	Neue Aufstände der Asturier und Cantabrer.	

1) Die Literaturangaben beziehen sich nur auf die nähere Begründung der Zeitansätze. 2) Fast. Praen., vgl. Mommsen CIL I² p. 307. 3) Mommsen StR. II³ 794, 1. 1088, 2. 4) Cichorius, Rom u. Mytilene (1888) S. 47ff. Mommsen, Sitz.Ber. Akad. Berlin 1889 S. 980f. 5) Gegen Cichorius, Rom u. Mytilene S. 41, 1, der die Rückkehr noch ins Jahr 729 = 25 setzt, vgl. Gardthausen, Augustus II 401, 13.

731=23	Verschwörung des A. Terentius Varro Murena und Fannius Caepio. Augustus Krankheit und Herstellung durch Antonius Musa. Übertragung der tribunizischen Gewalt, deren Jahre von jetzt an zählen[2], und des prokonsularischen Imperiums auf Augustus. Agrippa zieht sich nach Mytilene zurück. M. Marcellus † (im Herbst). Abermaliger Aufstand der Cantabrer.	Horaz Oden B. I—III herausgegeben im Hochsommer[1].
732=22	Ende des Jahrs verläßt Augustus Rom zur Reise nach den östlichen Provinzen des Reiches und geht zunächst nach Sicilien.	Vergil liest dem Augustus die Bücher II, IV und VI der Äneis vor. Einführung des Pantomimus durch Pylades.
733=21	Agrippas Rückkehr nach Rom und Vermählung mit Julia (in der ersten Hälfte des Jahrs). Augustus geht (Mitte des Jahrs) nach Griechenland und überwintert in Samos.	
734=20	Augustus geht im Frühling nach Asien, überwintert wieder in Samos. Rückgabe der römischen Feldzeichen durch die Parther (vor dem 12. Mai). Einsetzung des Tigranes als König von Armenien durch Tiberius.	Horaz Episteln B. I herausgegeben.
735=19	Unterwerfung der Cantabrer durch Agrippa. Augustus kehrt am 12. Oktober nach Rom zurück.	Vergil † 21. September (geb. 15. Oktober 684 = 70). Tibull †.
736=18	Augustus reinigt den Senat und erhält die Provinzialverwaltung auf weitere fünf Jahre. Seine Ehegesetzgebung (Lex Julia de maritandis ordinibus und de adulteriis).	
737=17	Säkularspiele 1.—3. Juni. Adoption des C. und L. Caesar. Agrippa geht mit Julia nach Syrien.	Horaz Carmen saeculare.
738=16	Augustus geht im Sommer auf die Nachricht von der Niederlage des M. Lollius nach Gallien.	Der Dichter Aemilius Maçer †.
739=15	Tiberius und Drusus unterwerfen die Vindelicier, Räter und Noriker. Agrippa ordnet die Verhältnisse im bosporanischen Reiche[3]. Augustus übernimmt die Gold- und Silberprägung, überläßt dem Senat die Kupferprägung.	
741=13	Augustus kommt am 4. Juli nach Rom zurück; abermalige Verlängerung der kaiserlichen Provinzialverwaltung auf fünf Jahre. Agrippa kehrt im Herbst oder Winter aus Syrien zurück.	
742=12	Augustus Pontifex Maximus (6. März). Agrippa † (Ende März) im 51. Lebensjahre. Beginn der Feldzüge des Tiberius gegen Pannonien und des Drusus gegen Germanien. Stiftung der Ara Romae et Augusti bei Lyon.	
743=11	Überwältigung der Thraker durch L. Piso. Vermählung der Julia mit Tiberius. Octavia †. Einweihung des Marcellustheaters 4. Mai.	

1) Kießling, Philol. Untersuch. II (1880) S. 48 ff. 2) Nach Mommsen StR. II³ 797, 3 am 1. Juli, nach O. Hirschfeld, Kl. Schrift. S. 438 f. am 26. Juni. 3) Daß dies ins J. 739 = 15, nicht erst ins folgende fällt, hat W. v. Voigt, Griech. Stud. f. H. Lipsius (1894) S. 127 ff. bewiesen.

744=10	Augustus mit Tiberius und Drusus in Gallien.	
745=9	Weihung der Ara Pacis Augustae 30. Januar. Drusus † 14. Sept. Tiberius vierter Feldzug gegen Pannonien und Dalmatien und Erweiterung der Grenze bis an die Donau.	Consolatio ad Liviam [1].
746=8	Augustus übernimmt die Provinzialverwaltung auf ein weiteres Dezennium und geht mit Tiberius nach Gallien, der von dort seinen ersten Feldzug nach Germanien unternimmt. Einführung einer neuen Schaltordnung und Umnennung des Monats Sextilis in Augustus. Abhaltung des zweiten Zensus (4 233 000 röm. Bürger) und einer Lectio senatus [2]. Dritte Schließung des Janustempels [3]. Mäcenas † 30. Sept. [4].	Elegiae in Maecenatem. Horaz † 27. November (geb. 8. Dezember 689 = 65).
747=7	Tiberius Triumph über die Germanen. Zweiter Feldzug gegen Germanien. Einteilung Roms in 14 Regionen.	Veröffentlichung der Römischen Archäologie des Dionys von Halikarnaß.
748=6	Tiberius erhält die tribunizische Gewalt auf fünf Jahre und den Auftrag, Armenien den Parthern zu entreißen, begibt sich aber nach Rhodus.	
750=4	Herodes I., König von Judäa † März/April.	
752=2	Augustus pater patriae 5. Februar. Einweihung des Forum Augustum und des Tempels des rächenden Mars 12. Mai. Julia nach Pandataria verbannt. Christi Geburt [5].	
753=1	Gajus Cäsar zieht nach dem Orient gegen die Parther.	
754=1 n. Chr.	Wiederausbruch des Kriegs mit Germanien.	
755=2	Tiberius kehrt nach Rom zurück. Lucius Cäsar † in Massilia 20. August.	
756=3	Augustus übernimmt die Provinzialverwaltung abermals auf ein Dezennium. Gajus Cäsar unterwirft Armenien.	
757=4	Gajus Cäsar † 21. Februar. Tiberius (zugleich mit Agrippa Postumus) adoptiert 26. Juni, erhält die tribunizische Gewalt; eröffnet den dritten Feldzug gegen Germanien [6].	
758=5	Tiberius dringt bis zur Elbe vor. Hungersnot in Rom.	Asinius Pollio † (geb. 678 = 76).
759=6	Tiberius rüstet gegen die Sueben unter Marbod, wird aber durch den Aufstand in Pannonien genötigt, dorthin zu eilen. Einrichtung des *aerarium militare* und der städtischen Feuerwehr (*cohortes vigilum*) für Rom. Judäa römische Provinz.	
760=7	Krieg in Dalmatien und Pannonien unter Tiberius und Germanicus.	
761=8	Pannonien größtenteils unterworfen.	Ovid nach Tomi verbannt.

1) Skutsch, Real-Encykl. IV 933 ff. 2) Mommsen, Res gestae d. Aug.² S. 36. 3) ebd. S. 50. 4) Vahlen, Hermes XXXIII 1898 S. 246. 5) Mommsen a. a. O. S. 175 ff. Die verschiedenen Ansätze für Christi Geburts- und Todesjahr und die überreiche Literatur verzeichnet F. K. Ginzel, Handb. d. math. u. techn. Chronologie III (1914) S. 184 f. 382 ff. 6) E. Kornemann, Klio IX 1909 S. 422 ff.

	Verbannung der jüngeren Julia (Enkelin des Augustus).	
9	Vervollständigung der Ehegesetzgebung (Lex Papia Poppaea). Beendigung des Kriegs in Dalmatien. Niederlage des P. Quintilius Varus im Teutoburger Walde zu Anfang August[1]).	
10	Tiberius geht an den Rhein.	
11	Tiberius geht mit Germanicus über den Rhein.	
12	Germanicus weilt als Konsul in Rom[2]).	
13	Pannonisch-dalmatischer Triumph des Tiberius 16. Januar[3]). Germanicus seit Anfang des Jahrs am Rhein. Letzte Übernahme der Provinzialverwaltung durch Augustus auf 10 Jahre.	M. Valerius Messalla Corvinus † (geb. 690 = 64)[4]).
14	Augustus und Tiberius halten am 11. Mai den dritten Zensus ab. Ergebnis: 4937000 röm. Bürger. Dritte Lectio senatus[5]). Augustus † 19. Aug. im fast vollendeten 76. Lebensjahre (geb. 23. Sept. 691 = 63 v. Chr.).	
14—37	Tiberius (geb. 16. November 712 = 42 v. Chr.).	
14	Übertragung der Beamtenwahlen auf den Senat. Aufstand der Legionen in Pannonien und Germanien. Julia †.	
15	Vordringen des Germanicus bis zur Ems.	
16	Germanicus gelangt bis zur Weser und schlägt die Germanen auf dem Felde Idistaviso und am Grenzwalle der Cherusker und Angrivarier.	
17	Triumph des Germanicus 26. Mai; seine Mission nach dem Orient.	T. Livius † (geb. 695 = 59). Ovid † (geb. 20. März 711 = 43).
18	Zusammenbruch des Suebenreiches des Marbod.	
19	Germanicus † zu Antiochia 10. Oktober.	
20	Aufstand des Tacfarinas in Numidien.	
21	Tiberius in Campanien. Unruhen in Gallien (Sacrovir).	
22		Der Jurist C. Atejus Capito †.
23	Sejanus, Präfekt des Prätoriums (seit 14), verlegt das Prätorianerlager nach Rom.	König Juba von Mauretanien †[6]). Strabo, geb. 691 = 63[7]), vollendet seine Geographie. Der ältere Plinius geb.
24	Niederlage und Tod des Tacfarinas.	
25	Prozeß und Tod des Cremutius Cordus.	
26	Tiberius verläßt Rom und geht nach Campanien.	
27	Tiberius zieht sich nach Capri zurück.	
29	Livia † 86 Jahre alt. Verbannung der Agrippina.	
30	Kreuzigung Christi[8]).	Das Geschichtswerk des Vellejus Paterculus herausgegeben.

1) Über den Tag vgl. Hirschfeld, Kl. Schrift. S. 397, 3. Edm. Meyer, Untersuch. über die Schlacht im Teutoburger Walde (1893) S. 55. 2) Mommsen RG. V 45, 1. 3) Daß er in dieses, nicht in das vorausgehende Jahr gehört, bewiesen von H. Schulz, Quaestiones Ovidianae (Diss. Greifswald 1883) S. 15 ff. 4) Marx, Wien. Studien XIX 1897 S. 150 ff. 5) Mommsen, Res gest. d. Aug.[2] S. 36. 6) Rühl, Jahrb. f. Philol. CXVII 1878 S. 542 ff. 7) Niese, Hermes XIII 1878 S. 37 ff.; Rhein. Mus. XXXVIII 1883 S. 567 ff. 8) Schürer, Gesch. d. jüd. Volkes I[3] 443 ff. (vgl. S. 19). O. Gerhardt, Das Datum der Kreuzigung Jesu Christi, Berlin 1914 (7. April) und dazu E. Preuschen, Berl. phil. Wochenschr. 1914 Sp. 1097 f.; s. auch oben S. XXIII Anm. 5.

31	Sturz und Tod Sejans 18. Oktober.	
32		Der Redner Cassius Severus †.
33	Agrippina † 18. Oktober.	
34		Persius geb. 4. Dezember.
35	Thronstreitigkeiten im Partherreiche und Eingreifen der Römer unter L. Vitellius.	Fenestella † (geb. 719 = 35)[1].
37	Tiberius † 16. März.	Josephus geb.
37—41	Gajus Cäsar (Caligula) (geb. 31. August 12).	
38	Drusilla † 10. Juni[2]. Sturz des Macro.	
	Judenhetze in Alexandria von Anfang Aug. an.	
	Jüdische Gesandtschaft nach Rom Winter 38/39[3].	Apio und Philo als Gesandte in Rom.
39	Germanischer Feldzug des Kaisers.	Der Dichter Cn. Cornelius Lentulus Gaetulicus †. Lucan geb. 3. November.
40	Gajus in Lyon 1. Januar. Rückkehr aus dem germanischen Feldzuge im Mai, Ovation am 31. August.	
41	Gajus † 24. Januar.	Seneca nach Corsica verbannt.
41—54	Claudius (geb. 1. August 744 = 10 v. Chr.).	
41	Wiedervereinigung des jüdischen Reiches unter Herodes Agrippa I.	
42	Mauretanien als Provinz organisiert.	
	Pätus und Arria †.	
43	Besetzung von Britannien. Der Kaiser selbst zieht dorthin.	Scribonius Largus nimmt am britannischen Feldzuge teil.
44	Triumph über Britannien (Anfang des Jahres). Herodes Agrippa I. †.	Die Chorographie des Pomponius Mela veröffentlicht[4].
47	Säkularspiele.	
48	Zensus; Ergebnis: 5984072 römische Bürger. Messalina †.	
49	Claudius heiratet Agrippina. Erweiterung des Pomerium der Hauptstadt[5].	Rückkehr Senecas aus der Verbannung.
50	Adoption des Nero 25. Februar. Köln gegründet.	
	Paulus in Korinth[6].	
51	Beginn der armenisch-parthischen Unruhen.	
53	Nero heiratet Octavia.	
54	Claudius † 13. Oktober.	Senecas Apocolocyntosis. Calpurnius ecl. I. IV. VII. Carmina Einsidlensia.
54—68	Nero (geb. 15. Dezember 37).	
54	Narcissus †.	
	Domitius Corbulo nach Armenien gesandt.	
55	Pallas entfernt. Britannicus †.	
59	Agrippina † im März.	
	Corbulo siegreich in Armenien. Einnahme von Artaxata[7].	
60	Beendigung des armenischen Feldzugs. Einsetzung der Neronia.	
61	Aufstand in Britannien durch Suetonius Paulinus niedergeworfen.	

1) Münzer, Beitr. z. Quellenkritik d. Plinius S. 345, 2. 2) Fastenfragment von Ostia, Hülsen, Berl. philol. Wochenschr. 1920 Sp. 309. 3) Willrich, Klio III 1903 S. 410, 1. 4) Wissowa, Hermes LI 1916 S. 89 ff. 5) Mommsen StR. II³ 1072 f. 6) Deißmann, Paulus (1911) S. 174; vgl. Loofs, Wer war Jesus Christus? (1916) S. 157, 1. 7) Henderson, Class. Review XV 1901 S. 204 ff.

62	Burrus †. Nero heiratet Poppäa. Octavia † 9. Juni. Pallas †.	Der jüngere Plinius geb. Persius † 24. November.
64	Nero tritt in Neapel auf. Brand Roms 19. bis 25. Juli. Petrus und Paulus † [1]).	
65	Entdeckung der Pisonischen Verschwörung 19. April. Poppäa †.	Lucan † 30. April. Herausgabe der ersten Bücher von Columellas Werk über die Landwirtschaft [2]). Seneca †. Musonius [3]) und L. Annaeus Cornutus verbannt [4]).
66	Der Partherkönig Tiridates in Rom. Schließung des Janustempels [5]). Neros Reise nach Griechenland. Ausbruch des jüdischen Kriegs.	Thrasea Pätus †. Demetrius der Kyniker aus Rom verbannt. Petron †.
67	Corbulo †. Nero gibt Griechenland die Freiheit, Ende November [6]).	
68	Rückkehr Neros nach Rom in den ersten Tagen des Jahres. Aufstand des Vindex (März) und des Galba (6. April) [7]). Nero † 9. Juni [8]).	
68—69	Galba, Otho, Vitellius.	
69	Die germanischen Legionen rufen Vitellius als Kaiser aus am 2. Januar. Galba † 15. Januar im 73. Jahre. Otho † 16. April [9]) nach der Schlacht bei Bedriacum im 37. Jahre. Vitellius zieht (vor 18. Juli) in Rom ein. Vespasian als Kaiser proklamiert in Alexandria (1. Juli) und Cäsarea (3. Juli) [10]). Aufstand der Bataver unter Claudius Civilis. Niederlage der Vitellianer bei Cremona (24. bis 25. Oktober) [11]). Kampf in Rom und Brand des Kapitols. Vitellius † 20. Dezember im 55. Jahre [12]).	Musonius wieder in Rom.
69—79	Vespasianus (geb. 17. November 9).	
70	Der Aufstand des Civilis in Gallien durch Petilius Cerialis unterdrückt. Vespasian kommt nach Rom im Spätsommer. Jerusalem erobert 26. September.	
71	Jüdischer Triumph (noch im Juni) und Schliessung des Janustempels. Titus Mitregent (1. Juli).	
73/74	Zensur des Vespasian und Titus [13]).	
74	Besitzergreifung des Gebietes zwischen Oberrhein und oberer Donau [14]).	Ausweisung der Philosophen (außer Musonius) aus Rom.

1) Harnack, Chronol. d. altchristl. Literatur I 240ff. 2) V. Lundström, Eranos XV (1915) S. 171ff. 3) R. Reppe, De L. Annaeo Cornuto (Diss. Lips. 1906) S. 14f. 4) Vgl. Buecheler, Rhein. Mus. XLI 1886 S. 1. 5) F. Drexel, Röm.-germ. Korresp. Bl. VIII 1915 S. 66ff. 6) Dittenberger, Syll.³ 814 = Dessau 8794. 7) Mommsen, Ges. Schrift. IV 338, 1. 8) Holzapfel, Klio XII (1912) S. 484ff. XV 1917) S. 119ff. 9) Holzapfel a. a. O. XIII 1913 S. 289ff. 10) Vgl. Chambalu, Philologus XLIV (1885) S. 502—507. 11) Holzapfel a. a. O. XV (1917) S. 108ff gegen Nissen, Rhein. Mus. XXVI 1871 S. 538ff (28./29. Okt.) 12) Niese, Hermes XXVIII (1893) S. 203. Holzapfel a. a. O. XIII 1913 S. 295ff. XV (1917) S. 99ff. 13) Mommsen StR. II³ 338, 1. 14) E. Fabricius, Die Besitznahme Badens durch die Römer (1905) S. 32ff.

75	Vollendung des Friedenstempels und Errichtung des Sonnenkolosses.	
76		Asconius † [1].
77		Der ältere Plinius widmet dem Titus seine Naturgeschichte.
78	Agricola in Britannien.	
79	Vespasian † 23. Juni.	Der Redner Eprius Marcellus †.
79—81	Titus (geb. 30. Dezember 39) [2].	
79	Ausbruch des Vesuvs und Verschüttung von Herculaneum und Pompeji 24. August.	Caesius Bassus † 24. August. Der ältere Plinius † 24. August.
80	Epidemie und Brand in Rom. Hunderttägige Schauspiele des Titus zur Einweihung des Flavischen Amphitheaters (Colosseum).	
81	Titus † 13. September.	
81—96	Domitian (geb. 24. Oktober 51).	
82	Der Neubau des Kapitols vollendet.	Verbannung des Dion von Prusa aus Rom und Italien [3].
83	Feldzug gegen die Chatten. Beginn der Anlage des obergermanischen Limes [4].	Der Pantomime Paris †.
84	Triumph Domitians. Agricola aus Britannien abgerufen.	
85	Der Kaiser Censor perpetuus (Ende d. Jahres) [5].	
86	Dacischer Krieg. Stiftung des Agon Capitolinus.	
87	Niederlage des Cornelius Fuscus gegen die Dacier [6].	
88	Säkularspiele (im Sommer). Aufstand des Antonius Saturninus in Germanien Ende 88 bis Mitte Januar 89.	
89	Titus Tochter Julia † Ende 89. Krieg mit Markomanen und Quaden. Doppeltriumph [7] (Ende des Jahrs).	
92	Suebisch-Sarmatischer Krieg in Pannonien.	
93	Domitian Anfang Januar wieder in Rom. Agricola † 23. August.	
94		Abschluß der Jüdischen Archäologie des Flavius Josephus.
95	Hinrichtung des Konsuls Flavius Clemens.	Vollendung der Institutio oratoria Quintilians [8]. Erneute Ausweisung der Philosophen aus Rom [9].
96	Domitian † 18. September.	Martial Epigr. B. XI veröffentlicht (Dezember).
96—98	Nerva (geb. 8. November 35).	
97	Aufstand der Prätorianer. Trajan adoptiert und zum Mitregenten erhoben im Oktober. Suebenkrieg [11].	Tacitus Konsul [10].

1) Wissowa, Real-Encykl. II 1524. 2) O. A. Hoffmann, De imp. Titi temporibus recte definiendis (Diss. Marburg 1883) S. 1—4. 3) v. Arnim, Dion v. Prusa (1898) S. 228 ff. und Hermes XXXIV 1899 S. 263 ff. (gegen Dessau ebd. S. 81 ff.). 4) Fabricius, Westdeutsche Zeitschr. XX 1901, 177 ff.; Die Besitznahme Badens S. 47 ff. 5) Weynand, Real-Encykl. VI 2560 f. 6) E. Köstlin, Die Donaukriege Domitians (Diss. Tübingen 1910) S. 51 ff. 7) Asbach, Bonner Jahrb. LXXXI (1886) S. 32 Anm. Vollmer, Stat. Silv. S. 51, 2. 8) Vollmer, Rhein. Mus. XLVI 1891 S. 343 ff. 9) W. Otto, Zur Lebensgeschichte des jüngeren Plinius (S. Ber. Akad. München 1919, 10. Abh.) S. 48 ff. 10) Klebs, Rhein. Mus. XLIV 1889 S. 273 ff., vgl. Hirschfeld ebd. LI 1896 S. 474. 11) Mommsen, Ges. Schrift. IV 448 ff. Hirschfeld, Kl. Schrift. S. 866.

98	Nerva † 25. Januar.	Frontin de aquis urbis Romae. Tacitus veröffentlicht Agricola und Germania [1]).
98—117	Trajan (geb. 18. September 53).	
98		Martial verläßt nach 34jährigem Aufenthalt Rom, um in seine Heimat Spanien zurückzukehren.
99	Trajan kehrt (von Köln) nach Rom zurück.	
100		Der jüngere Plinius hält als Konsul seine Dankrede (Panegyricus).
101	Erster dacischer Krieg. Trajan geht Ende März von Rom ab [2]).	Silius Italicus †.
102	Friede mit Decebalus und Triumph [3]).	
103		Frontin †.
104	Beginn des Baues der steinernen Donaubrücke (vollendet 105).	
105	Trajan zieht zum zweiten dacischen Kriege aus Anfang Juni [4]).	
106	Decebalus †. Eroberung von Arabia Peträa.	
107	Rückkehr Trajans vom dacischen Kriege [5]) und Triumph.	
113	Errichtung der Trajanssäule auf dem Trajansforum.	
114	Partherkrieg. Trajan geht Ende des Jahres nach dem Orient ab [6]).	
115	Armenischer Feldzug. Jüdischer Aufstand in Ägypten und Cyrene [7]).	
116	Mesopotamischer Feldzug. Trajan zieht in Ktesiphon ein und dringt bis zum Persischen Meerbusen vor.	
117	Adoption Hadrians [8]). Trajan † 7. August [9]).	
117—138	Hadrian (geb. 24. Januar 76).	
117	Hadrian gibt die von Trajan eroberten Provinzen (Armenien, Mesopotamien, Assyrien) auf. Gegen Ende des Jahres (seit November) weilt der Kaiser an der unteren Donau.	
118	Friedensschluß mit den Roxolanen (Februar). Rundreise des Kaisers durch das westliche Kleinasien [10]). Hinrichtung von vier Konsularen wegen eines angeblichen Attentatsplans (etwa im Mai) [11]). Hadrian kommt am 9. Juli [12]) nach Rom. Erlaß der Fiskusschulden von 900 Millionen Sest.	

1) Hirschfeld, Kl. Schrift. S. 865 f. Asbach, Bonner Jahrb. LXIX 1880 S. 1 ff. 2) Acta Arval., CIL VI 2074 I 22 ff. (25. März); vgl. aber Henzen, Acta fratr. Arval. S. 97. 3) Mommsen, Ges. Schrift. IV 462 f. 4) Act. Arv. CIL VI 2075 II 40 ff. 5) Mommsen zu CIL III 550 (= Dessau 308). 6) Mommsen RG. V 398, 1. 7) Wilcken, Hermes XXVII 1892 S. 472 f. LIV 1919 S. 111 f.; Abhandl. d. sächs. Gesellsch. d. Wiss. XXVII 1909 S. 796 f. 8) E. Groag, Röm. Mitteil. XIV 1899, 269 ff. XVI 1901, 270 ff., vgl. Braßloff, Hermes XLIX 1914, 590 ff. 9) Dessau, Prosop. imp. Rom. III 465, vgl. Mommsen, Ges. Schrift. VII 574, 6. Usener bei Mommsen, Chron. min. III 442, 6. v. Domaszewski, Die Daten der Scriptores historiae Augustae (Sitz.Ber. Akad. Heidelberg 1917, 1. Abh.) S. 4. 10) A. v. Premerstein, Klio Beiheft VIII 1908 S. 17. 49 ff. 11) v. Premerstein a. a. O. S. 34 ff., bes. 40, 2. 12) W. Weber, Untersuch. z. Gesch. des Kaisers Hadrianus (1907) S. 81 ff.

120		Herausgabe der Kaiserbiographien Suetons.
121	Grundsteinlegung des Tempels der Venus und Roma 21. April[1]. Abreise des Kaisers in die Provinzen. Verstärkung des Limes zwischen Rhein und Donau[2].	
122	Hadrian in Britannien. Der Grenzwall begonnen[3]. Aufenthalt in Spanien.	
123	Reise durch Libyen an den Euphrat, Rückkehr durch Kleinasien[5].	Die Periegese des Dionysius[4].
124	Hadrian in Samothrake in die Mysterien eingeweiht[6]. In Athen (September) Einweihung in die eleusinischen Mysterien[7].	
125	Hadrians Rückkehr nach Rom (vor September)[8].	
128	Hadrian in Afrika. Reise nach dem Orient. Zweiter Aufenthalt in Athen etwa September 128 bis Frühjahr 129[9].	
129		Galen geb.[10].
130	Hadrian in Ägypten. Antinous † 30. Oktober.	
131	Dritter Aufenthalt Hadrians in Athen. Einweihung des Olympieion[11]:	Arrians Periplus Ponti Euxini.
132	Ausbruch des jüdischen Aufstands. Hadrian in Judäa.	
134	Hadrians Rückkehr nach Rom vor dem 5. Mai.	
136	Adoption des L. Aelius Verus zwischen 19. Juni und 29. August[12].	Arrian veröffentlicht seine Taktik.
138	L. Aelius Verus † 1. Januar. Adoption des Antoninus 25. Februar. Antoninus adoptiert den Marc Aurel und den L. Aurelius Verus. Hadrian † 10. Juli.	
138—161	Antoninus Pius (geb. 19. September 86).	
139	Vollendung des Mausoleum Hadrians.	
141	Faustina d. ä. † vor 9. Juli.	
142	Schottischer Grenzwall von Q. Lollius Urbicus errichtet.	
143		Herodes Atticus und Fronto Konsuln.
145	Kriege mit den Mauren.	Der Rhetor Aristides in Rom[13].
146	Marc Aurel Mitregent.	
147	Feier des Jahres der Stadt 900 mit prächtigen Schauspielen.	Arrian Archon in Athen.
161	Antoninus Pius † 7. März.	
161—180	Marc Aurel (geb. 26. April 121). L. Aurelius Verus Mitregent bis 169.	
161	Ausbruch des Partherkrieges.	Polyän widmet seine Strategemata den Kaisern Marc Aurel und L. Verus.

1) Dürr, Die Reisen des Kaisers Hadrian (1881) S. 25ff., vgl. Weber a. a. O. S. 104, 348. 2) Fabricius, Westd. Zeitschr. XX 1902, 183ff.; Besitznahme Badens S. 74ff. 3) E. Krüger, Bonn. Jahrb. CX (1903) S. 1ff. 4) Leue, Philologus XLII 1883 S. 175ff. Weber a. a. O. S. 146ff. 5) Weber a. a. O. S. 119ff. 6) ebd. S. 146ff. 7) ebd. S. 158ff. 8) ebd. S. 197f. 9) ebd. S. 206. 10) Ilberg, N. Jahrb. XV 1905 S. 277, 1. 11) Weber a. a. O. S. 268ff. 12) v. Rohden, Real-Encykl. I 515. 13) E. Schwartz, Christl. u. jüdische Ostertafeln (Abhdlg. d. Götting. Gesellsch. d. Wiss. N. F. VIII 6, 1905) S. 132.

162	L. Verus Abreise nach Antiochia nach 28. März [1]). Armenischer Feldzug.	
163	Artaxata durch M. Statius Priscus eingenommen.	
164	Parthischer Feldzug.	
165	Avidius Cassius zerstört Seleucia, nimmt Ktesiphon ein.	Lucians Schrift Wie man Geschichte schreiben soll.
166	Medischer Feldzug und Sieg.	
	Friede mit Parthien [2]). Mesopotamien römisch.	
	Parthischer Triumph beider Kaiser im Sommer [3]).	
	Einbruch der Markomanen, Quaden, Jazygen in das römische Gebiet.	
	Aufbruch beider Kaiser zum Kriege gegen die Markomanen [4]).	
167	Ausbruch der großen, aus dem Orient von dem Heer des L. Verus eingeschleppten »Pest« in Rom.	Lucians Peregrinus Proteus [5]).
169	L. Verus † in Aquileja Anfang Februar [6]).	
170	Einfall der Kostoboken in Griechenland [7]).	
172	Siegreiche Beendigung des Markomanenkrieges. Aufstand des Bukolen in Ägypten.	
174	Kämpfe mit den Jazygen.	
	Das Regenwunder der Legio XII fulminata [8]).	
175	Marc Aurel Sarmaticus nach Besiegung der Jazygen.	
	Aufstand des Avidius Cassius in Syrien [9]).	
176	Faustina d. j. †.	
	M. Aurels Rückkehr und Triumph.	
	Commodus Mitregent 27. November.	
	Triumph des Commodus 23. Dezember.	
	Marc Aurels Reskript gegen Volksaufregung durch Sekten [10]).	
177		Die Apologie des Athenagoras [11]).
178	M. Aurel und Commodus gehen zum zweiten Markomanenkriege nach Deutschland ab 3. August.	Aristides Rede für Smyrna. Abschluß der Periegese des Pausanias [12]).
	Erdbeben in Smyrna.	
179	Sieg über die Markomanen.	
180	M. Aurel † in Sirmium 17. März.	
180—192	Commodus (geb. 31. August 161).	
182	Verschwörung der Lucilla.	
184	Krieg in Britannien durch Ulpius Marcellus siegreich beendet.	
185	Perennis † [13]).	
189	Cleander gestürzt.	
192	Brand in Rom.	
	Commodus † 31. Dezember.	

1) Mommsen, Ges. Schrift. IV 483. 2) W. Schmid, Rhein. Mus. XLVIII 1893 S. 57ff. 3) A. Schulten, Hermes XXXII 1897 S. 289. 4) Für die genauere Chronologie der Donaufeldzüge vgl. C. H. Dodd, Numism. Chronicle 1913 S. 162ff. 276ff. 5) Nissen, Rhein. Mus. XLIII 1888 S. 254f. 6) A. Stein, Real-Encykl. III 1853f. 7) A. v. Premerstein, Klio XII 1912 S. 145ff. 8) v. Domaszewski, Rhein. Mus. XLIX 1894 S. 612ff. Mommsen, Ges. Schrift. IV 498ff. 9) Napp, De reb. ab imp. M. Aurel. Ant. in Oriente gest. (Diss. Bonn 1879) S. 42ff. 10) K. J. Neumann, Der röm. Staat u. d. allg. Kirche I 28, 3. 11) Jedoch s. Geffcken, Zwei griech. Apologeten (1907) S. 157f. 12) Heberdey, Arch. epigr. Mitteil. aus Österr.-Ungarn XIII 1890 S. 191. Robert, Pausanias als Schriftsteller (1909) S. 266ff. 13) J. M. Heer, Philol. Suppl. IX 1901 S. 70ff.

193	Pertinax (geb. 1. August 126) † 28. März.	
	Didius Julianus (geb. 29. Jan. 133) † 1. Juni.	
193—211	Septimius Severus (geb. 11. April 146)[1].	
193	Severus 30 Tage in Rom. Auflösung und Neuorganisation der Garden. Pescennius Niger Gegenkaiser im Osten.	
	Belagerung von Byzanz (Juni)[2].	
194	Pescennius Niger † (Oktober)[3].	
195	Erster Partherkrieg. Unterwerfung von Osroëne. Eindringen in Adiabene.	
	Fall von Byzanz (Dezember)[4].	
	Erhebung des Clodius Albinus in Britannien und Gallien (Dezember)[5].	
196	Caracalla Cäsar (6. April)[6].	
197	Clodius Albinus † bei Lyon 19. Februar.	Tertullian veröffentlicht die Schrift ad martyras, die Bücher ad nationes und nachher das Apologeticum.
	Severus geht zum zweiten parthischen Feldzuge ab.	
198	Blutbad in Ktesiphon. Severus Parthicus maximus.	
	Caracalla Mitregent, Geta Cäsar.	
199	Errichtung der Provinz Mesopotamia. Besuch des Kaisers in Syrien.	
200	Aufenthalt des Kaisers in Ägypten[7].	
202	Rückkehr des Kaisers nach Rom (vor dem 13. April)[8]. Vermählung Caracallas mit Plautilla.	
203	Besuch des Kaisers in Afrika.	
	Vollendung des Severusbogens und des Septizonium.	
204	Säkularspiele im Juni[9].	
205	Plautianus † 22. Januar[10].	
207		Tertullian adversus Marcionem B. I.
208	Severus geht mit seinen beiden Söhnen zum Kriege nach Britannien ab.	Tertullian de pallio.
209	Geta Mitregent Ende des Jahrs[11].	
210	Erneuerung der Limesbauten in Britannien[12].	
211	Severus † 4. Februar in Eboracum.	Tertullian de corona[13].
211—217	M. Aurelius Severus Antoninus (Caracalla) (geb. 4. April 188)[14].	
212	Geta † Ende Februar. Papinianus †.	Tertullian ad Scapulam[15].
	Verleihung des Bürgerrechts an alle Peregrinen im Römischen Reich durch die Constitutio Antoniniana[16].	Sammonicus Serenus der Ältere †.
213	Caracalla in Gallien und Germanien, siegt am Main über die Alamannen, kämpft aber unglücklich gegen die Chatten.	
214	Aufbruch nach dem Orient, der Kaiser im Winter 214/15 in Nicomedien.	Abfassung von Philostrats Heroicus[17].

1) Hirschfeld, Kl. Schrift. S. 892. 2) J. Hasebroek, Untersuch. z. Gesch. d. Kaisers Septimius Severus (1921) S. 55 f. 3) v. Domaszewski, Sitz.Ber. Akad. Heidelberg 1918 Abh. 13 S. 96, 2. 4) Hasebroek a. a. O. S. 79 f. 5) Hasebroek S. 84 f. 6) v. Domaszewski a. a. O. S. 61. Hasebroek S. 87. 7) Hasebroek S. 116 ff. 8) Hasebroek S. 128. 9) Mommsen, Ges. Schrift. VIII 598, 1. 10) Bormann, Bull. d. Inst. 1867, 217 ff. Mommsen, Ephem. epigr. VIII p. 295. 11) Hasebroek S. 143. 12) E. Krüger, Bonn. Jahrb. CX 1903 S. 30 ff. 13) J. Schmidt, Rhein. Mus. XLVI 1891 S. 81 ff. 14) Hirschfeld, Kl. Schrift. S. 892, 1. Hasebroek a. a. O. S. 12. 15) J. Schmidt a. a. O. S. 78 ff. 16) P. M. Meyer, Griech. Papyri zu Gießen I 2 (1910) S. 27. 17) Münscher, Philologus Suppl. X 1907 S. 497 f. 504 ff.

215	Caracalla in Antiochia. Blutbad in Alexandria.	
216	Partherkrieg. Caracalla im Winter 216/17 in Edessa.	
	Dedikation der Caracallathermen.	
217	Caracalla † 8. April bei Edessa.	
217—218	Opellius Macrinus (geb. 164).	
217	Julia Domna †.	
	Niederlage der Römer bei Nisibis.	
218	Friede mit den Parthern.	Die Fabeln des Babrius [1].
	Macrinus † im Juni.	
218—222	M. Aurelius Antoninus (Elagabal) (geb. etwa 204).	
219	Elagabal kommt nach Rom 29. September [2].	
221	Alexander Severus Cäsar 10. Juli [3].	
222	Elagabal † 11. März [4].	
222—235	M. Aurelius Severus Alexander (geb. 1. Oktober 208).	
223		Der Geschichtschreiber L. Marius Maximus zum zweiten Male Konsul.
227	Artaxerxes (Ardaschir), Herr von Persis seit 224, erobert Ktesiphon, stürzt das parthische Reich und begründet das neupersische unter den Sassaniden [5].	
228		Ulpian †.
229		Cassius Dio zum zweiten Male Konsul.
231	Persischer Krieg [6].	
233	Rückkehr Alexanders nach Rom und Triumph.	
234	Germanischer Krieg.	
235	Alexander † 19. März [7].	
235—238	Maximinus (geb. 172 oder 173).	
235	Germanensieg des Kaisers.	
238	Erhebung Gordians I. in Afrika, im März, sein Sturz und Tod im April [8].	Censorinus de die natali.
	Aufbruch Maximins gegen Italien. Belagerung von Aquileja Mitte April.	
	Maximus und Balbinus vom Senat zu Kaisern erhoben. Maximinus †.	
	Maximus und Balbinus † 7. August [9].	
238—244	Gordianus III. (geb. 20. Dezember 224).	
242	Persischer Krieg.	
244	Carrhä und Nisibis wiedergewonnen.	
	Gordianus † 11. Februar [10].	
244—249	Philippus Arabs.	
248	Feier des tausendjährigen Bestehens der Stadt Rom.	Origenes Schrift gegen Celsus Wahres Wort [11].
249	Philippus † im Herbst zu Verona.	

1) K. J. Neumann, Rhein. Mus. XXXV 1880 S. 301 ff. 2) CIL VI 31162 = Dessau 2188, vgl. Mommsen, Korr.Bl. d. Westd. Zeitschr. V 1886 S. 50 f. 3) Hönn, Quellenuntersuchungen zu den Viten des Heliogabalus u. des Severus Alexander (1911) S. 47 f. 4) Klebs, Prosop. imp. Rom. I 216 f. 5) Mommsen RG. V 419, 1. v. Gutschmid, Gesch. Irans S. 162 ff. 6) Hönn a. a. O. S. 63 ff. 7) v. Domaszewski, Sitz.Ber. Akad. Heidelb. 1917, 1. Abhdl. S. 6 f. 8) Sadée, De imperatorum Rom. tertii p. Chr. n. saeculi temporibus constituendis (Diss. Bonn 1891) S. 8 ff.; vgl. v. Domaszewski a. a. O. S. 8—12 (auch für das folgende). 9) v. Domaszewski a. a. O. S. 10. 10) ebd. S. 23. 11) K. J. Neumann, Der röm. Staat u. d. allg. Kirche I 265 ff.

249—251	Trajanus Decius.	
249	Große Christenverfolgung, eröffnet durch Edikt vom Dezember[1]).	
250	Ausbruch großer, viele Jahre anhaltender Epidemien.	
251	Decius † auf dem Feldzuge gegen die Goten.	
251—253	Trebonianus Gallus und Volusianus.	
253—260	Valerianus und Gallienus.	
256	Einfall der Franken in Spanien.	
	Dacien bis auf die Festungen verloren.	
257	Sieg Aurelians über die Goten.	
258	Valerian im Orient. Postumus Gegenkaiser in Gallien.	Cyprian † 14. September.
260	Valerianus von Sapor gefangen, †[2]).	Gargilius Martialis †[3]).
260—268	Gallienus.	
262		Porphyrius (geb. 232) kommt nach Rom.
264	Odaenathus von Palmyra, Statthalter des Kaisers für den Osten, gewinnt Nisibis und Carrhä wieder.	
267	Odaenathus †.	
268	Gallienus † im Frühjahr.	
268—270	Claudius (geb. 10. Mai 219).	
268	Postumus †.	
269	Sieg über die Goten.	
270	Claudius † an der Pest im März.	
270—275	Aurelianus (geb. 9. September 214).	
270	Tetricus Gegenkaiser in Gallien.	Plotinus †.
	Ägypten durch Probus wiedererobert Ende des Jahres[4]).	
271	Einfall der Juthungen und Alamannen in Italien. Beginn der Befestigung Roms.	
	Aufgabe der dacischen Festungen.	
272	Krieg mit Zenobia, Einnahme von Palmyra; Zenobia gefangen.	
273	Palmyrenischer Aufstand. Zerstörung der Stadt.	Longinus †.
	Ägyptische Empörung.	
	Niederwerfung des Tetricus.	
274	Triumph Aurelians. Begründung des staatlichen Sonnenkultus.	
275	Aurelian †. Interregnum.	
275—276	Tacitus.	
276—282	Probus (geb. 19. August 232).	
277	Feldzug in Gallien und Germanien.	
282—284	Carus, Carinus und Numerianus.	
283	Persischer Krieg.	
	Carus †.	
284	Numerian †. Thronbesteigung Diocletians 17. November[5]).	Nemesians Cynegetica.

1) P. M. Meyer, Die Libelli aus der decianischen Christenverfolgung (Abhandl. Akad. Berlin 1910) S. 17f. 2) Mommsen RG. V 430, 2. 3) CIL VIII 9047 (= Dessau 2767), vgl. 20751. Cichorius, Leipz. Stud. X 1887 S. 319ff. 4) Mommsen RG. V 438, 1. 5) Seeck, Unterg. d. antik. Welt I 409.

UMRECHNUNGSTABELLE.

Die Wiedergabe der alten Maße, Gewichte und Münzwerte in modernen Ansätzen ist in der Regel nur annäherungsweise erfolgt. Bei der Gleichsetzung antiker Geldsummen mit modernen Münzwerten ist nie aus den Augen zu lassen, daß die für uns allein mögliche Umrechnung nach dem Metallwerte nur eine ganz ungenügende Vorstellung gibt, da sie die wissenschaftlich nicht zu erfassende Verschiedenheit der Kaufkraft des Geldes außer Beachtung läßt (für die ciceronische Zeit berechnet sie H. Schultz, Sokrates II 1914 S. 75 ff. auf das Dreifache des heutigen Silberwertes). Die Anschaulichkeit der Umrechnungssätze wird außerdem noch dadurch beeinträchtigt, daß natürlich nur mit der Goldmark der Vorkriegszeit gerechnet werden konnte, da die gegenwärtige Papiermark selber keinen festen Wert darstellt.

Zugrunde gelegt sind folgende Ansätze:

1 Stadium = 180 Meter.
1 röm. Fuß = 0,296 Meter, 1 röm. Meile = 1480 Meter.
1 röm. Morgen = 0,252 Hektar.
1 röm. Pfund = 327,45 Gramm.
1 Amphora = 26,196 Liter, 1 Modius = 8,72 Liter.
1 Drachme = 78 Pfennig, 1 Talent = 4715 Mark.

Silbercourant der späteren Republik:

1 Sesterz = 17,55 Pfennig, 1 Denar = 70 Pfennig.

Goldcourant der früheren Kaiserzeit:

1 Sesterz = 21,75 Pfg., 1 Denar = 87 Pfg., 1 Goldstück (100 Sest.) = 21,75 Mark.

Diocletianische Zeit:

1 Denar = 1,8 Pfennig, 1 Pfund Goldes = 913,5 Mark.

ABKURZUNGEN.

CIL = Corpus inscriptionum latinarum. CIG = Corpus inscriptionum graecarum. IG = Inscriptiones graecae. IGR = Inscriptiones graecae ad res Romanas pertinentes. Dessau = Dessau, Inscriptiones latinae selectae. Lebas-Waddington = Lebas et Waddington, Voyage en Grèce et en Asie mineure. Inscriptions. III. BGU = Ägyptische Urkunden aus den Königl. Museen zu Berlin. Griechische Urkunden. FHG = Fragmenta historicorum graecorum ed. Mueller. PLM = Poetae latini minores ed. Baehrens. Real-Encykl. = Paulys Real-Encyklopädie der klassischen Altertumswissenschaft, neue Bearbeitung herausgegeben von Wissowa, Kroll und Witte. Galen ist nach den Band- und Seitenzahlen der Kühnschen Ausgabe zitiert.

Die in Klammern [ ] stehenden Verweisungen auf Band- und Seitenzahlen späterer Stellen dieses Werkes beziehen sich auf die 9. Auflage, deren Band- und Seitenzahlen an der Innenseite des oberen Seitenrandes der vorliegenden Auflage vermerkt sind.

I. DIE STADT ROM

Noch gegen Ende der Königszeit glich Rom, trotz seiner bereits beträchtlichen Ausdehnung, welche durch den Gang der Servianischen Mauer bezeichnet ist[1]), in manchen wesentlichen Zügen einem Pfahldorf. Noch wurden im Innern der Stadt Landwirtschaft und Viehzucht getrieben. Um die aus Lehm, Stroh oder Holz aufgeführten Wohnstätten lag Unrat von Menschen und Vieh und zerbrochenes Haus- und Ackergerät umher. Auf den ungepflasterten Straßen wandelte man im Sommer in Staubwolken, im Winter im Kot[2]). Rom gegen Ende der Königszeit —

Die Mängel der späteren Anlage der Stadt werden von den Alten auf den nach dem gallischen Brande (390 v. Chr.) planlos und tumultuarisch betriebenen Neubau zurückgeführt. Die Quartiere waren unregelmäßig, die Gassen eng und gewunden, die Häuser standen vielfach in gedrängten Massen[3]). Ziegeldächer wurden nur sehr allmählich allgemein, die Deckung mit Holzschindeln erhielt sich bis zum Kriege mit König Pyrrhus (284 v. Chr.)[4]): ein Beweis für den damaligen Waldreichtum Italiens, in dem Rom in der Folgezeit mit seinen aus Fachwerk hoch aufgetürmten, so oft abbrennenden Miethäusern gewaltig aufräumte[5]). Noch viel später wurde ein Anfang zur Pflasterung der städtischen Straßen gemacht; die erste bekannte Fahrstraße ist 237 v. Chr. angelegt worden[6]). Begann nun Rom auch nach und nach seinen dorfartigen Charakter abzulegen (wie z. B. schon vor 310 v. Chr. die hölzernen Buden der Fleischer am Forum den Geschäftslokalen der Geldwechsler gewichen waren)[7]), so erfolgten doch die Verschönerungen so langsam und vereinzelt, daß noch am Hofe Philipps von Mazedonien (174) die römerfeindliche Partei über das unschöne Aussehen der weder durch öffentliche noch durch Privatbauten glänzenden Hauptstadt Italiens spotten konnte[8]). Ihre Ausstattung mit ansehnlichen Bauwerken war damals erst seit kurzem in Angriff genommen worden. Die Errichtung von Basiliken, die an die Stelle der Buden tretend allmählich »einen die Hauptlinien des Forums umgrenzenden steinernen Hallenbau von gleichmäßiger architektonischer Dekoration« bildeten, hatte um 185 mit der von M. Porcius Cato erbauten begonnen, auf welche 180 und 170 die des Fulvius Nobilior und Sempronius Gracchus folgten[9]). Durch den ersteren erhielt Rom in bis auf Sullas Tod —

1) Nach Beloch, Bevölkerung der griech.-röm. Welt S. 392 umschloß diese einen Flächenraum von 426 Hektaren. 2) Helbig, Die Italiker in der Poebene S. 63. 3) Diod. XIV 116, 8f. Liv. V 55, 4f. Tac. A. XV 43. Jordan, Topographie d. Stadt Rom I 1 S. 483ff. 4) Plin. n. h. XVI 36. Jordan S. 533 (anders Nissen, Pompejan. Studien S. 23f.). 5) Nissen, Ital. Landesk. I 434. 6) Jordan S. 522. Wann Rom durchgängig mit Steinpflaster versehen worden ist, kann nicht sicher bestimmt werden. R. Pöhlmann, Die Übervölkerung der antiken Großstädte (1884) S. 118—121. 7) Varro de vita p. R. bei Non. p. 532; vielleicht bei einer durchgreifenden Regulierung des Forums durch C. Maenius (338 v. Chr.), Jordan I 2 S. 379f. 8) Liv. XL 5, 7. 9) Jordan I 2 S. 383f.

dem für seine Baugeschichte epochemachenden Zensorenjahre 179 auch einen großen Zentralmarkt für Lebensmittel mit einem kuppelgedeckten Schlachthause in der Mitte und ringsumlaufenden Verkaufshallen[1]). Der erste von Q. Metellus Macedonicus (Konsul 143) erbaute »Marmortempel« war wahrscheinlich mit geraubten Säulen und andern Werkstücken ausgestattet[2]).

»Durch das allmähliche Anwachsen der Stadt im Marsfelde vollzog sich eine große Transformation. Nach kleinen Anfängen hatte hier die Anlage der schnurgeraden Via Flaminia und des Circus Flaminius Epoche gemacht, ihr war die Periode des Portikenbaus im südlichen Teile gefolgt, dann diejenige der Pompejusbauten. Den Monumentalbauten folgend schob sich jedesmal auch der private Anbau vor, und vermutlich wurde das Straßennetz, anschließend an Via Flaminia, Portiken, Zirkus usw., auch rechtwinklig angelegt, wie wir es dann in den Resten aus der Kaiserzeit sehen. Der Gegensatz zwischen Altstadt und Neustadt in der Ebene muß schon gegen Ende der Republik ein sehr großer gewesen sein«[3]).

Nachdem schon sehr viel früher (vielleicht bald nach dem zweiten punischen Kriege)[4]) durch die Entfestigung Roms ein Haupthindernis der Stadterweiterung beseitigt war, machte der Fortschritt derselben bereits unter Sulla die Vorschiebung der sakralrechtlichen Stadtgrenze (des Pomerium) nötig[5]).

bis auf Augustus.

Wenn nun aber auch seit der Sullanischen Zeit je länger je mehr stattliche Häuser gebaut wurden, so blieben die Straßenzüge doch dieselben und der Charakter ihrer Fronten im großen und ganzen der alte, und noch im Jahre 63 konnte Rom mit seinen nicht besonders guten Straßen, die sich an den Hügeln hinauf- und zu den Tälern hinabzogen, mit seinen hohen Häusern und sehr schmalen Seitengassen sich durchaus nicht mit Capua, jenem »andern Rom«[6]), messen, das in der Ebene weit ausgebreitet lag[7]) und noch in Domitians Zeit nicht zu weit hinter der Hauptstadt zurückstand[8]). Diese machte auch unter Augustus nicht den Eindruck einer planmäßig angelegten, sondern einer zufällig entstandenen Stadt[9]). In den fünfunddreißig Jahren vom Tode Sullas bis zum Tode Cäsars (78—44 v. Chr.) hatte sich Rom mit zahlreichen prachtvollen öffentlichen und Privatbauten geschmückt, in welchen Feldherrn, Offiziere, Zivilbeamte und Geschäftsmänner ihre in jener Zeit der großen Eroberungen und Erwerbungen im Orient und Okzident erbeuteten Reichtümer sehen ließen, so daß das Haus des Lepidus, das im J. 78 als das prächtigste von ganz Rom galt, im Jahre der Ermordung Cäsars kaum den hundertsten Platz in der Rangfolge hätte beanspruchen können[10]). Cicero glaubte schon im Jahre 70 Rom eine schöne und reich geschmückte Stadt nennen zu dürfen[11]); wenn auch freilich nach Plutarchs Urteil alle Bauten Roms vor der Kaiserzeit sich mit denen des Perikles zu Athen nicht vergleichen ließen[12]), und Sueton ohne Zweifel mit Recht sagt, daß Augustus die Stadt Rom überhaupt nicht der Würde der römischen Herrschaft gemäß geschmückt fand[13]).

1) Jordan I 2 S. 432. 2) Jordan I 1 S. 17. 3) Hülsen; vgl. Hülsen-Jordan, Topogr. I 3 S. 487 ff. 4) Nissen, Pompej. Studien S. 473. 5) Jordan I 1 S. 319. 6) Cic. de l. agr. II 86; Phil. XII 7. 7) Cic. de l. agr. II 96. 8) Stat. S. III 5, 76; vgl. Auson. Ordo urb. nobil. 8, 16. 9) Liv. V 55, 5. 10) Plin. n. h. XXXVI 109. 11) Cic. Verr. II 5, 127; vgl. ad Quirites p. red. 4; de nat. d. III 21. 12) Plutarch. Comparat. Periclis c. Fab. Max. 3. 13) Sueton. Aug. 28, 3.

Die Zeit des Augustus.

Unter Augustus nahm das Bauwesen in Rom einen neuen großartigen Aufschwung. Diesen bewirkte nicht bloß das durch den Weltfrieden wiederkehrende Gefühl von Sicherheit, der steigende Wohlstand, das Wachstum der Bevölkerung, das Zuströmen der Kapitalien, das den durch die Bürgerkriege stark in die Höhe getriebenen Zinsfuß im J. 29 v. Chr. von zwölf Prozent wieder auf vier herabdrückte[1]), sondern namentlich auch das von dem Kaiser ausgehende Streben, Rom mit dem Glanz und der Pracht auszustatten, welche die Würde einer Hauptstadt der Welt erfordere. Erst jetzt wurde das edle Material der Brüche von Carrara massenhaft bei Bauten verwendet[2]). Erfolgte nun die Verschönerung Roms damals zunächst in umfassendster Weise durch öffentliche Anlagen und Denkmäler, so wurden doch auch vielfache, zum Teil durch diese bedingte Regulierungen und Erweiterungen des Straßennetzes vorgenommen[3]). Ferner kann kein Zweifel sein, daß der so entschiedene Wunsch und Wille des Monarchen für die Großen, die Kapitalisten, die Unternehmer auch bei Privatbauten maßgebend war, und daß schnell zahlreiche glänzende Privathäuser und Paläste entstanden, die zum Teil die älteren in Schatten stellten[4]). Bei dem soliden Bau des Palastes eines Piso[5]) äußerte Augustus befriedigt: er baue so, als ob Rom ewig stehen werde[6]).

Vergleich mit modernen, durch Monarchen vergrößerten und verschönerten Hauptstädten.

Überhaupt dürfen wir glauben, daß der Wunsch des Augustus auf die architektonische Neugestaltung Roms nicht minder schnelle und nachdrückliche Wirkungen geübt hat als der Wunsch und das Beispiel so mancher Regenten für moderne Hauptstädte. In der Baugeschichte Neapels begann mit der Regierung des spanischen Vizekönigs Pietro de Toledo (1532—1553) eine neue Epoche; der Stadt Rom drückte Sixtus V. (1585—1590) den Stempel seines Geistes auf[7]). Daß Stockholm zu Ende des 16. Jahrhunderts durch die Zahl seiner Steinhäuser in Nordeuropa einzig dastand (sogar mehr als London besaß), hatte ein Befehl Gustav Wasas (1523—1560) bewirkt, den Johann III. (1568—1592) energisch durchsetzte: schon 1582 waren dort unter 658 Wohnungen 429 Steinhäuser[8]). Den durch den Vorgang Ludwigs XIV. seit 1661 veranlaßten Privatbauten verdankte Paris die Entstehung zweier neuen Städte um St. Sulpice und das Palais Royal, welche die alte übertrafen[9]). In Moskau, wo noch gegen Ende des 17. Jahrhunderts rohgezimmerte Holzhäuser zum Ersatz der jährlich durch Feuersbrünste zerstörten Hunderte oder Tausende auf den Märkten zu kaufen waren, übte das Beispiel des von dem Fürsten Golizin gebauten Palasts eine solche Wirkung, daß, während er an der Spitze der Geschäfte stand (1682—1689), nicht weniger als 3000 steinerne Häuser aufgeführt wurden[10]). August der Starke verwandelte Dresden, das er als eine kleine, hölzerne Stadt vorgefunden hatte, in eine steinerne und (nach Lady

1) Cass. Dio LI 21, 5. 2) Jordan I 1 S. 16 ff.; vgl. Bruzza (und Dressel), Memor. d. Accad. pontific. II 2 (1884) S. 389 ff. 3) Jordan I 1 S. 486 f. 4) Plin. n. h. XXXVI 110. 5) Wahrscheinlich der spätere Stadtpräfekt L. Calpurnius Piso, Real-Encykl. III 1396 Nr. 99. 6) Plutarch. Reg. et imper. apophth. Caes. Aug. 15. 7) Hübner, Sixte-Quint II (1870) 124 ff. 8) Troels Lund, D. tägl. Leben in Skandinavien während des 16. Jahrhunderts S. 104 f. Die Privathäuser der flandrischen Städte bestanden im 16. Jhdt. in der Regel aus Holz und Lehm: Rachfahl, Wilhelm von Oranien I 332. 9) Voltaire, Siècle de Louis XIV ch. 29 (Oeuvres complètes 1784 XXI 197). 10) Brückner, Beitr. z. Kulturgesch. Rußlands im 17. Jahrhundert (1887) S. 299.

Montague 1716) die hübscheste von ganz Deutschland[1]). Warschau arbeitete sich erst unter Stanislaw August, der es zur Residenz wählte, aus seinem elenden Zustande hervor und wurde von ihm wie von den Magnaten mit zahlreichen Palästen und andern bedeutenden Gebäuden geschmückt[2]). Die Verschönerung Berlins erfolgte unter Friedrich Wilhelm I. und Friedrich II. durch große Aufwendungen von Staatsmitteln und Regelung der zum Teil zwangsweise angeordneten Privatbauten[3]); dann durch eine sehr lebhafte Entwicklung der Bautätigkeit nach dem Siebenjährigen Kriege[4]). In ähnlicher Weise wie diese Residenzen hat auch Rom durch seinen ersten Monarchen einen neuen architektonischen Charakter erhalten: es hat sich unter und durch Augustus »aus einer Lehmstadt[5]) in eine Marmorstadt« verwandelt. Schon dreißig Jahre nach der Schlacht von Actium sprach Ovid von dem goldenen Rom, das die Schätze der ganzen Welt besitze[6]).

»Die zentralen Quartiere der Stadt sind schon unter Augustus und seinen nächsten Nachfolgern großenteils dem Privatbau entzogen worden durch Monumentalbauten: die zehnte Region durch die Kaiserpaläste, die elfte durch die Vergrößerung des Zirkus, die vierte durch Anlage der Kaiserfora. Zum Ersatz verwandelten sich Cälius und Aventin in elegante, von der Aristokratie bevorzugte Stadtteile«[7]).

Die Straßenzüge Roms hat jedoch die Augusteische Zeit wohl nur zu einem sehr geringen Teile angetastet oder umgestaltet. Denn unter Tiberius klagte man, daß die Höhe der Häuser so groß und die Straßen so eng seien, daß es weder einen Schutz gegen Feuersgefahr noch eine Möglichkeit gebe, bei einem Einsturz nach irgendeiner Seite hin zu entkommen[8]). Nach dem Neronischen Brande (64 n. Chr.), der an demselben Tage ausbrach wie der Gallische (am 19. Juli oder vielmehr in der Nacht vom 18. zum 19.) und in sechstägigem Wüten von den 14 Regionen der Stadt drei ganz in Schutt und Asche legte, von sieben nur wenige halbverbrannte Ruinen übrigließ[9]), erstand Rom völlig neu. Die Häuser wurden nun bis zu einer gewissen Höhe ganz feuerfest, aus

Der Neronische Brand und der Neubau.

1) Vehse, Geschichte der deutschen Höfe XXXIII 174 f. Letters of Lady Montague 15. 2) F. v. d. Brüggen, Polens Auflösung (1878) S. 235 f. 3) Justi, Winckelmann I² 28 f. Büsching, Neue Erdbeschr. III⁶ 2, 989—1002. 4) Nach amtlichen Nachweisungen, die ich 1873 durch den damaligen Oberbürgermeister von Berlin A. Hobrecht erhielt, wurden in Berlin von 1763 bis 1786 (in welcher Zeit die während des Siebenjährigen Krieges auf 98000 gesunkene Bevölkerung auf 133766 stieg) neu gebaut 439 Vorderhäuser, hölzerne massiv umgebaut 912, repariert und verschönert 1203. Die Feuerversicherungstaxe stieg in den Jahren 1760 bis 1785 von etwa 10½ auf etwa 19 Millionen Taler. 5) Suet. Aug. 28, 3 *ut iure sit gloriatus, marmoream se relinquere, quam latericiam accepisset*; Nissen, Pomp. Stud. S. 25** tadelt mit Recht die Übersetzung »Ziegelstadt«, wobei wir immer an gebrannte Ziegel denken, und verweist auf Cass. Dio LVI 30, 3 τὴν Ῥώμην γηίνην παραλαβὼν λιθίνην καταλείπω. 6) Ovid. a. a. III 113; vgl. Martial. IX 59, 2. Auson. Ordo urb. nob. 1. Hist. aug. Pesc. Nig. 12, 6. Juvenc. praef. 2. W. Gernentz, Laudes Romae (Diss. Rostock 1918) S. 59, für das Mittelalter Jordan II 374. 425. 7) Hülsen; vgl. Hülsen-Jordan I 3, 154. 229. 8) Seneca Controvers. II 1, 11. 9) Die von Jordan I 1 S. 488 benutzte Augabe der zerstörten Häuser (132 *domus*, 4000 *insulae*) in dem Briefwechsel des Seneca und Paulus (12 Haase) kann ich nur für eine wohlfeile Erfindung eines offenbar sehr unwissenden Fälschers halten; vgl. dazu Hülsen, Röm. Mitt. IX 1894 S. 97 f. Der Brand von London, der am 2. September 1666 ausbrach und fünf Tage und Nächte wütete, zerstörte mehr als 13000 Häuser, 89 Kirchen und andre öffentliche Gebäude. Stern, Milton II 2 S. 53 f.

gabinischem und albanischem Stein aufgeführt, mit freien Plätzen versehen und minder hoch gebaut, die Quartiere wurden planmäßig, die Straßen breiter und gerader angelegt und mit Arkaden eingefaßt[1]). Daß dieser Neubau bei Neros Tode (68) noch nicht vollendet war, ist sehr natürlich. Noch Vespasian fand die Stadt durch alte Brände und Einstürze verunstaltet[2]), und eine im Jahre 71 gesetzte Inschrift rühmt, daß er die durch die Vernachlässigung früherer Zeiten entstellten Straßen auf seine Kosten wiederhergestellt habe[3]).

Höhe der Häuser.

Der von den flavischen Kaisern zu Ende geführte Neubau, der mehr als zwei Dritteile der Stadt umfaßte, vormochte die alten Übelstände nur zum Teil zu beseitigen. Nach den übereinstimmenden Äußerungen der Alten blieben die Häuser auch nach dem großen Brande sehr hoch[4]).

Füge man zu der Ausdehnung und dem Umfange Roms, sagt Plinius, die Höhe der Häuser hinzu, so könne sich keine andre Stadt in der Welt an Größe vergleichen[5]). Denn der Umfang Roms, der nach der Vermessung des Jahres 74 sich auf 13200 Schritt (= 19536 m) belief[6]), blieb wohl hinter dem von Alexandria und vielleicht auch dem von Antiochia zurück[7]), aber jene beiden Städte hatten minder hohe Häuser[8]).

Aristides sagt in seiner Prunkrede zum Lobe Roms: wie ein starker Mann andre über sich in die Höhe hebt und trägt, so trägt Rom Städte auf Städten, die es über sich in die Höhe erhoben hat. Könnte man sie auf dem Boden ausbreiten, so würde die ganze Breite Italiens bis zum Adriatischen Meer davon wie von einer zusammenhängenden Stadt ausgefüllt werden[9]). In der Tat bestand der Hauptgrund zum Aufsetzen zahlreicher Stockwerke[10]) noch lange mindestens in derselben Stärke fort: die (besonders in der Altstadt) außerordentliche Bevölkerungsdichtigkeit einerseits, sowie die Beschränktheit und die hohen Preise des Areals andrerseits[11]); der Bauplatz für das Forum Cäsars hatte an Entschädigungen von Haus- und Grundbesitzern über 17 1/2 Millionen Mark gekostet[12]). Rom hatte höhere Häuser als die modernen Großstädte nördlich der Alpen[13]).

Während die Berliner Bauordnung von 1860 die Maximalhöhe der Straßenfronten nur 36 Fuß = 11,30 m bei der gleichen Straßenbreite und eine größere Höhe nur bei einer entsprechend größeren[14]), die Wiener nur 14,10 m (bei

1) Tac. A. XV 43. 2) Sueton. Vespas. 8, 5. 3) CIL VI 931 = Dessau 245. 4) Juvenal. 3, 269, vgl. 6, 31. Stat. S. IV 4, 14. 5) Plin. n. h. III 67. 6) Plin. n. h. III 66, vgl. Jordan, Topogr. II 87. Nissen, Rhein. Mus. XLIX 1894 S. 282. 7) Es fehlt an sicheren Angaben, denn die Umfangsziffern der größten Städte (Antiochia, Babylon, Karthago, Rom, Alexandria) in dem aus dem Alexanderroman stammenden (Boysen, Philol. XLII 1884 S. 412 ff. Lumbroso, L'Egitto dei Greci e dei Romani² S. 95 f.) sog. »topographischen Bruchstück« (Riese, Geogr. lat. min. S. 140 = Jul. Valer. I 26 p. 36, 3 ff. Kübler. Ps. Callisth. ed. Müller p. 34 zu I 31) haben geringen Wert; über Antiochia siehe R. Förster, Arch. Jahrb. XII 1897 S. 144 f., dazu J. Partsch, Archäol. Anz. 1898 S. 222 ff. 8) s. S. 6 A. 8. 9) Aristid. or. 26, 8 (I 93 K.). 10) Vitruv. II 8, 17. 11) Die gleichen Gründe führen auch zur Zusammendrängung der Begräbnisplätze in den Columbarien, deren Anlage und Verteilung geradezu einen Gradmesser für die Volksdichtigkeit gibt; vgl. V. Macchioro, Klio VIII 1908 S. 282 ff. 12) Pöhlmann S. 88 ff. 13) »In Neapel und Genua sind Häuser von 18—21 Meter Höhe keine besondere Seltenheit, in Rom selbst kenne ich Wohnungen mit 180 Stufen (auch abgesehen vom dritten Stock des Turms im Palazzo Venezia)« Hülsen. 14) Vgl. dazu Clauswitz in den Schriften des Vereins f. Geschichte Berlins, Heft 50 (Erforschtes und Erlebtes aus dem alten Berlin, 1917) S. 42.

höchstens vier Stockwerken), die Pariser höchstens 20 m (bei einer gleichen Straßenbreite) gestattet[1]), bestimmte Augustus die Maximalhöhe der Vorderhäuser auf 70 römische Fuß = 20,72 m, was 6—7 Stockwerke, Trajan angeblich auf 60 römische Fuß = 17,76 m[2]), was 5—6 Stockwerke zuläßt. Beide schwerlich streng aufrecht erhaltenen Bestimmungen erstreckten sich gar nicht auf Hinterhäuser und Hofgebäude, welche also ohne Zweifel vielfach höher gebaut wurden. Bei Martial hat ein armer Schlucker »200 Stiegen« zu seiner Kammer zu steigen[3]). Außerdem waren die Maximalhöhen bei jeder Straßenbreite zulässig, und in bezug auf diese stand Rom hinter den modernen Großstädten sehr zurück. Während in Berlin die Durchschnittsbreite sämtlicher Straßen 22 m beträgt[4]), scheint in Rom die der großen Hauptstraßen nur 5 bis 6,50 m betragen zu haben[5]), also geringer gewesen zu sein als die unterste der Pariser Skala von 7,80, bei welcher dort nur eine Häuserreihe von 11,90 zulässig ist. Eine durch ihre Läden so belebte Straße wie der Vicus Tuscus in Rom hatte eine Pflasterbreite von nur 4,48, der Vicus Jugarius von nur 5,50 Meter[6]). Hatte Tyrus nach Strabo[7]) in der Tat noch höhere Häuser als Rom, so war dies durch seine Lage auf einem engen Inselfelsen bedingt[8]).

Mangel an langen und breiten Straßen.

Lange und zugleich gerade Straßen hatte Rom im Marsfelde, wie die dem südlichen Teil des Corso entsprechende Via lata und die der Via dei Coronari entsprechende, die von der Engelsbrücke bis Piazza Colonna führt, einige auch im übrigen Teil, wie den Vicus patricius (Via urbana) und Alta Semita (Via del Venti Settembre), doch konnten diese Straßen, die einen prachtvollen Anblick gewährt haben müssen, wegen der Abwechslung von Tal und Hügeln nicht zahlreich sein, besonders da die Täler großenteils durch die Fora und andre öffentliche Anlagen eingenommen waren. Großartige Prospekte, wie sie Alexandrien und Antiochia mit ihren fast meilenlangen, rechtwinklig durchschnittenen Prachtstraßen boten, hat Rom nie gehabt. Infolge der durch die Bodennatur bedingten Notwendigkeit haben sich in den Straßenzügen des mittelalterlichen Rom bis auf die Tage Sixtus V., ja zum Teil noch auf die unsrigen, die uralten Straßenzüge zum großen Teil erhalten. Die dürftigen und zum Teil zerrissenen Bruchstücke des kapitolinischen Stadtplans aus dem Anfange des 3. Jahrhunderts zeigen fast zu gleichen Teilen Überreste geradlinig-rechtwinklig und unregelmäßig gebauter Quartiere und weisen (gewiß nicht zufällig) eine ganze Skala der verschiedensten Straßenbreiten auf[9]).

1) Pöhlmann S. 94. 2) Strabo V 235. Aurel. Victor Epit. 13, 13. Vgl. M. Voigt, Ber. d. sächs. Gesellsch. d. Wiss. 1903 S. 175 ff. 3) Martial. VII 20, 20. 4) Pöhlmann S. 95. 5) Jordan I 1 S. 493 f. Lanciani, Ruins and excavations S. 570 weist darauf hin, daß im modernen Rom zwei stark frequentierte (freilich kurze) Straßen von acht bzw. zehn Fuß (= 2,4 bzw. 3 Meter) Breite existieren. 6) Jordan I 2 S. 468, 38. 7) Strabo XVI 757. 8) Pöhlmann S. 99, 7. Erwähnungen von Wohnungen im dritten Stockwerk bei Martial I 117, 7 und Juven. 3, 199 beweisen nichts für die Häuserhöhe in Rom. Vier bis fünf Stockwerke in Neapel Philostrat. Imag. I prooem. p. 4, 22 Teubn.; 3 bis 4 im alten Babylon Herod. I 180; in Antiochia waren die größeren Häuser in der Regel dreistöckig (Liban. or. 11, 225, I 515 F., ein fünfstöckiges erwähnt Theoph. chron. p. 265 Bonn.), 6 Stockwerke in Karthago erwähnt Appian Lib. 128, desgleichen in Motya auf Sicilien Diodor XIV 51, 1. Über Turmhäuser in Alexandria und den ägyptischen Großstädten Schubart, Einführung in die Papyruskunde S. 438. 446. Die höchsten Häuser hatte wohl Constantinopel, wo 100 Fuß (= 29,60 m), also 10 Stockwerke zulässig waren. Pöhlmann S. 93 f. 9) Jordan I 1 S. 492. Nissen, Pomp. Stud. S. 599.

Übrigens wurde die architektonische Wirkung der Straßen Roms nach modernen Begriffen durch manche Eigentümlichkeiten der antiken Bauart beeinträchtigt: z. B. häufige Abweichungen der Häuserfronten von der geraden Linie, unregelmäßige und vereinzelte Fenster in den oberen Stockwerken, ungleiche Höhe der verschiedenen Teile derselben Häuser, ganz besonders aber durch die große Häufigkeit der An- und Vorbauten, die gerade die lebhaftesten Straßen am meisten verengten. Wo sich Arkaden an den Fronten entlang zogen, konnte sich der Verkehr in ihnen ansiedeln; doch diese hatten sicherlich nur die größeren Straßen. In den übrigen waren die Tabernen, Buden, Läden, Werkstätten und Schenkstuben in die Straße hineingebaut, wie auch in Pompeji in den Verkehrsstraßen jedes Haus gegen die Straßenseite einige mit gemauerten Ladentischen versehene Buden hat[1]). Bei dem Gedränge und Gewühl der römischen Straßen machte sich der Übelstand ihrer Verengung durch diese Vorbauten zuweilen so fühlbar, daß eine Abhilfe nötig ward. Ganz Rom, sagt Martial (im Jahre 92), war eine große Taberne geworden, alle Straßen von Krämern und Händlern, Fleischern, Schenkwirten und Barbieren in Beschlag genommen, man sah keine Hausschwellen mehr. Hier hingen am Pfeiler der Schenke angekettete Weinflaschen, dort schwang mitten im dichtesten Gedränge der Barbier sein Schermesser, dampfende, rußgeschwärzte Garküchen nahmen die ganze Breite einer Straßen ein, und Prätoren waren gezwungen, durch den Kot des Fahrdamms zu wandeln. Domitian schränkte die Tabernen ein, und nun wurden die Straßen, die bloße Pfade gewesen waren, für den Verkehr wieder wegsam[2]). Doch blieben die hölzernen Vorbauten der Häuser zahlreich, wie Herodian bei der Beschreibung eines Straßenkampfs zwischen dem Volk und den Prätorianern im Jahre 238 ausdrücklich sagt: sie verbreiteten das von den letzteren angelegte Feuer schnell über einen sehr großen Teil der Stadt[3]). Im Jahre 368 beseitigte der Stadtpräfekt Prätextatus die Balkone und Erker der oberen Stockwerke durchaus[4]), doch wohl wegen ihrer Feuergefährlichkeit, die vermutlich noch dadurch erhöht wurde, daß sie in der Regel Vorhänge hatten[5]), auch wohl aus Sicherheitsgründen[6]). *An- und Vorbauten der Häuser.*

Aber trotz aller Mängel seiner Straßen und seiner Lage war Rom eine Stadt ohnegleichen[7]). Noch Claudian durfte sagen, daß der Himmel nichts Erhabeneres erblicke, daß kein Auge ihre Weite, kein Geist ihre Schönheit, kein Mund ihr Lob in sich fassen könne[8]); und noch hundert Jahre später rief der Afrikaner Fulgentius bei ihrem Anblicke aus: »Wie schön muß das himmlische Jerusalem sein, wenn schon dies irdische Rom in solcher Herrlichkeit erstrahlt!«[9]) Ein Lobredner Roms (Callinicus aus Petra in Arabien) im 3. Jahrhundert vergleicht die Entbehrung derer, die es nicht sehen, mit der der Blinden, *Unermeßlichkeit der Stadt.*

1) Jordan, Forma urbis S. 46. Mau, Pompeji² S. 285 ff. 2) Martial. VII 61. 3) Herodian. VII 12, 5. 4) Amm. Marc. XXVII 9, 10. 5) Dig. XLIII 8, 2 § 6. Vgl. die Ansicht eines Hauses in dem sogenannten Hause der Livia, Monum. d. Inst. XI 22 = Schreiber, Bilderatl. Tf. 54, 3. 6) Vgl. den Rat, den König Ferdinand von Neapel im Jahre 1475 dem Papste Sixtus IV. gegeben haben soll, Infessura ed. Tommasini p. 79 f. Gregorovius, Gesch. d. Stadt Rom im Mittelalt. VII S. 647. 7) Zusammenstellung der zahlreichen bei Rednern und Dichtern zum Lobe Roms verwendeten τόποι bei W. Gernentz, Laudes Romae, Diss. Rostock 1918. 8) Claudian. de cons. Stilich. III 130 ff. 9) Vita Fulgent. Rusp. 13.

die die Sonne nicht kennen; nur wer Rom kennt, kann sagen, daß er wahrhaft gelebt hat, sein Los unterscheidet sich von dem jener andern mehr als das der Geweihten von dem der Unreinen[1]). Was hauptsächlich zusammenwirkte, um den Eindruck zu einem überwältigenden zu machen, war dies: das ungeheure, ewig wechselnde Gewühl einer aus allen Ländern zusammengeströmten Bevölkerung, das verwirrende und berauschende Treiben eines wahrhaften Weltverkehrs, die Großartigkeit, Pracht und Menge der öffentlichen Anlagen und Bauten, endlich die unermeßliche Ausdehnung der Stadt. Von welchem Standpunkt, fragt Aristides, vermöchte man so viel mit Gebäuden bedeckte Höhen oder in Städte verwandelte Täler oder vielmehr so viel in eine Stadt zusammengefaßtes Land vollkommen zu überschauen? Wo man sich auch befindet, man ist immer in der Mitte[2]). In der Tat, wer damals von der Höhe des Kapitols hinabschaute, dessen Blick verlor sich in einem Gewirr von Prachtgebäuden, Palästen und Denkmälern jeder Art, das zu seinen Füßen sich meilenweit über Tal und Hügel in unabsehbare Ferne hinbreitete. Wo jetzt sich eine ruinenerfüllte Einöde gegen das Albanergebirge hin erstreckt, über der Fieberluft brütet, war damals eine durchaus gesunde, überall angebaute, von lebenwimmelnden Straßen durchschnittene Ebene[3]). Nach keiner Seite hin hatte die Stadt eine eigentliche Grenze[4]), es gab kein gewisses Kennzeichen, nach dem man hätte bestimmen können, wie weit sie reichte, und wo ein neues Gebiet anfing. Überall griffen ihre Ausläufer in die Campagna hinaus und verschlangen nach und nach die zahlreichen umliegenden Flecken und Ortschaften, und ihre Vorstädte verloren sich in neuen Anlagen prachtvoller Landhäuser, Tempel und Monumente, deren marmorne Zinnen, Giebel und Kuppeln aus dem dunkeln Grün der Haine und Gärten hervorleuchteten[5]).

Öffentliche Anlagen in der Augusteischen Zeit —

Unter den öffentlichen Anlagen übertrafen die des Marsfeldes alle übrigen an Ausdehnung, während sie an Pracht und Großartigkeit keinen nachstanden. Den gewaltigen Eindruck der hier unter Augustus entstandenen Marmorstadt hat Strabo geschildert. Die weite, auf drei Seiten von der Windung des Stromes umschlossene Ebene, deren ungeheure Fläche sowohl den Wagenrennen und Reitern ausreichenden Platz bot wie auch einer unzähligen Menge, die sich in Leibesübungen tummelte, ihr immergrüner Grasboden, die Prachtgebäude und Denkmäler ringsum, ein Labyrinth säulengetragener Hallen, Kuppeln und Giebeldächer, unterbrochen von dem Grün der Lusthaine und Baumgänge; als Begrenzung die Kuppen der jenseits über dem Flusse im Halbkreise aufsteigenden Hügel, deren Abhänge bis an das Ufer hinabreichten — das war ein Anblick, von dem man sich schwer trennen konnte, der die übrige Stadt wie einen Anhang erscheinen ließ. Betrat man aber die eigentliche Stadt und erblickte nun die Fora, eines neben dem andern ausgebreitet, von Säulengängen

1) Müller, FHG III 663. 2) Aristid. or. 26, 6 f. (II 93 K.). 3) Strabo V 239. 4) Die Rechtsgrenze Roms war der erste Meilenstein (von der Servianischen Mauer), die faktische Grenze durch das Aufhören der Häuser und der Straßen gegeben. Auch diese letztere muß, wie oft sie auch bei der Erweiterung der Stadt gewechselt haben mag, doch immer zurzeit fixiert gewesen sein. Mommsen StR. II³ 1035, 1—4. S. unten Anhang III S. 12 f. 5) Vgl. die lebendige Schilderung der dreifachen, Rom umgebenden und bis zum 7. und 8. Meilenstein der Via Appia und Nomentana reichenden Villenzone bei Lanciani, Bull. arch. com. XII 1884 S. 143 ff.

und Tempeln eingefaßt, und das Kapitol mit seinen Bauwerken und den Palatin und die Kolonnade der Livia, so mochte man leicht das außerhalb Gesehene vergessen. Eine solche Stadt, schließt Strabo bewundernd seine Schilderung, ist Rom[1]). Was von dieser Herrlichkeit in den Bränden unter Nero und Titus verloren ging, ward wiederhergestellt oder ersetzt und die alten Anlagen noch durch neue vermehrt. Man konnte das ganze Marsfeld unter Dächern von Säulengängen durchschreiten; die gesamte Längenausdehnung der 10 hauptsächlichsten Portiken der neunten Region (Circus Flaminius) ist auf 4500 Meter berechnet worden, das durch sie vor Sonne und Regen geschützte Areal auf 27500 Quadratmeter, das gesamte von ihnen umfaßte auf etwa 100000, die Zahl ihrer Säulen auf etwa 2000[2]). In diesen Portiken fand man Angaben ihrer Länge nach Fußen, und wievielmal man sie auf- und abschreiten mußte, um eine Strecke von 1000 Schritt (1480 m) oder eine größere zurückzulegen[3]). Plinius sagt, schon in jedem einzelnen seiner Wunderwerke erscheine Rom auch hierin als Überwinderin des Weltalls, durch ihre Gesamtheit aber und Vereinigung an einem Ort entstehe eine Größe wie die einer zweiten Welt neben der jetzigen. In der letzten Zeit der Republik hatte man vor allem den an der offenen Ostseite Roms von König Servius ausgeführten kolossalen, 50 Fuß (fast 15 m) breiten Wall[4]), die ungeheuren Unterbauten des Kapitols und das System der Kloaken bewundert, dessen sieben unterirdische, auf einen Punkt zusammengeleitete Hauptarme (wie Plinius sagt) mit starkem Gefälle strömend alles unaufhaltsam mit sich forttragen, und dessen Wölbungen dem Druck der ungeheuersten Lasten, den Erschütterungen der Einstürze und Erdbeben noch immer Widerstand leisten[5]). In Plinius Zeit waren die prachtvollsten Bauten Roms der von Julius Cäsar ausgebaute große Zirkus, das Forum des Augustus, die unter ihm erneuerte Basilika des Paulus mit Säulen aus phrygischem Marmor und das Diribitorium des Agrippa im Marsfelde mit einem Dache von noch nie gesehener Spannungsweite, endlich der von Vespasian erbaute Tempel des Friedens[6]).

In der Zeit von Neros bis auf Hadrians Tod.

In dem halben Jahrhundert von Vespasian bis Hadrian erreichte Rom seinen höchsten Glanz, wenn auch unter den Antoninen und später noch vieles zu seiner Verschönerung geschehen ist, so namentlich von Severus und Caracalla[7]); die von dem letzteren in der Gegend seiner Thermen angelegte Via nova galt als die schönste Straße Roms[8]). Damals aber entstanden die Wunderwerke, welche die spätesten Nachkommen nicht minder als die Zeitgenossen anstaunten, in gedrängter Reihenfolge. Ammian schildert den Eindruck, den Rom auf den Kaiser Constantius machte, der es im Jahre 357 zum ersten Male sah, und nennt in dieser Schilderung fast ohne Ausnahme nur Bauten, die aus jener Zeit stammen[9]). Als der Kaiser auf das Forum kam, die berühmte Stätte der alten Macht, war er stumm vor Bewunderung. Wohin auch seine Augen sich

1) Strab. V 236, vgl. Hülsen-Jordan I 3 S. 499 f. 2) Lanciani, Ann. d. Inst. 1883 S. 16 f. 3) De Rossi, Notiz. d. Scavi 1888 S. 709 ff. De Rossi und Gatti, Bull. arch. com. XVII 1889 S. 355 ff. CIL VI 29774—29778 mit Hülsens Anmerkungen. Eph. ep. VIII 374 u. unten S. [468, 4]. 4) Jordan, Topographie I 1 S. 214 ff. 5) ebd. S. 441 ff. 6) Plin. n. h. XXXVI 101 ff. 7) Liste der von Septimius Severus 193—211 errichteten oder wieder hergestellten römischen Bauwerke bei Lanciani, Bull. arch. com. X 1882 S. 52 f. 8) Hist. aug. Carac. 9, 9. 9) Ammian. XVI 10, 13 ff.

wandten, sah er sich von dem dichten Gedränge der Wunderwerke geblendet. Indem er sodann allmählich die einzelnen Teile der Stadt musterte, auf den Höhen der sieben Hügel, auf deren Abhängen und in der Ebene, meinte er immer, das, was er eben gesehen, müsse unter allem übrigen das größte sein. Der Juppitertempel auf dem Tarpejischen Felsen strahlt wie Göttliches vor Menschlichem. Die Bäder sind in der Ausdehnung von Provinzen angelegt. Die Masse des (Flavischen) Amphitheaters, ein mächtiger Bau aus tiburtinischem Stein, ragt so hoch, daß der Blick kaum bis zur äußersten Höhe hinaufreicht. Der herrliche Rundbau des Pantheon mit prachtvoller, hoher Überwölbung, die riesenhaften Ehrensäulen, zu deren Spitzen im Innern Treppen hinaufführen, und welche die Bildsäulen früherer Fürsten tragen, der Tempel der Göttin Roma, das Forum des Friedens, das Theater des Pompejus, das Odeum, das Stadium, all diese Zierden der Stadt wetteifern an Schönheit, Pracht und Großartigkeit miteinander. Als er aber zum Forum Trajans gekommen war und diese Anlage erblickte, die unter dem ganzen Himmel nicht ihresgleichen hat und wohl auch von den Göttern als wundervoll anerkannt werden würde, stand er wie betäubt, indem er seinen Geist durch die gigantischen Räume hinschweifen ließ, die weder mit Worten beschrieben werden können, noch für Sterbliche zum zweiten Male erreichbar sind.

Das Trajansforum.

Den Plan dieser glänzendsten Anlage des kaiserlichen Rom lassen ihre bedeutenden Reste im ganzen noch erkennen. Eine Basilika von riesenhaften Verhältnissen, dahinter die des Kaisers Taten verkündende hundert Fuß (29 m) hohe Säule bildeten den Hintergrund und idealen Sammelpunkt eines freien Platzes, der für den vom Forum des Augustus Eintretenden links und rechts von Säulenhallen begrenzt war, hinter denen sich symmetrisch halbkreisförmige Bauten ansteigend an den Abhang dort des Kapitols, hier des Quirinals anschlossen; als einzigen Schmuck trug der Platz in seiner Mitte das Reiterstandbild des Kaisers. Die Basilika war ein säulengetragener Hallenbau, ihr wahrscheinlich zweistöckiger, von einer Doppelhalle umgebener, nach dem Kapitol und Quirinal durch halbkreisförmige Exedren abgeschlossener Mittelsaal hatte die (nachmals in der Basilika von S. Paolo fuori le mura fast genau wiederholte) Breite von 29 Metern = 100 röm. Fuß[1]); die aus Holz konstruierte Decke war außen mit vergoldeten Bronzeplatten belegt, Granit, einheimischer und fremder Marmor verschwenderisch angewandt. Zu beiden Seiten (östlich und westlich) der Säule standen wahrscheinlich die Gebäude einer doppelten (lateinischen und griechischen) Bibliothek; hinter der Säule (nördlich) machte ein von Hadrian erbauter Tempel Trajans den Abschluß. Je länger je mehr füllte sich das Trajansforum mit Statuen verdienter Staatsbeamten, besonders aus vergoldeter Bronze, deren von der Zeit der Antonine bis ins 6. Jahrhundert hinabreichende Postamente zum Teil noch vorhanden sind[2]). »Denkt man sich zu all diesem die Dachfirsten der umlaufenden Hallen und der Basilika mit vergoldeten Rossen und Trophäen besetzt, die Gestalten gefangener und trauernder Barbaren, deren einige erhalten sind, an dem den Eingang bildenden Triumphbogen und sonst aus Marmor und Porphyr; erinnert man sich ferner der üppigen und kühnen

1) Dehio-Bezold, Die kirchliche Baukunst d. Abendlands I (1892) S. 76. 2) Vgl. unten [III 36. 74. 78].

Ornamentik der erhaltenen Friesstücke, so gewinnt man eine deutliche Vorstellung von der wahrhaft königlichen Formenpracht, welche diesen streng symmetrisch gegliederten Prunkplatz erfüllt haben muß«[1]).

Rom in den Stadtbeschreibungen des 4. Jahrhunderts.

Umfassende Beschreibungen der Stadt Rom nach ihren 14 Regionen besitzen wir erst aus der Mitte des 4. Jahrhunderts: zwei wenig verschiedene Bearbeitungen einer amtlichen, zwischen 312 und 315 verfaßten Urkunde, der allem Anschein nach ein Stadtplan zugrunde lag. Diese Beschreibungen haben zwei Anhänge[2]), deren erster gewisse Hauptklassen der öffentlichen Monumente aufzählt (die 6 Obelisken, 8 Brücken, 11 Thermen, 19 Wasserleitungen usw.), während der zweite ein Register zu den Regionenbeschreibungen gibt, in welchem die Gesamtsummen der in den 14 Regionen enthaltenen Monumente, Gebäude und Anstalten angegeben sind: 2 Zirkusanlagen, 2 Amphitheater, 3 Theater, 4 Gladiatorenschulen, 5 Naumachien, 36 marmorne Bögen, 37 Tore, 290 Magazine und Speicher, 254 öffentliche Bäckereien, 1790 Einfamilienhäuser und Paläste, 46602 Mietswohnungen[3]) usw. Die erste Benutzung findet sich in dem Kalender des Polemius Silvius (448 n. Chr.), wo auch sieben »Hauptwunder« Roms aufgezählt werden, die offenbar den sieben Weltwundern gegenübergestellt werden sollten. Die sieben (gewiß sehr verschieden angegebenen) Wunder sind dort folgende: die Kloaken, die Aquädukte, das (Flavische) Amphitheater (Kolosseum), das (von Domitian erbaute) Odeum, die Thermen und die Höhe des Janiculum (an der Aqua Paola), von welcher also damals wie jetzt die Ciceroni die Besucher der ewigen Stadt »die sieben Hügel und das ganze Rom« anstaunen ließen[4]).

Kunstwerke.

Aber es war nicht diese unvergleichliche Herrlichkeit der Bauten und Anlagen allein, die Rom zu einer Stadt der Wunder machte. Wer durch ihr endloses Gebiet wanderte, sah sich auf Schritt und Tritt von immer neuen Schauspielen gefesselt. Überall wurde der Blick von den Werken älterer und neuerer Kunst festgehalten, die in verwirrender, unübersehbarer Fülle ganz Rom schmückten[5]). Die Wände der Hallen und Tempel prangten im Farbenschmuck der Mauergemälde und Bildtafeln[6]), und ihre Räume wie die der Bäder sowie Straßen und Plätze waren noch im 4. Jahrhundert[7]) von Erz- und Marmorbildern erfüllt. Damals gab es noch 3785 öffentlich ausgestellte Bronzestatuen von Kaisern und Feldherrn, so daß die Gesamtzahl der öffentlich ausgestellten plastischen Werke wohl auf mehr als 10000 veranschlagt werden kann. Rechnet man dazu die im Innern der Gebäude befindlichen, so begreift man, daß noch

1) Jordan I 2 S. 466 f., vgl. S. 455 ff. 2) Dem statistischen Teil der Regionenbeschreibung liegt eine ältere (etwa in der Zeit der Vespasianischen Stadtvermessung gemachte), in constantinischer Zeit mit geringer Sorgfalt bearbeitete Urkunde zugrunde. Jordan, Topogr. II 1—236; Form. urb. Rom. S. 47 f. O. Richter, Topographie d. Stadt Rom² S. 6 ff. 371 ff. E. T. Merrill, Classic. Philology I 1906 S. 133 ff. 3) Über die Bedeutung von *insula* als getrennte Familienwohnung (was die mittelalterliche Statistik Italiens »*fuochi*«, Feuerstellen, nennt) vgl. Beloch, Bevölkerung d. griech.-röm. Welt (1886) S. 407 ff. O. Richter, Hermes XX 1885 S. 91 ff. (gegen Jordan, Topogr. I 1 S. 541 ff.). Hülsen, Röm. Mitteil. VII 1892 S. 279 ff. und neuerdings E. Cuq, Une statistique de locaux affectés à l'habitation dans la Rome impériale, Mem. de l'acad. d. inscript. XL 1915. S. auch Anhang III S. 19. 4) Mommsen, Chron. min. I 545. 5) Vgl. F. Jacobi, Grundzüge einer Museographie der Stadt Rom zur Zeit des Kaisers Augustus, I. Gymn. Progr. Speier 1884. 6) R. Rochette, Peintures antiques S. 61 f. 7) Ambros. epist. 18, 31.

zwei Jahrhunderte später nach gar manchen neuen Verwüstungen Cassiodor sagen konnte: in Roms Mauern scheine noch ein zweites Volk von Statuen zu wohnen[1]).

Gärten und Parks.

Überall waren die Massen der Gebäude von dem Grün der Gärten und Parks unterbrochen und eingefaßt, und zu allen Zeiten des Jahres sah man frisches Laub in Fülle[2]). Der Esquilin war von den Gärten des Mäcenas, Pallas, Epaphroditus, Torquatus und andern wie von einem ungeheuren Park bedeckt; die Gärten der Acilier, des Lucull, Sallust füllten die ganze Fläche des Monte Pincio und der angrenzenden Täler, so daß sich von Porta del Popolo bis Santa Croce in Gerusalemme ein einziger, kolossaler, nur von den Thermen Diocletians unterbrochener Park erstreckte[3]). Auch die weiten Bezirke der Paläste schlossen häufig Gärten ein, mit herrlichen alten Bäumen, von Vogelgesang erfüllt[4]); besonders waren Lotosbäume (d. h. Zürgelbäume) wegen ihrer breiten Schattendächer in Stadtgärten beliebt: die sechs Lotosbäume im Garten des Redners Crassus auf dem Palatin, die im Jahre 92 v. Chr. ebenso hoch wie der Palast geschätzt wurden, gingen erst 150 Jahre später im Neronischen Brande zugrunde[5]). Selbst von den Dächern und Balkonen streuten Blumen und Sträucher ihren Duft[6]). Besonders auf dem rechten Tiberufer[7]) und den umgebenden Hügeln breiteten sich zahlreiche, zum Teil kaiserliche Gärten aus[8]). Mehrere dieser Anlagen standen dem Volke offen; überdies luden, namentlich im Marsfelde, Lorbeer- und Platanengänge zum Lustwandeln unter dichten Schattendächern ein[9]); in der prachtvollen, auf dem Plateau zwischen der Nordostseite der Trajansthermen und der Kirche S. Martino ai Monti gelegenen[10]) Kolonnade der Livia gab in Plinius Zeit das Laub eines einzigen, ungeheuren Weinstocks, mit dem dort im Freien errichtete Spaliere bezogen waren, den Wandelnden Schatten[11]). Der dritte Gordian hatte beabsichtigt, unter dem Monte Pincio auf dem Marsfelde einen großen Garten mit Lorbeer-, Myrten- und Buchs-Pflanzungen von 1000 Fuß Länge und 500 Breite (296 × 148 m) anzulegen, in seiner ganzen Länge von einem Gange durchschnitten, der mit Mosaik gepflastert und durch Reihen von Säulen mit Statuetten eingefaßt sein sollte. Auf den beiden Langseiten sollten Säulenhallen, auf den kürzeren einerseits eine Basilika und Thermen für den Sommer, andrerseits Thermen für den Winter den Abschluß bilden. Doch kam dieser Plan nicht zur Ausführung, und in Constantins Zeit war der Raum mit Privatgärten und Privatgebäuden gefüllt[12]).

---

1) Cassiod. var. VII 13, 1; vgl. unten [III 82]. 2) Über die öffentlichen Gartenanlagen Roms in der Kaiserzeit s. M. L. Gothein, Geschichte der Gartenkunst I 94 ff. S. auch das Verzeichnis römischer Gärten bei Jordan, Forma urbis S. 43. 3) Lanciani, Annali d. Inst. 1883 S. 14. Über die Adonaea des Stadtplans s. Hülsen, Röm. Mitteil. XI 1896 S. 206. 4) Rutil. Namat. I 111 ff. 5) Plin. n. h. XVII 3 ff. 6) Plin. n. h. XV 47 *quoniam et in tecta iam silvae scandunt*; vgl. XIX 59 *iam in fenestris suis plebs urbana imagine hortorum cotidiana oculis rura praebebant*; Blumentöpfe Dig. XXXIII 7, 26 pr. 7) Stat. Silv. IV 4, 7. 8) Verzeichnis der kaiserlichen Gärten in Rom bei L. Homo, Mélanges d'archéol. et d'hist. XIX 1899 S. 101—129. O. Hirschfeld, Kl. Schrift. S. 528 ff. (vgl. Die kais. Verwaltungsbeamten² S. 137—139). 9) S. die Beschreibung der Porticus Pompei Hülsen-Jordan I 3 S. 530 f. 10) ebd. S. 315. 11) Plin. n. h. XIV 11. 12) Hist. aug. Gordian. 32, 6, doch s. dazu v. Domaszewski, Die Topographie Roms bei den Script. hist. Aug. (Sitz.-Ber. Akad. Heidelberg 1916, Abh. 7) S. 9.

Wasserwerke.

Aber vielleicht seinen schönsten Schmuck hatte auch das alte Rom in der Menge und Schönheit seiner Wasserwerke, zugleich ein Schatz von unermeßlichem Wert für die Wohlfahrt seiner Bewohner, der manche Übelstände der Bauart und Lage ausglich. Die Quellen der Gebirge, in unterirdischen Röhren oder auf gewaltigen Bogenreihen (unter Nerva in einer Gesamtlänge von etwa 430 Kilometer)[1]) in die Stadt geleitet, ergossen sich rauschend aus künstlichen Grotten, breiteten sich wie Teiche in weiten, reichverzierten Behältern aus oder stiegen plätschernd in den Strahlen prächtiger Springbrunnen auf, deren kühler Hauch die Sommerluft erfrischte und reinigte[2]). Wolle man die Fülle der Wasser ermessen, sagt Plinius, die zum öffentlichen Gebrauch in Bädern, Teichen, Kanälen, Palästen, Gärten, vorstädtischen Landhäusern fließen, die Entfernungen, die sie zurücklegen, die aufgeführten Bögen, durchgrabenen Berge, nivellierten Täler, so werde man gestehen, daß es auf der ganzen Welt nie etwas Staunenswerteres gegeben habe[3]). Auch Galen rechnet zu den Hauptvorzügen Roms die Menge und Schönheit der Quellen, »von denen keine übelriechendes, schädliches, schmutziges oder hartes Wasser hat«[4]). Die sämtlichen Leitungen lieferten, nachdem es Frontin gelungen war, ihre Ergiebigkeit fast zu verdoppeln[5]), eine Wassermenge, die bei der niedrigsten Schätzung auf 675000 Kubikmeter veranschlagt wird[6]). Die bis ins 3. Jahrhundert sich noch stetig vermehrende Wassermasse machte nicht allein in wachsendem Maße den Aufenthalt in allen großen öffentlichen Anlagen zu einer genußreichen Erholung, sondern veranlaßte auch eine stetige Vermehrung der öffentlichen durch die Niedrigkeit des Preises (von 1 Quadrans = 1 1/2 Pfennig) jedermann zugänglichen Badeanstalten und Brunnen[7]). Die Stadtbeschreibung des 4. Jahrhunderts gibt 856 Bäder (außer 11 Thermen) an, Wasserbassins mit Röhrenbrunnen (deren unter Nerva 591 gewesen waren) 1352. Ein großer Teil dieser Bassins war mit Kunstwerken verziert (wie eines der von Agrippa angelegten mit einer Wasserschlange) und danach benannt, z. B. Brunnen des Orpheus, Ganymed, Prometheus; einen von obenher überflossenen und gebadeten Kegel nannte das Volk »die schwitzende Zielsäule«[8]). Die Ruine dieser letzteren am Kolosseum und die großartige, Trofei di Mario[9]) genannte Ruine eines monumentalen Brunnens sind fast die einzigen Überbleibsel, die sich »von dieser offenbar überschwenglichen Pracht« erhalten haben. Außerdem nennt der zweite Anhang der Stadtbeschreibung 15 Nymphäen, d. h. Quellengebäude, in denen Wasser sprang oder floß, gewiß mit reicher Ornamentierung, von deren Anlage die sogenannte Grotte der Egeria eine Vorstellung geben kann[10]), so

1) B. Bauer, Vierteljahrsschrift für Volkswirtschaft und Kulturgeschichte LII 1876 S. 68 2) Rutil. Namat. I 97—106. 3) Plin. n. h. XXXVI 123, vgl. auch Frontin. de aquis I 16. 4) Galen XVIIB 159. 5) Frontin. II 87. 6) Frontin. II 78; vgl. Lanciani, Memorie d. accad. d. Lince ser. 3 IV 1880 S. 574. Hülsen, Röm. Mitteil. VIII 1893 S. 277. 7) Jordan I 1 S. 460. 8) Vielleicht ist Meta sudans doch ein technischer Ausdruck gewesen, da er auch in Bajä vorkommt, Senec. epist. 56, 4. Hülsen-Jordan I 3 S. 24, 54. 9) Hülsen-Jordan I 3 S. 348ff. 10) Vgl. Jordan II 48—66, der mit Unrecht die *munera* bei Frontin de aquis I 3 zu einer Unterabteilung der *opera publica* gemacht hat. Unter den *opera publica* des Agrippa sind dort die öffentlichen Wasseranlagen zu nützlichen Zwecken, unter *munera* die Luxusbauten, wie Springbrunnen, schöne Bassins (Jordan S. 60), zu verstehen. Hirschfeld, Verwaltungs-Beamte² S. 279, 3. Zu den Nymphäen in Griechenland und Kleinasien vgl. die Ausführungen von Puchstein, Archäol. Jahrb. XVII (1902) S. 121ff. und unten [II 373].

wie Acqua Paola, Fontana di Trevi und di Termini von den mit bildlichem Schmuck ausgestatteten Bassins. Das erst von Sixtus V. ganz zerstörte Septizonium des Severus, ein dreistöckiger, säulenreicher Prachtbau, an der Südwestecke des Palatin, aus drei fast halbkreisförmigen Nischen bestehend, rechts und links durch vorspringende Flügel abgeschlossen, scheint eine »verdreifachte Fontana Trevi« gewesen zu sein[1]). »Wer in der heißen Jahreszeit an diesen künstlichen Cascatellen das Volk hat ausruhen und abends inmitten der Steinmassen, welche die eingesogene Sonnenglut wieder ausstrahlen, erfrischende Bergluft atmen sehen, wird den Stolz begreifen, mit dem man unter Nerva sich rühmen konnte, die Ursachen beseitigt zu haben, welche in früherer Zeit die römische Luft zu einer bleischweren und verderbenbringenden gemacht hatten«[2]). »Die Krone des ganzen Systems aber bildete die Versorgung der Privathäuser mit laufendem Wasser.« Seit die Verwaltung der Leitungen im Jahre 11 v. Chr. kaiserlich geworden war, hörte nicht bloß die bis dahin übliche Entrichtung einer Miete für die Wasserbenutzung von Privatpersonen gänzlich auf, sondern es konnte auch jedermann ohne Rücksicht auf den Charakter des Konsums die Erlaubnis erhalten, Wasser in sein Haus abzuleiten, und schon in Strabos Zeit »besaß fast jedes Haus in Rom Reservoirs, Röhrenleitungen und reichlichen Wasserzufluß«[3]).

Läden und Magazine. Fast jeden jener Zeit bekannten Genuß und Luxus ermöglichte der Welthandel, der Kaufhallen, Läden und Magazine Roms mit den köstlichsten und seltensten Erzeugnissen der fernsten Länder, den prächtigsten und mühseligsten Werken der Gewerbtätigkeit und des Kunstfleißes aller Völker füllte. Plinius nennt den Tiber »den gefälligsten Händler mit allen Dingen, die auf der Erde erzeugt werden«[4]). »In Rom konnte man die Güter der ganzen Welt in der Nähe prüfen«[5]): spanische Wolle und chinesische Seide, künstliche bunte Gläser und feine Leinwand aus Alexandria, Wein und Austern der griechischen Inseln, den Käse der Alpen und die Seefische des Schwarzen Meers. In Magazinen und Läden lagerten heilsame Kräuter aus Sizilien und Afrika, arabische Spezereien und Wohlgerüche, die Perle von den Bänken der Bahreininseln und der Smaragd aus den Gruben des Ural, schöngemaserte Scheiben kostbaren Holzes, am Atlas gewachsen, und riesige Balken und Blöcke farbigen Marmors, in den Gebirgen der verschiedensten Provinzen gebrochen[6]); von dem kolossalen Umfang dieser letzten Lieferungen hat die Entdeckung des Marmorlagers am

1) Hülsen, Das Septizonium des Septimius Severus, 1886. E. Petersen, Röm. Mitteil. XXV 1910 S. 56 ff. Die Deutung von E. Maaß, Die Tagesgötter in Rom und den Provinzen (1902) S. 106—117, der *Septizonium* für eine Mißbildung von *septizodium* (CIL VIII 14372 = Dessau 5076), halblatinisiert aus ἑπταζῴδιον, hält und das Gebäude als ein für den Kult der Planeten bestimmtes ansieht, ist von Schürer in seinem inhaltreichen Aufsatze über die siebentägige Woche (Zeitschrift für neutestamentl. Wissenschaft VI 1905 S. 29 ff.) und E. Petersen a. a. O. widerlegt worden; vgl. auch O. Puchstein a. a. O. S. 122, 70. Ein inschriftlich bezeugtes Septizonium in Lambaesis CIL VIII 2657 (über Karthago s. unten [III 21, 10]), Bauten ähnlicher Anlage in Side (Lanckoronski, Städte Pamphyliens u. Pisidiens I 139) und Milet (Arch. Anz. 1902 S. 152; vgl. Th. Wiegand, Sitz.Ber. Akad. Berlin 1904, 72). Über Wasserfassaden auf Reliefs vgl. J. Sieveking, Röm. Mitteil. XXI 1906 S. 92 ff. 2) Jordan I 1 S. 459 f. 3) Pöhlmann S. 146—148. Strabo V 235. 4) Plinius n. h. III 54. 5) ebd. XI 240; vgl. Plutarch. de fortuna Rom. 12 p. 325 E. Galen. XIV 23. 6) Vgl. Pöhlmann S. 14 f.

Aventin mit etwa 1000 Steinmassen aus mindestens 40 Brüchen eine Vorstellung gegeben[1]). Zu euch, heißt es in der bereits erwähnten Lobrede des Aristides auf Rom[2]), kommt aus allen Ländern und allen Meeren, was die Jahreszeiten hervorbringen, und was alle Zonen tragen, was Flüsse und Seen, und was die Arbeit der Hellenen und Barbaren erzeugt. Wenn also jemand willens ist, alles dies zu schauen, so muß er entweder die ganze Welt durchreisen oder sich in dieser Stadt aufhalten. Denn was bei allen Völkern erzeugt und bereitet wird, das ist hier zu allen Zeiten im Überfluß vorhanden. So viel Lastschiffe kommen hierher aus allen Ländern im ganzen Sommer und Herbst, daß die Stadt einer allgemeinen Werkstatt der ganzen Erde gleicht[3]). So viel Ladungen aus Indien und dem glücklichen Arabien kann man hier sehen, daß man glauben sollte, in Zukunft seien dort die Bäume für immer entblößt, und jene Völkerschaften müßten hierher kommen, um von ihren eignen Erzeugnissen zu verlangen, was sie etwa bedürfen. Babylonische Gewänder und Kleinodien aus dem innern, von Barbaren bewohnten Asien kommen hier in viel größerer Menge und leichter her, als wenn sie von einer Insel des Archipels nach Athen zu schaffen wären. Kurz alles kommt hier zusammen, was Handel und Schiffahrt bringt, was der Ackerbau gewinnt, der Bergbau zutage fördert, was alle Künste, so viel es deren gibt, schaffen, alles, was auf der Erde geboren wird und wächst.

Zuströmen von Nachrichten —

Überhaupt empfand man in Rom tausendfältig, daß man im Mittelpunkte eines Weltreichs war. Wie von einer hohen Warte übersah man hier die ganze Erde. Von ihren fernsten Grenzen kamen auf allen Straßen ununterbrochene Nachrichten »wie von Vögeln getragen« nach dem Sitze der Weltherrschaft, so daß der hier thronende Kaiser imstande war, die ganze Welt durch Sendschreiben zu regieren[4]). Von den Hauptorten erhielten die Kaiser vielleicht (wenigstens zeitweise) fortlaufende Tagesberichte; Caligula las die ihm aus Alexandrien gesandten lieber als alles übrige[5]). War in Oberägypten Regen gefallen oder hatte in Kleinasien die Erde gebebt, waren die Legionen am Rhein aufrührerisch gewesen oder hatte der parthische Hof seine Stellung gegen Rom geändert: man sprach davon bald nachher auf dem Forum und dem Marsfelde, bei Gastmählern und geselligen Zusammenkünften[6]).

und Merkwürdigkeiten.

War irgendwo eine unerhörte Naturseltenheit entdeckt worden, so wurde sie an den Kaiser gesandt und in Rom öffentlich ausgestellt[7]).

Zufluß von Fremden.

Künstler kamen aus allen Ländern, um ihre Kunst und ihre Werke zu zeigen oder um sich um den Kranz in den großen römischen Wettkämpfen zu bewerben, Dichter und Redner, Philosophen und Gelehrte, um sich öffentlich hören zu lassen. Die Fähigsten und Hochstrebendsten aus der Jugend aller Länder drängen sich aus der provinziellen Verborgen-

1) Hülsen-Jordan I 3 S. 174. S. unten [II 333 f.]. 2) Aristid. or. 26, 11 ff. (II 94 K.). 3) Hierbei ist auch besonders an die Naturallieferungen von Korn, Öl und Wein aus Sicilien, Spanien, Afrika, Ägypten usw., an die unter der Direktion des Getreidepräfekten stehenden Magazine (*horrea*) zu denken (vgl. De Rossi, Annali d. Inst. 1885 S. 223 ff. Hülsen-Jordan I 3 S. 175 ff.). Aus den Trümmern der Tonfässer und -gefäße, in denen diese Lieferungen ankamen, ist im Lauf der Zeit der Monte Testaccio entstanden. Dressel, Ann. d. Inst. 1878 S. 118 ff. (vgl. CIL XV p. 492 f. 560 ff.). Die datierbaren Inschriften der dortigen Scherbenmassen reichen nicht über das Jahr 251 n. Chr. hinaus. 4) Aristid. a. a. O. 33 (II 101 K.). Hist. aug. Anton. Pius 7, 12. 5) Philo leg. ad Gai. 165. 6) Juvenal. 6, 402 ff. Martial. IX 35. 7) Vgl. Anhang I.

heit nach dem Glanz und Licht der Weltstadt, »die die Blicke aller Götter und Menschen auf sich wandte«[1]), die dem Ehrgeiz das weiteste Feld eröffnete, die zu Ausbildung und Studium wie zu Erholung und Genuß die großartigsten Anstalten bot.

Anstalten zur Ausbildung und Erholung.

In den Sälen und Hallen zahlreicher Bibliotheken (die Stadtbeschreibung gibt 28 an)[2]) konnte der Freund der Wissenschaft und Literatur sich in kostbaren Pergamenten und Papyrusrollen satt schwelgen und in den Kreisen der Gelehrten, die sich dort und an andern öffentlichen Orten, wie im Tempel des Friedens und in den Thermen des Trajan[3]), versammelten, Anregung und Förderung jeder Art, zu seinen Studien eine Fülle von Hilfsmitteln wie an keinem andern Orte finden und in zahlreichen Hörsälen den Vorträgen von Meistern aller Fächer beiwohnen[4]). Große literarische Unternehmungen, die nirgends unter so günstigen Verhältnissen und zum Teil nur hier ausgeführt werden konnten, veranlaßten ohne Zweifel fortwährend fremde Gelehrte zu dauerndem Aufenthalt in Rom, wie schon in Augustus Zeit Dionys von Halikarnaß und Diodor[5]). Anstalten von unvergleichlicher Pracht und Großartigkeit standen in den kaiserlichen Thermen auch dem Geringsten zur Erholung und Ergötzung offen, wo zu jeder Jahreszeit Bäder aller Art vom Schwimmbassin bis zum Dampfbade für Tausende bereit und zu Leibesübungen, zur Unterhaltung und Erfrischung Räume von mehr als königlichem Glanz bestimmt waren. Die älteren Thermen, unter denen die des Nero die prächtigsten gewesen zu sein scheinen, da sie mehrfach als Inbegriff des höchsten Glanzes genannt werden[6]), wurden wenigstens an Umfang durch die des Caracalla und Diocletian weit übertroffen. Die Angaben, daß die ersteren 1600, die letzteren fast doppelt so viel marmorne Badesessel enthielten[7]), scheint aus derselben amtlichen Quelle geflossen zu sein wie die Stadtbeschreibung mit ihren Anhängen. Alle Wunder aber, welche die Wunderstadt in sich faßte, wurden noch überboten durch ihre Schauspiele, auf der Bühne, im Zirkus, in der Arena: hier wurde, was nur die auschweifendste Phantasie ersinnen konnte, zur überwältigenden Wirklichkeit.

Bevölkerung Roms. Gedränge in den Straßen.

Doch das größte unter allen Schauspielen Roms war seine Bevölkerung, für welche, wie Seneca in der ersten Zeit des Claudius schreibt, die Häuser der unermeßlichen Stadt kaum ausreichten[8]): wo die Ernte aller Länder verzehrt wird, die Straßen für eine gleichzeitig in drei Theater strömende Menge Raum bieten sollen und man erdrückt wird, sobald den unablässig gleich einem reißenden Wasser fortgewälzten Menschenstrom ein Hindernis zurückstaut[9]). Die

1) P. Annius Florus p. 184, 10 Rossb. 2) Hirschfeld, Verw.Beamt.[2] S. 298 ff., s. unten [II 222 f.]. 3) Galen. XIX 21. X 909 (κατὰ τὸ τοῦ Τραϊανοῦ γυμνάσιον; vgl. dazu H. Schöne, Hermes LII 1917 S. 105 ff.); die Grabschrift eines Grammatikers CIL VI 9446 = Buecheler, Carm. epigr. 1343 *Traiani queren(t) atria m[e* bezieht sich wohl nicht auf die Trajansthermen, sondern auf die Bibliotheca Ulpia (vgl. De Rossi, Bull. d. arch. crist. IV 1866 S. 87). 4) Daher häufige Erwähnung des Besuches der Hauptstadt zu Studienzwecken, z. B. Fragm. Vatic. 204. Philostr. Apoll. Tyan. VII 42. Hist. aug. Sever. 1, 5. CIL III 6414 (= Buecheler, Carm. epigr. 588). VI 33868 (= Dessau 1742). XIII 2040. IG XIV 1436 (= Kaibel, Epigr. gr. 617). 5) Dionys. Hal. ant. I 7, 2 f. Diodor. I 4, 2 f. A. Hillscher, Hominum litteratorum graecorum ante Tiberii mortem in urbe Roma commoratorum historia critica, Jahrb. f. Philol. Suppl. XVIII 1891 S. 355 ff. 6) Martial. II 48, 8. VII 34, 5. Stat. S. I 5, 62. 7) Olympiodor bei Phot. bibl. 80 (FHG IV 67 § 43), vgl. Jordan, Topogr. II 152. 8) Seneca consol. ad Helv. 6, 2. 9) Sen. de clem. I 6, 1.

letzte im Jahre 56 getane[1]) Äußerung ist vielleicht durch die Erinnerung an ein Erdbeben im Jahre 51 veranlaßt, bei dem infolge des Hin- und Herflüchtens ein Gedränge entstand, in dem die Schwächeren erdrückt wurden[2]). Die Schmalheit und Gewundenheit der Straßen in der vorneronischen Zeit mußte solche Vorfälle doppelt gefährlich machen, doch berichtet werden Unglücksfälle, die dadurch herbeigeführt waren, nur bei zwei außerordentlichen Veranlassungen. Als Caligula vom Dache der Basilika Julia Geld streute, kamen im Gedränge 32 Männer, 47 Frauen und ein Eunuch[3]) um; als er auf die in der Nacht zum Zirkus strömende Menge, die seinen Schlaf gestört hatte, mit Knütteln einhauen ließ, mehr als 20 Ritter, ebensoviel Frauen und überdies eine unzählbare Menge[4]). Außerdem meldet eine Grabschrift, daß eine Frau und ein dreizehnjähriger Knabe, erdrückt von der an oder auf dem Kapitol sich drängenden Menge, den Tod gefunden haben[5]).

Mischung der Bevölkerung aus allen Nationen.

Das Menschengewühl, das die Straßen und Plätze der Stadt füllte, war ein sehr gemischtes. Je mehr Rom der Mittelpunkt der Welt wurde, desto mehr strömten hier alle Nationen zusammen. Schon Q. Cicero nannte Rom eine aus der Vereinigung der Völker gebildete Gemeinde[6]). Aber eine eigentliche Masseneinwanderung aus den Provinzen begann erst seit dem Untergange der Republik, die nun in wechselnder, aber bis auf Constantin wohl schwerlich auf die Dauer abnehmender Stärke Rom überflutete und seine Bevölkerung mit den Bestandteilen aller Länder der alten Welt mischte. Nicht von eignen Bürgern belebt, sondern von der Hefe der ganzen Welt erfüllt nennt es Lucan[7]); seine Bevölkerung heißt bei Herodian im 3. Jahrhundert eine bunt zusammengeflossene[8]), und noch der Kaiser Konstantin staunte beim Anblick des römischen Volks, »mit welcher Schnelligkeit alles, was es von Menschen auf der ganzen Erde gibt, nach Rom zusammengeströmt sei«[9]). Je länger je mehr ward Rom eine »gemeinsame Stadt«[10]), »ein Versammlungsort des Erdkreises«[11]), »eine Weltherberge«[12]), und mit glücklich gewähltem Ausdruck hat es einer seiner griechischen Lobredner, der Sophist Polemo (in der ersten Hälfte des 2. Jahrhunderts), »ein Kompendium (ἐπιτομή) der Welt«[13]) genannt.

Größe und Mannigfaltigkeit des Fremdenverkehrs.

Noch bunter ward das Gemisch durch die Menge der unaufhörlich ab- und zuströmenden Fremden. Die in Rom sich aufhaltenden Angehörigen auswärtiger Gemeinden aus allen Teilen des Reiches waren vielfach zu Vereinen zusammengeschlossen, welche ein eignes Lokal in der Nähe des Concordientempels am oberen Forum besaßen; Tarsus, Sardes, Tiberias, Noricum, Vienna sind in noch erhaltenen Denkmälern dieser Örtlichkeit vertreten[14]). Römische

1) Jonas, De ord. libr. Senecae (Berol. 1870) S. 40 f. Gercke, Jahrb. f. Philol. Suppl. XXII 1895 S. 292 ff. 2) Tac. A. XII 43. 3) Mommsen, Chron. min. I 145; nach Hülsens Vermutung *m(ulieres) XLVII* statt *CCLVII*. 4) Sueton. Calig. 26, 4. 5) CIL VI 29436 = Buecheler, Carm. ep. 1159. 6) Q. Cic. De petit. cons. 54. 7) Lucan. VII 405. 8) Herodian. VII 7, 1. 9) Ammian. XVI 10, 6. 10) Sen. cons. ad Helv. 6, 2 f. 11) P. Ann. Florus p. 183, 12 Rossb.; vgl. Martial. VIII 4, 1. 12) ἐν Ῥώμῃ τῇ κοσμοτρόφῳ IG XIV 1108 = Kaibel, Epigr. gr. 947, 7. 13) Galen. XVIII A 347. Athen. I 20 B. Ähnlich Montchrêtien (1615): »*Paris pas une cité mais une nation; pas une nation mais un monde*«, und Riehl, Land und Leute[5] S. 122, der die jetzigen Weltstädte Enzyklopädien der Zivilisation nennt. Pöhlmann S. 17. 14) Über die *stationes municipiorum* (Plin. n. h. XVI 236, vgl. Sueton. Nero 37, 1) s. L. Cantarelli, Bull. arch. com. XXVIII 1900 S. 124 ff. Hülsen, Klio II 1902 S. 238. 280; Röm. Mitt. XVII 1902 S. 11. XX 1905. S. 9 f.

Kurtisanen empfingen, wie Martial behauptet, Besuche von Parthern und Germanen, Ciliciern und Kappadociern, Ägyptern und Nubiern, Juden, Dakern und Alanen[1]). Bei ungewöhnlichen Veranlassungen, wie namentlich großen Schauspielen, erreichte die Zahl der Fremden auch eine außerordentliche Höhe. Schon bei dem von Augustus veranstalteten Schauspiel eines Schiffskampfes (2 v. Chr.) war nach Ovid die ganze Welt in der Stadt[2]), bei der Einweihung des Flavischen Amphitheaters nach Martial Zuschauer von den fernsten Völkern beisammen, Sarmaten und Sicambrer, Araber, Sabäer und Äthiopen[3]). Aber auch sonst war stets die Zahl der Fremden in der Stadt sehr groß, die auf die stärksten menschlichen Neigungen eine unwiderstehliche Anziehungskraft übte, »für Tugend wie für Laster die höchsten Preise zahlte«[4]), doch freilich vor allem Glücksrittern und Betrügern jeder Art das ergiebigste Feld bot. Der rechtschaffene, zuverlässige Mann konnte dort nach Martial auf eine gesicherte Existenz überhaupt nicht rechnen[5]); noch weniger durfte einer hoffen, sein Glück zu machen, der weder Kuppler noch Zechbruder, noch Ankläger und Denunziant sein, weder die Frau eines Freunds verführen, noch den Minnesold alter Weiber erwerben, weder beim Kaiserpalast »Dunst verkaufen«, noch sich als Beifallklatscher für musikalische Virtuosen vermieten konnte[6]).

So schwirrten in Rom hundert Sprachen, drängten sich die Formen und Farben aller Rassen, die Trachten aller Völker durcheinander. Mohrensklaven führten Elefanten aus den kaiserlichen Zwingern vorüber[7]). Dort sprengte ein Trupp blonder Germanen von der kaiserlichen Leibwache in glänzender Rüstung[8]). Hier trugen Ägypter mit kahlgeschornen Köpfen in linnenen Talaren die große Göttin Isis in Prozession[9]). Hinter einem griechischen Gelehrten ging ein junger Nubier, mit Bücherrollen beladen[10]). Orientalische Fürstensöhne in hohen Mützen und weiten, bunten Gewändern schritten mit ihrem Gefolge in schweigsamem Ernst durch die Menge[11]), und tätowierte Wilde aus Britannien bestaunten die Wunder der neuen Welt, die sie umringten[12]).

Gesandtschaften.

Zuweilen erregte ein ungewöhnlich fremdartig aussehender Zug, der sich durch die Straßen bewegte, die allgemeine Aufmerksamkeit, und man vernahm, dies seien Gesandte aus einem fernen Barbarenlande, von dem kaum

1) Martial. VII 30. 2) Ovid. a. a. I 174. 3) Martial. Spect. 3. 4) Sen. cons. ad Helv. 6, 3. 5) Martial. III 38, 14. 6) Martial. IV 5. Juven. 3, 41 ff. 7) Seneca epist. 85, 41. Martial. VI 77, 8; vgl. Friedlaender, De propagatione munerum ac venationum per Graeciam et Orientem (Regimonti 1860) S. 5. 8) Marquardt StV. II² 487 ff. Mommsen StR. II³ 808 f. 9) Appian. B. C. IV 47; vgl. Marquardt StV. III² 81. 10) Philostrat. Vit. soph. I 8, 3; über Ἰνδός = Nubier vgl. Letronne, Mém. de l'ac. des inscr. IX 1831 S. 158 ff. X 1833 S. 235 ff. 11) Mommsen, Res. g. d. Aug.² S. 135 ff. CIG 6342b. 6559. Hieron. chron. z. J. Abr. 2038 = 20 n. Chr.: *Tiberius multos reges ad se per blanditias evocatos numquam remisit.* Grabschriften auswärtiger Fürsten in Rom z. B. CIL VI 1797—1800. 32264. IG XIV 1472. Über die Grabschrift eines Abgaros (Sohn des L. Aelius Septimius Abgar IX. König von Osroene 179—216) IG XIV 1315 und die dem *Abgar Prahates filius rex principis Orrhenoru(m)* (Abgar XI. 242—244) von seiner Gemahlin Hodda gesetzte (CIL VI 1797 = Dessau 857) vgl. v. Gutschmid, Untersuchungen über d. Gesch. d. Königreichs Osroene (Mém. de l'ac. de St. Pétersbourg VII Série T. XXXV 1, 1887) S. 42. 45. In einem Columbarium der Via Appia CIL VI 5207 = IG XIV 1636: Ἥδυκος Εὐόδου πρεσβευτὴς Φαναγορειτῶν κατὰ Βοὸς πόρον. Ἀσποῦργος Βιομάσου υἱός, ἑρμηνεὺς Σαρματῶν, Βωσποράνός. Mitglieder der Familie des Herodes in Rom, Schürer, Gesch. d. jüd. Volkes I³ 406 ff. Im allgemeinen s. Hahn, Rom und Romanismus (1906) S. 182 f. 12) Cass. Dio LX 33, 3.

der Name bekannt war, und sie seien gekommen, um dem Kaiser die Unterwerfung oder Bundesgenossenschaft ihres Volks freiwillig anzubieten. Schon Augustus empfing, wie er sich selbst rühmt, zahlreiche Gesandtschaften von Völkern, die nie zuvor mit Rom in Verkehr gestanden hatten. Darunter waren Gesandte von den Cimbern und Charyden Jütlands und den Semnonen im Osten der Elbe, von den Stämmen der südrussischen Steppen bis zum jenseitigen Ufer des Don, Gesandte aus Medien und Parthien, von tscherkessischen und georgischen Fürsten, von Häuptlingen Britanniens und von Häuptlingen des Fezzan und mehrere Gesandtschaften aus Indien; eine derselben war, wie man in Rom erzählte, vier Jahre unterwegs gewesen[1]).

Die Zahl der Bevölkerung Roms läßt sich nur sehr ungefähr veranschlagen. Wenn sie auch großen Schwankungen unterworfen war, dürfte sie doch in der Zeit von Augustus bis Trajan (mit Ausnahme von Zeiten, wo Seuche und Bürgerkrieg wüteten) im Steigen begriffen gewesen sein und bis zu den großen Epidemien unter Marc Aurel und Commodus nicht merklich abgenommen haben. Mit Wahrscheinlichkeit kann man annehmen, daß sie schon am Anfang der Kaiserzeit mehr als eine Million betrug und bis in das zweite Jahrhundert hinein auf anderthalb Millionen wuchs[2]).

Schattenseiten.

Im Genuß der überschwenglichen Fülle von Vorteilen, Anregungen und Schauspielen, welche die Weltstadt bot, befanden sich die höchsten und niedrigsten Schichten der Bevölkerung am wohlsten. Die ungeheure Mehrzahl der männlichen freien Einwohner wurde auf Staatskosten ganz oder teilweise ernährt; die Großen fanden hier Raum und Mittel zu einer fürstlichen Existenz wie sonst nirgends auf der Welt. Den Schattenseiten des Lebens in Rom waren am meisten die mittleren Klassen ausgesetzt. Dazu gehörte die Höhe der Preise für alle Lebensbedürfnisse im Vergleich zu der Wohlfeilheit in den Munizipien Italiens und den Provinzen[3]). Vor allem war die Wohnungsnot in Rom größer als in den modernen Großstädten, weil dort die Möglichkeit, das Areal der Peripherie des Stadtgebiets zu bebauen, bei dem Fehlen einer genügenden Verbindung derselben mit dem Zentrum durch allgemein zugängliche Verkehrsmittel sehr beschränkt war; selbst der Wagenverkehr innerhalb der Stadt war für Personen nur in den letzten Tagesstunden erlaubt[4]). Ein unverhältnismäßig großer Teil des städtischen Bauareals wurde aber durch die Raumverschwendung des damaligen Bauluxus für eine kleine Minderheit in Anspruch genommen, und einen ebenfalls sehr bedeutenden Teil verschlangen die öffentlichen Anlagen (die Kaiserfora z. B. 6 Hektar), Straßenregulierungen und -erweiterungen. Der Umbau und die Verschönerungen Roms durch die Cäsaren steigerten die Wohnungsnot in ähnlicher Weise wie der Umbau von Paris durch Napoleon III.[5]). Endlich trug zur Steigerung der Wohnungsnot noch sehr die (schon von Crassus im größten Stil betriebene) Häuserspekulation und die Monopolwirtschaft des gewerbsmäßigen Hausbesitzertums bei, wobei die Häuser (wie die lodging-houses englischer Großstädte) von den Besitzern vielfach an Pächter und von diesen

Höhe der Preise.

1) Mon. Anc. lat. 5, 16 ff. 50 ff. 6, 6 ff. nebst dem Kommentar von Mommsen. Flor. II 34, 62. Vgl. Anhang II. 2) Vgl. Anhang III. 3) Juven. 3, 165 ff. Martial. IV 66. 4) Lex Julia munic. CIL I² 593 = Bruns-Gradenwitz, Fontes iur. Rom.⁷ S. 102 ff.) 56 ff. Vgl. Anhang IV. 5) Pöhlmann S. 85 ff.

wieder an Afterpächter vergeben wurden, und der hohe Unternehmergewinn dieser Mittelspersonen natürlich ebenfalls von den Mietern bezahlt werden mußte[1]). In den Pandekten wird beispielsweise einmal der Gewinn des Pächters auf mehr als 30 Prozent[2]), der des Afterpächters ein andres Mal auf 20 veranschlagt[3]); in Wirklichkeit sind ohne Zweifel noch höhere Gewinne vorgekommen. In Cäsars Zeit scheint der Preis der Wohnungsmieten[4]) in Rom durchschnittlich viermal so hoch gewesen zu sein als in den Städten des übrigen Italiens[5]). Die Familien der unteren Klassen scheinen dort etwa 2000, hier 500 Sest. (435 und 108 Mark) jährlich für ihre Wohnungen gezahlt zu haben[6]). Doch in Rom steigerten sich unter der Einwirkung der angegebenen Verhältnisse und mit den wachsenden Ansprüchen[7]) die Preise ohne Zweifel noch sehr, wenn es auch übertrieben sein mag, was Juvenal sagt, daß man Haus und Garten in Sora, Fabrateria oder Frusino für eine Summe kaufen konnte, die man dort für eine finstere Wohnung als Jahresmiete zahlte[8]).

Aber auch die Preise aller andern zum Leben notwendigen Dinge waren sehr hoch, namentlich die des Holzes und der Nahrungsmittel für die Armen kaum erschwinglich[9]), und »nichts war in Rom umsonst«[10]); überdies war jeder, der nicht gerade zu den untersten Klassen gehörte, durch die Verhältnisse unaufhörlich zu einem an sich nicht notwendigen Aufwande gezwungen. Die Sitte verlangte auch von Geringeren einen gewissen Glanz in der äußeren Erscheinung, der häufig ihre Kräfte überstieg, bei Geschäftsleuten am meisten. Man schämte sich, von Ton zu speisen, konnte sich öffentlich nicht anders als in der Toga zeigen, und viele nicht ohne eine Anzahl von Begleitern und Sklaven. Eine glänzende Armut, eine kostspielige Hungerleiderei war sehr verbreitet, Schwindel und Bankerotte an der Tagesordnung[11]). Bei Martial heißt es (im Jahre 86): Jener, den ihr dort mit langsamen Schritten schlendern seht, im elegantesten Mantel von Violettpurpur mit einem Gefolge von Klienten und Pagen und einem nagelneuen Tragsessel hinter sich, hat soeben an der Bank des Wucherers Cladus für acht Sesterzen (etwa 1,75 Mark) einen Ring verpfändet, um zur Nacht speisen zu können[12]). Bankerott zu machen, sagt Juvenal etwa 40 Jahre später, kostet die meisten nicht mehr, als aus einem Stadtviertel ins andre zu ziehen. Die Scham kennt man kaum noch. Geht das vor den Augen der Gläubiger verpraßte Geld auf die Neige, so reisen sie nach Bajä, um Austern zu schmausen, und bedauern nichts weiter, als daß sie ein Jahr lang die Zirkusspiele entbehren müssen[13]). Gegen den trügenden Schimmer des römischen Lebens kontrastierte die munizipale und provinzielle Einfachheit und Anspruchslosigkeit nicht minder als die Sittenstrenge, die sich namentlich in den Städten des oberen Italiens erhielt, gegen die Verderbnis und Zügellosigkeit, die in Rom sich nicht zu verbergen strebte, ja ihre Orgien mit beleidigender Öffentlichkeit feierte[14]).

Scheinwesen und Schwindelei.

1) Alles vortrefflich ausgeführt von Pöhlmann S. 78—89. 105—108; Aus Altert. u. Gegenwart² S. 199ff. Gewinn des Häuserbesitzers: *ex insulis fundisque tricies soldum* Mart. IV 37. 2) Dig. XIX 2, 30 pr. 3) Dig. XIX 2, 7. 4) Diod. XXXI 27 τὸ μέγεθος τῶν ἐν Ῥώμῃ μισθῶν. 5) Sueton. Caes. 38, 2. 6) Cass. Dio XLVIII 9, 5. 7) Vell. Paterc. II 10, 1; doch vgl. Mommsen, Röm. Gesch. II⁶ 401 Anm. 8) Juven. 3, 223ff. 9) Martial. X 96, 7ff. 10) Juven. 3, 183. 11) Juven. 3, 168—189. 7, 129—149. 12) Martial. II 57. 13) Juven. 11, 46—55. 14) Tac. A. XVI 5. Plin. epist. I 14, 4. II 13, 4. Martial. XI 16, 8.

Lärm bei Tage —

In Rom war unaufhörlich Lärm und Getümmel. Schon Horaz klagte über das Tag und Nacht fortwährende Geräusch, über das Gewühl und Gedränge in den Straßen der Stadt, aus deren »Fluten und Stürmen« er gern in die Stille und Einsamkeit der Sabiner Berge flüchtete[1]). Aber während des ersten Jahrhunderts stieg die Bevölkerung und die Lebendigkeit des Verkehrs noch sehr, und vielleicht erreichte sie in der Zeit, wo Martial und Juvenal sie schilderten, ihre größte Höhe. Schon vor Tage riefen die Bäcker ihre Waren aus, ohne Zweifel auch die Hirten, die aus der Umgegend in die Stadt gekommen waren, ihre Milch[2]); dann begannen die Kinderschulen im Chor zu buchstabieren[3]), und die Hämmer und Sägen der Werkstätten setzten sich in Bewegung[4]). Nun schleppten knarrende Wagen ungeheure Steinblöcke und Baumstämme, deren Last den Boden erschütterte[5]), schwerbeladene Lasttiere und Träger rannten die Fußgänger an, von allen Seiten wurde man gedrängt, gestoßen, auf die Füße getreten[6]), und Diebe hatten es in diesem Gewühl leicht Beute zu machen[7]). Hier, sagt Martial (ums Jahr 100), klappert der Wechsler mit dem schlechten Gelde Neros auf seinem schmutzigen Tisch, dort hämmert ein Arbeiter spanischen Goldsand auf einem Amboß. Ohne Unterlaß ertönt das Geschrei einer Prozession rasender Bellonapriester, das Geschwätz des Schiffbrüchigen, der, ein mit Binden umwickeltes Stück des Wracks in der Hand, Almosen heischt, des Judenjungen, den seine Mutter zum Betteln angewiesen hat, der Ruf des triefäugigen Händlers vom andern Tiberufer, der Schwefelfäden für zerbrochnes Glas feil bietet[8]). Gaukler, manche mit abgerichteten Tieren[9]) — Juvenal nennt einen auf einer Ziege reitenden, einen Spieß schwingenden Affen in Soldatentracht[10]) —, marsische Schlangenfresser und Schlangenbändiger lockten Zuschauer für ihre Vorstellungen an[11]). Hausierer mit Kleidern, Leinwand und andern Waren[12]), Herumträger von Erbsenbrei und rauchenden Würsten[13]), Fleischer, die ein »den Nasen furchtbares« Rinderviertel nebst dem Fuß, den Därmen und der roten Lunge ausboten[14]), rühmten kreischend ihre Ware, jeder in seiner besondern Melodie[15]).

und bei Nacht.

Auch bei Nacht hörte der Lärm nicht auf. In den weitläufigen Palästen, wo die Schlafzimmer weit von der Straße entfernt lagen, schlief man ruhig, in den Mietwohnungen desto schlechter. Das Gerassel der Reisewagen, die den größten Teil des Tags in der Stadt nicht fahren durften, störte den festesten Schlaf, wenn sie in scharfer Wendung die Ecken der schmalen Straßen umfuhren[16]). Dazu kam das Toben scharenweise umherziehender Raufbolde, Nachtschwärmer und Nachtschwärmerinnen, unter denen sich zuweilen Frauen von hohem

1) Horat. epist. II 2, 72—86. 2) Calpurn. Ecl. 4, 25. 3) Mart. XII 57, 5. XIV 223. IX 29, 7. 68, 3 f. 4) Plutarch. Quaest. conv. III 6, 4 p. 654 F (nicht auf Rom bezüglich). 5) Senec. epist. 90, 9. Plin. paneg. 51, 1. 6) Juv. 3, 245 ff. Senec. de ira III 6, 4. 7) Die Taschendiebe heißen *manticularii* (Fest. p. 133. Tertull. apol. 44); dagegen gehören die *saccularii* Dig. XLVII 11, 7 nicht hierher; vgl. Mommsen, Strafr. S. 777, 5. 8) Martial. XII 57, 7 ff., vgl. I 41, 3 ff. Stat. silv. I 6, 73 f. 9) Petron. 47, 9: *ego putabam petauristarios intrasse et porcos, sicut in circulis mos est, portenta aliqua facturos.* 10) Juv. 5, 153 ff., vgl. Martial. XIV 202. 11) Martial. I 41, 7. Galen. XI 143. Corp. gloss. lat. II 127, 26 *Marsus* ἀσπιδοθήρας ὀφιοδιώκτης und mehr VI 682 s. v. *Marsus.* 12) Dig. XIV 3, 5 § 4. 13) Martial. I 41, 5 ff. 14) Martial. VI 64, 18 ff. Manil. IV 184. 15) Wie in Bajä, Senec. epist. 56, 2. 16) Juv. 3, 236 ff. Über das Fahren der Wagen in der Stadt vgl. den Anhang IV.

Stande befanden (wie Augustus Tochter Julia)[1], oder Ständchen von Liebenden, die bei ihren Schönen Einlaß erbaten oder zu erzwingen suchten[2]).

Unsicherheit. Waren alle Häuser verriegelt, alle Tabernen geschlossen und still geworden, dann waren die leeren, ganz unbeleuchteten[3]) Straßen für den einsamen Wanderer ebenso unheimlich wie gefährlich[4]). Oft begegnete man Totenbahren, auf denen die Leichen der Armen bei Nacht zum Scheiterhaufen geschafft wurden[5]). Obwohl Rom seit dem Jahre 6 n. Chr. eine zugleich als Feuerwehr dienende Polzeimannschaft (*vigiles*) von 7 Kohorten (zu je 1000 Mann) besaß, deren jede zwei Regionen bewachte und in jeder derselben ein Wachtlokal hatte[6]), und deren Patrouillen ohne Zweifel allnächtlich unter Fackelbeleuchtung ihre Bezirke durchzogen, war doch die Unsicherheit zu allen Zeiten groß, Diebstähle und Einbrüche gewöhnlich[7]). Plinius sagt, daß die Fenster, an denen die kleinen Leute sonst Grünes und Blumen zu ziehen pflegten, (auch bei Tage) mit Läden verschlossen würden, wozu das »schlimme Räuberwesen einer unzählbaren Menge« genötigt hatte; vermutlich war nach dem Bürgerkriege im Jahre 69 die Unsicherheit ungewöhnlich groß geworden[8]). Als Privatnachtwächter werden, wie Juvenal es schildert, Hausbesitzer häufig ihre Sklaven verwendet haben[9]), Cassius Dio erwähnt, daß sie Glocken trugen, mit denen sie sich gegenseitig Zeichen gaben[10]). Auch räuberische Anfälle waren nicht selten; Liebende wurden nach Tibull bei ihren nächtlichen Wanderungen durch den Schutz der Venus davor behütet[11]). Manchem drohte der Dolch eines gedungenen Banditen[12]); diese zogen sich massenweise nach Rom, wenn ihre sonstigen Schlupfwinkel, z. B. in den pontinischen Sümpfen und dem Fichtenwalde südlich vom Volturnus, von Soldaten besetzt waren. Andres hatte der Arme zu fürchten, der sich mit seinem Lichtstumpfe selbst nach Hause leuchtete oder von einem einzigen Sklaven leuchten ließ[13]), wenn er mit einem jungen Herrn von Stande zusammentraf, der in streitlustiger Stimmung von einem späten Gelage heimkehrte. Nächtlicher Straßenunfug gehörte zu den stehenden Vergnügungen der vornehmen Jugend. Die Unglücklichen, die in ihren Weg gerieten, wurden angehalten, auf ausgebreiteten Mänteln geprellt (ein Soldatenspaß)[14]) oder sonst mißhandelt[15]). Von den Dächern stürzten Ziegel, aus den

1) Seneca de benef. VI 32, 1. Juv. 6, 306 ff. 2) Hor. c. I 25, 2 ff. III 10 u. a. 3) Die Vermutung von A. Capannari, Bull. arch. com. XIV 1886 S. 251 ff., daß die in den Inschriften der Vigiles wiederholt vorkommende Wendung *sebaciaria feci* u. ä. (CIL VI 2998 ff. Dessau 2174 bis 2177) sich auf eine zwischen 210 und 215 eingerichtete Beleuchtung der Straßen (durch Fackeln an den Häusermauern) beziehe, und daß diese durch monatlich wechselnde Soldaten der Vigiles besorgt wurde, ist sehr unsicher. Hirschfeld, Kl. Schrift. S. 579, 3 versteht unter *sebaciaria facere* den Patrouillendienst, auf dem wohl Talgfackeln zur Beleuchtung dienten, und unter *sebaciarius* den mit dem monatlichen Dienst beauftragten Wachtmann. Für die Handhabung der Sicherheitspolizei zur Nachtzeit vgl. auch die Stelle aus den Acta ludorum saecularium von 204 (CIL VI 32327, 21—22): *admonemus Quirite[s d]ominos urbano[s et ... eos quo]que, qui mercede habitant, in noctibu[s feriarum illarum ut una cum mili]tibus nostris circumeuntibus [reg]ionum tutelam [diligenter administrent.* 4) Für alles folgende Juven. 3, 268—314. 5) Martial. VIII 75, 9. Vgl. Marquardt, Privatl.[2] 343 f. 6) Mommsen StR. II[3] 1054 ff. Marquardt StV. II[2] 484 ff. 7) Paulus Dig. I 15, 3 § 1: *cognoscit praefectus vigilum de incendiariis effractoribus furibus raptoribus receptatoribus.* Mommsen StR. II[3] 1058, 1. 8) Plin. n. h. XIX 59. 9) Juven. 14, 305 f. 10) Cass. Dio LIV 4, 4; vgl. Hirschfeld a. a. O. S. 580. 11) Tibull. I 2, 25. 12) Juven. 13, 145. 13) Martial. VIII 75, 6. 14) Suet. Otho 2, 1. Liban. or. 58, 18 (IV 189 f. F.). 15) Über Neros nächtlichen Unfug Tac.

Fenstern der obern Stockwerke wurden Becken ausgegossen oder schadhafte Gefäße herabgeworfen, die krachend auf dem Pflaster zerbrachen[1]).

Einstürze von Häusern.

Ernstere Gefahren drohten den Bewohnern der Miethäuser. Diese waren meist von Spekulanten aufs gewissensloseste gebaut. Die Spekulation war lockend, aber gefährlich; sie warf im günstigen Falle einen sehr hohen Gewinn ab, aber bei den in Rom so häufigen Bränden konnte sehr leicht das Kapital verloren gehen[2]). Die Unternehmer suchten also ohne Zweifel so zu bauen, daß sie schon aus dem Mietsertrage weniger Jahre einen Überschuß erzielt oder wenigstens das Kapital gedeckt haben konnten. Sie beuteten den Baugrund sowohl durch die Aufführung möglichst zahlreicher Stockwerke als durch die möglichste Verengung und Verkleinerung der Räume der Einzelwohnungen bis aufs äußerste aus und waren vorzugsweise darauf bedacht, die Herstellungskosten auf das niedrigste Maß herabzusetzen: eine Bauweise, die auch ihrerseits die Feuergefährlichkeit sehr steigerte. »Die dünnen Mauern und Wände der übereinandergetürmten Mietwohnungen, welche weder gegen die Hitze noch gegen die Kälte genügenden Schutz gewähren konnten, bestanden aus Holz oder Fachwerk; und mit besonderer Vorliebe bediente man sich des sogenannten Netzwerks, welches um seines schönen Aussehens willen den Zwecken der vor allem auf den äußeren Schein gerichteten Spekulation besonders entsprach, aber freilich auch der Solidität des Hausbaus wesentlichen Abbruch tat, da die Mauern bei dieser Bauweise sehr leicht Sprünge und Risse bekamen«[3]). Ein Teil unsrer Furcht, sagt Seneca, sind unsre Dächer; selbst aus den mit Gemälden geschmückten Sälen der großen Paläste floh man entsetzt, wenn man ein Knistern hörte[4]). Ein großer Teil der Miethäuser war baufällig, die notwendigsten Ausbesserungen wurden vernachlässigt und ungenügend ausgeführt; wenn der Hausverwalter die wankende Mauer gestützt und einen alten klaffenden Riß durch Überstreichen verdeckt hatte, versicherte er den Mietern, sie könnten ruhig schlafen, während der Einsturz bereits über ihnen schwebte[5]). Einstürze gehörten daher neben den Bränden schon in der letzten Zeit der Republik zu den eigentümlichen Übeln Roms. Catull rühmt spöttisch als Vorzug der Bettelarmut, daß sie keines von beiden zu fürchten habe[6]).

A. XIII 25. Sueton. Nero 26; Otho 2, 1. Cass. Dio LXI 8, 1. 9, 2 f. Plin. n. h. XIII 126; vgl. Hist. aug. L. Verus 4, 6.

1) Juv. 3, 268 ff. Gajus Dig. XLIV 7, 5 § 5. CIL III 2083 (Salonae) = Buecheler, Carm. epigr. 1060, 3: *tegula nam Romae Proculum prolapsa peremit.* 2) Wie im heutigen Constantinopel, Moltke, Ges. Schriften u. Denkwürdigk. VIII 103; vgl. überhaupt Preller, Regionen d. Stadt Rom S. 89 ff. und Gell. XV 1, 2. 3) Pöhlmann S. 111. Plin. n. h. XXXVI 172. Vitruv. II 8, 1. »Das Opus reticulatum ist trotz Vitruv und Plinius weit besser als sein Ruf, und guter Retikulatbau gewiß besser und haltbarer als unsorgfältiger Ziegelbau. Auf äußeren Schein kann es nicht berechnet gewesen sein, da es ja regelmäßig verkleidet wurde; und eine Bauweise, die Kaiser Hadrian für die größten Teile seiner Villa, die die römische Verwaltung für große Nutzbauten wie die Horrea in Rom und Ostia angewandt hat, kann doch nicht schlechthin minderwertig gewesen sein.« Hülsen. 4) Sen. epist. 90, 43. 5) Juv. 3, 193 ff.; vgl. Senec. de ira III 35, 5; de benef. VI 15, 7. Dig. XV 3, 3 § 8. 6) Beides wird regelmäßig verbunden: Plut. Crass. 2. Catull. 23, 9. Seneca Controv. II 1, 11. Senec. de clem. I 26, 5; de benef. IV 6, 2. V 18, 2. VII 31, 5; Consol. ad Marc. 22, 3; epist. 13, 11. 30, 4. 103, 1. Plin. n. h. XXXVI 106; Einsturz allein Sen. de tranq. an. 11, 7. Baudrillart, Hist. du luxe I 334 spricht von der Baufälligkeit der Häuser in Persien und sagt, daß in Teheran allein im Winter 1874 fast 150 Personen durch Einstürze derselben getötet wurden.

Strabo nennt beide Arten von Unglücksfällen unaufhörlich[1]), die Furcht davor konnte Ängstliche in Trajans Zeit wohl aus Rom vertreiben[2]), und auch in den späteren Jahrhunderten hat sich hierin vermutlich nichts geändert[3]). Noch Symmachus berichtet in einem Briefe als Stadtneuigkeit, daß beim Einsturz eines Hauses in der Trajansstraße die Bewohner ums Leben gekommen seien[4]).

Brände. Die Feuersbrünste, die in dem heutigen, fast durchweg aus Stein und Backstein gebauten Rom so gut wie unerhört sind, waren im alten Rom nicht bloß äußerst häufig, sondern auch dreifach gefährlich wegen der oben beschriebenen Bauart, der Höhe der Häuser und der Schmalheit der Straßen, besonders wegen der zahlreichen hölzernen An- und Vorbauten, die vorzugsweise die Brände nährten und mit furchtbarer Schnelligkeit unaufhaltsam verbreiteten[5]). Durch die Stadtgeschichte Roms zieht sich außer unaufhörlichen kleinen Bränden eine Reihe ungeheurer Feuersbrünste[6]), und die Hügel wuchsen allmählich durch den immer aufs neue sich häufenden Schutt der Ruinen[7]). Im Jahre 6 n. Chr. veranlaßten zahlreiche, mit großen Verlusten verbundene Brände Augustus zur Errichtung der schon erwähnten, 7000 Mann starken Feuerwehr[8]); doch scheint sie (wohl wegen der großen Unvollkommenheit der Vorrichtungen zum Löschen) verhältnismäßig wenig ausgerichtet zu haben[9]). Unter Tiberius waren außer mehreren kleineren zwei große Brände: im Jahre 27 brannte der Cälius, im Jahre 36 der Aventin und der anstoßende Teil des großen Zirkus ab; Tiberius ersetzte beidemal den Schaden nach Möglichkeit, das zweite Mal betrug der Ersatz 100 Millionen Sesterzen (21,75 Millionen Mark)[10]). Auch Caligula leistete im Anfang seiner Regierung vielen für Brandschaden Ersatz[11]), und Claudius beteiligte sich bei einer Feuersbrunst des Jahres 54, die namentlich die Vorstadt Aemiliana (im Marsfelde) in Asche legte, energisch an der Leitung der Lösch- und Rettungsarbeiten[12]). In dem Neronischen Brande gingen, »außer einer unermeßlichen Zahl von Miethäusern, Paläste alter Feldherrn unter, die noch mit der feindlichen Beute geschmückt, und Göttertempel, die von den Königen und dann in den gallischen und punischen Kriegen gelobt und geweiht worden waren, und was immer Sehenswertes und Merkwürdiges sich aus dem Altertum erhalten hatte«. »Die durch so viel Siege erworbenen Schätze, die Meisterwerke der griechischen Künste, dann die alten und unentstellten (literarischen) Schöpfungen großer Geister«, alles das blieb unersetzlich, wie groß auch die Schönheit der wiedererstehenden Stadt war[13]). Auf den Neronischen Brand folgte unter Titus im Jahre 80 eine Feuersbrunst, die drei Tage und Nächte im

1) Strabo V 235. XIV 670. 2) Juven. 3, 7. 3) Firmic. Mat. math. IV 11, 5 (vgl. I 9, 1) *alii tectorum cadentium ruina premuntur*. 4) Symmach. ep. VI 37. 5) Vgl. oben S. 7. 6) Vgl. P. Werner, De incendiis urbis Romae aetate imperatorum, Diss. Lipsiae 1906. 7) Frontin. De aqu. I 18. 8) Cass. Dio LV 26, 4f. 9) Jordan I 1 S. 460. 10) Tac. A. IV 64. VI 45. Suet. Tib. 48, 1. Cass. Dio LVIII 26, 5. Fastenfragment aus Ostia, Hülsen, Berl. Philol. Wochenschr. 1920 Sp. 307 (vgl. dazu R. Herzog ebd. 1921 Sp. 527f.). 11) Sueton. Cal. 16, 3. 12) Sueton. Claud. 18, 1; vgl. Zonar. XI 11. Das eben erwähnte Fastenfragment aus Ostia verzeichnet einen Brand der Aemiliana am 21. Oktober 38, also noch unter Caligula, vgl. Hülsen a. a. O. Sp. 309. 13) Sueton. Nero 38, 2. Tac. A. XV 41. Die Quellen für den Neronischen Brand am vollständigsten in dem unerträglich breiten Buche von Profumo, Le fonti ed i tempi dello incendio Neroniano. Rom 1905.

Marsfelde wütete[1]). Die Brände, meinte Plinius, seien eine Strafe für den Luxus, der freilich doch nicht aufhörte, Kostbarkeiten zu häufen, damit möglichst viel im Feuer zugrunde ginge[2]). Martial sagt (im Jahre 90) zum Ruhme der hauptsächlich zur Herstellung des in jenem Brande Zerstörten unternommenen Bauten Domitians, daß Rom gleich dem Phönix sich durch Feuer neu verjüngt habe, und bittet den Gott Vulkan, fortan die Stadt zu schonen, die ja doch nicht bloß eine Stadt des Mars, sondern auch der Venus sei[3]). Eine Feuersbrunst unter Antoninus Pius vernichtete 340 Wohngebäude[4]). Gellius berichtet, wie er einst unter demselben Kaiser als junger Mensch mit andern Schülern den Rhetor Julianus nach Hause begleitet habe. In der Gegend des Cispischen Bergs (einer Höhe des Equilinus) sahen sie ein Miethaus mit vielen hohen Stockwerken brennen und bereits die ganze Nachbarschaft von einer gewaltigen Feuersbrunst ergriffen; wobei einer der Anwesenden bemerkte, daß er sich längst in der Stadt angekauft haben würde, da die Einkünfte städtischer Grundstücke so hoch seien, wenn ein Mittel gegen die unaufhörlichen Brände in Rom gefunden werden könnte[5]). Der größte Brand nächst dem Neronischen brach im Jahre 192 unter Commodus in der Nähe des Friedenstempels aus, zerstörte zuerst die dortigen Magazine ägyptischer und arabischer Waren und zog sich dann nach dem Palatin hinüber. Alle Anstrengungen, ihm Einhalt zu tun, waren umsonst, er erlosch nicht eher, als bis er einen großen Teil der Stadt dem Boden gleich gemacht und ungeheure Reichtümer verschlungen hatte, aus Mangel an Nahrung[6]). Damals gingen namentlich kostbare Bücherschätze unter. Außer den großen Bibliotheken auf dem Palatin verbrannte unter anderm eine Niederlage in der heiligen Straße, in der sich ein Teil von Galens Büchern befand[7]). Der zwischen 203 und 211 angefertigte kapitolinische Stadtplan enthält bereits die Neubauten, durch welche Severus und Caracalla das Zerstörte herstellten oder ersetzten[8]). Der oben erwähnte, bei Gelegenheit des Straßenkampfes im Jahre 237 oder 238 ausgebrochene Brand legte ebenfalls einen großen Teil der Stadt in Asche[9]). Ein großer Brand am Forum unter Carinus veranlaßte Diocletian zu einer Erneuerung des Platzes und der umgebenden Gebäude[10]).

Erdbeben und Überschwemmungen.

Auch zerstörenden Naturereignissen, die sich in längeren oder kürzeren Zwischenräumen wiederholten, war Rom in hohem Grade ausgesetzt. Erdbeben waren nicht selten, so in den Jahren n. Chr. 5, 15, 51, 57, 68[11]); sie waren öfters von Überschwemmungen begleitet. Diese ereigneten sich aber auch sonst häufig genug, und der Tiber trat nirgends soweit aus als in der Stadt, eine

1) Cass. Dio LXVI 24, 1 f. Sueton. Tit. 8, 3. Hülsen-Jordan I 3 S. 501. Werner a. a. O. S.. 30 ff. 2) Plin. n. h. XXXV 3. XXXVI 110. 3) Martial. V 7. Jordan I 1 S. 491, 11. Drei von Domitian *incendiorum arcendorum causa quando urbs per novem dies arsit Neronianis temporibus* geweihte Altäre CIL VI 826. 30837 = Dessau 4914; vgl. Hülsen-Jordan I 3 S. 128. 410. 425. 4) Hist. aug. Anton. P. 9, 1. 5) Gell. XV 1, 2 f. 6) Cass. Dio LXII 24, 1. Herodian. I 14, 2 ff. Euseb. Chron. z. J. 191 n. Chr. 7) Galen. XIII 362. XV 24, vgl. Ilberg, Rhein. Mus. XLIV 1889 S. 212, 1. 8) Jordan, Forma urbis S. 8 f. 9) Herodian. VII 12, 5 (oben S. 7), vgl. über die sonstigen Brände Jordan, Topogr. I 1 S. 482 f. Werner a. a. O. S. 9—47. 10) Mommsen, Chron. min. I 148. 11) Cass. Dio LV 22, 3. LVII 14, 7. Tac. A. XII 43. Hieron. chron. z. J. 57. Suet. Galba 18, 1. Im J. 191: Herodian. I 14, 2. 217: Cass. Dio LXXVIII 25, 1. Mommsen, Chron. min. I 300 ff. zu den Jahren 429. 443. 492. 501. 502. CIL VI 1716. Vgl. das Verzeichnis der Erdbeben in Italien von 461 v. Chr. bis 394 n. Chr. bei Nissen, Ital. Landesk. I 285 f.

Erscheinung, welche die Erfahrungen des neueren Rom bestätigt haben[1]. »Sowohl ober- als unterhalb Roms«, sagt Moltke, »ist sein Stromtal von einem Talabhang zum andern durchschnittlich $^1/_4$ deutsche Meile breit. Zwischen dem Aventin und dem südlichen Fuß des Janiculus, da wo die jetzige Stadtmauer herabsteigt, treten sich die Höhen auf 1000 Schritt nahe. Hier muß natürlich jedesmal eine Stauung eintreten, wenn nach heftigen Regengüssen im Gebirge Tiber, Nera, Velino, Anio, Paglia und so viele andre Zuflüsse ihre schnellen Fluten herabführen«[2]. »Ganz besonders erschwerend kommen noch die Verhältnisse an der Tibermündung in Betracht, wo bei starkem Scirocco der Fluß seine Wassermassen nur höchst langsam ins Meer ergießen kann.« An der umfassendsten Fürsorge für die Regulierung der Ufer und des Strombetts ließen es die Kaiser nicht fehlen. Das von Augustus dafür eingesetzte Amt bestand fort und wurde regelmäßig von Konsularen verwaltet[3]. Im Jahre 15 wurde im Senat über die Ableitung der Flüsse und Seen verhandelt, die dem Tiber Wasser zuführen, doch vergeblich[4]. Eine bei Ostia gefundene Inschrift meldet, daß im Jahre 46 bei Gelegenheit des dortigen Hafenbaus Claudius Rom durch Ziehung von Gräben aus dem Tiber bis ans Meer von der Gefahr der Überschwemmung befreit habe[5]. Auch Trajan hatte in der ersten Hälfte seiner Regierung einen Ableitungskanal angelegt, vielleicht denselben, der noch jetzt in Wirksamkeit ist[6]: trotzdem überschwemmte im Jahre 108 oder 109 der Fluß weit und breit das flache Land, und ein dadurch herbeigeführtes Steigen des Anio verbreitete die Verwüstung noch sehr viel weiter[7]. Und so überfluteten, trotz aller Bemühungen und Vorsichtsmaßregeln, seine gelben Gewässer im Frühling oder Herbst, von Stürmen rückwärts gestaut, von Regengüssen geschwellt, immer aufs neue die Niederungen Roms und erreichten zuweilen höher gelegene Stellen, zerstörten die alte hölzerne Brücke und rissen in plötzlichem Steigen Menschen und Tiere zahlreich mit sich fort. Tagelang standen dann ganze Stadtteile unter Wasser, so daß nur die höher gebauten Häuser herausragten, und wurden mit Kähnen befahren, die auch den Abgeschnittenen Nahrung zuführten. Sank der Strom wieder in sein Bett zurück, so folgten Einstürze der unterwühlten Gebäude, Seuchen und Hunger; der letztere, weil die Überschwemmungen sehr häufig die großen in den Speichern am Flußhafen aufgehäuften Kornvorräte vernichteten, wie das Plutarch für das Jahr 69 ausdrücklich bezeugt[8]. Noch Gregor von Tours berichtet von einer Überschwemmung Roms, in der unter anderm die der Kirche gehörigen Speicher mit großen Getreidevorräten zerstört wurden[9].

Das alte Rom hatte unter den Nachteilen der Lage am Fluß schwerer zu leiden als das heutige, weil seine seitdem durch Bauschutt erhöhten Niederungen tiefer lagen (im Marsfelde um 1—2, auf dem Forum um 6—12 Meter), während die Höhe des Flußbetts nicht in demselben Maße zugenommen hat. Natürlich trug auch dieser Umstand zur Häufigkeit der Überschwemmungen im Altertum

1) Plin. n. h. III 55. Vgl. Preller, Berichte der Sächs. Gesellsch. d. Wiss. 1849 S. 5—38. 134 bis 151. 2) Moltke, Deutsche Rundschau XVIII 1879 S. 387, vgl. Ges. Schrift. u. Denkwürd. I 166f. 3) Mommsen, Ges. Schrift. IV 382f. 429f. Hirschfeld, Verw.Beamt. 262—264. 4) Tac. A. I 79. 5) CIL XIV 85 = Dessau 207. 6) CIL XIV 88 mit der Anm. Dessaus. 7) Plin. epist. VIII 17. 8) Plutarch. Otho 4; vgl. Hist. aug. M. Aurel. 8, 4. 9) Gregor. Tur. Hist. Franc. X 1.

nicht wenig bei[1]). Die Geschichtschreiber haben ohne Zweifel nur die größten derselben und auch diese wohl nur unvollständig verzeichnet, unter Augustus fünf, in den Jahren 27, 23, 22, 13 v. Chr. und 5 n. Chr.[2]). Bei der vorletzten konnte man in das neue Theater des Cornelius Balbus, das dieser gerade mit Schauspielen einweihte, nur in Kähnen gelangen; bei der letzten wurde die Stadt 7 oder 8 Tage lang mit Kähnen befahren, und die Zahl der umgekommenen Menschen wie der eingestürzten Häuser war beträchtliah. Unter Tiberius werden zwei Überschwemmungen erwähnt, im Jahre 15 und 36[3]). Eine der größten war im März 69, wo die Flut, von der Masse der Trümmer zurückgedrängt, auch hochgelegene, sonst selbst bei hohem Wasserstande sichere Orte erreichte, viele Menschen auf den Straßen fortriß, andre in Buden und Schlafzimmern überraschte. Otho, dessen Ausmarsch durch diese Überschwemmung verzögert wurde, fand in einer Entfernung von 20 Meilen (30 km) von Rom die Straße durch eingestürzte Gebäude gesperrt[4]). Auch in der Zeit von Nerva bis Marc Aurel verging keine Regierungsperiode, ohne daß Rom mindestens einmal von einer großen Wassersnot heimgesucht worden wäre[5]).

Aber nicht bloß infolge von Überschwemmungen trat in Rom Hungersnot ein. Auch die angelegentlichste Fürsorge der Kaiser vermochte nicht immer die Zufälle abzuwenden, die in der überfüllten, ganz auf den Ertrag überseeischer Ernten angewiesenen Stadt Mangel und Teuerung herbeiführten und mit ihnen die Gefahr des Aufruhrs. Ein Hauptgrund, weshalb der Privathandel nicht abhalf, war, daß die großen, den Getreideländern aufgelegten Naturalleistungen[6]) für den Export wenig übrig ließen[7]). Ägypten deckte unter Vespasian durch seine Abgaben den Bedarf Roms an Korn auf vier Monate; die Provinz Afrika lieferte das für die übrigen acht Monate ausreichende Getreide[8]). Außerdem war es für den Privathandel unmöglich, die Konkurrenz mit dem Fiskus auszuhalten, der das teils als Abgabe gelieferte, teils durch seine Agenten in den Provinzen eingekaufte Getreide zuweilen sogar unter dem Wert verkaufte, weshalb auch die Versuche der Kaiser, die Getreidespekulation der Privaten durch Auszeichnungen und Privilegien zu ermutigen, keinen erheblichen Erfolg haben konnten[9]). Die Maßregeln der Kaiser für eine ausreichende Kornzufuhr waren allerdings die umfassendsten. Eine eigene Getreideflotte für Ägypten war schon im Anfang der Kaiserzeit errichtet worden, zu der unter Commodus eine zweite für Afrika kam[10]). Den Hafen Roms Ostia, in dem die Schiffe im Winter nicht hatten landen können, baute Claudius mit ungeheuren Kosten aus und verlegte dahin zum Schutze der Magazine eine Kohorte der römischen Feuerwächter. Trajan fügte einen zweiten, sicheren Hafen hinzu, und der an

Teuerungen.

1) Nissen, Ital. Landesk. I 323. 2) Horat. c. I 2, 13 ff. Cass. Dio LIII 20, 1. 33, 5. LIV 1, 1. 25, 2. LV 22, 3. Cassiodor. Chron. min. II 136 Momms. 3) Tac. A. I 76. Cass. Dio LVII 14, 7. LVIII 26, 5. 4) Tac. Hist. I 86. Plutarch. Otho 4. Sueton. Otho 8, 3. 5) Aur. Vict. Epit. 13, 12. Martial. X 85. Plin. epist. VIII 17 (vgl. CIL VI 964). Hist. aug. Hadr. 21, 6; Ant. P. 9, 3; M. Aurel. 8, 4. Cass. Dio LXXVIII 25, 5 (217). Ammian. XXIX 6, 17 f. (373). Vgl. auch Jordan I 1 S. 128, 17 und Nissen a. a. O. S. 324. 6) Marquardt StV. II² 233 f. 7) Rodbertus, Jahrb. f. Nationalökon. u. Statist. VIII 1867 S. 418, 60. XIV 1870 S. 371, 11. 8) Joseph. B. J. II 383. 386; vgl. Marquardt a. a. O. Wilcken, Papyruskunde I 186. Rostowzew, Real-Encykl. VII 136 f. und Anhang III S. 18, 1. 9) O. Hirschfeld, Philologus XXIX 1868 S. 22 f. Rostowzew, Real-Encykl. VII 142 f. 10) Hirschfeld, Verw.Beamt. S. 229. 489.

diesem neu aufblühende Ort Portus überflügelte Ostia durch seine günstigere Lage[1]). In Rom selbst wurden je länger desto größere Vorräte angelegt. Schon Tiberius erinnerte in einem Schreiben an den Senat im Jahre 32, um wieviel größer die Getreidezufuhr unter ihm sei als unter Augustus, und aus welchen Provinzen sie komme[2]). Unter Trajan waren so große Vorräte aufgespeichert, daß bei einer Mißernte in Ägypten aus Rom Getreide dorthin gesandt werden konnte[3]). Auch unter Marc Aurel wurde den Städten Italiens bei einer Hungersnot aus Rom Korn verabfolgt[4]). Severus hinterließ einen auf sieben Jahre ausreichenden Vorrat[5]). Aber trotz alledem kehrten in den beiden ersten Jahrhunderten Teuerungen unter guten wie unter schlechten Regierungen immer von neuem wieder, teils wegen der Zufälle, denen der überseeische Transport ausgesetzt war, teils weil die Vorräte in den römischen Speichern verdarben oder durch Feuer und Wasser zugrunde gingen (im Jahre 62 ließ Nero das durch Alter verdorbene Korn in den Tiber werfen, um das Volk über die Hinlänglichgeit der Vorräte zu beruhigen; in der Tat stieg der Preis nicht, obwohl 200 Kornschiffe im Hafen durch Sturm, 100 andre auf dem Fluß durch Brand zerstört wurden)[6]); teils endlich infolge von großen Unterschleifen oder Untreue der Beamten: wie nach Cassius Dio die große Teuerung im Jahre 189 durch den Getreidepräfekten Papirius Dionysius noch gesteigert wurde, um den kaiserlichen Kämmerer Cleander, der sie durch seine Unterschleife hauptsächlich verschuldet hatte, dem Hasse des Volkes preiszugeben[7]). Bei einer zum Teil infolge der Tiberüberschwemmung ausgebrochenen, durch Mißernten verlängerten Not, die während der Jahre 5—8 andauerte, stieg der Preis des Brotkorns auf das Fünf- bis Sechsfache des gewöhnlichen; die Monatsration eines Erwachsenen (5 Modii, 43,6 Liter), deren Durchschnittspreis etwa 5 Denar (4 Mark 35 Pf.) war, wurde für 27 ½ Denar (23 Mark 87 Pf.) verkauft[8]); eine in neuerer Zeit unerhörte Steigerung[9]). Alle zum Verkauf nach Rom gebrachten Sklavenfamilien und Gladiatorenbanden sowie sämtliche Fremde, mit Ausnahme der Ärzte und Lehrer, und sogar ein Teil der im Privatbesitz befindlichen Sklaven wurde ausgewiesen, Augustus selbst und andre entließen den größten Teil ihrer Dienerschaft. Trotzdem gelang es nur durch außerordentliche Anstrengungen, einem drohenden Aufruhr vorzubeugen[10]). Im Jahre 19 war abermals eine Teuerung. Tiberius setzte auf die Beschwerden des Volks einen Maximalpreis für das Getreide an und zahlte den Kornhändlern auf jeden Modius zwei Sesterzen (43,5 Pf.) zu[11]). Im Jahre 32 kam es wieder wegen der hohen Preise fast bis zum Aufruhr. Die Menge äußerte ihre Forderungen mehrere Tage lang wegen der Abwesenheit des Kaisers (auf Capri) in stürmischerer Weise als gewöhnlich[12]). Die Verwendung vieler Fahrzeuge zum Bau

1) Hirschfeld a. a. O. S. 247 f. 2) Tac. A. VI 13. 3) Plin. Paneg. 30, 5. 4) Hist. aug. M. Aurel. 11, 3. 5) Hist. aug. Sever. 23, 2; Elag. 27, 7, wo Hirschfelds (Philol. XXIX 24 f.) Emendation *Bassiani* statt *Traiani* überzeugend ist; vgl. auch Anhang III S. 18. 6) Tac. A. XV 18 und dazu Hirschfeld, Philol. XXIX 7, 10. 7) Cass. Dio LXXII 13, 2. Hist. aug. Commod. 14, 1. 8) Hieron. chron. z. J. 5. 9) In London betrugen die höchsten Jahrespreise des Korns von 1764 bis 1826 nur dreimal, von 1826—1870 nur doppelt so viel als die niedrigsten derselben Periode. Pöhlmann S. 73, 1. 10) Cass. Dio LV 22, 3. 26, 1 ff. 27, 3. 31, 3 f. Sueton. Aug. 42, 3. 11) Tac. A. II 87. 12) Tac. A. VI 13.

von Caligulas Brücke von Bajä nach Puteoli (39) tat der Schiffahrt so großen Eintrag, daß im Jahre 41 wieder eine Teuerung ausbrach, die den Kaiser Claudius zum Bau des Hafens von Ostia veranlaßte[1]). Eine zweite entstand unter des letzteren Regierung durch Mißernten im Jahre 52[2]). Damals war nur noch auf 15 Tage Getreide vorhanden, ein Tumult erhob sich, und Claudius entkam mit Mühe dem wütenden Volke. Glücklicherweise war der Winter milde, und die Aufmunterung, die der Kaiser der Schiffahrt und dem Kornhandel durch große Prämien zuteil werden ließ, erwies sich als hinreichene wirksam. Im Jahre 68 wurde kurz vor Neros Ende bei einer Hungersnot der Unwille des Volks durch die Meldung eines alexandrinischen Schiffs gesteigert, das für die kaiserliche Ringschule Nilsand brachte[3]). Die durch die große Überschwemmung im Jahre 69 verursachte, durch Mangel an Erwerb bei der allgemeinen öffentlichen Unsicherheit vermehrte Not ist bereits erwähnt worden[4]). In den sämtlichen Regierungsperioden von Hadrian, unter welchem die Not sich über das ganze Reich oder einen großen Teil desselben erstreckt zu haben scheint, bis Commodus wurde Rom mindestens je einmal von Hunger oder Teuerung heimgesucht[5]). Auch hierin änderte sich wahrscheinlich in den späteren Zeiten nichts. Ammian z. B. unterläßt wo er auf Rom zu sprechen kommt, fast nie, den Erfolg oder Mißerfolg der Präfekten auf dem Gebiet der Getreideverwaltung hervorzuheben, und meistens sind es Mißerfolge, die er zu verzeichnen hat[6]). Die damals bei Teuerungen übliche Massenausweisung der Fremden wird auch in der früheren Kaiserzeit (wie unter Augustus) ein beliebtes Mittel gewesen sein, die Schwierigkeit der Ernährungsfrage zu vermindern[7]).

Auch die Keime verheerender Volkskrankheiten hafteten von jeher an diesem Boden. Die Ungesundheit der Lage Roms ist weltbekannt[8]). Die Wirkung der Kanalnetze im Innern der Tuffhügel, welche im Altertum die Feuchtigkeit des Bodens und damit die Malariaerzeugung in hohem Grade verminderten[9]), scheint weit mehr der Campagna zugute gekommen zu sein als der Stadt selbst, in welcher natürlich auch die Absperrung der im Boden verbreiteten Malariakeime durch das Straßenpflaster und die Fundamente der Gebäude aller Art[10]) immer nur eine unvollkommene sein konnte. Dort als am Haupte des Weltalls, sagt Ammianus Marcellinus, hat auch die Wut der Krankheiten größere Gewalt, Ungesundheit.

1) Seneca de brev. vit. 18, 5. Aurel. Vict. Caes. 4, 3; Willrich, Klio III 1903 S. 419 hält dies für eine boshafte Entstellung Senecas. 2) Sueton. Claud. 18, 2. Tac. A. XII 43. Hieron. chron. z. J. 50. 3) Suet. Nero 45. 4) Tac. Hist. I 86. 5) Hist. aug. Hadrian. 21, 5; Anton. P. 8, 11. 9, 1; M. Aurel. 8, 4. Cass. Dio LXXII 13, 2. Herodian. I 12, 3. 6) Pöhlmann S. 72. 7) Liban. or. 11, 174 (I 495, 10 F.); οὐδεπώποτε τὸν Ξένιον ἠναγκάσθημεν ἀδικῆσαι Δία — καίτοι τὸ παράδειγμα τῆς Ῥώμης ἔχοντες, ἣ τὴν τῶν ἀναγκαίων σπάνιν, ἡνίκα ἂν τοῦτο συμπέσῃ τῇ τῶν ξένων ἐλάσει πρὸς ἀφθονίαν μεθίστησιν. Eine solche Austreibung bei Ambrosius De offic. ministr. III 7, 49. 8) Schwegler, Röm. Gesch. I 454, 7. Jordan I 1 S. 148 ff., vgl. aber auch Pöhlmann, Die Anfänge Roms (1881) S. 6 ff. 9) C. Tommasi-Crudeli, Die Malaria von Rom und die alte Drainage der römischen Hügel, deutsch von Schuster, 1882. Die Vorstellung, daß kleine Lebewesen die Krankheitserreger der Malaria sind, findet sich schon bei Varro r. r. I 12, 2: *si qua erunt loca palustria — crescunt animalia quaedam minuta, quae non possunt oculi consequi, et per aera intus in corpus per os ac nares perveniunt atque efficiunt difficiles morbos.* 10) Tommasi-Crudeli, Röm. Mitteil. II (1887) S. 79 glaubt allerdings, daß hierdurch »*dentro la città di Roma la malaria fosse ridotta a minime proporzioni*«.

und die gesamte Heilkunde erlahmt in dem Versuch sie zu lindern[1]). Schon die ältesten Ansiedler hatten dem Geiste des Fiebers Altäre errichtet[2]), und das Fieber ist zu allen Zeit in Rom endemisch gewesen; am meisten waren (nach Galen) die Menschen dort mit dem drittehalbtägigen behaftet[3]). Die gefährlichste Zeit war, wie heutzutage, der Frühherbst, die Monate August und September[4]). Dazu mußten sich in einer so gedrängt wohnenden Bevölkerung schädliche Einflüsse in Menge erzeugen und ins Unendliche vermehren. Galen sagt, man könne in Rom täglich unzählige Gelbsüchtige und (ohne Zweifel infolge des Fiebers) Wassersüchtige sehen[5]). Überhaupt fanden Ärzte hier das reichste Material für ihre Studien. Eine Form der Schulterverrenkung, die Hippokrates gar nicht beobachtet hatte, sah Galen in Rom viermal; freilich war auch Rom um ein vielfaches größer als die Städte, in denen Hippokrates sich aufgehalten hatte[6]). Eine ungesunde Blässe war die gewöhnliche Gesichtsfarbe der Städter. Martial schreibt an einen Domitius, der nach Oberitalien reiste, nach seiner Rückkehr werde die Schar seiner blassen Freunde ihn gar nicht wiedererkennen und die Frische seiner Wangen mit Neid betrachten; aber möge er auch noch so sonnenverbrannt zurückkommen, so werde ihm Rom bald die Farbe rauben, welche die Reisc ihm gegeben habe[7]). Eine schwere Luft lagerte über der Stadt, von den Gerüchen unzähliger rauchender Küchen geschwängert, deren verpestete Dämpfe sich mit Staubwolken vermischten; sobald man die Stadt im Rücken hatte, fühlte man sich erleichtert[8]). Mag auch die große Erweiterung der Wasserversorgung durch Frontin[9]) die Wirkung der schädlichen Einflüsse vermindert haben: sie völlig aufzuheben, war unmöglich[10]).

Epidemien. Im kaiserlichen wie im republikanischen Rom haben große Epidemien, oft in

1) Ammian. Marcellin. XIV 6, 23. 2) Wissowa, Religion u. Kultus d. Römer² S. 245 f. 3) Galen. XVII A 121; vgl. Cael. Aurelian. acut. II 10, 67. 4) Cels. de med. II 1, 1 *autumnus longe periculosissimus*. Horat. sat. II 6, 18 f.; epist. I 7, 5 f. 5) Galen. XI 328. 6) Galen. XVIII A 347. 7) Martial. X 12. 8) Senec. epist. 104, 6. Horat. c. III 29, 12; vgl. epist. I 17, 6 ff. 9) Frontin. de aqu. II 87 f. 10) Nach R. Kobert, Über den Zustand der Arzneikunde vor 18 Jahrhunderten (1887) S. 28 ff. (vgl. auch Gedächtnisschrift für K. L. Kahlbaum, herausgeg. von P. Diergart, 1909 S. 103 ff.) müßten infolge des Mißbrauchs von Blei bei Geräten und Geschirren zur Aufbewahrung und zum Kochen von Speisen und Getränken, besonders aber des Gebrauchs von Bleiröhren bei den Wasserleitungen (vor denen Vitruv. VIII 6, 10 f. warnt) »im alten Rom zur Kaiserzeit Bleivergiftungen mindestens ebenso häufig gewesen sein als bei uns Tuberkulose und Lues zusammgenommen«. Daß die Römer, die in der Hygiene in mancher Beziehung der neuesten Zeit voraus waren, Jahrhunderte hindurch mit Aufwand ungeheurer Mittel an ihrer eignen Vergiftung gearbeitet haben, ohne es gewahr zu werden, ist um so schwerer zu glauben, als (wie Vitruvs Warnung zeigt) die Gefährlichkeit der Bleiröhren ja zur Sprache gekommen war. Wie mich mein Kollege Lossen († 1906) belehrt, hängt die Löslichkeit des Bleis und damit die Gefährlichkeit der Bleiröhren von der Natur des hindurchgeleiteten Wassers ab. Am meisten wird die Löslichkeit durch sich zersetzende organische Substanzen im Wasser begünstigt (A. Michaelis, Ausführl. Lehrb. d. anorgan. Chemie III⁵ 1168). Schwerlich haben die Römer Wasser, das mit solchen Bestandteilen gesättigt war, in ihre Städte geleitet. Führten die Aquädukte denselben nur hartes Wasser zu, so war die Gefahr der Vergiftung durch Bleiröhren auf ein sehr geringes Maß beschränkt. »Die Aqua Marcia bedeckt infolge ihres starken Kalkgehalts das Innere der Röhren, der Geschirre usw. bald mit einer Sinterschicht, die natürlich gleichfalls die Gefahr vermindert. In den Steinröhren der Aqua Marcia auf dem Caelius sind Versinterungen von 3 cm Stärke gefunden worden (Röm. Mitt. IV 1889 S. 235), und nicht viel geringere habe ich bei Reparaturen der Eisenröhren der modernen Aqua Pia Marcia, die vielleicht ein Jahrzehnt im Gebrauch gewesen waren, gesehen.« Hülsen.

erschreckend kurzen Zwischenräumen einander folgend, zahllose Opfer hingerafft (unter der Bezeichnung der Alten »Pesten« oder »Pestilenzen« ist niemals die orientalische Beulenpest, sondern Seuchen der verschiedensten Art zu verstehen). Unter Augustus herrschten besonders in den Jahren 23 und 22 v. Chr. in Rom und ganz Italien verheerende Krankheiten[1]). Bei der großen Seuche im Herbste des Jahrs 65 n. Chr. blieb kein Geschlecht, kein Stand noch Alter verschont, die Häuser waren voll von Leichen, die Straßen von Leichenzügen. In die Bücher der Todesgöttin Libitina, bei deren Tempel die Leichenbesorger ihren Standort und ihre Niederlage hatten, wurden während dieses einen Herbstes 30000 Bestattungen eingetragen[2]); dies kann aber nur ein Bruchteil der sämtlichen sein. Denn abgesehen davon, daß der Apparat der Libitina bei großen Epidemien lange nicht ausreichte, können Sklaven und ganz Unvermögende wohl unmöglich durch sie bestattet worden sein, am wenigsten bei einer so ungeheuren Sterblichkeit. Auch auf den Ausbruch des Vesuv (im Jahre 79) folgte im Jahre 80 eine verheerende Volkskrankheit in Rom[3]), »wie es kaum je eine gegeben hatte«. An vielen Tagen sollen etwa 10000 Todesfälle in die tägliche Sterbeliste (*ephemeris*) eingetragen worden sein[4]), aus welcher (wenigstens in späterer Zeit) Übersichten der Altersklassen der Verstorbenen angefertigt wurden[5]). Die Zahl von 10000 täglichen Todesfällen ist nicht unglaublich, da in Palermo (mit damals etwa 168000 Einwohnern)[6]) vom 3. bis 13. Juli 1837 täglich über 1000, am 10. 1803 Menschen starben[7]).

Die »Pest« unter Marc Aurel und Commodus.

Doch die furchtbarste, weil am längsten dauernde und am weitesten verbreitete aller Epidemien nicht bloß Roms, sondern der alten Welt überhaupt, war die in Babylonien ausgebrochene, in Ionien schon 162 wütende[8]), von dem aus dem Orient zurückkehrenden Heere des L. Verus in den Westen eingeschleppte, welche durch einen sehr großen Teil des römischen Reichs bis nach dem Rhein und Gallien vordrang[9]), die Lager der Legionen verheerte und ganz Italien dermaßen entvölkerte, daß Dörfer, Städte und Felder nach dem Hinsterben der Bebauer und Bewohner zu ruinenerfüllten oder waldbewachsenen Einöden wurden[10]). Die Seuche ergriff Rom im Jahre 167 oder 168[11]) und raffte viele

1) Cass. Dio LIII 33, 4. LIV 1, 2. 2) Tac. A. XVI 13. Sueton. Nero 39, 1. 3) Sueton. Tit. 8, 3. Cass. Dio LXVI 23, 5. 4) Hieron. chron. z. J. 77 (verschoben). 5) Ulpian teilt eine Tafel über die mutmaßliche Lebensdauer auf den verschiedenen Altersstufen von 20 bis zu 70 Jahren mit, Dig. XXXV 2, 68; vgl. B. Hildebrand, Jahrb. f. Nationalökon. u. Statist. VI 1866, 91. Auch die Angabe bei Euseb. H. eccl. VII 21, 9, daß infolge der Pest unter Gallienus in Alexandria die Zahl der Einwohner von 14—80 Jahren nicht mehr betrug, als vorher die Zahl derer von 40—70 Jahren, setzt genaue statistische Aufnahmen voraus. Immerhin sind die Zeugnisse für eine amtliche Registrierung der Sterbefälle in der Hauptstadt spärlich, während in Ägypten wohl schon in vorrömischer Zeit eine regelmäßige Anmeldung der Geburts- und Sterbefälle bei der Behörde stattfand. W. Levison, Bonn. Jahrb. CII 1898 S. 73ff. 6) So viel gibt Adr. Balbi, Abrégé de géographie, Paris 1834 an. 7) Reuchlin, Gesch. Ital. I 264ff. Bei der Pest in London Mai 1625 bis März 1626 starben einmal (von vielleicht 600000 Menschen) in 20 Wochen 40000, vom 11. bis 18. August 4463. Stern, Milton I 61. Bei der Hamburger Cholera-Epidemie vom Jahre 1892 betrug in den Tagen vom 21.—31. August die Zahl der Erkrankungen (von denen etwas mehr als die Hälfte tödlich verlief) 7312; vgl. F. Wolter, Das Auftreten der Cholera in Hamburg in dem Zeitraume von 1831 bis 1893 (München 1898) S. 105. 8) Waddington, Mém. de l'acad. des inscript. XXVI 1, 1867 S. 250. 9) Ammian. XXIII 6, 24. 10) Oros. VII 15, 5; über den Rückgang der Bevölkerung in Ägypten Wilcken, Beitr. z. alten Gesch. (Festschr. f. O. Hirschfeld, 1903) S. 123ff. 11) Galen. XIX 15f., vgl. IV 788.

Tausende hin, auch eine große Anzahl aus den höchsten Ständen. Haufenweise wurden die Leichen auf Lastwagen aus der Stadt geschafft, die Toten des gemeinen Volks ließ Marc Aurel auf öffentliche Kosten begraben[1]). Galen sagt, daß die Seuche der von Thucydides beschriebenen sehr ähnlich war, in beiden bedeckten sich die Körper der Kranken mit schwarzen Pusteln, sie hatten heftigen Husten, Heiserkeit und übelriechenden Atem[2]): man glaubt, daß beides Blatternepidemien waren[3]). Die Seuche dauerte viele Jahre[4]), in denen sie vermutlich bald stärker, bald schwächer auftrat; sie herrschte noch beim Tode Marc Aurels (180), der vielleicht selbst daran starb und den der Gedanke an ihre Verheerungen auf dem Sterbebette beschäftigte[5]); und die Krankheit, die in Rom unter Commodus (etwa 187—189) wütete, ist wohl ihr letzter heftiger Ausbruch gewesen. Nach Cassius Dio starben damals in Rom an einem Tage oft 2000 Menschen[6]). Schon damals ging das bei verheerenden Seuchen so leicht auftauchende Gerücht, die Krankheit werde von eigens dazu gedungenen Menschen (durch Stechen mit vergifteten Nadeln) geflissentlich verbreitet.

So zahlreiche, mannigfache und furchtbare Übel erinnerten auch in dem »goldenen, heiligen, ewigen« Rom[7]) immer von neuem an das Wort Varros: das Land ist göttlichen Ursprungs, die Städte von Menschenhand gebaut[8]).

---

1) Hist. aug. M. Aurel. 13, 6. 2) J. F. K. Hecker, De peste Antoniniana (Berl. 1835) S. 25—29. 3) Vgl. A. Hirsch, Hdb. der histor.-geographischen Pathologie I 192 ff. Lersch, Gesch. der Volksseuchen (1896) S. 24 ff. 4) Galen. X 360: κατὰ τὸν μέγαν τοῦτον λοιμόν, ὃν εἴη ποτὲ παύσεσθαι. Vgl. Buresch, Klaros (1889) S. 67 ff. 5) Hist. aug. M. Aurel. 28, 4. CIL III 5567 (Bedaium in Noricum aus dem Jahre 182): *per luem vita functi*. 6) Cass. Dio LXXII 14, 3. Herodian. I 12, 1. Vgl. die Pest von 250—262 (wo täglich 5000 Menschen starben, Hist. aug. Gallien. 5, 5. Aurel. Vict. Caes. 33, 5. Zosim. I 37, 3) und 270 (Hist. aug. Claud. 12, 2. Zosim. I 46). Pest in Byzanz, bei der täglich bis 10000 und darüber starben: Procop. B. Pers. II 23, 2. 7) *Aurea Roma* s. oben S. 4, 6; *urbs Roma aeterna* auf den Kaisermünzen seit Hadrian (*aeternae urbis* schon Tibull. II 5, 23. Ovid. fast. III 72 und häufig im 4. Jhdt., z. B. Amm. Marc. XV 7, 1. 10. XVI 10, 14; vgl. Auson. de fast. 2, 3 p. 194 P.), Weihungen an *Roma aeterna* CIL III 1422. VII 370. 392. VIII 1427. 6965. X 16, *sacerdotes urbis Romae aeternae* Wissowa, Relig. u. Kultus d. Römer[2] S. 341, 3; *vicarius urbis Romae aeternae* CIL VI 1736. Für *sacra urbs* die ältesten Zeugnisse (CIL VI 1245. III 1465 = Dessau 98. 1370) aus dem Anfang des 3. Jahrhunderts; vgl. *urbs sacra reg(ionum) XIIII* CIL VI 1030; *notus in urbe sacra* CIL IX 4796. XIV 2852 = Buecheler, Carm. epigr. 437, 2. 249, 12; *sacerdotes sacrae urbis* CIL VI 2136 f. Vgl. im allgemeinen über *urbs aeterna* und *sacra* F. G. Morgan, Transactions of the American Philological Association XXV 1894 S. 34 ff., besonders tiefgründige Untersuchungen über die Vorstellung von der 'ewigen Stadt' und ihre Anwendung auf Babylon, Alexandrien, Rom gibt neuerdings R. Reitzenstein, Das iranische Erlösungsmysterium (1921) S. 151 ff., besonders S. 207 ff. 8) Varro r. r. III 1, 4. Cowper, Poems (London 1800) II 41: »*God made the country and man made the town.*«

II. DER HOF

1. SEIN EINFLUSZ AUF FORMEN UND SITTEN.

Wie das römische Kaisertum aus dem Privatstande hervorgegangen ist, so hat auch der kaiserliche Hof sich anfangs mit seinen Einrichtungen und Formen wie mit seinem Personal nach Art eines großen Privathauses gestaltet. In der ersten Zeit von den fürstlichen Haushaltungen der großen Familien Roms nicht wesentlich verschieden, hat er sich langsam und allmählich dem Charakter der Königshöfe der alten Welt angenähert. Die wiederholten und zum Teil aufrichtigen Bestrebungen mehrerer Kaiser, ihn soviel wie möglich auf jenen bürgerlichen Zuschnitt zurückzuführen, haben diesen Entwicklungsprozeß nur zu verzögern vermocht, der sich im 3. Jahrhundert unter den nun immer unwiderstehlicher einwirkenden Einflüssen des Orients vollendete.

Auf der andern Seite hat der Hof wieder vielfach auf Sitten und Formen der höheren Stände, selbst auf ihre häuslichen Einrichtungen, dann auf weitere Kreise zurückgewirkt. Entschieden ausgesprochne Ansichten und Grundsätze, Neigungen und Liebhabereien des Kaisers, seiner Familie, seiner Günstlinge sind zunächst für Rom in einer Weise bestimmend gewesen, wie es nur bei einem schrankenlosen Despotismus möglich ist. Nicht bloß für Rom: mit einer gewissen Wahrheit konnte das bekannte Wort ausgesprochen werden: der Erdkreis richtet sich nach dem Beispiel seines Beherrschers [1]). Mit den Personen der Kaiser haben nicht bloß Einrichtungen, sondern auch Sitten und Formen gewechselt. Nur eine philosophische Abstraktion, wie die Marc Aurels, konnte in dieser Aufeinanderfolge verschiedenartiger, oft grell kontrastierender Zustände ein ewiges Einerlei erblicken. Alles — so erschien es ihm — war schon dagewesen und würde auch künftig so sein: der Hof des Hadrian und des Antoninus, und wieder des Philipp, Alexander und Krösus — es war alles dasselbe, nur die Personen andre [2]). Es waren immer dieselben eiteln und vergänglichen Bestrebungen, unter Vespasian wie unter Trajan, dieselben Bemühungen und Enttäuschungen [3]); und alles dieses war vergangen und vergessen, und so würde auch die Gegenwart vergehen und vergessen werden [4]). Doch wer sich von den Erscheinungen des Lebens und der Wirklichkeit nicht geflissentlich abwandte, der ward immer von neuem gewahr, wie schnelle und umfassende Veränderungen, ja Umwandlungen jeder Wechsel in den höchsten Kreisen nach sich zog. Oft genug haben die Zeitgenossen dies ausgesprochen [5]). »Biegsam

1) Claudian. de IV cons. Honor. 296—302. Otto, Sprichwörter d. Römer S. 300 unter *rex* 6.
2) M. Aurel. Comment. X 27. 3) ebd. IV 32. 4) ebd. IV 33. 48. 5) Eine Anzahl solcher Stellen bei Otto, Archiv f. latein. Lexikogr. VII (1892) 3.

werden wir«, so sprach der jüngere Plinius vor Trajan im Senat, »vom Kaiser nach jeder beliebigen Seite gelenkt und schmiegen uns seinem Vorgange an; denn ihm wünschen wir lieb zu sein, seinen Beifall zu erwerben, was solche, die ihm unähnlich sind, nicht hoffen dürfen, und durch fortgesetzte Fügsamkeit sind wir dahin gekommen, daß fast die ganze Welt nach den Sitten eines einzigen lebt. Das Leben des Kaisers ist ein Zensoramt, und zwar ein lebenslängliches; nach ihm richten wir, nach ihm wandeln wir uns: und wir bedürfen nicht sowohl des Befehls als des Beispiels« [1]). Die Untertanen, sagt Herodian, pflegen in ihrem Leben dem Sinne des Herrschers nachzueifern [2]).

Beispiele des Einflusses der Hofsitten —

Dergleichen Umwandlungen traten am auffallendsten hervor, wenn auf einen oder mehrere ausschweifende Höfe ein streng geregelter folgte. Daß der Tafelluxus, der während des Jahrhunderts von der Schlacht bei Actium bis auf Neros Tod seinen höchsten Grad erreicht hatte, nachher allmählich abnahm: dies, wie überhaupt die größere Sittenstrenge, wurde nach Tacitus vorzüglich durch Vespasians Beispiel bewirkt, durch seine altertümlich einfache Lebensweise. Die Folgsamkeit gegen den Kaiser und der Wunsch ihm nachzueifern erwies sich wirksamer als die Furcht vor Gesetzen und Strafen [3]). Nicht minder grell war der Gegensatz zwischen den Höfen des Commodus und des Pertinax, und nicht minder schnell die Wirkung des Wechsels: die allgemeine Nachahmung von Pertinax Sparsamkeit, sagt der Biograph dieses Kaisers, brachte in Rom eine große Wohlfeilheit hervor [4]). Auch von Alexander Severus heißt es, seine Lebensweise sei gewesen wie ein Zensoramt: ihm ahmten die Großen Roms, seiner Gemahlin die edlen Frauen nach [5]).

und Neigungen der Kaiser.

Eine ebenso allgemeine Nacheiferung riefen die geistigen Richtungen und Interessen der Kaiser hervor. Daß Nero zweimal, vor seiner Thronbesteigung und im ersten Jahre seiner Regierung, Übungsreden hielt, hatte einen gewaltigen Eifer für das Studium der Rhetorik zur Folge, und Rom ward mit einer Fülle von Lehrern dieser Kunst überschwemmt, die nie so sehr blühte, so daß viele durch sie aus tiefster Niedrigkeit zum Senatorenstande und zu den höchsten Ehren sich aufschwangen [6]). Daß Neros Leidenschaft für Musik ähnliche Wirkungen geübt hat, darf als gewiß angenommen werden, auch ohne daß es ausdrücklich berichtet wird: musikliebende Herrscher, sagt Plutarch, bewirken, daß es viele Musiker gibt, ebenso wie solche, die Freunde der Literatur oder der Gymnastik sind, die Zahl der Gebildeten und der Athleten vermehren [7]). Daher mehrten sich auch unter Marc Aurel, dem Philosophen auf dem Throne, die Freunde der Weisheit und Wissenschaft [8]), am meisten die angeblichen, die unter dieser Maske auf Beförderung und Reichtümer hofften [9]). Lucian hat mit Vorliebe und fast bis zum Überdruß des Lesers das Treiben jener Afterphilosophen geschildert, von denen namentlich Griechenland damals wimmelte, wo man nach seiner Versicherung auf allen Straßen und Plätzen lange Bärte, Bücherrollen, große Stöcke und abgetragne Mäntel in Masse erblickte [10]). Rohe, ungebildete Menschen kauften Bibliotheken, in der Hoffnung, die Aufmerksamkeit des Kaisers auf sich zu ziehen und große Vorteile zu erlangen. Gegen einen

1) Plin. paneg. 45, 5. 6. 2) Herodian. I 2, 4. 3) Tac. A. III 55; vgl. Aurel. Vict. Caes. 9, 5. 4) Hist. aug. Pertin. 8, 10. 5) ebd. Alex. Sev. 41, 2. 6) Sueton. De gramm. et rhetor. 25. 7) Plutarch. Coniug. praec. 17. 8) Herodian. I 2, 4. 9) Cass. Dio LXXI 35, 2. 10) z. B. Bis accus. 6.

solchen ist eine besondre Schrift Lucians gerichtet [1]). Seine Darstellungen dürften kaum übertrieben sein; und eine Mitteilung Galens, die für die Wirkungen des kaiserlichen Beispiels charakeristischer ist als alles übrige, kann nicht dem mindesten Zweifel unterliegen. Marc Aurel nahm täglich eine Dosis Theriak, ein Gegengift, das zugleich für ein Universalmittel galt. Während seiner Regierung wurde dieses Mittel in Rom für die reichen Leute so massenhaft bereitet, daß oft die erforderlichen Ingredienzien ausgingen: denn, sagt Galen, es ist wunderbar, wie die Reichen alles nachahmen, was die Kaiser tun, oder doch es nachzuahmen scheinen wollen. Nach Marc Aurels Tode hörte die Nachfrage nach Theriak in Rom sofort auf [2]). Natürlich kamen auch die kaiserlichen Lieblingsgerichte sofort in Aufnahme, wie unter Tiberius Regierung eine eßbare Wurzel, die er sich jedes Jahr aus Deutschland kommen ließ, und die im Rauch aufbewahrten Weintrauben aus Afrika, denen er vor den früher beliebteren aus dem Veltlin den Vorzug gab; der Alant dadurch, daß ihn seine Mutter Livia täglich aß. Nero »verschaffte dem Schnittlauch Ansehen«, indem er ihn zur Verbesserung seiner Stimme an bestimmten Monatstagen aus Öl aß, ohne irgend eine andre Speise dazu zu nehmen [3]). Als Hadrian, angeblich um angeborene Narben im Gesichte zu verdecken [4]), mit dem bisherigen Brauche, den Bart zu rasieren, gebrochen hatte [5]), wurde, wie die Denkmäler zeigen, der Vollbart allgemein Mode, wenn es auch natürlich im einzelnen an Ausnahmen nicht fehlt [6]). Vermutlich wird auch das kurz geschorene Haar Marc Aurels wie das langgetragene des Lucius Verus nicht bloß für die Haartracht an den Höfen beider (von denen Galen [7]) es bezeugt) maßgebend gewesen sein, sondern auch für weitere Kreise, wie das zur Verhütung von Kopfweh kurz geschorene Haar Karls des Fünften, und später die hinter Ohren und Schläfen zurückfallenden Locken des Don Juan d'Austria diese wie jene Haartracht zur Mode machten [8]).

So warfen also die Zustände in den höheren Schichten der Gesellschaft — und nur über diese sind wir einigermaßen unterrichtet — ein mehr oder minder treues Spiegelbild der jedesmaligen Hofsitten zurück: wenn freilich auch solche Erscheinungen, je augenblicklicher sie eintraten, desto oberflächlicher bleiben mußten.

2. DIE BEAMTEN, FREIGELASSENEN UND SKLAVEN DES KAISERLICHEN HAUSES.

Der Hof im engeren Sinne bestand aus dem gleich anfangs sehr umfangreichen und vielfach abgestuften Dienerschafts- und Beamtenpersonal des Kaisers und der kaiserlichen Familie. In weiteren Sinne gehörten dazu auch die sogenannten Freunde des Kaisers.

Die wichtigsten Hof- und Hausämter anfangs nur mit Freigelassenen —

Während des größten Teils des ersten Jahrhunderts haben die Kaiser, nach Art von Privatpersonen, ihre Sklaven und Freigelassenen nicht bloß zu ihrer Bedienung, sondern auch als Gehilfen ihrer Arbeiten und als Vertreter bei der

1) Lucian. adv. indoct. 22. 2) Galen. XIV 24 ff. 3) Plin. n. h. XIX 90. XIV 16. XIX 92. 108. 4) Hist. aug. Hadr. 26, 1. 5) Cass. Dio LXVIII 15, 5; vgl. Julian. Caes. p. 311 C. 6) Mau, Real-Encykl. III 34. 7) Galen. XVII B 150. 8) Motley, Abfall der Niederlande (deutsch 1860) III 111 f.

Verwaltung von Einkünften und Instituten und zur Führung von Geschäften aller Art verwendet. Wenn dies freilich in der Absicht geschah, dem Kaiserhofe den Charakter eines Bürgerhauses zu erhalten, so wirkte doch hier auch ein zwar entgegengesetztes, aber mit jener zur Schau getragenen Bürgerlichkeit nicht unvereinbares Motiv mit ein. Sehr bald gelangten diese Beamten des kaiserlichen Hauses, wie niedrig von Herkunft, wie untergeordnet und gering geachtet auch nach ihrer rechtlichen Stellung, zu einer faktischen Macht, die sie über die Höchstgeborenen erhob. Durch die Natur des Cäsarismus, zumal des werdenden, war eine gewisse geflissentliche Nichtachtung der Standesunterschiede, ein Nivellierungssystem bedingt, nicht bloß um die Widerstandskraft der Aristokratie zu brechen [1]), sondern auch um zu zeigen, daß das kaiserliche Belieben allmächtig sei, daß es allein hinreiche, die niedrigste Stellung in die höchste zu verwandeln, daß ihm gegenüber alle Untertanen gleich seien. Mit unzweideutiger Beziehung sagt Tacitus, daß bei den Deutschen die Freigelassenen im Hause selten, im Staate nie etwas vermögen, ausgenommen bei den Völkern, die von Königen beherrscht werden; denn dort steigen sie sowohl über die Freien als über die Adligen, bei den übrigen ist ihre untergeordnete Stellung ein Beweis der Freiheit [2]). Den rücksichtslosen Übermut des neuen Königtums gegenüber dem Herkommen und dem Gesetz trug der erste Cäsar auch in dieser Hinsicht zur Schau. Er machte Sklaven zu Vorstehern der Münze, übergab ihnen die Einziehung öffentlicher Abgaben und ernannte zum Befehlshaber der Legion, die er in Alexandria zurückließ, den Sohn eines Freigelassenen, Rufinus, seinen früheren Lustknaben [3]).

später meistens mit Rittern besetzt.

Doch je mehr mit der fortschreitenden Entwicklung des Kaisertums sich Formen und Einrichtungen der absoluten Monarchie ausbildeten, desto mehr gewannen die Haus- und Hofämter wenigstens zum Teil den Umfang und die Bedeutung von Staatsämtern, die nur von Frei- und Edelgeborenen bekleidet werden konnten. Den Schein der Bürgerlichkeit zu retten, war hier fortan weder möglich noch wünschenswert, die kaiserliche Allmacht durch Erhebung niedriger Diener zu betätigen, nicht ferner nötig. So wurden die kaiserlicher Freigelassenen aus einigen der wichtigsten Hofämter verdrängt, und Ritter traten an ihre Stelle. Die Freigelassenen wurden in der Führung der Geschäfte auf untergeordnete Stellungen, außerdem auf den persönlichen Hausdienst beschränkt. Auch nach dieser Veränderung waren sie nicht selten sehr mächtig, aber die Natur ihrer Macht war eine andre als früher. Im ersten Jahrhundert beruhte sie zum Teil auf der Wichtigkeit ihres Amts, im zweiten und dritten allein auf ihrem vorausgesetzten oder wirklichen persönlichen Einflusse am Hofe. Die Freigelasssenen, die in Claudius Namen regierten, waren die Leiter des Rechnungsamts (d. h. der kaiserlichen Finanzverwaltung), des Sekretariats und des Amts für Bittschriften und Beschwerden; die allmächtigen Freigelassenen an Commodus Hofe waren Kammerdiener.

Bedeutung dieser Veränderung.

Die allmählich wachsende Bedeutung und Wichtigkeit der Hotbedienungen und Hausämter gibt also einen untrüglichen Maßstab für die Fortschritte der

1) Vgl. über das System Mazarins, den Adel herabzudrücken, von den Geschäften zu entfernen und durch Leute niederer Herkunft zu ersetzen: Auswahl aus den Memoiren des Herzogs von Saint Simon (Coll. Spemann) II 54. 2) Tac. Germ. 25; vgl. Plin. paneg. 88, 1 f. 3) Sueton. Caes. 76, 3.

Entwicklung des Kaisertums, die, von den äußerlich beibehaltenen Formen der Republik ausgehend, mit einer Erstarrung in orientalischem Absolutismus endete. Die Ämter, die im ersten Jahrhundert nach außen unscheinbare Hausdienste blieben, obwohl ihre Inhaber schon seit Claudius zu den mächtigsten Reichsbeamten gehörten [1]), waren bereits im zweiten hohe Ziele der ritterlichen Beamtenlaufbahn, die man erst nach Verwaltung wichtiger Posten erreichte, und Stufen zu den höchsten Stellungen, die überhaupt dem Ritterstande zugänglich wären.

Bis auf Vitellius waren die Freigelassenen im uneingeschränkten Besitz der Hofbedienungen, und zum Teil durch sie seit Caligula im Besitz der höchsten Macht. Vitellius war der erste, der ganz ausnahmsweise einige dieser Stellen mit Rittern (Präfekten oder Tribunen der zu ihm abfallenden Truppen) besetzte [2]). Doch schwankte die Praxis noch längere Zeit, da hier teils das persönliche Belieben der Kaiser entschied, die zum Teil immer noch ergebene und gehorsame Diener in diesen Ämtern lieber sahen als Männer von Stande, teils unter den Freigelassenen besonders geeignete und erprobte Persönlichkeiten sich darbieten mochten. Von den obengenannten drei wichtigsten Ämtern waren unter Domitian [3]) zwei mit Freigelassenen besetzt: das Amt der Bittschriften und Beschwerden und das Sekretariat. Doch verwaltete das letztere unter ihm, wie später unter Nerva und Trajan, auch ein Mann von Ritterstande [4]), aber unter Trajan auch Freigelassene [5]).

Die neue Organisation Hadrians.

Erst Hadrian zog eine feste Grenze zwischen der Verwaltung des Reiches und der des Fürstenhauses, indem er der letzteren auch formell ihren privaten Charakter nahm und an die Stelle der Freigelassenen einen kaiserlichen Beamtenstand mit magistratischem Charakter setzte, in dessen Begründung die einzige Möglichkeit lag, den ins Ungeheure gewachsenen Aufgaben zu entsprechen. In allen höheren Verwaltungsposten traten Ritter an die Stelle der Freigelassenen, namentlich in den drei Ämtern der Finanzen, der Bittschriften und Beschwerden und der Briefe, die so auch formell zu Staatsämtern wurden [6]). Fortan sehen wir die Inhaber derselben teils mittelbar teils unmittelbar zu den ersten Gewalten des Weltreichs gelangen, namentlich zu dem Vizekönigtum von Ägypten und der Präfektur des Prätorium in Rom. Bei dem Amt der kaiserlichen Finanzen findet sich indes die Anomalie, daß es auch noch in der Zeit, wo es in der Reihenfolge der Ämter eine so hohe Stufe bildete, hin und wieder von Freigelassenen bekleidet worden ist [7]). Aber abgesehen davon, daß dergleichen Anomalien in dem Wesen des Absolutismus ihre Erklärung finden, mußte bei der Wahl gerade dieser Beamten die Rücksicht auf Geschäftskenntnis und Zuverlässigkeit andre Rücksichten überwiegen, und die Möglichkeit, bei etwaigen Veruntreuungen Zwangsmittel anwenden zu können, besonders in

1) Hirschfeld, Verw.Beamte S. 471 ff., dessen Ansicht von einer damals erfolgten Zentralisierung der Finanzverwaltung Mommsen StR. II³ 1001, 1 bestreitet. 2) Tac. Hist. I 58. CIL XI 5028 = Dessau 1447 und dazu E. Bormann, Arch. epigr. Mitteil. aus Österr.-Ungarn XV (1891) S. 30 ff. Vgl. den Anhang V. 3) Vgl. Sueton. Domitian. 7, 2: *quaedam ex maximis officiis inter libertinos equitesque R. communicavit.* 4) CIL VI 798 = Dessau 1448. 5) CIL XI 1434 = Dessau 1667. CIL VI 8607. XIV 3909 = Dessau 3892. 6) W. Schurz, De mutationibus in imperio ordinando ab imp. Hadriano factis I (Diss. Bonn 1883) S. 33—37. 7) Hirschfeld a. a. O. S. 31.

Betracht kommen. Dies letztere hebt auch Mäcenas in seiner Rede an Augustus bei Cassius Dio als Grund hervor, weshalb es sich empfehle, Freigelassene bei Geldverwaltungen anzustellen[1]).

Die Oberkämmerer auch später Freigelassene.

Als diese Ämter ganz oder größtenteils aufgehört hatten, den Freigelassenen zugänglich zu sein, war es vorzugsweise das Amt des Oberkämmerers (*a cubiculo*, *cubicularius*), in dem sie noch zur Macht gelangen konnten: die Entwicklung desselben ist ebenso bezeichnend für das spätere Kaisertum, wie die der andern Ämter für das frühere. Waren die Kammerdiener freilich zu allen Zeiten einflußreich gewesen, so war doch ihre äußere Stellung anfangs eine sehr niedrige; erst der zunehmende Einfluß orientalischer Sitten gab dem »Vorgesetzten des heiligen Schlafgemachs« (*praepositus sacri cubiculi*), wie er nun hieß, eine hohe Würde: und die in den letzten Jahrhunderten gewöhnliche Bekleidung dieser Stelle durch Eunuchen gehört zu den bezeichnendsten Symptomen der vollendeten Orientalisierung des römischen Kaiserhofes. Die Eusebius und Eutropius regierten nicht bloß in Byzanz und Ravenna unumschränkter als einst die Pallas und Narcissus in Rom, sondern wurden auch rechtlich den höchsten Reichsbeamten gleichgestellt[2]).

Doch bevor auf diese Ämter näher eingegangen werden kann, ist es nötig, die Stellung zu betrachten, welche die kaiserlichen Freigelassenen als solche, abgesehen von ihrem Dienst, einnahmen, und die Veränderungen zu verfolgen, welchen diese unter den Regierungen der beiden ersten Jahrhunderte immer von neuem unterworfen war.

Abstammung der meisten kaiserlichen Freigelassenen aus Griechenland und dem Orient.

Es waren während dieser Zeit beinahe ausschließlich die östlichen Länder, die Länder der alten Kultur, Griechenland, Kleinasien, Syrien und Ägypten, aus denen die kaiserliche Hausdienerschaft sowie die der großen Paläste Roms sich in der Regel bildete und ergänzte. Während der Norden und Westen zum größten Teil die Leibwächter stellte, denen die Kaiser die Sicherheit ihrer Person anvertrauten[3]), wählten sie Griechen und Orientalen am liebsten zu ihrer Bedienung und zur Führung ihrer Geschäfte, und so stiegen diese von dem römischen Nationalstolz unter allen Völkern am tiefsten verachteten Menschen immer wieder zur höchsten Macht empor. Die Menschen im Osten waren eben, wie einer von ihnen es selbstgefällig ausgesprochen hat, schärfer von Verstand[4]).

Griechen.

In wie geringer Achtung die Griechen im allgemeinen bei den Römern standen, ist bekannt. Cicero nennt sie betrügerisch, unzuverlässig und durch lange Knechtschaft zur Schmeichelei erzogen[5]). Den schärfsten Tadel erfuhr ihr Mangel an Wahrheitsliebe, der freilich schon ihre leicht angeregte und bildnerische Phantasie Eintrag tat[6]). Überdies waren die Vertreter der Nation in Rom oft am wenigsten »des alten Griechenlands würdig«. Sie erscheinen in Juvenals bekannter Schilderung schnell von Geist, von betäubender Redefertig-

1) Cass. Dio LII 25, 5. 2) Vgl. überhaupt Boecking, Not. dign. II 1, 294* ff. Hirschfeld S. 309. In Arabien wurden Eunuchen erst unter den Omajaden in Nachahmung der byzantinischen und persischen Höfe eingeführt. A. v. Kremer, Kulturgesch. d. Orients II 108. 3) Tac. A. XV 58, vgl. Marquardt StV. II² 487 f. 4) Herodian. III 11, 8. 5) Cic. ad Qu. fr. I 1, 16. 6) Juv. 10, 174. Tac. A. V 10.

keit, in allen Sätteln gerecht, nach Erfordernis bereit, als Gelehrte, Künstler, Turnlehrer, Wahrsager, Seiltänzer, Ärzte oder Zauberer aufzutreten, unerreichte Meister in der Kunst des Schmeichelns und Heuchelns, zu Schauspielern geboren, unerhört frech und in der Wahl ihrer Mittel unbedenklich und ruchlos[1]). Abgesehen davon, daß hier die Farben stark aufgetragen sind, sind die Vorzüge, die auch die gesunkene Nation noch schmückten, vergessen: ihre (wie Philostrat rühmt[2]), besonders den Ioniern) angeborene Feinheit, ihre höhere und reichere Bildung, die Anmut ihres Wesens, ihre Erfindungsgabe und Geschäftsgewandtheit, durch die sie sich schon an den Höfen von Persepolis und Susa ebenso unentbehrlich gemacht hatten wie jetzt in Rom.

Syrer.

Die Syrer galten für klug, zu anmutiger Unterhaltung wie Scherz und Spott ebenso geneigt wie dafür begabt, leichtfertig und zur Veränderung geneigt, aber auch für hinterlistig und verschlagen[3]).

Ägypter.

Der Nationalcharakter der Ägypter erschien den Griechen und Römern als ein seltsames Gemisch widersprechender, doch meist unliebenswürdiger und schlimmer Eigenschaften: »ägyptisch verfahren« sagten die Griechen für tückisch handeln[4]). Geist und Scharfsinn wurde besonders an den Alexandrinern gerühmt[5]), ihr Witz war als schlagfertig und beißend wie als obszön und possenreißerisch bekannt[6]); ihre Frechheit und Unverschämtheit in Reden[7]) galt als beispielos. Den Ägyptern im allgemeinen wurde Eitelkeit, Aufgeblasenheit, Insolenz und Prahlerei vorgeworfen[8]). Sie waren sowohl zu kühnen Taten als zur Ertragung der Knechtschaft beanlagt[9]). Sie waren wollüstig und üppig[10]), ertrugen aber Foltern mit bewundernswerter Standhaftigkeit[11]). Leicht entzündlich und aufbrausend[12]), händel- und streitsüchtig[13]), immer nach Neuem begierig (was sie selbst in ihren Gassenliedern zeigten) und daher stets zu Aufruhr und Umwälzungen geneigt, waren sie zugleich voll Neid[14]), tiefer Arglist[15]) und finstrer Verstocktheit[16]), die sich namentlich auch in ihrem religiösen Fanatismus kund gab. Tacitus nennt Ägypten eine Provinz, die durch Aberglauben und Zügellosigkeit zwieträchtig und unstät sei[17]). Übrigens werden an den Fellahs des heutigen Ägyptens viele mit den Schilderungen der Alten auffallend übereinstimmende Charakterzüge hervorgehoben, namentlich List und Verschmitztheit, Ausdauer und Hartnäckigkeit, Eigensinn und Streitsucht, Neid und Lügenhaftigkeit, Hang zur Satire und beißender Witz[18]).

Ihre Antezedentien.

Die Schicksale dieser kaiserlichen Diener, die nicht selten Beherrscher ihrer

1) Juv. 3, 57—114. Tac. H. III 47: *desidiam licentiamque Graecorum*. Antipathie zwischen Griechen und Römern in der Kaiserzeit: Finlay, Griechenland unter den Römern S. 59ff. Rohde, Griech. Roman[3] S. 320, 1. 2) Philostrat. Vit. soph. I 21, 5. 3) Herodian. II 10, 7. 7, 9. III 11, 8. Cass. Dio LXXVII 10, 2. Eunap. Vit. Liban. 10 (I 5 F.). Andres bei O. Müller, Kunstarch. Werke V 32ff. 4) Suid. s. Αἰγυπτιάζειν; vgl. Varges, De statu Aegypti (1842) S. 22ff. 5) Bell. Alexandr. 3, 1. 6) Martial. IV 42, 4. Stat. Silv. II 1, 72. V 5, 66. Quintilian. I 2, 7. Dio Chrys. or. 32, 1. 101 (I 267. 297 Arn.). Philo Leg. ad Gai. 162. 7) Cic. pro Rabir. Post. 34. Seneca Consol. ad Helv 19, 6. Cass. Dio XXXIX 58, 1f. 8) Plin. paneg. 31, 2. Hist. aug. Firm. Saturnin. u. a. 7, 4. 9) Herodian. I 17, 6. 10) Juv. 15, 45f.; vgl. Strabo XVII 801. 11) Ammian. XXII 16, 23. 12) Curtius IV 1, 30. Plutarch. De Is. et Osir. 22. Cass. Dio LI 17, 1f. Ammian. XXII 11, 4. 16, 23. Hist. aug. a. a. O. 13) Ammian. XXII 6, 1. 16, 23. Dio Chrys. a. a. O. 19 (I 272 Arn.). Philo in Flacc. 17. 19. 14) Philo in Flacc. 29. 15) Bell. Alexandr. 24, 4. 16) Ammian. aa. OO. 17) Tac. Hist. I 11; vgl. Juv. Sat. 15. Plutarch. a. a. O. 18) A. v. Kremer, Ägypten (1863) I 56f.

Herrscher wurden, gehören mit zu dem Seltsamsten jener an seltsamen Erscheinungen so reichen Zeit. Oft waren sie zum Verkauf nach Rom geführt worden und hatten mit geweißten Füßen auf dem Gerüst gestanden, wo die feilgebotenen Sklaven von Kauflustigen in Augenschein genommen und betastet wurden. Sie waren aus einer Hand in die andre gegangen, hatten alle Herabwürdigungen der Sklaverei erduldet, bevor sie durch Verkauf, Schenkung oder Vererbung in das kaiserliche Haus kamen oder als Freigelassene dahin übergingen. Talent und Brauchbarkeit oder Gunst des Zufalls richtete das Auge des Herrn auf sie und hob sie aus dem unermeßlichen Dienertroß empor, die einen schnell und plötzlich, die andern langsam und stufenweise. Viele von ihnen haben in die Geschicke der Welt eingegriffen, und ihr Lebenslauf ist in den Blättern der Geschichte verzeichnet. Von andern, die allmählich von geringen zu höheren Diensten aufsteigend eine weniger glänzende, aber sicherere und immer noch ansehnliche und geehrte Stellung erreichten, geben Denkmäler uns Nachricht. Auch ihre Laufbahnen zu verfolgen, ist nicht ohne Interesse[1]). Ähnliche Beispiele des Emporsteigens aus tiefster Niedrigkeit zu Glanz und Macht wie das damalige Rom bietet vielleicht nur noch Rußland im 18. Jahrhundert. Kutaissow, einer der Günstlinge Kaiser Pauls, war cin elternloser Türkenknabe, der beim Sturm von Bender den Soldaten in die Hände gefallen war und, aus dem Lager an den Hof gebracht, der untersten Dienerschaft zugezählt wurde; Stiefelputzer, dann Kammerdiener des Großfürsten, endlich Ober-Stallmeister, Graf, Ritter aller russischen Orden und überreicher Magnat, wußte er sich bis an sein Ende in der Gunst des Kaisers zu erhalten, wenn auch dieser, dessen Barbier er blieb, ihn gelegentlich mit dem Stocke abstrafte[2]).

Stellung der Freigelassenen bei den Kaisern des ersten Jahrhunderts.

Die Stellung der Freigelassenen, insofern sie nur auf ihrem Verhältnis zum Kaiser beruhte, das Ansehen und die Macht, die sie als Diener seines Hauses auch außer dem Bereich ihres Amtes besaßen, war natürlich je nach den persönlichen Neigungen und Regierungsgrundsätzen der Kaiser sehr verschieden. Wenn aber auch ihr außeramtlicher Einfluß unter guten Regierungen verhältnismäßig beschränkt war, so war er doch, wie die folgende Übersicht ergeben wird, selbst unter den besten keineswegs gering: wobei man nicht vergessen darf, daß zu unsrer Kenntnis nur vereinzelte Tatsachen gekommen sind, und fast nur solche, die allgemeines Aufsehen erregten.

Augustus.

Augustus, der den Charakter eines Privatmannes geflissentlich zur Schau trug, war gegen seine Sklaven und Freigelassenen in Rom gelegentlich unnachsichtig streng, wenn sie sich im Vertrauen auf ihr Verhältnis zu seinem Hause Übergriffe erlaubten[3]). In den Provinzen war ihnen mehr erlaubt. Wenigstens regierte der Gallier Licinus, ein ehemaliger Sklave Cäsars, in seinem Vaterlande als kaiserlicher Kommissar[4]) eine Zeitlang unumschränkt und erpreßte ungeheure Summen. Er hat sich durch die Abteilung des Jahres in 14 Monaten berühmt gemacht — für solche Abgaben nämlich, die monatlich erhoben wurden —, da November und Dezember, wie die Namen zeigten, erst der neunte und

1) Vgl. den Anhang VI. 2) Th. v. Bernhardi, Gesch. Rußlands II 2 (1875) 375. P. v. Götze, Fürst N. A. Galitzin und seine Zeit (1882) S. 112 f. 3) Sueton. Aug. 67. 4) Hirschfeld S. 377, 7. 468, 1.

zehnte seien, und man folglich noch zwei Monate, die er Augusteische nannte, hinzurechnen müsse. Trotz der Beschwerden der Gallier, trotz des Unwillens des Augustus gelang es ihm, sich mit Aufopferung einer großen Summe zu retten[1]), und ihm blieb noch so viel, daß sein Reichtum sprichwörtlich und mit dem der Crassus und Pallas zugleich genannt ward[2]). Sein hochragendes marmornes Grabmal an der Via Salaria, das für die Ewigkeit gegründet schien, war späteren Generationen ein Gegenstand bitterer Betrachtung[3]). Erwähnung verdient, daß der Freigelassene und Pädagog des Augustus Sphärus ein Begräbnis auf Staatskosten erhielt[4]), und daß der Judenkönig Herodes, der Augustus in seinem Testament 1000 Talente vermacht hatte, 500 Talente zu Legaten bestimmte, mit denen er neben dessen Frau, Kindern und Freunden auch seine Freigelassenen bedachte[5]).

Tiberius war eine zu aristokratische Natur, um Sklaven wissentlich und öffentlich Einfluß auf seinen Willen einzuräumen. »Seine Sklaven waren bescheiden, sein Hausstand auf wenige Freigelassene beschränkt«, sagt Tacitus von der ersten Zeit seiner Regierung[6]). Später, besonders seit dem Tode des Drusus, hat sich wohl auch dieses wie alles übrige geändert. Die wichtigste kaiserliche Provinz, Ägypten, ward nach dem Tode Sejans einem Freigelassenen, Hiberus, wenn auch auf kurze Zeit interimistisch übertragen[7]). Der jüdische Prinz Herodes Agrippa richtete sich durch Geschenke an Tiberius Freigelassene, deren tätigen Beistand er so erkaufte, fast zugrunde[8]); und einer derselben, Thallus, ein Samaritaner, war imstande, ihm eine Million Denare zu leihen[9]); doch war der Angesehenste von ihnen ein andrer, Euhodus[10]). Einen weiteren Freigelassenen des Tiberius, Nomius, nennt Plinius als Besitzer eines der größten unter den bekannten, überaus kostbaren Tischen aus Citrusholz, und zwar eines massiven, während Tiberius selbst nur einen fournierten besaß[11]). Tiberius.

Doch die ungeheure Anomalie, daß halbberechtigte und verachtete Menschen, allen Augen sichtbar an die Spitze des Weltreiches gestellt, nach Willkür die größten Schicksale entschieden, nahm erst unter Caligula ihren Anfang. Callistus, der Sklave eines Privatmannes, der ihn verkaufte[12]), ward kaiserlicher Sklave und gelangte als Günstling Caligulas zu einer der kaiserlichen fast gleichen Allmacht und zu einem ungeheuren Vermögen[13]). Seneca sah oft seinen früheren Herrn sich vergebens an seiner Tür um Einlaß bemühen. Caligula ließ sich im Jahre 39 durch seine Fürsprache bewegen, von der Verfolgung des ihm mißliebigen Redners Domitius Afer (Konsul 39) abzustehen[14]). Als Teilnehmer der Verschwörung gegen Caligula behauptete Callistus auch unter dessen Nachfolger seine Stellung[15]). Caligula.

1) Cass. Dio LIV 21, 6f. 2) Pers. 2, 36. Juven. 1, 109. 14, 306. Seneca epist. 119, 9. 120, 19. Sid. Apoll. ep. V 7, 3. 3) Schol. Pers. 2, 36 (Anth. lat. 414 R.). 4) Cass. Dio XLVIII 33, 1. 5) Joseph. A. J. XVII 146; B. J. I 646. 6) Tac. A. IV 7. 7) Cass. Dio LVIII 19, 6. Philo in Flacc. 2. 8) Joseph. A. J. XVIII 145. 9) Joseph. ebd. 167. 10) Joseph. ebd. 205; vielleicht identisch mit dem bei Tac. A. XI 37 (48 n. Chr.), vielleicht auch mit dem CIL VI 16586 genannten: *Crispinillae Euhodi div(i) Aug(usti) l(iberti) libertae — — C. Calvius Logus conlib(ertae) coniugi.* Scribon. Larg. 162 nennt einen *Anteros Tiberii libertus supra hereditates.* Vgl. *Atimetus Pamphili Ti. Caes. Aug. l(iberti) l(ibertus) Anterotianus* CIL VI 12652 = Buecheler, Carm. ep. 995. 11) Plin. n. h. XIII 93 f. 12) Senec. ep. 47, 9. 13) Joseph. A. J. XIX 64 ff. 14) Cass. Dio LIX 19, 6, vgl. Zonar. XI 6. 15) Cass. Dio LIX 29, 1. Joseph. a. a. O. Tac. A. XI 29.

Claudius.

Die Regierung des Claudius war die Saturnalienzeit der Freigelassenen[1]). In Senecas Pasquill auf die Vergötterung des Claudius heißt es bei seiner Ankunft im Himmel: man hätte glauben sollen, daß alle Anwesenden seine Freigelassenen waren, denn niemand kümmerte sich auch nur im geringsten um ihn[2]). Callistus, Pallas und Narcissus, »kühne und verschlagene Männer«, welche das kaiserliche Haus an die Stelle der Reichsregierung setzten[3]), teilten sich in die Herrschaft. Sie und die übrigen Freigelassenen, mit Messalina im Bunde, verhandelten nach Willkür nicht bloß Bürgerrechte, Ämter und Statthalterschaften, sondern auch Straflosigkeit und Todesurteile[4]). Außer den Genannten erwähnt Sueton Boter als Liebhaber der ersten Gemahlin des Claudius Urgulanilla und Vater ihrer Tochter Claudia, ferner den Eunuchen Posides, den Prokurator von Judäa Felix, den Studienrat Polybius und Harpocras[5]). Die beiden letzteren nebst Myron, Ampheus und Pheronactus empfangen in dem Pasquill des Seneca ihren ehemaligen Herrn in der Unterwelt: er hatte sie vorausgesandt, um nirgends ohne Dienerschaft zu sein[6]). Plinius nennt einen sehr reichen Eunuchen Thessalicus, der eigentlich ein Freigelassener des Marcellus Aeserninus war, sich aber, um mehr Macht zu gewinnen, in das Gesinde des Claudius hatte aufnehmen lassen[7]), als den ersten, der die immergrüne Platane aus Kreta nach Italien und auf seine Villen bei Rom verpflanzte[8]).

Nero.

Kaum geringere Macht besaßen die Freigelassenen Neros[9]). Polyclet, einer der verrufensten Räuber an diesem Hofe[10]), ward im Jahre 61 nach Britannien gesandt, als Schiedsrichter zwischen dem Legaten und dem Prokurator dieser Provinz, und um zugleich die noch rebellischen Stämme zur Ruhe zu bringen. Mit ungeheurem Gefolge zur Belästigung Italiens und Galliens reisend, erschien er in Britannien, von dem Heere gefürchtet, aber den Barbaren zum Gespött, weil sie die Macht der Freigelassenen noch nicht kannten, nicht begriffen, daß ein Heer, ein siegreicher Feldherr vor einem Sklaven sich beuge[11]). Ein andrer, Helius, schon von Claudius freigelassen, war im Anfang von Neros Regierung Verwalter des kaiserlichen Privatvermögens in der Provinz Asia und wurde im Jahre 54 von Agrippina als Werkzeug der Ermordung des dortigen Prokonsuls Junius Silanus gebraucht[12]). Ihn ließ Nero während seiner durch die Reise nach Griechenland verursachten Abwesenheit (im Jahre 66 und 67) in Rom zurück mit so unumschränkter Vollmacht, daß er Konfiskationen, Todes- und Verbannungsurteile selbst gegen Ritter und Senatoren vollstrecken ließ, ohne Nero vorher eine Anzeige zu machen, so daß Rom, wie Cassius Dio sagt, zwei Kaisern unterworfen war, von denen man nicht zu sagen wußte, welcher der schlimmere sei[13]). Den Eunuchen Pelago gab Nero der im Jahre 62 zur Er-

1) Cass. Dio LX 19, 3. 2) Senec. Apocol. 6, 2. 3) Hirschfeld S. 472. 4) Sueton. Claud. 29, 1 (vgl. Auson. Caes. Tetrast. 5 p. 188 P.). Cass. Dio LX 17, 8. 5) Sucton. Claud. 27. 28. CIL VI 9016: *Securitati sacr. Iulia Phoebe sibi et Ti. Claudio Nardo et Arphocrae* (sic) *Aug. libertis procurator(ibus) coniugibus suis.* 6) Seneca Apocol. 13, 5. 7) Vermutlich haben sich zu allen Zeiten Fremde in das kaiserliche Gesinde aus demselben Grunde aufnehmen lassen und gewiß auch oft genug die Aufnahme durch Bestechung erreicht, Liban. or. 18, 130 (II 291 F.): μία γὰρ δὴ τοῖς ἀργοῖς καὶ φαγεῖν ἀγαθοῖς καταφυγὴ τῶν διακόνων βασιλέως καὶ κληθῆναι καὶ νομισθῆναι καὶ ταχὺ τὸ χρυσίον ἐποίει τὴν ἐγγραφήν; vgl. Hirschfeld S. 458, 1. 8) Plin. n. h. XII 12. 9) Sueton. Nero 37, 3. 10) Tac. Hist. I 37. II 95. Cass. Dio LXIII 12, 3. Plin. ep. VI 31, 9. 11) Tac. A. XIV 39. 12) Tac. A. XIII 1. 13) Cass. Dio LXIII 12, 1 f., vgl. 18. 19. Suet. Nero 23, 1. Tac.

mordung des Rubellius Plautus abgesandten, von einem Centurionen geführten Soldatenabteilung als Befehlshaber, wie einen königlichen Diener einer Schar von Trabanten[1]). Vorsteher des Amtes der Bittschriften und Beschwerden waren Doryphorus, ein Genosse von Neros Ausschweifungen, den dieser später vergiften ließ[2]), und Epaphroditus (der Herr des Philosophen Epictet), der Nero bei seinem Selbstmorde behilflich war[3]).

Galba ließ diejenigen Freigelassenen Neros, deren Bestrafung der allgemeine Haß am lautesten forderte, hinrichten, namentlich Polyclet, Helius und Patrobius, der im Jahre 66 die prachtvollen Schauspiele zur Feier der Ankunft des Partherkönigs Tiridates in Puteoli geleitet hatte[4]). Doch einen der verruchtesten, Halotus (vielleicht den Eunuchen, der als Vorkoster bei Claudius Vergiftung tätig gewesen war), ließ Galba nicht bloß straflos, sondern verlieh ihm auch eine sehr bedeutende Prokuratur[5]). Seinen eignen Freigelassenen gegenüber bewies er die schmählichste Nachgiebigkeit, und nach wie vor wurde am Hofe Besteuerung und Steuerfreiheit, Bestrafung Unschuldiger und Straflosigkeit Schuldiger für Geld verkauft oder nach Gunst verschenkt[6]). Am mächtigsten war Galbas Günstling Hicelus[7]), ein Mensch von der schmutzigsten Vergangenheit[8]), der aber seinem Herrn Ergebenheit bewiesen hatte[9]). Er ward durch Verleihung des goldnen Ringes in den Ritterstand erhoben, ja man bezeichnete ihn als Kandidaten für die Präfektur des Prätorium[10]). Auch er mißbrauchte seine Allmacht zur schamlosesten Plünderung[11]). Otho ließ ihn hinrichten[12]); dagegen setzte er die Freigelassenen und Prokuratoren Neros in ihre Stellen wieder ein, was allgemeine Besorgnis erregte[13]). Seinem eignen Freigelassenen Moschus gab er im Bürgerkriege den Befehl über die Flotte und zugleich den Auftrag, das Verhalten der höheren Stände zu beobachten[14]).

Galba.

Otho.

Aus ebenso tiefer Niedrigkeit wie Hicelus stieg am Hofe des Vitellius dessen Freigelassener Asiaticus zu gleicher Macht empor. Von seinem Herrn gemißbraucht, war er ihm aus Überdruß entlaufen und trieb sich in Puteoli als Verkäufer eines von den untersten Klassen genossenen Getränkes umher; wieder eingefangen, ward er abermals der Liebling seines Herrn und erbitterte ihn abermals, so daß dieser ihn aus Zorn an einen auf Märkten umherziehenden Führer von Gladiatorenbanden verkaufte; dann aber nahm er ihn aufs neue zu sich und ließ ihn endlich frei. Gleich am ersten Tage des neuen Kaisertums ward Asiaticus in den Ritterstand erhoben; innerhalb von vier Monaten hatte er es den verrufensten Freigelassenen der früheren Höfe gleichgetan. Er endete

Vitellius.

Hist. I 37 *Polycliti et Vatinii et Helii* (so Nipperdey nach Lipsius; überliefert ist *aegialii*). Suid. s. μελεδωνός = Aelian. frg. 119 Herch.

1) Tac. A. XIV 59; derselbe vielleicht IG XIV 714. 2) Cass. Dio LXI 5, 4. Suet. Nero 29. Tac. A. XIV 65. 3) Suet. Nero 49, 3 (vgl. Domit. 14, 4). Tac. A. XV 55. Cass. Dio LXIII 27, 3. 29, 2. LXVII 14, 4. 4) Plut. Galba 17. Cass. Dio LXIII 3, 1 f. LXIV 3, 4. Tac. H. I 49. II 95. Plin. n. h. XXXV 168. 5) Suet. Galba 15, 2, vgl. Claud. 44, 2. Tac. A. XII 66. 6) Suet. Galba 15, 2. Tac. Hist. I 7. 7) Seinen Namen hat Nohl (Hermes XV 1880 S. 622) bei Plutarch. Galba 26 hergestellt: βουλευομένου δὲ τοῦ Γάλβα προελθεῖν καὶ Οὐινίου μὲν οὐκ ἐῶντος, Ἰκέλου (überlief. Κέλσου) δὲ καὶ Λάκωνος παρορμώντων. Daß er sich *Hicelus* schrieb, zeigt W. Heraeus, Wochenschr. f. klass. Phil. 1917 S. 208. 8) *e veteribus concubinis* Suet. Galba 22. 9) Plut. Galba 7. Suet. Nero 49, 4. 10) Tac. Hist. I 13. Suet. Galba 14, 2. 11) Tac. Hist. I 37. II 95. 12) ebd. I 46. 13) Suet. Otho 7, 1. Cass. Dio LXIV 8, 3. 14) Tac. Hist. I 87.

mit seinem Herrn, wahrscheinlich am Kreuze[1]). Von den Freigelassenen der beiden ersten Flavier ist wenig bekannt. Bei Philostrat erteilt Apollonius von

Vespasian.

Tyana dem Vespasian den Rat, den Übermut der Freigelassenen zu brechen: je größer ihr Herr sei, desto demütiger müßten sie sein[2]). Nach Sueton glaubte man, daß Vespasian die raubsüchtigsten Prokuratoren zu höheren Stellen beförderte, um sie verurteilen zu lassen, wenn sie sich in diesen noch mehr bereichert hatten, und ihr Vermögen einzuziehen[3]). Einer seiner Freigelassenen, der übelberüchtigte Hormus, der im Bürgerkriege sich tätig bewiesen hatte (man gab ihm die Zerstörung Cremonas schuld), erhielt im Jahre 71 die Ritterwürde[4]).

Domitian.

Auch unter Domitian gelangten die Freigelassenen wieder zu wichtigen Ämtern und großer Macht[5]); die Kämmerer Parthenius und Sigerus waren an diesem Hofe Personen von hoher Bedeutung[6]).

Bei den Kaisern des zweiten Jahrhunderts.

Trajan.

Eine wesentliche Änderung in der Stellung der kaiserlichen Freigelassenen trat mit Nerva und Trajan ein. Doch der Ton, in dem der jüngere Plinius die neuen Regierungsgrundsätze preist, zeigt, daß sie immer noch mächtig genug blieben. »Die meisten Fürsten«, sagt er, »waren zugleich Herren der Bürger und Sklaven der Freigelassenen; durch die Ratschläge und Winke dieser wurden sie gelenkt, durch sie hörten, durch sie redeten sie; durch sie, oder vielmehr bei ihnen bewarb man sich um Präturen, Priestertümer und Konsulate. Du erweisest deinen Freigelassenen freilich die höchste Ehre, aber doch als Freigelassenen, und glaubst, daß es für sie völlig genug sei, wenn sie für redlich und rechtschaffen gelten. Denn du weißt, daß große Freigelassene ein Hauptmerkmal eines nicht großen Fürsten sind. Und vor allem hast du keinen um dich, der nicht dir oder deinem Vater und allen Guten teuer wäre, sodann weisest du sie täglich an, daß sie sich nach ihrer Stellung, nicht nach der deinen messen; und sie sind um so würdiger, daß ihnen von uns jede Ehre erwiesen wird, weil wir nicht dazu gezwungen sind«[7]). Auch erzählt Plinius, daß bei der Anklage des Eurythmus, eines Freigelassenen und Prokurators des Trajan, auf Testamentfälschung die Beteiligten sich scheuten, gegen den Angeklagten aufzutreten, was Trajan zu der schönen Äußerung veranlaßte: »weder ist jener

Hadrian.

Polyclet, noch bin ich Nero«[8]). Hadrian soll es nicht verschmäht haben, um seine Adoption zu sichern, Trajans Freigelassene durch Bestechung und Aufmerksamkeiten zu gewinnen[9]). Er selbst freilich wollte, daß die seinen nicht öffentlich bekannt sein, noch daß sie irgend etwas bei ihm vermögen sollten; er pflegte zu sagen, daß allen früheren Kaisern die Laster ihrer Freigelassenen zur Last zu legen seien, und war streng gegen alle, die sich ihres Einflusses bei

Antoninus Pius.

ihm rühmten[10]). Auch Antoninus Pius war gegen seine Freigelassenen sehr streng und vernichtete den Einfluß der Hofbedienten am wirksamsten dadurch, daß er sich selbst von allem unterrichtete und sie so verhinderte, ihre Mittei-

Marc Aurel und L. Verus.

lungen zu verkaufen[11]). Aber Marc Aurel war zu mild, wenigstens um den Ein-

1) *servili supplicio* Tac. Hist. IV 11. Vgl. über ihn Suet. Vitell. 12. Tac. Hist. II 57. 95. Plut. Galba 20. 2) Philostrat. Apollon. Tyan. V 36. 3) Suet. Vespasian. 16, 2. 4) Tac. Hist. III 12. 27 f. IV 39. 5) Suet. Domit. 7, 2. 6) Cass. Dio LXVII 15, 1. Mehr von diesem sowie von den übrigen Freigelassenen Domitians unten S. 61. 7) Plin. paneg. 88, 1—3. 8) Plin. ep. VI 31, 9. 9) Hist. aug. Hadr. 4, 5 (für *sepelisse* liest Hirschfeld, Kl. Schriften S. 804 f. *ad se pellexisse*). 10) ebd. 21, 2, vgl. 15, 9. 11) Hist. aug. Anton. P. 11, 6. 6, 4.

fluß der von seinem Mitregenten begünstigten Freigelassenen Geminus[1]) und Agaclytus[2]) zu brechen, ja er duldete, daß Verus den letzteren mit der Witwe seines Vetters M. Annius Libo († als Statthalter von Syrien um 165) vermählte, und war bei der Hochzeit zugegen, so sehr die Heirat ihm zuwider war. Nach dem Tode des Verus entfernte er freilich dessen Freigelassene unter ehrenvollen Vorwänden, mit Ausnahme dessen, der später der Mörder seines Sohnes wurde, Eclectus[3]). Unter Commodus schalteten die Freigelassenen mit ebenso unumschränkter Willkür wie nur je unter Claudius, und einer von ihnen, Cleander, bekleidete wirklich die Stelle des Präfekten des Prätorium von Rom, die höchste nach dem Kaiser. Pertinax zog sich durch energische Maßregeln gegen die Ausschreitungen der Hofdiener ihren tödlichen Haß zu, der nicht am wenigsten wirksam war, seinen Untergang zu beschleunigen[4]). Sever war ebenfalls streng gegen die Freigelassenen; desto mehr vermochten sie unter Caracalla, dessen Schicksal sie teilten. Neue Saturnalien begannen für sie unter Elagabal[5]).

Commodus.

Pertinax.

Die Severe.

Wenn auch zuweilen, namentlich nach gewaltsamen Umwälzungen, die Dienerschaft des kaiserlichen Hauses umgestaltet wurde[6]), so ging sie doch in der Regel im ganzen unverändert von einem Hof auf den andern über[7]), und so konnte es für die meisten nicht schwer sein, eine Erfahrung zu gewinnen, die sie befähigte, »ihr Fahrzeug in jedem Wasser zu steuern«[8]). Von Graptus, der auf Nero einen unheilvollen Einfluß übte, sagte Tacitus, durch Alter und Erfahrung habe er von den Zeiten des Tiberius an das kaiserliche Haus gründlich kennen gelernt[9]). Der Vater des Claudius Etruscus[10]), der als fast neunzigjähriger[11]) Mann unter Domitian starb, war, fast noch ein Knabe, unter Tiberius an den Hof gekommen, hatte zehn Kaisern gedient und, wie es scheint, in dieser Zeit nur eine kurze Ungnade erlebt[12]). Von seinen Herren waren sechs eines gewaltsamen Todes gestorben, während so vieler blutigen Regierungen war manches alte Geschlecht ausgerottet worden, gewaltsame Erschütterungen hatten den Erdkreis umgestaltet: und der alte, übrigens von Vespasian in den Ritterstand erhobene[13]) Freigelassene ging in ungestörtem Genuß seines Ansehens und seiner ungeheuren Reichtümer einem friedlichen Ende entgegen. Und so sind Hunderte in den Kaiserpalästen aufgewachsen und emporgekommen,

Die Freigelassenen lebenslänglich im Hofdienst.

1) Doch wohl der Hist. aug. M. Aurel. 2, 2 als Lehrer M. Aurels genannte *Geminus comoedus*. 2) Auf einer Bleiröhre CIL XV 7402 *L. Aur. Agaclyti Sabinae Aug. soror(is)*; vgl. CIL VI 1592. 3) Hist. aug. L. Ver. 9, 3. 6, vgl. M. Aurel. 15, 2. An einen Freigelassenen des Verus, Charilas, schreibt Fronto ad Ver. I 4 p. 118 N. 4) Hist. aug. Pertin. 14, 6. 12, 8. Cass. Dio LXXIII 8—10. 5) Cass. Dio LXXVI 6, 2. LXXVII 18, 4. 21, 2. LXXVIII 10, 3. Hist. aug. Elag. 11, 1. 6) Hirschfeld, Verw.Beamte S. 447, 2. 7) Darum bezeichnen sich Freigelassene eines früheren Kaisers oft als Freigelassene des regierenden, CIL VI 8432 = Dessau 1526: *D. M. Ulpiae sive Aeliae Aug. lib. Apate et Ulpio Felici fil(io) ... fecit P. Aelius Aug. lib. Florus ... coniugi piissimae*; vgl. auch die *Augustorum liberti*, z. B. CIL XV 7370ff. *Aeli Dionysi Augg. lib.* und ebd. 7374 *Aeli Maximi Augustorum liberti*, auch die Inschriften des *M. Aurelius Augg. lib. Agilius Septentrio* CIL XIV 2113. 2977 = Dessau 5193f. 8) Stat. S. III 3, 84. 9) Tac. A. XIII 47. 10) Wie Hirschfeld, Kl. Schriften S. 839f. nachgewiesen hat, ist das Cognomen dieses Freigelassenen des Tiberius unbekannt; der Sohn hatte den Namen Etruscus von der vornehmen Mutter Etrusca (Stat. S. III 3, 111ff., vgl. dazu Gsell, Mélanges d'archéol. et d'hist. VIII 1888 S. 74ff.) entlehnt. 11) Mart. VII 40, 6. 12) Stat. Silv. III 3, 66ff. Mehr über ihn unten S. 54f.. 13) Stat. S. III 3, 143—145.

die sich in einen Herrn nach dem andern zu fügen wußten und einen nach dem andern überlebten — wer hätte erzählen können, was sie zu erzählen wußten!

Gefahren ihrer Stellung.

Doch freilich verminderte sich die Sicherheit ihrer Stellung, je höher sie stiegen. Wie zum Teil die eben gegebene Übersicht lehrt, brachte es vielen den Untergang, wenn ihre Reichtümer die Begierde des Kaisers erregten (namentlich Nero ließ mehrere alte und reiche Freigelassene vergiften)[1]), wenn sie ihm oder andern Günstlingen zu mächtig wurden, wenn sie bei Thron- und Palastrevolutionen zu den Häuptern der unterliegenden Partei gehörten, wenn sich die Folgen ihrer Teilnahme an verhängnisschweren Taten und Beschlüssen gegen sie selbst kehrten; denn oft genug haben sie bei Verschwörungen gegen die Kaiser, bei der Wahl ihrer Gemahlinnen oder Thronfolger einen entscheidenden Einfluß geübt.

Ihr Reichtum.

Die Reichtümer, die ihnen infolge ihrer bevorzugten Stellung zuströmten, waren eine Hauptquelle ihrer Macht. In einer Zeit, wo die Reichtümer der Freigelassenen überhaupt sprichwörtlich waren, konnten sich doch sicherlich die wenigsten mit diesen kaiserlichen Dienern messen. Narcissus besaß 400 Mill. Sesterzen (87 Mill. Mark), das größte aus dem Altertum überhaupt bekannte, sonst nur noch einmal, bei dem Augur Cn. Lentulus unter Augustus, bezeugte[2]) Vermögen, und Juvenal stellt seinen Reichtum mit dem des Krösus und des Perserkönigs zusammen[3]); Pallas besaß 300 Mill. (65 Mill. Mark)[4]), Callistus[5]), Epaphroditus, Doryphorus und andre kaum minder kolossale Schätze. Als Claudius einst über Ebbe im kaiserlichen Schatz klagte, hieß es in Rom, er werde Überfluß haben, wenn er von seinen beiden Freigelassenen (Narcissus und Pallas) in ihre Genossenschaft aufgenommen würde[6]). Von Epaphroditus erzählt Epictet, daß ein Bittsteller ihm einen Fußfall tat und sein Unglück bejammerte, da er nur noch 6 Mill. Sesterzen (1,3 Mill. Mark) besitze: worauf Epaphroditus sein Erstaunen äußerte, daß jener eine solche Armut ruhig habe ertragen können[7]). Spätere Erwähnungen werden zeigen, daß auch viele, die nicht so hohe Stellungen einnahmen, sehr reich waren. Abgesehen von ihren einträglichen Ämtern hatten sie in den Provinzen wie in Rom, bei Geldverwaltungen wie im kaiserlichen Hausdienst tausendfache Gelegenheit, durch geschickte Benutzung der Umstände ihr Vermögen zu vermehren, auch ohne gerade zu plündern und zu erpressen. Es versteht sich, um nur dies zu erwähnen, von selbst, daß die im Hofdienst Angestellten sich jede wirkliche oder angebliche Mitwirkung, um ein Anliegen an das Ohr des Kaiserszu bringen, jeden mittelbaren oder unmittelbaren Einfluß auf seine Entschlüsse bezahlen ließen. Auf einer Reise Vespasians stieg der Maultiertreiber ab, angeblich um die Tiere zu beschlagen, in der Tat aber, um jemandem die Gelegenheit zu bieten, ein Anliegen an den Kaiser zu bringen. Vespasian fragte, für welchen Preis er beschlagen habe, und bedang sich einen Teil der Bezahlung aus[8]). Mit Nachrichten über die kaiserlichen Äußerungen, Absichten und Stimmungen wurde ein gewinnreicher Handel getrieben, häufig waren diese teuer verkauften Mitteilungen bloßer Dunst (*fumi*)[9]); bereits Martial erwähnt »das Verkaufen

1) Suet. Nero 35, 5. Tac. A. XIV 65. Jos. A. J. XIX 65. 2) s. unten [S. 121. II 261 f.]. 3) Cass. Dio LX 34, 4. Juv. 14, 328 f. 4) Tac. A. XII 53. 5) Plin. n. h. XXXIII 134. 6) Suet. Claud. 28. 7) Epictet. Diss. I 26, 11 f. 8) Suet. Vespas. 23, 2. 9) Otto, Sprichwörter S. 149 u. *fumus* 1.

von eitlem Dunst beim kaiserlichen Palast« als Gewerbe[1]), und die späten Kaiserbiographen brauchen den Ausdruck fast wie einen technischen[2]). Alexander Severus ließ einen seiner Leute, der über ihn »Dunst verkauft« und dafür von einem Militär 100 Goldstücke empfangen hatte, ans Kreuz schlagen und seinen Vertrauten Verconius Turinus wegen gewerbsmäßiger Betreibung dieses Handels auf dem Forum des Nerva an einen Pfahl gebunden in Rauch ersticken, wobei ein Herold ausrief: der Dunst verkaufte, wird mit Dunst getötet[3]). Hadrian und Antoninus Pius hielten an ihren Höfen so gute Ordnung, daß keiner von ihren Freunden und Freigelassenen etwas von dem, was sie sagten oder taten, »verkaufte, wie es die kaiserlichen Diener und Hofleute zu tun pflegen«[4]). Die immer von neuem angewandten Maßregeln der Kaiser gegen diesen Handel mit falschen Vorspiegelungen zeigen, wie unmöglich es war, den Übelstand auf die Dauer zu beseitigen. Die Schilderung, die in dem Leben Elagabals in der kindischen Weise dieser Kaiserbiographien von dem Treiben eines seiner Günstlinge gegeben wird, paßt wohl auf den größten Teil der Kaiserzeit mehr oder weniger. Aurelius Zoticus, der Sohn eines Kochs aus Smyrna, »verkaufte alles, was der Kaiser sagte und tat, unter falschen Vorspiegelungen (*fumis*), in Hoffnung auf ungeheure Reichtümer, indem er den einen drohte, andern versprach, alle betrog, und wenn er von ihm herauskam, zu den einzelnen mit den Worten herantrat: Von dir habe ich dies gesagt, von dir habe ich dies gehört, mit dir wird dies geschehen: wie Menschen der Art sind, die, wenn sie zu einer großen Vertraulichkeit mit den Kaisern zugelassen werden, den Ruf nicht bloß der schlechten, sondern auch der guten Regenten verhandeln und infolge der Torheit oder Arglosigkeit der Kaiser, die dies nicht durchschauen, von solchen schändlichen Betrügereien sich mästen«[5]).

Üppigkeit und Pracht ihrer Existenz.

In Besitz so enormer Reichtümer überboten die kaiserlichen Freigelassenen die Großen Roms in Üppigkeit und Pracht. Ihre Paläste waren die prächtigsten Roms, der des Eunuchen Posides überglänzte nach Juvenal das Kapitol[6]), und das Seltenste und Kostbarste, was die Erde bot, schmückte sie in verschwenderischer Fülle. Während der Arme sorglos ist, heißt es bei demselben Dichter, zittert der reiche Licinus für die phrygischen Säulen und Statuen, den Bernstein, das Schildpatt und Elfenbein in den Sälen seines Palasts[7]). In einem von dem Freigelassenen Caligulas Callistus erbauten Speisesaal sah Plinius dreißig Säulen aus orientalischem Alabaster: vier kleinere Säulen aus diesem Stein hatte Cornelius Balbus in seinem (unter Augustus erbauten) Theater der Merkwürdigkeit halber aufstellen lassen[8]). Wenn die »Bäder der Freigelassenen« ihrer Pracht wegen beinahe sprichwörtlich waren[9]), so waren sicherlich die glänzendsten darunter die der kaiserlichen Freigelassenen. In dem Bade, das der Sohn eines solchen, Claudius Etruscus, baute, waren häufig gebrauchte, wenn auch kostbare Marmorarten als zu gemein gar nicht, die seltensten in Masse verwendet; die Gewölbe glänzten mit bunten Bildern aus Glasmosaik, aus

1) Martial. IV 5, 7. 2) Dirksen, Die Scriptores hist. Aug. (1842) S. 217ff. v. Domaszewski, Die Personennamen bei den Script. hist. Aug. (Sitz.Ber. Akad. Heidelberg 1918 Abh. 13) S. 40. Vgl. auch Apulei. Apol. 60. Anth. lat. 199, 61 R. 3) Hist. aug. Alex. Sever. 23, 8. 36, 2. 4) Cass. Dio LXIX 7, 4. Hist. aug. Antonin. P. 11, 1. 5) Hist. aug. Elagab. 10, 3 f. Cass. Dio LXXIX 16, 1. 6) Juv. 14, 91. 7) Juv. 14, 305ff. 8) Plin. n. h. XXXVI 60. 9) Senec. ep. 86, 7.

silbernen Röhren sprang das Wasser in silberne Becken[1]). Ihre Parks und Gärten waren die größten und schönsten der Stadt, ihre Villen die herrlichsten der Umgegend. Welcher »Knecht« Neros (hier und sonst sind mit diesem Ausdruck die verhaßten und verachteten Freigelassenen gemeint), fragt der ältere Plinius, wäre vor kurzem mit einem Grundstück von zwei Morgen für seinen Garten zufrieden gewesen?[2]). Erwähnt werden in Rom die Parks des Pallas und Epaphroditus auf dem Esquilin[3]). Wer den Garten am Palast des Entellus (Freigelassenen des Domitian) sehe, sagt Martial, müsse ihn dem des Alcinous vorziehen: dort reifte unter schützender Glasdecke die Purpurtraube trotz der Winterkälte[4]). Die kaiserlichen Freigelassenen schmückten aber auch Rom und andre Städte der Monarchie mit prachtvollen und gemeinnützigen Bauten. Cleander, der mächtige Freigelassene des Commodus, verwandte einen Teil seines ungeheuren Vermögens zur Erbauung von Häusern, Bädern und »andern, sowohl einzelnen als ganzen Städten nützlichen Anstalten«[5]). An verschiedenen Orten nennen Inschriften kaiserliche Freigelassene als Erbauer von Tempeln, Thermen und andern großen Gebäuden, oder erwähnen die ihnen für solche Munifizenz errichteten Statuen oder sonst erwiesenen Ehren[6]). Die kostbarsten Luxusgegenstände, die Erfindungen der raffiniertesten Üppigkeit trugen ihren Namen. Wannenbäder, die durch Hineinleiten oder Hineingießen bajanischen Sprudels erhitzt waren, hießen nach dem Eunuchen des Claudius Posidianische Bäder[7]). Wie Caligula ließ auch einer von den »Knechten« Neros sein Badewasser mit Essenzen mischen[8]). Wie die Feldherrn Alexanders des Großen ließ Patrobius sich zu gymnastischen Übungen Sand vom Nil kommen[9]). Ihre und der Ihrigen sterbliche Reste wurden mit orientalischem Pomp zur Ruhe bestattet[10]), kolossale Denkmäler, zu deren Ausschmückung sich alle Künste vereinten, erhoben sich über ihrer Asche, und prahlende Inschriften verkündeten ihre Verdienste der Nachwelt. Die Angaben in der Grabschrift des Pallas († 62) über die ihm vom Senat angetragenen, von ihm nur teilweise angenommenen Ehrenbezeigungen ärgerten noch im Jahre 107 den Konsularen Plinius zu sehr, als daß er darüber hätte lachen können[11]).

Ihre äußerlichen Auszeichnungen gering.

Den allmächtigen Dienern des Kaisers Ehre zu erweisen und zu huldigen, wetteiferte die höchste Aristokratie Roms, wie tief auch diese Abkömmlinge uralter ruhmvoller Geschlechter die aus verhaßten Stämmen entsprossenen, mit der Schmach der Knechtschaft unauslöschlich befleckten Menschen innerlich verachteten und verabscheuten, die überdies rechtlich in mehr als einer Hinsicht noch unter dem freigeborenen Bettler standen[12]). Denn die kaiser-

1) Stat. Silv. I 5, 34 ff., vgl. unten [II 333]. Das *balneum Abascanti* in der ersten Region (Hülsen-Jordan, Topogr. I 3 S. 219) ist vielleicht von dem Freigelassenen Domitians dieses Namens gebaut. 2) Plin. n. h. XVIII 7. 3) Frontin. de aqu. I 19 f. II 68 f. Hülsen-Jordan, Topogr. I 3 S. 358. Ein πραιτώριον Παλλαντιανόν im Sabinerlande erwähnt Phlegon longaev. 4. 4) Martial. VIII 68. 5) Cass. Dio LXXII 12, 5; vgl. Hist. aug. Commod. 17, 5. Herodian. I 12, 3. 6) Tempelbau in Neapel IG XIV 714. Thermen zu Anagnia CIL X 5717. 7) Plin. n. h. XXXI 5. 8) ebd. XIII 22. 9) ebd. XXXV 168. 10) Vgl. über die Bestattung der Gemahlin des Abascantus Priscilla Stat. Silv. V 1, 208 ff. und des Vaters des Claudius Etruscus ebd. III 3, 198 ff. und unten [II 358]. Auch das Monument des L. Aurelius Nicomedes war bedeutend, CIL VI 1598 = Dessau 1740. 11) Plin. ep. VII 29. 12) L. M. Hartmann, De exilio apud Romanos (Diss. Berol. 1887) S. 58, 3 schließt aus Tacitus A. II 85, daß sie für das Strafrecht bereits damals zu den *humiliores* gehörten. Über das Anrecht des Patrons auf die Erbschaft der Freigelassenen Mommsen StR. III 433; vgl. II³ 894, 2.

lichen Freigelassenen waren als solche nicht besser berechtigt als der ganze Stand, und die Standeserhöhungen, welche die Kaiser und der Senat einzelnen bewilligten, gaben ihnen höchstens auf Rechte des zweiten Standes Anspruch, wenn auch (doch nur höchst selten) äußerliche Auszeichnungen des ersten damit verbunden wurden. Am häufigsten war schon im ersten Jahrhundert die Erhebung in den Ritterstand durch Verleihung des goldenen Rings[1]), und selbst in der Austeilung dieser Ehre scheinen wenigstens die damaligen Kaiser sparsam gewesen zu sein; denn da sie gerade den verdientesten oder bevorzugtesten Günstlingen verliehen wurde, darf man glauben, daß sie damals noch nicht durch allzuhäufige Erteilung ihren Wert verloren hatte. Bekannt ist die Erhebung in den Ritterstand von Pallas durch Nero, Hicelus durch Galba, Asiaticus durch Vitellius, Hormus und dem Vater des Claudius Etruscus durch Vespasian[2]). Mit dieser Erhebung in den Ritterstand ward zuweilen die Beilegung eines neuen (ritterlichen) Beinamens verbunden: so erhielt Hicelus den Namen Marcianus[3]); der zum Kammerdiener Elagabals ernannte Aurelius Zoticus wurde mit dem Namen von dessen Großvater Avitus geehrt[4]). Ausnahmsweise wurde auch das Ritterpferd nach Erteilung der Ingenuität Freigelassenen verliehen[5]). Daß Narcissus vom Senat quästorische und Pallas sogar prätorische Abzeichen verliehen wurden[6]), gehört zu den Anomalien dieser Zeit des Regiments der Freigelassenen, sowie auch, daß beide den Senatssitzungen beiwohnen durften[7]). Dadurch, daß Claudius seinen sämtlichen Prokuratoren Jurisdiktion in Fiskalsachen erteilte, stellte er, wie Tacitus sagt, die Freigelassenen, die er über sein Privatvermögen gesetzt hatte, mit sich selbst und den Gesetzen auf eine Stufe[8]). Narcissus und Domitians Kammerdiener Parthenius haben sogar den Offiziersdegen geführt[9]), den nicht einmal den senatorischen Prokonsuln, sondern nur den vom Kaiser ernannten Befehlshabern zu führen

1) Über die Verleihung des Goldrings getrennt vom Ritterrecht (zuerst unter Commodus, und vielleicht von ihm eingeführt) Mommsen StR. II³ 893. 2) Plin. ep. VIII 6, 4. Plutarch. Galb. 7. Suet. Galb. 14, 2; Vitell. 12. Tac. Hist. IV 39. Stat. Silv. III 3, 143—145. Wahrscheinlich ist mit Mommsen StR. II³ 837, 1 bei allen Freigelassenen, die in der früheren Kaiserzeit Ritterämter bekleidet haben, die Erhebung in den Ritterstand anzunehmen: so auch bei Licinus (wegen des ritterlichen Cognomen) und Antonius Felix. Pallas lehnte, um kaiserlicher Freigelassener zu bleiben, das Ringerecht ab, da es in seiner ursprünglichen Bedeutung das Patronatsrecht zerstörte; daher der Senatsbeschluß Plin. ep. VIII 6, 4: *non exhortandum modo verum etiam compellendum ad usum aureorum anulorum.* Mommsen StR. III 518, 3. 3) Suet. Galb. 14, 2. Tac. H. I 13: (*Hicelum*) *anulis donatum equestri nomine* (Mommsen StR. III 209. 426) *Marcianum vocitabant.* Über Doppelnamen von Freigelassenen s. Mommsen StR. III 426, 3. Wenn einzelne Freigelassene willkürlich ihre griechischen Cognomina in römische umwandelten (Pasicles in Pansa, Sueton. de gramm. 18; Cinnamus in Cinna Martial. VI 17), so war das gewiß ungesetzlich. 4) Cass. Dio LXXIX 16, 3. Er stammte aus Cotyäum, wo der Name Zotikos zweimal vorkommt: Lebas-Waddington 795. 798. 5) *M. Aurelius Verianus equo publico* (CIL VI 3856), dessen Eltern Terpsilaus und Caria *Aelii*, also wohl Freigelassene des Hadrian oder Antoninus Pius waren, war wohl ein Freigelassener des Marc Aurel oder Commodus, Hirschfeld, Verw.Beamte S. 414, 4. Mommsen StR. III 518, 4. 6) Suet. Claud. 28. Tac. A. XI 38. XII 53. Plin. ep. VIII 6, 4. Plin. n. h. XXXV 201. Der erste Ritter, der prätorischen Rang erhielt, war Sejan, Cass. Dio LVII 20, 7. Laco erhielt quästorischen, Macro prätorischen, ebd. LVIII 12, 7. Suet. Claud. 24, 1: *ornamenta consularia etiam procuratoribus ducenariis indulsit.* 7) Cass. Dio LX 16, 3. Unregelmäßig ist die ebd. LXXIII 8, 4 erwähnte Anwesenheit von Freigelassenen im Senat. 8) Tac. A. XII 60. Vgl. Hirschfeld S. 473 f. Mommsen StR. II³ 1022, 2. 9) Tac. A. XI 33. Cass. Dio LXVII 15, 1.

zukam[1]); vielleicht als Zeichen eines militärischen Kommandos über die Palastwache. Was Claudius seinem Freigelassenen Harpocras bewilligte, sich in der Stadt der Sänfte zu bedienen und öffentliche Schauspiele zu veranstalten[2]), das waren Rechte, die vielleicht allen freigebornen und anständigen Personen zustanden[3]). Eine militärische Auszeichnung (den Lanzenschaft ohne Spitze, *hasta pura*) gab mit gewohnter Taktlosigkeit Claudius beim britannischen Triumph dem Eunuchen Posides[4]). Der Erzieher des L. Verus, der Freigelassene Nicomedes, der dieselbe und andre Auszeichnungen erhielt, war zuvor in den Ritterstand erhoben worden[5]).

Untertänigkeit des Senats gegen sie.

Die äußerlichen Auszeichnungen der kaiserlichen Diener waren also (kurze Perioden abgerechnet) im ganzen bescheiden; äußerlich wenigstens sollte ihr untergeordnetes Ranges- und Standesverhältnis gegenüber den hochgebornen, mit tönenden Namen und äußerlichem Pomp aller Art geschmückten Würdenträgern der Monarchie gewahrt und bezeichnet bleiben. In Wirklichkeit gestaltete sich das Verhältnis sehr anders, ja verkehrte sich oft genug in das Gegenteil, und die grenzenlos verachteten »Sklaven« hatten die Befriedigung, daß »Freie und Edle sie bewunderten und glücklich priesen«[6]), daß die Größten Roms sich aufs tiefste vor ihnen demütigten; nur wenige wagten sie als Bediente zu behandeln, wie der unter Nero im Jahre 65 enthauptete Lateranus, der dem Epaphroditus, als dieser versuchte ihn auszuforschen,, erwiderte; »wenn es mir wünschenswert sein sollte, werde ich mit deinem Herrn sprechen«[7]). Für Pallas ward mit plumper Schmeichelei ein Stammbaum ersonnen, der seine Abkunft von dem gleichnamigen Könige Arkadiens ableitete, und ein Abkömmling der Scipionen schlug im Senat eine Dankadresse vor, weil der Sproß eines Königshauses seinen uralten Adel dem Wohl des Staats nachsetze und sich herablasse, Diener des Fürsten zu sein. Auf den Vorschlag eines der Konsuln (vom Jahre 52) wurden ihm die prätorischen Insignien und ein bedeutendes Geldgeschenk (15 Mill. Sesterzen = $3^1/_4$ Mill. Mark) angetragen; Pallas nahm nur die ersten an. Nun folgte ein Dekret, das fünfzig Jahre später der jüngere Plinius im Senatsarchiv mit Scham und Entrüstung las. Der Senat habe zwar dem verdienten Manne aus dem Staatsschatz eine ansehnliche Summe zuerkannt und, je entfernter sein Gemüt von Habsucht sei, desto eifriger sich bei dem Kaiser, dem Vater des Vaterlandes, verwenden wollen, daß er seinen Schatzverwalter bewegen möchte, den Wünschen des Senats nachzugeben. Da aber der Kaiser auf Pallas Wunsch und in dessen Namen das Geldgeschenk abgelehnt, so bezeuge der Senat, daß er zwar jene Summe und die übrigen Pallas zuerkannten Ehrenbezeigungen verdientermaßen und mit Freuden votiert habe, daß er jedoch dem Willen seines Fürsten, dem zu widerstreben er in keiner Sache für zulässig achte, sich auch hierin füge. Dieses Dekret wurde auf einer Bronzetafel (wahrscheinlich an einem Bureau des kaiserlichen Schatzes)[8]) neben einer geharnischten Statue Julius Cäsars öffentlich aufgestellt und der

1) Mommsen StR. I³ 434 f. 2) Sueton. Claud. 28. Über das erstere s. unten [S. 144]. 3) Mommsen StR. I³ 396. 4) Sueton. Claud. 28. Stat. Silv. III 3, 140 erwähnt auch die Erlaubnis, die der Vater des Etruscus von Vespasian erhielt, am jüdischen Triumph teilzunehmen, als Auszeichnung. 5) Henzen, Annali d. Inst. 1857 S. 90 ff. 6) Plutarch. de tranq. an. 13. 7) Epictet. Diss. I 1, 20. 8) Hirschfeld S. 4, 4.

Besitzer von 300 Mill. Sesterzen als ein Muster strenger Uneigennützigkeit gepriesen[1]). L. Vitellius, der Vater des gleichnamigen Kaisers, ein Mann in sehr hoher Stellung, allerdings ein selbst damals Staunen erregender Virtuose der Niederträchtigkeit, verehrte unter seinen Hausgöttern goldene Bilder des Pallas und Narcissus[2]). Polybius wurde oft in der Mitte beider Konsuln wandelnd gesehen[3]). Und noch Severus mußte ein vom Senat für seinen Freigelassenen Euhodus beschlossenes Ehrendekret mit der Bemerkung zurückweisen: es sei eine Schande, wenn dergleichen über einen kaiserlichen Diener in die Senatsakten eingetragen würde[4]).

Verschwägerung mit edlen Familien.

Doch nichts ist so bezeichnend für die Stellung dieser ehemaligen Sklaven, wie daß sie die Töchter vornehmer und selbst dem Kaiserhause verwandter Geschlechter als Gemahlinnen heimführen durften, in einer Zeit, wo der Stolz des Adels auf alte Abkunft und eine lange Reihe edler Ahnen sehr groß war, und trotz der gesetzlichen Bestimmung, daß die Töchter von Senatoren oder deren Enkelinnen und Urenkelinnen im Mannesstamme nicht mit Freigelassenen verlobt und vermählt werden sollten; eine Bestimmung, die freilich von den Kaisern ebensogut aufgehoben werden konnte wie die entsprechende, daß Senatoren nicht freigelassene Frauen heiraten durften[5]). Felix, der Bruder des Pallas, bekannt als Prokurator von Judäa, ward der Gemahl dreier Königstöchter, deren erste, Drusilla, eine Enkelin des Antonius und der Kleopatra, die zweite, ebenfalls Drusilla genannt, eine Tochter des Herodes Agrippa war; die dritte ist unbekannt[6]). Auch seine Nachkommen waren weit entfernt, sich der Abkunft von ihm zu schämen. Eine Inschrift zu Pola, die einem seiner Urenkel, L. Anneius Domitius Proculus, von dessen Großmutter Antonia Clementiana gesetzt ist, nennt diesen Knaben von senatorischem Stande ausdrücklich einen Urenkel des Antonius Felix[7]). Die Mutter des Claudius Etruscus, ausgezeichnet durch Schönheit, war die Schwester eines Konsuls, der im ersten dacischen Kriege (86) befehligte[8]). Auch Priscilla, die Gemahlin des Freigelassenen Domitians Abascantus, war von edler Abkunft[9]). Daß Agaclytus die Witwe des Annius Libo, eines Vetters des Kaisers Marc Aurel, heiratete, ist bereits erwähnt[10]). Diese zufällig bekannten Fälle berechtigen wohl zu der Annahme, daß Verschwägerungen von kaiserlichen Freigelassenen mit edlen Familien nicht selten waren.

Ihr Hochmut.

Alles vereinigte sich also, um den plumpen Hochmut dieser oft aus tiefster Niedrigkeit aufgestiegenen Emporkömmlinge auf höchste zu steigern, und die Insolenz, die sie zur Schau trugen, war um so trotziger, je mehr sie sich von den Frei- und Hochgebornen verachtet wußten. Als einst auf der Bühne der Vers gesprochen wurde: »Unleidlich ist ein abgeprügelter Knecht im Glück«, wandten sich alle Augen auf den anwesenden Polybius, und dieser rief zurück: derselbe Dichter habe auch gesagt: »Auch Könige wurden, die einst Ziegen hüteten«[11]). Pallas, der seinen finstern Hochmut selbst Nero gegenüber (der ihm freilich mit den Thron verdankte) nicht verbarg und sich ihm endlich un-

1) Tac. A. XII 53. Plin. ep. VIII 6, 5 ff. 2) Suet. Vitell. 2, 5. 3) Suet. Claud. 28. 4) Cass. Dio LXXVI 6, 1. 5) Lex Julia Dig. XXIII 2, 44, vgl. 31. 6) Suet. Claud. 28. Tac. H. V 9. Joseph A. J. XX 141 ff. 7) CIL V 34. 8) Stat. Silv. III 3, 115 ff. 9) ebd. V 1, 53. 10) S. oben S. 45. 11) Cass. Dio LX 29, 3, vgl. Kock, Com. Att. frg. III 498 f. Menand. Epitrep. 116.

erträglich machte[1]), wurde im Jahre 55 wegen Hochverrats vor Gericht gestellt. Als einige aus seiner Dienerschaft als Mitwisser genannt wurden, erwiderte er: nie habe er in seinem Hause etwas anders als mit Winken und Deuten verfügt; wenn mehreres zu bemerken gewesen, habe er seine Befehle schriftlich erteilt, um sich nicht durch Sprechen gemein zu machen[2]). Allerdings war der Übermut der Freigelassenen wie ihre Macht unter Claudius am größten, aber groß war er zu allen Zeiten, und jeder, der es wagte, ihm entgegenzutreten, konnte auf allgemeinen Beifall rechnen. Einen der vermutlich nicht häufigen Fälle, in denen dies geschehen war, berichtet Plutarch. Ein eben reich gewordner kaiserlicher Freigelassener betrug sich bei einem Gastmahl gegen einen anwesenden Philosophen plump und insolent und fragte schließlich, wie es komme, daß aus schwarzen sowohl wie aus weißen Bohnen gelbe Brühe werde; worauf dieser die Gegenfrage tat, weshalb von schwarzen und weißen Riemen gleicherweise rote Striemen entstehen[3]). Martial, der in einem Gedicht die Haltung der Freigelassenen Domitians preist, ist hier nicht glaubwürdiger als in seinen übrigen Lobeserhebungen dieser Regierung. Bisher, heißt es dort, sei in Rom der Dienertroß der Fürsten verhaßt und der palatinische Hochmut berüchtigt gewesen. Aber jetzt seien die Leute des Kaisers so allgemein beliebt, daß sie jedem näher stehen als sein eigenes Haus. So groß sei ihre Milde, ihre Achtung für andere, so ruhig ihr Wesen, so bescheiden ihr Auftreten. Kein Freigelassener habe seinen persönlichen Charakter, sondern alle den ihres Herrn: so sei die Natur des mächtigen Hofs[4]). Je größer der Hochmut der kaiserlichen Freigelassenen war, desto unwiderstehlicher wirkte ihre gelegentliche Herablassung; Epictet nennt ihre Freundlichkeit ausdrücklich unter den Dingen, die einem auf äußere Güter bedachten Menschen jedes Geheimnis zu entreißen vermochten[5]).

Anstellung der Freigelassenen in untergeordneten Verwaltungsämtern—

In der eigentlichen Verwaltung bekleideten die Freigelassenen selten hohe Stellungen; vielmehr war es schon vor der neuen Organisation Hadrians durchaus Regel, diese mit Rittern zu besetzen[6]). So sind die Direktoren der wichtigeren Steuerämter, z. B. der fünfprozentigen Erbschaftssteuer, der großen Mehrzahl nach Ritter[7]). Doch kamen auch Ausnahmen vor, teils infolge kaiserlicher Willkür, teils weil bei diesen Ämtern es vielfach so gut wie ausschließlich auf persönliche Brauchbarkeit ankam. Claudius ernannte den oben erwähnten Freigelassenen Felix (den Bruder des Pallas) sogar zum regierenden Statthalter von Judäa[8]). Und wenn dies eine Anomalie dieser Zeit des Freigelassenenregiments war, so erscheint doch auch ein kaiserlicher Freigelassener Acastus (aus unbestimmter Zeit) mit gleicher Vollmacht als Statthalter der ganzen Provinz Mauretanien, die sonst in zwei Statthalterschaften geteilt war und in der eine bedeutende Truppenmacht stand[9]). Daß neben Rittern Freigelassene ein-

1) Tac. A. XIII 2. Cass. Dio LXI 3, 2. Plin. ep. VIII 6, 15. 2) Tac. A. XIII 23. Cass. Dio LXII 14, 3. 3) Plutarch. Quaest. conv. II 1, 12 = Macrob. Sat. VII 3, 13. 4) Martial. IX 79. 5) Epictet. Diss. IV 13, 22. 6) Über den Gebrauch der Titel *procurator* und *procurator Augusti* Hirschfeld S. 411, 4. 7) Vgl. Eichhorst, Quaest. epigr. de procuratorib. imp. Rom. (Diss. Regim. 1861) S. 28—30 und Hirschfeld S. 104, 5. 8) Hirschfeld S. 380. 9) CIL X 6081 = Dessau 1483.

zeln noch unter den Claudiern als Befehlshaber der Flotten erscheinen, hat seinen Grund darin, daß diese anfangs als dem Kaiser gehörige, nicht als Reichsflotten angesehen wurden: erst später (nachweislich seit Hadrian) wurden die Kommandos der beiden Flotten zu Misenum und Ravenna unter die höhern ritterlichen Ämter eingereiht[1]).

Auch die Direktion der Finanzverwaltung in den kaiserlichen, sowie der Erhebung der fiskalischen Gefälle in den Senatsprovinzen wurde Freigelassenen übertragen. Doch öfter wurden sie ohne Zweifel als Distrikts- und Subalternbeamte jenen höheren Finanzbeamten untergeordnet, wie z. B. ein Prokurator des Bezirks von Karthago dem Prokurator der Provinz Afrika, ein Prokurator der Inseln Malta und Gozzo dem von Sicilien[2]). Die Intendanten des kaiserlichen Hoflagers (*procuratores castrenses*, ein wegen seiner nahen Beziehung zu der Person des Kaisers nicht unbedeutendes Amt) waren in den beiden ersten Jahrhunderten regelmäßig Freigelassene[3]); auch die Prokuratoren der Wasserleitung Roms waren es, noch nachdem Hadrian diese Stelle zu einer ritterlichen gemacht hatte, nicht selten[4]). In der überaus nmfangreichen und vielartigen Verwaltung des je länger je mehr zu ungeheurer Ausdehnung angewachsenen und durch das ganze Reich verbreiteten kaiserlichen Hausguts, das allmählich den Charakter eines Kronguts angenommen hatte, behielten Freigelassene, auch seit sie die von Hadrian den ritterlichen Prokuratoren übergebene Oberleitung nur ausnahmsweise erhielten[5]), vielfach die Direktion der einzelnen Abteilungen. Sie führten oft die Aufsicht über kaiserliche Bergwerke und Marmorbrüche[6]), über Waldungen und Güterkomplexe, über Parks, Villen und Paläste in Italien und den Provinzen[7]); so verwaltete z. B. ein M. Ulpius Euphrates als Prokurator das aus der Erbschaft des Vedius Pollio in das kaiserliche Hausgut übergegangene Pausilypon (Posilipp bei Neapel)[8]). Unter den Freigelassenen, die seit Claudius die geschäftliehe Leitung der kaiserlichen Gladiatorenspiele und Tierhetzen hatten, stand ein zahlreiches Personal: so gab es z. B. einen eigenen Prokurator für die Verwaltung der zur Unterhaltung der kaiserlichen Elefanten bestimmten Gelder[9]). Für die Beförderung der Freigelassenen von einer Prokurator zur andern bestand bereits unter Marc Aurel eine feste Ordnung[10]). Von den Gehältern der ihnen zugänglichen Finanzämter kennen wir nur das des Prokurators der römischen Wasserleitungen, das 100000 Sesterzen (21 750 Mark) betrug[11]). Ein kaiserlicher Freigelassener Euphrates dankt in einer zu Lanuvium gefundenen Inschrift »dem Genius des Orts« dafür, daß er auf diesem Posten, wohl infolge einer Gehaltszulage[12]), eine jährliche Einnahme von 100000 Sesterzen gehabt habe[13]).

1) Mommsen StR. II³ 862 f. 2) CIL VI 8608. X 7494 = Dessau 1485. 3975; vgl. Hirschfeld S. 380, 5. Mommsen CIL VIII p. 1336. Eine Anzahl der bisher für Provinzialprokuratoren gehaltenen hält Mommsen für Domänenverwalter (s. Hirschfeld, Kl. Schriften S. 547 ff.), besonders afrikanische (StR. III 555, 1). 3) Vgl. Anhang VI S. 49 f. Hirschfeld, Verw.Beamte S. 312—317. 4) Anhang VI S. 48 f. Hirschfeld S. 281. 5) Hirschfeld S. 40. 6) ebd. S. 170 f. 7) ebd. S. 139. 8) CIL VI 8584. 9) CIL VI 8583 = Dessau 1578, vgl. Hirschfeld S. 288, 4. 10) Fronto ad Marcum V 52 p. 87 N.: *Aridelus — libertus vester est; procuravit vobis industrie — petit nunc procurationem ex forma suo loco ac iusto tempore.* Mommsen StR. III 558, 3. Vgl. Anhang VI. 11) CIL X 6569 = Dessau 478. 12) Mommsen StR. III 559, 2. 13) CIL VI 246 = XIV 2087 = Dessau 3652.

aber auch in drei hohen.

Da die Freigelassenen in der Finanzverwaltung im ganzen selten in hohen Stellungen erscheinen, kann es auffallen, daß sie fast während des ganzen ersten Jahrhunderts im Besitz der drei durch die Freigelassenen des Claudius zu so großer Bedeutung erhobenen Ämter — des Rechnungsamts, des Amts der Bittschriften und Beschwerden und des Sekretariats — waren und selbst noch im zweiten Jahrhundert hin und wieder diese wichtigen Posten bekleideten[1]). Der Grund ist, wie bemerkt, darin zu suchen, daß diese Ämter nicht sowohl persönliches Ansehen erforderten, wie die Verwaltungsposten besonders in den Provinzen, als Zuverlässigkeit, Ergebenheit und Brauchbarkeit.

Das Rechnungsamt.

In dem »Rechnungsamt« (*a rationibus*), d. h. dem kaiserlichen Finanzamt (Reichsfinanzministerium), flossen die Einnahmen aller kaiserlichen Kassen zusammen, und hier wurden auch die sämtlichen Ausgaben des Fiskus angewiesen[2]). Über den Umfang und Geschäftskreis dieses Amts enthält das schon mehrfach benutzte Gedicht einige Andeutungen, das Statius bei dem Tode des Vaters des Claudius Etruscus im Auftrage des Sohns zu dessen Verherrlichung verfaßte[3]); auch gibt es sonst über das Emporkommen der Freigelassenen am Hofe und ihre Stellung manche Belehrung. Wenn dem Vater des Etruscus altes Geschlecht und Stammbaum abgegangen sei, sagt der Dichter, so habe das Glück diesen Mangel reichlich ersetzt. Er durfte keinen Herrn aus der Menge ertragen, sondern sie, denen Aufgang und Untergang huldigen. Dessen darf er sich nicht schämen; denn was könnte wohl auf der Erde oder am Himmel ohne das Gesetz des Gehorsams bestehen; auch der Sternenreigen, Mond und Sonne gehorchen bestimmten Gesetzen, selbst Herkules und Phöbus haben gedient! Etwa in den ersten Jahren unserer Zeitrechnung in Smyrna geboren, war er sehr jung nach Rom, an den Hof des Tiberius gekommen, und noch von ihm (also vor 37) freigelassen worden; unter Caligula hatte er seine Stellung behauptet und auf dessen gallischer Reise einen bescheidenen Platz in seinem Gefolge eingenommen; unter Claudius hatte seine Beförderung begonnen, unter Nero war, wie es scheint, seine Stellung unverändert geblieben — so war sein Kahn in jedem Gewässer glücklich gewesen. Nun (vielleicht im Jahre 55, wo Pallas das Amt niederlegte) ward ihm allein die Verwaltung der heiligen (d. h. kaiserlichen) Schätze anvertraut. Der Ertrag iberischer und dalmatischer Goldbergwerke, afrikanischer und ägyptischer Ernten, der Perlfischerei der östlichen Meere, der tarentinischen Herden, der alexandrinischen Fabriken des durchsichtigen Kristallglases, der numidischen Wälder, des indischen Elfenbeins: was auch die Winde aller Himmelsrichtungen in den Hafen führen, ist seiner alleinigen Verwaltung anvertraut[4]). Ebenso hat er die Ausgaben anzuweisen. Durch seine Hände geht der tägliche Bedarf der Armeen, die Erfordernisse für die Getreideausteilungen in Rom, für Bauten von Tempeln, Wasserleitungen und Hafendämmen, für den Schmuck der kaiserlicher Paläste, für

Der Vater des Claudius Etruscus.

---

1) Hirschfeld S. 31. S. Anhang V. 2) Hirschfeld S. 30ff. 3) Stat. Silv. III 3 mit Vollmers Kommentar. 4) Die aufgezählten Einnahmen (v. 85—98) gehören wesentlich dem Patrimonium an (Hirschfeld S. 30, 4; *conductores gregum oviaricorum* des Kaisers unter der Verwaltung des *Cosmus a rationibus Augg.* CIL IX 2438), doch einige nicht: so die Getreidelieferungen aus Afrika (Mommsen StR. II³ 1106, 1. Hirschfeld S. 237, 2) und die von Elfenbein und Perlen an der Reichsgrenze erhobenen Steuern (Marquardt StV. II² 275; Lieferungen von Gläsern aus Ägypten: ebd. 234, 4).

Götterstatuen, für die Münze [1]). Sein Schlaf und seine Mahlzeiten sind kurz, Gelage meidet er ganz, das Vergnügen ist seinem Geiste fern. Vespasian erhob ihn in den Ritterstand. Unter Domitian (nach 84) fiel er in Ungnade, doch erhielt er nur die milde Strafe einer Verweisung an die campanische Küste, wohin ihn auch sein Sohn begleiten durfte, während sein nächster Untergebener [2]) nach einem überseeischen Verbannungsorte verwiesen wurde. Auch erlangte er bald wieder (89 oder 90) Verzeihung [3]). Kurz nach seiner Rückkehr nach Rom starb er (etwa 92), fast neunzig Jahre alt. Sein Grabmal duftete von Blumen, in seine Aschenurne träufelten die köstlichsten Essenzen. Maler und Bildhauer waren geschäftig, die Züge des ehemaligen Sklaven in den kostbarsten Materialien zu verewigen, und die beiden gefeiertsten Dichter jener Zeit besangen ihn in Trauergedichten, die seinen Namen und seine Sckicksale der Nachwelt überliefert haben [4]).

Das Amt der Bittschriften und Beschwerden. Polybius.

Das politisch weit minder wichtige Amt der Bittschriften und Beschwerden (*a libellis*) [5]) verwaltete unter Claudius der schon mehrfach erwähnte Polybius, an den Seneca als Verbannter von Corsica aus die bekannte unwürdige Trostschrift bei dem Tode eines jüngeren Bruders richtete. Einen Trostgrund entnimmt Seneca auch aus der Natur und Wichtigkeit seines Amtes, die ihm nicht erlaube, sich seinem Schmerz hinzugeben. Auf ihn seien aller Augen gerichtet. Nichts Gemeines, nichts Niedriges schicke sich für ihn; von ihm verlange und erwarte die Welt Großes. »Du hast so viel Tausende von Menschen zu hören und so viel tausend Bittschriften zu ordnen. Damit eine so große Masse von Sachen, die aus der ganzen Welt zusammenströmen, in gehöriger Ordnung dem Geiste des höchsten Herrschers vorgelegt werden kann, mußt du deinen eigenen Geist aufrichten. Du darfst nicht weinen, weil du so viel Weinende hören mußt. Um die Tränen so vieler zu trocknen, die in Gefahr sind und zur Barmherzigkeit des gnädigsten Kaisers zu gelangen wünschen, mußt du zuvor deine eigenen trocknen« [6]). Die Erledigung der Bittschriften erfolgte in der Regel in Form einer kurzen Subscriptio auf der Eingabe selbst, die vom Kaiser eigenhändig hinzugefügt werden mußte. Seit Hadrian erlangten diese Subskriptionen als Norm für spätere Entscheidungen in ähnlichen Fällen eine Art von Gesetzeskraft, und das Amt wurde daher in späterer Zeit von berühmten Juristen verwaltet [7]). Polybius bekleidete übrigens außer diesem Amte noch ein andres: er war Studienrat des Kaisers [8]). Er hatte unter anderm Paraphrasen von Vergil und Homer verfaßt, und Seneca sagt, solange die Macht der lateinischen und der Zauber der griechischen Sprache dauern werde, so lange werde Polybius mit jenen großen Geistern leben. In ähnlichem Ton ist die ganze Schrift gehalten. Er ist der einzige der am Kaiserhofe Mächtigen,

1) Stat. a. a. O. 98—106. Mommsen StR. II³ 1003, 1. 2) *Curarum socius* bei Stat. a. a. O. 161 ist so viel wie *adiutor*, vgl. Martial. VI 68, 5. 3) Martial. VI 83. 4) Martial. VII 40. 5) Hirschfeld S. 326 ff. Ed. Cuq, Mémoires présentés par div. sav. à l'acad. des inscr. IX (1884) S. 363—371. F. Preisigke, Die Inschrift von Skaptoparene und ihre Beziehung zur kaiserl. Kanzlei in Rom (Schrift. d. wissensch. Gesellsch. in Straßburg, Heft 30, 1917) S. 36ff. Wilcken, Hermes LV 1920 S. 9ff. 6) Senec. Cons. ad Polyb. 6, 5. 7) Hirschfeld S. 327—329. 8) *ab studiis* Sueton. Claud. 28; ob er es gleichzeitig war, geht aus Seneca a. a. O. 5, 2 *ab occupationibus tuis, id est a studio et a Caesare* freilich nicht bestimmt hervor.

den zum Freunde zu haben für jedermann nicht bloß nützlich, sondern an und für sich eine Freude ist. Bei so großer Leichtigkeit, Reichtum zu erwerben, erzielt er daraus keinen höheren Nutzen als die Verachtung des Reichtums. Er ist so allgemein geachtet, daß sein Glück keinen Neid erregt usw. [1]).

Das Studienamt.

Übrigens scheint das wohl von Claudius eingerichtete [2]) Studienamt [3]) ein am Hofe regelmäßig [4]), und zwar mit einem größern Personal besetztes gewesen zu sein [5]); im 4. Jahrhundert wird noch ein zweiter Direktor (*adiutor*) mit einem Gehalt von 60000 Sesterzen (13050 Mark) erwähnt [6]). Seit dem 2. Jahrhundert wurde es wohl in der Regel von Rittern bekleidet [7]), wie von L. Julius Vestinus, der Oberpriester von Alexandria und ganz Ägypten und Vorsteher des dortigen Museums war, dann Oberbibliothekar zu Rom, Studienrat Hadrians und Sekretär desselben Kaisers [8]). Ebenso scheint ein Sextus, den Martial bat, seinen Gedichten einen Platz in der kaiserlichen (palatinischen) [9]) Bibliothek zu gönnen, zugleich Bibliothekar und Studienrat Domitians gewesen zu sein. Ihm, dem beredten Verehrer der palatinischen Minerva, war es vergönnt, sich an dem Geiste des Gottes (d. h. des Kaisers) in unmittelbarem Verkehr zu erfreuen, die Arbeiten des Fürsten in ihrem Entstehen kennen zu lernen und um Gedanken zu wissen, die er in sich verschloß [10]). Im 3. und 4. Jahrhundert war der oberste Leiter des Studienamts ein hoher ritterlicher Beamter [11]).

Das Amt der Briefe.

Das Amt der Briefe (*ab epistulis*) [12]), die kaiserliche Kanzlei, hatte zwei Abteilungen, eine griechische und eine lateinische. Daß jede derselben zu allen Zeiten einen besondern Vorgesetzten gehabt hat, ist wohl unzweifelhaft. Doch scheint die Leitung des ganzen Amts während des ersten Jahrhunderts immer

1) Senec. a. a. O. 2, 2. 3. 4. 6. 2) Hirschfeld S. 332. CIL VI 8636 = Dessau 1682 *Ti. Claudius Lemnius Divi Claudi Augusti lib. a studiis.* 3) Cuq a. a. O. S. 373 ff. hält (mit Berufung auf Gell. III 16, 12. Hist. aug. Alex. Sev. 16) für die Aufgabe des Amts *a studiis*, dem Kaiser zur Entscheidung von Rechtsfragen Präzedenzfälle, Anhaltspunkte und Material aller Art aus der Geschichte und Literatur zu liefern. Möglich, daß es diesem Zweck je länger je mehr gedient hat, aber gewiß niemals ausschließlich. 4) CIL VI 8636—8638. 5) CIL VI 8637 = Dessau 1683: *Terpsilaus Aug. lib. prox. a studiis scholam officii.* 6) Inschrift des Caelius Saturninus CIL VI 1704 = Dessau 1214. 7) CIL XIII 1779 = Dessau 1460: *M. Aemilius Laetus a studiis Augusti.* CIL X 1487 *magistro [studi]orum.* CIL VI 1608 = Dessau 1457 *ma(gistro) a studiis Augg. [pro]c(uratori) prov. Asiae.* CIL V 8972 = Dessau 1459 (Aquileja): — *viro perfectissimo magistro sacrarum cognitionum a studiis et a consiliis Augg.* (aus dem 3. Jahrhundert, und zwar wohl nicht aus dessen ersten Dezennien; das Amt *a consiliis* scheint hier zusammen mit dem Oberstudienamte bekleidet zu sein, vgl. Hirschfeld, Archäol. epigr. Mitt. I 1877 S. 57, 1). Mommsen, Nuove mem. dell' Inst. S. 338 f. nennt als die späteste Stelle, in der *magistri studiorum* vorkommen, ein Gesetz v. J. 328 C. Theod. XII 1, 26; doch ist hier *studiorum* wahrscheinlich korrupt; vgl. Gothofred. und Haenel zu der Stelle, Hirschfeld, Verw.Beamte S. 334, 5. Mommsens Ansicht (Ges. Schrift. VI 651 f.), daß das Amt *a studiis* in späterer Zeit *scrinium memoriae* genannt worden sei, ist nicht haltbar, da das letztere Amt sich schon unter Caracalla findet. Vgl. Hirschfeld S. 334, 6. 8) IG XIV 1085. Die hier verwendete griechische Bezeichnung des Amtes als ἐπὶ (τῆς) παιδείας begegnet auch in einer cilicischen Inschrift zu Ehren des A. Voconius Zeno aus der Zeit des Gallienus, A. Rosenberg, Hermes LV 1920 S. 139 f. 9) Mommsen StR. I³ 330, 1. 10) Martial. V 5. 11) CIL X 4721 = Dessau 1458: *L. Vibio Fortunato L(aurenti) [L](avinati) haruspici Aug. n. magistr. a studiis proc. ducenario stationis hereditatium.* In der Inschrift CIL III 6820: ... *domini n. Antonini Aug. ducenario et a musio sac. perpet. dei Aesc(ulapi)* hält Mommsen wegen des hohen Gehaltes *a musio* für identisch mit *a studiis*, schwerlich mit Recht. 12) Fronto ad M. Antonin. de eloq. p. 141 N.: *Caesarum est — per orbem terrae litteras missitare.*

in der Hand eines obersten Direktors vereint gewesen zu sein. Denn der allmächtige Narcissus, der das Sekretariat unter Claudius verwaltete, kann wohl nicht ein bloßer Abteilungsdirigent gewesen sein, noch hätte er in dieser Stellung seinen Platz neben Callistus und Pallas behaupten können. Auch unter Domitian leitete der *ab epistulis* genannte Beamte das ganze Amt. Denn nach Statius' Schilderung [1]) erscheint der damalige kaiserliche Sekretär Abascantus mit dem ganzen Reich in Korrespondenz, mit den Ländern griechischer wie römischer Zunge — auch eine poetische Schilderung konnte keine groben, notorischen Unrichtigkeiten enthalten. Doch im 2. Jahrhundert scheint eine Änderung eingetreten zu sein, vielleicht bei der neuen Organisation aller kaiserlichen Ämter durch Hadrian. Vermutlich wurde nämlich jetzt das lateinische wie das griechische Bureau als selbständiges Amt eingerichtet: eine Teilung, die sich bei der ungeheuren Last der Geschäfte als dringend wünschenswert herausgestellt haben mochte (nach Statius war kein Amt im »heiligen« Hause geschäftsvoller), besonders da mit der zunehmenden Konzentration der Verwaltung gerade in diesem Amt der Umfang des Geschäftskeises sich am meisten erweiterte [2]). Mit der Zeit wird das Personal der kaiserlichen Kanzlei immer mehr gewachsen sein. Zu den Reformen Julians des Abtrünnigen bei seinem Regierungsantritt gehörte die Entlassung einer Menge von unnützen Schreibern, die ihre Stellung zu den schamlosesten Plünderungen und Erpressungen gemißbraucht hatten [3]).

Das erwähnte Gedicht richtete Statius an den Freigelassenen Abascantus [4]) Abascantus.
nach dem Tode seiner Gemahlin Priscilla, »da er stets bemüht war, der ganzen Umgebung des göttlichen Hauses [5]) nach schwachen Kräften seine Ergebenheit zu beweisen; denn wer in treuem Glauben die Götter verehrt, liebt auch ihre Priester« [6]). Der Kaiser, dessen Scharfblick die Fähigkeiten und Vorzüge des noch jungen Abascantus nicht entgangen waren, legte auf seine Schultern diese unermeßliche Last, das kaum zu bewältigende Gewicht dieses hochwichtigen Amts. Priscilla drückte dem Kaiser ihren Dank und ihre Freude in einem Fußfall aus. Abascantus hatte nun in die ganze Welt die Befehle des Herrschers zu entsenden, die Kräfte und Hilfsquellen des Reichs zu leiten, die Siegesbotschaften vom Euphrat, von der Donau, vom Rhein, die Meldungen des Vordringens der römischen Waffen in den äußersten Ländern, selbst in Thule, zu empfangen: denn niemals mit der Feder (dem Zeichen unglücklicher Botschaft), immer mit lorbeerbekränzten Lanzen kommen die Boten. Er fertigt die Beförderungen im Heere aus, er macht bekannt, wer ein Primipilat, wer den Befehl einer Kohorte, ein Legionstribunat, die Präfektur einer Reiterabteilung erhalten habe [7]). Er hat Nachrichten einzufordern, ob die Nilüberschwemmung für die

1) Stat. Silv. V 1, 85 ff. 2) Vgl. den Anhang V S. 36. 3) Liban. or. 18, 131 (II 292 F.). 4) *T. Flavius Abascantus Aug(usti) lib(ertus) ab epistulis* heißt er CIL VI 8598 f. 5) *Domus divina* kommt in der Literatur hier nicht zuerst vor, sondern schon bei Phaedr. fab. V 7, 38: *superbiens honore divinae domus.* Auch in Inschriften erscheint es in der ohne Zweifel dem 1. Jahrhundert angehörigen Inschrift von Chichester CIL VII 11: ein *collegium fabrorum* errichtet einen Tempel [*pr*]*o salute do*[*mus*] *divinae* [*ex*] *auctoritate* [*Ti.*] *Claud.* [? *Co*]*gidubni r*[*egis*? vgl. Tac. Agr. 14] *lega*[*ti*] *Aug. in Brit*[*annia*]; vgl. Mommsen StR. II^3 818, 2 und Korresp.Bl. d. Westd. Zschr. XXII 1903 S. 144. G. Calza in Ruggieros Dizion. epigr. II 2062 ff. 6) Stat. Silv. V praef. 7) Vollmer zu Stat. Silv. V 1, 95—98.

Ernte hinreichend gewesen, ob in Afrika Regen gefallen sei, und tausend andre Anfragen zu erlassen: nicht Mercur, nicht Iris selbst haben so viel Botschaften auszurichten. Abascantus, so rühmt der Dichter, blieb sich nach seiner Beförderung gleich, in seiner Ruhe, seiner Rechtschaffenheit und Bescheidenheit; seine mäßigen Mahlzeiten und »nüchternen Becher« glichen denen apulischer oder sabinischer Bauern. Doch muß er sehr reich gewesen sein. Statius läßt Priscilla auf ihrem Totenbette ihren Mann beschwören, in ihrem Namen auf dem Kapitol ein goldenes Bild des Kaisers von hundert Pfund (etwa 90 000 Mark) zu errichten. Ihr Leichenbegängnis war von königlicher Pracht. Alle Wohlgerüche des Orients waren an den toten Leib verschwendet, der auf seidenen Polstern, in Purpur gehüllt, lag und nach vollzogener Mumisierung an der Via Appia beim Almo bestattet wurde. Ihr Grabmal war ein Palast, wo ihr Bild mehrmals wiederholt in den Gestalten verschiedener Göttinnen stand, als Ceres und Ariadne aus Erz, als Maja und keusche Venus aus Marmor. Reste dieses Grabmals sind vielleicht noch vorhanden [1]).

Bedeutung und Schätzung des kaiserlichen Sekretariats in der literarischen Welt.

Die Leitung des Amtes der Briefe erforderte übrigens einen gewissen Grad von literarischer Bildung, da die kaiserlichen Anschreiben und Reskripte von den Dirigenten desselben im Namen des Kaisers und in einer der kaiserlichen Majestät würdigen Form verfaßt werden mußten, wie denn selbstverständlich auch ihre kalligraphische Ausstattung eine vortreffliche war [2]). Es war natürlich und ist wahrscheinlich oft vorgekommen, daß die hier Angestellten auch bei Bibliotheken verwendet wurden: der alexandrinische Grammatiker Dionysius, Sohn des Glaucus, als Schulvorsteher zu Alexandria Nachfolger des Stoikers Chäremon, war später zu Rom Bibliothekar und kaiserlicher Sekretär [3]).

Als das Ansehen dieses wie aller kaiserlichen Ämter immer höher stieg, namentlich seit es regelmäßig nur von Rittern bekleidet wurde, darf man annehmen, daß es gewöhnlich nur Männer von anerkanntem literarischem Ruf erhalten haben. Titinius Capito, der es unter Domitian, Nerva und Trajan verwaltete, wird von dem jüngeren Plinius unter die Hauptzierden des Jahrhunderts gezählt und Wiederhersteller der alternden Literatur genannt; er hatte sich auch in Versen versucht [4]). Unter Hadrian war Sueton kaiserlicher Sekretär, bekannt als gelehrter und fruchtbarer Schriftsteller, in dessen Kaiserbiographien [5]) man die Gewohnheit der präzisen, aber nüchternen, geschäftsmäßigen Ausdrucksweise zu erkennen glaubt; er verlor sein Amt wegen zu vertraulichen Benehmens gegen die Kaiserin Sabina [6]). Doch ganz besonders scheint im 2. Jahrhundert die Direktion der griechischen Abteilung das Ziel des Ehrgeizes für die griechischen Rhetoren und Sophisten gewesen zu sein, und von nicht

1) Tomassetti, La Campagna Romana II 41, vgl. U. Leoni u. G. Staderini, Sull' Appia antica (1904) S. 91 ff. In einer Entfernung von etwa 5 Miglien von diesen Resten, am 6. Meilenstein der Via Appia, wurde 1485 in einem inschriftlosen Sarkophag eine durch künstliche Mittel konservierte weibliche Leiche gefunden, in welcher Pomponius Laetus Ciceros Tochter Tullia oder Priscilla vermutete. Chr. Hülsen, Mitt. d. österr. Instit. f. Geschichtsforsch. IV 1883 S. 433—449, vgl. Tomassetti II 89 f. Lanciani, Storia degli Scavi di Roma I 84. 2) Plutarch. De Pyth. orac. 7. Erhaltene (*per cola et commata* geschriebene) Erlasse aus der kaiserlichen Kanzlei aus dem 5. Jahrhundert, Mommsen, Ges. Schrift. II 342 ff. 3) Suid. s. v. 4) Plin. ep. VIII 12, 1. 4, vgl. I 17, 3. CIL VI 798 = Dessau 1448. 5) Ihre Herausgabe fällt ins Jahr 120 (Roth, Ausg. d. Sueton. S. IX); es ist möglich, daß Sueton das Amt schon 117 erhielt. 6) Hist. aug. Hadrian. 11, 3.

wenigen derselben wissen wir, daß sie es erreichten. Es war nicht bloß die kaiserliche Bestätigung ihres schriftstellerischen Ruhms, nach der sie strebten, sondern selbstverständlich auch die sehr glänzende Stellung und Aussicht, von diesem Posten zu andern höheren und lohnenderen befördert zu werden. Der Rhetor Avidius Heliodorus, der die Stelle unter Hadrian bekleidete, stieg bis zum Vizekönigtum von Ägypten, und sein Sohn, Avidius Cassius, durfte es wagen, die Hand nach der Kaiserkrone auszustrecken[1]).

Doch freilich, wie hätte für diese Menschen, denen Sprachkunst das höchste Ziel menschlichen Bemühens war, nicht schon das etwas Großes sein sollen, durch eine solche Ernennung vom Kaiser als der erste lebende Stilist anerkannt zu werden — so wenigstens faßten sie und ihre Freunde es auf, während ihre Feinde behanpteten, der Kaiser könne sie zwar zu Sekretären, aber nicht zu guten Stilisten machen[2]). Den Rhetor Cornelianus hatten nach dem Atticisten Phrynichus die Kaiser Marc Aurel und L. Verus als einen Mann vom höchsten Ansehen in der gelehrten Welt und als den Ersten unter den Ersten zum Vorsteher ihrer griechischen Kanzlei ernannt[3]). Phrynichus rühmt ihn als einen Rhetor von reinem und antikem Ausdruck, den einzigen, der die Rhetorik zu ihrer alten und bewährten Form zurückführe, der den kaiserlichen Gerichtshof zu einem wahrhaft hellenischen und attischen mache und den übrigen ein Lehrer nicht nur für korrekten Ausdruck sei, sondern auch in bezug auf äußere Erscheinung, Blick, Stimme und Haltung. Deshalb — so fährt der Atticist mit lächerlicher Übertreibung fort — haben ihn die Kaiser der höchsten Stellung für wert gehalten und ihm die Verwaltung aller hellenischen Angelegenheiten übergeben, indem sie ihn als Wächter neben sich setzten und ihn dem Namen nach zum Sekretär ernannten, in der Tat aber zum Gehilfen in der Regierung erwählten![4]) Man sieht, das Hochgefühl der damaligen kaiserlichen Kanzleien war nicht geringer als das der päpstlichen in der Renaissancezeit, und die Wertschätzung des Briefstils bei den Sophisten eine ähnliche wie bei den Humanisten des 15. Jahrhunderts[5]). Von dem Sophisten Antipater von Hierapolis, dem Lehrer der Söhne des Kaisers Severus und Vorsteher seiner Kanzlei, sagt Philostrat, daß niemand die kaiserlichen Briefe besser geschrieben habe: wie ein vortrefflicher Schauspieler, der das Stück richtig aufgefaßt, habe er der Person des Kaisers würdig gesprochen. In seinen Schreiben war Deutlichkeit, Erhabenheit der Gesinnung, ein dem Gegenstand angemessener Ausdruck und eine gefällige Knappheit, die einem Brief vorzugsweise zur Zierde gereicht[6]). Gegen den Sophisten Aspasius von Ravenna, kaiserlichen Sekretär, vielleicht schon unter Caracalla, richtete Philostrat einen Brief über die Kunst, Briefe zu schreiben. Seine im Namen des Kaisers verfaßten Briefe waren teils zu prunkvoll, teils nicht deutlich geschrieben. Denn wenn der Kaiser schreibt, bedarf es keiner künstlichen, rhetorischen Schlußformen, sondern nur der Willenserklärung; ebensowenig der Undeutlichkeit, da er Gesetze spricht, die Deutlichkeit aber die Dolmetscherin des Gesetzes ist[7]).

1) Cass. Dio LXIX 3, 5. LXXI 22, 2, vgl. Prosop. imp. Rom. I 187 nr. 1168. 2) Cass. Dio LXIX 3, 5. 3) Phrynichus p. 418 Lob.; vgl. Anhang V S. 43. 4) ebd. p. 379. 5) Burckhardt, Kultur der Renaissance I⁷ 251 ff. 6) Philostrat. Vit. soph. II 24, 1. 7) ebd. 33, 3.

Die Oberkämmerer.

Die kaiserlichen Oberkämmerer (*a cubiculo*)[1]) haben, wie schon bemerkt, später als die bisher betrachteten Hausbeamten angefangen, am Hofe eine hervorragende Stellung einzunehmen. Sie standen an der Spitze eines zahlreichen Personals (*cubicularii*)[2]), das im ersten Jahrhundert fast ausschließlich aus Sklaven, im zweiten meist aus Freigelassenen bestand, aus Freien während der früheren Kaiserzeit niemals[3]). Die Bedeutung der Ausdrücke »Kammerdiener der ersten und zweiten Station« ist unklar[4]). Ihre große Zahl ergibt sich auch daraus, daß ein eigner Dienst für die kranken Kammerdiener und nach Inschriften aus der Zeit Hadrians und des Antoninus Pius für das ihnen zu liefernde Getreide eingerichtet war[5]). Daß auch sie zu allen Zeiten durch geschickte Benutzung der Umstände Einfluß gewinnen konnten, ist selbstverständlich. Schon Cicero hebt als Prokonsul von Cicilien hervor, daß bei ihm nicht der Zutritt, wie es in den Provinzen üblich sei, durch den Kammerdiener vermittelt werde und überhaupt nichts durch diesen geschehe[6]). Bontems, der erste der vier Leibkammerdiener Ludwigs XIV., »sah den ganzen Hof zu seinen Füßen, selbst die königlichen Kinder, die Minister und Herren vom höchsten Adel«[7]).

Helikon.

Die Bedeutung der kaiserlichen Kammerdiener auch in der ersten Kaiserzeit zeigt das Beispiel des Ägypters Helikon am Hofe Caligulas, den wir aus Philos Bericht über die Gesandtschaft der alexandrinischen Juden kennen, wo er nach orientalischer Weise als »Schlummerdiener« und »Oberleibwächter« bezeichnet ist[8]). Helikon, zuerst Sklave eines Privatmanns, der ihm eine allgemeine Bildung geben ließ und ihn an Tiberius schenkte, stieg erst am Hofe Caligulas zur Stellung des Leibkämmerers auf, die ihn in unmittelbarste und unausgesetzte Berührung mit dem Kaiser brachte. »Denn bei seinem Ballspiel, bei seinen Leibesübungen, beim Bade und Frühstück, und wenn Gajus sich niederlegte, war er zugegen, so daß ihm wie keinem andern das Gehör des Kaisers in aller Muße und bei jeder Gelegenheit zu Gebote stand.« Nach Philo verdankte er seinen Einfluß besonders dem seiner Nation eignen Talent zu Witz, Spott und Scherz, den er mit giftiger ägyptischer Bosheit zu würzen wußte; er war es, der an der Spitze einer Schar von Ägyptern dem Kaiser den ihm angebornen und anerzognen Judenhaß mitteilte. Es hieß, daß er überdies von den Gesandten der Alexandriner bestochen war, den Kaiser gegen die Juden einzunehmen, teils durch Gold, teils durch Aussicht auf Ehren, die ihm werden sollten, wenn er im Gefolge des Kaisers nach Alexandria käme. Auch die Juden hatten darauf gedacht, ihn für sich zu gewinnen, aber vergebens; niemand wagte wegen des hochmütigen, schroffen Wesens, das er gegen alle bewies, sich ihm zu nähern. Ob er ein Freigelassener oder, wie Philo ihn nennt, ein Sklave

1) Rostowzew, Real-Encykl. IV 1734 ff. L. Cesano bei Ruggiero, Diz. epigraf. II 1280 ff. J. Michiels, Musée belge VI 1902 S. 364—387. 2) Sueton. Domit. 17, 2 und CIL VI 8773 nennen einen *decurio cubiculariorum*. 3) Freigelassene CIL VI 5194. 5747. 6191. 8518. 8770—8772. 8774 f. 8777 f. 8782 f. 8787. 8794. X 526. XIV 5031; Sklaven CIL VI 3957. 3959 f. 4231. 4234 f. 4331. 4438. 8532. 8693. 8764. 8780 f. 8785 f. 8788. 8790—8792. 4) *cubicularii stationis primae* CIL VI 8518. 8532. 8774 f. (Dessau 1745. 1747) und *stationis II* CIL VI 5195 = Dessau 1746; Marquardt, Privatl.[2] 144, 5 versteht Tag- und Nachtdienst. 5) *ab aegris cubiculariorum* CIL VI 8771. 33749 = Dessau 1748 f., *a frumento cubiculariorum* CIL VI 8518. 8771 f. (= Dessau 1748), vgl. Hirschfeld, Philol. XXIX 1869 S. 73 f. 6) Cic. ad Att. VI 2, 5. 7) Auswahl aus den Memoiren des Herzogs von St. Simon (Collection Spemann) I 121. 8) Philo Leg. ad Gai. 175.

war[1]), ist ungewiß, doch das letztere sehr möglich. Claudius ließ ihn später hinrichten[2]).

Parthenius.

Am Hofe Domitians gehörten die beiden Kämmerer Parthenius und Sigerus zu den wichtigsten Personen. Martial schildert einen alten Narren, der sich mit seinen Beziehungen zum Hofe breit macht: »zehnmal am Tage läuft er die Straße zum Palast hinauf und führt nichts als Parthenius und Sigerus im Munde«[3]). Von beiden hatte der erstere die höhere Stellung, Sueton nennt ihn mit dem später üblichen Titel »Vorgesetzter des Schlafgemachs«[4]); er besaß die Gunst Domitians in hohem Grade, der ihm, wie erwähnt, das Recht verlieh, den Degen zu tragen[5]). Martial bittet ihn, dem Kaiser das fünfte Buch seiner Epigramme zu überreichen: »du kennst die Zeiten des heiteren Juppiter, wenn er in der ihm eignen milden Miene strahlt, mit der er Bittenden nichts abzuschlagen pflegt«[6]). Parthenius und Sigerus nahmen an der Ermordung Domitians tätigen Anteil und wirkten zu Nervas Erhebung auf den Thron mit[7]), an dessen Hofe Parthenius in Gunst blieb. Auch jetzt ging vieles durch seine Hand. Er hatte so viele Eingaben zu lesen, daß ihm für die Musen keine Zeit blieb: sonst würde er sich seiner eignen Muse gewidmet haben[8]), denn nach Martial dichtete er vorzüglich[9]). Dieser, der ihm bereits im Jahre 88 zum fünften Geburtstage seines Sohnes Burrus gratuliert und im Jahre 93 eine feine Toga von ihm zum Geschenk erhalten hatte, die leider im Jahre 94 schon abgetragen war, bat ihn auch jetzt wieder, seine Gedichte dem Kaiser zu empfehlen, wenn er Muße haben sollte, was freilich kaum zu hoffen war[10]). Als im Jahre 97 die Prätorianer von Nerva die Bestrafung der Mörder Domitians forderten und sie trotz seiner Weigerung töteten, soll auch er gefallen sein[11]).

Die Kämmerer des Commodus.

Doch weit anders war die Stellung der Kämmerer hundert Jahre später am Hofe des Commodus, wo sie bereits, wie in einer orientalischen Despotie, einer nach dem andern als vermögende Stellvertreter des Kaisers erscheinen, um so mehr, als dieser, schon durch den Präfekten Perennis gewöhnt, ganz seinen Lüsten zu leben, seine Freigelassenen nach Willkür schalten ließ und überdies großenteils von Rom abwesend war. Schon der erste, der Nicomedier Saoterus, war mächtig; er wirkte seiner Vaterstadt beim Senat das Recht aus, ein periodisches Fest zu veranstalten und dem Kaiser einen Tempel zu bauen[12]). Ihn verdrängte Cleander und überlieferte ihn mit andern dem Henker. Cleander[13]), ein Phryger von Geburt, als Sklave nach Rom gebracht, um als Lastträger zu dienen, und öffentlich verkauft, kam in das kaiserliche Haus und stieg bis zum

1) Philo Leg. ad Gai. 166. 205. 2) ebd. 206. 3) Martial. IV 78, 7 f. Beide zusammen auch Cass. Dio LXVII 15, 1. Tertullian. Apol. 35; die bei Martial und Tertullian überlieferte Form *Sigerius* begegnet auch CIL VIII 10983 (Cäsarea Maur.): *Dis Manibus Flavius Sigerius summa rudis.* 4) Suet. Dom. 16, 2. 5) Cass. Dio LXVII 15, 1, s. oben S. 49. 6) Martial. V 6, 9 ff. 7) Cass. Dio LXVII 15, 1; auch bei Suet. Dom. 17, 2 steckt in der Überlieferung *Satur decurio cubiculariorum* sicher Sigerus. 8) Martial. XI 1, 5 f. 9) ebd. V 6, 2. 19. XII 11. IV 45. VIII 28, 1. IX 49, 3. 10) ebd. XII 11, 5. 11) Aurel. Vict. Epit. 25, 8. Vielleicht ist er genannt in der Inschrift CIL VI 8761 = Dessau 1736 *Ti. Claudius Eutomus Partheni Aug. liberti a quibiclo* (sic) *libertus;* er müßte dann schon von Nero freigelassen worden sein; vgl. Mommsen z. d. Inschr. 12) Cass. Dio LXXII 12, 2, vgl. LXXVII 21, 2. Hist. aug. Commod. 3, 4. 4, 5. Er kommt in einem Verzeichnis von Priestern der Domus Augusta Palatina als Aelius Saoterus vor, CIL VI 2010a 29. 13) Herodian. I 12, 3—13, 6. Hist. aug. Commod. 6, 3—7, 4. Cass. Dio LXXII 9—13.

Amt eines Kämmerers. In dieser Stellung übte er eine unerhörte Gewalt — wie er z. B. in einem Jahre fünfundzwanzig Konsuln ernannte — und häufte durch Erpressung jeder Art ein kolossales Vermögen. Nachdem zum Teil auf seinen Antrieb der Präfekt Perennis der Wut der Soldaten preisgegeben worden war, ernannte und beseitigte er eine Zeitlang diese nächst dem Kaiser höchsten Beamten nach Belieben und bekleidete das Amt endlich mit zwei andern selbst. Weil er als Präfekt den Freigelassenen nur höchst selten zugestandenen Offiziersdegen, das Abzeichen des militärischen Kommandos, führte, nannte ihn das Volk den »Freigelassenen vom Degen«[1]). Man meinte, er habe nach der höchsten Gewalt getrachtet. Als bei einer Teuerung die Volkswut gegen ihn entbrannte, gab ihn Commodus preis (189); sein Kopf ward auf einer Lanze in Rom herumgetragen, mit ihm fielen seine bedeutendsten Anhänger. Der letzte Kämmerer des Commodus war der Ägypter Eclectus, der, als er sein eignes Leben durch die Despotenlaune des Kaisers bedroht sah[2]), sich mit dem Präfekten Lätus und der Lieblingskonkubine Marcia zu seiner Ermordung verband, Pertinax auf den Thron erhob und mit ihm nach tapferer Gegenwehr von den Soldaten erschlagen wurde[3]). Severs Kammerdiener Castor, von dem Cassius Dio sagt, daß er der trefflichste unter den Leuten des Kaisers war, ließ Caracalla ermorden[4]). Er bekleidete wahrscheinlich außerdem bei Sever dasselbe einflußreiche Amt wie bei Caracalla dessen Kammerdiener Festus (*a memoria*)[5]). Der von Elagabal zum Kammerdiener ernannte Günstling Aurelius Zoticus ist bereits erwähnt[6]).

Hofschauspieler und Hoftänzer.

Außer diesen wichtigsten Hofbeamten verdienen noch die Hofschauspieler und Hoftänzer Erwähnung — obwohl sie nicht immer Freigelassene des Kaisers waren —, weil es für die hier geschilderte Zeit charakteristisch ist, daß gerade sie so oft am kaiserlichen Hofe eine bedeutende Rolle spielten[7]). Unter den zahlreichen Bühnenkünstlern, die zum Hofstaat gehörten, nahmen die Pantomimen den ersten Rang ein, weil dieser Gattung der szenischen Darstellung die höhern Stände mit der größten Leidenschaft ergeben waren, die Frauen noch mehr als die Männer; nicht selten konnten sich die Virtuosen des darstellenden Tanzes der Gunst der Kaiserinnen rühmen. So waren sie am Hofe zuweilen die mächtigsten Fürsprecher und Beschützer. Mancher, sagte Epictet, überlegt, wenn er am Morgen aufsteht, wem er aus dem kaiserlichen Hause aufwarten, wem er etwas Angenehmes sagen, wem ein Geschenk senden solle, wie er dem Tänzer gefallen, wie er durch Verleumdung des einen dem andern einen Gefallen erzeigen könne[8]). Die Namen und zum Teil die Schicksale der berühmtesten

1) Hist. aug. Commod. 6, 13 (daß die Benennung *a pugione* zugleich als sein eigentliches Amt den Mord bezeichnen soll, wird durch Suet. Calig. 49, 3, vgl. auch Cass. Dio LIX 26, 1, wahrscheinlich, wo zwei Geheimbücher Caligulas, welche *nomina et notas continebant morti destinatorum*, die Aufschriften *gladius* und *pugio* tragen; Hirschfeld, Untersuch. z. röm. Verwaltungsges. S. 229 meinte, daß nur Cleander das Insigne der Strafgewalt hatte, während die beiden andern Präfekten nur Figuranten gewesen seien); vgl. oben S. 49. 2) Hist. aug. Commod. 15, 2. 3) Herodian. I 17. Cass. Dio LXXII 22. Hist. aug. Pertin. 4, 5 f. 11, 11. 4) Cass. Dio LXXVI 14, 2 (wo nach O. Hirschfeld, Verw.Beamt. S. 335, 1 statt τὴν γνώμην ἐπεπίστευτο zu lesen τὴν μνήμην). 5) Cass. Dio LXXVIII 32, 4. Herodian. IV 8, 4; vielleicht identisch mit dem CIL XIV 3638 erwähnten *Marcius Festus ... et a memor*[*ia*] *Antonini Pii* [*Felicis*] usw. 6) Vgl. oben S. 47 und 49. Einen Charilampes ὁ κοιτωνίτης erwähnt Galen. XIV 624. 7) S. unten [II 141 f.]. 8) Epictet. Diss. IV 6, 31.

Pantomimen hat die Geschichtschreibung aufbewahrt. Der Begründer dieser Gattung des Balletts, der Cilicier Pylades, der auf Augustus Dank Anspruch zu haben glaubte, weil er die Aufmerksamkeit des Volks auf die Bühne ablenkte, scheint dessen Freigelassener[1]), der schöne Mnester, der Günstling Caligulas und gezwungene Liebhaber Messalinas, mit welcher zusammen er im Jahre 48 hingerichtet wurde, ein Freigelassener des Tiberius gewesen zu sein[2]). Paris, der Genosse von Neros Ausschweifungen, den dieser im Jahr 67 hinrichten ließ, war ein Freigelassener von Neros Vaterschwester Domitia[3]). Ob der an Domitians Hofe einflußreiche Paris dessen Freigelassener war, ist unbekannt. Den zweiten uns bekannten Pylades, der ein Geliebter Trajans war, ließ Hadrian frei[4]). Ein Apolaustus war bereits Trajans Freigelassener[5]), ein zweiter dieses Namens ebenso wie ein dritter Pylades Freigelassene des Marc Aurel und L. Verus[6]). Der erstere muß eine bedeutende Stelle an Commodus Hof eingenommen haben, da er, in Cleanders Sturz verwickelt, hingerichtet wurde[7]). Agilius Septentrio, »erster Pantomime seiner Zeit«, ein Freigelassener des Commodus, von dessen Mutter Faustina erzogen, war auf Veranlasssung seines kaiserlichen Patrons öffentlich aufgetreten[8]). Der Tänzer Theocritus, den Caracalla zu einer hohen militärischen Stellung in Armenien[9]) ernannte[10]), war eine Sklave von Commodus Kämmerer Saoterus gewesen[11]).

Auch andere Bühnenkünstler werden gelegentlich als Personen erwähnt, die am Hofe Einfluß übten. Apelles aus Ascalon, der berühmteste Tragöde seiner Zeit[12]), war Caligulas steter Begleiter und Ratgeber »und tat alles, was solche Menschen wagen, wenn sie zur Macht gelangen, in voller Freiheit«[13]). Die aus Alexandria an Caligula gesandten Juden meinten, daß er, als Ascaloniter ein geborner Judenfeind, neben dem Kämmerer Helikon den Kaiser am meisten gegen sie einnehme[14]). Später jedoch fiel er in Ungnade, wie erzählt wird, weil er bei der Frage Caligulas, ob er oder Juppiter ihm größer scheine, mit der Antwort zögerte. Caligula ließ ihn peitschen und lobte die Stimme des Schreienden, die noch im Schmerzgeheul höchst angenehm klinge[15]). Durch den Mimen Halityrus, einen Juden, der bei Nero sehr in Gunst stand, wurde Josephus in Puteoli der Kaiserin Poppäa vorgestellt und erlangte mit ihrem Beistande die Befreiung einiger jüdischer Priester, die der Prokurator Felix in Ketten an den Kaiser gesandt hatte[16]). Der Mime Latinus, ein Meister in seiner

1) Ein *Iulius Orpheus Pylades l(ibertus)* (im J. 10 n. Chr.) in einem römischen Columbarium (CIL VI 4418 = Dessau 7880), vielleicht einer seiner Musiker; ein C. Julius Pylades auch in der spanischen Inschrift CIL II 2370 = Dessau 3904. 2) *Ti. Iulius Aug. l. Mnester* CIL VI 20139 = Dessau 5181. 3) Tac. A. XIII 19. 27 (vgl. Dig. XII 4, 3 § 5), also L. Domitius Paris. Ein *L. Domitius Agathemerus Paridis lib.* CIL XIV 2886 (mit der Anm.). 4) CIL V 7753 = Dessau 5185 mit Mommsens Anmerkung. 5) CIL VI 10114 = Dessau 5184, vgl. CIL IX 709. VI 10057 = Dessau 5298. 6) Apolaustus CIL VI 10117. XIV 4254 = Dessau 5190f.; Pylades CIL V 7753. Eph. ep. VIII 369 = Dessau 5185f. 7) Hist. aug. Commod. 7, 2. 8) In einer Inschrift in Lanuvium CIL XIV 2113 = Dessau 5193 heißt er *M. Aurel. Aug. lib.*; in einer unter Sever und Caracalla gesetzten in Präneste ebd. 2977 = Dessau 5194 *M. Aurelius Augg. lib.* Vgl. oben S. 45, 7. 9) Vielleicht zum Generalstabschef (*praefectus exercitus*), Mommsen StR. II³ 853, 4. 10) Womit ohne Zweifel Erhebung in den Ritterstand verbunden war, Mommsen, Ephem. epigr. V p. 578, vgl. Hermes XIX 1884 S. 545. 11) Cass. Dio LXXVII 21, 1f. 12) Petron. 64, 4 *quando parem habui nisi unum Apelletem.* 13) Cass. Dio LIX 5, 3. 14) Philo Leg. ad Gai. 203ff. 15) Sueton. Calig. 33. 16) Joseph. Vita 16.

Kunst, war ein Günstling Domitians und stolz darauf, daß Rom ihn als »Diener seines Juppiter« (des Kaisers) kannte[1]). Er berichtete dem Kaiser die Tagesneuigkeiten[2]) und war als Denunziant gefürchtet[3]).

Lieblingsknaben. Aus dem Heere der übrigen Hofdiener mögen die Pagen und Lieblingsknaben (*delicati*) wenigsten erwähnt werden. Der Name des Antinous reicht hin, um daran zu erinnern, zu welcher Bedeutung auch sie gelangen konnten. Martial und Statius haben gewetteifert, den schönen Freigelassenen Earinus, einen Eunuchen und Mundschenken Domitians aus Pergamum, zu verherrlichen, der, wie der erstere sagt, unter tausend dem Ganymed gleichen Dienern dem Kaiser der liebste war. »Teurer Knabe«, redet ihn Statius an, »der den Göttern den Nektar zu kredenzen und die gewaltige Rechte so oft zu berühren erwählt ist, welche Geten, Perser, Armenier und Inder zu ergreifen verlangen!« Als er zum ersten Male seine langen Locken abscheren lassen wollte, eilte Venus mit den Liebesgöttern herbei, um ihn zu bedienen. Sie banden ihm einen seidenen Mantel um, schnitten die Haare mit den Schneiden zweier Pfeilspitzen ab, tränkten sie mit Wohlgerüchen und legten sie in ein goldnes, mit Edelsteinen besetztes Gefäß, welches nebst einem ebensolchen Spiegel an Äsculap zu Pergamum gesandt wurde[4]).

Pagen. Aus Inschriften kennen wir kaiserliche Sklaven und Freigelassene, die als *paedagogi* mit der Ausbildung der Pagen betraut waren[5]). Das Paedagogium, die Pagenschule, läßt sich bis in die Zeit des Tiberius hinauf verfolgen, seit Hadrian befand sie sich in einem Caput Africae genannten Gebäude der zweiten Region auf dem Cälius, nach welchem eine ganze Straße benannt wurde[6]). Außerdem sind in einem Zimmer am Abhange des Palatin gegen den Zirkus hin[7]) Inschriften eingeritzt, durch die einzelne bei ihrer Entlassung aus der Pagenschule ihre Namen an den Wänden verewigt haben. Die Inschriften[8]) zeigen, daß auch hier Knaben aus den verschiedensten Ländern (z. B. der Krim und Nordafrika) vereinigt waren[9]). Unter diesen Kritzeleien, die vielleicht noch der Zeit der Antonine angehören, befand sich auch der Name eines Alexamenos, den seine Gefährten wegen seines Christentums durch eine roh in den Stuck gekratzte Zeichnung verhöhnt haben: er ist in der Stellung eines Betenden vor einer am Kreuze hängenden menschlichen Gestalt mit einem Eselskopfe abgebildet, die griechische Unterschrift lautet: Alexamenos verehrt seinen Gott[10]).

1) Martial. IX 28, 10. 2) Sueton. Domit. 15, 3. 3) Schol. Juv. 4, 53, vgl. Juv. 1, 36. 4) Stat. Silv. III praef. und III 4. Martial. IX 11—13. 16 f. 36; vgl. Cass. Dio LXVII 2, 3. 5) *paedagogus puerorum Caes(aris) n(ostri)* ist die gewöhnliche Bezeichnung, daneben auch *m(agister) puer or(um) domus August(ae), praeceptores puerorum Caesaris n(ostri), paedagogi puerorum a Capite Africae* (s. A. 6) u. a., CIL VI 8965—8990 (Dessau 1825—1836); ein *subpedagogus puerorum Caes(aris) n(ostri)* CIL VI 8976 = Dessau 1833. Paedagogi der kaiserlichen *familia* in Karthago CIL VIII 12649 f. 6) CIL V 1039. VI 1052. 8982—8987; vgl. G. Gatti, Annali d. Inst. 1882 S. 191 ff. Hülsen-Jordan, Topogr. I 3 S. 239. 7) Ob das ganze Gebäude als Paedagogium zu bezeichnen ist, ist zweifelhaft; vgl. Hülsen-Jordan, Topogr. I 3 S. 91 f. Hülsen, Mélanges Boissier (1903) S. 303 ff. 8) Gesammelt von L. Correra, Bull. arch. com. XXI 1893 S. 245 ff. XXII 1894 S. 89 ff. 9) De Rossi, Bull. arch. crist. V (1867) S. 75. 10) Visconti e Lanciani, Guida del Palatino (1873) S. 78—86. F. X. Kraus, Das Spottkruzifix vom Palatin, Freiburg i. B. 1872. R. Wünsch, Sethianische Verfluchungstafeln (1898) S. 110 ff. hält das sogenannte Spottkruzifix für ein Glaubensbekenntnis eines Verehrers des eselsköpfigen Typhon = Seth, den die Sethianer mit Seth, dem Sohne Adams, d. h. Christus, zu einem Wesen vereinigten; vgl. aber Hülsen-Jordan I 3 S. 92 A. 118b.

Von der weiblichen Dienerschaft im kaiserlichen Hause, Freigelassenen wie Sklavinnen, ist natürlich selten die Rede; doch einige für ihre Stellung charakteristische Tatsachen verdienen Erwähnung. Die Jüdin Acme, Sklavin der Livia, wurde von dem Bastard Herodes des Großen Antipater mit großen Summen bestochen, an einer Intrigue gegen Herodes Schwester Salome tätigen Anteil zu nehmen; ein Brief von ihr an Antipater wurde aufgefangen und sie büßte mit dem Tode[1]). Der spätere Kaiser Otho bahnte sich den Weg zur vertrauten Freundschaft mit Nero durch eine einflußreiche kaiserliche Freigelassene, die er auf jede Weise ehrte; ja um seinen Zweck besser zu erreichen, stellte er sich in sie verliebt, obwohl sie schon im höchsten Alter war[2]). Auch hier wird man an moderne Höfe erinnert. An dem Ludwigs XIV. war Nanon, eine alte Magd der Maintenon, eine wichtige Person; die Prinzessinnen priesen sich glücklich, wenn sie Gelegenheit hatten, mit ihr zu sprechen; die Minister, welche bei Frau von Maintenon arbeiteten, machten ihr tiefe Verneigungen; die Herzogin Du Lude erreichte 1696 ihren Zweck, Ehrendame der Herzogin von Bourgogne zu werden, durch eine Zahlung von 20000 Talern an Nanon und zwar am Abende eines Tags, an dem der König mit entschiedenster Abneigung von ihr gesprochen hatte. »Das sind die Höfe!« fügt der Herzog von Saint-Simon hinzu[3]). Freigelassene Frauen.

Es versteht sich, daß am leichtesten die kaiserlichen Konkubinen Einfluß und Macht gewinnen konnten. Zu der gefahrvollen Anklage der Messalina bei Claudius bewog Narcissus zwei Konkubinen, die sich der besondern Gunst des Kaisers erfreuten, Calpurnia und Cleopatra, durch Versprechungen, Geschenke und die Aussicht auf größere Macht nach Beseitigung der kaiserlichen Gemahlin[4]). Solchen Personen gelang es bisweilen, den Kaiser auf die Dauer zu fesseln, aber eine Maitressenregierung hat es im römischen Kaiserreiche nicht gegeben; es mag dies in dem antiken Verhältnis der Geschlechter seinen Grund finden, das von dem modernen so durchaus verschieden war. Konkubinen.

Der erste Kaiser, der sich zu einer solchen Liebschaft herabließ, war der damals neunzehnjährige Nero, die Erkorene die kleinasiatische Sklavin Acte; und dies Verhältnis erschien so anstößig, daß sich der Präfekt der Nachtwache Annäus Serenus dazu hergeben mußte, als Liebhaber Actes zu gelten. Die Kaiserin Mutter geriet über die Liebschaft mit einer Sklavin, die ihren Einfluß zu lähmen drohte, in Wut; die älteren Freunde des Kaisers begünstigten sie gerade deshalb, und weil sie darin eine gefahrlose Ableitung für seine Begierden sahen. Neros Leidenschaft für Acte war so groß, daß er daran dachte, sie zu heiraten; Männer von konsularischem Range waren bereit, den Eid zu leisten, daß sie aus königlichem Geschlechte (der Attaler) stamme[5]). Doch wurde sie bald, spätestens von Poppäa, verdrängt. Sie überlebte Nero und erwies ihm mit zwei seiner alten Wärterinnen die letzten Ehren durch eine sehr prunkvolle Bestattung, die 200000 Sesterzen (45500 Mark) kostete[6]). Zahlreiche Denkmäler von ihren Sklaven und Freigelassenen (darunter zwei Kammerdiener, ein Läufer, Acte.

1) Joseph. A. J. XVII 134 ff.; B. J. I 641 ff. 2) Sueton. Otho 2, 2. 3) Auswahl aus den Memoiren des Herzogs von Saint-Simon (Collect. Spemann) I 91. 4) Tac. A. XI 29 f. 5) Cass. Dio LXI 7, 1. Tac. A. XIII 12 f. Sueton. Nero 28, 1. 6) Sueton. Nero 50.

ein Bäcker, ein Eunuch, eine griechische Sängerin) haben sich erhalten[1]). Wasserleitungsröhren mit der Inschrift »Claudia Acte Freigelassene des Kaisers«, zu Puteoli[2]) und Veliträ[3]) gefunden, rühren aus ihren dortigen Villen, Ziegel mit ihrem Namen gestempelt aus ihren Ziegeleien in Sardinien her[4]).

Cänis. Durch andere Eigenschaften als Jugend und Schönheit erhielt sich Cänis die Neigung Vespasians bis an ihr Ende. Sie war eine Freigelassene der Antonia, der Mutter des Claudius, gewesen, die sich ihrer zum Schreiben wichtiger Briefe bedient hatte, da sie sich ebenso durch Treue wie durch ein ungewöhnliches Gedächtnis auszeichnete[5]). Vespasian, der sie schon früher geliebt hatte, nahm sie nach dem Tode seiner Gemahlin wieder zu sich — sie muß damals etwa 40 Jahre alt gewesen sein, da sie schon vor dem Tode Sejans (Oktober 31) die Vertraute der Antonia war, Vespasians Gemahlin Flavia Domitilla aber frühestens 51 (Geburtsjahr Domitians) starb. Der Kaiser behandelte sie fast wie eine rechtmäßige Gattin. Um so auffallender war die schon damals sich äußernde Insolenz Domitians, der ihr, als sie ihn bei der Rückkehr von einer Reise wie gewöhnlich auf den Mund küssen wollte, die Hand zum Kusse hinhielt[6]). Ihr Einfluß auf den Kaiser erwarb ihr unermeßliche Reichtümer, man meinte sogar, daß Vespasian sich ihrer bediene, um möglichst große Summen zusammenzubringen. »Denn sie empfing von allen Seiten Geld, indem sie Ämter, Prokuraturen, Befehlshaberstellen, Priestertümer, selbst Entscheidungen des Kaisers verkaufte. Vespasian ließ nämlich zwar niemanden um Geld hinrichten, gewährte aber vielen für Geld das Leben. Die Empfängerin war sie, aber Vespasian stand im Verdacht, daß sie es mit seinem Willen tue.«[7]) Sie erfreute sich ihrer Macht nicht lange; denn sie starb schon in den ersten Jahren von Vespasians Regierung. An der Via Nomentana ist ein »den Manen der Antonia Cänis, Freigelassenen des Kaisers, ihrer trefflichen Patronin« geweihter Grabaltar gefunden worden, den ihr einer ihrer Freigelassenen mit seinen drei Kindern errichtet hat[8]). Nach ihrem Tode hatte Vespasian sehr viele Konkubinen[9]).

Konkubinen der Antonine. Auch auf Antoninus Pius übte eine Konkubine so großen Einfluß, daß das Stadtgerede ihr die Ernennung eines Präfekten der Leibwache zuschreiben konnte[10]); vielleicht ist es eine aus einer Inschrift bekannte Lysistrate, Freigelassene seiner Gemahlin Annia Galeria Faustina[11]). Marc Aurel nahm nach dem Tode seiner Gemahlin die Tochter eines seiner Prokuratoren zur Konkubine, weil er seinen Kindern keine Stiefmutter geben wollte[12]).

Panthea. Eine Geliebte des Lucius Verus, die Smyrnäerin Panthea, verdankt ihren Nachruhm hauptsächlich der begeisterten Huldigung, die ihr der geistreichste

1) CIL VI 8693. 8760. 8767. 8791. 8801. 8847. 8890. 9002[b]. 9030. 13959. 14942. 14987. 15137. 15176. 15366. 15410. 17898. X 7984. 7980 (Olbia auf Sardinien) *Claudia Aug(usti) l(iberta) Pythias Acteniana;* über diese Gattung von Sklaven-Cognomina vgl. Hülsen, Röm. Mitteil. III 1888 S. 222 ff. 2) CIL X 1903. 3) CIL X 6589 add. 4) CIL X 8046 a—e. Amphora mit der Inschrift *Claud. Act.* CIL XV 4833. Die Abhandlung von Arthur Loth: Acté, sa conversion au christianisme (Rev. d. quest. hist. IX 1875 S. 58—113) verdient keine Widerlegung. 5) Cass. Dio LXVI 14, 1. Sueton. Vespas. 3. 6) Sueton. Domit. 12, 3. 7) Cass. Dio LXVI 14, 3. 8) CIL VI 12037. Eine *Fl. Aug. lib. Helpis Caenidiane* CIL VI 18358 (vgl. 18357), ein *Ti. Claudius Aug. lib. Hermes Caenidianus* CIL VI 15110. 9) Sueton. Vespas. 21. 10) Hist. aug. Anton. P. 8, 9. 11) CIL VI 8972 = Dessau 1836 *Galeriae [Aug. liber]tae Lysistrates concubinae divi Pii.* 12) Hist. aug. M. Aurel. 29, 10.

Schriftsteller jener Zeit, Lucian, bei einem vorübergehenden Aufenthalt in Smyrna (im Jahre 162) durch seinen Dialog »Die Bilder« (Εἰκόνες) dargebracht hat. Ihre Schönheit — heißt es in der ihr gewidmeten Schrift — kann nur geschildert werden, indem man die Vorzüge der berühmtesten Meisterwerke des griechischen Pinsels und Meißels zusammenstellt, die sie alle vereint; ihre Stimme ist der süßeste Wohllaut, im Gesang übertrifft sie an Kunst und Melodie die Nachtigall, selbst Orpheus und Amphion würden ihr schweigend lauschen; ebenso meisterhaft ist ihr Kitharaspiel, zur Poesie hat sie die lebhafteste Neigung, mit den Werken der Geschichtschreiber, Redner und Philosophen ist sie aufs innigste vertraut. An Erfahrung, politischer Einsicht, Schärfe und Schnelligkeit des Verstands gleicht sie der Aspasia, oder vielmehr sie ist hierin um so viel größer, wie das römische Reich das perikleische Athen übertrifft; sie wird darauf mit der Frau des Pythagoras, Theano, mit Sappho, mit Diotima verglichen. Dann wird wiederholt ihre Güte und Leutseligkeit, ihre Sanftmut und Freundlichkeit gegen Bittende, ihre Sittsamkeit und Treue gegen ihren Geliebten gepriesen. Ihr Glück macht sie nicht hochmütig, sie verkehrt mit denen, die sich ihr nähern, ungezwungen und auf gleichem Fuße, und ihr freundliches Betragen ist um so gewinnender, als es, obwohl von einer höheren Person bezeigt, doch nichts Gespreiztes hat. Übrigens zeigte ihre Erscheinung, daß sie eine hohe Stellung einnahm: eine zahlreiche glänzende Dienerschaft, Zofen, Eunuchen und Soldaten umgaben sie. Mit dem Vorgeben, die schöne Frau habe das ihr gespendete Lob zu überschwenglich gefunden, motiviert dann Lucian das Erscheinen einer zweiten Schrift, in welcher er das neue Lob der Bescheidenheit hinzufügt und das frühere nochmals wiederholt[1]). Panthea scheint Verus auf die Dauer gefesselt und lange überlebt zu haben. Marc Aurel gedenkt ihrer einmal in einer seiner schwermütigen Betrachtungen über die Eitelkeit alles Irdischen. »Sitzt etwa Panthea oder Pergamus noch am Sarge ihres Herrn? Oder Chabrias und Diotimus an dem Hadrians? Es wäre zum Lachen. Und wenn sie dort säßen, würden die Toten es empfinden? Und wenn sie es empfänden, würden sie Freude daran haben? Und wenn sie Freude daran hätten, würden jene unsterblich sein? Ward nicht auch jenen verhängt, erst Greise und Greisinnen zu werden, dann zu sterben? Und was sollten sie dann tun, wenn jene tot wären? Alles ist eitel Verwesung und ein Balg voll Unrat.«[2])

In dem Harem des Commodus, der 300 Frauen und Dirnen und 300 Lustknaben enthielt[3]), schwang sich durch Schönheit und buhlerische Künste[4]), nach dem Gerücht auch durch Zaubermittel[5]), Marcia[6]), eine frühere Konkubine des im Jahre 183 als Teilnehmer der Verschwörung der Lucilla hingerichteten Ummidius Quadratus[7]), dessen Haushalt Commodus übernommen zu haben Marcia.

1) ὑπὲρ τῶν εἰκόνων. 2) M. Aurel. Comm. VIII 37. 3) Hist. aug. Commod. 5, 4. 4) Aurel. Vict. epit. 17, 5. 5) Hist. aug. Commod. 8, 6. 6) Aurel. Vict. a. a. O. (*Marcia generis libertini*). Vielleicht ist sie identisch mit der *Marcia Aurel(ia) Ceionia Demetrias stolata femina*, CIL X 5918 = Dessau 406 (Anagnia); ihr Vater war vielleicht *M. Aurel. Sabinianus Augg. lib.* CIL X 5917 = Dessau 1909. »*Filiae praeterea alia nomina duo videtur imposuisse in memoriam patronorum, alterum Marciae a Marco, alterum Ceioniae a L. natura Ceionio, antequam adoptione nomen mutaret*«, Mommsen z. d. Inschr. 7) Cass. Dio LXXII 4, 6.

scheint, zur erklärten Favoritin auf und wußte diese Stellung neun Jahre hindurch zu behaupten. Commodus liebte es, sie als Amazone gemalt zu sehen, er ließ sich Amazonius nennen und wollte um ihretwillen in Amazonentracht in der Arena auftreten[1]; wir besitzen vielleicht ihr Bild auf einer Münze, wo sich neben seinem Kopfe ein sehr schöner weiblicher mit angefügtem Amazonenschilde befindet[2]). Sie wurde wie eine rechtmäßige Gemahlin geehrt und genoß alle Auszeichnungen einer Kaiserin, außer der Vortragung des Feuers[3]). Ein Wort von ihr genügte, um die zu den Bergwerken in Sardinien verurteilten Christen in Freiheit zu setzen; sie war selbst Christin oder neigte doch zum Christentume (wie ihr Pflegevater, der Eunuch Hyancinthus, der Presbyter in der römischen Gemeinde war, und mehrere Freigelassene dieses Hofs) und stand mit dem Bischofe von Rom, Victor, in Verbindung[4]). Vergeblich beschwor sie auf Knien und mit Tränen Commodus an seinem letzten Tage, um seiner selbst willen die Absicht der Übersiedlung in die Gladiatorenschule aufzugeben; sie erregte seinen Zorn dadurch so sehr, daß er sie töten zu lassen beschloß. Durch einen Zufall erfuhr Marcia dies, und nun verband sie sich mit zwei aus demselben Grunde auf die Liste der Hinzurichtenden Gesetzten, dem Präfekten des Prätorium Lätus und dem Freigelassenen Eclectus, der ihr Liebhaber gewesen sein soll, zur Ermordung des Kaisers[5]). Der Konsul Falco nannte sie und Lätus in der ersten nach der Tat abgehaltenen Senatssitzung Gehilfen der Schandtaten des Commodus, worauf Pertinax beide damit entschuldigte, daß sie wider ihren Willen hätten gehorchen müssen, ihre wahre Gesinnung würden sie fortan bewähren[6]). Didius Julianus ließ Marcia sowie alle andern, die an der Verschwörung gegen Commodus teilgenommen hatten, töten[7]).

Kaiserliche Sklaven. Selbst die kaiserlichen Sklaven[8]) waren noch Personen von Bedeutung. Auch sie waren nicht selten sehr reich, auch um ihre Gunst bemühte man sich und hatte ihren Hochmut zu ertragen. Wenn Seneca davon spricht, daß es Leute gebe, die sich in ihrer Sänfte in den Park eines Türstehers oder noch geringerer Sklaven tragen lassen und es als einen Vorzug ansehen, von ihm geküßt zu werden, so ist hier wohl von kaiserlichen Sklaven die Rede[9]). Claudius ließ einen seiner Sklaven, der sich an einem angesehenen Manne vergriffen hatte, auf dem Forum auspeitschen[10]). Hadrian sah einen seiner Sklaven zwischen zwei Senatoren gehen, er ließ ihm einen Backenstreich geben mit der Ermahnung, nicht zwischen denen zu gehen, deren Sklave er noch sein könne[11]). Zu den Gründen des Verdachts gegen seinen Schwager Servianus gehörte, daß dieser

1) Hist. aug. Commod. 11, 9. 2) Eckhel D. N. VII 128. Cohen, Méd. imp.² III 378. 3) Herodian. I 16, 4. 4) Hippolyt. Ref. haeres. IX 12, 10ff. p. 247f. Wendl.; s. unten [III 221. 228]. A. de Ceuleneer, Rev. d. quest. hist. XX 1876 S. 156—168 will nicht glauben, daß eine so unsittliche Person Christin gewesen sein könne. Vgl. dagegen Aubé, Rev. archéol. XXXVII 1879 S. 154—175. K. J. Neumann, Der römische Staat u. d. allg. Kirche I S. 85—87. 5) Herodian. I I 16, 4f. Cass. Dio LXXII 22, 4. Hist. aug. Commod. 17, 1. 6) Hist. aug. Pertin. 5, 2f. 7) Cass. Dio LXXIII 16, 5. 8) Diese haben zwar die Zweinamigkeit (Mommsen StR. I³ 323) mit den *servi publici* gemein, werden aber in den eigentlichen Rechtsprivilegien als Privatsklaven behandelt. Nicht selten haben sie freie *coniuges* (z. B. CIL X 529 = Dessau 1605). Mommsen StR. II³ 836. 9) Seneca de benef. III 28, 5. 10) Cass. Dio LX 12, 2; vgl. Sueton. August. 67. 11) Hist. aug. Hadrian. 21, 3.

den kaiserlichen Sklaven eine Mahlzeit geschickt hatte[1]). Doch solche Beispiele von Strenge der Kaiser gegen ihre Sklaven scheinen zu den Ausnahmen gehört zu haben: sonst würden sie kaum ausdrücklich berichtet werden. »Wie geht es zu«, fragt Epictet, »daß ein Mensch plötzlich Verstand bekommt, wenn der Kaiser ihn zum Aufseher eines Abtritts macht?[2]). Warum sagen wir sogleich: Felicio hat verständig mit mir geredet? Ich wollte, er würde von seinem Abtritt fortgejagt, damit er wieder unverständig erschiene. Epaphroditus hatte einen Schuster, den er wegen seiner Unbrauchbarkeit verkaufte. Später wurde dieser durch irgendeine Fügung des Zufalls von einem aus dem kaiserlichen Hause gekauft und so Schuster des Kaisers. Da hätte man sehen sollen, wie Epaphroditus ihn ehrte. ‚Was macht der brave Felicio?' hieß es. ‚Ich halte große Stücke auf dich'. Fragte dann einer von uns: ‚was macht er selbst?' so war die Antwort: ‚er berät sich mit Felicio'«[3]). »Ich möchte nicht leben«, ruft der Philosoph an einer andern Stelle aus, »wenn es durch Felicio sein müßte, wenn ich seinen Hochmut, seine sklavenartige Insolenz ertragen müßte«[4]). Doch wenige dachten so. Einem Numenius, einem Symphorus küßte man die Hände, brachte die halbe Nacht vor der Tür ihres Schlafzimmers zu und sandte ihnen Geschenke, um sich ihren Beistand für eine Beförderung zu sichern[5]); selbst Bewerber um Präturen und Konsulate machten Sklaven den Hof[6]). Von Neros geschicktem Barbier Thalamus, von seinem Mundschenken Pythagoras sprach man in Rom noch ein Vierteljahrhundert nach Neros Tode[7]).

Mit dem Eindringen orientalischer Sitten und Gewohnheiten seit dem 3. Jahrhundert erweiterte sich der Umfang des kaiserlichen Haushalts je länger je mehr. Nach Libanius fand Julian der Abtrünnige in demselben »tausend Köche, eine nicht geringere Zahl von Bartscherern, eine noch größere von Mundschenken, Schwärme von Tafeldienern und Eunuchen« vor[8]): Angaben, die kaum als sehr übertrieben erscheinen, wenn man damit z. B. die Zahlen einiger Abteilungen des Gesindes am Hofe des Sultans Abdul Aziz vergleicht: 5005 Beamte und Diener des Palastes, 409 Wächter und Pförtner der 21 großherrlichen Residenzen, 359 Küchen-, 351 Gartenleute usw.[9]). Unter jenen Sklaven des römischen Kaiserhauses war keiner, der nicht seine Stellung zu Übergriffen, Vergewaltigungen und Plünderungen benutzte, »der nicht Land besitzen, mit eignem Gespann fahren, nicht Herr sein wollte, und zwar ein so großer wie sein eigner Herr; und sie begnügten sich nicht mit dem Reichtum, sondern waren unzufrieden, wenn sie nicht auch Ansehen erlangten, um damit ihre Knechtschaft zu verdecken«[10]).

Natürlich gelang es immer nur einzelnen aus dem ungeheuren Troß, sich dem Herrn persönlich zu empfehlen, und oft genug wurden die Hoffnungen Ehrgeiziger, die sich vordrängten, zur Schadenfreude der Mitsklaven enttäuscht.

1) Hist. aug. Hadrian. 23, 8. 2) Dies ist wohl buchstäblich zu verstehen. Unter Ludwig XIV. gab es zwei Aufseher des königlichen Nachtstuhls mit je 20000 Livres Gehalt: Taine, Origines de la France contemp., L'ancien régime S. 125. Über die Menge des Hausgesindes am damaligen französischen Hofe ebd. S. 127. 3) Epictet. Diss. I 19, 16ff. 4) ebd. IV 1, 150. 5) ebd. III 7, 31. 6) ebd. IV 7, 23. 7) Martial. VIII 52, 2. XI 6, 2. 8) Liban. or. 18, 130 (II 291 F.). 9) Hirschfeld S. 310, 2. König Philipp IV. von Spanien gab allen, die ihm dienten (an 1000 Personen), Wohnung und Kost im Palast und in der Stadt; Justi, Velasquez I 178. 10) Liban. or. 18, 133f. (II 293 F.).

Der Fabeldichter Phädrus, der als kaiserlicher Freigelassener in den Bedientenkreisen heimisch war, erzählt einen solchen Fall mit sichtlichem Vergnügen. Als Tiberius auf seiner Reise nach Neapel in seiner Villa bei Misenum einkehrte und im Park derselben lustwandelte, lief einer der vornehmern Sklaven des dortigen Personals (ein Atriensis) hochgeschürzt, zierlich gekleidet und wohl frisiert auf allen Gängen, die der Kaiser betrat, vor ihm her und sprengte eifrig den Boden. Endlich winkte ihm Tiberius, aber nur, um dem erfreut Herbeieilenden zu sagen: deine Mühe war umsonst, so wohlfeil ist die Ehre einer Ohrfeige von meiner Hand nicht zu erkaufen[1]).

Dispensatoren.

Zu den vornehmsten Sklaven gehörten auch im kaiserlichen Hause die Dispensatoren (Rechnungsführer, Zahlmeister und Intendanten)[2]), nicht bloß die am Hofe selbst[3]), sondern auch bei den zahlreichen Verwaltungen in Rom und den Provinzen angestellten. Daß der Dispensator des armenischen Kriegs nach dessen Beendigung sich von Nero für 13 Millionen Sesterzen (2827500 Mark) freikaufen konnte, berichtet Plinius allerdings als eine Ungeheuerlichkeit[4]). Wie groß die Einnahmen der Dispensatoren aber auch sonst waren, sieht man daraus, daß Otho einem kaiserlichen Sklaven, dem er bei Galba eine solche Stelle ausgewirkt hatte, als Belohnung dieses Dienstes eine Million Sesterzen (217500 Mark) abpressen konnte[5]). Ein Sklav des Claudius, Rotundus, der früher Caligulas Schwester Drusilla gehört hatte und Dispensator im diesseitigen Spanien war, besaß eine silberne Schüssel von 500 Pfund, zu deren Anfertigung eine eigne Werkstatt erbaut worden war, und mehrere seiner Begleiter ähnliche Schüsseln von geringerm Gewicht[6]). In einem Columbarium an der Appischen Straße, neben dem Grabmal der Scipionen, ist die Grabschrift eines Dispensators der kaiserlichen Hauptkasse im lugdunensischen Gallien gefunden worden, der ein Sklav des Tiberius war. Sie ist ihm von sechzehn seiner eignen Sklaven (*vicarii*) gesetzt, die ihn auf der Reise nach Rom begleiteten, wo ihn der Tod überraschte. Ein solches Reisegefolge läßt auf die Größe des ganzen Haushalts schließen. Es bestand aus drei Sekretären (*a manu*), zwei Kämmerern (*a cubiculo*), zwei Köchen, zwei Begleitern beim Ausgehen (*pedisequi*), zwei Silberdienern (*ab argento*), einem Arzt, einem Garderobier, einem Geschäftsführer (*negotiator*), einem Ökonomen (*sumptuarius*) und einem Ungenannten[7]).

Sonstige Hofbeamte.

Es versteht sich, daß nicht alle Dienste, deren die Hofhaltung bedurfte, von Freigelassenen oder Sklaven des kaiserlichen Hauses versehen werden konnten, am wenigsten die, welche Kunst oder wissenschaftliche Bildung erforderten. Unter denen, welche im Dienste des Hofs standen, ohne zum kaiserlichen Hause zu gehören, werden am häufigsten die Leibärzte, die Hofastrologen und die Prinzenlehrer genannt.

1) Phaedr. fab. II 5. 2) Sie waren immer Sklaven. Mommsen zu CIL V 83 und StR. II³ 839. Hirschfeld S. 461f. Ein *M. Licinius Eutychus, qui dispensavit Volusio Torquato*, CIL VI 9327 = Dessau 7382 war offenbar erst freigelassen worden, als er dies Amt nicht mehr bekleidete. Das reiche inschriftliche Material gesammelt bei W. Liebenam, Real-Encykl. V 1189ff. und N. Vulić in Ruggieros Dizion. epigr. II 1920ff. 3) Sueton. Galb. 12, 3; Vesp. 22. 4) Plin. n. h. VII 129. 5) Sueton. Otho 5, 2. 6) Plin. n. h. XXXIII 145. Tertull. de pall. 5. 7) CIL VI 5197 = Dessau 1514; vgl. H. Erman, Servus vicarius (in dem Recueil publié par la Faculté de Droit [de l'Université de Lausanne] à l'occasion de l'Exposition nationale Suisse, Genève 1896) S. 430f.

Die Lehrer in der kaiserlichen Familie waren zuweilen Männer von Stande. Seneca war bereits Senator, als er zur Erziehung des damals achtjährigen Nero berufen wurde[1]); wahrscheinlich auch Fronto, als er den Unterricht Marc Aurels (damals M. Annius Verus) und L. Verus (damals L. Ceionius Commodus) übernahm[2]). Man darf annehmen, daß in der Regel Männer gewählt wurden, die einen großen Ruf in ihrem Fache genossen; als Domitian den Unterricht der Enkel seiner Schwester Domitilla Quintilian übertrug, hatte dieser schon zwanzig Jahre zu Rom die Beredsamkeit gelehrt[3]). Der berühmte Theodorus von Gadara war der Lehrer des Tiberius in der Beredsamkeit[4]). Zu den Lehrern Marc Aurels gehörten die Sophisten Alexander von Cotyäum und Herodes Atticus[5]). Waren die Lehrer geringern Standes, so wurden sie wohl in das kaiserliche Haus aufgenommen. Als Augustus den berühmten Philologen Verrius Flaccus zum Lehrer seiner Enkel machte, ließ er ihn mit seiner ganzen Schule in sein Haus ziehen, nur unter der Bedingung, keine neuen Schüler anzunehmen, und gab ihm ein Jahresgehalt von 100000 Sesterzen[6]). Der Stoiker Apollonius, den Antoninus Pius zum Unterricht des jungen Marc Aurel aus Chalcis berufen hatte, weigerte sich, in den Tiberianischen Palast zu ziehen, wo Marc Aurel wohnte; der Schüler müsse zum Lehrer kommen: ein Verlangen, dem der Thronerbe wirklich entsprach[7]). Pertinax ließ, offenbar ausnahmsweise, seinen Sohn die allgemeinen Schulen und Übungsplätze besuchen[8]). Von drei Prinzenlehrern ist bekannt, daß sie zum Konsulat gelangten, Seneca (56), Fronto (143), beide nur als suffecti, und Herodes Atticus als ordentlicher Konsul (143). Konsularische Insignien erhielten Quintilian auf Verwendung von Domitians Vetter Flavius Clemens und ein Titianus, wahrscheinlich der Lehrer des jüngern Maximinus[9]). Prinzenlehrer.

Obwohl das kaiserliche Haus ein ärztliches Personal besaß, das sowohl wegen der vielen zur Hofhaltung dienenden Paläste und Besitzungen, welche die erforderliche Dienerschaft enthalten mußten[10]), als auch wegen der vielen Spezialitäten der damaligen Medizin äußerst zahlreich war[11]), so hing doch die Wahl der Leibärzte vom Vertrauen, das Vertrauen vom Rufe ab; und die ärztlichen Diener des Hauses wurden vermutlich nur zu untergeordneten Hilfsleistungen verwendet. Die Leibärzte der ersten Kaiserzeit erhielten ein Jahrgehalt von 250000 Sesterzen (54375 Mark); Q. Stertinius rechnete es dem Kaiserhause als Opfer an, daß er mit dem Doppelten zufrieden war, da er mit Leibärzte.

1) Sueton. Nero 7, 1. 2) Er war schon unter Hadrian Mitglied des Senates, Fronto ad M. Caes. II 1 p. 25 N. 3) Quintilian. inst. or. IV prooem. 2 vgl. mit I prooem. 1. 4) Sueton. Tiber. 57, 1. Über die Zeit des Aufenthalts des Theodorus von Gadara in Rom vgl. Cichorius, Rom u. Mytilene (1888) S. 62f. und dagegen A. Hillscher, Jahrb. f. Philol. Suppl. XVIII (1891) S. 396f. 5) Hist. aug. M. Aurel. 2, 3f. 6) Sueton. De gramm. 17. 7) Hist. aug. Anton. P. 10, 4, vgl. M. Aurel. 3, 1. Lucian. Demon. 31. M. Aurel. Comment. I 8. 8) Herodian. II 4, 9. Schulbesuch Julians in Antiochia, Liban. or. 18, 11 (II 240 F.). 9) Auson. gratiar. act. 7 p. 361 P., vgl. Hist. aug. Maximini duo 27, 5. 10) CIL VI 8895—8910 mit der Anmerkung zu n. 8910 (Dessau 1841—1843. 1846). 8646. 8647 (*medic. domus Augustian(a)e*). 8656 (*medic. dom. Pal.*). 8671 (*medicus ex hortis Sallustianis*). Vgl. R. Pohl, De Graecorum medicis publicis (Diss. Berlin 1905) S. 31ff. 11) Vgl. z. B. M. Aurel. Comm. VIII 31. CIL VI 8908 = Dessau 7810 (*medicus auricularius*). Sueton. Cal. 8, 4. Scribon. Larg. 120: *ut ab eius* (Cassii) *servo Atimeto accepi, legato Tiberii Caesaris* (d. h. der durch Vermächtnis an Tiberius kam. Buecheler, Rhein. Mus. XXXVII 1882 S. 324), *quia is eam solitus erat componere.*

Aufzählung der von ihm behandelten Familien nachwies, daß ihm die Stadtpraxis 600000 (130500 Mark) eingetragen habe. Der Bruder dieses Stertinius, C. Stertinius Xenophon[1]), erhielt von Claudius ein gleiches Gehalt, und obwohl beide ihr Vermögen durch große Bauten zur Verschönerung von Neapel erschöpft hatten, hinterließen sie doch 30 Millionen Sesterzen (6 ½ Mill. Mark), ein andrer kaiserlicher Arzt Arruntius ebensoviel allein[2]). Nach dem Tode des Leibarztes Demetrius fragte der damals im germanischen Kriege an der Donau befindliche Kaiser Marc Aurel bei dem Chef des kaiserlichen Finanzamts an, welcher Arzt gegenwärtig in kaiserlicher Besoldung stehe, und als er erfuhr, daß Galen während der ganzen Zeit die Bereitung der Mittel geleitet habe, befahl er, diesem auch die Anfertigung des Theriak aufzutragen[3]). Unter Alexander Severus erhielt nur ein Hofarzt Gehalt, die übrigen, deren Zahl sich bis auf sechs belief, nur Naturallieferungen[4]). In den letzten Jahrhunderten des Altertums nahmen die kaiserlichen Leibärzte (*archiatri sacri Palatii*)[5]) eine sehr angesehene Stellung ein, in welcher sie noch von Theoderich bestätigt wurden[6]).

Gewöhnlich waren die Ärzte auch am römischen Hofe Griechen, wie der Arzt des Tiberius Charikles[7]), die beiden Ärzte Neros Namens Andromachus (Vater und Sohn, der Vater aus Kreta)[8]), der Trajans Crito (der ihn beim deutschen Feldzuge begleitete)[9]), der Hadrians Hermogenes[10]), Marc Aurels Demetrius[11]), und Galenus, der des Commodus[12]). Vermutlich erhielten diese kaiserlichen Ärzte für ihre Dienste in der Regel das Bürgerrecht, wenn sie es noch nicht besaßen, wie ein Ti. Claudius Alcimus und ein Ti. Claudius Menecrates[13]). Der Freigelassene Antonius Musa wurde für eine Herstellung des Augustus im Jahre 22 v. Chr. mit einer Bildsäule, den goldnen Ringen und Abgabenfreiheit für sich und seine Kunstgenossen belohnt[14]). Der bereits erwähnte Leibarzt des Claudius, C. Stertinius Xenophon, ein Asklepiade aus Kos, der mit seiner ärztlichen Tätigkeit ein kaiserliches Hausamt verband[15]), erwirkte für seinen Bruder und Oheim das Bürgerrecht und das Militärtribunat (d. h. den Ritterrang), für sich selbst außer dem letztern noch eine wichtige militärische Stellung (Praefectus fabrum) und die Auszeichnung des Goldkranzes und des Lanzenschafts beim Britannischen Triumph (44 n. Chr.; ohne Zweifel hatte er

1) Er führt einmal auch den Titel ἀρχίατρος τῶν θεῶν Σεβαστῶν, Paton and Hicks, Inscr. of Cos nr. 345 (= IGR IV 1086. Dittenberger, Syll.³ 804); doch s. Pohl a. a. O. S. 31 f. 2) Plin. n. h. XXIX 7 f. 3) Galen XIV 4. 4) Hist. aug. Alex. Sev. 42, 3. 5) Cod. Theod. VI 16 u. a. 6) Cassiod. var. VI 19, vgl. Th. Meyer(-Steineg), Gesch. d. röm. Ärztestandes (Jena 1907) S. 53 ff. 7) Tac. A. VI 50. Suet. Tib. 72, 3; vielleicht ist er identisch mit dem bei Galen. XII 556. 559. 579. 581. XIII 94. 109. 282. 329 Erwähnten. 8) Beide häufig bei Galen genannt (M. Wellmann, Real-Encykl. I 2154 f.), der ältere heißt dort XIV 2 ὁ Νέρωνος ἀρχίατρος. Sprengel. Gesch. d. Arzneik. II³ 79 ff. 9) Lyd. de mag. II 28. Galen. XII 445, der seine Schriften häufig zitiert; vgl. Prosopogr. imp. Rom. I 484 nr. 1307. 10) Cass. Dio LXIX 22, 3. 11) ἀρχίατρος Galen. XIV 4. 12) Galen. XIV 650. XIX 19; vgl. Prosopogr. imp. Rom. I 374 ff. nr. 701. 13) IG XIV 1751. 1759 (= Dittenberger, Syll.³ 803). 14) Cass. Dio LIII 30, 3. Suet. Aug. 59, vgl. 81, 1. M. Wellmann, Real-Encykl. I 2633 f. Ein andrer Arzt des Augustus war M. Artorius Asclepiades (Sprengel II³ 27 f.; die Inschrift CIG 3285 ist unecht, s. Pohl a. a. O. S. 34), vgl. M. Wellmann a. a. O. II 1461. 15) *ab epistulis graecis* (ἐπὶ τῶν ἑλληνικῶν ἀποκριμάτων Paton and Hicks, Inscr. of Cos nr. 345 = IGR IV 1086. Dittenberger, Syll.³ 804), vgl. Mommsen, Röm. Gesch. V 333, 2; anders Dittenberger a. a. O. N. 3.

Claudius auf dem Feldzuge begleitet)[1]; seiner Heimat verschaffte er (53) die Steuerfreiheit[2]). Seine dankbaren Landsleute setzten ihm und den Seinigen Statuen und schlugen zu seinem Gedächtnis Münzen mit seinem Bildnis. Er war es, der im Einverständnis mit Agrippina (54) die Vergiftung des Claudius ausgeführt haben soll[3]). Auf seinen Denkmälern heißt er nicht bloß wie üblich »Kaiserfreund«, sondern auch »Freund des Claudius« und nach dessen Ermordung »Freund des Nero«[4]).

Die Ärzte wurden überhaupt von ihren Feinden der Giftmischerei geziehen, und nicht minder des Ehebruchs mit fürstlichen Frauen, zu denen ihr Amt ihnen freien Zutritt gab[5]). Plinius erinnert an Vettius Valens, unter Claudius als Arzt berühmt und Liebhaber Messalinens, mit welcher er zusammen im Jahre 48 hingerichtet wurde[6]), und an Eudemus, den Arzt von Tiberius Schwiegertochter Livia, der Mitwisser ihres ehebrecherischen Verhältnisses mit Sejan war und selbst mit ihr in Ehebruch lebte[7]). Daß die kaiserlichen Ärzte unter ihren Kollegen in Rom ein gewisses Ansehen genossen, ist selbstverständlich. Galen rühmt sich, den Rhetor Diomedes, der in der Straße der Sandalenmacher wohnte, in kurzer Zeit hergestellt zu haben, dessen Übel selbst die angesehensten Hofärzte nicht erkannt und falsch behandelt hatten[8]).

Auch Astrologen werden an diesen Höfen selten gefehlt haben; fast immer waren es Griechen oder Orientalen. Zwar beschwor die Astrologie gerade für den Thron große und eigentümliche Gefahren herauf. Ihre Prophezeiungen weckten schlummernde Leidenschaften, regten gefährliche Gedanken auf und gaben Gläubigen zu ihren Taten den Mut des Fatalismus[9]). Den Kaiser Claudius hatten die Astrologen, nach Senecas Pasquill auf seine Vergötterung, an jedem Tage und zu jeder Stunde sterben lassen[10]). Othos Mut ließen auch nach der Adoption des Piso durch Galba die ihn stets umgebenden Wahrsager und Chaldäer nicht sinken, besonders ein Ptolemäus, der ihm früher prophezeit hatte, daß er Nero überleben und selbst zur Regierung gelangen würde, und sich nun darauf berief, daß seine Prophezeiung zur Hälfte schon erfüllt sei[11]). Die Chaldäer, sagt ein christlicher Schriftsteller des 3. Jahrhunderts, richten die Herrscher zugrunde, indem sie ihnen Bangigkeit einflößen, und ermutigen Untertanen, Großes zu wagen[12]). Darum erfolgten immer von neuem strenge Verbote der Astrologie, Ausweisungen und Bestrafungen der Chaldäer, aber immer gleich vergeblich[13]). Die Kaiser selbst zogen fast sämtlich Astrologen zu Rat[14]), und mehrere waren in die Geheimnisse dieser Afterwissenschaft aufs tiefste eingeweiht, wie Hadrian und Severus, vor allem Tiberius[15]). Dem Astrologen Thrasyllus, der bis zu Tiberius Tode der unzertrennliche Begleiter des Kaisers blieb, legte man am Hofe einen unbedingten Einfluß auf den sonst so

Hofastrologen.

1) Die Zeugnisse Prosopogr. imp. Rom. III 273f. nr. 666. 2) Tac. A. XII 67. 3) Tac. a. a. O. 4) Über den Mann und seine Familie vgl. R. Herzog, Koische Forschungen und Funde (1899) S. 189ff. 5) Plin. n. h. XXIX 20. 6) Prosopogr. imp. Rom. III 414 nr. 343. 7) Tac. A. IV 3. 11. 8) Galen. XIV 625. 9) Hippolyt. Refut. haeres. IV 7, 1 p. 39, 17 Wendl. 10) Seneca Apocol. 3, 2. 11) Plutarch. Galba 23. Tac. Hist. I 22. 12) Hippolyt. a. a. O. 13) Zum folgenden A. Bouché-Leclercq, L'astrologie grecque S. 543ff.; vgl. Mommsen, Strafr. S. 861ff. 14) Bouché-Leclercq S. 550ff. 15) Joseph. A. J. XVIII 216. Vgl. Tac. A. VI 20. 46. Hist. aug. Hadrian. 16, 7; Sever. 3, 9; Geta 2, 6; Alex. 5, 4. Cass. Dio LXXVI 11, 1.

verschlossnen Monarchen bei[1]). Vespasian, der diesem Aberglauben besonders ergeben war, bewilligte dem ephesischen Astrologen Barbillus zu Gefallen der Stadt Ephesus die Einrichtung eines periodischen (in Inschriften öfters als Barbilleen erwähnten) Festspiels, eine Bevorzugung, die er sonst keiner Stadt zuteil werden ließ[2]). Es war dies derselbe berühmte Astrolog, auf dessen Rat Nero beim Erscheinen eines Kometen im Jahre 65 mehrere Häupter der Aristokratie hinrichten ließ, um so die ihm angeblich drohende Gefahr abzuwenden[3]). Auch Poppäa hatte mit vielen Astrologen geheimen Verkehr gepflogen: sie waren für sie »die unseligen Werkzeuge der fürstlichen Ehe« gewesen[4]). Nicht selten lag das Schicksal fürstlicher Geschlechter in den Händen der Astrologen. Tiberius ließ viele Personen töten, nachdem er ihre Geburtsstunde erforscht und daraus ihren Charakter und ihre bevorstehende Laufbahn erkannt hatte; Domitian den Metius Pomposianus, weil man allgemein sagte, daß ihm seine Nativität die Kaiserwürde verheiße. Auch Caracalla unterrichtete sich aus den Horoskopen der ersten Männer an seinem Hofe, ob sie ihm feindlich oder freundlich gesinnt seien; nach diesen Ermittlungen verhängte er Todesurteile und verlieh Ehrenbezeigungen[5]). Der Untertan, dem sein Horoskop nach der Aussage der Chaldäer den Thron verhieß, hatte in der Regel nur zwischen Verschwörung und eignem Verderben die Wahl. So soll der Tod Nervas aus diesem Grunde bereits von Domitian beschlossen und nur durch einen ihm wohlwollenden Astrologen abgewendet worden sein, der den Kaiser glauben machte, Nerva habe nur noch wenige Tage zu leben[6]).

3. DIE FREUNDE UND BEGLEITER DES KAISERS

Die Freunde des Kaisers Mitglieder des Staatsrats —

Diejenigen Männer des Senatoren- und Ritterstandes, welche die nähere Umgebung des Kaisers bildeten, hießen seine Freunde[7]). Sie wurden vorzugsweise in den bereits unter Augustus aus Senatoren gebildeten kaiserlichen Staatsrat[8]) berufen. Tiberius »verlangte vom Senat außer seinen alten Freunden und Vertrauten zwanzig von den Ersten des Staates als seine Räte in den öffentlichen Geschäften«[9]). Unter den spätern Kaisern wird nur von Alexander Severus die Bestellung eines gleichartigen Staatsrats berichtet[10]). Doch wurden bei der Entscheidung wichtiger politischer und militärischer Fragen wohl in der Regel von den Kaisern hervorragende Männer des Senatoren- und Ritterstandes zu Rat gezogen, und zwar, wie natürlich, vorzugsweise aus dem Kreise der Freunde. Die Großen (*proceres*, sämtlich oder fast sämtlich Konsulare, außerdem die beiden Präfekten des Prätorium), die in einer

1) Tac. A. VI 20 f. Sueton. Aug. 98, 4; Tiber. 14, 4. 62, 3; Calig. 19, 3. Cass. Dio LV 11, 1 f. LVII 15, 7. LVIII 27, 1 f. Schol. Juv. 6, 576. Ein [*Ti. Claudius Ti. Cl*]*audi Thrasylli* [*l*(*ibertus*) — das Cognomen fehlt] in Smyrna (CIL III 7107) ist vielleicht sein Freigelassener. 2) Cass. Dio LXVI 9, 2. Über die Barbilleia vgl. Dittenberger, Or. gr. 509 N. 26. 3) Sueton. Nero 36, 1; vgl. Tac. A. XV 47. Cass. Dio LXI 18, 2. 4) Tac. Hist. I 22. 5) Cass. Dio LVII 19, 3. LXXVIII 2, 3. Sueton. Domitian. 10, 3. 6) Cass. Dio LXVII 15, 5 f. 7) Zum folgenden s. Anhang VII. 8) Mommsen StR. II^3 902—904. 9) Sueton. Tiber. 55. 10) Herodian. VI 1, 2. Cass. Dio LXXX 1, 1. Mommsen a. a. O. S. 903, 3.

Satire Juvenals Domitian in Eile auf sein Schloß zu Alba zum Rat beruft, »als wolle er ihnen etwas über die Chatten oder die wilden Sicambrer mitteilen, oder als sei von dem andern Ende der Welt eine erschreckende Nachricht gekommen«, und die er dann über die beste Zubereitungsart eines großen Seefisches befragt, werden vom Dichter wiederholt als seine »Freunde« bezeichnet[1]).

Während aber derartige geordnete und kollegialische Verhandlungen eines für den besondern Fall gebildeten Rats nicht gerade häufig vorgekommen zu sein scheinen, haben die Kaiser von Augustus ab das alte Herkommen, Rechtsurteile nicht ohne Zuziehung von Freunden und Beratern und nach Anhörung ihrer Meinung zu fällen, regelmäßig befolgt. In einer solchen von Claudius berufenen Versammlung waren unter 25 Senatoren 16 Konsulare[2]). Bis auf Trajan entbehrte dieser Rat der dauernden Organisation. Seit Hadrian aber treten die Mitglieder desselben (*consilium*, nach Diocletian *consistorium*) als angestellte und, wenigstens seit Commodus, wahrscheinlich aber schon früher, besoldete Räte (*consiliarii Augusti*) auf; und wenn in diesen Rat, aus dem die Kaiser für jede einzelne Verhandlung die Beisitzer auswählten, selbstverständlich vorzugsweise Juristen gezogen wurden, so werden darin auch die Freunde und Begleiter immer zahlreich gewesen sein[3]), besonders aus dem Ritterstande. Vermutlich sind die demselben angehörigen Haus- und Hofbeamten schon früh regelmäßig zugezogen worden; »seit dem Ende des 2. Jahrhunderts scheinen die Präfekten der Garde sogar eine leitende Stellung in demselben eingenommen zu haben«[4]). *und des kaiserlichen consilium.*

Teils als Mitglieder des ständigen oder nach Bedürfnis zusammentretenden politischen kaiserlichen Rats, teils als nicht offizielle Ratgeber übten die Freunde vielfach einen bestimmenden Einfluß auf das jedesmalige System der Regierung aus: so, um nur diese zu nennen, Mäcenas und Agrippa als Freunde des Augustus, Sejan des Tiberius, Seneca in Neros früherer und Tigellinus in seiner spätern Zeit. Sie galten allgemein als die für die wichtigsten Entschließungen maßgebenden Personen und waren es in der Regel auch wirklich. Als im ersten Jahre von Neros Regierung der Krieg mit den Parthern bevorstand, hieß es in Rom, bei der Wahl des Feldherrn werde sich zeigen, ob der Kaiser redliche Freunde habe oder nicht[5]). Es gibt, heißt es bei Tacitus, kein wichtigeres Werkzeug für einen guten Regenten als Freunde[6]). Der Kaiserbiograph Marius Maximus behauptete sogar, der Staat sei sicherer und besser daran, wenn der Kaiser, als wenn die Freunde des Kaisers schlecht seien; ein Schlechter könne von vielen Guten im Zaume gehalten werden: gegen viele Schlechte vermöge ein Guter nichts[7]). Dio von Prusa sagt in einer seiner paränetischen Reden an Trajan, dem Regenten seien seine Freunde nützlicher als die Augen: denn er könne durch sie bis an die Grenzen der Erde sehen; als die Ohren: denn er könne durch sie alles hören, was ihm zu wissen not tue; als Zunge und Hände: durch sie könne er mit allen Menschen reden und alle Taten ausführen, durch *Ihr Einfluß auf die Regierung.*

1) Juv. 4, 75. 88. 2) Wilcken, Chrestom. d. Papyrusk. nr. 14 Kol. II 5 f., vgl. Wilcken, Hermes XXX 1895 S. 493. 3) Hist. aug. Hadrian. 18, 1. 4) Mommsen StR. II³ 988 ff. Hirschfeld S. 339—342. Seeck, Real-Encykl. IV 926 ff. 5) Tac. A. XIII 6. 6) Tac. Hist. IV 7. 7) Hist. aug. Alex. Sever. 65, 4.

sie vieles zu gleicher Zeit tun, über vieles zugleich beratschlagen, an vielen Orten zugleich sein. Er sei aber auch imstande, sich die zuverlässigsten und fähigsten Freunde zu wählen, da niemand gleich ihm belohnen könne. »Denn wer kann mehr Würden verleihen? Wer bedarf mehr Beamte? Wer ist imstande, bedeutendere Stellungen zu vergeben? Wer kann wie er einen andern mit der Führung eines Kriegs beauftragen? Von wem können glänzendere Ehren erwiesen werden? Wessen Tafel steht in größerm Ansehen? Und wenn die Freundschaft käuflich wäre, wer hat größern Überfluß an Geld, so daß niemand seine Gaben zu erwidern imstande ist?«[1]) Trajan war auf den Rat vieler Freunde schon fast entschlossen, nicht Hadrian, sondern Neratius Priscus zu seinem Nachfolger zu ernennen[2]). Antoninus Pius »bestimmte weder über die Provinzen noch über irgendwelche Staatsgeschäfte etwas, ohne es vorher den Freunden vorzutragen, und verfaßte seine Schreiben ihrer Ansicht gemäß«[3]). Als er sein Ende herannahen sah, berief er »Freunde und Präfekten«, bestätigte vor ihnen Marc Aurel als seinen Nachfolger und empfahl ihnen denselben[4]). Marc Aurel »beriet stets mit den Vornehmsten (*optimates*) Kriegs- wie Friedensangelegenheiten. Seine Ansicht dabei war immer diese: Es ist billiger, daß ich den Rat so vieler und solcher Freunde befolge, als daß so viele und solche Freunde sich meinem Willen fügen«[5]).

Ihre Macht und ihr Ansehen.

Selbstverständlich waren die kaiserlichen Freunde ebenso allgemein angesehen wie gefürchtet. Der jüngere Plinius sagt, er habe als sehr junger Mann (unter Titus oder Domitian) die Führung eines Prozesses übernommen »und zwar gegen die Mächtigsten im Staat und sogar gegen Freunde des Kaisers«[6]). »Ich werde ein Freund des Kaisers sein«, heißt es bei Epictet, »solange ich es bin, wird mir niemand zu nahe zu treten wagen«[7]). Natürlich wurde die Macht, die diese Stellung verlieh, nicht selten mißbraucht. Der Biograph des Alexander Severus schilderte dessen mit der Verwaltung der innern wie der äußern Angelegenheiten betraute Freunde[8]) als Muster von kaiserlichen Freunden überhaupt, und zwar durch Aufzählung der Fehler, Laster und Verbrechen, von denen sie frei waren, und die offenbar Männern in dieser Stellung am häufigsten vorgeworfen wurden. Dazu gehören Dieberei, Herrschsucht, Nachgiebigkeit zum Bösen, Wollust, Grausamkeit, Hintergehung des Kaisers, über den seine Freunde spotteten, und dessen Ansehen sie durch Käuflichkeit, Lüge und Erdichtung bloßstellten[9]).

Einteilung der Freunde in zwei Klassen.

Das Verhältnis der Freunde gewann schon an den ersten Höfen feste Formen, die zunächst an die altrömische Sitte des täglichen Morgenempfangs in den großen Häusern anknüpften. Schon C. Gracchus und M. Livius Drusus sollen ihre Partei so organisiert haben, daß sie sie in drei Klassen schieden, von denen sie die Mitglieder der ersten allein und im geheimen empfingen, die der zweiten in größerer Anzahl, die der dritten in Masse[10]). Ebenso unterschied man am kaiserlichen Hofe Freunde »erster und zweiter Vorlassung«

1) Dio Chr. or. 3, 104ff. (I 51ff. Arn.). 2) Hist. aug. Hadrian. 4, 8. 3) ebd. Antonin. Pius 6, 11. 4) ebd. M. Aurel. 7, 3. 5) ebd. 22, 3f. 6) Plin. ep. I 18, 3. 7) Epict. Diss. IV 1, 95. 8) Hist. aug. Alex. Sever. 29, 4. 9) ebd. 66, 2. 10) Seneca de benef. VI 34, 2. Über Vorbilder an den hellenistischen Höfen (Dittenberger, Or. gr. 104 N. 2) vgl. M. Gelzer, Die Nobilität der röm. Republik (1912) S. 86, 5.

(*primae et secundae admissionis*)[1]). Diese Rangordnung hing nicht sowohl vom Stande als vom persönlichen Verhältnis zum Kaiser ab. Zu den Freunden gehörten (abgesehen von den Verwandten[2]) und Jugendfreunden[3]) des Kaisers) vor allen die Ersten des senatorischen Standes, namentlich die Stadtpräfekten, Konsuln und Konsulare, aber auch jüngere Männer, die erst im Beginn ihrer Laufbahn waren, und denen sich hier die Aussicht auf eine glänzende Zukunft eröffnete. So erhielt Lucan die Quästur erst, als er von Nero aus Athen berufen und unter seine Freunde aufgenommen worden war[4]), und der spätere Kaiser Otho (geb. 32) nahm als Genosse von Neros Ausschweifungen schon im Jahre 55 (ebenfalls vor der Bekleidung der Quästur) unter seinen Freunden eine hervorragende Stelle ein[5]). Aber auch aus dem zweiten Stande wählten die Kaiser ihre Umgebung, und wenn Augustus gerade vorzugsweise Rittern wie Mäcenas, Proculejus, Sallustius Crispus Macht und Einfluß eingeräumt hatte, um das Ansehen des Senats herabzudrücken, so ist ähnliches auch noch in späterer Zeit geschehen, wo dies nicht mehr die Absicht sein konnte. Die diesem Stande angehörigen hohen Präfekten, namentlich der Statthalter von Ägypten, der Präfekt des Prätorium und die dem Stadtpräfekten untergebenen Präfekten der Nachtwachen (der die Feuer- und Sicherheitspolizei handhabte) und der für Rom so hochwichtigen Getreideverwaltung, waren kraft ihres Amtes immer Freunde des Kaisers[6]).

Die Benennung Freund als Titel.

Mit der Zeit wurde die Benennung Freund ein vom persönlichen Verhältnis unabhängiger, mit gewissen hohen Ämtern unzertrennlich verbundener Titel. In einem Reskript des Sever und Caracalla vom Jahre 201 wird den Bürgern einer Stadt in Mösien eine gewisse Immunität bestätigt, desgleichen allen künftig unter die Bürger Aufgenommenen, »jedoch nur dann, wenn sie unser Freund, der jedesmalige Konsularlegat, des Bürgerrechts für würdig erklärt haben wird«[7]). Aber schon in der ersten Zeit Marc Aurels haben vielleicht alle Konsularlegaten den Titel »Freund des Kaisers« geführt. Eine zwischen 163 und 165 gesetzte Inschrift meldet, daß die beiden regierenden Kaiser eine Straße bei Abila wiederhergestellt haben »durch Julius Verus, prätorischen Legaten der Provinz Syrien und ihren Freund«[8]). Selbst die Prokuratoren von Provinzen scheinen kraft dieser Eigenschaft auf diesen Ehrentitel Anspruch gehabt zu haben[9]). Auch in dieser Titulatur wurden vielleicht schon in den ersten Jahrhunderten Abstufungen eingeführt. Im Kurialstil des 4. und 5. Jahrhunderts erhalten die drei höchsten Reichsbeamten (der Praef. praetorio, Praef. urbi und Magister militum) die Titulatur *parens* (Vater), andre zur ersten Rangklasse gehörige (der Magister officiorum, die Comites rerum privatarum und sacrarum largitionum) die Anrede *frater* (Bruder); Beamte geringern Ranges (wie ein Konsular von Picenum, ein Präfekt von Ägypten, der Magister memoriae) wer-

Abstufungen in der Titulatur der Freunde.

1) Seneca de clem. I 10, 1; *primi et secundi loci* Hist. aug. Alex. Sever. 20, 1. Ein römischer Ritter der Zeit des Augustus oder Tiberius nennt sich *ex prima admissione* CIL VI 2169 = Dessau 1320, ein Senator *habens quoq(ue) salutation(em) secundam imp. Antonini Aug. Pii* CIL VI 31746 = Dessau 1078; vgl. Hülsen, Röm. Mitteil. V 1890 S. 301. 2) z. B. Cass. Dio LXIX 1, 1 f. Hist. aug. Hadrian. 15, 8. 3) z. B. Hist. aug. M. Aurel. 13, 8 f. 4) Sueton. vita Lucani p. 51, 2 Reiff. 5) Tac. A. XIII 12. 46. Sueton. Otho 3, 1. Plutarch. Galba 19. 6) Hirschfeld S. 449. 7) CIL III 781 = Dessau 423. 8) CIL III 199 = Dessau 5864. 9) Hirschfeld S. 449.

den in den erhaltenen Erlassen nur mit einem Freundschaftsprädikat, namentlich *carissime* (Teuerster), angeredet[1]. Anfänge dieser offiziellen Anreden sind vielleicht schon darin zu erkennen, daß Trajan in seinen Schreiben an den jüngern Plinius als kaiserlichen Legaten von Bithynien diesen stets mit »Teuerster« anredet und daß Commodus den Präfekten des Prätorium Julianus »Vater« nannte[2]; gewiß aber, wenn Alexander Severus (im Jahre 222) den Juristen Ulpian als Getreidepräfekten seinen Freund, als Präfekten des Prätorium dagegen in demselben Jahre seinen Vater (*parentem*) nennt[3]. Didius Julianus spendete bei dem ersten Empfange des Senats und Ritterstands die Anreden »Sohn, Bruder und Vater« je nach dem Alter der Angeredeten ganz allgemein[4]. Übrigens liegt es in der Natur der Sache, daß die Bezeichnung »Freund« häufiger von den Kaisern andern erteilt wurde, als daß sich jemand selbst so nannte oder von dritten so genannt wurde, was namentlich im Geschäftsstil und auf Inschriften selten ist[5].

Morgenaufwartung der Freunde und Zuziehung zur Tafel.

Die Freunde stellten sich bei dem Kaiser in der Regel an jedem Morgen zur Aufwartung ein und wurden oft zur Tafel gezogen. Hadrian lud die Seinigen stets zu seinen Gastmählern[6]. Antoninus Pius ließ sie sowohl an seinen kleinen wie an seinen großen Tafeln teilnehmen[7]. Marc Aurel zählt unter die Dinge, die er von seinem Vater gelernt habe, daß er seinen Freunden nicht den Zwang auferlegte, mit ihm speisen zu müssen, und denen gegenüber, welche abgehalten waren, ein unverändertes Betragen bewahrte[8]; aber gerade das, was er sich als Verdienst anrechnete, ward übel aufgenommen und in der Entfernung der Freunde von der gemeinsamen Gesellschaft und den Mahlzeiten eine Bestärkung des höfischen Hochmuts gefunden[9]. Bei Alexander Severus speisten einige Freunde täglich, ohne besonders eingeladen zu werden[10]. Zur Bedienung der Freunde, von denen manche auch in Rom für die Dauer oder zeitweise im kaiserlichen Hause gewohnt zu haben scheinen[11], war eine Abteilung der Hofdienerschaft (*a cura amicorum*)[12] bestimmt.

Wahl der Begleiter auf Reisen und Feldzügen aus den Freunden.

Für jede Reise oder Expedition wählten die Kaiser aus der Zahl der Freunde ihre Begleiter (*comites*)[13], und dies Gefolge (*cohors amicorum*)[14] entspricht ganz dem der Provinzialstatthalter in der Republik[15]. Daher konnten die Kaiser »Begleiter« im technischen Sinne nur bei Reisen außerhalb Italiens haben[16],

1) Mommsen, Ges. Schrift. II 349. 2) Cass. Dio LXXII 14, 1. 3) Cod. Just. VIII 37, 4. IV 65, 4. 4) Hist. aug. Did. Julianus 4, 1, wo statt *patrem vel filium vel parentem* zu lesen ist *fratrem* usw. 5) Mommsen, Ges. Schrift. IV 320 f. 6) Hist. aug. Hadrian. 9, 7. 7) ebd. Antonin. Pius 11, 4—7. 8) M. Aurel. Comment. I 16. 9) Hist. aug. M. Aurel. 29, 7. 10) ebd. Alex. Sever. 4, 3. 11) ebd. Hadrian. 8, 1: *optimos quosque de senatu in contubernium imperatoriae maiestatis adscivit;* Clod. Albin. 14, 1: *unum ex contubernalibus suis.* Dagegen Mommsen StR. II³ 989: »Wahrscheinlich war mit der festen Anstellung (als Consiliarius Augusti) eine gewisse Verpflichtung verbunden, sich für diesen Dienst im Palast gewärtig zu halten, welche die Consiliarien gleichsam zu Hausgenossen des Kaisers machte.« 12) CIL VI 604. 630. 8793—8799. 33773. XIV 206. 3565 (Dessau 1698—1700), fast durchweg Freigelassene; Marquardt, Privatl.² 144, 5 rechnet sie zu den Beamten des *officium admissionis.* 13) Tacit. A. I 47: *ceterum ut iam iamque iturus legit comites, conquisivit impedimenta.* 14) Sueton. Calig. 19, 2; Galba 7, 1. Sueton. vita Lucani p. 51, 2 Reiff. 15) Mommsen, Ges. Schrift. IV 311 ff. O. Seeck, Real-Encykl. IV 622 ff. 16) Die Comites Augusti kommen zuerst unter Claudius vor (CIL V 5050. XIV 3608 = Dessau 206. 986), begegnen aber häufiger erst in der Zeit seit Marc Aurel; die Comites kaiserlicher Prinzen (CIL V 35. XIV 3607 =

und wenn Caligula sich auf seinem Triumphzuge über die von Bajä nach Puteoli geschlagene Schiffbrücke von der »Kohorte der Freunde« auf leichten gallischen Wagen begleiten ließ, so spielte er hier eben den aus dem Kriege zurückkehrenden Imperator[1]). L. Verus wurde bei seinem Auszuge zum Partherkriege von Marc Aurel mit einem Gefolge kaiserlicher Freunde von Senatorenstande ausgestattet[2]). Natürlich galt die als hohe Gunst angesehene Wahl zum Begleiter als Befehl; Marc Aurel legte auch hierin, wie er selbst bemerkt, seinen Freunden keinen Zwang auf[3]). Galba genoß als Mitglied der Kohorte des Claudius die hohe Ehre, daß die Expedition um einen Tag verschoben wurde, da er unpäßlich war[4]).

Ihre Wohnung und Besoldung auf der Reise.

Auf der Reise wohnten die Freunde mit dem Kaiser zusammen, oder es wurde doch für ihre Wohnung gesorgt; Vespasian, der als Begleiter Neros auf der Reise in Griechenland sich dessen Ungnade zuzog, ward aus der gemeinsamen Wohnung fortgewiesen[5]). Im kaiserlichen Feldlager ward stets ein besondrer Platz in unmittelbarer Nähe des kaiserlichen Zelts für die Begleiter abgesteckt[6]). Natürlich wurden sie für die Dauer der Reise besoldet. Schon in Ciceros Zeit war es allgemeiner Gebrauch, daß die Provinzialstatthalter ihren Offizieren und Begleitern eine im Verhältnis zu Rang und Dienstzeit bemessene Gratifikation verabreichten[7]). Es galt als Beweis von Tiberius Sparsamkeit, daß er als Prinz seinen Begleitern auf Reisen und Feldzügen keine Gratifikation, sondern nur die an Stelle der Naturalverpflegung getretenen Tagegelder gab. Nur einmal machte er ein Geldgeschenk, zu dem Augustus die Mittel hergab: die erste Klasse der Begleiter erhielt je 600000, die zweite je 400000 Sesterzen (130500 bzw. 87000 Mark)[8]). Auch die Geringfügigkeit der Gratifikationen des Augustus an seine Freunde wurde gerügt[9]). Caligulas Reisebegleiter waren zu so großem Aufwand genötigt, daß sie sich zugrunde richteten[10]). Daß das Gefolge nicht selten den durchzogenen Gegenden sehr zur Last war, läßt schon die Vergleichung annehmen, die Plinius zwischen Domitians und Trajans Reisen anstellt. Bei den letzteren gab es »keinen Tumult, keinen Übermut in bezug auf die Quartiere, der Proviant war derselbe wie für die übrigen, dazu das Gefolge in straffer Haltung und gehorsam«[11]). Antoninus Pius, dessen Reisen sich niemals über Italien hinaus erstreckten, bemerkte, selbst das Gefolge eines zu sparsamen Fürsten sei für die Provinzialen noch drückend[12]).

Ihre Tätigkeit.

Die Tätigkeit der kaiserlichen Begleiter wurde immer durch besondern Auftrag des Kaisers bestimmt. Im Felde wurden sie zuweilen zu militärischen Zwecken verwandt und dann auch nach glücklich beendetem Feldzuge bei Verteilung von militärischen Auszeichnungen mitbedacht. Ihre gewöhnliche Ver-

Dessau 946. 964) sind nicht in diesem technischen Sinne zu verstehen. Das inschriftliche Material gesammelt von F. Grossi-Gondi in Ruggieros Dizion. epigraf. II 468 ff.

1) Sueton. Calig. 19, 2. Mommsen, Ges. Schrift. IV 315, 2. Eine vermutlich zur Etikettierung von Reisegepäck dienende runde Platte mit der Inschrift: *ex comitatu Imp. Domitiani Aug. Germanici ab aquis Statiellis* CIL V 7506 = Dessau 270, vgl. Papinian. Dig. XXIX 1, 43 *filius familias equestri militia exornatus et in comitatu principum retentus*. 2) Hist. aug. M. Aurel. 8, 10, wo für *a senatu* mit Mommsen, Ges. Schrift. VII 359 *assectatu* zu schreiben ist. 3) M. Aurel. Comment. I 16. 4) Sueton. Galba 7, 1. 5) ebd. Vespas. 4, 4. 6) Hygin. Mun. castr. 10. 33. 39. 7) Mommsen StR. I³ 299 f. 8) Sueton. Tiber. 46. 9) Quintilian. VI 3, 52. 10) Philo Leg. ad Gai. 344. 11) Plin. paneg. 20, 3. 12) Hist. aug. Anton. Pius 7, 11.

wendung dürfte jedoch wohl gewesen sein, dem Kaiser bei der Rechtspflege und Verwaltung zu assistieren[1]). Männer vom Ritterstande scheinen zu dieser Stellung nicht zugelassen worden zu sein, vom senatorischen aber schon Quästoren und selbst junge Leute, die zum Eintritt in den Senat sich erst gemeldet hatten[2]).

Höflichkeit der Kaiser gegen die Freunde.

Die Kaiser erwiesen den Freunden auch ihrerseits bis auf einen gewissen Grad die Höflichkeiten des Umgangs und verkehrten mit ihnen, je leutseliger sie waren oder zu scheinen wünschten, desto mehr wie Privatpersonen. Tiberius stand im Anfange seiner Regierung seinen Freunden vor Gericht bei, fand sich bei ihren Opferschmäusen ein, besuchte sie in Krankheiten ohne Wache und hielt bei einem von ihnen die Leichenrede[3]). Claudius dagegen machte seine Besuche nie ohne Begleitung der Wache, und dies blieb in der Folge die Regel, von der allerdings einzelne Kaiser, wie Trajan, Ausnahmen machten[4]); wenn Galba als Kaiser bei Otho speiste, ließ dieser, scheinbar um den Fürsten zu ehren, jedem Mann der wachthabenden Kohorte ein Goldstück reichen[5]). Nero, der seinen Freunden gleich zu Anfang seiner Regierung ungeheure Reichtümer zuwarf, mutete ihnen auf der andern Seite eine ebenso kolossale Verschwendung zu, wenn er sich z. B. bei ihnen zur Tafel ansagte: bei einem solchen Gastmahl kosteten die Rosen allein mehr als 4 Millionen Sesterzen (870000 Mark)[6]). Für den erkrankten römischen Ritter Cossinus, der zu seinen Freunden gehörte, ließ er einen Arzt aus Ägypten kommen[7]). An Sever und Caracalla wird die Bereitwilligkeit gelobt, mit der sie ihren Freunden von den oft seltenen und für Privatpersonen unerreichbaren Medikamenten mitteilten, die in den kaiserlichen Magazinen aufbewahrt wurden[8]). Besondere Leutseligkeit wird auch von Trajan gerühmt, der an Jagden und Gelagen, Unternehmungen, Ratschlägen und Scherzen seiner Freunde teilnahm, sie in Krankheiten besuchte (was noch Ausonius hervorhebt) und ihre Häuser ohne Wache betrat[9]). Er wurde, sagt Plinius, von ihnen wahrhaft geliebt, weil er selbst sie liebte, er versagte sich sogar die Erfüllung eigner Wünsche, um die ihrigen zu erfüllen. Einem Präfekten des Prätorium erteilte er die erbetene Entlassung, obwohl er ihn sehr gern behalten hätte: und so ereignete sich »das Unerhörte, daß, als der Kaiser und sein Freund Verschiedenes wollten, der Wille des Freundes geschah«[10]). Noch weiter als Trajan erstreckte Hadrian in seiner Popularitätssucht[11]) die Herablassung. Er machte Krankenbesuche sogar bei einigen römischen Rittern und Freigelassenen[12]), erteilte Trost und Rat und besuchte Gastmähler seiner Freunde. Er tauschte mit ihnen an den Saturnalien Geschenke aus, sandte ihnen auf der Jagd erbeutetes Wildbret, fuhr selbviert mit ihnen und besuchte sie in ihren Palästen in der Stadt und auf dem Lande[13]); ein Ritter wird in einer ihm zu Ehren

1) Mommsen StR. II^3 836. 2) CIL VIII 7036 = Dessau 1068. Ein Ritter aus der letzten Zeit des Septimius Severus CIL XII 1856 = Dessau 1353 *C. Iulio Pacatiano — adlecto inter comites Auggg, nnn.*; vielleicht war den Comites von Ritterrang die Führung dieses Titels früher nicht gestattet. Mommsen StR. II^3 836, 2; Ges. Schrift. IV 317, 9; vgl. Hirschfeld S. 449, 3. 3) Cass. Dio LVII 11, 7. Sueton. Tiber. 32, 1, vgl. Aug. 53, 3. 4) Sueton. Claud. 35, 1. Cass. Dio LX 3, 3. LXVIII 7, 3. 5) Sueton. Otho 4, 2. Plutarch. Galba 20. Tac. Hist. I 24. 6) Sueton. Nero 27, 3. 7) Plin. n. h. XXIX 93. 8) Galen. XIV 217. 9) Cass. Dio LXVIII 7, 3. Auson. gratiar. act. 17 p. 373 P. 10) Plin. paneg. 85, 8. 86, 1 f. 11) Hist. aug. Hadrian. 17, 8. 12) ebd. 9, 7. 13) ebd. 17, 3. 26, 3. Cass. Dio LXIX 7, 4.

gesetzten Inschrift »Gastfreund des göttlichen Hadrian« [1]) genannt. Einer seiner Freunde, Platorius Nepos, blieb ungestraft, als er in einer Krankheit den Kaiser, der ihn besuchen wollte, nicht vorließ [2]). Bei Gastmählern ihrer Freunde erschienen auch Antoninus Pius und Alexander Severus, der letztere überdies am Krankenbette nicht bloß derer vom ersten und zweiten Range, sondern auch tiefer Stehender [3]). Manche Kaiser nahmen ein freies Wort, selbst eine Zurechtweisung von ihren Freunden nicht übel. Vespasian gestattete den seinen einen hohen Grad von Freimütigkeit und ertrug namentlich von Licinius Mucianus erstaunlich viel [4]). Als Antoninus Pius einst seinen Freund Valerius Homullus (Konsul 152) bei einem Besuche fragte, woher er die Porphyrsäulen in seinem Palast habe (die nur aus den kaiserlichen Porphyrbrüchen am Roten Meer stammen konnten), antwortete dieser: in einem fremden Hause muß man taub und stumm sein [5]).

Schenkungen an dieselben.

Sehr große Geschenke der Kaiser an die Freunde waren häufig. Nero bereicherte, wie bemerkt, durch Schenkungen die ersten seiner Freunde unmittelbar nach dem Tode des Britannicus (55). Man rügte, daß Männer, die auf Würde Anspruch machten, in einer solchen Zeit Paläste und Villen wie eine Beute unter sich teilten. Gemeint ist besonders Seneca, der im Jahre 62 den ihm von Anklägern vorgeworfnen ungeheuren Reichtum in einem Schreiben an Nero damit entschuldigt, daß er seine Gaben nicht habe ablehnen dürfen. Er stellt sie nun zur Verfügung des Kaisers, der ihn darauf in einem beschwichtigenden Schreiben auffordert, alles Empfangene, Gärten, Einkünfte, Villen, zu behalten [6]). Auch Trajan teilte nach Plinius gleich nach seiner Thronbesteigung freigebig die am schönsten gelegenen Landgüter aus und »betrachtete nichts mehr als das Seine, als was er durch seine Freunde besaß« [7]). Hadrian »bereicherte seine Freunde auch ohne ihr Ansuchen, ihre Bitten schlug er niemals ab« [8]). Antoninus Pius verwendete sein bedeutendes Privatvermögen, sobald er zur Regierung kam, zu Geschenken an das Heer und an seine Freunde [9]). Marc Aurel war besonders gegen seine Jugendfreunde freigebig und machte namentlich die reich, die er wegen ihres Stands nicht zu hohen Stellungen erheben konnte [10]); Severus bezahlte nicht nur die Schulden seiner Freunde, sondern, »leidenschaftlich in Liebe wie in Haß«, überhäufte er sie mit Reichtümern und schenkte mehreren namentlich prachtvolle Paläste, unter welchen der der Parther und des Lateranus noch im 4. Jahrhundert zu den hervorragendsten Roms gehörten [11]). Von den Freunden Julians des Abtrünnigen lehnten die besten die ihnen gebotenen Geschenke, »Land, Pferde, Paläste, Silber und Gold«, ab, andre erwiesen sich habgierig [12]). Auf der andern Seite forderte die Sitte, daß die Freunde den Kaiser im Testamente bedachten, um so mehr, als ihm von allen Begüterten Vermächtnisse ausgesetzt zu werden pflegten [13]). Augustus, der auf die in den Testamenten niedergelegten »letzten

1) CIL XI 5632 = Dessau 2735. 2) Hist. aug. Hadrian. 23, 4. 3) ebd. Antonin. Pius 11, 7; Alex. Sever. 4, 3. 20, 1. 4) Sueton. Vespas. 13. 5) Hist. aug. Antonin. Pius 11, 8. 6) Tac. A. XIII 18. XIV 53—56. 7) Plin. paneg. 50, 7; vgl. Rudorff, Zeitschr. f. geschichtl. Rechtsw. XII 1845 S. 371 f. 8) Hist. aug. Hadrian. 15, 1. 9) ebd. Anton. P. 4, 9. 8, 1. 10) ebd. M. Aurel. 3, 9. 11) Aur. Victor Epit. 20, 6, vgl. Hülsen-Jordan, Topogr. I 3 S. 198 A. 38. 243. 12) Liban. or. 18, 201 f. (II 324 F.). 13) Marquardt StV. II² 294. Hirschfeld, Kl. Schriften S. 516 ff.

Urteile« übertriebenen Wert legte und Freude und Mißfallen nicht verhehlte, je nachdem sie nach seiner Erwartung oder gegen dieselbe ausfielen[1]), hatte in den letzten zwanzig Jahren seines Lebens durch Vermächtnisse seiner Freunde 1400 Mill. Sesterzen (über 300 Mill. Mark) erhalten; er selbst setzte an dritter Stelle mehrere Freunde und Verwandte zu Erben ein[2]).

Beschwerden und Gefahren ihrer Stellung.

Was von den Höflingen als höchste Ehre eifrig erstrebt wurde, erschien außerhalb stehenden, vollends philosophischen Betrachtern als erdrückende Last und die Stellung eines kaiserlichen Freunds als die allerunglückseligste, voll Zwang, Unruhe und Qual jeder Art. Natürlich waren sie genötigt, sich allen Launen, Neigungen und Liebhabereien der Kaiser anzubequemen. Selbst der Schlaf, sagt Epictet, ist ihnen nicht gegönnt. Die Nachricht weckt sie, daß der Kaiser schon wacht, schon erscheint, dann folgen Aufregungen und Sorgen. Sind sie nicht zu Tische geladen, so macht es ihnen Kummer; sind sie es, so speisen sie wie Sklaven bei ihrem Herrn, immer bedacht, nichts Törichtes zu sagen oder zu tun. Und was fürchten sie denn? Wie Sklaven die Peitsche zu erhalten? Wie sollte es ihnen so gut werden? Vielmehr, wie für so hochgestellte Männer, für Freunde des Kaisers ziemt, den Kopf zu verlieren. Selbst beim Bade und den Leibesübungen fehlt ihnen die Ruhe. Kurz, wer kann so stumpf oder so unwahr sein, um sein Geschick nicht um so mehr zu bejammern, je mehr er ein Freund des Kaisers ist?[3]).

In der Tat war die Stellung der kaiserlichen Freunde nicht bloß meist schwierig, sondern auch nur zu oft gefahrvoll. Immer von neuem bestätigte der plötzliche und jähe Sturz der Gewaltigsten die Unsicherheit der Despotengunst. Selten, sagt Tacitus, sei die Macht der Günstlinge beständig, sei es, daß Sättigung die Fürsten ergreift, wenn sie alles gewährt, oder jene, wenn sie alles erlangt haben[4]). Eprius Marcellus, dem unter Vespasian im Senat die Freundschaft Neros vorgehalten wurde, erwiderte, er habe darunter nicht weniger gelitten als andre unter der Verbannung[5]). Seneca sagt in einer unter dem Eindruck der eben vergangnen Herrschaft Caligulas verfaßten Schrift, als jemand einst einen an einem Königshofe grau gewordnen Höfling fragte, wie er das erreicht habe was am Hofe das Seltenste sei, das Alter[6]), habe er geantwortet: indem ich Beleidigungen empfing und dafür dankte[7]). Oft waren dem Kaiser seine sogenannten Freunde im Innersten verhaßt, und Domitians Hof war nicht der einzige, an dem »die Blässe der unseligen hohen Freundschaft« die Gesichter der Großen bedeckte[8]). Der Unwille und das Mißtrauen der Fürsten war leicht erregt und Verleumdung und Intrigue am Hofe unaufhörlich geschäftig. Wenige Kaiser hatten ein so unerschütterliches Vertrauen zu ihren Freunden wie Trajan zu Licinius Sura, gegen den man seinen Argwohn auf alle Weise zu erregen gesucht hatte. Trotzdem besuchte er ihn unangemeldet, schickte die Wache fort, ließ sich von Suras Sklaven die Augen mit Salbe bestreichen und den Bart abnehmen, nahm ein Bad und speiste dort. Am andern Tage sagte er zu Suras Gegnern: wenn er mich hätte töten wollen, so hätte er es gestern getan[9]). Sueton rühmt Augustus Beständigkeit in der Freundschaft,

1) Sueton. August. 66, 4. 2) ebd. 101, 2 f.; vgl. Cass. Dio LVI 32, 3. 3) Epictet. Diss. IV 1, 45—50. 4) Tac. A. III 30. 5) Tac. Hist. IV 8. 6) Vgl. Juven. 4, 96 f. *sed olim prodigio par est in nobilitate senectus.* 7) Seneca de ira II 33, 2. 8) Juven. 4, 74 f. 9) Cass. Dio LXVIII 15, 4—6.

da, wenn auch die Verhältnisse zu seinen Freunden bisweilen gestört wurden, mit Ausnahme des Salvidienus Rufus und Cornelius Gallus keiner derselben gestürzt sei, sondern sie Macht und Reichtum bis an ihr Ende behalten hätten[1]); doch ist hier Fabius Maximus vergessen, dessen Ungnade allerdings erst kurze Zeit vor Augustus Tode erfolgte[2]). Titus »wählte solche Freunde, daß auch seine Nachfolger sie als für sich und den Staat unentbehrlich beibehielten und sich ihrer vorzugsweise bedienten« [3]). Dagegen blieben von sämtlichen Freunden und Räten des Tiberius nur zwei oder drei vor dem Untergange bewahrt[4]). Caligula lohnte sogar denen, die ihm zum Thron verholfen hatten, mit dem Tode[5]). Claudius wird in dem Pasquill des Seneca in der Unterwelt von einem derer, die er dorthin vorausgesandt hat, mit dem Zuruf: »Mörder aller Freunde!« empfangen[6]). Höchst unbeständig war Hadrian in seiner Freundschaft. Bald überhäufte er seine Freunde mit Wohltaten, bald horchte er begierig auf Einflüsterungen zu ihrem Schaden und hatte Spione in ihren Häusern, die ihn von all ihrem Tun und Reden unterrichteten[7]). Die er am höchsten erhoben hatte, behandelte er später als Feinde, und mehrere endeten durch Hinrichtung oder Selbstmord[8]). Julian sagt in seiner Lobrede auf den Kaiser Constantius, daß von dessen Freunden keiner über Ungnade, Schädigung, Verlust oder Zurücksetzung irgendwelcher Art je zu klagen gehabt habe. Selbst diejenigen, die sich nach ihrer Erhebung zu dieser Stellung derselben unwürdig zeigten, seien nicht bestraft, sondern nur entfernt worden. Ein Teil der kaiserlichen Freunde habe ein hohes Alter erreicht, sie seien bis zu ihrem Lebensende im Besitz ihrer Ämter geblieben und hätten ihr Vermögen Söhnen, Freunden oder Verwandten hinterlassen; andre, der Anstrengungen und Feldzüge müde, lebten nach ehrenvoller Entlassung glücklich. Manche, die (noch nicht alt) gestorben seien, würden allgemein zu den Glücklichen gerechnet[9]).

Folgen der kaiserlichen Ungnade.

Die Ungnade des Kaisers traf wie ein vernichtender Schlag. Wer so unglücklich gewesen war, sie sich zuzuziehen, wurde von dem Zutritt zu dem kaiserlichen Hause ausgeschlossen, gleichsam in Befolgung der altrömischen Sitte, beim Bruch der Freundschaft das Haus zu verbieten[10]). Ein solcher Ausspruch wurde wie das härteste Urteil empfunden. D. Junius Silanus, des Ehebruchs mit Augustus Enkelin Julia überführt, erkannte in der Ausschließung aus dem Umgange des Fürsten einen Wink zur Selbstverbannung (im Jahre 8 n. Chr.). Tiberius erlaubte ihm im Jahre 20 auf die gewichtige Fürbitte seines Bruders M. Silanus (Konsul 19) die Rückkehr, erklärte aber, daß er gegen ihn dieselbe Gesinnung hege wie sein Vater, und jener lebte zwar fortan in Rom, aber ohne Ehrenstellen zu erlangen[11]). Oft hatten die von der kaiserlichen Ungnade Betroffnen noch Schlimmres zu gewärtigen. Von Cornelius Gallus, der aus niederm Stande bis zur Präfektur Ägyptens aufgestiegen war, sich in dieser Stellung aber Augustus Unwillen zuzog, so daß er ihm sein Haus und seine Provinzen verbot, fielen sogleich seine bisherigen Anhänger ab, zahlreiche Ankläger erhoben sich gegen ihn, und der Senat beschloß eiligst seine Verbannung

1) Sueton. August. 66, 1. 2) Vgl. S. 84. 3) Sueton. Tit. 7, 2. 4) ebd. Tiber. 55. 5) ebd. Calig. 26, 1. 6) Seneca Apocol. 13, 6. 7) Hist. aug. Hadrian. 11, 4. 8) ebd. 15, 2. 9) Julian. orat. I p. 46 B. 10) Tac. A. VI 29; vgl. II 70. Sueton. Calig. 3, 3; vgl. Liv. XXXVI 3, 8. XLII 25, 1. 12. 11) Tac. A III 24.

und Einziehung seiner Güter; doch Gallus kam der Ausführung des Urteils durch Selbstmord zuvor[1]). Der Konsular Fabius Maximus, einer der vertrautesten Freunde des Augustus, verriet ein wichtiges Geheimnis, dessen einziger Mitwisser er war, seiner Gemahlin; Augustus erfuhr es und bezeigte ihm seine Ungnade, und das Gerücht nannte das bald darauf erfolgte Ende des Maximus ein freiwilliges[2]). Sextus Vistilius, ein Mann von prätorischem Range, hatte dem ältern Drusus nahe gestanden und war deshalb von Tiberius unter seine Freunde aufgenommen worden. Als der Kaiser ihn von seinem Umgange ausschloß, versuchte er mit altersschwacher Hand sich zu töten, verband dann die geöffneten Adern und bat schriftlich um Gnade; als eine ungnädige Antwort erfolgte, löste er den Verband[3]). Der nachherige Kaiser Vespasian befand sich als Konsular auf Neros griechischer Reise in dessen Gefolge und zog sich die Ungnade des Kaisers zu, indem er sich öfters während seines Gesanges entfernte oder einschlief. Er wurde nicht bloß von der Hausgenossenschaft Neros, sondern auch vom öffentlichen Empfange ausgeschlossen. Als er voll Verwirrung ausrief, was er beginnen, wohin er gehen solle, antwortete ihm einer der Freigelassenen, indem er ihn forttrieb, mit einer Verwünschung. Vespasian, der das Äußerste befürchtete, verbarg sich in einem kleinen und abgelegenen Orte, und so gelang es ihm, sich der fernern Beachtung des Kaisers zu entziehen[4]). Zuweilen fand die Entfernung aus der Nähe des Kaisers in der Form einer ehrenvollen Verbannung statt. So sandte Nero den nachherigen Kaiser Otho, früher seinen begünstigsten Freund, obwohl er erst die Quästur bekleidet hatte, als Statthalter nach Lusitanien, um dessen Gemahlin Poppäa ungestört zu besitzen[5]).

Doch trotz der bittersten Erfahrungen übte die Atmosphäre des Hofes auf die meisten, die einmal in ihr gelebt hatten, eine fast unwiderstehliche Anziehungskraft aus. Epictet erzählt, daß ein älterer Mann, der damals die hohe Stellung eines Getreidepräfekten bekleidete, früher einmal verbannt gewesen sei. Als er aus dem Exil zurückkehrte, beteuerte er, den kurzen Rest seines Lebens ganz in Ruhe verbringen zu wollen; und da Epictet prophezeite, er werde andern Sinnes werden, sobald er nur die Luft von Rom atme, vermaß er sich, wenn er je noch einen Fuß an den Hof setze, möge jener von ihm denken, was er wolle. Doch kaum in Rom angelangt, erhielt er ein Handschreiben des Kaisers, das ihn augenblicklich alle seine Vorsätze vergessen ließ, und er übernahm in der Folge ein geschäftvolles Amt nach dem andern[6]).

Folgen des Regierungswechsels.

Mit dem Tode des Kaisers verloren die Freunde keineswegs immer ihre Stellung; vielmehr scheinen sie dieselbe in der Regel auch an dem neuen Hofe behalten zu haben, falls nicht das Verhältnis ein rein persönliches gewesen war, oder falls nicht ein gründlicher Wechsel in den Grundsätzen der Regierung und in den Personen erfolgte. Sonst empfahl außer andern Rücksichten die Pietät dem neuen Regenten, die Freunde seines Vorgängers möglichst ehrenvoll zu behandeln; war dieser unter die Götter versetzt worden, so wurden die Priester des neuen Gottes vermutlich in der Regel aus dem Kreise der ihm zunächst

1) Sueton. Aug. 66, 1 f. Cass. Dio LIII 23, 5 ff. 2) Tac. A. I 5. Plutarch. de garrul. 11. Plin. n. h. VII 150. 3) Tac. A. VI 9. 4) Sueton. Vespas. 4, 4. 14. Cass. Dio LXVI 11, 2. 5) Sueton. Otho 3, 1. Tac. A. XIII 46. 6) Epictet. Diss. I 10, 2—5.

Stehenden ernannt. So verfuhren z. B. Marc Aurel und L. Verus bei der Ernennung der Priester des Antoninus Pius[1]). Es war eine geflissentliche Verletzung der Pietät, wenn Domitian und Commodus, dieser die Freunde seines Vaters, jener die seines Vaters und Bruders vom Hofe entfernten und verfolgten[2]). Gewaltsame Umwälzungen führten allerdings den Sturz der Freunde um so sicherer herbei, je inniger sie mit dem Kaiser verbunden gewesen waren; so ließ z. B. Severus die Freunde des Didius Julianus gleich nach dessen Tode anklagen, ächten und hinrichten[3]). Doch kam es in ähnlichen Fällen zuweilen vor, daß die Freunde des gefallenen Kaisers zu dem neuen in dasselbe Verhältnis traten. Einen der treusten Anhänger Galbas, den designierten Konsul Marius Celsus, nahm Otho unter seine Vertrautesten auf, und dieser klug berechnete Schritt verwandelte nicht nur einen seiner Gegner in einen unbedingten und zuverlässigen Freund, sondern stimmte auch die Aristokratie günstig[4]). Dagegen duldete Nerva aus übergroßer Milde die verhaßtesten Freunde Domitians an seinem Hofe. Als einst einer derselben, Fabricius Vejento, bei Tafel gegenwärtig war, kam das Gespräch auf eine andre verrufene Persönlichkeit aus der Domitianischen Zeit, und der Kaiser selbst warf die Frage auf: Was würde ihm geschehen, wenn er heute lebte? Er würde in unsrer Gesellschaft speisen, antwortete der unter Domitian (von 93—96) verbannt gewesene Junius Mauricus[5]).

Die Freunde zuweilen schon als Kinder am Hofe erzogen.

Es ist bereits erwähnt worden, daß die Freunde zuweilen Jugendgespielen der Kaiser gewesen waren. Dies hatte zum Teil darin seinen Grund, daß Kinder vornehmer Familien wie auch auswärtiger Fürsten am Hofe erzogen wurden; man darf wohl annehmen gewöhnlich, da sich eine solche Einrichtung in vielen Beziehungen als höchst zweckmäßig erweisen mußte[6]). Augustus nahm, wie bereits bemerkt, den Philologen Verrius Flaccus mit seiner ganzen Schule in den Palast auf[7]); eine große Anzahl fremder Königskinder ließ er zusammen mit seinen Enkeln erziehen und unterrichten[8]). So wurde Agrippa, der Enkel Herodes des Großen, mit Tiberius Sohne Drusus zusammen erzogen[9]), sein gleichnamiger Sohn am Hofe des Claudius[10]). Marc Aurel wuchs am Hofe Hadrians auf[11]). Claudius hatte eingeführt, daß bei jeder Mahlzeit seine Kinder mit edlen Knaben und Mädchen zu den Füßen der Erwachsenen sitzend aßen, wobei man wohl zunächst an Kinder zu denken hat, die am Hofe erzogen wurden[12]). Zu diesen gehörte Titus, dessen Vater Vespasian schon unter Claudius durch Narcissus Gunst hoch gestiegen war; er wurde als Gefährte des Britannicus in denselben Gegenständen, von denselben Lehrern unterrichtet; sie waren innig befreundet, und Titus soll den Giftbecher gekostet haben, aus dem Britannicus den Tod trank[13]). Nicht selten entwickelten sich aus dieser Jugendgenossenschaft dauernde Freundschaften; von Marc Aurels

1) Hist. aug. M. Aurel. 7, 11. 2) Cass. Dio LXVII 2, 1. LXXII 4, 1. Hist. aug. Commod. 3, 1. 3) ebd. Sever. 8, 3. 4) Tac. Hist. I 71. Plutarch. Otho 1. 5) Plin. ep. IV 22, 4ff. 6) Der Brauch entstammt vielleicht der persischen oder ägyptischen Hofsitte, vgl. Anhang VII S. 54. 7) Sueton. de gramm. 17, s. oben S. 71. 8) Sueton. Aug. 48. CIL VI 8980: *C. Iulius Epaphra divi Augusti l(ibertus) vixit ann. LX carus alumno suo, regis* (eines spätern Königs?) *paedagogus.* 9) Joseph. A. J. XVIII 143. 191. 10) ebd. XIX 360. 11) Hist. aug. M. Aurel. 4, 1. 12) Sueton. Claud. 32. Tac. A. XIII 16. 13) Sueton. Tit. 2.

am meisten begünstigten Freunden waren zwei von senatorischem, zwei von Ritterstande seine Mitschüler gewesen[1]). Ein kaiserlicher Freigelassener P. Aelius Epaphroditus, der heilgymnastischer Lehrer »der vornehmen Knaben« (*pueri eminentes*) war, gehörte wohl zu der für diese am Hofe erzogenen Kinder bestimmten Dienerschaft[2]).

4. DIE GESELLSCHAFTER DER KAISER.

Wenn die Kaiser sich des Rats und der Unterstützung ihrer Freunde aus den beiden ersten Ständen vorzugsweise für die Geschäfte bedienten, so zogen sie in der Regel eine Anzahl von Personen ohne Rücksicht auf ihre Herkunft wegen ihrer geselligen Vorzüge und Talente, wegen ihrer Bildung und Kenntnisse vorübergehend oder dauernd an ihren Hof: also Gelehrte, Philosophen, Dichter, Künstler, je nach der persönlichen Neigung der Fürsten, auch mehr oder minder gewerbsmäßige Spaßmacher. Diese kaiserlichen Gesellschafter (*convictores*, συμβιωταί, Freunde im weitern Sinne des Wortes genannt) waren oft Ausländer, besonders Griechen; auch die bereits erwähnten Leibärzte, Hofastrologen und Prinzenlehrer gehörten zum Teil zu dieser Klasse. Wohl in der Regel waren sie besoldet: Lucian sagt, daß von den damals angesehensten Philosophen einer sich vom Kaiser für seine Gesellschaft bezahlen ließ, dadurch aber auch genötigt war, trotz seines Alters die kaiserlichen Reisen mitzumachen wie ein indischer oder scythischer Soldknecht[3]). Vielleicht sind auch hierin die Diadochenhöfe, an welchen Philosophen stehende Figuren gewesen zu sein scheinen, das Vorbild des römischen gewesen[4]).

Die Gesellschafter des Augustus.

Am Hofe des Augustus war unter andern Griechen ausnahmsweise bevorzugt der Philosoph Didymus Areus[5]) aus Alexandria (ein Eklektiker), der stete Begleiter und Hausgenosse des Kaisers[6]), dessen Fürbitte den Alexandrinern nach der Schlacht bei Actium Verzeihung erwirkt haben soll[7]). Seneca läßt ihn gegen Augustus Gemahlin sich den beständigen Begleiter ihres Mannes nennen, »dem alle geheimen Regungen eurer Gemüter bekannt sind«[8]). Er soll ihn bestimmt haben, den Sohn Kleopatras und Cäsars, Cäsario, töten zu lassen[9]). Auch die Söhne des Areus, Dionysius und Nikanor, blieben am Hofe in ähnlichem Verhältnis; Augustus bediente sich ihrer, um seine Kenntnis der grie-

1) Hist. aug. M. Aurel. 3, 8. 2) CIL VI 8981. In einer Inschrift eines vornehmen Mannes von Ritterstande (πατέρα κὲ πάππον συνκλητικῶν) in Ancyra aus der 2. Hälfte des 3. Jahrhunderts (IGR III 205) ergänzt v. Domaszewski Z. 10 σύντ]ροφον β[ασιλέων vielleicht richtig (Arch. epigr. Mitt. aus Österr.-Ung. IX 1885 S. 123). 3) Lucian. de parasito 52 (wo δορυφορεῖ statt μισθοφορεῖ und αἰχμοφόρος statt αἰχμάλωτος zu lesen ist). Tatian. or. ad Graecos 19 sagt, daß einige Philosophen παρὰ τοῦ Ῥωμαίων βασιλέως ἐτησίους χρυσοῦς ἑξακοσίους erhalten. 4) Diels, Doxogr. graeci S. 82, 2. 5) Nach Diels S. 86 f. Didymus, Sohn des Areus; vgl. über ihn Diels a. a. O. S. 80 ff. Zeller, Gesch. d. Philos. d. Griechen III 1^4 S. 635 ff. Susemihl, Gesch. d. griech. Liter. in d. Alexandrinerzeit II 252 ff. 6) Sueton. Aug. 89, 1. 7) Cass. Dio LI 16, 4. Plut. M. Anton. 80; vgl. apophth. reg. p. 207 A; praec. ger. reip. 18. Julian. epist. 51 p. 334 A, vgl. epist. ad Themist. 265 C. 266 A. 8) Seneca ad Marc. 4, 2 f. Julian. Caes. 326 B (φίλον καὶ συμβιωτήν, vgl Suidas: Ἁρποκρατίων, Ἀργεῖος Πλατωνικὸς φιλόσοφος συμβιωτὴς Καίσαρος). 9) Plutarch. M. Anton. 81.

chischen Literatur zu erweitern[1]); der letztere ist vielleicht der auf mehreren gleichzeitigen athenischen Inschriften verherrlichte Julius Nikanor, der dort vom Volke, dem Rat des Areopags und der Sechshundert als ein neuer Homer und Themistokles gepriesen wird, weil er die von den Athenern aus Geldnot verpfändete oder verkaufte Insel Salamis für sie zurückkaufte, und weil er epischer Dichter war[2]). Auch der durch Areus bei Augustus eingeführte Peripatetiker Xenarch aus Seleucia in Cilicien blieb bis zu seinem Alter in einer ehrenvollen Stellung[3]). Ferner lebte der Stoiker Athenodorus aus Tarsus, der in Apollonia Augustus Lehrer gewesen war, längere Zeit am Hofe des kaiserlichen Schülers, der ihm die alte Pietät zu beweisen fortfuhr und seinen Wunsch der Heimkehr in seine Vaterstadt erst erfüllte, nachdem Athenodor sich hatte bewegen lassen, seinen Aufenthalt in Rom noch um ein Jahr zu verlängern[4]). Auch der gelehrte und geistvolle Damascener Nikolaos, Aristoteliker, ein vielseitiger und fruchtbarer Schriftsteller und Dichter[5]), der sich wiederholt am römischen Hofe in Angelegenheiten König Herodes des Großen aufhielt, besaß Augustus Gunst in hohem Grade[6]). Der aus Alexandria im Jahre 55 v. Chr. als Kriegsgefangener nach Rom gekommene Geschichtschreiber Timagenes[7]), den der ältere Seneca »glücklich bis zur Freundschaft des Kaisers« nennt, verscherzte diese durch die Zügellosigkeit seines Witzes, dem er bei Gastmählern und auf Spaziergängen freien Lauf ließ und den er selbst gegen den Kaiser, seine Gemahlin und Familie richtete; als Augustus ihm endlich sein Haus verbot, nahm Asinius Pollio ihn in das seinige auf[8]). Ein gern gesehener Tischgenosse war bei Augustus der Sänger Tigellius, wie er es schon bei Cäsar und Kleopatra nicht bloß wegen seiner Kunst, sondern auch wegen seiner Unterhaltungsgabe gewesen war; seine Künstlerlaunen wurden mit Nachsicht ertragen[9]). Auch Horaz versuchte Augustus in seine Gesellschaft zu ziehen, aber vergeblich. Daß der Dichter die Stelle eines Sekretärs bei ihm ablehnte, nahm er nicht nur nicht übel, sondern fuhr fort, ihm seine Freundschaft förmlich aufzudrängen. Er schrieb an ihn unter anderm: »mache Ansprüche an mich, als seist du mein Gesellschafter (*convictor*) geworden; denn dies Verhältnis habe ich mit dir gewünscht, sofern es deine Gesundheit erlauben sollte« und: »wenn du meine Freundschaft übermütig verschmäht hast, so vergelte ich es nicht mit gleichem Hochmut«[10]).

Die Gesellschafter des Tiberius.

Tiberius, der eine umfassende und gründliche Bildung besaß[11]), umgab sich

1) Sueton. Aug. 89, 1. 2) IG III 1. 642—644, vgl. K. Keil, Rhein. Mus. XVIII 1863 S. 56ff. W. Dittenberger, Ephem. epigr. I S. 114ff. und unten [III 70f.]. 3) Strabo XIV 670; vgl. Diels S. 100. Zeller S. 631. Susemihl II 321. 4) Strabo XIV 674. Plutarch. apophth. reg. p. 207 C; vgl. Müller FHG III 485ff. Susemihl II 248ff. 5) Vgl. Müller FHG III 343ff. Susemihl II 309ff. 6) Athen. XIV 652 A. Plut. Qu. conviv. VIII 4, 1. Mommsen RG. V 494. Sophronii SS. Cyri et Johann. miracula (Migne, Patrol. gr. 87, 3 p. 3621), vgl. Lumbroso, Bull. d. Inst. 1877 S. 6f. 7) Mommsen, Ges. Schrift. VII 408f. Hirschfeld, Kl. Schrift. S. 4ff. Susemihl II 377ff. 8) Seneca Controv. X 5, 22. Seneca de ira III 23, 4ff. Plutarch. de adul. et amic. 27. 9) Horat. Sat. I 3, 1ff. Vgl. unten [II 180]. 10) Sueton. Vita Horatii p. 6, 11ff. Vollm. Der Knidier C. Julius Theopompus, ὁ Καίσαρος τοῦ θεοῦ φίλος, τῶν μεγάλα δυναμένων (Strabo XIV 656), war nicht, wie Waddington annahm, ein Freund des Augustus, sondern Cäsars, und nicht der Sohn des Artemidor, der Cäsar auf seinem letzten Gange warnte, sondern dessen Vater. G. Hirschfeld, Journal of hellenic studies VII (1886) S. 286ff. A. Jardé, Mélanges Cagnat (1912) S. 57. 11) Vgl. unten [II 215f.].

schon vor seiner Thronbesteigung mit einem Kreise von Griechen, welche bei der oben[1]) erwähnten Beschenkung der Freunde gleichfalls (mit einer Spende von 200 000 Sesterzen = 43 500 Mark) bedacht wurden[2]). Sie blieben an seinem Hof und wurden z. B. um ihre Meinung befragt, als der vor den Kaiser beschiedene ägyptische Steuermann Thamus berichtete, wie die Kunde von dem Tode des großen Pan von dessen Mitdämonen mit lautem Wehklagen aufgenommen worden sei[3]). Tiberius ließ sich von diesen Hofgelehrten nach Capri begleiten, um sich durch ihre Gespräche zu zerstreuen[4]). Unter diesen befand sich der bereits erwähnte Astrolog Thrasyllus und der Arzt Charikles, von dessen Rat Tiberius sich leiten ließ, obwohl er nicht sein Leibarzt war. Dieser ergriff kurz vor Tiberius Tode sich beurlaubend seine Hand, wie um sie zu küssen, und fühlte ihm dabei den Puls. Tiberius bemerkte es und blieb, um seine Schwäche zu verbergen, ungewöhnlich lange bei Tisch, »wie um dem scheidenden Freunde Ehre zu erweisen«[5]). Doch besondern Gefallen fand Tiberius, der in der Literatur beider Sprachen gelehrte Kenntnisse besaß, an Philologen, die er bei Tafel mit schwierigen oder nicht zu beantwortenden Fragen in Verlegenheit zu setzen liebte (mit denen man ihre Gelehrsamkeit auch sonst in Ernst und Scherz gern auf die Probe stellte)[6]), z. B. wer die Mutter der Hecuba gewesen, welchen Mädchennamen Achill unter den Töchtern des Lycomedes geführt, was die Sirenen gesungen hätten[7]). Aus diesen boshaften Spielereien ward zuweilen furchtbarer Ernst. Als er erfuhr, daß der Philologe Seleucus sich bei seinen Dienern nach seiner Lektüre erkundigte, um sich auf die zu erwartenden Fragen vorzubereiten, entfernte er ihn zuerst aus seinem Hause und zwang ihn dann, sich den Tod zu geben[8]). Nero umgab sich mit Versmachern, die ihn bei seinen poetischen Versuchen unterstützen mußten; auch widmete er, wie Tacitus sagt, den Lehrern der Weisheit nach Tisch einige Zeit, um die Vertreter entgegengesetzter Prinzipien zum Gezänk aneinanderzuhetzen, und es gab deren, die bei aller Strenge in Reden und Mienen sich gerne zu solcher Belustigung des Fürsten gebrauchen ließen[9]).

Neros.

Gesellschafter späterer Kaiser.

Dio von Prusa wurde von Trajan so ausgezeichnet, daß man ihn oft im kaiserlichen Wagen sah[10]). Hadrian prunkte mit seinem vertrauten Umgange mit einem großen Kreise von Philosophen, Philologen, Rhetoren, Musikern, Malern, Mathematikern und Astrologen; eine hervorragende Stellung nahm in diesem Kreise der Arelatenser Favorinus ein[11]). Der große griechische Sprachforscher Aelius Herodianus, der in bezug auf die Tiefe und den Umfang seiner Forschung mit Jakob Grimm verglichen worden ist, war mit dem Kaiser Marc Aurel befreundet und schrieb seine Akzentlehre auf dessen Aufforderung[12]).

Hofnarren.

Unter den Gesellschaftern der Kaiser waren Witzbolde, Lustigmacher,

1) Vgl. S. 79. 2) Sueton. Tiber. 46 *ducenta (sestertia classi) tertiae, quam non amicorum, sed Graecorum appellabat,* vgl. dazu Mommsen StR. II³ 835, 2. 3) Plutarch. de def. orac. 17; vgl. unten [III 124]. 4) Tac. A. IV 58. 5) ebd. VI 50. Sueton. Tiber. 72, 3. 6) Lehrs, De Aristarch. stud. Hom.³ S. 213 ff. 7) Sueton. Tiber. 70, 3. 8) ebd. 56; s. über ihn E. Maaß, De biographis graecis (Philol. Untersuch. III) 33 ff. 9) Tac. A. XIV 16. 10) Suid. s. Δίων. 11) Hist. aug. Hadrian. 16, 10, vgl. Ael. Verus 4, 2. 12) Vita Herodiani bei Lentz, Herodiani Technici rel. praef. p. VI.

Possenreißer häufige, vielleicht stehende Figuren, natürlich mußten sie oft auch ihre Person zur Unterhaltung des Hofs preisgeben. Juvenal sagt, wer in seiner Zeit als Parasit sein Leben fristen wolle, müsse mehr dulden, als Sarmentus oder der niedrige Gabba an der Tafel Cäsars (des Augustus) sich habe gefallen lassen[1]). Der erstere war ein ehemaliger Sklave oder Freigelassener des bei Philippi getöteten M. Favonius, von etrurischer Abkunft, der sich durch Schönheit und Witz beliebt machte[2]). Von dem zweiten erzählt Plutarch, daß er sich bei Tische schlafend stellte, um nicht zu sehen, wie Mäcenas mit seiner Frau liebäugelte; als aber ein Sklave Wein entwenden wollte, zu diesem sagte: Ich schlafe nur für Mäcenas (eine schon bei Lucilius vorkommende Anekdote)[3]). Gabbas Witz rühmt Martial[4]); aber, sagt er an einer andern Stelle, wenn jetzt der alte Gabba, der durch seinen Cäsar glücklich war, aus dem Elysium wiederkehrte, so würde jeder, der ihn und Capitolinus um die Wette scherzen hörte, sagen: »bäuerischer Gabba, schweige«[5]); Capitolinus war also ein Lustigmacher Trajans, dessen derbe Soldatennatur an den Späßen der Possenreißer mehr Gefallen finden mochte als an edlerer Unterhaltung. Claudius hatte, als er unter Tiberius verachtet in Verborgenheit lebte, »seine träge Muße durch die Gesellschaft von Possenreißern erheitert«; einer derselben, Julius Pälignus, der durch Schwäche des Geistes und Mißgestalt des Körpers gleich verächtlich, aber bei ihm besonders beliebt war, hatte nach seiner Thronbesteigung die Stelle eines Prokurators von Cappadocien erhalten[6]). Am Hofe Neros nahm Vatinius eine für den dort herrschenden Geist charakteristische Stellung ein. In einer Schusterbude zu Benevent aufgewachsen, mißgestaltet, von possenhafter Komik, war er anfangs als Gegenstand des Gespöttes am Hofe aufgenommen worden. Durch niedrige Servilität wußte er sich bei Nero beliebt zu machen; durch Anschuldigungen und Verleumdungen aller Rechtschaffenen erlangte er so große Macht, daß er an Einfluß, Vermögen und Gewalt zu schaden selbst die übrigen Schlechten an diesem Hofe hinter sich ließ und mit den ruchlosesten und mächtigsten Freigelassenen Neros in einer Reihe genannt ward[7]). Commodus hatte einige unsaubere Possenreißer mit scheußlichen Gesichtern und noch scheußlicheren Namen und Beschäftigungen wegen ihrer schamlosen Frechheit mit großen Reichtümern beschenkt; Pertinax ließ ihre Namen mit Angabe ihres Vermögens veröffentlichen[8]).

1) Juv. 5, 1—4. 2) Schol. Juv. 5, 3. Plutarch. Anton. 59: ὁ δὲ Σάρμεντος ἦν τῶν Καίσαρος (Octaviani) παιγνίων [παιδάριον], ἃ διλίκια Ῥωμαῖοι καλοῦσιν; vgl. Horat. sat. I 5, 52. Quintil. VI 3, 58. 3) Plutarch. Amatorius 16 (ἦν γὰρ ὁ Κάββας γελωτοποιός), vgl. F. Marx, Lucil. II 388. Der Name ist auch bei Plutarch. Qu. conv. VIII 6, 1 herzustellen, wo Madvig für γὰρ Βάτου einleuchtend Γάλβα (vielmehr Γάββα) τοῦ (παρὰ Καίσαρι γελωτοποιοῦ) verbessert hat. 4) Martial. I 41, 16 f. 5) ebd. X 101. 6) Tac. A. XII 49; vgl. Sueton. Claud. 5. 7) Tac. A. XV 34, vgl. Dial. 11, 3; Hist. I 37. Juv. 5, 46. Martial. XIV 96 (vgl. X 3, 4). Cass. Dio LXIII 15, 1. 8) Cass. Dio LXXIII 6, 2.

5. DAS ZEREMONIELL.

a. DER MORGENEMPFANG.

Morgenempfang der Freunde —

Zu den Vorrechten der Freunde, wenn auch vielleicht nur der Freunde erster Klasse, gehörte ganz besonders, daß sie dem Kaiser an jedem Morgen ihre Aufwartung machen durften[1]), ein Brauch, der in dem Lever des französischen Hofzeremoniells seine letzten Nachklänge hinterlassen hat. Fabius Maximus erfuhr die Ungnade des Augustus dadurch, daß dieser ihm auf seine Anrede bei dem gewöhnlichen Morgenbesuch »sei gegrüßt, Cäsar« antwortete »lebe wohl, Fabius«[2]). Der ältere Plinius, ein Freund des Vespasian, besuchte diesen, wie es scheint, in der Regel täglich vor Tagesanbruch, wo Vespasian bereits Audienz erteilte[3]). Auch dieses Recht war zugleich eine Pflicht, die man wohl kaum ohne dringende Gründe ungestraft versäumen konnte, obwohl natürlich auch hierin nicht alle Kaiser gleich streng waren. Fronto rühmt sich, die Liebe seines Zöglings Marcus Cäsar zu besitzen, obwohl er »weder in der Morgendämmerung immer nach eurem Hause kommt, noch täglich seine Aufwartung macht«[4]).

der Senatoren —

Häufig stellten sich auch die Senatoren zur Morgenaufwartung bei dem Kaiser, als dem ersten ihres Stands, ein, teils einzeln, teils die ganze Körperschaft. Solche Aufwartungen fanden gewiß besonders bei freudigen und feierlichen Veranlassungen regelmäßig statt. Als Nero im Jahre 63 in Antium von Poppäa eine Tochter geboren wurde, begab der ganze Senat sich dorthin, um ihn zu beglückwünschen. Thrasea allein, der Führer der Opposition, ward nicht vorgelassen; er ertrug diese Beschimpfung, die ein Vorbote seines drohenden Untergangs war, mit unbewegtem Gemüt[5]). Augustus litt es nie, daß der Senat ihm an Sitzungstagen aufwartete, sondern begrüßte dann die Senatoren in der Kurie, wobei sie ihren Platz behalten mußten[6]); im hohen Alter verbat er sich die Aufwartungen überhaupt[7]). Tiberius lud die Senatoren im Anfange seiner Regierung ein, ihn insgesamt zu besuchen, um nicht einzeln dem Gedränge ausgesetzt zu sein[8]). Zuweilen wurden, wie es scheint, auch die Frauen und Kinder der senatorischen Familien dem Kaiser vorgestellt. Augustus soll dem spätern Kaiser Galba, da er ihm als Knabe unter seinen Altersgenossen aufwartete, seine künftige Herrschaft vorausgesagt haben[9]). Unter den Personen, die sich zum Empfange bei Claudius einstellten, werden Frauen, Knaben und Mädchen erwähnt[10]).

der übrigen Stände.

Zuweilen empfingen die Kaiser außer den Senatoren auch die Ritter[11]); hin und wieder wurde auch der dritte Stand zugelassen[12]). Bei solchen Gelegen-

1) Dies geht hervor aus den später anzuführenden Stellen, wie Sueton. Tiber. 34, 2. Cass. Dio LXVI 10, 4; vgl. Aur. Vict. Epit. 9, 15. 2) Plut. de garrul. 11. 3) Plin. ep. III 5, 9. 4) Fronto ep. ad Marc. Caes. I 3 p. 6 N. 5) Tac. A. XV 23. 6) Sueton. Aug. 53, 3. Cass. Dio LVI 41, 5. 7) ebd. LVI 26, 2. 8) ebd. LVII 11, 1. 9) Sueton. Galba 4, 1. 10) ebd. Claud. 35, 2. 11) Mommsen StR. II³ 834, 4 nimmt an, daß seit Vespasian alle Personen der beiden ersten Stände zum (täglichen) Empfang zugelassen wurden, denen derselbe nicht untersagt war. Vgl. die von ihm angeführte Stelle Cod. Just. IX 51, 1: *imp. Antoninus Augustus cum salutatus ab — praefectis praetorio — item amicis et principalibus officiorum et utriusque ordinis viris processisset.* 12) Cass. Dio LVI 26, 3.

heiten wurden Bittschriften überreicht, und die Kaiser waren mehr oder weniger bemüht, sich gnädig zu erweisen, wie z. B. Augustus gegen einen Bittsteller, der seine Eingabe zu überreichen zögerte, scherzend bemerkte, er tue ja, als ob er einem Elefanten eine kleine Münze geben wolle[1]). Nero bewies im Anfange seiner Regierung im namentlichen Anreden von Personen aus allen Ständen ein vorzügliches Gedächtnis[2]). In außergewöhnlichem Maße zugänglich war Vespasian. Den ganzen Tag stand die Tür des Palastes in den Sallustischen Gärten, wo er zu wohnen pflegte, offen, und jedermann nicht bloß vom Senat, sondern auch von den übrigen Ständen wurde vorgelassen[3]). Alexander Severus nahm nur achtbare und gut beleumundete Personen zur Aufwartung an und ließ durch den Herold bekannt machen, daß niemand den Kaiser begrüßen solle, der sich eines Unterschleifs bewußt sei, sonst würde er im Falle der Entdeckung mit dem Tode bestraft werden[4]).

Allgemeiner Empfang am Tage des Regierungsantritts und am 1. Januar.

Der allgemeine Empfang (*publica*, *promiscua salutatio*) scheint gewöhnlich an Feiertagen stattgefunden zu haben[5]). Wahrscheinlich gehörte dazu der Tag des Regierungsantritts. Fronto entschuldigt sich in einem Schreiben an Antoninus Pius mit seinem Rheumatismus wegen Nichterscheinens zur Gratulation an diesem Tage[6]). Besonders festlich war der Empfang am ersten Januar. Der Palast war dann prächtig geschmückt (Nero wurde in weißen, mit Gold durchwirkten Teppichen bestattet, deren er sich am letzten Neujahrstage bedient hatte)[7]), und die Kaiser nahmen Neujahrsgeschenke an, auch in Geld (*strenae*, franz. *étrennes*), und erwiderten sie. Augustus verwendete das Geld zum Ankauf von Statuen, die er in die Stadtbezirke verteilte[8]). Tiberius pflegte im Anfange seiner Regierung eigenhändig jede Gabe mit einer vierfachen zu erwidern, aber da er den ganzen Januar hindurch von Personen belästigt wurde, die am Neujahrstage nicht hatten zu ihm gelangen können, hörte er überhaupt auf zu geben und verließ am ersten Januar die Stadt. Auch beschränkte er den Austausch der Neujahrsgeschenke auf diesen einen Tag. Caligula erklärte sich zur Annahme durch ein Edikt bereit, um seinen Schatz zu füllen, und empfing persönlich die Gaben, die eine aus allen Ständen gemischte Masse aufschüttete, auf dem Vorplatze des Palastes. Diesen Mißbrauch hob Claudius durch ein Edikt auf; doch ist die Sitte überhaupt schwerlich ganz in Abgang gekommen[9]).

Empfang bei den Kaiserinnen.

Bei den Kaiserinnen hat ein feierlicher Empfang ganzer Körperschaften und Stände offenbar nur ausnahmsweise stattgefunden. Berichtet wird es nur von dreien, die an der Regierung wirklich Anteil nahmen oder doch als Mitregentinnen erscheinen wollten[10]). Von Livia sagt Cassius Dio, sie habe sich, nachdem ihr Sohn zur Herrschaft gelangt war, gewaltig über alle frühern Frauen

1) Sueton. Aug. 53, 2. Macr. Sat. II 4, 3. 2) Sueton. Nero 10, 2. 3) Cass. Dio LXVI 10, 4. 4) Hist. aug. Alex. Sever. 18, 2. 5) Cass. Dio LVI 41, 5 (von Augustus) καὶ ἐν μὲν ἑορταῖς καὶ τὸν δῆμον οἴκαδε προσδεξαμένου. 6) Fronto ep. ad Anton. Pium 5 p. 167 N. 7) Sueton. Nero 50, vgl. 46, 2. 8) Cass. Dio LIV 35, 2. Sueton. Aug. 57, 1; Inschriften solcher Statuen, die Augustus *ex stipe, quam populus Romanus K. Ianuariis apsenti ei contulit*, weihte, CIL VI 456—458. 30974 (Dessau 92. 93. 99). Über den Begriff der Strena vgl. L. Deubner, Glotta III 1919 S. 34 ff. Nilsson, Arch. f. Religionswiss. XIX 1917 S. 63 f. 9) Sueton. Tib. 34, 2; Calig. 42. Cass. Dio LVII 8, 4, vgl. 17, 1. LX 6, 3. Auson. epist. 13 p. 243 P. (6 Goldstücke als Strenae des Kaisers). 10) Vgl. Mommsen StR. II³ 788, 4. F. Sandels, Die Stellung der kaiserlichen Frauen aus dem julisch-claudischen Hause (Diss. Gießen 1912) S. 75 ff.

erhoben, so daß sie zu allen Zeiten die Aufwartung des Senats und derer aus den übrigen Ständen, die sich vorzustellen wünschten, annahm und dies in die öffentlichen Tagesberichte eintragen ließ[1]); ähnliches erzählt er von Agrippina[2]), die unter Claudius dem Empfange von Gesandten und andern Regierungshandlungen (wohl immer von einem Hofstaat von edlen Frauen umgeben) beigewohnt hatte[3]) und dies auch unter Nero beanspruchte; im Jahre 55 wies ihr dieser eine andre Wohnung an, damit der Morgenempfang bei ihr aufhöre[4]). Julia Domna, der ihr Sohn Caracalla während seiner Abwesenheit einen Teil der Regierung übertragen hatte, »empfing öffentlich alle Vornehmsten«[5]). Daß die meisten hochgestellten Männer den Kaiserinnen einzeln ihre Ehrfurcht bezeigten, muß natürlich zu allen Zeiten gewöhnlich gewesen sein; von Frauen versteht es sich ohnehin von selbst. Alexander Severus verbot Frauen von üblem Ruf, vor seiner Mutter und Gemahlin zu erscheinen[6]). Noch in der Zeit des Hieronymus drängte sich die Menge der Aufwartenden zur Gemahlin des Kaisers[7]).

Menge vor dem Palast.

An Empfangstagen war auf dem Vorplatze des Palastes immer eine große Menge aus allen Ständen versammelt, die der Meldung harrte, daß der Kaiser die Aufwartung annehme. Gellius[8]) berichtet einige Unterhaltungen gelehrter Freunde wie Favorinus, Fronto, Sulpicius Apollinaris u. a., die während des Wartens dort stattfanden. Aber auch an andern Tagen war es hier wohl selten leer. Das Getümmel vor dem Palaste vergleicht Apollonius von Tyana bei Philostrat mit dem vor einem öffentlichen Bade, das fortwährende Ein- und Ausgehen von solchen, die Huldigungen teils empfangen, teils darbringen, gleiche dem Ab- und Zuströmen der bereits Gebadeten und der noch Ungebadeten[9]). Außer der großen Anzahl derer, die ihr Amt oder Geschäft dorthin rief, trieben sich hier viele herum, die den Kaiser beim Ausgehen und Herabsteigen vom Palatin sehen, begrüßen, ihm Bittschriften überreichen wollten[10]); und es gab Leute, die wohl zehnmal am Tage die heilige Straße nach dem Palaste zu hinaufliefen, um andern einzubilden, daß sie Bekanntschaften am Hofe hätten[11]).

Empfangszeit am frühen Morgen.

Der Empfang fand in der ersten Frühe statt, welches in Rom überhaupt die für Besuche gewöhnliche Zeit war. Daher stellten sich viele schon in der Dämmerung ein[12]). Vespasian ließ, wie gesagt, Freunde sogar vor Tagesanbruch vor und unterhielt sich mit ihnen im Bett und während des Ankleidens[13]). Da nun auch die Schauspiele am frühen Morgen begannen, brachten die Kaiser, um diejenigen, die sie sprechen wollten, nicht zu weiten Wegen zu nötigen, oft die vorhergehenden Nächte in einem dem Schauplatz nahe gelegenen Hause

1) Cass. Dio LVII 12, 2. 2) ebd. LX 33, 1; Mommsen StR. II³ 813, 6 schließt aus diesen beiden Stellen, daß auch die Audienzen bei den Kaisern mit vollständigem Namensverzeichnis der empfangenen Personen in den Acta publica bekannt gemacht wurden. 3) Tac. A. XII 37. Cass. Dio LX 33, 7. Wilcken, Hermes XXX (1895) S. 494. 4) Tac. A. XIII 18. 5) Cass. Dio LXXVII 18, 2f. 6) Hist. aug. Alex. Sever. 25, 10. 7) Hieronym. epist. 22, 16, 1. 8) Gell. XX 1, 2. 55. IV 1, 1. XIX 13, 1; über die Area Palatina vgl. Hülsen-Jordan, Topogr. I 3 S. 66. 9) Philostrat. Vit. Apoll. Tyan. VII 31. 10) Sueton. Tiber. 32, 2. Macrob. Saturn. II 4, 31. Seneca de benef. III 27, 2. 11) Martial. IV 78, 7. 12) Fronto ad M. Caes. I 3 p. 6 N. 13) Cass. Dio LXVI 10, 5. Aurel. Vict. epit. 9, 15. Plin. ep. III 5, 9; vgl. Philostrat. Apoll. Tyan. V 31.

eines Freigelassenen zu, oft mehrere hintereinander, wie Tiberius[1]), oder nahmen an solchen Tagen überhaupt keine Aufwartung an, wie Hadrian[2]).

Im Palaste zog immer eine ganze Kohorte der Prätorianer (1000 Mann) unter dem Kommando eines Tribunen[3]) zur Wache auf[4]) (und zwar in der Friedenstracht, der Toga)[5]), und ein Posten war wohl gewöhnlich am Eingange aufgestellt. Wenigstens führt Cassius Dio besonders an, daß in den geöffneten Türen von Vespasians Palaste keine Wache stand[6]); doch gewiß fand dieses Beispiel bei manchen der späteren Kaiser Nachahmung, so vermutlich bei Nerva und Trajan[7]). Aber als am 22. Januar 205 Plautianus in den Palast gerufen wurde, um das Todesurteil zu empfangen, ließen »die Wächter am Gitter« nur ihn ein und wiesen seine Begleiter zurück[8]). Agrippina hatte im Anfange von Neros Regierung außer einer Wache von Prätorianern noch eine berittene germanische Leibwache zu ihrem eignen Dienst[9]), und diese *Germani corpore* (oder *corporis*) *custodes* begegnen vielfach bei allen Mitgliedern des Kaiserhauses bis auf Galba, der sie auflöste[10]). Wache.

Zuweilen mußten sich die zum Empfange Erscheinenden eine Untersuchung gefallen lassen, ob sie Waffen bei sich trügen. Augustus ließ selbst Senatoren untersuchen, als er den Senat purifizierte und eine Anzahl Mitglieder ausstieß[11]). Am strengsten war die Untersuchung unter dem sehr ängstlichen Claudius. Erst spät und mit Mühe ward er bewogen, zuzugeben, daß Frauen und unerwachsene Knaben und Mädchen nicht betastet wurden, und daß den Begleitern und Schreibern der Vorgelassenen nicht die Behälter der Griffel und Schreibrohre abgenommen wurden[12]). In der Tat wurde bei einem großen Empfange im Jahre 47 ein römischer Ritter mit einem Dolch ergriffen[13]). Denjenigen, die freien Zutritt bei ihm hatten, gab Claudius einen goldnen Ring mit seinem Bildnisse, eine Einrichtung, welche zu großen Mißbräuchen Veranlassung wurde[14]). Vespasian hob die Durchsuchung schon während des Bürgerkrieges auf[15]); unter Claudius nächsten Nachfolgern scheint sie also fortbestanden zu haben. Wie es die spätern Kaiser in dieser Beziehung hielten, ist nicht bekannt; in Cassius Dios Zeit scheint keine Untersuchung stattgefunden zu haben. Durchsuchung der Vorzulassenden.

Im Innern des Palastes war eine Abteilung der kaiserlichen Hofdienerschaft (*ab admissione*, *admissionales*) tätig, welche die Ordnung aufrecht erhielt und die Aufwartenden meldete und einführte[16]). Das Amt mußte schon wegen der fortwährend Audienz nachsuchenden Gesandten aus allen Prozinzen zahlreich Die beim Empfange angestellten Hofbedienten.

1) Cass. Dio LVII 11, 4. 2) ebd. LXIX 7, 2. 3) Tac. A. XI 37. XIII 2. Sueton. Nero 9. 4) Tac. A. XII 69; Hist. I 24. 29. Sueton. Otho 6, 1. Ihre Ablösung erfolgte in der achten Stunde, Martial. X 48, 2 mit Friedlaenders Anmerkung. 5) Tac. H. I 38. Martial. VI 76, 1. 6) Cass. Dio LXVI 10, 5. 7) Vgl. Plin. paneg. 47, 3. 5. Nach der Inschrift CIL VI 8748: *Ti. Claudio Aug. l. Dioscoro a cena centurionum* scheinen die Centurionen der Palastwache dort regelmäßig bewirtet worden zu sein. 8) Cass. Dio LXXVI 4, 2. 9) Sueton. Nero 34, 1. Tac. A. XIII 18. 10) Sueton. Galba 12, 2; vgl. Mommsen, Ges. Schrift. VI 17 ff. Keune, Real-Encykl. IV 1900 ff. M. Bang, Die Germanen im römischen Dienst (1906) S. 63 ff. 11) Sueton. Aug. 35, 2, vgl. 27, 4. 12) Sueton. Claud. 35, 1. Cass. Dio LX 3, 3. 13) Tac. A. XI 22. 14) Plin. n. h. XXXIII 41. Vgl. Mommsen, Ges. Schrift. IV 320, 2; StR. II^3 834, 3. 15) Sueton. Vespas. 12. Cass. Dio LX 3, 3. 16) Sueton. Vespas. 14 (*quidam ex officio admissionis*). Kaiserliche Freigelassene *ab admissione* CIL VI 8698 f. 8702 (*ab officiis et admissione* 4026), ein *prox(imus) ab admissione* 8701, *adiutores ab admissione* III 6107. VI 8700, *magister ab admissione* XIV 3457, *nomenclator ab admissione* VI 8931. Zu diesem Officium gehören nach Marquardt, Privatl.[2] 144, 5 auch die Hof-

besetzt sein; Philo nennt einen Homilos, der diese einzuführen hatte und durch welchen Caligula der jüdischen Gesandtschaft Gehör zusagte[1]); natürlich gehörten auch Dolmetscher dazu[2]). Auch hier waren die Schwierigkeiten der Zulassung verschieden. Der jüngere Plinius schildert den Empfang bei Trajan im Gegensatz zu dem bei seinem Vorgänger. »Hier gibt es keine Riegel, keine Stufenfolge von Beschimpfungen; nicht, wenn man schon tausend Schwellen überschritten hat, noch andre weitere, die verschlossen bleiben und Widerstand leisten. Tiefe Ruhe herrscht vor und hinter dir, am meisten aber in deiner Nähe; so geräuschlos und rücksichtsvoll wird überall verfahren, daß man zu einem kleinen und beschränkten Hausstande aus dem kaiserlichen Palaste das Muster der Ruhe und Bescheidenheit mitbringt«[3]). Noch in den Zeiten des überhandnehmenden orientalischen Pomps gab Alexander Severus wie einer von den Senatoren Audienz; die Vorhänge des kaiserlichen Kabinetts waren zurückgeschlagen, und nur die Diener zugegen, die den Dienst an der Tür hatten: »während man früher den Kaiser nicht begrüßen konnte, weil man ihn gar nicht sah«[4]).

Die Kaiser wie die Aufwartenden in der Toga.

Sowohl die Kaiser als die ihnen aufwartenden Personen erschienen beim Empfange in der Toga; und diese Sitte erhielt sich bis zum 4. Jahrhundert[5]). Es war ein Zeichen der Umwandlung des Kaisertums in eine Militärherrschaft, wenn Gallienus zu Rom in der Kriegstracht (*chlamys*) mit kostbaren, von Edelsteinen funkelnden Schnallen Audienzen gab[6]). Marc Aurel und Alexander Severus trugen sogar auch in den übrigen Städten Italiens die Toga[7]). Höchstens vor Freunden konnte der Kaiser sich in der Tunika sehen lassen; was namentlich von Antoninus Pius als Zeichen größter Ungezwungenheit im Umgange berichtet wird[8]). Doch hatte auch Marc Aurel von Junius Rusticus gelernt »nicht in der Toga im Hause umherzuwandeln, noch dergleichen zu tun«[9]). Es war eine gröbliche Verletzung der Sitte, daß Nero die Senatoren in einer geblümten Tunika mit einem Musselintuche um den Hals empfing; denn, sagt Cassius Dio, auch in diesen Dingen übertrat er das Herkommen, so daß er auch ungegürtete Tuniken bei öffentlichem Erscheinen anzog[10]). Auch Commodus empfing den Senat in einer weißseidenen, golddurchwirkten Tunika mit Ärmeln[11]). Caracalla teilte das Kleidungsstück, von dem er diesen Namen erhielt, massenweise unter das Volk aus und ließ es in dieser Tracht vor sich erscheinen[12]). Macrinus hatte die Absicht, ein ähnliches Geschenk im Namen seines Sohnes zu machen, um ihm die Gunst des Volkes zu erwerben[13]).

---

beamten *a cura amicorum* (oben S. 78), nach Hirschfeld, Verw.Beamt. S. 314, 3 auch die *velarii* CIL VI 5183. 6258. 6371. 8649. 9086.

1) Philo leg. ad Gai. 181 (τὸν ἐπὶ τῶν πρεσβειῶν), vgl. Suidas s. Διονύσιος Ἀλεξανδρεὺς ὁ Γλαύκου υἱὸς (ἐπὶ τῶν ἐπιστολῶν καὶ πρεσβειῶν καὶ ἀποκριμάτων). 2) CIL VI 8481: *T. Flavio Arzachi interpreti Aug.* 3) Plin. paneg. 47, 5 f. 4) Hist. aug. Alex. Sev. 4, 3. 5) ebd. Hadrian. 3, 5, wo Mommsen StR. I³ 409, 2 für *a togatis* lesen will *ac togati.* Nach Mommsen StR. I³ 420 wird die Prätexta (die dem Kaiser zugleich mit den Fasces und dem kurulischen Sessel eingeräumt worden sein muß) die gewöhnliche Tracht gewesen sein, in der er sich in Rom öffentlich zeigte; doch haben einzelne Kaiser in der Regel die gewöhnliche Toga getragen (ebd. S. 421, 4). 6) Hist. aug. Gallieni duo 16, 4; vgl. Cass. Dio LXXVII 4, 4. Mommsen StR. I ³ 431, 2. 7) Hist. aug. M. Aurel. 27, 3; Alex. Sever. 40, 7, vgl. 4, 2. 8) ebd. Anton. Pius 6, 12. 9) M. Aurel. Comment. I 7. 10) Cass. Dio LXIII 13, 3. 11) ebd. LXXII 17, 3. 12) Aurel. Vict. Caes. 21, 1. Hist. aug. Carac. 9, 7. 13) ebd. Diadum. 2, 8.

Einzelaudienzen.

Die Freunde erster Klasse waren während der Republik einzeln empfangen worden: inwiefern dieser Gebrauch in der Kaiserzeit festgehalten worden ist, darüber sind wir so gut wie gar nicht unterrichtet. Gelegentlich wird erwähnt, daß Einzelaudienzen häufig zur Verbreitung falscher Nachrichten mißbraucht wurden, weshalb Alexander Severus niemanden ohne Zeugen vorließ als seinen Präfekten Ulpian, die übrigen Freunde aber zusammen empfing[1]).

Begrüßung der Freunde mit einem Kusse.

Die Freunde, wenigstens die Freunde erster Klasse, wurden vom Kaiser mit einem Kusse begrüßt: so wurde z. B. Otho von Galba am Morgen des Tags, der für diesen der letzte sein sollte, »wie gewöhnlich« mit einem Kusse empfangen[2]). Diese Art der Begrüßung scheint erst unter Augustus aufgekommen zu sein[3]), und zwar anfangs nur unter den Vornehmen. Denn als in der Mitte von Kaiser Claudius Regierung ein ansteckender Gesichtsausschlag in Rom eingeschleppt wurde, litten, wie Plinius sagt, unter diesem Übel weder die Frauen, noch die Sklaven, noch die mittlern und untern Stände, sondern nur die Vornehmen (*proceres*), hauptsächlich durch die schnelle Übertragung vermittels des Kusses[4]). An einer andern Ausschlagskrankheit hatte Tiberius gelitten[5]): noch in Galens Zeit gab es eine Pastille des Kaisers Tiberius gegen Flechten[6]), und wenn Tacitus unter den Gründen, die den Kaiser bewogen, im Jahre 26 Rom zu verlassen, die Entstellung seines Gesichts durch Geschwüre und Pflaster erwähnt[7]), so dürften dies die Folgen jener Krankheit gewesen sein. Ob jedoch das Edikt, wodurch Tiberius »die täglichen Küsse« beim Empfange am Hofe abschaffte[8]), durch jene ansteckende Krankheit veranlaßt wurde, ist ungewiß. Die Art, wie Valerius Maximus das Verhalten des Kaisers in diesem Punkte rechtfertigt, zeigt, daß es übel aufgenommen worden war. »Auch die Könige von Numidien sind nicht zu tadeln, die nach der Sitte ihres Volkes keinem Menschen einen Kuß gaben. Denn was auf eine erhabene Höhe gestellt ist, muß von niedrigem und allgemeinem Gebrauch befreit sein, damit es um so verehrungswürdiger sei«[9]). Aus den Kreisen der Aristokratie verbreitete sich die Sitte des Küssens dann in die übrigen. In Domitians Zeit (vielleicht schon früher) war sie bereits allgemein, und Martial klagt wiederholt, daß man den Küssen in Rom nirgends entfliehen könne[10]).

Einführung dieser Sitte aus dem Orient.

Vielleicht haben die Großen Roms die, wie gesagt, allem Anschein nach dort früher unbekannte Sitte aus dem Orient eingeführt. Am persischen Hof war es ein Vorrecht der Verwandten, den König zu küssen[11]), und Alexander, der manche Einrichtungen des persischen Hofes an den seinigen übertrug, von dem sie dann die Diadochen, namentlich die Seleuciden und Ptolemäer, entlehnten[12]), scheint auch das Recht, den König zu küssen, als eine Auszeichnung der Freunde festgehalten zu haben[13]). Die Nachahmung solcher Formen orientalischer Höfe, die der römischen Sitte nicht zuwiderliefen, kann um so weniger auffallen, als bereits unter Caligula »einige die barbarische Sitte der Niederwerfung aufs

1) Hist. aug. Alex. Sever. 31, 2. 2) Sueton. Otho 6, 2. 3) Sueton. Tib. 10, 2; vgl. Seneca de ira II 24, 1. 4) Plin. n. h. XXVI 3. 5) ebd. XXVI 9. 6) Galen. XIII 836. 7) Tac. A. IV 57. 8) Sueton. Tiber. 34, 2. 9) Valer. Maxim. II 6, 17. 10) Martial. XI 98. XII 59, vgl. VII 95. VIII 44, 5. XII 26, 4. Sueton. de gramm. 23. 11) Arrian. Anab. VII 11, 1, vgl. Herod. I 134 und Anhang VII S. 57 f. 12) Letronne, Rech. p. servir à l'hist. de l'Egypte S. 58 ff. 314. 13) Plutarch. Alexander 54; vgl. Ed. Meyer, Kl. Schrift. 326. 314 f.

Antlitz in Italien einführten, indem sie das Wesen der römischen Freiheit entstellten«[1]). Der Vater des Kaisers Vitellius betete bei seiner Rückkehr aus Syrien Caligula wie einen Gott an, indem er nach Art der Betenden mit verhülltem Haupte vor ihm erschien und sich herumdrehte, dann sich niederwarf[2]). Caligula, »ein Mensch, der dazu geboren schien, die Sitten eines freien Staates durch persische Knechtschaft umzugestalten«, ließ den alten Konsularen Pompejus Pennus, nachdem er ihm das Leben geschenkt hatte, seinen linken, vergoldeten und mit Perlen besetzten Pantoffel küssen[3]). Diese Huldigung wurde ihm von andern freiwillig geleistet, wie vom Konsul Pomponius Secundus unmittelbar vor seiner Ermordung[4]); und daß unter ihm die fußfällige Anbetung (προσκύνησις) öfters vorgekommen war, geht daraus hervor, daß Claudius sie ausdrücklich verbot[5]). Auch Domitian verlangte wieder unwürdige Huldigungen, denn von Trajan rühmt Plinius, daß er nicht (wie sein Vorgänger) seine Mitbürger nötige, seine Knie zu umfassen, noch den Kuß mit der Hand erwidere[6]). Der Jurist P. Juventius Celsus, im Jahre 95 als Verschworener gegen Domitian angeklagt, verlangte eine geheime Audienz; in dieser adorierte er ihn und nannte ihn Herr und Gott[7]). Doch ging Domitian wohl nicht so weit wie Caligula. Epictet sagt, wenn man jemanden zwingen wollte, die Füße des Kaisers zu küssen, würde er dies für ein Übermaß der Tyrannei halten[8]). Erst Elagabal ließ sich wieder wie ein Perserkönig adorieren, was dann Alexander Severus aufhob[9]). Später wurden untertänige Huldigungen immer gewöhnlicher, und in der letzten Zeit des Altertums war der Kuß des Kaisers eine sehr hohe und seltene Ehre[10]).

Adoration.

Am römischen Hofe hatten aber auf die Ehre des Kusses auch die Mitglieder des Senatorenstandes als Standesgenossen des Kaisers Anspruch. In Plinius Schilderung von Trajans Einzug als Kaiser in Rom heißt es: »Allen war es erfreulich, daß du den Senat mit einem Kusse empfingest, wie du mit einem Kusse von ihm Abschied genommen hattest; erfreulich, daß du die Zierden des Ritterstandes durch die Ehre namentlicher Anrede auszeichnetest, ohne eines Erinnerers zu bedürfen; erfreulich, daß du deine Klienten beinahe zuerst begrüßtest und Zeichen von Vertraulichkeit hinzufügtest«[11]). Man darf annehmen, daß die hier beobachteten Unterschiede bei der Begrüßung der Stände auch für den Empfang am Hofe galten: nur daß die Ritter, die zu den höchsten Ämtern oder unter die Freunde erhoben waren, dieselbe Ehre genossen, auf welche den Senatoren ihr Stand das Anrecht gab. Daß Tiberius die Sitte des Kusses förmlich abschaffte, ist bereits erwähnt. Caligula »küßte nur sehr wenige. Denn den meisten, selbst den Senatoren, reichte er die Hand oder den Fuß zum Kusse. Und deshalb statteten ihm diejenigen, die von ihm geküßt waren, sogar im Senate Dank ab, obwohl alle sahen, daß er die Pantomimen täglich küßte«[12]). Nero legte seinen Haß gegen den Senat auch dadurch an den Tag, daß er bei

Auch die Senatoren von den Kaisern geküßt.

1) Philo leg. ad Gai. 116. 2) Sueton. Vitell. 2, 5; vgl. Marquardt StV. III² 179. 3) Seneca de benef. II 12, 1 f. 4) Cass. Dio LIX 29, 5. 5) ebd. LX 5, 4. 6) Plin. paneg. 24, 2. 7) Cass. Dio LXVII 13, 4. 8) Epictet. Diss. IV 1, 17. 9) Hist. aug. Alex. Sever. 18, 3. 10) ebd. Maximini duo 28, 7. Liban. or. 18, 156 (II 303 F.) περιβαλὼν οὖν καὶ ἀσπασάμενος, ᾗ νόμος τοῖς ἰδιώταις ἀλλήλους ἢ βασιλεῦσί γε ἀλλήλους. Ammian. Marc. XXII 9, 13. XXIX 5, 16. Paneg. lat. II 20, 2. III 28, 4. Theodoret. hist. eccl. V 16, 3. Ambros. epist. 24, 3. 11) Plin. paneg. 23, 1, vgl. 71, 1. 12) Cass. Dio LIX 27, 1.

der Rückkehr von seiner griechischen Reise sowie beim Aufbruch keinen von den Senatoren küßte, nicht einmal ihre Grüße erwiderte[1]). Solche Verletzungen der Sitte waren um so anstößiger, je weniger bedeutend und je allgemeiner diese Gunstbezeigung der Kaiser gegen Männer des ersten Standes war. Selbst bei dem absichtlich kalten Empfange Agricolas nach der Rückkehr von Britannien bei Domitian, dessen unbürgerlichen Hochmut Plinius rügt, fand eine kurze Umarmung statt, obwohl Agricola nicht einmal eines Gespräches gewürdigt wurde[2]). Die Reihenfolge der Umarmungen bestimmte sich ohne Zweifel nach dem Range. Marc Aurel zeichnete den ihm sehr nahe stehenden Junius Rusticus, den er zweimal zum Konsul ernannte, dadurch aus, daß er ihn vor dem Präfekten des Prätorium küßte, der also sonst in jener Zeit den ersten Anspruch auf diese Ehre hatte[3]); Julianus, der unter Commodus die Präfektur bekleidete und den dieser ermorden ließ, war vom Kaiser oft öffentlich umarmt, geküßt und Vater genannt worden[4]). Übrigens war es in der Regel ohne Zweifel nicht möglich, daß alle bei einem Empfange Anwesenden der Umarmung teilhaftig wurden. Fronto erwähnt, daß sein kaiserlicher Schüler L. Verus ihn zuerst in sein Schlafgemach vorgelassen habe, um ihn, »ohne einen andern zu kränken«, küssen zu können, und verbreitet sich nach seiner Weise ausführlich darüber, daß er, dem der Kaiser seinen Mund und seine Rede zur Bildung anvertraut, eine besondere Anwartschaft auf seinen Kuß habe; überhaupt hielt er das Küssen für eine Ehre, welche die Menschheit der Eloquenz erwies[5]). Wie genau schon im 2. Jahrhundert die Abstufung der kaiserlichen Begrüßungen geregelt war, und welcher Wert von den mit denselben Beehrten darauf gelegt wurde, zeigt die Grabschrift eines Prätors A. Plotius Sabinus, in der es nach Aufzählung seiner Ämter in absteigender Reihe heißt, daß »er die zweite Begrüßung des Kaisers Antoninus Pius hatte«[6]). Im 4. Jahrhundert war auch die Audienzordnung (*ordo salutationis*) der hohen Beamten aufs genaueste geregelt[7]), und namentlich bestimmt, welche Personen den Anspruch hatten, von ihnen mit einem Kuß empfangen zu werden[8]). In den Provinzen hatten z. B. die Kurialen, die in ihrer Heimatstadt alle ihnen auferlegten Leistungen vollbracht hatten, den Anspruch auf den Kuß des Statthalters und das Recht bei ihm zu sitzen[9]).

Höflichkeit der Kaiser gegen die Senatoren.

In der Regel pflegten die Kaiser in den ersten Jahrhunderten den ersten Stand bei öffentlichen Empfangsfeierlichkeiten durch große Höflichkeit auszuzeichnen; desto schwerer und tiefer wurde die Nichtachtung empfunden, die einzelne ihm geflissentlich bewiesen. Daß Cäsar den ganzen Senat, der ihm Ehrendekrete überbrachte, sitzend empfing, wurde als ein Schimpf aufgenommen und mit unversöhnlichem Hasse erwidert[10]); denn von jeher hatte es zu den Rechten der Senatoren gehört, um den Magistrat zu sitzen, während die

1) Sueton. Nero 37, 3. 2) Tac. Agric. 40. 3) Hist. aug. M. Aurel. 3, 4. 4) Cass. Dio LXXII 14, 1. 5) Fronto ad L. Ver. II 8 p. 136 N. 6) CIL VI 31746 = Dessau 1078, vgl. Hülsen, Röm. Mitteil. V 1890 S. 301. 7) Empfangsordnung des Statthalters von Numidien aus Julians Zeit CIL VIII 17896 (aus Thamugadi) = Bruns-Gradenwitz, Fontes iur. Rom.[7] I 280f., vgl. Mommsen, Ges. Schrift. VIII 478ff., der mit Recht hervorhebt, daß die hier gegebenen Bestimmungen nur das allgemein Gültige anordnen. S. auch Karlowa, N. Heidelb. Jahrb. I 1891 S. 165 ff. 8) Cod. Theodos. VI 24, 4 (387): *domestici ac protectores osculandi, cum salutaverint, vicarios tui culminis habeant potestatem.* 9) Cod. Theodos. XII 1, 109. 10) Sueton. Caes. 78, 1. Appian. b. c. II 107.

übrigen Bürger standen[1]). Um so höflicher waren Augustus und Tiberius, der letztere bis zur Ehrerbietung[2]), und die einzigen Kaiser in den beiden ersten Jahrhunderten, die ihren Widerwillen gegen den Senat auch in ihrem Betragen kundgaben, waren außer Caligula und Nero etwa noch Domitian und Commodus. Plinius schildert den Gegensatz in der Art des Empfanges bei Domitian und bei Trajan. Dort erschien man voll Angst und zögernd, als ob man einer Lebensgefahr entgegenginge, und auf die Begrüßung folgte allgemeine Flucht und Öde; Entsetzen und Drohungen umschwebten die Pforte, die Vorgelassenen waren in nicht geringerer Angst als die Ausgeschlossenen. Der Kaiser selbst furchtbar von Ansehen und beim Zusammentreffen; man wagte nicht, ihn anzureden noch anzugehen. Trajan dagegen empfing alle mit Güte, erwartete sie, verbrachte einen großen Teil seiner so sehr in Anspruch genommenen Zeit mit ihnen; sie erschienen sorglos und heiter vor ihm und wenn es ihnen gelegen war; es kam vor, daß man an Tagen, wo der Kaiser empfing, durch etwas Dringendes zu Hause gehalten wurde; eine Entschuldigung war unnötig[3]). Solche Leutseligkeit zog den Empfang sehr in die Länge; Antoninus Pius pflegte sich in seinem Alter durch einen Imbiß von trocknem Brote dazu zu stärken[4]). Pertinax »erwies sich stets gegen solche, die ihn besuchten und ansprachen, höflich«[5]). Alexander Severus nötigte bei dem Morgenempfang alle Senatoren zum Sitzen[6]). Dagegen Caracalla ließ sie in den Winterquartieren zu Nicomedia zuweilen den ganzen Tag vor seinem Palast warten und nahm dann auch nicht einmal abends die Aufwartung an[7]). Von Elagabal berichtet Cassius Dio als unanständig, daß er Senatoren im Bett empfing[8]).

b. DIE ÖFFENTLICHEN GASTMÄHLER.

Zahl und Stand der Geladenen.

Außer den öffentlichen Audienzen veranstalteten die Kaiser auch, und zwar häufig[9]), sogenannte öffentliche Gastmähler (*convivia publica*)[10]), an denen eine sehr große Anzahl von geladenen Personen teilnahm. Claudius ließ zuerst auch hierbei eine Wache aufziehen, und dies geschah noch in der Zeit des Alexander Severus[11]). Ein Ritter Pastor, dessen Sohn Caligula hatte hinrichten lassen, wurde von ihm am selben Tage zu einem solchen Mahl unter hunderten von Gästen geladen[12]). Bei Claudius, der diese ungeheuren Tafeln liebte, speisten dann meistens 600 Personen[13]); Alexander Severus mochte sie nicht: es komme ihm vor, äußerte er, als ob er im Zirkus oder im Theater äße[14]). Nicht bloß Senatoren und Ritter wurden dazu geladen, sondern auch Personen des dritten Standes. Augustus, der eine sorgfältige Auswahl unter den Ständen und Personen traf, soll außer Menas nie einen Freigelassenen an seine Tafel gezogen haben, und auch diesen erst, nachdem ihm das Recht der Ingenuität verliehen

1) Mommsen StR. I³ 397, 6. 2) Cass. Dio LVII 11, 3. Sueton. Tiber. 29. 3) Plin. paneg. 48. Aus späterer Zeit vgl. die Schilderung des Empfanges der beiden Konsuln durch Julian bei Mamert. grat. actio (Paneg. III) 28 ff. 4) Hist. aug. Anton. P. 13, 2. Aur. Vict. epit. 15, 5. 5) Hist. aug. Pertinax 9, 9. 6) ebd. Alex. Sever. 18, 2. 7) Cass. Dio LXXVII 17, 3. 8) ebd. LXXIX 14, 4. 9) *Convivabatur assidue* sagt Sueton von Augustus (74); dieselben Worte von Cäsar (48), Claudius (32), Vespasian (19, 1); Domitian (21) *convivabatur frequenter ac large, sed paene raptim.* 10) Hist. aug. Alex. Sever. 34, 5. Sueton. Tiber. 34, 1 (*sollemnes cenae*). 11) Cass. Dio LX 3, 3. 12) Seneca de ira II 33, 4 f. 13) Sueton. Claud. 32. 14) Hist. aug. Alex. Sev. 34, 8.

war. Er selbst hatte geschrieben, er habe einmal einen Mann eingeladen, der bei ihm als Ordonnanz gedient hatte[1]). Daß die Ausschließung der Freigelassenen von Augustus Tafel so ausdrücklich bemerkt wird, läßt darauf schließen, daß die spätern Kaiser weniger streng waren, zum Teil schon deshalb, weil der Stand immer mehr Einfluß und Ansehen gewann.

Die Senatoren bewirteten überdies die Kaiser nicht bloß mit den Rittern zusammen[2]), sondern auch öfters besonders. Bei Otho speisten in den ersten Tagen seiner Regierung achtzig Senatoren, von denen einige auch ihre Frauen mitgebracht hatten[3]). Überhaupt scheinen die Frauen der Senatoren öfters an diesen Mahlzeiten teilgenommen zu haben[4]). Caligula lud die edelsten Frauen mit oder ohne ihre Männer ein und schickte zuweilen denen, die ihm gefielen, im Namen ihrer abwesenden Männer den Scheidebrief[5]). Claudius fragte an der Tafel P. Scipio, den Gemahl der im Kerker auf Messalinas Antrieb zum Selbstmord getriebenen Poppäa Sabina, der Mutter der Gemahlin des Nero, warum er seine Frau nicht mitgebracht habe[6]). Pertinax lud gleich am ersten Tage seiner Regierung die Magistrate und die Vornehmsten (*proceres*) des Senats zu Tische, welche S i t t e (*consuetudinem*) Commodus hatte in Abgang kommen lassen[7]). Auch hierbei erwiesen die Kaiser dem Senat große Höflichkeit, vor allem den Konsuln. Wenn Tiberius diese bewirtete, empfing er sie bei ihrer Ankunft an der Tür und begleitete sie ebenso beim Fortgehen[8]). Ihr gewöhnlicher Platz scheint zu beiden Seiten des Kaisers gewesen zu sein[9]). Auch Hadrian empfing die Senatoren, die zu seiner Tafel kamen, stehend[10]). Wenn Tiberius seine Tischgäste entließ, stellte er sich in die Mitte des Tricliniums, einen Liktor neben sich, und sagte jedem einzelnen Lebewohl[11]).

Senatoren besonders geladen.

Zur kaiserlichen Tafel gezogen zu werden, rechneten selbst die Höchstgestellten sich zur Ehre. Tiberius, der seine Opfer in Sicherheit einzuwiegen liebte, erhob den Drusus Libo, nachdem er seinen Tod beschlossen hatte, zur Prätur und zog ihn wiederholt zur Tafel[12]). Wenn freilich der spätere Kaiser Vespasian für eine solche Einladung Caligula seinen Dank vor dem ganzen Senat abstattete, so war dies ein Beweis ungewöhnlicher Untertänigkeit[13]). Noch höher wurde diese Auszeichnung von Geringeren geschätzt. Martial erklärt, wenn er zugleich von Domitian und von Juppiter zu Tische geladen würde, so würde er nicht zaudern, selbst wenn der Himmel näher und der Kaiserpalast ferner wäre[14]). Statius, der schon früher am Minervafest gekrönt worden war, verdankte eine solche Einladung wahrscheinlich seinem Dichterruhm. Er hat für die Ehre, zum ersten Mal zu »der allerheiligsten Mahlzeit« geladen worden zu sein, seinen Dank in einem langen, überschwenglichen Gedichte ausgedrückt[15]). Er glaubte an der Tafel Juppiters zu sein, dieser Tag war der erste seines Daseins, die Schwelle seines Lebens. War es ihm wirklich gestattet, dies Antlitz beim Becher zu schauen und in Gegenwart des Kaisers seinen Platz zu behalten? Caligula erfuhr, daß ein reicher Provinziale seine

Die Ehre der Einladung hochgeschätzt.

1) Sueton. Aug. 74. 2) Cass. Dio LVII 12, 5. LX 7, 4. LXVII 9, 1, vgl. Stat. silv. IV 2, 32. 3) Plutarch. Otho 3. 4) Cass. Dio LX 7, 4, vgl. LVII 12, 5. 5) Sueton. Calig. 36, 2. 6) Tac. A. XI 2. 7) Hist. aug. Pertinax 6, 2. 8) Cass. Dio LVII 11, 3. 9) Sueton. Calig. 32, 3. 10) Hist. aug. Hadrian. 22, 4. 11) Sueton. Tiber. 72, 3. 12) Tac. A. II 28. 13) Sueton. Vespas. 2, 3. 14) Martial. IX 91. 15) Stat. Silv. IV 2; vgl. IV praef.

mit den Einladungen beauftragten Diener mit 200 000 Sesterzen (43 500 Mark) bestochen habe, um durch sie an seiner Tafel einen Platz zu erhalten; er nahm es nicht übel, daß diese Ehre so hoch angeschlagen wurde, und ließ ihm am andern Tage bei einer Auktion eine Kleinigkeit für denselben Preis überreichen, mit der Botschaft: er solle heute beim Kaiser auf dessen eigne Einladung speisen[1]). Gelegentlich kamen bei diesen großen Gastmählern in so gemischter Gesellschaft ärgerliche Dinge vor. An Claudius Tafel geriet ein Gast (ein Mann von prätorischem Range, der später bei Galba so einflußreiche T. Vinius) in Verdacht, einen goldnen Becher gestohlen zu haben; er wurde am folgenden Tage wieder geladen und ihm ein irdener vorgesetzt[2]).

Benehmen der Kaiser bei der Tafel.

Das Benehmen der Kaiser gegen die Gäste war natürlich verschieden. Augustus behandelte die seinen mit der größten Freundlichkeit. Er forderte sie zur Teilnahme am Gespräch auf, wenn sie schwiegen oder sich mit gedämpfter Stimme unterhielten, und sorgte für Unterhaltung durch Vorträge, Tänzer und Possenreißer; oft erschien er erst nach dem Beginn der Tafel und zog sich vor der Beendigung zurück, ohne daß die Gäste sich stören lassen durften[3]). Auch von Titus wird gerühmt, daß seine Gastmähler mehr angenehm als verschwenderisch waren[4]). Von denen Domitians haben wir zwei ganz entgegengesetzte Schilderungen, von Statius, der in dem oben erwähnten Gedichte von der Gnade des Kaisers, ihn eines Platzes an seiner Tafel zu würdigen, wie berauscht erscheint, und von dem jüngern Plinius, der seinem Unmut über die hochmütige Behandlung, welche die Senatoren dort zu ertragen hatten, Luft macht. Statius schildert die Pracht der unzähligen Säulen aus kostbarem Marmor, die unermeßlichen Räume, die Gewölbe, deren Höhe der ermüdete Blick kaum erreicht, das vergoldete Deckengetäfel — hier hieß der Kaiser die Senatoren und Ritter an tausend Tischen sich niederlassen. Aber er hat weder das reiche Mahl, noch die Citrustische mit Elfenbeinfüßen, noch die Dienerscharen — nur Ihn, Ihn allein zu betrachten hat er Zeit gefunden, wie er in heiterer Majestät die Strahlen des eignen Glanzes milderte usw.[5]). Nach Plinius pflegte sich Domitian schon vor Mittag in einsamem Prassen zu übernehmen, so daß er unter seinen Gästen als Zuschauer und Aufmerker dasaß; mit allen Zeichen der Übersättigung ließ er die Speisen viel mehr vorwerfen als vorsetzen[6]), und nachdem er mit sichtbarer Überwindung die Nachäffung eines gemeinsamen Mahles durchgemacht, zog er sich wieder zu seiner heimlichen Schwelgerei zurück. Bei Trajan dagegen bewunderte man nicht das Gold und Silber, noch die ausgesuchte Feinheit der Küche, sondern seine Liebenswürdigkeit und Freundlichkeit; an seinem Tische gab es keine Verrichtungen ausländischen Aberglaubens, keine obszöne Ausgelassenheit, sondern gütige Aufforderung, anständige Scherze und Auszeichnung wissenschaftlicher Bestrebungen. Er liebte gemeinsame Mahlzeiten, forderte zum Gespräch auf und erwiderte es, und seine Leutseligkeit verlängerte die Dauer der Tafel, wenn seine Mäßigkeit sie abkürzte[7]) — in der Tat gehörte diese allerdings nicht zu Trajans Tugenden, er war vielmehr ein starker Trinker[8]). Als Plinius mit andern nach Centumcellä in den kaiserlichen

1) Sueton. Calig. 39. 2) ebd. Claud. 32. Tac. Hist. I 48. 3) Suet. Aug. 74. 4) ebd. Titus 7, 2. 5) Stat. Silv. IV 2. 6) Vgl. Sueton. Domitian. 21: *convivabatur — paene raptim.* 7) Plin. paneg. 49, 4 ff. 8) Aurel. Vict. Caes. 13, 10; Epit. 13, 4. Hist. aug. Hadrian. 3, 3. Julian. Caes. p. 327 C.

Rat berufen worden war, zog Trajan sie täglich zur Tafel, welche für eine fürstliche einfach war. Zuweilen hörte man musikalische Aufführungen, zuweilen wurde die Nacht mit den angenehmsten Gesprächen hingezogen. Beim Fortgehen erhielt man Gastgeschenke[1]). An der Tafel Domitians waren die Gäste aber nicht bloß einer unfreundlichen, sondern gelegentlich sogar einer schmählichen Behandlung ausgesetzt. Domitian lud die Ersten des Senats und der Ritterschaft zur Mahlzeit; der Saal war schwarz ausgeschlagen, die Diener schwarz gleich Gespenstern, die Speisen wie bei Leichenmählern in schwarzen Gefäßen, neben jedem Gast eine Tafel mit seinem Namen und ein brennender Kandelaber wie in Gräbern. Nachdem die Geladenen so geängstigt nach Hause gesandt waren und jeden Augenblick das Todesurteil erwarteten, empfingen sie kostbare Geschenke[2]). Elagabal ließ seine Freunde, wenn sie betrunken waren, einschließen und wilde Tiere zu ihnen hineinbringen, die durch Ausbrechen der Zähne unschädlich gemacht waren, worüber viele aus Schreck gestorben sein sollen; geringern Freunden ließ er bei der Tafel mit Luft gefüllte Polster unterlegen, die dann plötzlich entleert wurden, so daß die Gäste unter den Tisch fielen[3]).

Die Bewirtung war bei Augustus sehr einfach, von drei, höchstens sechs Gängen[4]), bei Tiberius, der durch sein Beispiel die Sparsamkeit allgemein zu befördern wünschte, sogar kaum anständig[5]), dagegen bei dem sonst so haushälterischen Vespasian köstlich, um die Verkäufer von Nahrungsmitteln zu unterstützen[6]); doch dies nur bei seinen öffentlichen Gastmählern, während er in seinen eignen Mahlzeiten ein Beispiel der Sparsamkeit gab[7]). Die ungeheure Verschwendung, mit der Commodus kaiserliche Gastmähler gegeben hatte, führte Pertinax auf ein gewisses Maß zurück[8]). Alexander Severus beobachtete an großen Tafeln dieselbe Einfachheit wie im kleinsten Kreise[9]). Was in Rom sehr gewöhnlich bei großen Mahlzeiten geschah, daß nämlich die Gäste nach ihrem Range und Stande verschieden bewirtet wurden, scheint an der kaiserlichen Tafel nicht üblich gewesen zu sein. Wenigstens Hadrian ließ, um etwaige Unterschleife der Küchenbeamten zu entdecken, auch die auf andern, selbst den letzten Tischen aufgetragenen Speisen sich vorsetzen[10]). Bewirtung.

Wenn sich die kaiserliche Tafel in Hinsicht auf die Bewirtung von denen der Vornehmen unmöglich wesentlich unterscheiden konnte, so war dies dagegen in Hinsicht des Tafelgeschirrs, der Ausstattung und Bedienung der Fall, obwohl diese Unterschiede sich ohne Zweifel erst allmählich (schwerlich vor dem Ende des 1. Jahrhunderts) feststellten und zu verschiednen Zeiten verschieden gewesen sein mögen. Wir haben darüber, wie über so viele ähnliche Dinge, nur zerstreute und beiläufige Nachrichten. Wie andre Kaiser (so Caligula, Nerva, Trajan, Antoninus Pius, Pertinax)[11]) veranstaltete auch Marc Aurel, um die Kosten des markomanischen Krieges zu decken, eine große Auktion von wertvollen Gegenständen der kaiserlichen Haushaltung, worunter sich namentlich Tafelgeschirr.

1) Plin. ep. VI 31, 13 f. 2) Cass. Dio LXVII 9. 3) Hist. aug. Elagabal. 25, 1 f. 4) Sueton. Aug. 74. 5) ebd. Tiber. 34, 1. 6) ebd. Vespas. 19. 7) Tac. A. III 55. 8) Hist. aug. Pertin. 8, 9. 9) ebd. Alex. Sever. 34, 8, vgl. 37, 2. 10) ebd. Hadrian. 17, 4. 11) Sueton. Calig. 38, 4. 39. Cass. Dio LXVIII 2, 2. Plin. paneg. 50, 5 ff. Hist. aug. Anton. Pius 7, 10; Pertin. 8, 2 ff. Vgl. CIL VI 9035. 9035a: *T. Flavius Aug. lib. Firmus Narcissus relator auctionum.*

auch goldne, kristallene und murrhinische Trinkgefäße befanden. Später gestattete er den Käufern, das Gekaufte für den gezahlten Preis zurückzugeben, wobei er ihnen aber völlige Freiheit ließ und namentlich den Vornehmen erlaubte, ihre Gastmähler mit derselben Ausstattung und demselben Tafelgeschirr, wie er selbst, auszurichten[1]) und sich goldner Überzüge auf den Speisesofas zu bedienen; doch soll der erste Untertan, der von dieser letztern Erlaubnis Gebrauch machte, der spätere Kaiser Elagabal gewesen sein[2]). Mit Gold gestickte oder gewirkte Tafeltücher ließ zuerst Hadrian auflegen, was dann Elagabal nachahmte, der außerdem auch solche anwandte, auf denen Bilder der aufzutragenden Speisen gewebt oder gestickt waren. Auf der Tafel des Alexander Severus sah man ganz einfache, nur mit scharlachroten Streifen gezierte Tafeltücher, Gallienus dagegen ließ stets mit Goldstoff decken[3]). Der Gebrauch goldner Geschirre bei Tafel scheint ein kaiserliches Vorrecht gewesen zu sein, seit Tiberius im Jahre 16 ihren Gebrauch bei Privatpersonen auf Opferhandlungen beschränkt hatte[4]). Aurelian erteilte ausdrücklich die Erlaubnis, daß man sich ihrer bedienen dürfe[5]).

Tracht der Dienerschaft. Auch in der Tracht gab es manches, was mit der Zeit als eine der kaiserlichen Dienerschaft ausschließlich zustehende Auszeichnung angesehen wurde. Schon Domitian nahm es noch als Prinz übel auf, daß der Schwiegersohn seines Bruders seine Diener in Weiß kleidete, und drückte sein Mißfallen durch den bekannten Homerischen Vers aus: »Nimmer Gedeihen bringt Vielherrschaft: nur einer sei Herrscher!« — was freilich als Beweis seines unbürgerlichen Hochmuts berichtet wird[6]). Marc Aurel hatte von seinem Vater gelernt, daß man am Hofe leben könne, ohne einer Trabantenbegleitung und besonders ausgezeichneter Kleider sowie des ganzen übrigen Pompes zu bedürfen[7]). Auch hier wurde eine bestimmte Etikette gewiß erst spät eingeführt. Von Aurelian wird es ausdrücklich bemerkt, daß er seinen Sklaven als Kaiser keine andre Tracht gab als zuvor[8]). Besonders scheint das Gold die Tracht der Hofdiener ausgezeichnet zu haben; Alexander Severus, dessen Hofhaltung von gesuchter Einfachheit war, ließ auch bei öffentlichen Mahlzeiten seine Diener nicht in goldgestickten Kleidern erscheinen, wie er auch keine goldnen Geschirre auf die Tafel bringen ließ[9]). Noch in der zweiten Hälfte des 4. Jahrhunderts gehörten goldgestickte Tuniken zu der besondern Tracht der kaiserlichen Diener[10]).

Die Gäste in der Toga. Die Gäste erschienen wie bei den Morgenaufwartungen in der Toga, mindestens noch unter Marc Aurel. Septimius Severus, von diesem zur Tafel geladen, erschien im Pallium statt in der Toga. Es wurde ihm eine Toga des Kaisers gereicht, was dann als Vorzeichen seiner spätern Herrschaft galt[11]).

1) Hist. aug. M. Aurel. 17, 4—6. 21, 9. Aur. Vict. Epit. 16, 8—10. Eutrop. VIII 14, vgl. Mommsen, Ges. Schrift. VII 349, 2. 2) Hist. aug. Elagab. 19, 1. 3) ebd. 27, 4; Alex. Sev. 37, 2; Gallieni duo 16, 3; Aurel. 12, 1. 4) Cass. Dio LVII 15, 1. Tac. A. II 33. Kaiserliche Sklaven *ab auro potorio* CIL VI 8969 (ein *praepositus auri potori* 8733, vgl. 8732 *praep(ositus) auri escari*) und *ab auro gemmato* 8734—8736. 33764 (Dessau 1811 f. 1814 f. 1829). 5) Hist. aug. Aurel. 46, 2. 6) Sueton. Domitian. 12, 3. 7) M. Aurel. Comment. I 17. 8) Hist. aug. Aurelian. 50, 3, dazu v. Domaszewski, Die Personennamen bei den Script. hist. Aug. (S. Ber. Akad. Heidelberg 1918 Abh. 13) S. 113 f. 9) Hist. aug. Alex. Sever. 34, 5, vgl. 34, 1. 23, 3. 10) Ammian. XXVI 6, 15. Hist. aug. Alex. Sev. 34, 5; vgl. Seneca de tranqu. animi 1, 8. 11) Hist. aug. Sever. 1, 7; *vestis cenatoria* ebd. Maximini duo 30, 5. vgl. *abolla cenatoria* CIL VIII 4508, 12.

Vermutlich hat sich aber auch hier der Gebrauch des römischen Staatskleides bis in eine sehr späte Zeit erhalten. Daß Senatoren und Ritter nicht ohne den Purpurstreif an der Tunika erschienen, ist selbstverständlich[1]; die Magistrate scheinen überdies für die kaiserliche Tafel ihre Insignien angelegt zu haben. Als im Jahre 69 ein Gastmahl Othos durch einen Soldatenaufruhr gestört wurde, warfen die anwesenden Magistrate ihre Insignien fort, um unerkannt fliehen zu können[2]. Bei der Mahlzeit selbst ließ man die Toga vermutlich von der Schulter herabfallen, wie dies Hadrian nach dem Berichte seines Biographen getan zu haben scheint[3]. Daß Soldaten in ihrer kriegerischen Tracht erschienen, soll in der zweiten Hälfte des 3. Jahrhunderts Sitte geworden sein[4].

1) Stat. S. IV 2, 32: *Romuleos proceres trabeataque Caesar agmina mille simul iussit discumbere mensis* ist nicht mit Mommsen StR. III 513, 2 dahin zu verstehen, daß die Ritter die Trabea angelegt hatten, sondern *trabeata agmina* ist nur eine Bezeichnung des Ritterstandes. 2) Tac. Hist. I 81. 3) Hist. aug. Hadrian. 22, 4. 4) ebd. Gallieni duo 20, 3, vgl. ebd. tyr. XXX 23, 5 und Sueton. Caes. 48.

III. DIE DREI STÄNDE

1. UNTERSCHIEDE DES STANDS UND DER GEBURT.

Fortbestehen der frühern Standesunterschiede und sonstigen Abstufungen.

Die strenge Abschließung des altrömischen Bürgertums gegen Fremde und unfrei Geborene, die Schranken zwischen seinen Ständen und Klassen waren im Verlauf der staatlichen Entwicklung schon während der Republik überall durchbrochen und zerstört worden. Je mehr das römische Reich ein Weltreich wurde, desto mehr Elemente strömten der Hauptstadt erst aus dem übrigen Italien, dann aus den Provinzen zu, während die echte Nachkommenschaft der ursprünglichen Bürgerschaft schwand; desto mehr mischte sich fremdes und einheimisches Blut, desto mehr drangen die Fremden und ihre Abkömmlinge, bald auch die Nachkommen der von Geburt Unfreien, ja diese selbst in die höhern Stände ein und errangen Anteil an den höchsten Ehren und Würden. Diesen Zersetzungs- und Mischungsprozeß beförderte der nivellierende Einfluß der absoluten Monarchie, in welcher alle Untertanen bis auf einen gewissen Grad als gleich galten. Aber trotz alledem konnte das Bewußtsein besserer Berechtigung, das jede bevorzugtere Klasse vor den minder bevorzugten empfand, wie viel es auch von seiner Schärfe verlieren mochte, niemals völlig erlöschen; vielmehr mußte es sich, wenngleich vielfach in neuen Formen, immer wieder herstellen. Die Stände, die Klassen, die Nationalitäten waren freilich nicht mehr durch dieselben Grenzen geschieden wie ehemals, die Bedingungen des Übergangs aus dem einen Kreise in den andern waren steten Veränderungen unterworfen, die allerdings, im ganzen betrachtet, immer zunehmende Erleichterungen waren; doch liegt es in der Natur der Sache, daß in der Regel alle, die in eine neue, höher gestellte Gemeinschaft eintraten, bald die Überhebung ihrer nunmehrigen Genossen und deren Bewußtsein, besser als die eben verlassenen zu sein, teilten. So blieben trotz aller Umwälzungen der alten Institutionen die alten Unterschiede zum Teil bestehen, ja sie vermehrten sich infolge der Einrichtungen der Monarchie noch durch neue. Dahin gehört namentlich die neue Regelung des Namenwesens in der Kaiserzeit.

Regelung des Namenwesens.

Höchst wahrscheinlich sind unter Augustus darüber bestimmte Vorschriften erlassen »und das Namenwesen so geordnet worden, daß Freigeborne und Freigelassene sich darin bestimmt unterschieden«. Fortan führte der gewöhnliche Sklave einen, der Sklave des Staats und des Kaisers in der Regel zwei[1]), der Freigelassene drei Namen; aber die Tribus, welche die letztern bis dahin ge-

1) Wohl Ausdruck einer Zwitterstellung zwischen wirklichen Freien und wirklichen Sklaven, Mommsen StR. I³ 323, 3.

habt hatten, wurde ihnen (allem Anschein nach zugleich mit dem Stimmrecht)[1]) nun entzogen und nur von den Freigebornen geführt: diesen allein sind vier und mehr Namen eigen[2]).

Freigelassene und deren Söhne.

Auch die Söhne der Freigelassenen standen den Freigebornen nicht gleich[3]); erst ihre Enkel sind von jeher zu diesen gezählt worden[4]). Dagegen galt die Zulassung der erstern zum Senat und den Magistraturen stets als Mißbrauch[5]). Selbst des Ritterstands wurden Söhne von Freigelassenen durch eine unter Tiberius im Jahre 23 erlassene Verfügung für unfähig erklärt: doch schon Augustus hatte hier mehrfache Ausnahmen gemacht (einer seiner Freunde, der Ritter Vedius Pollio, war Sohn freigelassener Eltern), und mit der Zeit wurden die Ausnahmen so zahlreich, daß durch sie die Regel aufgehoben ward[6]). Aber die Zulassung der Söhne von Freigelassenen zu Staatsämtern blieb eine Ausnahme. Vorgekommen war sie schon in der letzten Zeit der Republik[7]) und unter Augustus. Im Jahre 25 war ein dieser Klasse angehöriger C. Toranius Tribun, und es machte einen guten Eindruck, daß er seinen Vater im Theater neben sich auf dem tribunizischen Ehrenplatze sitzen ließ[8]). Im Laufe des ersten Jahrhunderts gelangten einelne Söhne von Freigelassenen auch zu den höhern kurulischen Ämtern. So hatte z. B. Larcius Macedo, der seine Sklaven grausam und hochmütig behandelte, weil er sich, wie Plinius sagt, zu wenig oder vielmehr zu sehr daran erinnerte, daß sein Vater ein Sklave gewesen war, die Prätur (vor dem Jahre 101) bekleidet[9]). Aber noch gegen Ende des 2. Jahrhunderts, als Pertinax, der Sohn eines Freigelassenen[10]), sich durch militärisches Verdienst zum Konsulat aufschwang (175), fehlte es nicht an wegwerfenden Äußerungen über seine geringe Herkunft: »dergleichen«, hieß es, »bringt der unglücksel'ge Krieg hervor«[11]).

Gesellschaftliche Stellung der Freigelassenen.

In der Tat, wie sehr auch der Stand der Freigelassenen je länger je mehr dadurch an Ansehen gewann, daß nicht wenige seiner Mitglieder durch Macht, noch mehr durch Reichtum hervorragten: dahin, daß sie dem Freigebornen auch nur gesellschaftlich ganz gleich standen, kam es doch nie. Wie dieser sich noch so tief vor ihnen bückte, ihnen noch so kriechend schmeichelte, so vergaß er doch niemals, daß er ein beßrer Mann war. An deinem Geburtstage, so redet Martial zu einem reichen Freigelassenen, speist freilich der Senat und eine große Anzahl der Ritter bei dir; aber niemand, Diodorus, betrachtet dich auch nur als vorhanden[12]). Selbst bei der Wahl eines Liebchens wollte Martial der Freigebornen vor der Freigelassenen sowie dieser vor der Sklavin den Vorzug geben, wenn die letztere nicht etwa die erstern an Schönheit übertraf[13]). Doch hatte sich damals ohne Zweifel die gesellschaftliche Stellung

1) Mommsen StR. III 440f. 2) Mommsen, Hermes II 1867 S. 157f. 3) Auffallend ist CIL IX 3358 = Buecheler, Carm. epigr. 1125, 4f. (Pinna) Grabschrift einer Cerespriesterin: *Sum libertinis ego nata parentibus ambis, pauperibus censu, moribus ingenuis.* Merkwürdig sind auch die Inschriften CIL VI 27609 = Dessau 6047. 6047a *Q. Trebonius Q. l. Cla. Gallus ex patribus libertinis* und *Q. Trebonius Q. l.* (nicht *Q. f.*) *Cla. Aristo ex patribus libertinis.* Vgl. Mommsen StR. III 441, 1. 4) Mommsen StR. III 422, vgl. I³ 488, 2. 5) s. unten S. 117f. 6) Mommsen StR. III 452. Plin. n. h. XXXIII 32. Cass. Dio LIV 23, 1. 7) Appian. b. c. I 33 (im J. 655 = 99). 8) Cass. Dio LIII 27, 6. 9) Plin. ep. III 14, 1. Vgl. Schol. Juv. 1, 20: *Turnus hic libertini generis ad honores ambitione provectus est, potens in aula Vespasianorum Titi et Domitiani.* 10) Hist. aug. Pertin. 1, 1. 11) Cass. Dio LXXI 22, 1. Eurip. Suppl. 119. 12) Martial. X 27; vgl. XI 12. 13) ebd. III 33.

der Freigelassenen im Verhältnis zur Zeit des Augustus sehr gebessert: in dieser schloß die Hofetikette sie noch von der kaiserlichen Tafel aus[1]), und Horaz hörte sich von Mißgünstigen immer wieder als den »Sohn des freigelaßnen Vaters« bezeichnen, wenn auch Mäcen selbst groß genug dachte, um es für gleichgültig zu erklären, von welchem Vater einer entsprossen sei, »wenn er nur frei geboren war«[2]).

Provinzialen. Nächst den Leuten von unfreier Abstammung achtete der römische Nationalstolz die Bewohner der eroberten Provinzen am geringsten[3]). Der Provinziale, der, nach Rom in die Sklaverei verkauft, dort die Freiheit erlangt hatte, dünkte sich nun mehr als seine freigebliebenen Landsleute; in der Tat war er ein römischer Bürger, sie »Tributpflichtige«[4]): d. h. sie zahlten nicht bloß Grund-, sondern auch Personensteuer, und die letztere galt im Altertum als ein Zeichen der Unfreiheit[5]). Wie wenig die Provinzen mit Italien gleichberechtigt erschienen, zeigt z. B. die Äußerung des Tacitus, daß der Präfekt der Flotte zu Ravenna, Clodius Quirinalis, durch Härte und Schwelgerei Italien gedrückt habe »wie das allerniedrigste Volk«[6]). Das politische Testament des Augustus enthielt unter andern Ratschlägen für seine Nachfolger auch den, mit dem Bürgerrechte sparsam zu sein, um den Abstand zwischen den Bürgern und den Provinzialen nicht zu vermindern[7]). Zu den Richterdekurien (Geschwornen) Roms (davon dreitausend Ritter, zweitausend Leute, die mindestens die Hälfte des Ritterzensus besaßen)[8]) wurden Provinzialen anfangs gar nicht zugelassen (doch geschah es bereits unter Claudius), später wenigstens keine »neuen Bürger« (d. h. solche, die das Bürgerrecht nicht durch Geburt, nur durch Verleihung besaßen), und die Listen vorzugsweise aus Italikern gebildet[9]); nächst diesen aus Bewohnern der Provinzen römischer Zunge. »Geschworne können nicht Ägyptersöhne sein«, steht an einer Wand in Pompeji angeschrieben[10]). Im Sinne des römi-Hochmuts spottet der Spanier Seneca in seinem Pasquill auf Claudius über dessen Verschwendung des Bürgerrechts[11]): er habe alle Griechen, Gallier, Spanier, Britannier in der Toga sehen wollen. Die Parze endet sein Leben, damit noch einige Peregrinen zur Fortpflanzung übrig bleiben[12]). Die Verleihungen an ganze Klassen und Korporationen machten in der Tat damals Verleihungen an einzelne zu Auszeichnungen[13]); doch scheinen diese letztern auch unter andern Regierungen selten vorgekommen und daher für besonders ehrenvoll gehalten worden zu sein[14]).

1) Suet. Aug. 74. Mommsen StR. III 424. Vgl. oben S. 98 f. 2) Horat. S. I 6, 6 ff. 45 ff. 3) Über den Anteil der Provinzialen an der Offiziers- und Beamtenlaufbahn bis auf Diokletian s. Dessau, Hermes XLV 1910 S. 1 ff., für den Senat der Zeit der flavischen Kaiser und des Trajan B. Stech, Klio Beih. X 1912 S. 167 ff. 4) Petron. 57, 4. 5) Marquardt StV. II² 197 f. 6) Tac. A. XIII 30. 7) Cass. Dio LVI 33, 3. 8) Mommsen StR. III 534—539. 9) Plin. n. h. XXXIII 30, vgl. Mommsen, Ges. Schrift. IV 308. 10) CIL IV 1943 *non est ex albo iudex patre Aegyptio*, vgl. 1942c; »*Aegyptium poeta sine dubio significat civem Graecum ex Aegypto*« Mommsen, Eph. ep. V S. 13, 2. 11) Cass. Dio LX 17, 5 f., vgl. Gaheis, Real-Encykl. III 2821 f. 12) Seneca Apocol. 3, 3. Zunächst denkt Seneca an die Umwandlung des Gaus der Ubier und wohl auch desjenigen der Treverer sowie des ganzen Noricum und des westlichen Pannonien in Claudische Kolonien. Mommsen, Ges. Schrift. VI 93 f. 13) CIL II 159 = Dessau 1978 (Ammaja-Portalegre): *viritim a Divo Claudio civitate donato*. 14) CIL III 5232 = Dessau 1977 (Celeja): *donatus civitate Romana viritim et immunitate ab divo Aug.* IG III 702: Μ. Αὐρήλιον Λιθόφορον Πρόσδεκτον — τιμηθέντα δὲ ὑπὸ θεοῦ Κομμόδου τῇ Ῥωμαίων πολιτείᾳ. Vgl. Mommsen StR. II³ 891, 4.

Allerdings galten unter den Provinzialen die Okzidentalen höher als die Orientalen, gegen die man überdies zum Teil den auf der Verschiedenheit der Rasse beruhenden Widerwillen empfand. Aber auch den Bewohnern der westlichen Provinzen gestand man nur spät und mit großem Widerstreben die Rechte zu, welche die Italiker längst besaßen: freilich erfolgte die Romanisierung der Gallier, Spanier, Afrikaner, dieser »wilden und barbarischen Völker«[1]), langsam genug. Mit der wegwerfendsten Geringschätzung bestreitet Cicero die Glaubwürdigkeit der aus dem narbonensischen Gallien gegen den Prätor Fontejus gesandten Zeugen, deren vornehmster der Häuptling der Allobroger Indutiomarus war. Es seien Barbaren, die der Gedanke an die Heiligkeit des Eids und die Scheu vor den Göttern nicht von falschen Zeugnissen abzuschrecken vermöge; sollten die Richter solchen Menschen, die Rom haßten, mehr glauben als den in der Provinz angesessenen Römern?[2]). Daß Cäsar einige eben mit dem Bürgerrechte beschenkte »halbbarbarische« Gallier in den Senat brachte, war der öffentlichen Meinung, der schon das bloße Einströmen von Elementen aus »transalpinischen und behosten« Bevölkerungen in Rom Anstoß gab[3]), ein Schlag ins Gesicht. In einem öffentlichen Anschlage wurde aufgefordert, den neuen Senatoren nicht den Weg in die Kurie zu zeigen, und auf den Straßen sang das Volk: Gallier und Spanier.

Die er im Triumph aufführte, führt er in die Kurie ein,
Trugen eben noch die Hosen, jetzt den breiten Purpurstreif[4]).

Diese gallischen Senatoren stieß wahrscheinlich Augustus wieder aus; doch schon im Jahre 40 v. Chr. war zum ersten Mal ein Ausländer sogar zum Konsulat gelangt, wenn auch nur als Ersatzmann: der Spanier L. Cornelius Balbus aus Gades, der während der Bürgerkriege durch kluge Benutzung der Umstände und großen Reichtum emporgekommen war; der also, wie der ältere Plinius sagt, als der erste der Auswärtigen und sogar am Ozean Gebornen die Ehre erhielt, die unsre Vorfahren selbst den Bewohnern von Latium versagten[5]); wenn er auch freilich nach wie vor verächtlich »der Gaditaner, der Tartessier« genannt wurde und der Ehre, zum römischen Senat zu gehören, für unwürdig galt[6]). Sein Neffe, der jüngere Balbus, wurde ebenfalls Konsul (32 v. Chr.), triumphierte nach seinem Siege über die Garamanten 19 v. Chr. und erbaute das dritte steinerne Theater zu Rom[7]). Auch Männer aus dem narbonensischen Gallien, das fast mehr als ein Teil von Italien denn als Provinz betrachtet wurde[8]), gelangten schon in der ersten Kaiserzeit zahlreich zu senatorischen Ämtern[9]). Die »sehr ansehnliche und wackere Kolonie Vienna«, wie Kaiser Claudius sie in seiner Rede nennt, war die erste und vielleicht anfangs die einzige Stadt, welche die Ehre hatte, der Kurie Mitglieder zu liefern[10]). Valerius Asiaticus aus Vienna, der so hoch stieg wie wenige Untertanen jener Zeit, war zweimal Konsul, doch legte er das Amt das zweite Mal (46) nieder, in der vergeblichen Hoffnung, durch diese Entsagung den Nachstellungen seiner zahlreichen Feinde und Neider zu entgehen[11]). L. Pom-

1) Cic. ad Qu. fr. I 1, 27. 2) Cic. pro Font. 21 ff. 3) Cic. ad fam. IX 15, 2. 4) Sueton. Caes. 76, 3. 80, 2. 5) Cass. Dio XLVIII 32, 2. Plin. n. h. VII 136. 6) Cic. ad Att. VII 3, 11. 7, 6. X 11, 4. 7) Vellej. II 51, 3. Plin. n. h. V 36. Cass. Dio LIV 25, 2. Prosopogr. imp. Rom. I 440 f. nr. 1073. 8) Plin. n. h. III 31. 9) Tac. A. XI 24. 10) Rede des Claudius CIL XIII 1668 (= Dessau 212) II 9 ff. 11) Cass. Dio LX 27, 1. Rede des Claudius II 14 ff.

pejus Vopiscus aus Vienna erhielt das Konsulat durch Otho im Jahre 69[1]). Nächst den Viennensern sind die ersten bekannten gallischen Senatoren Cn. Domitius Afer aus Nemausus, der erste Redner seiner Zeit, der schon 39 Konsul (suff.) war[2]); Julius Gräcinus aus Forum Julii, der Vater des Agricola, Sohn eines Prokurators, der unter Caligula hingerichtet wurde[3]); Pompejus Paulinus aus Arelate, der als Konsular unter Nero Legat von Niedergermanien war[4]); Antonius Primus aus Tolosa, im Jahre 61 wegen Testamentsfälschung verurteilt, der sich später als Parteigänger Vespasians auszeichnete[5]); endlich der von Vespasian zum prätorischen Range erhobene C. Fulvius Lupus Servilianus aus Nemausus[6]). Bereits im Jahre 49 wurde den Senatoren gestattet, ihre im narbonensischen Gallien gelegenen Güter ohne Urlaub zu besuchen[7]).

Bewerbung der drei neuen gallischen Provinzen um die Senatsfähigkeit.

Als aber im Jahre 47 die Häupter der neuen, doch nun schon seit einem Jahrhundert römischen Teile Galliens sich um das Anrecht zu senatorischen Ämtern bewarben, das bisher nur die Kolonie Lugudunum (Lyon) besaß[8]), stießen sie auf heftigen Widerstand. Noch sei Italien nicht so erschöpft, hieß es, daß es seiner Hauptstadt nicht einen Senat liefern könne. Ob es nicht genug sei, daß Veneter und Insubrer in die Kurie eingedrungen? Welches Vorrecht bliebe dann den noch vorhandenen Überbleibseln des Adels oder den armen aus Latium gebürtigen Senatoren? Jene Reichen, deren Vorfahren von unsern Heeren besiegt worden, würden bald alle Plätze füllen. Das Bürgerrecht gönne man ihnen, die Auszeichnungen der Senatoren, die Würden der Magistrate solle man nicht gemein machen. Diesen Widerstand brachte der entschieden ausgesprochene Wille des Kaisers Claudius zum Schweigen. Noch existiert in seiner Geburtsstadt Lyon in Erz gegraben ein Bruchstück der gelehrten Rede, die er bei der Gelegenheit hielt[9]). Daß Senatoren aus Italien den Provinzialen vorzuziehen seien, bestritt er nicht, aber auch diese dürfe man nicht zurückweisen, wenn sie der Kurie zur Zierde gereichen könnten. Zuerst erhielten die Äduer (zwischen Saône und Loire) der Senatsfähigkeit[10]). Vielleicht wurden auch gleichzeitig einzelne aus den übrigen Landschaften Galliens in den ersten Stand erhoben. Der Vater des C. Julius Vindex, ein Aquitanier »aus königlichem Geschlecht«, war römischer Senator[11]).

Andre Provinzialen können damals nur sehr vereinzelt im Senat gewesen sein und wurden sicherlich als Eindringlinge mit Mißgunst angesehen. Tacitus läßt den Cordubenser Seneca im Jahre 62 an Nero schreiben, um seine Ankläger durch ein Selbstbekenntnis seiner Unwürdigkeit zu entwaffnen, oft habe er sich die Frage vorgelegt: werde ich, von ritterlicher Abkunft, aus der Provinz entsprossen, den Ersten des Staats beigezählt? habe ich, ein Neuling, unter einem Adel von altem Ruhm mich zu einer glänzenden Stellung aufgeschwungen?[12])

1) Tac. Hist. I 77; vgl. E. Herzog, Gall. Narbon. hist. S. 113—115. 2) Cass. Dio LIX 20, 1. 3) Tac. Agric. 4. 4) Tac. A. XIII 53, vgl. XV 18. Plin. n. h. XXXIII 143. Mommsen, Korr.Bl. d. Westd. Zeitschr. VII 1888 S. 58. 5) Tac. H. II 86. Cass. Dio LXV 9, 3. Prosop. imp. Rom. I 103 nr. 688. 6) CIL XII 3166, vgl. Herzog a. a. O. S. 167. 7) Tac. A. XII 23, vgl. Cass. Dio LII 42, 6. 8) Rede des Claudius II 29; vgl. Hirschfeld, Kl. Schrift. S. 378f. 9) CIL XIII 1668 = Dessau 212. 10) Tac. A. XI 23—25 (c. 25 liest Hirschfeld, Kl. Schrift. S. 800f. statt *senatorum — ius* vielmehr *honorum ius*). 11) Cass. Dio LXIII 22, 1. Über die starke Zurücksetzung der Tres Galliae in bezug auf die senatorische Laufbahn s. Dessau, Hermes XLV 1910 S. 11ff. 12) Tac. A. XIV 53.

Einen stärkern Zusatz aus den Provinzen erhielt der durch die Bürgerkriege aufs neue erschöpfte Senat durch Vespasian[1]), unter dem u. a. zum ersten Male ein Afrikaner Konsul wurde[2]); seitdem empfing er mehr und mehr aus ihnen seine beste Kraft; und seit ein Spanier, Trajan, den Kaiserthron bestiegen hatte, mußte wohl wenigstens die laute Opposition des ausschließlichen Römertums gegen die westlichen Länder verstummen. Unter ihm bekleidete ein gätulischer Scheich, der nicht einmal aus dem römischen Afrika gebürtig war, sondern aus einem obskuren und abgelegenen Grenzdistrikt[3]), sich aber an der Spitze seiner Reiterei im dacischen und parthischen Kriege ausgezeichnet hatte, Q. Lusius Quietus, das Konsulat. Cäcilius Classicus, der vor dem Jahre 101 das Prokonsulat von Bätica verwaltete, war ein Afrikaner[4]). Der berühmte Rechtsgelehrte Salvius Julianus, der im Jahre 148 Konsul war, stammte aus Hadrumetum[5]). Fronto (der das Konsulat im Jahre 143 bekleidete) sah viele seiner Landsleute aus Cirta neben sich im Senat[6]). Auch der mit Aristides befreundete Senator Maximus war von afrikanischer Abkunft[7]); Servilius Silanus Konsul 189 war aus Hippo[8]), Plautianus, der Günstling des (bekanntlich aus Leptis stammenden) Kaisers Severus, ebenfalls dessen Landsmann[9]).

Afrikaner.

Griechen und Kleinasiaten.

Auch Griechen und Kleinasiaten konnten schon längst nicht mehr ausgeschlossen werden, obgleich gegen die letztern die Antipathie noch stärker war als gegen die erstern, da ihnen die Achtung nicht zugute kam, welche die Römer dem eigentlichen Griechenland als dem Mutterlande ihrer Kultur stets bewahrten[10]). Von den Phrygern sagt Cicero, nach dem Sprichwort würden sie durch Schläge besser; brauche man ein Subjekt zu einem gefährlichen Versuch, so sei ein Karer das geeignetste; »der letzte der Myser«, sagte man, um die äußerste Verachtung auszudrücken; die Hauptsklavenrolle im griechischen Lustspiel war in der Regel einem Lydier zugeteilt[11]). Soll denn ein Mensch, so läßt Juvenal den gebornen Römer ausrufen, vor mir sein Siegel auf eine Urkunde drücken und einen geehrtern Platz an der Tafel einnehmen, der mit demselben Winde nach Rom kam, welcher die damascener Pflaumen und syrischen Feigen bringt? Ist es denn so gar nichts, daß unsere Kindheit die Luft des Aventin geatmet hat und mit sabinischer Frucht genährt ist? Und er, der Sohn oder Pflegesohn eines Freigelassenen aus Aquinum, sah mit tiefster Verachtung auf die Ritter »aus Asia, aus Bithynien und Cappadocien« herab, die schon die besondre Art ihrer Fußbekleidung kenntlich und zum Gespött machte[12]); und Martial erblickte eine Ungerechtigkeit des Schicksals darin, daß ein edler Dichter darbte, der »nicht ein Bürger Syriens oder Parthiens, noch ein Ritter von den cappadocischen Ausstellungsgerüsten auf dem Sklavenmarkt, sondern ein Eingeborner

1) Sueton. Vesp. 9, 2; vgl. Tac. A. III 55. 2) CIL VIII 7058 = Dessau 1001 *cos. ex Afric[a p]rimo*. 3) Cass. Dio LXVIII 32, 4 f. Themist. or. 16 p. 205 A. Mommsen RG. V 637, 2. 4) Plin. ep. III 9, 2 f. 5) Hist. aug. Did. Jul. 1, 2. Mommsen, Ges. Schrift. II 2. 6) Fronto ad amicos II 10 p. 201 N. 7) Aristid. or. 47, II 415 Dind. Die Identifikation (Friedlaender, Observationes miscellae, Regimonti 1868 S. 4) dieses Mannes mit dem aus Phönicien stammenden Rhetor Cassius Maximus, dem Artemidor die ersten drei Bücher seines Traumbuches widmete (I 1 p. 2, 26 f. II 70 p. 168, 9 Herch.), ist nicht haltbar; der Cassius Maximus des Artemidor ist wahrscheinlich mit dem Platoniker Maximus von Tyrus identisch. Vgl. unten [III 168, 5]. 8) Fronto ad amic. II 10 p. 200 N., vgl. Prosop. imp. Rom. III 228 f. nr. 427—429. 9) Herodian. III 10, 6. 10) Wölfflin, Arch. f. lat. Lexikogr. VII 1892 S. 140 ff. 11) Cic. pro Flacc. 65, vgl. Otto, Sprichwörter S. 237 *Mysus*; 278 *Phryx*. 12) Juv. 3, 81 ff. 7, 14 ff.

von dem Volke des Remus und des Numa war«[1]). Ja noch Alexander Severus schämte sich seiner syrischen Abkunft und dichtete sich eine römische an[2]).

Doch schon seit Anfang der Kaiserzeit nahmen Männer von griechischer oder kleinasiatischer Abkunft in Rom im Ritterstande hervorragende Stellungen ein[3]). In den Senat wurden die Angesehensten aus diesen Ländern, wenigstens in größerer Anzahl, vielleicht zuerst von Vespasian und Titus während ihrer Zensur (in den Jahren 73 und 74)[4]) aufgenommen. Plutarch[5]) weist als Beispiel unruhigen Ehrgeizes darauf hin, daß so mancher Chier oder Galater oder Bithynier, nicht damit zufrieden in seiner Heimatgemeinde zu Ansehen und Einfluß gekommen zu sein, darüber klage, daß ihm der Senatorenschuh nicht zukomme; habe er diesen erhalten, beschwere es ihn, daß er nicht Prätor sei, und habe er auch das erreicht, so klage er, daß er nicht Konsul werde. Ti. Julius Celsus Polemaeanus[6]) aus Ephesus und C. Antius A. Julius Quadratus aus Pergamum[7]) bekleideten unter Domitian und Trajan zahlreiche wichtige Ämter und waren Konsuln, der erstere 92, der andre sogar zweimal, 93 und 105; auch sein Sohn Apellas, der Provinzen verwaltete, und sein Enkel Fronto nahmen hervorragende Stellungen ein; seinen Urenkel Apellas feiert bei Gelegenheit seines vierzehnten Geburtstages eine unter dem Namen des Aristides überlieferte Rede[8]). C. Julius Eurycles Herculanus, aus einer der vornehmsten Familien Spartas[9]), die schon unter Augustus eine fürstliche Stellung einnahm, bekleidete senatorische Ämter unter Trajan[10]). Der Athener Tiberius Claudius Atticus Herodes, der (unter Nerva) durch die Auffindung eines Schatzes unermeßlich reich geworden war, wurde zweimal Konsul[11]); den Namen seines Sohns, des großen Sophisten Herodes Atticus, verzeichnen die Konsularfasten im Jahre 143, den seines Enkels Tiberius Claudius Appius Atilius Bradua Regillus Atticus im Jahre 185[12]). Überhaupt war bei den Kaisern des zweiten Jahrhunderts eine sehr wirksame Empfehlung zu Beförderungen literarische Berühmtheit, durch die mehrere hervorragende griechische Sophisten und Schriftsteller zum Konsulat gelangten: so bereits unter Hadrian der Geschichtschreiber und Philosoph Flavius Arrianus aus Nicomedia in Bithynien[13]), dem wir die Aufzeichnung der Vorträge Epictets verdanken; ferner Claudius Aristocles aus Pergamum, ein Schüler des Herodes Atticus[14]), und die drei Söhne des Damianus von Ephesus (unter Septimius Severus)[15]); dagegen Plutarch kann (unter Trajan) höchstens die konsularischen

1) Martial. X 76. 2) Hist. aug. Alex. Sever. 28, 7. 44, 3. 3) Vgl. Dorsch, De civitatis Romanae apud Graecos propagatione (Diss. Breslau 1886) S. 58 ff. 4) Weynand, Real-Encykl. VI 2660 f. 5) Plut. de tranqu. animi 10; vgl. Dessau, Hermes XLV 1910 S. 615 f. 6) Vgl. Ritterling, Österr. Jahresh. X 1907 S. 299 ff. 7) Fränkel, Inschr. v. Pergamon nr. 436 ff. Prosopogr. imp. Rom. II 209 f. nr. 338. 8) Aristid. or. 30 (II 210 ff. K.). 9) Vgl. auch Dig. XXXVI 1, 22: *Scaevola Divum Marcum in auditorio de huiusmodi specie iudicasse refert: Brasidas quidam Lacedaemonius, vir praetorius* usw. 10) IG V 1 nr. 1172; vgl. R. Weil, Athen. Mitteil. VI 1881 S. 10 ff. 11) Philostrat. vit. soph. II 1, 1; vgl. Mommsen RG. V 261, 1. 12) Dittenberger, Hermes XIII 1878 S. 75 ff. (vgl. die Stammtafel der Familie S. 89). Prosop. imp. Rom. I 351 ff. nr. 654. 655 (auch S. 348 f. nr. 640). 13) Phot. bibl. cod. 58. Suid. s. v. Ἀρριανός; vgl. Dressel zu CIL XV 552 und die Inschrift von Sebastopolis IGR III 111 = Dessau 8801. 14) Philostrat. vit. soph. II 3, 1 (ἐτέλει εἰς ὑπάτους). Dittenberger-Purgold, Inschriften v. Olympia nr. 462: Κλαύδιον Ἀριστοκλέα ῥήτο[ρα] ὑπατικόν. 15) Groag, Österr. Jahreshefte X 1907 S. 290 ff.; Suid. s. v. Δαμιανός macht diesen selbst zum Konsul, wovon aber Philostr. vit. soph. II 23 nichts weiß. *C. Sallius Aristaenetus c. v. ... orator maximus,* der bis zur Prätur und zur Priesterwürde des Septemvir epulonum aufstieg (CIL VI 1511 f.

Insignien erlangt haben[1]). Auch Abkömmlinge fürstlicher Familien wurden vermutlich oft durch das Konsulat ausgezeichnet; so unter Trajan der von den Dynasten von Commagene entsprossene C. Julius Antiochus Philopappus[2]) und um das Jahr 140 ein C. Julius Severus, Abkömmling einer galatischen Fürstenfamilie[3]); um dieselbe Zeit war C. Julius Alexander Berenicianus, ein Nachkomme der jüdischen Könige, Prokonsul von Asien[4]). Ein Theophilus Sedatus aus Nicäa, ein Bekannter des Aristides, hatte prätorischen Rang[5]), der Rhetor L. Statius Quadratus wurde 142 Konsul, 154 oder 155 Prokonsul von Asia[6]). Die Familie der Quintilier in Alexandria Troas erhob Nerva in den Senatorenstand; die Enkel des von ihm mit dem breiten Purpur geschmückten Sextus Quintilius Valerius Maximus[7]) waren die ordentlichen Konsuln des Jahrs 151, die beiden Brüder S. Quintilius Condianus und S. Quintilius Valerius Maximus[8]), die unter Marc Aurel Griechenland verwalteten und später beide zugleich von Commodus getötet wurden[9]); ihre gleichnamigen Söhne waren Konsuln in den Jahren 172 und 180[10]). Der Vater des Geschichtschreibers Cassius Dio (geb. um 155), Cassius Apronianus aus Nicäa, war Statthalter von Cilicien und Dalmatien[11]), Cassius Dio selbst stieg bis zum zweimaligen Konsulat[12]). Auch ein Konsular M. Ulpius Eubiotus Leurus, der in der Inschrift eines Ehrensessels im Dionysostheater zu Athen Wohltäter und erster Archon der Stadt genannt wird[13]), hat das Konsulat wahrscheinlich im 2. Jahrhundert bekleidet; und aus dem 2. und 3. Jahrhundert dürfte die große Mehrzahl der Inschriften stammen, in denen Griechen und Kleinasiaten von senatorischem oder konsularischem Range erwähnt werden[14]).

= Dessau 2034), ist nach Dessau, Hermes XXV (1890) S. 158 ff. wohl der ῥήτωρ εὐδόκιμος Aristaenetus aus Byzanz (Ende des 2., Anfang des 3. Jahrhunderts) Philostrat. vit. soph. II 11, 1.

1) Wenn überhaupt auf Suidas s. v. Πλούταρχος etwas zu geben ist: μεταδοὺς δὲ αὐτῷ Τραϊανὸς τῆς τῶν ὑπάτων ἀξίας προσέταξε μηδένα τῶν κατὰ τὴν Ἰλλυρίδα ἀρχόντων παρὲξ τῆς αὐτοῦ γνώμης τι διαπράττεσθαι (vgl. Syncell. p. 659, 13 Πλούταρχος Χαιρωνεὺς φιλόσοφος ἐπιτροπεύειν Ἑλλάδος ὑπὸ τοῦ αὐτοκράτορος κατεστάθη γηραιός). S. darüber Volkmann, Leben u. Schriften des Plutarch I 91 f. Dessau, Hermes XLV 1910 S. 616 f. 2) CIL III 552 = IG III 557 = Dessau 845, vgl. Mommsen, Ges. Schrift. IV 89 ff. 3) CIG 4033. 4034, vgl. Mommsen, Sitz.Ber. d. Berl. Akad. 1901 S. 24 ff. 4) Bull. corr. hell. I 1877 S. 292 nr. 80, 8 ff., vgl. auch Dittenberger, Or. gr. inscr. nr. 640. 5) Aristid. or. 24, 48. 26, 16 (II 405. 429 K.); vgl. CIG 3937 und dazu Waddington, Mém. de l'acad. d. inscr. XXVI 1 (1867) S. 256 f. 6) Prosopogr. imp. Rom. III 270 f. nr. 640. 7) CIL III 384, vgl. Plin. epist. VIII 24, 8. 8) Philostr. v. soph. II 1, 11. 9) Cass. Dio LXXII 5, 3 f. Hist. aug. Commod. 4, 9. 10) Vgl. den Stammbaum Prosopogr. imp. Rom. III 117. 11) Cass. Dio XLIX 36, 4. LXIX 1, 3. LXXII 7, 2. 12) ebd. LXXX 5, 1, vgl. LX 2, 3. LXXVI 16, 4. 13) IG III 685 ff., vgl. Dittenberger zu nr. 687a (p. 500). 14) Abgesehen von der überaus häufig auf griechischen Inschriften vorkommenden Bezeichnung der Träger senatorischer Würden als συγκλητικοί (z. B. CIG 2783. 2831. 2781b. 3882f. Lebas-Waddington 213 usw.; vgl. 1189 συγκλητικόν, υἱὸν ... ὑπατικοῦ) und auch der Ehefrauen ehemaliger Konsuln als ὑπατικαί (CIG 3104. Lebas-Waddington 657, vgl. 705 ὑπατικὴν ... θυγατέρα ὑπατικῶν) ist namentlich der sehr verbreitete Hinweis auf senatorische und konsularische Vorfahren (τὸν ἐκ προγόνων συγκλητικῶν καὶ ὑπατικῶν Lebas-Waddington 1178, vgl. 1224. IGR III 143. 180. 383. IG III 677. 906; θυγατέρα καὶ ἐγγόνην ὑπατικῶν Lebas-Waddington 1385) und Verwandte (ὑπατικοῦ ἔκγονον, πολλῶν ὑπατικῶν καὶ συγκλητικῶν συγγενῆ CIG 2792 f. 2944b. 3151, vgl. 2995. 3191. 3497. Lebas-Waddington 1596bis. IGR III 173, 11. IG IX 2, 971. XII 1, 786, 19. Dittenberger-Purgold, Inschr. v. Olymp. 240. Bull. corr. hell. XI 1887 S. 349; ἀνεψιὰ συγκλητικῶν CIG 2819b. Lebas-Waddington 1597; vgl. damit CIL VIII 5530 = Dessau 2956 *clarissimoru[m virorum] et equit(um) R(omanorum) propinqus*) bemerkenswert.

Sonstige Orientalen.

Andre Orientalen dürften vor dem 3. Jahrhundert im Senat nur vereinzelt gewesen sein (der Konsular Flavius Boethus, ein eifriger Aristoteliker und mit Galen befreundet, war aus Ptolemais in Phönicien gebürtig)[1]: doch seit Caracalla und noch mehr seit Elagabal und Alexander Severus wuchs die Zahl derselben. Zu ihnen gehörte Septimius Odaenathus, Fürst von Palmyra, Großvater des gleichnamigen Gemahls der Zenobia, der konsularischen Rang erhielt[2]. Daß jemals ein aus Palästina stammender Jude (mindestens vor dem 4. Jahrhundert, wo Hieronymus von jüdischen Senatoren spricht)[3] senatorischen Rang erhalten hat, ist nicht bekannt. Palästinensische Juden von Ritterrang erwähnt Josephus, der ihn offenbar selbst nicht besaß[4]. Der senatorische Ritter Tiberius Julius Alexander, ein Neffe des Philosophen Philo, der unter Claudius die Statthalterschaft von Judäa führte, war ein alexandrinischer, vom väterlichen Glauben abgefallner Jude, »aus einer sehr reichen und vornehmen, selbst mit dem kaiserlichen Hause verschwägerten Familie; er hatte sich im Partherkriege als Generalstabschef Corbulos ausgezeichnet, welche Stellung er bald nachher in dem jüdischen Kriege des Titus abermals übernahm«[5], nachdem er inzwischen die Präfektur von Ägypten verwaltet hatte[6]. Wahrscheinlich sein Sohn oder Enkel ist Ti. Julius Alexander Julianus, römischer Senator, Arvale und Führer einer Legion im parthischen Kriege Trajans[7].

Ägypter.

Noch stärker als gegen die Juden war und blieb der Widerwille gegen die Ägypter. Das römische Bürgerrecht konnten sie nicht erlangen, ohne vorher das alexandrinische erworben zu haben, und selbst dieses letztere verliehen ihnen die Kaiser nur sparsam[8], und ihre Zulassung zu den ritterlichen Stellen war wenigstens erschwert[9]; ehe aber der erste Alexandriner Koiranos (unter Caracalla) zum Senat zugelassen und dann auch zum Konsul ernannt wurde, vergingen seit der Einverleibung Ägyptens mehr als zweihundert Jahre[10]. Die übrigen Ägypter außer den Alexandrinern entbehrten das Recht, senatorische Ämter zu bekleiden, noch im 5. Jahrhundert[11]. Daß unter Domitian der Ägypter Crispinus als »Erster der Ritter« (vielleicht Präfekt des Prätorium) eine hervorragende Stellung einnahm und ein Günstling des Kaisers war, erregte Juvenals Unwillen nicht am wenigsten wegen seiner Nationalität[12].

Ausschließlichkeit des Römertums.

Daß auch in den spätern Jahrhunderten die Römer vor den Ausländern bei der Wahl zu den höhern Ämtern den Vorzug hatten, würde auch ohne das ausdrückliche Zeugnis des Cassius Dio selbstverständlich sein, der in seiner dem Mäcenas in den Mund gelegten Auseinandersetzung des kaiserlichen Regierungssystems als Grundsatz ausspricht, daß die kurulischen Ämter und namentlich

1) Galen. II 215. 2) Lebas-Waddington 2621. 2600. Mommsen RG. V 427. Prosopogr. imp. Rom. III 209f. nr. 338. 3) Hieronym. in Isai. 18, 66 (Migne lat. XXIV 672). Vgl. unten [S. 144, 4] und [III 211]. 4) Joseph. B. J. II 308. 5) Mommsen RG. V 566, 1. 6) Prosopogr. imp. Rom. II 164f. nr. 92, vgl. Mommsen, Ephem. epigr. V S. 578 (zu CIL III 6809). Auf ihn geht wahrscheinlich der bittre Spott bei Juven. 1, 129ff. 7) Dessau, Hermes XLV 1910 S. 20; vgl. A. Stein, Untersuch. z. Gesch. u. Verwalt. Ägyptens S. 106. Groag, Real-Encykl. X 158f. 8) Plin. ep. ad Traian. 6. 7. Joseph. c. Apion. II 41. 72. 9) Mommsen, Eph. epigr. V S. 13f.; RG. V 562, 2. 10) Cass. Dio LXXVI 5, 5, vgl. LI 17, 3. Sein Sohn war wahrscheinlich P. Aelius Coeranus (iunior), Arvale 213/14 (CIL XIV 3586 = Dessau 1158. Henzen, Acta fr. Arval. S. 175). 11) Kuhn, Städt. u. bürgerl. Verfass. II 86—91. Isidor. Pelusiota epist. I 489. 12) Martial. VII 99. VIII 48. Juvenal. 1, 26ff. 4, 1ff. 13ff. 24ff. 108.

das Konsulat mit Einheimischen besetzt werden sollten[1]). Obgleich diese Regel, wie sich gezeigt hat, nicht streng befolgt werden konnte, hat es vermutlich an dem Streben, sie aufrecht zu erhalten, niemals gefehlt. Noch von einem der Gegenkaiser des Septimius Severus, Pescennius Niger, wird berichtet, daß er die Ansicht hatte, in Rom sollten nur geborne Römer amtlich fungieren dürfen[2]). Die Abneigung und Eifersucht gegen die Fremden, die Geringschätzung »von allem, was außerhalb der Stadtmauer geboren war«, dauerte in Rom bis auf die letzten Zeiten, und noch damals machte der Pöbel im Schauspiel mit tobendem Geschrei seinem Fremdenhasse Luft[3]).

Italiker und Latiner. Abstand zwischen Römern und Munizipalen.

Selbst der Italiker, selbst der Latiner galt dem ausschließlichen Römertume nicht für ebenbürtig, wenn auch höher als der Provinziale; als Senator blieb er ein Emporkömmling, dessen Abstammung noch seinen Kindern nicht leicht vergessen wurde. Antonius, der aus uraltem Geschlecht stammte, hatte dem Octavian vorgeworfen, daß seine Mutter eine Aricinerin sei. »Man sollte glauben«, sagt Cicero, »er rede von einer Frau aus Tralles oder Ephesus. Ihr seht, wie gering wir alle geschätzt werden, die aus Munizipien stammen, also eigentlich alle. Denn wie viele von uns stammen nicht daher?«[4]) Er hatte oft genug Anspielungen auf diese Herkunft von Männern des alten Adels anzuhören[5]). Catilina nannte ihn einen »von auswärts zugezogenen römischen Bürger«[6]). Allerdings nahmen schon Augustus und Tiberius, wie es in der Rede des Kaisers Claudius heißt, die Blüte der Munizipien und Kolonien Italiens, wackere und begüterte Männer, in den Senat auf[7]). Wie tief aber trotzdem jene Überhebung in dem römischen Bewußtsein wurzelte, welch zähen Widerstand sie allen verändernden und zerstörenden Einflüssen entgegenzusetzen vermochte, mag man danach ermessen, daß noch ein Jahrhundert später ein Tacitus den Abstand zwischen Rom und den Städten Italiens kaum minder groß fand als die Zeitgenossen Ciceros, und dies nach den Regierungen des aus Reate stammenden Geschlechts der Flavier, des Narniensers Nerva und unter der Regierung des Spaniers Trajan. Seine Äußerungen sind um so merkwürdiger, als er höchst wahrscheinlich selbst von ritterlicher Abkunft war[8]). Die Erzählung des Ehebruchs der Livia, Gemahlin des Drusus, mit Sejan, dem Ritter aus Volsinii, begleitet er mit der Bemerkung: »Und sie, die Augustus zum Oheim hatte, Tiberius zum Schwiegervater, Kinder von Drusus, schändete sich und ihre Vorfahren und Nachkommen durch Ehebruch mit einem Munizipalen!«[9]) Und daß Tiberius Enkelin Julia in zweiter Ehe mit Rubellius Blandus vermählt wurde, galt ihm als eine solche Herabwürdigung der Fürstentochter, daß er es als Gegenstand der öffentlichen Betrübnis bezeichnete, da noch viele sich an den Großvater des Rubellius, einen römischen Ritter aus Tibur, erinnerten[10]), obwohl

1) Cass. Dio LII 20, 2. 2) Hist. aug. Pescenn. Nig. 7, 5. 3) Ammian. XIV 6, 22. XXVIII 4, 32; vgl. Themist. or. 23, 298 B οἱ πάντας ἐκεῖνοι περιφρονοῦντες καὶ οὐδὲν τῶν ἔξωθεν ἀφικνουμένων θαυμάζειν ἢ ἐθέλοντες ἢ δυνάμενοι διὰ τὴν περιουσίαν τῶν οἴκοι θαυμάτων κτλ. 4) Cic. Philipp. 3, 15; vgl. Sueton. Aug. 4, 2. 5) Cicero pro Sulla 22 f.; pro Plancio 19 f. 6) Sallust. Cat. 31, 7. 7) CIL XIII 1668 (= Dessau 212) II 1 ff. Von Q. Varius Geminus aus Superaequum, der unter Augustus bis zur Prätur und mehreren Provinzialstatthalterposten aufstieg, heißt es CIL IX 3306 = Dessau 932 *is primus omnium Paelign(orum) senator factus est.* 8) Vgl. Urlichs, De vita et honorib. Taciti (1879) S. 1 f. 9) Tac. A. IV 3; vgl. III 29. 10) ebd. VI 27; vgl. VI 15 über das *oppidanum genus* des Vinicius (aus Cales).

Rubellius Blandus selbst Konsul gewesen war[1]). Sueton erzählt, Caligula habe in einem Briefe an den Senat seiner Urgroßmutter Livia Augusta eine unedle Abstammung vorgeworfen, da ihr mütterlicher Großvater Ratsmann in Fundi gewesen sei; und er nimmt sie gegen diesen Vorwurf in Schutz: es sei gewiß, daß Aufidius Lurco zu Rom Ehrenämter bekleidet habe[2]). Daß hundert Jahre später Marc Aurel seine Tochter Lucilla dem Sohne eines römischen Ritters von antiochenischer, nicht besonders edler Abkunft, Claudius Pompejanus, gab[3]), das wird man nicht sowohl aus einer Veränderung der Ansichten erklären dürfen, als aus dem weltbürgerlichen Sinne des philosophischen Kaisers, der von den Einflüssen des spezifisch römischen Wesens frei war wie wenige: er wählte, so heißt es, zu seinen Schwiegersöhnen nicht die ersten des Senats und sah nicht auf alten Adel und großen Reichtum, sondern auf Trefflichkeit[4]). Übrigens war weder Lucilla noch ihre Mutter Faustina mit dieser Vermählung zufrieden, und zwar, wie es scheint, nicht bloß deshalb, weil der Erkorne bereits bejahrt war.

Abstand des ersten Stands vom zweiten —

Die angeführten Äußerungen dienen zugleich dazu, das Standesgefühl der Senatoren gegenüber dem Ritterstande zu bezeichnen; in der Tat fiel der Abstand zwischen beiden Ständen nicht zum geringsten Teil mit dem Abstande zwischen munizipaler und römischer Abkunft zusammen. Ritter werden auf Denkmälern von ihren Klienten gerühmt und rühmen sich selbst als »Vater eines Senators«, »Großvater eines Senators«[5]). Bei einem Zank zwischen einem Ritter und einem Senator entschied Vespasian: man dürfe Senatoren nicht schmähen, ihre Schmähungen zu erwidern, sei gestattet und in der Ordnung: wodurch er, wie Sueton bemerkt, andeuten wollte, daß die beiden Stände nicht sowohl in bezug auf Berechtigung als auf Würde verschieden seien[6]). Martial bezeichnet die beiden ersten Stände als »die Ritter und die Herren Senatoren«[7]). Ausdrücke des senatorischen Standesgefühls anzuführen, wird später Gelegenheit sein.

und dritten.

Im Strafrecht[8]) waren die Mitglieder der beiden ersten Stände als Privilegierte (wie auch die Soldaten, Veteranen und Gemeinderäte der Reichsstädte) von den Plebejern so scharf geschieden, daß eine Standesperson sogar zum Plebejer degradiert werden konnte. Sie waren von der körperlichen Züchtigung, der Folter im Beweisverfahren, der Zwangsarbeit und Bergwerksstrafe, sowie von der Kreuzigung und Preisgebung für Gladiatorenkämpfe und Tierhetzen ausgeschlossen. Eine von einem Plebejer einem Senator oder Ritter zugefügte Beleidigung wurde besonders streng geahndet[9]). Daß in gesellschaftlicher Beziehung der Abstand des Ritterstands von den kleinen Leuten kein geringer

1) Tac. A. III 51. 2) Sueton. Calig. 23, 2. 3) Hist. aug. M. Aurel. 20, 6. 4) Herodian. I 2, 2. 5) *pater senatoris* CIL IX 1006. X 7237. XI 5632 = Dessau 6484. 6770. 2735; πατὴρ συγκλητικῶν CIG 2790. 2933. Bull. corr. hell. X 1886 S. 456 nr. 8. Dittenberger-Purgold, Inschr. v. Olympia nr. 239 = Kaibel, Epigr. gr. 934, 2 (εὐπατρίδην Ῥόδιον συγκλητικῶν γενετῆρα); *pater et avus senatorum* CIL V 4333 = Dessau 6717; πατὴρ καὶ πάππος συγκλητικῶν IGR III 179. 205; συγκλητικοῦ πάππον Dittenberger, Or. gr. inscr. 549, 14; πάππου καὶ προπάππου συγκλητικῶν CIG 2782; μήτηρ καὶ μάμμη συγλητικῶν CIG 2793; vgl. auch *nutrix senatorum duum* CIL VI 16592 = Dessau 8531 (vgl. IG III 906). Tochter und Enkelin als Gattinnen von *viri praetorii* rühmt Seia Gaetula CIL VIII 7054. 6) Sueton. Vespas. 9, 2 (*utrumque ordinem non tam libertate inter se quam dignitate differre*). 7) Martial. XIV 1, 1. 8) Mommsen, Strafr. S. 1032—1037. 9) Paulus Sent. V 4, 10. Hartmann, De exilio apud Romanos (Diss. Berl. 1887) S. 58 f.

und vollends der erste Stand vom dritten durch eine weite Kluft getrennt war, braucht nicht erst gesagt zu werden; nur eine darauf bezügliche charakteristische Äußerung mag hier Platz finden. Ein Senator von prätorischem Range, der, unter Domitian wegen eines zweifelhaften Vergehens angeklagt, die freiwillige Verbannung der sichern Verurteilung vorzog, sah sich genötigt, zu seinem Lebensunterhalte in Sizilien Unterricht in der Beredsamkeit zu erteilen. Einst, als er vor seinem Auditorium auftrat, sagte er in der Einleitung seiner Rede: »Welches Spiel treibst du mit uns, Fortuna! du machst aus Senatoren Professoren, aus Professoren Senatoren!« In diesem Satze, sagt der jüngere Plinius, ist so viel Galle, so viel Bitterkeit, daß ich glaube, er hat das Lehramt nur übernommen, um dies sagen zu können[1]). Fast mit denselben Worten wie der Senator Plinius stellt Juvenal, der dem zweiten Stande angehörte, dieselben beiden Lebensstellungen als äußerste Gegensätze zusammen. »Will es Fortuna, so wirst du aus einem Rhetor ein Konsul; ebenso, wenn sie es will, aus einem Konsul ein Rhetor!«[2])

2. Die Senatoren.

Verhältnis des Senats zu den Kaisern.

Die Übernahme der kaiserlichen Gewalt konnte sowohl auf Aufforderung der Truppen als des Senats erfolgen; doch auch im ersten Falle trat die Rechtsgültigkeit erst mit der Anerkennung des Senats ein[3]); und ebenso konnte derselbe dem regierenden Kaiser die höchste Gewalt aberkennen, was auch wiederholt geschehen ist[4]). In ihrem Verhältnis zum Senat waren die Kaiser nur die Ersten unter Gleichen, die Mitglieder dieses Stands ihre Pairs[5]): ein Verhältnis, das mit Ausnahme von Caligula, Nero, Domitian und Commodus die Kaiser der beiden ersten Jahrhunderte wenigstens äußerlich aufrecht zu erhalten mehr oder weniger bemüht gewesen sind. Herodian gibt ein fast demütiges Schreiben des zum Kaiser erwählten Opellius Macrinus an den Senat (217), worin er bittet, keinen Anstoß daran zu nehmen, daß er aus dem Ritterstande emporgekommen sei. Der Adel ohne Trefflichkeit sei nutzlos; auch die edle Abkunft des Commodus habe dem Senat nichts genützt, ebensowenig wie die Legitimität der Erbfolge Caracallas. Die Kaiser von hoher Abkunft, welche die Herrschaft als ihr Recht betrachteten, handelten übermütiger gegen die Untertanen als geringere. Diejenigen, welche sie vom Senat empfingen, betrachteten sich als dessen Schuldner und suchten seine Gunst durch Wohltaten zu vergelten[6]).

Einen rechtlich geschloßnen Senatorenstand, eine erbliche Pairie, schuf erst Augustus, indem er das Recht der Bewerbung um kurulische Ämter und den nach wie vor mit denselben verbundenen Senatssitz auf den Kreis der Familien beschränkte, deren Vorfahren solche Ämter bekleidet hatten, vorausgesetzt

1) Plin. ep. IV 11, 2. 2) Juv. 7, 197 f. 3) Mommsen StR. II³ 842 f. 4) ebd. S. 1132 f., vgl. III 1267. 5) ὁμότιμοι bei Cass. Dio LII 7, 3. 15, 2. 31, 4. LXVII 2, 4, auch Themist. or. 4, 53 B, vgl. Hist. aug. Alex. Sev. 11, 5. Julian. Cod. Iust. XII 1, 8. Mommsen StR. II³ 895 (der Kaiser war immer Princeps senatus, doch wurde die Führung dieses Titels in der Regel vermieden), auch S. 960 ff. 6) Herodian. V 1, 5 f.

daß der einzelne Bewerber zum mindesten ein Vermögen von einer Million Sesterzen (217 500 Mark) besaß, um den an ihn herantretenden materiellen Anforderungen genügen zu können. Dieser neue Senatorenstand unterscheidet sich von der auch unter den Kaisern fortbestehenden Nobilität dadurch, daß er durch strenge rechtliche Abgrenzung und Festsetzung bestimmt ist, während die Nobilität nur auf sozialer Exklusivität eines festen Kreises beruht, dem seit der Übertragung der Beamtenwahlen auf den Senat (am Anfange der Regierung des Tiberius) nur diejenigen Personen zugerechnet werden, deren Vorfahren (von väterlicher oder mütterlicher Seite) vor diesem Zeitpunkte das Konsulat bekleidet hatten[1]). Die Aufnahme der dem Senatorenstande nicht durch Geburt Angehörigen in diesen erfolgte teils durch Erteilung des senatorischen Standesrechts an junge Leute, teils durch außerordentliche Aufnahmen von Nichtsenatoren in eine der drei untern Rangklassen des Senats (*adlectio*): beide Arten der Pairskreierung wurden von den Kaisern ausgeübt, wenn auch die letztere formell erst seit dem Aufgehen der Zensur in die kaiserliche Kompetenz zu den kaiserlichen Rechten gehörte. Auch diese Erhebung erfolgte mit der Rechtswirkung der Erblichkeit. Der senatorische Stand erstreckte sich auch auf die Frauen der Mitglieder sowie auf die agnatische Nachkommenschaft bis zum dritten Grade[2]).

Wenige alte Familien.

Schon zu Anfang der Kaiserzeit kann die Zahl der Familien von altem Adel im Senat nicht groß gewesen sein. Mehrere waren bereits ausgestorben, wie die Atilier, Meteller, Curier, Fulvier, oder in den Schlachten der Bürgerkriege und durch die Acht gefallen[3]) — durch die Acht der zweiten Triumvirn fielen gegen 300 Senatoren und 2000 Ritter[4]): andre erloschen in der ersten Kaiserzeit, wie die Ämilischen Scaurer[5]), oder versanken in schmähliche Dürftigkeit, wie die Hortensier, und gingen so der Standesrechte verlustig und verloren sich unter den übrigen Ständen[6]). Wie diese Lücken wieder gefüllt wurden, ist bereits erwähnt. Zunächst blieb der Ritterstand die »Pflanzschule des Senats«[7]), und nicht bloß aus der Ritterschaft Roms, auch aus den Kolonien und Munizipien Italiens, bald auch aus den Provinzen wurden »neue Männer«, durch Geburt, Reichtum und Verdienst ausgezeichnet, immer zahlreicher in den Senat aufgenommen[8]). Von C. Rutilius Gallicus, der sich durch militärische Verdienste zum Konsulat aufschwang und unter Domitian Stadtpräfekt war, sagt Statius, er habe den Seinen das Geschlecht ersetzt und auf seine Vorfahren den Adel rückwärts erstreckt[9]): vermutlich stammte er aus einer ritterlichen Familie, wenn auch wohl bereits sein Vater in den Senatorenstand erhoben worden war. Feste Normen der Beförderung zum Senator gab es für die nichtsenatorischen Ritter nicht. Ein tatsächliches Anrecht auf diese Beförderung gab, späterhin wenigstens, das Gardekommando, dessen Inhaber beim Rücktritt von diesem höchsten Ritteramt in der Regel zu Senatoren erhoben, zum

Neue Männer aus der Ritterschaft, den Provinzen —

1) M. Gelzer, Hermes L 1915 S. 395 ff., weitergeführt durch E. Stein ebd. LII 1917 S. 564 ff.; anders W. Otto ebd. LI 1916 S. 73 ff. 2) Mommsen StR. III 466—469. 507—509. 3) Marquardt, Historia equitum Rom. (1840) S. 50 f. Tac. A. I 2. 4) Appian. b. c. IV 5. 7. 5) Senec. Suasor. 2, 22. Tac. A. VI 29. 6) Tac. A. II 38. 7) Hist. aug. Alex. Sev. 19, 4. 8) Häufig wurde die kaiserliche *adlectio*, wie es scheint erst unter Vespasian, Hirschfeld, Verwalt.-Beamte S. 415, 2. 9) Stat. silv. I 4, 68 f. und dazu Vollmer. Groag, Real-Encykl. I A 1255 ff.

Teil durch diese Standeserhöhung auf ehrenvolle Weise in den Ruhestand versetzt wurden[1]).

Nicht bloß aus dem zweiten, auch aus dem dritten Stande schwangen sich einzelne durch Glück, Verdienst oder Gunst schon im Anfange der Kaiserzeit zum ersten empor. Schon während des Bürgerkriegs war ein Mann von niedrigstem Stande, Salvidienus Rufus, von Octavian zum Konsulat erhoben worden, obwohl er nicht einmal Senator gewesen war[2]). Curtius Rufus, von so niederer Herkunft, daß einige ihn den Sohn eines Gladiators nannten, gelangte durch Talent und Geldunterstützung von Freunden zur Quästur und stieg, ebenso untertänig gegen Höhere wie hochmütig gegen Geringere, zum Konsulat und zum Prokonsulat von Afrika auf. Tiberius, der ihn bei der Prätur vor adligen Mitbewerbern bevorzugte, sagte zur Entschuldigung des Fleckens seiner Geburt: »Curtius Rufus scheint mir von sich selbst abzustammen«[3]). Noch manche andre unter diesen »Söhnen ihrer Taten« verdankten ihr Emporkommen ihrer Bereitwilligkeit, als Werkzeuge der kaiserlichen Absichten zu dienen, besonders als Delatoren in Majestätsprozessen. Junius Otho, ursprünglich Lehrer der Beredsamkeit, wurde durch Sejans Gunst Senator und stieg durch seinen von keiner Bedenklichkeit zurückgehaltenen Eifer bis zur Prätur[4]), Eprius Marcellus und Vibius Crispus, beide von niedrigster Herkunft und in Armut aufgewachsen, durch gewissenlose Ausbeutung ungewöhnlicher Talente zu den höchsten Stellungen, ungeheurem Reichtum und großer Macht[5]). Auch militärisches Verdienst konnte niedrig Geborenen den Weg zum Senat bahnen. Cassius Dio läßt Mäcen den Rat erteilen, die ausgezeichnetsten Offiziere auf diese Weise zu befördern, wenn sie als Centurionen eingetreten seien; nur wer als gemeiner Soldat gedient und Schanzkörbe und Holzbündel geschleppt habe, von dem zieme es sich nicht, daß er je Senator werde[6]). Auch sind gewiß Laufbahnen wie die des Oclatinius Adventus äußerst selten gewesen: als gemeiner Soldat eingetreten, nach Cassius Dio als Subalterner zu Henkersdiensten verwendet[7]), war er trotz seines gänzlichen Mangels an Bildung allmählich bis zur Präfektur des Prätorium aufgerückt[8]), dann unter Macrinus Stadtpräfekt und nach Niederlegung dieses Amts 218 Konsul geworden[9]). Die ersten Männer vom Senatorenstande, von denen es bekannt ist, daß sie ihre Laufbahn als Centurionen begannen, sind der Kaiser Pertinax und der Gegenkaiser des Severus, Pescennius Niger[10]).

und dem dritten Stande.

Daß Freigelassene, denen in den Munizipien und Kolonien überall der Eintritt in den ersten Stand verschlossen war[11]), vor Commodus in den Senat aufgenommen worden sind, ist nicht zu glauben; erst der Günstling des Commodus, Cleander, machte Freigelassene zu Senatoren und Patriziern[12]). Unter Caracalla wurde ein ehemaliger Sklave, Marcius Agrippa, der einst Haarkräusler seiner Herrin gewesen war, bei seiner Entsetzung von einem hohen ritterlichen Amte

Freigelassene.

1) Mommsen StR. III 508. 2) Vellei. II 76, 4. Cass. Dio XLVIII 33, 2. Sueton. Aug. 66, 1 f. 3) Tac. A. XI 21. Plin. epist. VII 27, 2 f. 4) Tac. A. III 66. 5) Tac. Dial. 8. 6) Cass. Dio LII 25, 6 f. 7) Cass. Dio LXXVIII 14, 3. 8) Anspielung darauf (212 oder 213) in den pseudolucianischen Μακρόβιοι 7, Hirschfeld, Kl. Schriften S. 883 f. 9) Prosopogr. imp. Rom. II 424 nr. 9. 10) Hist. aug. Pertin. 1, 5; Pescenn. Nig. 1, 5. Ein andres Beispiel aus dem 3. Jahrhundert Cass. Dio LXXIX 7, 2. 11) Ihre Zulassung zu Ämtern in überseeischen Kolonien wird nicht lange gedauert haben. Mommsen, Ges. Schrift. I 221 f. 12) Hist. aug. Commod. 6, 9.

zum Senator mit prätorischem Range gewissermaßen degradiert[1]). Elagabal »machte Freigelassene zu Statthaltern, Legaten, Konsuln, Feldherrn«[2]). Mit um so größerer Strenge kehrte Alexander Severus zu der alten Ausschließung derselben zurück, er machte sie nicht einmal zu Rittern[3]). Wenn daher Epictet ausführt, »der Sklave wünsche sich die Freiheit, habe er diese erlangt, so sei er abermals unzufrieden und wünsche sich den Ritter- und Offiziersrang, und sei er endlich zum Ziel aller Wünsche, zum Senatorenstande gelangt, so sei er immer nur in einer glänzenden Knechtschaft«[4]), so hat er entweder einen zu seiner Zeit unmöglichen Fall als möglich angenommen, oder sich in völliger Unkenntnis der wirklichen Verhältnisse befunden.

Söhne von Freigelassenen.

Söhne von Freigelassenen wurden schon von den ersten Kaisern zugelassen, um so weniger Schwierigkeit fand der Eintritt ihrer fernern Abkömmlinge; schon in der Mitte des 1. Jahrhunderts gab es eine große Anzahl senatorischer Familien von solcher Abstammung[5]). Die Vitellier stammten nach einigen von einem freigelassenen Flickschuster, dessen Sohn durch Güterparzellierungen und Staatsagenturen Geld erwarb und mit einer Bäckerstochter den ersten Mann in der Familie erzeugte, der es bis zum Ritterstande und einem kaiserlichen Finanzamt brachte; dessen vier Söhne waren Senatoren, einer bekleidete dreimal das Konsulat und die Zensur und wurde Vater des Kaisers Vitellius[6]). Claudius, der auch in dieser Beziehung keine unbedingte Ausschließung wollte[7]), erteilte doch dem Sohne eines Freigelassenen den breiten Purpurstreif nur unter der Bedingung, daß er sich von einem Ritter adoptieren ließ[8]), und ähnliche Förmlichkeiten sind vielleicht öfter beobachtet worden. Nero nahm Söhne von Freigelassenen lange überhaupt nicht auf und versagte den von frühern Kaisern aufgenommenen die Ehrenämter[9]). Später haben sie auch diese bekleidet, wenn sie gleich in der Regel hinter Mitbewerbern von adliger Abkunft zurückstehen mochten. Noch Valentinian, Valens und Gratian fanden sich veranlaßt, in einem Reskript ausdrücklich zu erklären, daß Söhne von Freigelassenen von der Erlangung des Clarissimats nicht ausgeschlossen sein sollten[10]).

Ansehen des alten Adels.

Je mehr nun von Geschlecht zu Geschlecht im Senat die Menge der Neulinge und Emporkömmlinge wuchs, die Zahl der Senatoren von edler und alter Abkunft abnahm — daß ihrer wenige waren, bemerkt um das Jahr 166 Apulejus[11]), und schon fünfzig Jahre früher spricht Juvenal von dem Zusammenschmelzen des Adels[12]) —, desto größer wurde ohne Zweifel der Stolz der altadligen Familien auf ihre Stammbäume; aber auch die allgemeine Achtung vor Abkömmlingen altberühmter Geschlechter erlitt mindestens keine Verminderung. Das Recht, die Bildnisse der Vorfahren im Atrium aufzustellen, war das eigentliche Kennzeichen vornehmer Abkunft[13]). Mit Ehrfurcht betrat man die Häuser, wo halbverlöschte Gemälde von Triumphatoren auf Viergespannen die Wände und

1) Cass. Dio LXXVIII 13, 4. 2) Hist. aug. Elagab. 11, 1. 3) ebd. Alex. Sever. 19, 4. 4) Epictet. Diss. IV 1, 33—40. 5) Tac. A. XII 27 *plerisque senatoribus non aliunde originem trahi.* 6) Sueton. Vitell. 2, 1. 2. 7) Tac. A. XI 24. 8) Sueton. Claud. 24, 1. 9) ebd. Nero 15, 2. 10) Cod. Justin. XII 1, 9 (*clarissimam dignitatem*). 11) Apul. Florid. 8 (*ex senatoribus pauci nobiles genere*). 12) Juv. 1, 34 (*de nobilitate comesa*). 13) Mommsen StR. I³ 442 ff. Über die Bedeutung des Adels zur Zeit der ausgehenden Republik vgl. F. Münzer, Römische Adelsparteien und Adelsfamilien, Stuttgart 1920; dazu M. Gelzer, Histor. Zeitschr. CXXIII (3. F. XXVII) 1921 S. 1 ff.

rauchgeschwärzte Wachsmasken der Ahnen die Atrien erfüllten, unter denen die Inschriften Namen, Titel und Taten meldeten[1]). »Ahnenbilder und Inschriften« fanden bei der Menge mindestens nicht geringere Bewunderung als in der Zeit des Horaz[2]): wie im Mittelalter und in neuern Zeiten liebte auch im Altertum Rom seine großen Herren, wenn sie die schönen Namen mit Anstand trugen, und nahm gern teil an dem Glanze, den die Familien des heimischen Adels um sich verbreiteten[3]). Die versifizierte Schulrede Juvenals über das Thema, daß nur eigne Tugend, nicht Ahnen Wert verleihen, beweist gerade, wenn es dessen bedürfte, daß ein entgegengesetztes Gefühl allgemein verbreitet war. Einen auffallenden Beweis für die hohe Geltung, in welcher der alte Adel beim Volke stand, gibt die Erzählung des Tacitus von dem Prozeß der Ämilia Lepida im Jahre 20, die von ihrem geschiedenen Gemahl P. Sulpicius Quirinus der Unterschiebung eines Kinds und andrer schwerer Verbrechen angeklagt war. Sie, »die neben dem Glanz des Hauses der Ämilier sich auch der Abstammung von Sulla und Pompejus rühmen konnte«, erregte trotz ihres üblen Rufs und ihrer Schuld allgemeines Mitleiden. Als sie, von edlen Frauen begleitet, im Pompejustheater ihre Ahnen um Schutz anflehte, brach das Volk in Tränen und Verwünschungen aus, daß eine Frau, die einst zur Gemahlin des L. Cäsar und Schwiegertochter des Augustus bestimmt gewesen war, einem durch sein kinderloses Alter einflußreichen Manne aus einer so niedrigen Familie geopfert werde[4]). Seneca, der gelegentlich in ähnlicher Weise wie Juvenal moralisiert[5]), gesteht nicht bloß ausdrücklich ein, daß bei der Bewerbung um Ämter der Adel manchen höchst schändlichen Menschen vor rührigen, aber »neuen« Männern den Vorzug verschafft habe, sondern er fügt auch hinzu, daß dies »nicht ohne Grund« geschehen sei. So haben dem Fabius Persicus (Konsul 34) trotz seines schimpflichen Lebenswandels seine Ahnen, Verrucosus, Allobrogicus und die 300 Fabier, die Wahl in die höchsten Priestertümer verschafft; dem ebenso berüchtigten Mamercus Scaurus († 32) die Abstammung von dem alten Scaurus (Konsul 115 v. Chr.), welcher der Erste des Senats war, das Konsulat[6]). Tacitus rühmt von Tiberius, daß er in der ersten Zeit seiner Regierung bei Erteilung von Ehrenstellen auf Adel Rücksicht genommen[7]), Plinius ebenso von Trajan, daß er die Sprößlinge alter Familien bei Erteilung von Ämtern besonders bevorzugt habe, was Domitian aus Furcht und Mißtrauen vermieden hatte[8]). Wie in der amtlichen Laufbahn, so war in allen Verhältnissen der Adel eine mächtige Förderung und Empfehlung und blieb darum ein hohes Gut, wenn man auch dem Besitz, auf den Stand und Rang basiert war, einen höhern realen Wert zugestehen mochte[9]).

Alter der ältesten adligen Familien.

In der Tat war Alter und Vergangenheit mancher noch in der Kaiserzeit blühenden Familien ehrwürdig. Zwar von denen, deren Ahnen bereits von Romulus oder Brutus in den Senat gewählt waren, die sich also eines achthundertjährigen Adels rühmen konnten, waren schon im 1. Jahrhundert nur wenige

1) Juv. 8, 1—20; vgl. Laus Pison. 8 ff. 2) Horat. S. I 6, 17. 3) Hübner, Sixte-Quint I 332. 4) Tac. A. III 22 f. 5) Seneca de benef. III 28, 2; ep. 44, 5. 6) Seneca de benef. IV 30, 1 f. 31, 5. 7) Tac. A. IV 6. 8) Plin. paneg. 69, 5 f. 9) Seneca de remed. fort. 16, 6: *ne imagines proavosque respexeris nec patrimonium, cui iam ipsa nobilitas primo loco cessit.*

Stammbäume. übrig[1]). Doch muß es damals noch eine nicht ganz geringe Anzahl sogenannter troischer (von Äneas und seinen Begleitern sich herleitender) und albanischer (ebenfalls über die Gründung Roms hinaufreichender) Familien gegeben haben, da man von den erstern zu Ende der Repulik noch etwa fünfzig zählte[2]). In einer Sammlung griechischer für den Unterricht verfaßter Gespräche kommt vor: ich will einen Senator besuchen, der sein Geschlecht von Romulus und den Äneaden ableitet[3]). Einer solchen Abkunft rühmten sich vor allem die Julier, die das Bild des Äneas wie das des Romulus und der Albanerkönige bei ihren Leichenbegängnissen mit aufführten[4]). Die Memmier leiteten sich von dem Trojaner Mnestheus ab[5]). Die Antonier nannten, wie die Fabier, Herkules ihren Ahnherrn[6]), die Aelii Lamiae den Lästrygonenkönig Lamus[7]). Die Calpurnier, deren vornehmster Zweig die Pisonen waren, leiteten ihre Herkunft von König Numa ab[8]): Gnäus Piso, das Haupt des Hauses unter Tiberius, räumte kaum dem Kaiser den Vorrang ein; auf dessen Söhne sah er als tief unter ihm stehend hinab[9]). Überhaupt waren Stammbäume, die in die Fabelwelt hinaufreichten, nicht selten; sie wurden von griechischen Gelehrten bereitwillig ausgearbeitet. Eine dem Q. Vitellius, dem Oheim des Kaisers, gewidmete Schrift leitete die Familie, deren Ursprung nach andern ein sehr niedriger war[10]), von Faunus, dem Könige der Aboriginer, und der an vielen Orten göttlich verehrten Vitellia ab[11]). Obwohl man wußte, daß der Großvater des Kaisers Vespasian, ein Reatiner, im Bürgerkriege Centurio, sein Vater Zollpächter gewesen war, wurde der Versuch gemacht, das Geschlecht der Flavier auf einen Gefährten des Herkules zurückzuführen; doch Vespasian spottete selbst darüber[12]). Der Kaiser Galba, aus dem alten und edlen Geschlechte der Sulpicier, stellte in seinem Atrium eine Ahnentafel aus, in welcher er seine väterliche Abkunft auf Juppiter, seine mütterliche auf Pasiphae, die Gattin des Minos, zurückführte[13]). Auch diejenigen, die Ungläubigen gegenüber diese Stammbäume preisgaben oder selbst bewitzelten, fanden es zuweilen der Mühe wert, sie gegen die übrigen zu vertreten, und konnten es, ohne sich lächerlich zu machen; wie denn Julius Cäsar in der seiner Tante Julia gehaltenen Leichenrede ihre Abkunft von Ancus Marcius auf der einen, und von Venus, der Großmutter des Julus, auf der andern Seite rühmte[14]). Auch M'. Acilius Glabrio (zum zweiten Male Konsul 186), den Perti-

1) Tac. A. XI 25. Über das allmähliche Aussterben der Patriziergeschlechter und ihre Ergänzung durch kaiserliche Neuaufnahme vgl. C. Heiter, De patriciis gentibus quae imperii Romani saeculis I. II. III fuerint, Diss. Berolini 1909. B. Stech, Klio Beih. X (1912) S. 127ff. 2) Dionys. Halic. I 85, 3; vgl. Mommsen, Röm. Forsch. I 121ff. 3) Colloqu. Montepess. Corp. gloss. lat. III 655 c. 4. 4) Tac. A. IV 9. Sueton. Caes. 6, 1. 5) Verg. A. V 117; vgl. Wissowa, Ges. Abhdl. S. 15f. Marx, N. Jahrb. I 1899 S. 537f. 542ff. Von den andern Gefährten des Aeneas, Sergestus, Cloanthus, Gyas wollten nach Serv. Aen. VII 117 die Sergier, Cluentier, Geganier abstammen. 6) Plut. Anton. 4 (vgl. 36. 60). Paul. p. 87. 7) Horat. C. III 17, 1. 8) Plut. Numa 21. Paul. p. 47. Horat. ars poet. 292 m. Schol. Laus Pison. 3. 15, die sämtlich als Ahnherrn der Calpurnier einen Sohn des Numa, Calpus, nennen; auf andre Söhne desselben Königs führten nach Plut. a. a. O. die Pomponier, Pinarier und Mamercier (s. W. Schulze, Zur Gesch. röm. Eigennamen S. 465 f.) ihren Stammbaum zurück. 9) Tac. A. II 43. 10) Oben S. 118. 11) Sueton. Vitell. 1, 2. 12) ebd. Vespas. 12 (vgl. 1, 2). 13) ebd. Galba 2, vgl. Sil. Ital. VIII 470f. 14) Sueton. Caes. 6, 1. CIG 2957 = Dittenberger, Syll.³ nr. 760 (aus Ephesus vom J. 48 v. Chr.) Γάιον Ἰούλιον Γαίου υἱὸν Καίσαρα — τὸν ἀπὸ Ἄρεως καὶ Ἀφροδείτης θεὸν ἐπιφανῆ.

nax zum Kaiser vorschlug, führte seinen Stammbaum auf Äneas[1]), die Familie Marc Aurels den ihren auf Numa zurück[2]), und Herodes Atticus rühmte von seiner Gemahlin Annia Regilla, Schwester des Appius Annius Bradua (Konsul 160), sie sei aus dem erlauchten Blute des Anchises und der idäischen Göttin gewesen[3]), und führte auch seinen eignen Stammbaum bis zu den Äakiden hinauf[4]), wie überhaupt die Herleitung der Abstammung aus der Heroenzeit auch in Griechenland in dieser Zeit nicht selten gewesen zu sein scheint[5]). Die Akten der Arvalpriester geben besonders stattliche Verzeichnisse von Männern der höchsten Adelsfamilien, aus denen dieses Kollegium bestand. Bei dem Jahresopfer der Dea Dia im Mai 38 z. B. gehörten von den anwesenden Mitgliedern nur drei zu den erst unter Augustus emporgekommenen Familien, Taurus Statilius Corvinus, C. Cäcina Largus (Konsul 42) und Annius Vinicianus, die übrigen waren Paulus Fabius Persicus, C. Calpurnius Piso, M. Furius Camillus, »der letzte Sprosse des Siegers von Veji«, Appius Junius Silanus und Cn. Domitius Ahenobarbus, der Vater des Kaisers Nero; auch die Ahnen dieser beiden »hatten oft den Purpur der Republik getragen«[6]). Die Domitii Ahenobarbi zählten in ihren Ahnentafeln während der Republik 6 Konsulate (außerdem 2 unter Augustus), 2 Zensuren und 2 Triumphe[7]). An ruhmvollen Erinnerungen war vielleicht kein Geschlecht so reich wie die Claudier, deren Anfänge bis in die erste Zeit der Republik zurückreichten; sie zählten 22 Konsulate, 5 Diktaturen, 7 Zensuren, 7 große, 2 kleine Triumphe; viele hochberühmte Männer und Frauen, gewaltig im Guten und Bösen, hatten sie aufzuweisen, maßloser Stolz und unbeugsame Härte war von jeher das Erbteil ihres Stamms gewesen[8]). Übrigens erhielten sich alte Stammbäume und deren hohe Schätzung bis in die letzten Zeiten des römischen Reichs[9]).

Polyonymie.

Die Sitte, außer dem eignen Namen noch andre anzunehmen, namentlich neben dem durch Adoption erworbnen auch den ursprünglichen zu führen, zeigt sich unter der Julisch-Claudischen Dynastie nur vereinzelt, erst seit den Flavischen Kaisern, mit denen ja »überhaupt die neuen Leute und die neuen Ordnungen ans Ruder kamen«, häufig[10]). Teils infolge von Adoptionen und Quasiadoptionen, teils durch die Hinzufügung der Namen der mütterlichen Verwandten zu dem eignen, überhaupt aus Eitelkeit auf die Familienbeziehungen

1) Herodian. II 3, 4 (ἦν δὲ ἐκεῖνος εὐγενέστατος μὲν πάντων τῶν εὐπατριδῶν). 2) Hist. aug. M. Aurel. 1, 6. 3) IG XIV 1389 = Kaibel, Epigr. gr. nr. 1046a 4, vgl. 38—40; die dort v. 3 ebenfalls erwähnte Abstammung »von den Äneaden« bedeutet nur, daß sie eine Römerin war; vgl. Dittenberger, Hermes XIII 1878, 78. 4) Philostrat. vit. soph. II 1, 1. 5) Martial. V 35, 4. Lebas-Waddington 239 (Teichiusa): προφήτης Φιλίδας Ἡρακλέωνος, φιλόσοφος Ἐπικούρειος, γένος ἀπ' Αἴαντος (wahrscheinlich Teukride). L. Mindius Damocrates in Gythion stammte in der 39. Generation von den Dioskuren, in der 41. von Herakles, IG V 1 nr. 1174 (vgl. 1173), ähnlich M. Aurelius Aristocrates ebd. 529 f., C. Pomponius Aristeas heißt ebd. 495 Ἡρακλείδης καὶ Διοσκουρίδης. Dittenberger-Purgold, Inschr. v. Olympia nr. 487: Τίτον Φλάβιον Πολύβιον Μεσσήνιον — τὸν ὄντως Ἡρακλείδην; vgl. IG III 915: γένους ἀπὸ Περικλέους καὶ Κόνωνος, κατὰ δὲ Μακεδόνες (sic) ἀπὸ Ἀλεξάνδρου. Mommsen RG. V 257. 6) CIL VI 2028 d 1 ff.; vgl. Mommsen, Reden u. Aufsätze S. 279 f. 7) Sueton. Nero 1, 2, der fälschlich 7 Konsulate angibt; vgl. Mommsen, Röm. Forsch. I 73, 5. 8) Sueton. Tiber. 1, 2; vgl. Mommsen a. a. O. 290 f., 14, nach dem die überlieferte Zahl der Konsulate *XXIIX* zu ändern ist in *XXII*. 9) z. B. Hist. aug. Gord. tres 2, 2. Claudian. in cons. Prob. et Olybr. 12 ff. Sidon. Apoll. epist. I 6, 2. 9, 4 (vgl. Macr. Sat. I 6, 29). 10) Mommsen, Ges. Schrift. IV 404 ff.

und aus andern Gründen[1]) »schwollen die Namen des römischen Adels dermaßen an«, daß schon unter Trajan einzelne wie Q. Pompejus Falco mehr als zehn führten; dessen Sohn, Q. Pompejus Senecio, Konsul 169, sogar nicht weniger als achtunddreißig, die in einer Ehreninschrift folgendermaßen lauten: Q. Pompejus Senecio Roscius Murena Coelius Sex. Julius Frontinus Silius Decianus C. Julius Eurycles Herculaneus L. Vibullius Pius Augustanus Alpinus Bellicius Sollers Julius Aper Ducenius Proculus Rutilianus Rufinus Silius Valens Valerius Niger Claudius Fuscus Saxa Amyntianus Sosius Priscus[2]).

Reichtum der Senatoren.

Häufiger wohl als durch alten Adel glänzten die senatorischen Familien durch fürstlichen Reichtum[3]). Ein großes Vermögen hieß in der Umgangssprache ein senatorisches[4]). Das höchste aus dem Altertum überhaupt bekannte Vermögen von 400 Mill. Sesterzen (87 Mill. Mark) besaß unter Augustus der Augur Cn. Lentulus[5]); es wurde später nur noch einmal, durch Narcissus, den unter Claudius allmächtigen Freigelassenen, erreicht[6]). Schon die Hälfte galt als sehr großer Reichtum; »reicher als (Vibius) Crispus« sagt Martial für ungeheuer reich; Vibius Crispus soll 200 Mill. (43 1/2 Mill. Mark.) besessen haben[7]). Aber auch ein Vermögen von 300 Mill. (65 1/4 Mill. Mark) dürfte im Senatorenstande nicht allzu selten gewesen sein; denn an Seneca, der soviel besaß[8]), schreibt Nero bei Tacitus, daß sehr viele, die ihm an Verdienst keineswegs gleichgekommen seien, mehr besessen hätten, wie u. a. der im Jahre 56 im Alter von 93 Jahren als Stadtpräfekt verstorbene L. Volusius Saturninus[9]), um von den Freigelassenen gar nicht zu reden[10]). Auch Eprius Marcellus, der aus beschränkten Verhältnissen emporgekommen war, hatte ein Vermögen in diesem Betrage zusammengebracht[11]). Das Jahreseinkommen von einem solchem Vermögen dürfte dem ziemlich nahe gekommen sein, was Olympiodor[12]) als das Einkommen der reichsten römischen Familien am Anfang des 5. Jahrhunderts angibt: im ganzen nach heutigem Gelde etwa 4,8 Mill. Mark. Denn die Kapitalien der Senatoren trugen, wie unten gezeigt werden wird, in der Regel hohe Zinsen, und selbst bei der Anlage in Grundbesitz darf man einen Ertrag von mehr als 6 Prozent annehmen[13]). Ein Kapital von 300 Mill. Sesterzen (etwa 65 1/4 Mill. Mark) zu 7 Prozent verzinst gibt einen jährlichen Ertrag von rund 4,5 Mill. Mark.

Grundbesitz.

Ohne Zweifel hatten die in Italien einheimischen Senatoren dort von jeher große Güter; erst die Zunahme der Provinzialen im Senat veranlaßte Trajan (etwa im Jahre 106/7) zu der gesetzlichen Bestimmung, daß Bewerber um kurulische Ämter den dritten Teil ihres Vermögens in Italien in Grundbesitz anlegen sollten, damit sie dieses Land wie ihre Heimat, nicht wie eine Herberge auf der Reise betrachteten[14]). Marc Aurel setzte das in italischem Landbesitz anzulegende Kapital für die auswärtigen Senatoren auf den vierten Teil des Ver-

1) Borghesi, Oeuvres III 487 ff. Cagnat, Cours d'épigraphic latine[3] S. 53 ff. 2) CIL XIV 3609 = Dessau 1104. 3) Philo leg. ad Gai. 105. 4) Petron. 76, 2: *patrimonium laticlavium*. 5) Marquardt StV. II[2] 56, 6; vgl. unten [II 269 f.]. 6) S. oben S. 46. 7) Martial. IV 54, 7. Tac. Dial. 8, 2. Schol. Juven. 4, 81. Hostius Quadra (*dives avarus*) besaß unter Augustus 100 Millionen, Seneca Nat. Qu. I 16, 1. 8) Tac. A. XIII 42. Cass. Dio LXI 10, 3. 9) Tac. A. XIII 30. Plin. n. h. XI 223. 10) Tac. A. XIV 55 f. 11) Tac. Dial. 8, 2. 12) Phot. bibl. 80, Müller FHG IV 67 § 44; dazu Mommsen, Ges. Schrift. V 589, 7. J. Sundwall, Weström. Studien (1915) S. 153 f. 13) Vgl. über den Gewinn der einträglichsten Kultur (des Weinbaues) Columella r. r. III 3, 9 und dazu unten [S. 215]. 14) Plin. ep. VI 19, 4.

mögens herab[1]). Offenbar war es gewöhnlich, sich in verschiedenen Landschaften zugleich anzukaufen, so daß niemals alle Erträge derselben Ungunst der Witterung ausgesetzt waren, man Klima und Aufenthalt häufig wechseln und auch auf der Reise zu Hause sein konnte; schon in der Zeit des Horaz waren ohne Zweifel nicht selten sardinische Kornfluren, Bienenstöcke in Calabrien, Viehtriften dort und im cisalpinischen Gallien, »tausend Morgen falernischen Weinlandes« und Landsitze an den Ufer des Liris[2]) in einem Besitz vereint: sowie ein Jahrhundert später parmensische Herden (welche jährlich 600000 Sesterzen = über 130000 Mark eintragen konnten), Güter in Etrurien, die von unzähligen, in Ketten arbeitenden Sklaven bebaut wurden, apulische Gefilde, setinische Weinberge und Besitzungen bei dem durch seine Bienenzucht berühmten Hybla in Sizilien[3]). Der in Neros und Domitians Zeit so viel genannte M. Aquilius Regulus besaß Güter in Umbrien, Etrurien, bei Tusculum und an der Straße von Rom nach Tibur[4]), die Schwiegermutter des jüngern Plinius, Pompeja Celerina, bei Ocriculum, Narnia, Carsulä und Perusia[5]). Die Familie der Aurelii Symmachi besaß in der zweiten Hälfte des 4. Jahrhunderts (außer drei Palästen in Rom und einem in Capua) 15 Villen, teils in unmittelbarer Nähe der Stadt, teils an den beliebtesten Orten der Küste (Ostia, Lavinium) und des Gebirgs (Tibur, Präneste, Cora), teils am Golf von Neapel (bei Formiä, Cumä, Bauli, Bajä, Puteoli, Neapel und am Lucrinersee), und Güter in Samnium, Apulien, Sizilien und Mauretanien[6]). Denn auch in den Provinzen, wo vermutlich amtliche Aufenthalte oft Gelegenheit zu Landankäufen gaben, waren die Senatoren nicht selten begütert. Nach jenem Erlasse Trajans verkauften die Bewerber um kurulische Ämter in den Provinzen, um in Italien kaufen zu können. Der erste Gordian »besaß in den Provinzen so viel Ländereien wie kein Untertan«[7]); der Präfekt des Prätorium Probus (368 n. Chr.) »war der ganzen römischen Welt bekannt, da seine Güter in all ihren Teilen zerstreut lagen«[8]). Ein Erlaß der Kaiser Arcadius und Honorius vom Jahre 395 bezieht sich auf Senatoren, die sich in Rom aufhalten, aber in fernen und verschiednen Provinzen Besitzungen haben[9]). Die Senatoren von provinzialer Abkunft waren natürlich in der Regel in ihrer Heimat begütert. Die aus dem narbonensischen Gallien stammenden erhielten deshalb (wie bemerkt) im Jahre 49 die Befugnis, ohne Urlaub dorthin zu reisen, was früher nur für Sizilien gegolten hatte[10]). Rubellius Plautus hatte ererbte Besitzungen in der Provinz Asia[11]), Flavius Ursus, ein Gönner des Statius, außer seinen italischen Gütern (bei Locri, Pollentia, in Lucanien, am rechten Tiberufer und an andern Orten), auch solche auf Creta und in Cy-

1) Hist. aug. M. Aurel. 11, 8. 2) Horat. C. I 31, 3 ff. III 16, 33 ff.; Epod. 4, 13. 3) Martial. IV 37, 5. V 13, 8. IX 22, 3 f. X 74, 8 ff. 4) Martial. VII 31, 9—12 (über den Plural des Masculinum zur Bezeichnung von Gütern s. Haupt, Opusc. III 578), vgl. I 12. 5) Plin. ep. I 4. Kaiserliche Besitzungen in Italien: Hirschfeld, Kl. Schriften S. 544 ff. Zwei Villen der beiden Quintilier (Condianus und Maximus) an der Via Appia und Latina, CIL XIV 2662, vgl. Gius. Tomassetti, La Campagna Romana II 89 ff. 6) Seeck, Symmachi quae supersunt (1883) S. XLV f. 7) Hist. aug. Gordiani tres 2, 3. 8) Ammian. XXVII 11, 1. Paulinus von Pella (euchar. 412 ff.) hatte Besitzungen in Gallien, Argolis, Epirus. Auch von den ägyptischen οὐσίαι (über den Begriff vgl. Wilcken, Papyrusk. I 298 ff.) befanden sich manche im Besitze senatorischer Familien (z. B. eine οὐσία Σενεκιανή), vgl. die Liste bei Rostowzew, Studien zur Gesch. d. röm. Kolonats (Arch. f. Papyrusforsch. Beiheft I 1910) S. 120 ff. 9) Cod. Theodos. VI 2, 16. 10) Oben S. 108. 11) Tac. A. XIV 22.

rene[1]). In Neros Zeit gehörte die Hälfte des Bodens der Provinz Afrika sechs großen Besitzern[2]), und unter Domitian waren in dieser (doch auch in andern Provinzen) die Güter von Privatpersonen nicht bloß ebenso groß, sondern viele weit größer als die Gebiete der Stadtgemeinden, sie enthielten eine nicht geringe Bauernbevölkerung und Ortschaften nach Art von Städten um das Herrenhaus[3]): unter und neben diesen großen Grundherren werden auch solche von senatorischem Range nicht gefehlt haben. Es ist also keine bloße Phrase, wenn Seneca von weiten Landstrichen spricht, die von Sklaven in Ketten bebaut werden, von Viehtriften, die Königreichen und Provinzen an Ausdehnung gleichkommen[4]); oder Columella von Völkergebieten, die ihre Herren nicht einmal zu umreiten imstande sind[5]). Weit und breit gab es keinen See, in dem sich nicht die Schlösser der Großen spiegelten, keinen Golf, an dem sich nicht ihre Villen erhoben; von allen Meer und Land überschauenden Anhöhen schimmerten ihre Dächer[6]). Ihre Paläste in Rom, mit königlichen Vorhöfen, hohen Atrien, reichen Bädern, Bibliotheken, Gemäldegalerien, weiten Peristylien, welche Lorbeer- und Platanenhaine, Springbrunnen, Fahr- und Wandelbahnen einschlossen, hatten die Ausdehnung von Landgütern, ja sie »glichen Städten«; in Palästen, die sich so weit erstreckten wie einst das Landgut des Cincinnatus (4 Morgen), meinte man enge zu wohnen. Den von seinem Gönner Sparsus bewohnten Petilianischen Palast nennt Martial ein Königreich; aus seinem Erdgeschoß sah man auf die höchsten Punkte Roms herab; man genoß dort den Landaufenthalt in der Stadt, und die Lese im Weingarten war größer als auf einem falernischen Hügel. Dort gab es hinreichenden Raum zu Spazierfahrt im leichten Wagen innerhalb der Hausschwelle, und kein Straßenlärm, keine zu früh eindringende Tageshelle störte den Schlaf[7]).

Villen und Paläste.

Glanz ihrer Existenz.

Mit seinen Tausenden von Sklaven und Freigelassenen aus allen Nationen bildete ein großes Haus einen kleinen, bis zu einem gewissen Grade auf sich selbst ruhenden Staat, dessen Angehörige nicht bloß seine Hilfsquellen allseitig ausbeuteten und seinen Wohlstand erhielten und mehrten, sondern auch einen Teil der Bedürfnisse befriedigten, für welche in der neuern Welt Handwerk und Industrie arbeiten und schaffen, ja selbst zu der Veredlung und Verschönerung der Existenz durch die Kunst beizutragen und einen Teil der Vorteile zu gewähren vermochten, welche die Wissenschaft zu bieten hat[8]). Außer diesen Angehörigen ernährte jedes große Haus eine nicht geringe Anzahl Abhängiger ganz oder zum Teil, andre verdankten der fürstlichen Freigebigkeit seines hohen Herrn Unterstützung und Förderung in ihrer Laufbahn, manche, die bessere Tage gesehen hatten, Erleichterung oder Herstellung ihrer frühern Verhältnisse. Mit der Freilassung von Sklaven wurde wahrscheinlich sehr häufig eine mehr oder minder reiche Beschenkung verbunden; Martial erwähnt eine solche, vermutlich bei dieser Gelegenheit erfolgte, von 10 Millionen[9]). Auch auf die Familien ihrer Anhänger und Klienten erstreckten die Großen Roms ihre Freigebigkeit und ihren Schutz. So rühmt ein Freigelassener des Cotta Messalinus,

1) Stat. Silv. II 6, 60 ff. 2) Plin. n. h. XVIII 35; vgl. Petron. 117, 8. 3) Grom. lat. p. 53 Lachm. = I p. 45, 16 ff. Thulin. 4) Seneca de benef. VII 10, 5; de ira I 21, 2. 5) Colum. I 3, 12; vgl. Arnob. II 40. 6) Seneca ep. 89, 20 f. 7) Martial. XII 57, 19—25. Vgl. unten [II 332]. 8) Vgl. Gummerus, Real-Encykl. IX 1455 ff. 9) Martial. V 70.

eines Freunds des Kaisers Tiberius, in seiner an der Appischen Straße gefundenen Grabschrift: sein Patron habe ihm mehrmals Summen bis zur Höhe des ritterlichen Zensus (400000 Sesterzen = 87000 Mark) geschenkt, habe die Erziehung seiner Kinder übernommen, seine Söhne wie ein Vater ausgestattet, seinen Sohn Cottanus, der im Heere diente, zum Militärtribunat befördert, ihm selbst dieses Grabdenkmal errichten lassen[1]).

Das größte Ansehen und den größten Anhang unter den Häusern des hohen und alten Adels hatte um die Mitte des 1. Jahrhunderts das des C. Calpurnius Piso, der im J. 65 an die Spitze einer Verschwörung gegen Nero trat, die ihm den Thron gewinnen sollte, in der Tat aber den Tod brachte. Aus der Verbannung, in die ihn Caligula gesandt hatte, war er von Claudius zurückberufen, in seine Besitztümer wieder eingesetzt und zum Konsul ernannt worden; sein großes Vermögen hatte sich durch die Erbschaft seiner Mutter noch vergrößert. Er besaß alle Eigenschaften, die beim Volke beliebt machen konnten. Er war von stattlicher Gestalt und schönen Zügen, ein leutseliger, selbst gegen Unbekannte gesprächiger Herr, stets bereit, seine Beredsamkeit zum Schutz von Bedrängten zu verwenden, nichts weniger als sittenstreng, sondern ein Freund heiteren Lebensgenusses bis zur Üppigkeit, prachtliebend und freigebig bis zur Verschwendung, dabei gewandt in der Poesie und der Kunst der Kithara sowie im Ball- und Brettspiel und im Fechten. Ritter und Senatoren, die ohne ihre Schuld verarmt waren, unterstützte er und beförderte jährlich eine Anzahl von Männern aus dem Volk zu ritterlichem Zensus und Stande[2]). Noch länger als ein Menschenalter nach seinem Tode wurde seine großartige Freigebigkeit von Dichtern gerühmt[3]). C. Calpurnius Piso.

Nach Nero änderte sich die Stellung der Aristokratie. An Stelle der alten, zum Teil zugrunde gerichteten oder ausgestorbnen Familien traten mehr und mehr neue Männer aus Italien und den Provinzen, die ihre frühern, aus engen Verhältnissen mitgebrachten Lebensgewohnheiten beibehielten, und Vespasian ging mit dem Beispiel haushälterischer Sparsamkeit voran. Unter Domitian mußten sich überdies die Großen hüten, durch Glanz, Freigebigkeit und ausgebreitete Klientelen Verdacht zu erregen: erst unter Trajan konnten sie wieder uneingeschränkt »schenken, kleine Vermögen vergrößern, von dem eignen Überschuß mitteilen«[4]). So hatte denn Martial Grund, die Zeiten der Piso und Crispus, der Seneca und der Memmier zurückzuwünschen[5]). Damals, sagt er, waren die Freunde noch häufig, die ihren Klienten goldene Ringe schenkten (d. h. ihnen durch ein Geschenk von 400000 Sesterzen den Eintritt in den Ritterstand ermöglichten), jetzt sind sie selten; und doch ist der glücklich zu nennen, dem ein zu seinem Hause gehöriger Ritter zur Seite geht[6]). Änderung ihrer Stellung nach Nero.

Aber auch in der spätern Zeit blieb das Leben der Senatoren glänzend, selbst großartig, ein Vermögen, das in diesem Stande nicht als Reichtum galt, immer noch sehr bedeutend. Am Anfange des 5. Jahrhunderts hatten die Häuser zweiten Rangs ein Einkommen von 1000 bis 1500 Pfund Gold (etwa 0,9 — 1,3 Senatoren zweiten Ranges.

1) CIL XIV 2298 = Buecheler, Carm. epigr. 990; vgl. Juven. 5, 109 *quae Cotta solebat largiri*. 2) Tac. A. XV 48. Schol. Juven. 5, 109. Laus Pisonis, Baehrens PLM I 225 ff. 3) Martial. IV 40, 1. XII 36, 8. Juven. 5, 109 (*Piso bonus*). 4) Martial. XII 6, 9—12. 5) Martial. XII 36, 8 f. 6) Martial. XIV 122.

Der jüngere Plinius.

Millionen Mark)[1]. Der jüngere Plinius, der seine Würde eine kostspielige, seine Mittel nur mäßige nennt[2]), gibt gelegentlich Andeutungen über seine Einnahmen und Ausgaben, die uns einige Vorstellungen von den Vermögensverhältnissen der weder hochadligen, noch für reich geltenden Senatoren in Trajans Zeit gewinnen lassen. Aus einer zum ritterlichen Munizipaladel (der Stadt Comum) gehörenden Familie stammend[3]), bekleidete er mit 29 Jahren das erste senatorische Amt (die Quästur)[4]) und wurde nach einer im ganzen schnellen Durchmessung der amtlichen Laufbahn im Alter von 38 Jahren von Trajan zum Konsul ernannt (im J. 100). Sein für einen Munizipalen bedeutendes Vermögen vergrößerte er wahrscheinlich durch seine drei Heiraten[5]), gewiß durch die Erbschaft seines Oheims und seine Tätigkeit als Sachwalter, die ihm ohne Zweifel große indirekte Einkünfte (wie testamentarische Zuwendungen)[6]) verschaffte, da er Belohnungen und Geschenke stets zurückwies[7]). Bei den Ausgaben, die er als Prätor für Schauspiele zu machen hatte, wußte er Maß zu halten[8]). Sein Vermögen war zum größten Teil in Grundbesitz angelegt, auf dem der sehr einträgliche Weinbau in großem Umfange betrieben wurde; doch verminderte Plinius seine Einkünfte durch die Rücksicht, die er auf den Vorteil seiner Pächter und die Käufer seiner Gutserträge nahm. Übrigens lieh er auch Kapitalien auf Zinsen aus[9]). Er hatte Besitzungen in Etrurien unweit Tifernum Tiberinum, die für mehr als 400000 Sesterzen (87000 Mark) verpachtet wurden[10]), in der Lombardei bei Comum, wo er ein ihm durch Erbschaft zugefallenes Gut im Werte von 900000 Sesterzen (195750 Mark) für 700000 (152250 Mark) verkaufte[11]), auch im Beneventanischen[12]); ferner mehrere Villen am Comersee[13]), eine in Etrurien und eine bei Laurentum, deren Einrichtungen nach seiner Beschreibung freundlich, bequem und zierlich, wenn auch nicht prächtig und ohne eigentlichen Luxus waren[14]). Etwa im J. 101 ging er mit der Absicht um, ein Gut für drei Millionen Sesterzen (652500 Mark) zu kaufen; dazu mußte er Geld aufnehmen; zunächst stand ihm die Kasse seiner Schwiegermutter zu Gebot[15]). Eine sparsame Haushaltung machte es ihm möglich, gegen Klienten und unvermögende Freunde eine immerhin große Freigebigkeit zu beweisen, und er hat nicht wenige Briefe, die davon Zeugnis ablegen, in seine Sammlung aufgenommen. Seiner Amme schenkte er ein Gütchen im Wert von 100000 Sesterzen (21750 Mark); ebensoviel einer Verwandten zur Austattung, der er überdies nach dem Tode ihres Vaters dessen ganze, wie es scheint, nicht unbedeutende Schuld erließ. Ein Landsmann, dem Plinius eine Centurionenstelle ausgewirkt hatte, erhielt zur Ausrüstung 40000 Sesterzen (8700 Mark); ein andrer, der zugleich sein Mitschüler gewesen war, 300000 Sesterzen (65250 Mark)

1) Olympiod. bei Phot. bibl. 80, Müller FHG IV 67 § 44 (s. oben S. 122, 12); zur Umrechnung vgl. Hultsch, Metrol.² 317. 348. 2) Plin. ep. II 4, 3; vgl. Mommsen, Ges. Schrift. V 590, 1. 3) Für das folgende vgl. Mommsen, Ges. Schrift. IV 366ff. W. Otto, Zur Lebensgeschichte des jüngeren Plinius (Sitz.Ber. Akad. München 1919 Abh. 10). 4) Über das Jahr der Quästur (91/2) s. Otto a. a. O. 51. 5) Mommsen a. a. O. 370f. 6) Vgl. Rudorff, Ztschr. f. gesch. Rechtswiss. XII 1845 S. 327ff. und Plin. ep. V 7, 1. VII 20, 6. 7) Plin. ep. IV 13, 8. 8) Plin. paneg. 95, 1. 9) Plin. ep. III 19, 8. Verkauf der Weinlese und Erlasse an die Käufer VIII 2; an die Pächter IX 37; ad Tr. 8, 5. 10) Plin. ep. IV 1, 3f. V 6; ad Tr. 8, 5. 11) ebd. IV 6, 1. VII 11, 1. 12) CIL IX 1455 II 48, vgl. Henzen, Annali d. Inst. 1844 S. 63f. 13) Plin. ep. IX 7, 2. 14) ebd. II 17 (IV 13, 1 will Mommsen S. 388, 3 statt *in Tusculano* lesen *in Tuscano*; vgl. V 6, 45). 15) ebd. III 19.

zur Erlangung der Ritterwürde; die Tochter eines unbegüterten Freunds 50000 Sesterzen (10875 Mark) als Beitrag zur Mitgift; der Dichter Martial, der Plinius in einem Gedicht gepriesen hatte, ein Reisegeld bei seiner Heimkehr nach Spanien[1]). In der Stadt Tifernum Tiberinum, deren Patron er war, ließ Plinius auf eigne Kosten einen Tempel erbauen, bei dessen Einweihung er ein Festmahl gab[2]); als ein Cerestempel auf einem seiner Grundstücke baufällig geworden war, beschloß er, statt der Reparatur ein neues, schönes Gebäude nebst einer Säulenhalle aufführen zu lassen; er bestellte vier Marmorsäulen, Marmor zum Auslegen der Wände und des Bodens, eine Statue der Göttin[3]). Er vollendete nicht nur nach dem Tode seines Vaters einen von diesem begonnenen Tempel der Ewigkeit (*Aeternitas*) der Stadt Rom und des Kaisers[4]), sondern machte auch weiterhin seiner Vaterstadt große Zuwendungen, die von seiner »echt italienischen Anhänglichkeit an die Heimat« zeugen[5]). Er schenkte der Stadt Comum eine Bibliothek im Werte, wie es scheint, von einer Million (217500 Mark) und stiftete zugleich zur Unterhaltung und Vermehrung derselben ein Kapital von 100000 Sesterzen (21750 Mark); zur Besoldung eines anzustellenden Lehrers der Beredsamkeit erbot er sich den dritten Teil beizutragen. Eine zweite Gabe bestand in 500000 Sesterzen (108750 Mark) zur Alimentierung freigeborner Knaben und Mädchen, als deren Zinsen von einem an die Gemeinde übertragnen, dann als Erbpacht zurückerworbnen Grundstück jährlich 30000 Sesterzen = 6525 Mark (also 6 Prozent) entrichtet werden sollten. In seinem Testament endlich vermachte er der Stadt eine unbekannte Summe zur Erbauung von Thermen, zur innern Einrichtung derselben mindestens 300000 Sesterzen (65250 Mark), zur Instandhaltung die Zinsen eines Kapitals von 200000 Sesterzen (43500 Mark); sodann ein Kapital von 1866666 $^2/_3$ Sesterzen (rund 406000 Mark), dessen Zinsen zunächst zur Versorgung von hundert Freigelassenen des Testators, späterhin, d. h. wohl nach dem Ableben derselben, zur Ausrichtung eines jährlichen Schmauses für die gesamte Bürgerschaft von Comum verwandt werden sollten.

Wenn ein nicht besonders reicher Senator über solche Mittel verfügte, so ist klar, daß der senatorische Zensus von einer Million Sesterzen (etwa 217500 Mark) eben nur ein Minimalansatz gewesen sein kann, der vielleicht zum standesgemäßen Leben eines Einzelnen, aber nicht einer ganzen Familie ausreichte. Auch in den Mittelklassen Roms dürften größere Vermögen nicht selten gewesen sein; bei Martial rühmt sich ein Prahler, aus seinen Mietshäusern und Grundstücken eine Jahreseinnahme von 3 Millionen (652500 Mark), von seinen Parmensischen Herden 600000 Sesterzen (130500 Mark) zu beziehen, außerdem große Kapitalien auf Zinsen ausgeliehen zu haben[6]). Selbst wohlhabende Munizipalen und Provinzialen besaßen offenbar (wie auch ihre Schenkungen und Vermächtnisse zeigen) sehr oft mehr als den senatorischen Zensus. Der Vater des Apulejus z. B. hinterließ nahezu zwei Millionen[7]), der des Herennius Rufinus in Oea (nach

Der senatorische Zensus ein Minimalansatz.

1) Plin. ep. I 19, 2. II 4, 2 f. III 21, 2 f. VI 3, 1. 25, 3. 32, 2. 2) ebd. III 4, 1. IV 1, 3 ff.; ad Tr. 8. 2. Mommsen S. 370, 1. 3) Plin. ep. IX 39. 4) CIL V Suppl. Ital. 745, dazu Otto S. 14 ff., der ebd. S. 5 ff. die Beziehung der comenser Inschrift CIL V 5279 = Dessau 6728 auf den jüngeren Plinius und seinen Vater mit guten Gründen ablehnt. 5) Alles folgende bei Mommsen S. 434 ff. CIL V 5262 = Dessau 2927. 6) Martial. IV 37. 7) Apul. Apol. 23.

Apulejus) drei[1]), die Witwe Pudentilla, die Apulejus dort heiratete, besaß vier[2]). In der Kolonie des Petronius erbt einer der Honoratioren von seinem Vater dreißig[3]). Ebensoviel will Trimalchio hinterlassen; dieselbe Summe hat er angeblich durch einen Schiffbruch verloren, dagegen durch eine glückliche Fahrt 10 Millionen gewonnen, und ebensoviel hätte er erheiraten können[4]). Die Jahrgelder, die Nero bedürftigen Senatoren, Vespasian bedürftigen Konsularen auswarf, betrugen 500000 Sesterzen (108 750 Mark), die Hälfte des senatorischen Zensus[5]).

Notwendigkeit eines standesgemäßen Aufwands.

Die Mitglieder des ersten Stands waren gleichsam »auf eine hohe Warte gestellt« und allen Blicken ausgesetzt[6]), so daß sie unmöglich die großen und mannigfachen Ansprüche, die von allen Seiten an sie gemacht wurden, umgehen konnten, ohne gegen die öffentliche Meinung zu verstoßen, die einen standesgemäßen Aufwand von ihnen erwartete und forderte. Schon Horaz war froh, nicht von hoher Geburt zu sein, die ihm eine lästige Bürde auferlegt hätte. Er würde sich dann um Vermehrung seines Vermögens zu bemühen, mehr Besuche zu machen haben, keine Reise aufs Land oder über Land ohne Begleitung machen können, Pferde, Wagen, Stallknechte halten müssen. Ein Prätor, den man auf der Straße von Tibur von nur fünf Sklaven begleitet gesehen hatte, die mit Kochgeschirren bepackt waren, hatte sich im höchsten Grade lächerlich gemacht. Wie viel bequemer lebte der Dichter als der hochherrliche Senator![7]) Auch in bezug auf die Tracht legte die Sitte den Senatoren Zwang auf. Noch unter Hadrian, als es schon allgemeine Sitte war, auf der Straße in weiten Mänteln (*lacernae*) und Sandalen zu erscheinen, galt für Senatoren eigentlich nur die unbequeme Toga und der geschnürte hohe Schuh als anständig[8]). Einem Senator, der kurz vor dem ersten Juli (dem Haupttermin des Wohnungswechsels) in ein Gartenhaus gezogen war, um später eine leer gebliebene Wohnung billiger mieten zu können, nahm Tiberius, dem dies zu Ohren kam, den breiten Purpur[9]). Wer jetzt für 6000 Sesterzen (1305 Mark) jährlich wohnt, schrieb damals Vellejus, wird kaum für einen Senator gehalten[10]). In der Tat spricht es für die verhältnismäßige Einfachheit dieser Zeit, daß ein Senator in dem teuren Rom für eine so geringe Miete überhaupt wohnen konnte, wenn auch freilich damals schon über Paläste geklagt wurde, welche die Ausdehnung von Landgütern hatten. Aber erst nach Tiberius begann der Luxus ins Enorme zu wachsen, worin die Kaiser mit ihrem Beispiel vorangingen, bis Vespasian wieder Sparsamkeit einführte. Die senatorischen Familien, die in Verschwendung und Prachtliebe einander steigerten, in Palästen, Ausstattung, Gefolge einander zu überbieten strebten, erschöpften zum Teil selbst ungeheure Mittel, und nicht wenige sanken in Verschuldung und Armut[11]).

Aufwand für die Ämter und Spiele.

Einen noch größern Aufwand als die Behauptung der standesgemäßen Stellung erforderte die Laufbahn der senatorischen Ehrenämter, die mit kolossalen Ausgaben verbunden war, hauptsächlich wegen der dabei zu veranstaltenden Spiele. Schon für diese allein war der senatorische Zensus kaum ausreichend.

1) Apul. Apol. 75. 2) ebd. 71. 3) Petron. 45, 6. 4) ebd. 71, 12. 74, 15. 76, 4. 8. 5) Tac. A. XIII 34. Sueton. Nero 10, 1; Vespas. 17. 6) Plin. ep. II 12, 3. 7) Horat. Sat. I 6, 100 ff. 8) Gell. XIII 22, 1. 9) Sueton. Tiber. 35, 2. 10) Vell. Paterc. II 10, 1, vgl. oben S. 20, 7. 11) Tac. A. III 55.

Die megalensischen Spiele kosteten dem Prätor am Ende des 1. Jahrhunderts 100 000 Sesterzen (21 750 Mark), und dann fielen sie noch sehr dürftig aus, ein andres Fest 20 000 (4350 Mark)[1]), so daß also das Jahr der Prätur vielleicht nicht selten die Hälfte des senatorischen Zensus und darüber kostete. Sprach ihn ein armer Freund um 100 000 Sesterzen an, die ihm noch fehlten, um den Ritterzensus voll zu machen, so erwiderte er, er brauche sie für die Wagenlenker Scorpus und Thallus und würde sehr zufrieden sein, wenn er nicht mehr geben müßte[2]). Aber, fragt Martial, wäre jene Verwendung des Geldes nicht besser als für Gäule und für eine Besprengung der Bühne mit Safran?[3]) Eine Frau, die sich von ihrem Manne scheiden ließ, bevor er die Prätur antrat, machte, wie Martial sagt, ein gutes Geschäft[4]); und nicht wenige Prätoren richteten sich durch die Zirkusspiele zugrunde und wurden so nach Juvenals Ausdruck »eine Beute der Pferde« [5]).

Der Erwerb gesetzlich und faktisch beschränkt.

Während die Senatoren so zu großen Ausgaben gezwungen waren, waren sie in der Erhöhung ihrer Einkünfte vielfach behindert und beschränkt. Schon die Verwaltung des Vermögens war durch amtliche Geschäfte und Reisen erschwert. Hochgestellte Männer, sagt Epictet, Senatoren, können wenig dem Haushalt obliegen, sondern müssen viel reisen, befehlend oder gehorchend, in höherem Auftrage, im Kriegsdienst oder behufs der Rechtspflege[6]); und gewiß erreichten Senatoren selten die höchsten Ziele ihrer Laufbahn, ohne in den verschiedensten Ländern umhergeworfen worden zu sein. Als Beispiel mag die amtliche Laufbahn des Schwiegervaters des Tacitus, Julius Agricola, dienen[7]). In Frejus im Jahre 40 geboren und in Marseille aufgewachsen, tat er neunzehn Jahre alt seine ersten Kriegsdienste in Britannien und begab sich im Jahre 61 nach Rom, wo er sich vermählte. Die Quästur, die er am 5. Dezember 63 antrat, hatte er in der Provinz Asia zu verwalten. In den Jahren 66 und 68 bekleidete er zu Rom das Tribunat und die Prätur. Von Vespasian wurde er mit der Führung der in Britannien stehenden zwanzigsten Legion beauftragt und erhielt nach seiner Rückkehr im Jahre 74 die Statthalterschaft über die Provinz Aquitanien (das südwestliche Frankreich), die er drei Jahre lang verwaltete. Im Jahre 77 wurde er Konsul und ging im folgenden Jahre als Konsularlegat zum dritten Male nach Britannien, dessen Eroberung er in einem siebenjährigen Feldzuge vollendete; er unterwarf sogar den südlichen Teil von Schottland bis nach Glasgow und Edinburg hin. Seit seiner Abberufung lebte er zurückgezogen in Rom und lehnte, da der Argwohn Domitians jede hervorragende Stellung für ihn gefährlich machte, auch die Statthalterschaft der Provinzen Asia oder Afrika ab, von denen ihm eine nach der Entscheidung des Loses zugefallen sein würde. Da die Laufbahn des Agricola, auch bis zu seinem freiwilligen Rücktritt, keineswegs ausnahmsweise wechselvoll war[8]), so ist leicht zu ermessen, in wie hohem Grade die Senatoren in der Verwaltung ihres Vermögens durch die amtlichen Stellungen behindert waren.

1) Martial. X 41, 5 ff. 2) ebd. IV 67. 3) ebd. V 25, 7 ff. 4) ebd. X 41. 5) Juv. 11, 195. 6) Epictet. Diss. III 24, 36; vgl. IV 1, 91. 7) L. Urlichs, De vita et honoribus Agricolae, Würzburg 1868; vgl. Hirschfeld, Kl. Schrift. S. 846 ff. Mommsen, Ges. Schrift. IV 414, 7; StR. I³ 575, 1. 8) Vgl. z. B. die Inschrift des Fulvius Maximus CIL XIII 8007 = Dessau 1195 (Buecheler, Carm. epigr. 20).

Sodann waren sie von jedem eigentlichen geschäftlichen Erwerb nicht bloß durch das Herkommen, sondern durch gesetzliche Verbote ausgeschlossen. Das alte, zur Zeit des zweiten punischen Krieges erlassene Claudische Gesetz, daß kein Senator oder Sohn eines Senators ein Seeschiff von mehr als 300 Amphoren (7,8 Tonnen) besitzen dürfe, war durch Julius Cäsar neu bestätigt worden[1]). Auch Hadrians Erlaß, daß kein Senator unter eignem oder fremdem Namen Zölle pachten dürfe[2]), war nur Erneuerung einer ebenfalls schon vor dem zweiten punischen Kriege erfolgten Bestimmung, welche den Stand von allen öffentlichen Pachtungen, und damit überhaupt von der Spekulation ausgeschlossen haben muß[3]); daß ihnen ausnahmsweise erlaubt war, bei den Spielen des Mars Ultor sowie bei den Apollinar- und den kapitolinischen Spielen die Lieferung der Pferde für die Rennbahn zu übernehmen[4]), geschah wohl nur, um das Ansehen dieser Spiele zu erhöhen.

Arten des Erwerbs.

Doch freilich konnten alle solche Gesetze durch Geschäfte unter fremdem Namen umgangen werden, teils indem Senatoren sich an Handelsgesellschaften beteiligten, teils indem sie durch Freigelassene und Sklaven Geschäfte aller Art machen ließen[5]), namentlich Geldgeschäfte, die sie nicht in eignem Namen machen wollten. So griff Vespasian zu geschäftlichem Erwerb, nachdem er bereits die Provinz Afrika als Prokonsul verwaltet hatte, um seinen Rang behaupten zu können[6]), und Pertinax trieb ebenfalls als Konsular in Ligurien durch Vermittlung seiner Sklaven Handel[7]).

Geldgeschäfte.

Das Ausleihen von Kapitalien zu gesetzlichen Zinsen stand den Senatoren natürlich frei[8]). Als im Jahre 33 durch Verschärfung einer cäsarischen Verordnung, die das Verhältnis der zinsbar auszuleihenden Gelder zum italischen Grundbesitz regelte, eine Geldkrisis entstand, war die Zahl der Senatoren, die »ihr Vermögen durch Ausleihen von Geld vermehrten« und dabei gegen jene Verordnung verstießen, offenbar nicht gering[9]). Wucher wurde wohl hauptsächlich in den Provinzen getrieben[10]). So hatte Seneca den Britanniern ein Darlehen von 40 Mill. Sesterzen (8,7 Mill. Mark) zu hohen Zinsen aufgedrungen, seine plötzliche und gewaltsame Eintreibung war ein Grund zum Aufstande der Provinz im Jahre 60[11]). Noch in seinen letzten Jahren machte er durch seine Agenten in Ägypten Geschäfte und erhielt mit der Kornflotte Briefe über den Stand seiner dortigen Angelegenheiten[12]). Alexander Severus verbot anfangs den Senatoren, überhaupt Zinsen zu nehmen, gestattete ihnen später aber 6 Prozent[13]). Daß der spätere Kaiser Antoninus Pius als Senator sein Geld zu dem sehr niedrigen Zins von 4 Prozent auslieh, geschah, um möglichst viele (wohl gewiß Standesgenossen) unterstützen zu können, und wird als Beweis seiner Uneigennützigkeit angeführt[14]).

Doch die Mehrzahl der Senatoren legte ihr Kapital wohl wenigstens zum großen Teil in Grund- und Sklavenbesitz an. Die Ausbeutung der Sklaven-

1) Dig. L 5, 3; vgl. Liv. XXI 63, 7 *quaestus omnis patribus indecorus visus*. Mommsen RG. I⁶ 849. 2) Cass. Dio LXIX 16, 2. 3) Mommsen StR. III 509 f. 4) Cass. Dio LV 10, 5; vgl. Ascon. p. 72 St. 5) Marquardt, Privatl.² 164—166. 6) Sueton. Vespas. 4, 3. 7) Hist. aug. Pertinax 3, 4. 8) Plin. ep. III 19, 8. 9) Tac. A. VI 16, vgl. Sueton. Tib. 48, 1. Billeter, Gesch. d. Zinsfußes S. 175 ff. 10) Mit Recht hebt Mommsen, Ges. Schrift. V 612 hervor, »daß man unterschied zwischen den Zinsen, die der gewöhnliche Geschäftsmann nehmen konnte, und denen, die dem vornehmen Manne zu nehmen geziemte«. 11) Cass. Dio LXII 2, 1. 12) Seneca ep. 77, 3. 13) Hist. aug. Alex. Sever. 26, 3. 14) ebd. Anton. Pius 2, 8.

arbeit konnte sehr lohnend sein, teils indem man nicht bloß Geschäfte, sondern auch Handwerke aller Art durch Sklaven betreiben ließ, teils indem man sie vermietete. Auch die Kapitalanlage in Grundbesitz führte zu industriellen und kaufmännischen Unternehmungen, wenn Sandsteingruben, Bergwerke, Ziegeleien, Töpfereien und andre Fabriken auf den Gütern eingerichtet werden konnten[1]). Namentlich die Fabrikation grober Tonwaren war ein Geschäft der großen Grundbesitzer[2]); die Kaiser selbst und Mitglieder der kaiserlichen Familie, auch die höchsten Damen zogen große Einnahmen aus dem Betriebe von Ziegeleien. Die Namen der beiden Brüder Cn. Domitius Tullus und Cn. Domitius Lucanus, die in Domitians Zeit zu den reichsten Senatoren gehörten, erscheinen oft auf Ziegelstempeln, und zwar verschiedner von verschiednen Werkmeistern geleiteten Fabriken. Die von dem kinderlosen Tullus adoptierte Tochter des Lucanus, Domitia Lucilla, erbte mit dem Vermögen beider auch die Fabriken, die sie ihrer gleichnamigen Tochter hinterließ; dann gingen sie an deren Sohn, den Kaiser Marc Aurel, über[3]). Aber auch andre Fabrikationen der verschiedensten Art wurden auf großen Gütern betrieben. Der Kaiser Pertinax erweiterte als Konsular eine Filzfabrik in Ligurien, die er von seinem Vater geerbt hatte, sehr durch Ankauf großer Grundstücke und Aufführung einer Menge von neuen Gebäuden; er war selbst drei Jahre dort und betrieb den Handel mit den Waren der Fabrik durch seine Sklaven[4]). Besitzer, deren Güter an große Landstraßen stießen, errichteten dort Gastwirtschaften[5]) und erwirkten zuweilen vom Senat die Erlaubnis, auf ihren Ländereien Messen und Märkte abhalten zu lassen[6]).

Kapitalanlage in Grundbesitz.

Abgesehen von diesen Arten des Erwerbs hatten die Senatoren auch den Vorzug, daß ihnen besoldete, zum Teil sehr einträgliche Stellen im Heer, in der Verwaltung und in den Provinzen offen standen. Der junge Adlige, der den ganzen Reichtum seiner Ahnen seiner Leidenschaft für Pferde geopfert hatte, konnte noch auf das Kommando einer Kohorte hoffen[7]); das Jahrgehalt eines Tribunen betrug schon 25000 Sesterzen (über 5400 Mark)[8]). Die Legaten, die an der Spitze der kaiserlichen Provinzen standen (gewesene Konsuln und Prätoren) sowie die Prokonsuln (die Statthalter der senatorischen Provinzen) bezogen ebenfalls feste Jahresgehälter; das des Prokonsuls von Afrika betrug am Anfang des 3. Jahrhunderts eine Million[9]).

Besoldete Ämter.

Überdies bereicherten sich die Statthalter oft genug durch Erpressungen, wenn diese gleich nicht mit so schamloser Offenheit betrieben werden konnten wie während der Republik[10]). Im Falle einer Anklage richtete der Senat über

Widerrechtliche Bereicherung der Provinzialstatthalter.

1) Marquardt, Privatl.² 160f. 2) ebd. 665ff. 3) Dressel, Untersuchungen über die Chronologie der Ziegelstempel der Gens Domitia, Berlin 1886 und CIL XV p. 265ff. Ziegelei und Töpferei des C. Laecanius Bassus (Cos. 64) in der Nähe von Pola, Gnirs, Jahrb. f. Altertumskunde IV 1910 S. 79ᵃff. 4) Hist. aug. Pertinax 3, 3f. 5) Marquardt, Privatl.² 471. 6) Plin. ep. V 4, 1. CIL VIII 11451 = Bruns-Gradenwitz, Fontes iur. Rom.⁷ I 205f. (SC de nundinis saltus Beguensis). Mommsen StR. II³ 887. 7) Juv. 1, 58 *curam sperare cohortis*. *Spes* Aussicht auf Beförderung, Mommsen zu CIL V 543. v. Domaszewski, Bonn. Jahrb. CXVII 1908 S. 41f. 8) CIL XIII 3161, dazu Mommsen, Ges. Schrift. VIII 166f. v. Domaszewski a. a. O. 139ff. 9) Cass. Dio LXXVIII 22, 5; vgl. Tac. Agr. 42 *salarium proconsulare solitum offerri*. Mommsen StR. I³ 303. 10) Vgl. Liebenam, Städteverwaltung S. 508ff. und über die Ausdehnung des Repetundenverfahrens über den Kreis des senatorischen Standes hinaus Mommsen, Strafr. S. 712f.

sie, der im allgemeinen nur zu sehr zur Nachsicht gegen Kollegen geneigt zu haben scheint. Der jüngere Plinius führte in den Jahren 100 und 101 die Sache der Provinzen Afrika und Bätika, die in einem und demselben Jahre von ihren Prokonsuln Marius Priscus und Cäcilius Classicus aufs äußerste bedrückt und geplündert worden waren. Der letztere, der vor der Verhandlung gestorben war, hatte ein Verzeichnis seiner Erpressungen hinterlassen und an eine Maitresse nach Rom geschrieben, er komme frei (von Schulden) zurück, da er aus dem »Verkauf eines Teils der Bätiker« bereits 4 Mill. Sesterzen gelöst habe. Der erstere wurde überwiesen, Hinrichtungen Unschuldiger für Geld vollstreckt zu haben. Ein Provinziale hatte unter anderm die Bestrafung eines römischen Ritters mit Stockschlägen, dann dessen Verurteilung zur Bergwerksarbeit, endlich seine Erdrosselung im Kerker für 700000 Sesterzen (152250 Mark) erkauft; der dieses Geschäft vermittelnde Legat, ein Stutzer, hatte für sich noch 10000 Sesterzen (2175 Mark) »zu wohlriechenden Wassern und Pomaden« ausbedungen. Der Legat wurde nicht einmal aus dem Senat gestoßen, seine Strafe bestand nur darin, bei der Verlosung der Provinzen fortan übergangen zu werden. Marius Priscus wurde aus Italien verwiesen, blieb aber reich genug, um in einem schwelgerischen Leben »sich an dem Zorn der Götter zu laben«[1]). So gelind war die Strafe für eine so scheußliche und offenkundige Mißhandlung einer Provinz selbst unter Trajan; und daß ein solches Mißregiment in den vielfach bereits durch eine zu große Steuerlast überbürdeten Provinzen nicht allzu selten war, dafür sprechen Tatsachen genug. Tiberius führte für seinen Grundsatz, die Statthalter lange auf demselben Posten zu lassen, die Rücksicht auf die Lage der Untertanen an. Denn jede Macht neige nun einmal zur Habgier; seien sie nun nur auf kurze Zeit eingesetzt, so beeilten sie sich um so mehr, zu plündern, blieben sie länger im Amte, so hätten sie Zeit, sich zu sättigen, und gingen dann gelinder zu Werke. Er verglich die Lage der Provinzialen mit der eines Verwundeten, auf dessen Wunden Fliegenschwärme saßen, der aber das Anerbieten eines Hinzukommenden, sie fortzuscheuchen, ablehnte. Denn von denen, die sich jetzt bereits an seinem Blut gesättigt hätten, werde er wenig mehr gequält, wenn ihn aber neue, hungrige Schwärme überfielen, so werde er es nicht überstehen können[2]). Ob jedoch die längere Dauer der Statthalterschaften den Provinzen in der Tat eine große Erleichterung gewährt hat, ist sehr fraglich. Quintilius Varus ließ das reiche Syrien, das er arm betreten hatte, nach neunjähriger Verwaltung als ein verarmtes Land zurück, während er selbst reich geworden war[3]). Seneca sagt mit bittrer Ironie: »daß die Provinzen geplündert und die Urteilsprüche nach erfolgter Steigerung und Anhörung der beiderseitigen Gebote dem Meistbietenden zugeschlagen werden, ist nicht wunderbar, da man nach Völkerrecht verkaufen kann, was man gekauft hat«[4]). Das Lob der »außerordentlichen Mäßigung und Enthaltsamkeit« oder »Unsträflichkeit«, die Vitellius und Otho in der Provinzialverwaltung bewiesen[5]), und ähnliche Lobeserhebungen[6]) zeigen wohl, daß eher das Gegenteil die Regel war. Wandte sich eine Provinz an einen Anwalt in

1) Plin. ep. II 11. 12. III 9. Juv. 1, 47—50. Mommsen, Ges. Schrift. IV 374. 376f. 2) Joseph. A. J. XVIII 172ff. 3) Vellej. II 117, 2. 4) Seneca de benef. I 9, 5. 5) Sueton. Otho 3, 2; Vitell. 5. 6) ebd. Vespas. 4, 3. Martial. X 78, 2ff.

Rom, um ihre Sache zu führen, so war es stets eine geplünderte und mißhandelte[1]). Juvenal ermahnt einen Abkömmling hoher Ahnen, wenn die lang erwartete Provinz ihm endlich zufalle, mit den hilflosen Bundesgenossen Mitleid zu haben, denen das Mark aus den Knochen schon ausgesogen ist. Ihnen nützt die Verurteilung ihrer Plünderer nichts. Die Prozesse verschlingen das Vermögen der Kläger, und Pansa entreißt ihnen, was Natta noch gelassen hat. Den besten Teil der einst unermeßlichen Reichtümer haben schon Verres und seine Zeitgenossen fortgeschleppt. Jetzt kann man ihnen nur noch wenige Joch Ochsen, eine kleine Herde Stuten, ein Gütchen und die Bilder der Hausgötter nehmen. Wenn das Gefolge des Statthalters unsträflich sei, kein schöngelockter Page die Entscheidungen seines Tribunals verhandle, keine Schuld an seiner Gemahlin hafte und sie nicht wie eine Harpyie mit scharfen Klauen, um Gold zu raffen, durch die Städte und Kreistage stürme, so sei dies alles ebensoviel wert wie der älteste Stammbaum[2]). Pertinax hielt sich nach der Angabe seines Biographen bis zur Verwaltung von Syrien tadellos, nach dem Tode Marc Aurels wurde er geldgierig, nach der Verwaltung von vier konsularischen Provinzen trat er bereits als reicher Mann in den Senat ein[3]).

Erwerb durch Reden vor Gericht.

Wenig begüterte Senatoren, die in den Kriegsdienst nicht eintreten wollten und die kostspielige amtliche Laufbahn einzuschlagen nicht imstande waren, konnten als Redner vor Gericht Vermögen erwerben; denn wenn gleich die Belohnungen gerichtlicher Verteidigungen durch wiederholte Erlasse auf 10000 Sesterzen (2175 Mark) beschränkt waren[4]), so waren doch auch diese Bestimmungen sehr leicht zu umgehen und die Einnahmen gesuchter Anwälte in der Tat sehr hohe. Viel höher freilich wurden die bezahlt, und ihrer waren im 1. Jahrhundert nur zu viele, die ihr Talent zu dem schändlichen Gewerbe von Anklägern in Majestätsprozessen mißbrauchten: wie schon, um nur diese zu nennen, die großen Reichtümer der Aquilius Regulus, Vibius Crispus, Eprius Marcellus beweisen. Der erstere wurde von Nero für seine Tätigkeit als Ankläger mit dem Konsulat, einem Priestertum und 7 Mill. Sesterzen (über 1½ Mill. Mark) belohnt; er setzte diese Tätigkeit unter Domitian fort und hoffte sein Vermögen auf 120 Millionen (26 Mill. Mark) zu bringen[5]); Vibius Crispus, dessen Reichtum (wie bereits erwähnt) unter Domitian sprichwörtlich war, besaß 200 (43½ Mill. Mark)[6]), Eprius Marcellus 300 Millionen (über 65 Mill. Mark)[7]).

Rechtsgelehrsamkeit als Mittel zur Beförderung.

Daß die Rechtsgelehrsamkeit von Senatoren (zu deren Stande die größten Juristen der beiden ersten Jahrhunderte gehörten) zur unmittelbaren Quelle von Einnahmen gemacht worden sei, ist nicht zu glauben; dagegen verlieh sie Einfluß, Ehre und Ansehen und war zur Erlangung von Ämtern und Würden vom allergrößten Nutzen; namentlich kam sie gewiß nicht bloß bei der Wahl der wohl schon seit Hadrian fest angestellten und besoldeten kaiserlichen Räte[8]), sondern auch bei der Besetzung der Stadtpräfektur vorzugsweise in Betracht[9]),

1) Tac. Dial. 41, 3; vgl. auch die Beschreibung einer musterhaften Provinzialverwaltung bei Tac. Agric. 19 und dazu Marquardt StV. II² 103, 1. 2) Juv. 8, 87—139. 3) Hist. aug. Pertinax 3, 1f. 4) Tac. A. XI 7, vgl. XIII 5. Sueton. Nero 17. Plin. ep. V 4, 2. 9, 4. 13, 6. Quintil. XII 7, 8ff. Dig. L 13, 1 § 10ff. 5) Tac. Hist. IV 42. Plin. ep. II 20. 6) Schol. Juv. 4, 81; *divitior Crispo* Martial. IV 54, 7. 7) Tac. Dial. 8, 2. 8) Hist. aug. Hadrian. 18, 1. Heyne, Opusc. acad. IV 211ff. Hirschfeld, Verw.Beamt. S. 339ff. 9) Über die Jurisdiktion des Stadtpräfekten Mommsen StR. II³ 1064ff.

welches Amt die großen Juristen Pegasus (unter Vespasian und Domitian)[1]) und Salvius Julianus (unter Hadrian) bekleideten[2]). Die Ehre des Konsulats wurde einer großen Anzahl der berühmtesten Rechtslehrer der beiden ersten Jahrhunderte zu teil. Antistius Labeo soll es wegen seiner unabhängigen Gesinnung nicht erhalten oder abgelehnt haben; das letztere tat auch A. Cascellius. Der gefügigere Rival des Labeo, Atejus Capito, bekleidete es im Jahre 5 n. Chr. M. Coccejus Nerva war Konsul vor dem Jahre 24, C. Cassius Longinus 30, Caninius Rebilus († 56) in einem unbekannten Jahre, Cälius Sabinus 69, Pegasus vielleicht unter Vespasian, Neratius Priscus etwa 83, P. Juventius Celsus wohl unter Trajan und abermals im Jahre 129, Pactumejus Clemens im Jahre 138 zusammen mit M. Vindius Verus, Salvius Julianus im Jahre 148[3]).

Verschuldung und Verarmung vieler senatorischen Familien.

Wenn die gesetzlichen und ehrenvollen Mittel zur Vermehrung der Einnahmen der Größe des Aufwands häufig nicht entsprachen, der von den Senatoren gefordert wurde, so kann es nicht befremden, daß senatorische Familien immer von neuem in die drückendste Lage, ja in die tiefste Dürftigkeit gerieten. Einzelne Mitglieder derselben verkauften sich aus Not zum Auftreten in den öffentlichen Schauspielen, namentlich unter Nero[4]). Als der nachherige Kaiser Vitellius von Galba als Konsularlegat nach Deutschland geschickt wurde, mangelte es ihm so an Reisegeld, daß er eine Perle, die seine Mutter im Ohr trug, verpfänden, seinen Palast für die übrige Zeit des Jahrs vermieten und Frau und Kinder, die er in Rom zurückließ, in einer Mietwohnung unterbringen mußte; kaum gelang es ihm, durch Unverschämtheit die Haufen von Gläubigern los zu werden, die ihn zurückhalten wollten[5]). Othos Schulden beliefen sich nach Neros Tode auf 200 Mill. Sesterzen (43 ½ Mill. Mark)[6]). Viele Senatsfähige blieben Ritter, um sich den erdrückenden Ehren des ersten Stands zu entziehen, oder mußten zu deren Übernahme gewaltsam genötigt werden. Ein gewisser Surdinius Gallus, der im Jahre 47 nach Karthago zog, um nicht Senator zu werden, mußte auf Claudius Befehl zurückkehren, um sich »in goldene Fesseln« schlagen zu lassen[7]). Andre senatorische Ritter, die den Eintritt in den Senat verweigerten, stieß Claudius auch aus dem Ritterstande[8]).

Unterstützungen der Kaiser —

Sehr häufig waren die Gesuche von Senatoren um kaiserliche Unterstützung oder Entlassung aus ihrem Stande. Im allgemeinen gewährten die Kaiser, die ja selbst dem Stande angehörten, Unterstützungen bereitwillig und sorgten gern für die Erhaltung altberühmter Geschlechter[9]); doch konnten sie natürlich nicht allen Bedürfnissen entsprechen; auch war ihr Verfahren sehr verschieden. Augustus, der auch hierin freigebig war, vermehrte unter anderm im Jahre 4 n. Chr. achtzig Senatoren ihr Vermögen bis auf 1 200 000 Sesterzen (260 000 Mark)[10]); einer, dessen sämtliche Schulden er mit 4 Millionen (870 000 Mark) bezahlt hatte, schrieb darauf an ihn: und mir gibst du nichts?[11]) Tiberius behielt zwar nach dem gewiß unverdächtigen Zeugnis des Tacitus die Tugend der Frei-

1) Pompon. Dig. I 2, 2 §53. Schol. Juven. 4, 77. 2) Hist. aug. Did. Jul. 1, 1. 3) Die Nachweise in den betreffenden Artikeln der Prosopogr. imp. Rom.; zu Salvius Julianus Mommsen, Ges. Schrift. II 4 ff. 4) Tac. A. XIV 14. 5) Sueton. Vitell. 7, 2. Cass. Dio LXV 5, 3; vgl. Plutarch. Galba 22. Tac. Hist. II 59. 6) Plutarch. Galba 21. 7) Cass. Dio LX 29, 2. 8) Sueton. Claud. 24, 1. 9) Tac. A. II 37 f. 48. XIII 34. 10) Cass. Dio LV 13, 6; vgl. LIII 2, 1. LIV 17, 3. LVI 41, 8. Sueton. Aug. 41, 1. 11) Macrob. Sat. II 4, 23.

gebigkeit zu edlen Zwecken auch dann bei, als er die übrigen ablegte; doch weil er vermutlich zuviel Gesuche erhielt, wollte er nur den Senatoren Unterstützung bewilligen, welche dem Senat die Gründe ihrer Verarmung nachwiesen, und schreckte durch diese und andre Härten die meisten ab [1]). Dem Propertius Celer, der bereits die Prätur bekleidet hatte, schenkte er im Jahre 15 eine Million Sesterzen, da es bekannt war, daß seine Mittellosigkeit von seinem Vater herstammte. Marius Nepos, ein Mann von demselben Range, der um Bezahlung seiner Schulden bat, mußte die Namen seiner Gläubiger nennen, worauf Tiberius ihm anzeigte, daß er die Zahlungen angewiesen habe, aber eine kränkende Ermahnung hinzufügte [2]). Hortensius Hortalus, ein Enkel des Redners, war von Augustus durch das Geschenk einer Million veranlaßt worden, eine Familie zu begründen, damit das berühmte Geschlecht nicht ausstürbe. Als er im Jahre 16, begleitet von seinen vier Söhnen, im Senat um Unterstützung seiner offenkundigen Armut bat, wies Tiberius das Gesuch schroff zurück, bewilligte dann, da dies einen üblen Eindruck machte, jedem Sohne 200000 Sesterzen (43500 Mark), nahm sich aber weiter des Hauses nicht an, obwohl es in schmähliche Dürftigkeit versank [3]). Solche, die durch Verschwendung verarmt waren, stieß Tiberius aus dem Senat [4]) oder gestattete ihnen, freiwillig auszutreten [5]). Als ein berüchtigter Verschwender, Acilius Buta, der gewohnt war, Nacht in Tag zu verwandeln, sich nach Verprassung eines ungeheuren Besitztums als unvermögend meldete, sagte Tiberius: Du bist zu spät aufgewacht [6]). Nero warf dem M. Valerius Messalla Corvinus, der 58 im Konsulat sein Kollege war, ein Jahresgehalt von einer halben Million Sesterzen aus, um dem verarmten Adligen ein standesgemäßes Auftreten zu ermöglichen; auch dem Aurelius Cotta und Haterius Antoninus bewilligte er Jahrgelder, obwohl sie ihr ererbtes Vermögen verschwendet hatten [7]). Auch Vespasian erwies sich sehr freigebig, ergänzte Senatoren den Zensus und unterstützte dürftige Konsulare mit Jahrgeldern von einer halben Million (108750 Mark) [8]). Hadrian gewährte denjenigen Senatoren, die ohne ihre Schuld Bankrott gemacht hatten, durch Unterstützungen, die nach der Zahl der Kinder bemessen und vielen lebenslänglich gezahlt wurden, die Mittel, standesgemäß zu leben. Zur Erfüllung der mit den kurulischen Ämtern verbundenen amtlichen Verpflichtungen (namentlich Schauspiele) machte er nicht nur Freunden, sondern auch einigen Männern vom übelsten Rufe große Geschenke und unterstützte auch einige (wohl gewiß senatorische) Frauen [9]). Er selbst hatte als Prätor von Trajan 2 Millionen (435000 Mark) zur Veranstaltung von Schauspielen erhalten [10]). Auch Antoninus Pius unterstützte Senatoren und Magistrate bei der Erfüllung ihrer amtlichen Obliegenheiten [11]). So lieh er dem Gavius Clarus, der, obwohl ihm nach Bezahlung der Schulden seines Vaters wenig übrig geblieben war, die Quästur, Ädilität und Prätur bekleidet hatte, Geld zur Bestreitung der Kosten der letztern aus der kaiserlichen Kasse; jener zahlte die ganze Summe zurück. Fronto, dem Clarus sehr nahe stand, schreibt an L. Verus, daß er selbst ihm auf jede Weise die Erfüllung der senatorischen

1) Tac. A. I 75; vgl. Cass. Dio LVII 10, 3 f. Sueton. Tiber. 47. 2) Tac. A. I 75. Seneca de benef. II 7, 2. 3) Tac. A. II 37 f. 4) Cass. Dio LVII 10, 4. 5) Tac. A. II 48. 6) Seneca ep. 122, 10. 7) Tac. A. XIII 34. Sueton. Nero 10, 1. 8) Sueton. Vespas. 17. 9) Hist. aug. Hadrian. 7, 9—11. 10) ebd. 3, 8. Vgl. Marquardt StV. III² 489, 5. 11) Hist. aug. Anton. Pius 8, 4.

Leistungen erleichtern würde, wenn er ein größeres Vermögen besäße[1]). Es scheint gewöhnlich gewesen zu sein, daß reiche Senatoren ihre verarmten Standesgenossen um der Ehre des Standes willen unterstützten: wie z. B. der oben erwähnte C. Calpurnius Piso seine königliche Freigebigkeit auch in dieser Hinsicht bewährte[2]).

und der Standesgenossen.

Überhaupt scheint innerhalb des ersten Standes bis zu einem gewissen Grade die Verpflichtung zu gegenseitiger Unterstützung anerkannt worden zu sein; wie namentlich zu Schauspielen nicht bloß von Freunden, sondern auch von ferner stehenden Standesgenossen Beisteuern geliefert und in der Regel angenommen wurden. Daß der unter Caligula hingerichtete Julius Gräcinus (der Vater des Agricola) die ihm von den Konsularen Fabius Persicus und Caninius Rebilus zu diesem Zweck gesandten hohen Summen wegen des üblen Rufes beider ablehnte, während er sie von andern annahm, darin lag nach Senecas Auffassung die Ausübung einer Zensur[3]). Brannte das Haus eines vornehmen Mannes ab, so sah man, wie Juvenal sagt, die Aristokratie in Trauer, der Prätor setzte die Verhandlungen aus, und die von allen Seiten zum Wiederaufbau einlaufenden Beiträge fielen so reichlich aus, daß der Abgebrannte wohl gar in Verdacht geriet, das Feuer selbst angelegt zu haben: während es niemandem einfiel, dem Armen, der durch den Brand seine ganze Habe verloren hatte, ein Obdach oder Unterstützung zu gewähren[4]).

Vermächtnisse.

Die Sitte, einen weiten Kreis im Testament mit Vermächtnissen zu bedenken, hatte eine solche Ausdehnung gewonnen, daß auch dies für die meisten Senatoren eine regelmäßige Quelle von Einnahmen gewesen zu sein scheint. Der jüngere Plinius freute sich, daß er so oft mit Tacitus zusammen genannt wurde; auch in Testamenten wurden sie in der Regel beide und zwar mit gleichen Legaten bedacht, falls nicht der Erblasser einem von beiden ganz besonders nahe stand[5]). So sind auch in dem noch erhaltenen (im Jahre 108 verfaßten) Testament des Dasumius höchst wahrscheinlich für beide Vermächtnisse ausgesetzt gewesen[6]). Endlich waren die sonst verbotenen Schenkungen zwischen Mann und Frau behufs Erlangung oder Aufrechterhaltung von Stand und Würden gestattet[7]); und daß Senatoren, besonders von hohem Adel, es nicht schwer fanden, ihre Verhältnisse durch eine reiche Heirat zu verbessern, würde schon die Erzählung Suetons zeigen, daß dem Vater des Kaisers Galba seine zweite, sehr schöne und reiche Frau wegen seiner sehr alten und vornehmen Abkunft sich förmlich angetragen, ja aufgedrungen habe, obwohl er klein und bucklig war[8]). Aber überhaupt war »einen breiten Purpurstreif zu heiraten« das höchste Ziel des Ehrgeizes gewiß nicht weniger Frauen[9]).

Reiche Heiraten.

Wert, der auf die kurulischen Ämter gelegt wurde.

Was den Eintritt in den Senat trotz einer so drückenden Belastung und trotz mancher empfindlichen Beschränkung noch immer zu einem höchsten Ziele für den strebenden Ehrgeiz machte und die Senatoren selbst mit einem hohen Gefühl ihrer Würde erfüllte, ihnen das Bewußtsein gab, in der damaligen Welt die Ersten zu sein: das war vor allem die Erlangung der aus der Republik herüber-

1) Fronto ad L. Verum II 7 p. 134 f. N. 2) Vgl. oben S. 125. Symmach. ep. IV 67. 3) Seneca de benef. II 21, 5 f. 4) Juv. 3, 212 ff. 5) Plin. ep. VII 20, 6. 6) CIL VI 10229 = Bruns-Gradenwitz, Fontes iur. Rom.[7] I 304 ff., vgl. Rudorff, Ztschr. f. gesch. Rechtsw. XII 1845 S. 329 f. 7) Ulpian. frg. 7, 1. Dig. XXIV 1, 40. 8) Sueton. Galba 3, 3 f. 9) Martial. V 17, 3.

genommenen Ämter, die ihnen allein zustand. Auch jetzt noch, wo sie fast nur äußern Glanz verliehen, ihrer alten Macht und Bedeutung aber so gut wie völlig entkleidet waren, galten sie selbst den Einsichtigsten und Besten als hohe und erstrebenswerte Ehren. Wenige Erscheinungen der spätern römischen Welt sind so merkwürdig wie diese, daß selbst das klägliche Schattenbild der alten Größe Jahrhunderte lang in so hohem Grade statt des längst entschwundnen Wesens gelten, die alte Ehrfurcht erwecken, den alten, unwiderstehlichen Zauber üben konnte. So tief und unzerstörbar war in den Gemütern der Menschen dieses Gefühl befestigt, daß bis zum Ausgange des Altertums, ja noch darüber hinaus das Konsulat als die höchste Würde gepriesen wurde, die ein Untertan erreichen konnte. Im Greisenalter der römischen Welt, da es längst zu einem kindischen Pomp herabgeschwunden war, nannte es der Kaiser Julian »eine Ehre, die jede Macht aufwiegt«; im 6. Jahrhundert, als es ein leerer, des Sinns barer Name war, wurde es noch als »das höchste Gut und die größte Ehre in der Welt« gerühmt[1]). Als Grund dieser Schätzung führt Libanius an, daß der Name des Konsuls in der ganzen Welt bekannt werde und niemals untergehen könne[2]). Um so weniger mag es befremden, daß in der aufsteigenden Periode der Kaiserzeit auch ein Tacitus das damals noch nicht aller seiner Funktionen beraubte und nun dadurch, daß die regierenden Kaiser es wiederholt zu bekleiden pflegten, mit neuem Glanz ausgestattete Konsulat für den Gipfelpunkt menschlichen Strebens ansehen konnte. In der Schlußbetrachtung über Agricolas Lebenslauf sagt er: »da er die Ehren des Konsulates und des Triumphes erlangt hatte, was konnte ihm das Schicksal noch mehr verleihen?«[3]).

Bis zu welchem Grade vollends die Eitelkeit kleinerer Geister sich vorzuspiegeln vermochte, daß die Ämter ihre alte Bedeutung noch hätten, daß man das wirklich sei, was man nur vorstellte, zeigt am auffallendsten die Art, wie sich der jüngere Plinius über eines der geringsten und bedeutungslosesten unter allen, das Volkstribunat, äußert. Er fand es mit der Würde eines Tribunen unvereinbar, während seines Amtsjahres als Anwalt vor Gericht aufzutreten. »Es kommt freilich viel darauf an, wofür man das Tribunat hält, ob für einen leeren Schatten, für einen Namen ohne wirkliche Ehre, oder für eine unverletzliche Macht, die niemand in Schranken weisen sollte, nicht einmal ihr Eigner. Als ich selbst Volkstribun war, mag ich vielleicht im Irrtum gewesen sein, daß ich etwas zu sein glaubte; doch in diesem Glauben enthielt ich mich der Verteidigungen vor Gericht, erstlich, weil ich es für unschicklich hielt, daß, während alle sitzen, derjenige stehen solle, vor dem alle aufstehen, dem sie den Vortritt einräumen müssen; daß er, der jedem Stillschweigen auferlegen könne, durch die Wasseruhr im Reden unterbrochen werden, daß er, gegen den nicht einmal Einreden gestattet seien, Schimpfreden anhören solle, und daß er, wenn er sie ungerächt dulde, schwach, wenn er sie räche, anmaßend erscheinen müsse«[4]).

---

1) Julian. or. 3 p. 108 A. Jordan. Get. 57, 289. Procop. de bello Pers. I 25, 40. Cassiod. var. VI 1. CIL VI 1754 = Dessau 1269 (Inschrift der Anicia Faltonia Proba): *consulis uxori, consulis filiae, consulum matri Anicius Probinus v. c. consul ordinarius* (395 n. Chr.); vgl. 1755. 1756. Joh. Chrysost. in epist. ad Hebr. hom. 9, 5 (Migne gr. 63, 82). Noch im 10. Jahrhundert war der Konsultitel im Gebrauch. Gregorovius, Gesch. d. St. Rom II 270. 2) Liban. or. 12, 10 (II 12 F.). 3) Tac. Agric. 44. 4) Plin. ep. I 23, 1 f.

Die neue Ordnung der Ämterlaufbahn.

Für das erste senatorische Amt, die Quästur, scheint seit Augustus der unter dem Namen Vigintivirat zusammengefaßte Ämterkomplex eine Vorstufe gewesen zu sein[1]). Jedem Aspiranten auf die Kurie war außerdem die Pflicht auferlegt, Offiziersdienst zu leisten, für welchen als Minimalalter das laufende 18. Jahr galt; anfangs geschah dies bald vor, bald nach dem Vigintivirat, nachher wurde das letztere Regel. Auch hier konnte kaiserliche Dispensation eintreten. Mehr als einmaliger Offiziersdienst (von wohl meistens einjähriger Dauer) wurde von den Senatsaspiranten nicht verlangt. Seit Tiberius dienten sie nur als Legionstribunen. Bis auf Gordianus einschließlich ist im ganzen an dem Offiziersdient der künftigen Senatoren festgehalten worden[2]).

In die obligatorische Ämterstaffel der Republik, die aus den drei Stufen der Quästur, der Prätur und des Konsulats bestand, schob Augustus zwischen den beiden ersten eine vierte obligatorische Stufe ein, in welcher die beiden Ädilitäten mit 6 und das Volkstribunat mit 10 Stellen zusammengefaßt wurden, so daß fortan im Senat 4 Rangklassen bestanden: Konsulare, Prätorier, Tribunizier (unter denen Ädilizier mit einbegriffen sind), Quästorier. Die Erreichung der nächst vorhergehenden Stufe war die Bedingung zur Ersteigung der folgenden; doch ist den Patriziern[3]), denen von 16 Stellen der dritten Stufe nur die beiden der kurulischen Ädilität zugänglich waren, diese ganze Stufe erlassen worden, so daß sie von der Quästur sogleich zur Prätur übergingen[4]). Mit den 20 Vigintivirn wurden die 20 Quästuren, mit den 20 Quästoren nach Abzug der patrizischen die 16 tribunizisch-ädilizischen Stellen besetzt, mit den gewesenen Tribunen und Ädilen die Präturen, deren Zahl geschwankt, doch im ganzen auf 12 bis 18 gestanden hat; die letztere (vielleicht schon von Claudius als normal festgestellte) Gesamtzahl hat als solche noch unter Hadrian bestanden[5]). Diese Zahlen zeigen die zwiefache Tendenz, einmal jeden in die senatorische Laufbahn Eingetretenen auch zur Prätur gelangen zu lassen; sodann für alle Stufen dem Senat nur ungefähr so viel Kandidaten zu präsentieren, als Stellen zu besetzen waren, also sein Wahlrecht nahezu illusorisch zu machen. Etwas anders gestalteten sich die Verhältnisse faktisch durch die kaiserliche Zulassung an sich nicht qualifizierter Kandidaten zu Vigintivirat und Quästur[6]) und die noch zu erwähnende kaiserliche Ernennung von Senatoren zu den Rangklassen der Tribunizier und Prätorier ohne Bekleidung der betreffende Ämter. Wieviel Spielraum der Senat bei den Wahlen bis zur Prätur hatte, hing also in jedem einzelnen Fall vom Kaiser ab[7]).

Ernennung der Konsuln durch die Kaiser.

Die höchste Stufe, das Konsulat, wurde (wahrscheinlich seit Nero)[8]), durch kaiserliche Ernennung besetzt; die Zahl der Stellen ist allmählich durch Verkürzung der Amtszeit der einzelnen Konsulpaare erweitert worden. Mindestens seit dem Jahre 2 n. Chr., von wo ab das Konsulat in der Regel halbjährig und

1) Mommsen StR. I³ 544. 557 f. 2) ebd. I³ 545—548. 3) Auch sonst genossen die Patrizier einige Sonderrechte; so haben sie innerhalb des Vigintivirats von Vespasian bis auf Alexander Severus nie ein andres Amt bekleidet als das des Triumvir monetalis (E. Groag, Arch. epigr. Mitt. aus Österr.-Ung. XIX 1897, 145 f.) und die Quästur regelmäßig als *candidati principis*, indem sie zugleich bis auf Alexander Severus als Quaestores Augusti funktionierten (St. Brassloff, Hermes XXXIX 1904 S. 618 ff.). 4) Mommsen StR. I³ 554 ff. 5) ebd. II³ 202—204. 6) ebd. II³ 919 ff. 7) ebd. I³ 557 f. 8) ebd. II³ 924 f.

das ganzjährige eine besonders Verwandten des Kaiserhauses erteilte, allmählich immer seltener werdende Auszeichnung war (das letzte bekannte fällt ins Jahr 52), waren es unter Augustus gewöhnlich vier, und ebenso unter Nero; unter Caligula und Claudius herrschte Willkür. Im Jahre 69 stieg die Zahl der Konsuln infolge der von den drei Kaisern Galba, Otho, Vitellius geschehenen Ernennungen auf 15. Von da ab verschwindet das halbjährige Konsulat, und es beginnen dafür teils viermonatliche, teils zweimonatliche Fristen, die willkürlich miteinander wechseln, von denen aber im 3. Jahrhundert die letztern überwiegen; anders befristete, namentlich Monatskonsulate, waren Ausnahmen; unter Commodus ernannte Cleander (wie bereits erwähnt) einmal in einem Jahre 25 Konsuln[1]). Übrigens hat die von Augustus eingeführte viergliedrige Ämterstaffel über zweihundert Jahre bestanden[2]).

Zwischen je zweien dieser Ämter mußte eine Zwischenzeit liegen. Für den Antritt der Quästur war seit Augustus das begonnene 25., für die Prätur das begonnene 30. Lebensjahr erforderlich: als die für das Tribunat (oder Ädilität) und für das Konsulat geltenden Altersgrenzen dürfen mit Wahrscheinlichkeit das laufende 27. und das laufende 33. Jahr betrachtet werden[3]). In diese Regeln griff außer andern Ausnahmen namentlich das von Augustus eingeführte Vorrecht der Väter insofern ein, als wahrscheinlich dem Bewerber für jedes lebende Kind eines der Intervalljahre erlassen wurde[4]).

Bei den Zahlenverhältnissen der drei untern Ämterstufen waren (wie gesagt) die Inhaber der Quästur des Erfolgs ihrer Bewerbung um die beiden nächst höhern Ämter im ganzen genommen versichert, ja es war neben der Dispensation der Patrizier von der dritten Stufe ohne Zweifel nicht selten eine außerordentliche Aushilfe zur Stellung der erforderlichen Zahl von qualifizierten Kandidaten erforderlich. Diese erfolgte (wie ebenfalls bemerkt) durch kaiserliche Erhebung der Betreffenden zu den höhern Rangklassen, ohne daß sie die Ämter wirklich bekleideten, an welche die Rangklassen geknüpft waren. Kraft ihres zensorischen Rechtes reihten die Kaiser je länger desto häufiger Senatoren unter die Tribunizier und Prätorier ein, ohne daß sie das Tribunat, die Ädilität, die Prätur bekleidet hatten[5]). Die Zahl derselben scheint in späterer Zeit nicht unbedeutend gewesen zu sein. Mit dieser Versetzung (*adlectio*) in eine höhere Rangklasse waren alle politischen und Ehrenrechte verbunden, die aus der wirklich bekleideten Magistratur sich ableiteten[6]), namentlich auch das Recht der Bewerbung um die höhern Ämter.

Erhebung zu höhern Rangklassen durch die Kaiser.

Außer dieser wirklichen Beförderung durch die Kaiser konnte aber auch eine bloße Verleihung der Ehrenrechte (der sogenannten Ornamente, d. h. Insignien) durch den Senat stattfinden[7]). In der Erteilung der Ornamente liegt von Haus aus die Vorstellung, daß die Form ohne den Inhalt, der Schein ohne das Wesen gegeben wird. Sie gab weder Bewerbungsrecht noch Sitz im Senat, sondern nur denjenigen, die das senatorische Stimmrecht bereits anderweitig besaßen,

Verleihung der Ornamente durch den Senat.

1) Henzen, Ephem. epigr. I S. 187—199. Mommsen StR. II³ 82—87. Asbach, Histor. Untersuch. A. Schäfer gewidmet (1882) S. 190—210: 6 Monate unter Tiberius und Nero, Willkür unter Caligula und Claudius, 4 und 2 Monate unter Vespasian, 4 Monate unter Domitian (seit 85), 2 unter Nerva und den Antoninen Regel. 2) Mommsen StR. I³ 559 f. 3) ebd. S. 574. 4) ebd. S. 536, 2. 5) Seltener *inter quaestorios*, Mommsen StR. II³ 941, 5. 6) ebd. S. 939 ff. 7) ebd. I³ 455 ff.

das Recht, in der Rangklasse abzustimmen, deren Ornamente sie erhalten hatten, allen aber das Recht, bei öffentlichen Festlichkeiten mit denselben zu erscheinen[1]). Das Verhältnis der Ornamente zu der durch kaiserliche Ernennung oder Bekleidung der Magistratur erhaltenen Rangklasse war also ungefähr dasselbe, wie gegenwärtig das der Titularwürden zu den wirklichen. Claudius, der Tiberius vergeblich um die Verleihung des Konsulats bat, erhielt von ihm nur die konsularischen Ornamente. Auf eine dringende Erneuerung der Bitte antwortete ihm Tiberius nur, er habe ihm 50 Goldstücke zu Einkäufen auf dem Saturnalienmarkt gesendet[2]). Als Nero von seinen Freunden wegen Vernachlässigung der Octavia getadelt wurde, sagte er, sie müsse sich mit den Ornamenten einer Gemahlin begnügen[3]).

Der erste Mann vom Ritterstande, an den eine solche Verleihung erfolgte, war Sejanus, der im Jahre 19 als Präfekt des Prätorium prätorische Ornamente erhielt. Dieselben Präfekten wurden auch später durch dieselben Ornamente geehrt, seit Nero durch die konsularischen; aber auch Präfekten der Nachtwachen und andre einflußreiche oder besonders begünstigte Personen des Ritterstands, selbst kaiserliche Prokuratoren in den Provinzen, unter Claudius sogar kaiserliche Freigelassene. Auch abhängigen Fürsten wurden Ornamente bewilligt, so dem jüdischen König Agrippa unter Caligula die prätorischen, unter Claudius die konsularischen, dessen Bruder Herodes unter letzterm die prätorischen. Wie bei modernen Orden fand auch hier ein Vorrücken von den niedern zu den höhern Insignien statt[4]).

Auch zur wirklichen Bekleidung der drei untern Ämter ernannten die Kaiser einen (herkömmlich relativ geringen) Teil der Kandidaten in der Form, daß sie sie dem Senat empfahlen, welche Empfehlung gesetzlich bindende Kraft hatte[5]);
Konsulat. die übrigen wählte der Senat. Die Konsuln ernannten die Kaiser (wie bemerkt, wahrscheinlich seit Nero) sämtlich[6]). Die Abkürzung des Konsulats machte es ihnen möglich, Verdienst oder Dienstwilligkeit in umfassenderer Weise zu belohnen als bisher und sich der Ergebenheit einer größern Anzahl von Senatoren zu versichern; hierdurch entstand übrigens ein neuer Rangunterschied, da das »ordentliche« Konsulat der beiden ersten Monate, nach welchem das Jahr benannt wurde, ehrenvoller war als die übrigen[7]). Die Vermehrung der Zahl der jährlich eintretenden Konsuln machte die zensorische Ernennung zur Konsularität ohne Bekleidung des Amts überflüssig, und in der Tat ist dieselbe erst im dritten Jahrhundert (durch Opellius Macrinus, in der diocletianisch-constantinischen Zeit öfters) vorgenommen worden[8]). Der höchste Beweis kaiserlicher Gnade und die glänzendste Befriedigung des Ehrgeizes war eine abermalige und dritte Verleihung des Konsulats; die letztere erfolgte selten und nach Hadrian, der sie, so wie schon Trajan[9]), vielen zu teil werden ließ[10]), abgesehen von den Mitgliedern des Kaiserhauses, gar nicht mehr. Der letzte Untertan, der zum dritten Konsulat gelangte, war Hadrians Schwager Julius Ursus Servianus im Jahre 134[11]). Von Verginius Rufus, der das Konsulat dreimal

1) Mommsen StR. I³ 456ff. 2) Sueton. Claud. 5. 3) Sueton. Nero 35, 1. 4) Mommsen StR. I³ 463—465. 5) ebd. II³ 921ff. 6) Oben S. 138. 7) Mommsen StR. II³ 92, 6. 8) ebd. II³ 942. 9) Asbach, Bonner Jahrb. LXXIX 1885 S. 144. 10) Hist. aug. Hadrian. 8, 4. 11) Mommsen StR. I³ 521, 5.

(die beiden ersten Male in den Jahren 63 und 69) bekleidet hatte, sagt Plinius, er habe die höchste für einen Untertan erreichbare Stufe erstiegen[1]). Auch das zweite Konsulat, das natürlich (doch erst seit der Zeit der Flavier) viel häufiger bewilligt wurde und mit dem ebenfalls Hadrian, am meisten jedoch Caracalla und Alexander Severus freigebig waren, galt immer noch als hohe Auszeichnung[2]).

Monarchischer Charakter der republikanischen Ämter.

Wenn nun die Magistraturen den größten Teil ihrer alten Bedeutung verloren und hauptsächlich die der Standeserhöhung angenommen hatten, so hatten sie allerdings auch einen neuen Wert und eine neue Anziehungskraft dadurch gewonnen, daß ihre Verleihung nun ein Beweis kaiserlicher Gnade und Zufriedenheit mit frühern Amtsführungen geworden war. Früher (d. h. unter Domitian), sagt der jüngere Plinius in seiner Dankrede für die Verleihung des Konsulats an Trajan, lähmte die Bestrebungen auch der Bessern die Gewißheit, daß der Kaiser ihre Leistungen (namentlich in den Provinzen) nicht kennen oder unbelohnt lassen würde; jetzt sei ihnen die Aussicht auf Beförderung ein Sporn, das Feld der Ehre und des Ruhms allen eröffnet, auf dem jeder sich sein Ziel wählen und die Erfüllung seiner Wünsche sich selbst verdanken könne. Es sei schön, daß einem Bewerber zur Erlangung eines Amts nichts mehr nütze als die Führung eines frühern[3]). Die Verleihung eines erledigten Augurats erbat sich Plinius im Jahre 103 oder 104 von Trajan als Beweis seiner guten Meinung über ihn; dieser auch bei geringerer Veranlassung sich versichern zu können, schreibt er in der Antwort auf einen Glückwunschbrief nach erfolgter Verleihung, sei etwas Schönes[4]). Vollends in den Augen des Servilismus stand durch den Beweis kaiserlicher Gunst, der in der Beförderung zu hohen Stellungen lag, das Urteil über den Wert des Betreffenden unwiderruflich fest. Ein Ritter, der nach dem Sturze Sejans wegen seiner freundschaftlichen Beziehungen zu dem Gefallenen angeklagt wurde, sagte in seiner Verteidigungsrede im Senat: »Uns gebührt nicht abzuwägen, wen du über andre erhebst und aus welchen Gründen: dir gaben die Götter das höchste Entscheidungsrecht, uns ist nur der Ruhm des Gehorsams gelassen. Wir sehen nur, was offen vorliegt, wer von dir Reichtum, Ehre, wer die meiste Gewalt zu schaden oder zu nützen erhält. Die geheimen Gedanken des Fürsten erforschen zu wollen, ist unerlaubt, gefährlich und überdies fruchtlos«[5]). Der zu einer höhern Stufe Erhobene sah sich also über einen Teil seiner Standesgenossen gestellt und überdies dem Throne genähert. So hatten die republikanischen Ämter trotz der alten Namen in der Tat den Charakter von monarchischen erhalten.

Es leuchtet ein, wie sehr dieses künstlich ausgebildete, abgestufte und durch äußere Abzeichen kennbar gemachte System der Titel, Würden und Dekorationen dem Zweck entsprach, den Untertanenehrgeiz in eine für die Monarchie ersprießliche Richtung zu leiten. Daß diese Absicht vollkommen erreicht wurde, zeigt die Wichtigkeit, mit der die sämtlichen Auszeichnungen von ihren Inhabern behandelt und auch die Titularwürden den wirklichen gegenüber geltend gemacht wurden. Die Insignien wurden übrigens wohl nur ausnahmsweise, wie bei öffentlichen Festlichkeiten und Hoffesten, angelegt[6]). Der Ge-

1) Plin. ep. II 1, 2. 2) Asbach a. a. O. 143—146. 3) Plin. paneg. 70, 5 ff. 4) Plin. ad Trai. 13; epist. IV 8, 1. Mommsen, Ges. Schrift. IV 379. 5) Tac. A. VI 8 (der abwesende Kaiser wird als gegenwärtig gedacht und angeredet). 6) Tac. Hist. I 81; vgl. oben S. 103.

danke des Alexander Severus, allen kaiserlichen und kurulischen Ämtern auszeichnende Trachten zu geben, blieb unausgeführt[1]).

Bewerbung. So waren und blieben die kurulischen Ämter Gegenstand unruhiger Wünsche, rastloser Bemühungen, und die Erlangung jeder neuen Würde spornte die Ehrgeizigen nur zu einem um so eifrigeren Streben nach dem nächst höhern Ziele. Der Ehrgeiz, sagt Seneca, läßt niemanden sich mit einem Grade von Ehren zufrieden geben, der einst für ihn Gegenstand maßloser Wünsche war. Niemand dankt für die Verleihung des Tribunats, der Tribun klagt vielmehr, daß er nicht schon bis zur Prätur befördert ist, diese genügt nicht, wenn das Konsulat noch fehlt, und dieses befriedigt nicht, wenn es nur eines ist. »Er hat mir die Prätur gegeben«, läßt derselbe an einer andern Stelle den Ehrgeizigen sprechen, »aber ich hatte auf das Konsulat gehofft; er hat mir die zwölf Fasces gegeben, aber mich nicht zum ordentlichen Konsul gemacht; er läßt das Jahr nach meinem Namen zählen, aber mir fehlt noch ein Priestertum; ich bin in ein Priesterkollegium gewählt, aber warum nur in eines?«[2]) Die größten Anstrengungen waren auf Erlangung der konsularischen Würde gerichtet. Viele, sagt Seneca an einer andern Stelle, bringen all ihre Jahre damit hin, zu erreichen, daß ein Jahr nach ihnen gezählt werde. Um die Liste der Konsuln mit einem neuen Namen zu vermehren und später als Statthalter über die Völker Numidiens oder Cappadociens zu herrschen, sagt Martial, betritt ein Senator in jeder Frühe sechzig Schwellen. Wenn du Konsul werden willst, heißt es bei Epictet, mußt du von deinem Schlafe abbrechen, umherlaufen, Hände küssen, vor fremden Türen herumlungern, vieles sagen und tun, was eines freien Mannes unwürdig ist, vielen Geschenke senden, manche täglich beschenken[3]).

Ähnliche Bemühungen erforderte jede Bewerbung um ein Amt. Besuche, sowohl des Kandidaten selbst als seiner Freunde und Gönner, und Empfehlungsschreiben wurden nicht gespart. Als der junge S. Erucius Clarus sich um das Tribunat bewarb, war der jüngere Plinius in großer Aufregung. Gewissermaßen stand sein eigner Ruf auf dem Spiel. Er hatte ihm die Erhebung in den Senatorenstand, die Quästur und das Recht der Bewerbung um das Tribunat beim Kaiser ausgewirkt; erhielt jener es nicht, so konnte es scheinen, daß er den Kaiser hintergangen habe. Er ging daher von Haus zu Haus, von einem Bureau zum andern, bat und beschwor die Freunde, versuchte, wieviel er durch Gunst oder durch Ansehen vermöchte, und veranlaßte andre, ihn in seinen Bemühungen zu unterstützen[4]). Als Julius Naso als Bewerber auftrat, beschwor Plinius seinen Freund Minicius Fundanus (Konsul 107), schleunigst nach Rom zu kommen, um mit ihm gemeinschaftlich für dessen Wahl tätig zu sein. Wieder war ihm so zumute, als handle es sich um seine eigne Wahl; denn es war bekannt, daß er die Kandidatur übernommen habe. Eine Abweisung Nasos

1) Hist. aug. Alex. Sever. 27, 1 (*officiis et dignitatibus*). 2) Seneca de benef. II 27, 4; de ira III 31, 2; vgl. Plutarch. de tranqu. animi 10. 3) Seneca de brev. vit. 20, 1. Martial. XII 26, 1 ff. Epictet. Diss. IV 10, 20 (vgl. IV 1, 148. 7, 23). Seneca Quaest. nat. I praef. 6 *ambitio, quae te ad dignitatem nisi per indigna non ducet.* Cyprian. ad Donatum 11: *quippe illum vides, qui amictu clariore conspicuus fulgere sibi videtur in purpura. Quibus hoc sordibus emit ut fulgeat, quos arrogantium fastus prius pertulit, quas superbas fores matutinus salutator obsedit, quot tumentium contumeliosa vestigia stipatus clientium cuneos ante praecessit, ut ipsum etiam salutatum comes postmodum pompa praecederet?* 4) Plin. ep. II 9.

war eine Abweisung für ihn selbst. Auf ein Empfehlungsschreiben des außerhalb Roms weilenden Tacitus für den Kandidaten erwidert er, das sei ebensogut, als ihm ihn selbst empfehlen: Tacitus möge nur an andre schreiben[1]). Alle gesetzlichen Mittel zur Sicherung ihrer Wahl erschöpft zu haben, gereichte den Kandidaten zum Lobe. Als der junge zur Ädilität ernannte Julius Avitus vor Antritt des Amts starb, rühmt Plinius unter anderm auch seine Unermüdlichkeit und Wachsamkeit bei der Bewerbung[2]). Aber auch Intriguen wurden gesponnen, Demütigungen erduldet, Niederträchtigkeiten begangen, um sich zu Ämtern den Weg zu bahnen. Der dem Ritterstande angehörige Columella wollte (unter Nero) sich lieber mit dem bescheidnen Lose eines Landwirts begnügen, als die höchste Beamtengewalt und -ehre durch elenden Knechtsdienst und Schmach und überdies noch Verschwendung des Vermögens erkaufen[3]). Wie oft waren Beförderungen der Lohn für den schändlichen Dienst der Ankläger im Majestätsprozeß und mit dem Blut Unschuldiger, dem Untergange ganzer Familien erkauft! Zum Verderben des Ritters Titius Sabinus wurde im Jahre 27 ein schändliches Komplott von drei gewesenen Prätoren geschmiedet, die nach dem Konsulat strebten, »zu welchem der Weg einzig durch Sejan offen stand, und Sejans Gunst war einzig durch Verbrechen zu gewinnen«[4]). Bestechungen wurden ebensowohl bei Hofe als im Senate angewendet. Messalina und die Freigelassenen des Claudius trieben einen förmlichen Stellenhandel. Fabricius Vejento wurde im Jahre 62 angeklagt, seine Fürsprache bei Nero für Beförderungen oder andre Bewilligungen verkauft zu haben[5]). Aber auch Vespasian nahm keinen Anstand, den Bewerbern Ämter und Würden geradezu zu verkaufen[6]). Im Jahre 107 etwa erfolgte ein Senatsbeschluß, daß die Bewerber um Ämter keine Gastmähler geben, keine Geschenke umhersenden, keine Geldsummen (bei Wahlagenten) niederlegen sollten; auch dies letztere war notorisch, wenngleich im geheimen, vorgekommen, das übrige ganz offen und in der umfassendsten Weise; auf den Antrag des Senats schränkte nun Trajan durch das Gesetz über Amtserschleichung die unerlaubten Ausgaben der Kandidaten ein[7]).

Die Wahl selbst, die bis zum Ende des 1. Jahrhunderts im Senat durch mündliche, in der ersten Zeit Trajans durch geheime Abstimmung erfolgte[8]), galt noch immer als ein wichtiger, mit Ernst zu vollziehender Akt. Bei der letzten Wahl, schreibt der jüngere Plinius, seien auf einigen Stimmtäfelchen allerlei Späße und sogar Abscheulichkeiten gefunden worden, worüber der Senat in die größte Entrüstung ausbrach und den Schuldigen die Ungnade des Kaisers wünschte. Was solle man glauben, daß der zu Hause tue, der in einer so bedeutenden Sache, in so ernster Zeit so possenhaft scherze![9]) Die Bevorzugten waren ebenso stolz, wie die Zurückgesetzten verstimmt und neidisch. Einen im Jahre 16 gemachten Vorschlag, die Magistrate auf fünf Jahre zu wählen, wies Tiberius zurück: schon bei der einjährigen Ernennung seien Anstöße kaum zu vermeiden, wo die Übergangenen sich mit einer nahen Hoffnung trösten könnten; schon diese mache die Menschen übermütig: wie würden sich beide

Wahl.

Schätzung des Erfolgs und des dadurch erworbenen Rangs.

1) Plin. ep. VI 6. 9. 2) ebd. VIII 23, 5. 3) Columella I praef. 10. 4) Tac. A. IV 68. 5) ebd. XIV 50; vgl. Juven. 3, 185. 6) Cass. Dio LXVI 14, 3. Sueton. Vespas. 16, 2. 7) Plin. ep. VI 19. 8) ebd. III 20. 9) ebd. IV 25.

Übelstände erst bei fünfjähriger Amtsdauer steigern![1]) Von der Unmöglichkeit, alle Wünsche zu befriedigen, spricht Seneca wiederholt. »Niemandem«, sagt er, »ist es so erfreulich, viele hinter sich, als drückend, irgendeinen vor sich zu sehen. Der Ehrgeiz hat den Fehler, nie zurückzublicken«[2]). Vollends für »neue Männer« bildete der Tag, an dem sie ein kurulisches Amt erhielten, einen Abschnitt im Leben. Der Erwählte ward von begegnenden Bekannten umarmt, seine Sklaven küßten ihm die Hände, heimkehrend fand er sein Haus erleuchtet, er stieg auf das Kapitol, um ein Dankopfer zu bringen[3]), desgleichen wurde in seinem Hause geopfert. Vom Blut der Stiere, sagt Martial, raucht der Vorplatz des Palastes, wenn ein kaiserliches Handschreiben dem Herrn eine hohe Würde verleiht[4]). Wer eine höhere Rangklasse erstieg, erhob seine ganze Familie mit, z. B. eine prätorische zu einer konsularischen usw., und hinterließ seinen Nachkommen die Aussicht und den Anspruch auf neue, größere Ehren. Von dem im Jahre 20 gestorbenen L. Volusius Saturninus heißt es z. B. bei Tacitus, er sei aus einer alten, doch nicht über die Prätur hinausgekommenen Familie gewesen; das Konsulat brachte er erst hinein[5]). »Wenn dem Sohn eines Konsularen, der die Triumphalinsignien erhalten hat, ein dreimaliges Konsulat verliehen wird«, sagt der jüngere Plinius, »so ist dies für ihn keine Erhöhung, er hat durch den Glanz seiner Abkunft ein Anrecht darauf«[6]). Vitellius wurde zur Ergreifung der Kaiserwürde von dem Legaten Fabius Valens mit Hinweisung auf die sehr hohe Stellung seines Vaters angetrieben, der dreimal das Konsulat, außerdem die Zensur bekleidet hatte und Amtsgenosse eines Kaisers gewesen war; diese Abkunft lege ihm schon längst die Imperatorenwürde auf, so wie sie ihm die Sicherheit des Untertanen raube[7]).}

Auch sonst ergibt sich aus mannigfachen Äußerungen, welcher Wert auf den durch die Ämter erworbenen Rang gelegt wurde. Plinius empfiehlt dem Minicius Fundanus, den jungen Asinius Bassus in seinem bevorstehenden Konsulat als Quästor zu wählen; er werde für ihn anständig sein, da er von einem prätorischen Vater stamme und konsularische Verwandte habe[8]). Von der sehr übel berüchtigten Calvia Crispinilla sagt Tacitus, sie habe mit Hilfe einer konsularischen Heirat die Gunst der ganzen Stadt erworben[9]). Quintilian hatte seinen ältern höchst hoffnungsvollen Sohn im zehnten Jahre verloren, der bereits durch eine konsularische Adoption den Aussichten auf die Ehrenämter näher gerückt, von seinem Mutterbruder, einem Prätor, zum Schwiegersohn ausersehen war[10]). In der Bezeichnung des Rangs sind die dem Senatorenstande angehörigen Schriftsteller, wie der jüngere Plinius, Seneca, Tacitus, ebenso sorgfältig wie die nicht senatorischen[11]). Auf den äußerst zahlreichen Denkmälern von Männern des senatorischen Standes sind mit peinlicher Genauigkeit ihre Ämter, Titel und Würden, die gegenwärtigen sowie die frühern, in strenger Reihenfolge aufgezählt, auch bei Veranlassungen, wo Rang und amtliche Stellung gar nicht in Betracht kommen. So sind z. B. nicht bloß in einer nach dem Tode des jüngern Plinius zu Comum gesetzten Inschrift, die dessen Zuwendungen

1) Tac. A. II 36. 2) Seneca ep. 73, 3; vgl. 84, 11. 104, 9. 3) Tac. Dial. 7, 1. Epictet. Diss. I 19, 24. 4) Martial. XIV 4, zuerst richtig erklärt von Marquardt, Privatl.² 805, 1. 5) Tac. A. III 30. 6) Plin. paneg. 58, 3. 7) Tac. Hist. I 52. 8) Plin. ep. IV 15, 10. 9) Tac. Hist. I 73. 10) Quintilian. VI prooem. 13. 11) Vgl. z. B. Gellius I 2, 1. II 26, 1. IX 2, 1. XII 1, 3. XIX 12, 1.

und Vermächtnisse an seine Vaterstadt aufzählt, seine sämtlichen Ämter vom höchsten bis zum niedrigsten angegeben[1]): auch das Postament einer Bronzestatuette, die er in den dortigen Juppitertempel stiftete, sollte die vollständige Titulatur enthalten, »falls der Freund, dem er die Anfertigung auftrug, dies für gut finde«[2]). Auf griechischen Inschriften wird selbst die Verwandtschaft mit Senatoren und Konsularen ausdrücklich angegeben[3]).

Äußere Auszeichnungen der Senatoren.

Außer den schon aus der Republik stammenden Auszeichnungen des breiten Purpurstreifens an der Tunika, des senatorischen Schuhs, der mit schwarzen Riemen bis zur Hälfte des Schienbeins aufgebunden wurde[4]), und des ersten Platzes bei sämtlichen Schauspielen genossen die Senatoren während der Kaiserzeit noch manche andre, die teils durch Herkommen, teils durch gesetzliche Vorschriften in verschiednen Zeiten verschieden bestimmt wurden. Nur senatorische Beamte durften nach einem Erlaß des Octavian vom Jahre 36 vor Chr. als Veranstalter von Schauspielen das Ganzpurpurgewand anlegen[5]). Der bedeckte Tragsessel, dessen, wie es scheint, sich zuerst Kaiser Claudius bediente, war im 3. Jahrhundert ein Vorrecht der Männer von konsularischem Range[6]). Als in derselben Zeit der Gebrauch der Wagen in Rom aufkam, die dort früher verboten waren, erteilte Alexander Severus den Senatoren das Vorrecht, sich in der Stadt silberbeschlagener Karossen zu bedienen[7]). Im Laufe des zweiten Jahrhunderts wurde die bereits zu Ende des ersten für den Senator übliche Ehrenbezeichnung *clarissimus* für den ganzen Stand ein feststehendes Prädikat, so daß sie fortan von Männern (*vir clarissimus*), Frauen (*clarissima femina*), Jünglingen (*clarissimus iuvenis*) und Kindern beiderlei Geschlechts (*clarissimus puer*, *clarissima puella*) unmittelbar hinter dem Eigennamen in fester Abkürzung geführt wurde[8]).

Ausstoßung aus dem Senat.

Die Ausstoßung aus dem Senat erfolgte durch den Kaiser kraft seiner zensorischen Gewalt[9]). Außer Verurteilungen, üblem Rufe, Verkommenheit und Verarmung konnten noch andre Gründe sehr verschiedner Natur den Verlust der Standesehre herbeiführen. Tiberius strich im Jahre 25 den Senator Apidius Gallus Merula aus dem senatorischen Album, weil er nicht den vorgeschriebnen Eid auf die Verfügungen des Augustus geleistet hatte[10]), den Senator Junius Gallio im Jahre 32 wegen des von ihm gestellten Antrags, daß die Garden (Prätorianer) nach der Dienstentlassung im Theater auf den Ritterplätzen sitzen sollten, in welchem aus Servilismus gemachten Vorschlage der Kaiser die Absicht argwöhnte, die Soldaten zu gewinnen[11]). Im Jahre 53 setzten die Senatoren die Ausstoßung eines Mitglieds durch, das auf Betreiben der Kaiserin Agrippina durch eine falsche Anklage einen hochgestellten Mann zum Selbstmorde ge-

1) CIL V 5262 = Dessau 2927. 2) Plin. ep. III 6, 5. 3) Oben S. 114 A. 5, vgl. S. 111 A. 14. 4) Marquardt, Privatl.² 591. Der Purpurstreif wurde von Anfang an, der Schuh mit der Anlegung der Männertoga getragen, Mommsen StR. III 470. 888 ff. 5) Cass. Dio XLIX 16, 1; vgl. Mommsen StR. I³ 414, 1. 6) Cass. Dio LX 2, 3. Mommsen StR. I³ 397, 3. 7) Hist. aug. Alex. Sever. 43, 1. Bei Hieronym. in Isai. 18, 66 (Migne lat. XXIV 672) heißt es, daß bei der Ankunft des Messias die Söhne Israel aus der ganzen Welt nach Jerusalem zurückkehren werden: *qui autem senatoriae fuerint dignitatis et locum principum obtinuerint — in carrucis venient.* 8) Mommsen StR. III 471. Hirschfeld, Kl. Schrift. S. 647 ff. Indes wird von dieser Titulatur nicht überall Gebrauch gemacht; in den Arvalakten z. B. erscheint sie nirgends; vgl. den Anhang VIII. 9) Mommsen StR. II³ 945—947. III 469. 879 ff. 10) Tac. A. IV 42. 11) ebd. VI 3.

trieben hatte[1]). Öfters erfolgte die Entfernung aus dem Senat in der Form eines scheinbar freiwilligen Austritts[2]). Im Jahre 52 hielt Kaiser Claudius eine Rede, in welcher er die wegen beschränkter Verhältnisse freiwillig Ausgeschiednen lobte und diejenigen ausstieß, die durch Bleiben zur Armut Unverschämtheit gesellten[3]).

In der Regel wurde die Ausstoßung ohne Zweifel als ein harter Schlag empfunden, und wohl wenige ertrugen sie so gelassen wie jener Umbonius Silo, den Claudius im Jahre 44 von der Statthalterschaft in Südspanien (Bätica) abrief und aus dem Senat stieß, angeblich, weil er das Heer in Mauretanien hatte Not leiden lassen, in der Tat auf den Antrieb einiger ihm feindlichen Freigelassenen. Umbonius ließ nun, als wolle er sich seiner gesamten Habe entäußern, seinen ganzen prachtvollen Hausrat wie zur Versteigerung zusammenbringen und ausstellen, verkaufte aber nichts als seine senatorische Kleidung, um so anzudeuten, daß er nur einen scheinbaren Verlust erlitten und im Besitz dessen geblieben sei, was wirklichen Wert habe[4]). Übrigens konnten Ausgestoßne ihren Stand wiedererlangen, namentlich unter neuen Regierungen, wie das z. B. unter Galba mit dem unter Nero wegen Testamentsfälschung ausgestoßenen M. Antonius Primus und im Jahre 69 unter Otho mit drei unter Claudius und Nero wegen Erpressung ausgestoßnen Senatoren der Fall war[5]).

3. DIE RITTER[6]).

Der erste Stand auf Rom beschränkt.

Der erste Stand gehörte allein der Hauptstadt des Reichs an; wer in den Senatorenstand eintrat, wurde dadurch vom Munizipalzwange, d. h. von allen persönlichen Leistungen an die Gemeinde befreit, der er nach dem Heimatrecht angehörte[7]). Auch die fremden Senatoren sollten ja Rom und Italien wie eine Heimat, nicht »wie eine Herberge bei vorübergehendem Aufenthalt« betrachten; daher jene Verordnungen Trajans und Marc Aurels über Verwendung des dritten oder vierten Teils ihres Vermögens zu Landankäufen in Italien[8]). Der zweite Stand, der der Ritter, war, wenn auch ein großer Teil von ihnen als Mitglieder des Geschwornengerichts dauernd nach Rom übersiedelte[9]), je länger je mehr im ganzen Reiche verbreitet, mindestens seit Caligula, der, um seiner Abnahme entgegenzuwirken, die durch Geschlecht und Vermögen Hervorragendsten aus allen Provinzen in denselben aufgenommen hatte, welchem Beispiel Vespasian folgte[10]). Dort wie in den Städten Italiens nahmen die Ritter stets die erste Stelle ein[11]). Die Geltung des Stands ergibt sich aus manchen Inschriften, z. B. der Grabschrift einer Manlia Secundilla in

Der Ritterstand der erste Stand in Italien und den Provinzen. Seine Entwicklung bis auf Hadrian.

1) Tac. A. XII 59. 2) ebd. II 48. XI 25. 3) ebd. XII 52. 4) Cass. Dio LX 24, 5 f. 5) Tac. Hist. I 77. II 86. 6) Dieser Abschnitt beruht in allem Wesentlichen auf der Darstellung Mommsens StR. III 476—569. Belege sind in der Regel nur angeführt, wenn sie dort fehlen. Vgl. auch Kübler, Real-Encykl. VI 292 ff. 7) Dig. L 1, 22 § 5 f. Mommsen StR. III 473 f. 8) Vgl. oben S. 122 f 9) Vgl. jedoch Seneca de ira III 33, 2: *evocati ex longinquis regionibus iudices.* 10) Cass. Dio LIX 9, 5. Sueton. Vespas. 9, 2; vgl. auch den Rat des Mäcenas Cass. Dio LII 19, 4. Mommsen StR. III 489. 4. 502. Bohn, Heimat der Prätorianer (1883) S. 7 Anm. glaubt, daß erst seit Titus die *equo publico honorati* in den Provinzen zu bleiben begannen; häufig werden sie dort erst seit Trajan und Hadrian. 11) Marquardt, Hist. equit. Rom. S. 88 f.

einer Stadt Mauretaniens, »die römische Ritter zu Brüdern und Mutterbrüdern hatte«, von ihrem Gemahl Q. Herennius Rufus, ebenfalls einem römischen Ritter, gesetzt[1]); in einer Stadt Numidiens wird eine Frau in ihrer Grabschrift »Mutter zweier römischer Ritter« genannt[2]), und Väter eines oder mehrerer römischer Ritter begegnen öfters auf Inschriften[3]). Natürlich waren Provinziale und Munizipale, deren Söhne in den Ritterstand erhoben worden waren, auf die Standeserhöhung derselben nicht minder stolz, als Ritter, die sich rühmen konnten, »Väter von Senatoren« zu sein[4]). Ja Censorinus sagt in der Widmung seiner Schrift an Q. Cärellius (238 n. Chr.), derselbe sei durch die Würde des Ritterstands über die Stufe der Provinzialen emporgestiegen[5]).

Aus einer rein militärischen Institution ist die Ritterschaft allmählich in eine rein staatliche umgewandelt worden. Bereits in der spätern Zeit der Republik wurde der Rittername an die bloße Befähigung zum Dienst in der Reiterei geknüpft und als faktisch erblich behandelt[6]). Der durch das Gesetz des Roscius (67 v. Chr.) für die Ritter festgesetzte Zensus von 400 000 Sesterzen, der wahrscheinlich von jeher in Übung gewesen war, blieb es auch unter den Kaisern.

Verlust des Ritterstands.

Der Verlust desselben, gleichviel ob verschuldet oder unverschuldet, zog den Verlust des Stands und der damit verbundnen Ehrenrechte (des goldnen Rings, des schmalen Purpurstreifens an der Tunika und des Ritterplatzes im Theater) nach sich[7]). Der Vater des Herennius Rufinus in Oea (vielleicht der oben genannte oder doch ein Verwandter desselben) machte Bankrott: »er legt die goldnen Ringe und alle Abzeichen seiner Würde ab und akkordiert mit seinen Gläubigern«[8]). Das Vermögen der Großeltern des Dichters Statius in Neapel war für den erforderten Aufwand zu knapp, und sein Vater daher als Kind genötigt, den Purpur und die goldne Kapsel abzulegen, welche die Kinder der Senatoren und Ritter am Halse trugen[9]). Du hast, sagt Martial zu einem Macer, so lange Ringe an Mädchen geschenkt, bis du aufgehört hast, Ringe zu haben[10]). Die Schlemmer, die ihren ganzen Besitz verpraßt haben, verläßt zuletzt auch der Ring, und sie müssen mit bloßen Fingern betteln[11]).

Verleihung des Ritterstands —

Auch in der Kaiserzeit wurde der Ritterstand nicht durch Geburt erworben, sondern durch die ursprünglich den Zensoren zustehende, doch von Anfang an überwiegend, dann ausschließlich kaiserliche Verleihung des Ritterpferds (daher *equites Romani equo publico*), welche regelmäßig auf Ansuchen stattfand[12]). Knaben wurden dabei nur ausnahmsweise bedacht, und erst seit dem 2. Jahrhundert lassen sich solche Fälle nachweisen[13]). Die Zahl der Verleihungen, welche auf Lebenszeit erfolgten, war durch keine Schranke begrenzt. Schon

1) CIL VIII 9616. 2) CIL VIII 4437 (Lamasba), vgl. μήτηρ ἱππικῶν IG XIV 1698 (über ἱππικός = *eques Romanus* auf griechischen Inschriften Dittenberger, Or. gr. inscr. 495 N. 6). 3) Ein *biselliarius* in Ostia wird *pater equitum Romanorum* genannt, CIL XIV 374 = Dessau 6165 (ähnlich CIL XIV 2120 = Dessau 6199, bei Lanuvium, ferner Dessau 7365. 7742c); auffallend CIL XI 4209 = Dessau 6630 *eq(ues) Rom(anus), pater duorum eq(uo) pub(lico)*, dazu Mommsen III 483, 1. 4) Vgl. z. B. CIL IX 3158 = Dessau 2682 (wie es scheint, aus der Zeit des Augustus): *tres ex [e]o superstites reliquid libero[s] — alterum castresibus eiusdem Caesaris August(i) summis [eq(u)es]tris ordinis honoribus, et iam superiori destinatum ordini.* 5) Censorin. de d. n. 15, 4. 6) Mommsen a. a. O. 482 f. 7) ebd. S. 499. 8) Apul. Apol. 75. 9) Stat. Silv. V 3, 116; vgl. Schol. Juv. 5, 164. M. Voigt, Ber. d. sächs. Ges. d. Wiss. 1878 S. 186, 128. 10) Martial. VIII 5. 11) Juven. 11, 42 f. 12) Mommsen 489 f. 13) ebd. 496, 2.

unter Augustus zogen in dem jährlichen (bis ins 4. Jahrhundert beibehaltenen)[1]) Paraderitt der Ritterschaft am 15. Juli, an dem natürlich niemals sich sämtliche Berechtigte beteiligten, bis fünftausend auf, und die zunehmende Häufigkeit des Rittertitels auf Inschriften zeigt, daß die Zahl in beständigem Steigen blieb[2]).

Obwohl das Ritterpferd in der Regel an die Söhne altbefestigter Häuser verliehen wurde, konnten es auch niedrig Geborne erhalten, und auch die noch unter Tiberius im Jahre 23 neu eingeschärfte Ausschließung der Söhne von Freigelassenen ist sehr bald aufgegeben worden[3]). Um so weniger ist es zu verwundern, daß Söhne von Kupplern, Gladiatoren und Fechtmeistern, die ja freigeboren sein konnten, in Trajans Zeit auf den Ritterplätzen saßen[4]). Aber selbst Freigelassenen haben die Kaiser von Anfang an durch die Verleihung des goldnen Rings das volle Ritterrecht und damit auch dessen Voraussetzung, die fiktive Ingenuität, verliehen[5]). Die ersten Kaiser waren mit diesen Verleihungen sparsam; hauptsächlich bedachten sie damit, wie natürlich, die verdientesten oder bevorzugtesten unter ihren eignen Freigelassenen, von denen bereits die Rede gewesen ist[6]). Augustus ehrte auf diese Weise einen T. Vinius Philopömen, der seinen geächteten Patron bei sich verborgen hatte, ferner den zu ihm übergegangenen Freigelassenen des Sextus Pompejus, Menas, und seinen Arzt Antonius Musa[7]). Den Unwillen des Horaz erregte schon bald nach der Schlacht bei Philippi einer dieser Freigelassenen, der auf der heiligen Straße mit einer sechs Ellen langen Toga wandelte, auf der Via Appia mit Ponys spazieren fuhr, im Theater auf den Ritterplätzen saß und Legionstribun war[8]). Häufiger wurden die Verleihungen der goldnen Ringe erst unter den Flaviern, so daß, wie Plinius unter Vespasian schreibt, nun aus der Knechtschaft befreite Menschen überall sprungweise zu dieser Dekoration gelangten, was früher nie geschehen war, und der Ritterstand durch das Abzeichen, das ihn vor den Freigebornen ausgezeichnet hatte, mit den Unfreien vermischt wurde[9]). Späterhin, sicher schon vor dem Beginn des 3. Jahrhunderts, vielleicht seit Commodus, hatte die Verleihung der Goldringe nur die fiktive Ingenuität zur Folge, ohne mit dem Eintritt in den Ritterstand verbunden zu sein[10]). Der an die Ehrenhaftigkeit der in den Ritterstand Aufzunehmenden gelegte Maßstab ist vermutlich nicht zu allen Zeiten derselbe gewesen. Auf das wiederholte Gesuch eines Bewerbers, der infolge einer angeblich verleumderischen Anklage bereits einmal übergangen worden war, antwortete Hadrian: wer das Ritterpferd verlange, müsse vorwurfsfrei sein[11]).

auch an Freigelassene.

Ritter senatorischen Stands.

Obwohl der Sitz im Senat und das Ritterpferd sich gegenseitig gesetzlich ausschlossen, wurde doch die senatorische Laufbahn regelmäßig mit den ritterlichen Diensten begonnen, sowohl von den Senatorensöhnen als von den in den ersten Stand aufgenommenen jungen Männern nichtsenatorischer Familien. Beide Klassen der künftigen Senatoren, in den Abzeichen (namentlich dem breiten Purpurstreif an der Tunika) dem senatorischen Stande gleichgestellt,

1) Mommsen 495, 1. 2) ebd. 491. 3) ebd. 452. Oben S. 105. 4) Juv. 3, 156 ff. 5) Mommsen 518 f. 6) Oben S. 49. Mommsen 519, 1. 7) Sueton. August. 27, 2. Cass. Dio XLVIII 45, 7. LIII 30, 3. 8) Horat. Epod. 4. 9) Plin. n. h. XXXIII 33. Vgl. z. B. CIL VI 1847. V 4392 = Dessau 1899. 5631. 10) Mommsen StR. III 519, vgl. II³ 893 f. 11) Dosith. Corp. gloss. lat. III 33, 18 ff. Plin. n. h. XXXIII 152 *Arellium Fuscum motum equestri ordine ob insignem calumniam*

bildeten innerhalb der Ritterschaft eine besonders ausgezeichnete, in der Regel aber ihr nur vorübergehend angehörige Kategorie[1]).

Wenn auch die Ritterschaft längst aufgehört hatte, als Truppe Dienst zu leisten, so blieb doch die militärische Ordnung in Turmen[2]): nach diesen geordnet zogen sie bei feierlichen Akten, z. B. öffentlichen Begräbnissen, besonders bei dem jährlichen Paraderitt am 15. Juli auf. Die an der Spitze dieser Turmen stehenden 6 Vorsteher der Ritterschaft (*seviri equitum Romanorum*) wurden vom Kaiser ernannt, vorzugsweise aus den Rittern senatorischen Rangs; daneben erscheinen die Prinzen des kaiserlichen Hauses, die bereits die Männertoga tragen, aber noch nicht im Senat sitzen, als »Führer der Jugend« (*principes iuventutis*)[3]) in der Stellung von Ehrenkommandanten der Ritterschaft. Doch wenn die Ritterschaft durch diese Organisation bis auf einen gewissen Grad den Charakter einer politischen Körperschaft annahm, so hat ihr doch immer das eigentliche Wesen einer solchen gefehlt, sie hat niemals wie der Senat als solche gehandelt und ist auch nicht so behandelt worden[4]).

Militärische Ordnung in Turmen.

Seviri.

Principes iuventutis.

Schon durch C. Gracchus war die zu Ende der Republik wie unter den Kaisern den Zivil- und Kriminalprozeß gleichmäßig umfassende Geschwornentätigkeit den Rittern übertragen worden; aus den Ritterlisten mußten alle Behörden, die Geschworne zu bestellen hatten, sie wählen. Augustus, der die Senatoren von der ihnen durch das Aurelische Gesetz (70 v. Chr.) und Cäsar (46 v. Chr.) auferlegten Verpflichtung zur Geschwornentätigkeit befreite, besetzte die drei ersten Dekurien (von je 1000) der Geschwornen mit Rittern; daneben wurde aus geeigneten Männern, welche die Hälfte des Ritterzensus besaßen, für die geringeren Zivilsachen von Augustus eine vierte und von Caligula eine fünfte Dekurie gebildet. Abgesehen von der Forderung des 30., später des 25. Lebensjahres[5]) wurden (wie bereits bemerkt)[6]) unter Augustus zu den Dekurien nur Italiker zugelassen, später zwar auch Provinzialen, aber fast nur aus der lateinischen Reichshälfte (die Inschriften ergeben zahlreiche Belege für Afrika, Spanien und Gallien, wenige für die Donauländer, sehr wenige für die östliche Reichshälfte[7])); ferner nur diejenigen, welche das Bürgerrecht durch Geburt und nicht erst durch Verleihung besaßen. In dieser Gestalt hat sich das Geschworneninstitut durch die beiden ersten Jahrhunderte behauptet[8])

Geschwornentätigkeit der Ritter.

Auch für den Offiziersdienst[9]) war die gesetzliche Vorbedingung der Nachweis der ritterlichen Qualifikation und die Aufnahme in die Ritterschaft durch den Kaiser. Bei dem Dienst der durchaus berittenen Offiziere (*militia equestris*) gab es wenigstens drei ordentliche Stellen von fester Rangordnung: die Präfektur einer auxiliaren Reiterabteilung, das Tribunat in der Legion oder einer Kohorte (im Range gleichstehend) und, am niedrigsten in der Rangfolge, die Präfektur einer Kohorte. Dazu kam wahrscheinlich noch die Stelle des Platz-

Offiziersdienst —

1) Mommsen StR. III 507 f. 2) *Ex equestribus turmis* zur Bezeichnung des Ritterstands CIL VIII 9754. III 12721; vgl. auch *adlectus in turmas equitum Romanorum* CIL VIII 10501 und mehr bei Mommsen III 523, 1. 3) Mommsen StR. II³ 826—828. 4) ebd. III 522—527. 5) Suet. Aug. 32, 3. Ulpian. Dig. XLII 1, 57; vgl. L 4, 8. Mitteis, Hermes XXXII 1897 S. 641 ff. Brassloff, Zschr. d. Savigny-Stift. XXII 1901, Rom. Abt. S. 171, 2. 6) Oben S. 106. 7) Dittenberger, Or. gr. inscr. 499, 3 (Tralles). 528, 7 (Prusias Bith.). 567, 10 (Attalia Pamph.). 8) Mommsen a. a. O. 527—539. 9) ebd. 539—552.

kommandanten in Standquartieren (*praefectura castrorum*), und es gab daneben vielleicht noch andre ordentliche und eine große Zahl von außerordentlichen Offiziersstellungen[1]). Besondre Altersgrenzen bestanden für diese nicht[2]), und auch sonst bewegte sich die Laufbahn der Offiziere in viel freiern Formen als die der Beamten. Außerdem wurde Soldaten, die bis zum obersten Centurionat der Legion aufgerückt waren, häufig das Ritterpferd verliehen, und der Eintritt solcher Veteranen in die Offizierslaufbahn schon in der frühern Kaiserzeit begünstigt; später, als die Regierung sich immer mehr auf die untern Klassen stützte, bildeten die großenteils aus den Veteranen hervorgegangenen Avantageure (*militiae petitores*) eine besondre Klasse[3]).

Der Offiziersdienst war für die Ritter schon unter Augustus obligatorisch. Vielleicht seit Claudius, sicher seit dem Anfang des 2. Jahrhunderts, waren sie verpflichtet, eine Anzahl ordentlicher Offiziersstellen (vor Sever drei, später vier) zu bekleiden[4]). Die Dauer der einzelnen Stellen war unbestimmt; gewöhnlich blieben sie mehrere Jahre in jeder einzelnen. Daher war die Ernennung zum halbjährigen Dienst als Präfekt oder Tribun (der dann einem einjährigen gleich geachtet wurde) eine vielbegehrte Bevorzugung[5]). Von den Rittern senatorischen Stands, die mit dem Eintritt in den Senat (d. h. in der Regel mit 25 Jahren) das Recht verloren, Offiziersstellen zu bekleiden, ist stets nur einmalige Dienstleistung verlangt worden[6]). Die Augustische Offiziersordnung hat sich nachweislich etwa bis in die Mitte des 3. Jahrhunderts behauptet[7]).

Vorbedingung für den ritterlichen Zivildienst.

Der Offiziersdienst war längere Zeit die unerläßliche Vorbedingung für den ritterlichen Zivildienst. Dem Ritterstande übertrug Augustus diejenigen Ämter, die in näherer Beziehung zu der Person des Monarchen standen, namentlich sämtliche Finanzämter und diejenigen Verwaltungs- und Kriegsämter, welche bei minderm Range als die senatorischen besondre Vertrauensposten waren; ferner die neuen Provinzen, die neuen Hilfstruppen, die neugeschaffnen Flotten[8]).

Prokuraturen.

Als Finanz- und Verwaltungsbeamte (Prokuratoren) wurden die ritterlichen Beamten sowohl in Rom als in den Provinzen verwendet, und zwar in den Senatsprovinzen als Erheber sämtlicher fiskalischer Gefälle, in den kaiserlichen als Leiter der ganzen Finanzverwaltung, und in einigen derselben seit Claudius als selbständige oberste Verwaltungsbeamte oder Statthalter mit hoher Kriminalgerichtsbarkeit[9]). Die übrigen Prokuratoren hatten nur in Sachen des Fiskus Gerichtsbarkeit, und auch dies erst seit Claudius[10]). Aus diesen Stellungen traten die Ritter seit dem 2. Jahrhundert in die kaiserlichen Hausämter ein, die im ersten meist mit Freigelassenen besetzt worden waren, namentlich das Rechnungsamt, das Amt der Bittschriften und Beschwerden, das kaiserliche

Präfekturen.

Sekretariat[11]). Die höchsten Ziele dieser Laufbahn waren die hohen Präfekturen:

1) Mommsen a. a. O. S. 544. v. Domaszewski, Bonn. Jahrb. CXVII (1908) S. 122 ff. 2) Commodus ernannte einen 14jähri en Knaben zur ersten *militia*, CIL XIV 2947 = Dessau 2749; vgl. CIL III 8571. V 5032. Mommsen S. 496, 2. 3) ebd. S. 547. 4) Nach der Ableistung dieses Dienstes heißen sie *omnibus equestribus militiis functi* oder *a* (*III, IV*) *militiis*. Mommsen S. 549; vgl. 543. 5) ebd. 550, 3. 6) ebd. 551 f. 7) ebd. 552, 2. 8) ebd. 553. 9) Über das Eindringen der Ritter in die Statthalterschaften der Provinzen, zunächst einzelner Grenzprovinzen (wie Arabia, Dalmatia, Numidia, Pontus, Bithynia) seit Gallienus (vgl. A. Rosenberg, Hermes LV 1920 S. 319 ff.) und später unter Diocletian vgl. C. W. Keyes, The rise of the equites in the third century of the Roman empire, Diss. Princeton 1915. 10) Mommsen StR. II³ 1022. 11) Vgl. oben S. 36 f.

die beiden sehr wichtigen Präfekturen des Getreidewesens und der Feuer- und Sicherheitspolizei in Rom, das Vizekönigtum von Ägypten, endlich das Kommando der Garden (Prätorianer), das während der beiden ersten Jahrhunderte größtenteils unter zwei Präfekten geteilt war; außerdem die Präfekturen der kaiserlichen Flotten zu Misenum und Ravenna und der Reichspost. Schon seit Tiberius waren die Gardepräfekten die ersten Personen nach dem Kaiser, zunächst als Befehlshaber der Truppenmacht, auf der dessen persönliche Sicherheit beruhte, und die oft genug Kaiser ein- und abgesetzt hat; aber noch mehr wurden sie es dadurch, daß die Stellvertretung der Kaiser in der Kriminal- wie Ziviljustiz allmählich auf sie überging. So ward gesetzlich diese Präfektur zum Vizekaisertum erhoben, und dementsprechend wird sie als die höchste irdische Gewalt nach dem Kaisertum von den Schriftstellern des 3. Jahrhunderts gefeiert[1]).

Amtliche Laufbahn der Ritter.

Die höchsten Stellungen wurden selbstverständlich nur von wenigen erreicht; doch galt es schon als rühmlich, eine Prokuratur bekleidet zu haben, besonders eine der wichtigeren; schon wer es dazu brachte, hob seine Familie zum »ritterlichen Adel« empor[2]). Zugleich war diese Laufbahn eine sehr vorteilhafte, namentlich wegen der hohen Besoldungen, nach denen sich hier die Rangklassen bestimmten. Fronto empfiehlt den damals in Rom als Sachwalter tätigen griechischen Geschichtschreiber Appianus dem Kaiser Antoninus Pius zur Anstellung im Verwaltungsdienste: er wünscht eine solche, sagt er, nicht aus Ehrgeiz oder aus Begier nach dem Prokuratorengehalt zu erlangen, sondern um sein Alter mit einer höhern Würde auszustatten[3]). Das Legionstribunat konnte schon im achtzehnten Jahre bekleidet werden[4]), und vermutlich erhielten es auch junge Männer vom Ritterstande zuweilen in diesem oder einem wenig spätern Alter, und damit ein Gehalt von 25 000 Sesterzen (ungefähr 5400 Mark); zu den Neuerungen, durch welche Hadrian der verfallenden Kriegszucht aufzuhelfen suchte, gehörte auch, daß er keine Tribunen ohne Bart ernannte[5]).

Gehaltsklassen.

Die Gehaltsklassen der Prokuratoren waren der Bedeutung und dem Range einer jeden entsprechend normiert[6]). Die höchste von 300 000 Sesterzen (65 250 Mark) ist im 2. Jahrhundert wahrscheinlich nur dem Leiter des kaiserlichen Finanzamts eingeräumt worden, während das Sekretariat und Bittschriftenamt, wie es scheint, nur mit 200 000 Sesterzen (43 500 Mark) besoldet waren; das letztere Gehalt erhielt auch der Direktor der Verwaltung der dem Kaiser zufallenden Erbschaften. Ebenso hoch waren die Gehälter der angesehensten Provinzialprokuratoren, während die übrigen 100 000 Sesterzen (21 750 Mark), einige selbst nur 60 000 Sesterzen (13 050 Mark) bezogen. Zur Klasse der mit 100 000 Sesterzen Besoldeten gehörten auch die Verwalter der Schatulle, der Münze, der römischen Wasserleitungen, der großen Gladiatorenschule, der öffentlichen Bauten, der Alimentationsstiftungen, der Oberpostdirektor. Die Klasse der Empfänger eines Gehalts von 60 000 Sesterzen hat wesentlich aus Hilfsarbeitern und Unterbeamten

1) Hirschfeld, Verw.Beamt. S. 340—342. Mommsen StR. II³ 1120 f. 2) Tac. Agric. 4. CIG 2790: Γ. Ἰούλιον Φίλιππον τὸν κράτιστον, πατέρα συγκλητικοῦ, ἀπὸ ἐπιτρόπων. 3) Fronto ad Anton. 9 p. 170 N. (*dignitatis suae in senectute ornandae causa*); vgl. Appian. prooem. 15. Mommsen III 559, 2. 4) Mommsen StR. I³ 573. 5) Hist. aug. Hadrian. 10, 6. 6) Nach Mommsen III 564 geht ihre Abstufung in ihren Grundlagen auf Augustus zurück.

der Prokuratoren und Präfekten bestanden; zu ihr gehörten die Hilfsarbeiter im Staatsrat, die zweiten Dirigenten des kaiserlichen Studienamts, die Postdirektoren in den Provinzen, der Prokurator der Getreideverwaltung in Ostia und im 2. Jahrhundert der wissenschaftliche Direktor der sämtlichen kaiserlichen Bibliotheken[1]). In demselben Verhältnis wie die Gehälter der Prokuratoren müssen die der Präfekten abgestuft gewesen sein.

Verwendung in verschiedenen Teilen des Reichs.

Die Laufbahn der ritterlichen Beamten war, wie sich schon aus dem Gesagten ergibt, nicht minder wechselvoll als die der senatorischen. Ein L. Valerius Proculus z. B. wurde nach einer ihm in Malaga (vielleicht seinem Geburtsort) gesetzten Ehreninschrift, nachdem er die Kohortenpräfektur und das Legionstribunat an nicht bezeichneten Standorten bekleidet hatte, Präfekt der zur Aufrechterhaltung der Ruhe und Ordnung auf dem Nil und zum Schutz der an dessen sämtlichen Mündungen errichteten Zollstationen bestimmten Flotille[2]), dann Prokurator (Statthalter) der Provinz der Seealpen (von Genua bis zum Var) und zugleich Dirigent der Aushebung der Ersatzmannschaften für die Legionen, hierauf nacheinander Prokurator der Provinzen Bätica (Südspanien), Cappadocien, Asia, der drei gallischen Provinzen; zuletzt, nachdem er wahrscheinlich zu Rom das Rechnungsamt und die Getreidepräfektur (unter Antoninus Pius) verwaltet hatte, Präfekt von Ägypten[3]). Der Freund Senecas Lucilius Junior war zu der Zeit, wo Seneca an ihn seine Briefe richtete, Prokurator in Sizilien; vorher hatte er im kaiserlichen Dienst in den grajischen und poeninischen Alpen, in Dalmatien und Nordafrika gestanden[4]). Die amtliche Laufbahn des ältern Plinius ist nur unvollkommen bekannt, doch wissen wir, daß er, im Jahre 23 zu Comum geboren, seine *militiae equestres* wahrscheinlich sämtlich in Germanien, in den Jahren 47 und 57 in Untergermanien, im Jahre 50 in Obergermanien, absolvierte[5]), dazwischen aber sich im Jahre 52 in Italien befand, unter Vespasian, zu dessen Freunden er gehörte, verschiedene Prokuraturen (eine derselben im tarrakonensischen Spanien[6]), eine andre vielleicht in Afrika)[7]), im jüdischen Kriege des Jahres 70 das Amt eines Untergeneralstabschefs[8]) bekleidete und im Jahre 79 als Befehlshaber der zu Misenum stationierten Flotte beim Ausbruch des Vesuv seinen Tod fand. Den Grund, weshalb er, trotz der Freundschaft der Kaiser, im Alter von 56 Jahren noch keine höhere Stellung erreicht hatte, muß man wohl hauptsächlich darin suchen, daß er

1) Hirschfeld S. 432—442; vgl. v. Domaszewski, Bonn. Jahrb. CXVII (1908) S. 141 ff. 2) Über die Potamophylacia s. Lumbroso, L'Egitto dei Greci e dei Romani² S. 28 ff. W. Schwarz, Jahrb. f. Philol. CXLIII 1891 S. 713 ff. A. v. Premerstein, Klio III 1903 S. 16, 9. 3) CIL II 1970 (= Dessau 1341). 1971. VI 1002. P. Meyer, Hermes XXXII 1897 S. 222 f. Andre Beispiele CIL II 4135. V 875. VI 1620. XIII 1807 = Dessau 1365. 1374. 1342. 1330 u. a. Hist. aug. Pertinax 2. 4) Seneca ep. 31, 9. Hirschfeld S. 436, 3. 5) Vgl. Münzer, Bonn. Jahrb. CIV 1899 S. 73 ff. Norden, Die german. Urgeschichte in Tacitus Germania (1920) S. 247 ff. 6) Plin. ep. III 5, 17. 7) Plin. n. h. VII 36 *ipse in Africa vidi.* XVII 41: *in Byzacio Africae ... vidimus.* Außerdem erwähnt Plinius Aufenthalt im narbonensischen Gallien (n. h. II 150) und vielleicht in Belgica (XVIII 183). Vgl. Münzer a. a. O. S. 107 ff. 8) Die von Mommsen (Hermes XIX 1884 S. 644 ff.; vgl. auch Fabia, Revue de philol. XVI 1892 S. 149 ff.) ausgesprochene Beziehung der Inschrift von Aradus CIG 4536 f. = Dittenberger, Or. gr. inscr. 586 auf ihn ist trotz des Widerspruchs von Münzer (a. a. O. S. 103 ff.) sehr wahrscheinlich. Daß der in einer bulgarischen Inschrift (CIL III 7452 = Dessau 2270, vgl. Hirschfeld, Röm. Mitteil. II 1887 S. 152) genannte *Secundus L. Plin(ii) et P. Mestri libertus* der Vater des Plinius war, ist kaum glaublich.

längere Zeit als Anwalt tätig war und wohl durch seine literarischen Beschäftigungen stark abgezogen wurde. Welche Leidenschaft für ihren Beruf diese Beamten beseelen konnte, zeigt das Beispiel des C. Turranius, der, als er im Alter von 90 Jahren von Caligula den Abschied von seiner Prokuratur erhielt, sich wie eine Leiche auf seinem Bett zurechtlegen und von seiner Dienerschaft wie einen Toten beklagen ließ. In der Tat gab er sich nicht eher zufrieden, als bis ihm die Arbeitslast seines Amts zurückgegeben war[1]). Im geraden Gegensatz zu diesem unersättlichen Arbeitseifer steht das Ruhebedürfnis jenes Sulpicius Similis, der nach einer glänzenden Laufbahn unter Hadrian die Entlassung von der ungern übernommenen Präfektur des Prätorium selbst erbat, die noch übrigen sieben Jahre seines Lebens in ländlicher Zurückgezogenheit verbrachte und auf seine Grabschrift nach der üblichen Angabe, wieviel Jahre er alt geworden sei, hinzusetzen ließ: gelebt habe er sieben[2]).

Wie bereits bemerkt[3]), wurde auch den obersten Centurionen schon früh mit dem Ritterrang der Offiziersdienst und durch diesen die Beamtenlaufbahn eröffnet; von unmittelbarer Zulassung derselben zu der letztern scheint kein Beispiel vor Marc Aurel vorzukommen, und auch später ist dies nicht häufig geschehen[4]).

Rein zivile Laufbahn der Ritter.

»Während nun seit dem 2. Jahrhundert ein immer höheres Gewicht auf den Dienst im Heere gelegt wurde, so daß im dritten der Zivildienst als ein Nachspiel des langen Kriegsdienstes, die Verwaltungsämter als Versorgungsposten altgedienter Offiziere erscheinen[5]), begann neben dieser militärischen Laufbahn der Ritter sich eine rein zivile zu bilden, in der man ebenfalls zu Prokuraturen und Präfekturen gelangen konnte«[6]). Die umfassenden Reformen Hadrians führten zu einer großen Vermehrung der Beamten in den verschiednen Zweigen der Verwaltung; infolge derselben sowie der prinzipiellen Ausschließung der Freigelassenen von allen nicht subalternen Ämtern mußten, um den Bedarf an Beamten zu decken, die an die Aspiranten der ritterlichen Laufbahn gestellten Ansprüche ermäßigt werden, da eine genügende Anzahl gedienter Offiziere schwerlich verfügbar gewesen sein würde. Hadrian schuf eine von der militärischen völlig unabhängige Laufbahn in der Verwaltung, und durch diese einen mit Sachkenntnis und Routine ausgestatteten Beamtenstand. Die Anfangsstellungen waren mancherlei Art: untere Ämter bei der Verwaltung der Alimentation, der Wege, der Erbschaftssteuer, der kaiserlichen Fechtschulen, der Rekrutenaushebung, der öffentlichen Bibliotheken in Rom, dem Studienamt[7]).

Juristische Bildung seit Hadrian Äquivalent für den Offiziersdienst.

Namentlich aber erhielt juristische Bildung für die Beförderung zu den höhern Stellungen nun einen noch höhern Wert, als sie wegen der mit den Prokuraturen und Präfekturen verbundenen, zum Teil sehr ausgedehnten Gerichtsbarkeit von jeher gehabt haben muß[8]). Mit dem von Hadrian vorzugsweise aus Juristen

1) Seneca de brev. vit. 20, 3; trotz des Ausdrucks *vacationem procurationis* ist es wohl derselbe Mann, der uns im J. 14 (Tac. A. I 7) und 48 (ebd. XI 31) als Praefectus annonae bezeugt ist; vgl. Hirschfeld, Philol. XXIX 1869 S. 27f. 2) Cass. Dio LXIX 19, 2. Über die Person und ihre Schicksale A. Stein, Hermes LIII 1918 S. 422ff. 3) Oben S. 149. 4) Mommsen StR. III 560, 4. 5) Hirschfeld, Verw.-Beamte S. 423. 6) ebd. 426ff. 7) Mommsen StR. III 561. 8) Ein *subpraefectus vigilibus iuris peritus* CIL VI 1621, ein *Marinus eq. R. iuris peritissimus* (Sitifi) CIL VIII 8489. Vgl. XIV 2916 *T. Aelio T. f. Largo eq. R. proc. Aug. bybliothecaru[m] iuris publici [et] privati p[e]r[itissimo]*. VI 1602 *P. Carbetanio Rufo eq. R. magistro iuris*. Pompon. Dig. I 2, 2 § 52: *fuit et alius Longinus ex equestri quidem ordine, qui postea ad praeturam usque pervenit.*

von Fach, besonders aus dem Ritterstande, für die Rechtspflege im weitesten Sinne gebildeten Rat (*consilium principis*)[1]) und der dadurch veränderten Bedeutung der Präfektur des Prätorium »trat die zünftige Jurisprudenz in den Vordergrund, und wie stets in Rom die praktische Ausübung der Rechtskunde das Gegenbild und die Ergänzung zum Heeresdienst gewesen war, so wurden jetzt juristische Studien und Betätigung im Staatsdienst geradezu als Äquivalent für den Dienst als Offizier hingenommen«[2]). Schon vor dem 3. Jahrhundert, wo Rechtskunde das Haupterfordernis für die Erlangung der Präfektur des Prätorium war und diese Stelle von den großen Juristen Paulus, Ulpian und Papinian, die Präfektur der Polizeiwache von Herennius Modestinus[3]) bekleidet wurde, finden wir berühmte Rechtsgelehrte in den höchsten ritterlichen Stellungen. Volusius Mäcianus, Rat des Antoninus Pius, Freund der Kaiser Marc Aurel und L. Verus, war wahrscheinlich Präfekt von Ägypten oder Rechtsverweser von Alexandria[4]), Tarrutenius Paternus unter Commodus Präfekt des Prätorium[5]). Juristen vom Ritterstande begannen ihre amtliche Laufbahn als besoldete Assessoren von Provinzialstatthaltern[6]), als Protokollführer der Gardepräfekten, Hilfsarbeiter im kaiserlichen Staatsrat, niedere Verwaltungsbeamte[7]), Kronanwälte. oder mit dem von Hadrian[8]) geschaffenen Amt eines Kronanwalts (*advocatus fisci*), wie solche den Prokuratoren zur Wahrnehmung der Interessen des Fiskus in streitigen Fällen beigegeben wurden. Septimius Severus, aus einer ritterlichen Familie zu Leptis in Africa stammend, der mit diesem ihm von Marc Aurel[9]) verliehenen Amte in den Staatsdienst trat[10]), wurde bald zum Senatorenstande erhoben; sein Nachfolger in der Kronanwaltschaft, Papinian, war unter seiner Regierung Dirigent des Amts der Bittschriften und Beschwerden und schließlich selbst Präfekt des Prätorium, in welcher Eigenschaft er Paulus und Ulpian zu Beisitzern wählte[11]). Opellius Macrinus, der ebenfalls nach seiner Erhebung in den Ritterstand zuerst zum Kronanwalt ernannt wurde, scheint die ritterlichen Ämter wenigstens zum Teil in der gewöhnlichen Reihenfolge bis zur Präfektur des Prätorium durchgemacht zu haben; unmittelbar vorher hatte er die (mit 300 000 S. besoldete) Prokuratur der kaiserlichen Schatulle bekleidet[12]). Vermutlich wurden schon im 2. Jahrhundert unter den Juristen vom Ritterstande vorzugsweise diejenigen, die sich als Kronanwälte ausgezeichnet hatten, zu Mitgliedern des kaiserlichen Rats ernannt und aus dieser Stellung zu den höhern ritterlichen Ämtern befördert. Ein Jurist im 3. Jahrhundert war

1) Oben S. 75. Hirschfeld S. 339 f. 2) ebd. S. 428. Wenn nach Fronto ad Anton. 9 p. 170 N. Antoninus auf Frontos Gesuch einer Prokuratur für Appianus geantwortet hatte: *futurum ut — causidicorum scatebra exoreretur idem petentium*, so lag darin auf keinen Fall ein Bedenken gegen Juristen. 3) CIL VI 266 = Bruns-Gradenwitz, Font. iur. Rom.[7] I 406. 4) Über die schwierige Frage vgl. A. Stein, Arch. epigr. Mitt. aus Österr.-Ung. XIX 1896 S. 151 ff.; Hermes XXXII 1897 S. 664. P. Meyer, Hermes XXXII 1897 S. 227. XXXIII 1898 S. 262 ff. Mitteis, Hermes XXXII 1897 S. 651. 5) Cass. Dio LXII 5, 2. 9, 1. Hist. aug. Commod. 4, 1. 14, 8. 6) Mommsen, Ges. Schrift. IV 314 f. 7) Hirschfeld S. 428 f. 8) Hist. aug. Hadrian. 20, 6. Vgl. Hirschfeld S. 48 ff. Schurz, De mutationibus in imp. Roman. ordin. ab imp. Hadriano factis (Bonn 1883) S. 25—27. Ruggiero, Dizion. epigr. I 125 ff. 9) Nicht von Antoninus Pius (Hist. aug. Geta 2, 4), bei dessen Tode er erst 15 Jahre alt war. 10) Aurel. Victor Caes. 20, 30. Eutrop. VIII 18, 2. 11) Hist. aug. Carac. 8, 3 (vgl. Mommsen, Ges. Schrift. II 64 ff.). Cass. Dio LXXVI 10, 7. Hist. aug. Pesc. Nig. 7, 4; Alex. Sev. 26, 5 f. 12) Hist. aug. Macrin. 2, 1. 4, 4. 6 f. 7, 1. Cass. Dio LXXVIII 11, 3.

nach einer nur fragmentarisch erhaltenen Inschrift zuerst kaiserlicher Rat mit 60000 S., dann (nachdem er inzwischen noch ein Priestertum erhalten) mit 100000 S. Gehalt, hierauf Direktor des Proviantwesens im Bezirk der Flaminischen Straße (von Rom nach Rimini), endlich Postdirektor mit einem Gehalt von 200000 S.[1]). Auch zum Eintritt in den Senat bahnte Rechtskunde Männern des Ritterstands, wie z. B. dem L. Fulvius Aburnius Valens[2]), seit dem 2. Jahrhundert gewiß nicht selten den Weg.

Prädikate der Ritter.

Die von den Kaisern Marc Aurel und L. Verus erlassne Rangordnung[3]) schied die ritterlichen Beamten in drei Klassen: die erste, welche die Präfekten des Prätorium allein enthielt, mit dem wohl schon von Hadrian geschaffenen Titel *vir eminentissimus*; die zweite, welche die übrigen Präfekten nebst den höchsten Prokuratoren und den Spitzen der Finanzverwaltung und des Sekretariats umfaßte, mit dem vielleicht erst von Marc Aurel eingeführten Titel *vir perfectissimus*; endlich die der übrigen Beamten von Ritterrang, namentlich die Mehrzahl der Prokuratoren, mit dem Titel *vir egregius*[4]). Unter ihnen standen sodann die Ritter, welche nicht zu Staatsämtern gelangt waren, von denen die Höhergestellten durch die Prädikate *splendidi* und *illustres* ausgezeichnet worden zu sein scheinen. Den beiden ersten Beamtenklassen nebst ihrer Deszendenz bis zum dritten Grade räumte jene Rangordnung bei Kriminalanklagen Bevorzugung ein, sowohl für den Gerichtsstand wie für den Prozeß und das Strafmaß. Übrigens gingen die Titel nicht wie der Clarissimat auf Frauen und Kinder über oder doch nur ausnahmsweise[5]).

Subalternämter.

Von den Subalternämtern bekleideten Ritter öfters das angesehenste, sehr einflußreiche und gutbesoldete Amt eines Scriba (Buch- und Rechnungsführers) bei den Kuruladilen und Quästoren[6]). Horaz, der Legionstribun gewesen war, hatte sich in eine der letztern Stellen eingekauft; desgleichen ein Sarmentus, der unter Augustus den Ritter spielte[7]). Zuweilen wurden auch die nichtritterlichen Beamten dieser Klasse zu Rittern ernannt[8]).

Ritterliche Priestertümer.

Von den seit Augustus Neuordnung nur den beiden obern Ständen zugänglichen Priestertümern waren die der Curionen und Luperker beiden gemeinsam; den Rittern ausschließlich gehörten die kleinen Flaminate, der kleine Pontifikat und der Tubizinat; außerdem alle ehemals latinischen Staatspriesertümer[9]). Von den letztern scheint das cäninensische das vornehmste gewesen zu sein; das geringste war das laurentische, welches Ritter niederster Ordnung häufig und seit Commodus sogar Personen ohne Ritterrang, ja Freigelassene erhielten. Abgesehen von dem Wert, den auch diese Priestertümer als von höchster Stelle verliehene Auszeichnungen hatten, gewährten sie mancherlei Immunitäten[10]).

Verbleiben senatsfähiger Ritter im Ritterstande.

Auch diejenigen Ritter, welche Anspruch auf die senatorische Laufbahn hatten, zogen es zuweilen vor, im zweiten Stande zu bleiben, weil sie die Frei-

1) CIL X 6662 = Dessau 1455, vgl. Hirschfeld S. 194, 2. 2) CIL VI 1421 = Dessau 1051: *Aburnio Valenti pontifici praefect. urbi feriarum Latinar. facto ab imp. Hadriano Aug. II cos.* (118) — *tribuno plebis designato candidato Aug. eq. publ. c(larissimo) i(uveni) d. d.* 3) Mommsen StR. III 565. 4) Bei Juvenal. 10, 95 sind *egregii equites* die Tribunen der Prätorianer. 5) Hirschfeld S. 451—457 und Kl. Schrift. S. 652 ff., über die griechischen Formen dieser Titel A. Stein, Wiener Stud. XXXIV 1912 S. 160 ff. 6) Mommsen StR. I³ 352 f. 7) Schol. Juvenal. 5, 3; s. oben S. 89. 8) Vgl. z. B. CIL VI 1822. 2165 = Dessau 1893. 4951a. 9) Wissowa, Hermes L 1915 S. 1 ff. 10) Mommsen StR. III 566—569.

heit und Muße der Amtlosigkeit, das glänzende Einkommen eines geschäftlichen Erwerbs, besonders aber die wirkliche Macht eines kaiserlichen Amts oder einer Stellung am Hofe dem leeren Pomp und der drückenden Bürde der senatorischen Ämter vorzogen. So hatte schon der ältere Q. Sextius Niger den ihm von Julius Cäsar angebotenen breiten Purpur abgelehnt, um ganz der Philosophie leben zu können[1]). Die Verschmähung des ersten Stands behufs Eintritts in den kaiserlichen Dienst wurde in den senatorischen Kreisen, wo man auf die Behauptung des Vorrangs vor dem Ritterstande großen Wert legte, mit Mißbilligung angesehen. So äußert sich Tacitus in einer für sein senatorisches Standesgefühl höchst charakteristischen Weise über L. Annäus Mela, den Bruder des Philosophen Seneca und Vater des Dichters Lucanus: er habe sich der Bewerbung um die kurulischen Würden aus verkehrtem Ehrgeiz enthalten, um als römischer Ritter Konsularen an Einfluß gleich zu kommen, auch einen kürzern Weg zum Gelderwerb einzuschlagen geglaubt, wenn er als kaiserlicher Beamter die Angelegenheiten des Fürsten besorgte[2]). Cornelius Fuscus hatte den Senatorenstand schon in der ersten Jugend in unruhigem Streben aufgegeben[3]). Dagegen spricht sich der jüngere Plinius nicht bloß ohne Tadel, sondern mit Billigung über einige hervorragende Männer aus dem Ritterstande aus, die aus Liebe zur Ruhe oder Mangel an Ehrgeiz nicht höher steigen wollten. Minicius Macrinus, von Vespasian zum Senator mit prätorischem Range erhoben, hatte lieber einer der Ersten des Ritterstandes sein wollen, weil er die Geschäftslosigkeit desselben der zwangvollen senatorischen Würde vorzog. Ebenso dachten Maturius Arrianus und Terentius Junior[4]). Von der Verleihung senatorischer Ehrenrechte an Ritter (zuerst im Jahre 19) ist bereits gesprochen worden[5]).

Abstufungen innerhalb des Stands.

Auch abgesehen von den bisher erwähnten Abstufungen gab es innerhalb des Ritterstands noch große Verschiedenheiten der Lebensstellung, besonders nach Vermögen und Herkunft. Auf alle, die sich durch Gunst oder militärisches Verdienst aus niedriger Stellung emporgearbeitet hatten, sah der Ritter geringschätzig herab, der sich einer langen Reihe ritterlicher Ahnen oder mindestens eines ritterlichen Vaters rühmen konnte[6]). »Römischer Ritter und Sohn eines römischen Ritters« nennt sich ein L. Ämilius Pertinax Accejanus auf einer Inschrift in Misenum[7]). Ovid war stolz darauf, den Stand als Erbe einer langen Ahnenreihe überkommen und nicht im Wirbel des Kriegs oder durch die Gunst des Glücks erlangt zu haben[8]); und Persius mahnt, es zieme nicht, sich aufzublähen, weil man an dem Zensor in der Trabea (dem ritterlichen Staatskleide) vorüberparadiere und den tausendsten Zweig von einem etruskischen Stammbaum bilde[9]).

1) Seneca ep. 98, 13. Plutarch. de prof. in virt. 5; vgl. CIL XII 1783 = Dessau 6998 *huic divus Hadrianus latum clavum cum quaest(ura) optuli[t] et petentis excusationem acc[ep(it)]*. 2) Tac. A. XVI 17. 3) Tac. H. II 86. 4) Plin. ep. I 14, 5. III 2, 4. VII 25, 2. 5) Oben S. 140. 6) Ovid. ex Ponto IV 8, 15. Cass. Dio LII 19, 4. CIL VI 1632. 7) CIL X 3674 = Dessau 6335; vgl. VIII 11546 = Dessau 6810; s. auch CIL IV 4533. VI 1632. IX 1540. 1655 = Dessau 1319. 1318. 4186. 6496. III 8713 (Salonae): *Caeciliae Logianae e(gregiae) m(emoriae) v(iri) fil(iae) et Tullio Callipiano eq. R.* »*Notabile est matrem propter hos ut videtur natales patri equiti Romano anteponi*« Mommsen, Eph. epigr. IV S. 97. 8) Ovid. Amor. III 15, 5 f.; Trist. IV 10, 7 f. 9) Persius 3, 28 f.

Wie äußerst gedrückt, ja unwürdig die Lage der Ritter sein konnte, denen die Mittel zum standesgemäßen Leben fehlten und die zum anständigen Erwerb zu träge oder ungeschickt waren, zeigen die Gedichte Martials, der den Ritterrang einer Ernennung zum Tribunen verdankte[1]). Er war durchaus auf die Unterstützung reicher oder vornehmer Gönner angewiesen und nahm keinen Anstand, diese sowie den Kaiser immer aufs neue anzubetteln[2]); seine Wünsche waren bescheiden, er bat auch wohl um einen guten Mantel[3]), und eine feine Toga, die er von dem kaiserlichen Oberkämmerer Parthenius zum Geschenk erhielt, hat er in zwei Gedichten besungen, als sie neu und als sie abgenutzt war[4]). Jahrelang leistete er um das tägliche Brot die niedrigsten Klientendienste. Seine Muse stand jedem zu Dienste, der sie belohnte[5]); einer seiner am häufigsten besungenen Freunde war der Centurio Pudens, der nicht einmal das Ziel seines Strebens, die Ritterwürde, erlangt zu haben scheint[6]); für andre Centurionen hat Martial Grabschriften gedichtet[7]). Die 400000 Sesterzen reichten eben nur für eine bescheidne Existenz aus. Juvenal sagt, wer nur etwas mehr begehre, als die Abwehr von Hunger, Durst und Kälte erfordert, könne mit ihnen zufrieden sein; wem die doppelte und dreifache Summe nicht genüge, den würden auch die Schätze des Krösus oder Narcissus nicht befriedigen[8]). Es gab aber auch römische Ritter, die in so bittrer Not lebten, daß sie mit Kleienbrot und verdorbenem Wein ihr Leben fristen mußten[9]); und aus der großen Zahl derer, die sich unter den Julischen Kaisern durch öffentliches Auftreten auf der Bühne und in der Arena beschimpften, muß man schließen, daß die äüßerste Verkommenheit in diesem Stande nichts weniger als selten war; unter der Menge von Rittern, die in Neros Schauspielen auftraten, befanden sich doch nur einige von gutem Ruf und in guten Umständen[10]). Armut —

Auf der andern Seite war aber im Ritterstande auch viel Wohlhabenheit und großer Reichtum, sowohl in den Provinzen und Munizipien — der Dichter Persius z. B., von einer ritterlichen Familie in Volaterrä stammend, hinterließ 2 Millionen Sesterzen (435000 Mark)[11]); der wahrscheinlich auch dem Ritterstande angehörige Gaditaner Columella hatte Besitzungen bei Cäre, Ardea, Carseoli und Alba[12]) — als auch namentlich in Rom selbst. Der bekannte, vielleicht aus Cäsarea in Bithynien stammende[13]) Vedius Pollio, der Freund des Augustus und Besitzer des prachtvollen Pausilypum (»Sorgenfrei«, jetzt Posilippo) bei Neapel, der seine Muränen mit Sklaven fütterte, war ein von Freigelassenen abstammender Ritter; seinen unermeßlichen Palast in Rom, der »mehr Raum bedeckte, als viele Städte mit ihren Mauern umschließen«, ließ nach seinem Tode Augustus dem Boden gleich machen, um an seiner Stelle die Kolonnade der Livia aufzuführen[14]). Überhaupt darf man glauben, daß die ritterlichen Freunde der Kaiser zum großen Teil in glänzenden Verhältnissen lebten. Sodann gehörten zu diesem und Reichtum.

1) Martial. III 95, 9 f. V 13, 2. IX 49, 4. XII 26, 2. 2) An Domitian V 19. VI 10. VII 60. VIII 24; an Regulus VII 16; an Stella VII 36 usw. Vgl. unten [II 243 f.]. 3) Martial. VI 82. 4) ebd. VIII 28. IX 49. 5) Plin. ep. III 21, 2. 6) Martial. I 31 (vgl. V 48). IV 13. 29. VI 58. VII 97, 3. VIII 63. 7) ebd. I 93. X 26. 8) Juv. 14, 316—331. 9) Gell. XI 7, 3. 10) Sueton. Nero 12, 1. Vgl. unten [II 20 f.]. 11) Vita Persii p. 65, 17 Leo. 12) Colum. III 3, 3. 9, 2. 13) Eckhel D. N. II 409. 14) Cass. Dio LIV 23, 1—6. Ovid. Fast. VI 639 ff.; vgl. Prosop. imp. Rom. III 390 f. nr. 213.

Stande die Bankiers — Augustus erteilte einigen Rittern eine zensorische Rüge, weil sie Geld zu niedrigern Zinsen geborgt und zu höhern ausgeliehen hatten [1]) —; ferner Großhändler [2]), die wohl hauptsächlich Seehandel und Reederei trieben [3]), Fabrikanten, Zollpächter [4]), Lieferanten, Direktoren und Mitglieder von Handelsgesellschaften und Vereinen zu kaufmännischen oder sonst gewinnbringenden Unternehmungen (z. B. Stellung von Viergespannen für den Zirkus) [5]). Seneca spricht von einem vornehmen (*splendidus*) Ritter, Cornelius Senecio, der sich aus kleinen Verhältnissen durch ebenso große Geschicklichkeit im Erwerben wie im Erhalten emporgearbeitet hatte und mitten auf dem Wege zu noch größerm Reichtum durch einen plötzlichen Tod hingerafft wurde; sein Geld arbeitete zu Lande und zu Wasser, keine Art des Erwerbs ließ er unversucht, auch an den Pachtungen der Zölle hatte er sich beteiligt [6]). Doch werden die Wohlhabenden auch in diesem Stande ihre Kapitalien hauptsächlich in Ländereien angelegt haben [7]). Quintilian sagt, daß die Geschwornen zum größten Teil Gutsbesitzer waren; der Gerichtsredner dürfe nicht auf Kosten der Faßlichkeit nach Kürze streben, sonst würden sie nicht imstande sein zu folgen [8]).

Erwerb durch Handel und Industrie.

Daß Unberechtigte sich den Ritterrang anmaßten, scheint zu allen Zeiten häufig vorgekommen zu sein. Am Hofe des Augustus wußte sich der Etrusker Sarmentus, Freigelassener oder Sklave (nach Horaz einer Frau, nach andern des bei Philippi getöteten M. Favonius), besonders durch seinen Witz so viel Gunst zu verschaffen, daß er es wagen konnte, als Ritter aufzutreten. Als er sich aber bei einem Schauspiel auf dem Ritterplatz sehen ließ, wurde er vom Volk mit Spottversen verhöhnt. Ein Prozeß wegen widerrechtlicher Anmaßung des Ritterstands endete jedoch durch den Einfluß seiner Gönner mit Freisprechung [9]). Im Jahre 23 n. Ch. führte C. Sulpicius Galba als Ädil im Senat darüber Klage, daß sogar Schenkwirte allgemein den Goldring trügen; durch einen Senatsbeschluß wurde dies allen Unbefugten verboten und das Verbot im nächsten Jahre durch das Visellische Gesetz nochmals eingeschärft [10]). Wegen Übertretung desselben zog in der Zensur des Claudius (47) der Ritter T. Flavius Proculus nicht weniger als 400 Personen vor Gericht; Claudius bestrafte Freigelassene, die sich auf diese oder andre Weise den Ritterrang angemaßt hatten, mit Einziehung des Vermögens [11]). Unter Nero wagten Freigelassene, wie es scheint, nicht leicht, den Goldring zu tragen: Petrons Trimalchio trägt an einem Finger einen großen, etwas vergoldeten, am andern einen goldnen, aber ganz mit eisernen Sternchen besetzten Ring [12]). Martial erwähnt ein Einschreiten gegen

Anmaßung des Ritterstands durch Unberechtigte.

1) Sueton. Aug. 39. 2) CIL VI 29722 = Dessau 7490 *C. Sentius Regulianus eq. R. diffus(or) olearius ex Baetica*; vgl. Marquardt, Privatl.² 469, 1. 3) Seneca ep. 119, 5. 4) Tac. A. IV 6. XIII 50. Sueton. Vespasian. 1, 2. Marquardt StV. II² 313, 1. Rostowzew, Gesch. d. Staatspacht in der röm. Kaiserzeit (Philol. Erg. Bd. IX 1902) S. 374 ff. Mommsen StR. III 509 ff. 5) Plin. n. h. X 71. 6) Seneca ep. 101, 1—4. 7) Mommsen StR. III 511. 8) Quintilian. IV 2, 45: *cum praesertim lector non fere sit nisi eruditus, iudicem rura plerumque in decurias mittant, de eo pronuntiaturum quod intellexerit.* Ebenso Juvenal. 7, 116 (vom Anwalt) *dicturus dubia pro libertate, bubulco iudice.* Seneca ep. 40, 8 *quemadmodum enim iudex subsequi poterit, aliquando etiam imperitus et rudis?* Quintilian. II 17, 28 *imperiti enim iudicant,* vgl. XI 1, 45. 9) Horat. S. I 5, 51—69. Schol. Juv. 5, 3; vgl. oben S. 89. 10) Plin. n. h. XXXIII 32. Cod. Just. IX 21. Mommsen III 424, 2. 3. 11) Plin. a. a. O. 33. Sueton. Claud. 25, 1. 12) Petron. 32, 3. Die fünf goldnen Ringe, die seine Statue tragen soll (71, 9), scheinen ihm ebenso wie das Tribunal und die Prätexta als Spielgeber zuzukommen, Mommsen III 514, 4.

das unbefugte Tragen des Goldrings nirgends[1]); dagegen öfters Domitians im Jahre 89 oder kurz vorher erlassnes Theateredikt, durch das die bis dahin geduldete Benutzung von Ritterplätzen durch Unberechtigte[2]) streng verboten ward. Trotzdem drängten solche sich immer wieder dort ein, die durch reiche Kleidung und lautes Rühmen der kaiserlichen Anordnungen unverdächtig zu erscheinen suchten. Doch trotz ihrer hochmütigen Äußerungen: »endlich sitze man bequem und werde nicht vom Pöbel gedrängt und beschmutzt, endlich sei dem Ritterstande seine Würde wiedergegeben«, wurden sie von einem kaiserlichen Beamten erkannt und fortgewiesen[3]). Auch ein bei Martial und Juvenal vorkommender Ausdruck für die unechten »Ritter« (*vernae equites*)[4]) läßt glauben, daß diese zu den stehenden Figuren des damaligen Rom gehörten. Martial hat ein Epigramm auf einen Barbier, der, von seiner Herrin mit den erforderlichen Mitteln ausgestattet, den Ritter spielte, bis er, wegen Anmaßung des ihm nicht gebührenden Rangs angeklagt, sich der Verurteilung durch die Flucht nach Sizilien entzog[5]).

4. DER DRITTE STAND.

a. ARMUT UND REICHTUM.

Ausdehnung des Proletariats.

In der ungeheuren Mehrzahl der Bevölkerung Roms, die man als den dritten Stand bezeichnen kann, überwog ohne Zweifel bei weitem das Proletariat, dessen Existenz sich um »Brot und Schauspiel« drehte, und das durch eine infolge dieser so reichlich gewährten Vorteile unaufhörlich zuströmende Einwanderung aus den Provinzen sich immer neu ergänzte. Doch freilich verschafften die öffentlichen Getreideausteilungen nur der großen Mehrzahl der männlichen, bürgerlichen Bevölkerung den notdürftigsten Lebensunterhalt, und so gab es in der großen, übermäßig teuren Stadt auch bittere Armut und Not genug. Für die Armen, meinte Martial, war es kein Verdienst, mit stoischem Sinne das Leben zu verachten. Ihre finstern Kammern, zu denen »zweihundert Stiegen« führten[6]), waren so niedrig, daß man nicht eintreten konnte, ohne sich zu bücken[7]). Ihr Herd war oft genug kalt, ein Krug mit abgebrochenem Henkel, eine Matte, eine Wanze, ein Haufen Stroh und ein leeres Bettgestell ihr ganzes Mobiliar, eine kurze Toga bei Tag und bei Nacht ihr einziger Schutz gegen die Kälte, essigsaurer Wein und schwarzes Brot ihre Nahrung[8]). Außer Brot war die Hauptkost der untern Klassen Gemüse[9]), namentlich Bohnen und Rüben (beide »Mittagessen der Handwerker«)[10]), Linsen, Zwiebeln, Knoblauch, Erbsen (an denen man sich für einen As satt essen konnte)[11]) und wohlfeile Fische[12]); ein mit Lauch gesottener Schafskopf oder ein geräucherter Schweinskopf[13]) war ein

Armut.

---

1) Der Zoilus Martials (XI 37; vgl. III 29) scheint sogar den Goldring unangefochten zu tragen. 2) Martial. V 14, 2: *tunc cum liceret occupare*; vgl. V 8. 23. 25. 27. 35. 38. 41. 3) ebd. V 8. 4) Martial. I 84, 4. Juvenal. 9, 10. 5) Martial. VII 64. 6) ebd. VII 20, 20; s. o. S. 6. 7) Martial. II 53, 8. 8) ebd. XI 56; vgl. 32, beide Gedichte mit Reminiszenzen an Catull. 5, 4: *et tristis nullo qui tepet igne focus et teges et cimex*; 23, 1: *Furi, cui neque servus est neque arca nec cimex neque araneus neque ignis.* 9) Marquardt, Privatl.² 424 ff. 10) Martial. X 48, 16. XIII 13, 1. 11) ebd. I 103, 10; bei Petron. 14, 3 wollen Ascyltus und Encolpius für einen Dipondius *cicer lupinosque* für sich beide kaufen. 12) Juv. 14, 127 ff. 13) Pers. 6, 70.

Festessen[1]). Am ersten Juli, dem Haupttermin des Wohnungswechsels, sah man wohl manche arme Familie, die der Hausverwalter austrieb, nachdem er den wertvollen Teil ihrer Habe für die seit zwei Jahren unbezahlte Miete abgepfändet hatte, mit dem Rest ihres Hausrats in der Weise über die Straße ziehen, wie es derselbe Dichter »als eine Schmach für den ersten Juli« beschreibt. Ein blasser, von Frost und Hunger ausgemergelter Mann, »ein Irus seiner Zeit«, und drei Frauen, die den Megären glichen, schleppten ein Bettgestell mit drei, einen Tisch mit zwei Beinen und dergleichen altes Gerümpel, wie eine Lampe und eine Laterne von Horn, zerbrochenes Geschirr, eine mit Grünspan überzogne Kohlenpfanne, einen nach schlechten Seefischen stinkenden Topf, einen alten Kranz von schwarzem Flohkraut (das man wegen angeblicher Heilkräfte in Schlafzimmern aufhängte)[2]), ein Stück Toulouser Käse, Schnüre, an denen einmal Lauch und Zwiebeln gehangen hatten, einen mit einem wohlfeilen Enthaarungsmittel halb gefüllten Topf. Der Dichter fragt, warum diese Leute sich nach einer Wohnung umsähen, da sie ja »auf der Brücke« umsonst wohnen könnten[3]). Brücken[4]), Stufen und Schwellen von Gebäuden[5]) und Hügelabhänge[6]) gehörten wie im heutigen Rom zu den Standorten der Bettler[7]), die dort, wie überhaupt an belebten Orten, namentlich auf den Foren[8]), durch ihren jammervollen Anblick, ihre Lumpen und ihre Nacktheit, ihre Gebrechen und Schäden[9]) — Blinde von einem Hunde geführt[10]) — das Mitleid zu erregen suchten[11]) und mit heiserer Stimme in singendem Ton einer um den andern[12]) unaufhörlich ihre Bitten um Almosen wiederholten. Ihre Zuflucht in den kalten Regennächten des Dezember war vielleicht ein offenes Gewölbe, ihr Hund der einzige Gefährte ihres Elends, ihre Nahrung »Hundebrot«[13]) (ein grobes Kleienbrot)[14]), ihr ganzer Besitz ein Stab und eine Decke oder Matte[15]) und ein Ranzen[16]), ein Tod in einem einsamen Winkel ihre Erlösung[17]).

Bettler.

Wohlhabenheit und Reichtum.

Gegenüber solcher Armut gab es aber auch unter den niedrigen Leuten Wohlhabenheit und Reichtum, zum Teil infolge jener plötzlichen Glückswechsel, die namentlich Sklaven zuweilen in sehr glänzende Verhältnisse versetzten. Clesippus, ein buckliger und auch sonst häßlicher Sklave, der das Walkerhandwerk gelernt hatte, wurde, wie Plinius erzählt, bei einer Auktion von einer Gegania als Zugabe zu einem korinthischen Kandelaber gekauft; er wurde der Liebhaber seiner Herrin und von ihr zum Erben eingesetzt. Als Besitzer eines sehr großen

1) Juv. 3, 293 f. 2) Plin. n. h. XX 152. 3) Martial. XII 32, wo v. 2 *et cum lucerna corneoque cratere* vielleicht zu lesen ist *corneaque laterna.* Vgl. XIV 61 (*Laterna cornea*) und 62 (*Laterna de vesica*): *cornea si non sum, numquid sum fuscior?* 4) Martial. XII 32, 25 *haec sarcinarum pompa convenit ponti.* X 5, 3 *pontis exul et clivi.* Juv. 14, 134 *aliquis de ponte.* Ovid. Ibis 416 *quique tenent pontem.* 5) Juv. 5, 8, vgl. Val. Max. IV 3 ext. 4. 6) Eine besonders bekannte Bettlerstation befand sich am *clivus Aricinus,* wo der starken Steigung halber die Wagen langsam fahren mußten und daher der Zudringlichkeit der Bettler preisgegeben waren, Juven. 4, 117 f. Martial. II 19, 3. XII 32, 10; vgl. Haverfield, Classic. Review XIV 1900 S. 86 f. (dazu Owen ebd. S. 357). 7) Seneca de vita beata 25, 1 f. 8) Jahn, Abhandl. d. Sächs. Ges. d. Wiss. V 1868 S. 287 f. 9) Vgl. die Schilderung der lahmen, blinden, mit Schwären behafteten, kontrakten Bettler bei Prudent. Peristeph. II 141—160. 10) Martial. XIV 81, vgl. Jahn a. a. O. 288. 11) Seneca de clem. II 6, 2 f. 12) Porph. zu Hor. epist. I 17, 48. 13) Martial. X 5, 5: *oret caninas panis improbi buccas*; vgl. IV 53, 6: *cui dat latratos obvia turba cibos.* Seneca Controv. I 7, 18 (vgl. dazu Kießling, Jahrb. f. Phil. CIII 1871, 716). Juv. 5, 11. 14) Phaedr. IV 19, 4. M. Voigt, Rhein. Mus. XXXI 1876 S. 123. 15) Juv. 5, 8. 9, 140. 16) Martial. IV 53, 3. XIV 81. 17) ebd. X 5, 3—12.

Vermögens verehrte er statt der Götter jenen Kandelaber, dem er seine Erhebung und seinen Reichtum verdankte[1]). Solche Laufbahnen werden in der Kaiserzeit gerade nicht selten gewesen sein. Der Reichtum eines ehemaligen Lustknaben des Licinius Sura (des mächtigen Freundes Trajans), namens Philostorgus, erregte den Unwillen eines Bekannten des Philosophen Epictet, der jenem vorhielt: er habe kein Recht, sich über das Schicksal zu beklagen, da er doch auch das glänzendste Los nicht um denselben Preis wie Philostorgus würde erkaufen wollen[2]). Juvenal mußte es erleben, daß der Barbier, unter dessen Schermesser einst sein Bart gerauscht hatte, zahlreiche Landhäuser besaß und in Hinsicht auf Vermögen sich mit der ganzen Aristokratie messen konnte[3]); Martial, daß ein freigelassener Schuster, der gewohnt gewesen war, alte Felle mit den Zähnen auseinanderzuziehen, auf dem Pränestinischen Landgute seines ehemaligen Patrons in Üppigkeit schwelgte[4]). Menschen, die einst als Hornbläser bei Gladiatorenkämpfen von Stadt zu Stadt gezogen waren, brachten es zu solchem Reichtum, daß sie selbst Fechterspiele geben konnten; unter Domitian hatte ein ehemaliger Schuster ein solches zu Bologna, ein ehemaliger Walker zu Modena, wo dieses mit der Wollfabrikation zusammenhängende Gewerbe wahrscheinlich blühte[5]), gegeben[6]). Wenn solche Glückswechsel immerhin vereinzelt waren, so war es dagegen ganz gewöhnlich, daß Krämer, die mit schmutzigen Waren handelten, oder Auktionatoren mehr erwarben als Sachwalter[7]). Ein jährliches Einkommen von 24000 Sesterzen (5220 Mark) scheint zur bescheidnen Existenz eines einzelnen in Rom als hinlänglich gegolten zu haben[8]). Juvenals Nävolus wünscht sich nur 20000 Sesterzen (4350 Mark), doch außerdem etwas Silbergeschirr, zwar ohne künstliche Arbeit, aber nicht gar zu klein und einfach, zwei starke Sklaven aus Mösien, die ihm im Zirkus Platz schaffen können, und zwei geübte Kunstarbeiter, die durch ihre Arbeit etwas einbringen. Dies sei genug, wenn er denn nun einmal arm sein solle[9]).

b. ERWERBSARTEN. KLEINHANDEL UND HANDWERK.

Handel und Industrie.

Gelegenheit zum Erwerb war auch dem Ärmsten, wenn er keine Arbeit scheute, in Rom auf allen Seiten geboten. Exporthandel hatte Rom zwar so gut wie gar nicht und Fabrikation nur sehr wenig, namentlich Glas- und Papierfabriken[10]). Dagegen war der Einfuhrhandel kolossal und der Geldmarkt Roms vielleicht der größte in der alten Welt. Der Warentransport, namentlich auf dem Tiber, den Plinius »den gefälligsten Händler mit allen Erzeugnissen der Welt«[11]) nennt, das Ausladen am Hafen, die Lagerung und Magazinierung, die Verwaltung und Beaufsichtigung der Magazine, die mannigfaltige Vermittlung zwischen Klein- und Großhandel beschäftigte Tausende als Schiffer und Taucher,

1) Plin. n. h. XXXIV 11 f.; ein *Clesipus Geganius mag(ister) Capitol(inorum), mag(ister) luperc(orum), viat(or) tr(ibunicius)* CIL X 6488 = Dessau 1924. 2) Epictet. Diss. III 17, 4 f. 3) Juv. 1, 24 f. 10, 225 f., vgl. oben S. 159. 4) Martial. IX 73. 5) Blümner, Gewerbl. Tätigkeit der Völker des kl. Altert. 100. 6) Juv. 3, 34 ff. Martial. III 16. 59. 99. 7) Quintilian. I 12, 17. Nach Galen. I 38 erwarben am leichtesten Reichtum οἱ διοικοῦντες τὰ τῶν πλουσίων, οἱ τελῶναι, οἱ ἔμποροι. Auch nach Seneca de brev. vit. 17, 5 war die *alienorum bonorum mercenaria procuratio* einträglich. 8) Martial. III 10. Es sind die sechsprozentigen Zinsen des Ritterzensus; vgl. oben S. 157. 9) Juv. 9, 140—147. 10) Marquardt, Privatl.² 749. 809 f. 11) Plin. n. h. III 54; vgl. oben S. 14.

als Messer, Schreiber, Lagerbeamte, Warenmakler, Kommissionäre, Lastträger[1]), der Geldmarkt neben den großen Bankiers eine gewiß sehr beträchtliche Anzahl von kleinen Geldleihern, Geldmaklern und Wechslern[2]). Namentlich für den Wucher bot Rom den denkbar günstigsten Boden. Ambrosius, dessen Schilderungen sicherlich auch auf frühere Jahrhunderte buchstäblich passen, beschreibt ausführlich, wie die Wucherer reiche junge Männer umgarnten und planmäßig zugrunde richteten. Brauchten diese kein Geld, so verleiteten sie sie durch gewissenlose Anpreisungen zu unvorteilhaften Käufen von Gütern und Palästen; sie ließen sich einen alten Familienbesitz, ein väterliches Grabdenkmal verpfänden; war ihr Schuldner bei Gelde, so ließen sie den Zahlungstermin ohne Mahnung verstreichen, andernfalls bestürmten sie ihn, und mindestens mußte dann ein neuer Schuldschein, natürlich unter erschwerten Bedingungen, ausgestellt werden[3]).

Geldgeschäfte.

Zum großen Teil waren die kaufmännischen Geschäfte freilich in den Händen von Sklaven und Freigelassenen, die sie nicht für eigene Rechnung, sondern zum Nutzen ihrer Herren betrieben oder diesen doch wenigstens einen Anteil am Gewinn abtreten mußten. Dasselbe gilt vom Kleinhandel und Handwerk, welches letztere überdies auch dadurch beeinträchtigt war, daß die Reichen ihren Bedarf zum Teil durch die Arbeit ihrer eignen Sklaven decken konnten. Eine in Yorkshire gefundene Taberneninschrift lautet: »Heil dem Genius dieses Ortes! Knechtlein (*servule*), betreibe mit Glück die Goldschmiedearbeit in dieser Bude«[4]). Immer aber wurde noch eine höchst umfangreiche Tätigkeit von freien und für eigne Rechnung arbeitenden Handwerkern und Gewerbetreibenden in Anspruch genommen, um sowohl die ungeheure Bevölkerung von Tag zu Tag mit dem Notwendigen zu versorgen, als die hier am höchsten gespannten und auf das Verschiedenartigste gerichteten Forderungen des Luxus der Reichen und Vornehmen zu befriedigen. Doch auch diese selbständigen Handwerker und Geschäftsleute werden in überwiegender Anzahl nicht Freigeborne, sondern Freigelassene gewesen sein[5]); einmal, weil die fort und fort in Menge freigelassenen Sklaven ihren Lebensunterhalt natürlich in der Regel mit denselben Arbeiten und Geschäften gewannen, die sie als Sklaven erlernt und bisher für ihre Herren betrieben hatten, sodann, weil auch die armen Freien sich großenteils für diesen Erwerb zu gut dünkten.

Kleinhandel und Handwerk.

Den Umfang und die Bedeutung des Handwerks und der gewerblichen Tätigkeit in Rom[6]) mag man versuchen sich nach einigen, wenn auch dürftigen und vereinzelten Angaben vorzustellen. Nach den Stadtbeschreibungen aus dem

1) Marquardt, Privatl.² 407ff. *Geruli* von Caligula besteuert, Sueton. Calig. 40; vgl. auch De Rossi, Annali d. Inst. 1885 S. 223ff. mit Tav. d'agg. I (Ablieferung und Wägung des Korns des Canon urbicus). 2) Colum. praef. 8 nennt unter den Erwerbsarten, denen die Landwirtschaft vorzuziehen sei, auch die *feneratio*. Pfandleiher Martial. II 57, 7. Über *argentarii* und *nummularii* vgl. Marquardt StV. II² 62ff. (*nummularii* auch Seneca Apocol. 9, 4. Petron. 56, 3. Martial. XII 57, 8). Inschriften der *argentarii* CIL VI 9155—9186 (Dessau 7501ff.), der *nummularii* ebd. 9706ff. R. Herzog, Aus der Geschichte des Bankwesens im Altertum, Gießen 1919. 3) Ambros. de Tobia 6, 23 p. 529, 14ff. Schenkl. 4) CIL VII 265 = Dessau 3651. 5) Über die Beteiligung von Freigebornen, Freigelassenen und Sklaven an den verschiednen Handwerken vgl. G. Kühn, De opificum Romanorum condicione privata, Diss. Halle 1910. Gummerus, Real-Encykl. IX 1497ff. 6) Vgl. darüber Gummerus a. a. O. 1454ff.

Anfange des 4. Jahrhunderts hatte Rom damals 254 Bäckereien (15—20 in jeder Region, in einer 24) und 2300 Stellen für den Ölverkauf[1]). Andre Tausende beschäftigte die Beschaffung und der Vertrieb der sonstigen Nahrungsmittel, für deren wichtigste es eigne Märkte gab, wie den Vieh-, Ochsen-, Schweine-, Korn-, Wein-, Gemüse-, Fisch-, Delikatessenmarkt[2]), und in demselben Umfange wurden die Gewerbe in Anspruch genommen, die für Kleidung, Wohnung, häusliche Einrichtung usw. sorgten.

Sehr entwickelte Spezialisierung.

Auch die infolge einer hohen Entwicklung der gewerblichen Industrie bereits sehr weit vorgeschrittene Berufsspezialisierung war eben nur möglich, wenn ein sehr bedeutender Teil der Bevölkerung sich dem Gewerbe und Handwerk zugewandt hatte. Auch mehrere solcher Handwerke und Geschäfte, die sich auf Verfertigung und Vertrieb bestimmter einzelner Waren beschränkten, bildeten zu Rom Innungen. Von der alten Innung der Schumacher, die zu den angeblich von Numa gestifteten gehörte, sonderte sich eine Innung der Stiefelmacher (*caligarii*) ab, die Alexander Severus (wahrscheinlich nur neu) organisierte[3]). Daneben gab es Sandalenmacher, von deren Läden eine Straße den Namen führte, ferner (ebenfalls vereinigte) Pantoffel und Frauenschuhmacher[4]) und Arbeiter für mehrere andre Gattungen des Schuhwerks[5]). Neben der großen Bäkkerinnung, die Trajan neu organisierte, gab es mehrere Arten von Fein- und Kuchenbäckern, deren jede ein besonderes Backwerk lieferte[6]). Das Gewerbe der Kupferschmiede teilte sich in Topfgießer, Kandelabermacher, Laternenmacher, Gewichtmacher, Helm- und Schildarbeiter; das der Eisenarbeiter in Schlosser, Messerschmiede, Verfertiger von Äxten und Hacken, Sichelmacher, Schwertfeger[7]). Die Herstellung von Kunstarbeiten in edlen Metallen[8]) beschäftigte Modelleure, Gießer, Polierer, Vergolder, Bildhauer, Ziseleure, Künstler in getriebener Arbeit[9]), das Juweliergeschäft Perlenarbeiter, Edelsteinschleifer und -schneider[10]); neben den Innungen der Gold- und Silberarbeiter gab es noch besondre der Ringmacher[11]) und der Goldschläger und Vergolder[12]). Bestimmte Geschäfte fertigten nur Grabdenkmäler an, ein solches betreibt z. B. in dem Roman des Petronius der Steinarbeiter Habinnas, bei dem Trimalchio sein Monument bestellt[13]); in den Pandekten wird ein Kompaniegeschäft zur Herstellung von Grabdenkmälern erwähnt, wozu der eine Teilhaber das Kapital hergibt, während der andre die technische Leitung übernimmt[14]). In ähnlicher Weise hatte auch die Ausdehnung des Handelsverkehrs die Beschränkung kaufmännischer Geschäfte auf gewisse Waren herbeigeführt[15]); unter den Gemüsehändlern gibt es solche, die nur Hülsenfrüchte feilhalten[16]), und die Wolfsbohnenhändler (*lupinarii*) bilden eine

1) Preller, Reg. d. Stadt Rom S. 30f.; vgl. 111. 236. Jordan, Topogr. II 69. Hirschfeld, Philol. XXIX 1870 S. 44f. 2) Marquardt, Privatl.² 412. 3) Hist. aug. Alex. Sever. 33, 2, vgl. auch CIL V 5919 *sutor caligarius.* 4) *Collegium fabrum solearium baxiarium centuriarum trium,* CIL VI 9404 = Dessau 7249. 5) Marquardt, Privatl.² 596f. 6) ebd. S. 420. 7) ebd. S. 713. 715. 8) Über das Goldschmied- und Juweliergewerbe vortreffliche Untersuchung von Gummerus, Klio XIV 1914 S. 129ff. 9) Marquardt a. a. O. S. 684ff. 10) ebd. S. 707. 11) *Conlegium anularium* CIL VI 9144 = Dessau 7284. 12) *Concordiae collegi brattiariorum inauratorum* CIL VI 95 = Dessau 7281; vgl. Blümner, Technologie IV 307f. Darstellung eines *aurifex brattiarius* auf einem Relief im Vatikan, E. Pernice, Jahrb. d. arch. Inst. XXVI 1911 S. 288f. 13) Petron. 65, 5. 71, 5. 14) Dig. XVII 2, 52 § 7. 15) Marquardt a. a. O. 465ff. 16) *leguminarius* Corp. gloss. lat. II 388, 20. 586, 30. III 308, 61; vgl. *negotiatrix frumentaria et legumenaria* CIL VI 9683 = Dessau 7488.

eigne Innung[1]); der Handel mit Drogen, Medikamenten, Farben, Salzen, Essenzen und Toilettegegenständen scheint viele Spezialitäten gehabt zu haben[2]); im Kleiderhandel gab es besondre Geschäfte für verschiedne Arten von Mänteln und Überwürfen, für leichte Sommerkleider usf.[3]).

Arbeitsteilung und fabrikmäßiger Betrieb.

Hand in Hand damit geht eine in weitem Umfange durchgeführte Arbeitsteilung dergestalt, daß an der Herstellung derselben Gegenstände eine ganze Anzahl von Einzelarbeitern, jeder für einen bestimmten Teil der Ausführung, unter einheitlicher Leitung tätig war und somit eine Art fabrikmäßigen Betriebes entstand. Augustin bezeugt einen solchen Betrieb für die Metallindustrie, indem er die Untergötter, deren Macht nach dem römischen Glauben sich auf ein sehr eng begrenztes Gebiet beschränkte, mit den Handwerkern in der Straße der Silberschmiede vergleicht, wo jedes Gefäß bis zu seiner Vollendung durch viele Hände geht, während es doch von einem einzelnen ganz vollendet werden könnte; aber die Meisterschaft in der ganzen Kunst würde schwer und langsam zu gewinnen sein, einen Teil derselben kann jeder leicht und schnell erlernen[4]). Ein ähnliches Zusammenarbeiten hat nicht nur selbstverständlich im Baugewerbe, sondern sicher auch in der Tonwarenindustrie und in vielen Zweigen des Kunsthandwerks stattgefunden: bei der aus Pompeji bekannten, in Rom und anderwärts gleich üblichen Bemalung der Wände von Zimmern und öffentlichen Räumen muß eine Verteilung der Arbeit an verschiedene Gruppen von Kunsthandwerkern, Anstreicher, Arabesken-, Blumen-, Tier-, Landschafts-, Figurenmaler stattgefunden haben[5]).

In den zahlreichen Bildhauerwerkstätten wurden Statuen auch umgearbeitet[6]); in den Pandekten wird bemerkt, daß eine durch Testament vermachte Statue von dem Legatar auch dann in Anspruch genommen werden könne, wenn ihr ein Arm von einer andern angesetzt sei[7]). Es gab eigne Arbeiter, die nur den Statuen die Augen (aus einem farbigen Material) einsetzten[8]).

Läden.

Dieser so vielartige und ausgebreitete Verkehr erfüllte am meisten die belebtesten Plätze und Straßen, und gegen Ende des 1. Jahrhunderts hatten die an den Häuserfronten in die Straße hineingebauten Läden, Buden und Werkstätten dermaßen überhand genommen, daß die dadurch entstandnen Störungen des Verkehrs ihre Einschränkung nötig machten[9]). Ein Teil der Straßen hatte seinen Namen von dem Geschäftsgetriebe der Einwohner, wie die Straßen der Kornhändler, Riemenschneider, Sandalenmacher, Holzhändler, Glaser, Salbenhändler, Sichelmacher[10]). Daß Handwerker derselben Gattung »kolonienweise beisammen

1) Hist. aug. Alex. Sev. 33, 2; vgl. CIL IV 3423 = Dessau 6404[d]. 7494[a]; *lupinipolus* CIL IV 3483. 2) Marquardt a. a. O. S. 782. Ein *collegium aromatariorum* zu Rom CIL VI 384. 3) Über *paenularii, sagarii, vestiarii* s. Marquardt a. a. O. 585 ff.; *sagaria negotiatio* Dig. XVII 2, 52 § 4. Juv. 6, 591 (*an saga vendenti nubat copone relicto*). 4) Augustin C. D. VII 4; vgl. Brunn, Kleine Schrift. I 268. 5) S. unten [III 99]. 6) Appian. B. C. III 3 καὶ ἕδρας ἔνιοι τῶν Καίσαρος ἀνδριάντων ἐπεδείκνυον ἀνηρημένων· ὡς δέ τις αὐτοῖς ἔφη καὶ τὸ ἐργαστήριον ἔνθα οἱ ἀνδριάντες ἀνεσκευάζοντο δείξειν, εὐθὺς εἵποντο καὶ ἰδόντες ἐνεπίμπρασαν. Vgl. unten [III 64 f.]. 7) Dig. XXXIV 2, 14, vgl. unten [III 90]. 8) CIL VI 9402 f. = Dessau 7713 f. 9) Vgl. oben S. 7. 10) Marquardt a. a. O. S. 412 f. Jordan, Topogr. I 1 S. 515 ff. Der *vicus pulverarius* wird seinen Namen von Handlungen mit Puzzolanerde (*Puteolanus pulvis* Seneca n. qu. II 20, 3, vgl. Stat. Silv. IV 3, 52: *opusque texunt cocto pulvere sordidoque tofo* und mehr bei Nissen, Pompej. Stud. S. 46) haben, vgl. Hülsen-Jordan, Topogr. I 3 S. 219.

wohnten und ganze Straßen, ja Viertel einnahmen«[1]), kam in Rom und in den Städten Italiens vermutlich im Altertum nicht seltner vor als in der ersten Hälfte des 19. Jahrhunderts, da dieses Zusammenwohnen der zu demselben Gewerke gehörigen Arbeiter zum Teil ohne Zweifel schon durch die Arbeitsteilung bedingt war, wie auch die angeführte Äußerung des Augustinus über die Silberschmiedestraße schließen läßt[2]). Die heilige Straße, eine der Hauptverkehrsadern Roms, war namentlich voll von Läden für Luxusgegenstände; doch gab es auch andre Geschäfte dort: aus Inschriften ist außer Goldschmieden, Juwelieren, Perlen- und Edelsteinhändlern, Metallgießern und Ziseleuren auch ein Farbenhändler, ein Verfertiger von Flöten und ein Schreiblehrer von der heiligen Straße bekannt[3]). Dort kaufte man unter anderm Elfenbeinwürfel, sogenannte Cajetanische (aus Gallien bezogne) Schnüre[4]), Kristallkugeln, Fächer aus Pfauenwedeln und andre Geschenke für Frauen, Honig und Früchte für den Nachtisch eines Gastmahls und Kränze für die Teilnehmer des darauf folgenden Trinkgelags[5]). Doch die glänzendsten Läden Roms waren zu Ende des 1. Jahrhunderts in den Kaufhallen, die den Platz der Säpta auf dem Marsfelde umgaben; dort fand man schöne Sklaven, große Tischplatten aus Citrusholz, Elfenbeinarbeiten, Speisesofas mit Schildpatt ausgelegt, alte Bronzestatuen, Gefäße aus Kristall und Murrha: silberne Becher von altertümlich kunstreicher Arbeit, Halsbänder aus Smaragden in Gold gefaßt, große Ohrgehänge aus Perlen, daneben auch wohlfeile Waren[6]). Andre Läden für Luxusgegenstände waren im Tuskerquartier, wahrscheinlich auch in den den großen Zirkus umgebenden Arkaden[7]), während die enge und geräuschvolle[8]) Subura mehr eine kleinbürgerliche Geschäftsgegend darstellt[9]).

Die in ihrer Breite auf die Straßen sich öffnenden Läden und Schenken waren durch Leinwandvorhänge geschlossen, welche mit Ankündigungen oder Malereien bedeckt waren[10]); ausgehängte Schaustücke lockten die Käufer an[11]); außerdem hatten sie Schilder. Noch sind einige Relieftafeln vorhanden, die entweder als solche gedient oder vielleicht auch die Grabmonumente der Gewerbetreibenden geschmückt haben, deren Läden sie darstellen[12]). Auf dem Schilde eines Schinkenhändlers prangen fünf Schinken in einer Reihe nebeneinander. Zwei Reliefs zeigen zwei verschiedne Lokale einer Kleiderhandlung, in deren einem Frauen-, im andern Männerkleidung verkauft wurde, und dort eine Käuferin, hier einen Käufer, von andern Personen begleitet, welche die ihnen von dem

Ladenschilder.

1) Gaudy, Werke (1844) VI 61 f. 2) Vgl. oben S. 164. 3) Jordan, Topogr. I 2 S. 287. 4) Galen. X 942. 5) Prop. II 24, 11 ff. Ovid. am. I 8, 99 f.; ars am. II 265 f.; fast. VI 793. Varro r. r. I 2, 10. Nach Martial. II 63, 2 (*e sacra Leda redempta via*) scheinen hier auch Bordelle gewesen zu sein. 6) Martial. IX 59. 7) Jordan a. a. O. I 2 S. 469, 40. Tac. A. XV 38. 8) Martial. XII 18, 2. Juven. 11, 51. 9) Hülsen-Jordan I 3 S. 331. 10) Juv. 8, 168: *inscripta lintea* (*h. e. pictis velis popinae succedit* Schol.); bei Nacht traten an ihre Stelle mit Sicherheitsketten versperrte Verschlußläden, Juven. 3, 303 f., vgl. Overbeck-Mau, Pompeji[4] S. 378 Fig. 185. 11) Seneca ep. 33, 3: *non habemus itaque ista ocliferia nec emptorem decipimus nihil inventurum, cum intraverit, praeter illa, quae in fronte suspensa sunt.* Daraus die Glosse in einem Glossar etwa des 12. Jahrhunderts, Ellis, Archiv f. lat. Lexikogr. II 1885 S. 321: *ocliferia quaedam ornamenta, quae in fronte suspenduntur.* 12) Jordan, Arch. Ztg. XXIX 1871 S. 65 ff., vgl. auch Blümner ebd. XXXV 1877 S. 128 ff. (Relief eines Weinhändlers). Über Darstellungen aus dem Handwerk auf römischen Grab- und Votivsteinen in Italien Gummerus, Jahrb. d. archäol. Instit. XXVIII 1913 S. 63 ff.

Ladeninhaber und seinen Leuten vorgewiesene Ware prüfen. Zum Ladenschild war vermutlich auch die Darstellung einer feinen Wild- und Geflügelhandlung bestimmt, wo ein Hase, zwei Wildschweine, mehrere große Vögel an der Wand hängen, und ein junges Mädchen mit der Verkäuferin feilscht; beides Figuren, die in Kostüm, Anlage und Ausführung deutlich den adelnden Einfluß griechischer Vorbilder erkennen lassen: wie denn auch die untergeordneteren Darstellungen dieser Art, namentlich Grabdenkmäler von Handwerkern mit Szenen aus ihrem Leben, Zeugnis davon ablegen, »wie viel allgemeiner auch im spätern Altertum und in den untern Schichten der Bevölkerung das Bedürfnis war, durch die bildende Kunst nicht bloß das Leben in der Gegenwart zu schmücken, sondern auch Andenken und Erinnerung an dasselbe der Nachwelt zu überliefern, als dies gegenwärtig der Fall ist«[1]). Ein Relief, das die bekannte Gruppe der drei Grazien und daneben eine ganz bekleidete, sitzende Matrone mit einem über den Kopf gezogenen Obergewande zeigt mit der Unterschrift »zu den vier Schwestern«, war allem Anschein nach das Schild eines Ladens oder Gasthauses (wenn nicht eines Bordells)[2]). In einer Sammlung von griechisch-lateinischen Gesprächen zur Einübung der gangbarsten Ausdrücke des gewöhnlichen Lebens in beiden Sprachen kommt auch folgender Dialog vor: Ich gehe zum Kleiderhändler. Wieviel kostet dieses Paar? Hundert Denare. Wieviel der Regenmantel? Zweihundert Denare. Das ist zuviel, nimm hundert. Unmöglich, so hoch kommt es mir beim Einkauf von den Vorkäufern (Großhändlern) zu stehen. Was soll ich also geben? Soviel du meinst. (Zum Sklaven oder Begleiter:) Gib ihm 125 Denare. Gehen wir auch zum Leinwandhändler usw.[3]) Daß die Käufer gewohnt waren, die Forderungen der Kaufleute herabzusetzen, wie sich von selbst versteht, erwähnt auch Juvenal: der Schullehrer müsse sich einen Abzug von seinem Honorar gefallen lassen, wie der Händler mit Matten (zur Bedeckung von Fußböden) und schneeweißen Bettüchern von seinen Preisen[4]).

Geringschätzung des kleinen Erwerbs.

Reliefs und inschriftliche Denkmäler sind es fast ausschließlich, die uns hie und da in die Existenz der Handwerker und Ladeninhaber (sehr viele waren natürlich beides zugleich) einen Blick tun lassen. Einige Inschriften erinnern uns daran, wie äußerst wenig wir von den damaligen sozialen Verhältnissen der Gewerbetreibenden wissen: so machen uns Inschriften aus Hierapolis in Großphrygien (aus dem 2. oder 3. Jahrhundert) mit einer dort existierenden, offenbar recht angesehenen Zunft der Purpurfärber bekannt[5]), eine leider nur sehr fragmentarisch erhaltene pergamenische Inschrift zeigt das Eingreifen des römischen Prokonsuls bei einem Arbeiterausstande[6]), beim Bau des Theaters in Milet wird ein technischer Streit zwischen den den Bau ausführenden Unternehmern (ἐργολάβοι) und ihren Auftraggebern (ἐργοδόται), der zur Niederlegung der Arbeit zu führen droht, durch ein Orakel des didymäischen Apollo beigelegt[7]). Die römischen Lustspiele, die ihren Stoff mit Vorliebe diesen Lebenskreisen ent-

1) Jahn, Ber. d. Sächs. Ges. 1861 S. 373. Die erwähnten Reliefs s. dort S. 353, Taf. XI 2. 3. XIII 2, dazu S. 364 f. 371 f. 2) Jordan a. a. O. 76 f. 3) Corp. gloss. lat. III 657 c. 13. 4) Juv. 7, 220 f. 5) Judeich, Altertümer von Hierapolis S. 87 nr. 41. 42 (IGR IV 822. 816) ἐργασία τῶν πορφυραβάφων; S. 142 nr. 227 τῷ συνεδρίῳ τῆς προεδρίας τῶν πορφυραβάφων, vgl. Cichorius ebd. S. 50 f. 6) Athen. Mitteil. XXIV 1899 S. 167 ff. nr. 62. 7) Arch. Anz. 1904 S. 8; vgl. auch die sog. Streikinschrift von Sardes CIG 3467 = Lebas-Waddington 628 aus dem Jahre 459 n. Chr.

lehnten (Mimen und Atellanen), sind leider verloren, und die unübertrefflichen Szenen aus dem kleinbürgerlichen Leben bei Petron haben eine ganz lokale, süditalische Färbung. Die uns erhaltne Literatur stammt fast durchweg aus einer Bildungssphäre, in der man auf die kleinen Leute meist mit Geringschätzung und immer ohne Anteil herabsah, die tagaus tagein in entgürteter Tunika hinter dem Ladentisch standen[1]) oder in Schurz und Kappe[2]) auf ihrem Schemel in der Werkstatt, wo nichts Edles gedeihen konnte, für das Brot arbeiteten[3]), oder billig eingekaufte Waren mit einem Gewinn von 50 Prozent verhandelten, gleichviel, ob es stinkende Felle oder wohlriechende Essenzen waren, da der Gewinn für sie immer einen guten Geruch hatte[4]). So groß war die Abneigung gegen den kleinen Erwerb. Personen der höhern Stände wurden auch die unsaubersten Geschäfte, z. B. Vermieten von Häusern und Grundstücken zu Bordellen[5]), ebensowenig verdacht wie später russischen Großen die Branntweinpacht[6]), weil sie sich dabei der Vermittlung von Sklaven und Freigelassenen bedienten und so scheinbar von dem Schmutze des unanständigen Erwerbs unbefleckt blieben; den kleinen Geschäftsleuten machte man dagegen auch ein unschuldiges Wahrnehmen ihres Vorteils zum Vorwurf. So sagt Plinius, daß die Kleiderhändler auf den Untergang des Siebengestirns (am 11. November) achteten, weil man auf einen regnerischen Winter schloß, wenn er bei bewölktem, auf einen rauhen, wenn er bei heiterm Himmel erfolgte; im ersten Falle erhöhten sie den Preis der Mäntel, im zweiten den andrer Kleidungsstücke: und darin findet er einen Beweis für die heimtückische Gesinnung dieser Leute[7]). Handwerker erwarteten und erhielten, wenn man mit ihrer Arbeit zufrieden war (ebenso wie Tagelöhner), eine kleine Zugabe zu dem bedungnen Preis (*corollarium*)[8]).

Konservative Gesinnung der kleinen Geschäftsleute.

Handwerker und Krämer gehörten zu den konservativsten Elementen der Bevölkerung. Jede Erschütterung der bestehenden Ordnung, vollends Aufruhr und Bürgerkrieg bedrohten ihre Existenz unmittelbar. »Der bei weitem größte Teil der Taberneninhaber«, sagt Cicero (und dies gilt ganz ebenso für die spätere Zeit), »oder vielmehr diese ganze Klasse ist im höchsten Grade ruheliebend. All ihre Erwerbsmittel, ihre Arbeit und ihr Verdienst beruhen auf der Lebhaftigkeit des Verkehrs und werden durch die Ruhe erhalten; jede Schließung der Tabernen beeinträchtigt den Verdienst, und wie erst, wenn sie ein Raub der Flammen werden?«[9]) Dies war wohl in der Regel bei Straßenkämpfen der Fall, wie bei dem Kampf zwischen Volk und Prätorianern im Jahre 237/38, wo die letztern, von den Dächern mit Dachziegeln und Steinen beworfen, an die verschlossenen Türen der Tabernen und Häuser Feuer legten[10]). Sehr allgemein, wie es scheint, sah man in den Tabernen, Läden, Werkstätten, Wechselkontoren Büsten und Bilder der regierenden Kaiser, freilich meist schlecht gemalt und plump bossiert und oft unähnlich genug[11]). An den Geburtstagen der Kaiser

1) Prop. IV 2, 38; κάπηλοι ἀνεζωσμένοι Dio Chr. Or. 55, 2 (II 184 Arn.). 2) Epictet. Diss. IV 8, 16. 3) Cic. Catilin. IV 17: *illum ipsum sellae* (Marquardt, Privatl.² 725, 7) *atque operis et quaestus cottidiani locum*; de off. I 150 *opificesque omnes in sordida arte versantur: nec enim quicquam ingenuum habere potest officina.* Seneca epist. 88, 21. 4) Juv. 14, 200 ff. 5) Dig. V 3, 27 § 1. 6) Th. v Bernhardi, Gesch. Rußlands II 2, 689. 7) Plin. n. h. XVIII 225 (die Worte *negotiatoris avaritia* scheinen eine irrtümlich in den Text aufgenommene Randglosse zu sein). 8) Seneca de benef. VI 17, 1. 9) Cic. Catilin. IV 17. 10) Herodian. VII 12, 5. Vgl. oben S. 7. 11) Fronto Ep. ad M. Caes. IV 12 p. 74 N.

und sonstigen Festtagen zu Ehren der Kaiser und des kaiserlichen Hauses waren die Tabernen, wie überhaupt bei festlichen Gelegenheiten, mit Lorbeerzweigen geschmückt und mit Lampen erleuchtet[1]), an Trauertagen des Kaiserhauses geschlossen[2]).

Ihre Feiertage und Feste.

Wie die Innungen des Mittelalters ihre Heiligen, verehrten auch die römischen Handwerker- und Künstlerinnungen ihre Schutzgötter und begingen festlich deren heilige Tage[3]). Der allgemeinste Feiertag für sie war der 19. März, Quinquatrus genannt, der Stiftungstag des Tempels der Minerva, der Schutzgöttin aller Handwerker und Künstler, auf dem Aventin; später wurde das Fest auf fünf Tage, bis zum 23. März, ausgedehnt. Ovid nennt als daran beteiligt Spinnerinnen, Weber, Walker, Färber, Schuster, aber auch Bildhauer, Maler, Ärzte und Schullehrer, welche letztere dann Ferien gaben[4]). Den Tag der Vesta (9. Juni) feierten Müller und Bäcker, man hängte den Eseln Blumengewinde und auf Schnüre gezogene Brote um und bekränzte die Mühlen[5]). Die Zunft der Musikanten (besonders Flötenbläser), die bei den öffentlichen Opfern und Kultushandlungen spielten, hielt ihr Festmahl im Juppitertempel auf dem Kapitol und durchzog am 13. Juni, den sog. kleinen Quinquatrus, maskiert (besonders in Frauenkleidern), berauscht und scherzhafte Lieder nach alten Weisen singend die Stadt[6]). Vermutlich waren überhaupt bei Handwerkerfesten[7]) Aufzüge nicht selten; einen Aufzug des Tischlergewerks scheint ein Bild in Pompeji darzustellen, wo allerlei auf das Gewerk bezügliche Figuren[8]) von jungen Männern auf Bahren getragen werden[9]). Auch beteiligten sich in Rom wie in andern Städten die Innungen offenbar regelmäßig an großen Aufzügen (Triumphen, Einholungen der Kaiser u. dgl.), wobei wiederholt ihre Fahnen erwähnt werden; ohne Zweifel hatte jede ihren eignen Fahnenträger[10]). Eine in Ostia gefundene Marmortafel enthält ein nach Monaten geordnetes Verzeichnis von Mitgliedern eines dortigen Vereins (darunter auch eine Frau), nebst Angabe der Summen, welche dieselben eingezahlt hatten, damit von den Zinsen (und zwar 12 Prozent) alljährlich die Kosten einer gemeinsamen Feier des Geburtstags eines jeden bestritten würden[11]). Ein allgemeines Fest der kleinen Leute war der 15. März, der Tag der Anna Perenna, wahrscheinlich einer Göttin des Jahrs, der in einem Haine von Fruchtbäumen am ersten Meilenstein der Flaminischen Straße (wahrscheinlich nicht weit von Porta del Popolo) gefeiert wurde. Die Mädchen sangen

---

1) Tertullian. Apologet. 35; de idolol. 15. 2) CIL XI 1421 = Dessau 140 Z. 21 ff. (Pisa): aus Anlaß des Todes des C. Caesar (4 n. Chr.) *oportere ex ea die, qu[a ei]us deces(s)us nuntiatus esset, usqu[e] ad eam diem, qua ossa relata atque co[nd]ita iustaque eius Manibus perfecta essent, cunctos veste mutata templisqu[e d]eorum immortalium balneisque publicis et tabernis omnibus clausis co[nv]ictibus sese apstinere* usw. Philo in Flacc. 56: τὰ ἐργαστήρια τῶν Ἰουδαίων συγκεκλεισμένα διὰ τὸ ἐπὶ Δρουσίλλῃ πένθος. Ähnliches schon in hellenistischer Zeit in Olbia, Dittenberger, Syll.[3] nr. 730, 24. 3) Liebenam, Zur Gesch. u. Organisation des röm. Vereinswesens (1890) S. 288 ff. 4) Wissowa, Relig. u. Kultus d. Röm.[2] S. 253 f. Anthol. lat. 466, 11 *Pallasque tabernas vindicat.* 5) Wissowa S. 158. 6) ebd. S. 254. 7) Zu den regelmäßigen Ausgaben der tyrischen Faktorei in Puteoli gehörten τὰ γεινόμενα εἰς ἐπισκευὴν τῆς στατίωνος εἰς τὰς ἱερὰς ἡμέρας τοῦ κυρίου αὐτοκράτορος, IG XIV 830, 14. 8) Darunter Daedalus als mythologischer Repräsentant des Tischlerhandwerks, vgl. Gummerus, Jahrb. d. Arch. Instit. XXVIII 1913 S. 86. 9) Jahn, Abhdl. d. sächs. Gesellsch. d. Wiss. V 1868 Taf. IV 5 (= Schreiber, Bilder-Atlas Taf. 74, 5). 10) Hist. aug. Gallieni duo 8, 6; Aurel. 34, 4. Paneg. lat. V 8, 4; *vexillarii* des *collegium fabrum* CIL III 7900. 8018 (= Dessau 7247). 8837. 11) CIL XIV 326.

sehr ausgelassene, aus alter Zeit stammende Scherz- und Spottlieder, Männer und Frauen lagerten sich auf dem grünen Grasboden des Tiberufers teils im Freien, teils in Laubhütten oder improvisierten Zelten aus Rohrstäben, über die sie ihre Togen ausbreiteten. Dort zechten sie und beteten um so viel Lebensjahre, wie sie Löffel aus dem Mischgefäß schöpften, sangen die Melodien, die sie aus dem Theater behalten hatten, und führten plumpe Tänze auf; endlich kehrten sie taumelnd und sich gegenseitig unterstützend zur Belustigung aller des Wegs Kommenden heim[1]).

Festmahlzeiten der Kollegien.

Die Innungen sorgten zum Teil für gemeinsames Begräbnis ihrer Mitglieder[2]); doch die Mehrzahl der Ärmeren, welche die Kosten eines eignen Begräbnisses nicht zu erschwingen vermochten, beteiligte sich wohl bei Sterbekassenvereinen[3]), die außer Freien und Freigelassenen auch Sklaven aufnahmen und ihren Mitgliedern gegen Entrichtung eines monatlichen Beitrags eine angemessene Bestattung sicherten, gewöhnlich in sogenannten Kolumbarien, d. h. großen Gewölben mit übereinander liegenden Reihen kleiner Nischen, die ihren Namen von der Ähnlichkeit mit den Taubenhäusern haben[4]). Auch diese Vereine hatten ihre stehenden Feste; namentlich begingen auch sie den Geburtstag ihres Schutzgottes, d. h. den Einweihungstag seines Tempelbilds, mit einer Festmahlzeit[5]). Unter den noch erhaltenen Statuten solcher Genossenschaften gewährt namentlich das der »Verehrer der Diana und des Antinous« zu Lanuvium (Citta Lavigna) vom Jahre 136 n. Chr. nicht bloß interessante Einblicke in das Wesen der Sterbekassenvereine, sondern gibt auch einige Vorstellung davon, wie es bei ihren Festen zuging[6]). Vorausgeschickt ist die Warnung: »Du, der du neu in diesem Verein (so) eintreten willst, lies erst das Statut durch und tritt so ein, daß du dich nachher nicht beschwerst oder deinem Erben einen Rechtsstreit hinterlässest.« Die neu Aufgenommenen zahlten ein Eintrittsgeld von 100 Sesterzen (21,75 Mark) und eine Amphora guten Wein; der jährliche Beitrag von 15 Sesterzen (3,25 Mark) wurde in monatlichen Raten von 5 As (etwa 27 Pf.) entrichtet. Dagegen zahlte die Kasse zur Bestattung jedes verstorbnen Mitglieds, das regelmäßig beigetragen hatte, 300 Sesterzen (65 Mark); nur Selbstmörder waren ausgeschlossen. Von der Bestattungssumme wurden für das Leichengeleit 50 Sesterzen (etwa 11 Mark) abgezogen und am Scheiterhaufen verteilt. Klagen und Beschwerden sollten in den Versammlungen vorgebracht werden, »damit wir an den Festtagen in ungestörter Heiterkeit schmausen können«. Die Schmäuse wurden, wie es scheint, von je vier jährlich wechselnden Mitgliedern veranstaltet, welche Decken oder Polster für die Speisesofas, heißes Wasser nebst Geschirr, außerdem vier Amphoren (etwa 105 Liter) guten Wein und für jedes Mitglied ein Brot zu zwei As und vier Sardinen zu besorgen hatten[7]). Die Kosten der

1) Ovid. F. III 523 ff.; vgl. Martial. IV 64, 16 f. mit Friedlaenders Anmerkung. 2) Liebenam a. a. O. 262. 3) Fr. Schieß, Die röm. Collegia funeraticia, München 1888. Waltzing, Corporations professionelles chez les Romains I 286 ff.; über die Bezeichnung dieser Vereine *collegium salutare* (mindestens seit Anfang des 2. Jahrhunderts) De Rossi, Bull. arch. com. X 1882 S. 144 ff. 4) Marquardt, Privatl.² 370 ff. E. Samter, Real-Encykl. IV 593 ff. 5) Marquardt StV. III² 141 f. 6) CIL XIV 2112 = Dessau 7212 (Bruns-Gradenwitz, Font. iur. Rom.⁷ I 388 ff.). 7) So verstehe ich die schwierige Stelle Col. II 15: *magistri cenarum ex ordine albi facti* (dies ist als Überschrift zu fassen, wie solche auch in der Lex metalli Vipascensis CIL II 5181 = Dessau 6891 im Nominativ stehen). *Quo ordine homines quaterni ponere debe[bunt]: vini boni amphoras singulas, et panes a(ssium) II, qui*

eigentlichen Mahlzeit wurden vermutlich von den Zinsen eines Kapitals bestritten, das ein Gönner des Vereins hierzu bestimmt hatte; an Wein konnte um so weniger Mangel sein, als außer den neu Eintretenden auch die dem Verein angehörenden Sklaven eine Amphora (26 Liter) geben mußten, wenn sie freigelassen wurden. Ordentliche Schmäuse fanden sechs im Laufe des Jahrs statt; bei den beiden hauptsächlichsten, an den »Geburtstagen« der Diana und des Antinous, mußte der jedesmal auf fünf Jahre gewählte Vorsteher, der bei allen Verteilungen doppelte Anteile erhielt, den Mitgliedern vor der Mahlzeit im öffentlichen Bade Öl verabreichen. Derselbe hatte an allen Festtagen seines Amts mit Wein und Weihrauch zu opfern und seine übrigen amtlichen Funktionen in weißer Kleidung zu vollziehen. Hatte er sein Amt rechtlich verwaltet, so erhielt er fortan bei allen Verteilungen das Anderthalbfache des gewöhnlichen Anteils. Wer bei den Festen eines Streits halber von seinem Platze an einen andern ging, zahlte vier Sesterzen Strafe; wer einen andern schimpfte oder Lärm erregte, zwölf; wer den Vorsteher während des Schmauses schmähte oder beleidigte, zwanzig[1]). Als das Christentum sich in den Kreisen der kleinen Leute weiter und weiter ausbreitete, konnten gewiß viele Christen sich nicht sogleich entschließen, die Vorteile der Sterbekassenvereine, deren Mitglieder sie waren, aufzugeben. In den Briefen des Bischofs Cyprianus von Karthago wird einem Martialis unter anderm der Vorwurf gemacht, »die schändlichen und kotigen Mahlzeiten in einem Vereine lange besucht und seine Kinder nach heidnischer Sitte in demselben Vereine in unheiligen Gräbern bestattet zu haben«[2]).

Andre charakteristische Züge aus dem Leben der kleinen Leute.

Auch sonst finden sich hie und da Andeutungen über die gesellige und geistige Bildung in den Kreisen dieser kleinen Leute. Daß im allgemeinen weder die eine noch die andre groß war, ist selbstverständlich, und namentlich die Mangelhaftigkeit der letzteren durch ihre nicht selten ungrammatischen, unorthographischen und unbehilflich abgefaßten Inschriften bezeugt. Bei Gellius nennt ein Grammatiker ein ihm unbekanntes Wort »plebejisch und der Sprache der Handwerker angehörig«[3]). Doch Verse Vergils, dessen Popularität die Schillers in unsern Tagen vielleicht noch übertraf, wurden auch dort, wie es scheint, gern im Munde geführt[4]) und zuweilen überraschend angewendet. So trägt jenes Schild einer Wildbrethändlerin die Inschrift aus der Äneide: »weil schattige Berghöh'n Lauben dem Wild aufwölben und kreisende Sterne der Pol nährt, immer bleibt dir Namen und Ehr' und ewiger Nachruhm«[5]). Auch in eignen Versen versuchte man sich. Eine Grabschrift beklagt in zierlichen Hexametern den Verlust eines im dreizehnten Jahre verstorbenen Sklaven, welcher der Liebling seines Herrn, allem Anscheine nach eines Goldschmieds, war: »Dieser verstand Halsketten mit kundiger Hand zu verfert'gen und in getriebnes Gold

numerus collegi fuerit, et sardas [nu]mero quattuor, strationem, caldam cum ministerio. Anders Mommsen, De colleg. et sodaliciis S. 108; Ges. Schrift. III 120. Huschke, Zeitschr. f. gesch. Rechtswiss. XII 1845 S. 218 f., nach denen auf je vier Mitglieder eine Amphora (= 26 Liter) Wein kommen soll, was denn doch »eine unbillige Masse Sekt« zu so wenig Brot wäre. Vgl. auch das Statut der *negotiatores eborarii et citriarii*, CIL VI 33885 = Dessau 7214 (Bruns-Gradenwitz S. 399 f.).

1) Mehr über die Festschmäuse der Collegia bei Liebenam a. a. O. 260 ff. 2) Cyprian. Ep. 67, 6. 3) Gell. XIX 10, 9. 4) Bei Petron. 39, 3 zitiert Trimalchio den Vergilvers Aen. II 44. 5) Verg. Aen. I 607 ff.; s. Jahn, Ber. d. sächs. Gesellsch. d. W. 1861 S. 365.

buntschimmernde Steine zu fassen«[1]). Auch die Sitten waren ohne Zweifel nicht immer fein. Von den Hökern, die mit Salzfischen handelten, sagte man mit einer aus dem Griechischen entlehnten Redensart, daß sie sich mit dem Ellbogen schneuzten[2]), und die Burschen der Salzverkäufer zeichneten sich durch die Gemeinheit ihrer Späße aus[3]). Die Meister machten von dem Züchtigungsrecht, das ihnen gegen die Lehrlinge zustand, vermutlich nicht selten einen übermäßigen Gebrauch; wie denn gelegentlich erwähnt wird, daß ein Schuster einen freigebornen Lehrling, der sich ungeschickt erwies, durch einen Schlag mit dem Leisten auf einem Auge blind machte[4]). In dem städtischen Leben Pompejis scheinen die Lehrlinge keine ganz unbedeutende Rolle gespielt zu haben. Unter den an den Häusern angeschriebenen Wahlempfehlungen zu den städtischen Ämtern befindet sich auch eine der Lehrlinge (*discentes*)[5]), außerdem eine von einem Saturninus »mit seine Lehrlinge« (so)[6]). In treuherziger Weise rühmen einige Grabschriften die Eigenschaften der Verstorbenen[7]). Einem freigelassenen Goldschmied, der »durch seine Kunst in der Verfertigung Clodianischer Gefäße alle übertraf«, wird von seinem ehemaligen Herrn bezeugt: »Er hat niemanden geschmäht, nie etwas gegen den Willen seines Patrons getan. Immer war eine schwere Menge Gold und Silber bei ihm, aber nie ließ er sich danach gelüsten«[8]). Ein ebenfalls freigelassener Perlenhändler von der heiligen Straße bittet in seiner Grabschrift den Wanderer, sein Grab nicht zu beschädigen, in dem die Gebeine eines Manns ruhen, der »gut, barmherzig und ein Freund der Armen war«[9]). Ein L. Nerusius Mithres war nach seiner hexametrischen Grabschrift (in welcher die Anfangsbuchstaben der Verszeilen seinen Namen bilden) in der »heiligen Stadt« durch einen mit seltener Rechtlichkeit betriebnen Handel mit Bockfellen bekannt gewesen, hatte außerdem als Unternehmer seine Zahlungen an den Fiskus stets ohne Sorgen geleistet und sich bei allen Kontrakten als billig denkend erwiesen. Es war ihm wohl ergangen, er hatte sich ein mit Marmor ausgestattetes Haus gebaut, viele Bedürftige unterstützt; zu noch größerm Ruhm rechnete er es sich, daß er durch Erbauung eines Erbbegräbnisses für die einstige Ruhe aller seiner Freigelassenen beiderlei Geschlechts und ihrer Nachkommen gesorgt hatte[10]).

Abrichtung von Vögeln als Nebenverdienst von Handwerkern.

Handwerker suchten vielleicht öfters durch Zucht und Abrichtung von Vögeln sich einen Nebenverdienst zu schaffen, obwohl es natürlich auch Leute genug gab, die daraus allein ihr Gewerbe machten; Manilius erwähnt solche, die in Käfigen durch die ganze Stadt abgerichtete Vögel tragen, deren ganze Habe

1) CIL VI 9437 = Dessau 7710 (Buecheler, Carm. ep. 403). 2) Auct. ad Herenn. IV 67. Sueton. Vit. Horat. p. 5, 3 Vollm.; vgl. Diog. Laert. IV 46. R. Heinze, De Horatio Bionis imitatore (Diss. Bonn 1889) S. 5 f. 3) Martial. I 41, 8: *quod viles pueri salariorum* (Marquardt, Privatl.² 469, 3). 4) Ulpian. Dig. IX 2, 5 § 3. 5) CIL IV 673. 6) ebd. 275 (= Dessau 6419ᵉ); vgl. 694. 698. 7) Hübsch heißt es in einer Mailänder Inschrift CIL V 5930 *qui in arte sua quod fecit male, quis melius? quod bene, non alius.* Vgl. auch die selbstbewußte Grabschrift eines *fab(er) tign(arius) corp(oris) Ar(elatensis)* CIL XII 722 = Buecheler, Carm. ep. 483: *ars cui summa fuit fabricae, studium, doctrin(a) pudorque, quem magni artifices semper dixsere magistrum; doctior hoc nemo fuit, potuit quem vincere nemo, organa qui nosset facere aquarum aut ducere cursum* usw. 8) CIL VI 9222 = Dessau 7695; über die *vasa Clodiana* Plin. n. h. XXXIII 139. 9) CIL VI 9545 = Dessau 7602 (Buecheler, Carm. epigr. 74), etwa aus cäsarischer Zeit. 10) CIL IX 4796 = Dessau 7542 (Buecheler 437).

in einem kleinen Vogel besteht[1]). Doch kommen in den bezüglichen, nicht zahlreichen Anekdoten dreimal Handwerker als Besitzer oder Lehrmeister kunstreicher Vögel vor. Einen Raben, den ein armer Schuster abgerichtet hatte, einen Glückwunsch an August zu sprechen, wollte dieser nicht kaufen, da er schon genug solche Gratulanten zu Hause habe; aber der Vogel sagte zur rechten Zeit die oft von seinem Herrn gehörten Worte: »Ich habe Mühe und Kosten verloren«, und wurde nun sehr hoch bezahlt[2]). Ein Barbier am Forum hatte eine Elster, die musikalische Instrumente, Menschen- und Tierstimmen nachahmte; eines Tags machte ein großes, vorüberziehendes Leichengefolge vor dem Barbierladen Halt, und die im Zuge befindlichen Tubabläser bliesen ein langes Stück. Die Elster verstummte nun für einige Zeit, und man beargwöhnte schon einen neidischen Konkurrenten, sie verzaubert zu haben: da sang sie das ganze, so lange im stillen geübte Musikstück von Anfang bis zu Ende[3]). Unter Tiberius flog aus einem Rabennest auf dem Castortempel ein junger Rabe in eine gegenüberliegende Schusterwerkstatt, deren Herr ihn sprechen lehrte. Der Rabe gewöhnte sich, an jedem Morgen auf die Rednerbühne zu fliegen, Tiberius, Germanicus und Drusus mit Namen anzureden, auch das vorübergehende Volk zu begrüßen, und erregte so jahrelang die Bewunderung von ganz Rom. Als der Inhaber eines benachbarten Ladens ihn umbrachte (angeblich aus Zorn, weil er ihm ein Paar neue Schuhe beschmutzt hatte), geriet das Volk in solche Aufregung, daß es den Mörder aus dem Bezirk vertrieb; später wurde er ermordet. Der Vogel wurde feierlich von zwei Mohren auf einer Bahre unter Musik zu einem an der Appischen Straße errichteten Scheiterhaufen getragen und von einem großen Gefolge mit vielen Kränzen begleitet. Dies geschah, wie Plinius[4]), wahrscheinlich aus dem öffentlichen Stadtanzeiger, berichtet, am 28. März 35 n. Chr.

c. SONSTIGE ERWERBSARTEN. KÜNSTE UND WISSENSCHAFTEN.

Wie Handwerk und Kleinhandel galten auch manche andre, zum Teil sehr einträgliche Erwerbsarten für mehr oder minder unanständig. Der arme, aber freigeborne, liberal erzogne Mann sprach mit Geringschätzung von den Leuten, die reich wurden, indem sie Leichenbesorgungen übernahmen, Bäckereien und Badehäuser pachteten, öffentliche Arbeiten aller Art an Flüssen und Häfen, die Austrocknung von Sümpfen, auch die Reinigung von Kloaken ausführten, als Auktionsausrufer bald unschätzbare Kostbarkeiten, bald altes Gerümpel versteigerten[5]) und andre derartige Geschäfte machten.

Auktionsausrufer.

Von den hier genannten Gewerben galten zwei so sehr als unehrbar, daß den sie Betreibenden nach Cäsars Munizipalgesetz die Wählbarkeit zu städtischen Ehrenämtern abging[6]): das der Leichenbesorger und das der öffentlichen Aus-

1) Manil. astr. V 384 ff. 2) Macrob. Saturn. II 4, 30, wo § 29 auch noch ein *opifex* als Lehrer eines Raben vorkommt. Über sprechende Raben s. O. Keller, Die antike Tierwelt II 94 ff. 3) Plutarch. De sollert. animal. 19 (Ἑλλήνων ἀγορά ist die Graecostasis, Urlichs, Rhein. Mus. XII 1857 S. 219). 4) Plin. n. h. X 121 ff. 5) Juv. 3, 30 ff. (38 *conducunt foricas* versteht Rodbertus, Jahrb. f. Natioalök. V 1865 S. 309 ff. A. 81 vom Pachten von Abtrittsteuern; anders Marquardt StV. II² 280, 2 f.; vgl. Rostowzew, Real-Encykl. VI 2856). 7, 4 ff. 6) CIL I² 593 (= Dessau 6085) Z. 94. 104; vgl. Cic. epist. VI 18, 1.

rufer (*praecones*). Die letztern wurden zwar bei öffentlichen Bekanntmachungen aller Art (z. B. von verlornen Sachen, entlaufenen Sklaven) verwendet; doch ihr Hauptgeschäft war das Abhalten von Versteigerungen[1]), und vielleicht die naheliegende Berührung dieser Tätigkeit mit der des öffentlichen Spaßmachers der Grund der Mißachtung, in der das ganze Gewerbe stand[2]). Durch die Auktionen war es aber auch ein sehr einträgliches, denn die öffentliche Versteigerung hatte im römischen Geschäftsverkehr eine ganz andre Bedeutung als im heutigen; ihr gehörte teilweise der wichtige Platz, den gegenwärtig das Maklergewerbe, das Kommissionsgeschäft einnimmt. Wo immer man sich überflüssiger Gegenstände zu entäußern wünschte, namentlich im Falle der Erbschaft, oder auch wo man außerordentlicher Weise Geld brauchte, ward zur Auktion geschritten. Statt des Geschäftsherrn trat ein gewerbsmäßiger Vermittler ein, der *coactor argentarius*[3]) oder *exactionum*[4]), wie er von dem Einziehen der einzelnen Auktionsforderungen hieß: ein Gewerbe, das ebensowenig geachtet war wie das des Ausrufers. Die diesem Mittelsmann für seine Mühewaltung und für die Übernahme der Gefahr zu gewährende Entschädigung (bei der die Gebühr für den Ausrufer nicht einbegriffen war) wurde in Form eines von dem Käufer über den Kaufpreis hinaus zu entrichtenden Zuschlags von 1 Prozent erhoben. Die Niedrigkeit dieses Betrags erklärt sich durch den ungeheuren Umfang des römischen Auktionsgeschäfts; übrigens werden vermutlich bei besonders lästigen und gefährlichen Geschäften höhere Prozente bedungen worden sein[5]). In der Zeit des Horaz, dessen Vater dieses Geschäft betrieb, waren die Einnahmen dieser Vermittler noch ebenso gering wie die der Ausrufer[6]); aber schon in der ersten Kaiserzeit waren die der letztern (also auch die der erstern) hoch, was doch wohl kaum anders als durch eine große Steigerung der Schnelligkeit des Besitzwechsels in Rom erklärt werden kann; und allerdings bezeugt Strabo, daß zu seiner Zeit wenigstens die Häuser unaufhörlich aus einer Hand in die andre gingen[7]). Arruntius Euarestus, ein Auktionator, der in der Verwirrung nach Caligulas Ermordung eine Rolle spielte, war nach Josephus so vermögend wie die reichsten Römer und hatte die Macht damals und später, seinen Willen in Rom durchzusetzen[8]). Bei Martial bewerben sich um ein Mädchen zehn Dichter, sieben Anwälte, vier Tribunen und zwei Prätoren: der Vater gibt die Tochter ohne Besinnen einem Auktionsausrufer. Hat er etwa töricht gehandelt? fragt der Dichter[9]). Derselbe rät, einen Knaben, der in der Welt fortkommen wolle, nur ja nicht studieren oder Verse machen zu lassen; vielmehr solle er sich auf die Kithara oder Flöte verlegen, habe er einen harten Kopf, Ausrufer oder Baumeister werden[10]).

Die Baukunst, die Cicero als nützliche Kunst mit der Medizin zusammenstellt, galt den Römern unter allen Künsten als die anständigste und war zugleich die Baumeister.

1) Juv. 3, 33. Horat. epist. I 7, 56ff. 65. Martial. I 85. Joseph. ant. XIX 145. 2) Mommsen StR. I³ 365 f.; *praeco facetus* Martial. I 85, 1. 3) Dig. XL 7, 40 § 8. CIL XI 3156. 3820 = Dessau 7506. 7504 u. a. 4) Sueton. Vita Horat. p. 5, 2 Vollm. 5) Mommsen, Ges. Schrift. III 225 ff. 6) Horat. Sat. I 6, 86. Doch geißelte schon Lucilius (1238—40 Marx) den plumpen, noch in Ciceros Jugend sprichwörtlichen Tafelluxus des *praeco Gallonius*, Horat. S. II 2, 47. 7) Strabo V 235: τὰς οἰκοδομίας, ἃς ἀδιαλείπτους ποιοῦσιν αἱ συμπτώσεις καὶ ἐμπρήσεις καὶ μεταπράσεις, ἀδιάλειπτοι καὶ αὗται οὖσαι. 8) Joseph a. a. O. 9) Martial. VI 8. 10) ebd. V 56.

lohnendste; daher schon unter Augustus die Zahl der Baumeister in Rom so groß war, daß sie nach Vitruv sich selbst anbieten mußten, um Beschäftigung zu finden, und viele Pfuscher sich zudrängten[1]). Doch später vermehrte sich sicherlich die Nachfrage nach Architekten sehr, teils durch die kolossalen öffentlichen, teils durch die infolge von Bränden, Einstürzen und Verkäufen fortwährend betriebenen Privatbauten, teils endlich infolge der vielfach in Bauwut ausartenden Baulust der Reichen. Angesichts der großartigen Überreste öffentlicher und privater Bautätigkeit im ganzen römischen Reiche kann man nicht an der buchstäblichen Wahrheit der Äußerung Trajans zweifeln, daß es in keiner Provinz an kundigen und erfinderischen Architekten fehle[2]). Ein sehr großer Teil von ihnen stand im Staatsdienste, namentlich als Ingenieure und Bautechniker bei den Armeen[3]), doch muß die Zahl der Privatbaumeister bei weitem größer gewesen sein[4]).

Musiker und andre Künstler.

Über den Erwerb der (mit Ausnahme einzelner berühmter und hochbezahlter Künstler) gering geachteten Bildhauer und Maler wissen wir wenig. Daß die Einnahmen der Musiker sehr bedeutend sein konnten[5]), zeigen schon die Belohnungen von 200000 Sesterzen (43500 Mark), die der karge Vespasian den Kitharöden Terpnus und Diodorus für ihr Auftreten bei der Wiedereinweihung des Marcellustheaters gab[6]). Auch der Musikunterricht war einträglich, und die Honorare, die berühmte Sänger und Kitharöden von reichen Schülern erhielten, erregten den Neid und Ingrimm der Gelehrten. Erkundige dich nur, sagt Juvenal zu dem Lehrer der Beredsamkeit, für welchen Preis Chrysogonus und Pollio die Kinder der Reichen (im Kitharaspiel) unterrichten, und du wirst das Lehrbuch des Theodorus in Stücke reißen[7]). Wie die Musiker, so wurden im allgemeinen die Künstler, die dem Luxus oder dem Vergnügen des Publikums dienten, meist hoch bezahlt, namentlich Schauspieler und Tänzer[8]); aber auch Fechtmeister[9]) und Zirkuskutscher erwarben große Reichtümer[10]).

Gelehrte Berufsarten.

Auch gelehrte Berufsarten wurden wie die Künste und Kunstfertigkeiten, insofern sie nicht den Sklaven überlassen blieben, fast ausschließlich von Personen des dritten Stands erwählt. Galen nennt als die vorzugsweise bei der Wahl zu berücksichtigenden Fächer Medizin, Rhetorik, Musik, Geometrie, Arithmetik, Dialektik, Astronomie, Grammatik, Rechtskunde, wozu man noch allenfalls Bildhauerei und Malerei fügen könne[11]). Diese letztern schafften wenigstens, wenn sie als Handwerk betrieben wurden, wie alle Handwerke am schnellsten Brot, aus welchem Grunde auch Lucian zu seinem Oheim, dem Bildhauer, in die Lehre gegeben wurde[12]). Die wissenschaftlichen Berufsarten konnten freilich nur von solchen ergriffen werden, die jahrelange mühsame Vorbereitungen nicht scheuten und während dieser Zeit imstande waren, auf den Erwerb zu verzichten; und nicht leicht kamen die in die Höhe, deren Tüchtigkeit durch

1) Cic. de off. I 151. Vitruv. VI praef. 5ff. 2) Plin. ad Trai. 40, 3. 3) Mommsen StR. I³ 368. Marquardt StV. II² 553, 6. 4) CIL VI 9151—9154. Dessau 7728—7733ᵃ; ein *praefectus architectus* CIL V 1886 = Dessau 5378 (Concordia); *architectus, cuius maxima erat cura publicarum fabricarum* Augustin. confess. VI 9, 15. Promis, Mem. d. acc. di Torino s. 2 t. XXVII (1873) S. 1—187. Ruggiero, Dizion. epigraf. I 643ff. Vgl. unten [III 105 f.]. 5) Martial. V 56, 9 *artes ... pecuniosas.* 6) Sueton. Vespas. 19, 1. 7) Juv. 7, 175ff. Mehr s. unten [II 178f.]. 8) Vgl. unten [II 139 f.]. 9) Unten [II 64]. 10) Unten [II 25 f.]. 11) Galen. I 38f. 12) Lucian. Somn. 1f.

enge Verhältnisse beschränkt war[1]). Von der Lebensstellung, die diese Berufsarten gewährten, sind wir einigermaßen unterrichtet.

Lehrer (Grammatiker).

Dem Lehrerstande fehlte in den ersten Jahrhunderten zum größten Teil die Sicherung der Existenz und die äußerliche Geltung, die ein öffentliches Amt gewährt. Der Unterricht wurde im Anfang der Kaiserzeit gar nicht, im 2. Jahrhundert nur in sehr beschränktem Umfange als Angelegenheit des Staats betrachtet[2]) und auch als Kommunalangelegenheit wohl erst in dieser Zeit allgemein anerkannt[3]). Vorher war das Unterrichtswesen ganz der Privattätigkeit überlassen gewesen, welche jedoch überall dadurch gefördert wurde, daß Lehrer von städtischen Lasten frei waren. Diese Bestimmung enthält auch die im Jahre 1876 aufgefundene Gemeindeordnung eines Bergmannsdorfs im südlichen Portugal[4]); auch dort war also eine Schule vorhanden oder wenigstens in Aussicht genommen. Also werden Elementarschulen auch an kleinen Orten selbst in den Provinzen nicht gefehlt haben, während nur die größern und größten Städte Schulen für den wissenschaftlichen Unterricht und dessen höchste Stufe, den Unterricht in der Beredsamkeit, besaßen[5]). Aus kleinern Orten schickten daher die Eltern oft ihre Kinder, denen sie eine gute Bildung zu erteilen wünschten, nach einer größern Stadt oder nach Rom. Die Schule, die der ältere Statius in Neapel hielt, wurde von Knaben nicht nur aus ganz Campanien, sondern auch aus Lucanien und Apulien besucht[6]); die Schule eines Flavius in Venusia, in welche die großen Jungen großmächtiger Centurionen mit ihren Tafeln und Pennalen am Arme gingen, genügte dem Vater des Horaz nicht; trotz seiner beschränkten Mittel schickte er seinen Sohn nach Rom und ließ ihm eine Bildung erteilen, wie sie Söhne von Rittern und Senatoren erhielten[7]). Der auf einem Dorfe bei Mantua geborne Vergil hielt sich bis zur Anlegung der Toga virilis in Cremona auf, um dann nach Mailand und später nach Rom überzusiedeln[8]), offenbar seiner Ausbildung wegen. In den ersten Jahren der Regierung Trajans gab es in Como überhaupt keine Lehrer der Beredsamkeit, und die jungen Leute, die sich darin ausbilden wollten, mußten in Mailand studieren. Der jüngre Plinius schlug vor, die Besoldung eines Lehrers durch Beiträge der beteiligten Familien aufzubringen, und erbot sich, den dritten Teil der Summe beizutragen. Sie der Stadt ganz zu schenken, hielt ihn die Furcht vor Wahlumtrieben ab, die auf die Besetzungen der Lehrämter an solchen Orten, wo sie von der Gemeinde vergeben und besoldet wurden, häufig einen üblen Einfluß übten[9]). Wie in diesem Falle, wendete man sich wohl häufig nach Rom, um eine geeignete Kraft zu gewinnen, und die Bewerber um das zu vergebende Amt stellten sich, mit Empfehlungsschreiben dortiger Notabilitäten versehen[10]), vor und legten auch öffentliche Proben von ihrem Wissen und ihrer Unterrichtsfähigkeit ab. Gellius wohnte in Brundisium

1) Juv. 3, 164. 2) Marquardt StV. II² 106 f. Über das Verhältnis von Staat und Schule L. Hahn, Philologus N. F. XXX 1920 S. 176 ff. 3) Kuhn, Städt. u. bürgerl. Verfassung I 94. 99. Liebenam, Städteverwalt. im röm. Kaiserreich S. 351 ff. E. Ziebarth, Aus dem griech. Schulwesen² (1914) S. 30 ff. 4) CIL II 5181 (= Dessau 6891) Z. 57; vgl. Dig. L 4, 18 § 30. 5) Im griechischen Osten sind besonders zahlreich Schulstiftungen und Stiftungschulen, vgl. darüber E. Ziebarth a. a. O. 45 ff. 6) Stat. Silv. V 3, 162 ff. 7) Horat. Sat. I 6, 72 ff. 8) Donat. Vit. Verg. p. 2, 20 ff. Brummer. Bei Plin. n. h. IX 25 geht der Sohn eines armen Mannes vom Lande bei Bajä regelmäßig in die Schule nach Puteoli. 9) Plin. ep. IV 13, 3 ff. Ein *grammaticus latinus* in Comum CIL V 5278 = Dessau 6729 (Buecheler, Carm. epigr. 1274). 10) Ein solches bei Fronto ad amicos I 7 p. 179 N.

einer solchen öffentlichen Probelektion eines von Rom verschriebnen Lehrers bei. Dieser rezitierte eine Stelle aus Vergil sehr ungeschickt und fehlerhaft und forderte dann die Zuhörer auf, Fragen über das Gehörte an ihn zu stellen. Bei der Beantwortung einer von Gellius an ihn gerichteten Frage verriet er vollends seine Unwissenheit[1]).

Öffentlich angestellte —

Antoninus Pius, der für Rhetoren und Philosophen in allen Provinzen (von den Kommunen zu zahlende) Gehälter anwies[2]), erlaubte in einem zwar zunächst an den Städteverband der Provinz Asia gerichteten, jedoch für das ganze Reich geltenden Erlaß, die Freiheit von munizipalen Leistungen zu gewähren: in den größten Städten 10 Ärzten, 5 Rhetoren, 5 Grammatikern, in den mittlern 7 Ärzten und je 4 Rhetoren und Grammatikern, in den kleinen 5 Ärzten und je 3 Rhetoren und Grammatikern[3]). Daß durch die angegebnen Zahlen das Bedürfnis in Städten wie Ephesus und Smyrna, die zu den größten und volkreichsten des ganzen Reichs gehörten, auch nicht einmal annähernd befriedigt werden konnte, ist klar, und so muß es also schon für Rhetorik und Grammatik an allen größern Orten neben der kleinen Anzahl der öffentlich angestellten und besoldeten Lehrer eine bei weitem größere von Privatlehrern gegeben haben. Gellius spricht sehr häufig von Grammatikern, die in Rom als Lehrer Ansehen genossen, ohne jemals einen öffentlich angestellten zu erwähnen[4]); und wenn es solche auch wahrscheinlich an dem von Hadrian begründeten Athenäum gab, so war ihre Zahl doch jedenfalls im Verhältnis zu der Gesamtzahl der in Rom lebenden Grammatiker eine verschwindend kleine. Auch die öffentlichen Anstellungen in den übrigen Städten galten in dem Lehrerstande gewiß als sehr begehrenswert. In der Grabschrift eines lateinischen Grammatikers in Tritium Magallum, einer Stadt im tarraconensischen Spanien, wird (offenbar als ein ungewöhnlicher Erfolg) erwähnt, daß der Verstorbne im Alter von 25 Jahren von der Stadt ein Gehalt bezogen habe[5]). Außer dem Gehalt erhielten die Lehrer zuweilen auch Ehrenbezeigungen: so z. B. ein lateinischer Grammatiker in Verona, der dem zweiten Stande angehörte, die Auszeichnungen der Dekurionen[6]).

und Privatlehrer.

Die Grammatiker, d. h. die Lehrer, die den an die Lesung und Erklärung der Dichter geknüpften wissenschaftlichen Unterricht in beiden Sprachen erteilten, unterrichteten teils einzelne, weshalb sie nicht selten auch auf längere Zeit ganz in vornehme Häuser eintraten, teils hielten sie Schulen, und dies zogen die bessern und gelehrtern Lehrer wohl in der Regel vor; sie hielten sich, wie Quintilian sagt, eines größern Schauplatzes für würdig, während nur die geringern sich im Bewußtsein ihrer Schwäche dazu verstanden, sich nach Art von Pädagogen (Knabenaufsehern) einzelnen ganz zu widmen[7]). Doch natürlich werden auch die besten Lehrer gegen hohes Honorar Privatunterricht erteilt haben. Marc Aurel war seinem Urgroßvater dafür dankbar, daß er einen solchen genossen, keine öffentlichen Schulen besucht und erkannt habe, daß man für diesen Zweck keine Kosten sparen müsse[8]). Wohl immer waren es Leute geringen Stands, die sich dem Lehramt widmeten, in Rom ganz besonders Frei-

1) Gell. XVI 6. 2) Hist. aug. Anton. Pius 11, 3. 3) Dig. XXVII 1, 6 § 2. 4) Gellius IV 1, 1. V 4, 2. VI 17, 1. XIV 5, 1. XV 9, 3. XIX 10, 7. XX 10, 2. 5) CIL II 2892. 6) CIL V 3433. 7) Quintilian. I 2, 9f. 8) M. Aurel. Comment. I 4.

gelassene, Nichtbürger und Provinzialen, die bereits Julius Cäsar durch Verleihung des Bürgerrechts an Lehrer zahlreich dorthin zu ziehen suchte[1]). Eine sehr große Anzahl darunter war aus den griechischen Provinzen und dem Orient, da der Unterricht in der griechischen Sprache und Literatur in Rom ganz besonders gesucht war[2]).

Daß die Mehrzahl der Lehrer nicht aus innerm Beruf, sondern lediglich des Erwerbs halber unterrichtete, darf man schon daraus schließen, daß selbst unter den berühmtesten und durch wissenschaftliche Leistungen ausgezeichneten Grammatikern (Philologen) Roms im 1. Jahrhundert, von denen uns Sueton Nachricht gibt, mehrere entweder ganz zufällig zu diesen Studien gekommen sind, oder erst, nachdem es ihnen in andern Berufsarten nicht geglückt war. Einige legten den Grund zu ihren Kenntnissen als Sklaven und Freigelassene im Dienste von Gelehrten, oder indem sie den Sohn der Herrschaft in die Schule begleiteten. Der berühmte Orbilius war zuerst Amtsdiener bei einem Magistrat gewesen und hatte dann zu Fuß und zu Pferde im Heere gedient, ehe er sich ganz der Lehrtätigkeit widmen konnte; der noch berühmtere M. Valerius Probus aus Berytus legte sich erst auf sprachliche Studien, als er die Hoffnung aufgeben mußte, eine Subalternoffizierstelle, um die er sich lange beworben hatte, zu erhalten. Ein dritter war ehemals Faustkämpfer gewesen, ein vierter hatte sich bei den Bühnen umhergetrieben und durch Mitarbeiten an Possen seinen Unterhalt erworben[3]). Dagegen trat der spätere Kaiser Pertinax, der Sohn eines Freigelassenen, der Holzhandel trieb, vom Lehrerstande, in dem er seine Rechnung nicht fand, zum Kriegsdienste über[4]).

Die höhere Knabenschule.

Offenbar war die Ansicht sehr allgemein, daß es ein hartes Brot sei, »in der Schule zu sitzen und Kinder zu unterrichten« [5]). Die Mühen und Beschwerden waren groß, die Vorteile gering, und die wenigsten Lehrer mochte das Bewußtsein trösten und erheben, daß es ein hoher, ja königlicher Beruf sei, »unschuldige Gemüter in guten Sitten und heiligen Wissenschaften zu unterweisen« [6]). Der Unterricht begann mit oder vor Tagesanbruch[7]); der Lehrer mußte früher aufstehen als der Schmied oder Weber und den Dunst der von den Knaben mitgebrachten Lampen atmen, der die Büsten des Horaz und Vergil in der Schulstube schwarz räucherte[8]). Die Dauer des täglichen Unterrichts mag verschieden gewesen sein, doch wird er in der Regel sechs Stunden ausgefüllt haben, was Ausonius als das in seiner Zeit Gewöhnliche angibt[9]). Galen erzählt, daß ein Grammatiker Diodorus, der an epileptischen Krämpfen litt, wenn er während der Lehrstunden längere Zeit nichts genossen hatte, sich ganz wohl befand, seit er auf seinen Rat um die dritte oder vierte Stunde etwas in Wein getauchtes Brot zu sich nahm[10]): d. h. um die Mitte der Unterrichtszeit oder etwas später. Dagegen wird in griechisch-lateinischen Schulgesprächen erwähnt, daß die Schüler

1) Sueton. Caes. 42, 1; vgl. Aug. 42 *peregrinosque omnes exceptis medicis et professoribus ... expulisset.* 2) Für die spätere Zeit vgl. G. Rauschen, Das griechisch-römische Schulwesen zur Zeit des ausgehenden Heidentums, Bonn 1901. 3) Sueton. de gramm. 19f. 23. 9. 24. 22. 18. 4) Hist. aug. Pert. 1, 4 f. 5) Ann. Flor. Verg. orat. an poeta p. 186, 19 Rossb. (über das Sitzen der Lehrer vgl. Jahn, Abhdl. d. sächs. Gesellsch. d. Wiss. V 1868 S. 292. Wissowa, Röm. Mitteil. V 1890 S. 6, 1). 6) Ann. Flor. a. a. O. p. 187, 16. 7) Ovid. am. I 13, 17. Martial. IX 68, 3. XII 57, 5. XIV 223. Auson. epist. 22 p. 262, 28 Peip. 8) Juv. 7, 222 ff.; vgl. unten [II 192]. 9) Auson. epist. 13, 10 p. 243 Peip. 10) Galen. XI 242.

zum Frühmahl, d. h. um die Mittagszeit, nach Hause gehen, sich umkleiden und nach der Mahlzeit in die Schule zurückkehren[1]). Das gewöhnliche Alter derselben läßt sich einigermaßen bestimmen. Nach Paulus von Ägina, von dessen Vorschriften die Praxis sich auch in frühern Jahrhunderten und im Okzident nicht allzuweit entfernt haben dürfte, soll der erste Unterricht der Knaben im Alter von 6 oder 7[2]), der grammatische und geometrische (nebst gymnastischen Übungen) im Alter von 12 Jahren[3]) beginnen; vom 14. bis zum 20. Jahre[4]) soll das Studium der (höhern) Mathematik und Philosophie (verbunden mit schwierigern körperlichen Übungen) dauern[5]). Am schwersten war es für den Lehrer, die »Hände und zwinkernden Augen« so vieler heranwachsenden Knaben, über deren Sittlichkeit er wie ein Vater wachen sollte, unausgesetzt im Auge zu behalten[6]). Augustinus bereut in seinen Bekenntnissen auch die Vergehungen seiner Schülerzeit, in der seine Furcht, einen Sprachfehler zu machen, größer war als sein Bestreben, von Neid gegen diejenigen frei zu werden, die ihn vermieden. Er betrog mit unzähligen Lügen seinen Aufseher (Pädagogen), seine Lehrer und Eltern, aus Liebe zum Spiel mit Nüssen, Bällen und Vögeln, zum Schauen von Possen (Schauspielen) und aus kindischer Leidenschaft, das Geschaute nachzuahmen. Er stahl aus der Speisekammer und vom Tisch seiner Eltern teils aus Naschhaftigkeit, teils um für das Gestohlene andern Knaben ihr Spielzeug abzukaufen, und betrog beim Spiel[7]). Kritzeleien von Schulknaben haben sich zahlreich an pompejanischen Wänden erhalten. Auch haben wir noch ein wohl jedenfalls von Schulknaben verfaßtes und »bei den lockenköpfigen Scharen« sehr beliebtes »Testament des Ferkels Hans Grunzer« (M. Grunnius Corocotta), worin dasselbe vor seinem Tode durch das Messer des Kochs seinem Vater »Eberhard Speckmann« (Verrinus Lardinus) 30 Maß Eicheln vermacht, von seinem Leibe dem Schuster die Borsten, den Tauben die Ohren, den Advokaten und Schwätzern die Zunge usw. und sich für sein Grabmal die Inschrift in goldnen Buchstaben bestellt: »Hans Grunzer hat 999½ Jahr gelebt, hätte er noch ein halbes Jahr gelebt, so hätte er 1000 voll gemacht«[8]). Wie dieser Schulwitz dem heutigen ganz ähnlich sieht, so wird sich auch der kleine Krieg zwischen Lehrern und Schülern damals in denselben Szenen abgespielt und der Spott der letztern sich an die Schwächen der erstern ebenso geheftet haben wie heute. In einer griechischen Anekdotensammlung aus dem späten Altertum kommt folgende Schulgeschichte vor. Ein Elementarlehrer sagte während des Unterrichts: »Dionysios dort im Winkel treibt Unfug«, und als ihm erwidert wurde, daß dieser gar nicht da sei, antwortete er: »wenn er da sein wird«[9]). Quintilian führt unter den Gründen, aus denen der Schulbesuch dem häuslichen Unterricht vorzuziehen sei, die in der Schule geschlossenen, bis in das Alter dauernden Freundschaften und die Erweckung eines nützlichen Ehrgeizes durch den Wetteifer mit Altersgenossen an[10]). Andrerseits meinte man, daß in den Schulen die Sitten

1) Corp. gloss. lat. III 646; vgl. Lucian. de parasito 61 ὥσπερ οἱ παῖδες ἀφίξομαι καὶ ἑῷος καὶ μετ' ἄριστον μαθησόμενος τὴν τέχνην. 2) Vgl. Quintilian. I 1, 15. Juven. 14, 10 ff. 3) Vita Pers. p. 64, 12 Leo. 4) Das 15. oder 16. Lebensjahr als Anfang des höhern Unterrichts bei Galen. XIX 59. Liban. or. 1, 5 (I 82 F.). 5) Paul. Aegineta De arte med. I 14. Die Nichterwähnung des rhetorischen Unterrichts ist auffallend. 6) Juv. 7, 240 f. 7) Augustin. Conf. I 19, 30. 8) Petron. ed. Buecheler-Heraeus[5] p. 268 f. 9) Philogelos 61 Eberhard. 10) Quintilian. I 2, 20.

leicht verdorben würden[1]), obwohl Knaben aus guter Familie von ihren Pädagogen auch dorthin begleitet wurden; und auch gegen die Sittlichkeit der Lehrer selbst erhob sich vielfach üble Nachrede[2]). Zur Erhaltung der Ordnung machten diese von Rohrstock, Ruten und Peitsche offenbar sehr häufig Gebrauch[3]); die humane Ansicht, daß die Schüler überhaupt nicht geschlagen werden dürften, scheint nur durch eine Minderheit (zu der auch Quintilian gehörte) vertreten gewesen zu sein[4]). Zu den Mühseligkeiten und Beschwerden des Lehramts kamen die unbilligen Ansprüche der Eltern, über deren Verständnislosigkeit und Eitelkeit auf ihre Kinder schon Orbilius ein ganzes Buch voll Klagen schrieb[5]). Von Schulstaub hatten die römischen Lehrer nicht zu leiden, da sie in halb oder ganz offenen Zwischengeschossen[6]) oder unmittelbar an der Straße und von dieser nur durch einen Vorhang getrennt[7]) unterrichteten[8]). Auch dauerten (abgesehen von den vielen Feiertagen)[9]) die Sommerferien sehr lange, denn im Sommer, sagt Martial, lernten die Knaben schon genug, wenn sie nur gesund blieben[10]). Die Hauslehrer, besonders die griechischen, klagten, und gewiß oft mit Recht, über unwürdige Behandlung und Demütigungen aller Art, und daß ihr ganzes Gehalt kaum hinreichte, den Arzt, Schuhmacher und Kleiderhändler zu bezahlen[11]): während die Römer behaupteten, daß diese Ausländer in vornehmen Häusern ihnen vorgezogen würden und sich durch ihre Intriguen und Schändlichkeiten wohl gar zu den eigentlichen Herren derselben zu machen wüßten[12]).

Im ganzen wurde der grammatische Unterricht in Rom schlecht bezahlt. Juvenal gibt fünf Goldstücke (500 Sesterzen = 108,75 Mark) als jährliches Honorar an, das z. B. bei einem Besuch von dreißig Schülern nur eine Einnahme von 15000 Sesterzen (rund 3260 Mark) ergab, die doch noch durch die Kosten der Miete des Lokals usw. geschmälert wurde[13]); allerdings erfuhr dieses Einkommen noch durch herkömmliche Geschenke der Schüler an bestimmten Tagen des Jahrs[14]) eine Steigerung. Gewiß wurden gute Lehrer besser bezahlt, und vielleicht hatten viele eine erheblich höhere Schülerzahl, aber wohl auch viele eine geringere: bei Martial bittet einer den Kaiser statt des Dreikinderrechts um das Dreischülerrecht, da er immer nur zwei gehabt hat[15]). Im Tarif Diocletians erhält für den monatlichen Unterricht eines Schülers der Elementar- und der Schönschreiblehrer 50 Denar (90 Pf.), der Rechen- und der Schnellschriftlehrer 75 Denar (1,35 Mark), der Sprach- und der Geometrielehrer 200 Denar

Schulgeld.

1) Quintilian. I 2, 4. 2) CIL X 3969 = Dessau 7763 (Buecheler, Carm. ep. 91, 6) *magister ludi litterari ... summa quom castitate in discipulos suos.* Juv. 10, 224: *quot discipulos inclinet Hamillus.* Quintilian. I 3, 17; vgl. auch Anth. Pal. XI 139. 3) Marquardt, Privatl.² 113, 7. Auson. epist. 22 p. 262, 24 f. Peip.; vgl. das Bild bei Jahn a. a. O. Taf. I 3 (= Schreiber, Bilderatlas Taf. 89, 3), dazu S. 294 ff. C. Hosius, Zwei antike Motive in der Renaissancemalerei (Greifswald 1910) S. 3 ff. Prudent. Cathem. pr. 7—9: *aetas prima crepantibus flevit sub ferulis; mox docuit toga infectum vitiis falsa loqui.* 4) Quintilian. I 3, 14. Plut. de lib. educ. 12. 5) Sueton. de gramm. 9. 6) *pergulae,* Sueton. de gramm. 18. Hist. aug. Firm. Saturnin. etc. 10, 4; vgl. Mau, Röm. Mitteil. II 1887 S. 219. 7) Augustin. Conf. I 13, 22. 8) Marquardt a. a. O. 93 f. Vgl. auch Dio Chr. orat. 70, 9 (II 261 Arn.) und Jahn a. a. O. 289 (wo aber die für Hospitanten gehaltenen Figuren Pädagogen sind, welche die Schüler begleiten). 9) Marquardt a. a. O. 113, 9. 10) Martial. X 62, 12; vgl. Auson. epist. 22 p. 261, 9 f. Peip. 11) Lucian. De merc. cond. 38. 12) Juv. 3, 69 ff. Lucian. a. a. O. 17. 13) Juv. 7, 243 mit den Schol. 14) Varro de r. r. III 2, 18. Tertull. de idolol. 10. Hieron. in Ephes. VI 4 (Migne lat. XXVI 540). 15) Martial. X 60.

(3,60 Mark) und der Lehrer der Beredsamkeit 250 Denar (4,50 Mark)[1]. Ohne Zweifel war die Konkurrenz sehr groß; schon zu Ende der Republik soll es zuweilen zwanzig besuchte grammatische Schulen in Rom gegeben haben[2]. Manche Schulen wurden überdies von zweien gehalten, die also die Einkünfte teilten[3], und ältere Lehrer werden ohne Zweifel nicht selten, wie der Freund des Augustinus, Verecundus (zu Mailand), Gehilfen gehalten und bezahlt haben[4]. Waren nun aber auch die Schulmeister im allgemeinen, wie Ovid sagt, eine in bezug auf Vermögen zu kurz gekommene Klasse[5], so erwarben doch einzelne gesuchte Lehrer viel. M. Verrius Flaccus, den Augustus mit seiner ganzen Schule ins Palatium aufnahm[6], erhielt von ihm für den Unterricht seiner Enkel ein Jahrgehalt von 100000 Sesterzen (etwa 21750 Mark)[7]. Remmius Palämon bezog aus seiner Schule ein Einkommen von 400000 Sesterzen (87000 Mark) und nicht viel weniger aus seinem Privatvermögen, zu dem er doch wohl auch den Grund durch seine Lehrtätigkeit gelegt hatte, und das er mit großer Betriebsamkeit durch einen Kleiderhandel und sorgfältige Bewirtschaftung seiner Landgüter zu vermehren bemüht war[8]. Ein vernachlässigtes Weingut bei Nomentum, das er für 600000 Sesterzen (130500 Mark) gekauft hatte, brachte er mit Hilfe eines ausgezeichneten Sachverständigen so weit, daß er in weniger als acht Jahren die Lese am Stock für 400000 Sesterzen (87000 Mark), das ganze Gut innerhalb von zehn Jahren für das Vierfache des Einkaufspreises an den Philosophen Seneca verkaufte[9], der, wie er selbst sagt, den Weinbau mit Eifer betrieb und das Weingut bei Nomentum wiederholt erwähnt[10]. Epaphroditus aus Chäronea, der in Rom unter Nero und in der folgenden Zeit bis Nerva unterrichtete und im Alter von fünfundsiebzig Jahren starb, besaß zwei Häuser in Rom und eine Bibliothek von 30000 Bänden, und zwar wertvolle und seltne[11]. Andre amtliche Anstellungen als an Unterrichtsanstalten erhielten die Grammatiker wohl nur bei den Bibliotheken zu Rom und Alexandria; bei dem Amt der Briefe wenigstens die höhern Stellen, wenn überhaupt, gewiß nur ganz ausnahmsweise[12].

1) Blümner, Maximaltarif des Diocletian S. 119 (der Wert des Diocletianischen Denars ist wenig über 14/5 Pf., genauer 1,827 Pf., Blümner S. 59). Bei Horat. S. I 6, 75 beträgt das monatliche Schulgeld nur *octoni aeris* = 8 As (ungefähr 37 Pf.), bei Palladas Anth. Pal. IX 174, 9 das jährliche ein Goldstück (21,75 Mark). Ein Lehrer der Tachygraphie erhält für die Ausbildung eines Sklaven in dieser Fertigkeit nach einem Kontrakte vom Jahre 155 n. Chr. (Oxyrh. Pap. IV 724 = Wilcken, Chrestom. nr. 140) 120 Drachmen Silber (18,86 Mark) in drei Raten. 2) Sueton. de gramm. 3. 3) Dig. XVII 2, 71. 4) Augustin. Conf. VIII 6, 13. Menelaus *antescholanus* Petron. 81, 1. Auson. Prof. 22 p. 68 Peip. *Victorio subdoctori seu proscholo.* Corp. gloss. lat. III 198, 22 ὑποδιδάσκαλος *subdoctor,* 24 πρωτόσχολος *antescolanus,* vgl. p. 646 ἄλλοι πρὸς τὸν ὑποδιδακτήν *alii ad subdoctorem.* Die rätselhaften *antescolari virginum* CIL VI 14672 haben auf keinen Fall etwas mit der Schule zu tun. 5) Ovid. Fast. III 829. 6) Oben S. 71. 7) Sueton. a. a. O. 17. 8) ebd. 23. 9) Plin. n. h. XIV 49—51. 10) Seneca Qu. n. III 7, 1; ep. 104, 1. 110, 1; vgl. Columella III 3, 3. 11) Suidas s. Ἐπαφρόδιτος. Nach Laqueur, Der jüdische Historiker Flavius Josephus (1920 S. 23 ff. ist er der Epaphroditus, dem Flavius Josephus sowohl seine jüdische Archäologie wie die (erst nach 100 herausgegebene) Streitschrift gegen Apion gewidmet hat; doch vgl. dazu R. Helm, Philol. Wochenschr. 1921 Sp. 485. Er ist wohl der *M. Mettius Epaphroditus grammaticus graecus,* dessen sitzende Statue mit Inschrift (CIL VI 9454 = Dessau 7769) im Palazzo Altieri in Rom erhalten ist (Matz-v. Duhn, Antike Bildwerke in Rom nr. 1320. Bernoulli, Griech. Ikonographie II Taf. XXVIII). 12) Sueton. a. a. O. 20 (Hyginus). Suid. s. Διονύσιος Ἀλεξανδρεύς.

Professoren der Beredsamkeit.

Die Professoren der Redekunst litten zum Teil unter denselben Nachteilen und Widerwärtigkeiten wie die Schullehrer. Auch sie hatten die unbilligen Ansprüche und die törichte Eitelkeit der Eltern[1]) sowie die Ungezogenheit und Trägheit der Schüler zu erdulden, die oft noch mehr Lust hatten, mit Würfel oder Kreisel zu spielen, als die Rede des sterbenden Cato zu lernen, und sich die Augen mit Öl einrieben, um den Unterricht versäumen zu dürfen[2]). Auch die Einrichtung, deren sich Quintilian mit Vergnügen erinnerte, daß die Lehrer die Rangordnung monatlich nach den Leistungen bestimmten, und der Wert, den die Schüler darauf legten, die Ersten in ihrer Klasse zu sein[3]), läßt annehmen, daß sie großenteils noch »vor dem Ziel der Mannbarkeit« standen, wie Ausonius sagt[4]). Doch wenn vielleicht die Mehrzahl noch das Knabenkleid trug[5]), dürften doch nicht wenige, wie z. B. auch Gellius[6]), bereits im Jünglingsalter gewesen sein[7]). Martial nennt Quintilian als Inhaber der öffentlichen Professur der Beredsamkeit »den höchsten Lenker der unsteten Jugend«[8]). Der Rhetor Verginius Flavus wurde infolge der Pisonischen Verschwörung verbannt, weil er auf die jungen Männer (*iuvenes*) durch seinen Unterricht Einfluß übte[9]). Juvenal erwähnt, daß der Rhetor Rufus und andre »jeder von seiner Jugend« Schläge erhalten habe[10]). Augustinus, der die Rhetorik zu Karthago lehrte, wurde durch die abscheuliche Zuchtlosigkeit der dortigen studierenden Jugend veranlaßt, nach Rom überzusiedeln, wo die Zucht strenger war[11]). Da die Konkurrenz in Rom sehr groß war, ließen sich gar manche der Lehrer zu Schmeichelei und unwürdiger Nachgiebigkeit herbei, um ihre Hörsäle zu füllen[12]). Auch sie mußten die tödliche Langeweile von Übungsreden über ewig dieselben Themata — den immer wieder aufgewärmten Kohl nennt es Juvenal — ertragen; dabei war auch ihre Bezahlung oft gering oder wurde selbst verweigert, und auch der Lehrstuhl der Beredsamkeit erwies sich dann als eitel und unfruchtbar[13]). Augustinus machte in dieser Beziehung in Rom so schlimme Erfahrungen, daß er sich deshalb um eine Stelle in Mailand bewarb[14]). Libanius war daran gewöhnt, daß die Schüler nicht zahlten, teils weil sie zu arm waren, teils weil sie das von ihren Vätern zur Honorierung der Lehrer empfangene Geld in Gelagen, Würfelspiel und Ausschweifungen vergeudeten[15]). Immerhin war das Honorar der Rhetoren ein höheres als das der Grammatiker[16]) — Juvenal nennt

1) Petron. 4, 2. Quintilian. II 4, 16. 2) Pers. 3, 44—51. Juv. 7, 213. 3) Quintilian. I 2, 22 ff. 4) Auson. Profess. 17, 11 p. 64 Peip. 5) Plin. ep. IV 13, 3. Vita Persii p. 64, 14 Leo. CIL VI 2188 = Dessau 4976 *studioso eloquentiae. vixit annis XV.* Kaibel, Epigr. gr. 229 ἔτη δ' ἐπὶ πέντε λόγοισιν εἰν Ἐφέσῳ σχολάσας εἰκοσέτης ἔθανον. Auson. Mosella 403 *praetextati celebris facundia ludi.* Nach Liban. or. 2, 20 (I 245 F.) οὐδὲν δέομαι πληγῶν, ἑκόντων ἅπαντα ποιούντων. ἑτέρους δὲ ἴσμεν μυρίας ῥάβδους ἀνηλωκότας und sonst waren körperliche Züchtigungen in den Rhetorenschulen von Antiochia gewöhnlich; doch hieraus auf den Okzident und frühere Zeiten zu schließen, wäre sehr gewagt. 6) Gell. XVIII 5, 1 *adulescentuli.* 7) Auson. epist. 22 p. 265, 73 Peip.: *idem vesticipes motu iam puberis aevi ad mores artesque bonas fandique vigorem produxi.* Prudent. Cath. pr. 7—9 (oben S. 179, 3). 8) Martial. II 90, 1. 9) Tac. A. XV 71; vgl. Gellius XIX 9, 2 *Antoninus Iulianus rhetor, docendis publice iuvenibus magister.* 10) Juv. 7, 213. 11) Augustin. Conf. V 8, 14. 12) Tac. Dial. 29, 7. 13) Juv. 7, 154 ff. 203 ff. 14) Augustin. Conf. V 12, 22. 15) Liban. or. 3, 6 ff. I 269 f. F. (§ 9 πάλαι γὰρ ἐθάς εἰμι τοῦ μὴ λαμβάνειν). Die Zahlung erfolgte am 1. Januar, or. 9, 16 (I 397 F.); vgl. überhaupt Sievers, Leben des Libanius S. 16—42. 16) Juv. 7, 217; nach Cod. Theod. XIII 3, 11 war das Gehalt der Rhetoren doppelt so groß wie das der Grammatiker; vgl. auch Kuhn, Städt. u. bürgerl. Verfass. I 102 f.

2000 Sesterzen (435 Mark) als ein allerdings schon hohes Honorar eines Rhetors[1]) — und ihre Stellung überhaupt eine günstigere und angesehenere: schon deshalb, weil sie einen höhern Unterricht erteilten, an dem, wie gesagt, auch Erwachsene teilnahmen, und der in unmittelbarstem Zusammenhange mit dem Leben stand, da die Fähigkeit der gewählten und fließenden, selbst kunstmäßigen Rede nicht bloß als Haupterfordernis der allgemeinen Bildung galt, sondern auch für viele Lebensstellungen, namentlich für alle höhern Ämter, unentbehrlich war. Die Professuren der lateinischen und griechischen Beredsamkeit waren daher in Rom, vermutlich auch anderwärts[2]), die ersten und lange Zeit die einzigen vom Staat und von den Kommunen besoldeten Stellen; das Gehalt betrug in Rom 100000 Sesterzen (21750 Mark), soviel wie das eines Prokurators dritten Rangs und das Vierfache von dem eines Kriegstribunen[3]). Der erste Inhaber des von Vespasian geschaffnen Lehrstuhls, der Spanier Quintilian, wurde nicht nur sehr reich, sondern erhielt auch als Prinzenlehrer die konsularischen Insignien[4]). Seit Hadrian gab es in dem von ihm erbauten Athenäum in Rom eine eigene kaiserliche Lehr- und Vortragsanstalt und der besonders angesehene sogenannte »obere Lehrstuhl«[5]) an dieser Anstalt wurde von einer Reihe berühmter griechischer Sophisten, wie Hadrianus, Philagros, Pausanias, Aspasius, eingenommen[6]).

Ihre Laufbahnen.

Schon unter Nero und infolge des von ihm für die Beredsamkeit zur Schau getragnen Interesses hatten sich, wie erwähnt, viele Lehrer derselben aus tiefster Niedrigkeit zum Senatorenstand und zu den höchsten Ehren aufgeschwungen[7]). Schon im ersten[8]), noch mehr im zweiten Jahrhundert gelangten berühmte Rhetoren nicht selten zu der einflußreichen Stellung kaiserlicher Sekretäre, die zuweilen eine Vorstufe zu noch höhern Ämtern war[9]). In einer Anekdote weissagt ein Astrolog aus der Nativität eines Knaben, er werde Rhetor, dann Präfekt, dann Statthalter werden[10]). Hiernach ist es begreiflich, daß dieser Beruf auch von Männern des Ritterstands erwählt wurde, was zum erstenmal unter Augustus von einem Blandus geschehen war. Vor ihm hatten nur Freigelassene Unterricht in der Beredsamkeit erteilt, und es hatte für schimpflich gegolten zu lehren, was anständig war zu lernen[11]). Auch wurden Rhetoren von den Kaisern wohl öfters in diesen Stand erhoben; so Dionysius von Milet von Hadrian, der ihn überdies zum Prokurator in mehreren Provinzen machte und durch die Ehre der öffentlichen Speisung im Museum zu Alexandria auszeichnete[12]). Auch von dem Sophisten Heliodor dem Araber erwähnt Philostrat, daß der Kaiser (Caracalla) ihm und seinen Söhnen das Staatsroß verlieh[13]). Ähn-

1) Juven. 7, 186. 2) Hist. aug. Anton. Pius 11, 3. 3) Suet. Vesp. 18; vgl. oben S. 131. Das Gehalt von 600000 S. (130500 Mark), das Eumenius in Augustodunum erhielt (Paneg. lat. IX 11, 2. 14, 5. 16, 3), nachdem er schon als Magister sacrae memoriae 300000 (65250 Mark) bezogen hatte, war ein besondrer Beweis kaiserlicher Gunst. 4) Auson. grat. act. 7 p. 361 Peip.; vgl. Juv. 7, 197. 5) Philostr. Vit. soph. II 10, 5, sonst ὁ κατὰ τὴν Ῥώμην θρόνος II 8, 2. 13. 33, 2; auch die Bezeichnung als *orator* (oder *rhetor*) *urbis Romae* bezieht sich wohl auf die Inhaber dieser Professur. Vgl. F. Schemmel, Philol. Wochenschr. 1921 Sp. 932 ff. 6) S. unten [II 258, 3]. 7) Vgl. oben S. 34. 8) Der Rhetor Secundus bei Otho, Plut. Otho 9. 9) z. B. Philostr. Vit. soph. II 5, 3. 10, 6. 24, 33, 3; vgl. Kuhn a. a. O. I 92 f. 10) Philogelos 202. 11) Seneca Controv. II pr. 5. 12) Philostrat. Vit. soph. I 22, 3. 13) ebd. II 32 ἱππεύειν αὐτῷ τε δημοσίᾳ ἔδωκεν ... καὶ μὴν καὶ προὐστήσατο αὐτὸν τῆς μεγίστης τῶν κατὰ τὴν Ῥώμην συνηγοριῶν ὡς ἐπιτηδειότερον δικαστηρίοις καὶ δίκαις. ἀποθανόντος δὲ τοῦ βασιλέως προσετάχθη μέν τις αὐτῷ νῆσος κτλ.

liches wird von Grammatikern nie berichtet. Seit dem 2. Jahrhundert, wo auch außerhalb Roms in mittlern und selbst, wie es scheint, den meisten kleinern Städten Rhetoren öffentlich, d. h. von den Kommunen, angestellt wurden, mag der Zudrang der in Rom die Beredsamkeit Studierenden auch darum sehr zugenommen haben, weil die von den dortigen berühmten Lehrern und Rednern Empfohlenen wohl am leichtesten in Italien und den Provinzen Anstellungen erhielten. Plinius bittet Tacitus, sich unter der großen Anzahl von jungen Männern, die sich an ihn aus Bewunderung für seinen Geist anschlossen, solche auszusuchen, die er für das Lehramt der Beredsamkeit in seiner Vaterstadt Comum vorschlagen könne[1]). Fronto verwendet sich bei seinem Schwiegersohn Aufidius Victorinus um eine Empfehlung für den Rhetor Antonius Aquila zu einer öffentlichen Anstellung in einer Stadt Galliens[2]). Lehrer der griechischen Beredsamkeit waren in den dortigen Städten schon in Strabos Zeit öffentlich angestellt[3]). Lucian rühmt sich, zu denjenigen gehört zu haben, die bei einer solchen Anstellung ein hohes Gehalt bezogen[4]).

Noch vorteilhafter als im Hörsaal konnte die Kunst der Rede vor den Schranken der Gerichtshöfe verwertet werden. Nicht jeder freilich, den seine Kunst und sein Wissen zum Lehramt befähigte, taugte auch zum Gerichtsredner; aber viele vereinten, wie Quintilian, beide Berufsarten, oder gingen von der einen zur andern über[5]); namentlich wählten Gerichtsredner im vorgerückten Alter das Lehramt als ruhigere Beschäftigung[6]). Zur Führung von Verteidigungen und Anklagen war nämlich nicht, wie gegenwärtig, juristische Bildung, sondern vor allem Beredsamkeit erforderlich. Nach dieser strebten daher selbst solche Gerichtsredner, die sich möglichst allseitig für ihren Beruf ausbilden wollten, ganz hauptsächlich, und wenn sie das Studium des Rechts daneben nicht vernachlässigten, so galt dies auch ihnen nur als ein untergeordnetes Hilfsmittel[7]). Vollends die große Mehrzahl der (schon damals so genannten) Advokaten, die ihr Geschäft ganz handwerksmäßig betrieben, besaß eben nichts als Redefertigkeit und war des Rechts ganz unkundig[8]), weshalb sie bei Prozessen juristische Beistände (sogenannte Pragmatiker) zuzogen, von denen unten die Rede sein wird. Sachwalter.

Die Advokatur war offenbar der gewöhnlichste Weg, den damals Leute des dritten Stands einschlugen, die Kopf und Ehrgeiz hatten: »in der Toga arbeitete das Volk sich empor«[9]); die Toga, in der die Gerichtsredner auftraten, war damals für sie wie für die Klienten bereits eine auszeichnende Tracht, daher sie wie diese Togaträger (*togati*) genannt wurden[10]); Quintilian heißt bei Martial »der größte Stolz der römischen Toga«[11]). Auch im übrigen Italien sowie in den Provinzen wurde dieser Beruf vorzugsweise von den Begabtesten und Ehrgeizigsten erwählt (wie von Lucian und Apulejus): der Freigelassene in der

1) Plin. ep. IV 13, 10. 2) Fronto ad amicos I 7 p. 179 N. 3) Strabo IV 181. 4) Lucian. Apol. 15. 5) Martial. II 64. 6) Quintilian. XII 11, 4. 7) Mitteis, Reichsrecht und Volksrecht (1891) S. 189 ff. 8) Quintilian. XII 3. Tac. Dial. 31, 11 f. 32, 6 f. 9) Tac. A. XI 7; vgl. Juven. 8, 47 ff. Inschriften von *causidici* CIL VI 9240—9242 (Dessau 7745 ff.). 10) Apul. met. X 33. Sidon. Apoll. epist. VI 3, 2. Cod. Just. II 7, 3 u. ö.; vgl. CIL VIII 646 (Mactar) ... *orator fuit iuvenis et togatus publicus aures studiis suis delectavit.* Eph. epigr. VII 102 *ex tog[ato]* ehemaliger Advokat. 11) Martial. II 90, 2.

Kolonie Petrons, der seinen Sohn etwas lernen lassen will, beabsichtigt ihn, wenn nicht Auktionator, so doch Rechtsanwalt werden zu lassen[1]). Daß die Advokatur außer dem Rechtsstudium der ehrenvollste bürgerliche Beruf war, den Männer des dritten Stands wählen konnten, geht schon daraus hervor, daß diese beiden Beschäftigungen die einzigen ihnen zugänglichen waren, die auch für Ritter und Senatoren als anständig galten. Die Advokatur war auch der einzige bürgerliche Beruf, in dem Niedriggeborne sich durch Talent und Glück zum ersten Stande aufzuschwingen vermochten[2]), wie denn Eprius Marcellus und Vibius Crispus durch sie bis zum Konsulat, der Freundschaft der Kaiser, zu höchstem Ansehen und großer Macht emporstiegen[3]); ihr großes Vermögen stammte freilich weniger aus den Klientenhonoraren, als aus den Prämien, die sie als erfolgreiche Ankläger aus der konfiszierten Habe ihrer Opfer erhalten hatten[4]). Von den Schriftstellern dieser Zeit haben sich aus dem Ritterstande Seneca, der ältere Plinius, Sueton als Sachwalter versucht[5]); der jüngere Plinius, der schon im neunzehnten Jahre öffentlich auftrat[6]), und Fronto blieben auch als Senatoren der Advokatur treu.

Ihre Stellung und Einnahmen.

Berühmte Gerichtsredner lebten in großem äußern Glanz, ihre geräumigen und geschmückten Atrien waren täglich gefüllt[7]), ihre Namen in aller Munde, Hochgestellte und Reiche bemühten sich um sie, Fremde, die schon in ihren Munizipien und Kolonien von ihnen gehört hatten, suchten sie kennen zu lernen[8]). In ihren Häusern und auf deren Vorplätzen sah man ihre (doch wohl meist von dankbaren Klienten errichteten) Statuen[9]); manche waren sogar zu Pferde oder auf Viergespannen stehend dargestellt[10]). Die zum Eingange führenden Stufen sowie dieser selbst waren mit Palmzweigen als Zeichen gewonnener Prozesse geschmückt[11]). Nach einem solchen geleitete den siegreichen Verteidiger ein großes Gefolge nach Hause, während die freigesprochnen Angeklagten sich mit geschornem Haupt (zum Zeichen der glücklich überstandnen Gefahr) nach einem Tempel begaben, um den Göttern zu danken[12]). Und wenn auch nicht Rang und Stand, so erwarben die Advokaten, deren Türen von Parteien belagert und von groben Türstehern verteidigt wurden[13]), doch großes Vermögen[14]), und es war dies eine sehr anständige Art, sich zu bereichern[15]). Natürlich gab es aber neben diesen gesuchten und hochbezahlten Anwälten auch eine große Menge von Winkeladvokaten, die vielleicht für vier Reden ein Goldstück erhielten, wovon noch ein Abzug für die Pragmatiker gemacht wurde[16]), und die

1) Petron. 46, 7. 2) Tac. Dial. 9, 1. 11, 5. 13, 2. 3) Oben S. 133. 4) Über diese Belohnungen der Ankläger vgl. Mommsen, Strafr. S. 509 ff. 5) Seneca ep. 49, 2: *modo apud Sotionem philosophum puer sedi, modo causas agere coepi:* also doch wohl vor seinem Eintritt in den Senat. Über den älteren Plinius vgl. Plin. ep. III 5, 7, über Sueton Mommsen, Ges. Schrift. IV 378, 3. 6) Mommsen a. a. O. 412. 437 ff. 7) Vitruv. VI 5, 2: *forensibus autem et disertis* (*atria*) *elegantiora et spatiosiora ad conventus excipiendos.* 8) Tac. Dial. 6, 2 ff. 7, 6. 9) Seneca de benef. V 8, 2: *quomodo nemo, quamvis pro se dixerit, adfuisse sibi dicitur nec statuam sibi tamquam patrono suo ponit.* 10) Martial. IX 68, 6. Juv. 7, 125 ff. 11) Martial. VII 28, 6. Juv. 7, 118. 12) Martial. II 74. 13) Seneca de ira III 37, 3. Stat. Silv. IV 4, 41. 14) Martial. I 17. 76, 12. II 30, 5. V 16, 6. 14. VIII 16, 2. 17, 1. 15) Quintilian. XII 7, 10. 16) Juv. 7, 122 f. In dem Gespräch Corp. gloss. lat. III 648 wird bei einem Prozeß in der Provinz als Honorar für sämtliche Rechtsbeistände die mäßige Summe von 100 Denaren genannt: ἄγωμεν ἡμεῖς πρὸς τὸν τραπεζίτην, λάβωμεν παρ' αὐτοῦ δηνάρια ἑκατόν· δῶμεν δικολόγῳ (*causidico*) τιμητικὸν καὶ τοῖς συνηγόροις (*advocatis*) καὶ τοῖς νομικοῖς (*iuris peritis*), ἵνα σπουδαιότερον ἐκδικήσωσιν ἡμᾶς (über νομικός vgl. Corp.

nicht einmal ihre Wohnungsmiete verdienten[1]). Ländliche Klienten scheinen sich in der Regel mit Geschenken von Lebensmitteln abgefunden zu haben. Die Reihen von (wohl mit Obst gefüllten) Töpfen in der Speisekammer eines Advokaten waren die Gabe eines dicken Umbrers, den er verteidigt hatte; Schinken und Tonnen mit eingesalznen Seefischen ein Andenken an einen marsischen Klienten[2]); ein Picener schickt bei Martial seinem Verteidiger zu den Saturnalien ein kleines Kästchen mit Oliven, einen Satz von sieben ineinander passenden Bechern von grober saguntinischer Töpferarbeit und eine rotgestreifte Serviette[3]); Juvenal nennt als Bezahlung einen trocknen Schinken, ein Fäßchen geräucherte Fische, alte Zwiebeln und fünf Flaschen Landwein[4]). Dagegen fordert Martial die Klienten des ihm befreundeten Anwalts Restitutus auf, diesen an seinem Geburtstage mit solchen und ähnlichen Geschenken zu verschonen. Der aufgeblasne Händler, der seinen Laden in der Porticus des Agrippa hat, soll ihm Purpurmäntel, der wegen einer beim Trinkgelage entstandenen Prügelei Verklagte Tafelkleider senden; die junge Frau, die einen Ehebruchsprozeß gegen ihren Mann gewonnen hat, echte Edelsteine, aber selbst überbringen, der alte Kunstkenner eine gute Marmorarbeit schenken[5]).

Offenbar war der Zudrang zur Advokatur sehr groß und die Anwendung marktschreierischer Mittel, um sich bekannt zu machen und Kunden zu erlangen, sehr allgemein. Die Gerichtsredner, welche die Aufmerksamkeit auf sich zu lenken wünschten, erschienen nie ohne ein großes Bündel von Schriften und suchten auch wohl durch reiche Kleidung, den Anschein des Wohlstands, ein Gefolge von Sklaven und Klienten, die ihre Tragsessel umgaben, Kunden zu gewinnen; sie mieteten selbst kostbare Ringe, die sie bei der Verhandlung anlegten, um von ihren Klienten höhere Honorare zu erzielen[6]). Sie verwiesen diejenigen, die ihnen ihre Prozesse anvertrauen wollten, zur Mitteilung des Sachverhalts teils an ihre Gehilfen, teils beschieden sie sie erst auf den Morgen des Gerichtstags oder den Tag vorher zu sich, sowohl um mit Geschäften überhäuft zu erscheinen, als um mit einem Scharfsinn zu prunken, der jede Schwierigkeit im Nu überwinde[7]). Für ihre Reden forderten sie oft vom Gerichtshof ein sehr langes Zeitmaß (welches durch Wasseruhren bestimmt wurde)[8]), sprachen weitschweifig und mischten die fremdartigsten Dinge ein, deklamierten wohl gar in einem Prozeß wegen drei gestohlener Zicklein mit großem Pathos und theatralischer Gestikulation über Marius und Sulla, die mithridatischen und punischen Kriege und leerten während des Redens ganze Wasserflaschen[9]). Auch buhlten sie mit unwürdigen Mitteln um den Beifall der Zuhörer[10]), mieteten Leute zum Bravorufen und Klatschen[11]) und ließen sich von einem zahlreichen

gloss. II 376, 56 νομικός, νόμους εἰδώς, *iuris peritus, legis peritus* und die Inschrift Arch. epigr. Mitt. aus Österr.-Ung. XI 1887 S. 32 nr. 31 Σύρος τῷ γένι, νομικὸς τὴν ἐπιστήμην); 100 Goldstücke (2175 Mark) als Maximalhonorar nennt Ulpian Dig. L 13, 1 § 13, was den Festsetzungen des Claudius und späterer Kaiser entspricht (Blümner, Maximaltarif S. 120). Im Maximaltarif Diokletians (7, 72) werden angesetzt *advocato sive iuris perito mercedis in postulatione* (Einbringung der Klage) 250 Denare (4,50 Mark), *in cognitione* (Vertretung beim Termin) 1000 Denare (18 Mark).

1) Martial. III 38, 6. 2) Persius 3, 73 ff. 3) Martial. IV 46, 12 ff. 4) Juv. 7, 119. 5) Martial. X 87. 6) Juv. 7, 106 f. 130 ff. 143 f. 7) Quintilian. XII 8, 2 f. 8) Martial. VI 35. 9) ebd. VI 19. 35, 3 f. 10) Tac. Dial. 26, 3 f. 11) Quintilian. XI 3, 131. Plin. ep. II 14, 4. Juv. 13, 31 f.

Gefolge vom Forum nach Hause begleiten[1]). Doch vielen gelang es trotz aller Bemühungen nicht, ihren Zweck zu erreichen, sie mußten ihre Zahlungen einstellen oder ihr Fortkommen in Gallien oder Afrika suchen[2]). Natürlich gab es Advokaten genug, die ihre Beredsamkeit an jeden Zahlenden verkauften und jede Sache, gleichviel ob gerecht oder ungerecht, übernahmen[3]); häufig wurde (nach Piratenart, wie Quintilian sagt) die Bezahlung im voraus festgesetzt[4]). Martial nennt 2000 Sesterzen (435 Mark) als ein voraus ausbedungenes Honorar, wovon der Klient nach Verlust des Prozesses nur die Hälfte bezahlen will[5]). Doch Philostrat erwähnt, daß der berühmte Sophist Polemo die Führung eines Prozesses in Sardes, bei welchem das ganze Vermögen eines reichen Lyders auf dem Spiele stand, für ein Honorar von zwei Talenten (9430 Mark) übernommen hatte[6]). Da nun manchmal außer den Anwälten auch noch die Richter die Hand aufhielten, und die Urteile erkauft werden konnten[7]), ferner die Prozesse sich durch die Anhäufung der Klagen und Verzögerungen aller Art[8]) zuweilen sehr lange, selbst bis zu zwanzig Jahren hinschleppten[9]), so daß die Parteien nicht immer die Verkündigung des Urteils erlebten[10]) und oft einen bedeutenden Teil ihres Vermögens aufwenden mußten, rät Martial einem verklagten Schuldner, lieber den Gläubiger zu bezahlen als zu prozessieren[11]). Nicht selten nahmen die Advokaten auch Bestechungen von der Gegenpartei an, um die übernommene Sache nur zum Schein zu führen — was freilich im Falle der Entdeckung die Ausschließung von der Advokatur zur Folge haben konnte[12]). Begreiflicherweise galten vielen die Gerichtsredner insgesamt als ein »käufliches Geschlecht«[13]). Ihren Frauen wurde eine starke Eßlust nachgesagt[14]), vermutlich glaubte man, daß die Gier der Männer sich ihnen mitteile und in dieser Form äußre. Zur Mißachtung des ganzen Stands trug auch bei, daß sie in den Verhandlungen nicht nur die Gegenparteien (dies oft auf ausdrückliches Verlangen ihrer Klienten), sondern auch einander mit Schimpfreden zu überhäuften pflegten[15]). Lucian nennt Betrug, Lüge, Frechheit, Stoßen und Drängen und tausend andre widerliche Dinge von dem Geschäft der Advokaten unzertrennlich[16]). Ein höchst abschreckendes Bild entwirft von ihnen sowie von allen, die von Prozessen leben, aus seiner eignen Zeit Ammianus Marcellinus[17]). Die Zahl der »Rabulisten und Kläffer« war überall so groß, daß die Gegner des Berufs die Beredsamkeit der Anwälte überhaupt eine »hündische« schelten konnten[18]). Auch ihre leidenschaftlichen Gestikulationen mochten den Spott herausfordern: ein

---

1) Quintilian. XII 8, 3. 2) Juv. 7, 129. 147 ff. 3) Quintilian. XII 1, 26. 7, 7. 4) ebd. XII 7, 11. 5) Martial. VIII 17. 6) Philostrat. Vit. sophist. I 22, 4. 7) Ovid. Am. I 10, 38 *non bene selecti iudicis arca patet.* Petron. 14, 2 *quid faciant leges, ubi sola pecunia regnat ... atque eques in causa qui sedet empta probat.* Cyprian. ad Donatum 10 *iudex ... sententiam vendit. ... nullus de legibus metus est; de quaesitore, de iudice pavor nullus. quod potest redimi, non timetur.* 8) Juv. 16, 42 ff. Plin. epist. V 9. 9) Martial. VII 65. 10) Sueton. Vespas. 10. 11) Martial. II 13. 12) Plin. ep. V 13. Über Ausschließung von der Advokatur Dig. III 1, 8. XVII 1, 6 § 7. 13) Seneca Apocol. 12, 3 v. 24; vgl. Tac. A. XI 5. 14) Fronto Ep. ad Marcum Caesarem II 8 p. 32 N.: *neque est Gratia mea, ut causidicorum uxores feruntur, multi cibi.* 15) Quintilian. XII 9, 8—10. Plin. ep. I 23, 2. 16) Lucian. Piscator 29. 17) Ammian. XXX 4, 8 ff.; vgl. Augustin. Conf. III 3, 6. IX 2, 2. 18) Quintil. XII 9, 9. Columella I praef. 8 *caninum studium.* Firmic. Matern. mathes. IV praef. 1. Prudent. Hamartig. 400: *inde canina foro latrat facundia toto* (vgl. Ovid. Ib. 230).

stummer Spaßmacher des Kaisers Tiberius rühmt sich in seiner Grabschrift, daß er zuerst erfunden habe, Advokaten nachzuahmen[1]).

Rechtsgelehrte.

Die Rechtsgelehrten waren zwar gewiß nicht weniger angesehen als die Advokaten; Quintilian erwähnt als gewöhnliches Schulthema zu schriftlichen Ausarbeitungen: ob ein Rechtskundiger oder ein Militär höher zu stellen sei[2]). Aber die Rechtskunde, die von Männern der beiden ersten Stände so eifrig erstrebt wurde, weil sie ihnen zu den höchsten Stellungen den Weg bahnte, eröffnete Geringern weniger glänzende Aussichten als die Anwaltschaft. Quintilian sagt, daß sich der Jurisprudenz hauptsächlich diejenigen zuwandten, welche die Aussicht aufgeben mußten, als Gerichtsredner Glück zu machen[3]); ebenso urteilt Libanius, nach welchem das Studium der dicken, breiten, die Knie beschwerenden juristischen Pergamentbücher die Sache der langsamern Geister war[4]). Doch wurde der Beruf schon wegen seiner Einträglichkeit von Männern des dritten Stands häufig gewählt. Einer der Kleinbürger bei Petron hat seinem Sohn eine Anzahl Bücher mit roten Titeln (Gesetzsammlungen) gekauft, da derselbe »zum Hausgebrauch etwas vom Recht kosten« solle; »denn diese Sache gibt Brot«[5]). Juvenal sagt, daß man gerade in den untersten Klassen beredte Männer und solche finde, welche die Knoten des Rechts und die Rätsel der Gesetze entwirren[6]); ein Vater, der in einer Satire desselben Dichters seinen Sohn zu lohnender Tätigkeit antreibt, läßt ihm die Wahl zwischen der Anwaltschaft, dem Rechtsstudium und der Bewerbung um das Centurionat[7]).

Erteilung von Unterricht.

Die Rechtskundigen[8]) erwarben ohne Zweifel auch durch Unterricht. Denn der Kreis der vornehmen und bevorzugten jungen Männer, die von hochgestellten Kennern des Rechts in die Wissenschaft eingeführt wurden und daher bezahlter Lehrer nicht bedurften, kann nur beschränkt gewesen sein. Die Zahl der das Recht Studierenden überhaupt aber war sehr groß, um so größer, als gerade um dieses Studiums willen junge Männer aus allen Provinzen, selbst den griechischen, zahlreich nach Rom kamen[9]). Von einem großen Teil der klassischen Juristen ist es gewiß oder doch wahrscheinlich, daß sie von provinzieller Herkunft waren. Gajus stammte vermutlich aus Kleinasien[10]), Papinian aus Syrien, Ulpian war ein Tyrier; Cervidius Scävola, Modestinus, Callistratus, Marcianus, Tryphoninus gehörten, wie es scheint, sämtlich dem griechischen Osten an; Salvius Julianus und vermutlich auch Tertullian waren Afrikaner[11]). Daß Juristen von niederm Stande ihren Unterricht in der Regel nicht unentgeltlich erteilten, ist selbstverständlich. Der berühmte Masurius Sabinus (unter Tiberius),

1) CIL VI 4886. Über die Nachahmung von Personen bestimmter Berufsarten siehe Friedlaender zur Cena Trimalchionis² c. 64 S. 323. 2) Quintil. II 4, 24. 3) ebd. XII 3, 9. 4) Liban. or. 4, 18 (I 292 F.): ἄγεται μὲν ἐπὶ τὴν τῶν νόμων μάθησιν, ὃ τῶν τὴν διάνοιαν βραδυτέρων ἐστίν. ὧν δὲ καὶ ἐν ἐκείνοις λίθος διφθέρας μὲν παχείας τε καὶ πλατείας, τὰ γόνατα βαρυνούσας ἔφερεν. 5) Petron. 46, 7. 6) Juv. 8, 49. 7) Juv. 14, 192 f. 8) *Iuris studiosi* heißen nicht bloß die Studierenden, sondern auch die, welche die Jurisprudenz, die sie studiert haben, als Erwerbsquelle benutzen (als Notare, Assessoren, Rechtslehrer). Hitzig, Die Assessoren der römischen Magistrate und Richter (1893) S. 76 ff. Ein *iuris studiosus* in Nemausus CIL XII 3339, in Jader III 2936, in Lambaesis VIII 10348, ein *in foro iuris peritus* in Thubursicum (Numid.) Dessau 7742c. 9) Fragm. iur. Vatic. 204. Philostr. Apoll. Tyan. VII 42. CIL VI 33868 = Dessau 7742. vgl. Kuhn, Städt. u. bürgerl. Verf. I 88, 608. 10) Vgl. Kübler, Real-Encykl. VII 489 ff. 11) Bremer, Rechtslehrer und Rechtsschulen (1868) S. 76—101.

der arm war und erst im Alter von fünfzig Jahren die Ritterwürde erlangte, scheint zwar kein Honorar angenommen zu haben, ließ sich aber gefallen, daß seine Schüler für seinen Lebensunterhalt sorgten[1]). Ulpian erwähnt die Bezahlung der Lehrer als etwas Regelmäßiges; sie erfolgte beim Beginn des Unterrichts, da eine nachträgliche Einklagung des Honorars unzulässig war[2]). In Rom waren die juristischen Lehrer von der Vormundschaft und ähnlichen Lasten befreit, in den Provinzen nicht[3]).

Bescheid in Rechtsfragen.

In der ersten Hälfte des 2. Jahrhunderts (vielleicht schon früher) gab es in Rom allgemein zugängliche Lokale, sogenannte »Stationen«, wo von Juristen öffentlich Unterricht und Bescheid in Rechtsfragen erteilt wurde[4]). Gellius erwähnt, daß zu der Zeit, wo er nach Beendigung des Schulunterrichts das Rechtsstudium begann (gegen Ende der Regierung des Antoninus Pius), in den meisten dieser Stationen die Frage erörtert worden sei, ob ein Quästor des römischen Volks von einem Prätor vor Gericht gefordert werden könne[5]). Pompejus Auctus, der nach Martial »ganz vorn am Tempel des Mars Ultor saß« (d. h. dort seine Station hatte), war »in die Kunde des Rechts tief eingeweiht und in dem verschiednen Gebrauch der Toga gewiegt« (d. h. wohl zugleich Sachwalter und Respondent) und gewöhnlich bis zur zehnten Tagesstunde beschäftigt[6]). Das Recht, auf juristische Fragen Bescheide zu erteilen, hatte zwar jeder Jurist, aber seit Augustus wurden die anerkanntesten hierzu ausdrücklich durch kaiserliche Ernennung bestellt, und ihre Gutachten waren die Richter verpflichtet bei den Entscheidungen zu berücksichtigen, wenn sie ihnen in einer bestimmten Form (schriftlich und versiegelt) überreicht wurden[7]). Die Gutachten der übrigen Juristen, deren Zahl ohne Zweifel die bei weitem größre war, hatten für die Richter zwar nur eine rein wissenschaftliche und moralische Bedeutung. Aber auch ihnen konnte es natürlich, wenn sie sich einigen Ruf erworben hatten, an Klienten nicht fehlen, die schon um die Zeit des Hahnenschreis an ihre Türen klopften[8]) und natürlich den ihnen erteilten Rat bezahlten. Ammian, der von den Juristen seiner Zeit, wie bemerkt, eine sehr ungünstige Schilderung macht, sagt, daß sie sogar ihr Gähnen in Rechnung stellten, übrigens aber, wenn sie merkten, daß ihr Klient bei Gelde war, ihm selbst dann versicherten, daß gewisse unbekannte Gesetzesstellen für ihn sprächen, wenn er angab, seine Mutter mit Vorbedacht getötet zu haben[9]). Ohne Mitwirkung eines Juristen konnte man sich einen Prozeß überhaupt nicht denken; dieser, nicht der Sachwalter, galt sogar dabei als die Hauptperson: das zeigen namentlich die Grabschriften, in denen der Wunsch, daß die auf das Grab bezüglichen testamentarischen Bestimmungen unangefochten bleiben möchten, mit der Formel ausgesprochen

1) Pompon. Dig. I 2, 2 § 50. 2) Dig. L 13, 1 § 5; statt *in ingressu sacramenti* will Bremer a. a. O. S. 5 f. *sacrarii* lesen; doch vgl. Karlowa, Röm. Rechtsgesch. I 673, 1. 3) Modestin. Dig. XXVII 1, 6 § 12. Ein *magister iuris* in Karthago CIL VIII 12418 = Dessau 7748; vgl. auch CIL VI 1602 = X 8387. 4) Karlowa a. a. O. 673 nimmt an, daß die Stationen dem Fiskus oder dem Staat gehörige Lokale waren, die den Juristen zur Verfügung gestellt wurden. 5) Gell. XIII 13, 1. 6) Martial. VII 51; über Gerichtsverhandlungen auf dem Forum Augusti, auf dem der Tempel des Mars Ultor lag, Juven. 1, 128 ff. Suet. Aug. 29. Cass. Dio LXVIII 10, 2. 7) Pompon. Dig. I 2, 2 § 49; vgl. Gajus I 7. Mommsen StR. II³ 912, 2. Karlowa a. a. O. 659 ff. Mart. X 37: *iuris et aequarum cultor sanctissime legum, veridico Latium qui regis ore forum.* 8) Horat. Sat. I 1, 10. 9) Ammian. XXX 4, 11 f.

wird: Mögen von diesem Denkmal Schikanen und Juristen fern bleiben![1]) Wenn Kaiser Claudius, der es sehr liebte, Recht zu sprechen[2]), den Advokaten mehr Einfluß auf seine Urteile einräumte als den Juristen, so war dies eben ein Beweis seines Unverstands. Jene beweinten (nach dem Pasquill des Seneca) seinen Tod aufrichtig, ihre Saturnalienzeit war nun vorüber; diese kamen wieder zum Vorschein, blaß, abgemagert, kaum atmend, als wenn sie eben aus dem Grabe wieder erstanden wären[3]).

Zuweilen traten Rechtsgelehrte auch (wie z. B. Paulus) selbst als Sachwalter auf[4]); die Regel scheint es aber nicht gewesen zu sein, und gewöhnlich standen während der Verhandlung Juristen den rechtsunkundigen Rednern nur mit ihrem Rate zur Seite. Cicero und Quintilian, die freilich überhaupt bemüht sind, die Jurisprudenz gegen die Beredsamkeit herabzusetzen, sprechen von diesen sogenannten »Pragmatikern«[5]), als bloßen Handlangern der Advokaten, die gleichsam den Kämpfenden die Geschosse zureichten, mit Geringschätzung[6]). Libanius sagt, daß, bevor die Kunde des römischen Rechts zu einem ungebührlichen Ansehen gelangte, die Juristen bei den Gerichtsverhandlungen, den Blick auf den Sachwalter gerichtet, dastehen und warten mußten, bis dieser ihnen zurief: »Du da, lies (die bezügliche Gesetzesstelle) vor!«[7]). Offenbar befaßten sich mit diesem Geschäft nur untergeordnete Juristen, und die Bezahlung war gering[8]); ländliche Klienten fanden sich auch bei ihnen mit Naturallieferungen, einem Sack Getreide, Hirse oder Bohnen ab[9]). Pragmatiker.

Ferner erwarben die Rechtskundigen Einkommen durch Anfertigung von notariellen und sonstigen schriftlichen Arbeiten, als Klagen, Eingaben[10]), rechtsgültigen Urkunden, Kontrakten, Kautionsformularen. Zur Strafe für Vergehungen konnten sie (in den Provinzen von den Statthaltern) vom Forum, d. h. von allen Rechtsgeschäften, ausgeschlossen werden, wobei ihnen dann namentlich verboten wurde, Urkunden abzufassen, Klageschriften aufzusetzen, Zeugenaussagen zu bescheinigen, ferner ihre Station bei den öffentlichen Archiven, in denen Urkunden aufbewahrt wurden, zu haben; endlich Testamente zu entwerfen, zu schreiben und zu untersiegeln[11]). Vor allem war die Abfassung von Testamenten Notarielle Arbeiten.

1) *Dolus malus abesto et iuris consultus* CIL VI 8861 f. (*ab iis omnibus dolus malus abesto et ius civile*). 10525. 12133 = Dessau 8365. 2) Sueton. Claud. 14. Cass. Dio LX 4, 3 f. Seneca Apocol. 7, 4 f. 3) Seneca Apocol. 12, 2. 3 v. 51 ff. 4) Bremer a. a. O. 59 f. Horat. ars poet. 369 *consultus iuris et actor causarum mediocris.* Ovid. a. a. III 531: *ius qui profitebitur adsit, facundus causam saepe clientis agat.* Ein *iuris peritus de primis iustissimus, advocatus de singularibus fidelissimus* CIL VI 9487 = Dessau 7743. 5) CIL XIII 7061. 7064. IGR I 803; über die *pragmatici* vgl. Jörs, Röm. Rechtswiss. I 242 f., 3, dazu Partsch, Archiv f. Papyrusforsch. VI (1913) S. 39, 1. 6) Cicero De orat. I 198 *apud Graecos infimi homines mercedula adducti ministros se praebent in iudiciis oratoribus, qui apud illos* πραγματικοί *vocantur.* Quintilian. XII 3, 4. III 6, 59. 7) Liban. or. 2, 44 (I 253 F.) καρποὶ δ' ἑτέρωθεν ἀπὸ τῆς Ἰταλῶν φωνῆς — καὶ τῶν νόμων, οὓς ἔδει πρότερον φέροντας τοὺς ἐπισταμένους ἑστάναι πρὸς τὸν ῥήτορα βλέποντας, ἀναμένοντας τό· ὦ οὗτος ἀναγίνωσκε. 8) Juv. 7, 122. 9) Martial. XII 72, 5 f. 10) Augustin. In evang. Johann. tract. 7, 11 (Migne lat. XXXV 1442) *qui volunt ... supplicare imperatori, quaerant aliquem scholasticum iuris peritum, a quo sibi preces componantur.* Gebühren der *scholastici* in dem Ordo salutat. sportularumque der Provinz Numidia CIL VIII 17896 (= Bruns-Gradenwitz, Font. iur. Rom.[7] I 280 f.) Z. 25 ff., vgl. Mommsen, Ges. Schrift. VIII 490 ff. CIL XIII 8356 *Rutilio Primo scolastico,* vgl. CIL VIII 9182. Gegen übertriebene Honorarforderungen der *scholastici* Cod. Theod. VIII 10, 2. 11) Ulpian. Dig. XLVIII 19, 9 § 4—7. Mommsen, Strafr. S. 1003, 2.

ein Hauptgeschäft der praktischen Juristen. Nero konfiszierte nicht nur die Güter derjenigen unter seinen Freigelassenen, die sich in ihren Testamenten »gegen den Kaiser undankbar erwiesen«, sondern zog auch die Rechtsbeflissenen zur Strafe, welche diese Testamente diktiert oder geschrieben hatten[1]). Daß dieses Geschäft ein einträgliches war, darf man daraus schließen, daß auch Nichtjuristen sich damit befaßten. Ein Schreiber in Venafrum rühmt in seiner Grabschrift, daß er vierzehn Jahr lang ohne Beistand eines Juristen Testamente geschrieben[2]), ein Schullehrer in Capua, daß er »Testamente schrieb mit Zuverlässigkeit«[3]). Ein Testamentschreiber (*testamentarius*) in Gades Q. Valerius Litera (Buchstabe) scheint seinen Beinamen von seinem Geschäft erhalten zu haben[4]).

Assessur. Endlich fanden die Juristen vorteilhafte Stellungen als Beisitzer der richterlichen Beamten, die in Rom wie in den Provinzen schon während der Republik durch das Herkommen verpflichtet waren, ihre Entscheidungen nur unter Zuziehung von rechtskundigen Personen zu treffen. Natürlich war der Einfluß der letztern oft ein maßgebender: Seneca sagt, daß die Prätoren Urteile verkündeten, welche von ihren Beisitzern abgefaßt waren[5]). Diese Sitte nahm in der Kaiserzeit mit der allmählichen Ausbildung der Bureaukratie eine immer festere Gestalt an, so daß wahrscheinlich schon lange vor dem Anfange des 3. Jahrhunderts[6]) die Magistrate mit richterlicher Gewalt (in Rom namentlich die Präfekten der Stadt, des Prätorium, der Polizei und Feuerwache, Konsuln und Prätoren, in den Provinzen die Statthalter) einen besoldeten juristischen Assessor haben mußten[7]). Josephus sagt in der in den ersten Jahren des 2. Jahrhunderts verfaßten Schrift gegen Apio, daß die Inhaber der größten und wichtigsten Ämter ihre Unkunde der Gesetze dadurch eingestehen, daß sie als Leiter der Geschäftsverwaltung sich Gesetzeskundige zur Seite stellen[8]). Den Anspruch der Assessoren auf Gratifikationen erkannte Antoninus Pius durch ein Reskript ausdrücklich an[9]). Bis zum Ende des 2. Jahrhunderts scheinen diese durch Vereinbarungen der Statthalter mit den Assessoren festgestellt, seit dem dritten direkt aus der Staatskasse gezahlt worden zu sein[10]). Es gab in Rom sogar besondre Bureaus, welche den jungen Männern, die nach Absolvierung ihres Rechtskursus sich dem praktischen Leben zuwandten, Anstellungen bei den Magistraten vermittelten[11]).

Ärzte. Der ärztliche Beruf wurde bis in die späteste Zeit vielfach, vielleicht vorzugsweise, von Freigelassenen und Sklaven[12]) ausgeübt; noch Justinian gestattete für

1) Sueton. Nero 32, 2. 2) CIL X 4919 = Dessau 7750; vgl. Mommsen, Ges. Schrift. III 123 f. 3) CIL X 3969 = Dessau 7763 (Buecheler, Carm. epigr. 91, 7). 4) CIL II 1734 = Dessau 7749. 5) Seneca de tranq. an. 3, 4 *praetor adeuntibus adsessoris verba pronuntiat.* 6) Cornelius Laco, der Günstling des Galba, war *ex assessore praefectus praetorii,* Suet. Galba 14, 2. Nach Hitzig a. a. O. S. 37—46 ist die Assessur wahrscheinlich durch Hadrian eingeführt. 7) Hitzig a. a. O. 48 ff. 88 ff. 8) Joseph. c. Ap. II 177. Mommsen StR. I^3 317, 2. Ein νομικὸς συγκάθεδρος eines Prokonsuls von Afrika CIL VIII 1640. 9) Dig. L 13, 4 (falls man bei den hier genannten *iuris studiosi* an Assessoren zu denken hat; vgl. Zimmern, Gesch. d. röm. Privatr. I 252). 10) Hist. aug. Pescenn. Niger 7, 6; Alexand. Sever. 46, 1 (*assessoribus salaria instituit*, dazu v. Domaszewski, Der Staat bei den Script. hist. Aug., Sitz.Ber. Akad. Heidelberg 1920 Abh. 6 S. 19). Mommsen StR. I^3 303, 3. Hitzig a. a. O. 132 ff. 11) Dig. L 14, 3 *si quis forte ... vel adsessurae ... proxeneta fuit.* 12) Marquardt, Privatl.^{2} 156, 9. Vgl. z. B. das Testament des Dasumius (CIL VI 10229 = Bruns-Gradenwitz,

Sklaven und Sklavinnen, die in dieser Kunst geübt waren, den höchsten Preis — bis 60 Goldstücke — zu fordern, während sogar Eunuchen nur bis auf 50 geschätzt werden sollten[1]). Wiederholt ist bei den Juristen von den Diensten die Rede, welche Ärzte von ihren in der Heilkunde unterrichteten Sklaven nach der Freilassung zu verlangen berechtigt waren; z. B. mußten sie die Freunde ihrer Patrone unentgeltlich behandeln. Auch konnten Patrone ihre Freigelassenen, wenn deren Konkurrenz ihnen Nachteil brachte, nötigen, sie bei ihren Krankenbesuchen zu begleiten, und auf diese Weise in der Ausübung einer eignen Praxis wesentlich behindern[2]).

Die freien Ärzte in Rom waren zum größten Teil Ausländer, denen Julius Cäsar wie den Lehrern, wenn sie sich dort ansiedelten, das Bürgerrecht verlieh[3]), wozu Augustus nach seiner Herstellung durch Antonius Musa Befreiung von allen Lasten fügte[4]). Römer, sagt Plinius, befaßten sich mit der ärztlichen Kunst nur ausnahmsweise[5]). Die meisten dieser fremden Heilkünstler waren Griechen und Orientalen[6]), besonders Ägypter, die auch, namentlich zur Heilung gewisser in ihrer Heimat endemischer Krankheiten, eigens nach Rom berufen wurden. Vor andern gehörten dazu Ausschlagskrankheiten (schon die Bibel erwähnt »die Geschwüre Ägyptens«); Galen bezeugt, daß die Elefantiasis dort häufig war[7]). Als unter Claudius ein ansteckender Ausschlag aus Asia nach Rom eingeschleppt worden war, kamen ägyptische Ärzte dorthin, die nur dieses Übel behandelten und, wie Plinius sagt, mit großer Beute zurückkehrten. Nero berief einen ägyptischen Arzt, um einen seiner Freunde zu heilen, der an einem Flechtenleiden erkrankt war[8]). Eine Erinnerung an solche Überlieferungen scheint sich in einer noch heute in Alexandrien erzählten arabischen Sage von einer wunderbaren, den Aussatz heilenden Quelle erhalten zu haben, die der König der Römer (Rumi) aufsuchte[9]). Überhaupt hatten in Rom die Patienten zu Ausländern mehr Vertrauen[10]); doch gab es auch namhafte und gesuchte römische Ärzte, namentlich unter den Hofärzten der ersten Kaiserzeit. Scribonius Largus, Arzt des Claudius, begleitete, wie er selbst sagt, »unsern Gott den Cäsar« im Jahre 43 nach Britannien[11]). Vettius Valens, Arzt desselben Kaisers, gehörte sogar dem Ritterstande an[12]), zu welchem andre Hofärzte vielleicht öfters erhoben wurden, wie z. B. der Freigelassene Antonius Musa, der Augustus durch eine kühne Kaltwasserkur gerettet hatte, nachdem er von den übrigen Ärzten

Ausländer.

Römer.

Fontes iur. Rom.[7] I 304 ff.) Z. 72. Julian. orat. 7 p. 207 D: ἐὰν — τις οἰκέτης γένηται τὴν τύχην καὶ τὴν τέχνην ἰατρός, πράγματα ἔχει κολακεύειν ἅμα καὶ θεραπεύειν τὸν δεσπότην ἀναγκαζόμενος. Puschmann, Gesch. d. medicin. Unterrichts (1889) S. 102 ff. Th. Meyer(-Steineg), Geschichte des römischen Ärztestandes (Jena 1907) S. 10 ff.

1) Cod. Just. VII 7, 1 § 5a. VI 43, 3 § 1. 2) Dig. XXXVIII 1, 25—27 (über *imperantes sibi* 26 pr. vgl. Friedlaender, De medicorum apud Romanos condicione, Univ.Progr. Königsberg 1865 S. 1); vgl. auch XL 5, 41 § 6. 3) Sueton. Caes. 42, 1; Aug. 42, 3. 4) Cass. Dio LIII 30, 3. 5) Plin. n. h. XXIX 17. 6) M. Albert, Les médecins grecs à Rome, Paris 1894. Syrer bei Lucian. Tragodop. 266. Die stadtrömischen Inschriften der *medici* CIL VI 9562—9617. CIL XI 3943 = Dessau 7789 (Capena): *C. Calpurnius Asclaepiades Prusa ad Olympum medicus parentibus et sibi et fratribus civitates VII a divo Traiano impetravit.* VIII 11345 = Dessau 7796 (Sufetula): *ob honorem aedilitatis et medicae professionis largamq(ue) liberalitatem duplicis editionis ludorum in sacerdotio liberorum universae curiae.* 7) Galen. XI 142. Vgl. H. Stephan, Das heutige Ägypten (1872) S. 70. 8) Plin. n. h. XXVI 3 f. XXIX 93; vgl. oben S. 80. 9) H. Frhr. v. Maltzan, Ausland 1870 S. 967. 10) Plin. n. h. XXIX 17. 11) Scribon. Larg. 163. 12) Tac. A. XI 35. Seneca Apocol. 13, 4.

schon aufgegeben worden war[1]). Unter den Ärzten, die Galen als Erfinder von Medikamenten nennt, sind auch mehrere mit römischen Namen, wie Valerius Paulinus, Pompejus Sabinus, Flavius Clemens[2]). Auf den Stempeln der Okulisten sind solche Namen zahlreich[3]), und in den westlichen Provinzen wird die Mehrzahl der Ärzte nichtgriechischen Ursprungs gewesen sein.

Anstellungen. Die Anstellung von Ärzten durch die Kommunen außerhalb Roms wird zuerst von Strabo für Massilia und andre gallische Städte erwähnt[4]). Antoninus Pius bestimmte (zunächst für die Provinz Asia) in Einschränkung der von Hadrian den Ärzten ganz allgemein verliehenen Vorrechte[5]) die Zahl der von den Stadtbehörden zu ernennenden, von städtischen Leistungen befreiten Ärzte auf zehn für große, sieben für mittlere, fünf für kleine Städte[6]). Die Freiheit von Leistungen bewog nach Galen manche zum ärztlichen Studium. Vermutlich hatten schon seit dem 2. Jahrhundert die meisten Städte eigne Ärzte[7]); und Galen erwähnt bereits, daß denselben in vielen Städten geräumige Säle mit großen, reichliches Licht einlassenden Türöffnungen (sogenannte ἰατρεῖα) zur Behandlung der Kranken zur Verfügung gestellt wurden[8]). An größern Orten bildeten die Ärzte wohl nicht selten Kollegien, wie in Benevent[9]), welche dann gewiß in der Regel, wie in Turin, einen gemeinsamen Kult des Äskulap und der Hygiea ausübten[10]); auch dürften Ärzte in griechischen Städten oft Priester dieser Gottheiten gewesen sein[11]). In Ephesus gab es einen Ärzteverein (οἱ ἀπὸ Μουσείου ἰατροί), der einen zweitägigen Wettkampf veranstaltete, in welchem, wie es scheint, die besten Leistungen der Ärzte während des abgelaufenen Jahrs mit Preisen bedacht wurden, und zwar in der Chirurgie, in der Erfindung und Herstellung medizinischer Instrumente, in wissenschaftlichen Abhandlungen und vielleicht in der Lösung einer bestimmten, von der Kommission gestellten medizinischen Aufgabe[12]).

Viele Ärzte fanden bei Gladiatorenschulen[13]), einzelne als »Kassenärzte« bei Vereinen[14]), eine sehr große Anzahl bei den Truppen aller Gattungen[15]) Anstellung. Nach Inschriften zweier Kohorten der Polizeiwachen (*vigiles*) der Stadt Rom aus dem Jahre 210 hatten diese je vier Ärzte, die der Truppe als Brandambulanz beigegeben waren. Dagegen gehörten die Ärzte der Legionen und Kohorten wenigstens teilweise selber zum Soldatenstande[16]). Darf man dasselbe Verhältnis bei den Legionen annehmen, so hatten diese etwa je 24, die alle den Titel Legionsarzt geführt zu haben scheinen[17]). Bei der britannischen Flotte

1) Cass. Dio LIII 30, 3. 2) Galen. XIII 1026 f., vgl. auch Plin. n. h. XXIX 7. 3) CIL XIII 3 p. 602 f. 4) Strabo IV 181. 5) Dig. XXVII 1, 6 § 8; ein früher durch Vespasian verliehenes Vorrecht ebd. L 4, 18 § 30; vgl. Th. Meyer(-Steineg) a. a. O. 27 ff. 36 ff. 6) Oben S. 176. Über die Einteilung der Städte in 3 Klassen Mommsen RG. V 303. 7) Ein *med(icus) col(oniae)* zu Nemausus CIL XII 3342; ähnlich II 2348 (Corduba). 8) Galen. XVIII B 678. 9) CIL IX 1618 = Dessau 6507; ein *scriba medicorum* in Rom CIL VI 9566 = Dessau 7817. 10) CIL V 6970 = Dessau 3855[a]. 11) IGR III 732. 733 aus Rhodiapolis in Lycien. 12) J. Keil, Österr. Jahreshefte VIII (1905) S. 128 ff. Über die ältere Geschichte der griechischen Ärztegilden vgl. Ziebarth, Griech. Vereinswesen (1896) S. 96 ff. (dazu Poland, Gesch. d. griech. Vereinswesens S. 120 f.). 13) Unten [II 68]. Der *medicus rationis summi choragii* CIL VI 10085 = Dessau 1770 ist ein Theaterarzt. 14) CIL XI 1355 (= Dessau 7227) a 10 f., vgl. III 3583. XI 6536. 15) Marquardt StV. II² 555 f. Gaupp, Das Sanitätswesen in den Heeren der Alten (Blaubeuren 1869). R. Briau, L'assistance médicale chez les Romains (1869). Haberling, Die altrömischen Militärärzte, 1910. 16) CIL VI 1058 (= Dessau 2157). 1059; vgl. v. Domaszewski, Bonn. Jahrb. CXVII 1908 S. 15. 17) Darauf

kommt sogar ein eigner Augenarzt vor[1]). Ein M. Ulpius Sporus, der bei zwei Korps der Reiterei Arzt gewesen war, wurde dann besoldeter Arzt der Stadt Ferentis[2]). Die Ärzte der Legionen sowie der städtischen und prätorischen Kohorten mußten römische Bürger sein, und Cäsar mag zur Verleihung des Bürgerrechts an sämtliche Ärzte auch durch die Rücksicht auf die Gesundheitspflege des Heeres veranlaßt worden sein[3]). Auf der Trajanssäule sieht man zwei an der besondern Art der Uniform kenntliche Ärzte mit dem Untersuchen und Verbinden von Wunden beschäftigt[4]).

Archiatri.

Der (wohl zuerst unter den Seleuciden für Hofärzte gebräuchliche) Titel ἀρχίατρος (Oberarzt), wovon das deutsche »Arzt« (ahd. *arzât*, mhd. *arzât*, *arzet*) stammt, wurde in den griechischen Ländern auch den von den Kommunen angestellten und besoldeten Stadtärzten gegeben[5]). Am häufigsten kommt er in Kleinasien unter den Antoninen vor, seit Antoninus Pius durch den oben erwähnten Erlaß die Zahlen der von städtischen Leistungen zu befreienden Ärzte nach der Größe der Städte bestimmt hatte. Von dort verbreitete er sich über das ganze Reich[6]); in Rom findet er sich zuerst in einem Schreiben Constantins vom Jahre 326[7]). In Benevent war Archiater ein Mann von ritterlicher Abkunft, zugleich erster Kommunalbeamter, in Äclanum ein Grieche, in Venusia ein Jude[8]). Ein Erlaß Kaiser Valentinians I. vom Jahre 368 an den Stadtpräfekten von Rom ordnet die Anstellung von 14 Archiatern für die 14 Regionen der Stadt außer den bereits angestellten der Athletengenossenschaft (Porticus Xysti) und der Vestalischen Jungfrauen an; sie sollen öffentliche Besoldungen erhalten (und deshalb auch Arme behandeln), doch auch Honorare annehmen dürfen. Im Falle einer Vakanz sollen die fungierenden Archiater dem Kaiser nach sorgfältiger Wahl einen Kandidaten vorschlagen, der »ihrer Gemeinschaft, der Archiatrie und des kaiserlichen Urteils würdig« sei[9]). Nach einem Erlaß vom Jahre 370 soll die Wahl eines neuen Archiaters an Stelle eines verstorbnen nur mit Zustimmung mindestens der sieben Ersten des Stands (*ordo*) erfolgen, und der Neugewählte die letzte Stelle erhalten, während die übrigen aufrücken[10]).

Von der ärztlichen Praxis haben wir durch die medizinischen Schriften eine viel genauere Vorstellung als von den übrigen gelehrten Berufsarten[11]), vor allem

weist die Bezeichnung als *medicus ordinarius* (vgl. v. Domaszewski a. a. O. 45. 58), z. B. *medicus ordinarius leg(ionis) III Aug(ustae)* CIL VIII 18314 = Dessau 2432 (Lambaesis); *medicus ord(inarius) coh(ortis) I Tungr(orum)* CIL VII 690; ein *medicus hordinarius* des *n(umerus) Divitiensium* Dessau 9182.

1) Galen. XII 786; vgl. Hirschberg, Gesch. d. Augenheilk. im Altertum S. 291, 1. 2) CIL XI 3007 = Dessau 2542. 3) Marquardt StV. II² 556. 4) Cichorius, Reliefs der Trajanssäule I Taf. XXX. XXXI nr. 102. 103, vgl. Text II 203. 5) Liebenam, Städteverwaltung S. 100 ff. R. Pohl, De graecorum medicis publicis, Diss. Berlin 1905. J. Oehler, Epigraphische Beiträge zur Geschichte des Ärztestandes, Gymn.Progr. Wien. 1907. 6) R. Pohl a. a. O. 31 ff. Th. Meyer(-Steineg), Gesch. d. röm. Ärztetsandes S. 56 ff. Erotian. Glossar. in Hippocr. praef. p. 29 Kl. Galen. XIV 4 f. Lebas-Waddington 1695 (ἀρχίατρος Σεβαστῶν); vgl. Marquardt, Privatl.² 775, 8 und oben S. 72. 7) Cod. Theod. XIII 3, 2, vgl. Cod. Just. X 53, 6. 8) CIL IX 1655 (= Dessau 6496). 6213. IG XIV 689. 9) Cod. Theod. XIII 3, 8. 10) ebd. XIII 3, 9. Vgl. Symmach. ep. X 27 (vom J. 384) und Cod. Theod. XIII 3, 13 (vom J. 387). 11) Über den Stand der medizinischen Wissenschaft in Rom im 1. Jahrhundert der Kaiserzeit vgl. Ilberg, N. Jahrb. XIX 1907 S. 377 ff., über die Therapie der späteren Zeit Th. Meyer(-Steineg), Theodorus Priscianus und die römische Medizin, Jena 1909.

durch die höchst umfangreichen Werke des Galenus[1]), eines der fruchtbarsten und redseligsten Schriftsteller aller Zeiten. Geboren im Jahre 129 zu Pergamum, hatte er dort, in Smyrna, Korinth und Alexandria Medizin studiert, war darauf (157—161) in seiner Vaterstadt als Gladiatorenarzt angestellt gewesen, lebte dann vier Jahre in Rom und kehrte im Jahre 166 beim Ausbruch der großen Epidemie nach Kleinasien zurück. Nicht lange darauf aber wurde er von den beiden Kaisern nach Aquileja berufen und blieb nach Ablehnung des Auftrags, Marc Aurel auf seinem Feldzuge in Deutschland zu begleiten, seit 169 als Leibarzt des jungen Commodus in Rom; um das Jahr 199 starb er. Von dem Umfang seiner ärztlichen Praxis gibt es eine Vorstellung, daß er in einem einzigen Sommer (wahrscheinlich in Rom) mehr als 400 akute Kranke gesehen hatte[2]). Heim behandelte freilich in Berlin (das damals wohl noch nicht 200000 Einwohner hatte) 975 Kranke im August 1802. Die Zahl der von ihm unentgeltlich behandelten, nicht bettlägerigen Kranken stieg jährlich auf 3—4000[3]).

Zudrang zum ärztlichen Beruf.

Da es in den ersten beiden Jahrhunderten der Kaiserzeit keine Prüfungen[4]) und nur eine sehr beschränkte Verantwortlichkeit der Ärzte gab[5]), drängten sich viele Unberufne, besonders aus den untern Ständen, zur Ausübung der Kunst, die im Fall des Gelingens sehr einträglich war. Schuster, Zimmerleute, Färber, Schmiede[6]) gaben ihr Handwerk auf und wurden Ärzte; wie denn auch wohl Ärzte, denen es nicht glückte, das Leichenträger- oder Gladiatorenhandwerk ergriffen; wenigstens witzelt Martial über solche, die nun in ihren neuen Gewerben dasselbe taten, was sie in ihrem alten getan hatten[7]). Unter diesen Pfuschern nahmen die Bereiter von Salben und offizinellen Waren schon einen hohen Rang ein. Galen versichert, daß die meisten, die sich zu seiner Zeit dem ärztlichen Beruf widmeten, nicht einmal gut lesen konnten[8]), und mahnt seine Kollegen, sich im Gespräch mit gebildeten Patienten vor Sprachfehlern zu hüten[9]); solchen Ignoranten fehlte es natürlich auch an Kenntnis der Rhetorik, Dialektik und Philosophie überhaupt, von welchen Wissenschaften sehr viele nicht mehr verstanden, als der Esel vom Lautenspiel[10]). Der Zudrang steigerte sich, seit Thessalus, der ursprünglich Lehrling seines Vaters, eines Webers, gewesen war, aber trotzdem als Arzt unter Nero den ungeheuersten Erfolg hatte, erklärte, daß ein halbes Jahr zur Erwerbung der nötigen medizinischen Kenntnisse hinreiche[11]). Fortan folgte den Ärzten bei ihren Besuchen ein Schwarm von Schülern, oft zur Qual der Kranken. Martial sagt, bei einem Unwohlsein habe ihn der Arzt Symmachus mit hundert Schülern besucht, und durch die Berührung von hundert eiskalten Händen habe er das Fieber, das er noch nicht hatte, bekommen[12]). Bei Philostrat wird der kranke Philiscus von Seleucus aus Cyzicus und Stratocles aus Sidon mit über dreißig Schülern besucht[13]).

Spezialärzte.

Vielleicht hat das handwerksmäßige Betreiben der Heilkunde zur Vermehrung

1) Der Name Claudius kommt ihm nicht zu, vgl. Klebs, Prosop. imp. Rom. I 374f. Crönert, Mitteil. z. Gesch. d. Mediz. u. Naturwiss. I 1902 S. 3f. Kalbfleisch, Berl. phil. Wochenschr. 1902 Sp. 413. 2) Galen. IX 873. Über Galens Praxis Ilberg, N. Jahrb. XV 1905 S. 276ff. 3) Keßler, Der alte Heim II³ 79. 4) Über die Approbation der Ärzte seit Septimius Severus s. Th. Meyer (-Steineg), Gesch. d. röm. Ärztestandes S. 28ff. 5) Th. Meyer(-Steineg) a. a. O. 41ff. 6) Galen. X 5. 7) Martial. I 30. 47. VIII 74. 8) Galen. XIX 9. 9) Galen. XVII B 146. 10) Galen. XI 541. IX 789. 11) Galen. X 5. 12) Martial. V 9. 13) Philostrat. Apoll. Tyan. VIII 7.

der (freilich schon im alten Ägypten sehr zahlreichen) [1]) Spezialärzte beigetragen, deren wenigstens ziemlich viele beiläufig erwähnt werden, abgesehen von den ärztlichen Gehilfen, welche Wurzeln schnitten, Salben und Tränke kochten, Umschläge auflegten, Klystiere setzten, zur Ader ließen und schröpften [2]). Niemand, sagt Philostrat, kann die ganze Medizin umfassen; sondern der eine versteht sich auf Verletzungen, der andre auf Fieber, ein dritter auf Augenleiden, ein vierter auf Schwindsucht [3]). Am zahlreichsten dürften unter den Spezialisten die Augenärzte gewesen sein, von denen aus Stempeln allein weit über hnndert bekannt sind und die auch auf Inschriften und bei Schriftstellern am häufigsten vorkommen; auch gab es besondre Augenoperateure [4]). Der Freigelassene des Caligula C. Julius Callistus, dem Scribonius Largus sein Rezeptbuch widmete, hatte unter seinen Sklaven mehr als einen verständigen Augenarzt [5]). Galen rühmt sich, Augenleiden durch allgemeine Behandlung der Kranken geheilt zu haben, die »die sich so nennenden Okulisten« nur örtlich behandelten [6]). Sodann werden Ohrenärzte, Zahnärzte und solche erwähnt, die sich ganz besonders mit der Behandlung von Brüchen, Fisteln, Krankheiten des Zapfens beschäftigten [7]). Martial nennt eine Anzahl der damals (unter Domitian) in Rom in Ruf stehenden Spezialärzte: Cascellius zieht kranke Zähne aus oder ergänzt sie, Hyginus brennt die den Augen schädlichen Wimperhaare ab, Fannius beseitigt das triefende Zäpfchen, ohne zu schneiden, Eros entfernt die Brandmarken der Sklaven aus der Haut, Hermes gilt als der beste Arzt für Bruchschäden [8]).

Ärztinnen und Hebammen.

Neben Frauenärzten [9]) gab es auch Ärztinnen [10]); diese waren in der Regel zwar nichts weiter als Hebammen [11]) — eine Valeria Verecunda zu Rom heißt in ihrer Grabschrift »erste ärztliche Hebamme ihrer Region« [12]) —, doch behandelten sie auch Frauenkrankheiten [13]). Nach Soranus sollte eine tüchtige Hebamme eine vollständige ärztliche Bildung haben. Sie sollte lesen können, damit sie imstande wäre, ihre Kunst auch theoretisch zu erlernen; nicht geldgierig sein, damit sie sich nicht zum Verkauf von Abortivmitteln bestimmen ließe; nicht abergläubisch, um nicht wegen eines Traums oder irgendwelcher Vorbedeutungen etwas Geeignetes zu unterlassen [14]). Galen erwähnt, daß hysterische Frauen sich selbst als solche bezeichneten, wie sie es eben von ihren Ärztinnen gehört hatten [15]). Bei Juvenal behandelt eine »dicke Lyde« unfruchtbare Frauen mit einem schmackhaften Medikament [16]). Doch gibt Galen auch das Rezept eines erweichenden Pflasters für Milzkranke, Wassersüchtige und Gichtleidende, das von einer Antiochis herrührte [17]).

1) Herodot. II 84 und dazu Wiedemann, Herodots zweites Buch S. 345. Doch vgl. Maspero, Gesch. d. morgenl. Völker im Altert. (deutsch v. Pietschmann) S. 79. 2) Galen. XVII B 229. 3) Philostrat. Gymnast. 15. 4) CIL II 5055. VI 33157. XI 742 = Dessau 7807—7809 und mehr bei Dessau zu 7809; *medicus clinicus chirurgus ocularius* CIL XI 5400 = Dessau 7812; vgl. Galen. X 941. 1019. V 846—851. J. Hirschberg, Geschichte der Augenheilkunde im Altertum S. 290 ff. 5) Scribon. Larg. 38. 6) Galen. VII 392; vgl. XVIII A 47—50. 7) CIL VI 8908 = Dessau 7810. Galen. X 1019. Dig. L 13, 1 § 3. 8) Martial. X 56, 3 ff. 9) Soran. De muliebr. affect. 47. 10) CIL II 497. V 3461. VI 6851. 7581. 8711. 8926. 9615—9617. IX 5861. XII 3343 (Dessau 7802 ff.). 11) Ambros. epist. 5, 9 bezeichnet die *obstetrix* ausdrücklich als *medica*. Kaiserliche *obstetrices* CIL VI 8947 bis 8949; andre 9720—9725. Vgl. auch Galen. XIV 641. 12) CIL VI 9477 = Dessau 7806. 13) Martial. XI 71, 7. 14) Soran. a. a. O. 1 f. 15) Galen. VIII 414; vgl. Martial. XI 7, 11. 16) Juv. 2, 141. 17) Galen. XIII 341.

Chirurgen. Besonders scheinen Chirurgen sich auf ihr Gebiet beschränkt zu haben. Plutarch sagt, daß sie mit den Ärzten für innere Krankheiten zusammen wirkten, ohne sich gegenseitig zu beeinträchtigen[1]). Nach Galen enthielten sich namentlich in Rom Nichtchirurgen in der Regel der Behandlung chirurgischer Fälle und der Operationen[2]); und so auch er selbst während seines dortigen Aufenthalts. Doch sagt er, daß ihn die Ärzte nicht bloß in Rom, sondern auch in den ebenfalls volkreichen Orten Portus und Ostia bei allen interessanten Fällen zu Rate zogen, so daß er wohl sämtliche ungewöhnliche Schulterverrenkungen gesehen habe, die während jener Zeit dort vorgefallen seien[3]). Auch in diesem Falle gab es ohne Zweifel zahlreiche Spezialitäten. Galen nennt die der Bruch- und Steinoperation, des Bauchstichs, des Zusammennähens der Augenlider[4]). Der Chirurg Alcon, den Martial neben Symmachus und Dasius, die gesuchtesten Ärzte Roms, stellt, »schnitt unbarmherzig eingeklemmte Brüche und bearbeitete Knochen mit kunstfertiger Hand«[5]). Seneca nennt zusammen mit Bränden, Einstürzen und Schiffbrüchen die Zerfleischungen der Ärzte, die Knochen herausnehmen und ihre ganzen Hände in die Eingeweide versenken[6]). Instrumente zu Fisteloperationen sowie andre chirurgische haben sich zahlreich (namentlich in Pompeji) erhalten[7]). Übrigens wurde schon damals bei Operationen ein Betäubungsmittel angewendet, der Saft des (auch als Schlafmittel dienenden)[8]) Mandragora und andre[9]). Die zur Einschläferung durchschnittlich genügende Dosis war ein gewöhnlicher Schöpflöffel (= 0,455 l); bei manchen soll der bloße Geruch zur Betäubung hingereicht haben[10]). Zur leichtern Ausführung des Starstichs[11]) wurde die Pupille durch ein Mittel (Anagallis) erweitert[12]).

Daß unter den angedeuteten Verhältnissen zwischen Handwerk und Kunst auch in der Medizin keine feste Grenze sein konnte, ist selbstverständlich. Ebenso ist es begreiflich, daß im Gegensatz zu der rohen Empirie sich eine einseitige Beschäftigung mit medizinischen Theorien ausbildete, deren Vertreter, Theoretiker. sogenannte ärztliche Sophisten (λογιατροί, ἰατροσοφισταί), »auf hohem Stuhle sitzend in vornehmem Tone ihre Zuhörer mit Erörterungen über wissenschaftliche Fragen überschütteten«, über den Verlauf einer Krankheit aber völlig unwissend waren. Daher die Leute Ärzte und Sophisten unterschieden, und wenn sie einen ein Buch lesen sahen und eine Theorie zur Erklärung der Wirkungen

1) Plutarch. De frat. am. 15. 2) Galen. X 454 f. 3) ebd. XVIII A 346—348. 4) ebd. V 846 ff. 5) Martial. VI 70, 6. XI 84, 5. 6) Seneca ad Marciam 22, 3. Vgl. Dessau 9441 *quem medici secarunt et occiderunt.* 7) Jahn, Ber. d. Sächs. Ges. 1861, 330. Marquardt, Privatl.[2] 713, 8. J. St. Milne, Surgical instruments in greek and Roman times, Aberdeen 1907. Th. Meyer-Steineg, Chirurgische Instrumente des Altertums (Jenaer medizin.-histor. Beiträge I), 1912. S. Holth, Greco-Roman and Arabic Bronce Instruments and their medico-surgical Use, Kristiania 1919. Abbildungen auch bei Daremberg et Saglio, Dictionnaire des antiquités I 1108 ff. (Fig. 1369 ff.), vgl. Brunner, die Spuren der röm. Ärzte auf dem Boden der Schweiz (Zürich 1894) S. 26 ff. Taf. I—IV. 8) Seren. Sammon. 989. 9) Plin. n. h. XXXVI 56. Dioscorid. de simpl. med. I 12; mat. med. IV 75, 7; vgl. V 140. Kobert, Der Zustand der Arzneikunde vor 18 Jahrhunderten (1887) S. 21 f. Der Mandragora enthielt Atropin. Über ihn vgl. F. Cohn, Jahresber. der Schles. Gesellsch. f. vaterländ. Kultur LXV 1887 S. 285 ff. Randolph, Proceed. of the Americ. Academy of Arts and Sciences XL 1905 S. 487 ff. 10) Plin. n. h. XXV 150. 11) Epictet. Diss. I 25, 32: καὶ τί παραδοξότερόν ἐστιν ἢ κεντεῖν τινος τὸν ὀφθαλμὸν ἵνα ἴδῃ; 12) Plin. n. h. XXV 144. Vgl. Celsus de med. VII 7, 13 ff. und dazu J. Hirschberg, Gesch. d. Augenheilkunde im Altertum S. 282 ff.

von Heilmitteln anwenden hörten, ihn zu den letztern rechneten[1]). Die wissenschaftlichen Theorien waren es wohl, denen die Medizin den Namen einer Schwester der Philosophie oder einer zweiten Philosophie verdankte[2]).

Honorare.

Die Honorare und Einnahmen gesuchter Ärzte, die ihre Praxis in der Aristokratie Roms hatten, waren sehr hoch. Wohlhabende hatten gewiß in der Regel ihre eignen Hausärzte. Galen erzählt, daß ein reicher Mann, der ein Gut bei Rom hatte, ihn bat, einen seiner Verwalter zu behandeln; derselbe war in Gefahr zu erblinden, da der Hausarzt, ein Anhänger des Erasistratus, dessen Lehre gemäß sich zu keinem Aderlaß entschließen konnte[3]). Die Hausärzte erhielten feste Gehälter. Q. Stertinius, Bruder des C. Stertinius Xenophon, wies, wie erwähnt, dem Claudius ein Einkommen von 600000 Sesterzen (130500 Mark) »durch Aufzählung der Häuser« nach, in denen er Arzt war[4]). In den Pandekten wird ein Vermächtnis erwähnt, wonach das Jahresgehalt nach dem Tode der Patientin an den Arzt fortgezahlt werden soll[5]). Die Zahlung scheint gewöhnlich am 1. Januar erfolgt zu sein[6]). Daneben werden sehr hohe Honorare für einzelne Kuren angegeben, die zuweilen im voraus festgesetzt wurden. Der gewesene Prätor Manilius Cornutus, Legat von Aquitanien, gab sich bei einem Flechtenleiden für 200000 Sesterzen (43500 Mark) in Behandlung[7]); für dieselbe Summe übernahm der Arzt Charmis aus Massilia die Behandlung eines reichen Provinzialen zum zweiten Male[8]). Galen erhielt von dem Konsularen und spätern Statthalter von Judäa Flavius Boethus für die Herstellung seiner Gemahlin 400 Goldstücke[9]) (8700 Mark). Seine Einnahmen vermehrten sich auch dadurch, daß er, wie vermutlich die berühmten Ärzte Roms überhaupt, auch von auswärts konsultiert wurde. Aus Asien, Gallien, Spanien, Thracien wandten sich Augenleidende brieflich an ihn; er ließ sich gewisse auf die Krankheit bezügliche Fragen beantworten, sandte dann das Mittel und stellte die Patienten und durch sie andre in denselben Gegenden mit demselben Leiden Behaftete her, ohne einen gesehen zu haben[10]). Wir besitzen noch seine Ratschläge für den epileptischen Sohn eines Cäcilianus, die er auf dessen Wunsch brieflich erteilte, ebenfalls ohne den Patienten gesehen zu haben, doch nachdem er sich mit dem Hausarzt Dionysius beraten hatte[11]). Von den Gehältern der Hofärzte ist bereits die Rede gewesen. Crinas aus Massilia hinterließ 10 Millionen (2175000 Mark), nachdem er die Mauern seiner Vaterstadt und andre Mauern für eine kaum geringere Summe hatte erbauen lassen[12]). Den Chirurgen Alcon verurteilte Claudius zur Zahlung von 10 Millionen, doch gewann er diese Summe während seines Exils in Gallien und nach seiner Zurückberufung innerhalb weniger Jahre aufs neue[13]). Doch waren die Einnahmen der Ärzte im alten Rom nicht so groß wie in modernen Großstädten[14]). Dr. Hunter erhielt in London um 1787 für eine Konsultation in seiner Wohnung 2, für einen Krankenbesuch 4 Guineen;

1) Gal. XVIII B 258. 2) Otto, Arch. f. lat. Lexikogr. VI 1889 S. 340. 3) Galen. XI 299. 4) Oben S. 71 f. 5) Dig. XXXIII 1, 10 § 1. 6) Mommsen zu Dig. XIX 5, 26 § 1. 7) Plin. n. h. XXVI 4. 8) ebd. XXIX 29. 9) Galen. XIV 647. 10) ebd. VIII 224. 11) ebd. XI 357 ff. 12) Plin. n. h. XXIX 9. 13) ebd. 22. 14) Auch der Leibarzt Harun ar-Raschids erhielt nach seinen eignen Aufzeichnungen (Aug. Müller, Ibn Abî Useibi'a, Königsberg 1884 S. 136 f.) zwar nur ein festes Gehalt von 120000 Dirhem (= Francs) jährlich, dazu aber so reiche Nebenbezüge und Naturallieferungen, daß sich seine Jahreseinnahme auf eine Million Dirhem stellte.

Heim nahm in Berlin schon zu Anfang des 19. Jahrhunderts in manchem Jahre über 12000 Taler ein; die Einnahmen der gesuchtesten Ärzte Londons, Brodie und Bright, wurden 1851 auf je 10000 Lstr. geschätzt. Billroth brachte die Privatpraxis in Wien bereits im ersten Jahre (1868) über 14000 Gulden[1]). Daß im Altertum auch an kleinen Orten die Praxis verhältnismäßig einträglich war, beweist die Grabschrift des freigelassenen klinischen Arztes, Chirurgen und Augenspezialisten P. Decimius Eros Merula in Assisi. Nach derselben hatte er für seine Freilassung 50000 Sesterzen (10875 Mark), für seine Ernennung zum Sevir an die Stadtkasse 2000 Sesterzen (435 Mark) gezahlt, zur Aufstellung von Statuen im Herkulestempel 30000 Sesterzen (6525 Mark), zur Straßenpflasterung 37000 Sesterzen (8050 Mark) geschenkt: und am Tage vor seinem Tode betrug sein Vermögen, wie es scheint, 5,3 Millionen Sesterzen (1,15 Millionen Mark)[2]). Ein Arzt Heraclitus in Rhodiapolis in Lycien, der dort seine Kunst unentgeltlich geübt, sein Vermögen also durch Praxis an andern Orten (namentlich wohl Alexandria, Rhodus und Athen) erworben hatte, erbaute in seiner Vaterstadt einen Tempel des Äskulap und der Hygiea, deren Bildsäulen er darin aufstellte, und schenkte ihr zu Verteilungen und Wettkämpfen am Äskulapfest 60000 Sesterzen (13050 Mark)[3]). Nicht das Anstandsgefühl der Ärzte, sagt Plinius, sondern allein die Konkurrenz ermäßige ihre Honorarforderungen, zu deren Bewilligung sie die Kranken überdies oft im Augenblick der Gefahr zu bestimmen wußten; »das raubsüchtige Feilschen unter dem Schweben der Todesverhängnisse« nennt es Plinius in seiner schwülstigen Sprache[4]). Ulpian sagt: wenn ein Arzt einen Augenleidenden durch schädliche Mittel in die Gefahr des Erblindens gebracht und ihn durch diese Gefahr bewogen habe, ihm seine Güter unter ihrem Werte zu verkaufen, so solle der Statthalter der Provinz gegen diese böse Tat (*incivile factum*) einschreiten und die Rückerstattung veranlassen[5]). Im J. 370 n. Chr. erinnert ein kaiserliches Reskript die von den städischen Kommunen besoldeten Oberärzte (*archiatri*), »lieber in rechtschaffner Weise den Armen zu Hilfe zu kommen, als schmählich den Reichen zu dienen. Wir erlauben ihnen, anzunehmen, was ihnen die Gesunden für ihre Dienste anbieten, aber nicht, was ihnen die Kranken in der Gefahr für ihre Rettung versprechen«[6]). Der Verfasser eines in der ersten Hälfte des 4. Jahrhunderts aus der Naturgeschichte des Plinius zusammengestellten Heilmittelbuchs hatte auf seinen Reisen in Krankheitsfällen von Ärzten viel Übles erfahren. Sie übernahmen aus Habsucht Kuren, für welche ihre Kenntnisse nicht ausreichten, verkauften die wohlfeilsten Heilmittel zu enormen Preisen; sie zogen Krankheiten, die in wenigen Tagen oder Stunden hätten geheilt werden können, in die Länge, um von den Patienten größre Einnahmen zu erzielen. Um solchen nicht ferner als Gegenstand der Ausbeutung zu dienen, hatte er sich die bewährtesten Mittel für eine große Anzahl von Krankheiten zusammengestellt[7]).

Galens Vorschriften über das Verhalten der Ärzte am Krankenbett.

Über das ganze Verhalten der Ärzte dem Kranken gegenüber gibt Galen sehr ausführliche Vorschriften[8]). Seine Besuche muß der Arzt je nach dem

1) Trevelyan, Life and lettres of Lord Macaulay IV 58 Tauchn. Keßler a. a. O. II 353. Billroths Briefe (1895) S. 86. 2) CIL XI 5400 = Dessau 7812. 3) IGR III 733. 4) Plin. n. h. XXIX 21. 5) Dig. L 13, 3. 6) Cod. Just. X 52, 9. 7) Medic. Plinii praef. 8) Galen. XVII B 145—152; vgl. Ilberg a. a. O. 310 ff.

Wunsche des Kranken seltner oder häufiger machen; manchen sind häufige Besuche lästig. Einige Ärzte sind so unverständig, daß sie die Kranken durch lautes Reden oder das Geräusch ihrer Tritte aus dem Schlafe wecken und so gegen sich erzürnen: dies sowie alles Unzeitige oder Unpassende im Auftreten muß natürlich vermieden werden. Auch in den mit dem Kranken zu führenden Gesprächen muß der Arzt Takt beweisen und sich nicht etwa Äußerungen entschlüpfen lassen, wie der Herophileer Callianax, der einem Kranken auf die Klage, er werde sterben müssen, erwiderte: »auch Patroclus mußte sterben«. Auch gegenwärtig machen sich manche Ärzte durch rauhes Benehmen den Kranken verhaßt, während andre sich durch servile Untertänigkeit Verachtung zuziehen. Beide Extreme hat der Arzt zu vermeiden und mit Freundlichkeit und Mäßigung die Bewahrung seiner Würde zu verbinden. Als passenden Unterhaltungsgegenstand mit dem Patienten kann man z. B. den Satz des Hippokrates wählen, daß die Kunst auf dreien beruhe, dem Kranken, der Krankheit und dem Arzt: der Kranke müsse sich mit dem Arzt der Krankheit entgegenstellen, dann sei die beste Aussicht, daß die eine von den beiden werde überwunden werden[1]). Doch gibt es auch Kranke, die man nicht mit ernsten, sondern mit muntern Gesprächen oder durch Erzählen von Geschichten unterhalten muß. Ferner muß der Arzt auf seine Haltung acht haben. Einige treten gespreizt und breitspurig auf, andre geziert, wieder andre gebückt und demütig. Am empfehlenswertesten ist auch hier die Mittelstraße, doch ist es erlaubt, bis auf einen gewissen Grad sich den Neigungen der Kranken anzupassen, ebenso in bezug auf die Kleidung und selbst die Haartracht: z. B. am Hofe des Marc Aurel trug man ganz kurz geschornes, an dem des L. Verus langes Haar. Manche Ärzte sind so nachlässig, daß sie bei ihren Krankenbesuchen nach Zwiebel oder Knoblauch riechen. Ein Landsmann des Galen, Quintus, roch stark nach Wein, als er einen im Fieber liegenden reichen Mann zu Rom besuchte. Der Kranke bat ihn, sich etwas von ihm zu entfernen, da ihn der Geruch belästige, worauf Quintus plump genug erwiderte, er selbst müsse ja den viel üblern Geruch des Krankenzimmers ertragen. Viele Ärzte fügten sich allen Wünschen der Kranken in sklavischer Weise und erlaubten ihnen kaltes Wasser, schneegekühlten Wein und Bäder, so oft sie es verlangten. Solchen standen dann freilich die Türen der meisten Häuser offen. Sie wurden schnell reich und vermochten viel, und viele übergaben ihnen ihre Leibpagen, wenn sie heranwuchsen, zur Ausbildung in der Medizin[2]). Die ungehorsamsten und eigenwilligsten Kranken waren natürlich die Reichen und Mächtigen. Am besten wäre es, sagt Galen, sie gar nicht zu behandeln, aber freilich seien die Ärzte, der eine aus diesem, der andre aus jenem Grunde, mit oder gegen ihren Willen genötigt, ihre Weichlichkeit zu ertragen[3]). Mißbilligt er auch eine schmähliche Nachgiebigkeit, so rät er doch dem Arzt, unter Umständen die Wünsche des Kranken auch gegen seine Überzeugung zu erfüllen, wenn dadurch nicht zu viel geschadet werde; denn wenn der Kranke den Arzt hasse, werde er ihm auch nicht gehorsam sein.

Um die Folgsamkeit des Kranken zu erzielen, hatte schon Hippokrates ge-

1) Dies auch Galen. XVII A 150. 2) ebd. X 4. 3) ebd. XIII 597.

sagt, müsse der Arzt es dahin bringen, daß er vom Kranken bewundert, womöglich wie ein höheres Wesen angesehen werde. Man sah ja in Pergamum die Kranken, die sich dem Gotte Äskulap zur Behandlung übergeben hatten, die härtesten Verordnungen befolgen, z. B. sich oft 15 Tage lang aller Getränke enthalten, was sie niemals auf die Verordnung eines Arztes hin getan haben würden. Auch darauf hatte schon Hippokrates hingewiesen, daß der Arzt die Bewunderung des Kranken am besten durch richtige Diagnosen und Voraussagungen erregen könne[1]). Galen selbst pflegte womöglich die Krankheitsursache anzugeben, ohne den Kranken darauf bezügliche Fragen vorgelegt zu haben[2]). Wiederholt hatte er, wie einst der Arzt Erasistratus, am Pulse des Kranken eine heftige Liebesleidenschaft als Krankheitsursache erkannt, wenn der oder die Geliebte ins Zimmer getreten war[3]); und als ein reicher Patient heimlich gegen seine Vorschrift Medikamente (und zwar, um sich nicht durch die Farbe der Zunge zu verraten, in Pillen) genommen hatte und dies hartnäckig ableugnete, fragte ihn Galen, ob er schwören wolle, und faßte ihm gleichzeitig an den Puls, dessen Beschleunigung das böse Gewissen des Kranken offenbar machte[4]). In der Selbstzufriedenheit, die solche Erzählungen verraten, geht Galen so weit, daß er geradezu erklärt, in seinen Prognosen und Diagnosen »sich mit Gottes Hilfe nie getäuscht zu haben«[5]) Bei Erörterung des, wie er bemerkt, scheinbar trivialen Satzes des Hippokrates, daß der Arzt dem Kranken helfen oder doch nicht schaden solle, versichert er, daß er das letztere stets zu vermeiden gewußt habe[6]). Während er nun aber auf seine Prognosen und Diagnosen den größten Wert legte, glaubten andre, sie seien keine Ärzte, wenn sie nicht sofort beim Eintritt in das Krankenzimmer sich gürteten und ein Pflaster auflegten, oder eine Übergießung machten, oder ein Klystier setzten, oder zur Ader ließen u. dgl.[7]). Für solche war wohl auch die Erinnerung an die Vorschrift des Hippokrates nicht überflüssig, das Gewand nicht über den Ellbogen zurückzustreifen, was für die Würde der Medizin um so weniger paßte, als sich sogar die Sachwalter scheuten, in dieser Weise gleich Faustkämpfern zu erscheinen[8]).

Ärztliche Scharlatanerie.

Die ärzliche Scharlatanerie wurde in allen Formen geübt, vom bedenklichen Hinaufziehen der Augenbrauen bei den unbedeutendsten Fällen[9]) bis zur Ausführung von Operationen im Theater vor einer Menge von Zuschauern[10]). Celsus sagt, es sei Schauspielerart, bei Kleinigkeiten wichtig zu tun, um sich den Schein zu geben, daß man mehr geleistet habe[11]). Galen bemerkt, daß das Theriak in sehr vielen Fällen wunderbare Dienste leiste, daß aber diejenigen, die es auch als Mittel für Schwerhörigkeit und schwaches Gesicht anpreisen, es nicht auf ärztliche, sondern auf marktschreierische Weise empfehlen[12]). Eine gewisse Öffentlichkeit bei Ausübung der ärztlichen Praxis war durch die Gewohnheiten des antiken Lebens bedingt. Die Ärzte erteilten ihren Rat, verkauften und ver-

1) Galen. XVII B 135—143. 2) ebd. XI 10. 3) ebd. XVIII B 40. X 631. Von ähnlichen Diagnosen des Hippokrates, Erasistratus und andrer ältrer Ärzte wußte die Novelle zu erzählen, vgl. Rohde, Griech. Roman³ S. 55 ff. 4) Galen. IX 218 f. 5) ebd. XVII A 250. 6) ebd. XVII A 148 f. 7) ebd. XV 313—316. 8) ebd. XVIII B 692. 9) Epictet. Diss. III 10, 15. M. Aurel. Comm. IV 48. 10) Plutarch. De adulat. et amico 32. 11) Cels. med. V 26, 1. 12) Galen. XIV 305.

abreichten Mittel und machten selbst Operationen in Buden und Läden, die nach der Straße zu offen waren: dort trat einer mit einer ausgefallnen Schulter, der andre mit einem Geschwür, ein dritter über Kopfschmerz klagend ein[1]). Die unwissendsten Ärzte waren am meisten darauf bedacht, ihre Lokale mit elfenbeinernen Büchsen, silbernen Schröpfköpfen und Messern mit vergoldeten Griffen auszustaffieren[2]). Epictet sagt, in Rom sei es bereits so weit gekommen, daß die Ärzte die Patienten zum Eintreten bei sich einlüden[3]).

Vorträge und Disputationen.

Allem Anschein nach war es nicht selten, daß Ärzte in großen Hörsälen öffentliche Vorträge hielten und mit Demonstrationen begleiteten, wie Galen zu Rom im Tempel des Friedens[4]) und anderwärts[5]); wobei denn auch Disputationen stattfanden. Als Galen kurz nach seiner ersten Ankunft in Rom über einen Fall, wo ihm ein Aderlaß unerläßlich schien, mit mehreren ältern Ärzten von der Schule des Erasistratus in Streit geraten war, las am folgenden Tage sein Landsmann und Mitschüler Teuthras die Bücher des Erasistratus »vor allen Philosophen« vor, wies nach, daß eine Anzahl von Todesfällen durch seine verkehrte Methode herbeigeführt war, und forderte die alten Ärzte zur Disputation auf. Diese lehnten sie ab, da sie es unter ihrer Würde hielten, mit einem jungen Manne zu streiten. Da aber Galen damals täglich öffentlich Vorträge über Fragen zu halten pflegte, welche die Zuhörer ihm stellten, wurde er auch veranlaßt, die Frage zu behandeln, ob Erasistratus des Aderlasses sich mit Recht enthalten habe. Dieser Vortrag, den Galen für Teuthras auf dessen Wunsch einem Sklaven diktierte, wurde ohne sein Wissen veröffentlicht und hatte, obwohl seiner Form nach nur für ein Auditorium bestimmt, die unerwartete Wirkung, die Erasistrateer sämtlich zum Aderlaß zu bekehren[6]). Ein andres Mal erzählt Galen, daß ein Theoretiker (Sophist), dem der Chor seiner Anhänger lebhaft applaudierte, nach einem Vortrage, in dem er eine unhaltbare Ansicht entwickelt hatte, mit diesem Gefolge sich eiligst entfernte, weil er wußte, daß Galen ihn wiederlegen würde. Am folgenden Tage überreichte Galen seinen Anhängern eine Schrift, welche die Widerlegung enthielt, und keiner wußte etwas darauf zu erwidern[7]). Auch Marktschreier ließen sich öffentlich über die Organe des menschlichen Körpers und ihre Funktionen vernehmen und lockten durch den Schein der Gelehrsamkeit Patienten an[8]).

Medizinische Schriftstellerei

Übrigens braucht kaum gesagt zu werden, daß es auch an wissenschaftlich gebildeten Ärzten zu keiner Zeit fehlte, von denen viele, namentlich Griechen, schriftstellerisch tätig waren. Hermogenes aus Smyrna hatte in 77 Lebensjahren 90 Bücher (darunter 72 medizinische) geschrieben[9]). Ein kaiserlicher Leibarzt Ti. Claudius Menecrates schrieb 156 Bücher, in welchen er eine neue logische Heilkunde begründete[10]). Der bereits genannte Heraclitus aus Rhodiapolis in Lycien, der in einer ihm dort gesetzten Ehreninschrift als der erste Arzt aller Zeiten gepriesen wird, war Verfasser ärztlicher und philosophischer Schriften in Vers und Prosa, die erstern hatten ihm den Namen eines Homer der Me-

1) Epictet. Diss. III 23, 30. 2) Lucian. adv. indoct. 29. 3) Epictet. Diss. III 23, 27. 4) Galen. XIX 21 f.; vgl. oben S. 16, 3. 5) Galen. XIV 629 f.; vgl. auch II 622. 690 (über öffentliche Sektionen und Demonstrationen). 6) Galen. XI 187—196. 7) ebd. XI 331 ff. 8) Dio Chr. or. 33, 6 (I 299 Arn.). 9) CIG 3311 = Kaibel, Epigr. gr. 305. 10) IG XIV 1759 = Dittenberger, Syll.³ 803; vgl. Prosop. imp. Rom. I 388 nr. 749 und oben S. 72.

dizin eingetragen; seine sämtlichen Werke hatte er seiner Vaterstadt und den Städten Alexandria, Rhodus und Athen verehrt, in Rhodiapolis war ihm außer andern Ehrenbezeigungen auch eine »Statue für wissenschaftliche Bildung« (τῷ τῆς παιδείας ἀνδριάντι) zuerkannt worden[1]).

Beschaffung der Heilmittel.

Die Kenntnis der Heilmittel hatte für die antiken Ärzte eine ganz andre Bedeutung als für die modernen, weil Apotheken, wo die Medikamente vorschriftsmäßig und unter Aufsicht hätten bereitet werden können, ebensowenig existierten wie (mit seltner Ausnahme) im Mittelalter diesseits der Alpen[2]). An kleinen Orten fehlten sie in Deutschland noch zu Ende des achzehnten Jahrhunderts: Hufeland mußte in Weimar (seit 1783) »nach der damaligen fast allgemein herrschenden Sitte« Dekokte, Pillen, Pulver selbst machen und dispensieren[3]). Vielleicht wurden auch in Tempeln der Heilgötter Arzneien bereitet, wie in dem der Bona Dea in Rom, wo den Priesterinnen Kräuter aller Art zu deren Herstellung zu Gebote standen[4]). Den Verkauf der Medizinalstoffe sowie der fertigen Medikamente besorgten im Altertum die Salben-, Drogen- und Spezereihändler; die letztern (*aromatarii*) bildeten zu Rom eine Innung[5]); daneben gab es, und gewiß sehr zahlreich, von Ort zu Ort reisende Händler, Scharlatane und Quacksalber[6]).

Drogenhandel.

Aus den Läden der Händler kauften sehr häufig auch die Ärzte, wie schon der ältere Plinius klagt, anstatt die Heilmittel selbst zu bereiten, was früher als das eigentlichste Geschäft der Arzneikunde galt. Die Ingredienzien selbst kannten sie nur unvollkommen oder gar nicht, und wollten sie nach Anweisung von Lehrbüchern Medikamente bereiten, so wurden sie von den Kaufleuten mit schlechter und gefälschter Ware betrogen. Viele kauften sogar fertige Salben und Pflaster[7]). Galen, der ebenfalls vielfach über den Betrug der »verwünschten Drogenhändler« klagt, sagt, daß sie auch ihrerseits von den Lieferanten und diese wieder von den Kräutersammlern betrogen würden, welche die Säfte, Blüten, Früchte und Sprossen der Pflanzen nach den Städten brachten[8]). Die Händler verstanden aber ihre Fälschungen den echten Mitteln so täuschend ähnlich zumachen, daß selbst die besten Kenner sie nicht von diesen unterscheiden konnten[9]). Galen hatte selbst in seiner Jugend bei einem Manne Unterricht genommen, welcher Balsam, lemnische Siegelerde, weiße Zinkblumen und andre kostbare Medizinalstoffe aufs genaueste nachahmen lehrte und sich dafür ein hohes Honorar zahlen ließ. Er wollte aber die Rezepte zur Herstellung der unechten Medikamente nicht bekannt machen, da gewissenlose Menschen daraus Gewinn gezogen haben würden[10]). Vielmehr hoffte er durch seine Schriften wohldenkende junge Leute anzuspornen, daß sie sich selbst von der Natur aller heilkräftigen Stoffe durch Augenschein und wiederholte Prüfungen unterrichteten. Wer im Besitz aller Hilfsmittel sein wolle, der müsse sämtliche offizinellen Bestandteile der Pflanzen, Tiere, Metalle und übrigen Mineralien so genau kennen, daß er echte und unechte zu unterscheiden wisse, und möge sich

1) Oben S. 198. 2) Über die ältesten Apotheken in Deutschland (im 12. und 13. Jahrhundert) s. Berendes, Das Apothekenwesen (1907) S. 88 ff. 3) Hufelands Selbstbiographie, Deutsche Klinik 1863 S. 163. 4) Macrob. S. I 12, 26. Über den Tempel Hülsen-Jordan, Top. I 3 S. 182 f. 5) CIL VI 384. 6) Cic. Cluent. 40. Horat. Sat. I 2, 1. Cato bei Gell. I 15, 9. Marquardt, Privatl.[2] 780 bis 782. CIL V 4489 = Dessau 8370 (B ixia): *coll(egium) farmac(opolarum) publicor(um)*. 7) Plin. n. h. XXXIV 108. 8) Galen. XIII 571. 9) ebd. XIV 7. 10) ebd. XII 216.

dann nach seinem Buche »von der Wirkung der einfachen Heilmittel« in der Anwendung üben[1]).

Galens Bemühungen um Beschaffung echter Heilmittel.

Da nun aber viele wichtige Heilmittel im Handel selten echt zu bekommen waren, so mußte man sie sich aus den Gegenden, wo sie in der vorzüglichsten Qualität zu finden waren, durch zuverlässige Freunde zu verschaffen suchen und womöglich einen so großen Vorrat davon erwerben, daß er für das ganze Leben ausreichte. Galen hatte zu diesem Zweck sowohl mehrere Reisen gemacht, als auch regelmäßige jährliche Sendungen aus den verschiedensten Provinzen, teils von dortigen Freunden, teils durch Vermittlung der kaiserlichen und senatorischen Statthalter empfangen, namentlich aus Syrien, Palästina, Ägypten, Cappadozien, Pontus, Mazedonien, Gallien, Spanien und Mauretanien[2]). Er hatte eigens eine Reise nach Lemnos gemacht, um sich die dortige Siegelerde, und nach Kypros, um sich verschiedne metallische Substanzen aus den kyprischen Kupfergruben zu verschaffen. Er hatte auf der Insel einen vielvermögenden Freund, der mit dem kaiserlichen, den Betrieb des Bergwerks bei Soli leitenden Prokurator befreundet war, und so erhielt er Kupfervitriol, Kupfervitriolwasser, Galmei, Vitriolerz und weiße Zinkblumen in so großen Massen, daß er nicht nur selbst lebenslänglich daran genug hatte, sondern auch Freunden mitteilen konnte[3]). Bleiglätte war in einem Bergwerk zwischen Pergamum und Cyzicus zu finden[4]). Den Fluß Gagates in Lycien, in dem der Gagat vorkommen sollte[5]), fand er nicht, obwohl er in einem kleinen Fahrzeuge längs der Küste von Lycien fuhr, um alle dortigen Sehenswürdigkeiten kennen zu lernen. Vom Toten Meer holte er (außer Asphalt) gewisse poröse schwarze brennbare Steine[6]); der Hauptzweck der Reise nach Palästina aber war die Erwerbung des Balsams, der zu Engeddi in Judän auf einer kaiserlichen Domäne wuchs und auf Rechnung des Fiskus verkauft wurde, doch im Handel fast nie echt vorkam[7]). Auf der Rückreise war er so glücklich, einem Zuge von Kamelen zu begegnen, welche indische Aloe und indisches Lycium nach Phönizien brachten, und das letztere Medikament in unzweifelhafter Echtheit erwerben zu können, da man dort die Substanz, aus der das unechte bereitet wurde, gar nicht kannte[8]). Bei manchen Medikamenten kam es darauf an, daß sie ein gewisses Alter hatten, namentlich bei Öl. Die Händler verkauften aber den Ärzten statt des geforderten alten Öls, welches angeblich ganz besondre Eigenschaften hatte, meist Schweinefett mit gewöhnlichem Öl vermischt, eine Mischung, die jenem an Aussehen und Geruch sehr ähnlich war; auch das reine Öl, das man im Handel erhielt, pflegte nicht alt zu sein. Galen überkam von seinem Vater Öl, das dieser schon seit Jahren aufbewahrt hatte, und legte seit seiner Jugend von Zeit zu Zeit immer neue Vorräte an, um sich ihrer bedienen zu können, wenn die frühern verbraucht waren, und so glaubte er genug zu haben, auch wenn er hundert Jahre leben sollte[9]).

Botanische Gärten.

Die offizinellen Pflanzen zogen Ärzte ohne Zweifel, soweit Klima und Boden es erlaubten, häufig in eignen Gärten (deren es im 16. Jahrhundert zuerst in

1) Galen. XIII 570 f. Über den Arzneischatz Galens vgl. Berendes, Die Pharmacie bei den alten Culturvölkern (1891) II 61 ff. 2) Galen. XIV 6 ff. 3) ebd. XIV 7 ff XII 220—238. 4) ebd. XII 229 f. 5) Vgl. auch Dioscorid. mat. med. V 128. 6) Galen. XII 202, vgl. 375. 7) Marquardt, Privatl.² 781, 5. 6. 8) Galen. XII 216. 9) ebd. XIII 703 f.

Padua, Pisa und Bologna[1]), bald auch in allen deutschen Städten gab, die sogenannten Wurzelgärten)[2]). Plinius klagt über die damaligen Kräuterkenner, die ihre Wissenschaft von den verborgnen Kräften der Pflanzen andern mißgönnten, und preist den uneigennützigen und aufopfernden Forschergeist der Alten, die, selbst unwegsame Berggipfel, abgelegne Einöden und alle Eingeweide der Erde durchsuchend, die Kraft jeder Wurzel, den Nutzen jeder Pflanzenfaser ausfanden und selbst die von dem weidenden Vieh unberührten Gewächse zu heilsamen Zwecken verwandten. Die Abbildungen in einigen griechischen botanischen Werken[3]) waren täuschend oder ungenügend, in den übrigen fand man nur Beschreibungen oder Angaben von Namen und Wirkungen; doch Plinius hatte das Glück gehabt, die offizinellen Pflanzen, mit Ausnahme sehr weniger, durch Augenschein kennen zu lernen, und zwar in dem kleinen botanischen Garten[4]) des Arztes Antonius Castor (vielleicht eines Freigelassenen einer Tochter des M. Antonius)[5]), der als Botaniker in seiner Zeit das höchste Ansehen genoß (auch über seine Wissenschaft schrieb) und die meisten Heilkräuter selbst zog. Er war über hundert Jahre alt geworden, ohne je krank gewesen zu sein, und ohne daß seine Rüstigkeit und sein Gedächtnis durch das Alter gelitten hatten[6]).

Kaiserliche Magazine.

Für den Privatgebrauch des kaiserlichen Hauses waren in Rom Magazine angelegt, an welche fort und fort die Heilmittel aller Länder in bester Qualität und reichlicher Menge eingesendet wurden. Jährliche Sendungen kamen im Sommer aus Sizilien, Afrika und besonders Kreta, wo die Kaiser eigne Pflanzensammler unterhielten, »welche die dort in Fülle vorhandnen Medizinalstoffe, sorgfältig in Papier verpackt und mit der Aufschrift des Namens und des Fundorts bezeichnet«, auch geflochtne Körbe mit Heilkräutern gefüllt, teils für die kaiserlichen Apotheken, teils zum Verkauf in Rom versendeten. Galen erwähnt auch kaiserliche Sklaven, welche Nattern fangen mußten, deren man sich zur Bereitung verschiedner Medikamente bediente. Der ganze Reichtum jener kaiserlichen Magazine stand Galen als kaiserlichem Leibarzt zur Herstellung der erforderten Arzneimittel zu Gebot. Er konnte die passenden Jahrgänge alten Falerners aus langen Reihen von Tonkrügen, auf denen die Jahre der Weinlese verzeichnet waren, ebenso den hymettischen Honig aus den Erträgen verschiedner Jahre wählen[7]). Die hölzernen Gefäße mit Zimt stammten aus den Regierungen des Trajan, Hadrian und Antoninus Pius; darunter befand sich ein 4 ½ Ellen langes Behältnis, das einen ganzen Zimtbaum erster Gattung enthielt[8]). In ähnlicher Fülle werden die übrigen Stoffe (wie der Balsam von Engeddi) vorhanden gewesen sein: Pausanias erwähnt beiläufig, daß das vorzügliche, zur Bereitung von Salben besonders geschätzte Öl von Tithorea an die Kaiser gesendet wurde[9]).

Bereitung der Medikamente.

Nicht minder wichtig als die Beschaffung der Medizinalstoffe war natürlich

1) F. Cohn, D. Rundschau LXIII 1890 S. 114. 2) Kohl, Alte u. neue Zeit S. 115. 3) Die (574) kolorierten Abbildungen der Dioscorideshandschriften stammen aus dem illustrierten Kräuterbuche des Krateuas, des Leibarztes Mithradates d. Gr., vgl. M. Wellmann, Krateuas, Abhdl. d. Gött. Gesellsch. d. Wiss. N. F. II 1 (1897). 4) Vgl. Luxorius Anth. lat. 369 R. *de horto domni Oageis, ubi omnes herbae medicinales plantatae sunt.* 5) Meyer, Gesch. d. Botanik II 132. 6) Plin. n. h. XXV 1—10. 7) Galen. XIV 25. 8) ebd. XIV 64. 9) Paus. X 32, 19.

die Kenntnis der Bereitung der Medikamente, und der Besitz einer guten Rezeptsammlung bildete für jeden Arzt ein sehr wichtiges, für viele wahrscheinlich das einzige Erfordernis zur Betreibung der Praxis. Ein solches Rezeptbuch, nach den Körperteilen (vom Kopfe bis zu den Füßen) geordnet, schrieb unter andern der oben erwähnte Leibarzt des Kaisers Claudius, Scribonius Largus, auf Veranlassung seines Gönners, des Freigelassenen C. Julius Callistus, der auch diese Schrift »den göttlichen Händen« des Kaisers übergab. Die Heilkunde schien dem Verfasser derselben ganz hauptsächlich in der Kenntnis wohlerprobter Mittel zu bestehen. Hatte doch selbst Asklepiades, von dem man (wiewohl fälschlich) behauptete, er habe die Krankheiten ganz ohne Medikamente behandeln wollen, gesagt, ein Arzt, der nicht für jedes Übel zwei bis drei bewährte Rezepte in Bereitschaft habe, stehe auf der niedrigsten Stufe[1]). Von den Medikamenten habe die Medizin ihren Namen. Nach ihrer Kenntnis soll man also vor allem streben und sich nicht scheuen, sich deshalb auch an geringe und oft, wie man mit Beschämung gestehen müsse, der Wissenschaft der Heilkunde ganz fernstehende, aber erfahrne Personen zu wenden, die nicht selten durch ein wirksames Mittel Krankheiten heilten, gegen welche die Ärzte alle ihre Kunst vergebens aufgeboten hätten[2]). So hatte Scribonius selbst ein über alle Erwartung wirksames Mittel gegen Kolik von einer alten Frau aus Afrika, die vielen in Rom damit geholfen hatte, für den von ihr geforderten Preis erworben[3]). Er gibt ein Mittel gegen Schlangenbisse an, das die Jäger in Sizilien im Gurt zu tragen pflegten[4]). Gegen Tollwut bereitete sein Lehrer Apulejus Celsus ein Medikament, das er jährlich an die Gemeinde seines Geburtsorts Centuripä in Sizilien schickte, wo es viele tolle Hunde gab; doch verschaffte es den Kranken nur Linderung. Scribonius hatte aber erfahren, daß auf Kreta ein alter Mann aus einem Barbarenlande, der durch Schiffbruch dorthin verschlagen worden war, von den Gemeinden für die Bereitung eines Mittels besoldet wurde, das die Wasserscheu im höchsten Stadium heilen sollte; und als ein Arzt aus Gortyn auf Kreta, Zopyrus, als Gesandter nach Rom kam und bei ihm wohnte, erfuhr er von diesem, daß das Mittel in einem Stückchen eines Hyänenfells, in Zeug eingewickelt, bestehe; er hatte sich auch sofort ein solches Fell verschafft, aber (glücklicherweise, wie er sagt) noch keine Gelegenheit gehabt, seine Wirkung zu erproben[5]). Daß der Arzt Ambrosius von Puteoli bei einem Mittel gegen den Stein angab, es müsse mit einer hölzernen Mörserkeule gestoßen werden, und der, der es bereite, dürfe keinen eisernen Ring tragen, bezeichnet er zwar als Aberglauben, ohne jedoch die Unterlassung dieser Vorschrift anzuraten[6]). Die meisten seiner Mittel, unter denen sich auch ein von der Kaiserin Messalina gebrauchtes Zahnpulver befindet[7]), versichert er selbst erprobt zu haben. Nur wenige hatte er auf eidliche Versicherung von Freunden, daß sie sich als wirksam erwiesen, aufgenommen[8]). Marcellus Empiricus sagt in der Vorrede zu seiner für seine Söhne bestimmten Rezeptsammlung, seine Arbeit werde ihnen ohne Mitwirkung eines Arztes die nötige Hilfe und Heilung bringen. Doch solle die Bereitung der Medikamente nicht ohne einen Arzt erfolgen[9]).

1) M. Wellmann, N. Jahrb. f. klass. Altert. XXI 1908 S. 693. 2) Scribon. Larg. Compos. praef. 3) ebd. 122. 4) ebd. 163. 5) ebd. 171 f. 6) ebd. 152. 7) ebd. 60. 8) ebd. peroratio. 9) Marcell. Empir. de medic. epist. ad fil. 5.

Auch von Galens Schriften bezieht sich ein beträchtlicher Teil auf die Zubereitung der Medikamente. Er wollte den Arzt in den Stand setzen, sich auch da, wo die eigentlich erforderten Ingredienzien fehlten, namentlich auf Reisen, durch Surrogate zu helfen; waren doch sogar Ärzte, die ihre Heimat nie verlassen hatten, durch den Verlust ihrer Handapotheken so rat- und hilflos geworden, daß sie vor Kummer gestorben waren[1]). Sehr viele Medikamente wurden aus sehr zahlreichen Bestandteilen bereitet, der Theriak aus 61, wozu auch getrocknete Nattern gehörten[2]). Einer unübersehbaren Menge von Stoffen schrieb man Heilkraft zu, und darunter den widerlichsten und scheußlichsten; auch Bettwanzen und Tausendfüße dienten zu Medikamenten[3]). Galen wundert sich, daß der Arzt Xenokrates aus Aphrodisias (aus der zweiten Hälfte des 1. Jahrhunderts n. Chr.) zuversichtlich den Genuß von Menschen-Hirn, -Fleisch, -Leber, -Blut und -Knochen für verschiedne Übel anzuraten wagte, da doch der Kannibalismus im römischen Reiche gesetzlich verpönt war. Derselbe empfahl auch sämtliche Ausscheidungen des menschlichen Körpers sowie verschiedner Tiere (darunter der Nilpferde und Elefanten) als Heilmittel; auch römische Ärzte wie Serenus Sammonicus und andre nennen Exkremente als Medikamente oder Ingredienzien derselben[4]). Obwohl Galen aufs entschiedenste seinen Abscheu vor derartigen Mitteln äußert, berichtet er doch selbst, daß sie in manchen Fällen gute Wirkungen taten, so z. B. der Kot eines Knaben bei gefährlichen Halsgeschwülsten äußerlich angewendet; doch durfte der Patient nicht wissen, woraus das Mittel bestand, weil es nur durch die hierauf beruhende Antipathie wirkte. Ziegenmist hat ein Dorfarzt mit bestem Erfolge gegen Schlangenbisse und andre Übel angewendet. Solcher Mittel, fügt Galen wie zur Beruhigung seiner Leser hinzu, darf sich der Arzt bei Städtern, bei angesehenen Männern nicht bedienen, aber er muß sie kennen, um sie erforderlichenfalls bei Gräbern, Mähern und Leuten ähnlichen Schlages anwenden zu können, die nicht besser als Esel und für dergleichen nicht zu gut sind[5]).

Gifte — In ärztlichen Büchern fand man auch Anweisungen zur Bereitung von Giften und Zaubertränken, mit denen Haß und Liebe erregt, Träume gesendet, die Zunge eines Gegners vor Gericht gefesselt werden sollte usw. Von diesen wollte Galen ebensowenig reden wie von den todbringenden Mitteln, deren Wirkung, wenn überhaupt, nur durch Verbrechen erprobt sein konnte. Ein Mann hatte zwei Ärzten, die bei den Salbenhandlungen standen, Honig zum Verkauf angeboten und, nachdem sie davon gekostet, sich schnell entfernt; beide waren ums Leben gekommen[6]). Es gab angeblich auch Medikamente, welche die Entleerung des Körpers vom Blute bewirkten und so den Tod herbeiführten. Galen sagt, daß er folgendes als sicher mitteilen könne. In seiner Kindheit hatte ein Mensch im bithynischen Thrazien, d. h. im Gebiet von Byzanz, zufällig ein Kraut entdeckt, das diese Wirkung tat. Er hatte, wie er später vor Gericht aussagte, eine Schweinsleber darauf gelegt, und als er sie wieder

1) Galen. XIII 861. 2) Sprengel, Gesch. d. Arzneikunde[3] II 80. 3) Dioscorid. mat. med. II 34. 35. 4) Vgl. das Schriftchen *de medicamentis ex animalibus* des Sex. Placitus Papyriensis (Ackermann, Parabilium medicamentorum scriptores antiqui, Nürnberg 1788 S. 3 ff.) und Hieronym. adv. Jovinian. II 8, wo eine Menge solcher Mittel und die Krankheiten, gegen welche sie helfen, vorkommen. 5) Galen. XII 248—250. 290 ff. 6) ebd. XII 251 f.

aufhob, überall von ihr Blutstropfen abfließen sehen, dann mit dem Kraute an dem ersten besten experimentiert, und als die erwartete Wirkung eintrat, viele so ums Leben gebracht. Auf der Folter blieb er dabei, daß er das Kraut niemandem gezeigt habe; da es aber nach seiner Aussage überall wuchs, ließ ihn der Statthalter mit verbundenen Augen zur Hinrichtung führen, damit er es nicht noch auf diesem Wege zeigen könne.

Die Verbreitung der Giftmischerei[1]) machte den Gebrauch von Gegengiften sehr allgemein, in deren Bereitung die Ärzte eine ihrer wichtigsten Aufgaben sahen. Das Theriak sollte, wie der Erfinder, Neros Leibarzt Andromachus, in einem langen Gedichte rühmt, nicht nur alle Gifte unschädlich machen, sondern auch gegen die verschiedenartigsten Übel wirksam sein. Daher gebrauchten es auch viel Gesunde täglich als Präservativ, wie der Kaiser Marc Aurel, besonders aber solche, die durch widriges und plumpes Wesen sich viel Haß zugezogen hatten und die Nachstellungen ihrer Feinde fürchteten[2]). Scribonius gibt die Symptome der Vergiftungen mit den am meisten gebrauchten Giften, wie Schierling, Opium, Bilsenkraut, Gips, Bleiglätte, Bleiweiß usw., und die für jeden Fall geeigneten Gegenmittel an. Unter den Gegengiften befindet sich auch eines des Arztes Marcianus, das »vollkommene« genannt, das für Augustus bereitet wurde[3]). und Gegengifte.

Viele Ärzte mißbrauchten ihre Kunst zu kosmetischen Zwecken, wie ein kaiserlicher Leibarzt Crito, der eine Kosmetik in vier Büchern geschrieben hatte, aus der Galen nur die Mittel mitteilen wollte, welche zur Erhaltung der natürlichen Schönheit dienen. Denn Enthaarungsmittel, Mittel zur Verbesserung der Hautfarbe, vollends Rezepte wohlriechender Essenzen zum Besprengen von Kleidern, Zimmern u. dgl. anzugeben, hielt er unter der Würde der Medizin[4]). Schönheitsmittel.

Der Verkauf der Medikamente war für die Ärzte um so einträglicher, als die Meinung verbreitet war, daß die teuersten Mittel auch die wirksamsten seien[5]), und manche reiche Leute wohlfeile, wenn auch wirksame, geradezu mit Verachtung zurückwiesen. Ein reicher Mann, dessen Sklaven Galen von einem bösartigen Geschwür geheilt hatte, verlangte das Rezept des Medikaments; als er hörte, daß es aus lauter wohlfeilen Ingredienzien bestehe, sagte er: »dies kannst du für Bettler aufheben, mich lehre ein teureres«. Galen willfahrte ihm; jener experimentierte nun an Freien und Sklaven und beschenkte Galen reichlich, da der Erfolg alle Erwartung übertraf. Von den beiden Arten des Storax riet Galen in der Regel die häufig vorkommende und wohlfeile zu brauchen, die seltne und teure in Medikamenten für den Kaiser und für solche, die zur Verschwendung bei Arzneien geneigt waren[6]). Sogar für Abführmittel, die unnützerweise künstlich zusammengesetzt waren, ließen Ärzte sich »unermeßliches Geld« zahlen[7]).

Die Bereitung gesuchter Medikamente wurde ohne Zweifel meist geheim gehalten. Ein Freund Galens Claudianus fand in einem Nachlaß ein Pergament- Geheimhaltung der Rezepte.

1) Galen. XI 336—338. 2) ebd. XIV 32 ff. 216. Das Rezept des Andromachus in moderne Form umgesetzt bei Berendes, Das Apothekenwesen S. 43. 3) Scribon. Larg. 177 ff.; vgl. Marcell. Empir. c. 20, 115: *antidotum Hadriani, quo utebatur Caesar Augustus. quae potio dat omni corpori fortitudinem ... facit etiam hoc remedium contra omnes humores noxios et omnia venena vel maleficia in cibo aut in potionibus data.* 4) Galen. XII 445 f. 5) Plin. n. h. XXIX 24. 28. 6) Galen. XIII 636—638. 954. 7) Seren. Sammonic. 518 ff.

büchlein mit einem Mittel gegen vorzeitige Kahlheit, von dem er wußte, daß es ausgezeichnete Wirkungen getan hatte; aber das Rezept war in symbolischen Ausdrücken abgefaßt, die Galen nur mit Mühe und vermutungsweise enträtseln konnte[1]). Scribonius Largus gibt das Rezept zu einer »wunderbaren« Mixtur gegen Brustschmerzen, die schon den Alten bekannt war, hauptsächlich aber durch den auch von Galen oft erwähnten Arzt Paccius Antiochus[2]) berühmt wurde, der damit in sehr schweren Fällen vortreffliche Erfolge erzielte und einen bedeutenden Gewinn daraus zog. Er bereitete sie nur bei verschlossenen Türen und ließ von seinen Gehilfen, um sie zu täuschen, mehr Ingredienzien als erforderlich reiben. Doch nach seinem Tode wurde seiner Bestimmung gemäß das Rezept dem Kaiser Tiberius übergeben, der es in die öffentlichen Bibliotheken niederlegen ließ[3]), so wie später Hadrian und Antoninus Pius die Aufstellung der Werke des Arztes Marcellus von Side in ihnen anordneten[4]).

Etiketten der Medikamente.

Auf den Etiketten der Medikamente pflegte der Name des Mittels, des Erfinders, der Krankheit, gegen die es diente, häufig auch eines namhaften Kranken, für den es bereitet worden war oder bei dem es sich wirksam erwiesen hatte, angegeben zu sein, wie einige aus Galen gewählte Beispiele zeigen mögen. »Berytisches Mittel, das Strato aus Berytus gegen die stärksten Augenflüsse gebrauchte, hilft auf der Stelle[5]). Augensalbe, die Florus bei Antonia, der Mutter des Drusus, anwandte, als sie von den andern Ärzten fast blind gemacht worden wäre[6]). Flechtenmittel, durch die Pamphilus in Rom viel Geld gewann, als dort die Kinnflechte grassierte[7]). Einreibung (gegen Gicht), für den kaiserlichen Freigelassenen Patroclus komponiert, befreit von jeder Affektion«[8]). Eine andre Einreibung, von Pompejus Sabinus, genannt »die kostspielige«, für Aburnius Valens, vielleicht den berühmten Juristen, bereitet, »hilft Hüftkranken, Gichtleidenden, Podagrischen, mit Zittern Behafteten und gegen jede Affektion der Nerven« usw.[9]). Oft wurden den Mitteln hochklingende Namen gegeben, wie Ambrosia, Nectarium, Anicetum (Unübertreffliches), Phosphorus (Morgenstern), Isis, Galene (der von beiden Andromachus ihrem Theriak beigelegte Name), Papagei, Phönix, Schwan (von der weißen Farbe) usw.[10]). Die Etiketten waren wahrscheinlich auf die Gefäße selbst oder auf die darüber gebundene Haut geschrieben (Galen erwähnt einmal, daß Natterngift in einem Zinnbehältnis in Gärung geriet und die Haut und den Bindfaden sprengte)[11]), vielleicht auch auf angebundne Zettel. Gestempelt scheinen nur die Augensalben (Kollyrien) worden zu sein, die trocken, in Form viereckiger Stäbchen versandt wurden. Noch sind etwa 230 Steinstempel von Augenärzten erhalten, fast sämtlich in England, Frankreich, Deutschland, Österreich und den Niederlanden gefunden (nur knapp ein Dutzend aus Italien), »welche ebenfalls den Namen des Arztes, die Bestimmung des Mittels, die Bestandteile desselben und die Art seiner Auflösung (Ei, Wasser, Wein) enthalten«[12]).

1) Galen. XII 423 f. 2) Prosopogr. imp. Rom. III 3 nr. 9. 3) Scribon. Larg. 97. Buecheler (Rhein. Mus. XXXVII 1882 S. 328) glaubt, daß das Edikt des Claudius, *nihil aeque facere ad viperae morsum quam taxi arboris sucum* (Sueton. Claud. 16, 4), auf Scribon. 168 beruhte, von dem nur die Überschrift *ad viperae morsum proprie* erhalten ist. 4) Anthol. Pal. VII 158. 5) Galen. XII 749. 6) ebd. XII 768; vgl. Grotefend, Stempel d. röm. Augenärzte S. 68. 7) Galen. XII 839. Vgl. Plin. n. h. XXVI 3; oben S. 95. 8) Galen. XIII 1019. 9) ebd. XIII 1027. 10) S. Kühns Index zu Galen (Bd. XX). 11) Galen. VII 549. 12) Marquardt, Privatl.[2] S. 780, 3, Beispiele bei Dessau

Es ist selbstverständlich, daß ein Stand, zu dem der Zutritt niemandem verwehrt war, und dessen Mitglieder starken Versuchungen ausgesetzt waren, sehr viele unlautre Elemente enthielt. Bei Martial stiehlt sogar ein Arzt dem Kranken den Medizinlöffel[1]. Außer der Giftmischerei[2] wurden die Ärzte besonders der Erbschleicherei und des Ehebruchs geziehen[3]; und man glaubte, daß sie nicht selten die Gatten der von ihnen verführten Frauen »ohne Fieber sterben ließen« d. h. durch Gift aus dem Wege räumten[4]. Nach Seneca gab es Ärzte, welche die Krankheiten steigerten, um durch deren Heilung größern Ruhm zu gewinnen[5]. Dazu kamen die zum Teil schon berührten Vorwürfe der Habsucht und Erpressung; der Streitsucht[6], der die Gegensätze und Feindseligkeiten der zahlreichen Schulen immer neue Nahrung gaben, und der rohen Leidenschaftlichkeit gegen Kollegen, von der sich manche bei Disputationen und am Krankenbett zu Schimpfreden, zum Ausstrecken der Zunge, zu Schlägereien hinreißen ließen[7]; der Rechthaberei, die bei manchen so groß war, daß sie nicht einmal auf Apollo und Äskulap hätten hören mögen, wenn diese sie ihrer Lehren gewürdigt hätten[8]; des Brotneids, der durch die Größe der zu gewinnenden Einnahmen in Rom mehr Nahrung erhielt als anderwärts[9] und nicht bloß gehässige Verleumdungen und Verfolgungen, sondern selbst Morde veranlaßte[10]. Galen wurde durch den Haß der Kollegen aus Rom vertrieben, der mit der Bewunderung der Kranken in gleichem Grade wuchs (der treffliche, durch ihn wunderbar von der Melancholie befreite L. Marcius sagte, daß seine Stimme von einem goldnen Dreifuß ertönte)[11]. Doch am meisten verbreitet war wohl im ärztlichen Stande überall Scharlatanerie, Unwissenheit und handwerksmäßige Verachtung aller wissenschaftlichen Bildung[12].

Beschuldigungen der Ärzte im allgemeinen.

Neben den hauptsächlichsten Schulen der Dogmatiker, Empiriker, Methodiker, Pneumatiker, Eklektiker gab es noch viele Sekten, die sich zum Teil nach dem Namen ihres Stifters nannten, wie Erasistrateer usw. Dem kaiserlichen Leibarzt Ti. Claudius Menecrates, »Verfasser einer besondern, einleuchtenden Logik in 156 Büchern, weshalb er von ansehnlichen Städten mit Ehrendekreten ausgezeichnet wurde«, errichteten seine Anhänger zu Rom als ihrem Schulhaupte ein Grabdenkmal[13]. Zum Teil bezeichneten diese Sekten sich nach ihrer Kurmethode, z. B. als Weinverordner (οἰνοδόται)[14] oder Wasserärzte; die Hydrotherapie wurde in Rom, wie unter Augustus durch Antonius Musa, unter Nero durch Charmis aus Massilia Mode, welcher kalte Bäder sogar im Winter verordnete, die Kranken in Bassins tauchen ließ, und unter dessen Anhängern selbst alte Kon-

Schulen und Schulstreitigkeiten.

8734—8742 und bei Héron de Villefosse und Thédenat, Cachets d'oculistes Romains, Paris 1882; vollständige Sammlungen bei Grotefend, Die Stempel der römischen Augenärzte, Hannover 1867. Espérandieu, Recueil de cachets d'oculistes Romains, Paris 1894 (auch Revue archéol. 3. sér. XXI bis XXIV 1893. 1894) und namentlich CIL XIII 3 p. 561 ff. Dazu J. Hirschberg, Gesch. d. Augenheilk. im Altert. S. 301 ff. L. Sontheimer in der Festschrift zur Feier des fünfzigjährigen Bestehens der K. Altertümersammlung in Stuttgart (1912) S. 78 ff.

1) Martial. IX 96. 2) Seneca bei Lactant. inst. III 15, 11 *medicos, quorum tituli remedia habent, pyxides venena.* Liban. loci communes 3 (VIII 182 F.) κατ' ἰατροῦ φαρμακέως, vgl. Quintil. decl. 321. 3) Plin. n. h. XXIX 20. 4) Martial. VI 31. 5) Seneca de benef. VI 36, 2. 6) Galen. XIV 660. 7) ebd. VIII 357. 495. 8) ebd. VII 419. 9) ebd. XIV 621. 10) ebd. XIV 602; vgl. 623 f. 625. 660. XIX 15. 11) ebd. XVI 456 f. 12) Diesen Vorwurf wiederholt Galen sehr oft, z. B. I 53 ff. 13) IG XIV 1759 = Dittenberger, Syll.[3] 803; s. oben S. 72. 201. 14) CIL X 338 = Dessau 7791; vgl. Plin. n. h. VII 124. XXIII 32. Apul. Flor. 19. IG III 779 = Kaibel, Epigr. gr. 853[b].

sulare wie Seneca »die Erstarrung bis zur Ostentation übertrieben«[1]). Wie feindselig die verschiednen Schulen einander befehdeten, ergibt sich auch aus der Polemik Galens gegen den »läppischen« Thessalus, »die Esel aus seiner Herde«, die »steinernen (stupiden) Methodiker« usw.[2]). Keine Wissenschaft, sagt Plinius, sei unbeständiger gewesen und werde auch jetzt noch häufiger umgewandelt. Auf Vettius Valens, der, als Hofarzt[3]) zur Macht gelangt, eine neue Schule stiftete, folgte Thessalus, der alle frühern Grundsätze verwarf, mit einer an Raserei grenzenden Leidenschaft gegen die Ärzte aller frühern Zeiten donnerte und sich auf seinem Monument an der Via Appia »Ärztebezwinger« nannte[4]). Er stand auf der Höhe seines Rufs, und kein Wagenlenker oder Pantomimentänzer hatte auf der Straße ein größres Gefolge, als ihm Crinas aus Massilia den Rang ablief, der sich durch Verbindung der Medizin mit der Astrologie den Schein größrer Sorgsamkeit und Gewissenhaftigkeit gab[5]) und die Stunden der Mahlzeiten nach dem Stande der Planeten bestimmte. Diesen verdrängte wieder jener Charmis, so daß unter Nero drei nach ganz verschiednen Prinzipien verfahrende Ärzte nacheinander, wie Plinius sagt, die Schicksale Roms lenkten. »Unzweifelhaft«, fährt er fort, »jagten sie alle durch ihre Neuerungen nach Berühmtheit und machten mit dem Leben der Patienten Geschäfte; daher auch jene unseligen Zänkereien im Krankenzimmer, wo jeder etwas andres rät, um nicht von einem andern abhängig zu erscheinen; daher jene unglückliche Inschrift eines Grabmals, durch die Menge der Ärzte sei der Verstorbene umgekommen. Täglich wird die so oft umgemodelte Wissenschaft verändert und wir durch den Hauch der Talente Griechenlands hin und her getrieben. Sobald jemand unter jenen redemächtig ist, wird er sofort für uns Gebieter über Tod und Leben, als ob nicht Tausende von Völkern ohne Ärzte und doch nicht ohne Arznei lebten, wie auch das römische Volk mehr als 600 Jahre, das im Aufnehmen der Wissenschaften keineswegs langsam, nach der Medizin sogar begierig war, bis es sie aus Erfahrung verwünschen lernte.«[6])

Medizinischer Aberglaube.

Auch die Magie stand mit der Medizin in vielfältigem Zusammenhange; sie wurde von den Ärzten keineswegs bloß aus Scharlatanerie, sondern vielleicht ebenso oft in gutem Glauben angewendet. Denn von dem unermeßlichen medizinischen Aberglauben des Altertums war gewiß die große Mehrzahl der Ärzte mehr oder weniger angesteckt. Am meisten verbreitet war wohl im ganzen Altertum (und nicht bloß unter den Ärzten) der Glaube an die in der ganzen Natur herrschende Antipathie und Sympathie, »die Feindschaften und Freundschaften der stummen bewußtlosen Dinge[7]). Aus der Erkenntnis der-

1) Plin. n. h. XXIX 10; vgl. Seneca ep. 53, 3. 83, 5. 2) Galen. IX 657. X 909 ff. u. a. 3) Oben S. 73. 4) Über ihn vgl. Th. Meyer-Steineg, Archiv f. Gesch. d. Mediz. IV 1911 S. 89 ff. 5) Jedoch hatte auch Thessalus die Berücksichtigung der Astrologie keineswegs verschmäht, denn wir besitzen von ihm einen Traktat über die Beziehung der Heilpflanzen zu den Tierkreiszeichen (Cumont, Revue de philol. XLII 1918 S. 85 ff.). 6) Plin. n. h. XXIX 8—11. Daß der Bericht des Plin. n. h. XXVI 12 ff., nach dem auch der hervorragende Arzt und Philosoph Asklepiades der Bithynier in die Reihe der Schwindler und Scharlatane gehört hätte, nicht nur auf grenzenloser Voreingenommenheit, sondern sogar auf Fälschung beruht, ist von M. Wellmann, N. Jahrb. f. kl. Altert. XXI 1908 S. 684 ff. nachgewiesen worden. 7) Plin. n. h. XX 1; vgl. XXXVII 59. Th. Weidlich, Die Sympathie in der antiken Literatur, Stuttgart 1894. E. Stemplinger, Sympathieglaube und Sympathiekuren in Altertum und Neuzeit, München 1919.

selben war nach Plinius die Heilkunde entstanden. So hatte die Natur einfache, leicht zu findende und ohne Kosten zu erlangende Heilmittel erschaffen, die teuren, seltnen, sowie deren künstliche Zusammensetzungen und Mischungen hatten Betrug und Gewinnsucht ersonnen[1]). Auch Dioskorides, dessen Heilmittellehre für die gesamte medizinische Welt sechzehn Jahrhunderte lang eine Quelle des Wissens wurde und für die türkischen Ärzte noch heute die alles arzneilichen Wissens ist[2]), empfiehlt sympathetisch wirkende Mittel[3]). Er berichtet auch, daß man bei der Ausgrabung der in vielen Krankheiten (besonders Epilepsie und Geistesstörungen) angewandten Nieswurz stehend zu Apoll und Äskulap betete und sich sehr hütete, von einem etwa vorüberfliegenden Adler gesehen zu werden: denn dies brachte dem Grabenden den Tod[4]). Alle Arten des Jaspis dienten nach ihm als Amulette; um die Schenkel kreißender Frauen gebunden, beschleunigten sie die Geburt[5]). Galen gibt an, daß der Jaspis gegen Magenleiden helfe. Einige ließen nach der Vorschrift des ägyptischen Königs Nechepsos eine Schlange mit einem Strahlenkranz darauf gravieren, Galen wußte aber aus Erfahrung, daß der Stein auch ohne diese Eingravierung wirksam war; er hatte eine Halskette, aus Jaspisstückchen angefertigt, so um den Hals hängen lassen, daß die Steine den Magenmund berührten, und einen guten Erfolg gehabt. An die Wirksamkeit von Besprechungen hatte er anfangs nicht geglaubt, sich aber später davon überzeugt[6]). Dagegen von der sehr beliebten Anwendung der Pythagoreischen Zahlenmystik auf die Lehre von den kritischen Tagen[7]) wollte er nichts hören. Denn was haben wohl, so fragt er, die sieben Plejaden oder sieben Mündungen des Nil damit zu tun, daß öfters am siebenten Tage in der Lungen- oder Brustfellentzündung die Krisis eintritt? Ebenso oft tritt sie an andern Tagen ein[8]). Ulpian sagt, solche, die besprechen und, »um ein gewöhnliches Wort der Betrüger zu brauchen, exorzisieren«, seien nicht für Ärzte zu halten, obwohl manche rühmend versichern, daß ihnen dergleichen geholfen habe[9]). Das Austreiben von Dämonen, welche die Krankheiten verursachen sollten, war in Ägypten uralt[10]); außer den Ägyptern verstanden sich besonders Juden darauf[11]). Selbst diejenigen aber, die alle Zaubermittel verwarfen, stellten nicht leicht den Wert astrologischer Berechnungen in Abrede[12]), die besonders in Ägypten der Therapie zugrunde gelegt wurden und vielen Ärzten und Nichtärzten[13]) als unentbehrlich galten. Ein Arzt, D. Servilius

1) Plin. n. h. XXIV 1—5. 2) R. Kobert, Über den Zustand der Arzneikunde vor 18 Jahrhunderten (1887) S. 7. Über arabische Handschriften des Dioskorides M. Steinschneider, Archiv f. pathol. Anatomie CXXIV 1891 S. 480ff. 3) Kobert a. a. O. S. 16—18. 4) Dioscorid. mat. m. IV 162, 4. 5) ebd. V 142. 6) Galen. XII 207; vgl. Marcell. Emp. 20, 98. Alex. Trall. XI 1 p. 475 Puschm. 7) Vgl. W. H. Roscher, Die Hebdomadenlehren der griech. Philosophen und Ärzte, Abhandl. d. sächs. Ges. d. Wiss. XXIV 1906. 8) Galen. IX 934f. 9) Dig. L 13, 1 § 3. Besprechungsformeln, zum größten Teile aus der medizinischen Literatur, gesammelt von R. Heim, Jahrb. f. Philol. Suppl. XIX 1892 S. 465ff. 10) Orig. c. Cels. I 68; comm. in Matth. 13, 6 (Migne gr. XIII 1106), vgl. Wiedemann, Herodots zweites Buch S. 325f. Über Auffassung von Krankheiten als Besessenheit J. Tambornino, De antiquorum daemonismo (1909) S. 57ff. 11) Joseph A. J. VIII 45ff. 12) Bouché-Leclercq, L'astrologie grecque (1899) S. 517ff. Kroll, Real-Encykl. IX 802ff. F. Cumont, Die oriental. Religionen im röm. Heidentum, deutsch von Gehrich² S. 194f.; vgl. auch Plin. n. h. XXIX 9 und die pseudogalenischen Prognostica XIX 529ff. 13) Juv. 4, 553ff.

Apollonius, der nach seiner Grabschrift 93 Jahre alt wurde, »wie er gesagt«[1]), hatte diese Prophezeiung wohl nicht auf Grund seiner ärztlichen, sondern seiner astrologischen Wissenschaft getan[2]). Auch Galen war nicht bloß überzeugt, daß die siebentägigen Perioden des Mondwechsels auf alle irdischen Dinge den größten Einfluß übten, sondern hatte auch die Entdeckung der ägyptischen Astrologen durchaus wahr gefunden, daß aus der Stellung des Monds zu den guten und bösen Planeten sich für Gesunde und für Kranke ergebe, ob die Tage für sie gute oder böse sein würden. Wenn z. B. bei der Geburt eines Menschen die guten Gestirne im Widder, die bösen im Stier stehen, so sind für ihn Krankheiten am gefährlichsten, wenn der Mond im Stier, Löwen, Skorpion oder Wassermannn steht, dagegen ist keine Gefahr, wenn er durch den Widder, Krebs, die Wage und den Steinbock geht. Wer solche Erscheinungen weder selbst beobachten, noch den Beobachtungen andrer Glauben schenken wolle, gehöre wohl zu den jetzt sich überall breit machenden Sophisten, welche für offenbare Tatsachen Gründe verlangen, während sie doch vielmehr aus den erwiesnen Tatsachen deren unbekannte Gründe zu ermitteln versuchen sollten[3]). Mit der Anwendung von Heilmitteln sind vermutlich oft auch Anrufungen von Göttern verbunden worden[4]).

Astrologen. Auch die Astrologie war eine einträgliche Kunst, und obgleich nicht erlaubt und bei besondern Veranlassungen wiederholt mit strengen Strafen belegt[5]), doch geduldet, insofern sie nicht auf die Person des Kaisers oder Staatsangelegenheiten angewandt wurde. Zu den Lehrern, welchen Alexander Severus Gehalte auswarf, Hörsäle bestimmte und Söhne aus armen, aber freien Familien, für deren Lebensunterhalt gesorgt wurde, als Schüler zuweisen ließ, gehörten außer Rhetoren, Grammatikern, Ärzten, Mechanikern, Architekten auch Haruspices und Astrologen[6]). Der Großvater des Ausonius, Cäcilius Argicius Arborius, übte die Astrologie, die er sehr gut verstand, nur heimlich: die Tafeln, auf denen er das Leben seines Enkels verzeichnete, hatte er versiegelt; doch seine Tochter konnte sich nicht enthalten, das Siegel zu erbrechen[7]). Augustinus, der als junger Mann zu den Prophezeiungen der Astrologen großes Vertrauen hatte, wurde von einem ältern Freunde über ihre Trüglichkeit belehrt. Dieser hatte die Sterndeuterei zu seinem Beruf erwählen wollen und sie gründlich studiert, da er von ihr ganz allein zu leben gedachte, aber nachdem er ihre völlige Nichtigkeit erkannt, sich der Medizin zugewendet[8]). Dagegen Firmicus Maternus, ein Mann senatorischen Standes, der seine Einführung in die Astrologie (*Mathesis*) zwischen 334 und 337 begann, hatte sich von der Anwaltschaft, die ihm durch das damit verbundne »hündische« Gezänk, durch ihre Gefahren und ihre Gehässigkeit verleidet war, zurückgezogen, um in voller Muße die Seele von den Fehlern, die sie im Verkehr mit schlechten Menschen angenommen hatte, durch Untersuchungen über göttliche und himmlische

1) IG XIV 809 (CIL X 1497) = Kaibel, Epigr. gr. 592. 2) Von dem oben (S. 197 und 210) erwähnten Crinas aus Massilia heißt es bei Plin. n. h. XXIX 9: *arte geminata, ut cautior religiosiorque, ad siderum motus ex ephemeride mathematica cibos dando horasque observando.* 3) Galen. IX 910 bis 913. 4) Vgl. die beiden Bronzetäfelchen mit Rezepten CIL V 6414 f. 5) Mommsen, Strafrecht S. 862 ff. Verfolgung der Astrologen in Byzanz unter Justinian, Procop. hist. arc. 11. 6) Hist. aug. Alex. Sever. 44, 4. 7) Auson. Parent. 4, 17—21. 8) Augustin. Conf. IV 3, 5.

Dinge, d. h. durch astrologische Schriftstellerei, zu reinigen[1]). Wenn er also selbst auch, wie es scheint, die Astrologie nicht zum Erwerbe betrieb, so erwähnt er doch in seinem Buche Astrologen neben andern Wahrsagern als solche, die durch ihre Kunst ihren Lebensunterhalt gewinnen[2]). Die Gewerbesteuer, welche die Astrologen zu Alexandria zu entrichten hatten, nannte man die »Narrensteuer«, weil sie von der Bezahlung der jene befragenden Toren erhoben wurde[3]). Das Ansehen der Astrologie scheint während der ganzen Kaiserzeit gleich groß geblieben zu sein. Astrologen, vorzugsweise Griechen, Orientalen und Ägypter[4]), gingen wie am Hofe[5]), so auch in den großen Palästen ein und aus, waren im engsten Vertrauen der Vornehmen, bei den wichtigsten und gefährlichsten Unternehmungen Anstifter und Berater und darum häufig in Hochverratsprozesse verwickelt. Pammenes, ein berühmter Astrolog, der wegen seiner Kunst zu vielen in freundschaftlicher Beziehung stand, erhielt noch auf der Insel, auf der er in der letzten Zeit Neros als Verbannter lebte, häufige Botschaften und Anfragen und von dem Konsularen P. Antejus ein Jahrgeld. Ein andrer auf derselben Insel lebender Verbannter, dem es gelang, sich der geheimen Papiere des Pammenes zu bemächtigen, denunzierte im Jahre 66 Antejus und Ostorius Scapula wegen ihrer Korrespondenz mit demselben; beide betrachteten ihre Verurteilung als gewiß und kamen ihr durch Selbstmord zuvor[6]). Die Astrologie war die eigentlich aristokratische Art der Prophezeiung und verhielt sich inbezug auf das Ansehen, das sie genoß, zu den populären etwa wie in neuer Zeit der Somnambulismus, das Tisch- und Geisterklopfen, der Psychograph, der Spiritismus u. dgl. zu Wahrsagen aus Zinnguß, Kaffeesatz, Karten usw. Der Traumdeuter Artemidorus, der die Wahrsagung aus Gesichtszügen, Gestalt und Händen, aus Würfeln, Schüsseln, Sieben, Käse und Feuer und selbst das Geisterzitieren als gemeine Arten der Prophezeiung verachtete, erkannte außer der Traumdeutung nur Opfer- und Leberbeschauung, Deutung des Vogelflugs und der Gestirne als berechtigt an; ihm war freilich selbst die Zuverlässigkeit der Berechnungen aus Horoskopen zweifelhaft[7]). Doch war damals die von den höhern Ständen allein oder vorzugsweise begünstigte Art der Prophezeiung auch in den übrigen Schichten der Gesellschaft sehr verbreitet, und neben jenen vornehmen »heiligen« [8]) und anspruchsvollen Propheten gab es auch überall (in Rom besonders am Zirkus) Winkelastrologen, die gemeinen Leuten für ein billiges ihre Zukunft ausrechneten[9]). Auch das Wetter behaupteten die Sterndeuter vorhersagen zu können, da gewisse Veränderungen der Luft an bestimmten Tagen eintreten sollten, was Columella in einer eignen Schrift widerlegte[10]). Von ihnen erfuhr der Landwirt, wie die Ernte ausfallen[11]), der Kaufmann, ob ein Geschäft für ihn sich günstig gestalten[12]), der lauernde Erbe, wann der reiche Mann sterben würde, der ihn in seinem Testamente bedacht hatte. Dies letztere war wohl der

1) Firmic. Matern. mathes. IV praef. 1—3. 2) ebd. III 8, 9. 3) Suid. s. Βλᾶκα. Ein *sacerdos d(ei) S(olis) i(nvicti) M(ithrae) stu[d(iosus)] astrologiae* in Mailand CIL V 5893 = Dessau 4270a. 4) Juv. 3, 42 f. Ammian. XXII 16, 19. 5) Vgl. S. 73. 6) Tac. A. XVI 14. 7) Artemidor. Onirocr. II 69. Doch hat er nicht bloß οἰωνοσκοπικά, sondern auch χειροσκοπικά geschrieben, Suid. s. v. 8) Quintilian. declam. 4, 16 (*sacrae artis antestites*). 9) Cic. de div. I 132. Horat. sat. I 6, 113 f. Juv. 6, 588 ff. 10) Colum. XI 1, 31. 11) Agathias Anth. Pal. XI 365. 12) Petron. 76, 10 f.

Gegenstand, um den die Astrologen am häufigsten befragt wurden, und sie verfehlten nicht, ihre Prophezeiungen nach den Wünschen der Fragenden einzurichten[1]); Galen sagt, daß die Reichen sich um Astrologie nur kümmerten, um vorher zu wissen, wen sie beerben würden[2]). Brautpaare ließen sich von Sterndeutern den günstigen Tag für die Hochzeit, Bauherren für die Grundsteinlegung ihres Hauses, Reisende für den Antritt ihrer Fahrt bestimmen. Als Honorar für eine Konsultation der letztern Art wird einmal die Summe von hundert Denaren (87 Mark) genannt[3]). Um den Fragenden jeden Zweifel an der Untrüglichkeit ihres Wissens zu nehmen, zeigten sich die Astrologen auch über deren Vergangenheit aufs genauste unterrichtet. Der Trimalchio Petrons erzählt, daß ihm sein Astrolog sogar Dinge gesagt habe, die er selbst vergessen hatte; ferner: »Du bist nicht glücklich in der Freundschaft. Niemand erweist dir die Dankbarkeit, die du verdienst. Du besitzest große Begüterungen. Du nährst eine Schlange an deinem Busen«; endlich, daß er noch 30 Jahre 4 Monate und 2 Tage leben und nächstens eine Erbschaft machen werde[4]).

Vorschriften des Firmicus Maternus für Astrologen.

Der oben erwähnte Firmicus Maternus, der sein Werk über Astrologie auf Veranlassung des Prokonsuls Mavortius Lollianus schrieb und diesem widmete, ist bemüht, die Astrologie als eine nicht nur vollkommen unsträfliche, sondern auch den Geist erhebende und die Seele läuternde Wissenschaft darzustellen, weshalb auch diejenigen, die sich ihr weihen, sich durch priesterliche Reinheit und Heiligkeit ihrer würdig machen sollen. Die Vorschriften und Warnungen, die er angehenden Astrologen für ihr ganzes Verhalten erteilt, zeigen zugleich, wodurch dieselben sich am häufigsten Tadel oder Gefahren zuzogen. Wer in die Lehre des heiligen Werks eingeweiht ist, sagt er am Schluß des zweiten Buchs, muß sich dem Bilde der Gottheit ähnlich machen, um stets mit dem Ruhme der Wahrheit geschmückt zu sein. Er sei leicht zugänglich, und wer ihn befragen wolle, müsse sich ihm nicht mit Zittern nahen; er sei keusch, nüchtern, mäßig, mit wenigem genügsam, damit nicht unedle Geldgier den Ruhm der göttlichen Wissenschaft entwürdige. Als Priester der Sonne und des Monds und der übrigen Götter, durch die alles Irdische gelenkt wird, muß er stets danach trachten, nach dem Zeugnisse aller so großer Verrichtungen würdig erachtet zu werden. Er gebe seine Antworten öffentlich und sage dies den Fragenden vorher, damit er um nichts gefragt werde, was man weder fragen noch sagen darf. Fragen nach der Lage des Staats und dem Leben des Kaisers beantworte er nicht: beides ist verbrecherisch und das letztre nicht einmal möglich. Denn das Schicksal des Kaisers allein hängt nicht von den Bahnen der Gestirne ab; da er der Herr der ganzen Welt ist, wird sein Schicksal durch das Urteil des höchsten Gottes gelenkt, und er selbst gehört zu dem Kreise der Götter, welche die Urgottheit zur Vollbringung und Erhaltung aller Dinge eingesetzt hat. Auch bei den Haruspices zeigt es sich, daß keine Gottheit, die sie anrufen, das Wesen der höhern Macht, welche in dem Kaiser ist, zu deuten vermag, da die eigne Macht einer jeden geringer ist. Denn wem alle Geister, alle Stände, alle Reichen und Adligen, alle Würden und Mächte dienen, dem

1) Apul. Apol. 97. Lucian. Dial. mort. 11, 1. 2) Galen. XIV 604. 3) Apul. Met. II 12 f.
4) Petron. 77, 1 f.

ist die Macht einer Gottheit und eine Stelle in den Reihen der Götter zuteil geworden. Man soll denjenigen, der eine Frage über den Kaiser tut, nicht mit hartem Tadel anfahren, sondern belehren, daß es unmöglich ist, über ihn etwas zu ergründen, damit er seinen sträflichen Wahn ablege. Es ist aber auch nicht zu verlangen, daß der Astrolog eine unerlaubte Frage anzeige, damit er nicht, wenn der Fragende wegen seines strafwürdigen Begehrens zum Tode verurteilt wird, mit einer Mitschuld an seinem Blute behaftet sei, von der das Priesteramt rein bleiben muß. Er habe eine Gattin, ein Haus, ehrbare Freunde, halte sich von dem öffentlichen Verkehr nicht zurück, bleibe allen Streitigkeiten und strafbaren Handlungen fern und lasse sich die Sorge um den Erwerb nicht kümmern. Er sei jeder grausamen Leidenschaft fremd, habe nicht an den Feindschaften andrer Freude, in jedem Verkehr gefalle ihm ruhige Mäßigung. Er fliehe den Aufruhr, sei treu in der Freundschaft, in allen Handlungen bewähre sich seine Rechtlichkeit als makellos. Nie beflecke er sein Gewissen durch falsches Zeugnis, treibe keinen Wucher, noch ziehe er aus fremder Not elenden Gewinn. Eidliche Versicherungen verlange er weder noch verspreche er sie, am wenigsten um des Gelds willen, damit es nicht scheine, als wenn er wegen einer armseligen Gabe die Hilfe der Götter anflehe. Irrenden, besonders Freunden zeige er den rechten Weg, damit sie durch seine Unterweisung von ihren Irrtümern frei werden. Niemals nehme er an nächtlichen Opfern teil, mögen sie öffentliche oder private heißen, spreche mit niemandem im geheimen, sondern, wie gesagt, öffentlich vor den Augen aller übe er die göttliche Kunst aus. Die Laster der Menschen soll er nicht bei der Deutung ihrer Horoskope zu offenbar darlegen, sondern seine Antworten über solche Dinge mit Zurückhaltung geben, damit er nicht jemandem das, was ihm der feindselige Gang der Gestirne verhängt hat, zum Vorwurf zu machen scheine. Stets halte er sich von den Verlockungen der Schauspiele fern, damit er nicht als Anhänger einer Partei gelte; denn für die Priester der Götter ziemt es, den bösen Verlockungen der Wollüste fremd zu bleiben. Wenn er seinen Geist mit diesen Zierden der Tugend ausgerüstet habe, möge er ans Werk gehen und die folgenden Bücher über den Einfluß der Gestirne auf die Schicksale der Menschen mit ruhigem Sinn studieren. In einem eingenommenen und von verruchter Leidenschaft befleckten Geiste kann die Lehre der ehrwürdigen Wissenschaft nicht einmal haften, sondern stets erleidet der eine große Einbuße, der sie durch einen gottlosen Willen schändet. Unbefleckt, rein und keusch gehe der Geist an das heilige Werk, dann werde der Astrolog noch mehr durch die Weissagungskraft des Geistes als durch das Studium erreichen[1]). In der Vorrede des fünften Buchs wendet sich Firmicus in einem schwungvollen Gebet an den höchsten Gott, der »zugleich Vater und Mutter aller Wesen, zugleich Vater und Sohn, durch ein Band der Verwandtschaft geeint« ist. Er möge es gnädig aufnehmen, daß der Verfasser auf höhern Antrieb und mit reinem Sinn die Bahnen der Gestirne und ihre Wirkungen zu erklären unternehme: »Für deine Römer habe ich diese Bücher geschrieben, damit nach Übertragung aller Wissenschaften in ihre Literatur dies Werk nicht das einzige bliebe, an das kein römischer Geist sich gewagt hätte.«

1) Firmic. Matern. mathes. II 30; vgl. VIII 1, 1—9; dazu F. Boll, Real-Encykl. VI 2373.

Dann bittet er die Gestirne, namentlich Sonne und Mond, um Verzeihung, daß er in ihre Geheimnisse eingedrungen sei. Nicht frevelhafte Begier und unheiliger Sinn habe ihn dazu getrieben, sondern ein durch göttliche Inspiration gestärkter Geist, der es unternahm, was die alten Seher aus ägyptischen Heiligtümern ans Licht gefördert haben, zu den Tempeln des tarpejischen Felsens zu tragen[1]).

d. LANDBAU. SEEHANDEL. SUBALTERNÄMTER. MILITÄRDIENST.

Landbau.

Von den übrigen Berufsarten preist Columella die Landwirtschaft als die vor allen andern (namentlich Kriegsdienst, Seefahrt und Handel, Zinswucher, Anwaltschaft, Klientendienst) zu erwählende Berufsart[2]). Als unter Augustus der Zinsfuß auf 4 v. Hundert sank, stiegen die Preise der Güter, weil man Kapitalien nun lieber in diesen anlegte[3]). Doch die »kleinen Kulturen«, deren Produkte auf den römischen Märkten guten Absatz fanden, wie Geflügel-, Gemüse- und Obstzucht, warfen gewiß viel höhere Renten ab: gaben doch einzelne Obstbäume in der Nähe Roms einen Jahresertrag von 2000 Sesterzen (435 Mark), und auch die Blumenzucht war dort sehr lohnend[4]). Im Jahre 227 zahlte ein Pächter von Gemüsegärten an der Straße nach Ostia eine jährliche Pacht von 26000 Sesterzen (5655 Mark)[5]). Die hohen Erträge der Kleinwirtschaft bewogen ohne Zweifel sehr viele, vielleicht die meisten mittlern und großen Grundbesitzer, die Bodenrente in der Form der Pachtzinse zahlreicher Kleinpächter zu ziehen; aus solchen (*coloni*) hat in der Kaiserzeit ein beträchtlicher Teil der Bevölkerung Italiens (wie des römischen Reichs überhaupt) bestanden, und sicherlich sind diese nicht selten zu einem gewissen Wohlstande gelangt, wie es in einigen Fällen durch Inschriften bezeugt ist[6]); eine in Mactaris in der Byzacena gefundne Grabinschrift erzählt den Lebenslauf eines Mannes, der erst als gemeiner Schnitter zwölf Jahre, dann elf weitere Jahre als Vorarbeiter der Schnitter tätig gewesen war, schließlich aber ein eignes Stadt- und Landhaus besaß und auch kommunale Ehrenämter bekleidet hatte[7]).

Kleinwirtschaft in Italien vorherrschend.

Auch damals also war die Kleinwirtschaft, wie von jeher und wie auch heutzutage, im italienischen Landbau die vorherrschende Form: die Großwirtschaft bestand regelmäßig aus einem Komplex von Kleinwirtschaften[8]). Für die kleinen Eigentümer aber, wohl auch in einigem Umfang für die Selbstwirtschaft der Gutsherren, waren im Laufe der Zeit mehr und mehr Kleinpächter eingetreten[9]), und der ältere Plinius kann bei seinem bekannten Ausspruch, daß der Großgrundbesitz Italien zugrunde gerichtet habe und nun auch die Provinzen[10]), wohl nur an die Verdrängung der ansässigen Kleinbauern durch die

1) Firmic. Matern. mathes. V praef. 3 ff. 2) Colum. I praef. 8 ff. 3) Cass. Dio LI 21, 5. Sueton. Aug. 41, 1. Oben S. 3. 4) Plin. n. h. XVII 8. 5) CIL VI 33840 = Bruns-Gradenwitz, Font. iur. Rom.[7] I 373 ff., vgl. Mommsen, Ges. Schrift. III 71 ff. 6) Mommsen, Ges. Schrift. III 173 f. Die *coloni* in den angeführten Inschriften sind sämtlich Zeitpächter. 7) CIL VIII 11824 = Buecheler, Carm. ep. 1238. 8) Der ganze Abschnitt (großenteils wörtlich) nach Mommsen, Ges. Schrift. V 123 ff. 9) Über Kleinpächter (*coloni*) bei Columella Gummerus, Klio Beih. V (1906) S. 82 ff.; im allgemeinen vgl. Kübler, Festschr. f. Vahlen (1900) S. 559 ff. Seeck, Real-Encykl. IV 483 ff. Rostowzew, Stud. z. Gesch. d. röm. Kolonats (Arch. f. Papyrusforsch. Beiheft I 1910). Mommsen, Ges. Schrift. V 592 ff. 10) Plin. n. h. XVIII 35.

eigentumslosen Kleinpächter gedacht haben. Doch daß er auch hier, wie so oft, übertrieben hat, zeigen namentlich zwei Obligationsurkunden über die von Trajan zur Erziehung freigeborner Kinder unbemittelter Eltern bewilligten Kapitalien, für welche Landgüter etwa vom zwölffachen Schätzungswert[1]) verpfändet waren, und zwar in der Gegend von Veleja (bei Parma) und Placentia (Piacenza) und in der Gegend von Benevent[2]). In der letztern war die Bauernwirtschaft noch vorwiegend: von 50 Besitzern der verpfändeten Grundstücke waren nur 2 Großbesitzer (mit Komplexen im Werte von 451000 und 501000 Sesterzen = rund 98000—109000 Mark), 9 Besitzer von Gütern im Werte von 100—400000 Sesterzen (21750—87000 Mark), die übrigen mit kleinern (der röm. Morgen = 0,252 Hektar kulturfähigen Bodens wurde auf 1000 Sesterzen = 217 Mark geschätzt)[3]). Ein sehr viel beträchtlicherer Teil des alten Kleinbesitzes war in der Ämilia an Großbesitzer übergegangen, »wahrscheinlich weil die reichen Fluren der Polandschaft das Kapital mehr anlockten als das Hirpinische Hügelland«[4]). Von 52 Besitzern hatte dort die knappe Hälfte Güter im Werte von weniger als 100000 Sesterzen (21750 Mark), ungefähr ebensoviele im Werte von 100—400000 Sesterzen (21750—87000 Mark), ein Fünftel darüber, von diesen drei im Werte von mehr als einer Million[5]).

Am einträglichsten war übrigens in Italien für den Landwirt auch damals der Weinbau. Das Anlagekapital für $^3/_4$ Hektar Weinland betrug mit Einschluß des Sklaven, der sie als Winzer zu besorgen hatte, der Weinstöcke und des Inventars und der Zinsen zweier Jahre, in denen die Weinstöcke noch nicht trugen, 32480 Sesterzen (7064 Mark); und dieses Kapital verzinste sich nach Columella bei guter Kultur mit etwa 19 Prozent[6]), während außerdem der Verkauf der Setzlinge noch eine erhebliche Rente gewährte, so daß, auch wenn man Mißernten, Unterhaltungskosten und außerordentliche Ausgaben abrechnet, diese Kapitalanlage offenbar eine sehr vorteilhafte war: wie es ja auch der von Remmius Palämon erzielte Gewinn beweist[7]). Weinbau.

Unsicherer, aber auch noch gewinnbringender war der Seehandel, der von römischen Kaufleuten in allen Meeren betrieben wurde[8]). Es war nach der in der Zeit des Tiberius verfaßten Astrologie des Manilius das Himmelszeichen des Krebses, das die Kunst des Erwerbens und Gewinnens mitteilte. Die unter ihm Gebornen trugen ihr in ausländische Waren verwandeltes Vermögen durch die Städte, kundschafteten große, durch Brand eingetretene Verluste an Korn aus und vertrauten dann ihre Schätze den Winden an. Sie verkauften der ganzen Welt die Güter der ganzen Welt, knüpften ihre Handelsbeziehungen durch un- Seehandel.

1) Marquardt StV. II² 145, 5. 2) CIL XI 1147. IX 1455 = Dessau 6675. 6509; vgl. Bruns-Gradenwitz S. 346ff. und zur Erklärung namentlich J. Kromayer, N. Jahrb. f. klass. Altert. XXXIII 1914 S. 145ff. 3) Columella III 3, 8. 4) Auch Columella hat trotz gelegentlichen Warnungen vor den Gefahren des Latifundienbetriebes (I 3, 12) doch fast durchweg nur die Großwirtschaft im Auge (Gummerus a. a. O. S. 77ff.). 5) Bei all diesen Angaben ist allerdings vorausgesetzt, daß die sämtlichen Eigentümer nicht bloß Teile ihres Grundbesitzes verpfändet hatten, sondern den ganzen. Verkauf eines Guts für 70000 S. (= 15225 Mark) CIL XIV 3471 = Bruns-Gradenwitz S. 353f. 6) Columella III 3, 9f. Billeter, Gesch. d. Zinsfußes S. 183f. Columella betrachtet 6% als durchschnittlichen Leihzinsfuß. 7) Plin. n. h. XIV 49ff. (vgl. oben S. 180). Marquardt, Privatl.² 445. Mommsen RG. I⁶ 839 Anm. F. Orth, Wein und Weinbereitung der Römer (Frankfurt a. M. 1902) S. 12ff. 8) Marquardt a. a. O. S. 404ff.

bekannte Länder und erwarben unter einer neuen Sonne neue Reichtümer[1]). Daher rühmt sich auch der durch Seehandel reich gewordene Trimalchio Petrons, im Krebs geboren zu sein[2]). Ein nach der Inschrift einer ihm 136 n. Chr. von seinem Sohne in Präneste gesetzten Statue[3]) auch in Rom wohlbekannter und wegen seiner Rechtlichkeit angesehener Getreidehändler, der seine Einkäufe mindestens zum Teil in Etrurien und Umbrien machte[4]), war »gewohnt, in eifrigem Bemühen jene Häfen zu bereisen, die den ermüdeten Seefahrern sichere Landung gewähren«. Doch von der Ausdehnung und Vielfältigkeit des römischen Handelsverkehrs, von den nicht bloß zu den fernsten Punkten des Reichs, sondern weit über dessen Grenzen hinaus reichenden kaufmännischen Unternehmungen sowie von den Gefahren und dem Gewinn derselben wird an einer andern Stelle ausführlich die Rede sein[5]).

Subalterndienste bei den Magistraten.

Sehr gesucht waren ferner ohne Zweifel die Subalterndienste bei den Magistraten und Priesterschaften[6]). Sie standen sämtlich den Freigelassenen offen und wurden daher auch größtenteils von ihnen versehen. Sie waren besoldet und konnten vielleicht kumuliert werden, und wenn auch die Anstellung gesetzlich nur für die Amtsdauer des Magistrats, also in der Regel auf ein Jahr erfolgte, war sie, da Weiteranstellung die Regel war, faktisch eine lebenslängliche. Auch konnten diese Subalternen (*apparitores*), wenn sie freiwillig abtraten, einen Nachfolger stellen, an den sie ihre Stelle verkauften. Eine Konsequenz dieser faktischen Lebenslänglichkeit der meisten hauptstädtischen Apparitoren sind die ihnen schon in der Republik zugestandnen Korporationsrechte, durch die ihre Genossenschaften (*decuriae*) bei der in der bessern Kaiserzeit obwaltenden strengen Beschränkung des Koalitionsrechts in Rom eine gewisse Bedeutung gewannen. Wenn auch nicht ausschließlich, so doch vorzugsweise bestanden sie aus der Aristokratie der Freigelassenen. Der Trimalchio Petrons will in seine Grabschrift setzen lassen, daß er in Rom in sämtliche Dekurien hätte aufgenommen werden können, wenn er gewollt hätte[7]).

Scribae.

Bei weitem die angesehensten und am besten besoldeten[8]) dieser Subalternen waren die Sekretäre und Rechnungsführer (*scribae*)[9]), von denen jedoch nur die der Quästoren (in drei Dekurien) und die der kurulischen Ädilen (in einer Dekurie) korporiert waren; beide Körperschaften waren hauptsächlich bei der Verwaltung des Ärarium (das nicht bloß Kasse, sondern auch Archiv war) und der öffentlichen Rechnungsbücher beschäftigt. Bei dem jährlichen Wechsel der Magistrate ist es leicht erklärlich, daß die Verwaltung des Ärarium faktisch wenigstens vielfach von diesen ständigen Subalternen geführt wurde, denen es auch nicht an Gelegenheit fehlte, durch Auskunft über Gesetze, Rechnungen

1) Manilius Astron. IV 162 ff. 2) Petron. 39, 8. 3) CIL XIV 2852 = Dessau 3696 (Buecheler, Carm. epigr. 249). 4) V. 12 f. *notus in urbe sacra, notus quoque finibus illis, quos Umber sulcare solet, quos Tuscus arator.* Hiernach kann der Getreidebau in beiden Regionen damals wohl nicht unbedeutend gewesen sein. 5) Unten [S. 363 ff.]. 6) Das Folgende nach Mommsen StR. I³ 332 bis 371 (vgl. dessen frühere Abhandlung Rhein. Mus. VI 1848 S. 1—57). 7) Petron. 71, 12. 8) Die Gehälter der *apparitores* in der Lex Coloniae Genetivae (CIL II 5439 = Dessau 6087, Bruns-Gradenwitz S. 122 ff.) c. 62 sind: *scribae IIvirorum* 1200 Sest., *scribae aedilium* 800, *accensi* 700, *lictores* 600, *viatores* 400, *librarii* 300, *haruspices IIvirorum* 500, *tibicines* 300, *praecones* 300, also von 261—65 Mark; die entsprechenden Gehälter in Rom haben sicher ein Mehrfaches davon betragen. 9) Über die Bedeutung von *scriba* Mommsen StR. I³ 346, 1.

und andre Aktenstücke des Archivs, sowie durch Anordnungen in der Kassenverwaltung, auch durch Rechtskunde[1]), sich die Städte Italiens, aber auch Provinzialstädte zu verpflichten, die sich dann ihrerseits durch Verleihung von Bürgerrechten, Ehrenämtern und andern Auszeichnungen dankbar bewiesen. Dieser so ansehnliche Dienst ist denn auch verhältnismäßig selten von Freigelassenen versehen worden, obwohl sie nicht ausgeschlossen waren; sehr häufig von Söhnen Freigelassener, aber auch, wie bemerkt[2]), keineswegs selten von Männern des Ritterstands. Wie die Leiche des Augustus von den Rittern, so wurde die des ältern Drusus von den Dekurien der Scribae eingeholt[3]). Vitruv erwähnt das stattliche Haus eines Scriba Faberius auf dem Aventin, in dessen Peristylen alle Wände mit Zinnober gestrichen waren[4]).

Von den übrigen Apparitoren standen den Scribae am nächsten die Liktoren, von denen die der Magistrate in Rom eine Genossenschaft von drei Dekurien unter einem Vorstand von zehn Männern bildeten. Mitunter waren auch sie nicht ohne Einfluß. Einem konsularischen Liktor ist von der Gilde der Tiberfischer und -taucher, deren Patron er war, ein Denkmal gesetzt worden, besonders weil ihnen die Kahnschiffahrt durch ihn verschafft und bestätigt worden war[5]). Söhne von Oberliktoren (*lictores proximi*) erscheinen mehrmals als römische Ritter. Noch einflußreicher als die Liktoren war der neben denselben fungierende Amtsdiener (*accensus*), den der Magistrat gewöhnlich aus seinen eignen Freigelassenen wählte, der ihm daher persönlich näher stand und leicht sein Vertrauensmann wurde. Einem L. Licinius Secundus, der diese Stelle bei seinem Patron, dem sehr mächtigen Freunde Trajans, Licinius Sura, in dessen drei Konsulaten (zuletzt 107) bekleidete, sind zu Barcelona von einzelnen und Körperschaften mindestens fünfzehn Statuen errichtet worden[6]). Liktoren.

Tiefer im Range als die Liktoren standen unter den Subalternen die Boten (*viatores*), der großen Mehrzahl nach Freigelassene und geringe Leute, doch hatten die quästorischen teilweise den Ritterstand. Die niedrigste Klasse ist die der Ausrufer (*praecones*), deren geringes Ansehen sich aus der Bescholtenheit des Ausrufergewerbes erklärt. Die Inschriften nennen fast nur freigelassene und unehelich geborne Präkonen. Manilius führt in seinem astrologischen Werke eine eigne Konstellation an, unter der sich die zu den verschiednen Subalterndiensten erforderlichen Fähigkeiten entwickeln sollen. Wer unter ihr geboren ist, wird ein Kenner der Stadt. Er sorgt (als Praeco) für Gebote auf die amtlich zu versteigernden und zu parzellierenden Güter, zieht (als Bote oder Liktor) den Verbrecher zur Strafe und hält (als Scriba) die Schuldner der Staatskasse zur Zahlung an[7]). Übrigens betrieben die geringeren Subalternen öfters nebenbei ein Handwerk oder ein Handelsgeschäft; wir finden Liktoren als Topfgießer, Weinhändler u. a.[8]). Boten. Ausrufer.

1) Mommsen a. a. O. S. 352, 5. 2) Oben S. 155. 3) Sueton. Claud. 1, 3. 4) Vitruv. VII 9, 2. Die an diese Stelle angeknüpften haltlosen Kombinationen von F. Krohn, Berl. Phil. Wochenschr. 1916 Sp. 1015 hat F. Münzer ebd. Sp. 1316 ff. widerlegt. 5) CIL VI 1872 = Dessau 7266. 6) CIL II 4536—4548. 6148 f. (Dessau 1952. 6956). Vgl. unten [III 67. 76]. 7) Manilius V 312 ff. 8) Ein *lictor curiatus fusor ol[l]arius* CIL VI 1885, ein *negotiator vinarius a septem Caesaribus, idem mercator omnis generis mercium transmarinarum, lictor* in Reate CIL IX 4680 = Dessau 7484; vgl. auch CIL VI 1925 = Dessau 1919 *Tutic(ius) Hylas hic positus, qui fuit margaritar(ius); hic habuit dec(uriam) viat(oriam) consularem* usw.

Der Soldatenstand.

Die Garnison der Stadt Rom.

Am größten war der Zudrang von Männern und Jünglingen aus dem Volke vielleicht zum Militärstande[1]). Die Besatzung Roms (zuerst 9, seit Trajan 10 prätorische[2]) und 3 oder 4 städtische Kohorten[3]), im ganzen 13—14000 Mann) wurde ausschließlich aus Freien, die ebenfalls militärisch organisierte Feuerwehr (zugleich Nachtwache und Polizeimannschaft — etwa 7000 Mann) aus Freigelassenen angeworben. Die Gemeinen der römischen Besatzung standen im Solde und Range über denen der Legionen. Die der Stadtkohorten hatten bei zwanzig Dienstjahren einen Jahressold von 1500 Sesterzen (326 Mark), die Garden (Prätorianer) bei sechzehn Dienstjahren einen solchen von 3000 (652 Mark), seit Domitian von 4000 Sesterzen (870 Mark)[4]). Hierzu kamen noch sehr ansehnliche Geschenke bei außerordentlichen Gelegenheiten; mit Claudius, der den Prätorianern bei seiner Erhebung auf den Thron Mann für Mann 15000 Sesterzen (3262 Mark) versprach, begann die Sitte, sie durch große Summen zu erkaufen; kleinere Schenkungen wurden von einigen Kaisern jährlich, von andern alle 5 oder 10 Jahre wiederholt[5]). Es war aber nicht bloß der Sold, die Aussicht auf Beförderung und militärische Ehren, auf eine Altersversorgung nach erhaltenem Abschied[6]), die Lust am Waffenhandwerk und Waffenschmuck, was zum Eintritt in den Militärstand lockte: es war ganz gewiß auch dessen mit der Zeit immer zunehmende Geltung. Wie die Personen der bessern Stände konnten auch die Soldaten und besonders die Veteranen nicht zu gewissen schweren Strafen, wie Arbeit in den Bergwerken, verurteilt, auch nicht gefoltert werden[7]). In einem Gedicht aus dem Anfange des 2. Jahrhunderts wird unter andern Vorzügen des Militärdienstes in Rom besonders hervorgehoben, daß Gardisten sich ungestraft manchen Übermut gegen Nichtsoldaten erlauben durften. Schlug ein Gardist einen Mann in der Toga, so wagte dieser nicht nur nicht, den Schlag zu erwidern, sondern auch nicht einmal, vor Gericht über den ausgeschlagnen Zahn, das hoffnungslos zugerichtete Auge zu klagen. Vor dem Militärgericht, in der Prätorianerkaserne, wo die Sache verhandelt wurde, nahm die ganze Kohorte gegen den Ankläger Partei, und niemand wagte für ihn als Zeuge aufzutreten; es war leichter, einen falschen Zeugen gegen einen Nichtsoldaten, als einen wahren gegen einen Soldaten zu finden[8]).

Die Legionen.

Daß die Truppen in den Provinzen an trotzigem Übermut den Garden Roms nicht nachstanden, versteht sich von selbst. Wenn die Legionen auch vorzugsweise durch Aushebung gebildet wurden, so wird immer ein beträchtlicher Teil derselben aus Freiwilligen bestanden haben[9]), und diese bewog meist Armut und Abneigung gegen ein geregeltes Leben zum Eintritt in das Heer[10]) und damit zu dem Entschlusse, die Zeit vom 17. bis zum 37., später (vielleicht seit Hadrian) bis zum 42. Jahre[11]) im Lager, oft in fernen, rauhen Grenzgebieten, ehelos zu verleben[12]). Konkubinate der Soldaten wurden geduldet, ohne recht-

1) Juvenal 8, 47 nennt als von Leuten aus der *ima plebs* mit Erfolg eingeschlagene Laufbahnen die des Advokaten, des Rechtskundigen und des Militärs; vgl. 14, 191 ff. 2) Mommsen, Ges. Schrift. VI 1 ff., vgl. StR. II³ 1067, 4. 3) Marquardt StV. II² 475 ff. 4) v. Domaszewski, N. Heidelb. Jahrb. X 1890 S. 220. 226. 5) Marquardt StV. II² 140 f. Fiebiger, Real-Encykl. V 1542 ff. 6) Marquardt StV. II² 564 ff., vgl. v. Domaszewski, Bonn. Jahrb. CXVII (1908) S. 118. 7) Dig. XLIX 16, 3 § 1; 18, 3 u. a. Mommsen, Strafr. S. 1034. 8) Juv. 16, 7—34. 9) Mommsen, Ges. Schrift. VI 74. 10) Tac. A. IV 4 *quia plerumque inopes ac vagi sponte militiam sumant.* 11) Marquardt a. a. O. 542 f. 12) ebd. S. 560 ff.

lich anerkannt zu sein; erst Septimius Severus gestattete ihnen zum großen Schaden der Heereszucht das Zusammenleben und Zusammenwohnen (außerhalb des Lagers) mit ihren Weibern[1]), für die jetzt der Name *focaria* (Köchin) gebräuchlich wird[2]). In langem und hartem Dienst ohne Zweifel größtenteils je länger je mehr verwildernd, wurden sie überdies nicht selten durch die Verkürzung ihres Solds von seiten der Offiziere zu Raub und Plünderung getrieben[3]). Quintilian warnt den Gerichtsredner davor, beleidigende Äußerungen über ganze Stände zu machen, oder rät doch wenigstens eine Entschuldigung hinzuzufügen. Man möge die Soldaten habgierig nennen, aber bemerken, es sei kein Wunder, wenn sie ihr Blut und Leben eines größern Lohns wert hielten; desgleichen frech, aber sie seien eben mehr an Krieg als an Frieden gewöhnt[4]). Dem Pescennius Niger wird von seinem Biographen offenbar als etwas Ungewöhnliches nachgerühmt, daß unter ihm niemals ein Soldat Holz oder Öl erpreßt oder Arbeitsleistungen erzwungen habe[5]). Pertinax war den Soldaten verhaßt, weil er ihren Plünderungen und Gewalttätigkeiten Einhalt tat[6]). Wie weit ihre Frechheit den Provinzialen gegenüber gehen konnte, zeigt eine Erzählung in dem Roman des Apulejus. Ein Legionssoldat begegnet in der Provinz Mazedonien auf der Landstraße einem Gärtner, der auf einem Esel reitet. Er richtet in hochmütiger und anmaßender Sprache eine Frage auf lateinisch an ihn, die dieser nicht versteht und daher nicht beantwortet. Der Soldat kann die gewohnte Unverschämtheit nicht zurückhalten; er schlägt dem Gärtner sogleich mit seinem Rebstock den Kopf blutig und wirft ihn von seinem Esel. Der Gärtner entschuldigt sich demütig. Darauf will ihm der Soldat den Esel gewaltsam entreißen; der Gärtner legt sich erst aufs Bitten, das der Soldat mit brutalen Drohungen beantwortet; dann aber wirft er diesen zu Boden und bearbeitet ihn mit Schlägen, bis er sich tot stellt, entreißt ihm seine Waffen und flieht nach der nächsten Stadt, wo er sich bei einem Freunde versteckt. Der Soldat begibt sich ebendahin und fordert seine Kameraden zur Rache auf; diese klagen den Gärtner bei den Behörden an, sich ein Silbergefäß des Statthalters angeeignet zu haben; er wird entdeckt und ins Gefängnis geführt, um mit dem Tode zu büßen[7]).

Die Garde.

Der Eintritt in die am meisten bevorzugte Garde wurde natürlich am meisten gesucht: auch jüngere Söhne der Honoratioren der Munizipien und der dortigen höchsten Beamten dienten hier als Gemeine[8]). Er war aber auch am schwersten zu erlangen; vermutlich wurden aus den Bewerbern nur die größten und stärksten Leute gewählt und keiner angenommen, der nicht ein gewisses Maß (5 Fuß 10 Zoll römisch, d. i. etwas über 1,72 m) hatte. Einen Bewerber um den Dienst in der Garde, dem etwa 4 Zoll an diesem Maß fehlten, ließ Hadrian nur bei den Stadtkohorten zu[9]). Bei diesen fanden auch Söhne von Freigelassenen Zutritt

1) P. Meyer, Der Concubinat (1895) S. 93ff. 2) P. Meyer, Hermes XXXII (1897) S. 484ff. Eine Anspielung auf das Focariat bei Liban. or. 2, 40 (I 251 f. F.), wo es heißt, daß in der frühern guten Zeit die Soldaten οὐκ ἐγάμουν, ἀλλ' ὅπως μηδὲ δεήσωνται γάμων εὕρητο. 3) Nach Philo in Flacc. 5 hielt Avillius Flaccus anfangs die Soldaten in Ägypten in guter Zucht, auch τοὺς ἡγεμόνας, ἵνα μὴ τὰς μισθοφορίας τῶν στρατιωτῶν ἀφαιρούμενοι πρὸς λῃστείας καὶ ἁρπαγὰς αὐτοὺς ἀλείφωσι. 4) Quintilian. XI 1, 86ff. 5) Hist. aug. Pescenn. Nig. 3, 6. 6) Herodian. II 4, 1. 5, 1. Cass. Dio LXXIII 8, 1. 7) Apul. Metam. IX 39—42. 8) O. Bohn, Über die Heimat der Prätorianer (1883) S. 9f. 9) Ps. Dosith. Corp. gloss. lat. III 31, 24ff.

und erscheinen überhaupt die in den Legionen wie in der Garde so gut wie ganz fehlenden Bürger der städtischen Tribus zahlreich, die zwischen den Vollbürgern der ländlichen und den Freigelassenen eine Art von Mittelstellung einnahmen. Diesen Stadtkindern scheint Augustus als Tribulen zweiter Klasse den Dienst nur in den Stadtkohorten zugestanden zu haben[1]). Die ganze römische Besatzung wurde aber, und zwar offenbar vorwiegend aus Freiwilligen[2]), anfangs ausschließlich in Rom und Italien gebildet, unter Tiberius namentlich in Etrurien und Umbrien, in den erst 90 v. Chr. des vollen Bürgerrechts teilhaft gewordnen Latinerstädten und den alten Bürgerkolonien in Italien[3]). Doch wurden auch schon vor Claudius die Transpadaner zugelassen[4]). Dann erfolgte die Anwerbung wenigstens in solchen Provinzen, deren Bewohner in äußerer Erscheinung und Sitten nicht gar zu sehr von den Römern abwichen, wie Mazedonien, Noricum und Spanien. Auf diese drei Provinzen fallen von Heimatangaben der Prätorianer vor Septimius Severus 23, 18 und 13; außerdem auf Pannonien 11, die Narbonensis 6, Dalmatien 5. Ganz ausgeschlossen waren vom Dienst in dieser Elitetruppe die Afrikaner, die Leute des semitisch-griechischen Ostens und des barbarischen Teils des Donaugebiets, endlich die Bewohner von Rätien, Gallien außer der Narbonensis, Germanien und Britannien. Diese Ausgeschlossenen, namentlich die Afrikaner, dienten aber in den geringeren Truppenkörpern der städtischen Besatzung, den Stadtkohorten und der Feuerwehr[5]). Auch im 2. Jahrhundert waren die Prätorianer der weit überwiegenden Mehrzahl nach Italiker: dies zeigen die erhaltnen Fragmente ihrer Listen. In einem Leute der Jahrgänge 119/120 umfassenden kommen auf 102 Italiker 10 Fremde, in einem von 141/142 auf 36 vier, in einem von 143/144 auf 260 höchstens 12, 153/156 auf 47 zwei, 172/178 auf 60 fünfzehn. Dasselbe gilt von den Stadtkohorten: in einer Liste von 197/198 sind von 172 nur 16 Nichtitaliener[6]). Erst Septimius Severus, der die Truppe der Prätorianer im Jahre 193 auflöste und neu organisierte, ließ zur großen Unzufriedenheit der Römer die Veteranen aus den Legionen aller Provinzen in die Garde aufrücken, wodurch die Stadt mit einer Menge von Soldaten aus allen Ländern gefüllt wurde, von wildem Aussehen, rohen Sitten und furchtbar klingenden Mundarten. Der großen Mehrzahl nach bestand die Garde nun aus Illyriern, Afrikanern, Syrern[7]). Ihre noch vorhandnen Grabsteine von schlechter Schrift und voll von Sprachfehlern zeigen, daß sie mindestens zum großen Teil von römischer Bildung wenig annahmen und Barbaren blieben, auf welche die gebornen Italiker mit Verachtung und Widerwillen sahen[8]). »Hier liegt«, so lautet die Grabschrift eines Centurionen der Garde, »ein billiger und gerechter Mann, den Sassina gebar, jetzt Aquileja aufgenommen hat, der trefflich in Treue eine Centurie einer Prätorianerkohorte führte, nicht einer barbarischen Legion«[9]). Die junge Mannschaft Italiens aber, die sich aus dem bis-

1) Bohn a. a. O. S. 5. 10, 9. Mommsen StR. III 442. 451. 2) Mommsen, Ges. Schrift. VI 74, 1. 3) Tac. A. IV 5; vgl. Hist. I 84. 4) Statistik der Angehörigen der Cohortes praetoriae, urbanae, vigilum und der Evocati italischer Herkunft bei Bohn, Ephem. epigr. V S. 250 ff. 5) Mommsen, Ges. Schrift. IV 309. VI 68 f. Vgl. Bohn, Heimat der Prätorianer S. 4 f. 6) Listen (*laterculi*) der Cohortes praetoriae und urbanae CIL VI 2375 ff. 32515 ff., vgl. Bohn a. a. O. S. 7 f. 7) Cass. Dio LXXIV 2, 4 ff. Mommsen, Ges. Schrift. VI 69 f. 8) Henzen, Annali d. Inst. 1864 S. 19 ff. 9) CIL V 923 = Dessau 2671 (Buecheler, Carm. ep. 1320). Marquardt StV. II² 479, 1.

her ihr vorzugsweise zugänglichen Kriegsdienst in der Stadt verdrängt sah, wandte sich nun in Masse dem Gladiatoren- und Räuberhandwerk zu[1]).

Aussichten der als Centurionen eingetretenen Militärs.

Wer seinen Dienst »im Stiefel«[2]) begann, d. h. vom Gemeinen auf diente, beschloß gewöhnlich seine militärische Laufbahn mit dem Centurionat[3]); dies war schon eine ansehnliche Stellung[4]). Den Primipilat, die höchste Centurionenstelle, erlangten wohl verhältnismäßig nur wenige; und gar manche von diesen, die jahrelang, um martialisch auszusehen, sich weder gewaschen noch gekämmt und in den verschiedensten Himmelsgegenden herumgeschlagen, Baracken der Mauren und Festungen der Briganten (in Britannien, in der Zeit Hadrians) zerstört hatten, erst im sechzigsten Jahre[5]). Gewöhnlich, wie gesagt, traten die bis zu dieser Stelle vorgerückten Veteranen aus dem Kriegsdienste aus. Sie bildeten als »Primipilaren« (welchen Titel sie lebenslänglich führten) einen besondern, sehr angesehenen Stand[6]), erfreuten sich wahrscheinlich wertvoller Privilegien und jedenfalls infolge der günstigen Bedingungen, unter denen die Entlassung erfolgte, einer nicht geringen Wohlhabenheit[7]); nicht selten wurden sie in den Ritterstand erhoben[8]), dem ihre Söhne stets angehört zu haben scheinen[9]). Waren in den Städten Italiens und der Provinzen schon die übrigen dort im Ruhestand lebenden Centurionen tonangebende Persönlichkeiten, die nicht weniger Ansehen genossen, als sie durch Wichtigtuerei und breitspuriges Auftreten beanspruchten[10]), so war dies bei den Primipilaren in noch höherem Grade der Fall. Schon Augustus hatte allen ehrenvoll verabschiedeten Centurionen die Toga mit dem Purpursaum und den Rang der Dekurionen (Stadträte) verliehen[11]). Die Primipilaren bekleideten (wohl in der Regel) die höchsten städtischen Ämter und wurden von den Stadtgemeinden zu Patronen gewählt[12]), auch von den Kaisern als Vertreter in städtischen Ämtern und als Regierungskommissare zur Leitung der Stadtverwaltung (Kuratoren) ernannt. Übrigens wurden sie gelegentlich bei wichtigen Dienstleistungen und Sendungen verwendet, die nur vollkommen zuverlässigen Männern anvertraut werden konnten[13]).

1) Cass. Dio LXXIV 2, 5. 2) *militavit in caliga ann(os) XVI* CIL VI 2440 = Dessau 2077, vgl. CIL III 7108 = Dessau 2149; *omnibus officiis in caliga functo* CIL IX 5840 = Dessau 2085; *(centurio) leg. III Aug. qui et caligatus stip. XIIII m(eruit)* CIL VIII 2848. 3) Marquardt StV. II² 376. 4) P. Ann. Flor. p. 187, 8 ff. Rossb. 5) Juv. 14, 197 *ut locupletem aquilam tibi sexagesimus annus adferat;* vgl. dazu Marquardt 354, 1 und über die Aufstände der Mauren und Britannier unter Hadrian Hist. aug. Hadrian. 5, 2. 8. 12, 7. Über die Inschrift von Bulla regia (CIL VIII 10579 = Dessau 2643) eines *p(rimi)p(ilus) praerogativo tempore factus [a] divo Hadriano* vgl. die Anm. von Mommsen. 6) CIL XIV 349 *C. Fabio, Longi p(rimi)p(ilaris) f(ilio), Longi p(rimi)p(ilaris) n(epoti) ... Agrippae.* 7) J. Karbe, De centurionibus Rom. quaestiones epigr., Dissertat. philol. Halens. IV 1880 S. 387 ff. Marquardt StV. II² 376 f. Nach v. Domaszewski, Bonner Jahrbücher CXVII (1908) S. 118. 140 betrug die bei der Entlassung gewährte Kapitalabfindung (*praemia militiae*) zur Zeit von Augustus Tod für den Centurio 150 000 Sest. (32 625 Mark), für die *primi ordines* 300 000 S. (65 250 Mark), unter Caligula für die *primipili* 600 000 S. (130 500 Mark); ihr Gehalt berechnet er auf 60 000 S. (13 050 Mark), unter Domitian auf 80 000 (17 400 Mark), unter Commodus auf 100 000 (21 750 Mark). Von ihren Privilegien kennen wir nur die von Hadrian erteilte *vacatio a tutela* (Frg. iur. Vatic. 141). 8) Daß es seit Augustus immer geschehen sei, sucht J. Schmidt, Hermes XXI 1886 S. 590 ff. vergeblich zu beweisen. 9) Karbe S. 396 ff. 10) Vgl. z. B. Horat. S. I 6, 73. Pers. 3, 77. 5, 189. 11) Appian. B. civ. V 128. Madvig, Verf. u. Verw. II 12. 12) Karbe S. 398 ff. 13) ebd. S. 401. Hist. aug. Did. Jul. 5, 1: *Nigrum misso primipilario occidi praeceperat.* v. Domaszewski a. a. O. S. 116.

Doch konnte der Centurionat auch der Ausgangspunkt einer weitern Beförderung werden, und zwar in doppelter Weise. Junge Männer des dritten (aber auch des zweiten) Stands traten mit kaiserlicher Erlaubnis, ohne als Gemeine gedient zu haben, als Centurionen in das Heer, und wenn sie drei ritterliche Offizierstellen (die Präfektur einer Auxiliarkohorte, den Legionstribunat und die Reiterpräfektur) — zu denen vermutlich unter Septimius Severus eine vierte trat — bekleidet hatten, verließen sie entweder den Dienst mit dem Titel *a* (*tribus*, *quattuor*) *militiis*[1]) oder traten als Prokuratoren in die Verwaltung ein, um hier zu immer höhern Ämtern aufzurücken. Die als Centurionen eintretenden Ritter entsagten mit der Übernahme dieses nicht zu den ritterlichen Stellungen zählenden Postens zeitweise ihrem Range: sie taten es in der nicht immer erfüllten Hoffnung auf Beförderung zu den ehrenvollen und gut besoldeten Offizierstellen, besonders aber auf die mit hohen Gehältern verbundnen Prokuraturen[2]).

A militiis.

Aber auch der Eintritt von Veteranen, die von unten auf dienend in regelmäßiger Beförderung bis zum Primipilat vorgerückt waren, in die Offizierslaufbahn wurde in der frühern Kaiserzeit begünstigt, und vorzugsweise der ritterliche Posten eines Platzkommandanten (*praefectus castrorum*) denselben verliehen, nachdem sie oft noch vorher den Legionstribunat bekleidet hatten. Auch zu Tribunen der städtischen Kohorten in Rom wurden sie häufig, seltner zu Präfekten von Auxiliarkohorten ernannt[3]). Mit der Zeit bildeten die (mindestens seit Commodus als *militiae* — d. h. *militiae equestris* — *petitores* bezeichneten) Avantageure eine eigne Klasse, zu welcher zwar auch junge Leute vom Ritterstande gehörten, die aber je länger je mehr aus Veteranen (meistens, vielleicht sämtlich, der prätorianischen Kohorten) bestand[4]). Auch diese konnten, wenn sie den Ritterrang verhältnismäßig früh erreicht hatten, zu den höchsten ritterlichen Stellungen, ja selbst dem Senatorenstande aufsteigen, welches letztere allerdings vor dem Ende des zweiten Jahrhunderts kaum vorgekommen ist.

Militiae petitores.

Beförderung ehemaliger Centurionen zu hohen ritterlichen und senatorischen Ämtern.

Wir kennen eine nicht ganz geringe Anzahl von Männern, die auf die eine oder auf die andre Art emporgestiegen sind. Clodius Quirinalis, der im Jahre 56 als Präfekt der Flotte zu Ravenna der Verurteilung wegen mannigfacher Gewalttaten durch Selbstmord zuvorkam, hatte seine höhere Laufbahn als Primipilus begonnen[5]). Catonius Justus, im Jahre 14 Primipilus in einer pannonischen Legion, starb im Jahre 43 als Präfekt der Garden[6]). Plotius Firmus, der, als Gemeiner eingetreten, im Jahre 69 bereits Präfekt der Feuerwehr war, wurde von den Prätorianern selbst zum Befehlshaber gewählt[7]). Zu demselben Amt ernannte Vitellius im Jahre 69 den Centurio Julius Priscus[8]). Sulpicius Similis, der unter Trajan Centurio war, war unter demselben Kaiser Vorsteher der Getreideverwaltung und unter Hadrian Präfekt des Prätorium[9]). Haterius Nepos, der im Jahre 121 Vizekönig von Ägypten war, nachdem er vorher die Präfektur der Feuerwehr bekleidet hatte, hatte sich etwa zu Anfang des 2. Jahrhunderts

1) Marquardt StV. II² 378—380. Mommsen StR. III 543 ff. v. Domaszewski a. a. O. 122 ff. 2) Marquardt a. a. O. 379. v. Domaszewski a. a. O. 80 f. 3) Mommsen StR. III 547. Marquardt 458 f. 4) Mommsen StR. III 547, 5. 5) CIL V 533 = Dessau 2702. Tac. A. XIII 30. 6) Tac. A. I 29. Cass. Dio LX 18, 3. Seneca Apocol. 13, 5. 7) Tac. Hist. I 46; vgl. I 82. II 46. 49. 8) Tac. Hist. II 92. IV 11. 9) Cass. Dio LXIX 19. Vgl. A. Stein, Hermes LIII 1918 S. 422 ff. Oben S. 153.

wohl noch in keiner höhern Stellung befunden[1]). Auch der (ebenfalls — spätestens im Jahre 140 — zur Präfektur von Ägypten beförderte) Rhetor Avidius Heliodorus[2]), der Vater des Prätendenten Avidius Cassius, war Centurio gewesen[3]). Der spätere Kaiser Pertinax erhielt durch den Konsularen Lollius Avitus den Centurionat, stieg, nachdem er sich im parthischen Kriege ausgezeichnet, schnell zu immer bedeutendern ritterlichen Ämtern in Heer, Flotte und Verwaltung, und durch sie zur senatorischen Würde und zum Konsulat[4]). Auch der Gegenkaiser des Severus, Pescennius Niger, der im Jahre 193 bereits Statthalter (Konsularlegat) von Syrien war[5]), hatte lange als Centurio gedient[6]). Bassäus Rufus, der in der Zeit der Antonine niedrig geboren und ohne Erziehung aufgewachsen war[7]), begann seine Laufbahn als Centurio, wurde dann Tribun der römischen Feuerwache und, nachdem er bis zum Tribunat einer Kohorte Garden aufgerückt war, nacheinander kaiserlicher Prokurator in Spanien, Noricum, Belgien und beiden Germanien. Hierauf wurde er Chef der kaiserlichen Finanzverwaltung, Getreidepräfekt, Vizekönig von Ägypten, endlich Präfekt der Garden und erhielt die konsularischen Ehrenzeichen. Seine ganze amtliche Laufbahn ist auf den Postamenten dreier Statuen verzeichnet, die ihm der Senat an verschiednen Orten zu Rom errichten ließ[8]). Bis zum Konsulat gelangte 218 der als gemeiner Soldat eingetretne Oclatinius Adventus[9]); bis zum höchsten senatorischen Amt der als Centurio eingetretne T. Petronius Taurus Volusianus, der nach der Bekleidung der Gardepräfektur im Jahre 261 ordentlicher Konsul und in den Jahren 267/268 Stadtpräfekt war[10]).

e. KLIENTEN.

Endlich muß in Rom zu allen Zeiten die Masse derer sehr groß gewesen sein, die von sogenannten Klientendiensten teils ausschließlich lebten, teils diesen Erwerb neben einem andern betrieben. Tacitus hebt bei seiner Schilderung der Stimmung nach Neros Tode aus der Masse des dritten Standes in Rom nur zwei Klassen hervor: den gemeinen, an Zirkus und Theater gewohnten Pöbel und den soliden und den großen Häusern anhängenden Teil des Volks, die Klienten und Freigelassenen der Verbannten und Verurteilten[11]). Wie wenig zutreffend und erschöpfend auch die Einteilung des ganzen Volks in diese beiden Klassen sein mochte, so ergibt sich doch schon hieraus die große Verbreitung der Klientel, und sie ist überhaupt eine für das damalige Rom so charakteristische Erscheinung, daß sie eine besondre Betrachtung verdient. Von der ursprünglichen Klientel hatte sie kaum mehr als den Namen; jene war ein heilig geachtetes Pietäts-, diese ein Mietsverhältnis. Der Klient der frühern Republik war ein treuer Anhänger, ja selbst, wie es Ennius schildert, Vertrauter seines Patrons, den dieser mit Rat und Tat unterstützte, schützte und vertrat; der Klient der Kaiserzeit ein karg belohnter und verächtlich behandelter Figurant in dem Troß seines »Herrn« oder »Königs«.

Die Klientel der ältern Zeit.

1) Nach der Ergänzung seiner Inschrift CIL XI 5213 = Dessau 1338 durch Borghesi, Oeuvres V 3 ff.; vgl. P. Meyer, Hermes XXXII 1887 S. 219. 2) Meyer a. a. O. 220 f. 3) Hist. aug. Avid. Cass. 1, 1. 4) Hist. aug. Pertin. 1, 5 f. 5) Prosop. imp. Rom. III 24. 6) Hist. aug. Pescenn. Nig. 1, 5. 4, 2. 7) Cass. Dio LXXI 5, 2. 8) CIL VI 1599 = Dessau 1326. 9) Oben S. 117. 10) CIL XI 1836 = Dessau 1332. 11) Tac. Hist. I 4.

In der letzten Zeit der Republik hatte die Klientel noch etwas von ihrem frühern Charakter bewahrt, wie das von Horaz geschilderte Verhältnis zwischen dem Konsularen L. Marcius Philippus und Voltejus Menas zeigt. Der erstere zieht den letztern, dessen Wesen ihm aufgefallen, in sein Haus, nachdem die Erkundigung über ihn ergeben, daß er ein zwar geringer, doch unbescholtner, übrigens lebensfroher Mann sei, von dessen Gesellschaft der mit Geschäften überhäufte Staatsmann sich Unterhaltung und Zerstreuung versprechen darf; in dieser Hoffnung macht er ihn zu seinem täglichen Tischgenossen und Reisebegleiter und bemüht sich, ihm durch ein Geschenk und ein Darlehen eine bescheidne, aber gesicherte Existenz zu schaffen[1]). Doch dieser persönliche Anteil des Patrons am Klienten und umgekehrt hörte allmählich auf, je zahlreicher die Klienten des einzelnen Hauses, je äußerlicher die Beziehungen zwischen ihnen und dem Patron wurden. Denn mehr und mehr bildete sich die aus der Republik überkommne[2]) Sitte aus, daß jeder einigermaßen hervorragende Mann sich mit einem Gefolge umgab, dessen Größe und Ansehnlichkeit sich nach seinem Stande und Vermögen richtete und hierauf wieder zurückschließen ließ; das an jedem Morgen sein Atrium füllte, ihn überall begleitete, wo er öffentlich erschien, und überhaupt die Bestimmung hatte, sein Auftreten so achtunggebietend und glänzend wie möglich zu machen. Da diese Sitte mit der Zeit so allgemein wurde, daß selbst wenig begüterte Geschäftsleute um ihres Kredits willen eine Anzahl Klienten halten mußten, die ihre Tragsessel umgaben[3]), wurde der Zudrang zur Klientel, und dies schon seit der ersten Kaiserzeit, bei der entschiednen Abneigung der Römer gegen den kleinen, ehrlichen Erwerb immer größer, und eine große Menge dürftiger Menschen stand für geringen Lohn den Reichen und Vornehmen zur Bildung oder Vergrößerung eines Gefolgs oder Hofstaats zu Gebot[4]). Für eine Reihe von bestimmten Diensten wurde ihnen eine bestimmte Entschädigung gewährt, die zunächst in Beköstigung, seit der Zeit Neros[5]) aber in einer an deren Stelle tretenden Geldentschädigung bestand. Der Name dieser letztern, *sportula* d. h. Körbchen, weist darauf hin, daß schon vor der Ablösung die Speisung der Klienten in der Regel nicht mehr in Gestalt der *cena recta*[6]) im Hause ihres Patrons erfolgte, sondern sie die Mahlzeit, in ein Körbchen verpackt[7]), zum Mitnehmen erhielten[8]). In der Zeit Domitians[9]) hat man vorübergehend wieder auf die Naturalverpflegung der Klienten zurückgegriffen, doch hat das nur kurze Zeit gedauert[10]) und ist die Geldabfindung bald wieder in ihre Rechte getreten. Ohne Zweifel drückte die zunehmende Konkurrenz den ohnedies kargen Lohn der Klienten immer mehr

Die Klientel im ersten Jahrhundert.

1) Horat. Ep. I 7, 46 ff. 2) Marquardt, Privatl.² 204 ff., vgl. dazu M. Gelzer, Die Nobilität der röm. Republik (1912) S. 52 ff. 3) Juv. 7, 142 f. 4) Manil. V 61 ff. In der Grabschrift einer *Manlia T. l. Gnome* (CIL VI 21975 = Buecheler, Carm. ep. 67) heißt es: *clientes habui multos.* 5) Wenigstens hat dieser Kaiser bei den öffentlichen Volksspeisungen die *sportula* eingeführt, Sueton. Nero 16, 2. 6) Suet. Aug. 74; Domit. 7, 1. Martial. II 69, 7. VII 20, 2. VIII 50, 10. 7) Vgl. Martial. IX 72, 4 *clusa ... texto prandia vimine.* 8) Über die Sportulae bei den Festmahlzeiten der Vereine und Priesterschaften vgl. Waltzing, Corporations profession. IV 687 ff. Laum, Stiftungen in d. griech. u. röm. Antike (1914) I 75 ff. Henzen, Acta fratr. Arval. S. 16. 9) Der auch bei den Volksspeisungen die *cena recta* wieder einführte, Sueton. Domit, 7, 1. 10) Erwähnt nur in dem in die Jahre 87/88 fallenden dritten Buche Martials (7. 14. 30. 60); IV 26 setzt bereits die Wiedereinführung der Geldsportula voraus.

herab und verschlechterte überhaupt ihre Stellung. In Martials und Juvenals Zeit klagten die Klienten, daß die Großen hart und knausrig seien und ihre demütigen »Freunde« schlecht behandelten, und priesen die Freigebigkeit und Leutseligkeit der Memmier und Pisonen, der Cotta[1]) und Seneca »in der guten alten Zeit«[2]). Allerdings war die Prachtliebe und Freigebigkeit der großen adligen Häuser nicht mehr die alte[3]). Doch ob sich die Vergangenheit in der Erinnerung nicht mit zu glänzenden Farben schmückte, steht, wie bei allen solchen Klagen über Verschlechterung der Zeiten, wohl dahin. Wenigstens einem Zeitgenossen jener so gerühmten Männer schien schon damals die Lage der Klienten erbärmlich genug[4]).

Belohnung der Klienten.

Außer der regelmäßigen Belohnung, gleichviel ob sie in Geld oder Speisung bestand, pflegte den Klienten noch manche andre gelegentlich gewährt zu werden. Dazu gehörte eine Einladung an die Tafel des Herrn, wenn dieser sich nach langer Zeit seines vernachlässigten Anhängers erinnerte, falls gerade ein Platz leer war; eine solche Belohnung langer Dienste wurde hoch angerechnet und hoch aufgenommen[5]). Auch erhielten die Klienten hin und wieder ein Geschenk: einen abgetragnen Mantel[6]), eine höchstens drei- oder viermal gewaschne Toga, aber auch wohl einige tausend Sesterzen[7]) — fast überall, wo Martial von der Knauserei der Reichen gegen ihre armen Freunde spricht, ist an Klientel zu denken — oder einige Morgen Lands[8]), dies vermutlich als endliche Belohnung jahrelanger Dienste. Auch Martials nomentanisches Gütchen war wohl das Geschenk eines Patrons (vermutlich aus der Erbschaft der Seneca)[9]). In einem seiner spätesten in Rom verfaßten Gedichte ergeht er sich in komischen Übertreibungen der Winzigkeit eines Gütchens, das ihm sein Freund Lupus[10]) geschenkt hatte. Es sei kleiner als die Erde, in der er Blumen an seinem Fenster ziehe; der Flügel einer Zikade könne es bedecken, eine Gurke darin nicht gerade liegen, die Ernte fülle kaum ein Schneckenhäuschen, der Most eine Nußschale usw.[11]). Andre fanden es zweckmäßiger, alte ausgediente Klienten zu Aufsehern ihrer Güter zu machen: einen von den »Soldfronern«, wie Columella sagt, »der jenen täglichen Dienst nicht mehr leisten will« und des Geschäfts, dem er vorstehen soll, ganz unkundig ist[12]). Zuweilen gab der Patron seinen Klienten und Freigelassenen freie Wohnung[13]). Auch Unterstützungen durch Darlehen, Bürgschaft, Rechtsbeistand und sonstiger Schutz scheinen immer noch in der Regel erwartet und gewährt worden zu sein[14]). Dem Pätus Thrasea wurde von seinem Ankläger vorgeworfen, daß er, statt wichtige Senatssitzungen zu besuchen, sich den Privatangelegenheiten seiner Klienten gewidmet habe[15]). Im ganzen war jedoch der Erwerb der Klienten ein sehr spärlicher.

1) Gemeint ist, wie der Vergleich mit Juven. 7, 94 f. zeigt, der bei Ovid vielfach erwähnte M. Aurelius Cotta Maximus Messalinus, Prosop. imp Rom. I 203 nr. 1236: vgl. oben S. 124 f. 2) Martial. XII 36, 8. IV 40, 1 f. Juv. 5, 108—113 (*modici amici*, wie oft, Klienten). 3) Vgl. unten [II 240]. 4) Colum. I praef. 9. 5) Seneca De tranquill. animi 7, 2: *eos—qui cum amicorum officiis paria mensa faciunt, qui fericula pro congiariis numerant.* Juv. 5, 12—18. 6 Pers. 1, 54. 7) Martial. X 11, 5 f. 8) Juv. 9, 59 f. 9) Vgl. unten [II 243, 3]. 10) Martial. V 56, 1. X 48, 6. 11) ebd. XI 18. 12) Columella I praef. 12 (die Worte *qui vectigalis esse non possit* hat Gesner als Glossem erkannt); das *cotidianum tributum* ist eben die *meritoria salutatio* (Seneca de brev. vit. 14, 3). 13) Dig. VII 8, 2 § 1. 3. IX 3, 5 § 1. Auch bei *contubernium* (vgl. Gierig, Plin. ep. II S. 545 ff.) ist mitunter gewiß ein eigentliches Klientelverhältnis vorauszusetzen. 14) Martial. II 32. X 18. 15) Tac. A. XVI 22.

Manche wurden ganz und gar mit Hoffnungen gespeist, und »kaum zwei oder drei«, sagt Martial, »hat der Besuch vornehmer Atrien wirklich ernährt, die übrige Menge ist vor Hunger blaß«[1]) Trotzdem ließen sich immer wieder Leute in Menge zu diesem Dienste auch bei solchen bereit finden, die ihnen nicht nur nicht die geringsten Vorteile boten, sondern auch selbst nichts besaßen: wieviel Dummheit steckt doch in Rom in der Toga! ruft derselbe Dichter aus[2]).

Ihr Dienst.

Der karge Tagelohn, der in Martials Zeit 6 1/4 Sesterzen (25 As, etwa 1 Mark 35 Pfennig) zu betragen pflegte[3]), eine Summe, die man einem Sklaven als Trinkgeld gab[4]), die aber nebst den übrigen Einnahmen für den Lebensunterhalt der Klienten notdürftig hinreichte[5]), mußte durch eine Reihe mühseliger Dienste erworben werden, von denen der beschwerlichste, aber zugleich unerläßlichste war, dem »Herrn« oder »König« täglich in der ersten Frühe aufzuwarten, da, wie bemerkt, ein täglich gefülltes Atrium zu den Erfordernissen eines angesehenen Hauses gehörte[6]). Die Morgenbesuche wurden überhaupt in der ersten und zweiten Tagesstunde gemacht. Da aber die Klienten sich pünktlich einstellen mußten und lieber auf Einlaß warteten, als zu spät kamen, auch oft sehr weite Wege hatten, traten sie gewöhnlich noch im Finstern ihre Wanderungen an, um, wie Martial sagt, bei nächtlicher Weile Freunde zu besuchen, die den Besuch nicht erwiderten[7]), und hatten oft nicht Zeit zum Ausschlafen und zur Verdauung[8]). »Wenn der Schein der Gestirne ungewiß zu werden anfängt«, sagt Juvenal, »oder wenn sich noch der träge Wagen des kalten Bootes am Himmel herumdreht, entreißt sich schon der arme Klient seinem Schlaf und vergißt in der Hast seine Schuhe zu schnüren, voll Angst, das Heer der Besucher möchte seinen Kreislauf schon beendet haben«[9]). Besonders beweglich klagt Martial: er verlange ja für seine kleinen Gedichte nichts, als ausschlafen zu können[10]); die Unmöglichkeit, diesen Wunsch zu erfüllen, wie überhaupt die unendlichen Beschwerden und Mühseligkeiten des so schlecht gelohnten Dienstes vertrieben ihn zuletzt aus Rom; in seiner Heimat fand er Ruhe und Schlaf wieder[11]). Eine fernere Unbequemlichkeit war, daß der Klient vor seinem Patron nicht anders erscheinen durfte, als in dem Staats- und Feierkleide, der Toga, einem heißen, schweren, wollnen Umwurf, der in Rom seit dem Anfange der Monarchie immer seltner und bald für die Klienten eine auszeichnende Tracht wurde, überdies eine für Arme nicht unerhebliche Ausgabe — in einem Sommer konnte man vier oder mehr verbrauchen[12]). In dieser viel verwünschten Toga traten sie ihre Wanderungen, wie gesagt, in der Regel schon vor Tagesanbruch beim Krähen der Hähne an, wenn auf den Straßen noch kaum jemand anzutreffen war als die Bäcker, die ihre Ware ausriefen, und deren erste Kunden, die Knaben, die mit Lampen in der Hand in die Schule gingen[13]), oder hin und wieder ein Nachtschwärmer, der von einem späten Gelage heimkehrte[14]). Kein Wetter durfte sie zurückhalten, weder der pfeifende Nordwind und Hagelschauer,

Morgenbesuche.

1) Martial. III 38, 11 f. 2) ebd. X 18. 3) Regelmäßig etwas verächtlich als *centum quadrantes* bezeichnet, Martial. I 59, 1. III 7, 1. IV 68, 1. VI 88, 4. X 70, 13. 74, 11. 75, 11. Juven. 1, 120; ausnahmsweise wurde mehr gezahlt, Martial. VIII 42, 1. X 27, 3. 4) Martial. X 75, 11 f. 5) ebd. III 30. Juv. 1, 119 ff. 6) Seneca ep. 22, 9. 7) Martial. X 70, 5. 8) Stat. Silv. IV 9, 48 f. 9) Juv. 5, 19; vgl. 3, 127 ff. 10) Martial. X 74. 11) ebd. III 4. XII 18, 13 ff. 68. XIV 125. 12) ebd. IX 100. X 96, 11. XI 18, 5. 17. 13) ebd. XII 57, 4. 14) Plin. ep. III 12, 2.

noch selbst Schneefall[1]), welchen man sonst als genügenden Grund ansah, einer angenommenen Einladung nicht Folge zu leisten[2]). Dazu kam der Straßenschmutz[3]), die weiten Entfernungen[4]) — viele Klienten hatten täglich mehrere Besuche zu machen — und, wenn sich nun die Straßen mit dem lärmenden Getriebe des Tages zu füllen begannen, die Hemmungen bei jedem Schritt, ja selbst die Gefahren, die Fußgängern in den engen und gewundnen Straßen, namentlich von den schwer beladnen Lastwagen drohten[5]), schließlich das Gedränge vor der Tür des Herrn und die Demütigungen bei der Empfangnahme des täglichen Geldbetrages[6]). Die tägliche Wiederkehr all dieser Beschwerden war wohl allein schon hinreichend, manchem diese Lebensweise zu verleiden; bei Martial fingiert ein Klient, welcher der täglichen Morgenbesuche müde ist, das Podagra[7]).

Sonstige Verpflichtungen.

Die Aufwartung in der Frühe war die wichtigste Obliegenheit der Klienten, daher sie auch »Morgenbesucher« (*salutatores*), sowie nach ihrer Kleidung »Togaträger« (*togati*) hießen; doch viele waren einen großen Teil des Tags oder selbst bis zum Abend durch ihren Dienst in Anspruch genommen, da sie, wie gesagt, bei dem öffentlichen Erscheinen ihres Herrn überall dessen Gefolge bilden mußten. Sie mußten seinem Tragsessel oder seiner Sänfte vorausgehen oder folgen[8]), seine sämtlichen Besuche (mitunter bei zehn alten Weibern) mitmachen[9]), um ihn endlich vielleicht um die zehnte Tagesstunde in die Thermen des Agrippa zu geleiten, während sie selbst ihr Bad in den eine halbe Stunde entfernten des Titus nehmen wollten[10]). Sie mußten Raum im Gedränge schaffen, nötigenfalls mit Schimpfreden und Ellbogenstößen[11]). Ging der Herr aufs Land oder auf Reisen, so mußten sie sich bereit halten, einen leeren Platz in seinem Wagen einzunehmen[12]). Las er seine Gedichte vor, so gaben sie das Zeichen für die Beifallsäußerungen der Zuhörer durch Aufstehen und Gebärden der Bewunderung[13]); redete er vor Gericht, so brüllte »der Haufe in der Toga« Bravo, was, wie Martial sagt, nicht die Beredsamkeit des Patrons, sondern die seiner Küche bewies[14]). Alles, was er redete oder tat, lobten sie und waren stets ergeben und untertänig[15]). Bei dem sehr jähzornigen Redner Cälius Rufus speiste einmal ein Klient von ausgesuchter Geduld, dem es jedoch schwer ward, Streit zu vermeiden. Endlich wurde Cälius sein fortwährendes Jasagen unerträglich, und er rief aus: Widersprich einmal, damit man merkt, daß hier zwei sind[16]). Nicht immer waren die von den Klienten geforderten Dienste gefahrlos. Mitunter mußten sie sich auch als Werkzeuge zur Ausführung von Plänen und Komplotten verwenden lassen, deren Entdeckung oder Vereitelung allen Be-

1) Martial. III 36, 3 f. X 82, 3 f. XII 26. Juv. 5, 76 ff. 2) Seneca de benef. IV 39, 3. (Kölle), Rom im J. 1833 S. 197: »Sobald der Schnee liegen bleibt, werden Gerichte und Schulen geschlossen. Bei etwas stärkerem Regen hört man keinen Ruf der Verkäufer, keinen Bettler.« 3) Juv. 3, 247. 4) Martial. I 108. V 22. 5) ebd. V 22, 7 f. Juv. 3, 243 ff. 6) Juven. 1, 95 ff. Daß der Dichter auch Männer (101. 110. 117) und Frauen (120 ff.) von Stande (100 *Troiugenas*) um die Sportula sich drängen läßt, beruht wohl nur auf einer Verallgemeinerung einzelner Fälle, in denen Angehörige vornehmer Familien aus Vermögensverfall oder Geiz bis in die Klientel hinabgesunken waren. 7) Martial. VII 39. 8) ebd. II 18, 5. III 46, 4. X 10, 7. 9) ebd. IX 100, 4. 10) ebd. III 36, 5 f. 11) ebd. III 46, 5 f. 12) Hor. Ep. I 7, 75 ff. 13) Martial. X 10, 9. 14) ebd. VI 48. Hierzu wurden aber natürlich auch Nichtklienten gemietet: Quintilian. XI 3, 131. Plin. ep. II 14, 4. Juv. 13, 32 f. 15) Martial. XI 24, 3. 16) Seneca de ira III 8, 6.

teiligten Verderben brachte. Junia Silana bediente sich im Jahre 55 ihrer Klienten Iturius und Calvisius, um Agrippina bei Nero des Strebens nach der Herrschaft verdächtig zu machen. Der Plan mißlang, Silana büßte mit Verbannung, ihre beiden Klienten mit Relegation[1]). In Pompeji sehen wir Klienten für die Wahlen ihrer Patrone zu städtischen Ämtern agitieren[2]). Zuweilen vereinigten sich die Klienten eines vornehmen Hauses, um den Patron durch Errichtung seiner Statue in seinem Atrium zu ehren[3]).

Verächtliche Behandlung der Klienten.

Nicht nur von ihrem Herrn, sondern auch von dessen Sklaven hatten die Klienten die größten Demütigungen zu ertragen. Columella nennt ihr Gewerbe die lügenhafte Vogelstellerei des »Besuchers für Sold«, der die Schwelle des Mächtigen umschwärmt und nach Hörensagen Vermutungen anstellt, wie sein König geschlafen habe. Denn seine Frage, was drinnen vorgehe, würdigen die Sklaven keiner Antwort, und häufig muß er, von einem angeketteten Pförtner zurückgewiesen, in später Nacht vor der undankbaren Türe liegen[4]). Hatten sie ein dringendes Anliegen und wollten nicht unter den gewöhnlichen Vorwänden abgewiesen werden, daß der Herr nicht zu Hause sei[5]), so mußten sie die Dienerschaft bestechen, und aus dem sauern Erwerb der viel ärmern Klienten floß mancher Tribut den Ersparnissen dieser geputzten Sklaven zu[6]), die übrigens auch von ihren eignen Klienten sprachen[7]). War es ihnen gelungen, durch die halbgeöffnete Tür hineinzuschlüpfen[8]), so hatten sie im Innern des Hauses den Übermut andrer, vornehmerer Sklaven (»den Stolz des Anmelders, das Stirnrunzeln des Kammerdieners«) zu überwinden[9]) und neue Anstrengungen zu machen, um endlich vorgelassen zu werden. Oft ließ sich der Hausherr nur herbei, den Morgengruß »des Haufens« in vorher bestimmter Reihenfolge entgegenzunehmen, und öffnete nicht einmal den Mund zum Gegengruße[10]). »Wie viele«, sagt Seneca, »die noch vom gestrigen Rausche beschwert und schläfrig sind, werden jene Armen, die ihren Schlaf abbrechen, um einen fremden abzuwarten, mit kaum geöffneten Lippen bei dem tausendmal eingeflüsterten Namen nur mit dem hochmütigsten Gähnen anreden?«[11]) Es galt schon für Herablassung, wenn der Herr sich an den Namen seines demütigen Besuchers erinnerte[12]). Der Klient dagegen durfte nicht wagen, dem Patron anders als mit der größten Ehrerbietung zu begegnen, ihn anders als »Herr« und »König[13])« zu nennen, wenn er sich nicht seine Ungnade zuziehen und der gehofften Belohnung verlustig gehen wollte[14]). Seine »Freundschaft« bewies der Patron höchstens etwa dadurch, daß er sich in Gegenwart des Klienten durchaus keinen Zwang auferlegte[15]). Selbst jahrelange Dienste brachten oft in diesem Verhältnis keine Veränderung hervor[16]). Die »glücklichen Freunde« verstanden

1) Tac. A. XIII 19—22. 2) CIL IV 593. 822. 933. 1011. 1016. 3) Plin. n. h. XXXIV 17. 4) Columella I praef. 9. 5) Martial. V 22, 10. 6) Juv. 3, 188 f. 7) Petron. 30, 11. 8) Seneca de benef. VI 34, 1. 9) Seneca de const. sap. 14, 1. 10) Juv. 3, 185. 11) Seneca de brev. vit. 14, 4. 12) Petron. 44, 10. 13) Mommsen glaubt, der *ordo regalium*, der in Formiä einem *patronus coloniae* eine Statue votiert (CIL X 6094 = Dessau 6283), sei vielleicht ein *collegium clientium*, »*quale est Aeserninum cultorum statuarum et clipeorum L. Abulli Dextri* (CIL IX 2654 = Dessau 7329). ... *Quod si quis cum hoc ordine mirum illum collegii ministrum interregem hominem libertinum* (CIL X 6071 = Dessau 3884) *componet, fortasse non errabit*«. 14) Martial. II 68. Vgl. I 112. VI 88. IX 92. Über den sonstigen Gebrauch der Anrede *domine* in dieser Zeit vgl. den Anhang IX. 15) Martial. X 14, 9 f. 16) ebd. III 36.

nur zu zürnen[1]), und dabei gewannen sie noch, da Hassen wohlfeiler war als Schenken[2]); und nichts wurde von den Großen in Rom leichter verschmerzt, als der Verlust eines Klienten[3]): in der Tat wurden die letztern dem Patron oft genug gerade durch ihre Dienstbeflissenheit lästig[4]). Natürlich konnte aber dieser, wenn er Untertänigkeit forderte, auch keine Liebe erwarten[5]).

Bewirtungen.

Der schmählichsten Behandlung aber waren die Klienten an der Tafel ihres Patrons ausgesetzt. Juvenal hat diese in seiner fünften Satire breit geschildert; einzelnes mag hier zu stark aufgetragen sein, daß aber die Schilderung im allgemeinen richtig ist, dafür bürgt die Übereinstimmung Martials und andrer. In vielen Häusern wurden nämlich die Klienten, wie andre geringere Tischgenossen, namentlich Freigelassene, in jeder Weise anders bewirtet als der Herr und die ihm gleichstehenden Gäste; Speisen, Getränke, Geschirr und Bedienung waren hier und dort verschieden, und den Klienten wurde der Abstand zwischen ihnen und den geehrten Gästen auf jede Weise fühlbar gemacht[6]). Der jüngere Plinius warnt einen jungen Freund vor dieser Verbindung von Luxus und Knauserei, die er kürzlich bei einem Gastmahl angetroffen hatte, wo unter anderm drei verschiedne Weinsorten aufgestellt waren: für den Hausherrn und seine Gäste, für die »geringern Freunde«, für die Freigelassenen. Auf Plinius Äußerung, daß er allen, auch seinen Freigelassenen, an seiner Tafel dasselbe vorsetze, bemerkte sein Tischnachbar, das müsse ihn viel kosten; worauf Plinius erwiderte: keineswegs, da nicht seine Freigelassenen denselben Wein wie er, sondern er denselben wie sie trinke[7]). Bei Martial speist der Patron Lucriner Austern, die feinsten Pilze, eine Butte, eine fette Turteltaube oder Drossel, der Klient wässrige Muscheln, Sauschwämme, ein schlechtes Fischchen und eine im Käfig gestorbne Elster; dieser trinkt heurigen Sabiner aus einem gläsernen, jener einen uralten Jahrgang aus einem Becher von Murrha: das letztere, wie Martial bemerkt, damit die Undurchsichtigkeit des Materials die Verschiedenheit der Sorten nicht bemerken lasse. Und dabei wundern sich die Reichen noch, daß es keine Freundschaften mehr gebe wie die des Orest und Pylades, aber Orest und Pylades aßen und tranken dasselbe! Wollten sie geliebt sein, so schließt er mit einem auch von Seneca erteilten Rat (des Stoikers Hekaton), so müßten sie selbst Liebe beweisen[8]). Ganz ähnlich schildert Juvenal die Bewirtung der Klienten. Der Hausherr trank aus kostbaren Gefäßen; ward dem Klienten ein solches anvertraut, so stand ein Wächter bei ihm, der die Edelsteine an dem Becher zählte und dem Gast scharf auf die Finger sah; oder er erhielt einen irdenen, noch dazu zerbrochnen Topf. Dem Hausherrn wartete die Blüte der Jugend Kleinasiens auf, dem Klienten ein afrikanischer Läufer, ein Mohr mit knöchernen Fäusten, dem man bei Nacht nicht auf der Landstraße begegnen möchte. Die Sklaven lassen sich vergebens rufen, sie sind unwillig, einem alten Klienten zu gehorchen, unwillig, daß er fordern und liegen darf, während sie stehen müssen. Sie reichen ihm steinhartes, schimmliges Brot, das zarte, weiße Weizenbrot bleibt für den Herrn.

1) Martial. III 37. 2) ebd. XII 13. 3) Juv. 3, 125. 4) Martial. XII praef. 5) ebd. II 55. 6) Vgl. auch Sueton. Caes. 48. Plin. n. h. XIV 91. Musonius bei Stob. Anth. III 18, 37 (III 525, 16 Hense): ὁ μὴ νέμων ἴσα τοῖς συνεσθίουσιν. Petron. 31, 2 *vinum dominicum ministratoris gratia est.* 7) Plin. ep. II 6. 8) Martial. I 20. III 60. IV 85. VI 11. X 49. Seneca ep. 9, 6.

Wagt der Klient es anzurühren, so heißt es: willst du dir wohl den Leib aus deinem Korbe füllen! Dem Herrn wird eine Languste mit Riesenspargeln und das feinste Öl gereicht, dem Klienten ein gemeiner Tiberfisch und Öl, das nach Lampe riecht. Er darf nicht wagen, dem Herrn zuzutrinken; öffnet er unaufgefordert den Mund, so läuft er Gefahr, hinausgeworfen zu werden; dagegen muß er sich gefallen lassen, der Gegenstand schmählicher Scherze des Herrn und seiner Gäste zu sein[1]). Auch der Verfasser des Lobgedichts auf Piso sagt, daß man die armen Klienten gewöhnlich auf diese Weise den geringen Lohn, den man ihnen reichte, verdienen ließ, und rühmt von dem Hause seines Gönners, daß dort »niemandes Kränkung plötzliches Gelächter errege«[2]). Noch im 5. Jahrhundert spricht der gallische Bischof Valerianus seine Entrüstung darüber aus, daß armen Gästen an den Tafeln der Reichen zerbrochne Gefäße gereicht, der Bart gezupft, die Stühle weggezogen, und sie gegeneinander gehetzt wurden, um durch Schlägereien dem Gastgeber ein ergötzliches Schauspiel zu bieten[3]).

Die gelegentlichen Erwähnungen des Klientelverhältnisses bei Epictet stimmen durchaus mit den Schilderungen Juvenals und Martials überein. Er hebt »das Getümmel und die Morgenbesuche« als besonders für Rom charakteristische Erscheinungen hervor. Man solle es mit Gelassenheit ertragen, wenn man zu einem Gastmahl nicht eingeladen, an der Tafel, bei der Aufwartung oder bei der Zuziehung zu Sitzungen zurückgesetzt worden sei. Die Bevorzugten müßten die ihnen erwiesene Ehre durch Morgenbesuche, Begleitungen und Schmeicheleien erkaufen. Wer bei einem Großen Zutritt suche, solle darauf gefaßt sein, daß er abgewiesen, die Tür vor ihm zugeworfen werden, der Hausherr ihn keiner Beachtung würdigen werde[4]). Epictet erwähnt auch, daß manche Große sich von Bittstellern die Hände küssen ließen[5]).

Die Klientel im 2. Jahrhundert.

Aus dem zweiten Jahrhundert haben wir nur gelegentliche und spärliche Andeutungen über das Verhältnis und den Dienst der Klienten. Beides scheint im ganzen unverändert geblieben zu sein. Die veränderte Stellung der Aristokratie nach Nero, das Sinken und die Abnahme des alten Adels, das Emporkommen neuer, aus den Munizipien und Provinzen stammender Familien kann schwerlich auf das Klientelverhältnis einen wesentlichen Einfluß geübt haben. Daß die Anzahl der reichen und vornehmen Familien im 2. und 3. Jahrhundert geringer gewesen sei als im ersten, haben wir keinen Grund anzunehmen, und ohne Zweifel konnten Männer des Senatorenstands von neuem Adel durch Macht, Reichtum und Einfluß dieselben Vorteile gewähren wie die Repräsentanten der ältesten und edelsten Geschlechter. Auch die von den Klienten geforderten Leistungen waren immer noch dieselben. Fronto sagt, daß der Senator Gavius Clarus ihm unverdrossen von Jugend auf die Willfährigkeit bewiesen habe, die Klienten oder treue und diensteifrige Freigelassene ihrem Patron zu erzeigen pflegen[6]). Galen gibt eine Verordnung für die vielen, die kein ruhiges Leben erwählt haben, sondern sich vor Tagesanbruch zu den Türen der Mächtigen begeben müssen, nicht vermeiden können, oft in Schweiß

1) Juv. 5, 24 ff. 2) Laus Pisonis 112 ff. 3) Valerian. homilia de parasitis, Migne, Patrol. lat. LII 722 ff. 4) Epictet. Diss. IV 4, 37; Man. 25, 2. 33, 13. 5) Epict. Diss. III 24, 49. 6) Fronto Ep. ad L. Ver. imp. II 7 p. 134 N.

zu geraten und sich dann zu erkälten, die bei dem Bade andrer zugegen sein und sie nach Hause begleiten, hierauf in großer Hast selbst baden und zur Mahlzeit eilen müssen[1]). Tertullian spricht wiederholt von der schimpflichen Geduld, welche die Knechte des Bauchs unter der schmachvollen Gönnerschaft reicher Gastgeber beweisen[2]). Nach den Schilderungen Lucians im Nigrinus hat es den Anschein, daß der Abstand zwischen Klienten und Patronen sich noch erweitert hatte, so daß auf der einen Seite sklavische Unterwürfigkeit, auf der andern hochfahrende Geringschätzung noch auffallender hervortrat; doch läßt es sich bei der rhetorischen Färbung der ganzen Schrift nicht mit Sicherheit behaupten. Im wesentlichen erscheint jedenfalls das Verhältnis und die Lebensweise der Klienten auch hier wie im 1. Jahrhundert. Sie stehen um Mitternacht auf, laufen in der ganzen Stadt umher, werden durch Sklaven von der Tür gewiesen und müssen es ertragen, Hunde, Schmeichler und dgl. gescholten zu werden. Die Reichen dagegen prangen in Purpurgewändern, strecken die Finger aus, um ihre Ringe sehen zu lassen, und tragen überhaupt einen geschmacklosen und überladnen Pomp zur Schau; die ihnen Nahenden müssen zufrieden sein, wenn sie stumm angeblickt und statt von dem Herrn von einem aus dem Gefolge angeredet werden. Die Hochmütigsten lassen sich sogar Fußfälle tun, nicht viel anders als es bei den Persern Sitte ist, schon im Herankommen muß man sich bücken und von fern die Seele erniedrigen und ihren Zustand durch die entsprechende Körperhaltung ausdrücken; so muß man ihnen die Brust oder die rechte Hand küssen, wobei man von denen beneidet wird, die dieser Ehre nicht teilhaft geworden sind. Als Lohn erfolgte eine schmähliche Bewirtung, wobei die Gäste oft gegen ihren Willen genötigt wurden, sich zu berauschen, dann im Rausch Geheimnisse ausplauderten und schließlich mit Verwünschungen über das Gastmahl, die Knickerei und die verächtliche Behandlung nach Hause gingen. Dann sah man sie an den Straßenecken sich übergeben, vor schlechten Häusern in Schlägereien geraten; am andern Tage lagen die meisten zu Bett und mußten Ärzte holen lassen, manche hatten aber nicht einmal Zeit, krank zu sein[3]).

Die meisten, die sich zu dieser unwürdigen Dienstbarkeit hergaben, waren allerdings von niederm Stande, »Leute mit durchlöcherten Mänteln«, wie Juvenal sagt[4]); in der Regel werden die Freigelassenen ihren frühern Herren Klientendienste geleistet haben. Auch Soldaten waren darunter; denn wenn Claudius den Soldaten verbot, senatorische Häuser der Aufwartung halber zu betreten, so kann dies sich doch nur auf stehende Verhältnisse beziehen, die allein Befürchtungen für die Sicherheit des Throns veranlassen konnten[5]). Auch Lucian spricht von der Menge der Soldaten, die bei der Aufwartung nicht an ihrem durch die Reihenfolge bestimmten Platze bleiben, sondern sich vordrängen[6]). Aber auch manche, die aus bessern Verhältnissen heruntergekommen waren, fristeten ihr Leben in Klientenstellungen[7]). So heißt es von den bereits erwähnten Klienten der Junia Silana, Iturius und Calvisius, daß sie

1) Galen. VI 758. 2) Tertullian. de patient. 16; Apolog. 39. Cyprian. ad Donatum 12 spricht von dem schlechten Gebrauch, den die Reichen von ihrem Reichtum machen: *nulla in clientes inde largitio est, cum indigentibus nulla partitio.* 3) Lucian. Nigrin. 21 ff. 4) Juv. 5, 131. 5) Sueton. Claud. 25, 1. 6) Lucian. Pro lapsu in salutando 16. 7) Vgl. oben S. 229, 6.

sich nach Aufzehrung ihres ganzen Vermögens auf das Verlangen ihrer Patronin zur Anklage der Agrippina hergaben[1]). Auch Männer von Bildung konnte Dürftigkeit nötigen, sich unter den rohen Haufen zu mischen, der in vornehmen Häusern Klientendienste tat, wie den Stoiker P. Egnatius Celer (Klient, dann Ankläger des Barea Soranus)[2]), Martial (der dem Ritterstande angehörte) und den jugendlichen Verfasser des Lobgedichts auf Piso. Wir dürfen dem letztern glauben, daß die Häuser, in denen man gebildete Männer zu Klienten wählte, zu den Ausnahmen gehörten; das seines Gönners rechnet er vor allem dazu. Die Angehörigen desselben waren in irgendeiner Kunst oder Wissenschaft unterrichtet, um Bildung bemüht. Piso fand keinen Gefallen an einer Schar plumper und roher Klienten, die nur elende Dienstleistungen zu bieten haben, die nichts verstehen, als dem Herrn vorauszugehen und ihm Platz im Volksgedränge zu schaffen. Sein Haus war darum auch keines von denen, wo man den geringen Freund verschmähte, den Klienten hochmütig mit Füßen trat[3]).

Der Verfasser des Lobgedichts auf Piso.

Beschwerlichkeiten der Klientel für die Patrone.

Auch für die Patrone war das Klientenverhältnis nicht ohne Beschwerden, besonders in der frühern Zeit, wo die Klienten noch etwas mehr waren als bezahlte Nachtreter. Manchem ließ »das um ihn her ergossne Volk von Klienten keine Zeit übrig«[4]), der Patron rettete sich nach der Horazischen Regel durch eine Hintertür, während sie im Atrium warteten[5]), was aber Seneca inhumaner fand als eine Abweisung[6]). Sie behelligten ihn mit ihren Anliegen oder Betteleien[7]); sie plauderten mit unheilvoller Geschwätzigkeit die Geheimnisse seines Hauses aus[8]). An seiner Tafel betrugen sie sich ungebührlich, es kam wohl gar zu Schlägereien zwischen ihnen und den Freigelassenen[9]). An den Saturnalien, am Neujahrs- und Geburtstage[10]) brachten sie kleine Geschenke, wie z. B. Servietten, Löffelchen, Wachslichter, Papier, ein Körbchen mit Damascenerpflaumen, doch dies waren »Angeln«, mit denen sie größre Gaben zu fischen hofften: der Arme, sagt Martial, ist dann am großmütigsten gegen seinen reichen Freund, wenn er ihm nichts schenkt[11]). Häufig entsprachen aber die Gegengeschenke nicht den gehegten Erwartungen; »es war selten, daß ein Patron Goldstücke klingen ließ«[12]). Statt der gehofften Quittung über seinen jährlichen Mietzins erhielt der Klient vielleicht eine Flasche Wein, einen Hasen oder ein Stück Geflügel. Manches unterschlugen auch die Sklaven, oder sie überbrachten die Geschenke in ganzen Haufen, und jeder forderte ein Trinkgeld[13]). Acht stämmige Träger, sagt Martial, hätten ihm an den Saturnalien eine Menge Dinge ins Haus geschleppt, die zusammen kaum 30 Sesterzen (6,50 Mark) wert waren: wie viel leichter hätte ein einziger Bursche fünf Pfund Silber tragen können![14]) Überdies mußte der Arme das Geschenk des Reichen aufs höchste loben, während das seine oft mit Verachtung beiseite geworfen wurde. Bei Gelegenheit der Feste an den Saturnalien, wo die Klienten insgesamt gespeist zu werden pflegten, wiederholt Lucian fast wörtlich alle Klagen Juvenals über die Bewirtung und Behandlung der Klienten[15]) an der Tafel des

1) Tac. A. XIII 21. Oben S. 230. 2) ebd. XVI 32. 3) Laus Pisonis 128 ff. 4) Seneca de brev. vit. 2, 4. 5) Horat. Ep. I 5, 31. 6) Seneca de brev. vit. 14, 4. 7) Martial. I 49, 33. IV 88, 4. 8) Martial. VII 62, 4. 9) Juv. 5, 25 ff. 10) Marquardt, Privatl.² 251, 6. 11) Martial. V 18. 12) Martial. V 19, 14. 13) Lucian. Cronosolon 15 f. Die πένητες in der ganzen Schrift sind nichts andres als Klienten. 14) Martial. VII 53. 15) Lucian. Cronosolon 17 f.; epist. Saturn. 4, 38.

Patrons, gesteht aber zugleich ein, daß auch die Klienten ihrerseits durch ihr Betragen Grund zu Klagen gaben.

f. DIE FREIGELASSENEN.

Fortwährende Zunahme der Menge der Freigelassenen und der Durchsetzung der römischen Bevölkerung mit fremden Elementen.

Zum Schlusse muß hier abermals daran erinnert werden, daß die Bevölkerung Roms im höchsten Grade aus allen Nationalitäten zusammengesetzt war, und zwar hauptsächlich infolge der unaufhörlichen massenhaften Einführung von Sklaven aus allen Teilen des Reichs wie aus Barbarenländern, von denen jahraus jahrein Hunderte, ja Tausende die Freiheit erhielten und in den dritten Stand eintraten. Noch jetzt bilden unter den Grabmälern, die sich zu beiden Seiten der Heerstraßen vor den Toren Roms hinziehen, die der Freigelassenen die weit überwiegende Mehrzahl. Die 80000 Bürger, die Cäsar an überseeischen Orten angesiedelt haben soll[1]), scheinen größtenteils Freigelassene gewesen zu sein[2]); jedenfalls war dies bei den nach Korinth gesandten Kolonisten der Fall[3]). Einen Maßstab für die Ausdehnung der Freilassungen gibt es auch, daß Augustus, der sie auf jede Weise einzuschränken suchte, das Maximum der testamentarisch freizulassenden Sklaven doch auf die immerhin erhebliche Zahl von hundert festsetzte[4]). Dazu kam jene fortwährende Masseneinwanderung von Freien aus allen Provinzen, besonders aber aus den südlichen und östlichen, die Rom überflutete und dem gebornen Römer je länger je mehr den Boden streitig machte. Schon Lucan nennt Rom nicht von eignen Bürgern bevölkert, sondern mit der Hefe des Erdballs erfüllt[5]). Rom war, so klagten die Römer zu Anfang des zweiten Jahrhunderts, eine griechische Stadt geworden, obwohl der geringste Teil der griechisch redenden Eindringlinge wirklich aus Hellas stammte, die überwiegende Mehrzahl vielmehr aus Kleinasien und dem Orient: es war gleichsam »der ganze Orontes (der Hauptfluß Syriens) in den Tiber eingeströmt«[6]). Die Städte, heißt es bei Athenäus (zu Anfang des dritten Jahrhunderts), die in Rom enthalten seien, könne man gar nicht aufzählen, ja es seien die Bevölkerungen ganzer Provinzen dort angesiedelt, wie die Bewohner Cappadociens, Scythiens, des Pontus und mehrerer andrer Länder[7]). Wie ungemein groß die Menge der in Rom lebenden Orientalen war, kann man nach einigen Angaben über die dortigen Juden ermessen. Eine Gesandtschaft des Judenkönigs Herodes wurde angeblich von achttausend ihrer in Rom ansässigen Glaubensgenossen zu Augustus begleitet[8]); und im Jahre 19 n. Chr. wurden viertausend Freigelassene in waffenfähigem Alter, »die von ägyptischem und jüdischem Aberglauben angesteckt waren«, zur Deportation nach Sardinien verurteilt[9]). Während nun die Einwanderung der Ausländer fortdauerte, nahm die echtrömische und freigeborne Bevölkerung hauptsächlich durch die unaufhörliche Vermischung mit fremdem und unfreiem Blute immer mehr ab; im Jahre 24, wo man einen neuen Sklavenkrieg besorgte, war in Rom die Angst wegen der ins Grenzenlose wachsenden Zahl der Sklaven groß, »während die

1) Sueton. Caesar 42, 1. 2) Mommsen, Ges. Schrift. I 221 f. 3) Strabo VIII 381. 4) Gajus I 43. 5) Lucan. VII 405; vgl. oben S. 17. 6) Juv. 3, 60 ff. 7) Athen. I 20 C. 8) Joseph. A. J. XVII 300. 9) Tac. A. II 85. Ausschließlich Juden nennt Sueton. Tiber. 36. Joseph. A. J. XVIII 84; vgl. E. T. Merrill, Classical Philology XIV 1919 S. 365 ff.

freigeborne Plebs sich von Tage zu Tage verminderte«[1]). Obwohl, wie gesagt, bereits Augustus die Freilassungen eingeschränkt und seinen Nachfolgern und dem Senat den Rat hinterlassen hatte, ebenso zu verfahren, »um die Stadt nicht mit allerlei Volk anzufüllen«[2]), war die Zahl der Freigelassenen offenbar in stetem Wachsen begriffen, und die Einwohnerschaft Roms gestaltete sich je länger je mehr zu einem bunten, chaotischen Gemenge der verschiedenartigsten Elemente und ihrer unzähligen Mischungen und Kreuzungen[3]).

Reichtum und Hochmut der Freigelassenen.

Gerade die freigelassnen Ausländer waren häufig im Besitze großer Reichtümer. Teils hatten sie diese im Dienste vornehmer Häuser erworben, wo namentlich Griechen und Orientalen es verstanden, sich unentbehrlich, bei den Herrn beliebt oder (als Mitwisser schwerer oder schimpflicher Geheimnisse)[4]) gefürchtet zu machen, oder die Neigung der Herrinnen zu gewinnen[5]); teils durch kaufmännische und andre geschäftliche Unternehmungen, die zum großen Teil in den Händen dieser rührigen und betriebsamen Söhne der östlichen Länder waren. Bei Juvenal verlangt der reiche Freigelassene, dessen Geburt am Euphrat sich durch die Löcher in den Ohrläppchen verrät, den Vortritt vor Prätoren und Tribunen; denn fünf Läden bringen ihm (jährlich) 400000 Sesterzen (87000 Mark) ein[6]). Wie der Grund zu solchem Reichtum gelegt wurde, deutet derselbe Dichter an einer andern Stelle an, wo er sagt, daß ein Hister sein ganzes Vermögen seinem Freigelassenen hinterlassen habe[7]). Ausführlicher erzählt der Trimalchio Petrons selbst, daß er als Knabe aus Asia nach Rom gekommen und vierzehn Jahre lang der Geliebte seines Herrn gewesen, doch zugleich auch mit der Herrin auf gutem Fuße gestanden habe; man werde ihn verstehen, er wolle sich nicht rühmen, denn er gehöre nicht zu den Prahlern. So sei er nach dem Willen der Götter Herr im Hause geworden; der Herr habe ihn zum Miterben des Kaisers eingesetzt und ihm ein senatorisches Vermögen hinterlassen. Doch da nun einmal niemand je genug habe, so habe er angefangen, Geschäfte zu machen, fünf Schiffe erbaut, mit Wein befrachtet, der damals mit Gold aufgewogen wurde, und nach Rom gesandt, aber alle seien gestrandet, und Neptun habe an einem Tage 30 Millionen Sesterzen (6½ Millionen Mark) geschluckt. Dadurch sei er aber nicht abgeschreckt worden, er habe größre und bessre Schiffe gebaut, sie mit Wein, Speck, Bohnen, Parfümerien und Sklaven beladen und so durch eine Fahrt zehn Millionen Sesterzen zusammengeschlagen, hierauf alle Güter seines ehemaligen Herrn zurückgekauft, in der Seestadt am Golf von Neapel, wo er sich niedergelassen, ein prachtvolles Haus gebaut, und nachdem er mehr erworben, als seine ganze Vaterstadt besitze, sich vom Handel zurückgezogen und mache jetzt nur noch Geldgeschäfte durch seine Freigelassenen. Auf sein Grabmal solle man schreiben, daß er klein angefangen habe und groß geworden sei, 30 Millionen Sesterzen hinterlassen und nie einen Philosophen gehört habe[8]). Auch die Mitfreige-

1) Tac. A. IV 27; vgl. Philo leg. ad Gai. 159ff. 2) Cass. Dio LVI 33, 3. 3) Vgl. V. Macchioro, La biologia sociale e la storia, Camerino 1905 und in der Politisch-anthropol. Revue V 1906. Über die Freigelassenen in ihrer Bedeutung für die Gesellschaft der Alten vgl. M. L. Strack, Histor. Zeitschr. CXII (3. F. XVI) 1914 S. 1ff. 4) Dionys. Halicarn. IV 24, 5. 5) Martial. VII 64. Plin. n. h. XXXIV 11f. 6) Juv. 1, 104—106. 7) ebd. 2, 58. Vgl. oben S. 160f. 8) Petron. 75, 11—76, 9; vgl. 29, 3f. 71, 12.

lassenen Trimalchios sind Leute, »vor denen man Respekt haben muß«; einer, der mit nichts angefangen, Holzbündel auf dem Rücken geschleppt hat, besitzt 800000 Sesterzen (174000 Mark), ein andrer, dessen Kredit augenblicklich stark erschüttert ist, hat schon einmal seine Million gehabt[1]). Wie auch sonst bei Petron ist hier alles nach dem Leben geschildert, am wenigsten der Reichtum der Freigelassenen übertrieben. Schon Demetrius, ein Freigelassener des Pompejus, soll 4000 Talente (18860000 Mark) hinterlassen haben[2]); und Didymus und Philomelus, die in Domitians Zeit oder kurz zuvor zu den Reichsten in Rom gehörten, waren ohne Zweifel ebenfalls Sklaven gewesen[3]). Der Reichtum der Freigelassenen war schon zu Anfang der Kaiserzeit ebensowohl sprichwörtlich wie die Geschmacklosigkeit und Insolenz, mit der sie ihn zur Schau trugen. Von dem ebenso reichen wie ungebildeten Calvisius Sabinus (Konsul 26 n. Chr.) sagt Seneca, er habe sowohl das Vermögen als die Sinnesart eines Freigelassenen gehabt[4]). Auf den Tafeln von Freigelassenen prangten Schüsseln, »in welche der Ertrag ganzer Silberbergwerke verarbeitet war« [5]). In ihren Bädern sah man eine Unzahl von Statuen, von Säulen, die nichts trugen, sondern nur zur Zierde und Vermehrung der Kosten dienten, und eine Menge von Wasserströmen rauschend über Stufenreihen hinabfallen[6]). Die Spiegel, vor denen ihre Töchter sich schmückten, kosteten mehr, als in alten Zeiten die Töchter verdienter Männer vom Staate zur Mitgift erhalten hatten[7]). In sybaritischem Luxus wetteiferten sie mit den Höchsten und Vornehmsten; um so mehr forderte die Gemeinheit ihrer Sitten, die Niedrigkeit ihrer Gesinnung, ihre Unwissenheit und Roheit Spott und Verachtung heraus. Sie, die ehemals die Peitsche gefürchtet hatten, die wohl gar die Spuren früherer Brandmale unter Schönheitspflästerchen verstecken oder von verschwiegnen Ärzten aus der Haut tilgen lassen mußten[8]) — wozu Scribonius Largus ein Rezept gibt[9]) —, sah man jetzt in schneeweißer Toga, echt tyrischem Purpurmantel, scharlachroten Schuhen von feinstem Leder, die Finger mit blitzenden Ringen besetzt, das Haar von Wohlgerüchen duftend, auf den vordersten Bänken des Marcellustheaters sitzen[10]). Mit besondrer Vorliebe schwelgten sie in dem Genuß, gegen Bessre mit plumpem Hochmut auftreten zu können. Der reiche Freigelassene war in jener Zeit der eigentliche Typus des gemeinen, unverschämten, prahlenden Emporkömmlings. Der Zoilus, der bei Martial diese Klasse in Rom repräsentiert, wie bei Petron Trimalchio in seiner Kolonie, trägt pfundschwere Fingerringe, fast so schwer, wie er sie vor kurzem an den Beinen getragen; er bedient sich einer Sänfte von ungeheurer Größe; er stellt sich krank, um seinen Besuchern die aus Ägypten verschriebnen Polster mit echt purpurnen Überzügen und Scharlachdecken zu zeigen; er wechselt während einer Mahlzeit elfmal die Kleider; er schwelgt in den köstlichsten Speisen und Weinen, während er seinen Gästen gemeine Kost und Krätzer vorsetzt, und wenn er über Tisch einschläft, müssen sie sein Schnarchen mit ehrfurchtsvollem Schweigen anhören und dürfen sich nur mit stummem Nicken zutrinken[11]); wen ein solches

1) Petron. 38, 6—12. 2) Plutarch. Pomp. 2. 3) Martial. III 31, 6; vgl. IV 5, 10. 4) Seneca ep. 27, 5; *libertinae opes* Martial. V 13, 6. 5) Tertullian. Apol. 6. 6) Seneca ep. 86, 7. 7) Seneca Q. N. I 17, 9. 8) Martial. VI 64, 26. X 56, 6. 9) Scribon. Larg. 231. 10) Martial. II 29. 11) ebd. II 16. 19. 42. 58. 81. III 29. 82. IV 77. V 79. VI 91. XI 12. 30. 37. 54. 85. 92. XII 54.

Gastmahl glücklich macht, sagt der Dichter, der ist wert, Bettlerbrot zu essen[1]). Zur Erhöhung des Selbstgefühls dieser Menschen trug die Macht ihrer Standesgenossen am Hofe ohne Zweifel nicht wenig bei, da ein Teil des Glanzes, der diese umgab, auf den ganzen Stand zurückstrahlte; auch stiegen ihre Söhne und Enkel, wie bemerkt[2]), nicht selten zu den höchsten Stellungen der beiden höhern Stände, und schon in Neros Zeit stammten sehr viele ritterliche, manche senatorische Familien von solchen Ahnen ab[3]).

Spuren eines bürgerlichen Standesgefühls.

Doch neben diesem plumpen Hochmut, den die reichgewordnen ehemaligen Sklaven zur Schau trugen, fehlt es auch nicht ganz an Äußerungen eines edleren Stolzes, den der niedriggeborne, aber tüchtige und seiner Kraft sich bewußte Freie gegenüber dem unfähigen und verderbten Adel empfand. Cicero hatte in einer Zeit der unerschütterten Adelsherrschaft nur sehr schüchtern anzudeuten gewagt, daß auch der Mittelstand vor der Aristokratie einen Vorzug besitzen könne: »Die Adligen«, sagt er mit ironischem Beiklang, »überschreiten im Guten wie im Bösen so sehr das Maß des Gewöhnlichen, daß ein in unsern Kreisen Geborner sie nicht erreichen kann«[4]). Zweihundert Jahre später, als der Adel durch die Monarchie tief herabgedrückt war, betonte Juvenal mit einem ganz andern Bewußtsein den Wert der mittlern und untern Klassen. Was war erlauchter als der Stammbaum des Catilina und Cethegus, welche die Brandfackel für die Häuser und Tempel Roms bereit hielten, gleich Abkömmlingen der Gallier? Aber der Konsul Cicero vereitelte ihre Pläne, der ahnenlose »neue Mann« aus Arpinum, der vor kurzem in Rom nicht mehr gewesen war als ein Ritter aus einer Landstadt: ihn hat das freie Rom den Vater des Vaterlands genannt. Und ein andrer Mann aus Arpinum holte sich in den Volskerbergen den Tagelohn, wenn er von der Arbeit auf fremdem Acker erschöpft war; später schwang er als Centurio den knotigen Rebstock, wenn der Soldat beim Schanzen die Axt lässig führte. Und doch hat er als Konsul den Cimbern standgehalten und allein die angstvolle Stadt in der höchsten Gefahr geschützt. Darum ward sein hochadliger Kollege mit dem zweiten Lorbeer geschmückt, als zu der Walstatt der Cimbernschlacht die Raben flogen, die noch nie riesigere Leichen berührt hatten. Plebejisch waren die Seelen der Decier, plebejisch ihre Namen, und doch nahmen die Götter der Unterwelt sie als Sühneopfer für das ganze Heer an. Der letzte gute König Roms war der Sohn einer Sklavin; die Söhne des Konsuls Brutus öffneten verräterisch den verbannten Tyrannen die Tore, ein Sklave machte den Verrat kund. Mögt ihr übrigens euern Stammbaum noch so hoch hinaufführen, euer erster Ahn war doch nur ein Hirt oder ein Räuber, der in dem Asyl des Romulus Schutz fand[5]). Unzüchtige andalusische Tänze und Gesänge, sagt derselbe Dichter, passen nicht in ein bescheidnes Haus, sondern in die prächtigen Paläste der Reichen. Würfelspiel und Ehebruch ist für Geringe schändlich; tun jene dasselbe, so werden sie munter und artig genannt[6]); der hohe Adel verzeiht sich, was einen Schuhflicker beschimpfen würde[7]). Im niedrigsten Volke, heißt es an einer

1) Martial. II 19. 2) Oben S. 118. 3) Unter den ritterlichen Verwaltungsbeamten von Augustus bis Diocletian sind die kaiserlichen Geschlechtsnamen sehr zahlreich, die Abstammung eines großen Teils dieser Familien von kaiserlichen Freigelassenen also sehr wahrscheinlich. 4) Cic. pro Quinct. 31. 5) Juv. 8, 231—275. 6) ebd. 11, 162—176. 7) ebd. 8, 181 f.

andern Stelle, wirst du Männer von Beredsamkeit finden, sie führen die Prozesse des unwissenden Adligen; aus dem Volke kommen Männer, welche die Knoten des Rechts und die Rätsel der Gesetze entwirren; seine Jugend, im Waffenhandwerk geübt, zieht nach dem Euphrat und zu den Adlern, die über die gebändigten Bataver wachen: während jene, die keinen Vorzug aufzuweisen haben als ihre unermeßliche Ahnenreihe, armlosen Hermenbildern gleichen[1]; in hoher Lebensstellung ist gesunder Sinn selten[2]).

Wie aber diese kräftigen Elemente aus den untern Schichten der Bevölkerung fort und fort in die Höhe stiegen, während die unkräftigern aus den obern allmählich auf den Grund sanken, wie die drei Stände in stetem Wechsel, in unaufhörlichen Übergängen bis zu einem gewissen Grade ihren Inhalt gegeneinander austauschten: das kann freilich aus so vereinzelten Tatsachen und Andeutungen, wie sie in der obigen Schilderung benutzt sind, nur in sehr unvollkommner Weise erkannt werden.

1) Juv. 8, 47. 2) ebd. 8, 73: *rarus enim ferme sensus communis in illa fortuna.*

IV. DER GESELLIGE VERKEHR

Bereits ist darauf hingewiesen worden[1]), daß die Formen des Verkehrs am Hofe sich nach den sonst in Rom üblichen festgestellt, dann aber diesen wieder vielfach zum Vorbilde gedient und auf sie bestimmend eingewirkt haben. Auch diese Wechselwirkungen lassen sich freilich nur unvollkommen erkennen, zum Teil nur vermuten. Das bereits geschilderte Verhältnis der Klienten zu ihren Patronen bietet die meisten Analogien für die Hofsitte, da es dem der am Hofe verkehrenden Personen zum Kaiser in manchen Beziehungen entsprach. Aus der Betrachtung eines Verhältnisses zwischen Vornehmern und Geringern läßt sich aber natürlich nur eine einseitige und unvollständige Kenntnis der Umgangsformen jener Zeit gewinnen. Auch waren die Verpflichtungen (*officia*), die der gesellige Verkehr mit sich brachte, sehr mannigfacher Art, und sie konnten von niemandem, der sich der Geselligkeit nicht ganz entzog, ungestraft umgangen werden, am wenigsten von Hochgestellten[2]); der Einfluß einer mehr und mehr sich ausbildenden Hofsitte trug, wie gesagt, sowohl zu ihrer Vermehrung wie zu ihrer genauern Regelung bei.

Morgenempfang in vornehmen Häusern.

Wie am Hofe war auch in den vornehmen Häusern nicht bloß für die Klienten, sondern für alle Besucher die eigentliche Empfangszeit in den beiden ersten Tagesstunden. Dies war der römischen Tageseinteilung ganz angemessen, welche die sämtlichen Verrichtungen und Geschäfte in die Zeit der Tageshelle verlegte und am Nachmittage mit dem Hauptmahle beschloß: wo denn für einen großen Teil der geselligen Verpflichtungen keine andre Zeit übrig blieb als die des Tagesanbruchs. Den großen Palästen strömte darum in jeder Frühe eine bunte Menge zu, von deren Tritten der Boden dröhnte[3]). Die Klienten des Hauses, gar mancher in schmutziger Toga und geflickten Schuhen[4]), lärmten und drängten sich schon seit der Dämmerung auf dem Vorplatz, zuweilen in solcher Masse, daß sie die Gasse stopften und den Durchzug der Vorübergehenden hinderten[5]). Sänftenträger in roten Mänteln, ähnlich wie Soldaten gekleidet, brachten einen reichen Mann in eiligem Laufe getragen, der hinter zugezognen Vorhängen seinen Morgenschlummer fortsetzte und von einem Gefolge eigner Klienten umgeben war[6]). Man vernahm den bekannten Ruf des Liktors, der die Ankunft eines Konsuls ankündigte[7]), und vor den mit Rutenbündeln voraustretenden und an die Tür schlagenden Amtsdienern wich die

1) Oben S. 33. 2) Horat. Sat. I 6, 93 ff. 3) Seneca de benef. VI 34, 4. 4) Juv. 3, 147 ff. 5, 131. 5) Seneca ad Marciam 10, 1; ep. 84, 12; de benef. VI 34, 4. 6) Seneca de benef. III 28, 5. Vgl. Juv. 3, 239 f. Martial. IX 22, 9. XIV 129. 7) Plin. Paneg. 61, 7. Vgl. Mommsen StR. I³ 376, 1. Konsuln und Prätoren als Salutatoren Juv. 3, 128 ff. Martial. X 10, 1 f. Stat. Silv. I 2, 233 f.

Menge auseinander und machte dem hohen Würdenträger in purpurverbrämter Toga Platz. Da war der dürftige griechische Gelehrte, der sich um eine Lehrerstelle in dem vornehmen Hause bewarb und deshalb sich über sein Vermögen gekleidet und in Schnitt und Farbe seine Tracht nach Möglichkeit dem Geschmack des vornehmen Manns anbequemt hatte[1]), oder (namentlich in Marc Aurels Zeit) der griechische Philosoph in grobem Mantel und langem Barte, der sich bei einem Sklaven eifrig um eine Einladung zur Tafel bemühte[2]), aber auch der Senator, der sich um ein Konsulat[3]), der Ritter, der sich um ein Legionstribunat bewarb[4]) — und überhaupt der ganze Schwarm derer, die etwas für sich zu erlangen hofften, die Plutarch mit den Fliegen in einer Küche vergleicht[5]). Seneca sagt (gewiß aus eigner Erfahrung), daß manche sich gerade bei denen selten zur Aufwartung einstellten, denen sie das Leben oder eine Würde verdankten, und so, indem sie es vermeiden wollten, für Klienten zu gelten, den Namen von Undankbaren verdienten[6]). An der Türe hielt, mit einem Rohrstabe bewaffnet, der Pförtner Wache, dessen guten Willen man gewöhnlich erkaufen mußte; Vernünftige, sagt Seneca, betrachteten ihn wie den Pächter eines Brückenzolls, während andre, die den Eintritt erzwingen wollten, ihm grobe Antworten gaben, sein Rohr zerbrachen oder sich an den Herrn wandten und seine Durchpeitschung verlangten[7]). Geringere wurden barsch abgewiesen und die Tür vor ihnen zugeworfen[8]).

Der zum Empfang bestimmte Raum, das Atrium, eine Säulenhalle mit einer großen Lichtöffnung in der Decke, vermochte in vornehmen Häusern eine große Menge von Besuchern zu fassen[9]). Bänke standen hier für die Wartenden; als am Neujahrstage des Jahres 31 alles in den Palast Sejans strömte, um ihm beim Antritt des Konsulats zu huldigen, brach ein Sofa unter der Menge der darauf Sitzenden zusammen: eines von den unglücklichen Vorzeichen, die seinen bevorstehenden Sturz andeuteten[10]). Die Großartigkeit und Pracht der weiten, hohen, mit buntem Marmor prangenden Räume, die endlosen Reihen der Ahnenbilder[11]), die Menge der geschmückten Dienerschaft — alles vereinte sich, um den solchen Glanzes ungewohnten Besucher mit Scheu und Beklommenheit zu erfüllen. Hier mußte man mit den einflußreicheren Sklaven und Freigelassenen des Hauses wegen der Vorlassung unterhandeln oder sie bestechen[12]); der Nomenklator, dessen Geschäft die Nennung der Namen der Vorgelassenen war, bedurfte langer schriftlicher Verzeichnisse[13]), obwohl man zu diesem Amte nur Leute von besonders gutem Gedächtnis wählte[14]). Wie am Hofe waren die Besucher in Klassen erster und zweiter Vorlassung abgeteilt; im Innern der Paläste gab es wieder viele Türen, die sich nur für eine kleine Anzahl öffneten[15]); nur Vertraute oder Bevorzugte wurden einzeln oder in kleiner Zahl in die innern Gemächer oder selbst in das zum Empfange eingerichtete

1) Lucian. De mercede cond. 10. 2) Lucian. Nigrin. 24; Piscator 34. 3) Martial. XII 26. Epictet. Diss. IV 10, 20. 4) Juv. 7, 90 ff. 5) Plutarch. de amic. multitud. 2. Vgl. auch Martial. IX 92, 5 f. 6) Seneca de benef. II 23, 3. 7) Seneca de const. sap. 14, 2. Vgl. auch De ira III 37, 2. 8) Epictet. Man. 33, 13. 9) Vitruv. VI 5, 2. 10) Cass. Dio LVIII 5, 5; vgl. Ovid. ex Ponto IV 4, 27 ff. 11) Martial. I 55, 5. II 90, 5 f. 12) Seneca de const. sap. 14, 1. Epictet. Diss. I 30, 7. 13) Seneca de benef. VI 33, 4. 14) Plin. n. h. XXIX 19: *aliena memoria salutamus.* 15) Seneca de benef. VI 33, 4. 34, 1.

Schlafzimmer vorgelassen[1]), die große Mehrzahl von dem Hausherrn im Atrium begrüßt. Wenn Plautianus, so erzählt Cassius Dio, seine Freunde vor den andern Besuchern zu sich hereinrufen ließ, folgte ihnen Cöranus, der sich den Anschein geben wollte, zu den Vertrauten des mächtigen Manns zu gehören, bis an die letzte Tür; und wenn diese auch für ihn verschlossen blieb, so erreichte er doch in den Augen der im Atrium wartenden Menge seinen Zweck[2]). Überhaupt war der Empfang der mächtigen Großen dem Empfange am Hofe sehr ähnlich. Vor Sejans Türe drängte man sich wie vor dem kaiserlichen Palast, da jeder fürchtete, zu spät oder gar nicht bemerkt zu werden[3]); Senatoren huldigten seinen Klienten, legten selbst auf die Bekanntschaft mit seinen Türstehern und Freigelassenen hohen Wert[4]) und ertrugen ihren Hochmut und ihre Gunst[5]). Plutarch sagt, daß diejenigen, die in den Häusern der Reichen und Hochgestellten ein großes Gewühl und Getöse von Begrüßenden, Huldigenden und Aufwartenden sehen, jene wegen ihres Reichtums an Freunden glücklich preisen[6]). Seneca, der, um Neros Verdacht von sich abzulenken, im Jahre 62 überhaupt den mit seiner bisherigen hohen Stellung notwendig verbundenen Glanz vermied, verbat sich auch die Morgenaufwartungen[7]). Auch gesuchte Gerichtsredner hatten die Genugtuung, ihre Häuser täglich durch das Zusammenströmen der angesehensten Männer gefüllt und belebt zu sehen[8]). War die Empfangszeit vorüber, dann spieen, wie Vergil sagt, die großen Paläste aus stolzen Pforten eine gewaltige Woge von Morgenbesuchern aus[9]).

Die Sitte der Morgenaufwartung und der Begleitung der Patrone beim Ausgange durch ihre Klienten scheint sich im wesentlichen unverändert bis in die letzte Zeit des römischen Altertums erhalten zu haben. Tertullian sagt (um 200), daß Bewerber um ein Amt bei Nacht und vor Beendigung des Verdauungsprozesses sich in sämtlichen Atrien einen Platz sicherten. Der Astrolog Firmicus (um 334—37) spricht von Leuten, die in Morgenbesuchen über alle Schwellen eilen[10]). »Ich schäme mich«, sagt der heilige Hieronymus in einem Briefe, »von der Häufigkeit der Besuche zu reden, die wir entweder täglich bei andern machen oder bei uns empfangen«[11]), und Symmachus spricht etwa um dieselbe Zeit von den vor den Türen der Mächtigen verwachten Nächten[12]). Der Gallier Orientius beschreibt (um die Mitte des 5. Jahrhunderts), wie ein Bewerber bei Tagesanbruch aufsteht, dann vor der Tür des Reichen, an den er sich wenden will, einschläft oder vom Liktor mit Schlägen fortgejagt wird, falls er nicht den Pförtner besticht[13]). Sidonius Apollinaris rühmt von zwei sehr vornehmen Konsularen, die beim Ausgehen stets von einem gewaltigen Gefolge von Klienten umgeben waren, daß der Zutritt bei ihnen weder schwierig noch kostspielig war[14]). Paulinus von Pella sagt in seinem im Jahre 459 verfaßten Gedicht, daß sein ehrenvoller Aufzug mit Scharen unterwürfiger Klienten prangte[15]).

1) Plin. n. h. XV 38: *mala Mulviana ... iam et virorum salutatoriis cubilibus inclusa ac simulacris noctium consciis imposita.* 2) Cass. Dio LXXVI 5, 3. 3) ebd. LVIII 5, 2. 4) Tac. A. VI 8. 5) ebd. IV 74. 6) Plutarch. de amicor. multit. 3. 7) Tac. A. XIV 56. 8) Tac. Dial. 6. 9) Verg. G. II 461 f. 10) Tertullian. de paenit. 11. Firmic. Matern. Mathes. VIII 6, 2. 11) Hieronymus Ep. 43, 2. 12) Symmachus Ep. VIII 41. 13) Orientius Commonitor. II 101 ff. 14) Sidon. Apoll. Ep. I 9, 3 f. 15) Paulin. Pell. Eucharistic. 436: *nec pompa minor polleret honoris instructa obsequiis et turbis fulta clientum.*

Die übrigen gesellschaftlichen Verpflichtungen.

Nicht bloß die Höflichkeitsbesuche, die nach damaliger Sitte so viel häufiger und regelmäßiger gemacht werden mußten, als nach der heutigen, sondern auch eine Anzahl von Feierlichkeiten, die nur im Beisein geladner Gäste vollzogen werden konnten, pflegten in der ersten Frühe stattzufinden[1]). Dazu gehörte namentlich die Anlegung der Männertoga, die den Eintritt des erwachsenen Knaben in das reifere Alter und seine Befähigung zur Teilnahme am öffentlichen Leben bezeichnete: daß der spätere Kaiser Claudius, der als Knabe geflissentlich zurückgesetzt wurde, sich zu dem diese Feierlichkeit beschließenden Opfer auf dem Kapitol in einer Sänfte bereits um Mitternacht und zwar ohne die übliche Begleitung begeben mußte, geschah eben, um auch bei diesem Akt die gewohnte Öffentlichkeit auszuschließen[2]). Auch bei Hochzeiten wimmelten die Häuser beider Verlobten schon von Gästen, wenn kaum der Tag angebrochen war[3]). Desgleichen wurden Verlobungsfeste in der ersten und zweiten Tagesstunde gefeiert[4]), und die dazu Geladnen kamen so zuweilen um die für die Verdauung erforderliche Nachtruhe[5]). Bei den Familienfesten der ersten Bartschur und der Haarweihe[6]) pflegten sich Gratulanten einzufinden[7]). Besonders aber erforderte die Sitte, daß zum Amtsantritt der Magistrate sich alle einstellten, die zu ihnen in Beziehung standen, und zwar selbstverständlich ebenfalls in der ersten Frühe; namentlich der feierliche Zug der Freunde, Bekannten und Klienten, in dem sich die neuen Konsuln auf das Kapitol begaben, wird oft erwähnt[8]), aber auch die Aufwartung bei andern Beamten[9]). Hadrian wohnte dem Amtsantritt von Konsuln und Prätoren bei[10]), und der große Gönner des jüngern Plinius, der dreimalige Konsul Verginius Rufus, der im Jahre 97 starb, kam bei jedem von jenem anzutretenden neuen Amt vom Lande in die Stadt, auch als er sich sonst bereits von allen solchen Feierlichkeiten fernhielt[11]). Auch der etwa um dieselbe Zeit verstorbne Corellius Rufus hatte dem jüngern Plinius bei allen Amtsantritten das Geleit gegeben[12]). Ein Brief, in dem der letztere sein Ausbleiben bei dem Antritt des Konsulats des Valerius Paulinus durch die dringende Notwendigkeit, die Verpachtung seiner Güter selbst zu besorgen, entschuldigt, zeigt, mit welcher Sicherheit die Beamten auf das Erscheinen ihrer sämtlichen Freunde zählen durften, und daß sie ihr Wegbleiben ohne triftige Gründe übelnahmen[13]). Es fehlte übrigens auch nicht an solchen, die sich aus der Erfüllung dieser Pflichten ein Vergnügen machten, und ohne deren Begleitung man keinen neuen Konsul oder Tribunen öffentlich erscheinen sah[14]). Noch Ammianus Marcellinus sagt, daß kleinmeisterliche Beurteiler von Geschichtswerken es tadelten, wenn darin nicht die Namen aller angegeben waren, die sich zum Geleit des antretenden Stadtprätors eingefunden hatten[15]).

Erscheinen bei Anlegung der Männertoga —

Hochzeiten und Verlobungen —

Amtsantritten der Beamten —

1) Sueton. Aug. 78, 2: *si vel officii vel sacri causa maturius evigilandum esset.* Vgl. Marquardt, Privatl.[2] 125, 8; man mußte in der Nacht aufstehen, um zu rechter Zeit zu kommen. So noch Symmach. Ep. I 23, 3: *certe antelucano somno nullus indulseris; detur aliquod tempus officiis.* 2) Sueton. Claud. 2, 2. 3) Stat. Silv. I 2, 229 ff.; vgl. Juv. 2, 132 ff. 4) Festus p. 245 M. 5) Seneca de benef. IV 39, 3. Vgl. Stat. Silv. IV 9, 48 und über das Gedränge der Gäste bei Verlobungsfeiern Sueton. Aug. 53, 3. Plin. epist. I 9, 2. Tertull. de idolol. 16. 6) Vgl. z. B. Petron. 29, 8. 73, 6. Stat. Silv. III 4. Marquardt, Privatl.[2] 599 f. 7) Juv. 3, 186 f. 8) Ovid. fast. I 79 f.; ex Ponto IV 4, 27 f. 9, 17. 35; vgl. Mommsen StR. I[3] 616, 3. 9) Z. B. Plin. ep. I 5, 11. 10) Hist. aug. Hadrian. 9, 7. 11) Plin. ep. II 1, 8. 12) ebd. IV 17, 6. 13) ebd. IX 37. 14) Martial. IV 78, 5 f. 15) Ammian. XXVI 1, 1.

Leichenbegängnissen usw.

Andre im Beisein zahlreicher Teilnehmer begangene Akte oder Feierlichkeiten fielen in die spätern Tagesstunden, wie z. B. Leichenbegängnisse[1]; und für solche, deren gesellige Beziehungen einigermaßen ausgedehnt waren, wurde die Erfüllung dieser Obliegenheiten höchst zeitraubend und füllte nicht selten ganze Tage aus, ohne daß sie doch allen Ansprüchen genügen konnten. Hat man zahlreiche Freunde, sagt Plutarch, so verlangt vielleicht gleichzeitig der eine, daß man ihn in einem Prozeß verteidigt, der andre, daß man ihn im Richteramt als Beisitzer unterstützt, der dritte Beistand bei einem Kauf oder Verkauf, wieder andre Teilnahme an einem Hochzeitsfest oder Begräbnis. Entschuldigung mit Vergeßlichkeit oder Unwissenheit wird nicht so übelgenommen, als wenn man die Versäumnis mit der Notwendigkeit entschuldigt der Aufforderung eines andern Freundes zu folgen, z. B. einen unterlassenen Krankenbesuch mit einer Einladung zu Tisch[2]. Martial mußte vor Tagesanbruch aufstehen, um Besuche zu machen und Gratulationen abzustatten, die nicht erwidert wurden. Dann hatte er bald etwas beim Dianatempel mit zu untersiegeln, bald war er eine Verabredung für die erste, dann wieder für die fünfte Stunde eingegangen, bald war er durch einen Konsul oder Prätor in Anspruch genommen, bald mußte er eine Vorlesung eines Dichters anhören, die einen ganzen Tag ausfüllte. Aber auch einem Anwalt konnte man nicht ungestraft versagen, sich bei seiner Rede, oder einem Grammatiker oder Rhetor, sich bei ihren Vorträgen einzufinden. So kam er endlich müde nach der zehnten Stunde (der zweiten vor Sonnenuntergang) ins Bad und hatte keine Zeit zum Dichten[3]. »Es ist merkwürdig«, sagt der jüngere Plinius, »wie in Rom an jedem einzelnen Tage die Rechnung stimmt oder zu stimmen scheint, im ganzen aber, und wenn man mehrere zusammen nimmt, gar nicht. Denn wenn man jemanden fragt: Was hast du heute getan? so ist die Antwort: Ich habe einer Bekleidung mit der Männertoga beigewohnt, eine Verlobung oder Hochzeit besucht; jener hat mich zur Mituntersiegelung seines Testaments, dieser zum Beistande vor Gericht, ein dritter zur Teilnahme an einer Sitzung eingeladen. Dergleichen Dinge erscheinen an dem Tage, wo man sie getan hat, notwendig; wenn man bedenkt, daß man sie täglich getan, nichtig, und das um so mehr, wenn man Rom verlassen hat«[4]. Unter den von Plinius erwähnten Sitzungen sind Gerichtssitzungen zu verstehen, zu denen die Magistrate wie die Präfekten, Prätoren und Ädilen ihre Freunde (wohl auch der Ehre halber) als Beisitzer einluden[5]. Außerdem hat Plinius einige gesellige Verpflichtungen beispielsweise genannt, die wohl hingereicht haben mögen, einen Tag auszufüllen; doch gab es deren noch viele andre, auch von Plutarch und Martial nur teilweise angeführte, die oft noch lästiger und zeitraubender waren; wobei man in Anschlag bringen muß, daß meistens ein festlicher Anzug erfordert wurde, dies z. B. auch bei der Abfassung von Urkunden und Testamenten[6]. Plinius erzählt, daß

Untersiegelung von Urkunden.

1) Seneca de tranq. an. 12, 4. 2) Plutarch. de amicor. multit. 6. 3) Martial. X 70. 4) Plin. ep. I 9, 1—3. 5) Epictet. Man. 25, 1. Plin. ep. I 20, 12. VI 11, 1. Vgl. Juv. 3, 162. 6) Über die Siebenzahl der Zeugen bei gewissen Beurkundungen vgl. C. G. Bruns, Kleinere Schriften II 119ff. Die bekanntesten Beispiele dafür sind die pompejanischen Wachstafeln (Quittungen) aus dem Hause des L. Caecilius Jucundus (CIL IV Suppl. 1, vgl Mommsen, Ges. Schrift. III 221ff. Bruns-Gradenwitz, Fontes[7] S. 354ff.) und die in zahlreichen Exemplaren erhaltenen Bronzetäfelchen der

eine angesehene Frau, Aurelia, zur Untersiegelung ihres Testaments ihre besten Tuniken angelegt hatte; der zu diesem Akt miteingeladene Regulus war schamlos genug, sie zu bitten, daß sie ihm diese vermachen möchte[1]. »Zu welchem Zwecke«, fragt Seneca, »sind jene geschmückten Männer eingeladen und drücken ihr Siegel auf? Damit dieser nicht ableugnen könne, empfangen zu haben, was er wirklich empfangen hat«[2]. Außer den Testamenten (bei deren Eröffnung die Besiegler ebenfalls gegenwärtig sein mußten)[3] erforderten noch viele andre Handlungen, z. B. die Freilassung von Sklaven[4], zu ihrer Rechtsgültigkeit Unterschrift und Siegel mehrerer Zeugen; die Reihenfolge, in der dieselben beides unter das betreffende Dokument setzten, bestimmte sich nach ihrem Range und nach der Rücksicht, die man auf sie nahm[5]. Der Wert, der auf Behauptung des Rangs gelegt wurde, zeigt sich übrigens auch in der strengen Etikette, die bei der Anordnung der Plätze an der Tafel herrschte[6]; Seneca rügt es wiederholt als Torheit, unwillig zu werden, wenn man bei einem Gastmahl einen minder ehrenvollen Platz, als man erwartete, erhalte[7]. Die für die halbrunden Speisesofas festgesetzte Rangordnung hat sich bis in das Mittelalter erhalten[8].

Gratulationen.

Eine gewiß sehr häufige Veranlassung zu Höflichkeitsbesuchen war die Abstattung von Geburtstagsgratulationen[9]. Außer Krankenbesuchen[10] waren auch Kondolenzbesuche zu machen; als Regulus seinen einzigen Sohn verloren hatte, strömte die ganze Stadt zu ihm, obwohl er allgemein verabscheut war[11]. Oder man mußte einen neu ernannten Beamten zu seiner Ernennung beglückwünschen[12], einem in die Provinz abgehenden das Geleit geben[13]. Der Beistand bei einer gerichtlichen Verhandlung[14] konnte viele Tage, die Unterstützung eines Kandidaten bei seiner Amtsbewerbung sogar Wochen in Anspruch nehmen[15]. Am häufigsten und zugleich zeitraubendsten dürften aber die Vorlesungen der Autoren gewesen sein; diese, welche selbst in den heißen Sommermonaten zuweilen wochenlang an jedem Tage stattfanden, rechnet Juvenal neben den unaufhörlichen Einstürzen und Bränden zu den schlimmsten und gefährlichsten Übeln Roms[16]. Bei allen derartigen Veranlassungen wurde der Sitte gemäß die Anwesenheit nicht nur der Freunde und Klienten, sondern aller, die zu dem Beteiligten in irgendwelcher Beziehung standen, erwartet. Cicero sagt, daß man vor Tagesanbruch die weitesten Wege machte, um die mit der Männertoga bekleideten Söhne selbst der geringsten Leute auf das

Anhören von Vorlesungen.

sog. Militärdiplome, auf denen durch die sieben Zeugen die Übereinstimmung der vorliegenden Einzelausfertigung mit der jeweilig die Rechte der zur Entlassung kommenden Veteranen regelnden kaiserlichen Verordnung festgestellt wird. Marquardt StV. II² 565 f. Bruns-Gradenwitz a. a. O. 274 ff.

1) Plin ep. II 20, 10. 2) Seneca de benef. III 15, 3. 3) Paul. Sent. IV 6, 1. Dig. XXIX 3, 4—7. 4) Martial. IX 87. 5) Juv. 3. 81: *me prior ille signabit fultusve toro meliore recumbet?* Vgl. Sueton. Tib 1. 76. In einem inschriftlich erhaltenen Schiedsspruche aus Daulis in Phokis vom J. 118 n. Chr. (IG IX 1, 61 Z. 77 ff.) lauten die Unterschriften folgendermaßen: Παρῆσαν· Κούρριος Αὐτόβουλος κέκρικα καὶ τὴν πρώτην ἐσφράγισ(α). Νεικείφορος Λυκομήδους κέκρικα. Ἀγασίας Τείμωνος κέκρικα. Π. Αἴλιος Δαμόξενος ἐσφράγισα τετάρτην. Εἰσίας πέμπτην usw. 6) Marquardt, Privatl.² 303—309. 7) Senec. de const. sap. 10, 2; de ira III 37, 4. 8) Marquardt, Privatl.² 308, 1. 2. 9) ebd. S. 251, 5. 10) Horat. Ep. II 2, 68 f.; Sat. I 9, 17 f. 11) Plin. ep. IV 2, 4. 12) Epictet. Diss. I 19, 24. 13) Sueton. Caes. 71. 14) Seneca de tranq. an. 12, 4. 15) Seneca de brev. vit. 7, 7; vgl. ep. 8, 6. 16) Juv. 3, 9. Vgl. unten [II 226].

Forum zu geleiten[1]): und wenngleich nicht ganz in demselben Umfange wie in der Republik, wurden solche und ähnliche Verpflichtungen gewiß auch in der Kaiserzeit anerkannt. Aus dem Wunsche, namentlich Festlichkeiten im Beisein möglichst zahlreicher Versammlungen zu begehen und sich für die erwiesne Ehre sowie für die verursachte Mühe dankbar zu zeigen, entwickelte sich die Sitte, sämtlichen Teilnehmenden eine Gabe in Geld zu verabreichen, welche in Rom im Anfange des zweiten Jahrhunderts bereits bestanden zu haben scheint[2]).

Geschäftiger Müßiggang.

In diesem Strudel der Geselligkeit war es schwer, sich selbst zu leben, und tiefere Naturen retteten sich aus den »Fluten und Stürmen« Roms gern in die ländliche Stille und Einsamkeit; nicht alle vermochten es, die Fesseln, deren Druck sie schmerzlich empfanden, abzustreifen; Senecas Schriften z. B. enthalten fast auf jeder Seite Klagen über die Unersprießlichkeit und Inhaltlosigkeit des Lebens in Rom. Nie, sagt Martial, ist man Herr seiner Zeit, man wird in dem Meere der Stadt umhergeworfen, und das Leben vergeht in fruchtlosem Abmühen[3]). Dagegen für den geschäftigen Müßiggang war dies die eigentliche Lebensluft, in der er so wie nirgends gedieh und eine ungewöhnliche Ausbreitung gewann. Die Zahl derer, die ihr Leben in Begehung unnützer Förmlichkeiten, in Bezeigung leerer Höflichkeiten verbrachten, war schon zu Anfang der Kaiserzeit unverhältnismäßig groß; sie bildeten eine eigne, in die Augen fallende Klasse und wurden mit einem, wie es scheint, aus

Ardalionen.

dem Mimus stammenden Namen »Ardalionen« benannt[4]). In einem unter Tiberius geschriebnen Buche des astrologischen Werks des Manilius heißt es, daß die unter einer gewissen Konstellation Gebornen von regem Geist, behendem Körper und unermüdet im Diensteifer sein, einem Volke gleichen und in ganz Rom wohnen werden, »über alle Schwellen eilend und als Allerweltsfreunde überallhin in der Frühe dieselben Worte des Grußes tragend«[5]). Es gibt, so schreibt ein andrer Dichter unter Tiberius, zu Rom eine Nation von Ardalionen, die eilfertig umherrennt, voller Geschäftigkeit im Müßiggang, um nichts in Atem, vieles betreibt und nichts zustande bringt, sich selbst beschwerlich, andern aufs höchste widerlich ist[6]). Seneca vergleicht diese geschäftigen Müßiggänger, welche sich in Häusern, Theatern und auf den Foren umhertrieben, mit Ameisen, die (wie er meinte) ohne Plan und Zweck an Bäumen zum Gipfel hinauf und wieder zur Wurzel hinab laufen. Es sind die Leute, deren Leben eine ruhelose Untätigkeit ist, die nie etwas zu tun haben, aber immer so aussehen, als hätten sie etwas zu tun, die nicht ein bestimmtes Vorhaben, sondern der neue Morgen aus dem Hause treibt, die nur ausgehen, um das Gedränge zu vermehren. Wenn sie aus der Tür treten, geben sie auf die Frage: Wo gehst du hin? Was hast du vor? zur Antwort: Ich weiß es in der Tat selbst nicht; aber ich will einige Besuche machen, irgend etwas unternehmen. Man fühlt Mitleiden mit ihnen, wenn man sie laufen sieht wie zum Feuerlöschen, so sehr rennen sie an die Begegnenden an und stürzen sich und

1) Cic. pro Murena 69. 2) Plin. ad Trai. 116, 1. Hist. aug. Gallieni duo 16, 6. Amm. Marc. XIV 6, 14. Symmach. epist. IX 153. 3) Martial. X 58, 7 f. 4) Über den Namen vgl. Sonny, Arch. f. lat. Lexikogr. X (1898) S. 381 f. und namentlich Reich, Mimus I 436 ff. 5) Manil. V 61 ff. 6) Phaedr. Fab. II 5, 1—4.

andre kopfüber. Und weshalb laufen sie? Um einen Besuch zu machen, der nie erwidert wird, um sich dem Leichenbegängnis eines Unbekannten anzuschließen, oder zu einer gerichtlichen Verhandlung in der Angelegenheit eines Prozeßsüchtigen, oder zur Verlobungsfeier einer Frau, die häufig Hochzeit macht. Wenn sie aus den nichtigsten Veranlassungen in der ganzen Stadt umhergerannt sind und endlich wieder nach Hause kommen, beteuern sie, sie wüßten gar nicht, weshalb sie ausgegangen, wo sie gewesen seien, und — treten am nächsten Tage ihre Wanderungen von neuem an[1]). Es gab selbst Greise, die keine Schwelle unbetreten ließen und an jedem Morgen schweißbedeckt und »von den Küssen des ganzen Rom feucht« umherkeuchten[2]); Männer über sechzig Jahre mit weißen Haaren, die täglich die ganze Stadt durcheilten und vor dem Lehnsessel jeder Frau ihren Morgengruß abstatteten, die bei dem Amtsantritt jedes Tribunen, aller Konsuln sich einstellten, zehnmal an jedem Tage die Straße zum kaiserlichen Palast hinauf liefen und die Namen der mächtigsten Höflinge im Munde führten. »Dies mögen«, so schließt Martial, »immerhin junge Männer tun, aber nichts ist häßlicher als ein alter Ardalio«[3]). Etwa ein Jahrhundert später schildert Galen die, wie er versichert, in Rom gewöhnliche Art, den Tag hinzubringen, folgendermaßen: in der Frühe macht jedermann Besuche, dann begibt sich eine große Menge auf das Forum zu den Gerichtsverhandlungen, eine größre zu den Wagenlenkern und Pantomimen, eine nicht geringe Anzahl verbringt die Zeit mit Liebschaften, Würfelspiel, Bädern, Trinkgelagen und andern körperlichen Genüssen, bis sich abends wieder alles bei den Gastmählern versammelt, wo dann die Unterhaltung nicht in Musik und ernsten Gesprächen besteht, sondern in wüstem Zechen, das oft bis an den Morgen währt[4]).

Materialismus und Selbstsucht.

Wie groß aber auch in Rom die Zahl der Ardalionen sein mochte, so wurden doch natürlich bei weitem die meisten jener Besucher, die in den Frühstunden unaufhörlich die Straßen durchzogen, nicht von bloßer Ruhelosigkeit oder dem Verlangen, die Zeit zu töten, getrieben, sondern von dem Streben nach Gewinn und Vorteilen welcher Art auch immer. In der Tat war dies Streben ganz eigentlich die Haupttriebkraft des geräuschvollen und rastlosen Treibens, das Tag für Tag Straßen und Paläste erfüllte: es war eine allgemeine Jagd nach dem Besitz als dem höchsten oder vielmehr einzigen Gut, von dem alle übrigen abhingen, das Rang und Stand, Ehre und Ansehen verlieh. Die freilich überall und zu allen Zeiten erhobne Klage, daß Reichtum allein geschätzt werde und Geltung verschaffe[5]), erhielt ihre besondre Berechtigung im damaligen Rom nicht bloß dadurch, daß für die Armen die Existenz je länger desto unerschwinglicher wurde (schon längst hätten sie, sagt Umbricius bei Juvenal, in Masse auswandern sollen)[6]), sondern namentlich dadurch, daß der Stand sich nach dem Vermögen richtete, und daß im ersten Stande die hohen Ehrenstellen wegen des erforderlichen Aufwands nur von sehr Begüterten bekleidet werden konnten. Dadurch, sagt der ältere Plinius, sei alles zugrunde gegangen, was dem Leben wahren Wert und Erhebung verleihe, und

1) Seneca de tranq. an. 12, 1—4. 2) Martial. VIII 44, 4f. 3) ebd. IV 78; vgl. II 7, 8 und dazu den pompejanischen Graffito CIL IV 4765 *Aephebe, ardalio es.* 4) Galen. X 3. 5) Horat. Sat. II 5, 8; vgl. I 1, 62. 6) Juv. 3, 162f.

Erniedrigung das beste Mittel zum Emporkommen geworden; dieser ergebe sich der eine auf diese, der andre auf jene Art, doch die Wünsche und das Streben aller seien auf ein und dasselbe Ziel, den Besitz, gerichtet, und selbst ausgezeichnete Männer sehe man vielfach fremden Lastern größre Ehre erweisen als den eignen Tugenden[1]). »Wenn auch das verderbliche Geld«, sagt Juvenal, »noch nicht als Gottheit in einem Tempel wohnt, noch keine Altäre der klingenden Münze erbaut sind, so wird doch der Majestät des Reichtums die höchste Verehrung gezollt«[2]). Auch Galen klagt wiederholt, daß die Jagd nach Geld und Ehre, Macht und Genuß alle idealen Bestrebungen vernichtet habe[3]).

Erbschleicherei. Wenn sich nun die grobe Selbstsucht, der plumpe Materialismus auch unter den feinsten und glättesten Formen verbarg, so wurde doch niemand dadurch getäuscht, der nicht blind oder verblendet war. Es war ein öffentliches Geheimnis in Rom, daß gerade die Aufmerksamsten und Eifrigsten unter allen Höflichkeitsbeflissenen (*officiosi*) gewerbsmäßige Erbschleicher waren, die also mit gespannter Erwartung auf den Tod derer lauerten, die sie mit Freundschafts- und Ehrerbietungsbezeugungen überhäuften; ja die sich nicht immer begnügten, den Eintritt des ersehnten Ereignisses von Astrologen berechnen zu lassen, sondern auch vielleicht Ärzte bestachen, ihn durch Gift zu beschleunigen, was nach der Invektive des ältern Plinius gegen die Medizin nur zu oft geschah[4]). Keine Erscheinung ist für das damalige Rom charakteristischer, keine zeigt die Lügenhaftigkeit dieses ganzen Formenwesens in so grellem Licht wie der Umfang, in dem die Erbschleicherei wie ein Gewerbe betrieben wurde. Kaum wäre dafür in irgendeiner Periode der Geschichte eine Analogie zu finden. Daß damals, und keineswegs bloß von Glücksrittern und Spekulanten, grade dieser Weg eingeschlagen wurde, um zu dem gewünschten Ziele zu gelangen, das hatte seinen Grund in der beispiellosen und unnatürlichen Ausdehnung der Ehe- und Kinderlosigkeit in den höhern Ständen. Die Ehe hatte schon in der Republik für eine Last gegolten, der sich zu unterziehen der Bürger nur durch die Pflicht gegen den Staat bewogen werden könne. Die Zeit der Bürgerkriege untergrub die schon gelockerten sittlichen und sozialen Zustände vollends auf die Dauer, und die von Augustus versuchte Restauration mußte oberflächlich bleiben, da all seine Maßregeln nur gegen die Symptome des Übels gerichtet waren, dessen Wurzeln abzugraben er nicht vermochte. Vergebens hatte er sich bemüht, die Ehe durch Belohnungen und Auszeichnungen der Verheirateten und Eltern, durch Strafen der Ehe- und Kinderlosen zu heben und zu stützen. Denn die Vorteile, die den letztern zuflossen, wenn sie eine Erbschaft zu vergeben hatten, konnten dadurch nicht aufgewogen werden[5]); und hatte ihr Stand schon längst als der gemächlichste und sorgenfreiste gegolten[6]), so wurde er nun noch weit mehr beneidet und gepriesen.

Bemühungen der Erbschleicher. Schon in der Zeit des Augustus[7]) hatte die Erbschleicherei sich zur Kunst ausgebildet, die nach Regeln systematisch betrieben wurde, ihre technischen

1) Plin. n. h. XIV 5 f. 2) Juv. 1, 112 ff. 3) Galen. X 2. 172. 4) Plin. n. h. XXIX 20. Vgl. Cic. Cluent. 40. Lucian. Dial. mort. 7, 1. Oben S. 209. 5) Tac. A. III 25. 6) Vgl. Marquardt, Privatl.[2] 73 f. 7) Schon Cic. de offic. III 74 redet von *hereditates malitiosis blanditiis, officiorum non veritate sed simulatione quaesitae* (vgl. Parad. 5, 39).

Ausdrücke hatte, in der man Virtuosen und Anfänger unterschied. Seneca rechnet die Redner L. Arruntius und Q. Haterius (beide von senatorischem Stande) zu denjenigen, die aus der Erschleichung von Testamenten ein Geschäft machten[1]). Schon damals waren die Verhältnisse zwischen den Erbschleichern und den Reichen ohne Erben ein willkommener Gegenstand für die Satire. In einem der witzigsten Horazischen Gedichte befragt Ulixes den Schatten des Tiresias, wie er seine durch die Freier zerrütteten Vermögensumstände verbessern könne, und erhält den Rat, sich auf Erbschleicherei zu legen, nebst den nötigen Anweisungen. Schon hier finden sich fast alle Züge, die sich bei den Spätern immer wiederholen, sowohl in der Schilderung der Künste, mit denen sich die Erbschaftsjäger die schwer zu fassende Beute zu sichern suchten, ohne sich Blößen zu geben, als von dem Verfahren der Reichen, Hoffnungen zu nähren, die sie keineswegs zu erfüllen gedachten, um daraus für sich möglichst große Vorteile zu ziehen. Es gab kaum etwas, was sie nicht fordern und erwarten durften, von kleinen Aufmerksamkeiten bis zu den wichtigsten, mit persönlicher Aufopferung verknüpften Dienstleistungen. Sie wurden mit Geschenken überhäuft[2]), man sandte ihnen Leckerbissen aller Art, Edelobst, Gebäck, Fische, Wild, alten Wein[3]); die Erbschleicher konnten so Jahr für Jahr bedeutende Summen verausgaben. Martial rät spottend einem Bithynicus, sich nicht zu beklagen, da ihm Fabius, an den er jährlich 6000 Sesterzen (1300 Mark) wandte, nichts vermacht habe: in der Tat habe er ihm ja doch durch seinen Tod diese Summe als jährliche Rente hinterlassen[4]). Die Gesundheit der Reichen war der Gegenstand der zärtlichsten Sorgfalt[5]). Lagen sie krank, so hatten sie sich der aufmerksamsten Pflege, der sorgsamsten Wartung, die sich bis auf die Dienstleistungen des Schneuzens und Abwaschens erstreckte, zu erfreuen[6]). Gebete und Opfer stiegen zu den Göttern auf, die Wände der Tempelhallen bedeckten sich mit Gelübden, Wahrsager wurden befragt, man vermaß sich, sagt Juvenal, im Falle ihrer Genesung Elefanten und Menschen zu opfern[7]). Gefiel ihnen das Haus eines ihrer Freunde, so wurde es ihnen unentgeltlich eingeräumt[8]); brannten sie ab, so wurde ihr Verlust durch Beisteuern mehr als ersetzt[9]). Waren sie in einen Rechtshandel verwickelt, so drängte man sich, sie zu verteidigen[10]); ihre Sache mußte verzweifelt stehen, wenn sie nicht gewannen. Im Jahre 58 wurde Pompejus Silvanus wegen Mißbrauchs der Amtsgewalt als Prokonsul von Afrika angeklagt. Seine Ankläger waren zahlreich, doch erwirkte er durch seinen Reichtum und seine Kinderlosigkeit bei hohem Alter die Freisprechung und überlebte noch die, deren Gunstbuhlerei ihm dazu verholfen, und die ihn zu beerben gehofft hatten[11]). Machten die reichen Alten Verse, so fanden diese eifrige Bewunderung[12]); hielten sie Vorlesungen, so drängte man sich zu ihren Hörsälen; der kinderlose Philosoph Annäus Cornutus, den Nero im Jahre 65 verbannte, soll sein gedrängt volles Auditorium hauptsächlich der Hoffnung sehr vieler, ihn zu beerben, zu ver-

1) Seneca de benef. VI 38, 4. 2) Martial. IV 56. 3) Horat. Sat. II 5, 12 ff.; Ep. I 1, 78 f. Ovid. a. a. II 271 f. Martial. II 40. V 39. VI 27, 9. IX 48. Juv. 4, 18 f. 6, 38—40. 12, 97. 4) Martial. IX 9. 5) Horat. Sat. II 5, 93 f. 6) Ovid. a. a. II 332. Epictet. Diss. IV 1, 148. 7) Martial. XII 90. Plin. ep. II 20, 4 f. Juv. 12, 98 ff. 8) Martial. XI 83. 9) Juv. 3, 220 ff.; vgl. Martial. III 52. 10) Horat. Sat. II 5, 27 ff. 11) Tac. A. XIII 52. 12) Horat. Sat. II 5, 74.

danken gehabt haben[1]). Ihre handgreiflichsten Lügen hörte man scheinbar gläubig an, im Brettspiel ließ man sie stets gewinnen; all ihren Neigungen kam man entgegen, ihre Schwächen wurden auf das schonendste berücksichtigt[2]). Die Frauen gaben ihren Anträgen williges Gehör[3]). Ihre Atrien waren an jedem Morgen von einem Schwarme vornehmer Besucher gefüllt. Martial zählt einmal unter den Diensten, die der Patron von seinen Klienten verlangt, auch den auf, ihn täglich zu ungefähr zehn alten Weibern zu begleiten[4]). Man sieht, sagt Juvenal, einen Prätor am frühen Morgen den voraufgehenden Liktor zu größrer Eile treiben: warum ist er so hastig? Die kinderlosen Frauen sind längst aufgestanden und er fürchtet, es möchte ihm bei Frau Modia oder Albina ein Kollege zuvorkommen[5]). War es aber nicht leicht, alle Nebenbuhler zu überbieten und allen Ansprüchen der verwöhnten Reichen zu genügen, so war es noch schwerer, dieser unermüdlichen Dienstfertigkeit den Schein uneigennütziger Freundschaft zu geben. Man zeigte sich um die Verlängerung ihres Lebens besorgt, den Kinderlosen wünschte man Leibeserben[6]), man testierte zu ihren Gunsten, natürlich in der Voraussetzung, daß sie ein Gleiches tun würden; diese erbschleicherischen »Verfügungen« müssen häufig gewesen sein, da mehrfach gesetzliche Bestimmungen über ihre Ungültigkeit getroffen worden sind[7]). Zuweilen starben die Erbschleicher vor den Alten, denen sie ihr Vermögen vermacht hatten, und diese wurden nun ihre Erben[8]). Manche stellten die bisherigen Sendungen von Geschenken plötzlich ein, wenn sie sich durch Einsicht in das Testament von der Erreichung ihres Zwecks überzeugt hatten: sie setzten sich dadurch der Gefahr aus, wie Martial sagt, daß der eingefangene Eber, weil nicht genügend genährt, aus dem Käfig wieder ausbrach[9]).

Künste der kinderlosen Reichen.

Dieser schmählichen und entwürdigenden Dienstbarkeit unterzogen sich die Erbschleicher immer auf sehr ungewisse Aussichten hin, weil diejenigen, die sie zu beerben hofften, sie vielleicht noch öfter überlisteten als überlebten. Sie suchten, wie gesagt, ihrerseits die Hoffnungen der Erbschaftsjäger zu nähren, ohne sie zu befriedigen, ihre Opferwilligkeit auszubeuten, ohne sie zu entschädigen. Sie verwiesen ihre Freunde immer von neuem auf ihr Testament[10]), sie testierten wohl dreißigmal in einem Jahre, um sie zu den äußersten Anstrengungen zu treiben[11]). Sie stellten sich krank und schwach[12]), sie hüstelten[13]), und Plinius erzählt, daß Julius Vindex, der mit großem Sinne das römische Reich von Neros Tyrannei zu befreien unternahm, nicht verschmäht habe, zur Anlockung von Erbschaftsjägern sich durch ein Medikament eine künstliche Gesichtsblässe zu erzeugen[14]). »Tongilius«, sagt Martial, »soll am anderthalbtägigen Fieber leiden, aber ich kenne seine Schlauheit, er hat nur Hunger und Durst; er stellt mit seiner simulierten Krankheit nur Netze für fette Drosseln,

1) Aelian. ed. Hercher II 227 frg. 83. 2) Martial. XII 40. 3) Horat. Sat. II 5, 75 f. Petron. 140, 1. 4) Martial. IX 100, 4. 5) Juv. 3, 128 ff. 6) Martial. XI 55. 7) Gajus Dig. XXX 64 *captatoriae scripturae simili modo neque in hereditatibus neque in legatis valeant;* vgl. XXVIII 5, 71 f. Binkershoek, Opera omnia (1761) I 359 ff. Windscheid-Kipp, Pandekten[9] III § 548, 18. 8) Lucian. Dial. mort. 6, 4. 8, vgl. Timon 22. 9) Martial. IX 88. 10) ebd. XI 67. XII 73. 11) ebd. V 39. 12) Seneca de brev. vit. 7, 7: *anus efferendis heredibus lassa ... ad irritandam avaritiam captantium simulatus aeger.* 13) Martial. II 26. 14) Plin. n. h. XX 160; über den Mann vgl. Mommsen, Ges. Schrift. IV 335 f.

für Hechte und Seebarben aus und rechnet auf Sendungen alten, edlen Falerner- und Cäcuberweins«[1]). Ja bisweilen mochte es einem Meister in solchen Künsten gelingen, sich in den Besitz aller Vorteile der kinderlosen Reichen zu setzen, ohne reich zu sein. Die ungeheuren Güter in Afrika, die Kauffahrteischiffe, die von Karthago uuterwegs waren, die Sklavenheere usw., mit denen er groß tat, waren bloße Aufschneidereien[2]). Es gab viele, die solchen Betrug der Betrüger billigten[3]). Auf der andern Seite hatte jeder, der sich nicht der Erbschleicherei verdächtig machen wollte, kinderlosen Reichen gegenüber die größte Zurückhaltung zu beobachten: ihnen ein Geschenk zu machen, hielt der jüngere Plinius nicht für anständig[4]).

Äußerungen der Schriftsteller über Erbschleicherei.

Über die ungeheure Ausdehnung dieses Treibens lauten die Äußerungen der Schriftsteller aus verschiednen Perioden dieses Zeitraums gleich; sie klingen unglaublich, aber sie bestätigen einander durch ihre völlige Übereinstimmung. Vielleicht die einzige Stelle in der ganzen Literatur dieses Zeitraums, in der die Kinderlosigkeit beklagt wird, findet sich in einem Gratulationsgedicht des Statius an den Ritter Vibius Maximus bei der Geburt eines Sohnes: »die Kinderlosigkeit, die der feindselige Erbe mit seinen Wünschen bedrängt, die ohne Tränen zur Gruft bestattet wird usw.«[5]). Bei den so überaus zahlreichen Schilderungen der Vorteile der Kinderlosigkeit darf man freilich nicht vergessen, daß sie, wie fast alles, was damals geschrieben wurde, von einer zum Teil unabsichtlichen rhetorisierenden Übertreibung nicht frei sind. In dieser Stadt, schrieb unter Nero Petron (der das in Rom heimische Treiben nach Kroton verlegt), werden weder wissenschaftliche Studien getrieben, noch findet Beredsamkeit einen Platz, weder Bravheit noch Sittenreinheit kommen auf einen grünen Zweig, sondern alle Menschen, die ihr sehen werdet, sie mögen sein, welche sie wollen, sind in zwei Parteien geteilt: entweder angeln sie oder lassen nach sich angeln. In dieser Stadt erkennt niemand Kinder an; denn wer Leibeserben hat, wird weder zu Gastmählern geladen, noch zu Lustbarkeiten zugelassen, sondern von allen Vorteilen ausgeschlossen, und führt unter den mit Schande Bedeckten ein unbekanntes Leben. Die aber nie geheiratet und keine nahen Verwandten haben, gelangen zu den höchsten Ehren und werden für die einzigen vortrefflichen Menschen und sogar für schuldlos gehalten. Ihr werdet eine Stadt sehen, die einem Gefilde in einer Pest gleicht, auf dem es nichts gibt als Leichen und Raben, die sie zerfleischen[6]). Die Erzählung bricht bei der Erwähnung eines Testaments ab, nach welchem die Legatare ihre Vermächtnisse nur dann erhalten sollen, wenn sie die Leiche des Testators in Stücke geschnitten und im Beisein des Volks verzehrt haben werden. Von einer Rede, in welcher diese Bedingung als eine keineswegs unerfüllbare dargestellt wurde, ist noch ein Fragment vorhanden. Man möge nur die Augen schließen und sich vorstellen, daß man nicht Menschenfleisch, sondern 10 Millionen hinabschlucke. Die Einwohner belagerter Städte hätten nicht selten dasselbe getan, ohne daß sie eine Erbschaft zu erwarten hatten usw.[7]). Daß Petrons Schilderung, wie sehr auch karikiert, doch nichts weniger als ein bloßes Phantasiegemälde ist, zeigen die gleichzeitig (im Jahre 63) im

1) Martial. II 40. 2) Petron. 117, 4 ff. 3) Plin. ep. VIII 18, 3. 4) ebd. V 1, 3. 5) Stat. Silv. IV 7, 33. 6) Petron. 116, 6—9. 7) ebd. 141, 2. 6 ff.

Senat vernommenen Klagen über Scheinadoptionen, durch welche Kinderlose die Vorrechte der Familienväter erschlichen: »Vorteil genug hätten die Kinderlosen, da ihnen bei größter Sorglosigkeit und ohne Belastung Gunst und Ehren bereit seien und entgegengebracht würden«[1]). Ja noch mehr, Seneca, der oft mit großer Bitterkeit von der Erbschleicherei spricht[2]), der er freilich von seinen Gegnern selbst bezichtigt wurde[3]), konnte in einer Trostschrift an eine Mutter, die ihren einzigen, hoffnungsvollen Sohn verloren hatte, folgende Worte richten: »Um einen sehr unwahrscheinlich klingenden, aber doch wahren Trost anzuwenden, so gibt in unsrer Stadt Verwaisung mehr Einfluß, als sie entreißt, und Einsamkeit führt das Alter, das sie seiner Stützen zu berauben schien, vielmehr so sicher zur Macht, daß viele Feindschaft gegen ihre Söhne heucheln, ihre Kinder abschwören und sich eine künstliche Verwaisung schaffen«[4]). Auch der ältere Plinius nennt Erbschleicherei den einträglichsten Erwerb, auch nach ihm stand die Kinderlosigkeit in Ehre und höchstem Ansehen[5]); sie hatte, sagt Tacitus, in guten und schlimmen Zeiten gleiche Macht[6]), und daß sie in Germanien keine Vorzüge gewähre, unterläßt er nicht als Beweis für die unverdorbnen Zustände dieses Landes anzuführen[7]). Der jüngere Plinius berichtet von einem seiner Freunde als Beweis wahren Bürgersinns, daß seine Ehe reich mit Kindern gesegnet, daß er sogar Großvater geworden sei »in einer Zeit, wo den meisten schon ein Sohn durch die Vorzüge der Kinderlosigkeit zur Last wird«[8]). Die Kinderlosen wurden von den Reichen zu Gaste geladen, die Vornehmen schmeichelten ihnen, die Redner erteilten ihnen ihren Beistand umsonst; ward ihnen ein Kind geboren, so wurden sie plötzlich freund- und machtlos[9]). In einem unter Hadrian verfaßten Gedicht äußert Juvenal seine lebhafte Freude über die Errettung eines Freunds aus Seegefahr und ordnet dafür ein Dankopfer an: dies, fügt er hinzu, könne verdächtig erscheinen; er wolle daher sogleich bemerken, daß der Gerettete drei Kinder habe, also ein Mann sei, an den sonst nicht leicht jemand auch nur das Opfer eines kranken Huhns oder einer Krähe wenden würde[10]). Auch unter Marc Aurel gehörte die Erbschleicherei zu den Schattenseiten der sittlichen Zustände Roms, die dem Fremden zunächst in die Augen fielen[11]). Unter Septimius Severus rechnete Tertullian zu den Arten der Geduld, die der Teufel die Heiden gelehrt habe (gleichsam um mit der christlichen Geduld zu wetteifern), auch jene, die »in Umgarnung der Kinderlosigkeit die Mühsal erzwungner Willfährigkeit mit erlogner Neigung erträgt«[12]). Und hierin hat sich bis auf die letzten Zeiten schwerlich etwas geändert[13]).

Wenn eine solche Häufung gleichlautender Zeugnisse ermüdend ist, so bedarf es derselben doch, um zu ermessen, in welchem Grade den Zeitgenossen

1) Tac. A. XV 19. 2) Z. B. ep. 19, 4; de benef. IV 20, 3. VI 38, 4. 3) Tac. A. XIII 42 *Romae testamenta et orbos velut indagine eius capi.* 4) Seneca ad Marc. 19, 2. 5) Plin. n. h. XIV 5. 6) Tac. Hist. I 73. 7) Tac. Germ. 20. 8) Plin. ep. IV 15, 3. 9) Plutarch. De amore prolis 4. Vgl. Epictet. Diss. IV 1, 148. 10) Juvenal. 12, 93 ff. 11) Lucian. Nigrin. 17. Vgl. auch Adv. indoct. 19 und für die Verbreitung der Erbschleicherei in Griechenland Dial. mort. 5—9. Helm, Lucian und Menipp (1906) S. 203 f. 12) Tertullian. de patient. 16. 13) Lactant. Instit. V 9, 16. Ammian. XIV 6, 22. XVIII 4, 22. Ambros. de offic. III 9, 58: *aucupia quaesitae hereditatis, continentiae atque gravitatis simulatione captatae, quod abhorret a proposito Christiani viri,* vgl. in psalm. CXVIII 8, 54. 9, 21.

diese Erscheinung auffällig war, die für die damaligen geselligen Zustände so charakteristisch ist und auf Wert und Zweck jener wohlgeregelten Höflichkeitsbezeigungen ein so überraschendes Licht wirft.

Öffentlichkeit des geselligen Verkehrs.

Der gesellige Verkehr erhielt durch die Sitte, an öffentlichen Orten zur Unterhaltung und selbst zu Geschäften zusammenzukommen, wie in sogenannten »Stationen« [1]), auf freien Plätzen und Wandelbahnen[2]), in Bädern[3]), Tempeln[4]), Bibliotheken[5]), Buchläden[6]), Geringere in Barbier- und Arzneibuden[7]) usw., Ähnlichkeit mit dem modernen italienischen: nur daß freilich diese Sitte im alten Rom in ungleich höherem Grade verbreitet war, teils infolge der antiken Lebensweise, teils der Großartigkeit und Menge der öffentlichen Anstalten, zu denen der Zutritt niemandem versagt war. In den spätern Tagesstunden fand man sich nach Beendigung der Geschäfte auf den öffentlichen Spaziergängen zwischen Buchshecken, oder im Schatten von Lorbeer- und Platanenalleen, oder in den Säulenhallen, die mit Statuen, Bildern, kostbaren Teppichen reich geschmückt waren. Inschriften gaben für die Spaziergänger die Summen der Schritte an, die man gemacht hatte, wenn man eine bestimmte Zahl von Malen hin- und zurückgegangen war[8]); Liebhaber von Brettspielen fanden auf den Stufen und Fußböden der Hallen die nötigen Vorzeichnungen[9]). Auf dem grünen Boden des Marsfelds tummelte sich eine unzählbare Menge in Leibesübungen, man lief um die Wette, ritt, fuhr, schlug Ball und Reifen, maß sich in Waffen und im Ringkampf, schwamm in den gelben Fluten des vorüberströmenden Tiber, und Gewandtheit und Kraft wurden durch die Zurufe der Zuschauer belohnt[10]). Unmittelbar vor der Hauptmahlzeit versammelte die Sitte des täglichen Bads viele Tausende in den hohen, weiten, von königlicher Pracht strahlenden Sälen und Hallen der Thermen. Es versteht sich, daß auch das Zusammensein in den Schauspielen zur geselligen Unterhaltung benutzt wurde. Diese fand an den erwähnten Orten in Kreisen (*circuli*) von Bekannten statt, die sich gewiß zum größten Teil regelmäßig versammelten[11]). So erwähnt

---

1) Plin. ep. I 13, 2. II 9, 5. Juv. 11, 4. 2) Martial. VII 97, 11 f. 3) Athen. I 1 E; vgl. Gell. III 1, 1. 4) Plin. ep. V 1, 9. 5) Martial. XII prooem., vgl. Ihm, Centralbl. f. Bibliothekswesen X 1893 S. 513 ff. 6) Gell. V 4, 1. XIII 31, 1. XVIII 4, 1. Athen. I 1 E. 7) Plaut. Amph. 1013; Asin. 343. 408; Epid. 188. Ter. Phorm. 89. Horat. Sat. I 7, 3; Epist. I 7, 50. Clem. Alex. Paedag. III 75, 1 p. 272, 20 St.: μὴ τοίνυν μηδὲ οἱ ἄνδρες ἐπὶ τῶν κουρείων καὶ καπηλείων διατρίβοντες ἀδολεσχούντων στωμυλευόμενοι, καὶ τὰς παριούσας θηρώμενοι γυναῖκας παυσάσθων ποτέ· πολλοὺς δὲ καὶ βλασφημοῦντες εἰς γέλωτα οὐ παύονται. Noch Hieronymus Ep. 50, 5 spricht von dem *garrire per angulos et medicorum tabernas*. Selbst in den öffentlichen Bedürfnisanstalten (*conclavia*) wurde manchem von Bekannten aufgelauert. Martial. V 44, 6. XI 77. 8) De Rossi, Not. d. Scavi 1888 S. 712; s. oben S. 9. 9) Ihm, Bonner Studien f. R. Kekule (1890) S. 223 ff.; Röm. Mitteil. VI 1891 S. 208 ff. Hülsen, ebd. XIX 1904 S. 142 ff. Gatti, Notiz. d. Scavi 1904 S. 153 ff. Dessau 8626a—f. 10) Strabo V 236. Horat. C. I 8, 3. III 12, 8; A. P. 379 f. Ovid. a. a. III 383 ff. Laus Pison. 178 ff. Martial. II 14, 4. 11) *Circuli* sind nichts weiter als Kreise zur Unterhaltung, zum Ballspiel (Plin. ep. V 6, 27) usw. zusammenstehender oder -sitzender Personen; *circulus* unterscheidet sich von *corona* nur dadurch, daß letzteres notwendig die Beziehung auf eine in der Mitte befindliche Person hat; beides verbunden Quintil. XII 10, 74. Apul. Metam. II 13. *Circuli* und *convivia* werden ebenso einander gegenübergestellt wie bei Juv. 11, 4 *convictus, thermae, stationes, omne theatrum* und Martial. VII 97, 11 f. *convivia, forum, aedes, compita* usw., so Cato bei Quintil. VI 3, 105: *urbanus homo erit, ... qui in sermonibus circulis conviviis, item in contionibus — ridicule commodeque dicet.* Liv. XLIV 22, 8: *in omnibus circulis atque etiam, si dis placet, in conviviis sunt, qui exercitus in Macedoniam ducant.* Cic. pro Balbo 57: *more hominum*

Martial einen Versammlungsort der Dichter (*schola poetarum*)[1], und die Säulenhalle des Quirinustempels, in der man sich allenfalls über seine Gedichte unterhielt, wenn man der Gespräche und des Wettens über den Zirkus müde war: eine müßigere Gesellschaft als die dortige gab es selbst in den Säulenhallen des Pompejus, der Europa und der Argonauten nicht[2]). In solchen Kreisen wurden die Tagesereignisse, auch die literarischen Neuigkeiten besprochen. Wenn Cäsius Sabinus an Martials Gedichten Gefallen fand, war diesem für ihren Ruhm nicht bange, »dann würden Gastmähler, Foren, Tempel, Plätze, Portiken, Tabernen von ihnen widerhallen und das einem zugesendete Buch von allen gelesen werden«[3]). Der Vater des großen Juristen Ulpianus[4]) hatte nach Athenäus von den gelehrten Fragen, die er zu jeder Stunde auf den Straßen, Spaziergängen, in Buchläden und Bädern an die Anwesenden richtete, einen Spitznamen erhalten, der bekannter war als sein wirklicher[5]). Dürfte er sein Leben nach eigner Wahl genießen, sagt Martial, so würde er das Marsfeld, seine Säulenhallen und den Schatten seiner Haine zu Aufenthaltsorten, Bäder in der besonders kühlen Aqua Virgo (der Wasserleitung, die jetzt Fontana Trevi bildet) und in den Thermen, Spaziergänge, Plaudereien und Lektüre als Beschäftigungen wählen[6]).

Gastmähler. Unterhaltungen, die dabei stattfanden.

Gesellige Zusammenkünfte geladner Gäste werden außer den Gastmählern nie erwähnt und können auch, da diese die von Geschäften freien späten Tages- und Abendstunden füllten und in die Nacht hinein dauerten, kaum anders als ausnahmsweise vorgekommen sein. Bei den Gastmählern war es Sitte, den Gästen eine möglichst reiche Auswahl von Unterhaltungen und Ergötzlichkeiten zu bieten, die natürlich nach dem Geschmack, den Neiguegen und dem Bildungsgrade des Gastgebers sehr verschieden waren. Die gemeinen Belustigungen, die reiche Freigelassene zum besten gaben, die Unschicklichkeiten und Lächerlichkeiten, durch die sie ihre Feste zum Gespött der feinern Gesellschaft machten, hat Petron sicherlich ohne erhebliche Übertreibung geschildert; zwar spielt sein Gastmahl des Trimalchio nicht in Rom, doch daß es dort in ähnlichen Kreisen ähnlich zuging, liegt in der Natur der Sache. Auf der andern Seite hat Plutarch ausführlich erörtert, welche unter den üblichen Unterhaltungen für Gäste von hoher Bildung und geläutertem Geschmack die empfehlenswertesten seien; obwohl das Gespräch, in dem dies geschieht, nach Chäronea verlegt ist, kann man hier doch nach der Widmung an einen römischen Freund, den Konsularen Sossius Senecio, entweder geradezu römische oder doch Rom und Griechenland gemeinsame Sitte voraussetzen. Plutarch erwähnt auch einiges Ungewöhnliche, wie die damals in Rom aufgekommenen, aber noch wenig verbreiteten Aufführungen platonischer Dialoge und den »Wettkampf der Figurenbildner«, die vermutlich vor den Augen der Gäste

---

invident, in conviviis rodunt, in circulis vellicant. Cic. ad Att. II 18, 1: *sermo in circulis dumtaxat et in conviviis est liberior quam fuit.* Tac. A. III 54: *nec ignoro in conviviis et circulis incusari ista et modum posci.*

1) Martial. III 20, 8 (wo v. 10 statt *porticum terit templi* vielleicht zu lesen ist *p. t. Magni*). IV 61, 3. 2) Martial. XI 1, 9 ff., vgl. Hülsen-Jordan, Topogr. I 3 S. 408 f. 3) Martial. VII 97. 4) Über die Person s. Dittenberger, Apophoreton der Graeca Halensis (1903) S. 19 ff. 5) Athen. I 1 E. 6) Martial. V 20, 8 ff.

einander im Formen von Figuren und Figürchen (etwa Saturnaliengeschenken) aus weichen Massen, wie Wachs, Ton, Stuck u. dgl., zu übertreffen suchten[1]). Auch die in gebildeter Gesellschaft gewöhnlichen Unterhaltungen waren mannigfaltiger Natur. Bei ausgelassnen Festen tanzten üppige Andalusierinnen[2]) ihre verrufnen Tänze nach dem Takt der Kastagnetten und Flöten, beim Schall unzüchtiger Gesänge; trieben Possenreißer und Narren ihre Zoten[3]); belustigten Kinder, die man namentlich aus Alexandrien kommen und eigens hierzu einüben ließ, die Gäste durch naive oder freche Bemerkungen und Antworten[4]); führten Mimen Szenen auf, die nicht einmal für Sklaven ehrbarer Herrn anständig waren[5]). Wo der Anstand mehr beobachtet wurde, tanzten Pantomimen, wurden Szenen aus Komödien und Tragödien gespielt, besonders aus der neuern Komödie. Plutarch sagt, wenn bei einem Gastmahl der Kitharöde eines Freunds schlecht singe, oder ein teuer gekaufter Komöde den Menander mißhandle, so habe man nicht nötig, in das Lob und Klatschen der andern Gäste einzustimmen[6]). Am allgemeinsten waren Vorlesungen und musikalische Unterhaltungen aller Art, Chöre wie Einzelgesänge, Lyra und Flötenspiel, oft zur Beschwerde der Gäste; das beste Gastmahl, sagt Martial, sei das, bei dem keine rauschende Musik stattfinde[7]). Doch ganz ohne Musik, Deklamationen und Vorlesungen wurden auch frugale und bescheidne Mahlzeiten selten begangen[8]); namentlich scheinen Rezitationen aus Vergil und Homer gewöhnlich gewesen zu sein. Es gab auch wohl Leute, die ein Gewerbe daraus machten, Gedichte zu deklamieren und Tischgesellschaften durch Scherze und Anekdoten zu ergötzen[9]). Ein Ti. Claudius Tiberinus, kaiserlicher Freigelassener, rühmt sich in seiner selbstverfaßten Grabschrift, daß man die Gastmähler, an denen er teilnahm, durch ihn stets heiter und die Gäste bei seinen Scherzen die Nächte durchwachen sah, und daß er auch geübt war, die Werke der Dichter und namentlich der Epiker vorzutragen, was er besonders auf dem Forum des Augustus getan hatte[10]). Ob die dramatische Aufführung homerischer Szenen durch sogenannte »Homeristen«[11]), die natürlich auch in den Versen des Dichters redeten, bei Gastmählern öfters stattgefunden hat, ist ungewiß, doch scheint es so[12]). Auch war es nicht selten, daß der Hausherr selbstverfaßte Schriften oder Gedichte vortrug[13]).

---

1) Plutarch. Quaest. conviv. VII 8 (ζῳδιογλύφων ἀγών). 2) *Gaditanae,* Juven. 11, 162. 172 mit der Anm. von Mayor. Γα(δ)ιτάνα = πόρνη Wilcken, Chrestom. nr. 131, 28, davon vielleicht die moderne spanische Bezeichnung *Gitana,* Rohde, Kl. Schrift. II 4. 3) Plin. ep. IX 17. Γελωτοποιοί und μῖμοι bei der Mahlzeit auch Athen. XI 464 E. XIV 613 D. Maas, Real-Encykl. VII 1019 f. Reich, Über die ältesten berufsmäßigen Darsteller des griechisch-italischen Mimus (Königsberg 1897) und Mimus I 151 f. 4) Stat. silv. V 5, 66 ff. Seneca de const. sap. 11, 3; vgl. Birt, De Amorum in arte antiqua simulacris et de pueris minutis apud antiquos in deliciis habitis (Marburg 1892) S. XXXI. 5) Plut. qu. conviv. VII 8, 4. 6) Plutarch. De vitioso pudore 6. 7) Martial. IX 77, 5 f. 8) Plin. ep. I 15, 2. IX 17, 3. 40, 2. Martial. V 78, 30. Vgl. unten [II 173 f.]. 9) Juv. 11, 179 ff. 10) CIL VI 10097 = Buecheler, Carm. epigr. 1111, 9 ff. 11) Athen. XIV 620 B: τοὺς δὲ νῦν Ὁμηριστὰς ὀνομαζομένους πρῶτος εἰς τὰ θέατρα παρήγαγε Δημήτριος ὁ Φαληρεύς. Wandernder Homerist mit einer ganzen Kiste voll von Kostümstücken, Achill. Tat. III 20, 4. 6. Blümner, Fahrendes Volk im Altertum (Sitz.Ber. Akad. München 1918, VI) S. 5. 12) Petron. 59, 3 *cum Homeristae Graecis versibus colloquerentur, ut insolenter solent.* 13) Martial. III 44, 15. 45, 4. 50. V 78, 25. Plut. quaest. conv. I 4, 3.

Hazardspiele.

Nach der Tafel waren Glücksspiele, namentlich Würfel, eine sehr gewöhnliche, natürlich nicht immer harmlose Unterhaltung[1]). Das Laster des Spiels mit allen seinen verderblichen Folgen war offenbar kein seltnes[2]). Manche, sagt Galen, bringen bei Gastmählern mit dem Würfel- und Brettspiel so viel Zeit zu, wie ernste Männer bei den edeln Wissenschaften, und bei diesem unedlen Zeitvertreibe sind sie so ausdauernd, daß sie auch heftige Kälte und unmäßige Hitze ertragen und keines von beiden empfinden, daß sie hungern und dursten, die Nächte schlaflos verbringen und sich schwere Übel zuziehen[3]). In einer christlichen Predigt heißt das Würfelbrett eine offenbare Schlinge des Teufels, die das tödliche Gift der Schlange in sich trägt[4]). Noch Ambrosius schildert Spielergesellschaften (*aleatorum conventicula*), wo unter dem Beifallsgeschrei der Zuschauer und dem Jammer der Verlierenden ganze Vermögen den Besitzer wechselten, den besten Gewinn aber die Wucherer machten. Die in diesen Kreisen anerkannten Gesetze wurden mit unverbrüchlichem Gehorsam befolgt, eine andre Ehre und Schande galt hier als in der übrigen Welt, und ein von einem Rate von Spielern (*aleonum consilium*) gefälltes Urteil ward mehr gefürchtet als ein Richterspruch[5]). Von Augustus, der das Würfelspiel sehr liebte und noch in seinem Alter nicht bloß an den Saturnalien, sondern auch an andern Fest- und Werktagen spielte, teilt Sueton ein Billett an seine Tochter Julia mit, mit welchem er ihr 250 Denare schickt: soviel hatte er jedem seiner Gäste bei einer Mahlzeit gegeben, um Würfel oder »Gerade und Ungerade« zu spielen[6]). Auch Claudius liebte das Würfelspiel leidenschaftlich und schrieb sogar ein Buch darüber[7]).

Natur und Bedeutung der geselligen Unterhaltung bedingt durch die Unterdrückung der öffentlichen Meinung.

Was »bei Gastmählern und in geselligen Kreisen« gesprochen wurde, war auch den Kaisern keineswegs gleichgültig; dort bildete sich die öffentliche Meinung. »Wohl weiß ich«, sagte Tiberius in einer Rede im Senat im Jahre 22, »daß man bei Gastmählern und in geselligen Kreisen über das Überhandnehmen des Luxus klagt und einschränkende Maßregeln verlangt«[8]). Die gesellige Unterhaltung war im damaligen Rom in mehr als einer Hinsicht von andrer Natur und hatte eine andre Bedeutung als in irgendeiner Stadt des heutigen Europa, weil sie das Hauptsurrogat für die fehlende Publizistik war und eine Menge von Nachrichten und Neuigkeiten in Umlauf brachte, zu deren Verbreitung es sonst kein Mittel gab. Überhaupt hatte bei dem Mangel der Presse die schriftliche Verbreitung von Ansichten und Tatsachen nur eine sehr untergeordnete Bedeutung im Vergleich mit der mündlichen, und die Tragweite, die Wirkungen und die Wichtigkeit dieser letztern waren unendlich größer als gegenwärtig. »Es gab in Rom«, sagt ein französischer Schriftsteller, »eine Art von Öffentlichkeit, die wir bei unsern nordischen seßhaften und häuslichen Lebensgewohnheiten nicht kennen; eine Öffentlichkeit, die ohne Zweifel mit der Entfernung an Kraft verlor, die Provinz nur langsam erreichte, doch im Innern der Stadt ganz ungemein wirksam war. Vielleicht war Rom Tag für Tag und Stunde für Stunde über seine eignen Angelegenheiten und Stimmungen

1) Hist. aug. L. Verus 5, 7: *post convivium lusum est tesseris usque ad lucem.* 2) Juv. 1, 88 ff. 8, 10. 14, 4. 3) Galen. XVI 310. 4) Ps. Cypr. de aleatoribus ed. Hilgenfeld 5. 5) Ambrosius De Tobia 11, 38. 6) Sueton. Aug. 71, 4. 7) ebd. Claud. 33, 2; vgl. Seneca Apocol. 12, 3 v. 26 f. 8) Tac. A. III 54.

besser unterrichtet als das heutige Paris. Die gesprochne Zeitung der ewigen Stadt entzog sich dem Stempel, der Zensur, der Polizei, der Warnung und der Beschlagnahme«[1]). Allerdings hatte Rom auch eine geschriebene Zeitung, aber sie war ein Regierungsorgan, und dieser offizielle Tagesanzeiger (*acta diurna*) enthielt über die öffentlichen Angelegenheiten nichts, als was die Regierung bekannt werden lassen wollte, also sehr vieles garnicht, andres entstellt, und das wenige der Wahrheit gemäß Mitgeteilte in großer Kürze: außerdem Hofberichte, Familiennachrichten aus den höhern Ständen, Stadtereignisse u. dgl.[2]). Die unterdrückte öffentliche Meinung äußerte sich hie und da, wie im neueren Rom, durch Anschläge an Säulen und Statuen[3]); durch lebhafte Aufnahme von Anspielungen, die kühne Schauspieler auf der Bühne wagten[4]); zuweilen auch durch Rufe oder Demonstrationen des bei Schauspielen versammelten Volks, selbst im Beisein der Kaiser, die hier eine sonst nirgends gestattete Freiheit der Äußerung duldeten[5]). Doch diese dürftigen, verstohlenen und seltnen Kundgebungen reizten natürlich das Bedürfnis mehr, als sie es befriedigten; und die gewaltsame Ausschließung der Öffentlichkeit gerade an dem Orte, wo unaufhörlich die Nachrichten aus der ganzen Welt zusammenströmten und das Schicksal der Welt bestimmt wurde, konnte keine andre Folge haben, als in der »redelustigen, alles deutenden Stadt« Vermutungen, Gerüchte, Kombinationen und Erdichtungen ins Grenzenlose zu vermehren und Neugier und Phantasie unaufhörlich rege zu erhalten. Auch Tacitus hielt die Stadtgespräche für wichtig genug, um sie wiederholt in seiner Zeitgeschichte zu erwähnen. So berichtet er im Jahre 54, daß beim Bevorstehen eines Partherkriegs die unerfahrne und unselbständige Jugend des (siebzehnjährigen) Kaisers Nero die einen mit Besorgnis erfüllte, während die andern voll Vertrauen auf seine Freunde und Berater Seneca und Burrus blickten[6]); ferner im Jahre 69, daß die Nachrichten von dem Abfalle der germanischen Legionen von Galba immer häufiger wurden und der »Hang der Stadtbevölkerung, alles Neue, wenn es traurig ist, anzunehmen und zu glauben«, den Senat zur Absendung einer Gesandtschaft an dieselben veranlaßte[7]). Als dann in demselben Jahre Vitellius seinen Amtsantritt als oberster Pontifex auf den 18. Juli, den Tag der Niederlagen an der Cremera und Allia, ansetzte, wurde dies natürlich in der Stadt, »wo man alles deutet«, als übles Vorzeichen aufgenommen[8]). Das Verbot des Vitellius, von den Kriegsereignissen zu sprechen, hatte nur die Wirkung, daß um so mehr davon gesprochen und um so beunruhigendere Gerüchte verbreitet wurden; bei völliger Redefreiheit wäre die Wahrheit bekannt geworden[9]). Martial hat den gewerbsmäßigen Neuigkeitskrämer geschildert. Er weiß, was König Pacorus in dem Palast der Arsaciden beschließt, kennt die Stärke der

Der offizielle Tagesanzeiger.

Gerüchte und Neuigkeiten.

1) Champagny, Les Antonins II 193 f. 2) Chronologisch geordnete Sammlung der Fragmente bei Huebner, Jahrb. f. Philol. Suppl. III (1860) S. 597—614. Als Herausgeber der *acta* kommt ein *proc(urator) Aug. ab actis urbis* (CIL VIII 11813 = Dessau 1410) vom Ritterstande vor, der diese Prokuration als erste, gleich nach dem Legionstribunat, bekleidete. Freigelassene *ab actis* und ein *adiutor ab actis* (CIL VI 8694 f. = Dessau 1687) waren wohl seine Untergebnen. Vgl. Hirschfeld, Kaiserl. Verwaltungsbeamt. S. 324, 1. 3) Sueton. Caes. 80, 2 f.; Aug. 70; Tiber. 52, 3; Nero 45, 2. Tertullian. ad nation. I 17: *festivos libellos, quos statuae sciunt, et illa obliqua nonnumquam dicta a concilio atque maledicta, quae circi sonant.* Schol. Juv. 1, 109 (Valla). 4) Unten [II 116 ff.]. 5) Unten [II 5 ff.]. 6) Tac. A. XIII 6. 7) Tac. Hist. I 19. 8) ebd. II 91. 9) ebd. III 54.

Heere am Rhein und an der Donau aufs genaueste, ist imstande anzugeben, was die noch unentsiegelte Depesche von der dacischen Armee enthält, und sieht den Siegeslorbeer, bevor er kommt. Er weiß, wie oft im Laufe des Jahrs in Oberägypten Regen gefallen, wie viele Schiffe aus den afrikanischen Häfen ausgelaufen sind, welcher Dichter bei der nächsten Preisverteilung auf dem Kapitol den Kranz erhalten wird. »Spare deine Kunst«, schließt das Gedicht, »du sollst heute bei mir speisen; aber unter der Bedingung, daß du mir nichts Neues erzählst«[1]). Auch Frauen gab es, die alles wußten, was in der ganzen Welt geschah, die neuesten Gerüchte an den Toren auffingen oder selbst veranlaßten, den Kometen, der (im November 115 n. Chr.) dem Partherkönig drohte, zuerst gesehen hatten, von allen Überschwemmungen und Erdbeben im fernsten Osten erzählen konnten[2]).

Gefährlichkeit politischer Gespräche.

Wenn über dergleichen Dinge Mitteilungen unverwehrt waren, so konnte dagegen jedes Gespräch, das an die innere oder äußere Politik der Regierung auch nur streifte, unter dem Drucke des schrankenlosesten Despotismus, in der unmittelbaren Nähe des kaiserlichen Hofs, sich nur mit tastender Behutsamkeit bewegen. Martial sagt in einem Gedicht, in dem er sechs Freunde zu einem frugalen Mahle ladet, diesem Feste solle die Freimütigkeit fernbleiben, die man am andern Tage bereuen könne: »meine Gäste mögen sich von den Blauen und Grünen im Zirkus unterhalten, und meine Becher sollen niemanden auf die Bank der Angeklagten bringen«[3]). Dieses Gedicht steht in einem bereits unter Trajan herausgegebenen Buche, zum Beweise, daß man auch unter den besten Regierungen keineswegs völlig zwanglos war: »das Glück, denken zu dürfen, was man will, und sagen zu dürfen, was man denkt«[4]), ist in dem kaiserlichen Rom wohl nie zur vollen Wahrheit geworden. Hiernach mag man sich vorstellen, welche drückende Schwüle in jenen furchtbarsten Zeiten der kaiserlichen Schreckensherrschaft über Rom lagerte, wo man sich nicht begnügte, das im traulichen Zwiegespräch harmlos hingeworfene, in fröhlicher Weinlaune unwillkürlich entschlüpfte Wort gegen den Sprecher zeugen zu lassen[5]); wo man die zum Verderben Ausersehenen mit Spionen umgab, die über ihre Blicke, Seufzer, gemurmelten Worte Buch führten[6]); ihnen ihre Gedanken künstlich ablockte, um sie dann ihr unvorsichtiges Vertrauen mit dem Leben büßen zu lassen. Der Verkehr des Redens und Hörens war durch Spürerei und Horcherei so gut wie abgeschnitten: »auch das Gedächtnis selbst« — dies sind Tacitus Worte — »hätten wir mit der Sprache verloren, wenn es ebenso in unsrer Macht stände zu vergessen wie zu schweigen«[7]). In seiner Darstellung der Majestätsprozesse, die sich wie ein leitender Faden durch die innre Geschichte dieser Zeit schlingt, hat Tacitus aber nur jene höher gestellten, den Blicken der Mitwelt ausgesetzten Delatoren gebrandmarkt, die ihr schändliches Gewerbe in Hoffnung auf hohe Gunst, Beförderung oder andre Vorteile trieben; die unheilvolle Tätigkeit der im Verborgnen schleichenden bezahlten Späher und Horcher zu schildern, hat er sich nicht herabgelassen.

1) Martial. IX 35. 2) Juv. 6, 402ff.; vgl. Friedlaenders Ausg. des Juvenal S. 8f. und oben S. 15. 3) Martial. X 48, 21ff. 4) Tac. Hist. I 1. 5) Seneca de benef. III 26, 1: *sub Tiberio Caesare .... excipiebatur ebriorum sermo, simplicitas iocantium.* 6) Tac. A. VI 24. 7) Tac. Agric. 2.

Geheime Polizei.

In welchem Umfange diese geheime Polizei organisiert war, darüber haben wir nur gelegentliche Andeutungen. Vielleicht ist auch hier wie bei so manchen Einrichtungen des Kaiserreichs die geheime Polizei des persischen Reichs das Vorbild gewesen[1]). Mäcen erteilt Augustus bei Cassius Dio die Warnung, da es nun einmal nötig sei, in seinem ganzen Reiche Späher und Horcher zu haben, damit ihm nichts unbekannt bleibe, was der Vorkehrung oder der Abhilfe bedürfe, möge er den Angebereien dieser Menschen nicht zu viel trauen, die sie oft völlig grundlos aus den schändlichsten Beweggründen machten[2]). Ähnliche Warnungen hat derselbe Geschichtschreiber der Livia in den Mund gelegt. Die Spione, heißt es dort, denunzieren oft gegen Unschuldige aus Haß, oder weil sie von deren Feinden Geld erhalten oder von jenen selbst keines erhalten haben; und zwar nicht bloß, daß der oder jener etwas Übles getan habe oder tun werde, sondern auch, daß einer das und das gesagt, ein andrer dazu geschwiegen oder geweint oder gelacht habe[3]). Claudius hatte sich von seinen Spähern behufs der in seiner Zensur zu erlassenden Rügen genaue Nachrichten auch über persönliche und Familienverhältnisse (vermutlich der ganzen beiden ersten Stände) geben lassen: sie hatten ihn übrigens sehr schlecht unterrichtet. Denn solche, denen Claudius vorhielt, daß sie unvermählt, kinderlos oder in Dürftigkeit lebten, wiesen nach, daß sie verheiratet, Väter, vermögend seien. Einer, der eines Selbstmordversuchs bezichtigt wurde, legte seine Kleider ab und zeigte, daß er unverletzt war[4]). Nero bediente sich der Bordelle und ihrer Bewohnerinnen, um die dort Verkehrenden auszuforschen, und diese Spürerei erwies sich, wie Plinius in seiner schwülstigen Weise sagt, noch verderblicher als seine Totenbeschwörungen, da sie die Stadt auf grausame Weise mit Geistern (der infolge von Denunziationen Hingerichteten) füllte[5]). Soldaten in bürgerlicher Tracht als Geheimpolizisten werden zuerst unter Otho im Jahre 69 erwähnt, wo sie überall in den Häusern des Adels, der Reichen oder der sonst irgendwie hervorragenden Personen spionierten und deren Inneres mit Angst und Argwohn erfüllten[6]). »Durch vorschnelles Vertrauen«, sagt Epictet, »lassen sich Unvorsichtige in Rom von den Soldaten fangen. Ein Soldat in bürgerlicher Tracht setzt sich neben dich und fängt an, vom Kaiser übel zu reden; du, in der Meinung dadurch, daß er zuerst beleidigende Äußerungen getan, ein Pfand für seine Zuverlässigkeit erhalten zu haben, sagst auch, was du denkst: dann wirst du in Ketten und ins Gefängnis geworfen«[7]). Das ist wahrscheinlich unter Hadrian geschrieben, von dem es bekannt ist, daß er ein eignes Truppenkorps, die *frumentarii* (Furiere), als eine Art von Gendarmen zu polizeilichen Zwecken und namentlich auch zur geheimen Polizei im weitesten Umfange verwendete[8]), wozu sie auch später benutzt wurden[9]). Daß er auch in den Häusern seiner Freunde Spione hielt, ist oben bemerkt worden[10]). Natürlich war die geheime Polizei nirgends so zahlreich und so tätig wie in der Hauptstadt. Tigellinus läßt in dem Roman des Philostrat den Apollonius von Tyana »mit allen Augen beobachten, mit denen die Regierung sieht, wenn er redete

Lockspitzel.

1) Duncker, Gesch. d. Altert. IV⁴ 542. 2) Cass. Dio LII 37, 2 f. 3) ebd. LV 18, 6. 4) Sueton. Claud. 16, 3. 5) Plin. n. h. XXX 15. 6) Tac. Hist. I 85. Hirschfeld, Kl. Schrift. S. 585 f. 7) Epictet. Diss. IV 13, 5. 8) Marquardt StV. II² 493, vgl. aber Paribeni, Röm. Mitteil. XX 1905 S. 313 f. 9) Hirschfeld a. a. O. 588, 3. 599. 10) S. 83.

oder schwieg, stand oder saß; welche Nahrung er zu sich nahm und von wem er sie erhielt, und ob er opferte oder nicht«[1]. Apollonius selbst nennt Rom dort eine Stadt, in der lauter Augen und Ohren sind für alles, was ist und was nicht ist; da könne man nicht an Neuerungen im Staate denken, falls man nicht nach dem Tode großes Verlangen trage; die Vorsichtigeren und Vernünftigen würden dort auch in bezug auf das Erlaubte zurückhaltend[2]. Lucian sagt in der Schrift gegen den ungebildeten Reichen, der durch den Ankauf einer großen Bibliothek sich dem Kaiser Marc Aurel empfehlen wollte, er hoffe vergebens, jenen über sich zu täuschen; ob er denn nicht wisse, daß der Kaiser viele Augen und Ohren habe[3]. Ohne Zweifel wurden die höhern Stände von der geheimen Polizei am eifrigsten beobachtet. Caracalla machte die Soldaten, die er dazu verwandte, sich allein verantwortlich; außer ihm konnte sie niemand zur Strafe ziehen: die Folge war, daß sie, die ihm alles, auch das Kleinste berichteten, eine Willkürherrschaft über die Senatoren übten[4]. In einer dem Aristides zugeschriebenen, aber sicher erst dem 3. Jahrhundert angehörenden Rede heißt es: das ganze Reich sei niedergedrückt und von Furcht geknechtet gewesen, da in allen Städten Spione umhergingen und behorchten, was man sprach, und es nicht möglich war, frei zu denken und zu reden, da die vernünftige und gerechte Freimütigkeit vernichtet war und jedermann vor einem Schatten zitterte; von dieser Furcht habe der jetzige Kaiser die Seelen aller erlöst und befreit, indem er ihnen die Freiheit völlig und ganz zurückgab[5]. Von Alexander Severus rühmt sein Biograph, daß er über alle Personen Nachforschungen durch zuverlässige Leute anstellen ließ, deren Verwendung zu diesem Zweck niemandem bekannt war; er sagte, daß durch die Aussicht auf Beute alle verdorben werden könnten[6]. Im 4. Jahrhundert scheinen, infolge einer neuen Organisation der über das ganze Reich erstreckten Geheimpolizei, durch deren nur auf ihre eigne Bereicherung bedachte Agenten die Verfolgungen und Plünderungen Unschuldiger sowie die Verheimlichung von Verbrechen (wie der Falschmünzerei) den weitesten Umfang erreicht zu haben und, wenn man dem Libanius glauben darf, systematisch betrieben worden zu sein. Doch sein Vergleich der damaligen Spione und Angeber mit Hunden, welche den Wölfen Beistand leisten, sowie überhaupt die häufigen und leidenschaftlichen Klagen der damaligen Schriftsteller passen auch auf die frühern Jahrhunderte. Seiner Natur nach war das pestartig wütende Unwesen zu allen Zeiten dasselbe, und neu eben nur, daß es weiter um sich gegriffen hatte[7].

Wenn nun auch die Tätigkeit wie die Macht dieser im Verborgenen schleichenden Späher und Horcher unter milden Regierungen, namentlich unter der der Antonine, eingeschränkt war, so versteht es sich doch von selbst, daß freie Gespräche über politische Dinge in größern Kreisen, vollends an öffentlichen

1) Philostrat. Vit. Apollon. Tyan. IV 43. 2) ebd. VIII 7. 3) Lucian. Adv. ind. 23. 4) Cass. Dio LXXVII 17, 1 f. 5) Ps. Aristid. or. 35, 21 (II 258 K.); die Rede wird von B. Keil, Nachr. d. Götting. Gesellsch. d. Wiss. 1905 S. 381 ff. (vgl. auch ebd. 1913 S. 5 f. Anm.) auf Opellius Macrinus (217—218), von E. Groag, Wien. Stud. XL 1918 S. 20 ff. auf Philippus Arabs (244—249), von v. Domaszewski, Philol. N. F. XIX 1906 S. 344 ff. auf Gallienus (260—268) bezogen. 6) Hist. aug. Alex. Sever. 23, 2. 7) Vgl. besonders Liban. or. 18, 135 ff. (II 294 f. F.); die Spione heißen auch hier οἱ βασιλέως ὀφθαλμοί § 140. Ammian. XIV 1, 6. Aurel. Victor Caes. 39, 45 und mehr bei Hirschfeld a. a. O. 640 ff.

Orten, im kaiserlichen Rom zu keiner Zeit möglich waren. Übrigens empfahl sich aber auch abgesehen von der Furcht vor der überall lauernden Angeberei die äußerste Behutsamkeit im Reden; Tacitus nennt Rom eine Stadt, in der man alles erfährt und nichts verschweigt[1]). Die Verbreitung gefährlicher Geheimnisse erfolgte nicht immer in böser Absicht; auch Zudringlichkeit, Neugier und Unvorsichtigkeit stifteten Unheil genug. Seneca leitet solche Umträgereien aus dem Bedürfnis des in Rom so verbreiteten beschäftigten Müßiggangs her, die Zeit zu füllen. »Daher rührt«, sagt er, »jenes scheußlichste Laster, die Horcherei und Ausspürung von öffentlichen und geheimen Angelegenheiten und die Wissenschaft vieler Dinge, die weder ohne Gefahr angehört noch ohne Gefahr mitgeteilt werden«[2]). Man bemerkt die Vorsicht, mit der Seneca sich ausdrückt, und es ist dies in seinen zahlreichen Schriften das einzige Mal, wo er den Gegenstand überhaupt berührt. Den größten Vorschub leisteten diesen Umträgereien die weitausgebreiteten Klientelen und ungeheuren Dienerschaften der großen Häuser. Den Klienten wurde unheilvolle Geschwätzigkeit vorgeworfen[3]), aber noch weit mehr den Sklaven, an denen die Zunge der schlimmste Teil war. Ein Geheimnis ihrer Herren ausplaudern war ihnen ein noch größres Vergnügen als gestohlnen Falerner trinken, und es gab kein Verbrechen, dessen sie jene nicht beschuldigten, um sich für empfangene Züchtigungen zu rächen. Ein reicher Mann konnte kein Geheimnis haben. Schweigen seine Sklaven, sagt Juvenal, so reden seine Pferde und Hunde, seine Türpfosten und Marmorwände; er schließe die Fenster, verstopfe die Spalten und lösche das Licht; niemand schlafe in seiner Nähe: und doch weiß vor Tagesanbruch der nächste Schenkwirt, was er um die Zeit des zweiten Hahnenschreis getan hat[4]). Martial sagt, ein Kutscher sei mit 20000 Sesterzen (4350 Mark) bezahlt worden, weil er — taub war[5]).

Umträgerei.

So konnte es denn nicht fehlen, daß die Kunde von persönlichen Ereignissen aller Art sich schnell in den nächststehenden Kreisen verbreitete und der Unterhaltung immer neuen, willkommnen Stoff zuführte. Neben Umträgerei waren Skandalsucht und Verleumdung geschäftig. Schon Cicero hat gesagt, daß es »in einer so übelredenden Stadt« schwer sei, üblem Leumunde zu entgehen[6]), und Hieronymus hat es fast fünfhundert Jahre später wiederholt[7]). In der Unterhaltung, sagt der letztre, werden die Abwesenden zerfleischt, der Lebenswandel andrer geschildert, und während wir bissig über jene herfallen, werden wir wieder von ihnen vernichtet[8]). Am meisten waren natürlich Verhältnisse zwischen Männern und Frauen, welcher Art sie auch sein mochten, der Nachrede ausgesetzt; diese war, nach Properz, über die Schönen wie eine Art Buße für ihre Schönheit verhängt[9]); und er wie die andern Dichter jener Zeit klagen wiederholt, wie Liebende von ihr verfolgt wurden. Auf Straßen und Plätzen vernahm man ihre Geschichte, an fröhlichen Tafeln wurde sie von den Gästen belacht[10]). In dem Gedicht auf die Vermählung Stellas mit Violen-

Skandalsucht.

1) Tac. A. XI 27: *in civitate omnium gnara et nil reticente.* 2) Seneca De tranquill. an. 12, 7. 3) Martial. VII 62, 4. 4) Juv. 9, 102ff. Vgl. Martial. II 82. 5) Martial. XI 38. 6) Cic. pro Cael. 38: *at fuit fama. quotusquisque istam effugere potest in tam maledica civitate?* 7) Hieronym. ep. 127, 3: *difficile est in maledica civitate et in urbe, in qua orbis quondam populus fuit palmaque vitiorum, si honestis detraherent puraque ac munda macularent, non aliquam sinistri rumoris fabulam contrahere.* 8) ebd. 43, 2. 9) Prop. II 32, 26. 10) ebd. II 20, 21f. III 20, 28. 25, 2. Ovid. Am. III 1, 17f. Horat. Epod. 11, 8.

tilla sagt Statius, nun endlich habe die Stadt die Umarmung gesehen, von der sie sich schon so lange erzählt hatte[1]). Besonders eifrig waren die Frauen in der genauesten Erkundung aller Einzelheiten[2]). Aber natürlich beschränkten sich die Stadtgespräche nicht auf dieses Gebiet. Die Klätscher wußten, welchem geheimen Laster dieser und jener frönte, wie viel den einen seine Maitresse koste, daß der andre seine Mahlzeiten bis zum Anbruch des Tags verlängre, daß Titus dem Lupus 700000 Sesterzen (152250 Mark) schuldig sei[3]). Die Schwelger ihrerseits wünschten nichts lebhafter, als daß von ihrem Luxus gesprochen würde[4]). Starb ein reicher Mann plötzlich, ohne ein Testament zu machen[5]), gab jemand in dürftigen Verhältnissen einen großen Schmaus, so waren alle Gastmähler, Thermen, Stationen, Theater von dem Gerede voll[6]). Der jüngere Plinius berichtet einem Freunde über den Tod und das Testament des reichen Domitius Tullus, der gegen die allgemeine Erwartung statt seiner Erbschleicher seine Verwandten freigebig bedacht hatte, und teilt die verschiednen Beurteilungen mit, die diese letzten Verfügungen erfuhren; viele lobten es als zeitgemäße Klugheit, daß er die auf seinen Tod Lauernden hintergangen habe. Plinius schließt mit den Worten: »Da hast du das ganze Stadtgespräch, denn die ganze Stadt spricht nur von Tullus«[7]). Oder man unterhielt sich von Palästen und Landhäusern, oder von der Vorlesung eines neuen Trauerspiels, in dem gewagte Stellen vorgekommen waren[8]), oder kritisierte den Tanz eines berühmten Pantomimen[9]). Die Schauspiele vor allem boten der Unterhaltung unerschöpflichen Stoff. Die Anstrengungen der Kaiser, das Volk durch diese zu beschäftigen, sind allbekannt, und kolossal, wie sie waren, sind sie durch den Erfolg noch überboten worden. Die Leidenschaft für die Bühne, die Arena und den Zirkus glich einer epidemischen Krankheit, von der auch die höhern Stände ergriffen waren; die Leidenschaft für Gladiatoren und Rennpferde, so wird in einer gegen das Ende des 1. Jahrhunderts verfaßten Schrift geklagt, erfüllte die Gemüter so völlig, daß sie keinen Raum für edlere Bildung ließ[10]). Äußerungen über diese Dinge gehörten neben den Bemerkungen über das Wetter (einer gewöhnlichen Einleitung der Gespräche, »dem törichten Geschwätz derer, die nach Worten suchen«)[11]) zu den Lückenbüßern auch in der Unterhaltung der Gebildetsten[12]). Epictet empfiehlt, wenig und nichts Unnützes zu reden: nicht von Fechterspielen, Wagenrennen, Athleten, nicht von Speisen und Getränken, wovon überall geredet werde, am wenigsten aber über Personen, lobend, tadelnd oder vergleichend[13]). Hiermit sind die Kreise bezeichnet, innerhalb deren sich die triviale Unterhaltung vorzugsweise zu bewegen pflegte, und einige davon berührt auch Martial in einer bekannten Schilderung der damaligen römischen Stutzer. »Du bist ein artiger Mann, Cotilus, so sagen viele; doch was ist ein artiger Mann? Einer, der seine Locken in kunstvoller Ordnung trägt, der stets nach Balsam und Zimtöl duftet, der die Melodien alexandrinischer und spanischer Tänze summt, der seine glatten Arme tänzerartig bewegt, der den ganzen Tag zwischen den Sesseln der

Gegenstände der trivialen Unterhaltung.

1) Stat. Silv. I 2, 30f. 2) Juv. 6, 403 ff. 3) Martial. VII 10. 4) Seneca ep. 122, 14. 5) Juv. 1, 145. 6) ebd. 11, 1—5. 7) Plin. ep. VIII 18, 11. 8) Tac. Dial. 2, 1. 9) Horat. Sat. II 6, 72. 10) Tac. Dial. 29, 4 f. 11) Seneca ep. 23, 1. 67, 1, vgl. Juv. 4, 87 f. 12) Horat. Sat. II 6, 44 f.; Ep. I 18, 19. 13) Epictet. Man. 33, 2; Diss. III 16, 4.

Frauen sitzt und immer in irgendein Ohr flüstert, der Briefchen schreibt und die Briefchen andrer liest, der sich vor der Berührung mit dem Ellbogen seines Nachbars in acht nimmt, der weiß, in welches Mädchen einer verliebt ist, der von einem Gastmahl zum andern läuft, der den Stammbaum des edelsten Renners im Zirkus auswendig weiß. Was sagst du? Das also, das, Cotilus, ist ein artiger Mann? Dann, Cotilus, ist es eine sehr verwickelte Sache, ein artiger Mann zu sein[1]).

Bei Gastmählern war es eine Hauptpflicht des Gastgebers, den Anwesenden Gelegenheit zum Sprechen über Gegenstände zu geben, die ihnen nicht bloß geläufig, sondern auch angenehm waren. Plutarch hat sich weitläufig über diese Kunst verbreitet, das Gespräch durch geschickte Fragen zu leiten, er bezeichnet sie als einen Hauptteil der Kunst des Umgangs überhaupt[2]). Er gibt zahlreiche Beispiele von geeigneten Fragen, wie nach einem rühmlich verwalteten Amt, nach einer Audienz beim Kaiser, nach den Fortschritten studierender Söhne, nach erfreulichen Dingen, die Freunden, noch besser nach Niederlagen und Beschämungen, die Feinden des Gefragten widerfahren waren. An der Sucht, ihre Erlebnisse zu erzählen, litten seiner Meinung nach am meisten Personen, die weite Seereisen nach entlegenen, wenig bekannten Ländern gemacht hatten; Epictet dagegen erwähnt die bei jeder Gelegenheit wiederkehrenden Geschichten des Kriegsmanns von seinen Taten in Mösien: »ich erzählte dir bereits, Bruder, wie ich die Anhöhe erstieg« usw.[3]). Wenn der Jagdliebhaber am liebsten Fragen nach seinen Hunden, der Freund der Gymnastik nach turnerischen Wettkämpfen hörte, der Fromme und im Gottesdienst Eifrige gern erzählte, wie er dieses oder jenes mit Hilfe von Träumen und Opfern durch die Gnade der Götter glücklich vollbracht habe, so erwies man alten Leuten stets einen Gefallen, wenn man ihnen Veranlassung zu Erzählungen wovon auch immer gab[4]).

Die Kunst, ein heitres, geistig belebtes Gastmahl zu veranstalten, wurde im römischen wie im griechischen Altertum hoch geschätzt, und bedeutende Schriftsteller haben es der Mühe wert gehalten, Anweisungen dazu zu geben[5]). Im Gegensatz zu den üppigen Festen der Reichen in Sälen, die dreißig Tafeln faßten[6]), ein ganzes Volk aufnehmen konnten[7]), und wo man unter dreihundert Gästen allein sein konnte, weil man keinen kannte[8]), sollte nach Varros Regel die Zahl der Gäste von der der Grazien nur bis zu der der Musen steigen dürfen[9]); und vor allem sollten sie so gewählt werden, daß eine allgemeine Unterhaltung stattfinden konnte[10]). Bei den Gastmählern, wo geistreiche und feingebildete Männer sich in kleinern Kreisen zusammenfanden, war das vertraute Gespräch so erquickend wie nirgends sonst. Cicero meinte, daß das römische Wort für Gastmahl, *convivium* (Zusammenleben), glücklicher gewählt sei als die griechischen, die das Zusammenessen und -trinken bedeuten, denn gerade da lebe man am meisten zusammen[11]). Das Vergnügen, das man genoß, Unterhaltung bei Gastmählern in gebildeter Gesellschaft.

1) Martial. III 63. 2) Plutarch. Qu. conv. II 1, 1 f. 3) Epictet. Diss. I 25, 15. 4) Plutarch. Qu. conv. II 1, 3. 5) Vgl. auch Martial. IX 77, 1 f.: *quod optimum sit, disputat, convivium facundi Prisci pagina* usw. 6) Plutarch. Qu. conv. V 5, 2. 7) Seneca ep. 115, 8. 8) Martial. XI 35. 9) Gell. XIII 11, 2. 10) Plutarch. Qu. conv. I 1, 5. 11) Cic. ad famil. IX 24, 3.

ließ das Bewußtsein nicht aufkommen, daß man sich bildete[1]). Einer wahrhaft herzlichen Zuneigung waren allerdings die Römer nur selten fähig. Fronto sagt, daß er in seinem ganzen Leben in Rom nichts weniger gefunden habe, als wahre Herzensfreundschaft, zu deren Bezeichnung er sich auch eines griechischen Wortes (φιλοστοργία) bedienen muß[2]), und sein kaiserlicher Schüler Marc Aurel zählt zu den Wahrheiten, deren Kenntnis er ihm verdankte, auch die, daß die vornehmen Römer von Herzen kalt (ἀστοργότεροι) seien[3]). Aber wie die Italiener noch heute bei aller Zurückhaltung in Gewährung ihrer Herzensfreundschaft etwas Gewinnendes haben, das dem Fremden ihre Gesellschaft schnell behaglich macht, so war auch im alten Rom Liebenswürdigkeit im Umgange häufig. Bei den Gastmählern entfaltete sich die eigentümliche Begabung der Südländer am freiesten, die anmutige Gewandtheit der Rede, das Talent, leicht und artig zu erzählen[4]), und, was am höchsten geschätzt wurde, der schlagfertige Witz, auf dessen »nur innerhalb der Stadtmauern erzeugtes Salz«[5]) die echten Römer stolz waren, und dessen spezifisches Wesen sie durch die Bezeichnung der »Urbanität« für sich ausschließlich in Anspruch nahmen[6]). Cicero meinte sogar, der altrömische Witz habe mehr Salz als der attische: er schätzte ihn um so höher, je seltner er noch in ganzer Echtheit zu finden war, seit Rom zuerst so viel lateinische, dann ausländische Elemente, selbst aus behosten und transalpinischen Völkerschaften in sich aufgenommen hatte, daß von der alten Grazie keine Spur mehr übrig war[7]).

Wer die Gabe der Unterhaltung besaß, um dessen Gesellschaft bemühten sich um die Wette »die Mächtigen« in Portiken und Theatern[8]). Allerdings wurde das Gespräch zuweilen durch ein Übermaß der Rezitationen, der musikalischen, theatralischen und sonstigen Unterhaltungen beeinträchtigt, da manche ihren Speisesaal geradezu zur Bühne oder zum Hörsaal machten[9]), und es war dann den Gästen wohl nicht immer zu verdenken, wenn sie aufbrachen oder gelangweilt dalagen, wie der jüngere Plinius klagt[10]). Doch im rechten Maße geboten, hatten jene Unterhaltungen auch den Vorteil, dem Gespräch eine bestimmte Richtung zu geben, wie z. B. die Vorlesungen von Dichterwerken[11]) jene ästhetischen Tischgespräche herbeiführten[12]), an denen auch Frauen so eifrigen Anteil nahmen[13]). Überhaupt darf man die Sitte, bei Gastmählern geistige, besonders künstlerische Genüsse zu bieten, nicht nach ihren Übertreibungen und Ausartungen beurteilen. Vielmehr zeigt auch diese Sitte, daß die damalige Zeit sich auf die Verfeinerung des Genusses verstand wie keine andre. Auch war das Bestreben, der Unterhaltung bei Tische einen geistigen Inhalt und ein höheres Interesse zu geben, offenbar sehr verbreitet, da ja selbst die Trimalchios es in ihrer Weise nachahmten. Gespräche über

1) Martial. XII prooem.: *bibliothecas, theatra, convictus, in quibus studere se voluptates non sentiunt.* 2) Fronto ad L. Ver. imp. II 7 p. 135 N. 3) M. Aurel. Comment. I 11. Er nennt als Kaiser Fronto φιλόστοργε ἄνθρωπε, Fronto De fer. Als. 4 p. 231 N. 4) Seneca ep. 122, 15 (Pedo Albinovanus) *erat fabulator elegantissimus.* 5) Juv. 9, 11. 6) Quintil. VI 3, 17. 7) Cic. ad fam. IX 15, 2; über römischen Witz vgl. Hosius, Grenzboten LXV (1906) I 27 ff. 91 ff. 8) Martial. VI 44. VII 76. IX 97, 10. Seneca ep. 122, 12 *Varus eques Romanus, M. Vinicii comes, cenarum bonarum adsectator, quas improbitate linguae merebatur.* 9) Plutarch. Qu. conv. I 4, 3. 10) Plin. ep. IX 17, 3. 11) Pers. 1, 30 f. Juven. 11, 179 ff. Petron. 68, 4. Martial. IV 82, 5. X 19, 19 ff. Grabschrift eines *lector* CIL VI 9447 = Buecheler, Carm. ep. 1012. 12) Vgl. Petron. 55. 59. 13) Juv. 6, 434 ff.

Gegenstände aus dem Gebiet der Wissenschaft, Literatur und Kunst, die sich für Zeit und Ort schickten, waren für eine gebildete, geschmackvolle Gesellschaft der angenehmste Nachtisch[1]), und selbst gemeine und ungebildete Menschen, sagt Plutarch, empfanden und befriedigten das Bedürfnis einer geistigen Unterhaltung nach der Mahlzeit durch Aufgeben und Erraten von Rätseln und ähnlichen Problemen[2]). Die von Plutarch mitgeteilten Tischgespräche, die teils an der Tafel des Konsularen Sossius Senecio in Rom, teils in Plutarchs Kreisen in Griechenland geführt worden waren[3]), bewegen sich auf den verschiedensten Gebieten. Einige beziehen sich unmittelbar auf die Mahlzeiten selbst: ob der Wirt den Gästen die Plätze anweisen oder ihnen die Wahl überlassen solle; warum der sogenannte konsularische Platz der vornehmste sei; ob zusammengesetzte oder einfache Speisen leichter verdaulich seien; ob das Meer oder das Land bessre Nahrung liefere[4]). Andre gehören zu den besonders in philosophischen Kreisen beliebten, zur Übung und Schaustellung des Scharfsinns aufgeworfnen Problemen: warum A der erste Buchstabe sei; ob die Henne früher war oder das Ei[5]). Mehrere sind naturwissenschaftlich: warum ältre Leute besser aus der Entfernung lesen; weshalb man den Schnee unter Spreu und Tüchern aufbewahre; ob es möglich sei, daß neue Krankheiten entstehen und aus welchen Gründen[6]). Wieder andre gehören dem Gebiet der Philologie, besonders der homerischen an: warum Homer das Salz göttlich und das Öl von allen Flüssigkeiten allein feucht nenne; an welcher Hand Diomedes die Aphrodite verwundete[7]). Auch ästhetische Fragen werden erörtert: warum wir der Darstellung des Zorns und der Trauer auf der Bühne mit Vergnügen folgen, in Wirklichkeit aber die Äußerungen dieser Affekte ungern warnehmen; daß man sich vor allem vor den entsittlichenden Wirkungen unedler Musik hüten müsse und auf welche Weise[8]). Außerdem werden Wissenswürdigkeiten aus den verschiedensten Fächern behandelt: die Geburtstage berühmter Männer; das Verbot des Pythagoras, Fische zu essen; ob sich die Juden des Schweins aus Verehrung oder Abscheu enthalten; wer der Juden Gott sei; warum die nach den Planeten benannten Tage nicht in der Reihenfolge derselben, sondern in umgekehrter gezählt werden; über die Menschen mit dem bösen Blick[9]) usw. Waren Gelehrte bei Tische, so ließen sie sich nicht immer abhalten, Erörterungen über Gegenstände ihres Fachs von unerwünschter Ausführlichkeit zum besten zu geben. Der unter Nero in Rom lebende griechische Dichter Lucilius klagt namentlich über die Philologen und beschwört den Hausherrn, ihn an seiner Tafel nicht diesen Pedanten und Wortklaubern von der Zunft des Aristarch zur Beute werden zu lassen; heute möge ihm nicht das »Singe den Zorn, o Göttin« aufgetischt werden[10]). Auch Philosophen konnten oft der Versuchung nicht widerstehen, sich in Untersuchungen und Disputationen über schwierige und abstrakte Probleme zu vertiefen, zur Qual der übrigen Gäste,

1) Plutarch. De sanit. praec. 20. 2) Plut. Qu. conv. V prooem. 3) ebd. I prooem.; vgl. Hirzel, Der Dialog II 224 ff. 4) Plutarch. Qu. conv. I 2. 3. IV 1. 4. 5) ebd. II 3. IX 2. 6) ebd. I 8. VI 6. VIII 9. 7) ebd. V 10. VI 9. IX 4. 8) ebd. V 1. VII 5. 9) ebd. IV 5. 6. 7 (vgl. über die Planetennamen der Wochentage Thumb, Zeitschr. f. deutsche Wortforschung I 1900 S. 168 ff. und Gundermann ebd. S. 177 ff. F. Boll, Real-Encykl. VII 2556 ff.). VIII 1. 8. 10) Lucil. Anth. Pal. XI 140.

die ihnen nicht zu folgen vermochten und sich dann mit Gesängen, possenhaften Erzählungen, banausischen und trivialen Reden schadlos hielten [1]. Vor solchen Tischgesprächen hatte schon Varro gewarnt [2]. Plutarch erklärt die Beschäftigung mit dialektischen Spitzfindigkeiten bei Tische für unzuträglich [3]. Es gab auch Leute, die darauf bedacht waren, sich etwas aus der Philosophie anzueignen, was sie einmal bei einem kaiserlichen Gastmahl zur Schau stellen könnten [4]; die philosophische Lehrbücher studierten und Vorträge zu keinem andern Zwecke hörten, als um die Bewunderung eines Senators zu erregen, den ihnen das Glück etwa zum Tischnachbar geben würde [5]; oder um die Gäste durch Aufzählung sämtlicher Schriftsteller in Erstaunen zu setzen, die über eine gewisse Schlußform geschrieben hatten [6].

Die Unterhaltung in höherm Grade ein Bildungsmittel als in neuerer Zeit.

Wie sehr dergleichen übrigens auch bespottet wurde, so konnte es doch nicht so völlig ungehörig erscheinen, wie es heutzutage der Fall sein würde. Denn Bildung, Belehrung und geistige Förderung wurde damals wie überhaupt im Altertum weit mehr in persönlichem Verkehr, »im lebendigen Ideentausch, durch heitre Geselligkeit« [7] erstrebt und erreicht als in neuern Zeiten, und dieses Bestreben gab unter anderm auch zu den so häufigen Gastmählern der Philosophen und Gelehrten Veranlassung, die in der Tat eine Art von wissenschaftlichen Sitzungen waren und sein sollten [8]. Auf sie näher einzugehen, ist hier, wo nur die gesellige Unterhaltung gebildeter Kreise in Betracht gezogen werden sollte, nicht der Ort.

1) Plutarch. Qu. conv. I 1, 5. 2) Gell. XIII 11, 4. 3) Plutarch. De sanit. praec. 20. 4) Plut. De profect. in virt. 8. 5) Epictet. Diss. I 26, 9. 6) ebd. II 19, 8 f. 7) Biedermann, Goethes Gespräche II 412. 8) Hirzel, Dialog I 151 ff.; vgl. 359 f.

V. DIE FRAUEN

Wenn alle Darstellungen von Zuständen der hier geschilderten Zeit um so unvollständiger bleiben, je mehr sie auf gelegentlichen, zerstreuten, nicht selten einseitigen Äußerungen beruhen, so gilt dies am meisten von dem Leben der Frauen, von dem sich zusammenhängende Anschauungen am schwersten gewinnen lassen. Überdies beziehen sich die uns erhaltnen Nachrichten zum allergrößten Teil auf die Frauen der höhern Stände.

Kindheit.

Der Mädchenstand der Römerinnen war kurz; kaum dem Kindesalter entwachsen, wurden sie schon verlobt und vermählt. Die Wünsche und Sorgen der Mütter, Verwandten und Wärterinnen; die von der Zärtlichkeit eingegebnen Liebkosungsworte und Schmeichelnamen (Vögelchen, Täubchen, kleine Krähe, Mütterchen, Fräulein)[1]; die tändelnde, das Kinderlallen nachahmende Sprache[2]) und die Schlaflieder der Ammen[3]); der Gebrauch der Kinderklappern[4]) und sonstigen Beschwichtigungsmittel (z. B. den Stein zu schlagen, an dem das Kind sich gestoßen hatte)[5]); den mannigfachen Aberglauben, der sich an alle Entwicklungsmomente des Kindesalters knüpfte (Wolfs- oder Pferdezähne wurden z. B. den Kindern als Mittel leichten Zahnens angebunden)[6]); die Angst vor dem Beschreien und dem bösen Blick und die zahllosen Mittel und Amulette dagegen[7]) — alles dies hatten die Kinderstuben jener Zeit mit den heutigen gemein. Zum Schutz gegen die Nachtunholde, die den Kindern das Blut aussogen (Strigen), knüpfte man ihnen Knoblauch in die Windeln[8]) und legte Weißdornruten in die Fenster[9]). Ging die Mutter an einem Venustempel vorüber, so murmelte sie wohl ein Gebet an die Göttin, daß dem Töchterchen Schönheit zuteil werden möchte, und fügte ein Gelübde hinzu[10]). Überdies wurde natürlich nichts unterlassen, was zur Ausbildung einer tadellosen Gestalt beitragen konnte. Dazu gehörte das feste Einschnüren der Brust der Mädchen

Das Einschnüren der Brust.

1) Schol. Pers. 3, 16. Salvian. epist. IV 13; vgl. CIL VI 33706. 34421. 2) Lucret. V 230. 3) Schol. Pers. a. a. O.; Lallà Lallà, Refrain der Wiegenlieder in Calabrien, Trede, Heidentum in der röm. Kirche IV 252. 4) Lucr. V 229. Quintil. IX 4, 66. Martial. XIV 54. Tertull. adv. Marc. III 13; adv. Jud. 9. Mart. Cap. I 7. IX 927; erhaltne Kinderklappern bei Daremberg-Saglio, Diction. I 1561 fig. 2063 f. 5) Epictet. Diss. III 14, 9. 6) Plin. n. h. XXVIII 257. Seren. Sammon. 1031 f. Wuttke, Der deutsche Volksaberglaube der Gegenwart[3] S. 393. Dioscorid. de simpl. med. I 71 nennt unter den Mitteln zum leichten Zahnen μῦς οἱ κατοικίδιοι ἑφθοὶ ἐσθιόμενοι. Julian. orat. 7 p. 206 D: ὥσπερ αἱ τίτθαι περὶ τὰς ὀδοντοφυΐας κνησιῶσιν αὐτοῖς (τοῖς παιδίοις) σκύτινα ἄττα προσαρτᾶν (εἰώθασι) ταῖν χεροῖν, ἵνα αὐτῶν παραμυθήσωνται τὸ πάθος. 7) Jahn, Ber. d. Sächs. Ges. d. Wiss. 1855 S. 28 ff. S. Seligmann, Der böse Blick und Verwandtes, Berlin 1910. G. Kropatschek, De amuletorum apud antiquos usu capita duo (Diss. Münster 1907). P. Wolters, Bonn. Jahrb. CXVIII 1909 S. 257 ff. 8) Seren. Sammon. 1035 ff. 9) Ovid. fast. VI 165 f., vgl. Wissowa, Religion u. Kultus d. Römer[2] S. 236. 10) Juv. 10, 289 f.

mit Binden von frühster Kindheit ab, um die Hüften stärker hervortreten zu lassen, wodurch infolge der Nachlässigkeit oder Unerfahrenheit der Wärterinnen häufig Verkrümmungen des Rückens entstanden und eine Schulter höher als die andre wurde. Schwerlich war das Schnüren und seine üblen Folgen auf Pergamum beschränkt, wo Galen am meisten Gelegenheit hatte, die letztern zu beobachten[1]), sondern es ist vermutlich ziemlich allgemein, namentlich auch in Rom und zwar von jeher in Gebrauch gewesen. Schon bei Terenz wird (in einer Stelle, die wohl auch für Rom Geltung gehabt haben muß) geklagt, daß die Mütter sich bemühen, die Mädchen schmächtig zu machen, mit herabfallenden Schultern und geschnürter Brust. Ist eine etwas kräftiger, so sagen sie, sie sähe aus wie ein Faustkämpfer, und lassen sie fasten; so machen sie durch ihre Pflege auch die von Natur trefflichen Gestalten binsenähnlich[2]).

Ammen. Viele Mütter überließen die Kinder ganz den Ammen oder Wärterinnen[3]), in der Regel ohne Zweifel Sklavinnen, also sehr oft »Ausländerinnen aus irgendeinem Barbarenvolke«. Das Selbstnähren der Mütter scheint weder in Italien noch in Griechenland die Regel gewesen zu sein, so sehr es auch Philosophen wie Favorinus und Plutarch empfahlen[4]); auch die Frau des letztern hatte wenigstens ihr früh verstorbnes Töchterchen nicht selbst genährt[5]). Über die Wahl einer Amme geben die ärztlichen Schriftsteller ausführliche Vorschriften: unter anderm, daß ihre Milch durch Gesicht, Geschmack und Geruch geprüft werden sollte[6]). Zuweilen wurden für ein Kind mehrere Ammen bestellt[7]). Der Arzt Soranus von Ephesus, der unter Trajan und Hadrian in Rom praktizierte, empfiehlt Griechinnen zu wählen, nicht bloß damit die Kinder von ihnen die schönste Sprache lernen, sondern weil sie ihren Säuglingen am meisten Liebe und Sorgfalt erweisen; der Mangel an beidem bei den Römerinnen war nach seiner Ansicht an den in Rom so häufigen Verkrümmungen der Beine bei Kindern schuld[8]).

Spiele. Als Spielzeug kleiner Mädchen dienten Blumen, bunte Steine, Muscheln (auch Bernstein)[9]), farbige Bälle und Kugeln oder Nüsse (mit denen man mannigfache, zum Teil noch jetzt in Italien übliche Spiele spielte)[10]), Knöchel (Astragalen)[11]), mit denen spielend Mädchen öfters von Künstlern dargestellt wurden[12]); vor allem Puppen[13]), von denen mehrere (aus Terrakotta und Elfenbein), zum Teil mit beweglichen Gliedern, in Kindergräbern gefunden worden sind[14]). Plutarch

1) Galen. VII 28. 2) Terent. Eunuch. 313 ff. Nach der Anführung dieser Stelle bei Auson. epist. 22 praef. p. 260 Peip. scheint es, als wenn dies auch noch für jene Zeit gegolten habe. Vgl. auch Martial. XIV 134. Non. p. 538 M. Hieron. epist. 117, 7. 3) Tac. Dial. 29, 1; Germ. 20. 4) Favorin. bei Gell. XII 1, 17. Plut. de puer. educ. 5. Vgl. Schick, Favorin. περὶ παίδων τροφῆς und die antike Erziehungslehre (1912). 5) Plutarch. Cons. ad ux. 2. 6) Vgl. W. Braams, Zur Geschichte des Ammenwesens im klass. Altert. (Jenaer mediz.-histor. Beiträge V), 1913. 7) Soran. De mul. affect. 31. Galen. VI 45 ff. Pythag. epist. 12 p. 608 Herch. 8) Soran. a. a. O. 38. 9) Ovid. Metam. X 262 (dazu Lobeck, Aglaoph. I 701b). 10) Nux 73 ff. und dazu U. v. Wilamowitz-Moellendorff, Commentat. Mommsenianae (1877) S. 398; vgl. Friedlaender, Annali d. Inst. 1857 S. 142 ff. tav. d'agg. BC. Gerhard, Ant. Bildw. Taf. LXV. E. Caetani-Lovatelli, Bull. arch. com. X 1882 S. 55—62 Tav. XI (= Antichi Monum. illustrati, 1889 S. 165 ff.). 11) Anthol. Pal. XII 44, 2. 12) Heydemann, Die Knöchelspielerin im Palazzo Colonna, Halle 1877. 13) Pers. 2, 70 mit Schol. Lactant. Instit. II 4, 13. Hieron. epist. 128, 1. Vgl. E. Caetani-Lovatelli, Antichi Monumenti illustrati S. 221. 14) Becq de Fouquières, Jeux des anciens (1869) S. 28 f. Winter, Typen der figürlichen Terrakotten I 165 ff.

erwähnt in der Trostschrift an seine Frau über den Tod jenes einzigen, nach vier Söhnen gebornen Töchterchens, Timoxena, wie die freundliche Natur der Kleinen sich auch darin zeigte, daß sie Geschirre und Spielzeuge, an denen sie ihre Freude hatte, zu ihrer Amme brachte und sie aufforderte, ihnen die Brust zu reichen[1]).

Märchen.

Hatten die kleinen Mädchen sich müde gespielt, dann saßen sie erwartungsvoll zu den Füßen der alten Wärterin, von deren Lippen das wohlbekannte: »Es war einmal ein König und eine Königin« ertönte. Nicht bloß in diesem Anfange stimmt das römische Märchen mit unsern Haus- und Volksmärchen überein; es führte überhaupt die kindliche Phantasie in dasselbe bunte, glänzende Reich der Wunder. Auch unter seinen Heldinnen war die wunderschöne Königstochter, »so schön, daß es mit Worten gar nicht zu sagen war«. Sie war die jüngste von dreien und wurde von ihren minder schönen Schwestern beneidet und mit bösen Ränken verfolgt, heiratete aber endlich doch den schönsten Prinzen, während die beiden andern zur Strafe ihrer Schändlichkeit einen schrecklichen Tod fanden. Auch wir kennen die angstvolle Spannung, welche die kleinen Hörerinnen ergriff, wenn die Königstochter die drei schweren Arbeiten verrichten mußte, und das frohe Aufatmen, wenn ihr jede unter dem freundlichen Beistande wunderbarer Wesen gelang. Wenn sie auf Befehl der bösen Herrin einen großen Haufen verschiedner Sämereien bis zum Abend auseinanderlesen sollte, kamen Ameisen und verrichteten für sie das Geschäft. Das Schilfrohr am Flusse flüsterte ihr zu, wie sie Flocken von den Fließen der wilden, goldwolligen Schafe erhalten könne, und der Adler holte für sie das Wunderwasser aus der von Drachen bewachten Quelle[2]).

Unterricht in weiblichen Arbeiten.

Dann kamen die Jahre des Lernens. Die Mädchen lernten zunächst weibliche Arbeiten. Die Stickerei, die zu den Gewerben der Männer gehörte[3]), scheint allerdings auch von Frauen betrieben worden zu sein[4]). Varro verlangt, daß die Mädchen im Sticken (*pingere*, d. h. *acu pingere*) unterrichtet werden sollen, weil sie sonst die Stickerei von Teppichen und Vorhängen nicht beurteilen können[5]). Hauptsächlich lernten sie spinnen und weben; denn auch damals wurden die Kleider für die Familie in Häusern, wo man auf gute alte Sitte hielt, unter der Mitwirkung oder doch Leitung der Hausfrau verfertigt. Bekanntlich mußten selbst Augustus Töchter und Enkelinnen spinnen und weben, und er trug gewöhnlich keine andern Kleider als die von ihnen oder seiner Frau und Schwester gearbeiteten[6]). Der Gatte der Turia, deren zwischen 8 und 2 v. Chr. gehaltene Grabrede uns noch vorliegt, rühmt an der Verstorbnen unter andern Tugenden, die sie mit allen ehrbaren Frauen gemein gehabt habe, auch ihren Fleiß bei der Wollarbeit[7]). Selbstverständlich wurde dieser in den mittlern und untern Ständen noch mehr zu den Pflichten der Hausfrau gerechnet als in den höhern; und selbst Frauen, die auf matronale Ehrbarkeit

1) Plutarch. cons. ad uxor. 2. 2) Vgl. im allgemeinen A. Hausrath u. A. Marx, Griechische Märchen, Jena 1912 (dazu die inhaltreiche Besprechung von H. Lucas, Sokrates VII 1919 S. 349 ff.); über das Märchen von Amor und Psyche (Apul. met. IV 28—VI 24) siehe den Anhang X. 3) Marquardt, Privatl.² 541f. Blümner, Technol. I² 219f. *Pictor acu* CIL VI 6182 = Dessau 7589 (Buecheler, Carm. ep. 1150, 1). 4) Seneca Herc. Oet. 665. 5) Varro bei Non. p. 162. 6) Sueton. Aug. 64, 2. 73. 7) CIL VI 1527. 31670 = Dessau 8393 I 30 (dazu Hirschfeld, Kl. Schrift. S. 824 ff.), vgl. CIL VI 10230 = Dessau 8394.

keinen Anspruch machten, entzogen sich der allgemeinen Sitte nicht, wie die Cynthia des Properz[1]), die Delia des Tibull. Der letztere beschwichtigt den Schmerz der Trennung von der Geliebten, indem er sich das Wiedersehn ausmalt: wie Delia am späten Abend bei der Lampe, von den Märchen einer Alten wach gehalten, während den ringsum spinnenden Mägden schon die Augen zufallen, bei seinem plötzlichen Erscheinen aufspringen, mit bloßen Füßen und aufgelösten Haaren ihm entgegeneilen werde[2]). Wenn nun Columella klagt, die meisten Frauen seien so üppig und träge, daß sie sich nicht einmal um das Spinnen und Weben im Hause kümmern wollten, so ist klar, daß die Sitte es nach wie vor von ihnen forderte, wenn es auch vielfach in Abnahme gekommen sein mochte[3]). Auch Musonius Rufus betrachtete Spinnen und Weben als die den Frauen ganz eigentlich zukommenden Arbeiten[4]), und Tertullian hebt unter den Pflichten der Hausfrau die Einteilung und Beaufsichtigung der Wollarbeit hervor[5]). Grabsteine, die Frauen als fleißige Spinnerinnen rühmen[6]) oder als Symbol ihres Fleißes das Bild eines Webstuhls tragen[7]), bestätigen die Fortdauer der Sitte, für die es an Zeugnissen auch aus der spätesten Zeit nicht fehlt[8]). Ausonius hat in den Nachrufen an seine Mutter und die Frau seines Schwestersohns ihre »in der Bereitung der Wolle emsigen Hände« nicht übergangen[9]), und auch Symmachus dankte seiner »Frau Tochter« für ein aus Bajä übersandtes Kleid, ein treffliches Denkmal ihrer Wollarbeit, das ebensosehr ihre kindliche Liebe wie ihren Fleiß als Hausfrau bewies[10]).

Wissenschaftlicher Unterricht.

Den wissenschaftlichen Unterricht erhielten die Töchter der höhern Stände ohne Zweifel im Hause, und nur geringere Leute sandten die ihren in jeder Frühe in die Schule, die der Schulmeister, »dies den Knaben und Mädchen verhaßte Haupt«[11]), in strenger Zucht hielt; und zwar scheinen Knaben und Mädchen (bis zu einem gewissen Alter vielleicht gewöhnlich) zusammen in die Schule gegangen zu sein. Martial fragt, ob es für einen Dichter wünschenswert sei, daß ein aufgeblasener Lehrer seine Gedichte mit heiserer Stimme vorlese und er dadurch heranwachsenden Mädchen und guten Jungen verhaßt werde[12]). Das Grabdenkmal eines Schulmeisters zu Capua zeigt einen ältern Mann auf einem erhöhten Stuhle sitzend, zu seiner Rechten einen Knaben, zu seiner Linken ein Mädchen[13]). Nach Paulus von Ägina sollte der Unterricht im Lesen und Schreiben

1) Prop. I 3, 41. III 6, 15 f. (vgl. aber Rothstein z. d. St.). 2) Tibull. I 3, 85 ff. 3) Columella XII praef. 9. Die Angaben der *pensa* von 11 Sklavinnen auf der Wand des *textrinum* in einem Pompejanischen Hause CIL IV 1507 (add. p. 208). 4) Muson. Ruf. bei Stob. Anth. II 31, 126 (Bd. II 246 Wachsm.). 5) Tertullian. Exhort. castit. 12. 6) CIL II 1699. VI 11602 (Dessau 8402) = Buecheler, Carm. ep. 1123, 3. 237, 2. 7) De Rossi, Inscr. Christ. I S. 22. Marquardt, Privatl.² 58, 2. 8) Hieron. epist. 117, 8. 9) Auson. Parental. 2, 4. 16, 4. 10) Symmach. ep. VI 67. Vgl. auch Dig. XXIV 1, 29 § 1—31 § 1. 11) Martial. IX 68, 2. 12) ebd. VIII 3, 15 f. 13) Nissen, Hermes I 1866 S. 147 (CIL X 3969 = Dessau 7763, Buecheler, Carm. ep. 91). Auson. epist. 22, 33 p. 263 Peip. sagt in der Schilderung der Schule für seinen Enkel: *haec olim genitorque tuus genetrixque secuti.* Philostrat. Imag. I 12, 3 (vgl. Rohde, D. griech. Roman³ 156, 2). Γραμματοδιδάσκαλοι für den (doch wohl gemeinsamen) Unterricht von Knaben und Mädchen in Teos, Dittenberger, Syll.³ 578 Z. 9; vgl. Ziebarth, Aus dem griech. Schulwesen² S. 39 f. 93 f. Auch an den von dem jüngern Scipio in der Rede *contra legem iudiciariam Ti. Gracchi* erwähnten *ludus saltatorius* von *virgines puerique ingenui* mag hier miterinnert werden: *plus ... in eo ludo vidi pueris virginibusque quinquaginta, in his unum ... puerum bullatum ... non minorem annis duodecim* (die übrigen also jünger), Macrob. Sat. III 14, 7. Auch im Kalifenreiche besuchten Knaben und Mädchen öffentliche Schulen zusammen und entstanden dort Liebesverhältnisse (v. Kremer, Kulturgesch. d. Orients II 133).

bei beiden Geschlechtern mit dem sechsten und siebenten Jahre beginnen[1]). Aus den seltnen Erwähnungen des höhern Mädchenunterrichts darf man schließen, daß er ebenso wie der der Knaben wesentlich in der Lesung und Erklärung der geeigneten Dichter beider Sprachen bestand. Knaben und Mädchen, sagt Ovid, lesen die Stücke des Menander, obwohl in jedem eine Liebesgeschichte vorkommt[2]). Martial nennt Tragödien und Epen als Gedichte, die in den (von beiden Geschlechtern besuchten) Schulen gelesen wurden[3]), und noch Claudianus rühmt von der Braut des Honorius, Maria, daß sie nicht aufhöre, unter Anleitung ihrer Mutter griechische und römische Dichter zu lesen, und nennt von den erstern Homer, Orpheus und Sappho[4]). Ein christlicher Dichter aus der letzten Zeit des Altertums sagt, daß die christlichen Lehrer selbst daran schuld seien, wenn die Mädchen statt der Schriften des Paulus und Salomo Vergil, Ovid, Horaz und Terenz lesen[5]). Mitunter mochten sich wohl unerwünschte Verhältnisse zwischen Lehrern und Schülerinnen ergeben. Q. Cäcilius Epirota, ein Freigelassener von Ciceros Freunde Atticus und namhafter Gelehrter, unterrichtete die Tochter seines Patrons nach ihrer Vermählung mit M. Agrippa; er wurde wegen des Verdachts eines Liebesverhältnisses mit seiner Schülerin entlassen[6]). Wenn hier die Schülerin bereits vermählt war, so kann doch die Gefahr der Verführung, die Quintilian nur in bezug auf den Privatunterricht der Knaben hervorhebt[7]), für Mädchen nicht geringer gewesen sein.

Unterricht in Musik und Tanz.

Besondrer Wert wurde auf die Ausbildung der Mädchen in Musik und Tanz gelegt[8]). Catilinas Freundin Sempronia, in griechischer und römischer Literatur gebildet, tanzte und spielte besser, »als für eine rechtschaffne Frau erforderlich ist«[9]). Angesehene Musiker wie Demetrius und Tigellius brachten schon in der Zeit des Horaz einen großen Teil des Tags neben den Lehnsesseln ihrer Schülerinnen zu[10]). In einer Liebeselegie, in der er seine Empfänglichkeit für alle weiblichen Reize und Vorzüge schildert, nennt Ovid als für ihn unwiderstehlich den süßen Gesang einer wohlgeschulten Stimme, die Kunst einer fertigen Hand, die klagenden Saiten zu durchlaufen, und die anmutigen Bewegungen einer geübten Tänzerin[11]). Die Geliebte des Properz, eine Hostia, war in beiden Künsten ausgezeichnet[12]). Der Dichter Statius rühmt seine Stieftochter als ein vollkommen gebildetes Mädchen. Sie werde, versichert er seiner Frau, bald einen Mann finden, wenigstens verdiene sie es durch die Vorzüge des Geistes und der Gestalt; mag sie die Laute schlagen oder väterliche Gedichte nach eignen Melodien singen oder die weißen Arme gefällig im Tanze bewegen. Doch Talent und Kunst wird bei ihr durch Trefflichkeit des Gemüts und Sittsamkeit

1) Paul. Aegin. I 14. 2) Ovid. Trist. II 369 f.; vgl. auch Plin. epist. V 16, 3; Leseunterricht eines Mädchens Jahn, Wandgemälde des Columbar. d. Villa Pamfili (Abhandl. d. Münch. Akad. VIII 2, 1857) Taf. V 15; vgl. Helbig, Wandgem. nr. 1463. 3) Martial. VIII 3, 13 ff. 4) Claudian. Epithal. de nupt. Honor. 232 ff. 5) S. Paulini epigr. 75 ff. 6) Sueton. de gramm. 16. 7) Quintil. I 2, 4; vgl. oben S. 179. 8) Vgl. unten [II 183]. 9) Sallust. Catilin. 25, 2; vgl. Macr. Sat. III 14, 5. 10) Horat. Sat. I 10, 90 f. 11) Ovid. Amor. II 4, 25 ff., vgl. 11, 31 *legisse libellos, Threiciam digitis increpuisse lyram;* ars am. III 311 ff. Einem achtjährigen Mädchen wird in ihrer Grabschrift (CIL VI 18324 = Buecheler, Carm. epigr. 1126, 3 ff.) nachgerühmt: *lascivia surgere ... coeperat et dulces fingere nequitias. quodsi longa tuae mansissent tempora vitae, doctior in terris nulla puella foret.* 12) Propert. II 3, 17—20.

noch übertroffen[1]). Auf Grabdenkmälern bezeichnet zuweilen die Kithara in der Hand der Mädchen die weibliche, wie die Schriftrolle in der der Jünglinge die männliche Bildung[2]); und wenn Hieronymus von der christlichen Jungfrau verlangt, daß sie für die Orgel taub sein, von Flöte, Lyra und Kithara nichts wissen solle[3]), so geht daraus hervor, daß in der heidnischen Welt die Ausbildung in der Musik noch immer ein wesentlicher Bestandteil des Mädchenunterrichts war. Die Kunst des Tanzes bestand vorzugsweise in rhythmischen Bewegungen des Oberkörpers und der Arme, und wie die heutigen Nationaltänze, die diesen Charakter im ganzen bewahrt haben, nicht am wenigsten zu der Grazie in Gang und Haltung beitragen, welche die Römerinnen so sehr auszeichnet, so haben sie im Altertum ohne Zweifel ähnliche Wirkungen geübt. Ein edler Gang wurde an Frauen besonders geschätzt. Nicht bloß Ovid sagt, es liege auch im Gange ein nicht gering zu achtender Teil des Reizes[4]): selbst auf einer Grabschrift aus der Zeit der Republik wird von der Verstorbenen gerühmt: »sie war von artiger Rede und von edlem Gang«[5]). Außer dem Gesange lernten die Mädchen auch auf Saiteninstrumenten spielen; einige derselben wurden als weichlich und aufregend von strengen Beurteilern verworfen[6]), sowie manche griechische Tänze[7]). Von ihrer Gesangskunst legten sie auch wohl öffentliche Proben ab. An Bettagen und Götterfesten, so auch bei den Säkularfeiern[8]), gingen Chöre von dreimal neun Jungfrauen aus edlen Familien Hymnen singend der Prozession voraus[9]); manche Frau, so hoffte Horaz, werde sich einst erinnern, wie sie als Mädchen das von ihm gedichtete Festlied gelernt und geübt habe[10]). Bei Augustus Bestattung sangen Kinder beiderlei Geschlechts aus den vornehmsten Familien die Totenklage[11]). Bei der der Apotheose eines Kaisers vorausgehenden Totenfeier auf dem Forum sang an der Bahre ein Chor edler Knaben und ein Chor edler Frauen Lobgesänge auf den Verstorbenen, die in klagenden und feierlichen Weisen gesetzt waren[12]). Übrigens scheinen Mädchen und Frauen sehr gewöhnlich die Fertigkeit erworben zu haben, Texte von Dichtern nach selbstgesetzten Melodien zur Laute vorzutragen, was nicht bloß Statius von seiner Stieftochter, sondern auch der jüngere Plinius von seiner Gemahlin rühmt[13]).

Vermählung bald nach dem zwölften Jahre.

Unter solchen Beschäftigungen und Unterhaltungen, unter der Aufsicht von Wärterinnen und Pädagogen[14]), reifte das Kind zur Jungfrau. Das Bild eines liebenswürdigen und wohlerzognen Mädchens aus vornehmem Hause gibt uns

1) Stat. Silv. III 5, 63 ff. 2) Jahn, Abhandl. d. Sächs. Ges. d. Wiss. V 1868 S. 291, 107. Vgl. die Grabschriften CIL VI 17050. XI 6249 = Buecheler 1301. 1302 und die einer Petronia Musa IG XIV 1942 = Kaibel, Epigr. Gr. 551. Einer Kleopatra schenkte die Muse σοφίαν καὶ πακτίδα τὰν φιλέραστον συμφωνίαν ἐρατοῖς μειξαμένα μέλεσιν IG XIV 793 = Kaibel 560, 5 f. 3) Hieronym. ep. 107, 8. 4) Ovid. ars am. III 299. 5) CIL VI 15346 = Dessau 8403 (Buecheler, Carm. ep. 52, 7). 6) Quintilian. I 10, 31. 7) Horat. Carm. III 6, 22 ff. 8) Mommsen, Ges. Schr. VIII 601 f.; zu Ehren der Großen Mutter Ovid. Trist. II 23 f. (vgl. Wissowa, Relig. u. Kultus² S. 319, 1), zu Ehren der Venus Horat. Carm. IV 1, 25 ff., bei Festfeiern des Caligula Suet. Calig. 16, 4. Cass. Dio LIX 7, 1. 9) Wissowa a. a. O. 426. 10) Horat. Carm. IV 6, 41 ff. 11) Sueton. Aug. 100, 2. 12) Herodian. IV 2, 5. Rufus bei Oribas. III p. 85 Daremb. sagt in einem Abschnitt über Mädchenerziehung: ἔοικε δὲ καὶ τὰ τῶν χορῶν ἐξευρῆσθαι οὐ μόνον εἰς τιμὴν τοῦ θείου, ἀλλὰ καὶ εἰς ὑγίειαν. διπλοῦς δὲ ἐνταῦθα ὁ πόνος, καὶ τῇ ὀρχήσει καὶ τῇ ᾠδῇ. 13) Plin. ep. IV 19, 4. 14) Vgl. auch Cic. ad Att. 33, 2.

der jüngere Plinius[1]) in seinem Lobe der kurz vor der Hochzeit verstorbenen Tochter des C. Minicius Fundanus (Konsul 107)[2]). »Noch war sie nicht volle dreizehn Jahre alt, und schon hatte sie die Klugheit des Alters und die Würde einer Frau, und doch mädchenhafte Anmut mit jungfräulicher Züchtigkeit vereint. Wie hing sie am Halse des Vaters! Wie liebevoll und sittsam zugleich umarmte sie uns väterliche Freunde! Wie liebte sie ihre Wärterinnen, Pädagogen und Lehrer, jeden nach seinem Amt! Wie fleißig, mit welchem Verständnis trieb sie ihre Studien! Wie selten und vernünftig spielte sie! Mit welcher Fassung, Geduld und Kraft ertrug sie ihre letzte Krankheit!« Die marmorne Aschenurne dieser jungen Braut ist in einem Grabmal auf Monte Mario gleich hinter der Villa Mellini gefunden worden. Nach der Inschrift ist sie im Alter von 12 Jahren 11 Monaten und 7 Tagen gestorben[3]).

Schon früh suchten, wie gesagt, die Eltern das künftige Schicksal einer Tochter durch eine angemessne und glückverheißende Heirat zu sichern. Die zur Ehe erforderliche Volljährigkeit trat schon mit dem zurückgelegten zwölften Jahre ein[4]); in der Grabschrift eines gerade zwölfjährig verstorbenen Mädchens heißt es, daß ihr Alter ihr die Aussicht auf Hochzeit und Ehe gab[5]). Zuweilen wurden die Mädchen schon früher dem verlobten Gatten zugeführt, erreichten dann aber die gesetzmäßigen Gattinnenrechte erst mit der Vollendung des zwölften Jahrs[6]). Wegen eines vorher begangnen Ehebruchs konnten sie (nach einem Reskript des Septimius Severus) zwar nicht als Gattinnen, wohl aber als Verlobte angeklagt werden[7]). Man darf annehmen, daß die Mädchen in der Regel zwischen dem dreizehnten und sechzehnten oder siebzehnten Jahre vermählt wurden[8]). Der Arzt Rufus (unter Trajan), der das von Hesiod empfohlne Alter von 18 Jahren für das normale hält, gibt zu, daß es »nach den gegenwärtigen Verhältnissen« ein spätes sei[9]). Eine Frau, die zwanzig Jahre alt geworden war, ohne Mutter zu sein, verfiel schon den Strafen, die Augustus über Ehe- und Kinderlosigkeit verhängt hatte[10]); hier also war das achtzehnte und neunzehnte Jahr als äußerste Grenze für die Schließung der Ehe in naturgemäßem Alter angesehen. Ohne Zweifel war der Wille der Eltern in der Regel für die Töchter durchaus und allein entscheidend; er mußte es auch, abgesehen von der väterlichen Gewalt, schon wegen der unerfahrnen Jugend der letztern sein. Zwar war der Konsens der Tochter zur Verlobung und Heirat notwendig, doch wurde er vorausgesetzt, wenn sie keinen Widerspruch erhob, und dieser war ihr nur gestattet, wenn der Vater einen schimpflichen oder durch seinen Charakter unwürdigen Verlobten für sie wählte[11]).

1) Plin. ep. V 16, 2 f. 2) CIL I² p. 59; vgl. Mommsen, Ges. Schrift. IV 381 f. 3) CIL VI 16631 = Dessau 1030. Die in demselben Gewölbe gefundne Urne mit der Inschrift *d. m. Statoriae M. fil. Marcellae* (CIL VI 16632) ist wahrscheinlich die der Mutter, die vor der Tochter gestorben war, da sie bei Plinius nicht erwähnt wird; vgl. Lanciani, Bull. arch. com. IX 1881, 23 ff. 4) Roßbach, Die röm. Ehe S. 417 f. 5) CIL IX 1817 = Buecheler, Carm. ep. 1055, 5 f. 6) Pomponius Dig. XXIII 2, 4, vgl. XXIV 1, 32 § 27. 7) Ulpian. Dig. XLVIII 5, 14 § 8. 8) Vgl. den Anhang XI. 9) Bei Oribas. III p. 83 Daremb. 10) Ulpian. reg. 16, 1. Die Altersbestimmungen enthielt erst die Lex Papia Poppaea, ein die Lex Julia ergänzendes und verschärfendes Nachtragsgesetz. Joers, Über das Verhältnis der lex Julia de marit. ordinib. zur lex Papia Poppaea (Bonn 1882) S. 10 ff. 11) Ulpian. Dig. XXIII 1, 12.

Wahl eines Schwiegersohns.

Gewiß sehr häufig war die Eingehung der Ehe nur Sache der Konvenienz zwischen zwei Familien. Einige Belehrung über die Gesichtspunkte, die bei der Wahl eines Schwiegersohns in guten Familien der höhern Stände die leitenden waren, gibt ein Brief des jüngern Plinius. Sein Freund Junius Mauricus hatte ihn ersucht, für die Tochter seines Bruders Arulenus Rusticus einen Gemahl vorzuschlagen. Plinius nennt einen jüngern Freund, Minucius Acilianus, der über dreißig Jahre alt war, da er schon die Prätur bekleidet hatte. Er war aus Brixia gebürtig, einer der Städte Norditaliens, in denen man noch auf gute alte Sitte hielt. Sein Vater gehörte zu den Ersten des Ritterstands, seine Großmutter war eine Frau von hoher Sittenstrenge, auch sein Oheim ein trefflicher Mann: überhaupt in der ganzen Familie nichts, was Mauricus nicht gefallen würde. Der Empfohlene war ein Mann von großer Energie und Tätigkeit und dabei nicht minder großer Bescheidenheit. Er hatte ein edles Gesicht, eine gesunde frische Wangenröte, eine Gestalt von edler Schönheit, einen vornehmen (senatorischen) Anstand. »Dergleichen muß man nicht gering achten; denn es gebührt den Mädchen gleichsam als Preis der Keuschheit. Ich weiß nicht, ob ich hinzufügen soll, daß der Vater ein sehr großes Vermögen besitzt. Denn wenn ich an euch denke, für die ich einen Schwiegersohn vorschlage, glaube ich davon schweigen zu müssen; blicke ich dagegen auf unsre Sitten und auch auf die Staatseinrichtungen, die ja ganz vorzugsweise auf das Vermögen Rücksicht nehmen, so meine ich es nicht übergehen zu dürfen. In der Tat, wenn man an die Nachkommenschaft und zwar eine zahlreiche denkt, so muß man bei der Wahl eines Gatten auch diesen Punkt in Betracht ziehen«[1]). Daß das Vermögen bei der Wahl sehr häufig den Ausschlag gab, bedarf kaum der Bestätigung durch ausdrückliche Zeugnisse. Horaz zählt unter die Güter, die das allmächtige Geld verschafft, auch eine Frau mit reicher Mitgift[2]), und Juvenal fragt, ob schon je ein Schwiegersohn annehmbar gefunden worden sei, der dem Mädchen an Vermögen nachstand[3]). Daß auf beiden Seiten Stand und Herkunft berücksichtigt wurde, ist ebenfalls selbstverständlich. Agricola heiratete die Tochter einer Familie von ritterlichem Adel, und diese Ehe gereichte ihm bei seinem Streben nach höhern Stellungen zur Empfehlung und Unterstützung[4]).

Heiratsalter der Männer.

In der Regel werden übrigens die Männer in früherm Alter geheiratet haben als der von Plinius Empfohlene. Die von Augustus für Kinderlosigkeit festgesetzten Strafen traten für Männer mit dem Alter von mehr als 25 Jahren in Kraft[5]). Ummidius Quadratus hätte im Alter von weniger als 24 Jahren schon Vater sein können[6]); Agricola war es im Alter von 23[7]); als Tacitus dessen dreizehnjährige Tochter heiratete, war er höchstens 23 Jahre alt[8]); Ovid bei seiner ersten Verheiratung »fast noch ein Knabe«[9]). In dem Roman des Apulejus ist eine Braut nur um drei Jahre jünger als ihr mit ihr seit frühester Jugend verlobter und zusammen aufgewachsner Bräutigam[10]). Nach den bisher bekannten, allerdings nicht zahlreichen Angaben scheinen selbst in den mittlern

1) Plin. ep. I 14, 3—9. 2) Horat. Ep. I 6, 36f. 3) Juv. 3, 160f. 4) Tac. Agric. 6. 5) Ulpian. reg. 16, 1. 6) Plin. ep. VII 24, 3. 7) »Ende 62 oder Anfang 63« (er war 40 geboren), Mommsen, Ges. Schrift. IV 414, 7, vgl. Urlichs, De vita et honoribus Agricolae S. 11. 8) Schwabe, Real-Encykl. IV 1568. 9) Ovid. Trist. IV 10, 69. 10) Apul. Met. IV 26.

und untern Ständen Ehen von Männern unter 18 (vielleicht sogar unter 20) Jahren Ausnahmen gewesen zu sein[1]); womit ja auch die Bestimmung des Augustus über die Strafen der Kinderlosen sich sehr wohl vereinigen läßt. Auf keinen Fall sind wir zu der Annahme berechtigt, daß Ehen »halbwüchsiger Buben« [2]) zu irgendeiner Zeit die Regel waren. Im Senatorenstande mag für die jungen Männer die Bekleidung des ersten Amts, der Quästur (die man in der Regel im fünfundzwanzigsten Jahre erhielt), oft eine Vorbedingung der Eheschließung gewesen sein. Helvidius Priscus war von Pätus Thrasea »noch als Quästorier« zum Schwiegersohn gewählt worden[3]). Junius Avitus, der als designierter Ädil starb, hatte ein Jahr vorher geheiratet und war eben Vater geworden[4]).

Oft wurden die Töchter schon als Kinder verlobt[5]), und die Verlobungen erfolgten gewöhnlich durch Mittelspersonen[6]); für freien und werben hat die lateinische Sprache kein Wort. In Rom scheint es auch Makler gegeben zu haben, die in eignen Bureaus die Vermittlung von Heiraten als Geschäft betrieben[7]). Die Fürsprecher oder die jungen Männer selbst wandten sich natürlich an die Eltern oder Vormünder der Mädchen. Die Verlobung wurde festlich, im Beisein einer großen, zur Feier geschmückten Gesellschaft begangen[8]). Der ältere Plinius hatte Lollia Paullina, einst Caligulas Gemahlin, bei einem Verlobungsschmause in einer nicht gerade vornehmen Familie mit einem im Lampenscheine funkelnden Schmuck von Smaragden und Perlen angetan gesehen, der 40 Millionen Sesterzen (8,7 Millionen Mark) gekostet hatte, wie die Trägerin aus den Rechnungen zu beweisen sofort bereit war[9]). Daß bei der Verlobung die Frage der Mitgift eine sehr wichtige, wenn nicht die wichtigste war, versteht sich von selbst. Nach dem Traumbuche des Artemidor bedeuten Träume von Kindern zwar immer Kummer und Sorgen, denn ohne diese kann man sie nicht aufziehen; doch ist es schlimmer, von einer Tochter als von einem Sohn zu träumen, es bedeutet einen Verlust, weil eine Tochter der Mitgift bedarf, es ist dasselbe, wie wenn man von einem Gläubiger träumt. »Denn auch die Forderung der Tochter ist eine unabweisbare, und wenn sie mit vielen Sorgen erzogen ist, geht sie mit der Mitgift davon, wie ein Gläubiger mit der geliehenen Summe« [10]).

Verlobung.

Mitgift.

Übrigens scheint die Verlobung, auch wenn sie Jahre dauerte[11]), in dem Verhältnis der zukünftigen Gatten nichts geändert zu haben. Ein bräutliches Verhältnis gab es nicht; die Römer so wenig wie die Griechen[12]) haben einen Aus-

1) Heirat (eines Gladiators) im Alter von 15 Jahren CIL V 5933 = Dessau 5115. Vgl. CIL III 8739 = Buecheler, Carm. ep. 1148, 3 f. (Grabstein, wohl aus Salona; die Mutter des Verstorbnen spricht: *intra ter quinos infelix occidit annos, sic illi coniunx, sic toga pura data est*). Von 17 Jahren CIL III 2868. VI 23115. Von 18—19 Jahren CIL V 7946. VI 21474. XI 1258. 3943. Von 20 bis 21 Jahren CIL II 6085. III 2272. V 1074. VI 3860. 19172. Paulin. Pell. Eucharist. 176 ff. Von 22 bis 23 Jahren CIL V 7404. VI 2160. Von 26 Jahren CIL VI 2256. 2) Nissen, Ital. Landesk. I 412. 3) Tac. Hist. IV 5; vgl. Sueton. Tiber. 35, 2. 4) Plin. ep. VIII 23, 8. 5) Vgl. den Anhang XI. 6) Ulpian. Dig. XXIII 1, 18; vgl. Petron. 74, 15 mit Friedlaenders Anmerkung. 7) Cod. Just. V 1, 6, vgl. Ulpian. Dig. L 14, 3. 8) Cic. ad Quint. fr. II 5, 2. Fest. p. 245 M. Seneca de benef. IV 39, 3. Plin. ep. I 9, 2. Sueton. Aug. 53, 3 (*in turba sponsaliorum die vexatus*). Tertull. De idolol. 16. Sponsalia am Todestage des C. Caesar in Pisa verboten: CIL XI 1421 = Dessau 140 Z. 28. 9) Plin. n. h. IX 117. 10) Artemidor. I 15. III 41. Martial. VII 10, 14: *poscit iam dotem filia grandis* Dig. XXIII 2, 19. 11) Gai. Dig. XXIII 1, 17. 12) Lehrs, Populäre Aufsätze² S. 112 f.

druck wie das deutsche Wort Braut[1]), der die aus dem Mädchenstand in die Ehe tretende Jungfrau in einer Art von Weihe und Verklärung erscheinen läßt. Der Verlobte schenkte seiner zukünftigen Gattin außer andern Brautgaben[2]) einen eisernen Ring ohne Stein (weil eiserne Ringe in älterer Zeit von Männern als Siegelringe allgemein getragen wurden)[3]), später einen goldnen als Pfand der Treue, erhielt aber keinen von ihr zurück[4]); dieser Ring hat also mit dem bei uns üblichen Verlobungsringe nur eine entfernte Ähnlichkeit. Nahte dann die Hochzeit, so gab die Anschaffung des hochzeitlichen Schmucks, die Ausstattung, die Auswahl, Vervollständigung und Ausrüstung der Dienerschaft, welche der jungen Frau in das neue Haus folgen sollte, allen Hausgenossen zu schaffen und zu sorgen. Der jüngere Plinius sendet einem (unbekannten) Quintilian, der nur ein mäßiges Vermögen hatte, seine Tochter aber an einen Mann verheiratete, dessen amtliche Stellung einen gewissen Glanz erforderte, zur Ausstattung derselben mit Kleidern und Dienerschaft ein Geschenk von 50000 Sesterzen (10875 Mark), da er sich wie ein zweiter Vater der Braut betrachte, mit der Bemerkung, daß seine Beisteuer nur deshalb so klein sei, weil er glaube, daß Quintilian sich durch seine Bescheidenheit von der Annahme einer größern abhalten lassen würde[5]). Daß ein reicher Schmuck, namentlich Perlen und Edelsteine, bei der Ausstattung einer Braut aus vornehmem Hause nicht fehlen durfte, ist selbstverständlich[6]). Zum Teil werden kostbare Schmuckgegenstände zu den regelmäßigen Gaben des Bräutigams gehört haben[7]). Die Jungfrau nahm von ihrer Kindheit Abschied, indem sie ihre Puppen und andres Spielzeug den Gottheiten weihte, die ihre Kindheit beschützt hatten[8]), und endlich kam der Tag, an dem die Mutter die Tochter zu dem bedeutungsvollen Gange schmückte[9]). Der Hauptteil des Brautschmucks war ein viereckiges, feuerfarbnes Kopftuch, das auf den Seiten und hinten herabfallend das Gesicht freiließ[10]).

Hochzeitsfeier. Schon in der ersten Frühe füllten sich die Wohnungen beider Verlobten mit Freunden, Verwandten und Klienten[11]), die zugleich bei der Unterzeichnung des Ehekontrakts als Zeugen dienten[12]). Beide Häuser prangten in festlicher

1) Über das Wort *brutes* = Braut auf moesischen Soldateninschriften (CIL III 12377. 12666) vgl. v. Domaszewski, N. Heidelb. Jahrb. III 1893 S. 193ff. Gundermann, Zeitschr. f. deutsche Wortforsch. I 1900 S. 240ff. 2) Dig. XVI 3, 25 pr. Cod. Just. V 1—3. Cod. Theod. III 5. 3) Mommsen StR. III 514, 3. 517, 3. 4) *Ferreus anulus isque sine gemma* Plin. n. h. XXXIII 12; vgl. Juv. 6, 25ff. Dig. XXIV 1, 36 § 1; nach Isidor. de eccl. off. II 20, 8 (vgl. Gell. X 10, 1) wurde er am vierten Finger getragen. Marquardt, Privatl.² 41f. Einen goldnen Ring nennt Tertullian. Apol. 6 (*anulus pronubus*) und Clem. Al. Paed. III 11, 57 p. 268 St. Über Verlobungs- und Eheringe im erhaltnen Denkmälervorrat s. namentlich F. Henkel, Die röm. Fingerringe der Rheinlande (1913) S. 337ff.; besonders interessant nr. 87 (= CIL XIII 10024, 56, dazu Buecheler, Glotta I 1909 S. 4). Vgl. auch Reifferscheid, Annali d. Inst. 1867 S. 356 mit tav. d'agg. H 1. Auch in Venedig gab im 16. Jahrhundert der Verlobte der Braut einen goldnen Ring als Pfand der Treue. Molmenti, Vie privée à Venise S. 278. 5) Plin. ep. VI 32. 6) ebd. V 16, 7. 7) Hist. aug. Maxim. duo 27, 7f. 8) Persius 2, 70 u. schol. Schol. Horat. sat. I 5, 66. Arnob. II 67; vgl. Varro sat. Men. frg. 463f. Buech. 9) Claud. De VI cos. Honor. 523ff. 10) Roßbach, Die röm. Ehe S. 279ff. Samter, Familienfeste d. Griechen u. Römer (1901) S. 47ff. Juv. 2, 124; *segmenta et longos habitus et flammea sumit.* Im folgenden sind nur diejenigen Züge der Hochzeitsfeier aufgenommen, die für jene Zeit ausdrücklich bezeugt sind. 11) Stat. Silv. I 2, 229ff. Juv. 2, 132ff. (über den Ausdruck *officium* vgl. Roßbach a. a. O. S. 293 Anm. 920). 12) Zehn Zeugen waren noch in späterer Zeit üblich, Ambros. de lapsu virg. consecr. 5, 20 (Migne lat. XVI 372).

Erleuchtung, besonders die Atrien, in denen die Schränke der Ahnenbilder geöffnet waren[1]), mit ausgehängten Teppichen, Kränzen und grünen Zweigen[2]). Die Brautführerin[3]) gab das Paar zusammen, das nunmehr an den Altar trat, um ein Opfer zu bringen[4]). Auch in den Tempeln wurde den Göttern geopfert[5]); auf den Straßen, durch welche der Hochzeitszug gehen sollte, drängte sich die Menge, um das Schauspiel zu sehen. Zuweilen scheinen dazu selbst Gerüste aufgeschlagen worden zu sein[6]). In alter Zeit war die Verlobte erst beim Aufgang des Abendsterns in das Haus ihres Gatten geleitet worden; dies war zwar längst außer Gebrauch gekommen, aber noch immer leuchteten Fackeln bei der Heimführung der Braut[7]) und bestrahlten die Häuser der Straßen[8]). Der Klang der Flöten mischte sich mit dem Jubel ausgelassner Gesänge[9]). Die Braut ward über die Schwelle ihres neuen Hauses gehoben[10]), und falls nicht schon das Hochzeitsmahl in ihrem elterlichen Hause stattgefunden hatte[11]), beschloß ein Schmaus im Hause des jungen Ehemanns, an dessen Seite die Neuvermählte lag, das Fest[12]). Den Luxus dieser Mahlzeiten hatte Augustus durch ein Gesetz einzuschränken gesucht; für Hochzeit und Nachfeier sollten nicht mehr als 1000 Sesterzen (217 Mark) ausgegeben werden; die Geringfügigkeit dieser Summe läßt kaum glauben, daß die Bestimmung je beobachtet worden ist[13]). Die Kosten dieses Schmauses wurden (abgesehen von den Massenbewirtungen und Geldverteilungen an Klienten) noch durch die Sitte erhöht, den Gästen als Anerkennung der dem Hause erwiesnen Ehre ein Geldgeschenk zu überreichen. Paare, welche diese rauschenden Festlichkeiten und großen Ausgaben zu vermeiden wünschten, begingen ihre Vermählung in der Stille eines ländlichen Aufenthalts; sie hatten dadurch zugleich den Vorteil, den »vielen und lästigen« Einladungen zu Festmahlzeiten zu entgehen, mit denen Neuvermählte überhäuft zu werden pflegten. So verfuhren wenigstens Apulejus und Pudentilla in Oea (Afrika)[14]); daß die Sitte aber in den übrigen Provinzen und in Rom dieselbe war, darf man wohl unbedenklich annehmen.

Unmittelbare Versetzung aus der Kinderstube ins Leben.

Der Eintritt in die Ehe mußte bei der großen Jugend der Frauen in der Regel ein jäher Übergang aus unbedingter Abhängigkeit in unbeschränkte Freiheit sein, eine plötzliche unermeßliche Erweiterung des Lebenshorizonts: denn daß die Mädchen überall, wo man auf gute Sitte hielt, in ziemlich strenger Abgeschlossenheit gehalten wurden[15]), darf man schon nach der Analogie der

1) Seneca Controv. VII 6, 10. 2) Stat. a. a. O. 231. Juv. 6, 51 f. 79. 227 f. Lucan. II 354. Claudian. Epithal. in nupt. Honor. Aug. 205 ff. Plut. amator. 10. Vgl. überhaupt Apul. Metam. IV 33. Tac. A. XI 27. 3) Sidon. Apoll. ep. II 10, 4 *novam nuptam nihil minus quam pulchrior pronuba decet.* I 5, 11 *cycladem pronuba ... deponit;* vgl. Stat. silv. I 2, 11 ff. Claudian. c. min. 25, 128 ff. Marquardt a. a. O. 49 ff. 4) Ein Opfer neben der Darstellung der *dextrarum iunctio* häufig auf Sarkophagen, vgl. Roßbach, Röm. Hochzeits- und Ehedenkmäler (1871) S. 11 ff. Die *auspices* (Tac. A. XI 27. XV 37. Suet. Claud. 26, 2. Juven. 10, 336; vgl. die *nuptialia omina* Stat. a. a. O. 229) haben keine sacrale Funktion mehr, sondern sind zu bloßen Trauzeugen geworden. 5) Seneca Oct. 699 ff. Tac. A. XI 27. 6) Juv. 6, 78 (mit der Anm. von Heinrich; vgl. auch Tac. A. XIV 13). 7) Martial. XII 42, 3. 8) Statius a. a. O. 231; vgl. Anthol. lat. 742, 59 R. 9) Roßbach, Röm. Ehe S. 340 ff. Marquardt S. 54. 10) Roßbach S. 359 f.; noch Optat. Milev. de schism. Donat. VI 4 p. 151, 17 Ziwsa erwähnt den Brauch. 11) Marquardt S. 52 f. 12) Cass. Dio XLVIII 44, 3. Juv. 2, 120. Tac. A. XI 27. 13) Gell. II 24, 14. Roßbach S. 326. 14) Apul. Apol. 87. 15) Vereinzelt finden sich Zeugnisse für ein Vereinsleben junger Mädchen. In Reate war ein im 18. Lebensjahre verstorbnes Mädchen Mitglied des *corpus iuvenum* (CIL IX 4696); in der Gegend von Mai-

gegenwärtigen Mädchenerziehung in den südlichen Ländern voraussetzen. Wenn Ovid zur Entschuldigung der Frivolität seiner Gedichte sagt, daß sie noch lange nicht so unzüchtig seien wie die Mimen, deren Aufführungen doch Frauen und erwachsne Mädchen beiwohnten[1]), so ist es schwer zu glauben, daß die letztern aus guten Familien waren. In diesen dürfte man die Töchter vielmehr wie in alter Zeit auch von Gastmählern ferngehalten haben, bei denen sie in Gefahr waren, Reden zu hören, die sich für ein jungfräuliches Ohr nicht eigneten[2]). In der Tat traten wohl die Töchter edler Häuser aus der Kinderstube unmittelbar in die Ehe, was auch die oben angeführten Äußerungen des jüngern Plinius über die Tochter des Minicius Fundanus bestätigen. Beinahe eben noch in den engsten Raum gebannt, sahen sie sich nun mit einem Schlage in eine weite, glanzerfüllte, farbenprangende Welt versetzt. Von den Genüssen und Zerstreuungen, die diese neue Welt in Überfülle und unaufhörlichem Wechsel bot, waren sie durch Sitte und Herkommen ebensowenig ausgeschlossen, wie vor ihren unzähligen Versuchungen und Gefahren geschützt.

Stellung der Frauen innerhalb des Hauses.

Im eignen Hause nahmen sie eine höchst selbständige Stellung ein. Das alte römische Familienrecht, das dem Hausherrn die unumschränkte Gewalt über alle Angehörigen verliehen hatte, hatte sich im Lauf der Jahrhunderte allmählich gelockert und endlich völlig gelöst, und die Emanzipation der Frauen war dadurch vollendet worden, daß das Gesetz ihnen das Eigentumsrecht an ihrem eingebrachten Vermögen gab. In der sogenannten freien Ehe, die in der Kaiserzeit durchaus die gewöhnliche war, ging nur die Mitgift in das Vermögen des Manns über — nicht einmal an diese war sein Anrecht unbeschränkt[3]); ihr übriges Hab und Gut behielt die Frau als Eigentum, und rechtlich stand dem Manne nicht einmal dessen Nießbrauch zu[4]). Die Gültigkeit der Schenkungen zwischen Mann und Frau war auf bestimmte Fälle beschränkt. Vermutlich kam es häufig vor, daß Frauen von dem Rechte Gebrauch machten, ihren Männern durch eine Schenkung den Ritter- oder Senatorenrang zu verschaffen[5]). Martial preist eine Nigrina, welche mit ihrem Gemahl Antistius Rusticus (der später in Cappadocien starb) ihr väterliches Vermögen geteilt hatte; sie habe ihre Liebe besser bewiesen als Euadne und Alcestis[6]). Die Unantastbarkeit des Vermögens der Frauen wurde denn auch bei betrügerischen Bankerotten mißbraucht. Hatte der Mann, der seine Zahlungen einstellte, sein Hab und Gut noch vor Erklärung seiner Insolvenz seiner Frau verschrieben, so hatten die Gläubiger keinen Anspruch darauf. Apulejus behauptet, daß der Vater seines Anklägers Herennius Rufinus bei seinem Bankerott diesen Betrug verübt und so, dürftig und entblößt, doch von seiner Schande bedeckt geblieben sei, seinem Sohne aber nichtsdestoweniger 3 Millionen hinterlassen habe[7]).

Prokuratoren.

Die Hausverwalter reicher Frauen, denen sie ihre »Edelsteine, Goldgeschirre, Weine, Lieblingssklaven« anvertrauten, werden in der Regel erprobte Frei-

land ist ein Verein von *iuvenae Corogennates* (CIL V 5907) bezeugt; vgl. Wissowa, Hermes L 1915 S. 11f.

1) Ovid. Trist. II 501. Vgl. auch Choric. ὑπὲρ τῶν ἐν Διονύσου τὸν βίον εἰκονιζόντων ed. Ch. Graux, Rev. de philol. N. S. I (1877) p. 222f. 2) Varro Menipp. 11 Buech., womit Martial. X 98, 3 und Sueton. Claud. 32 nicht im Widerspruch stehen. 3) Vgl. Girard, Geschichte u. System des röm. Rechts (deutsch v. R. v. Mayr, 1908) S. 1040ff. 4) Roßbach S. 55f. 5) Ulpian. reg. 7, 1. Dig. XXIV 1, 40—42. 6) Martial. IV 75. IX 30. 7) Apul. Apol. 75.

gelassene gewesen sein[1]). Doch häufig hatten sie außerdem ihre eignen, womöglich rechtskundigen Geschäftsführer (Prokuratoren), die natürlich bis zu einem gewissen Grade zugleich Freunde, Ratgeber und Vertraute waren. Das Grabmal einer Paulina zu Sestinum in Umbrien ist von ihrem Freunde und Prokurator Petronius Justus errichtet[2]). Ein gelehrter Freigelassener des M. Lepidus (Konsul 6 n. Chr.), namens Pudens, war Prokurator von dessen mit dem Adoptivenkel des Tiberius, Drusus († 33 n. Chr.), vermählter Tochter Ämilia Lepida, welche im Jahre 36 sich den Tod gab, um der Verurteilung wegen Ehebruchs mit einem Sklaven zu entgehen. Pudens rühmt sich in einer Inschrift, über ihre Sittlichkeit gewacht zu haben: solange er gelebt, sei sie Gemahlin des kaiserlichen Prinzen geblieben[3]). Cicero spottet in der Rede für Cäcina über Äbutius, der die Geschäfte und Prozesse der Witwe Cäsennia führte und ihr eine solche Meinung von sich beigebracht hatte, daß sie glaubte, ohne ihn könne nichts auf kluge Weise betrieben werden. Die Rolle, die er spiele, sei aus dem täglichen Leben bekannt: ein ergebner Diener der Frauen, Vertreter der Witwen, ein streitsüchtiger Verteidiger, albern und töricht unter Männern, unter Frauen rechtsgelehrt und verschmitzt[4]). Solche Verhältnisse erschienen um so bedenklicher, wenn die Erwählten schöne, stutzerhafte, junge Männer waren, die zugleich die Rolle von Cicisbeen spielten. »Wer ist das krausgelockte Männchen«, fragt Martial einen nachsichtigen Ehemann, »der deiner Frau nicht von der Seite geht, der unaufhörlich in ihr Ohr zu zischeln hat und ihren Sessel mit dem rechten Arm umfaßt hält? Er besorgt die Angelegenheiten deiner Frau? Das ist denn freilich ein zuverlässiger und strenger Mann, dem man den Prokurator schon am Gesicht ansieht. An Schärfe wird ihn selbst Aufidius Chius (ein als Ehebrecher bekannter Jurist) nicht übertreffen. Er besorgt die Angelegenheiten deiner Frau? O Tor, deine eignen Angelegenheiten besorgt er«[5]). Auch in den erdichteten Kriminalfällen, die den Rhetorenschülern zur Übung in Anklage und Verteidigung vorgelegt wurden, kam »der schöne Prokurator« vor und war vielleicht eine in Ehebruchthemen öfters verwendete Figur. Folgendes Thema wurde in Augustus Zeit zum Sprechen für und wider aufgegeben: »Ein Mann nahm nach dem Tode seiner Frau, von der er einen Sohn hatte, eine zweite, die ebenfalls einen Sohn gebar. Er hatte einen schönen Prokurator im Hause. Da zwischen Stiefmutter und Stiefsohn häufig Streit war, befahl er dem letztern, auszuziehen. Derselbe mietete eine Wohnung im Nebenhause. Man redete von einem ehebrecherischen Verhältnis des Prokurators und der Frau. Eines Tages wird der Mann in seinem Schlafzimmer ermordet gefunden, die Frau verwundet, die Zwischenmauer der beiden Häuser durchbrochen. Die Verwandten beschließen, den fünfjährigen Sohn, der bei den Eltern geschlafen hatte, zu fragen, ob er den Mörder kenne. Das Kind zeigt mit dem Finger auf den Prokurator. Der Sohn klagt den Prokurator des

---

1) Martial. XII 49; vgl. CIL VIII 8993 = Dessau 1200 *libertus et procurator patronae piissimae.* CIL X 3399. 2) CIL XI 6022. 3) CIL VI 9449 = Dessau 1848 (Buecheler, Carm. ep. 994); vgl. Borghesi, Oeuvres V 296—298 und Nipperdey zu Tac. A. VI 40. '*Videtur autem titulus, qui Lepidam non obscure reprehendit, post damnationem eius positus esse, i. e. non statim post obitum Pudentis*' Mommsen CIL V 2 p. 57* nr. 592*. 4) Cic. pro Caecin. 14. 5) Martial. V 61; über Aufidius Chius vgl. Juven. 9, 25. Fragm. iur. Vatic. 77.

Mords, dieser den Sohn des Vatermords an«[1]). Unter dem Gefolge, das die junge Frau in ihr neues Heim mitbringt, wird u. a. genannt der Prokurator »mit gekräuselten Locken, unter welchem Namen sich ein Liebhaber verbirgt«[2]). Der Astrolog Firmicus Maternus erwähnt wiederholt die Prokuratoren reicher und edler Frauen[3]), und Hieronymus ermahnt seine christlichen Freundinnen, sich nicht in Begleitung eines »Prokurators mit gekräuselten Locken« zu zeigen[4]).

Pantoffelregiment reicher Frauen.

Daß Frauen in so unabhängiger Stellung — zumal wenn sie überdies auf eine lange Ahnenreihe stolz sein konnten — häufig die Zügel des Hauswesens ergriffen und die Gebieterinnen ihrer Männer im eigentlichsten Sinne des Worts wurden[5]), liegt in der Natur der Sache. Horaz hat in seine Schilderung der Urzustände der Scythen als charakteristisch aufgenommen, daß dort nicht die »begüterte Gattin den Mann beherrscht«[6]). »Warum ich keine reiche Frau heiraten will?« fragt Martial: »weil ich nicht Lust habe, die Frau meiner Frau zu werden«[7]); er fand, daß die Ziererei und der Übermut verwöhnter schöner Knaben leichter zu ertragen war als eine Mitgift von einer Million[8]). Auch nach Juvenal gab es »nichts Unerträglicheres als eine reiche Frau«[9]). Beiläufig war schon den Römern wie den Griechen der Pantoffel das Symbol der Herrschaft der Frau über den Mann[10]).

Scheinehen, Konkubinate, Ehen mit Freigelassenen.

Auch Scheinehen, zu denen sich arme Männer für Bezahlung hingaben, wurden vermutlich nicht selten geschlossen, um die Gesetze gegen Ehelosigkeit zu umgehen und eine schrankenlose Freiheit zu genießen[11]). Seneca hatte dies in seinem Buch über die Ehe erwähnt[12]), und Martial spottet: »Deine Lälia, die dich des Gesetzes halber geheiratet hat, Quintus, kannst du in der Tat eine gesetzmäßige Gattin nennen«[13]). Tertullian spricht von der Geduld erkaufter Ehemänner gegen ihre Rivalen[14]), desgleichen Hieronymus von armen Männern, die sich dazu hergeben, nur den Namen der Gatten zu führen, und wenn sie sich den leisesten Widerspruch erlauben, fortgewiesen werden[15]). Dagegen lebten Frauen von senatorischem Stande zuweilen im Konkubinat mit Männern, die sie nach den Ehegesetzen nicht heiraten konnten, ohne ihren Stand zu verlieren, namentlich mit Freigelassenen[16]) (sowie aus demselben Grunde Senatoren mit freigelassenen Frauen); der römische Bischof Callistus (218—223) gestattete solche Verhältnisse vornehmen Frauen, die seiner Gemeinde angehörten, ausdrücklich[17]). Daß Frauen der übrigen Stände ihre Freigelassenen heirateten[18]),

1) Seneca Controv. VII 5. 2) Hieron. adv. Jovinian. I 47 (der ganze Abschnitt stammt nach Bickel, Diatribe in Senecae philos. fragm. I 1 ff. aus Theophrast περὶ γάμου, doch scheint gerade an unsrer Stelle die Bezugnahme auf römische Zustände der Kaiserzeit unverkennbar). 3) Firmic. Matern. mathes. III 6, 19. 7, 15. IV 13, 1. 4) Hieronym. ep. 54, 13. 79, 9. 5) Martial. V 37, 21 ff. 6) Horat. Carm. III 24, 19. 7) Martial. VIII 12. 8) ebd. XII 75, 6 ff. 9) Juv. 6, 460; vgl. 136 ff. 10) Pers. 5, 169, vgl. Terent. Eun. 1028. Lucian. deor. dial. 13, 2. Wolters, Athen. Mitteil. XXX 1905 S. 399 ff. 11) Scheinehen mit Verschnittnen erwähnen Tertull. ad uxor. II 8. Juven. 1, 22; vgl. 6, 366 ff. Martial. VI 67. Hieron. adv. Jovin. I 47 (wohl aus Seneca, vgl. oben Anm. 2) *in longam securamque libidinem exsectus spado.* 12) Seneca de matrimonio bei Hieron. adv. Jovinian. I 49 (vgl. dazu Bickel a. a. O. S. 188 ff.). 13) Martial. V 75. 14) Tertullian. de patient. 16. 15) Hieronym. ep. 127, 3. 16) P. Meyer, Der römische Konkubinat (1895) S. 65 f. 17) Hippolyt. Refut. haeres. IX 12, 24 p. 250, 13 Wendl.; vgl. Tertull. ad uxor. II 8. De Rossi, Bull. di archeol. cristiana IV 1866 S. 23 ff. K. J. Neumann, Hippolytus v. Rom (1902) S. 125 ff. 18) z. B. CIL VI 21657.

war seltner, als daß ehemalige Sklavinnen von ihren Herren zu rechtmäßigen Gattinnen erhoben wurden[1]), und wenigstens seit dem Anfang des 3. Jahrhunderts gesetzlich nur bei Frauen der untersten Stände zulässig[2]). Ein Freigelassener Ti. Claudius Hermes, der seine fünfundzwanzigjährige Herrin geheiratet und zweiundzwanzig Jahre »durch ihre Güte ohne Mißgunst« mit ihr gelebt hatte, sagt in der »seiner trefflichen Patronin und zugleich treuesten Gattin« gesetzten Grabschrift, daß er dank ihrer Wohltat sich für sein ganzes Leben Vertrauen und Ansehen erworben habe[3]). Dagegen lautet die Grabschrift einer von ihrem Herrn zur rechtmäßigen Gattin erhobnen Sklavin (in Aquileja): »Ich war Anicia Glycera, Freigelassene des P. Anicius. Von meinem Leben habe ich genug gesagt: ich habe mich wohl bewährt, da ich die Zufriedenheit eines guten Manns erworben; er hat mich aus niederm Range zu hoher Ehre emporgehoben«[4]). Das Verbot in einem von Augustus erlassnen Gesetze, daß die mit ihrem Patron vermählte Freigelassene sich gegen seinen Willen nicht von ihm scheiden dürfe, galt noch im Justinianischen Recht[5]).

Stellung der Frauen außerhalb des Hauses.

Nicht minder selbständig als innerhalb des Hauses war die Stellung der Römerinnen in der Gesellschaft. Auch in der frühern Zeit der Republik waren sie nie einer Einschränkung unterworfen gewesen wie die Griechinnen, deren höchster Ruhm es war, »wenn ihrer unter Männern so wenig wie möglich, weder im Lobe noch im Tadel, gedacht wurde«, und als deren Grenze die Schwelle des Hauses galt, die sie ohne Gefahr ihres Rufs nur ausnahmsweise überschreiten konnten. Wenngleich auch im alten Rom die häuslichen Tugenden an der Matrone allein oder vorzugsweise geschätzt wurden, so hatte die Sitte sie doch niemals von der Geselligkeit und Öffentlichkeit ausgeschlossen. Cornelius Nepos stellt in der Vorrede zu seinen Biographien die Hauptunterschiede zwischen griechischer und römischer Sitte zusammen. Welcher Römer, fragt er, schämt sich, seine Gattin zu einem Gastmahl zu führen, oder wessen Hausfrau bewohnt nicht den Hauptraum des Hauses und hält sich vom Verkehr fern?[6]) Auch der Besuch der Schauspiele sowie öffentlicher Orte war den römischen Frauen stets gestattet. Mit der fortschreitenden Auflösung des Familienrechts, mit dem Aufhören der alten Sittenstrenge machte sich mehr und mehr die Tendenz geltend, auch jeden äußern Zwang abzustreifen, und schon zu Anfang der Kaiserzeit war die gesellschaftliche Stellung der Römerinnen kaum noch durch irgendwelche Schranken eingeengt.

Äußerliche Auszeichnungen.

Die Ranges- und Standesverhältnisse der Frauen und die ihnen gebührenden Titel, Vorrechte und Auszeichnungen waren nicht minder genau geregelt als die der Männer[7]). Wenn, wie sich von selbst versteht, in der Regel Rang und Stand der Frau sich nach dem des Manns bestimmte[8]), so erteilten doch die Kaiser zuweilen auch Frauen, namentlich verwandten, die nicht mit Konsularen verheiratet waren[9]), den (wie es scheint, auch für sie mit Insignien verbundnen)

1) CIL V 5172 (= Dessau 8553). 7768. VI 21325. 22749. 28221. 32678. IX 888 (= Dessau 8555). X 5920 (= Dessau 6261, Buecheler, Carm. ep. 423). 6009 (= Buecheler 56). XIII 1898. 2) Ulpian. Dig. XXIII 2, 13. Vgl. Marquardt, Privatl.[2] 77, 1. 3) CIL VI 15106. 4) CIL V 1071 = Buecheler, Carm. ep. 66. 5) Ulpian. Dig. XXXVIII 11 § 1. Joers, Verhältnis der lex Julia usw. S. 19f. 6) Cornel. Nep. praef. 6. 7) Vgl. Naudet, Mém. de l'acad. d. inscript. XXV 2 (1866) S. 64f. 8) Über den Titel *clarissima femina* oben S. 145 und Anhang VIII S. 79. 9) Hist. aug. Elagabal. 4, 3.

konsularischen Rang, oder ließen ihnen (obwohl sehr selten) diesen, wenn sie in zweiter Ehe einen Mann von geringerm Rang heirateten, wie dies Elagabal seiner Tante Julia Mamäa bei der Eingehung ihrer Ehe (aus der der spätre Kaiser Alexander entsproß) mit Gessius Marcianus, einem Manne von Ritterrang, bewilligte[1]). Derselbe Kaiser erhob die Mutter seines Günstlings Hierocles, eine karische Sklavin, zu konsularischem Range[2]). Die Auszeichnungen der Konsularinnen (zu denen nach Ulpian nur die Frauen, nicht auch die Mütter der Konsulare gehörten) müssen sehr groß gewesen sein; ob ein Mann selbst vom Range der Präfekten vor ihnen den Vortritt hatte, war eine bestrittne Frage, die von Ulpian nicht mit voller Sicherheit bejaht wird[3]).

Der conventus matronarum.

Eine »Korporation der Frauen« (*conventus matronarum*), welche, ursprünglich ohne Zweifel zu religiösen Zwecken organisiert, vielleicht schon in alter Zeit bestand[4]), wird einmal im 1. Jahrhundert n. Chr. erwähnt. Agrippina, die Mutter Neros, hatte nach dem Tode ihres Gemahls Domitius dem mit einer Lepida vermählten spätern Kaiser Galba so offenbar auf alle Weise nachgestellt, daß sie in dem Frauenkonvent von der Mutter der Lepida heftig zur Rede gestellt und sogar geschlagen worden war[5]). Doch über Zusammensetzung, Verfassung und Kompetenz dieser Korporation wissen wir aus keiner Zeit etwas Näheres[6]). Sie hatte jedenfalls, wie ähnliche Vereine in andern Städten, z. B. die bei einer öffentlichen Festlichkeit mit einer doppelten Mahlzeit bedachte Frauenkurie in Lanuvium und die Frauenkorporation in Neapel, deren »heiligem Hause« eine Priesterin vorstand[7]), ein eignes Versammlungslokal, vielleicht auf dem Forum Trajans, wo sich Inschriften: »die Kaiserin Sabina den Frauen«, »Julia, die Mutter der Kaiser (Caracalla und Geta) und der Truppen, hat es für die Frauen

Stolatae feminae.

wiederhergestellt«, gefunden haben[8]). Den Müttern dreier Kinder war (wie es scheint bereits unter Augustus) ein besondres Ehrenkleid bewilligt worden, eine durch irgendwelchen Schmuck ausgezeichnete Form der allen unbescholtnen Frauen zustehenden Stola; auch als diese (unter den ersten Kaisern) aus der Mode kam, erhielt sich das Ehrenkleid und der Titel der Stolaträgerin (*stolata*

1) Ulpian. Dig. I 9, 12 pr. Der im J. 213 als Mitglied der Arvalbruderschaft erwähnte M. Julius Gessius Bassianus ist von dem Vater des Alexander Severus verschieden (Hirschfeld, Gött. gel. Anz. 1869 S. 1512; anders Mommsen StR. III 468, 4). 2) Cass. Dio LXXIX 15, 2. 3) Ulpian. Dig. I 9, 1. CIL VIII 8993 = Dessau 1200 *Fabatiae Luci filiae Pollae Fabiae Domitiae Gelliolae consulari feminae lampadiferae;* vgl. II 1174 *Fabiae Q. f. H[ispanil]lae consularis [filiae, consularis uxori], senatoris sorori, senatoris matri.* IX 6414b = Dessau 1166 *Mariae Aurel(iae) Violentillae Perpetui cons(ularis) viri* (wohl des L. Marius L. f. Maximus Perpetuus Aurelianus cos. II im J. 223) *fil(iae), consul(ari) femin(ae) coiugi Q. Proculi cos.* Öfter findet sich ὑπατική im griechischen Reichsteil, s. oben S. 111 A. 14. Mommsen StR. III 468, 3. 4) Liv. V 25, 8. XXVII 37, 9; vgl. Teufer, Zur Geschichte der Frauenemanzipation im alten Rom (1913) S. 22ff. 5) Sueton. Galba 5, 1; vgl. Hieronym. ep. 43, 3 *matronarum quotidie visitetur senatus.* Dagegen gehen bei Hieron. adv. Jovin. I 47 die Worte *ego in conventu feminarum misella despicior* nicht auf die römische Frauenkorporation (vgl. Bickel a. a. O. 16, 1). 6) Denn die Angaben Hist. aug. Elag. 4, 3f.; Aurel. 49, 6, wo von einem *senaculum* oder *mulierum senatus* auf dem Quirinal und von allerlei Kompetenzen geredet wird, die die Kaiser Elagabal und Aurelian dieser Körperschaft übertragen haben sollen, müssen als das Werk eines Fälschers gelten. Vgl. A. v. Domaszewski, Die Topographie Roms bei den Script. hist. Aug. (SitzBer. Akad. Heidelberg 1916 Abh. 7) S. 14f.; Der Staat bei den Script. hist. Aug. (ebd. 1920 Abh. 6) S. 22. 7) CIL XIV 2120 (= Dessau 6199), vgl. 2110. IG XIV 760. 8) CIL VI 997 = Dessau 324; vgl. Mommsen, Ges. Schrift. VIII 76. S. auch das Fragment aus Cosa CIL XI 2630.

femina), und zwar ohne Zweifel nicht bloß für die Mütter, sondern auch für die Frauen, denen die Kaiser das Kinderrecht verliehen hatten[1]).

Neue Eindrücke und Aussichten.

Die Mädchen der höhern Stände wurden, wie gesagt, durch die Heirat aus der Stille und Abhängigkeit im elterlichen Hause in eine fast unbegrenzte Freiheit versetzt. Zahllose Eindrücke, verwirrend und berauschend, stürmten von allen Seiten auf sie ein. Die junge Frau hörte sich nun, selbst von ihrem Manne, mit der ehrerbietigen Anrede *domina* begrüßen, die dem französischen *madame* entspricht (das neuere *donna*)[2]). Hunderte von Händen waren ihrer Winke gewärtig. In der kleinen Welt, die ein großes Haus mit seinen ausgedehnten Besitzungen, seinen Legionen von Sklaven, seinem Anhange von Klienten und Untergebnen bildete, entschied ihr Wille über Glück und Unglück, ja über Leben und Tod[3]). Jünglinge und Männer in grauen Haaren, Gelehrte und Tapfre, Verdiente und Hochgeborne sah sie wetteifernd sich um ihre Huld bemühen. Welche Ansprüche auf Bewunderung sie auch besaß, mochte es Schönheit, Geist, Talent oder Bildung sein, sie war eines glänzenden Erfolgs gewiß. In den Kreisen, in die sie nun eintrat, wurde der Eitelkeit und Gefallsucht die vollste Befriedigung, fand die Intrigue den günstigsten Boden, die Leidenschaft die stärksten Aufregungen, die Koketterie den unerschöpflichsten Wechsel, und wie hätten schwächre Naturen so vielen Versuchungen nicht erliegen sollen! Auch dem weiblichen Ehrgeiz öffnete sich die weiteste Aussicht. Wie manche Frau aus edlem Geschlecht hat in einer späteren Ehe auf dem kaiserlichen Thron gesessen!

Äußerungen der Zeitgenossen über die Unsittlichkeit der Frauen.

Zur Beurteilung der sittlichen Zustände der Frauen fehlt es weder an bezeichnenden Tatsachen, noch an allgemeinen Äußerungen der Zeitgenossen aus den verschiednen Perioden dieses Zeitraums. Die letztern lauten fast ohne Ausnahme ungünstig, aber freilich erwecken sie gerade durch ihre Allgemeinheit Mißtrauen, und ihre Benutzung erfordert Vorsicht. Auch war die Klage über die Sittenlosigkeit der Frauen in Rom sehr alt: schon seit der Zensur des M. Messalla und C. Cassius (154 v. Chr.), so meldete ein gewichtiger Gewährsmann, der Konsul (133) L. Piso Frugi in seinen Annalen, sei die Keuschheit in Rom vernichtet gewesen[4]). Dagegen gerade aus der Zeit der letzten Bürgerkriege, deren unheilvollste Folge gewiß eine tiefgreifende Zerrüttung aller sittlichen Verhältnisse war, haben wir das unverdächtige, für die Frauen Roms höchst ehrenvolle Zeugnis des Vellejus: während die Söhne der von den zweiten Triumvirn Geächteten sich durchweg treulos, ihre Freigelassenen und Sklaven nur teilweise treu erwiesen, sei die Treue ihrer Gattinnen die größte gewesen[5]). Den hierzu sehr schlecht stimmenden Äußerungen aus dem nächsten Menschenalter wird man also kein gar zu großes Gewicht beilegen dürfen. Bei Augustus Eifern gegen die Ehelosigkeit berief man sich im Jahre 18 v. Chr. im Senat auf die Zuchtlosigkeit der Frauen[6]), und Horaz pathetische Deklama-

1) Huebner, Comment. Mommsen. S. 104 ff. (vgl. Hermes XIII 1878 S. 425 f.), wo die Inschriften der *stolatae feminae* zusammengestellt sind; vgl. auch Lebas-Waddington 1606 (Aphrodisias): ἡ βουλὴ καὶ ὁ δῆμος Αἰλίαν Ἰουλίαν Ἀπφίαν ματρώναν στολάταν. IGR III 116. Marquardt a. a. O. S. 575 f. 2) S. Anhang IX S. 87. Ältestes Beispiel der Form *domna* ein Graffito in Pompeji: *rogo, domna* CIL IV 6865, vgl. 4950. 3) Juv. 6, 212 ff. 4) Plin. n. h. XVII 244. 5) Vellei. II 67, 2. 6) Cass. Dio LIV 16.

tionen wie Properz schmerzliche Klagen stimmen mit den frechen Scherzen Ovids überein: daß in Rom Frauentugend nicht zu finden sei. »Die an Sünde reiche Zeit«, sagt Horaz in einer seiner feierlichen Staatsoden, »hat zuerst Ehe, Familie und Haus befleckt. Aus dieser Quelle fließend hat sich das Unheil über Staat und Volk ergossen«[1]). Eher, heißt es bei Properz, vermöchte man die Meeresfluten zu trocknen und mit Menschenhand die Sterne vom Himmel zu reißen, als unsre Frauen am Sündigen zu hindern. Frauentreue gibt es im fernen Osten, wo die Witwen wetteifern, sich auf den Scheiterhaufen des Gemahls zu stürzen. Hier sind die Gattinnen treulos und keine unter ihnen eine Euadne oder Penelope[2]). Keusch, sagt Ovid, seien nur die Frauen, um die niemand geworben habe, und gar zu ländlich und mit den Sitten unbekannt der Mann, der über eine untreue Gattin zürne[3]). Ähnliche Klagen wiederholen sich dann in spätern Zeiten immer von neuem, und auch an Maßregeln hat es nicht gefehlt, um der überhand nehmenden Unsittlichkeit der Frauen zu steuern. Im Jahre 19 n. Chr. hatte eine aus prätorischer Familie stammende Frau, Vistilia, sich selbst bei den Ädilen als Prostituierte angemeldet. Sie wurde auf eine Felseninsel im Archipel verbannt, und es erfolgte ein Senatsbeschluß, durch den die Prostitution Frauen, deren Großvater, Vater oder Ehemann Ritter gewesen, ausdrücklich verboten wurde; gegen Frauen, die sich der Verletzung der Keuschheit schuldig machten, sollten, wenn ein öffentlicher Ankläger fehlte, nach alter Sitte die Verwandten einschreiten[4]). Der Sittenverfall in Rom, heißt es bei dem ältern Seneca, ist schon so weit vorgeschritten, daß bei dem Verdacht weiblicher Untreue niemand zu leichtgläubig erscheinen kann[5]). Der jüngere Seneca preist seine Mutter, daß nicht die Unkeuschheit, das größte Übel des Zeitalters, sie der Mehrzahl der Frauen beigesellt habe[6]). Wer nicht, sagt er an einer andern Stelle, sich durch eine Liebschaft bemerklich gemacht hat, wer nicht einer verheirateten Frau ein Jahrgeld zahlt[7]), ist bei den Frauen in Verachtung und wird für einen Mägdeliebhalter gehalten[8]). Es sei so weit gekommen, behauptet er, daß sie Männer nur haben, um Liebhaber anzureizen. Keuschheit ist ein Beweis von Häßlichkeit. Wo findet man eine Frau, die so vernachlässigt ist, daß sie sich mit einem Paar von Männern neben dem eignen begnügen müßte? Sie teilen die Zeit für ihre Liebhaber ein, und der Tag reicht nicht für alle aus. Ein Verhältnis mit nur e i n e m Liebhaber nennen sie Ehe, und eine, die das nicht weiß, ist einfältig und altmodisch[9]). Als Vespasian die Regierung antrat, hatte, wie Sueton sagt, Unzucht und Üppigkeit infolge des Mangels an Strafgesetzen überhand genommen; auf den Antrag des Kaisers beschloß der Senat, daß Frauen, die sich mit fremden Sklaven eingelassen, als Sklavinnen gelten sollten[10]). »Ich frage schon lange in der ganzen Stadt«, sagt Martial, »ob keine Frau nein sagt: keine sagt nein, als

---

1) Horat. C. III 6, 17ff.; vgl. III 24, 20. 2) Propert. II 32, 49ff. III 13, 15—24; vgl. II 6, 25f. III 12, 17f. 3) Ovid. Am. I 8, 43. III 4, 37. 4) Tac. A. II 85. Sueton. Tiber. 35, 1; vgl. Dig. XLVIII 5, 11 (10) § 2. 5) Seneca Controv. II 7, 1. 6) Seneca Consol. ad Helv. 16, 3; vgl. auch ad Marc. 24, 3. 7) Verkuppelung der Frau durch den eignen Gatten wird häufig erwähnt, Hor. sat. II 5, 81ff. Ovid. Amor. II 19, 57. Juven. 1, 55ff. (dazu Marx, Lucil. II p. 388f.). Apul. Apol. 75. Quintil. decl. 325. Dig. XXIV 3, 47. XLVIII 5, 9 (8). 30 (29) § 3. 4. 8) Seneca de benef. I 9, 4. 9) ebd. III 16, 3. 10) Sueton. Vespas. 11.

ob es unerlaubt oder schimpflich wäre, nein zu sagen: keine sagt nein. Also keine ist keusch? Tausend sind es. Was tun denn nun die keuschen? Sie sagen nicht ja, aber sie sagen auch nicht nein«[1]). Tacitus rühmt an Germanien im Gegensatz zu Rom, daß dort niemand des Lasters lache und nicht verführen und sich verführen lassen Zeitgeist genannt werde[2]). Die Schilderungen der sechsten Satire Juvenals, wie karikiert auch immer, müssen doch in der Wirklichkeit ihre Vorbilder gehabt haben. Marc Aurel war genötigt, der Üppigkeit der Frauen und edeln Jünglinge zu steuern[3]); Cassius Dio fand infolge der von Septimius Severus gegen den Ehebruch erlassnen Gesetze als Konsul dreitausend darauf bezügliche Prozesse auf der Liste vor, und dies können nur solche gewesen sein, die bei dem konsularisch-senatorischen Gericht schwebten; die Angeklagten gehörten also vorzugsweise den höhern Ständen an[4]). Als nach dem Friedensschlusse des Septimius Severus mit den Caledoniern (210) die Kaiserin Julia gegen die Frau eines Häuptlings derselben über die dort herrschende Weibergemeinschaft spottete, erwiderte diese: die Caledonierinnen seien besser als die Römerinnen, die im geheimen mit den Schlechtesten Ehebruch trieben, während jene offen mit den Besten Umgang pflegten[5]). Übrigens war auch im Altertum Hörnerträger die Bezeichnung des betrognen Ehemanns[6]).

Häufigkeit der Ehescheidungen.

Wenn nun freilich Äußerungen, wie die hier angeführten der Zeitgenossen, zum großen Teil auf schiefen und einseitigen Beobachtungen, auf momentanen Stimmungen und Verstimmungen beruhen mögen, zum Teil offenbar ihre Färbung mit Rücksicht auf rhetorischen Effekt erhalten haben: so sind doch die mitgeteilten Tatsachen bedeutsam genug, und auch sonst fehlt es nicht an Symptomen, die auf eine weite Verbreitung der Korruption schließen lassen. Dazu gehört vor allem der durch die Willkür der Ehescheidung erzeugte und genährte frevelhafte Leichtsinn, mit dem die Ehen eingegangen und gelöst wurden[7]). Ein Mann von prätorischem Stande hatte unter Julius Cäsars Diktatur eine vor zwei Tagen geschiedne Frau geheiratet: Cäsar trennte diese Ehe, obwohl der Verdacht eines vorausgegangnen Ehebruchs nicht vorlag[8]). Tiberius setzte einen Quästor ab, weil er sich von einer Frau, die er (um als Verheirateter bevorzugt zu werden) einen Tag vor der Verlosung der quästorischen Stellen geheiratet, am Tage darauf geschieden hatte[9]). Bei Martial verläßt eine Frau ihren Mann im Januar des Jahrs, in dem er die Prätur antritt, weil die Ausgaben dieses Amts ihr zu groß sind: sie hat, sagt der Dichter, keine Scheidung, sondern einen Gewinn gemacht[10]). Wenn Seneca sagt, es gebe Frauen, die ihre Jahre nicht nach Konsuln, sondern nach ihren Männern zählten[11]), und Juvenal, manche Frauen ließen sich schon wieder scheiden, wenn die grünen Zweige

1) Martial. IV 71. 2) Tac. Germ. 19. 3) Hist. aug. M. Aurel. 23, 8. 4) Cass. Dio LXXVI 16, 4; vgl. Mommsen StR. II^3 125, 1. 5) Cass. Dio LXXVI 16, 5. 6) Randbemerkung zu Artemid. onirocr. II 12 p. 101, 4 Herch. ἡ γυνή σου πορνεύσει καὶ κατὰ τὸ λεγόμενον κέρατά σοι ποιήσει. Lucil. Anth. Pal. XI 278 εἰς γραμματικὸν κερασφόρον; byzantinisch κερατᾶς = Hahnrei z. B. Ps. Codin. Patr. Constantinopol. III 179. Schol. zu Anth. Pal. IX 169. 7) In Frankreich zählte man in den 3 Jahren nach dem Gesetz vom 20. September 1792 27000 Ehescheidungen wegen Unverträglichkeit. Sybel, Gesch. d. Revolutionsz. IV 12. Vgl. Taine, Origines de la France contemp. La Révolution III^4 108, 2. 8) Sueton. Caes. 43, 1. 9) Sueton. Tiber. 35, 2. 10) Martial. X 41. Vgl. oben S. 129. 11) Seneca de benef. III 16, 2.

noch nicht abgewelkt seien, die beim Einzuge der Neuvermählten die Haustür schmückten, und brächten es so zu acht Männern in fünf Jahren[1]); wenn auch Tertullian versichert, die Frauen heirateten nur, um sich scheiden zu lassen[2]): so sind dies freilich bittre oder scherzhafte Übertreibungen. Aber es mußte doch um die Wirklichkeit schlimm bestellt sein, die zu solchen Übertreibungen Anlaß geben konnte. Sicherlich waren Ehen von sehr langer Dauer seltner, als es bei den frühen Heiraten naturgemäß gewesen wäre. In der Lobschrift auf die zwischen 8 und 2 v. Chr. verstorbne Turia heißt es: »Selten sind so lange Ehen, die durch den Tod gelöst, nicht durch Scheidung zerrissen werden; denn uns war beschieden, daß die unsre ohne Grund zur Klage bis zum einundvierzigsten Jahre fortdauerte«. Aber auch in dieser Ehe hatte nach dem Tode der, wie es scheint, einzigen Tochter die Gattin dem Manne die Scheidung vorgeschlagen, damit er eine andre Ehe eingehen und Kinder erzielen könne (ein schon wegen der Benachteiligung der Kinderlosen bei Erbschaften gewiß häufiger Scheidungsgrund). Sie selbst wollte ihm eine neue Gattin suchen, seinen Kindern eine zweite Mutter, für ihn eine Schwester oder Schwiegermutter sein, keine Trennung des Vermögens sollte stattfinden. Doch der Mann hatte dies Anerbieten in leidenschaftlichster Erregung von sich gewiesen[3]). Auch der Trimalchio Petrons rühmt sich, die ihm aus demselben Grunde angeratne Scheidung abgelehnt zu haben, weil er gutmütig sei und sich nicht den Vorwurf der Leichtfertigkeit zuziehen wolle[4]). Doch setzte wohl die Mehrzahl der Männer sich über solche Bedenken leichter hinweg, und solche, die (wie Ovid und der jüngere Plinius) drei[5]), oder (wie Cäsar und Antonius) vier[6]), oder selbst (wie Sulla und Pompejus) fünf Frauen hatten[7]), dürften keineswegs selten gewesen sein. Ob bei dem Epigramme Martials[8]), in dem es heißt: »Du begräbst schon die siebente Frau, Phileros, auf deinem Gute. Mehr Ertrag hat noch keinem ein Gut gebracht«, eine Übertreibung angenommen werden muß, mag dahingestellt bleiben[9]). Nicht minder häufig dürften mehrfache Wiederverheiratungen der Frauen gewesen sein. Ciceros Tochter Tullia war z. B. dreimal[10]), Poppäa in dritter[11]), Statilia Messalina in fünfter Ehe mit Nero vermählt[12]). Martial spricht von einer Frau, die sechs bis sieben mißlungne Heiratsversuche gemacht hat[13]); von einer andern, die wieder heiratet, nachdem sie sieben Männer durch den Tod verloren[14]), von einer dritten, die im Verdacht stand, sieben Männer umgebracht zu haben[15]).

Einwirkung der Sklaverei auf die eheliche Treue.

Sodann ist nicht zu vergessen, daß die Sklaverei, in Rom wie überall, auch auf die eheliche Sittlichkeit in höchstem Grade verderblich einwirkte[16]). Von jeher war, und zwar hauptsächlich infolge der Sklaverei, die eheliche Untreue

1) Juv. 6, 227f. 2) Tertullian. Apol. 6; vgl. Martial. VI 7. 3) CIL VI 1527 = Dessau 8393 I 27f. II 41ff. 4) Petron. 74, 15f. 5) Ovid. Trist. IV 10, 69ff. und über Plinius Mommsen, Ges. Schrift. IV 370f. 6) Drumann, Gesch. Roms I² 379f. III² 684. CIL VI 18659 = Dessau 8145 *tres uxores h[abui: eas] quidem dolui, set non sunt qua[lis quam] modo quartaria sorte ductam su[perstitem relinquo]*; vgl. die Anm. 7) Drumann a. a. O. II² 432. IV² 560f. 8) Martial. X 43. Ein Mann, der 4 Frauen vergiftet hat, IV 69, 3. 9) CIL XIV 2553 = Buecheler, Carm. ep. 1032, 4 bezieht sich kaum auf eine siebente Ehe (s. Buechelers Anmerkung). 10) Drumann a. a. O. VI 710. 11) Tac. A. XIII 45. 12) Schol. Juv. 6, 434. 13) Martial. VII 58, 1. 14) ebd. IX 78. 15) ebd. IX 15. 16) Marquardt, Privatl.² S. 66f.

des Manns, und nicht bloß in Rom, sehr nachsichtig beurteilt worden[1]). Selbst Plutarch sagt in seinen an ein hochgebildetes, neu vermähltes Paar gerichteten ehelichen Vorschriften: wenn der Mann mit einer Hetäre oder Sklavin einen Fehltritt begehe, müsse die Frau nicht unwillig werden, sondern bedenken, daß er aus Scheu vor ihr eine andre zur Teilnehmerin seiner Zügellosigkeit macht; wie die Könige der Perser ihre Königinnen vom Mahle fortsenden und Kebsweiber und Musikantinnen kommen lassen, wenn sie sich berauschen wollen[2]). Aber auch die Frauen nahmen infolge der fortschreitenden Emanzipation und des zunehmenden Verfalls der Zucht mehr und mehr die den Männern gestattete Freiheit für sich in Anspruch oder benutzten sie wenigstens als Entschuldigung ihrer eignen Treubrüche. Die in den Armen eines Sklaven oder Ritters von ihrem Manne überraschte Frau verliert bei Juvenal keinen Augenblick die Fassung: »Es war ja seit lange ausgemacht, daß du tun solltest, was dir beliebte, und ich ebenfalls nach meinem Gefallen leben könnte«[3]). Auch für die Frauen lag ohne Zweifel in der Gewißheit, unter ihren Sklaven stets unterwürfige und verschwiegne Liebhaber wählen zu können, eine Versuchung, und derartige Verhältnisse waren schwerlich seltne Ausnahmen. »Deine Frau«, so lautet ein Epigramm Martials, »nennt dich einen Mägdeliebhaber und ist selbst ein Sänftenträgerliebchen: ihr habt einander nichts vorzuwerfen«[4]). In einem andern zählt er die sieben Kinder einer Marulla auf, deren Gesichtszüge nur zu deutlich erkennen lassen, welche Sklaven des Hauses ihre Väter sind: der maurische Koch, der plattnasige Athlet, der triefäugige Bäcker, der zarte Liebling des Herrn, der spitzköpfige, langohrige Kretin, der schwarze Flötenbläser und der rothaarige Hofverwalter[5]).

Gefühllosigkeit und Grausamkeit.

Auch eine andre, noch unheilvollere Wirkung der Sklaverei auf die Frauen muß hier erwähnt werden, die Gefahr der Gewöhnung an Härte und Grausamkeit, die in Rom durch die blutigen Schauspiele des Amphitheaters so furchtbar gesteigert wurde. Juvenal hat in seiner Satire gegen die Frauen nicht unterlassen zu schildern, wie die mißgelaunte Gebieterin ihre Sklavinnen unmenschlich peitschen läßt, ohne sich in ihren Beschäftigungen zu unterbrechen, bis die Prügelknechte ermüden und das gräßliche: Hinaus! ertönt; aber auch Ovid ermahnt die Frauen, den Dienerinnen, die sie schmücken, nicht das Gesicht zu zerkratzen, sie nicht mit Nadeln in die bloßen Arme zu stechen[6]). Hadrian verwies eine Frau, die ihre Sklavinnen mit scheußlicher Grausamkeit behandelte, auf fünf Jahre nach einer Insel[7]); und ehe derselbe Kaiser den Herren das Recht nahm, ihre Sklaven willkürlich zu töten[8]), hatte es entmenschten Weibern frei-

1) Doch erkennt ein Reskript von Antoninus (Caracalla?) im Cod. Gregorian. XIV (bei Augustin. De coni. adult. II 7) an: *periniquum enim mihi videtur esse, ut pudicitiam vir ab uxore exigat, quam ipse non exhibet.* 2) Plutarch. Praec. coniug. 16. 3) Juv. 6, 279ff. 4) Martial. XII 58. 5) ebd. VI 39; vgl. I 81. XII 49, 4. Juv. 6, 331. 336ff. Petron. 45, 7. 69, 3. 126, 5. Dig. XLVIII 5, 25 pr. 34 pr. Philogel. 251. Auch in der neapolitanischen Gesellschaft des 16. Jahrhunderts »griff die Sinnlichkeit der Frauen, sich zu befriedigen, meist nach Sklaven (besonders Mauren, doch auch christliche Bulgaren und Tscherkessen), die man sich als völlig willenlose Werkzeuge der bösen Lust anzusehen gewöhnt hatte«. Gothein, Kulturentwicklung Süditaliens S. 411—413. 6) Juv. 6, 475—496. Ovid. ars am. III 239—242; vgl. Am. I 14, 16—18. Martial. II 66. 7) Dig. I 6, 2. 8) Hist. aug. Hadrian. 18, 7.

gestanden, Sklaven, »die ja keine Menschen waren«, ohne Angabe eines Grunds zum Kreuzestode zu verdammen[1]).

Andre korrumpierende Einflüsse.

Aber noch andern korrumpierenden Einflüssen der verderblichsten Art waren die Frauen ausgesetzt. Zwar die entsittlichenden Wirkungen der schönen Literatur wird man kaum sehr hoch anschlagen dürfen: eher ist man berechtigt, Produktionen wie Ovids Elegien und seine »Kunst zu lieben«, die an Unsittlichkeit (im höhern Sinne) kaum je überboten sind, als Symptome einer schreckenerregenden Verderbnis anzusehen, die aber nicht notwendig eine weitverbreitete gewesen sein muß. Auch ist nicht zu vergessen, daß die damaligen, völlig von den unsrigen verschiednen Anstandsbegriffe ehrbaren Frauen vieles unbedenklich erscheinen ließen, was heute jedes weibliche Schamgefühl empören würde. Wenn man erwägt, daß Leibniz eines der gewagtesten Gedichte Johann von Bessers der verwitweten Kurfürstin Sophie von Hannover (Mutter der ersten Königin von Preußen) schickte, daß diese es für die verwitwete Herzogin von Orleans (Elisabeth Charlotte) abschreiben ließ, und daß alles »entzückt über die amoureusen Verse« war[2]): so wird man Anstand nehmen, über die Sittlichkeit selbst derjenigen Römerinnen ohne weitres den Stab zu brechen, die Martial und Petron lasen; mit Besser verglichen dürfen beide keusch genannt werden. In der Tat hat Martial seiner hochverehrten Gönnerin, der etwa im Alter von 40—50 Jahren stehenden Witwe Lucans, Polla Argentaria, sein an groben Obszönitäten nicht eben armes zehntes Buch mit der Bitte überreicht, seine Scherze nicht mit finstrer Stirn aufzunehmen[3]). Ebenso läßt sich schwerlich ermessen, inwiefern lüsterne Darstellungen der bildenden Künste schädlich gewirkt haben. Zwar klagt Properz über die Bilder an den Wänden, welche die unschuldigen Augen der Frauen und Mädchen verdarben[4]), und gelegentlich werden derartige Bilder auch erwähnt[5]). Aber man kann kaum glauben, daß gesittete Frauen in Rom oft solchen Anblicken ausgesetzt waren, da man dort wohl auf keinen Fall eine größre Lizenz voraussetzen darf als in Pompeji, wo unter so vielen Hunderten von Wandgemälden obszöne Bilder schwerlich anderswo als in Bordellen gefunden worden sind. Auch spricht nichts dafür, daß in dem kaiserlichen Rom die Schamlosigkeit jemals so weit ging wie in Paris um die Mitte des 18. Jahrhunderts, wo man auf die Karossen anstatt der Wappen mit großen Kosten anstößige Bilder malen ließ: eine Mode, die nach Rousseau von den Frauen eingeführt war, deren Kutschen sich von denen der Männer nur durch die etwas größre Üppigkeit der Gemälde unterschieden[6]).

Am schlimmsten waren ohne Zweifel im alten Rom »die Verlockungen der Schauspiele, die Aufregungen der Gastmähler«: beide nennt Tacitus als die Hauptgefahren für Unschuld und Sittenreinheit[7]); daß die Frauen der Germanen beiden entzogen waren, sah er als einen Hauptgrund ihrer Keuschheit an.

Schauspiele.

Die Leidenschaft für die Schauspiele gehört zu den Schwächen, die den Römerinnen dieser Zeit am meisten vorgeworfen worden sind, und an der die Frauen aller Stände gleich sehr litten. Bei der Entführung der Gemahlin eines

1) Juv. 6, 219—223. 2) Varnhagen von Ense, Biogr. Denkmäler IV 352 ff. 3) Martial. X 64. 4) Prop. II 6, 27—34. 5) Seneca Controv. X 5, 14. Augustin. civ. dei II 7; confess. I 16, 26. R. Rochette, Peintures antiques S. 263 ff. 6) Rousseau, Nouv. Héloïse P. V 2. 7) Tac. Germ. 19. Gefolge einer Frau von häßlichen, alten Weibern *per convivia, porticus, theatra* Mart. VIII 79, 4.

Senators durch einen Gladiator fand Juvenal am staunenswertesten, daß sie sich entschlossen habe, von den Schauspielen und dem Pantomimen Paris sich zu trennen[1]). Ebenso konnte sich Statius nicht erklären, warum es seiner Frau schwer falle, Rom zu verlassen, da sie doch nicht am Zirkus und Theater hing[2]). Diese Leidenschaft entsprang nicht bloß aus Schaulust, sondern auch, wie Ovid an einer bekannten Stelle sagt und Spätre wiederholen[3]), aus dem Wunsch, gesehen zu werden. Er vergleicht die im höchsten Schmuck zum Theater strömenden Frauen mit wimmelnden Ameisen oder schwärmenden Bienen[4]). Nie schmückten sie sich reicher und sorgfältiger als für die Schauspiele: hier, wo das kaiserliche Rom seine Pracht am blendendsten entfaltete, waren sie des größten und glänzendsten Kreises von Bewundrern gewiß. Wenn Tacitus und Cassius Dio nicht verschmäht haben, den Mantel von gewebtem Golde zu erwähnen, in dem die Kaiserin Agrippina bei dem Schiffskampf auf dem Fucinersee erschien (ein Prachtstück, das auch Plinius seiner Merkwürdigkeit halber anführt)[5]), so mag man sich vorstellen, mit welcher Aufmerksamkeit die Frauen sich gegenseitig musterten, und wie sie alles aufboten, um mit möglichstem Glanze aufzutreten. Zuweilen war dieser Glanz nur erborgt. In Rom, wo die dem italienischen Nationalcharakter tief eingepflanzte Leidenschaft des *far figura* die reichste Nahrung fand, wo Tausende mehr scheinen wollten, als sie waren, war alles zu mieten, bis auf Fingerringe, die erfahrne Advokaten bei der Verteidigung anlegten, um von ihren Klienten höher bezahlt zu werden[6]). Als Gegenstände, die Frauen bei erschöpfter Kasse für das Erscheinen im Theater mieteten, nennt Juvenal: Kleider, Gefolge, einen Tragsessel (der nach Herausziehung der Tragstangen als Sitz diente), Kopfkissen, eine alte Wärterin und eine blonde Zofe[7]). In dem Märchen des Apulejus läßt sich Venus durch Psyche von Proserpina das Schönheitswasser holen, um sich zum Besuch des Theaters der Götter damit zu besprengen[8]).

Zusammensein mit Männern in den Schauspielen.

Durch die Anwesenheit der Frauen in so großer Zahl erhielten natürlich die Schauspiele auch für die männliche Jugend eine starke Anziehungskraft. Properz freut sich über den Entschluß Cynthias, aufs Land zu gehen, wo keine Schauspiele sie verderben können[9]), und Ovid empfiehlt sie als besonders geeignet zur Anknüpfung von Liebesverhältnissen[10]). Zwar im Theater und Amphitheater mußten seit der Zeit des Augustus die Männer sich damit begnügen, ihre Blicke nach den obern Sitzreihen zu richten, die den Frauen ausschließlich angewiesen waren; im Zirkus aber waren die Plätze beider Geschlechter nicht getrennt. »Mögen junge Männer hingehen«, schreibt Juvenal, »für die es sich schickt, mitzuschreien, hoch zu wetten und neben einer geschmückten Schönen zu sitzen«[11]). Besonders hier knüpfte sich die Bekanntschaft leicht durch das gemeinsame Interesse an dem Schauspiel und die zahlreichen kleinen Dienste, die man seiner Nachbarin erweisen konnte: z. B. ihr ein Kissen zurechtlegen,

1) Juv. 6, 87. 2) Stat. Silv. III 5, 15. 3) Tertullian. Spect. 25; de cultu fem. II 11. Clem. Alex. Paedag. III 11, 76 p. 278 St.: ἀναμὶξ ἀνδρῶν καὶ γυναικῶν συνιόντων ἐπὶ τὴν ἀλλήλων θέαν. 4) Ovid. ars am. I 93—100. 5) Tac. A. XII 56. Cass. Dio LX 33, 3. Plin. n. h. XXXIII 63. 6) Juv. 7, 143. Oben S. 185. 7) Juven. 6, 352 ff. Dittricus, De cathedris feminarum Romanarum (Lips. 1836) S. 14 f. 8) Apul. Metam. VI 16; vgl. Plutarch. Consol. ad uxor. 4 καλλωπισαμένη περὶ θέατρον ἢ πομπήν. 9) Prop. II 19, 9. 10) Ovid. ars am. I 91 f. 11) Juv. 11, 201 f.

eine Fußbank herbeischaffen, ihr Luft zufächeln und gegen etwaige Belästigungen andrer Schutz gewähren[1]). Ovid, der über dies alles ausführliche Regeln gibt, hat auch Proben aus den dort geführten Unterhaltungen mitgeteilt. Der Wagenlenker, an dem die schöne Nachbarin Anteil nahm, ward glücklich gepriesen, man wünschte an seiner Stelle zu sein. Man war zweifelhaft, ob es wirklich so heiß sei, oder ob man es der innern Glut zuzuschreiben habe usw.[2]). Für die christlichen Eifrer gegen den Besuch der Schauspiele war das Zusammensein der beiden Geschlechter ein Grund der Verdammung mehr. Im Schauspiel, sagt Tertullian, gibt es keinen größern Anstoß als den Anblick der aufs feinste geputzten Männer und Frauen. Durch die Parteinahme für und wider entstehen Beziehungen, welche die Funken der Begierde anblasen, kurz niemand hat beim Besuch des Schauspiels etwas mehr im Auge, als zu sehen und gesehen zu werden[3]). Auch Clemens von Alexandria fand, daß diese Zusammenkünfte von Männern und Frauen ein Grund zur Zuchtlosigkeit waren[4]).

Wirkungen der Schauspiele.

Doch dieser Gegenstand hat auch seine furchtbar ernste Seite. Die entsittlichenden Wirkungen der Schauspiele kann man sich kaum groß, kaum entsetzlich genug vorstellen. Der Zirkus, wo Pöbelmassen von Parteileidenschaft zur Raserei entflammt gegeneinander tobten, bot noch bei weitem unschuldigere Szenen als das Theater und Amphitheater. Auf der Bühne herrschten die Pulcinellkomödie (*Atellana*) und die Posse (*mimus*) voll grober, unzweideutiger Unzüchtigkeit, an denen sich die Masse, und der pantomimische Tanz, an dem sich die feine Welt ergötzte, wo in der Darstellung der meist schlüpfrigen Gegenstände das Äußerste für erlaubt galt und der raffinierteste Sinnenkitzel aufgeboten ward, um auch erschlaffte und übersättigte Nerven zu reizen. Die Verdammung des Theaters bei den Christen ist namentlich durch diese Aufführungen nur zu sehr begründet: wohl durften sie sagen, daß eine Frau, die keusch in das Schauspiel gegangen war, unkeusch daraus zurückkehre[5]). Wie vollends die Gewöhnung an die Schlächtereien und Marterszenen der Arena die Seelen verwüsten und die zartere Empfindung abtöten mußte, das ist eine Vorstellung, vor der man zurückschaudert.

Verhältnisse der Frauen mit Künstlern.

Das Interesse der Frauen an den Schauspielen erstreckte sich auch auf die darin auftretenden Künstler. Auch Athleten, Zirkuskutscher und Gladiatoren[6]) hatten, die letztern selbst bei Frauen der höchsten Stände, Glück; wenn es galt, sich von einem Gladiator entführen zu lassen, scheuten nach Juvenal vornehme Damen selbst die Seekrankheit nicht, ja sie gaben, was (wie gesagt) das Erstaunlichste war, sogar die Schauspiele auf[7]). Nicht minder waren Bühnenkünstler, Sänger und Musiker bei Frauen beliebt, die sich durch ihre Leidenschaft zuweilen zu den größten Torheiten hinreißen ließen: so wartete z. B. dem Schauspieler Stephanio (in Augustus Zeit) eine verheiratete Frau in Knabentracht mit kurzgeschornem Haar auf[8]). Die Gemahlin des Kaisers Pertinax hatte ein

1) Ovid. a. a. O. 135 ff. 2) Ovid. Am. III 2. 3) Tertullian. de spectac. 25. 4) Clem. Alex. a. a. O. 76 f. p. 278 f. St. 5) Cyprian. ad Donat. 8. Clem. Alex. a. a. O. August. civ. d. II 4. Lactant. inst. VI 20, 30; vgl. Prudent. c. Symm. II 1091 ff. Amm. Marc. XXVIII 4, 33. 6) Tertullian. de spect. 22 nennt *quadrigarii, scaenici, xystici, arenarii.* 7) Juv. 6, 78—113. 8) Sueton. Aug. 45, 4; s. unten [II 137].

offenkundiges Verhältnis mit einem Kitharöden[1]. Man behauptete sogar, daß jene Virtuosen ihre Gunst teuer verkauften[2]. Die Instrumente berühmter Kitharaspieler wurden von ihren Verehrerinnen hoch bezahlt, als kostbarer Besitz geschätzt und zärtlich geküßt. Eine Frau aus einem der edelsten Häuser suchte nach Juvenal durch ein feierliches Opfer zu erforschen, ob ein damals berühmter Kitharaspieler bei der nächsten Preisbewerbung den Kranz erhalten werde: was hätte sie mehr tun können, fügt der Dichter hinzu, wenn ihr Mann oder Sohn gefährlich erkrankt wäre?[3] Doch der allgemeinsten und höchsten Gunst erfreuten sich die Pantomimentänzer, um die Männer und Frauen sich wetteifernd bemühten. Für die Kunst des Pylades und Bathyllus, schreibt Seneca in der spätern Zeit Neros, gibt es viele Schüler und viele Lehrer. Überall in der Stadt sind Bühnen in den Privathäusern errichtet, auf denen Männer und Frauen tanzen: Gatten und Gattinnen machen einander den Vorzug streitig, am üppigsten zu tanzen[4]. Die Pantomimen waren vorzugsweise schöne, junge Männer, die überdies durch ihre Kunst die höchste, verführerische Anmut und Gewandheit erwarben. Schon im Jahre 22 oder 23 n. Chr. kam es zu einer Ausweisung der beliebtesten von ihnen aus Italien wegen der Parteispaltungen, die sie im Publikum erregten, und wegen ihrer anstößigen Verhältnisse mit Frauen, ohne Zweifel mit angesehenen, sonst würde dies kein Grund für die Maßregel gewesen sein[5]. Der schöne Mnester, der gefeiertste Pantomime unter Claudius, besaß unter anderm die Gunst der älteren Poppäa, der schönsten Frau jener Zeit; daß er auch, obgleich nur gezwungen, Messalinens Liebhaber war, brachte ihm den Tod[6]. Den Pantomimen Paris ließ Domitian, dessen Eifersucht er erregt hatte, auf offner Straße niederstoßen; auf dem Fleck, wo er gefallen war, streuten viele seiner Verehrer Blumen und gossen Wohlgerüche aus. Das Gerücht brachte sogar die spätre Ermordung Domitians mit der Leidenschaft seiner Gemahlin für diesen oder einen andern Pantomimen in Verbindung[7]. Mit mehr Gelassenheit ertrug Marc Aurel die Liebschaften Faustinas, die nach dem Stadtgespräch ebenfalls diese Künstler begünstigte[8]. Die Leidenschaft der Gemahlin eines Justus für den Pantomimen Pylades erkannte Galen auf ähnliche Weise, wie einst der Arzt Erasistratus die Liebe des Antiochus zu Stratonice. Da er für die Schlaflosigkeit der Kranken in ihrem körperlichen Befinden keinen Grund zu entdecken vermochte, schloß er auf eine tiefe Gemütsbewegung, und die plötzliche Veränderung ihrer Gesichtsfarbe, ihres Blicks und Pulses, als der Name jenes Tänzers genannt wurde, gab ihm über die Natur dieses Übels Gewißheit[9].

Tacitus hat neben den Verlockungen der Schauspiele die der Gastmähler genannt; doch können selbst in den schlimmsten Zeiten die üppigen Feste, an Gastmähler.

1) Hist. aug. Pertin. 13, 8. 2) Juv. 6, 73—77 (*solvitur his magno comoedi fibula;* vgl. Martial. XIV 215). 3) Juv. 6, 379—397. 4) Seneca Qu. nat. VII 2, 3. 5) Cass. Dio LVII 21, 3: ὅτι τάς τε γυναῖκας ᾔσχυνον καὶ στάσεις ἤγειρον. Wenn Tac. A. IV 14, wo eine Ausweisung der *histriones* im folgenden Jahre (23) berichtet ist (mit *foeda per domos temptari* könnte diese Unzucht angedeutet sein), dieselbe meint, so muß er aus der Rede des Tiberius ungenau berichtet haben, da es nach der Erwähnung des *Oscum ludicrum* den Anschein hat, als ob allein oder vorzugsweise von Atellanenspielern die Rede sei. Vgl. unten [II 117. 144]. 6) Cass. Dio LX 22, 3 ff. 28, 3 ff. 31, 5. Tac. A. XI 4. 36. 7) Sueton. Domitian. 3, 1. 10, 1. Cass. Dio LXVII 3, 1. Aurel. Vict. Caes. 11, 7; Epit. 11, 11. 8) Hist. aug. M. Aurel. 23, 7, vgl. 19, 7. 9) Galen. XIV 631 ff. (vgl. 626), s. oben S. 200.

die er gedacht hat, nie so allgemein gewesen sein, daß sich Frauen ihnen nicht hätten entziehen können, und deshalb ihre Wirkungen auch nicht entfernt so weit- und tiefgreifend wie die der Schauspiele. Bei diesen schwelgerischen Gastmählern war man allerdings ähnlichen Eindrücken ausgesetzt wie im Theater; denn Musik, Tänze und theatralische Szenen waren hier gewöhnliche Unterhaltungen. Hier wurden keusche Ohren durch unzüchtige Gesänge[1]) und obszöne Theaterszenen, und keusche Augen durch die berüchtigten Tänze von Syrerinnen oder Andalusierinnen beleidigt, die an wollüstiger Üppigkeit und Zuchtlosigkeit den schlimmsten pantomimischen Darstellungen der ägyptischen Almés nicht nachgestanden zu haben scheinen[2]). Gar viele, sagt Plutarch, lassen (bei ihren Mahlzeiten) Darstellungen von Handlungen und Reden aufführen, welche die Gemüter in weit größre Aufregung bringen als jeder Rausch, und das in Gegenwart von Frauen und unerwachsnen Kindern[3]).

Zusammensein mit Männern.

Aber auch abgesehen von diesen Aufregungen konnten die Gastmähler der Tugend der Frauen gefährlich werden, sie boten den Männern eine noch viel günstigere Gelegenheit der Annäherung als die Schauspiele, und diese wurde eifrig gesucht und benutzt[4]). Bei den Gelagen, sagt der ältere Plinius, schätzen gierige Augen den Preis der Frauen ab, während die schlaftrunknen (der Gatten) sie hingeben[5]). In einem der frechsten unter Ovids Namen erhaltnen Gedichte ist die Verführung der schönen Frau eines einfältigen Mannes geschildert; den Namen nach ist es die Geschichte von Paris und Helena; aber dieser Namen bediente man sich allgemein, um eine untreue Gattin und ihren Liebhaber zu bezeichnen; auch ist jeder Zug dem wirklichen Leben jener Zeit entnommen, und dies gibt der Darstellung eine wunderbare Realität. So entspricht auch das Betragen des Liebenden bei der gemeinsamen Mahlzeit den Anweisungen, die Ovid selbst erteilt. Die Schöne fühlt die kühnen, unverwandten Blicke ihres Bewundrers auf sich geheftet; er seufzt, er ergreift ihren Becher und berührt ihn an der Stelle mit den Lippen, wo sie ihn zum Trinken angesetzt hat, er macht ihr Zeichen mit Augen und Fingern, er schreibt mit Wein zärtliche Chiffren auf den Tisch, er erzählt Liebesgeschichten, die in durchsichtiger Verhüllung seine eigne Leidenschaft verraten, ja er stellt sich betrunken, um seine Kühnheit unverfänglich erscheinen zu lassen[6]). Übrigens hatte die frühere Sitte, daß die Frauen bei Tische saßen, schon unter Augustus aufgehört, sie lagen ebenso wie die Männer[7]). In der ältern Zeit hatte dies für unanständig gegolten[8]), aber in der Kaiserzeit wurde die alte Strenge nur noch auf dem Kapitol festgehalten, wo man bei dem Mahl der Götter Juppiter in liegender

1) Quintilian. Inst. or. I 2, 8: *omne convivium obscenis canticis strepit, pudenda dictu spectantur;* hier hat er vielleicht auch an die *vasa adulteriis caelata* Plin. n. h. XIV 140 oder an Backwerk in obszönen Formen (z. B. Martial. XIV 69) gedacht. Das letztere war auch im Mittelalter üblich (Baudrillart, Hist. d. luxe III 462). 2) Juv. 11, 162. Vgl. Jahn, Ber. d. Sächs. Ges. 1851 S. 168f. Noch Hieronym. de perp. virg. Mariae adv. Helvid. 20 (Migne lat. XXIII 204) sagt von christlichen Gastmählern: *ingrediuntur expositae libidinum victimae et tenuitate vestium nudae impudicis oculis ingeruntur.* 3) Plutarch. Qu. conv. VII 8, 4. 4) Ovid. ars am. I 229ff. 5) Plin. n. h. XIV 141 (st. *marito* lies *mariti,* was aber wohl auch nur eine in den Text versetzte Randglosse ist). 6) Ovid. her. 16, 225—246. 17, 75—90. 7) Suet. Cal. 24, 1. Plut. qu. conv. VII 8, 4. Martial. X 98, 4. Vorangegangen waren darin die Damen der Halbwelt, wie Cicero epist. IX 26, 2 zeigt; vgl. Ovid. am. I 4, 16 *ibis ut accumbas;* s. auch ars am. I 566. 8) Varro bei Serv. Aen. VII 176. Isid. orig. XX 11, 9.

Stellung, Minerva und Juno auf Stühlen sah. Es komme ja wohl, spottete Valerius Maximus, mehr darauf an, daß die gute Sitte bei den Göttern, als daß sie bei den Frauen bewahrt bleibe[1]).

Inwiefern außer den Gastmählern eigentliche gesellige Zusammenkünfte beider Geschlechter stattfanden, wissen wir nicht[2]). Eine andre Gelegenheit, sich den Frauen zu nähern, hatten die Männer an öffentlichen Orten, wo jene sich zum Lustwandeln einfanden, besonders in den zahlreichen Säulenhallen, die sich um freie, garten- und parkartig bepflanzte Plätze zogen[3]). Hier versah dann wohl statt des Pagen oder Eunuchen[4]), der seiner Gebieterin zuweilen als Wächter beigegeben war[5]), ein Verehrer den Dienst, den Sonnenschirm über ihr Haupt zu halten[6]). Übrigens berührten Frauen von Stande, die meist nur mit großem Gefolge in der Öffentlichkeit erschienen[7]), wohl selten das schwarze Basaltpflaster der Straßen mit ihren Füßen. Gewöhnlich zeigten sie sich im Tragsessel oder in der von riesigen ausländischen Sklaven getragnen Sänfte; der Sänfte, und zwar der bedeckten, sich zu bedienen war, wie es scheint, eine Auszeichnung der Senatorenfrauen, obwohl die Sitte sowie die bezüglichen Bestimmungen gewiß nicht zu allen Zeiten gleich waren, und die letztern auch häufig übertreten wurden[8]). Cäsar hatte das Recht der Sänfte auf Ehefrauen und Mütter im Alter von mehr als 40 Jahren, überdies auf gewisse Tage beschränkt[9]); Domitian entzog es Frauen von schimpflichem Lebenswandel[10]). Die strengere Sitte forderte dicht zugezogne Vorhänge, da diese Sänften, wo sie sich zeigten, von den Blicken der Neugierigen verfolgt wurden; wir sehen, sagt Plutarch, nichts Tadelnswertes darin, wenn wir die Augen auf die Sänften der Weiber heften und nicht von deren Fenstern weichen[11]). Aber Ehemänner, die ihren Gattinnen verboten, »sich im Tragsessel auszustellen und sich den von allen Seiten auf sie gerichteten Blicken der ohne Unterschied zugelassnen Beschauer preiszugeben«, galten, wie Seneca sagt, bei den Frauen als bäurisch, übelgesittet und ihre Gattinnen als beklagenswerte Opfer ehelicher Tyrannei[12]). Denn die Frauen bedienten sich, wie auch Clemens von Alexandria zu bemerken Gelegenheit hatte, der Sänften keineswegs, um sich den Blicken zu entziehen, sondern gerade um kokettierend einherzustolzieren. Bei zurückgeschlagnen Vorhängen scharf nach den sie Anblickenden umschauend, sogar sich häufig hinausbiegend, beschämten sie die angenommne Würde durch diese Ausbrüche ihrer Neugier[13]). Der Wagen bediente man sich in Rom nicht[14]); bei Fahrten über Land aber scheinen Frauen nicht selten selbst die Pferde gelenkt zu haben[15]).

Erscheinen an öffentlichen Orten.

Sänften.

1) Valer. Max. II 1, 2; über *sellisternia* vgl. Mommsen, Ges. Schrift. VIII 601. 2) Ob man bei Tac. A. XVI 34 an eine solche zu denken hat, ist mindestens zweifelhaft. Dort heißt es von dem sein Urteil erwartenden Thrasea: *illustrium virorum feminarumque coetus frequentes egerat.* Eine andre Erwähnung kenne ich nicht. 3) Ovid. ars am. I 67ff. 491ff. III 387ff.; rem. am. 627f.; trist. II 285f. Prop. II 23, 5. 32, 11. IV 8, 75. Juvenal. 6, 60. 4) Martial. XI 73, 6. 5) Ovid. Am. II 2, wo der Name Bagoas einen Eunuchen andeutet. 6) Ovid. ars am. II 209; vgl. Am. III 11, 17f.; fast. II 311f. Claudian. in Eutrop. I 464. 7) Horat. Sat. I 2, 98: *custodes, lectica, ciniflones, parasitae.* Juv. 6, 353f. 8) Cass. Dio LVII 15, 4 σκιμποδίῳ καταστέγῳ, ὁποίῳ αἱ τῶν βουλευτῶν γυναῖκες χρῶνται. 9) Sueton. Caes. 43, 1. Hieron. chron. z. J. 46 v. Chr. 10) Sueton. Domit. 8, 3. 11) Plutarch. De curios. 13. 12) Seneca de benef. I 9, 3; de remed. fort. 16, 7. 13) Clem. Alex. Paedag. III 4, 27 p. 252 St. 14) Vgl. Anhang IV. 15) Ovid. Am. II 16, 49f. Prop. IV 8, 21f.

Tracht.

Auch die Schamlosigkeit der Tracht ist den Frauen in jener Zeit vorgeworfen worden; doch ist aus den bezüglichen Äußerungen der zum Übertreiben und Generalisieren geneigten Schriftsteller, namentlich der beiden Seneca und des älteren Plinius, nicht zu entnehmen, welche Ausdehnung das gerügte Übel gewonnen, besonders inwieweit die berüchtigten, nichts verhüllenden koischen Florkleider (eine Tracht der Prostituierten)[1]) bei den Frauen überhaupt Eingang gefunden hatten; noch weniger, ob jene Klagen damals mit mehr oder auch nur mit ebensoviel Grund erhoben wurden, als in Deutschland und anderwärts in den verschiedensten Perioden des Mittelalters und der neuern Zeit[2]). Vollends die völlige Durchsichtigkeit der weiblichen Kleidung zur Zeit des Direktoriums in Paris, wo Frau Tallien[3]), und bei den Festen Stanilaw Augusts in Grodno, wo die Marquise von Lulli das Beispiel gaben[4]), kann wohl überhaupt niemals überboten worden sein. In Paris ergab in jener Zeit die Wägung einer bewunderten Damentoilette mit Einschluß des Kameen- und Goldschmucks ein Gewicht von nur ein Pfund. Seitdem strebten die Frauen, ihre Anzüge so leicht wie möglich zu machen, und man wurde nicht müde, sie zu wägen[5]). Die ebenfalls von den Schriftstellern der ersten Jahrhunderte öfters (namentlich als Ursache der Käuflichkeit)[6]) beklagte Putzsucht der Frauen und ihre Verschwendung, hauptsächlich mit orientalischen Stoffen und Fabrikaten (namentlich Seide, Byssus, Edelsteinen, Perlen und Wohlgerüchen), ist, wenn auch unzweifelhaft in einzelnen Fällen kolossal, doch einerseits bloß auf kleine Kreise beschränkt gewesen, und hat auch andrerseits allem Anschein nach den Luxus der Tracht in neuern Zeiten kaum erreicht[7]).

Vereinzelte Extravaganzen.

In der selbständigen und unabhängigen Stellung der Frauen lag eine starke Versuchung, die Fesseln, die Natur und Sitte ihnen auferlegt hatten, abzustreifen, nach Vorzügen zu streben, die ihrem Geschlecht versagt, Beschäftigungen zu wählen, die mit echter Weiblichkeit unvereinbar waren. Zwar jene widerwärtigen Abnormitäten, die besonders Juvenal mit soviel Vorliebe schildert, werden zu allen Zeiten nicht häufig gewesen sein: die turnenden, in Gladiatorenrüstung fechtenden[8]), die mit den Männern um die Wette die Nächte durch zechenden und den zu reichlich genossnen Wein wieder von sich speienden[9]), oder die prozeßsüchtigen Frauen, welche die Klageschrift selbst ausarbeiteten[10]). Daß solche Emanzipationsversuche Ausnahmen waren, sagt Juvenal selbst ausdrücklich[11]). Häufiger dürften die gewesen sein, die an den Weltangelegenheiten eifrigen Anteil nahmen. Sie wußten über die entlegensten Länder aufs genauste Bescheid, sie fingen die Gerüchte an den Toren auf oder veranlaßten sie, führten hohen Militärpersonen gegenüber dreist das

1) Marquardt, Privatl.² S. 493. Horat. Sat. I 2, 101. 2) Falke, Deutsche Trachten- und Modenwelt (1858) I 67. 213 f. 278. 284 f. II 200. 253 f. 311; vgl. 322 ff. Baudrillart, Hist. d. luxe III 287. 3) Louandre, Rev. d. deux mondes XV (1876) S. 313. Lacroix, Directoire, Consulat, Empire S. 33; vgl. S. 83 (à la sauvage). 4) E. v. d. Brüggen, Polens Auflösung S. 320. 5) Lacroix a. a. O. S. 49 f. 6) Prop. III 13, 1—14. 7) Vgl. unten [II 312 ff.]. 8) Juv. 6, 246—267; vgl. 421. Martial. VII 67. 9) Juv. 6, 425 ff. Seneca ep. 95, 21. 10) Juv. 6, 242—245. Es liegt kein Grund vor, dies für eine Übertreibung zu halten, wie Geib, Kriminalprozeß S. 519 tut, weil Frauen nicht das Recht zur Anklage hatten, da es ja nur einer vorgeschobenen Person bedurfte; vgl. auch Mommsen, Strafr. S. 369, 4. 11) Juv. 2, 53 (in der Rede, die er der Laronia in den Mund legt): *luctantur paucae, comedunt colyphia paucae.*

Wort und erzählten jedem, der ihnen auf der Straße begegnete, von den neusten Erdbeben, Überschwemmungen und was sich in der ganzen Welt zugetragen hatte[1]).

Ehrgeiz der Frauen — und Teilnahme an der Politik.

Der Ehrgeiz feiner organisierter Naturen nahm einen höhern Flug an; es war in der Natur der Verhältnisse begründet, daß Frauen in hoher Stellung mittelbar oder unmittelbar in den Gang der Dinge bestimmend eingriffen, und das Trachten nach Macht und Einfluß kann unter ihnen nicht anders als sehr verbreitet gewesen sein. Es ist bekannt, daß das Schicksal der römischen Welt nicht selten von Frauen bestimmt worden ist, daß mehr als eine Kaiserin im Namen ihres Gemahls regiert hat, daß nicht wenige an der Regierung bedeutenden Anteil hatten. Selbst Augustus, einer der größten Staatsmänner aller Zeiten, ließ sich häufig von seiner klugen Gemahlin — diesem »Ulyß im Weiberkleide«, wie sie Caligula nannte[2]) — beraten, und man erzählte sich in Rom, daß er nie mit Livia ein wichtiges Gespräch führe, ohne (wie er übrigens auch sonst tat) sich schriftlich darauf vorzubereiten[3]). Zu dem vielen Guten, das die Kaiserin Eusebia, Gemahlin des Kaisers Constantius, getan habe, rechnet der Kaiser Julian in einer Lobrede auf sie, »daß der eine durch sie im Besitz seines väterlichen Erbes ist, ein andrer von der ihm durch das Gesetz auferlegten Strafe befreit wurde, ein dritter der dringenden Gefahr entging, die ihm eine Denunziation bereitete, Unzählige Ehre und Amt erlangten«[4]). Die Witwe Trajans, Plotina, erwirkte von Hadrian, daß der Vorsteher der epikureischen Schule in Athen seinen Nachfolger selbst ernennen durfte, und zwar auch aus Nichtbürgern, was bis dahin nicht zulässig gewesen war[5]). Der Sophist Philiscus erhielt den Lehrstuhl der Beredsamkeit zu Athen durch die Kaiserin Julia Domna[6]). Aber auch den Einfluß der vornehmen, besonders der den Kaiserinnen befreundeten, dem Hofe nahestehenden Frauen wird man sich als einen sehr großen und weitverzweigten vorzustellen haben. Wie sehr man sich bemühte, ihre Gunst zu gewinnen, zeigt eine gelegentliche Äußerung Juvenals. Er rügt die Schwelgerei des Günstlings Domitians Crispinus, der eine sechs Pfund schwere Seebarbe mit 6000 Sesterzen (1305 Mark) bezahlte; hätte er sie zum Geschenk für eine vornehme Freundin gekauft, die in einer riesigen, von großen Scheiben geschlossnen Sänfte dahergetragen wird, so wäre die Ausgabe gerechtfertigt gewesen[7]). Besonders wirksam zeigte sich der weibliche Einfluß natürlich bei der Besetzung von großen wie kleinen Stellen und Ämtern, in Rom wie in den Provinzen. Seneca rühmt von seiner mütterlichen Tante, daß sie ihre Zurückhaltung so weit überwunden habe, um den ihrigen zugunsten seiner Ernennung zum Quästor geltend zu machen[8]). Gessius Florus wurde Prokurator von Judäa durch seine Gemahlin Cleopatra, die mit der Kaiserin Poppäa befreundet war[9]). Der Obervestalin Campia Severina wurde im Jahre 240 von jemandem eine Statue errichtet, weil er auf ihre Verwendung die Erhebung in den Ritterstand, ein Kohortentribunat und die Überspringung eines

1) Juv. 6, 398—412. 2) Sueton. Calig. 23, 2. Über Livias politische Wirksamkeit vgl. Willrich, Livia (1911) S. 45 ff. 3) Sueton. Aug. 84, 2. 4) Julian. or. 3 p. 115 C. 5) CIL III 12283 + 14203[15] = Dessau 7784. Dittenberger, Syll.³ 834; vgl. Diels, Arch. f. Gesch. d. Philos. IV 1891 S. 486 ff. Mommsen, Ges. Schrift. III 50 ff. Wilhelm, Österr. Jahresh. II 1899 S. 270 ff. 6) Philostr. vit. soph. II 30. 7) Juven. 4, 20 f. 8) Seneca Consol. ad Helv. 19, 2. 9) Joseph. A. J. XX 252.

Grads bei der militärischen Beförderung, von einem andern, weil er ebenfalls durch ihre Empfehlung (*suffragium*) die oberste Direktion der kaiserlichen Bibliotheken erlangt hatte[1]). Epictet läßt einen unredlichen Beamten sich mit der Hoffnung trösten, er werde nicht zur Strafe kommen: »wir haben einflußreiche Freunde und Freundinnen in Rom«[2]). Wo die eignen Verbindungen ehrgeiziger Frauen nicht ausreichten, nahmen sie ihre Söhne in Anspruch, deren Beredsamkeit und Vermögen sie rücksichtslos zu ihren Zwecken oder den Zwecken andrer ausbeuteten[3]). Unter den Wahlempfehlungen zu städtischen Ämtern, die an die Mauern der Pompejanischen Häuser angeschrieben sind, sind einige auch von Frauen unterzeichnet[4]).

Die Gemahlinnen der Provinzialstatthalter.

In den Provinzen sah man die Gemahlinnen der Statthalter den Übungen und Paraden der Truppen beiwohnen, sich unter die Soldaten mischen, von Centurionen umgeben: so die stolze Plancina, Tochter des Gründers von Lyon, Munatius Plancus, Gemahlin des im Jahre 17 zum Statthalter von Syrien ernannten Cn. Piso[5]), und Cornelia, Gemahlin des Statthalters von Pannonien, Calvisius Sabinus († im Jahre 39)[6]). Cäcina Severus unterstützte seinen im Senat im Jahre 21 eingebrachten Antrag, kein Statthalter solle seine Frau mit in die Provinz nehmen dürfen, durch Hinweisungen auf das Auftreten der Plancina in Syrien. Der Senat möge bedenken, wie oft bei Anklagen wegen Erpressungen das meiste den Frauen zur Last falle. An sie hänge sich sogleich der ganze Auswurf der Provinz. Von ihnen würden Geschäfte übernommen und durchgeführt. Die Provinzialen hätten zwei Hofhaltungen ihre Aufwartungen zu machen. Die Weiber seien herrischer und maßloser im Befehlen; von allen Fesseln gelöst seien sie zu Gebieterinnen nicht bloß über die Häuser und Gerichte, sondern auch über die Heere geworden[7]). Doch wurde diesem Antrag nicht stattgegeben, und auch in spätern Zeiten wiederholen sich die Klagen über Erpressungen der Gemahlinnen von Statthaltern, die »wie Harpyien mit scharfen Klauen, um Geld zusammenzuraffen, durch die Städte und Kreistage stürmten«[8]).

Beschäftigung der Frauen mit Literatur.

Auch dem literarischen Treiben konnten die Frauen unmöglich fremd bleiben, um so weniger, als sie (wenigstens in den höhern Ständen) in der Regel eine gewisse literarische Bildung durch den Jugendunterricht erhalten hatten. Quintilian bezeichnet in seiner »Erziehung zum Redner« eine möglichst große Bildung der Eltern des auszubildenden Knaben als wünschenswert, und er spreche nicht von den Vätern allein[9]). Eine mit allen Vorzügen ausgestattete Frau bei Martial ist reich, von edler Abkunft, gebildet (*erudita*), keusch[10]). Ovid freilich (der in seiner »Kunst zu lieben« trotz aller Versicherungen, daß er nur von Libertinen und ihresgleichen rede, die Frauen überhaupt schildert, wie er sie kannte und wie sie ihm erschienen) sagt: »es gibt auch gelehrte (d. h. lite-

1) CIL VI 2131. 2132 = Dessau 4928 f.; vgl. über solche *suffragia* Hirschfeld, Kaiserl. Verw.-Beamt. S. 443, 5. 2) Epictet. Diss. III 7, 13. 3) Seneca Cons. ad Helv. 14, 2. 4) z. B. CIL IV 740. 2993 z γ. 3678. 3683. 5) Tac. A. II 55. 6) Cass. Dio LIX 18, 4. 7) Tac. A. III 33. 8) Juv. 8, 128 ff. (vgl. oben S. 133). Martial. II 56. Tac. A. IV 19: *victoria per avaritiam foedata et uxor socia arguebantur;* vgl. auch XVI 32. 9) Quintilian. I 1, 6. 10) Martial. XII 97, 3; vgl. Kaibel, Epigr. gr. 682 Grabschrift einer Messia: ἡλικίῃ μορφῇ φρεσὶ Μούσαις σωφροσύνῃ τε ἐν πᾶσιν πρέψασα.

rarisch gebildete) Weiber, ein sehr dünnes Häuflein, und andre, die es zwar nicht sind, aber dafür gelten wollen«[1]). Es ist bekannt, mit welcher Intensität und in welcher Ausdehnung in den beiden ersten Jahrhunderten literarische Tendenzen sich geltend machten, und wie verbreitet namentlich in der gebildeten Gesellschaft der poetische Dilettantismus war. In dem Hause des Augustus, der diese Bestrebungen so geflissentlich begünstigte und förderte, konnten auch die Frauen nicht umhin, zur Literatur in ein Verhältnis zu treten. Seine Schwester Octavia nahm die Widmung eines philosophischen Werks an[2]); Vergil las ihr und ihrem Bruder das sechste Buch der Äneide vor; bei den Versen, die sich auf ihren in der Blüte des Lebens hinweggerafften Sohn Marcellus beziehen, soll sie in Ohnmacht gefallen sein[3]). Besonders nahe stand ihr und ihrer Familie der Dichter Krinagoras aus Mytilene, der als Gesandter seiner Vaterstadt zweimal (709 = 45 und 729 = 25) zu Augustus in Beziehung getreten war. Wir besitzen noch Gedichte, die er an Octavias Sohn Marcellus und ihre schöne und tugendhafte Tochter Antonia (als Mädchen und als Gemahlin des Drusus) richtete; eins derselben begleitete die Übersendung einer Sammlung lyrischer Gedichte[4]), ein andres ist ein Gebet für Antonias leichte und glückliche Entbindung, einige beziehen sich auf ihren Gemahl Drusus und auf seinen Bruder, den nachmaligen Kaiser Tiberius[5]). Zu der Beliebtheit der Tochter des Augustus Julia trug auch ihr Interesse für Literatur und ihre reiche (in jenem Hause, wie Macrobius sagt, leicht zu erwerbende) Bildung bei[6]). Ohne Zweifel war (auch abgesehen von der Nachahmung solcher Beispiele) unter den Frauen jener Zeit die Beschäftigung mit der Literatur verbreitet. So war Perilla (wohl Ovids Stieftochter) Dichterin[7]). Auch die Gemahlin des Lucan, Polla Argentaria, zeichnete sich nach Statius durch Geist und Bildung aus[8]). Von der Beteiligung der Frauen der spätern Kaiserhöfe an der Literatur ist nur bekannt, daß Agrippina, Neros Mutter, ihre Denkwürdigkeiten hinterließ, die Tacitus und der ältere Plinius benutzt haben[9]), und daß Statilia Messalina, die dritte Gemahlin Neros, nach dessen Tode ebensosehr durch Geist wie durch Schönheit und Reichtum glänzte und sich sogar durch schulmäßige Studien die Redekunst zu eigen zu machen suchte[10]); von den literarischen Beschäftigungen der Gemahlin des Septimius Severus, Julia Domna, wird später die Rede sein. Die Tochter des Rhetors Nazarius (unter Constantin) kam ihrem Vater in der Beredsamkeit gleich[11]).

Die Frauen, die an der Literatur nicht tätigen Anteil nahmen, teilten doch wenigstens die Interessen ihrer Männer oder Freunde und waren auf deren Erfolge stolz. Der jüngere Plinius rühmt von seiner Frau, daß sie aus Liebe zu

1) Ovid. ars am. II 281 f. 2) Plutarch. Poplic. 17, 8; s. unten S. 300. 3) Vita Verg. p. 7, 110 ff. Brummer. 4) Anth. Pal. IX 239. 5) Cichorius, Rom und Mytilene (1888) S. 56 ff., dazu Mommsen, Sitz.Ber. Akad. Berlin 1891 S. 980 f. Klebs, Prosop. imp. Rom. I 481 f. Hillscher, Jahrb. f. Philol. Suppl. XVIII (1891) S. 421 ff. 6) Macrob. Saturn. II 5, 2. 7) Ovid. Trist. III 7, 9 ff. (vgl. S. 298, 8). Die Klatschgeschichte bei Serv. ecl. 3, 20 von der *uxor litteratissima* des *Varus tragoediarum scriptor*, welcher Vergil zum Danke für ihre Gunst eine Tragödie schenkt, die sie ihrem Manne als von sich verfaßt übergibt, verdient keinen Glauben. 8) Stat. Silv. II 7, 83. 9) Tac. A. IV 53. Plin. n. h. VII 46 (vgl. ind.). 10) Schol. Juv. 6, 434. 11) Hieron. chron. z. J. 336, vgl. Teuffel-Kroll, Röm. Lit.Gesch. § 401, 6. Eine *Firmia Philologis quae et Iulia* CIL VI 15053 verdankt das Cognomen vielleicht ihrer literarischen Bildung.

ihm Interesse an der Literatur gefaßt habe. Seine Bücher las sie wiederholt und lernte sie sogar auswendig. Hielt er eine Vorlesung, so hörte sie hinter einem Vorhange zu und lauschte begierig auf die Beifallsbezeigungen der Zuhörer. Führte er eine Verteidigung vor Gericht, so wartete sie den Erfolg mit höchster Spannung ab, und Boten, in Zwischenräumen vom Gerichtshof bis zu ihrer Wohnung aufgestellt, meldeten von Minute zu Minute die Stimmung der Zuhörer, das Beifallsgemurmel, die Bravorufe usw. Seine Gedichte sang sie zur Kithara nach selbst gesetzten Melodien, worin, wie Plinius sagt, kein Musiker sie unterrichtet hatte, sondern die beste Lehrerin, die Liebe[1]). Auch die Fertigkeit, sich leicht und geschmackvoll auszudrücken, war wohl unter den Frauen von Stande sehr allgemein. Ovid empfiehlt den Frauen, in Liebesbriefen in gewählten, doch nicht ungewöhnlichen Ausdrücken zu schreiben; oft sei eine dem Erlöschen nahe Liebesglut durch einen Brief neu angefacht worden und andrerseits durch Sprachfehler einem schönen Gesicht Eintrag geschehen[2]). Wenn die Frauen sich mit ihren etwaigen schriftstellerischen Versuchen nicht an die Öffentlichkeit wagten, so wurden diese doch Freunden vorgelegt. Plinius erzählt, daß ihm ein befreundeter Schriftsteller Briefe von seiner Frau vorgelesen, man hätte Plautus und Terenz in Prosa zu hören geglaubt. Er zweifelt sogar, ob sie wirklich von ihr selbst geschrieben seien; sei dies aber der Fall, so gereiche ihre Ausbildung dem Manne, der sie als ungebildetes Mädchen geheiratet, zu hohem Ruhme[3]): in der Tat muß es eine Folge der frühen Verheiratung der Mädchen gewesen sein, daß auch ihre geistige Bildung häufig, wenn nicht in der Regel, erst in der Ehe vollendet wurde[4]). Sehr verbreitet dürfte auch bei den Frauen die Sucht gewesen sein, griechisch statt lateinisch zu reden, wenigstens zierliche und zärtliche griechische Phrasen einzumischen (schon in der Zeit des Lucretius war Griechisch die Lieblingssprache der Liebenden)[5]); man möchte dies, sagt Juvenal, ihnen hingehen lassen, solange sie jung seien, aber bei sechsundachtzigjährigen sei es unerträglich[6]).

Dichterinnen.

Doch in einer Zeit des wuchernden poetischen Dilettantismus waren natürlich auch die Dichterinnen zahlreich, die sich sowohl in griechischen als in lateinischen Versen versuchten und es gerne hörten, wenn man ihnen sagte, daß sie nur der Sappho und auch dieser kaum nachständen[7]). Diese Dilettantinnen gegenüber unvermeidliche Schmeichelei hat schon Ovid jener Perilla gegönnt, deren poetische Begabung er von früh an zu entwickeln bemüht gewesen war; oft hatten sie sich ihre Verse gegenseitig vorgelesen, oft war er ihr Lehrer und Kritiker gewesen[8]). Die Dichterin Sulpicia, deren poetische Liebesbriefe in die Sammlung Tibulls aufgenommen sind, war wahrscheinlich eine Enkelin des berühmten Juristen Servius Sulpicius Rufus und Tochter eines Freundes des Horaz[9]). Hostia, die Geliebte des Properz, durfte sich mit

1) Plin. ep. IV 19, 2—4. 2) Ovid. ars am. III 479 ff. 3) Plin. ep. I 16, 6. 4) Vgl. oben S. 271. 5) Lucret. IV 1160 ff. 6) Juv. 6, 185 ff. Martial. X 68. 7) Lucian. De mercede cond. 36. 8) Ovid. Trist. III 7, 23 ff.; vgl. oben S. 297; daß Perilla zu Ovid in einem töchterlichen Verhältnis stand, zeigen besonders V. 12 und 45, und die Möglichkeit, daß sie seine Trist. IV 10, 75 ff. erwähnte, bereits zweimal verheiratete Tochter war, ist nicht ausgeschlossen; doch wahrscheinlicher, daß sie eine Tochter seiner dritten Frau aus einer frühern Ehe war; vgl. Trist. III 7, 3. 9) Haupt, Opusc. III 502 f.

Sappho und Corinna vergleichen[1]). Persius spottet über die Afterdichterinnen seiner Zeit als »dichterische Elstern«[2]). Martial rühmt von Theophila, der Braut seines Landsmanns, des Dichters Canius Rufus aus Gades, daß sie keuscher als Sappho und als Dichterin ihr ebenbürtig sei[3]); mit derselben Wendung verherrlicht er die Gemahlin des Calenus, Sulpicia, unter deren Namen wir noch ein recht schwächliches »Gespräch mit der Muse« in Versen über die Philosophenaustreibung durch Domitian besitzen[4]). In den Gedichten, die Martial von ihr las, hatte sie die Freuden einer glücklichen Ehe ohne jede Prüderie besungen[5]). Auf dem Memnonskoloß sind griechische Verse einer Cäcilia Trebulla und einer Julia Balbilla eingehauen[6]). Die letztre rühmt sich der Abstammung von Claudius Balbillus (Statthalter von Ägypten unter Nero, auch als Schriftsteller bekannt) und einem syrischen Fürsten Antiochus, auf die sie sehr stolz gewesen zu sein scheint[7]). Den Memnonskoloß besuchte sie im November des Jahres 130 im Gefolge des Kaisers Hadrian und »der liebenswürdigen Kaiserin« Sabina, die an ihren Versen großes Gefallen gefunden zu haben scheinen, da diese in den sehr harten Stein mit tiefen großen Buchstaben sorgfältig eingehauen sind. Diesen Beifall mögen ihnen besonders die dem Kaiserpaar reichlich gespendeten Schmeicheleien erworben haben: Memnon habe früher als die Sonne den Kaiser begrüßt, er habe sich vor dessen Zorn gefürchtet usw. Bei einer gewissen Gewandtheit zeigen Balbillas Gedichte einen hohen Grad gelehrter Pedanterie in dem strengen Festhalten des äolischen Dialekts, in welchem Sappho gedichtet hatte; ihre Werke waren also offenbar das eifrig studierte Vorbild auch dieser gelehrten Dilettantin.

Gelehrte Frauen.

Machten die Frauen nicht selbst Verse, so kritisierten sie wohl fremde, und diese Kritikerinnen hält Juvenal für noch schlimmer als die, welche den Wein zu sehr liebten. Kaum hatten sie sich bei Tafel niedergelassen, so begannen sie schon die ästhetische Unterhaltung über Vergil und Homer und wogen die Vorzüge beider gegeneinander ab; so unaufhaltsam rauschte der Strom ihrer Rede, daß niemand zu Worte kam, es war, als ob eherne Becken und Schellen geschlagen würden. Nicht minder unleidlich war das Auskramen der sonstigen Gelehrsamkeit: wenn sie Zitate aus verschollnen Büchern anzuführen wußten, die ihre Männer nicht kannten, immer das grammatische Lehrbuch aufgeschlagen hatten, die Ausdrücke ihrer Freundinnen korrigierten und ihren Männern keinen Sprachfehler durchschlüpfen ließen. Eine Frau, sagt Juvenal, muß nicht die ganze Enzyklopädie im Kopfe haben und einiges in Büchern auch nicht verstehen[8]); auch Martial spottet zynisch über pedantische Puristinnen und zählt unter seine Lebenswünsche eine nicht zu gelehrte Frau[9]).

1) Propert. II 3, 19. 2) Pers. Prolog. 13. 3) Martial. VII 69, 10. 4) Vgl. über dieses zuletzt G. Thiele, Hermes LI 1916 S. 233 ff. 5) Martial. X 35. 38. 6) CIG 4725. 4727. 4729—4731. 4739—4741 = Kaibel, Epigr. gr. 988—992. 1001—1003; vgl. Weber, Untersuch. z. Gesch. des Kaisers Hadrianus (1907) S. 256 A. 923. 7) Letronne, Rec. des inscr. II S. 350 ff. 8) Juv. 6, 434—456 (nach dem Scholiasten auf Statilia Messalina bezüglich; vgl. S. 297). 9) Martial. II 90, 9. XI 19: *Quaeris cur nolim te ducere, Galla? Diserta es. Saepe soloecismum mentula nostra facit.* Unter Nero lebte die Epidaurierin (Suid.) oder Ägypterin (Phot.) Pamphila, Tochter des gelehrten

Beschäftigung mit Philosophie —

Den meisten Widerspruch aber fand wohl die Beschäftigung der Frauen mit der Philosophie. Von denen, die nach altrömischer Ansicht sie durchaus mißbilligten, ward teils angeführt, daß diese Studien nur, um damit zu prunken, getrieben würden (aus diesem Grunde hatte der ältere Seneca, ein streng an der alten Sitte festhaltender Mann, seiner Frau nicht gestatten wollen, sich mehr als oberflächlich damit bekannt zu machen, was der Sohn sehr bedauert)[1]; teils, daß die Frauen anmaßend und keck werden müßten, wenn sie, anstatt zu Hause zu spinnen und zu weben, unter Männern verweilten, Reden studierten, gelehrt sprächen und Schlüsse auflösten[2]). Zu den Vertretern der entgegengesetzten Meinung gehörten namentlich die Stoiker, die dafür eintraten, daß Knaben und Mädchen auf dieselbe Weise zu erziehen seien[3]); Musonius Rufus erörterte in einer besondern Schrift, »ob man den Töchtern dieselbe wissenschaftliche Bildung geben solle wie den Söhnen«. Plutarch schrieb ebenfalls darüber, »daß auch die Frauen eine wissenschaftliche Bildung erhalten müssen«[4]). Musonius wollte die Frauen auf Moralphilosophie beschränkt wissen, die er als Grundlage auch der weiblichen Sittlichkeit für unentbehrlich erklärte[5]); Plutarch ging weiter und riet, nach Sokratischer Methode mit dem

und Mathematik.

Studium der Philosophie auch das der Mathematik und Astronomie zu verbinden, weil ein von den erhabensten Ideen und Vorstellungen erfüllter Geist für Eitelkeiten, Aberglauben und Torheiten unzugänglich sei; eine Frau, die Mathematik verstehe, werde sich schämen zu tanzen, und die den Zauber Platonischer und Xenophontischer Dialoge kenne, Beschwörungen und Zauberei verachten[6]).

In der Tat scheinen jene Wissenschaften von Frauen neben der Philosophie nicht selten und nicht immer zum Vorteil ihrer Anmut und Liebenswürdigkeit getrieben worden zu sein. Plutarch rühmt von Cornelia, die erst die Gemahlin des Crassus, dann des Pompejus war, daß sie außer ihrer Schönheit noch andre Reize besaß: eine gute Bildung in Literatur, Musik, Geometrie; auch hatte sie mit Nutzen philosophische Vorträge gehört und war dabei von der Pedanterie und Unliebenswürdigkeit frei, »die junge Frauen durch solche Studien leicht annehmen«[7]). Ciceros Freundin Cärellia hatte sich, »offenbar von Eifer für die Philosophie entbrannt«, eine Abschrift seiner Bücher vom höchsten Gut vor der Veröffentlichung verschafft[8]). Wohl mochten tiefre Naturen in den Lehren der Weisen Trost im Unglück suchen und finden. Livia soll ihn bei dem Tode ihres Sohnes Drusus in den Worten des stoischen Philosophen Areus gefunden haben[9]). Der an demselben Hofe lebende Stoiker Athenodorus aus Kana durfte eine seiner Schriften Augustus Schwester Octavia widmen[10]). Der

Soteridas und Frau des gelehrten Sokratidas, Verfasserin der von Gellius und Diogenes Laertius benutzten σύμμικτα ἱστορικὰ ὑπομνήματα. Suid. s. Παμφίλη. Phot. Bibl. cod. 175.

1) Seneca Cons. ad Helv. 17, 4. 2) Muson. bei Stob. ecl. II 31, 126 (II p. 246 Wachsm.). 3) Lactant. Inst. III 25, 7; vgl. Wendland, Quaest. Musonianae (Diss. Berol. 1886) S. 23, 2. 4) Stob. ecl. III 18, 27. 31 f. (III p. 520 f. Hense). 5) Stob. ecl. II 31, 123 (II p. 239 Wachsm.). 6) Plutarch. Coniug. praec. 48. Eine zwanzigjährige *Euphrosyne pia, docta novem Musis, philosopha* (aus der ersten Zeit des Augustus) CIL VI 33898 = Dessau 7783. 7) Plutarch. Pomp. 55, 1, vgl. Zonar. X 9. 8) Cic. ad Att. XIII 21ª, 2, vgl. 22, 3. 9) Seneca ad Marc. 4, 2. 10) Plutarch. Poplic. 17, 8; vgl. oben S. 297.

Beziehungen der Kaiserin Plotina zur Schule Epikurs ist bereits gedacht worden[1]). Auch die Kaiserin Julia Domna wandte sich, als sie durch die Intriguen des Günstlings Plautianus mit ihrem Gemahle Septimius Severus zerfallen war, der Philosophie und wissenschaftlichen Beschäftigungen zu[2]). Sie umgab sich mit Mathematikern und Rhetoren[3]), und Philostrat, der zu diesem Kreise gehörte, schrieb auf ihre Veranlassung den Roman von Apollonius von Tyana[4]). Jene von Martial als Dichterin gerühmte Theophila war in der epikureischen und stoischen Philosophie gleich sehr zu Hause[5]). In einer dem Galen zugeschriebnen Schrift wird eine dem Verfasser befreundete Frau, namens Arria, erwähnt, welche von den Kaisern (Sever und Caracalla) wegen ihrer ernsten Studien (namentlich der Platonischen Philosophie) hochgeschätzt worden sei[6]): vielleicht dieselbe Verehrerin des Plato, der Diogenes Laertius seine Lebensbeschreibungen der Philosophen widmete[7]).

Doch bei der Mehrzahl blieben freilich wohl auch diese Beschäftigungen bloße Tändelei. Horaz spricht in einem Spottgedichte auf eine verliebte Alte von den zwischen seidnen Polstern liegenden stoischen Büchern[8]). Zu Epictets Zeit lasen die Frauen in Rom mit Vorliebe Platons Republik, weil hier die Aufhebung der Ehe und die Weibergemeinschaft in einer gewissen Ausdehnung für die Grundbedingung des idealen Staats erklärt wird; sie meinten darin eine Entschuldigung für eigne Fehltritte zu finden[9]); und Lucian versichert, daß es Philosophen gab, die jene Lehre Platons mit den von ihnen verführten, zur Philosophie bekehrten Frauen verwirklichten, ohne zu begreifen, in welchem Sinne jener heilige Mann die Weibergemeinschaft verstanden hatte[10]). Als Marc Aurels Beispiel die Studien der Philosophie und der Wissenschaften überhaupt allgemein machte, besoldeten auch vornehme Frauen unter ihrer übrigen Umgebung griechische Weltweise, Rhetoren und Philologen, von ehrwürdigem Äußern, mit langen grauen Bärten, zu deren Obliegenheiten es gehörte, unter dem übrigen Gesinde ihre Sänfte zu begleiten. Anders als bei Tafel oder während des Ankleidens fanden sie aber nicht Zeit, sich philosophische Vorträge halten zu lassen; wenn ihnen etwa während eines Vortrags über Züchtigkeit die Zofe das Billett eines Liebhabers übergab, so unterbrachen sie sich nicht länger als nötig war, um die Antwort zu schreiben, und hörten dann aufmerksam weiter. Selbst auf Reisen wurden die Philosophen mitgenommen, wobei man sie freilich zuweilen nach langem Warten im Regen mit einem Tänzer, Koch oder Haarkräusler in den letzten Wagen packte. Lucian erzählt, daß eine reiche und vornehme Frau einem alten, in ihrem Solde stehenden Stoiker ihre trächtige Malteser Schoßhündin zur besondern Beaufsichtigung

1) Oben S. 295. 2) Cass. Dio LXXV 15, 7; vgl. A. v. Premerstein, Österr. Jahresh. XVI 1913 S. 261 f. 3) Philostrat. Vit. soph. II 30; vgl. K. Münscher, Philolog. Suppl. X 1907 S. 480. 4) Philostr. Apoll. Tyan. I 3; vgl. J. Réville, Die Religion zu Rom unter den Severern (1888) S. 198 ff. 5) Martial. VII 69, 3 f. Oben S. 299. 6) Galen. XIV 218; es ist vielleicht die Gattin des Konsuls M. Nonius Macrinus, CIL V 4864 = Dessau 3986. 7) Diog. Laert. III 47; die Vermutung stammt von Jonsius, De scriptoribus hist. philosoph. III 12, 8 p. 70 f. Die Annahme, daß Diogenes diese Anrede aus seiner Quelle mit herübergenommen habe (vgl. Usener, Epicurea S. XXXIII), ist kaum haltbar (Ed. Schwartz, Real-Encykl. V 759 f.). 8) Horat. Epod. 8, 15. 9) Epictet. frg. 15 Schenkl. 10) Lucian. Fugitivi 18.

übergeben und daß diese während der Fahrt auf dem Mantel des Philosophen Junge geworfen habe[1]).

Wenn aber auch ein großer oder der größte Teil der Frauen nur mit dem Schein philosophischer Bildung prunkte, so fehlte es doch, wie gesagt, zu keiner Zeit an solchen, die mit allem Ernste durch die Philosophie einen Halt und eine Richtschnur für das Leben zu gewinnen strebten. Auch der Ägypter Plotinus, der Begründer des Neuplatonismus, der letzten großen Schöpfung des antiken Geistes, fand bei seinem Aufenthalte in Rom (seit 244 n. Chr.) zahlreiche eifrige und ergebne Schülerinnen, auch in den höhern Ständen, unter ihnen die Kaiserin Salonina; er wollte ihre und ihres Gemahls Gallienus Gunst benutzen, um mit seinen Anhängern auf dem Gebiet einer untergegangenen Stadt in Campanien (wahrscheinlich Pompeji) einen platonischen Philosophenstaat, eine Platonopolis, zu gründen. Doch seine Gegner vereitelten die Ausführung dieses Plans, und das antike Ikarien ist nie ins Leben getreten[2]). Der Schüler Plotins, Porphyrius, vermählte sich mit der Witwe eines Freunds, Marcella, nicht bloß um die nicht mehr junge, kränkelnde Frau in der Erziehung ihrer sieben Kinder zu unterstützen, sondern auch wegen ihrer hohen Begabung für wahre Philosophie, in welche sie bereits eingeweiht war[3]).

Ihre Teilnahme an den religiösen Bewegungen.

Am tiefsten wurden die Frauen von den religiösen Bewegungen berührt und ergriffen, die schon seit dem 1. Jahrhundert begonnen hatten, im 2. an Umfang und Intensität sehr zunahmen, im 3. und 4. ihren Höhepunkt erreichten. Es waren die letzten Anstrengungen des Heidentums, durch eine Regeneration sich gegenüber dem neuen Geist zu behaupten, dessen von Osten ausgegangenes Wehen immer gewaltiger die Welt erfüllte. Der scheinbar schon ganz in Verfall geratne griechisch-römische Götterglaube erlebte eine überraschende Restauration, die seine immer noch ungeschwächte Lebenskraft bewies; aber auch jede fremde Form der Gottesverehrung, die einen positiven Inhalt zu haben schien, ward mit Begierde ergriffen, und ein großer Teil der Gläubigen suchte nicht in einer einzigen, sondern in einer Häufung und Mischung der verschiedenartigsten Religionen und Kulte das Heil[4]).

Orientalische Kulte.

Orientalische Kulte waren jedoch bei weitem am meisten verbreitet und standen im höchsten Ansehen. Ihr Pomp war auf die Sinnlichkeit wohl berechnet, ihr umständliches Zeremoniell imponierte der Einfalt, in ihren Symbolen, Wundern und Geheimnissen ahnten Gläubige eine höhere Offenbarung, der mystische Hang nach inniger Vereinigung mit dem Göttlichen fand hier vollste Befriedigung. Wenn diese Kulte so gerade den Bedürfnissen des weiblichen Gemüts am meisten entgegenkamen, so wirkte noch stärker die Verheißung, durch Büßungen und Sühnungen zur Reinigung und Heiligung und zu einer höhern Seligkeit im Jenseits zu führen. Die Neigung zur Askese war eine natürliche Wirkung der sittlichen Auflösung und Zügellosigkeit; dieselbe sitt-

1) Lucian. De merc. cond. 32. 34. 36. 2) Porphyr. Vita Plotini 9. 12: τινὰ πόλιν κατὰ τὴν Καμπανίαν γεγενῆσθαι λεγομένην, ἄλλως δὲ κατηριπωμένην ἠξίου ἀνεγείρειν καὶ τὴν πέριξ χώραν χαρίσασθαι οἰκισθείσῃ τῇ πόλει. »*Id Richardus Schoene perquam probabiliter refert ad Pompeios*« Mommsen CIL X p. 1006. 3) Porphyr. ad Marcellam 1—9. 4) Vgl. unten [III 133ff.].

liche Schwäche, welche die Verschuldung herbeiführte, wähnte auch, sich durch äußerliche Bußen von der Schuld befreien zu können.

So steigerte sich denn namentlich bei den Frauen das Verlangen, in diesen Religionsübungen entweder eine höhere Weihe oder Trost und Entsündigung zu finden, zur Leidenschaft; und Frömmigkeit ohne Aberglauben, die einer Frau in ihrer Grabschrift von ihrem Gatten nachgerühmt wird[1]), mag unter ihnen nicht häufig zu finden gewesen sein. Plutarch empfiehlt in seinen Ehevorschriften der Frau ausdrücklich, nur die Götter zu verehren, die ihr Mann anerkenne, jedem andern Dienst und Aberglauben aber die Tür zu verschließen. Denn die von den Frauen im Verstohlenen dargebrachten Opfer könnten keinem Gotte angenehm sein[2]). In den Verehrerinnen der orientalischen Gottheiten hatten deren Priester die blindgläubigsten, gehorsamsten und freigebigsten Anhängerinnen. Bald ließen sie sich von einer herumziehenden Bande von Bettelpriestern der Großen Mutter einreden, daß ihnen die ungesunde Septemberluft ein Fieber zuziehen würde, wenn sie sich nicht mit einem Geschenk von hundert Eiern und einem getragnen Gewande sühnten, in welchem Falle die bevorstehende Gefahr in die Kleider fahren sollte. Bald tauchten sie auf priesterliche Vorschrift dreimal am frühen Morgen in dem mit Eis gehenden Tiber unter und rutschten eine bestimmte Strecke in der notdürftigsten Kleidung vor Kälte und Seelenangst zitternd auf bloßen Knien. Bald reisten sie nach Ägypten, um Nilwasser zu holen, wenn ihnen Isis im Traum befahl, damit in ihrem Tempel zu sprengen[3]). Die große Göttin Isis, die »millionennamige«, wurde von den Frauen in der ganzen römischen Welt als gnadenreiche Heil- und Schutzgöttin am allgemeinsten und inbrünstigsten angerufen. Zu ihren schon seit der Mitte des 1. Jahrhunderts in Rom zahlreichen Tempeln wallfahrteten in Masse die Beterinnen in den vorgeschriebnen leinenen Gewändern, sangen mit aufgelöstem Haar zweimal am Tage in den Chören zum Preise der Göttin mit, ließen sich mit Nilwasser besprengen und beobachteten die Fasten und die sonstige Enthaltsamkeit, welche die Priester ihnen aufzulegen für gut fanden; hatten sie dagegen gefehlt, so legten diese für gute Bezahlung ihre Fürbitte bei Osiris ein, und durch das Opfer eines Kuchens oder einer fetten Gans ließen sich die erzürnten Götter beschwichtigen[4]).

Isisdienst.

Es kann nicht wundernehmen, daß die von Frauen so viel besuchten Tempel der Isis vielfach zu schändlichen Zwecken mißbraucht wurden. Ihre Priesterinnen, Priester und Tempeldiener wurden allgemein der gewerbsmäßigen Kuppelei bezichtigt, und der ganze Kultus war aus diesem Grunde verrufen[5]). Was im Innern dieser Tempel vorgehen konnte, davon gibt ein Ereignis, das sich im Jahre 19 n. Chr. in Rom zutrug, eine Probe. Ein Ritter Decius Mundus hatte eine edle Frau von unbefleckter Keuschheit, Paulina, lange vergeblich mit Anträgen verfolgt. Sie war dem Isisdienst sehr ergeben; die Priester des

Die Tempel Orte der Verführung.

1) Lobrede auf Turia CIL VI 1527 = Dessau 8393 I 30 f. 2) Plutarch. Coniug. praec. 19. 3) Juv. 6, 511 ff. 4) ebd. 6, 532 ff. Tibull. I 3, 23 f. Prop. II 28, 61. 33, 1 ff. IV 5, 34. Ovid. Am. I 8, 74. II 13, 17 ff., vgl. Wissowa, Relig. u. Kultus d. Römer² S. 351 ff. Cumont, Die oriental. Religionen im röm. Heidentum² S. 95 ff. 5) Ovid. Amor. II 2, 25; ars am. I 77 f., vgl. III 393. Juven. 6, 489. 9, 22.

von ihr besuchten Tempels, durch eine Summe von 5000 Denaren bestochen, redeten ihr ein, der Gott Anubis wünsche eine nächtliche Zusammenkunft mit ihr, und natürlich erschien Mundus in der Maske des Gottes. Der Frevel kam zu Tiberius Kenntnis; er verbannte den Hauptschuldigen, ließ die Priester ans Kreuz schlagen, den Tempel niederreißen und das Bild der Göttin in den Strom werfen[1]). Aber nicht bloß die Tempel der Isis, sondern alle, in denen Frauen aus- und eingingen, waren als Orte der Verführung verrufen; es gab keinen, sagt Juvenal, in dem Frauen sich nicht preisgaben[2]), und wenn auch mit Übertreibung, so doch auch sicher nicht ohne Wahrheit brandmarken christliche Schriftsteller Tempel, Haine und andre heilige Orte als Brutplätze nicht bloß des Ehebruchs und der Unzucht, sondern auch der schwersten Verbrechen. In den Tempeln, heißt es bei Minucius Felix und Tertullian[3]), werden Verabredungen zum Ehebruch getroffen, zwischen den Altären Kuppelei geübt, in den von Weihrauch duftenden Zellen der Tempelwächter und Priester geht es zu wie in Bordellen[4]). Tertullian führt die Götzendienerei redend ein: Meine (von Andächtigen besuchten) Haine, Berge und Quellen und in den Städten die Tempel wissen, wieviel Vorschub ich der Untergrabung der Keuschheit leiste — Zauberer und Giftmischer wissen, wie oft ich der Eifersucht zur Rache verhelfe, wieviel Wächter, Angeber, Mitwisser ich aus dem Wege räume[5]). Auch Properz nennt die Tempel neben den Schauspielen als Hauptursache der Untreue seiner Cynthia[6]), und Ovid empfiehlt die Tempel neben Theatern und Portiken Männern, die Liebesabenteuer suchen, und unter den nicht zu versäumenden Festen auch die Sabbatfeier der Juden[7]).

Judentum. Die ungemeine und immer wachsende Ausbreitung, die das Judentum damals schon in der westlichen Welt gewonnen hatte, ist vielfach bezeugt, und sicherlich zählte es mehr Proselytinnen als Proselyten. Zu jenen scheint die Kaiserin Poppäa gehört zu haben. Josephus nennt sie als eifrige Fürsprecherin der Juden: »denn sie war gottesfürchtig«[8]); und vielleicht war dies der Grund, weshalb ihre Leiche nicht verbrannt, sondern nach der Weise der ausländischen Könige mit Wohlgerüchen einbalsamiert und in der Grabstätte der Julier beigesetzt wurde[9]). Die erste harte Maßregel gegen die Juden in Rom erfolgte im Jahre 19 gleichzeitig und im Zusammenhange mit jenem Einschreiten gegen den Isisdienst: 4000 waffenfähige Freigelassene, »die von ägyptischem oder jüdischem Aberglauben angesteckt waren«, wurden nach Sardinien zur Bekämpfung der dortigen Räuberbanden geschickt; die übrigen erhielten den Befehl, Italien zu verlassen, falls sie nicht vor einem bestimmten Termin ihren unheiligen Gebräuchen entsagt hätten[10]). Die Veranlassung zur Verfolgung der Juden soll zunächst ein gegen eine vornehme, dem Judentume ergebne Römerin, Fulvia, verübter Betrug gegeben haben. Ihre jüdischen Lehrer hatten sie be-

1) Joseph. A. J. XVIII 65 ff.; vgl. dazu O. Weinreich, Der Trug des Nektanebos, 1911. 2) Juv. 9, 24. 3) Vgl. Heinze, Ber. d. sächs. Gesellsch. d. Wissensch. 1910 S. 365 f. 4) Minuc. Fel. Octav. 25, 11. Tertullian. Apol. 15. 5) Tertull. de pudic. 5. 6) Prop. II 19, 10. 7) Ovid. ars am. I 75 ff. 8) Joseph. A. J. XX 195; vgl. Vita 16. W. Weber, Hermes L 1915 S. 61 f. Über die Bezeichnung *metuentes* 'gottesfürchtig' für die sich dem jüdischen Glauben anschließenden Nichtjuden vgl. J. Bernays, Ges. Abhandl. II 71 ff. Vgl. unten [III 215 f.]. 9) Tac. A. XVI 6. 10) Oben S. 235.

wogen, eine Tempelsteuer nach Jerusalem zu senden, und diese fromme Gabe unterschlagen[1]). Unter Domitian spottete Martial (im Jahre 88) über den nüchternen Atem sabbatfeiernder Frauen[2]).

Auch die Lehren des Christentums entzündeten vorzugsweise die Herzen der Frauen, und seine Sendboten haben sicherlich den Wert ihrer Empfänglichkeit für die Verbreitung der neuen Lehre nicht unterschätzt[3]). Wie bekannt, erfolgte diese zunächst in den untern Ständen. Die Heiden spotteten noch im 2. Jahrhundert, daß die neuen Gemeinden vorwiegend aus geringen Leuten, aus Handwerkern und alten Frauen beständen[4]), daß die Christen nur die Einfältigsten und Niedrigsten, nur Sklaven, Weiber und Kinder zu bekehren vermöchten[5]). Doch vielleicht gewann wie im Osten[6]), so auch in Rom das Christentum schon früh einzelne Bekennerinnen in den höhern Ständen. Aber die Annahme, daß zu diesen Pomponia Gräcina, Gemahlin des Konsuls Plautius, des Besiegers von Britannien, gehört habe, ist so äußerst schwach begründet, daß man ihr nicht die geringste Wahrscheinlichkeit beimessen kann. Sie wurde im Jahre 57 des »ausländischen Aberglaubens« angeklagt, das Urteil aber ihrem Gemahl überlassen, der sie freisprach[7]). Unter ausländischem Aberglauben liegt es am nächsten, eine der beiden von Tiberius verfolgten Religionen, die ägyptische oder die jüdische, zu verstehen. In der lebenslänglichen, vierzigjährigen Trauer der Pomponia Gräcina um eine ermordete Verwandte die Abwendung einer Christin von der Welt zu erkennen, ist schon darum unzulässig, weil Fälle einer leidenschaftlichen, jahrelangen Trauer aus jener Zeit auch von unzweifelhaft heidnischen Frauen berichtet werden. Auch die altchristliche Tradition kennt diese Konvertitin nicht, während doch die Legende von persönlichen Beziehungen zwischen Seneca und dem Apostel Paulus[8]) zeigt, wie sehr sie geneigt war, hervorragende Personen der heidnischen Welt auf irgendeine Weise als Proselyten in Anspruch zu nehmen. Mehr Grund hat die Annahme, daß die Schwestertochter Domitians, Flavia Domitilla, sich zum Christentum bekannt habe. Gegen sie und ihren Gemahl, T. Flavius Clemens (Konsul im Jahre 95), wurde die Anklage des Atheismus erhoben, wegen dessen damals viele, die sich »den Gebräuchen der Juden« zugewandt hatten, teils zum Tode, teils zur Einziehung der Güter verurteilt wurden: Clemens wurde hingerichtet, Domitilla auf eine Insel verbannt[9]). Vielleicht sind die von dieser Verfolgung Betroffnen, wie Renan vermutet hat[10]), Judenchristen gewesen. Die nicht vor Ende des 5. Jahrhunderts verfaßten Märtyrerakten der als Schutzpatronin der Musik verehrten heiligen Cäcilia, nach welchen diese aus edler senatorischer Familie (des beginnenden 3. Jahrhunderts) gewesen sein soll, sind völlig unglaubwürdig, und es bleibt zweifelhaft, ob und welche Tatsachen ihnen zugrunde liegen[11]).

Christentum.

Pomponia Gräcina.

Domitilla.

1) Tac. A. II 85. Joseph. A. J. XVIII 84. Suet. Tib. 36. 2) Martial. IV 4, 7. 3) Vgl. Harnack, Mission und Ausbreitung des Christentums II³ 72 ff. 4) Athenagor. Legat. pro Christ. 11. 5) Orig. c. Cels. III 44. 6) Acta ap. 17, 4 (Thessalonice). 12 (Beröa). 34 (Athen). 7) Tac. A. XIII 32. 8) S. unten [III 235 f.]. 9) Cassius Dio LXVII 14, 1 f. Euseb. hist. eccl. III 18, 4; vgl. Syncell. p. 650, 16. Hieron. epist. 108, 7. Stein, Real-Encykl. VI 2538 f. 2734 f. 10) Renan, Les évangiles S. 226 ff. 11) K. J. Neumann, Der röm. Staat u. die allg. Kirche I 310 f.

Ausbreitung des Christentums in Rom seit Commodus.

Die Zeit vom Tode Marc Aurels bis zu der großen Verfolgung des Decius war für die Kirche im ganzen eine Zeit der Ruhe und der Ausbreitung des neuen Glaubens sehr günstig. Unter der Regierung des Commodus, dessen Maitresse Marcia, wie bemerkt, wahrscheinlich eine Christin war[1]), traten in Rom ganze vornehme Familien zum Christentum über[2]); Septimius Severus nahm in den ersten Jahren seiner Regierung Männer und Frauen von senatorischem Stande, deren christliches Bekenntnis offenkundig war, gegen die Verfolgungssucht in Schutz[3]); Julia Mamäa, die Mutter des Alexander Severus, soll durch die Vorträge des Origenes für das Christentum günstig gestimmt worden sein[4]). Der römischen Kirche erwuchsen durch die vornehmen Proselytinnen, für die selbst der eifernde Tertullian die ihnen durch Geburt und Stand auferlegte Notwendigkeit einer prachtvollen Kleidung anerkannte[5]), manche Verlegenheiten. Der Bischof Callistus (218—223) gestattete, wie erwähnt[6]), Jungfrauen und Witwen von senatorischem Stande, die ihren Rang nicht durch die Vermählung mit einem Geringeren einbüßen wollten, Konkubinate, selbst mit Sklaven, indem er offenbar diesen durch Gesetz und Sitte gebrandmarkten Verhältnissen vor den Ehen mit Ungläubigen den Vorzug gab[7]). Die Denkmäler der Katakomben machen uns auch mit den Namen einiger edler Römerinnen aus jener Zeit bekannt, die sich zum Christentume bekannten. In den Krypten der Lucina ist der Sarkophag einer Jallia Clementina gefunden worden, der Tochter des Jallius Bassus und der Catia Clementina[8]); der Vater ist vielleicht ein Mann, der unter Marc Aurel und Verus hohe Stellungen bekleidete und es bis zum Konsulat brachte[9]); ebenda sind die Inschriften einer Annia Faustina, Licinia Faustina, Acilia Vera zum Vorschein gekommen, die einer sowohl mit den Pomponii Bassi als mit dem kaiserlichen Hause der Antonine verwandten Familie angehört zu haben scheinen[10]).

Familienspaltungen durch Glaubenszwietracht.

Daß in dem Jahrhunderte währenden Ringen zwischen Heidentum und Christentum immer von neuem die heiligsten Bande der Natur zerrissen und Herzen gebrochen werden mußten, wer möchte daran zweifeln, auch wenn von all diesen Leiden und Kämpfen keine Kunde auf uns gekommen ist?[11]) Doch sagt Origenes, daß die Sendboten des Christentums sich nicht scheuten, ins

1) Vgl. oben S. 68. 2) Euseb. hist. eccl. V 21, 1. 3) Tertullian. ad Scapul. 4. 4) Euseb. hist. eccl. VI 21, 3f.; vgl. Oros. VII 18, 7. 5) Tertullian. de cultu fem. II 9. 6) Oben S. 280. 7) In der christlichen Grabschrift CIL VI 18434 *D. m. Flabiae Sperandae coiugi sanctissimae … Onesiforus c. f. coiux benemerenti fecit* glaubt De Rossi (Bull. arch. crist. 3. ser. VI 1881 S. 67ff.) ein (einziges) Beispiel einer solchen Ehe zu erkennen, indem er *c. f.* auflöst: *clarissimae feminae*, doch können diese Buchstaben an der Stelle, wo sie stehen, unmöglich so verstanden werden, vielmehr bedeuten sie (nach Hirschfeld) *cum filiis*, vgl. CIL XI 4025: *castissime femine Numisiae Paule … Agrippa maritus cum filis* (sic) *benemerenti fecerunt.* Dagegen erkennt ein Beispiel einer Ehe einer vornehmen Christin mit einem Christen niedern Standes Hirschfeld (Kl. Schrift. 38, 2) in der Inschrift CIL XII 675 (Arelate, 3. Jahrhundert): *Hydriae Tertullae c(larissimae) f(eminae) coniugi amantissimae. et Axiae Aelianae filiae dulcissime Terentius Museus hoc sepulcrum posuit* (wegen des Cognomen Museus, des Fehlens des Praenomen, sowie eines Titels). 8) De Rossi, Roma sotterranea I 309. II 366f. 9) Prosop. imp. Rom. II 150 nr. 2. 10) De Rossi, Roma sott. I 315f. Eine christliche Inschrift: *Luria Ianuaria c. f. Caelio Felicissimo v. e. coniug. cariss.* ist nach De Rossi (Bull. crist. 3. ser. V 1880 S. 101f.) etwa aus dem 3. Jahrhundert. 11) Harnack, Mission[3] I 377ff.

Innere der Familien einzudringen und sich zwischen Blutsverwandte zu stellen, daß christliche Sklaven, wie die Heiden ihnen vorwarfen, Frauen und Kinder ihrer Herren zu ihrem Glauben hinüberzuziehen suchten, daß die Eifrigsten die Kinder zu Versagung des Gehorsams gegen Väter und Lehrer antrieben[1]). Ein Fall, den der christliche Schriftsteller Justinus (unter Antoninus Pius) erzählt, muß sich seinem wesentlichen Inhalt nach tausendfach ereignet haben. Ein Ehepaar war schändlichen Lüsten ergeben, die Frau wurde Christin: vergebens versuchte sie durch Mitteilung der neuen Lehre und Hinweisung auf die ewigen Strafen den Mann zu bessern; endlich fürchtete sie, wenn sie länger seine Gattin bliebe, Teilhaberin an seiner Gottlosigkeit zu werden, und schied sich von ihm[2]). Wenn sich hier sittliche Bedenken zu den religiösen gesellt haben sollen, so reichte doch vermutlich in den meisten Fällen die Verschiedenheit des Glaubens, die Gewissensangst hin, um auch die für das Leben geschlossenen Bündnisse zu lösen. Es kam aber auch wohl vor, daß der heidnische Gemahl seiner christlichen Frau die Mitgift abdrang und sich damit für sein Schweigen bezahlt machte[3]). Die Zahl der christlichen Frauen, die es über sich gewannen, »Heidinnen unter den Heiden, Gläubige unter den Gläubigen« zu sein (wie es in einer Inschrift heißt)[4]), war wohl zu keiner Zeit groß, und sicherlich mußte nur zu oft »Lieb und Treu wie ein böses Unkraut ausgerauft« werden. Zwar messen die christlichen Schriftsteller begreiflicherweise die Schuld an solchen Spaltungen und Trennungen ausschließlich dem heidnischen Teile bei[5]). Aber die Härte, mit der Tertullian in seiner montanistischen Periode die in gemischten Ehen Lebenden als der Unzucht Schuldige und von der Gemeinde Auszuschließende bezeichnet[6]), läßt vermuten, daß die Scheidungen solcher Ehen oft genug durch christlichen Glaubenseifer herbeigeführt wurden. Zuweilen stand denselben allerdings auch ein starker heidnischer Fanatismus gegenüber. Porphyrius teilt eine Antwort eines Apolloorakels auf die Frage eines Mannes mit, welchen Gott er zu versöhnen habe, um seine Frau vom Christentum abzuziehen: »Eher könntest du ins Wasser schreiben oder durch die Luft fliegen, als den Sinn deiner befleckten, gottlosen Gattin wandeln. Möge sie nach ihrem Willen bei eitlem Truge verharren und mit trügerischem Wehklagen ihren Gott besingen, den nach seiner Verurteilung durch gerechte Richter ein arger Tod getroffen hat«[7]).

Aberglaube.

Wenn die Frauen sich auch damals auf religiösem Gebiet als »Führerinnen in der Gläubigkeit« erwiesen[8]), so waren sie ohne Zweifel nicht minder für jeden neuen Aberglauben am empfänglichsten, so wie sie an jedem alten mit der zähesten Festigkeit hingen. Nur eine von den zahllosen Formen der in jenen Jahrhunderten unendlich vielgestaltig und üppig wuchernden Superstition scheint von den Männern in höherm Grade gehegt worden zu sein,

1) Orig. c. Cels. III 55. 2) Justin. Apolog. II 2. 3) Tertull. ad ux. II 5. 4) De Rossi, Bull. arch. crist. 3. ser. II 1877 S. 118ff., vgl. IV 1879 S. 24. V 1880 S. 65 (wohl aus der ersten Zeit nach dem Mailänder Religionsedikt): *filia mea inter fideles fidelis fuit, inter a[lie]nos* (d. h. *paganos*) *pagana.* 5) Tertullian. Apolog. 3. 6) Tertull. ad uxorem II 3; de corona 13. 7) Porphyr. bei Augustin. civ. d. XIX 23, vgl. dazu G. Wolff, Porphyrii de philosophia ex oraculis haurienda librorum reliquiae (1858) S. 183f. S. auch Cyprian. ep. 24. 8) Strabo VII 297: ἅπαντες γὰρ τῆς δεισιδαιμονίας ἀρχηγοὺς οἴονται τὰς γυναῖκας.

Astrologie. die Astrologie, deren Weissagungen die größten und gefahrvollsten Unternehmungen veranlaßt und gelenkt und auf die Schicksale der damaligen Welt keinen geringen Einfluß geübt haben. Doch versteht es sich von selbst, daß diese für jene Zeit vorzugsweise charakteristische und ganz besonders von den höhern Ständen begünstigte Art, die Zukunft zu erforschen[1]), auch bei den Frauen weit verbreitet war. Kein Astrolog, sagt Juvenal, gelte bei ihnen für geistvoll, der nicht einmal verurteilt worden sei; am gefeiertsten waren die Sterndeuter, wenn sie in einen großen politischen Prozeß verwickelt gewesen, wenn sie lange in Ketten gelegen hatten, mit Not zur Verbannung auf eine wüste Insel begnadigt waren. Auch gab es Frauen, die selbst in der Astrologie gelehrt waren und nicht das Geringste unternahmen, ohne den astrologischen Kalender nachzuschlagen[2]). Manche sorgten sogar, wenn sie ihre Niederkunft erwarteten, dafür, daß ein Chaldäer auf einer Sternwarte in der Nähe sich zur Beobachtung der Gestirne bereit hielt, der von der erfolgten Geburt durch einen Schlag an eine Metallscheibe augenblicklich benachrichtigt wurde, um dem zur Welt gekommnen Kinde sofort die Nativität zu stellen[3]). Augustinus erzählt von zwei Freunden, die der Astrologie so eifrig ergeben waren, daß sie selbst die Momente der Geburten ihrer Haustiere und die Konstellationen, unter denen sie erfolgten, aufs genauste aufzeichneten. Es begab sich, daß die Frau des einen und eine Sklavin des andern zugleich gebaren, und die genauste Beobachtung der Tage, Stunden und kleinern Zeitteile ergab, daß die beiden Kinder in demselben Augenblick, also auch unter derselben Konstellation, zur Welt gekommen waren. Trotzdem stieg der eine hoch, der andre blieb ein Sklave: diese Tatsache zerstörte bei Augustinus auch den Rest des Glaubens an die Astrologie[4]).

Zauberei. Vor allem aber war das ganze unermeßliche Zauberwesen mit all seiner Gaukelei und Betörung, mit seinem Wahnwitz, seinen Verbrechen und Greueln unter den Frauen im Schwange. Auch diese Superstition erlitt unter dem wachsenden Einflusse orientalischer Mystik im Laufe dieser Periode eine völlige Umwandlung, und die Zauberer der ersten Kaiserzeit sind von denen des 2. Jahrhunderts sehr verschieden. Zu jenen gehörten ganz besonders die Hexen des Volksglaubens. Es waren verrufne und gehaßte Weiber, die zweideutige Gewerbe trieben, vor allem Kuppelei; sie wußten Salben und Schönheitsmittel zu kochen, aber auch andre Medikamente, die mehr oder minder mit Giftmischerei zusammenhingen; auch pflegten sie den Wein sehr zu lieben[5]). Dieses ganze Treiben war zu armselig und bettelhaft, um bei den Gebildetern Eingang finden zu können, und war doch nicht aus den Gemächern der Frauen zu verbannen, unter denen namentlich der Glaube an die Macht des Liebeszaubers ungemein verbreitet war; selbst Plutarch übergeht ihn in seinen »Lehren für die Ehe«, die an ein hochgebildetes, neuvermähltes Paar gerichtet sind, nicht mit Stillschweigen[6]). In Italien scheint er übrigens erst im letzten Jahrhundert v. Chr. Eingang gefunden zu haben[7]).

1) Oben S. 73. 212 ff. 2) Juv. 6, 553—591. 3) Sext. Empir. adv. math. V 68, abgeschrieben von Hippolyt. Refutat. IV 4, 4 p. 36, 14 Wendl. 4) Augustin. Conf. VII 6, 8. 5) Vgl. Horat. Epod. 5. 17; Sat. I 8. Propert. IV 5. Ovid. Am. I 8. Martial. IX 29. Lucian. Dial. meretr. 4. 6) Plutarch. Coniug. praec. 5, vgl. 48. 7) O. Hirschfeld, De incantamentis et devinctionibus ama-

Die Zauberer im 2. Jahrhundert

Aber das Ansehen der Zauberei wuchs, und ihre Gläubigen mehrten sich ungemein, seit sie sich zeitgemäß umgestaltete. In der zweiten Hälfte des 2. Jahrhunderts, wo bereits die ersten Vorläufer des Neuplatonismus auftraten, wie der Chaldäer Julianus[1]), berührte sich die Philosophie mit der Theurgie und Magie je länger je mehr. Schon Apulejus sagt, daß die Philosophen bei der Menge im Verdachte der Zauberei standen[2]), und Zauberer wie Naturphilosophen schöpften nun immer häufiger aus jenen Urquellen höherer Weisheit, die im Morgenlande fließen sollten; sie gingen am Nil, am Euphrat und Ganges in die Schule. Nun traten statt jener kuppelnden und betrunknen Hexen fromme und heilige Wundertäter in Rom auf, die entweder aus dem Orient stammten[3]) oder doch viele Jahre in den ägyptischen Katakomben zugebracht hatten[4]), oder gar der Gemeinschaft der Brahminen gewürdigt worden waren, frei von menschlichen Leidenschaften, irdische Speise und Trank verschmähend, in weißen, leinenen Gewändern, würdevoll in ihrer Erscheinung und gern gesehene Gäste in großen Palästen[5]). Kurz, wenn jene frühern Hexen denen unsres Mittelalters gleichen, so haben diese spätern Zauberer die täuschendste Ähnlichkeit mit den Großkophtas des 18. Jahrhunderts; auch ihre Zaubermacht wurde von ihren Anhängern aus der Heiligkeit ihres Lebenswandels hergeleitet: denn wer die menschliche Natur überwinde, werde den Göttern ähnlich und vermöge mit ihrer Hilfe Wunder zu vollbringen. Auch sie verdankten ihre Erfolge nicht zum geringsten Teil den Frauen, die zu gewinnen sie sich vor allem bemühten. Auf ihre äußre Erscheinung verwandten sie die größte Sorgfalt. Alexander von Abonuteichos war nach Lucians Schilderung ein schöner Mann, von stattlicher, würdevoller Gestalt, weißer Haut, wohlgepflegtem Bart, feurigem und schwärmerischem Blicke, höchst sanfter und zugleich klangreicher Stimme; außer seinem eignen Haar trug er eine sehr täuschend gemachte Perücke, so daß sein Kopf von einer reichen Lockenfülle umflossen war; er erschien in einem weiß und purpurnen Unterkleid und einem weißen Mantel, in der Hand ein Hakenschwert, als Zeichen seiner Abkunft von Perseus. Die Gunst der Frauen wurde ihm überall zuteil, Lucian versichert sogar: mit Wissen, ja auf den Wunsch der Männer, und ohne Zweifel war ihm die Erwerbung ihrer Gunst nicht bloß Zweck, sondern auch Mittel zur Befestigung seiner Stellung[6]). Vielleicht würden wir ähnliches von Apollonius von Tyana erfahren, wenn Lucian auch sein Leben geschrieben hätte. Philostrat verrät nur gelegentlich, daß die Sage ging, er habe eine vielbewunderte, schöne Frau in Seleucia in Cilicien geliebt, und

---

toriis apud Graecos Romanosque (Diss. Regimonti 1863) S. 17 ff. I. Bruns, Preuß. Jahrb. CIII 1901 S. 193 ff.; vgl. Fahz, De poetarum Romanorum doctrina magica (Religionsgesch. Versuche u. Vorarbeiten II 3), Gießen 1904.

1) Zeller, Philos. d. Gr. III 2^4 S. 735, 4. Suidas s. Ἰουλιανὸς Χαλδαῖος. 2) Apul. Apol. 27. 3) In Lucians Philopseudes treten auf ein Libyer (der sympathetische Kuren vollbringt 7), ein Babylonier τῶν Χαλδαίων (als ärztlicher Zauberer und Schlangenbeschwörer 11 ff.), ein Hyperboreer (Zauberer 13), ein Syrer ἐκ τῆς Παλαιστίνης, der Besessenen Geister austreibt (16, vgl. Joseph. A. J. VIII 46: μέχρι νῦν παρ' ἡμῖν ἡ θεραπεία πλεῖστον ἰσχύει), ein Araber (Zauberer 17). 4) Lucian. Philopseud. 34; vgl. Reitzenstein, Des Athanasius Werk über das Leben des Antonius (S.-Ber. Akad. Heidelberg 1914, VIII) S. 9, 2. 5) Vgl. Apul. Metam. II 28. Philostrat. Apollon. Tyan. I 8. 6) Lucian. Alexander 3. 11. 39. 42.

diese, die andre Bewerber zurückwies, sich ihm ergeben, lediglich aus Verlangen, mit trefflichen Kindern gesegnet zu werden, da er von göttlicher, über die Menschheit erhabner Natur war; aus dieser Verbindung soll der Sophist Alexander, genannt Peloplaton, entsprossen sein, der ein vorzüglich schöner Mann war. Doch erklärt Philostrat, wie natürlich, das Gerücht für durchaus unglaublich[1]).

Tugenden der Frauen; ihr Heroismus.

Wenn hier vorzugsweise Schwächen und Torheiten, Verirrungen und Laster der Frauen geschildert worden sind, so ist der Grund nur der, daß die Zeitgenossen sich mit Vorliebe darüber verbreitet, bei ihren scheinlosen Tugenden aber selten verweilt haben, da diese der Satire wie der Rhetorik keinen oder keinen so dankbaren Stoff boten. Doch fehlt es nicht ganz an Schilderungen von Ehen, in welchen die Gatten »durch gegenseitige Liebe, und indem wechselweise eines sich dem andern unterordnete, in wunderbarer Eintracht lebten: wobei das Verdienst einer guten Frau um ebensoviel größer ist als (bei einer unglücklichen Ehe) die Schuld einer schlechten«[2]); an Schilderungen von Gattinnen und Müttern, die »das Licht ihres Hauses« waren, wie Annia Regilla, die Gemahlin des Herodes Atticus, auf der Basis einer ihrer Statuen genannt wird[3]). Namentlich die Briefsammlung des jüngern Plinius lehrt uns eine Reihe edler und trefflicher Frauen kennen. Er berichtet auch den heldenmütigen Tod einer Frau aus seiner Vaterstadt Como, den er mit Recht dem so viel gepriesnen der ältern Arria gleichstellt. Bei einer Fahrt über den Comer See hatte ihm ein ältrer Freund eine Villa und in dieser ein über das Wasser vorspringendes Gemach gezeigt, aus dem jene Frau mit ihrem Manne sich hinabgestürzt hatte. Dieser litt infolge einer langen Krankheit an fressenden Geschwüren; er zeigte sie seiner Frau und fragte, ob sie das Übel für heilbar halte. Es erschien ihr hoffnungslos, sie ermahnte ihn, sich den Tod zu geben, und war dabei nicht bloß seine Gefährtin, sondern auch seine Führerin und sein Vorbild; sie banden sich aneinander und stürzten sich so in den See[4]).

Auch die Geschichte hat manches leuchtende Beispiel weiblicher Seelengröße und Hochherzigkeit gerade aus Zeiten aufbewahrt, die, im ganzen betrachtet, ein abschreckendes Bild tiefster Herabwürdigung und erbärmlichsten Knechtsinns zeigen. In jenen furchtbarsten Perioden der kaiserlichen Schreckensherrschaft, wo Frauen selbst um der Tränen willen verfolgt wurden, die sie ihren geopferten Angehörigen nachweinten[5]), haben sie nicht selten den Männern das Beispiel des Muts, der Treue und der Aufopferung gegeben; wie ja auch in der Zeit der Proskriptionen die Gattinnen den Geächteten die höchste Treue bewiesen, während die Söhne sich durchweg treulos zeigten[6]). Auch in den Schreckenszeiten der Julischen Dynastie starben Frauen oft mit den Ihrigen, wenn ihre Bitten diese nicht zu retten vermochten; Mütter folgten ihren Söhnen,

1) Philostrat. Vit. soph. II 5, 1. 2) Tac. Agric. 6. 3) IG XIV 1391 = CIL VI 1342 = Dessau 2930 (die Verdächtigung der Echtheit dieser Inschrift durch Buresch, Rhein. Mus. XLIV 1889 S. 506 ff. ist durch Hülsen ebd. XLV 1890 S. 284 ff. erledigt); die Wendung kehrt wieder in der wohl christlichen Inschrift CIG 6411: ἀπολέσας φάος οἴκου. 4) Plin. ep. VI 24. 5) Tac. A. VI 10. 6) Vellei. II 67, 2. Oben S. 283.

Gattinnen ihren Männern ins Exil[1]). Nur ausnahmsweise hat Tacitus die Schicksale einzelner von diesen Frauen erzählt. Antistia Pollitta sah ihren Gatten Rubellius Plautus (im Jahre 62) durch Neros Schergen fallen; sie hatte seinen blutigen Nacken umschlungen, bewahrte das blutbespritzte Gewand und lebte als Witwe in tiefer Trauer, ohne mehr Nahrung zu sich zu nehmen, als zur Fristung des Lebens unumgänglich war. Als dann im Jahre 65 auch ihr Vater L. Vetus auf den Tod angeklagt wurde, versuchte sie vergeblich, zu Nero vorzudringen, um sein Schicksal abzuwenden, und beschloß dann, es zu teilen; auch die Schwiegermutter des Vetus, Sextia, wollte beide nicht überleben. Vetus verschenkte seine ganze Habe an seine Sklaven und behielt nur drei Betten zurück; auf diesen durchschneiden die drei sich mit demselben Messer die Adern und werden dann eiligst, jedes in ein Gewand schamhaft verhüllt, ins Bad getragen. »Der Vater heftet den Blick auf die Tochter, die Großmutter auf die Enkelin, diese auf beide, und alle flehen wetteifernd um schnellen Ausgang des hinschwindenden Lebens« — das Schicksal beobachtete die Naturordnung, die beiden ältern starben zuerst, die junge Frau zuletzt[2]). Servilia, die Gemahlin des im Jahre 65 verbannten Annius Pollio, wurde im folgenden Jahre in die Anklage ihres Vaters Soranus verwickelt, weil sie in ihrer Angst den Ausgang des Prozesses durch verpönte Zauberkünste zu erforschen gesucht hatte. Vater und Tochter suchten jedes die Schuld von dem andern ab und auf sich zu wälzen, doch mußten beide sterben, und nur die Wahl der Todesart ward ihnen verstattet[3]). Senecas Gemahlin Paulina bestand darauf, mit ihrem nach der Pisonischen Verschwörung zum Tode verurteilten Gatten zugleich zu sterben; beide öffneten sich die Adern, doch wurde sie ins Leben zurückgerufen. »Sie lebte dann noch einige Jahre, in löblicher Erinnerung an den Gemahl, so leichenblaß an Gesicht und Körper, daß man sah, ein großer Teil der Lebenskraft sei ihr entzogen worden«[4]). Folgende rührende Geschichte meldet die Inschrift eines in den Fels gehauenen Grabdenkmals zu Cagliari. Ein Cassius Philippus war nach Sardinien (einem gewöhnlichen Verbannungsort) verwiesen worden, seine Frau Atilia Pomptilla ihm dahin gefolgt; der Mann erkrankte, vielleicht infolge des ungesunden Klimas, sie weihte sich für ihn dem Tode und starb wirklich (nach einundzwanzigjähriger Ehe), während er am Leben blieb[5]). Vielleicht sind diese Opfertode von Frauen für ihre Männer, die der Glaube veranlaßte, daß die unterirdischen Mächte ein Leben statt des andern annehmen[6]), öfter vorgekommen. Auch eine griechische Grabschrift nennt eine neue Alcestis namens Kallikrateia, die »für ihren trefflichen Gemahl Zeno gestorben war, den einzigen, den sie je an die Brust gedrückt hatte, den ihr Herz höher schätzte als das Sonnenlicht und die süßen Kinder«[7]).

1) Tac. Hist. I 3; A. XV 71. 2) Tac. A. XVI 10f. 3) ebd. XVI 30ff. 4) ebd. XV 63f. 5) IG XIV 607. CIL X 7563—7578. Kaibel, Epigr. gr. 547. Buecheler, Carm. ep. 1551, wohl aus dem 2. Jahrhundert (vgl. Crespi, Ephem. epigr. IV 1881 S. 484ff.). 6) Vgl. auch Aristid. or. 51, 24 (II 457 K.) und dazu unten [III 133]. Doch konnte es auch das Opfer eines Tiers sein; eine Frau in Ngaus in Numidien, die geträumt hatte, ihr kranker Mann werde durch ein stellvertretendes Opfer: *anima pro anima, vita pro vi[ta], sanguine pro sanguine* am Leben erhalten werden, opfert ein Lamm, CIL VIII 4468. 7) Anthol. Pal. VII 691.

Die ältere Arria.

Unter so vielen Frauen, deren Heldenmut das stärkre Geschlecht beschämte, ist der höchste Ruhm jener Arria geworden, die ihrem zaudernden Gemahl A. Cäcina Pätus (Cos. suff. 37)[1]) den Dolch, den sie sich selbst in die Brust gestoßen, mit den unsterblichen Worten reichte: »Pätus, es schmerzt nicht.« Andre kaum minder denkwürdige Züge von der Seelengröße dieser seltnen Frau erzählt der jüngre Plinius[2]). Ihr Gemahl und ihr Sohn lagen zu gleicher Zeit an lebensgefährlicher Krankheit darnieder. Der Sohn, die Hoffnung der Eltern, starb, und Arria trug ihn zu Grabe, ohne daß Pätus es erfuhr. Seine Fragen beantwortete sie mit erheuchelter Ruhe; es gehe besser, er habe geschlafen, Speise zu sich genommen. Wenn dann die lange zurückgehaltnen Tränen mit Gewalt hervorbrachen, verließ sie das Krankenzimmer und gab sich ihrem Schmerze hin; hatte sie sich gesättigt, so kehrte sie mit trocknen Augen und ruhigem Antlitz zurück. So nach dem Verlust des Sohns die Mutter zu spielen, sagt Plinius, war größer, als ihrem Gatten jenes Beispiel der Todesverachtung zu geben. Der Grund zu Pätus Verurteilung war seine Teilnahme an der Verschwörung des Legaten Scribonianus in Illyrien gegen Kaiser Claudius (42 n. Chr.). Scribonianus wurde getötet und Pätus gefangen nach Rom geführt. Arria bat vergebens, das Schiff mit ihm besteigen zu dürfen; sie wollte die Stelle der Sklavin vertreten, die man einem Manne von seinem Range nicht werde versagen wollen. Als dies abgeschlagen wurde, mietete sie sich einen Schifferkahn, in dem sie dem Schiffe folgte. Zu der Gemahlin des Scribonianus, die von Claudius als Zeugin vernommen wurde, sagte sie: »Ich soll auf dich hören, die du lebst, nachdem Scribonianus in deinem Schoße getötet worden ist?« Ihr Schwiegersohn beschwor sie, sich zu erhalten, und sagte unter anderm: »Wünschest du denn, daß deine Tochter mit mir sterbe, wenn ich sterben muß?« Ihre Antwort war: »Wenn sie so lange und so einträchtig mit dir gelebt hat, wie ich mit Pätus, ja.« Die Sorge der Ihrigen um sie wurde durch diese Antwort vermehrt. Man bewachte sie aufmerksamer, sie wurde es gewahr und sagte: »Ihr erreicht nichts, ihr könnt bewirken, daß ich einen harten Tod leide; daß ich sterbe, könnt ihr nicht hindern.« Mit diesen Worten sprang sie vom Sessel auf und rannte mit solcher Gewalt ihre Stirn gegen die Wand, daß sie zusammenstürzte. Als sie wieder ins Leben zurückgebracht war, sprach sie: »Ich hatte euch gesagt, daß ich einen Weg in den Tod finden würde, wenn gleich einen schweren, falls mir ein leichter versagt wäre.« Die spätre Zeit nannte Arria in einer Reihe mit den durch Gattenliebe berühmten Frauen der Heldensage. In der Grabschrift einer Frau in Anagnia bittet der überlebende Gatte sie und Laodamia, die Seele der Verstorbnen zu empfangen und durch Aufnahme als geweihte in die Schar der römischen und griechischen Frauen zu ehren[3]).

Die jüngere Arria und ihre Tochter.

Arrias Tochter gleichen Namens wollte nach dem Beispiel ihrer Mutter das Schicksal ihres Gemahls Thrasea Pätus teilen, der im Jahre 66 zum Tode verurteilt ward; doch er beredete sie, am Leben zu bleiben und ihrer Tochter nicht die einzige Stütze zu entziehen[4]). Auch diese Tochter, Fannia, bewies

1) Hülsen, Berl. Philol. Wochenschr. 1920 Sp. 306. 2) Plin. ep. III 16; vgl. Martial. I 13. Cass. Dio LX 16, 6. 3) CIL X 5920 = Dessau 6261 (Buecheler, Carm. ep. 423, 3 f.) *accipite hanc animam numeroque augete sacr[atam] Arria Romano et tu Graio Laodamia.* 4) Tac. A. XVI 34.

sich der Mutter und Großmutter würdig. Sie begleitete ihren Gemahl Helvidius Priscus zweimal in die Verbannung (unter Nero 66, und unter Vespasian); nach seiner Hinrichtung (im Jahre 93) erlitt sie um seinetwillen dieselbe Strafe zum dritten Mal: Herennius Senecio, ein Freund des Helvidius, schrieb sein Leben und wurde deshalb angeklagt: sie bekannte frei, daß sie ihn aufgefordert, ihm die Papiere ihres Mannes gegeben habe, stellte jede Mitwissenschaft ihrer Mutter in Abrede; Gefahr und Drohungen konnten ihr kein weiteres Geständnis abpressen. Herennius wurde hingerichtet, Fannia nach Konfiszierung ihres Vermögens verbannt. Das Buch, das die Ursache des Urteils gewesen, obwohl auf Senatsbeschluß verboten und vernichtet, hegte und bewahrte sie und nahm es mit in ihr Exil, das ihre Mutter mit ihr teilte und aus dem beide im Jahre 97 zurückkehrten. Plinius gibt ihr das Zeugnis, daß sie nicht weniger anmutig und liebenswürdig als verehrenswert war. Welche Frau, fragt er, werden, wenn sie aus dem Leben scheidet, die Männer ihren Gattinnen als Muster vorhalten?[1])

Grabschriften von Frauen aus den mittlern und untern Ständen.

Anschauungen wie die hier mitgeteilten beschränken sich, wie gesagt, fast durchaus auf die Existenz der Frauen, die auf die Höhen des Lebens gestellt waren, und geben, einseitig, fragmentarisch und unzusammenhängend wie sie sind, auch von dieser kein Gesamtbild. Wie das weibliche Leben sich in den mittlern und untern Schichten der Gesellschaft gestaltete, darüber finden wir in der Literatur kaum hier und da eine flüchtige Andeutung. Nur Grabsteine von Frauen dieser Stände sind erhalten, auf denen ihre hinterbliebnen Gatten ihre Tugenden rühmen; einmal freilich gesteht auch ein Witwer mit naiver Aufrichtigkeit in der Grabschrift seiner Frau: »An dem Tage ihres Tods habe ich bei den Göttern und den Menschen meinen Dank bezeugt«[2]). Daß die Grabschriften der Frauen aller Stände einander gleichen mußten, ist in einer ausführlichen Lobrede auf eine (keinesfalls einer vornehmen Familie angehörige) Verstorbne (Murdia, vielleicht aus der zweiten Hälfte des 1. Jahrhunderts) ausdrücklich gesagt[3]): »Da das Lob aller guten Frauen einfach und ähnlich zu sein pflegt, weil die von der Natur verliehnen, durch eigne Hut bewahrten Tugenden keiner Mannigfaltigkeit bedürfen, und es genug ist, daß alle sich desselben guten Rufs würdig erwiesen haben; und weil es für eine Frau schwer ist, neuen Ruhm zu erwerben, da ihr Leben nicht in so vielen Wechselfällen umhergeworfen wird: so müssen sie notwendig nach dem allen Gemeinsamen streben, damit nicht die Unterlassung irgendeines von den gerechten Geboten alles Übrige schände. Um so größern Ruhm hat meine teuerste Mutter erworben, da sie in Bescheidenheit, Rechtschaffenheit, Keuschheit, Gehorsam, häuslicher Arbeit (*lanificio*), Sorgfalt und Treue den übrigen rechtschaffnen Frauen gleich und ähnlich gewesen ist und keiner nachgestanden hat.« Ähnlich sagt der Gatte der Turia in seiner bereits erwähnten[4]) Lobschrift auf seine verstorbne Gemahlin: »Wozu sollte ich die häuslichen Tugenden der Keuschheit, Unterwürfigkeit, Freundlichkeit, Nachgiebigkeit, des Fleißes bei der Woll-

1) Plin. epist. VII 19; vgl. III 11, 3. IX 13, 5. 2) CIL VI 29149. 3) CIL VI 10230 = Dessau 8394. 4) Oben S. 269. 286.

arbeit, der Religiosität ohne Aberglauben, der Vermeidung des Auffallenden und Übertriebnen in Schmuck und Tracht — wozu sollte ich dies alles überhaupt erwähnen? Wozu von deiner Liebe zu den Deinen, der Anhänglichkeit an die Verwandten reden, da du meine Mutter ebenso wie deine Eltern geehrt und für jene nicht minder als für deine eignen Angehörigen gesorgt, überhaupt Unzähliges mit allen Frauen gemein gehabt hast, die auf Frauenehre halten?«[1])

Diese Auffassung des Frauenlebens wird auch in mittlern Kreisen überall und zu allen Zeiten die herrschende gewesen sein; um so eher kann es erlaubt sein, diese Grabschriften zusammenzustellen, trotz der Verschiedenheit oder Ungewißheit von Ort und Zeit, welche letztre sich zum Teil ebensowenig bestimmen läßt wie Stand und Verhältnisse der betreffenden Personen. Geben übrigens die Inschriften auch von diesen, welchen sie die Prädikate der »seltensten, sittenstrengsten, unvergleichlichen« Gattinnen und ähnliche[2]) aufs freigebigste spenden, gewiß keine zuverlässigen Nachrichten, so zeigen sie doch, welche Eigenschaften an Frauen vorzugsweise geschätzt wurden. In einer Grabschrift aus der Zeit der Republik ist der Stein selbst redend eingeführt: »Kurz, Wandrer, ist mein Spruch; halt an und lies ihn durch. Es deckt der schlechte Grabstein eine schöne Frau. Mit Namen nannten Claudia die Eltern sie; mit eigner Liebe liebte sie den eignen Mann; zwei Söhne gebar sie; einen ließ auf Erden sie zurück, den andern barg sie in der Erde Schoß. Sie war von art'ger Rede und von edlem Gang, besorgt' ihr Haus und spann. Ich bin zu Ende, geh.«[3]). Es gereichte den Frauen zum Ruhm, nur einem Manne gehört zu haben, was bei den frühen Vermählungen, leichtsinnigen Scheidungen und Wiederverheiratungen mindestens nicht die Regel war[4]). Ein kaiserlicher Freigelassener rühmt seiner Frau nach, sie habe durch ihre Keuschheit ein herrliches Beispiel gegeben »und auch ihre Söhne mit eignen Brüsten genährt«[5]); ein andrer Witwer hebt an seiner Frau hervor, daß sie »Amme von zwei Senatoren« gewesen war[6]). Oft spricht sich in diesen Inschriften ein inniges Ver-

1) CIL VI 1527 = Dessau 8393 I 30—34; vgl. Vollmer, Jahrb. f. Philol. Suppl. XVIII (1892) S. 508 f. 2) CIL VI 1398 = Dessau 1204 *veteris sanctitatis matronae et lectissimae pudentissimaeque coniugi.* 1404: *matronae et uxori supra omnia exempla.* VIII 78: *exemplum sanctimoniae coniugalis.* IX 1913 = Dessau 8437: *que antiqua vita vixit fidei ac diligentiae graviss(imae).* CIL VI 22657: *a virginitate sine ulla macula.* 23282: *sine ullo crimine.* 3) CIL VI 15346 = Dessau 8403 (Buecheler, Carm. ep. 52); deutsch nach Mommsen RG. I⁶ 56. 4) Prop. IV 11, 36. Martial. X 63, 7 f. Hist. aug. trig. tyr. 32, 5. Minuc. Fel. Oct. 24, 3. Tertull. exhort. castit. 13; de monogam. 17; ad uxor. I 6 f. Häufige Erwähnung von *univiriae* (auch *univira, unibyria* u. a.) auf Inschriften, CIL V 7763. VI 2318 (= Dessau 4984). 3604. 12405. 25392 (= Dessau 8527). 26268 (= Dessau 8559). 31711 (= Buecheler, Carm. ep. 1306). VIII 7384. 19470. IX 5142. X 3058 (= Dessau 8442). 3351. 7196. XI 1800. 6281 (= Dessau 9066). XIV 418 (= Dessau 6167). 839. 963; *unius marita* XIII 2216 (= Dessau 8140), vgl. III 1537 (= Buecheler 597, 3). VI 14404 (= Buecheler 1038, 6). IX 3158 (= Dessau 2682); *univira unicuba* VIII 11294 (= Dessau 8444), *unicuba uniiuga* III 3572 (= Buecheler 558, 3), μουνολεχής Kaibel, Epigr. gr. 272, 18, μουνόγαμος Anth. Pal. VII 331, 5, μόνανδρος IG XII 3, 912; *uno contenta marito* CIL II 78. XI 2538, μούνῳ ἑνὶ ζώναν ἀνέρι λυσαμένα Anth. Pal. VII 324, 2; *unum ab virginitate L. Aemili Regilli matrimonium experta* CIL VI 7732, *cui virgo nupsit et vixit cum eo in diem fati sui* XIV 1641, vgl. III 2217. X 3058 (= Dessau 8442). XI 216. S. auch Anhang XI S. 137, 1. 5) CIL VI 19128 = Dessau 8451. 6) CIL VI 16592 = Dessau 8531 (vgl. IG III 906).

hältnis der beiden Gatten einfach und rührend aus. Eine derselben lautet: »Hier liegen die Gebeine der Urbilla, Frau des Primus. Sie war mir mehr als mein Leben. Sie starb mit dreiundzwanzig Jahren, den Ihren unendlich teuer.«[1]) In einer andern heißt es: »Meiner teuersten Gattin, mit der ich achtzehn Jahre ohne Klage gelebt; aus Sehnsucht nach ihr habe ich geschworen, nie eine zweite Frau zu nehmen.«[2]) Einer im Alter von fünfundzwanzig Jahren gestorbnen Frau ist in der Grabschrift der Wunsch in den Mund gelegt, daß ihre Tochter an ihrem Beispiel lernen möchte, ihren Mann zu lieben[3]). Ein Monument, das einem Manne von seiner überlebenden Frau errichtet ist, hat eine Inschrift, die sich in ähnlichen Wendungen auch sonst oft wiederholt[4]): »Was ich hoffte, daß nach meinem Tode mir von meinem Gatten geschehen sollte, das habe ich Unselige jetzt an seiner Asche getan.«[5]) Ein gemeinsames Grabmal zweier Gatten hatte nach der Inschrift die überlebende Frau errichten lassen, um von dem Manne, mit dem sie 35 Jahre als Gefährtin glücklich und in ungestörter Eintracht gelebt hatte, auch im Grabe nicht getrennt zu sein[6]). »Lebe wohl, mein Trost!« so schließt in einer andern Grabschrift der Nachruf des Manns an die Frau[7]). Auf dem Denkmal eines Paars von Freigelassenen stehen bei dem Namen der zuerst verstorbnen Frau nur die Worte: »Ich erwarte meinen Mann.«[8]) Der schöne Nachruf: »Nie habe ich einen Schmerz von ihr erfahren als durch ihren Tod«[9]), oder »nie habe ich von ihr eine Kränkung erfahren[10]) oder ein böses Wort gehört«[11]) — ist so vielfach angewandt worden, daß er zur Formel geworden ist. In andern Grabschriften rühmen Ehemänner ihren Frauen nach, daß sie mit ihnen »ohne Zank und Streit«, »ohne Verdruß«, »ohne Ärger« gelebt haben[12]). Ein kaiserlicher Freigelassener sagt zum Lobe seiner Gattin, daß er sie stets frei von Begehrlichkeit gefunden habe[13]). Ein Witwer erklärt: wenn er den Verdiensten seiner Frau den gebührenden Lohn geben könnte, müßte ihre Inschrift in goldnen Buchstaben prangen[14]). Ein kaiserlicher Kammerdiener, der (vielleicht im Gefolge Hadrians) nach Karthago gekommen war, hat seiner dort im Alter von 17 Jahren gestorbnen Frau ein Grabmal errichtet, wie es ihr gebührte, »weil sie ihm in die Provinz Afrika gefolgt war«[15]); und auch in einer Grabschrift in Rom wird einer Frau von ihrem Manne nachgerühmt, daß sie aus Liebe zu ihm in eine Provinz gereist sei[16]). Eine römische Grabschrift lautet wörtlich wie folgt: »Der tugendhaftesten Gattin und sorgsamen Hauswirtin, dem Verlangen meiner Seele, die mit mir 18 Jahre, 3 Monate und 13 Tage gelebt hat. Ich habe ohne

1) CIL VI 29583 = Dessau 8405. 2) CIL XI 1491 = Dessau 8461. 3) CIL VIII 8123 = Buecheler 1287. 4) Buecheler, Carm. epigr. 164—178, vgl. Lier, Philologus LXII (N. F. XVI 1903) S. 456 ff. 5) CIL IX 1921, vgl. XIV 2841 *ego tu mi quod facere dibuisti, mi qui faciat nescio.* 6) CIL II 3596, vgl. auch VI 33087 = Dessau 8401 (Buecheler, Carm. ep. 1563). CIL V 124. 206. 7) CIL V 3496 = Dessau 8457. 8) CIL XII 5193; vgl. VI 11252: *Domine Oppi marite, ne doleas mei* (sic) *quod praecessi, sustineo in aeterno toro adventum tuum.* 9) CIL V 154. VI 24243. 10) CIL VI 5652. 11) CIL VI 12405. 12) CIL V 7066 (Turin): *quae cum eo vixit sine litibus et iurgis.* X 8192 (Puteoli): *stomachum mihi null[um] umquam fecit nisi quod mo[rtua est].* VI 7595 (= Dessau 8422) *viris suis et amicis amara fuit nunquam.* 15696: *sine verbo scabro.* 18393: *sine ullo stomacho.* 22423: *sine stomacho.* 18434: *sine ulla bile.* 18918: *sine bile.* 13) CIL VI 15317: *cuius nulla(m) cupiditate(m) est expert(us).* 14) CIL XI 6551 = Buecheler 1088, ähnlich CIL VI 19175 = Buecheler 1086. 15) CIL VIII 12657 = Dessau 1744. 16) CIL VI 17690.

Klage mit ihr gelebt, aber jetzt klage ich bei ihren Manen und verlange von dem Gotte der Unterwelt: entweder gebt mich meiner Gattin wieder, die mit mir bis zum Tage des Verhängnisses so einträchtig gelebt hat, oder du, Mevia Sophe, erwirke (falls es abgeschiedne Geister gibt), daß ich eine so schreckliche Scheidung nicht länger erdulden darf. Fremdling, so möge dir die Erde leicht sein, wie du an diesem Grabe nichts versehrst; wer aber daran etwas versehrt, der soll weder den Göttern gefällig sein, noch die Unterwelt ihn aufnehmen, und die Erde soll ihm schwer sein.«[1]) Nicht bloß die Tage der Ehe und des Lebens, wie in dieser Inschrift, sondern auch die Stunden sind öfters in Zahlen angegeben; was nur in Zeiten geschehen konnte, wo man auf die Stunden der Geburt und wichtiger Zeitereignisse sorgfältig achtete, um astrologische Berechnungen darauf zu basieren; und die Häufigkeit solcher Inschriften ist ein Beweis mehr für die ungemeine Verbreitung dieses Aberglaubens, die sich z. B. auch aus der Erzählung des Plinius ergibt, daß die erkrankte Verania (Witwe des von Galba adoptierten Piso) die Frage des Regulus nach ihrer Geburtsstunde sofort beantworten konnte, worauf dieser eine Berechnung ihrer Lebensdauer anstellte[2]). Ein Witwer in Lyon fordert diejenigen, welche die Grabschrift seiner Frau lesen, auf, in das Apollobad zu gehen und dort zu baden; er habe es mit ihr zusammen getan und wünsche, er könnte es noch[3]). Eine Witwe empfiehlt ihren gestorbnen Gatten den Unterweltsgöttern und bittet sie, seinem Geiste zu gestatten, ihr während der Nachtstunden zu erscheinen[4]).

Auf den Denkmälern, welche die häuslichen Tugenden der Frauen rühmen, heißt es öfters, sie seien gute Beraterinnen und Erhalterinnen des Vermögens gewesen und hätten sich die Bereitung der Wolle angelegen sein lassen. »Als erste erhob sie sich vom Lager, als letzte begab sie sich zur Ruhe, nachdem sie alles im Hause in Ordnung gebracht; nie legte sie ohne dringenden Anlaß die Wollarbeit aus der Hand«, heißt es in der neuerdings gefundnen Grabschrift der Allia Potestas, die neben der Hervorhebung der vortrefflichen Charaktereigenschaften der Verstorbnen auch eine recht indiskrete Schilderung ihrer körperlichen Reize gibt[5]). Ein kaiserlicher Sklave, der Dispensator in Niedermösien war, rühmt von seiner Frau: »Sie war der Schutzgeist meines Hauses, meine Hoffnung, mein einziges Leben. Was ich wünschte, wünschte auch sie, mied, was ich mied. Keiner ihrer innersten Gedanken war mir je verborgen. Auch ermangelte sie nicht des Fleißes bei der Wollarbeit, war sparsam, doch freigebig aus Liebe zu ihrem Mann. Speise und Trank mundete ihr nicht ohne mich. Trefflich war ihr Rat, klug ihr Sinn, edel ihr Ruf.«[6]). Ein gewaltiger Sarkophag, in welchem sich ein andrer kleiner befand, trägt folgende Inschrift in großen, sehr schönen Buchstaben: »Amymone, Frau des Marcius, liegt hier: gut war sie und schön, eine fleißige Spinnerin, wirtlich, häuslich, züchtig, keusch und fromm«[7]).

1) CIL VI 7579 = Dessau 8190. 2) Plin. ep. II 20, 3. Vgl. oben S. 308. 3) CIL XIII 1983 = Dessau 8158. 4) CIL VI 18817 = Dessau 8006. 5) Notiz. d. Scavi 1912 S. 155 ff., dazu u. a. Kroll, Philologus LXXIII (N. F. XXVII 1914) S. 274 ff. 6) CIL III 7436 = Buecheler 492. 7) CIL VI 11602 = Dessau 8402. Buecheler, Carm. ep. 237 (wohl aus hadrianischer Zeit), vgl. CIL V 7116: *casta pudica decens sapiens generosa probat(a)*. CIL VIII 11294 = Dessau 8444 *pudica*

Es ist zu bedauern, daß diese Inschriften — aus dem bereits angedeuteten Grunde — nicht mehr Individuelles enthalten. Wäre dies der Fall, so würden sie uns ganz andre Einblicke in das Leben der Frauen gewähren als Geschichte und Sittenforschung. Denn jene, die von hoher Warte aus die Weltschicksale übersieht, bewahrt das Bild des Einzelnen nur dann für die Nachwelt auf, wenn Verhältnisse oder eigner Wert ihn über das Niveau der Masse erhoben haben; während die Sittenschilderung, welche die Menge der einzelnen Eindrücke zu Gesamtbildern zu vereinigen sucht, auch bei der strengsten Wahrheitsliebe in Auffassung wie Darstellung sich von dem Einfluß der Subjektivität nie völlig frei machen kann.

---

religiosa laboriosa frugi efficaxs vigilans sollicita. Einige christliche Grabschriften: De Rossi, Inscr. christ. 62 (vom J. 341 n. Chr.) *amatrix pauperorum et operaria.* 98 (vom J. 348) *miri* (sic) *bonitatis atq(ue) sanctitatis.*

VI. DAS VERKEHRSWESEN

1. DIE VERKEHRSANSTALTEN.

Einer der größten Kenner des modernen Weltverkehrs, Heinrich Stephan († 1897), hat darauf hingewiesen, »daß weitaus die meisten Gebiete des alten Römerreichs einen solchen Verkehr und eine solche Kultur, wie sie zu jener Zeit besaßen, in einer langen Reihe von Jahrhunderten nicht wiedererlangt haben und noch jetzt sehr fern davon sind«[1]). Die folgende Betrachtung soll versuchen zu zeigen, wie viel die alte Welt auch auf dem Gebiete des Verkehrs der »mehr geschmähten als gekannten« römischen Kaiserzeit verdankt, und wie weit hier das Mittelalter, zum großen Teil selbst die neuere Zeit hinter ihr zurückstehen. Die Bedingungen für Leichtigkeit, Sicherheit und Schnelligkeit des Reisens waren im größten Teil des römischen Reichs in einem Grade vorhanden, wie sie es in Europa vielfach erst wieder seit dem Anfange des 19. Jahrhunderts gewesen sind[2]), die Veranlassungen zur Ortsveränderung sogar zahlreicher und mannigfaltiger als in unserer Zeit, und Land- und Wasserstraßen (auch abgesehen vom Handelsverkehr) von Reisenden stets und überall belebt. »Die tief eingeschnittenen Fahrgeleise selbst auf den harten Basaltpflastern der Römerstraßen, auch in den von Rom weit entfernten Gegenden, legen noch heute Zeugnis von dieser Regsamkeit des Verkehrs ab«[3]). Stand dieser im Norden und großenteils auch im Westen des Reichs hinter dem des 19. Jahrhunderts auch sehr zurück, so fällt dagegen im Süden und Osten der Vergleich um so mehr zugunsten der römischen Zeit aus.

Sicherheit und Regelmäßigkeit des Verkehrs, Folgen des Weltfriedens.

Zunächst gab das römische Kaisertum der erschöpften Welt den Frieden, der mit geringen und auf kleine Gebiete beschränkten Unterbrechungen drittehalb Jahrhunderte dauerte: niemals weder vorher noch nachher hat unsere Hemisphäre einen Frieden von so langer Dauer auf einem so großen Gebiete genossen. Daß die Monarchie unter den übrigen Segnungen des Friedens auch Sicherheit, Ordnung und Regelmäßigkeit des Verkehrs brachte, das haben die

1) H. Stephan in Raumers Histor. Taschenb. 4. Folge IX 1868 S. 120. 2) Immerhin mag, wie Näher, Die röm. Militärstraßen und Handelswege in Südwestdeutschland, Elsaß-Lothringen und der Schweiz (1887) S. 33 sagt, das Mittelalter in diesen Ländern (und in Deutschland überhaupt) im Straßenbau nicht zurückgeblieben, und die Straßen (von denen viele im 30jährigen Kriege eingingen) »auf dieselbe Weise wie zur Römerzeit angelegt, eingekiest und mit Pflastersteinen versehen worden sein« (S. 42 f.). Alles dies tut der Geltung des obigen Satzes ebensowenig Eintrag wie die Tatsache, daß die römischen Straßen von denen des 19. Jahrhunderts übertroffen werden, F. Berger, Über die Heerstraßen d. röm. Reichs I (Progr. Berlin 1882) S. 20. 3) Stephan a. a. O. S. 53.

Zeitgenossen oft und dankbar anerkannt. Eine Inschrift zu Halikarnaß preist Augustus als »Heiland des ganzen Menschengeschlechts, dessen Vorsehung die Gebete aller nicht bloß erfüllt, sondern auch überboten hat: denn in Frieden sind Land und Meer, die Städte blühen in Gesetzlichkeit, Eintracht und Wohlstand, und an allen Gütern ist Überfluß«[1]). Im Preise des Weltfriedens vereinen sich Stimmen aus allen Provinzen, aus allen Perioden dieses Zeitraums. Seit das Haus der Cäsaren die Erde beherrschte[2]), hatte der Dämon des Neides die Macht, ganzen Ländern und Völkern zu schaden, eingebüßt, die schädlichen Elemente waren in die äußerste Ferne vertrieben, die heilsamen dagegen von den Grenzen der Erde und des Meers in das Weltreich zusammengeführt[3]). Wie dem Durcheinanderwogen und Zusammenprallen der Urkörper erst die Gestaltung des Erdballs ein Ziel setzte, so Rom den durch endlose Kämpfe der Staaten und Mächte herbeigeführten endlosen Wirren und Wandlungen: Völkerstämme und Fürstengewalten vereinend, hatte sich seine Macht zu einer Weltordnung des Friedens und zu einem einzigen, unauflöslichen Ringe zusammengeschlossen[4]). In den beiden Jahrhunderten seit dem Tode des ersten Cäsar stiegen die Einkünfte des Reichs ungemein, und in einem langen und fest begründeten Frieden gelangte alles zu sicherem Wohlstand[5]). Berg und Tal waren bebaut, alle Meere von Schiffen erfüllt, die die Erzeugnisse der Länder gegeneinander austauschten[6]). Nirgends gab es Kriege und Schlachten, große Räuberhorden und Piratenflotten, sondern zu jeder Jahreszeit konnte man wandern und schiffen vom Aufgang bis zum Niedergang[7]). So war der Erdkreis durch die Majestät der römischen Herrschaft vereint[8]), Rom war für die Menschheit ein heiliger Herd, ein ewiges Lebensprinzip, ein Anker in Sturm und Brandung[9]); es war der Welt von den Göttern gleichsam als ein neues Leben geschenkt worden, und die Völker stimmten wohl in ihrer Mehrheit in das Gebet ein, daß dies Geschenk ein ewiges sein möchte[10]).

Äußerungen der Zeitgenossen.

Noch enthusiastischer als diese gelegentlichen Äußerungen des alexandrinischen Juden Philo, des alexandrinischen Griechen Appian, der Philosophen Plutarch aus Chäronea und Epictet aus Hierapolis in Phrygien, des römischen Ritters Plinius lautet, was der Smyrnäer Aristides in einer Prunkrede auf die römische Weltherrschaft schrieb. Die ganze Erde hat ihre alte Tracht, das Eisen, abgelegt und erscheint nun im Festgewande. Jetzt können Hellenen und Barbaren außerhalb ihres Landes überallhin wandern und ihr Eigentum mit sich führen, als wenn sie aus einer Heimat in die andre gingen, und weder die cilicischen Pforten sind jetzt furchtbar, noch die schmalen und sandigen Wege durch Arabien nach Ägypten, nicht ungangbare Gebirge, nicht unermeßliche Ströme, nicht unzugängliche Barbarenstämme; zur Sicherheit genügt

Aristides.

1) Greek Inscript. Brit. Mus. IV nr. 894. 2) Eine arabische Inschrift vom J. 98 n. Chr. (IGR III 1376) ist datiert [ἀπὸ τῆ]ς σεβαστῆς εἰρήν[ης] (d. h. der Schlacht bei Actium; jedoch s. Dittenberger, Orient. gr. inscr. 621 N. 2). 3) Philo Leg. ad Gai. 48f. Die wörtliche Übereinstimmung des Preises der Wohltaten des Augustus bei Philo a. a. O. 143ff. und Sueton. Aug. 98, 2 (*per illum se vivere, per illum navigare, libertate atque fortunis per illum frui*) führt Lumbroso, L'Egitto dei Greci e dei Romani² S. 190f. nicht ohne Wahrscheinlichkeit auf Hymnen zurück, die ihm in Alexandria gesungen wurden. 4) Plut. de fort. Roman. 2. 5) Appian. praef. 6. 6) Philo a. a. O. 47. 7) Epictet. Diss. III 13, 9. 8) Plin. n. h. XIV 2. 9) Plut. de fort. Roman. 2. 10) Plin. n. h. XXVII 3.

es Römer zu sein, oder vielmehr euer Untertan. Das Homerische »die Erd' ist allen gemeinsam« habt ihr zur Wirklichkeit gemacht. Ihr habt die ganze Erde vermessen, die Ströme habt ihr überall überbrückt, Fahrwege in die Berge gehauen, die Wüsten mit Nationen gefüllt und alles durch Ordnung und Zucht veredelt. Jetzt bedarf es keiner Weltbeschreibung mehr, noch ist es nötig, die Sitten und Gesetze der einzelnen Völkerschaften aufzuzählen; ihr seid die Führer für alle in der ganzen Welt geworden, habt all' ihre Tore aufgetan und jedem die Freiheit gegeben, alles mit eignen Augen zu sehen. Ihr habt allen gemeinsame Gesetze gegeben, die früheren, in der Erzählung ergötzenden, in der Wirklichkeit unerträglichen Zustände aufgehoben und durch die Vermählungen der Völker untereinander die Welt gleichsam zu einer Familie gemacht. Auch diese Rede schließt mit dem Gebet, »daß diese Stadt und dieses Reich blühe in Ewigkeit und nicht aufhöre, bis Eisen auf dem Meere schwimmen wird und die Bäume im Frühling nicht mehr blühen«[1]). Nicht minder enthusiastisch wird in einer Rede auf einen der Kaiser der ersten Hälfte des 3. Jahrhunderts (Opellius Macrinus oder Philipp den Araber) die Leichtigkeit und Sicherheit des Verkehrs im ganzen römischen Reich und die Zugänglichkeit der ganzen Welt gepriesen: können nicht alle unbesorgt gehen, wohin sie immer wollen? Sind nicht alle Häfen überall voll Geschäftigkeit, haben nicht die Gebirge dieselbe Sicherheit für die Wanderer wie die Städte für ihre Bewohner, hat nicht Anmut alle Gefilde erfüllt, ist nicht die Furcht überall gelöst? Welche Bahnen der Ströme sind für den Übergang gehemmt, welche Furten des Meeres geschlossen?[2])

Tertullian. Auch die Christen verkannten die Leistungen der damaligen Kultur, der sie abhold oder feindselig gegenüberstanden, für die materielle Wohlfahrt des römischen Reichs keineswegs[3]). Die Welt, so schrieb um die Wende des 3. Jahrhunderts der Afrikaner Tertullian, ist kultivierter und reicher ausgestattet als ehedem. Alles ist bereits zugänglich, alles bekannt, alles vom Verkehr erfüllt. An die Stelle der einst berüchtigten Einöden sind die lachendsten Kulturen getreten, Kornfelder haben die Wälder, Herden die wilden Tiere verdrängt, Sandwüsten werden bepflanzt, Felsen durchbrochen, Sümpfe getrocknet; schon gibt es so viel Städte wie einst nicht einmal Hütten. Die Inseln starren nicht mehr in Unfruchtbarkeit, die Klippen schrecken nicht mehr, überall ist Anbau, Bevölkerung, staatliche Ordnung, Leben. Ja Tertullian glaubte, daß bereits Übervölkerung das Dasein zu erschweren beginne, und daß man Hungersnot, Seuchen und zerstörende Naturereignisse als Mittel dagegen zu betrachten habe[4]).

Großartigkeit des römischen Straßensystems. So überschwenglich die angeführten Äußerungen klingen, so war doch eine hohe Bewunderung, wenn für irgendeine Schöpfung des Römertums, vor allem für seine Organisation des Verkehrs berechtigt. Die Herrlichkeit des gewaltigen Straßensystems, welches das ganze Reich umspannte, ist in der Tat über jedes

1) Aristid. or. 26, 97 ff. (II 120 ff. K.) 2) Ps. Aristid. or. 35, 37 (II 263 K.; über die Zeit der Rede s. oben S. 260 A. 5). In gleichem Sinne auch Liban. or. 59, 170 (IV 294 f. F.). Vgl. auch Hahn, Das Kaisertum (1913) S. 24 ff. 3) Irenaeus contra haeres. IV 30, 3: *sed et mundus pacem habet per eos* (die Römer) *et nos sine timore in viis ambulamus et navigamus quocunque voluerimus.* 4) Tertullian. de anima 30. Vgl. Wendland, Die hellenistisch-römische Kultur² S. 243 f.

Lob erhaben; und »seine großartigen Spuren verkünden noch heute oft in weit entlegenen Einöden unter Gräberresten und Dorngestrüpp, in der Sierra Morena, in der Eifel, in Schottland und Siebenbürgen, am Euphrat und an der großen Syrte Afrikas dem forschenden Wanderer in unvertilgbaren monumentalen Zügen die Größe des römischen Namens«[1]. »Dieses planmäßig ausgeführte Netz geregelter Straßenanlagen beförderte die allgemeine Sicherheit, erleichterte den Ackerbau, garantierte den Reisenden ein sicheres und bequemes Fortkommen, gewährte dem Handelsverkehr die unberechenbarsten Vorteile, schützte den Frieden des Reichs, ermöglichte den geordneten Gang der großen Verwaltungsmaschine, rief Ansiedlungen hervor und begünstigte auf das wirksamste die Entwicklung der Kultur«[2]. Nur dadurch, daß nicht allein diese die ganze alte Welt umfassenden Riesenbauten untergegangen, sondern auch der Begriff einer so vollkommenen und ununterbrochenen Kommunikation der neueren Zeit völlig verloren gegangen war, erklären sich manche auf völliger Verkennung der römischen Kultur beruhende, früher verbreitete Irrtümer, namentlich daß Reisen auch im späteren Altertum selten gewesen seien.

Die Via Appia.

Allerdings darf man nicht glauben, daß die römischen Straßen, auch nur der großen Mehrzahl nach, der ältesten und berühmtesten, der von Appius Claudius im Jahre 312 v. Chr. bis Capua geführten Via Appia glichen. Diese »Königin der Straßen« erregte im 6. Jahrhundert n. Chr. das Staunen des byzantinischen Geschichtschreibers Procopius, der sie höchst sehenswürdig nennt. Sie war breit genug für zwei sich begegnende Wagen und aus einem Stein erbaut, der sonst zu Mühlsteinen genommen und in der Gegend nicht gefunden wurde[3]. Die glatt und scharf behauenen Steine waren ohne Metall oder andre Bindemittel so genau ineinander gefügt, daß sie zusammengewachsen zu sein schienen. Und trotz eines vielhundertjährigen Verkehrs von Wagen und Tieren zeigte der Fahrdamm nirgends Fugen oder schadhafte Stellen, ja hatte nicht einmal den Glanz der Politur verloren[4]. Noch heute weist sein oft streckenweise bloßgelegtes Pflaster von Basaltpolygonen zum Teil das festeste Gefüge auf. Übrigens kostete die römische Meile Chaussee (zwischen Benevent und Aeclanum, unter Hadrian) etwa 100000 Sesterzen (21750 Mark)[5].

Schmalheit der Straßen.

Aus der Beschreibung des Procopius geht hervor, daß die für zwei Wagen ausreichende Breite der Appischen Straße mindestens keine gewöhnliche war. Die Breite ihres Fahrdamms schwankt zwischen 4,25 und 430 m[6]; bei einem großen, wenn nicht dem größten Teil der römischen Straßen war sie also geringer[7]. Man reiste viel zu Pferde, und die zweirädrigen Wagen, deren man sich

1) Stephan a. a. O. S. 101. 2) Stephan a. a. O. S. 118 f. 3) Doch s. Jordan, Topogr. I 1 S. 119. 4) Procop. b. Got. I 14, 7 ff. 5) CIL IX 6072. 6075 = Dessau 5875 vom J. 123; dazu Marquardt StV. II[2] 92. Das ergibt rund 15000 Mark für den Kilometer, während man heute die Anlagekosten einer Steinchaussee in Preußen im Durchschnitt auf 18—20000 Mark für den Kilometer berechnet (R. van der Borght, Das Verkehrswesen[2] S. 150 f.). 6) Nach freundlicher Mitteilung des Architekten Herrn Friedrich Otto Schulze. Vgl. Gius. Tomassetti, La Campagna Romana I 53. 7) Vgl. Nissen, Pompejan. Studien S. 539. Bei der Straße vor dem Herkulanertor von Pompeji beträgt die geringste Breite (mit Einrechnung der Seitenwege) etwa 9 m; die der Valeria 7,25, die der Salaria 6,1 m, Nissen S. 526 f. Für die Alpenpässe ist eine Pflasterung von nur 2—2½ m nachgewiesen. Bei Avenches und Delémont betrug die Breite der versteinten Fahrbahn der Römerstraße 2½ m; ebenso bei Ettlingen; die der Straßen Windisch-Regensburg, Breisach-Ehl 3, Straßburg-Zabern

meistens bediente, mögen eine geringe Spurweite gehabt haben[1]). In Italien betrachtete man noch im 15. und 16. Jahrhundert die Anlegung von Straßen »von der Breite einer Kutsche« als namhaften Fortschritt, und die ersten Fürsten, die solche bauen ließen, waren Emanuel Philibert von Savoyen, Cosimo de' Medici und Gregor XIII.[2]). Immerhin kann, wie bemerkt, die Lebhaftigkeit des Verkehrs auf den schmalen Straßen der Römerzeit auch nicht annähernd die des heutigen in Mitteleuropa erreicht haben[3]).

Eindeckung.

Noch mehr als durch ihre Breite dürfte sich die Via Appia durch ihre kunstvolle und bis zur Unzerstörbarkeit dauerhafte Pflasterung vor der großen Mehrzahl der römischen Straßen ausgezeichnet haben. Ein großer Teil von ihnen war überhaupt nicht gepflastert, sondern nur mit Kies belegt[4]).

Fünf Hauptstränge.

Verbindung mit dem Süden —

In dem großen Kommunikationssystem des römischen Reichs lassen sich fünf Hauptstränge erkennen, die von Rom nach verschiedenen Richtungen auslaufen[5]). Der erste, der Rom mit dem Süden verband, lief auf der Via Appia bis Capua, von da über Forum Popili und Thurii nach ad Columnam (ad Traiectum), von wo die Überfahrt (etwa 10 km) nach dem gegenüberliegenden Messana in etwa einer Stunde erfolgte. Von hier lief eine Straße die Nordküste Siciliens entlang über Palermo nach dem sehr lebhaften Hafen von Lilybäum in der Nähe des heutigen Marsala (etwa 380 km), wo man sich nach Karthago einschiffte; die Überfahrt (rund 250 km) erforderte 24 Stunden und darüber. In der günstigen Jahreszeit zog man wohl die Seereise von Portus Augusti an der Tibermündung oder von Puteoli nach Karthago (970 bzw. 790 km) vor[6]). Karthago

4 m (jedoch s. jetzt K. S. Gutmann, VII. Bericht der röm.german. Kommission, 1912 S. 17f.). Hiernach »dürfte die Breite der römischen Heerstraßen nicht über 4, die ihrer Handelswege nicht über 3 m mit 3, beziehungsweise 2 m breiten Versteinungen betragen haben«, J. Näher, Die röm. Militärstraßen S. 37—42.

1) Die große Straße von Narona nach Salona hat eine Fahrbahn von 5 m Breite, dagegen ergab bei vielen Straßen im Karst die Messung nur 1,5 m; der Radabstand der in jener Gegend üblichen Wagen betrug nach den Spurrillen 1,20 bis 1,25 m (Ballif, Röm. Straßen in Bosnien und der Hercegovina 1893 S. 7f.). Die Geleisspuren der Räder von 1,4 m in den römischen Alpenstraßen (Näher S. 38) dürften von Lastwagen herrühren. 2) Hübner, Sixte-Quinte I 97. 3) Näher S. 37f. 42. Vgl. auch F. Berger, Über die Heerstraßen des röm. Reichs I S. 19f. 4) Plutarch. C. Grach. 7, 1. Cic. ad Quint. fr. III 1, 4. Strabo IV 187 nennt die Hauptstraße zwischen Spanien und Italien θέρους μὲν εὔβατον — χειμῶνος δὲ καὶ ἔαρος πηλώδη καὶ ποταμόκλυστον. Nach Näher S. 42 hatten die Versteinungen der römischen Straßen eine Stärke von 0,7 bis 0,8 m. Eine angebrochene Stelle der Straße von Breisach nach Ehl »zeigt, daß die Einkiesung etwa 0,4 m stark ist und die oberste Lage derselben aus gröberen Wackenstücken besteht« (Näher S. 39, vgl. dazu Gutmann a. a. O. S. 16ff.). Über die Bauweise der römischen Straßen Stat. S. IV 3, 40ff. mit Vollmers Kommentar. W. Götz, Die Verkehrswege im Dienste des Welthandels (1888) S. 322ff. und für Deutschland und die Alpen Gasner, Zum deutschen Straßenwesen (1889) S. 11ff. Franziß, Blätter f. d. bayr. Gymn.Schulwesen XXXVII 1901 S. 321ff. Im allgemeinen C. Merckel, Die Ingenieurtechnik im Altertum (1899) S. 236ff. A. Neuburger, Die Technik des Altertums (1919) S. 459ff. 5) Stephan a. a. O. S. 101ff. Ich gebe die dortige übersichtliche Darstellung im wesentlichen, zum Teil wörtlich, abgekürzt wieder, die Entfernungsangaben in abgerundeten Ziffern. Unsere Hauptquelle für die Kenntnis der antiken Reisewege, die Stationsverzeichnisse (Itinerarien), bedürfen dringend einer völligen Neubearbeitung, für die O. Cuntz, Österr. Jahresh. II 1899 S. 80ff. VII 1904 S. 42ff. und Kubitschek ebd. V 1902 S. 20ff. vortreffliche Musterbeispiele und Vorarbeiten gegeben haben. Einstweilen vgl. K. Miller, Itineraria Romana, Stuttgart 1916 (doch s. dazu Kubitschek, Gött. gel. Anz. 1917 S. 1ff.) und Kubitschek, Real-Encykl. IX 2308ff. Über die erhaltenen Meilensteine Hirschfeld, Kl. Schriften S. 703ff. 6) Die Angabe Itinerar. marit. p. 493, 13: *stadia* $\overline{V}$*CCL* kann

war durch eine westliche Hauptstraße mit Tingi (Tanger) verbunden, von wo die Überfahrt nach Baelo (Bolonia) in Spanien (40 km) etwa 4 Stunden dauerte; durch eine östliche mit Alexandria, von wo über die Landenge von Suez die Verbindung mit Asien auf der Hauptstraße nach Antiochia stattfand. Ferner konnte man von Alexandria sowohl auf dem Nil als auf zwei zu beiden Seiten den Strom entlang laufenden Straßen bis Hiera-Sykaminos (Maharraka) an der Grenze Äthiopiens gelangen. Auf dem rechten Ufer bildete Koptos (Kuft) einen wichtigen Knotenpunkt, von dem sich Straßen nach den beiden Haupthäfen des arabisch-indischen Handels am Roten Meer, Myoshormos (Maushafen) und Berenice abzweigten[1]).

Auch für die Verbindung Roms mit dem Osten diente zunächst bis Capua die Appische Straße, von wo man auf zwei Wegen nach Brundisium (Brindisi) gelangte. Die Überfahrt von hier nach Dyrrhachium (Durazzo) oder Aulona (Valona) — 180 km — dauerte etwa 24 Stunden. Von Dyrrhachium führte die große Egnatische Straße quer durch Macedonien und Thracien nach Byzanz-Konstantinopel (1130 km); von ihr zweigten sich zwei das nördliche Griechenland auf der Ost- und Westseite durchschneidende Straßen ab, die in Athen zusammenliefen. In Thracien führte von der Egnatischen Straße ein Seitenweg nach Calliupolis (Gallipoli) auf dem Thracischen Chersones. Die Überfahrt von hier über den Hellespont nach Lampsacus (10 km) dauerte wenig über eine Stunde. Von Lampsacus führte die Hauptstraße, »das eigentliche Industrie- und Handelsgebiet Asiens durchschneidend, seine uralten Kulturstätten berührend«, nach Antiochia (von Konstantinopel etwa 1100 km), und von hier liefen Straßen sowohl östlich zum Euphrat als südlich durch Syrien und Palästina »in einer damals höchst blühenden Gegend über volkreiche und berühmte Städte« und weiter über die Landenge von Suez nach Alexandria, wo die östliche afrikanische Hauptstraße einmündete. mit dem Osten —

Mit dem Norden hatte Rom eine dreifache Verbindung. Die Flaminische, in ihrem Anfange dem heutigen Korso entsprechende, bei Ponte Molle den Tiber überschreitende Straße ging über Narni und Spoleto bis Ariminum (Rimini), von wo die Via Aemilia über Bologna, Modena, Parma, Piacenza nach Mediolanium (Mailand) führte (433 Mill. = 650 km). In Modena zweigte sich jedoch schon die Straße nach Norden ab, welche in Verona auf die nördlich vom Po und parallel mit ihm von Mailand nach Aquileja (über Bergamo, Brescia, Verona und Vicenza) führende Straße stieß. In der Regel ging der schnelle Verkehr von Rimini nach Aquileja längs der Küste auf Ravenna, dann zu Wasser über die sogenannten sieben Meere (die Polagunen) nach Altinum, einem Hauptstapelplatz der italienischen Waren für den Verkehr mit dem Norden, von welcher einst sehr blühenden Stadt nur noch kümmerliche Reste unter dem Wasser der Lagunen in der Nähe von Venedig zu sehen sind; sodann von Altinum nach Aquileja, dem Zentralpunkt für den gesamten Verkehr Italiens mit dem Donau- mit dem Norden —

richtig sein für eine Fahrt, die von der Tibermündung etwa bis zum palinurischen Vorgebirge der Küste folgte und an den Liparen vorbei über Panormus und Lilybaeum Karthago erreichte. Auch der Seeverkehr in Griechenland hielt sich möglichst an der Küste, vgl. Nissen, Ital. Landesk. I S. 130 f.

1) S. unten S. 369. Die Itinerarien erwähnen nur Berenice.

gebiet. Von Aquileja führten Straßen in Istrien bis Pola, durch Dalmatien bis Durazzo, ferner nordwestlich durch die Karnischen Alpen bis Vipitenum (Sterzing im Wiptal), wo diese Straße in die von Verona nach Veldidena (Wilten bei Innsbruck) und Augusta Vindelicorum (Augsburg) führende mündete; endlich nordöstlich über Emona (Laibach), Poetovio (Pettau), Savaria (Stein am Anger), Scarabantia (Ödenburg) nach der Donaustadt Carnuntum (Petronell, gegenüber dem Einflusse der March unweit Haimburg). Von hier gelangte man donauaufwärts über Vindobona (Wien) und Lauriacum (Lorch bei Enns) nach Castra Regina (Regensburg) und donauabwärts über Brigetio (O-Szöny) nach Aquincum (Alt-Ofen). Die große Straße von Aquileja nach Konstantinopel führte über Siscia (Sissek), Sirmium (Mitrowitsch), Serdica (Sofia), Philippopel und Adrianopel (1128 Millien = 1700 km). Von Konstantinopel fand die Überfahrt über den Bosporus nach Chalcedon statt, von wo eine Hauptstraße über Nicomedia, Nicäa und Ancyra mit mannigfachen Abzweigungen in das Innere Klein-Asiens führte.

mit dem Westen.

Die zweite nördliche Hauptstraße Italiens, die Aurelische, lief längs der Westküste über Centumcellä (Civita Vecchia), Pisa, Luna (östlich von Spezzia) nach Genua und weiter (als Via Julia Augusta) über die Paßhöhe, wo der Name des 7 oder 6 v. Chr. nach Unterwerfung der Alpenstämme errichteten Siegesdenkmals (*Tropaea Augusti*) sich im heutigen Turbia erhalten hat, nach Nicäa (Nizza) und über Massilia (Marseille) bis Arelate (Arles). Von hier gelangte man nach Narbo Martius (Narbonne) und weiter auf zwei Straßen nach Tarraco (Tarragona), nämlich durch den Pyrenäenpaß des Col de Pertus und über Barcino (Barcelona) oder weiter westlich durch den Paß von Puycerda und über Ilerda auf der von Augustus benannten und teilweise regulierten, teilweise neu angelegten durchgehenden Reichsstraße[1]), welche südlich von Tarragona bei Dertosa (Tortosa) den Ebro überschritt und an der Ost- und Südküste Spaniens bis Gades lief.

Die Alpenstraßen.

Endlich bildete den wichtigsten Ausgangspunkt für den Verkehr mit dem Norden und Westen das mit Rom, wie bemerkt, durch die Flaminische und Ämilische Straße verbundene Mailand, von wo die meisten Alpenstraßen ausliefen, deren Bau Augustus seit dem Jahre 15 v. Chr. eifrig förderte, und die unter seinen Nachfolgern immer zahlreicher wurden[2]). Die drei wichtigsten waren im Westen über die Alpis Cottia (Mont Genèvre), Graia und Poenina (kleinen und großen St. Bernhard); der Mont Cenis scheint im Altertum keine Bedeutung gehabt zu haben. Ob es eine römische Straße über den Simplon gab, ist zweifelhaft; wurde eine solche in der späteren Kaiserzeit gebaut[3]), so hat sie nur dem lokalen Verkehr gedient. Für die Benutzung des St. Gotthard »war die Schöllenenschlucht noch ein unüberwindliches Hindernis«, als gangbar wird er zum erstenmal 1236 erwähnt. Von den Bündner Pässen benutzten die Römer den Splügen und den Julier, der Weg über den ersteren (vielleicht nur ein Saumpfad) hielt sich auf der sonnigen Höhe des linken Ufers und trat nicht in die Schlucht der Via Mala ein. In Tirol führte die älteste, 15 v. Chr. von Trient nordwärts geführte, später die Claudische genannte Staatsstraße durch die Reschenscheideck;

1) Mommsen RG. V 67. 2) Vgl. P. H. Scheffel, Verkehrsgeschichte der Alpen, Bd. I Bis zum Ende des Ostgotenreiches, Berlin 1908. 3) Felsinschrift vom J. 196 CIL V 6649.

die erste inschriftliche Erwähnung der direkten Brennerstraße stammt aus dem Jahr 195 n. Chr.[1]).

Fahrbar waren von den (im ganzen 17) römischen Alpenstraßen[2]) im Westen (außer der durch die Seealpen führenden) die von Augustus »mit monumentalen Brücken, Felsdurchsprengungen und sorgsamsten Unterbauten« über den Mont Genèvre gelegte und die über den Kleinen St. Bernhard; im Zentrum mindestens die über den Julier und Brenner, im Osten die über die Ocra (Birnbaumer Wald), den niedrigsten Alpenpaß (520 m), über welchen schon in Strabos Zeit die Waren auf Frachtwagen von Aquileja nach Nauportus (Oberlaibach) gingen, um von dort bis zur Donau verschifft zu werden, sowie die über eine ebenfalls niedrige Paßhöhe von Aquileja nach Tarsatica bei Fiume am Golf von Quarnero. Über den zu Strabos Zeit für Fuhrwerke noch unzugänglichen Großen St. Bernhard muß später eine, wie jetzt zwei bzw. drei Stunden unter der Paßhöhe endende Fahrstraße geführt worden sein, da er 69 n. Chr. sogar zur Winterszeit von Legionen überschritten werden konnte. Ebenso wie die durch Tirol führende Claudische Straße war dieser Weg im Jahre 47 instand gesetzt und mit Meilensteinen versehen worden. »Es kann mit allem Fug bezweifelt werden, ob die Alpen in ihrer Gesamtheit zu irgendeiner Zeit bis zum Ende des 18. Jahrhunderts in gleichem Maße erschlossen und zugänglich gewesen sind wie unter der Herrschaft der römischen Kaiser«[3]). In der Anlage der Alpenstraßen haben die römischen Ingenieure große Umsicht bewiesen. Von der über den Julier führenden sind einzelne Stücke vortrefflich erhalten, welche auf beiden Seiten nach der Schnur gelegte, meist sehr große Randsteine zeigen und die Wölbung des 2,8—3,5 m breiten Fahrdamms sehr wohl erkennen lassen. Die kunstgerecht ausgeglichene Steigung erhebt sich nicht über 15 Prozent. Die sehr schönen und weiten Kehren lassen an der Fahrbarkeit der Straße keinen Zweifel[4]).

Der Wagenverkehr in den Alpen.

Trotz alledem kann der Wagenverkehr in den Alpen nur ein verhältnismäßig beschränkter gewesen sein, schon wegen der Schmalheit der Straßen, deren besteinte Fahrdämme nur 2—3,5, zuweilen nur 1,5 m breit sind. Nur einem Wagen und einem Maultiergespann, sagt der Kaiser Julian, gestatten die schroffen Felswände dort den Übergang zu erzwingen[5]). Ebenso auffallend wie die Schmalheit der römischen Alpenstraßen ist ihre Steilheil: so z. B. erstieg die antike Straße den Malojapaß (1811 m) in 3 Kurven, die spätere brauchte deren 9, die heutige 22[6]). Außer der Zeit von Mai bis September, in welcher die meisten Pässe

1) CIL III 5980; im allgemeinen vgl. P. H. Scheffel, Die Brennerstraße, Berlin 1912. 2) Nissen, Ital. Landesk. I 155 ff. Partsch, Real-Encykl. I 1604 ff. v. Duhn, N. Heidelberger Jahrb. II 1892, 55 ff. Schulte, Geschichte des mittelalterlichen Handels und Verkehrs zwischen Westdeutschland und Italien (1900) I 39 ff. 169 ff. H. Dübi, Jahrb. d. Schweiz. Alpenklubs XIX (1884) 381 ff. XX (1885) 344 ff. XXI (1886) 323 ff. A. v. Premerstein und S. Rutar, Röm. Straßen und Befestigungen in Krain, Wien 1899. Über den Römerweg über den Plöckenpaß neuerdings O. Klose, Jahrbuch f. Altertumskunde IV 1910 S. 124 ff. 3) Nissen S. 166. 4) Planta, Das alte Rätien S. 91 f. 5) Julian. orat. 2 p. 72 A; vgl. die Felsinschriften einer im J. 373 erbauten Straße über den Plöckenpaß CIL V 1862 f. = Dessau 5885 (*hoc iter, ubi homines et animalia cum periculo commeabant, apertum est — titulum immanem montem Alpinum ingentem litteris inscripsit, quot saepe invium commeantium periclitante populo ad pontem transitum non praebuit*). 6) Nissen a. a. O. S. 154. Daher sind die Distanzangaben der Itinerarien auf den Alpenstraßen sehr kurz im Vergleich mit denen der Gegenwart.

schneefrei waren, müssen Alpenfahrten immer mit größeren oder geringeren Schwierigkeiten und Gefahren verbunden gewesen sein. Ammian schildert, wie im Frühling auf der steil abfallenden, durch Schneewasser überschwemmten und schlüpfrig gemachten Straße des Mont Genèvre Menschen, Tiere und Fuhrwerke ausglitten und stürzten: die Wagen wurden hinten an starken Stricken von Menschen und Ochsen zurückgehalten, um ein zu schnelles Hinabgleiten zu verhindern. Im Winter, wo alles mit Schnee und Eis bedeckt war, steckte man Stangen auf, um den Weg kenntlich zu machen und vor den überschneiten Abgründen zu warnen; waren auch diese Signale unter dem Schnee begraben oder von Wildbächen umgerissen, so ließen die Reisenden Führer vorausgehen[1]). Noch größere Gefahren boten (auch abgesehen von den Lawinen, die oft ganze Karawanen begruben) die schmalen Saumpfade, die vielfach so hart am Rande des Abgrundes hinführten, daß ein Fehltritt unfehlbar den Sturz zur Folge hatte; Fußgänger und fremde Saumtiere wurden vom Schwindel ergriffen, die einheimischen trugen ihre Lasten sicher hinüber[2]).

Die nördlichen Provinzen.

Die sehr belebte Straße über Segusio (Susa) und den Mont Genèvre war der kürzeste Weg von Mailand nach Arles (rund 600 km); über Augusta Praetoria (Aosta) und den Kleinen St. Bernhard gelangte man nach Vienne (460 km); zuerst bis Darantasia (Moutiers-en-Tarantaise) auf derselben Straße, dann über Genava (Genf) und Vesontio (Besançon) nach Argentorate (Straßburg) (820 km); von Aosta über den Großen St. Bernhard, Octodurum (Martigny), Viviscus (Vevey), Augusta Rauracorum (Basel-Augst) nach Straßburg und von dort über Noviomagus (Speier) und Borbetomagus (Worms) nach Mogontiacum (Mainz), Mailand—Mainz etwa 630 km; über den Splügen nach Brigantium (Bregenz) und von dort sowohl nach Basel als nach Augsburg; endlich von Verona über den Brenner, Wilten und Parthanum (Partenkirchen) nach Augsburg (410 km). Von Augsburg führten Straßen weiter nach Regensburg, östlich nach Lorch bei Enns, wo die Straße von Wien her mündete, und westlich bis zum Neckar; von Mainz nach Augusta Treverorum (Trier) und Colonia Agrippina (Köln) und weiter über Noviomagus (Nimwegen) und Traiectum (Utrecht) nach Lugdunum Batavorum (Leyden); ferner westlich nach Durocortorum (Reims). Reims war mit Lugdunum (Lyon), dem Zentralpunkt der südlichen, und Cenabum (Orleans), dem der westlichen Verkehrsadern Galliens, ferner mit Lutetia (Paris) und Rotomagus (Rouen) verbunden, ebenso Lyon mit Straßburg und Burdigala (Bordeaux), wo die westlichen Pyrenäenstraßen mündeten. Die große Straße nach Britannien führte von Reims über Suessiones (Soissons) und Ambiani (Amiens) nach Gesoriacum (Boulogne), von wo die Überfahrt nach Rutupiä (Richborough) — 80 km — 8 bis 9 Stunden erforderte. Auch Britannien erhielt als römische Provinz ein Straßennetz, das die Hauptpunkte, namentlich Camulodunum (Colchester), London und Eboracum (York) miteinander und mit den Häfen verband und über den Hadrianswall zum Wall des Antoninus Pius, der Nordgrenze des römischen Reichs, sich erstreckte.

Eine zuverlässige Schätzung der Gesamtlänge aller römischen Hauptstraßen (soweit sie mit den vorhandenen Mitteln möglich ist) existiert noch nicht[3]). Die

1) Ammian. XV 10, 4 f. 2) Strabo IV 204. 3) Die von Stephan a. a. O. S. 118 wiederholte Schätzung Bergiers auf 51000 Milien (75000 km) ist zu hoch; denn Bergier hat offenbar nur die

um das Jahr 333 n. Chr. für Pilger aus Bordeaux nach dem heiligen Lande verfaßte Reiseroute (über Arles, Mailand, Aquileja, Konstantinopel, Nicomedia, Ancyra, Tarsus, Antiochia, Tyrus, Cäsarea, Jerusalem usw.) ergibt eine Entfernung von ungefähr 5100 km. Eine Reise im größten Längendurchmesser vom Hadrianswall bis zur Grenze Äthiopiens (Hiera-Sykaminos) würde etwa 7500 km lang gewesen sein. Auf einer Rundreise von Alexandria aus über Leptis, Karthago, Cäsarea, Cadix, Cordova, Barcelona, Lyon, Reims, Boulogne, Dover, London, die schottische Grenze, zurück nach Dover, Leyden, Köln, Mainz, Straßburg, Mailand, Verona, Aquileja, Sofia, Konstantinopel, Nicomedia, Ancyra, Antiochia und Alexandria würde man etwa 13680 km zurückgelegt haben[1]).

Rückschritte der Straßenverbindung in den Mittelmeerländern bis in das 19. Jahrhundert —

Eine Vergleichung der Straßenverbindungen in den Mittelmeerländern sowie den Ländern an der unteren Donau während der späteren römischen Kaiserzeit mit denen, die dort etwa zu Anfang des 19. Jahrhunderts bestanden[2]), würde (vielleicht mit Ausnahme von Nord- und Mittelitalien) sehr zum Nachteile der letzteren Zeit ausfallen. Am größten ist der Rückschritt hierin wie in der Kultur überhaupt auf dem ganzen ungeheuren Gebiete, das infolge der Herrschaft des Islam völlig in die Barbarei zurückgefallen ist, und das bis auf die neueste Zeit Verbindungen durch Kunststraßen so gut wie ganz entbehrt hat.

in Nordafrika —

An Afrika, dessen große Küstenstraße von Tingi (Tanger) über Karthago nach Alexandria bereits erwähnt ist, besaß das östliche Mauretanien ein dichtes Straßennetz mit dem Knotenpunkt Sitifis (Setif); desgleichen Numidien, wo Cirta (Constantine) im NW., Theveste (Tebessa) im SO. die Knotenpunkte waren, und Afrika Proconsularis, wo die Hauptlinien in Karthago, Hadrumetum (Susa) und Thaenae (Thine) zusammenliefen. In den beiden letzteren Provinzen reichten die Straßenzüge tief ins Innere. In Numidien war der Djebel Aurês auf allen Seiten von Straßen umzogen, welche das an seinen nördlichen Ausläufern gelegene Lambaesis (Lambessa) über Bescera (Biscra) mit den Oasen am Rande der Wüste verbanden[3]). Als General Saint-Arnaud 1850 dort das von den Eingebornen als ungangbar geschilderte Defilé von Kanga passierte, schmeichelte er sich, der erste zu sein, der es betrete. Doch eine in der Mitte des Engpasses in den Fels gehauene Inschrift[4]) belehrte ihn, daß 145 n. Chr. eine Abteilung der dritten Legion hier eine Straße hergestellt hatte. Auf dem Wege nach der Oase El Kantara überschreitet man noch heute den Wad Brenis, der sich durch eine Felsschlucht gewaltig schäumend Bahn bricht, auf einer Römerbrücke[5]). Zum größten Teil waren die Straßen in diesen Provinzen von den Kaisern gebaut[6]), z. B. die von Theveste nach Karthago von Hadrian 123[7]); am meisten geschah seit dem Anfange des 3. Jahrhunderts. Die Bauten wurden von Sol-

Hauptsummen der Itinerarien addiert, ohne die Abzüge zu machen, die wegen der mehrmaligen Aufführungen derselben Strecken in längeren Routen notwendig sind.

1) Stephan a. a. O. S. 118. 2) Die erste Chaussee in Deutschland war die 1753 gebaute zwischen Öttingen und Nördlingen. Der preußische Staat besaß 1816 etwa 500 Meilen Steinstraßen (Treitschke, Deutsche Gesch. III 464); vgl. Handb. d. Wirtschaftskunde Deutschlands (herausg. im Auftr. d. deutsch. Verbandes f. kaufmänn. Unterrichtswesen) IV (1904) S. 185. 3) CIL VIII p. 275 f. 4) CIL VIII 10230. 5) Cagnat, L'armée Rom. d'Afrique² (1912) S. 577 f. 6) CIL VIII p. 859. 7) CIL VIII 10114 = Dessau 5835; die Länge der Straße wird hier genau auf 191740 Schritt (= 283,8 km) angegeben.

daten ausgeführt. Aber auch Straßen, die von Stadtgemeinden angelegt waren, sind sehr zahlreich nachweisbar, und nicht bloß bei Hauptorten[1]). Zur Sicherung des Verkehrs wurden an geeigneten Stellen Burgen errichtet und Posten ausgestellt. In der Regentschaft Tunis kannte man bis zur Zeit des französischen Protektorats außer 3 oder 4 kurzen Straßen nur Saumpfade[2]); Marokko hat überhaupt keine Straßen.

auf der Balkanhalbinsel — Von den römischen Straßen in Ägypten, Vorderasien und der europäischen Türkei ist zum Teil schon die Rede gewesen. Zu den wichtigsten Straßen des römischen Reichs gehörte die von Sirmium (Mitrowitza) über Singidunum (Belgrad) und Serdica (Sofia) nach Konstantinopel führende (über 1000 km)[3]). Noch immer tritt in unbebauten Gegenden ihr festes Gefüge klar hervor, während in der Nähe größerer Städte und in dichter bevölkerten Landschaften ihre Reste als Steinbruch benutzt und so rasch zerstört werden. »Lateinerweg« heißt sie in der Gegend von Nisch (Naissus), »Trajansweg« in der von Sofia und anderen. Die Einwohner von Ichtiman erzählen, der gepflasterte Weg sei in alten Zeiten für eine Kaisertochter errichtet worden, damit sie nicht auf den bloßen Erdboden trete. Auf der Strecke von Philippopel nach Adrianopel scheinen sie die Kreuzfahrer zu Ende des 12. und Anfang des 13. Jahrhunderts noch begangen zu haben. Auch von der auf der Peutingerschen Tafel verzeichneten Römerstraße von Philippopel über den mittleren Hämus nach Nová (Svistov) läßt sich das Pflaster noch gut verfolgen[4]).

in Griechenland — Griechenland, das im Jahre 1833 noch keine einzige Fahrstraße besaß, hatte auch im Altertum den Straßenbau (sowie den Bau der Kloaken und Wasserleitungen) um so mehr vernachlässigt[5]), als die Küstenschiffahrt den Mangel der Verbindungen zu Lande einigermaßen ersetzen konnte. Den Römern verdankte es nicht bloß die beiden oben erwähnten großen Straßen im Norden; Hadrian verband diesen auch mit dem Peloponnes durch eine für Lastwagen fahrbare Kunststraße, die er aus dem gefährlichen Saumpfade an den skironischen Klippen mit Überwindung ungeheurer Terrainschwierigkeiten schuf[6]). Übrigens ist allerdings in dieser sehr verödeten Provinz für Straßenbau in der Kaiserzeit so gut wie nichts geschehen[7]).

in Süditalien — Auch in Italien hat mindestens der Süden eine Straßenverbindung, wie er sie im Altertum besaß, erst vor nicht langer Zeit wiedererhalten. Im ehemaligen Königreich Neapel war diese noch im Laufe des 19. Jahrhunderts äußerst unvollkommen, namentlich fehlte es an Brücken; in der Basilicata verirrte sich im Jahre 1846 der König von Neapel auf einer militärischen Promenade mit vielen Tausenden seiner Getreuen in den dortigen Tälern, Wäldern und Schluchten dermaßen, daß man 14 Tage lang in der Hauptstadt nichts von ihm erfuhr[8]). Sicilien, wo 1872 auf den Quadratkilometer 0,09 km Straßen kamen[9]), wo das

1) Vgl. über die Militärstraßen in Afrika Cagnat a. a. O. S. 693 ff. 2) Hesse-Wartegg, Tunesien S. 160 f. 3) Jirecek, Die Heerstraße von Belgrad nach Konstantinopel und die Balkanpässe. Prag 1877. 4) Jirecek, Archäol. epigr. Mitt. aus Österr.-Ungarn X (1886) S. 85—104. 5) Strabo V 235. 6) Stephan S. 80. Vgl. unten [III 31]. Hadrian ließ auch von der von Thessalonice nach Athen führenden großen Straße eine Seitenstraße nach Hypata abzweigen, CIL III 7359, vgl. Lolling, Athen. Mitt. I 1876 S. 350 f. 7) Mommsen RG. V 269. 8) Schnars, Ausland 1847 S. 1041; vgl. 1843 S. 1262 ff. 9) Im neuen Reich 1875 II S. 129.

Reisen im Innern noch vor nicht so langer Zeit mit großen Schwierigkeiten verbunden war und die verheerenden (im Altertum unbekannten)[1]) Fiumaren zu langen Umwegen nötigten, hatte unter den Römern ein Straßennetz von einer Gesamtlänge von über 1000 Millien (1500 km); nicht nur alle Punkte der Küste waren miteinander, sondern außerdem auch Girgenti mit Palermo, Syrakus mit Catania und das letztere über Termini mit Palermo verbunden. Die Straßen Sardiniens, wo jetzt im Innern der Wanderer einen Viandante braucht, der ihn durch die Wildnis sicher von Ort zu Ort geleitet[2]), hatten im ganzen eine Ausdehnung von über 1000, die Corsikas, wo sich die römische Herrschaft auf die Ostküste beschränkte[3]), gegen 100 Millien.

In Spanien liefen von der oben erwähnten, an der Ost- und Südküste von Barcelona nach Cadix geführten Straße nach allen Richtungen Seitenstraßen aus. Im Süden waren namentlich Hispalis (Sevilla) und Cordova, im Norden Caesaraugusta (Saragossa) und Asturica (Astorga), im Westen Augusta Emerita (Merida) die Hauptpunkte des dichten Straßennetzes. Über Merida ging (wie noch heute) die Hauptverbindung mit Lusitanien bis Olisipo (Lissabon), von dort nördlich weiter nach Aeminium (Coimbra) und Bracara Augusta (Braga)[4]). Eine prächtige, bei Calzada de Oropesa anhebende römische Kunststraße (wohl sicher ein Stück der Straße von Toledo nach Merida) erregte 1806 die Bewunderung J. G. Rists: »sie kontrastierte seltsam mit der öden Leere dieser ganzen Gegend, ihre Schönheit und Dauer deuteten auf eine glücklichere Zeit«[5]). Wenn man dagegen Spanien um das Jahr 1830 durchreiste, so fand man nur die großen Routen von Madrid nach Bayonne, Saragossa, Barcelona, Valencia, Sevilla und Lissabon und einige wenige Provinzialstraßen, wie von Valencia über Barcelona nach Perpignan, von Burgos nach Valladolid, für vierrädrige Wagen passierbar; alles übrige lag wie völlige Wildnis da. Von Madrid nach Toledo, der einzigen größeren Stadt im Umkreise von 25 Meilen, hatte man zwar eben eine öffentliche Fahrgelegenheit eingerichtet, aber die Wagen mußten fast die ganze Strecke querfeldein passieren, ohne die Spur von einer Straße zu berühren[6]). in Spanien.

Bei der großen Lebhaftigkeit des Verkehrs im römischen Reich mußten Wegekarten und Stationenverzeichnisse, auf denen Richtungen der Straßen, Entfernungen, Haltestellen und Nachtquartiere angegeben waren, zu einem allgemein empfundenen Bedürfnisse werden[7]). Daß solche Verzeichnisse sehr verbreitet waren, darauf läßt eine zufällige, im Jahre 1852 gemachte Entdeckung schließen. Auf dem Grunde der Bäder von Vicarello am Lago di Bracciano fand man unter anderm vier Silbergefäße in Form von Meilensäulen, auf denen die vollständige Reiseroute von Gades nach Rom mit Angabe aller Stationen und Entfernungen eingraviert war[8]). Offenbar haben diese aus verschiedenen Zeiten herrührenden Gefäße Spaniern gehört, die in den Bädern von Vicarello Heilung Stationenverzeichnisse.

1) Nissen, Ital. Landesk. I 398. 2) Nissen, Pompej. Studien S. 538. 3) Nissen, Ital. Landesk. I 365. 4) Stephan S. 113. 5) J. G. Rist, Lebenserinnerungen I² (1884) 350. 6) Baumgarten, Gesch. Spaniens III 87. 7) Vegetius III 6: *itineraria plenissime scripta — adnotata — picta* (zu militärischen Zwecken), vgl. Kubitschek, Österr. Jahreshefte V 1902 S. 20ff. Elter, Itinerarstudien (1908) S. 7ff., s. auch oben S. 322, 5. 8) CIL XI 3281—3284; vgl. Henzen, Rhein. Mus. IX 1854 S. 20ff.

suchten und nach antiker Sitte[1]) die heilende Quelle durch eine fromme Gabe ehren wollten. Daß die Gefäße aus verschiedenen Zeiten herrühren, läßt eine fortgesetzte Fabrikation vermuten, und schwerlich war doch Spanien die einzige Provinz, wo man dergleichen verfertigte. Auch wäre die für den Luxus arbeitende Industrie kaum darauf verfallen, Stationenverzeichnisse an Silbergefäßen anzubringen, wenn nicht das Bedürfnis, sie bei sich zu führen, ein sehr allgemeines gewesen wäre. Vielleicht haben diese Verzeichnisse auch öfters Nachrichten über Sehenswürdigkeiten und Merkwürdigkeiten, historische und andre Notizen zum Gebrauch der Reisenden nach Art neuerer Handbücher enthalten, wenn auch nur kurze. Wenigstens enthält die oben erwähnte um 333 n. Chr. für Pilger nach dem heiligen Lande abgefaßte Reiseroute von Bordeaux nach Jerusalem nicht bloß sehr zahlreiche Angaben über Ereignisse aus der heiligen Geschichte, die sich an den einzelnen Orten zugetragen haben, und über Erinnerungen und Denkmäler aus jenen Zeiten (besonders ausführlich bei Jerusalem und der Umgegend), sondern einige historische, naturwissenschaftliche und andre Notizen: so bei Bordeaux, daß sich die Ebbe und Flut in der Garonne ungefähr 100 Leugen (222 km) weit bemerkbar machte; bei Viminacium (östlich von Belgrad), daß Diocletian dort den Carinus tötete; bei Libissa (Djebize in der Nähe von Nicomedia in Bithynien), daß dort der afrikanische König Annibalianus (gemeint ist Hannibal)[2]) begraben war; bei der Station Andavilis (bei Tyana), daß von da Rennpferde kamen; bei Tyana, daß von hier der Zauberer Apollonius gebürtig war (wie auch Pella als Geburtsort Alexanders des Großen bezeichnet ist); bei der Station des Euripides, daß hier das Grab des Dichters war; bei Cäsarea in Palästina, daß 3 Meilen entfernt der Berg Syna war und dort eine Quelle, welche die Fruchtbarkeit der Frauen beförderte[3]). Einiges wenige der Art enthält auch das sogenannte Stationenverzeichnis des Antoninus (aus Diocletians Zeit), wo bei der Aufzählung der griechischen Inseln die in den Götter- und Heroensagen dorthin verlegten Ereignisse erwähnt werden[4]).

Die Staatspost.

Die von Augustus geschaffene Staatspost[5]) war nicht für den Personen- und Briefverkehr des Publikums und eine daraus zu ziehende Staatseinnahme eingerichtet, sondern allein für die Beförderung der Regierungsdepeschen und der Beamten. Jene erfolgte durch militärische Kuriere[6]); für die reisenden Beamten waren die Stationen in *mutationes* (Umspannungen) und *mansiones* (Nachtquartiere) eingeteilt. Man gab die Entfernungen auch nach der Zahl der letzteren an[7]), die durchschnittlich etwa 25 Millien (37 km) auseinander gelegen zu haben scheinen; nach einer in Asolo bei Treviso gefundenen Inschrift z. B. war

1) Lersch, Gesch. der Balneologie (1863) S. 45 ff. R. Wünsch in der Strena Helbigiana (1900) S. 341 ff. Mau, Real-Encykl. II 294. 2) Vgl. Hülsen, Berl. Philol. Wochenschr. 1896, 28. O. Schwab ebd. S. 1661. 3) Itinerar. Burdig. p. 3, 7. 10, 20. 14, 5. 16, 17. 19. 19, 16. 27, 16. 23 Geyer. 4) Itin. Ant. 524, 2—529, 5 Wess. 5) Marquardt StV. I² 558 ff. 6) Aristid. or. 48, 61 (II 408 K.) οὔτε γὰρ οἱ τὰς ἀγγελίας κομίζοντες τῶν στρατιωτῶν ἡμᾶς γε παρῆλθον; vgl. Plut. Galba 8. Cass. Dio LXXVIII 39, 3. Herodian. V 4, 8. Insbesondre versahen diesen Dienst die Speculatores, eine Art Feldgendarmen, vgl. Rostowzew, Röm. Mitteil. XXVI 1911 S. 268 ff. und über ihre Abzeichen Ritterling, Bonn. Jahrb. CXXV 1919 S. 9 ff. 7) So durchweg im Itinerarium Hierosolymitanum. Sulpic. Sever. Dial. I 8, 1: *Bethleem — ab Alexandria — sedecim mansionibus abest.* Silviae s. Aetheriae peregrinatio ad loca sancta c. 17, 2 *et hic locus* (Edessa) *de Ierusolima vicesima*

eine Witwe aus Gallien 50 Mansionen weit dorthin zu dem Grabe ihres Mannes gekommen; also, da von Bordeaux bis Aquileja etwa 40 Mansionen waren, aus dem nördlichen oder nordwestlichen Gallien[1]). Auf den Mansionen wurden mit der Zeit für den Gebrauch der Statthalter und Kaiser *palatia* oder *praetoria* errichtet[2]). Privatpersonen wurde der Gebrauch der Staatspost in den Provinzen eine Zeitlang durch besondere Bevollmächtigung des Statthalters (*diploma*), später nur vom Kaiser selbst nach genauen, darüber erlassenen Bestimmungen gestattet. Die Kosten der Posthalterei[3]) fielen anfangs überall den angrenzenden Ortschaften ohne Entschädigung zur Last, bis zuerst Nerva Italien hiervon befreite; in den Provinzen hat erst Septimius Severus die Kosten des Postwesens auf den Fiskus übernommen, obwohl bereits Hadrian dasselbe zu einem Staatsinstitut gemacht hatte. Trotzdem ist es für die Provinzialen stets eine drückende Last geblieben. Mit der Reform Hadrians war auch die Einsetzung von Rittern an der Stelle von Freigelassenen als Direktoren des Postbureaus in Rom (*praefecti vehiculorum*) mit einem Gehalt von 100000 S. (21750 Mark) verbunden; Unterdirigenten für bestimmte Distrikte, mit einem Gehalt von 60000 S. (13050 Mark), welche die Leitung des Postverkehrs in mehreren aneinander grenzenden Provinzen hatten, scheinen erst von Septimius Severus eingesetzt worden zu sein[4]). In 4. und 5. Jahrhundert war der Postdienst ein dreifacher. Die Depeschen besorgten Kuriere, welche außer dem Pferde, das sie selbst ritten, ein Handpferd mit dem Felleisen führten. Die Beförderung der Personen geschah auf Eilwagen (*raedae*), welche mit Maultieren, der Transport von Kriegsmaterial und Gütern auf Packwagen, die mit Ochsen bespannt waren. Außerdem dienten nicht bloß Flußschiffe zur Brief- und Personenbeförderung[5]), sondern auch in den hauptsächlichsten Seehäfen müssen stets Postschiffe bereit gelegen haben[6]). Wir kennen aus einer Inschrift einen Freigelassenen des Hadrian als Prokurator der Briefbestellung durch die in Ostia stationierten Postschiffe (*naves vagae*)[7]).

Diese Staatspost, bei welcher wie bei vielen andern Einrichtungen des Kaiserreichs ein altpersisches Institut[8]) das Vorbild gewesen war[9]), diente also dem

et quinta mansione est (und so öfters). Athanas. apol. c. Arian. 29 berechnet die Entfernung Antiochia-Alexandria auf 36 μοναί = *mansiones*.

1) CIL V 2108 = Dessau 8453. Liban. or. 18, 25 (II 247 F.), welcher sagt, daß Julian (in Nicomedia) von Gallus bei dessen Tode (bei Pola) σταθμοῖς πλείοσιν ἢ τριακοσίοις entfernt gewesen sei, hatte schwerlich die Absicht, eine auch nur annähernd genaue Angabe zu machen. 2) Vgl. unten S. 348. 3) Inschrift eines von einem *a(gens) v(ice) praef(ectorum) praet(orio)* in der Zeit von 379—383 errichteten Stallgebäudes, *ne animalia cursus publici longi itineris labore diutius deperirent* CIL VI 1774 = Dessau 5906 (an der Station La Storta der Via Cassia). 4) Hirschfeld, Kaiserl. Verwaltungsbeamt. S. 190ff. Seeck, Real-Encykl. IV 1846ff. 5) Apoll. Sidon. epist. I 5, 3. Cassiod. Var. IV 45. Cod. Theod. VII 5, 48. 6) Stephan a. a. O. S. 42. 7) CIL XIV 2045 = Dessau 1534 nach der Deutung von Henzen, Bull. d. Inst. 1875 S. 10ff. (vgl. Hirschfeld S. 203); anders erklärt von Mommsen StR. II³ 1030, 3. Hierher gehört auch der *praef(ectus) tesserar(iarum) in Asia navium* einer Inschrift aus Tenos, Hirschfeld, Österr. Jahresh. V 1902 S. 149ff. 8) Daß bereits die persischen Königstraßen Meilensteine oder, genauer, die Entfernung bezeichnende Steine hatten (dies zu Hirschfeld, Kl. Schriften S. 704f.), ist darum wahrscheinlich, weil in dem Namen des Wegemaßes παρασάγγης das iranische Wort für »Stein« (avest. *asᵉnga*, altpersisch *aϑanga*) unverkennbar ist. Nöldeke, Ztschr. für Assyriologie XX (1907) 453. 9) Die Brücke bildeten die Posteinrichtungen der hellenistischen Königreiche (über die Staatspost der Ptolemäer vgl. Preisigke,

Privatverkehr so gut wie gar nicht. Doch nachdem die öffentlichen Einrichtungen für einen fortlaufenden regelmäßigen Verkehr einmal getroffen waren, konnte es nicht fehlen, daß sich Privatunternehmungen überall anschlossen, wo das Bedürfnis vorhanden war, so daß wenigstens in größeren Orten an den Hauptstraßen die Mittel zur Beförderung gewiß leicht beschafft werden konnten. Spuren von der Organisation dieses Privatfuhrwesens haben sich wenigstens in Italien erhalten. Die Vermieter von vierrädrigen (*raedae*) und zweirädrigen Wagen (*cisiarii*) und Zugtieren (*iumentarii*)[1]) bildeten in mehreren Städten Italiens Innungen[2]), die zuweilen verbunden waren, wie z. B. in Tibur die Innung der *iumentarii* zu der (nach dem dort hoch verehrten Hercules benannten) Korporation der *cisiarii* gehörte[3]). In Präneste scheint die Innung der *cisiarii* schon zur Zeit der Republik bestanden zu haben[4]). Offenbar bedienten sich Reisende (wie bemerkt) in der Regel zweirädriger Wagen (zu denen ja auch die durch das ganze vorige Jahrhundert in Italien gebräuchlichen Sedien gehörten); mit vierrädrigen, deren Besitz als Beweis von Reichtum gegolten zu haben scheint, ereigneten sich, wie noch ein Schriftsteller des 4. Jahrhunderts bemerkt, leicht Unfälle[5]). In einer unter Vergils Namen erhaltenen Parodie eines Catullischen Gedichts wird ein Vetturin Sabinus, »der Maultiertreiber weitgepriesenster«, scherzhaft besungen, der sich rühmt, daß »keines fliegenden Wägelchens Ungestüm« ihn überholen konnte, »sei es, daß es galt nach Mantua zu eilen oder Brixia«; dies könnte auch das bekannte Haus seines Konkurrenten Trypho nicht leugnen[6]). Caligula veranstaltete während seines Aufenthalts in Gallien eine Auktion des kaiserlichen Hausrats und ließ, um diesen von Rom herbeizuschaffen, sämtliche Mietwagen in Beschlag nehmen. Sehr viele Prozessierende wurden dadurch außer stand gesetzt, ihre Termine wahrzunehmen, und verloren so ihre Prozesse[7]). Da sich Innungen von *iumentarii* in Mediolanium[8]), Brixia[9]), Forum Sempronii (Fossombrone)[10]), Tuder (Todi)[11]), von *cisiarii* zu Präneste[12]), Cales[13]) und Pompeji[14]) und von beiden, wie gesagt, in Tibur nachweisen lassen, darf man wohl annehmen, daß sie in Italien überall, vermutlich auch an den Hauptorten der Provinzen bestanden haben. In den Städten selbst wurde so gut wie gar nicht gefahren, ihr Haupterwerb mußte daher die Beförderung von Reisenden sein. Ihre Standorte hatten sie an und vor den Toren[15]); in größeren Städten gab es vermutlich mehrere Innungen, die sich in die Haupttore und -straßen teilten. So bestand in Mediolanium die

Organisation des Privatfuhrwesens.

Klio VII 1907 S. 241 ff.), Rostowzew, Klio VI 1906 S. 249 ff.; vgl. Wilcken, Papyruskunde I 372 ff. Schubart, Einführ. in die Papyruskunde S. 424. 432.

1) Die *iunctores iumentarii* einiger Hauptstraßen Italiens, die zusammen mit den *mancipes* derselben den Kaisern Caracalla und Alexander Severus in den Jahren 214 und 226 die Inschriften CIL VI 31338a (= Dessau 452) und 31369 setzen, sind von den *iumentarii* wohl nicht verschieden. Ein *subiumentarius* Suet. Claud. 2, 2. 2) Ein *coll(egium) mul(ionum) et asinar(iorum)* in Potentia CIL X 143 = Dessau 7293, ein *colleg(ium) mulion(um)* in Karthago Revue archéol. 1898 II S. 348 nr. 43. 3) CIL VI 9485 = Dessau 7296. 4) CIL XIV 2874 = Dessau 3683. 5) Eunap. Vit. soph. p. 468, 8 Boiss. διὰ δὲ εὐδαιμονίαν ἐπὶ τετρακύκλου ὀχήματος ἐφέρετο· συμβαίνει δὲ πολλὰ ἐπὶ τούτοις τοῖς ὀχήμασι πάθη. 6) Vergil. Catal. 10. 7) Sueton. Calig. 39, 1. 8) CIL V 5872 = Dessau 7295. 9) CIL V 4211. 4294. 10) CIL XI 6136 = Dessau 7294. 11) CIL XI 4749. 12) CIL XIV 2874 = Dessau 3683. 13) CIL X 4660 = Dessau 5384. 14) CIL X 1064 = Dessau 5382. Ob auch die *iuven(es) cisiani* in Ostia (CIL XIV 409 = Dessau 6146 Z. 15 f.) für *cisiarii* zu halten sind, ist zweifelhaft. 15) So am Anfang der Via Appia die *area carruces* (Hülsen-Jordan, Topogr. I 3

Innung der Vetturine des Vercelliner- und Juppitertors, in Forum Sempronii des Gallischen Tors (der Straße nach Sena Gallica), in Cales des Stellatinertors. Sie konnten entweder den Wagen- und Pferdewechel von Station zu Station besorgen oder, wie die neueren Vetturine, die Reisenden mit demselben Fuhrwerk auf weitere Strecken befördern. Mit einem Vetturin dieser letzteren Klasse (*mulio perpetuarius*) wird in dem Pasquill Senecas auf den Tod des Claudius Hercules wegen seiner Wanderung durch die ganze Welt verglichen[1]).

2. DIE SCHNELLIGKEIT DES REISENS ZU LANDE UND ZUR SEE.

Schnelligkeit des Reisens zu Lande.

Mit der Staatspost konnte man bei längeren Reisen einschließlich alles Aufenthaltes 5 Millien (7,5 km) in der Stunde, also 120 Millien (180 km) im Tage zurücklegen; man gelangte von Antiochia bis Konstantinopel (rund 740 Mill.[2]) = 1100 km) in nicht ganz sechs Tagen[3]). Bei Reisen mit Mietfuhrwerk galt dieselbe Schnelligkeit als sehr groß, und mit Recht, da hier das Mieten neuer Pferde und Leute auf den Stationen notwendig mehr Aufenthalt verursachte. Cäsar, dessen Reisen wegen ihrer Schnelligkeit angestaunt wurden, machte den Weg von Rom bis an die Rhone in nicht vollen acht Tagen[4]): nach dem Stationenverzeichnis betrug die Entfernung von Rom bis Arles auf dem Wege durch Toscana und die Seealpen 796 Millien (= 1178 km)[5]); Sueton, welcher sagt, daß Cäsar die größten Strecken mit unglaublicher Schnelligkeit zurückgelegt und ohne Gepäck in einem Mietfuhrwerk 100 Mill. = 150 km in 24 Stunden gemacht habe, meint offenbar dieselbe Reise[6]). Den Weg nach Obulco in Bätica legte Cäsar in 27 Tagen zurück[7]), während die Nachricht von der Schlacht bei Munda (ebenfalls in Bätica) erst am 35. Tage nach Rom gelangte[8]). Etwas schneller als Cäsar fuhr der Bote, der die Nachricht von der Ermordung des S. Roscius nach Ameria brachte, 56 Millien (84 km) auf zweirädrigen Wagen in 10 Stunden, und zwar bei Nacht; aber dies war eine kurze Strecke, die nur etwa einen zweimaligen Wagenwechsel erforderte[9]). Auch die Reise des Hicelus, der die Nachricht von Neros Ermordung an Galba nach Spanien brachte, galt als eine außerordentlich schnelle, er reiste im Juni 68 von Rom bis Clunia in nicht vollen sieben Tagen[10]): die Seereise von Ostia bis Tarraco erforderte im günstigsten Falle wohl nicht weniger als 5 Tage, da der ältere Plinius eine Reise vom diesseitigen Spanien — wohl Tarraco — nach Ostia in weniger als 4 Tagen zu den schnellsten jemals vorgekommenen zählt[11]); wozu noch die Strecke von Rom bis Ostia kommt; da Hicelus am siebenten

S. 205), mit der die *scola carrucarum* Dessau 9047/8 zusammenzustellen ist (vgl. G. Schneider-Graziosi, Bull. arch. com. XL 1912 S. 215 ff.).

1) Seneca Apocol. 6, 1. 2) 736 Mill. nach Itin. Ant. p. 139, 1; doch ergibt die Summierung der Einzelposten 747 Mill. 3) Liban. or. 21, 15 (II 457 F.), dazu H. F. Stobbe, Philol. XXX 1870 S. 381 ff. 4) Plutarch. Caes. 17. 5) Itin. Anton. p. 289, 3. 6) Sueton. Caes. 57. 7) Appian. b. c. II 103. Strabo III 160; Sueton. Caes. 56, 5 gibt nur 24 an. Vgl. Riepl, das Nachrichtenwesen des Altertums (1913) S. 198 f. 8) Riepl a. a. O. S. 205. 9) Cic. pro Rosc. Am. 19. 10) Plutarch. Galba 7. Riepl S. 207 f. 11) Plin. n. h. XIX 4. Spanische Schiffe landeten auch in Pyrgi, der Hafenstadt von Caere (Martial. XII 2, 1).

Tage noch vor Sonnenuntergang anlangte, wird er für die Landreise von Tarraco bis Clunia nicht einmal 36 Stunden gebraucht haben, es waren 332 Millien (498 km)[1]). Cervantes nannte schon eine zwölftägige Fahrt von Neapel nach Barcelona eine glückliche. Der Weg von dort nach Toledo wurde mit Postpferden in 7 Tagen zurückgelegt[2]). Noch sehr viel schneller als Hicelus reiste allerdings der Kurier, der die Nachricht von der Ermordung des Maximin aus Aquileja nach Rom brachte; er langte »mit gewechselten Pferden« am vierten Tage an[3]): er muß, wenn er ganz zu Lande (über Bologna) reiste, 140 Millien = 210 km den Tag gemacht haben, wohl zu Pferde[4]). Vitellius erhielt in Köln in der Nacht vom 1. zum 2. Januar 69 die Nachricht von dem in Mainz am ersteren Tage ausgebrochenen Aufstande der 4. und 22. Legion gegen Galba[5]); der Überbringer legte also eine Strecke von 108 Millien = 160 km in höchstens 14 Stunden zurück[6]), machte also den Kilometer in 5 1/4 Minuten. Der Bericht des Prokurators von Belgica über diesen Aufstand traf schon vor dem 10. Januar in Rom ein[7]): die Kuriere, die ihn brachten, hatten also den Weg von Mainz nach Rom (über Reims, die Residenz des Statthalters), im ganzen 1440 Millien (2160 km), in weniger als 9 Tagen zurückgelegt, d. h. mehr als 160 Millien (240 km) in 24 Stunden[8]). Vielleicht war (abgesehen von besonders schwierigem Terrain) als Normalgeschwindigkeit des Stafettendienstes 1/2 Stunde für 5 Millien (= 7,5 km) angesetzt[9]). Die schnellste bekannte Reise ist die des Tiberius zu dem erkrankten Drusus aus Ticinum (Pavia) nach Germanien »durch eben besiegtes Barbarenland« (das der Chatten), wobei er in 24 Stunden mit mehrmals gewechselten Pferden, nur von einem Führer begleitet, 200 Millien (300 km) zurücklegte[10]). Wenn Statius sagt, daß man auf der von Domitian im J. 95 über Sinuessa erbauten Straße in einem Tage von Rom nach Bajä gelangen konnte, so ist auch hier an eine Kurierreise zu denken, da nur bei einer solchen die

1) Von Tarraco bis Cäsaraugusta 163 Millien (Itin. Anton. p. 451 f.), von da bis Clunia 169 (p. 441 ff.). 2) Cervantes, Die Macht des Blutes (Romane u. Novellen, deutsch von Keller u. Notter IX 121). Die Nachricht von den Ereignissen der Bartholomäusnacht (24. August 1572) gelangte am 7. September nach Madrid. Motley, Abfall der Niederlande (deutsch 1858) II 334. Davoust erhielt in Hamburg 1811—13 Briefe und Zeitungen aus Paris »in dem unglaublich kurzen Zeitraum« von 3 1/2 Tagen durch eine nur für diesen Zweck eingerichtete tägliche Regierungsstafette. Rist, Lebenserinnerungen II[2] (1886) 116. 3) Hist. Aug. Maximin. duo 25, 2. 4) Von Rom bis Ariminum (Itin. Anton. p. 124 ff.) 216; von da bis Bononia (p. 126) 78, von da bis Aquileja (p. 281) 217, im ganzen 511 Millien = 766 km. Ging man von Ariminum auf Ravenna (33 Mill.), von da nach Altinum zu Wasser, und dann wieder zu Lande bis Aquileja (62 Mill.), so betrug die Landreise allein 311 Mill. Daß Maximinus auf seiner Flucht von Heraclea nach Nicomedia für diese 160 Millien = 240 km lange Strecke nur 24 Stunden gebraucht habe, geht aus der lückenhaft überlieferten Stelle Lact. De mortib. persecutor. 47, 5 *una nocte atque una die . . . Nicomediam alia nocte pervenit, cum locus proelii abesset milia CLX* nicht hervor. 5) Tac. H. I 56, vgl. 55. 6) Vgl. Bergk, Zur Gesch. u. Topogr. der Rheinlande (1882) S. 79; die Entfernung Köln-Mainz nach der Wegsäule von Tongern CIL XIII 9158. 7) Tac. H. I 12. 18. 8) Riepl a. a. O. S. 222 ff. 9) Zangemeister, Westd. Zeitschr. VI 1887 S. 240, 17; vgl. im allgemeinen über das Verhältnis von Reiseschnelligkeit und Depeschengeschwindigkeit Riepl S. 209 ff. 10) Valer. Maxim. V 5, 3. Die Angabe des Plin. n. h. VII 84, daß die Strecke zu Wagen zurückgelegt worden sei, ist sehr unwahrscheinlich. »Mißt man Mainz-Castell auf den ältesten Straßenstrecken über Hofheim, Vilbel, Friedberg, Butzbach, Frankenberg, Stadtberge (Marsberg), Haaren, Neuhaus (Elsen) durch die Dörenschlucht nach der Weser, so erhält man 202, bis Varenholz 203, bis Rehme 207 röm. Meilen« Zangemeister a. a. O. S. 238, 13.

Strecke von 141 Millien (210 km) in etwa 24 Stunden zurückgelegt werden konnte[1]). Gewöhnliche Reisende, die natürlich übernachteten, brauchten zu Wagen mehr als die vierfache Zeit. Der Überbringer eines Briefes an Cicero war von Dyrrhachium nach Rom zehn, also von Brundisium (360 Millien = 540 km) etwa acht bis neun Tage unterwegs[2]). In gemächlicher Fahrt gelangte man von dem letzteren Ort nach Rom in weniger als zehn Tagen[3]); von Tarraco nach Bilbilis (224 Millien = 336 km) allenfalls am fünften[4]). Ciceros Freund Rutilius Lupus langte von Mutina in Rom am sechsten Tage an[5]), die Entfernung beträgt 317 Millien. Die Nachricht von der am Abend des 15. April 43 v. Chr. entschiedenen Schlacht bei Forum Gallorum (zwischen Mutina und Bononia) kam am 21. nach Rom[6]). Hiernach kann man annehmen, daß Reisende mit Vetturinen in der Regel 40—50 Millien (etwa 60—75 km) oder wenig mehr täglich zurücklegten. Fußgänger legten nach Procopius an einem Tage 210 Stadien (etwa 25 Millien = 37,5 km) zurück; so viel betrug z. B. der Weg von Athen nach Megara[7]); hiernach sind die zahlreichen Angaben von Entfernungen nach Tagereisen von Fußgängern bei Prokop zu berechnen[8]). So rechnet er z. B. für die Entfernung von Rom nach Capua (124 Millien) 5 Tage[9]). Natürlich wurden auch größere Strecken in kürzerer Zeit zurückgelegt: so geht Damis bei Philostrat von Rom nach Puteoli (141 Millien = 210 km) nur 3 Tage[10]). Cicero erhielt auf seinem Gute bei Pompeji Briefe aus Rom durchschnittlich am vierten oder fünften Tage, frühestens am dritten; offenbar machten also die Briefboten den Weg zu Fuß[11]). Wie billig, wurden für diejenigen, die sich zur Wahrnehmung gerichtlicher Termine, zur Übernahme einer Vormundschaft usw. von auswärts einzufinden hatten, kurze Tagereisen (von 20 Millien = 30 km) angenommen[12]). Wahrscheinlich blieben Reisen zu Fuß wie zu Pferde immer häufig[13]). Auch im 16. Jahrhundert reiste man in Italien trotz der zahlreichen

Fußgänger.

1) Stat. Silv. IV 3, 111 ff. 2) Cic. ad Brut. II 4, 1, wo bereits von Sigonius für *a. d. VI Id.* richtig hergestellt ist *a. d. III Id.* 3) Ovid. Ep. ex Pont. IV 5, 15 ff. *cum gelidam Thracen et opertum nubibus Haemum et maris Ionii transieritis aquas, luce minus decima dominam venietis in Urbem, ut festinatum non faciatis iter.* Die Itinerarien zählen von Rom nach Capua 124 Millien (p. 106 ff., abweichend davon p. 612, wo 136 Mill. angegeben werden; nach CIL X p. 684 ff. 132 Millien), von da nach Benevent 33 (p. 111), von da nach Tarent 157 (p. 120), von da nach Brundisium 44 (p. 119), im ganzen 358 Mill. Strabo VI 283 gibt 360 an; ebenso Plin. n. h. II 244. Die von Horat. sat. I 5 beschriebene, sehr gemächliche Reise von Rom nach Brundisium dauert 15 Tage (vgl. Kießling-Heinze dazu), die höchste Tagesleistung sind hier nach v. 86 ganze 24 Millien (= 36 km). 4) Martial. X 104, 5 *illinc* (Tarracone) *te rota tollet et citatus altam Bilbilin et tuum Salonem quinto forsitan essedo videbis* wird wohl besser von fünftägiger Reise, als von fünfmaligem Wagenwechsel (Marquardt, Privatl.² 734, 5) verstanden, da dies für eine Strecke von 224 Millien sehr wenig wäre. 5) Cic. epist. XI 6, 1. 6) Drumann, Gesch. Roms I² 219 f. 7) Procop. Bell. Vand. I 1, 17. 8) Procop. B. Got. I 15, 19. II 7, 38. 9) ebd. I 14, 6. 10) Philostrat. Apollon. VII 41. 11) Bardt, Quaestiones Tullianae (Berol. 1866) S. 8 f.; vgl. Riepl S. 140 ff. 12) Dig. II 11, 1: *vicena milia passuum in singulos dies dinumerari praetor iubet.* XXVII 1, 13 § 2: τῷ γὰρ ἐν αὐτῇ τῇ πόλει ὄντι, ἐν ᾗ κεχειροτόνηται, ἢ ἐντὸς ἑκατὸν μιλίων, πεντήκοντα ἡμερῶν ἔδωκεν ὁ νομοθέτης προθεσμίαν· τῷ δὲ ὑπὲρ ἑκατὸν μίλια διατρίβοντι καθ' ἑκάστην ἡμέραν δεῖν ἀριθμεῖσθαι εἴκοσι μίλια ἐκέλευσε. Wenn ein ἀνὴρ εὔζωνος den Weg von Antiochia zum Meer (120 Stadien = 21,5 km) hin und zurück von Sonnenaufgang bis zum ersten Nachmittag machen konnte (ἅμα ἡλίῳ κινηθεὶς ἐνθένδε, κομιεῖ τι τῶν ἐκεῖθεν ἔτι μεσημβρίας ἑστώσης Liban. or. 11, 41, I 450 F.), so war dies eine außerordentliche Leistung. 13) Der Preistarif einer Überfähre in der Gegend von Tunis (CIL VIII 24512 = Dessau 9457) stellt an die Spitze die Gebühren für das Übersetzen eines Mannes zu

von Gregor XIII., Cosimo und Emanuel Philibert gebauten neuen Straßen »von der Breite einer Kutsche« noch wenig zu Wagen; erst ganz zu Ende dieses Jahrhunderts kam diese Art der Bewegung allenthalben auf[1]). Einige Strecken konnten übrigens im alten Italien auch zu Wasser zurückgelegt werden[2]). Von Placentia gelangte man zu Schiff auf dem Po bis Ravenna in 48 Stunden[3]).

Seereisen. Seefahrten waren allerdings fast ganz auf das Frühjahr, den Sommer und Frühherbst beschränkt. Im Anfange des Spätherbstes kehrten die Schiffe von allen Seiten in die heimischen Häfen zurück[4]), falls sie nicht in der Fremde überwinterten[5]). Die Schiffahrt ruhte vom 11. November bis zum 10. März[6]), kurz vor der Wiederaufnahme des Seeverkehrs, am 5. März, wurde das »Schiff der Isis« (der Schutzpatronin der Schiffahrt) an allen Küsten des Mittelmeeres weit und breit gefeiert, wobei Prozessionen sich ans Meer begaben, ein Schiff feierlich einweihten und mit allerhand guten Dingen beladen ins Meer hinausstießen[7]). Nun schleppten überall die Maschinen die aufs Trockne gezogenen Fahrzeuge ins Meer[8]). Den Gefahren einer winterlichen Seereise setzte sich zwar niemand ohne dringende Veranlassung aus; doch völlig verschloß auch das Wüten der Stürme, wie Plinius sagt, das Meer keineswegs: denn die Habsucht trieb nun zum Bestehen der Seegefahr im Winter, in die man sich früher nur aus Furcht vor Piraten gewagt hatte[9]). Doch selbst abgesehen von den kaufmännischen Reisen, kann die Zahl der Schiffe, die Depeschen und Beamte beförderten oder Gefangene und Verbannte transportierten, auch in den Wintermonaten nicht klein gewesen sein. Ovid mußte sich z. B. Anfang Dezember nach Tomi einschiffen und hatte mit Sturm zu kämpfen[10]). Aber auch schon im Oktober war das mittelländische Meer oft von schweren Stürmen heimgesucht; so mußte Cicero, als er im Jahre 704 = 50 in der Zeit vom 9.—25. November, d. h. julian. 24. September bis 10. Oktober, von Actium nach Brundisium reiste, der Stürme wegen bis zum 23. November (julian. 8. Oktober) auf Corcyra bleiben, während viele, die früher ausgefahren waren, Schiffbruch litten[11]). Und auch der im Oktober 38 n. Chr. in Alexandria verhaftete und als-

Pferde oder zu Fuß, dann folgen Maultier, Kamel, Esel, beladen oder unbeladen, je mit Führer; ob auch Preisansätze für die Überführung von Wagen folgten, ist nicht auszumachen, da der Stein verstümmelt ist.

1) Hübner, Sixte Quint. I 97. Um die Mitte des 16. Jahrhunderts brauchte man zur Reise von Paris nach Venedig 9 bis 15 Tage; doch 1509 gelangte eine Depesche von Blois in 7 Tagen nach dem Dogenpalast (Yriarte, Vie d'un patricien de Venise au XVIme siècle S. 104), und nach Casaubonus (zu Hist. aug. Maxim. duo 25, 2) legten Kuriere sogar den Weg von Rom nach Paris in 6 bis 7 Tagen zurück. Vetturine brauchten von Rom nach Mailand gewöhnlich 20 Tage (Montaigne, Journ. d'un voy. en Italie III 179); im 18. Jahrhundert machten sie täglich nur 30 ital. Meilen (J. Volkmann, Nachr. von Italien I 87). 2) Über den Warentransport vermittels Flußschiffahrt vgl. C. Patsch, Österr. Jahresh. VIII 1905 S. 139 ff. 3) Strabo V 217. Die Bewilligung Theoderichs von Mundvorrat auf 5 Tage für die zu Schiff von Ticinum nach Ravenna reisenden Gesandten der Heruler (Cassiodor. Var. IV 45) war also eine überreichliche, und man darf daraus nicht mit Nissen, Ital. Landesk. I 213 auf die Dauer der Fahrt schließen. 4) Philo Leg. ad Gaj. 15. 5) Act. Apost. 28, 11. 6) Veget. IV 39. Nissen a. a. O. I 130. 7) Beschreibung der Feier in Kenchreä bei Apul. met. XI 8—17; der Name Πλοιαφέσια (Apul. a. a. O. 17. Lyd. de mens. IV 45) auch auf einer Inschrift aus Konstantinopel (Wiegand, Athen. Mitteil. XXXVI 1911 S. 287, dazu Deubner ebd. XXXVII 1912 S. 180 ff.); vgl. Mommsen CIL I² 311. Wissowa, Relig. u. Kultus d. Römer² S. 354. 8) Horat. Carm. I 4, 2. 9) Plin. n. h. II 125. 10) Ovid. Trist. I 11, 3 ff. 11) Cic. epist. XVI 9; vgl. die Tabelle bei Drumann, Gesch. Roms III² 811.

bald als Gefangener zu Schiff nach Rom überführte Präfekt von Ägypten, Avillius Flaccus, hatte eine sehr schwierige Überfahrt[1]).

Schiffbrüche und Strandrecht.

Gegen Schiffbrüchige übten die Uferbewohner nur zu oft das Strandrecht, trotz aller Gegenbemühungen der Kaiser, wie Hadrian, Antoninus Pius und Marc Aurel; namentlich die Bewohner der Cycladen waren in dieser Hinsicht verrufen[2]). Sie verkauften die Unglücklichen, die in ihre Hände fielen, sogar als Sklaven; so war ein Rechnungsführer (*dispensator*) des Calvisius Sabinus (Consul 26, † 38), der Schiffbruch gelitten hatte, in ein Sklavenarbeitshaus verkauft und dort gebrandmarkt worden[3]). Manilius erwähnt Taucher, die begierig den Meeresboden durchforschten und Wertvolles aus gesunkenen Schiffen heraufholten[4]). Auch kam es offenbar nicht selten vor, daß Fischer durch Anzünden von Lichtern das Stranden von Schiffen herbeiführten[5]). In diesem Verdacht scheinen besonders die Anwohner gefährlicher Küsten, wie der sogenannten Höhlungen von Euböa an der Ostküste der Insel am Vorgebirge Kaphereus, gestanden zu haben[6]). Die Schiffbrüchigen stellten zu den Bettlern, namentlich in Rom, ein stehendes großes Kontingent. Sie bildeten auch eine Klasse der von den christlichen Gemeinden regelmäßig Unterstützten[7]).

Piraten.

Piraten waren im Mittelmeere seit der Wiederherstellung des Weltfriedens in den beiden ersten Jahrhunderten wohl in der Regel nicht zu fürchten[8]), und nur ausnahmsweise und vorübergehend wurde, besonders infolge von Kriegsunruhen, die Sicherheit der Seefahrt gestört, wie im jüdischen Kriege eine große Anzahl von flüchtigen und vertriebenen Juden sich in Joppe befestigte und durch Seeraub den Schiffsverkehr zwischen Syrien, Phönizien und Ägypten eine Zeitlang unmöglich machte[9]). Auf entfernteren Meeren vermochte die römische Weltmacht freilich nichts gegen die Piraten, wie im indischen Ozean[10]) und selbst im nordöstlichen Teile des Schwarzen Meers[11]). Im dritten Jahrhundert hatte sie die Herrschaft über das Meer schon ganz verloren[12]).

Schnelligkeit des Reisens zur See.

Seefahrten wurden besonders in sternhellen Nächten gemacht[13]). Der Steuermann bestimmte den Lauf des Schiffes nach dem Stande der Gestirne[14]), denen auch die Reisenden vor der Abfahrt ihre Verehrung bezeigten[15]). Solche Nachtfahrten werden öfters erwähnt[16]). Philostrat sagt, daß die von Puteoli nach Ostia fahrenden Schiffe regelmäßig abends beim Anzünden der Lichter die Anker lichteten[17]). Die Tibermündung erreichte man von Puteoli am dritten Tage[18]); wahrscheinlich wurde am ersten Morgen in Cajeta (einem in Ciceros Zeiten von

1) Philo in Flacc. 125; vgl. Willrich, Klio III 1903 S. 409 f. 2) Petron. 114, 14 *procurrere piscatores parvulis expediti navigiis ad praedam rapiendam.* Vgl. Dig. XIV 2 § 9. XLVII 9, 1 § 5; 3 § 8; 4 § 1; 7. Julian. or. 7 p. 210 A: διαφέρουσι γὰρ οὗτοι τί — τῶν ἐπ' ἐρημίας ληστευόντων καὶ κατειληφότων τὰς ἀκτὰς ἐπὶ τῷ λυμαίνεσθαι τοῖς καταπλέουσι; 3) Scribon. Largus 231. 4) Manil. Astr. V 402 f. 435 f. 5) Ulpian Dig. XLVII 9, 10. 6) Dio Chrys. or. 13, 32. 51 (I 195. 199 Arn.). 7) Tertullian. Apolog. 39. 8) Strabo III 144 ἡ νῦν εἰρήνη τῶν ληστηρίων καταλυθέντων. Vgl. Plin. n. h. II 117. 9) Joseph. B. J. III 416. 10) Plin. n. h. VI 101. 11) Strabo XI 495. 12) v. Domaszewski, Rh. Mus. LVIII 1903 S. 382 ff.; vgl. Cass. Dio XXXVI 20, 1: οὐ γάρ ἐστιν, ὅτε ταῦτ' οὐκ ἐγένετο, οὐδ' ἂν παύσαιτό ποτε, ἕως ἂν ἡ αὐτὴ φύσις ἀνθρώπων ᾖ. 13) Zenob. Proverb. V 32: οὐ νυκτιπλοεῖς· ἐπὶ τῶν μὴ ἀκριβῶς τι ποιούντων· ἡ γὰρ νὺξ ἀκριβεστέρα τοῖς πελαγοδρομοῦσι διὰ τὰς τῶν ἄστρων σημειώσεις. 14) Petron. 102, 3. 15) ebd. 99, 6. 16) Gell. II 21, 2. Philostrat. Apoll. Tyan. VII 10. 17) Philostrat. Apoll. VII 15; Abfahrt von Puteoli am Morgen VIII 14. 18) ebd. VII 16.

Seefahrten von Italien nach Griechenland und Kleinasien.

Schiffen gedrängt vollen Hafen)[1]), am zweiten in Antium angelegt. Nach Stabiä gelangte man von Rom zur See am vierten Tage[2]). Von Brundisium nach Corcyra oder Dyrrhachium (ebenso in umgekehrter Richtung) setzte man bei gutem Wetter und Winde in einem Tage über[3]), bei stürmischem Wetter dauerte die Fahrt natürlich länger[4]). Ebenso lang war die Überfahrt von Brundisium oder Hydrus (Otranto) nach Aulona (Valona) im südlichen Illyrien[5]). Cicero wählte im November 704 = 50 die Überfahrt von dem Hafen Kassiope auf Corcyra nach Hydrus[6]). Von Rhegium nach Puteoli schiffte der Apostel Paulus mit Südwind in wenig mehr als einem Tage[7]), doch Apollonius und Damis gelangen bei Philostrat mit gehörigem Winde von Puteoli durch die Meerenge von Messina nach Tauromenium erst am dritten Tage[8]). Eine regelmäßig befahrene Linie ging von Sicilien durch das offene Meer nach dem Hafen Kyllene in Elis[9]); man konnte am sechsten Tage von Syrakus aus dahin[10]), bei sehr günstigem Winde von Korinth nach Puteoli sogar am fünften Tage gelangen[11]).

Passierung des Isthmus von Korinth.

Bei Fahrten von Italien nach dem Ägäischen Meere, Attika und Kleinasien war es gewöhnlich, in Lechäum anzulegen, zu Wagen oder zu Fuß den Isthmus zu passieren und sich in Kenchreä von neuem einzuschiffen. Auch fand wohl vielfach mechanische Überführung von Schiffen (wahrscheinlich auf Bretterbahn) statt[12]). Neros sorgfältig vorbereitetes Unternehmen eines Durchstichs des Isthmus (wobei die beste, seit 1893 wirklich ausgeführte Linie gewählt war) wurde vor der Vollendung abgebrochen, nachdem es bereits ziemlich weit vorgeschritten war[13]). Später hat auch Herodes Atticus diesen Plan gehegt[14]). Zu Lande über den Isthmus gedachte Properz zu reisen[15]); so reiste Ovid (der in Kenchreä ein neues Schiff »Minerva« kaufte oder mietete) auf der Fahrt nach Tomi[16]). Auf diesem Wege wurde auch Avillius Flaccus nach der ihm als Verbannungsort angewiesenen Insel Andros befördert[17]). Galen machte eine Rückreise von Rom nach Kleinasien mit einem Freunde aus Gortyn über Korinth; dieser ließ sein Gepäck und seine meisten Sklaven zu Schiff nach Athen gehen; er selbst mietete einen Wagen, um die Reise in Begleitung einiger Sklaven zu Lande durch Megara dorthin zu machen[18]). Aristides machte die Rückreise von Rom im September 145 zur See. Nachdem das Schiff gleich anfangs mit Sturm zu kämpfen gehabt hatte und an die Nordostspitze Siciliens Peloris getrieben und in der Meerenge von Messina hin- und hergeworfen worden war, erfolgte die Überfahrt über das Adriatische Meer in zwei Nächten

1) Cic. de imp. Cn. Pomp. 33. 2) Galen. X 363. 3) Aemilius Paullus berichtet bei Appian. Maced. 19: ἐς μὲν Κερκύραν ἐκ Βρεντεσίου διαπλεῦσαι μιᾶς ἡμέρας. Cic. ad Att. IV 1, 4: *Pridie nonas Sextiles Dyrrhachio sum profectus — Brundisium veni nonis Sextilibus.* 4) Eine stürmische Überfahrt bei Gell. XIX 1, 2 f. 5) Itin. marit. p. 497. 6) Cic. epist. XVI 9, 1 f. 7) Acta Apost. 28, 13. 8) Philostrat. Apoll. VIII 15. 9) Pausan. VI 26, 4: κεῖται δὲ τετραμμένη τε πρὸς Σικελίαν καὶ ὅρμον παρεχομένη ναυσὶν ἐπιτήδειον, ἐπίνειον δὲ οὖσα Ἠλείων, ἀπὸ ἀνδρὸς Ἀρκάδος τὸ ὄνομα εἴληφε. 10) Philostrat. a. a. O. ἐπὶ τὰς τοῦ Ἀλφειοῦ ἐκβολάς. 11) ebd. VII 10. 12) Götz, Die Verkehrswege S. 456. Schleppung der Schiffe über den *isthmus Leucadiensium* (vgl. Neumann-Partsch, Geogr. v. Griechenland S. 130) erwähnte Julius Hyginus in seinem Kommentar zu Helvius Cinnas Propempticon Pollionis (Charis. p. 134 K.). 13) Mommsen RG. V 270, vgl. B. Gerster, Bull. de corresp. Hellén. VIII (1884) 225 ff. Fimmen, Real-Encykl. IX 2259 f. 14) Philostrat. Vit. soph. II 1, 6. 15) Propert. III 21, 19 ff. 16) Ovid. Trist. I 11, 5 f., vgl. 10, 9. 17) Philo in Flacc. 155. 18) Galen. V 18.

und einem Tage bei ruhiger See, doch war die Landung bei Kephallenia schwierig. Dann fuhren die Schiffer gegen den dringenden Rat des Aristides von Paträ um die Zeit der Tag- und Nachtgleiche aus, und die Fahrt erwies sich wieder als sehr schwierig. Nachdem offenbar der Isthmus zu Lande passiert war, erforderte die Fahrt bis Milet noch vier Tage, so daß die ganze Seereise vierzehn gedauert hatte[1]). Daß aber auch häufig der Peloponnes umfahren wurde, lehrt die Inschrift eines Kaufmannes oder Fabrikanten Flavius Zeuxis zu Hierapolis in Phrygien, der 72 mal über das seiner Gefährlichkeit wegen sprichwörtlich gewordene Cap Malea nach Italien geschifft war[2]). Denselben Weg in umgekehrter Richtung legte im September (wohl 111) der jüngere Plinius mit seinem Gefolge glücklich zurück, wie er aus Ephesus an Trajan meldet. Von dort wollte er teils wegen der Hitze die Küste entlang zur See, teils wegen der entgegenwehenden Passatwinde zu Wagen nach Bithynien reisen[3]).

Fahrt um den Peloponnes.

Landreise durch Macedonien und Thracien.

Wer auf der Reise von Italien nach Asien die Seefahrt soviel wie möglich vermeiden wollte, konnte zu Lande durch Macedonien und Thracien auf der von Apollonia im griechischen Illyrien bis zum Flusse Hebrus in Thracien führenden Egnatischen Straße reisen, und dies scheint nicht selten geschehen zu sein. Als Galen sich zum zweiten Male nach Rom begab, machte er sowohl die Hin- als die Rückreise auf diesem Wege. Er wollte bei dieser Gelegenheit die Insel Lemnos besuchen und benutzte daher auf der Hinreise ein Schiff, das von Alexandria Troas nach Thessalonice ging; doch da er glaubte, daß auf Lemnos wie auf den übrigen Inseln des Ägäischen Meeres nur eine Stadt sei, landete er bei Myrina an der Westküste statt bei Hephästias an der Ostküste, wo er die Bereitung der Siegelerde hatte kennen lernen wollen. Da der Schiffer nicht auf ihn warten konnte, verschob er die Ausführung seines Vorhabens auf die Rückreise; auf dieser begab er sich von Philippi in Macedonien an die 120 Stadien (21,5 km) entfernte Küste, setzte nach Thasos (200 Stadien = 36 km), von dort nach Lemnos (700 Stadien = 125 km) über, endlich wieder nach Alexandria Troas (ebenfalls 700 Stadien = 125 km)[4]). Aristides trat die Hinreise nach Rom auf der Egnatischen Straße mitten im Winter an. Regengüsse, Reif, Frost und Stürme wechselten ab. Der Hebrus war ganz mit Eis bedeckt, das man eben aufgehauen hatte, um ihn für Boote passierbar zu machen; die Felder überschwemmt, soweit das Auge reichte; Mangel an Gasthäusern, und von den Decken (der Zimmer) floß mehr Wasser herab als vom Himmel. Dabei reiste Aristides so schnell, daß ihn nicht einmal die Kuriere der kaiserlichen Post[5]) überholten. Die Mehrzahl seiner Sklaven ließ er langsam nachfolgen. Führer suchte er selbst auf, wo es nötig war, und dies war nicht leicht; denn als barbarische Menschen ergriffen die Leute die Flucht, und man mußte sich ihrer mit Überredung oder Gewalt bemächtigen. In Edessa lag Aristides längere Zeit krank darnieder und gelangte erst am hundertsten Tage nach seinem Aufbruch nach Rom. Ein Teil seiner Zugtiere war auf der Reise zugrunde gegangen,

1) Arist. or. 48, 65—68 (II 409 f. K.); über die Chronologie E. Schwartz, Christl. u. jüdische Ostertafeln (Abhdl. d. Götting. Gesellsch. d. Wiss. N. F. VIII 6, 1905) S. 131 ff. 2) IGR IV 841 = Judeich, Altertümer v. Hierapolis S. 92 nr. 51 (vgl. Cichorius ebd. S. 53 f.): Φλάουιος Ζεῦξις ἐργαστὴς (*negotiator*) πλεύσας ὑπὲρ Μαλέαν εἰς Ἰταλίαν πλόας ἑβδομήκοντα δύο. 3) Plin. ad Tr. 15. 4) Galen. XII 171 f. 5) Über deren Schnelligkeit vgl. Riepl a. a. O. S. 193 f.

die übrigen verkaufte er[1]). Die Akten über das Märtyrertum des hl. Ignatius berichten, daß er im Spätherbst oder Winter vom Seleucia zur See über Smyrna nach Troas, dann zu Lande durch Macedonien bis Epidamnus, dann wieder zur See bis Ostia gebracht worden sei[2]): wenn sie auch in der vorliegenden Form kaum älter als das 4. Jahrhundert sind, so rühren sie doch jedenfalls von einem des Weges völlig Kundigen her. Ovid fuhr von Korinth über Imbros nach Samothrake, von wo, wie er in einer dort gedichteten Elegie sagt, nur ein kurzer Sprung nach Tempyra (in der Nähe von Trajanopolis) war. Von hier wollte er zu Lande durch Thracien und Mösien nach Tomi reisen, während seine »Minerva« durch den Hellespont und an der Küste des Schwarzen Meeres entlang segeln sollte[3]). Die Dauer seiner Reise ist unbekannt; wenn er in einer seiner Episteln aus dem Pontus sagt, bis ein Brief von ihm nach Rom und die Antwort darauf nach Tomi zurückgelange, vergehe ein Jahr[4]), so giebt dies natürlich keinen Maßstab. Die Nachricht vom Tode des C. Cäsar in Limyra in Lycien am 21. Februar n. Chr. kam am 2. April nach Pisa[5]).

Fahrten nach Ägypten — Von der Mäotischen See (dem Asowschen Meer) gelangten Lastschiffe mit günstigem Winde häufig am zehnten Tage nach Rhodos, von dort am vierten nach Alexandria, und dann auf dem Nil am zehnten Tage nach Äthiopien: so daß, wie Diodor bemerkt, die Fahrt aus der kalten Zone bis zu den heißesten Gegenden der Erde in 24 Tagen zurückgelegt werden konnte[6]). Nach Alexandria war der Präfekt Galerius von der sicilischen Meerenge am siebenten Tage gelangt, der Präfekt Balbillus am sechsten, Valerius Marianus, Senator mit prätorischem Range, von Puteoli am neunten bei sehr gelindem Winde[7]). In der Zeit der Monsune reiste man von Italien nach Syrien lieber über Alexandria, als direkt von Brundisium, welches eine lange und beschwerliche Reise war; besonders da die alexandrinischen Schiffe im Rufe standen, am schnellsten zu segeln und die besten Steuermänner zu haben: so reiste der Judenkönig Agrippa auf Caligulas Rat[8]). Dagegen konnte, wer die Meerfahrt soviel wie möglich vermeiden wollte, Alexandria auch auf dem langen Umwege über Griechenland, Kleinasien und Syrien erreichen: so sollte Caligula selbst die Reise machen[9]). Wenn übrigens bei einer Schiffsanleihe für die Reise von Syrien — Berytus nach Brundisium und zurück eine Frist von 200 Tagen gegeben wurde[10]), so versteht sich von selbst, daß dabei die möglichen und mutmaßlichen Aufenthalte einer solchen Geschäftsreise und zwar in sehr liberaler Weise veranschlagt sind. Ein von Cassius nicht weit von Apamea in Syrien an Cicero nach Rom gerichteter Brief kam in wenig mehr als fünfzig Tagen an[11]); dagegen gelangte ein

1) Aristid. or. 48, 60—64 (II 408 f. K.). 2) Martyr. Ignat. c. 3. 5 p. 303 ff. Zahn. 3) Ovid. Trist. I 10, 15 ff. 4) Ovid. Ep. ex P. IV 11, 15 f. 5) CIL XI 1421 = Dessau 140 Z. 7. 25. 6) Diodor. III 34, 7. 7) Plin. n. h. XIX 3. Riepl S. 167. 8) Philo in Flacc. 26. Eine Fahrt von Alexandria nach Cäsarea Stratonis in 15 Tagen, Clemens Rom. Homil. I 15. 9) Philo leg. ad Gai. 250. Die Reise des Hieronymus aus Rom über Portus, Rhegium, Malea, die Cycladen, Cyprus, Antiochia nach Jerusalem dauerte vom August bis in den Winter; von da reiste er nach Ägypten, den Klöstern der Nitria und Bethlehem. Hieronym. c. Rufin. III 22. 10) Dig. XLV 1, 122 § 1: *Callimachus mutuam pecuniam nauticam accepit a Sticho servo Seii in provincia Syria civitate Beryto, usque Brentesium, idque creditum esse in omnes navigii dies ducentos sub pignoribus et hypothecis, mercibus a Beryto comparatis et Brentesium perferendis et quas Brentesio emturus esset et per navem Beryto* (l. *-um*) *invecturus.* 11) Cic. epist. XII 10, 12. Bardt, Quaest. Tull. S. 30. Mehr bei Riepl S. 205 f.

Brief des Antistius Vetus an Balbus erst in mehr als hundert Tagen aus Syrien nach Rom[1]). Ein von der tyrischen Faktorei in Puteoli am 23. Juli 174 geschriebener Brief kam in Tyrus am 8. Dezember, also nach 137 Tagen zur Vorlage[2]). Der jüngere Cicero erhielt zu Athen einen Brief seines Vaters erst 46 Tage nach der Absendung, ein andrer wurde am 21. Tage überbracht, was als eine sehr schnelle Bestellung galt[3]). Ein Brief Tiros an Cicero kam aus Paträ am 15. Tage nach Brundisium[4]), Briefe aus Britannien in der Regel am 27., einmal am 34. Tage nach Rom[5]), ein Brief aus Afrika am 20.[6]), obwohl bekanntlich schon der alte Cato eine 3 Tage zuvor in Karthago gepflückte Feige im Senat hatte vorweisen können[7]). Die Nachricht von der Schlacht bei Munda (nordwestlich von Malaga) am 17. März 45 v. Chr. traf erst am 20. April ein[8]). Auch über die schnellsten Fahrten nach einigen westlichen Häfen des Mittelmeers macht Plinius einige Angaben. Nach ihnen hatte man von Ostia aus Gades am siebenten, das diesseitige Spanien (wohl Tarraco) am vierten, das Narbonensische Gallien (wohl Forum Julii) am dritten, Afrika am zweiten Tage, dies letztere auch bei sehr gelindem Winde, erreicht[9]). Mit einem Kauffahrteischiff galt eine Fahrt von Alexandria nach Massilia in 30 Tagen als eine glückliche[10]). Auch eine Reise, bei der man von Narbo am fünften Tage Afrika (wohl Utika), von da am siebenten Tage Alexandria erreichte, war eine schnelle[11]).

Afrika, Spanien, Gallien.

Durchschnittliche Geschwindigkeit der Seefahrten.

Aus der Zusammenfassung der bezüglichen Nachrichten läßt sich die durchschnittliche Geschwindigkeit der damaligen Schiffe, an denen übrigens zuweilen auch Vorrichtungen zur Messung der zurückgelegten Strecken angebracht waren, die Vitruv beschreibt[12]), ziemlich genau ermitteln. Zwar bemerkt der Geograph Marcianus von Heraclea, daß die Angaben der Entfernungen zur See (in griechischen Stadien) sehr voneinander abwichen, weshalb er die höchsten und niedrigsten nebeneinander stellt[13]). Er sagt, es sei bekannt, daß ein Schiff mit günstigem Winde an einem Tage 700 Stadien (70 Seemeilen) zurücklegen könne, ein sehr gut gebauter Schnellsegler auch wohl 900 (90 Seemeilen), während ein unzweckmäßig gebautes Schiff kaum 500 (50 Seemeilen) machen werde[14]). In dem unter dem Namen des Scylax von Karyanda gehenden Periplus werden als durchschnittlich an einem Tage zurückzulegende Entfernungen für eine lange Reise nur 500 Stadien angenommen[15]). Daß hier wie dort die Nächte nicht mitgerechnet sind, ergibt sich aus andern Angaben, namentlich der Herodots, daß ein Schiff (in der Zeit der längsten Tage) höchstens 70 000 Faden (700 Stadien = 70 Seemeilen) am Tage und 60 000 (600 Stadien = 60 Seemeilen) bei Nacht zurücklegen könne. Von der Mündung des Phasis bis zur Westküste des Schwarzen Meers dauerte die Fahrt in gerader Linie 9 Tage und 8 Nächte, die

1) Cic. ad Att. XIV 9. 2) Mommsen, Ges. Schrift. VIII 13. 3) Cic. epist. XVI 21, 1. XIV 5, 1. Bardt, Quaest. Tull. S. 23. 4) Cic. epist. XVI 9, 2. 5) Cic. ad Qu. fr. III 1, 13. 17. 25; ad Att. IV 18, 5. Bardt S. 33. Riepl S. 204. 6) Cic. epist. XII 25, 1. Bardt S. 22. 7) Plin. n. h. XV 74 f. 8) Drumann, Gesch. Roms III² 580, vgl. 573. 9) Plin. n. h. XIX 4. 10) Sulp. Sever. Dial. I 1, 3. 11) ebd. I 3, 1 f. (*quinto die portum Africae intravimus — libuit animo adire Carthaginem*). 6, 1. Die Reise von Alexandria nach den britischen Inseln in 20 Tagen in der Vita S. Joannis eleemosynarii von Leontius c. 10 p. 19 Gelzer wird dort als eine übernatürlich schnelle bezeichnet. 12) Vitruv. X 9, 7; s. unten S. 345 Anm. 5. 13) Marcian. Peripl. mar. exter. II 5. 14) Marcian. Epitome peripl. Menipp. 5. 15) Scylax Peripl. 69.

Entfernung betrug also 11 100 Stadien = 1110 Seemeilen[1]). Nach Aristides konnte ein Schiff mit starkem, günstigem Winde in einem ganzen Tage (d. h. in 24 Stunden) 1200 Stadien (= 120 Seemeilen) zurücklegen; er selbst hatte dies oft bei günstigen Fahrten erlebt, wie sich aus der nachträglichen Verteilung der ganzen Entfernung auf die Tage der Reise ergab[2]). Die durchschnittliche Fahrgeschwindigkeit ist also im ganzen Altertum (mindestens von der Zeit Herodots bis auf die des Marcianus, d. h. etwa 400 n. Chr.) dieselbe geblieben. Sie betrug zwischen 1000 und 1500 Stadien (rund 180—270 km oder 100 bis 150 Seemeilen in 24 Stunden, d. h. 7,5—11,25 km oder $4^1/_6$—$6^1/_4$ Seemeilen in der Stunde)[3]). Damit werden sich alle Angaben über die Schnelligkeit der Seereisen aus dem früheren wie aus dem späteren Altertum vereinigen lassen. Nach Diodor dauerte die Fahrt von den Pityusen bis zur Meerenge von Gibraltar 3 Tage und Nächte, bis zur Küste von Afrika 24 Stunden, bis zu der von Spanien einen Tag, ebenso war Mallorca von Spanien eine Tagereise entfernt[4]). Strabo gibt die Entfernung von dem Vorgebirge Kretas Kriu Metopon (Widderstirn) bis zur kyrenäischen Küste nach Eratosthenes auf 2000 Stadien (200 Seemeilen) an, man brauchte dazu 2 Tage und 2 Nächte. Die Fahrt von der Nordostspitze Kretas Samonium nach Ägypten dauerte 3, nach andern 4 Tage und Nächte. Die Entfernung beträgt nach Strabo 5000 Stadien = 500 Seemeilen[5]). Von den Kaletiern an der Seinemündung nach Britannien hält er eine knappe Tagfahrt für erforderlich[6]). Daß man bei Fahrten an der ostafrikanischen Küste südlich vom Cap Guardafui in 24 Stunden nur 400—500 Stadien (40—50 Seemeilen) zurücklegte[7]), lag an dem häufigen Umspringen des Windes in der Gegend des Äquators. Nach all diesem ist es keineswegs unglaublich, daß Arrian an der Südostküste des Schwarzen Meers von Tagesanbruch bis gegen Mitttag mehr als 500 Stadien (50 Seemeilen), d. h. etwa 7—8 Seemeilen in der Stunde zurücklegte[8]). Bei den von Plinius erwähnten schnellsten Fahrten kommen in einem Falle weniger als 140, zweimal 160, dann 175—185 Seemeilen auf 24 Stunden. »Die geringste Schnelligkeit ist also zwischen 6 und 7 Seemeilen die Stunde, die größte etwas über 8, und das Mittel von 7 Seemeilen würde auch für Schiffer unserer Zeit eine ganz ansehnliche Schnelligkeit sein. Die ‚Novara' legte auf ihrer Fahrt von Valparaiso nach dem atlantischen Äquator durchschnittlich $6^1/_2$ Seemeilen zurück«[9]). »Unsere schnellsten Postdampfer machen gegenwärtig durchschnittlich 14 Seemeilen in der Stunde, bei längeren Reisen 10—12«[10]), während die Personen-Schnelldampfer es bis auf $25^1/_2$ Seemeilen in der Stunde bringen und der 1914 vom Stabel gelassene Turbinendampfer der Hamburg-Amerika-Linie »Vaterland« seine beste Fahrgeschwindigkeit mit 33,2 Seemeilen erreicht hat[11]).

1) Herodot. IV 86 (dazu die Anm. von Stein); vgl. II 11. 2) Aristid. or. 36, 111 (II 298 K.). 3) Breusing, Nautik der Alten (1886) S. 11 nimmt im Mittel für die während 24 Stunden gesegelte Distanz 1200 Stadien oder 120 Seemeilen als normale Tagfahrtlinie an, Götz, Die Verkehrswege S. 470 nur 22—24 Meilen (S. 514: 21—22 M.), also weniger als 100 Seemeilen. 4) Diodor. V 16, 1. 17, 1. 5) Strabo X 475. 6) Strabo IV 189. 7) Ptolem. Geograph. I 17, 5. 8) Arrian. Peripl. Pont. Eux. 7 (vgl. aber die Anm. von C. Müller, Geogr. gr. min. I 372). 9) O. Peschel, Gesch. d. Erdkunde S. 18, 3. 10) Stephan a. a. O. S. 51 A. Über die Route und Fahrtdauer der Pilgerschiffe in der Zeit der Kreuzzüge Prutz, Kulturgesch. der Kreuzzüge S. 102 f.; vgl. 356. 11) R. van der Borght, Das Verkehrswesen[2] (1912) S. 407. Vgl. auch Riepl a. a. O. S. 168.

3. ART DES REISENS ZU LANDE.

Einfache Einrichtung bei Landreisen.

Die Einrichtungen bei Reisen über Land werden hie und da geschildert. Einfache Reisende zogen hochgeschürzt zu Fuß, oder mit geringem Gepäck auf bescheidenem Maultier oder zu Pferde im Regenmantel ihre Straße[1]); aber auch weniger begüterte wohl selten ohne einen oder einige Sklaven[2]). Wurde die Reise zu Wagen gemacht, so folgten diese dem Herrn ebenfalls, wenigstens bei einer längeren Reise, gewöhnlich in einem oder mehreren Wagen. Seneca hatte einmal den Einfall, eine Reise nach sehr bescheidenem Zuschnitt einzurichten. Auf einem Wagen fuhr er selbst mit seinem Freunde Cäsonius Maximus, ohne irgendwelches Gepäck, außer dem, was sie an und auf sich hatten, mit so geringer Dienerschaft, daß ein einziger Wagen hinreichte, dieselbe aufzunehmen. Sollte geruht werden, so legte man ihm eine Matratze auf die bloße Erde, von zwei Regenmänteln diente der eine als Unterlage, der andre als Decke. Die Mahlzeit konnte nicht einfacher sein, sie war in nicht mehr als einer Stunde bereitet; niemals fehlten dabei trockne Feigen und die Schreibtafel zum Aufzeichnen von Bemerkungen und Gedanken. Sein Wagen war ein Bauernwagen, der Schritt der Maultiere gerade hinreichend, um für ein Lebenszeichen zu gelten, der Fuhrmann barfuß, und zwar nicht bloß, weil es Sommer war. So hatte er zwei höchst glückliche Tage verlebt; diese Reise hatte ihn gelehrt, wie viel Überflüssiges wir besitzen, was wir gar nicht vermissen, wenn es uns fehlt. Doch konnte er sich eines unbehaglichen Gefühls nicht erwehren, sobald er auf einen glänzenden Reisezug stieß; er konnte die falsche Scham nicht los werden, sich nicht zu dem Wunsch entschließen, daß dieser Wagen für den seinigen gehalten werden möchte[3]). Ein solches Gefühl war bei einer für den bejahrten, ungeheuer reichen Konsularen allerdings höchst wunderlichen Art zu reisen mindestens sehr erklärlich; denn Personen der höheren Stände reisten nicht leicht ohne zahlreiche Dienerschaft und umfangreiches Gepäck[4]). Dies war schon zur Zeit der Republik ganz gewöhnlich[5]), und Luxus und Üppigkeit in der Einrichtung des Reisens schon damals nicht selten gewesen. Auf einer Reise nach Lanuvium mit seiner Frau nahm Milo unter dem übrigen großen Gefolge von Sklaven und Mägden auch die ganze Hauskapelle mit[6]); Cäsar führte auf seinen Feldzügen Mosaikfußböden mit sich[7]); die Reisen des

Reiseluxus.

1) Auch wenn man schnell reisen wollte, zog man natürlich das Pferd dem Wagen vor. Apul. Florid. 21; vgl. metam. I 2. Horat. Sat. I 6, 105 und das Relief von Aesernia bei Jahn, Ber. d. sächs. Gesellsch. d. Wiss. 1861 Taf. X 6 = Schreiber, Bilderatlas LXII 12; s. auch CIL IX 2689 = Dessau 7478. 2) Lucian. Luc. 1: ἀπῄειν ποτὲ εἰς Θετταλίαν — ἵππος δέ με κατῆγε καὶ τὰ σκεύη καὶ θεράπων ἠκολούθει εἷς, vgl. Apul. met. II 31. Dio Chrysostomus (or. 23, 2, II 46 Arn.) wanderte allerdings οὐ μόνον ἄοικος καὶ ἀνέστιος, ἀλλὰ μηδὲ ἀκόλουθον ἕνα ἐπαγόμενος. 3) Seneca epist. 87, 2—4. 4) Oben S. 128. Im 19. Jahrhundert sind Reiseeinrichtungen, die an die damaligen erinnern, natürlich nur ausnahmsweise vorgekommen. Die Frau des Marschalls Ney (»*elle avait pris l'habitude d'un extrême luxe*«) reiste ins Bad »*avec une maison entière, afin d'être servie à son gré: un lit, des meubles à elle, une argenterie de voyage faite tout exprès, une suite de fourgons, nombre de courriers, disant que la femme d'un maréchal de France ne pouvait voyager autrement.*« Mém. de Mme. de Rémusat II 383. 5) Plutarch. Cato minor 20, 1: εἶτα καθ' ὁδὸν πολλοῖς τισιν ὑποζυγίοις καὶ σκεύεσι καὶ ἀκολούθοις ἀπαντήσας καὶ πυθόμενος Νέπωτα Μέτελλον εἰς Ῥώμην ἐπανέρχεσθαι. 6) Cic. pro Mil. 28. 55. 7) Sueton. Caes. 46.

Marcus Antonius mit ihrem ungeheuren Troß, den löwenbespannten Wagen, der Menge von Goldgefäßen, die wie in einer Prozession getragen wurden[1]), erinnern bereits an orientalische Gewohnheiten[2]).

Dieser Luxus wurde in der Kaiserzeit noch überboten. Nero soll nie anders als mit tausend Karossen gereist sein, die Hufeisen der Maultiere von Silber, die Maultiertreiber in roten Röcken, Vorreiter und Läufer aufs reichste geschmückt[3]); Poppäa ließ ihre Zugtiere mit Gold beschlagen und führte 500 Eselinnen mit sich, um täglich in ihrer Milch baden zu können[4]); in dem Reisezuge der Braut des Kaisers Constantius Eusebia (353) befanden sich »Wagen aller Art, die aus Gold, Silber, Messing aufs allerkunstvollste gearbeitet waren« [5]). Die höheren Stände scheinen sich bemüht zu haben, dem kaiserlichen Beispiel so viel wie möglich nachzueifern; wenigstens war der Luxus des Reisens sehr groß und nach Senecas Versicherung sehr allgemein[6]), weil die meisten die Mode mitmachen zu müssen glaubten; wobei es denn nicht fehlen konnte, daß manche der so prächtig Einherziehenden eben nur »auf der Landstraße reich« waren und bereits überlegten, ob sie nach dem Ausbruch ihres Bankrotts sich als Tierfechter oder Gladiatoren vermieten sollten[7]). Buntgekleidete Mohren, numidische Vorreiter und Läufer[8]) eröffneten einen solchen Zug, um jedes Hindernis zu beseitigen, das einen Aufenthalt verursachen konnte. Wohlgefütterte Maultiere, die man gern gleichfarbig wählte, oder kleine, dicke, aber schnelle gallische Pferde zogen den Wagen[9]). Zelter wurden zum Reiten mitgeführt. Die Zugtiere waren mit purpurnen oder gestickten Decken behängt, trugen vergoldete Gehänge und Gebisse; die Reisewagen waren mit kostbaren Verzierungen, selbst goldenen und silbernen Figuren beschlagen, so daß sie den Wert eines Landguts haben konnten[10]), mit Seide oder anderen kostbaren Stoffen gepolstert[11]). Tafelgeschirr aus den wertvollsten Materialien, wie Gold, Kristall, Murrha, befand sich unter dem Reisegepäck, selbst Gefäße, die hohen Kunstwert hatten und daher den Stößen des Wagens nicht ausgesetzt werden durften, sondern getragen werden mußten. Großes Gefolge und Dienerschaft versteht sich bei einer derartigen Reiseeinrichtung von selbst; die Lieblingspagen trugen Teigmasken vor dem Gesicht, um ihre Haut vor Frost und Hitze zu schützen[12]). Auch reiche Provinzialen reisten so. Dem Sophisten Polemo von Smyrna folgten auf seinen Reisen viele Lasttiere, viele Pferde, viele Sklaven, viele Koppeln von Hunden zu verschiedenen Jagden, er selbst fuhr mit einem phrygischen oder gallischen Gespann in silbernem Geschirr[13]).

1) Plutarch. Anton. 9, 7 f. Cic. Philipp. II 58. 2) Plutarch. Crass. 21, 7 (Reise des Parthers Surenas). Hist. aug. Elagabal. 31, 4 ff. 3) Sueton. Nero 30, 3; vgl. Hist. aug. Elagabal. 31, 5. 4) Plin. n. h. XI 238. XXVIII 183. XXXIII 140. 5) Julian. or. 3 p. 110 D. 6) Seneca ep. 123, 6. 7) ebd. 87, 9. 8) ebd. 123, 7. Juvenal 5, 52 (*cursor Gaetulus*). Martial. X 6, 7. 13, 2. XII 24. 6 f. Galen. XIX 4: δοῦλος δ' ἦν οὗτος τῶν παρατρεχόντων ἐν ταῖς ὁδοῖς τῷ δεσπότῃ· Ein *collegium cursorum et Numidarum* gehörte zu der kaiserlichen Dienerschaft in Karthago CIL VIII 12905 = Dessau 1716; ein *exerchitator* (so) *cursorum* ebd. 12622 = Dessau 1714 (vgl. Petron. 29, 7), ein *doctor cursorum* 12904 = Dessau 1715; sie wurden wohl nicht bloß '*ad tabularii negotia ordinanda*' (Mommsen CIL VIII p. 1337), sondern auch bei Reisen der Kaiser in der Provinz (als Vorläufer und Vorreiter) verwandt. 9) Seneca ep. 87, 8. 10. 10) Plin. n. h. XXXIII 140. XXXIV 163. Suet. Claud. 16, 4. Martial. III 62, 5. Goldener Wagen des Grafen Besborodko (unter Katharina II.): Brückner, Balt. Monatsschr. N. F. I 517. 11) Propert. IV 8, 23. 12) Seneca ep. 123, 7. 13) Philostrat. Vit. soph. I 25, 2.

Die bequeme Einrichtung der Reisewagen und das Raffinement, durch welches man sie noch immer mit neuen Bequemlichkeiten auszustatten suchte, lassen übrigens schon allein eine sehr starke Benutzung voraussetzen. Man konnte darin lesen, und zwar dienten als Reiselektüre statt der nur auf einer Seite beschriebenen und mit beiden Händen zu haltenden Papyrusrollen die bequemeren Pergamentbücher, die auch umfassende Werke in einem mäßigen Bande enthalten konnten. Martial rät dem Leser, der seine Büchlein überall bei sich und als Begleiter auf weiten Reisen zu haben wünsche, eine solche Miniaturausgabe auf Pergament zu kaufen. Wer mit einem Pergamentexemplar des Cicero reise, sagt er, könne sich einbilden, den großen Mann selbst zum Reisegefährten zu haben[1]). Man konnte im Wagen auch schreiben; der ältere Plinius hatte auf der Reise stets einen Stenographen mit Buch und Schreibtafel bei sich, dessen Hände im Winter durch lange Ärmel gegen die Kälte geschützt wurden[2]). Es gab auch zum Schlafen eingerichtete Wagen. In den Pandekten wird ein Vermächtnis eines Mannes an seine Frau erwähnt, bei welchem die Frage entstanden war, ob der Schlafwagen (*carruca dormitoria*) nebst dem dazu gehörigen Maultiergespann einbegriffen sei[3]). Claudius, der das Würfelspiel sehr liebte, hatte Wagen mit befestigten Würfelbrettern, auf denen man im Fahren spielen konnte[4]). Commodus hatte deren mit Vorrichtungen zur Drehung der Sitze, um die Sonnenstrahlen abzuwenden oder einen kühlenden Luftzug aufzufangen, und andere, an denen Apparate zur Messung des zurückgelegten Wegs und zum Zeigen der Stunden angebracht waren[5]). Einrichtung der Reisewagen.

Frauen von Stande reisten wohl gewöhnlich in Sänften. Antonius führte nach einem Briefe Ciceros aus dem Jahre 49 v. Chr. seine Maitresse Cytheris in einer offenen Sänfte mit sich, und sieben Maitressen seiner Freunde folgten in andern Sänften[6]). Als Julia, die Tochter des Augustus und Gemahlin des Agrippa, einmal bei Nacht nach Ilium unterwegs war, geriet sie in Gefahr, samt ihren Sänftenträgern in dem plötzlich angeschwollenen Scamander zu ertrinken. Agrippa, erzürnt, daß die Stadtbewohner ihr keine Hilfe geleistet hatten, legte ihnen, obwohl sie von Julias Ankunft gar nicht unterrichtet gewesen waren, eine Strafe von 100000 Denaren (87000 Mark) auf, deren Eintreibung jedoch auf Vermittlung des Nicolaus von Damascus durch die Fürsprache des Königs Herodes abgewendet wurde[7]). Sänften.

Der Umfang und die Üppigkeit der Reiseanstalten hatten ihren Grund teils in dem Sklavenwesen, teils in der Mangelhaftigkeit der Gasthäuser. Den Reichen, denen Hunderte von Sklaven zu Gebote standen, war es möglich, die Genüsse und Bequemlichkeiten ihrer Paläste sich auch auf der Reise zu verschaffen, während eine massenhafte Bedienung ihnen zugleich durch die Gewohnheit unentbehrlich geworden war. Die Gastwirte kamen selten in die Lage, den Bedürfnissen der Gasthäuser. Die Gründe ihrer Dürftigkeit.

1) Martial. I 2. XIV 188. Vgl. das einen mit einer Buchrolle in der Hand auf einem Wagen sitzenden Mann darstellende Relieffragment des Museo Chiaramonti, Amelung, Sculptur. d. vatican. Museums I 526 nr. 328 Taf. 55. Dem Julian wurde von Eusebia eine Bibliothek nach Gallien mitgegeben. Julian. or. 3 p. 123 D. 2) Plin. ep. III 5, 15 und mehr bei Riepl, Nachrichtenwesen S. 268. 3) Scaevola Dig. XXXIV 2, 13; *dormitorium* bei Hieron. in Isai. 66, 20 (Migne lat. XXIV 670), δορμιτώριον Dioclet. Edict. de pret. 15, 34 f. 4) Sueton. Claud. 33, 2. 5) Hist. aug. Pertin. 8, 6 f. Vgl. über Hodometer oben S. 341 und Diels, Antike Technik[2] (1920) S. 64 ff. 6) Cic. ad Att. X 10, 5. 7) Nicol. Damasc. De vita sua 3 (FHG III 350).

verwöhnten Reisenden zu genügen, um so seltener, als das südliche Klima meist das Übernachten in mitgebrachten Zelten erlaubte[1]), und je weniger Ansprüche an sie gestellt wurden, desto weniger vermochten sie zu befriedigen[2]). Allerdings gab es, und zwar nicht selten, auch gute, selbst üppig eingerichtete Gasthäuser, in denen man sich wohl bewegen lassen konnte, länger als nötig zu verweilen. Epictet vergleicht diejenigen, welche, statt auf den wahren Zweck der Philosophie hin zu arbeiten, zu lange bei dem Nebenstudium der Beredsamkeit sich aufhalten, mit einem Reisenden, der auf der Rückkehr in das Vaterland in einem fein eingerichteten Gasthause, wo es ihm behaglich ist, längere Zeit bleibt. Du vergaßest, ruft er ihm zu, den Zweck deiner Reise, für die das Gasthaus nur ein Mittel ist. »Wie viele andre feine Gasthäuser gibt es noch? Aber sie sollen doch nur zum vorübergehenden Aufenthalt dienen!«[3]) An sehr besuchten Orten, namentlich an Handelsplätzen, waren solche gewiß zahlreich, wie es Strabo z. B. von Berenice in Oberägypten am Roten Meer, das für den arabisch-indischen Handel einen wichtigen Stapelplatz bildete, ausdrücklich sagt[4]); desgleichen an Badeorten. Strabo nennt die in Canopus an dem Kanal gelegenen Gasthäuser wohl geeignet für die dortige Üppigkeit und Schwelgerei und erwähnt beiläufig die des Fleckens Carura auf der Grenze von Phrygien und Carien, der heiße Quellen hatte[5]). Aber daß die Gasthäuser mindestens zum großen Teil dürftig waren, ist sehr wahrscheinlich; doch nicht deshalb, weil sie nur Herbergen für die gemeinste Volksklasse gewesen wären. Sie sind es noch heute im Süden überall, wo der Einfluß der nordeuropäischen Sitte und Kultur nicht hinreicht, da der Südländer in bezug auf häusliche Einrichtung sehr genügsam ist, und vielleicht waren es die Alten, die an enge, wenig möblierte Wohnungsräume gewöhnt waren, noch mehr als die Neueren. Um so leichter waren die Reisenden zufrieden gestellt, die nur ein Nachtlager, eine Mahlzeit oder Schutz vor Unwetter suchten, und darum blieben die Gasthäuser meist bescheiden oder ärmlich, wenn auch die bei weitem überwiegende Mehrzahl der Reisenden hier einkehrte; denn die Zahl derer, die Zelte und alle sonstigen Bedürfnisse mit sich führten oder bei Gastfreunden Aufnahme fanden, kann verhältnismäßig nur sehr klein gewesen sein.

Einquartierung von Beamten und Soldaten.

Reisenden Beamten, Richtern nebst ihrem Gefolge, durchmarschierenden Soldaten usw. Quartier zu geben[6]), war eine Reallast der Hausbesitzer, welchen die Aufzunehmenden nach Maßgabe der Zeit wie des Standes und Vermögens zugeteilt wurden[7]). Doch waren Philosophen, Grammatiker, Rhetoren und Ärzte schon durch Vespasian und Hadrian von der Einquartierung befreit[8]). Diese war für die Quartiergeber vermutlich oft genug durch ungebührliches Betragen der Aufzunehmenden doppelt lästig[9]). Plinius erzählt, daß die Be-

1) Plutarch. Cato minor 38, 2: τὸ δὲ ἄχρι Κερκύρας φυλάξας ἐν ἀγορᾷ κατεσκήνωσε, τῶν δὲ ναυτῶν διὰ τὸ ῥιγοῦν πυρὰ πολλὰ καιόντων τῆς νυκτὸς ἥφθησαν αἱ σκηναί; vgl. Anton. 9, 8. Apoll. Sidon. ep. IV 8, 2. 2) Ähnlich ist oder war es im Innern Rußlands (Haxthausen, Studien über die inneren Zustände Rußlands [1847] I 96 f.) und im Innern Siciliens (Parthey, Wanderungen durch Sicilien und die Levante [1834] I 338). 3) Epictet. Diss. II 23, 36 f. 4) Strabo XVII 815. 5) ebd. XVII 801. XII 578. 6) Über die Gesamtheit der bei Reisen der Beamten sowie des Kaisers mit seinem Gefolge zu leistenden Dienste s. F. Zucker, Sitz.Ber. Akad. Berl. 1911, 800 ff. 7) Kuhn, Städt. u. bürgerl. Verf. I 61. 8) ebd. I 104. 9) Klagen der thracischen Gemeinde Skaptopara und der phrygischen Ἀραγουηνοί über Einqnartierungslasten CIL III 12336 (= Dittenberger, Syll.³

wohner von Hippo Diarrhytus in Afrika einen wunderbar zahmen Delphin töteten, um von den Ungebührlichkeiten der Beamten, die, um ihn zu sehn, dorthin kamen, befreit zu werden[1]). Als der jüngere Cato vor der Bekleidung öffentlicher Ämter in Asia reiste, schickte er immer seinen Bäcker und Koch am Morgen zu dem bestimmten Nachtquartier voraus. Diese betraten die Stadt ruhig und bescheiden, und wenn sie dort keinen väterlichen Gastfreund oder sonstigen Bekannten Catos fanden, so bereiteten sie für ihn ein Unterkommen in einem Gasthause vor, ohne jemandem zur Last zu fallen; wo es kein Gasthaus gab, wandten sie sich an die Behörden und begnügten sich mit dem Quartier, das diese ihnen anwiesen; aber gerade weil sie nicht lärmten und drohten, wurden sie oft gering geachtet und abgewiesen[2]). Absteigequartiere in genügender Anzahl konnten auch die Großen höchstens für kleinere Reisen in Italien, etwa nach ihren Besitzungen, haben; Cicero hatte deren für die Reisen nach seinen Villen in Anagnia, Atina, Frusino, Lanuvium, Sinuessa; zu Tarracina suchte er eins[3]).

Da nun die hier erwähnten Klassen von Reisenden, wie gesagt, ohne Zweifel nur einen sehr kleinen Bruchteil der Reisenden überhaupt bildeten, so kann es keine Frage sein, daß es an allen Straßen, wo der Reiseverkehr lebhaft war, Gasthäuser gab, in Italien wie in den Provinzen. Zu den Kosten, die ein für eine Handelsgesellschaft reisendes Mitglied derselben in Rechnung stellen durfte, gehören die Gasthausunkosten ebenso regelmäßig wie die Fuhrkosten[4]). Der Rhetor Aristides beschreibt eine Reise von Smyrna nach Pergamum, und selbst er, dem es gewiß in jenen Gegenden an Bekannten nicht fehlte, kehrte meist in Gasthäusern ein. Er brach im Sommer nachmittags auf, nachdem er seine Gepäckwagen hatte vorausgehen lassen, und gelangte um Sonnenuntergang zu dem Gasthause vor dem Flusse Hermus, fand aber die Hitze der Zimmer unerträglich und setzte die Reise fort. Spät abends kam er nach Larissa, wo das Unterkommen nicht besser war, und nach Mitternacht nach Kyme, wo er alles verschlossen fand. So reiste er abermals weiter und langte um die Zeit des Hahnenschreis in Myrina an; dort holte er seine Leute ein, die er reisefertig vor einem der Gasthäuser antraf, weil sie ebenfalls keines mehr offen gefunden hatten; er versuchte auf einem in der Vorhalle stehenden Feldbett zu ruhen, fand dann endlich in das Haus eines Bekannten Einlaß, reiste aber bei Tagesanbruch weiter nach Gryneum, ruhte dann in Eläa, wie es scheint wieder in einem Gasthause, aus und kam am folgenden Tage nach Pergamum[5]). Daß seine Reise durch Thracien im Winter unter andrem auch wegen Mangels an Gasthäusern beschwerlich war, ist begreiflich, da dies Land nur unvollkommen zivilisiert und nur wenig bereist war[6]).

Häufigkeit der Gasthäuser.

Aber ganz fehlte es an Gasthäusern auch in solchen Gegenden nicht. Wie hoch, sagt Seneca, schätzt man eine Herberge in einer Einöde, ein schützendes

888) Z. 34ff. 14191 (= Dittenberger, Or. gr. 519) Z. 16ff. Bescheid des Prokonsuls Julius Saturninus an die Gemeinde Phaina in der Trachonitis Lebas-Waddington 2524 = Dittenberger, Or. gr. 609 (wonach die Erbauung eines ξενών durch die Gemeinde ihre Einwohner von der Einquartierungslast befreite; vgl. unten S. 348).

1) Plin. n. h. IX 26. 2) Plutarch. Cato minor 12. 3) Drumann, Gesch. Roms VI 394 f. 4) Ulpian. Dig. XVII 2, 52 § 15. 5) Aristid. or. 51, 2—8 (II 453 ff. K.). 6) ebd. or. 48, 61 (II 408 K.). Vgl. oben S. 339.

Dach im Regenguß, ein Bad oder Feuer bei der Kälte, und doch weiß man, für welchen Preis man dieses erhalten wird, wenn man in ein Gasthaus einkehrt[1]). Julius Cäsar reiste einst in Begleitung seines Freundes C. Oppius durch einen Wald; Oppius erkrankte plötzlich, und Cäsar trat ihm die einzige kleine Herberge, die es dort gab, ab und schlief im Freien auf dem Boden[2]). Konnte ja doch auch der barmherzige Samariter den von Räubern Verwundeten und Geplünderten, den er an der Straße von Jerusalem nach Jericho fand, in eine Herberge führen[3]). Daß es in Städten in der Regel Gasthäuser gab, versteht sich ohnehin von selbst, auch ein Flecken wie Bethlehem war ja nicht ohne Herberge[4]). Zuweilen, vielleicht nicht selten, sorgten die Kommunen für die Aufnahme von Fremden[5]). Bei der vielbesuchten Quelle des Clitumnus hatte die Stadt Hispellum (Spello), der Augustus dies Stück Land geschenkt hatte, ein Bad und ein Gasthaus errichtet[6]). In der nordafrikanischen Stadt Calama ließ im Anfang des 5. Jahrhunderts der die städtische Verwaltung leitende Beamte (*curator*) einen wüsten, mit Schutt bedeckten Ort auf eigene Kosten »für den Gebrauch der Bürger und die gastliche Aufnahme von Fremden« zu einem besseren Zustande und Aussehn herstellen[7]).

Gewiß hatte man an größeren Orten überall zwischen mehreren Gasthäusern die Wahl. Plutarch warnt davor, aus falscher Scham in einem schlechtern Gasthofe einzukehren, weil man von dem Wirte wiederholt gegrüßt worden sei; man dürfe sich dadurch nicht abhalten lassen, den bessern zu wählen[8]). Aber auch Landbesitzer bauten sehr häufig auf ihren an Straßen grenzenden Grundstücken Schenken und Herbergen, die ihre Freigelassenen oder Sklaven für ihre Rechnung verwalteten; und dies war eine sehr vorteilhafte Verwertung des Bodens[9]). Zuweilen wurden aber solche Häuser auch vom Fiskus an den Straßen erbaut, besonders vermutlich in schwach bevölkerten und wenig zivilisierten Provinzen. Nero ließ im Jahre 61 durch den Prokurator von Thracien an den

Gasthäuser an den Stationen der Landstraßen.

Heerstraßen dieser Provinz Tabernen und herrschaftliche Häuser (*praetoria* — für höhere Beamte) errichten[10]), und in einem inschriftlichen Erlasse des Statthalters derselben Provinz aus der Zeit des Septimius Severus wird den Behörden eines neu gegründeten Marktfleckens die Erhaltung dieser Baulichkeiten eigens zur Pflicht gemacht[11]); Hadrian ließ im Jahre 137 die von ihm längs des Roten Meeres gebaute Straße mit reichlichen Brunnen, Stationen und Kastellen ver-

1) Seneca de benef. VI 15, 7. 2) Sueton. Caes. 72. Vgl. auch Hippolyt. Refut. haeres. V 23, 2: εἴ τις ὁδὸν μακρὰν βαδίζων παρατυχὼν καταλύματι ἀναπαύεσθαι δοκεῖ. 3) Evang. Lucae 10, 34 f. 4) ebd. 2, 7. 5) Schon im 2. Jhdt. v. Chr. hat Sparta ein κατάλυμα Ῥωμαίων καὶ δικαστῶν IG V 1 nr. 869 (vgl. nr. 7 Z. 5), dazu Ziebarth, Rhein. Mus. LXIV 1909 S. 335 f.; zahlreich sind Unterkunftshäuser bei vielbesuchten Heiligtümern, Ziebarth, Zeitschr. f. vgl. Rechtsgesch. XIX 1906 S. 294 ff. Inschrift eines Rastplatzes für Karawanen an einer Felsenhöhle in Osrhoene, Bull. corr. hell. XX 1896 S. 396. Häufig in Inschriften aus der Trachonitis im 4. Jhdt.: Lebas-Waddington 2462 f. (vgl. 2480) zwei δημόσια πανδοχῖα, 397 n. Chr.; Wetzstein, Abhandl. d. Berl. Akad. 1863 S. 303 nr. 133 στάβλον καὶ τερίκλινον (d. h. *stabulum et triclinium*). Julian. ep. 49 p. 430 B (an den ἀρχιερεὺς Γαλατίας): ξενοδοκεῖα καθ' ἑκάστην πόλιν κατάστησον πυκνά. Zwei πανδοχεῖα für Pilger zum Aufenthaltsort des hl. Simon Stylites († 460), Telmissus (479 n. Chr.) Lebas-Waddington 2691. 2692, vgl. auch 2327. 6) Plin. ep. VIII 8, 6. 7) CIL VIII 5341 = Dessau 5907. 8) Plutarch. De vitioso pudore 8. 9) Varro r. r. I 2, 23; vgl. Vitruv. VI 5, 2. Martial. III 58, 24. 10) CIL III 6123 = Dessau 231. 11) IGR I 766 = Dittenberger, Syll.³ 880 Z. 63; vgl. Mommsen, Ges. Schrift. VI 129, 1. F. Gündel, Mitteil. über die röm. Funde in Heddernheim VI 1918 S. 44 ff.

sehen[1]). An den Stationen waren vermutlich oft (wo nicht in der Regel) Tabernen, von denen manche ihren Namen führten; bekannt ist aus der Apostelgeschichte die Station der drei Tabernen (bei Luther Tretabern) an der Appischen Straße unweit der Pontinischen Sümpfe[2]); denselben mehrfach vorkommenden Namen führte u. a. auch eine Station an der Straße von Dyrrhachium nach Byzanz[3]); an der Latinischen Straße hieß die dritte Station von Rom »Zu den Bunten« (Tabernen), und diese bezeichnet Strabo ausdrücklich als Gasthäuser[4]). Noch mehrere andre Stationen waren nach solchen benannt, sei es, daß sie allein ein Unterkommen gewährten, sei es, daß sie an die auf öffentliche Kosten gebauten und unterhaltenen Mansionen sich anschlossen; vielleicht standen auch diese, wenn Raum war, gewöhnlichen Reisenden für Geld zur Benutzung offen.

Die Wirtshausschilder scheinen häufig mit Tierbildern bezeichnet gewesen zu sein. Artemidor erwähnt ein Gasthaus zum Kamel[5]), das dieses Tier im Schilde führte; in Pompeji ist ein Gasthaus, wie es scheint eines Sittius, ausgegraben worden, auf dessen Außenwand ein Elefant von einem Pygmäen geführt gemalt ist[6]). In Narbonne hat sich das Schild eines freigelassenen »Gastwirts zum Hahn, aus Tarragona« erhalten[7]). »Zum Haushahn« heißt auch eine Station zwischen Utica und Karthago, und wie diese werden auch die an verschiedenen Straßen gelegenen Stationen »Zum größeren Adler«, »Zum kleineren Adler«, »Zu den Schlangen«, »Zum großen Kranich«, »Zum Schwert«, »Zum Rade«, »Zum Olivenstall« nach Wirtshäusern benannt sein[8]). Auf den Schildern versprachen Inschriften freundliche Bedienung, Bäder und alle Bequemlichkeiten, in Italien öfters »nach hauptstädtischer Weise«[9]); die Inschrift eines wohl besonders von Geschäftsreisenden besuchten Gasthauses in Lyon (das Mercur und Apoll im Schilde geführt zu haben scheint) lautet: Hier verspricht Mercur Gewinn, Apollo Gesundheit, Septumanus (der Wirt) Aufnahme nebst Mahlzeit. Wer einkehrt, wird nachher besser daran sein; Fremder, siehe zu wo du bleibst[10]). Auf einem Gasthofschilde in Antibes heißt es: »Ein Wörtchen, lieber Wanderer! Komm einmal herein: Dort meldet alles eine Kupfertafel Dir« (offenbar ein Tarif)[11]). Überdies verfehlten Wirt oder Wirtin nicht, die Reisenden zu begrüßen und die Vorzüge und Annehmlichkeiten ihres Hauses anzupreisen; in der unter Vergils Namen erhaltenen Elegie »Die Schankwirtin« Wirtshausschilder.

1) IGR I 1142. 2) Acta apost. 28, 15. Nissen, Ital. Landesk. II 637 f. 3) Itin. Ant. p. 318, 3; ebenso ist der alte Name von Zabern im Elsaß *Tres Tabernae* (Ammian. Marc. XVI 11, 11. XVII 1, 1, sonst nur *Tabernae*), während die Töpferstadt Rheinzabern ihren Namen von den *tabernae figulorum* (vgl. G. Reubel, Römische Töpfer in Rheinzabern, Diss. München 1911) trägt. 4) Strabo V 237. Nissen a. a. O. II 649. Vgl. den Index der Itineraria unter *Tabernae, Ad medias, Ad novas, Veteribus* und Keune, Jahrb. d. Gesellsch. f. Lothring. Gesch. u. Altertumsk. IX 1897 S. 164. 5) Artemidor. Onirocr. I 4 p. 11, 17 Herch. 6) CIL IV 806. 807 (= Dessau 6036). Jordan, Archäol. Ztg. XXIX (1871) S. 75. Mau, Pompeji² S. 419. 7) CIL XII 4377 = Dessau 7476. 8) Jordan a. a. O. Marquardt, Privatl.² 473 f. 9) CIL XI 721 = Dessau 5721. 10) CIL XIII 2301 = Dessau 6037. *Hospitium C. Hugini Firmi*, aufgemalte Inschrift in Pompeji CIL IV 3779; vgl. ebd. 807 = Dessau 6036 (Pompeji) *hospitium hic locatur. triclinium cum tribus lectis.* Das *hospitium ad lucum Decidiorum* in einer Inschrift von Capua CIL X 4104 (s. dazu Mommsen) = Dessau 6038 gehört nicht hierher. 11) CIL XII 5732 = Buecheler, Carm. ep. 121. Ein solcher Tarif für verschiedene Weine in übel geratenen Versen CIL IV 1679 = Buecheler 931 (vgl. dazu E. Bormann, Wiener Eranos, 1909 S. 310 ff.).

(*Copa*) ladet eine syrische Wirtin, mit griechischem Kopfbunde, die weinselig vor ihrer räucherigen Taberne einen üppigen Kastagnettentanz aufführt, den Reisenden, dessen müder Esel von Schweiß trieft, zur Einkehr ein. Sie verheißt ihm in der Zeit, wo die Bäume vom Geschwirr der Zikaden ertönen und selbst die Eidechsen sich verstecken, einen kühlen Aufenthalt in der schattigen Laube ihres Gartens am murmelnden Bach, ein Mahl, bestehend aus Käse, gelben Pflaumen, Maulbeeren, Trauben, Gurken, Kastanien und Äpfeln, dazu heurigen Wein, Kränze aus Violen, Rosen und Lilien und eine ländliche Musik; aber der Gast soll nicht nur Ceres und Bacchus, sondern auch Amor bei ihr finden.

Die gewöhnlichen Herbergen.

Zum dauernden Aufenthalt waren die gewöhnlichen Herbergen (von denen fast ausschließlich hie und da gesprochen wird), wie bemerkt, nicht einladend: voll gemeiner Gesellschaft von Pferdeknechten und Maultiertreibern; mit diesen pflegte der Kaiser Vitellius, der vor seiner Thronbesteigung den tiefsten Ton der Leutseligkeit anzuschlagen liebte, »in Ausspannungen und Herbergen« aufs vertraulichste zu verkehren[1]). Plutarch, der in seinen Vorschriften zur Erhaltung der Gesundheit fortwährende Übungen im laut Reden empfiehlt, sagt, man dürfe sich davon auch bei einem Aufenthalt in einem Wirtshause nicht abhalten lassen, und nicht darauf achten, daß man von Schiffern, Maultiertreibern und Gastwirten verspottet werde[2]). Die Schilderung, die Apollinaris Sidonius von dem Innern einer »feuchten Taberne«[3]) gibt, dürfte auch auf die gemeineren Herbergen der früheren Zeit passen. Sie war ganz von dem Rauche der Küche erfüllt, der den Eintretenden zwang, die Nase zuzuhalten; auf quendelbekränzten Näpfen dufteten rote Würste, Töpfe dampften, Schüsseln klapperten, und die Gäste ließen unmelodische Gesänge ertönen[4]). Die mit Büscheln der Rohrblüte statt mit Federn gestopften Polster der Wirtshäuser wimmelten im Sommer von Flöhen und »runden Wanzen«[5]); von den Decken der Zimmer fielen oft allerlei Tiere, wie Eidechsen und Giftspinnen, herab[6]). Natürlich waren auch die Preise nicht hoch. Zu Polybius Zeit waren in den gesegneten Niederungen der Lombardei die Wirtshäuser so wohlfeil gewesen, daß man gar keine Rechnung machte, sondern Wohnung und Kost für einen halben As (damals 2 bis 3 Pf.) gab[7]). Auf einem aus der Kaiserzeit herrührenden Relief von Äsernia in Samnium (Isernia) rechnet ein Mann in Reisekleidern, den Maulesel am Zügel führend, mit der Wirtin ab; oberhalb des Bildes ist das Gespräch selbst verewigt, nach welchem außer dem Wein, der wohl umsonst gegeben wurde, für Brot 1 As (damals 6 1/2 Pf.), für Zukost 2 As, für das Mädchen 8 As, für Heu 2 As zu bezahlen waren[8]). Die 2 Denare (1 M. 74 Pf.), die der barmherzige Samariter dem Wirt zur Bestreitung der Kosten der Pflege für den Verwundeten zurückläßt, sind offenbar eine mehr als hinreichende Bezahlung, die ja überdies auch für ungewöhnliche Ausgaben (der Heilung und Verpflegung) verwandt werden soll[9]). Vielleicht brachten die Reisenden auch damals wie in

1) Sueton. Vitell. 7, 3. 2) Plutarch. De sanitate praec. 16. 3) Vgl. *uncta popina* Horat. epist. I 14, 21. 4) Apoll. Sidon. ep. VIII 11, 3 v. 42 ff. 5) Plin. n. h. XVI 158 (*coma arundinis*) *pro pluma strata cauponarum implet*. Die Flöhe nennt er IX 154 *cauponarum aestiva animalia*. Hist. aug. Hadrian. 16, 4 ist wohl sicher *cimices* statt *culices* zu lesen. 6) Ps. Dioscorid. De venenis praef. p. 5 Sprengel. 7) Polyb. II 15, 6. 8) CIL IX 2689 = Dessau 7478 (s. oben S. 343, 1). 9) Evang. Lucae 10, 35.

älteren Zeiten[1]) und wie noch jetzt in griechischen Khans öfters ihre Nahrungsmittel selbst mit und übergaben sie dem Wirt zur Bereitung.

Prostitution in den Tabernen.

Übrigens waren die Wirtshäuser sehr häufig Orte der Prostitution und die Wirte zugleich Kuppler. Wiederholt wird von den juristischen Schriftstellern erwähnt, daß die weibliche Bedienung der Tabernen sowohl in den Städten als an den Landstraßen aus feilen Dirnen zu bestehen pflegte und die Wirtschaft häufig nur ein Deckmantel für Kuppelei war[2]). Nach einem Erlaß des Kaisers Alexander Severus durfte eine Sklavin, die unter der Bedingung verkauft worden war, daß sie nicht prostituiert werden sollte, auch nicht in ein Wirtshaus verkauft werden, wo die Verwendung zur Aufwartung nur ein Vorwand war, um das Gesetz zu umgehen[3]). Von der gesetzlichen Bestimmung, daß mit dem weiblichen Personal der Tabernen ein Ehebruch nicht begangen werden könne[4]), nahm erst Constantin im Jahre 326 die Wirtin selbst aus, aber nur in dem Falle, daß sie die Gäste nicht selbst bediente[5]).

Übler Ruf der Gastwirte —

Die Gastwirte hafteten für Schaden, den Gäste in ihren Häusern erlitten[6]). Teils als Kuppler, teils aus andern Gründen waren sie im allgemeinen verrufen und ihr Gewerbe bescholten[7]). In den Verzeichnissen der Polizeisoldaten waren sie neben Dieben und Würfelspielern eingeschrieben[8]). Sie prellten und betrogen, fälschten den Wein[9]) — nach der Ansicht des Petronischen Trimalchio waren sie unter dem Zeichen des Wassermanns geboren[10]) — und nahmen den Maultiertreibern den Hafer ab, den diese für ihre Tiere empfangen hatten[11]). Nach dem Traumbuch Artemidors, der viel gereist war, bedeuteten eherne oder eiserne Stirnen im Traume Gastwirten und Zöllnern »und allen, die mit Unverschämtheit leben«, Gutes[12]); Dornen im Traume zu sehen, war für Gastwirte, Zöllner, Räuber und solche, die mit Gewicht und Rechnung betrügen, besonders günstig, »weil sie andern das Ihrige auch mit Gewalt und wider deren Willen entreißen«[13]). Galen sagt, daß Menschenfleisch sehr ähnlich schmecke wie Schweinefleisch und von schändlichen Gastwirten zuweilen statt des letzteren aufgetischt worden sei. Glaubwürdige Männer hatten ihm erzählt, daß sie in einem Wirtshause eine köstliche Brühe mit sehr wohlschmeckendem Fleisch gegessen, dann aber darin ein Fingerglied gefunden hätten. Voll Entsetzen hätten sie das Wirtshaus verlassen, das Gegessene ausgebrochen und ihre Reise fortgesetzt. Später seien die Leute im Wirtshause bei einer Menschenschlächterei ergriffen worden[14]). Die Wirtinnen scheinen oft im Rufe gestanden zu haben, Hexen zu sein; eine solche kommt auch bei Apulejus vor. Noch Augustinus hörte in Italien, daß Wirtinnen im Käse ihren Gästen ein Zaubermittel beibrachten, durch welches diese in Lasttiere verwandelt wurden, ohne jedoch ihr menschliches Bewußtsein zu verlieren. Wenn sie die erforderlichen Dienste geleistet hatten, erhielten sie ihre frühere Gestalt zurück[15]).

und Gastwirtinnen.

Zöllner.

Der üble Ruf der Zöllner aller Art ist sprichwörtlich geworden, und sicherlich

1) Plutarch. Apophth. Lacon. var. 47. 2) Ulpian. Dig. III 2, 4 § 2. XXIII 2, 43 pr. und § 9. 3) Cod. Just. IV 56, 3. 4) Paul. sent. II 26, 11. 5) Cod. Theod. IX 7, 1 und dazu Gothofredus. 6) Instit. IV 5, 3. Digest. IV 9, vgl. XLVII 2, 14 § 17. 5 § 6. 7) Apul. met. I 17. 8) Tertullian. De fuga in persecut. 13. 9) Martial. I 56. III 57. CIL IV 3948 = Buecheler, Carm. ep. 930. 10) Petron. 39, 12. 11) Martial. XIII 11. 12) Artemidor. Onirocr. I 23. 13) ebd. IV 57. 14) Galen. VI 663. XII 254. 15) Apul. metam. I 7ff. Augustin. C. D. XVIII 18.

nicht ohne Grund. Freilich waren Zolldefraudationen ohne Zweifel ganz gewöhnlich[1]), und die Beamten erregten den Verdruß der Reisenden schon, wenn sie vorschriftsmäßig verfuhren. Wir zürnen den Zöllnern, sagt Plutarch, nicht wenn sie offen daliegende Waren untersuchen, sondern wenn sie, nach versteckten spürend, in fremdem Gepäck herumwühlen; und doch gestattet ihnen dies das Gesetz, und wenn sie es unterlassen, leiden sie Schaden[2]). Bestimmungen in fingierten Rechtsfällen, die in der Rhetorenschule zur Übung aufgegeben wurden, kommen schwerlich mit der Wirklichkeit überein. Bei einem dieser Themen werden folgende gesetzliche Bestimmungen vorausgesetzt: Von allen Gegenständen außer den zur Reise unentbehrlichen soll die Steuer von 2½ Prozent erhoben werden. Der Zollpächter soll das Recht haben, das Gepäck zu untersuchen; steuerbare Gegenstände, die nicht angegeben worden sind, sollen konfisziert werden; Frauen zu betasten soll nicht erlaubt sein. Eine Frau, die auf der Reise 400 große Perlen bei sich hatte, verbarg sie in ihrem Busen. Der Zollpächter fragte nach den Perlen. Die Frau stellte ihm frei zu untersuchen, was er ablehnte. Als sie die Zollgrenze überschritten hatte, legte er Hand an sie und erklärte, daß die Perlen ihm gehörten[3]). Die Effekten der Soldaten waren zollfrei[4]), und vermutlich wurde Zollfreiheit auch sonst öfters durch kaiserliche Gunst verliehen. Trajan erteilte sie dem Sophisten Polemo aus Smyrna für alle Reisen zu Wasser und zu Lande, Hadrian auch dessen Nachkommen[5]).

Räuber — Ein schlimmeres Übel als die Belästigungen und Erpressungen der Zöllner und die Prellereien der Gastwirte war für Reisende die öfters eintretende Unsicherheit auch belebter Straßen. Zum Teil war die Fürsorge für die Polizei auf denselben den Kommunen überlassen[6]). In der westlichen Reichshälfte begegnet in einzelnen Ortschaften (Nyon, bei Bingen) ein gegen die Straßenräuber eingesetztes städtisches Kommando (*praefectus arcendis latronibus*) als munizipales Anfangsamt; in der östlichen, besonders in Kleinasien, ständig und allgemein mit gleicher Kompetenz, das Amt der Irenarchen, die die Lokalmiliz der Diogmiten kommandierten[7]). Doch wurden außerdem in allen Provinzen nach Anordnung der Zentralstelle Militärposten unter Subalternen bis hinauf zum Centurio aufgestellt, und die Statthalter angewiesen, Streifzüge gegen die Störer des öffentlichen Friedens zu unternehmen[8]); doch solange die Natur der Menschen dieselbe bleibe, meinte Cassius Dio, werde das Brigantentum nicht aufhören[9]).

besonders in den Grenzprovinzen — Am hartnäckigsten behauptete es sich wohl in den Grenzprovinzen, in denen wir daher im dritten Jahrhundert an allen wichtigen Straßenkreuzungen Militärposten (*stationes*) unter dem Kommando eines Unteroffiziers (*beneficiarius*) begegnen[10]). Eine im untern Pannonien (im Komitat Stuhlweißenburg) gefundene Inschrift meldet, daß Kaiser Commodus im Jahre 185 das ganze Donauufer durch Erbauung von Kastellen und Garnisonen an geeigneten Stellen gegen die Einfälle von Räubern gesichert habe[11]). Unter den Grabschriften Daciens

1) Quintilian. Declam. 341. 2) Plutarch. De curiositate 7. 3) Quintil. Declam. 359; vgl. 340. 341. 4) Tac. A. XIII 51; vgl. über die Veteranen Cod. Theod. VII 20, 2. 5) Philostrat. Vit. sophist. I 25, 3. 6) Mommsen, Ges. Schrift. VI 154 f., vgl. StR. II^3 1074 f. 7) Pfaff, Real-Encykl. IX 2032 ff. Fiebiger ebd. V 784. 8) Mommsen, Strafrecht S. 307—313. Hirschfeld, Kl. Schrift. S. 591 ff. 9) Cass. Dio XXXVI 20, 1; s. oben S. 337 A. 12. 10) v. Domaszewski, Westd. Zeitschr. XXI 1902 S. 158 ff., vgl. Röm. Mitteil. XVII 1902 S. 330 ff. 11) CIL III 3385 = Dessau 395;

melden drei (bei Mehadia und Cernetz) den Tod zweier Männer und einer Frau durch Räuber; zwei der Ermordeten wurden von den Ihrigen gerächt[1]). Denkmäler von Personen, die durch Räuberhände fielen, sind auch in Obermösien[2]), in Aquileja[3]), bei Darmstadt[4]) und bei Trier[5]) gefunden worden. Wie unsicher zuweilen die Straßen (trotz der an geeigneten Stellen zum Schutz des Verkehrs errichteten Burgen)[6]) in den afrikanischen Provinzen waren, zeigt die Äußerung des Bischofs Cyprianus von Karthago, daß, wenn eine Herberge an der Landstraße von Räubern besetzt gehalten werde, die Reisenden, zu denen ein Gerücht davon gedrungen sei, andre Wirtshäuser aufsuchen[7]). Ein Ingenieur der in Lambaesis stehenden dritten Legion, der zu einem Tunnelbau nach Saldä (Bougie) im Jahre 152 berufen worden war, sagt, daß er auf dem Wege unter Räuber gefallen und von allem entblößt und verwundet mit den Seinen entkommen sei[8]). Lucian erwähnt, daß zur Zeit des Propheten Alexander von Abonuteichos in Ägypten viele Räuber waren[9]). Die Nilsümpfe in der Umgegend von Damiette bildeten die Schlupfwinkel eines ganzen Räubervolks von entsetzlicher Wildheit, das schon Eratosthenes kannte, der sogenannten Bukolen; ihr abenteuerliches Leben auf Barken und Inselchen schildert der Roman des Heliodor (etwa unter Alexander Severus) sehr anschaulich[10]). Unter Marc Aurel bedrohten sie sogar Alexandria, und kaum war Avidius Cassius imstande, ihrer Herr zu werden[11]).

Nächst den Grenzprovinzen werden die gebirgigen, besonders die nur unvollkommen zivilisierten, die meisten Briganten gehabt haben. Unter den Grabschriften von Salona in Dalmatien berichtet eine die Ermordung eines zehnjährigen Mädchens wegen ihres Schmucks; andre die Fortschleppung oder Tötung von Männern durch Räuber[12]). Unter den Grabschriften in Spanien sind zwei von solchen, die ihren Tod durch Räuber gefunden haben[13]). Auch in Judäa waren nach den Evangelien die Reisenden offenbar nicht selten in Gefahr, unter Räuber zu fallen[14]). Wie weit es den Herodeern und später den Römern gelungen ist, die Bevölkerung des Ost-Jordanlandes, namentlich des Haurân und der Trachonitis, welcher die dortigen Höhlen zahlreiche geräumige Schlupfwinkel boten[15]), von dem Räuberhandwerk zu entwöhnen, darüber fehlt es an Nachrichten. Die Unausrottbarkeit des Räuberwesens in dem durchaus gebirgigen und im Innern zum Teil öden Kleinasien erklärt sich auch durch die (außer den zur Grenzhut bestimmten Mannschaften) sehr geringe militärische Besatzung des Landes[16]). Die Pamphylier, sagt Strabo, haben die Räuberei

und den gebirgigen Provinzen.

s. auch Dessau 8913 mit der Anmerkung. Tertull. apol. 2 *latronibus vestigandis per universas provincias militaris statio sortitur.*

1) CIL III 1579. 8009. 8021. 2) CIL III 8242. 14587 (= Dessau 8504). 3) Dessau 8507. 4) CIL XIII 6429 = Buecheler, Carm. ep. 1268. 5) CIL XIII 3689 = Buecheler 618, 8; vgl. auch CIL XIII 2667. 6) CIL VIII 2494. 2495 (188 n. Chr.): *burgum Commodianum speculatorium inter duas vias ad salutem commeantium nova tutela constitui iussit [Ti. Claudi]us [G]ordianus v. c. leg. Aug. pr. pr.* 7) Cyprian. ep. 68, 3. 8) CIL VIII 2728 = Dessau 5795. 9) Lucian. Alexander 44. 10) Rohde, Griech. Roman[3] S. 480. 11) Cass. Dio LXXI 4, 1 f. Wilcken, Papyruskunde I 2 S. 36 f.; vgl. Burckhardt, Die Zeit Const. d. Gr.[2] S. 120 f. Über die ägyptische Polizei der Kaiserzeit (darunter ληστοπιασταί) vgl. Hirschfeld, Kl. Schrift. S. 613 ff. Wilcken a. a. O. I 1 S. 413 ff. 12) CIL III 2399. 2544 (= Dessau 8506). 8830 (= Dessau 5112). 9054 (= Dessau 8508). 13) CIL II 2968 (Tarraconensis). 3479 = Buecheler, Carm. ep. 979, 5 (Carthago nova). 14) Ev. Lucae 10, 30, vgl. Matth. 27, 38. 15) Joseph. A. J. XIV 422. Cless in Paulys Real-Encykl. VI 2038 f. Lebas-Waddington p. 534. 16) Mommsen RG. V 323 f.

nicht gänzlich aufgegeben und lassen ihre Nachbarn nicht in Frieden leben; der mysische Olymp hat ungeheure Eichenwälder und sehr feste Orte, in denen sich Räuberbanden sehr lange halten können, wie zu meiner Zeit der Räuberhauptmann Kleon[1]). Galen erzählt von einem Räuber, der vor kurzem bei Korakesion in Pamphylien sein Wesen getrieben und seinen Opfern die Beine abgehauen habe[2]). Isaurien ist schwerlich erst seit dem 3. Jahrhundert, wo seine Bewohner eine Landplage des südlichen Kleinasiens waren, ein Räuberland gewesen, was es bis in die byzantinische Zeit blieb[3]). Eine Inschrift erwähnt die Aufhebung der Räuberbanden am Hellespont durch einen T. Valerius Proclus, Beamten des Drusus Cäsar, eines Sohnes des Germanicus[4]). Unter Hadrian hatte auf dem Gebirge Ida bei Troja ein Räuber Tilliboras gehaust und von dort aus Streifzüge in die Umgegend gemacht[5]). Trotz der Bemühungen Hadrians und seiner Nachfolger wurden auch die Landstraßen der Provinz Achaja und der nächsten Nachbarlande von Räubern unsicher gemacht, und der glückliche Räuberhauptmann ist nach Lucian eine in den Gesprächen des gemeinen Lebens geläufige Figur[6]). Auch die vielen Räubergeschichten in dem gleichzeitigen, in Griechenland spielenden Roman des Apulcjus dürften wenigstens zum Teil der Wirklichkeit entnommen sein. Nach Sardinien, wo ebenso wie in Lusitanien in Varros Zeit Gebiete von vorzüglicher Bodenbeschaffenheit wegen der Räubereien der Nachbarn nicht bebaut werden konnten[7]), und wo vom Jahre 6 n. Chr. ab einige Jahre hindurch gegen die Räuber förmlich Krieg geführt werden mußte[8]), sandte Tiberius im Jahre 19 n. Chr. 4000 Freigelassene, »die von jüdischem und ägyptischem Aberglauben angesteckt waren«, um die dortigen Räuberbanden zu bekämpfen[9]). Die Bewohner der Gebirge Corsikas lebten nach Strabo von Räuberei und waren wilder als Tiere[10]). Vorsichtige Reisende schlossen sich auf unsichern Straßen gern dem Gefolge eines höheren Beamten, eines Gesandten, Quästors oder Prokonsuls an[11]); manche erwirkten sich militärische Begleitung; so erhielt Lucian bei einer Reise durch Cappadocien von dem ihm befreundeten Statthalter zwei Lanzenträger als Eskorte bis an das Meer[12]).

Aber auch die kultiviertesten und friedlichsten Teile des römischen Reichs wurden zeitweise durch Räuberhorden beunruhigt. Im Jahre 186 sammelte ein desertierter Soldat Maternus eine Bande, mit welcher er ganz Gallien und Spanien in Schrecken setzte, indem er anfangs Dörfer und Gehöfte, zuletzt große Städte angriff, die dort in den Gefängnissen befindlichen Verbrecher in Freiheit setzte, brannte und plünderte. Als Commodus Truppen gegen ihn sandte, gelang es ihm, mit seinen Genossen nach Italien zu entkommen; sein Plan, den Kaiser zu ermorden, wurde verraten und er mit den Seinigen hingerichtet[13]).

Brigantentum in Italien.

In Italien war die Unsicherheit am größten natürlich unmittelbar nach den Bürgerkriegen[14]), wo bewaffnete Räuber in großer Anzahl sich überall ganz öffentlich zeigten, und bei Nacht von Rom nach Tibur zu reisen ein gefährliches Wagnis war[15]), bis Augustus diesem Unwesen durch Aufstellung von Militärposten

1) Strabo XII 570. 574. 2) Galen. III 188. 3) Burckhardt a. a. O. S. 111 ff. Silviae s. Aetheriae peregrinatio 23, 4. 4) CIG 3612 = IGR IV 219. 5) Lucian. Alexander 2. 6) Lucian. Navig. 28 f. 7) Varro r. r. I 16, 2. 8) Cass. Dio LV 28, 1. 9) Tac. A. II 85; vgl. oben S. 304. 10) Strabo V 224. 11) Epictet. Diss. IV 1, 91. 12) Lucian. Alexand. 55. 13) Herodian. I 10; vgl. CIL XIII 2282 *a latronibu[s in]terfecto*. 14) Appian. B. C. V 132. 15) Propert. III 16.

an geeigneten Stellen steuerte[1]), aber nicht so völlig, daß nicht Tiberius, der sich die Befestigung der Sicherheit besonders angelegen sein ließ, von neuem ähnliche zahlreichere Posten hätte aufstellen müssen[2]). Ergriffene büßten mit verschärften Todesstrafen, namentlich Zerreißung durch wilde Tiere, und ihre Leichen wurden zum abschreckenden Beispiel und »zum Trost für die Angehörigen der Ermordeten« an den Orten, wo sie ihr Wesen getrieben hatten, an den Galgen (wie im Kirchenstaat noch 1819)[3]) oder das Kreuz gehängt[4]), oder blieben auch, besonders im Gebirge, den Vögeln zum Fraß am Wege liegen, wo sie dann zuweilen vorüberreisenden Ärzten eine erwünschte Gelegenheit boten, die inneren Körperteile zu sehen[5]). So hatte Galen das Gerippe eines Räubers an der Landstraße liegen gesehen, den ein von ihm angegriffener Reisender getötet hatte; da die Bewohner der Gegend aus Haß gegen den Toten ihn nicht begraben wollten, hatten die Vögel in zwei Tagen das Fleisch so völlig aufgezehrt, daß das Skelett einen belehrenden Anblick bot[6]). Doch war das Brigantentum selbst in Italien nicht auszurotten. Bei Nacht, wo man übrigens gewöhnlich mit Fackeln reiste (die am Morgen noch brennend fortgeworfen wurden und zuweilen Hecken anzündeten)[7]), war, wer irgend wertvolle Dinge bei sich führte, in Besorgnis vor »Schwertern und Stangen« und erschrak vor dem Schatten des im Mondlicht wankenden Rohrs[8]). Unmittelbar vor den Toren Roms ist die Grabschrift eines 28jährigen Mannes gefunden worden, der mit 7 Pflegebefohlenen (*alumni*) seinen Tod durch Räuberhand fand[9]). Auch in Häuser brachen Räuber ein: der ältere Plinius erzählt, wie ein kranker Senator Cälius zu Placentia von Bewaffneten überfallen, von seinem Hunde verteidigt worden war[10]). Der jüngere Plinius erhielt etwa im Jahre 106/7 die Aufforderung, Nachforschungen nach einem senatorischen Ritter anzustellen, welcher auf einer Reise hinter Otricoli spurlos verschwunden war; er fürchtete, es werde ihm ergangen sein wie einem seiner Landsleute, der mit einer Geldsumme abgereist war, um sich für den Centurionat auszurüsten; weder von ihm noch von seinen Sklaven hatte man jemals wieder gehört. Es blieb zweifelhaft, ob er mit ihnen oder durch sie umgekommen sei[11]). Nicht bloß die Habe, sondern auch die Person der Reisenden war für den Räuber eine zu verwertende Beute und Menschenraub in Italien wie in den Provinzen gewöhnlich; gar mancher schutzlose Wanderer verschwand für immer in den scheußlichen, halbunterirdischen Bagnos, in denen die Sklaven großer Grundbesitzer in Gewahrsam gehalten wurden[12]). Selbst bei Tage trieben berittene Banden weidende Herden fort[13]). Marc Aurel erzählt als Prinz in einem Briefe an Fronto, wie Schafhirten, die ihn mit seinen Begleitern daherreiten sahen, sie für Räuber hielten, worauf er zum

1) Sueton. Aug. 32, 1. 2) Suet. Tiber. 37, 1. Diese Maßregeln haben offenbar Erfolg gehabt, denn solche Militärposten erscheinen in Italien erst wieder im 3. Jahrhundert. Mommsen StR. II³ 1075, 1. 2; vgl. Henzen, Röm. Mitteil. II 1887, 17ff. 3) Grillparzer, Werke X 243. 4) Dig. XLVIII 19, 28 § 15. Petron. 111, 5 *cum interim imperator provinciae latrones iussit crucibus adfigi.* 5) Galen. II 385 sagt, das Innere des Körpers könne man sehen ἐπὶ λῃστῶν ἐν ὄρει κειμένων ἀτάφων. 6) Galen. II 221. 7) Sueton. Caes. 31, 2 (mit der Anm. von Casaubonus). Ovid. Fast. IV 167f.; Metam. I 493f. 8) Juv. 10, 20f. 9) CIL VI 20307 = Dessau 8505. 10) Plin. n. h. VIII 144. 11) Plin. ep. VI 25. 12) Marquardt, Privatl.² 168f.; vgl. 180. 13) Varro r. r. II 10, 3 sagt, man müsse Hirten wählen, *qui non solum pecus sequi possint, sed etiam a bestiis ac praedonibus defendere.* Dig. XIX 5, 20 § 1: *mulae a grassatoribus — ablatae.*

Scherz auf die Herde einsprengte und einer der Hirten einen Gabelstock nach ihm schleuderte[1]). Am verrufensten blieben immer die Pontinischen Sümpfe und der meilenlange, sandige Gallinarische (seit dem Mittelalter Pineta genannte) Buschwald[2]), wo auch die Schiffsführer des S. Pompejus während des Krieges mit den Triumvirn Räuberbanden organisiert hatten[3]). Die Truppensendungen, die von Zeit zu Zeit gegen die dort hausenden Banditen erfolgten, bewirkten nur, daß sie sich für den Augenblick nach andern Orten, besonders nach Rom selbst zogen[4]).

Außer innern Kriegen und Unruhen leisteten auch andre Ursachen dem Räuberwesen Vorschub. Als Septimius Severus aufhörte, die Leibgarde der Prätorianer, wie es bisher geschehen war, hauptsächlich in Italien auszuheben, wandte sich die waffenfähige Jugend in Masse dem Fechter- und Räuberhandwerk zu[5]). Gegen Ende von Severus Regierung brandschatzte ein Bandenführer, Felix Bulla, an der Spitze von 600 Räubern ganz Italien und behauptete sich zwei Jahre lang trotz aller gegen ihn ausgesandten Mannschaften. Durch List und Freigebigkeit erreichte er, daß, obwohl der Kaiser sehr großen Wert auf seine Auffindung legte, »er weder gesehen wurde, wenn man ihn sah, noch gefunden, wenn man ihn fand, noch ergriffen, wenn man ihn gefangen nahm«. Er erfuhr von allen, die von Rom abreisten und in Brundisium landeten, wer sie waren und was sie bei sich führten; die übrigen entließ er sofort, nachdem er sie eines Teils ihrer Habe beraubt hatte, nur die Handwerker hielt er einige Zeit fest und ließ sie für sich arbeiten, bezahlte sie und gab sie dann frei. Als zwei seiner Kameraden gefangen und zum Tierkampf verurteilt worden waren, begab er sich zu dem Kerkermeister, gab sich für den obersten Beamten des Bezirks aus, der für seine Schauspiele solche Leute brauche, und spielte seine Rolle so gut, daß man sie ihm mitgab. Dem gegen ihn abgesandten Centurionen bot er sich selbst als Führer an und lockte ihn in einen Hinterhalt. Hier gab er sich zu erkennen, ließ dem Centurionen den Kopf kahl scheren und beauftragte ihn, seinen Herren zu sagen, sie sollten ihre Sklaven besser halten, damit sie nicht Räuber würden. In der Tat hatte er sehr viele, teils schlecht, teils gar nicht bezahlte kaiserliche Sklaven in seiner Bande. Endlich sandte Severus, im höchsten Grade aufgebracht, einen Tribunen der kaiserlichen Leibwache mit einer großen Reiterabteilung gegen ihn aus, der ihn um jeden Preis lebendig gefangen nehmen sollte. Diesem gelang es durch den Verrat einer Geliebten, ihn in einer Höhle schlafend zu ergreifen. Dem Präfekten Papinianus, vor den er geführt wurde, antwortete er auf die Frage: Warum bist du Räuber? mit der Gegenfrage: Warum bist du Präfekt? Er wurde unter dem Ausrufe des Herolds von wilden Tieren zerrissen und seine Bande darauf mit leichter Mühe zerstreut. So sehr, sagt Cassius Dio, war die Kraft der Sechshundert in ihm allein gewesen[6]). Proculus, der ums Jahr 280 als Thronprätendent auftrat, stammte aus einem vornehmen, reichen Räubergeschlecht im Gebiet von Albenga an der

Der Räuberhauptmann Felix Bulla.

1) Fronto Ep. ad M. Caes. II 12 p. 35 f. N. 2) Er zieht sich noch heute an der ganzen Küste von Cuma bis Castel Volturno hin, von Wasservögeln bevölkert. Nissen, Ital. Landesk. II 713. 3) Strabo V 243. 4) Juv. 3, 306 ff. 5) Cass. Dio LXXIV 2, 5. 6) Cass. Dio LXXVI 10. Neben dem Severusbogen gefundene Inschrift CIL VI 234 = Dessau 2011 *Genio exercitus, qui exstinguendis saevissimis latronib(us) fideli devotione Romanae exspectationi et votis omnium satisfecit.*

Genuesischen Riviera; er gebot über 2000 bewaffnete Sklaven[1]). Räubergeschichten bildeten neben Gespenster- und Liebesgeschichten einen beliebten Gegenstand der Unterhaltungsliteratur, und die Räuber spielen in den antiken Romanen eine große Rolle, namentlich bei Apulejus spricht sich »Bewunderung für die Kühnheit, Standhaftigkeit, Treue der Räuber größeren Stils« deutlich aus[2]). Wie sehr die großen Banditen das allgemeine Interesse erregten, sieht man auch daraus, daß ein Schriftsteller wie Arrian eine Biographie des oben erwähnten Räubers Tilliboras schrieb[3]).

Vergleichung des damaligen Brigantentums mit dem des 19. Jahrhunderts.

Wenn es also zu allen Zeiten in allen Teilen des römischen Reichs und oft in großer Anzahl Räuber gab, so ist dabei nicht zu vergessen, daß die mitgeteilten Angaben aus einem Zeitraum von mehreren Jahrhunderten zusammengetragen sind. Wollte man entsprechende Angaben aus der europäischen Literatur der letzten drei Jahrhunderte sammeln[4]), so dürfte das Ergebnis um so viel reicher ausfallen, als die Quellen hier zahlreicher und ergiebiger sind. Nicht viel mehr als ein Jahrhundert ist vergangen, seit die englischen Highwaymen, die noch 1816 die Straße von Dover nach London unsicher machten[5]), die großen Räuberbanden im westlichen Deutschland[6]) ihr Wesen trieben und die Räuberromane auch in unserer Unterhaltungsliteratur einen bedeutenden Raum einnahmen. Es fragt sich sogar, ob die Unsicherheit der Straßen selbst im 19. Jahrhundert in den Mittelmeerländern und den Ländern an der unteren Donau nicht ebenso groß gewesen ist, und zum Teil noch ist, wie in der römischen Kaiserzeit; selbst wenn man von dem unter der Herrschaft des Islam stehenden Gebiet und von Griechenland[7]) ganz absehen will, wo noch im 20. Jahrhundert die Tätigkeit des Räubers Athanas und die Aufhebung des deutschen Ingenieurs Richter im thessalischen Olymp die öffentliche Meinung Europas in Aufregung versetzte[8]). Im heutigen Ungarn beschäftigt vor allem der schweifende »arme Gesell« und der »raubende Betyar« die Phantasie des Volks und die Sagendichtung. Von Szolnok nach Kecskemet ließ man Bismarck 1852 nicht ohne Eskorte reisen; in dieser Gegend lagen die übelsten Raubnester, an der Theiß, wo die Sümpfe und Wüsten ihre Ausrottung fast unmöglich machen; trefflich bewaffnete und berittene Banden von 15 bis 20 Mann überfielen die Reisenden und die Höfe[9]). In Szegedin sollen im Jahre 1873 an 800 Räuber und Mörder gefangen gesessen, an 1500 als Mitschuldige aufgezeichnet gewesen sein. Doch schwerlich war auch nur der größere Teil entdeckt und gefangen worden[10]). In Dalmatien hört man fast in jedem Monat, die Malviventi seien von den Bergen herabgestiegen und niemand hindere sie daran. Der Kreis Zara zählte 157000 Einwohner: hier wurden 1851—1863 2659 »Handlungen öffentlicher Gewalttätigkeit« verübt, 1919 Personen schwer an ihrem

1) Hist. aug. Procul. 12, 1 f. 2) Rohde, Der griech. Roman³ 384, 1. 3) Lucian. Alexand. 2; vgl. auch Radermacher, Wiener Studien XXXIII 1911 S. 227 ff. 4) Unsicherheit im Mittelalter: H. Stephan in Raumers Hist. Taschenb. 4. Folge X 1869 S. 359 ff. In Frankreich im 18. Jahrhundert Taine, Orig. de la Fr. contemp. L'anc. régime I² 498 ff. 5) C. F. v. Stockmar, Denkwürdigkeiten (1872) S. 14. 6) Der Neue Pitaval. XVIII N. F. VI (1852): Die Räuberbanden am Mittel- und Niederrhein zu Ende des vorigen und Anfang dieses Jahrhunderts. 7) E. Burnouf, Revue d. deux mondes LXXXVII (1870) S. 987 ff. 8) Vgl. O. Kern, Nordgriech. Skizzen (1912) S. 16. 51. 9) Bismarcks Briefe an seine Braut und Gattin (1900) S. 347. 10) F. Löher, Augsb. Allgem. Ztg. 1. März 1872 Beilage.

Leibe geschädigt, 507 ohne weiteres ermordet. In der Verlikka kam auf je 21 Menschen ein Mörder oder Totschläger[1]). Die Geschichte des Banditentums in Italien seit 1799, der Camorra und der Mafia würde allein Bände füllen[2]). Hier kann nur an einige besonders bezeichnende Tatsachen erinnert werden[3]). Im Kirchenstaat waren die Aufstände gegen die Franzosenherrschaft zum Teil durch Raublustige erhoben und durch sie Raublust verbreitet worden. Die daraus verstärkten Räuberbanden zehnteten das flache Land auch nach der Rückkehr von Pius VII., schleppten Familien fort und überfielen Klöster. Als das Räubernest Sonnino abgebrochen worden war, zogen sie weiter nördlich, bedrängten Frosinone und Alatri, bedrohten Subiaco, Palestrina, Tivoli, ja die römischen Villen mit Feuer und Raub[4]). Noch schlimmer war es im Königreich Neapel nach der Rückkehr Ferdinands I., der mit den Häuptlingen der Banden bald wie Macht mit Macht unterhandelte, bald sich ihrer durch Verrat zu entledigen suchte. Mit den Räubern schlossen weitverbreitete regierungsfeindliche Verbrüderungen Bündnisse, und namentlich in der Provinz Otranto war die friedliebende Bevölkerung der Hefe des Volks tributpflichtig und wurden bis 1818 die größten Verbrechen in Masse straflos verübt[5]). Als im Jahr 1861 die Contrerevolution in der Form des Brigantentums organisiert wurde, verübten die unter dieser Fahne kämpfenden Banden nicht geringere Greuel als die des Kardinals Ruffo, und es bedurfte eines dreijährigen blutigen Krieges, um sie völlig aufzureiben. Wieviel noch bis in die jüngste Zeit in Unteritalien sowie in einem großen Teil von Mittelitalien (namentlich überall da, wo das Brigantentum im Massenelend wurzelt) zur Herstellung einer völligen Sicherheit fehlte, ist allbekannt. Ebenso allbekannt sind die der modernen Zivilisation Hohn sprechenden Zustände Siciliens[6]). Im Jahre 1838 betrug dort die Zahl der von der Obrigkeit als notorisch anerkannten Verbrecher, der Vogelfreien, nach der eigenen Aussage des Polizeiministers Marchese del Carreto gegen 6000. Kleinere Städte im Innern waren von ihnen mit offener Gewalt geplündert worden[7]). Bis 1860 beruhte die ganze dortige gesellschaftliche Ordnung auf der Macht der Einzelnen, und diese wurde seit unvordenklichen Zeiten durch Gewalt zur Geltung gebracht. In dem bei weitem größern westlichen Teil der Insel ist das Brigantentum gewissermaßen eine regelmäßige und anerkannte Institution, die Briganten und Mitglieder der Mafia die einzige Autorität, die allgemeinen Gehorsam findet. Alle seit 1860 gemachten Versuche der Regierung, diese Übel auszurotten, sind fruchtlos geblieben und werden es bleiben, solange es nicht gelingt, ihre Wurzeln abzugraben. Im September 1866 wurde Palermo von Räubern eingenommen und 5 Tage besetzt gehalten[8]). Aber auch in dem jetzt beruhigten Osten der Insel hat bis 1875 der Bandenführer Ignazio Cucinotta eine Tyrannenherrschaft geübt, »mit der verglichen die der Bourbonen in den

1) Noe, Dalmatien und seine Inselwelt (1870) S. 61. 2) Über die Ursachen vgl. Hehn, Italien[2] 171 ff. Unter Clemens XIII. (1758—1769) wurden im Kirchenstaat 11000 Morde (davon 4000 in Rom) amtlich verzeichnet. Cantù, Storia degl' Italiani T. VI l. XV c. 157 (mir nicht zugänglich). 3) Über den *brigantaggio* in der näheren und weiteren Umgebung Roms Gius. Tomassetti, La Campagna Romana I (1910) S. 281 ff. 4) Reuchlin, Gesch. Italiens I S. 114 f. 5) ebd. I S. 134 ff. 6) Das Folgende nach Franchetti, La Sicilia nel 1876 I (1877) S. 36 ff. Vgl. H. Reimer, Im Neuen Reich 1879 I S. 945 ff. 7) Gaudy, Werke V 113. 8) Augsb. Allg. Ztg. 18. Dezember 1876.

schlimmsten Zeiten wohltätig und gerecht war«. In Sardinien war bis zu der 1899 von Pelloux unternommenen Unterdrückung des Banditentums die Sicherheit geringer als in der Türkei. Die Räuberei wurde im großen betrieben, Angriffe von Diligencen und ganzen Ortschaften, Besetzung von Bahnstationen und Kasernen der Karabinieri durch bewaffnete Banden waren nicht selten; in einigen Gegenden lud man zu solchen Raubzügen ein, und solche Einladungen galten als Ehre[1]). In Corsica gab man 1851 die Zahl der eigentlichen Banditen auf 200 an, und ebensoviele mochten in Sardinien als Flüchtlinge leben[2]). In Spanien herrschte ums Jahr 1830 eine unglaubliche Unsicherheit. Alle Hauptposten, mit Ausnahme der von Barcelona nach Perpignan, erkauften sich von den Banditen Schutz. Die große und belebte Straße von Sevilla nach Cadix konnte zwischen San Lucar und Puerto de Santa Maria ohne starke bewaffnete Eskorte gar nicht bereist werden. Die Straße von Cadix nach Gibraltar stand in so bösem Rufe, daß man sich nur im Notfall darauf wagte; dennoch wurden während des Sommers 1830 in acht Wochen nicht weniger als 35 Personen ausgeplündert. Selbst in einigen der größten Städte war niemand seines Lebens und Eigentums sicher. In Sevilla verging kaum eine Nacht, ohne daß ein Mord begangen wurde. Auch in Malaga erfreuten sich die Mörder einer fast vollständigen Sicherheit[3]). Vierzig Jahre später waren die Zustände des Landes um nichts besser. Im Winter 1869 wurde ein kleiner Badeort in den südlichen Gebirgen von einer Räuberbande überfallen und ausgeplündert und 18 Badegäste erschossen[4]). Im Jahre 1842, also sieben Jahre nach Beendigung des Bürgerkriegs in Portugal, hielten im Königreich Algarbien kaum hundert Guerrilhas, sogenannte Miguelisten, aber in der Tat nur gewöhnliche Straßenräuber, in den Schluchten der Serra von Monchique dreitausend Mann regulärer Truppen in Schach[5]). Bis jetzt hat sich also wenigstens bei den Völkern Südeuropas jene Prophezeiung des Cassius Dio bewährt, daß das Räuberwesen nicht aufhören werde, solange die menschliche Natur dieselbe bleibe.

4. DER VERKEHR.

a. DER DURCH DIE NATUR, GRÖSZE UND VERWALTUNG DES RÖMISCHEN REICHS BEDINGTE VERKEHR.

Bei dem Versuche, von dem Verkehrswesen im römischen Reiche eine Vorstellung zu gewinnen, kommt zunächst in Betracht, daß schon der ungeheure Umfang des in ihm vereinigten Ländergebiets einen lebhaften, fortwährenden und sehr umfassenden Verkehr mit Notwendigkeit bedingte. Die Zentralisation der Verwaltung und Rechtspflege hatte eine ununterbrochene Kommunikation aller Teile des Reichs mit Rom, sowie aller Teile der Provinzen

Stete Verbindung der Provinzen mit Rom und den übrigen Verwaltungszentren. Reisen der Beamten und Provinzialen.

1) Friedlaender, Erinnerungen, Reden und Studien II S. 616. 2) Gregorovius, Corsica[2] S. 157. 3) Baumgarten, Gesch. Spaniens III S. 88. Im Jahre 1826 wurde der zwischen Montpellier und Madrid fahrende Eilwagen ständig angehalten und ausgeplündert. Caroline Herschels Memoiren (deutsch von Scheibe) S. 235. Vgl. auch die Schilderung bei P. Mérimée, Lettres d'Espagne 1830 (Mosaique, Paris 1881 S. 311 ff.) 4) Bernhardi, Reiseerinnerungen aus Spanien (1886) S. 245. 5) Hübner, Sixte-Quint I 280, 1.

mit den Residenzen der Statthalter zur Folge. Diese letztern unterhielten einen fortdauernden Depeschenwechsel mit den Kaisern, wie es die Korrespondenz des Plinius als Konsularlegat von Bithynien in den Jahren 111—113 mit Trajan zeigt, wenn freilich auch nicht alle Statthalter bei so geringfügigen Veranlassungen, wie er, in Rom angefragt haben werden; und ebenso standen die Prokuratoren und kaiserlichen Hausbeamten in den Provinzen mit den vorgesetzten Behörden in Rom oder dem Kaiser selbst in steter Verbindung. Beamte, die sich auf ihre Posten begaben oder in außerordentlichen Sendungen reisten, waren fortwährend unterwegs, und diese Reisen, die oft unmittelbar aus den Mooren Schottlands an den Atlas, aus den Städten Syriens in die Standlager Germaniens führten, wurden natürlich immer mit größerem oder geringerem Gefolge unternommen[1]). Die Zahl der Provinzialen, die eigene Angelegenheiten, Rechtssachen (namentlich Appellationen an die Kaiser)[2]), Anstellungen und Beförderungen usw. persönlich in Rom betrieben, wird zu allen Zeiten groß gewesen sein. Martial erwähnt z. B. eine dorthin behufs Erlangung des Dreikinderrechts unternommene Reise[3]), Epictet, daß jemand die Seefahrt von Kreta machte, um Vorsteher der Stadt Knossos zu werden[4]). Die in den Provinzen eines Kapitalverbrechens angeklagten Personen, welche der Gerichtsbarkeit der Statthalter nicht unterworfen waren (Senatoren, höhere Offiziere, Decurionen der Munizipien), wurden nach Rom gesandt[5]): auch solchen begegnete man gewiß auf den dorthin führenden Straßen häufig genug.

Gesandtschaften an die Kaiser und Statthalter.

Auch Gesandtschaften der Städte und Landtage der Provinzen dürften zu allen Zeiten in Rom anzutreffen gewesen sein[6]): zugleich mit der Gesandtschaft der alexandrinischen Juden an Caligula, bei der sich Philo befand, warteten Gesandte »fast aus der ganzen Welt« auf Audienz und Bescheid[7]). Öfters wird die freiwillige Übernahme von Gesandtschaften an den Kaiser in griechischen und römischen Inschriften als ein Verdienst erwähnt, das wohlhabende Bürger sich um ihre Stadt erwarben[8]); und welche Verschwendung mit solchen Gesandtschaften getrieben wurde[9]), kann man daraus entnehmen, daß nach dem Bericht des jüngern Plinius aus Byzanz alljährlich ein Gesandter zur Begrüßung Trajans mit einem Reisegelde von 12000 Sesterzen (2610 Mark) nach Rom und ein andrer mit einem Reisegelde von 3000 Sesterzen (652,5 Mark) zur Begrüßung des Statthalters von Mösien geschickt wurde. Trajan genehmigte auf den Vorschlag des Plinius, daß an die Stelle dieser Gesandtschaften die Übersendung von Begrüßungsschreiben treten sollte[10]); Vespasian hatte die Zahl

1) Über die Reisen der Senatoren s. oben S. 129. 2) Neumann, Der röm. Staat u. d. allg. Kirche I 221, 7. 3) Martial. VIII 31. 4) Epictet. Diss. III 9, 6. 5) Mommsen StR. II³ 968; Strafr. S. 243 ff., vgl. 241, 2. 6) Vgl. Liebenam, Städteverwaltung im röm. Kaiserreiche (1900) S. 82 ff. 7) Philo Leg. ad Gai. 182, vgl. Tac. A. XVI 5. 8) z. B. πρεσβευταὶ ἐπηνγείλαντο ἐκ τῶν ἰδίων Dittenberger, Syll.³ 797, 25; τρὶς πρεσβεύσαντα πρὸς τοὺς αὐτοκράτορας προῖκα Dittenberger, Or. gr. 516, 9; daher formelhaft ᾧ τὸ ἐφόδιον δοθήτω εἴ γε μὴ προῖκα ὑπέσχετο πρεσβεύσειν Dittenberger, Syll.³ 833, 14. 837, 17; *quinq(uies) gratuit(is) legation(ibus) urbic(is) et peregrin(is) pro re p(ublica) sua functus* CIL V 5894 = Dessau 6732, auch Dessau 6780. 9508 u. a. 9) Plutarch. praec. reip. ger. 25; an seni ger. resp. 19. Römische Grabschrift eines Arztes Patron, der als Gesandter der Lycier an Marc Aurel und L. Verus in die Hauptstadt gekommen war, IG XIV 1934 = Kaibel, Epigr. gr. 546; mehrjähriger Aufenthalt eines Gesandten aus Arelate in Rom CIL XII 594 = Dessau 6988. 10) Plin. epist. ad Trai. 43 f.; vgl. Cass. Dio LII 30, 9.

der städtischen Gesandten auf drei beschränkt[1]). Auch die zeitweiligen Aufenthaltsorte der Kaiser auf Reisen und Feldzügen wurden Mittelpunkte eines ähnlichen lebhaften Verkehrs. Daß Augustus während seines mehr als zweijährigen Aufenthaltes in Tarraco (728/29 = 26/25) wie 733/34 = 21/20 auf Samos Gesandte aus nahen und fernen Ländern und allen Weltgegenden in großer Zahl empfing, dürfen wir annehmen, wenn wir auch nur von einer lesbischen und einer indischen wissen[2]). Das Erdbeben, das Antiochia im Jahre 115 betraf, während Trajan dort überwinterte, wurde, wie Cassius Dio sagt, für viele Städte unheilvoll; denn da zahlreiche Soldaten und Privatleute behufs Entscheidung von Prozessen oder als Gesandte, in Handelsgeschäften oder aus Schaulust von allen Seiten dorthin zusammengeströmt waren, blieb kein Stamm und keine Provinz unbeschädigt, und so litt in Antiochia das ganze römische Reich[3]).

Wanderungen und Übersiedelungen innerhalb des römischen Reichs.

Sodann hatte die vollkommen ungehemmte Freizügigkeit bei der Vortrefflichkeit der Verkehrsanstalten und der verhältnismäßig großen Sicherheit der stets belebten Straßen ein unaufhörliches Hin- und Herziehen, Wandern und Reisen eines nicht geringen Teils der Bevölkerungen zur Folge: und je länger das ein Gebiet von mehr als 5 Millionen Quadratkilometern umfassende Weltreich bestand, desto zahlreicher wurden die Beziehungen zwischen den verschiedenen Ländern, folglich auch die Motive für die Bewohner, ihren Aufenthalt auf längere oder kürzere Zeit zu verändern. Unternehmungen, Geschäfte, Gewerbe, die in irgendeiner Provinz erfolglos geblieben waren, konnten in jeder andern aufs neue versucht oder mit lohnenderen vertauscht werden. Der Vater des Kaisers Vespasian, Flavius Sabinus, aus Reate gebürtig, hatte den Einfuhrzoll von 2½ Prozent in der Provinz Asia gepachtet, später machte er Geldgeschäfte in Helvetien, wo er auch starb[4]). Allerdings strömte es am stärksten aus den Provinzen nach Rom, aber doch auch wieder von dort zurück, und nicht minder muß der Verkehr der Provinzen untereinander fortwährend sehr lebendig gewesen sein. Griechen und Kleinasiaten lebten als Schullehrer (wie Asclepiades von Myrlea in Turdetanien)[5]), Rhetoren (wie Lucian in Gallien)[6]), Ärzte (wie der von Eusebius unter den Märtyrern zu Lugdunum erwähnte Phrygier Alexander)[7]), Maler und Bildhauer (wie der Erzgießer Zenodorus bei den Arvernern, d. h. in Clermont, in Neros Zeit)[8]) in allen westlichen Provinzen. König Herodes von Judäa hatte Gallier und Germanen zu Leibwächtern[9]). Juden waren in allen Teilen des Reichs ansässig und unterhielten ohne Zweifel lebhafte Beziehungen untereinander und mit dem Mutterlande[10]). Aus ihren sämtlichen Gemeinden brachten angesehene Männer zu bestimmten Zeiten die Tempelabgaben nach Jerusalem[11]); zum Passahfest zogen aus allen Weltgegen-

1) Dig. L 7, 4 § 6. Zum Regierungsantritte des Caligula hatten die Assier noch eine Gesandtschaft von 5 Personen nach Rom geschickt (Dittenberger, Syll.³ 797). Gesandtschaften beim Regierungsantritt des Decius Trajanus, Lebas-Waddington 1624. 2) Cichorius, Rom u. Mytilene S. 41. S. auch Anhang II S. 8. 3) Cass. Dio LXVIII 24, 1 f. 4) Sueton. Vespasian. 1, 2 f. 5) Strabo III 157; vgl. B. A. Müller, De Asclepiade Myrleano (Diss. Lips. 1903) S. 10. 6) Lucian. Apol. 15. Vgl. CIL II 1738 (*Troilus rhetor Graecus* in Gades). In Baeterrae (Béziers) IG XIV 2516 Φίλων Σωτάδου Μοψεάτης (aus Mopsuhestia) ῥήτωρ Ἀρτεμιδώρῳ τῷ ἀδελφῷ ῥήτορι (etwa 2. Jahrhundert). 7) Eusebius h. e. V 1, 49. 8) Plin. n. h. XXXIV 45. 9) Joseph. A. J. XVII 198. 10) S. unten [III 200 ff.] 11) Philo de spec. leg. I 78.

den Tausende von jüdischen Pilgern nach der heiligen Stadt[1]). Wie lebendig der persönliche Austausch und Verkehr unter den Christen des römischen Reichs in den ersten Jahrhunderten gewesen ist, lehren uns nicht bloß die Reisen der christlichen Missionare, sondern auch andrer hervorragender Christen, und auch ihr brieflicher und literarischer Verkehr war ein ungemein lebhafter[2]). Daß an allen Zentralpunkten Fremde sich zahlreich aufhielten, ist selbstverständlich[3]); von dem Fremdenverkehr in den Handelsstädten wird unten die Rede sein. Es gab aber überhaupt keine Stadt, in der nicht zahlreiche Fremde wohnten; selbst auf einer so rauhen, kulturlosen, ja abschreckenden Felseninsel wie Corsica war nach Senecas Zeugnis ihre Zahl größer als die der Einheimischen[4]).

Kriegsdienst. Aushebung der Truppen.

Ferner führte der Kriegsdienst fortwährend Tausende aus ihren Geburtsländern an immer wechselnde Standorte und zuletzt bleibende Wohnsitze in weiten Fernen, auch nachdem Hadrians Durchführung der örtlichen Aushebung die früher sehr weitläufigen und kostspieligen Verschickungen wesentlich vermindert hatte. Denn nur ein Teil der Provinzen, wie Afrika und im ganzen auch Ägypten[5]), war imstande, die für ihre Garnisonen erforderlichen Mannschaften so gut wie vollständig zu stellen. Daher mußten bei der für ein Heer von höchstens 300000 Mann bei meist 25jähriger Dienstzeit jährlich höchstens rund 20000 Rekruten erfordernden[6]) Heeresergänzung diejenigen Länder, welche selbst keines oder nur eines geringen militärischen Schutzes bedurften oder einen Überschuß an kriegerischen Kräften besaßen, andern Provinzen mit Rekruten aushelfen[7]). So erwähnt Tacitus, daß im Jahre 65 im Narbonensischen Gallien, in Afrika und Asia Aushebungen zur Ergänzung der Legionen in Pannonien, Mösien und Dalmatien stattfanden[8]). Doch bestand eine im ganzen festgehaltene Scheidung zwischen Orient und Okzident. Die in den westlichen Provinzen stehenden Legionen wurden nur hier, die in den östlichen stehenden nur dort ausgehoben, wenngleich es an Ausnahmen nicht fehlte; und zwischen den Korps des Orients und denen des Okzidents hat der sonst so häufige Lagerwechsel so gut wie gar nicht stattgefunden[9]). Für die Offiziere gilt dies jedoch nicht; sie wurden überhaupt viel umhergeworfen. Nicht bloß die höheren Offiziere aus dem Senatoren- und Ritterstande, sondern auch die Centurionen, die noch im 2. Jahrhundert fast durchweg Italiker waren oder aus römischen Militärkolonien stammten, wurden sehr häufig von einer Legion zur andern, also auch aus einer Provinz in die andre versetzt, um den Legionen ein gleichartiges

1) Schürer, Gesch. d. jüd. Volkes III4 149. 2) Harnack, Mission u. Ausbreitung des Christentums I3 352 ff. 3) Vgl. z. B. die Grabschriften mit Angabe der Herkunft in Tarraco CIL II 4319—4327 und in Rhodus IG XII 1 nr. 381—479. 4) Seneca Cons. ad Helv. 6, 4 f. 5) Mommsen, Ges. Schrift. VI 39. Im allgemeinen vgl. Mommsens zwar gegenüber dem heutigen Stande unseres Wissens unvollständige, aber für jede weitere Untersuchung grundlegende Zusammenstellung der *militum provincialium patriae* Ephem. epigr. V (1884) S. 164—249 (nur die Vorbemerkungen dazu sind Ges. Schrift. VIII 466 ff. wieder abgedruckt). 6) Mommsen, Ges. Schrift. VI 22. 7) Harster, Die Nationen des Römerreichs in den Heeren der Kaiser (Speier 1873) S. 25 f. J. Jung, Ztschr. f. d. österr. Gymnas. XXV (1874) S. 668 ff.; Römer und Romanen[2] S. 65 ff. 8) Tac. A. XVI 13. Vgl. Bang, Die Germanen im römischen Dienst (1906) S. 78 ff., s. auch die Grabschriften von Soldaten, die aus Vienna stammten, Allmer, Inscr. antiques de Vienne I S. 345—423. 9) Mommsen, Ges. Schrift. VI 40.

Offizierkorps römischen Blutes zu erhalten[1]). Es finden sich Centurionen, die in 5, 6, 7, ja sogar in 10 Legionen nacheinander, oder dazwischen in andern Truppengattungen dienten[2]). Bei der Ernennung des Vettius Crispinus zum Legionstribunen fragt Statius, ob er an den Rhein oder nach Afrika, nach Pannonien oder an die Donaumündung, nach Judäa oder Armenien werde gesandt werden[3]). Im ganzen erfolgte die Aushebung der Legionen in den Provinzen mit städtischer Zivilisation (den Senatsprovinzen)[4]). Die Mehrzahl der Heimatangaben der Soldaten in den rheinischen, dalmatinischen, afrikanischen Legionen führt auf die Narbonensis, Afrika und Macedonien: seit Hadrian dienten die Leute dieser keiner Garnisonen bedürfenden Länder in der Garde[5]). Dagegen die Hilfskorps (Auxiliarkohorten) wurden in den kaiserlichen Provinzen gebildet[6]); sie waren gewissermaßen eine Hausmacht der Kaiser. Ebenso wurde die Aushebung für die Mannschaften der Flotten wesentlich auf dieselben Provinzen gelegt[7]); namentlich auf Ägypten, Syrien, Cilicien, Cappadocien, Bithynien, Pontus und Thracien in der östlichen, Dalmatien, Sardinien und Corsica in der westlichen Reichshälfte[8]).

Verwendung der Nationaltruppen außerhalb ihrer Heimat.

Obwohl nun ökonomische wie sanitäre Gründe die Verwendung der Soldaten in ihrer Heimat empfahlen, mußte von derselben aus entgegenstehenden Erwägungen vielfach Abstand genommen werden. Nicht bloß gaben die Provinzen mit geringer oder gar keiner Besatzung ihre Hilfskorps anderswohin ab, und wurden mehrere orientalische Korps dadurch, daß der Osten die Bogenschützen für das ganze Heer stellte, nach dem Westen geführt: sondern ganz besonders waren hier die politischen Rücksichten maßgebend. Gebiete, die erst kürzlich mit den Waffen unterworfen oder aus andern Gründen schwierig waren, belegte man nicht mit ihren eignen Nationaltruppen[9]). In Britannien ist nur eine der dort zahlreich gebildeten Reiterabteilungen und Infanteriekohorten stationiert worden; in Rätien haben von den 8 dort ausgehobenen Kohorten nur zwei gestanden; in Pannonien nennt ein Soldatenabschied vom Jahre 60 allerdings nur 7 Kohorten (also keineswegs alle dortigen Hilfskorps), aber unter diesen keine einzige aus den Donauländern, sondern 5 spanische und 2 der Alpiner[10]). In Dacien waren im Jahre 110 unter einem Oberbefehl vereint Nationaltruppen aus Ituräa (im Nordosten von Palästina), Spanien, Thracien, Gallien, Rätien und Britannien[11]); in Rätien im Jahr 107 Spanier und Lusitaner, Italiener, Thracier, Slavonier, Gallier, Bataver, Briten[12]). So lagen denn auf den Begräbnisplätzen großer Garnisonorte Männer aus den verschiedensten und fernsten Teilen des Reichs nebeneinander: z. B. in Mainz nach den Inschriften der dort zahlreich erhaltenen Grabsteine Soldaten und Offiziere aus dem Rheinlande, aus Holland und Brabant, aus Ungarn, Kärnten, Steiermark, Tirol, Dalmatien, Rumelien, Syrien, Spanien, Frankreich und aus allen Gegenden Italiens, von Friaul und Piemont bis Neapel[13]).

1) v. Domaszewski, Bonner Jahrbücher CXVII (1908) S. 83 ff. 2) Harster S. 26—28. Vgl. v. Domaszewski a. a. O. S. 94 ff. und Westdeutsche Zeitschrift XIV (1895) S. 58. 3) Stat. Silv. V 2, 132 ff. 4) Mommsen a. a. O. S. 80. 5) ebd. S. 66 f. 6) ebd. S. 61 f. 7) ebd. S. 63. 8) ebd. V S. 408 f. 9) ebd. VI S. 95 f. 10) ebd. S. 99. 11) Harster S. 50. 12) Jung, Zeitschr. f. österr. Gymn. XXV (1874) S. 685. 13) CIL XIII 6824 ff. Zahlreiche Grabsteine von Veteranen der (unter Nero durch Galater und Cappadocier ergänzten) 15. Legion südfranzösischer und italischer Heimat in Carnuntum (CIL III 4455 ff. 11209 ff.), vgl. v. Domaszewski, Arch. ep. Mitteil. aus Österr.-Ung. X (1886) S. 15 f.

Ansiedelungen von Veteranen.

Die Soldaten, welche bei der Garde mindestens 16, in den Legionen 20, den Hilfskorps 25, auf den Flotten 26 Jahre dienten, kehrten allerdings nach ihrer Entlassung zuweilen in ihre Heimat zurück, besonders wenn diese ihrem letzten Garnisonort nahe lag; in der Regel aber ließen die aus den Provinzen stammenden Veteranen sich in der Provinz nieder, in welcher sie zuletzt gestanden[1]), und wo sie gewöhnlich auch Ehen geschlossen hatten[2]). Die Versorgung der Veteranen durch Landanweisungen war in großem Umfange bereits durch Augustus erfolgt, der nach der Schlacht bei Actium 28 Militärkolonien in Italien und 14 v. Chr. eine große Anzahl anderer in den Provinzen anlegte, namentlich in Spanien und im Narbonensischen Gallien[3]), den afrikanischen Provinzen, wo in den beiden Mauretanien elf bekannt sind, in Cicilien, Macedonien, Achaja, Asia, Galatien und Syrien[4]). Die späteren Kaiser fuhren fort, die ausgedienten Soldaten in derselben Weise zu belohnen, zugleich in der Absicht, durch die militärischen Ansiedlungen den Provinzen Sicherung und Schutz gegen innere und äußere Feinde zu gewähren[5]). So siedelte Claudius[6]) Veteranen in Köln, Aequum in Dalmatien, Camulodunum in Britannien, in Noricum und in beiden Mauretanien u. a., Nero in Capua, Tarent, Nuceria, Antium, Puteoli, Pompeji[7]), Vespasian u. a. in Aventicum, in Deultus in Thracien, in Sirmium und Siscia in Pannonien und in Cäsarea in Palästina an[8]). Die Garden erhielten gewöhnlich in Italien, die Mannschaften der übrigen Teile des Heers in den Provinzen Land: so wurden Veteranen der fünften und zehnten Legion in Corduba und Augusta Emerita in Spanien, der zweiten in Cartenna (Mauretanien), der zweiundzwanzigsten in Paträ (Achaja), der fünften und achten in Berytus und Heliopolis (Syrien) angesiedelt[9]), und zahlreiche Orte, wie Arausio Secundanorum, Arelate Sextanorum, Forum Julii Octavanorum, Bovianum Undecumanorum, trugen die Legionsnummer ihrer Kolonisten im Namen[10]).

Kolonisation von Dacien.

Der erste Kaiser, der zur Versorgung der notleidenden bürgerlichen Bevölkerung Kolonien anlegte, war Nerva, der zu diesem Zweck in Italien für 60 Mill. S. (über 13 Mill. Mark) Land ankaufen und verteilen ließ[11]). Einzig in ihrer Art war die Kolonisation der 106 eroberten Provinz Dacien, in welche Trajan »unermeßliche Menschenmassen aus dem ganzen römischen Reich führen ließ«, um das durch den Krieg völlig verwüstete und von Menschen entblößte Land neu zu bebauen und zu bevölkern[12]). Unter diesen nicht militärischen Kolonisten Daciens kennen wir namentlich die zur Ausbeutung der Goldbergwerke um das heutige Abrudbanya aus Dalmatien herbeigezogenen, des Bergbaus kundigen Piruster und sonstige Dalmatiner; die große Mehrzahl der gewöhnlichen Bergarbeiter lieferte natürlich das benachbarte Pannonien; doch die Hauptmasse der Einwanderer war syrischer und kleinasiatischer Abkunft

1) Tac. A. XIV 27 (*veterani*) *dilapsis pluribus in provincias, in quibus stipendia expleverant.* 2) Mommsen CIL III Suppl. 1 p. 2034. 3) Über die Militärkolonien Octavians und Cäsars in Gallia Narbonensis J. Kromayer, Hermes XXXI 1896 S. 1 ff. 4) Mommsen, Res gestae d. Aug.² S. 119 ff.; vgl. Cuntz, De Augusto Plinii Geographicorum auctore (Diss. Bonn 1888) S. 21 ff. 5) Marquardt StV. I² 118 ff. Kornemann, Real-Encykl. IV 535 ff. 6) Vgl. Kubitschek, Wien. Studien XVI 1894 S. 329 ff. 7) Vgl. Sogliano, Rendic. d. Accad. d. Lincei 5. ser. VI 1897 S. 388 ff. 8) Weynand, Real-Encykl. VI 2681 ff. 9) Zumpt, Comment. epigraph. I 454. 10) Plin. n. h. III 35. 36. 107. Pomp. Mela II 75. 77. 11) Cass. Dio LXVIII 2, 1. Mommsen StR. II³ 995, 4. 12) Eutrop. VIII 6, 2.

(aus Asia, Bithynien, Carien, Galatien): so daß also damals wie heute in Siebenbürgen die verschiedensten Nationalitäten zusammentrafen und sich vermischten. Übrigens ist trotz dieser bürgerlichen Kolonistenbevölkerung Dacien »stets eine wesentlich von aktiven und ausgedienten Soldaten bevölkerte Militärgrenze geblieben, und die städtischen Gemeinden, die allmählich auf diesem Boden bei zunehmendem Gefühl der Sicherheit entstanden, verleugnen nicht ihren Ursprung aus Ansiedlungen von Veteranen, Marketendern und anderm Troß, der sich naturgemäß an die großen Lagerstätten anschloß«[1]).

In wie hohem Grade nun die in allen Teilen des Reichs angelegten Veteranenkolonien die Assimilation der unterworfenen einheimischen Bevölkerung und die Romanisierung der Provinzen befördern mußten, ist klar; ebenso aber auch, daß die fortwährenden Verpflanzungen zahlreicher Kolonisten aus ihren Geburtsländern in andre Gegenden zur Steigerung und Vervielfältigung des Verkehrs nicht wenig beitrugen.

Brieflicher Verkehr.

Daß auch der briefliche Verkehr im römischen Reiche lebendiger war, als man bei dem Fehlen einer Briefpost erwarten sollte[2]), läßt die Tatsache erschließen, daß ein berühmter Arzt wie Galen mit Personen in den verschiedensten Provinzen in Briefwechsel stehen konnte und in weitem Umfange von seinen Patienten, namentlich Augenleidenden, aus entfernten Provinzen brieflich konsultiert wurde[3]). Ebenso empfing er regelmäßige jährliche Sendungen von Medizinalstoffen aus allen Teilen des Reiches[4]). In der Zeit des Augustus sandten römische Buchhändler Bücher in überseeische Provinzen, wie nach Spanien und Afrika[5]), aber auch schwierigere Versendungen und Transporte erfolgten fortwährend in allen Richtungen. Die in einem Falle (von einer Heilquelle bei Santander) bezeugte Versendung von Mineralwasser[6]) hat ohne Zweifel häufig stattgefunden. Auf einen lebhaften Austausch der landwirtschaftlichen Produkte der verschiedenen Provinzen läßt die Nachricht des Plinius schließen, daß Herden lebender Gänse von Boulogne bis über die Alpen getrieben wurden[7]). Die Verbreitung der Fruchtbäume aus Italien in die Provinzen geschah zum Teil mit überraschender Schnelligkeit: schon vier Jahre nach der Eroberung Britanniens war die Kirsche dorthin verpflanzt[8]). Von den massenhaften Transporten von Tieren, darunter den größten und wildesten, aus den fernsten Ländern behufs der Tierhetzen nach Rom und den Hauptorten der Provinzen wird später die Rede sein. Wenn gegen Ende des 4. Jahrhunderts zu den Zirkusspielen in Antiochia in Syrien Pferde aus Spanien bezogen wurden[9]), so darf man annehmen, daß die Versendung der gesuchtesten und edelsten Pferde, namentlich auch der cappadocischen und afrikanischen[10]), zur Zucht und zu Wettrennen in der umfassendsten Weise betrieben worden ist.

Andre Versendungen.

1) Hirschfeld, Kl. Schrift. S. 745. Jung, Römer u. Romanen² S. 105 ff. 2) Über die Massenhaftigkeit des Briefverkehrs vgl. Riepl, Nachrichtenwesen S. 265 ff.; über Briefboten und Postanstalten in Palästina Herzfeld, Handelsgesch. d. Juden d. Altert. (1879) S. 158. 333. 3) S. oben S. 197. 4) S. oben S. 203. 5) Horat. epist. I 20, 11 ff.; A. P. 345; für die spätere Zeit Sulpic. Sev. dial. I 23, 3. 6) E. Hübner, Archäol. Ztg. XXXI (1873) Taf. 11 (dazu S. 115 ff.) = Schreiber, Kulturhist. Bilderatlas T. 72, 5. 6. 7) Plin. n. h. X 53. 8) Plin. n. h. XV 102. 9) Symmach. ep. IV 62. 10) Veget. mulom. VI 6, 4.

b. DER HANDELSVERKEHR.

α. HANDELSREISEN.

Ungewöhnlich günstige Bedingungen für den Aufschwung des Handelsverkehrs.

Wenn nun aber das gesamte Verkehrswesen im römischen Reich seit der Begründung der Monarchie an Umfang ebensowohl wie an Lebendigkeit ungemein gewonnen hatte, so war am größten ohne Zweifel der Aufschwung des Handelsverkehrs, auf dessen Hebung außer der allgemeinen Sicherheit und der Großartigkeit des Straßensystems noch andre wesentliche Bedingungen mächtig einwirkten, die damals in einer Weise vereinigt waren, wie niemals weder zuvor, noch nachher. Das römische Reich umschloß einen Teil der reichsten und gesegnetsten Länder der Erde, von denen mehrere in jenen Jahrhunderten sich einer Kultur und Wohlhabenheit erfreuten, die sie, wie gesagt, seitdem nicht wieder erreicht haben. Der freie Handel war durch die bestehenden Binnenzölle nur wenig belastet[1]), während ihm zugleich alle Vorteile der Einheit des Rechts, der Münze, der Maße und Gewichte zugute kamen. »Der römische Denar ist höchstwahrscheinlich schon in der republikanischen Zeit die einzige, allgemein gültige Reichswährung gewesen, so daß man mit diesem Gelde überall, in Italien so gut wie in Spanien und Syrien, Zahlung leisten konnte. Die Neuerung des Augustus bestand offenbar darin, daß er alle öffentlichen Ansetzungen und Berechnungen lediglich auf den Denar zu stellen vorschrieb.« Nur Ägypten, wo auch in der Kaiserzeit nach Drachmen gerechnet wurde, behielt auch hierin seine Ausnahmestellung[2]). Der Denar war in der dem späteren okzidentalischen Kaisertum entsprechenden westlichen Reichshälfte das einzige Silbergeld, in der östlichen bestand neben ihm die alte Silberwährung als Provinzialmünze fort[3]). Das Reichskupfergeld galt ohne Zweifel ebenfalls im ganzen Reiche; doch scheint es im Orient neben der Lokalscheidemünze wenig gangbar gewesen zu sein. Im Golde stand die Reichswährung allein[4]).

Münzeinheit.

Geltung des römischen Gelds im Auslande.

Die römische Münze hatte aber auch weit über die Reichsgrenzen hinaus Ansehen und Geltung. Unter Kaiser Claudius kam eine Gesandtschaft von der Insel Ceylon nach Rom, geführt von einem Freigelassenen des Annius Plocamus, Pächter der Warenzölle im Roten Meer. Dieser war auf einer Seefahrt um Arabien nach Ceylon verschlagen worden und hatte einen dortigen Fürsten bewogen, sich um die Freundschaft des Kaisers zu bemühen, da namentlich das gleiche Gewicht der römischen Denare, deren verschiedene Bilder doch zeigten, daß sie von mehreren geprägt waren, ihm Bewunderung für die Römer eingeflößt hatte[5]). »Von Nero ab (unter dem eine erhebliche Verschlechterung der Silberwährung eintrat) war für die Barbaren zu solcher Bewunderung keine Ursache mehr vorhanden«[6]).

---

1) Die Ansicht von Rodbertus, Jahrb. f. Nationalökonomie V 1865 S. 268 ff., daß das römische Reich ein großes Freihandelsgebiet, das größte, das je existiert hat, gewesen sei, ist unhaltbar, vielmehr bestanden innerhalb der Reichsgrenzen Zollschranken und Steuerbezirke (vgl. Marquardt StV. II² 271 ff.). 2) Vgl. dazu Mommsen, Arch. f. Papyrusforsch. I 1900 S. 273 ff. 3) Eine Inschrift von Cibyra (CIG 4380a) setzt den Wert der rhodischen Drachme in römischer Münze fest. 4) Das obige ganz, zum Teil wörtlich, nach Mommsen, Gesch. des röm. Münzwesens S. 729—731. 5) Plin. n. h. VI 85, vgl. dazu O. de Beauvoir Priaulx, Journ. Asiat. Society XVIII 1861 S. 345 ff. 6) Mommsen a. a. O. S. 775. Die Vorliebe der Germanen für das republikanische Silbergeld der Römer (*serratos bigatosque* Tac. Germ. 5) beruht nicht, wie Mommsen (a. a. O. S. 771 f.) meinte, auf

Achtung vor dem römischen Reiche im Auslande.

Für Handelsunternehmungen im Auslande gewährte die Macht und das Ansehen des Weltreichs seinen Angehörigen einen trefflichen Schutz. Schon Cicero konnte sagen, daß der edle und bei allen berühmte Name eines römischen Bürgers selbst dem Unbekannten bei Barbaren, bei den äußersten und fernsten Völkern, bei Indern und Persern, von Nutzen war, und daher die Welt von jeher den Römern am meisten offen stand[1]). In noch weit höherem Grade gilt dies für die Zeit der Monarchie. Die damalige kaufmännische Welt, welche die Hauptwege des Handels in den drei Weltteilen bereits gebahnt fand, sah sich durch die beispiellose Gunst aller Verhältnisse in den Stand gesetzt, diese Wege mit neuen glänzenden Aussichten zu verfolgen, zu erweitern und zu vervielfachen. In einem Grade und einem Umfange wie nie zuvor fielen ihr die enormen Vorteile des Welthandels zu, dessen Rentabilität für europäische Nationen darauf beruht, daß er mit tiefer in der Kultur stehenden Völkern getrieben wird, und die im Verhältnis zu der Größe des Kulturunterschiedes zunimmt. Die Gewinne des damaligen römischen Welthandels müssen ebenso groß oder größer gewesen sein als in neuerer Zeit die des großbritannischen, französischen, belgischen und niederländischen, die man schon vor mehr als einem Menschenalter im eigenen Kreise zusammen auf durchschnittlich 10 Prozent, dagegen im außereuropäischen Verkehr auf 29 Prozent berechnete[2]). Die Ausdehnung des Welthandels ist wohl (neben der langen Dauer des Weltfriedens, der Ausbeutung so vieler neuen Provinzen und dem wahrscheinlich schnelleren Geldumlauf) eine Hauptursache, weshalb in der Kaiserzeit der Reichtum bei weitem größer war als selbst in der letzten Zeit der Republik, die schon dem ältern Plinius mit der Gegenwart verglichen als eine Zeit der Armut erschien[3]). Haben wir über den Land- und Seehandel des römischen Reichs in jener Zeit auch nur dürftige und zerstreute Nachrichten, so reichen diese doch hin, um uns von seiner Ausdehnung, Lebendigkeit und Vielfältigkeit einen sehr hohen Begriff zu geben[4]).

Häufigkeit der kaufmännischen Reisen.

Weit mehr als gegenwärtig war der Kaufmann damals genötigt, einen großen Teil seiner Zeit auf Reisen zuzubringen. Gerade im Handel mußte in vielen, wo nicht den meisten Fällen, in denen gegenwärtig brieflicher Verkehr ausreicht, persönlicher stattfinden. Man mußte sich persönlich kennen lernen, ehe man in direkte Handelsbeziehungen trat, persönlich sich über die Konjunkturen fremder Märkte unterrichten, »ganz wie im Mittelalter vor Herstellung der ersten regelmäßigen Posten die deutschen Kaufleute wegen desselben Zweckes in Person nach Antwerpen, Brüssel, Amsterdam, Augsburg usw. reisten«[5]).

Eile, ruft Horaz dem Kaufmann zu, daß dir in den Häfen keiner zuvorkomme, damit du nicht die cibyratischen und bithynischen Geschäfte (mit Eisenfabrikaten und Räucherwaren) verlierst[6]). »Tummle dich«, ermahnt ihn bei Persius

Abneigung gegen den minderwertigen neronischen Denar, denn die im freien Germanien gemachten Funde von Denaren mit gezahntem Rande (vgl. H. Willers, Die römischen Bronzeeimer von Hemmoor, 1901 S. 192 ff.; Wien. Numism. Ztschr. XXXI 1899 S. 348 ff. K. Regling, Ztschr. f. Numism. XXIX 1912 S. 189 ff.) stammen mit Ausnahme eines einzigen versprengten Stückes durchweg aus der Zeit vor Nero. Vgl. Norden, Die german. Urgeschichte in Tacitus Germania (1920) S. 280 f.

1) Cic. Verr. II 5, 166, vgl. auch 147. Sallust. Jug. 26, 1. 2) W. Hübbe-Schleiden, Überseeische Politik (1881) S. 23. 3) Plin. n. h. XIII 92. 4) Speck, Handelsgeschichte d. Altertums III 2 (1906) S. 491 ff. 5) H. Stephan, Raumers Histor. Taschenb. 4. Folge IX 1868 S. 28. 6) Horat. Epist. I 6, 32 f. Vgl. Blümner, Die gewerbl. Tätigkeit der Völker des klass. Altertums (1869) S. 29. 41 ff.

die Habsucht; »hole gesalzene Fische, Werg, Bibergeil, Ebenholz, Weihrauch, koische Seidenflore vom Schwarzen Meere, hebe vor allen andern die Pfeffersäcke von den durstenden Kamelen«[1]). Juvenal spricht von Seereisen nach Cilicien und Kreta zum Einkauf von Safran und Rosinenwein[2]). So zog denn nach Horaz der »unstäte Kaufmann« vom Aufgang bis zum Niedergang, von den kältesten bis zu den heißesten Zonen, und setzte sich selbst den Gefahren winterlicher Seefahrten aus[3]). Er trug (nach einem wenig späteren Dichter) sein in ausländische Waren verwandeltes Vermögen durch die Städte, kundschaftete große, durch Brand eingetretene Verluste an Korn aus und vertraute dann seine Schätze den Winden an. Er verkaufte der ganzen Welt die Güter der ganzen Welt, knüpfte seine Handelsbeziehungen durch unbekannte Länder und erwarb unter einer neuen Sonne neue Reichtümer[4]). Eine unermeßliche Menge, sagt Plinius, schifft des Gewinns halber auf jedem irgend eröffneten Meere[5]). Die zufällig erhaltene, bereits erwähnte Grabschrift eines Geschäftsmannes aus Hierapolis in Phrygien, Flavius Zeuxis, welcher in dieser sich rühmt, daß er 72 mal über Malea nach Italien geschifft sei[6]), läßt annehmen, daß von vielen Kaufleuten und Geschäftsreisenden große und gefährliche Seefahrten Jahr aus Jahr ein unternommen wurden. Talmudische Traktate erwähnen Handelsreisen palästinischer Juden nach Rom und Spanien[7]). Horaz sagt, daß der Kaufmann drei- und viermal im Jahr das Atlantische Meer besuche, wahrscheinlich im Hinblick auf Gades, dessen Handelsbeziehungen zu den Häfen Italiens die lebhaftesten waren[8]). Ein C. Octavius Agathopus erklärt in seiner zu Puteoli gefundenen Grabschrift, daß er nach ermüdenden Reisen vom Orient zum Okzident hier ausruhe[9]).

Seereisen.

Nicht bloß das Mittelländische und das Schwarze, sondern auch das Atlantische Meer war von römischen Schiffen belebt[10]). Sieh, heißt es bei Juvenal, die Häfen und die von großen Kielen erfüllte See, fast sind schon mehr Menschen dort als auf dem Lande; wohin auch immer die Hoffnung auf Gewinn ruft, kommen ganze Geschwader; sie durchziehen nicht nur den Archipel und die afrikanischen Gewässer, sondern lassen auch Kalpe (Gibraltar) weit hinter sich und hören die in der Flut versinkende Sonne zischen[11]). Tag für Tag ohne Unterbrechung, sagt Aristides, fahren Lastschiffe und Kaufleute durch beide Meere (das Mittelländische und das Atlantische), und nach Britannien setzen fortwährend nicht bloß Beamte und Truppen, sondern auch unzählige Privatleute (ohne Zweifel in Handelsgeschäften) über[12]). Schon unter Augustus, dem mehrere Häuptlinge der Insel gehuldigt hatten, verkehrten die Römer dort wie in einem eigenen Lande[13]), und bereits unter Domitian waren auch die Häfen und Landungsplätze von Irland durch den Handelsverkehr bekannt[14]).

1) Pers. 5, 132 ff. 2) Juvenal. 14, 267 ff. 293. 3) Horat. A. P. 117; Carm. III 24, 36 ff.; Sat. I 4, 29. 1, 6; Ep. I 16, 71; vgl. Carm. I 1, 15 ff. Seneca de brev. vit. 2, 1 *alium mercandi praeceps cupiditas circa omnes terras, omnia maria spe lucri ducit;* Ep. 36, 5 *ad illud aes alienum solvendum opus est negotianti navigatione prospera.* Über die Gefahren der kaufmännischen Reisen vgl. Ambros. de offic. min. I 49, 242. 4) Manil. Astronom. IV 165 ff. 5) Plin. n. h. II 118. 6) Oben S. 339. 7) Herzfeld a. a. O. S. 154. Jüdische Handelsschiffe, die von Gallien nach Spanien fuhren, ebd. S. 268 Anm. 8) Horat. Carm. I 31, 13 f. 9) CIL X 2792; vgl. auch die verstümmelte Inschrift aus Sigus in Numidien CIL VIII 5749. 10) Seneca Qu. nat. IV 2, 24 *nunc vero tota exteri maris ora mercatorum navibus stringitur.* 11) Juv. 14, 275 ff. 12) Aristid. or. 36, 91 (II 292 K.). 13) Strabo IV 200. 14) Tac. Agric. 24.

Die Indienfahrt.

Eine neue Ära war für den römischen Handel mit der Eroberung Ägyptens angebrochen, die ihm den Weg nach Ostindien öffnete[1]). Die Kaufleute, sagt Plinius, haben die kürzeste Fahrt ausfindig gemacht, und so ist uns Indien durch die Gewinnsucht näher gebracht. Hippalos hieß der (ägyptische) Seemann, der (etwa unter Nero) zuerst den fortan nach ihm benannten Südwestmonsun zur Fahrt über das offene Meer nach Indien benutzte[2]). Die Fahrt begann von Alexandria aus im Hochsommer und ging zuerst auf dem Nil stromaufwärts bis Koptos, das man bei günstigem Winde in zwölf Tagen erreichte. Hier wurden die Warenballen auf Kamele geladen, und die Karawanen gingen teils nordöstlich nach dem Maushafen (Myos Hormos), den sie etwa in sechs, oder südöstlich nach Berenice, einer sehr belebten Seestadt mit großen Magazinen und Karawansereien, die sie in zwölf Tagen erreichten[3]). Der Verkehr ging von der in Strabos Zeit vorzugsweise benutzten ersten Straße allmählich auf die zweite über, die in Plinius Zeit der so gut wie einzige Weg für den Handel nach Arabien, Indien und Äthiopien war und daher auch durch römische Besatzungen geschützt wurde. Die Reisen der Karawanen durch die oberägyptische Wüste geschahen wegen der Hitze des Hochsommers bei Nacht; »nach den Sternen schauend«, wie Strabo sagt, zogen sie von Wasserplatz zu Wasserplatz und rasteten am Tage[4]). Schon unter Augustus waren Brunnen oder Zisternen durch die römischen Soldaten an geeigneten Stellen der Straßen nach dem Maushafen und Berenice angelegt worden[5]). Von dem ersteren segelten schon in Strabos Zeit wohl 120 Kauffahrteischiffe durch den arabischen Meerbusen nach Indien[6]); wie Plinius angibt, mit Bogenschützen bemannt, zur Abwehr von Piraten, unter welchen die auf verbundenen Ochsenschläuchen fahrenden Asciten Südarabiens sich vergifteter Pfeile bedienten[7]). In Plinius Zeit gelangte man von Berenice am 30. Tage nach Ocelis in Arabien am Südende des Roten Meeres oder nach Cane an der Südküste Arabiens, von dort in 40 Tagen nach dem Hafen Muziris an der Malabarküste (wahrscheinlich Mangalur), in dem aber wegen der Nähe von Piraten und aus andern Gründen nicht angelegt wurde; man zog den etwas nördlicher gelegenen Hafen Becare (Barygaza, heute Barôč am Golf von Khambay) vor. Man beeilte sich zu löschen und zu laden, trat noch im Dezember mit dem nun wehenden Nordostmonsun die Rückfahrt nach dem Roten Meere an, und benutzte dort die Südwinde, die bis zur Höhe von Berenice hinauf herrschten[8]). Den Weg von Alexandria nach Indien, der jetzt 18 Tage erfordert, legte man also in 94 zurück, die gesamte Hin- und Rückreise mochte sechs bis sieben Monate (von der Sommersonnenwende bis zum nächsten Februar) dauern.

Es ist verständlich, daß die Kaufleute Italiens und der westlichen Provinzen in einem Handel, der einen so kolossalen Gewinn abwarf, die Konkurrenz mit den Griechen und Ägyptern aufnahmen[9]), wenn sie auch nicht imstande ge-

1) Über den Indienhandel s. Speck a. a. O. S. 916 ff. 2) Plin. n. h. VI 101. 104. Peripl. mar. Erythr. 57. Peschel, Abhandlungen z. Erd- u. Völkerkunde I 86 f. W. Otto, Real-Encykl. VIII 1660 f. 3) Nach Diodor. III 34, 7 waren viele sogar am 10. Tage nach Äthiopien gelangt. 4) Strab. XVII 815. Über die ganze Reise s. W. Schwarz, Jahrb. f. Philol. CXLV (1892) S. 635—653. 5) CIL III 6627 (mit Mommsens Kommentar) = Dessau 2483. Mommsen RG. V 615. Lumbroso, L'Egitto² S. 33 ff. 6) Strabo II 118. 7) Plin. n. h. VI 101. 176. 8) ebd. VI 104—106. 9) Wenn der Hauptstapelplatz des arabisch-indischen Handels Adane (Aden) durch einen römischen Kaiser

wesen sind, diese ganz zu verdrängen. Ohne Zweifel ist der Ausspruch des Horaz[1]), daß der Kaufmann rüstig zu den äußersten Indern reise, buchstäblich zu fassen und auf römische Kaufleute zu beziehen; auch Seneca, der bei seiner Betrachtung über die Winzigkeit der Erde sagt, daß zwischen der äußersten Küste Spaniens und Indien bei günstigem Winde ein Zwischenraum »von sehr wenigen Tagen« sei, hätte doch diese Hyperbel kaum gebraucht, wenn die Fahrt nicht damals wirklich gemacht worden wäre[2]). Wie dieser selbst eine Monographie über Indien verfaßt hatte[3]), so beweist auch die Vertrautheit des älteren Plinius mit den Naturerzeugnissen Vorderindiens, daß es zu seiner Zeit bereits von zahlreichen griechischen und römischen Handelsleuten besucht worden war, aus deren teils mündlichen, teils schriftlichen Mitteilungen er seine Nachrichten zusammenstellte[4]). Der uns erhaltene Periplus des Erythräischen Meeres, ein Lotsenbuch für alexandrinische Kauffahrer, welche die Ostküste Afrikas bis zu dem Vorgebirge Rhapta (Pangani) nördlich der Insel Sansibar und die Malabarküste besuchten[5]), ist in der ersten Hälfte der Regierung Vespasians verfaßt[6]). Dionysius, der Verfasser einer poetischen Weltbeschreibung unter Hadrian, sagt, er sei kein Kaufmann und Seefahrer und gehe nicht durch das indische Meer an den Ganges, »wie so viele, die das Leben aufs Spiel setzen, um unermeßlichen Reichtum zu gewinnen«[7]).

Kenntnis Indiens im 2. Jahrhundert.

Eine bedeutende Entwicklung und Erweiterung der Handelsbeziehungen zwischen dem römischen Reiche und Indien ergibt sich aus der gegen die Mitte des 2. Jahrhunderts abgefaßten Geographie des Ptolemäus, dem bereits »Reiseberichte zu Gebote standen, in welchen die Entfernungen der Orte nicht nur von dem Vorgebirge Kory, dem heutigen Kalymeer, bis zu den Mündungen des Ganges, sondern auch von da nach der goldenen Halbinsel oder Malaka und von hier aus nach Kattigara (Hanoi in Tonking?) nach Stadien angegeben waren«. Auch die zahlreichen griechischen Übersetzungen indischer Städtenamen in dem Werk des Ptolemäus (die meisten auf Taprobane-Ceylon) beweisen den lebhaften Verkehr griechischer und ägyptischer Kaufleute mit diesen Orten[8]), die sich vermutlich auch dort wie in Südarabien oder auf der Insel Sokotra auf längere Zeit niedergelassen haben werden. Ptolemäus hatte Berichte über die Lage des indischen Hafens Simylla in der Gegend des heutigen Bombay »von denen, die dorthin geschifft waren und jene Gegenden sehr lange Zeit hindurch besucht hatten, sowie von denen, die von dort aus zu uns gekommen waren«[9]). Im

Funde römischer Münzen in Indien.

Pendschab und besonders im Süden Vorderindiens (namentlich in dem Distrikte Madura sowie auf Ceylon) kommen nicht selten römische Münzen zum Vor-

zerstört wurde (Peripl. mar. Erythr. 26, vgl. Mommsen RG. V 611, 2), so kann dies nur geschehen sein, um dem römisch-ägyptischen Handel die Suprematie zu sichern; wahrscheinlich waren auch die ägyptischen Häfen für arabische und indische Schiffe gesperrt oder durch Differentialzölle tatsächlich geschlossen (Mommsen a. a. O. S. 616). Über weiteres Eingreifen der Römer zur Regelung des ägyptisch-arabischen Handels vgl. Rostowzew, Arch. f. Papyrusforsch. IV 1908 S. 306ff.

1) Horat. Ep. I 1, 45. 2) Seneca Qu. nat. I praef. 13; vgl. Lucian. Hermotim. 4: ἀπὸ Ἡρακλείων στηλῶν εἰς Ἰνδοὺς ἀπελθεῖν, wie es scheint sprichwörtlich. 3) *De situ Indiae* Serv. Aen. IX 30. Plin. n. h. VI 60. 4) Lassen, Indische Altertumskunde III 5. 5) Peschel, Gesch. d. Erdk. S. 16ff. 6) Dillmann, Monatsber. d. Berl. Akad. 1879 S. 413ff.; jedoch s. dagegen A. Herrmann, Zeitschr. d. Gesellsch. f. Erdkunde in Berlin 1913 S. 533, 3, der die Schrift um das Jahr 90 n. Chr. (jedenfalls nach 87) setzt. Vgl. auch E. Kornemann, Janus I 1921 S. 54ff. 7) Dionys. Perieg. 709ff. 8) Lassen a. a. O. S. 5f. 9) Ptol. Geogr. I 17.

schein[1]), namentlich goldene Kaisermünzen und Denare aus der letzten republikanischen und der ersten Kaiserzeit. »Merkwürdigerweise ist hier ganz besonders gemein ein Denar des Augustus mit den Bildern seiner beiden Adoptivsöhne Gajus und Lucius, welcher überwiegend oft, ja vielleicht durchaus plattiert ist; es ist wohl möglich, daß diese Sorte eigens für den Verkehr mit Indien bestimmt war, wo man wohl nicht so gut wie in der Heimat die guten und schlechten Denare unterschied«[2]). Aus den Münzfunden im Vereine mit den sonstigen Nachrichten geht hervor, daß der römische Handel mit Indien, namentlich in Gewürzen, feinen Musselinen, Parfumerien, Edelsteinen (Beryll) und Perlen, in der früheren Kaiserzeit bis auf Nero am stärksten war, dann sich mehr auf Baumwolle und Industrieprodukte verlegte und nach Caracalla verfiel[3]). Über Ceylon und das Kap Komorin gehen die Münzfunde nur ausnahmsweise hinaus[4]).

Handel mit den Serern.

Das Sererland lag für Plinius und Strabo da, wo die Seidenkarawanen den Boden der bekannten Welt betraten, nämlich in Tocharistan, welches noch zum griechisch-baktrischen Reiche gehörte[5]). Die Gesandten aus Ceylon an den Kaiser Claudius berichteten, sagt Plinius, »ebenso wie unsere Kaufleute«, daß die den Serern zum Tausch angebotenen Waren an einem Flußufer neben die von ihnen dargebotene Seide niedergelegt und von ihnen, falls sie mit dem Tausch zufrieden seien, fortgenommen würden[6]). Doch der Geograph Marinus von Tyrus (spätestens in der ersten Hälfte des 2. Jahrhunderts) hatte bereits eine Beschreibung eines Karawanenpfades nach China von einem macedonischen Kaufmann Maës, genannt Titianus, erhalten, der eine Expedition nach der serischen Stadt Issedon veranstaltet hatte. Seine Karawane war aus Balch (Bactra) in Afghanistan in nordöstlicher Richtung etwa bis Hissar, von hier durch das im Osten beginnende Gebirgsland zum Surkhab gezogen, wo die Schlucht der Komeder (Karategin) anfing. Unmittelbar jenseits der Engen, wo die Berge zurücktreten, lag der vielgesuchte »Steinerne Turm«[7]) im Pamir, die äußerste Westgrenze des chinesischen Reiches; in derselben Breite (43°) genau östlich der Ort, von dem die nach dem Sererlande ziehenden Karawanen ausgingen, Kaschgar. Von dort führte die Seidenstraße weiter nach der in weiter Ferne liegenden »Serischen Hauptstadt«, wahrscheinlich Ssi-ngan-fu oder auch Liang-tschu[8]). In der Provinz Schansi sind 16 römische Münzen aus der Zeit von Tiberius bis Aurelian gefunden worden[9]). Nach chinesischen Berichten waren die Einfuhrartikel aus dem römischen Reich Teppiche, Glasarbeiten, Metalle, Farbstoffe, Juwelen, Gemmen, Bernstein, Korallen, Drogen u. a. Übrigens muß nach einem im Jahre 300 verfaßten chinesischen Werke über die auf dem Seewege einge-

1) Die Nachricht bei Pausan. III 12, 4, daß die Inder nur Tauschhandel getrieben und von Münzen nichts gewußt hätten, kann nach Lassen II 48 für jene Zeit unmöglich richtig sein. 2) Mommsen, Gesch. d. röm. Münzw. S. 726. 3) R. Sewell, Journ. R. Asiat. Society 1904 S. 591 ff.; vgl. auch Thurston, Madras Government Museum, Coins. Catalogue Nr. 2², Madras 1894. Hill, Numism. Chronicle XVIII 1898 S. 304 ff. 4) Mommsen RG. V 618 f. 5) Peschel a. a. O. S. 9. 6) Plin. n. h. VI 88. 7) S. dazu E. Krüger bei Norden, German. Urgesch.² S. 512. 8) Ptol. geogr. I 11, 5 f. Vgl. H. Berger, Gesch. d. wissensch. Erdkunde d. Griech.² S. 602 f. F. v. Richthofen, China I 1877 S. 474 ff. Lullies, Die Kenntnis der Griechen u. Römer vom Pamir-Hochlande (Programm d. Wilhelmsgymnasiums zu Königsberg 1887) S. 20—22. Herrmann, Die alten Seidenstraßen zwischen China und Syrien I 1910 S. 114 ff. und Mitteil. d. geogr. Gesellsch. in Wien LVIII 1915 S. 472 ff. Über Wechselbeziehungen zwischen China, Persien und Syrien in spätantiker Zeit s. J. Strzygowski, Jahrb. d. kgl. preuß. Kunstsamml. XXIV 1903 S. 147 ff. 9) Vgl. Academy XXIX 1886 S. 316.

führten Pflanzen (zu denen z. B. Jasmin und Lawsonia inermis, letztere aus Ta-Tsin, gehören) Kanton damals schon dem Fremdenverkehr eröffnet gewesen sein[1]).

Chinesische Nachrichten über Beziehungen zu Parthien und dem römischen Reiche.

Die amtlichen Geschichten der Chinesischen Dynastien enthalten einige Nachrichten über die Beziehungen Chinas zu An-si (Parthien) und Ta-Tsin (Groß-Tsin), worunter der östliche Teil des römischen Reichs (besonders Syrien) zu verstehen ist[2]). Im J. 120 n. Chr. sandte der König von Parthien syrische Gaukler und Musiker an den Hof von China, wo sie am Neujahrstage 121 eine Vorstellung vor dem Kaiser An-ti gaben[3]). Im Oktober 166 kam eine Gesandtschaft von An-Tum (M. Antonius), dem Könige von Ta-Tsin, zur See über Tongking zu dem Kaiser Houan-ti[4]). Von jeher hatten nach dem chinesischen Bericht die Könige von Ta-Tsin den Wunsch gehabt, Gesandtschaften nach China zu senden, aber die An-hsi, welche den Zwischenhandel mit chinesischer Seide in der Hand behalten wollten, hatten einen direkten Verkehr zwischen beiden Reichen verhindert. Doch dürften diese »Gesandten« Kaufleute gewesen sein, die sich selbst einen offiziellen Charakter beilegten; dafür sprechen auch die von ihnen überreichten, keineswegs kaiserlichen Geschenke (Elefantenzähne, Rhinozcroshörner, Schildkrötenschalen)[5]). Auch eine angebliche Gesandtschaft aus Ta-Tsin, die 284 als Geschenk für den Kaiser von China 30000 Rollen Papier überbrachte, wird für eine Gesellschaft syrischer oder alexandrinischer Kaufleute zu halten sein[6]). Andrerseits berichten die chinesischen Historiographen von zwei Sendungen aus China nach Ta-Tsin, die jedoch beide ihr Ziel nicht erreichten. Der im J. 97 dorthin gesendete Kan-Ying gelangte nur bis an die Küste des persischen Meerbusens[7]). Im J. 226 wurde ein syrischer Kaufmann dem Kaiser von China vorgeführt, welchen ein chinesischer Beamter nach Ta-Tsin zurückbegleiten mußte. Dieser sollte dem Könige dieses Landes (auf den Rat des Syrers) zehn Zwerge und zehn Zwerginnen als Geschenk überbringen, doch starb er auf der Reise[8]). Immerhin war man in China imstande gewesen, einige Nachrichten über Ta-Tsin zu sammeln: von der dortigen Anwendung des Kristalls (Glases) zur architektonischen Dekoration[9]), von den Heerstraßen und den (den chinesischen ähnlichen) Postanstalten[10]), von den Löwen und Tigern, welche (in Mesopotamien) die Wege unsicher machten[11]); auch von den Amazonen und den (im Süden von Ta-Tsin lebenden) Pygmäen[12]). Von der Hauptstadt von Ta-Tsin, An-tu (Antiochia), wußte man, daß sie aus vier ummauerten Städten bestand und außerdem von hohen Steinmauern umgeben war; auch daß es dort eine künstliche Vorrichtung zum Melden der zwölf Tagesstunden durch das Herabfallen je einer goldenen Kugel gab[13]).

1) Nissen, Bonner Jahrb. XCV 1894 S. 1 ff. F. Hirth, Verhandl. d. Berliner Gesellsch. f. Erdkunde XVI 1889 S. 46 ff. 2) Hirth, China and the Roman Orient (1885) S. 40 ff., vgl. S. 57; s. auch Hirth, Chinesische Studien I (1890) und Geogr. Zeitschr. II 1896 S. 444 ff. 3) Hirth, China and the Roman Orient S. 169 ff. 4) Cordier, Mélanges Graux (1903) S. 719 ff. glaubt, daß den Chinesen die Bekanntschaft mit Rom bereits durch Marcus Antonius vermittelt worden sei, der von seiner damaligen Residenz Tarsus den Lycotas mehrmals nach Bactriana sandte: *Ta-Tsin* sei ursprünglich die chinesische Bezeichnung für Tarsus gewesen, und erst später auf das Römische Reich übertragen worden, wie die Benennung des Triumvirn auf Marcus Antoninus. 5) Für Gesandte halten sie Reinaud, Journ. asiatique 6. série T. I (1863) S. 374 ff. und Gutschmid, Gesch. Irans S. 150 f.; für Kaufleute Letronne, Mém. de l'acad. des inscr. X 1833 S. 227, 2 und Hirth, China S. 167 f. 6) Hirth S. 272—275. 7) ebd. S. 147. 8) ebd. S. 306 f. 9) ebd. S. 238 ff. 10) ebd. S. 221 ff. 11) ebd. S. 219 f. 12) ebd. S. 200. 202 ff. 13) ebd. S. 207—214.

Die Kenntnis des Nordens von Europa wurde den Römern wohl nur zu einem geringen Teil durch den Bernsteinhandel erschlossen[1]). Allem Anschein nach war zwar die Ostseeküste lange vor der römischen Periode bekannt gewesen und aufgesucht worden[2]), und wir wissen auch durch Plinius von einer im ersten Jahrhundert nach derselben unternommenen Reise. Unter Vespasian lebte noch ein römischer Ritter, der dorthin gesandt worden war, um für ein Gladiatorenspiel des Kaisers Nero Bernstein in Massen einzukaufen. Er hatte von Carnuntum (Petronell bei Wien) aus die Handelsplätze und die baltischen Ufer bereist, über welche man durch ihn in Rom zum ersten Male Näheres erfuhr, namentlich daß ihre Entfernung von Carnuntum 600 römische Meilen (900 km) betrage[3]). Doch dürfte dieser Besuch des Bernsteinlands durch einen Römer vereinzelt geblieben sein; größtenteils ist der Bernstein dem Süden offenbar durch Zwischenhandel zugeführt worden[4]). Auch kann er nur einen (nicht großen) Teil der aus dem Norden bezogenen Artikel gebildet haben. Denn römische Münzen und römische Fabrikate (besonders Bronzearbeiten) sind über den ganzen Norden von Deutschland (von Westpreußen bis Hannover) sowie über Dänemark, das südliche Schweden und Norwegen verbreitet[5]). Die Münzfunde in diesen Ländern zeugen von langdauernden, lebhaften Verbindungen mit der römischen Welt, und ihre örtliche Verteilung zeigt die Richtung der Handelswege längs den großen Flüssen und über dieselben hinweg an den natürlichen Überfahrtsorten in die zwischen den Flüssen höher und trocken gelegenen Landstriche. Von Schlesien (in dessen südlichem Teil die ältesten römischen Münzen — aus der Zeit der Republik — gefunden sind) scheinen die Wege gen Süden über Mähren und Böhmen geführt zu haben und von dort ins römische Reich und an das Adriatische Meer[6]). Die römischen Münzen, die in Ostpreußen teils einzeln, teils in größeren Mengen gefunden worden sind (woraus man früher auf einen direkten Bernsteinhandel der Römer geschlossen hat), können frühestens seit dem Ende des 2. Jahrhunderts dorthin gelangt sein, wahrscheinlich infolge der Völkerschiebungen, die sich zuerst im Markomanenkriege kundgeben. Denn in diese Zeit sind die Gräber, in welchen die Münzen ausschließlich vorkommen und in denen zugleich ganz neue Formen sämtlicher Schmucksachen auftreten, frühestens zu setzen[7]).

Bernsteinhandel und sonstiger Handel mit dem Norden.

Römische Münzen in Ostpreußen.

Während nun der nordische Handel der Römer durch unzählige Funde von Fabrikaten und Münzen auf einem so weiten Gebiet in einer Weise bezeugt ist, daß wir nicht nur vom Beginn des ersten Jahrhunderts ab häufige, weit über die Reichsgrenzen hinausführende Reisen römischer Kaufleute und Agenten annehmen, sondern auch zeitweilige Niederlassungen derselben in den Barbaren-

Niederlassungen römischer Kaufleute in nordischen Barbarenländern.

1) Vgl. Speck, Handelsgesch. d. Altert. III 2 (1906) S. 791 ff. 2) Inguald Undset, Das erste Auftreten des Eisens in Nordeuropa, deutsch von J. Mestorf (1882) S. 337. 3) Plin. n. h. XXXVII 45. Vgl. über diese Expedition Götz, Die Verkehrswege S. 375. 4) Genthe, Über den etruskischen Tauschhandel nach dem Norden (1874) S. 101 ff. J. N. v. Sadowski, Die Handelsstraßen der Griechen und Römer durch das Flußgebiet der Oder, Weichsel, des Dniepr und Niemen an die Gestade des Baltischen Meeres, Jena 1877. 5) Willers, Bronzeeimer v. Hemmoor S. 196 ff. Vgl. Fredrich, Die in Ostdeutschland gefundenen römischen Bronzestatuetten, Progr. Cüstrin 1912. 6) Undset a. a. O. S. 178 f. Fredrich, Zeitschr. d. histor. Gesellsch. f. d. Provinz Posen XXIV 1909 S. 224 ff. 7) Das Obige nach freundlichen Mitteilungen des Herrn Dr. Otto Tischler († 1891) in Königsberg.

ländern für wahrscheinlich halten müssen, findet sich in der Literatur nur eine einzige Erwähnung solcher Unternehmungen, bei Tacitus. Bereits im Jahre 19 n. Chr. fanden nach seinem Bericht die in die Burg des Markomanenfürsten Marbod (Boihemum oder Bojohemum in Böhmen) eindringenden Römer dort Marketender und Kaufleute aus den römischen Provinzen, die »erst die (in Folge eines Vertrags bestehende) Handelsfreiheit, dann die Begierde nach Geldgewinn, endlich das Vergessen des Vaterlands aus den heimatlichen Wohnsitzen auf feindlichen Boden hinübergeführt hatte«[1]).

Sonstige Handelsreisen außerhalb des römischen Reichs — im Süden und Südosten —

Wenn so große Handelsreisen schon in den beiden ersten Jahrhunderten, und zum Teil regelmäßig, gemacht wurden, darf man annehmen, daß römische, griechische und ägyptische Kaufleute um so häufiger zu minder fernen Punkten jenseits der Grenzen des römischen Reichs gelangten. Schon in Strabos Zeit gingen ganze Flotten von Alexandria nach dem äußersten Äthiopien[2]) und nach dem Troglodytenlande. Koptos in Oberägypten war voll von Kaufleuten, die nach Äthiopien und Indien reisten[3]). Diodor gibt Schilderungen der Ichthyophagen Südarabiens nach Berichten von ägyptischen Kaufleuten, die an deren Küsten gelandet waren[4]). Von Ptolemaïs Therôn (an der äthiopischen Küste des Roten Meeres) bis Adule, dem Haupthafen der Troglodyten und Äthiopen (in einer Bucht südlich von Massaua), dauerte die Fahrt nach Plinius zwei Tage; nach Adule kam aus dem Innern sehr viel Elfenbein, Rhinozeroszähne, Felle von Nilpferden, Schildkrot, Affen und Sklaven. Doch die Fahrten der Kaufleute erstreckten sich viel weiter südlich: nach dem zehn Tagereisen von Adule entfernten Isishafen (südlich von der Straße Babelmandeb), wohin von den Troglodyten Myrrhe gebracht wurde, und nach dem Hafen der Mossyler (gegenüber der Südküste von Arabien), einem Hauptplatz für den Zimt- und Cassiahandel[5]). Nach der südlichsten den ägyptischen Kaufleuten bekannten Station an der ostafrikanischen Küste, Rhapta in der Gegend von Sansibar[6]), segelten in Vespasians Zeit mindestens die Handelsschiffe von Muza im südwestlichen Arabien[7]). Über die Entfernung der Stadt Charax Spasinu (nahe an der Tigrismündung) von der Küste des Persischen Meerbusens verdankte man römischen, von dort zurückgekehrten Kaufleuten die ersten zuverlässigen Nachrichten[8]); vielleicht waren diese bereits mit Karawanen (συνοδίαι) von Palmyra gereist, deren Reisen an den Persischen Meerbusen im 2. und 3. Jahrhundert mehrfach bezeugt sind[9]). In Petra in Arabien fand der mit Strabo befreundete Philosoph Athenodorus unter andern Fremden, die sich dort des Handels wegen aufhielten, auch viele Römer[10]), ebenso Trajan in Ktesiphon[11]). Die Bewohner der Dioscorides-Insel (Sokotra bei Kap Guardafui) waren nach dem Lotsenbuch des Erythräischen Meeres ein Gemisch von Arabern, Indern und (ägyptischen) Griechen, die Handelsunternehmungen in jene Meere veranstalteten[12]).

1) Tac. A. II 62. 2) Strabo XVII 798. 3) Xenoph. Ephes. IV 1, 5 (nach Rohde, Gr. Roman³ 419 an die Grenze des 2. u. 3. Jahrhunderts zu setzen). 4) Diodor. III 18, 3. 5) Plin. n. h. VI 173 f. 6) Genauer im Lande Usambara am Pangani, Tkač, Real-Encykl. I A S. 242 f. Anders W. Götz, Die Verkehrswege S. 479 f. 7) Peripl. mar. Erythr. 16; vgl. Mommsen RG. V 606 f. 8) Plin. n. h. VI 140. Über römische Handelsbeziehungen zum Partherreiche vgl. auch Herodian. IV 10, 4. Ammian. Marc. XIV 3, 3. Cod. Just. V 63, 4. 9) Palmyrenische Inschriften bei Lebas-Waddington 2589 (142 n. Chr.). 2590 (155). 2596 (193). 2599 (247). 2603 (257/58). 2606a (263—267). 10) Strabo XVI 779. 11) Cass. Dio LXVIII 30, 3. 12) Peripl. mar. Erythr. 30.

Schon vor der Eroberung des »langhaarigen« Galliens durch Cäsar waren offenbar Reisen römischer Kaufleute dorthin, teils aus der römischen Provinz (Narbonensis), teils aus Italien über den Großen St. Bernhard, wo der Übergang mit großer Gefahr und hohen Abgaben an die anwohnenden Stämme erkauft werden mußte[1]), sehr häufig und erstreckten sich zuweilen bis zu den wilden Belgen[2]). Namentlich mit Wein, den sie auf den Flüssen in Schiffen, zu Lande auf Wagen fortschafften, machten die italischen Kaufleute in Gallien gewinnreiche Geschäfte; für ein Faß Wein gaben die Kelten einen Sklaven[3]). Bereits während der Feldzüge Cäsars wird es in allen größeren Orten des Landes, wie in Cenabum (Orléans), Cabillonum (Chalon-sur-Saône), Noviodunum (Nevers)[4]), Niederlassungen römischer Kaufleute gegeben haben; wahrscheinlich aber schon früher, wie es deren in der letzten Zeit der Republik auch ziemlich an allen wichtigen auswärtigen Handelsplätzen gab: z. B. in Delos[5]), Alexandria[6]), Cirta in Numidien[7]). Der Feldzug des M. Vinicius im Jahre 729 = 25 v. Chr. gegen keltische Völkerschaften war dadurch veranlaßt, daß römische Kaufleute von jenen Barbaren ermordet worden waren[8]). An der Ostküste des Schwarzen Meeres hatte Trajan eine militärische Postenkette aufstellen lassen[9]): ein dort am Ausflusse des Phasis für die Sicherung der Schiffahrt sehr günstig gelegenes Kastell fand Arrian von 400 Elitesoldaten bewacht; zum Schutze der außerhalb desselben wohnenden Veteranen und Kaufleute sowie des Hafens ließ er einen Graben von den Festungsgräben an den Fluß ziehen[10]). In dem bereits in Plinius Zeit verödeten Dioskurias (Sebastopolis), das einst der Hauptmarkt der kaukasischen Völker gewesen war, wo 70, nach andern 300 Sprachen geredet worden waren und die römischen Kaufleute zur Führung ihrer Geschäfte 130 Dolmetscher bedurft hatten[11]), stand damals (unter Hadrian) ebenfalls eine römische Garnison[12]). Auch in den Häfen des Asowschen Meeres blieb der Austausch der Fabrikate der Kulturländer gegen die Rohprodukte der Steppen Südrußlands ein lebhafter[13]).

im Nordwesten und Nordosten.

So waren denn auch Kaufleute und Händler aller Art, aus Italien wie aus den Provinzen, die ersten Einwanderer, die den römischen Heeren in jedes neu eroberte Land nachströmten: sie waren neben den Soldaten überall Pioniere der römischen Kultur[14]). Aus den Gassen ihrer Buden und Baracken (*canabae*), die sich rasch neben den Lagern erhoben, sind so manche Städte entstanden[15]). In der Lagerstadt Mainz errichteten »die mit Geldbeuteln handelnden römischen

Niederlassungen von Kaufleuten in den Provinzen.

1) Caes. B. G. III 1, 2. 2) ebd. I 1, 3. 3) Diodor. V 26, 3. 4) Caes. B. G. VII 3, 1. 42, 5. 55, 5. 5) Aufstellung einer Statue des Lucull als Proquästor durch *Italicei et Graece[i que]i insula negotiantur* CIL III 7237 = Dessau 865; vgl. CIL III 7240 = Dessau 866 und mehr bei Kornemann, De civibus Romanis in provinciis imperii consistentibus (Diss. Berolini 1891) S. 56 ff. J. Hatzfeld, Bull. corr. hell. XXXVI 1912 S. 1 ff. 6) CIL III 7241, vgl. X 1797 (= Dessau 7273). Dittenberger, Or. gr. 133. 135. Mommsen RG. V 577. 7) Sallust. Jugurth. 21, 2. 26, 3; vgl. auch 47, 1. 64, 5. Bell. Afr. 36, 2. Kornemann a. a. O. S. 69 ff. 8) Cass. Dio LIII 26, 4. 9) Procop. B. Got. IV 2, 16. 10) Arrian. Peripl. Pont. Eux. 12. Über römische Besatzungen an der Nordküste des Schwarzen Meers v. Domaszewski, Rhein. Mus. XLVII 1892 S. 208 ff. 11) Plin. n. h. VI 15. Strabo XI 498. 12) Arrian. Peripl. Pont. Eux. 14. 13) Mommsen RG. V 293 f. Aelian. frg. 71 Hercher: (ἀνὴρ) Διονύσιος τοὔνομα ἔμπορος τὸ ἐπιτήδευμα, δολιχεύσας πολλοὺς πολλάκις πλοῦς τοῦ κέρδους ὑποθήγοντος καὶ πόρρω τῆς Μαιώτιδος ἐκκουφίσας ὠνεῖται κόρην Κόλχον κτλ. 14) Das ganze Material bei Pârvan, Die Nationalität der Kaufleute im römischen Kaiserreiche, 1909. J. Hatzfeldt, Les trafiquants Italiens dans l'Orient hellénique (Bibl. de l'école franç. CXV), 1919. 15) Mommsen, Ges. Schrift. VI 180 ff. S. unten [III 2 f.].

Bürger« im J. 43 dem Kaiser Claudius ein Denkmal[1]): wurde dies Geschäft damals dort von einer Anzahl von Italikern betrieben (in den Provinzen war das Bürgerrecht noch selten), so doch wohl auch alle übrigen, die den Bedürfnissen der Soldaten und des Trosses entsprachen. So hat auch der Genius des Handels[2]) die Romanisierung der Provinzen mächtig gefördert. Von allen Teilen Galliens leistete, wie Ammianus Marcellinus bemerkt, Aquitanien dem Eindringen der römischen Kultur den geringsten Widerstand, weil es dem Handel am ersten zugänglich war[3]). Zahlreiche Nachrichten zeigen, wie schnell und energisch die Kaufleute sich des Handels in den Provinzen bemächtigten, wie sie vielfach ihn monopolisierten. Das Narbonensische Gallien war 50 Jahre nach der Eroberung voll von Kaufleuten und römischen Bürgern; kein Bewohner der Provinz machte ohne einen von ihnen ein Geschäft; jeder Denar, der dort gezahlt wurde, ging durch ihre Bücher[4]). Mit der Ermordung der römischen Kaufleute, mit welcher der Aufstand in Pannonien im J. 6 nach Chr. (15 Jahre nach der Eroberung) begonnen hatte[5]), sollte auch der Aufstand der Treverer im J. 26 nach Chr. beginnen[6]). Als im Jahre 88 v. Chr. auf Befehl des Königs Mithridates in der (seit etwa 40 Jahren römischen) Provinz Asia alle Italiker ermordet wurden, sollen 80000, nach andern Berichten 150000 Menschen jedes Geschlechts und Alters umgekommen sein[7]). Ohne Zweifel war auch dorthin ein großer, wenn nicht der größte Teil dieser Bevölkerung durch den Handel gezogen worden: zweiundzwanzig Jahre später sagt Cicero, daß tätige und betriebsame Geschäftsmänner aus allen Ständen in derselben Provinz Handel trieben oder ihr Geld angelegt hatten[8]). In Utica waren im Jahre 46 v. Chr. 300 römische Bankiers und Großhändler[9]), und auch in den benachbarten Städten Thapsus und Hadrumetum gab es römische Handelsgesellschaften[10]). Londinium (London) war bereits im Jahre 61, 19 Jahre nach der Eroberung Britanniens, durch die Menge der Kaufleute und den Handelsverkehr ungemein volkreich, ohne Zweifel gehörte ein sehr großer Teil der 70000 Bürger und Bundesgenossen, die damals in dieser Provinz ermordet wurden, dem Handelsstande an[11]). Die hauptsächlich oder ausschließlich aus Kaufleuten bestehenden Genossenschaften (*conventus*) römischer Bürger[12]) blieben während der beiden ersten Jahrhunderte in der östlichen Reichshälfte eine dauernde Institution und nahmen, gestützt auf ihre Privilegien und ihr Ansehen, in den dortigen Stadtgemeinden eine bevorzugte Stellung ein[13]).

Italiker.

Provinzialen.

Neben den Italikern fehlte es natürlich auch nirgendwo an Provinzialen, welche die Betreibung ihrer Geschäfte veranlaßt hatte, ihre Heimat mit einem neuen

1) CIL XIII 6797 = Dessau 7076 *cives Romani manticulari negotiatores* (dazu F. Haug, Röm.-germ. Korr. Bl. IX 1916 S. 28). Dem Kaiser Nero gilt die von den *canaba[ri]* von Mainz geweihte große Juppitersäule, CIL XIII 11806f. = Dessau 9235. 2) CIL III 7853 = Dessau 1860 (Dacia): *I. O. M. Terrae Dac. et Genio P. R. et commerci.* 3) Ammian. XV 11, 5. 4) Cic. pro Fontei. 11. 5) Vellei. II 110, 6. 6) Tac. A. III 42. 7) Memn. Heracl. 31, 4 (FHG III 542). Val. Max. IX 2 ext. 3. Plut. Sulla 24. 8) Cic. de imp. Cn. Pomp. 18. 9) Plutarch. Cato min. 59. 61. Drumann, Gesch. Roms III² 517. 10) Bell. Afr. 97, 2. 11) Tac. A. XIV 31—33; vgl. Cass. Dio LXII 1, 1. 12) A. Schulten, De conventibus civium Romanorum, Berolini 1892. E. Kornemann, De civibus Romanis in provinciis imperii consistentibus, Berol. 1891 und in der Real-Encykl. IV 1179ff. 13) Diese Genossenschaften römischer Bürger gehen in offiziellen Urkunden der Nennung der griechischen Gemeinde voran, z. B. in Assos (Dittenberger, Syll.³ 797), Cyzicus (CIL III 7061), Laodicea am Lycus (Athen. Mitteil. XVI 1891 S. 144f.).

Wohnsitz zu vertauschen. Eine Inschrift in Celeja (Cilli) ist (unter Antoninus Pius) »von den in Rätien ansässigen römischen Bürgern aus Italien und andern Provinzen« gesetzt[1]). Unter den romanisierten Provinzen des Westens stellte namentlich Gallien (samt dem römischen Germanien) zahlreiche Vertreter des Außenhandels[2]). Inschriften in Augsburg nennen Kaufleute aus Lyon, Trier und Bourges[3]). Zu Aquileja ist der Grabstein eines Kölners gefunden worden, der von dort nach Dacien und umgekehrt handelte[4]); zu Gythion in Laconien der eines Schiffsreeders aus Nicomedia, der in Cyzicus ansässig war[5]); in Pola der eines Kleiderhändlers aus Gallien[6]), in Celeja (Cilli) der eines afrikanischen Handelsmannes[7]). An Orten wie Aquileja, dem großen Stapelplatze des Transithandels aus den nordöstlichen Provinzen nach Italien[8]), dem Orient[9]), Afrika[10]) und umgekehrt, wird die fremde kaufmännische Bevölkerung[11]) aus allen Nationen gemischt gewesen sein, und das Gleiche gilt in der andern Reichshälfte z. B. von dem großen Mittelpunkte des Karawanenverkehrs, Palmyra, wo sich der gesamte Import- und Exporthandel des Ostens konzentrierte[12]).

Doch am zahlreichsten waren allem Anschein nach überall die Orientalen[13]). Orientalen. Berytus, vermutlich auch Damascus und gewiß noch viele andere phönicische und syrische Städte hatten Faktoreien in Puteoli[14]). Tyrus, noch im 4. Jahrhundert der größte Handelsplatz des Orients[15]), hatte eine in Puteoli und eine in Rom; die letztere wurde im Jahre 174 von dem tyrischen Senat angewiesen, der ersteren jährlich 10000 Denare zur Bestreitung ihrer Mieten (von Speichern, Verkaufslokalen u. dgl.) zu zahlen[16]). Eine Statue in Perinthus wurde von den daselbst Handel treibenden Alexandrinern errichtet[17]). Wie dort und in Tomi am Schwarzen Meer (wo sie dem Sarapis und den Kaisern Marc Aurel und L. Verus einen Altar errichteten)[18]), werden Genossenschaften alexandrinischer Kaufleute an allen größeren Handelsplätzen, ihre Schiffe in allen Häfen zu

1) CIL III 5212 = Dessau 1362a. 2) Pârvan a. a. O. S. 53 ff. 61 f. 3) CIL III 5797 (= Dessau 7110). 5831 f. 4) CIL V 1047 = Dessau 7526: *negotiator Daciscus* (vgl. *neg(otiator) ex pro(vincia) Dacia* in Salona CIL III 2086); *negotiatores Cisalpini et Transalpini* in Mailand (CIL V 5911 = Dessau 7527) und Lyon (CIL XIII 2029 = Dessau 7279), *negotiatores Britanniciani* in Köln (CIL XIII 8164a = Dessau 7522) und Bordeaux (CIL XIII 634 = Dessau 7523; vgl. auch XIII 8793 = Dessau 4751), ein *negotiator Gallicanus et Asiaticus* in Mevania (CIL XI 5068 = Dessau 7524; vgl. X 7612); auch *viae Appiae multorum annorum negotia(n)s* CIL VI 9663 = Dessau 7518. 5) IG V 1 nr. 1190. 6) CIL V Suppl. Ital. 1096. 7) CIL III 5230. 8) Mommsen CIL V p. 83. Jul. or. 2 p. 71 D: Ἰταλῶν ἐμπόριον — μάλα εὔδαιμον καὶ πλούτῳ βρύον. φέρουσι γὰρ ἐντεῦθεν φορτία Μυσοὶ καὶ Παίονες καὶ — Ἐνετοί. Vgl. C. Herfurth, De Aquileiae commercio, Diss. Halle 1889. Über ein angesehenes Handelshaus in Aquileja, das der Barbii, deren Faktoreien und Niederlassungen längs der von Aquileja ausführenden Straßen weithin verbreitet waren, vgl. v. Domaszewski bei R. v. Schneider, Die Erzstatue vom Helenenberge (1893) S. 21, 8 und Westdeutsche Zeitschr. XXI 1902 S. 159 f. 9) Hieron. c. Rufin. III 10: *ut negotiator orientalium mercium, qui et hinc deportata vendere necesse habebat et ibi emere quae huc rursus adveheret, biduum tantum Aquileiae fuerit?* 10) Dig. XIX 2, 61 § 1 Befrachtung eines Schiffes von Cyrene nach Aquileja mit Öl und Wein. 11) Herodian. VIII 2, 4. 12) Lehrreich dafür ist namentlich der Steuertarif von Palmyra vom J. 137 n. Chr. Dittenberger, Or. gr. 629 = IGR III 1056 (vgl. Dessau, Hermes XIX 1884 S. 486 ff.). 13) Pârvan S. 107 ff. Ambros. de offic. min. II 14, 67 *haec plena laudis et digna primario viro, non communem cum Tyriis negotiatoribus et Galaaditis mercatoribus habere turpis lucri cupidinem.* 14) CIL X 1634 = Dessau 300; vgl. X 1576 = Dessau 4326. Mommsen RG. V 467, 2. Pârvan S. 114 ff. 15) Expos. tot. mundi 24. 16) IG XIV 830 = Dittenberger, Or. gr. 595; vgl. Mommsen, Ges. Schrift. VIII 8 ff. 17) IGR I 800. 18) IGR I 604; vgl. Mommsen RG. V 284, 1.

finden gewesen sein. Der den Apostel Paulus nach Italien begleitende Centurio fand ein dorthin segelndes alexandrinisches Schiff auf der Reede von Myra in Lycien[1]). Bei weitem am häufigsten werden die Syrer genannt. Dagegen fehlt es so gut wie ganz an Anhaltspunkten dafür, daß von den sehr zahlreichen auswärtigen Niederlassungen der Juden irgendeine des Handels wegen erfolgt sei[2]), was schwerlich zufällig sein kann. Syrische Kaufleute aber und syrische Faktoreien finden wir überall[3]): so in den Häfen Italiens, wie Portus[4]), Neapel[5]), Ravenna[6]) und am zahlreichsten wohl in Puteoli[7]). Eine spanische Inschrift nennt einen Vorsteher des Vereins der Syrer in Malaga[8]); ein syrischer Handelsmann Aurelius Flavus war nach der Inschrift seines zu Salona von seinem Vater errichteten Grabmals in Sirmium gestorben[9]); ein andrer, Bürger und Ratsherr zu Canatha in Syrien, der Geschäfte von Aquitanien nach Lugdunum (Lyon) machte, am letzteren Orte[10]); in Apulum in Dacien ist ein von zwei syrischen Kaufleuten dem Juppiter gesetzter Votivstein gefunden worden[11]). Als Kaufleute wird man mindestens zum größten Teil auch die nicht als solche bezeichneten Syrer in den Inschriften des Okzidents anzusehen haben. Die auf dem Begräbnisplatz der kleinen norditalischen Landstadt Concordia im 5. Jahrhundert bestatteten Ausländer sind alle Syrer, meist Apamener[12]); ebenso rühren alle in Trier gefundenen griechischen Grabschriften von Syrern her[13]). Bis auf den heutigen Tag, schreibt Hieronymus gegen Ende des 4. Jahrhunderts, dauert bei den Syrern die angeborene Leidenschaft für den Handel fort. Aus Gewinnsucht durchstreifen sie die ganze Welt, und eine wahre Geschäftswut beherrscht sie so sehr, daß sie jetzt, wo das römische Reich (von Barbaren) eingenommen ist, zwischen Schwertergeklirr und Mord, unter steten Gefahren nach Reichtümern trachten[14]). In der Sprache des 5. Jahrhunderts scheint (wenigstens in Gallien) »Syrer« für Bankier gesagt worden zu sein, wie im Mittelalter »Lombarde«. Salvianus spricht von den Massen der Kaufleute und Syrer, welche den größeren Teil fast aller Städte in Besitz genommen haben[15]), und Apollinaris Sidonius sagt in einer Schilderung des Treibens zu Ravenna, welches er als eine verkehrte Welt darstellt, daß dort die Geistlichen wuchern, die Syrer Psalmen singen[16]). Im Leben der h. Genoveva (etwa um die Mitte des 5. Jahrhunderts) ist von Kaufleuten die Rede, die zwischen Gallien und Antiochia hin- und herreisten. Noch im 6. Jahrhundert waren syrische Kaufleute in Gallien zahlreich ansässig. Gregor von Tours spricht von solchen in Bordeaux und Paris und unterscheidet sie von den nach seinen wiederholten Erwähnungen in

Syrer.

1) Acta apost. 27, 6. 2) Herzfeld, Handelsgesch. d. Juden d. Altert. S. 202 ff. Mommsen RG. V 471. Pârvan S. 120 f. 3) Auf Delos vor dem mithridatischen Kriege: Mommsen RG. V 467, 2. 4) IG XIV 926 (Errichtung einer Statue des Hadrian durch die Stadt Gaza). 5) Procop. B. G. I 8, 21, vgl. IG XIV 785. 6) Apoll. Sidon. epist. I 8, 2. 7) Vgl. die dortigen orientalischen Kulte, Dubois, Mélanges d'archéol. et d'histoire XXII (1902) S. 42 ff. 8) IG XIV 2540. 9) CIL III 2066 = Dessau 7528. 10) CIL XIII 2448 = Dessau 7529. 11) CIL III 7761 = Dessau 4304. 12) CIL V p. 1058 ff. (vgl. Mommsen, Röm. Mitteil. III 1888, 312 f.; RG. V 468 Anm.). 13) IG XIV 2558—2561; vgl. Mommsen, Hermes XIX 1884 S. 423, 2. 14) Hieronym. in Ezech. 27, 16 (Migne lat. XXV 255). 15) Salvian. De gubern. dei IV 14 (p. 90, 2 Pauly): *negotiatorum et Siricorum* (*Syrorum* Pauly) *omnium turbas*. Gewiß mit Unrecht versteht u. a. Heyd, Gesch. d. Levantehandels (1879) I 24, 6 unter *Syrici* nicht Syrer, sondern *sericarii*, die übrigens auch vielfach Syrer waren (vgl. Marquardt, Privatl.[2] 498, 10). 16) Apoll. Sidon. a. a. O.

Gallien offenbar ebenfalls sehr zahlreichen Juden. Als König Guntram am 4. Juli 585 in Orléans einzog, vernahm man in den Lobgesängen der ihn empfangenden Menge die Sprache der Lateiner, der Syrer und der Juden[1]). Im Jahre 589 beschloß das Konzil von Narbonne, daß Gote, Römer, Syrer, Grieche und Jude am Sonntag keine Arbeit verrichten sollten. Syrische Weine, namentlich die von Gaza, Sarepta und Ascalon, waren im 5. und 6. Jahrhundert in Gallien beliebt. Noch Karl der Große konnte die Evangelien mit Hilfe von Griechen und Syrern berichtigen[2]).

β. VERTRIEB UND VERBREITUNG DER WAREN.

Über die Verbreitung der Handelsartikel im römischen Reich haben wir zwar nur sehr spärliche und vereinzelte Nachrichten; doch auch nach diesen kann nicht bezweifelt werden, daß alle Waren und Produkte durch den Handel allen Orten zugeführt wurden, wo sie Absatz fanden. Am reichsten waren die Magazine und Läden Roms gefüllt; hier konnte man die Güter der ganzen Welt in der Nähe prüfen[3]); hierher kam aus allen Ländern und allen Meeren, was die Jahreszeiten hervorbrachten und alle Zonen trugen, was Flüsse und Seen und was die Arbeit der Hellenen und Barbaren erzeugte. Die Produkte und Waren aller Völker waren hier zu allen Zeiten im Überfluß vorhanden[4]). In ähnlicher Weise rühmt Aristides den Reichtum Korinths an Gütern aus allen Ländern und Meeren[5]). In Alexandria war, wie er sagt, außer Schnee alles zu haben[6]). Nach Antiochia brachten Lastschiffe von allen Himmelsgegenden die Güter und Erzeugnisse der drei Weltteile, des Festlands wie der Inseln; vom Besten aller Länder kam das Beste hierher, da die Schnelligkeit des Absatzes den Sinn der Kaufleute diesem Ort zuwandte; so zog man auch hier von allem Vorteil, was die ganze Erde bot[7]). Auch die übrigen großen See- und Handelsstädte waren sicherlich stets ihrem eigenen Bedürfnis und dem des von ihnen versorgten Hinterlandes entsprechend reichlich versehen. Von Arelate heißt es in einer Urkunde aus dem Jahre 418, daß dort die Produkte und Waren des Orients, Spaniens, Galliens und Afrikas in Fülle vorhanden seien, da sie zu Schiff und zu Wagen, auf dem Meere, dem Flusse und zu Lande dahin gelangen können[8]). Warenvorräte an den größten Märkten.

Auch Gegenstände, die nur an einzelnen Orten, zum Teil außerhalb des Reichs erzeugt wurden, waren überall vorhanden, wo man ihrer bedurfte. In einer im 4. Jahrhundert im Orient abgefaßten Weltbeschreibung, welche besonders den handelsgeographischen Gesichtspunkt ins Auge faßt[9]), wird von Alexandria gerühmt, daß diese Stadt allein in die ganze Welt das Papier versende, welche zwar wohlfeile, aber überaus nützliche und notwendige Ware in keiner andern Provinz vorhanden sei[10]); noch im 6. Jahrhundert brachten alexandrinische Schiffe neben den übrigen alexandrinischen Waren wie Wurzeln und Allgemeine Verbreitung von Papier —

1) Gregor. Tur. Hist. Franc. VIII 1; vgl. VII 31. X 26. 2) Scheffer-Boichorst, Mitt. d. Instituts f. österr. Geschichtsforschung VI 1885 S. 521ff. Vgl. auch G. Wolfram, Jahrbuch d. Gesellsch. f. lothring. Gesch. u. Altertumskunde XVII 1905 S. 318ff. L. Bréhier, Byzantin. Zeitschr. XII 1903 S. 1ff. 3) Plin. n. h. XI 240. 4) s. oben S. 14. 5) Aristid. or. 46, 22 (II 369 K.). 6) ebd. or. 36, 17 (II 270 K.). 7) Liban. or. 11, 264 (I 531 F.). 8) Reskript des Honorius bei Haenel, Corpus legum S. 238. Vgl. CIL XII p. 83. Hirschfeld, Kl. Schrift. S. 27f. 9) Vgl. über die Expositio totius mundi et gentium namentlich Sinko, Archiv f. Lexikogr. XIII 1904 S. 531 ff. (dazu Wölfflin ebd. S. 573 ff.) und Klotz, Philolog. N. F. XIX 1906 S. 97ff. 10) Expos. tot. mundi 36.

Kräutern auch Papier nach Massilia, wie ohne Zweifel nach allen übrigen Häfen des Mittelmeers[1]). Unter den kostbaren Waren, die von Alexandria in alle Länder gingen, hebt die Weltbeschreibung die Spezereien hervor, wobei sicher-
Weihrauch — lich auch an den dort fabrizierten Weihrauch zu denken ist, dessen Verbrauch im ganzen Reiche ein ungeheurer gewesen sein muß[2]). Zu den am allgemeinsten verbreiteten Handelsartikeln gehörte ferner das für den Bronzeguß unentbehrliche, aber nur an wenigen Orten (damals im spanischen Galizien, westlichen
Zinn — Gallien, den Scilly-Inseln und Cornwallis)[3]) gefundene Zinn. Noch im Anfange des 7. Jahrhunderts segelten alexandrinische Schiffe direkt nach Britannien, um das Korn, mit dem sie befrachtet waren, gegen das begehrte Metall einzutauschen[4]), von dem auch die alexandrinischen Indienfahrer Vorräte zu führen
Bernstein — pflegten, da es in indischen Häfen mit Vorteil abgesetzt wurde[5]). Die Wohlfeilheit des Bernsteins ergibt sich daraus, daß in Plinius Zeit die lombardischen Bäuerinnen Bernsteinhalsbänder, zugleich als angebliches Mittel gegen An-
Eisenwaren — schwellung des Halses, trugen[6]). Die aus dem Eisen von Elba in den Werkstätten von Puteoli gefertigten sehr mannigfaltigen Werkzeuge und sonstigen Fabrikate wurden schon in Diodors Zeit so weithin vertrieben, daß, wie er sagt, viele Teile der bewohnten Erde von dieser Industrie Nutzen zogen[7]). Und so mögen auch unter den römischen eisernen Waffen und Geräten, die so zahlreich aus den Gräbern der nordischen Länder, von Schlesien bis Jütland und Skandinavien, zum Vorschein gekommen sind, manche in Puteolanischen Werkstätten geschmiedet sein; bei weitem die meisten stammen freilich aus den römischen Grenzprovinzen, wo sich durch Assimilation barbarischer Elemente eine Abart der römischen Kultur bildete, und von wo sich seit dem Anfange des 1. Jahrhunderts die Fabrikate der dem Geschmack und den Gewohnheiten derselben entsprechenden provinziellen Industrie über die nordischen Länder ergossen, in welchen sie vielfach als Muster dienten[8]). Unter den im Norden gefundenen
Bronzewaren — Bronzearbeiten tragen einige den Stempel italischer Fabriken. Kasserollen mit den Namen eines P. Cipius Polybius und L. Ansius Epaphroditus sind in denselben Formen wie in Pompeji und Herculaneum auch in Pommern, Dänemark, Schweden, in der Schweiz, in Hannover, in England und Schottland gefunden worden; andere aus der Werkstatt eines Nigellus auf Fünen und in Savoyen[9]).
Tonwaren — Zu den Töpfereien, die ihre Waren weit und breit versendeten, wie die der griechischen Inseln (Knidos, Rhodos und Thasos), kamen in römischer Zeit noch andere hinzu, wie die von Pergamum, Saguntum (in Spanien), Arretium (Arezzo)[10])

1) Gregor. Tur. Hist. Franc. V 5, vgl. VI 6. Th. Reil, Beiträge z. Kenntn. d. Gewerbes im hellenist. Ägypten (1913) S. 130. 2) Expos. tot. mundi 35; vgl. Plin. n. h. XII 59. Athen. XV 689 A. 3) Blümner, Technologie IV 83 ff. v. Lippmann, Entstehung u. Ausbreitung der Alchemie (1919) S. 582 ff. 4) Leontius Vita S. Joannis eleemosynarii c. 10 p. 19 Gelzer. 5) Peripl. mar. Erythr. 7. 49. 56. 6) Plin. n. h. XXXVII 44. 7) Diodor. V 13, 2. 8) Undset, Das erste Auftreten des Eisens S. 289. 346; vgl. 453. 503 (wo die römische Eisenzeit in Norddeutschland in die Mitte des 1. Jahrhunderts, in Dänemark etwas später, in Skandinavien um 100 oder etwas später gesetzt wird). 9) P. Cipius Polybius CIL VII 1293. X 8071, 36. XI 6717, 3. XIII 10027, 17. 18. 10036, 36. 50. 74. XV 7074, L. Ansius Epaphroditus X 8071, 28 f. XI 6717, 2. XIII 10027, 6. 10036, 49. 61, Nigellus XII 5698, 8. XIII 10027, 31. 10036, 54; vgl. Willers a. a. O. S. 212 ff. 10) Das Absatzgebiet von Arretium umfaßt Italien, Spanien, Südfrankreich, Rheinlande, weniger die östlichen Provinzen. Nissen, Ital. Landesk. II 316. Gummerus, Real-Encykl. IX 1469 f. Vgl. M. Ihm, Bonn. Jahrb. CII

und Mutina (Modena) in Italien, deren Tonwaren mit den bekannten Stempeln der berühmten Werkstätten durch Länder und Meere gingen[1]). Auch das Tongeschirr der südgallischen Fabriken war der Gegenstand eines lebhaften Exports, der nicht nur die nördlich der Alpen gelegenen Provinzen umfaßt, sondern auch in Italien selber der dortigen alteinheimischen Tonindustrie Konkurrenz macht[2]). In den Glashütten von Alexandria wurden Gläser in allen Formen des Tongeschirrs angefertigt, das aus allen Ländern dorthin eingeführt war[3]). Auch von der Leinwand der berühmten Fabriken von Skythopolis, Laodicea, Byblus, Tyrus, Berytus heißt es in der Weltbeschreibung aus dem 4. Jahrhundert, daß sie in die ganze Welt exportiert werde[4]); und dasselbe sagt Procopius von den Seidenwaren von Berytus und Tyrus[5]). Der im Jahre 301 für den Orient erlassene Maximaltarif Diocletians nennt zwar hauptsächlich orientalische Waren und Fabrikate, aber doch auch manche aus den westlichen Ländern, die also ebenfalls in der östlichen Reichshälfte gangbar waren, als: italische Weine (7 Sorten), Schinken und Würste, afrikanische Teppiche und Mäntel, nervische Mäntel aus den noch jetzt berühmten Webereien von Tournai in Flandern und norische aus Sirmium (Mitrovitza) und andern Fabrikorten an der Donau; in den verloren gegangenen Teilen des Tarifs können noch manche andre aufgeführt gewesen sein[6]). In Laodicea wurden Mäntel nach Art der nervischen verfertigt[7]). Angeblich echter Falerner wurde nach Galen in das ganze römische Reich versandt; d. h. da er, wie der Champagner, nur auf einem sehr beschränkten Gebiet (Campaniens) wuchs, entsprachen die Händler der Nachfrage durch andre Weine, denen sie durch Zubereitung einen ähnlichen Geschmack zu geben wußten[8]). Schließlich mag des Vertriebs zubereiteter Luxusnahrungsmittel gedacht werden, den man sich ebenfalls als einen sehr ausgedehnten und umfassenden vorstellen muß. Von den Fischsaucen kam z. B. das berühmte *garum sociorum* aus Cartagena, Thunfischsauce (*muria*) unter anderm sowohl aus Antibes als aus Byzanz[9]); aus Spanien gingen auch Schüsseln frischer Quittenmarmelade nach Rom[10]); ein Wein- und Delikatessenhändler in Reate nennt sich »Verkäufer aller Arten von überseeischen Waren«[11]).

Glaswaren — Leinwand und Seide. — Ost und West. — Luxusnahrungsmittel.

c. DER SONSTIGE VERKEHR.

Auch abgesehen von dem durch Umzüge und Wohnungswechsel herbeigeführten, von dem amtlichen und offiziellen, dem militärischen und kaufmännischen Verkehr im römischen Reich war die Zahl der Berufsarten und Beschäfti-

1898 S. 106 ff. K. Hähnle, Arretinische Reliefkeramik. Ein Beitrag zur Geschichte des antiken Kunstgewerbes. Diss. Tübingen (Stuttgart) 1915.

1) Plin. n. h. XXXV 160 f. Blümner, Gewerbl. Tätigk. 34, 4; vgl. 51, 3. 86, 1. Dragendorff, Bonner Jahrb. XCVI 1895 S. 53. 83 f. 98 ff. 105 ff. 2) Gummerus a. a. O. 1475 ff. 3) Athen. XI 784 C; vgl. Strabo XVI 758. Reil a. a. O. S. 47 ff. 4) Expos. tot. mundi 31. 5) Procop. Hist. arc. 25, 14 f. 6) Blümner, Der Maximaltarif des Diocletian, 1893. 7) Blümner a. a. O. S. 152. 8) Galen. XIV 77. Doch wurden Falernerreben auch in Bätica angepflanzt, CIL II 2029 = Dessau 1405. 9) Marquardt, Privatl.[2] 440 f. Zahn, Real-Encykl. VII 842. 10) Galen. VI 603; vgl. über den spanischen Ursprung des Wortes Marmelade = *melimelum* F. Kuntze, N. Jahrb. f. d. klass. Altert. XLI 1918, 77 ff. 11) CIL IX 4680. Columella r. r. VII 8, 6: *hoc genus casei potest etiam trans maria permitti.*

gungen nicht gering, durch die man zu regelmäßigen oder doch häufigen Reisen genötigt war.

Wissenschaftliche Reisen.

Die Zahl derer, die Forschungstrieb und der Wunsch, ihre Kenntnisse zu erweitern, in fremde Länder führte, war im Altertum zu allen Zeiten groß. Das Bedürfnis, sich durch Anschauung zu belehren, war viel verbreiteter als in neueren Zeiten: nicht bloß weil die antike Wissenschaft viel mehr auf Anschauung gerichtet war als die moderne, sondern auch weil die aus Bücherstudien zu gewinnende Belehrung so viel unzusammenhängender und spärlicher, auch unzuverlässiger, endlich schwerer zugänglich war. Aber nicht nur die eigentlichen Fachgelehrten, die vorzugsweise der Anschauung bedurften, wie Geschichtschreiber und Geographen, Kunst- und Altertumsforscher, Naturforscher und Ärzte, machten große Reisen — es genügt, an Posidonius, Diodor, Strabo, Apio, Pausanias, Dioscorides, Apulejus, Galen zu erinnern, welcher letztere die Notwendigkeit des Reisens für Ärzte besonders hervorhebt[1]) —, auch ohne solche unmittelbaren Zwecke führte das Streben nach umfassender und vielseitiger Bildung und Belehrung Männer der Wissenschaft offenbar äußerst häufig zu weiten und gefahrvollen Wanderungen. Die berühmtesten Philosophen, sagt Cicero, haben ihr ganzes Leben auf fortwährenden Reisen zugebracht; »unzählige« derselben sind, seit sie ihre Heimat verlassen haben, nie wieder dahin zurückgekehrt[2]). Plutarchs Freund Kleombrotos aus Sparta, ein vermögender und im Gebrauche seiner Zeit unbeschränkter Mann, reiste nicht des Handels halber, sondern aus Schaulust und Wißbegierde und um seinen Geist zu bilden, bis zu den Troglodyten, besuchte auch das Orakel des Ammon und schiffte weit ins Rote Meer hinauf. Die unverschämten Lügen, die dieser »heilige« und ganz auf höhere Zwecke gerichtete Mann von einem dorisch redenden Propheten am Roten Meer erzählte, der sich nur einmal im Jahr vor Menschen hören ließ, geben eine Probe von der Zuverlässigkeit der Reiseberichte über wenig besuchte Gegenden[3]). Auch um persönliche Mitteilungen zu erhalten, wurden gewiß nicht selten Reisen gemacht; Galen sagt, er habe auch die weitesten, zur See und zu Lande, nicht gescheut, um sämtliche Schüler des Arztes Quintus kennen zu lernen[4]). Der Traumdeuter Artemidor von Daldis, ein Mann, dem es allerdings um die Vervollkommnung seiner »Wissenschaft« heiliger Ernst war, war in Griechenland, Italien, Kleinasien und auf den Inseln gereist, um möglichst viele Fachgenossen kennen zu lernen und seine Kenntnisse durch ihre Erfahrungen zu bereichern[5]).

Reisen der Studierenden.

Doch am meisten geziemte es der Jugend, zu reisen und »sich über die Grenzen der Heimat zu erheben«[6]). Daß Jünglinge auf längere Zeit das elterliche Haus verließen, um an einem andern Orte bessern Unterricht zu genießen, war durchaus gewöhnlich. »Sollen junge Leute deswegen ihre Heimat, Eltern, Freunde, Verwandte, Hab und Gut verlassen«, fragt Epictet einen After-

1) Galen. I 58. Vgl. z. B. über die Reisen des Posidonius Zeller, Gesch. d. gr. Phil. III 1⁴ S. 593 f. Schmekel, die Philosophie der mittleren Stoa S. 10 ff.; über die des Apio Lehrs, Qu. ep. S. 5 f.; über die des Aristides A. Hug, Leben u. Werke des Rhetors Aristides (Diss. Freiburg i. d. Schweiz 1912) S. 19 ff.; über die des Pausanias Heberdey, Die Reisen des Pausanias in Griechenland (1894).
2) Cic. Tusc. V 107. 3) Plutarch. De def. orac. 2. 4) Galen. II 470. 5) Artemidor. Onirocr. I prooem. p. 2, 10 ff. Herch.; vgl. unten [III 168]. 6) Philostr. Apoll. Tyan. I 18.

philosophen, »um dich Wörtchen auslegen zu hören und bei deinen Redeschlüssen; O! zu rufen?«[1]). Jede Provinz, jede Landschaft in den höher kultivierten Teilen des Reichs hatte ihren Studiensitz, der zunächst von der Jugend der näheren und ferneren Umgegend, doch auch von weiter ab Wohnenden besucht wurde[2]). Der berühmte Sophist Scopelianus ward sehr gebeten, in seiner Vaterstadt Clazomenä eine Schule zu errichten, da die Clazomenier überzeugt waren, daß die Stadt sich dadurch sehr heben würde[3]). Schulstädte, die zum mindesten aus ihrer örtlichen Nachbarschaft eine größere Anzahl auswärtiger Schüler heranzogen, waren z. B. Pergamum, Cyzicus, Lampsacus[4]), ferner Mediolanium im cisalpinischen Gallien[5]), Augustodunum (Autun) im Gebiet der Äduer[6]); Orte wie Karthago in Afrika[7]), Apollonia in Epirus[8]) und Massilia[9]) hatten schon mehr als provinzielle Bedeutung; in der letzten Stadt studierten auch Römer[10]). Tiberius besuchte während seines Aufenthalts auf Rhodos (6 v. bis 2 n. Chr.) fleißig die Schulen und Hörsäle der dortigen Lehrer[11]), die vermutlich auch in der späteren Zeit zahlreiche Fremde anzogen. In den asiatischen Provinzen gehörte Tarsus in Cilicien zu den Orten, deren Unterrichtsanstalten die meisten (obwohl in Strabos Zeit fast nur einheimische) Studierenden hatten[12]) — Philostrat läßt den Apollonius von Tyana hier seine Bildung suchen[13]) —; vermutlich auch Antiochia in Syrien, das schon in Ciceros Zeit von den gelehrtesten Männern und den edelsten Studien erfüllt war[14]), und vor vielen andern Smyrna, dessen berühmteste Lehrer die Jugend nicht nur Kleinasiens, sondern auch des griechischen Festlandes, Assyriens, Phöniciens und Ägyptens herbeizogen. Von allen Musen, sagt Aristides, welche die Städte der Menschen besuchen, hält sich keine hier fern; groß ist die Zahl der Einheimischen, groß auch die der aus der Fremde Zugewanderten; man möchte die Stadt einen Bildungsherd für das ganze Festland nennen[15]). Alle übrigen Studiensitze aber verdunkelten Rom, Alexandria und Athen, zu deren Schulen Bildungsbeflissene aus der ganzen Welt strömten[16]). Athen verdankte seine Fremdenfrequenz nicht bloß der Anziehungskraft seiner Rhetoren- und Philosophenschulen, sondern auch seiner Erziehungsanstalt für die männliche Jugend (dem Ephebeninstitut), das besonders stark aus den halbgriechischen Ländern des Nordens und Ostens besucht wurde, wo man offenbar Wert darauf legte, die anerkannteste Schule der Hellenisierung durchgemacht zu haben. Im 3. Jahrhundert fand man, daß die Sprachreinheit der Athener durch fortwährenden Verkehr mit jungen Leuten aus Thracien, Pontus und andern Barbarenländern gelitten

1) Epictet. Diss. III 21, 8. 23, 32. 2) Nic. Kriegk, De peregrinationibus Romanorum academicis, Jena 1704. Bernhardy, Griech. Liter.Gesch. I[5] 638 ff., für die spätere Zeit (4. Jhdt.) A. Müller, Philologus N. F. XXIII 1910 S. 294 f. 308 ff. 3) Philostrat. Vit. soph. I 21, 3. 4) Ziebarth, Aus dem griech. Schulwesen[2] S. 87 f. 5) Plin. ep. IV 13, 3. 6) Tac. A. III 43; vgl. Eumen. paneg. IX 14, 1. Ein 16jähriger Knabe aus Brigetio, verstorben *in studiis valle Poenina* CIL XII 118. 7) Apul. Florid. 18. 20. Augustin. Conf. II 3, 5. Grabschrift eines 20jährigen *studens Karthagini* CIL VIII 12152. 8) Sueton. Aug. 8, 2. 89, 1. 94, 12. 95. 9) Tac. A. IV 44; Agric. 4. 10) Strabo IV 181. Vgl. CIL XII p. 56. Hirschfeld, Kl. Schrift. S. 60, 2. 11) Suet. Tiber. 11, 3. 12) Strabo XIV 673. 13) Philostrat. Apoll. Tyan. I 7. 14) Cic. pro Arch. 4. Vgl. O. Müller, Kunstarch. Werke V 69. 107. 15) Aristid. or. 17, 13 (II 5 K.). Philostrat. Vit. soph. I 19, 2 (Nicetes). 21, 3. 5 (Scopelianus). 25, 1 f., vgl. 8, 3 (Polemo). II 26, 2 (Heraclides). 16) z. B. Strabo IV 181. Philostrat. Apoll. Tyan. VIII 15. Quintilian. Declam. 333. Lucian. Alexand. 44.

habe[1]). Die Zahl der fremden Epheben war zuweilen größer als die der einheimischen; unter Marc Aurel gab es deren aus dem ganzen Orient, aus Arabien und Mesopotamien, wie aus Libyen und Ägypten[2]). Athen und Rom (wie später Konstantinopel) erhielten auch durch ihre vom Staate begründeten und besoldeten Lehrstühle am meisten Ähnlichkeit mit den Universitäten des modernen Europa[3]).

Reisen der Professoren.

Auf der andern Seite führten auch die Gelehrten und Lehrer aller Fächer ein Wanderleben im eigentlichsten Sinne des Worts. Besonders Rhetoren und Sophisten reisten unaufhörlich von einer Stadt zur andern, um Unterricht zu erteilen und Vorträge zu halten, und ernteten so am sichersten Beifall, Ruhm und große Reichtümer. Lucian war für die Bildhauerei bestimmt, er wählte die Beredsamkeit; in seinem »Traum« läßt er beide um ihn werben; die Bildhauerei stellt ihm vor, wenn er sich ihr widme, brauche er nicht in die Fremde zu gehen und seine Angehörigen zu verlassen[4]); während in einer andern Schrift die Beredsamkeit erklärt, sie habe sich mit ihm vermählt und sei ihm auf all seinen Reisen gefolgt, um ihm Ehre und Wohlstand zu verschaffen, in Griechenland und Ionien, über das Meer nach Italien und zuletzt selbst nach Gallien[5]). Oft hielten Wanderlehrer, Spezialisten in ihrem Fach, freiwillig oder auf eine Berufung durch die Schulbehörden, Kurse in einzelnen Städten ab[6]), und die berühmten Lehrer jener Zeit führten, wie namentlich ihre Biographien von Philostrat zeigen, ein höchst unstätes Leben; wie ja auch die Dozenten der Renaissancezeit, die in so vielen Stücken an das Altertum erinnert, von Ort zu Ort zogen[7]). Von Aristides hebt Philostrat ausdrücklich hervor, daß er nicht viele Reisen gemacht habe; denn er sei nur in Griechenland, Italien und Ägypten gewesen[8]). Mit einer Lobrede auf die Stadt, in der sie auftraten, pflegten jene Redekünstler ihre Vorträge zu eröffnen[9]); es war ganz gewöhnlich, daß den berühmteren an Orten, die sie mit ihrer Gegenwart beehrten, von den Behörden oder dankbaren Zuhörern Statuen errichtet wurden[10]); Apulejus rühmt sich, daß ihm diese Auszeichnung auch von unbedeutenden Städten erwiesen worden sei[11]).

Reisen von Ärzten und Quacksalbern.

Aber nicht nur unter den Rhetoren und Sophisten, auch unter den Grammatikern und Ärzten unterschied man die Herumziehenden (περιοδευταί, *circulatores*) von den Ansässigen[12]). Ein freigelassener Arzt L. Sabinus Primigenius sagt in seiner Grabschrift, daß er, in Iguvium geboren, viele Orte besucht habe und überall durch seine Kunst, noch mehr durch seine Zuverlässigkeit bekannt sei[13]). Daß außer den Ärzten auch Quacksalber von Ort zu Ort zogen, ist selbst-

1) Philostrat. Vit. soph. II 1, 7. 2) Dumont, Essai sur l'ephébie attique I 99 ff. Fremde Studenten in Athen in der Zeit des Eunapius Wachsmuth, Stadt Athen I 710. Friedlaender, Deutsche Rundschau C 1899 S. 411 ff. 3) Über antikes Universitätsleben vgl. die Aufsätze von F. Schemmel, N. Jahrb. f. klass. Altert. XXII 1908 S. 147 ff. (Konstantinopel). 494 ff. (Athen). XXIV 1909 S. 483 ff. (Alexandria). A. Müller, Philologus N. F. XXIII 1910 S. 292 ff. 4) Lucian. Somn. 7. 5) Lucian. Bis accus. 27. 6) Ziebarth a. a. O. S. 122 f. 7) Burckhardt, Kultur der Renaissance I⁷ S. 226. Rohde, Gr. Roman³ S. 330. 8) Philostrat. Vit. soph. II 9, 1. 9) Dio Chrys. or. 16, 1 f. (I 297 f. Arn.). 10) S. unten [III 72]. 11) Apul. Florid. 16. 12) Dig. XXVII 1, 6 § 1. 13) CIL XI 5836 = Dessau 7794 (Buecheler, Carm. ep. 1252). Grabschrift eines Arztes aus Nicäa bei Doliche in Thessalien (πολλὴν θάλασσαν καὶ γαῖαν περινοστήσας τὸ πεπρωμένον ὧδ' ἀπέτεισα) Kaibel, Epigr. Gr. 509; ein andrer Arzt sagt von sich ἄστεα δ' ἐλθὼν πολλὰ περιπλανίῃ, Wilhelm, Österr. Jahresh. IV 1901 Beibl. S. 20.

verständlich[1]). Da in einer Zeit, der Briefpost und Presse fehlten, Reisen das sicherste Mittel waren, um schnell bekannt zu werden, wurde es natürlich auch von Gauklern und Charlatanen angewendet, wie von Apollonius von Tyana und Alexander von Abonuteichos, welcher letztere überdies nach allen Seiten Emissäre aussendete, um den Ruf seines Orakels überall im römischen Reiche zu verbreiten[2]).

Reisen der bildenden Künstler —

Auch die meisten Künstler und Kunsthandwerker waren fortwährend auf der Wanderung begriffen. Wie in der ganzen römischen Welt das Bedürfnis verbreitet war, die Existenz durch künstlerischen Schmuck zu veredeln, ist aus den unermeßlichen Kunsttrümmern in fast allen Provinzen ersichtlich; ein so ungeheures Kunstbedürfnis konnte nur befriedigt werden, wenn »ganze Kolonien, Züge, Schwärme, Wolken, wie man es nennen will, von Künstlern und Handwerkern da heranzuziehen waren, wo man ihrer bedurfte« [3]). Noch existiert eine Inschrift eines solchen wandernden Künstlers, eines Bildhauers Zenon aus Aphrodisias, welche besagt, daß er im Vertrauen auf seine Kunst viele Städte durchzogen habe[4]); Statuen mit seinem Namen sind in Rom und Syrakus gefunden worden[5]).

der Schauspieler, Musikanten, Athleten.

Aber noch viel unstäter mußte das Leben aller Bühnenkünstler, musikalischen Virtuosen und Athleten sein, die teils einzeln, teils truppweise umherzogen; besonders in Griechenland und Kleinasien, wo selbst kleinere Orte ihre periodisch wiederkehrenden Schauspiele und Agone hatten; was aber auch in den westlichen Provinzen mehr und mehr Nachahmung fand. Die Theaterlust der Griechen hatte früh zur Bildung wandernder Schauspielertruppen geführt, deren Zahl schon zu Demosthenes Zeit sehr groß gewesen zu sein scheint. Die dionysischen, d. h. dramatischen, Künstler bildeten mit der Zeit ständige, dem Kult des Dionysos geweihte Verbände (Synoden), die teils in bestimmten Gegenden auftraten, teils von Ort zu Ort zogen; ein athenischer wird bereits in einem im Jahre 278 v. Chr. abgefaßten Amphiktyonendekret[6]) erwähnt, und nicht viel jünger ist der isthmische Technitenverein, während unter den Ioniern Kleinasiens eine bedeutende Künstlergesellschaft mit dem Sitze in Teos, der 'Stadt des Dionysos', bestand, die in römischer Zeit nach dem benachbarten Lebedos übersiedelte und dort noch in Strabos Zeit ihre Feste in jährlichen Zusammenkünften zu feiern pflegte, bei denen die in Griechenland und Kleinasien umherziehenden Abteilungen zu Opfern und Wettkämpfen sich vereinigten[7]). Ein Zusammenschluß der einzelnen Vereine zu einem großen Reichsverbande der Bühnenkünstler erfolgte unter Hadrian[8]), dessen Name daher auch im Titel dieses neuen Verbandes neben dem des Dionysos oder an seiner Stelle erscheint. Seitdem heißt dieser Verband der heilige hadrianische Bühnenkünstlerverband[9])

Die dionysischen Wandergesellschaften.

1) Oben S. 191. 2) Lucian. Alexand. 24. 36. 3) Goethes Werke XLIX 1 S. 169 d. Weim. Ausg. 4) IG XIV 258 = Kaibel, Ep. gr. 620. 5) IG XIV 15. 1243; vgl. auch Löwy, Inschr. griech. Bildhauer zu nr. 364. 6) IG II 551 = Dittenberger, Syll.[3] 399. 7) F. Poland, De collegiis artificum Dionysiacorum, Dresden 1895 (vgl. auch Klaffenbach, Symbolae ad historiam collegiorum artificum Bacchicorum, Diss. Berol. 1914) und Gesch. d. griech. Vereinswesens (1909) S. 129ff. Ziebarth, Griech. Vereinswesen (1896) S. 74ff. 8) Vorbereitet wurde diese Neuordnung schon unter Trajan, wie die Inschrift des Vereins von Nîmes IG XIV 2496 erkennen läßt. 9) In manchen Inschriften findet sich auch die ausdrückliche Bezeichnung als Wanderverband (περιπολιστικὴ σύνοδος); auf

der aus dem ganzen Reiche vereinigten Verehrer des Dionysos und des neuen Dionysos Hadrian [1]), eine Bezeichnung, in welcher später unter Antoninus Pius der Name dieses Kaisers an die Stelle Hadrians tritt [2]). Der Verband mag zahlreiche Abteilungen gehabt haben, die vielleicht auch für kürzere oder längere Zeit an ein und demselben Orte (namentlich in Rom) ihren ständigen Aufenthalt hatten und unter denen die römische eine Art Vorortstellung genoß [3]). Teils als Mitglieder dieser Vereine, teils selbständig machten die berühmteren Schauspieler und Musiker und ebenso die hervorragenden Athleten, die zum Teil ebenfalls in Synoden inkorporiert waren, regelmäßig Rundreisen wenigstens durch Griechenland, Kleinasien und Italien, wie ihre sehr zahlreichen Denkmäler bezeugen. Ein M. Sempronius Nicocrates sagt in einer selbstverfaßten Grabschrift, er sei Musiker, Dichter und Kitharaspieler gewesen, vor allem aber Mitglied einer Synode; er habe zur See und auf Wanderungen zu Lande viele Mühsale ausgestanden [4]). Bühnenkünstler und Athleten wurden oft von den Städten, in denen sie enthusiastische Bewunderung erregt hatten, mit dem Ehrenbürgerrecht beschenkt [5]). Ein Aurelius Charmus, berühmter Sänger, Bürger von Philadelphia, Nicomedia und Athen, hatte in allen heiligen Wettkämpfen, vom kapitolinischen bis zu denen in Antiochia in Syrien, Kränze gewonnen [6]). Ein Athlet, M. Aurelius Asclepiades, Bürger von Alexandrien, Hermopolis, Puteoli, Neapel und Elis, Senator von Athen und von vielen andern Städten Bürger und Senator, rühmt sich in drei Ländern aufgetreten zu sein, Italien, Griechenland und Kleinasien [7]); dasselbe sagt ein Dichter der ersten Kaiserzeit von dem pergamenischen Pankratiasten Glykon [8]). In einem Verzeichnis der Bauten, die ein Poseidonpriester zu Korinth, P. Licinius Priscus Juventianus (vielleicht zu Ende des 2. Jahrhunderts), aufgeführt hatte, werden auch Herbergen für die Athleten genannt, die aus der ganzen Welt zu den isthmischen Spielen reisen [9]). Festgeber ließen wohl oft zu jeder Gattung ihrer Schauspiele Künstler aus den Orten kommen, die im Rufe standen, die besten zu besitzen: so im 4. Jahrhundert (mindestens in der östlichen Reichshälfte) Wagenlenker aus Laodicea, Mimen aus Tyrus und Berytus, Pantomimen aus Cäsarea, Choraulen aus Heliopolis, verschiedene Gattungen von Athleten aus Gaza, Ascalon und Castabala [10]). Daß Unternehmer von Gladiatorenspielen mit ihren Banden ebenfalls umherzogen, darf auch ohne besondere Zeugnisse an-

die dramatischen Künstler weist die Bezeichnung θυμελική (σύνοδος) im Gegensatze zu ξυστική der Athletenvereine.

1) ἡ ἱερὰ θυμελικὴ ʽΑδριανὴ σύνοδος τῶν περὶ τὸν Αὐτοκράτορα Καίσαρα Τραιανὸν ʽΑδριανὸν Σεβαστὸν νέον Διόνυσον συναγωνιστῶν IG XIV 2495 (Nemausus); vgl. τῶν ἀπὸ τῆς οἰκουμένης περὶ τὸν Διόνυσον καὶ Αὐτοκράτορα Τραιανὸν ʽΑδριανὸν Σεβαστὸν Καίσαρα νέον Διόνυσον τεχνειτῶν ... τὴν ἱερὰν θυμελικὴν σύνοδον IGR III 209 (Ancyra); ähnlich Lebas-Waddington 1619 (Aphrodisias). 2) ἱερα ʽΑδριανὴ ʼΑντωνείνη θυμελικὴ περιπολιστικὴ μεγάλη σύνοδος τῶν ἀπὸ τῆς οἰκουμένης περὶ τὸν Διόνυσον καὶ Αὐτοκράτορα Καίσαρα Τίτον Αἴλιον ʽΑδριανὸν ʼΑντωνεῖνον Σεβαστὸν Εὐσεβῆ νέον Διόνυσον τεχνειτῶν IG III 22. Vgl. die ἱερὰ μουσικὴ περιπολιστικὴ Αὐρηλιανὴ οἰκουμενικὴ μεγάλη σύνοδος BGU IV 1074 (dazu Viereck, Klio VIII 1908 S. 413 ff.). Darum auch *archiereus synhodi et Aug(ustorum)* CIL VI 10117 = Dessau 5190. 3) Poland, De colleg. artif. S. 22 f.; wichtig ist namentlich die Inschrift aus Nysa in Karien Bull. corr. hell. IX 1885 S. 124 ff. 4) IG XIV 2000 = Kaibel, Ep. gr. 613. 5) Beispiele bei Kuhn, Städt. u. bürgerl. Verfass. I 28, 122. 6) CIG 3425. 7) IG XIV 1102. 8) Antipater Thessalon. Anth. Pal. VII 692. 9) IG IV 203. Hertzberg, Gesch. Griechenlands II 475 f. 10) Expos. tot. mundi 32.

genommen werden[1]. Das 'fahrende Volk' der Gaukler und Taschenspieler, Seiltänzer und Akrobaten, Sänger und Musikanten trieb wie im Mittelalter sein Gewerbe im Herumziehen, von Ort zu Ort[2]. Von den Transporten wilder Tiere zu den Venationen, die zum Teil ungeheure Entfernungen zurückzulegen hatten, wird später die Rede sein.

Reisen zu religiösen Festen und Feierlichkeiten.

Jene Feste und Schauspiele aber, die damals so häufig in allen Provinzen stattfanden, zogen auch immer eine große Menge von Zuschauern und Teilnehmern an. Zu den großen Schauspielen Roms strömten Fremde aus der ganzen Welt herbei. Bei den olympischen[3] und den pythischen Spielen kam nicht bloß gegen Ende des 2. Jahrhunderts fast ganz Griechenland zusammen[4], sondern auch noch in der Zeit Julians des Abtrünnigen[5]; und wenn am Schluß des Festes alles aufbrach, war es nicht leicht, ein Fuhrwerk zu erhalten[6]. Peregrinus Proteus vollzog seine Selbstverbrennung bei der Feier der olympischen Spiele im Jahre 167, dem besuchtesten Feste Griechenlands, wie Lucian sagt (der demselben viermal beigewohnt hatte), um mit diesem Akt einen möglichst großen Effekt zu machen.

Zusammenfluß von Gewerbtreibenden und Kupplern.

Daß bei solchen Versammlungen Händler und Gewerbtreibende und überhaupt alle, die dort auf gewinnreiche Geschäfte hoffen konnten, sich zahlreich einfanden, ist selbstverständlich[7]. Dio von Prusa sagt, daß Kuppler mit ihren Dirnen zu der Herbstversammlung der Amphiktyonen in Pylä und anderen Festversammlungen reisten[8]. Überhaupt scheinen Kuppler viel umhergezogen zu sein; die Unseligen, sagt Clemens von Alexandria, gehen zur See mit einer Fracht von Dirnen, wie von Weizen oder Wein[9]. Strabo erzählt, daß in dem wegen seiner Bäder viel besuchten Karura (auf der Grenze von Phrygien und Karien) in einem Gasthause ein Kuppler mit einer großen Menge von Dirnen bei einem Erdbeben von der Erde verschlungen worden sei[10]. Der erwähnte Sempronius Nicocrates, der seine künstlerische Laufbahn aufgab, um, wie er selbst sagt, ein Händler mit schönen Frauen zu werden[11], dürfte also auch in diesem neuen Gewerbe das alte Wanderleben fortgesetzt haben.

Eleusis.

Übrigens wurde es selbst den Verbannten auf den Inseln des Archipels gestattet, an großen Festen sowie an religiösen Feierlichkeiten Teil zu nehmen. »Sie konnten sich also während der Mysterien in Eleusis aufhalten, das Dionysosfest in Argos mitfeiern, zur Zeit der Pythien sich nach Delphi, zur Zeit der Isthmien nach Korinth begeben«[12]. Unter den religiösen Festen übten die eleusinischen Mysterien noch immer die größte Anziehungskraft auch auf Römer[13]; zur Zeit ihrer Feier war Athen von Fremden überfüllt[14]. Daneben

1) Acta s. Demetrii 4 (Acta SS. Octobr. IV 91): μονόμαχον — Λυαῖον ὀνόματι ἐκ τοῦ ἔθνους τῶν Αὐανδάλων ὑπάρχοντι, ὃς οὐ μόνον ἐν Ῥώμῃ πολλοὺς εἰς τὸν λοῦδον ἀνῃρήκει, ἀλλὰ καὶ ἐν τῷ Σερμίῳ καὶ ἐν τῇ Θεσσαλονικαίων πόλει. 2) Blümner, Fahrendes Volk im Altertum, Sitz.-Ber. Akad. München 1918, Abh. 6. 3) Lucian. Peregrin. 1. 4) Gell. N. A. XII 5, 1. 5) Julian. Epist. ad Themistium p. 263 A. 6) Lucian. Peregrin. 35. 7) Philo Alexander 56: *in sacris certaminibus, ad quae ex orbe terrarum veniunt congregatim ob varias necessitatis species — nonnulli ob negotiationem, quoniam paratiores sunt voluntates advenientium in coetum solemnem ⟨ad emendum; nam⟩ pudori ducunt sibi, si eo egressi nihil in domum adduxerint.* Der Zusatz ist für den Sinn erforderlich. 8) Dio Chrys. or. 60, 4 (II 208 Arn.). 9) Clem. Alex. Paed. III 22, 1 p. 249 St. 10) Strabo XII 578. 11) S. oben S. 386. 12) Plutarch. De exil. 12. 13) Foucart, Revue de philol. XVII 1893 S. 197ff. 14) Philostrat. Apoll. Tyan. IV 17.

Samothrake. standen die Mysterien von Samothrake im größten Ansehen[1]), besonders bei den Römern, seit der Glaube an die von dort aus erfolgte Gründung Trojas verbreitet war, daher viele römische Feldherrn und Beamte sich auf Samothrake einweihen ließen und die Heiligtümer mit reichen Geschenken bedachten; so zog diese abgelegene, für Seefahrer schwer zugängliche Insel[2]) fort und fort, namentlich aber an dem im Hochsommer jährlich stattfindenden Hauptfeste, wie jetzt der Athos, ganze Züge von Wallfahrern von nah und fern herbei. Die neuerdings bekannt gewordenen Inschriften von Samothrake nennen solche, die teils als Gesandte, teils aus eigenem Antriebe dorthin pilgerten, aus den Städten Macedoniens, Kleinasiens und Thraciens, aus Kreta, Elis und Rom, welche letztere sich selbst als *mystae pii* bezeichnen[3]). »Mit derselben Andacht, mit der der griechische Schiffer oder Wanderer heute nach dem Athosgipfel hinüberblickt, mochte das Auge der Alten den ragenden Berg von Samothrake suchen, während eine vielleicht ebenso ungebildete Priesterschaft damals auf Samothrake wie heute am Athos althergebrachte, immer gedankenloser überlieferte, dem Volke gegenüber aber mit dem Glanze alter Heiligkeit umgebene Gebräuche ausübte und dabei Sitte, Sprache und Kunst in unbeweglicher Starrheit fesselte.« Heute stört nur der Ruf der Hirten die schweigende Einsamkeit des Strandes, den damals Scharen von Wallfahrern belebten[4]).

Comana. Neben diesen Hauptzielen frommer Wanderungen gab es aber noch eine große Menge besuchter Wallfahrtsorte. Ein solcher war z. B. Comana in Pontus, wo bei dem sogenannten Auszuge der dort verehrten Göttin Männer und Frauen von allen Seiten zusammenströmten und fortwährend solche anzutreffen waren, die wegen eines Gelübdes sich dorthin begeben hatten und der Göttin Opfer brachten. Der Ort, zugleich ein Hauptmarkt für den armenischen Handel, war überdies voll von Hetären, die größtenteils dem Tempel gehörten, und also in jeder Beziehung ein Kleinkorinth[5]). Gewiß war die Zahl der Gläubigen nicht gering, die, wie Apulejus, von einem Heiligtum zum andern zogen und sich in jeden Geheimdienst einweihen ließen, um keines göttlichen Segens verlustig zu gehen[6]). Auch die Orakel Griechenlands, Kleinasiens, Ägyptens, Italiens waren vielleicht zu keiner Zeit des Altertums besuchter als in den beiden ersten Jahrhunderten unserer Zeitrechnung[7]).

Gesundheits- und Erholungsreisen. Endlich waren auch Reisen zur Wiedererlangung der Gesundheit ungemein häufig. Mit Recht, sagt Epictet, schicken die Ärzte die an langwierigen Krankheiten Leidenden in ein andres Land und ein andres Klima[8]). Bei einer großen Anzahl von Übeln, als anhaltendem Kopfschmerz, Geisteskrankheit, Lähmung,

1) Galen. IV 361. 2) Conze, Reise auf den Inseln d. Thrakischen Meeres (1860) S. 47 ff. 3) Inschriften der Wallfahrer CIL III 713—721. 7367—7377. 12318. IG XII 8 nr. 178 ff. Über Hadrians Besuch in Samothrake s. Weber, Untersuch. z. Gesch. d. Kaisers Hadrianus (1907) S. 146 ff. Ein *Rufus praetorius* [*myst*]*es pius* (von dessen Distichon noch die Versschlüsse [*san*]*ctissima numina vestra* — [*vene*]*ror praecibus* übrig sind, CIL III 7372 = Buecheler, Carm. ep. 860) ist nach Hirschfelds sehr wahrscheinlicher Annahme Trebellenus Rufus, Tac. A. II 67. 4) Conze a. a. O. S. 73. Vgl. auch Fredrich, Vor den Dardanellen, auf altgriech. Inseln und auf dem Athos (1915) S. 84 ff. 5) Strabo XII 559. 6) Apul. Apol. 55. 7) Vgl. G. Wolff, De novissima oraculorum aetate (Berol. 1854) und insbesondere über das Orakel von Klaros (bei Kolophon) Buresch, Klaros (1889) S. 39 ff. Unten [III 161 ff.]. 8) Epictet. Diss. III 16, 12.

Wassersucht, Blasenleiden[1]), ganz besonders aber bei beginnenden Brustkrankheiten und bei Blutauswurf[2]) empfahlen die Ärzte Seereisen und Veränderung des Klimas; aus Italien wurden die Schwindsüchtigen, für welche auch eine lange Fahrt auf dem Meere an sich als zuträglich galt, gewöhnlich nach Ägypten[3]) oder nach Afrika geschickt. Galen sagt, daß manche, die wegen eines Lungengeschwürs von Rom nach Afrika gereist waren, scheinbar ganz hergestellt zurückkehrten und wirklich einige Jahre gesund blieben, doch bei unzweckmäßiger Lebensweise erfolgten Rückfälle des Übels[4]). Zuweilen wurde ihnen auch der Aufenthalt in Nadelholzwäldern oder eine Milchkur im Gebirge oder an einem hochgelegenen Orte in der Nähe der See angeraten[5]); Galen empfiehlt hierzu besonders wegen seiner Lage, seiner Luft, seiner Vegetation und Viehzucht Stabiä[6]) (Castellamare, das also damals schon sein Quisisana hatte). Noch im 6. Jahrhundert war der »Milchberg« (Mons Lactarius) bei Stabiä ein Kurort hauptsächlich für Schwindsüchtige[7]), wo, wie Cassiodor rühmt, »die gesunde Luft zusammen mit der Fruchtbarkeit des fetten Bodens Kräuter von süßester Beschaffenheit hervorbringt; die auf dieser Weide gemästeten Kühe geben eine Milch von solcher Heilkraft, daß denen, welchen alle Ratschläge der Ärzte nichts nützen, jener Trank allein zu helfen scheint«[8]). Unter den Orten, wo besonders heilkräftige Mittel erzeugt oder bereitet wurden, ist Anticyra am Busen von Krisa der berühmteste, wohin mehr Kranke reisten als nach der gleichnamigen Stadt am Fuße des Öta, obwohl hier die beste Nieswurz wuchs; doch wurde sie dort besser zubereitet[9]). Wie groß der Zudrang zu den oft mit Heilanstalten oder Traumorakeln verbundenen Tempeln der Heilgötter Äskulap, Isis und Sarapis war, ist allbekannt[10]); eine eigene Art von Weihgeschenken in Gestalt von Fußspuren oder Sandalen wird für die glückliche Hin- und Rückreise bei solchen Fahrten zum Heilgotte dargebracht[11]).

Reisen nach Ägypten und Afrika.

Der Milchberg bei Stabiä.

Anticyra.

Der Gebrauch der Badeorte war im Altertum kaum minder allgemein als gegenwärtig, und ein sehr großer Teil der jetzt benutzten Heilquellen damals schon entdeckt[12]); so war Baden bei Zürich schon in der zweiten Hälfte des 1. Jahrhunderts ein durch den Gebrauch seiner Quellen lebhafter Ort[13]); auch die Thermen von Ems, Pyrmont, Aachen, Wiesbaden, Baden-Baden u. a. sind durch römische Gebrauchsgegenstände und Weihinschriften, die man darin gefunden hat, als von Römern benutzt erwiesen. Die heißen Quellen von Bath (Aquae Sulis) »scheinen vom Beginn der römischen Okkupation an mit Vorliebe

Badeorte.

Bath.

1) Cael. Aurel. chron. I 1, 44 (*cephalaea*); I 5, 170 (*mania*); II 1, 49 (*paralysis*); III 6, 89 (*cachexia*); III 8, 113 (*hydrops*); V 4, 78 (*vesicae passiones*). 2) ebd. II 14, 212: (bei *phthisis*) *vehementer utilis navalis gestatio atque longa navigatio*. Vgl. II 13, 162 (*haemorrhagia*); auch Daremberg ad Oribas. II 857 f. 3) Cels. III 22, 8. Plin. ep. V 19, 6. Plin. n. h. XXXI 63. 4) Galen. XII 191. 5) Plin. n. h. XXIV 28. Philostrat. Vit. soph. II 5, 4. 6) Galen. X 363 ff. 372 (vgl. Ilberg, N. Jahrb. XV 1905 S. 293, 4). Symmach. ep. VI 17. 7) Procop. B. Got. II 4, 30, vgl. IV 35, 15. 8) Cassiodor. Var. XI 10, 2. 9) Plin. n. h. XXV 52. Strabo IX 418. Vgl. Horat. Sat. II 3, 166. Sueton. Calig. 29, 2. Otto, Sprichwörter d. Römer S. 27 nr. 117. 10) Vgl. z. B. über den Äskulaptempel zu Epidaurus S. Herrlich, Epidauros, eine antike Heilstätte, Progr. Berlin 1898 und unten [III 171]. 11) Amelung, Archiv f. Religionswiss. VIII 1904 S. 158 ff. 12) Vgl. über antike Heilbäder Lersch, Geschichte d. Balneologie S. 116 ff. und den Artikel *Aqua, Aquae* Real-Encykl. II 294 ff. (wo die gegen Gicht gebrauchten *Aquae Bormiae* bei Cassiodor. Var. X 29 nachzutragen sind); über die Thermen Griechenlands Neumann-Partsch, Physik. Geographie von Griechenland (1885) S. 341 ff., die bedeutendsten italischen Modebäder seiner Zeit nennt Martial. VI 42, 4—7. 13) Tac. Hist. I 67.

der Heilung wegen besucht worden zu sein«[1]) und wurden also gewiß sehr bald »mit reicher Ausstattung zum Gebrauche der Sterblichen versehen«, wie ein alten Schriftsteller sagt[2]). Schöne Ruinen des Tempels der dort verehrten (von den Römern Minerva genannten) Göttin Sul sowie andrer Gottheiten und bedeutende Überreste der Thermen, auch einige Kunstwerke von besserer Arbeit (darunter eine Frauenbüste aus Domitians Zeit) sind noch vorhanden. Fast alle dort gefundenen Inschriften (besonders Widmungen) gehören dem Ende des 1. oder Anfange des 2. Jahrhunderts an, woraus man nicht auf eine Abnahme der Frequenz des Bades in späterer Zeit schließen darf, da vermutlich die Monumente der älteren Zeit bei der Aufführung späterer Gebäude verwendet wurden[3]). Die Überbleibsel römischer Bäderanlagen, die oft von großer Pracht zeugen, finden sich in allen Ländern am Mittelmeer und weiter auf afrikanischem Boden z. B. in Hamman-Righa (Algerien)[4]), wie in den Pyrenäen (Bagnères-de-Bigorre), in den südlichen Karpathen (Herculesbad bei Mehadia), in den Westalpen (Aix-les-Bains) oder in der Auvergne (Vichy). Von den Badeorten, die zugleich oder vorzugsweise Vergnügungsorte waren, wie Bajä, Ädepsus und Canopus, wird unten die Rede sein. Auch zur Zerstreuung und Erholung scheinen Reisen sehr häufig unternommen worden zu sein[5]).

Schon aus dieser Übersicht der Hauptveranlassungen zum Reisen in der römischen Kaiserzeit wird man den Eindruck gewinnen, daß damals zu Lande mindestens nicht weniger, vielleicht mehr gereist wurde als im neueren Europa vor dem Anfange des 19. Jahrhunderts. Dieser Eindruck verstärkt sich aber noch sehr, wenn man die bisher nicht berührten Reisen in Betracht zieht, die nur zum Vergnügen und zur Belehrung unternommen wurden und deren ausführliche Erörterung für das Verständnis der damaligen Kultur unentbehrlich ist.

1) Hübner, Monatsber. der Berl. Akad. 1866 S. 798. 2) Solin. 22, 10. 3) Hübner CIL VII p. 24. 4) Kobelt, Reiseerinnerungen aus Algier u. Tunis (1885) S. 52 ff. Über noch heute im Betrieb befindliche antike Bäder in Algerien und bei Pergamum H. Lamer, Wochenschr. f. klass. Philol. 1920 Sp. 308 f. 5) Seneca Cons. ad Polyb. 6, 4; epist. 28. Prop. III 21. Ovid. Remed. am. 213 ff.

VII. DIE REISEN DER TOURISTEN

1. SELTENHEIT UND BESCHRÄNKTHEIT DER ENTDECKUNGSREISEN. GRENZEN DES GEOGRAPHISCHEN WISSENS. GEBIET UND ZIELE DER TOURISTENREISEN.

Die Leichtigkeit des Reisens und die Großartigkeit und Vielfältigkeit des Verkehrs, wie beides bisher geschildert worden ist, mußte auch die Wanderlust mächtig reizen und das Verlangen, neue Eindrücke aufzunehmen, sich durch sie zu bilden und zu belehren, in weiten Kreisen verbreiten. In der Tat sind auch zu diesen Zwecken Reisen damals kaum weniger häufig unternommen worden als in der neuern Zeit. Plinius nennt die menschliche Natur »reiselustig und nach Neuem begierig«[1]). Manche, sagt Seneca, machen Seefahrten und erdulden die Mühseligkeiten sehr langer Reisen einzig und allein, um etwas Verborgenes und Entlegenes kennen zu lernen. Die Natur habe im Bewußtsein ihrer Kunst und Schönheit uns als Beschauer so großer Sehenswürdigkeiten erschaffen; wenn sie diese nur der Einsamkeit zeigte, würde sie die Frucht ihres Daseins einbüßen[2]). Die Zahl derer war groß, die »gern durch unbekannte Städte zogen, ein neues Meer erforschten und in allen Ländern der Welt Gäste waren«[3]). Jener Hang zum Wandern war sehr verbreitet, der Hadrian durch alle Provinzen seines Reiches führte, und der in ihm so mächtig war, »daß er alles, was er über irgendwelche Gegenden der Welt gelesen hatte, aus eigener Anschauung kennen lernen wollte«[4]). Trotz der Unsicherheit des menschlichen Lebens, sagt der Epikureer Philodemus, sind manche, und sogar Philosophen, töricht genug, in Zukunftsplänen so viele Jahre für einen der Studien halber in Athen zu nehmenden Aufenthalt, so viele für Bereisung Griechenlands und der Barbarenländer anzusetzen[5]).

Beschränkung der antiken Reisen auf die bekannte Welt.

Doch nichts wäre irriger, als aus solchen Äußerungen zu schließen, daß die Unternehmungen, die aus der Wanderlust der Alten hervorgingen, auch nur entfernt mit den Entdeckungsfahrten und Weltwanderungen in neueren Zeiten verglichen werden könnten. Der Trieb, in unbekannte Welträume vorzudringen, war im Altertum gering, und so blieb den Römern wie den Griechen die Erde nach allen Richtungen hin von verhältnismäßig nahen Grenzen umschlossen, über die hinauszuschweifen kaum die Phantasie Verlangen trug. In der Zeit seiner höchsten Ausdehnung erstreckte sich das Wissen der Alten nur über zwei Drittel unseres Festlands, über das südwestliche Viertel Asiens und über das

1) Plin. n. h. XVII 66; vgl. auch Seneca consol. ad Helv. 6, 6. 2) Seneca De otio 5, 2f. 3) Manil. Astron. IV 512ff. 4) Hist. aug. Hadrian. 17, 8. 5) Philodem. de morte IV bei Gomperz, Hermes XII 1877 S. 224.

nördliche Drittel Afrikas[1]); und selbst auf den schon vielfach betretenen Grenzgebieten der bekannten Welt vermochte die Erkundung des Wahren nie völlig die Fabeln und Wundersagen früherer Zeiten zu verdrängen, die immer von neuem auftauchten und auch bei den Gebildeten Eingang fanden.

Grenzen des geographischen Wissens im Westen.

Noch wagte kein kühner Schiffer sich in das unermeßliche Westmeer hinaus, von dem man glaubte, daß es wie das Nordmeer in einer gewissen Entfernung von der Küste für Schiffe undurchdringlich würde[2]); obwohl die Existenz eines Festlandes zwischen dem westlichen Europa und Asien nicht bloß von Strabo[3]), sondern auch von Aristides[4]) für wohl möglich gehalten wurde. Auch Seneca ahnte, daß in späteren Jahrhunderten der Ozean aufhören werde, eine unübersteigliche Schranke zu bilden; dann würde ein neuer Tiphys neue Welten entdecken und Thule nicht mehr das äußerste Land sein[5]).

»Doch mehr als die Ahnung war den Römern nicht beschieden.« Gerade die Geschichte ihrer Seefahrt lehrt, wie fern ihnen die Natur als Objekt verständiger Forschung lag. »Umfang und Grenzen des großen Reichs boten Anlaß genug, sich auf der hohen See zu versuchen. Die Weltherrscher waren im Besitz der iberischen, lusitanischen und mauretanischen Küsten«[6]), doch die atlantischen Inseln, die das Gestade Nordafrikas beleben, blieben ihnen fast völlig unbekannt.

Die Madeiragruppe.

Andalusische Schiffer, welche die Madeiragruppe (angeblich in einer Entfernung von 10000 Stadien = 1800 km von Afrika) entdeckt hatten, schilderten dem C. Sertorius ihr mildes, durch feuchte Seewinde erfrischtes, das ganze Jahr hindurch nur geringen Änderungen unterworfenes, höchst gesundes Klima und ihre üppige Fruchtbarkeit: man glaubte dort das Elysium Homers gefunden zu haben und nannte sie die Inseln der Seligen. Sertorius überkam die Sehnsucht, sich aus den Stürmen des Krieges in die zauberische Abgeschiedenheit dieser paradiesischen Eilande zurückzuziehen; aber seine Anhänger verhinderten die Ausführung dieser Absicht[7]), und, soviel wir wissen, hat auch später nie ein Römer die Inseln der Seligen betreten.

Die Canarischen Inseln.

Doch waren die Canarischen Inseln nicht bloß von dem mit einer Tochter des M. Antonius und der Cleopatra vermählten König Juba von Mauretanien, dem größten Kenner Afrikas im Altertum, sondern auch von einem Römer Statius Sebosus (in unbekannter Zeit) beschrieben worden[8]). Pausanias hatte sich nach den Satyrn unter andern bei einem karischen Schiffer Euphemus erkundigt, der auf der Fahrt nach Italien in das äußere (Atlantische) Meer verschlagen worden war, »in das sie nicht mehr schiffen«. Dort war das Schiff des Euphemus an eine von Satyrn bewohnte Insel getrieben worden. Diese seien geschwänzte, rötliche Geschöpfe, die, ohne einen Laut von sich zu geben, einen Anfall auf die Weiber im Schiffe machten, deren eines man ihnen preisgab[9]).

1) Peschel, Gesch. der Erdkunde S. 29; vgl. Partsch, Ber. d. sächs. Gesellsch. d. Wiss. 1916 II S. 47ff. 2) Plato Tim. 24 E. Aristot. meteor. II 1, 14. Plutarch. de facie in orbe lunae 26; vgl. Krümmel in Petermanns Mitteil. XXXVII 1891, 129ff., der mit Recht den Alten die Kenntnis der nordatlantischen Sargassobänke abspricht (gegen Peschel a. a. O. S. 22). 3) Strabo I 65. II 118; vgl. Berger, Gesch. d. wissensch. Erdkunde[2] S. 397f. Kretschmer, Die Entdeckung Amerikas (1892) S. 58ff. 4) Aristid. or. 27, 27 (II 132 K.): εἴ τις ἔξω τοῦ Ἀτλαντικοῦ πελάγους ἐστὶ γῆ. 5) Seneca Medea 375ff. 6) Hehn, Kulturpflanzen[7] S. 486. 7) Plutarch. Sertorius 8. Sallust. hist. frg. I 100f. Maurenbr. Vgl. Kurt Müller, Studien z. Gesch. d. Erdkunde im Altertum (Diss. Breslau 1902) S. 3ff. 8) Plin. n. h. VI 201ff.; vgl. Kurt Müller a. a. O. S. 31ff. 9) Pausan. I 23, 5f.

Hannos Bericht über die atlantische Küste Afrikas.

An der atlantischen Küste Afrikas war der Karthager Hanno auf seiner um die Mitte des 5. Jahrhunderts v. Chr. unternommenen[1]) Expedition noch 16 Tagefahrten über das Grüne Vorgebirge hinausgelangt; doch das von ihm gewonnene geographische Wissen ging der spätern Zeit teils ganz verloren, teils verdunkelte es sich wenigstens sehr. Strabo leugnet z. B. die Existenz der von Hanno entdeckten Insel Kerne[2]). Hanno war an der Sierra-Leone-Küste zweimal durch das nächtliche Glühen von Gras- und Waldbränden erschreckt worden und landete auf einer Insel an der Mündung des Ceßflusses, wo er am Tage nur Wälder erblickte, bei Nacht aber durch viele Feuer, den Schall von Flöten, Cymbeln und Pauken und unzählige Stimmen erschreckt wurde, so daß er die Insel verließ. Bei der weiteren Fahrt sah er bei Nacht ein himmelhohes Feuer, das sich bei Tage als ein gewaltiger Berg erwies, den Hanno den Götterwagen nennt und in dem man mit großer Wahrscheinlichkeit den Kamerunberg erkannt hat[3]). Seine Angaben sind ganz in Übereinstimmung mit den Berichten neuerer Reisenden, nach denen in jenen Breiten bei Tage die übermäßige Hitze die Neger zur tiefsten Ruhe zwingt, die erst bei Anbruch der Nachtkühle ihre lärmenden Feste und Tänze beginnen. Beide Teile des Hannonischen Berichtes waren verbunden und ins Fabelhafte ausgemalt bei einem Autor, auf den sowohl Pomponius Mela als der ältere Plinius zurückgehen[4]). Doch der erstere nennt als Lokal ein Gestade südlich vom Götterberge[5]), der zweite den Ausläufer des Atlas an der nach ihm benannten Westküste. Dieses höchst fabelhafte Gebirge sei gegen den Ozean hin rauh und wüst, gegen Afrika von schatten- und fruchtreichen Wäldern und Quellen erfüllt. Bei Tage erblicke man niemand, alles schweige im Schauer der Einsamkeit, Ehrfurcht und Grauen ergreife die Nahenden vor den über die Wolken bis in den Kreis des Mondes ragenden Höhen. Bei Nacht leuchte das Gebirge von vielen Feuern und halle von dem Lärm schwärmender Satyrn und Pane, dem Klange der Flöten und Pauken wieder[6]). Plinius, der den Atlas mit den Bergen der afrikanischen Westküste vermengt[7]), entschuldigt die Verworrenheit und die Widersprüche in seinen Angaben mit der Indolenz der römischen Behörden in der (im Jahre 42) eingerichteten Provinz Mauretanien, wo es doch fünf römische Kolonien gab und für deren Statthalter es ein Ehrenpunkt war, bis zum Atlas vorgedrungen zu sein. Doch da sie zu träge seien, das Wahre zu erforschen, scheuten sie sich nicht, aus Scham über ihre Unwissenheit zu lügen, und die von so gewichtigen Gewährsmännern gegebenen Nachrichten fänden bereiten Glauben[8]). Der Zug des Suetonius Paulinus im Jahre 41, vielleicht des einzigen römischen Feldherrn, der den Hohen Atlas überschritt, scheint ganz ohne Folgen geblieben zu sein. Er fand die untersten Hänge des Gebirges mit hohen, dichten Wäldern einer unbekannten Gattung von zypressenähnlichen Bäumen (wohl der jetzt *ar'ar* genannten), seine Gipfel mit ewigem Schnee bedeckt. Jenseits des Atlas drang er durch Wüsten von schwarzem Sande, in dem wie verbrannt aussehende Felsen ragten, und welche

Fabeln über den Atlas.

Überschreitung des Atlas durch Suetonius Paulinus.

1) C. Th. Fischer. De Hannonis Carthaginiensis periplo (Leipz. 1893) S. 80ff. 2) Strabo I 47; vgl. Fischer a. a. O. S. 20ff. 3) Hanno peripl. 13—16 (Müller, Geogr. gr. min. I 9—13); vgl. Illing, Der Periplus des Hanno (Dresden 1899) S. 29ff. 4) Vgl. E. Göbel, Die Westküste Afrikas im Altertum (Diss. Leipzig 1887) S. 40ff. 5) Pomp. Mela III 94f. 6) Plin. n. h. V 7f. 7) Fischer a. a. O. S. 130f. 8) Plin. n. h. V 11f.

die Glut auch im Winter unbewohnbar machte, bis zum Flusse Ger (Gir)[1]) vor. Er erhielt Nachrichten über die nach Hundeart von rohem Fleisch lebenden Bevölkerungen einer südlichen, von wilden Tieren, besonders Elefanten und Schlangen, wimmelnden Waldregion, versuchte aber offenbar nicht, sie zu erreichen[2]).

Äußerste von den Römern im inneren Afrika erreichte Punkte.

Viel weiter nach Süden reichten die Feldzüge der Römer sowie ihre militärischen und Handelsniederlassungen in der Mitte des Kontinents. Schon im J. 19 v. Chr. war L. Cornelius Balbus von Oea (Tripolis) durch das Gebiet eines in Häusern von Steinsalz wohnenden Volks und eine langgestreckte Kette schwarzer Felsen (jetzt Harudj-el-aswad) in der Landschaft Phazania (Fezzan) vorgedrungen; er hatte auf diesem Zuge zahlreiche Städte eingenommen und Stämme besiegt, deren Bilder in seinem Triumphzuge aufgeführt wurden; darunter Cidamus (Ghadâmes) und die Hauptstadt des Königs der Garamanten (Tedastämme) Garama (an der Stelle der jetzt seit lange verlassenen Stadt Djerma-kadim d. h. Alt-Djerma)[3]). Cidamus (30°15′) blieb seitdem den Römern wie den Byzantinern bis zum Einfall der Araber befreundet. Die Bewohner der Gegend bekehrten sich unter Justinian zum Christentum; der Ort nahm, ohne Zweifel für die Dauer, eine römische Besatzung auf, von welcher sich dort eine Inschrift aus der Zeit des Alexander Severus erhalten hat[4]). So weit reichten wohl die römischen Straßen mit Meilensteinen, deren südlichsten Barth unter 31°30′ n. Br. fand[5]). Am nördlichen Rande der Hamâda stieß derselbe Reisende auf mehrere römische Grabmäler, von denen zwei vortrefflich erhaltene, 15 und 8 Meter hoch, vermutlich für Befehlshaber dortiger vorgeschobener Posten der dritten Legion errichtet waren[6]). Das südlichste dieser Monumente bei Alt-Djerma (26° 22′) zeigt, daß auch hier die Niederlassungen der Römer keine ganz vorübergehenden gewesen sein können[7]). Plinius berichtet, daß der Weg zu den Garamanten früher nicht zu finden gewesen sei, da die »Räuber dieses Volks« die (für Ortskundige in geringer Tiefe zu öffnenden) Brunnen verschüttet hatten; doch nach einem Kriege, den sie im J. 70 gegen Oea führten, hatte man einen um 4 Tagereisen abgekürzten Weg dahin entdeckt, welcher »Am Haupt des Felsens vorbei« genannt wurde[8]); höchst wahrscheinlich, weil diese direkte und westlichste Straße den Gebirgsabfall des Ghurian an der steilsten Stelle passierte[9]). Plinius wiederholt über die Garamanten und die Troglodyten Äthiopiens die Nachrichten Herodots[10]): daß bei den ersteren die Rinder rückwärts gehend weiden[11]), und daß die letzteren sich von Schlangen nähren und ihre Sprache ein bloßes Gezisch ist[12]). Ein Hauptgegenstand des Handels mit den

Römische Grabmäler am Rande der Hamâda.

1) Eine sichere Identifizierung ist nicht möglich, da *gir* in der Landessprache die allgemeine Bezeichnung des Wasserlaufes ist; vgl. Kiepert, Lehrb. d. alt. Geogr. S. 224. Müller zu Ptolem. IV 6, 4 (I p. 737). 2) Plin. n. h. V 14f. 3) ebd. V 34—37. Kiepert a. a. O. S. 223f. Cagnat, L'armée Rom. d'Afrique² S. 6f. 4) CIL VIII 10990. 5) Barth, Reisen u. Entdeckungen I 105. 6) ebd. S. 120—133. Posten der 3. Legion in Bondjem (30° 35′) und Ghariat el-Gharbîa (30° 25′), CIL VIII 6. 3, vgl. Cagnat a. a. O. S. 553ff. J. Toutain, Mélanges d'archéol. et d'hist. XVI 1896 S. 63ff. 7) Barth S. 164—166. Ganz weit im Südwesten von Marokko im Tale des Wad Sus (zwischen dem Hohen und dem Anti-Atlas) hat ein französischer Offizier neuerdings römische Ruinen (einer Brücke, Wasserleitung, Befestigung) gefunden (de Segonzac, Compt. rend. de l'acad. d. inscript. 1900, 162ff.). 8) Plin. n. h. V 38; vgl. Tac. H. IV 50. 9) Barth S. 139. 10) Herodot. IV 183 (Wohnen in Höhlen: Meltzer, Gesch. d. Carthager I 65. 440). 11) Plin. n. h. VIII 178. 12) ebd. V 45. Vgl. Seneca nat. quaest. IV 2, 18.

Garamanten und Troglodyten waren Edelsteine, besonders, schon in der Zeit der Herrschaft von Karthago, Rubine[1]); Balbus hatte in seinem Triumph ein Bild des Berges Gyri aufgeführt, auf welchem, wie eine vorausgetragene Inschrift lehrte, Edelsteine wuchsen[2]). Garama war der Ausgangspunkt für zwei römische Entdeckungsreisen ins innere Afrika, von denen Ptolemäus berichtet[3]). Septimius Flaccus gelangte von dort, drei Monate südwärts reisend, zu den Äthiopen; Julius Maternus aus Groß-Leptis (Lebida) ebenfalls von Garama, und zwar, wie noch heute reisende Europäer, unter dem Schutze eines auf Beute gegen die Äthiopen ausgezogenen Garamantenfürsten, in 4 Monaten nach Agisymba, »wo die Rhinozerosse zusammenkommen«, ein Land, welches auf keinen Fall nördlicher als in der bewässerten Tiefebene des Tsad gesucht werden kann[4]).

Reise bis Agisymba (Ebene des Tsad).

»Das größte Naturrätsel Afrikas«, den Ursprung des Nil[5]), unternahm Nero zu ergründen, da er unter andern Kriegen auch einen Feldzug nach Äthiopien beabsichtigte[6]). Die von ihm ausgerüstete Expedition »gelangte auf dem Weißen Nil bis zu den großen Schilfsümpfen an der Einmündung des Keilak und des Gazellenflusses, wo der Hauptstrom, wie man erfuhr, von den Eingeborenen Kir genannt ward. Unter den nubischen Negerstämmen, welche durch die Neronische Nilexpedition bekannt wurden, sind die Syrbotae oder die Anwohner des Syr (Kir) die heutigen Schir; die Medimni die Medin; die Olabi die Eliab; die Simbarri und Palugges des Nilreisenden Aristocreon bei Plinius die Barri-Neger und die Poludschi des Herrn Brun Rollet. Wenn die Neronischen Entdecker auch Sagen von mißgestalteten Menschen, Zwergen ohne Ohren, mit einem beinahe zugewachsenen Mund heimbrachten, so lag zwar zu allen Zeiten der Sitz der Fabelgeschöpfe immer jenseits der Grenze des Bekannten, aber der Weiße Nil ist bis auf unsere Tage vorzugsweise die Freistätte der anthropoiden Gespenster gewesen, mit denen noch vor wenigen Jahren die Eingeborenen einen kühnen Elfenbeinjäger abzuschrecken gedachten«[7]).

Die Nilquellen.

Am erklärlichsten ist es, daß die Phantasie zu allen Zeiten geschäftig war, die Länder des Ostens, vor allen Indien, mit immer neuen Wundern zu schmücken[8]). Lucrez sagt, daß viele Tausende von »schlangenhändigen Elefanten« Indien so dicht mit einem Gehege von Elfenbeinzähnen umschließen, daß man nicht ins Innere zu dringen vermöge[9]); Vergil, die Bäume der indischen Wälder seien so hoch, daß man keinen Pfeil über ihre Wipfel schießen könne[10]). Noch Dio von Prusa schildert Indien (und zwar nach Erzählungen von Kaufleuten, die seine Häfen besucht, aber schwerlich viel vom Innern gesehen hatten) als ein Paradies. Dort strömen Flüsse von Milch, Honig, Öl und Wein, die Erde bietet dem Menschen freiwillig seine Nahrung, die Wiesen

Berichte über Indien.

1) Plin. n. h. V 34. XXXVII 92. Strabo XVII 835 (Καρχηδόνιοι λίθοι). 2) Plin. V 37. 3) Ptolem. Geogr. I 8, 4f., vgl. 10, 2. 4) Kiepert a. a. O. S. 223f. Berger, Gesch. d. wissensch. Erdkunde der Griechen² S. 599ff. 5) Vgl. unten S. 428. 6) Plin. n. h. VI 181, vgl. die Beschreibung 184ff. Seneca nat. quaest. VI 8, 3f. Norden, Die german. Urgeschicht ein Tacitus Germania S. 444f. 7) Peschel S. 26f. 8) Aufnahme der indischen Sagen von dem Wunderlande Uttara Kuru in griechische Berichte, Rohde, Gr. Roman³ S. 233f.; auch in dem durch die Excerpte Diodors (II 55—60) bekannten Wunderromane des Jambulus (Rohde S. 241ff.) beruht manches auf Nachrichten griechischer Handelsfahrer über Indien. *Indiae fabulosa* Plin. n. h. XXXVII 203. Vgl. Lassen, Ind. Altertumskunde III 302f. und Hieronym. ep. 125, 3. 9) Lucret. II 537ff. 10) Verg. G. II 122ff.

prangen mit den schönsten Blumen, die Bäume geben aufs reichlichste Früchte und Schatten, der Gesang der Vögel ist schöner als Musik von Instrumenten, eine milde Wärme, wie im Anfang des Sommers, herrscht das ganze Jahr, die Gestirne sind zahlreicher und glänzender als in den griechischen Ländern, und die Menschen leben über vierhundert Jahre, ohne Krankheit, Alter und Armut zu kennen. Während aber das Volk jeden Tag als Fest verbringt, geben sich die Brahmanen ganz der Betrachtung und Enthaltsamkeit hin und legen sich freiwillig die Erduldung unerhörter Kasteiungen auf; sie trinken auch aus der Quelle der Wahrheit, nach der ewig dürstet, wer einmal davon gekostet hat[1]).

Fabeln über den äußersten Norden.

Auch über den äußersten Norden behaupteten sich Sagen und wunderliche Vorstellungen hartnäckig. Den Berichten von einem seligen Hyperboreerlande, mit ewigem Frühlinge, wo die Sonne nur einmal im Jahre auf- und einmal untergeht und der Tag ein halbes Jahr dauert, mochte Plinius nicht völlig den Glauben versagen[2]). Tacitus sagt, daß im Norden ein starres, unbewegliches Meer[3]) den Erdkreis abschließt; dorthin setze man mit Wahrheit die Grenze der Natur, denn so nahe gehe dort die Sonne unter, daß ihr Glanz die Nacht erhelle und die Sterne verdunkle, ja man wolle ihr Rauschen beim Aufgehn aus dem Meere vernommen haben[4]). Die fabelhaften Berichte über die nördlichsten Völker, die Menschengesichter, aber Tierleiber haben sollten, wollte er als unerwiesen dahingestellt lassen[5]). Ein gelehrter Freund Plutarchs, Demetrius aus Tarsus, hatte im kaiserlichen Auftrage oder doch auf kaiserliche Kosten eine Reise gemacht, um über die bei Britannien zerstreuten, unbewohnten Inseln Genaueres zu erfahren, von denen einige Eilande der Dämonen und Heroen genannt wurden. Er hatte zu diesem Zweck die Britannien zunächst gelegene, bewohnte Insel besucht, deren nicht zahlreiche Einwohner angeblich den Britanniern als heilig und unverletzlich galten. Als dort ein plötzliches, heftiges Unwetter die Luft erfüllte, erfuhr er von den Insulanern, dies rühre daher, daß eben die Seele eines der »Mächtigen« ausgefahren sei. Auf einer jener wüsten Inseln werde Kronos schlafend von Briareus gefangen gehalten, und viele Geister seien dort als seine Dienerschaft und sein Gefolge[6]). Die Vorstellung, daß jene Küsten und Inseln ein Teil des Totenreichs, ein Aufenthalt der abgeschiedenen Seelen seien, kehrt auch in späteren Zeiten in mehreren Formen wieder[7]).

Die Inseln bei Britannien.

Beschränkung der Reisen auf ein enges Gebiet auch innerhalb der bekannten Welt.

Aber auch innerhalb der Grenzen der bekannten Erde beschränkten sich bei weitem die meisten Reisen auf ein verhältnismäßig enges Ländergebiet. Über die Grenzen des römischen Reichs wagten sich, mit Ausnahme von Kaufleuten, offenbar nur sehr wenige. Strabo meinte, daß nicht leicht ein Geograph viel weitere Reisen gemacht haben möchte als er: er war in der Richtung von Osten

1) Dio Chrys. or. 18, 18—22 (I 336—338 Arn.). Vgl. die Beschreibung des Landes und Volks der Camarini oder vielmehr Macarini d. h. Μακαριvοί des Paradieses (A. Klotz, Rhein. Mus. LXV 1910 S. 612), im äußersten Osten, östlich von den Brahmanen, in der Expos. tot. mundi 4—7. 2) Plin. n. h. IV 89ff. 3) Vgl. Müllenhoff, Deutsche Altertumsk. I 410ff. 4) Tac. Germ. 45, dazu L. Kleeberg, Sokrates VII 1919 S. 91ff. 5) ebd. 46. 6) Plutarch. De def. orac. 18; de facie in orbe lunae 26. Humboldt, Krit. Unters. I 174ff. Rohde, Kl. Schrift. II 200: »eine Erzählung, an deren Herkunft von britischer Volkssage man immerhin glauben mag (Grimm, DM.[4] 694ff.), ohne doch die noch viel deutlichere Anlehnung an eigentlich griechischen Glauben an entrückte Helden zu verkennen«. 7) Claudian. in Rufin. I 123ff. Procop. B. Got. IV 20, 48ff.

nach Westen von Armenien bis an die Westküste Italiens, von Norden nach Süden vom Schwarzen Meer bis an die Grenze Äthiopiens gekommen[1]).

Pausanias hatte auf seinen langen und weiten Reisen (in Libyen, Ägypten, Arabien, Palästina, Kleinasien, Griechenland, Italien, Sicilien) niemanden angetroffen, der in Babylon[2]) oder in Susa gewesen war[3]). In den Donauländern waren in Trajans Zeit außer Kaufleuten und Armeelieferanten Fremde höchst selten zu finden[4]). Im römischen Reiche selbst konnten Reisen, die ohne eigentlich wissenschaftlichen Zweck nur zum Vergnügen und zur Belehrung unternommen wurden, so gut wie nie nach den nördlichen Ländern gerichtet sein. Von diesen galt ohne Zweifel in bezug auf Reisen im allgemeinen, was Tacitus in bezug auf Auswanderungen von Germanien sagt: es war undenkbar, daß jemand Italien verlassen sollte, um diese Gegenden aufzusuchen[5]).

Reisen nach Gallien und Spanien.

Dagegen wurden allerdings in die westlichen Provinzen, wie es scheint, nicht ganz selten Reisen aus bloßer Schaulust gemacht, da namentlich Gallien und Spanien, in denen römische Sitte und Kultur in hohem Grade verbreitet war, manches Anziehende boten, und besonders das erstere ein völlig andres Land geworden war, als in Ciceros Zeit, wo es weder durch Anmut der Gegenden, noch durch Bildung und Gesittung der Menschen und Völker Fremde festzuhalten vermochte[6]). Der afrikanische Dichter P. Annius Florus hatte, nachdem er im kapitolinischen Agon zu Rom (90 oder 94) durchgefallen war, um sich zu zerstreuen, weite Reisen unternommen: zuerst allerdings nach Sicilien, Kreta, den Cycladen, Rhodus und Ägypten; dann aber war er über Italien zu Lande nach den gallischen Alpen und den bleichen Völkern des Nordens gereist, hierauf westwärts bis an die den Alpen durch ihre Schauerlichkeit, ihre Höhe und ewigen Schnee gleichenden Pyrenäen. Zuletzt hatte er sich in Tarraco niedergelassen[7]). In Spanien scheint besonders Gades, wo auch Posidonius sich längere Zeit aufhielt, ein vielbesuchtes Reiseziel gewesen zu sein[8]). Schon Cicero sagt: Diejenigen meinen etwas erreicht zu haben, welche die Mündung des Schwarzen Meeres gesehen haben und jene Meerenge, durch welche zuerst die Argo eindrang, oder diejenigen, welche jenen Sund des Ozeans gesehen haben, »wo die reißende Flut Europa von Afrika scheidet«[9]). Auch Aristides hatte die Absicht, zwischen den Säulen des Hercules durchzuschiffen, doch wurde er durch seine Krankheit daran verhindert[10]). Übrigens dürfte auch der weltberühmte uralte Tempel des phönicischen Hercules, d. h. des Melkart[11]), eine Veranlassung zur Reise nach Gades gewesen sein.

Gades.

Hauptrichtung der Touristenreisen nach Süden und Osten.

Die Reisen der Provinzialen erhielten gewiß vorzugsweise durch den Wunsch, Rom zu sehen, ihre Richtung. Jener Florus traf z. B. in Tarraco mit einigen Bätikern zusammen, »welche von der Beschauung der Stadt zurückkehrten«[12]). Dagegen schlug die weit überwiegende Mehrzahl der römischen Reisenden, insofern sie sich nicht mit Wanderungen in Italien und Sicilien begnügte, die

1) Strabo II 117. 2) Obwohl sich dort eine blühende griechische Kolonie befand. Koldewey, Das wiedererstehende Babylon, 1913 S. 293 ff. 3) Pausan. IV 31, 5. 4) Dio Chrys. or. 11, 17 (I 159 Arn.). 5) Tac. Germ. 2. 6) Cic. De prov. cons. 29. 7) Flor. p. 184 f. Rossb. Vgl. Hübner, Röm. Herrschaft in Westeuropa S. 187. 8) Vgl. z. B. Kleon aus Magnesia bei Pausan. X 4, 6. 9) Cic. Tuscul. I 45. 10) Aristid. or. 36, 91 (II 292 K.). 11) Strab. III 169 f., vgl. Sil. Ital. III 14 ff. 12) Flor. p. 183, 5 Rossb.

Richtung nach Süden und Osten ein. Daß Griechenland, Kleinasien und (seit der Zeit des Augustus) Ägypten die damals von der Hauptmasse der eigentlichen Touristen ausschließlich besuchten Länder waren, kann niemandem zweifelhaft sein, der die damalige Literatur auch nur oberflächlich kennt. Ovid (geb. 711 = 43 v. Chr.) war nur in Sicilien, Athen und Kleinasien gewesen[1]). Vermutlich war es in der Zeit, wo er reiste, noch nicht gewöhnlich, auch (das erst im Jahre 724 = 30 v. Chr. zur römischen Provinz gewordene) Ägypten zu besuchen. Doch in einem während der Fahrt nach Tomi im Jahre 8/9 n. Chr. geschriebenen Gedicht nennt er es bereits als ein gewöhnliches Reiseziel: er sei nicht auf dem Wege nach Athen oder den Städten Kleinasiens, wie ehemals, oder nach der herrlichen Stadt Alexanders und den Reizen des lusterfüllten Nil[2]). Viele sehenswerte Dinge in und bei Rom selbst, sagt der jüngere Plinius[3]), habe man nie gesehen, ja kenne sie nicht einmal vom Hörensagen, die man aus Büchern, Erzählungen, durch eigenen Besuch kennen würde, wenn Griechenland, Kleinasien, Ägypten sie hervorgebracht hätte, oder ein andres Land, das an Merkwürdigkeiten reich wäre und sie anzupreisen verstände. Nächst den Reisen in Italien müssen also diese Länder und die in ihnen besuchten Orte Gegenstand der Betrachtung sein.

2. ITALIEN UND SICILIEN.

Ausflüge nach verschiedenen Richtungen.

Zu kleineren Ausflügen bot Italien eine große Anzahl anziehender Punkte in allen Richtungen. Seneca schildert, wie man durch kleine Streifereien zur See und zu Lande und fortwährenden Szenenwechsel dem Mißbehagen und der Langeweile zu entfliehen suchte. Bald reiste man nach Campanien; dann ward man der lieblichen Gegend überdrüssig und verlangte nach Wildnissen, und es wurden die lucanischen und bruttischen Waldschluchten durchzogen. Doch in diesen Einöden empfand man wieder Sehnsucht nach einem freundlichen Anblick, an dem die verwöhnten Augen sich von der starren Rauheit jener Gegenden erholen sollten: so ging es nach Tarent, und endlich wieder nach Rom zurück, um nicht länger das Klatschen und Gebrause des Zirkus und Amphitheaters zu entbehren[4]).

Reisen nach Sommeraufenthalten.

Doch solche Streifereien aus Langeweile wurden natürlich nur von einzelnen gemacht. Dagegen bedeckten sich im Sommer und Frühherbst alle Chausseen mit Reisenden, die der drückenden Schwüle und der Fieberluft, die dann über der Stadt brütete, entflohen, und die hohen Straßen Roms wurden leerer und leerer[5]). Zu Sommeraufenthalten wurden namentlich die bequem zu erreichenden Orte in den nahen Gebirgen und an der Küste[6]) von Latium und Campanien gewählt, doch auch an der etrurischen. Schon die Großen der Republik pflegten in diesen Gegenden zahlreiche Villen zu besitzen; so Cicero (außer denen zu Arpinum und dem besonders geliebten Tusculanum) bei

1) Ovid. ex Ponto II 10, 21 ff. 2) Ovid. Trist. I 2, 77 ff. 3) Plin. ep. VIII 20, 2. 4) Seneca de tranq. an. 2, 13. 5) Stat. Silv. IV 4, 12 ff. 6) M. Aurel. comm. IV 3: ἀναχωρήσεις αὑτοῖς ζητοῦσιν, ἀγροικίας καὶ αἰγιαλοὺς καὶ ὄρη.

Antium, Astura, Formiä, Cumä, Puteoli und Pompeji [1]); Pompejus zu Alba, Tusculum, Formiä, im Falernergebiet, bei Cumä, Bajä, Tarent, Alsium usw. [2]). Unter einer nicht minder großen Zahl von Landsitzen werden die Großen der Kaiserzeit für ihre Villeggiatur in der Regel die Wahl gehabt haben [3]). Die Aurelii Symmachi besaßen im 4. Jahrhundert deren 15, teils in unmittelbarer Nähe der Stadt, teils an den beliebtesten Orten der latinischen Küste und des Gebirges, teils am Golf von Neapel [4]). Martial und Statius geben Listen der beliebtesten Sommeraufenthalte [5]); kaiserliche Villen fehlten vermutlich an keinem derselben [6]). Augustus besuchte von den seinigen am häufigsten die am Meer und auf den Inseln Campaniens (wie Capri) gelegenen oder die in den nahe gelegenen Städten, wie Lanuvium, Tibur und Präneste [7]). Als Martial sein fünftes Buch an Domitian sandte, war er ungewiß, ob der Kaiser von den albanischen Höhen die Aussicht auf den See von Nemi einerseits und das Meer andrerseits genieße; ob er sich zu Antium befinde, »wo so nahe bei Rom die glatte Woge des Meers ruht«, oder zu Cajeta, Circeji oder auf den weißen Felsen von Tarracina mit ihren heilbringenden Quellen [8]). In Tusculum gab es mindestens 4 kaiserliche Villen, die von einem eigenen, an der Spitze eines zahlreichen Personals stehenden Prokurator verwaltet wurden; in Privatbesitz befindliche lassen sich etwa 40 nachweisen [9]).

So war nicht nur im reichsten Maße durch Abwechslung in der landschaftlichen Szenerie für Mannigfaltigkeit des Naturgenusses gesorgt, man konnte auch das der Jahreszeit angemessene oder sonst zusagende Klima aus einer ganzen Skala wählen [10]). In Neapel, schreibt Marc Aurel als Cäsar im Jahre 143 an Fronto, sei das Klima sehr angenehm, doch sehr wechselnd. Die Nacht zuerst lau wie in Laurentum, um die Zeit des Hahnenschreis kühl wie in Lanuvium, gegen Sonnenaufgang kalt wie auf dem Algidus, der Vormittag sonnig wie in Tusculum, der Mittag glühend wie in Puteoli, der Nachmittag und Abend gemäßigter wie in Tibur [11]). Für Bajä war die Hauptsaison im März und April [12]); Nero lud seine Mutter dorthin zur Feier der Quinquatrus (19.—23. März) ein [13]). Im Hochsommer begab man sich nach Präneste, Aricia, Tibur, Tusculum, an den Anio oder auf das von Tusculum und Veliträ gegen Präneste sich hinziehende Waldgebirge des Algidus [14]). Caligula ließ sich mit ungeheurem Aufwande ein palastähnliches Prunkschiff, ausgestattet mit Säulenhallen, Bädern und Gartenanlagen, erbauen, auf dem er an der campanischen Küste unter Musik und Gesang entlang fuhr [15]). Viele Orte waren (wie auch die laurentinische Villa des Plinius) gleich sehr zu Sommer- wie zu Winteraufenthalten geeignet: so war z. B. der Winter an der in weitem Winteraufenthalte.

1) O. E. Schmidt, N. Jahrb. III 1899 S. 328ff. 466ff. 2) Drumann, Gesch. Roms² IV 542f. 3) Vgl. unten [II 336f.]. 4) Seeck, Symmachi quae supersunt (1883) S. XLVf. 5) Martial. X 30, 1—10. Stat. Silv. I 3, 83ff. IV 4, 15ff. 6) Vgl. das Verzeichnis bei Hirschfeld, Kl. Schrift. S. 533ff., auch Kaiserl. Verwaltungsbeamt. S. 137ff. 7) Sueton. Aug. 72, 2. 8) Martial. V 1, 1—6. 9) Lanciani, Bull. arch. com. XII 1884 S. 172ff. 10) Julian. orat. 1 p. 13 D ῥᾷον διήνεγκας τὴν ἐκ Γαλατῶν ἐς Παρθυαίους ἄνοδον ⟨ἢ⟩ τῶν πλουσίων οἱ ταῖς ὥραις τὴν οἴκησιν συμμεταβάλλοντες εἰ παρὰ τὸν καιρὸν βιασθεῖεν. 11) Fronto Ep. ad M. Caesar. II 6 p. 31f. Naber. 12) Mommsen, Ges. Schrift. IV 297. 13) Sueton. Nero 34, 2. 14) Stat. Silv. IV 4, 12ff. 15) Sueton. Calig. 37, 2. Über Überreste zweier ähnlicher Galaschiffe desselben Kaisers auf dem Nemisee vgl. Barnabei, Notiz. d. Scavi 1895 S. 361ff. 461ff. Hirschfeld, Kl. Schrift. S. 437, 4. Dessau 8677.

Bogen von schützenden Felsen umgebenen Küste von Luna (Spezia) wie der Maremmen durchweg mild, aber auch der Sommer nicht zu heiß [1]). Vorzugsweise dienten natürlich Orte im südlichen Italien als Winteraufenthalte, wie Velia und Salernum [2]); doch vor andern lud hierzu das liebliche, für viele zugleich durch seine Abgeschiedenheit anziehende Tarent ein, wo der Winter so lau und der Frühling so lang war und die Natur in so überschwenglicher Fülle ihre Gaben spendete wie kaum in dem glücklichen Campanien [3]).

Die Westküste. Außer den Überresten römischer Bauten an vielen dieser Orte vergegenwärtigen gelegentliche Äußerungen römischer Autoren den Reiz der dortigen Villeggiatur.

Centumcellä. In Centumcella (Cività Vecchia) stand nach der Beschreibung des Plinius die herrliche Villa Trajans [4]) mitten in grünen Feldern, hart über dem Gestade, wo gerade damals (106/7) ein Hafen gebaut wurde, an dessen Mündung eine künstliche Insel, aus gewaltigen Felsblöcken aufgetürmt, den Anprall der See aufhalten und den Schiffen zu beiden Seiten den Eingang gewähren sollte. Schon ragte aus dem Wasser ihr steinerner Rücken hervor, an dem die Fluten sich brachen, und ringsum schäumte und toste das Meer. An die Insel sollten später Molen angebaut werden [5]).

Alsium. An Alsium (in der Nähe des heutigen Palo), wo schon Pompejus, später Verginius Rufus († 97) eine Villa, »das Nestchen seines Alters«, hatte [6]), ziehen sich große Ruinen längs dem Meer in der Ausdehnung von etwa 450 Meter, landeinwärts von mehr als 200 Meter hin mit Trümmern von Mosaikfußböden, edlen Marmorarten, Antefixen, Bleiröhren einer Wasserleitung, Scherben von Frauenglas: vermutlich die Überreste des dortigen kaiserlichen Lustschlosses, dessen Verwaltung ein eigener Prokurator leitete [7]). An diesen »reizenden Seeaufenthalt« hatte sich M. Aurel im Jahre 161 auf 4 Tage zurückgezogen, und Fronto machte ihm in einem dahin gerichteten Brief zärtliche Vorwürfe, daß er auch dort den Geschäften obliege, statt mittags in der Sonne zu liegen und zu schlafen, am einsamen Ufer zu schlendern, bei ruhiger Luft ein Boot zu besteigen und auf die See hinausfahrend auf die Hammersignale der Rudermeister und die entsprechenden taktmäßigen Ruderschläge zu horchen, endlich nach dem Bade ein königliches Mahl mit Muscheln, Fischen und frutti di mare aller Art sowie andern köstlichen Dingen zu halten [8]).

Ostia. An dem lieblichen Strande des im 2. Jahrhundert sehr blühenden und volkreichen Ostia [9]), wo bereits Varro die Villa des Sejus erwähnt [10]), wandelte Gellius an einem Sommerabend mit Favorinus und andern Philosophen in Gesprächen über den Wert der Tugend für die Glückseligkeit [11]); und vielleicht nicht viele Jahre später begab sich in den Ferien der Weinlese der Christ Minucius Felix mit einem heidnischen und einem christlichen Freunde dorthin. Sie ergingen sich am äußersten Rande des sanftgekrümmten Ufers,

1) Stat. Silv. IV 4, 23 f. Pers. 6, 6 ff. 2) Horat. ep. I 15. 3) Horat. Carm. II 6, 17 ff. Seneca de tranq. an. 2, 13; ep. 68, 5. 4) Hirschfeld, Kl. Schrift. S. 542. 5) Plin. ep. VI 31, 15 ff. Vgl. Nissen, Ital. Landesk. II 332 ff. 6) Plin. ep. VI 10, 1. Nissen a. a. O. S. 350. 7) CIL XI 3720 = Dessau 1580. E. L. Tocco, Bull. d. Inst. 1867 S. 209 ff. Tomassetti, La Campagna Romana II 511 ff. 8) Fronto De fer. Alsiens. 3 p. 224 Nab. 9) Vgl. Nissen II 566 ff. 10) Varro r. r. III 2, 7. 11) Gell. XVIII 1, 2 f.; vgl. auch Suet. de gramm. et rhet. 25 *aestivo tempore adulescentes urbani cum Ostiam venissent, litus ingressi* usw.

wo auf hartem Sande die leichtgekräuselten Wellen ihre Sohlen bespülten, sahen an der Stelle, wo die aufs Land gezogenen Kähne auf Baumstämmen ruhten, Knaben um die Wette flache, runde Steine über die Wasserfläche hin werfen, so daß sie wiederholt aufhüpfend die Spitzen der Wellen durchschnitten, und ließen sich endlich auf den zum Schutz der Badenden weit ins Meer hinausgeführten Felsenmauern nieder, um den Wert des alten und des neuen Glaubens gegeneinander abzuwägen[1]).

An dem jetzt so öden Strande von Ostia bis Lavinium (Pratica)[2]) zog sich Lavinium. eine bald zusammenhängende, bald unterbrochene Reihe von Landhäusern hin, so daß man mehrere Städte zu sehen glaubte[3]); seit Augustus Zeit bestand hier eine eigene Villenkolonie Laurentum[4]). Zu ihr gehörte außer der so ausführlich beschriebenen Villa des jüngeren Plinius[5]) auch eine kaiserliche, in deren kühle Lorbeerhaine sich Commodus im Jahre 188 zurückzog, um der in Rom herrschenden Seuche zu entfliehen[6]).

Bei Astura auf der Insel, die der gleichnamige Fluß vor seiner Mündung Astura. bildet, lag eine Villa Ciceros; sie war von dichtem Walde umgeben, Land und Meer verliehen ihr die Reize der Stille und Einsamkeit, in der man ungestört dem Schmerz nachhängen konnte. Man hatte von dort die Aussicht sowohl auf Antium, als auf das ebenfalls viel besuchte Vorgebirge der Circe[7]), Circeji. »die blaue Felsensphinx, die von jedem Standpunkt sichtbar, jenseit der Pontinischen Sümpfe den Eingang in das eigentliche Paradies des Südens bewacht«[8]). Auch in Circeji gab es eine kaiserliche Villa[9]).

Doch alle diese Orte überglänzte die auf einer weit vorspringenden, felsigen Antium. Landspitze gelegene Prachtstadt Antium, schon in der letzten Zeit der Republik, noch mehr in der Kaiserzeit mit Tempeln und Palästen prangend, die zum Teil ins Meer hinausgebaut waren, ein Lieblingsaufenthalt der Kaiser, namentlich Caligulas und Neros, welche beide dort geboren waren. Aus den dortigen Palästen stammen viele der berühmtesten Kunstwerke (wie der Borghesische Fechter und neuerdings das sogen. »Mädchen von Anzio«); 3 Millien weit erstrecken sich die Ruinen von Antium; auch aus dem Meer ragen Reste dieser versunkenen Herrlichkeit oder schimmern durch die durchsichtige Flut herauf; weit und breit ist das Gestade mit Stücken der kostbarsten, von den Wellen plattgeschliffenen Marmorarten (wie Verde und Giallo antico, Pavonazetto usw.) wie mit Kies bedeckt[10]).

Dann war auch die Bucht, die sich bei Terracina öffnet (der Golf von Terracina. Gaeta), von einer Reihe herrlich gelegener Seestädte eingefaßt, zwischen denen wieder überall Villen und Landhäuser sich erhoben. Martial genoß einst den ersten Frühling auf der Villa seines Freundes Faustinus bei Anxur (Tarracina), als Boden und Bäume sich mit Grün bedeckten und die Nachtigallen schlugen. Wie schön war es dort in der bloßen Tunica im Sonnen-

1) Minuc. Fel. Octav. 2—4. 2) CIL XIV p. 186. 3) Plin. ep. II 17, 27. 4) Nissen a. a. O. II 575. Wissowa, Hermes L 1915 S. 26f. 5) Villen aus republikanischer Zeit Varro r. r. III 13, 2. Macr. Sat. I 11, 21; vgl. auch Cic. de orat. II 22 (daraus Val. Max. VII 8, 1). 6) Herodian. I 12, 2; vgl. CIL VI 8583 = Dessau 1578. 7) Cic. ad Att. XII 19, 1. 8) Hehn, Italien^2 S. 45. 9) Martial. XI 7, 4; vgl. Sueton. Tib. 72, 2. 10) Gregorovius, Wanderjahre in Italien I^7 121 ff. Nissen II 627ff. Tomassetti a. a. O. II 304ff.

schein zu ruhen, wie schön der Hain, die Quellen, der feste Sand des von der Flut benetzten Ufers und die leuchtenden Felsenhöhen, die sich im Wasser spiegelten, wie schön das Ruhebett in jenem Zimmer, von dem man zugleich das Meer und den Fluß — den neben der Appischen Straße bis Rom hinlaufenden Kanal — sah![1]) Nahe bei Tarracina war unter andern »gewaltigen Höhlen, welche große und prachtvolle Wohnungen in sich fassen«[2]), die Villa Spelunca (jetzt Sperlonga) zwischen den weinbelaubten Höhen von Fundi und dem Meer, wo einst Sejan mit Tiberius in einer natürlichen Grotte speisend diesem mit eigener Gefahr das Leben rettete, als ein Teil des Felsengewölbes herabstürzte[3]).

Formiä. Dann folgten Cajeta[4]) und »das süße Ufer des milden Formiä«[5]), wo Martials Freund Apollinaris eine Villa besaß, die er leider zu wenig besuchen konnte, und deren Reize weit mehr von den glücklichen Verwaltern und Türstehern genossen wurden als von dem Herrn. Dort kräuselte ein sanfter Wind die Fläche des stillen, doch nicht leblosen Meers und förderte den Lauf des buntbemalten Kahns. Die Angelschnur konnte man auf Polstern liegend aus den Fenstern ins Meer werfen[6]); überdies war der Fischteich mit den köstlichsten Meerfischen gefüllt[7]). Auch S. Julius Frontinus hatte in Formiä eine Villa[8]).
Minturnä. Minturnä am Liris mit dem Hain und Tempel der Nymphe Marica[9]) wird als Aufenthalt des berühmten Schlemmers Apicius[10]) genannt; auch der Verehrer des Plotinus, Castricius Firmus, hatte in jener Gegend ein Landhaus[11]). An der
Cumä. Küste zwischen Cumä und Misenum lag die von Seneca beschriebene Villa des Servilius Vatia, deren Ruinen noch erhalten sind, mit zwei großen künstlichen Grotten, von denen die eine niemals, die andre den ganzen Tag von der Sonne beschienen wurde, mit einem aus dem Meere durch einen Platanenhain zum Acherusischen See (Lago di Fusaro) geführten Kanal, in dem gefischt wurde, wenn das Meer zu stürmisch war. Man genoß hier die Annehmlichkeiten des benachbarten Bajä, ohne unter den Beschwerden des dortigen Badelebens zu leiden[12]).

Der Golf von Neapel. Das Hauptziel der Erholung und Zerstreuung Suchenden aber war der Golf von Neapel, »jener reizende Krater«, eine »zum Trost des Gemüts geeignete Gegend«, und schon in der letzten Zeit der Republik zum Sammelplatz der feinern Welt auserkoren[13]). Von Misenum bis zu dem »lieblichen Sorrent«[14]) säumte ihn eine fortlaufende Reihe von hellschimmernden Flecken, Städten und Villen gleich einer Perlenschnur, so daß man eine einzige zusammen-

1) Martial. X 51. 58. Den Kanal nennt auch Procop. B. Got. I 11, 2 einen Fluß; vgl. Gregorovius, G. d. St. R. I² 345. Über die Reste des auf dem Monte San Angelo oberhalb der Stadt gelegenen Tempels des Juppiter Anxur vgl. L. Borsari, Notizie d. Scavi 1894 S. 96ff. 2) Strabo V 233. 3) Tac. A. IV 59; vgl. Sueton. Tib. 39. Plin. n. h. III 59. 4) Juvenal. 14, 86f. 5) Martial. X 30, 1. Symmach. epist. VIII 23, 2 *principium voluptatum de Formiano sinu nascitur.* 6) Vgl. Dig. I 8, 4: *Nemo igitur ad litus maris accedere prohibetur piscandi causa, dum tamen villis et aedificiis et monumentis abstineatur, quia non sunt iuris gentium, sicut et mare; idque et Divus Pius piscatoribus Formianis et Capenatis* (l. *Caietanis*) *rescripsit.* 7) Martial. X 30, 11ff. 8) Aelian. Tact. praef. 3: ἐπεὶ δὲ ἐπὶ θεοῦ πατρός σου Νέρουα παρὰ Φροντίνῳ τῷ ἐπισήμῳ ὑπατικῷ ἐν Φορμίαις ἡμέρας τινὰς διέτριψα. 9) Martial. X 30, 9; vgl. Wissowa, Religion und Kultus d. Römer² S. 49, 6. 10) Athen. I 7 A. 11) Porphyr. Vit. Plotini 7. 12) Seneca ep. 55, 6f. Beloch, Campanien S. 188f. 13) Cic. ad Att. II 8, 2; pro Planc. 65. 14) Horat. ep. I 17, 52.

hängende Stadt zu sehen glaubte[1]); und so bot sich hier eine überreiche Auswahl der herrlichsten Aufenthalte dar. Einen Teil derselben nennt Statius in dem Gedicht an seine Frau, in dem er sie auffordert, ihn aus Rom dorthin in seine Heimat zu begleiten: wo der Winter mild und der Sommer kühl ist, die ein friedliches Meer mit schlummernden Wogen bespült, wo Friede und Sorglosigkeit und ungestörte Ruhe herrschen und das Leben müßig verträumt wird. Dort liegt das prächtige, reich geschmückte Neapel mit seinen Tempeln, seinen von unzähligen Säulen eingefaßten Plätzen, seinem bedeckten und unbedeckten Theater, wo ein dem kapitolinischen nahekommendes periodisches Festspiel gefeiert wird. Dort herrscht Heiterkeit und eine Freiheit, wie Menander sie gepredigt, in der sich römische Würde und griechische Ausgelassenheit vereinen. Die Umgegend bietet die mannigfachsten Zerstreuungen dar, möge man nun das liebliche Gestade von Bajä oder die Grotte der Sibylle zu Cumä oder Misenum besuchen wollen oder die üppigen Rebengehänge des Gaurus oder Capri, von dessen Leuchtturm den Schiffern ein mit dem Monde wetteiferndes Licht strahlt, oder die von Bacchus, doch auch von andern Göttern geliebten Höhen von Sorrent, oder die heilenden Wasser von Ischia[2]). Neapel.

Die hier genannten und noch andre Orte werden auch sonst öfters als Erholungsaufenthalte erwähnt. Ohne Zweifel flüchteten zu allen Zeiten viele wie Vergil aus dem rastlosen Treiben Roms für immer in die genußreiche, friedliche Stille Neapels[3]), »der zu tatloser Ruhe geschaffenen Stadt«[4]), welche die »griechische Muße, die griechischen Spiele, das gesamte künstlerische und gelehrte griechische Treiben bis zum Zusammenbruch italischen Wohlstands und italischer Bildung zu einer hellenischen Kulturinsel machten«[5]). Andre zogen sich wenigstens nach einem geschäftsvollen Leben im Alter dorthin zurück, wie Silius Italicus, der bei Neapel mehrere, sämtlich mit Statuen und Büsten reich geschmückte Landhäuser besaß[6]). Der Name einer der dortigen römischen Villen lebt noch heute fort. Bekanntlich heißt nach dem Pausilypon (Sorgenfrei) jenes Vedius Pollio, der seine Muränen mit Sklaven fütterte, der Bergrücken zwischen Neapel und Puteoli[7]). Den Tunnel durch denselben ließ Agrippa durch Coccejus brechen[8]). Seneca hatte unter dem Staube dieser mit düster brennenden Fackeln beleuchteten *crypta Neapolitana* zu leiden, als er einmal bei der Fahrt von Bajä nach Neapel aus Furcht vor Seekrankheit den Landweg wählte[9]). In der Hafenstadt Puteoli, wo man sich schon in Ciceros Zeit gern anbaute[10]), verbrachte z. B. Gellius einst die Sommerferien in Gesellschaft des Rhetors Antonius Julianus[11]), und der große griechische Grammatiker Herodian verfaßte dort sein Gastmahl[12]). Von Bajä wird später ausführlich die Rede sein. In Misenum ist namentlich die hochgelegene, von Lucull erbaute, später kaiserliche Villa mit weiter Aussicht auf den Golf von Neapel

Pausilypon. Puteoli. Misenum.

1) Strabo V 247. 2) Stat. Silv. III 5, 81—104. 3) Strabo V 246. 4) Ovid. Met. XV 711. Verg. G. IV 564. Horat. Epod. 5, 43. Sil. Ital. XII 31 ff. 5) Mommsen, Ges. Schrift. VII 193. Vgl. CIL X p. 171. 6) Plin. ep. III 7, 8. 7) Hirschfeld, Kl. Schrift. S. 518. Beloch, Campanien S. 85 ff. R. Th. Günther, Pausilypon, the imperial villa near Naples, Oxford 1913. 8) Strabo V 245. Vgl. Nissen a. a. O. II 743 ff. 9) Seneca ep. 57, 1. 10) Drumann, Gesch. Roms VI 393 f. 11) Gell. XVIII 5, 1. 12) Stephan. Byzant. p. 230, 20 M.

wie auf das toskanische Meer bekannt, in der Tiberius sich öfters aufhielt und wo er auch starb[1]).

Die Küste des Vesuv.

Die gegenüberliegende Küste bot bis zum Jahre 79, in dem der erste bekannte Ausbruch des Vesuv die Umgegend so furchtbar verwüstete, einen ganz andern Anblick als später. Mit Ausnahme des Kraters, den man für erloschen hielt, war der ganze Berg mit Feldern und Weinbergen bedeckt[2]); die Aussicht (von Capri) auf diese Küste war herrlich, sagt Tacitus, ehe der Brand des Vesuv die ganze Gegend verwandelte[3]); wo jetzt alles in Asche begraben liegt, sagt Martial im Jahre 88, hatte sonst die Kelter die edelsten Trauben gepreßt; auf diesen Höhen, die Bacchus über alles liebte, hatte der Schwarm der Satyrn seine Reigentänze aufgeführt, hier hatte die Stadt der Venus (Pompeji), hier die des Hercules gestanden[4]). Die Umgegend des mit beiden zugleich verschütteten Stabiä (Castellamare) diente, wie bereits erwähnt, bis ins 6. Jahrhundert als ländlicher Aufenthalt für Kranke, denen eine Milchkur verordnet war[5]).

Sorrent.

Am reichsten mit Villen besetzt waren vermutlich die Höhen von Sorrent, auf deren vorspringender südwestlicher Landspitze ein Tempel der Minerva stand, deren Namen dies Kap noch heute trägt. Die Beschreibung des Statius von der dortigen Villa des Puteolaners Pollius Felix zwischen den Kaps von Sorrent und Massa[6]) gibt eine Vorstellung von der Pracht und Schönheit der Bauten und Anlagen dieser ganzen Küste. Auch sie, über deren Wein die Ansichten allerdings sehr geteilt waren[7]), durfte sich rühmen, in besonderer Gunst des Bacchus zu stehen; zu den Göttern, die sie außerdem beschützten, scheint neben Minerva und Neptun[8]) Venus gehört zu haben, die Vergil dort anrief, ihm ihren Beistand zur Vollendung des Gedichts zu leihen, das ihren Sohn verherrlichen sollte[9]).

Capri.

Endlich Capri hatte schon Augustus, der von der Stadt Neapel die Insel sich gegen Überlassung von Ischia abtreten ließ, mit Palastbauten geschmückt[10]). Weltbekannt ist des Tiberius dortiger zehnjähriger Aufenthalt (27—37). Von einigen der zwölf, nach den Hauptgöttern benannten Villen, die er dort erbaute[11]), sind dürftige Trümmer übrig, bedeutendere nur von seinem eigentlichen Wohnsitz, der Villa des Juppiter[12]), auf der höchsten Nordostspitze der Insel in der Nähe der ebenfalls noch vorhandenen Unterbauten des von Statius erwähnten Leuchtturmes. »Welch ein Anblick, denkt man sich alle diese Gipfel

1) Phaedr. fab. II 5, 8ff. Sueton. Tiber. 72, 3. 2) Strabo V 247. Interessantes Wandgemälde der Casa del Centenario in Pompeji: neben dem mit Weinreben bepflanzten Vesuv Bacchus, ganz in eine Traube eingehüllt, Notiz. d. Scavi 1880, 232ff. Taf. VII. 3) Tac. A. IV 67. 4) Martial. IV 44. Caligula zerstört *villam in Herculanensi pulcherrimam,* Seneca De ira III 21, 5. 5) Oben S. 389. 6) Stat. silv. II 2 und dazu Vollmers Kommentar S. 338f. Beloch, Campanien S. 269—274. Die Villa des Pollius Felix, die einen Blick auf den gegenüberliegenden Limon (Stat. S. II 2, 82. III 1, 149, zwischen Nisida und der Klippe La Gajola an der Punta) hatte, hieß nach einer (beim Durchstich des Posilipp unweit Piedigrotta im Kanal einer römischen Wasserleitung gefundenen) Inschrift vom 12. Januar 65 (Eph. epigr. VIII 337 = Dessau 5798) *Epilimones* (= ἐπιλειμωνής nach Vollmer). Mommsen, Hermes XVIII 1883 S. 758. 7) Den Sorrentiner nannte Tiberius adligen Essig (Plin. n. h. XIV 64; vgl. Marquardt, Privatl.[2] 451, 16); anders urteilt Strabo V 243. 8) Stat. Silv. II 2, 2. 21ff. 9) Vergil. Catal. 14, 11f.; vgl. CIL X 688. 10) Strabo V 248. Sueton. Aug. 92, 2; vgl. 98. Cass. Dio LII 43, 2. 11) Tac. A. IV 67. 12) Sueton. Tib. 65, 2 (überliefert *villa quae vocatur Ionis*). Vgl. Weichardt, das Schloß des Tiberius u. andre Römerbauten auf Capri, 1900, und dazu Schulten, Berl. philol. Wochenschr. 1901, 880ff.

mit Marmorpalästen geschmückt und das schöne Eiland bedeckt mit Tempeln, Arkaden, Statuen, Theatern, mit Lusthainen und Straßen«[1]). Mit der Aussicht, die man von jener Villa des Juppiter auf den ganzen Golf mit seinen Küsten und Inseln sowie auf den Golf von Salerno und das offene Meer genießt, dürften in der ganzen Welt wenige zu vergleichen sein.

So zog sich »das ganze Meeresufer Toscanas bis nach Terracina entlang, von Terracina bis nach Neapel und rings um den Golf und weiter über Salerno hinaus eine Reihe von Marmorpalästen, von Bädern, Gymnasien und Tempeln hin, ein fortlaufender Kranz römischer Herrlichkeit. Wer damals an diesem Strande entlang fuhr und die Menge der Lustanlagen sah, die mit den Städten wetteiferten, der mußte eines schönen Anblicks menschlicher Kultur froh werden. Heute stehen an diesen elysischen Ufern einsame verwitterte Türme des Mittelalters, welche zum Schutz gegen anlandende Sarazenen gebaut wurden«[2]).

Daß die von Rom aus weiter entfernten und schwerer zu erreichenden Küsten Italiens seltener besucht und zu Aufenthalten gewählt wurden als die Westküste, ist selbstverständlich; unbesucht aber blieben ihre schönen Punkte gewiß nicht[3]). Einen derselben hat Cassiodor geschildert, das an der Südostküste des heutigen Calabrien gelegene Scyllacium (jetzt Squillace an dem nach ihm benannten Golf). Die Stadt lag in traubenförmiger Gestalt auf Hügelabhängen über der Bucht ausgebreitet und gewährte einen entzückenden Blick auf grüne Fluren und die blaue Fläche des Meers. Sie war so ganz der aufgehenden Sonne zugewendet, daß deren volles Licht sie gleich nach dem Aufgange bestrahlte; sie hatte sonnige Winter, kühle Sommer, einen großen Reichtum an den Erzeugnissen des Meers, Cassiodor selbst hatte dort Fischbehälter angelegt. Überall konnte man aus der Stadt auf Weingärten, Getreidefelder und Ölwälder sehen und fühlte deshalb dort nicht das Bedürfnis, sich an der Schönheit ländlicher Natur zu erfreuen. Die reizende Lage der Stadt hatte zur Folge, daß viele, die nach Erholung verlangten, sie besuchten und der Gemeinde durch ihre Forderungen Kosten verursachten[4]).

Villen an der Süd- und Ostküste Italiens.

Scyllacium.

Daß es auch an der Ostküste an prachtvollen Lustorten und Villen nicht fehlte, geht aus gelegentlichen Erwähnungen hervor. Neros Vaterschwester Domitia hatte Besitzungen bei Bajä und bei Ravenna, welche seine Begier so sehr erregten, daß er um ihretwillen Domitia vergiftete. Er erbaute an beiden Orten Lustschlösser, die noch in der Zeit des Cassius Dio aufs beste erhalten waren[5]). Eine Entscheidung des Juristen Celsus (unter Trajan und Hadrian) bezog sich auf Bauten eines Ballspielsaals und unter dem Boden angebrachte Heizungsanlagen in dem Park eines Aurelius Quietus bei Ravenna, in dem dieser sich in jedem Sommer aufzuhalten pflegte[6]). Der Seehafen Altinum zwischen Patavium und Aquileja war in Martials Zeit mit prächtigen, den bajanischen gleichkommenden Villen besetzt, wie jetzt die Kanäle der Terra Ferma von Venedig, und das dortige Meeresufer so lieblich, daß Martial sein Leben hier zu beschließen wünschte, wie Horaz zu Tibur[7]). Vermutlich wurden die Ufer des Adriatischen Meers seit der Diocletianischen Zeit mehr und mehr

Ravenna.

Altinum.

1) Gregorovius, Wanderjahre in Italien I[7] 368. 2) Gregorovius a. a. O. S. 141 f. 3) Cassiodor. Var. IV 48, 2 *Lucaniae dulces recessus*. Eutrop. X 2, 3. 4) Cassiodor. Var. XII 15. 5) Cass. Dio LXI 17, 2. 6) Dig. XVII 1, 16. 7) Hehn, Italien[2] S. 15. Martial IV 25.

besucht und angebaut, namentlich aber seit Ravenna Residenz geworden war. Cassiodor preist Istrien, diese an Wein, Öl und Korn gleich reiche, köstliche Gegend, als das Campanien Ravennas, das auch sein Bajä, mehr als einen Avernus, Fischbehälter und Austernbassins besitze. »Weit und breit hin leuchtende Schlösser (*praetoria*) sind dort wie Perlen aneinandergereiht.« Eine herrliche Kette von Inseln zieht sich am Ufer hin[1]), von denen die Brionischen vor Pola die berühmtesten waren: im Val Catena auf Brione Grande haben sich bedeutende Reste römischer Wirtschafts- und Luxusvillen gefunden[2]).

Villen in den Gebirgen.

Von den Gebirgen Italiens wurden natürlich die Rom zunächst gelegenen Albaner- und Sabinerberge während der Republik wie in der Kaiserzeit am meisten zur Villeggiatur benutzt, wie sich schon aus den früheren Erwähnungen ergibt. In den Mauern der römischen Villen haben sich die Kastelle mittelalterlicher Barone und städtische Ansiedlungen eingenistet, wie Frascati und Albano, welches letztere, bereits vor Constantin aus dem Lager der zweiten Parthischen Legion entstanden[3]), auf und aus den Trümmern dortiger Villen erbaut ist, von denen die des Domitian in der Gegend der jetzigen Villa Barberini zwischen Albano und Kastel Gandolfo gelegen zu haben scheint[4]). Auch die wildschönen Ufer des Anio waren von Reihen von Landhäusern eingefaßt[5]), unter denen das Lustschloß Neros bei Subiaco bekannt ist[6]). Der prachtvollste

Tibur.

wie an landschaftlicher Schönheit reichste dieser Orte war Tivoli; seine sämtlichen Lustbauten aber, von deren Glanz die später zu erwähnende Beschreibung der Villa des Manilius Vopiscus von Statius eine Vorstellung gibt, übertraf weit die kolossale Villa Hadrians, die unter anderm architektonische und landschaftliche Nachahmungen berühmter und interessanter Punkte, namentlich Griechenlands und Ägyptens, enthielt, und deren unerschöpfliche, schon seit Alexander VI. ausgebeutete Ruinen drei Jahrhunderte hindurch die Museen und Paläste Roms mit plastischen Werken gefüllt haben und vielleicht noch immer reiche Kunstschätze in sich bergen[7]).

Reisen auf der Appischen Straße.

Ein sehr großer Teil der Reisenden schlug die Appische Straße ein, die von Rom in schnurgerader Richtung auf das Albanergebirge zu, von da nach Campanien und den beiden Haupthäfen Italiens, Puteoli und Brundisium, führte; und auch zu kürzeren Lustfahrten wurde die schöne, belebte Straße viel benutzt. Da fuhr der reiche Mann, welcher der Stadt überdrüssig war, in einer Eile, als gälte es ein brennendes Haus zu löschen, nach seiner Villa im Albanergebirge, um sich dort zu langweilen und zu gähnen oder bald ebenso eilig nach Rom zurückzukehren[8]). Da ließ der emporgekommene Freigelassene seine teuer gekauften Ponys sehen[9]). Da zeigten sich üppige Frauen mit einem

1) Cassiodor. Var. II 22, 3—5. 2) S. z. B. A. Gnirs, Jahrb. f. Altertumskunde II 1908, 124ff. 3) CIL XIV p. 217. 4) CIL XIV p. 216. Über Villenanlagen in dieser Gegend vor Domitian vgl. G. Lugli, Bull. arch. comun. XLII 1914 S. 251ff., über die privaten und kaiserlichen Villen von Tusculum-Frascati (CIL XIV 2608 = Dessau 1579 *T. Flavius Aug. l. Epaphra proc(urator) villarum Tusculanarum*) CIL XIV p. 253f. Hirschfeld, Kl. Schrift. S. 536f. 5) Plin. ep. VIII 17, 3. 6) Tac. A. XIV 22. Frontin de aqu. 93. Plin. n. h. III 109. Nissen II 618. Die dortigen Seen sollen bei einer Überschwemmung des Anio 1305 verschwunden sein. CIL XIV p. 354. 7) Justi, Winckelmann II² 24f. CIL XIV p. 366. Winnefeld, Die Villa des Hadrian bei Tivoli (1895) S. 150ff., vgl. unten [II 339]. 8) Lucret. III 1063ff. 9) Horat. Epod. 4, 14 (*et Appiam mannis terit*).

Gefolge von Männern[1]). Auch Cynthia fuhr dort, wie Properz berichtet, angeblich um die Juno in Lanuvium zu verehren, sie selbst ein Schauspiel, wie sie ihre Pferde lenkte, und zum Verdrusse des Dichters begleitete sie ein Nebenbuhler auf einem reich ausgestatteten Wagen mit seidenen Vorhängen, neben dem zwei Molosserhunde mit großen Halsbändern hersprangen[2]). Auch nach dem Dianentempel an dem waldumkränzten See von Nemi, dem »Spiegel der Diana«[3]), wo in der heißesten Jahreszeit ein großes Fest gefeiert wurde, bei welchem See und Wald abends und nachts von Fackeln glänzten, wallfahrteten Frauen, die der Göttin ein Gelübde zu lösen hatten, zahlreich, Kränze in den Haaren und Fackeln in den Händen[4]); und es wird nicht an jungen Männern gefehlt haben, die den Rat Ovids befolgten, diese Gelegenheit zum Anknüpfen zärtlicher Verhältnisse zu benutzen[5]). Wie besucht der Ort war, ergibt sich schon daraus, daß in dieser Gegend (spätestens zu Ende des 1. Jahrhunderts) sich eine Art Bettlerkolonie niedergelassen hatte[6]).

Jetzt liegt auf der »Königin der Straßen« statt des bunten, glänzenden Lebens, das damals über sie hinwogte, die tiefste Einsamkeit. Endlos dehnen sich zu beiden Seiten die hügeligen Flächen der Campagna, aus deren Grün die halbzerstörten Bogen der Wasserleitungen ragen; hier und da steht ein graues Haus am Wege. Selten rollt ein Karren mit hochgestapelten Weinfäsern beladen über das antike Pflaster, Campagnahirten zu Pferd treiben Schaf- und Rinderherden vor sich her, und der schwermütige Gesang eines Feldarbeiters schallt aus der Ferne herüber.

Reisen nach Campanien.

Aber auch über Alba und Lanuvium hinaus blieb die Appische Straße lebendig, denn der Hauptstrom der Reisenden wälzte sich nach Campanien, um in jenem von der Natur zu tatenlosem Genuß wie bestimmten Paradiese, vor allem, wie gesagt, an dem üppigen Golf von Neapel, Erholung oder Genesung zu suchen oder sich Schwelgereien und Ausschweifungen aller Art zu überlassen. Als die Perle unter den dortigen überaus zahlreichen Lustorten galt Bajä, das erste Luxusbad der alten Welt, »das goldene Ufer der seligen Liebesgöttin, das holde Geschenk der stolzen Natur«[7]), am ebenen Strande, doch rings von einem Kranz grüner Berge umschlossen[8]). Es war die Herberge der Welt[9]) und zugleich die Wohnung der Nereiden und der Quellnymphen[10]). Die Heilquellen waren mannigfacher Art, vorzüglich aber bediente man sich der an vielen Stellen der Erde entsteigenden heißen Schwefeldämpfe zu Schwitzbädern, die an Ort und Stelle angelegt waren[11]). Auch sonst war Bajä mit großartigen Anstalten für die Kur der Kranken und glänzenden Gebäuden für den Aufenthalt und die Vergnügungen der Gesunden aufs reichste ausgestattet[12]);

Bajä.

1) Cic. pro Cael. 34. 2) Propert. IV 8, 15—26. 3) CIL XIV 2772 = Dessau 6001; vgl. Serv. Aen. VII 515. 4) Ovid. Fast. III 269 f. Prop. II 32, 9 f. Stat. silv. III 1, 56 f. 5) Ovid. a. a. I 259. 6) Juv. 4, 117; s. oben S. 160, 6. 7) Martial. XI 80, 1 f. 8) Der Ort besaß kein eigenes Stadtrecht, sondern gehörte zu Cumae; CIL X p. 351. Im allgemeinen vgl. Beloch, Campanien S. 180 ff. Schmatz, Baiae, das erste Luxusbad der Römer, Regensburg 1905. 1906. 9) Stat. silv. III 5, 75. 10) Martial. IV 57, 8. 11) Vitruv. II 6, 2. Plin. n. h. XXXI 4 f. Mehrfach wird ein in den Myrtenwäldern oberhalb Bajä gelegenes Badeetablissement genannt, Cels. II 17, 1. III 21, 6. Horat. epist. I 15, 5. *Baiae* gleichbedeutend mit *thermae* häufig in der Literatur, auch auf afrikanischen Inschriften wie CIL VIII 25362 (= Dessau 8960). Anth. lat. 211, 1 R. Vgl. unten S. 408, 12. 12) Cass. Dio XLVIII 51, 2.

es prangte mit einer Anzahl kaiserlicher Paläste, in deren Pracht jeder Monarch seine Vorgänger zu überbieten suchte[1]). Die wichtigsten Gebäude und Anlagen an der Küste von Bajä sind mit Unterschriften wie »Leuchtturm, Teich Neros, Austernbehälter, andrer Teich, Wald (oder Park)« sehr roh auf drei der Zeit des Verfalls angehörenden Glasgefäßen dargestellt[2]), wie dergleichen wahrscheinlich für Badegäste und andre Fremde zu Erinnerungen oder Geschenken verkauft oder auf Bestellung fabriziert wurden[3]). Villen erhoben sich in und bei Bajä teils auf weitschauenden Höhen, teils unmittelbar am Rande des Meeres[4]), oder waren ins Meer hinausgebaut[5]). Daß sie in der Regel von Gärten umgeben waren, ist selbstverständlich; diese scheinen meistens kunstvoll angelegt gewesen zu sein und mit ihren Myrten- und Platanenhainen und Gängen, die von geschorenen Buchshecken eingefaßt waren, weite Räume eingenommen zu haben. Auch an schattigen Lauben fehlte es natürlich nicht. Ein Dichter findet den Ort zu einem Stelldichein für Mars und Venus besonders geeignet, weil Vulcan durch die Gewässer, der spähende Sonnengott durch den Schatten ferngehalten werde[6]). Eine wahrhaft ländliche Besitzung, wie die von Martial beschriebene seines Freundes Faustinus, mit vollen Kornscheunen und reicher Weinlese, Viehherden, einem großen Geflügelhof, Jagd und Fischerei, war dort offenbar eine Ausnahme[7]). Die prachtvollen Villenbauten Bajäs bildeten eine Stadt für sich, nicht kleiner als Puteoli[8]), und vermutlich war diese in fortwährendem Wachstum begriffen. Mindestens seit dem Anfange des 2. Jahrhunderts unterschied man schon Alt- und Neu-Bajä, das nach Puteoli zu auf fiskalischem Grunde entstanden war[9]); am ersteren Orte starb Hadrian am 10. Juli 138[10]). Aber auch in den spätern Jahrhunderten hat sich der Ort wohl noch vergrößert, da Alexander Severus hier prachtvolle Paläste und andre Bauten aufführte und mit Meerwasser gespeiste Teiche anlegte[11]); mindestens fünf Jahrhunderte lang blieb er der berühmteste und besuchteste Lustort der alten Welt[12]). In Ciceros Zeit galt die Luft dort (wohl nur im Sommer) nicht für gesund[13]); aus späterer Zeit haben sich keine Klagen darüber erhalten[14]). Vielleicht hatte die Erweiterung des Anbaus die schädlichen Einflüsse beseitigt; noch im 6. Jahrhundert wird die Heilsamkeit der bajanischen Luft gerühmt[15]). Obwohl ohne Zweifel mit der Zunahme der Verödung der Einfluß der Malaria wuchs, blieb der Ort auch im Mittelalter besucht. Im Jahre 1191

1) Joseph. A. J. XVIII 249. Hirschfeld, Kl. Schrift. S. 358f. 2) H. Jordan, Archäol. Ztg. XXVI 1868 S. 91ff. (vgl. CIL XV 7008). Beloch, Campanien S. 184f. 3) s. unten S. 424, 2. 4) Plin. ep. IX 7, 2. 5) Horat. Carm. II 18, 20. Verg. Aen. IX 710ff. Vgl. CIL X p. 213 über die Villen bei Bauli und Misenum. 6) Regianus Anthol. lat. 272 R. 7) Martial. III 58, 1ff. 8) Strabo V 246. 9) Nissen a. a. O. II 733. 10) Hist. aug. Hadr. 25, 6. Mommsen, Chron. min. I 146. 11) Hist. aug. Alex. Sever. 26, 10. 12) Aus der letzten Zeit vgl. Hist. aug. Tac. 7, 6; Florian. 6, 5. Symmach. ep. I 7. 8. V 93. VII 24. VIII 23, 3. Auson. Mosell. 346. Eunap. Vit. soph. p. 459, 21 Boiss. (Γάδαρα) — θερμὰ δέ ἐστι λουτρὰ τῆς Συρίας, τῶν γε κατὰ τὴν Ῥωμαϊκὴν ἐν Βαΐαις δεύτερα, ἐκείνοις δὲ οὐκ ἔστιν ἕτερα παραβάλλεσθαι. Auf einem an der Küste des alten Utica gefundenen Mosaik mit Darstellung des Fischfanges in einer mit allerhand größeren und kleineren Gebäuden besetzten Uferlandschaft steht die Inschrift: *splendent tecta Bassiani fundi cognomine Baiae* (CIL VIII 25425). 13) Cic. epist. IX 12, 1; daher erwähnt Val. Max. IX 1, 1, von der Zeit des Bundesgenossenkrieges redend, die *deserta ad id tempus ora Lucrini lacus*. Der Ort Bajä wird als Aquae Cumanae zum ersten Male im J. 578 u. c. = 176 v. Chr. von Liv. XLI 16, 3 genannt. 14) Andres, Bull. Nap. N. S. II (1854) 74ff. 15) Cassiodor. Var. IX 6.

beschrieb Alcadinus, Leibarzt Kaiser Heinrichs VI., 31 Bäder von Puteoli und Bajä[1]). Petrarca nennt die Küste dieser Bucht in den Wintermonaten äußerst angenehm, doch im Sommer gefährlich[2]). Boccaccio erwähnt wiederholt das dortige lebhafte, auch damals für die Keuschheit der Frauen gefährliche Badeleben[3]). Die Bäder waren auch im 15. und selbst im Anfange des 17. Jahrhunderts besucht, obwohl Bajä im Jahre 1538 durch einen Erdbrand zerstört worden sein soll[4]).

Badeleben in Bajä.

Im Altertum hatten Natur und Kunst gewetteifert, diesen Ort zu einem in seiner Art einzigen zu machen. Die unvergleichliche Schönheit der Lage, die Pracht und Großartigkeit der Paläste und Gärten, die Überfülle der Genußmittel jeder Art, die herrliche Klarheit und Milde der Luft, die tiefe Bläue des Himmels und des Meeres — alles lud hier zum Genuß des Moments, zu seliger Weltvergessenheit ein, und prachtvolle Feste, in dieser Umgebung doppelt zauberisch, reihten sich in ununterbrochener Folge aneinander. Auf den Wogen des sanftesten Meeres schaukelten zahllose leichtgezimmerte, bunte Barken und Gondeln[5]), unter denen hier und da eine fürstliche Prachtgaleere steuerte[6]), oder maßen sich in Wettfahrten[7]). Heitere, rosenbekränzte Gesellschaften waren zu festlichen Schmäusen an Bord oder am Strande vereint; Betrunkene einhertaumeln zu sehen, war ein gewöhnlicher Anblick. Ufer und Meer erschallten vom Morgen bis zum Abend von Gesängen und rauschender Musik[8]). Zärtliche Paare saßen in leisem Geflüster am stillen Strande beisammen oder ließen sich auf dem Lucriner und Averner See in kleinen Booten umherrudern[9]), und kamen sich, wenn sie von Mücken und Sonnenbrand ein paar kleine Beschwerden zu ertragen hatten, wie neue Argonauten vor[10]). Die Kühle des Abends und sternheller Nächte lud zu neuen Festen und Lustfahrten ein[11]), und der Schlaf der Badegäste wurde bald durch Serenaden, bald durch das Gezänk aneinander geratener Rivalen gestört. Die Üppigkeit und Zügellosigkeit des bajanischen Badelebens war sprichwörtlich[12]). Varro scheint es in einer besonderen Satire geschildert zu haben, aus der angeführt wird, daß dort nicht nur die Mädchen Gemeingut seien, sondern auch viele Alte zu Kindern und Knaben zu Mädchen würden[13]). Cicero fürchtete, es werde ihm übel ausgelegt werden, daß er sich in einer Zeit öffentlichen Unglücks nach Bajä begebe[14]). Seneca meint, der Ort habe eine Herberge der Laster zu werden begonnen[15]): Wüstlinge, die ihre Zahlungsunfähigkeit aus Rom vertrieb, verpraßten hier das Geld ihrer Gläubiger in Austernschmäusen[16]). Von Frauen wurde Bajä besonders viel besucht, und mancher Badegast, meinte Ovid, trug statt der gehofften Heilung eine Wunde im Herzen davon[17]). Einst, sagt ein andrer Dichter, war das Wasser in Bajä kalt, Venus ließ Amor darin schwimmen, ein Funke seiner Fackel fiel hinein und entzündete es; seitdem verfällt, wer dort badet, in Liebe[18]).

1) Lersch, Gesch. d. Balneologie S. 147. 2) Petrarca ep. fam. V 4. 3) M. Landau, Boccaccio S. 21 f. 37. 103. 4) Lersch a. a. O. S. 185. 5) Juv. 12, 80 (*Baiana cumba*). 6) Tac. A. XIV 5. 7) Auson. Mosell. 201; vgl. 345 ff. 8) Seneca ep. 51, 4. Cic. pro Cael. 35. 49 u. a. 9) Propert. I 11, 9—14. Martial. III 20, 19 f. 10) Ammian. XXVIII 4, 18. 11) Tac. A. XIV 5. 12) Darum lokalisiert Martial (VI 68, 9. X 30, 10) die Salmakissage im Lucrinersee; vgl. Σαλμακίδες im Sinne von Hetären bei Philodem. Anth. Pal. VII 222, 2. 13) Varro Sat. Menipp. fr. 44 Buech. 14) Cic ad fam. IX 3, 1; vgl. ad Att. I 16, 10. 15) Seneca ep. 51, 3. 16) Juv. 11, 49. 17) Ovid. a. a. I 257. 18) Regianus Anthol. lat. 271 R.

Für weibliche Tugend galt der Ort als höchst gefährlich. Schon manches zärtliche Verhältnis, klagt Properz, habe sich hier gelöst[1]). Ein Fall, den Martial erzählt, daß eine höchst strenge Frau, die in Bajä als Penelope ankam, es als Helena verließ, das heißt sich von einem Liebhaber entführen ließ[2]), dürfte nicht selten gewesen sein. Diejenigen, welche wie Gellius sich in keuschen und ehrbaren Vergnügungen zu ergötzen wünschten, zogen andre Orte, wie Puteoli, vor[3]). Freilich war, wie Symmachus sagt, die Gegend von Bajä an den dortigen Ausschweifungen unschuldig, und er selbst lebte dort »ohne Gesang auf Barken, ohne Schwelgerei bei Gastmählern«[4]).

Sicilien. Nächst Italien lud am meisten durch seine bequeme Nähe[5]) Sicilien zu kürzeren Ausflügen ein, anziehend durch seine Naturwunder, vor allen den Ätna[6]), seinen milden Winter, die Schönheit und Berühmtheit seiner Städte, endlich durch eine Fülle historischer, bis in die Sagenzeit hinaufreichender Erinnerungen. Zu diesen gehörte besonders die Sage vom Raube der Prosperina auf der Wiese bei Henna, (Henna.) auf welcher die Fülle der Veilchen und andrer wohlriechender Blumen so groß war, daß, wie man sagte, die Stärke des Duftes es den Jagdhunden unmöglich machte, die Spur des Wildes zu verfolgen, »ein sehenswerter Ort«; daneben der Schlund, aus dem Pluto hervorgebrochen sein sollte, und in der Stadt selbst der hochberühmte, altehrwürdige Cerestempel[7]). Schon in der Zeit der Republik wurde Sicilien von Römern viel besucht; Cicero sagt, daß dort kaum ein ganz sonnenloser Tag vorkomme[8]). Die meisten von euch, sagt derselbe zu den Richtern des Verres, haben die Steinbrüche bei Syrakus gesehen[9]). Ovid hatte sich in Sicilien in Gesellschaft seines Freundes Macer längere Zeit aufgehalten. (Die Sehenswürdigkeiten Siciliens.) Er nennt als hauptsächlichste Sehenswürdigkeiten den Ätna, die Seen von Henna, den Anapus und die Quellen Cyane und Arethusa bei Syrakus, endlich die Seen der Paliken[10]); zwei kleine, sehr tiefe, milchfarbene Seen, aus denen unter starkem Schwefelgeruch und lautem Geräusch fortwährend Wasser aufsprudelte; hier wurden, weil Meineide sofort von der göttlichen Strafe getroffen werden sollten, Eide geleistet. In der Nähe war ein großer und reich geschmückter Tempel, der flüchtigen Sklaven als Asyl diente[11]). Caligula, der nach dem Tode der Drusilla, um sich zu zerstreuen, längs der Küste Campaniens und Siciliens bis Syrakus reiste[12]), machte sich über die Merkwürdigkeiten lustig, die man ihm an den einzelnen Orten zeigte; plötzlich aber floh er in einer Nacht von Messana, aus Schreck über den Rauch und das Getöse des Ätna[13]). Von den Besteigungen des Ätna wird unten die Rede sein. Seneca zählt die Annehmlichkeiten einer Fahrt nach Syrakus auf[14]). Der Reisende bekommt die märchenhafte Charybdis zu Gesicht, die ruhig ist,

1) Propert. I 11, 27ff. 2) Martial. I 62. 3) Gell. XVIII 5, 1. 4) Symmach. ep. VIII 23, 3, wo auch *iuvenum procaces natatus* erwähnt werden; vgl. Martial. VI 43, 2 und die bedeckte Schwimmhalle Rutil. Namat. I 247f. 5) Cic. Verr. II 2, 7 *iucunda suburbanitas*. 6) Lucret. I 726f. Vgl. Aetna 601ff. 7) Diodor. V 3, 2f. Cic. Verr. II 4, 106ff.; vgl. O. Roßbach, Castrogiovanni, das alte Henna in Sicilien, 1912. 8) Cic. Verr. II 5, 26. In Wirklichkeit sind es in ganz Sicilien höchstens fünf. Nissen, Ital. Landesk. I 376. 9) Cic. Verr. II 5, 68. 10) Jetzt nur einer, Nissen a. a. O. I 275. 11) Ovid. ex Ponto II 10, 23ff. Diodor. XI 89. Macr. Sat. V 19, 15ff. 12) Seneca Consol. ad Polybium 17, 5. Sueton. Caligula 24, 2. 13) Suet. Calig. 51, 1. 14) Seneca Consol. ad Marc. 17, 2—4.

solange kein Südwind weht, dann aber sich in weitem und tiefem Schlunde öffnet und Fahrzeuge hinabreißt[1]). Er sieht die von den Dichtern so hoch gefeierte Quelle Arethusa mit ihrem blinkenden, bis auf den Grund durchsichtigen Spiegel und eiskalten Wasser. Ferner den stillsten von allen natürlichen und künstlichen Häfen, der vor der Wut auch der heftigsten Stürme sicheren Schutz gewährt. Sodann die Stelle, wo die Macht der Athener gebrochen ward, wo die Steinbrüche, zu unermeßlicher Tiefe ausgehauen, als ein natürlicher Kerker viele Tausende umschlossen; und die gewaltige Stadt selbst mit ihrem Gebiet, das größer ist, als die Gebiete vieler Städte; endlich erfreut er sich im Winter des mildesten Klimas, in dem kein Tag ohne Sonnenschein vergeht. Der Astrolog Firmicus Maternus, der sein Werk auf Sicilien im 4. Jahrhundert verfaßte, erwähnt in der Widmung an seinen vornehmen Freund Mavortius Lollianus, daß dieser bei einem Besuch auf der Insel sich durch ihn über alle ihre Merkwürdigkeiten unterrichten ließ: die Scylla und Charybdis, die Eruptionen des Ätna, die Seen der Paliken und alles übrige, was er von wunderbaren Dingen in dieser Provinz seit frühester Jugend in griechischen und römischen Schriften gelesen hatte[2]).

3. GRIECHENLAND.

Griechenland für die Römer ein Land der Vergangenheit.

Das nächste Ziel aller weitern Reisen war Griechenland. In Griechenland verehrten die Römer schon früh das Land, von dem alle Kultur ausgegangen war, sie verehrten es um seines hohen Ruhmes, selbst um seines Alters willen; seine Vergangenheit mit ihren großen Taten und Ereignissen, selbst mit ihren Sagen war ihnen ehrwürdig[3]). Der Ruhm, sagt ein römisches Epigramm, bleibt, die Größe ist dahin, doch sucht man die Asche der Gefallenen auf, und noch in ihrem Grabe ist sie heilig[4]). Das Land, in dem fast jeder Zoll breit Erde eine bedeutende Erinnerung aufzuweisen hatte, in dem der Wanderer auf Schritt und Tritt durch unzählige aus jener Vorzeit stammende Denkmäler, durch die berühmtesten Werke aller Künste festgehalten wurde, dessen Städte und Tempel zum Teil noch immer so schön, so glänzend und reich wie alt und berühmt waren, hatten schon seit den punischen Kriegen die Römer von allen fremden Ländern am meisten besucht. »Die meisten von euch«, so läßt Livius die Gesandten der Rhodier 190 v. Chr. im römischen Senat sprechen, »haben die Städte Griechenlands und Asias besucht«[5]). Aemilius Paullus bereiste Griechenland im Herbst 167 v. Chr., um jene Dinge kennen zu lernen, die »durch das Gerücht verherrlicht, nach Hörensagen für größer gehalten werden, als sie sich beim Augenschein erweisen«; die Beschreibung, die Livius von dieser Reise gibt, ist aus Polybius geschöpft, der nach Autopsie schilderte[6]). Der römische Feldherr besuchte die berühmtesten Tempel (wie zu Delphi, Lebadea, Oropus, Epidaurus, Olympia) und Städte (Athen, Korinth, Sicyon, Argos, Sparta, Pallantium, Megalopolis); Orte, die, wie Aulis, durch historische

1) Vgl. Hieronym. c. Rufin. III 22. Nissen a. a. O. I 105f. 2) Firmic. Matern. Mathes. I praef. 4. 3) Plin. ep. VIII 24, 3. 4) Anthol. lat. 447, 3f. R. 5) Liv. XXXVII 54, 20. 6) ebd. XLV 27, 5ff.; vgl. Polyb. XXX 10, 3—6. Plut. Aem. Paul. 28.

Erinnerungen oder aus andern Gründen merkwürdig waren, wie Chalkis mit der Dammbrücke über den Euripus; den größten Eindruck empfing er zu Olympia, wo ihn der Anblick des Phidiasischen Zeus wie der eines gegenwärtigen Gottes im Innersten ergriff.

Seine Verödung. Die Verheerungen, die Griechenland in den römischen Kriegen von 88 bis 31 v. Chr. erlitten hatte, hat es nie ganz verwunden. Allerdings erholte sich das Land unter der römischen Verwaltung. Das Festland der Provinz Achaja besaß unter den Antoninen neben zahlreichen Dörfern und kleinen Städten noch hundert größere Orte, in denen ein städtisches Leben fortbestand. Doch einzelne Landschaften wie Ätolien blieben völlig verödet, und auch in den begünstigteren erreichte die Bevölkerung nicht wieder die Höhe der Zeit vor den Mithridatischen Kriegen. Obwohl aber Griechenland nur noch ein Schattenbild der früheren Größe bot, vermehrte sich doch gerade dadurch seine Anziehungskraft für die Römer eher, als daß sie sich verminderte[1]). In der Stille und Einsamkeit, die über Land und Städte gebreitet war, trat das Bild der großen Vergangenheit nur um so überwältigender vor die Seele des Wanderers[2]) und melancholische Gedanken an die Hinfälligkeit alles menschlichen Werkes drängten sich auf[3]). Unter den Städten verdienten manche kaum noch diesen Namen, wie das einst große und herrliche Panopeus in Phokis, das in Pausanias Zeit aus ärmlichen Hütten bestand; weder ein Palast noch ein Theater, kein Marktplatz, kein Gymnasium, nicht einmal ein Brunnen war dort zu finden[4]). In Theben war nur die Burg Kadmeia noch mäßig bewohnt, und diese wurde nun mit dem Namen Theben bezeichnet; in der Unterstadt standen nur die alten berühmten Tore und verschiedene Heiligtümer[5]). An andern Orten weideten Schafe vor dem Rathause das Gras, und das Gymnasium war in ein Kornfeld verwandelt, aus dessen wogenden Ähren die Häupter der Marmorbilder kaum hervorragten[6]); oft genug sah man auch leere Postamente, deren Inschriften verkündeten, welche Statuen darauf gestanden hatten[7]). Von vielen Städten waren nur noch Ruinen übrig, und bei der Entvölkerung des Landes[8]) konnte in menschenleeren Einöden und Wildnissen der Wanderer, der wie Dio von Prusa gern mit Hirten und Jägern verkehrte[9]), hie und da auf abgelegene Hütten und Gehöfte stoßen, deren Bewohner kaum je eine Stadt gesehen und, in ihrer Abgeschiedenheit von der Verfeinerung wie von der Verderbnis der Zivilisation unberührt, sich die volle Einfalt und Unschuld eines ursprünglichen Zustandes bewahrt hatten[10]).

Athen. Doch die meisten Reisenden besuchten ohne Zweifel nur die Städte, von denen auch die kleineren und halb oder ganz in Ruinen liegenden an Denkmälern und Überbleibseln aus der Vergangenheit reich waren, die größeren

1) Hertzberg, Gesch. Griechenlands II 436ff. 2) *Magnarum rerum magna sepulcra vides* Anthol. lat. 411, 8 R. Vgl. die Epigramme Anth. Pal. IX 101—104. 152—154. Anth. lat. 447 R. und überhaupt über sentimental-romantischen Ruinenkult A. Schulten, N. Jahrb. f. d. klass. Altert. XXXVII 1916 S. 155ff. 3) Serv. Sulpicius bei Cic. epist. IV 5, 4. 4) Pausan. X 4, 1. 5) Zu Pausanias Beschreibung von Theben s. Robert, Pausanias als Schriftsteller (1909) S. 169ff. 6) Dio Chrys. or. 13, 39 (I 197 Arn.). 7) G. Hirschfeld, Tituli statuariorum sculptorumque graec. (1871) S. 9. 8) Vgl. die Schilderungen bei Zinkeisen, Gesch. Griechenlands (1832), nach Strabo S. 516ff., nach Pausanias S. 553f. 9) Dio Chrys. or. 1, 52 (I 10 Arn.). 10) Dio Chrys. or. 13. Vgl. O. Jahn, Aus der Altertumswissensch. S. 51ff. Rohde, Gr. Roman[3] S. 543, 2.

zum Teil ihren alten Glanz bewahrt oder unter römischer Herrschaft sich sogar noch vergrößert und verschönert hatten. Vor allen blieb Athen auch nach der Vernichtung seines Wohlstandes durch Sulla[1]) in seiner Stille und Verödung[2]) unvergleichlich schön. Ovid, der es in der Zeit wohl seines tiefsten Verfalls sah, vermochte sich vorzustellen, wie es gewesen war, als noch eine Fülle von Geist, Reichtum und festlicher Friede es erfüllte; der Dämon des Neides, sagt er, weinte vor Grimm, wenn er die makellose Herrlichkeit dieser Stadt erblicken mußte[3]). Dem Zauber jener wundervollen Werke, mit denen die Zeit des Perikles Athen geschmückt hatte, vermochte sich auch der für Kunstschönheit wenig empfängliche römische Gast nicht zu entziehen[4]); obwohl schon ein halbes Jahrtausend alt, erschienen sie wie neu und eben vollendet, die Zeit hatte sie nicht angetastet, ein Duft der Frische schwebte darüber, als wäre ihnen ein ewig blühendes Leben und eine nie alternde Seele eingepflanzt worden[5]). Im 2. Jahrhundert erlebte die unter Trajan noch tief darniederliegende Stadt[6]) durch Hadrian und die Antonine[7]) eine Art von Nachblüte und Wiedergeburt. Der erstere schuf durch seine Bauten ihren südöstlichen Teil zu einer »neuen Hadriansstadt« um, deren Kern der kolossale, von 104 je 17,25 m hohen korinthischen Säulen umgebene Tempel des olympischen Zeus war; unter seinen übrigen Prachtbauten war ein Bibliotheksgebäude mit 100 Säulen aus Pavonazetto und ein Gymnasium mit 100 Säulen aus Giallo antico. Die von Hadrian begonnene Wasserleitung, die dieser Neustadt Wasser aus Kephisia zuführte, vollendete 140 Antoninus Pius[8]). Andre Prachtbauten fügte der Sophist Herodes Atticus hinzu, namentlich das großartige Odeum am Fuße der Akropolis[9]). Die Errichtung von Lehrstühlen für die hauptsächlichsten vier philosophischen Schulen neben der Professur der Beredsamkeit durch Marc Aurel trug durch Steigerung des Zudranges der studierenden Jugend natürlich auch zur Beförderung der Wohlhabenheit der Stadt bei[10]). Der spätere Kaiser Septimius Severus besuchte Athen als Legionslegat, »um der Studien, der Heiligtümer (der eleusinischen Mysterien), der Bauten und der Altertümer willen«[11]).

Schilderung des Aristides.

Unter der Regierung Marc Aurels hat Aristides Athen und ganz Attika in einer seiner überschwenglichen Prunkreden gefeiert. Er nennt die Stadt ihrem Umfange nach die größte unter den griechischen, die schönste unter den überhaupt existierenden: Natur und Kunst haben gewetteifert, Stadt und Land zu schmücken. Der Natur verdankt sie ihre Häfen, die Lage der Akropolis und »die Anmut, von der man sich überall wie von einem sanften Hauche angeweht fühlt«; ferner die herrliche Luft, die hier ausnahmsweise in der Stadt noch schöner ist als auf dem Lande, obwohl sich auch das übrige Attika durch die

1) Wachsmuth, Stadt Athen I 657—660. 2) Horat. ep. II 2, 81 *vacuas — Athenas*. 3) Ovid. Metam. II 794ff. Die schöne Beschreibung des Hains und der Quelle am Hymettus a. a. III 687ff. zeigt Autopsie; vgl. Roß bei Humboldt, Kosmos II S. 108 A. 30. 4) Cic. ad Att. V 10, 5. 11, 5. Prop. III 21, 29f. 5) Plutarch. Pericles 13, 5. 6) Dio Chrys. or. 14, 123 (I 255 Arn.). 7) Judeich, Topogr. v. Athen S. 96ff. 8) CIL III 549 = Dessau 337; vgl. Hist. aug. Hadr. 20, 5. Judeich S. 187f. 9) Judeich S. 98. 10) Darauf spielt Aristid. or. 13, I 298 Dind. an ἥ τε νῦν ἀρχὴ γῆς τε καὶ θαλάττης, εἴη δὲ ἀθάνατος, οὐκ ἀναίνεται τὰς Ἀθήνας μὴ οὐκ ἐν διδασκάλων καὶ τροφέων μέρει κοσμεῖν, ἀλλὰ τοσαύτη τῶν τιμῶν ἐστιν ἡ περιουσία, ὥστε τοσοῦτον ἑτέρως ἡ πόλις ⟨εὖ⟩ πράττει τὰ νῦν ὅσον οὐ πραγματεύεται. 11) Hist. aug. Sever. 3, 7; vgl. dazu J. Hasebroek, Untersuch. z. Gesch. d. Kaisers Septim. Severus (1921) S. 11f.

ungemeine Reinheit seiner Luft auszeichnet, so daß man es an dem leuchtenden Glanze seiner Atmosphäre erkennen kann. Nicht weniger hat die Kunst für Athen getan; es besitzt die größten und schönsten Tempel, die ersten Meisterwerke alter und neuer Plastik, und als einen ihm besonders eigentümlichen Schmuck Bücherschätze, wie es deren nirgends sonst gibt; überdies prachtvolle und mit Luxus ausgestattete Bäder, Rennbahnen, Gymnasien: so daß Athen auch durch äußere Schönheit diejenigen Städte übertrifft, die auf diese am stolzesten sind[1]). Dazu kommt, daß das wie eine Insel rings vom Meer bespülte Land inmitten der Inseln liegt, die es wie ein Chor umgeben. Welche Ergötzung daher schon die Fahrt nach Attika bietet, darüber mag man diejenigen befragen, die unaufhörlich als Kaufleute oder um das Land kennen zu lernen dorthin reisen: es ist, als ob die Seele, um den Anblick Athens in sich aufzunehmen, vorher gereinigt und erhoben würde. Auch das Licht ist dort voller und stärker, wie wenn Athene, wie bei Homer, den Nahenden die Nebel von den Augen nehmen wollte, und auf allen Seiten ist man von so viel und so mannigfacher Schönheit umgeben, daß man wie in einem Reigen dahinschwebt und die ganze Fahrt einem lieblichen Traume gleicht[2]). Und wer möchte nicht die Schönheit und Anmut der Fluren bewundern, die sich unmittelbar vor der Akropolis ausdehnen und in die Stadt hinein erstrecken, die teils sich überall an den Küsten hinziehen, teils von den sie umgebenden Bergen wie Meeresbuchten abgegrenzt werden! Wer bewunderte nicht den Glanz und die Anmut dieser Berge selbst, die den Stoff zur Darbringung des Dankes gegen die Götter (den Marmor) enthalten! So ist durch die Mannigfaltigkeit der Bodenbildung Attika gewissermaßen ein Abbild der ganzen Erde, und nirgends sonst findet sich dies harmonische Ineinandergreifen von Land und Meer, die anmutvolle Vereinigung und Abwechslung von Berg und Tal[3]).

Korinth. Wenn Athen den Freund der Kunst, des Altertums und der Wissenschaft anzog, so übte Korinth eine ganz andre, aber nicht geringere Anziehungskraft[4]). In mancher Beziehung war der Abstand zwischen beiden Städten ein ähnlicher wie zwischen dem heutigen Rom und Neapel: dort Ernst und Stille und überall Denkmäler und Erinnerungen aus der großen Vergangenheit, hier alles modern und ein üppiges, buntes, geräuschvolles, ganz dem Genuß der Gegenwart geweihtes Leben. Korinth übertraf Athen noch durch die Schönheit seiner Lage. Die herrliche Aussicht von Akrokorinth, die nach Norden über die Bucht von Krisa und das sie umspannende Land bis zu den Schneegipfeln des Parnaß und Helikon reicht, hat schon Strabo geschildert[5]). Gerade 100 Jahre nach der Zerstörung durch Mummius war Korinth im Jahre 46 v. Chr. durch die Neugründung Julius Cäsars als römische Kolonie Laus Julia Corinthus aus dem Schutt wieder erstanden. Die nunmehrige Residenz der Statthalter der Provinz Achaja[6]) prangte, abgesehen von andern Neubauten[7]), auch mit einem Tempel des kapitolinischen Juppiter[8]) und erhielt durch Hadrian eine ausgezeichnete Wasser-

1) Aristid. or. 13, I 305f. Dind. 2) ebd. I 155f. Dind. 3) ebd. 1 160f. Dind. 4) Vgl. Beloch, Griech. Gesch. III 1 S. 279. 5) Strabo VIII 379. Vgl. Curtius, Peloponnes II 527ff. Göttling, Ges. Abhandlungen II 31ff. 6) Marquardt StV. I^2 332. 7) Die von Stat. silv. II 2, 34f. erwähnte Porticus, die von dem Hafen Lechäum nach Akrokorinth führte, war vielleicht ein Werk Domitians; vgl. J. Ziehen, Jahrb. f. Philol. CLIII 1896 S. 132. 8) Pausan. II 4, 5.

versorgung und prächtige Thermen[1]). Infolge ihrer unvergleichlichen Lage an zwei Meeren, die bei demselben Winde die Ein- und Ausfahrt in ihren beiden Häfen Lechäum und Kenchreä möglich und sie selbst zum »Durchgangspunkt für alle Menschen« machte, wurde sie bald wieder, was sie einst war, »das reiche Korinth«, ein das ganze Jahr hindurch von allen Hellenen besuchter Markt und Festversammlungsort, eine ihnen allen gemeinsame Stadt und in Wahrheit die Metropole von Hellas[2]). Noch mehr als in seinen Bauten mag Korinth in seiner Bevölkerung den Charakter einer ungriechischen Stadt gehabt haben. Das römische Element war in dieser, wenn nicht vorwiegend, so doch jedenfalls stark genug, um auf Leben und Sitten einen entscheidenden Einfluß zu üben: wie sich denn die Gladiatorenspiele und Tierhetzen von hier aus über Griechenland verbreiteten. Überdies strömte hier ohne Zweifel die Hefe des Orients wie des Okzidents zusammen.

Schilderung des Aristides.

Auch Korinth hat Aristides in einer (bei den isthmischen Spielen auf Poseidon gehaltenen) Prunkrede geschildert. Noch immer war es wie einst die Stadt der Aphrodite, die gleich dem Homerischen Gürtel der Göttin so viel Schönheit, Anmut, Reiz, Liebesgeflüster und Verführung in sich barg, daß es alle unwiderstehlich anzog und den Sinn auch der Selbstvertrauendsten berückte; ferner eine Stadt der Najaden, deren Quellen überall sprudelten, und der Horen, vor allem aber der Hof und Palast des Poseidon, der ihr die Güter und Reichtümer aller Länder in solcher Menge zuführte, daß sie gleichsam wie in einer Flut darin schwamm. Aber sie war auch reich an Bücherschätzen[3]). Wohin man blickte, sah man solche auf den Straßen und in den Hallen, sah man Gymnasien und Schulen, deren Lehrer auch auswärtige Studierende anzogen; wie z. B. Galen dahin kam, um den Arzt Numisianus zu hören[4]). Endlich konnte Korinth sich auch in bezug auf Sagen und Erinnerungen an eine ruhmvolle Vergangenheit mit jeder andern Stadt messen.

Epidaurus.

Nächst Korinth mag im Peloponnes das Heiligtum des Äskulap zu Epidaurus von den Römern am meisten besucht gewesen sein, das sich in der Kaiserzeit zu neuer Geltung erhob. Die natürliche Abschließung des heiligen Kurortes durch die Bergabhänge war durch Mauern vervollständigt. Innerhalb der Grenze des Tempelgebiets »breitete sich der dichte Hain aus, in dessen Schatten die Kurgäste sich ergingen und die Festgenossen lagerten. In dem Haine lagen die verschiedenen, den gottesdienstlichen und therapeutischen Zwecken gewidmeten Gebäude zerstreut; die Masse der Ruinen beweist die Großartigkeit der baulichen Ausstattung«. Die Freigebigkeit des römischen Senators (Major) Antoninus[5]) hatte diese Anlagen sehr erweitert; zu seinen Neubauten gehörte unter andern ein eignes Sterbe- und Entbindungshaus an der äußeren Grenze des Tempelgebiets, da in diesem niemand geboren werden und niemand sterben durfte. »Dies eingeschlossene Tal muß eine der lieblichsten Gegenden Griechenlands gewesen sein, solange es im vollen Schmucke seiner Tempel und Festgebäude zwischen den mit heiligen Anlagen besetzten Waldhöhen sich ausbreitete, ein schöner Garten und zugleich ein reiches Kunstmuseum, angefüllt

1) Unten [III 31]. 2) Aristid. or. 46, 23 f. (II 369 K.). 3) ebd. or. 46, 25 ff. (II 370 f. K.), wo R. Rochette, Peint. antiqu. S. 198, 2 die θησαυροὶ γραμμάτων (§ 28) irrig auf Gemälde bezieht. 4) Galen. II 217. 5) s. unten [III 27].

mit zahllosen Denkmälern aus der ganzen Reihe von Jahrhunderten, während welcher der Ruhm des Epidaurischen Gottes aus allen Teilen der Welt Hilfsbedürftige herbeilockte« [1]).

Eine Aufzählung auch nur der berühmteren Städte, der Tempel mit ihrer Fülle von Kunstwerken und Schätzen, der historisch merkwürdigen Punkte, der Ruinen der Vorzeit, die von Reisenden in Griechenland besucht wurden, würde allein ein Buch füllen; auch wird von den Orten und Sehenswürdigkeiten, die Freunde der Kunst, des Altertums und der Geschichte vorzugsweise aufsuchten, noch später die Rede sein. Von den Lustorten war der berühmteste Ädepsus im nördlichen Euböa, hart am Meer, mit warmen, noch jetzt von Kranken besuchten schwefelhaltigen Quellen, ein Sammelplatz für ganz Griechenland; doch fehlte es natürlich auch nicht an römischen Besuchern, schon Sulla hatte sich dort aufgehalten [2]). Am lebendigsten war Ädepsus im Frühling. Für die Aufnahme der Gäste war durch Wohngebäude mit Hallen und Sälen, für die Bäder durch Bassins aufs beste gesorgt, und Land und Meer lieferten zu den Gastmählern, die am liebsten am Strande des Meeres veranstaltet wurden, die köstlichsten Leckerbissen in Fülle. Schwelgerei und Üppigkeit waren jedoch, wie es scheint, hier nicht so wie in Bajä an der Tagesordnung; man fand dort eine angenehme Geselligkeit und vielfache Gelegenheit zu edleren Vergnügungen [3]). Jetzt ist das alte Ädepsus mit seinen Gebäuden unter einer Masse gelblichen Kalksinters, den die erstaunlich reichen Quellen absetzen, und der einen zehn Minuten langen und 30—40 m hohen Hügelrücken gebildet hat, förmlich begraben [4]).

Ädepsus.

4. DIE GRIECHISCHEN INSELN UND KLEINASIEN.

Die Inseln des Ägäischen Meeres.

Die meisten Römer, die in Griechenland reisten, besuchten gewiß auch Kleinasien. Die Inseln des Ägäischen Meeres, einst blühend und volkreich, nun verödet und zum Teil von Verbannten bewohnt [5]), boten den Vorüberfahrenden reichlichen Stoff zu Betrachtungen über die Vergänglichkeit alles Irdischen; um so weniger luden sie zum Aufenthalt ein [6]). Die Verbannung nach den traurigen, nur von armen Fischern bewohnten Felseninseln, wie Seriphos, Pholegandros, Gyaros, wurde zu den härtesten Strafen gerechnet [7]); milder war natürlich die Verweisung nach einer der größeren oder freundlicheren Inseln, wie Andros [8]) oder Naxos [9]). Nur um Freunde oder berühmte Männer zu besuchen, die dort im Exil lebten, oder nach dessen Aufhören die Stätten ihres Leidens zu sehen, mochten Reisende an jenen kleinen Klippeneilanden anlegen.

1) Curtius, Peloponnes II S. 423ff. 573. Bursian, Geogr. von Griechenland II 74—76. S. Herrlich, Epidauros, eine antike Heilstätte, Progr. Berlin 1898. 2) Plutarch. Sulla 26, 5. 3) Plut. Quaest. conviv. IV 4, 1; de fraterno amore 17. Vgl. Bursian a. a. O. II 409. 4) Neumann-Partsch, Physik. Geogr. v. Griechenland S. 342ff. Vgl. Abegg, Ausland 1874 S. 19ff. 5) Plut. de exilio 10 τὰς δὲ Κυκλάδας πρότερον μὲν οἱ Μίνω παῖδες, ὕστερον δ' οἱ Κόδρου καὶ Νείλεω κατῴκησαν, ἐν αἷς τὰ νῦν οἱ ἀνόητοι φυγάδες οἴονται κολάζεσθαι. 6) Antipater Thessalonic. Anthol. Pal. IX 408. 421. 550. 7) Juven. 13, 246f. *(patietur) maris Aegaei rupem scopulosque frequentes exulibus magnis*. 10, 170 *Gyarae clausus scopulis parvaque Seripho;* reiches Material bei Mayor zu Juvenal. 1, 73. 8) Vgl. Sauciuc, Andros (1914) S. 91. 9) Tac. A. XVI 9. IG XII 5 nr. 757 = Dittenberger, Syll.[3] 811f. (vgl. Tac. A. XV 71). Philo in Flacc. 151.

Als Musonius Rufus nach Gyaros verbannt war, schifften viele Griechen dorthin, um den berühmten Philosophen kennen zu lernen, später um eine Quelle zu sehen, die er auf der sonst wasserlosen Insel entdeckt hatte[1]). In einer Höhle auf Pholegandros sind unter den angeschriebenen Namen von Besuchern auch römische[2]).

Auch das einst so volksreiche Delos, das, von den Römern zum Freihafen erklärt, als Hauptstation des Handelsverkehrs zwischen Orient und Okzident[3]) in den Jahren von 168—88 zu einer neuen hohen Blüte gelangt war[4]), hatte sich von seiner völligen Zerstörung durch die Feldherrn Mithridats im Jahre 88 nie wieder erholt[5]). Die Römer gaben die Inseln den Athenern zurück, in deren Besitz sie bis in die späte Kaiserzeit blieb[6]); Pausanias fand sie abgesehen von der athenischen, zur Bewachung des Tempels dort liegenden Besatzung so gut wie menschenleer[7]). Doch dürften die nach Asien reisenden Römer, wie Cicero im Jahre 703 = 51 v. Chr.[8]), häufig daselbst angelegt haben. Auch hier wurden die aus der Geschichte und Sage berühmten Orte aufgesucht. Noch immer wurde auf Delos die von Latona in ihren Geburtswehen erfaßte Palme gezeigt, unter der Apollo geboren war[9]). Natürlich wurden auch die Tempel mit ihren Säulenhallen, die darin noch vorhandenen Weihgeschenke von Königen, der berühmte aus Hörnern (nach der Legende von Apollo als Kind) erbaute Altar in Augenschein genommen, die Menge der überall aufgestellten Statuen und andern Sehenswürdigkeiten bewundert[10]). Delos.

Von den größern Inseln werden namentlich Chios und Samos viel besucht worden sein, am meisten nächst Rhodos aber Lesbos[11]), dessen vielgepriesene Hauptstadt Mytilene schon Cicero eine Stadt nennt, die durch Natur und Lage, durch Regelmäßigkeit ihres Planes und Schönheit ihrer Gebäude berühmt, deren Umgebung lieblich und fruchtbar sei[12]). Hierher zog sich Agrippa zurück, da er den Schein vermeiden wollte, als ob er dem zum Thronfolger designierten Marcellus im Wege stehe[13]); Germanicus nahm hier im Jahre 18 n. Chr. Aufenthalt, während dessen ihm Agrippina die Julia gebar[14]); dem im Jahre 32 aus Italien verwiesenen Junius Gallio ward die Übersiedelung nach der »berühmten und anmutigen Insel«, als ein zu leichtes Exil, nicht gestattet[15]). Noch sind Ruinen einer, wie es scheint, römischen Villa auf Lesbos in reizender Gegend erhalten. »Durch reichlichen Baumwuchs, durch die erquickende Nähe des Meeres und eine entzückende Aussicht auf den Meeresarm und die Höhenzüge der asiatischen Küste besonders gehoben, läßt die Lieblichkeit der Lage des Ortes, dessen ausgezeichnet gesundes Klima außerdem von den Bewohnern gerühmt wird, noch heute es lebendig begreifen, daß der vornehmen römischen Welt die Hauptstadt der Insel als einer der wünschenswertesten Aufenthaltsorte erschien«[16]). Lesbos.

1) Philostrat. Vit. Apoll. VII 16. 2) CIL III 489 = IG XII 3, 1063. 3) S. oben S. 375. 4) Strabo X 486. 5) v. Schoeffer, De Deli insulae rebus (1889) S. 214ff. 6) Mommsen RG. V 236, 1. 7) Pausan. VIII 33, 2. 8) Cic. ad Attic. V 12, 1. 9) Plin. n. h. XVI 240. 10) Ovid. Heroid. 21, 95ff. 11) Horat. Carm. I 7, 1; Epist. I 11, 1. 12) Cic. de lege agr. II 40; vgl. Longus I 1. II 12. 13) Sueton. Tiber. 10, 1. Vgl. Cichorius, Rom u. Mytilene S. 46f. 14) Tac. A. II 54. Über die Frage eines Besuchs Hadrians in Mytilene vgl. Weber, Untersuchungen zur Gesch. d. Kaisers Hadrianus S. 135f. 15) Tac. A. VI 3. 16) Conze, Reise auf der Insel Lesbos (1865) S. 3; vgl. S. 51f. und Rouse, Annual of the British School at Athens II 1895/6 S. 145ff.

Rhodos. Doch das hauptsächlichste Reiseziel auch der Römer in diesen Meeren war ohne Zweifel die Insel Rhodos, deren Hauptstadt während dieser ganzen Zeit die bedeutendste Stadt Griechenlands blieb. Der herrlichen Rhodos, wie sie Horaz nennt[1]), kam nach Strabo keine andre griechische Stadt gleich, geschweige daß eine sie übertroffen hätte[2]); sie war auch in Vespanians Zeit die reichste und blühendste Stadt von Griechenland[3]) und blieb es, bis um die Mitte des 2. Jahrhunderts ein furchtbares Erdbeben sie großenteils in Trümmer legte. In einer unter dem frischen Eindruck dieser Katastrophe gehaltenen Rede sagt Aristides: die größte griechische Stadt sei von dem härtesten Schlage getroffen worden[4]). Noch unmittelbar vorher erschien sie nach seiner Schilderung so imposant wie in der Zeit ihrer Seeherrschaft, so neu, als wäre sie eben vollendet[5]), und so schön, daß sie sich mit Recht die Stadt des Sonnengottes nennen durfte[6]). Die Molen ihrer stets mit Schiffen aus Ionien, Karien, Ägypten, Cyprus und Phönicien gefüllten Häfen reichten weit in die See hinaus, ihre ungeheuren Schiffswerften glichen von oben gesehen schwebenden Feldern: die Trieren, Trophäen von Schiffsschnäbeln und andre Erinnerungen alter Siege riefen dort die Zeiten ihrer einstigen Macht und Freiheit zurück. Darüber erhob sich amphitheatralisch am Ufer aufsteigend die von dem berühmten Architekten Hippodamus aus Milet 408 v. Chr. angelegte Stadt[7]). Ihre Akropolis war voll von Fluren und Hainen, ihre Straßen breit und schnurgerade, die Bauart und Ausstattung so durchaus gleichartig, daß die ganze Stadt nur ein Haus zu sein schien. Am meisten Bewunderung erregten die überaus starken Mauern, deren hohe, schöne Türme den Schiffern als Landmarke dienten; und der von den Mauern gebildete Umkreis war völlig ausgefüllt, so daß er die Stadt wie ein Kranz das Haupt umgab[8]). Ihre Tempel und Heiligtümer prangten im reichsten Schmuck von Statuen und Gemälden: Rhodos allein war von Neros Kunsträubereien verschont geblieben[9]). Nach der Angabe des Licinius Mucianus hatte die Stadt (wie Athen, Delphi und Olympia) 3000 Statuen[10]). Selbst nach dem Erdbeben, sagt Aristides übertreibend, seien noch so viel Tafelgemälde und Bronzewerke übrig geblieben, daß andre Städte an einem Teil dieses Restes genug hätten[11]). Überdies zeichnete sich die ganze Insel durch Naturschönheit und Gesundheit des Klimas aus und wurde daher von den Römern auch deshalb gern als Wohnort gewählt[12]). Bekannt ist des Tiberius dortiger siebenjähriger Aufenthalt[13]), während dessen er eifrig der Astrologie oblag. Sein Haus stand (wie die Villa des Juppiter auf Capri) auf einem Felsen hart über dem Meer, in das er dort die ihm verdächtig gewordenen Gehilfen seiner Arbeit hinabstürzen ließ[14]). Auch Nero bezeichnete Rhodos als seinen künftigen Aufenthaltsort, als er, um sich der Bevormundung Agrippinas zu entziehen, die Regierung niederlegen zu wollen vorgab[15]).

1) Horat. Carm. I 7, 1; *nobilis* bei Catull. 4, 8. 2) Strabo XIV 652. 3) Dio Chrys. or. 14, 55. 100 (I 235. 248 Arn.). Vgl. Marquardt StV. I² 348f. 4) Aristid. or. 25, 44 (II 84 K.). 5) ebd. § 8 (II 74 K.). 6) Lucian. Amores 8. 7) Erdmann, Philologus XLII 1883 S. 219ff. 8) Die ganze Schilderung nach Aristid. a. a. O. § 3—8 (II 72ff. K.); vgl. Pausan. IV 31, 5. 9) Dio Chrys. or. 14, 147f. (I 262 Arn.). 10) Plin. n. h. XXXIV 36 (die beste Überlieferung gibt die unglaubliche Ziffer 73000). 11) Aristid. a. a. O. § 53 (II 87 K.). 12) Horat. Carm. I 7, 1, vgl. Cic. epist. IV 7, 4. 13) Sueton. Tiber. 11, 1. Apollonidas Anth. Pal. IX 287. Gardthausen, Augustus I 1106ff. 14) Tac. A. VI 20f. 15) Sueton. Nero 34, 1.

Eine wohl nicht gewöhnliche Richtung und Ausdehnung gab Germanicus seiner Reise im Jahre 18[1]), wo er von Athen über Euböa und Lesbos die Küste Asiens, dann Perinth und Byzanz mit der Propontis besuchte und in den Pontus einfuhr, »voll Begier die alten und durch den Ruf gefeierten Orte kennen zu lernen«; auf der Rückreise hielten ihn von dem Besuche Samothrakes widrige Winde zurück. Wenn diese nördlichen Küsten und Inseln wohl von der Mehrzahl der römischen Reisenden nicht besucht wurden, so versäumten dagegen gewiß die wenigsten, »Ilium und was dort durch den Wechsel des Schicksals und den Ursprung Roms ehrwürdig ist« zu sehen. Reise des Germanicus.

Die kleine, von äolischen Griechen bewohnte, nicht sehr alte Stadt Ilium (jetzt Hissar-lik d. h. die Paläste) war bis auf die Besitznahme Asias durch die Römer ein dorfartiger Ort gewesen, ohne Mauern, selbst ohne Ziegeldächer[2]); doch hatte sie den damals noch von niemandem angefochtenen Ruhm, an der Stelle der heiligen Ilios Homers zu stehen, die nach der Behauptung der Ilienser sogar nie aufgehört hatte zu existieren, sondern nach der Abfahrt der Griechen von geflüchteten Trojanern wieder aufgebaut worden war[3]). Pallas Athene, zu der Hecuba und Andromache gebetet hatten, war die Schutzgöttin auch der neuen Stadt geblieben, Xerxes und Alexander der Große hatten ihr hier geopfert; dem letzteren waren in ihrem Tempel schon die Lyra des Paris und Rüstungen der Homerischen Helden gezeigt worden[4]). Ebensowenig zweifelten die Römer an der Identität von Ilium und dem alten Troja. Sie machten die Stadt, von der sie ihre Abstammung herleiteten, zur Herrin der ganzen umliegenden Küste, und infolge der ihr verliehenen Steuerfreiheit und andrer mannigfacher Begünstigungen erhob sie sich zu einer nicht unbedeutenden Mittelstadt. Im Jahre 85 nahm der Marianer Fimbria das dem Sulla ergebene Ilium durch Verrat ein, zerstörte die Mauern und brannte die Stadt und sogar den Tempel der Athene nieder. Selbst bei der Einnahme durch Agamemnon, sagt Appian, hatte sie nicht so viel gelitten; kein Tempel, kein Haus, keine Statue blieb stehen; nur das Pallasbild sollte, wie einige behaupteten, unter den einstürzenden Mauern des Tempels unverletzt geblieben sein[5]). Sulla gewährte den Iliensern manche Unterstützungen; ganz besonders tatkräftig aber bewies ihnen sein Wohlwollen Julius Cäsar, der sein Geschlecht von dem Sohne des Äneas Julus ableitete. Er vermehrte ihren Landbesitz und bestätigte ihre Selbständigkeit und Abgabenfreiheit[6]). Als sie sich im Jahre 26 n. Chr. mit zehn andern Städten der Provinz Asia um die Ehre bewarben, dem Tiberius einen Tempel zu bauen, stützten sie ihren Anspruch darauf, daß ihre Stadt die Mutter Roms sei; sie wurden abgewiesen, weil sie eben nur den Ruhm des Altertums für sich hatten[7]), gegen den sich also kein Zweifel erhob. Im Jahre 53 erteilte ihnen Claudius für alle Zeiten Freiheit von allen Leistungen[8]). Als ihren Anwalt im Senat hatte man den sechzehnjährigen Nero auftreten lassen, der be- Ilium. Anerkennung der Identität von Ilium und Troja durch die Römer.

1) Tac. A. II 53f.; s. über diese Reise U. v. Wilamowitz-Moellendorff, Sitz. Ber. Akad. Berlin 1911 S. 811ff. 2) Strabo XIII 594. Zur Geschichte Iliums unter den Römern A. Brückner bei Dörpfeld, Troia und Ilion II 587ff., über den Glauben an die troische Abstammung der Römer Norden, N. Jahrb. VII 1901 S. 255ff., vgl. Mommsen, Reden und Aufsätze S. 173ff. 3) Strab. XIII 600. 4) Herodot. VII 43. Arrian. Anab. I 11, 7. Plutarch. Alex. 15. 5) Appian. Mithridat. 53. 6) Strabo XIII 594f. 7) Tac. A. IV 55. 8) Sueton. Claud. 25.

redt ausführte, daß das römische Volk von Troja stamme, Äneas der Ahnherr des Julischen Geschlechts sei, »und andre sagenhafte Überlieferungen des Altertums«[1]). Auch ein Reskript des Antoninus Pius, das ihre Freiheiten bestätigte (namentlich die Befreiung von der Vormundschaft für nicht iliensische Kinder), führte die hohe Berühmtheit der Stadt und ihre Verwandschaft mit Rom als Motive an[2]). Der Glaube an die Identität von Ilium und Troja war also bei den Römern ein offiziell anerkannter und ohne Zweifel allgemeiner.

Bestreitung der Identität.

Nun war freilich ein Versuch gemacht worden, den Ruhm, dem Ilium seine neue Blüte verdankte, mit den Waffen wissenschaftlicher Kritik zu vernichten. Ein berühmter Philologe Demetrius und eine als Erklärerin Homers geschätzte Schriftstellerin Hestiäa bestritten die Identität von Ilium und Troja mit gelehrten Argumenten und behaupteten, das letztere habe auf der Stelle des 30 Stadien (über 5 km) von dem ersteren entfernten »Dorfes der Ilienser« (also nicht weit von dem heutigen Bunarbaschi) gestanden. Beide waren aus Nachbarstädten (Skepsis und Alexandria Troas) gebürtig, vielleicht also durch lokale Eifersucht mit zu diesem Angriff bestimmt, der um so gefährlicher war, als er von dem Hauptsitz der griechischen Philologie und Altertumsforschung, von Alexandria, ausging. In der gelehrten Welt scheint diese neue Ansicht Anklang gefunden zu haben, wenigstens gewann sie in Strabo eine gewichtige Autorität für sich[3]); in die weiteren Kreise der Gebildeten scheint sie nicht einmal in Griechenland gedrungen zu sein, um so weniger ließen sich römische, von Jugend auf an die Verehrung Iliums als der Mutterstadt Roms gewöhnte Reisende den Genuß, auf dem klassischen Boden jede einzelne in der Geschichte Trojas genannte Stelle wiederzufinden, durch kritische Bedenken beeinträchtigen.

Die den Reisenden gezeigten Punkte und Merkwürdigkeiten.

Die Ilienser befriedigten übrigens auch die leidenschaftlichste Wißbegierde und Schaulust. Gewissenhafte Reisende, die sich »mit der ganzen dortigen Altertumskunde anfüllen« wollten[4]), durchwanderten ohne Zweifel außer der Stadt und Umgebung an der Hand der Führer auch die Ebene bis zum Meer, um das Lokal der Kämpfe vor Troja gründlich kennen zu lernen. Man zeigte ihnen die Standorte der beiden Heere, die Stelle, wo das Schiffslager der Griechen gestanden hatte, und alle übrigen in der Ilias erwähnten Punkte, wie den Feigenbaum (nach Strabo war es ein rauher, mit wilden Feigenbäumen besetzter Platz), die Buche, das Denkmal des Ilus, das Grab des Aiax usw.[5]); auch die Höhle, in der Paris sein verhängnisvolles Urteil sprach[6]). Namentlich scheinen die Gräber der dort gefallenen oder gestorbenen Helden in größter Vollzähligkeit vorhanden gewesen zu sein: zum Beweise, daß Anchises bei Mantinea in Arkadien begraben sei, führt Pausanias an, daß die Ilienser sein Grab nicht zeigten[7]). An den Gräbern des Aiax bei Rhöteum, des Achilles, Patroclus und Antilochus bei Sigeum brachten die Ilienser Totenopfer, und vermutlich opferten dort auch viele Reisende, wie es z. B. Caracalla am Grabe Achills tat und Philostrat den Apollonius von Tyana tun läßt[8]). Auf dem Grabe

1) Tac. A. XII 58. 2) Dig. XXVII 1, 17 § 1. 3) Strab. XIII 596—602; vgl. R. Gaede, Demetrii Scepsii quae supersunt (Diss. Greifsw. 1880) S. 27 ff. 4) Philostrat. Apoll. Tyan. IV 11. 5) Strabo XIII 597. Pompon. Mela I 96. Artemidor. Onirocr. IV 47 p. 229, 22 Herch. Schol. Townl. Hom. *Z* 317. 6) Diodor. XVII 7, 4. 7) Pausan. VIII 12, 9. 8) Strabo XIII 595 f. Philostrat. Apoll. Tyan. IV 11. Cass. Dio LXXVII 16, 7. Herodian. IV 8, 4. Germanicus am Grabe Hectors, Anth. lat. 708 R.

des Protesilaus standen jene Bäume, die jedesmal verdorrten, wenn ihre Wipfel hoch genug gewachsen waren, um Ilium erblicken zu können, und dann von neuem anfingen zu wachsen[1]). Das vom Himmel gefallene, von Diomedes entführte Pallasbild konnten die Ilienser römischen Reisenden nicht wohl vorweisen, da diese Reliquie sich in Rom befand und dort zu den Beweisen der Abstammung von Troja gehörte. Ovid ließ sich in dem Tempel der Göttin die Stelle zeigen, wo es gestanden hatte[2]). Von vorhandenen Reliquien werden außer den schon genannten auch die beiden Ambosse erwähnt, mit denen Zeus die Füße der zur Strafe aufgehängten Hera beschwert hatte[3]).

In dem Gedichte Lucans besucht Cäsar die Gegend nach der Schlacht bei Pharsalus; ohne Zweifel hat der Dichter, der vielleicht während seines Aufenthalts in Athen einen Ausflug hierher machte, in seiner Schilderung seine eignen Reiseerinnerungen verwertet[4]). Unfruchtbare Wälder und morsche Stämme, heißt es bei ihm, lasteten auf den alten Königspalästen und wurzelten in den Tempeln der Götter; ganz Pergamum ist von Gestrüpp überwuchert, sogar die Ruinen sind verschwunden. Er sieht den Fels, an den Hesione gebunden war, und im Dickicht verborgen das Gemach des Anchises, die Höhle, in welcher der Richter der Göttinnen gesessen, die Stelle, von der Ganymed zum Himmel entrafft ward, den Fels, auf dem die Nymphe Önone spielte: kein Stein ist ohne Namen. Achtlos hatte er einen im trockenen Staube schleichenden Bach überschritten: es war der Xanthus; unbesorgt setzt er im hohen Grase seine Schritte: der Eingeborene warnt ihn, nicht auf Hectors Asche zu treten. Auseinandergeworfen lagen Steine, und keine Spur verriet, daß sie ein Heiligtum gebildet hatten: siehst du, sagte sein Führer, die Altäre nicht an, an denen Priamus fiel? Schilderung Lucans.

Überhaupt war aber diese Küste von Kleinasien an schönen und anziehenden Punkten sehr reich; namentlich Ionien stand hierin selbst Griechenland nicht nach, das es durch die Schönheit seines Klimas noch übertraf[5]). Hier waren die berühmtesten, größten und ältesten Tempel (wie zu Kolophon, den auch Germanicus im Jahre 18 besuchte, um das Orakel des Klarischen Apollo zu befragen[6]), Ephesus und Milet) und die schönsten Städte, verschwenderisch mit Prachtbauten neuerer Zeit, besonders mit Bädern[7]), ausgestattet. Unter diesen waren Ephesus und Smyrna die bedeutendsten; beide nennt z. B. Dio von Prusa neben Tarsus und Antiochia als Vorbilder, denen seine Vaterstadt nachstreben müsse[8]); und vermutlich wurden auch von Reisenden beide am meisten besucht. Die erste, als reicher Haupthandelsplatz des vorderen Asiens[9]) eine Schatzkammer des Landes[10]), war unter den Römern die Hauptstadt der Provinz[11]) und galt für eine der volkreichsten und am schönsten gebauten Städte der Welt[12]) Ionien. Ephesus.

Doch den Ruhm, die schönste von allen zu sein, behauptete schon in Strabos Zeit Smyrna, obwohl damals ihre Straßen wegen Mangels an Abzugsgräben Smyrna.

1) Plin. n. h. XVI 238. Antiphil. Anth. Pal. VII 141. Philipp. ebd. VII 385. Philostr. Her. 2, 1. Quint. Smyrn. VII 408 ff. Heroenstatuen in Ilion, Kubitschek, Österr. Jahreshefte I (1898) S. 184 ff. 2) Ovid. Fast. VI 423 f. 3) Eustath. Il. XV 19 p. 1003, 15. 4) Lucan. Pharsal. IX 961 ff. A. Steitz, Jahrb. f. Phil. CXI 1875 S. 255, 7 findet in Lucans Schilderung keine Spur von Autopsie und sieht darin nur ein rhetorisches Prunkstück. 5) Pausan. VII 5, 4. 6) Tac. A II 54. 7) Aristid. or. 13, I 308 Dind. 8) Dio Chrys. or. 40, 11 (II 49 Arn.). 9) Strabo XIV 641. 10) Aristid. or. 23, 24 (II 37 K.). 11) Marquardt StV. I² 337—343. Vgl. Mommsen RG. V 303. 12) Seneca ep. 102, 21.

noch sehr schmutzig waren[1]). Diesem Übelstande wurde vermutlich später abgeholfen, und überhaupt vergrößerte und verschönerte sich die Stadt in den beiden ersten Jahrhunderten immer mehr, so daß sie sich mit Wahrheit »die erste Stadt Asias an Größe und Schönheit, die glänzendste, und Metropole von Asia« nennen durfte. Lucian nennt sie die schönste von allen ionischen Städten, Philostrat sogar die schönste von allen, die unter der Sonne sind, und der Beiname »die schönste«, den sie auf Inschriften (des 3. Jahrhunderts) führt, scheint ein allgemein anerkannter gewesen zu sein: denn bei Aristides heißt sie »die nach ihrer Schönheit benannte«[2]). Der letztere hat sie in seiner Weise geschildert, bevor ein Erdbeben sie (im Jahre 178) verwüstete[3]). In herrlicher Lage amphitheatralisch vom Meere und Hafen zu den Höhen ansteigend, bot sie überall einen gleich prachtvollen Anblick, man mochte von oben herab auf das Panorama des Meeres, der Vorstädte und der Stadt blicken oder von der Einfahrt in den Hafen aus. Den Anblick aus der Ferne aber übertraf noch das Innere. So durchaus in Anmut blühend lag sie da, als wäre sie nicht allmählich erbaut, sondern auf einmal aus dem Boden entsprossen. Überall glänzte sie mit Gymnasien, Plätzen, Theatern, Tempeln und Tempelbezirken. Bäder so viele, daß man in Verlegenheit war, zu welchem sich wenden; Wandelbahnen von jeder Gestalt, bedeckte und offene, eine schöner als die andre; Quellen und Brunnen, Haus für Haus und mehr als Häuser; Straßen wie Plätze, in rechten Winkeln einander durchschneidend, marmorgepflastert, von ein- und zweistöckigen Arkaden eingefaßt. Dazu Unterrichtsanstalten und Bildungsmittel aller Art, einheimische und fremde, ein Überfluß von Wettkämpfen, Schauspielen und andern Ergötzlichkeiten, ein Wettstreit zwischen den Erzeugnissen menschlicher Arbeit und Kunst und den Erzeugnissen des Meeres und des Landes; endlich das schönste Klima, da auch im Sommer und Frühling die von der See herwehenden Westwinde die Stadt zu einem Lustort schufen. Kurz es war eine Stadt, beiden Nation (d. i. Griechen und Römern) am meisten gemäß, gleichviel ob man sein Leben in Erholung verbringen oder sich aufrichtig um Bildung bemühen wollte[4]). Ihre Schulen wurden, wie bereits erwähnt, von Studierenden aus allen drei Weltteilen besucht[5]). Der berühmte Sophist Scopelianus (zu Ende des 1. Jahrhunderts) erwählte sie, wie Philostrat sagt, als den seiner würdigsten Ort: denn, wenn ganz Ionien als ein großer Musensitz eingerichtet sei, so nehme doch Smyrna die hauptsächlichste Stelle ein, wie bei den musikalischen Instrumenten der Steg, über den die Saiten gespannt sind[6]). Es fehlte dort wohl niemals an namhaften Lehrern für sämtliche Wissenschaften: Galen begab sich in seinem 21. Jahre (150) nach Smyrna, um den Pelops, einen Schüler des Numisianus, und den Platoniker Albinus zu hören[7]).

Schilderung des Aristides.

1) Strabo XIV 646. 2) Lucian. Imag. 2. Aristid. or. 19, 2 (II 13 K.). Philostrat. Apoll. Tyan. IV 7. CIG 3202. 3204—6. 3) Cass. Dio LXXI 32, 3. 4) Vgl. (außer Strabo a. a. O.) Aristid. or. 1, 11ff. 20, 14. 23, 20ff. (II 4f. 20. 36f. K.). 5) Oben S. 383. 6) Philostrat. Vit. soph. I 21, 3. 7) Galen. XIX 16. Eine ärztliche Schule (des Erasistrateers Hicesius) daselbst, die aber zu seiner Zeit nicht mehr bestand, erwähnt Strabo XII 580.

5. ÄGYPTEN.

Seltenheit der Reisen nach dem Orient.

Über die so leicht zu erreichende Provinz Asia erstreckten sich wohl Reisen die nicht zu eigentlich wissenschaftlichen Zwecken, sondern zur Belehrung und zum Vergnügen unternommen wurden, auch zu Lande selten nach Osten und Süden hinaus. Auch die Insel Cyprus wurde wohl in der Regel nicht als eigentliches Reiseziel, sondern nur als Station auf der Reise nach Syrien oder Ägypten besucht: so von Titus, als er im Jahre 70 sich von Korinth nach Judäa begab und Lust empfand, den von Einheimischen und Fremden gepriesenen Tempel der Venus zu Paphos kennen zu lernen. Er sah die Spitzsäule, die dort statt eines Bildes der Göttin stand, die Tempelschätze und Weihgeschenke der Könige, »und was sonst die Griechen, die ihre Lust an Altertümern haben, der ungewissen Vorzeit andichten«, und befragte das Orakel[1]). Reisen nach Syrien, Phönicien und Palästina, die nicht durch Geschäfte oder Amtspflichten veranlaßt waren, scheinen in den ersten Jahrhunderten selten gewesen zu sein. Zwar boten auch diese Länder des Merkwürdigen und Sehenswerten genug, aber die weite und beschwerliche Seefahrt schreckte gewiß die meisten Touristen von ihrem Besuche zurück, und vor dem 3. Jahrhundert kamen wohl nach Hierosolyma, das Plinius, vielleicht nach Agrippa, die berühmteste Stadt des ganzen Orients nennt[2]), die wenigsten römischen Reisenden, und auch griechische, wie Pausanias, der am Jordan und am Toten Meere gewesen war[3]), wohl nur ausnahmsweise. Die prachtvolle Hauptstadt Syriens, Antiochia, wird in der Literatur der beiden ersten Jahrhunderte ebenso selten wie Alexandria häufig genannt; von dem älteren Plinius z. B. nur zweimal bei geographischen Angaben und einige Male als Standort gewisser Pflanzen, offenbar aus griechischen Quellen.

Puteoli Haupthafen für den Verkehr mit Ägypten und dem Orient.

Sehr groß war dagegen die Zahl derer, die Jahr aus Jahr ein von Italien wie von Griechenland aus Ägypten besuchten[4]), das namentlich mit Italien während der Zeit der Schiffahrt durch einen lebhaften und ununterbrochenen Verkehr verbunden war. Die zwischen beiden Ländern regelmäßig befahrene Linie ging von Alexandria nach Puteoli. Dies war seit der Versandung der Flußmündung bei Ostia bis zur Vollendung eines neuen Tiberhafens (Portus) durch Claudius und Trajan der eigentliche Hafen Roms[5]), insbesondere für den Verkehr mit dem Orient[6]). Ein griechischer Dichter unter Augustus und Tiberius,

1) Tac. Hist. II 2—4. Hieronym. Vit. Hilarionis 42: *ingressus ergo Paphum urbem Cypri nobilem carminibus poetarum, quae frequenter terrae motu lapsa, nunc ruinarum tantum vestigiis quod olim fuerit ostendit.* 2) Plin. n. h. V 70; vgl. über Agrippas Besuch in Jerusalem Philo Leg. ad Gai. 294ff. 3) Paus. V 7, 4. 4) Über Ägypten als Reiseziel im Altertum s. W. Schubart, Internat. Monatsschrift VII 1913, 909ff. 5) Der Brief eines ägyptischen Kornfahrers an seinen Bruder im Fayûm aus einem italischen Hafen (Wilcken, Chrestom. nr. 445, 2.—3. Jhdt.) ist wohl nicht aus Puteoli, sondern aus Portus geschrieben. 6) Der sehr rege Verkehr im Hafen von Ostia (Flor. I 1, 4 *totius mundi opes et commeatus illo velut maritimo urbis hospitio reciperentur*) ist in erster Linie von den westlichen Teilen des Reiches, Spanien, Gallien, Afrika, bestritten worden (Plin. n. h. XIX 4. Strab. III 145; *domini navium Afrarum universarum item Sardarum* CIL XIV 4142 = Dessau 4160, *domini navium Carthaginensium ex Africa* CIL XIV 99 = Dessau 339; doch findet sich unter den Personifikationen der mit Ostia in Handelsbeziehung stehenden Länder auf einem dort gefundenen Mosaik (Notiz. d. Scavi 1912 S. 207; vgl. Journ. of Roman Stud. II 1912 S. 173. G. Calza, Bull. archeol. comun. XL 1912 S. 103ff.) neben Sicilien, Afrika und (wahrscheinlich)

Antiphilus, fragt, weshalb Puteoli so gewaltiger, weit in die See hinausreichender Molen bedürfe. Die Antwort ist: sein Hafen müsse eine Flotte fassen, die aus den Fahrzeugen der ganzen Welt bestehe; blicke man auf Rom, so erscheine er noch klein[1]). Glasgefäße mit Abbildungen der Küste, wie Badegäste von Bajä sie als Andenken mit in die Heimat zu nehmen pflegten[2]), zeigen auch Bauwerke von Puteoli, insbesondere die Molen (*pilae*), von welchen 16 gemauerte Pfeiler noch vorhanden sind (die sogenannte Brücke des Caligula); es sollen deren 25 gewesen sein, die 24 Bogen trugen[3]). Von der Landseite betrat man sie durch ein Eingangstor. Seneca schildert, wie ganz Puteoli auf die Molen hinausströmte, wenn die Ankunft der alexandrinischen Kornflotte gemeldet wurde. Das Erscheinen der ihr vorausgehenden sogenannten Postschiffe (*tabellariae*) war für ganz Campanien eine Freude. Man erkannte sie aus allen andern Segeln heraus, wie viele auch das Meer bedeckten; sie allein behielten nach der Durchfahrt zwischen Capri und dem Vorgebirge, »wo von umwetterter Höh' auf die Flut Minerva herabschaut« (Kap Campanella), ein Topsegel, das die andern Schiffe dann fallen lassen mußten[4]). In dem jetzt so stillen Becken des Hafens von Pozzuoli drängten sich damals Mast an Mast Schiffe von allen Küstenländern des Mittelmeers. Die Grabschrift eines aus Rom stammenden Schiffsreeders, der zugleich Sevir der Augustalen zu Lyon und zu Pozzuoli war, läßt auf einen direkten Verkehr zwischen beiden Orten schließen[5]). Den Umfang des spanischen Exporthandels konnte man nach Strabo aus der Größe und Menge der von Spanien nach Puteoli und Ostia gehenden, mit Getreide, Wein, Öl, Wachs, Honig, Pech, Scharlach und Mennig befrachteten Kauffahrteischiffe erkennen. Ihre Zahl war nicht viel geringer als die der afrikanischen[6]). Bei Philostrat heißt es, daß von den vielen Schiffen in dem Hafen von Puteoli die einen nach Afrika segeln, die andern nach Ägypten, nach Phönicien und Cyprus, nach Sardinien oder über Sardinien hinaus[7]). Die Vermietung der dortigen Speicher und Magazine war schon in der letzten Zeit der Republik sehr gewinnbringend[8]). Neben dem Korn Afrikas und Ägyptens, dem Öl und Wein Spaniens, dem Eisen von Elba (das hier und in andern Häfen der Westküste von Großhändlern gekauft und zu Werkzeugen verarbeitet wurde, die dann wieder in alle Welt gingen)[9]) und den sonstigen Rohprodukten der westlichen Länder lagerten hier auch die Fabrikate Alexandrias, wie Leinwand, bunte Teppiche,

Spanien auch Ägypten, so daß die Beziehung der symbolischen Darstellung des Getreideverkehrs zwischen Alexandria und Italien auf dem Sarkophage eines römischen Finanzbeamten (Bull. arch. com. V 1877 Taf. 18, vgl. Brunn, Kl. Schrift. I 53ff.) auf Puteoli oder auf Ostia unsicher ist. Wichtig für die Handelsverbindungen von Ostia sind auch die dort gefundenen Inschriften auswärtiger Schiffergilden, vgl. Ashby, Journ. of Rom. Stud. II 1912, 179f. Darstellungen des Hafens von Ostia auf Reliefs s. Schreiber, Jahrb. d. arch. Inst. XI 1896 S. 99. Robert, Hermes XLVI 1911 S. 249ff.

1) Antiphil. Anth. Pal. VII 379. 2) Oben S. 408. Jordan, Arch. Zeitung XXVI 1868 S. 91ff. (die Inschriften CIL II 6251, 1. XI 6710, 18. XV 7008). Schreiber, Bilderatl. Taf. 72, 12; vgl. Beloch, Campanien S. 125ff. 132ff. 3) Eine im wesentlichen übereinstimmende Darstellung des Golfs von Puteoli mit seinen wichtigsten Bauten auch auf einem in Rom gefundenen antiken Gemälde bei Bellori, Ichnographia veteris Romae p. 1, vgl. Dubois, Pouzzoles antique S. 201ff. (die abweichende Deutung Hülsens, Röm. Mitteil. XI 1896 S. 213ff. hat dieser selbst Topogr. Roms I 3 S. 322, 1a zurückgenommen). 4) Seneca ep. 77, 1. 5) CIL XIII 1942 = Dessau 7029; vgl. CIL XIII 1960. II 1944. 6) Strabo III 145; vgl. Aelian. hist. an. XIII 6. 7) Philostrat. Apoll. Tyan. VII 12. 8) Cic. De fin. II 84. 9) Diodor. V 13, 2.

Glaswaren, Papier, Weihrauch usw., und die kostbarsten Erzeugnisse und Waren des äußersten Südens und Ostens, die der alexandrinische Transithandel dorthin brachte. Eine spätestens aus der ersten Kaiserzeit stammende Inschrift ist von Kaufleuten gesetzt, die von Puteoli aus mit Alexandria, Asia und Syrien Geschäfte machten[1]). Augustus, der in seinen letzten Tagen bei der Vorüberfahrt an diesem Hafen durch jubelnde Zurufe von der Bemannung eines alexandrinischen Schiffes erfreut worden war, schenkte jedem seines Gefolges 40 Goldstücke unter der Bedingung, sie nur für alexandrinische Waren auszugeben[2]). Gewiß galt von vielen Bewohnern Puteolis, was jener C. Octavius Agathopus von sich sagt, daß er nach ermüdenden Reisen vom Orient zum Okzident hier ausruhe[3]). Die Bevölkerung war sehr stark mit orientalischen Elementen versetzt. Griechen und Juden[4]), Ägypter und Syrer ließen sich hier zahlreich auf die Dauer nieder, die großen Handelsstädte des Ostens, wie Hierapolis, Berytus und Tyrus und ohne Zweifel noch viele andere, hatten in Puteoli ihre Faktoreien und Gottesdienste[5]). An dem dort gefundenen Postament einer kolossalen Statue des Tiberius sind 14 Städte der Provinz Asia abgebildet, die Tiberius nach Erdbeben in den Jahren 17, 23 und 29 wiederhergestellt hatte, darunter Ephesus, Sardes, Cibyra u. a.; die Augustalen von Puteoli, die diese Statue errichten ließen[6]), stammten wohl teils aus diesen Städten, teils standen sie mit ihnen in Handelsbeziehungen. So hatte der Reisende, der sich hier einschiffte, in dem Getümmel des Hafens, wo alle Trachten und Bildungen der orientalischen Völker zu sehen, ihre Mundarten zu vernehmen waren, ihre Produkte und Waren feil geboten wurden, bereits ein Stück des Orients vor Augen.

Alexandrinische Lastschiffe.

Gewiß lagen in diesem Hafen in der Zeit der Schiffahrt stets alexandrinische Schiffe vor Anker, von allen Größen und Gattungen, von dem kleinen, leichtgebauten Schnellsegler[7]) bis zu dem riesigen Last- und Kornschiff, wie sie außerhalb Ägyptens besonders in Nicomedia gebaut wurden[8]). Lucian hat ein solches Riesenschiff beschrieben, das, durch Sturm in den Piräus verschlagen, dort als seltenes Schauspiel eine Menge von Neugierigen herbeilockte[9]); die »Isis«, ein Dreimaster, maß in der Länge über 53 m, in der größten Breite mehr als den vierten Teil der Länge, in der größten Tiefe gegen 13 m, wonach sich ihre Tragkraft auf etwa 1575 Tonnen berechnen läßt; sie kam also einem großen Vollschiff gleich[10]); sie brachte ihrem Besitzer wohl zwölf attische Talente (rund 56500 Mark) und darüber jährlich ein. Sie war bemalt, hatte zu jeder Seite des Vorderteils ein Bild der Gottheit, von der sie den Namen trug, und manchen andern Schmuck; Besucher des Hafens, die noch nichts Ähnliches gesehen hatten, versäumten nicht, sich überall herumführen zu lassen, und betrachteten

1) CIL X 1797 = Dessau 7273. Puteolanische Waren (Ποτιολανά, vielleicht *pulvis Puteolanus* oben S. 164, 10) in Ägypten, Tebtun. pap. II 413, 11. 2) Sueton. Aug. 98, 2. 3) Oben S. 368. 4) Joseph. A. J. XVII 328; B. J. II 104. CIL X 2258: *P. Claudius Aciba* (vgl. X 1931 = Dessau 7535); eine *[Cl]audia Aster Hierosolymitana [ca]ptiva* CIL X 1971 = Dessau 8193. Vgl. Acta apost. 28, 14. 5) Dubois, Pouzzoles antique (1907) S. 83ff. Vgl. oben S. 378. 6) CIL X 1624 = Dessau 156; vgl. O. Jahn, Ber. d. sächs. Gesellsch. d. Wiss. 1851 S. 119ff. 7) Philo in Flacc. 110: σκάφους δ' ἐπιβὰς τῶν μάλιστα ταχυναυτούντων. 8) Arrian. frg. 19 (FHG III 590). 9) Lucian. Navig. 1. 5f. 13. 10) Vgl. Graser, De veterum re navali (1864) S. 42. 47. J. Smith, Der Schiffbau der Römer und Griechen, übers. von Thiersch (1851) S. 12—14 berechnet den Gehalt der Isis nur auf 1100—1200 Tonnen.

mit Bewunderung Masten und Segel, Tauwerk, Anker und Winden und die Kajüten auf dem Verdeck und sahen mit Staunen die braunen, fremd redenden Matrosen furchtlos in den Tauen umherklettern. Ägyptische Steuermänner galten als die seekundigsten und waren vermutlich allgemein gesucht [1]). Als die höchste Zahl von Menschen, die ein ägyptisches Schiff fassen konnte, nennt Aristides 1000 [2]). Das Schiff, auf dem der Kaiser Claudius, auf seiner Rückkehr aus dem unterworfenen Britannien, in den Hafen von Hadria einlief, war eher ein ungeheurer Palast als ein Schiff [3]).

Schiffe für den Transport von Obelisken.

Übrigens standen auch die größten Kornschiffe hinter den für den Transport von Marmorblöcken und Marmorsäulen eigens gebauten [4]), und vollends hinter den zum Tragen von Obelisken bestimmten Riesenschiffen zurück. Zu diesen gehörte das alexandrinische Schiff, das unter Augustus als erstes im Hafen von Ostia eingelaufen war und den nachher im großen Zirkus (jetzt auf Piazza del Popolo) aufgerichteten Obelisken gebracht hatte; seiner Merkwürdigkeit halber hatte es der Kaiser in den Werften von Puteoli aufstellen lassen, doch war es schon verbrannt, als Plinius schrieb [5]). Es soll 1200 Passagiere und außer dem Obelisken eine Ladung von Papier, Nitrum, Pfeffer, Leinwand und 400000 Scheffel (etwa 34920 Hektoliter) Weizen enthalten haben [6]). Doch als das größte Wunder, das auf dem Meere gesehen worden sei, bezeichnet Plinius das Schiff, das auf Caligulas Befehl den für den vatikanischen Zirkus bestimmten Obelisken (jetzt auf dem Petersplatze) nebst vier Blöcken desselben Steines brachte, die sein Postament bilden sollten. Es führte als Ballast etwa 120000 Scheffel (etwa 10470 hl) ägyptische Linsen, sein Hauptmast konnte nur von vier Männern umspannt werden, in seiner Länge füllte es die linke Seite des Hafens von Ostia zum großen Teil aus; denn dort ließ es Claudius später versenken, nachdem er drei turmhohe Massen aus puteolanischem Mörtel darauf hatte aufführen lassen [7]). Auch von dem Schiffe, das den von Constantius im Jahre 357 im großen Zirkus aufgerichteten größern (jetzt auf dem Platze des Lateran befindlichen) Obelisken brachte, sagt Ammian, es sei von einer bis dahin unbekannten Größe gewesen und habe eine Bemannung von 300 Ruderern gehabt [8]). Allem Anschein nach ist erst in neuester Zeit die Größe der riesigen Transportschiffe des Altertums übertroffen worden, namentlich seitdem man die großen Schiffe nicht mehr aus Holz, sondern aus Eisen und Stahl herstellt. Noch in den vierziger Jahren des 19. Jahrhunderts wurden Schiffe von 1500—2000 Tonnen Gehalt als Wunder angestaunt [9]). Doch die Persia (1856), 122 m lang, 14 m breit, hatte eine Tragfähigkeit von 5400 Tonnen; der Great-Eeastern (1857), 207,25 m lang, 25,14 m breit, eine Tragfähigkeit von 27400 Tonnen; der letztere konnte 4000 Passagiere außer der Bemannung aufnehmen, neben welchen dann noch für 5000

1) Philo in Flacc. 26. Plutarch. de def. orac. 17. 2) Aristid. or. 45, II 124 Dind. 600 Menschen auf einem Schiff, das Gefangene von Judäa nach Rom führte, Joseph. vit. 15. Auf dem Schiffe, das den Apostel Paulus nach Italien brachte, befanden sich 276 Menschen, Acta apost. 27, 37. In der Zeit der Kreuzzüge führten die Transportschiffe für Pilger deren 1000, 1500 und mehr an Bord. Prutz, Kulturgesch. d. Kreuzzüge S. 105. 3) Plin. n. h. III 119 *praegrandi illa domo verius quam nave.* 4) ebd. XXXVI 2; vgl. Bruzza, Annali d. Inst. 1870 S. 136f. 5) Plin. n. h. XXXVI 70. Über die Obelisken s. Hülsen-Jordan, Topogr. I 3 S. 124, 37. 132, 60. 657, 89. 6) Mommsen, Chron. min. I 145. 7) Plin. n. h. XVI 201f. XXXVI 70. 8) Ammian. XVII 4, 13. 9) Ausland 1867 S. 722.

Tonnen Güterfracht Raum blieb. Von den Ausmessungen der heutigen Riesenschiffe gibt der Turbinendampfer Vaterland (1914) mit einer Länge von 289 m, einer Breite von 30 m und einem Rauminhalt von 54282 Br. Reg.-Tonnen eine Vorstellung; freilich handelt es sich hier um eine Ausnahmegröße; die für lange Fahrt übliche Größe der Frachtdampfer bewegt sich zwischen 10000 und 12000 Tonnen, über 18000 Tonnen hinauszugehen, gilt bei Frachtdampfern nicht als vorteilhaft[1]).

Fahrt von Puteoli nach Alexandria.

Die durchschnittliche Dauer einer günstigen Fahrt von Puteoli nach Alexandria kann man wohl auf zwölf Tage und darüber veranschlagen, wenn nach der angeführten Angabe des älteren Plinius die schnellste bekannte Fahrt neun gedauert hatte[2]). Ägypten war also den Römern damals noch nicht so nahe, wie Amerika uns jetzt ist. Die Fahrt ging über Sicilien[3]) und Malta. Die letztere Insel war nach Diodor wohlhabend und hatte (wie auch Gaulus und Cercina) gute Häfen; von Syrakus war sie 800 Stadien (= 80 Seemeilen, etwa eine knappe Tagereise) entfernt[4]). Der Apostel Paulus machte die Fahrt von Malta nach Puteoli mit einem alexandrinischen Schiffe, das auf Malta überwintert hatte, den »Dioskuren«; in Syrakus und Rhegium wurde angelegt[5]). Die weitere Reise bis Rom machte Paulus zu Lande, während Apollonius von Tyana in Puteoli das Schiff wechselte und so bis Ostia fuhr[6]).

Der Leuchtturm auf Pharos.

Die Nähe der gefahrvollen ägyptischen Küste verkündete das Licht des Leuchtturms von Pharos schon auf 300 Stadien (30 Seemeilen)[7]). Wie ein Stern schien es durch die Finsternis der Nacht[8]) und konnte wegen der Beständigkeit seines Scheins leicht für einen solchen gehalten werden, bis dann auch am Tage der hochragende Marmorbau sich weißschimmernd aus der blauen Flut hob[9]) und endlich die Palmen auf Pharos in Sicht kamen[10]). Der Leuchtturm, mit dessen Verwaltung in der römischen Zeit ein kaiserlicher Freigelassener beauftragt war[11]), erhielt sich bis tief in das Mittelalter und spielt in allen arabischen Berichten über Alexandria eine große Rolle[12]). Auf einem dreistufigen Unterbau erhob sich der Turm in drei Geschossen, von denen das untere quadratischen, das mittlere achteckigen und das oberste, das die eigentliche Laterne trug, zylindrischen Grundriß hatte, bis zur Gesamthöhe von rund 120 m: auf der Höhe des Turmes befand sich eine Spiegelanlage, die die am Horizont erscheinenden Schiffe auf weite Entfernungen zeigte, später auch als Brennspiegel

1) R. van der Borght, Das Verkehrswesen[2] (1912) S. 405f. 2) Plin. n. h. XIX 3 (oben S. 340). Das in einigen Fällen bezeugte merkwürdig späte Bekanntwerden des römischen Thronwechsels in Ägypten kann für die Berechnung der Dauer der normalen Schiffsverbindung kaum verwertet werden; vgl. darüber Riepl, Nachrichtenwesen d. Altert. S. 228ff. 3) Vgl. z. B. auch Cicero Verr. II 5, 145. 4) Diodor. V 12, 2. 5) Acta apost. 28, 11—13. Über die Seereise des Paulus s. Breusing, Nautik der Alten (1886) S. 142ff. H. Balmer, Die Romfahrt des Apostels Paulus und die Seefahrtkunde im röm. Kaiserzeitalter, 1905. 6) Philostr. Apoll. Tyan. VII 15f. 7) Joseph. B. J. IV 613. Über antike Leuchtfeuer im allgemeinen vgl. A. Hiebel, Seezeichen, Leuchtfeuer u. Schallsignale des atlantischen Ozeans (Diss. Leipzig 1908) S. 38—51. H. Thiersch, Jahrb. d. arch. Instit. XXX 1915 S. 213ff. 8) Plin. n. h. XXXVI 83. 9) Strabo XVII 791. 10) Ovid. Am. II 13, 8: *palmiferamque Pharon*. 11) CIL VI 8582 = Dessau 1576 *Aurelius Aug. lib. Philetus — proc. fari Alexandriae ad Hegyptum.* 12) Alle monumentalen und literarischen Quellen für Rekonstruktion und Geschichte des Pharos sind in ausgezeichneter Weise verwertet in der Monographie von H. Thiersch, Pharos. Antike, Islam und Occident (1909); vgl. dazu v. Bissing, Berl. philol. Wochenschr. 1910, 1635ff. Die wichtigen morgenländischen Berichte bei Thiersch S. 37ff.

verwendet wurde[1]); der Sage nach wurde sie im frühen Mittelalter durch byzantinische List zertrümmert. Nachdem im Jahre 796 die Spitze durch ein Erdbeben zerstört worden war, erfolgte die erste Restauration durch den kraftvollen Herrscher Ahmed ibn Tulun (868—883), der oben darauf eine kleine Moschee setzte, die auch bei den späteren Wiederherstellungen des allmählich immer kleiner werdenden Bauwerks ihren Platz stets behauptete. Es waren ausschließlich elementare Gewalten, die Brandung des Meeres und die Erdbeben und Winterstürme, die eine beständige Schädigung und Gefährdung und schließlich am Anfange des 14. Jahrhunderts den völligen Einsturz herbeiführten. An seiner Stelle baute 1477 der Mamelukensultan Kaitbey das nach ihm benannte, heute noch stehende Kastell. Heutzutage gibt keine Landmarke ein fernes Signal, als etwa im Westen der Araberturm, und gegen Alexandria Gruppen von Dattelpalmen und die Pompejussäule[2]).

Die Anziehungskraft Ägyptens für Griechen und Römer.

Der Grieche oder Römer, der den Boden Ägyptens betrat, fand sich dort wie in einer neuen Welt. War das Nilland ihnen von jeher als ein einziges, von allen übrigen durchaus verschiedenes erschienen[3]), so mußte dies in jener Zeit noch in höherem Grade der Fall sein. Denn je länger die römische Weltherrschaft dauerte, desto einförmiger wurde dic Welt. Mehr und mehr nivellierte im Westen die ausschließlich römische, im Osten die griechisch-römische Kultur die nationalen und landschaftlichen Eigentümlichkeiten. In Ägypten allein erhielten sich gleichsam mumienartig Reste einer Kultur, mit deren Uralter verglichen die griechische und römische von heute und gestern zu sein schien, und so ragte dies Land der Vergangenheit mit seinen Wundern und Geheimnissen wie in fossiler Erstarrung in die lebendige Gegenwart hinein. Seine Natur regte die Wißbegier wie keine andre an. Mit Ehrfurcht sah der Fremde

Der Nil.

den heiligen, als Gott verehrten[4]) Strom, den berühmtesten der Welt, seine mächtigen, segenspendenden[5]) Fluten wälzen, deren Ausfluß das Meerwasser angeblich weiter von der Küste ab trinkbar machte, als das Land sichtbar blieb[6]). Sein in Dunkel gehüllter Ursprung reizte mächtig den Forschungstrieb des ganzen Altertums[7]). Lucan läßt Cäsar in Alexandria sagen, er möchte kein Geheimnis lieber ergründen als dies: würde ihm eine sichere Aussicht geboten, die Quellen des Nil zu sehen, so wolle er den Bürgerkrieg im Stiche lassen[8]). Bei Lucian wünscht sich Timolaus einen Zauberring, der die Kraft besäße, ihn im Fluge in ferne Länder zu tragen; dann würde er in alle unbekannten Teile der Erde vordringen und allein die Quellen des Nil kennen[9]).

Die Landesnatur.

Die Schwellung des Nil[10]) verwandelte im Hochsommer ganz Unterägypten in eine weite Wasserfläche, aus der Städte, Flecken und Häuser, auf natürlichen oder künstlichen Anhöhen erbaut, gleich Inseln ragten[11]); unzählige Fahrzeuge, manche nur aus gehöhlten Baumstämmen[12]) oder gar aus zusammengebundenem

1) Thiersch a. a. O. S. 91ff. 2) Ritter, Erdkunde² I 869. 3) Herodot. II 35. 4) Lumbroso, L'Egitto dei Greci e dei Romani² S. 1—8. 5) Athen. V 203 C: ὁ χρυσορρόας Νεῖλος; vgl. Lyd. de mens. IV 107 W. Johann. Antioch. frg. 2, 7 (FHG IV 541). 6) Aristid. or. 36, 10 (II 267f. K.). 7) Vgl. Riese, Jahrb. f. Philol. CXVII 1878 S. 695ff. 8) Lucan. Pharsal. X 189ff. Vermutlich ist die ganze Stelle durch Neros Expedition (oben S. 395) veranlaßt. 9) Lucian. Navig. 44. 10) Über die Nilschwelle C. Capelle, N. Jahrb. f. klass. Altert. XXXIII 1914 S. 317ff. 11) Seneca Quaest. nat. IV 2, 11. 12) Heliodor. Aethiop. I 31.

Tongeschirr bestehend[1]), durchkreuzten sie. In einer um die Zeit der Annexion Ägyptens geschriebenen Stelle spricht Vergil von dem glücklichen Volke, das an den Ufern des seeartig austretenden Nil wohnt und seine Ländereien auf bunten Kähnen umschifft[2]). Wie lebhaft die Eindrücke der eigentümlichen Vegetation und Tierwelt Ägyptens die Phantasie der Römer beschäftigten, davon geben die zahlreichen ägyptischen Landschaften auf Mosaiken und Wandgemälden Zeugnis, mit denen man Wohnzimmer und andre Räume schmückte[3]). Auf Gewässern, die dicht mit den weißen Blumen des Lotus bewachsen sind, sieht man hier Sumpfvögel schwimmen; zwischen hohen Schilf- und Staudengewächsen verbirgt sich der Hippopotamus, lauert das Krokodil; am Ufer schleicht der Ichneumon, züngelt die Schlange, putzt sich der Ibis mit seinem krummen Schnabel; hoch über dem Dickicht wiegen Palmen auf schlanken Stämmen ihre befiederten Kronen[4]). Auch für den Kaiser Septimius Severus hatte die Reise durch Ägypten besonders wegen der Neuheit der Tiere und der Gegenden Reiz[5]). Das Interesse an der Tierwelt des Landes zeigt am meisten das Mosaik von Palestrina[6]), dessen obere Hälfte eine öde Berglandschaft darstellt, die verschiedenen wirklichen und fabelhaften Tieren als Aufenthalt dient; n der untern, wo man angebaute Gegenden am Nil mit vieler Architektur[7]) und das menschliche Treiben in denselben sieht, dienen zur Staffage der Nillandschaften Ibisse, Wasservögel, Krokodile und Flußpferde, welche letztere von Jägern auf einer Nilbarke mit Lanzen gejagt werden[8]). Da auch ein Taubenhaus dort abgebildet ist, scheint es, daß diese schon damals in Ägypten häufig waren; gegenwärtig bilden sie in Form kegelartiger Aufsätze, namentlich in Oberägypten, eine Art von zweitem Stockwerk der Hütten in den Dörfern[9]). Daß übrigens die Wunder Ägyptens ins Fabelhafte erweitert wurden, zeigt unter anderm die Sage vom Phönix: daß dieser Vogel in Ägypten zu gewissen Zeiten gesehen werde, war nach Tacitus nicht zweifelhaft[10]). Plinius berichtet von einer Palme in Unterägypten, die mit dem Phönix zugleich absterben und darauf aus sich selbst neu erwachsen sollte; er fügt hinzu, als er dies schrieb, habe sie eben Frucht getragen[11]). Auch an die Existenz der Pygmäen, mit denen die ägyptischen Landschaften gern staffiert wurden[12]), glaubte man,

Vegetation und Tierwelt.

Pygmäen.

1) Strabo XVII 788. Juv. 15, 127f. 2) Verg. G. IV 287ff. 3) Helbig, Wandgemälde nr. 1538ff. 1566ff. Lumbroso, L'Egitto² S. 9ff. Rostowzew, Hellenistisch-römische Architekturlandschaft (Röm. Mitteil. XXVI 1911) S. 55ff. 78ff.; vgl. dazu Rodenwaldt, Die Komposition der pompejan. Wandgemälde (1909) S. 32, 3. Pagenstecher, N. Jahrb. f. klass. Altert. XLVII 1921 S. 286f. Über ähnliche Motive auf Terrakottareliefs s. H. v. Rohden u. H. Winnefeld, Architektonische röm. Tonreliefs (1911) S. 151ff. 161ff. 4) Helbig, Unters. über die campan. Wandmalerei S. 101. 302f. 5) Hist. aug. Sever. 17, 4. 6) Vielleicht Nachahmung eines alexandrinischen Teppichs, Lumbroso a. a. O. S. 15f. 7) Über die Übertragung der im Nildelta heimischen Rohrhütten auch auf Darstellungen andrer Gegenden vgl. F. Drexel, Germania II (1918) S. 114ff., auch III (1919) S. 52ff. 8) Beste Veröffentlichung von O. Marucchi, Dissert. d. accad. pontef. di archeol. ser. 2 t. X 1910 Taf. XI—XIV; vgl. Wörmann, Die Landschaft in d. Kunst d. alten Völker (1876) S. 304ff. Lumbroso a. a. O. S. 12ff. und Rivista di filol. III 1875, 201ff. IG XIV 1302. Marucchi, Bull. arch. comun. XXIII 1895 S. 26ff. Sonstige Mosaiken mit Nildarstellungen verzeichnet P. Gauckler bei Daremberg-Saglio, Dict. d. antiq. III 2 S. 2102, 14. Vgl. Pagenstecher, Berl. Philol. Wochenschr. 1920 Sp. 551f. 9) Stephan, Das heutige Ägypten S. 51f. 367. 10) Tac. A. VI 28. 11) Plin. n. h. XIII 42. 12) Die Pygmäendarstellungen bei Jahn, Archäol. Beitr. S. 418ff. Waser in Roschers Mythol. Lexikon III 3291ff.

und zwar, wie neuere Forschungen gelehrt haben, nicht ganz ohne Grund[1]). Der Epicureer Philodemus gibt an, daß dergleichen in Akoris (in Mittelägypten am östlichen Nilufer) gezeigt werde[2]). Man hatte auch Nachahmungen ägyptischer Architekturen und Gegenden im großen, wie Hadrian in seiner Villa zu Tibur ein Canopus[3]), Sever, wie es scheint, ein Labyrinth und ein Memphis[4]).

Denkmäler. Und wie die Natur Ägyptens ewig dieselben wunderbaren Schauspiele bot, so auch seine Monumente, die ältesten, kolossalsten, staunenswürdigsten, die das Altertum kannte. An diesen künstlichen Steinbergen, Riesentempeln und Riesenpalästen, unermeßlichen, in Felsen gegrabenen Gängen und Höhlen, den Wäldern von Kolossen und Sphinxen, den zahllosen, mit farbenprangenden Bildern und geheimnisvollen Schriften überdeckten Wänden schien die Zeit machtlos vorüberzugehen. Es war immer dasselbe, was schon seit Jahrhunderten Tausende und Abertausende angestaunt, beschrieben und geschildert hatten, und doch immer neu und überwältigend. Keine modernen Bauten und Gebilde störten die Einheit dieser übermenschlichen Werke[5]), da auch neuere Tempel und Skulpturen den alten nachgebildet und Hieroglyphen nach wie vor angewendet wurden[6]).

Sitten und Gebräuche. Endlich erhielten sich dort manche fremdartige und in der ganzen übrigen Welt unerhörte Sitten und Gebräuche: dahin gehörte z. B. das künstliche Ausbrüten der Hühnereier durch Mistwärme[7]), das auch das Interesse der über Ägypten nach dem heiligen Lande reisenden Pilger des Mittelalters erregte[8]) und noch heute (besonders in Kairo) betrieben wird[9]); ferner das ebenfalls noch jetzt geübte Erklettern der Palmen in der Weise, daß die Kletternden ein Seil zugleich um ihren Leib und den Stamm schlingen und innerhalb dieser Schlinge von einem Knoten des Stammes zum andern aufsteigen[10]). Doch am fremdartigsten und merkwürdigsten erschien den Besuchern Ägyptens immer der dortige Gottesdienst, in welchem begreiflicherweise die Verehrung der Tiere ihre Neugier und Verwunderung am meisten erregte.

---

1) Nach Schweinfurth, Im Herzen von Afrika II (1874) 131—155 sind die im Süden der Monbuttu, etwa zwischen 1 und 2 Gr. n. Br., wohnenden Akkā, die durchschnittlich 1,5 Meter groß werden, ein Glied in der langen Kette von Zwergvölkern, welche, mit allen Zeichen einer ihrer Auflösung entgegengehenden Urrasse ausgestattet, sich quer durch Afrika längs des Äquators erstreckt. Sie sind ein Jägervolk, besonders geschickte Elefantenjäger. Ihr einziges Haustier ist das Huhn (ein pompejanisches Mosaik »stellt die Pygmäen dar, umgeben von ihren Häuschen und Hüttchen, alles voll Hühner«). Über die Zwergvölker des inneren Afrika vgl. namentlich Stuhlmann, Mit Emin Pascha ins Herz von Afrika (1894) S. 436ff. 2) Philodem. περὶ σημείων καὶ σημειώσεων bei Gomperz, Herculan. Studien I p. 4, 15. 3) Hist. aug. Hadrian. 26, 5; vgl. CIL IX 1685 = Dessau 6504 (Beneventum) *quod is a solo Canopum propriis sumptibus fecerit.* Winnefeld, Die Villa des Hadrian bei Tivoli (1895) S. 42ff. 4) CIL VI 461 = Dessau 3361 *qui locus appellatur Memphi.* IG XIV 1093 ὁ τόπος Λαβύρινθος (vgl. dazu Lüders, Die dionys. Künstler S. 62 A.). 5) Eine Ausnahme machen die Ruinen der von Hadrian angelegten Stadt Antinoupolis. Vgl. v. Prokesch, Erinnerungen aus Ägypten u. Kleinasien (1829) I 121ff. Grf. Prokesch-Osten, Nilfahrt (1874) S. 298f. E. Kühn, Antinoupolis, ein Beitrag zur Geschichte des Hellenismus im röm. Ägypten, Leipzig 1913. B. Kübler, Antinoupolis, aus d. alten Städteleben, 1914. 6) Letronne, Rec. d'inscr. I 210. Vgl. Marquardt StV. I² 440. 7) Plin. n. h. X 153f. Hist. aug. Saturnin. 8, 9. 8) Fel. Fabri Evagatorium, Bibl. d. lit. Vereins zu Stuttgart IV 58. Wilh. v. Boldensele, Itinerarium, Ztschr. d. histor. Vereins f. Niedersachsen 1852 S. 249. 9) Stephan a. a. O. S. 125ff. 10) Plin. n. h. XIII 29. Lucian. De dea Syria 29; abgebildet auf einem Wandbilde der Villa Pamfili bei O. Keller, Röm. Mitt. V 1890 S. 157—160.

So blieb das Interesse für Ägypten nicht nur immer gleich lebendig, sondern es hatte auch immer den gleichen Inhalt; noch gegen Ende des 3. Jahrhunderts[1]) waren nach dem Verfasser der »äthiopischen Geschichten«, Heliodor, Erzählungen und Berichte von Ägypten für griechische (und gewiß auch römische) Ohren die anziehendsten, und die Hörer wurden nicht müde, nach den Pyramiden, den Königsgräbern und all den andern Wundern des Fabellandes zu forschen[2]). Von den vorzugsweise oder ausschließlich aus Interesse für Ägypten unternommenen Reisen einiger Kaiser, Kaiserinnen und kaiserlichen Prinzen, wie des Germanicus im Jahre 19[3]), des Hadrian (130), des Septimius Severus, der in Begleitung von Caracalla und Julia Domna bis zur Grenze Äthiopiens gelangte (199/200)[4]), wird später die Rede sein. Titus besuchte auf der Rückkehr von Judäa im Jahre 70 von Alexandria aus wenigstens Memphis[5]), die Absicht Caligulas und Neros, nach Ägypten zu reisen, blieb unausgeführt[6]); doch M. Aurel ist dort gewesen[7]), wahrscheinlich auch L. Verus[8]). Römischen Senatoren war seit Augustus der Aufenthalt in Ägypten ohne besondre kaiserliche Erlaubnis verboten, die aber in einzelnen Fällen erteilt worden ist[9]).

Reisen der Kaiser nach Ägypten.

Die Hauptstadt Ägyptens, Alexandria[10]), bot dem Fremden ganz andre Eindrücke als das übrige Land. Eine relativ moderne, nicht ägyptische, sondern griechisch-orientalische Stadt[11]), war sie in Bauart und Anlage von andern in der macedonischen Zeit entstandenen Städten nicht wesentlich verschieden, wie das die Ruinen dieser in Kleinasien, Syrien, Cyrene bestätigen. Über die Anlage Alexandrias haben die auf Veranlassung Napoleons III. durch den Hof-Astronomen des Vizekönigs von Ägypten Mahmud-Bey veranstalteten, im Jahre 1867 vollendeten Ausgrabungen neues Licht verbreitet[12]). Die Zuverlässigkeit ihrer Ergebnisse ist durch neue, 1898—1902 ausgeführte Grabungen im allgemeinen bestätigt worden. Wenn Mahmuds Straßennetz, das aus der vierten Bauperiode der Stadt stammt, auch erst der nachhadrianischen Zeit anzugehören scheint, ist es doch von dem ursprünglichen so gut wie gar nicht abgewichen[13]). Nach Mahmud betrug der ganze Umfang der Stadt innerhalb der Mauern 15800 Meter oder ungefähr 86 Stadien, so daß bei den zum Teil höhern Angaben der Alten[14]) die Vorstädte eingerechnet sein müssen. Die Nachgrabungen haben ein völlig rechtwinkliges Netz von 7, der Länge nach

Alexandria. Seine Größe und Schönheit.

1) Rohde, Gr. Roman³ S. 493ff. 2) Heliodor. Aethiop. II 27. 3) Von dieser Reise stammen die von F. Zucker und U. v. Wilamowitz-Moellendorff, Sitz. Ber. Akad. Berlin 1911, 794ff. veröffentlichten beiden Erlasse des Germanicus. 4) Cass. Dio LXXV 13, 1. IG XIV 917. J. Hasebroek, Untersuch. z. Gesch. d. Kais. Sept. Severus S. 116ff. 5) Sueton. Titus 5, 3. 6) Philo leg. ad Gai. 338. Sueton. Nero 19, 1, vgl. 20, 3. 7) Cass. Dio LXXI 28, 3. 8) Letronne, Rec. des inscr. II 310. 9) Tac. A. II 59. Cass. Dio LI 17, 1; vgl. A. Stein, Untersuchungen zur Gesch. u. Verwaltung Ägyptens unter röm. Herrsch. (1915) S. 104ff. 10) Eine feinsinnige Darstellung der eigenartigen Kultur Alexandriens gibt Thiersch, An den Rändern des röm. Reichs (1911) S. 10ff. 11) Über die staatsrechtliche Sonderstellung Alexandrias gegenüber Ägypten in der Kaiserzeit vgl. Stein a. a. O. S. 85ff. 12) Über die Topographie des alten Alexandria nach Mahmud Beys Entdeckungen Kiepert, Zeitschr. d. Gesellsch. f. Erdkunde zu Berlin VII 1872 S. 337ff. Neroutsos-Bey, L'ancienne Alexandrie, Paris 1888. 13) Noack, Athen. Mitteil. XXV 1900 S. 215ff. Puchstein, Real-Encykl. I 1376ff. 14) 110 Stadien (= 19800 m) Steph. Byz. s. Ἀλεξάνδρειαι, 15 Millien (= 22200 m) Plin. n h. V 62, 16360 Schritt (= 24540 m) das sog. »topographische Bruchstück« Riese, Geogr. lat. min. p. 140 (s. oben S. 5, 7). Die meisten Angaben bewegen sich um 80 Stadien (= 14400 m) herum (Diod. XVII 52, 3. Strab. XVII 793. Joseph. B. J. II 386. Curt. Ruf. IV 8, 2).

von WSW nach ONO, und 12, der Breite nach von NNW nach SSO die Stadt durchschneidenden Hauptstraßen erwiesen. Die eigentliche Zentralverkehrsader unter den Längsstraßen, welche nach Osten hin die Stadt in ihrer mittleren Breite durchschnitt und weiterhin nach Canopus führte (und vielleicht die canopische, sicher »der Korso« δρόμος[1]) hieß), ist fast ihrer ganzen Länge nach Hauptstraße geblieben. Ihre Breite, die Strabo auf 36 Meter angibt, beträgt in der Tat nicht volle 20. An beiden Seiten zogen sich, die Fußwege vom Fahrdamm abschließend, in der ganzen Länge der Straße (30 Stadien = 5,4 km) Säulengänge hin, von denen sich vielfache Spuren erhalten haben. In den dieser Hauptstraße parallel laufenden Längsstraßen betrug die Pflasterbreite nur 6,65 Meter. Die ebenfalls mit Säulengängen eingefaßte (wahrscheinlich von dem Tor der Sonne nach dem des Mondes führende)[2]) Hauptquerstraße hatte dieselbe Breite wie die canopische[3]). Das Straßenpflaster besteht aus Blöcken der härtesten Gesteine (Basalt und harter Kalkstein) und ist an den Seiten durch eine ununterbrochene Reihe oblonger Quadern fest eingefaßt. Die 12 in der Richtung nach dem Meere laufenden Hauptstraßen waren sämtlich mit verdeckten Kanälen versehen. Die stattlichen, massiv aus Stein gebauten, sämtlich mit fließendem Wasser ausgestatteten[4]) Häuser hatten flache Dächer[5]). Nach Strabo bildete das Quartier der Königspaläste mit den dazu gehörigen Lustgärten, dem Museum und der Königsgruft, die auch den Leichnam Alexanders des Großen in einem gläsernen Sarge enthielt, den vierten Teil der (griechischen) Stadt[6]). Unter den Prachtbauten, von denen sie voll war, hebt er besonders das Gymnasium mit mehr als 1 Stadium langen Säulengängen und das Paneum hervor, einen künstlichen Hügel, dessen Spitze man auf Schneckenwegen erstieg, um von dort das ganze Panorama der Stadt zu übersehen[7]). Das von Strabo nur beiläufig erwähnte, dem ersten Kaiser geweihte Cäsareum oder Augusteum, ein von Cleopatra als Tempel des Antonius begonnener Bau[8]), mag seine Vollendung erst später erhalten haben; Philo beschreibt es als einen weiten Tempelbezirk mit Portiken, Sälen, Bibliotheken, Hainen, Propyläen, voll von Weihgeschenken, Statuen und Gemälden, in Gold und Silber prangend[9]). Das ebenfalls von Strabo nur beiläufig genannte Serapeum ist vielleicht von Hadrian, der auch Alexandria mit Bauten reich ausstattete[10]), sehr erweitert und verschönert worden. Es bestand aus einem Säulenhof, dessen Mitte die Pompejussäule einnahm, davor zwei Obelisken; hinter den Hallen lagen Räume für Kultuszwecke und die nachmals von den Arabern verbrannte Bibliothek, vor ihnen ein Propyläum mit Kuppel. Ammian sagt, daß es mit seinen gewaltigen Säulenhallen, lebenatmenden Statuen und der übrigen Masse von Kunstwerken so reich geschmückt erschien, daß es nur hinter dem

1) Wachsmuth, Rhein. Mus. XLII (1887) S. 464ff., vgl. Stadt Athen II 281. 2) Achill. Tat. V 1. Auf dem Schnittpunkte der beiden Hauptstraßen, dem Mittelpunkte der Stadt (wo das δικαστήριον, die ἄλση, die Paläste mit dem σῆμα lagen), erhob sich später das (nicht viel vor dem Anfang des 4. Jahrhunderts erbaute) Tetrapylon. Lumbroso, Annali d. Inst. 1876, 14ff.; L'Egitto² S. 172. 3) Kiepert a. a. O. S. 341—344. 4) Mommsen RG. V 582. 5) Bell. Alex. 1, 3. 6) Strabo XVII 793; vgl. Kiepert a. a. O. S. 346 Anm. und unten S. 457. 7) Strabo XVII 795. 8) Lumbroso, Annali d. Inst. 1876, 10; L'Egitto² S. 189ff. 9) Philo Leg. ad Gai. 151. 10) Euseb. Chron. II 164f. Schoene.

römischen Kapitol zurückstand[1]); in der unter Constantius verfaßten Weltbeschreibung wird es ein in der ganzen Welt einziger Anblick genannt[2]).

Bevölkerung.

Schon in Diodors Zeit hatte Alexandria nach amtlichen Angaben mehr als 300000 freie Einwohner[3]). Da nun der Wohlstand der Stadt seit der Schlacht von Actium ungemein wuchs und sie überdies durch die Leichtigkeit des Erwerbs und die lockendsten Genüsse eine fortwährende Einwanderung aus den übrigen Städten und vom Lande herbeigezogen haben muß, dürfte sich die Bevölkerung während der ersten Jahrhunderte mehr als verdoppelt und mit Einschluß der Fremden und Sklaven über eine Million betragen haben[4]). Die Folge dieses Wachstums war eine Erweiterung der Stadt: die in Strabos Zeit verödete[5]) Insel Pharos wurde (vielleicht nebst dem Heptastadion) neu besiedelt, und die Neugründung erhielt den in zwei Inschriften des 2. Jahrhunderts vorkommenden[6]) Namen Neapolis[7]). Die Bevölkerung bestand teils aus Ägyptern, Griechen und Juden[8]), teils war sie eine Mischbevölkerung, hauptsächlich, doch keineswegs ausschließlich, aus der Vermischung der beiden ersten Nationen hervorgegangen. Römer und andre Europäer müssen hier, auch abgesehn von der starken, zum großen Teil aus der Bürgerschaft und dem Lager von Alexandria rekrutierten, wenig Occidentalen enthaltenden[9]) Garnison und dem großen Beamtenpersonal, immer in nicht geringer Zahl vorübergehend oder auf die Dauer ansässig gewesen sein. Dazu führte der Welthandel die afrikanischen und asiatischen Völkerschaften in Menge aus den weitesten Fernen wie in keiner andern Stadt der Erde zusammen: Äthiopier, Libyer und Araber sah man hier neben Skythen, Persern, Baktrern und Indern[10]).

Fremdenverkehr.

Welthandel und Reichtum.

Der Hafen von Alexandrien war der einzig sichere auf der ganzen, 5000 Stadien (900 km) langen Strecke der asiatischen und afrikanischen Küste zwischen Joppe und Parätonium[11]). An der Mündung der einzigen Wasserstraße eines unermeßlich reichen Hinterlandes, »im Angelpunkt dreier Weltteile, an der Schwelle zwischen Orient und Occident und an der Straße nach Indien«[12]) gelegen, war Alexandria, wie Dio von Prusa sagt, ein Mittelpunkt der ganzen Erde, der die fernsten Völker, wie der Markt die Bewohner einer Stadt, versammelte und miteinander bekannt machte[13]). Diese beispiellos günstige Lage machte Alexandria zum ersten Handelsplatz, ja vor der Kaiserzeit in den Augen mancher zur ersten Stadt der alten Welt[14]). Später behauptete es unbestritten die zweite Stelle nach Rom[15]), welche ihm auch im 3. Jahrhundert nur Karthago und Antiochia allenfalls streitig machen konnten[16]). Aber erst seit Ägypten ein Glied dieses ungeheuren Handelsgebiets geworden war,

1) Ammian. XXII 16, 12. 2) Expos. tot. mundi 35. 3) Diodor. XVII 52, 6. 4) Lumbroso, Arch. f. Papyrusforsch. V 1909 S. 33. Etwas niedriger ist die Schätzung bei Beloch, Bevölkerung der griech.-röm. Welt S. 259. 479. 5) Strabo XVII 792. 6) CIL VIII 8934. XIII 1808 = Dessau 1400. 1454. 7) Wachsmuth, Rhein. Mus. XLII (1887) S. 462 ff. 8) Marquardt StV. I² 455. Über die Juden in Alexandrien s. unten [III 204 f.]. 9) Mommsen RG. V 593; vgl. Trommsdorff, Quaestiones duae ad historiam legionum Romanarum spectantes (Diss. Leipzig 1896) S. 27 ff. 10) Dio Chrys. or. 15, 40 (I 278 Arn.). 11) Diodor. I 31, 2. 12) Stephan a. a. O. S. IX. 13) Dio Chrys. or. 15, 36 (I 277). 14) Diodor. XVII 52, 5. 15) Joseph. B. J. IV 656 (die dritte ist Antiochia, ebd. III 29). Dio Chrys. or. 15, 35 (I 277). Aristid. or. 26, 26 (II 99 K.). 16) Herodian. VII 6, 1. IV 3, 7.

konnten all jene Vorteile seiner Lage ihre volle Wirkung üben. Der Handel nahm sogleich einen gewaltigen Aufschwung, und die Alexandriner erkannten dankbar den ungemeinen Gewinn an, den ihnen die Annexion ihres Landes durch Augustus brachte. Sie verehrten ihn in dem erwähnten Tempel als Beschützer der Schiffahrt, sie feierten ihn als den Herrscher des Meeres und des Festlandes, als Zeus Befreier, als den Stern von Hellas, den der rettende Zeus habe aufgehen lassen[1]); und als er in seinen letzten Tagen bei Puteoli vorüberfuhr, brachte ihm die Bemannung eines dort eben gelandeten alexandrinischen Schiffes, bekränzt und in weißen Kleidern, wie einem Gotte Weihrauchspenden dar; sie priesen ihn als den, dem sie das Leben, die Schiffahrt, den Genuß der Freiheit und aller Glücksgüter verdankten[2]). Die Einfuhr aus Arabien und Indien betrug schon 6 Jahre nach der Schlacht bei Actium weit mehr als das Sechsfache von dem, was sie unter den letzten Ptolemäern betragen hatte[3]): damals waren kaum 20 Schiffe jährlich nach Indien ausgelaufen, im Jahre 25 v. Chr. gingen allein aus Myos-Hormos dorthin 120[4]); nicht minder steigerte sich die Einfuhr aus dem Innern Afrikas[5]); und der Absatz der Waren, die den Gegenstand dieses alexandrinischen Transithandels bildeten, nach Italien und dem Westen muß mit dem Steigen des Luxus und dem Fortschritt der Kultur in den Provinzen während der ersten Jahrhunderte noch sehr zugenommen haben. Karawanen und Handelsflotten brachten Jahr aus Jahr ein die Schätze des Südens und Ostens, selbst der fernsten Fabel- und Wunderländer hierher. Das Köstlichste und Seltenste, was die Welt kannte, lagerte hier in Massen. Goldstaub, Elfenbein und Schildkrötenschalen aus dem Troglodytenlande, Gewürze und Wohlgerüche aus Arabien, Perlen vom Persischen Meerbusen, Edelsteine und Byssus aus Indien, Seide aus China — all diese und unzählige andre Waren, meist von der höchsten Kostbarkeit, wurden hier aufs neue verladen, um in Rom und anderwärts zum Teil zum Hundertfachen des Einkaufspreises abgesetzt zu werden[6]). Schon in Strabos Zeit war die Ausfuhr bedeutender als die Einfuhr[7]).

Industrie. Neben diesem Welthandel, der Tausenden Lebensunterhalt, Wohlstand und Reichtum gab, von dem großen Kaufmann, dessen Schiffe nach der Malabarküste und Puteoli segelten, bis herab zu den Lastträgern des Hafens[8]), hatte Alexandria eine großartige Industrie[9]). Die dortigen Webstühle lieferten die in alle Welt, selbst nach Britannien versendete, berühmte Leinwand aus dem einheimischen Flachs in allen Graden der Feinheit; für den Export nach Arabien und Indien wurden die Kleider der Nationaltracht des Volks, für das sie

1) CIG 4923 = Kaibel, Epigr. gr. 978; vgl. Blumenthal, Archiv f. Papyrusforsch. V 1911 S. 318ff. und über die Verehrung des Augustus als Ζεὺς Ἐλευθέριος ebd. S. 329ff. 2) Sueton. Aug. 98, 2. Oben S. 319, 3. 425. 3) Strabo II 118. XVII 798. Über den Handel unter den Ptolemäern Lumbroso, Rech. s. l'économie politique s. les Lagides (1870) 138ff. 4) Oben S. 369. Mommsen RG. V 616 glaubt, daß dieser große Aufschwung dadurch erreicht worden sei, daß den arabischen und indischen Fahrzeugen die ägyptischen Häfen durch Differentialzölle tatsächlich geschlossen wurden (oben S. 369, 9). 5) Strabo XVII 798. 6) Höck, Röm. Gesch. (1843) I 2 S. 281—290. Schubart, Einführung in die Papyruskunde S. 419ff. 430. 7) Strabo XVII 793. 8) Lucian. Toxaris 31. Die Verspottung der Ägypter als Lastträger (Suidas s. αἰγυπτιάζειν· οὗτοι διαβάλλονται ἀεὶ ὡς ἀχθοφόροι ὄντες, vgl. s. ἀχθοφόρον und die Erklärer zu Cass. Dio LXII 6, 2) hängt hiermit nicht zusammen. 9) Liste der Haupterzeugnisse der alexandrinischen Industrie bei Lumbroso, L'Egitto² S. 125ff. Th. Reil, Beiträge zur Kenntnis des Gewerbes im hellenistischen Ägypten, Leipz. 1913.

bestimmt waren, entsprechend gearbeitet[1]). Nicht minder berühmt und weit verbreitet waren die bunt gemusterten Wollenstoffe, die noch im Mittelalter ihren Ruf behaupteten, darunter kostbare Zeuge mit eingewirkten Figuren von Tieren und Menschen, auch ganzen Scenen, zu Kissenüberzügen, Teppichen und Gewändern[2]). Aus den Glasbläsereien gingen die buntesten, künstlichsten und kostbarsten Gläser in allen Gestalten und Farben hervor; aus den Papyrusfabriken alle Arten des Schreibmaterials, vom dünnsten Blatt bis zum gröbsten Packpapier[3]). Der Ertrag der Papierfabriken des Firmus, der unter Aurelian als Kronprätendent auftrat, war so groß, daß er sich rühmte, von Papyrus und Leim ein Heer unterhalten zu können[4]). Auch die wohlriechenden Öle und Essenzen von Alexandria erfreuten sich eines großen Rufs[5]). In den Weihrauchoffizinen mußten die Arbeiter, um Entwendungen zu vermeiden, mit angesiegelten Schürzen und Masken oder dichten Netzen vor dem Gesicht arbeiten und nackt die Werkstatt verlassen[6]).

Das rastlose Treiben einer so ungeheuren erwerbenden, arbeitenden und schaffenden Bevölkerung imponierte um so mehr, wenn man es mit dem müßiggängerischen und unproduktiven Gewühl und Getümmel Roms verglich. Es war dies, was neben der in einem Welthafen natürlichen Vermischung und Verwirrung der Religionen und Kulte[7]) vor allem Staunen bei einem Besucher von Alexandria erregte. Niemand, so heißt es in einem auf den Namen des Kaisers Hadrian gefälschten Briefe, ist hier untätig, jeder treibt irgendein Gewerbe. Die Podagrischen haben zu schaffen, die Blinden haben zu tun, nicht einmal wer das Chiragra hat, geht müßig. Das Geld ist ihr Gott, ihn beten Juden, Christen und alle andern an[8]).

Übermut und Ausgelassenheit.

Daß die Bevölkerung der reichen Fabrik- und Handelsstadt in hohem Grade übermütig war, ist natürlich[9]). Zu dem Kaufmannsstolz gesellte sich »bei der aufgeblasenen und frechen Nation« das Bewußtsein der Unentbehrlichkeit Ägyptens für Rom, dessen Existenz zum großen Teil auf dem Ausfall der dortigen Ernten und der Kornzufuhr von dort beruhte[10]). Wenn jemand den Nil lobt, sagt Dio von Prusa den Alexandrinern, seid ihr so stolz, als kämt ihr selbst aus Äthiopien geflossen[11]). Wo die ungeheuersten Reichtümer gewonnen wurden, wo Millionen in Umlauf waren und auch der Proletarier mit leichter Mühe genug erwarb, um seine Mahlzeit von frischen oder geräucherten Fischen mit Knoblauch, Schnecken[12]), Mehl- oder Linsenbrei[13]) oder einem aus Gekröse bereiteten Gericht in einer Garküche zu halten[14]) und sich in dem beliebten Gerstenbier zu berauschen[15]) — da war natürlich auch die Üppigkeit und Aus-

1) Reil a. a. O. S. 113. 2) Reil S. 114. 3) Reil S. 47. 129 f. 4) Hist. aug. Firm. 3, 2. 5) Reil S. 149. 6) Plin. n. h. XII 59. 7) Lumbroso, L'Egitto² S. 140 ff. 8) Hist. aug. Saturnin. 8, 6 ff. Über die Unechtheit dieses Briefes vgl. Mommsen RG. V 576, 1. 585, 2. J. Dürr, Die Reisen des Kaisers Hadrian (1881) S. 88 ff. J. Geffcken, Hermes LV 1920 S. 286 ff. E. Hohl ebd. S. 303 ff. 9) Über den Charakter der Alexandriner s. Lumbroso, L'Egitto² S. 99 ff. 10) Plin. Paneg. 31, 2. 11) Dio Chrys. or. 15, 38 (I 278 Arn.). 12) Galen. XVII B 492 f. XI 42. 13) Lumbroso a. a. O. S. 60, 4. 14) Athen. III 94 C. 15) Dio Chrys. or. 15, 82 (I 291 Arn.). Wessely, Zythos und Zythera (1887) S. 38 ff.; vgl. auch R. Kobert, Zur Geschichte des Bieres (Histor. Studien aus dem pharmakol. Institut der Univers. Dorpat 1896 S. 132 ff.). Das ägyptische Bier, dessen Bereitung in ptolemäischer Zeit Gegenstand eines königlichen Monopols war (Wilcken, Papyruskunde I 251 f.), war unter den Kalifen ein willkommenes Steuerobjekt. v. Kremer, Kulturgesch. d. Orients II 204 f.

gelassenheit groß. Die den Ägyptern eigentümliche Witzelei und Spottlust war hier unbezähmbar und steigerte sich bis zur zügellosen Frechheit[1]); selbst die Mächtigsten, selbst die Kaiser, selbst ihre Wohltäter blieben nicht verschont, auch die Gefahr konnte die Ausbrüche dieses Hanges nicht zurückhalten. Dio von Prusa betrachtete es als Beweis von Mut, daß er vor den Alexandrinern aufzutreten wagte, ohne ihren Lärm, ihr Gelächter, ihren Zorn ihr Pfeifen und Zischen und ihren Spott zu fürchten, womit sie alle in Schrecken setzten[2]). Seneca durfte es seiner mütterlichen Tante zum Ruhme anrechnen, daß sie als Gemahlin des Vizekönigs von Ägypten[3]) während einer Zeit von sechzehn Jahren von aller üblen Nachrede verschont geblieben sei, in einer Stadt, »die so geistreich und redefertig ist, wo es die Verunglimpfung ihrer Regierung gilt«[4]). Der milde Vespasian wurde durch die Schmähungen, mit denen die Alexandriner ihn wegen der ihnen auferlegten Steuererhöhung überhäuften (sie nannten ihn u. a. den »Salzfischhändler«), so aufgebracht, daß er sie ernstlich zu bestrafen beabsichtigte; als Titus für sie gebeten hatte, riefen sie diesem zu: »Wir verzeihen ihm: er versteht noch nicht, sich als Kaiser zu benehmen!«[5]) Caracalla rächte sich für die Spöttereien der Alexandriner, die ihm zu Ohren gekommen waren, im Jahre 215 durch ein furchtbares Blutbad[6]).

So war also dort, wie auch Dio rügt, Scherz, Gelächter und Lustbarkeit überall, Ernst und Sammlung für höhere Interessen nirgends zu finden[7]). Auch hier drehte sich alles um Brot und Schauspiele[8]). Obwohl Alexandria schon in Strabos Zeit ein Amphitheater hatte[9]), waren wenigstens hundert Jahre später die Spiele der Rennbahn und des Theaters am meisten beliebt, und neben Possen, Vorstellungen von Gauklern und Tierkämpfen[10]) war es vor allem Tanz und Musik, woran das Volk mit Leidenschaft hing[11]). Die Bevölkerung von Alexandria war so musikverständig wie keine andre; auch Leute, die nicht einmal lesen und schreiben konnten, hörten jede falsche Note eines Kitharaspielers heraus[12]). Die alexandrinischen Künstler waren im Spiel der Saiten- und Blasinstrumente gleich geschickt[13]). Gesang und Saitenspiel war in Alexandria ein unfehlbares Beschwichtigungsmittel der lärmenden Massen, eine Panacee für alle Übel[14]), und Sänger, Sängerinnen und Kitharaspieler entzückten das Volk bis zur Raserei. Auch die leidenschaftliche Teilnahme für den Ausgang der Wagenrennen führte häufig zu tumultuarischen, ja blutigen Szenen[15]).

Schauspiele und Musik.

Überhaupt war der Pöbel von Alexandria besonders gefährlich, nicht bloß, weil es der Pöbel einer großen Seestadt war, sondern auch, weil er aus der Hefe verschiedener Nationen und einer daraus hervorgegangenen Mischlings-

1) S. oben S. 39. 2) Dio Chrys. or. 15, 22 (I 273 Arn.). 3) Über die Person dieses Praefectus Aegypti vgl. Cantarelli, Röm. Mitteil. XIX 1904 S. 15 ff. 4) Seneca Consol. ad Helv. 19, 6. 5) Sueton. Vespas. 19, 2. Cass. Dio LXVI 8, 2 ff.; in demselben Sinne läßt der gefälschte Brief Hist. aug. Saturnin. 8, 8 (oben S. 435, 8) den Hadrian die Witze der Alexandriner über L. Verus und Antinous tadeln. 6) Herodian. IV 9, 2 ff. Cass. Dio LXXVII 22. 7) Dio Chrys. or. 15, 1. 59 (I 267. 284 Arn.). 8) ebd. § 31 (I 275). 9) Strabo XVII 795. 10) Lumbroso, L'Egitto² S. 113 ff. Schubart, Einführ. in die Papyruskunde (1918) S. 389. 400. 11) Dio Chrys. a. a. O. § 4 f. (I 267). 12) Athen. IV 176 E. 13) ebd. IV 183 D; über den Einfluß der alexandrinischen Musik auf die römische s. unten [II 169 f.]. 14) Dio Chrys. a. a. O. § 20 (I 272). 15) ebd. § 41 ff. (I 278 ff.). Lumbroso a. a. O. S. 111 ff. Über Tumulte in der Rennbahn von Alexandria Philostrat. Apoll. Tyan. V 26.

bevölkerung bestand. Es bedurfte nur eines Funkens, um den hier immer bereiten Zündstoff in Brand zu setzen: ein Nichts konnte diese üppige, vergnügungssüchtige Stadt in ein wildgärendes Chaos verwandeln[1]). Aufwiegler und Demagogen bedienten sich zur Erregung von Unruhen hauptsächlich der vielen aus zahlreichen Mitgliedern bestehenden Genossenschaften (θίασοι), in denen, wie Philo versichert, Trunkenheit, Ausgelassenheit und Frechheit herrschte. Diese sprachen und handelten einmütig nach der von den Führern erteilten Parole[2]). Auf die geringsten Anlässe, wie eine vernachlässigte Begrüßung, eine Beschlagnahme von Lebensmitteln, die Abweisung eines unbedeutenden Gesuchs, die mißfällige Bestrafung eines Sklaven, rotteten sich Massen zusammen, blitzten Waffen, flogen Steine[3]): und wenn diese Aufstände sich auch zuweilen in ein Absingen von Gassenliedern auflösten[4]), so mußten doch mehr als einmal bedeutende Truppenmassen aufgeboten werden, um sie zu dämpfen[5]). Noch in einer Beschreibung des römischen Reiches aus dem 4. Jahrhundert heißt es, daß die Statthalter Alexandria nur mit Zittern und Zagen betreten, weil sie die Volksjustiz fürchten; denn auf jedes ihrer Vergehen folgt sogleich Brandlegung und Schleudern von Steinen[6]). — Häufige Tumulte.

Auch der religiöse Fanatismus der Ägypter veranlaßte vermutlich nicht selten Unruhen[7]). Diodor erzählt als Augenzeuge, daß, als ein Römer unter dem Könige Ptolemäus Auletes in Ägypten unabsichtlich eine heilige Katze tötete, weder die sehr große Furcht des Volkes vor Rom noch die Vermittlung des Königs ihn vom Tode retten konnte[8]). Unter Hadrian erregten die von verschiedenen Gemeinden an einen nach vielen Jahren aufgefundenen Apisstier erhobenen Ansprüche zu Alexandria einen Aufruhr[9]). Und wenn auch in dem Welthafen die Vertreter der verschiedensten Religionen zusammenströmten, so standen diese doch im schroffsten Gegensatze zueinander, und diese Gegensätze, durch den Rassenhaß geschärft und gesteigert, werden nicht selten zu Ausbrüchen geführt haben, wie die von Philo geschilderte große Judenverfolgung unter Caligula und die Kämpfe der Juden mit den Griechen im Jahre 66[10]). Bei diesen letztern verwandte der Präfekt Tiberius Alexander, ein jüdischer Renegat, um den Widerstand seiner ehemaligen Glaubensgenossen zu brechen, außer den in Alexandria stehenden zwei Legionen noch 2000 auf dem Durchmarsch befindliche Soldaten; 50000 Juden sollen damals ums Leben gekommen sein[11]). — Religiöse Unruhen.

Unter den gewiß sehr verschiedenen Klassen von Reisenden, welche die große, prachtvolle und in so vieler Beziehung eigentümliche Stadt anzog, verdienen diejenigen besondere Erwähnung, die dort Genesung, und diejenigen, die wissenschaftliche Belehrung suchten. Eine Seereise nach Ägypten wurde (wie erwähnt) von den Ärzten namentlich gegen beginnende Abzehrung emp- — Klima.

1) Philo in Flacc. 17: τὸ Αἰγυπτιακὸν — διὰ βραχυτάτου σπινθῆρος εἰωθὸς ἐκφυσᾶν στάσεις μεγάλας. Vgl. oben S. 39 und Burckhardt, Zeitalter Constantins² S. 122ff. Lumbroso a. a. O. S. 69, 2. 2) Philo a. a. O. § 136f. Vgl. Lumbroso a. a. O. S. 74, 4. Poland, Gesch. d. griech. Vereinswesens S. 522ff. 3) Hist. aug. Tyr. trig. 22, 1f. 4) Dio Chrys. or. 15, 71 (I 288). 5) Über die in Alexandria stehenden römischen Truppen vgl. Marquardt StV. I² 442. Wilcken, Papyruskunde I 390ff. 6) Exposit. tot. mundi 37. Mommsen RG. V 584. 7) Mommsen RG. V 580f. 8) Diodor. I 83, 8. 9) Hist. aug. Hadrian. 12, 1. 10) Zum alexandrinischen Antisemitismus Wilcken, Abhdl. d. sächs. Ges. d. Wiss. Phil.-hist. Kl. XXVII 1909 S. 783ff. W. Weber, Hermes L 1915 S. 47ff. 11) Joseph. B. J. II 494. 497. Euseb. Chron. II 164 Sch.

fohlen[1]). Unter dem milden Himmel, wo nie Schnee fiel[2]), auch im Winter die Rosen blühten[3]) und kein Tag ohne Sonnenschein verstrich[4]), während zugleich die Sommerhitze durch die Monsune gemildert wurde[5]), hoffte mancher Kranke, für den das Klima Italiens sich als zu rauh erwiesen hatte, von seinem Blut-

Arzneikunde.

husten zu genesen[6]). Auch waren die Ärzte Alexandrias die berühmtesten[7]), und in den dortigen medizinischen Schulen fand man die beste Gelegenheit zur Ausbildung in der Heilkunde[8]). Galen, der selbst in Alexandria studiert hatte[9]), sagt, daß die dortigen Ärzte ihren Schülern Gelegenheit verschafften, die Knochen aus Anschauung kennen zu lernen, und schon allein aus diesem Grunde müsse man danach streben, nach Alexandria zu kommen[10]); auch erwähnt er, daß er dort oft die schnelle und schmerzlose Hinrichtung von Verbrechern durch Natterbiß gesehen habe[11]). Zu allen Zeiten hielten zahlreiche Jünger dieser Kunst sich hier auf[12]); es war für einen jungen Arzt eine wirksame Empfehlung, in Alexandria seine Studien gemacht zu haben[13]); und so kam von dieser Stadt Gesundheit für die ganze Welt[14]).

Lehranstalten.

Aber auch für die meisten andern Wissenschaften waren dort die besten Lehrer und Unterrichtsanstalten, die fort und fort zahlreiche Fremde, natürlich vorzugsweise aus den Ländern griechischer Zunge, herbeizogen[15]). Alexandria blieb bis in die letzte Zeit des Altertums und zum Teil sogar noch später eine hohe Schule für Philosophie, Musik, Rechtswissenschaft, Philologie und Literaturwissenschaft, Mathematik und Astronomie, an die sich Astrologie, Alchemie, Magie und andre Geheimwissenschaften anschlossen[16]), in welche die Ägypter am tiefsten eingedrungen zu sein sich rühmten. Den Mittelpunkt jener Studien bildete auch jetzt noch die von den Ptolemäern gegründete Akademie (das Museum) und die Bibliothek, die ohne Zweifel stets eine große Zahl von Schreibern beschäftigte, so daß die Kunst des Schön- und Schnellschreibens, wie es scheint, sehr verbreitet war[17]).

Endlich werden auch religiöse Zwecke zahlreiche Reisen nach Alexandria veranlaßt haben. Nirgends, heißt es in der unter Constantinus verfaßten Weltbeschreibung, werden die Mysterien der Götter so gut gefeiert wie dort von alters her und noch heute[18]). Die größte Anziehungskraft auf die Gläubigen

1) Cels. III 22, 8; vgl. Plin. n. h. XXXI 63. XXIV 28; oben S. 389. 2) Seneca Nat. qu. IV 2, 18. 3) Martial. VI 80. 4) Ammian. Marc. XXII 16, 8. 5) Diodor. XVII 52, 2. 6) Plin. ep. V 19, 6. 7) Vgl. oben S. 191. 8) Vgl. Pagel-Sudhoff, Einführ. in die Gesch. d. Medizin (1915) S. 82 ff. Schubart, Einführung in die Papyruskunde S. 386 f. 397 f. 9) Galen. X 53 f. XII 177. 905. 10) ebd. II 220. 11) ebd. XIV 237. 12) Τὰς τῶν διαλεκτικῶν ἰατρῶν διατριβάς in Alexandria besucht Harpokration, Catal. cod. astrol. VIII 3 p. 135, 10. 13) Ammian. XXII 16, 18. Vgl. über das Studium der Medizin in Alexandria Lucian. Toxar. 27. Plut. Anton. 28, 3. Fulgent. Mitol. I 16. Eunap. Vit. Sophist. p. 498, 10 Boiss. Augustin. C. D. XXII 8. Kuhn, Städt. u. bürgerl. Verfassung I 89. 14) Expos. tot. mundi 37. 15) Strabo XIV 674. Lucian. Alexand. 44 (υἱὸν — ἐν Ἀλεξανδρείᾳ παιδευόμενον). Lumbroso, L'Egitto² S. 131 ff. 16) Ammian. XXII 8, 17. Kuhn a. a. O. I 100. Öffentlicher Musikunterricht Julian. ep. 56. Über eine Schule der Mathematik Hoppe, Mathematik u. Astronomie im klass. Altert. (1911) S. 394 ff. Über die in Alexandrien im 4. Jhdt. durch Zosimus zu besonderer Blüte gebrachte Chemie vgl. Diels, Antike Technik² S. 122 ff. 17) Euseb. Hist. eccl. VI 23, 2 ταχυγράφοι γὰρ αὐτῷ (Origenes) πλείους ἢ ἑπτὰ τὸν ἀριθμὸν παρῆσαν ὑπαγορεύοντι, χρόνοις τεταγμένοις ἀλλήλους ἀμείβοντες, βιβλιογράφοι τε οὐχ ἥττους, ἅμα καὶ κόραις ἐπὶ τὸ καλλιγραφεῖν ἠσκημέναις. Expos. tot. mundi 34 *viros sapientes prae omnem mundum Aegyptus habundat.* 18) Expos. tot. mundi 34. Mommsen RG. V 585, 2.

aller Länder übte wohl der Kultus des hier ganz besonders hochverehrten, in so vielen Gefahren hilfreichen Gottes Sarapis[1]).

Kult des Sarapis.

Der Kaiser Septimius Severus legte auf seine Reise in Ägypten besonders auch darum Wert, weil sie ihm Gelegenheit gab, dem Sarapis seine Verehrung zu bezeigen[2]), und Caracalla nahm dies zum Vorwande seines Erscheinens in Alexandria im Jahre 215[3]). Auch an Pilgerinnen zu den Tempeln der im ganzen römischen Reiche von den Frauen so allgemein verehrten Isis wird es nicht gefehlt haben, die sich zugleich das bei deren Kultus erforderliche Nilwasser in unzweifelhafter Echtheit verschaffen wollten[4]).

Badeorte bei Alexandria.

Besonders anziehend war für die Alexandriner wie für die Fremden, die sich dort aufhielten, die Ostküste mit ihren berühmten Lust- und Badeorten, vor allen Canopus, etwas westlich von Abukir, die sämtlich jahraus, jahrein von Gästen gefüllt waren. Die Ufer des etwa 20 Kilometer langen Kanals, der Canopus mit Alexandria verband, waren mit üppig eingerichteten Gasthäusern besetzt[5]). Die griechische Inschrift eines solchen (oder des Versammlungslokals eines geselligen Vereins), in elegischem Versmaß, hat sich teilweise erhalten. Diese Mauern, heißt es darin, sind stets von Gelagen belebt, von Scharen junger Männer erfüllt; nicht der Ton der Trompete, nur der der Flöten erschallt hier, Blut von Stieren, nicht von Männern, rötet die Erde, Gewänder schmücken uns, nicht Waffen, und bekränzte Chöre, den Kelch in der Hand, feiern in nächtlichen Gesängen den großen Gott Armachis[6]).

Eleusis.

Auch die hier gelegene Vorstadt Eleusis, »ein Anfang der canopischen Schwelgerei«[7]), hatte zahlreiche Fremdenwohnungen, zum Teil mit Vorrichtungen für Fernsichten versehen und überhaupt mit allem Luxus ausgestattet; noch mehr Canopus selbst, ein Ort zur Lust geschaffen,

Canopus.

wo man bei dem erfrischenden Hauch der sanften Seewinde, dem leisen Gemurmel der Wellen, unter dem sonnigsten Himmel träumen konnte, der Welt entrückt zu sein[8]). Der alexandrinische Gelehrte Apio fand dort das elysische Gefilde Homers[9]). Kranke besuchten vor allem den berühmten, vor andern heilig gehaltenen Tempel des Sarapis, um daselbst im Schlaf die orakelhaften Anweisungen des Gottes zu ihrer Herstellung zu empfangen[10]). Ein großer Teil der Gäste aber suchte Canopus auf, um sich den zügellosesten Ausschweifungen zu überlassen, als deren Schauplatz diese Stadt wie kein andrer Vergnügungsort in der damaligen Welt berüchtigt und sprichwörtlich war[11]). Tag und Nacht war in Strabos Zeit der Kanal mit Barken gefüllt, die Gesellschaften von Männern und Frauen von Alexandria dorthin führten.

1) Vgl. besonders Aristid. or. 45, 32 (II 361 K.). Cumont, Die oriental. Religionen im röm. Heidentum² S. 87ff. O. Weinreich, Neue Urkunden zur Sarapis-Religion, Tübingen 1919. 2) Hist. aug. Sever. 17, 4. 3) Herodian. IV 8, 6. 4) Juv. 6, 526ff.; vgl. Ann. Florus p. 185, 2ff. Roßb. 5) Strabo XVII 800f. 6) CIG 4961 = Kaibel, Epigr. 1049 (der Gott Harmachis ist eine besondere Form des Horus). 7) Strabo XVII 800: ἀρχή τις Κανωβισμοῦ καὶ τῆς ἐκεῖ λαμυρίας. 8) Ammian. XXII 16, 14: *amoenus impendio locus fanis et diversoriis laetis exstructus, auris et salutari temperamento perflabilis, ita ut extra mundum nostrum morari se quisquam arbitretur in illis tractibus agens, cum saepe aprico spiritu immurmurantes audierit ventos.* Parthey, Wanderungen durch Sicilien u. die Levante II 62: »Jetzt ist kaum eine Spur der einst so blühenden Stadt zu entdecken, deren Lage nur durch den nahen Nilarm einige Gewißheit erhält.« 9) Eustath. zu Hom. Od. IV 563 p. 1509, 31. 10) Strabo XVII 801. Plutarch. De Is. et Osir. 27. Vgl. Pausan. II 4, 6. 11) Vgl. z. B. Juv. 6, 84. 15, 45. Stat. silv. III 2, 111. Seneca epist. 51, 3.

Manche dieser mit Gemächern (die vergitterte Fenster hatten) versehenen Barken legten im Schatten des hoch aus dem Wasser ragenden Gesträuchs der (später ebenso wie der Papyrus in Ägypten untergegangenen)[1]) ägyptischen Bohne (Nymphaea Nelumbo L.) an, und hier sah man die Lustfahrenden mitten in Duft und Blütenpracht ihre Mahlzeiten halten, auf andern beim Schall der Flöte Tänze von der äußersten Ausgelassenheit aufführen[2]). Mehrere Darstellungen solcher Szenen haben sich in Pompeji erhalten; auch das Mosaik von Palestrina zeigt ein Gelage, bei dem eine Flötenspielerin Musik macht, unter einer Weinlaube, die von einem Ufer eines mit den Blüten der ägyptischen Bohne gefüllten Wassers zum andern gespannt ist.

Das übrige Ägypten.

Aber welche Fülle von Schauspielen und Anregungen Alexandria und seine Umgegend auch bot, die Reisenden, welche, wie Germanicus, Ägypten besuchten, um seine Altertümer kennen zu lernen, konnte es auf die Dauer nicht fesseln. Denn die Stadt mit ihrem Leben und Treiben gehörte ganz und ausschließlich der Gegenwart. Aber nach einer kurzen Reise ins Land auf Kamelen[3]) oder stromaufwärts auf der Nilbarke[4]) war man aus dem Gewühl und Getöse, aus Glanz und Pracht in Schweigen und Einsamkeit entrückt und fühlte sich überall vom Hauch einer unendlich fernen Vergangenheit angeweht. Ohne Zweifel fehlte es nicht an Reisenden, die wie Apollonius von Tyana bei Philostrat gewissenhaft von Ort zu Ort zogen, um jede Sehenswürdigkeit in Augenschein zu nehmen, und deshalb fortwährend von einem Ufer auf das andre übersetzten, um keine Stadt und keinen Tempel unbesucht zu lassen.

Memphis und die Pyramiden.

Doch das nächste Ziel der Mehrzahl war vermutlich Memphis, nicht weil es auch damals an Größe und Volksreichtum die zweite Stadt Ägyptens war, sondern wegen der hochberühmten Denkmäler[5]) des uralten Königssitzes. Zwar die Paläste der ältesten Pharaonen waren Ruinen, die Reihen von Sphinxen, die zum Sarapistempel führten[6]), halb oder ganz unter Flugsand begraben; aber die Pyramiden hatten die Jahrhunderte nicht zu versehren vermocht[7]). Schon aus weiter Ferne sah man sie auf einer öden hohen Felsebene im Westen der Stadt aus zusammengewehten, schwer zu durchschreitenden Sandhügeln gleich Bergen ragen[8]). Ihr Anblick war damals ein andrer als gegenwärtig; die stufenartig aufsteigenden Steinblöcke waren durchaus bekleidet[9]), die Außenseiten bestanden also aus vier geneigten, glatten, mit Hieroglyphen bedeckten Flächen, die in eine Spitze zusammenliefen. Der arabische Schriftsteller Abdellatif (im Anfange des 13. Jahrhunderts) sagt, daß Kopien der Schriften auf den beiden großen Pyramiden mehr als 10000 Seiten füllen würden[10]). Der Abbruch der Bekleidung fand nicht vor der ersten Hälfte des 14. Jahrhunderts statt, bei der großen Pyramide war er nach dem Zeugnis eines französischen Pilgers 1395 schon sehr vorgeschritten; Cyriacus von Ancona konnte 1440 bereits bis auf

1) Hehn, Kulturpflanzen[7] S. 308. 2) Strabo XVII 799 ff. Vgl. Clemens Alex. Paed. II 4, 40 p. 181 St. 3) Philostrat. Apoll. Tyan. V 43: (von Alexandria) ἐχώρουν εὐθὺ πυραμίδων ἐπὶ καμήλων ὀχούμενοι, δεξιὸν θέμενοι τὸν Νεῖλον. 4) Schubart a. a. O. S. 431. 5) Strabo XVII 807 ff. 6) Über die Reste A. Mariette, Le Sérapeum de Memphis I 1882, vgl. Wilcken, Jahrb. d. arch. Inst. XXXII 1917 S. 149 ff. 7) Lucian. Toxar. 27 ἐς τὴν Αἴγυπτον ἀποδημῶν κατὰ θέαν τῶν πυραμίδων καὶ τοῦ Μέμνονος. 8) Tac. A. II 61. 9) Letronne, Mélanges d'érudition et de critique historique S. 377 ff. (vgl. Rec. des inscript. II 487 ff.). 10) Vgl. auch Herodot. II 125. Diodor. I 64, 3.

ihre Spitze hinaufsteigen. Die Bekleidung der zweiten existierte großenteils noch 1638 nach dem Zeugnis des englischen Reisenden Greaves, die der dritten (von den Arabern die rote genannt) noch am Ende des 14. oder Anfang des 15. Jahrhunderts. Eingeborene, aus dem nahen Orte Busiris, verstanden es im Altertum, die geneigten Flächen bis zur Spitze zu erklimmen[1]): eine Kunst, mit der sie sich ohne Zweifel, wie im Mittelalter die Araber, vor den Fremden für Geld sehen ließen[2]). Die ägyptischen Priester versicherten, daß die Pyramiden ebenso tief in die Erde hinab, als über den Grund in die Höhe gebaut seien[3]), eine Sage, die sich auch bei der Marienburg[4]) und vermutlich öfter bei großen und viel bewunderten Bauten findet. Griechische und römische Reisende ließen auch hier das Andenken ihrer Gegenwart durch eingehauene Inschriften verewigen, die mit der Bekleidung der Pyramiden verschwunden sind. Eine derselben haben Pilger nach dem heiligen Lande im 14. und 15. Jahrhundert noch gelesen und abgeschrieben. Die Schwester eines C. Terentius Gentianus, der unter Trajan und Hadrian hohe Ämter (auch das Konsulat) bekleidete, hat sie dem Andenken ihres (bereits verstorbenen) »süßesten Bruders« geweiht: sie habe die Pyramiden ohne ihn gesehen, um ihn trauernd reichliche Tränen vergossen und lasse nun zur Erinnerung an ihren Gram diese Klage hier einmeißeln[5]). Eine Anzahl von andern Inschriften sind auf der Klaue eines kolossalen Löwen mit Menschenhaupt bei der Pyramide des Chefren eingehauen, der in neuerer Zeit wieder aus dem Sande, unter dem er verschüttet war, ausgegraben worden ist[6]).

Die Ruinen von Theben.

Ein ferneres Hauptziel für römische und griechische Reisende in Ägypten waren die Ruinen von Theben, die sich auf beiden Seiten des Nil mehr als 3 Kilometer weit von Norden nach Süden erstreckten. Auch Germanicus besuchte sie im Jahre 19, und vielleicht verstand der junge Fürst die ernste Mahnung, die in diesem großen Schauspiel untergegangener Herlichkeit auch für sein Volk enthalten war; denn was ihm ein alter Priester auf Verlangen aus der noch übrig gebliebenen Hieroglyphenschrift der Denkmäler vorlas, lehrte ihn, daß das alte Reich von Theben so groß und mächtig gewesen war, wie damals allein das römische und das parthische Reich. Mit einem Heer von siebenmalhunderttausend Männern, so war dort zu lesen, hatte König Ramses (der zweite, im 13. Jahrhundert v. Chr.) Libyen, Äthiopien und einen großen Teil von Asien durchzogen und unterjocht; auch die den besiegten Völkern auferlegten Tribute an Gold und Silber, an Pferden und Waffen, an Elfenbein und Wohlgerüchen, an Getreide und Erzeugnissen jeder Art waren verzeichnet[7]). Noch heute sind in den Ruinen von Theben umfassende Darstellungen der Kriege und Siege des Ramses in Bild und Schrift vorhanden[8]).

Das tönende Bild des Memnon.

Auch das tönende steinerne Bild des Memnon betrachtete Germanicus; und dies nahm, wie es scheint, bald die Aufmerksamkeit der meisten Reisenden in höherem Grade in Anspruch, als alle übrigen Überbleibsel Thebens, ja viel-

1) Plin. n. h. XXXVI 76. 2) Letronne, Recueil II 492. 3) Aristid. or. 36, 122 (II 301 K.). 4) Treitschke, Histor. u. polit. Aufs. I 44. 5) CIL III 6625 = Buecheler, Carm. ep. 270 (dazu Friedlaender, De titulo latino in pyramide Aegyptiaca insculpto, Progr. Königsberg 1869). Vgl. auch Preger, Inscript. graec. metr. nr. 222. 6) CIG III App. 4700b—l. 7) Tac. A. II 60. Strabo XVII 816. 8) Ed. Meyer, Gesch. d. Altert. I § 237.

leicht als alle Wunderwerke Ägyptens[1]). Auf dem westlichen Ufer des Nil war ein großes Trümmerfeld, das Philostrat im Leben des Apollonius von Tyana (vielleicht nach den Schilderungen der Kaiserin Julia Domna) wie den Marktplatz einer verlassenen Stadt beschreibt, auf dem man Reste von Pfeilern und Mauern, Steinsitze und Bildwerke, teils durch Menschenhand, teils durch die Zeit zerstört, erblicke[2]). Aus diesen durcheinandergeworfenen Trümmern ragten zwei sitzende Kolosse, die man schon in einer Entfernung von vier Stunden sah, der Inschrift nach Standbilder des Königs Amenophis III. Jeder war aus einem Felsblock gehauen, von etwa 20 m Höhe, nackt bis auf einen Schurz, mit jugendlichem Antlitz, in aufrechter Haltung, die herabgesenkten Arme eng an den Leib geschlossen, die Hände auf den Knien ruhend. Seit ein Erdbeben, vielleicht im Jahre 27 v. Chr., den oberen Teil des einen herabgestürzt hatte, so daß nur noch die Beine mit den auf den Knien liegenden Händen an dem Throne hafteten, beobachteten Besucher der Ruinen von Theben ein seltsames Phänomen. Wenn beim Aufgange der Sonne die beiden Kolosse ihre ungeheuren Schatten über die schweigende Einöde warfen, erklang aus dem zertrümmerten ein leiser, aber deutlicher Ton. Strabo, der erste Berichterstatter über dies Phänomen[3]), nennt es ein Geräusch, wie durch einen leichten Schlag verursacht. Andre verglichen den Ton dem einer zerspringenden Saite, wieder andre dem Schall eines kupfernen Gefäßes, an das man schlägt. Manche glaubten darin eine Ähnlichkeit mit der menschlichen Stimme zu entdecken. So entstand die Vorstellung, daß dies ein Bild Memnons sei, der nach einem seit lange bei den Griechen verbreiteten Glauben der Erbauer auch dieser Paläste war, und daß der Sohn der Morgenröte mit diesem Laut seine Mutter begrüße. Wann die Benennung des Kolosses als Memnon aufgekommen und allgemein geworden ist, läßt sich nicht bestimmt ermitteln; doch hat bereits der bekannte gelehrte alexandrinische Charlatan Apio (unter anderm Verfasser der von Josephus widerlegten judenfeindlichen Schrift), der unter Tiberius und Caligula lebte, seinen Namen darauf mit der Bemerkung verewigt, daß er den Memnon dreimal gehört habe[4]). Der erste Schriftsteller, der den Koloß als Memnon erwähnt, ist der ältere Plinius in seiner im Jahre 77 vollendeten Naturgeschichte[5]). Als das tönende Bild des Sohnes der Göttin der Morgenröte erlangte der Koloß eine ganz neue Anziehungskraft für griechische und römische Reisende. Von den vielen, die seinetwegen nach Theben pilgerten, haben manche ihren Namen, zum Teil auch das Datum ihrer Anwesenheit, und längere oder kürzere Bemerkungen, selbst Gedichte, fast sämtlich in die Beine der Figur einhauen lassen, die beinahe bis zu den Knien mit diesen Inschriften bedeckt sind[6]). Von 72 derselben sind 35 datiert, die erste aus Neros, 3 aus Domitians, eine aus Trajans Zeit, die meisten (27) aus der Hadrians; sein eigner Name, der

Inschriften der Reisenden.

1) Für alles folgende vgl. Jacobs, Vermischte Schriften IV 44ff. Letronne, La statue vocale de Memnon, Paris 1833. R. Holland in Roschers Mythol. Lexik. II 2661ff. A. Wiedemann, Bonn. Jahrb. CXXIV (1917) S. 53ff. 2) Philostrat. Apoll. Tyan. VI 4. 3) Strabo XVII 816. 4) CIG 4742b (p. 1204). 5) Plin. n. h. XXXVI 58. 6) Letronne, Recueil II 316—419. CIG 4719—4761 (Kaibel, Epigr. gr. 987—1014. Dittenberger, Or. gr. 680—687. IGR I 1186—1204; vgl. Puchstein, Epigrammata graeca in Aegypto reperta, Diss. Straßburg 1880 S. 13ff.). CIL III 30—66 (Dessau 8759).

seiner Gemahlin und verschiedener Personen seines Gefolges stehen hier zur Erinnerung an einen im November 130 abgestatteten Besuch[1]). Außerdem liest man die Namen von 8 Vizekönigen Ägyptens, 2 Gemahlinnen von Vizekönigen, 3 Kommandanten der Thebais, von verschiedenen Offizieren, 2 Oberrichtern, einem Priester des Sarapis zu Alexandria, einem »homerischen Dichter« aus dem dortigen Museum usw. Die letzten datierten Inschriften sind aus der Zeit des Septimius Severus. Er ließ wahrscheinlich bei seiner Anwesenheit in Ägypten im Jahre 200 den Koloß restaurieren, und diese Restauration ist bis auf den heutigen Tag dauerhaft geblieben; aber der Druck der ungeheuren auf das Fragment aufgesetzten Steinmassen verhinderte die Vibration bei dem starken Temperaturwechsel des Sonnenaufgangs, die früher jenen Ton hervorgebracht hatte. Das Bild des Memnon war nun verstummt und geriet seitdem allmählich in Vergessenheit[2]).

In vielen der erwähnten Inschriften bezeugen die Reisenden dem Memnon ihre Verehrung als einem göttlichen Wesen und empfehlen sich seiner Huld. Öfters tun sie dieses zugleich im Namen ferner Lieben, die sie zur Stelle wünschen, oder deren sie in andrer Weise gedenken. Und dies ist überhaupt die gewöhnlichste Form auch der später zu erwähnenden Inschriften von Reisenden in Ägypten und anderwärts. Sie enthalten großenteils eine Verehrung einer Landes- oder Ortsgottheit, in deren Tempel man sich befand, oder unter deren waltendem Schutze man hier, so fern von der Heimat und den Seinigen, zu stehen glaubte[3]).

Die Syringen.

Nächst dem Memnonskoloß bewunderten Griechen und Römer bei Theben vorzugsweise die Gräber der Könige in der zweiten libyschen Bergkette im Westen von Theben. Der Anblick des Tals Biban-el-muluk war ohne Zweifel damals derselbe wie heute, wo es die traurigste Öde zum rechten Wohnplatz der Toten macht; »kein Strauch, kein Halm findet an den steilen, kahlen Wänden eine Stätte, wo er wurzeln könnte, die Felsen sind gelbbraun, mit hellem Sande überschüttet und von schwarzen Gängen durchzogen; nur der Schakal und die Hyäne wohnen in den finstern Klüften des Gesteins, hungrige Geier

1) Vgl. oben S. 299. 2) Alciphro ep. IV 16, 7: εἴ γε ἄρα πόθος αἱρεῖ σε — τῆς γε Αἰγύπτου, χρήματος μεγάλου, καὶ τῶν αὐτόθι πυραμίδων καὶ τῶν ἠχούτων ἀγαλμάτων καὶ τοῦ περιβοήτου λαβυρίνθου. 3) z. B. CIG 4917: ἥκω καὶ προσκεκύνηκα τὴν κυρίαν Ἶσιν καὶ πεποίηκα τὸ προσκύνημα τῶν φιλούντων με, ἔτους η̄, Μεχεὶρ κ̄ᾱ. Vgl. über die Proskynemata und die Inschriften mit ἐμνήσθη ἐπ' ἀγαθῷ τοῦ δεῖνα (Gedenken an seine Lieben) Larfeld, Handb. d. griech. Epigraphik I 558f. II 866; s. auch CIL III 582 *memor fuit deorum et feili suei et libertae suae.* Auch anderweit finden sich Beispiele des gleichen Brauches, so die Inschriften einer besonders von Schiffern besuchten Grotte bei Panormus in Epirus (vgl. CIG 1825—1827) j. Grammata. Grammata heißt auch ein jetzt verlassener natürlicher Hafen von Syra von den vielen in den Fels gehauenen griechischen und lateinischen, heidnischen und christlichen Inschriften (IG XII 5 nr. 712); unter den ersten sind Anrufungen des Äskulap, der hier (wie Sarapis) ohne Zweifel einen Tempel hatte. De Rossi, Bull. archeol. crist. 3. ser. I (1876) 112—116; vgl. III (1878) 60f. Inschriften eines numidischen Höhlenheiligtumes des Gottes Bacax CIL VIII 5504—5518 (ähnlich auch 6267ff.). Die Inschriften einer Höhle auf Minorca (CIL II 3718—3724) scheinen sich auf ein dort gefeiertes jährliches Fest zu beziehen. Inschriften christlicher Pilger in den Katakomben De Rossi, Roma sott. I 170ff. II 14ff. Im allgemeinen vgl. Plutarch. De curios. 11: τὰ κατὰ τῶν τοίχων γράμματα — ὅτι χρήσιμον οὐδὲν οὐδ' ἐπιτερπὲς ἐν τούτοις γέγραπται, ἀλλ' ἐμνήσθη ὁ δεῖνα τοῦ δεῖνος ἐπ' ἀγαθῷ, καὶ φίλων ἄριστος ὅδε τις, καὶ πολλὰ τοιαύτης γέμοντα φλυαρίας.

umkreisen die höchsten Gipfel«[1]). Die Königsgräber sind tief in die Felsen gehauene Kammern und Gewölbe, Gänge und Hallen; die Griechen nannten sie Syringen (Röhren)[2]). Auch hier sind zahlreiche (über 100) Inschriften von Reisenden gefunden worden, bei Fackelschein flüchtig eingeritzt, oder mit roter Farbe gemalt, meist aus römischer Zeit; die datierten reichen von der Zeit Trajans bis zu der Constantins, keine ist älter als die Regierung der Ptolemäer[3]). Die Namen Aurelius Antoninus und Lucius Aurelius scheinen die der beiden Kaiser Marc Aurel und Lucius Verus zu sein[4]). Der größte Teil enthält nur Namen und Daten oder kurze Ausdrücke der Bewunderung. »Die, welche dies nicht gesehen haben, haben nichts gesehen«, lautet eine griechische Inschrift im Grabe des neunten Ramses; »glücklich sind, die dies geschaut haben«[5]). Ein andrer Besucher bemerkt allerdings in schroffem Gegensatze zu dieser Begeisterung, er habe nichts andres zu bewundern gefunden als das Gestein[6]). Ein hoher ägyptischer Finanzbeamter (etwa des 4. Jahrhunderts) bemerkt, daß er sich lange Zeit in der Kaiserstadt Rom aufgehalten und ebensowohl die dortigen Sehenswürdigkeiten gesehen habe wie die hiesigen[7]).

Inschriften von Reisenden in Oberägypten und Nubien.

Ähnliche Inschriften von Reisenden finden sich an den meisten Orten, die sich zu beiden Seiten des Nil hinziehen, auf Tempelwänden, Obelisken, Pylonen usw. eingehauen, und zwar nicht bloß bis zur Grenze von Ägypten (bis Philä und Syene), sondern bis Hiera-Sykaminos, dem Grenzort Äthiopiens und südlichsten Punkt des römischen Reichs[8]). Wenige darunter haben ein besonderes Interesse. In den Ruinen von Groß-Apollinopolis (Edfu) in Oberägypten liest man: Es preist Gott Ptolemäus, Dionysius Sohn, ein Jude. Preis Gott. Theodotus, Dorions Sohn, ein Jude, gerettet aus — (der hier vermutlich folgende Landesname fehlt); die Reisenden waren wohl ägyptische Juden, die von einer weiten und gefährlichen Handelsreise zurückkehrten und vielleicht aus Rücksicht auf heidnische Mitreisende dem Ausdruck ihrer Gottesverehrung eine Fassung gaben, die allenfalls auch eine Beziehung auf einen heidnischen Gott zuließ[9]). In Philä ist u. a. der Name des C. Numonius Vala eingehauen, mit dem Horaz einst in behaglicher Muße über die klimatischen und sonstigen Vorzüge von Velia und Salernum korrespondierte; er war hier im 13. Konsulate des Augustus (2 v. Chr.) am 25. März; zehn Jahre später fand er auf der Flucht aus der Schlacht im Teutoburger Walde nach dem Rhein den Tod[10]).

Die übrigen Sehenswürdigkeiten Ägyptens.

Von den übrigen Sehenswürdigkeiten der verschiedensten Art, an denen Ägypten überreich war, können hier nur einige genannt werden, die das Interesse der Fremden vorzugsweise in Anspruch nahmen. Bei den sämtlichen

1) Parthey, Wanderungen II 481. Brugsch, Reiseberichte S. 328. 2) Pausan I 42, 3. Aelian. nat. an. VI 43. Callistr. stat. 1. Ammian. Marc. XXII 15, 30; vgl. Perrot-Chipiez, Gesch. d. Kunst im Altertum, Ägypten (deutsch von Pietschmann 1884) S. 153, 1. 250ff. Über den heutigen Zustand R. Linde, Alte Kulturstätten (1911) S. 44ff. 3) Letronne, Stat. voc. de Memnon S. 241ff. 4) CIG 4775. 4780; vgl. Letronne, Rec. des Inscr. II 310. 5) CIG III App. 4821 c. 6) Dittenberger, Or. gr. 688, vgl. 691 mit Dittenbergers Anmerkung. 7) IGR I 1211. De Rossi, Bull. di archeol. crist. V 1867 S. 1 glaubt, daß die θαύματα Roms die Katakomben seien, was sehr unwahrscheinlich ist. 8) CIG 5110—5124; vgl. im allgemeinen IGR I 1277—1369. Der südlichste Meilenstein des Reiches (aus der Zeit Trajans) stand 32 röm. Meilen (48 km) südlich von Philae, CIL III 14148². 9) CIG 4838c. 10) CIL III 74 = Dessau 8758; vgl. Vellei. II 119, 4.

Heiligtümern und Tempeln machten Priester die Führer und Erklärer[1]. Aristides sagt, daß er auf seinen vier Reisen in Ägypten kein Bauwerk ununtersucht gelassen und ihre Maße, wo er sie nicht in Büchern angegeben fand, mit Hilfe der Priester und Propheten ausgemessen habe[2]). Die Priester zeigten namentlich auch die heiligen Tiere, wie den von Apio erwähnten unsterblichen Ibis zu Hermopolis[3]). Diodor sagt, von dem Stier Apis in Memphis, dem Stier Mnevis in Heliopolis, dem Bock in Mendes, dem Krokodil im See Möris, dem Löwen in Leontopolis ließe sich viel erzählen; aber, wer es nicht selbst gesehen habe, werde es nicht glauben. Er beschreibt ausführlich die Wartung dieser Tiere durch die angesehensten Männer, die sie mit den besten Speisen nährten, sie mit warmen Bädern und Wohlgerüchen pflegten, ihnen prächtige Lager bereiteten, weibliche Tiere für sie zur Paarung hielten und große Summen auf ihre Bestattung verwendeten; auch zu seiner Zeit hatten solche Bestattungen hundert Talente (471 500 Mark) gekostet[4]). Den Stier Apis, den die Priester in einem eigens dazu bestimmten Hofe sehen ließen[5]), besuchte auch Germanicus[6]); Titus wohnte der Einweihung eines Apis bei[7]). Die Krokodile erkannten die Priester an der Stimme, ließen sich von ihnen berühren und öffneten den Rachen, um sich die Zähne reinigen und mit leinenen Tüchern abtrocknen zu lassen[8]); das zahme Krokodil Suchos zu Arsinoë pflegten auch die Reisenden mit Brot, Fleisch und Wein zu füttern[9]).

Die Tempel.

Die heiligen Tiere.

Unter den großen Baudenkmälern scheint außer den genannten das Labyrinth[10]), unter den Wasserbauten der Mörissee[11]) am meisten bewundert worden zu sein. Zu den berühmtesten Naturschauspielen gehörte der Anblick der nahezu unter dem Wendekreise gelegenen Grenzorte Ägyptens, Elephantine und Syene, zur Zeit der Sommersonnenwende[12]). Um die Mittagsstunde war dann dort völlige Schattenlosigkeit, und alles Aufrechtstehende leuchtete in vollem Sonnenglanz, Tempel, Obelisken und Menschen; in Syene aber war ein (jetzt verschwundener)[13]) heiliger Brunnen, auf dessen Grunde man am selben Tage und zur selben Stunde das Bild der Sonne sah, das die ganze Wasserfläche genau bis zum Rande füllte[14]). Auch die (kleinen) Katarakten des Nil oberhalb Syene wurden viel besucht. Der Strom stürzt hier bei hohem Wasserstande über eine Reihe von Klippeninseln in der Mitte seines Bettes, während er zu beiden Seiten ruhig fließt. Kamen Statthalter und andre vornehme Personen, den Wasserfall zu sehen, so fuhren die Schiffer, um ihnen ein Schauspiel zu geben, am westlichen Ufer bis über die Klippenreihe stromaufwärts und ließen sich dann von dem Wasserfall hinabschleudern, ohne Schaden zu nehmen[15]). Aristides erhielt auf seine Bitte von dem Kommandanten der römischen Garnison zu

Sonstige Baudenkmäler.

Der Brunnen in Syene.

Die Nilkatarakten.

1) Strabo XVII 790. 806. 812 u. a. 2) Aristid. or. 36, 1, vgl. 109. 122 (II 264. 297. 301 K.). Heliodor. Aethiop. IX 22. 3) Sie hatten ihn dem Apio gezeigt, Aelian. nat. an. X 29. 4) Diodor. I 84, 4—8. 5) Strabo XVII 807. 6) Plin. n. h. VIII 185. 7) Sueton. Titus 5, 3. 8) Plutarch. De sollert. animal. 23. 9) Strabo XVII 811 f.; vgl. damit die Instruktion für den Empfang des römischen Senators L. Memmius im J. 112 v. Chr., Wilcken, Chrestomath. nr. 3. 10) Hist. aug. Sever. 17, 4 *nam et Memphim et Memnonem et pyramides et labyrinthum diligenter inspexit.* Pompon. Mela I 55 f. nennt als Wunderwerke Ägyptens Pyramiden, Mörissee und Labyrinth. 11) Tac. A. II 61. 12) Berger, Gesch. d. wiss. Erdkunde² S. 373 ff. 13) Bädeker, Oberägypten (1891) S. 297. 14) Strabo XVII 817. Plin. n. h. II 183. Aristid. or. 36, 59 (II 282 K.). Vgl. Letronne, Mém. de l'acad. des inscr. VI (1822) S. 291 ff. 15) Strabo XVII 817 f. Seneca nat. quaest. IV 2, 6.

Syene eine militärische Begleitung, welche die Schiffer nötigenfalls zu dieser Fahrt zwingen sollte, und machte sie dann auch selbst mit[1]). Die großen Katarakten des Nil in Äthiopien scheinen Reisende nur selten erreicht zu haben. Ebenso werden die Punkte, die von den Ufern des Nil westlich oder östlich weit entfernt waren, bloß um ihrer Sehenswürdigkeit willen so gut wie nie besucht worden sein, da ihre Erreichung mit zu großen Schwierigkeiten verknüpft war. Aristides hat Ägypten viermal in seiner ganzen Ausdehnung durchreist, ohne »die berühmten Porphyrbrüche am Roten Meer« gesehen zu haben, die seit der Zeit des Claudius in Betrieb waren (Mons Claudianus, jetzt Djebel-Dôchan), wo Hunderte von Verurteilten mitten in der wasserlosen Wüste, in sengender Sonnenglut das überaus harte Gestein zu Säulen und andrem Schmuck für die Paläste Roms verarbeiteten[2]).

6. DIE INTERESSEN DER RÖMISCHEN REISENDEN.

Allgemeines.

Für den Nachweis der in jener Zeit von Reisenden hauptsächlich besuchten Länder und Orte konnten griechische ebensowohl als römische Zeugnisse benutzt werden. Für die Erörterung der Gegenstände, welche die Aufmerksamkeit der Reisenden vorzugsweise in Anspruch nahmen und die mehrfach bereits berührt worden sind, kann die Benutzung der Zeugnisse nicht ganz ohne Unterschied geschehen, da die Interessen und Zwecke der Gebildeten beider Nationen oder, besser gesagt, der römisch und der griechisch Gebildeten auch in jener Zeit keineswegs durchaus zusammenfielen.

Die sieben Wunderwerke.

Ob die Anerkennung der sieben hauptsächlichsten Sehenswürdigkeiten der ganzen Welt als der sogenannten sieben Wunderwerke jemals die Orte, an denen sie sich befanden, zu Reisezielen gemacht hat, muß in Ermangelung von Zeugnissen dahingestellt bleiben. Die Zusammenstellung dieser sieben Werke ist offenbar in der Diadochenzeit, und zwar zwischen 284 und 220 v. Chr. gemacht, bevor der in der Regel dazu gerechnete Koloß von Rhodos durch ein Erdbeben umgestürzt ward, und zwar in Alexandria (vielleicht von Callimachus)[3]). Die Orte, wo sie sich befanden, liegen nicht bloß sämtlich innerhalb des von Alexander dem Großen eroberten Gebiets, sondern auch in einer Peripherie, von deren Zentrum Alexandria nicht zu weit entfernt ist: Olympia (mit dem Zeus des Phidias), Rhodos (mit dem Koloß), Halikarnaß (mit dem Mausoleum), Ephesus (mit dem Artemistempel), Babylon (mit den Mauern und hängenden

1) Aristid. or. 36, 49 (II 279 K.). 2) ebd. 36, 67 (II 285 K.): ἔν γε τῇ Ἀραβικῇ καὶ ἡ περιβόητος αὕτη λιθοτομία ἡ πορφυρῖτίς ἐστιν· ἐργάζονται δ' αὐτὴν ὥσπερ καὶ τὰς ἄλλας δή που κατάδικοι· ἀλλὰ τούτους γε ὥς φασὶν οὐδεὶς φρουρεῖ κτλ.; vgl. Schweinfurth, Zeitschr. d. Gesellsch. f. Erdkunde XXXII 1897 S. 1ff. 3) Stark, Vorträge und Aufsätze (1880) S. 174ff. 456ff. *Septem illa miracula* Varro bei Seneca Cons. ad Polyb. 1, 1 und bei Gell. III 10, 16 *(septem opera in orbe terrae miranda); septem spectacula* Vitruv. VII praef. 13; ἐν τοῖς ἑπτὰ τοῖς ἐπιφανεστάτοις ἔργοις Diodor. I 63, 2, vgl. II 11, 5; ἑπτὰ θεάματα Strab. XVI 738. XVII 808. Plut. de soll. anim. 35. Pompejanische Pinselinschrift CIL IV 1111 *omnia munera vicisti, ton hepta theamaton esti.* Schrift des Philo von Byzanz περὶ τῶν ἑπτὰ θεαμάτων (über die Zeit H. v. Rohden, De mundi miraculis, Diss. Bonn 1875 S. 32ff.). Antip. Sid. Anth. Pal. IX 58. Das ganze Material bei H. Schott, De septem orbis spectaculis quaestiones, Ansbach 1891, vgl. Diels, Laterculi Alexandrini (Abhandl. Akad. Berlin 1904) S. 9f. Übereinstimmende Listen (aus Varro) bei Hygin. fab. 223. Ampel. 8, 18—23. Vib. Sequ. p. 159 Riese. Cassiod. Var. VII 15, 4.

Gärten), Memphis (mit den Pyramiden). Wenn auch die Siebenzahl festgehalten werden konnte, indem man den Koloß durch eine andre Sehenswürdigkeit ersetzte (bei Plutarch und Martial geschieht dies z. B. durch den aus Hörnern bestehenden Altar des Apollo auf Delos)[1]), so hat doch, soviel sich erkennen läßt, auf die Reisen der späteren Zeit das Bestreben, alle sieben Wunder zu sehen, keinen Einfluß geübt. Der vielgereiste Pausanias hatte, wie erwähnt, niemanden angetroffen, der in Babylon gewesen war[2]), und schon seit der augusteischen Zeit verknüpfte sich für den Griechen und Römer mit dem Namen dieser Stadt die unrichtige, aber durch die Rhetorik genährte Vorstellung einer großen Einöde[3]) und zwischen ihren halbverfallenen Mauern hausender Tiere[4]).

Das Interesse an der nationalen Eigentümlichkeit fremder Völker, an ihren Einrichtungen, Sitten und Gebräuchen[5]), tritt bei den damaligen Touristenreisen der Römer am wenigsten hervor, und das ist aus zwei Gründen natürlich. Erstens waren, wie oben bemerkt, die nationalen Eigentümlichkeiten der am meisten bereisten Länder bereits bis zu einem gewissen Grade von der griechisch-römischen Kultur ausgeglichen, und die oberflächliche Betrachtung ward sie nur ausnahmsweise gewahr. Sodann aber interessierte in diesen Ländern die Vergangenheit die römischen Besucher fast überall unendlich mehr als die Gegenwart. Das Streben, die Vergangenheit in all ihren Denkmälern, Überbleibseln und Erinnerungen Schritt für Schritt zu verfolgen, tritt hier in den Vordergrund. Neben diesem ganz eigentlich historischen Interesse macht sich sodann das Streben bemerklich, die Merkwürdigkeiten und Sehenswürdigkeiten aller Art kennen zu lernen, oft nicht aus unmittelbarem Interesse an den betreffenden Gegenständen, sondern um ihrer Berühmtheit willen, namentlich wenn diese eine durch vielgelesene Schriften vermittelte war, sodann aber auch wegen ihrer Seltenheit und Ungewöhnlichkeit. Inwiefern das Interesse für Kunst wesentlich, das für Natur bis zu einem gewissen Grade sich nach diesem Gesichtspunkte bestimmte, kann erst zuletzt erörtert werden.

a. DAS HISTORISCHE INTERESSE.

Die Tempel als Museen.

Die reichste Gelegenheit, Schaulust, Neugier und Wißbegier zu befriedigen, boten überall die Tempel; ihnen galten, nicht allein aus religiösen Gründen, gewöhnlich die ersten Schritte der Reisenden[6]). Selbst kleine Orte hatten sehenswürdige Tempel, nicht bloß in den griechischen Ländern, sondern auch in Italien. So schreibt Marc Aurel an Fronto von Anagnia, es sei eine alte Stadt, zwar winzig, doch habe es viele Altertümer, Tempel und überaus heilige Zeremonien[7]). Die Tempel waren die schönsten, größten, zum Teil auch die ältesten und berühmtesten Gebäude, oft in herrlicher Lage[8]). Wie vielfach

1) Martial. spectac. 1, 4. Plutarch. a. a. O. u. Thes. 21. 2) Pausan. IV 31, 5. Oben S. 397. 3) Strab. XVI 738. Plin. n. h. VI 122; mehr bei Baumstark, Real-Encykl. II 2681 f. 4) Pausan. VIII 33, 3. Hieron. in Jesai. 13, 22 (Migne lat. XXIV 159): *didicimus a quodam fratre Elamita, qui de illis finibus egrediens nunc Hierosolymis vitam exigit monachorum, venationes regias esse in Babylone et omnis generis bestias murorum eius tantum ambitu coerceri.* 5) Plutarch. Cato minor 12: βουληθεὶς — πλανηθῆναι καθ' ἱστορίαν τῆς Ἀσίας καὶ γενέσθαι θεατὴς ἠθῶν καὶ βίων καὶ δυνάμεως τῆς περὶ ἑκάστην ἐπαρχίαν. 6) Paneg. lat. II 21, 1. 7) Fronto Ep. ad M. Caes. et inv. IV 4 p. 66 N. 8) Hieron. in Jerem. 2, 20 p. 27, 14 Reiter: *amoena enim semper et excelsa loca idolis dedicantur.* Hilar. Pictav. Ps. 14, 5 p. 86, 27 Zingerle: *et nunc quoque edita et excelsa quaeque montium fanis templis sacrisque maculantur.*

sie das Interesse erregen konnten, mag die bereits erwähnte[1]) Beschreibung zeigen, die Philo von dem großen, prachtvollen Augustustempel zu Alexandria gibt.

Parks bei Tempeln. Die Bezirke der Tempel umschlossen oft außer zahlreichen Baulichkeiten Parks und andre Anlagen, auch Gehege von heiligen Tieren und Vögeln[2]); man fand dort Erquickung »durch die Schönheit und Menge der Bäume, durch Kühlung aushauchende Kanäle und die Reinheit der Luft«[3]). Den berühmten Aphroditetempel auf Knidos umgab nach Lucians Beschreibung ein herrlicher Park von fruchttragenden oder ihrer Schönheit wegen gepflanzten Bäumen, die in üppigster Fülle gediehen und reichen Schatten gewährten, namentlich Myrten und Lorbeern, hohen Zypressen und Platanen. Alle Stämme bedeckte Efeu; weit ausgebreitete Weinstöcke hingen voll Trauben. Unter dem dichten, von dem Schwirren der Zikaden erfüllten Laube waren Sitze für die Festmahlzeiten der Opfernden angebracht[4]). Bei dem Apollotempel zu Gryneum in Kleinasien war »ein herrlicher Park sowohl von Fruchtbäumen als von andern, die Wohlgeruch oder Augenlust geben«[5]). Die Insel Tenos hatte einen sehenswerten Tempel des Poseidon, der in einem Haine außerhalb der Stadt lag, in dem man umfangreiche Vorrichtungen für Opfermahlzeiten sah[6]). In der Nähe des Tempels der Syrischen Göttin in Hierapolis (nicht weit vom Euphrat und der Grenze Mesopotamiens) befand sich ein großer Park für die geweihten Tiere, Heilige Tiere. Ochsen, Pferde, Adler, Bären und Löwen[7]). Öfters wurden Herden heiliger Gänse bei Tempeln gehalten[8]).

Weihgeschenke. Die Tempel waren ferner reich an Weihgeschenken, Kostbarkeiten und Seltenheiten aller Art, besonders an Bildern, Skulpturen und andern Kunstschätzen, die teils in frommer Absicht hierher gestiftet wurden, teils weil die Tempel die sichersten und besuchtesten Aufbewahrungsorte waren[9]). Die Weihgeschenke, die Augustus in fünf Tempeln Roms (dem des Juppiter auf dem Kapitol, des Divus Cäsar, des Apoll, der Vesta und des rächenden Mars) aus der Kriegsbeute hatte aufstellen lassen, kosteten nach seiner eignen Angabe im ganzen 100 Millionen S. (21 3/4 Millionen Mark)[10]). Der ältere Plinius sagt, er wolle seinem Werke durch die Widmung an Titus einen höheren Glanz verleihen, wie viele Dinge nur dadurch kostbar erscheinen, daß sie in Tempeln geweiht seien[11]). Auch Bibliotheken waren mit diesen oft verbunden[12]), und in gewisser Art vertraten sie zugleich die Stelle von Museen, da sie außer Kunst-

1) Oben S. 432. 2) Stengel, Griech. Kultusaltertümer[3] S. 94. 3) P. Annius Florus p. 183, 3 ff. Roßb. 4) Lucian. Amor. 12. 18. 5) Pausan. 1 21, 7. 6) Strabo X 487. Vgl. über den Hain beim Branchidentempel bei Milet ebd. XIV 634; über den Hain Ortygia bei Ephesus XIV 639. Bei Theveste in Numidien, CIL VIII 10627: *lucum a solo cum signis et ornamentis suis.* 7) Lucian. de dea Syr. 41. 8) Artemidor. Onirocr. IV 83 p. 251, 8 Herch.; vgl. Petron. 136, 4. Querol. II 3 p. 28 f. Peip. Wissowa, Relig. u. Kultus d. Römer[2] S. 190, 10. 9) Sehr lehrreich für die Ansammlung von Kunstwerken bei Tempeln ist die neuerdings gefundene Tempelchronik vom Athenaheiligtume in Lindos aus dem J. 99 v. Chr., die eine lange Liste von Weihgeschenken aus mythischer und historischer Zeit mit Angabe der an sie sich anknüpfenden Überlieferungen enthält; reicher Kommentar dazu von Blinkenberg, La chronique du temple Lindien, Kopenhagen 1912 und in der kleinen Ausgabe, Bonn 1915. Über Inventare römischer Tempel s. F. Hauser, Röm. Mitt. XX 1905 S. 206 ff. 10) Monum. Ancyr. lat. 4, 23—26 mit Mommsens Anmerk. S. 88 f. 11) Plin. n. h. praef. 19. 12) Conze, Sitz. Ber. d. Berliner Akad. 1884 S. 1262 ff. Hartel, Über die griech. Papyri Erzherzog Rainer (1886) S. 71, 35.

gegenständen naturwissenschaftliche, ethnographische und historische Merkwürdigkeiten enthielten; diese letzten allerdings vereinzelt und wie sie der Zufall zusammengebracht hatte, die Kunstwerke aber zuweilen in so großer Menge, wie moderne Galerien und Kabinette[1]. Dem Apollotempel zu Rhegium (Reggio an der Meerenge von Messina) vermachte einmal jemand ein Pergamentbuch in Elfenbein gebunden, ein Elfenbeinkästchen und 18 Bilder[2]. In Tempeln zu Athen, Delphi, Olympia, Rom, um andrer nicht zu gedenken, sah man viele der berühmtesten Bilder und Statuen[3], zu Rom auch Sammlungen von geschnittenen Steinen: die Gemmensammlung des Königs Mithridates stiftete Pompejus auf das Kapitol, Julius Cäsar sechs Gemmensammlungen in den Tempel der Ahnfrau Venus, der Neffe des Augustus Marcellus eine in den Tempel des palatinischen Apollo[4]. Bekanntlich sind auch in christlichen Kirchen hin und wieder profane Kunstwerke aufbewahrt worden, wie in der Kathedrale von Girgenti der Sarkophag mit der Geschichte des Hippolyt, im Dome von Siena die Gruppe der drei Grazien. **Kunstsammlungen.**

Auch Naturseltenheiten — die ebenfalls mitunter in christlichen Kirchen ihren Platz fanden, wie z. B. ein Kaiman in der Kirche Notre Dame zu Cimiez (Nizza)[5] — scheinen vorzugsweise in Tempeln aufbewahrt worden zu sein[6]. In diesen konnte man nach Plinius die Größe der Elefantenzähne kennen lernen[7]. Unglaublich große sah man zu Ciceros Zeit in einem alten Junotempel auf einem Vorgebirge von Malta; nach einer darauf befindlichen Inschrift waren sie für König Masinissa ohne dessen Wissen geraubt, doch von ihm zurückgegeben worden; außerdem befand sich dort noch eine große Masse Elfenbein und viele daraus verfertigte Stücke, namentlich Siegesgöttinnen von alter und höchst kunstvoller Arbeit: dies alles ließ Verres für sich fortnehmen[8]. In dem Tempel der syrischen Göttin zu Hierapolis sah man barbarische Gewänder, indische Edelsteine und Elefantenzähne; alles angeblich aus der von Dionysos, dem die Erbauung zugeschrieben wurde, in Indien gemachten Beute herrührend[9]. Pausanias beruft sich für seine Ansicht, daß die Elefantenzähne abwärts gebogene Hörner seien, auf einen Elefantenschädel in dem berühmten Tempel der Diana (Tifatina) bei Capua, an welchem man dies sehen könne[10]. Haut und Kinnladen einer 36 Meter langen Schlange, welche im ersten punischen Kriege unter dem Befehl des Regulus beim Flusse Bagradas mit Wurfmaschinen getötet worden war[11], hatten sich bis zum Numantinischen Kriege zu Rom in einem Tempel erhalten[12]. Hadrian ließ eine indische Schlange in dem von ihm erbauten Tempel des olympischen Zeus zu Athen aufbewahren[13], in den Erostempel zu Thespiä stiftete er das Fell einer selbsterlegten Bärin[14]. Zu Plinius Zeit sah **Naturseltenheiten.**

1) Strabo XIV 637 über das Heraion von Samos. 2) CIL X 6 = Dessau 5471. 3) Jacobs, Verm. Schriften III 417ff. R. Rochette, Peint. ant. (1836) S. 94ff., vgl. K. Zacher, Jahrb. f. Philol. CXXI 1880 S. 577ff. 4) Plin. n. h. XXXVII 11. 5) Millin, Voyage dans les departements du midi (1807) II 546f. 6) Mehreres bei Beckmann, De historia nat. vet. (1766) S. 169ff. und Beitr. zur Gesch. d. Erfindungen II (1784) 364ff. H. Otte, Handb. d. kirchl. Kunstarchäol. I[5] 213f. 7) Plin. n. h. VIII 31. 8) Cic. Verr. II 4, 103. 9) Lucian. De dea Syria 16. 10) Pausan. V 12, 3; vgl. Kalkmann, Pausanias der Perieget (1886) S. 32. 11) Val. Max. I 8 ext. 19. Liv. per. 18. 12) Plin. n. h. VIII 37. Jordan (Hermes VIII 1873 S. 86, vgl. IX 1874 S. 342, 1) hält *in templo* für eine Glosse, doch steht es auch XXXIII 129 und XXXV 161; *in quodam templo* XIII 88. 13) Cass. Dio LXIX 16, 1. 14) IG VII 1828 = Kaibel, Epigr. gr. 811.

man in dem Isistempel zu Cäsarea in Mauretanien ein Krokodil aus einem dortigen See, welches König Juba zum Beweise, daß daselbst der Nil entspringe, hatte aufstellen lassen[1]). Der Karthager Hanno hatte an der Westküste von Afrika »drei behaarte wilde Weiber« gefunden und getötet, welche die Dolmetscher Gorillen nannten (und die wohl wirklich eher Gorillen als Schimpansen waren). Ihre Felle waren bis zur Zerstörung von Karthago dort in dem Tempel der Juno Astarte zu sehen gewesen[2]). Die Soldaten des Marius stießen im Jugurthinischen Kriege in Afrika auf Tiere, die angeblich wilden Schafen ähnlich sahen, durch ihren Blick töteten und Gorgonen genannt wurden. Nachdem einige von numidischen Reitern aus der Ferne mit Wurfspießen erlegt worden waren, schickte Marius ihre Felle nach Rom, wo sie im Tempel des Hercules bei der Ara Maxima auf dem Forum Boarium aufbewahrt wurden[3]). Eine Walfischrippe sah Pausanias im Äskulaptempel bei Sikyon[4]). In Erythrä befanden sich in einem Heraklestempel Hörner indischer Ameisen[5]). Häufig sah man nach Philostrat in griechischen Tempeln indische Nüsse (vermutlich Kokosnüsse)[6]) und indische Rohre in der Dicke von Bäumen[7]); die Wurzel des Zimtbaumes sah Plinius in dem von Livia zu Ehren des Augustus erbauten palatinischen Tempel auf einer goldnen Schale[8]); in einem Äskulaptempel zu Panticapäum wurde ein Gefäß aufbewahrt, das durch das Gefrieren des darin enthaltenen Wassers geborsten war[9]). Auch der größte Krystall, den Plinius gesehen hatte, ein Stück von 150 (röm.) Pfunden (= 49 kg), war von Livia auf das Kapitol gestiftet worden[10]); als Probe des schwarzen spiegelnden Obsidian hatte Augustus im Concordientempel vier daraus verfertigte Elefanten aufgestellt[11]), einen aus britannischen Perlen verfertigten Harnisch Cäsar im Tempel der Ahnfrau Venus[12]).

Merkwürdige Kunstprodukte und Instrumente.

Auch merkwürdige Geräte, Instrumente und künstliche Arbeiten befanden sich in Tempeln, wie im Apollotempel zu Delphi eine bleierne Zahnzange, welche nach dem Arzte Erasistratus zeigen sollte, daß nur solche Zähne gezogen werden müßten, deren Entfernung leicht und ohne Anwendung stärkerer Instrumente erfolgen könnte[13]). Einen Spiegel, der verzerrte Bilder zurückwarf, sah man in einem Tempel zu Smyrna[14]). Zu Erythrä wurden in einem Tempel zwei Amphoren gezeigt, die wegen der Dünnheit ihres Tons dort aufgestellt waren; ein Meister und ein Schüler hatten gewetteifert, wer von beiden ein Gefäß von dünnerem Ton verfertigen könnte[15]). Eine Flöte mit vier Löchern, wie sie in alter Zeit im Gebrauch gewesen waren, hatte Varro in einem Tempel des Marsyas gesehen[16]). Der heilige Hieronymus erwähnt eine große eherne Kugel auf der Akropolis von Athen neben der Athenastatue, die zu Kraftproben für die Athleten vor der Zulassung zu den Agonen diente; er selbst hatte sie bei seiner Schwächlichkeit kaum rühren können[17]). Auch aus-

1) Plin. n. h. V 51. 2) ebd. VI 200. Hanno Peripl. 18. Peschel, Gesch. d. Erdk. S. 21, 3. O. Keller, Die antike Tierwelt (1909) I 10. 3) Athen. V 221 F. 4) Pausan. II 10, 2. 5) Plin. n. h. XI 111; die Deutung der indischen Riesen-»Ameisen« auf Murmeltiere (Lassen, Indische Altertumsk. I 849f. III 314) ist hier ausgeschlossen. 6) Philostrat. Vit. Apollon. III 5. 7) Plin. n. h. XVI 162. 8) ebd. XII 94. 9) Strab. II 74 (Preger, Inscr. gr. metr. nr. 102). 10) Plin. n. h. XXXVII 27. 11) ebd. XXXVI 196. 12) ebd. IX 116. 13) Cael. Aurel. chron. II 4, 84. 14) Plin. n. h. XXXIII 129. 15) ebd. XXXV 161. 16) Varro bei Ps. Acro zu Horat. A. P. 203. 17) Hieronym. in Zachar. 12, 1 (Migne lat. XXV 1509).

ländische Waffen und Geräte wurden zuweilen in Tempeln aufbewahrt; wenigstens sah Pausanias in dem Tempel des Äskulap zu Athen einen aus Pferdehufen verfertigten sarmatischen Panzer und leinene Panzer im Apollotempel zu Gryneum und anderwärts[1]). Ein mit Gold eingefaßtes Horn des Auerstiers hatte Trajan aus der getischen Kriegsbeute dem Zeus Kasios bei Antiochia gestiftet[2]).

Ethnographische Merkwürdigkeiten.

Endlich dürften auch angebliche Naturwunder in und bei Tempeln nicht selten gezeigt worden sein. Die Pergamener hatten die Haut eines Basilisken für eine hohe Summe gekauft, um dadurch einen Tempel, der mit Gemälden von Apelles geschmückt war, vor Spinngeweben und dem Hineinfliegen der Vögel zu schützen[3]). Horaz macht sich darüber lustig, daß man ihn auf der Reise nach Brundisium in Gnathia glauben machen wollte, der Weihrauch werde dort auf einem Altar ohne Feuer verzehrt; dergleichen möge ein abergläubischer Jude sich aufbinden lassen[4]). Augustinus erzählt, daß vor einem Venustempel ein Kandelaber unter freiem Himmel gestanden habe und darauf eine Lampe, deren Flamme weder Wind noch Regen auslöschen konnte; er erklärt sich dies entweder durch Anwendung von Asbest oder durch Magie, die auch durch den im Tempel wohnenden Dämon geübt sein könne[5]).

Naturwunder.

Doch noch häufiger wurden offenbar in Tempeln Gegenstände von historischem Interesse aufbewahrt, besonders solche, die im Besitz berühmter Personen gewesen waren, und zwar aus allen Perioden der Geschichte, von der jüngsten Vergangenheit bis zu den Anfängen der Menschheit hinauf[6]). Das dem Vitellius überreichte Schwert Julius Cäsars war aus einem Marstempel genommen worden[7]). Den Dolch, mit dem Otho sich getötet hatte, stiftete Vitellius in einen Tempel desselben Gottes in Köln[8]); den Dolch, mit dem Scävinus, einer der im Jahre 65 gegen Nero Verschworenen, den Kaiser töten wollte, hatte er aus einem Tempel der Salus oder Fortuna genommen; Nero stiftete ihn später auf das Kapitol mit einer Weihung an den rächenden Juppiter[9]). Spindel und Rocken der Tanaquil sah Varro in einem Tempel des Sancus und ein von ihr verfertigtes königliches Kleid, das Servius Tullius getragen, in einem Tempel der Glücksgöttin zu Rom[10]). In dem verfallenen Tempel des Juppiter Feretrius sah noch Augustus den leinenen Panzer, welchen A. Cornelius Cossus dem von ihm im Zweikampfe getöteten Vejenterkönige Tolumnius abgenommen und dem Gotte dargebracht hatte[11]). Den angeblichen Ring des Polykrates (dessen Stein ein Sardonyx war) zeigte man zu Rom im Concordientempel in einem goldnen, von Augustus geschenkten Horn[12]). Von dem leinenen Panzer, den König Amasis von Ägypten in den Tempel der Athena zu Lindos auf Rhodus gestiftet hatte, und an dem jeder Strang aus 360 Fäden bestand, sah noch Mucianus, der Freund des Kaisers Vespasian,

Historische Merkwürdigkeiten.

1) Pausan. I 21, 5. 7. 2) Anthol. Palat. VI 332 (Epigramm Hadrians). Keller a. a. O. S. 341 f. 3) Solin. 27, 53. 4) Horat. Sat. I 5, 97 ff. (vgl. Plin. n. h. II 240). 5) Augustin. C. D. XXI 6. 6) Über Privatsammlungen dieser Art vgl. Lucian. Adv. indoct. 13 f. Cass. Dio LIX 21, 5 f. LXXVII 7, 1. Horat. Sat. I 3, 90 f. II 3, 21 ff. Martial. VIII 6, 5 ff. Augustus sammelte nach Sueton. Aug. 72, 3 *immanium beluarum ferarumque membra praegrandia, quae dicuntur gigantum ossa, et arma heroum;* vgl. S. Reinach, Comptes rend. de l'acad. d. inscr. 1888 S. 471. 7) Sueton. Vitell. 8, 1. 8) ebd. 10, 3. 9) Tac. A. XV 53. 74. 10) Plin. n. h. VIII 194. 11) Liv. IV 20, 7. 12) Plin. n. h. XXXVII 4.

geringe Überreste, der größte Teil war durch das unaufhörliche Betasten zugrunde gegangen[1]). Delphi besaß einen eisernen Stuhl Pindars[2]). Der goldene Panzer des Masistius, der unter Mardonius die persische Reiterei führte, war im Erechtheum zu Athen, nebst einem Säbel des Mardonius, dessen Echtheit aber Pausanias bezweifelt[3]). Die Lanze des Agesilaus sah man zu Sparta[4]), Rüstung und Lanze Alexanders des Großen zu Gortys in Arkadien[5]), Rüstungen Mithridats zu Nemea und Delphi[6]); einen von Alexander in Theben erbeuteten und von ihm dem Apollo zu Cumä geweihten Kandelaber in der Form eines fruchttragenden Baums im Tempel des palatinischen Apollo zu Rom[7]); von vier Statuen, die einmal Alexanders Zelt gestützt hatten, zwei vor dem des rächenden Mars, die beiden andern vor der Regia, dem Amtshause des obersten Pontifex[8]).

Reliquien aus der Heroenzeit.

Wahrscheinlich erregten die Reliquien aus der Heroenzeit, mit der ein großer Teil der Gebildeten durch die allgemein gelesenen Dichterwerke und den Schulunterricht vertrauter war als mit der neueren Geschichte[9]), das größte Interesse, ohne daß ihre Echtheit im allgemeinen größeren Bedenken unterlag als die der historischen Stücke; denn auch die Sage gilt als geschichtliche Überlieferung, wenngleich als eine mit Fabeln und Märchen durchsetzte. Unter den Reliquien aus der Heroenzeit werden aber die aus der Zeit des Trojanischen Krieges und der damit zusammenhängenden Begebenheiten, wie die geschätztesten, so auch die am meisten verbreiteten gewesen sein[10]). Man hatte deren an den verschiedensten Orten, von dem Ei der Leda, das in einem Tempel zu Sparta von der Decke herabhing (vermutlich ein Straußenei)[11]), und einem von Helena in den Athenatempel zu Lindos gestifteten Kelch aus Elektron (wie man sagte, ein Maß ihres Busens)[12]) bis zu dem noch in Justinians Zeit zu Rom befindlichen Schiffe des Äneas; damals wurde auch noch zu Geraistos auf Euböa ein von Agamemnon der Artemis geweihtes Schiff und zu Cassiope auf Corcyra das versteinerte Schiff der Phäaken gezeigt, das Odysseus nach Ithaka gebracht hatte[13]). Das von Hephaistos ursprünglich für Zeus verfertigte Zepter des Agamemnon war zu Chäronea[14]), sein Schild und Schwert in einem Apollotempel am Markte zu Sikyon; daselbst auch Mantel und Harnisch des Odysseus, Bogen und Pfeile des Teukros, das Gewebe der Penelope, das Gewand eines der Freier, Ruderstangen und Steuer der Argonauten, der Kessel, in dem die Glieder des alten Pelias aufgekocht worden waren, ein Stück der Haut des Marsyas u. a.[15]). Durch hohes Alter zu fabelhafter Winzigkeit zusammengeschrumpfte Mumien der Sibyllen wurden an mehr als einem Orte gezeigt[16]). In einem Tempel in

1) Plin. n. h. XIX 12; vgl. Herodot. III 47. Tempelchronik von Lindos C 36ff., dazu Blinkenberg, La chronique du temple Lindien (1912) S. 124f. 2) Pausan. X 24, 5. 3) ebd. I 27, 1. 4) Plutarch. Agesil. 19, 8. 5) Pausan. VIII 28, 1. 6) Appian. Mithr. 112. 7) Plin. n. h. XXXIV 14. 8) ebd. XXXIV 48. 9) Vgl. die schon von Grote (Gesch. Griechenl., übers. v. Fischer I S. 418, 1) angeführte Stelle Hist. Aug. Aurelian. 1, 5. In ähnlicher Weise sind in Italien die Erinnerungen aus dem Altertum lebendig geblieben, die des Mittelalters verloren gegangen. A. v. Reumont, Vittoria Colonna S. 94f. 10) Zum folgenden vgl. auch Pfister, Der Reliquienkult im Altertum (1909) I 331ff. 11) Pausan. III 16, 1 und überhaupt Lobeck, Aglaoph. S. 51f. Anm. l. 12) Plin. n. h. XXXIII 81; vgl. Blinkenberg a. a. O. S. 118f. 13) Procop. B. Got. IV 22, 23ff. Doch war auch in der Nähe von Corcyra *scopulus, in quem mutatam Ulixis navem a simili specie fabula est,* Plin. n. h. IV 53. 14) Pausan. IX 40, 11. 15) Ampelius 8, 5. 16) Petron. 48, 8. Ampel. 8, 16.

Lycien befand sich ein auf Papyrus geschriebener Brief des Sarpedon, worüber Plinius sich nur deshalb wundert, weil Ägypten, das Vaterland der Papyrusstaude, damals für Fremde noch nicht zugänglich war[1]). Aber aus noch viel ferneren Zeiten gab es Reliquien, zu Panopeus in Phocis sogar Überbleibsel des Lehms, aus dem Prometheus Menschen formte, vor einer Kapelle dieses Halbgottes, sie rochen nach Menschenhaut[2]); im Tempel von Samothrake Schalen, welche von den Argonauten geweiht waren[3]). Vermutlich wurde nicht selten derselbe Gegenstand auch an zwei verschiedenen Orten gezeigt, wie das Haar, das Isis sich aus Schmerz über den Tod des Osiris ausgerissen hatte, zu Koptos und zu Memphis[4]). In den beiden nicht sehr weit voneinander gelegenen Städten in Cappodocien und im Pontus, die den Namen Comana führten, sah man dieselben auf die taurische Artemis bezüglichen Altertümer in gleicher Vollständigkeit, namentlich hier wie dort das echte Schwert der Iphigenia[5]). Selbst Orte der westlichen Länder hatten derartige Seltenheiten aufzuweisen, die durch die Wanderungen der Helden oder auf andre Weise dorthin gekommen sein sollten. So war in Gades ein goldner Gürtel des Teukros[6]), in Circeji eine Trinkschale des Odysseus[7]), in Capua der Doppelbecher des Nestor[8]). In Benevent sah noch Procopius die von dem angeblichen Gründer der Stadt Diomedes dort niedergelegten Hauer des Calydonischen Ebers, welche drei Spannen lang waren[9]). Selbst in Barbarenländern stieß man auf Reminiszenzen aus der griechischen Sage, die natürlich erst von griechischen Reisenden dorthin gebracht, aber hier und da von den Landeseinwohnern festgehalten worden waren. So zeigte man auf der Insel Meninx (Djerba) an der kleinen Syrte außer andern Erinnerungen an Odysseus auch einen von ihm errichteten Altar[10]); Schilde und Schiffsschnäbel als Erinnerungszeichen an die Irrfahrten des Odysseus sah Asklepiades von Myrlea in einem Athenatempel des südlichen Spanien[11]), und von demselben Helden geweihte Altäre mit griechischen Inschriften zeigte man sogar am Niederrhein[12]) und in Schottland[13]). Arrian sah bei der Mündung des Phasis einen eisernen Anker des Schiffes Argo, der ihm aber trotz seiner Größe und seines altertümlichen Aussehens zu modern erschien. Eher wollte er Überbleibsel eines andern, steinernen Ankers für echt halten[14]). Im Kaukasus wurde ihm der Berg gezeigt, an den Prometheus geschmiedet gewesen war[15]). Von der Stadt Apsarus in Pontus waren in Procops Zeit nur Ruinen übrig; doch zeigten die Eingeborenen dort noch damals das Grab des Bruders der Medea Apsyrtus[16]). Joppe in Palästina galt allgemein als der Schauplatz der Befreiung der Andromeda durch Perseus; die Knochen des großen Meertiers, die diese Annahme veranlaßt haben mochten (und wegen deren die Juden die Geschichte des Propheten Jonas hierher verlegten), hatte zwar schon Scaurus nach Rom gebracht[17]), aber noch in Josephus Zeit zeigte man dort die Spuren von Andromedas

1) Plin. n. h. XIII 88. 2) Pausan. X 4, 4. 3) Diod. IV 49, 8. 4) Etym. M. 552, 12. Lucian. adv. indoct. 14. 5) Cass. Dio XXXVI 11, 2. 6) Philostrat. Apoll. Tyan. V 5. 7) Strabo V 232. 8) Athen. XI 489 B. 9) Procop. B. Got. I 15, 8; vgl. auch Pausan. VII 46, 5. 10) Strabo XVII 834. 11) Strab. III 157. 12) Tac. Germ. 3; vgl. Siebourg, Westd. Zeitschr. XXIII 1905 S. 312 ff. Norden, Die german. Urgeschichte in Tacitus Germania S. 182 ff. 13) Solin. 22, 1. 14) Arrian. Peripl. Ponti Euxini 11. 15) ebd. 16. Diesen besucht auch Marcellinus bei Martial. IX 45, 3. 16) Procop. B. Got. IV 2, 14. 17) Plin. n. h. IX 11. Vgl. H. Schmidt, Jona, 1907.

Fesseln[1]), noch in Pausanias Zeit ein blutfarbiges Wasser, in dem sich Perseus nach dem Kampfe mit dem Meeresungeheuer gewaschen haben sollte[2]).

Fremdenführer. Bei den Tempeln fanden die Fremden auch in der Regel für Bezahlung Führer (Periegeten) und Erklärer (Exegeten) der städtischen Sehenswürdigkeiten, falls sie nicht ein gefälliger Gastfreund damit bekannt machte[3]). In Griechenland fehlten solche Erklärer auch in kleinen Städten nicht[4]). Wie sicher man darauf rechnen konnte, sie an jedem fremden Ort zu finden, wo es etwas zu sehen gab, sieht man daraus, daß Lucian sie in seiner »Wahren Geschichte« auch den Besuchern der Unterwelt die Gründe für die Strafen der Verdammten angeben läßt[5]). In der Regel versahen Priester und Tempeldiener dies Amt[6]), und besonders angestellte Führer hatten wohl nur die größten und besuchtesten Orte[7]). Unter diesen gab es zuweilen Männer von höherer Bildung, wie z. B. zu Hermione ein Oberarzt Perieget war[8]); die meisten betrieben jedoch, wie sich erwarten läßt, ihr Geschäft handwerksmäßig. Wenngleich ihre Leitung den Reisenden oft erwünscht war, so konnten sie doch auch, besonders Gebildeten und zumal an Orten wie Athen und Olympia, zur Qual werden[9]), wenn sie ihre auswendig gelernten Erklärungen und nach dem Geschmack der Menge erfundenen Geschichten in größter Ausführlichkeit hersagten oder Anweisungen zur Betrachtung der Kunstwerke gaben. Plinius erwähnt eine Hecatestatue im Artemistempel zu Ephesus aus einem Marmor von blendendem Glanze, welche die Tempeldiener den Fremden nicht lange anzusehen rieten, um ihre Augen zu schonen[10]). Könnte man, sagt Lucian, die Sagen und Legenden aus Griechenland verbannen, so müßten die Führer Hungers sterben, denn das Wahre wollen die Fremden auch umsonst nicht hören[11]). In einer der kleinen Schriften Plutarchs wird von einem Besuche berichtet, den eine Gesellschaft dem Tempel zu Delphi und seinen Sehenswürdigkeiten abstattet. Die Führer sind hier trotz aller Bitten nicht zu bewegen, ihre Erklärungen der Gegenstände, über deren Besichtigung man einig geworden ist, abzukürzen, und bestehen sogar darauf, die Inschriften vorzulesen; durch eine Frage aber, die außer der gewohnten Reihenfolge an sie gerichtet wird, geraten sie in Verwirrung und bleiben die Antwort schuldig[12]).

Erinnerungen aus der Heroenzeit. In Griechenland und Kleinasien unterhielten die Führer die Reisenden ganz vorzugsweise mit Erinnerungen aus der Heroenzeit, für welche das Interesse lebhafter war als sonst irgendwo, und die (wie gesagt) einem großen Teil der Gebildeten näher stand als die historischen Zeiten. Dies zeigt sich auch in römischen Länderbeschreibungen überall. In der Erdbeschreibung des Pompo-

1) Joseph. B. J. III 420. 2) Pausan. IV 35, 9. 3) Epictet. Diss. III 7, 1. Seneca Consol. ad Marc. 25, 2. Lucian. Char. 1. Ambros. Exameron VI 1, 2 p. 204 f. Schenkl *is qui explorat novorum adventus hospitum, dum toto eos circumducit urbis ambitu praestantiora quaeque opera demonstrans.* 4) S. über den ganzen Gegenstand Preller, Polemon. fr. (1838) S. 161 ff. Kalkmann, Pausanias der Perieget (1886) S. 45 ff. M. Bencker, der Anteil der Periegese an der Kunstschriftstellerei der Alten. Diss. München 1890. Vgl. auch Sonnenburg, Rhein. Mus. LXXIII 1920 S. 133 ff. 5) Lucian. Ver. hist. II 31. 6) Strab. XVII 806. Porphyr. zu Horat. epist. II 1, 230. 7) Cic. Verr. II 4, 132 von Syrakus: *ii qui hospites ad ea, quae visenda sunt, solent ducere et unum quidque ostendere, quos illi mystagogos vocant.* 8) IG IV 723. 9) Varro Menipp. frg. 34 Buech. *et me Iuppiter Olympiae, Minerva Athenis suis mystagogis vindicassent.* 10) Plin. n. h. XXXVI 32. 11) Lucian. Philopseud. 4. 12) Plutarch. De Pythiae oraculis 2. 5. 13.

nius Mela sind die mythologischen Reminiszenzen ungleich zahlreicher als die historischen. In der von Solinus benutzten, verlorenen Chorographie war außer Naturmerkwürdigkeiten besonders Mythologisches berücksichtigt[1]). In dem den Itinerarien angehängten Verzeichnisse der Inseln sind außer der Notiz, daß Paros einen sehr weißen Marmor liefert, alle übrigen mythologischen Inhalts, wie daß auf Samos Juno, auf Delos Apollo und Diana geboren seien, auf Naxos Ariadne von Theseus verlassen und von Bacchus gefunden wurde usw.[2]). Auch wo griechische Sagen im Orient lokalisiert waren, behaupteten sie sich mit auffallender Hartnäckigkeit: wie es die Memnonsage in Theben, die Prometheussage im Kaukasus, die Argonautensage in Kolchis, die Perseussage in Palästina beweisen. Tacitus übergeht selbst in seinem sehr kurzen Bericht über die Reise des Germanicus in Ägypten die Herleitung des Namens Kanobos von dem gleichnamigen Steuermann des Menelaus nicht[3]). Aristides hörte allerdings von einem ägyptischen Priester, daß der Ort schon zehntausend Jahre vor der Landung des Menelaus so geheißen habe, und daß der ägyptische Name, dessen Hellenisierung Kanobos war, »goldner Boden« bedeute[4]). Doch bei Griechen und Römern erhielt sich jene Sage, auch Ammianus Marcellinus wiederholt sie[5]).

In Griechenland hatte es offenbar auch für römische Reisende hohen Reiz, sich die Sagen an Ort und Stelle erzählen zu lassen, die »das von so großer Liebe für die Altertümer erfüllte Volk einer ungewissen Vorzeit andichtete«[6]). Auch wo Bauten, Ruinen und Denkmäler fehlten, wurden den Fremden die Spuren der Vergangenheit gewiesen. Fast überall hörte man nur von dem reden, was einst war, wie Aristides sagt; was man sah, war etwa der Überrest eines Tropäum, ein Denkmal, eine Quelle, oder der Führer wies auf kaum sichtbare Spuren hin: dies sei das Gemach der Helena, oder der Harmonia, oder der Leda gewesen, und dergleichen mehr[7]). Von diesem Tempel der Liebesgöttin zu Trözen schaute Phädra herab, wenn Hippolyt sich dort in der Rennbahn im Laufe übte; hier stand eine Myrte mit durchlöcherten Blättern, die Unglückliche hatte sie in ihrem Liebeswahnsinn mit einer Haarnadel durchbohrt[8]). Auf diesem Steine am Hafen von Salamis hatte der alte Telamon gesessen und dem Schiffe nachgeblickt, das seine Söhne nach Aulis trug[9]). In Aulis zeigte man eine Quelle, daneben hatte die Platane gestanden, auf der vor den Augen des versammelten Griechenheers eine Schlange den Sperling mit seinen neun Jungen fraß; ein Stück von ihrem Holze wurde dort aufbewahrt[10]). Unweit Sparta stand an der Straße nach Arkadien eine Bildsäule der Schamhaftigkeit. Hier hatte Ikarios den Wagen eingeholt, auf dem Odysseus seine Tochter Penelope heimführte; er hatte die Einwilligung zu dieser Ehe bereut und beschwor nun die Tochter, ihn nicht zu verlassen; Odysseus hieß sie zwi-

1) Mommsen, Solin.[2] p. XV. 2) Itiner. Anton. p. 524, 2—529, 5. 3) Tac. A. II 60. 4) Aristid. or. 36, 109 (II 297f. K.). Nach einer Mitteilung A. v. Gutschmids († 1887) ist Kanobos nur die verdichtete Aussprache des mit einer scharfen Aspiration im Anlaut gesprochenen Wortes *nub* (Gold); vgl. Brugsch, Geogr. des alten Ägyptens S. 283 *(H'ånub)*. Bunsen, Ägyptens Stelle in d. Weltgesch. II 76, 39. 5) Ammian. Marcell. XXII 16, 14. Vgl. Serv. Aen. XI 263; Georg. IV 287 u. a. 6) Tac. Hist. II 4. 7) Aristid. or. 25, 2 (II 72 K.). 8) Pausan. II 32, 3. 9) ebd. I 35, 3. 10) ebd. IX 19, 7.

schen Gemahl und Vater wählen, statt der Antwort verhüllte sich Penelope. Ikarios kehrte allein zurück; die Stelle, an der die junge Gattin ihren Entschluß so kundgegeben, bezeichnete jenes Standbild[1]). So konnte der Wanderer in dem sagenreichen Lande kaum einen Schritt tun, ohne die Stätte eines denkwürdigen Ereignisses zu betreten, auch hier war »kein Stein ohne Namen«.

Erinnerungen aus historischen Zeiten — Natürlich fehlte es aber auch nicht an historischen Erinnerungen aus jüngeren Zeiten. Man besuchte die Wohnhäuser und Grabstätten berühmter Männer und andre Orte, die an sie erinnerten[2]). Auch römische Reisende bewiesen ihre Pietät für ihr Andenken durch Opfer, die sie ihren Manen brachten. So hatte schon M.' Acilius Glabrio im Jahre 191 v. Chr. den Öta bestiegen und an der sogenannten Pyra (dem Orte, wo sich Herakles verbrannt hatte) geopfert[3]). Caracalla opferte, auch hierin Alexander den Großen nachahmend[4]), am Grabe Achills bei Ilium[5]), Trajan in Babylon in dem Hause, in dem Alexander der Große gestorben war, dessen Manen[6]). Hadrian erneuerte das von der See zerstörte Grab des Ajax bei Troja[7]), setzte auf dem des Epaminondas bei Mantinea einen Stein mit einer selbstverfaßten Inschrift[8]), brachte ein Totenopfer am Grabe des Pompejus und stellte dessen Denkmal auf eine würdige Art wieder her[9]). Germanicus brachte an allen Denkmälern berühmter Männer, die er berührte, Opfer; ein von ihm auf Hectors Manen verfaßtes Epigramm besitzen wir noch[10]). Pausanias erwähnt als Grabmäler, die den Reisenden in Griechenland gezeigt wurden, das des Königs Kodros am Ilissus, des messenischen Helden Aristomenes in Rhodus, des Demosthenes auf Kalauria u. a.[11]). Jede Stadt hegte liebevoll das Andenken ihrer großen Männer und bewahrte sorgfältig ihre etwaigen Reliquien: so Theben außer dem Grabmal Pindars die Reste seines Hauses bei der Quelle Dirke[12]). Cicero suchte in Metapont das Wohn- und Sterbehaus des Pythagoras auf, noch ehe er bei seinem dortigen Gastfreunde einkehrte[13]). Keine Stadt war aber an großen Männern so reich wie Athen und gewiß auch keine eifriger bemüht, die Erinnerungen an sie festzuhalten; auf Schritt und Tritt sah man sich auf ihre Spuren gewiesen[14]).

aus den Perserkriegen — Doch das größte Interesse erregten in Griechenland vermutlich die Schlachtfelder und Lagerstätten aus den Perserkriegen[15]). Auf der Ebene von Marathon sah man die Gräber und Denkmäler der gefallenen Helden sowie auch das des Miltiades und das marmorne Tropaion der Athener; in stiller Nacht vernahm man hier den Lärm wiehernder Pferde und kämpfender Männer[16]). Die Ruinen einiger von den Persern eingeäscherten Tempel standen noch in Pausanias Zeit. Doch wurden natürlich auch Punkte aufgesucht, die durch Ereignisse späterer Zeiten denkwürdig geworden waren. »Wir erblickten«,

1) Pausan. III 20, 10f. Diese Beispiele sehr zu vermehren würde überflüssig sein. 2) Strab. II 121. 3) Liv. XXXVI 30, 3. 4) Sidon. Apollinar. Ep. III 12 *cum magnum Alexandrum parentasse manibus Achillis et Iulium Caesarem ... Hectori ut suo iusta persolvisse didicerimus;* bei Lucan. IX 990 wendet sich Cäsar bei seinem Opfer an die *Di cinerum, Phrygiae colitis quicunque ruinas.* 5) Cass. Dio LXXVII 16, 7. Herodian. IV 8, 4. 6) Cass. Dio LXVIII 30, 1. 7) Philostrat. Heroic. I 2. 8) Pausan. VIII 11, 8. 9) Cass. Dio LXIX 11, 1. Appian. B. C. II 86. Hist. aug. Hadr. 14, 4. Anth. Pal. IX 402. 10) Sueton. Calig. 3, 2. Anthol. lat. 708 R. 11) Hertzberg, Gesch. Griechenlands II 456ff. 12) Pausan. IX 23, 2. 25, 3. 13) Cic. de fin. V 4. 14) ebd. V 2f. Häuser des Socrates und Demosthenes: Himer. or. XVIII 3. Wachsmuth, Stadt Athen I 714, 6. 15) Artemidor. Onirocr. IV 47 p. 229, 21 Herch. 16) Pausan. I 32, 3f.

schreibt Arrian an den Kaiser Hadrian, »mit Freude das Schwarze Meer von derselben Stelle, von der es Xenophon sah und du.« Er fand dort Altäre von unbehauenem Stein mit schlecht und unorthographisch geschriebenen Inschriften und setzte marmorne Altäre und gute Inschriften an die Stelle[1]).

Mit besonderer Vorliebe, so scheint es, verfolgte man in Griechenland und im Orient auch die Erinnerungen an Alexander den Großen, seine Züge und Taten. Noch in Plutarchs Zeit zeigte man eine alte Eiche am Kephissos, unter der bei der Schlacht von Chäronea sein Zelt stand; nicht fern davon war das gemeinsame Grab der Macedonier[2]). Als König Mithridates in Phrygien einrückte, übernachtete er um der guten Vorbedeutung willen in derselben Herberge, in der einst Alexander eingekehrt war[3]). Bei Tyrus wurde eine Quelle gezeigt, an der Alexander von dem Fang eines Satyrs träumte, was die Traumdeuter auf die Eroberung von Tyrus bezogen[4]). Bei Minnagara (einer am untern Indus gelegenen Stadt)[5]) besuchte der ägyptische Kaufmann, der auf der Indienfahrt hier anlegte, die Stellen, wo Kapellen, Altäre, Fundamente von Lagern und tiefe Brunnen als Erinnerungen an den Aufenthalt des macedonischen Heeres gezeigt wurden[6]). Die Gruft zu Alexandria, in der die von Ptolemaeus II. Philadelphus aus Memphis[7]) dorthin überführte Leiche Alexanders, in Honig aufbewahrt[8]), in einem gläsernen Sarge ruhte[9]) und die vermutlich für die meisten Reisenden unzugänglich war, ließen wohl die römischen Kaiser, die dorthin kamen, niemals unbesucht[10]). Erwähnt wird der Besuch der Gruft von Cäsar[11]), von Augustus[12]), von Septimius Severus[13]), der sie verschließen ließ; nichtsdestoweniger besuchte sie auch Caracalla[14]). Caligula hatte Alexanders Harnisch aus der Gruft nehmen lassen[15]). Noch die Muhammedaner verehrten das Grab Alexanders zu Alexandria[16]). »Wie dir«, sagt Plinius in der Schilderung von Trajans Kriegsdiensten in fernen Ländern, »wie dir dort die heiligen Spuren großer Feldherren gezeigt wurden, so wird einst die Zeit kommen, wo die Nachkommen verlangen werden, zu sehen und ihren Kindern als sehenswürdig zu nennen das Feld, auf dem dein Schweiß geflossen, die Bäume, unter denen du gerastet, die Felsen, die deinen Schlummer beschützt, die Häuser, die dich als Gast aufgenommen haben«[17]). Daß diese Prophezeiung wirklich in Erfüllung gegangen ist, bezeugt Ammianus Marcellinus, der bei seinem Bericht über den Marsch Julians durch die Euphratebene erwähnt, daß dort in der Stadt Ozogardana das Tribunal gezeigt wurde, von dem Trajan zu seinem Heere gesprochen hatte[18]).

von Alexander dem Großen.

Alexanders Grab.

Erinnerungen aus der römischen Geschichte waren die einzigen, die Italien und die westlichen Provinzen zu bieten hatten, da dort eine Sagenperiode so

Erinnerungen aus der römischen Geschichte in Italien.

1) Arrian. Peripl. Ponti Euxini 1 f. 2) Plutarch. Alex. 9. 3) Appian. Mithrid. 20. 4) Plut. Alex. 24. 5) Mommsen RG. V 352, 3. 6) Peripl. mar. Erythr. 41. 7) G. Plaumann, Archiv f. Papyrusforsch. VI 1913 S. 78, 3. 8) Stat. Silv. III 2, 117 f. 9) Strabo XVII 794. Den ursprünglichen goldenen Sarg hatte Ptolemaeus Alexander I. einschmelzen lassen, v. Gutschmid bei Sharpe, Gesch. Ägyptens II 9, 1. 10) Ein *procurator Neaspoleos et Mausolei Alexandriae* CIL VIII 8934. XIII 1808 = Dessau 1400. 1454. Wilcken, Grundzüge der Papyruskunde S. 369. 11) Lucan. X 19 ff. Über Alexander als das Vorbild der römischen Kaiser vgl. Pfister, Reliquienkult I 180 ff. 12) Cass. Dio LI 16, 5. Sueton. Aug. 18, 1. 13) Cass. Dio LXXV 13, 2. 14) Herodian. IV 8, 9. 15) Sueton. Calig. 52. 16) Thiersch, Jahrb. d. arch. Inst. XXV 1910 S. 74. 17) Plin. Paneg. 15, 4. 18) Ammian. Marc. XXIV 2, 3.

gut wie ganz fehlte, und ohne Zweifel wurden auch diese eifrig aufgesucht. Man zeigte bei Laurentum den Ort, wo das Lager des Äneas gewesen war, Troja genannt[1]), bei Liternum Ölbäume, die von dem älteren Scipio gepflanzt waren, und eine gewaltige Myrte, darunter eine Grotte, wo, wie es hieß, eine Schlange seine Manen bewachte[2]); in Bajä Schmucksachen und ein Mäntelchen, das Tiberius als Kind von der Schwester des Sextus Pompejus zum Geschenk erhalten hatte[3]), auf dem Boden der Aponusquelle bei Padua Würfel, die er hineingeworfen[4]), auf Capri die Stelle, von wo er seine Opfer nach langen Martern hatte ins Meer stürzen lassen[5]); das Haus des Horaz bei Tibur[6]) und allerwege die Geburtshäuser berühmter Männer, besonders der Kaiser. Obwohl Augustus zu Rom auf dem Palatin »zu den Ochsenköpfen« geboren und der betreffende Teil des Geburtshauses in eine Kapelle verwandelt worden war, galt doch in der ganzen Umgegend von Velletri ein kleiner, einer Vorratskammer ähnlicher Raum auf einem dortigen Landgute als sein Geburtsort, wo noch in Suetons Zeit jeder, der ohne Not und nicht mit reinem Sinne eintrat, angeblich durch Spuk bis zum Tode erschreckt wurde[7]). Titus war in einem kleinen, dunkeln Zimmer eines schlechten Hauses am (älteren) Septizonium[8]) geboren, das noch in Suetons Zeit erhalten war und gezeigt wurde[9]). »Das verehrungswürdige Haus, das so glücklich gewesen war, Domitians erstes Geschrei zu hören und seine ersten Kriechversuche zu sehen«, war von ihm in ein Heiligtum des Flavischen Geschlechts verwandelt worden und strahlte weit geöffnet ganz von Gold und Marmor[10]). Das Haus des Pescennius Niger auf dem Juppiterfelde zu Rom wurde noch in Diocletians Zeit besucht und trug den Namen seines ehemaligen Besitzers[11]). Seneca stellte in der Villa des Scipio Africanus bei Liternum eine Vergleichung der damaligen und der gegenwärtigen Zustände an, nachdem er den Manen des großen Mannes und seinem mutmaßlichen Sarge seine Verehrung bezeigt hatte. Er sah »die von Quadersteinen erbaute Villa, den Park von einer Mauer umgeben, von beiden Seiten Türme zum Schutz des Hauses errichtet, eine gewaltige Zisterne, in der Nähe Gebäude und Pflanzungen, ein kleines, enges, nach alter Sitte dunkles Bad«. »In diesem Winkel wusch der Mann, welcher der Schrecken Karthagos war, seinen von ländlichen Arbeiten ermüdeten Leib; denn er bebaute sein Land selbst. Unter diesem so geringen Dach hat er gestanden. Dieser schlechte Estrich hat ihn getragen« usw.[12]).

Es versteht sich von selbst, daß namentlich Geschichtschreiber die Stätten der von ihnen darzustellenden Ereignisse zu sehen suchten; besonders gewissenhaft scheint hierin Sueton zu Werke gegangen zu sein. Appian hatte die Stelle bei Cajeta besucht, wo Cicero ermordet worden war[13]), Plutarch das Schlachtfeld von Bedriacum und in Brixellum das Monument Othos gesehen[14]).

Erinnerungen aus der biblischen Geschichte im Orient.

Ebenso wurden auch von Juden und Christen in Palästina und anderwärts Erinnerungen aus der biblischen Geschichte überall aufgesucht. Josephus

1) Appian. reg. 1. 2) Plin. n. h. XVI 234. 3) Sueton. Tiber. 6, 3. 4) ebd. 14, 3. 5) ebd. 62, 2. 6) Suet. Vit. Horat. p. 7, 20 Vollm. 7) Suet. Aug. 6. 8) Über dessen Lage s. Jordan, Form. urbis Romae S. 37. 9) Suet. Titus 1. 10) Martial. IX 20. Hülsen-Jordan, Topogr. I 3 S. 425 f. 11) Hist. aug. Pescenn. Niger 12, 4. 12) Seneca ep. 86, 4 f. 13) Appian. B. C. IV 19 χωρίον δ καθ' ἱστορίαν τοῦδε τοῦ πάθους εἶδον. 14) Plutarch. Otho 14. 18.

nennt als solche die Überbleibsel von Noahs Arche auf einem Berge in Armenien[1]) — andre wurden in einer Gegend von Adiabene gezeigt[2]); die Salzsäule, in die Lots Weib verwandelt ward (er hatte sie selbst gesehen)[3]); bei Hebron die Gräber der Enkel Abrahams und eine riesige Terebinthe, die seit Erschaffung der Welt stehen sollte[4]). Daß bei den seit dem Anfange des 4. Jahrhunderts häufigen christlichen Pilgerfahrten nach dem heiligen Lande[5]) kein Ort unbesucht gelassen wurde, an den sich Erinnerungen aus dem Alten oder Neuen Testament knüpften, versteht sich von selbst. Außer der Reiseroute für Pilger von Bordeaux nach Jerusalem im J. 333[6]) ist an bezüglichen Mitteilungen auch der Bericht einer vornehmen, wahrscheinlich gallischen Pilgerin über ihre Fahrt nach den heiligen Stätten[7]) reich. Der Dornbusch, aus dem Gott im Feuer zu Moses sprach, befand sich damals in einem schönen Garten vor einer von Klöstern umgebenen Kirche, und man zeigte auch die Stelle, wo Moses gestanden hatte. Bei Carrhä in Mesopotamien zeigte man den Brunnen, aus dem die heilige Rebekka die Kamele des heiligen Abraham und den, aus welchem der heilige Jakob die Tiere der heiligen Rahel tränkte; daneben sah man den ungeheuren Stein, den der Heilige von dem Brunnen fortgewälzt hatte usw.[8]). Doch die Salzsäule, in welche Lots Weib verwandelt worden war, hatte die Pilgerin nicht gesehen, nur den Ort, wo sie gestanden haben sollte: sie wolle, sagt sie, ihre ehrwürdigen Schwestern hierüber nicht täuschen[9]). Dagegen heißt es in der Beschreibung einer im letzten Viertel des 6. Jahrhunderts gemachten Pilgerfahrt: Lots Weib stehe noch, so wie sie war, und es sei eine falsche Angabe, daß sie von Tieren durch Lecken verkleinert werde[10]).

b. DAS INTERESSE FÜR KUNST.

Zurücktreten des Kunstinteresses hinter dem historischen.

Das historische Interesse, wie es bisher geschildert worden ist, überwog bei den Reisen der Römer jedes andre weit; und dies tritt auch in folgender Betrachtung eines römischen Dichters der frühen Kaiserzeit am Schlusse eines Gedichts über die Wunder des Ätna unverkennbar hervor. Prächtige Tempel, merkwürdig durch Schätze und heilige Altertümer, zu schauen, ziehen wir durch Länder und Meere und bestehen Lebensgefahren; begierig forschen wir nach den Märchen alter Sage und wandern von Volk zu Volk. Jetzt freuen wir uns, die von den beiden unähnlichen Brüdern erbauten ogygischen Mauern Thebens zu sehen, und versetzen uns gern in jene fernen Zeiten, bewundern bald die Steine, die sich beim Klange des Liedes und der Lyra zusammenfügten, bald den Altar, von dem der Rauch des Doppelopfers getrennt aufstieg, dann die Taten der sieben Helden und wie Amphiaraus vom Abgrunde verschlungen ward. Dort fesselt uns der Eurotas und die Stadt des Lykurg und die heilige ihrem Führer in den Tod folgende Schaar. Dann wird Athen besucht, stolz auf seine Sänger und seine siegreiche Göttin Minerva. Hier vergaß

1) Joseph. A. J. I 92. 2) ebd. XX 25. 3) ebd. I 203. 4) Joseph. B. J. IV 532f. 5) Elter, Itinerarstudien (1908) S. 21f. 6) Oben S. 330. 7) Zeit und Heimat der Verfasserin sind noch umstritten; vgl. besonders K. Meister, Rhein. Mus. LXIV 1909 S. 337ff. und E. Löfstedt, Philologischer Kommentar zur Peregrinatio Aetheriae (1911) S. 4ff. 8) S. Silviae s. Aetheriae peregrinatio 2, 2f. 4, 7. 20, 4. 11. 21, 2. 9) ebd. 12, 7. 10) Antonini Placentini Itinerarium p. 169, 19 Geyer.

einst der treulose Theseus bei seiner Rückkehr das weiße Segel für seinen Vater aufzuziehen; auch Erigone, jetzt ein berühmtes Gestirn, ist ein Sang von Athen geworden; von dort stammte Philomele, die nun in gesangdurchtönten Wäldern, Procne, die an Dächern nistet, der wilde Tereus, der auf einsamen Feldern umherirrt. Wir bewundern die Asche Trojas und das mit Hector gefallene Pergamum, wir erblicken den kleinen Hügel des großen Hector, hier liegt auch der schnelle Achill und der Rächer des großen Hector.

Doch derselbe Dichter erwähnt nach dem historischen Interesse auch das Interesse an der Kunst als ein solches, das Reisen veranlaßte oder deren Richtung mitbestimmte. Er fährt fort: Ja auch griechische Gemälde und Bildwerke fesseln viele; bald die Anadyomene mit triefenden Haaren, bald die schreckliche Kolcherin, zu deren Füßen ihre Kleinen spielen, bald das Opfer Iphigenias mit dem verhüllten Vater, bald das berühmte Werk Myrons: diese Fülle der Werke und ihre Kunst zieht viele an, und du glaubst gefahrvolle Reisen zu Lande und zu Wasser machen zu müssen, um sie zu sehen[1]).

Daß wißbegierige und um Bildung bemühte Römer auf ihren Reisen nicht versäumten, die Kunstwerke zu besichtigen, die namentlich Griechenland und Kleinasien in so großer Fülle besaßen, braucht nicht erst gesagt zu werden. Cicero rühmt von Pompejus, er habe sich in Griechenland durch nichts aufhalten lassen, nicht einmal sich Zeit genommen, Bilder und Statuen und die übrigen Zierden der griechischen Städte, die andre zu rauben pflegten, auch nur zu betrachten[2]). Derselbe nennt eine Anzahl von Kunstwerken in Sicilien, die Verres geraubt und die sich vorher teils im Privatbesitz, teils in Tempeln befunden hatten: jeder Fremde war von den Einwohnern dahin geführt worden und hatte sie in Augenschein genommen. In der Kapelle des Hejus zu Messana war ein Eros von Praxiteles, ein Herakles von Myron, zwei Kanephoren von Polyclet. Jeder Römer, der nach Messana kam, ging dahin, um diese Werke zu betrachten, die täglich zu sehen waren, so daß das Haus ebensosehr der Stadt wie dem Besitzer zur Zierde gereichte[3]). Alle Fremden, die nach Segesta kamen, besichtigten dort die Statue der Diana; als Cicero Quästor war, war sie das erste, was ihm gezeigt wurde[4]). In Syrakus galt nichts für so sehenswert wie das Bild einer Reiterschlacht des Agathocles im Minerventempel usw.[5]).

Kunstwerke in Sicilien — in Griechenland.

Neben den Studien des Plato, des Demosthenes und des Menander wollte sich Properz in Athen auch mit Betrachtung von Bildern und von Werken in Bronce und Elfenbein beschäftigen[6]). Apulejus erwähnt, daß er auf dem Schilde der Athena auf der Akropolis den Porträtkopf des Phidias, den der Künstler dort angebracht, gesehen habe[7]).

Besonders aber mußte man natürlich solche Kunstwerke aus eigner Anschauung kennen, die viel genannt und jedem Gebildeten dem Namen nach bekannt waren, wie die bedeutenderen Städte Griechenlands deren auch noch in der Kaiserzeit aufzuweisen hatten, wenn sich gleich ein Teil derer, die Cicero als Hauptzierden der Städte Griechenlands und Asias nennt, damals schon in Rom befand[8]). Auch um ihretwillen wurden Reisen unternommen. Man be-

1) Aetna 569—600. 2) Cic. De imp. Cn. Pomp. 40. 3) Cic. Verr. II 4, 5; vgl. Roßbach, Rhein. Mus. LIV 1899 S. 277ff. 4) Cic. Verr. II 4, 74. 5) ebd. 122; vgl. 126ff. 6) Propert. III 21, 29f. 7) Apul. De mundo 32. 8) Cic. Verr. II 4, 135.

suchte in Ciceros Zeit Thespiä, das sonst durchaus nichts Sehenswürdiges besaß, einzig und allein, um den Eros des Praxiteles zu sehen[1]), und um seiner Aphrodite willen, die manchen für das erste Kunstwerk in der Welt galt, hatten nach Plinius viele die Seereise nach Knidos gemacht[2]). Ihr reiset nach Olympia, sagt Epictet, um den Zeus des Phidias kennen zu lernen, und jeder von euch hält es für ein Mißgeschick, zu sterben, ohne ihn gesehen zu haben[3]). Wenn diese Äußerung sich zunächst auch nur auf die Griechen bezieht und nur für diese gilt, so werden doch ohne Zweifel auch Römer nicht selten dieselbe Reise zu demselben Zwecke gemacht haben.

Das Kunstinteresse der Römer äußerlich und oberflächlich.

Doch wie sehr das historische Interesse bei den Reisen der Römer das Kunstinteresse überwog, geht schon allein daraus hervor, daß jenes fast überall als das leitende hervortritt, dieses nur ganz gelegentlich und ausnahmsweise zur Sprache kommt. In der Tat war dies Interesse meistens ein ganz oberflächliches und äußerliches, gewöhnlich durch den Namen des Künstlers und die Berühmtheit des Werkes bedingt. Man sah, um gesehen zu haben, und auch in dieser Beziehung glichen die Reisen der damaligen Römer denen der heutigen Engländer ebensosehr wie in dem eifrigen und gewissenhaften Aufsuchen historischer Erinnerungen[4]). Wie sich Atticus bei Cicero über Athen äußert, so hat, wie wir nach allem annehmen dürfen, die große Mehrzahl der gebildeten Römer zu allen Zeiten empfunden. Orte, sagte er, an denen Spuren derer sind, die wir lieben und bewundern, machen einen gewissen Eindruck auf uns. Ja selbst meine Lieblingsstadt Athen erfreut mich nicht so sehr durch ihre griechischen Bauten und kostbaren Werke alter Künstler, als durch die Erinnerung an ihre großen Männer, wo sie gewohnt haben, wo sie zu sitzen, wo sie sich im Gespräch zu ergehen pflegten, und auch ihre Gräber betrachte ich mit Interesse[5]).

c. DAS INTERESSE FÜR NATUR UND DAS NATURGEFÜHL ÜBERHAUPT.

Verschiedenheit des antiken und des modernen Naturgefühls.

Ungleich mehr als das Kunstinteresse tritt bei den Reisen der Römer das Interesse an der Natur hervor: auch in allem, was sich auf Erholung des Gemüts und auf Genuß bezieht, sagt Atticus, hat die Natur den Vorrang[6]). Doch zeigt sich dies Interesse meist als ein von dem modernen sehr verschiedenes. Es war ebenfalls sehr häufig kein unmittelbares, sondern hervorgerufen und bestimmt durch Berühmtheit, Seltenheit und Ungewöhnlichkeit, endlich durch Heiligkeit der betreffenden Gegenstände und Erscheinungen.

Religiöser Charakter des antiken Naturgefühls.

Das antike Naturgefühl unterscheidet sich von dem modernen am meisten durch seinen religiösen Charakter. Bedeutende Naturerscheinungen ergriffen die Gemüter der Alten mit einer andern Macht als die der Neueren, sie fanden sich hier einem göttlichen oder dämonischen Walten gegenübergestellt, und zu Staunen und Verwunderung gesellte sich immer religiöse Verehrung. Während aber die Phantasie der Griechen die Erscheinungen und Wirkungen der Natur zu göttlichen Personen gestaltete und sie so der menschlichen Empfin-

1) Cic. Verr. II 4, 4. Strabo IX 410. Plin. n. h. XXXVI 22. 2) Plin. n. h. XXXVI 20. 3) Epictet. Diss. I 6, 23. 4) Vgl. unten [III 109]. 5) Cic. De leg. II 4. 6) ebd. II 2. Die Schrift von A. Biese, Die Entwicklung des Naturgefühls bei den Römern (1884) ist in keiner Weise geeignet, die Einsicht in den Gegenstand zu fördern. Vgl. Friedlaender in der Berliner philol. Wochenschrift 1884, 655 ff.

dung nahe brachte[1]), blieb den Italikern die Gottheit, wenn auch allgegenwärtig, dennoch geheimnisvoll und fremd. Sie erfaßten sie als ein die ganze Natur erfüllendes »Fluten und Weben unpersönlichen Geistes«, das aber keine feste Gestalt gewann. Der fromme Sinn, der überall und in jedem Moment die Einwirkung schützender und erhaltender Mächte empfand, wurde am stärksten durch die Eindrücke der freien Natur angeregt. »Wo immer ein heimlicher Platz liebe Erinnerungen weckte, eine schöne oder erhabene Aussicht die Seele beschwingte, eine fruchtbare Trift oder ein wohlbestellter Acker die Vorstellung göttlichen Segens erregte, liebte man es durch einen einfachen Altar und das Bild einer Schlange an die höhere Ursache und die verborgene Seele des Ortes (*genius loci*) zu erinnern«[2]). Wie sehr auch der alte Götterglaube sich im Laufe der Jahrhunderte gewandelt hatte, das religiöse Gefühl der Natur gegenüber war den Römern jener Zeit so wenig wie den Griechen verloren gegangen: blieben doch auch die Erscheinungen, die es hervorriefen, immer dieselben und wirkten immer von neuem mit der alten Gewalt auf das menschliche Gemüt.

Von zahlreichen Äußerungen römischer Schriftsteller und Dichter aus jener Zeit, in denen dies religiöse Naturgefühl sich offenbart, mag hier nur eine von Seneca stehen. »Erblickst du einen Hain von dichtstehenden, alten, über die gewöhnliche Höhe aufragenden Bäumen, wo die Masse des über- und durcheinander sich erstreckenden Gezweiges den Anblick des Himmels ausschließt, dann gibt der riesige Baumwuchs, das Geheimnis des Orts und die Bewunderung des im offenen Felde so dichten und zusammenhängenden Schattendunkels dir das Gefühl von der Gegenwart einer Gottheit. Und wenn eine Grotte mit tief ausgefressenem Felsgestein sich in einen Berg hineinerstreckt, keine künstliche, sondern durch natürliche Ursachen zu solcher Weite ausgehöhlt, so wird sie dein Gemüt mit der Ahnung von etwas Höherem ergreifen. Wir verehren die Ursprünge großer Flüsse; wo ein gewaltiger Strom plötzlich aus dem Abgrunde hervorbricht, stehen Altäre, heiße Quellen haben ihren Gottesdienst, und manche Seen werden wegen ihres dunkeln oder unermeßlich tiefen Wassers für heilig gehalten«[3]). In der Einsamkeit und Stille der Natur, wo man sich der Gottheit näher, von ihrem Walten unmittelbar berührt und ihres Schutzes bedürftiger fühlte, regten sich religiöse Empfindungen eben öfter und stärker als in dem Lärm und Gewühl der Städte, und vor dämmernden Grotten, alten Bäumen, eingehegten Hügeln verweilte der Wanderer oft in unwillkürlicher Andacht[4]). So suchte man Orte, die sich durch eine großartige oder schöne Natur auszeichneten, nicht bloß auf, um sich an ihrem Anblick zu erfreuen, sondern zugleich um die Gottheit, der sie geweiht waren, zu verehren.

1) Reiche Literatur, zuletzt F. Matz, Die Naturpersonifikationen in der griech. Kunst, Diss. Göttingen 1913. 2) Preller, Röm. Mythol. II³ 201 f. 3) Seneca ep. 41, 3. Andre derartige Stellen s. bei Preller a. a. O. I³ 108, 1 und H. Motz, Über die Empfindung der Naturschönheit bei den Alten (1865) S. 45 f. Vgl. Wörmann, Über den landschaftl. Natursinn d. Griechen u. Römer (1871) S. 82 ff. 4) Apul. Florid. 1. Vgl. auch die poetischen Anrufungen des Silvanus im Tale des Tirinus CIL IX 3375 = Buecheler, Carm. ep. 250, bei Axima CIL XII 103 = Buecheler 19 und in der Byzacena, Cagnat-Besnier, l'année épigraph. 1909 nr. 177 = Engström, Carm. epigr. nr. 369.

Quellen.

»Ganz besonders fand das lebendige Wasser, wo es ohne menschliche Vorrichtung zutage kommt, wie die Juristen sagen, als *caput aquae* eine *perpetua causa* hat, eine allgemeine, das Heidentum sogar überdauernde Verehrung«[1]). Man bewies diese durch Hineinwerfen frommer Spenden, namentlich Münzen, die, wie bemerkt[2]), noch jetzt auf dem Boden von Flüssen und Quellen häufig gefunden werden, und durch die Erbauung von Kapellen und Heiligtümern. So stand an den Quellen der Seine ein, wie es scheint, zu Ende des 1. Jahrhunderts gebauter Tempel[3]), ein namentlich von Kranken, die hier Heilung suchten, vielbesuchter Wahlfahrtsort. So erhob sich über der kristallhellen, in reichlichster Fülle sprudelnden Quelle des Djebel Zaghuan, welche die von den Arabern unter die Weltwunder gezählte, wohl von Sever und Caracalla erbaute Wasserleitung des römischen Karthago speiste, ein großartiger Tempel, der, mit einer weiten Halbkreisnische sich an die steile Felswand lehnend, mit seiner Öffnung »die lieblichste aller Gegenden überschaute«, und von dem noch imposante Ruinen übrig sind[4]). So zog die Quelle des Clitumnus in Umbrien die Besucher ebensosehr durch ihre Heiligkeit wie durch ihre Schönheit an[5]). Unter einem mit Zypressen bestandenen Hügel strömte sie hervor, eiskalt und von durchsichtigem Grün, in dem sich die Eschen der beiden Ufer spiegelten, und erweiterte sich bald zum schiffbaren Flusse, der von Landhäusern eingefaßt war. Ein alter Tempel und viele Kapellen (von denen eine, etwa in der Zeit des Theodosius für den christlichen Gottesdienst geweiht, noch existiert)[6]) standen am Ursprunge; Wände und Säulen waren von den Besuchern vollgeschrieben, die sich hier offenbar besonders zahlreich einfanden, auch Caligula machte einmal einen Ausflug nach Mevania, um den Hain und den Strom des Clitumnus zu sehen[7]). Aber ohne Zweifel wurden auch andere schöne und merkwürdige Flüsse und Quellen viel besucht. Vom Po sagt der ältere Plinius, er entspringe aus einer sehenswürdigen Quelle[8]).

Grotten.

Unter den Grotten und Höhlen waren die berühmtesten die korykische am Parnaß, die Pausanias die größte und sehenswürdigste von allen nennt, die er gesehen[9]), und die gleichnamige bei der Stadt Korykos in Cilicien, diese letztere offenbar keine eigentliche Höhle, sondern eine überwölbte Felsschlucht, wie man sie in Süddeutschland mit dem Namen »Klamm« bezeichnet[10]); drei andere große und merkwürdige, verschiedenen Göttern geweihte Höhlen in Kleinasien beschreibt Pausanias[11]). Daß das Naturgefühl der Alten in diesen

1) Rudorff, Ztschr. f. geschichtl. Rechtswissensch. XV (1848) 214ff. 2) Vgl. oben S. 330, 1. 3) Ausland 1869 S. 236ff. CIL XIII p. 437. Vgl. CIL XII 3076 (Nemausus): *August. laribus cultores Urae* (wohl jetzt Eure) *fontis*. Über die Quelle Nemausus Auson. ordo clar. urb. 14, 34 (vgl. CIL XII 3070. 3072. 3093ff.). 4) Barth, Wanderungen durch die Küstenländer des Mittelmeers (1849) I 118f. Schulten, Das röm. Afrika (1899) S. 57. Die Quelle des Amsaga (Wed el-Kebir) wurde als Gottheit verehrt. CIL VIII 5884 = Dessau 3906 *Genio numinis Caput Amsagae sacrum*. Vgl. die neugefundene Inschrift bei Cagnat-Besnier a. a. O. 1913 nr. 225 ... *fontem Caput Amsagae vetustate dilapsum et torrentibus adsiduis dimmolitum ab imo usque ad summum quadrato lapide novo et signino opere ... instruxit et cultum perfecit idemque dedicavit.* 5) Plin. ep. VIII 8. 6) De Rossi, Bull. di arch. crist. 2. ser. II 1871 S. 143—148. Grisar, N. Bull. d. arch. crist. I 1895 S. 127ff. 7) Sueton. Calig. 43. Von den dortigen zahlreichen Heiligtümern führte eine Station zwischen Spoleto und Trevi den Namen *Sacraria*, Itin. Burdig. p. 31, 9 Geyer. 8) Plin. n. h. III 117. Weihinschrift *Pado patri* Dessau 3903. 9) Pausan. X 32, 2. 10) Strabo XIV 670f. beschreibt sie kurz, Pomp. Mela I 72ff. sehr poetisch. 11) Pausan. a. a. O. § 3—6.

kühnen Wölbungen mit ihren wunderlichen Stalaktiten und anderen seltsamen Gesteinbildungen Wohnungen von Göttern (besonders von Nymphen)[1] zu erkennen, daß man in dem Rauschen von der Decke herabtropfender oder tief unten strömender Wasser Klänge einer dämonischen Musik zu vernehmen glaubte, daß man in dem geheimnisvollen Dämmerschein oder dem von Fackellicht schwach erleuchteten Dunkel sich von unbestimmter Angst erfaßt fühlte, ist begreiflich. Das Innere der korykischen Grotte in Cilicien war nach Pomponius Mela zu schauerlich, als daß jemand darin hätte vordringen können, und blieb daher unbekannt[2]. Wohl alle größeren Grotten waren bestimmten Gottheiten geweiht, deren Bilder auch darin standen[3].

Haine und einzelne uralte oder riesengroße Bäume.

Ebenso natürlich ist die Verehrung der Haine und Bäume, die sich durch Uralter und riesigen Wuchs auszeichneten. Einst, sagt Plinius, waren Bäume die Tempel der Götter, und noch jetzt weihen nach altem Brauch die einfachen Landbewohner einen hervorragenden Baum einem Gotte, und wir verehren Bilder, die von Gold und Elfenbein funkeln, nicht mehr als Haine und das in ihnen herrschende Schweigen[4]. In der Tiefe der Haine und Wälder regte sich vor allem jenes geheimnisvolle Bangen, das den Alten die Nähe der Gottheit verkündete[5]. Pausanias zählte die ältesten, in die graue Vorzeit hinaufreichenden Bäume in Griechenland auf, wie die Weide auf Samos, die Eiche zu Dodona, den Ölbaum auf der Akropolis zu Athen[6]. Auch die Palme des Apollo auf Delos, die bereits Odysseus bewunderte, stand noch in Plinius Zeit. In der Tat reicht die natürliche Lebensdauer auch der Dattelpalme nicht so weit, und seit Odysseus Zeiten hatte mehr als ein neues Exemplar das alte ersetzen müssen[7]. Plinius nennt auch die ältesten Bäume in Rom, einen Lotosbaum auf dem Volcanal, der älter sein sollte als die Stadt selbst; eben dort eine gleichaltrige, in der letzten Zeit Neros umgestürzte Zypresse, einen Lotosbaum in dem Hofe des 375 v. Chr. gegründeten Lucinatempels, der dort schon vor dessen Erbauung gestanden und ein Alter von rund 500 Jahren haben sollte, und andere[8]; ebenso gedenkt er der ungeheuersten, in deren Höhlungen zum Teil mehrere Menschen Platz hatten[9]. Solche Bäume, wie die sogenannte schöne Pinie am Ida von etwa 70 Meter Höhe, die schon der erste Attalus von Pergamum beschrieben hatte[10], wurden offenbar viel besucht, besonders aber gewaltige Platanen.

Platanen.

»Was konnte in den dürren Felsenlabyrinthen südlicher Sonnenländer erwünschter sein, ja mehr zur Andacht und Bewunderung stimmen, als der Baum, der mit herrlichem, hellem Laube an grünlich-grauem Stamme, mit schwebenden, breiten, tief ausgezackten Blättern, murmelnde Quellen und Bäche beschattet und noch heute den Ankömling empfängt, wie er vor Jahrhunderten die Voreltern empfangen und mit Kühlung erquickt hat?« Pausanias erwähnt unter andern uralten Platanen auch die bei Kaphyai in Arkadien von

1) Lehrs, Populäre Aufs.[2] S. 122f. 2) Pompon. Mela I 74. 3) Pausan. a. a. O. Inschriften von Pilgern in Grotten oben S. 443, 3. Ganz im antiken Sinne schildert Jakob Balde bei einem Besuch der Madonna zu Waldrast in Tirol den Eindruck dortiger Grotten (Lyric. II 11, 21—24): *spirat ex antris pietas et horror conscius nymphae. locus ipse gratum terret ac mulcet superique per praecordia fusi.* 4) Plin. n. h. XII 3. 5) Vgl. Motz a. a. O. S. 45. 6) Pausan. VIII 23, 4. Mit Spott spricht von einigen derselben Cic. De leg. I 1f. 7) Plin. n. h. XVI 240. Hehn, Kulturpfl. u. Haust.[7] S. 594. 8) Plin. n. h. XVI 235f. 9) ebd. XII 9f. 10) Strabo XIII 603.

Menelaus, nach andern von Agamemnon gepflanzte[1]). »Griechenland hatte den Baum und die Freude an ihm aus Asien überkommen, wo die Platane wie die Zypresse von Alters her bei den baumliebenden Iraniern und den vorderiranischen Stämmen Kleinasiens in religiöser Verehrung stand.«[2]) In Aulocrene in Phrygien zeigte man noch in Plinius Zeit die Platane, die Apollo wegen ihrer Höhe gewählt hatte, um den Marsyas daran aufzuhängen. Eine der größten stand in Lycien, ohne Zweifel gleichfalls durch den Mythus geheiligt, wie immer an einer Quelle; die Weite ihrer Höhlung betrug 24 Meter, obgleich die Krone noch so kräftig grünte, daß sie ein breites, undurchdringliches Schattendach bildete; der Konsul Licinius Mucianus, »als er in dieser Platane mit achtzehn Gästen gespeist und nach dem Schmause geruht, gestand, daß sie ihm eine schönere Umgebung gewährt habe, als die gold- und bildgeschmückten Marmorsäle Roms bieten konnten«. Bei Gortyn auf Kreta stand die angeblich immergrüne Platane, unter welcher der Sage nach Zeus die Europa umarmt hatte; sie war in lateinischen und griechischen (vermutlich an ihrem Stamm befestigten) Gedichten gefeiert[3]).

Das Interesse für berühmte und von Dichtern geschilderte Lokalitäten.

Ein zweites Moment, das auf den Ruf der Sehenswürdigkeit einer Lokalität wesentlichen Einfluß übte, war Berühmtheit, die sie der Poesie und Literatur verdankte. Durch Einflüsse, wie sie der Titan Jean Pauls mindestens bis in das 4. Jahrzehnt des 19. Jahrhunderts auf den Besuch der Borromeischen Inseln und der Insel Isch[4]), und in weit höherem Grade die Dichtungen Walter Scotts auf den der schottischen Hochlande geübt haben, ist die Richtung der römischen Reisen offenbar sehr häufig bestimmt worden. War die Schilderung einer Gegend erst zum Lieblingsthema der Schriftsteller und Dichter geworden, dann vermehrten diese Schilderungen gewiß die Zahl ihrer Besucher; und dies war auch bei einem großen Teil der eben genannten Orte und Sehenswürdigkeiten der Fall. In der Beschreibung, die Pomponius Mela von der korykischen Höhle in Cilicien gibt, klingen Reminiszenzen an poetische Schilderungen durch; ebenso bei Plinius[5]) in der des Tempetals, »zu dessen beiden Seiten sanft geneigte Wände in unabsehbare Höhe hinaufragten; die schmale Sohle durchströmte der Peneus, zwischen grasigen Ufern inmitten eines schönen Hains, Vogelgesang tönte aus den Wipfeln der Bäume«. Das Tempetal war auch unter den Gegenden, mit deren Nachahmungen Hadrian seine Villa bei Tibur schmückte[6]). Seneca erkundigte sich bei seinem Freunde Lucilius, nachdem dieser ganz Sicilien bereist hatte, nur nach der Natur des ganz allein durch die Dichtung berühmt gewordenen Charybdisstrudels; daß die Scylla ein unge-

Korykische Höhle.

Tempetal.

Scylla und Charybdis.

1) Pausan. VIII 23, 4, vgl. Plin. n. h. XVI 238. 2) Hehn a. a. O.[7] S. 292. 3) Plin. n. h. XII 9ff. 4) Vgl. z. B. Stromeyer, Erinnerungen eines deutschen Arztes I 443. Karl Hase, Ideale und Irrtümer[2] S. 369f. 5) Plin. n. h. IV 30f.: *et ante cunctos claritate Penius ortus iuxta Gomphos interque Ossam et Olympum nemorosa convalle defluens D stadiis, dimidio eius spatii navigabilis. In eo cursu Tempe vocant V milium passuum longitudine et ferme sesquiiugeri latitudine ultra visum hominis attollentibus se dextra laevaque leniter convexis iugis, intus sua luce viridante. hac labitur Penius vitreus calculo, amoenus circa ripas gramine, canorus avium concentu;* s. die Paraphrase bei Bocat. De montib. sylvis fontibus p. 473 (ed. Basel 1532) *et gramine vestitis marginibus inter sonoros calculos labens canoro avium concentu laetior videtur incedere* und Friedlaender, De duobus locis Plinianis. Progr. Königsberg 1867. Vgl. auch Bursian, Geogr. v. Griechenland I 58f. 6) Hist. aug. Hadrian. 26, 5. Vgl. Winnefeld, Die Villa Hadrians bei Tivoli (1895) S. 53.

fährlicher Fels sei, wußte er bereits[1]). Noch Hieronymus erwähnt in einem kurzen Bericht über seine Reise aus Italien in den Orient, daß er bei Rhegium an der Scylläischen Küste sich die alten Sagen erzählen ließ, von der gefährlichen Fahrt des Odysseus, den Gesängen der Sirenen und dem unersättlichen Schlunde der Charybdis[2]). Das Reisen, sagt Seneca an einer andern Stelle seiner Briefe, wird dir Kenntnis von Völkern verschaffen, wird dir neue Gebirgsformen zeigen, unbekannte Ausdehnungen von Ebenen, von unversieglichen Wassern durchrieselte Täler oder die merkwürdige Natur irgendeines

Große und berühmte Flüsse.

Flusses: möge er nun wie der Nil in sommerlicher Anschwellung wachsen, oder wie der Tigris sich dem Blicke entreißen und nach unsichtbar vollbrachtem Laufe zu ungeschmälerter Größe sich wiederherstellen, oder wie der Mäander, ein Gegenstand für Spiel und Übungen sämtlicher Dichter, sich in häufigen Windungen schlängeln und oft, bis an sein eigenes Bett herangewunden, wieder umbiegen, bevor er in sich selbst fließt: übrigens wird es dich weder besser machen noch vernünftiger[3]). Man sieht, diese Flüsse sind genannt, nicht weil sie durch die Schönheit ihrer Ufer, sondern weil sie durch ihre Größe, ihre Berühmtheit und merkwürdige Phänomene interessieren. Sidonius Apollinaris beschreibt seine Reise nach Rom einem Freunde, der sich erkundigt hatte, welche berühmten Städte, Schlachtfelder, heiligen Berge oder »durch die Gesänge der Dichter verherrlichten Ströme« er gesehen habe[4]). Weil wir zu Großem geboren sind, sagt der Verfasser der Schrift vom Erhabenen, bewundern wir nicht die kleinen Flüsse, wenn sie auch klar und nützlich sind, sondern den Nil, die Donau und den Rhein, noch weit mehr aber den Ozean[5]). Jenes Verschwin-

Absturz des Tigris.

den des Tigris »tief in gähnender Kluft« und »sein Fortströmen unter dem Boden«[6]) scheint so wie ähnliche (wirkliche oder gefabelte) Phänomene an anderen Strömen auch die dichterische Phantasie viel beschäftigt zu haben. Die angeführten Worte sind Versen Neros entlehnt[7]); außerdem haben wir Beschreibungen desselben Gegenstands von Lucan[8]) und dem Verfasser einer griechisch geschriebenen poetischen Erdbeschreibung, Dionysius unter Hadrian[9]).

Das Interesse für das Abnorme und Phänomenale in der Natur.

Dies führt auf ein drittes, hier in Betracht zu ziehendes Moment, das ebenfalls bei mehreren schon genannten Punkten zur Erhöhung der Sehenswürdigkeit beitrug: die Anziehung, die alle abnormen, seltenen, von der Regel abweichenden Naturerscheinungen übten. Von den schwimmenden Inseln im vadimonischen See bei Ameria sagt der jüngere Plinius, wie bereits angeführt ist, eine solche Naturmerkwürdigkeit lasse man in Italien unbeachtet, während man Reisen mache und Seefahrten unternehme, um ähnliche, nicht sehenswertere Phänomene in andern Ländern kennen zu lernen[10]). Römer und Griechen, die sich in den westlichen Provinzen aufhielten, reisten nach Gades oder an die

Ebbe und Flut des Atlantischen Meers.

Westküste von Gallien, um die Ebbe und Flut des Atlantischen Ozeans zu

1) Seneca ep. 79, 1. 2) Hieronym. c. Rufin. III 22. 3) Seneca ep. 104, 15. In dem verdorbenen *alicuius fluminis sub observatione naturam* scheint *rariorem* zu stecken. Vgl. Nat. qu. III 26. VI 8. 4) Sidon. Apoll. ep. I 5, 1. 5) Ps. Longin. De sublimit. 35, 4. Alciphro ep. IV 15, 15 ἦ μέγα καὶ θαυμαστὸν ἰδεῖν τὸν Νεῖλον· οὐ μέγα δὲ καὶ τὸν Εὐφράτην ἰδεῖν; οὐ μέγα δὲ καὶ τὸν Ἴστρον; οὐ τῶν μεγάλων καὶ ὁ Θερμώδων, ὁ Τίγρης, ὁ Ἅλυς. 6) Vgl. Lehmann-Haupt, Zeitschr. f. Ethnol. XXXIII 1901 S. (226 ff.). 7) Schol. Lucan. III 261. 8) Lucan. III 261 ff. 9) Dionys. Perieg. 987 ff. 10) Plin. ep. VIII 20, 2. Oben S. 398. Über die schwimmende Insel im See von Cutiliae Nissen, Ital. Landesk. II 476.

sehen; in Gallien reiste in dieser Absicht Lucians Freund Sabinus[1]), Auch Philostrat hatte dies Schauspiel hier gesehen; nach Gades läßt er ebendeshalb seinen Apollonius reisen und berichtet von dort die auch jetzt in Küstengegenden heimische Sage, daß Totkranke während der Flutzeit nicht sterben können, erst mit dem Eintritt der Ebbe verläßt die Seele den Körper[2]). Strabo, Apulejus und Cassius Dio beschreiben aus eigener Anschauung einen Schlund bei Hierapolis in Phrygien[3]), aus dem kohlensaure Dämpfe aufstiegen, die alle Menschen und Tiere töteten (mit Ausnahme, wie dort behauptet wurde, von Eunuchen); sie hatten mit Vögeln und andern Tieren Experimente angestellt[4]). Wie sehr der Ort besucht war, geht daraus hervor, daß man einen eigenen Bau zum bequemeren Betrachten dieses Phänomens errichtet hatte; dieses Theater, wie Cassius Dio es nennt, scheint erst nach Strabos Zeit erbaut worden zu sein, der es nicht erwähnt; noch im 6. Jahrhundert wurde das Phänomen beobachtet[5]). Es versteht sich von selbst, daß alle solche Orte, aus denen tödliche Dünste aufstiegen und die dem Volksglauben als Eingänge zur Unterwelt galten (*Averni*, Χαρώνεια)[6]), eine ähnliche Beachtung fanden: zu diesen gehörte der noch heute Lago d'Averno genannte See bei Cumä, wo in alter Zeit ähnliche Erscheinungen beobachtet worden sein sollen wie jetzt an der dortigen Solfatara[7]), und der durch Vergil, welcher dort seinen Äneas in die Unterwelt hinabsteigen läßt, weltberühmt geworden ist. Doch auch nur die berühmtesten wirklichen oder eingebildeten, oder doch fabelhaft ausgeschmückten Naturerscheinungen, die von Reisenden aufgesucht wurden, aufzuzählen, würde unmöglich sein; Beispiele zu häufen ist um so überflüssiger, als mehreres Derartige bereits früher erwähnt ist.

Averni.

Das unmittelbare Interesse an der Natur. Vorliebe der Römer für das Landleben.

Das unmittelbare Interesse an der Natur tritt zunächst in der so lebhaften und so verbreiteten Vorliebe der Römer für das Landleben hervor[8]). War diese freilich auch durch die Ungesundheit Roms im Sommer wesentlich mit bedingt, so hatte sie doch nicht minder ihren Grund in dem Verlangen, aus dem Dunst und Staube, dem Lärm und Getümmel, dem Brausen und Tosen der Stadt in die Einsamkeit, Stille und Frische der ländlichen Natur zu entfliehen und sich, wie ein griechischer Schriftsteller sagt, die Erquickung zu verschaffen, die der Anblick der Fluren zu gewähren pflegt[9]): und wie oft regte sich dann bei der Vergleichung von Stadt und Land das Gefühl, daß gegenüber dieser immer gleichen Fülle, Pracht und Herrlichkeit alles Menschenwerk armselig und gering sei. Allerdings sind manche derartige Äußerungen des Naturgefühls unter

---

1) Lucian. Apolog. 15. 2) Philostrat. Apoll. Tyan. IV 47. V 2. Dickens, David Copperfield II 257 Tauchn.: *and it being low water, he went out with the tide.* 3) Strabo XIII 629f. Apul. de mundo 17. Cass. Dio LXVIII 27, 3; vgl. auch Plin. n. h. II 208. Galen. VI 58. 4) Vgl. Cichorius, Altertümer v. Hierapolis (Jahrb. d. arch. Inst. Erg.-Heft IV) S. 38f. 5) Damascius bei Phot. bibl. 344f. Lydus de ostent. 53; Ammian. XXIII 6, 18 kennt die Sache nicht aus eigener Anschauung. 6) Galen. XVI 358f. 7) Nissen a. a. O. II 735. 8) In dem Journal des Goncourts I 259 (Octobre 1858) ist die Liebe der Römer zum Landleben nicht richtig geschätzt, wenn es heißt: »*La campagne, dans l'antiquité, n'était ni une mère, ni une sœur, ni une consolation, ni une amie de cœur. Elle n'était pas, comme pour nous, l'élégie de la Nature, ce pays romanesque, cette patrie de rêverie, teinte du panthéisme d'un dimanche de bourgeois. Elle était un repos, un déliement des affaires, une excuse de paresse, l'endroit où la conversation échappait aux choses de la vie et de la ville, où la pensée prenait sa récréation. La campagne était le salon d'été de l'âme d'Horace.*« 9) Ps. Lucian. Charidem. 1.

dem Einflusse hellenistischer Poesie entstanden[1]); auch gehörte die Vergleichung von Stadt und Land, wie ohne Zweifel die eng damit zusammenhängenden von Kunst und Natur, Überkultur und Ursprünglichkeit, zu den Gemeinplätzen der Rhetorenschulen[2]). Doch läßt sich bei mehreren der hervorragendsten römischen Schriftsteller und Dichter ein echtes und inniges Naturgefühl nicht verkennen. Das Land, sagt Varro, hat uns die göttliche Natur gegeben, die Städte hat menschliche Kunst erbaut[3]): er mochte lieber die Obstkammern in der Villa des Scrofa als die Bildergalerie in der des Lucullus sehen[4]). Auch Lucrez war zufrieden, am Wasserbach im weichen Grase unter den Zweigen eines hohen Baums zu liegen, wenn die Jahreszeit lachte und die grünen Wiesen mit Blumen bestreute, während andre in prachtvollen, von Gold funkelnden Sälen bei Lampenschein unter dem Klange der Saiteninstrumente schmausten[5]). Atticus sagt bei Cicero, er könne sich am Anblick der Inseln im Fibrenus nicht satt sehen und verachte dabei prächtige Villen mit ihren marmornen Fußböden und Felderdecken; wer wollte nicht der gegrabenen Kanäle (in den Gärten) spotten, wenn er diesen Strom sähe![6]) Ganz ähnlich heißt es bei dem ältern Seneca: Kaum kann ich glauben, daß einer von denen, die in ihren Häusern Wälder, Meere und Flüsse nachahmen, jemals wirkliche Wälder oder weite grüne Fluren gesehen hat, auf die ein reißender Strom herabstürzt oder durch die er in der Ebene fließend ruhig dahinwallt; daß sie das Meer von einer Höhe gesehen haben, wenn es still daliegt oder im Winter durch Stürme von Grund aus aufgewühlt ist. Denn wer, der die Wirklichkeit kennen gelernt hat, möchte seinen Geist an so Wertlosem ergötzen?[7])

Vergil. Allbekannt ist, wie Vergil die Landbewohner glücklich preist, wenn sie sich ihres Glücks nur bewußt wären; sein Verlangen nach der friedlichen Stille, der Reinheit und Sorglosigkeit des Landlebens; seine Freude an Tälern, die kalte Ströme erfrischen, an Wäldern, Fluren, Grotten und Seen, dem Gebrüll der Rinder, dem Schlummer unter Bäumen; seine Sehnsucht nach den in griechischer Dichtung gepriesenen Auen des Spercheus, den kühlen, von gewaltigen Laubdächern beschatteten Schluchten des Taygetus und Hämus[8]). Vor allen andern aber hat das Land im Gegensatze zur Stadt Horaz gepriesen. (Horaz.) Dort im Walde, am Ufer der Bäche, unter moosigen Felsen ward ihm erst wohl. Dort war der Winter lau, die Sommerhitze durch frischen Hauch gekühlt, der Schlaf ungestört; wie viel schöner das Grün des duftenden Grases als buntes Gestein, wie viel reiner die mit Gemurmel herabrinnende Quelle als das in Bleiröhren fließende Wasser der städtischen Leitungen![9]). (Properz.) In demselben Sinne rühmt Properz die Pracht der sich selbst überlassenen Natur im Gegensatz zu der künstlich verschönerten, die prangenden Farben der Wiesenblumen, den kräftigen Wuchs des Efeus, des Baums in einsamer Felsschlucht, den Bach, der seinen eigenen Lauf nimmt, das von bunten Steinchen schimmernde Ufer[10]). Auch

1) Helbig, Untersuch. über die Campan. Wandmalerei S. 300f. Rohde, Gr. Roman³ S. 537ff.
2) Rohde a. a. O. S. 541f. G. Reichel, Quaestiones progymnasmaticae (Diss. Leipz. 1909) S. 121f.
3) Varro r. r. III 1, 4; vgl. oben S. 32. 4) Varro r. r. I 2, 10; vgl. I 59, 2. 5) Lucret. II 29ff.
6) Cic. De leg. II 2. Über Ciceros Stellung zur Natur vgl. Schneidewin, Die antike Humanität (1897) S. 418ff. 7) Seneca Controv. II 9, 13. 8) Verg. G. II 458ff. 9) Horat. epist. I 10, 12ff
10) Propert. I 2, 9ff.

Martial, der ein großer Freund des Landlebens war, hat ein Wort der Sympathie für die »wahre und von keiner Kultur berührte Ländlichkeit«[1]). Ebenso bedauert Juvenal die Verkünstelung der Nymphengrotte im Hain der Egeria: wie viel unmittelbarer würde man die Nähe der Gottheit der Quelle empfinden, wenn grüner Rasen sie einfaßte und nicht Marmorbekleidung den natürlichen Tuffstein entstellte[2]). Die Herrlichkeit der Natur im Gegensatz zu allem von Menschen Geschaffenen haben aber nicht bloß die römischen Dichter mit Vorliebe besungen[3]), auch die Prosaschriftsteller gedenken gern der Erfrischung, die es gewährt, den Blick auf dem »schweigenden« Grün[4]), dem vorüberströmenden Flusse ruhen oder in die weite Ferne schweifen zu lassen; dem Gesange der Vögel, dem Murmeln oder Brausen der Wellen zu lauschen, den labenden Lufthauch zu atmen, in Einsamkeit und Stille die Stunden zu verträumen[5]); und allgemein galt den Römern die Natur als die wahre Geburtstätte der Dichtung[6]) sowie der Gedanken[7]).

Martial.

Juvenal.

Diese Liebe der Natur bekundete sich aber auch in der Anlage der Stadtwohnungen der Reichen und Vornehmen, zu deren Vorzügen vor allem sowohl Gärten als schöne Aussichten gerechnet wurden. Nach Plinius wäre die Anlage von Gärten bei Stadtwohnungen zuerst von Epicur eingeführt worden[8]). Wenn diese Nachricht auch vielleicht nicht zuverlässig ist[9]), so darf man doch annehmen, daß die Sitte sich in der Diadochenperiode ausgebildet hat, in der sich ein dem modernen bis zu einem gewissen Grade verwandtes Naturgefühl entwickelte. Auch bei der Anlage von Wohnhäusern trug diese Epoche dem Bedürfnisse nach Naturgenuß Rechnung. Ihr gehört wahrscheinlich die Erfindung der kyzikenischen Zimmer und Speisesäle an. »Diese Räume waren nach Norden orientiert, und in der Mitte mit einer Tür, zu beiden Seiten mit Türfenstern versehen und gestatteten somit von den zwei in ihnen befindlichen Triclinien nach allen Richtungen die Aussicht in das Freie. Man sieht hieraus deutlich, wie sie recht eigentlich auf den Naturgenuß in der Sommerzeit berechnet waren. Vitruv erwähnt diese Räume als Bestandteile des griechischen Wohnhauses, gibt aber zugleich an, daß sie bisweilen, wenn auch zu seiner Zeit nur selten, in italischen Häuseranlagen Platz fanden. Mit dem zunehmenden Steigen des hellenistischen Einflusses wurden auch die kyzikenischen Speisesäle in Italien häufiger. Räume dieser Art fanden sich in zwei Gärten des jüngern Plinius«[10]). Gärten und Parks hatten die Stadtwohnungen der Römer mindestens schon in Sullas Zeit. Die sechs Lotosbäume im Garten des Redners Crassus auf dem Palatin wurden im Jahre 92 v. Chr. ebenso hoch wie der Palast, zu dem sie gehörten, auf 3 Millionen Sesterzen (652500 M.) geschätzt[11]). Ciceros Freund Atticus hatte sein Haus auf dem Quirinal, das früher einem Tamphilus gehört hatte, von einem mütterlichen Oheim geerbt; die Hauptschönheit des-

Sorge für Aussichten und Gärten in Stadtwohnungen.

Kyzikenische Säle.

Gärten in Rom.

1) Mart. III 58, 5: *sed rure vero barbaroque laetatur.* 2) Juv. 3, 18—20. Vgl. die Schilderung eines *antrum — arte laboratum nulla: simulaverat artem ingenio natura suo* Ovid. Metam. III 157—162. 3) H. Motz, Über die Empfindung der Naturschönheit bei den Alten S. 77ff. 4) Plin. n. h. XXXVII 62. 5) z. B. Quintilian. X 3, 24. Seneca ep. 90, 43. 6) Motz a. a. O. S. 78ff. 7) Plin. ep. I 6, 2. Im entgegengesetzten Sinne äußert sich Quintilian. X 3, 22—24. 8) Plin. n. h. XIX 51. 9) Über die griechischen Philosophengärten s. M. L. Gothein, Athen. Mitteil. XXXIV 1909 S. 130ff. 10) Helbig, Untersuch. über die Campan. Wandmalerei S. 273f. Vitruv. VI 3, 10. 7, 3. Plin. ep. II 17, 5. V 6, 29. 11) Oben S. 12.

selben bestand in einem Park[1]). Nach Sallusts Hyperbel von Palästen, »die nach Art ganzer Städte gebaut seien«[2]), darf man vermuten, daß weitläufige Gartenanlagen damals in Rom nicht selten waren. Auch Horaz spricht wiederholt von kleinen Wäldern und Hainen zwischen den bunten Säulen der Peristylien[3]); ein Haus wurde gelobt, welches auf weite Felder sah. Je länger je mehr strebten die Reichen und Großen, auch in ihren Stadtwohnungen so viel wie möglich die Annehmlichkeiten der Villen zu vereinigen. Martial beschreibt den auf einem der höchsten Punkte Roms gelegenen Petilianischen Palast: man konnte dort den Landaufenthalt in der Stadt genießen, die Lese im Weingarten war größer als auf einem falernischen Hügel, es gab hinreichenden Raum zur Spazierfahrt im leichten Wagen innerhalb der Hausschwelle, und kein Straßenlärm, keine zu früh eindringende Tageshelle störte den Schlaf[4]). Bei Philostrat sagt der Besitzer eines prächtigen Hauses auf Rhodus, dessen Erbauung an 24 Talente (ungefähr 113000 Mark) kostet, er werde wenig auszugehen brauchen, denn es seien Wandelbahnen und Haine darin[5]). In diesen Wandelbahnen werden die auch in öffentlichen Portiken gewöhnlichen Angaben ihrer Länge nach Fuß, und wie viel Male man sie auf und abschreiten mußte, um eine Strecke von 1000 Schritt (eine Miglie) oder eine größere zurückzulegen, nicht gefehlt haben[6]). Selbst aus Badezimmern wollte man eine weite Aussicht haben; Seneca sagt, daß die verwöhnten Reichen Bäder ohne große, helle Fenster, in denen man nicht aus der Badewanne auf Felder und Meere blicken konnte, Bäder für Nachtschmetterlinge nannten[7]). Das goldene Haus Neros, das der Inbegriff aller erdenklichen Pracht und Herrlichkeit werden sollte, erregte weniger durch Gold und Edelsteine, »eine längst gewöhnliche Art des Luxus«, Bewunderung, als »durch Fluren und Teiche, durch Nachahmungen der Einsamkeit der Wälder und der freien Natur und durch Fernsichten«[8]). In einer Erörterung der Servituten von Grundstücken bei einem Juristen des 2. Jahrhunderts heißt es, sie beständen nicht in Leistungen, sondern in Zulassungen oder in Unterlassungen, also z. B. nicht darin, daß jemand in seinem Gebäude Malereien ausführe oder einen Garten anlege oder eine schöne Aussicht herstelle[9]).

Sorge für Aussichten auf den Villen.

Wenn man nun schon die Aussichten bei Stadtwohnungen so hoch schätzte, so wurden um so mehr Villen auf hohen Punkten angelegt[10]), die weite, heitere und mannigfaltige Aussichten beherrschten. Martial rühmt die auf dem Monte Mario gelegene Villa seines Freunds Julius Martialis vor allem wegen ihrer reichen Aussicht. Man überblickte von dort ganz Rom und die Campagna bis zum Albaner-Gebirge mit den darin zerstreut liegenden Ortschaften und den großen, von Wagenverkehr belebten Landstraßen, sowie den Tiber bis Ponte

1) Nepos Attic. 13, 2; *aedes amoenissimae* nennt sie Cic. ad Att. III 20, 1. Vgl. auch Ciceros Bemerkung ad Qu. fr. II 8, 4 *hortus domi est* und ad fam. IX 4 *si hortum in bybliotheca habes, deerit nihil.* 2) Sallust. Catil. 12, 3. 3) Vgl. unten [II 330]. 4) Martial. XII 57, 19ff. Oben S. 124. 5) Philostrat. Apoll. Tyan. V 22. 6) Oben S. 9. Vgl. die römische Inschrift CIL VI 29777: *Verdiarii circuitus habet pedes ∞ CL efficit V (quinquies) passus ∞ CL* (vielmehr ∞ *XXX*) und die Inschrift aus der Poikile der Hadriansvilla bei Tivoli CIL XIV 3695[a], dazu Hülsen, Arch. Anzeiger 1896 S. 47. 7) Seneca ep. 86, 8: *blattaria balnea.* 8) Tac. A. XV 42. 9) Pomponius Dig. VIII 1, 15 § 1 (*viridia tollere* wie *hortos extollere* Tac. A. XI 1, *piscinas extollere* XIII 21). 10) Seneca ep. 89, 21.

Molle mit den stromabwärts gleitenden und stromaufwärts gezogenen Fahrzeugen[1]). Die Lage der toscanischen Villa des jüngeren Plinius kann als Beispiel einer in römischem Sinne vollkommen schönen Binnenlandschaft dienen. Man überschaute von hier eine weite Ebene, die wie ein ungeheures Amphitheater ringsum von den Vorbergen des Appennin eingerahmt war; von den höheren Gipfeln zogen sich alte dichte Wälder herab, dazwischen fruchtbare, mit dem üppigsten Kornwuchs prangende Abhänge, unter diesen Weinberge, endlich Felder und Wiesen von schönstem Grün und buntester Blumenfülle, denn durch die ganze Ebene strömte der Tiber und überdies zahlreiche Bäche. Es war ein großer Genuß, diese Gegend von der Höhe aus zu betrachten, man glaubte nicht eine wirkliche Landschaft, sondern ein schönes Bild zu sehen, überall erfreute sich das Auge an der Mannigfaltigkeit, an den Linien und Umrissen, die sich ihm darboten[2]).

Die toscanische Villa des jüngeren Plinius.

Kaum wird man in der antiken Literatur eine Landschaft gelobt finden, der das Wasser mangelt, wie dies im Süden durchaus natürlich ist. Es war nicht bloß der erquickende Blick auf die grenzenlose azurne Fläche des Meers, auf die blauen und grünen Spiegel der Seen, die silberhellen Windungen der Bäche und Flüsse, die weißschäumenden Wasserstürze: es war auch die erfrischende Kühlung, die von den Wassern herwehte, die ihre Nähe so begierig aufsuchen ließ. Noch mehr, das Wasser ist in der südlichen Landschaft das eigentlich belebende Element; wo es fehlt, herrscht Dürre und Öde. An seinen Ufern ist das Grün am frischesten, das Laub am üppigsten, gewähren die Baumwipfel den dichtesten Schatten[3]). Was kann schöner genannt werden als die Gewässer? fragt Petron[4]). Ufer von Landseen, enge, von Bächen durchrieselte Täler und Schluchten, weite, lachende, von Flüssen durchströmte Ebenen zogen die Freunde der Naturschönheit vor allem an.

Das Wasser als das belebende Moment in der südlichen Landschaft.

Das Tempetal, ein Ideal schöner Landschaft im Sinne der Alten, »vereinigt in seltener Weise den Charakter der Anmut eines Flußtals mit dem der Wildnis und Großartigkeit einer tiefen Felsschlucht«. Der Fluß Peneus tritt hier in eine anderthalb Stunden lange, durch die fast unmittelbar an sein Bett herantretenden Abhänge des Ossa und Olymp gebildete Schlucht, die auf beiden Seiten von beinahe senkrechten, zerklüfteten, malerisch mit Grün bewachsenen Felsenmauern eingefaßt ist. Die Abhänge des Olymp fallen fast durchweg schroff ab; dagegen ist am rechten Ufer meist ein schmaler Saum fruchtbaren Lands, der sich manchmal zu kleinen Ebenen erweitert, welche von zahlreichen Quellen erfrischt, mit üppigem Rasen bedeckt, von Lorbeer, Platanen und Eichen beschattet sind. Der Fluß fließt in stetem und ruhigem Lauf, hier und da eine kleine Insel bildend, bald breiter, bald durch die vortretenden Felsen in ein schmales Bett gedrängt, unter einem Laubdache mächtiger Platanen, durch welches die Sonnenstrahlen nicht hindurchdringen, dahin[5]).

Das Tempetal.

So erscheint in allen Naturschilderungen der Alten die Verbindung von Vegetation und Wasser als Haupterfordernis landschaftlicher Schönheit. Das

1) Mart. IV 64; vgl. über die Lage der Villa Elter, Rhein. Mus. XLVI 1891 S. 114. Schenkl, Röm. Mitteil. XXI 1906 S. 211 f. 2) Plin. ep. V 6, 7—13. 3) Pompon. Mela III 17: (Gallia) — *amoena lucis immanibus*. 4) Petron. 100, 1 *quid aquis dici formosius potest?* 5) Bursian, Geogr. v. Griechenland I 58 f. Vgl. Plin. n. h. IV 30 f. oben S. 465, 5.

schattige Tal des Horaz im Sabinergebirge, sein »süßes Versteck«, verdankte seinen Hauptreiz dem Quell Bandusia, dessen plaudernde Wellen von hohlen Steinen herabhüpften, auf denen eine alte Steineiche stand; klarer als Kristall, und selbst in der Siriushitze liebliche Kühle aushauchend[1]). Catull liebte wie seinen Augapfel »vor allen Inseln und Halbinseln, soviele in klaren Landseen und Meereswellen rings der Wassergott hütet«, das liebliche, ohne Zweifel damals gartenartig angebaute Sirmio im blauen Gardasee[2]), auf dem noch Trümmer römischer (wie man glaubt, von Thermen aus Constantins Zeit herrührender) Gebäude sind[3]). Weit und breit, sagt Seneca, gab es keinen See, an dem nicht die Dächer von Villen der römischen Großen ragten, keinen Fluß, den ihre Gebäude nicht einfaßten[4]). Plinius rühmt von Trajan, daß er nicht wie sein Vorgänger die Besitzer von ihrem Eigentum treibe, nicht wie er alle Teiche, alle Seen, alle Waldungen in einer einzigen unermeßlichen Besitzung vereinige, daß nicht mehr wie ehedem Flüsse, Quellen und Meere zur Augenweide eines Einzigen dienen[5]). Ruinen eines Pausilypon (Sorgenfrei) aus Tiberius Zeit (das einer Metia Hedonium gehörte) hat man am See von Bracciano gefunden[6]). Der jüngere Plinius bezeugt, daß die reizenden, reich belaubten Ufer des Comersees mit Villen bedeckt waren[7]). Sie waren es noch in der Zeit Cassiodors, dessen Beschreibung bei allem Schwulst ein tiefes Naturgefühl verrät. Er nennt die Lage der Stadt Comum so schön, daß sie zur Lust allein geschaffen zu sein scheine. Der See hat die Form einer Muschel, deren Umriß von der Weiße des schaumbenetzten Ufers gezeichnet wird; ihn umgeben nach Art eines Kranzes herrliche Gipfel hoher Berge, seine von glänzenden Palästen (*praetoriorum luminibus*) schön geschmückten Ufer werden wie von einem Gürtel von dem immerwährenden Grün der Ölwaldungen eingefaßt. Darüber ziehen sich reich belaubte Weinpflanzungen die Abhänge hinan. Die Kämme sind von der Natur mit Kastanienwald wie mit krausem Lockenhaar geschmückt. Schneeweiße Wasserfälle stürzen von der Höhe in die Fläche des Sees[8]). Noch in der karolingischen Zeit pries ein Dichter dessen Herrlichkeit: das wie in ewigem Frühling prangende Grün des Rasens an seinen Ufern, die sein Bett auf beiden Seiten einrahmenden Olivenhaine, die Lorbeern und Myrten, die Granaten, Pfirsiche und Zitronen seiner Gärten[9]). Doch auch bei viel bescheidenerer landschaftlicher Schönheit verfehlten Wasserspiegel, die von Laub eingefaßt waren, ihre Wirkung nicht. Apollinaris Sidonius schildert in einer modern klingenden Stelle die Flüsse der Lombardei, »den binsenreichen Lambro, die grüne Adda, die reißende Etsch, den trägen Mincio«; ihre Ufer säumten teils Eichen- und Ahornwälder, die von Vogelgesang ertönten, teils Schilf- und Rohrdickichte, in denen die Vögel nisteten[10]).

Villen am Gardasee — am See von Bracciano — am Comersee —

am Anio — Der Lauf des Anio, »des reizendsten unter allen Flüssen«, war von Wäldern beschattet und wurde von den in ununterbrochener Reihe an seinen Ufern entlang gebauten Villen gleichsam festgehalten[11]), unter denen die Neros bei Su-

1) Horat. epist. I 16, 15; carm. III 13. 2) Catull. 31. 3) Zumpt, Philologus XII (1857) 754. 4) Seneca ep. 89, 21. 5) Plin. Paneg. 50, 1. 6) CIL XI 3316. 7) Plin. ep. IX 7, 2, vgl. Plin. n. h. X 77 *Larium lacum amoenum arbusto agro*. 8) Cassiodor. Var. XI 14. 9) Poet. lat. aev Carol. I 42f. Neff, Die Gedichte des Paulus Diaconus (1908) S. 1ff. 10) Apoll. Sidon. ep. I 5, 4. 11) Plin. ep. VIII 17, 3.

bei Tibur —

biaco berühmt war[1]). Tibur mit der »tönenden Grotte der Albunea, dem Sturz des Anio, dem Hain des Tiburnus«[2]) verdankte seine Beliebtheit vor allem eben jenem berühmten Wasserfall[3]). Auf der dortigen von Statius beschriebenen Besitzung des Manilius Vopiscus standen zwei Paläste an beiden Ufern des Flusses einander gegenüber, an einer Stelle, wo er ruhig dahinfloß, während er ober- und unterhalb mit lautem Krachen schäumend über Felsen stürzte. Dichter und hoher Wald trat bis an den Rand des Wassers, dessen Fläche das Laub wiederspiegelte, weithin lief die Welle durch Schatten. Auch hier war es selbst in den Tagen der Siriushitze kühl, und der Brand der Julisonne vermochte nicht, in das Innere der Wohnräume zu dringen[4]).

am Tiber —

Die Ufer des Tiber waren nach dem älteren Plinius vielleicht von mehr Villen besetzt als die aller übrigen Flüsse in der ganzen Welt[5]).

in Kephisia.

Herodes Atticus besaß eine seiner Villen in jenem Kephisia, das noch heute durch seine kühle Lage, seinen Reichtum an frischen Quellen, seine üppigen Gärten und Wälder von Oliven, Zypressen, Platanen und Silberpappeln »die freundliche Oase des öden attischen Lands ist«[6]). Dort gewährten nach Gellius Schilderung auch während der höchsten Glut des Frühherbstes ungeheure Haine Schatten und Kühlung, und von allen Seiten ertönte das melodische Rauschen der Wasser und der Gesang der Vögel[7]).

Im Sinne des damaligen griechisch-römischen Naturgefühls und in der Weise der griechischen Sophisten schildert Josephus die den See Gennesar entlang sich erstreckende gleichnamige Gegend »als eine Landschaft von wunderbarer Natur und Schönheit«, zu deren fast unglaublicher Fruchtbarkeit und Üppigkeit übrigens die Quelle Kapharnaum sehr viel beitrug[8]).

Gosen.

Die früher (S. 459) erwähnte vornehme gallische Pilgerin erklärt, ein schöneres Land als das Land Gessen (d. i. Gosen) glaube sie nie gesehen zu haben; denn der Weg führte fortwährend zwischen Wein-, Balsam- und Fruchtgärten und trefflich angebauten Feldern dahin[9]).

Paradiese bei Karthago.

Die zauberischen, an herrlichen Fruchtbäumen und Wasser reichen Paradiese der Römer bei Karthago, in denen die Vandalen sich der üppigsten Schwelgerei hingaben, schildern Procopius und Luxorius: der letztere rühmt die von Vogelgesang erfüllten Haine, die in moosigen Betten fließenden klaren Quellen, die duftenden Blumen, die im Grünen erbauten Pavillons und die Aussichtstürme[10]).

Meeresufer.

Doch in erster Reihe unter den Gegenden, welche die Alten durch ihre Naturschönheit anzogen, stehen die Meeresufer; so sehr suchte man gerade hier auch den Naturgenuß, daß es möglich war, die Ausdrücke für schöne Gegenden und

1) Tac. A. XIV 22. 2) Horat. Carm. I 7, 12 f. 3) Dionys. Halic. V 37, 4 παρὰ ποταμὸν Ἀνίηνα, ὃς ἐκ πόλεως μὲν Τιβύρων καθ᾽ ὑψηλοῦ πολὺς ἐκχεῖται σκοπέλου — συνάπτει δὲ τὸ ῥεῦμα τῷ Τιβέρει ποταμῷ, καλὸς μὲν ὀφθῆναι, γλυκὺς δὲ πίνεσθαι. 4) Stat. Silv. I 3, 1 ff. 5) Plin. n. h. III 54. 6) Hertzberg, Gesch. Griechenlands II 393. 7) Gell. I 2, 2. 8) Joseph. B. J. III 516 ff. 9) S. Silviae s. Aetheriae peregrinatio 9, 4; vgl. 13, 2 *in quo itinere hiens vidi super ripam Iordanis fluminis vallem pulchram satis et amenam habundantem vineis et arboribus, quoniam aquae multe ibi erant et optimae satis*. Bei Liban. or. 11, 239 (I 521 F.) liest man jetzt statt Γαλιλαίαν mit Cobet Ἰταλίαν, so daß dieses Zeugnis für die unübertroffene Schönheit Galiläas in Wegfall kommt. 10) Procop. B. Vandal. II 6, 9. Luxor. Anth. lat. 304. 332 R. CIL VIII 7759 = Buecheler, Carm. ep. 1327 (Cirta): — — *cognitus est locus amoenissimus Alba, in qua frondicoma odoratur ad mare pinus, Daphne pudica vi[ret, sa]lit et loco vitrea Nais.*

Strandgegenden als synonym anzusehen[1]). Die antike Poesie und Sage bietet eine Fülle der beredtesten Zeugnisse für ein tiefes und inniges Verständnis der Schönheit und Herrlichkeit des Meers. Statt andrer mag eine Stelle Catulls[2]) hier stehen, in der er schildert,

> **Jetzt wie des ruhigen Meers Flutplan mit dem Atem der Frühe**
> **Zephyrus leicht anschauernd hinauslockt hüpfende Wellen,**
> **Wenn an der wandernden Sonne Gezelt Aurora emporsteigt;**
> **Die anfangs schlafträge, gedrängt vom säuselnden Luftzug,**
> **Seewärts gehn, leis rauschend, es hallt wie heimlich Gekicher;**
> **Aber der Wind schwillt an, schon rollen sie höher und höher,**
> **Und bald fernhin sprühn die entschwimmenden unter dem Glührot.**

Auch die antike Kunst hat diesem Element die Motive zu manchen ihrer anmutigsten und prachtvollsten Darstellungen entnommen. Der Anblick des Meers war den Römern wie den Griechen der erhabenste und zugleich der schönste in der Natur. Wie groß, ruft Cicero in seiner Schilderung der Wunder der Schöpfung aus, ist die Schönheit des Meers, welches Schauspiel der Anblick des Ganzen, welche Menge und Mannigfaltigkeit der Inseln, welche Reize in seinen Ufern und Küsten![3]) An dem Genuß dieser Schönheit sättigte man sich nie und kehrte immer wieder zu ihm zurück. Ciceros Freund M. Marius ließ auf seinem Gut bei Stabiä (Castellamare) einen Durchstich machen oder ein Gebäude abbrechen, um aus seiner Villa den freien Blick über den von der Morgensonne beschienenen Golf zu gewinnen[4]). Cicero selbst schreibt an Atticus aus Puteoli: Du fragst, ob ich mich mehr an der Aussicht von den Höhen oder an einem Gange hart am Meere erfreue, und meinst, ich wisse das selbst nicht. In der Tat ist beides so schön, daß man zweifeln kann, welches den Vorzug verdient[5]). Ähnliche Äußerungen finden sich noch öfters in den Briefen Ciceros[6]) wie in denen des jüngeren Plinius[7]). Auch Apulejus sagt, ihm sei die liebste Aussicht die auf das Meer[8]). Plutarch führt als etwas oft Gesagtes an, daß, wie eine Schiffahrt längs dem Lande, so ein Spaziergang längs dem Meere der angenehmste sei[9]). Libanius sucht in seiner Lobrede auf Antiochia zu beweisen, daß dessen Bewohner für die Entbehrung des Blicks auf das Meer dadurch entschädigt würden, daß sie den Schattenseiten des Lebens in einer Seestadt nicht ausgesetzt wären[10]). Doch vielleicht nichts ist für den Wert, der auf diesen Anblick gelegt wurde, so charakteristisch wie eine Bestimmung Justinians, daß in Konstantinopel niemand durch Bauten, die in einer Entfernung von weniger als 100 Fuß vom Meere aufgeführt würden, die Aussicht auf dasselbe, »die größte Annehmlichkeit« (πρᾶγμα χαριέστατον), sollte absperren dürfen[11]). Auch Procop, der die Herrlichkeit der Lage der Stadt gebührend preist[12]), unterläßt in der

1) Corp. Glossar. latin. II 16, 37 *Amoenia* (sic) αἱ ἀκταί. Tac. Hist. III 76 *amoena littorum.* 2) Catull. 64, 269 ff. (Übersetzung von Theodor Heyse). 3) Cic. de nat. deor. II 100. 4) Cic. ad fam. VII 1, 1 (*patefecisti sinum* liest Kießling, Rhein. Mus. XXXII 1877 S. 636 statt *senum*). 5) Cic. ad Att. XIV 13, 1. 6) ebd. XII 9. 7) Plin. ep. V 18, 1. Vgl. I 9, 6 und Motz a. a. O. S. 71. 8) Apul. Apol. 72. Vgl. Minuc. Felix Octav. 3, 3 ff. 9) Plutarch. Qu. conv. I 4, 3. 10) Liban. or. 11, 35 ff. (I 448 f. F.). 11) Nov. Justiniani 63. 12) Procop. De aedif. I 5 p. 191 Dind.: ἡ θάλασσα — ταύτῃ τε πόλιν εὐπρόσωπόν τε διαφερόντως ἐργαζομένη — πορθμοί — περιπλεῖσθαι μὲν ἥδιστοι ἅπαντες, ἀποσκοπήσασθαι δὲ ποθεινοί.

Beschreibung der hart am Ufer aufgeführten Bauten des Kaisers nicht, das Zusammenwirken der Architektur mit dem Spiegel des Meeres, das ihre Fundamente bespült, ausdrücklich hervorzuheben[1]).

Villen am Meer.

Aber weit mehr als durch die Literatur ist die Liebe der Römer für das Meer durch die Anlagen ihrer Villen bezeugt, welche, wie oben ausführlich geschildert ist, in gedrängter Reihenfolge die Küste Italiens von dem Golf von Spezia bis zu dem von Salerno und weiter hinaus säumten. Wie sehr man hier darauf bedacht war, das Meer auf jede Weise zu genießen (welchem Zwecke ja auch die öfters als Beweis eines ausschweifenden Luxus angeführten Wasserbauten dienten)[2]), wie man dafür sorgte, sich diesen Genuß durch die verschiedensten Aussichtspunkte so mannigfaltig wie möglich zu machen, zeigt außer manchen oben angeführten Angaben besonders die ausführliche Beschreibung, die der jüngere Plinius von seiner Villa bei Laurentum gibt. Hier war ein Speisesaal so weit auf die Küste hinausgebaut, daß er bei Südwestwind von der äußersten Flut der Brandung bespült wurde. Durch die Flügeltüren und bis zum Boden hinabreichende Fenster sah man auf drei Seiten das Meer. Ein Fenster eines großen Zimmers gewährte den Blick auf dessen weiter entfernte, aber ruhige Fläche. Auch beim Schwimmen in dem Warmwasserbassin hatte man es vor Augen, und aus einem Speisesaal in einem oberen Stockwerke sah man zugleich sehr weit auf seine Fläche hinaus und das Ufer mit reizenden Villen entlang. Aus drei Fenstern eines Alkovens konnte man die Aussichten auf Meer, Villen und Wald bald verbunden, bald getrennt genießen usw.[3]). Auch die Villa des Pollius Felix auf der Höhe von Sorrent bot aus jedem Fenster eine andre Aussicht, auf Ischia, Capri, Procida, aus allen aber die Aussicht auf das Meer; dort weilte die sinkende Sonne, »wenn der Tag sich neigte, der Schatten der laubgekrönten Berge in die Flut fiel und die Paläste im kristallenen Meere zu schwimmen schienen«[4]). Von den Lustorten und Bädern an der Westküste Italiens, an der Nordküste Ägyptens ist oben die Rede gewesen. In der Gegend des alten Canopus sieht man (oder sah man früher) die Grundmauern eines Gebäudes in der Art der römischen Villen, die, von den Fluten bedeckt, ein ganzes Stück in das Meer hineinreichten; Bruchstücke von Statuen waren überall zerstreut[5]). Auch in Griechenland stößt man auf die Ruinen römischer Villen hauptsächlich an den Küsten[6]).

Die laurentische Villa des jüngeren Plinius.

Die Villa des Pollius Felix bei Sorrent.

Italienischer Gartenbau im Altertum.

Ganz besonders tritt die Verschiedenheit des römischen Naturgefühls von dem unsern im Gartenbau hervor[7]). Wenn es gleich an Freunden und Fürsprechern der freien, sich selbst überlassenen Natur in der augusteischen wie der nachaugusteischen Zeit keineswegs fehlte[8]), so scheint doch seit Anfang der Kaiserzeit bis mindestens tief ins 4. Jahrhundert[9]) das Streben, die Natur künstlerisch zu gestalten, den Charakter der Gärten in Italien vorzugsweise be-

1) Procop. De aedif. I 6 p. 194: die hart am Meer stehende Kirche des h. Anthimus τὸ εὔχαρι ἐπιεικῶς ἔχει. Vgl. 7 p. 195; 8 p. 198 (eine Halle am Meer, wo die Spaziergänger γεγήθασι τῆς θαλάσσης ὄψει); 11 p. 205. 2) Unten [II 338]. 3) Plin. ep. II 17, 5 f. 11 ff. 4) Stat. Silv. II 2, 46 ff. 73 ff. Oben S. 404. 5) Parthey, Wanderungen II 62. 6) Curtius, Peloponnesos I 83 f. Vgl. z. B. Pausan. VII 21, 11. 7) Olck, Real-Encykl. VII 812 ff. M. L. Gothein, Geschichte der Gartenkunst (1914) I 87 ff. 8) Vgl. oben S. 468 f. 9) Firmic. Mat. math. VIII 10, 6 *buxeas arbores tondens in beluas fingat aut virides porticus in circulum flexis vitibus faciat.*

stimmt zu haben. Namentlich in den beiden von dem jüngeren Plinius ausführlich beschriebenen Gärten seiner laurentischen und toscanischen Villa[1]) zeigt sich die allem Anschein nach allgemein beliebte architektonische Regelmäßigkeit der Anlage, mit der dann wieder stellenweise Szenen ländlicher Natur kontrastieren. Das Ganze war teils durch Terrassen, teils durch zirkusförmige Plätze (Hippodrome)[2]), teils durch geradlinige oder in großen Kurven geführte Alleen und Gänge abgeteilt, welche letztere durch geschorene Wände oder Hecken (von Buchs oder Rosmarin), die gelegentlich auch treppenartig gezogen wurden[3]), eingefaßt waren. Mit der Vegetation wirkte die Architektur, deren Schatten zugleich die zunächst liegenden Teile kühlte, zusammen, aber auch die ferneren Umgebungen; denn für schöne und mannigfache Aussichten war so viel wie möglich gesorgt. Dazu kam eine reiche Dekoration mit Bildwerken[4]), zu denen auch Tierfiguren gehörten[5]). Seen und Kanäle, Springbrunnen und Wasserkünste aller Art belebten diese Anlagen[6]): in dem Garten der toscanischen Villa des Plinius quoll aus einer halbrunden Marmorbank das Wasser durch Röhren, als ob die Last der darauf Ruhenden es herausdrängte. Auch an allen übrigen Ruheplätzen und in dem Hippodrom plätscherten zahlreiche Wasserstrahlen[7]). In den größten Gärten, besonders außerhalb Roms, befanden sich auch Vogelhäuser, Fischteiche[8]) und Wildparks; besonders wurden wohl Pfauen (und andre seltne und schöne Vögel) in Gärten häufig gehalten. Vielleicht waren auch Nachahmungen berühmter Landschaften und Bauwerke, wie in der tiburtinischen Villa Hadrians[9]), nicht selten. Aussichtstürme, deren es auch in den zauberischen Paradiesen der Vandalen in Karthago gab[10]), werden den römischen Gartenhäusern ebenfalls nicht gefehlt haben[11]). Von Bäumen wurden in Gärten außer den Fruchtbäumen und der Platane, dem beliebtesten Zierbaume des Altertums, namentlich die immergrünen gezogen, wie Myrte, Lorbeer, Eiche, Zypresse und Pinie[12]). Sie wurden teils in Alleen[13]) oder in der Form des Quincunx[14]), teils in großen, ganz aus Bäumen derselben Gattung bestehenden Gruppen oder kleinen Parks gepflanzt[15]). Florentinus (zu Anfang des 3. Jahrhunderts) empfiehlt, die Bäume nicht etwa (in der Absicht, durch ihre Verschiedenheit einen angenehmen Eindruck zu erzielen) ordnungslos zu pflanzen, sondern nach Gattungen gesondert[16]). An manchen Stellen wurde ihr Laub durch Ziehen und Beschneiden zu künstlichen, oft wunderlichen Formen gestaltet: eine Mode, deren Einführung einem Freunde des Augustus, dem Ritter

1) Plin. ep. II 17, 13ff. V 6, 16ff. Vgl. für die Wiederherstellung Schinkel, Architektonisches Album, Heft 7 (Potsdam 1841), wiederholt von Tuckermann, Gartenkunst der ital. Renaissancezeit (1884) S. 44f. Winnefeld, Jahrb. d. arch. Inst. VI 1891 S. 201ff. Rostowzew ebd. XIX 1904 S. 115ff. Gothein a. a. O. S. 104ff. 2) Ein solcher in Form eines Hippodroms angelegter Garten war das zum kaiserlichen Palaste auf dem Palatin gehörige sog. Stadium, F. Marx, Jahrb. d. arch. Inst. X 1895 S. 129ff. Hülsen-Jordan, Topogr. I 3 S. 94ff. 3) Plin. ep. V 6, 17; vgl. den Ausdruck *caelatae silvae* bei Seneca contr. X praef. 9. 4) Cic. ad Att. I 8, 2. Plin. ep. VIII 18, 11, dazu Gamurrini, Strena Helbigiana (1900) S. 93ff. 5) Martial. III 19, 2. 6) Vgl. unten [II 338, 7]. Manil. Astr. IV 262ff. 7) Plin. ep. V 6, 36. 40. 8) Plin. n. h. IX 170. Colum. VIII 16, 2. 17. Geopon. XX 1. 9) Unten [II 340]. 10) Luxor. Anthol. lat. 304 R. 11) Plin. epist. II 17, 12f., vgl. Martial. III 58, 46 *et turre ab alta prospicis meras laurus*. 12) Wüstemann, Über die Kunstgärtnerei bei d. alten Römern (1846) S. 19f. 13) Plin. n. h. XVI 140 *(metae — distinguendis — pinorum ordinibus)*. 14) Quintilian. VIII 3, 9. Varro r. r. I 7, 2. Cic. Cato mai. 59. 15) Martial. XII 50, 1: *daphnonas platanonas et aerios pityonas*. 16) Geopon. X 1, 2.

C. Matius, zugeschrieben wird[1]). Man bildete nicht bloß Namenszüge, Kegel und Pyramiden aus Buchsbaum, Zypressen und andern Bäumen, sondern auch Figuren wilder Tiere, sogar ganze Jagden und Flotten[2]). Auch die Kultur von Zwergbäumen (namentlich Platanen[3]) und Zypressen[4]), vermutlich aber auch andern Gattungen) war beliebt, desgleichen Künsteleien des Pfropfens, wie das Pfropfen eines Stammes mit den Reisern verschiedener Fruchtbäume[5]). Die Blumenbeete bestanden ebenfalls vorzugsweise aus Blumen einer Gattung, vor allem Rosen und Lilien, neben denen Mohn, Violen (Levkoien), Hyazinthen (Schwertlilien?), Anemonen u. a. genannt werden[6]). Florentinus rät die Zwischenräume der (wie es scheint geradlinig gepflanzten) Bäume mit Rosen, Lilien, Violen und Krokus auszufüllen[7]). Der Boden wurde mit Acanthus, Wände und Säulen sowie Baumstämme mit Efeu und Weinlaub überkleidet, aus jenem Bögen von Baum zu Baum gezogen, aus diesem Schattengänge und Lauben gebildet[8]).

Bild eines Lustparks aus Augustus Zeit.

Daß übrigens der hier geschilderte Gartenstil, wenn auch der herrschende, doch nicht der ausschließlich angewendete war, daß vielmehr jene Vorliebe für Szenen der sich selbst überlassenen Natur auch zu parkartigen Anlagen führte, zeigt namentlich das 1863 entdeckte, die vier Wände eines Saales der Villa in Prima Porta bei Rom umfassende, etwa der Zeit des Augustus angehörige Gemälde, das einen Lustgarten mit naturalistischer Treue darstellt. Den Vordergrund bildet ein Wiesenstreifen, der durch ein Staket aus Rohrgeflecht und eine aus Stein oder Backstein erbaute Einfriedigung eingefaßt ist. Hinter der letzteren, deren gerade Linie mehrfach durch Ausbiegungen unterbrochen wird, erhebt sich aus reichem, von blühenden Blumen üppig durchwachsenem Unterholz ein höchst anmutiger Wald von hinter- und nebeneinander gruppierten Bäumen, unter denen man Pinien, Palmen, Lorbeern und verschiedene Fruchtbäume (Granat-, Äpfel-, Quittenbäume) erkennt. In den Ausbiegungen der hinteren Einfriedigung stehen (außer einigen nicht sicher zu bestimmenden Bäumen) dunkle Nadelhölzer, deren Zweige bis auf den Boden reichen. Weiter aus dem Hintergrunde ragen besonders Zypressen herüber[9]). Die ganze Anlage ist von einer reichen und mannigfaltigen Vogelwelt belebt, und zwar der

1) Plin. n. h. XII 13; unter *opus topiarium* (Plin. n. h. XII 22. XV 130. XVI 70. 76. 140) versteht man alle Praktiken der Kunstgärtnerei. Über die *topiarii* vgl. Grossi-Gondi, Bull. arch. com. XXX 1902, 99ff. 2) Plin. ep. V 6, 16. 35. Plin. n. h. XVI 140; vgl. Wüstemann S. 17f. 3) Plin. n. h. XII 13. 4) Wüstemann, S. 18 Anm. *h* versteht Plin. n. h. XVI 140, wo von Zypressenhecken die Rede ist, falsch von Zwergzypressen. Diese sind dagegen wohl bei Plin. ep. V 6, 35 unter den *metulae* zu verstehen; vgl. Plin. n. h. XVI 141f. 5) Plin. n. h. XVII 120. Fronto ad M. Caes. II 11 p. 35; ad M. Antonin. de oration. p. 155 Nab. Plutarch. Quaest. conviv. II 6, 1 Σώκλαρος ἑστιῶν ἡμᾶς ἐκ κήποις ὑπὸ τοῦ Κηφισοῦ ποταμοῦ περιρρεομένοις ἐπεδείκνυτο δένδρα παντοδαπῶς πεποικιλμένα τοῖς λεγομένοις ἐνοφθαλμισμοῖς· καὶ γὰρ ἐκ σχίνων ἐλαίας ἀναβλαστανούσας ἑωρῶμεν, καὶ ῥοιὰς ἐκ μυῤῥίνης· ἦσαν δὲ καὶ δρύες ἀπίους ἀγαθὰς ἐκφέρουσαι, καὶ πλάτανοι μηλεῶν δεδεγμέναι, καὶ συκαῖ μορεῶν ἐμβολάδας, ἄλλαι τε μίξεις φυτῶν κεκρατημένων ἄχρι καρπογονίας. Künsteleien des Pfropfens waren auch bei den alten Arabern (v. Kremer, Kulturgesch. d. Orients II 332f.) und im mittelalterlichen Europa (Wright, Homes of other days S. 313) beliebt. 6) Wüstemann S. 22ff. Manil. Astr. V 256ff. 7) Geopon. X 1, 3. 8) Wüstemann S. 17. Vgl. die Darstellung eines solchen Gartens auf einem Wandgemälde aus dem sog. Auditorium des Maecenas, Bull. arch. com. II 1874 S. 145f. Taf. XVII 3. 9) Zur Bestimmung der dargestellten Pflanzen vgl. Möller, Röm. Mitteil. V 1890 S. 78ff.

Rasen, die Stakete, das Blumendickicht von größeren, besonders hühnerartigen, die Bäume von kleineren Vögeln der verschiedensten Arten. »Das ganze blühend-bunte, fröhliche, aber nicht wilde, sondern offenbar gehegte Dickicht macht einen überaus anmutigen und die Phantasie poetisch ansprechenden Eindruck«[1]).

Gartenbau im Mittelalter —

Aber mögen auch Anlagen wie die hier dargestellten nicht ganz selten gewesen sein, so ist doch der Gartenbau der römischen Kaiserzeit im allgemeinen, wie gesagt, offenbar durch das Streben nach künstlicher, architektonisch regelmäßiger Gestaltung der Natur bestimmt worden, und dieser Geschmack hat sich aus dem Altertum ins Mittelalter fortgepflanzt. Die Anweisungen, die der mit den Schriften der Alten wohlbekannte Bologneser Petrus de Crescentiis (geb. 1230) in seinem Werke über den Landbau für den Gartenbau gibt, beweisen seine Fortdauer. In den Gärten der Personen des Mittelstands[2]) von drei oder vier Morgen empfiehlt er, schnurgerade Reihen von edlen Fruchtbäumen, und zwar jede Reihe nur aus Bäumen derselben Gattung, zu pflanzen, dazwischen Weinstöcke, im übrigen soll der Garten Wiesen und Lusthäuser enthalten. Von Blumen ist hier ebensowenig die Rede wie in den Anweisungen für die »Gärten der Könige und andrer erlauchter und reicher Herren«[3]), für welche er eine Bodenfläche von 20 und mehr Morgen annimmt, die von einer Quelle durchflossen ist. Hier soll im Norden ein Park für zahmes Wild aller Art angelegt werden, im Süden ein Kasino (*palatium speciosum*), das einen tiefen Schatten geben wird, und dessen Fenster auch in der Hitze eine kühle Luft einlassen und zugleich die Aussicht auf den Garten und die darin befindlichen Tiere gewähren werden. In diesem soll sich auch ein Fischteich und ein großes, über Büschen und Bäumen aus Gitterwerk errichtetes Vogelhaus befinden, das mit Fasanen, Rebhühnern, Stieglitzen, Staren, Nachtigallen, Amseln und andern Singvögeln gefüllt ist. Ferner soll in demselben Garten ein Sommerhaus mit Sälen und Gemächern aus Bäumen allein hergestellt werden, in dem der König und die Königin mit ihren Baronen und Damen sich bei schönem Wetter aufhalten können. Die Wände werden aus Reihen schnell wachsender Fruchtbäume oder noch besser Weiden und Ulmen gebildet, deren Wachstum während mehrerer Jahre durch Beschneiden und Anbinden, mit Hilfe von Latten und Pfählen, in entsprechender Weise geregelt wird. Auch kann man ein solches Haus aus trocknem Holz aufführen, das man ganz mit Weinlaub überzieht. Ferner gewähren wunderbare und mannigfaltige Inokulierungen von Pfropfreisern auf denselben Bäumen viel Ergötzung, besonders aber gereichen einem solchen Garten die immergrünen Bäume zur Zierde wie Pinien und Zypressen und Zedern und Palmen, wo sie ausdauern. Jede Gattung von Bäumen und Kräutern soll nach der Ordnung und von der andern gesondert gepflanzt

1) Wörmann, Die Landschaft in d. Kunst d. alten Völker S. 330ff. Farbige Abbildung der Nordwand: Antike Denkmäler herausg. v. Deutschen archäol. Institut I Taf. 11, der Südwand ebd. Taf. 24. Zu den Gartendarstellungen auf pompejanischen Wandgemälden (Helbig, Wandgemälde S. 385. Wörmann S. 374f., Abbildungen bei Gothein a. a. O.) s. O. Comes, Darstellung der Pflanzen in den Malereien von Pompeji, Stuttgart 1895. Rostowzew, Jahrb. d. arch. Inst. XIX 1904 S. 103ff. Vgl. auch die von Rohde, Gr. Roman³ S. 545, 1 angeführten Beschreibungen. 2) P. de Crescentiis, Op. rural. commodor. (Basel 1548) VIII 2. 3) ebd. VIII 3.

werden. Endlich wird noch eine Anweisung gegeben, durch jahrelanges Binden, Beschneiden, Biegen und Nachpflanzen dichte lebendige Umfassungsmauern der Gärten und Höfe mit Zinnen und Türmen und Häuser mit grünenden Säulen und Dächern zu bilden[1]). Auch Leon Battista Alberti, der in seinem Werke von der Baukunst (1451) zuerst einige der Züge feststellte, welche seither für den italienischen Prachtgarten bezeichnend geworden sind, zeigt sich von den Traditionen des Altertums, namentlich von Plinius, durchaus abhängig[2]).

seit dem 16. Jahrhundert.

Diese Traditionen übten auch auf die Ausbildung des Gartenbaus im 16. Jahrhundert einen bestimmenden Einfluß. Die neuere italienische Gartenkunst[3]) »will nicht die freie Natur mit ihren Zufälligkeiten künstlich nachahmen, sondern die Natur den Gesetzen der Kunst dienstbar machen. Das Wesentliche ist vor allem die große, übersichtliche, symmetrische Abteilung in Räume mit bestimmtem Charakter. Der im nächsten Zusammenhang mit dem Gebäude der Villa stehende Prunkgarten und seine Umgebung von Terrassen mit Balustraden und Rampentreppen erhält durch halbrunden Abschluß, durch Abstufung, durch Grotten und Fontainen eine reiche architektonische Ausbildung. Dann werden Täler und Niederungen stilisiert durch Absätze und das in stets gerader Linie durchfließende Wasser zu Bassins erweitert und womöglich zu Kaskaden aufgesammelt, deren mäßiges Träufeln durch architektonischen und mythologischen Schmuck motiviert wird. Oder es wird eine Niederung als Zirkus gestaltet; oder ein ganzes Tal, eine ganze Gegend wird auch einer bestimmten Vegetation überlassen, doch nicht bis zum vollen Eindruck des Ländlichen (wie z. B. den Pinienhain der Villa Pamfili niemand für einen wild gewachsenen Pinienwald halten wird). Sodann erhalten die sämtlich geradlinigen Gänge, die womöglich auf bedeutende Ausblicke, auch auf Brunnen und Skulpturen gerichtet sind, entweder eine bloße Einfassung oder eine Überwölbung von immergrünen Bäumen, im ersteren Falle dichte Zypressenhecken und Lorbeern, im letzteren vorzugsweise Eichen. Der Kontrast der freien Natur oder Architektur, welche von außen in den italienischen Garten hereinschaut, der Bergfernen, der ländlichen oder städtischen Aussichten, des Meers und seiner Küsten, möchte geradezu eine Grundbedingung des Eindrucks sein«.

Übrigens hat der im Laufe des 15. und 16. Jahrhunderts in Italien ausgebildete, dann nach Frankreich, Deutschland, England und Holland verpflanzte und weiter entwickelte Gartenstil[4]) nicht bloß während des ganzen 17. Jahrhunderts geherrscht[5]), sondern trotz einer seit Rousseau immer lauter werden-

1) P. de Crescentiis a. a. O. VIII 4; vgl. Gothein I 212f. 2) Gothein a. a. O. I 219ff. 3) Das Folgende entlehne ich mit einigen Auslassungen wörtlich aus J. Burckhardt, Der Cicerone II[4] 283f. 4) Burckhardt u. Lübke, Geschichte d. neueren Baukunst II 258ff. Tuckermann a. a. O. S. 67ff. Gothein a. a. O. II 189ff. Über die venezianischen Gärten im 15. Jahrhundert s. Molmenti, Vie privée à Venise S. 262f. 5) J. v. Falke, Gesch. d. modernen Geschmacks[2] (1880) S. 253ff. 313ff. Casaubonus sah 1610, als er Jakob I. vorgestellt wurde, »*les jardins et les figures que les jardiniers exécutent en taillant les arbres*«, Nisard, Triumvirat littér. (1852) S. 421. Bacon *does not approve of* »*the making of knots or figures with divers coloured earths*« *near the house; but in the garden proper, which is enclosed by hedges with green alleys running past them, he will allow of* »*variety of device*«. — *He did* »*not like images cut out in juniper or other garden stuff, they be for children*«, Quarterly Review CXLIX 1880 S. 332. 334.

den Opposition[1]) vielfach noch bis tief in das 18.[2]), und bis in die neueste Zeit hat es ihm an Liebhabern durchaus nicht gefehlt. Hegel gibt der architektonischen Anlage des Gartens den Vorzug vor der malerischen, parkartigen, deren »Absichtlichkeit des Absichtslosen« und »Zwang des Ungezwungenen« er abgeschmackt findet; Vischer rühmt an dem sogenannten französischen Garten, daß man hier »den Vorteil einer von Menschenhand gepflegten, gereinigten Natur« genießt[3]). Auch Goethe spendete ihm (1825) Lob, wenigstens für große Schlösser: »die geräumigen Laubdächer, Berceaux, Quinconces lassen doch eine zahlreiche Gesellschaft sich anständig entwickeln und vereinen, während man in unseren englischen Anlagen, die ich naturspäßige nennen möchte, allerwärts aneinanderstößt, sich hemmt oder verliert«[4]).

Wesentliche Übereinstimmung des antiken und modernen Naturgefühls im Süden.

Daß das Streben, die Natur der Kunst dienstbar zu machen, den Charakter der italienischen Gärten ebenso im Mittelalter und der neueren Zeit bestimmt hat wie im Altertum, ist eine um so bedeutsamere Erscheinung, als die Flora und Vegetation Italiens seit dem 16. Jahrhundert durch die Einführung einer großen Anzahl von Gewächsen, besonders Zierpflanzen aus dem Orient und Amerika, wesentlich umgestaltet worden ist[5]). Erwägt man überdies, daß bei einer beispiellos reichen Entwicklung der bildenden Künste im Altertum wie seit der Renaissancezeit die Landschaftsmalerei im Süden nie auch nur annähernd dieselbe Bedeutung gewonnen hat wie im Norden: so muß man um so mehr anerkennen, daß das Naturgefühl unter demselben Himmel, in denselben Umgebungen sich in zwei Jahrtausenden nicht wesentlich verändert hat, außer insofern es von Einflüssen der transalpinischen Kultur berührt worden ist.

Beschränkung des Begriffs der Naturschönheit auf das Anmutige und Heitere. Kein Verständnis für die Schönheit der Gebirgsnatur.

Solcher und verwandter Art waren die Naturszenen, welche Freunde landschaftlicher Schönheit im Altertum am liebsten aufsuchten, und kaum wird man in der antiken Literatur eine Spur davon finden, daß Landschaften von sehr abweichendem oder entgegengesetztem Charakter als schön gegolten hätten[6]). Rauheit und Wildheit, furchtbare Majestät, großartige aber düstere Monotonie der Natur schlossen das Lob der Schönheit nach antiker Empfindung aus; es war nächst dem Meeresufer auf Täler und Hügellandschaften beschränkt. Das Gebirge galt nur insofern für schön, als es eine anmutige Begrenzung des Horizonts, eine erwünschte Einrahmung der Landschaft bildete[7]); aber für die Schönheit seines Innern sowie für die des Hochgebirges hatte jene Zeit ebensowenig ein Verständnis, wie für den schwermütigen Reiz der Einöde[8]); für den Zauber, den auf uns der Anblick der Campagna Roms in ihrer jetzigen Gestalt übt, war sie unempfänglich. Catull, den die Halbinsel Sirmio an dem flachen Ufer von Desenzano so sehr entzückte, würde für das von

1) Erich Schmidt, Richardson, Rousseau u. Goethe (1875) 189f.; vgl. Gothein II 385. Winter, Beiträge zur Gesch. d. Naturgefühls (Progr. d. Realgymn. Harburg 1883) S. 30f. 2) J. G. Kohl, Alte u. neue Zeit S. 363f. (Garten in Bremen 1783). 3) Kaufmann, Gartenbau im Mittelalter u. während d. Periode d. Renaissance (1892) S. 55. 4) W. v. Biedermann, Goethes Gespräche III^{2} 212. 5) Hehn, Kulturpfl. u. Haust.^{7} S. 508ff. 6) Vgl. auch Hehn, Italien^{2} S. 55. 7) Plin. ep. II 17, 5 *cavaedium — silvas et longinquos respicit montes.* 8) Die Empfänglichkeit für diesen zeigt sich wohl zuerst bei den Freunden des Mönchtums wie Basilius und Gregor von Nyssa. Vgl. Humboldt, Kosmos II 27ff. und Weingarten, Der Ursprung des Mönchtums (Gotha 1877) S. 56, der mit Recht in den Naturschilderungen derselben ein Rousseausches Element findet.

schroffen Felsen eingeschlossene Riva kaum ein Wort des Lobs gefunden haben.

Das Naturgefühl der Alten war nicht weniger lebhaft, innig und tief, aber es war enger begrenzt als das der Modernen[1]). Es ist für sein eigentliches Wesen höchst bezeichnend, daß bei den Römern Anmut (*amoenitas*) das häufigste Lob einer schönen Natur, ja dasjenige Wort ist, das unserm »Naturschönheit« am nächsten kommt[2]) Quintilian sagt einmal, das Lob der Schönheit (*species*) komme unter den Gegenden »den ebenen, den anmutigen, den am Meere gelegenen« zu[3]). Und zu diesen drei Gattungen gehören auch die Ländereien, die in dem »Schiff« Lucians (wo alle Herrlichkeiten der Welt aufgezählt werden, in deren Besitz man sich bei ungeheurem Reichtum zu setzen vermöchte) als die wünschenswertesten genannt sind: die Umgegend von Athen, das am Meere gelegene Gebiet von Eleusis, die sicyonische Flur und »überhaupt alles, was schattig, bewässert und fruchtreich in Griechenland ist«[4]). Der Rhetor Hermogenes nennt als Beispiele von Gegenständen, die ebensowohl in der Beschreibung wie durch ihren Anblick erfreuen, die »Schönheit einer Gegend, verschiedenartige Pflanzungen und Mannigfaltigkeiten fließender Wasser u. dgl. m.«; wobei an die allbekannte Beschreibung der Platane am Bach in Platos Phädrus erinnert wird[5]). Libanius lobt Julian den Abtrünnigen, weil er als Prinz zum Aufenthaltsort Athen statt Ioniens wählte, das ihm die begehrtesten Vorzüge, wie Gärten und Gefilde am Meeresstrande, geboten hätte[6]).

Aber es fehlt auch nicht an noch ausdrücklicheren Äußerungen, in denen als selbstverständlich vorausgesetzt wird, daß eine Gebirgsgegend überhaupt nicht schön sein könne[7]). Cicero führt zum Beweise für die Macht der Gewohnheit an, daß wir auch an Gegenden, in denen wir lange verweilt haben, Gefallen finden, »selbst an bergigen und waldigen«[8]). Den von der Schönheit der Fibrenusinsel[9]) überraschten Atticus läßt er sagen, er habe sich in der Umgegend von Arpinum nur Felsen und Gebirge gedacht und sich daher gewundert, daß sein Freund an dieser Gegend solches Gefallen finde[10]). Für die Abneigung gegen das Heroische in der Natur darf man einen Beleg auch darin finden, daß weder Cicero noch sonst jemand der beiden Fälle gedenkt, mit welchen die Isola umfassenden Arme des Liris, der eine senkrecht, der andre auf schiefer Ebene, etwa 25 Meter hoch herabstürzen[11]). Die Bewunderung, die Vergil für den »Vater Appenninus« äußert, in dessen schwankenden Eichen es braust und der, seines schneeigen Scheitels[12]) froh, gewaltig zum Himmel

1) Rohde, Gr. Rom.³ S. 544f. 2) Corp. Gloss. lat. III 262, 21 *παράδεισος λιβὰς εὐήνεμος locus amoenus;* εὔσκιος *umbrosus amoenus opacus.* II 16, 38 *amoenus* σύνσκιος τόπος, συνηρεφής, τερπνός (vgl. VI 63). Daneben kommt freilich auch *pulcher* nicht selten vor. 3) Diese für das damalige Naturgefühl so höchst charakteristische Stelle lautet (III 7, 27): *est et locorum (laus), qualis Siciliae apud Ciceronem, in quibus similiter speciem et utilitatem intuemur; speciem in maritimis, planis, amoenis; utilitatem in salubribus, fertilibus.* 4) Lucian. Navig. 20. 5) Hermog. π. ἰδ. II 4 p. 331 Rabe = Rhetores Gr. II 358 Spengel. 6) Liban. or. 18, 28 (II 248 F.). 7) Über die Schätzung der Berglandschaft bei den Alten vgl. Hyde, Classical Journal XI (1915) S. 70ff. 8) Cic. Lael. 68. 9) Die ganze Gegend bei Isola besitzt den im Süden so seltenen Schmuck lebenden Wassers. Nissen, Ital. Landesk. I 329. 10) Cic. De leg. II 2. 11) Nissen a. a. O. 12) Der Schnee scheint im Altertum auf dem Appennin später verschwunden zu sein als heutzutage. Nissen I 398.

aufsteigt, gilt nur dem Anblick, den das Gebirge von ferne bietet[1]). In seinem begeisterten Preise der Schönheit Italiens rühmt Vergil seine Fruchtbarkeit an Korn, Öl und Wein, an Herden aller Art, sein herrliches Klima, seine Städte und Völker, seine Landseen und Meere, seinen Reichtum an Metallen: von seinen Bergen sagt er kein Wort[2]). Wenn Seneca Corsica eine kahle Felsklippe von abschreckender Rauheit nennt[3]), so ist seine Schilderung freilich von der leidenschaftlichen Abneigung des ohnedies stets übertreibenden Schriftstellers gegen den ihm aufgezwungenen Aufenthaltsort diktiert; sie zeigt aber doch auch, daß jene Zeit für die »entzückende Schönheit« der dortigen, an Farben und Formen so reichen Landschaft[4]) gar kein Verständnis hatte. Den am Fuße des Berges Casius gelegenen Stadtteil Antiochias rühmt Libanius, weil seinen Bewohnern der Schrecken der Berge nicht drohte, während er alles in Fülle bot, was Freude und Lust erwecken kann: Quellen, Bäume, Gärten, Blüten und Früchte, Vogelstimmen, und daß man dort den Frühling am frühesten genoß[5]).

Alpium foeditas. Vollends für die Wunder der Alpenwelt fehlte der damaligen Bildung das Verständnis völlig; die Empfindungen, mit denen die Römer sie betrachteten, bezeichnet der Ausdruck des Livius: »die Scheußlichkeit (*foeditas*) der Alpen«[6]). Diese Empfindungen glichen etwa denen, die neuern Reisenden die Eiswüsten des Nordpols erregen, nur ohne die jetzige Bewunderung für die schauerliche Erhabenheit solcher Szenen. In einer Zeit, wo jahraus, jahrein Hunderte, ja Tausende von Römern zahlreiche Alpenstraßen überschritten und die Schweiz ein von Römern bewohntes Land war, hatten die Alpenreisenden nur Augen für die Schwierigkeiten, Gefahren und Schrecken, die den Reisenden drohten, für die steile Steigung und die Schmalheit der Saumpfade, die sich schwindelerregend an grauenvollen Abgründen hinzogen, für die unwirtliche Öde der kolossalen Eis- und Schneewüsten, die Furchtbarkeit der abstürzenden Lawinen[7]). Dieser Mangel an Gefühl für den Zauber des furchtbar Erhabenen in der Natur, und dieser allein ist der Grund, weshalb »von dem ewigen Schnee der Alpen, wenn sie sich am Abend oder am frühen Morgen röten, von der Schönheit des blauen Gletschereises, von der großartigen Natur der schweizerischen Landschaft keine Schilderung aus dem Altertum auf uns gekommen ist; weshalb Silius Italicus die Alpen als eine schreckenerregende, vegetationslose Einöde schildert, während er mit Liebe alle Felsenschluchten Italiens und die buschigen Ufer des Liris besingt«[8]).

Hohe Berge selten bestiegen. Gebirgswanderungen und Bergbesteigungen werden im ganzen Altertume äußerst selten erwähnt, und je seltener sie erfolgten, je weniger zu ihrer Er-

1) Verg. Aen. XII 701 ff. 2) Verg. G. II 136—176. 3) Cons. ad Helv. 6, 4. 4) Nissen I 362. 5) Liban. or. 11, 200 (I 505 F.): τοῖς δὲ ἐπὶ τῆς ὑπωρείας ἐσχάτοις οἰκοῦσι φοβερὸν μὲν οὐδὲν οἷον ἐξ ὄρους, πάσης δὲ εὐθυμίας ἀφορμαί, πηγαὶ καὶ φυτὰ καὶ κῆποι καὶ αὖραι καὶ ἄνθη καὶ ὀρνίθων φωναὶ καὶ τὸ πρὸ τῶν ἄλλων ἀπολαῦσαι τῶν ἠρινῶν. 6) Liv. XXI 58, 3; vgl. Nissen I 171—173. Zum Folgenden vgl. Anhang XII S. 146ff. 7) Vgl. besonders Strabo IV 204, der vorzugsweise die westlichen Straßen, und Claudian. De bell. Pollent. 340ff., der den Übergang über den Splügen beschreibt. Vor der Erbauung der Fahrstraße 1806 führte auch über den Simplon »der Pfad an steilen Felsen grauenvoll entlang«, so daß H. A. O. Reichard seit seinem Ritt über denselben 1785 »kein Gebirge mehr schauerlich« fand; doch tat die Schwierigkeit und Gefährlichkeit des Wegs damals dem Naturgenuß nicht mehr Eintrag. Uhde, Reichards Selbstbiographie (1877) S. 193. 8) Worte Humboldts im Kosmos II 24f. Sil. Ital. III 477ff.

leichterung geschah, desto schwieriger und zum Teil gefahrvoller blieben sie. Wie sehr das Besteigen von Bergen in der Regel nur als Beschwerde angesehen wurde, zeigt das Lob, das Plinius den ältern Naturforschern für ihre Unermüdlichkeit im Aufsuchen von Heilkräutern erteilt, da sie »auch unwegsame Berggipfel und abgeschiedene Einöden durchforscht haben«[1]); doch freilich die Alpenpflanzen kennt keiner der antiken botanischen Schriftsteller[2]). Polybius sagt in seiner Vergleichung der griechischen Gebirge mit den Alpen, die Höhe dieser könne man in fünf Tagen nicht erreichen, während ein rüstiger Mann jene fast sämtlich in einem Tage ersteigen könne, wie den Taygetus, Parnaß, Olymp, Pelion, Ossa, den Hämus und das Rhodopegebirge[3]). Darf man hiernach annehmen, daß die griechischen Berge damals bereits wiederholt bestiegen worden waren, so fragt sich doch, ob es der Aussicht wegen geschehen war. Immerhin ist möglich, daß Griechen nach den Eroberungen Alexanders des Großen in Asien auch hierin »die Erbschaft der Perser antraten«[4]), die weite Umblicke geliebt zu haben scheinen. Strabo erwähnt ein von ihnen erbautes marmornes Belvedere auf dem Tmolus bei Sardes, wo man eine weite Rundschau über das Land, namentlich die Kaysterebene hatte[5]). Eine freilich sehr flüchtige und dürftige Beschreibung der Aussicht vom Olymp bei Apollonius Rhodius könnte möglicherweise auf eigner Anschauung beruhen: »unten erschien hier die nährende Erde und die Städte der Männer und die heiligen Ströme, dort wieder Höhen und rings das Meer«[6]). Eine Messung der Höhe des (thessalischen) Olymp, von einem Xenagoras mit Hilfe von Instrumenten »nach der Kathete« angestellt, hatte 1879,3 m (in Wirklichkeit 2985 m) ergeben[7]). König Philipp von Macedonien unternahm im Jahre 183 v. Chr. die Besteigung des Hämus keineswegs des Naturgenusses halber, sondern in dem Glauben, daß man dort bis ans Adriatische Meer sehen könne, und um die nächste an dasselbe führende Straße zu ermitteln. Als Grund für die Zurücklassung seines Sohnes Demetrius gab er diesem die Gefahr des Unternehmens an. Der Gipfel wurde mit großer Mühe am dritten Tage erreicht, und darauf dem Zeus und dem Sonnengotte Altäre errichtet[8]). Der nach der Angabe des Polybius[9]) allgemein verbreitete Glaube, daß man von dort das Adriatische und das Schwarze Meer sehen könne, erhielt sich. Strabo widerlegt diese Ansicht[10]), aber noch Pomponius Mela wiederholt sie[11]). Plinius gibt die Höhe des Hämus auf 6 Millien (9000 m) an[12])! Diejenigen, welche den mit ewigem Schnee bedeckten Gipfel des Argäus bei Mazaca in Cappadocien bestiegen haben, sagt Strabo, berichten, daß man von dort zwei Meere sieht, das Issische und das Pontische, aber ihrer sind wenige[13]); daher, sagt Solinus, glauben die Völker, daß er von einem Gotte bewohnt werde[14]). Dagegen mag der neptunische Berg an der Nordspitze Siciliens

1) Plin. n. h. XXV 3. 2) F. Cohn, Die Pflanze (1882) S. 223. 3) Strabo IV 208f. (Polyb. XXXIV 10, 15 Hultsch). 4) Helbig, Untersuch. S. 278f. 5) Strabo XIII 625. 6) Apollon. Rhod.. III 164ff. 7) Plutarch. Aemil. Paul. 15 (Preger, Inscript. graec. metr. 98), vgl. Apul. de deo Socr. 8 und über andre Bergmessungen Berger, Gesch. d. wissensch. Erdkunde² S. 380. Capelle, Berges- und Wolkenhöhen bei griech. Physikern (Στοιχεῖα V) S. 15ff. 8) Liv. XL 21f. 9) Polyb. XXIV 3 Hultsch, zusammenzustellen mit Liv. XL 21, 2 *(quia vulgatae opinioni crediderat)*, dazu A. Bauer, Die Herkunft der Bastarnen (Sitz.Ber. Akad. Wien. Bd. 185, 2. 1918) S. 29ff. 10) Strabo VII 313. 11) Pompon. Mela II 17. 12) Plin. n. h. IV 41. 13) Strabo XII 538. 14) Solin. 45, 4.

häufig bestiegen worden sein, von dem man die Aussicht auf das Toscanische und das Adriatische Meer haben sollte[1]).

Besteigungen des Ätna.

Der einzige Berg, von dem es unzweifelhaft ist, daß er öfters bestiegen wurde, ist der Ätna. Strabo sagt, daß man zu seiner Besteigung von der kleinen Stadt Ätna an seinem Fuße aufbreche und ebendahin zurückkehre. Kurz bevor er schrieb, hatte eine Gesellschaft von mehreren Personen den Berg bestiegen, deren Angaben über den Hauptkrater er mitteilt[2]). Bedenkt man aber, daß damals der Vesuv noch nicht als tätiger Vulkan bekannt war, so wird man es wahrscheinlich finden, daß diese Besteigungen nicht sowohl durch das Verlangen nach einem Naturgenuß von beispielloser Großartigkeit veranlaßt wurden, sondern durch Wißbegierde und naturwissenschaftliches Interesse. Seneca, der seinen Freund Lucilius, kaiserlichen Prokurator in Sicilien, auffordert, ihm zu Ehren den Ätna zu besteigen, was er übrigens ja auch aus eigner Neigung getan haben würde, hofft von ihm zu erfahren, wie weit von dem feuerspeienden Krater der ewige Schnee entfernt sei[3]). Das von einem unbekannten Dichter der frühen Kaiserzeit herrührende Gedicht über den Ätna, das wir noch besitzen, ist rein naturwissenschaftlichen Inhalts und enthält von der Aussicht auf dem Gipfel kein Wort: während gegenwärtig auch in Berichten über Besteigungen zu rein wissenschaftlichen Zwecken Beschreibungen dieser Aussicht kaum jemals fehlen. Hadrian bestieg den Ätna, um die eigentümliche Erscheinung der aus dem Meere auftauchenden Sonne zu beobachten, die vom Gipfel aus gesehen wie ein lang gekrümmter Schweif erscheint[4]). Der sogenannte Turm des Philosophen auf dem Ätna, ehemals ein ausgedehntes Gebäude von mehreren Zimmern, an dem Fazello 1541 noch ein wohlerhaltenes Gewölbe von Backsteinen fand, also ohne Zweifel römischen Ursprungs, ist nach Gemellaros Vermutung erbaut worden, um Hadrian bei seiner Besteigung des Kegels als Nachtlager zu dienen[5]). Den Berg Casius bestieg er (und nach ihm Julian), weil man von seiner Höhe die Sonne schon um die Zeit des zweiten Hahnenschreis sehen sollte[6]). Angeblich sah man sie auch auf dem Gipfel des Ida vor Tagesanbruch[7]).

Keine Zeugnisse eines Verständnisses für die Gebirgslandschaft vorhanden.

Nach allem Angeführten muß auch dem späteren Altertum im großen und ganzen der Sinn für die Schönheit der eigentlichen Gebirgswelt abgesprochen werden. Wenn es trotzdem möglich bleibt, daß einzelne diesen Sinn besessen haben, so gibt es doch keine bestimmten Zeugnisse dafür. Wenn Seneca schildert, wie der an Genüssen Übersättigte, des Paradieses von Campanien überdrüssig, die Einöden und Wildnisse von Lucanien und Bruttien aufsucht[8]), so liegt hierin offenbar nur eine Bestätigung der eben gemachten Behauptung; denn die Heftigkeit des Verlangens nach Abwechslung soll sich nach Seneca darin zeigen, daß es sogar dazu treibt, die schöne Natur mit der unschönen zu

1) Solin. 5, 12. 2) Strabo VI 273 f. Sudhaus, Aetna (1898) S. 49 ff. 3) Seneca ep. 79, 2. 4. 4) Hist. aug. Hadrian. 13, 3, wo mit Hirschfeld, Kl. Schrift. S. 805: *ut solis ortum videret arcus specie, ut dicitur, varum* (oder *curvum*, statt *varium*) zu lesen ist. Bei Baedeker wird die Form mit einer konvexen Linse verglichen. 5) Parthey, Wanderungen I 260. Über die neueren, mindestens seit 1500 mit der Besteigung des Ätna durch Kardinal Bembo beginnenden Besteigungen vgl. B. Schwarz, Erschließung der Gebirge (1885) S. 461. 6) Hist. aug. Hadrian. 14, 3. Ammian. Marc. XXII 14, 4; vgl. Pomp. Mela I 61. Plin. n. h. V 80. 7) Diodor. XVII 7, 5. 8) Seneca de tranq. an. 2, 13; vgl. oben S. 398.

vertauschen. Wenn ferner Cicero in seiner Schilderung der Herrlichkeit der Schöpfung außer der unendlichen Mannigfaltigkeit der Vegetation neben kühlen, unversieglichen Quellen, klaren Strömen, grünen Ufern auch »hochgewölbte Grotten, zackige Felsen, ragende und überhangende Berge und unermeßliche Ebenen« anführt[1]): so umfaßt diese Betrachtung, die allerdings von der Schönheit der Natur ausgeht, doch offenbar auch ihre durch Größe, Mannigfaltigkeit, Wunderbarkeit bedeutenden Erscheinungen. Dies ergibt sich schon daraus, daß Cicero seine Aufzählung noch durch »die verborgenen Adern des Goldes und Silbers und die unermeßliche Masse des Marmors« vervollständigt. Sodann ist oben gezeigt worden, daß das römische Naturgefühl Berge und Felsen als Bestandteile, besonders als Hintergründe der schönen Landschaft vollkommen gelten ließ und nur für das Rauhe, Düstere und Öde, das Groteske und Wilde, sowie das furchtbar Erhabene der eigentlichen Gebirgsnatur unempfänglich war.

Ästhetische Naturbetrachtung dem Altertume fremd —

Ebenso fremd wie die erst auf Grund der von Rousseau ausgehenden Anregungen mehr und mehr verbreitete subjektive Auffassung, welche die Natur beseelt und in ihr nur Spiegelbilder des eignen Innern erblickt[2]), war dem Altertume auch die ästhetische Naturbetrachtung, welche in der Landschaft ein von der Natur gleichsam in künstlerischer Absicht geschaffenes und mit einer bestimmten Individualität ausgestattetes Ganze sieht. Auch diese Betrachtungsweise ist eine sehr moderne. Zwar hat die auf ihr beruhende Landschaftsmalerei sich als selbständig darstellende Kunst schon im 16. Jahrhundert entwickelt. Doch in der Literatur dürfte sie sich erst weit später nachweisen lassen, da die Darstellungen der Landschaft die künstlerische Anschauungsweise nur sehr allmählich dem Bewußtsein weiterer Kreise vermitteln konnten. Völlig ausgebildet findet sie sich bereits bei Diderot in seinen Beurteilungen der Pariser Gemäldeausstellungen von 1765 bis 1767[3]), der u. a. bei der Beschreibung Vernetscher Landschaften sich den Anschein gibt, als rede er von wirklichen Naturszenen, diese aber mit Prädikaten lobt, die nur einem Bilde zukommen. Er liebte vor allen die historische Landschaft und bewunderte unter deren Meistern namentlich Poussin; sein Naturenthusiasmus war ein sehr lebhafter, dem der römischen Dichter nahe verwandter, aber (wie er glaubte) nur von wenigen geteilter.

ausgebildet bei Diderot.

Fehlen des landschaftlichen Sinns und der Aufmerksamkeit auf die Wirkungen des Lichts im Altertum.

Wie unvollkommen wir auch über die antike Landschaftsmalerei unterrichtet sind[4]), so können wir doch mit Sicherheit behaupten, daß trotz ihrer Fähigkeit, die Formen der Gegend stilvoll zu gestalten[5]), ihre Entwicklung nicht reich und vielseitig genug war, um eine ästhetische Naturbeschreibung ins Leben zu rufen, wie diese unter dem Einfluß künstlerischer Darstellungen im 18. Jahrhundert entstanden ist. An den zahlreichen trefflichen Naturbeschrei-

1) Cic. de nat. deor. II 98. 2) Vgl. die für das Verständnis der Verschiedenheit antiken und modernen Naturempfindens grundlegende Abhandlung von Friedlaender, Über die Entstehung und Entwicklung des Gefühls für das Romantische in der Natur, 1873 = Anhang XII. 3) Im 10. und 11. Bande der Gesamtausgabe seiner Werke von Assézat (1876). 4) Über die Landschaftsmalerei der Griechen und Römer vgl. K. Woermann, Von Apelles zu Böcklin und weiter I (1912) S. 19ff., s. auch R. Pagenstecher, N. Jahrb. f. klass. Altert. XLVII 1921 S. 271ff. 5) Helbig, Untersuchungen über die Campan. Wandmalerei S 350.

bungen, die wir aus dem Altertume haben, vermissen wir durchaus den landschaftlichen Sinn, der immer »das Resultat langer, komplizierter Kulturprozesse ist«[1]). Die Aufmerksamkeit ist überall mehr auf die einzelnen Erscheinungen, als auf ihr Zusammenwirken zum Ganzen gerichtet[2]). Vor allem fehlt ganz und gar — und dies ist der wesentlichste Unterschied zwischen der heutigen und der antiken Naturbeschreibung — die Hervorhebung der Wirkungen des Lichts und ihrer Modifikationen durch das Medium der Luft. In der von Älian gegebenen Beschreibung des Tempetals[3]) z. B. ist nur einmal von der Farbe, dem frischen Grün, das überall die Augen labt, die Rede, doch nirgends von der Wirkung der Atmosphäre auf die Erscheinung der Gegenstände: sie hat im wesentlichen einen topographischen und plastischen Charakter. Ähnlich verhält es sich mit den Landschaftsschilderungen des Apollonius von Rhodus[4]). Auch der jüngere Plinius, der in der oben angeführten Schilderung der Lage seiner toscanischen Villa von der »herrlichen Form« (*regionis forma pulcherrima*) der Gegend spricht[5]), in der man viel mehr ein Gemälde als Wirklichkeit zu erblicken glaube, scheint doch vorzugsweise die Gestaltungen und Umrisse der Landschaft im Auge zu haben, wenn er auch nicht verkannte, daß deren Wirkung durch die Mannigfaltigkeit der Farben unterstützt werde. »Alle diese Schilderungen machen den Eindruck, als sei für dieselben eine klare Luft und ein volles Licht vorausgesetzt, welche die Plastik der Gegenstände allenthalben zur vollendetsten Geltung kommen lassen«[6]).

Allerdings werden hin und wieder auch andre Beleuchtungen erwähnt, und es fehlt in der antiken Poesie nicht ganz an schönen Ausdrücken tiefer Empfindung für die Pracht der Lichterscheinungen: des reinen Monds, der im nächtlichen Meere lächelt[7]), unter dessen zitterndem Lichte die Flut glänzt[8]), der bei kühlem Abendhauche die tauigen Wälder erfrischt[9]); des von den Strahlen der Sonne geröteten Meers[10]), der Wellen, die weithin schwimmend in purpurnem Glanze schimmern[11]); des Taus, der im goldroten Morgenlichte gleich Diamanten auf dem Grase funkelt, wenn Seen und Ströme Nebel aushauchen und die Erde dampft[12]). Aber so sehr sich manche dieser mit wenigen sicheren Strichen gemalten Naturbilder moderner Schilderung nähern: immer bleibt doch auch hier der Blick an der einzelnen Erscheinung haften. Von dem eigentümlichen Charakter, den die Landschaft und ihre Teile durch die Beleuchtung erhalten, ist nirgends die Rede, nirgends von den verschiedenen Wirkungen der Nähen und Fernen, nirgends von all den Abstufungen, die zwischen einem kalten Mondlicht und der Glut der Abendsonne liegen, nirgends von den wundervollen Farben, in die sich im Süden morgens und abends der Horizont und ferne Berge tauchen, und die vom zartesten Rosenrot durch alle Grade zum tiefsten Blau gehen[13]). In der ganzen antiken Literatur wird man vergebens einen Aus-

1) Burckhardt, Kultur der Renaissance II[7] 15. 2) Vgl. Schnaase, Gesch. der bild. Künste II[2] 89 ff. 3) Aelian. var. hist. III 1. 4) Apoll. Rhod. I 1112 ff. III 164 ff., vgl. II 730 ff. 972 ff. 5) Plin. epist. V 6, 7; *forma* ebenso bei Stat. Silv. I 3, 15: *quae forma beatis ante manus artemque locis*. 6) Helbig a. a. O. S. 355. 7) Die Stellen fast sämtlich bei Motz S. 99 ff. Horat. Carm. II 5, 19 f. 8) Verg. Aen. VII 8 f. 9) Verg. Georg. III 337. 10) Verg. Aen. VII 25. 11) Catull. 64, 275. Oben S. 474. 12) Lucret. V 461—464. 13) Auch Motz sagt S. 19: »Wir glauben gefunden zu haben, daß die Alten in der Schilderung der Dinge viel eher alle andern Eigenschaften erwähnen als die Farbe«.

druck wie »blaue Berge«, »dämmernde Fernen« suchen[1]), in der ganzen antiken Poesie vergebens eine Stelle, die, wenn auch nur in wenigen Zügen, ein charakteristisches Bild einer Landschaft in bestimmter Beleuchtung und Stimmung vor die Seele stellt, wie etwa jene im Faust:

Ich säh' im ew'gen Abendstrahl
Die stille Welt zu meinen Füßen,
Entzündet alle Höh'n, beruhigt jedes Tal,
Den Silberbach in goldne Ströme fließen.

In keiner der Inschriften der Memnonsäule wird auch nur mit einem Worte der landschaftlichen Wirkung der steigenden Morgenröte und des Sonnenaufgangs gedacht. Ovid sah Rom zum letzten Male im Mondschein, und wie hätte ein moderner Dichter von seiner Begabung bei dem Bilde der so beleuchteten Stadt verweilt: er, der es sonst so sehr liebt, Nebendinge auszumalen, hat kaum ein flüchtiges Wort dafür, während er über den tränenreichen Abschied von den Seinigen äußerst wortreich ist[2]). Tacitus erzählt, daß bei einem nächtlichen Gefecht zwischen den Flavianern und Vitellianern der Mond im Rücken der ersteren aufging; aber nur, um die Nachteile zu erwähnen, welche diese Beleuchtung für die letzteren hatte, nicht um ihrer malerischen Wirkung zu gedenken, was sich auch der strengste, doch gleich Tacitus künstlerisch darstellende moderne Historiker kaum versagt hätte[3]). Vergil vergleicht den Gang des Äneas durch das Schattenreich mit einer Wanderung durch den Wald beim trügenden Schein des verhüllten Monds[4]), ohne hier und an einer andern ähnlichen Stelle die Wirkung des trüben Lichts auf die nächtliche Landschaft auch nur anzudeuten. Dagegen läßt er die Penaten dem Äneas in klarem, vollem Mondlicht erscheinen, so daß sie aufs deutlichste erkennbar vor ihm stehen[5]); offenbar ohne, wie wir Modernen, etwas »Geisterhaftes« in dieser Beleuchtung zu finden, statt deren übrigens ein neuerer Dichter für eine solche Erscheinung wohl eher ein »ahnungsvolles Dämmerlicht« gewählt haben würde[6]).

Unterschied zwischen der antiken und der modernen Landschaftsmalerei.

Denselben Unterschied, wie zwischen antiker und moderner Naturauffassung, dürfen wir nach den Philostratischen Gemäldebeschreibungen und einigen erhaltenen Bildern auch zwischen antiker und moderner Landschaftsmalerei voraussetzen. »Jene legte das Hauptgewicht auf das topographische und plastische Element und strebte danach, schöne und bedeutungsvolle Formen in übersichtlicher Weise zu einem organischen Ganzen zu entwickeln; dagegen waren die

1) Auch in der neueren Literatur wird sich derartiges vielleicht nicht vor dem 18. Jahrhundert finden. Die ältesten mir bekannten Stellen sind in Hallers Alpen, wo das graue Haupt des Wetterhorns, das Schnee und Purpur schmücken, »gemeiner Berge blauer Rücken« beschämt, und ein Kranz beglänzter Höhen »die blaue Ferne« schließt. Bei Ovid. Metam. XI 158 haben manche Erklärer (Gierig, Korn) die *caerula coma* des Berggottes Tmolus auf das bläuliche Aussehen des Berges in der Ferne bezogen; mit Unrecht: *caerula* ist hier nichts anderes als κυανέη. Bei Seneca Hercules Oet. 1873: *fleat Alciden caerula Crete, magno tellus cara Tonanti* ist *caerulus* vom Meere auf die in ihm gelegene Insel übertragen. 2) Ovid. Trist. I 3, 28. 3) Tac. Hist. III 23. 4) Verg. Aen. VI 270ff.; vgl. III 585ff. Helbig a. a. O. S. 362f. 5) Verg. Aen. III 150ff. Motz a. a. O. S. 105, der hierbei von »geisterhaftem« Mondlicht spricht, trägt mit diesem Prädikat etwas ganz Fremdes in die Schilderung hinein, das der antiken Empfindung ebenso fern liegt, wie es der modernen geläufig ist, und liefert so unabsichtlich ein charakteristisches Beispiel für den Unterschied beider. 6) Helbig a. a. O. S. 363.

in der Gegend wirkenden Potenzen von Luft und Licht für sie von nebensächlichem Interesse, und sie hat der atmosphärischen Stimmung niemals den Platz eingeräumt, welchen dieselbe in der modernen und namentlich der modernsten Malerei einnimmt«. »Jenes Dämmernde, Träumerische, Ahnungsvolle, wie es die letztere vorwiegend durch die atmosphärische Schilderung erzielt, ist ein der Klarheit des klassischen Geistes vollständig zuwiderlaufendes Element. Die künstlerische Verwirklichung solcher Eindrücke setzt ein sentimentales Versenken in die Natur voraus, wie es den Alten stets fremd blieb und auch in der modernen Entwicklung erst spät zur vollendeten Ausbildung gekommen ist. Außerdem hat man zu bedenken, daß der südliche Himmel, welcher die antike Malerei bedingte, im Vergleich mit dem nordischen ungleich weniger Erscheinungen darbietet, die geeignet sind, eine solche träumerische oder gar schwermütige Stimmung zu befördern«[1]). Endlich war auch der antiken Landschaftsmalerei die koloristische Stimmung, welche namentlich durch Verwirklichung atmosphärischer Erscheinungen erzielt wird, um so weniger erreichbar, je schwerer malerischer Reiz und plastisch vollendete Formenbildung, nach welcher letzteren sie vor allem strebte, sich vereinigen lassen[2]).

Zusammenhang der Beschränktheit des Naturgefühls mit der Beschränktheit der Reisen.

Die Beschränkung der Reisen im Altertum auf ein verhältnismäßig enges Ländergebiet war zwar zunächst und hauptsächlich durch den Mangel des germanischen Wandertriebes bedingt, doch hängt sie auch, wie es scheint, mit der Beschränkung des Naturgefühls auf ein enges Gebiet der Erscheinungen zusammen. Reisen ins Innere Afrikas blieben offenbar vereinzelt, die Inseln an seiner Westküste unbetreten[3]). Auch das Märchenland Indien scheint die Reiselust der Römer nicht gereizt zu haben. Obwohl jahraus, jahrein große Handelsflotten von Alexandria an die Küste von Malabar segelten[4]), und also die

Reisen nach Indien.

Gelegenheit, Indien zu sehen, stets geboten war, scheinen Reisen dorthin zu andern als kaufmännischen Zwecken in den beiden ersten Jahrhunderten äußerst selten gewesen zu sein. Dio von Prusa beruft sich bei seinen Berichten über Indien auf die Angaben solcher, die dort gewesen seien; diese hätten die Fahrt des Handels wegen gemacht und ihre Zahl sei nicht groß, auch lernten sie nur die Küstenbewohner kennen[5]). Hin und wieder mochte jemand aus Lust an Abenteuern die Reise mitmachen, wie Lucian von einem jungen Paphlagonier erzählt, der in Alexandria studierte und sich bereden ließ, da ein Schiff an das Südende des Roten Meeres ging, nach Indien zu fahren[6]). Das einzige Motiv solcher Fahrten, das erwähnt wird, ist nicht der Wunsch, die Tropenwelt, sondern die Lehren und die Lebensweise der Brahmanen kennen zu lernen, denen, wie überhaupt den Philosophen der Barbarenländer, man nach einer schon in Alexanders d. Gr. Zeit verbreiteten, später namentlich durch peripatetische Gelehrte befestigten Ansicht eine überlegene Weisheit zuschrieb[7]). Aus diesem Grunde läßt auch Philostrat unter Berufung auf das angebliche Tagebuch des

1) Vgl. dazu H. Lamer, Wochenschr. f. klass. Philol. 1920 Sp. 309f. 2) Helbig a. a. O. S. 357f. Lessing, dessen Schönheitsideal ganz das antike war, teilte mit Winckelmann die Abneigung gegen die Landschaftsmalerei. Lessings Laokoon, herausg. von Blümner² S. 499f. 3) Oben S. 392ff. 4) Oben S. 369f. 5) Dio Chrys. or. 18, 22f. (I 338 Arn.). 6) Lucian. Alexand. 44. 7) Rohde, Gr. Roman³ S. 225.

Damis[1]) seinen Apollonius von Tyana nach Indien pilgern. Der Verfasser mag seine Nachrichten aus schriftlichen oder mündlichen Mitteilungen, wie man sie in Alexandria von Indienfahrern leicht erhalten konnte, geschöpft haben[2]). Vielleicht sind seit dem 2. Jahrhundert griechische Philosophen nicht ganz selten nach Indien gewandert, um bei den hochgepriesenen indischen Weisen in die Schule zu gehen. Lucian erzählt es von einem attischen Kyniker Demetrius, der die Reise von Alexandria dorthin machte[3]). Plotinus schloß sich, um die persische und indische Philosophie kennen zu lernen, im Jahre 242 dem Zuge des Kaisers Gordian nach Persien an; nach dessen Ermordung entkam er mit Not nach Antiochia[4]). Auch bei der Reise des Philosophen Metrodorus (eines Mannes von persischer Abkunft) nach Indien in der ersten Hälfte des 4. Jahrhunderts war ein Besuch der Brahmanen der Zweck oder doch Vorwand, und es soll ihm gelungen sein, durch Enthaltsamkeit und Mitteilung von Erfindungen, die ihnen unbekannt waren, ihr volles Vertrauen zu gewinnen[5]). Hieronymus wußte bereits, daß nach den indischen Gymnosophisten der Stifter ihrer Lehre Buddha von einer Jungfrau geboren sein sollte[6]). Mögen nun aber solche Reisen auch viel öfter vorgekommen sein, als wir es durch diese spärlichen Nachrichten wissen, so blieben sie doch ohne Zweifel vereinzelt und waren ihrer Zwecke wegen nicht geeignet, eine Kenntnis der Tropenwelt zu vermitteln.

Mangel an Anregungen zu fernen Reisen.

Diese Seltenheit der Reisen in ferne, besonders tropische Länder und das Fehlen der wirksamen Anregungen zu solchen Reisen stand in Wechselwirkung. Humboldt nennt solcher Anregungen hauptsächlich drei: dichterische Naturbeschreibung, Landschaftsmalerei und Kultur von tropischen Gewächsen. Bei ihm selbst haben zu einer unvertilgbaren Sehnsucht nach der Tropengegend den ersten Anstoß gegeben: Georg Forsters Schilderungen der Südseeinseln, Gemälde der Gangesufer im Hause von Warren Hastings zu London, ein kolossaler Drachenbaum in einem alten Turme des botanischen Gartens bei Berlin[7]).

Wie sehr das Altertum diese Anregungen entbehrte, ergibt sich zum großen Teil schon aus der bisherigen Darstellung. Die Naturbeschreibung, die es bezweckt und erreicht, den Eindruck der geschilderten Szenen zu reproduzieren, die dargestellte Natur vor die Seele des Lesers zu zaubern, wie sie nächst Forster vor allen Humboldt selbst ins Leben gerufen hat, ist einer der modernsten Zweige der Literatur, und zu ihrer Entstehung hat es außer andern Bedingungen einer Verbindung der Darstellungskunst mit der Naturwissenschaft bedurft. Landschaftliche Bilder, welche die Sehnsucht nach fernen Ländern hätten erregen können, gab es im römischen Altertum nur von Ägypten. Die Kultur exotischer Gewächse war sehr beschränkt. In ihren Treibhäusern zogen die Römer nur frühe Früchte und Blumen im Winter. Von den »fremden Bäumen, die es nicht lernen wollen, anderwärts zu wachsen als in

Wenig Kultur exotischer Gewächse.

1) Reitzenstein, Hellenistische Wundererzählungen (1906) S. 40ff. I. Miller, Philolog. N. F. XX 1907 S. 511ff. Ed. Meyer, Hermes LII 1917 S. 371ff. 2) Osmond de Beauvoir Priaulx, Journal of the R. Asiatic Society XVII 1860 S. 70ff. 3) Lucian. Toxaris 34. 4) Porphyr. Vita Plotini 3. 5) Cedren. I p. 516, 16ff. Bekk. (vgl. Ammian. XXV 4, 23). 6) Hieron. adv. Jov. I 42. 7) Humboldt, Kosmos II 4f.

Palmen. ihrem Geburtslande« [1]), scheint die Palme im Altertum und Mittelalter in Italien allerdings häufiger gewesen zu sein, als sie es (mit Ausnahme des Palmenhaines von Bordighera) gegenwärtig ist. Schon im Jahre 291 v. Chr. wird sie in Antium erwähnt und mag auch wohl bei griechischen Städten der Westküste als Begleiterin apollinischer Heiligtümer gestanden haben. In Plinius Zeit war sie in Italien bereits gemein[2]). Der oben (S. 478) erwähnte Bologneser Petrus de Crescentiis empfiehlt für die Gärten nicht bloß der Fürsten und Edeln, sondern auch der Personen des Mittelstands die Anpflanzung der (wohl von den Sarazenen in Calabrien und Sicilien aufs neue eingeführten) Palmen[3]). Die in der ersten Kaiserzeit aus Asien eingeführten Fruchtbäume, Aprikose, Pfirsich und Pistazie, verloren durch die Akklimatisation schnell den Charakter des Fremdartigen, doch die Zitronen blühten im Freien vielleicht nicht vor dem 4. Jahrhundert; und die Orangen sind bekanntlich, so wie manche andre, jetzt für die Natur Italiens als charakteristisch geltende Bäume und Gewächse, im Altertum völlig unbekannt gewesen[4]). In Gärten sah man allerdings außer offizinellen auch einige fremde Gewürz- und Zierpflanzen, wie den Pfefferbaum und die Weihrauchstaude, die blätterreiche Cassia, Myrrhe und Krokus[5]); aber gewiß nichts weniger als gruppenartige Zusammenstellungen exotischer Gewächse, die ein Bild der tropischen Vegetation im kleinen zu geben vermocht hätten.

1) Plin n. h. XIV 1. 2) Hehn, Kulturpflanzen[7] S. 273f. 3) P. de Crescentiis, Op. rural. commodor. (Basel 1548) VIII 2 *(de viridariis mediocribus et mediocrium personarum): plantentur in eo acies pirorum et malorum et palmarum in locis calidis et citoniorum;* vgl. VIII 3 *(de viridariis regum et aliorum illustrium et divitum dominorum).* 4) Vgl. unten [II 308]. 5) Plin. n. h. XXV 9 (botanischer Garten des Arztes Castor). XVI 136. Colum. III 8, 4. X 169ff.

Ludwig Friedlaender

Darstellungen aus der Sittengeschichte Roms

in der Zeit von Augustus bis zum Ausgang der Antonine

Dritter Band
10. Auflage
Besorgt von Georg Wissowa

WBG
Wissen *verbindet*

Um ein neues Vorwort von Klaus Bringmann in Band 1 ergänzter reprografischer Nachdruck
der von G. Wissowa besorgten 9./10. Auflage, Leipzig 1921–1923

Die Deutsche Nationalbibliothek verzeichnet diese Publikation in der Deutschen
Nationalbibliographie; detaillierte bibliographische Daten sind im Internet über
http://www.dnb.de abrufbar.

Die Herausgabe des Werkes wurde
durch die Vereinsmitglieder der WBG ermöglicht.

Gestaltung & Satz von Titelei und Vorwort:
Verlag & Anzeigenagentur Schaus, Büttelborn

Einbandabbildung Bd. 3: Gewicht in Gestalt einer Büste der Minerva.
Paris, Musée Guimet. akg-images / Erich Lessing

Einbandgestaltung: Peter Lohse, Heppenheim

Gedruckt auf säurefreiem und alterungsbeständigem Papier
Printed in Germany

Besuchen Sie uns im Internet: www.wbg-wissenverbindet.de

ISBN: 978-3-534-26801-6

Elektronisch ist folgende Ausgaben erhältlich:
eBook (PDF): 978-3-534-74217-2

INHALT

XII. DIE BILDENDEN KÜNSTE S. 1—118.

VERGLEICHENDE ÜBERSICHT

ÜBER DIE ANORDNUNG DER 8. UND DER 10. AUFLAGE.

		8. Auflage:	10. Auflage:
Erster Band.	I. Die Stadt Rom	I 3—43.	I 1—32.
	Anhang 1: Der Lotosbaum. Von Prof. Ferdinand Cohn in Breslau	I 44—47.	—
	2: Ausstellung von Naturmerkwürdigkeiten in Rom	I 47—53.	IV 1—6.
	3: Zeugnisse für den Aufenthalt von Provinzialen in Rom	I 53—54.	— (vgl. I 15f.).
	4: Über Gesandtschaften aus fremden Ländern an römische Kaiser	I 54—61.	IV 7—10.
	5: Über die Bevölkerung Roms	I 61—72.	IV 11—21.
	6: Über den Gebrauch der Wagen in Rom	I 72—75.	IV 22—25.
	7: Roma aurea, aeterna, sacra	I 75—76.	— (vgl. I 4, 6. 32, 7).
	II. Der Hof	I 79—172.	I 33—103.
	Anhang 1: Die Beamten a rationibus, a libellis, ab epistulis	I 173—194.	IV 26—46.
	2: Die Reihenfolge der Ämter von kaiserlichen Freigelassenen	I 194—201.	IV 47—55.
	3: Römische Namen von Peregrinen und Freigelassenen angenommen	I 202—203.	—
	4: Die Freunde und Begleiter der Kaiser	I 203—222.	IV 56—76.
	III. Die drei Stände	I 225—402.	I 104—239.
	Anhang: Der Gebrauch von vir clarissimus als Titel der Senatoren	I 403—405.	IV 77—81.
	IV. Der gesellige Verkehr	I 409—443.	I 240—266.
	Anhang 1: Über die sportula der Klienten	I 444—448.	— (vgl. I 226f.).
	2: Über den Gebrauch der Anrede domine im gemeinen Leben	I 449—456.	IV 82—88.
	V. Die Frauen	I 459—526.	I 267—317.
	Anhang 1: Das Märchen von Amor und Psyche und andere Spuren des Volksmärchens im Altertum	I 527—569.	IV 89—132.
	2: Das gewöhnliche Alter der Mädchen bei der Verlobung und Verheiratung	I 569—581.	IV 133—141.
	3: Über die Mandragora	I 582—583.	— (vgl. I 196, 9).
Zweiter Band.	I. Das Verkehrswesen	II 3—96.	I 318—390.
	II. Die Reisen der Touristen 1—7	II 99—215.	I 391—485.
	8. Die Entwicklung des Gefühls für das Romantische in der Natur im Gegensatz zum antiken Naturgefühl	II 216—274.	IV 142—176. I 485—490.
	Anhang 1: Über römische Fundstücke im Norden. Von Otto Tischler in Königsberg	II 275—281.	— (vgl. I 373).
	2: Inschriften von Reisenden auf Pyramiden	II 281—282.	— (vgl. I 441).
	3: Die Anwendung des Wortes Romantisch auf Naturszenen	II 282—284.	IV 176—178.
	4: Über die Bedeutung der Blumennamen viola (ἴον), anemone, narcissus, hyacinthus. Von Prof. Ferdin. Cohn in Breslau	II 284—292.	—
	III. Die Schauspiele	II 295—504.	II 1—162.
	Anhang 1: Drei Inschriften von Wagenlenkern	II 505—525.	IV 179—196.
	2: Diversium	II 525—528.	IV 203—204.
	3: Darstellungen von Gladiatoren (und Venatoren) auf Kunstwerken	II 529—531.	IV 258—260.

XII. DIE BILDENDEN KÜNSTE

1. ZWECKE UND VERWENDUNG DER ARCHITEKTUR.

Menge und Großartigkeit der Überreste.

Wäre auch von der Römerzeit jede andere Kunde verschollen, so würden die auf dem ganzen Boden der alten Welt in so großer Zahl stehen gebliebenen, zum Teil so gewaltigen Ruinen ihrer Bauten, sowie die unermeßlichen, aus bergenden Schutt- und Aschendecken hervorgezogenen Überbleibsel der bildenden Künste schon allein laut genug bezeugen, welche hohe und reiche Kultur mit dem römischen Weltreiche zugrunde gegangen ist. Bei weitem die meisten und bedeutendsten erhaltenen römischen Bauten stammen aus der Kaiserzeit. Sie stehen zum Teil in weiten Einsamkeiten als Marksteine jener Kultur, deren Herrschaft sich über ungeheure Gebiete erstreckte, die seit Jahrhunderten wieder der Barbarei oder völliger Verödung anheimgefallen sind: wie die gewaltigen Ruinen von Baʿalbek und Tadmor; die Hunderte von ganz aus Stein erbauten verlassenen, noch bewohnbaren Städten und Dörfern in Ostsyrien mit ihren eigentümlichen Bogen- und Kuppelbauten, Grabpyramiden und Taubentürmen; die überraschend wohlerhaltenen Reste so überaus zahlreicher römischer Städte in Kleinasien und Nordafrika. Manche sind erst im letzten Jahrhundert verschwunden: die in den französisch-spanischen Kriegen zerstörte Brücke von Almarez stand noch 1806, die die Riesenschlucht des Rumad überwölbende, die den einzigen Zugang zu Constantine bildete, ist erst 1857 eingestürzt[1]). Zum Teil beschämen sie in Ländern der heutigen Kultur mit ihrer imposanten Großartigkeit, ihrer unverwüstlichen Solidität, ihrer hohen, noch dem jetzigen Bedürfnis entsprechenden Zweckmäßigkeit alles, was spätere Jahrhunderte ihnen an die Seite gestellt haben: wie die Brücken von Rimini[2]), von Alcantara und Merida, der Pont du Gard, die Aquädukte von Segovia und so manche andre Römerbauten in den Mittelmeerländern[3]). »Eine zweite Natur, die zu bürgerlichen Zwecken handelt, das ist ihre Baukunst«[4]). Versucht man vollends, aus der unübersehbaren, verwirrenden Masse von Trümmern aller bildenden Künste ein Bild von der unermeßlichen Fülle und Mannigfaltigkeit des künstlerischen Schmucks zu gewinnen, in dem die so äußerst zahlreichen größeren und reicheren Städte des römischen Reichs prangten: wie gering und armselig erscheinen dann die modernen Bestrebungen, das

1) Rist, Lebenserinnerungen I 347. Maltzan, Drei Jahre im NW von Afrika III 28f. 2) CIL XI 367 = Dessau 113. 3) Vgl. oben II 377f. 4) Goethe, Ital. Reise, Werke XXX 190 d. Weimar. Ausg.

öffentliche und Privatleben durch den Schmuck der Kunst zu verschönern und zu adeln.

Kultur und Wohlstand der alten Welt in der früheren Kaiserzeit.

Eine so großartige und umfassende Verwendung der Architektur und der bildenden Künste setzt eine Verbreitung nicht nur der Kultur, sondern auch des Wohlstandes voraus, wie das ganze frühere Altertum beides nicht gekannt hat. Das römische Kaisertum brachte der bis zum Tode erschöpften Welt den allgemeinen Frieden, der mit geringen Unterbrechungen mehr als zwei Jahrhunderte dauerte; den aufs äußerste ausgesogenen Provinzen eine bessere Verteilung der Lasten und eine im ganzen wenigstens leidliche Verwaltung. Mit der wiederhergestellten Sicherheit und Ordnung, dem gewaltigen Aufschwunge des Verkehrs hob und verbreitete sich Wohlstand und Reichtum in einem Grade wie nie zuvor.

Menge und Schönheit der Städte.

Am augenfälligsten gab sich dies in der fortwährend im Wachsen begriffenen Schönheit und Pracht der Städte in fast allen Provinzen kund. Auch die Zahl derselben[1]) nahm durch neue Anlagen, Kolonisationen, Verleihungen von Stadtrechten und Vereinigungen mehrerer kleiner Orte zu einer Kommune stetig zu. So namentlich in den gallischen und spanischen Provinzen, wo früher die Gauverfassung in voller Geltung gewesen war. Im tarraconensischen Spanien waren unter Augustus von 293 Gemeinden nur 179 in Städten vereinigt, doch unter Antoninus Pius gab es nach Ptolemäus dort bereits 248 Städte[2]). Auch »in den östlichen Provinzen, in Galatien, in Cappadocien und den gräzisierten Teilen Syriens entstanden zwar langsam, aber doch fortwährend neue Kommunen, und selbst in den Uferländern der Donau und in Numidien und Mauretanien hatte die durch die militärische Besatzung sich vollziehende Romanisierung zahlreiche neue Städteanlagen zur unmittelbaren Folge«[3]).

Lagerstädte. Lambäsis.

Nur auf eine Art der Enstehung neuer Städte, die aus Lagern, soll hier näher eingegangen werden. In Afrika verdankten die Städte Lambäsis (Lambessa) und Verecunda ihren Ursprung dem am Ende der Regierung Trajans oder am Anfange der Hadrians errichteten und 128 an den endgültigen Platz verlegten Lager der dritten Legion[4]). Aus den Baracken und Buden der dort nicht zugelassenen, in einer Entfernung von etwa einem Kilometer angesiedelten Marketender, Frauen und Mädchen, Kaufleute, Händler, Lieferanten, Handwerker usw. entstanden jene beiden Ortschaften, die Antoninus Pius sofort als Gemeinden konstituiert haben wird; Lambäsis erhielt Stadtrecht spätestens 207, Verecunda wohl erst durch Valerian und Gallienus[5]). Lambäsis war mit dem Lager durch eine schöne, mit Quadern gepflasterte Straße verbunden, die durch einen dreitorigen Triumphbogen in die Stadt eintrat und durch einen andern Bogen hinaus auf den Weg nach Verecunda führte. Sie war reich an stattlichen Bauten aller Art (Tempeln, Thermen, einem Amphitheater, einem viele Quellen in eine große Leitung zusammenfassenden Septizonium); vor dem Haupttempel war

1) Mit der in einer Pariser Handschrift des 9. Jahrh. sich findenden Notiz *s[unt in] hoc mundo civitates $\overline{V}$DCXXVII* (Mommsen, Ges. Schrift. V 559f.) ist nicht viel anzufangen (vgl. Kubitschek, Hermes XXII 1887, 465ff.). 2) Mommsen RG. V 65f. 3) Marquardt StV. I[2] 19; vgl. 373f. 4) Das Genauere bei Cagnat, Mém. de l'acad. d. inscr. XXXVIII 1 (1909) S. 219ff.; L'armée Rom. d'Afrique[2] S. 433ff. 5) Mommsen CIL VIII p. 283f. 423; vgl. J. Schmidt ebd. p. 1723. Hirschfeld, Arch. epigr. Mitt. V 1881 S. 214, 3. Cagnat, L'armée Rom.[2] S. 591f.

eine forumartige Anlage mit zahlreichen Statuen von Legionslegaten; im Jahre 208 erhielt die Stadt ihr Kapitol[1]). Als sie für immer von der Legion verlassen wurde, ist sie schnell verfallen. Als die Byzantiner die Städte Afrikas in Verteidigungszustand setzten, errichteten sie dort aus Architraven, Friesen, Altären, Grabsteinen und Postamenten eine Zitadelle; wie sie den Ort verließen, haben ihn die Franzosen bei der Besitznahme Algeriens gefunden[2]).

In derselben Weise entstanden aus Ansiedelungen von Römern in Baracken (*canabae*) neben den Lagern[3]) mehrere Städte in den nördlichen Provinzen, wo die Lager oft, wenn nicht in der Regel, in der Nähe schon bestehender einheimischer Niederlassungen errichtet wurden, die dann allmählich mit den römischen zu einem Gemeinwesen verschmolzen[4]). Das Lager der 15. Legion wurde (wohl unter Claudius) nach dem, wie es scheint, schon ansehnlichen keltischen Handelsplatz Carnuntum (Petronell in der Nähe von Wien) verlegt; bereits Hadrian erhob bei seinem dortigen Aufenthalte die römische Ansiedlung zur Stadt[5]). In der Nähe des Lagers von Castra vetera (Xanten) waren infolge des langen Friedens Bauten »nach Art einer Stadt« entstanden, die im Jahre 69 niedergerissen wurden, um nicht den aufständischen Barbaren als Stützpunkt beim Angriff auf das Lager zu dienen[6]). Der Komplex von Ortschaften bei dem großen Lager von Mainz wurde eine römische Stadt erst unter Diocletian, ihre Blüte fällt ins 4. Jahrhundert, diesem werden die noch erhaltenen Architekturstücke angehören, die einen Schluß auf sehr stattliche Bauwerke gestatten[7]). Eine ähnliche Entstehungsgeschichte haben Straßburg (Argentorate), Alt-Ofen (Aquincum), Wien (Vindobona), Iglitza (Troesmis), Karlsburg (Apulum) und viele andre Städte gehabt[8]).

Carnuntum.

Mainz.

Aristides über die Menge und Schönheit der Städte.

In der im Jahre 145 gehaltenen Prunkrede des Aristides auf die Größe Roms kann man bei aller Überschwenglichkeit die Wirkung großer, ja überwältigender Eindrücke nicht verkennen, die allerdings vorzugsweise aus den östlichen Ländern stammten[9]). Wann, heißt es dort, gab es soviel Städte auf dem Festlande und auf dem Meere, oder wann waren sie so durchaus geschmückt? oder welcher Herrscher der Vorzeit konnte jemals in seinem Reiche mit jeder Tagereise eine Stadt erreichen, manchmal auch an demselben Tage durch zwei und drei Städte wie durch Straßen fahren? Man möchte sagen, daß alle früheren nur Könige einer Wüste mit festen Plätzen waren, ihr allein aber über Städte herrscht. Unter euch heben sich jetzt alle griechischen Städte, und alle ihre monumentalen Zierden und Kunstwerke suchen bei euch Ehre einzulegen; mit Städten sind Küsten und Binnengegenden angefüllt, die teils unter, teils durch euch gegründet, teils vergrößert sind. Ionien steht durch Glanz und Schönheit

1) St. Gsell, Les monuments antiques de l'Algérie I 115 f. 128 f. 202. 218. 242 u. a. 2) Jung, Die roman. Landsch. d. röm. Reichs S. 137 f. 3) Über die römischen Lagerstädte s. Mommsen, Ges. Schrift. VI 176 ff. G. Wilmanns, Comment. Mommsen. S. 190—212 und weitere Literatur bei A. Schulten, Real-Encykl. III 1451 ff. 4) Bergk, Westd. Ztschr. I 1882 S. 498—515. 5) v. Domaszewski, Arch. epigr. Mitt. X 1886 S. 14 ff. 6) Tac. H. IV 22: *opera haud procul castris in modum municipii extructa* wie I 67 *longa pace in modum municipii extructus locus* (Baden bei Zürich). 7) J. Becker, Bonner Jahrb. LXVII 1879 S. 1 ff. K. Schumacher, Mainzer Zeitschr. I 1906 S. 19 ff. 8) Marquardt StV. I² 21. 9) Aristid. or. 26, 92 ff. (II 118 ff. K.); über die Zeit s. E. Schwartz, Christl. u. jüd. Ostertafeln (Abhdl. Götting. Gesellsch. d. Wissensch. N. F. VIII 6, 1905) S. 132. Zum Inhalt vgl. W. Gernentz, Laudes Romae, Diss. Rostock 1918.

an erster Stelle, und um wieviel es früher durch Schmuck und Anmut andre Länder überragte, um soviel hat es nun selbst im Vergleiche zu seiner eignen Vergangenheit gewonnen. Die große und stolze Stadt Alexanders ist eine Zierde eurer Herrschaft geworden, wie ein Halsschmuck einer reichen Frau unter vielen andern Besitztümern. Die ganze Erde ist im Festkleide, sie hat ihre alte Tracht, das Eisen, abgelegt und sich zu Pracht, Zier und Lustbarkeit aller Art gewandt. Alle Städte beherrscht nur der eine Wetteifer, daß jede als die schönste und gefälligste erscheine. Alles ist voll von Ringplätzen, Wasserleitungen, Propyläen, Tempeln, Werkstätten und Schulen, und mit Fug darf man sagen, daß die Erde, die von Anbeginn krank war, nun genesen ist. Unablässig kommen Gaben von euch, und von eurer gegen alle gleichen Huld kann man keine Stadt vor andern bevorzugt finden. Die Städte strahlen in Glanz und Lieblichkeit, und die ganze Erde ist wie ein Garten geschmückt.

Daß die Bewunderung des Rhetors für die Menge und Schönheit der Städte des Weltreichs in der Tat begründet war, beweisen außer ihren zahlreichen Ruinen manche statistische und sonstige Angaben. Bei der Angabe Aelians[1]), Städte in Italien. daß Italien »einst« 1197 Städte gehabt habe, ist freilich ebenso ungewiß, auf welche Zeit sie sich bezieht, wie worauf sie beruht; vielleicht hat aber auch das Land, trotz der Verödung mancher Orte, wie überhaupt seine höchste Blüte, so namentlich die größte Zahl bedeutender und reicher Städte in der Zeit von Augustus bis Marc Aurel gehabt[2]). Von den 18 »durch Reichtum, Bauart und Lage an Schönheit hervorragenden« Städten Italiens, welche die Triumvirn 711 = 43 v. Chr. den Soldaten als Lohn aussetzten, nennt Appian als die ansehnlichsten Capua, Rhegium, Venusia, Benevent, Nuceria, Ariminum und Ober- — Hipponium (Vibo)[3]). In Strabos Zeit übertraf Oberitalien (Gallia cisalpina) die übrigen Landschaften an Reichtum und Größe der Städte[4]). Von diesen ist Verona die einzige, deren Ruinen noch jetzt an den alten Glanz erinnern; unter Augustus war die bedeutendste Stadt der ganzen Gegend Patavium mit 500 Familien, die den Ritterzensus und darüber besaßen. Erst in der späteren Zeit erhob sich Mediolanium zur »ersten Stadt Italiens (nach Rom) an Größe, Bevölkerung und Reichtum«, wie Procop es nennt[5]); seine Angabe, daß bei der Zerstörung der Stadt durch Witigis 300000 Erwachsene männlichen Geschlechts ums Leben gekommen seien, ist allerdings ohne Zweifel stark übertrieben[6]). Andre bedeutende Städte Oberitaliens waren Altinum und Ravenna — beide im Wasser auf Pfählen gebaut, das letztere ein antikes Venedig, nur auf Brücken oder Fahrzeugen gangbar[7]) —, Aquileja, Placentia, Cremona (bis zur

1) Aelian. V. hist. IX 16. 2) Höck, Gesch. Roms I 2, 151. Bestimmungen gegen Schädigung und Verunstaltung der Städte durch Abbruch von Gebäuden wurden schon in der letzten Zeit der Republik getroffen. Lex munic. Tarent. (Dessau 6086 = Bruns-Gradenwitz, Fontes[7] nr. 27) Z. 32ff. *nei quis in oppido, quod eius municipi e[r]it, aedificium detegito neive dem[olito] neive disturbato, nisei quod non deterius restituturus erit;* sie kehren dann nahezu wörtlich in den Städteordnungen der Folgezeit, so in der Lex Ursonensis (CIL II 5439 = Dessau 6087; Bruns-Gradenwitz nr. 28) c. 75 und der Lex Malacitana (CIL II 1964 = Dessau 6089; Bruns-Gradenwitz nr. 30) c. 62 wieder; Senatsbeschlüsse gleicher Richtung CIL X 1041 = Dessau 6043; Bruns-Gradenwitz nr. 54; vgl. Mommsen, Ges. Schrift. I 158. 263f. 371ff. M. Voigt, Ber. d. sächs. Gesellsch. d. Wiss. 1903 S. 192ff. 3) Appian. B. C. IV 3. 4) Strabo V 218. 5) Procop. B. Got. II 21, 6. 6) Pöhlmann, Übervölkerung d. antiken Großstädte S. 19, 4. 7) Nissen, Ital. Landesk. II 251.

Zerstörung im Jahre 69 sehr reich, blühend und stark bevölkert)[1]), Parma, Mutina, Bononia, Ariminum, Ticinum, Dertona. Aquileja, das große Emporium für den nordischen Handel, »in mehr als einem Sinne die Mutterstadt Venedigs«, galt im 4. Jahrhundert der Volkszahl nach als die vierte Italiens (nach Rom, Capua, Mediolanium)[2]). Außerhalb der sie umschließenden doppelten Mauer breiteten sich weite Vorstädte aus. Der Boden der bis auf die Fundamente zerstörten Stadt ist reich an industriellen Erzeugnissen. An mehreren Orten Istriens stehen noch stattliche Ruinen aufrecht; so in Tergeste (Triest), Tarsatica (Fiume), Parentium (Parenzo). Doch die bedeutendsten Reste aus römischer Zeit hat Pola: einen ganz und einen größtenteils zerstörten Tempel, einen eleganten, reich verzierten Triumphbogen, das berühmte Amphitheater, das 20—25000 Menschen fassen konnte; die letzten Reste eines im 17. Jahrhundert zerstörten Theaters sind erst um 1870 hinweggeräumt worden; von den ebenfalls erst im 19. Jahrhundert eingerissenen Stadtmauern stehen noch 2 Tore[3]). In Mittel- Mittel- — italien zeugen Ruinen, wie die von Ocriculum (Otricoli), Asisium (Assisi), Hispellum (Spello) sowie die sehr stattlichen von Ancona in Picenum von der Ansehnlichkeit auch der Mittelstädte. Das von Trajan als Hafen für die Kriegsmarine ins Leben gerufene Centumcellä (Cività Vecchia) war noch in Procops Zeit groß, bedeutend und volkreich. Von dem Wohlstande der Hafenstadt Ostia (mit wohl mehr als 50000 Einwohnern) zeugen ihre Ruinen und die Kunstschätze, die sie bergen, ihre stattlichen Straßen, Kaufhallen, Tempel, Thermen, Theater[4]). Der Herculestempel der Villenstadt Tibur gehörte zu den größten und reichsten in Latium, ebenso der Fortunatempel des »zinnenreichen«, in 5 Terassen zu seiner Burg hinankletternden Präneste. In Unteritalien haben Pompeji und Her- Unteritalien. culaneum in der überraschendsten Weise gezeigt, daß es auch Orten, die von den antiken Autoren nur ganz selten und beiläufig erwähnt werden, an zahlreichen stattlichen, mit bescheidenem Luxus dekorierten öffentlichen Bauten nicht fehlte. Neapel war unter Domitian eine prächtige, reich geschmückte Stadt, mit vielen Tempeln, mit Plätzen, die von unzähligen Säulen eingefaßt waren[5]). Von dem alten Glanze Capuas, das noch in Domitians Zeit nicht allzu weit hinter Rom zurückstand und noch in Ausonius Zeit zu den 14 berühmten Städten des Reichs gerechnet wurde, ist außer seinem mächtigen Amphitheater wenig übrig. Puteoli, die erste Handelsstadt Italiens (mit vielleicht nicht viel unter 100000 Einwohnern), war reich an Prachtbauten aller Art[6]). Unter den 68 Städten Siciliens[7]) Sicilien. war gegen Ende der Republik die größte und blühendste Centuripä mit 10000 Bürgern, d. h. etwa 100000 Einwohnern[8]); Syrakus und Catina (Catania) nennt Ausonius unter den 14 berühmten Städten[9]). Corsica hatte 32 Städte[10]).

Die Städte Galliens gibt Josephus nach einem offiziellen Verzeichnis auf etwa Gallien.

1) Cass. Dio LXV 15. Tac. Hist. III 33 f. 2) Auson. ordo nob. urb. 9. S. oben I 377, 8. 3) R. v. Schneider, Drei römische Städte (Aquileja, Pola, Salona) in A. Ilg, Kunstgesch. Charakterbilder aus Oesterreich-Ungarn (1893). 4) Guter Überblick über die Ergebnisse der neuesten Ausgrabungen bei D. Vaglieri, Ostia, cenni storici e guida, 1914. 5) Stat. silv. III 5, 89 ff. Oben I 403. 6) Belege für alle obigen Angaben bei Nissen, Ital. Landesk. Bd. II. Für die reiche Literatur über neuere Ausgrabungen und Funde sei ein für allemal auf Mau-v. Mercklin, Katalog d. Bibl. d. kaiserl. deutschen archäol. Instituts in Rom, Bd. I (1914) verwiesen. 7) Plin. n. h. III 88. Marquardt StV. I^2 244. 8) Cic. Verr. II 2, 163. 4, 50. 9) Auson. ordo nob. urb. 16. 17. 10) Plin. n. h. III 80.

1200 an[1]), und wenn ein großer oder der größte Teil noch in der Kaiserzeit dorfartig gewesen sein mag, so haben andrerseits auch manche, namentlich im Narbonensischen Gallien, die heute auf demselben Boden stehenden Städte weit übertroffen. Unter den neun, die Pomponius Mela um die Mitte des 1. Jahrhunderts dort als die ansehnlichsten nennt[2]), haben Vasio (Vaison) und Bäterrä (Béziers) wenig oder gar keine Reste aus dem römischen Altertum aufzuweisen[3]), nicht geringe Avennio (Avignon), wo sich unter andern Trümmer eines Triumphbogens aus der ersten Kaiserzeit finden[4]); sehr großartige Arausio (Orange), dessen Triumphbogen und Theater zu den am besten erhaltenen Bauten dieser Gattungen gehören[5]). Die erste Stelle behauptete in Melas Zeit dort Narbo, die Residenz des Prokonsuls und der größte Hafen Galliens, welches noch um die Mitte des 5. Jahrhunderts von Sidonius Apollinaris hochgepriesen wird[6]). Aber die imposantesten und am besten erhaltenen römischen Bauten außerhalb Italiens sind die von Nemausus (Nîmes), das unter Hadrian und den Antoninen zu seiner höchsten Blüte gelangte[7]), und von Arelate, »dem zwiefachen« (da es sich seit Constantin auf beiden Rhôneufern ausbreitete), »dem gallischen Rom«, wie es Ausonius nennt, das seinen Höhepunkt erst nach dem Niedergange von Lugdunum erreichte und noch im 5. Jahrhundert eine sehr blühende Handelsstadt war[8]). Tolosa, das gegen Ende des 4. Jahrhunderts neben Narbo die erste Stelle einnahm, war eine fünffache Stadt: vier Städte hatte sie aus sich geboren, die sie mit ihren gewaltigen Backsteinmauern umschloß[9]). Vienna, früher ein offener Flecken, eine Stadt erst seit Augustus und von ihm mit einer 5—6 Kilometer langen Mauer umgeben, war reich an schönen Bauwerken; Ruinen eines Tempels (vielleicht des Augustus und seiner Gemahlin Livia), Amphitheaters, Theaters, Thermengebäudes, einer Porticus sind noch vorhanden[10]).

Narbonensis.

Lugdunensis.

Vienna galt als die zweite Hauptstadt von ganz Gallien[11]). Die erste war Lugdunum (Lyon), welche sich als Residenz des Statthalters von Lugdunensis, Zentralpunkt für die Verwaltung, am Zusammenfluß zweier großer Ströme und im Schnittpunkt der Hauptstraßen gelegen, schnell zu großem Glanz entwickelte und schon unter Nero an den herrlichsten Bauwerken reich war, deren jedes allein hingereicht hätte, eine Stadt zu schmücken[12]). Seit die »große und reiche« Stadt 197 von den Soldaten des Septimius Severus zerstört worden war, scheint sie die alte Bedeutung nicht wiedergewonnen zu haben[13]). Das »Städtchen der Pariser«, wie der Kaiser Julian Lutetia nennt[14]), auf der Seineinsel gelegen, hatte sich auf das linke Ufer ausgebreitet; bekannt sind dort die Überreste des soge-

1) Joseph. B. J. II 373. Vgl. Friedlaender, Deutsche Rundschau XIII 1877 S. 396ff. Hirschfeld, Kl. Schrift. S. 27ff. 2) Pompon. Mela II 75. 3) Hirschfeld CIL XII p. 160f. 511. 4) ebd. p. 130f. 5) Noack, Baukunst d. Altert. Taf. 88. 89. 152. L. Chatelain, Les monuments Romains d'Orange, Paris 1909. 6) Sidon. Apollinar. C. 23, 37ff. 7) Hirschfeld CIL XII p. 383. H. Bazin, Villes antiques, I Paris 1891. 8) Auson. ordo nob. urb. 10. Oben I 379. Hirschfeld, Kl. Schrift. 27f.; CIL XII p. 83f. Maaß, Österr. Jahresh. X 1907 S. 99ff. Bazin a. a. O. III, 1896. L. Constans, Arles (Bibl. des écoles franç. CXIX 1920). 9) Auson. a. a. O. 18. Ammian. XV 11, 14. Hirschfeld CIL XII p. 626. 10) Hirschfeld CIL XII p. 218. H. Willemsen, Die Römerstädte in Südfrankreich, Gütersloh 1911. 11) Euseb. H. eccl. V 1, 1. Über Vienne und Lyon Bazin a. a. O. II, 1891. 12) Hirschfeld, Kl. Schrift. S. 133ff. 13) Herodian. III 7, 7. Weder Ausonius noch Ammian nennen sie unter den bedeutenden Städten Galliens. 14) Julian. Misopog. p. 340 D.

nannten Palais des thermes; ein in der Nähe des Pantheon aufgedecktes Amphitheater ist etwa im 3. Jahrhundert erbaut. Augustodunum (›Augustusburg‹, ehemals Bibracte), die Hauptstadt der Äduer, hatte wie Vienna einen Mauerumfang von 5—6 Kilometer mit 220 Türmen und 2 dreibogigen Stadttoren[1]); im 17. Jahrhundert waren dort noch bedeutende Reste eines Theaters und Amphitheaters, das zu den größten bekannten gehörte (154 × 130 m), vorhanden[2]).

In Aquitanien war um die Mitte des 1. Jahrhunderts die ansehnlichste Stadt Eliumberrum (Auch)[3]). Burdigala (Bordeaux), gewiß von jeher der wichtigste Handelsplatz an der atlantischen Küste, wird als bedeutend nicht vor dem Ende des 4. Jahrhunderts erwähnt, auch tragen die Überreste den Charakter der spätrömischen Zeit[4]). Ihre Mauern bildeten ein Viereck mit hohen Türmen und genau einander entsprechenden Toren; ihre Straßen waren breit und regelmäßig[5]), ihr Stolz die herrliche, die ganze Stadt überreichlich mit Wasser versorgende Quelle Divona[6]), Aquitania.

In Belgica war die bereits unter Augustus sehr volkreiche, noch im 4. Jahrhundert bedeutende Stadt der Remer, Durocortorum (Reims), die Residenz des Statthalters[7]). Die (wahrscheinlich durch Claudius[8]) mit einer Militärkolonie besiedelte) Hauptstadt der Treverer (Trier) nennt schon Mela eine sehr ansehnliche Stadt; ihr 6148 m langer Mauerring umschließt ein (nur auf dem rechten Moselufer gelegenes) Areal von 285 Hektar, so daß ihr Umfang den des mittelalterlichen und bis vor kurzem auch des modernen Trier um das Doppelte übertraf; ihre Mauer (mit der Porta Nigra) ist zu Anfang der zweiten Hälfte des 3. Jahrhunderts erbaut[9]). Ihre Glanzzeit war das 4. Jahrhundert, wo die Kaiser oft hier residierten; aus dieser stammen die Prachtbauten, von denen noch bedeutende Reste vorhanden sind; doch gehört das Amphitheater einer früheren Periode an[10]). Die Ubierstadt, die unter Claudius eine römische Grenzfestung geworden war und im Jahre 50 als Militärkolonie ihren neuen Namen (Colonia Agrippinensis, Köln) erhalten hatte[11]), war schon im Jahre 71 durch ihre Wohlhabenheit und ihr Wachstum ein Gegenstand des Neids für die Deutschen auf dem rechten Rheinufer[12]). Ihre (derselben Zeit wie die die von Trier angehörige) Ringmauer umschließt einen Flächenraum von 97 Hektar, auf dem eine Einwohnerschaft von 30000 Seelen Platz finden konnte. Köln und Deutz sind ergiebige Fundstätten von Architekturstücken, Skulpturen, Mosaiken, Metallarbeiten, Glas- und Tongefäßen[13]). In der westlichen Schweiz waren, wie die Belgica.

1) Hirschfeld CIL XIII p. 402; Kl. Schrift. S. 191. 2) de Fontenay, Autun et ses monuments (1889) S. 177 ff. 190 ff. 3) Pomp. Mela III 20. 4) Vortrefflich C. Jullian, Histoire de Bordeaux, 1895. 5) Auson. a. a. O. 20. 6) Oben II 377 f. 7) Strabo IV 194. Hieronym. epist. 123, 16. Ammian. XV 11, 1. 8) Nach Kornemann, Westd. Zeitschr. XXII 1903 S. 178 ff. erst durch Vitellius. 9) Lehner, Westd. Ztschr. XV 1896 S. 217 f. 260 ff.; vgl. Nissen, Bonner Jahrb. XCVI 1895 S. 10 ff. Über die Porta Nigra v. Behr, Zeitschr. f. Bauwesen LVIII 1908 S. 574 ff. R. Schultze, Bonner Jahrb. CXVIII 1910 S. 334 ff. 10) Hettner, Verhandl. der Trierer Philologenversamml. 1879 S. 15—28. F. Cramer, Das römische Trier, 1911. Über die Ausgrabung des sogen. römischen Kaiserpalastes E. Krüger und D. Krencker, Abhandl. Akad. Berlin 1915 nr. 2; vgl. Bonn. Jahrb. CXXIII 1916 S. 242 ff. 11) Asbach, Bonner Jahrb. LXXXVI 1888 S. 121 ff. Nissen, ebd. XCVIII (1895) S. 145 ff. 12) Tac. Hist. IV 63. 13) R. Schultze und C. Steuernagel, Bonner Jahrb. XCVIII 1895 S. 1 ff. J. Klinkenberg, Das römische Köln (in P. Clemen, Kunstdenkmäler der Rheinprovinz VI 2), 1906.

baulichen Trümmer beweisen, die Flecken Vindonissa (Windisch, bis zur Verlegung der Grenze Standquartier einer Legion), Salodorum, Turicum, Lousonna, Genava zu Städten aufgeblüht, wenn sie auch rechtlich *vici* d. h. Dorfgemeinden blieben[1]); auch Baden bei Zürich war zu Anfang des 2. Jahrhunderts ein lebhafter »in städtischer Weise gebauter« Ort[2]). Die bedeutendste Stadt dieser Gegend, Aventicum (Avenches), stand »an Glanz und Stattlichkeit der öffentlichen Gebäude, an Luxus und Pracht der Wohnungen und Landhäuser der reicheren Bewohner wohl nur wenigen Provinzialstädten des Westens nach«. Ihre Mauern waren mit vielleicht gegen 100 Türmen bewehrt, eine treffliche Leitung versorgte sie mit Wasser, sie hatte ein Theater und ein Amphitheater, welches letztere 17000 Zuschauer fassen konnte[3]).

Spanien. Das tarraconensische Spanien (der Norden und die östliche Hälfte) hatte, wie bemerkt[4]), bereits unter Augustus 179, unter den Antoninen 248 selbständige Kommunen. Die Hauptstadt Tarraco war reich an Tempeln und öffentlichen Gebäuden aller Art sowie an plastischen Kunstwerken; Häuser, Villen und Grabdenkmäler zeugten von ihrer Wohlhabenheit[5]). Bätica (Sevilla, Cordova, Granada und Teile der angrenzenden Provinzen) besaß schon unter Augustus 175 Städte[6]), unter denen Gades, nach der Ansicht Strabos von keiner Stadt außer Rom an Einwohnerzahl übertroffen, mit 500 Bürgern, die mindestens 400000 Sesterzen im Vermögen hatten[7]), zu den größten und reichsten der Monarchie gehörte. »Die Ruinen von Emerita Augusta (Merida), der Hauptstadt von Lusitania (einer der 14 Städte des Ausonius), erregten schon, damals noch vollständiger erhalten, das Staunen der arabischen Schriftsteller; obwohl sie seitdem jahrhundertelang als Steinbruch benutzt worden, sind doch noch Zirkus, Theater, Amphitheater, Stadtmauer, Wasserleitung, eine Brücke über das Anastal von 81 Bogen fast vollständig vorhanden, zahlreiche Tempelreste, Statuen u. a. mehr oder weniger zerstört«[8]).

Afrika. Auch in Afrika hat die Zahl und der Wohlstand der Städte bis gegen das Ende des 3. Jahrhunderts wohl stetig zugenommen[9]). Bereits Ptolemäus zählt deren 324, darunter nur wenige als Flecken bezeichnete[10]). In einem Seitental des Medscherda (Bagradas) findet man in einer Zone von 55000 Hektar eine Gruppe von 6 Städten, deren Entfernung voneinander nur wenige Kilometer beträgt; weiter südlich auf der Hochebene, die sich zu den Schotts (Salzseen) und zum Meere abdacht, liegen die Städte noch so dicht (im Abstand von 30 bis 40 Kilometer), daß man bequem in einer Tagereise von einer zur andern gelangen kann[11]). Die Militärkolonien, deren wir in beiden Mauretanien 33, in der Doppelprovinz Numidia-Afrika (wo es in Plinius Zeit nur 6 gab) 50 kennen[12]),

1) Mommsen, Ges. Schrift. V 376. 2) Oben S. 3 A. 6. 3) Bursian, Aventicum Helvetiorum, Mitt. d. Antiq. Gesellsch. in Zürich, Bd. XVI 1 (1867). 4) Oben S. 2. 5) Hübner, Röm. Herrschaft in Westeuropa (1890) S. 167ff. 6) Marquardt StV. I² 257, 2. 7) Strabo III 168f. 8) Kiepert, Lehrb. d. alt. Geogr. S. 488 A. 1; über neuere Funde vgl. P. Paris, Archäol. Anzeig. 1912 S. 456ff. 1914 S. 370ff., über die Aufdeckung der alten Griechenstadt Emporiae (Ampurias) A. Schulten, N. Jahrb. f. d. klass. Altert. XIX 1907 S. 334ff. 9) Vgl. Friedlaender, Deutsche Rundschau XXXIV 1883 S. 44ff. 241ff. W. Barthel, Zur Geschichte der römischen Städte in Africa, Diss. Greifswald 1904. 10) Jung, Roman. Landschaften S. 121. 11) Schulten, Das röm. Afrika S. 35f. 12) Marquardt StV. I² 477ff. Plin. n. h. V 29.

führten nicht bloß zur Vergrößerung, sondern auch zur Vermehrung der Städte, da Dörfer, in denen Veteranen angesiedelt wurden[1]), sich allmählich zu städtischer Verfassung entwickelten. Auch bei manchen der als Zufluchtsorte für die Landbevölkerung bei Einfällen unabhängiger Stämme dienenden »Türme« und Burgen vermehrte sich die seßhafte Bevölkerung so, daß sie Stadtrecht beanspruchen konnte und erhielt[2]). Von der Entstehung der Lagerstädte Lambäsis und Verecunda ist die Rede gewesen[3]). Landgemeinden, die als unselbständige Glieder zu selbständigen Stadtgemeinden gehörten, erwuchsen mit der Zeit selbst zu solchen, wie die anfangs zum Kommunalverbande von Cirta gehörigen Orte Chullu, Mileu und Rusicade (Philippeville) etwa zu Ende des 3. Jahrhunderts[4]); das letztere war reich an öffentlichen Gebäuden und statuarischem Schmuck[5]). Ebenso erscheinen die 4 Landgemeinden Thignica, Thibursicum Bure, Thugga, Agbia unter Gallienus sämtlich als Städte[6]), und bedeutende Ruinen[7]) geben eine Vorstellung von ihrem Wohlstande.

Überhaupt ist die Blüte der römischen Städte in Afrika in der Zeit von Hadrian bis zu den Severen[8]) vorzugsweise durch ihre Überreste bezeugt. Während solche, die für nahe gelegene arabische Orte als Steinbrüche dienen konnten, zum Teil so gut wie ganz von der Erde verschwunden sind, wie Karthago — das im 3. Jahrhundert mit Alexandria um die zweite Stelle nach Rom rivalisierte[9]) —, Utica[10]), Hadrumetum (Susa), geben von andern in der antiken Literatur nie genannten, wie Uthina[11]), Seressita (jetzt von ihren vier noch stehenden Toren Um-el-Abuab d. h. Mutter der Tore genannt)[12]), Sufetula[13]), Gigthis[14]), Thubursicum[15]) u. a., sehr ansehnliche Reste Zeugnis. In dem jetzt spärlich bewohnten, im Frühjahre von Fieberluft erfüllten Tale des Bagradas, einer afrikanischen Campagna, stößt man bei jedem Schritt auf Ruinen römischer Tempel, Bäder, Wasserleitungen; stellenweise deuten nur noch Trümmerhaufen die einstigen Ortschaften an, anderswo ragen wieder großartige Bauten, mit Skulpturen und Inschriften bedeckt, über das elende Gemäuer der hier eingenisteten arabischen Duars[16]). In Groß-Leptis, von wo ganze Schiffsladungen von Säulen nach England und Frankreich gegangen sind, erkennt man in dem westlichen, tief verschütteten Stadtteile noch zahlreiche Reste von Bauten, die sich durch Kostbarkeit des Materials sowie durch Menge und Größe der Säulen auszeichnen[17]). Sehr umfangreich sind u. a. die Ruinen von Thamugadi[18]) (Timgad),

1) CIL VIII 885 = Dessau 6803. 2) Mommsen CIL VIII p. 21. 3) Oben S. 2f. 4) Marquardt 479f. 5) St. Gsell, Les monuments antiques de l'Algérie I 108. 192. 201. 232 u. a. 6) Mommsen CIL VIII p. 173f. 7) Besonders reich sind die Überreste von Thugga (heute Dougga), vgl. Carton, Ruines de Dougga, 1909; über das Forum L. Homo, Mélanges d'archéol. et d'hist. XXI 1901 S. 3ff., das Kapitol bei Noack a. a. O. Taf. 180. 8) Schulten a. a. O. S. 72. 9) CIL VIII p. 133. Herodian. VII 6, 1. 10) ἡ δευτέρα μετὰ Καρχηδόνα Strabo XVII 832. CIL VIII p. 149. 11) Barth, Wanderungen I 114f. P. Gauckler, Monum. Piot III 1896, 177ff. 12) Guérin, Voyage archéol. dans la régence de Tunis II 354ff. 13) A. Schulten, Arch. Anzeig. 1913 S. 252ff. 14) ebd. 1911 S. 253f. Cagnat, Journal des savants 1917 S. 289ff. 15) Diese numidische Stadt besaß einen Flächeninhalt von 66 ha (Pompeji hat 64,7 ha), Schulten a. a. O. 1901 S. 76. 16) Hesse-Wartegg, Tunis, Land und Leute S. 159f. 17) Barth, Wanderungen I S. 310—312. 18) CIL VIII p. 259. E. Boeswillwald, R. Cagnat, A. Ballu, Timgad, une cité africaine sous l'empire romain, 1905. H. Holtzinger, Timgad und die römische Provinzialarchitektur in Nordafrika, 1906; vgl. auch Noack a. a. O. Taf. 149. 177. 178.

einem unter Wüstensand begrabenen afrikanischen Pompeji[1]), sowie die der Vaterstadt des Augustinus, Thagaste[2]), und der des Apulejus, Madaura[3]). Theveste (Tebessa) ist »eine antike Stadt mit antiken Häusern, die noch bewohnt werden, wenn auch noch viel mehr in Schutt und Ruinen liegen«; ein Tempel, ähnlich der Maison carrée in Nîmes[4]), Thermen, ähnlich denen des Caracalla, das Forum, eine Basilika und andres ist wohl erhalten[5]). Auch von den Hauptstädten des östlichen Mauretaniens Sitifi und Cäsarea sind große Überreste vorhanden; das letztere hatte einen Umfang von einer geographischen Meile, mindestens den achtfachen des heutigen Scherschell[6]). Die Ruinen der in West-Marokko (Mauretania Tingitana) gelegenen Stadt Volubilis (Reste eines Triumphbogens, eines Tempels und der Umfassungsmauer) bedecken, obwohl sie lange als Steinbruch für das nahe Miknes gedient haben, noch einen Hügel[7]). Auf eine Zunahme der Gesamtbevölkerung während der Kaiserzeit läßt die Vermehrung und das Wachstum der Städte um so mehr schließen, als nach Herodian um die Mitte des 3. Jahrhunderts auch die Ackerbau treibende Bevölkerung groß war[8]). Nach Procop sollen in Afrika durch die Vandalen 5 Millionen Menschen umgekommen sein[9]).

Ägypten. Die Bevölkerung Ägyptens, das unter den Ptolemäern 7 Mill. Einwohner gehabt haben soll[10]), war im 1. Jahrhundert auf etwa 8 ½ gewachsen[11]) (das sind vielleicht 280 auf den Quadratkilometer, wie etwa heutzutage im dicht bevölkerten Königreich Sachsen). Es sollte in alter Zeit 20 000, unter den Ptolemäern 30 000 Ortschaften gehabt haben[12]), und noch in der Kaiserzeit war es reich an Städten, wenn auch die Mehrzahl derselben klein und unberühmt war[13]), zumal die Metropolen der Gaue mit Ausnahme der Griechenstädte Naukratis und Ptolemais (wozu später Antinoupolis kam) bis auf Septimius Severus der Autonomie entbehrten und daher staatsrechtlich nur den Charakter von Dörfern trugen[14]). Die Weltstadt Alexandria aber, die wohl über 1 Million Einwohner hatte[15]), konnte mit Rom wie in andern Beziehungen so namentlich in der Pracht und Größe ihrer Bauten wetteifern. Noch im 4. Jahrhundert hatte Ägypten mit Libyen und der Pentapolis zusammen 100 Bischofssitze[16]).

Syrien. Die Hauptstadt Syriens, Antiochia, stand an Umfang, Glanz und Volksreichtum Alexandria gleich; sie bestand aus vier, von besonderen Mauern und einer Hauptmauer umschlossenen Städten[17]) und hatte wie Alexandria zwei von bedeckten Säulengängen eingefaßte, einander rechtwinklig schneidende Hauptstraßen, deren längere 36 Stadien (6,5 km) lang war[18]). Durch die Trefflichkeit

1) Schulten a. a. O. S. 61 f. 2) CIL VIII p. 508. 3) ebd. p. 472. 4) Noack a. a. O. Taf. 179. Gsell a. a. O. I 133 ff. 5) Maltzan, Drei Jahre im Nordwesten von Afrika II 306—314. R. Cagnat, Carthage, Timgad, Tébessa et les villes antiques de l'Afrique du Nord, 1909. Gsell a. a. O. I 109 f. 129. 203. 234. 265 ff. 6) Barth, Wanderungen I 56. 7) Duruy, Hist. d. Rom. V 200, 1; vgl. auch Cagnat, L'armée Rom. d'Afrique² S. 669 f. 8) Herodian. VII 4, 4. 9) Procop. Anecd. 18, 8. 10) Diodor. I 31, 8; vgl. dazu Wilcken, Griech. Ostraka S. 487 ff. 11) Joseph. B. J. II 385: 7 ½ Millionen mit Ausschluß von Alexandrien (jedoch vgl. dazu Wilcken a. a. O. S. 239). 12) Diod. I 31, 7. 13) Plin. n. h. V 60 *nunc quoque multis etiamsi ignobilibus (urbibus) frequens.* 14) Wilcken, Grundzüge der Papyruskunde I 38 ff. A. Stein, Untersuch. z. Gesch. u. Verwalt. Ägyptens S. 84 f. Arsinoe hatte nach Wessely, Mitteil. aus d. Samml. d. Papyr. Erzherz. Rainer II/III 1887 S. 261 mindestens 100 000 Einwohner. 15) Oben I 433. 16) Marquardt a. a. O. I² 439, 11. 17) Strabo XVI 750, vgl. oben I 372. 18) O. Müller, Kunstarch. Werke V 57; s. im

und Fülle ihrer Wasserleitungen übertraf sie nach Libanius alle Großstädte[1]), und sie war die einzige, von der wir wissen, daß sie (im 4. Jahrhundert) Straßenbeleuchtung hatte[2]). Die beiden einander ebenfalls rechtwinklig schneidenden Hauptstraßen von Apamea am Orontes (mit 117000 freien Einwohnern im Jahre 759/60 = 6/7 n. Chr.)[3]) waren etwa 1½ und 1 km lang; seine Akropolis, auf der jetzt ein Araberdorf von 100 Häusern steht, hatte wenigstens für 4 bis 500 Häuser Raum[4]). Von Apamea bis zur Wendung des Orontes gegen das Meer stehen an seinem rechten Ufer auf einer Strecke von 150—180 km Länge »heute noch die Ruinen von gegen hundert Ortschaften, ganze noch erkennbare Straßen, die Gebäude mit Ausnahme der Dächer ausgeführt in massivem Steinbau, die Wohnhäuser von Säulenhallen umgeben, mit Galerien und Balkonen geschmückt, Fenster und Portale reich und oft geschmackvoll dekoriert mit Steinarabesken, dazu Garten- und Badeanlagen, Wirtschaftsräume im Erdgeschoß, Ställe, in den Felsen gehauene Wein- und Ölpressen, auch große, ebenfalls in den Felsen gehauene Grabkammern mit Sarkophagen gefüllt und mit säulengeschmückten Eingängen«. Es sind die Landwohnungen der Kaufleute und Industriellen von Apamea und Antiochia, Ansiedlungen, die der Zeit vom Anfang des 4. bis zur Mitte des 6. Jahrhunderts angehören, denen aber sicher ähnliche, minder dauerhafte Villenanlagen vorausgegangen sind: bis zu einem gewissen Grade kann der Wohlstand der syrischen Kaufmannswelt, von dem wir hier ein Bild haben, auch für die frühere Kaiserzeit vorausgesetzt werden[5]). Das »heilige und sehr große Damascus« nennt Kaiser Julian »das Auge des ganzen Orients« und rühmt die Schönheit und Größe seiner Tempel, die Pracht und Reichlichkeit seiner Wasserleitungen[6]). Samosata am Euphrat war eine große und volkreiche Stadt mit einem großen Zeustempel[7]). Für die Bedeutung von Heliopolis (Baʿalbek) zeugen die großartigen Tempeltrümmer, die zu den imposantesten Ruinenstätten der alten Welt gehören[8]). Das schon in der ersten Kaiserzeit zum römischen Reiche gezogene Palmyra verdankte dem Karawanenhandel nach den Handelsplätzen am Euphrat und persischen Meerbusen seine Bedeutung und seinen Wohlstand, von dem »die noch heute stehen-

allgemeinen R. Förster, Archäol. Jahrb. XII 1897 S. 103ff. und über den Flächeninhalt der Stadt (481 ha) J. Partsch, Arch. Anz. 1898 S. 222ff.

1) Oben II 376. 2) Mommsen RG. V 458. 3) CIL III 6687 = Dessau 2683. 4) Sachau, Reise in Syrien und Mesopotamien (1883) S. 71ff., vgl. CIL III p. 1223. Chapot, La frontière de l'Euphrate (1907) S. 334f. 5) Mommsen RG. V 469f. Der außerordentliche Reichtum Syriens an Ortschaften tritt namentlich in den Reiseberichten der amerikanischen Expeditionen hervor, die in jüngster Zeit größere Teile des Landes aufgenommen haben, Publications of an American archaeological expedition to Syria in 1899—1900 (1904ff.) und Publications of the Princeton University archaeological expeditions to Syria in 1904—1905 and 1909 (1907ff.). Vgl. dazu H. Glück, Der Breit- und Langhausbau in Syrien, 1916. 6) Julian. ep. 24 p. 392 C. C. Watzinger u. K. Wulzinger, Damaskus, die antike Stadt, 1921 (Heft 4 der Wissensch. Veröffentlich. d. deutsch-türkischen Schutzkommandos). Vgl. H. v. Kiesling, Damaskus, Altes und Neues aus Syrien, 1919. 7) Liban. or. 18, 214 (II 330 F.). 8) Th. Wiegand, Baalbek, Ergebnisse der Ausgrabungen und Untersuchungen in den Jahren 1898—1905, Bd. I von B. Schulz und H. Winnefeld, 1921. Vgl. O. Puchstein, Arch. Jahrb. XVI 1901 S. 133ff. XVII 1902 S. 87ff.; Führer durch die Ruinen von Baʿalbek, 1905. Noack a. a. O. Taf. 186—190; dazu E. Weigand, Arch. Jahrb. XXIX 1914 S. 37ff. Einen sehr lehrreichen Überblick über die wichtigsten Ruinenstätten Syriens gibt Puchstein, Arch. Jahrb. XVII 1902 S. 103ff.

den Tempel der Stadt und die langen Säulenreihen der städtischen Hallen, sowie die massenhaften, reich verzierten Grabmäler zeugen«; »mit Hilfe der großen unterirdischen Wasserleitungen und ungeheuren, künstlich aus Quadern angelegten Wasserreservoirs, von denen sich in der Umgegend noch Reste finden, muß der jetzt aller Vegetation bare Boden einst eine reiche Kultur entwickelt haben«. Nach der Zerstörung der Stadt durch Aurelian (272) »suchte und fand der Handel andere Bahnen, und dem kurzen, meteorartigen Aufleuchten Palmyras folgte unmittelbar die Öde und Stille, die seither bis auf den heutigen Tag über dem kümmerlichen Wüstendorf und seinen Kolonnadenruinen lagert« [1]).

Phönizien. Unter den Städten Phöniziens waren Sidon und Tyrus (mit sechsstöckigen Häusern)[2]) die größten: Zabulon, sagt Josephus, hatte schöne Häuser, gleich denen in Sidon, Tyrus und Berytus[3]); auch Ptolemais war eine große, Aradus eine sehr volkreiche Stadt mit vielstöckigen Häusern[4]). Palästina. Unter den Städten Palästinas ragte nächst Jerusalem (mit 60000 Einwohnern im Jahre 70)[5]) Gaza[6]) und die von Herodes prachtvoll erbaute Hafenstadt Cäsarea hervor[7]); ihr Tetrapylon, ein Triumphbogen mit vier Toren (wohl auf dem Schnittpunkt ihrer beiden Hauptstraßen), wurde noch im 4. Jahrhundert als Sehenswürdigkeit genannt[8]).

Für Ostsyrien und das Nabatäerland brach mit der Einrichtung der Provinz Arabien und der Verlegung einer Legion nach der Hauptstadt Bostra (106) die einzige Epoche der Ruhe und guten Verwaltung an, deren diese Länder, jetzt eine fast unbewohnte, nur von Beduinen durchstreifte Wüste, sich jemals erfreut haben: der Zeit der römischen Herrschaft (von Trajan bis Justinian) gehören fast sämtliche dort erhaltene bauliche Überreste an[9]). Das Haurân. In der Ledjâ, einem 13 Stunden langen und 8—9 Stunden breiten, jetzt fast menschenleeren, damals hochkultivierten Lavaplateau, durch welches die Bostra mit Damascus verbindende Römerstraße führte, und um sie zählt man die Ruinen von 12 größeren und 39 kleineren Ortschaften[10]). Schon der erste Statthalter der neuen Provinz ließ Aquädukte bauen, die das Wasser vom Gebirge des Haurân nach Canatha (Kerak) und Arrha (Rahâ) führten. Bostra, durch eine römische Straße mit dem persischen Meerbusen verbunden, nahm als Handelsplatz einen gewaltigen Aufschwung; es vermittelte nun neben Palmyra und Petra den Verkehr vom Osten zum Mittelmeer; seine langen Reihen steinerner Buden bezeugen noch jetzt seine damalige sowie die Möglichkeit seiner künftigen Größe. Die bei dem Mangel des Holzes ganz aus Stein aufgeführten Bauwerke des Haurân geben von der ganz eigenartigen dort in dem halben Jahrtausend zwischen Trajan und Mohammed blühenden Kultur ein überraschend anschauliches Bild[11]). Durch die römische Herrschaft »erhielt das Bauen einen Anstoß,

1) Mommsen RG. V 423. 428f. 441f. Über die Denkmäler von Palmyra vgl. Puchstein, Arch. Anz. 1906 S. 42ff. 193f. Noack a. a. O. Taf. 183—185. 2) Strab. XVI 757; vgl. oben I 6. 3) Joseph. B. J. II 504. 4) Strabo XVI 753. 758. 5) Tac. hist. V 13; vgl. Marquardt StV. II² 121, 2. 6) Mela I 64 *ingens et munita admodum;* vgl. R. Förster, Arch. Jahrb. IX 1894 S. 166, 1. 7) Joseph. B. J. III 409. Tac. hist. II 78 und mehr bei Benzinger, Real-Encykl. III 1291ff. 8) Expos. tot. mundi 26. 9) Brünnow u. v. Domaszewski, Die Provincia Arabia III (1909) S. 1ff. Publications of the Princeton University archaeological expeditions to Syria in 1904—1905 and 1909, Division II. III Section A Part 4 (1914). H. Guthe, Die griechisch-römischen Städte des Ostjordanlandes, 1918 (Das Land der Bibel, Bd. II H. 5). 10) Public. of the Princet. Univ., Division II. III Section A Part 7 (1919). 11) Ein

der nicht wieder zum Stillstand kam: überall erhoben sich Häuser, Paläste, Bäder, Tempel, Theater, Aquädukte, Triumphbogen; Städte stiegen aus dem Boden binnen weniger Jahre, mit der regelmäßigen Anlage, den symmetrisch geführten Säulenreihen, die die Städte ohne Vergangenheit bezeichnen und für diesen Teil Syriens während der Kaiserzeit gleichsam die unvermeidliche Uniform sind« (M. de Vogüé). Die östliche und südliche Abdachung des Haurân weist ungefähr 300 derartige verödete Städte und Dörfer auf, während dort jetzt nur 5 Ortschaften vorhanden sind; einzelne von jenen zählen bis 800 ein- bis zweistöckige, noch bewohnbare Häuser, durchaus aus Basalt gebaut, mit wohlgefügten, ohne Zement verbundenen Quadermauern, meist ornamentierten, oft auch mit Inschriften versehenen Türen, die flache Decke gebildet durch Steinbalken, welche von Steinbogen getragen und durch eine Zementlage regenfrei gestellt werden. Die Bauweise ist im ganzen die gewöhnliche griechische der Kaiserzeit mit einzelnen Anklängen an die ältere orientalische; doch mit einer durch das Fehlen des Holzes bedingten Entwicklung des Steinbogens und der Kuppel, die diesen Bauten technisch wie künstlerisch einen originellen Charakter verleiht. Die Stadtmauer wird gewöhnlich nur durch die zusammengeschlossenen Rückseiten der Häuser gebildet und ist durch zahlreiche Türme geschützt. Vor den Toren liegen die oft unterirdischen oder mit künstlichem Steindach versehenen, zum Teil noch heute von den Beduinen instand gehaltenen Zisternen[1]).

Unter den dortigen römischen Städten ist Gerasa von einer noch überall zu verfolgenden, stellenweise 3,5 m dicken, 3552 m langen Quadermauer umgeben und von drei gewaltigen Säulenstraßen durchzogen; außer dem großartigen Haupttempel[2]) sind noch zwei kleinere Tempel, zwei Theater, mehrere große Bäder, Aquädukte und andere Reste übrig. Eine gräberreiche Nekropolis, welche die Größe der Bevölkerung beweist, umgibt die Stadt auf allen Seiten[3]). Das erst von Kaiser Philipp dem Araber zur Stadt erhobene Philippopolis war nach seinen Ruinen ein bedeutender Ort, von einer rechteckigen Mauer umschlossen, von zwei gepflasterten Hauptstraßen kreuzweise durchschnitten, mit einem Theater, einer Wasserleitung, Bädern, Tempeln und zahlreichen andern öffentlichen Gebäuden[4]). Die meist in den lebendigen Felsen gehauenen, größtenteils erst der Römerherrschaft angehörigen Prachtbauten von Petra (der alten Residenz der nabatäischen Könige) zeigen alle phantastischen Ausartungen des sinkenden Architektur- und Skulpturstils des 2.—3. Jahrhunderts[5]). »Die Grabstätten, welche in die östlich und westlich von Petra auf- Arabien.

sehr gutes Beispiel dafür liefern die bei dem heutigen Umm idj-Djimâl gefundenen bedeutenden Überreste einer antiken Stadt, deren Name (*Thantia* in der Tab. Peut., *Thainata* in der Not. dign.) nur vermutungsweise festgestellt werden kann. Public. of the Princet. Univ. a. a. O. Section A Part 3 (1913) Divis. II 149ff. III 131ff.

1) Alles Obige nach Mommsen RG. V 482—485, großenteils wörtlich. Über die Landschaft Haurân in römischer Zeit und in der Gegenwart vgl. G. Rindfleisch, Zeitschr. d. dtsch. Palästina-Vereins XXI 1898 S. 1ff. 2) Noack a. a. O. Taf. 182. 3) G. Schumacher, Zeitschr. d. dtsch. Palästina-Vereins XXV 1902 S. 109ff. Benzinger, Real-Encykl. VII 1244. H. Guthe, Gerasa, 1919 (Das Land der Bibel, Bd. III Heft 1. 2). 4) CIL III p. 2303. Brünnow-v. Domaszewski a. a. O. III 145ff. Kubitschek, Sitz.Ber. Akad. Wien Bd. 177 (1916) Abh. IV 40ff. 5) Brünnow-v. Domaszewski I 125ff. Thiersch, An den Rändern des röm. Reichs S. 29ff. Puchstein, Archäol.

steigenden Felswände und in deren Seitentäler eingebrochen sind, mit ihren oft in mehreren Reihen übereinandergestellten dorischen oder korinthischen Säulenfassaden und ihren an das ägyptische Theben erinnernden Pyramiden und Propyläen sind nicht künstlerisch erfreulich, aber imponierend durch Masse und Reichtum. Nur ein reges Leben und ein hoher Wohlstand hat also für seine Toten zu sorgen vermocht«[1]).

Asia. Von den 500 Städten der Provinz Asia, welche die Küstenstriche und Inseln von Äolis, Ionien und Doris, die Landschaften Mysien, Lydien, Karien und Phrygien umfaßte, ist wiederholt die Rede[2]): auch diese Zahl beruht auf einer amtlichen Angabe. Eine der reichsten und prachtvollsten Städte nicht bloß dieser Provinz, sondern ganz Kleinasiens, deren Größe noch jetzt die Ruinen ihres Theaters und Amphitheaters bezeugen, war Cyzicus[3]), die bedeutendste des Binnenlands Apamea (Κιβωτός[4])); daß aber auch Städte zweiten Ranges an Umfang, Wohlstand und Denkmälern sehr ansehnlich waren, haben die Ausgrabungen auf dem Boden des durch seine heißen Quellen berühmten phrygischen Hierapolis gezeigt[5]). Von elf Städten, die sich im Jahre 26 n. Chr. um die Ehre bewarben, dem Kaiser Tiberius einen Tempel erbauen zu dürfen, wurden fünf als zu unbedeutend sogleich zurückgewiesen, darunter Laodicea[6]); doch sagt Strabo von dieser Stadt, daß ihre Wollproduktion und die Fruchtbarkeit ihres Bodens sie reich und die Munifizenz einiger Bürger groß gemacht hatte. Ein Hiero hatte ihr eine Erbschaft von mehr als 2000 Talenten (nahezu $9\frac{1}{2}$ Mill. Mark) hinterlassen; überdies hatte er, und nach ihm der Rhetor Zeno und der (von Antonius und Augustus zur Königswürde erhobene) Polemo sie durch Bauten und Monumente verschönert[7]). Hiernach mag man sich den Glanz und Reichtum der zur Bewerbung zugelassenen Städte Halikarnaß, Pergamum (mit 120000 Einwohnern)[8]), Ephesus, Milet, Sardes und Smyrna vorstellen. Unter ihnen galten Pergamum und Ephesus für die Zierden Asias[9]), das letztere, die Residenz der Statthalter, für eine der volkreichsten und am schönsten gebauten Städte der Welt[10]); doch Smyrna behauptete unbestritten den Ruhm der schönsten in der Provinz[11]). Von Aphrodisias, von dessen Wohlstande und Blüte die reichlichen, auf Inschriftensteinen erhaltenen, bis in die Zeit der Gordiane reichenden Nachrichten über den dort für Schauspiele gemachten Aufwand einen hohen Begriff geben[12]), haben sich trotz der Benutzung

Anz. 1910 S. 3ff. Noack a. a. O. Taf. 159. W. Bachmann, C. Watzinger, Th. Wiegand, Petra, 1921 (Heft 3 der Wissensch. Veröffentl. d. deutsch-türkischen Schutzkommandos).

1) Mommsen RG. V 485. 2) Marquardt StV. I² 340, 3. 3) Hasluck, Cyzicus, Cambridge 1910. 4) Dio Chrys. or. 18, 13ff. (I 335ff. Arn.), vgl. Ramsay, Cities and bishoprics of Phrygia I 396ff. 5) Altertümer von Hierapolis, Jahrb. d. Arch. Inst. Erg.Heft IV 1898. 6) Tac. A. IV 55, vgl. XIV 27: *ex inlustribus Asiae urbibus Laodicea.* 7) Strabo XII 578. Ramsay a. a. O. I 32ff. Über die Wasserleitung G. Weber, Arch. Jahrb. XIII 1898 S. 1ff. XIV 1899 S. 4ff. 167ff. 8) Galen. V 49. 9) Plin. n. h. V 120. 126. 10) Hier wie in Pergamum haben die Ausgrabungen der letzten Jahrzehnte reiche Beweise für die glänzende wirtschaftliche und bauliche Entwicklung beider Städte während der Kaiserzeit geliefert; vgl. außer den großen Ausgrabungswerken (Forschungen in Ephesos, 1906—1912; Altertümer von Pergamon 1885ff.) zur kurzen Orientierung J. Keil, Ephesos, ein Führer durch die Ruinenstätte und ihre Geschichte, 1915 (auch Bürchner, Real-Encykl. V 2796ff. 2813ff.). Ziebarth, Kulturbilder aus griech. Städten² S. 32ff., über Milet A. v. Salis, N. Jahrb. f. klass. Altert. XXV 1910, 103ff. 11) Oben I 421f. 12) Liermann, Analecta epigraphica et agonistica (Dissert. phil. Halenses X 1889).

der älteren Bauten zu einer im 4. Jahrhundert aufgeführten Mauer und der fortwährenden Ausbeutung der Trümmer als Steinbruch bedeutende Reste aus römischer Zeit erhalten[1]); desgleichen von Stratonicea[2]). Die Hauptstadt der wahrscheinlich unter Vespasian der Provinz Asia einverleibten[3]) Insel Rhodus war bis zu ihrer Zerstörung durch ein Erdbeben um die Mitte des 2. Jahrhunderts die reichste und blühendste griechische Stadt, und zugleich eine der am schönsten und regelmäßigsten gebauten und an prachtvollen Anlagen reichsten Städte der Welt[4]).

Im übrigen Kleinasien war das wasserlose, zum Teil nur zur Weide geeignete Binnenland Phrygiens, Lykaoniens, Galatiens, Kappadociens auch in jener Zeit nur dünn bevölkert, doch die übrige Küste stand hinter Asia nicht weit zurück[5]). Unter den Städten Bithyniens stritten Nicäa und Nicomedia um den ersten Rang. Die letztere war nach Ammian von früheren Kaisern, namentlich Diocletian[6]), so erweitert und verschönert worden, daß sie dem Kaiser Julian nach der Masse ihrer öffentlichen und Privatgebäude wie ein Teil von Rom erschien[7]); außer Rom übertrafen es damals nur Antiochia, Alexandria und Constantinopel an Größe, keine an Schönheit[8]). In der Provinz Pontus, wo die Hauptstadt des Königs Mithridates, Amasea, ein blühender Ort blieb[9]), erwuchs Trapezunt erst in der römischen Kaiserzeit zu einer bedeutenden Stadt[10]). Die Einwohnerzahl der Hauptstadt von Kappadocien, Cäsarea, wurde im 3. Jahrhundert auf 400000 geschätzt[11]). Die dort an der Grenze von Armenien erbaute Festung Melitene, von Trajan zur Stadt erhoben, wurde mit der Zeit groß und volkreich und breitete sich nun unter dem Kastell aus. Die Ebene badeckte sich mit Tempeln, Wohnungen für Behörden, Straßen und Markt, Läden und Magazinen, Säulenhallen, Bädern, Theatern und allem, was zum Schmuck einer großen Stadt gehört; Justinian ummauerte sie[12]).

Bithynien.

Kappadocien.

Pamphylien und Pisidien.

Doch die überraschendsten und reichsten Anschauungen von der Menge, Größe und Pracht der Städte Kleinasiens in jener Zeit bieten die massenhaften, wohlerhaltenen Ruinen in Pamphylien und Pisidien, jetzt »einem vergessenen, verschollenen Winkel der Welt«[13]). Die einzige lebendig gebliebene Stadt der ganzen lykisch-pamphylischen Küste, Attalia (Adalia), zeigt als bedeutendstes Denkmal ein dreibogiges Prachttor, das die Erinnerung an einen Einzug Hadrians verewigt[14]). Termessus, 940 m hoch auf einer von Höhen umgebenen Einsenkung mit dem Blick aufs Meer gelegen, ist »ein herrliches, überaus vollständiges Bild einer alten Stadt mit allen ihren wichtigen Bestandteilen, Tempeln, Theater, Gymnasium, öffentlichen Bauten, die den schön und zierlich geordneten Marktplatz umringten, und Gräberfeldern, die sich an den Abhängen

1) M. Collignon, Comptes rendus de l'acad. d. inscr. 1904 S. 703ff. 1906 S. 158ff. Vgl. R. Vagts, Aphrodisias in Karien. Die geschichtliche Entwicklung der Stadt, ihre künstlerische und literarische Bedeutung, ihre Verfassung und Verwaltung in der römischen Kaiserzeit. Dissert. v. Hamburg 1920. 2) G. Hirschfeld, Zeitschr. f. Erdk. XIV (1879) S. 311ff. 3) Marquardt a. a. O. I² 348f. 4) Oben I 418. 5) Mommsen RG. V 327. 6) Lact. de mortib. persecut. 7, 8—10. 17, 4. 7) Ammian. XXII 9, 3. 8) Liban. or. 61, 7 (IV 332f. F.). 9) Cumont, Studia Pontica II 138ff. 10) Cumont a. a. O. II 363ff. Chapot, La frontière de l'Euphrate S. 364f. 11) Zonaras XII 23 p. 141, 12 Dind. 12) Procop. de aedific. III 4 p. 254 Dind. Chapot a. a. O. S. 349. 13) Das Folgende, großenteils wörtlich, nach G. Hirschfeld, Zeitschr. f. Erdkunde XIV S. 279—315. Lanckoronski, Städte Pamphyliens u. Pisidiens, 1890—92. 14) Lanckoronski a. a. O. I 7ff. Noack a. a. O. Taf. 159.

hinaufziehen«[1]). Perge erscheint wie ein bewohnter oder eben erst verlassener Ort. An den Burgberg schließen sich in einer Länge von 900 m und einer Breite von beinahe 600 m lückenlos die zinnengekrönten Mauern, auf denen von 70 zu 70 Schritten viereckige Türme stehen, oft bis zu ihrer ursprünglichen Höhe erhalten. Die Straßen kreuzen sich regelmäßig, aus dem Haupttor im Süden führt eine von Säulenhallen flankierte Straße auf die Mitte der Burg zu; Theater und Stadium konnten etwa je 15000 Zuschauer fassen[2]). Unter den Ruinen von Aspendus[3]) ragt außer einem großartigen Aquädukt, der das Wasser auch über die Berge führte, neben den Trümmern des Stadiums das Theater mit der überladenen Marmorpracht seiner Szenenwand hervor, das etwa 8 bis 9000 Zuschauer fassen konnte[4]). Side zieht sich auf einer spitzen Halbinsel ins Meer hinaus, gegen das Festland abgemauert; eine zweite, innere Festlandsmauer schließt das gewaltige, gleich einem Berge aus dem niedrigen Trümmerhaufen der Stadt emporsteigende Theater ein, das für mehr als 15000 Zuschauer Raum hatte[5]). Die Ruinen von Selge[6]) zerfallen in zwei Massen: der stark befestigte obere Teil der Stadt, der zwei Akropolen nebst dem dazwischen liegenden Sattel (dem prächtigsten Bezirk) umfaßte, enthielt die öffentlichen und religiösen Gebäude. Im unteren stehen noch fünf Säulen einer Kolonnade, die einst den ganzen Marktplatz umzog; oberhalb derselben das auf 8—9000 Menschen berechnete Theater und das Stadium. Auch in dem 1000 m hoch gelegenen Cremna[7]), das unter Augustus eine römische Kolonie erhielt, gehören die meisten Bauten der mittleren und späteren Kaiserzeit an. Sagalassus[8]) liegt auf einem ansteigenden und zugleich wellenartigen Terrain: »indem jede der wellenartigen Erhebungen mit bedeutenden Gebäuden gekrönt war, die durch Säulenhallen und bei der Unebenheit des Bodens durch breite Treppen und Terrassen miteinander verbunden waren, entstand ein überaus malerisches Bild, dessen Eindruck auch die ungeheuren Trümmer noch ganz hervorzurufen vermögen.« Unter ihnen ist die Ruine eines korinthischen Tempels (vielleicht aus der Zeit Trajans) und die des Theaters, über dem sich wieder die Reste eines sehr großen Tempels befinden. Auch eine Kleinstadt wie Sillyon[9]) hatte ein Theater, ein Odeum und ein Stadium. »Am Ausgange des 2. Jahrhunderts n. Chr., so kurz vor dem nahenden Verfall, müssen diese Städte den Eindruck von großen, einheitlichen Kunstwerken, von Idealbildern gemacht haben, mit ihrem malerischen Mauerringe, aus dem wohlgepflegte, gräberumsäumte Wege hinausführten, ihren gerade gezogenen Straßen, den öffentlichen Anlagen, Tempeln, Bädern, Gymnasien, Markthallen in jedem Quartier, darüber die Burg mit stolzen Säulenbauten, dem Wohnplatz der die Stadt beschützenden Götter«[10]).

Cilicien. Die baulichen Anlagen der Küste Ciliciens sind ebensogut erhalten, wie die pamphylischen, »desto mehr tritt eine verhältnismäßige Ärmlichkeit im Material und der ganzen Bauweise hervor«. Eine Ausnahme macht Antiochia am Kragos mit seinen beiden Hallenstraßen und dem prächtigen Marmortempel. Reste von Hallenstraßen haben sich auch in Pompejopolis, Seleucia am Calycadnus und in Hierapolis-Castabala erhalten. Von der einstigen Bedeutung

1) Vgl. Lanckoronski a. a. O. II 21 ff. 2) Vgl. Lanckoronski I 33 ff. 3) ebd. I 85 ff. 4) Noack a. a. O. Taf. 142. 5) Lanckoronski I 125 ff. 6) ebd. II 173 ff. 7) ebd. II 161 ff. 8) ebd. II 127 ff. 9) ebd. I 65 ff. 10) G. Hirschfeld, Berliner Philol. Wochenschr. 1890 S. 1525.

von Mopsuestia zeugen eine ansehnliche Stadtbefestigung, ein Theater und eine große Wasserleitung. Das Innere der gänzlich verlassenen Stadt Anazarba ist tief verschüttet und überwuchert von einer üppigen Vegetation, aus welcher einzelne Säulen einstiger Hallenstraßen hervorragen; von andern aus dem Altertum stammenden Bauten sind zwei großartige Wasserleitungen, ein Theater, Stadium und Amphitheater erkennbar[1]).

Aber nicht bloß hier, sondern überall, wo »ein von der Verwüstung der anderthalb Jahrtausende, die uns von jener Zeit trennen, vergessener Winkel des Lands sich der Forschung erschließt, da ist das erste und mächtigste Gefühl das Entsetzen, fast möchte man sagen die Scham über den Kontrast der elenden und jammervollen Gegenwart mit dem Glück und dem Glanz der vergangenen Römerzeit«. Als unter Claudius Lycien Provinz ward, verlegte man die alte Bergstadt Kragos in die Ebene; auf dem Marktplatz der neuen Stadt Sidyma stehen noch die Reste des viersäuligen, dem Kaiser damals gewidmeten Tempels und einer stattlichen Säulenhalle, welche ein von dort gebürtiger und als Arzt zu Vermögen gelangter Bürger in seiner Vaterstadt baute[2]). Statuen der Kaiser und verdienter Mitbürger schmückten den Markt; es gab in der Stadt einen Tempel ihrer Schutzgötter Artemis und Apollon, Bäder, Gymnasien für die ältere wie für die jüngere Bürgerschaft; vor den Toren zogen sich an der Hauptstraße, die steil hinab nach dem Hafen von Kalabatia führte, Reihen hin von steinernen Grabmonumenten, stattlicher und kostbarer als die Pompejis und großenteils noch aufrecht. Dies Kragos-Sidyma gehörte nicht zu den Städten erster Klasse der kleinen Provinz Lycien, war ohne Theater, ohne Ehrentitel, eine bescheidene Provinzialstadt und durchaus eine Schöpfung der römischen Kaiserzeit. Aber im ganzen Vilajet Aidin ist heute kein Binnenort, der für zivilisierte Existenz auch nur entfernt diesem Bergstädtchen, wie es war, an die Seite gestellt werden könnte[3]).

Lycien.

Byzanz, die größte, sehr wohlhabende und volkreiche Stadt Thraciens, wurde bei der Einnahme durch Septimius Severus nach einer zweieinhalbjährigen Belagerung 195 größtenteils zerstört, ihrer Theater, Bäder und allen Schmucks, sogar des Stadtrechts beraubt; ihre gewaltigen, auf der Landseite 5 Stadien (rund 900 m) langen Quadermauern, mit hohen, die Verteidiger völlig deckenden Schutzwehren und zahlreichen, kunstvoll angelegten Türmen, erregten noch als Ruinen Bewunderung[4]). Im Innern des Landes, das in der Zeit seiner Selbständigkeit nur Dörfer und Fürstenburgen enthalten hatte, sind außer Philippopolis, das im Jahre 251, wo es den Goten erlag, 100000 Einwohner gezählt haben soll[5]), die größeren Orte erst unter den Römern entstanden oder städtisch ausgebaut worden[6]), namentlich unter Trajan und Hadrian (u. a. Hadrianopolis, wo sich im späteren Altertum ausgedehnte Waffenfabriken befanden)[7]). Die Hauptstadt Macedoniens, Thessalonice, preist Lucian in einer dort gehaltenen Rede

Thracien.

Macedonien.

1) R. Heberdey u. A. Wilhelm, Reisen in Kilikien, Denkschr. d. Wien. Akad. XLIV 1896 Abhdl. VI S. 25f. 34f. 100f. 152. 2) IGR III 578f. 3) Größtenteils wörtlich nach Mommsen RG. V 327f. Benndorf u. Niemann, Reise in Lykien und Karien I 58ff. 4) Herodian. III 1, 6f. 6, 9. Cass. Dio LXXIV 10—14. Oberhummer, Real-Encykl. III 1119ff. 5) Ammian. XXXI 5, 17. 6) Kalopathakes, De Thracia provincia Romana (Diss. Berol. 1893) S. 24ff. 7) Notit. dign. or. XI 32. Ammian. Marc. XXXI 6, 2.

wegen ihrer Schönheit und Volksmenge, ihres Reichtums und Glanzes und nennt sie eine mit allen wünschenswerten Gütern geschmückte Stadt[1]). Die

Dalmatien. Hauptstadt Dalmatiens, Salonä, die als bedeutendster Handelsplatz in diesen Gewässern neben Aquileja eine der volkreichsten und wohlhabendsten des Okzidents gewesen sein muß, war von einer Mauer mit 88 Türmen und 3 Toren umgeben. Ihre im 17. Jahrhundert noch sehr bedeutenden Überreste sind zu Neubauten verbraucht, doch Reste eines Theaters und Amphitheaters noch vorhanden. Der gewaltige Palast, den Diocletian sich in der Entfernung von etwa einer halben Meile am Meere erbaute, war nach Art eines Lagers angelegt und erschien von außen als ein von Mauern umschlossenes Rechteck (175×215 m) mit 4 Türmen an den Ecken. Die heutige Hauptstadt Spalato hat zum größten Teil innerhalb seiner Mauern Platz gefunden, und dessen Tempel dienen ihr als Dom und Baptisterium[2]). Auch in Jader (Zara) zeugen Säulen und Architravblöcke von entschwundener Pracht, und die Lage des alten Burnum bezeichnen zwei luftige Bögen bei Kistagne, nach denen die Stätte im Volksmunde noch heutigen Tages »*archi Romani*« heißt[3]).

Griechenland. Griechenland (ohne Thessalien und Epirus) besaß, obgleich sehr verarmt und verödet, unter den Antoninen auf dem Festlande neben einer großen Zahl von Dörfern und Flecken noch über 100 Orte (davon 60 im Peloponnes), in denen ein wirkliches städtisches Leben fortbestand[4]): die meisten waren ohne Zweifel sehr herabgekommen, doch hatten sich auch manche gehoben, wenigstens von Tithorea sagt es Plutarch[5]). Von dem neuen Glanze, den Athen durch die Bauten Hadrians und des Herodes Atticus erhielt, wird unten die Rede sein. Die Hauptstadt und Residenz des Statthalters, Korinth, war auch als römische Kolonie groß, reich, glänzend und stark bevölkert[6]). Die von Augustus als Denkmal des Seesiegs von Actium an dem südlichsten Punkt von Epirus (1 ½ Stunden n. von Prevesa) gegründete Stadt Nicopolis »blieb, wie die ausgedehnten Ruinen und zahlreichen Münzen beweisen, ebenfalls verhältnismäßig blühend und bevölkert«[7]).

Britannien. Auch in den nördlichen Ländern blühten die Städte in erstaunlich kurzer Zeit empor. Selbst in dem sehr allmählich eroberten, durch Kriege und Aufstände fortwährend in Unruhe erhaltenen Britannien, wo die Spuren städtischen Lebens sehr gering sind, waren die römischen Orte an stattlichen Bauten nicht arm. Die Hauptstadt Camulodunum (Colchester) wurde im Jahre 61, 18 Jahre nach der Eroberung des Landes, von den aufständischen Einwohnern leicht eingenommen, weil man bei ihrer Anlage mehr für Annehmlichkeit als für Festigkeit gesorgt hatte. Sie besaß eine Kurie, ein Theater und einen Tempel des Claudius, in dem sich die römischen Soldaten zwei Tage lang halten konnten. Londinium (London) war ein durch Handel sehr lebhafter Ort; an beiden Orten

1) Lucian. Scytha 9; vgl. Asin. 46. Über den dortigen sog. Triumphbogen des Galerius und andere Bauten E. Hébrard, Bull. de corr. hell. XLIV 1920 S. 5ff. 2) Mommsen RG. V 186. Schneider a. a. O. S. 40ff. G. Niemann, Der Palast des Diocletian zu Spalato, 1910. 3) CIL III p. 367. 4) Kuhn, Städt. u. bürgerl. Verf. II 64ff. Hertzberg, Gesch. Griechenlands unter den Römern II 438. 5) Plutarch. Sulla 15, 5. 6) Oben I 414f. 7) Mommsen RG. V 272. Neuerdings sind die Fundamente des von Augustus zur Erinnerung an seinen Sieg dem Ares und Poseidon erbauten Tempels aufgedeckt worden, Archäol. Anz. 1914 S. 128.

und Verulamium (nahe St. Albans) zusammen wurden im Jahre 61 an 70000 Bürger und Provinzialen von den Aufständischen erschlagen[1]). Die in bedeutendem Umfange auf dem Boden Londons gefundenen, zum Teil Prachtgebäuden angehörigen römischen Reste bestätigen diese Angabe vollkommen[2]). Auch von Viroconium (Wroxeter, dem infolge der 1859 begonnenen Ausgrabungen sogenannten »britischen Pompeji«) sind erhebliche Ruinen übrig[3]). In Bath, wo keine Spur von städtischem Leben sich gefunden hat, sind bedeutende Reste von Thermen und einem Tempel, geringere auch von andern Tempeln entdeckt worden[4]); an verschiedenen Orten Britanniens werden Tempel in Inschriften genannt[5]). Agricola benutzte schon den ersten Winter seines Aufenthalts in Britannien 78 dazu, die zerstreuten und rohen und deshalb kriegslustigen Einwohner durch Lebensgenuß an Ruhe und Frieden zu gewöhnen, indem er Bauten von Tempeln, Foren und Wohngebäuden durch Ermahnungen und Unterstützungen förderte; und bald ging man zu Bädern und Säulenhallen über[6]). So schnell schmückte sich auch diese abgelegenste Provinz mit Luxusbauten, deren besiegter Fürst Caratacus nur ein Menschenalter früher beim Anblick Roms unbegreiflich gefunden hatte, daß die Besitzer solcher Pracht die armseligen Hüttchen von Wilden begehren konnten[7]).

Zehntland. Die Ebene am rechten Rheinufer und das Neckargebiet bis zur Schwäbischen Alb hinauf mit Einschluß des Schwarzwalds (das Zehntland) ist nur vom Ende des 1. bis in die zweite Hälfte des 3. Jahrhunderts in römischem Besitz gewesen; doch sind in Württemberg allein an weit über 100 Orten Spuren römischer Niederlassungen gefunden worden, und das städtische Leben blühte innerhalb des neuen Grenzschutzes auf, fast wie auf dem linken Rheinufer: »Sumelocenna (Rottenburg am Neckar), Aquä (*civitas Aurelia Aquensis*, Baden-Baden), Lopodunum (Ladenburg) hatten, wenn man von Köln und Trier absieht, in römisch-städtischer Entwicklung den Vergleich mit keiner Stadt der Belgica zu scheuen«[8]); auch die römische Ortschaft bei Wiesbaden (*aquae Mattiacae*) wird zu den bedeutenderen gehört haben[9]). Sumelocenna war am Ende des zweiten und im dritten Jahrhundert der bedeutendste Ort nicht allein des Neckargebiets, sondern vielleicht der rechtsrheinischen Provinz überhaupt. Die römische Stadt erstreckte sich auf beiden Seiten des Flusses weit über die heutige hinaus. Fortwährend werden in und bei Rottenburg die Werkstücke monumentaler Bauten, Säulen, Kapitelle und Gesimse, Bildwerke und Inschriften aufgefunden, die Ruinen von Heiligtümern und Bädern, auch ein großes Theater ist zum Vorschein gekommen[10]). Bei Rottweil war auf dem rechten Neckarufer eine sehr bedeutende römische Niederlassung, Arae Flaviae, wohl der Vorort einer Gaugemeinde, deren Blüte in der mittleren Kaiserzeit Grundmauern vornehmer

1) Tac. A. XIV 31—33. Vgl. Hübner CIL VII p. 21. 33f. 2) F. Haverfield, Journ. of Rom. Stud. I 1911 S. 141ff. 3) Kiepert S. 531; vgl. J. C. Anderson, The Roman city of Uriconium at Wroxeter, 1867. Wichtige Fundstätten neuerer Ausgrabungen in England sind Silchester (Calleva Atrebatum), Caerwent (Venta Silurum) und Corbridge (Corstopitum), vgl. F. Haverfield, Archäol. Anz. 1909 S. 247f. 1911 S. 307f. 1913 S. 295ff. 4) Hübner CIL VII p. 24. 5) ebd. p. 332. 6) Tac. Agric. 21. 7) Cass. Dio LX 33, 1. 8) Mommsen RG. V 145. 9) Vgl. F. Otto, Gesch. d. Stadt Wiesbaden (1877) S. 1ff. 10) E. Fabricius, Die Besitznahme Badens durch die Römer (1905) S. 60. Haug u. Sixt, Röm. Inschr. u. Bildwerke Württembergs² S. 199ff.

Privathäuser, ein sehr stattliches Bad, schöne Mosaiken und Einzelfunde aller Art aus Bronze, Glas und Terrakotta beweisen[1]). Die 1784 durch Zufall entdeckten Bäder in Badenweiler, deren Bauten eine Fläche von gegen 300 qm bedecken, setzen eine ständige Niederlassung voraus, und sicherlich war das römische Badenweiler, wenn es auch an Baden-Baden nicht heranreichte, ein ansehnlicher Vicus[2]).

Rätien und Vindelicien. Die Hauptstadt des mit dem nur sehr unvollkommen und spät romanisierten Rätien verbundenen Vindelicien, die unter Augustus gegründete und nach ihm benannte, schon zu Ende des 1. Jahrhunderts sehr ansehnliche Niederlassung[3]) Augusta Vindelicorum (Augsburg) besaß vielleicht ein Amphitheater[4]), und zahlreiche Inschriften und Skulpturen zeugen von ihrer einstigen Blüte. Während sie aber in Rätien das einzige Zentrum römischer Zivilisation blieb, drang diese in dem angrenzenden Noricum so tief ein, daß es »ein Vorland und gewissermaßen ein Teil Italiens« wurde. Die kleinen dortigen Standlager und selbst das von Marc Aurel eingerichtete Lager einer Legion Lauriacum bei Enns waren für die städtische Entwicklung Noricums ohne Bedeutung. Die großen Ortschaften, wie Celeja (Cilli), Aguontum (Lienz), Teurnia (St. Peter im Holz), Virunum (Zollfeld bei Klagenfurt), der Zentralpunkt der Provinz, von dem sehr ausgedehnte Reste übrig sind, im Norden Juvavum (Salzburg), sind rein aus bürgerlichen Elementen hervorgegangen[5]).

Noricum.

Pannonien. Dagegen in Pannonien stand und blieb die Zivilisation ganz unter dem Einflusse der Lager der drei, später, wie es scheint, nur zwei Legionen; das Hauptquartier wurde wohl unter Vespasian Carnuntum (Petronell östlich von Wien) und daneben Vindobona (Wien)[6]); von der neben dem ersten Ort entstandenen Lagerstadt[7]) sind weit ausgedehnte Ruinen übrig. Erst seit dieser Zeit ging die Regierung daran, die Provinz, die bis dahin nur in ihrem westlichen Teil Städte gehabt hatte, wie Emona (Laibach)[8]) und Savaria (Stein am Anger), städtisch zu organisieren. In dem westlichen, ursprünglich norischen Gebiet erhielt Scarbantia (Ödenburg am Neusiedler See) Stadtrecht unter den Flaviern, zwischen Save und Drau Siscia (Sziszek) und Sirmium (Mitrovitza) zu derselben Zeit, an der Drau Poetovio (Pettau) unter Trajan, Mursa (Eszeg) unter Hadrian Kolonialrecht[9]). Die Hauptorte waren Sirmium und Savaria, das unter seinem alten Namen bis zur magyarischen Eroberung im 10. Jahrhundert fort bestand und an römischen Resten sehr reich ist. Von dem Wohlstande Sirmiums zeugen namentlich auch die zahllosen, vielgestaltigen Funde an plastischen Kunstwerken, Geräten aller Art, Münzen usw. und z. B. auch die im Agramer Museum lagernden mächtigen Brunnenröhren, welche aus beträchtlicher Höhe weither von Norden klares Wasser leiteten[10]).

1) Fabricius a. a. O. S. 68. Haug-Sixt a. a. O. S. 143 ff. 2) Fabricius a. a. O. S. 66 f. K. Büchler, Das Römerbad Badenweiler, Straßburg 1909. 3) *Colonia* nennt sie Tac. Germ. 41, vgl. dazu Mommsen CIL III p. 711. 4) Jedoch s. Anhang XVI S. 226. 5) Mommsen RG. V 180 f. F. Pichler, Virunum, 1888. 6) Über Geschichte und Überreste der römischen Niederlassung vgl. A. v. Domaszewski u. F. Kenner in Geschichte Wiens I (1897) S. 37 ff. 42 ff. 7) Oben S. 3. Über die neuesten Ausgrabungen in Carnuntum vgl. Der römische Limes in Österreich, 1900 ff. 8) Jahrb. f. Altertumsk. VII 1918 S. 61 ff. 9) Mommsen RG. V 188. 10) W. Goetz, Die Verkehrswege im Dienste des Welthandels S. 387**.

Noch geringer als in Pannonien war die Entwicklung der Städte in Mösien. Auch hier ging die italische Zivilisation von den Lagern aus, von denen die bei Singidunum (Belgrad) und Viminacium (Kostolatz) wahrscheinlich die ältesten waren; die Bedeutung der letzteren Stadt beweist ein großes Ruinenfeld und die Menge der von hier durch das benachbarte Serbien verschleppten Kunstreste[1]). In Untermösien (zwischen Balkan und Donau) entstanden die Anfänge einer römischen Zivilisation erst mit der Gründung der Legionslager von Novä (bei Svischtova), Durostorum (Silistria) und Troesmis (Iglitza bei Galatz)[2]). Mösien.

Auch in der jüngsten und nach 170 Jahren wieder aufgegebenen Provinz Dacien (Siebenbürgen, Banat, Moldau und Walachei) haben anderthalb Jahrtausende nicht völlig zu zerstören vermocht, was die römische Herrschaft in so kurzer Zeit geschaffen hat. In dem ganz neu mit Ansiedlern aus verschiedenen Provinzen (namentlich Dalmatien und Kleinasien) bevölkerten Lande entwickelte sich das römische Städtewesen schneller und kräftiger als in den übrigen Donaulandschaften. Eine Fülle der mannigfaltigsten Überreste aller Art bezeugt die Existenz von weit über 100 mehr oder minder blühenden römischen Orten, größtenteils in Siebenbürgen[3]). Sarmizegetusa (Várhely), die von Trajan zur römischen Kolonie umgeschaffene Landeshauptstadt, blieb der Mittelpunkt der Provinz und die Residenz des Statthalters: zwölf walachische Dörfer erfüllen heute den Raum ihres einstigen Umfangs, noch sieht man den Felsen ihres Kapitols und die Arena ihres Amphitheaters. Von der Bedeutung des militärischen Zentrums der Provinz, Apulum, zeugt das weite Trümmerfeld um das heutige Karlsburg[4]). Eine Reihe von Dorfgemeinden in Dacien erwuchs zu Städten, und die Militär- und Straßenstationen, mit denen das Land wie mit einem Netze überzogen war, gewannen mit der Zeit mehr oder weniger stadtartige Bedeutung[5]). Dacien.

Sowohl für die Kommunen als für die einzelnen Bürger war der im Altertum in so hohem Grade entwickelte und auch in jener Zeit noch durch die relative Selbständigkeit der Gemeinden genährte Munizipalpatriotismus (eine der besten Seiten des antiken Städtelebens) der stärkste Sporn, nach Kräften, ja selbst mit großen Opfern zur Ausstattung der Städte mit notwendigen und nützlichen Bauten und Anstalten, sowie zu ihrer Verschönerung auf jede Weise beizutragen. Der in der antiken Menschheit so mächtig wirkende Trieb, sich ansehnlich, würdig und prächtig darzustellen, beherrschte die Gemeinden nicht weniger als die einzelnen und trieb sie allem Anscheine nach nicht selten zu Anstrengungen, die ihr Vermögen überstiegen. Dazu kam besonders in den griechischen Ländern die Eifersucht der Städte aufeinander, »diese alte Krankheit der Hellenen«[6]), und das daraus entspringende Trachten, einander zu überbieten. Bauten der Kommunen.

Die römischen Kolonien sollten »Abbilder der Hauptstadt im kleinen« sein[7]), was sich selbst in der Anwendung von Namen römischer Lokalitäten zeigt: die Nachahmung Roms.

1) F. Kanitz, Röm. Studien in Serbien (Denkschr. d. Wiener Akad. XLI 1892 Abhdl. II) S. 16ff. 2) Mommsen RG. V 194f. 207. 3) Neigebauer, Dacien S. 5. 4) C. Gooß, Die röm. Lagerstadt Apulum in Dacien, Progr. Schäßburg 1878. 5) Jung, Römer und Romanen[2] S. 109ff. 6) Herodian. III 2, 8. 7) Gell. XVI 13, 9.

(je 7) Bezirke zweier von Augustus kolonisierter Städte, Ariminum und Antiochia in Pisidien, sind allem Anscheine nach mit denselben von Gegenden Roms entlehnten Namen (wie Cermalus, Aventin, Velabrum, Tuskerquartier) bezeichnet gewesen[1]), und wahrscheinlich wurden solche in Kolonien häufig angewandt, doch nicht bloß in ihnen. So hatte Falerii eine heilige Straße[2]), Benevent eine esquilinische[3]), Puteoli eine palatinische Region[4]), Lyon und die Chattenhauptstadt Mattiacum einen Vatikan[5]), Aquileja vielleicht eine Region Isis und Serapis[6]) usw. Das Recht, ein Kapitol zu besitzen, das wie das römische Tempel des Juppiter, der Juno und der Minerva trug, oder die Statue des Marsyas (wie ebenfalls in Rom) auf dem Forum aufzustellen, scheinen (bis auf Caracalla) nur Kolonien gehabt zu haben[7]). An einigen Orten, wie Köln, Florenz, Nîmes, Cagliari, hat sich die Erinnerung an die Kapitole in Benennungen von Kirchen (»Sta. Maria im Kapitol« und dgl.) erhalten.

Die Ausführung der städtischen Bauten erfolgte entweder durch eigens ernannte Baukommissare (*curatores operum*)[8]) oder durch die jährlich wechselnden obersten Gemeindebeamten, die sie in der Regel an den Mindestfordernden in Akkord gaben und nach der Vollendung abnahmen[9]). »Wenn die Städte eine Vergebung von Tempelbauten oder Errichtung von Kolossen ausschreiben«, sagt Plutarch, »so hören sie die Künstler an, die sich um die Übernahme bewerben und ihre Anschläge und Risse vorlegen; dann wählen sie den, der bei den geringsten Kosten die beste und schnellste Ausführung verspricht«[10]).

Bauten bithynischer Städte. Den Umfang, die Bedeutung und die Zwecke der städtischen Bauten mögen

1) Bormann, Variae observationes de antiquitate Rom. (Ind. Marburg. aestiv. 1883) S. Vf. und CIL XI p. 76f. 2) CIL XI 3126 = Dessau 5374. 3) CIL IX 1569; eine [*por*]*ta Esquilina* in Tibur CIL XIV 3679 = Dessau 6245. 4) CIL X 1700 = Dessau 1231; ein *vicus Palatius* in Cales CIL X 4641 = Dessau 6301; ebenda ist auch ein *vequs Esqelinus* aus republikanischer Zeit bezeugt, Dessau 8567. 5) CIL XIII 1751. 7281 = Dessau 4131. 3805. 6) Nach einer Vermutung Mommsens zu CIL V 8211; vgl. im allgemeinen De Rossi, Not. d. scavi 1888 S. 712. Einen *vicus capitis Africae* und ein Septizonium in Karthago erschließt De Rossi, Bull. arch. comun. XVII 1889 S. 361f. aus Append. Probi 13. 134. 7) So Castan, Les capitoles provinciaux du monde Romain (1886) gegen Kuhfeldt, De capitoliis imperii Romani (Regim. 1882), dessen Ansicht auch von Toutain, Les cultes païens dans l'empire Romain I 181ff. vertreten wird, mit Anführung von 40 Kapitolen, zu denen De Rossi, Bull. arch. com. XV 1887 S. 66ff. noch die von Arsinoe, Nicopolis in Untermösien und Caralis (Kirche S. Nicolao in Capitolio) hinzufügt (vgl. auch Wissowa, Real-Encykl. III 1538ff.). In demselben Sinne schon Jordan, Marsyas auf dem Forum in Rom (1883) S. 20: »Klein-Rom, die colonia civium Romanorum, empfing in der östlichen Hälfte als Symbol den Marsyas, in der westlichen und südlichen, wie im Stammlande Italien, das Capitolium«; über die Bedeutung des Marsyas als Abzeichen der Bürgercolonien italischen Rechtes vgl. Mommsen StR. III 809f., dagegen Kubitschek, Archäol. epigr. Mitteil. XX 1897 S. 151ff. Kornemann, Real-Encykl. IV 580f. Das *signum lupae cum insignibus suis* als Zeichen des römischen Bürgerrechts in dem (Ende des 2. oder Anfang des 3. Jahrhunderts) zum Munizipium erhobenen Flecken Aurelia Vina CIL VIII 958 = Dessau 6819 und an einem andern Orte des prokonsularischen Afrika CIL VIII 12200 = Dessau 6820 (vgl. auch CIL VIII 22699), sowie in Singilia in Hispania Baetica CIL II 5063 = Dessau 6912; vgl. die Weihungen an die Lupa Romana oder Augusta CIL II 2156 (= Dessau 6913). 4603. Ebenso weihen in Obulco (Baetica) zwei Würdenträger des Orts *scrofam cum porcis triginta* zum Zeichen des latinischen Rechts der Gemeinde (CIL II 2126 = Dessau 6911). 8) Kornemann, Real-Encykl. IV 1802f. 9) Liebenam, Städteverwaltung S. 384ff. 10) Plutarch. An vitiositas ad infelic. suffic. 3.

zunächst einige Mitteilungen aus der Korrespondenz veranschaulichen, die Plinius (in den Jahren 111—113 etwa) als Statthalter von Bithynien mit Trajan führte. Zu allen städtischen Neubauten aus öffentlichen Mitteln bedurfte es der kaiserlichen Erlaubnis[1]). Für Prusa am Olymp erwirkte Plinius diese zum Bau eines neuen Bads, wie es »die Würde der Stadt und der Glanz der Regierungsperiode« erforderte; der Bau erfolgte auf der Stelle eines in Ruinen liegenden Hauses, und so wurde zugleich die häßlichste Stelle der Stadt verschönert[2]). Zu Nicomedia war eine Wasserleitung, die der Stadt 3329000 S. (gegen 724000 Mark) gekostet hatte, unvollendet geblieben, dann abgebrochen worden, ebenso eine zweite, für die bereits 200000 S. (43500 Mark) ausgegeben waren. Nun erteilte Trajan die Erlaubnis zum Bau einer dritten, die auf Bogen (teils aus Quadern, teils aus Backstein) das Wasser auch in die höheren Teile der Stadt führen sollte: Plinius versicherte, daß sowohl der Nutzen als die Schönheit des Baus der Regierungszeit Trajans höchst würdig sein werde[3]). Kurz vorher hatte dieselbe Stadt den Bau eines neuen Forums neben dem alten begonnen[4]). Zu Nicäa hatte der Bau eines Theaters bereits mehr als 10 Mill. S. (2175000 Mark) verschlungen; Privatleute hatten sich anheischig gemacht, es aus eigenen Mitteln mit mannigfachen Verschönerungen auszustatten, namentlich einen Säulengang oberhalb des Zuschauerraums und Basiliken im Umkreise aufzuführen. Aber noch vor Vollendung des Hauptgebäudes zeigten sich so große Risse, daß eine Reparatur kaum zu lohnen schien. Gleichzeitig wurde an Stelle des abgebrannten Gymnasiums ein weit größeres und weitläufigeres gebaut, dessen Mauer aber der mit der Fortführung des (von einem andern begonnenen) Baus beauftragte Architekt trotz der kolossalen Dicke von 22 röm. Fuß ($6^1/_2$ m) für zu schwach erklärte, um die in Aussicht genommene Belastung zu tragen. Zu Claudiopolis befand sich eine ungeheure städtische Badeanstalt im Bau[5]). Zum Bau eines Aquädukts, der das Wasser aus einer Entfernung von 16 Millien (24 km) nach Sinope führen sollte, gab Trajan der Stadt die Erlaubnis, falls der Bau ihre Kräfte nicht überstiege, da er sehr zur Erhöhung der Gesundheit und Annehmlichkeit beitragen würde[6]). Die schöne und prächtige Stadt Amastris hatte unter andern herrlichen Bauwerken eine sehr stattliche und lange Straße, die aber ein übelriechender Fluß ihrer ganzen Länge nach durchfloß; auch hier genehmigte Trajan dessen Bedeckung aus städtischen Mitteln[7]).

Die Brücke von Alcantara.

Dieselbe Wohlhabenheit der Städte und dieselbe Verwendung großer Mittel für bauliche Zwecke, wie sie diese Angaben für Bithynien erweisen, darf für die meisten Provinzen des römischen Reichs in jener Zeit vorausgesetzt werden. Bauten, die für eine ganze Landschaft wichtig waren, wurden von mehreren Städten gemeinsam ausgeführt: wie die im Jahre 105/6 vollendete Brücke von Alcantara von elf Munizipien der Provinz Lusitanien[8]).

Einkünfte der Kommunen zur Bestreitung der Baukosten.

Zu den regelmäßigen Einnahmen der städtischen Gemeinden Italiens und der Westprovinzen (seltener im Osten des Reiches) gehörten die Antrittsgelder, welche die zu Ehrenämtern und Priestertümern erwählten Männer und Frauen sowie die in den Gemeinderat (Dekurionat), den zweiten Stand (die Augustali-

1) Dig. L 10, 3 § 2 *publico vero sumptu opus novum sine principis auctoritate fieri non licere constitutionibus declaratur.* 2) Plin. ad Tr. 23f. 70f. 3) ebd. 37f. 4) ebd. 49. 5) ebd. 39. 6) ebd. 90f. 7) ebd. 98f. 8) CIL II 760 = Dessau 287a, vgl. Hübner CIL II p. 89—96.

tät) oder dessen Vorstand (den Sevirat) Erwählten auf Grund der Festsetzungen des Gemeindestatuts[1]) an die Stadtkasse zu zahlen hatten, und welche nach der Bedeutung des Orts und des Amts sehr verschieden waren. Sie betrugen für den Duumvirat 2000, 3000, 4000 bis 10000 S. (die letzte Summe in Pompeji)[2]), für die Ädilität 4000, aber auch 20000 (Rusicade), für den Dekurionat 1000, 2000, in Cirrta und Rusicade 20000, für das Priestertum des Pontifex 10000, aber auch 55000 (in Rusicade), für den Flaminat 2000, 10000 (zu Musti im prokonsularischen Afrika und Diana in Numidien), 12000 (zu Lambäsis in derselben Provinz), 2000 für den Sevirat[3]). Die Summe von 400000 S., die eine zu Calama in Numidien auf Lebenszeit zur Flaminica erwählte Frau zum Bau eines Theaters versprochen hatte, war eine ganz ungewöhnlich hohe[4]). Aber es war wohl überall Sitte, über den Minimalsatz hinauszugehen oder andre Leistungen hinzuzufügen, die auch anstatt der Zahlungen erfolgen konnten, wie Schauspiele, Volksbewirtungen oder Bauten. So zahlte z. B. ein T. Flavius Justinus in Porto Torres (Turris Libisonis) auf Sardinien für die Erwählung zum höchsten Amt (der Quinquennalität) die außergewöhnlich hohe Summe von 35000 S. und legte überdies auf eigne Kosten ein Bassin an, in welches er auch das Wasser hineinleiten ließ[5]). In Äclanum ließen einmal die Quattuorvirn für das Geld, das sie für die Erwählung zu diesem Ehrenamt zu zahlen verpflichtet waren, auf den Beschluß des Gemeinderats einen Weg durch den Viehmarkt führen und pflastern[6]). In Lanuvium (Città Lavigna) wurden die aus den Antrittsgeldern der Priester geflossenen Kapitalien neben andern Einnahmen (mit Erlaubnis von Septimius Severus und Caracalla) zum Bau von Thermen verwendet[7]) usw.

Öffentliche Bauten von Privatleuten.

Derselbe Munizipalpatriotismus, der die Städte trieb, nach Kräften oder selbst über ihre Kräfte in Bauten miteinander zu wetteifern, beseelte gewöhnlich auch ihre wohlhabenden Bürger. Zum Teil spornte diese auch die Ruhmbegier, ihre Namen in würdigster Weise auf großen Bauwerken durch Inschriften auf die Nachwelt zu bringen, deren Unvergänglichkeit gesetzliche Bestimmungen gewährleisteten[8]). Aber auch schon der Ehrgeiz, der seine Befriedigung in den städtischen Ämtern, in Belobungen, Bekränzungen, Statuen, Ehrenplätzen u. dgl. fand, trieb manche, große Summen für öffentliche Bauten herzugeben, ja nicht selten sich zu ruinieren: und die öffentliche Meinung, die, wie in den alten Republiken, noch immer von den Angesehenen und Reichen große Leistungen für die Gemeinde erwartete, ja forderte[9]), bestimmte ohne Zweifel viele selbst wider ihren Willen zu großen Opfern. In der Tat sind die in der damaligen Zeit in allen größeren und vielen kleineren Städten der ganzen Monarchie fort und fort von Privaten zu Kommunalzwecken freiwillig gegebenen Beisteuern wahrhaft erstaunlich, und namentlich die aus Privatmitteln aufgeführten Bauten haben wahrscheinlich an sehr vielen Orten die städtischen an Umfang und Bedeutung weit übertroffen, deren Einschränkung sie ja auch eben ermöglichten und veranlaßten. Öffentliche Bauten aus Privatmitteln bedurften keiner kaiserlichen Erlaubnis, »außer wenn sie aus Rivalität gegen eine andre Stadt unter-

1) *Sequendum cuiusque civitatis legem puto* Trajan bei Plin. ep. ad Trai. 113 (vgl. 112). 2) CIL X 1074 = Dessau 5053. 3) Marquardt StV. I² 180—183. 206. Liebenam a. a. O. S. 54 ff. 4) CIL VIII 5365. 5) CIL X 7954 = Dessau 5765. 6) CIL IX 1143; vgl. IX 808 = Dessau 5381. 7) CIL XIV 2101 = Dessau 5686. 8) Dig. L 10, 2—4. 9) Oben II 380 ff.

nommen wurden, oder Veranlassung zum Aufruhr wurden, oder in der Umgegend eines Theaters oder Amphitheaters stattfanden«[1]). In größter Menge sind in der Literatur, noch mehr in den Denkmälern aller Provinzen Zeugnisse von gemeinnützigen Bauten einzelner erhalten, von den geringfügigsten bis zu wahrhaft fürstlichen. Zahlreiche Inschriften bezeugen die Errichtung der größten öffentlichen Gebäude, wie Tempel, Portiken, Theater, Amphitheater, Brücken, durch reiche Privatpersonen aus eignen Mitteln[2]). Andre Inschriften zeigen, daß auch minder Wohlhabende zur Wohlfahrt und Behaglichkeit der Städte beizutragen bemüht waren, indem sie z. B. Straßen pflastern, die öffentlichen Spielplätze ebnen und einfassen, Sonnenuhren aufstellen, auf den Märkten Buden für die Verkäufer und Steintische für die Waren errichten ließen, für Normalmaße und Gewichte sorgten u. dgl.[3]). Seit durch Nerva die Städte die Erlaubnis zur Annahme von Legaten erhalten hatten[4]), erfolgten auch Vermächtnisse zu öffentlichen Bauten sehr häufig, und es war keineswegs selten, daß Testamente den Erben die Verpflichtung zur Ausführung eines Bads, Theaters oder Stadiums auferlegten[5]).

Einige Beispiele werden die Allgemeinheit der Beteiligung einzelner an der Verschönerung ihrer Städte sowie die Großartigkeit solcher Leistungen veranschaulichen. Nach der Zerstörung Cremonas im Jahre 69 wurden Foren und Tempel durch die Munifizenz von Bürgern wiederhergestellt[6]). Der Großvater der dritten Frau des jüngeren Plinius erbaute zu Como in seinem und seines Sohns Namen eine prachtvolle Kolonnade und schenkte der Stadt ein Kapital zur Verschönerung der Tore[7]). In Oretum (in der Tarraconensis) ließ ein Bürger »auf die Bitte des Rats und der Bürgerschaft zu Ehren des göttlichen (d. h. Kaiser-) Hauses« eine Brücke für 80000 S. (17400 Mark) bauen und gab bei ihrer Einweihung Zirkusspiele[8]). In Thagaste (Numidien) errichtete ein römischer Ritter eine Portikus für 300000 S. (65250 Mark)[9]). Der Arzt Crinas ließ Mauern in seiner Vaterstadt Massilia und andre Mauern für beinahe 10 Mill. S. (2175000 Mark) erbauen; die beiden Brüder Stertinius, Leibärzte des Claudius, erschöpften ihr Vermögen durch Ausstattung der Stadt Neapel mit Bauwerken[10]). Die Inschrift an dem Postament einer Ehrenstatue eines Bürgers von Citium auf Cypern meldet, daß derselbe ein Theater von Grund auf nebst allem Zubehör auf eigene Kosten habe aufführen lassen[11]). Dio von Prusa, dessen Großvater sein ganzes Vermögen für Kommunalzwecke geopfert hatte, erbaute in seiner Vaterstadt eine Kolonnade bei den Thermen nebst Läden

1) Dig. L 10, 3 pr. 2) Reiche Materialsammlung bei J. C. Rockwell, Private Baustiftungen für die Stadtgemeinde auf Inschriften der Kaiserzeit im Westen des röm. Reiches, Diss. Jena 1909. 3) z. B. eine Kunstuhr (*horologium cum suo aedificio et signis omnibus et clatris*) in einem Orte Savoyens (CIL XII 2522 = Dessau 5624), eine öffentliche Wage mit Gewichten und Zubehör in Tuficum in Umbrien (CIL XI 5695 = Dessau 5612), eine Markthalle für Lebensmittel mit steinernen Verkaufstischen in einer spanischen Stadt (CIL II 3570 = Dessau 5586), eine Porticus für diejenigen *qu[i] nundinandi gratia cons[isterent]* in Nepet CIL XI 3208. 4) Ulpian. reg. 24, 28; ausführlich darüber Liebenam a. a. O. S. 179ff. Vgl. z. B. CIL XII 1357 = Dessau 2709 (Vasio Voc.). 5) Dig. XXXV 2, 80 § 1. Vgl. z. B. Sueton. Tiber. 31, 1 *iterum censente, ut Trebianis legatam in opus novi theatri pecuniam ad munitionem viae conferre concederetur.* CIL V 969. 4059 (= Dessau 5012). 6) Tac. Hist. III 34. 7) Plin. ep. V 11, 1. 8) CIL II 6339 = Dessau 5901. 9) CIL VIII 5146. 5147. 10) Plin. n. h. XXIX 8f. S. oben I 72. 11) Lebas-Waddington 2735.

und Werkstätten; den Boden allein hatte er mit 50000 Drachmen (etwas über 39000 Mark) bezahlt[1]). C. Antius A. Julius Quadratus, der um 106 das Prokonsulat der Provinz Asia bekleidete[2]), war nach Aristides von Gott gesandt worden, um seine Vaterstadt, das gealterte Pergamum, neu zu verjüngen, und hatte sie zu dem gemacht, was sie nun war; wenn andre Geschlechter von der Stadt abstammten, so konnte man sagen, die Stadt stamme von ihm: »sie selbst bekannte es laut in den Ratssälen, den Theatern, den Versammlungsplätzen, in welchem Teil man will, da ja alles durch jenen verschönert ist« [3]). Die schönste Ruine von Ephesus sind die Überreste der prächtigen öffentlichen Bibliothek, die unter Trajan der Konsular Ti. Julius Aquila als Heroon seines Vaters Ti. Julius Celsus Polemaeanus errichtete und mit Mitteln reichlich ausstattete[4]). Die meisten noch mit Weihinschriften versehenen öffentlichen Gebäude in den Städten Pamphyliens und Pisidiens sind von Privaten errichtet[5]).

Bauten der griechischen Sophisten.

In den griechischen Ländern waren es ganz besonders die Sophisten, die einen Teil der oft ungeheuren, durch ihre Kunst erworbenen Reichtümer zur baulichen Verschönerung ihrer Geburts- oder Wohnorte verwandten. Nicetes legte in Smyrna glänzende Straßen an und erweiterte die Stadt bis an das nach Ephesus führende Tor[6]). Alexander von Cotyäum erbaute (nach dem übertreibenden Ausdruck des Aristides) diese seine Vaterstadt fast ganz neu[7]). Damianus von Ephesus (ein Schüler des Aristides und Hadrianus) verband unter anderm den dortigen Artemistempel mit der Stadt durch eine (in ihren Fundamenten neuerdings wieder aufgefundene) bedeckte Halle von der Länge eines Stadiums (180 Meter), damit die Andächtigen auch bei Regenwetter in den Tempel gehen könnten, und erbaute in dem heiligen Bezirke selbst einen ungeheuren Saal zu Opferschmäusen, der aufs prachtvollste mit Pavonazzetto geschmückt war. Auch seine Nachkommen wurden in Ephesus »wegen der Geringschätzung des Geldes« hoch geehrt[8]).

Herodes Atticus.

Doch selbst die größten derartigen Leistungen verdunkelte die beispiellose, mehr als fürstliche Munifizenz des Herodes Atticus (geb. zu Marathon um 101, † gegen 177), der an Reichtum und Rang zu den Ersten seiner Zeit gehörte (er war Konsul 143), unter den damaligen Virtuosen der Redekunst (Sophisten) unbestritten der Erste war. Sein Ehrgeiz war, seinen Nameu nicht minder durch massenhafte, prachtvolle und gemeinnützige Bauten als durch seine von der Mitwelt hochbewunderten Reden auf die Nachwelt zu bringen; von jenen sind zahlreiche Reste und noch mehr Nachrichten, von diesen nichts erhalten. Schon als Herodes um das Jahr 130 Präfekt der freien Städte Asias war, hatte ihn sein Vater Tiberius Claudius Atticus in den Stand gesetzt, gegen die Stadt

1) Dio Chr. or. 29, 3. 9 (II 77 f. Arn.). 2) Waddington, Fastes des prov. Asiat. nr. 114. 3) Aristid. or. 30, 9 (II 204 K.); über die zahlreichen pergamenischen Denkmäler dieses Mannes s. Fränkel, Inschr. v. Pergam. II S. 298 ff. Dittenberger, Or. gr. 486 Anm. 4) J. Keil, Ephesos S. 66 ff. Heberdey, Österr. Jahresh. VII 1904 Beibl. S. 52 ff. VIII 1905 Beibl. S. 61 ff. W. Wilberg ebd. XI 1908 S. 118 ff., vgl. Dessau 8971. Groag, Real-Encykl. X 168 ff. 544 ff. 5) Lanckoronski a. a. O. I 13. 6) Philostr. Vit. soph. I 19, 1. Die Vermutung Waddingtons, daß der Rufinus, dessen Bauten Aristides or. 50, 28 (II 432 K.) erwähnt, der Vater des Sophisten Claudius Rufinus in Smyrna gewesen sei, entbehrt der Begründung, vgl. A. Stein, Real-Encykl. I A 1185. 7) Aristid. or. 32, 17 (II 221 K.). 8) Philostrat. Vit. sophist. II 23, 1 f.; vgl. die ephesische Inschrift Dessau 8830 und Groag, Österr. Jahresh. X 1907 S. 295 f.

Alexandria Troas eine großartige Freigebigkeit zu üben: zu den 3 Mill. Drachmen, die ihr Hadrian zu einer Wasserleitung bewilligt hatte, ermächtigte er ihn, die noch erforderlichen 4 Mill. (über 3 Mill. Mark) zuzulegen. Die Freigebigkeit des Herodes erstreckte sich später auch auf Italien, wo er die Stadt Canusium (Canosa) mit einer Wasserleitung versorgte, galt aber hauptsächlich Griechenland, vor allem seinem Vaterlande Attika und dessen Hauptstadt, in deren Nähe er in dem reizenden, noch jetzt als Sommeraufenthalt benutzten Kephisia den Abend seines Lebens in vornehmer Zurückgezogenheit verbrachte. Er ließ den Städten in Euböa, im Peloponnes, in Böotien Unterstützungen zufließen, half dem herabgekommenen Oricum in Epirus auf, errichtete in Korinth ein bedecktes Theater[1]), in Olympia eine Wasserleitung, in Thermopylä Bassins zu Schwefelbädern und baute zu Delphi das Stadium in Stein aus, wie er auch für die Ausschmückung des isthmischen Heiligtums reiche Mittel verwendete. Selbst die Durchstechung des korinthischen Isthmus hatte er ins Auge gefaßt. In Attika ließ er in dem Demos Myrrhinus einen Tempel der Athene herstellen, in Athen selbst das panathenäische Stadium des Lycurgus innerhalb von vier Jahren aufs prächtigste vollständig mit pentelischem Marmor auslegen[2]), errichtete auf einem der Felshügel oberhalb seiner Langseiten einen Tempel der Glücksgöttin mit deren elfenbeinernem Bilde und erbaute am Fuße der Akropolis zu Ehren seiner gestorbenen Gemahlin Regilla ein mit Zedernholz gedecktes Theater (Odeum) für etwa 6000 Personen, das nach Pausanias an Größe und Pracht der Ausstattung alle ähnlichen Bauten übertraf und jetzt wieder bloßgelegt ist[3]).

Man sieht, daß die Freigebigsten unter den Reichen und Vornehmen ihre Munifizenz nicht auf ihre eignen Städte beschränkten, wenn es auch vielleicht niemand dem Herodes gleichtat, der, als er des Mords der Regilla angeklagt vor Gericht stand, und sein Gegner sich einer Wohltat gegen eine Stadt Italiens rühmte, erwidert haben soll: »auch ich könnte vieles der Art von mir sagen, wenn ich auf der ganzen Erde vor Gericht gezogen würde«[4]).

Bauten von Senatoren —

Es war wohl die Regel, daß Munizipale, die sich zum Senatorenstande (durch den sie aufhörten, Bürger ihrer Vaterstadt zu sein) oder sonst zu hohen Stellungen in Rom aufgeschwungen hatten, und römische Große, die als Patrone oder anderweitig zu einer Stadt in Beziehung standen, ihr durch Bauten und Zuwendungen ihre Anhänglichkeit und ihr Wohlwollen bewiesen. Der jüngere Plinius, der in seinem Testament seine Vaterstadt Como mit einem bedeutenden Kapital zur Erbauung, Einrichtung und Instandhaltung von Thermen bedachte[5]), erwies der Stadt Tifernum Tiberinum, die ihn sehr jung zum Patron erwählt hatte, seine Erkenntlichkeit durch den Bau eines Tempels, dessen Einweihung er mit einem Festmahl beging[6]). Die sehr vornehme Ummidia Quadratilla, die

1) Vgl. dazu R. B. Richardson, Americ. Journ. of Archaeol. 2. ser. IV 1900 S. 235 ff. Eine 1919 in Korinth gefundene Porträtherme trägt die Inschrift Ἡρώδης ἐνθάδε περιεπάτει. A. Philadelpheus, Bull. de corr. hell. XLIV 1920 S. 170 ff. 2) Wahrscheinlich war er Besitzer der pentelischen Marmorbrüche, Hirschfeld, Kais. Verw. Beamt. S. 147 Anm. 3) C. Schulteß, Herodes Atticus, Progr. Hamburg 1904. Münscher, Real-Encykl. VIII 921 ff. Judeich, Topogr. von Athen S. 98. 291 f. 370. 4) Philostrat. Vit. soph. II 1, 8. 5) Oben I 127. 6) Plin. ep. IV 1, 4 ff.

in Rom einen Palast in der 12. Region bewohnte[1]) und etwa im Jahre 107 fast 80jährig starb, stammte aus Casinum: eine dort gefundene Inschrift meldet in fünf Zeilen, daß sie den Casinaten auf eigene Kosten ein Amphitheater (von dem noch stattliche Überreste vorhanden sind) und einen Tempel erbaute[2]). Dasumius (wahrscheinlich der Urheber des S. C. Dasumianum 98 oder 99 n. Chr.) hatte seine Vaterstadt Corduba mit öffentlichen Bauten zu schmücken begonnen, deren Vollendung und Übergabe er in seinem (im Jahre 108 verfaßten) Testament einer Kommission rechts- und sachverständiger Personen übertrug[3]). Ein L. Dasumius Tullius Tuscus (Konsul unter Marc Aurel) vollendete zu Tarquinii den Bau von Thermen, zu welchen sein Vater, der Konsular P. Tullius Varro, der Stadt 3300000 S. (717750 Mark) vermacht hatte, indem er das Kapital vergrößerte und den Bau erweiterte[4]): auch bei dieser Munifizenz war ohne Zweifel der Grund einer der angegebenen. Um den Kurort Epidaurus machte sich in der Antoninenzeit der Senator Julius (Major) Antoninus, ein Gönner des Periegeten Pausanias, durch eine stattliche Reihe von Baulichkeiten hoch verdient[5]).

kaiserlichen Freigelassenen —

Auch kaiserliche Freigelassene statteten nicht selten ihre Geburtsorte und andre Städte mit Bauten aus. Cleander z. B., der mächtige Freigelassene des Commodus, verwandte einen Teil seines ungeheuren Vermögens auf Häuser, Bäder und »andre, sowohl einzelnen als ganzen Städten nützliche Anstalten«[6]). Endlich betätigten auch abhängige oder befreundete Fürsten ihre Freigebigkeit und Prachtliebe vor allem durch Bauten, und nicht bloß in ihren eigenen Ländern. Herodes der Große, der Judäa mit zahlreichen, großartigen Bauwerken und Anlagen hauptsächlich zu Ehren des Augustus füllte, unter welchen die von ihm geschaffene Hafenstadt Cäsarea die großartigste war, schmückte auch die Städte Phöniziens, Syriens, Kleinasiens und Griechenlands aufs reichste und prächtigste. Athen, Sparta, Nicopolis, Pergamum waren nach Josephus voll von seinen Gaben; in Antiochia hatte er eine bis dahin sehr schmutzige, zwanzig Stadien (über $3^1/_2$ Kilometer) lange Straße mit Marmorplatten gepflastert und mit einer ebenso langen Kolonnade zum Schutz gegen den Regen ausgestattet[7]). Auch die übrigen Herodeer bauten viel, namentlich Herodes Antipas, der Gründer der neuen, glänzenden Hauptstadt Tiberias[8]).

und fremden Fürsten. Herodes von Judäa.

Bauten der Kaiser.

Zu den Motiven dieser Munifizenz gehörte für die Fürsten wie für die hochgestellten Männer Roms auch das Beispiel, ja die direkte Aufforderung der Kaiser (eine solche erließ z. B. Nerva in einer »herrlichen Rede«)[9]), so wie die Kaiser ihrerseits offenbar mit durch die Absicht bestimmt wurden, eine möglichst ausgedehnte Nachahmung ihres Beispiels zu veranlassen. Sie veranstalteten fort und fort große öffentliche Bauten[10]) nicht bloß in Rom, sondern auch in den Städten Italiens und selbst der Provinzen[11]), und unterstützten diese namentlich

Ihre Unterstützungen der Städte —

1) CIL XV 7567. 2) CIL X 5183 = Dessau 5628; vgl. Plin. ep. VII 24, 1. Oben II 133. 3) CIL VI 10229 = Bruns-Gradenwitz, Font. iur. Rom. ant.[7] nr. 117; vgl. Groag, Real-Encykl. IV 2223f. 4) CIL XI 3366, vgl. 3365 = Dessau 1081. 5) Pausan. II 27, 6f. IG IV 1311. 1416; vgl. Groag, Real-Encykl. X 666ff. S. oben I 415. 6) Cass. Dio LXXII 12, 5. Oben I 48. 7) Joseph. B. J. I 425; vgl. W. Otto, Real-Encykl. Suppl. II 73ff. 8) W. Otto a. a. O. S. 174ff. 9) Plin. ad Tr. 8, 1; daß *munificentia* hier (wie bei Tac. Hist. III 34 *magnificentia*) auf Bauten zu beziehen ist, ergibt der Zusammenhang. 10) Über das kaiserliche Personal für die *opera publica* vgl. Hirschfeld, Kais. Verw.Beamte S. 267ff., auch Mommsen StR. II[3] 950. 11) Wasserleitungsbauten der Kaiser bei Liebenam, Städteverwaltung S. 158, 1.

bei den so häufigen Kalamitäten, wie Überschwemmungen, Feuersbrünsten, Erdbeben, in freigebigster Weise zu den erforderlichen Neubauten.

Große Brände haben wahrscheinlich oft ungeheure Verheerungen angerichtet, obwohl sie außerhalb Roms selten berichtet werden. In Nicomedia hatte kurz vor Plinius Anwesenheit eine Feuersbrunst gewütet: in dieser so bedeutenden Stadt waren weder Feuereimer noch Spritzen vorhanden, noch überhaupt von seiten der Kommune die geringste Fürsorge für Löschanstalten getroffen. Den Antrag des Plinius auf Errichtung einer Gilde von (höchstens 150) Zimmerleuten, die hauptsächlich als Feuerwehr dienen sollten[1]), lehnte Trajan als bedenklich ab und ordnete nur die Anschaffung der nötigen Gerätschaften und die Aufforderung der Hausbesitzer an, erforderlichenfalls unter dem Beistande des Volks zu löschen[2]). Aber auch in den Städten, wo Gilden von Zimmerleuten und Verfertigern von Lappendecken (*centonarii*) bestanden (welche letztere, wie noch im 17. und 18. Jahrhundert in Holland und Bremen Schiffssegel[3]), mit Wasser getränkt, zum Feuerlöschen dienten)[4]), haben sie schwerlich viel ausgerichtet, da ja auch die größte und bestorganisierte Feuerwehr, die 7000 Mann starke Nachtwache der Stadt Rom, gegen die dortigen unaufhörlichen Brände so wenig vermochte[5]). Auch anderwärts nahmen diese gewiß nicht selten große Dimensionen an. Im Jahre 64/65 brannte Lyon so völlig ab, daß Seneca, wenn auch mit noch so großer Übertreibung, sagen konnte, man suche es vergebens: eine Nacht habe diese große Stadt völlig vernichtet und so viele herrliche Bauwerke, deren jedes allein eine Stadt hätte schmücken können, in Schutt gelegt[6]). Im Jahre 65 bewilligte Nero für den Wiederaufbau die Summe von 4 Mill. S., welche die Lugdunenser früher bei dem großen Brande Roms angeboten hatten[7]). Auf einen sehr großen Umfang des Brandes in Bologna im Jahre 53 läßt die zur Unterstützung bewilligte Summe von 10 Mill. Sesterzen schließen[8]).

besonders bei Bränden —

In einem am Schlusse des selbstverfaßten Rechenschaftsberichts des Augustus hinzugefügten Anhange heißt es: die Geschenke, die er in Italien und den Provinzen Städten, die durch Brand und Erdbeben zerstört waren, zugewendet habe, seien zahllos. Durch anderweitige Nachrichten sind solche Unterstützungen von ihm bezeugt für Neapel, Paphus auf Cypern, Chios, mehrere Städte Kleinasiens, wie Laodicea am Lycus, Thyatira, Tralles[9]). Auch Vespasian »stellte sehr viele Städte im Reiche schöner wieder her, die durch Brand oder Erdbeben gelitten hatten«[10]); und die Bemerkung des Tacitus, daß Laodicea nach einem Erdbeben im Jahre 60 sich aus eignen Mitteln ohne Staatshilfe wieder erhoben habe[11]), zeigt, daß diese letztere in solchen Fällen in der Regel erfolgte. Noch existiert ein in Puteoli dem Tiberius von 14 Städten Kleinasiens errichtetes Monument, die — zwölf im Jahre 17, die beiden andern 23 und 29 — durch Erdbeben mehr oder weniger zerstört worden waren, und die er beim Wiederaufbau reichlich unterstützt hatte[12]). Die Weltchronik des Eusebius verzeichnet

und Erdbeben.

1) Über *fabri* und *centonarii* als Feuerwehren Hirschfeld, Kl. Schrift. S. 98ff. 2) Plin. ad Tr. 33f. 3) Kohl, Alte u. neue Zeit S. 37. 40f. 4) A. Maué, Die Vereine der fabri, centonarii und dendrophori im röm. Reiche, Progr. Frankfurt a. M. 1886. Kornemann, Real-Encykl. VI 1905ff. 5) Oben I 24. 6) Seneca ep. 91, 1f. Über die Zeit s. Jonas, De ordine librorum Senecae (Diss. Berol. 1870) S. 62ff. Hirschfeld CIL XIII p. 252. 7) Tac. A. XVI 13. 8) ebd. XII 58. 9) Mommsen, Res gest. d. Aug.[2] p. 159f. 10) Sueton. Vespasian. 17. 11) Tac. A. XIV 27. 12) O. Jahn, Ber. d.

in der Zeit von Augustus bis Commodus elf Erdbeben, davon 10 in Griechenland und im Orient; aber auch für diese Länder ist das Verzeichnis durchaus unvollständig. Unter andern fehlt darin das ungeheure Erdbeben, das zwischen 138 und 142 auf dem griechischen Festlande Sicyon, von den Inseln Rhodus und Kos, in Asien Lycien und Carien furchtbar verwüstete[1]). Die erforderlichen Neubauten ließ Antoninus Pius mit bedeutenden Summen aufs herrlichste ausführen[2]). Stratonicea erhielt allein 1 Mill. S.[3]). Ganz besonders war Lesbos wie die nahen Inseln und das gegenüberliegende Festland von Erdbeben heimgesucht[4]); eines derselben verwüstete im Jahre 151/52 Mytilene und erschütterte auch Kleinasien[5]). Unter den von Eusebius verzeichneten Erdbeben waren die bedeutendsten das von 115, das u. a. Antiochia etwa zum dritten Teil völlig zerstörte, das von 122, das Nicomedia und Nicäa hart beschädigte[6]), und das von 178, das ganz Ionien erschütterte, am furchtbarsten aber Smyrna verwüstete[7]). Bei den beiden letzten wird die in umfassendster Weise zum Wiederaufbau geleistete kaiserliche Hilfe ausdrücklich erwähnt[8]). Im Westen war namentlich Campanien »niemals vor diesem Übel sicher«[9]); im Jahre 62 am 5. Februar wurde Pompeji sehr hart, Herculaneum in geringerem Grade, einigermaßen auch Neapel und Nuceria durch ein Erdbeben beschädigt[10]).

Bauten der Julier und Flavier — Aber die durch Verwüstungen veranlaßten Neubauten waren nur ein geringer Teil der Bauunternehmungen, die von allen Regierungen (mit Ausnahme der des Tiberius)[11]) in großem Maßstabe in und außerhalb Roms betrieben wurden, nicht bloß zum Besten der damit bedachten Städte, sondern gewiß auch, um große Massen freier Arbeiter lohnend zu beschäftigen. Doch haben die Julischen und die Flavischen Kaiser bei ihren gemeinnützigen Bauten außerhalb Roms vorzugsweise oder ausschließlich Italien berücksichtigt: so baute Claudius den Emissar des Fucinersees und den neuen Hafen bei Ostia (Portus) mit mächtigen Molen und einem sehr hohen Leuchtturm[12]), Nero den Hafen von Antium[13]). Vespasian scheint sich, abgesehen von seinen großen Neubauten in Rom, im wesentlichen auf Herstellung des dort, in Italien und den Provinzen Zerstörten beschränkt zu haben[14]), ohne doch, wenigstens in Rom, alles Begonnene vollenden zu können[15]); und da während der kurzen Regierung des Titus wieder ein großer Brand einen Teil Roms in Asche legte[16]), fand Domitian dort selbst Raum genug

Sächs. Ges. 1851 S. 119ff. CIL X 1624 = Dessau 156 (oben I 425); vgl. Tac. A. II 47. Dittenberger, Or. gr. 471. CIG 3450.

1) Waddington, Mém. de l'acad. d. inscr. XXVI 1, 1867 S. 242ff. Vgl. im allgemeinen O. Weismantel, Die Erdbeben des modernen Kleinasiens in geschichtlicher Zeit, Diss. Marburg 1891. 2) Hist. aug. Anton. P. 9, 1. Pausan. VIII 43, 4. 3) CIG 2721. 4) Cichorius, Rom und Mytilene S. 50. 5) Waddington a. a. O. 6) Weber, Untersuch. z. Gesch. d. Kaisers Hadrianus S. 127f. 7) Hertzberg, Gesch. Griechenlands II 371. 8) Vgl. auch Hist. aug. Alex. Sev. 44, 8. 9) Seneca Nat. qu. VI 1, 2. 10) Tac. A. XV 22. Seneca a. a. O., wo die Namen der Konsuln (des J. 63) interpoliert scheinen; vgl. Jonas a. a. O. S. 53f. S. Chabert, Mélanges Boissier (1903) S. 115ff. Über sonstige Erdbeben in Italien s. Nissen, Ital. Landesk. I 283ff., vgl. auch CIL IX 1466 (Erdbeben bei den Ligures Baebiani). 3046 = Dessau 5609 (in Interpromium). 11) Sueton. Tiber. 47, dazu M. Gelzer, Real-Encykl. X 530. 12) Sueton. Claud. 20, 2f. 13) Sueton. Nero 9. 14) So in Herculaneum (CIL X 1406 = Dessau 250) und einigen lycischen Städten (IGR III 507. 659. 690). 15) Weynand, Real-Encykl. VI 2688ff. 16) Weynand a. a. O. S. 2719f. 2724; Bauten des Titus in Neapel: CIL X 1481 = IG XIV 729.

zur Befriedigung seiner fast leidenschaftlichen Baulust[1]); übrigens ließ er auch in Italien einige Straßenbauten ausführen.

Trajans — Trajan, der gleich bei seinem Regierungsantritte seine großen, zum Teil alle früheren überbietenden Bauunternehmungen in Rom in Angriff nahm[2]) und sie in seiner späteren Regierungszeit in solchem Umfange betrieb, daß er in Rom und der Umgegend kaum Techniker genug hatte[3]), sorgte auch für das übrige Italien in der großartigsten Weise, namentlich durch Straßen-, Hafen- und Wasserbauten[4]), führte aber außerdem in den Provinzen[5]), auch abgesehen von seinen Städte- und Kolonieanlagen, bedeutende Werke aus; das größte von allen war nach Cassius Dio die auf 20 Pfeilern ruhende, 1070 Meter lange[6]) Donaubrücke[7]). Ihre nach der Abtragung stehengebliebenen Pfeiler schienen ihm da zu sein, um zu zeigen, daß der menschlichen Natur nichts unmöglich sei[8]).

Hadrians — Die Bauten Hadrians, dessen erster Regierungsakt ein Erlaß rückständiger Steuern im Betrage von 900 Mill. S. (über 195 Mill. Mark) war[9]), geben einen gleich hohen Begriff von den unerschöpflichen Hilfsquellen des römischen Reichs, wie von der rastlosen Tätigkeit dieses merkwürdigen Manns[10]). Er, der Rom mit den glänzendsten Prachtgebäuden schmückte, zu denen die Erneuerung des 110 abgebrannten Pantheon (etwa 115—125) gehörte[11]), in Tibur sich einen auch architektonisch überreich ausgestatteten Feensitz schuf[12]), ließ sich auf den Reisen, in denen er von 121—134 sein ganzes Reich durchzog, von einem militärisch organisierten, in Kohorten geteilten Heer von Architekten, Bauhandwerkern, Technikern und Künstlern begleiten[13]), die überall die Ausführung seiner nie versiegenden Pläne durch einheimische Arbeiter leiten konnten. Darunter waren auch Gründungen neuer Städte wie Hadrianotherä in Mysien, Hadrianopolis in Thracien, Aelia Capitolina auf den Trümmern von Jerusalem und Antinoupolis in Ägypten.

Von den Bauten, mit denen Hadrian, wie sein Biograph sagt, fast alle von ihm berührten Städte schmückte[14]), werden in den westlichen Provinzen nur einzelne erwähnt, wie die Herstellung des Augustustempels zu Tarraco[15]), eine zu Ehren Plotinas erbaute Basilika in Nemausus[16]), eine Wasserleitung in Sarmizegetusa, eine der »unzähligen«, die seinen Namen trugen[17]). Aus dem langen Verzeichnisse seiner noch jetzt nachweisbaren Bauten im Orient und Griechenland, wo fast jede Stadt Wohltaten von ihm aufzuweisen hatte, mehrere ihn mit — besonders in Griechenland —

1) Weynand a. a. O. S. 2519ff.; auf diese Bauten bezieht sich auch Stat. silv. III 3, 98ff. 2) Plin. Paneg. 51, 3. 3) Plin. ad Tr. 18, 3. 4) Große Wasserleitung in Forum Clodii (Bracciano) *impensa fisci* CIL XI 3309. 5) Eutrop. VIII 4 *per orbem terrarum aedificans multa.* U. a. hat er, wie die dort gefundenen Inschriften bezeugen, auch den heiligen Weg von Milet nach dem Apolloheiligtume von Didyma *excisis collibus*, *completis vallibus* angelegt, CIL III 14195[43] = Dessau 4051; vgl. Th. Wiegand, Abhandl. d. Berl. Akad. 1911 Anhang S. 35ff. 6) Michaelis-Wolters, Die Kunst des Altertums[10] S. 510f. Cichorius, Die Reliefs der Traianssäule III 135ff. Taf. 72. 7) Dierauer in Büdingers Untersuchungen z. röm. Kaisergesch. I 96ff. 127ff. 8) Cass. Dio LXVIII 13, 5. Procop. de aedif. IV 6 p. 288 Dind. 9) CIL VI 967 = Dessau 309. 10) Gregorovius, Hadrian[2] S. 468ff. 11) Michaelis-Wolters a. a. O. S. 515ff. 12) Oben II 343. 13) Aurel. Vict. epit. 14, 5. 14) C. Schulteß, Bauten des Kaisers Hadrian (Virchow-Holtzendorff, Vorträge nr. 289) 1898. 15) Hist. aug. Hadr. 12, 3; vgl. Hübner, Römische Herrschaft in Westeuropa S. 203. 16) Hist. aug. a. a. O. 12, 2, vgl. Weber, Untersuch. z. Gesch. d. Kais. Hadr. S. 112f. 17) CIL III 1446; vgl. Hist. aug. Hadr. 20, 5.

Recht als ihren »Erretter« und »Gründer« preisen konnten, genügt es, hier einige der bedeutendsten hervorzuheben. Auch Palmyra, das er im Jahre 130 besuchte, verdankte ihm so viel, daß es sich fortan Hadriansstadt nannte[1]). Auf dem Isthmus schuf er aus dem höchst gefährlichen und beschwerlichen Bergpfade der skironischen Klippen durch umfassende Felsarbeiten und kolossale Substruktionen eine fast 2 Kilometer lange, bequeme, für Lastwagen gangbare Kunststraße, deren Möglichkeit an dieser Stelle man heute kaum noch begreift; führte aus dem Hochtale von Stymphalus in einem gewaltigen Aquädukt eine Überfülle kühlen Bergwassers nach Korinth und schmückte diese Stadt mit prächtigen Thermen[2]). Vor allem aber erhob er Athen durch eine Menge der prächtigsten Bauten[3]) zu neuem Glanz, dessen südöstlichen Teil er

der Antonine.

in eine »neue Hadriansstadt« umschuf. Antoninus Pius hat namentlich in Rom und Italien mehrere bedeutende Bauwerke teils wiederhergestellt (wie den Leuchtturm — wohl zu Ostia — und die Häfen zu Terracina und Puteoli), teils neu ausgeführt, wie den Hafen zu Cajeta, ein Bad zu Ostia, einen Aquädukt zu Antium, Tempel zu Lanuvium. Außerdem setzte er viele Städte durch Geldunterstützungen zur Ausführung neuer wie zur Restauration älterer Bauten instand[4]) und baute unter anderm, wie bemerkt, in Athen und den von dem Erdbeben zwischen 138 und 142 betroffenen Gegenden, ferner in Syrien und Karthago[5]) und in dem von einer großen Feuersbrunst heimgesuchten Narbo[6]). Von Septimius Severus sah man in sehr vielen Städten herrliche Bauwerke[7]).

Bauleidenschaft Diocletians.

Unter den späteren Kaisern war Diocletian (nach einem feindseligen christlichen Berichte) von einer maßlosen Leidenschaft des Bauens beherrscht, die schwere Belastungen der Provinzen zur Folge hatte. »Hier entstanden Basiliken, dort ein Zirkus, hier eine Münze, dort eine Waffenfabrik, hier ein Palast für seine Gemahlin, dort für seine Tochter.« Oft mußte behufs der Neubauten ein Teil der Stadt geräumt werden und die Einwohner mit Frauen und Kindern ausziehen, wie nach einer Einnahme durch Feinde. War alles zum Ruin der Provinzen fertig gebaut, so erklärte er es für schlecht, es solle anders werden; dann mußte wieder zerstört und aufgebaut werden und das Neuerrichtete vielleicht nochmals fallen[8]). In der Tat aber stand seine fast fieberhafte Bautätigkeit ganz im Dienste des Staats. Überall erhoben sich auf sein Geheiß monumentale Bauten, in Alexandria, in Antiochia und Palmyra, in Mailand und Karthago[9]). Seine Thermen in Rom übertrafen an Größe und Pracht selbst die Caracallas[10]). Die kolossale Bautätigkeit Justinians, der sich auch dadurch gleichsam als ebenbürtiger Nachfolger der römischen Kaiser zu legitimieren strebte, hat Procop zum Gegenstand einer ausführlichen Darstellung in drei Büchern gemacht.

Diese Nachrichten werden einige Vorstellung davon geben, wie großartig die Kaiser für die bauliche Ausstattung der Städte in Italien und, namentlich seit Trajan, auch in den Provinzen sorgten. Doch den ganzen Umfang der kaiserlichen Bauten außerhalb Roms auch nur annähernd zu schätzen, sind wir

1) Marquardt StV. I² 414. Weber a. a. O. S. 237f. 2) Hertzberg a. a. O. II 311ff. 3) S. oben I 413. 4) Hist. aug. Anton. P. 8, 2—4. 5) ebd. 9, 2. Pausan. VIII 43, 4; vgl. Sievers, Studien z. röm. Kaisergesch. 198f. 6) CIL XII 4342 (vgl. Hirschfeld ebd. p. 521). 7) Hist. aug. Sever. 23, 1; vgl. oben I 9 A. 7. 8) Lact. de mortib. persecutor. 7, 8ff. 9) Schiller, Gesch. d. röm. Kaiserzeit II 150. 10) Hülsen-Jordan, Topogr. I 3 S. 377ff.

schwerlich imstande, da Erwähnungen und Spuren derselben sich nur gelegentlich und zufällig und sicher sehr unvollständig erhalten haben. Wenn z. B. Aristides in dem Briefe, in dem er Marc Aurel und Commodus um die Wiederherstellung Smyrnas nach dem Erdbeben von 178 bittet, sich beiläufig auf die Fürsorge beider Kaiser für die Städte Italiens beruft, die sie aus ihrem Verfall aufgerichtet und erhoben haben[1]): so ist hier wie in der Angabe der Biographie Marc Aurels, »daß er wankenden Städten Hilfe geleistet habe«[2]), doch wohl auch an Förderung und Unterstützung städtischer Bauten zu denken. Die so überaus glänzenden öffentlichen Bauten der Kaiser in Rom selbst bedürfen hier keiner besonderen Aufzählung und Beschreibung.

Privatbauten in den Provinzen.

Neben den im ganzen römischen Reiche während der beiden ersten Jahrhunderte fort und fort in den größten Dimensionen betriebenen öffentlichen Bauten wurde die Architektur überall auch für Privatzwecke vielleicht in umfassenderer Weise in Anspruch genommen als zu irgendeiner andern Zeit, da nicht nur der Privatwohlstand ein verhältnismäßig sehr hoher und weitverbreiteter war, sondern auch diese Kunst (wie bereits erwähnt) mehr als irgendeine andre den Neigungen und Tendenzen dieses Zeitalters zu entsprechen vermochte. Von der Pracht und Großartigkeit der Palast- und Villenbauten in Italien ist die Rede gewesen. In wie hohem Grade sich aber der Luxus der Privatbauten auch in die Provinzen verbreitet hatte, bezeugen außer einzelnen Nachrichten noch heute Überreste römischer Wohngebäude in allen Teilen des Reichs; so die bereits erwähnten, so wohl erhaltenen von Villen am Orontes[3]). Eine der zahlreichen Villen des Herodes Atticus, in Kephisia (nordöstlich von Athen), hatte elegante, reichlich versorgte, von Licht strahlende Bäder, lange und bequeme Wandelbahnen. Auch in der höchsten Glut gewährte das Haus, noch mehr sehr große Haine, Schatten und Kühlung, und von allen Seiten ertönte das melodische Rauschen der Wasser und der Gesang der Vögel. Daß auch bei der Ausstattung des Inneren nicht gespart war, darf man daraus schließen, daß Herodes beim Tode seiner Gemahlin Regilla die Räume seines Hauses nicht bloß mit schwarzem Anstrich, schwarzen Vorhängen und Teppichen, sondern auch mit schwarzem Marmor dekorieren ließ[4]). Die Vorstadtvilla der Laberier bei Uthina (unweit Tunis) enthielt 67 Mosaikfußböden mit figürlichen Darstellungen[5]). Ein in der Gegend von Constantine (Cirta) gefundenes Mosaik zeigt ein herrschaftliches Schloß, einen ausgedehnten mehrstöckigen Bau mit flankierenden Türmen, den Besitzer selbst zu Pferde jagend, ein andres seinen Marstall mit beigeschriebenen Namen der Pferde. Auf einem bei Hadrumetum (Sussa) gefundenen Mosaik sitzt die Gutsherrin sich fächelnd unter einer Palme; ein Diener hält den Sonnenschirm über ihr und ein Hündchen an der Leine[6]). In den prachtvollen Villen und Gärten von Karthago überließen sich die Vandalen einer ebenso zügellosen Schwelgerei wie die früheren Besitzer. Aus dem 5. und 6. Jahrhundert haben wir Schilderungen des Lebens auf den behaglich

1) Aristid. or. 19, 10 (II 15 K.). 2) Hist. aug. M. Aurel. 23, 3. 3) Oben S. 11. Reste großer herrschaftlicher Villenanlagen im Val Bandon zwischen Pola und Fasana und im Val Catena auf der Insel Brione grande, Gnirs, Österr. Jahresh. X 1907 Beibl. S. 43 ff. XIV 1911 Beibl. S. 155 ff. 4) Philostr. Vit. soph. II 1, 8. 5) P. Gauckler, Monum. Piot III 1896 S. 177 ff. 6) Schulten, Das römische Afrika S. 47 ff. 63 f.

und herrschaftlich eingerichteten Landsitzen an den Ufern der Garonne mit seinen mannigfachen Lustbarkeiten, wie Falkenjagden und Fahrten auf schönen Flußgondeln, die nicht bloß mit hohen Geländern, Polster und Zeltdach, sondern auch mit Mosaiktischen und kunstvoll gearbeiteten Würfelspielen ausgestattet waren[1]). Wie reich die künstlerische Dekoration mancher der größten unter denselben war, haben in überraschender Weise die Überreste der am linken Ufer der Garonne (40 km von Toulouse) gelegenen Villa von Chirangy (Martres-Tolosanes) gezeigt, deren wohl aus der Zeit des Augustus stammendes, durch mehrfache Umbauten auf das Dreifache erweitertes Wohnhaus bis ins 4. Jahrhundert bestanden und seinen Skulpturenschmuck hauptsächlich unter den Antoninen erhalten hat. Zum Teil sind diese Bildwerke an Ort und Stelle nach guten Vorbildern mittelmäßig ausgeführt, zum Teil von Rom oder einem andern Kunstzentrum beschafft. Zu den letzteren gehört eine etwa unter Trajan begonnene, durch 200 Jahre fortgesetzte Sammlung von Kaiserbüsten (einige in mehreren Exemplaren) und Büsten von Mitgliedern der kaiserlichen Familie; zu den ersteren Medaillons mit Götterköpfen (in anderthalbfacher Lebensgröße), und zwar außer den zwölf Olympiern Äskulap, Hygiea, Mithras, Hercules aus Marmor von St. Bréat, frühestens aus dem 2. Jahrhundert; ferner zwei Serien von Reliefs der Herculesarbeiten mit Figuren von zwei Drittel Lebensgröße aus demselben Marmor und derselben Zeit; bacchische und szenische Masken aus italienischem Marmor; Statuen und Büsten von Göttern, Philosophen, Rednern usw.[2]).

An die heimatlichen Ufer der Garonne fand sich Ausonius durch die ebenfalls mit Wein bepflanzten und mit Villen geschmückten der Mosel erinnert[3]), und zahlreiche Funde hier und an der Saar zeigen, daß die ganze Gegend, selbst heute unwirtliche Gebiete der Eifel, angefüllt waren mit römischen Landhäusern von sehr umfassender Anlage und reicher Ausstattung[4]), namentlich mit Mosaikfußböden (wie z. B. die Villen zu Nennig bei Trier und Kreuznach)[5]) und Skulpturenschmuck (wie die Villa zu Welschbillig)[6]), in denen durch vorgelegte Säulenhallen dem Bedürfnisse nach Aussicht Rechnung getragen war[7]). Auch im Zehntlande waren die Villen, wie zahlreiche Überreste zeigen, mit Bädern und Wasserleitungen ausgestattet, mit Marmorornamenten, Skulpturen, Mosaiken und Bronzen geschmückt[8]). Überhaupt darf man sich nach den Ausgrabungen in den Rheinlanden und der Schweiz die Wohnungen der Wohlhabenden auch in den Grenzprovinzen nicht ohne den Schmuck von Mosaik und Wandmalerei vorstellen[9]). Selbst in den vereinzelten römischen Ansiedelungen der niemals völlig romanisierten Ostschweiz fehlt beides nicht, wenn auch der künstlerische

1) Stark, Städteleben in Frankreich S. 224f. 609. 2) Joulin, Memoires présentés à l'inst. par divers savants XI 1 (1901) S. 219ff. Espérandieu, Recueil général des bas-reliefs de la Gaule Romaine II (1908) S. 29ff. 3) Auson. Mosella 18ff. 4) Über das römische Landhaus in Deutschland G. Kropatschek, VI. Bericht d. röm.-germ. Komm. (1910—1911) S. 51ff.; vgl. Dragendorff, Westdeutschland zur Römerzeit S. 45ff. 5) v. Wilmowsky, Die röm. Villa zu Nennig und ihr Mosaik, Bonn 1865. O. Kohl, Bonn. Jahrb. XCV (1894) S. 102ff. F. Cramer, Das römische Trier S. 51ff. 6) F. Hettner, Westd. Ztschr. XII 1893 S. 18ff. 7) F. Hettner, Westd. Ztschr. II 1883 S. 14ff. 8) P. F. Stälin, Gesch. Württembergs I 104—109. 9) Vgl. z. B. Hettner, Bonner Jahrb. LXII (1878) S. 64ff. Taf. III—V.

Wert dieser Dekorationen sehr gering ist[1]). Auch Britannien erhielt mit der Zeit, wie die erhaltenen Reste (besonders Mosaiken) schließen lassen, in seinen mittleren und südlichen Teilen so viele große und reich dekorierte Villen wie nur irgendeine andre Provinz des römischen Reichs[2]). Sogar vorübergehende Aufenthalte erhielten eine den Ansprüchen eines verwöhnten Geschmacks entsprechende Gestalt. Unter den Maßregeln, die Hadrian zur Herstellung der gelockerten Disziplin in den Heeren Germaniens traf, war auch die Wegräumung von Speisesälen, Kolonnaden, Krypten und Gärten aus den dortigen Lagern[3]).

2. VERWENDUNG UND ZWECKE DER PLASTIK UND MALEREI.

a. DEKORATIVE KUNST.

Anschluß der bildenden Künste an die Architektur.

Schon allein durch die wahrhaft unermeßliche Tätigkeit der Architektur auf einem so ungeheuren Gebiete war eine höchst umfassende Beschäftigung der sämtlichen bildenden Künste bedingt, die überall zur Ausschmückung und Dekoration des Äußern und Innern von Bauten aller Art in reichem Maße in Anspruch genommen wurden. Nirgends, am wenigsten in Rom, erhob sich ein bedeutenderer öffentlicher Bau, zu dessen Verzierung nicht auch der Meißel des Bildhauers mit tätig gewesen wäre, neben dem nach Bedürfnis Stukkateur, Ziseleur, Schnitzer, Gießer, Maler und Mosaizist mitarbeiteten. Statuen, einzeln und in Gruppen, füllten Giebel und Dächer, Nischen, Interkolumnien und Treppenwangen der Tempel, Theater (das des Scaurus hatte 3000 Bronzestatuen)[4]), Amphitheater, Basiliken und Thermen, schmückten Brückenportale und -geländer und Bogen aller Art, wie von Stadttoren und Viadukten; vor allem Triumphbogen pflegten mit Reiterfiguren, Trophäen, Vier- und Sechsgespannen, die von Viktorien gelenkt wurden, bekrönt zu sein[5]). Reliefs und Medaillons zierten die Friese, Reliefs oder Malereien die Wandflächen; Gewölbe und Decken prangten mit Stuckverzierungen oder buntem Farbenschmuck, die Fußböden mit schimmernden Mosaiken[6]). Alle architektonischen Glieder, Pfosten

1) F. Keller, Mitt. d. Antiquar. Gesellschaft zu Zürich XV (1863) S. 52. 57. 2) Hübner, Röm. Herrschaft in Westeuropa S. 52. So namentlich in Caerwent (Venta Silurum), z. B. Morgan, Archaeologia XXXVI (1855) S. 418ff. Mehr bei Marquardt, Privatl.[2] 276, 8. 292f. 631, 5. Gauckler bei Daremberg-Saglio, Dictionn. III 2 S. 2109, 18—20. 3) Hist. aug. Hadrian. 10, 4. 4) Plin. n. h. XXXVI 115. Statuen des Theaters von Tusculum CIL XIV 2647—2651; vgl. IX 5428 = Dessau 5652 (Falerio): *statuas — ad exo[rnandum thea]trum.* CIL VIII 7960 = Dessau 5077 (Rusicade): *praeter HS X̄ (milia) u(ummum) ... in opus cultumve theatri ... statuas duas.* 5) Zahlreiche Beispiele zeigen die Münzbilder mit Darstellungen von Baudenkmälern, z. B. Donaldson, Architectura numismatica Nr. 54—84. Im Jahre 405 errichtete Senat und Volk für Theodosius und seine Söhne *arcum cum simulacris eorum tropaeisque decoratum*, CIL VI 1196 = Dessau 798. In Seressita 25000 S. für *ornamenta arcus*, außerdem eine *quadriga* CIL VIII 937; vgl. III 2922 = Dessau 5598 *arcum fieri et statuas superponi test(amento) iuss(it).* 6) Auch die Inschriften gedenken dieses Schmucks sehr häufig, z. B. CIL VI 1179 = Dessau 5732 *colymbum nemus vetustate lapsum testacio picturis ac statuis cum omni cultu ador[navit].* CIL VIII 7957 = Dessau 5408 (Rusicade) *templum cum omnibus ornamentis et pictura sua peq(unia) renovavit.* VIII 828 = Dessau 5713 *apodyterium ... cetera restaurata adq(ue) statuis marmoribus tabulis pictis columnis [al]v[ib]us cellarum cathedrebus ornata.* VIII 25520 = Dessau 9358 (Bulla Regia) *aedes publicas vetustate conlapsas cameris et picturis et marmoribus* und die oft wiederkehrende Wendung *cum suis (omnibus) ornamentis.*

und Schwellen, Gesimse und Fenster, selbst Dachrinnen waren mit plastischem Schmuck wie aus einem unerschöpflichen Füllhorn überschüttet.

Künstlerische Dekoration der öffentlichen Bauten —

Schon von der Masse öffentlicher Anlagen und Bauten, die in Rom allein während der ersten Jahrhunderte neben- und nacheinander wie durch Zauber aus der Erde wuchsen, ist es kaum möglich, sich eine Vorstellung zu machen. Diese unaufhörlich sich drängenden großen Unternehmungen waren bereits an sich hinreichend, neben den Architekten und Bauhandwerkern einem ganzen Heer auch von bildenden Künstlern und Kunsthandwerkern vollauf dauernde Beschäftigung zu geben. Agrippa, der während seiner Ädilität (33 v. Chr.) durch großartige Bauten für die Versorgung Roms mit Wasser tätig war, legte in diesem einen Jahre nach Plinius 700 Bassins, 500 Röhrenbrunnen, 130 Reservoirs (*castella*) — worunter mehrere prachtvoll geschmückte — an und verwandte zur dekorativen Ausstattung dieser Werke 400 Marmorsäulen und 300 Bronze- und Marmorstatuen[1]). Die späteren derartigen Anlagen standen hinter denen Agrippas wohl nicht zurück: auch Claudius leitete das Wasser des von ihm gebauten Aquädukts »in sehr viele und sehr reich verzierte Bassins«[2]). Das Bassin des Orpheus in der fünften, das des Ganymedes in der siebenten Region hatten ohne Zweifel von Bildwerken, die sie schmückten, den Namen[3]). Domitian baute u. a. in allen Regionen Roms so viele und so große Durchgangs- und Triumphbogen mit Viergespannen und Triumphinsignien, daß darüber gespottet wurde[4]). Die Pracht dieser Bauten veranschaulicht eine Abbildung des auch von Martial beschriebenen Triumphtors, das nach der Rückkehr Domitians aus dem Sarmatenkriege im Januar 93 errichtet wurde: Medaillonbüsten schmückten die Räume über den Bogenöffnungen, Reliefs oder runde Skulpturen Gebälk und Attika, zwei Elefantenquadrigen, beide von kolossalen Figuren des Kaisers aus vergoldeter Bronze gelenkt, krönten den Bau[5]). Wie überreich das alle Prachtbauten Roms verdunkelnde Forum Trajans und dessen Teile (die Basilika Ulpia, der Triumphbogen und der ihm von Hadrian errichtete Tempel) auch mit plastischem Schmuck ausgestattet waren, lassen, außer großen (zum Teil durch die Ausgrabungen des ersten Napoleon zutage geförderten) Trümmern, ebenfalls Abbildungen auf Münzen ahnen[6]).

und Plätze in den Städten Griechenlands —

Überhaupt entbehrten die öffentlichen Plätze Roms wie der übrigen Städte des Schmuckes der Plastik so wenig wie die Gebäude: natürlich bestand er dort vorzugsweise oder ausschließlich aus freistehenden Statuen. Der ungeheure Vorrat derselben in griechischen und asiatischen Städten war auch durch die systematischen, zwei Jahrhunderte fortgesetzten Plünderungen der Römer, die selbst die Marktplätze der kleinsten Orte wie Andros und Mykonos geleert hatten, um die Foren und Tempel Roms zu füllen, nur teilweise erschöpft worden. Eine sehr umfassende Plünderung erfolgte durch Nero, dessen Kommissar, der Freigelassene Acratus, »fast die ganze Welt zu diesem Zwecke bereiste

1) Plin. n. h. XXXVI 121. Vgl. Jordan, Topogr. II 58ff. 2) Sueton. Claud. 20, 1. Vgl. CIL II 3240 = Dessau 5764 (Ilugo, Tarraconensis): *lacus cum suis ornamentis.* 3) Hülsen-Jordan, Top. I 3 S. 345. 460. 4) Sueton. Domitian. 13, 2; vgl. Plin. n. h. XXXIV 27: *tolli super ceteros mortalis — et arcus significant novicio invento.* 5) Donaldson, Arch. num. Nr. 57. Martial. VIII 65, 7ff. 6) Dierauer in Büdingers Unters. z. röm. Kaisergesch. I S. 133ff. Donaldson a. a. O. Nr. 7. 58. 66f. Jordan, Topogr. I 2 S. 467.

und kein Dorf überging«[1]). Rhodus allein war angeblich von ihm wie von allen früheren Kunsträubern verschont worden; dort befanden sich (vermutlich nach amtlichen Verzeichnissen)[2]) unter Vespasian 3000 Statuen, doch schätzte man die Summen der zu Athen, Olympia und Delphi befindlichen nicht niedriger[3]): nach dieser Angabe muß für Griechenland und die Inseln[4]) allein die Gesamtzahl von 10—20000 in jener Zeit eher zu klein als zu groß erscheinen. Aber selbst noch dritthalb Jahrhunderte später wurden zur Ausstattung der neuen Reichshauptstadt Constantinopel die Reste dieses Reichtums noch nicht völlig aufgebraucht. Die Beamten der Kanzlei des Kaisers Constantius fanden in den alten Städten immer noch genug zu rauben, »und Prachtwerke, die der Zeit getrotzt hatten, wurden über das Meer geführt, um Söhnen von Walkern ihre Wohnungen glänzender zu schmücken als die Kaiserpaläste«[5]). Wie reich an Kunstwerken die griechischen Länder aber nach allen Plünderungen und Zerstörungen des Altertums und Mittelalters immer noch blieben und welche Schätze sie bargen, das zu ermessen ist erst dem 19. Jahrhundert beschieden gewesen, in dem nach den Gestalten des Phidias die Venus von Melos, der Hermes des Praxiteles und die Trümmer des Pergamenischen Zeusaltars der Welt wiedergegeben worden sind.

Schmückte nun gleich im Altertum ein großer Teil der Skulpturen die öffentlichen Gebäude, namentlich (als Weihgeschenke) die Tempel[6]), so blieb von einem solchen Reichtume doch immer genug übrig, um auch Straßen und Plätze mit älteren und neueren Erz- und Marmorbildern von Göttern und Heroen, von verdienten und geehrten Männern und Frauen zu bevölkern: und wie während der ersten Jahrhunderte nichr bloß die Lücken dieses Vorrats sich wieder füllten, sondern auch sein Bestand sich noch vermehrte, wird bald ausführlich nachgewiesen werden.

Die Städte Italiens (außer Rom) und der westlichen Provinzen hatten zu Anfang der Kaiserzeit allerdings einen statuarischen Schmuck, der sich mit dem seit der Alexandrinischen Zeit angesammelten der griechischen messen konnte, nicht aufzuweisen. Ganz ohne solchen Schmuck waren jedoch auch sie schon in der späteren Zeit der Republik nicht mehr. Vitruv sagt, die Güte des auf dem Gebiete von Tarquinii am See von Bolsena gebrochenen Steins werde bewiesen durch die Monumente der Stadt Ferentinum (in Etrurien): dort seien große, trefflich gearbeitete Statuen, kleine Figuren (wohl Reliefs) und zierliche Blumen- und Acanthusornamente aus diesem Stein, die, obwohl alt, so neu erschienen, als wären sie eben fertig geworden[7]). Zu den neu aufgestellten Statuen gehörten wahrscheinlich in vielen Städten Italiens die der siegreichen Könige und Feldherrn Roms, in derselben Auswahl, wie sie Augustus im J. 2 v. Chr.

und Italiens.

Statuen der Könige und Feldherrn —

1) Dio Chrys. or. 14, 148ff. (I 261f. Arn.). Daß aber die Akropolis von Athen damals der meisten Bildsäulen beraubt worden sei, ist eine starke Übertreibung Dios, wie Pausanias beweist. Wachsmuth, Stadt Athen I 681f. 2) Dio a. a. O. 48 (I 233 Arn.): δημοσίᾳ τοὺς ἀνδριάντας ἀπεγράψασθε ὑμεῖς. 3) Plin. n. h. XXXIV 36; vgl. oben I 418 A. 10. 4) Von Delos heißt es in der Pseudoovidischen Heroide 21, 100: *miror et in cunctis stantia signa locis.* 5) Liban. or. 18, 132 (II 293 F.): ἀλλὰ ἡρπάζοντο παλαιαὶ πόλεις, καὶ κάλλη νενικηκότα χρόνον διὰ θαλάττης ἤγετο ποιήσοντα κναφέων υἱέσιν οἰκίας τῶν βασιλείων φαιδροτέρας. 6) Dio Chrys. or. 14, 89 (I 245 Arn.). 7) Vitruv. II 7, 4.

in den Säulenhallen des Marstempels auf seinem Forum aufgestellt hatte. In Arezzo sind sieben Postamente derselben gefunden worden: des M. Valerius Maximus, Appius Claudius Caecus, Q. Fabius Maximus, L. Aemilius Paullus, Tib. Sempronius Gracchus, C. Marius, L. Licinius Lucullus; in Pompeji zwei (des Aeneas und Romulus), desgleichen in Lavinium (der Lavinia und ihres Sohnes Aeneas Silvius)[1]).

und sonstige Statuen der Foren.

Überhaupt wurde eine angemessene Ausstattung der öffentlichen Plätze mit Statuen zu den wünschenswertesten Zierden der Städte gerechnet und allgemein erstrebt; wenigstens die Foren der großen Orte werden überall von Säulenhallen umgeben und mit Bildsäulen geschmückt gewesen sein, wie beides von dem Forum zu Arles noch im 5. Jahrhundert bezeugt ist[2]). In Cirta (Constantine) verengten einmal die Statuen das Forum so sehr, daß Raum zum Gehen geschafft werden mußte[3]). Hier hatte der Ehrgeiz oder Bürgersinn solcher Personen Gelegenheit sich zu betätigen, deren Mittel zur Ausführung öffentlicher Bauten nicht hinreichten. Wie diese wurden auch Statuen vielfach aus den Antrittsgeldern der Priester und Beamten oder als Äquivalent derselben errichtet[4]), oder ihre Herstellung testamentarisch angeordnet[5]). Ein Provinzialpriester von Bätica, der zugleich die höchsten Priestertümer und städtischen Ämter in Corduba bekleidet hatte, ließ hier in Anerkennung der sämtlichen ihm von der Stadt erwiesenen Ehren Statuen im Gesamtwert von 400000 S. (87000 Mark) aufstellen[6]), eine Summe, die, je nach Größe und Kosten der einzelnen Statuen, auf eine Gesamtzahl von etwa 20—130 schließen läßt[7]). Die für öffentliche Gebäude und Plätze bestimmten Statuen waren wohl meistens Kaiser- oder Götterbilder[8]). Unter den letzteren werden Bilder des Genius der Stadt in der Regel

Statuen der Stadtgenien.

1) Mommsen und Hülsen CIL I² p. 187ff.; vgl. Julian. or. 5 p. 161 AB: τὰ μὲν οὖν τῆς ἱστορίας (der punischen Kriege) — σωζόμενα δὲ καὶ ἐπὶ χαλκῶν εἰκόνων ἐν τῇ κρατίστῃ καὶ θεοφιλεῖ Ῥώμῃ. Τοὺς ἐπ᾽ ἀγορᾷ ἀνδριάντας χαλκοῦς in Rom erwähnt das Leben der h. Melania bei Pallad. hist. Laus. 54 p. 148 Butler. Lumbroso, Bull. d. Inst. 1880 S. 136. Eine Statue des C. Marius sah Plutarch (Mar. 2, 1) in Ravenna. Überreste ähnlicher Denkmäler aus Karthago CIL VIII 12535. 12538. 2) Sidon. Apoll. ep. I 11, 7. S. unten S. 69. 3) CIL VIII 7046: *aequa[tisque] statuis quae it[er totius]* (*it[um in area]* Jordan, Topogr. I 2 S. 178, 21) *fori angust[abant]*. Vgl. CIL VIII 8935 = Dessau 5484 (Saldae): — *statuas equestres propatrui sui vetustate conlabsas e foro ad ornandum templum permissu ordinis transtulerunt.* 4) Namentlich in den afrikanischen Provinzen sind sehr zahlreiche Inschriften von der Form *ob honorem flaminat(us) perpet(ui), quod* (lies *quem*) *in se absentem contuler(unt), promissa statua ex HS III m(ilibus) n(ummum) ampliata pecunia fecit* (CIL VIII 18214 = Dessau 6847); auch Spanien bietet dafür viele Beispiele. 5) Dig. XXXV 1, 14, z. B. *quod ... codi[c]illis suis statuam [dei Nep]tuni in foro novo ex HS V (milibus) n(ummum) poni iussisse[t], id hered(es) ... ex HS $\overline{V}$DCXL posuerant* (CIL VIII 5299 = Dessau 5475). Bewilligung des Platzes zur Aufstellung: Dig. XLIII 9, 2. Liebenam a. a. O. S. 379f. 6) CIL II 5523 = Dessau 5079. 7) Vgl. den Anhang XXVII über Preise von Statuen. S. unten [S. 101]. 8) z. B. CIL II 1956 = Dessau 5512 (Cartima): *signum aereum Martis in foro — porticus ad balineum — cum piscina et signo Cupidinis.* CIL II 2098 = Dessau 5356 (Cisimbrium, Baetica): *aedes quinque, signa deor(um) quinque, statuas suas sua impensa dedit donavit.* CIL VIII 7094—7098 = Dessau 2933 (Cirta): Schenkungen des höchsten Beamten an die Stadt (210), u. a. *statuam aeream Securitatis saeculi et aediculam tetrastylam cum statua aerea Indulgentiae domini nostri — arcum triumphalem cum statua aerea Virtutis domini nostri.* Eroten öfters in Kleinasien, Lebas-Waddington 618 (= CIG 3946 Sardes) τοὺς πέντε Ἔρωτας τῇ γλυκυτάτῃ πατρίδι. 1663a (= CIG 2925 Mastaura): τῇ γλυκυτάτῃ πατρίδι τοὺς ἐπιχρύσους Ἔρωτας ιη′ καὶ τὰς β′ Νείκας σὺν ταῖς βάσεσιν. 1588 (Aphrodisias): τοὺς Ἔρωτας. In Olbia sind silberne Niken eine offenbar solenne Weihegabe. Latyschew, Inscr. orae sept. Ponti Eux. I 53. 56. 59. 61. 63. 70f. 75f.

um so weniger gefehlt haben, als auch auf dem Forum Roms der Genius des römischen Volks (seit Aurelian eine Statue aus Gold oder vergoldeter Bronze) stand[1]). In welcher Ausdehnung auch im Westen die überhandnehmende Verschwendung persönlicher Ehrendenkmäler dazu beitrug, die öffentlichen Plätze der Städte mit Statuen zu füllen, wird unten gezeigt werden.

Künstlerische Dekoration der Privatgebäude, Parks und Gärten —

Aber vielleicht noch in höherem Grade als die Ausschmückung der Plätze und öffentlichen Gebäude nahm die der Privatbauten die Tätigkeit der bildenden Künste in Anspruch: denn auch für Paläste, Landhäuser, Parks und Gärten galt eine reiche Ausstattung mit künstlerischem Schmucke jeder Art als unentbehrlich. Bilder und Statuen schmückten schon in Sullas Zeit ein reiches Haus ebenso regelmäßig wie Teppiche und Silbergerät[2]), und nicht minder die Landhäuser der Großen. Es war eine Ausnahme, wenn sie fehlten, wie in dem des M. Sejus bei Ostia[3]) und später in den Villen des Augustus, wo statt der Kunstwerke Altertümer und naturhistorische Seltenheiten zur Dekoration dienten[4]). Cicero stattete eine auf seinem arpinatischen Gute gelegene, als Amaltheum bezeichnete Anlage sowohl mit Wandgemälden wie mit den Statuen berühmter Männer (darunter kurze metrische Inschriften) aus[5]), und ließ für die sogenannte Akademie in seinem Tusculanum Ankäufe von Kunstwerken durch Atticus machen. Für megarische, von diesem erworbene Statuen wies er 20400 S. (gegen 3600 Mark) an; außerdem hatte Atticus für ihn Herculeshermen aus pentelischem Marmor mit Bronzeköpfen und eine Hermathena gekauft, und Cicero bat, ihm noch so viel wie möglich andere geeignete Kunstsachen anzuschaffen; ausdrücklich bat er um Reliefs, die man in die Stuckbekleidung eines kleinen Atriums einlassen könnte, und zwei mit erhabener Arbeit verzierte Brunneneinfassungen. Alles von Atticus Gekaufte sollte nur im Tusculanum verwandt werden, die Villa bei Gaeta wollte er ausstatten, wenn er einmal Überfluß haben werde. Dagegen mit dem Ankaufe von vier oder fünf Statuen (worunter Bacchantinnen und ein Silen, den Fadius Gallus für ihn gemacht hatte) war er unzufrieden, weil sie ihm viel zu teuer waren und nicht in die Akademie paßten. Er hatte dort in einer Kolonnade neue Ruheplätze anlegen lassen, diese wünschte er mit Gemälden zu schmücken: denn wenn ihn überhaupt etwas aus diesem ganzen Gebiet interessierte, so war es die Malerei[6]). Je weniger aber Cicero Liebe und Verständnis für Kunst besaß[7]), desto schlagender beweist sein

in der letzten Zeit der Republik —

1) Jordan, Topogr. I 2 S. 377, 86. Vgl. z. B. CIL VIII 7960 = Dessau 5077. CIL II 2006. III 153 (Berytus): *Genium col(oniae)*. III 6671 = Dessau 5447 *Genium cum [colu]mnis et aetomate et incrusta[tio]ne marm(orea)*. Dessau 6865 *statuam Geni patriae*. Silberne Statuen des Stadtgenius: CIL II 3228 *signum argenteum cum domo*. 4071 *ex arg(enti) libris XV (unciis) II*. CIL V 2795 = Dessau 3625 (Patavium): *Genio domnor(um) Cereri ... Laribus publicis dedit imagines argent(eas) duas testamento ex HS* ∞∞ versteht Borghesi, Oeuvres VII 397 f. so, daß der Geber die beiden silbernen Figuren des Genius der Kaiser und der Ceres den Lares publici d. h. der Kurie schenkte. CIL X 7223 = Dessau 6768 (Lilybaeum): *imaginem Gen(ii) municipii Lilybitanorum ex arg(enti) [p(ondo)] V p(ecunia) s(ua) p(osuit)*. XII 1159 (Carpentorate): *Genio coloniae IIIIIviri*. 2) Cic. pro Rosc. Amer. 133; de orat. I 161. Sallust. Catil. 20, 12. 3) Varro r. r. III 2, 8. 4) Sueton. August. 72, 3. 5) Vgl. O. E. Schmidt, N. Jahrb. f. klass. Altert. III 1899 S. 340 ff. F. G. Moore, Classic. Philology I 1906 S. 121 ff. 6) Cic. ad Att. I 5, 7. 6, 2. 8, 2. 9, 2. 10, 3. 3, 2. 4, 3; ad fam. VII 23, 2 aus den Jahren 67 bis 62 v. Chr. 7) Vgl. dazu M. Schneidewin, Die antike Humanität (1897) S. 410 ff.

Beispiel die damalige Allgemeinheit der Mode, Häuser und Landsitze künstlerisch zu dekorieren.

in der Kaiserzeit.

In der Kaiserzeit hat diese Mode mehr zu- als abgenommen. Wenn das Haus eines Reichen abbrannte, schafften die für den Neubau beisteuernden Freunde schon »nackte Marmorstatuen«, herrliche Bronzen von berühmten Künstlern, alte Ornamente aus kleinasiatischen Tempeln und Minervenbüsten für die Bibliothek herbei[1]). Betrat man Bäder von Freigelassenen, so staunte man über die Menge der Statuen und der nichts tragenden, sondern nur zum Schmuck aufgestellten Säulen[2]). Besonders Villen und Gärten mögen wohl oft von Kunstwerken dermaßen angefüllt gewesen sein, daß man von »marmornen Gärten« sprechen konnte[3]). Rund um eine Quelle im Garten des Arruntius Stella z. B. stand eine Schar von Marmorfiguren schöner Knaben, in einer Grotte daneben sah man einen Hercules[4]): die Ausstattung des übrigen wird entsprechend gewesen sein. Der reiche Domitius Tullus hatte in seinen Magazinen einen solchen Vorrat der herrlichsten Kunstwerke (um die er sich nicht kümmerte), daß er einen sehr weitläufigen Park an demselben Tage, wo er ihn gekauft hatte, mit sehr zahlreichen und alten Statuen ausstatten konnte[5]). Silius Italicus besaß mehrere Villen, auf jeder sah man eine Menge von Statuen und Bildern[6]). In den Gärten des Regulus in Trastevere war eine sehr große Fläche durch ungeheure Säulengänge eingenommen, das Ufer mit den Statuen des Besitzers gefüllt[7]). Die künstlerische Dekoration der Häuser und Gärten Pompejis dürfen wir als eine in den Städten Italiens allgemeine voraussetzen. In dem 1894—1895 ausgegrabenen Hause der Vettier, dessen Wände im ganzen 192 Bilder enthalten, ist der reiche plastische Schmuck des (jetzt wiederhergestellten) Gartens fast vollständig erhalten: von 12 Statuetten, die Wasserstrahlen in Marmorbecken entsandten, sind noch 9 vorhanden, auch mitten im Garten stehen Skulpturen[8]).

Berichte über Ausgrabungen in Villen.

Wären aus früheren Jahrhunderten mehr und genauere Ausgrabungsberichte erhalten, so würde sich vielleicht von der künstlerischen Ausstattung mancher römischen Villen eine ebenso deutliche Vorstellung gewinnen lassen, wie sie uns alte Aufzeichnungen von der sogenannten Villa des Epikureischen Philosophen in Herculaneum geben. Dort war in einem großen Hofe ein länglicher, an beiden Enden halbkreisförmig abgeschlossener Teich, mit Gartenstücken umgeben, und der ganze Platz mit Säulen besetzt, aus denen oben Balken bis in die Gartenmauer gingen, so daß sich eine Laube um die ganze Anlage zog. Unter der Laube waren Abteilungen zum Waschen oder Baden, abwechselnd halbrund und eckig; in jedem Winkel stand ein marmorner Terminus mit einer Bronzebüste, zwischen den Säulen abwechselnd Hermen (Römerköpfe und Götterbüsten, griechische Dichter und Weise, Porträts nach dem Leben und der Idee) und weibliche Bronzefiguren. Vor jeder Herme war ein kleines Bassin, aus einer Schale am Boden erhob sich ein Säulchen mit einer zweiten, muschelartigen Schale, die den Wasserstrahl emporsandte. Um einen andern kleinen Teich waren zehn Statuetten von Putten, Satyrn und Silenen gruppiert als

1) Juv. 3, 215 ff. 2) Seneca ep. 86, 7. 3) Juv. 7, 79. 4) Martial. VII 50. 5) Plin. ep. VIII 18, 11. 6) ebd. III 7, 8. 7) ebd. IV 2, 5. 8) Mau, Pompeji² S. 338 ff.

Wassergießer, in der Mitte ritt Silen auf einem Schlauch. Aus dem Garten führte ein langer Gang zu einer erhöhten runden Loggia, wahrscheinlich im Meere selbst angelegt, deren Boden mit einem runden Mosaik aus Africano und Giallo geschmückt war[1]). Die zehn schönen Statuen, welche später, als Achill mit den Töchtern des Lycomedes ergänzt, in den Antikentempel zu Sanssouci kamen[2]), sind 1792 in den Ruinen des sogenannten Landhauses des Marius zu Frascati gefunden worden[3]). Die jetzt in Madrid befindliche Sammlung des Ritters Azára, hauptsächlich aus (mindestens 30) Büsten bestehend, stammt ganz oder größtenteils aus den von Azára 1779 in der sogenannten Villa der Pisonen zu Tivoli gemachten Ausgrabungen[4]).

Die Villa Hadrians zu Tivoli.

Alle derartigen Anlagen übertraf die Villa Hadrians zu Tivoli durch den ungeheuren Reichtum ihrer künstlerischen Ausstattung ebensosehr wie durch ihren kolossalen Umfang; sie schloß eine ganze Kunstwelt in sich. Aus ihren unerschöpflichen Ruinen haben sich der Vatikan, die Farnesina, die Villen der Este in Tivoli und auf dem Quirinal, das kapitolinische Museum, die Villa Albani bereichert. Schon unter Alexander VI. hatte man begonnen, diese Statuenschachte auszubeuten. Aus den Grabungen, die der Kardinal Ippolito d'Este, wie es scheint unter Leitung Pirro Ligorios (1530—86), des Erbauers der Villa d'Este in Tivoli, veranstaltete, scheint nur ein sehr kleiner Teil des Statuenvorrats derselben herzurühren. Im 18. Jahrhundert wurden die Ausgrabungen im größten Maßstabe und fast durchaus mit Rücksicht auf den Kunsthandel betrieben; auch wurden sehr bedeutende Funde gemacht, von denen Benedikt XIV. mehreres, besonders die neuägyptischen Statuen des Canopus- oder Sarapisheiligtums, dem kapitolinischen Museum einverleibte[5]).

Allerdings sind nun sehr vielfach zur Dekoration auch ältere Werke der Malerei und Skulptur verwendet worden, wie z. B. in jenem Parke des Domitius Tullus und in dem von Vespasian erbauten prachtvollen Friedenstempel[6]). Aber teils war dies nicht überall möglich, teils konnten selbst die umfassendsten Plünderungen der griechischen Länder dem ins Grenzenlose wachsenden Bedürfnis gewiß nur zu einem geringen Teil genügen, besonders da die häufigen und massenhaften Zerstörungen von Kunstwerken, hauptsächlich durch die wiederholten ungeheuren Brände Roms, schon im 1. Jahrhundert immer neue Lücken hervorbrachten, deren Ausfüllung immer neue Massenproduktion erforderte. Bei weitem der größte Teil der Nachfrage nach künstlerischem Schmuck ist also nicht durch den alten Bestand, sondern durch die Produktion von Kunstwerken befriedigt worden, um so mehr, als in sehr vielen Fällen Beziehungen auf die Gegenwart verlangt wurden.

1) Justi, Winckelmann II² 179ff. D. Comparetti e G. de Petra, La villa ercolanese dei Pisoni, i suoi monumenti e la sua biblioteca, Torino 1883. Ruggiero, Storia degli scavi di Ercolano (1885) p. XLff. Mau, Pompeji² S. 545ff. Über den verfehlten Versuch Comparettis, als Besitzer der Villa L. Calpurnius Piso Cäsoninus (Konsul 58 v. Chr.) und als sein Porträt die dortige sogenannte Senecabüste nachzuweisen, vgl. Mommsen, Archäol. Zeitung XXXVIII 1880 S. 32ff. und Mau, Bull. d. Inst. 1883 S. 87ff. Zu den Porträtbüsten vgl. A. Gercke, Bonner Studien f. R. Kekulé (1890) S. 139ff. 2) Jetzt in den Staatl. Museen in Berlin, s. Beschreib. d. ant. Skulpt. nr. 50. 218. 221f. 497. 588. 593f. 3) Justi, Winckelmann I² 256. 4) Hübner, Antiken v. Madrid S. 19—21. 5) Winnefeld, Die Villa des Hadrian bei Tivoli (1895) S. 4—11. 150ff.; vgl. auch Lanciani, Storia degli scavi di Roma II 108ff. 6) Joseph. B. J. VII 159f.

Allgemeinheit der künstlerischen Dekoration und Universalität der Kunst.

Es ist aber nicht bloß die Massenhaftigkeit der künstlerischen Produktion zu dekorativen Zwecken, durch die sich der damalige Kunstbetrieb von jedem späteren unterscheidet: ein viel wesentlicherer Unterschied beruht auf der viel größeren Allgemeinheit ihrer Verwendung. Denn die Verbreitung des Kunstbedürfnisses in der damaligen Welt, das die Produktion auf allen Gebieten der bildenden Künste zu befriedigen hatte, ist beispiellos; und beispiellos wie der kolossale Umfang ihres Schaffens ist auch die Universalität, mit der sie einer Unzahl der verschiedenartigsten Wünsche, Forderungen und Liebhabereien Genüge leistete, den höchsten und den gemeinsten, den ausschweifendsten wie den bescheidensten; mit der sie den Sultanslaunen der Herren der Erde diente, während sie zugleich die arme Zelle des Sklaven freundlicher machte. Die Kunst aller neueren Zeiten ist mehr oder weniger aristokratisch gewesen, sie hat mehr oder weniger ausschließlich für eine kleine Minorität von Bevorzugten gearbeitet. Sie hat im Dienste der Kirche, der Macht, des Reichtums gestanden und nur unter besonders günstigen Umständen dazu beigetragen, auch die Existenz der mittleren, nie der untersten Schicht der Gesellschaft zu verschönern. Sie hat in großen Zentren des nationalen Lebens, in Hauptstädten und an Fürstensitzen gewohnt und diesen vereinzelten Punkten einen Glanz verliehen, den ganze Provinzen und Länder entbehrten und noch entbehren. In Wechselwirkung mit dieser Ausschließlichkeit hat stets die Beschränkung der Genießbarkeit ihrer Schöpfungen auf kleine Kreise gestanden: zur Voraussetzung des Verständnisses derselben hat in der Regel eine Bildung und Abstraktionsfähigkeit gehört, die den Massen immer gefehlt hat. So hat die moderne Kunst nur für verhältnismäßig wenige existiert. Die Kunst der römischen Kaiserzeit produzierte für alle Bildungsgrade und alle Klassen der Gesellschaft und verbreitete darum auch Verständnis und Genußfähigkeit für einen sehr viel größeren Teil ihrer Leistungen und in sehr viel weitere Kreise. Sie schuf fein gedachte und virtuos ausgeführte Kabinettstücke zum Hochgenusse der Kenner und füllte zugleich Tempel, Hallen und Plätze mit allgemein verständlichen Figuren, und lange Wände und Fußböden mit bunten Schilderungen, die auch das Gassenpublikum fesselten. Ihre Werke machten nicht bloß die Hauptstadt der Welt zu einer Stadt der Wunder, sie verliehen auch den Munizipien und Kolonien Italiens und der Provinzen einen allerdings nach der Wohlhabenheit, der Kultur und dem Geschmack ihrer Bewohner sehr verschiedenartigen, im Verhältnis zu neueren Zeiten aber jedenfalls höchst reichen Schmuck, und dieser Schmuck wurde auch dort keineswegs nur für die öffentlichen Bauten beansprucht. Die Entdeckung von Herculaneum und Pompeji hat der modernen Welt zu ihrem Erstaunen offenbart, wie allgemein und in wie hohem Grade die Dekoration der Privatwohnungen durch Plastik und Malerei auch in Mittelstädten des Kaiserreichs zu den unentbehrlichsten Annehmlichkeiten selbst bescheidener Existenzen gerechnet ward.

Eine reiche Anwendung von kostbaren Materialien in der Architektur, von Marmor- und Bronzefiguren zur Dekoration der Räume konnte natürlich nur in den Häusern und Gärten der Wohlhabendsten stattfinden: zum Luxus dieser aber gehörten besonders die letzteren ganz allgemein[1]), und nicht bloß in Rom.

1) Dig. XVIII 1, 34 pr.: *plerasque enim res aliquando propter accessiones emimus, sicuti cum domus propter marmora et statuas et tabulas pictas ematur.* VII 1, 13 § 7: *sed si aedium ususfructus*

Auch in den Häusern von Pompeji und Herculaneum ergoß sich das Wasser der Brunnen aus Urnen und Schläuchen von marmornen und bronzenen Satyrn, Silenen und Nymphen[1]). Doch mit der Allgemeinheit dcs Kunstbedürfnisses in den mittleren und unteren Klassen stand eine umfassende Anwendung wohlfeiler Materialien notwendigerweise in Wechselwirkung, namentlich des Tons und Stucks. Stuckreliefs und -ornamente, oft bemalt, besonders an Gesimsen, Decken und Gewölben, waren, wie Plinius sagt und die Ausgrabungen der verschütteten Städte bestätigen[2]), in den Häusern allgemein[3]). Gipsbüsten schmückten die Räume, besonders Bibliotheken und Studierzimmer derer, denen marmorne und bronzene zu teuer waren: überall sah man in Martials und Juvenals Zeit bei den Heuchlern des Stoizimus und sonstigen Afterphilosophen die Gipsköpfe des Demokrit, Chrysipp, Zeno, Plato und andre mit struppigen Bärten[4]). Aus Ton sind architektonische Verzierungen an Säulen, Fenstern, Gesimsen und Dachrinnen und Friese zur Dekoration der äußeren und inneren Wände, Formen, in denen sie gearbeitet wurden, zahlreich erhalten; oft sind auch solche Tonornamente und -reliefs bemalt, teils mit einer aus dekorativen Gründen gewählten Farbe, teils mit den natürlichen Farben der dargestellten Gegenstände[5]); und gerade in diesen geringen und fabrikmäßigen Arbeiten sind die herrlichsten Erfindungen, die edelsten Gestalten reproduziert, die der Blütezeit der griechischen Kunst ihren Ursprung verdanken.

Reichliche Anwendung wohlfeiler Materialien. Plastik in weichen Stoffen.

Noch allgemeiner als die Plastik in weichen Stoffen, vielfach auch mit ihr in Verbindung, wurde (wo die Marmorinkrustierung unerschwinglich war) die

---

legatus sit, Nerva filius et lumina immittere eum posse ait: sed et colores et picturas et marmora poterit, et sigilla, et si quid ad domus ornatum. XXXIII 7, 12 § 23: *Papinianus quoque libro septimo Responsorum ait: sigilla et statuae affixae instrumento domus non continentur, sed domus portio sunt.* § 36: *imagines* (wohl Büsten) *quoque eae solae legatae videntur, quae in aliquo ornatu villae fuerunt.* Unter *sigilla* dürften hauptsächlich Reliefs zu verstehen sein (wie Cic. in Verr. II 4, 48; vgl. auch *vestes sigillatae*, Zeuge mit Figurenmustern, Marquardt, Privatl.[2] 533, 4. 540), die allerdings meist aus Ton (Marquardt a. a. O. S. 461) und Stuck waren. Plin. n. h. XXXVI 183: *usus gypsi in albariis, sigillis aedificiorum et coronis gratissimus.* Passio SS. IV coronatorum 2: *concas sigillis ornatas — concas et lacus cum sigillis et cantaris cum magna tenuitate artis* (dazu Benndorf bei Büdinger, Untersuch. z. röm. Kaisergesch. III 349 f.). CIL VI 18378 = Dessau 8022 *sarcophago aeterno sigi[lario] cum opere et basibus.*

1) Mau, Pompeji[2] S. 466f. E. Curtius, Arch. Zeit. XXXVII 1879 S. 19ff. 2) Schöne Beispiele davon bieten außer den bekannten Gräbern an der Via Latina (Monum. d. Inst. VI 43 f. 49ff., vgl. E. Petersen, Ann. d. Inst. 1860 S. 348ff. 1861 S. 190ff., unten [S. 311]) die Stuckreliefs aus dem im Garten der Farnesina ausgegrabenen römischen Hause (Monum. d. Inst. Suppl. Taf. 32ff., vgl. J. Lessing und A. Mau, Wand- und Deckenschmuck eines röm. Hauses aus der Zeit d. Augustus [1891] u. Helbig, Führer durch die Samml. klass. Altertümer in Rom[3] nr. 1327ff.) sowie der im J. 1917 vor Porta Maggiore an der Via Praenestina aufgedeckten unterirdischen Basilika aus dem ersten Jahrhundert der Kaiserzeit (F. Fornari, Notiz. d. Scavi 1918, 39; vgl. Cennout, Compte rendu de l'acad. d. inscr. 1918, 272ff. v. Duhn, Arch. Anzeig. 1921 S. 102ff.). 3) Diodor. V 12, 2 sagt von Malta: ἔχει — τάς τε οἰκήσεις ἀξιολόγους καὶ κατεσκευασμένας φιλοτίμως γείσοις καὶ κονιάμασι περιττότερον. 4) Martial. IX 47. Juv. 2, 4. Wenn auch bei Martial und Lucian (Nigrin. 2: πολλὰς εἰκόνας παλαιῶν σοφῶν ἐν κύκλῳ κειμένας) das Material nicht angegeben ist, darf doch namentlich an der letzteren Stelle das wohlfeilste vorausgesetzt werden. In dem Hause des Sophisten Julianus zu Athen καὶ εἰκόνες τῶν ὑπ' αὐτοῦ θαυμασθέντων ἑταίρων ἀνέκειντο, Eunap. Vit. sophist. p. 483, 10 Boiss. Prudent. c. Symmach. I 436 spricht von Götterbildern, an denen, *mollis si bractea gypsum texerat, infido rarescit glutine sensim.* 5) H. v. Rohden, Architektonische röm. Tonreliefs der Kaiserzeit (1911) S. 26* ff.

Stuckmalerei. Malerei zum Schmucke der Wohnräume verwandt. Farbendekoration war von Stuckbekleidung unzertrennlich[1]). Wie in Pompeji Haus für Haus, Zimmer für Zimmer in heiterem, mit keckem Pinsel flüchtig hingeworfenem und doch oft hinreißend schönem malerischen Schmucke prangt, ist allbekannt; und daß diese Wandmalerei in den Wohnungen so weit verbreitet war wie die römische Kultur überhaupt, zeigen außer Überresten in den Provinzen[2]) zahlreiche gelegentliche Erwähnungen[3]). Wenn übrigens auch die Entdeckung von Herculaneum und Pompeji allein hingereicht hat, die Vorstellungen von der antiken Malerei je länger je mehr umzugestalten, so ist doch klar, daß diese und andre vereinzelte Funde uns nur einen verschwindend kleinen Bruchteil des mit der Zeit im ganzen römischen Reiche angesammelten Bildervorrats, folglich nur einen beschränkten Teil der Gegenstände und Stoffe kennen lehren, welche die Dekorationsmalerei behandelte. Mythologische Bilder werden allerdings zu allen Zeiten die gewöhnlichsten gewesen sein[4]); der Kampf bei den Schiffen vor Troja wird als ein gewöhnliches Wandbild erwähnt[5]). Doch daß historische Darstellungen nicht fehlten, beweist neben den esquilinischen Bildern von Kriegsereignissen und Szenen aus der Gründungssage Roms[6]) die Beschreibung, welche Sidonius Apollinaris von der Villa Burgus des Pontius Leontius gibt. Dort waren außer Szenen aus der jüdischen Geschichte[7]) auch Ereignisse des dritten Mithridatischen Kriegs gemalt: wie Mithridates dem Meergott Rosse opfert, die Belagerung von Cyzicus und die Entsetzung der Stadt durch Lucull; man sah einen Soldaten durch das Meer schwimmend einen Brief emporhalten[8]). Von einem des Krieges völlig Unkundigen sagte man in Griechenland, er habe ihn nicht einmal auf einer Wand gemalt gesehen[9]); aber ohne Zweifel waren

1) Semper, Der Stil I² 458. *Tectorium picturaeque* verbunden: Dig. VI 1, 38; vgl. XV 3, 3 § 4: *sed si — domum dominicam exornavit tectoriis*, wo offenbar Wandmalereien gemeint sind. In der praescriptio der fasti Maffeiani CIL I² p. 222: *expoliendu[m e]t pingendum.* Pers. 5, 25: *pictae tectoria linguae.* CIL XIV 3911 = Buecheler, Carm. ep. 865, 10 (Aquae Albulae): *frontibus et pictis Aelia villa nitet.* 2) Überreste z. B. in den römischen Niederlassungen bei Bonn (Hettner, Bonner Jahrb. LXII 1878 S. 64 ff.) und Trier (Hettner, Illustr. Führer durch das Provinzialmuseum in Trier S. 73 ff. R. Steiner, Röm.-germ. Korr.Bl. VII 1914 S. 41 f.) sowie sonst in Gallien (F. Koepp, Bonn. Jahrb. CXXV 1919 S. 43 f.), in der Ostschweiz (F. Keller, Mitt. d. Antiqu. Gesellsch. in Zürich XV 1863 S. 52. 57. R. Pagenstecher, Germania II 1918 S. 33 ff.), in Noricum und Pannonien (v. Jabornegg-Altenfels, Kärntens röm. Altertümer S. 62. Archäol. Anzeig. 1906 S. 188. 1913 S. 328. A. Hekler, Österr. Jahreshefte XV 1912 S. 176 f.), in Britannien (Lysons, Reliqu. Brit. Rom. II Taf. 1) und Afrika (A. Schulten, Arch. Anz. 1900 S. 60). Über antike Wandmalereien außerhalb Pompejis vgl. M. Rostowzew, Journ. of hellen. Stud. XXXIX 1919 S. 144 ff. 3) Tertullian. de idolol. 8. Philostrat. Apoll. Tyan. V 22. Lucian. de domo 21—31. Plutarch. Coni. praec. 48 bezeichnet γραφὰς οἰκηματίων als überflüssigen Luxus. *Pictura porticus* in Sarmizegetusa CIL III 7960 = Dessau 5548, *aedes picta* in Gigthis CIL VIII 22698. 4) Ps. Dosith. Corp. gloss. lat. III 56, 47 sagt in der Vorrede des mythologischen Abschnitts: *picturae igitur huius laboris multis locis dant testimonium.* 5) Lucillius (in Rom unter Nero) Anthol. Pal. XI 211, 1 f.: γραπτὴν ἐν τοίχῳ Καλπούρνιος ὁ στρατιώτης, ὡς ἔθος ἐστίν, ἰδὼν τὴν ἐπὶ ναυσὶ μάχην usw. 6) Brizio, Pitture e sepolcri sull' Esquilino, 1876. Robert, Annali d. Inst. 1878 S. 234 ff. (Monum. d. Inst. X 60. 60a). Helbig a. a. O. nr. 1451—1454. 7) Sidon. Apoll. Carm. 22, 201 ff. 8) ebd. 158 ff. Eine nicht sicher zu deutende Szene aus der römischen Geschichte auf einem Gemälde eines Grabes vom Esquilin, C. L. Visconti, Bull. arch. comun. XVII 1889 S. 340 ff. Taf. 11. 12. Michaelis-Wolters a. a. O. S. 464 Abb. 883; vgl. Helbig a. a. O. nr. 967. 9) Lucian. de conscr. hist. 29. Liban. progymn. XI 19 (VIII 417 F.): τίνας ἂν εἴποι λόγους δειλός, θεασάμενος πόλεμον ἐν τῷ οἰκείῳ οἴκῳ γεγραμμένον.

Schlachtenbilder nicht bloß dort häufig. Daß zu den Gegenständen der Wandmalerei auch komische Szenen aus dem Tierleben gehörten[1]), erwähnt gelegentlich der Fabeldichter Phädrus, in dessen Zeit (unter Tiberius) man in den Tabernen Roms häufig den Krieg der Mäuse und Wiesel gemalt sah[2]).

Fortdauer der Allgemeinheit der künstlerischen Dekoration bis ins späteste Altertum.

Wie die Verwendung der übrigen Künste zur Dekoration, so blieb namentlich auch die der Wandmalerei bis in die letzten Zeiten des Altertums im römischen Reiche allgemein. In dem Maximaltarif Diocletians vom Jahre 301, der auch für alle gangbaren Arbeiten die höchsten Tagelöhne festsetzt, werden unter den zum Hausbau erforderlichen Handwerkern folgende mit aufgezählt: der Marmorarbeiter (hauptsächlich für Inkrustation von Wänden und Fußböden, auch wohl für Ornamente), der Mosaizist, der Estrichleger, der Wandanstreicher, der Bildermaler; ferner werden Preise für den Bronzeguß in Reliefs und Statuen, für das Modellieren von Figuren (in Stuck und Ton) und für die sonstige Stuckarbeit angesetzt[3]). Dieselben Arbeiter werden auch in einem Erlaß Constantins vom Jahre 337 an den Reichsverweser der westlichen Provinzen über die Freiheit der Künstler und Handwerker von kommunalen Leistungen aufgeführt, gehörten also auch damals noch zu denen, die in der Regel in den dortigen Städten ansässig waren. Noch größere Privilegien erteilte Valentinian I. den Malern (aber nur den freigeborenen) in einem Erlaß an den Statthalter von Afrika vom Jahre 374. Unter anderm sollten sie Lokale und Werkstätten auf städtischen Grundstücken zur Ausübung ihrer Kunst ohne Miete erhalten, sich in jeder Stadt niederlassen und von den Beamten nicht gezwungen werden dürfen, ohne Bezahlung heilige d. h. kaiserliche Porträts zu liefern oder öffentliche Bauten auszumalen[4]). Die bis in die letzten Zeiten fortdauernde Verwendung der Steinskulptur zu dekorativen Zwecken zeigt sich aufs anschaulichste auch in dem früh aufgezeichneten Bericht vom Martyrium der fünf Steinmetzen unter Diocletian, dessen Verfasser die Arbeiten in den Steinbrüchen Pannoniens (dem Lokal der Erzählung) offenbar aus Autopsie kannte. Der Kaiser ließ nach seinem Berichte dort aus Porphyr Säulen mit Blätterkapitälen, ferner Wasserbehälter in Wannenform (*conchae*)[5]) und Becken (*lacus*), teils mit Früchten und Acanthusblättern, teils mit Figuren in erhabener Arbeit verziert, ausführen. Er bestellte auch Victorien und Liebesgötter, wasserspeiende Löwen, Adler und Hirsche und Bilder vieler anderer Tierarten, alles offenbar als Ornamente, vielleicht für große marmorne Brunneneinfassungen und Bassins: was auch für jene Zeit eine durchgehende Anwendung der Steinornamentik, soweit sie in der Architektur und Tektonik zulässig war, voraussetzen läßt[6]).

1) Helbig, Untersuch. über die campan. Wandmalerei S. 92 f., vgl. Wandgemälde S. 383 f. Vgl. die Storchengeschichte auf zwei Silberbechern aus Boscoreale, Monum. Piot V 1899 Taf. 13. 14. 2) Phaedr. fab. IV 6, 2. Auch app. 16: *Gallus lectica a felibus vectus* beschreibt wohl ein Bild. Ps. Dosith a. a. O. p. 39, 54 sagt von Aesopus: *per eum enim picturae constant.* Eine Darstellung der gegenseitigen Bewirtung von Storch und Fuchs hat ein Grabstein aus der Gegend von Florenz aufbewahrt, Bormann und Benndorf, Österr. Jahreshefte V (1902) S. 1 ff.; vgl. dazu Savignoni ebd. VII (1904) S. 72 ff. 3) Blümner, Maximaltarif Diocletians S. 106 f. 111 f. 4) Cod. Theodos. XIII 4, 2. 4. 5) CIL VIII 8396 = Dessau 5728 *conchas de suo posuit.* Anth. lat. 377, 3 R. 6) Die Passio sanctorum IV coronatorum, mitgeteilt von Wattenbach mit einem Vorwort von v. Karajan, Sitzungsber. d. Wiener Akad. X (1853) S. 115—137 und in Büdingers Untersuchungen z. röm. Kaisergeschichte III 323 ff. mit Benndorfs archäologischen und Büdingers chronologischen

Wie in der Plastik, so scheinen auch in der Wandmalerei bis in das späteste Altertum die Gegenstände und (wo diese der Gegenwart entnommen waren) die Darstellungsweisen der früheren Zeiten, wenigstens zum großen Teil, beibehalten worden zu sein. Im kaiserlichen Palast zu Mailand stellte ein Gemälde die Cäsaren thronend, scythische Fürsten zu ihren Füßen dar: Attila ließ es 452 in der Art umgestalten, daß die ersteren vor den letzteren in demütiger Haltung Tribute darbringend erschienen[1]). Im Speisesaale des kaiserlichen Palasts zu Aquileja waren Constantin und Fausta, beide als Kinder, gemalt; das Mädchen reichte dem Knaben einen mit Gold und Edelsteinen geschmückten Helm mit einem wallenden Federbusch[2]). Ausonius, der ein Epigramm auf ein Gemälde gedichtet hat, das den Kaiser Gratianus einen Löwen durch einen einzigen Pfeilschuß erlegend vorstellte[3]), sagt, daß man auch damals mythologische Szenen häufig auf Wänden dargestellt sah; er beschreibt ein Wandgemälde in dem Speisesaal eines Zoilus zu Trier: Heroinen, welche die Liebe zu einem tragischen Schicksal geführt hat, peinigen und binden Cupido[4]). Libanius erwähnt Bilder, welche die Liebschaften der Götter darstellten[5]), und beschreibt zwei in der aus Pompeji bekannten Weise des Studius[6]) staffierte Landschaften: die eine mit ländlichen Gebäuden, verschiedenen Menschen und Tieren, einem zweirädrigen, beladenen, von Ochsen gezogenen Wagen, einem Tempel mit Bäumen; die andre mit einer bekränzten Festgesellschaft, die im Freien unter einem zwischen Bäumen ausgespannten Zeltdache schmaust, im Hintergrunde eine Stadt mit Mauern und Türmen[7]). Sidonius Apollinaris (Bischof zu Clermont um 450), dem die ganze heidnische Kunst wegen ihrer Gegenstände, noch mehr wegen ihrer Nacktheit verhaßt war, ließ die inneren Wände des Bads auf seinem Landgut einfach weißen: »da steht«, sagt er, »keine Darstellung zur Schau, die durch die nackte Schönheit gemalter Körper häßlich ist, und wie sie die Kunst ehrt, so den Künstler verunziert«; da sind keine Komödianten mit lächerlichen Fratzen

Bemerkungen. Die Frage, wie die Verbindung der Legende vom Martyrium der 5 pannonischen Steinmetzen mit der von den 4 römischen *cornicularii* (*coronati* Benennung für höhere Offizialen, vielleicht nach einem Abzeichen, Hirschfeld, Arch. epigr. Mitteil. IX 1885 S. 23 f.) und die Benennung der Aufzeichnung als Passio SS. IV coronatorum entstanden sei, haben auf verschiedene Weise zu lösen versucht De Rossi, Bull. arch. crist. ser. 3, IV 1879 S. 45 ff., C. Erbes, Ztschr. f. Kirchengesch. V 1882 S. 466 ff. und Edm. Meyer, Über die Passio SS. IV coronatorum, Progr. d. Luisengymnasiums, Berlin 1886. De Rossi setzt das Martyrium der Pannonier 305/6, das römische früher (nach 288), die Aufzeichnung des ersteren (durch einen Porphyrius *censualis a gleba*) unter Galerius, dessen Name dann später mit dem Diocletians vertauscht worden sei. Meyer setzt das pannonische Martyrium 293, das römische 303, die Legende von dem ersteren sei einige Zeit im Volksmunde umgelaufen, ehe sie aufgezeichnet wurde. Petschenig, Sitzungsber. d. Wiener Akad. XCVII 1880 S. 761 ff. setzt auf Grund einer Untersuchung der Sprache die Abfassung spätestens ins 6., wahrscheinlich 5. Jahrhundert. Neuer Text von Wattenbach, Sitz.-Ber. der Berliner Akademie 1896 S. 1281 ff.

1) Suidas s. Μεδιόλανον und κόρυκος. Vgl. dazu das große Wandgemälde der Weltherrscherin Roma im Palazzo Barberini, G. Körte, Arch. Zeit. XLIII 1885 S. 23 ff. Taf. 4. 2) Paneg. lat. VII 6, 2. 3) Auson. Epigr. 30 p. 322 Peip. 4) Auson. Cupido cruciat. p. 109 Peip. Vgl. dazu den Gemäldezyklus aus der antiken Villa bei Tor Marancio (Helbig, Führer[3] nr. 415). Friedlaender, Über den Kunstsinn der Römer (1852) S. 27 f. F. Weege, Etruskische Malerei (1921) S. 31 f. 34. 5) Liban. progymn. XI 27, 3 (VIII 436 F.). 6) Vgl. Rodenwaldt, Die Komposition der pompejan. Wandgemälde (1909) S. 24 ff. R. Pagenstecher, N. Jahrb. f. klass. Altert. XLVII 1921 S. 285 ff. 7) Liban. progymn. XII 2. 4 (VIII 465. 470 F. ἐκφράσεις γραφῶν ἐν βουλευτηρίῳ).

und bunten Harlekinstrachten, keine verschlungenen Ringerpaare[1]). Auch die Gegenstände der von Luxorius, welcher unter dem Vandalenkönige Thrasamund (496—523) in Afrika dichtete, beschriebenen Bilder wird man für längst gebräuchliche oder in üblicher Weise behandelte zu halten haben: Fridamal einen Eber erlegend; Romulus, wie er auf der Mauer Roms seinen Bruder Remus tötet; Diogenes, von einer Dirne am Barte gezupft, hinter seinem Rücken von einem Liebesgott verhöhnt[2]). Daß endlich auch die christliche Kunst (auf welche hier nicht eingegangen werden soll) bis zu einem gewissen Grade sich an die überlieferten Motive und Gestalten halten mußte, ist bekannt. Die Wichtigkeit der Malerei im Dienst der Kirche wurde früh erkannt. Paulinus von Nola sagt (403), daß die Betrachtung der Bilder in einer Säulenhalle bei der dortigen Basilika des heiligen Petrus (Darstellungen aus dem Alten und Neuen Testament und der Geschichte der Märtyrer) den zum Feste des Heiligen massenhaft herbeiströmenden, des Lesens unkundigen Pilgern die angemessenste Unterhaltung bot und sie von fleischlichen Genüssen zurückhielt[3]). »Die Bilder sind die Bücher der Ungelehrten«, ist ein Ausspruch Gregors des Großen.

Weit zahlreichere Reste als von den Wandmalereien haben sich von den so viel dauerhafteren Mosaiken der Fußböden in fast allen Provinzen erhalten, wie in Spanien, Frankreich, England, der Schweiz[4]), den Rheinlanden, Bayern, Salzburg, Siebenbürgen, vor allem in Nordafrika[5]): sie machen die Allgemeinheit auch dieser Dekoration, die sogar das Altertum überdauert hat, unzweifelhaft.

Künstlerischer Schmuck des Hausrats.

Dieselbe Allgemeinheit des künstlerischen Schmucks wie die Wohnungen zeigt der Hausrat. Schon allein die Geräte und Möbel der pompejanischen Häuser, deren größter Teil doch wohl von den fliehenden Einwohnern gerettet oder aus der lockeren Aschendecke sofort wieder herausgegraben worden sein wird, Tische, Bänke, Sessel, Sofas, Kandelaber, Gefäße, Lampen, Dreifüße, Toilettenutensilien und andre Schmuckgegenstände aller Art, haben der modernen Kunstindustrie eine kaum zu erschöpfende Fülle geschmackvoller Vorbilder geliefert[6]). Und nicht bloß um marmorne und bronzene Kandelaber rankte sich der Schmuck phantastischer Vegetationsformen, nicht bloß silberne und goldene Schalen und Kannen prangten in getriebener Arbeit und mit schön verzierten Henkeln, gläserne Prachtvasen mit figurenreichen Reliefs in verschiedenen Farben: auch das irdene Geschirr des Armen, die Siegelringe aus Glasfluß, die tönerne Lampe, die bei später Arbeit leuchtete — alles hatte seinen bildlichen Schmuck, und namentlich die Deckel der Tonlampen haben einen reichen Schatz von künstlerischen Gegenständen und Motiven bewahrt. Auch die ärmste Wohnung entbehrte oft eher den notwendigsten Hausrat als den künstlerischen Schmuck. Juvenal schildert die Einrichtung eines blutarmen Gelehr-

1) Sidon. Apoll. ep. II 2, 6. 2) Anthol. lat. 304. 325. 374 R.; vgl. auch 312f. 334f. (*de venatore picto in manibus oculos habente*, weil er nie fehlte). 3) Paulin. Nolan. carm. 27, 511ff. 542ff. 4) H. A. O. Reichard hörte in Avenches 1811, daß 5—6 neue Mosaikfußböden kürzlich entdeckt, aber von den Bauern zerstört worden seien; er selbst sah noch in einer Scheune einen wenigstens 60′ langen, bereits halb zerschlagen. Die Zeichnung war edel und in großem Stil, die Farben ganz frisch. Uhde, Reichards Selbstbiographie (1877) S. 406. Vgl. auch Matthisson, Schriften (Zürich 1825) II 194ff. 5) Nachweise über die Verbreitung der Mosaiktechnik in den Provinzen seit dem Ende des ersten Jahrhunderts gibt P. Gauckler bei Daremberg-Saglio, Dictionn. III 2 S. 2108ff. 6) Mau, Pompei² S. 389ff.

ten oder Dichters: da war ein kurzes Bett und eine alte Kiste mit göttlichen griechischen Gedichten, an denen ungebildete Mäuse nagten, doch auch eine marmorne Tischplatte mit sechs Henkeltöpfchen, darunter ein hoher gehenkelter Becher, und die Figur eines liegenden Zentauren als Stütze (Trapezophor)[1].

Kunstwerke als Saturnalien- und sonstige Geschenke.

Figuren und Figürchen (*sigilla*), die als Zimmerschmuck dienen konnten, waren darum auch stets willkommene Geschenke und gehörten zu denen, die man in der Saturnalienzeit regelmäßig austauschte: man kaufte sie dann auf einem eigens eröffneten Markte, sonst auch in den Läden der ebenfalls nach ihnen benannten Sigillarstraße[2]). Unter den Saturnaliengeschenken, für die Martial Aufschriften gedichtet hat, sind Figuren aus Ton (der Lieblingsknabe des Brutus, Hercules, ein Buckliger, eine Germanenmaske), aus Marmor (ein Hermaphrodit, Leander), aus korinthischer Bronze (Hercules, Apoll als Eidechsentöter), aus Silber (Minerva), aus Gold (Victoria), außerdem drei Bilder (Hyacinthus, Danae, Europa)[3]). Überhaupt aber waren Kunstwerke gewöhnliche Geschenke; schon Horaz entschuldigte sich gleichsam, daß er nicht imstande sei, eine Arbeit von Skopas oder Parrhasius zu schenken[4]); Seneca, der empfiehlt, zu Geschenken nicht schnell vergängliche Dinge zu wählen, sagt: er schenke lieber Silbergerät als Geld, lieber Statuen als Kleider und Teppiche[5]); und unter den Gaben, die ein beschäftigter Rechtsanwalt in Martials Zeit an seinem Geburtstage von dankbaren Klienten erwarten durfte, waren auch Werke »des Phidiasischen Meißels«[6]).

Künstlerischer Schmuck der Grabdenkmäler.

Am deutlichsten aber zeigt sich in den Grabdenkmälern, wie die bildende Kunst jener Zeit auch dem Geringsten und Unbeglücktesten ihre Gaben spendete. Zwar die Sarkophage mit ihrem reichen Reliefschmuck waren, wenn auch ohne Zweifel im Verhältnis zu modernen Preisen wohlfeil, doch in der Regel nur für Wohlhabende erschwinglich[7]); aber wenigstens im 1. Jahrhundert war nicht das Begraben, sondern das Verbrennen der Toten die Regel; in der Gräberstraße von Pompeji hat sich kein Sarkophag gefunden, das Begraben ist erst im 2. Jahrhundert wieder aufgekommen und allmählich immer allgemeiner geworden. Jene kleinen, oft so überraschend schönen, reich »mit Leben verzierten« marmornen Urnen aber, in denen »die Asche noch im stillen Bezirk sich des Lebens zu freuen scheint«, sind offenbar größtenteils aus den Werkstätten untergeordneter Kunsthandwerker hervorgegangen und wohl auch für Unbemittelte nicht zu teuer gewesen. Vor allem schmückte die Malerei die inneren Räume der Grabmäler ganz allgemein[8]), wie namentlich auch die Beibehaltung dieser Dekoration in christlichen Grüften beweist, gewiß nicht selten auch die Außenwände[9]). Selbst die Kolumbarien (große Gewölbe mit langen,

1) Juv. 3, 203—207. Marquardt, Privatl.² 319, 5. 2) Marquardt StV. III² 587f. Hülsen-Jordan, Top. I 3 S. 574, 41. Blümner, Technologie II 124f. 3) Martial. XIV 170—182. 4) Horat. Carm. IV 8, 5—8. 5) Seneca de benef. I 12, 2. 6) Martial. X 87, 16. 7) Philogelos 97 Eberh. wird eine σορός für 5 Myriaden erwähnt. Vielleicht ist hier nach dem Denar der Diocletianischen Zeit (Hultsch, Metrol.² S. 333) gerechnet, wonach die Summe 900 Mark betragen würde. 8) z. B. ein innen bemaltes Grab in Krain bei Thurn am Hart (Helios auf dem Viergespann, Europa auf dem Stier), Hörnes, Arch. epigr. Mitt. VIII 1884 S. 237f., desgleichen bei den afrikanischen Städten Hadrumetum (Sussa) und Oea (Tripolis), A. Schulten, Arch. Anz. 1901 S. 72. 1904 S. 117f. 9) Bei den 'übertünchten Gräbern' des Evangelisten (Matth. 23, 27) kann, wie der Gegensatz von ἔξωθεν und ἔσωθεν zeigt, nur an Außendekoration gedacht sein, wie es auch die alte Kirche stets auf-

übereinander liegenden Reihen von Nischen für Aschenurnen), die Ruhestätten kleiner Leute, auch der Sklaven, also der Niedrigsten und Unseligsten, sind zuweilen freundlich wie Wohnräume mit Wandbildern dekoriert, die, manchmal recht leidlich, die unbenutzten Stellen der Pfeiler und Wände füllen. Wenn hier eine neue Urne in der für sie gekauften Nische beigesetzt wurde, mögen die Leidtragenden mit Wohlgefallen den Schmuck betrachtet haben, den sie aus ihren kleinen Ersparnissen für die Wohnungen ihrer Toten angeschafft hatten. Da waren mythologische Szenen, Bilder aus dem täglichen Leben, Landschaften, Tier-, Blumen- und Fruchtstücke; da schoß Hercules dem Prometheus den Geier von der Leber weg, Ulysses blickte gerührt auf den sterbenden Hund Argus, groteske Pygmäen ergriffen vor einem Krokodil die Flucht, Gaukler tanzten einen Kastagnettentanz, eine Giraffe mit einer Glocke um den Hals ward, wie im Amphitheater, von ihrem Wärter geführt u. dgl. mehr[1]).

b. MONUMENTALE KUNST.

Neben dieser unermeßlichen Beschäftigung der Skulptur und Malerei für dekorative Zwecke ging eine Verwendung beider Künste für monumentale im eigentlichen Sinne des Worts, d. h. zur Verewigung von Personen und Ereignissen her, die weder vorher noch nachher jemals in so riesenhaften Dimensionen betrieben worden ist, wie in den beiden ersten Jahrhunderten, und selbst noch im dritten und vierten kolossal war.

Persönliche Denkmäler. Wie überall, war die Kunst den Römern auch hier nicht Zweck, sondern Mittel. Sie als Mittel zur Erhöhung der Schönheit, Pracht und Behaglichkeit ihrer Wohnungen und Städte zu verwenden, haben sie erst durch die Eroberung der griechischen Länder gelernt; sie als Mittel zur Fixierung des Erlebten und Geschehenen für Mit- und Nachwelt, zur Verewigung der Gesichtszüge und Gestalten geehrter und geliebter Personen zu benutzen, war ein nationales römisches Streben, das sich schon in der alten Sitte der adeligen Geschlechter offenbart, bemalte Wachsmasken der Ahnen aufzubewahren[2]). **Alter der Ehrenstatuen in Rom.** Sehr alt war auch in Rom die Sitte der öffentlichen Aufstellung von Ehrenstatuen, sie reicht mindestens in die Zeit der Dezemvirn (450 v. Chr.) zurück[3]), die älteste mit Sicherheit nachzuweisende ist die des griechischen Dolmetschers derselben auf dem Forum; diese, sowie alle aus den beiden nächsten Jahrhunderten bekannten, waren aus Bronze, die man zu Götterbildern seit 269 = 485 zu verwenden angefangen hatte; die erste aus vergoldeter Bronze war die Reiterstatue des Besiegers des Antiochus, Acilius Glabrio, von dessen Sohn im Tempel der Pietas 573 = 181 errichtet[4]). Um die Mitte des 5. Jahrhunderts d. St. (etwa 300 v. Chr.)

---

gefaßt hat, vgl. z. B. Orig. in Levit. hom. 8, 10 (Migne gr. XII 502). Hieronym. adv. Pelag. II 13 (Migne lat. XXIII 549); epist. 108, 17 p. 328, 20 Hilb. Sedul. op. Pasch. V 2 p. 275, 3 Huem.

1) O. Jahn, Die Wandgemälde des Columbariums in der Villa Pamfili, Abhandl. Akad. München VIII 2 (1857). E. Samter, Röm. Mitt. VIII 1893 S. 105ff.; vgl. auch Real-Encykl. IV 598. Ein *curator* eines *colleg(ium) funeraticium* läßt eine Wand (des Kolumbariums) malen 8 n. Chr., CIL VI 21383. 2) S. oben II 360. 3) Die Zeugnisse bei D. Detlefsen, De arte Romanorum antiquissima II (Glückstadt 1868) S. 14ff. 4) Liv. XL 34, 5. Val. Max. II 5, 1; Cic. Philipp. IX 13 (*statua*) *inaurata equestris, qualis L. Sullae primum statuta est* ist also im Irrtum; vielleicht war die Sullas die erste auf dem Forum.

scheinen die Könige und berühmten Männer der ersten Republik Statuen erhalten zu haben[1]). Nach dem zweiten punischen Kriege waren Kapitol und Forum[2]) bereits mit Statuen überfüllt. Von jenem wurde ein Teil derselben im Jahre 575 = 179 entfernt, und vom Forum ließen 596 = 158 die Zensoren sämtliche Ehrenstatuen von Beamten, die nicht auf Volks- oder Senatsbeschluß gesetzt waren, wegräumen[3]). Schon Cato wollte lieber, daß die Leute fragten, warum ihm keine, als warum ihm eine Statue gesetzt sei; er hatte zu klagen, daß solche in den Provinzen sogar schon Frauen errichtet wurden, und bald geschah dies auch in Rom selbst[4]). Die gleichzeitige Statue der Mutter der Gracchen, Cornelia, sah man noch in Plinius Zeit in der Porticus der Octavia[5]), wo ihre durch Feuer beschädigte, später zur Aufstellung einer Statue von Tisicrates verwendete Basis wieder aufgefunden worden ist[6]).

Bilder historischer Ereignisse.

Auch die Sitte, über große Taten und Ereignisse dem Volke durch Bilder zu berichten, kam früh auf. Zuerst stellte M.'Valerius Maximus Messalla das Bild seiner siegreichen Schlacht gegen die Karthager und Hiero in Sicilien 490 = 264 v. Chr. auf einer Wand der Curia Hostilia aus. Solche Bilder auf Holz und Leinwand wurden namentlich in den Triumphzügen getragen, wie in dem des M. Marcellus ein Bild der Einnahme von Syrakus (212). Ämilius Paullus ließ zur Illustration seines Triumphs im Jahre 168 einen Maler (Metrodorus) aus Athen eigens kommen. L. Hostilius Mancinus, der zuerst ein Außenwerk von Karthago im Jahre 148 eingenommen hatte, ließ Bilder der Stadt, der Belagerung und Erstürmung auf dem Forum aufstellen, die er dem Volke selbst erklärte, wodurch er sich so populär machte, daß er (141) das Konsulat erhielt. Tiberius Gracchus ließ ein Gastmahl im Tempel der Freiheit malen, das die Beneventaner seinem Heer im Jahre 214 nach dem in der Nähe erfolgten glücklichen Gefecht gegeben hatten. Man sah darauf besonders die in das Heer eingestellten Sklaven mit den Zeichen der ihnen zum Lohn für die bewiesene Tapferkeit geschenkten Freiheit[7]). Ein Bild eines Gladiatorenkampfs stellte zuerst (im Dianentempel zu Aricia) ein C. Terentius Lucanus (im Anfange des 7. Jahrhunderts d. St.) aus[8]).

Bilder für besondere Veranlassungen.

Diese Verwendung der bildenden Künste zur Veranschaulichung und Verherrlichung von Personen und Ereignissen, sowohl bei bestimmten Veranlassungen als für die Dauer, fand auch in der Kaiserzeit im weitesten Umfange statt. In dem »Hervortreten des schildernden Prinzips, das einen entschiedenen Gegensatz bildet zu dem plastisch-idealen in der Malerei der Griechen«, »in dem breiten illustrierenden Ton der Darstellungen« (H. Semper)[9]), nähert sich die damalige Malerei in Zweck und Behandlung in hohem Grade der altägyptischen und altassyrischen, ihre Werke den Gemälden der Paläste von Theben, den Alabastertafeln derer von Ninive, den babylonischen Teppichen. Nament-

1) Detlefsen a. a. O. S. 6f. 2) Jordan, Topogr. I 2 S. 56ff. 401. 3) Plin. n. h. XXXIV 30; vgl. auch Liv. XL 51, 3. 4) Detlefsen a. a. O. S. 21. 5) Plin. n. h. XXXIV 31. 6) CIL VI 31610 = Dessau 68, vgl. Löwy, Inschr. griech. Bildhauer nr. 493. 7) R. Rochette, Peint. inéd. S. 303ff. L. Urlichs, Die Malerei in Rom vor Caesars Dictatur, Würzburg 1876. 8) Oben II 51. Plin. n. h. XXXV 52, der zugleich bezeugt, daß solche Bilder als Ankündigungen abzuhaltender Gladiatorenspiele ausgestellt wurden, vgl. Horat. sat. II 7, 95ff. 9) Vgl. F. Wickhoff, Römische Kunst (Schriften III) S. 175f.

lich die römischen Kaiser selbst redeten durch sie zum Volke. Bilder vertraten in dieser Zeit ohne Presse die Stelle von Manifesten und Proklamationen[1]), wie man auch im Mittelalter in Florenz und Rom durch historische und allegorische Bilder sich an das Volk wandte; durch solche entflammte z. B. Cola di Rienzi die Römer[2]). Jeder Triumph beschäftigte eine Menge von Künstlern, welche die Natur des besiegten Landes und die Geschichte des Feldzugs den Zuschauern des Aufzugs durch bildliche Darstellungen aller Art zu veranschaulichen hatten; vermutlich konnten hierbei oft, wenn nicht in der Regel, Skizzen von Malern benutzt werden, welche zu diesem Zwecke den Heeren beigegeben waren[3]). Bei dem Triumphe des Vespasian und Titus über Judäa wurden Schaugerüste von drei bis vier Stockwerken, mit goldgestickten Teppichen behängt, mit Ornamenten aus Gold und Elfenbein geschmückt, getragen; teils auf diesen, teils auf andern Bildern war der Krieg in seinem ganzen Verlaufe dargestellt. »Da sah man ein reiches Land verwüsten, ganze Scharen von Feinden töten, fliehen oder als Gefangene abgeführt werden, ungeheure Mauern unter den Stößen von Belagerungsmaschinen einbrechen, starke Festungen erstürmen, die Ringmauern volkreicher Städte ersteigen, das Heer sich ins Innere ergießen und alles mit Mord erfüllen, die Wehrlosen flehend die Hände erheben; man sah Feuer in Tempel schleudern, Häuser über den Bewohnern zusammenstürzen, und nach vieler Verwüstung und Trauer Wasserströme nicht über bebaute Felder, noch zum Trunk für Menschen und Tiere, sondern durch die von allen Seiten brennende Stadt sich ergießen«[4]). So wehten auch dem Don Juan d'Austria bei seinem Einzuge in Brüssel (1. Mai 1577) Banner voraus, deren Malerei die Schlacht von Lepanto und andre große Szenen seines Lebens verherrlichte[5]). Im Altertum fehlten bei Triumphen auch plastische Darstellungen nicht, namentlich Figuren der nach antiker Weise personifizierten Berge, Flüsse, Länder und Städte. Noch heute sehen wir auf einem Relief des Titusbogens, wie bei dem Triumph über Judäa die liegende Statue des Jordan getragen wurde, und wenn Triumphe über deutsche Völker bevorstanden, wurden ganz gewiß kolossale Figuren des Rhein bestellt[6]). In dem Triumphzuge Octavians nach der Schlacht bei Actium sah man ein Bild der Kleopatra mit der Natter am Arm[7]). **Bilder für Triumphzüge —**

Auch die künstlichen Scheiterhaufen, die bei der Konsekration verstorbener Kaiser nach asiatischem Gebrauche auf dem Marsfelde errichtet wurden und aus mehreren in Pyramidenform sich allmählich verjüngenden Stockwerken bestanden, deren oberstes die Bahre mit dem Toten trug, waren äußerlich über und über mit goldgestickten Decken, Elfenbeinreliefs und Gemälden bekleidet, die ohne Zweifel das Leben des vergötterten Herrschers darstellten. Wenn **kaiserliche Scheiterhaufen —**

1) Solche Bilder dienen den Kaisern zur Verbreitung der Nachricht von ihren Siegen und Erfolgen (z. B. Herodian. III 9, 12. V 5, 6. VII 2, 8), der Opposition zu Angriffen durch Karikaturen (Eunap. frg. 78, FHG IV 49). Mehr bei Burckhardt, Die Zeit Constantins² S. 272. 2) Gregorovius, Gesch. d. St. Rom VI 235ff. 3) L. Verus schreibt an Fronto, der die Geschichte des parthischen Feldzugs schreiben wollte: *quod si picturas quoque quasdam desideraveris, poteris a Fulviano accipere*, Fronto ep. ad L. Ver. II 3 p. 131 Nab. 4) Joseph. B. J. VII 139ff. 5) Motley, Abfall der Niederlande (deutsch) III 141. 6) Pers. 6, 47; vgl. Ovid. trist. IV 2, 41f.; ex Ponto III 4, 107f. Lucan. III 76. 7) Plutarch. Anton. 86, 6. Drumann, Gesch. Roms I² 368.

diese ganze, in echt barbarischer Weise zur Vernichtung bestimmte Pracht in heller Flamme aufloderte, schwang sich vom Giebeldache des Tabernakels auf dem obersten Stockwerke ein Adler in die Luft[1]).

Gerichtsverhandlungen. Nichts aber zeigt so sehr, in welchem Grade man sich gewöhnt hatte, die Malerei zur momentanen Veranschaulichung des Geschehenen zu benutzen, als ihre Verwendung vor den Schranken der Gerichte. Schon in der letzten Zeit der Republik wurden Anklagen wenigstens in Volksversammlungen durch Schildereien unterstützt, welche die angeblichen oder wirklichen Verbrechen der Angeklagten vor Augen stellten. Der Tribun A. Gabinius zeigte und erklärte im Jahre 67 dem Volke ein Bild der tusculanischen Villa des Lucull, um es von der Üppigkeit des Konsulars zu überzeugen[2]). Als Galba zu Cartagena im Jahre 68 seine Truppen aufforderte, gegen Rom zu ziehen, ließ er auf dem Tribunal vor sich, gleichsam als stumme Ankläger Neros, möglichst viele Porträts von Männern aufstellen, die Opfer seines Despotismus geworden waren[3]). Quintilian hatte selbst zuweilen gesehen, wie die Richter durch Bilder auf Holz oder Leinwand, die den Angeklagten in beschämenden oder mitleiderregenden Situationen darstellten, gegen oder für diesen eingenommen werden sollten. Er mißbilligte dieses Mittel höchlich, weil damit der Ankläger sich das Armutszeugnis ausstelle, daß ein stummes Bild beredter sei als er selbst[4]).

Bilder für Schiffbrüchige. Wie es gemalte Anklagen gab, gab es auch gemalte Bettelbriefe. Die angeblichen oder wirklichen Schiffbrüchigen führten in der Regel Bilder bei sich, die sie auf einer dunkelblauen Meeresfläche von dem Wrack ans Land schwimmend darstellten[5]), und solche wurden auch in den Tempeln als Votivtafeln aufgehängt[6]), namentlich in denen der Isis, als der Schutzpatronin der Schiffahrt; man weiß, sagt Juvenal, daß die Maler von der Isis ernährt werden[7]). Nur im **Votivbilder.** Vorbeigehen mag hier der zahllosen Votivbilder und -reliefs gedacht werden, die das gefährliche Ereignis, aus dem der Darbringer entronnen war, möglichst genau mit allen Einzelheiten vor Augen stellten[8]): Arbeiten, die zwar (wie die andern zuletzt erwähnten) in überwiegender Mehrzahl von untergeordneten Kunsthandwerkern geliefert wurden, doch sicherlich nicht ohne zahlreiche Ausnahmen; denn die Reichen und Vornehmen ließen natürlich auch solche Arbeiten von guten Künstlern ausführen. Tacitus erwähnt z. B., daß Domitian, der bei der Erstürmung des Kapitols in der Nacht des 18. Dezember 69 in großer Gefahr geschwebt hatte, auf der Stelle der Wohnung eines Tempeldieners, in der er versteckt gewesen war, dem Juppiter Erhalter eine Kapelle erbauen und darin einen Altar aufstellen ließ, der mit der Darstellung seiner Gefahren in Marmor geschmückt war[9]).

Sonstige Darstellungen persönlicher Erlebnisse. Überhaupt aber dürfte die Darstellung persönlicher Erlebnisse in Bildern und Skulpturen keineswegs ungewöhnlich gewesen sein. Wie die Amme des großen

1) Herodian. IV 2, 6ff., vgl. dazu Cumont, Revue de l'hist. des religions LXII 1910 S. 119ff. H. Graeven, Röm. Mitteil. XXVIII 1913 S. 283ff. 2) Cic. pro Sestio 93. 3) Sueton. Galba 10, 1; vgl. R. Rochette S. 358, 1. 4) Quintilian. VI 3, 72. 1, 32. 5) Pers. 6, 32f., vgl. 1, 89 (u. Schol.). Hor. a. p. 20f. Juven. 14, 302. Martial. XII 57, 12. Phaedr. IV 22, 24. 6) Horat. c. I 5, 13f. Cic. de nat. deor. III 89. 7) Juv. 12, 27f. u. Schol. 8) Daher Horat. Sat. II 1, 32 ff. *quo fit ut omnis votiva pateat veluti descripta tabella vita senis*. 9) Tac. Hist. III 74. Das angebliche Bild der Abenteuer von Daphnis und Chloe im Hain der Nymphen zu Lesbos im Eingange des Romans des Longus ist wohl auch als Votivbild der beiden Liebenden gedacht.

Schauspielers Roscius einst ihren im Freien schlafenden Säugling von einer Schlange umwunden gefunden, hatte Pasiteles in einem Relief aus Silber dargestellt[1]). Im Roman des Apulejus will die Braut, die mit Hilfe des Esels den Räubern entflohen ist, ein Bild dieses Ereignisses im Atrium ihres Hauses aufstellen lassen[2]). In dem Hause des Trimalchio bei Petron sind verschiedene Wände einer Kolonnade mit der Ilias und Odyssee, einem Gladiatorenspiel und der ganzen Laufbahn des Hausherrn in teilweise allegorischer Darstellung bemalt. Man sieht ihn als Knaben auf einem Sklavenmarkt, als künftigen Liebling Mercurs mit dem Caduceus in der Hand, von Minerva in Rom eingeführt. Dann folgen Bilder, auf denen er rechnen lernt, Kassierer wird usw., alles mit Unterschriften; am Ende der Wand wird er von Mercur auf eine hohe Tribüne gehoben, ihm zur Seite steht eine Glücksgöttin mit dem Füllhorn und drei Parzen, die goldene Fäden spinnen[3]). Wie überhaupt in diesem Roman, darf man auch hier Schilderungen des in gewissen Kreisen der Gesellschaft Üblichen voraussetzen, wenigstens annehmen, daß derartige Geschmacklosigkeiten nicht gerade unerhört waren. Das Grabmal, das Trimalchio sich bestellt, erinnert übrigens daran, daß auch auf solchen Monumenten Ereignisse aus dem Leben der Verstorbenen dargestellt wurden, und zwar gewiß oft in breitester Ausführlichkeit. Trimalchio will auf dem seinigen eine von ihm veranstaltete Bewirtung der ganzen Gemeinde abgebildet haben: ihn selbst soll man auf einer erhöhten Bühne sitzen sehen, in einer purpurumsäumten Toga, fünf goldene Ringe an den Fingern, wie er aus einem Beutel Geld unter das Volk streut, ringsumher Tafeln, an denen die ganze Bürgerschaft sich gütlich tut[4]). Ein Grabstein mit Darstellungen, die den hier beschriebenen ähnlich sind, das Denkmal eines Sevirn der Augustalen in Brescia, hat sich erhalten[5]). Namentlich die hohen, obeliskenartigen Grabmäler der Maas- und Moselgegend[6]) (wie das der Secundinier zu Igel und die zerstörten von Neumagen, deren Reliefs trotz ihrer schweren Beschädigung durch Fliegerbomben im Jahre 1918 einen besonderen Schmuck des Trierer Provinzialmuseums bilden) sind auf allen Seiten mit Szenen aus dem Leben der Verstorbenen geschmückt. Sie zeigen uns den Hausherrn zu Pferde von der Jagd heimkehrend, die Hausfrau im Ankleidezimmer, von ihren Sklavinnen bedient, Kaufleute im Kontor am Zahltisch, im Warenhause an der Schnellwage, Küfer im Weinkeller, einen Obstverkauf, Gutsbesitzer, denen ihre Pächter Schafe, Fische, Geflügel, Eier bringen, einen mit Fässern beladenen Flußkahn usw. und beweisen, »daß in diesem schönen Lande bereits vor anderthalb Jahrtausenden friedliche Tätigkeit, heiterer Genuß und warmes Leben pulsiert hat«[7]).

Darstellungen von Traumgesichten.

Aber nicht bloß Erlebnisse, auch bedeutende Träume wurden durch die bildenden Künste verewigt. Eine Darstellung des wichtigsten der zahlreichen Träume, die dem Septimius Severus die Herrschaft vorherverkündigten, in sehr

1) Cic. de div. I 79. 2) Apulei. Metam. VI 29. 3) Petron. 29, 3ff. 4) ebd. 71, 9. 5) CIL V 4482, abgebildet bei Joh. Schmidt, De seviris August. S. 81ff. m. Taf. Es gab auch Malereien auf Grabdenkmälern. Lebas-Waddington 1164 = Kaibel, Epigr. gr. 347 (Cius): ἐνθάδε τήνδ' ἀνέθηκα γραφὴν σημ[άν]τορα τύμβου. 6) s. oben II 367, unten S. 85. 7) Mommsen RG. V 105f. H. Dragendorff, Westdeutschland zur Römerzeit S. 87ff. F. Hettner, Illustr. Führer durch das Provinzialmuseum in Trier S. 2ff.

großem Maßstabe in Bronze ausgeführt, hatte Herodian auf dem Forum zu Rom gesehen. Severus hatte geträumt, daß er Pertinax auf einem königlich geschmückten Pferde über die heilige Straße reiten sah; aber am Anfange des Forums angekommen, warf das Pferd den Reiter ab, hob Severus auf seinen Rücken und blieb mitten auf dem Forum mit ihm stehen[1]). Cassius Dio hatte in Mallos in Cilicien das Bild eines Traumorakels gesehen, das dem S. Quintilius Condianus dort von dem Heros Amphilochus erteilt worden war, und das jener sich hatte malen lassen: ein Knabe, der zwei Schlangen erwürgt, und ein Löwe, der ein Hirschkalb verfolgt. Daß und wie dies auf den Untergang der beiden Brüder Quintilius hindeutete, erkannte man erst, als derselbe im Jahre 183 erfolgt war[2]). In Lebena auf Kreta weihte nach einer noch vorhandenen Inschrift ein Diodorus dem Asklepios für die Herstellung seiner Augen »zwei Traumgesichte«, d. h. bildliche Darstellungen derselben[3]).

Für die Dauer bestimmte Bilder. Die denkwürdigsten Vorgänge und Begebenheiten sollten durch plastische und malerische Darstellungen nicht bloß für bestimmte Veranlassungen veranschaulicht, sondern für alle Zeiten dem Andenken der Nachwelt erhalten werden. Schlachten und Belagerungen, Friedensschlüsse und Verträge, Triumphe, Standreden, Wohltätigkeitshandlungen, Opfer, Jagden usw. der Kaiser, ferner Schauspiele, besonders Gladiatorenkämpfe und Tierhetzen, wurden während der ganzen Kaiserzeit in allen Maßstäben massenweise durch Skulptur, Malerei und Mosaik verewigt, seit dem 3. Jahrhundert hauptsächlich durch die beiden letzteren Künste, da teils die Technik der Plastik immer unbehilflicher wurde, teils große bunte Schilderungen ohne Zweifel dem Geschmack wie dem Illusionsbedürfnis der Massen mehr zusagten[4]). Der traurige Verfall, den schon die Reliefs am Triumphbogen des Septimius Severus zeigen, läßt vermuten, daß z. B. die gewiß sehr umfangreiche Darstellung seiner sämtlichen Taten in einer wahrscheinlich von seinem Sohne erbauten Säulenhalle[5]) in Malerei oder Mosaik ausgeführt war. Wenn nach dem Tode eines verhaßten Regenten seine Statuen und Denkmäler umgestürzt und zerstört wurden, blieben auch solche Bilder natürlich nicht verschont. So ließ der Senat ein großes, vor der Kurie aufgestelltes Bild, auf dem Maximinus einen von ihm über die Germanen erfochtenen Sieg hatte malen lassen, nach seinem Falle verbrennen[6]). Doch vieles entging auch in solchen Fällen der Zerstörung, besonders im Innern der kaiserlichen Schlösser.

Porträtmalerei. Porträtbilder lieferte die Malerei natürlich vorzugsweise für innere Räume, also mehr für private als öffentliche Zwecke, doch waren neben Ehrenstatuen auch Ehrenbilder, die in Tempeln oder öffentlichen Gebäuden angebracht

1) Herodian. II 9, 5 f.; vgl. dazu Hasebroek, Untersuch. z. Gesch. d. Kaisers Septimius Severus S. 43 f. S. auch unten [S. 167]. 2) Cass. Dio LXXII 7, 1 f. 3) Kaibel, Epigr. gr. 839. Eine solche bildliche Darstellung eines Traumgesichts auf einem Relief aus Amphipolis mit Weihung an den thrakischen Schlaf- und Traumgott Totoes, P. Perdrizet, Bull. de corr. hell. XXII 1898 S. 350 ff. 4) Burckhardt, Zeit Constantins² S. 269 ff. 5) Hist. aug. Sever. 21, 12; Carac. 9, 6; v. Domaszewski, Sitz.Ber. Akad. Heidelb. 1916 Abh. 7 S. 7 und 1918 Abh. 13 S. 46 erklärt diese Säulenhalle für eine Erfindung des Fälschers. 6) Herodian. VII 2, 8 = Hist. aug. Maximini duo 12, 10 f. Mosaikbild des Theoderich auf einer Wand auf dem Forum zu Neapel Procop. B. G. I 24, 22. Mosaiken im kaiserlichen Palast zu Byzanz, Taten Justinians darstellend, Proc. de aedif. I 10 p. 204 Dind.

Porträts der Kaiser.

wurden, besonders in griechischen Städten nicht selten[1]). Nero ließ sich auf Leinwand in einer Figur von 120 Fuß (= 35 ½ Meter) Höhe malen[2]). Herodian hatte ein Bild gesehen, auf dem ein Leib einen Kopf mit zwei Gesichtern, Alexanders des Großen und Caracallas, trug[3]). Elagabal kündigte sich durch ein nach Rom vorausgesandtes großes, selbstgemaltes Bild dort an, auf dem er in einheimischer Priestertracht seinem Gotte opfernd dargestellt war, mit dem Befehl, es im Senatssaal über der Statue der Victoria anzubringen[4]). Die Einfachheit der Kleidung des Claudius Gothicus sah man noch in Julians Zeit an dessen Bildern[5]); und die Ähnlichkeit Theodosius des Großen mit Trajan ließ sich aus den Bildern des letzteren feststellen[6]). Als Constantin die Statuen des alten Maximianus niederreißen ließ, verschwanden auch seine Bilder von den Wänden[7]). Die »Sitte der Könige«, sich zur Brautwahl Porträts von Prinzessinnen senden zu lassen, von welcher Honorius bei Claudian spricht[8]), dürfte im Orient heimisch gewesen sein[9]) und von dort sich in den Westen verbreitet haben. Die jüdische Fürstin Alexandra sandte auf den Rat des Dellius an Marcus Antonius Porträts ihrer beiden Kinder, des sechzehnjährigen Aristobulus und der Gemahlin des Herodes Mariamne, um durch die wunderbare Schönheit beider ihn für ihr Anliegen (die Verleihung des Priestertums an Aristobulus) günstig zu stimmen[10]).

Porträts orientalischer Prinzessinnen zur Brautwahl.

Porträts von Privatpersonen.

Auch im Privatleben wurde die Porträtmalerei ganz allgemein in Anspruch genommen, um die Züge und Gestalten berühmter und interessanter, geliebter und verehrter Personen für einzelne wie für größere Kreise festzuhalten. Ein Porträt der durch ihr Verhältnis zu dem jugendlichen Pompejus berühmten, wunderschönen Kurtisane Flora stellte Metellus Dalmaticus in dem von ihm restaurierten und mit Gemälden und Statuen geschmückten Kastortempel am Forum auf[11]). Die Freunde des Atticus in Athen besaßen das Porträt Epikurs auf Bildtafeln, Trinkbechern und Ringsteinen[12]). Die Bilder der damals gesuchtesten Porträtmaler Roms, Sopolis und Dionysius, füllten noch in Plinius Zeit die Galerien; viel höher als ihre Bilder wurden jedoch die Frauenporträts der unvermählt gebliebenen Malerin Jaja aus Cyzicus bezahlt, die auch sich selbst im Spiegel gemalt hatte[13]). Unter den Wandbildern Pompejis sind besonders bemerkenswert die Porträts des Bäckermeisters P. Paquius Proculus mit seiner Frau[14]) und ein neuerdings aufgedecktes Miniaturporträt hinter Bergkristall[15]).

1) Εἰκὼν γραπτὴ τελεία eines αὐλητὴς ἐν Διονυσίῳ (Teos) CIG 3068 B. Vgl. 3524 (Cyme). 3085. 2775 c. d (Aphrodisias): εἰκόνας γραπτὰς ἐν ὅπλοις ἐπιχρύσοις, in Lycien häufig Ehrungen εἰκόνι χαλκῇ καὶ εἰκόνι γραπτῇ ἐπιχρύσῳ, z. B. IGR III 488. 515 und in den Opramoas-Inschriften ebd. 739 II 76. IV 86. V 47. IX 5 (s. dazu Dittenberger, Or. gr. 571 n. 4). CIL XIV 2410 = Dessau 6190 (Bovillae, 158 n. Chr.): *quod permiserunt in clupeo, quod ei posuerun*[*t ante*] *templum noum* (sic), *pingere effigiem Ma*[*nliae*] *Severinae virginis Albanae maxi*[*mae soro*]*ris suae post excessum vitae eiu*[*s*]. Vgl. Marquardt, Privatl.² 244, 4. Aufstellung der Statue eines Patrons *cum picturam similitudinis eius* (Aquinum) CIL X 5426. 2) Plin. n. h. XXXV 51. 3) Herodian. IV 8, 2. 4) ebd. V 5, 6f. (εἰκόνα μεγίστην γράψας παντὸς ἑαυτοῦ). 5) Julian. orat. 1 p. 7 A. 6) Victor Epit. 48, 8. Vgl. über Gemälde der Kaiser Gothofred. zu Cod. Theodos. XV 4, 1. 7) Lact. de mort. persec. 42, 1. 8) Claudian. epithal. de nupt. Honor. 23—27. 9) *Regum externorum consuetudine* Tac. A. XVI 6: nach der Sitte orientalischer Könige. 10) Joseph A. J. XV 26f. 11) Plutarch. Pompei. 2; vgl. Jordan, Topogr. I 2 S. 371, 79. 12) Cic. de fin. V 3. 13) Plin. n. h. XXXV 147f.; der Name der Malerin ist wahrscheinlich entstellt. 14) Delbrück, Antike Porträts Taf. 38, vgl. S. XLIX. 15) Notiz. d. Scavi 1910 S. 382; ein Mosaikporträt ebd. 1898 S. 172f.

Die Angabe des Plinius, daß die Porträtmalerei durch die Mode der bronzenen und silbernen Medaillons völlig verdrängt worden sei, bezieht sich zunächst auf die Atrien vornehmer Häuser; eine große Verbreitung dieser Medaillons war durch ihre Kostbarkeit ausgeschlossen.

Porträts in Büchern — Bereits in der letzten Zeit der Republik entstanden infolge der Beliebtheit von Porträtbildnissen Zusammenstellungen von solchen, die durch den Buchhandel verbreitet wurden. Atticus gab eine Sammlung von Porträts berühmter Römer mit kurzen Unterschriften biographischen Inhalts heraus; Varro ein großes Werk, das 700 Bildnisse von Griechen und Römern (Staatsmännern, Feldherrn, Dichtern, Schriftstellern, Gelehrten, Künstlern usw.) enthielt und diesen nach dem Ausdruck des Plinius durch seine Versendung in alle Länder eine Art Allgegenwart verlieh[1]). Mindestens die Porträts der Autoren vor ihren Schriften blieben gewöhnlich. Seneca spricht von den Werken großer Geister, die samt deren Bildnissen vervielfältigt sind[2]); Martials erste Sammlung von Sinngedichten war mit dem Bildnisse des Dichters geschmückt[3]); er erwähnt eine kleine Pergamentausgabe des Vergil mit einem solchen[4]) und bezeichnet philosophische Bücher als diejenigen, welche durch Köpfe mit struppigem Haar und Bart verunziert werden[5]). Vermutlich ist auch bei den Augenkrankheiten, welche nach Galen Maler sich durch Malen auf weißem Pergament zuzogen, an diese Titelbilder und andre Illustrationen der Bücher zu denken[6]). Der nestorianische Christ Honein ibn Isḥâq († 873) sagt, daß in den alten Rollen, aus denen er griechische Autoren ins Syrische und Arabische übersetze, am Anfange jedes Buchs eines Philosophen dessen Figur auf einem Hochsitz, vor dem die Schüler in Bibliotheken. standen, abgebildet war[7]). Die Bibliotheken wurden nicht bloß mit Büsten und Hermen[8]), sondern auch mit gemalten Porträts der Schriftsteller geschmückt. Der jüngere Plinius bestellte bei einem Freunde in einer Stadt Oberitaliens (im Lande der Insubrer) Bilder des Cornelius Nepos und des epikureischen Philosophen T. Catius, die dort geboren waren, für die Bibliothek eines andern Freunds: er bittet, die Kopien der dort vorhandenen Porträts einem möglichst zuverlässigen Künstler zu übertragen[9]).

Allgemeine Verwendung der Porträtmalerei. Ohne Zweifel hatte man wenigstens in jeder größeren Stadt die Wahl zwischen mehreren Künstlern und war in der Lage, sich nur für einen bewährten entscheiden zu dürfen[10]). Martial ließ sich für den an der Donau kommandierenden Cäcilius Secundus malen[11]); sein Porträt für die Bibliothek des Stertinius Avitus kann ebenfalls ein gemaltes gewesen sein[12]); er erwähnt ferner Porträtgemälde

1) Plin. n. h. XXXV 11. Nep. Attic. 18, 5. 2) Seneca de tranquill. animi 9, 7. 3) Crusius, Rhein. Mus. XLIV 1889 S. 455. Immisch, Hermes XLVI 1911 S. 484. 4) Martial. XIV 186. Über Porträts von Dichtern und Schriftstellern in Handschriften s. E. Bethe in der Leidener Reproduktion des Ambrosianus des Terenz (1903) S. 60ff. 5) Martial. IX 47, 2: *quidquid et hirsutis squalet imaginibus.* 6) Galen. III 776. 7) Steinschneider, Hebräische Bibliographie XXI 1881 S. 36. 8) In der Inschrift CIL VI 8679 *Onesimus Caes(aris servus) vilic(us) thermar(um) bybliothe(cae) Graec(ae)* ist *thermar.* nicht in *hermar.* zu ändern; vielleicht war er in der Bibliothek in den Alexanderthermen angestellt, Hirschfeld, Röm. Verw.-Beamt. 304, 5. M. Ihm, Centralbl. f. Bibliothekswesen X 1893 S. 527. 9) Plin. ep. IV 28. 10) Scribon. Larg. compos. praef. p. 4, 10 Helmr. *cum interim nemo ne imaginem quidem suam committat pingendam nisi probato prius artifici per quaedam experimenta atque ita electo.* 11) Martial. VII 84. Vgl. Mommsen, Ges. Schrift. IV 413, 4. 12) Martial. IX praef.

des Tragödiendichters Memor, des Cäsonius Maximus, des (im Alter von 20 Jahren verstorbenen) Camonius Rufus als Kind, des M. Antonius Primus (das er mit Violen und Rosen bekränzte): sämtlich, wie es scheint, Brustbilder[1]). Statius hatte die Mutter des Claudius Etruscus nicht persönlich gekannt; aber ihr Bild zeigte ihm, daß ihre außerordentliche Schönheit dem Rufe entsprach[2]). Daß Familien von ihren verstorbenen Angehörigen nicht bloß plastische, sondern auch gemalte Bildnisse machen ließen, war offenbar ganz gewöhnlich[3]). Die Züge des Antinous kannte Pausanias aus dessen Statuen und Bildern, letztere waren besonders zahlreich in seinem Tempel zu Mantinea, wo er meist als Dionysos gemalt war[4]). Commodus ließ seine Geliebte Marcia als Amazone malen[5]). Die Mutter des Sophisten Alexander Peloplaton war, wie ihre Gemälde bewiesen, von seltener Schönheit und der Helena des Eumelus ähnlich[6]). Ein Bild des Sophisten Varus aus Perge sah man in dem dortigen Tempel der Artemis[7]). Plotinus, der sich weigerte, einem Maler oder Bildhauer zu sitzen, wurde ohne sein Wissen von dem besten damaligen Maler Carterius gemalt, der seinen Vorträgen beiwohnte und dann sein Porträt nach der Erinnerung ausführte[8]). Auch der Spott Lucians über die Torheit derer, die den Porträtmalern auftrugen, sie zu verschönern, »etwas von der Nase abzunehmen, die Augen schwärzer zu machen« usw., was besonders Frauen taten, setzt eine allgemeine Anwendung der Porträtmalerei voraus[9]); desgleichen die Bemerkung Plutarchs, daß die Maler nur nach der Ähnlichkeit des Gesichts, in welchem sich der Charakter offenbart, strebten, um die übrigen Körperteile aber sich wenig kümmerten[10]). Die Rede des Malers, der sich in ein von ihm porträtiertes Mädchen verliebt hat, war ein Thema der griechischen Rhetorenschule[11]).

Einen überraschenden Einblick in die von ägyptischen Griechen geübte Porträtmalerei haben uns die zahlreichen, auf Holz gemalten Bildnisse gewährt, die im Faijûm am Mörissee zum Vorschein gekommen sind; sie waren bestimmt, über dem Gesichte der Mumie in deren Umhüllung eingelassen zu werden und so die Züge der Verstorbenen zu zeigen[12]). »Sie stammen alle aus der Kaiserzeit, die meisten aus dem 2. Jahrhundert. Teils mit Wachsfarben, teils mit Temperafarben, teils in gemischter Technik ausgeführt, bieten sie lebensvolle Darstellungen von Männern und Frauen von höchst individuellem Gepräge; man glaubt das Völkergemenge Ägyptens vor sich zu sehen«[13]).

Plastische Darstellungen von Personen.

Die zur Aufstellung in unbedeckten, besonders öffentlichen Räumen bestimmten Bildnisse von Personen konnten fast nur plastische sein. Ein immerhin nicht geringer Teil derselben hat sich erhalten, von einem bei weitem größeren die

1) Martial XI 9. VII 44. IX 74. 76. X 32. 2) Stat. silv. III 3, 112f. 3) Plin. ep. III 10, 6. 4) Pausan. VIII 9, 7. 5) Hist. aug. Commod. 11, 9. 6) Philostrat. Vit. soph. II 5, 1. 7) ebd. II 6. 8) Porphyr. Vit. Plotini 1, 1. 9) Lucian. Quom. hist. conscr. s. 13; Pro imag. 6. Vgl. Eunap. v. soph. p. 460, 51 Boiss. 10) Plutarch. Alex. 1, 5. 11) Liban. prog. XI 27 (VIII 435 F.). 12) Vgl. damit die karthagischen Steinsarkophage aus dem 4. und 3. Jahrhundert v. Chr., die auf dem Deckel die bemalte Reliefdarstellung des Verstorbenen in ganzer Figur zeigen (A. Schulten, Arch. Anz. 1904 S. 118ff.), offenbar unter ägyptischem Einfluß. 13) Michaelis-Wolters a. a. O. S. 551; vgl. dazu Wilcken, Arch. Anz. 1889 S. 1ff. Wickhoff, Röm. Kunst (Schriften III) S. 174f. Gute Abbildungen bei G. Möller, Das Mumienporträt (Wasmuths Kunsthefte 1), dort auch Literaturangaben.

mit Inschriften versehenen Postamente: und diese äußerst zahlreichen Überbleibsel, verbunden mit Nachrichten der Schriftsteller, lassen uns von der wahrhaft unglaublichen Menge sowie den Gattungen und Veranlassungen dieser Monumente einen ganz andern Begriff gewinnen, als die angeführten dürftigen Nachrichten von der Verwendung der Malerei zu persönlicher Darstellung. In der Tat ist nichts so geeignet, von der Unermeßlichkeit der künstlerischen Produktion in den beiden ersten Jahrhunderten eine annähernde Vorstellung zu geben, wie eine Betrachtung der Hauptgattungen der zum öffentlichen oder Privatgedächtnis bestimmten persönlichen Bildwerke dieser Zeit.

Büsten und Statuen der Kaiser; ihre allgemeine Verbreitung und ihr Kultus.

In erster Reihe stehen hier die Büsten, Medaillons und Statuen der Kaiser und Personen der kaiserlichen Familie. Ein öffentlich aufgestelltes Bild des regierenden Kaisers konnte schon darum in keiner Stadt, in keinem Lager[1]) fehlen, weil es bald Gegenstand eines überall eingeführten und geforderten Kultus war. Schon zu Ehren Cäsars hatte der Senat beschlossen, »daß seine Statue in den Städten und in allen Tempeln Roms sein sollte«[2]). Augustus hatte den Kult seiner Person auf die Provinzen beschränkt, Tiberius die Aufstellung seiner Statue unter den Bildern der Götter überhaupt verboten und nur unter den zum Schmucke der Tempel dienenden Kunstwerken erlaubt[3]). Noch Caligula erließ im Anfange seiner Regierung ein ähnliches Verbot, das er aber schnell zurücknahm[4]); und bald hatten, wie Josephus sagt, alle unterworfenen Völkerschaften Stadt für Stadt neben den andern Göttern auch seine Bildsäule aufgestellt[5]). Vielleicht schon seit dem Anfange des Kaisertums, jedenfalls wohl seit der Mitte des 3. Jahrhunderts, bestand die Sitte, daß bei jedem Regierungsantritt lorbeerbekränzte Bilder des neuen Kaisers (die allerdings auch gemalte sein konnten und in der späteren Zeit wohl in der Regel solche waren) in die Provinzialstädte gesandt wurden; Trompetenschall kündigte sie an, ein langer Zug von Soldaten schritt dem reich geschmückten Träger des Bildnisses voraus, das Volk zog ihm zum festlichen Empfange mit Lichtern und Weihrauchfässern entgegen[6]). Verfolgten, namentlich Sklaven, boten die Kaiserbildnisse ein Asyl[7]); man huldigte ihnen wie den Götterbildern mit Opfern und Spenden von Weihrauch und Wein. Unter Domitian war die auf das Kapitol führende Straße nicht breit genug für die Herden von Opfertieren, die dort fortwährend hinaufgeführt wurden, um, wie Plinius sagt, die scheußlichen Bilder des Despoten mit

1) Mommsen StR. I³ 450. II³ 814f. Tac. Hist. I 36: *in suggestu, in quo paulo ante aurea Galbae statua fuerat, medium inter signa Othonem.* IV 37: *Vitellii tamen imagines in castris et per proximas Belgarum civitates repositae, cum iam Vitellius occidisset.* Hist. aug. Elagab. 13, 7: *misit qui et in castris statuarum eius titulos luto tegeret.* Vgl. O. Hirschfeld, Arch. epigr. Mitt. II (1878) S. 179f. und über *signa castrensia* zu CIL XII 3058 (Nemausus): *signa deorum argentea castrensia.* Die Aufstellung der Statue auch des Thronfolgers im Fahnenheiligtum ist von Hadrian verfügt worden, der die Form, durch Ernennung eines Cäsars über die Nachfolge zu bestimmen, erdacht hat. v. Domaszewski, Westd. Zeitschr. XIV (1895) S. 72. 2) Cass. Dio XLIV 4, 4. 3) Sueton. Tiber. 26, 1. Cass. Dio LVII 9, 1. Dagegen errichtet der Senat dem Nero im Tempel des Mars Ultor eine Statue von gleicher Größe wie die des Gottes, Tac. A. XIII 8. 4) Cass. Dio LIX 4, 4. 5) Joseph B. J. II 194. 6) Gothofred. zu Cod. Theodos. VIII 11, 4. 5. Mommsen StR. II 2³ S. X 1. 7) Philostr. Apoll. Tyan. I 15. Plin. ad Trai. 74, 1. Sueton. Aug. 17, 5; Tiber. 53, 2. Gaius I 53. Cod. Iust. I 25, wo *confugere ad imperatoria simulacra* gleichbedeutend mit dem allgemeinen Ausdrucke *ad statuas confugere* (Seneca Controv. X 2, 10. Seneca de clem. I 18, 2. Digest. I 6, 2. 12, 1 § 1. XXI 1, 19 § 1 u. a.) gebraucht ist.

so viel Blut zu verehren, als er selbst Menschenblut vergoß[1]). Die Weigerung der Adoration wurde als Majestätsbeleidigung bestraft und war ein Hauptgrund der Christenverfolgungen[2]). Doch auch in der christlichen Zeit dauerte der heidnische Kultus der Kaiserbildnisse fort, und Theodosius II. sah sich im Jahre 425 veranlaßt, ihn durch einen eignen Erlaß einzuschränken, damit »eine Verehrung, welche die Menschenwürde übersteigt, der Gottheit gewahrt bleibe«[3]). Noch viel strenger als die Weigerung der Adoration wurde jede Antastung oder Beleidigung der Kaiserbildnisse geahndet, am schärfsten bei Soldaten. Schon im Jahre 15 wurde Granius Marcellus, Prätor von Bithynien, der einer Statue des Augustus den Kopf abgenommen hatte, um den des Tiberius aufzusetzen, wegen Majestätsverletzung angeklagt und entging mit Not der Verurteilung; bald galt es als Kapitalverbrechen, bei dem Bilde des Augustus einen Sklaven geschlagen, die Kleider gewechselt zu haben[4]). Ausdrücklich bemerken die Juristen des 3. Jahrhunderts, daß, wer verworfene Statuen des Kaisers einschmelze, sich der Majestätsverletzung nicht schuldig mache; ebensowenig, wer schadhaft gewordene ausbessere, wer eine durch einen Steinwurf zufällig treffe; auch den Verkauf von noch nicht konsekrierten Kaiserbildnissen erklärten Severus und Caracalla nicht für strafbar: um so selbstverständlicher ist, daß es die Einschmelzung oder sonstige Antastung von bereits konsekrierten war[5]).

Zerstörung der Denkmäler verhaßter Kaiser, besonders Domitians.

Je schwerer nun unter der Regierung verhaßter Kaiser der Zwang der Verehrung ihrer Bildnisse ertragen wurde, desto leidenschaftlicher tobte sich die lange verhaltene Volkswut bei einem Regierungswechsel in ihrer Zerstörung und Beschimpfung aus[6]). Am allgemeinsten war vielleicht der Ausbruch der Volkswut beim Tode Domitians, und darum auch die Zerstörung seiner Denkmäler die gründlichste. Ganz Rom war voll von seinen prahlenden, häufig kolossalen Monumenten, die besonders zahlreich am Aufgange von der heiligen Straße zum Palatium standen[7]), und nicht das Kapitol allein war mit seinen goldenen und silbernen Statuen und Bildnissen angefüllt[8]), sondern, wie Cassius Dio sagt, fast das ganze Reich[9]). Auf die Nachricht von seiner Ermordung machte der Senat seiner Freude nicht bloß durch laute Schmähungen des Gefallenen Luft, sondern beschloß, daß sogleich Leitern gebracht, seine Medaillons und Bildnisse herabgerissen und auf den Boden geschmettert, dann, daß seine Inschriften überall ausgemeißelt und sein ganzes Gedächtnis vertilgt werden solle[10]). Der Umsturz und die Zerstörung seiner zahllosen kostbaren Statuen, sagt der jüngere Plinius 4 Jahre später, war ein der allgemeinen Freude gebrachtes Opfer. Man freute sich, das übermütige Gesicht gegen den Boden zu schlagen,

1) Plin. Paneg. 52, 7. 2) Plin. ad Tr. 96, 5 f. 3) Cod. Theodos. XV 4, 1. 4) Tac. A. I 74, vgl. Sueton. Tiber. 58. Gamurrini, Strena Helbigiana (1900) S. 93 ff. Philostr. Apoll. Tyan. I 15. Mommsen, Strafrecht S. 585, 1. 5) Dig. XLVIII 4, 4 § 1. 5 f. 7 § 4. 6) Auch die Statuen Napoleons und seiner Familie wurden 1813 in Massa und Carrara zertrümmert: Eggers, Christian Daniel Rauch I 133. 7) Martial. I 70, 6. 8) Plin. Paneg. 52, 3; andre als goldene und silberne wurden von ihm dort überhaupt nicht zugelassen, und auch diese nur von einem bestimmten Mindestgewicht, Sueton. Domitian. 13, 2. Stat. silv. V 1, 189 f. 9) Cass. Dio LXVII 8, 1. 10) Sueton. Domitian. 23, 1. Gewiß wurde auch die von Statius beschriebene Reiterstatue auf dem Forum umgestürzt, Jordan, Eph. ep. III p. 257; vgl. Hülsen, Das Forum Romanum² S. 128 f.

mit Eisen, mit Beilen dagegen zu wüten, als wenn die Schläge verwunden und Schmerzen zufügen könnten. Niemand konnte seine Freude und den so späten Jubel so weit mäßigen, daß es ihm nicht als eine Rache erschien, den Körper und die Glieder zerrissen und verstümmelt, endlich das finstere und abschreckende Gesicht in die Flammen geworfen und geschmolzen zu sehen[1]). Diese oder eine ähnliche Stelle hat die von Procop erzählte Sage veranlaßt: Domitian sei in Stücke zerrissen worden, seine Gemahlin habe mit Erlaubnis des Senats die Stücke des Körpers zusammengesetzt und danach eine Bronzestatue gießen lassen; diese, die am Aufgange zum Kapitol vom Forum rechter Hand stand, war nach Procop die einzige vorhandene Domitians und zeigte die größte Ähnlichkeit zwischen ihm und Justinian[2]). Ähnliche Zerstörungen wie die Bildnisse des Domitian erfuhren die des Commodus[3]), Maximinus (die Gemälde des letzteren wurden zum Teil mit schwarzer Farbe überzogen)[4]) und andre: infolge der unaufhörlichen Empörungen, Bürgerkriege und gewaltsamen Thronwechsel in den späteren Jahrhunderten wiederholten sich solche Szenen immer von neuem bis in die letzten Zeiten des Altertums[5]). Daß in diesen (wie natürlich nicht selten auch früher) statt der Zerstörung meist eine Umwandlung der Bildnisse stattfand, bezeugt Hieronymus: wenn ein Tyrann getötet wird, werden auch seine Statuen und Bilder umgestürzt, und nachdem nur das Gesicht verändert und der Kopf abgenommen ist, das Gesicht des Siegers aufgesetzt, um später mit neuen Köpfen vertauscht zu werden, während der Körper derselbe bleibt[6]).

Erhaltung der Kaiserdenkmäler, hauptsächlich durch die Konsekration.

Doch in den beiden ersten Jahrhunderten ist, soviel wir wissen, Domitian der einzige Kaiser gewesen, dessen Bildnisse überall vernichtet wurden und der Zerstörung nur ausnahmsweise entgingen. Denn die Statuen und Denkmäler des Commodus müssen wenigstens zum Teil wieder aufgerichtet worden sein. Am 1. Januar 193 hatte der Senat mit leidenschaftlichen Akklamationen die Niederreißung der Bildsäulen »des Vaterlandsfeinds, des Mörders, des Gladiators« dekretiert und an Stelle einer der Kurie gegenüber stehenden, ihn (wie so viele andre) als Hercules mit drohend gespanntem Bogen darstellenden Statue die der Göttin der Freiheit errichten lassen[7]). Im Jahre 197 wurde derselbe Senat von Septimius Severus gezwungen, Commodus als Gott anzuerkennen[8]). Selbstverständlich sicherte die Konsekration auch die fernere Dauer der Bildnisse und veranlaßte selbst die Errichtung neuer[9]). Wie Severus die Apotheose des Commodus und Pertinax, so ließ Macrinus die des Caracalla, durch dessen Er-

1) Plin. a. a. O. § 4. 5. Vgl. die ganz ähnliche Beschreibung der Zerstörung einer kolossalen Bronzestatue Albas in Antwerpen (1577), bei Motley, Abfall der Niederlande (deutsch) III 204.
2) Procop. Hist. arcana 8 p. 55 f. Dind.
3) Cass. Dio LXXIII 2, 1. Hist. aug. Commod. 20, 4; Pertin. 6, 3.
4) Euseb. H. e. IX 11, 2; vgl. Hist. aug. Elagab. 13, 7.
5) Marcellin. Comes z. J. 512 (Mommsen, Chron. min. II 98, 4) *Areobindam sibi imperatorem fieri clamitant, imaginibus deinde statuisque Anastasii in terram deiectis* usw.
6) Hieronym. in Habacuc II 3, 14 (Migne lat. XXV 1329).
7) Herodian. I 14, 9.
8) Hist. aug. Sever. 12, 8. 19, 3. Victor Caes. 20, 30. Cass. Dio LXXV 7, 4. Vgl. dazu Hasebroek, Untersuch. z. Gesch. d. Kaisers Septim. Severus S. 89ff. 105.
9) Von seinen zahlreichen erhaltenen Bildnissen (Bernoulli, Röm. Ikonogr. II 2, 226ff.) sind am bemerkenswertesten die jugendliche Büste im Kapitol (Delbrück a. a. O. Taf. 48/49) und die technisch hervorragende im Konservatorenpalast, die ihn als Hercules darstellt (Helbig, Führer^3 nr. 930).

mordung er auf den Thron gelangt war, vom Senat beschließen, bei welcher Gelegenheit er die Errichtung von zwei Statuen des Septimius Severus in Triumphaltracht, und sechs Caracallas (zwei Reiterstatuen, zwei stehende in kriegerischer, zwei sitzende in bürgerlicher Tracht) verfügte[1]). Außer Domitian sind die nicht unter die Götter versetzten Kaiser der beiden ersten Jahrhunderte Tiberius, Caligula, Nero, Galba, Otho, Vitellius gewesen (die von Nero, wohl nach dem Tode der Octavia, aufgehobene Konsekration des Claudius wurde von Vespasian wiederhergestellt)[2]). Die auch von all diesen, zum Teil verhältnismäßig sehr zahlreich erhaltenen Bildnisse und Denkmäler bezeugen hinlänglich, daß die Konsekration keineswegs eine unerläßliche Bedingung der Erhaltung war. Daß sie diese aber am wirksamsten sicherte, ist selbstverständlich. In Tarraco, der Hauptstadt des diesseitigen Spaniens und zugleich dem Mittelpunkte des dortigen Kaiserkults, war einer der angesehensten Männer vom Provinziallandtage »zur Instandhaltung der Statuen des vergötterten Hadrian« eigens erwählt worden[3]). In den Besitz des jüngeren Plinius waren mit verschiedenen Grundstücken auch die auf denselben errichteten Statuen der früheren Kaiser übergegangen und dort von ihm erhalten worden. Schon unter Nerva hatte er zu Como einen Tempel erbauen wollen, um sie darin aufzustellen, doch verzögerte sich die Ausführung, und im Jahre 101 erbat und erhielt er nochmals von Trajan die Erlaubnis, jene Statuen nach Como zu versetzen und die Trajans hinzuzufügen[4]). Die Konsekration trug aber auch zur Vermehrung der betreffenden Denkmäler bei, insofern die immer wachsende Gruppe der vergötterten Kaiser und Kaiserinnen[5]) zu monumentalen und Kultuszwecken auch als Ganzes neu hergestellt wurde. So gab es in Rom seit der Mitte des zweiten Jahrhunderts einen Gesamttempel der vergötterten Kaiser auf dem Palatin[6]), einen andern erbaute der Kaiser Tacitus, Alexander Severus errichtete auf dem Forum des Nerva ihre Kolossalstatuen[7]). Zuweilen verband sich mit dem offiziellen Kultus eine unbefohlene allgemeine Verehrung zur Erhaltung und Erneuerung kaiserlicher Bildnisse[8]). Mit anhänglichster Pietät hielt die römische Welt die verklärte Gestalt Marc Aurels unter den guten Geistern fest, zu denen sie sich im Gebet wandte: länger als ein Jahrhundert nach seinem Tode sah man noch in vielen Häusern seine Statue unter den Hausgöttern[9]).

Schnelle Herstellung der Kaiserdenkmäler im ganzen Reich.

Schon weil die möglichst schnelle Aufstellung der kaiserlichen Bildnisse in allen Städten und Lagern zu den ersten Sorgen jeder neuen Regierung gehörte,

1) Hist. aug. Macrin. 6, 8 (vgl. dazu v. Domaszewski, Sitz.Ber. Akad. Heidelb. 1918 Abh. 13 S. 45 f.). Die erhaltenen Bildnisse (Bernoulli a. a. O. II 3, 47 ff.), die 'mit unheimlicher Gewalt die grundböse Natur des verbrecherischen Kaisers verkörpern' (Michaelis-Wolters a. a. O. S. 531), zeigen in anschaulicher Weise, was damals die römische Porträtkunst noch zu leisten vermochte. 2) Sueton. Claud. 45. O. Hirschfeld, Götting. gel. Anz. 1873 S. 747 f. Nordmeyer, Jahrb. f. Philol. Suppl. XIX 1893 S. 291 ff. 3) CIL II 4230 = Dessau 6930 (wo Hirschfeld a. a. O. 1870 S. 1095 richtig *ad statuas curandas* statt *aurandas* liest). 4) Plin. ad Tr. 8. Eine Örtlichkeit in Rom heißt *VII Caesares*, vgl. *negotiator vinarius a VII Caesaribus* CIL IX 4680 = Dessau 7484, *a VII Caesares argentar(ius) coactor* CIL XIV 2886. 5) Mommsen StR. II³ 818, 1. 833; Ges. Schrift. VIII 318. Liste der konsekrierten Personen des Kaiserhauses bei Beurlier, Le culte impérial (1891) S. 325 ff., dazu E. Stein, Hermes LII 1917 S. 571 ff. 6) Wissowa, Religion und Kultus d. Römer² S. 347, 3. 7) Hist. aug. Tacit. 9, 5; Alex. Sev. 28, 6. 8) Vereine der *cultores Larum et imaginis Augusti* bestehen nicht nur in Rom, sondern überall im Reiche, Wissowa a. a. O. S. 173, 3, vgl. auch Dessau zu 3543 n. 1. 9) Hist. aug. M. Aurel. 18, 6.

müssen auch in allen Zentralpunkten Italiens und der Provinzen Bildhauer und Maler zur Verfügung gewesen sein; vielleicht gehörten sie regelmäßig zu dem amtlichen Gefolge der Statthalter, Feldherrn und hohen Beamten. Daß von Galba, der erst nach der Ankunft der Nachricht von Neros Tode (9. Juni 68) aus Spanien aufbrach und Italien in langsamem Marsche erreichte, sich zur Zeit seiner Ermordung (15. Januar 69) dort »in allen Munizipien« Bildnisse befanden[1]), ist ebensowenig überraschend, wie daß noch vor der Schlacht von Cremona (Oktober 69) im Lager der Flotte zu Ravenna Bildnisse von Vitellius umgestürzt werden konnten, der erst zu Ende des Mai in Oberitalien erschienen war[2]). Aber schon auf dem Marsche von Köln über Lyon nach Italien waren ihm, bevor er noch Vienne erreicht hatte, an mehreren Stellen Reiterstatuen errichtet worden, deren Zusammensturz als übles Vorzeichen galt[3]). Der Beschluß der Errichtung einer Statue der jüngeren Faustina in Olympia, deren Postament noch vorhanden ist, kann erst gefaßt worden sein, nachdem ihr Vater durch die Adoption von seiten Hadrians Thronerbe und Mitregent geworden war, d. h. nach dem 25. Februar 138; die Inschrift des Postaments muß aber eingehauen sein, bevor die Nachricht von dem am 10. Juli desselben Jahres zu Bajä erfolgten Tode Hadrians nach Griechenland gelangte[4]). Die Herrschaft der beiden ersten Gordiane dauerte, wie es scheint, nur 20 Tage; gleich nach der Proklamierung des älteren hatten sich die Städte Afrikas mit seinen Statuen und Bildern geschmückt[5]). Die Herrschaft des Pupienus und Balbinus dauerte drei Monate (Mai bis August 238)[6]): als Maximinus zu Anfang des Juli vor Aquileja ermordet wurde, stürzte man dort seine Statuen und Bildnisse um und nötigte seine in die Stadt zugelassenen Soldaten, die der beiden Senatskaiser zu adorieren[7]); der Konsul Claudius Julianus beglückwünscht in einem an Pupienus und Balbinus (wohl gleich nach ihrer Ernennung) erlassenen Schreiben die Legionen und Hilfstruppen, »die bereits im ganzen Reiche eure Bildnisse anbeten« [8]). In den Lagern machte schon die Herstellung und Erneuerung der kaiserlichen und sonstigen Medaillonbilder, mit denen auch die Feldzeichen geschmückt waren[9]), die Anwesenheit von Künstlern wünschenswert, die dann auch zu andern Zwecken verwandt werden konnten; Caracalla ließ z. B. von Alexander dem Großen auch in den Lagern zahlreiche Statuen errichten[10]).

Ihre Errichtung durch Beamte — Die Statuen und Bildnisse der regierenden Kaiser fehlten aber nicht bloß an keinem Orte der Monarchie, sondern waren an allen größeren auch zahlreich. Sie schmückten wohl in der Regel die öffentlichen Plätze und Gebäude, besonders die der Regierung, Verwaltung und Rechtspflege. Apulejus äußert in seiner vor dem Prokonsul Claudius Maximus in Sabrata (Tripolis) gehaltenen Verteidigungsrede seinen Unwillen, daß »vor diesen Statuen des Kaisers Pius« der Sohn der Mutter schändliche Dinge vorwerfe[11]). Für die Aufstellung an solchen Orten mögen die Statthalter und sonstige Regierungsbeamte gesorgt haben: aber auch landschaftliche und Provinzialverbände sowie alle wohlhaben-

durch Provinzialverbände und Kommunen —

1) Tac. Hist. III 7. 2) ebd. III 12 f. 3) Sueton. Vitell. 9. 4) Dittenberger-Purgold, Inschr. von Olympia nr. 382. 5) Herodian. VII 5, 8. 6) v. Domaszewski, Sitz.Ber. d. Heidelb. Akad. 1917 Abhdl. 1 S. 10. 7) Hist. aug. Maximin. duo 23, 7. 24, 2. 8) ebd. Maxim. et Balbin. 17, 2. 9) Mommsen StR. II³ 814 f. v. Domaszewski, Die Fahnen im röm. Heere S. 69 ff., vgl. 56 ff. 10) Cass. Dio LXXVII 7, 1. 11) Apulei. Apolog. 85.

deren Kommunen mußten den Kaisern ihre Huldigung durch Errichtung von Statuen darbringen; und wenn dies in ausgezeichneter Weise geschehen sollte, mußten es mehrere oder kolossale oder ungewöhnlich kostbare sein. Eine eigene Gesandtschaft z. B. überbrachte an Caligula im ersten Jahre seiner Regierung die ihm vom Provinziallandtage der Provinz Achaja (Synode der Panhellenen) votierten Ehrenbezeigungen; zu diesen gehörte auch der Beschluß, ihm eine große Menge von Statuen zu errichten, doch Caligula nahm nur vier an, die an den Orten der heiligen Spiele (Olympia, Delphi, Nemea und auf dem Isthmus) stehen sollten[1]). Am zahlreichsten und ansehnlichsten werden die Bildsäulen der Kaiser in denjenigen Provinzialhauptstädten gewesen sein, deren Tempel die Mittelpunkte des von den Festgemeinschaften der Landtagsabgeordneten geübten, von den Provinzialpriestern geleiteten Kaiserkults bildeten[2]); aber auch sonst muß es bildliche Darstellungen der Kaiser überall für die Zwecke des Kultus gegeben haben, an welchem sich alle Kommunen beteiligten[3]). In Ägypten ist sogar, um die Kosten für die in den Tempeln allerorten aufzustellenden Kaiserstatuen aufzubringen, dem Volke eine (durch Scherbenquittungen bezeugte) »Statuensteuer« auferlegt worden, welche wie eine Kopfsteuer für alle Untertanen in gleicher Höhe normiert war[4]).

durch Privatpersonen.

Endlich aber durften auch Privatleute sehr oft nicht unterlassen, ihre Loyalität auf diese Weise zu bezeugen, namentlich in Rom selbst. Wenn man zur Zeit der Antonine die Bildnisse der Kaiser dort überall »in Wechselkontoren, Läden und Werkstätten, unter allen Vordächern, auf allen Vorplätzen, in allen Fenstern« aufgestellt sah, freilich meist schlecht gemalt und plump bossiert[5]): so werden auch in reichen und vornehmen Häusern gute Bilder und Statuen von ihnen nicht gefehlt haben. Überdies war auch die öffentliche Aufstellung von Kaiserstatuen durch Privatpersonen in den größeren Städten keineswegs selten.

Statuen Hadrians in Griechenland —

Von sämtlichen Kaisern ist vielleicht Hadrian derjenige gewesen, der in allen Provinzen durch die zahlreichsten Denkmäler geehrt wurde, gewiß aber nirgends durch so viele wie in dem von ihm mit Wohltaten am reichsten bedachten Griechenland. Mehrere von einzelnen Gemeinden, ganzen Kantonen, größeren Volksverbänden errichtete Statuen Hadrians lassen sich dort an vielen Orten nachweisen[6]), wie zu Delphi, Olympia, Theben, Syrus, Coronea, auf Samothrace und sonst an zahlreichen Stellen: bei weitem die meisten aber in Athen, das ihm am meisten verdankte, und wo auch die umfassendsten Nachforschungen stattgefunden haben[7]). In jedem der dreizehn keilförmigen Abschnitte des neuerdings bloßgelegten Dionysostheaters hat eine Statue Hadrians gestanden, welche bis auf eine (die große, schon früher vom Rat und Volke errichtete des Kaisers als Archonten) von den zwölf Phylen (Stämmen) Attikas nach der von ihm veranstalteten prachtvollen Feier der Dionysien im Frühjahre 125 darge-

1) IG VII 2711 (Dessau 8792). 2) Marquardt StV. I² 504ff. Vgl. z. B. über die Basen von Kaiserstatuen in Tarraco Hübner, Röm. Herrschaft in Westeuropa S. 200. 3) Toutain, Les cultes païens dans l'empire Rom. I 54ff. 102ff. 4) U. Wilcken, Griech. Ostraka I 152ff. 5) Fronto ep. ad M. Caes. IV 12 p. 74 N. Oben I 167. 6) Hertzberg, Gesch. Griechenl. II 333f.; s. die Inschriftensammlung bei Dürr, Die Reisen des Kaisers Hadrian S. 104ff. 7) Judeich, Topogr. von Athen S. 97. Inschriften von Basen IG III 464—524.

bracht waren[1]). Zwei andere erwähnt Pausanias im Kerameikos und auf der Akropolis im Parthenon. Ein ganzer Wald von Statuen Hadrians aber befand sich in und bei dem von ihm ausgebauten (129 geweihten) Tempel des olympischen Zeus. Wahrscheinlich vor den Fronten standen zwei Statuen des Erbauers aus thasischem und zwei aus ägyptischem Marmor, vor den Säulen (wohl der ringsum laufenden Kolonnaden) bronzene von überseeischen Städten, an andern Stellen andre von griechischen Städten sowie von Privatpersonen, einzeln oder gemeinschaftlich, gestiftete Standbilder, von denen noch zahlreiche Postamente und Inschriften vorhanden sind. Alle überragte eine von den Athenern hinter dem Tempel errichtete »sehenswerte Kolossalstatue«[2]). Doch können die uns bekannten Statuen Hadrians nur ein kleiner Teil der sämtlichen in Athen vorhandenen gewesen sein, wenn die gut bezeugte Nachricht wahr ist, daß die Athener einst dem Demetrius von Phaleron 360 Statuen errichtet hatten[3]). Gegen Hadrian hatten sie vielleicht noch mehr Grund zur Dankbarkeit, gewiß aber mehr Veranlassung, diese in der überschwenglichsten Weise zu äußern; überdies war die Herstellung der Statuen weniger kostspielig als 450 Jahre früher.

des Augustus in Rom.

Wie sehr nun aber auch die Provinzen und Städte wetteifern mochten, ihre Treue und Loyalität gegen den regierenden Kaiser durch zahlreiche Bildsäulen zu bekunden, so dürfte doch deren Menge und Pracht in Rom immer am größten gewesen sein. Augustus sagt in der Denkschrift über seine Taten, daß ihm zu Rom etwa 80 silberne Statuen (teils auf dem Boden, teils auf Viergespannen stehend, teils Reiterstatuen) von Staaten und Einzelnen errichtet worden seien, die er sämtlich einschmelzen ließ, um in dem Tempel des Apollo auf dem Palatin von dem gewonnenen Gelde im Namen der Stifter und dem seinigen goldene Weihgeschenke (besonders Dreifüße) aufzustellen[4]). Man kann hiernach nicht anders glauben, als daß seine bronzenen und marmornen Standbilder in Rom bereits zu seinen Lebzeiten nach Hunderten, im ganzen Reiche vielleicht nach vielen Tausenden zählten, so fabelhaft solche Zahlen gegenwärtig auch klingen mögen. Wenn übrigens in der Zeit der werdenden Monarchie die sich in so massenhaften Darbringungen äußernde Untertänigkeit noch weit von ihrer größten Verbreitung und Stärke entfernt war und überdies von Augustus geflissentlich im Zaume gehalten wurde, so ist doch keinem späteren Kaiser wie ihm als Erretter der Welt und Begründer der neuen Ordnung gehuldigt worden, auch dauerte seine Herrschaft 44 Jahre; und so mag denn allerdings die Zahl der ihm während seines Lebens wie nach seinem Tode errichteten Denkmäler größer gewesen sein als bei irgendeinem andern Regenten. Von diesem Vorrat haben sich denn auch nicht ganz unbeträchtliche Überreste erhalten[5]).

---

1) W. Weber, Untersuch. z. Gesch. d. Kaisers Hadrianus S. 161 ff. 2) Pausan. I 18, 6. Judeich a. a. O. S. 343. 3) Wachsmuth, Stadt Athen I 611, 1. Judeich a. a. O. S. 85; solche Statuen in den attischen Demen IG II 584. 1217 = Dittenberger, Syll.³ 318. 319. Über die unglaubliche Angabe des Favorinus (Ps. Dio Chrys. or. 20, 41, II 27 Arn.), daß die Athener an einem Tage 1500 Statuen des Demetrius zerstört hätten, vgl. B. Sauer, Rhein. Mus. LXXII 1918 S. 529 f. Noch Constantin στρατηγὸς ἐκείνων (der Athener) ἠξίου καλεῖσθαι καὶ τοιαύτης εἰκόνος τυγχάνων μετ' ἐπιγράμματος ἐγάνυτο πλέον ἢ τῶν μεγίστων τιμῶν ἀξιωθείς, Julian. or. 1 p. 8 CD. 4) Mommsen, Res gest. d. Aug.² p. 97. 5) Bernoulli a. a. O. II 1, 24 ff., dazu Gardthausen, Augustus II 277 ff.

Übrigens hat noch im Anfange des 19. Jahrhunderts die Produktion eines Herrscherbildnisses durch die Skulptur trotz ihrer so vielfach gehemmten Entwicklung und der Kostbarkeit ihrer Arbeiten verhältnismäßig große Dimensionen angenommen. Der erste Napoleon beherrschte (unmittelbar oder durch die von ihm abhängigen Fürsten) ein im Verhältnis zum römischen Kaiserreiche nur kleines Gebiet; das Bedürfnis nach Darstellungen seiner Person, schon darum ein sehr viel geringeres, weil dieselbe nie der Gegenstand eines religiösen Kultus war, wurde ganz überwiegend durch die zeichnenden und vervielfältigenden Künste befriedigt: dennoch sind in den drei Jahren von 1809—1812 von Carrara etwa 1500 Büsten von ihm nach Chaudet in die Welt gestreut worden[1]). Büsten Napoleons I.

Nur sehr selten und ausnahmsweise können in den ersten Jahrhunderten Kaiserbildnisse durch Umarbeitung oder neue Benennung älterer[2]) hergestellt worden sein, weil diejenigen, die durch das Denkmal geehrt werden sollten, in einem solchen Verfahren, wie Dio von Prusa mit Recht sagt, eher eine Beleidigung als eine Huldigung erblicken konnten[3]). Vorgekommen war dergleichen in Griechenland schon in der Zeit der Republik. Von falschen Inschriften fremder Statuen spricht Cicero im Jahre 50; zwei Kolosse des Eumenes und Attalus waren zu Athen auf den Namen des Antonius umbenannt worden[4]). Pausanias sah vor dem Heratempel bei Mykenä eine Statue, nach der Inschrift des Augustus, die aber nach dortiger Angabe eine des Orest war[5]). Doch sind außer dem bereits angeführten wenige Beispiele der Umbenennung einer fremden Statue zu einer kaiserlichen aus der früheren Kaiserzeit bekannt[6]). Seit dem Jahre 15 wagten wohl wenige um des Gewinns oder der Ersparnis willen auch noch so heimlich eine Handlung, deren Entdeckung sie der Gefahr einer Anklage auf Majestätsverletzung aussetzen konnte[7]). Dio hat den Rhodiern, die mit der Ehre der Statue mehr als freigebig waren, aber sehr oft, statt neue aufzustellen, nur ältere auf den Namen des zu Ehrenden umtaufen oder umarbeiten ließen, die Unwürdigkeit dieses Verfahrens in einer langen Rede vorgehalten. Es sei, sagt er u. a., um so weniger zu entschuldigen, als sie ja doch fort und fort auch wirklich neue Bildsäulen errichteten, nämlich für die Kaiser und die hohen Beamten; ja man würde ihnen keine Vorwürfe machen, wenn sie wenigstens bei allen »außer den Kaisern« in gleicher Weise verführen[8]); eine derartige Herstellung von Kaiserbildnissen erschien ihm also als ganz undenkbar. Philo erzählt, daß die Alexandriner alle dortigen Synagogen, die sie nicht zerstören konnten, durch Aufstellung von Bildern Caligulas entweihten, in der größten stellten sie seine Bronzestatue auf einem Viergespann auf. In der Eile aber hatten sie kein neues auftreiben können, sondern ein altes, verrostetes, schadhaftes aus dem Gymnasium genommen, welches, wie manche sagten, einer älteren Kleopatra dediziert gewesen war. »Was für einer Anklage die Aufstellenden sich dadurch Die Kaiserdenkmäler selten durch Umarbeitung älterer hergestellt.

1) Eggers, Christian Daniel Rauch I 120. 2) Vgl. oben I 164 A. 6. 3) Dio Chr. or. 14, 44 (I 232 Arn.). 4) Plutarch. Anton. 60, 6. Cic. ad Attic. VI 1, 26. Judeich a. a. O. S. 236, 8. Inschrift einer εἰκὼν μετεπιγεγραμμένη (Ps. Plut. vit. X orat. p. 839 D) z. B. Kern, Inschr. v. Magnesia nr. 132. 5) Pausan. II 17, 3. 6) Hula, Österreich. Jahresh. I 1898 S. 27ff. Über einen mit veränderter Inschrift später dem Constantin geweihten Caracallakopf des Museums zu Philippeville (Algier) vgl. A. Schulten, Arch. Anz. 1899 S. 76. 7) Oben S. 59. 8) Dio a. a. O. 107f. (I 250 Arn.).

aussetzten, ist klar; ja schon dann, wenn es ein neues, aber eines Weibes war, oder eines Mannes, aber ein altes, ja wenn es überhaupt einem andern gewidmet war. Mußten die, welche zu Ehren des Kaisers eine solche Aufstellung gemacht hatten, sich nicht offenbar hüten, daß er, der alles auf ihn Bezügliche besonders wichtig nahm, eine Anzeige erhielt?«[1]) Aber auch bei andern als kaiserlichen Monumenten scheint das Anbringen neuer Köpfe oder Inschriften[2]) statt der Errichtung neuer Figuren in der früheren Kaiserzeit keineswegs häufig gewesen zu sein; hauptsächlich geschah es wohl in denjenigen griechischen Städten, wo der Vorrat an alten Statuen sehr groß war. Nicht bloß sind die bekannten derartigen Fälle vereinzelt[3]), sondern Dio sagt auch in der Rede, in der er den Rhodiern diese «seit einiger Zeit« bei ihnen eingerissene Unsitte[4]) vorhält, daß andere, weniger reiche, zum Teil äußerst arme Städte, wie Athen, Sparta, Byzanz, Mytilene, sich davon völlig frei erhielten[5]). Allem Anschein nach war es im damaligen Griechenland eben nur Rhodus, wo dies Verfahren in großem Umfange geübt wurde; man sagte, daß die dortigen Statuen wie Schauspieler die Rollen wechselten[6]).

Denkmäler der Mitglieder des Kaiserhauses — Was von den Kaiserbildnissen gilt, gilt zum größten Teile auch von denen der Kaiserinnen uud designierten Thronfolger, zum großen Teil selbst von denen anderer Angehörigen des Kaiserhauses. Wenn in der Zeit, wo Tiberius während seines Aufenthalts auf Rhodus in tiefster Ungnade stand, die Bewohner von Nîmes nach seinem Zerwürfnisse mit Gajus Cäsar seine Statuen und Bildnisse umstürzten[7]), so wird es damals so gut wie dort deren in allen größeren, namentlich aber in denjenigen Städten gegeben haben, die wie Nîmes[8]) zum Kaiserhause in Beziehung standen[9]). Bei der Nachricht vom Tode der Cäsaren Gajus und Lucius beschloß die Stadt Pisa, deren Patron der letztere gewesen war, die Errichtung eines mit den Spolien der von ihm besiegten Völker geschmückten Bogens, auf dem seine Statue im Triumphalschmuck und zu dessen beiden Seiten vergoldete Reiterstatuen von Gajus und Lucius stehen sollten[10]). Ähnliches wird auch in andern Städten geschehen sein. Dem zur Thronfolge bestimmten Aelius Verus ließ Hadrian nach seinem Tode in einigen Städten Tempel bauen und »im ganzen Reiche« Kolossalstatuen errichten[11]). Die Darstellung des Antinous hat bekanntlich die Malerei und Skulptur in den verschiedensten, wenn nicht in allen Provinzen beschäftigt.

der höchsten Beamten — Auch die höchsten Beamten, die Leiter der Regierung, wurden im ganzen Reiche durch Monumente in ähnlicher Weise wie die Kaiser geehrt, besonders natürlich, wenn sie deren erklärte Günstlinge waren. Als Sejan im Zenit seiner Macht stand, wurden ihm von Senat und Ritterschaft, den Tribus und den vornehmsten Männern Roms so viele Bildsäulen errichtet, daß, wie Cassius Dio sagt, niemand ihre Zahl anzugeben vermocht hätte[12]), besonders seit Tiberius

1) Philo Leg. ad Gai. 134ff. 2) Plin. n. h. XXXV 4. 3) Köhler, Verm. Schr. VI 357ff. Wachsmuth, Stadt Athen I 668, 3. 679, 1. Helbig, Bull. d. Inst. 1885 S. 95f. 4) Dio a. a. O. 8 (I 221 Arn.). 5) ebd. 105. 123 (I 249. 255). 6) ebd. 155 (I 263). 7) Sueton. Tiber. 13, 1. 8) Über die Beziehungen von Nemausus zu Agrippa und seinem Hause (daher die Errichtung eines Tempels für Gajus und Lucius Cäsar nach deren Tode, der Maison carrée) vgl. Hirschfeld, Kl. Schrift. S. 486, 1. 9) Statuen der Familie des Augustus in Athen IG III 439—453. 10) CIL XI 1421 = Dessau 140. 11) Hist. aug. Ael. Ver. 7, 1. 12) Cass. Dio LVIII 2, 7.

auf den Beschluß des Senats sein Bronzestandbild im Theater des Pompejus hatte aufstellen lassen[1]). Allgemein wurden Bilder und Statuen des Kaisers und seines anderen Ich nebeneinander gestellt[2]), selbst in den Lagern, mit einziger Ausnahme der syrischen Armee[3]), und Tiberius ließ es geschehen, daß die Bildnisse seines Günstlings dort auf den Sammelplätzen der Legionen sowie auf den Foren und in den Theatern der Städte verehrt wurden[4]). Der jähe Fall Sejans im Jahre 31 war das Signal zum Umsturz seiner Denkmäler. Seine Statuen, sagt Juvenal, wurden an Seilen von den Postamenten herabgerissen und auf dem Boden geschleift. Beilhiebe zerschmetterten die Räder der Zweigespanne und die Beine der unschuldigen bronzenen Gäule, bald schmolz in den knatternden, von Blasebälgen angefachten Feuern der Gußöfen das vom Volk angebetete Haupt und verknisterte der ganze kolossale Sejanus, und aus dem Anlitz, das im ganzen Reiche das zweite war, wurden Töpfe, Pfannen, Becken und Nachtgeschirre verfertigt[5]). Ganz Ähnliches wird von dem Günstlinge des Septimius Severus, Plautianus, berichtet, der von ebenso schwindelnder Höhe plötzlich herabstürzte. Cassius Dio sagt, daß ihm nicht nur viel mehr, sondern auch größere Statuen und Bilder errichtet wurden als den Kaisern, und nicht bloß in den andern Städten, sondern auch in Rom, und nicht bloß von Privatpersonen, sondern auch vom Senat. Gerade dies trug dazu bei, den Argwohn des Kaisers zu erregen; nach Plautians Fall wurden »im ganzen Reiche« seine Statuen umgestürzt[6]).

Wenn aber notwendig die Zahl derer sehr klein war, denen im ganzen Reiche Statuen errichtet wurden, so war dagegen die Menge derjenigen, denen diese Ehre innerhalb bestimmter Gebiete oder an einzelnen Orten widerfuhr, unglaublich groß. Sie war vor allem die gewöhnlichste Huldigung der Provinzialen gegen alle Römer, die wirklich oder scheinbar die Macht hatten, ihnen zu schaden oder zu nützen, in erster Reihe natürlich die Statthalter. Schon in den letzten Zeiten der Republik war es allgemein üblich, daß diesen in den Provinzen Tempel erbaut wurden[7]). Cicero hatte in Cilicien als Prokonsul »Statuen, Tempel, Viergespanne« abzulehnen[8]): aber Verres hatte die Gemeinden Siciliens gezwungen, nicht bloß ihm selbst, sondern auch seinem Vater und seinem Sohne (einem Knaben) eine Menge von Standbildern zu errichten; in Syrakus waren deren so viele, daß es schien, er habe ihrer dort nicht weniger aufgestellt als weggenommen[9]). Außerdem sah man von ihm in Rom vergoldete Reiterstatuen, die von den römischen Kaufleuten, den Getreideproduzenten, dem Provinzialverbande Siciliens gestiftet waren[10]). Das entsetzliche Satrapenregiment jener Zeit hat die Monarchie nun zwar sehr eingeschränkt, doch nie ganz beseitigt; und wenn immer noch die Provinzialen direkt oder indirekt gezwungen

der Provinzialstatthalter —

1) Cass. Dio LVII 21, 3. Tac. A. III 72. IV 7. 2) Cass. Dio LVIII 4, 4. Tac. A. IV 74. 3) Sueton. Tiber. 48, 2. 4) Tac. A. IV 2. Vgl. Mommsen StR. I³ 450, 1. Studniczkas Deutung einer in Rheingönheim bei Ludwigshafen gefundenen kleinen Bronzebüste (jetzt in Speier) auf Sejan scheint aus historischen Gründen nicht haltbar; vgl. W. Barthel, Ber. d. röm.-german. Kommission VII 1914 S. 188f. (Abb. S. 186). G. Lippold, Röm. Mitteil. XXXIII 1918 S. 22ff. 5) Juv. 10, 56—64. 6) Cass. Dio LXXV 14, 6f. 16, 2. Hist. aug. Sever. 14, 5. 7) Sueton. August. 52. 8) Cic. ad Attic. V 21, 7. 9) Cic. in Verr. II 2, 145. 154. 161. 4, 90. 139. 10) ebd. II 2, 144f. 165. 168.

wurden, ihre Plünderer und Tyrannen durch Denkmäler zu ehren, so konnten sie diese Ehre überhaupt keinem Statthalter vorenthalten, ohne damit eine Anklage auszusprechen. Nach Dio entschuldigten die Rhodier die Verwendung alter Statuen zu neuen Ehrenbezeigungen damit, daß es eine Notwendigkeit sei, so viele hohe Beamte zu ehren, und eingestandenermaßen geschah es sehr häufig nicht wegen ihrer wirklichen Verdienste, sondern nur wegen ihrer Macht[1]). Jeden, der zu ihnen kam, fürchteten sie und glaubten ihre Freiheit in Gefahr, wenn sie einmal von einem kein Bronzestandbild aufstellten. Mußten sie wirklich jeden Ankommenden freundlich anwedeln wie gemeine Hunde und Haß und Zorn besorgen, wenn sie nicht dem und jenem schmeichelten, dann, meinte Dio, stand es schlimm um sie[2]).

der angesehenen Römer in den Provinzen —

Die Ehre der Statue wurde auch (namentlich in Griechenland) angesehenen Römern, die sich in außeramtlicher Stellung dort aufhielten, und desgleichen vornehmen Römerinnen erwiesen, wie besonders in Athen die Inschriften zahlreicher Postamente aus der ersten Kaiserzeit beweisen[3]). Um so unerläßlicher war es für Städte und Provinzen, sich für wirkliche Wohltaten auf diese Weise dankbar zu bezeigen, vor allem für die Übernahme ihres Schutzes und ihrer Vertretung (des Patronats). In den Städten Siciliens sah man überall auf den Foren Reiterstatuen der Marceller als der Patrone der Insel[4]). Der Held des Apulejanischen Romans, aus einer in Thessalien angesehenen Familie stammend, wird in Hypata zum Gegenstande eines öffentlichen Scherzes gemacht; worauf die Magistrate ihn um Entschuldigung bitten und ihm anzeigen, daß die Stadt, um ihn zu versöhnen, ihn zum Patron gewählt und die Aufstellung seines Bildnisses in Bronze beschlossen habe[5]).

der Subalternbeamten.

Von den amtlichen und halbamtlichen Stellungen in den Provinzen gaben schon die subalternen einen Anspruch auf diese Ehre. Dem Vater des Vespasian, Flavius Sabinus, der die Erhebung des Warenzolls von 2½ Prozent in der Provinz Asia gepachtet hatte, waren dort Bildnisse und lobende Inschriften aufgestellt worden[6]). Titus hatte, wie Sueton sagt, als Militärtribun in Germanien und Britannien sich den Ruhm der Energie und zugleich der Mäßigung erworben, »wie sich aus der Menge und den Inschriften seiner Statuen und Bildnisse in beiden Provinzen ergibt«[7]). Unter den (mindestens fünfzehn) in Barcelona nachweisbaren Statuen des L. Licinius Secundus, welcher Amtsdiener des mächtigen L. Licinius Sura in dessen drei Konsulaten (zuletzt 107) war, sind vier von den Gemeinderäten spanischer Städte errichtet worden[8]). Bei einer so grenzenlosen Verschwendung der monumentalen Ehren konnte eine wirkliche Auszeichnung auch von Untertanen nur durch ungewöhnlich große und kostbare Denkmäler erfolgen; und es ist wohl nicht zu sehr übertrieben, wenn Apulejus zum Ruhme des Konsularen Strabo Aemilianus (Konsul 156) sagt, daß alle Provinzen sich Glück wünschen, ihm vier- und sechsspännige Wagen (mit seinem Standbilde) zu errichten[9]).

---

1) Dio Chr. or. 14, 26. 41 (I 226. 231 Arn.). 2) ebd. 112ff. (I 251f.). 3) Hertzberg, Gesch. Griechenlands II 68, 23. IG III 561—641. 865—884. 4) Cic. in Verr. II 4, 86. 5) Apulei. Metam. III 11. 6) Sueton. Vespas. 1, 2. 7) Sueton. Titus 4, 1. 8) CIL II 4536—4548. 6148. 6149 (Dessau 1952. 6956). 9) Apulei. Florida 16.

Die Errichtung von Statuen war auch in den Städten der ganzen Monarchie eine allgemeine Belohnung wirklicher oder angeblicher Verdienste einzelner um die Gemeinde. Der anfänglich seltene Gebrauch der Bildnisstatuen wurde später, wie Plinius sagt, von der ganzen Welt aus einem höchst menschenfreundlichen Ehrgeiz aufgenommen; Statuen fingen an, eine Zierde der Foren aller Munizipien zu sein; so wurde das Gedächtnis von Menschen auf die Nachwelt gebracht, auch ihre Ehren zur Kenntnis aller Zeiten auf den Postamenten verzeichnet, damit man sie nicht bloß auf den Gräbern läse[1]). Tausende von erhaltenen Postamenten mit griechischen und römischen Inschriften bezeugen dies. Überall, wo der Spaten, gleichviel, ob im Osten oder im Westen des Reiches, den Mittelpunkt des öffentlichen Lebens einer antiken Stadt bloßlegt, fördert er eine geradezu überwältigende Menge von Überresten solcher Ehrendenkmäler zutage, auf der Agora von Ephesus und im Peribolos des pergamenischen Athenaheiligtums ebenso wie auf den Fora der nordafrikanischen Städte[2]). Pompeji hat mehr Porträtstatuen gehabt als irgendeine moderne Hauptstadt. Auf dem Forum waren (außer den 5 Kolossalstatuen von Kaisern und Mitgliedern des Kaiserhauses) für Reiterstatuen in Lebensgröße wohl 70—80 Plätze vorgesehen, und hinter jedem derselben einer für ein Standbild; doch sind vielleicht nicht alle diese Plätze besetzt gewesen. Die Vorhalle des Macellum enthielt 25 Statuen, 8 der offene Raum des städtischen Larentempels, 21 die Vorhalle des Gebäudes der Eumachia. Schwerlich hat aber die Zahl der dortigen Ehrenstatuen die durchschnittliche der Mittelstädte überstiegen[3]). An einer wohl zu Anfang des 2. Jahrhunderts angelegten Doppelhalle zu Termessus in Pisidien sind 46 Basen von Standbildern verdienter Männer und Frauen gefunden worden, die meist vor oder zwischen den Säulen gestanden haben (darunter 26 von Siegern in Wettkämpfen, 15 von Beamten, Priestern und Priesterinnen)[4]). Eine Überfüllung der Foren mit Statuen, die den Verkehr behinderte, wie in Cirta[5]), wo auch einmal eine gestohlen wurde[6]), mag nicht selten gewesen sein. Ruhmbegier und Munizipalpatriotismus verbanden sich, wie bemerkt, mit der Rücksicht auf die öffentliche Meinung, um die Wohlhabenden und Angesehenen zu Leistungen für die Kommunen anzuspornen, und diese setzten ihrerseits einen Ruhm darein, durch zahlreiche Monumente zu bezeugen, daß viele es sich zur Ehre geschätzt hatten, ihnen Opfer zu bringen, und daß sie ihrerseits wohl imstande seien, solche zu belohnen und zugleich ihre Stadt zu schmücken[7]). Schwerlich konnte eine reiche und ansehnliche Familie in einer größeren Stadt einige Generationen hindurch ihren Wohnsitz gehabt haben, ohne in die Notwendigkeit versetzt worden zu sein, sich die Ehre der Statue zu verdienen. Dio von Prusa rühmt, daß seine Großväter und andre Vorfahren, sein Vater (der lange Zeit der Stadt vorgestanden hatte), seine Brüder und Verwandten von der Stadt geehrt worden seien durch viele Statuen, öffentliche Begräbnisse, Kampfspiele an ihren Gräbern und viele andre Auszeichnungen: seiner Mutter war

Ehre der Statue in den Munizipien.

1) Plin. n. h. XXXIV 17. 2) z. B. J. Keil, Ephesos (1915) S. 63ff. Fränkel, Inschr. v. Pergamon nr. 377ff. Kern, Inschr. v. Magnesia nr. 156ff. Inschriften vom Forum von Thamugadi CIL VIII 2356ff. 17844ff. Vgl. im allgemeinen auch E. Kuhnert, Jahrb. f. Philol. Suppl. XIV (1885) S. 281ff. 3) Mau, Pompeji² S. 463. 4) Lanckoronski, Städte Pamphyl. u. Pisid. II 55. 5) CIL VIII 7046. Oben S. 38. 6) CIL VIII 7063. 7) Dio Chr. a. a. O. 7 (I 220f.).

nach ihrem Tode nicht bloß ein Standbild, sondern auch ein Tempel errichtet worden[1]).

Statuen der Provinzialpriester.

Auch die Bekleidung mancher nur der Aristokratie der Provinzen zugänglichen hohen Würden hatte die Ehre der Statue mehr oder minder regelmäßig zur Folge, wie namentlich die des höchsten Provinzialpriestertums. In einem die Ehrenrechte desselben bestimmenden Gesetz von Narbo wird den nach Ablauf ihres Amtsjahrs abtretenden Provinzialpriestern das Recht eingeräumt, sich auf einen (wahrscheinlich durch den Provinziallandtag zum Beschluß erhobenen) Antrag ihres Nachfolgers eine Statue selbst zu setzen[2]). Postamente solcher Statuen sind in Tarraco[3]) und Lugdunum zahlreich gefunden worden; doch hier nicht von den Priestern selbst, sondern in Lugdunum ausnahmlos, in Tarraco in weitaus überwiegender Zahl (52 unter etwa 70) von der Provinz, seltener von den Heimatsgemeinden oder den eigenen Angehörigen auf Beschluß des Landtags gesetzt, und zwar ist in Spanien auch auf die an der Würde ihrer Gatten teilnehmenden Priesterinnen diese Ehre entweder sofort oder im Laufe der Zeit erstreckt worden[4]). Ähnliche Bestimmungen werden auch in den übrigen Provinzen bestanden haben.

Veranlassungen zur Errichtung von Statuen.

Um von der Allgemeinheit der Ehre der Statue in den Städten Italiens sowie aller Provinzen[5]) eine Vorstellung zu geben, genügt es, diejenigen Verdienste anzuführen, die am häufigsten durch diese Ehre belohnt wurden. Hauptsächlich waren es große, zum Besten der Stadt gebrachte Geldopfer und persönliche Leistungen: nächst den bereits erwähnten, so häufigen Verschönerungs- oder Nützlichkeitsbauten Zuwendungen und Schenkungen zu den verschiedensten Zwecken (z. B. zum Ankauf von Getreide bei Teuerungen), ganz besonders häufig aber (einmalige oder jährlich wiederkehrende) Bewirtungen der gesamten Bürgerschaft, bei denen auch Geld verteilt zu werden pflegte; ferner Schauspiele aller Art (namentlich Tierhetzen und Gladiatorenkämpfe), endlich freiwillig übernommene und auf eigene Kosten ausgeführte Gesandtschaften an die Kaiser und Statthalter. Aber neben diesen gewöhnlichsten Veranlassungen für die Ehre der Bildsäule gab es noch viele andre. Auch eine ausgezeichnete Wirksamkeit in einem Lehramt gab Anspruch darauf; und nicht bloß die weltberühmten Professoren der Beredsamkeit, die Scharen von Schülern aus weiter Ferne herbeizogen, erhielten sie, sondern zuweilen wurden auch bescheidene Schullehrer, wenn sie Gelehrte von Ruf waren, mindestens nach ihrem Tode so geehrt. Von Horazens Lehrer Orbilius Pupillus, der als fast 100jähriger Greis in einer Dachkammer starb, sah man zu Benevent auf dem Kapitol eine sitzende Statue im griechischen Mantel mit zwei Bücherbehältern; zu Präneste eine des M. Verrius Flaccus über seinem dort auf dem Forum in Marmortafeln eingegrabenen Kalender[6]). Auch literarische Leistungen (von Einheimischen und Fremden) wurden wenigstens in Griechenland durch diese Anerkennung belohnt, mit der die Städte zuweilen nur zu freigebig verfuhren. Nach Dio von

1) Dio Chr. or. 27, 3 f. (II 67 Arn.). 2) CIL XII 6038 = Dessau 6964 Z. 10ff. 3) CIL II 4248 = Dessau 6937 *statuam inter flaminales viros positam.* 4) Hirschfeld, Kl. Schrift. S. 501 f. 5) Einiges zusammengestellt bei Liebenam, Städteverwaltung S. 121 ff., vgl. auch Liermann, Ber. d. freien dtsch. Hochstiftes zu Frankfurt a. Main N. F. VIII 1892 S. 372 ff. 6) Sueton. de gramm. et rhet. 9. 17.

Prusa hatten die Athener einem höchst unbedeutenden Dichter (vielleicht dem Improvisator Q. Pompejus Capito) eine Bronzestatue, und zwar neben der des Menander, aufgestellt[1]). In Halikarnaß wurde der Tragödiendichter C. Julius Longianus aus Aphrodisias (unter Hadrian), der bei seinem dortigen Aufenthalt durch mannigfaltige poetische Vorträge »die Älteren erfreut und die Jüngeren gefördert« hatte, durch mehrere Bronzebüsten geehrt, die an den besuchtesten Orten, im Heiligtum der Musen und im Gymnasium der Epheben »neben dem alten Herodot« aufgestellt wurden: seinen Schriften wies man einen Platz in der öffentlichen Bibliothek an; außerdem ließ der Verein der Bühnenkünstler sein Bild in ganzer Figur malen, um es in Aphrodisias an einem von ihm zu wählenden Orte aufstellen zu lassen[2]). Der Dichter Maximus von Apamea erhielt in Cyzicus, wo er in einem poetischen Wettkampfe zweimal den Preis davongetragen hatte, auch ein Standbild[3]). Doch wird man natürlich von den auswärtigen Berühmtheiten überall die einheimischen geehrt haben. Unter diesen erhielten namentlich auch Künstler aller Art Statuen. So in Ostia ein Athlet oder Musiker, der in allen Weltteilen Siegespreise errungen hatte, »wegen seiner hervorragenden Virtuosität und großen Ergebenheit gegen seine Vaterstadt«[4]); in Präneste der erste Pantomime seiner Zeit, M. Aurelius Agilius Septentrio, »wegen seiner ungemeinen Liebe zu seinen Mitbürgern und seiner Vaterstadt«[5]). Auch Frauen wurde diese Ehre sehr häufig erwiesen. Es war ferner Sitte, Verstorbenen Statuen zu errichten, um ihre Angehörigen, namentlich Eltern, zu trösten und zu ehren[6]), selbst kleinen Kindern. In Brixia hat der Gemeinderat einmal für einen Knaben, der im Alter von 6 Jahren 2 Monaten 5 Tagen gestorben war, eine vergoldete Reiterstatue dekretiert, um den überlebenden Vater zu erfreuen[7]): so gemein war also diese Art von Monumenten allmählich geworden, in denen noch Cicero einen Beweis für die Maßlosigkeit seines Zeitalters gefunden hatte[8]). Eine noch höhere, doch ebenfalls nicht selten von städtischen Behörden beschlossene Auszeichnung war eine Statue auf einem Zweigespann[9]). Eine solche hatte für einen dem Ritterstande angehörigen Patron der Stadt Präneste die dortige Bürgerschaft zum Dank für ein von ihm gegebenes glänzendes, zweitägiges Gladiatorenspiel verlangt; doch der Gemeinderat beschloß, ihm nur eine Reiterstatue zu setzen[10]). Für einen vom Kaiser ernannten Verwalter des städtischen Zinsbuches in Panhormus (Palermo) war von der dortigen Einwohnerschaft eine größere Anzahl von Statuen auf Zweigespannen dringend verlangt worden, und es wurde ihm als Bescheidenheit angerechnet, daß er sich mit zwei solchen und (vermutlich) drei Reiterstatuen begnügte[11]).

Mehrere Statuen derselben Person —

Eine andre Steigerung der Ehre war die Errichtung von mehreren Statuen derselben Person. Auf diese Weise belohnten z. B. die Athener ihren reichen (auch als epischer Dichter bekannten) Mitbürger Julius Nicanor, der (unter Augustus) die von ihnen aus Geldnot verpfändete oder verkaufte Insel Salamis

1) Dio Chr. a. a. O. 116 (I 253). IG III 769 (nach der Vermutung von Kumanudes). Wachsmuth, Stadt Athen I 679 A. 2) Lebas-Waddington 1618. 1619. 3) CIG 3672 = Kaibel, Epigr. gr. 881. 4) CIL XIV 474 = Dessau 5233. 5) CIL XIV 2977 = Dessau 5194. 6) Vgl. z. B. CIL II 3251 (mit Mommsens Anm.). VIII 7066 = Dessau 1105 u. a. 7) CIL V 4441. 8) Cic. Philipp. IX 13. 9) Statuen auf Bigae z. B. CIL X 6090 = Dessau 6295 (Minturnae). CIL II 1086 = Dessau 2712. 10) CIL XIV 2991. 11) CIL X 7295 = Dessau 5055; vgl. CIL X 3704 = Dessau 5054.

für sie zurückkaufte: in rühmenden Inschriften wird er als »neuer Homer« und »neuer Themistocles« gepriesen[1]). In der Zeit der Antonine erhielt ein P. Lucilius Gamala für seine zahlreichen Bauten und Schenkungen zu Ostia zwei Bronzestatuen, wovon eine vergoldet[2]). Artemidor, Sohn des Theopomp, eines Freunds des Augustus, erhielt in seiner Vaterstadt Cnidus »drei marmorne, drei goldene und drei bronzene Büsten«, außerdem stand eine goldene Büste von ihm in dem dortigen Artemistempel[3]). In Sardes wurde kurz vor Beginn unserer Zeitrechnung ein um das Wohl der Stadt in hervorragender Weise verdienter Mann außer durch Verleihung zweier goldener Kränze durch die Errichtung von drei Statuen aus vergoldeter Bronze (darunter eine von mehr als Lebensgröße, eine andre als Reiterstandbild), weiter von vier Bronzestandbildern, drei Marmorstatuen und vier Porträtgemälden ausgezeichnet[4]). In Aphrodisias beschloß man für einen Unbekannten »vergoldete Porträtmedaillons und Statuen aus Marmor und Bronze in Tempeln und an öffentlichen Orten, die er selbst wählen sollte«, zu errichten[5]). Einer Priesterin in Calama in Numidien, die eine außerordentliche Freigebigkeit gegen die Stadt bewiesen hatte, beschloß der Gemeinderat fünf Statuen zu setzen[6]). Ebenso viele Statuen der Sosia Falconilla wurden nach deren Tode ihrem Vater Q. Pompejus Sosius Priscus (Konsul 169) von der Gemeinde zu Cirta angeboten, von denen er jedoch nur eine annahm[7]).

durch Kurien, vici, pagi und Phylen errichtet.

Die Fünfzahl erklärt sich in diesen beiden Fällen wohl daraus, daß von den zehn Kurien, in die hier wie in andern Städten Afrikas[8]) die Bürgerschaft geteilt gewesen sein wird, je zwei sich zur Errichtung einer Statue vereinigt hatten. Doch zu Hippo Regius in Numidien hatte einem Kaiserpriester und obersten Magistrat zum Dank für ein prachtvolles Gladiatorenspiel und andre Verdienste jede Kurie aus eignen Mitteln eine Statue (wohl auf seiner Villa) errichtet[9]), und auch sonst finden sich in afrikanischen Städten Errichtungen von Standbildern durch »sämtliche Kurien«[10]), wie in den Städten andrer Provinzen durch sämtliche Stadtbezirke (*vici*); so in Alexandria Troas, wo es deren mindestens zehn gab[11]). In Rom hatten schon zu Sullas Zeit sämtliche Bezirke dem sehr populären M. Marius Gratidianus Statuen gesetzt, die Sulla nach dessen scheußlicher Ermordung umstürzen ließ[12]). Einem C. Valerius Camillus beschloß nach einer in Avenches gefundenen Inschrift (etwa in Claudius Zeit) die Gemeinde der Helvetier sowohl für sich als für ihre einzelnen Gaue Statuen zu errichten[13]). Auf dieselbe Weise statteten, wie es scheint, die sämtlichen zwölf Phylen Attikas dem Tiberius Claudius Atticus ihren Dank für eine allgemeine Bewirtung ab:

1) Oben I 87, vgl. auch Dio Chrysost. or. 14, 116 (I 253 Arn.). 2) CIL XIV 375. 376 (Dessau 6147); vgl. Mommsen, Ges. Schr. VIII 329ff. 3) Lebas-Waddington 1572bis. 4) Americ. Journ. of Archaeol. 2. Ser. XVII 1913 S. 29ff., wo die Herausgeber W. H. Buckler und D. M. Robinson reiches Erläuterungsmaterial beibringen. 5) Lebas-Waddington 1594; vgl. die ähnliche Inschrift von Colossus ebd. 1697. 6) CIL VIII 5365f. Vgl. oben S. 24. 7) CIL VIII 7066 = Dessau 1105; vgl. CIL XIV 353 = Dessau 6148 (Ostia): *in foro ante statuas fili.* 8) Mommsen StR. III 100, 2, weitere Zeugnisse bei Kübler, Real-Encykl. IV 1819f. 9) CIL VIII 5276. 10) CIL VIII 1888. 11332. 11345. 11813. 12354. 16556 = Dessau 6838. 6836. 7796. 1410. 6826. 6839. 11) CIL III 384. 386 = Dessau 1018. 2718. 12) Plin. n. h. XXXIII 132. Seneca de ira III 18, 1. *Vicatim* errichtete Statuen eines Ti. Claudius Piso in Apamea, Mommsen, Ges. Schr. VIII 531ff. 13) CIL XIII 5110 = Dessau 7008, vgl. Mommsen a. a. O. V 398ff.

eine Ehre, die bis dahin vielleicht nur dem Kaiser Hadrian erwiesen worden war[1]).

Errichtung auf Kosten der Geehrten.

Sehr häufig, wenn nicht in der Regel, erfolgte übrigens die Errichtung der Statuen auf Kosten der Geehrten. Man liest auf ihren Inschriften die Formel: »mit der Ehre zufrieden, hat er die Kosten erlassen« so äußerst oft, daß man nicht zweifeln kann, die Statuen sind in sehr vielen Fällen erst dekretiert worden, nachdem eine vertrauliche Erklärung der zu ehrenden Personen erfolgt war, daß sie die Kosten selbst tragen würden. Ausnahmsweise ließ jemand auch wohl zu, daß die erforderlichen Beiträge gesammelt wurden, um sie dann zurückzuerstatten[2]). In Forum Sempronii (Fossombrone) ließ der Gemeinderat einmal eine im geheimen votierte Statue fertig zu dem Geehrten hinschaffen, damit er sie nicht aus zu großer Bescheidenheit, wie schon früher einmal, ablehne[3]). In manchen Gegenden Griechenlands übernahmen öfters die Angehörigen des durch Votierung einer Statue Geehrten die Kosten der Errichtung[4])

Statuen von Fremden.

Zu den ausgezeichneten Fremden, denen man diese Ehre erwies, gehörten im 2. Jahrhundert außer Dichtern besonders die bedeutendsten der von Ort zu Ort ziehenden Virtuosen der Beredsamkeit (Sophisten). So hatte Aristides an mehreren Orten Statuen erhalten; eine derselben zu Alexandria war ihm gemeinschaftlich von Alexandria, Hermopolis magna, Antinoe und den Griechen des Delta sowie des thebäischen Gaues errichtet worden[5]). Eine Statue des Verfassers einer dem Dio von Prusa beigelegten Rede (Favorinus), welche die Stadt Korinth in ihrer öffentlichen Bibliothek hatte aufstellen lassen, damit er ihrer Jugend zum Vorbild diene, war bald nachher verschwunden[6]). Apulejus sagt in seiner Dankrede für die ihm vom Gemeinderate zu Karthago votierte Statue, ihm sei diese Ehre bereits an andern Orten erwiesen worden; auch in mittelmäßigen Städten habe es dazu nicht an den Kosten für Bronze und an der Tätigkeit eines Künstlers gefehlt[7]). Als der Philosoph Demonax einmal nach Olympia kam, votierten ihm die Eleer eine Bronzestatue: er lehnte sie ab, weil sie damit einen Tadel ihrer Vorfahren ausdrücken würden, die dem Sokrates und Diogenes keine gesetzt hätten[8]). Bildnisse des Apollonius von Tyana hatte der Kaiser Aurelian in vielen Tempeln gesehen[9]). Der unter Domitian wegen Fälschung verurteilte Philosoph Flavius Archippus in Bithynien hatte die Ehre der Statue dort öfters erhalten[10]). Noch in der Zeit des Septimius Severus war es gewöhnlich, daß Philosophen durch Statuen geehrt wurden[11]). Den Arzt

1) IG III 669—673, vgl. Dittenberger, Hermes XIII 1878 S. 72f. Oben S. 63. 2) CIL XI 3258 (Sutrium). II 1971. 3) CIL XI 6123. 4) z. B. IG V 1 nr. 1170. 1177. 1369. 5) Dittenberger, Or. gr. nr. 709. Über eine ähnliche Statue in Smyrna Philostr. Vit. soph. II 9, 1; vgl. auch Liban. epist. 1551. Die Echtheit der Inschrift (IG XIV 156*) der in der vatikanischen Bibliothek befindlichen Statue des Aristides (Helbig, Führer[3] nr. 413, vgl. 813) ist sehr zweifelhaft (vgl. Hülsen, Röm. Mitteil. XVI 1901 S. 176 nr. 23*). 6) Dio Chr. or. 20, 8f. (II 18f. Arn.). Statue des Proäresius in Rom, Eunap. Vit. sophist. p. 492, 23 Boiss., des Libanius in vielen Städten, Liban. or. 2, 5, vgl. 42, 43 (I 244. III 328 F.), des Themistius or. 4, 54 B. 17, 214 B. 7) Apulei. Florid. 16. Augustin. ep. 138, 19: (Apuleius) *qui — pro statua sibi apud Oeenses locanda — adversus contradictionem quorundam civium litigaret. quod posteros ne lateret, eiusdem litis orationem scriptam memoriae commendavit.* 8) Lucian. Demon. 58. 9) Hist. aug. Aurelian. 24, 5. 10) Plin. ad Tr. 60. 11) Tertull. Apol. 46.

und medizinischen Schriftsteller Heraclitus ehrte seine Vaterstadt Rhodiapolis in Lycien (im 1. Jahrhundert n. Chr.) mit einer vergoldeten Büste und »der Statue für wissenschaftliche Bildung« (d. h. einer solchen, wie sie Gelehrten und Schriftstellern gewöhnlich errichtet wurde); auf dieselbe Weise war er von den Gemeinden zu Alexandria, Rhodus, Athen, von dem dortigen Areopag, den dortigen Epikureischen Philosophen und der »heiligen« Genossenschaft der dramatischen Künstler geehrt worden[1]).

Votierung der Statuen durch die Gemeinderäte, in Rom durch den Senat.

Wie in den Munizipien diese Ehre im Namen der Stadt (wenn nicht durch die gesamte Bürgerschaft) durch den Gemeinderat dekretiert zu werden pflegte[2]), so in Rom bis auf Diocletian durch den Senat[3]). Für Lucilius Longus, einen der ältesten und nächsten Freunde des Tiberius, beschloß der Senat nach dessen Tode im Jahre 23 unter andern Ehren eine Statue auf dem Forum des Augustus auf öffentliche Kosten; denn damals, sagt Tacitus, wurde noch alles im Senat verhandelt[4]). Caligulas Verbot, einem Lebenden ohne seine ausdrückliche Erlaubnis eine Statue oder ein Bildnis zu setzen[5]), hob das selbständige Beschlußrecht des Senats auf; doch Claudius stellte es wieder her, da er sogar (im Jahre 45) die öffentliche Aufstellung der Bildsäulen durch Private von der Erlaubnis des Senats abhängig machte: nur solchen, die ein öffentliches Gebäude auf eigne Kosten aufgeführt hatten, oder deren Verwandten war es in demselben gestattet. Bis dahin hatte es jedermann frei gestanden, sein Bildnis gemalt oder in Stein und Erz öffentlich aufzustellen. Die Folge war eine Überfüllung Roms mit persönlichen Denkmälern gewesen, welcher Claudius durch eine neue Verteilung abhalf[6]). Doch eine Errichtung von Statuen in Tempeln (wie z. B. der des Antonius Musa, des Arztes des Augustus, aus freiwilligen Beiträgen im Äsculaptempel)[7]) dürfte nach wie vor Privaten erlaubt gewesen sein.

Öffentlich errichtete Statuen Verstorbener —

Da übrigens der Senat diese Ehre sicherlich immer, wenn nicht auf den Befehl, so doch im Einverständnisse mit den Kaisern votierte, so wird die Errichtung von Statuen ebensogut auch diesen zugeschrieben. Von Tiberius sagt z. B. Cassius Dio, daß er viele Verstorbene durch Bildsäulen ehrte[8]). Lebenden wurden (abgesehen von den Mitgliedern des Kaiserhauses) Statuen überhaupt in Rom nicht gar zu oft gesetzt; gegen Tote dagegen waren Senat und Kaiser mit dieser Ehre freigebig. Unter Nerva erhielt der sehr jung verstorbene Vestricius Cottius eine Statue[9]); unter Marc Aurel die Vornehmsten der durch die Pest Hingerafften und die im Markomanenkriege gefallenen Adligen, die letzteren auf dem Trajansforum[10]). Bei einem Regierungsantritte scheinen in der Regel die verstorbenen Verwandten des neuen Kaisers Statuen erhalten zu haben. Claudius wäre unter Caligula fast des Konsulats (37) entsetzt worden, weil er die Ausführung und Aufstellung der Statuen der verstorbenen Brüder

1) IGR III 733: τῷ τῆς παιδείας ἀνδριάντι (dazu unten S. 91 A. 7). 2) *Huic primo omnium publice d(ecurionum) d(ecreto) statua posita est* heißt es in einer Inschrift von Antiochia in Pisidien aus der Zeit des Augustus, Dessau 9502. 3) Mommsen StR. III 1184ff. Erst seit Diocletian beantragte der Senat sie beim Kaiser. Der Erlaubnis des Senats bedurfte es nicht bei den Statuen der Triumphatoren (vor Hadrian) und anfangs der Bauherren, Mommsen a. a. O. I³ 450f. 4) Tac. A. IV 15. 5) Sueton. Calig. 34, 1. 6) Cass. Dio LX 25, 2f.; vgl. Mommsen a. a. O. I³ 451, 2. 7) Sueton. Aug. 59. 8) Cass. Dio LVII 21, 3. 9) Plin. ep. II 7, 3. 10) Hist. aug. M. Aurel. 13, 5. 22, 7; vgl. Cass. Dio LXXI 3, 5. CIL VI 1377 = Dessau 1098, s. auch CIL VI 1540. 1549 = Dessau 1112. 1100.

des Kaisers, Nero († 31) und Drusus († 33), nachlässig betrieben hatte[1]). Nero erbat noch im Jahre 54 vom Senat eine Statue für seinen Vater, Gnaeus Domitius[2]). Antoninus Pius »nahm die (vom Senat) für seinen Vater, seine Mutter, seine Großeltern und Brüder, die sämtlich schon tot waren, dekretierten Statuen gern an«[3]). Marc Aurel ehrte sogar die Freunde seiner Eltern nach ihrem Tode durch Statuen[4]). Septimius Severus setzte solche seinen verstorbenen Angehörigen, seinen Eltern, seinem Großvater und seiner ersten Gemahlin[5]).

und Lebender.

Doch auch Lebenden erwiesen Senat und Kaiser zuweilen diese Ehre; so Trajan seinen besonders geschätzten Freunden Sosius Senecio, Cornelius Palma und Publilius Celsus[6]). Marc Aurel, der für seinen Lehrer in der Philosophie Junius Rusticus nach dessen Tode im Senat mehrere Statuen forderte, verlangte eine für seinen Lehrer in der Beredsamkeit, Fronto, offenbar noch bei dessen Lebzeiten[7]). Auf seinen und seines Mitregenten Commodus Antrag votierte der Senat dem Präfekten des Prätorium M. Bassäus Rufus drei Statuen: eine vergoldete auf dem Forum Trajans, eine in bürgerlicher Tracht in dem Tempel des Pius, eine im Harnisch wahrscheinlich in dem des rächenden Mars[8]). Statuen gehörten zuweilen auch zu den militärischen Belohnungen[9]). Constantius ließ z. B. die der Führer eines kühnen Ausfalls aus dem von den Persern (359) belagerten Amida in Armenien (Diarbekir) auf einem belebten Platze zu Edessa aufstellen, wo sie Ammian noch sah[10]).

Orte der Aufstellung in Rom.

Mit Statuen waren in Rom vor allem die sämtlichen Foren mit ihren Kolonnaden und die bedeutendsten Tempel und deren Vorplätze gefüllt, das alte Forum[11]) und der Vorplatz des Juppitertempels auf dem Kapitol schon in der Republik. Von hier versetzte Augustus eine Anzahl von Statuen berühmter Männer wegen Mangels an Raum auf das Marsfeld[12]). Auf dem Forum des Augustus wurden bis auf Trajan die vom Senat dekretierten Triumphalstatuen aufgestellt, nach Trajan gewöhnlich auf dessen Forum. Überhaupt wurde dieses je länger je mehr »der Mittelpunkt des Glanzes und der Auszeichnung«, schon seit der Zeit der Antonine, wovon auch zahlreiche (bis ins 6. Jahrhundert hinabreichende) dort gefundene Postamente zeugen[13]). Eine sehr seltene Ehre war eine Statue auf dem Palatium, die der Senat dem Vater des Kaisers Otho (L. Otho) für die Entdeckung eines Mordanschlags auf Claudius votierte[14]). Dort, »über den Triumphalstatuen auf dem Forum« ließ Nero auch im Jahre 65 die Statuen des nachherigen Kaisers Nerva und des Tigellinus aufstellen[15]). Sejan erhielt auf den Beschluß des Senats eine Statue im Pompejustheater, weil er die Ausbreitung eines Brandes, der darin im Jahre 22 ausgebrochen war, verhindert hatte[16]). Passienus Crispus, der sich als Anwalt in Centumviralprozessen ausgezeichnet hatte, erhielt eine Statue in der Basilica Julia[17]).

Die Statuen der Obervestalinnen.

Die lebensgroßen Statuen der Obervestalinnen standen im Peristyl des jetzt wieder aufgedeckten Vestalinnenhauses ringsum unter der Säulenhalle; sech-

1) Sueton. Claud. 9, 1. 2) Tac. Ann. XIII 10. 3) Hist. aug. Anton. P. 5, 2. 4) ebd. M. Aurel. 29, 8. 5) ebd. Sever. 14, 4, wo nach *rumore belli Parthici* eine Lücke, dann etwa [*propinquis*] *exstinctis patri matri* usw. zu lesen ist. 6) Cass. Dio LXVIII 16, 2. Basis, wahrscheinlich von der Statue des Palma auf dem Forum des Augustus, CIL VI 1386 = Dessau 1023. 7) Hist. aug. M. Aurel. 2, 5. 3, 5. 8) CIL VI 1599 = Dessau 1326. 9) CIL II 3272. 10) Ammian. XIX 6, 12. 11) Jordan, Ephem. epigr. III 1877 S. 248ff.; Topogr. I 2 S. 228f. 12) Sueton. Calig. 34, 1. 13) Jordan, Topogr. I 2 S. 465f. 14) Sueton. Otho 1, 3. 15) Tac. A. XV 72. 16) ebd. III 72; vgl. Seneca cons. ad Marc. 22, 4. 17) Schol. Juv. 4, 81.

zehn davon sind ganz oder bruchstückweise erhalten, außerdem 30 Postamente mit Inschriften, von welchen 27 der Zeit vom Anfange des dritten bis zum achtzigsten Jahre des vierten Jahrhunderts angehören. Errichtet waren diese Statuen, deren feierlicher Ernst an dieser Stelle für den Beschauer etwas Ergreifendes hatte, teils von Priesterkollegien und einzelnen Priestern, teils von nahen Verwandten (meist Brüdern und Schwestern mit ihren Familien), teils von Untergebenen, Freigelassenen und solchen, die den Obervestalinnen zu Dank verpflichtet waren. Von Zeit zu Zeit muß hier immer durch Wegräumung älterer Statuen für neu aufzustellende Platz geschafft worden sein, zumal da die denselben Personen gesetzten sehr zahlreich sein konnten; wir kennen sieben einer Flavia Publicia aus der Mitte des 3. Jahrhunderts und ebensoviele einer Coelia Claudiana aus der nächstfolgenden Generation[1]).

Privatmonumente.

Derartige von Privatpersonen errichtete Denkmäler werden selbstverständlich weit seltener erwähnt als öffentliche; aber ob sie weniger zahlreich waren, ist die Frage. Zu ihnen gehören u. a. die von den Kollegien (Zünften, religiösen und andern Genossenschaften) ihren Patronen, Patroninnen[2]) und sonstigen Gönnern[3]), von Soldaten ihren Befehlshabern[4]) usw. gesetzten Statuen. In Palmyra war es im 2. und 3. Jahrhundert offenbar gewöhnlich, daß die an einer Karawanenreise teilnehmenden Kaufleute dem Karawanenführer (συνοδιάρχης), der aus den angesehensten Bürgern der Stadt entnommen zu sein pflegte, eine Statue errichten ließen[5]). Besonders häufig aber waren die beliebten und berühmten Bühnenkünstlern, Musikern, Athleten und Wagenlenkern von ihren Anhängern und Verehrern errichteten Denkmäler; die der Wagenlenker waren wohl wenigstens großenteils von den Faktionen gestiftet. Die Menge solcher Statuen in dem eigentümlichen Kostüm des Zirkus fiel in Rom um die Mitte des 2. Jahrhunderts den Fremden auf[6]), und nicht bloß diese Statuen, sondern auch die von Pantomimen sah man mit Götterbildern zusammen (d. h. in Tempeln) aufgestellt. Daß übrigens solche Künstler auch von den Gemeinden mit Standbildern geehrt wurden, und nicht bloß in Griechenland, ist bereits erwähnt worden[7]). So werden denn die Denkmäler der berühmten sehr zahlreich gewesen sein. Nero zwang den schon sehr alten Tragöden Pammenes zum Wettkampf, um nach erlangtem Siege seine Statuen beschimpfen zu können[8]). Berühmte Athleten kannte man nach ihren an vielen Orten aufgestellten Bronzestatuen[9]). Solche wurden besonders von den Genossenschaften der Athleten

1) Jordan, Tempel der Vesta u. Haus der Vestalinnen (1886) S. 44—47. CIL VI 2131—2145. 32409—32428 (p. 3296ff.). Dessau 4923—4939. 2) Bronzestatue einer *patrona collegii* neben der ihres Manns *in schola collegi fabrum civitatis Volsiniensium*, CIL XI 2702 = Dessau 7217. 3) CIL XII 4393 = Dessau 7259 (die zum Schmuck der Stadt Augustodunum beim Einzuge Constantins verwandten *signa collegiorum* Paneg. lat. V 8, 4 waren wohl Götterbilder). Bildnisse der Stifter und verdienter Lehrer werden vielfach in den Gymnasien (Ziebarth, Aus dem griech. Schulwesen[2] S. 108), der Kosmeten von den Epheben (IG III 735ff.), der Beamten der θίασοι von den letzteren (Poland, Gesch. d. griech. Vereinswesens S. 431ff.) errichtet. 4) CIL V 7007 = Dessau 2544 (Aug. Taurin.) — *primipilari — decuriones alae Gaetulorum, quibus praefuit bello Iudaico.* 5) Lebas-Waddington 2589 (142 n. Chr.). 2590 (155). 2596 (193). 2599 (247). 2603 (— ἀρχέμπορον ἀνακομίσαντα τὴν συνοδίαν προῖκα ἐξ ἰδίων, 257/58). Vgl. 2606a. Mommsen RG. V 428f. 6) Vgl. oben II 27. 7) Oben S. 71. 8) Cass. Dio LXIII 8, 5; vgl. Sueton. Nero 24, 1. 9) Philostrat. Heroic. 2, 6 p. 146 Teubn.

errichtet[1]); in manchen Spielen Griechenlands waren sie ein Teil des dem Sieger zuerkannten Preises[2]); in den Leonideen zu Sparta erhielten die Sieger hundert Drachmen zu einer Büste[3]).

Veranlassungen zur Errichtung derselben.

In den mannigfachsten Verhältnissen des Privatlebens war die Errichtung einer Statue ein gewöhnlicher Ausdruck der Freundschaft und Hochachtung, der Ehrerbietung und Dankbarkeit. Schüler erwiesen diese Ehre ihren Lehrern[4]), geheilte Patienten ihren Ärzten[5]), freigesprochene Angeklagte ihren Verteidigern[6]), Klienten und Freigelassene ihren Patronen (wie der ältere Plinius berichtet, in deren Atrien)[7]), Gastfreunde vornehmen Gästen[8]). Der Obervestalin Campia Severina (im 3. Jahrhundert) errichtete jemand eine Statue, der ihr den Ritterstand und eine militärische Beförderung verdankte; ein andrer, weil er auf ihre Empfehlung zum Leiter der Verwaltung der kaiserlichen Bibliotheken ernannt worden war[9]). Für einen D. Junius Melinus, der in der Stadt Cartima in Bätica zuerst römischer Ritter geworden war, hatten seine Freunde dort noch während seines Lebens eine Statue bestellt; als er (wie es scheint vor der Errichtung) starb, setzte die Mutter sie dem Toten auf eigne Kosten[10]). Von den oben erwähnten fünfzehn Statuen des konsularischen Amtsdieners L. Licinius Secundus zu Barcelona ist eine von den Sevirn der Augustalen zu Barcelona, zu denen er gehörte, eine von einem Kollegium, zwei von einzelnen Sevirn, fünf von Freunden, eine von einem Freigelassenen errichtet worden[11]). Doch auch höher Gestellte bezeugten Geringeren auf diese Art ihre Achtung. Der Konsular Aemilianus Strabo hatte in einem Schreiben an den Gemeinderat zu Karthago erklärt, dort dem Apulejus eine Statue errichten zu wollen, und Apulejus äußert sich für diese Ehre überschwenglich dankbar[12]).

Errichtung der eigenen Statue.

Endlich war es offenbar zu allen Zeiten häufig, daß Privatpersonen sich selbst bei Lebzeiten durch Statuen verewigten, was ja, wie bemerkt, zu Rom vor dem Jahre 45 sogar an öffentlichen Orten hatte geschehen können. Wie seitdem dort der Senat, so mußte in den übrigen Städten der Gemeinderat zur öffentlichen Aufstellung von Privatdenkmälern die Erlaubnis geben, beziehentlich den Platz anweisen. In einer Stadt in Südspanien wurde einem lebenslänglichen Augustalen außer öffentlicher Bewirtung (*cenae publicae*) vom Gemeinderat ein Platz angewiesen, um Statuen für sich, seine Frau und Kinder zu errichten, was auch geschah[13]). Auf eignem Grund und Boden stand selbstverständlich die Errichtung beliebiger Denkmäler jedermann frei[14]). Der Redner M. Aquilius Regulus hatte in seinem Garten jenseits des Tiber eine sehr weite Strecke mit unermeßlichen Kolonnaden bebaut, das Ufer mit seinen Statuen besetzt; wie er denn (nach der Ansicht

1) Lebas-Waddington 1620. 1620a. 2) CIG 4352 (Side): λαβὼν ἆθλον τό τε θέμα καὶ τὸν ἀνδριάντα σὺν τῇ βάσει. IG V 1 nr. 550 (Sparta): Agonothet der Cäsareen und Eurykleen τάς τε εἰκόνας καὶ τοὺς ἀνδριάντας τῶν νενικηκότων ἀναστήσας. 3) IG V 1 nr. 19. Kuhnert, De cura statuar. (Regim. 1883) S. 26. 4) z. B. IG III 773. 775. Dittenberger, Syll.³ 828. CIL VI 32051 = Dessau 1237 (aus dem 4. Jahrhundert): *Ravennates monumentum perennis memoriae — statuali veneratione dicaverunt.* 5) z. B. IG III 778. 6) Oben I 184. 7) Plin. n. h. XXXIV 17. 8) IG VII 87 (Megara): Πόπλιον Μέμμιον Ρῆγλον — Γναῖος Οὐιτέλλιος Γναίου υἱὸς Κρίσπος τὸν ἑαυτοῦ ξένον (unter Claudius). 9) CIL VI 2131. 2132 = Dessau 4929. 4928. 10) CIL II 1955. 11) Oben S. 68. CIL II 4536—48. 6148. 6149. 12) Apulei. Florid. 16. 13) CIL II 1721 = Dessau 5492. 14) Statuen vornehmer Personen in deren Villen: De Rossi, Bull. arch. crist. N. S. III (1872) S. 96. 104f. 109.

seines erbitterten Gegners Plinius) bei großem Geize verschwenderisch, bei all seiner Verrufenheit prahlerisch war[1]). Seinem im Jahre 104 im Knabenalter verstorbenen Sohne ließ er eine Menge Statuen und Bildnisse errichten, betrieb die Herstellung in allen Werkstätten, ließ ihn in enkaustischen und andern Gemälden, in Bronze, Silber, Gold, Elfenbein, Marmor abbilden[2]). Ebenso will Claudius Etruscus bei Statius die Züge seines in hohem Alter gestorbenen Vaters in »leuchtendem Stein«, in Elfenbein und Gold, und auf Tafeln mit farbigem Wachs verewigen lassen[3]).

Privatmonumente für Verstorbene—

Wie unter den öffentlichen, so werden auch unter den Privatdenkmälern die Bildnisse der Toten, gemalte wie gemeißelte[4]), zahlreicher gewesen sein als die der Lebenden. Herodes Atticus ehrte nicht bloß seine verstorbene Gemahlin Annia Regilla durch eine Menge von Monumenten[5]), sondern errichtete auch von seinen Pflegesöhnen Achilles und Polydeukes († nach 130) nach ihrem Tode »auf Feldern, in Gebüschen, an Quellen und unter schattigen Platanen« Marmorstatuen, die sie jagend, sich zur Jagd rüstend oder davon ausruhend darstellten; Inschriften (die zum Teil noch erhalten sind) sprachen Verwünschungen gegen jeden aus, der diese Figuren verstümmeln oder von der Stelle rücken würde[6]). Ein Teil der Monumente von Verstorbenen schmückte natürlich ihre Gräber.

besonders als Grabdenkmäler.

Auch unter diesen waren öffentliche, deren Errichtung nicht selten mit einem Begräbnis auf öffentliche Kosten verbunden wurde[7]). Sehr häufig wurden in Testamenten über die am Grabe zu errichtenden Statuen Bestimmungen getroffen[8]); so z. B. von einem Duumvirn in Brixia über sieben Statuen nebst Postamenten, die ihm, seinem Sohne und fünf andern Personen gesetzt werden sollten[9]). In einer nordafrikanischen Stadt vermachte jemand der Gemeinde ein Kapital, von dessen Zinsen eine jährliche Geldverteilung an seinem Geburtstage, außerdem aber die Errichtung seiner Statue für 3200 S. in jedem siebenten Jahre bestritten werden sollte[10]). In einer Stadt Südspaniens verordnete eine Frau, daß ihr eine Statue für 8000 S. (1740 Mark) errichtet, und verschiedene Geschmeide daran angebracht werden sollten, mit genauer Angabe der Zahlen der (goldenen) Glieder und Perlen, aus denen die einzelnen Schnüre bestehen mußten; ihr Sohn fügte noch silberne, mit Edelsteinen besetzte Armbänder und einen Jaspisring für 7000 S. hinzu[11]). In dem Testament eines begüterten Manns in der Gegend von Langres wird die Errichtung eines zweistöckigen Grabmals angeordnet, dessen Oberstock einen nach vorn offenen, durch Säulen abgeschlossenen Raum (*exedra*) bilden sollte: hier sollten zwei Statuen des Verstorbenen stehen, eine, sitzend, »aus dem besten überseeischen (wohl griechischen) Marmor«, die andre aus der besten Bronze zweiter Sorte (die zu öffentlichen Publikationen verwandt wurde — *aes tabulare*), mindestens fünf Fuß hoch[12]).

1) Plin. ep. IV 2, 5. 2) ebd. IV 7, 1. 3) Stat. silv. III 3, 200—202. 4) Plin. ep. III 10, 6. 5) Dittenberger, Syll.³ 857. IG III 1417. XIV 1389—1392 (Dittenberger Syll.³ 858. Kaibel, Epigr. gr. 1046). 6) Philostrat. Vit. sophist. II 1, 10. IG III 810. 811. 813—818. 1418 (= Kaibel, Epigr. gr. 1090), vgl. 1417. 1419—1422. Dittenberger, Syll.³ 861. Vgl. auch E. Ziebarth, Jahresber. über d. Fortschritte d. klass. Altertumswissensch. Bd. 184 (1920) S. 119. 7) z. B. CIL II 339. 2063. 2131. 2188. 2344f. 3251. 4268 (ein Standbild *post mortem adiectis ornamentis aedilіciis*); vgl. F. Vollmer, Jahrb. f. Philol. Suppl. XIX 1893 S. 328f. 8) z. B. CIL II 1923. 1941. 4020. 9) CIL V 4462. 10) CIL VIII 11201 = Dessau 5494 (civitas Zuccharitana). 11) CIL II 2060 = Dessau 5496. 12) CIL XIII 5708 = Dessau 8379, oben II 366. Vgl. CIL II 3165a.

Der Trimalchio Petrons (dessen testamentarische Bestimmungen in manchen Beziehungen an die dieser Urkunde erinnern) bestellt für sein Grabmal seine Statue mit einem Hündchen, nebst Kränzen und Salben am Boden; zu seiner Rechten soll die seiner Frau stehen, eine Taube in der Hand und ebenfalls ein Hündchen an einem Bande haltend[1]. Der freigelassene Abascantus, Sekretär Domitians, errichtete seiner Gemahlin Priscilla ein palastartiges Grabmal, in welchem ihr Bild mehrmals wiederholt in den Gestalten verschiedener Göttinnen stand, als Ceres und Ariadne in Bronze, als Maja und keusche Venus in Marmor[2]. Verstorbene in der Gestalt von Gottheiten darstellen zu lassen, war überhaupt nicht selten[3], doch die Darstellung nach dem Leben die Regel. Ein großer Teil der erhaltenen Porträtstatuen und -büsten stammt von Grabdenkmälern. Die Wanderer, welche zwischen diesen rechts und links an den Landstraßen sich hinziehenden Momumenten den Toren großer Städte zuschritten, sahen sich gleichsam von langen Reihen von Erz- und Marmorbildern der Männer und Frauen früherer Geschlechter begrüßt, ehe sie in das Gewühl des Lebens der Gegenwart eintraten.

Statuen berühmter Männer der Vorzeit.

Übrigens dürfte auch die Errichtung von Denkmälern hervorragender Männer aus älterer Zeit durch ihre Verehrer und Bewunderer immer häufig gewesen sein. So ließ Caracalla nicht bloß »in allen Städten« Bildnisse und Statuen von Alexander dem Großen, teils allein, teils zusammen mit dem seinigen, aufstellen (das letztere namentlich zu Rom auf dem Kapitol und sonst in Tempeln), sondern auch von Sulla und Hannibal[4].

Fortdauer der Errichtung persönlicher Denkmäler bis in die letzte Zeit des Altertums.

Die Herstellung persönlicher Denkmäler ist bis in das späteste Altertum nicht bloß durch die Malerei, sondern auch durch die Plastik in verhältnismäßig großem Umfang betrieben worden. Die Sucht, sich durch prunkende Bildwerke, namentlich vergoldete Bronzestatuen zu verewigen, wurde noch zu Ende des 4. Jahrhunderts von Ammian zu den charakteristischen Neigungen des römischen Adels gezählt[5]. Von den hervorragendsten Schriftstellern und Dichtern dieser Zeit wurde die Ehre der Statue dem Rhetor Marius Victorinus und dem Dichter Claudianus (beiden auf dem Trajansforum)[6] zuteil; und Ausonius sagt, wenn er die Zuschrift des Kaisers, die seine Ernennung zum Konsul enthielt, überall anschlagen ließe, würde er mit so vielen Statuen geehrt werden, wie die Bücher Seiten haben[7]. Noch unter Zeno wurden zu Rom Standbilder errichtet[8], und es gab deren dort auch von Theoderich (die Rusticiana umstürzen ließ)[9]. Unter den gewiß zahlreichen Statuen Justinians zu Constantinopel wird seine kolossale Reiterstatue aus Bronze auf dem Augusteum die hervorragendste gewesen sein: in der Linken hielt der Kaiser die Weltkugel mit dem Kreuz, und die Rechte war wie gebietend nach dem Osten ausgestreckt[10].

1) Petron. 71, 6. 11. 2) Stat. silv. V 1, 231 ff. Vgl. oben I 58. 3) W. Schwarzlose, De titulis sepulcralibus latinis quaest. (Diss. Halis Sax. 1913) S. 45 ff., vgl. auch Stat. silv. II 7, 125 mit der Anm. von Vollmer; z. B. CIL VI 15594 = Dessau 8063[c]: *simulacra Claudiae Semnes in formam deorum.* 4) Herodian. IV 8, 1 f. 5. 5) Ammian. XIV 6, 8. 6) Augustin. conf. VIII 2, 3 (vgl. Hieron. chron. z. J. Abr. 2370). CIL VI 1710 = Dessau 2949 (vgl. Claudian. de bell. Poll. praef. 7 ff.). Das Bild des Sidonius Apollinaris stand nicht auf dem Forum Traiani, sondern in der Bibliotheca Ulpia, s. oben II 225. 7) Auson. Gratiar. act. 10 p. 365 f. Peip. 8) Anon. Vales. 9, 44. 9) Procop. B. Got. III 20, 29. 10) Procop. De aedif. I 2 p. 182 Dind. (vgl. I 11 p. 205 Statue der Theodora).

c. RELIGIÖSE KUNST.

Das dritte große Kunstgebiet außer dem dekorativen und dem monumentalen, auf dem eine unaufhörliche Massenproduktion einem in der ganzen römischen Welt verbreiteten Bedürfnisse zu entsprechen hatte, war das religiöse. Hier konnte freilich für die eigentlichen Kultuszwecke fast allein die Plastik tätig sein, Malerei und Mosaik nur für die Dekoration der heiligen Räume[1]) in Anspruch genommen werden[2]). Die Natur, die Stärke und allgemeine Verbreitung des Götterglaubens in jener Zeit, von dem der Bilderdienst unzertrennlich war, wird später ausführlich behandelt werden. Mindestens von der großen Zahl der bedeutenderen Gestalten der römisch-griechischen Götterwelt hatte damals noch keine ihre Verehrung eingebüßt, dagegen hatten zahlreiche, früher auf enge Gebiete beschränkte Fremdgötter, namentlich des Orients, sich über das ganze Weltreich verbreitet: die Zahl der göttlichen Personen war also gewachsen. Doch das Ansehen und die Verbreitung der einzelnen Götterdienste nahm infolge verschiedener Einflüsse nicht selten erheblich ab oder zu. Namentlich der zur Schau getragene Eifer einzelner Kaiser für bestimmte Kulte (wie des Augustus für den des Apollo, des Domitian für den der Minerva, des Commodus für Hercules und verschiedene Fremdkulte, des Septimius Severus für Hercules und Bacchus)[3]) konnte nicht ohne Wirkungen bleiben: jede dieser Regierungen machte den von ihr ausgezeichneten Dienst in weiten Kreisen zum herrschenden und trug im entsprechenden Maße zur Vervielfältigung seiner Idole bei. Die Massen von Götterbildern, die infolge der zunehmenden Theokrasie sich in allen größeren, an Tempeln reichen Städten gesammelt haben müssen, sind wir völlig außerstande uns vorzustellen[4]). Die Angabe einer Legende, daß auf dem Kapitol zu Trier hundert Götzenbilder gestanden haben, ist an sich nichts weniger als unglaublich oder erstaunlich[5]).

Menge der Götterbilder infolge der Theokrasie.

Der Eifer, die Götter zu verehren und ihre Gnade durch fromme Werke aller Art zu gewinnen, betätigte sich mit Vorliebe durch Schenkungen und Stiftungen zu Kultuszwecken, vor allem von Götterbildern, und zwar nicht bloß für die Tempel; sie galten, wie bemerkt, auch als der würdigste Schmuck für öffentliche Plätze und Bauten. Die zufällig bei dem älteren Plinius erhaltene Nachricht, daß die Hauptstadt der Arverner (Clermont) einen kolossalen Merkur ausführen ließ, dessen Herstellung zehn Jahre dauerte und wofür der Künstler an Honorar allein

1) Hierher gehört namentlich die Ausmalung der Hauskapellen mit den Bildern der Laren und Penaten, wie wir sie insbesondere aus Pompeji (Helbig, Wandgemälde nr. 31 ff. De-Marchi, Il culto privato di Roma antica I 79ff.), aber auch anderwärts, z. B. in Delos (M. Buland, Monum. Piot XIV 1908 S. 33ff.), kennen. 2) CIL VIII 7957 = Dessau 5408 (Rusicade): *templum cum ornamentis et pictura.* CIL III 4800 = Dessau 4198 (Virunum, 239 n. Chr.): *tem(plum) vetustate conl[ap]s(um) sumtu suo cum pictura refe[c(it)]*; vgl. *aed(em) Herc(ulis) — fac(iendam) ping(endamque) c(oeraverunt)* CIL IX 5052 = Dessau 5404; *aedes picta* in Gigthis, CIL VIII 22698. 3) Wissowa, Relig. u. Kultus d. Römer² S. 74f. 255. 94. 369. 303, 6. 4) In Aphrodisias ist ein νεωποίης zugleich einer der ἐπιμεληταί, welche τὰς ἀνδριαντοθήκας κατασκευάσαι sollen, CIG 2749. 5) Acta SS. Januar. II 919 (vgl. Serv. Aen. II 319: *in Capitolio enim omnium deorum simulacra colebantur.* Jordan, Topogr. I 2 S. 50f.). Ein auf dem Gebiete von Trier nebst andern *sigilla* von einem Geistlichen umgestürztes Bild der Diana (*simulacrum — quod populus hic incredulus quasi deum adorabat* Gregor. Tur. Hist. Fr. VIII 15) war wohl ein keltisches Idol.

400000 S. (87000 Mark) erhielt[1]), gibt einen sehr hohen Begriff von dem auch in den Provinzen für Götterbilder gemachten Aufwande und nötigt zu der Annahme, daß deren Herstellung in allen Größen und Materialien sowie in allen Abstufungen des künstlerischen Werts Tausende von Werkstätten im römischen Reiche beschäftigte.

Ansiedlungen von Künstlern bei großen Tempeln.

Sodann ist zu glauben, daß bei jedem größeren Tempel eine Ansiedlung von Künstlern und Kunsthandwerkern bestand, die den zuströmenden Gläubigen die Möglichkeit gewährte, sowohl durch fromme Darbringungen und Stiftungen (von Götterbildern, Weihgeschenken, Votivtafeln) der Gottheit ihre Verehrung zu erweisen, als auch Andenken aller Art von dem Heiligtum in die Heimat mitzunehmen: diese Künstler konnten dann auch zu den fort und fort erforderlichen Reparaturen und Dekorationsarbeiten herangezogen werden[2]). Von dem neuen Gotte in Schlangengestalt mit Menschenantlitz, den Alexander von Abonuteichos seinen Gläubigen vorwies und Glycon nannte, waren sogleich in Paphlagonien und den angrenzenden Landschaften Gemälde und plastische Darstellungen in Bronze und Silber zu haben[3]). Allbekannt ist der Silberschmied Demetrius, der zu Ephesus Nachbildungen des Tempels der großen Artemis verfertigte, was dort vielen Arbeitern einen großen Verdienst gab[4]); selbstverständlich müssen andre Künstler Nachbildungen des berühmten Bilds der Göttin zu allen Preisen geliefert haben. Derartige Andenken für Wallfahrer mag auch ein Händler mit Elfenbeinsachen verkauft haben, dessen Inschrift in der Nähe des Tempels der Feronia am Soracte gefunden worden ist[5]). Dasselbe läßt sich für alle großen und vielbesuchten Tempel voraussetzen, wenn es auch sonst nur für den der Aphrodite auf Cypern nachweisbar ist, deren tönerne Idole sich in Seegefahr wundertätig erweisen sollten: schon aus dem Anfange des 7. Jahrhunderts v. Chr. wird berichtet, daß ein Schiff aus Naukratis aus einem furchtbaren Sturme aufs wunderbarste durch ein spannenlanges Aphroditebild von altertümlicher Arbeit gerettet wnrde, das ein mitreisender Kaufmann in Paphus gekauft hatte und bei sich trug[6]).

Erwägt man nun noch, daß nach Tertullian Kunstarbeiter, die Christen geworden waren, erklärten, nicht zu wissen, wovon sie leben sollten, wenn ihnen

1) Plin. n. h. XXXIV 45. 2) Die als *subaediani* bezeichneten Handwerker (*fabri subaediani* in Narbo CIL XII 4393 = Dessau 7259, *fabri subidiani* in Corduba II 2211 = Dessau 7222, *marmorarius subaedanus* VI 33293 = Dessau 7678; bloß *subaediani* VI 1958. 9559. 33875 = Dessau 7261. VIII 10523 = Dessau 7260. X 6699 = Dessau 7262, Antium) sind vielleicht Handwerker, die in dauernder Beziehung zu bestimmten Tempeln standen und bei den Bauten der Instandhaltung und Dekoration derselben beschäftigt wurden. Mommsen, Bull. d. Inst. 1853 S. 30 vermutet, es seien die *sub aedibus* arbeitenden, also *intestinarii*, im Gegensatz zu den *sub divo* arbeitenden *tignarii*. Dieser Erklärung schließt sich Marquardt, Privatl.[2] 624, 5. 721, 2 an, während Mau die Bedeutung des Wortes für dunkel erklärt. Den Aufenthalt in der Nähe einer Lokalität bezeichnet *sub* in *summoenianus* und *subrostranus*, innerhalb derselben in *subbasilicanus*. O. Marucchi, Bull. arch. com. V (1877) S. 255ff. meint, die *subaediani* seien '*negozianti sotto barache — coloro che aveano una bottega coperta*'. 3) Lucian. Alexander 18. 4) Acta apostol. 19, 24. 5) CIL XI 3948 = Dessau 7704[a] (dazu Bormann, Arch. epigr. Mitteil. X 1886 S. 229f.), vgl. den *eborarius ab Hercule Primigenio* CIL VI 7655 = Dessau 7707. 6) Athen. XV 675f. Hesych. ὀστρακίς· ἀγαλμάτιόν τι Ἀφροδίτης. Über die zuweilen mit dieser Erzählung zusammengebrachten sog. 'Inselidole' vgl. Dragendorff, Theraeische Gräber (Hiller v. Gaertringen, Thera II 1903) S. 122f.

die Anfertigung von Götterbildern verboten wäre[1]), so wird man glauben, daß das religiöse Gebiet dasjenige war, auf dem die Kunstfertigkeit im ganzen römischen Reiche am meisten in Anspruch genommen wurde.

Dreifach war also die Aufgabe, welche die römische Kultur den bildenden Künsten stellte: dem Glauben Bilder der Gottheit zu schaffen und die ihr geweihten Räume würdig zu schmücken, das Gedächtnis von Personen und Ereignissen der Nachwelt zu überliefern, die Wohnungen der Lebenden wie der Toten mit heiterer Pracht zu füllen. Jedes dieser Bedürfnisse war im Wesen der römischen Kultur, wie sie sich seit dem Beginne des römischen Weltreichs gestaltete, tief begründet: alle drei verbreitete sie über die Welt, die sie sich je länger desto völliger unterwarf; und darum folgte ihr die Kunst, die jene Forderungen allein zu erfüllen vermochte, überall bis an die Grenzen ihres ganzen ungeheuren Gebiets.

Ausdehnung des Kunstbedürfnisses und der Massenproduktion über das ganze römische Reich.

Die bisher mitgeteilten Tatsachen beweisen dieses schon hinlänglich. Aber freilich, wollte man deren (was sehr leicht wäre) noch weit mehr häufen: niemals würde es doch gelingen, ein deutliches Bild dieser Massenproduktion der Künste, die (auf einem Gebiet von über 5 Mill. Quadratkilometer) jahrhundertelang unablässig fortdauerte, zu entwerfen. Wir Modernen kennen das Kunstbedürfnis und die ihm entsprechende künstlerische Tätigkeit nur als verhältnismäßig seltene, isolierte und engumgrenzte Erscheinungen. Jenes eine ganze Welt erfüllende Kunstbedürfnis, das mit der römischen Kultur untergegangen ist, bleibt uns bis auf einen gewissen Grad unfaßlich; die Tatsache, daß es wirklich nach allen Richtungen hin völlige Befriedigung fand, behält für uns etwas Fabelhaftes, wie viele Zeugnisse sie auch unzweifelhaft machen. Bei dem Versuch, die Überfülle der in Tausenden von Städten jahraus, jahrein neu entstehenden und trotz aller Zerstörung sich immer mehr häufenden Werke sämtlicher bildenden Künste sich vorzustellen, erlahmt die Phantasie.

Herculaneum und Pompeji zeigen das Durchschnittsmaß des künstlerischen Schmucks der Städte Italiens.

Einen Blick freilich in diese versunkene Kunstpracht der römischen Welt hat uns die Entdeckung der verschütteten Städte gewährt: und wenn sie uns auch nur ein winziges Teilchen des ungeheuren Ganzen und noch dazu in sehr entstellter Gestalt zeigt, immer bleibt diese Anschauung unschätzbar. Denn hier erhält man den Eindruck, daß ein so verschwenderisch ausgestreuter Reichtum in der Tat unerschöpflich sein mußte. Daß sich Herculaneum und Pompeji durch künstlerischen Schmuck vor anderen Städten Italiens irgendwie ausgezeichnet hätten, läßt sich durchaus nicht annehmen, im Gegenteil führt alles darauf, daß sie uns höchstens das durchschnittliche Maß desselben kennen lehren. Ostia war schon im 15. Jahrhundert eine unerschöpfliche Fundgrube von Antiken; die Menge der Statuen, Sarkophage, Mosaiken und Trümmer erregte dort damals Verwunderung[2]). Ausgrabungen in Aricia, die nur neun Jahre dauerten (1787—96), haben den größten Teil der stattlichen Skulpturensammlung des Kardinals Despuig zu Palma auf Majorca geliefert[3]). Auch Werke wie der Zeus von Otricoli, die Athena von Velletri usw. lassen eine hohe Meinung von dem Schmuck der Mittelstädte gerechtfertigt erscheinen. Wie sie aber durch die

1) Tertullian. de idolol. 5. 2) Gregorovius, Stadt Rom im Mittelalter VII 566. 3) Hübner, Antiken von Madrid S. 292.

Pracht und den Reichtum der großen Städte (wie Capua, Bononia, Ravenna) und der besonders glänzend ausgestatteten Orte (z. B. Antium) weit überboten wurden, ebenso weit müssen diese wieder hinter Rom zurückgestanden haben.

Statistische Angaben über den künstlerischen Schmuck Roms.

Von den Kunstwerken Roms haben wir einige Zahlenangaben. Sie sind teils in statistischen Notizen am Schluß einer Stadtbeschreibung aus dem 4. Jahrhundert (Curiosum) erhalten, denen aber eine nachlässig bearbeitete Urkunde aus dem 1. zugrunde liegt[1]), teils stammen sie wohl aus einer vollständigeren Redaktion dieser Notizen, die der Rhetor und Bischof von Meletine, Zacharias, bei Abfassung seiner Kirchengeschichte im Jahre 546 benutzte[2]). Wieviel von diesen Angaben aus dem 1. Jahrhundert (etwa der Zeit der Stadtvermessung Vespasians) herrührt, wieviel aus späteren Verzeichnissen — z. B. denen des schon unter Constantin begegnenden *curator statuarum*[3]) — hinzugetan ist, läßt sich nicht ermitteln; auf jeden Fall sind sie sehr unvollständig. Verzeichnet sind darin: 2 Kolosse (vielleicht der Bronzekoloß des Augustus in der Gestalt Apollos, in der Bibliothek beim Tempel des letzteren auf dem Palatin[4]), und der von Vespasian in einen Sonnengott verwandelte Neros), 22 kolossale Reiterstatuen, 80 vergoldete und 74 oder 77 elfenbeinerne Götterbilder (nur außerhalb der Tempel aufgestellte sind hier gezählt) und 3785 Bronzestatuen »von Kaisern und andern Feldherrn«. Nicht gezählt sind also die übrigen Porträtstatuen aus Bronze, die gewiß auch sehr zahlreichen profanen Marmorstatuen, die marmornen und unvergoldeten bronzenen Götterbilder, die natürlich um sehr vieles zahlreicher waren als jene kostbaren, und die überaus große Zahl der in den Tempeln, öffentlichen Gebäuden (Thermen, Portiken, Theatern usw.), Palästen und Privathäusern befindlichen Statuen. Dieses »Volk von Statuen«, das nach einem Ausdrucke Cassiodors[5]) als eine zweite Einwohnerschaft neben der lebenden Bevölkerung in den Mauern Roms wohnte, war noch gegen den Ausgang der Antike sehr groß und ist auch unter den christlichen Kaisern nicht stark vermindert worden, da die aus Tempeln und andern öffentlichen Gebäuden entnommenen heidnischen Kunstwerke zum Schmuck der Städte verwandt wurden[6]). »Eine große Menge dieser Zierden erhielt sich bis ins 7. Jahrhundert, wo Constans II. (seit 641) bei seiner Anwesenheit in Rom eine Plünderung vornahm, nach welcher nicht viel Bedeutendes übrig geblieben sein kann«[7]). Und dennoch haben die auf dem Boden der Stadt ausgegrabenen Überbleibsel der Marmorwerke allein hingereicht, so viele Paläste und Museen zu füllen.

1) s. oben I 11 A. 2. 2) Jordan, Topogr. II 148—152. 3) Notit. dign. occ. IV 14, vgl. CIL VI 1708 = Dessau 1222. Vorläufer vielleicht schon in der mittleren Kaiserzeit CIL VI 9007. 31053 = Dessau 3272, s. Hirschfeld, Kaiserl. Verw.-Beamt. S. 272, 3. 4) Schol. Hor. epist. I 3, 17, vgl. Plin. n. h. XXXIV 43. 5) Cassiod. Var. VII 13, 1 *quidam populus copiosissimus statuarum, greges etiam copiosissimi equorum.* Vgl. oben I 11 f. 6) De Rossi, Bull. arch. crist. III 1865 S. 5 ff. Basen von den Stadtpräfekten seit dem 4. Jahrhundert zum Schmucke der öffentlichen Plätze aufgestellter Statuen CIL VI 1651—1672. 31879—31892; die datierbaren reichen von 331 bis auf Theoderich. Über dessen Fürsorge für Bildwerke in Rom vgl. Cassiodor. Var. X 30, 1 (bronzene Elefanten auf der Sacra via), in Comum ebd. II 35 f. 7) Preller, Regionen S. 233, vgl. Jordan, Topogr. II 372.

3. DER KUNSTBETRIEB.

Die bisherige Betrachtung hat die Verbreitung eines für die heutige Welt fast unglaublichen Kunstbedürfnisses über das ganze Gebiet der römischen Kultur, die Unentbehrlichkeit der sämtlichen bildenden Künste für Staat, Religion und Privatleben gezeigt. Selbstverständlich stand die Ausbreitung sowie die Höhe und der Umfang ihrer Leistungen im ganzen überall im Verhältnis zu der Herrschaft der Kultur, in deren Dienste sie tätig waren. Wo diese fest, dauernd und tiefgreifend war, entfaltete sich ihr Leben reich, großartig und glänzend. So z. B. allem Anschein nach auch an der äußersten Ostgrenze des Reichs in den Städten der ostjordanischen Landschaft Batanäa[1]) und in Palmyra[2]), dessen reiche Ruinenwelt uns trotz mancher nationalen Eigenart doch im wesentlichen das Bild einer griechisch-römischen Stadt bietet; in Samosata fand Moltke »einen Marmorfries von so schöner Arbeit, wie ich nie gesehen, Laubwerk, Vögel, Stiere, alles so wohl erhalten, als ob es erst fertig geworden wäre« [3]). Wo dagegen die römische Kultur nur für kurze Zeit und an der Oberfläche haftete, kam die Kunstübung nicht über kümmerliche Anfänge hinaus; ganz aber hat es daran selbst in den am unvollkommensten romanisierten Grenzlandschaften nicht gefehlt. Dies bezeugen teils inschriftliche Angaben über Errichtung von Statuen, z. B. in Mösien[4]) und Dacien[5]), teils Überreste von Bildwerken, die nur an Ort und Stelle gearbeitet sein könnten[6]). An den am weitesten südlich von Tripolis vorgeschobenen Posten der dritten Legion, am Rande der Hamâda, konnten Grabdenkmäler von Offizieren (wie erwähnt) mit Skulpturen ausgestattet werden[7]). Von den Mithräen der Rheinlandschaften, die zu den allerbedeutendsten dieser Gattung von Denkmälern gehören, ist keines aus Marmor, die besten aus feinem Jurakalk. Sämtliche dortige Arbeiten aus diesem Material, sowie aus Sandstein, rühren von provinziellen Bildhauern und Steinmetzen her, deren große Mehrzahl allerdings nur eine handwerksmäßige Geschicklichkeit besaß, die jedoch zum Teil römische Muster nachahmten[8]). Aus Jurakalk ist auch das in Köln gefundene Fragment einer Gruppe des mit Anchises aus Troja fliehenden Aeneas, eine tüchtige Arbeit, spätestens aus trajanischer Zeit[9]). Recht gute Arbeiten einheimischer Künstler sind auch die beiden Minervenstatuen von Öhringen in Württemberg (vicus Aurelii im Zehntlande), aus einem fein-

1) Lebas-Waddington 2097—99 (Statuen von Ganymed, Aphrodite, Nike). 2118 (Ganymed). 2308 (ein Tempel σὺν τοῖς ἀγάλμασιν). 2332 (τὸ ξόανον). 2364 (Statue für Herodes den Großen vgl. 2365). 2380 (ἄγαλμα). 2410 (Nike). 2413g (τοὺς τέσσαρας λαμπαδηφόρους). 2413j (Διῒ τῷ κυρίῳ — τὴν θύραν σὺν νεικαδίοις καὶ μεγάλῃ Νείκῃ καὶ λεονταρίοις καὶ πάσῃ γλυφῇ); ebenso aus der Trachonitis 2479 (Νείκην). 2526 (Εἰρήνην). 2527 (Εἶσιν). 2528a (τὸν ναὸν καὶ τὸ ἄγαλμα). 2) Zahlreiche Inschriften von Ehrenstatuen ganz nach römischer Art IGR III 1030ff. 3) Moltke, Briefe aus der Türkei S. 222. 4) CIL III 6147 (Nicopolis). 5) CIL III 7983 = Dessau 5390 (Sarmizegetusa). 6) z. B. Ohlenschlager, Sitzungsber. Akad. München 1887 I 210f. (Giebelbekrönung in Reichenhall). F. Studniczka, Arch. epigr. Mitt. VIII 1883 S. 64 (»für den provinziellen Fundort ungemein sorgfältig ausgeführte« Panzerstatue eines Kaisers). A. Hekler, Österr. Jahresh. XV 1912 S. 184ff. (mythologische Szenen auf Grabsteinen aus Intercisa in Pannonien, heute Dunapentele). 7) Oben II 368. 8) Cumont, Mysterien des Mithras (deutsch)² S. 209 schreibt die an der Rheingrenze gefundenen Mithrasreliefs der im 2. und 3. Jahrhundert in Belgica blühenden Bildhauerschule (S. 85) zu. 9) Ihm, Bonner Jahrb. XCIII (1892) S. 66ff.

körnigen gelben Sandstein, wie er in der Umgegend sich findet und auch zu den römischen Denkmälern in Heidelberg, Ladenburg, Osterburken usw. besonders gern benutzt wurde[1]). Das treffliche Orpheusmosaik zu Rottweil ist aus Steinen der Gegend gearbeitet[2]), und der auf dem berühmten Neptunsmosaik von Vilbel an der Nidda genannte Künstler verrät sich durch seinen Namen Pervincus (der auch in Mainz und südlich davon mehrmals vorkommt) als ein Nichtrömer[3]); die von den Bewohnern des Mainzer Lagerdorfes dem Kaiser Nero zu Ehren errichtete große Juppitersäule ist das Werk zweier einheimischen Künstler[4]). Auch in England sind Inschriften eines Erzgießers und eines Bildhauers gefunden worden[5]). In der Malerei dürfte übrigens wie in der Mosaikkunst der Abstand der provinziellen Leistungen von den italischen geringer gewesen sein als in der Skulptur. Die besseren Wandmalereien der römischen Villen im belgischen Gallien stehen den pompejanischen nicht nach[6]).

Gleichartigkeit der Kunst und des Kunstbetriebes —

Abgesehen nun von der sehr verschiedenen Höhe der Entwicklung in den mehr oder weniger kultivierten Ländern zeigen die Kunstreste in allen Teilen des römischen Reichs im großen und ganzen eine durchgehende Übereinstimmung, nicht bloß in der Komposition und Behandlung, sondern auch in den Motiven und Gegenständen. Nur auf einem Gebiet, dem keltischen, darf vielleicht von einer eigenartigen Kunstentwicklung gesprochen werden. Gegenüber dem »malerischen Gestaltengewimmel« der Reliefs am Grabmal der Julier zu St. Remy machen die übrigen Reliefs der Kaiserzeit fast den Eindruck »einer Rückkehr zu der schlichteren Art der früheren Zeit«[7]). Besonders aber tritt in jenen zahlreichen und bedeutenden, aus dem 2. und 3. Jahrhundert stammenden Grabmonumenten der Maas- und Moselgegend[8]), die zu den interessantesten Leistungen provinzieller Künstler gehören, eine selbständige und entschieden realistische Richtung hervor und zugleich eine Frische und Gewandtheit der Formgebung, wie sie italische Monumente nach Hadrian nicht aufzuweisen haben. Die Reliefs, die diese Denkmäler schmücken, sind vorwiegend Darstellungen von Szenen aus dem täglichen Leben der Verstorbenen, die sich durch größte Lebenswahrheit auszeichnen, und in denen eine ungemeine Sorgfalt auf genaue Wiedergabe aller Einzelheiten verwandt ist. Von italischen Arbeiten weichen sie so sehr ab, daß selbst Kenner dieser letzteren anfänglich an ihrer Entstehung im römischen Altertum zu zweifeln pflegen. Auch im Aufbau und der Ornamentik haben sie manches Eigentümliche. Die Entwicklung dieser in ihrer Art einzigen Kunstrichtung im belgischen Gallien ist um so merkwürdiger, als in dem benachbarten lugdunensischen sowie in den beiden Germanien die Art der Kunst durchaus durch italischen Einfluß bestimmt ist[9]). Man glaubt hier einen von Massilia ausgegangenen hellenisierenden Kultur- und Kunststrom längs Rhone und Saone bis zur Mosel verfolgen zu können[10]).

mit Ausnahme von Gallien —

1) Haug-Sixt, Röm. Inschriften u. Bildwerke Württembergs² nr. 430. 431. 2) ebd. nr. 91. 3) CIL XIII 7392. 4) CIL XIII 11806 = Dessau 9235. F. Quilling, Die Juppitersäule des Samus u. Severus (1910) S. 77f. 5) CIL VII 37: *Sulevis Sulinus scultor* (sic) *Bruceti f. sacrum f(ecit) l(ibens) m(erito).* 180: *Celatus aerarius fecit.* Über Funde in Virunum (zum Teil gute Arbeiten, auch in carrarischem Marmor) Fr. Pichler, Virunum (1888) S. 98ff. 266f. 6) Hettner, Westd. Zeitschr. II 1883 S. 18, vgl. 26, 14. 7) Conze, Sitzungsber. d. Berlin. Akad. 1882 S. 572. Vgl. Wickhoff, Röm. Kunst S. 76ff. S. oben II 367. 8) Oben II 367 III 53. 9) Mommsen RG. V 104—106. 10) G. Loeschcke, Bonn. Jahrb. XCV (1894) S. 260ff. A. Michaelis, Jahrb. d. Vereins

Noch zwei Provinzen nehmen in bezug auf die Kunst in ganz andrer Weise eine Sonderstellung ein: Ägypten, das einzige Land, in dem eine uralte einheimische, von der universal gewordenen griechisch-römischen grundverschiedene Kunstübung fortbestand, und Palästina, wo die Religion die Bevölkerung mit Abneigung gegen die bildenden Künste erfüllte.

Ägypten — Die beispiellose Stabilität, die Ägypten vor allen Ländern des Altertums auszeichnet, zeigt sich namentlich auch darin, daß dort Baukunst, Malerei und Skulptur unter den römischen Kaisern im wesentlichen in derselben Weise geübt wurden, wie in der ganzen seit dem Verlust der nationalen Selbständigkeit vergangenen Zeit. Wie manche Wandlungen die Kunst auch in so vielen Jahrhunderten erfahren hatte, namentlich durch fremde Einflüsse und eine schon unter den Ptolemäern eingetretene Verrohung, der flüchtigen Betrachtung waren sie im Altertume ebensowenig wahrnehmbar wie in der Gegenwart. Von Skulpturen aus dem 2. Jahrhundert n. Chr., deren Entstehungszeit sich aus datierten Inschriften ergibt, haben Kenner des ägyptischen Altertums geglaubt, daß sie 3000 Jahre v. Chr. gearbeitet sein könnten. Nicht bloß die Tempelbauten der ägyptischen Götter wurden in der römischen Kaiserzeit nach den uralten Traditionen ausgeführt, auch die Technik aller übrigen Künste hatte sich völlig unverändert erhalten. Die Wände der Tempel füllten sich noch immer mit denselben Skulpturen, denselben Hieroglyphen, die Vergoldung der skulpierten und architektonischen Ornamente erfolgte in derselben Weise, die Farben der Gemälde waren noch immer so lebhaft und dauerhaft wie zur Zeit der Errichtung der Paläste von Theben und der nubischen Grotten[1]). Daß aber neben der einheimischen Kunst in Ägypten auch eine griechisch-römische bestanden hat, ist zweifellos. Schon eine völlige Abschließung Ägyptens gegen die angrenzende Provinz Cyrenaica wäre kaum denkbar: und hier bezeugen bedeutende Überreste, daß Architektur, Skulptur und Malerei auch in römischer Zeit eine hohe Blüte gehabt haben[2]). Doch die Verwendung der Kunst dieses Nachbarlands in dem römischen Ägypten hätte allein dem Bedürfnis nicht entsprechen können. In einer Provinz, in der ein römischer Statthalter mit seinem Hof residierte, die eine stehende Besatzung von zwei Legionen hatte, in der Römer und Griechen zahlreich wohnten und noch mehr reisten, mußten auch römische Künstler und Kunsthandwerker zu Kunstunternehmungen aller Art stets zur Verfügung sein. Schon von Antonius und Cleopatra waren dort zahlreiche Statuen errichtet worden, von denen die ersteren nach der Schlacht von Actium umgestürzt wurden, die letzteren stehen blieben[3]); Statuen des Augustus wurden 7 oder 8 Jahre später aus den Grenzdistrikten Philä, Elephantine, Syene von den dort (24/23 v. Chr.) eingefallenen Äthiopen als Siegeszeichen fortgeschleppt[4]); später ist in Ägypten, wie erwähnt, zur Errichtung und Erhaltung von Kaiserstatuen eine allgemeine Steuer eingeführt worden[5]); und der erste dortige römische Präfekt,

f. lothr. Gesch. XVII 1905 S. 232ff. Michaelis-Wolters a. a. O. S. 534ff., vgl. aber auch F. Koepp, Bonn. Jahrb. CXXV 1919 S. 60ff. F. Drexel, Röm. Mitteil. XXXV 1920 S. 27ff.

1) Letronne, Recueil des inscriptions I 209f.; Recherches p. servir à l'hist. de l'Égypte S. 446f. 460. 2) Smith and Porcher, Discoveries at Cyrene (1864) S. 91ff. 99ff. In neuester Zeit erfolgreiche Ausgrabungen der Italiener. 3) Plutarch. Anton. 86, 9. 4) Strabo XVII 820. 5) Oben S. 63.

Cornelius Gallus, ließ die seinigen im ganzen Lande aufstellen[1]). Eine Steintafel in Philä mit einer von ihm herrührenden Urkunde (über die Unterdrückung eines Aufstands in der Thebaide) enthält ein Bild des Kaisers (in Gestalt eines gegen einen in die Knie gesunkenen Gegner ansprengenden Reiters) in vertieftem Relief, »das der ägyptischen Kunst fremd ist«[2]). Andre von den Schriftstellern der Kaiserzeit erwähnte Bildwerke wird man eher ägyptischen, in nationaler Weise arbeitenden Künstlern zuschreiben[3]). Vitrasius Pollio, Prokurator in Ägypten unter Claudius, machte einen Versuch, den Porphyr der großen, damals eröffneten Brüche am Roten Meer (mons Claudianus) zu Statuen zu verwenden, und sandte Proben davon nach Rom; einige Überbleibsel dieser ohne Zweifel an Ort und Stelle ausgeführten Skulpturen scheinen noch vorhanden zu sein; doch die Neuerung fand keinen Beifall, erst im 3. Jahrhundert ist der Geschmack an Bildwerken aus Porphyr aufgekommen[4]). Auch aus dem Stein von Memphis[5]) wurden Statuen (vielleicht vorzugsweise ägyptischer Gottheiten) gearbeitet[6]).

und Palästina.

Der auf religiösen Satzungen beruhende Widerwille der Juden gegen die bildenden Künste ist bekannt[7]); sie lassen, sagt Tacitus, keine Bildnisse in ihren Städten, geschweige denn in ihren Tempeln zu; weder wird in dieser Weise den Königen geschmeichelt, noch den Kaisern Ehre erwiesen[8]). Selbst das Betreten von Orten, an denen sich heidnische Bilder befanden, erschien den Strengsten unzulässig. Rabbi Gamaliel der Zweite (unter Hadrian) rechtfertigte seinen Besuch des Bads der Aphrodite zu Acco (Ptolemais) damit, daß das Bild der Aphrodite um des Bads willen, nicht das Bad um des Bilds willen da sei[9]). Die Essener gingen so weit, daß sie die Städte nicht betraten, um nicht durch Tore gehen zu müssen, auf denen Statuen waren, weil sie es für unerlaubt hielten, unter Bildern zu gehen[10]). Schon diese Nachricht erinnert daran, daß in Palästina (in den Städten mit teilweise oder überwiegend heidnischer Bevölkerung) die Tore und so gewiß auch andre öffentliche Bauten den Schmuck der Skulptur keineswegs entbehrten, daß also an solchen Orten der jüdische Bilderhaß höchstens die Ausübung der Künste durch Juden, aber nicht durch Fremde, noch die Einführung fremder Kunstwerke zu hindern vermochte. Schon Herodes der Große hatte seine Prachtbauten mit Skulpturen geschmückt, ohne sich an das Ärgernis zu stoßen, das er den Orthodoxen gab. An der Einfahrt des von ihm angelegten Hafens von Cäsarea standen drei Kolosse, und in dem dortigen Tempel des Augustus Kolossalstatuen des Kaisers und der Roma[11]). Bei dem Ausbruche des jüdischen Kriegs wurde der Palast des Tetrarchen Herodes

1) Cass. Dio LIII 23, 5. 2) Lyons und Borchardt, Sitzungsber. d. Berlin. Akad. 1896 S. 471; die Inschrift CIL III 14147^5 = Dessau 8995 (Dittenberger, Or. gr. 654). 3) Besonders wertvoll sind manche Porträtdarstellungen von Römern in ägyptischer Manier, wie der Basaltkopf des Museo Baracco (Helbig, Führer[3] nr. 1075) und die Pharaostatue mit den Gesichtszügen des Caracalla, Journ. of Rom. Stud. I 1911 S. 41 f. Im allgemeinen vgl. Schubart, Einführung in die Papyruskunde S. 392 f. 401. 4) Plin. n. h. XXXVI 57; vgl. Letronne, Recueil I 142. Blümner, Technologie III 15 ff. 5) Plin. n. h. XXXVI 56. 6) CIL X 6303 = Dessau 4367 (Tarracina — *signum Menphiticum*) mit Mommsens Anm. 7) Suidas s. v. βδέλυγμα· πᾶν εἴδωλον καὶ πᾶν ἐκτύπωμα ἀνθρώπου οὕτως ἐκαλεῖτο παρὰ Ἰουδαίοις. Schürer, Gesch. d. jüd. Volkes II[4] 90. 8) Tac. Hist. V 5. 9) Schürer a. a. O. S. 90, 9. 10) Hippolyt. Refutat. IX 26, 1. 11) Joseph. B. J. I 413 f.

Antipas in Tiberias wegen der wider das Gesetz verstoßenden Bildwerke zerstört, mit denen er ausgestattet war[1]). Bei Cäsarea Philippi sind mehrere Nischen in eine Felswand eingehauen, in denen einst Götterbilder gestanden haben mögen[2]).

Selbst zur Darstellung lebender Personen war die Verwendung der bildenden Künste in Palästina keineswegs unerhört, und es ist neuerdings sogar die Vermutung ausgesprochen worden, daß die Juden auf hellenistischer Grundlage namentlich auf dem Gebiete der Miniaturenmalerei eine eigene stark orientalische figürliche Kunst herausgebildet haben[3]). Die von der Fürstin Alexandra an Antonius gesandten Porträts ihrer Kinder wurden bereits erwähnt[4]). Über den Tod des Königs Herodes Agrippa I. († 42) erhob sich in Cäsarea und Sebaste ein roher Jubel; die Soldaten schleppten die Statuen seiner drei Töchter (von 16, 10 und 6 Jahren) auf die Dächer der Bordelle und übten an ihnen den scheußlichsten Frevel[5]). Als Caligula den Prokonsul von Syrien P. Petronius mit der Aufstellung seiner Kolossalstatue im Tempel zu Jerusalem beauftragte, ließ dieser die erfahrensten Künstler aus Phönizien kommen und übertrug ihnen die Ausführung, die in Sidon erfolgte; das Material lieferte er ihnen. Nachdem Agrippa schon den Kaiser bewogen hatte, von seinem Vorhaben abzustehen, kam dieser nochmals darauf zurück und ließ nun einen Koloß aus vergoldeter Bronze in Rom selbst arbeiten, um den Aufruhr zu vermeiden, den der Transport der in Sidon ausgeführten Statue durch das Land erregt haben würde[6]).

Ausführung von Kunstwerken für die Provinzen in Rom.

Überhaupt dürfte ein nicht geringer Teil der für die Provinzen bestimmten Kunstwerke in Rom bestellt und gearbeitet worden sein, vielleicht selbst für Provinzialen, gewiß in der Regel für die Kaiser bei ihren auswärtigen Bauten und Kunstunternehmungen. Arrian fand bei Trapezunt an der Stelle, wo Xenophon und Kaiser Hadrian das Schwarze Meer erblickt hatten, eine Statue des letzteren, die zum Andenken an seinen dortigen Besuch errichtet war: sie wies auf das Meer. Da sie aber weder ähnlich noch gut gearbeitet war, bat Arrian den Kaiser, eine seiner würdige Statue in derselben Stellung zu senden. Auch für einen dortigen schönen Hermestempel aus Quadersteinen, in dem aber die Statue des Gottes schlecht war, erbat Arrian eine neue von fünf Fuß Höhe und eine des Philesios (eines dort verehrten, von Hermes abstammenden Heros) von vier Fuß[7]). Ebenso wird die Statue der Victoria, die sich im Jahre 61 im Tempel des Claudius zu Camulodunum angeblich umgedreht hatte[8]), sowie die selbstverständlich dort befindliche Statue des Kaisers aus Rom nach Britannien gesandt worden sein. Nicht wenige außerhalb Roms gefundene Sarkophage tragen den deutlichen Stempel stadtrömischer Arbeit, nicht bloß in Italien, sondern z. B. auch ein in Kreta gefundener des Cambridger Museums[9]). Die Ausführung von Bildwerken in größtem Umfange war in Rom um so leichter, als dorthin die Erträge der (wie die meisten Bergwerke zur Domäne gehörigen) Gold- und

1) Joseph. vit. 65; vgl. Schürer a. a. O. S. 65. 169. 2) Furrer, Wanderungen durch Palästina S. 363. 3) J. Strzygowski, Orient u. Rom (1901) S. 37 f., vgl. Denkschr. d. Wien. Akad. LI 1906, Abh. II 184. 4) Vgl. oben S. 55. 5) Joseph. A. J. XIX 357. 6) Philo Leg. ad Gai. 220 ff. 337. 7) Arrian. Peripl. Pont. Eux. 1, 3 f. 2, 1, vgl. dazu W. Weber, Untersuch. z. Gesch. d. Kais. Hadr. S. 266, 976. 8) Tac. A. XIV 32. 9) Matz, Arch. Zeit. XXX 1874 S. 33; vgl. Robert, Ant. Sarkophagreliefs III 3 S. 509; s. auch unten S. 91 A. 4.

Silberbergwerke, Kupfergruben und Marmorbrüche zur See und auf dem Tiber gelangen konnten, an dessen Hafen unter dem Aventin das kolossale Marmorlager des kaiserlichen Rom aufgedeckt worden ist[1]). Vermutlich war in Rom ein zahlreiches, zum Ineinandergreifen wohlorganisiertes Heer von Künstlern und Kunsthandwerkern, wie Hadrian es auf seinen Reisen mit sich führte, im kaiserlichen Dienste fortwährend beschäftigt, und es mußten schon ungewöhnlich große oder sehr eilig betriebene Kunstunternehmungen sein, bei denen man genötigt war, Künstler von außen herbeizuziehen, wie Alexander Severus bei der Errichtung einer Menge von Kolossalstatuen, besonders der vergötterten Kaiser[2]). Zahlreiche Bildhauerwerkstätten, in denen Statuen, vollendete und skizzierte Köpfe, verschiedene Marmorsorten, Bildhauergeräte aller Art gefunden worden sind, waren in der neunten Region in der Gegend der Piazza Navona[3]), aber gewiß auch an andern Orten, wie in der Nähe des Abladeplatzes für Marmor am Hafen[4]).

Ausführung in den Steinbrüchen.

Daß sich aber auch in sämtlichen Marmor- und sonstigen Steinbrüchen, die Statuenmaterial lieferten, fortwährend zahlreiche Bildhauer und Steinmetzen befanden, die Skulpturwerke teils anlegten und aus dem gröbsten arbeiteten, teils ganz ausführten, davon sind noch an verschiedenen Orten Spuren vorhanden. Ein abbozzierter, dann verworfener 10,6 Meter langer Koloß des Apollo in Naxos liegt noch unvollendet, wie er ist, in den Marmorbrüchen, aus denen er gemeißelt wurde[5]). Aus dem bei Megara gebrochenen Muschelkalk arbeitete man dort die geschätzten und verbreiteten »megarischen Skulpturen«[6]). Die Stadt Luna (Carrara) war aus ihren Brüchen reichlich mit Skulpturen aller Art versehen, und in der sogenannten Cava dei Fanti scritti daselbst hat man ein Relief entdeckt[7]). In dem alten Luna wird übrigens ohne Zweifel die Produktion von Marmorarbeiten aller Art eine noch sehr viel umfassendere gewesen sein als in dem heutigen Carrara, wo es 1871 nicht weniger als 115 Bildhauerwerkstätten jeder Art gab, und von 10000 Einwohnern (außer vielen Fremden) 3000 durch die Bildhauerei und Marmorindustrie Beschäftigung fanden[8]).

Arbeiten in den Steinbrüchen Pannoniens.

Ein sehr interessantes Zeugnis für die Ausführuug der Skulpturen in den Brüchen selbst liefert auch der Bericht von dem Märtyrertode des Claudius und seiner vier Gefährten unter Diocletian[9]). Dem Verfasser dieses allem Anscheine nach auf mündlichen Überlieferungen oder schriftlichen Aufzeichnungen von Zeitgenossen oder doch den Ereignissen nahe stehenden Personen beruhenden Berichts ist die ganze in Diocletians Zeit noch im weitesten Umfang geübte römische Kunsttätigkeit bekannt, die Gegenstände und technischen Ausdrücke

1) Oben II 337. 2) Hist. aug. Alex. Sev. 25, 8. 3) Sie wurden bei der Legung der Fundamente der Chiesa nuova und andrer Gebäude auf Monte Giordano gefunden, vgl. Pellegrini, Bull. d. Inst. 1859 S. 68ff. Hülsen-Jordan, Topogr. I 3 S. 596. 4) Bruzza, Annali d. Inst. 1870 S. 137f. nimmt an, daß hier ein Teil der kaiserlichen Verwaltung der Marmorblöcke seinen Sitz hatte und dieselben dort in den von ihr geleiteten Werkstätten verarbeiten ließ, neben denen es aber auch private gab. S. auch unten S. 93. 5) Roß, Inselreisen I 39 (Klassiker d. Archäol. I 32f.). Sauer, Athen. Mitteil. XVII 1892 S. 46 nr. 47; über einen ähnlichen Fund auf Paros vgl. E. Löwy, Arch. epigr. Mitt. XI 1887 S. 167, 65. 6) Cic. ad Att. I 8, 2, vgl. Blümner, Technol. III 59. 7) Benndorf in Büdingers Untersuchungen z. röm. Kaisergesch. III 342, 1. 8) Augsb. Allg. Zeitg. Beil. v. 14. Dezember 1871 nach C. Magenta, L' industria de' marmi Apuani, Firenze 1871. 9) Über die Passio SS. IV coronatorum vgl. die oben S. 45 A. 6 angeführten Texte und Abhandlungen.

geläufig. Er kannte (wie bemerkt) jedenfalls das Lokal seiner Erzählung, die Steinbrüche Pannoniens (wahrscheinlich in der Nähe von Mitrovitza an den Ausläufern der Fruschka-Gora) und die dortigen Arbeiten aus eigener Anschauung, hatte vielleicht selbst an den letzteren teilgenommen. Seine genauen Angaben, namentlich von Zahlen, machen durchaus den Eindruck der Zuverlässigkeit. Nach ihm wurden dort drei Gesteinsarten gewonnen, zwei Statuenmarmore, die dem thasischen (weißen) und prokonnesischen (schwarz und weiß gefleckten) glichen und auch so benannt wurden, und ein Grünsteinporphyr; alle drei finden sich dort noch jetzt, nebst zahlreichen Trümmern römischer Bauten. Dort arbeiteten unter der Leitung von fünf Theoretikern (*philosophi*)[1]) 622 Steinhauer (*quadratarii*), in Distrikte oder Gruben (*officinae*, deren Unterabteilungen *loca* hießen) verteilt, die imstande waren, künstliche und umfangreiche Skulpturen zu liefern. Aus thasischem Marmor wurde auf Diocletians Befehl u. a. eine 25 Fuß (7,4 Meter) hohe Figur des Sonnengottes mit seinem (bildlich verzierten) Viergespann hergestellt; aus Grünsteinporphyr Säulen und Säulenkapitelle, künstlich verzierte Becken und Wannen, alles vielleicht für Diocletians Thermen in Rom[2]). Die Arbeit an einer »mit wunderbarer Kunst ausgeführten« Säule mit Blätterkapitell dauerte 3 Monate, eine zweite erforderte nur 26 Tage. Die Zufriedenheit des Kaisers mit den Arbeiten der fünf christlichen Künstler (des Claudius und seiner vier Gefährten) erweckte den Neid der Direktoren. Da Diocletian außer mehreren ornamentalen Arbeiten auch eine Statue des Äsculap bei den Christen bestellt, liefern sie das Übrige zur Zufriedenheit, verweigern aber die Anfertigung eines Götzenbildes, worauf die Philosophen die Statue durch andre Arbeiter aus prokonnesischem Stein innerhalb von 30 Tagen vollenden lassen.

Im Vorrat gearbeitete Bildwerke. An vielen Orten wurden gewiß Bildwerke im Vorrat zum Verkauf gearbeitet, am meisten wohl immer noch in Griechenland und Kleinasien[3]), welche Länder ja auch in der Kaiserzeit die meisten Künstler nach Rom sandten, außerdem aber vermutlich noch eine nicht unbedeutende Ausfuhr von Skulpturwerken hatten. Die alexandrinischen Indienfahrer, die in Cana im glücklichen Arabien anlegten, hatten für den dortigen König Statuen als Geschenke an Bord[4]). Apollonius von Tyana trifft in dem Romane des Philostrat im Piräus ein nach Ionien bestimmtes Schiff, das von seinem Eigentümer, einem Kaufmann, mit kostbaren Götterbildern, teils von Gold und Marmor, teils von Gold und Elfenbein, befrachtet ist[5]). Aus solchen Transporten von Kunstwerken, die Schiffbruch erlitten, stammen die mehrfach vom Meeresgrunde heraufgeholten bedeutenden Statuenfunde, wie in neuerer Zeit die von Antikythera (Cerigotto)[6]) und dem an der tunesischen Küste gelegenen Mehadia[7]). Überhaupt waren es

Götterbilder. gewiß vorzugsweise Götterbilder und sonstige Kultusgegenstände, die nicht bloß

1) Benndorf a. a. O. S. 343 f. glaubte, daß *philosophi* Bildhauer bedeute; doch Lumbroso, Memor. d. Accad. dei Lincei ser. 3 vol. V 1880 S. 74 ff. weist für das Wort in späterer Zeit die Bedeutung »Lehrer« nach. 2) Benndorf a. a. O. S. 351 f.; vgl. auch die Inschrift aus alten Steinbrüchen der dalmatinischen Insel Brazza CIL III 10107 = Dessau 3458 ... *cum insisterem* (als Aufseher) *ad capitella columnarum ad termas Licinian(a)s.* 3) Manche der in Germanien gefundenen Mithrasreliefs scheinen pannonischen Ursprungs zu sein. Cumont, Die Mysterien des Mithra² S. 207, 4. 4) Peripl. mar. Erythr. 28. 5) Philostr. Vit. Apoll. Tyan. V 20. 6) Staïs, Τὰ ἐξ Ἀντικυθήρων εὑρήματα, 1905. 7) A. Merlin und L. Poinssot, Monum. Piot XVII 1909 S. 29 ff.

auf Bestellung, sondern auch für den Vertrieb durch den Handel, also gewiß auch im Auftrage von Kaufleuten und Händlern, gearbeitet wurden, außerdem ein großer Teil der zur Dekoration bestimmten Kunstwerke. In den Läden der »Händler mit Ton- und Bronzefiguren« in den römischen Kolonien der Rhein- und Donaulandschaften konnten die dortigen Ansiedler ohne Zweifel alle Arten der kleinen, in diesen Gegenden so häufig gefundenen Götterbilder, namentlich die vorzugsweise beliebten des Merkur und der Fortuna, kaufen[1]). Daß die Anfertigung von Götterbildern die Haupterwerbsquelle der bildenden Künstler und Kunsthandwerker war und blieb, ergibt sich aus der bereits erwähnten Äußerung Tertullians, daß solche, die Christen geworden waren, erklärten, die ihnen nun zum Vorwurf gemachte Tätigkeit nicht aufgeben zu können, da sie sonst nicht wüßten, wovon sie leben sollten. Außerdem beriefen sie sich darauf, daß Moses eine eherne Schlange verfertigt habe[2]).

Sarkophage.

Sodann ist bei den Sarkophagen die fabrikmäßige Anfertigung[3]) schon durch ihre Masse, noch mehr dadurch unzweifelhaft, daß manche so gefunden sind, wie sie in den Lagern der Fabrikanten zum Verkauf standen, fertig bis auf die letzten Meißelschläge, die erst nach erfolgter Bestellung getan werden konnten[4]). Die öfters in der Mitte angebrachten Porträtmedaillons haben nämlich häufig nur die ungefähren Formen eines Gesichts, so daß ihnen die Züge des zu Bestattenden noch zu geben waren; ebenso ist unter der Überschrift aller Epitaphe D. M. (*dis manibus*) die Stelle für den Namen leergelassen[5]). Endlich wird ein großer Teil der schablonenmäßig gearbeiteten Ehrenstatuen zu dem Vorrate der Bildhauerwerkstätten gehört haben, natürlich ebenfalls mit unausgeführten Köpfen, die dann nach der Bestellung die gewünschte Porträtähnlichkeit erhielten, oder mit ausgehöhltem Halse behufs Einlassung der besonders gearbeiteten Köpfe, wie sie noch zahlreich vorhanden sind[6]). Namentlich bei den Statuen im Harnisch sind die Köpfe (auch die Beine) vielfach von andrer Hand hinzugefügt[7]).

Ehrenstatuen.

Ausführung am Ort der Verwendung, teils durch wandernde —

Aber nur ein Teil der Kunstwerke konnte anderswo als am Orte der Aufstellung oder Verwendung gearbeitet werden. Bei allen besseren persönlichen

1) In Augsburg ein [*ne*]*gotiator a*[*rti*]*s cretaria*[*e et fla*]*turariae si*[*gill*(*ariae*)], wobei das letzte Wort sowohl auf *cretaria* als *flaturaria* zu beziehen ist, CIL III 5833. Über *ars cretaria* vgl. Marquardt, Privatl.[2] 636, 4. 2) Tertullian. de idololatria 5. Oben S. 81 f. 3) Arbeiter von Sarkophagen (*arcae marmoreae*) in Ravenna, Cassiodor. Var. III 19. Lebas-Waddington 25 (Smyrna): Αὐρ(ηλία) Φηλικίσσιμα ἀγοράσασα — σορὸν Προκο(ν)νησίαν (vgl. dazu Athen. Mitteil. XII 1887 S. 248. Blümner, Technol. III 36ff.) ἀνάγλυφον. 4) Robert, Die antiken Sarkophagreliefs III 1 S. 87 (zu dem Pariser Endymionsarkophag aus Bordeaux ebd. Taf. 18) 'vermutlich sind die Sarkophage aus Rom bezogen worden, die Porträtzüge sollten den abozzierten Köpfen in Gallien selbst gegeben werden'. Vgl. Benndorf u. Schöne, Bildw. d. lateran. Mus. zu nr. 488. 5) z. B. Benndorf-Schöne a. a. O. nr. 189. 6) In dem Epigramm einer Siegerstatue in Hierapolis in Phrygien (Altert. v. Hierapolis S. 89 nr. 46) heißt es, Glabrio habe den Kopf angefertigt, woraus hervorgeht, daß dort bis auf den Kopf fertige Siegerstatuen auf Lager waren, denen dann nur der eigens modellierte Porträtkopf des Siegers aufgesetzt zu werden brauchte, Cichorius ebd. S. 53. 7) Helbig, Untersuch. über die campan. Wandmalerei S. 30f. U. Koehler, Annali d. Inst. 1863 S. 433. Benndorf u. Schöne a. a. O. S. 125. Dütschke, Antike Bildw. in Oberitalien IV 40. Der Ausdruck ὁ τῆς παιδείας ἀνδριάς in der Inschrift von Rhodiapolis IGR III 733 (oben S. 74 A. 1) läßt vermuten, daß auch Statuen von Gelehrten und Schriftstellern in einer feststehenden Form (etwa mit einer Rolle in der Hand, einem *scrinium* zu ihren Füßen) stets vorrätig waren.

Denkmälern mußte die ganze, auch bei den schlechteren doch in der Regel wenigstens die letzte Ausführung an Ort und Stelle erfolgen. Ebenso ist sicherlich der überwiegend größte Teil der künstlerischen Dekorationsarbeit, besonders Malereien, Mosaiken und Stuckaturen, in den Räumen selbst, die sie schmücken sollten, ausgeführt worden. Auch die schnelle und massenhafte Verbreitung der Kaiserbildnisse läßt sich nur durch Versendung allein, wenn auch von zahlreichen Punkten, nicht erklären. Ein Teil der Künstler sowie der Unternehmer größerer künstlerischer Arbeiten, welche die erforderlichen Arbeiter auf allen Kunstgebieten im Dienst hatten oder für Lohn beschäftigten, wird von Ort zu Ort gewandert sein; dergestalt, »daß ganze Kolonien, Züge, Schwärme, Wolken, wie man es nennen will, von Künstlern und Handwerkern da heranzuziehen waren, wo man ihrer bedurfte. Denke man an die Scharen von Maurern und Steinmetzen, welche sich in dem mittleren Europa zu jener Zeit hin und her bewegten, als eine ernst religiöse Denkweise sich über die christliche Kirche verbreitet hatte«[1]). Eines dieser wandernden Künstler, Zenos aus Aphrodisias, der von sich in einer Inschrift rühmt, daß er im Vertrauen auf seine Kunst viele Städte durchzogen habe, wurde früher gedacht[2]). Ein Novius Blesamus hatte laut seiner Grabschrift Rom und das ganze Reich mit seinen Statuen geschmückt[3]); ein Mosaikarbeiter zu Perinth laut der seinigen seine Kunst in vielen Städten vor allen andern geübt[4]). Große Leistungen verbreiteten den Ruhm der Künstler weit und schnell. Zenodorus, der für Clermont die erwähnte kolossale Merkurstatue ausgeführt hatte, wurde von Nero nach Rom berufen, um dessen Kolossalstatue dort zu verfertigen[5]). Der Architekt Pontius, durch welchen der Vizekönig von Ägypten P. Rubrius Barbarus im 18. Jahre des Augustus (13/12 v. Chr.) zu Alexandria einen Obelisken im Augusteum errichten ließ, ist wahrscheinlich derselbe, welcher die in neuerer Zeit in den Gärten des Mäcenas entdeckte schöne Brunnenmündung (in Form eines Rhyton) entworfen hat, »die in so hohem Grade den Einfluß der alexandrinischen Kunst zeigt«[6]).

teils durch ansässige Künstler.

Doch nach Lucians »Traum« war das Leben der Bildhauer (wenigstens im Vergleich zum Wanderleben der Sophisten) in der Regel ein seßhaftes[7]), und gewiß gab es an allen größeren Orten auch ansässige Künstler, denen es an fortwährender Beschäftigung nicht fehlte. Dies ergibt sich noch für das 4. Jahrhundert aus dem Schreiben Constantins an den Statthalter der Provinzen Spanien, Gallien und Britannien vom Jahre 337, wonach die in den Städten sich aufhaltenden Künstler und Handwerker von kommunalen Leistungen frei sein sollten, damit sie ihre freie Zeit auf Erlernung ihrer Kunst verwenden und sowohl selbst um so kundiger werden, als ihre Söhne unterrichten könnten: zu den namentlich aufgeführten gehören, außer den Architekten und Bauhandwerkern, Maler,

1) Goethe, Werke XLIX 1 S. 169 d. Weim. Ausg. 2) Oben I 385. Daß Neubauers (Arch. Zeit. XXXIV 1876 S. 68f.) Deutung der Inschriften CIG 247. 5923 auf einen (mit seinem Bruder, einem Faustkämpfer) umherziehenden Bildhauer M. Tullius Eutyches nicht zwingend ist, bemerkt Löwy, Inschr. griech. Bildhauer zu nr. 469f. 3) CIL VI 23083 = Dessau 7711 (Buecheler, Carm. ep. 1254). Brunn, Künstlergesch. I 614. 4) CIG 2025 = Kaibel, Epigr. gr. 532, vgl. CIG 2024. Brunn, Künstlergesch. II 313. Inschrift eines Mosaiks zu Lillebonne: *T. Sen(nius) Felix c(ivis) Puteolanus fec(it) et Amor c(ivis) K(aletus?) discipulus* CIL XIII 3225. 5) Oben S. 80f. Plin. n. h. XXXIV 45f. 6) CIL III 6588 = Dessau 5483a, vgl. Lumbroso, Bull. d. Inst. 1878 S. 55. C. L. Visconti, Bull. arch. com. III 1875 S. 118ff. Helbig, Führer[3] nr. 950. 7) Lucian. Somn. 7.

Bildhauer und Mosaizisten[1]). Bildhauerwerkstätten werden an keinem auch nur mittelmäßigen Orte gefehlt haben; gefunden sind solche außer in Athen[2]) und Rom[3]) auch in Thysdrus[4]) und in Pompeji; in der letzteren befanden sich Geräte zur Steinskulptur, Marmorstatuen, Hermen, Büsten, Tische mit verschiedenen Füßen und ein unfertiger marmorner Mörser[5]). Die in andern Städten Italiens sowie in den Provinzen zum Vorschein gekommenen Inschriften von Künstlern sind mit Ausnahme Griechenlands und Kleinasiens[6]) nicht zahlreich.

Obwohl nun ohne Zweifel an den verschiedensten Orten der römischen Monarchie Kunst und Kunsthandwerk auch von zahlreichen seßhaften Leuten betrieben wurden und sich sogar nicht selten wie in älterer Zeit in denselben Familien forterbten[7]), wie es auch der Erlaß Constantins voraussetzt, so haben sich doch lokale und provinzielle Stile und Eigentümlichkeiten offenbar nur ganz ausnahmsweise entwickelt. Als das hauptsächlich Charakteristische der Kunst des Kaiserreichs erscheint vor allem ihre bei der Ausbreitung über ein so weites Gebiet doppelt auffallende Gleichförmigkeit in Gegenständen, Auffassung, Behandlung und selbst Technik. Mit Ausnahme Galliens, besonders des belgischen, wo jene eigenartige neue Kunstrichtung entstand, und Ägyptens, wo die uralte nationale fortdauerte, ist bei den Überresten der Kunst im ganzen Reich der Eindruck der Gleichartigkeit der weitaus überwiegende, und selten sind Differenzen wahrnehmbar, die nicht aus der Verschiedenheit der nachgeahmten Vorbilder, aus der höheren oder geringeren Blüte der Epoche und aus der größeren oder geringeren Kunstfertigkeit der Künstler herzuleiten wären. Man kann es keinem Mosaikbilde ansehen, ob es in Tunis oder England, in Andalusien oder Salzburg ausgegraben ist. Bei der Analyse von bemaltem Stuck von der Wandbekleidung römischer Häuser zu Bignor in Sussex fand Sir Humphry Davy dieselben Farbenbestandteile wie in dem bemalten Stuck der Titusbäder und der Häuser von Pompeji und Herculaneum[8]); und ebenso stimmt die Wandmalerei der römischen Villen im belgischen Gallien und der pompejanischen nicht bloß in Dekoration und Technik[9]) überein, sondern auch die Zubereitung des Wandbewurfs sowie die Art des Farbenauftrags sind im wesentlichen dieselben hier wie dort[10]). Überall arbeiteten Steinmetzen und Bildhauer nach italischen Vorbildern[11]). Im Echerntal bei Hallstatt ist ein römisches Grabdenkmal in Giebelform gefunden worden, das ein Medaillonporträt zwischen einer liegenden weiblichen Figur und einem Genius darstellt: ähnliche Monumente gibt es in Huesca in Aragonien, in Frankreich, Italien und Dalmatien[12]).

Überall Gleichförmigkeit der Behandlung, selbst der Technik.

1) Cod. Theodos. XIII 4, 2. S. oben S. 45. 2) Gardner, Journ. of hell. Stud. XI 1890 S. 129ff. 3) Oben S. 89. 4) Barth, Wanderungen durch die Küstenländer des Mittelmeers I 172. 5) Overbeck-Mau, Pompeji[4] S. 383, vgl. S. 646. In Urbisaglia, Not. d. scavi 1882 S. 105f. 6) Übersichten bei Löwy, Inschr. griech. Bildh. S. 404f. 407f. 7) Löwy a. a. O. S. 405f. Eine Künstlerfamilie aus Aphrodisias war unter den Antoninen eine Reihe von Jahren hindurch für die Curia athletarum bei den Titusthermen tätig, Ricci, Bull. arch. com. XIX (1891) S. 207ff. 8) Lysons, Reliquiae Brit. Rom. I 5. 9) Über die Technik der antiken Wandmalerei s. F. Gerlich, N. Jahrb. f. klass. Altert. XXI 1908 S. 127ff. 10) Hettner, Westd. Zeitschr. II (1883) S. 16—18. Vgl. oben S. 44 A. 2. 11) Über Provinzialkunst s. namentlich F. Studniczka, Tropaeum Traiani (Abhdl. d. sächs. Gesellsch. d. Wiss. XXII 4, 1904) S. 123ff. gegen Furtwängler, Abhdl. d. Münch. Akad. XXII 3 (1903) S. 500ff. F. Koepp, XIII. Bericht d. röm.-german. Kommission (1921) S. 1ff. Über gallische Kunst feine Bemerkungen bei F. Koepp, Bonn. Jahrb. CXXV (1919) S. 44ff. 12) v. Arneth, Sitzungsber. d. Wiener Akad. 1862 S. 714.

Diese Gleichförmigkeit erklärt sich nur zum Teil durch die Wanderungen der Künstler und den Vertrieb der Kunstwerke im Wege des Handels. Ihr Hauptgrund ist erstens, daß die Entwicklung der griechischen Kunst bereits abgeschlossen war, als sie in den Dienst der römischen Kultur trat. Diese Entwicklung war eine beispiellos reiche gewesen. Ein unermeßlicher Schatz von Ideen und Formen war durch sie geschaffen, Darstellungs- und Behandlungsweise nach allen Seiten hin aufs vollkommenste durchgebildet worden. Mit dieser Erbschaft konnte auch eine epigonische Zeit, der es an eigener schöpferischer Kraft gebrach, noch jahrhundertelang haushalten, ohne arm zu erscheinen.

Festhalten an der Tradition.

Dieser Zeit nun gereichte das treue Festhalten an der Tradition — einer der Hauptunterschiede aller antiken Kunst von der modernen — doppelt zum Segen. Weit entfernt davon, nach einer unmöglich gewordenen Originalität zu streben und den kostbaren Erwerb der früheren glücklichen Perioden durch fruchtloses Experimentieren preiszugeben, hat sie ihn vielmehr lange Zeit mit lobenswerter Einsicht erhalten und verwertet. Fort und fort bewegte sich die Kunst in gewohnten Kreisen und löste auch die neuen Aufgaben nach altbewährten Gesetzen. So ist das auf den ersten Blick Unbegreifliche möglich geworden, daß sie sich noch Jahrhunderte nach dem Abschluß ihrer Entwicklung auf einer bewunderungswürdigen Höhe behauptete, daß namentlich die Skulptur in der Zeit eines, wenn auch langsamen Sinkens noch Werke schaffen konnte, denen die moderne Plastik wenige an die Seite zu stellen vermag; daß auch trotz der ungeheuren Massenproduktion ein Rest des Formenadels sich selbst bis in die spätesten Zeiten erhielt.

Bronzen des Epikureischen Philosophen in Herculaneum.

Die Bronzen, welche die Villa des Besitzers der Bibliothek in Herculaneum[1]) schmückten, geben auch von dieser Seite der damaligen Kunst eine Vorstellung. »Was der Gegenwart angehört, sind nur Porträts, und auch hier nur der Realismus der Köpfe, nicht die Haltung, nicht die Gewandung. Alles sonst sind Wiederholungen der Werke früherer schöpferischer Kunstalter. Aber an der Stelle der erloschenen Erfindungskraft hat sich geschichtliche Kennerschaft verbreitet und feinsinniges Geschick der Imitation; mit unwandelbarer Treue und Bescheidenheit ordnet man sich den Alten unter. Der strenge männliche Formenadel des einen Meisters, der weiche Linienfluß und die seelenvolle Anmut des andern, die Kraft und Fülle der Charakteristik eines dritten, die Härte und Zierlichkeit eines Kultusbilds, oder dessen geheiligte Grundformen durch den Naturalismus der vollendeten Kunst im einzelnen flüssig gemacht: das alles ist hier vertreten; und gewiß ist eine solche Produktion nicht ohne Liebhaber denkbar, die dergleichen zu unterscheiden, zu schätzen, zu genießen wußten«[2]).

Rom auch hier das Vorbild für das ganze Reich.

War nun das mit dem Mangel an Originalität in Wechselwirkung stehende Festhalten an der Tradition der eine Hauptgrund für die Gleichförmigkeit der damaligen Kunst, so lag der andere in dem nivellierenden Einfluß der römischen Kultur. Auf allen Gebieten war Rom das Vorbild für die übrigen Städte des Reichs, aber auf diesem mit dem größten Recht. Hier war »durch die aus Griechenland, Asien und Ägypten entführten, in Tempeln und öffentlichen Gebäuden, in Palästen und Villen aufgehäuften Kunstwerke aller Zeiten und Schulen,

1) Oben S. 40f. 2) Justi, Winckelmann II[1] 188 (nicht in der 2. Aufl.).

jeder Technik und Art ein unerschöpfliches Material für Kunstbildung vorhanden«[1]); hier waren die bedeutensten Künstler der Welt versammelt, hier wurden die größten und fortwährend neue Werke geschaffen, hier war eine hohe Schule für Kunst, wie es nie wieder eine ähnliche gegeben hat. Dem Verlangen der Provinzialen, von allem, was in der Hauptstadt in Gunst und Ansehen stand, Nachbildungen zu besitzen, dem Anspruche der in den Provinzen für kürzere oder längere Zeit ansässigen Römer, den gewohnten Kunstluxus nicht ganz zu entbehren, kam die Tätigkeit einer weit verbreiteten, aus den Provinzen nach Rom und von dort in die Provinzen zurückströmenden Masse von Künstlern und Handwerkern entgegen: und so vereinigte sich alles, um einen und denselben Kunstgeschmack für das ganze Reich zum herrschenden zu machen.

Die Produktion wesentlich Reproduktion.

Die dekorative und religiöse Kunst konnte ihre Aufgaben größtenteils durch unveränderte Reproduktion aus dem vorhandenen Vorrate lösen, die monumentale fand hier wenigstens für fast alle Gegenstände Vorbilder und Muster[2]); und wo einfache Wiederholung unzulässig war, konnten meist »durch Umbildung und Ausbildung der ursprünglichen Motive neue Wendungen des Gedankens ausgedrückt«, durch Variationen, Modifikationen, Trennungen und Verbindungen das Vorhandene in ein scheinbar Neues umgestaltet werden. **In der Plastik.** Namentlich geschah dieses dadurch, daß man Figuren aus ihrem natürlichen Zusammenhang loslöste und selbständig machte, oder sie mit andern in Verbindung brachte, oder auch ursprünglich selbständige Figuren mit andern gruppierte, und es ist nicht zu leugnen, daß durch dieses Verfahren, das in der römischen Poesie seine leicht erkennbaren Analogien hat, manche durch Form und Gedanken ausgezeichnete Leistung hervorgerufen worden ist. So ist z. B. die sich im Schilde des Mars spiegelnde Venus in eine Siegesgöttin umgewandelt worden, die den Sieg auf dem Schilde verzeichnet: und diese findet sich nicht bloß als Statue, sondern auch auf Sarkophagreliefs, wo überhaupt besonders häufig Figuren, Motive und Gruppen aus älteren Werken entlehnt und in verschiedener Weise zu neuen Kompositionen verwandt sind. Sodann ist sie mit Mars zusammengestellt, den die Arme, mit welchen sie den Schild gehalten, dann umfaßten: auch diese in der Kaiserzeit sehr beliebte Zusammenstellung wiederholt sich auf Sarkophagen und in vier noch vorhandenen Statuengruppen. In derselben Weise ist eine bekannte treffliche Gruppe »Orest und Elektra« mit Festhalten der Komposition wie des poetischen Motivs in eine neue »Orest und Pylades« umgeschaffen worden[3]). An der sogenannten Thusnelda in der Loggia de' Lanzi in Florenz gehört dem Künstler nur die höchst gelungene Charakte-

1) O. Jahn, Aus der Altertumswissenschaft S. 239ff. 2) Die Künstler in der Provinz müssen geradezu Musterbücher zur Hand gehabt haben, wie Amelung, Röm.Mitteil. XXI 1906 S. 280ff. an einem Beispiele von der großen Mainzer Juppitersäule zeigt. Auf Kopieren nach einer Vorlage, zu deren vollständiger Wiedergabe der verfügbare Raum nicht ausreichte, weist die naive Beischrift einer delischen Malerei: εἰς τὸ λοιπὸν τόπον οὐκ εἴχομεν (Plassart, Bull. corr. hell. XL 1916 S. 187). 3) Diese Art des Kopierens älterer Vorbilder und Zusammensetzung einer neuen Komposition aus überall her zusammengeholten älteren Motiven ist insbesondere charakteristisch für die seit dem Ende der republikanischen Zeit für Rom tätigen sog. Neuattiker, vgl. F. Hauser, Die neuattischen Reliefs, 1889.

ristik der dargestellten nationalen Eigentümlichkeit, die großartige Anlage entlehnte er trauernden Frauengestalten der älteren Kunst[1]). Auch für die durch neu eingeführte Kulte erforderlichen Darstellungen wurden alte Formen zum Teil sehr glücklich verwandt. Erst seit der Kaiserzeit gewann der Mithrasdienst im Westen Verbreitung: auch in den Reliefs der Mithrashöhlen[2]) begegnen wir nur bekannten, aus dem Vorrat griechischer Kunst entlehnten Gestalten; namentlich der auf dem Stier kniende Gott ist nichts als eine Umbildung einer Figur der stieropfernden Siegesgöttin, und ebenso sind auch die übrigen Gestalten dieser Komposition entlehnt, und nur ihre Zusammenstellung und die Zutat einiger Symbole neu[3]). Ein andres Beispiel dieses allgemein angewandten Verfahrens berichtet Josephus: in dem von Herodes erbauten Augustustempel zu Cäsarea war die kolossale Statue des Kaisers eine Nachbildung des Phidiasischen Zeus zu Olympia, »die hinter ihrem Vorbilde nicht zurückstand«, die der Roma eine Nachbildung der Hera des Polyclet zu Argos[4]). Eine mehr oder minder freie Nachbildung des Motivs der Phidiasischen Statue zeigt eine ganze Reihe von Kaiserstatuen mit nacktem Oberkörper und um die Schenkel geschlagenem Mantel[5]). Überhaupt sind bei Porträtstatuen die Gestalten, wie gesagt, in der Regel nach älteren Typen gebildet. Die sogenannte Pudicitia im Vatikan sowie die »Herculanerinnen« gehören zu dem großen Vorrat weiblicher Gewandstatuen, deren Motive teils auf die attische Kunst des 4. Jahrhunderts, teils auf die hellenistische Zeit zurückgehen und bei der Gleichartigkeit griechischer und römischer weiblicher Tracht sich in Rom unmittelbar verwerten ließen; sie kehren namentlich in einer Anzahl von Sepulkralstatuen wieder[6]).

Kopien berühmter älterer Werke.

Namentlich aber zu dekorativen Zwecken genügte nicht bloß die unveränderte Wiederholung der älteren Werke vollständig, sondern es war offenbar auch der Wunsch der meisten Besteller, die allbekannten und allbeliebten Gestalten in möglichst treuen Kopien zu besitzen[7]). Lucian nennt folgende im Hof eines athenischen Privathauses aufgestellte Statuen: den Diskoswerfer des Myron, den Diadumenos des Polyclet, die Tyrannenmörder des Kritias und Nesiotes — selbstverständlich sämtlich Kopien dieser berühmten Werke[8]). Die Nachbildung erfolgte vielfach auf mechanischem Wege, durch Abformung und vermittels des Punktierverfahrens[9]), woraus sich die Übereinstimmung der Maße

1) Helbig, Untersuchungen über die Campanische Wandmalerei S. 27 f. 2) Cumont a. a. O. S. 199 ff., vgl. auch F. Drexel, Der obergerm.-raet. Limes XXXIII Das Kastell Stockstadt (1910) S. 77 ff. 3) Zum Teil wörtlich nach O. Jahn, Berichte d. Sächs. Ges. 1861 S. 121—132; vgl. dazu Wickhoff a. a. O. S. 34. 129. 4) Joseph. B. J. I 114. Auch die Polycletische Juno bei Martial. X 89 ist doch wohl eine Kopie in Rom. 5) Interessant sind z. B. die Statuen aus dem der Antoninenzeit angehörenden Apolloheiligtume von Bulla regia, die durchweg Abwandlungen noch nachweisbarer älterer, zum Teil bis auf die Zeit des Phidias zurückreichender Typen darstellen, vgl. Bulle, Archäol. Anzeig. 1908 S. 216 ff. Dasselbe gilt u. a. auch von den Statuen aus dem Theater von Merida (Emerita Augusta), P. Paris ebd. 1912 S. 257 ff. 1914 S. 374 ff. 6) Helbig a. a. O. S. 31 f. 7) Über Statuenkopien vgl. A. Furtwängler, Abhandl. Akad. München XX (1897) S. 544 ff. Über Umbildungen des Originals durch Kopistenvarianten G. Lippold, Röm. Mitteil. XXXII 1917 S. 95 ff. K. A. Neugebauer, Asklepios. Ein Beitrag zur Kritik römischer Statuenkopien. Berlin 1921. 8) Lucian. Philops. 18, vgl. Blümner, Archäol. Studien zu Lucian 93. 9) Beispiele erhaltener Statuen, an denen die Puntelli stehen geblieben sind, bei Benndorf u. Schöne a. a. O. zu nr. 492. Furtwängler a. a. O. S. 545, 4; über das häufige Abformen berühmter Originale Lucian. Jupp. trag. 33.

zwischen an ganz verschiedenen Orten gefundenen Kopien desselben Originals erklärt. Natürlich wurden die berühmtesten auch am meisten vervielfältigt. So sind die noch jetzt so zahlreichen Wiederholungen der Aphrodite, des Satyrs und des Apollo des Praxiteles und eine Menge andre (z. B. der sogenannten Mediceischen Venus) von zum großen Teil unbekannten Urbildern entstanden. Wären nicht die Inschriften der Statuen größtenteils verloren, so würden wir von diesen letzteren vermutlich manche kennen: eine Venus im Palast Chigi zu Rom ist laut der Inschrift von einem Menophantos nach einem Original in Alexandria Troas kopiert[1]). Diese Kopien sind in allen Provinzen verbreitet gewesen. In Soissons hat sich eine Gruppe aus dem Kreise der Niobiden (der jüngste Sohn mit seinem Pädagogen)[2]), in Trier eine Kopie der Venus von Melos und der Matteischen Amazone gefunden[3]). Ein Relief aus der Nähe von Trier zeigt deutlich die Einwirkung des praxitelischen Hermes[4]). Der am Hofe des Augustus aufgewachsene König Juba II. von Mauretanien, der ebenso wie seine Gemahlin Cleopatra Selene, eine Tochter von Antonius und Cleopatra, ein lebhaftes Interesse für griechische Kunst und Literatur hatte, schmückte seine fortan Cäsarea genannte Hauptstadt Jol (Scherschell) mit Kopien von Werken aus der besten Zeit der griechischen Skulptur, von denen mehrere dort gefunden sind: eine Athena nach Alkamenes, zwei Kopien einer Frauenstatue aus der Zeit des Phidias, ein Dornauszieher, ein flöteblasender Satyr, eine Venus als Meergöttin[5]). König Herodes Agrippa I. schmückte nach Josephus die ganze Stadt Berytus in Phönizien »durch Aufstellung von Statuen und Kopien alter Werke«[6]); unter alten Werken sind hier wohl gewiß die der griechischen Blütezeit zu verstehen, obwohl die schon in Quintilians Zeit verbreitete, seit Hadrian sehr gesteigerte Richtung auf das Altertümliche, selbst die Inkunabeln der Kunst[7]), zahlreiche Nachbildungen auch der vorphidiasischen Plastik veranlaßte.

Die Bildhauer, »die alte Meisterwerke unterschiedslos aus allen Stilepochen kopierten«, dienten gewiß nicht selten geradezu einem kunstgeschichtlichen Interesse. Die völlige Abhängigkeit der Kunst von früheren Zeitaltern zeigt sich auch auf allen andern Gebieten. Quintilian spricht von Malern, die sich darauf beschränkten, fremde Bilder aufs genaueste zu kopieren[8]), Lucian von freien Nachbildungen und Umbildungen älterer Gemälde[9]). Nicht bloß die Mittelbilder der pompejanischen Wände sind im großen und ganzen freie Nachbildungen von kunstmäßigen Tafelbildern, besonders Kabinettbildern der Diadochenzeit[10]): auch in der gesamten dortigen Wanddekoration des sogenannten dritten und

In Malerei und Mosaik —

1) IG XIV 1255. Matz-v. Duhn, Ant. Bildw. in Rom I nr. 754. Löwy, Inschr. griech. Bildhauer nr. 337: »die ausdrückliche Bezeichnung eines Werks als Kopie in der Künstlerinschrift steht vereinzelt da«. 2) Stark, Niobe u. d. Niobiden S. 236f. 3) Jahn a. a. O. 1861 S. 124 A. 35. Hettner, Steindenkm. d. Provinzialmus. zu Trier nr. 656. 691 (Illustr. Führer S. 71f. nr. 159), weitere Kopien auch nr. 692. 695 u. a. 4) Hettner, Steindenkm. d. Provinzialmus. zu Trier nr. 68. H. Graeven, Zeitschr. f. bild. Kunst N. F. XVI 1905 S. 168ff. 5) Schulten, Das röm. Afrika S. 75. Kekulé, Über Kopien einer Frauenstatue aus der Zeit des Phidias (Berl. Winckelm.-Progr. 1897) S. 9ff. Reisch, Österr. Jahresh. I 1898 S. 64ff. Bieńkowski ebd. S. 189ff. 6) Joseph. A. J. XX 212 (ἀνδριάντων ἀναθέσεσι καὶ ταῖς τῶν ἀρχαίων ἀποτύποις εἰκόσιν). 7) Friedlaender, Kunstsinn der Römer S. 38f. 8) Quintilian. X 2, 6: *quemadmodum quidam pictores in id solum student ut describere tabulas mensuris ac lineis sciant.* 9) Lucian. Zeuxis 3, vgl. Blümner a. a. O. S. 89f. 10) Rodenwaldt, Komposition der pompejan. Wandgemälde S. 197ff.

vierten Stils hat man wohl mit Recht Nachwirkungen der phantastischen Pracht erkannt, die sich bei den Festen der Ptolemäer entfaltete[1]). Die Erhaltung von Mosaikfußböden in den verschiedenen Provinzen zeigt, daß auch hier dieselben Gegenstände überall wiederholt wurden: Nereiden und Meerungeheuer besonders in Bädern, Nachbildungen von Speiseresten in Eßzimmern (diese Gattung war so allgemein, daß ihr Name — *asarotum* — geradezu für Mosaik gebraucht wird), Köpfe von Dichtern und Weisen etwa in Bibliotheken und Studierzimmern usw.[2]).

Geräten, Gefäßen, Gemmen — Auch bei der Verzierung von Geräten und Gebrauchsgegenständen wurden fort und fort dieselben Muster reproduziert, sowohl in Nachbildungen von Künstlerhand als in der fabrikmäßigen Massenproduktion. Der bereits erwähnte Bildgießer Zenodorus kopierte zwei von Kalamis ziselierte Becher so genau, »daß in der Kunst der Arbeit kaum ein Unterschied war«[3]). Die Darstellungen auf den in Hildesheim, Boscoreale und anderwärts gefundenen Silbergefäßen sind Reproduktionen älterer Muster, besonders alexandrinischer[4]). Auch Gemmen, Glasflüsse und andere Erzeugnisse der Glasfabrikation zeigen bald mehr bald minder gelungene Kopien derselben Vorbilder, die zahlreichsten aber die Tonwaren. im ganzen römischen Reich in größter Masse vorhandenen Tonwaren, die Erzeugnisse eines ungemein reich und mannigfach ausgebildeten Kunsthandwerks (Friesplatten, Stirnziegel, Gefäße mit erhabenen Ornamenten und Figuren, besonders Lampen), das, wie gesagt, die edelsten und anmutigsten Erfindungen griechischer Kunst bis an die äußersten Grenzen römischer Kultur verbreitet hat[5]). »Alle diese Tonware ist in Formen gepreßt, und die mechanische Vervielfältigung erklärt es, daß überall im römischen Reich, in Afrika, Spanien, Gallien, an der Themse, am Rhein, an der Donau, in Cilicien dieselben Formen, dieselben Figuren, dieselben Reliefs, dieselben Ornamente, dieselben eingepreßten Namen der Töpfer sich gleichmäßig wiederholt finden. — Indessen ist die römische Ware nur zum allergeringsten Teil direkt eingeführt; man fand es bequemer, die Formen und Stempel den Töpfereien zu liefern. Daher zeigen sich in dem, was an Ort und Stelle zu beschaffen war, in der Mischung und Bearbeitung des Tons, in Färbung und Firnis, überall Verschiedenheiten; was durch Form und Stempel hervorgebracht wurde, bleibt sich dagegen überall gleich. Es würde nicht schwer fallen, aus dem an verschiedenen Orten gefundenen Tongeschirr den Vorrat einer wohlassortierten römischen Tonwarenfabrik an Formen und Stempeln in ziemlicher Vollständigkeit wiederherzustellen. Darin aber verrät sich ein Mangel an Verständnis bei den Provinzialtöpfern, daß nicht selten die einzelnen Stücke der Formen verkehrt zusammengesetzt sind. Bei einer Anzahl dieser Verzierungen kann man auch noch den Weg verfolgen, auf

1) Schreiber, Die alexandrinische Toreutik, Abhandlungen der sächs. Gesellsch. d. Wiss. XIV (1893) S. 424ff. Gegen die Herleitung der pompejanischen Wanddekoration (abgesehen vom sog. ersten Stil) aus Alexandrien R. Pagenstecher, Sitz.Ber. d. Heidelb. Akad. 1917 Abt. XII 20ff. 2) Vgl. die Übersicht über die Gegenstände der Mosaikdarstellungen bei P. Gauckler in Daremberg-Saglio, Dictionn. III 2 S. 2100ff. 3) Plin. n. h. XXXIV 47. 4) Schreiber a. a. O. S. 425ff. 440. 5) Die neuere Literatur über die römische Keramik und Tonindustrie ist sehr umfangreich; zur Orientierung über sie vgl. Gummerus, Real-Encykl. IX 1475. F. Behn, Römische Keramik mit Einschluß der hellenistischen Vorstufen, 1910 (Nr. 2 der Kataloge des röm.-germanischen Central-Museums).

dem sie dahin gekommen sind. Zum Teil kennen wir die Originale, einzelne Figuren oder Gruppen, als Kunstwerke von selbständiger Bedeutung, welche in Rom beliebt waren, und deshalb auch zur Verzierung angewandt wurden. Dieselben finden wir nun auf größeren architektonischen Gliedern, Metopen oder Friesplatten, dann auf Sarkophagreliefs, und endlich auf Tongefäßen wieder[1]). So wurde von Rom aus, indem man den Kunstgeschmack der Mode über das ganze Reich diktierte, auch den Unbemittelten in der Provinz noch eine gewisse Teilnahme an den Kunstschätzen der Hauptstadt ermöglicht«[2]).

Hohe Entwicklung des Kunsthandwerks.

Unter den früheren Zeitaltern, von denen die (wie gesagt, nur auf dem Gebiete der Porträtbildnerei originelle) Kunst der Kaiserzeit abhängig war, hat die hellenistische Periode einen weit größeren Einfluß ausgeübt als die klassische des 5. und 4. Jahrhunderts, und zwar ist dieser Einfluß allem Anscheine nach weit mehr von der alexandrinischen Kunst ausgegangen, als von der attisch-pergamenischen: wie auch die alexandrinische Poesie für die römische in deren bester Zeit maßgebend gewesen ist, und die alexandrinische Musik auf die römische bestimmend eingewirkt hat. Noch mehr aber als der eigentlichen Kunst kam die unermeßlich reiche Tradition der noch in hohem Grade schöpferischen hellenistischen Epoche dem Kunsthandwerk zugute; ihre Verwertung erstreckte sich bis in die bescheidenen Werkstätten der Töpfer, Steinmetzen, Zimmermaler, Gold- und Silberschmiede[3]). Wenn es überhaupt im Altertum keine feste Grenze zwischen Kunst und Handwerk gab (wie denn auch die alten Sprachen keine scharf unterscheidenden Bezeichnungen für beides haben)[4]), so waren beide vollends in einer Zeit durch tausendfache Übergänge verbunden, wo die Produktion in so überwiegendem Maße nur Reproduktion war, wo von dem Künstler in der Regel nur Ausführung oder Verwendung fremder Erfindung gefordert ward. Da auch der Handwerker Auge und Hand an den herrlichsten Mustern bildete, reichte für ihn technische Fertigkeit hin, um gute Nachahmungen zu liefern, und so eroberte gleichsam das Handwerk einen großen Teil des Gebiets, das in andern Zeiten der eigentlichen Kunst gehört hat; und es entwickelte sich auf diesem Boden in einem Umfange, wie es eben nur bei einem bis in die untersten Schichten der Gesellschaft verbreiteten Bedürfnisse möglich war. Die Entdeckung der Zimmerdekorationen einer Mittelstadt wie Herculaneum im 18. Jahrhundert hat hingereicht, um auf dem Gebiete der damaligen hochentwickelten Pariser Kunstindustrie eine wahre Umwälzung zu bewirken. Der Geschmack für die neue, à la grecque genannte Manier steigerte sich (nach den Berichten Galianis aus den Jahren 1763 und 1767) zum Übermaß. Nicht bloß Bronzen, Schnitzereien, Gemälde wurden nach Herculaneum kopiert: Tabaksdosen, Fächer, Ohrringe, Budenschilder aller Art gab es à la grecque. Alle Goldschmiede, Juweliere, die Maler der Wagen- und Türstücke, Tapezierer, Ornamentenmacher konnten ohne die Pitture di Ercolano nicht mehr auskommen. Auf den Kaminen erschienen statt chinesischer Fratzen und sächsi-

Einfluß der herculaneischen Entdeckungen auf die Pariser Kunstindustrie.

1) Vgl. z. B. über die Nachbildung statuarischer Werke in Ton in den Kölner Terrakottenfabriken des Servandus und Vindex (1. und 2. Jhdt.) Lehner, Bonner Jahrb. CX 1903 S. 188ff. 2) Jahn, Aus der Altertumswissenschaft S. 243f. 3) Schreiber a. a. O. S. 424ff. F. Drexel, Bonn. Jahrb. CXVIII (1909) S. 176ff. 4) Marquardt, Privatl.[2] S. 607f. Habel, Real-Encykl. II 1450f. G. Kühn, De opificum Romanorum condicione privata (Diss. Halle 1910) S. 3.

scher Porzellangruppen Dreifüße, wohl oder übel den herculaneischen Bronzen nachgebildet. Auch das (1767) in die Münze gewanderte Tafelsilber wollte man in neuem Geschmack gießen lassen, und endlich eroberte dieser sich sogar die Stickerei[1]).

Fabrikmäßiger Kunstbetrieb.

Der Kunstbetrieb war aber in der römischen Kaiserzeit vielfach nicht bloß ein handwerksmäßiger, sondern (auch außerhalb der Gebiete, für welche dies bereits bemerkt ist) ein geradezu fabrikmäßiger. Wie die Ausführung von Bauten, so wurde auch die von künstlerischen Arbeiten, besonders solchen, die größere Kräfte erforderten, sehr häufig, wenn nicht in der Regel, Unternehmern überlassen, die zum Teil selbst Künstler waren, zum Teil aber nur Künstler beschäftigten[2]). Nach einer schon erwähnten Angabe Plutarchs wurden auch zur Errichtung von Kolossen Konkurrenzen ausgeschrieben, und die Arbeit dem Künstler übertragen, der bei den geringsten Kosten die beste Ausführung in Aussicht stellte[3]). In dem Antrage Ciceros, dem S. Sulpicius Rufus eine Statue zu errichten, heißt es, die Konsuln sollen den Quästoren befehlen, die Anfertigung von Postament und Statue in Akkord zu geben, und dem Unternehmer (*redemptor*) die ausbedungene Summe zahlen[4]); überhaupt ist »verdingen« (*locare*) der gewöhnliche Ausdruck für die Bestellung von Kunstwerken[5]). Ein Durchschnittsmaß künstlerischer Leistungsfähigkeit durfte bei jedem Unternehmer vorausgesetzt werden, während ein ungewöhnlich hoher Grad derselben um so seltener war, je weniger er erfordert und geschätzt wurde. So konnte bei der Wahl unter den Anerbietungen der Preis und die Zeitdauer der Ausführung in erster Linie maßgebend sein.

Weitgetriebene Arbeitsteilung.

Sowohl die hohe und reiche Entwicklung des Kunsthandwerks als der fabrikmäßige Kunstbetrieb bedingte eine weitgetriebene Arbeitsteilung, von der sich manche Spuren nachweisen lassen[6]). Es gab z. B. Arbeiter, die nur den Statuen die Augen (aus einem farbigen Material) einsetzten[7]). Alle größeren Kunstunternehmungen setzten ein Zusammenwirken einer größeren Anzahl verschiedener Künstler und Handwerker unter einer einheitlichen Leitung voraus. So ist die in der letzten Periode Pompejis (nach dem Erdbeben von 62) ausgeführte Dekoration der Wände in den dortigen Häusern, wo »die Verzierungen wie aus einem Geiste entsprungen und aus demselben Topfe gemalt sind«[8]), wohl, wenn nicht durchweg, so doch zum größten Teil durch eine und dieselbe Malergesellschaft erfolgt, in der Anstreicher, Arabesken-, Blumen-, Tier-, Landschafts- und Figurenmaler an denselben Wänden nach- und nebeneinander arbeiteten; nur so konnte die Ausmalung eines großen Teils der Häuser, wie jede andre künstlerische Massenproduktion, mit der erforderten Schnelligkeit geleistet werden[9]). Die

Zusammenarbeiten mehrerer Künstler.

1) Justi, Winckelmann II² 358. 2) Auf dem rechten Schenkel einer im Theater von Merida (Emerita Augusta) gefundenen Togastatue steht *ex officinis Caii Auli* (Strong, Journ. of Rom. Stud. I 1911 S. 37); auf einer Statuenbasis in Puteoli CIL X 1896 *ex officina Sextili Clementis*. 3) Oben S. 22. 4) Cic. Philipp. IX 16. 5) z. B. Pers. 6, 47. Sueton. Claud. 9, 1. 6) Oben I 164. 7) CIL VI 9403 = Dessau 7713 *M. Rapilius Serapio hic ab ara marmor(ea) oculos reposuit statuis*; daher *faber ocularıarius* CIL VI 9402 = Dessau 7714, vielleicht auch der *scalptor uclarius* CIL VI 9824 (anders Marquardt, Privatl.² 695, 6). 8) Goethe, Werke XLIX 1 S. 169 d. Weim. Ausg. 9) Vgl. auch Overbeck-Mau, Pompeji⁴ S. 571 f. und über den seit 63 n. Chr. herrschenden Dekorationsstil Mau, Gesch. d. dekorativen Wandmalerei in Pompeji 1882 S. 446 ff.

Festigkeit allgemein anerkannter Normen und Traditionen, denen gegenüber die künstlerische Individualität in den Hintergrund trat oder doch darauf verzichtete, sich in vollem Maße geltend zu machen, hatte im Altertum von jeher das Zusammenarbeiten zweier oder mehrerer Künstler an einem Werke ebenso häufig gemacht, wie es in der modernen Kunst gegenwärtig selten ist, und hierin hat sich allem Anschein nach in der Kaiserzeit nichts geändert[1]). Einige Analogien für diesen Gebrauch der antiken Plastik bietet die Malerei der früheren Jahrhunderte der neueren Zeit mit ihren ebenfalls festeren Schultraditionen.

Kunstarbeiten großenteils durch Sklaven ausgeführt.

Ein großer Teil der zur Ausführung umfassenderer Kunstunternehmungen verwandten Arbeiter waren Sklaven, und in der Tat gehört die Sklaverei ganz wesentlich zu den Faktoren, auf deren Zusammenwirken die künstlerische Massenproduktion beruhte. Die Kunsthandwerke, deren Leistungen vielleicht den größten Teil des Kunstbedürfnisses befriedigten, konnten so gut wie jedes andre Handwerk bei einiger Geschicklichkeit und Anstelligkeit von jedermann erlernt werden, und Sklavenbesitzer, die von ihren Leuten einen möglichst hohen Gewinn ziehen wollten, ließen sie natürlich in den Arbeiten unterrichten, nach denen die Nachfrage am größten war; dazu gehörten Kunstarbeiten je länger je mehr. Ebensogut wie die Gladiatorenbanden, Schauspielertruppen, Chöre von Sängern und Spielleuten, konnten aus großen Sklavenfamilien Gesellschaften von Malern und sonstigen Kunstarbeitern gebildet werden, die teils die Wohnungen ihrer Herren schmückten, teils Aufträge für deren Rechnung ausführten. Verres hatte unter seinen Leuten eine Anzahl von Ziseleuren und Arbeitern von Metallgefäßen[2]). Zu den Annehmlichkeiten einer bescheidenen, aber gesicherten Existenz, die sich der Nävolus Juvenals für sein Alter wünscht, gehören auch »ein krumm gebückter Ziseleur und einer, der schnell viele Gesichter malen kann«[3]), d. h. Sklaven, die sein Einkommen durch besonders einträgliche Arbeiten vermehren sollen: die des Malers war dies wohl besonders durch Verwendung zu den so massenhaft angefertigten figurenreichen Darstellungen historischer Ereignisse, vielleicht auch zu Illustrationen von Büchern. Maler sind übrigens diejenigen Künstler, die am häufigsten als dem Sklavenstande angehörig bezeichnet werden[4]). Der Jurist Julianus (unter Hadrian) führte in den Erörterungen über Schadenersatz für einen getöteten Sklaven aus, wenn einem »wertvollen Maler« (*pretioso pictori*) der Daumen abgehauen, und er dann innerhalb eines Jahrs getötet worden, so sei er zu dem Werte zu schätzen, den er vor der Verstümmelung gehabt habe[5]). Zu den Bedingungen der Freilassung künstlerisch gebildeter Sklaven gehörte in vielen Fällen die Fortdauer von Leistungen in der erlernten Kunst für den Patron: auch unter diesen werden Malerarbeiten ausdrücklich genannt[6]).

Wohlfeilheit der gewöhnlichen Kunstarbeit.

Daß die Herstellung von Kunstwerken zum großen Teil durch Sklavenarbeit erfolgte, bedingte ihre Wohlfeilheit, die mit ihrer allgemeinen Verbreitung in Wechselwirkung stand. Aber auch die Leistungen der freien Kunsthandwerker wurden nicht hoch bezahlt. In dem Edikt Diocletians sind die Tagelöhne der

1) Löwy, Inschr. griech. Bildhauer S. XV; vgl. S. 405 f. (Künstlerfamilien). 2) Cic. Verr. II 4, 54. 3) Juv. 9, 145 f. 4) Vgl. auch Artemidor. Onirocr. IV prooem. p. 201, 2 Herch. Dig. VI 1, 28; Inschriften von Malern CIL VI 9786—9794 (Sklaven, Freigelassene und Freie). 5) Dig. IX 2, 23 § 3. 6) ebd. XII 6, 26 § 12.

Arbeiter, welche die künstlerische Dekoration der Häuser besorgten, in der Voraussetzung normiert, daß auch sie wie alle übrigen die Kost von dem Bauherrn erhielten. Der Lohn des Stukkateurs ist hier derselbe wie der des Maurers, Zimmermanns und Kalkbrenners, des Wagenbauers, Bäckers und Schmieds; der des Mosaizisten nur um ein Fünftel, der des Ton- und Stuckmodelleurs um die Hälfte höher, der des Bildmalers aber dreifach so hoch[1]). Namentlich bei Statuen hatte die fabrikmäßige Herstellung eine große Ermäßigung der Preise zur Folge. Während in der Zeit Alexanders des Großen 3000 Drachmen (2358 Mark) der Durchschnittspreis einer Statue gewesen zu sein scheint, sagt Dio von Prusa in seiner rhodischen Rede, man könne ein (bronzenes) Standbild für 1000 (870 Mark) oder selbst 500 Drachmen (435 Mark) errichten[2]). Daß diese freilich absichtlich sehr niedrige Schätzung sich doch (wenn überhaupt) nicht weit von der Wahrheit entfernte, wird durch zahlreiche inschriftliche Preisangaben bestätigt. Von mehreren Götter- und Kaiserstatuen in Gallien, der Schweiz, Spanien und Afrika sind auf den noch erhaltenen Postamenten die Preise angegeben, welche (nach Größe, Arbeit und Material) sich in der mittleren Lage von etwa 3000—20000 S. (652—4350 Mark) bewegen[3]). Vermutlich waren in Fabriken und Handlungen die verschiedenen Gattungen für Käufer und Besteller zu festen Preisen tarifiert. Wenn also ein Provinzialpriester von Bätica, der zugleich das Amt eines Duumvirn in seiner Vaterstadt Corduba bekleidet hatte, (wie oben erwähnt)[4]) in Anerkennung der sämtlichen ihm erwiesenen Ehren dort Statuen im Gesamtbetrage von 400000 S. (87 000 Mark) errichten ließ[5]), so liegt die Gesamtzahl ungefähr zwischen 20 und 130; wenn ein freigelassener Arzt zu Assisi, der zugleich Sevir der Augustalen war, zur Aufstellung von Statuen im dortigen Tempel des Hercules 30 000 S. (6525 Mark) hergab[6]), so konnten dafür (höchstens) 10 geliefert werden; und das Vermächtnis eines Reiteroffiziers in Grenoble von 50000 S. (10 875 Mark) »zu Statuen« reichte zur Anschaffung von höchstens 16 hin[7]).

Künstlerhonorare in der Kaiserzeit —

Von eigentlichen Künstlerhonoraren wissen wir wenig. Lucullus bestellte bei dem ihm befreundeten Bildhauer Arcesilaus ein Bild der Göttin Felicitas für 60000 S. (damals 10530 Mark), das wegen des Tods beider unvollendet blieb; derselbe Künstler verkaufte an den römischen Ritter Octavius das Gipsmodell eines Kraters für ein Talent (4715 Mark)[8]). Das hohe Honorar, das die Restauratoren der Venus des Apelles und des Nerokolosses von Vespasian erhielten, gibt Sueton leider nicht an[9]). Zenodorus erhielt von der Stadt der Arverner (Clermont) für die Ausführung des Merkurkolosses, die 10 Jahre dauerte, an Honorar (*manipretium*) allein 400000 S., erwarb also mit dieser Arbeit jährlich 40000 S. (8700 Mark)[10]).

im 18. und 19. Jahrhundert.

Diese Honorare erscheinen auch dann keineswegs niedrig, wenn man den

1) Edict. Diocl. 7, 2 ff. 24 ff. und dazu Blümner, Maximaltarif des Diocletian S. 105 ff. Die Ansätze sind 50, 60, 75, 150 Denare (rund etwa 90 Pf., 1,10 bzw. 1,35 und 2,70 Mark); *in sigillis vel statuis* 4 Denare (etwa 7,5 Pf.) auf das Pfund. 2) Dio Chrys. or. 14, 59 (I 236 Arn.). Zur Umrechnung vgl. Anhang XXVII S. 313. 3) S. den Anhang XXVII. 4) Oben S. 38. 5) CIL II 5523 = Dessau 5079. 6) CIL XI 5400 = Dessau 7812. 7) CIL XII 2231: — *subpraef(ecto) equit(um) alae Agrippian(ae) qui [HS] IↃↃↃ in statuas* .... *et aenearum* ..... *[test(amento) reli]quit*. 8) Plin. n. h. XXXV 156. 9) Sueton. Vespas. 18. 10) Plin. n. h. XXXIV 45. Oben S. 80 f.

damaligen Sachwert des Gelds nicht höher annimmt als den heutigen; sie sind ebenso hoch oder höher als die mancher der hervorragendsten Künstler des 18. und 19. Jahrhunderts. Die beiden Gruppen der Jagd und des Fischfangs, die Ludwig XV. bei dem älteren Adam für die Gärten von Choisy bestellte und später Friedrich dem Großen schenkte, kosteten (1756) 52000 Livres, deren Wert dem heutigen von 160000 Franken gleichkommen soll; eine Figur der Abundantia desselben Künstlers für das Schloß von Choisy (1758) 10000 Livres. Der überaus bewunderte »Amor, der die Keule des Hercules zerbricht, um Pfeile daraus zu machen«, von Bouchardon, wurde mit 20000 Livres bezahlt. Pigalle, der 1750 für einen Amor 24000 Livres erhalten hatte, übernahm die Ausführung des Grabdenkmals des Marschalls von Sachsen (in der Thomaskirche in Straßburg) für 85000 Livres (angeblich so viel wie jetzt 300000 Franken) und erhielt sie in vier Zahlungen, obwohl er die 1753—1756 auszuführende Arbeit unvollendet ließ, die dann erst unter Ludwig XVI. vollendet wurde[1]. Rietschel erhielt für die Gruppe von Goethe und Schiller in Weimar, an der er 3 Jahre (1854—1856, davon 2½ ununterbrochen) arbeitete, ein Honorar von 16500 Mark, seine Auslagen betrugen 4800[2]: er erwarb also damals, wo er auf der Höhe seines Ruhms stand, jährlich im Durchschnitt nicht viel über 3900 Mark, also (selbst bei Annahme des gleichen Sachwerts des Gelds im 1. und 19. Jahrhundert) noch nicht halb so viel wie Zenodorus in einer Provinzialstadt. Rauch erhielt für das (zum zweitenmal ausgeführte) Modell der (über 2½ Meter hohen) Statue Kants in Königsberg (deren Erzguß über 10000 Mark kostete) 6000 Mark: also nicht sehr viel mehr als Arcesilaus für das Gipsmodell eines Kraters.

4. DIE KÜNSTLER.

Gründe für die Geringschätzung der Künstler bei den Römern.

Der unverhältnismäßig große Raum, den in der Kunst der römischen Kaiserzeit das Handwerk einnahm, und die niedrige Lebensstellung der überwiegenden Mehrzahl derer, welche beide ausübten, konnte auf die Schätzung der Kunst bei den Gebildeten nicht ohne Einfluß bleiben. Beides mußte namentlich alle, denen das Verständnis für ihr wahres Wesen fehlte, verleiten, Handwerk und Technik mit Kunst mehr oder weniger als gleichbedeutend anzusehen, und auch in dem wahren Künstler nur den höheren Handwerker zu erblicken. Wenn freilich Philosophen, die sittliche Veredlung allein als erstrebenswertes Ziel anerkennen, von der künstlerischen Tätigkeit mit Geringschätzung sprechen, so setzen sie darum die bildenden Künste nicht als solche herab. Wenn Plutarch sagt[3], kein Jüngling von edler Natur werde beim Anblick des Zeus zu Olympia ein Phidias oder bei dem der Hera zu Argos ein Polyclet zu werden wünschen, so fügt er auch hinzu: »ebensowenig wie ein Anakreon, Philemon oder Archilochos, wenn er sich an ihren Gedichten ergötzt hat. Denn wenn uns auch ein Werk durch seine Anmut erfreut, so ist deshalb noch nicht notwendig sein Vollbringer schätzenswert.« Plutarchs Äußerung beweist also keineswegs eine

1) Lacroix, XVIII. siècle, Lettres S. 343 ff. 2) Oppermann, Ernst Rietschel S. 287. 3) Plutarch. Pericl. 2, 1.

Geringschätzung der bildenden Künstler als banausischer Handwerker, die man aus ihr gefolgert hat[1]), sondern im Gegenteil ihre Gleichstellung mit den größten Dichtern. Dagegen Seneca, der in den Künsten nur Werke des Luxus sah und ihnen keinen Platz unter den Studien einräumen wollte, die den jugendlichen Geist zur Sittlichkeit vorbereiten, wie Grammatik, Musik, Geometrie, Astronomie[2]), sah auch in dem Künstler nur den Handwerker: »während man«, sagt er, »die Götterbilder anbetet, verachtet man ihre Verfertiger«[3]). Namentlich die ausschließliche und übermäßige Schätzung literarischer und rhetorischer Bildung war mit Geringschätzung der bildenden Künste und ihrer Vertreter verbunden. Auf diesem Standpunkte steht Plutarch allerdings, wenn er Alkamenes, Nesiotes und Iktinos mit allen Banausen und Handwerkern, die von der Redekunst nichts wissen wollen, in eine Reihe stellt[4]); desgleichen der wirklich kunstsinnige Lucian, wenn er in seinem »Traum« die Bildhauerei als ein ungebildetes, rohes, schmutziges Weib mit schwieligen Fäusten einführt, die Redekunst als eine glänzende Erscheinung, und die letztere sagen läßt, daß auch Polyclet und Phidias selbst den Bewunderern ihrer Werke als banausische Handwerker erscheinen müßten[5]). Philostrat, der zu den Weisen Dichter, Musiker, Astronomen und die besten Rhetoren zählt, will Maler und Bildhauer wenigstens neben Seefahrern und Landleuten zu den Halbweisen rechnen, »wenn sie den Horen folgen; denn auch diese Künste bleiben nicht weit hinter der Weisheit zurück«[6]). Galen zählt als die Wissenschaften und Künste, die sich für die Wahl eines Berufs am meisten empfehlen, folgende auf: Medizin, Rhetorik, Musik, Geometrie, Arithmetik, Dialektik, Astronomie, Grammatik, Jurisprudenz; wenn man wolle, könne man noch Malerei und Plastik hinzufügen[7]). Im allgemeinen darf man annehmen, daß die Künstler wie die Künste in der griechischen Welt auch damals in höherer Achtung standen als in der römischen.

Die Plastik in den Händen der Griechen.

Von den beiden bildenden Künsten im engeren Wortsinne ist die Plastik auch in der Zeit der römischen Weltherrschaft offenbar so gut wie ganz in den Händen von Griechen und Halbgriechen geblieben. Vergil hat es mit echt römischem Bewußtsein ausgesprochen, daß die zur Welteroberung und Weltherrschaft berufene Nation in der Kunst, das Erz zu beseelen und lebende Züge aus dem Marmor zu ziehen, andern den Vorrang nicht streitig machte[8]). Unter allen auch aus römischer Zeit zahlreich bekannten plastischen Künstlern sind äußerst wenige, die (wie Coponius, Decius und einige andre)[9]) als Römer von Geburt gelten können. Namentlich in Rom waren es in der letzten Zeit der Republik wie in der Kaiserzeit Griechen (besonders Athener) und Kleinasiaten, welche die bewundertsten Werke schufen, bei den bedeutendsten Kunstunternehmungen beschäftigt und am höchsten bezahlt wurden. Die Statue in dem

1) So namentlich K. F. Hermann, Studien der griech. Künstler S. 6, 8. 2) Seneca ep. 88, 18. 3) Seneca bei Lactant. Inst. II 2, 14. 4) Plutarch. Praecept. gerend. reip. 5. 5) Lucian. Somn. 6. 9. 6) Philostrat. Apoll. Tyan. VIII 7. 7) Galen. I 38 f. (oben I 174). 8) Verg. A. VI 847 f. 9) Brunn, Künstlergesch. I 602. Löwy, Inschr. griech. Bildh. nr. 357 (Athen): — Τραϊανὸν Ἀδριανὸν Ὀλύμπιον ἡ μητρόπολις τῆ[ς] Ἰωνίας Μιλησίων πόλις — Ἀνδριαντοποιός Αὖλος Παντουλήιος Γαίου Ἐφέσιος ὁ καὶ Μειλήσιος ἐποίει. 368 (Olympia): Κορνήλιος Ἀφροδισιεὺς ἐποίει. S. auch oben S. 100 A. 2 und über einen Bildhauer Glabrio in Hierapolis oben S. 91 A. 6. Cornelius Saturninus in Oea (Apulei. Apol. 61 f.) scheint nicht bloß Holzschnitzer gewesen zu sein.

von Cäsar 46 v. Chr. geweihten Tempel der Ahnfrau Venus war ein Werk des Arcesilaus; das Pantheon Agrippas schmückte der Athener Diogenes mit Karyatiden und Giebelstatuen; auch die meist paarweis arbeitenden Künstler, welche nach Plinius »die Kaiserpaläste mit den anerkanntesten Statuen füllten«, waren sämtlich Griechen[1]).

Die Malerei auch von Römern betrieben.

Ganz anders war es in der Malerei. Bei ihrer Anhänglichkeit an die uralte Überlieferung des Stukkierens der Mauern brachten es die Italer früh zu einiger Kunst in der Wandmalerei, die sie vielleicht früher als die Griechen zu mythologischen und historischen Bildern und sonstigen Darstellungen, welche die Grenzen der reinen Dekoration überschritten, in Anwendung brachten. Daß die Malerei in Rom vor der Plastik in Gunst stand, ist auch deshalb begreiflich, weil sie zur treuen und anschaulichen Darstellung des Geschehenen so viel geeigneter war. Ihre Ausübung gereichte in der älteren Zeit auch Männern des hohen Adels nicht zur Unehre. Ein Fabius malte im Jahre 304 v. Chr. den Tempel der Salus mit Bildern aus, die noch Dionys von Halikarnaß sehr lobt, und die erst unter Claudius durch den Brand des Tempels untergingen; der Beiname Pictor vererbte sich in der Familie dieses Fabius. Seit Pacuvius, dessen Leben bis zur Gracchenzeit herabreicht, war allerdings die Malerei nach Plinius nicht »in anständigen Händen« gesehen worden. Vermutlich räumten die römischen Künstler den Rom nun mehr und mehr überflutenden, höher ausgebildeten griechischen allmählich das Feld, und je länger und allgemeiner die Malerei von Fremden, Unfreien und Freigelassenen geübt wurde, desto weniger galt ihre Ausübung für Römer als ehrenvoll: schon Valerius Maximus fand es kaum begreiflich, daß ein Fabius einer so niedrigen Beschäftigung ergeben gewesen sei und sich ihrer nicht geschämt habe[2]).

Immer aber blieb die Malerei mehr in Ansehen als die Plastik, und auch in der Kaiserzeit haben die Römer ihre Ausübung keineswegs den Griechen ganz überlassen. Daß unter Augustus ein Knabe aus sehr vornehmer Familie Q. Pedius zum Maler ausgebildet wurde, war allerdings nur in dessen Stummheit begründet, welche ihm jeden seinem Stande angemessenen Lebensberuf verschloß. Doch von einem römischen Ritter Turpilius sah Plinius schöne Bilder zu Verona[3]). Fabullus (oder wie sein Name sonst gelautet haben mag), ein ernster, strenger und zugleich glänzender Maler, der nur wenige Stunden am Tage und immer mit großer Würde in der Toga auf dem Gerüst stehend malte, war hauptsächlich im Goldenen Hause Neros beschäftigt. Cornelius Pius und Attius Priscus malten den von Vespasian restaurierten Tempel des Honos und der Virtus aus[4]). Unter Augustus hatte der römische Maler Studius (auch dieser Name ist unsicher) durch Einführung eines anmutigen und wohlfeilen Dekorationsstils (einer erweiterten Anwendung der Skenographie) für Zimmer einen sehr großen Erfolg[5]): er erscheint mit seiner Virtuosität, welche den Bedürfnissen des Luxus seiner Epoche Genüge leistete, mit seiner scharfen Beobachtung, mit seinem Humor

1) Plin. n. h. XXXVI 38. Löwy a. a. O. S. 238ff. 262ff. 2) Valer. Max. VIII 14, 6. 3) Plin. n. h. XXXV 20f. Inschriften aus derselben Familie zu Verona CIL V 3432. 4) Plin. n. h. XXXV 120, vgl. Rodenwaldt, Die Komposition der pompejan. Wandgemälde S. 248. 5) Plin. n. h. XXXV 116f.

und seinen vortrefflichen Kenntnissen der Darstellungsmittel als eine echt römische Künstlernatur[1]).

Malerinnen.

Die Malerei scheint auch von Frauen viel geübt worden zu sein, wenigstens sieht man auf antiken Bildern Malerinnen verhältnismäßig oft. Das Grab einer Malerin wurde im Jahre 1847 in der Vendée in St. Médard-des-Prés neben den Resten einer Villa entdeckt, in welcher sich Bruchstücke von zierlicher Wandmalerei fanden. Das Grab enthielt außer dem Skelett eine reiche Ausstattung von Malergerät[2]). Nach dem Christen Justinus wäre auch Bildhauerei von Frauen getrieben worden. Wie ausschweifend die Verfertiger von Götterbildern seien, sagt er, ergebe sich daraus, daß sie die Sklavinnen verführen, die ihnen bei der Arbeit helfen; in der Tat dürften es jedoch weibliche Modelle gewesen sein, die Justinus in Bildhauerwerkstätten gesehen hatte, und deren Verhältnisse zu den Künstlern ihm zum Ärgernis gereichten[3]). Die Technik der bildenden Künste wie der Malerei hat sich übrigens auch im Occident bis in die letzten Zeiten des Altertums erhalten[4]).

Weibliche Modelle der Bildhauer.

Die Architektur von den Römern hochgeschätzt.

Die Architektur ist die einzige Kunst, welche die Römer als eine ihrer nationalen Anlage verwandte schöpferisch behandelt haben, die einzige, die nicht bloß den großen Zwecken des Staats, dann der Weltherrschaft wirksam dienen, sondern auch allein den Weltherrschaftsgedanken zum Ausdruck bringen konnte. Auf allen andern Kunstgebieten von griechischem Einfluß abhängig, haben sie hier, völlig original, jene Werke geschaffen, die den Jahrtausenden trotzend noch heute eine so mächtige, fast schauerliche Wirkung üben, und denen die griechische Kunst nichts an die Seite zu stellen hat. Die stolze Frage eines Frontinus, ob man mit den römischen Aquädukten wohl die müßigen Massen der ägyptischen Pyramiden oder die nutzlose Herrlichkeit der berühmten griechischen Bauwerke vergleichen könne — sie ist der Ausdruck einer, wenn auch einseitigen, doch nicht unberechtigten Anschauung[5]).

Römische Architekten zahlreich.

Die Unentbehrlichkelt und hohe Bedeutung der Architektur für das öffentliche wie für das Privatleben war der Grund, daß sie für die anständigste Kunst angesehen und von Cicero der Heilkunde gleichgestellt wurde, wie sie denn auch nicht bloß in Rom, sondern in allen großen Städten die lohnendste ge-

1) S. oben S. 46. 2) Jahn, Abhandl. d. Sächs. Ges. V 1868 S. 302 ff., wo S. 298 ff. auch zwei Darstellungen von Malerinnen auf Wandgemälden (Helbig, Wandgem. nr. 1443. 1444) besprochen werden. 3) Justin. Martyr Apol. I 9, 4 καὶ ὅτι οἱ τούτων (der Götterbilder) τεχνῖται ἀσελγεῖς εἰσι καὶ πᾶσαν κακίαν, ἵνα μὴ καταριθμῶμεν, ἔχουσιν, ἀκριβῶς ἐπίστασθε· καὶ τὰς ἑαυτῶν παιδίσκας συνεργαζομένας φθείρουσιν. 4) Augustin. De civ. d. XXII 19: vollständiges Umgießen einer mißlungenen Statue. Boetius († 525) De instit. arithm. I praef. ed. Friedlein p. 4: Jede *scientia* bedarf *ceterarum quoque artium adiumenta. — nam in effigiandis marmore statuis alius excidendae molis labor est, alia formandae imaginis ratio, nec eiusdem artificis manus politi operis nitor exspectat. at picturae manibus tabula commissa fabrorum, cerae rustica observatione decerptae, colorum fuci mercatorum sollertia perquisiti, lintea operosis elaborata textrinis multiplicem materiem praestant.* Marcellin. Com. z. J. 506 (Mommsen, Chron. min. II 96): *His consulibus Anastasii principis statua in eodem loco, quo dudum Theodosii Magni steterat, super immanem columnam in foro Traiani statuta est;* ebd. z. J. 510 (II 97): *Simulacrum aeneum in foro Strategii super fornicem residens et cornucopiae Fortunae retinens incendio proflammatum est combustumque amisit brachium, quod tamen statuarii continuo solidarunt.* Eunap. Vit. philos. p. 482, 28 Boiss.: Ἱλάριον — κατὰ γραφικὴν οὕτω φιλοσοφήσαντα, ὥστε οὐκ ἐτεθνήκει ἐν ταῖς ἐκείνου χερσὶν ὁ Εὐφράνωρ. Über Elfenbeinschnitzerei vgl. Marquardt, Privatl.[2] 741 ff. 5) Frontin. De aquis I 16.

wesen sein dürfte. Daher war nicht nur der Zudrang zu diesem Berufe sehr groß, sondern es waren auch unter den Architekten, wie es scheint, neben Sklaven, Freigelassenen und Fremden römische Bürger während der Republik sowie während der ganzen Kaiserzeit zahlreich[1]). Das Werk des Vitruvius über die Baukunst war nicht das erste römische über diesen Gegenstand. Von den namhaften kaiserlichen Architekten, die wir kennen, ist Apollodorus von Damascus, der Trajans Bauten leitete und (im Jahre 101) die Donaubrücke baute, der einzige, der mit Gewißheit als Nichtrömer bezeichnet werden kann. Als Architekten Neros nennt Tacitus Severus und Celer (letzterer vielleicht kaiserlicher Freigelassener), »die Geist und Kühnheit genug besaßen, um zu versuchen, was die Natur zu verweigern schien«[2]). Domitians Palast baute Rabirius, der dabei (nach Martial) das gestirnte Firmament als würdiges Vorbild erfaßt hatte[3]); auch der Architekt Hadrians Decrianus war wohl ein Römer[4]). Der jüngere Plinius trug den Bau eines Cerestempels einem Mustius auf, der die Schwierigkeiten des Terrains durch seine Kunst zu überwinden wußte[5]). Den Erbauer der Brücke von Alcantara und eines damit verbundenen Kaisertempels auf einem Felsen am Tajo kennen wir aus einem dort in Stein gehauenen Gedichte, in welchem es heißt: »die Brücke, die stehen wird, solange die Jahrhunderte des ewigen Weltalls dauern, hat Lacer, berühmt durch seine göttliche Kunst, gebaut«[6]). Der Erbauer des Pont du Gard hieß nach einer dort entdeckten Inschrift Veranius[7]); auf einem Bogen in Antipolis (Antibes) war ein Sextus Julius (der dritte Name verstümmelt) als Erbauer (*architector*) genannt[8]). Selbst in den östlichen Provinzen wurden Bauten von römischen Architekten ausgeführt[9]).

5. DER KUNSTSINN.

Gründe für die Geringschätzung der Kunst bei den Römern.

Von den vielen Tausenden von Künstlern, die während der ersten Jahrhunderte im ganzen römischen Reiche tätig waren, sind verhältnismäßig nur äußerst wenige namentlich bekannt, und diese fast nur aus ihren eigenen Inschriften auf ihren Arbeiten. In der Literatur wird trotz der häufigen Erwähnungen von künstlerischen Unternehmungen aller Art der ausführenden Künstler fast nie gedacht. Dies erklärt sich zum Teil aus der untergeordneten Stellung der Künstler in der damaligen Gesellschaft, sodann daraus, daß die künstlerische Produktion weit weniger durch Einzelne als durch Verbände erfolgte, in welchen der Einzelne als dienendes Glied eines Ganzen keine Beachtung fand. Andrer-

1) Marquardt, Privatl.² 613. Vgl. Cod. Theodos. XIII 4, 1 und oben I 173f. Ruggiero, Dizion. epigraf. I 643ff. 2) Tac. A. XV 42. CIL VI 14647: *Celeri Neronis Aug. l(iberto).* 3) Martial. VII 56. Brunn, Künstlergesch. II 377 hat den Schluß des Epigramms mißverstanden. 4) Hist. aug. Hadrian. 19, 12. 5) Plin. epist. IX 39. 6) CIL II 761 = Dessau 287b (Buecheler, Carm. epigr. 878); vgl. CIL II 2559 = Dessau 7728 beim Leuchtturm von La Coruña: *C. Sevius Lupus architectus Aeminiensis Lusitanus.* 7) CIL XII 2980. 8) CIL XII 186. 9) Ein Messalinus Restaurator eines Theaters zu Ephesus, Lebas-Waddington 150 = Kaibel, Epigr. gr. 1050. Der Costunius Rufinus, der zur Zeit von Galens Studienaufenthalt in Pergamum (Galen. II 225) dort den Tempel des Zeus Asklepios erbaute (vgl. Aristid. or. 50, 28, II 432 K. und die Erwähnung des Ρουφίνιον ἄλσος Anth. Pal. IX 656, 14. Cedren. p. 299 Bekk.), war nicht der Baumeister, sondern der Stifter des Heiligtums (vgl. A. Stein, Real-Encykl. IV 1675). Inschriften griechischer Architekten sind nicht häufig, wie G. Hirschfeld, Sitz.-Ber. d. Berlin. Akad. 1888 S. 888 bemerkt.

seits hatten auch, wie oben gezeigt ist, die Künste für die römische Kultur ihre Bedeutung und ihren Wert nicht an sich, sondern nur insofern sie als Mittel zur Erreichung wichtiger und allgemein festgehaltener Zwecke unentbehrlich waren. Endlich erschien die damalige künstlerische Produktion den Zeitgenossen geringer als uns, weil sie von ihnen mit dem Maß der Schöpfungen der griechischen Blütezeit gemessen wurde. Der Mangel der späteren Kunst an eigentlicher Originalität, das Zurücktreten der Innerlichkeit gegen das formale Element, selbst in ihren glänzendsten, imposantesten und anmutigsten Leistungen — dies mußte in einer Zeit, wo die Werke des Jahrhunderts von Phidias bis auf Lysippus noch in solcher Fülle vorhanden waren, von allen, die diese neben jenen sahen, auch bei sehr unvollkommenem Verständnis empfunden werden. Daß das Kunstinteresse in jener Zeit ganz vorzugsweise der Vergangenheit zugewandt war, ist vollkommen begreiflich. Seine Natur und Intensität war aber auch damals in der römischen und griechischen Welt keineswegs dieselbe: vielmehr ist dieses gerade eines der Gebiete, auf welchen die Verschiedenartigkeit der beiden Kulturen als eine noch unausgeglichene auch für uns wahrnehmbar hervortritt.

Verbreitung von Kunstkenntnis und Kunstinteresse in Rom.

Es ist bekannt, wie die siegreichen Feldzüge der Römer in griechischen Ländern seit der Eroberung von Syrakus (212), später die während eines Zeitraums von drittehalb Jahrhunderten fortdauernden Plünderungen der Feldherrn, Statthalter und Kaiser bis auf Nero herab Rom mit einer unglaublichen Menge der vollendetsten griechischen Kunstwerke aller Art füllten, ja überfüllten[1]). Die Eindrücke dieser Kunstwelt ohnegleichen, denen sich auch der Gleichgültige, ja der Widerstrebende nicht gänzlich zu entziehen vermochte, ergänzten dann die seit der Eroberung Korinths immer allgemeiner werdenden Vergnügungs- und Bildungsreisen der Römer in Griechenland. Endlich sahen sich die Römer auch durch die griechische Literatur, die je länger je mehr als Basis aller höheren Bildung anerkannt wurde, vielfach auf die bildende Kunst hingewiesen. Zwar daß die griechischen Originalwerke über diese, die Plinius zum Teil in seiner Weltbeschreibung benutzt hat, von Römern viel gelesen worden sind, dafür spricht nichts. Dagegen trug die epigrammatische und rhetorische Literatur der Griechen zur Verbreitung von Kunstkenntnissen und Kunsturteilen bei. Die griechischen Fachschriftsteller über die Theorie der Beredsamkeit, welche die fort und fort benutzten und zu Rate gezogenen Quellen und Führer der Römer für diese ihre ganze Bildung beherrschende Wissenschaft blieben, liebten es, die Entwicklung und die Stilarten der Beredsamkeit mit denen der bildenden Künste zu vergleichen und Ausdrücke aus deren Technik für ihre Terminologie zu entlehnen[2]). Alles dieses haben die römischen Schriftsteller über die Redekunst mit übertragen und durch ihre Schriften weiter verbreitet. Sodann hat die besonders seit Alexander dem Großen in Griechenland viel kultivierte Epigrammdichtung sich mit Vorliebe mit der bildenden Kunst beschäftigt und den Eindruck bedeutender Werke durch mehr oder minder geistreiche Pointen, Tändeleien und Witzesspiele wiederzugeben versucht. Eine Menge dieser Dichter hat sich in der späteren Zeit der Republik wie in der früheren Kaiserzeit

1) Marquardt, Privatl.² S. 609 f. Über den Anteil des Augustus an diesem Kunstraub handelt Wunderer, Manibiae Alexandrinae, Progr. Würzburg 1894. 2) Vgl. J. Brzoska, De canone decem oratorum Atticorum quaestiones (Diss. Vratislav. 1883) S. 68 ff.

wenigstens vorübergehend in Rom aufgehalten, wo sie für diese Art der Kleinpoesie einen unerschöpflichen Stoff und immer neue Anregung fanden; und es ist begreiflich, daß die Römer, die für Kunststudien wenig Zeit und noch weniger Sinn hatten, gern die Gelegenheit benutzten, sich ohne Mühe durch solche kurze, scheinbar oder wirklich treffende Urteile und Charakteristiken, die von Munde zu Munde gingen, über viel besprochene Werke zu orientieren. Daß dies sehr vielfach geschehen ist, darf man aus den von Plinius mitgeteilten Kunsturteilen schließen, die großenteils aus keiner andern Quelle stammen als eben aus griechischen Epigrammen; vielleicht fand übrigens Plinius solche Epigramme über die berühmtesten Kunstwerke bereits zu einer Sammlung vereinigt vor[1]).

Anerkennung der Bedeutung der Kunst von seiten der Römer.

Die Anerkennung der bildenden Künste als eines für die Gesamtkultur wichtigen Elements von römischer Seite zeigt bereits ein Hauptwerk Varros. In seiner, die neun Hauptwissenschaften und Künste behandelnden Enzyklopädie hatte er zwar nur der Architektur einen Platz eingeräumt, doch in seiner Sammlung von 700 Porträts berühmter Männer mit Unterschriften neben Königen, Feldherrn, Staatsmännern, Dichtern, Schriftstellern, Gelehrten, Baumeistern auch Maler und Bildhauer aufgenommen[2]): und wie Varros Werke überhaupt, so hat namentlich auch dies auf die allgemeine Bildung seiner eigenen sowie der späteren Zeit großen Einfluß geübt. Auch Lukrez rechnet Malerei und Plastik neben der Poesie zu den Erwerbungen einer fortgeschrittenen Kultur, die dem Leben Reiz verleihen[3]). Die eingehende Berücksichtigung der Kunst- und Künstlergeschichte in der über ein Jahrhundert später verfaßten Weltbeschreibung des Plinius läßt eine Zunahme des Interesses für jene Gebiete in der gebildeten römischen Welt um so mehr voraussetzen, als Plinius selbst der Kunst ganz fern stand.

Dilettantismus in der Skulptur und Malerei.

Inwiefern Varros Forderung, daß die Mädchen Unterricht in der Malerei erhalten sollten[4]), verwirklicht worden ist, wissen wir nicht: doch mögen unter den auf Bildern öfters vorkommenden Malerinnen[5]) auch Dilettantinnen sein. Das Beispiel des Ämilius Paullus, der seinen Söhnen auch griechische Maler und Bildhauer zu Lehrern gab[6]), dürfte in den Kreisen, in denen man sich besonders um griechische Bildung bemühte[7]), auch in der Kaiserzeit nicht selten befolgt worden sein. Nero hatte sich schon in seinen Knabenjahren viel mit Pinsel und Modellierstab beschäftigt[8]). Ebenso war Hadrian eifrig bemüht gewesen, sich in beiden Künsten auszubilden, in der Malerei dilettierte er noch

1) O. Jahn, Berichte der Sächs. Ges. 1850 S. 121ff. Benndorf, De Anthol. Gr. epigr. quae ad artes spectant (Bonn 1862) S. 52—65. A. Kalkmann, Die Quellen der Kunstgeschichte des Plinius (1898) S. 199ff. 2) Ritschl, Opusc. III 517f. 537f. 560ff. Die Hebdomas der griechischen Maler bei Quintilian. XII 10, 6; die *statuarii* bei Plin. n. h. XXXIV 54ff.; die Architekten bei Auson. Mosella 298ff. 3) Lucret. V 1451 *carmina picturas et daedala signa polire*. 4) Varro bei Nonius p. 162. 5) Oben S. 106. 6) Plutarch. Aemil. Paull. 6. 7) Daß in Griechenland Malerei zu den Unterrichtsgegenständen wenigstens an manchen Orten gehörte, zeigt die Inschrift von Teos CIG 3088, wo als Gegenstände, in welchen für die μέση ἡλικία (ältere Knaben oder Jünglinge) Preise ausgesetzt sind, aufgeführt werden: ὑποβολή, ἀνάγνωσις, πολυμαθία, ζωγραφία, vgl. auch Kern, Inschr. v. Magnesia nr. 107 = Dittenberger, Syll.³ nr. 960. CIL VIII 724 = Dessau 7759 (Buecheler, Carm. ep. 1612, prov. Byzacena, Grabstein eines 17jährigen Knaben): *gratus apud magistros fui, qui dixi scribsi pincxsi bene*. 8) Tac. A. XIII 3. Suet. Nero 52.

als Kaiser[1]). Marc Aurel hatte zum Lehrer in derselben Kunst den Griechen Diognetus, der zugleich Philosoph gewesen zu sein scheint und auf seine Erziehung auch sonst Einfluß übte[2]). Der ganz griechisch gebildete Alexander Severus »malte vortrefflich«[3]); auch Elagabal übte diese Kunst[4]), und noch Valentinian I. dilettierte in der Malerei wie in der Plastik[5]). Wenn auch das Beispiel der beiden in Syrien aufgewachsenen Kaiser für römische Erziehung nichts beweist, so bleiben die übrigen noch zahlreich genug, um annehmen zu lassen, daß Unterricht der Jugend in den bildenden Künsten sowie ein dadurch veranlaßter Dilettantismus im späteren Leben in den höheren Ständen Roms zu allen Zeiten nicht allzu selten war. Ebenso ist klar, daß dieser Dilettantismus keineswegs an sich unzulässig gefunden wurde. Wenn dem Titedius Labeo, der Prokonsul von Narbonensis gewesen war, das Prahlen mit der Kunst, die er in kleinen Bilderchen zeigte, »zum Gespött, selbst zur Schmach gereichte«[6]), so war es hier eben nicht der Dilettantismus selbst, sondern die damit getriebene Ostentation, die den Anstoß gab. Vergleicht man aber mit diesen immer doch vereinzelten Zeugnissen des Dilettantismus der Römer in den bildenden Künsten die sehr zahlreichen für ihren Dilettantismus in der Musik, so gewinnt man den Eindruck, daß die Verbreitung des ersteren der des letzteren auch nicht annähernd gleichgekommen sein kann.

Kunstbetrachtung auf Reisen.

Daß die Römer auf ihren Vergnügungs- und Bildungsreisen, namentlich in Griechenland und Kleinasien, auch die dortigen Kunstwerke in Augenschein zu nehmen nicht versäumten, ist selbstverständlich; besonders solche mußte man natürlich gesehen haben, die viel genannt und jedem einigermaßen Belesenen dem Namen nach bekannt waren, um ihretwillen wurden Reisen auch eigens unternommen. Doch daß dieses Kunstinteresse mehr ein äußerliches und oberflächliches war und das historische Interesse weitaus überwog, haben wir früher gesehen[7]).

Kunstsammlungen, hauptsächlich durch Prachtliebe veranlaßt —

Am wenigsten beweist die Anhäufung von Kunstwerken im Privatbesitz zu Rom, daß dort Kunstsinn verbreitet war. Schon die bloße Kunde von ihrer Kostbarkeit reichte hin, sie selbst solchen als begehrenswerte Beute erscheinen zu lassen, die für ihren Wert so wenig Verständnis besaßen, wie der rohe Eroberer von Korinth: und so unerschöpflich war der Reichtum der griechischen Länder an Kunstwerken, daß er der Gier der Römer Jahrhunderte hindurch die vollste Sättigung bot. Neben Marmorsäulen, Teppichen, Citrustischen, Silbergerät, Prachtgefäßen gehörten, wie bemerkt, Statuen und Gemälde je länger desto allgemeiner zur Ausstattung reicher Häuser und Villen. Bei dem ungeheuren Vorrat von Kunstwerken und der Leichtigkeit ihres Erwerbs oder Raubs bedurfte es zur Bildung von Sammlungen nicht einmal besonderer Liebhaberei. Gemäldegalerien waren schon in Augustus Zeit so allgemein, daß in Vitruvs Plan für ein vornehmes Haus ein großer, nach Norden gelegener Saal für diesen Zweck nicht fehlen durfte[8]); und sie blieben es auch später, ebenso die Sammlungen von Skulpturen[9]).

1) Cass. Dio LXVIII 3, 2. 4, 2. Aurel. Vict. epit. 14, 2. Hist. aug. Hadr. 14, 8. 2) Hist. aug. M. Aurel. 4, 9. M. Aurel. comm. I 6. 3) Hist. aug. Alex. Sever. 27, 7. 4) Hist. aug. Heliog. 30, 1. 5) Aurel. Vict. epit. 45, 6. Ammian. XXX 9, 4. 6) Plin. n. h. XXXV 20. 7) Oben I 460f. 8) Vitruv. VI 3, 8. 4, 2. 5, 2. 9) Seneca ep. 115, 8: *circa tabulas pictas et statuas in-*

Mögen diese Sammlungen auch Werke lebender Künstler enthalten haben, so werden solche doch niemals erwähnt, und wenn sie nicht vorwiegend aus alten Bildern und Statuen bestanden, so wurden doch diese wenigstens für das Wertvollste oder einzig Wertvolle darin angesehen. Daß Liebhaber und Sammler solche besonders suchten, wird auch öfters ausdrücklich gesagt; so von Julius Cäsar[1]), von Damasippus, der alte Statuen »wie unsinnig« kaufte[2]). Die Bildergalerien, sagt Plinius, stoppelt man aus alten Gemälden zusammen[3]). Ganz besonders aber wurde bei Silberarbeiten auf das Alter gesehen, nach welchem die Werke dieser in Abnahme gekommenen Kunst so gut wie allein geschätzt wurden; Ziselierungen, die bis zur Unkenntlichkeit abgegriffen waren, hielt man am höchsten[4]) Es fehlte auch nicht an Altertümlern, welche die eigentlichen Inkunabeln der Kunst allem Übrigen vorzogen, die »fast rohen« Gemälde eines Aglaophon und Polygnot denen der späteren, wie Quintilian sagt, der hierin wohl nicht mit Unrecht ein Prahlen mit Kennerschaft fand[5]). Augustus hatte eine Vorliebe für die altertümlich zierlichen Werke des Bupalos und Athenis von Chios (im 6. Jahrhundert); Statuen von beiden ließ er im Giebel des Apollotempels auf dem Palatin und fast in allen andern von ihm in Rom erbauten Tempeln aufstellen[6]). Die größte Verbreitung wird diese Geschmacksrichtung in der Zeit Hadrians erreicht haben. Doch im allgemeinen verstand man unter »alten Kunstwerken« die der griechischen Blütezeit oder selbst der Diadochenperiode[7]). Von den »Arbeiten der Alten«, die Statius in der Villa des Manilius Vopiscus zu Tibur sah, werden die Meister nicht namentlich genannt[8]); dagegen unter den »alten« Gemälden und Bildwerken in der Villa des Pollius Felix zu Sorrent Arbeiten von Apelles, von Phidias (aus seiner früheren Zeit), Polyclet und Myron[9]); in der Sammlung »alter Werke« des Novius Vindex Bronzen von Myron und Polyclet, Marmorskulpturen von Praxiteles, Elfenbeinarbeiten von Phidias und Bilder, die schon von weitem den »alten Apelles« erkennen ließen[10]). Bei solchen flüchtigen Erwähnungen werden fast immer nur Namen von Künstlern ersten Ranges genannt[11]), am häufigsten Polyclet. Bei

bestanden vorzugsweise aus älteren Werken.

sanimus carius inepti (als Kinder). Aurel. Victor Caes. 14, 6 *ipse* (Hadrianus), *ut beatis locupletibus mos, palatia exstruere, curare epulas, signa, tabulas pictas.* CIL VI 2270 = Dessau 4331 *Eutychus Augg. lib. officinator a statuis* (199 n. Chr.). Die auf Statuen und sonstigen Kunstwerken zuweilen sich findenden (griechischen und lateinischen) Zahlzeichen (Heydemann, Pariser Antiken, Halle 1887 S. 18ff., vgl. auch Bull. arch. comun. XVII 1889 S. 42) sind vielleicht Inventarnummern öffentlicher oder privater Sammlungen. Daß die Römer auch Münzen sammelten, schließt Julius Friedlaender (Zeitschr. f. Numismatik III 1876 S. 167) aus Sueton. Aug. 75: *Saturnalibus modo munera dividebat, vestem et aurum et argentum, modo nummos omnis notae, etiam veteres regios ac peregrinos* (»etwa goldene Alexander oder schöne Silberstücke von Syracus«).

1) Sueton. Caes. 47. 2) Horat. S. II 3, 64; vgl. die Bemerkung über Silius Italicus bei Plin. epist. III 7, 7 *erat* φιλόκαλος *usque ad emacitatis reprehensionem.* 3) Plin. n. h. XXXV 4. 4) ebd. XXXIII 157. 5) Quintilian. XII 10, 3. 6) Plin. n. h. XXXVI 13. 7) Unter *antiqui* sind bei Vitruv. VII 5, 1 nach Helbig, Rhein. Mus. XXV 1870 S. 393ff. die Künstler der Diadochenzeit zu verstehen. 8) Stat. silv. I 3, 50: *quicquid et argento primum vel in aere minori lusit et enormes manus est experta colossos,* richtig erklärt von Ed. Schwartz, Coniectanea (Ind. lect. Rostoch. aestiv. 1889) S. 6f. 9) Stat. silv. II 2, 64: *si quid Apellei gaudent animasse colores, si quid adhuc vacua tamen admirabile Pisa Phidiacae rasere manus.* In diesem Zusammenhange scheint mir *Apellei* nicht allgemein (als Bezeichnung der Malerei) gefaßt werden zu können. 10) Stat. silv. IV 6, 22ff. 11) Ausnahmsweise nennt Columella r. r. I praef. 31 unter andern auch Bryaxis und

Juvenal brennt ein reicher Mann ab: unter denen, die zur Ausstattung des neu zu bauenden Hauses beisteuern, bringt auch einer etwas ganz Vortreffliches von Euphranor und Polyclet[1]). In der Tat galt der letztere vielen für den ersten unter den bildenden Künstlern, der Meister in der Darstellung jugendlicher Schönheit, der »sich nicht über glatte Wangen hinauswagte«, dessen Werke mehr durch Vollendung der Form als durch Tiefe des Gehalts bedeutend waren. Nächst ihm wird vielleicht am häufigsten Myron genannt, dessen Menschen- und Tierfiguren vor allem durch überwältigende Naturwahrheit wirkten; von beiden sah man auch in Rom mehr als von Phidias, dessen bedeutendste Werke in Griechenland geblieben waren. Beide nennt Vitruv geradezu als Repräsentanten der bildenden Kunst, wie Apelles der Malerei. Künstler aus der Zeit nach Alexander dem Großen oder aus der letzten Zeit der römischen Republik, unter denen Pasiteles und Arcesilaus hervorragten, werden unter den »Alten« so gut wie nie genannt[2]).

Die Sammler mit Kopien viel betrogen.

Bedenkt man die Massenhaftigkeit der im Privatbesitz aufgehäuften, angeblich alten Kunstwerke (mit denen ja Domitius Tullus z. B. einen sehr großen Park auf der Stelle füllen konnte)[3]) und das Umherwerfen mit den berühmtesten Namen einerseits, andrerseits die technische Virtuosität der damaligen Kunst und ihre so umfassende Beschäftigung mit Reproduktion klassischer und altertümlicher Werke, so muß man auch ohne Zeugnisse glauben, daß die Sammler oft genug von Künstlern und Kunsthändlern betrogen wurden und Kopien statt der Originale kauften. Von jemandem, der mit seinen Originalgemälden und echten (Silber-)Pokalen prunkt, sagt Martial, seine Freunde seien gerade so echt wie die Stücke seiner Sammlung[4]). Auch gibt es ein ausdrückliches Zeugnis schon aus der ersten Kaiserzeit, daß solche Fälschungen häufig und offenkundig waren. Der Fabeldichter Phädrus sagt: wenn er sich des Namens Äsop bediene, so geschehe dies, um das Ansehen seiner Sachen zu erhöhen, »wie manche Künstler es in unserer Zeit machen, wenn sie auf ihren neuen Marmor Praxiteles schreiben, oder Myron auf poliertes Silber, Pausias auf ein Gemälde[5]). So sehr begünstigt der bissige Neid mehr das Alter als das Gute der Gegenwart«. Auch ein griechischer Autor unter Hadrian, welcher berichtet, daß Phidias seinem Lieblinge Agorakritos gestattet habe, sich auf einem seiner eigenen Werke, der Rhamnusischen Nemesis, als Urheber zu nennen, fügt hinzu: »so haben auch viele andre auf ihre eignen Werke einen fremden Namen geschrieben«[6]).

X 30 Phradmon und Ageladas. Den ersten Namen konnte er vielleicht von einer Basis ablesen. Von einer Reihe von Statuen, die einst auf dem Forum gestanden haben, sind die Basen nebst ihren (der Buchstabenform nach eher dem 2. als dem 3. Jahrhundert angehörigen) Inschriften: *opus Praxitelis*, *opus Polycleti*, *opus Timarchi* noch erhalten, eine vierte zu derselben Reihe gehörige Inschrift *opus Bryaxidis* nur handschriftlich. CIL VI 10038—10043, vgl. De Rossi, Bull. arch. com. II 1874 S. 174ff. Löwy, Inschr. griech. Bildhauer S. 319ff.

1) Juv. 3, 217. 2) Friedlaender, Kunstsinn d. Römer S. 37f. 3) Plin. ep. VIII 18, 11, vgl. oben S. 40. 4) Martial. XII 69. 5) Phaedr. V praef. 7, überliefert *detrito Myronem argento fabulae exaudiant*, Bergk (Philol. XVI 1860 S. 620f.) schreibt *detrito Myn argento, tabulae Pausiam. Detrito* entweder abgerieben, um den Schein des Alters zu erhalten, oder fein poliert (Apulei. Metam. VI 6: *currum .... limae tenuantis detrimento conspicuum et ipsius auri damno pretiosum*). Die Änderung von *Myronem* halte ich nicht für empfehlenswert, vielleicht *trito Myronem argento, tabulae Pausiam* (so L. Müller nach Salmasius, nur statt *Pausiam* mit Bentley *Zeuxidem*). 6) Zenob. V 82 (Paroemio-

Begegnet man nun in der damaligen Literatur Angaben über Arbeiten großer Künstler, die sonst völlig unbekannt sind, so kann man sie nur mit Mißtrauen aufnehmen. Daß es von Phidias ein mit erhabenen Fischen ziseliertes Gefäß und eine Zikade, Biene und Fliege gab, ist allerdings nicht unmöglich, aber auf die bloße Angabe des Martial (die übrigens noch eine andere Erklärung zuläßt) und des Kaisers Julian ist es nicht zu glauben[1]. Die Arbeit in edlen Metallen (Toreutik, Zälatur) war ein »Haupttummelplatz des Kunstbetrugs«, da die Ausstattung der Schenktische mit »altem« Silbergerät, der Sammlungen mit »Originalpokalen«[2] zum beliebtesten Kunstluxus gehörte. Die Blütezeit der Toreutik war aber kurz, die Zahl der namhaften Künstler klein gewesen. Von Mentor, dem größten derselben, dem Benvenuto Cellini des Altertums, wollten Kunstkenner nur vier Becherpaare als echt anerkennen[3]; im Kunsthandel und in den Sammlungen dagegen scheinen sie keineswegs selten gewesen zu sein. Martial beschreibt einen Laden für kostbare Luxusgegenstände: dort findet man außer Statuen von Polyclet auch »Becher, von Mentors Hand geadelt«[4]; und dieser Name kehrt regelmäßig wieder, wo er von alten Originalarbeiten in Silber spricht[5]. Und wenn Kenner nur mit guten Kopien (wie jene des Zenodorus nach Kalamis) betrogen werden konnten, so gab es ohne Zweifel auch häufig genug Liebhaber und Sammler von dem Bildungsgrade des Trimalchio bei Petron, der als besonderer Freund von Silberarbeiten Becher besaß, auf denen vorgestellt war, »wie Kassandra ihre Söhne tötet, und die toten Kinder so daliegen, daß man es für wirklich hält; dann wie Dädalus die Niobe in das trojanische Pferd einschließt«[6] (gemeint ist der Kindermord der Medea und die Kuh der Pasiphae). Er beschließt die Aufzählung seiner Geräte mit der Bemerkung, daß alle schwerwichtig seien. Nächst den Silberarbeiten waren auch Bronzearbeiten ein Gegenstand der Leidenschaft der Sammler, vor allem aus korinthischer Bronze, deren Mischung ein verlorenes Geheimnis war. Nichtsdestoweniger gab es Künstler, die Arbeiten in diesem Material lieferten und wahrscheinlich oft genug die Kenner betrogen, obwohl diese die echten unter anderm am Geruch erkennen wollten[7].

Kunstwerke, die berühmten Personen gehört hatten, besonders geschätzt.

Ohne Zweifel ist es kein Zufall, daß bei Erwähnungen damaliger Kunstsammlungen Äußerlichkeiten wie Altertum, Seltenheit, kostbares Material so oft betont werden, sondern gewiß legte ein großer Teil der Sammler auf diese ihnen verständlichen Eigenschaften der Kunstwerke den Hauptwert. Auch das historische Interesse dürfte bei den Kunstsammlungen vielfach mit im Spiel gewesen sein. Wurden doch, wie früher bemerkt worden ist[8], überhaupt Gegenstände, die im Besitz berühmter Personen gewesen waren, sehr gesucht und hoch be-

graphi ed. Leutsch et Schneidewin I 153), vgl. dazu U. v. Wilamowitz-Moellendorff, Antigonos von Karystos (Philol. Untersuch. IV) S. 10f.

1) Wie Brunn tut, Künstlergesch. I 187. *Ars Phidiaca* bei Martial. III 35, 1 kann »bildende Kunst« bedeuten, wie *ars Apellea* XI 9, 2 Malerei; ebenso Stat. silv. V 1, 5 *vel Apelleo vultus signata colore Phidiaca vel nata manu.* Dagegen Φειδιακὴν χάριτα Kaibel, Epigr. gr. 794, 4 von einer Nachahmung einer Phidiasischen Athena. 2) Martial. XII 69 *scyphos — archetypos.* 3) Plin. n. h. XXXIII 154, vgl. Jahn, Aus d. Altertumswissenschaft S. 236f. Brunn a. a. O. II 408. 4) Martial. IX 59, 16. 5) ebd. III 41. IV 39, 5. VIII 51, 2. XI 11, 5. XIV 93 (*pocula archetypa*). 6) Petron. 52, 1. 2. 7) Eine *imago Corinthea Traiani Caesaris* CIL VI 8686 = Dessau 1577; vgl. Mau, Real-Encykl. IV 1233f. 8) Oben II 352.

zahlt: die irdene Lampe des Epictet mit 3000 Drachmen, der Stock des Peregrinus Proteus mit einem Talent[1]). Der Wert des Diamanten, den die schöne jüdische Fürstin Berenice von ihrem Bruder Agrippa II. zum Geschenk erhalten hatte, war dadurch gestiegen, daß sie ihn am Finger getragen[2]). Den gezwungenen Käufern bei einer von Caligula veranstalteten Auktion kaiserlicher Kleinodien wurde es bei den Kaufpreisen angerechnet, daß die Stücke Germanicus oder Agrippina, Antonius oder Augustus gehört hatten[3]). An den Tafeln reicher Häuser mußten die Gäste sich nicht bloß von der Schwere des Silbergeschirrs durch Aufheben überzeugen, sondern auch die ausführliche Geschichte jedes Stückes anhören[4]). Juvenal schildert einen Schiffbruch, bei dem unter anderm ziselierte Silbergefäße über Bord geworfen werden, die Philipp von Macedonien im Gebrauch gehabt haben sollte[5]). Caracalla besaß Waffen und Trinkgeschirre, deren sich der von ihm leidenschaftlich verehrte Alexander der Große bedient hatte[6]). Martial, der erforderlichenfalls selbst solche Reliquien, wie ein Brett des Argonautenschiffs, mit achtungsvollem Staunen zu betrachten verstand[7]), fand es doch unerträglich, bei Tisch die »verräucherten Stammbäume« der vorgesetzten Silberbecher sich vortragen lassen zu müssen, die bis auf Nestor, Achill und Dido als erste Besitzer zurückgeführt wurden[8]). Aber auch bei Gemälden und Skulpturen mußten sich die Beschauer vermutlich nicht selten deren frühere Schicksale erzählen lassen: der kleine Hercules des Lysipp in der Sammlung des Novius Vindex sollte Alexander dem Großen, Hannibal und Sulla gehört haben[9]).

Ansprüche der Sammler auf Kennerschaft.

Die Sammler werden auch am meisten auf Kennerschaft Anspruch gemacht haben, selbst Trimalchio erklärt, daß er die seinige für kein Geld verkaufe. Doch wie zu allen Zeiten war die Prätention der Kennerschaft häufiger als diese selbst. Dionys von Halikarnaß, der mehr von Kunst verstand als die meisten Römer, scheint es nur Künstlern, und auch diesen nur nach langer Übung zugetraut zu haben, die Urheber namenloser Werke zu bestimmen und Kopien von Originalen zu unterscheiden[10]): doch nach Statius verstand sich auch Novius Vindex wie niemand sonst auf das erste[11]). Damasippus hatte sich, wie Horaz ihn sagen läßt, darauf gelegt, die echte korinthische Bronze zu erkennen, zu beurteilen, ob etwas plump gemeißelt oder hart gegossen sei, den Preis einer Statue zu bestimmen[12]): er charakterisiert sich auch durch das letztere als Kenner, denn sicherlich liebten es diese auch damals wie gegenwärtig, ihr Sachverständnis durch Taxieren von Kunstwerken zu bekunden. Selbstverständlich unterließen die Kenner auch nicht, von »Mischung des Erzes«, »Konturen«, »Farbenauftrag«, »Schattengebung«, »Proportionen« und ähnlichen Dingen zu reden, von welchen die Laien gestanden nichts zu verstehen[13]); denn daß zur Betrachtung von Kunstwerken eine besondere Schulung erforderlich sei, war wohl allgemein anerkannt[14]).

1) Lucian. Adv. indoct. 13f. 2) Juv. 6, 156. 3) Cass. Dio LIX 21, 6. 4) Lucian. epist. Saturn. 33. 5) Juv. 12, 46f. 6) Cass. Dio LXXVII 7, 1. 7) Martial. VII 19. 8) ebd. VIII 6. 9) Stat. silv. IV 6, 59ff. 10) Dionys. Demosth. 50; Dinarch. 7 (I 237. 307 Usen.). 11) Stat. silv. IV 6, 24. 12) Horat. S. II 3, 20—23. 13) Cic. Verr. II 4, 98. Lucian. Zeux. 5; vgl. Blümner, Dilettanten, Kunstliebhaber u. Kenner im Altertum (Virchow u. Holtzendorff VIII. Serie Heft 176), Berlin 1873. Schneidewin, Die antike Humanität S. 406ff. 14) Epictet. Dissert. II 24, 7

Zahlreicher als die Kenner waren natürlich die Liebhaber und Enthusiasten, die öfters erwähnt und vom stoischen wie vom streng römischen Standpunkt für Narren erklärt werden[1]). Schon dem Marcellus war es von den Gegnern griechischer Bildung zum Vorwurf gemacht worden, daß er durch die Beute des syrakusischen Triumphs seine Landsleute verführt habe, die Zeit mit geistreichem Kunstgeschwätz zu verderben[2]). Bei Sklaven (besonders vermutlich griechischen) scheint es nicht selten vorgekommen zu sein, daß sie über der Betrachtung der so überreichen, allgemein zugänglichen Kunstwerke Roms ihre Pflicht versäumten: denn bei Erörterung der Fehler von Sklaven, welche der Verkäufer anzugeben verpflichtet ist, führt der Jurist Venulejus als geistige Fehler neben der Sucht des Schauspielbesuchs und der Lügenhaftigkeit auch die eifrige Betrachtung von Gemälden auf[3]).

Mangel an wahrem Kunstsinn.

Eine Verbreitung wahren Kunstsinns beweisen also die massenhaften Kunstsammlungen der Römer ebensowenig wie die kolossale Verwendung der Kunst zu dekorativen und monumentalen Zwecken. Auch das Anhäufen alter Kunstwerke war eben nur eine Äußerung der römischen Prachtliebe, die bei aller Großartigkeit immer etwas Barbarisches behielt; die Herren der Welt wollten womöglich alles Köstliche, was es auf der Welt gab, besitzen und genießen, von allem umgeben sein, was dem Leben Pracht und Glanz verleihen konnte. Deshalb schleppten sie auch die gepriesenen Werke aller bildenden Künste nach Rom, aber mehr als äußerlich vermochten sie sich diese Schätze nicht anzueignen. Gerade die Häufung der Eindrücke war, wie Plinius richtig erkannte, zugleich eine Abstumpfung, zumal da in dem rastlosen Drängen und Treiben Roms die zur Kunstbetrachtung unerläßliche Ruhe und Stille fehlte[4]). Zur Vertiefung in Kunstwerke fanden dort die wenigsten auch nur die Zeit, den meisten genügte eine flüchtige und oberflächliche Kenntnisnahme.

Keine Spur von Interesse und Verständnis für Kunst in der römischen —

Daß in der Tat trotz aller alten und neuen Kunstpracht Roms und des römischen Reichs die bildende Kunst einen Einfluß auf die römische Gesamtbildung niemals gewonnen hat, dafür liefert die römische Literatur, als Ganzes betrachtet, einen vollgültigen und unwiderleglichen Beweis. Von einer so großen Zahl von Dichtern und Schriftstellern verschiedener Perioden, die großenteils auf der Höhe der Bildung ihrer Zeit standen und uns als vollberechtigte Repräsentanten derselben gelten dürfen, verrät kaum einer Interesse und Verständnis für die bildende Kunst. In dieser so vielartigen, über einen Zeitraum von Jahrhunderten sich erstrechenden Literatur, die alle bedeutenden Richtungen und Interessen berührt, die in den ersten nachchristlichen Jahrhunderten ganz besonders der Betrachtung der Gegenwart zugewandt ist und auch deren geistige Zustände lobend und tadelnd vielfach erörtert, findet sich keine Spur von Verständnis für das wahre Wesen der Kunst und keine Äußerung einer wahren Ergriffenheit durch die Herrlichkeit ihrer Werke. Wo immer von ihr gesprochen

---

Τὸ ἰδεῖν ἐμπείρως (sc. τὸν ἀνδριάντα) οὐδεμιᾶς σοι προσδεῖσθαι φαίνεται τέχνης; Προσδεῖται καὶ τοῦτο.

1) Cic. Paradox. 5, 36 ff. Horat. S. II 7, 95. Seneca ep. 115, 8. 2) Plutarch. Marcell. 21. 3) Dig. XXI 1, 65 pr., vgl. Horat. Sat. II 7, 96 ff. 4) Plin. n. h. XXXVI 27: *Romae quidem multitudo operum etiam oblitteratio ac magis officiorum negotiorumque acervi omnis a contemplatione tamen abducunt.*

wird, da geschieht es entweder geradezu mit Unverstand und Geringschätzung oder doch ohne Anteil und Wärme. Wie vielen einzelnen Römern es auch gelungen sein mag, in das Wesen der griechischen Kunst einzudringen, der römischen Kultur im großen und ganzen ist sie immer fern und fremd geblieben[1]).

zahlreiche Zeugnisse für beides in der griechischen Literatur.

Wenn noch ein Zweifel darüber bestehen könnte, ob der Gesamteindruck der römischen Literatur einen gültigen Schluß auf den Mangel des Kunstsinns bei den Römern gestattet, so würde er durch eine Vergleichung mit der gleichzeitigen griechischen (obwohl viel weniger umfangreichen) Literatur gehoben werden: denn das Interesse und Verständnis, das wir dort vermissen, tritt eben hier vielfach und unzweideutig hervor, und es zeigt sich, wie gesagt, daß auf diesem Gebiete der Gegensatz griechischer und römischer Bildung unausgeglichen fortbestand. Schon allein das immer noch so rege Nationalgefühl der Griechen läßt erwarten, daß sie auch diesen Schöpfungen ihrer großen Vorzeit mit einem andern Anteil gegenüberstanden als die Römer.

Plutarch beklagt es, daß »die meisten« Vertiefung in Kunstbetrachtungen für wichtiger hielten als eine Einkehr in ihr eigenes Innere. »Die meisten glauben, wie Arcesilaus sagte, man müsse Gedichte, Gemälde und Statuen genau betrachten und alle ihre Einzelheiten im Geist und mit den Augen durchgehen; ihr eigenes Leben aber, das viele keineswegs unerfreuliche Betrachtungen bietet, lassen sie unbeachtet«[2]). Während alle Bemerkungen des Dionys von Halikarnaß über Malerei und Skulptur ein selbständiges Urteil verraten[3]), sprechen die römischen Schriftsteller über Beredsamkeit in ihren Vergleichungen der redenden und bildenden Künste offenbar nur fremde, aus Büchern geschöpfte Urteile nach, und selbst der geschmackvolle und feingebildete Quintilian verrät gelegentlich seine Unsicherheit auf diesem Gebiet. Seine Bemerkung, Naturanlage vermöge viel ohne Ausbildung, diese dagegen nichts ohne jene, verdeutlicht er durch folgende Vergleichung: wenn Praxiteles versucht hätte, eine Statue aus einem Mühlstein auszuhauen, würde ich einen rohen parischen Marmorblock vorziehen; hätte aber der Künstler ein Werk aus diesem vollendet, so würde dessen Wert mehr in seiner Arbeit als in dem Marmor liegen[4]). Ihm erschien also ein gutes Material wertvoller als ein von einem großen Künstler in einem schlechten abbozziertes Werk. Ein späterer griechischer Geschichtsschreiber Memnon beschreibt in der Geschichte seiner Vaterstadt Heraclea am Pontus ausführlich die Attribute einer durch Aurelius Cotta von dort fortgeschleppten Heraklesstatue (Keule, Löwenfell, Bogen und Köcher), »deren Darstellung in bezug auf schöne Verhältnisse, Anmut und technische Ausführung hinter keiner der gepriesenen Arbeiten zurückstand«[5]). Mit so viel Liebe würde schwerlich ein römischer Geschichtschreiber einen solchen Gegenstand selbst

1) Der Beweis, den ich für diese Behauptung in meiner Schrift Über den Kunstsinn der Römer in der Kaiserzeit (1852) gegeben habe, ist angefochten worden von K. F. Hermann, Über den Kunstsinn der Römer und deren Stellung in der Geschichte der alten Kunst (1855); doch in meiner Rezension dieser Schrift (N. Jahrb. f. Philol. LXXIII 1856 S. 391 ff.) hoffe ich gezeigt zu haben, daß Hermann (außer einigen für die Hauptsache unerheblichen Nachträgen und Berichtigungen) durchaus nichts beigebracht hat, um mich wirklich zu widerlegen. Vgl. auch Marquardt, Privatl.[2] 609, 3.
2) Plutarch. De tranquill. animi 9. 3) Friedlaender, Dissertatio qua nonnulla scriptorum Graecor. de artibus — iudicia recensentur, Königsb. 1866. 4) Quintilian. II 19, 3. 5) Memnon 52, FHG III 554.

in der eingehendsten Erzählung geschildert haben. Bei der Erzählung des Neronischen Brands erwähnt Tacitus den Untergang zahlloser griechischer Meisterwerke mit zwei Worten; Sueton gar nicht. Und wenn Herodian den jungen Elagabal nach seiner Schönheit, Jugendblüte und Formenweichheit mit den schönen Statuen des jugendlichen Dionysos vergleicht[1]), so fühlt man wohl, daß es kein Zufall ist, wenn wir eine solche Vergleichung bei keinem römischen Historiker lesen. In einer Plutarchischen Schrift über die berühmten Männer Athens werden auch die dortigen Maler ausführlich besprochen; der von den Bildhauern handelnde Abschnitt ist uns nicht erhalten[2]). Auch in den geographischen Werken der Griechen fehlen bei der Aufzählung der Merkwürdigkeiten der einzelnen Orte Erwähnungen ihrer Kunstwerke und dorther stammenden Künstler (selbst solcher, die minder bekannt waren) nicht[3]). Die trockenen, mageren und äußerlichen Notizen des Pausanias über Kunstwerke lassen allerdings Liebe und Verständnis für Kunst nicht erkennen[4]), und auch die erkünstelte Begeisterung in den Kunstbeschreibungen der Philostrate beweist nichts für den Kunstsinn der Verfasser. Kunstwerke wie Naturszenen gehörten eben zu den Gegenständen, in deren Darstellung die Stilkünstler ihre Virtuosität gern zur Schau stellten; nicht an sich, sondern nur insofern sie ein Substrat zur Entfaltung dieser Virtuosität bot, erregte die Kunst wie die Natur das Interesse der Sophisten, der römischen wie der griechischen[5]); von den Kunst- und Naturbeschreibungen des Apulejus gilt ganz dasselbe wie von denen seiner griechischen Vorbilder[6]).

Wie verschieden von dieser mühsam erkünstelten Überschwenglichkeit klingt die Sprache warmer Empfindung, die der überwältigende Eindruck der olympischen Zeusstatue dem Dio von Prusa eingab. Selbst vernunftlose Kreaturen, sagt er, müßte dieser Anblick erschüttern, und ein Mensch, der noch so mühselig und beladen wäre, müßte, wenn er diesem Bilde gegenüberstände, alles vergessen, was im Menschenleben Schweres und Schreckliches zu leiden ist: so viel Licht und so viel Lieblichkeit hat ihm die Kunst geliehen[7]). In der Rechenschaft über dieses Zeusideal, die er dem Phidias in den Mund legt — »dem weisen und wunderbaren (dämonischen) Künstler des ehrwürdigen und ganz herrlichen Werks«, dem Freunde und Genossen des Perikles —, spricht sich ein hoher Begriff von der Bedeutung und dem Darstellungsvermögen der bildenden Kunst aus, mit dem sich eine vielfach treffende und geistvolle Beurteilung des Unterschieds zwischen ihr und der Poesie verbindet[8]). Lucian endlich zeigt von allen antiken Schriftstellern die umfassendste Kenntnis und das eindringendste Verständnis der Kunst; sein Urteil ist überall ein selbständiges, sein Geschmack an den besten Mustern gebildet, sein Talent, Kunstwerke mit weni-

1) Herodian. V 3, 7. 2) Plutarch. De glor. Atheniens. 2. 3) z. B. Strabo XIV 642 (Ephesus). Stephanus Byz. s. 'Αλεξάνδρεια (p. 71, 15 Mein.), 'Ανθηδών, 'Ηλεκτρίδες νῆσοι, Κύθνος. 4) Kalkmann, Pausanias der Perieget S. 194 ff. 5) P. Friedländer, Johannes von Gaza und Paulus Silentiarius (1912) S. 86 ff. Über die Rolle, welche Künstler und Kunstwerke in der epideiktischen Beredsamkeit spielen, vgl. auch R. Förster, Archäol. Jahrb. IX 1894 S. 167 ff. 6) Kretschmann, De latinitate Apulei (Diss. Königsb. 1865) S. 8. 7) Dio Chr. or. 11, 51 f. (I 169 f. Arn.). 8) ebd. 11, 55 ff. (I 171 ff.). Es zeigt sich hier, daß Ausdrücke wie τὸ χειρωνακτικὸν καὶ δημιουργικόν (ebd. 69. 82 f.), die Phidias von sich selbst braucht, keineswegs Geringschätzung ausdrücken.

gen Zügen zu charakterisieren oder ihren Eindruck in schwungvoller Schilderung wiederzugeben, ein (wie namentlich seine Beschreibung der knidischen Aphrodite des Praxiteles zeigt) nicht gewöhnliches[1]). Übrigens war auch Lucians Interesse so gut wie ausschließlich der Blütezeit der griechischen Kunst zugewandt: je feiner gebildet sein Auge war, desto weniger konnte ihm neben ihren Werken alles, was die späteren Jahrhunderte hervorgebracht hatten, der Beachtung wert erscheinen. In demselben Sinne sagt Galen, die gegenwärtige schlechte Erziehung und der Umstand, daß Reichtum höher geschätzt werde als Tugend, mache es erklärlich, daß es jetzt keine Meister mehr gebe wie Phidias unter den Bildhauern, Apelles unter den Malern, Hippokrates unter den Ärzten[2]). So nennt auch Aristides als die größten Meister, die das Höchste dadurch erreichten, daß sie über die frühere Kunst hinausgingen und ihre Vorgänger neben sich als Kinder erscheinen ließen, Phidias, Zeuxis, Hippokrates und Demosthenes[3]).

Die gleichzeitige Kunst in beiden Literaturen wenig berücksichtigt.

Wenn also in der griechischen Literatur der Kaiserzeit die gleichzeitige Kunst ebenso geringe Berücksichtigung findet wie in der römischen, so beruht dieselbe Erscheinung hier und dort auf entgegengesetzten Ursachen. Mit dem großen Maße gemessen, das der wahre Kunstsinn der Griechen anlegte, konnte ihr Wert leicht unterschätzt werden: den Römern, welche die innere selbständige Bedeutung der Kunst überhaupt nicht verstanden, war sie nur ein Mittel zur Verfeinerung des Lebensgenusses und zur Verewigung des Gedächtnisses von Personen und Taten, neben anderen Mitteln, welche ihnen diesen wie jenen Zweck in ebenso vollkommener Weise erfüllten. Wäre nur die Literatur beider Sprachen aus jener Zeit erhalten, wie wir sie jetzt besitzen: wir würden weder ahnen, was die bildende Kunst damals noch zu leisten vermochte, noch in welch erstaunlichem Grade das Bedürfnis künstlerischen Schmucks und monumentaler Darstellung alle Schichten der Gesellschaft erfüllte, wie riesenhaft die dadurch ins Leben gerufene Tätigkeit der Malerei und Skulptur in der ganzen römischen Welt war. Wie reich war doch die Kultur, die sich gewöhnt hatte, über die Leistungen der Künste in einem Umfange zu verfügen, den die heutige Welt kaum zu fassen vermag, ihnen Aufgaben als alltägliche zu stellen, deren Lösung gegenwärtig überhaupt unmöglich sein würde; die Kultur, welche Schätze, deren Unermeßlichkeit uns beschämt und mit Staunen erfüllt, zu den geringsten ihrer Besitztümer zählte und sorglos mit vollen Händen ausstreute.

1) Lucian. Amores 13 ff. Vgl. überhaupt Blümner, Archäol. Studien zu Lucian (1867), besonders S. 46—52, und Croiset, Vie et œuvres de Lucien S. 264—287. 2) Galen. I 57. 3) Aristid. or. 45, 31, II 38 Dind. (ich schreibe die Stelle mit einer notwendigen Emendation und einer zur Not entbehrlichen Ergänzung): διὰ ταῦτα καὶ συμφοιτητῶν οὐ μόνον οὐ (überl. οἱ μὲν) χείρους ἀλλὰ καὶ κρείττους ὁ Φειδίας, ὁ Ζεῦξις, ὁ Ἱπποκράτης, ὁ Δημοσθένης ⟨καὶ ἐν ἑκάστῃ τέχνῃ πᾶς⟩ ὅντινα βούλεται θαυμάζειν τις. »Auch der Rhetor, der die Schrift Περὶ ὕψους verfaßte, verrät ganz gelegentlich seine Kenntnis von der plastischen Wirkung aufgesetzter Lichter (c. 17, 3): das Licht, wenn auch auf demselben Grunde und in denselben Farben wie der Schatten, erscheint doch οὐ μόνον ἔξοχον ἀλλὰ καὶ ἐγγυτέρω παρὰ πολύ.« Furtwängler, Jahrb. f. Philol. Supplem. IX (1877) S. 37, 7. Im allgemeinen aber hat er kein Verhältnis zur bildenden Kunst, vgl. U. v. Wilamowitz-Moellendorff, Strena Helbigiana (1900) S. 336.

XIII. DIE RELIGIÖSEN ZUSTÄNDE

1. DER GÖTTERGLAUBE.

Verschiedenartigkeit der literarischen und monumentalen Quellen.

Für die Erkenntnis der religiösen Zustände der antiken Welt in den ersten nachchristlichen Jahrhunderten besitzen wir zwei Quellen von sehr verschiedner, vielfach sogar entgegengesetzter Beschaffenheit: die eine in der Literatur, die andere in den Denkmälern, namentlich Inschriftsteinen. Die Literatur ist vorwiegend aus Kreisen hervorgegangen, die teils von Unglauben und Indifferenz ergriffen waren, teils durch Reflexion und Deutung den Volksglauben zu vergeistigen, zu läutern und umzugestalten strebten. Die Denkmäler dagegen stammen wenigstens zum großen Teil aus denjenigen Schichten der Gesellschaft, die von der Literatur und den dort herrschenden Richtungen wenig berührt wurden und teils nicht das Bedürfnis, teils nicht einmal die Fähigkeit hatten, ihren Überzeugungen dort Ausdruck zu geben, und sie sind ganz vorwiegend Zeugnisse eines positiven, weder zweifelnden noch grübelnden, naiven und reflexionslosen Götterglaubens. Wenn die moderne Welt einst in ähnlicher Weise unterginge, wie die antike untergegangen ist, und eine späte Nachwelt dann bemüht wäre, aus ebenso trümmerhaften Überresten der heutigen Kultur, wie sie uns vom Altertum geblieben sind, eine Anschauung von den religiösen Zuständen unsrer Zeit zu gewinnen: so würde auch sie aus sehr spärlichen Bruchstücken der heutigen Literatur ganz andere, zum Teil entgegengesetzte Eindrücke erhalten, als aus Grabsteinen, Votivtafeln und andern kirchlichen Denkmälern jeder Art. Wie dann nur eine Verwertung beider einander ergänzenden Gattungen von Zeugnissen eine annähernd richtige Vorstellung geben könnte, so gilt dasselbe auch für die hier in Betracht gezogene Zeit des Altertums. Während die heidnische Literatur dieser Zeit uns einen Einblick in die Tätigkeit der Kräfte gewährt, die innerhalb des Heidentums an seiner Auflösung und Zersetzung arbeiteten, weht uns aus den Denkmälern ein Geist des Glaubens an, der allen zerstörenden Einflüssen jahrhundertelang Widerstand zu leisten vermochte. Weil nun, namentlich von theologischen Schriftstellern, die heidnische und christliche Literatur jener Zeit immer fast ausschließlich, jedenfalls weit mehr als die Denkmäler zur Darstellung religiöser Zustände verwertet wurde, ist man der zuletzt berührten Seite derselben nie völlig gerecht geworden.

Die Literatur bisher fast ausschließlich berücksichtigt.

Aber auch die Literatur hat man mit Vorurteil behandelt, vorzugsweise ihre irreligiöse Seite berücksichtigt und nicht hinreichend erwogen, in wie hohem Grade Glaube und Aberglaube Bedürfnisse der Massen sind, welche gebieterisch

Befriedigung verlangen[1]). Selbst die literarischen Quellen bestätigen doch nur sehr teilweise die herrschende Ansicht, daß das Heidentum sich schon im tiefsten Verfall, in voller Auflösung befunden habe, als das Christentum entstand[2]).

Irreligiöse Richtungen in der letzten vorchristlichen und ersten nachchristlichen Zeit.

Allerdings wird schon im letzten vorchristlichen Jahrhundert von römischen und griechischen Schriftstellern viel über Abnahme der Gottesfurcht, über Unglauben und religiöse Indifferenz geklagt[3]) und die Schuld an dem Verfall der Religion ansdrücklich den Lehren »wahnwitziger Weisheit«[4]) zugeschrieben, die sich aus den Schulen griechischer Philosophie verbreitet hatten. In der Tat herrschen in der damaligen römischen Literatur sowie in der des ersten nachchristlichen Jahrhunderts Richtungen, die von dem alten Glauben teils abgewendet, teils ihm geradezu feindlich sind. Die Notwendigkeit des Volksglaubens und der Staatsreligion wurde zwar von den Gebildeten aus Gründen der Zweckmäßigkeit nicht bloß bereitwillig zugestanden; sie gaben auch das Beispiel der Ehrerbietung gegen die Religion und alle religiösen Einrichtungen. Cicero erklärte in einer im Senat gehaltenen Rede, bei aller Vorliebe für literarische Studien doch derjenigen Literatur fernzustehen, welche die Gemüter dem Glauben entfremde; wir verdanken, sagt er, unsere Siege über alle Völker der Frömmigkeit, dem Glauben und der Erkenntnis, daß alles durch den Willen der Götter regiert wird[5]). Namentlich wurde anerkannt, daß die Massen wegen ihrer sittlichen Roheit und geringen Bildung der Religion bedürften. Die Masse der Weiber und das ganze gemeine Volk, sagt Strabo, kann man nicht durch philosophische Belehrung zur Frömmigkeit, Heiligkeit und zum Glauben hinleiten, sondern es bedarf für diese auch der Götterfurcht, und dazu gehören Legenden und Wundergeschichten[6]). Es hat seinen Nutzen, daß es Götter gibt, sagt Ovid mit zynischer Aufrichtigkeit, und da es ihn hat, wollen wir an sie glauben und fortfahren, ihnen zu opfern[7]). Epictet tadelt diejenigen, die durch unbedachte Äußerungen des Zweifels an der Existenz der Götter in jugendlichen Gemütern die Keime der Tugend zerstören und manchem das rauben, was ihn vom Verbrechen zurückgehalten habe[8]). Die Staatsmänner der Monarchie betonten noch besonders, daß die Verächter der Götter auch sonst niemanden in Ehren halten[9]).

Haß des Glaubens vereinzelt.

In jenem Geständnisse war aber freilich ausgesprochen, daß ein großer Teil der Gebildeten selbst des Volksglaubens in der überlieferten Form nicht zu bedürfen glaubte, über den sie sich in der Tat vielfach mit Gleichgültigkeit, Frivolität oder Verachtung äußern. Freilich war diese Freigeisterei oft nur eine Maske; Unglück oder Gefahr rissen sie dem Spötter vom Gesicht, und man sah solche sich dann eifrig der Religion zuwenden[10]). Auch wird es nicht selten gewesen sein, daß völlig Ungläubige eine einzelne Superstition um so zäher fest-

1) Gibbon, History of the decline II 294, deutsch von Sporschil S. 396. Tac. Hist. I 22: *cupidine ingenii humani libentius obscura credendi* (von Othos Glauben an Astrologie). 2) Die beste neuere Erörterung dieser Fragen gibt J. Geffcken, Der Ausgang des griechisch-römischen Heidentums, Heidelberg 1920, vgl. N. Jahrb. f. d. klass. Altert. XLI 1918 S. 93 ff. 3) Marquardt StV. III² 71, 4. 4) Horat. C. I 34, 2. 5) Cic. De har. resp. 18 f.; vgl. über Ciceros Stellung zur Religion G. Boissier, La religion romaine d'Auguste aux Antonins (1874) I 61 ff. M. Schneidewin, Die antike Humanität (1897) S. 228 ff. 6) Strabo I 19. 7) Ovid. a. a. I 637. 8) Epictet. Diss. II 20, 32—35. 9) Mäcen bei Cass. Dio LII 36, 2. 10) Lucret. III 48—58.

hielten; wie z. B. Sulla, welcher den Tempel zu Delphi geplündert hatte, ein kleines Bild des Apollo stets bei sich führte, das er öfters küßte, und an das er in Augenblicken der Gefahr inbrünstige Gebete richtete[1]); und Nero, ein Verächter aller Religionen, eine ihm von einem unbekannten Plebejer geschenkte kleine weibliche Figur nach einer unmittelbar darauf entdeckten Verschwörung wie die höchste Gottheit verehrte[2]). Daß übrigens auch unter den Gebildeten jener Zeit es nicht an Gläubigen fehlte, versteht sich von selbst[3]), und Juvenal meint sogar, damals habe es noch keine Verächter der Götter gegeben[4]).

Doch wir begegnen auch — bei Lucrez — einem leidenschaftlichen Ausdrucke des Hasses gegen den Glauben. Ihm erschien er als ein von der Erde zum Himmel ragendes Riesengespenst, dessen schwerer Tritt das Menschenleben schmählich zu Boden drückte, während sein Antlitz grauenvoll aus der Höhe herabdrohte: bis der kühne Geist eines griechischen Mannes — Epikur — dem Schrecken Trotz bot. Er erschloß die Pforten der Natur, drang weit über die flammenden Mauern des Weltalls ins Grenzenlose vor und brachte der Menschheit als Überwinder die Erkenntnis der Gründe alles Seins: so hat er den Glauben gestürzt, uns aber durch seinen Sieg zum Himmel erhoben. Man möge nicht meinen, mit der Annahme dieser Lehre den Weg des Frevels und der Gottlosigkeit zu betreten: im Gegenteil, gerade der Glaube habe öfter zu gottlosen und verbrecherischen Taten geführt. Der Dichter erinnert daran, wie Agamemnon die eigene Tochter dem Zorn der Göttin Artemis geopfert habe, und schließt seine rührende Schilderung des Opfertodes der unschuldigen Jungfrau mit dem Ausrufe: Zu so viel Unheil konnte der Glaube den Antrieb geben![5]) Lucrez.

Aber so feindselig wie Lucrez stand der Volksreligion keineswegs die ganze Schule der Epikureer gegenüber, geschweige denn die philosophisch Gebildeten überhaupt. Den Atheismus lehrte kein System, und seine Anhänger sind schwerlich zu irgendeiner Zeit zahlreich gewesen. Der Skeptizismus bestritt nur, daß das Dasein der Gottheit sich beweisen lasse, der Epikureismus lehrte die Existenz unzähliger ewiger, seliger Götter und leugnete nur ihre Fürsorge für die Welt und die Menschheit: aber die Epikureer schlossen sich ebensowenig wie die Skeptiker grundsätzlich vom Kultus aus. Die Gottheit bedürfe der Verehrung zwar nicht, äußert sich der Epikureer Philodemus, aber für uns sei es naturgemäß, sie ihr zu erweisen, hauptsächlich durch erhabene Vorstellungen, dann aber auch nach der in jedem Falle überlieferten väterlichen Sitte[6]). Der Gewohnheit folgend, sagt der Skeptiker Sextus, sagen wir, daß es Götter gibt, daß sie eine Vorsehung üben, und verehren sie[7]). Die überwiegende Mehrzahl der Gebildeten, die, ohne einer bestimmten Schule anzugehören, doch von philosophischen Einflüssen mittelbar oder unmittelbar berührt waren, stand dem Volksglauben mehr oder minder tolerant gegenüber, mochten sie auch selbst monotheistische oder pantheistische oder fatalistische Anschauungen hegen, oder einem geläuterten Polytheismus huldigen, oder endlich den überlieferten Glauben verloren haben, ohne einen neuen gewinnen zu können. Epikureer und Skeptiker.

1) Plutarch. Sulla 29. 2) Sueton. Nero 56. 3) Boissier a. a. O. I 67 ff. 4) Juv. 6, 342. 5) Lucret. I 62—101. 6) Philodem. de mus. IV col. 4, 8 ff. p. 66 Kemke. 7) Sext. Emp. Pyrrh. hypot. III 2 τῷ μὲν βίῳ κατακολουθοῦντες ἀδοξάστως φαμὲν εἶναι θεούς usw.

Standpunkt der nicht philosophisch gebildeten Römer.

Die in der gebildeten römischen Welt des 1. Jahrhunderts n. Chr. außerhalb der eigentlich philosophischen Kreise verbreiteten religiösen Anschauungen bewegten sich zwischen dem Glauben an die Existenz der Volksgötter und eine durch sie geübte Vorsehung (wenn auch mit Verwerfung der ganzen legendarischen Überlieferung) einerseits und der absoluten Negation dieser Götter andrerseits. Auf dem ersteren Standpunkt scheint z. B. Tacitus gestanden zu haben. Bei Besprechung der jüdischen Religion äußert er den entschiedensten Widerwillen gegen die Vernachlässigung des ererbten Gottesdienstes und die Verachtung der Götter. Er glaubte, daß sie nicht bloß die unabänderliche Weltordnung vollziehen, sondern auch unmittelbar in ihren Gang eingreifen[1]) und die Zukunft durch Vorzeichen verkündigen. Quintilian gehörte zu der gewiß sehr zahlreichen Klasse derer, bei welchen die gewohnten und anerzogenen polytheistischen Anschauungen sich mit monotheistischen vermischten, ohne daß sie das Bedürfnis oder die Energie hatten, ihre Überzeugungen zur völligen Klarheit und Bestimmtheit durchzubilden[2]). Bei ihm drängte schon die Vorstellung von der beseelten Natur, von »jenem Gott, der der Vater und Schöpfer der Welt ist«, den Glauben an die »unsterblichen Götter« in den Hintergrund. Der Glaube an eine Vorsehung stand ihm fest, und auch an der Verkündigung der Zukunft durch Orakel und Zeichen scheint er nicht gezweifelt zu haben.

Glaube: Tacitus.

Schwanken zwischen Polytheismus und Monotheismus: Quintilian.

Unbedingte Leugnung der Götter: Plinius.

Am entschiedensten ist in der Negation des Volksglaubens der ältere Plinius. Er meinte in seiner Darstellung des Kosmos die »unaufhörlich erörterte Frage nach dem Wesen der Gottheit« nicht übergehen zu dürfen und hat deshalb die damals am meisten verbreiteten Formen ihrer Beantwortung angegeben. Für ihn selbst war Gott und Natur nicht zu trennen: die Natur war ihm »die Mutter aller Dinge«, die sich dem Menschen so oft im Zufall offenbarte; diesen mochte man also als den Gott bezeichnen, dem man die meisten Entdeckungen und Kulturfortschritte verdankte[3]). Aber mit Grund durfte man das »heilige, unermeßliche, ewige« Weltall, »zugleich die Schöpfung der Natur und die Natur selbst«, für eine Gottheit halten, als die Seele der Welt aber und ihr leitendes Prinzip die Sonne ansehen. Nur menschliche Schwäche konnte also nach dem Bilde und der Gestalt der Gottheit fragen. Welcher Art sie auch ist (wenn es noch eine außerhalb der Natur gibt), und wo auch immer, sie muß ganz Kraft, ganz Geist sein. Noch törichter ist es, an unzählige Götter zu glauben und auch menschliche Eigenschaften wie Eintracht, Keuschheit, Hoffnung, Ehre, Milde als Gottheiten zu betrachten; die gebrechliche und mühselige Menschheit hat, ihrer Schwäche sich bewußt, die eine Gottheit zerteilt, damit jeder diejenigen von ihren Seiten verehren könne, deren er am meisten bedarf. Daher finden wir

---

1) Tac. Hist. IV 78: *nec sine ope divina mutatis repente animis terga victores vertere;* A. XIV 22: Nero entweihte die aqua Marcia, indem er darin badete, *secutaque anceps valitudo iram deum affirmavit;* vgl. aber dazu R. Pöhlmann, Sitz.Ber. Akad. München 1910 I 26, der überhaupt gegenüber Ranke und Nipperdey den kritisch-skeptischen Grundzug in der Weltanschauung des Tacitus stärker betont und in seiner Behandlung der Götterwelt mehr ein konventionelles und künstlerisches Moment sieht. 2) Babucke, De Quintiliani doctrina et studiis (Regim. 1866) S. 11—16. 3) Plin. n. h. XXIV 1. XXVII 8. XXXVII 205. Er fragt XXXVII 60, wie die Entdeckung der Kraft des Bockbluts, den Diamant zu erweichen, möglich gewesen sei, und antwortet: *numinum profecto muneris talis inventio est nec quaerenda ratio in ulla parte naturae, sed voluntas.*

bei andern Völkern andre Namen, und unzählige Götter bei denselben, selbst Krankheiten und Übel aus Furcht verehrt, wie das Fieber und die Verwaisung. Da nun noch der Glaube an Schutzgötter und -göttinnen aller einzelnen Männer und Frauen dazu kommt, ergibt sich eine größere Zahl der Götter als der Menschen. Die ganze Mythologie ist kindische Faselei, den Göttern Ehebrüche, Streit und Haß beilegen, an Gottheiten des Betrugs und der Verbrechen glauben, der äußerste Grad der Schamlosigkeit. Offenbarung der Gottheit ist das Wirken der Menschen für die Menschheit und dies zugleich der Weg zum ewigen Ruhm; auf diesem sind die Helden des alten Rom gewandelt, auf ihm schreitet jetzt mit übermenschlichem Schritte Vespasian mit seinen Söhnen, der erschöpften Welt Hilfe bringend. Uralt ist die Sitte, Wohltätern der Menschheit durch Versetzung unter die Götter Dank abzustatten. Überhaupt sind die Namen der Götter wie der Gestirne von Menschen entlehnt; wie sollte es ein himmlisches Namenverzeichnis geben! Ob die höchste Macht, welche es auch sei, für die menschlichen Dinge Sorge trägt, ob es denkbar ist, daß sie durch einen so traurigen und so vielfachen Dienst nicht herabgewürdigt werden würde? Kaum wäre zu entscheiden, ob es für das Menschengeschlecht nützlicher sei, diesen Glauben zu hegen oder nicht, wenn man sieht, wie ein Teil keine Rücksicht auf die Götter kennt, der andere in schimpflichem Aberglauben und Götterfurcht befangen ist. Um die Vorstellung von der Gottheit noch ungewisser zu machen, hat die Menschheit sich eine Macht erfunden, deren Wesen zwischen beiden entgegengesetzten Vorstellungen die Mitte hält: Fortuna, die bewegliche, von den meisten für blind gehaltene, umherschweifende, unbeständige, ungewisse, wechselnde, die Gönnerin der Unwürdigen, also der Zufall selbst wird als Gottheit verehrt[1]). Ein anderer Teil verwirft auch diese, weist alle Ereignisse ihren Gestirnen zu, und glaubt an eine einmalige, unabänderliche, für alle Zukunft verhängte Bestimmung der Gottheit. Diese Ansicht hat angefangen Boden zu gewinnen, und die Menge der Gebildeten wie der Ungebildeten fällt ihr gleich bereitwillig zu. Sodann umfängt der Glaube an unzählige Vorbedeutungen die des Blickes in die Zukunft beraubte Menschheit, und unter allem diesem ist allein gewiß, daß es nichts Gewisses gibt und kein zugleich jammervolleres und hochmütigeres Wesen als der Mensch. Die übrigen Geschöpfe kennen keine Bedürfnisse als die, welche die Güte der Natur von selbst befriedigt, und überdies nicht den Gedanken des Todes. Aber für die Gesellschaft ist der Glaube an die Lenkung der menschlichen Dinge durch die Götter ohne Zweifel von Nutzen, und die Überzeugung, daß für Übeltaten Strafen unfehlbar eintreten, wenn auch spät, da die Gottheit nach so vielen Seiten hin in Anspruch genommen ist; sowie daß der Mensch nicht darum als das Gott nächste Wesen geschaffen sein könne, um an Niedrigkeit den Tieren gleich zu sein. Für die Unvollkommenheit der menschlichen Natur aber liegt darin ein ganz besondrer Trost, daß auch Gott nicht alles kann. Er kann sich nicht selbst den Tod geben, wenn er es wollte, was die Natur dem Menschen als das beste bei so viel Qualen des Lebens geschenkt hat; noch Sterbliche mit Unsterblichkeit beschenken oder Abgeschiedene zurückrufen; nicht bewirken, daß, wer gelebt hat, nicht gelebt,

1) Vgl. Juven. 10, 365 f. = 14, 315 f. *nullum numen habes, si sit prudentia; nos te, nos facimus, Fortuna, deam caeloque locamus.*

wer Ämter bekleidet hat, sie nicht bekleidet habe; er hat überhaupt keine Macht über die Vergangenheit als die des Vergessens; und (um auch scherzhafte Beweisgründe anzuführen) er kann nicht machen, daß zweimal zehn nicht zwanzig ist, und vieles der Art: woraus sich unzweifelhaft die Macht der Natur ergibt, und daß sie das ist, was wir Gott nennen[1]).

Versöhnung von Vernunft und Glauben in der Theologie des Stoizismus.

War nun allerdings die Negation des Volksglaubens wohl in den meisten Fällen eine mittelbare oder unmittelbare Wirkung philosophischer Einflüsse, so gab es doch auch philosophische Richtungen, mit denen er nicht bloß vollkommen vereinbar war, sondern die ihm sogar zur Stütze dienten. Der Stoizismus, dessen Wirkungen in jener Zeit sich vielleicht weiter erstreckten als die irgendeines anderen Systems, sucht in seiner Theologie[2]) Glauben und Philosophie zu versöhnen, die Berechtigung der Volksreligion wissenschaftlich dartun, indem er von dem höchsten Gotte, dem Schöpfer und Weltbeherrscher, Untergötter, von der durch das All verbreiteten göttlichen Kraft als Einheit ihre zahllosen Äußerungen und Wirkungen unterschied und überdies Dämonen als Mittelwesen zwischen Gottheit und Menschheit annahm. Alles, sagt Epictet, ist voll von Göttern und Dämonen[3]). Die Anstößigkeiten der legendarischen Tradition wurden durch künstliche allegorische Auslegung beseitigt[4]). Da außerdem die stoische Theologie fortwährende Offenbarungen der göttlichen Mächte durch Sendung von Orakeln, Vorzeichen u. dgl. anerkannte, so darf man annehmen, daß ein großer Teil der Anhänger der Stoa an dem überkommenen Glauben mehr oder weniger streng festhielt, und daß diejenigen Gebildeten, die, wie Marc Aurel, in einer Welt ohne Götter nicht leben wollten[5]), ihr vor andern Schulen (wie in den späteren Jahrhunderten der neuplatonischen und wie im neunzehnten die orthodoxen Protestanten der Hegelschen)[6]) auch darum den Vorzug gaben, weil sie eine Lösung des Konflikts zwischen Vernunft und Glauben bot.

Auch im 1. Jahrhundert also standen nicht einmal die philosophisch Gebildeten der Volksreligion durchaus feindlich gegenüber. Und wenn auch in der Literatur dieser Zeit, wie in der des 18. Jahrhunderts, glaubensfeindliche Stimmungen und Richtungen vorherrschen, so behaupteten sie keinesfalls diese Herrschaft über das Jahrhundert hinaus. Wie die Flut der antichristlichen Richtungen des 18. Jahrhunderts, nachdem sie ihre größte Höhe erreicht hatte, schnell sank, und dann eine mächtige Rückströmung eintrat, die auch einen großen Teil der gebildeten Kreise unwiderstehlich mit fortriß, ebenso sehen wir in der römisch-griechischen Welt nach den in der Literatur des 1. Jahrhunderts vorwiegenden Richtungen eine Tendenz zum positiven Glauben die Oberhand gewinnen, auch hier die gebildeten Kreise ergreifen, und auch hier den Glauben vielfach zu krassem Aberglauben, Wundersucht, Frömmelei und Schwärmerei ausarten.

Restauration des Glaubens im 2. Jahrhundert.

1) Plin. n. h. II 12—27. Vgl. dazu E. Hoffmann. Jahresber, d. Philol. Vereins Berlin XLVII 1921 S. 58ff. 2) Zeller, Philos. d. Griech. III 1[4], 318ff. Über die Bedeutung speziell des Posidonius für die spätere Gottesauffassung vgl. H. Binder, Dio Chrysostomus u. Posidonius, Quellenuntersuchungen zur Theologie des Dio v. Prusa, Diss. Tübingen 1905. Über die religionsgeschichtliche Bedeutung des Posidonius W. Kroll, N. Jahrb. f. klass. Altert. XXXIX 1917 S. 145ff. 3) Epict. Diss. III 13, 15. 4) Die *salubres interpretationes* der Überlieferung *de vita deorum moribusque*, die Augustinus (ep. 91, 5) *in templis populis congregatis* vorlesen hörte, sind offenbar solche allegorische Erklärungen. 5) M. Aurel. comm. II 11, vgl. XII 28; s. auch unten S. 130. 6) Réville, La religion à Rome sous les Sevères S. 118 (deutsch S. 115).

Ausbildung und dogmatische Geltung der Dämonenlehre.

Den Beweis für ein von den Gebildeten tiefer und allgemeiner als bisher empfundenes Bedürfnis, den Volksglauben mit einer reinen Gotteserkenntnis in Einklang zu bringen, gibt vor allem die Ausbildung, welche die, wie bemerkt, auch von den Stoikern angenommene Dämonenlehre seit dem Ende des 1. Jahrhunderts durch die Platoniker erhielt, und die für die religiöse Richtung dieser Zeit in hohem Grade charakteristisch ist[1]). Die Vorstellung von diesem »Zwischenreich« der Dämonen, die auf alter orphisch-pythagoreischer Überlieferung beruhte, entwickelte sich in der Art, daß die Dämonen den gläubigen Philosophen »überall an die Stelle der Volksgötter treten konnten, wo von den letzteren solches ausgesagt wurde, was man mit dem reinen Gottesbegriff unverträglich fand, ohne es doch darum geradezu leugnen zu wollen«[2]).

Obwohl hier der Phantasie der weiteste Spielraum gegeben war, stimmen die Platoniker des 2. Jahrhunderts in allen wesentlichen Punkten der von ihnen mit Vorliebe behandelten Dämonenlehre völlig überein; offenbar hatte diese bereits in den gläubigen Kreisen der gebildeten Welt eine Art von dogmatischer Geltung gewonnen. Plutarch[3]) sagt: diejenigen, die entdeckt haben, daß ein Geschlecht von Dämonen zwischen Menschen und Göttern in der Mitte steht und beide miteinander verbindet und im Zusammenhange erhält (mag nun diese Lehre aus der Schule Zoroasters, von Orpheus, aus Ägypten oder Phrygien stammen), haben mehr und größere Schwierigkeiten gelöst als Plato durch seine Theorie von der Materie[4]). Nach seiner Ansicht konnten die drei unteren Gattungen der Vernunftwesen durch Vervollkommnung jede zu der nächst höheren und zuletzt zu der höchsten aufsteigen: die besseren Menschenseelen konnten Heroen, diese Dämonen und einzelne der letzteren (wie Isis und Osiris) Götter werden[5]). Denn von den in dreifacher Ordnung die Vorsehung übenden Gewalten nehmen die Dämonen den untersten Rang ein. Die höchste Gewalt ist der Geist und Wille der Urgottheit, Schöpfer und Ordner des Weltganzen von Anbeginn, nächst ihm lenken die himmlischen Götter die menschlichen Dinge im großen und ganzen, zuletzt die Dämonen »als Wächter und Aufseher« im Einzelnen[6]). Abweichend von andern Platonikern hält Plutarch die Dämonen nicht für notwendig unsterblich; ohne den geringsten Zweifel und als Erlebnis eines glaubwürdigen Mannes erzählt er, wie die Kunde von dem Tode des großen Pan von seinen Mitdämonen mit lautem Wehklagen aufgenommen worden sei; die Hofphilologen des Tiberius hatten sich dahin geäußert, dies sei Pan der Sohn des Hermes und der Penelope gewesen[7]). Die Dämonen sind für Lust und Unlust empfänglich und auch dem Bösen zugänglich: auf sie beziehen sich die Überlieferungen von Entführungen, Umherirren, Verstecktsein, Verbannungen und Sklavendiensten von Göttern; alles dies und ähnliches, wie die Leiden der

Plutarch.

1) Über die Entwickelung der griechischen Dämonenlehre, die verschiedenen Auffassungen des Begriffes δαίμων und die Bedeutung des Posidonius für Ausgestaltung und Verbreitung dieser Lehre vgl. R. Heinze, Xenokrates (1892) S. 78 ff. F. Andres, Die Engellehre der griech. Apologeten des zweiten Jahrhunderts (1914) S. 101 ff. 2) Zeller III 2^4 S. 154. 3) ebd. S. 193 f. P. Geigenmüller, N. Jahrb. f. kl. Altert. XLVII 1921 S. 256 ff. 4) Plutarch. de def. orac. 10. 5) Plut. de Is. et Osir. 30. 6) Plut. de fato 9. 7) Plut. de def. orac. 17; vgl. zu dieser Geschichte G. A. Gerhard, Sitz.Ber. d. Heidelb. Akad. 1915 Abh. 5; Wiener Studien XXXVII 1915 S. 323 ff. XXXVIII 1916 S. 343 ff.

Isis und des Osiris, sind nicht Schicksale von Göttern, sondern von Dämonen[1]). Diese sind mit den Namen der Götter, denen sie beigesellt sind und von denen sie Macht und Ehre haben, benannt und so mit ihnen verwechselt worden, einige haben jedoch ihre wahren Namen behalten[2]). Die bösen und furchtbaren Dämonen erfreuen sich an düsteren, trauervollen Kulten, und wenn ihnen diese zuteil werden, wenden sie sich zu nichts Schlimmerem; die guten und freundlichen tragen (wie schon Plato lehrte) als Boten und Dolmetscher die Gebete und Wünsche der Menschen zu den Göttern aufwärts und die Orakel und Gaben des Guten herab[3]). Oft also steigen die Dämonen aus der Region des Mondes nieder, um die Orakel zu verwalten, an den höchsten Mysterien mitfeiernd teilzunehmen, Frevel zu bestrafen, in Krieg und Seegefahr Rettung zu bringen; lassen sie sich hierbei durch Zorn, ungerechte Gunst oder Neid bestimmen, so büßen sie dafür, indem sie wieder zur Erde herabgestürzt und in Menschenleiber geschleudert werden[4]).

Apulejus. Ganz in demselben Sinne stellen Apulejus und Maximus von Tyrus die Dämonen als Vermittler zwischen der Götter- und Menschenwelt dar. Nach dem ersteren[5]) sind ihre Leiber weder von irdischer noch rein ätherischer Natur, sondern halten zwischen beiden die Mitte. Deshalb werden sie den Menschen nur ausnahmsweise und nach eigenem Willen sichtbar, wie die homerische Athena dem Achill. Diese Dämonen lassen die Dichter, keineswegs der Wahrheit zuwider, Menschen lieben und hassen, begünstigen und schädigen, daher auch Mitleid, Unwillen, Angst und Freude fühlen, überhaupt durchaus menschlich empfinden, was alles mit der ewig unveränderlichen Ruhe der Himmelsgötter unvereinbar ist. Auf der verschiedenartigen Empfänglichkeit der Dämonen für sinnliche Eindrücke beruht nach Apulejus auch die Verschiedenheit der Kulte und Opfer. Je nach ihrer Natur erfreuen sie sich an täglichen oder nächtlichen, öffentlichen oder geheimen, heiteren oder düsteren Opfern und Gebräuchen: so die ägyptischen an Klagegesängen, die griechischen an Tänzen, die barbarischen an rauschender Musik. Daher also die große Mannigfaltigkeit in den Formen der Götterdienste in verschiednen Ländern: die Prozessionen, Mysterien, Handlungen der Priester, Gebete der Opfernden, Götterbilder und -attribute, Lage und Gebräuche der Tempel, Blut und Farbe der Opfertiere — alles dies hat seine Gültigkeit je nach dem Gebrauch eines jeden Ortes, und oft erfahren wir durch Träume, Prophezeiungen und Orakel, daß die Gottheiten (d. h. Dämonen) zürnen, wenn in ihrem Dienst aus Nachlässigkeit oder Hochmut etwas versäumt wird.

Maximus von Tyrus. Mit Ausnahme sehr weniger Gottesleugner, sagt Maximus von Tyrus[6]), stimmt die ganze Menschheit in dem Glauben an einen Gott, den König und Vater aller, und an viele Götter, seine Kinder und Mitherrscher, überein: diese letzteren sind nicht dreißigtausend, wie Hesiod sagt, sondern zahllose, teils im Himmel die Naturen der Gestirne, teils im Äther die Existenzen der Dämonen. Teils sichtbar, teils unsichtbar nehmen diese göttlichen Wesen an der Herrschaft des

1) Plutarch. de def. orac. 15; de Is. et Osir. 25. 2) Plutarch. de def. orac. 21. 3) Plut. de Is. et Osir. 26 (Plato Conviv. p. 202 E). 4) Plut. de fac. in orbe lunae 30. 5) Apulei. De deo Socratis 11—13. 6) Max. Tyr. Diss. 11, 5. 11. Zeller III 2^4 S. 223f.

höchsten Gottes teil; die ihm verwandtesten scharen sich gleichsam als seine Tisch- und Hausgenossen um seine Pforten und dienen ihm als Boten, andre sind Diener dieser, wieder andre noch geringer. So bildet eine ununterbrochen abgestufte Folge von übermenschlichen Wesen die Verbindung zwischen Menschheit und Gottheit, und die Untergötter (die Dämonen) vermitteln gleichsam als Dolmetscher zwischen der menschlichen Schwäche und der göttlichen Herrlichkeit[1]). »Dies sind die, welche den Menschen erscheinen und zu ihnen reden und mitten unter ihnen verkehren und ihnen die Hilfe leisten, deren die menschliche Natur von den Göttern bedarf.« »Sie heilen Krankheiten, geben ihnen Rat in der Not, verkünden das Verborgene, sind Helfer bei der Arbeit, Geleiter auf dem Wege; die einen walten in den Städten, die andern auf den Fluren, diese zu Lande, jene auf dem Meere; andre als Schutzgeister einzelner Menschen; die einen schrecklich, die andern menschenfreundlich, dem bürgerlichen Leben oder dem Kriege zugewandt: so viele Naturen der Menschen, so viele gibt es auch der Dämonen.« Zu ihnen gehören namentlich die vom Leibe geschiedenen Menschenseelen, die ihre irdischen Neigungen und Beschäftigungen auch in jenem höheren Dasein nicht aufgeben wollen: so übt Asklepios noch immer die Heilkunde, verrichtet Herakles Taten der Kraft, Dionysos schwärmt, Amphilochus prophezeit, die Dioskuren fahren zur See, Minos richtet, Achilles waffnet sich[2]). Maximus versichert, daß er die Dioskuren selbst gesehen habe, wie sie als leuchtende Sterne ein vom Sturm bedrängtes Schiff lenkten, und Asklepios nicht im Traume, sondern im Wachen. Daß Gegner des Christentums, wie der Platoniker Celsus, zwischen den Dämonen und den Engeln des christlichen und jüdischen Glaubens keinen Unterschied finden wollten, wird man hiernach völlig begreiflich finden[3]).

So gewährte also die Dämonenlehre den Frommen die Möglichkeit, den Volksglauben im weitesten Umfange festzuhalten, ohne mit den Forderungen der Vernunft in Widerspruch zu geraten, und zwar im buchstäblichen Sinne festzuhalten, ohne jene (für Starkgläubige gewiß bedenklichen) gewaltsamen und künstlichen allegorischen Deutungen, deren sich der Stoizismus bediente: und auf diesem Umwege kehrte ein großer Teil der gebildeten Welt wieder zu jenen scheinbar durch die Kritik für immer beseitigten »Legenden und Wundergeschichten« zurück, deren nach Strabos Meinung nur die Massen und das weibliche Geschlecht bedurften. Daß eine solche Vermittlung der Volksreligion mit einer vernunftgemäßeren Gotteslehre gesucht und gefunden wurde, setzt, wie gesagt, eine gerade unter den philosophisch Gebildeten weit verbreitete, unzerstörbare Anhänglichkeit an die alten Götter voraus, eine tiefe Sehnsucht, in dem positiven Glauben der Vorzeit eine Befriedigung zu finden, den keine noch so erhabene Abstraktion gewähren konnte.

Gesamteindruck der römischen und griechischen Literatur des 2. Jahrhunderts.

Der Gesamteindruck der griechischen und römischen Literatur des 2. Jahrhunderts, in der sich auch die religiösen Zustände der damaligen gebildeten

1) Max. Tyr. Diss. 8, 8. 2) ebd. 9, 6. 7. An Seelen guter Menschen als Schutzgeister glaubte auch Walter Scott: Eberty, Leben W. Scotts II 149 f. 3) Orig. c. Cels. V 4 f. Philo De gigant. 6: οὓς ἄλλοι φιλόσοφοι δαίμονας, ἀγγέλους Μωσῆς εἴωθεν ὀνομάζειν· ψυχαὶ δ' εἰσὶ κατὰ τὸν ἀέρα πετόμεναι.

Welt spiegeln, bestätigt dies durchaus. Unter den römischen Schriftstellern dürften Juvenal[1]) und der jüngere Plinius[2]) wie überhaupt, so namentlich in ihren religiösen Anschauungen der stoischen Lehre am nächsten gestanden haben, wofür bei Plinius auch ein sehr starker Glaube an Träume und Vorbedeutungen spricht. Von beiden wissen wir überdies, daß sie sich am Kultus beteiligten: Juvenal hat wahrscheinlich der in seiner Vaterstadt Aquinum verehrten Ceres (Helvina) zur Lösung eines Gelübdes eine Widmung dargebracht[3]), Plinius zwei Tempel bauen lassen[4]). Tacitus hat mit schweren Zweifeln gerungen, ohne doch (wie bemerkt) durch sie dem positiven Glauben völlig entfremdet zu werden. Suetons kindischer Vorbedeutungs- und Wunderglaube läßt über die Festigkeit seines Götterglaubens kaum einen Zweifel. Bei Gellius ist nach seiner ganzen Geistesrichtung und nach der seiner Lehrer in Griechenland ein streng konservatives Festhalten an der Tradition auch im Glauben mindestens als wahrscheinlich vorauszusetzen[5]); bei Fronto, der während einer Krankheit der Faustina an jedem Morgen zu den Göttern betete[6]) und von ihnen Eingebungen in Träumen zur Heilung von der Gicht erbat und erhielt, sogar gewiß. Die Betrachtungen Marc Aurels atmen den Geist echter Frömmigkeit, die Schriften des Apulejus durchweht eine mystische Glaubensseligkeit, Aelian suchte für seine mit leidenschaftlichem Hasse gegen den Unglauben gepaarte wundersüchtige Strenggläubigkeit auch durch eigne Werke Propaganda zu machen.

Aber weit mehr als die römische trägt die griechische Literatur des 2. Jahrhunderts den Stempel einer Periode, deren geistige Zustände durch ein neu erwachtes religiöses Leben ganz eigentlich ihre Signatur erhielten. Mit Ausnahme Lucians steht von den griechischen Schriftstellern dieser Zeit nur Galen mit seinem an stoische Vorstellungen sich anlehnenden Pantheismus[7]) dem Volksglauben ganz fern; die Liebe, sagt er z. B., sei eine rein menschliche Affektion und werde nicht etwa von einem kleinen jugendlichen Dämon mit brennenden Fackeln bewirkt[8]). Viel näher steht schon dem Volksglauben Dio von Prusa mit seinem zweifellosen Glauben an die Gottheit (wie es scheint, auch an Einzelgötter) und eine durch sie geübte Vorsehung; er war sogar überzeugt, daß die, welche über die göttlichen Dinge verwerfliche Meinungen hegen, notwendig ruchlos sein müssen[9]). Auch Epictets Pantheismus nahm den Polytheismus in sich auf[10]), und ebenso scheinen sich die religiösen Anschauungen seines Schülers Arrian an die Volksreligion angeschlossen zu haben[11]). Alle übrigen stehen auf dem Boden eines ganz positiven Götterglaubens, wie verschieden er sich auch in der Auffassung jedes Einzelnen gestaltete. Plutarch hielt es nicht für ratsam, nach Gründen des Glaubens an die Götter zu forschen; der alte und von den Vätern ererbte Glaube sei hinreichend als Grundlage für die Frömmig-

1) Vgl. besonders Juv. 10, 346 ff. 15, 106: *melius nos Zenonis praecepta monent.* 2) Plin. ep. VII 26, 1 sagt, daß Krankheit den Menschen besser macht: *tunc deos, tunc hominem esse se meminit.* 3) CIL X 5382 = Dessau 2926. Vgl. auch Juv. 12, 87 f. 4) Oben I 127. 5) Vgl. Gell. Praef. 23 *deum voluntate*, 24 *diis bene iuvantibus.* 6) Fronto ad M. Caes. V 25 p. 83; ad Ver. II 6 p. 133 N. 7) Zeller III 1^4 S. 859. 8) Galen. XVIII B 19. 9) Dio Chrys. or. 22, 8 (II 45 f. Arn.). Zeller III 1^4 S. 851. v. Arnim, Leben und Werke des Dio v. Prusa S. 477. 10) Zeller III 1^4 S. 772. 11) Arrian. Peripl. Pont. Euxin. 23, 3 fügt, nachdem er erzählt hat, Achill sei den Seefahrern bei seiner Insel hilfreich, wie die Dioskuren überall, hinzu καί μοι δοκεῖ οὐκ ἄπιστα εἶναι.

keit; werde er irgendwo erschüttert und ins Schwanken gebracht, so sei sein fester Bestand ganz und gar in Frage gestellt[1]). Auch hatte sein Wunderglaube kaum eine Grenze, wenn er gleich vor einem Übermaße der Leichtgläubigkeit warnt und Wunder wie das Schwitzen, Seufzen, Blutvergießen von Götterbildern sowie ihr Reden mit menschlicher Stimme halb rationalistisch zu erklären versucht. Doch sagt er, die göttliche Natur sei von der menschlichen so völlig verschieden, daß es nicht irrationell sei, ihr die Vollbringung des für Menschen Unmöglichen zuzutrauen[2]). Die, wenn auch mit Bewußtsein erstrebte und künstlich festgehaltene, doch sicher aufrichtige Schlicht- und Altgläubigkeit des Pausanias, der unerschütterliche Wunderglaube des Artemidor, der krasse Supranaturalismus des Maximus von Tyrus, die bis zur Grenze des religiösen Wahnsinns gesteigerte Schwärmerei des Aristides — alle diese religiösen Richtungen kommen überein in dem Glauben an eine durch zahlreiche Einzelgötter wunderbar geübte Vorsehung. Und nur eine weite Verbreitung eines blinden Glaubens und kindischer Superstition konnte die religionsfeindliche Schriftstellerei etwa des Kynikers Oenomaus von Gadara, dessen »Schwindlerentlarvung« eine überaus scharfe und verächtliche Satire gegen Orakelglauben und Bilderdienst enthielt[3]), und namentlich eines Lucian ins Leben rufen, deren unermüdliche, immer wiederholte Angriffe doch gewiß nicht für ein Fechten mit Schatten gehalten werden können. Noch weniger darf man daraus, daß Lucian keine Verfolgung erlitt, auf allgemeine Gleichgültigkeit gegen die von ihm verspottete Religion schließen. Wenn sein Spott auch ohne Zweifel das religiöse Gefühl der Gläubigen aufs tiefste verletzte, so konnte er doch selbst ihnen nicht so verdammenswert erscheinen, wie die Verspottung einer auf Offenbarung beruhenden Religion deren Gläubigen erscheinen muß: und im Heidentum gab es nicht bloß keine Dogmen, sondern auch keine Kirche, die zum Schutz des gefährdeten Glaubens hätte gegen dessen Angreifer einschreiten können. Parnys Götterkrieg, der in zynischer Verhöhnung des Heiligsten Lucians Göttergespräche ebenso weit übertrifft wie an Witz, ist allerdings vor der Restauration des Katholizismus in Frankreich erschienen (1799); aber auch später ist kein Versuch zu seiner Unterdrückung gemacht worden, sein Verfasser wurde (1803) Mitglied der französischen Akademie und ist gestorben (1814), ohne eine Verfolgung erlitten zu haben. Lucian.

Die Kaiser des 2. Jahrhunderts.

Auch die Kaiser des 2. Jahrhunderts haben sichtbar unter dem Einfluß der herrschenden geistigen Strömung gestanden und sie dann auch ihrerseits durch ihr Beispiel sowie durch ihre eifrige Fürsorge für den Kultus gefördert. Von Trajan rühmt Plinius, daß er nicht wie Domitian beanspruchte, gleich einem Gotte geehrt zu werden, daß er die Tempel der Götter nur betrat, um sie an-

1) Plutarch. Amator. 13 (wo mit Volkmann statt ἐπισφαλὴς γίνεται πᾶσι zu lesen ist πᾶσα). Über Plutarchs Stellung zur Volksreligion R. Hirzel, Plutarch (1912) S. 9 ff. Geigenmüller a. a. O. S. 251 ff. 2) Plutarch. Camill. 6, 3 ff.; Coriolan. 38, vgl. Marcell. 5, 6. S. auch Herodian. Π. μον. λέξ. praef. p. 13 Lehrs.: καὶ πρῶτος ἡμῖν θεὸς παρέστω. δίκαιον γὰρ τὴν ἀρχὴν ἀπ' αὐτοῦ ποιήσασθαι, ὡς καὶ ὁ Σολεὺς ἀρχόμενος ἔφη ἐκ Διὸς ἀρχώμεσθα. 3) Über Lucian und Oenomaus vgl. I. Bruns, Vorträge und Aufsätze S. 252 ff. Angriffe auf den Orakelgott von Delphi (die aber jedenfalls mit dessen Verherrlichung endigten) in einem Berliner Papyrus, W. Schubart, Hermes LV 1920 S. 188 ff.

zubeten[1]). Hadrian bewies einen auch nach den hochgespannten Ansprüchen des Pausanias sehr großen Eifer in der Verehrung der Götter[2]). Antoninus Pius ließ niemals ein Opfer durch einen Stellvertreter vollbringen, außer wenn er krank war[3]), und ein ihm im Jahre 143 von Volk und Senat gesetztes Denkmal ist ihm »wegen seiner ungemeinen Sorgfalt und Gewissenhaftigkeit in bezug auf die Gebräuche der Staatsreligion« gewidmet[4]). Marc Aurel strebte in allem, sich als Schüler seines Vorgängers zu bewähren; namentlich aber sollte dieser in seiner Frömmigkeit ohne Aberglauben sein Vorbild sein, damit er in seine letzte Stunde mit ebenso ruhigem Gewissen eintreten könne[5]). Er selbst, der in einer Welt ohne Götter nicht leben wollte, scheint die Götter aller Nationen als gleich mächtig und gleich sehr der Verehrung würdig anerkannt zu haben. Beim Ausbruche des Markomanenkriegs ließ er Priester aus allen Ländern nach Rom kommen und fremde Gebräuche vollziehen[6]) und während des Kriegs einmal auf Veranlassung eines Orakels des Alexander von Abonuteichos zwei Löwen lebendig in die Donau werfen[7]). Im Darbringen von Opfern war er so verschwenderisch, daß man einen Brief der weißen Rinder an ihn zirkulieren ließ: »Wenn du siegst, sind wir verloren«[8]).

Charakteristische Erscheinungen des neu erwachten religiösen Lebens. Orthodoxie und Intoleranz: Aelianus.

Die Natur des im 2. Jahrhundert neu erwachten religiösen Lebens muß hier durch einige für dasselbe besonders charakteristische Erscheinungen veranschaulicht werden, welche zugleich wohl die höchsten von der Steigerung der Glaubensstärke erreichten Grade erkennen lassen[9]). Der Pränestiner Claudius Aelianus verfaßte an der Grenze des 2. und 3. Jahrhunderts in griechischer Sprache zwei Werke, von der Vorsehung und von göttlichen Erscheinungen, deren Tendenz wir aus zahlreichen Fragmenten kennen. Er führte den Beweis, »daß die unverständiger sind als Kinder, welche sagen, daß hienieden die Gottheit nicht die Vorsehung übe«[10]), durch Erzählungen zahlreicher Wunder, Orakel und andrer unmittelbarer Offenbarungen der göttlichen Macht, hauptsächlich wunderbarer Belohnungen von Frommen und Gläubigen und wunderbarer und schrecklicher Bestrafungen von Gottesleugnern und Ungläubigen. Bei diesen Erzählungen fehlt es nicht an Apostrophen an die Religionsverächter, wie z. B.: »Was sagt ihr zu diesem, ihr, die ihr meint, daß die Vorsehung blind umhertappe oder nur eine Fabel sei?«[11]), sowie an Äußerungen des Mitleids und Verwünschungen gegen die glaubensfeindlichen Philosophen: »O ihr Xenophanes und Diagoras und Hippo und Epikuros und ihresgleichen, und die ganze übrige Zahl der unglückseligen und gottverhaßten Männer, fort mit euch!«[12])

Die süßliche und salbungsvolle Sprache affektiert die fromme Einfalt einer guten alten Zeit; einige Proben werden eine hinreichende Vorstellung geben.

1) Plin. paneg. 52, 2. 2) Pausan. I 5, 5. Ammian. XXV 4, 17: *praesagiorum sciscitationi nimiae deditus* (Julian), *ut aequiperare videretur in hac parte principem Hadrianum.* 3) Hist. aug. Antonin. P. 11, 5. Pausan. VIII 43, 5: τοῦτον Εὐσεβῆ τὸν βασιλέα ἐκάλεσαν οἱ Ῥωμαῖοι, διότι ἐς τὸ θεῖον τιμῇ μάλιστα ἐφαίνετο χρώμενος. 4) CIL VI 1001 = Dessau 341. 5) Marc. Aurel. Comment. VI 30. 6) Hist. aug. M. Aurel. 13, 1. 7) Lucian. Alexand. 48. 8) Ammian. XXV 4, 17. 9) Als Vertreter eines stark zur Schau getragenen Gottesglaubens (mit besonderer Beziehung auf den Gott seiner Heimat) muß auch der zwischen 220 und 250 schreibende (Münscher, Real-Encykl. VIII 20ff.) Verfasser des Aethiopenromans, Heliodorus von Emesa, genannt werden; vgl. Rohde, Griech. Roman³ S. 462ff. 10) Aelian. fr. 29 Hercher. 11) ebd. fr. 31. 12) ebd. fr. 33.

Ein Mann Euphronios war ein unglückseliger Mensch und hatte Freude an dem Geschwätz des Epikuros, und aus selbigem zog er sich zwei Übel zu, gottlos und ruchlos zu sein. Dieser Mann verfiel in eine Krankheit, und von derselben (Lungensucht nennen sie die Söhne der Asklepiaden) arg gequält, verlangte er anfangs nach der ärztlichen Kunst der Menschen und suchte bei dieser Hilfe. Aber das Siechtum war gewaltiger als die Kunst der Ärzte. Als er nun bereits das Äußerste befürchtete, bringen ihn seine Angehörigen in den Tempel des Asklepios. Und da er eingeschlafen war, dünkte ihm, daß einer der Priester zu ihm sage, für den Mann gebe es nur einen Weg des Heils und ein Mittel gegen die ihn bedrängenden Übel, wenn er die Bücher des Epikuros verbrenne und die Asche dieser gottlosen, frevelnden und weibischen Bücher mit feuchtem Wachse knete, damit seinen Bauch und seine Brust bestreiche und alles mit Binden umwickle. Er aber bekannte alles, was er vernommen, seinen Nächsten, und jene waren sogleich großer Freude voll, daß er nicht als ein Verschmähter und Verachteter von dem Gotte sei verstoßen worden. So wurde der Gottesleugner bekehrt und fortan ein Muster der Frömmigkeit für andre[1]). Wunderbare Heilungen sowohl von Frommen als von Gottlosen, die sich dann besserten, waren in diesem Buch in großer Anzahl erzählt, und erbauliche Betrachtungen daran geknüpft wie folgende: »Aristarchos von Tegea, der Tragödiendichter, verfiel in eine Krankheit, und Asklepios heilte ihn und befahl ihm, ein Dankopfer für seine Genesung zu bringen, und der Dichter brachte dem Gotte das nach ihm benannte Schauspiel dar. Wie könnte es aber geschehen, daß die Götter für die Gesundheit einen Lohn verlangten und annähmen, da sie uns ja doch das Größte mit menschenliebendem und gütigem Sinne umsonst gewähren, die Sonne zu schauen und an dem allgenügenden Glanz eines so großen Gottes ohne Entgelt teil zu haben, und den Gebrauch des Wassers und die unzähligen Hervorbringungen und mannigfaltigen Hilfen des uns bei der Arbeit fördernden Feuers, und aus der Luft Nahrung für unser Leben in uns zu ziehen? Sie wollen also nur, daß wir auch in jenen geringeren Dingen nicht undankbar und uneingedenk seien, und machen uns auch dadurch besser«[2]).

Bis zu welchem Grade kindischer Albernheit sich die Wundersucht dieser Glaubensrichtung verirren konnte, mag folgende Geschichte von einem tanagräischen Kampfhahne zeigen, der an einem Fuße verletzt war. »Der Hahn, wie mich dünkt, auf einen von Asklepios erhaltenen Antrieb, hüpfte auf einem Beine vor den Herrn, und da in der Frühe dem Gotte ein Lobgesang gesungen wurde, stellte er sich in die Reihe der Sänger, als wäre ihm von dem Leiter des Chors seine Stelle angewiesen, und versuchte, so gut er vermochte, sein Vogellied mitzusingen, harmonisch in den Gesang der andern einstimmend. Auf einem Beine aber stehend, streckte er das beschädigte und verstümmelte vor, als wollte er bezeugen und angeben, was er erduldet hatte. So sang er seinem Heilande, wie er es mit der Kraft seiner Stimme vermochte, und flehte, ihm den Gebrauch seines Fußes wiederzugeben«. Nach einer Offenbarung des Gottes wurde er dann geheilt, »und mit den Flügeln schlagend und weit ausschreitend und den Hals aufrichtend und den Kamm schüttelnd wie ein stolzer Krieger, be-

1) Aelian. fr. 89. 2) ebd. fr. 101.

kundete er das Walten der Vorsehung über den unvernünftigen Kreaturen«[1]). Den Erzählungen von dem Heil, das der Glaube brachte, standen (wie gesagt) Beispiele von den schrecklichen Folgen des Unglaubens und Frevels gegen die Götter gegenüber: wie ein Mann, der »mit lüsternem Auge« die Mysterien ansehen wollte, ohne eingeweiht zu sein, auf einen Stein stieg, von diesem herab und sich zu Tode fiel[2]); wie ein Unglücklicher, dessen Seele von Epikuros Lehre entnervt war, in den heiligen Raum des Tempels zu Eleusis eindrang, den nur der Hierophant betreten durfte, und zur Strafe von einer furchtbaren Krankheit befallen wurde und gräßliche Qualen litt, so daß er danach schmachtete, seine verfluchte Seele vom Leibe losreißen zu können, was ihm aber erst spät zuteil wurde[3]); wie Sulla von Würmern (»andre aber sagen nicht von diesen, sondern von Läusen«), die aus seinem Leibe herausquollen, langsam aufgefressen wurde, weil er den Tempel der Athene zu Alalkomenä zerstört hatte[4]); wie ein Bildhauer, »auf den Gewinn schauend und blind gegen die Frömmigkeit«, ein Götterbild schlechter ausführte, als er nach der erhaltnen Bezahlung gesollt hatte, unansehnlich, klein und aus schlechtem Marmor, dann aber dafür an seinem Leibe gestraft wurde, »und dies allen ein Beispiel und eine Lehre war, solches nicht zu wagen noch dergleichen Vorteil zu suchen«[5]), usw.

Von demselben Verfasser haben wir eine »Geschichte der Tiere«, in welcher »die instinktive Sicherheit und Zweckmäßigkeit der niedern Organismen als die reinere Naturmanifestation den Menschen als moralisches Gegenbild vorgehalten wird«[6]). Die Elefanten, so wird z. B. hier berichtet, beten die Sonne an, indem sie ihr bei ihrem Aufgange ihre Rüssel gleich Händen entgegenstrecken: die Menschen aber zweifeln, ob es Götter gibt, und wenn sie existieren, ob sie für uns Sorge tragen[7]). Die Mäuse auf einer dem Herakles heiligen Insel im Schwarzen Meer berühren dort nichts, was ihm geweiht ist; wenn nun die zu seinen Opfern bestimmten Trauben reifen, verlassen sie die Insel, um der Versuchung, sie zu benaschen, zu entgehen, und kehren erst nach der Weinlese zurück. Hippo, Diagoras, Herostrat und die übrigen Götterfeinde würden freilich diese Trauben ebensowenig schonen, als was sonst den Göttern geweiht ist[8]). In einem andern Buche preist Aelian die Barbaren, welche noch nicht durch Überkultur dem Glauben entfremdet sind wie die Griechen: bei den Indern, Kelten, Ägyptern gibt es keine Zweifler und Gottesleugner wie Euhemerus, Epikur, Diagoras usw.[9]).

Schwärmerei: Aristides. Wenn die Schriften Aelians uns mit der extremsten und starrsten, in der Tat zelotischen heidnischen Orthodoxie bekannt machen, so besitzen wir in den Bekenntnissen eines Mannes, der von Mitwelt und Nachwelt zu den ersten geistigen Größen seiner Zeit gezählt wurde, des Rhetors P. Aelius Aristides, auch ein merkwürdiges Zeugnis, bis zu welchem Grade sich damals unter besonderen Einflüssen die religiöse Überspannung steigern konnte. Aristides[10]),

1) Aelian. fr. 98. 2) ebd. fr. 43. 3) ebd. fr. 10. 4) ebd. fr. 53. 5) ebd. fr. 62. 6) Lehrs, Pop. Aufs.[2] S. 220. Zur Diskussion der Frage über 'Vernunft oder Instinkt' der Tiere s. namentlich G. Tappe, De Philonis libro qui inscribitur Ἀλέξανδρος ἢ περὶ τοῦ λόγον ἔχειν τὰ ἄλογα ζῷα. Diss. Göttingen 1912. Dickerman, Transact. of the Americ. Philol. Association XLII 1912 S. 123ff. 7) Hist. an. VII 44. 8) ebd. VI 40. 9) Var. hist. II 31. 10) Welcker, Kl. Schr. III 89—156. Über Typisches und Individuelles in der Religiosität des Aristides Weinreich, N. Jahrb.

zu Hadriani in Bithynien ums Jahr 120 geboren, aus einer vornehmen und begüterten Familie[1]), Sohn eines Priesters des Zeus, von Jugend auf kränklich, ergab sich früh mit leidenschaftlichem Eifer den Studien. Die nervöse Reizbarkeit seiner zarten Natur war durch ein Übermaß der Anstrengung wie durch die von dem Berufe eines Sophisten unzertrennlichen Aufregungen im höchsten Grade genährt und gesteigert, einem Berufe, der zugleich wie kein andrer geeignet war, die ihm angeborenen Eigenschaften des Ehrgeizes und der Eitelkeit aufs stärkste auszubilden. Im J. 145 ergriff ihn eine Krankheit, mit der er sich zehn Jahre schleppte, und über die er in den nach seiner Genesung (teilweise erst 20 Jahre nach dieser) verfaßten »heiligen Reden« aufs ausführlichste berichtet hat. In dieser Krankheit entwickelte sich auch seine schwärmerische Frömmigkeit, die sich je länger je mehr in einer immer ausschließlicheren Verehrung des Heilgottes Asklepios befriedigte, hinter dessen Bilde ihm die übrigen Götter mehr und mehr zurücktraten. Da er, um Heilung zu finden, jahrelang in den Tempeln dieses Gottes und mit dessen Priestern verkehrte, richteteten sich allmählich seine Gedanken im Wachen und Träumen auf diesen Mittelpunkt; denn nach dem allgemeinen Glauben erteilte der Gott den Hilfesuchenden, die in seinem Tempel schliefen, Rat durch Eingebungen in Träumen, und die ganze Existenz des Aristides drehte sich nun um seine Träume, die ihm der Gott sämtlich aufzuschreiben befohlen hatte. Die Erfüllung dieses Befehls war für ihn eine heilige Pflicht, und er diktierte, wenn er zum Schreiben zu schwach war[2]). Selbstverständlich befolgte er alle Vorschriften, die er in Träumen empfangen zu haben glaubte, auch die unsinnigsten, wodurch er wahrscheinlich seinen Zustand vielfach verschlimmerte; er sagt selbst, daß seine Schwächlichkeit mit dem Fortgange der Zeit immer zugenommen habe[3]). Zuweilen glaubte er sich in einem Mittelzustande zwischen Schlaf und Wachen zu befinden, in dem er ein körperliches Gefühl von der Nähe des Gottes hatte, seine Haare sich sträubten, seine Augen sich mit Tränen der Wonne füllten, und er ein stolzes Schwellen des Bewußtseins empfand: ein Zustand, den niemand zu beschreiben vermöchte, die Eingeweihten verstehen und kennen es[4]). Der Gott befahl ihm unter anderm auch, mitten im Winter bei Nordwind und Frost im Flusse zu baden. Doch nach dem Bade befand er sich wunderbar leicht und wohl, »in einer gleichmäßigen, nicht wie künstlich bewirkten, den ganzen Körper kräftigenden Wärme — es war eine unaussprechliche Wohlgemutheit, worin er alles dem gegenwärtigen Augenblicke nachsetzte und auch sehend nichts andres sah: so ganz war er bei dem Gott«[5]). So unsäglich seine Leiden waren, so achtete er sie doch nicht wegen der Ehre, welcher der Gott ihn gewürdigt hatte; wer diese ermesse, werde ihn viel mehr beglückwünschen, als wegen seiner Leiden bedauern[6]).

f. klass. Altert. XXXIII 1914 S. 597 ff. Über die Chronologie am besten Ed. Schwartz, Christl. u. jüdische Ostertafeln (Abhdl. Gesellsch. d. Wiss. Götting. N. F. VIII 6, 1905) S. 130 ff. (anders W. Schmid, Rhein. Mus. XLVIII 1893 S. 52 ff.; Philologus LVI 1898 S. 721 ff.).

1) Über sein Landgut Λανεῖον an der großen Straße von Pergamum nach Cyzicus vgl. Th. Wiegand, Athen. Mitteil. XXIX 1904 S. 278 ff. 2) Aristid. or. 48, 2 (II 395 K.). 3) ebd. 70 (II 410). 4) ebd. 32 (II 401 f.). 5) ebd. 23 (II 399 f.). Welcker a. a. O. S. 146. 6) Aristid. or. 48, 59 (II 407 f. K.).

Wenn auch die Schwärmerei des Aristides im innigsten Zusammenhange mit der Überspannung seines Hochmuts steht, und diese, nicht die Versenkung in das Göttliche, ihre Grundstimmung ist, so erinnern seine Berichte doch in mehr als einer Beziehung an Bekenntnisse christlicher Pietisten[1]), sowohl durch die unaufhörliche Selbstbeobachtung, Selbststeigerung und Selbsttäuschung, wie durch das Bewußtsein, einer besondern Begnadigung gewürdigt, ein Auserwählter der Gottheit zu sein, und die notwendig damit verbundne geistliche Überhebung. In einem Traume sah er das Bild des Gottes mit drei Köpfen und von feuriger Lohe umgeben, außer den Köpfen. Allen andern Betern winkte der Gott hinauszugehen, ihn hieß er bleiben. Aristides rief entzückt: Einziger! den Gott meinend. Dieser erwiderte: Bist's! »Dies Wort, o Herr Asklepios, ist besser als das ganze menschliche Leben, geringer als dies ist die ganze Krankheit, geringer als dies aller Dank; dies hat gemacht, daß ich ebensowohl kann als will«[2]). »Auch ich«, sagt er an einer andern Stelle, »war unter denen, welchen durch die Gnade des Gottes, nicht zweimal, nein vielmal in mannigfacher Gestalt ein neues Leben geschenkt worden war, und welche die Krankheit deshalb für heilsam erachten.« Für das, was ihm der Gott gewährt hatte, mochte er nicht die ganze, unter Menschen so genannte Glückseligkeit eintauschen[3]).

Mit der Überzeugung, ein Auserwählter zu sein, stand bei Aristides in Wechselwirkung der Hang, die Hand der Gottheit überall zu erkennen, die Sucht, auch in alltäglichen Ereignissen besondre Fügungen und Wunder zu sehen. Auf Schritt und Tritt glaubte er von dem Gotte geleitet zu werden, fortwährend wird er von ihm gerufen, geschickt, zurückgehalten, und erhält seine Befehle, Aufträge und Verbote[4]). Bei dem Erdbeben, das Smyrna zerstörte, war es der Gott, wie er an die beiden Kaiser schrieb, der ihn aus der Stadt forttrieb und an einen Ort brachte, wo er verschont blieb[5]). Er rettete seine alte Amme Philumene, die Aristides über alles liebte, unzählige Male wider Erwarten und auch aus einer Krankheit[6]). Als eine andre Philumene, die Tochter seiner Milchschwester Kallityche, starb, offenbarte ihm ein Traum, daß sie ihre Seele und ihren Leib für sein Leben hingegeben habe. Auch deren Bruder Hermias war »sozusagen beinah für ihn gestorben«; dieser, der liebste seiner Pfleglinge, starb nämlich, wie Aristides später erfuhr, an demselben Tage, wo er (ein Jahrzehnt nach dem Ende der 10jährigen Krankheit) von einem Anfalle der großen (durch das Heer des Verus in den Westen eingeschleppten)[7]) Epidemie genas[8]). »So hatte ich die Zeit bis dahin als Geschenk von den Göttern und erhielt hierauf unter göttlicher Hilfe ein neues Leben, und dies war gleichsam die Gegengabe dafür.« Damals hatte ihn »der Heiland (Asklepios) und die Herrin Athene sichtbarlich gerettet«[9]); die letztere war ihm in der Gestalt der Statue des Phidias erschienen, ein süßer Duft strömte von ihrer Ägis aus, er allein sah sie und rief es zwei anwesenden Freunden und seiner Amme zu, welche glaubten, er deliriere, bis sie die von der Göttin ausgehende Kraft erkannten und die Reden vernahmen, die er von ihr vernommen hatte[10]). Mönche, die im Mittelalter die Reden

1) Noch näher liegt der Vergleich mit den ekstatischen Konfessionen der Mystiker alter und neuer Zeit. Weinreich a. a. O. S. 601. 2) Aristid. or. 50, 50f. (II 438f. K.). 3) ebd. 23, 16 (II 36). 4) Welcker S. 133. 5) Aristid. or. 19, 6 (II 14 K.). 6) ebd. 47, 78 (II 394). 7) Oben I 31. 8) Aristid. or. 51, 19—25 (II 456f. K.). 9) ebd. 50, 9 (II 428). 10) ebd. 48, 41 (II 403f.).

des Aristides lasen, haben hier und da in Randbemerkungen ihrem Unwillen über die Torheit, ja Verrücktheit dieses Menschen Ausdruck gegeben, »der noch dazu den Ruf eines Weisen hatte« und dennoch sich so kindischen Einbildungen hingeben konnte[1]).

Unveränderte Stärke und Fortdauer des Volksglaubens.

Die Tatsache einer solchen religiösen Reaktion gegen die Einflüsse der Kritik und Philosophie, einer so völligen Wiederherstellung des positiven Götterglaubens auch im Bewußtsein der Gebildeten, wie sie die bisher geschilderten (und andre noch zu erwähnende) Erscheinungen beweisen: diese Tatsache zeigt, daß jene Klagen über den vermeintlichen Verfall des Glaubens nur durch oberflächliche, auf gewisse Gebiete beschränkte Zeitströmungen veranlaßt waren, die dann von einer mächtigen Gegenströmung rückwärts gestaut wurden. Daß aber die religionsfeindlichen Stimmungen und Richtungen selbst in der Zeit ihrer größten Stärke jemals außerhalb der engbegrenzten Kreise der Gebildeten sich verbreitet haben, dafür spricht nichts. Vielmehr sind sie in die Massen allem Anschein nach ebensowenig jemals tiefer eingedrungen, wie die antichristliche Literatur des 18. Jahrhunderts auf den christlichen Glauben der europäischen Bevölkerungen im großen und ganzen einen nachweisbaren Einfluß geübt hat[2]).

Von jenen monotheistischen, pantheistischen und atheistischen Weltanschauungen, deren Anhänger in der Literatur des 1. Jahrhunderts so laut das Wort führen, blieb der Glaube des Volks an die alten Götter, der mit unzähligen Wurzeln in dem geistigen Leben von Millionen festgewachsen war, unberührt, oder doch unerschüttert. Trotz aller Veränderungen und Entwicklungen, trotz aller Verluste, Trübungen und Erweiterungen bestand er fort und stellte sich in seinen beiden Hauptformen immer von neuem her, von denen die eine, in den östlichen Ländern herrschende sich innerhalb der griechischen Welt entwickelt hatte, die andre, im Westen und Norden (soweit der Einfluß der römischen Kultur reichte) verbreitete aus einem Jahrhunderte dauernden Mischungs- und Verschmelzungsprozeß griechischer und italischer Elemente hervorgegangen war. In beiden Formen behauptete sich der Götterglaube dem ihn (zuletzt mit erdrückender Macht) bekämpfenden Christentume gegenüber fast ein halbes Jahrtausend. Ein so langer Widerstand beweist schon allein die noch ungeschwächte Lebenskraft des alten Glaubens. Nicht minder bewährte er diese in der Aufnahme und Assimilation zahlreicher heterogener, ja entgegengesetzter religiöser Elemente, die dennoch nicht vermochten, sein Wesen zu verändern, seine Auflösung und Zersetzung herbeizuführen. Endlich erwies er sich auch durch eine noch immer schöpferische Produktivität als eine lebendige Macht.

Seine Assimilationskraft.

Zwar ist die massenhafte Aufnahme heterogener religiöser Elemente bisher allgemein zugleich als Symptom und als Ursache des Verfalls der römisch-griechischen Religion angesehen worden: aber diese Ansicht würde nur dann be-

1) Welcker S. 116, 35. 2) P. Lacroix, XVIII siècle, Lettres S. 359f.: »*On voit par cet aveu de Mercier* (1782) *que le peuple de Paris affluait dans les églises tous les dimanches et les jours de fête.*« Taine, Origines de la France contemp., Revolution II 390: »*A cette date* (1792) *le petit peuple, même à Paris, est encore très religieux, bien plus religieux qu'aujourd'hui.*«

rechtigt sein, wenn sich nachweisen ließe, daß der Glaube an die alten Götter durch die Verehrung der fremden aufgehoben, erschüttert oder in seinem innersten Wesen umgestaltet worden sei. Nichts von alledem ist erkennbar. Daß eine Vermehrung der Gottheiten eines polytheistischen Systems schon an und für sich eine Abnahme des Glaubens oder eine Schwächung seiner Intensität voraussetze, wird ebensowenig jemand behaupten, wie daß die neuen Kanonisationen der katholischen Kirche durch ein Schwinden des Glaubens an die alten Heiligen veranlaßt werden oder daß sie diesen Glauben beeinträchtigen können. Nun besteht aber allerdings zwischen den orientalischen und den griechisch-römischen Kulten ein so tiefer Gegensatz, daß eine Verbindung beider schwer begreiflich erscheint. Für unser Gefühl stehen jene fremdartig und seltsam, zum Teil ungeheuerlich neben diesen, und noch tiefer erscheint uns der Gegensatz der Religionsanschauungen, auf denen hier und dort die Kulte und Gebräuche beruhen. Die düsteren, trauer- und geheimnisvollen Zeremonien, die schwärmerische Ekstase, die Selbstentäußerung und schrankenlose Hingebung an die Gottheit, die Entsagung und Buße als Bedingung der Läuterung und Weihe: alle diese Elemente sind ja dem römischen und griechischen Glauben ursprünglich ebenso fremd wie im tiefsten Westen der morgenländischen Religionen begründet. Im schroffsten Gegensatz dazu tritt uns, als dem griechischen und römischen Glauben und Kultus eigentümlich, feste Umgrenzung des Gottesbegriffs, klare Anschauung der Götterwelt, ein maßvolles und vertrauendes, selbst genau geregeltes Verhältnis der Gläubigen zur Gottheit, allgemeine Zugänglichkeit sowie anspruchslose Einfachheit und festliche Heiterkeit des Gottesdienstes entgegen. Dennoch sind von den Gläubigen des römischen und griechischen Altertums diese so tiefen inneren Gegensätze zu keiner Zeit als ein absolutes Hindernis der Verschmelzung empfunden worden. Orientalische Elemente sind bekanntlich in die griechische Region sehr früh, in die römische mindestens seit dem zweiten punischen Kriege eingedrungen. Wenn dies aber schon bei oberflächlichen Berührungen der Nationen geschehen konnte, so mußte ihre innige Verschmelzung und Vereinigung im römischen Universalreich auch ohne irgend welche Änderung in der Natur und Stärke des Glaubens sogar notwendig die Göttermischung im weitesten Umfange zur Folge haben. Die Götterwelt war und blieb von der ersten bis zur letzten Zeit des Heidentums den Gläubigen ein nur sehr unvollkommen bekanntes, weil durch keine Offenbarung erschlossenes Gebiet, und der Glaube, daß es die verschiedenartigsten Gestalten und Erscheinungen in sich fassen könne, war um so natürlicher, als das Vermögen, jede Gestalt anzunehmen, ja recht eigentlich zum Wesen der Gottheit gehörte. Zu dieser grenzenlosen Expansivität des antiken Polytheismus kam aber noch die Tendenz, in den fremden Gottheiten die eigenen wiederzufinden, deren Stärke ja schon bei Herodot so erstaunlich groß ist; eine Tendenz, welche die Frommgläubigen so völlig beherrschte, daß sie sie nur das wirklich oder scheinbar Gleichartige in den verschiedenen Religionen gewahr werden ließ und sie auch gegen die schärfsten und grellsten Gegensätze völlig blind machte.

Die Theokrasie eine notwendige Wirkung der Völkermischung.

Wenn es nun im Wesen des antiken Polytheismus von jeher gelegen hat, eine Ergänzung der eignen noch unvollkommnen Gotteserkenntnisse auch in den Kulten fremder Nationen zu suchen; wenn in Griechenland wie in Rom völlig heterogene Götterdienste schon in Zeiten Aufnahme gefunden haben, für welche die ungeschwächte Kraft des Glaubens an die Landesgötter gar nicht in Zweifel gezogen werden kann[1]): so ist der Grund, daß dies im früheren Altertume sparsamer geschah, offenbar nicht in der damals größeren Stärke des vaterländischen Glaubens zu suchen, sondern in dem geringeren Verkehr der Völker. Je mehr dieser wuchs, desto mehr steigerte und vervielfachte sich auch der Austausch der Kulte. Mit der Bildung des römischen Universalreichs trat die antike Welt und ihr Polytheismus in seine letzte Phase. Ein Jahrhunderte lang fortwährendes Wandern, Ziehen, Herüber- und Hinüberströmen der Bewohner dieses ungeheuren Ländergebiets führte eine beispiellose Mischung und Durcheinanderwirrung der Rassen und Nationen und damit auch der Religionen und Kulte herbei. Von der Themse bis zum Atlas, vom Atlantischen Meer bis zum Euphrat wohnten nun in allen Provinzen auch Anbeter der Isis und des Osiris, der Baale, der Astarte, des Mithras, die für ihre Götter geflissentlich oder durch ihr Beispiel Propoganda machten: und so gewannen diese und andre fremde Gottheiten unter verschiednen Namen zahllose neue Gläubige[2]). Die Missionare ihrer Religionen waren die überall im römischen Reich, besonders in den See- und Handelsstädten angesiedelten (namentlich syrischen) Kaufleute, die Soldaten und Offiziere (vor allem die so viel umhergeworfenen Centurionen), besonders an den Grenzen und in der Hauptstadt, endlich die Sklaven und Freigelassenen in den römischen Palästen, auf den Latifundien und in den Provinzen als subalterne Angestellte der Staatsverwaltung[3]). »Aber zur offiziellen Aufnahme in die Staatsreligion ist, soviel wir sehen können, vor dem Beginne des dritten Jahrhunderts nur ein einziger der orientalischen Fremdkulte gelangt, der Gottesdienst der Isis, der zu Anfang der Regierung des Caligula einen Staatstempel auf dem Marsfelde erhielt.« Auch die privaten Heiligtümer der landfremden Gottheiten der östlichen Reichshälfte blieben von dem geheiligten Bezirk des Pomerium ausgeschlossen oder gar noch weiter von der Stadtgrenze ferngehalten; »gefallen ist diese Schranke erst gleichzeitig mit der Scheidung von *cives Romani* und *peregrini* im römischen Reich, und es ist kein Zufall, daß Caracalla, der das römische Bürgerrecht an alle freien Reichsangehörigen verlieh, auch derjenige war, der den großen Staatstempel des Serapis auf dem Quirinal erbaute und damit den fremden Göttern die Pomeriumsgrenze öffnete. Seitdem strömen die Gottheiten aller Provinzen in Rom als dem *templum*

1) Zu den den Griechen am frühesten bekannt gewordenen fremden Gottheiten gehört neben dem phönizischen Adonis, dessen Fest bereits zur Zeit der sicilischen Expedition in Athen allgemein gefeiert wurde (Aristoph. Lysistr. 389ff. Plutarch. Alcib. 18, 5; Nicias 13, 11), und der vorderasiatischen Göttermutter Ammon, der Gott des ägyptischen Theben, auf den bereits Pindar einen Hymnus dichtete (Schol. Pind. Pyth. 9, 90. Pausan. IX 16, 1). Über Fremdkulte im Piräus C. Schaefer, Jahrb. f. Philol. CXXI 1880 S. 417ff., über Sarapis- und Isisdienst in Griechenland A. Rusch, De Serapide et Iside in Graecia cultis. Diss. Berlin 1906. 2) Materialsammlung für die Verbreitung der orientalischen Kulte im römischen Reiche bei Toutain, Les cultes païens dans l'empire Romain II, 1911, dazu für Britannien, Germanien und Gallien C. H. Moore, Harvard Studies XI 1901 S. 47ff.; Transact. of the Americ. Philolog. Association XXXVIII 1908 S. 109ff.; über Kult der ägyptischen Gottheiten in den Donauländern W. Drexler, Mytholog. Beiträge I, 1890, über denselben in Nordwestafrika Gsell, Revue de l'hist. d. relig. LIX 1909 S. 149ff. Die wichtigsten inschriftlichen Zeugnisse bei Dessau 4057ff. 3) Cumont, Die oriental. Religionen im röm. Heidentum² S. 29f.

mundi totius[1]) zusammen, und es ward das Wort zur Wahrheit, daß die übrigen Völker jedes seinen besonderen Gott verehrten, die Römer aber alle Gottheiten der Welt insgesamt«[2]).

Wenn nun auch unzweifelhaft in sehr vielen einzelnen Fällen die neuen Kulte die alten in den Hintergrund drängten, so konnten solche lokale oder individuelle Bevorzugungen einzelner Gottheiten doch ebensowenig auf die Dauer den Bestand des Glaubens im großen und ganzen alterieren, wie es von jeher der Fall gewesen war. Und auch die Einzelnen, die doch in der Regel nicht die ganze Götterwelt mit ihrer Verehrung zu umfassen strebten, sondern diese mehr oder weniger ausschließlich auf einzelne Gottheiten richteten, konnten die vaterländischen Kulte sehr wohl mit den ausländischen verbinden, ohne daß diese jenen Eintrag taten. Domitian war ein Verehrer der Isis und des Sarapis[3]), denen er zu Rom Tempel baute; selbst an seiner Tafel fielen nach Plinius »Verrichtungen ausländischer Superstition« seinen Gästen auf[4]). Nichtsdestoweniger hielt er sogar mit grausamer Strenge darauf, daß die Heiligkeit des überlieferten Gottesdienstes nicht ungestraft verletzt würde[5]), und Martial rühmt, daß unter seiner Herrschaft »den alten Tempeln« ihre Ehre gewahrt worden sei[6]); er selbst verehrte vor den andern, namentlich auch den kapitolinischen Gottheiten Minerva »in superstitiöser Weise«[7]). Die Vermischung griechisch-römischer und fremder Kultformen hat sogar zuweilen besonders abgeklärte und hochstehende Religionsanschauungen gezeitigt. So zeigt das inschriftlich erhaltene Statut eines Privatheiligtums zu Philadelphia in Lydien, als dessen Hüterin die phrygische Agdistis, eine Erscheinungsform der vorderasiatischen Großen Mutter, genannt wird, während die Altäre den griechischen Gottheiten Zeus, Hestia und einer Reihe von Personifikationen segensreicher und sittlicher Mächte geweiht sind, in den Zulassungsvorschriften ein außergewöhnlich starkes Hervortreten moralischer Gesichtspunkte, so daß geradezu die sittliche Hebung aller Beteiligten als die Aufgabe des Gottesdienstes erscheint[8]).

Der Begriff der Superstition ein relativer und wechselnder.

Mit den fortwährenden Umbildungen der religiösen Zustände hat auch fortwährend der Begriff der »Superstition« gewechselt: worunter ein hauptsächlich auf übertriebener Gottesfurcht beruhender Irrglaube, namentlich aber Abgötterei und Verehrung fremder, vom Staate nicht anerkannter, weil seiner Anerkennung unwürdiger Gottheiten verstanden wurde[9]). Zu allen Zeiten muß hiernach der Begriff der Superstition nicht bloß überhaupt ein relativer, sondern auch nach individueller Auffassung unendlich verschiedener gewesen sein. Die Dienste der ägyptischen Gottheiten verbot im Jahre 59 v. Chr. der Senat als »schändliche Superstition« und ließ ihre Altäre umstürzen; aber dies Verbot fruchtete

1) Ammian. XVII 4, 13. 2) Wissowa, Religion u. Kultus der Römer² S. 89. 3) Eutrop. VII 23, 5 und dazu Wissowa a. a. O. S. 353, 1. 4) Plin. Paneg. 49, 8. 5) Sueton. Domit. 8, 5. 6) Martial VIII 80, 5. 7) Sueton. Dom. 15, 3. Cass. Dio LXVII 1, 2. 8) Dittenberger, Syll.³ 985 (aus dem 1. Jhdt. v. Chr.). Vgl. O. Weinreich, Stiftung und Kultsatzungen eines Privatheiligtums in Philadelpheia in Lydien, Sitz.Ber. Akad. Heidelberg 1919, Abh. 16. O. Kern, Reformen der griech. Religion (1918) S. 20. 9) Nach W. Otto, Arch. f. Relig.Wiss. XII 1909 S. 548 ff. (vgl. XIV 1911 S. 421 f.) liegt in dem Worte *superstitio* der Hinweis auf das Aufgeregte, Enthusiastische, Ekstatische, das ja im Gegensatze zu der Nüchternheit der römischen Religion gerade den griechisch-orientalischen Fremdkulten eigen ist.

ebensowenig wie das in den Jahren 53, 50 und 48 wiederholte Einschreiten gegen dieselben Kulte, die in jener Zeit schon bis auf das Kapitol vordrangen[1]), ihre Verweisung aus Rom durch Agrippa 21 v. Chr. und die Verfolgung ihrer Anhänger unter Tiberius im Jahre 19 n. Chr. Caligula erbaute 38 im Marsfelde den großen Tempel der Isis Campensis[2]). Allmählich verlor sich auch die Erinnerung, daß diese Götter jemals als den römischen Gottheiten nicht ebenbürtig gegolten hatten. Minucius Felix nennt ihren Kult geradezu einen einst ägyptischen, jetzt römischen[3]).

Ganz ebenso wie die ägyptischen Götterdienste haben auch eine Anzahl andrer orientalischer Kulte anfangs als Superstition in allgemeiner Verachtung gestanden und sind dann allmählich in immer weiteren Kreisen als gleichberechtigt mit den einheimischen und seit unvordenklicher Zeit überlieferten anerkannt worden. Die Dauer des Zeitraums, innerhalb dessen ein solcher Prozeß sich vollzog, hing im einzelnen Falle ohne Zweifel von den verschiedensten, zum Teil allerdings unberechenbaren Einflüssen ab: aber in erster Linie doch ganz sicherlich davon, ob die Berührungen mit den Anhängern der fremden Religion innige, fortwährende und massenhafte waren oder nicht.

Immerhin mögen manche Kulte deshalb länger für superstitiös gegolten haben, weil ihre Gebräuche besonders fremdartig und seltsam, abstoßend oder lächerlich erschienen. Plutarch, der alle Seltsamkeiten des ägyptischen Gottesdienstes ehrwürdig fand, verachtete eine Menge asiatischer Kultgebräuche als superstitiös, namentlich das Beschmieren mit Kot, Sabbatfeiern, Niederwerfen aufs Angesicht und andres »lächerliche Tun und Leiden, Reden und Gebärden der Götterfurcht, ihre Gaukeleien und Zaubereien, das Herumlaufen, Paukenschlagen, unreine Reinigungen, schmutzige Kasteiungen, barbarische und gesetzwidrige Strafen und Beschimpfungen bei den Tempeln«[4]). Zu dieser verschiedenen Auffassung wirkte doch wesentlich mit, daß eine Jahrhunderte alte Gewöhnung den ägyptischen Kulten das Fremdartige genommen hatte, das jenen andern noch anhaftete; und allem Anscheine nach hat sich überhaupt die Auffassung eines fremden Kults als verächtlicher Superstition oder ehrwürdiger Religion wesentlich dadurch mit bestimmt, ob er seit langer oder seit kurzer Zeit bekannt war. Augustus verehrte nach Sueton von den fremden Kulten die alten und anerkannten (wie die eleusinischen Mysterien) aufs frömmste, die übrigen behandelte er mit Verachtung[5]). Wenn jedoch Sueton zu den von ihm geringgeschätzten Kulten auch den jüdischen zählt, so hat er sich im Irrtum befunden. Augustus sandte nicht bloß (wie auch Livia) kostbare Weihgeschenke für den Tempel nach Jerusalem, sondern stiftete auch ein täglich dort in seinem Namen darzubringendes Brandopfer von zwei Widdern und einem Stier, dessen Abschaffung vor dem Ausbruche des jüdischen Kriegs der erste Akt offener Auflehnung gegen Rom war[6]).

Übrigens mag auf die Beurteilung der ausländischen Gottesdienste in Rom auch das größere oder geringere Ansehen der Völker, denen diese angehörten,

1) CIL VI 2247 = Dessau 4405; vgl. CIL VI 2248. Wissowa S. 352, 7. 2) Wissowa a. a. O. S. 351 ff. 3) Minuc. Felix Octav. 22, 2. 4) Plutarch. De superstit. 3. 12. 5) Sueton. August. 93. 6) Joseph. B. J. V 562. Philo Leg. ad Gai. 157. 317. Vgl. im allgemeinen über von und für Heiden dargebrachte Opfer im Tempel zu Jerusalem Schürer, Gesch. d. jüd. Volkes II^4 359 ff.

einen gewissen Einfluß geübt haben[1]). Wenigstens den Kultus eines fernen, unbekannten Barbarenvolkes konnten aufgeklärte Römer unbedenklich verhöhnen. Ein Veteran, der Augustus zu Bononia bewirtete, antwortete auf dessen Frage, ob es wahr sei, daß der erste Plünderer des Tempels der (persischen, in Armenien, Cappadocien, Medien verehrten) Göttin Anaitis erblindet und gelähmt gestorben sei: er sei es selbst, sein ganzes Vermögen rühre von dem Raube her, und Augustus speise soeben von einem Beine der Göttin[2]). Aber mit der zunehmenden Mischung der Nationalitäten im römischen Reiche erweiterten sich fortwährend die Kultgebiete der fremden Gottesdienste, und wurde in gläubigen Kreisen die Zahl derer, die als Superstitionen galten, immer kleiner. Obwohl die Göttermischung erst im 3. Jahrhundert ihren Höhepunkt erreichte, war sie doch bereits um die Mitte des 2. sehr weit vorgeschritten. Noch Hadrian, der für die römischen und griechischen Kulte aufs eifrigste sorgte, »verachtete die fremden«[3]): welche, wird freilich nicht gesagt, keinesfalls sind wohl die ägyptischen dazu zu rechnen. Doch in der Zeit Marc Aurels, der bei dem allgemeinen Schrecken des markomanischen Kriegs Priester aus allen Ländern kommen, fremde Kultgebräuche vollziehen und die Stadt Rom mit allen Arten religiöser Zeremonien sühnen ließ[4]), war die Grenze zwischen fremder Superstition und einheimischer Religion in Italien wie in Griechenland schon größtenteils verwischt.

Die Theokrasie, nur von Ungläubigen verspottet —

Den Spott der Ungläubigen forderte freilich der immer wachsende, immer bunter gemischte »Haufe der Götter«[5]) je länger je mehr heraus. Lucian hat die gemischte Gesellschaft dieser Götterwelt wiederholt zum Gegenstand seines Witzes gemacht. In einer Götterversammlung soll Hermes auf Zeus Befehl die Götter nach dem Kunstwert und der Kostbarkeit ihrer Bildsäulen ordnen, darum wird den goldnen vor den marmornen der Vorzug eingeräumt, und so kommt es, daß Bendis, Anubis, Attis, Mithras und der phrygische Mondgott die obersten Plätze erhalten[6]); bei einer Göttermahlzeit dagegen werden Attis und Sabazius, »die zweifelhaften und aus der Fremde zugezogenen Götter«, unten an neben Pan und die Korybanten gesetzt[7]). Ein andermal gehen die Götter zu Rat über die Menge neuer Eindringlinge von zweifelhafter Berechtigung. Momos meldet sich zum Worte und äußert sich über die orientalischen Gottheiten. Mithras in medischem Kaftan und Tiara gehöre nicht in den Olymp, er könne nicht einmal Griechisch und verstehe nicht, wenn man ihm zutrinke. Noch weniger seien die Ägypter zu dulden: der hundsköpfige, bellende, in feine Leinwand gekleidete Anubis, der Orakel erteilende Stier Apis, und vollends die Ibisse, Affen und Böcke. Momos stellt daher den Antrag: in Erwägung, daß sich viele unberechtigte, kauderwelschende Leute unter die Götter eingedrängt haben, Ambrosia und Nektar auszugehen anfängt, und das Maß bei der starken Nachfrage bereits auf eine Mine gestiegen ist, ferner die Fremden sich unverschämt vordrängen und die alten Götter ihrer Plätze berauben, eine Kommission

1) Daß dieses Moment durch andre paralysiert werden konnte, bemerkt (mit Hinweisung auf das Ansehen der ägyptischen Kulte) richtig Réville, La religion à Rome sous les Sevères S. 126 (deutsch S. 123); doch ganz bedeutungslos war es schwerlich. 2) Plin. n. h. XXXIII 83. 3) Hist. aug. Hadrian. 22, 10. 4) ebd. M. Aurel. 13, 1; s. oben S. 130. 5) Juv. 13, 46. 6) Lucian. Jupp. tragoed. 7. 7) Lucian. Icaromenipp. 27.

von sieben vollberechtigten Göttern einzusetzen, welche die Legitimation jedes Einzelnen prüfen soll. Zeus bringt diesen Antrag nicht zur Abstimmung, da er voraussieht, daß die Majorität dagegen sein würde, erhebt ihn aber ohne weiteres zum Beschluß und weist die sämtlichen Götter an, sich zu der bevorstehenden Prüfung die nötigen Nachweise zu verschaffen, wie Namen der Eltern, Angabe, woher und auf welche Weise sie Götter geworden seien usw.[1]).

den Gläubigen unanstößig.

Man glaubt häufig, daß die Empfindung, aus der dieser Spott hervorging, die Empfindung des Widerspruchs, ja des Unsinns in der Vermischung ganz heterogener Kulte, wenigstens unter den Gebildeten der damaligen Welt notwendig verbreitet gewesen sein müsse: aber es gibt weder dafür ein Zeugnis, noch berechtigt die Natur der religiösen Zustände des Universalreichs, wie sie bisher geschildert worden sind, zu dieser Annahme. Der Eindruck, den ihre Betrachtung auf uns macht, fällt nur darum völlig mit dem Eindrucke zusammen, den Lucian und seinesgleichen empfingen, weil sie diesen Erscheinungen ebenso völlig unbeteiligt gegenüberstanden wie wir; weil auch für sie griechische und barbarische Götter gleich wenig Realität hatten und die Freiheit ihrer Kritik diesen Ausgeburten der mythenbildenden Substanz gegenüber eine völlige und unbedingte war. Aber eben nur die Ungläubigen empfanden und urteilten so, und diese waren allem Anschein nach selbst unter den Gebildeten nur eine Minorität.

Plutarchs Verehrung ägyptischer Götter neben den griechischen.

Wie wenig aber unter den Gläubigen selbst die Gebildetsten durch die Theokrasie in ihrem nationalen Glauben beirrt wurden, zeigt vor allem die religiöse Anschauung Plutarchs. Auch er, der Priester des pythischen Apollo[2]), war ein nicht minder inniger Verehrer der ägyptischen Götter als der griechischen. In der an eine hochgebildete Isispriesterin zu Delphi gerichteten Schrift über Isis und Osiris erklärt er, daß die Götter überall dieselben seien, dienende Kräfte einer höchsten weltregierenden Macht, die nur jedes Volk mit andern Namen benenne und auf andre Weise verehre[3]). So sei auch Isis samt ihren Mitgottheiten von jeher allen Menschen bekannt gewesen, wenngleich ein Teil derselben sie erst vor kurzem bei ihrem ägyptischen Namen nennen gelernt habe[4]): übrigens hielt Plutarch auch diese Namen für ursprünglich griechische, durch griechische Einwandrer nach Ägypten übertragene; und wenn Hesiod außer dem Chaos Eros, Erde und Tartarus als die ersten Dinge setze, scheine er Osiris, Isis und Typhon gemeint zu haben[5]). Der Ursprung der Lehre, daß die Welt weder von blindem Ungefähr noch von einer höchsten Vernunft allein beherrscht werde, sondern von vielen aus gut und böse gemischten Mächten, sei unbekannt und verliere sich im Dunkel; aber sowohl ihr Uralter als ihre übereinstimmende Überlieferung bei Philosophen, Dichtern, Theologen und Gesetzgebern, in Mysterien und Kultgebräuchen, bei Barbaren uud Hellenen, sei ein schwerwiegender Beweis für ihre Wahrheit[6]). Osiris und Isis sind gute Mächte, Typhon eine böse; darüber herrschte allgemeine Übereinstimmung, aber über ihr eigentlichstes Wesen waren die theologischen Spekulationen zu den verschiedensten

1) Lucian. Deor. concil. 9f. 14f. 19. 2) Plutarch. An seni sit ger. resp. 17; vgl. Qu. conv. VII 2, 2. CIG 1713 = Dittenberger, Syll.³ 829 A. 3) Plutarch. De Is. 67. 4) ebd. 66. 5) ebd. 57. 6) ebd. 45.

Resultaten gelangt. Osiris erklärten die einen als den Nil, andre als das Prinzip der Feuchtigkeit überhaupt, andre als Bacchus, wieder andre als die Welt des Monds, des freundlichen, befruchtenden, feuchten Lichts: keine von diesen Deutungen treffe das Richtige, meint Plutarch, aber wohl alle zusammen[1]). Ihn schreckten die Rätsel der ägyptischen Theologie, die, wie er glaubte, durch die Reihen der Sphingen vor den Tempeln angedeutet waren[2]), nicht ab; sie reizten ihn nur um so mehr zur Erforschung ihres wahren Inhalts; diese mahnt er mit zugleich frommem und philosophischem Sinne vorzunehmen, nichts sei der Gottheit gefälliger, als wenn man zu richtiger Erkenntnis ihres Wesens gelange[3]). So war er imstande, sich mit den widerlichsten ägyptischen Legenden[4]) und den seltsamsten dortigen Gebräuchen, namentlich der Tierverehrung[5]), zu befreunden; auch für die Trauerfeste weiß er Analogien im griechischen Kultus[6]) und in der Form und den Verzierungen des bei den religiösen Zeremonien vielgebrauchten Klapperblechs (Sistrum) eine tiefe Symbolik zu entdecken[7]). Aber diese Versenkung in die Monstrositäten des ägyptischen Glaubens und Kultus hat auf Plutarchs Verhältnts zu den nationalen Gottheiten auch nicht den geringsten Einfluß geübt, deren Persönlichkeiten ihm nicht nur völlig lebendig, sondern auch völlig die alten blieben. Sein Glaube an sie war zwar ein andrer als der des Herodot, aber schwerlich ein minder starker oder inniger.

Wenn nun im Bewußtsein der Gebildeten die fremden Götter neben den einheimischen Raum finden konnten, ohne den Glauben an diese zu beeinträchtigen oder umzugestalten, so muß es um so mehr in dem Bewußtsein der Massen der Fall gewesen sein, die in der gleichzeitigen Verehrung der heterogensten Gottheiten einen Widersinn noch weniger empfanden. So unzerstörbar war die Lebenskraft der alten griechisch-römischen Götter, daß ihre Gestalten aus allen Vermischungen und Trübungen sich doch immer von neuem herstellten, daß sie von ihrer Persönlichkeit nichts einbüßten. Schon deshalb haftete der Glaube an sie so tief in den Seelen der Menschen, weil er mit so vielen Wurzeln im Staatskultus, in der Kunst, der Poesie, der Schule, der ganzen Kultur festgewachsen war und aus allem diesem immer neue Nahrung zog. Die Menge, sagt z. B. Pausanias, glaubt, was sie von Kindheit auf in Chören und Tragödien gehört hat[8]).

Aber noch mehr, sie waren auch unter allen Göttern der Welt die menschlichsten, und das menschliche Herz fühlte sich zu ihnen am unwiderstehlichsten hingezogen. Nicht sie verwandelten sich in der Phantasie der Gläubigen in die fremden Götter, sondern diese nahmen vielmehr mehr oder weniger von der Persönlichkeit der griechisch-römischen an, großenteils auch deren Namen. Der Mithras und Elagabal von Emesa wurden den Römern zum Sol, die Tanit von Karthago bald zur »himmlischen Jungfrau«, bald zur »himmlischen Juno«, die Götter von Heliopolis und Doliche zum Juppiter. Ebenso erhielten in Palästina und den angrenzenden Gebieten die philistäischen, phönizischen und sonstigen Gottheiten Gestalt und Namen griechischer Götter: der Marnas von Gaza (ein Regen und Fruchtbarkeit spendender Höhengott) wurde den dortigen

Hellenisierung der orientalischen —

1) Plutarch. De Is. 32—45. 2) ebd. 9. 3) ebd. 11. 4) ebd. 55. 5) ebd. 71—75. 6) ebd. 69. 7) ebd. 63. 8) Pausan. I 3, 3.

Occidentalen zum Zeus[1]), der Aumu der Trachonitis zum Helios[2]), der Dusares der Nabatäer, als dessen jungfräuliche Mutter ein Steinblock in Petra verehrt wurde, zum Dionysos[3]), die edessenischen Götter Azizus und Monimus zu Ares und Hermes[4]). Die Bewohner der ehemals phönizischen Gebiete des römischen Afrika beteten zu dem gräßlichen, wie es scheint bis ins 2. Jahrhundert öffentlich und, wie Tertullian behauptet, im geheimen auch noch später mit Kinderopfern[5]) verehrten Moloch, als zu »dem erhabenen Geber der Früchte Saturnus« oder dem »unüberwindlichen Gotte Saturnus«[6]).

Wenn nun der griechisch-römische Polytheismus noch die Kraft besaß, die uralten Götter der alten Kulturländer des Orients trotz ihrer Fremdartigkeit sich anzueignen, so mußte sich derselbe Prozeß bei den rohen und obskuren Göttern der halb oder ganz unzivilisierten Länder vollends ohne Schwierigkeit vollziehen. Zahlreiche Denkmäler in Britannien, Germanien, Gallien, Pannonien, Spanien, Afrika zeigen, daß die dortigen römischen Ansiedler, Beamten, Kaufleute, Soldaten sich an den Kulten der Lokalgottheiten eifrig beteiligten. Auch Augustus gelobte und erbaute während eines Aufenthalts in Gallien dem dortigen Windgotte Circius, als dem Herrn und Sender von Stürmen, die zwar Verwüstungen anrichteten, aber auch die Luft reinigten (wohl dem Mistral der Provence), einen Tempel[7]). Der Konsular A. Fabricius Vejento (unter Nerva oder Trajan) stiftet zusammen mit seiner Gattin der keltischen Göttin Nemetona in ihrem bei Mainz gelegenen Heiligtume eine Weihegabe, von der das Bronzetäfelchen noch erhalten ist[8]); ein Altar der batavischen Göttin Vagdavercustis in Köln rührt von einem römischen Gardepräfekten des 2. Jahrhunderts her[9]). Nur noch ein charakteristisches Beispiel aus späterer Zeit (Ende des 3. Jahrhunderts) sei hier angeführt: ein römischer Statthalter des östlichen Mauretanien stattet in einer Inschrift seinen Dank für die Vernichtung eines dortigen Stammes, die Wegführung seiner Familien in die Gefangenschaft und die gemachte Beute nicht einem römisch-griechischen Gotte ab, sondern »den einheimischen und den maurischen

und barbarischen Götter.

1) Lebas-Waddington 2412g; vgl. Marci Diac. vita S. Porphyr. Gaz. p. 180, 9 (Abhdl. Akad. Berlin 1874). Hist. aug. Alex. Sev. 17, 4: *o Marna, o Juppiter, di immortales* scheint mit den beiden ersten Ausrufungen derselbe Gott gemeint zu sein. 2) Lebas-Waddington 2392ff., vgl. Mommsen RG. V 481, 2. 3) Lebas-Waddington 2309. Über den Kult des Dusares vgl. Schürer, Gesch. d. jüd. Volkes II⁴ 44. Cumont, Real-Encykl. V 1865ff. Brünnow-v.Domaszewski, Die Provincia Arabia I 188ff. Auch die in Arabien und Syrien verehrte Tyche (ein Τύχαιον in Aera, Lebas-Waddington 2413f) wird eine hellenisierte Landesgöttin sein. 4) Julian. or. 4 p. 150C. 154A; vgl. v. Domaszewski, Westd. Zeitschr. XIV 1895 S. 64ff. Wissowa a. a. O. S. 363, 7. 5) Porphyr. De abstin. II 27. Tertullian. Apol. 9: *infantes penes Africam Saturno immolabantur palam usque ad proconsulatum Tiberii* (der Name des Prokonsuls, der wohl nicht lange vor der Zeit Tertullians lebte, ist verderbt, vgl. Schulten, Das röm. Afrika S. 102, 51), *qui ipsos sacerdotes in eisdem arboribus templi sui obumbratricibus scelerum votivis crucibus exposuit, teste militia patriae nostrae, quae id ipsum munus illi proconsuli functa est. sed et nunc in occulto perseverat hoc sacrum facinus.* 6) *Frugifero Saturno aug(usto) sac(rum)* CIL VIII 2666 (neben ihm ein eigener Gott Frugifer augustus), vgl. *Plutoni aug(usto) frugifero deo* CIL VIII 12362 = Dessau 4453; *deus invictus* heißt Saturnus CIL VIII 2667. 12494. Reiches Material für den Saturnusdienst des römischen Afrika bei J. Toutain, De Saturni dei in Africa Romana cultu, 1894 und Wissowa in Roschers Mythol. Lexikon IV 441ff. In dem Namen Saturnus steckt nicht nur der punische Gott, sondern auch eine oder mehrere Gottheiten der libysch-berberischen Urbevölkerung des Landes, vgl. Kahrstedt-Meltzer, Gesch. d. Karthager III 605, 1. 7) Seneca nat. qu. V 17, 5. 8) CIL XIII 7253 = Dessau 1010. 9) CIL XIII 12057 = Dessau 9000.

Göttern, den staatserhaltenden« [1]). Diese Kulte gewannen selten über das Gebiet ihrer Provinz oder Landschaft hinaus Verbreitung, wenn sie gleich ohne Zweifel von vielen Einzelnen auch außerhalb desselben beibehalten oder angenommen wurden: wie z. B. Caracalla neben Aesculap und Sarapis auch zu dem keltischen, mit Apollo identifizierten Gotte Grannus um Gesundheit betete [2]).

Verbreitung barbarischer Kulte durch die Soldaten.

Noch einige Beispiele mögen zeigen, wie die Soldaten durch Festhalten an den Kulten ihrer Geburtsländer zu deren Verbreitung beitrugen [3]). Ein aus Dalmatien gebürtiger Legat von Numidien und designierter Konsul errichtete im Jahre 167 im Aesculaptempel zu Lambäsis eine Statue seines Landesgottes Medaurus (zu Pferde, eine Lanze schwingend) [4]). Ein Veteran in einer andern Stadt Numidiens (Thubursicum) empfiehlt seinen Sohn der Noreja, einer Landesgöttin von Noricum, von wo die schon vor dem Sohne gestorbene Mutter stammte [5]). In jeder Garnison werden sich Landsleute zur Verehrung der heimischen Gottheiten vereinigt haben. So scheinen die in der Kaisergarde zu Rom dienenden Thracier im 3. Jahrhundert dort eine besondre Kapelle für ihre Landesgötter, wie den Gott Heron oder Heros, den (Aesculapius) Zimidrenus, den Zbelthiurdos u. a., gehabt zu haben [6]). Ebenso fuhren die keltischen Gardisten in Rom fort, der Arduinna und dem Camulus zu opfern [7]), besonders aber den »Müttern« und »Frauen« (*matres*, *matronae*) ihrer niederrheinischen Heimat, schützenden Gottheiten des Hauses und der Familie, doch auch ganzer Gemeinden und Völker, die Wohlstand, Fülle und Fruchtbarkeit verliehen, und die sich das Volk in der Dreizahl dachte. Alle ihre in Rom gefundenen Denkmäler stammen von Soldaten, auch in Britannien weitaus der größte, in Germanien ein immerhin beträchtlicher Teil, und zwar von einfachen Legionssoldaten oder Veteranen, selten von Centurionen und ritterlichen Offizieren: die Mütter waren (wie auch die Inschriften der Nichtsoldaten zeigen) Göttinnen der kleinen Leute [8]).

Benennungen der barbarischen Gottheiten —

Die in den Provinzen lebenden Römer begnügten sich nun zum Teil allerdings damit, diese barbarischen Götter zu verehren, ohne nach ihrem Namen oder Wesen zu forschen, wie die »Mütter« und die ihnen verwandten »Sulevien« [9]), die »Schutzgöttin« der Iberer [10]) und die »maurischen Götter« [11]) (zu denen auch göttlich verehrte Fürsten der Vorzeit gehörten) [12]), oder sie mit ihren landesüblichen Namen anzurufen, wie die aus Denkmälern Nordafrikas bekannten Götter

1) *Dis patriis et Mauris conservatoribus* CIL VIII 21486 = Dessau 4495; über die Bedeutung von *di conservatores* vgl. v. Domaszewski a. a. O. S. 96, 390. 2) Cass. Dio LXXVII 15, 5 f. Stadtrömische Inschrift CIL VI 36 = Dessau 4652 *Apollini Granno et Sanctae Sironae sacrum.* Über die zahlreichen inschriftlichen Denkmäler des Gottes vgl. Ihm, Real-Encykl. VIII 1823 ff. 3) Vgl. Marucchi, Bull. arch. com. XIV 1886 S. 124 ff. Cumont, Die oriental. Religionen² S. 129 ff. 4) CIL VIII 2581 = Dessau 4881 (Buecheler, Carm. ep. 1527); vgl. CIL III p. 285. 5) CIL VIII 4882. 6) CIL VI 2797 ff. 32532 ff.; vgl. Wissowa, Relig. u. Kultus² S. 376, 13. G. Kazarow, Revue archéol. 1913 I 340 ff. 7) CIL VI 46 = Dessau 4633 *Arduinne Camulo Iovi Mercurio Herculi M. Quartinius M. f. cives Sabinus Remus* (d. h. *Sabinus civis Remus*) *miles coh(ortis) VII pr(aetoriae) Antoniniane.* 8) M. Ihm, Bonner Jahrb. LXXXIII 1887 S. 37. 60—63. 70, vgl. Roschers Mythol. Lexik. II 2464 ff. K. Helm, Altgerman Religionsgeschichte I 391 ff. 9) M. Siebourg, De Sulevis Campestribus Fatis, Diss. Bonn 1886. Ihm a. a. O. S. 78 ff. 10) Hirschfeld, Kl. Schrift. S. 230. 11) z. B. CIL VIII 9327. 20251. 21720 = Dessau 2750. 4496. 2607; s. auch oben Anm. 1. 12) Mommsen RG. V 622, 2. Schulten a. a. O. S. 19. 101, 43.

Auzius, Bacax, Aulisua[1]), oder die auf Inschriftsteinen Noricums und Pannoniens vorkommenden Laburus, Latobius, Marmogius[2]) u. a. Aber sehr häufig glaubte man doch auch in diesen Barbarengöttern die einheimischen wiederzuerkennen, und deren Namen traten dann als *interpretatio Romana*[3]) neben die fremdklingenden oder für römische Zungen unaussprechlichen eigentlichen und wurden auch geradezu statt dieser gebraucht; so bezeichnet Cäsar die keltischen Hauptgottheiten als Merkur, Apollo, Mars, Juppiter und Minerva[4]). Der Grannus der rätischen und rheinischen Lande galt den Römern als Apollo, der Belatucader und Cocidius in Cumberland, der Leherennus und Albiorix des südlichen Frankreich (wie viele andre keltische Lokalgötter) als Mars, die Atäcina oder Adägina von Turobriga in Südspanien als Proserpina, die bei den Bädern von Bath verehrte Sulis als Minerva, die Arduinna der Ardennen, die Abnoba des Schwarzwalds als Diana usw.[5]). Zuweilen ist der einheimische Name zugunsten des römischen vollkommen verschwunden, wie z. B. bei dem auf zahlreichen Denkmälern namentlich des linksrheinischen Obergermanien neben einer bald mit einheimischem Namen als Rosmerta, bald griechisch-römisch als Maia bezeichneten Gefährtin erscheinenden Gotte, der stets den römischen Namen Mercurius führt[6]). Unmöglich hätten auch diese keltischen Götter in den griechisch-römischen aufgehen können, wenn die letzteren für die Gläubigen nicht mehr reale und lebensvolle Persönlichkeiten gewesen wären.

Je weiter nun die Romanisierung einer Provinz vorgeschritten war, desto mehr sind dort die einheimischen Götter nicht bloß durch die römischen verdrängt worden, sondern haben sich auch in diese verwandelt. Am meisten ist beides in Spanien geschehen. »Zwar in dem noch später iberischen, von Einwanderung ziemlich freigebliebenen Gebiet, im Westen und Nordwesten (in Lusitanien, Calläcien, Asturien), haben die einheimischen Götter mit ihren seltsamen, meist auf *-icus* und *-ecus* ausgehenden Namen, der Endovellicus, der Eaecus, Vagodonnaegus und wie sie weiter heißen, auch unter dem Principat noch sich in den alten Stätten behauptet. Aber im ganzen Süden (Baetica) ist nicht ein einziger Votivstein gefunden worden, der nicht ebensogut auch in Italien hätte gesetzt sein können; und vom Osten und Nordosten (Tarraconensis) gilt dasselbe, nur daß von dem keltischen Götterwesen am oberen Duero vereinzelte Spuren begegnen«[7]). Viel länger als in Südspanien hat sich in der Südprovinz von Gallien die Verehrung der nichtrömischen Gottheiten behauptet; »die große Handelsstadt Arelate freilich hat keine andern Weihungen aufzuweisen, als an die auch in Italien verehrten Götter, aber in Fréjus, Aix, Nîmes und überhaupt der ganzen Küstenlandschaft sind die alten keltischen Gottheiten in der Kaiserepoche nicht viel weniger verehrt worden als im inneren Gallien. Auch in dem iberischen Teil Aquitaniens begegnen zahlreiche Spuren des einhei-

von dem Grade der Romanisierung der einzelnen Länder abhängig.

1) CIL VIII 9906f. 21704. 9014. 18820ff. (Dessau 2634. 4492. 4491. 4485). 2) CIL III 3840. 4014. 5097f. 5320 (*Marti Latobio Marmogio* usw.). 5321. 5672. 10844 (Dessau 4877. 4566—4568. 4575). 3) Tac. Germ. 43. 4) Caesar B. G. VI 17, 1f. 5) Übersicht über die reiche Fülle solcher Gleichsetzungen bei F. Richter, De deorum barbarorum interpretatione Romana, Diss. Halle 1906. Wissowa, Archiv f. Religionswiss. XIX 1917 S. 1ff., wo auch die Zeugnisse für die im Texte erwähnten Beispiele zu finden sind. 6) Ch. Robert, Epigraphie gallo-rom. de la Moselle (1873) S. 81ff., vgl. Keune, Real-Encykl. I A 1129ff. 7) Mommsen RG. V 68.

mischen, von dem keltischen durchaus verschiedenen Kultus«[1]). Zuweilen war allerdings die Verschiedenheit der Barbarengötter von den griechisch-römischen so ungeheuer, daß sie jede Identifikation ausschloß: so bei einigen in Gallien verehrten Lokalgottheiten, wie dem mit untergeschlagenen Beinen kauernden Cernunnos, aus dessen Kopfe ein Hirschgeweih wächst, oder der Göttin von Compiègne, an deren Brüsten Vögel saugen, oder dem dreiköpfigen Gotte von Reims[2]).

Orientalische Gottesdienste.

Unter den fremden Kulten übten die größte Anziehungskraft die orientalischen. Sie ließen alle Saiten des Empfindungsvermögens klingen und stillten den Durst nach religiösen Erregungen, den der nüchterne römische Kultus nicht zu löschen vermocht hatte. Aber sie gaben auch der Intelligenz eine größere Befriedigung, sie wirkten zugleich auf die Sinne, die Vernunft und das Gewissen, sie nahmen von dem ganzen Menschen Besitz. Sie boten, so erschien es, mehr Schönheit in ihren Riten, mehr Wahrheit in ihren Lehren, ein höheres Gut in ihrer Moral[3]).

Isis und Sarapis.

Die größte Verbreitung fanden im ganzen römischen Reich die ägyptischen Gottheiten Isis und Sarapis, die in den Osten (wo ihre Denkmäler am zahlreichsten sind, besonders in der Krim) von Ägypten direkt, in den Westen und Norden über Italien (namentlich Aquileja, wo vielleicht eine Region den Namen Isis und Serapis führte)[4]) eindrangen[5]) und geradezu eine systematische Missionstätigkeit entfalteten[6]). Auch in den Donau- und Rheinländern sind die auf sie bezüglichen Denkmäler häufig[7]). Eine zu einem romanischen Kapitäl in der Ursulakirche zu Köln umgearbeitete Isisfigur aus Jurakalk[8]) stammt vielleicht aus einer dortigen Kapelle der Göttin. Allerlei in den Rheinlanden gefundene ägyptische Monumente mögen in dieses oder andre Heiligtümer gestiftet worden sein, um ihnen den Schein der Echtheit zu geben, freilich ohne alles Verständnis für ihre wirkliche Bedeutung: namentlich Apisstatuetten, Uschebtis (kleine Nachbildungen Verstorbener in Mumienform) und Skarabäen[9]). Altäre der Isis und des Sarapis sind dort an verschiednen Orten, der Grabstein eines in der römischen Flotte dienenden Ägypters Horus, Sohn des Pabek, in Köln zum Vorschein gekommen[10]). Noch Chnodomar, der alemannische Gegner Julians, gab seinem Sohne Agenarich den Namen Serapio, weil er, in Gallien als Geisel festgehalten, in griechische Geheimnisse (d. h. Isismysterien) eingeweiht worden war[11]). Bis in die entlegensten Bergtäler drangen diese Kulte vor: auch im Stonstal in Tirol wurde bei Festen der Isis und des Serapis die Trauer der Göttin um ihren verschwundenen Gatten dargestellt[12]). Noch im Jahre 394 beschrieb ein

1) Mommsen RG. V 94. Hirschfeld, Kl. Schriften S. 35ff. 2) Hettner, Westd. Zeitschr. II 1883 S. 8. Mommsen a. a. O. S. 94f. Wissowa a. a. O. S. 24. 3) Cumont, Die orient. Relig.[2] S. 34ff. Vgl. oben I 302f. 4) Oben S. 22. 5) Toutain, Les cultes païens dans l'empire Romain II 5ff. 6) S. namentlich das offizielle Isisgebet Oxyrh. Pap. XI nr. 1380 (zum Text K. F. W. Schmidt, Gött. gel. Anz. 1918 S. 106ff.) und dazu R. Reitzenstein, Götting. Nachr. 1917, 130ff. B. A. van Groningen, De papyro Oxyrhynchita 1380, Diss. Groningen 1921. 7) Drexler in Roschers Mythol. Lexik. II 414ff., namentlich Schaafhausen, Bonner Jahrb. LXXVI 1883 S. 31ff. Arnoldi, ebd. LXXXVII 1889 S. 33f. 8) J. Klingenberg, Das röm. Köln (Die Kunstdenkmäler d. Rheinprovinz VI 1. 2) S. 254. 9) Wiedemann, Bonner Jahrb. LXXVIII 1884 S. 88ff. 10) CIL XIII 8322 = Dessau 2827. 11) Ammian. Marc. XVI 12, 25. 12) In den Akten der drei Nansberger Märtyrer (Acta SS. Mai VII 44) heißt das Tal der Anauner *numerosa daemonibus, bifor-*

Augenzeuge die die Straßen Roms durchziehenden Isisprozessionen[1]). Aber schon 391 hatte der Patriarch Theophilus das Sarapeum zu Alexandria und die dortige Kolossalstatue des Sarapis zerstört und so, wie Rufinus sagt, dem Götzendienst den Kopf abgeschlagen[2]).

Die syrischen Götter.

Die erste semitische Gottheit, die man in Italien kennen lernte, war die in einem großen Teile Syriens zusammen mit ihrem Gemahl Hadad verehrte Atargatis, die die Griechen und Römer die syrische Göttin (Θεὰ Συρία, *dea Syria*, in der Vulgärsprache auch *Jasura*) nannten[3]). Schon seit dem 2. Jahrhundert v. Chr. war ihr Kult im Westen durch syrische Sklaven verbreitet worden. Nero, »ein Verächter aller Religionen«, huldigte eine Zeitlang ihr allein, wandte sich dann aber, von einer andern Superstition angezogen, mit so großer Verachtung von ihr ab, daß er ihr Bild besudelte[4]). In Trastevere auf dem Janiculum hatten die syrischen Gottheiten einen vor kurzem ausgegrabenen Tempel bis zum Ende des Heidentums[5]).

Von den zahlreichen allmählich auch in die Religionen des Abendlandes eingedrungenen syrischen Baalen[6]) wurde der von Doliche in Kommagene erst seit Einverleibung dieses Lands durch Vespasian im Jahre 72 im Occident bekannt. Er war ein Donner- und Kriegsgott, dargestellt als ein gepanzerter, auf einem nach rechts schreitenden Stier stehender, in der Rechten die Doppelaxt, in der Linken den Blitz haltender Mann. Seine Denkmäler sind am zahlreichsten in den nördlichen, stark mit Truppen besetzten Grenzprovinzen. In Rom hatte dieser sogenannte Juppiter Dolichenus ein Heiligtum auf dem Aventin, ein zweites auf dem Esquilin. Sein Kultus scheint unter Commodus und den Severen seine Kulmination erreicht und im Laufe des 3. Jahrhunderts abgenommen zu haben[7]).

Mithras.

Den Namen des iranischen Lichtgottes Mithras, der zugleich ein Gott der Wahrheit und Rechtschaffenheit und ein Sieg verleihender Gott der Heere war, hörte man im Occident zuerst von den cilicischen Seeräubern, die zu Ende der Republik den Römern die Herrschaft der Meere streitig machten[8]). Der Hauptfaktor der Verbreitung auch dieses Kultus war das Heer, daher auch sie am größten in den nördlichen Grenzprovinzen; die meisten Mithräen hat Deutschland aufzuweisen. Schon im 2. Jahrhundert drang diese Soldatenreligion in die oberen Schichten der Gesellschaft. Commodus ließ sich in die Mysterien des Mithras einweihen, und die Gunst seiner Nachfolger scheint diesem Kult sicher gewesen zu sein.

Die Anhänger des Mithras sollten den Kampf gegen das Prinzip des Bösen, das Reich Ahrimans, ohne Unterlaß ausfechten, das Gute lag für sie in der Tat.

mis Anubibus, ... plena Isidis amentia, Serapis fuga; Isis Noreia in Steiermark, CIL III 4809 f. = Dessau 1467. 4864.

1) Carmen contra paganos, Anthol. lat. 4, 98 ff. R. 2) Cumont a. a. O. S. 100. 267. Rufin. hist. eccl. II 24. 3) Cumont a. a. O. S. 121 ff. Wissowa, Relig. u. Kultus[2] S. 359 ff. 4) Sueton. Nero 56; vgl. oben S. 121. 5) P. Gauckler, Le sanctuaire syrien du Janicule, 1912. 6) Wissowa a. a. O. S. 361 ff. Ausführliche Nachweisungen über die Verbreitung der syrischen Kulte bei Toutain a. a. O. II 35 ff. 7) F. Hettner, De Jove Dolicheno, Diss. Bonn 1877. A. H. Kan, De Jovis Dolicheni cultu, Diss. Groningen 1901. C. Fredrich, Die in Ostdeutschland gefundenen römischen Bronzestatuetten (Progr. Cüstrin 1912) S. 11 ff. 8) Alles obige nach Cumont, Die Mysterien des Mithra, deutsch von Gehrich[2], 1911, großenteils wörtlich.

Die Mysterien des Mithras befriedigten die Sehnsucht nach Unsterblichkeit und nährten die Zuversicht auf den schließlichen Sieg der Gerechtigkeit. Das Zeremoniell des Kultus mußte einen tiefen Eindruck auf den Neophyten machen, der in einer natürlichen oder künstlichen Grotte (*spelaeum*) das Bild des jugendlichen, auf einem Stier knienden und ihn tötenden Gottes erblickte. Es gab sieben Weihegrade; der Myste empfing nacheinander die Namen Rabe (*corax*), Verborgener (κρύφιος, *cryphius*), Soldat (*miles*), Löwe (*leo*), Perser (*Perses*), Sonnenläufer (Ἡλιόδρομος, *Heliodromus*) und Vater (*pater*): das Oberhaupt der Väter (*pater patrum*) behielt lebenslänglich die allgemeine Leitung des Kultus. Diese sieben Stufen der Initiation entsprachen den sieben Planetensphären, welche die Seele durchreisen mußte, um an den Aufenthaltsort der Seligen zu kommen. Den Neophyten waren vielfache Waschungen vorgeschrieben, eine Art Taufe, die bestimmt war, die sittlichen Befleckungen zu tilgen. Erst nach einem langen Noviziat wurde eine mystische Mahlzeit gewährt, die die Apologeten mit der Kommunion vergleichen[1]). Kasteiungen und Prüfungen, mehr furchterregend als furchtbar, leiteten die Spendung der Sakramente ein.

Der Kampf zwischen Mithrasdienst und Christentum wurde um so hartnäckiger geführt, je ähnlicher beide Religionen ihrem Charakter nach waren. »Ihre Adepten bildeten in gleicher Weise geheime, fest geschlossene Konventikel, deren Mitglieder sich den Namen ‚Brüder' gaben. Die Riten, welche sie ausübten, boten zahlreiche Analogien: wie die Christen reinigten sich auch die Anhänger des persischen Gottes durch eine Taufe, empfingen durch eine Art Firmelung die Kraft, die bösen Geister zu bekämpfen, und erwarteten von einer Kommunion das Heil der Seele und des Leibes. Wie jene heiligten sie den Sonntag ... Ebenso predigten sie eine imperative Moral, hielten die Askese für verdienstlich und rechneten zu den wichtigsten Tugenden Enthaltsamkeit und Keuschheit, Entsagung und Selbstbeherrschung. Ihre Vorstellungen von der Welt und dem Schicksal der Menschen waren ähnlicher Natur: sie glaubten beide an die Existenz eines Himmels der Seligen in überirdischen Regionen und einer von Dämonen bevölkerten Hölle in den Tiefen der Erde; sie setzten ohne Zweifel an den Anfang der Geschichte eine Sintflut, sie führten ihre Überlieferungen auf eine ursprüngliche Offenbarung zurück; sie glaubten endlich an eine Unsterblichkeit der Seele und eine jenseitige Vergeltung, an ein jüngstes Gericht und an die Auferstehung der Toten im Zusammenhang mit dem schließlichen Weltbrande«[2]). Gleich Christus war auch Mithras der Mittler (μεσίτης) zwischen seinem himmlischen Vater und den Menschen, und gleich ihm bildete er das Glied einer Trinität.

Daß Origenes den Mithrasdienst in einer Zeit, wo er auf der Höhe seiner Macht stand, einen im Vergleich mit den ägyptischen Kulten obskuren nennen konnte[3]), erklärt sich daraus, daß Mithras von der hellenischen Welt so gut wie ganz ausgeschlossen blieb.

1) Darstellung der mithrischen Kommunion auf einem Relief aus Bosnien bei Cumont a. a. O. Taf. III 7, vgl. dazu Dieterich, Eine Mithrasliturgie (1903) S. 102 ff. Über Sakramente des Mithrasdienstes Cumont S. 143 ff. 2) Cumont a. a. O. S. 181 f. 3) Orig. c. Cels. VI 23 (αἱρέσεως ἀσημοτάτης).

Produktivität des Götterglaubens. Neue Gottheiten.

Doch der Glaube vermochte nicht bloß fremdartige Gottheiten zu assimilieren, er vermochte auch neue zu schaffen, und diese Produktivität ist der untrüglichste Beweis seiner unverminderten Energie und Lebenskraft. Noch immer wurden ihm, der das täglich und stündlich auf Schritt und Tritt so tief empfundene göttliche Walten nicht als ein einiges und Ganzes auffaßte, sondern die unendliche Gottheit in unzählige Einzelwesen aufzulösen das Bedürfnis empfand — noch immer wurden ihm bedeutende, tief ins Menschenleben eingreifende Erscheinungen und Wirkungen zu göttlichen Persönlichkeiten.

Annona.

Der Glaube an eine Göttin der Getreideversorgung (Annona) und ihre Verehrung gehört erst der früheren Kaiserzeit an[1]), einer Epoche, in der die Existenz und Sicherheit der ewigen Stadt auf der Regelmäßigkeit und hinlänglichen Reichlichkeit der überseeischen Kornzufuhren beruhte. Es mußte eine Gottheit sein, die diese unermeßlichen Vorräte in Afrika und Ägypten zusammenströmen ließ, sicher über das Meer schaffte, in den Magazinen Roms berghoch aufschüttete und jahraus jahrein Hunderttausenden das tägliche Brot gab. Die »heilige Annona« ist gewiß oft genug in heißen Gebeten angerufen worden, am meisten von denen, welche in Rom die so höchst umfassende Getreideverwaltung und die mit ihr zusammenhängenden Gewerbe, in den Provinzen die Kornlieferungen beschäftigten und ernährten. Eine Widmung an die heilige Annona in Rom rührt von einem »lebenslänglich angestellten Messer der sehr ehrwürdigen Körperschaft der Feinbrotbäcker« her[2]); nach einer Inschrift von Rusicade (Philippeville), einem Exporthafen des kornreichen Numidiens mit Staatsmagazinen, die für die Versorgung Roms bestimmt waren[3]), ließ dort ein reicher Mann zwei Statuen, eine »des Genius unsrer Vaterstadt«, eine andre »der Annona der heiligen Stadt (Rom)«, im Theater aufstellen[4]).

Der Genienglaube.

Vor allem bedingte der altrömische Genienglaube eine unaufhörliche, grenzenlose Vermehrung der göttlichen Wesen: und daß diese noch immer ihren Fortgang hatte, beweist schon allein die lebendige Fortdauer dieses Glaubens überhaupt. Die ihm zugrunde liegende Anschauung erfüllte noch immer Natur und Dasein mit zahllosen, waltenden und erhaltenden, zeugenden und belebenden, helfenden und schützenden göttlichen Mächten, den Genien, die, wie man glaubte, gern in der Gestalt von Schlangen erschienen[5]). Jeder Einzelne, jedes Haus und jede Familie hatte ihren Genius, jedes Land, jede Stadt und Provinz, Legionen, Kohorten, Centurien, Körperschaften, Zünfte und Vereine[6]). Aber auch jeden Raum bevölkerte der fromme Sinn, dem »alles eines Gottes Spur« wies, der in jeder Wohltat, jeder glücklichen Fügung die Hand einer Gottheit wahrnahm, mit göttlichen Wesen[7]): Brunnen, Berge, Märkte, Paläste, Magazine, Bäder, Archive und Theater; und jeder, der dort ein und aus ging, brachte dem Genius

1) Sie erscheint zuerst auf Münzen des Nero, vgl. W. Koehler, Personifikationen abstrakter Begriffe auf röm. Münzen (Diss. Königsberg 1910) S. 43 ff.; in der Literatur nur bei Stat. silv. I 6, 38. Über Kunstdarstellungen Brunn, Kl. Schrift. I 50 ff. 53 ff. 2) CIL VI 22 = Dessau 3816. 3) Mommsen CIL VIII p. 684. 4) CIL VIII 7960 = Dessau 5077. 5) Auch die Ginnen (Geister) der Araber wurden gern als Schlangen gedacht. v. Kremer, Kulturgesch. des Orients II 257. 6) W. Otto, Real-Encykl. VII 1155 ff. 7) *Dis cultoribus huius loci Iu(lius) Victor, trib(unus)* (Risingham) CIL VII 980. CIL VIII 774 = Dessau 3658 *deo loci, ubi auspicium dignitatis tale, municipes Api[senses]*, auf beiden Seiten Darstellung eines Blitzes.

oder der »Schutzmacht« (Tutela) »ob Gott ob Göttin« seine Huldigung dar[1]). Der Kaufmann, den seine Geschäfte in ferne Grenzländer führten, opferte dort »dem Genius des römischen Volks und des Handels«[2]); der in unbekannten und unwirtlichen Gegenden Reisende »dem Gotte, der die Wege und Pfade ersonnen hat«[3]). In den Häusern Roms wie der übrigen Städte sah man noch im 5. Jahrhundert auf dem Flur hinter der Haustür ein Bild der Schutzgottheit und davor eine brennende Kerze oder ewige Lampe[4]); auch der Kult der Hausgötter (des Lar, des Genius, der Penaten) erhielt sich trotz der dagegen erlassenen Verbote bis tief in die christliche Zeit[5]). Hatten diese kleinen Gottheiten ihre Macht zu helfen wiederholt innerhalb einer bestimmten Sphäre bewährt, so erhielten sie auch wohl eigne Namen und damit mehr Persönlichkeit: wie einer der sämtlich dem Handelsstande angehörenden Gäste Trimalchios beim heiligen »Greifzu« oder »Haltfest« (Occupo) schwört, und die Laren des Hausherrn die Namen »Profitmann, Glücksmann, Gewinnmann« (Cerdo, Felicio, Lucrio) führen[6]).

Die Vergötterung der Menschen. Der Kaiserkult.

Eine notwendige Folge der Umwandlung der Republik in die Monarchie war, daß die Person des Kaisers zum Gegenstande göttlicher Verehrung wurde. Dieser hat Augustus für Rom und den öffentlichen Kult die Form gegeben, daß der Genius des Kaisers (nicht dieser selbst) in allen Stadtbezirken zwischen den Laren der Straßenkreuzungen (*compita*) einen regelmäßigen Gottesdienst erhielt; dieser Genius Augusti nahm nunmehr auch im religiösen Leben der Bürger eine ähnliche Stellung ein, wie der Genius des Hausherrn für den Angehörigen des einzelnen Hausstandes[7]). Es war unvermeidlich, daß im Glauben des Volks die Vorstellung des kaiserlichen Genius mit der Person des Kaisers selbst zusammenfloß, und so auch der Kaiser selbst ihm zum Gotte wurde. Doch wenn auf diese Weise auch der Genienglaube nicht ohne Einfluß auf die Vergötterung der Kaiser blieb, so ist doch die eigentliche Heimat des Glaubens an die Übermenschlichkeit der Monarchen der Orient gewesen; aus den griechischen Staaten des Orients ist er mit der Monarchie in den Westen verpflanzt worden[8]).

Die Verehrung Verstorbener —

Von jeher waren in Griechenland bedeutende und hochverdiente Männer nach ihrem Tode als Heroen (Halbgötter) verehrt worden: so namentlich Gründer von Städten und Kolonien, Gesetzgeber und Staatsoberhäupter, die Helden der Perserkriege, Befreier des Vaterlands (Harmodius und Aristogeiton in Athen, Timoleon in Syrakus), auch Dichter (Aeschylus, Sophokles), Philosophen (Anaxagoras, Platon, Epikur) und Olympiasieger[9]). Hier und da steigerte sich die

---

1) z. B. *Tutelae et Genio loci* CIL III 4445 = Dessau 3653, *Genio tutelae horreorum* CIL II 2991 = Dessau 3667, *Genio et Fortunae Tutelaeque huius loci* CIL VI 216 = Dessau 2013. Material für die örtlichen Genien bei L. Cesano in Ruggieros Dizion. epigr. III 462 ff. 2) CIL III 7853 = Dessau 1860 (vgl. oben I 376, 2). 3) *Deo qui vias et semitas commentus est* CIL VII 271 = Dessau 3929. 4) Hieronym. († 420) in Esaiam XVI 57, 5 (Migne lat. XXIV 551). 5) Cod. Theodos. XVI 10, 12 (vom J. 392): *Nullus omnino — secretiore piaculo Larem igne, mero Genium, penates odore veneratus accendat lumina, imponat tura, serta suspendat.* 6) Petron. sat. 58, 10. 60, 8. 7) Wissowa a. a. O. S. 172. 177. 8) Mommsen StR. II³ 755—760. Hirschfeld, Kl. Schrift. S. 471 ff. H. Nissen, Orientation (1906—1910) S. 322 ff. 9) C. Keil, Analecta epigr. et onomatol. (1842) S. 39 ff. Lehrs, Pop. Aufs.² S. 320 ff. Rohde, Psyche² II 348 ff. Deneken in Roschers Mythol. Lexikon I 2517 ff. Eitrem, Real-Encykl. VIII 1134 ff. Die Untersuchung von P. Foucart, Le culte des héros chez les Grecs (Mém. de l'acad. d. inscript. XLII 1918) war mir nicht zugänglich.

Heroisierung zur Apotheose; so genoß Philopoemen in seiner Vaterstadt göttliche Ehren[1]), und auch manche andre Heroenkulte nahmen allmählich die Verehrungsformen der Götterdienste an[2]). Auch unter der römischen Herrschaft erwiesen Städte hervorragenden Bürgern nach dem Tode heroische Ehren: so Mytilene dem Theophanes, welcher der Stadt bei Pompejus die Freiheit ausgewirkt hatte[3]), Tarsus dem um sie hochverdienten Stoiker Athenodorus, dem Lehrer des Augustus[4]). Und wenn in solchen und ähnlichen Fällen dieser Ausdruck der Dankbarkeit aus Schmeichelei und serviler Gesinnung gewählt wurde, so sind doch ohne Zweifel einzelne auch damals nach dem Tode in aufrichtigem Glauben an die Übermenschlichkeit ihrer Natur als Heroen verehrt worden, wie Apollonius von Tyana[5]). Wie geläufig auch den Römern die Vorstellung der Erhebung verklärter Geister zu einer göttlichen oder halbgöttlichen Existenz geworden war, beweist die Absicht Ciceros, seiner (im Alter von 32 Jahren verstorbenen) Tochter Tullia einen Tempel zu erbauen[6]). Die Karpokratianer, eine gnostische Sekte in der ersten Hälfte des 2. Jahrhunderts, die Jesus neben den griechischen Philosophen als Muster höchster menschlicher Läuterung verehrten, sollen dem siebzehnjährigen Sohne ihres Stifters, Epiphanes, nach seinem Tode auf Kephallenia einen Tempel errichtet haben[7]).

und Lebender als Heroen in Griechenland.

Doch seit dem Peloponnesischen Kriege sind in Griechenland auch Lebende als Götter verehrt worden; zuerst Lysander, dem asiatische Griechenstädte Altäre errichteten, Opfer brachten und Päane sangen[8]), während Agesilaus ein ähnliches Anerbieten der Thasier zurückwies[9]). Die Vergöttlichung Lebender erfolgte also in diesen ältesten Fällen nicht auf Druck von oben her, sondern als eine Äußerung des Huldigungsbedürfnisses der unten Stehenden. Aber auch die niedrigste Schmeichelei hätte auf diese Form der Huldigung nicht verfallen können, wenn nicht das gesamte griechische Altertum, das Gottheit und Menschheit nicht durch eine unausfüllbare Kluft getrennt zu denken vermochte, in hohem Grade dazu geneigt hätte, in jeder scheinbar oder wirklich die Menschheit überragenden Persönlichkeit ein Wesen höherer Art zu er-

---

1) Diodor. XXIX 21 Bekk. Liv. XXXIX 50, 9. IG V 2 nr. 432 = Dittenberger, Syll.³ 624. 2) z. B. der berühmte Periodonike Theogenes auf Thasus (Pausan. VI 11, 8 νομίζουσιν ἅτε θεῷ θύειν). Vgl. F. Pfister, Der Reliquienkult im Altertum (1912) S. 480ff. Die richtige Namensform Theogenes (Pausan. Theagenes) gibt die Inschrift seiner Statue in Delphi. Dittenberger, Syll.³ 36 A. 3) Tac. A. VI 18, vgl. Head, Hist. num.² S. 563. Dittenberger, Syll.³ 753. Ein später Nachkomme von ihm, M. Pompejus Macrinus, Konsul unter Trajan im J. 100 (vgl. über ihn A. v. Premerstein, Oesterr. Jahreshefte XV 1912 S. 207 ff.), nennt sich νέος Θεοφάνης, IG V 2 nr. 151. XII 2 nr. 235. 4) Lucian. macrob. 21. Vgl. oben I 87. 5) Lactant. Inst. div. V 3, 14 *cum eum (Apollonium) dicas et adoratum esse a quibusdam sicut deum, et simulacrum eius sub Herculis Alexicaci nomine constitutum ab Ephesiis etiam nunc honorari.* 6) Cic. ad Attic. XII 12, 1. 18, 1. 36, 1; vgl. Lehrs a. a. O. S. 352ff. 7) Clem. Alex. strom. III 2, 5, 1 p. 197, 21 Stähl.; vgl. Hilgenfeld, Ketzergesch. d. Urchristentums S. 402 f. Nach den Inschriften CIL XIV 324 = Dessau 4176 (auf der Nebenseite des Grabsteines eines Knaben aus Ostia vom J. 203 heißt es im Namen des städtischen Oberpriesters: *statuam poni in campo Martis deum infantilem permisi*) und IG III 1460 (Grabschrift eines 5jährigen Knaben: καὶ ὁ πατήρ με ἀνέστησε ἥρωα συγγενείας) scheinen Seelen verstorbener Kinder zuweilen Gegenstände eines Kults im Kreise ihrer Familien gewesen zu sein. Vgl. auch Kaibel, Epigr. gr. 314 (Smyrna, etwa aus dem 3. Jhdt.) Θεοῖς ἥρωσιν die Eltern einem 4jährigen Kinde, τέκνῳ γλυκυτάτῳ καὶ θεῷ ἰδίῳ ἐπηκόῳ. 8) Plut. Lysand. 18; vgl. Nilsson, Griech. Feste S. 49, 4. Mehr bei Pfister a. a. O. S. 587 f. 9) Plut. Apophth. Lacon. Agesil. 25.

blicken[1]). Ganz fremd ist auch den Römern diese Anschauungsweise nicht gewesen: wurden doch dem Marius als Besieger der Cimbern und Teutonen in Rom allgemein bei den häuslichen Mahlzeiten wie einem Gotte Trankopfer gespendet[2]). Auch außerhalb der griechisch-römischen Welt begegnet uns der Glaube an die Göttlichkeit einzelner Menschen. Bei den Geten galt der auf einem heiligen Berge in einer Höhle wohnende Prophet Decaeneus, der Berater des Königs Burbista, eines Zeitgenossen Cäsars, für einen Gott; Strabo nennt ihn einen Gaukler[3]). Der Bojer Mariccus, der im Jahre 69 n. Chr. Gallien von römischer Herrschaft zu befreien unternahm, gab sich selbst für einen Gott aus und fand bei Tausenden Glauben[4]).

Königskult in den Reichen der Diadochen.

Zur festen Ausbildung ist aber der Kult lebender Helden und Gewalthaber erst seit Alexander dem Großen, und zwar in den Fürstenhäusern, die im Orient sein Erbe teilten, gediehen, am frühesten vielleicht in Ägypten, wo ebenso wie in Persien bereits in alter Zeit die Anschauung, daß der König ein Gott oder doch der Sohn eines Gottes sei, öffentliche Geltung erlangt hatte. Wäre Alexander ein längeres Leben beschieden gewesen, so würde er sicherlich schon bei Lebzeiten dieselben oder noch höhere göttliche Ehren genossen haben, als sie seinen Nachfolgern in Ägypten, Syrien und im Pergamenischen Reiche zuteil geworden sind[5]).

Neben den in den Diadochenreichen zur höchsten Ausbildung gelangten Königskult trat dann seit dem Eingreifen der Römer in die orientalischen Verhältnisse in den Städten Kleinasiens der Kult der Göttin Roma, der die Smyrnäer bereits 195 v. Chr. einen Tempel errichteten. Und zu diesem Romakult gesellten sich die den römischen Statthaltern und Feldherrn erwiesenen göttlichen Ehren, wie sie vor allen T. Quinctius Flamininus, dem »Befreier Griechenlands«, als ein jener Zeit vollkommen natürlich erscheinender Ausdruck enthusiastischer Dankbarkeit entgegengebracht wurden. In der letzten Zeit der Republik war die Weihung von Tempeln (wahrscheinlich gemeinsam mit der Göttin Roma) für römische Prokonsuln bereits zu einer ganz gewöhnlichen Huldigung geworden[6]).

Apotheose der Kaiser.

Waren die Römer also längst gewohnt, die Apotheose auch für Lebende als eine nicht zu hohe Ehre anzusehen, so erschien der Anspruch der neuen Monarchen auf sie als selbstverständlich, und wenn die Vergötterung der Lebenden sich innerhalb gewisser Schranken hielt, lag dies nicht an der zu geringen Willfährigkeit der Untertanen, sondern an der Zurückhaltung der Kaiser[7]). Was hätte auch dem Glauben an göttliche Naturen in menschlicher Gestalt gemäßer sein können, als in den allmächtigen, so unermeßlich hoch über so viele Millionen hinausgehobenen, auf Erden an Stelle der Götter waltenden[8]) Herrschern

1) Vgl. Ed. Meyer, Kl. Schriften S. 305 ff. 2) Plutarch. Mar. 27, 9. 3) Strabo VII 298. 304. XVI 762. Jordan. Get. 11, 67 ff. Vgl. Ihm, Bonner Jahrb. LXXXIII S. 102. 4) Tac. Hist. II 61. 5) Kornemann, Klio I (1901) S. 52 ff. Kaerst, Gesch. d. hellenist. Zeitalters II 1 S. 374 ff. Wendland, Die hellenistisch-römische Kultur² S. 123 ff. A. Bauer, Vom Griechentum zum Christentum (1910) S. 53 ff. 6) Wissowa, Religion u. Kultus d. Römer² S. 341. Ein Priester der Roma und des P. Servilius Isauricus, J. Keil, Österr. Jahresh. XVIII 1915 Beibl. S. 282. 7) Das Obige nach Hirchfeld a. a. O., großenteils wörtlich. 8) Seneca de clementia I 1, 2 *electusque sum, qui in terris deorum vice fungerer?*

des Erdkreises »gegenwärtige und leibhaft erschienene Götter«[1]), in ihrem Tode eine Erhebung in die höhere Welt zu erkennen, der sie angehörten? War auch die Apotheose der Kaiser in der Regel ein Werk der bewußten Heuchelei des Servilismus, so entsprach sie doch mindestens in einzelnen Fällen dem Glauben des Volks[2]). Die Versetzung Cäsars unter die Götter, sagt Sueton, erfolgte nicht bloß auf den Beschluß des Senats, sondern auch nach dem Glauben der Menge: ein Komet, der unmittelbar darauf sieben Tage lang sichtbar war, galt für seine in den Himmel aufgenommene Seele[3]). Und wenn dem Kaiser Marc Aurel nicht bloß nach seinem Tode jedes Alter und Geschlecht, alle Stände und Klassen göttliche Ehren erwiesen und jeder für gottlos galt, der sein Bild nicht im Hause hatte, sondern auch noch in Diocletians Zeit in vielen Häusern seine Statue zwischen den Penaten stand, und viele durch den Erfolg bestätigte Prophezeiungen berichtet wurden, die man seinen Offenbarungen in Traumgesichten zu verdanken glaubte[4]): so kann kein Zweifel sein, daß auch dieser gute, milde, allgeliebte Monarch dem Volke wirklich zum Gotte geworden war. Auch Alexander Severus verehrte in seiner Hauskapelle, wo er an jedem Morgen Gottesdienst zu halten pflegte, die besten der vergötterten Kaiser[5]).

Begreiflicherweise widerstrebte jedoch dieser Glaube einer wirklichen Gottwerdung von Menschen auch einem großen Teil derer, die sonst in religiösen Dingen starkgläubig waren. Pausanias sagt, zu seiner Zeit seien Menschen nicht mehr zu Göttern geworden, wie einst Herakles, die Dioskuren, Amphiaraos, außer den Worten nach und aus Schmeichelei gegen die Macht[6]); wobei er wohl zunächst an die Apotheose des Antinous gedacht hat. Auch dieser hatte übrigens ein orientalisches Vorbild nicht gefehlt: in Alexandria hatte einst »ein Barbarenweib von der Straße«, Belesticha, durch die Leidenschaft ihres königlichen Liebhabers als »Aphrodite Belesticha« göttliche Ehre und Tempel erhalten[7]). Die Vergöttlichung des Antinous selber knüpfte an die ägyptische Vorstellung an, wonach die im Nil Ertrunkenen göttliche Verehrung genossen und mit Osiris identifiziert wurden[8]). Ohne Zweifel ward der Anordnung des Antinouskults im allgemeinen »aus Schmeichelei gegen die Macht« Folge geleistet: aber schon der Glaube der nächsten Generation an die Göttlichkeit des schönen, schwermütig blickenden Jünglings war, wie Athenagoras ums Jahr 177 bezeugt, ein aufrichtiger[9]), und er bestand mindestens bis ins dritte Jahrhundert. Noch

Apotheose des Antinous.

1) Veget. r. m. II 5: *imperatori — tamquam praesenti et corporali deo;* vgl. auch Val. Max. praef. Horat. c. III 5, 1 f. *caelo tonantem credidimus Iovem regnare, praesens divus habebitur Augustus.* 2) Über die Heilandsvorstellung in der Apotheose Wendland, Zeitschr.f. neutestam. Wissensch. V 1904 S. 335 ff. 3) Sueton. Caes. 88. 4) Hist. aug. M. Aurel. 18, 5 ff. 5) ebd. Alex. Sev. 29, 2. Der Zusatz, daß der Kaiser in dieser Kapelle unter den 'heiligen Seelen' auch Apollonius von Tyana, Orpheus, Abraham und Christus verehrt habe, ist in neuester Zeit mit Recht als Fälschung erkannt worden. K. Bihlmeyer, Die syrischen Kaiser u. das Christentum (1916) S. 120 ff. Geffcken, Hermes LV 1920 S. 281 ff., vgl. A. v. Domaszewski, Die Personennamen bei den Script. hist. aug. (Sitz.Ber. Akad. Heidelberg 1918 Abh. 13) S. 143. 6) Pausan. VIII 2, 5. 7) Plutarch. Amator. 9 (Geliebte des Ptolemäus II. Philadelphus, Athen. XIII 576 E. F. 596 F). 8) W. Weber, Drei Untersuchungen zur ägyptisch-griech. Religion (Heidelberg 1911) S. 19 ff. Wilcken, Jahrb. d. Arch. Instit. XXXII 1917 S. 202 f.; über Ὀσιραντίνοος Wilcken, Grundz. d. Papyrusk. I 121. 123. 9) Athenag. Leg. pr. Christ. 30: καὶ Ἀντίνοος φιλανθρωπίᾳ τῶν ὑμετέρων προγόνων πρὸς τοὺς ὑπηκόους ἔτυχε νομίζεσθαι θεός· οἱ δὲ μετ᾽ αὐτοὺς ἀβασανίστως παρεδέξαντο, dazu Geffcken, Zwei griech. Apologeten S. 227.

heute bezeugt in Rom die Hieroglyphenschrift des Obelisken auf Monte Pincio, der einst am Eingange eines Mausoleums (Kenotaphs?) des Antinous an der Via Labicana stand, daß er zum Gott erhoben sei und als solcher in ewiger Jugend die Liebe und Verehrung der Menschen genieße[1]). Celsus hatte die Verehrung Christi mit der des Antinous verglichen, und Origenes, der diese Vergleichung als eine völlig unzulässige zurückweist, zweifelte nicht, daß in der Tat ein Dämon unter dem Namen des Antinous in dessen Tempel sein Wesen treibe[2]). Wenn man die Sache mit Wahrheitsliebe und unparteiisch prüfe, so werde man wohl finden, daß von dem, was Antinous in Antinoupolis auch nach seinem Tode angeblich vollbringe, ägyptische Zaubereien und Mysterien die Ursache seien. Auch an andern Tempeln, so werde erzählt, hätten Ägypter und andre Zauberer Dämonen festgebannt, welche prophezeiten, Kranke heilten und die Übertreter von Speiseverboten oder andern religiösen Vorschriften marterten. »Ein solcher ist auch der, welcher in Antinoupolis in Ägypten als Gott geachtet wird, dessen Macht manche, die in den Tag hineinleben, leugnen; andre aber, teils von dem dort gebannten Dämon betört, teils von ihrem Schuldbewußtsein angeklagt, glauben eine von der Gottheit des Antinous verhängte Strafe zu erleiden. Von dieser Art sind ihre Mysterien und die angeblichen Prophezeiungen, von denen die Weissagungen Jesu weit entfernt sind.«

Im allgemeinen war übrigens der Kaiserkult doch nichts andres als derjenige Ausdruck unbedingtester Ergebenheit, welchen der damalige Despotismus von den Untertanen wenigstens insofern fordern konnte, als die Anerkennung einer göttlichen Natur in einer menschlichen Persönlichkeit dem religiösen Gefühl nicht an und für sich widerstrebte. Wenn sich niemals ein christliches Zeitalter zur Anbetung eines Herrschers als Gott verirrt hat, so liegt dies nicht daran, daß der Abstand zwischen Herrscher und Beherrschten geringer, das Gefühl der Menschenwürde höher, oder der Knechtssinn minder erfinderisch in unwürdigen Huldigungen war (im byzantinischen Reich und in Frankreich unter Ludwig XIV. und Napoleon I.[3]) fand eher von allem diesem das Gegenteil statt): sondern daran, daß das religiöse Dogma des Christentums diese Verirrung, welche der heidnische Glaube begünstigte, ausschloß und in dem Herrscher

1) Erman u. Hülsen, Röm. Mitteil. XI 1896 S. 113ff. 122ff.; vgl. Hülsen-Jordan, Topogr. I 3 S. 251. Erman, Abhdl. Akad. Berlin 1917 nr. 4 S. 10ff. 28ff. Mit dieser Grabanlage bringt Hülsen, Berl. philol. Wochenschr. 1919 Sp. 259ff. vermutungsweise die oben S. 43 A. 2 erwähnte, neuerdings vor Porta Maggiore aufgedeckte unterirdische 'Basilika' zusammen. 2) Orig. c. Cels. III 36. 3) Boissier, Rel. rom. I 207 verweist auf Bossuet: »*il faut obéir aux princes comme à la justice même: ils sont des dieux et participent en quelque façon à l'indépendance divine.*« Bei der Einweihung der Reiterstatue Ludwigs XIV. auf dem Vendômeplatz berichtet Saint-Simon: »*Le duc de Gesvres, gouverneur de Paris, à cheval, à la tête des corps de la ville, y fit les tours, les révérences et autres cérémonies tirées et imitées de la consécration des empereurs romains. Il n'y eut à la vérité ni encens ni victimes: il fallut bien donner quelque chose au titre de roi très-chrétien.*« Vgl. Döllinger, Akadem. Vorträge I 275. Bei einem von der Stadt Paris einige Jahre nach der Krönung Napoleons I. gegebenen Feste stand über dem für ihn bestimmten Thron in goldenen Buchstaben die Inschrift: *Ego sum qui sum,* und niemand nahm daran Anstoß, Mém. de Mme. de Rémusat II 80. Über die Napoleon dargebrachten Huldigungen s. Fr. Lieber, Erinnerungen an mein Zusammenleben mit Niebuhr (deutsch von Thibaut, 1837) S. 223f. Preller, Röm. Mythologie II^3 410, 1. P. Bondois, Napoléon et la société de son temps (1895) S. 188—190. Vgl. auch C. Schwarz, Zur Geschichte der neuesten $Theologie^3$ (1864) S. 333f.

nur den Stellvertreter Gottes auf Erden zu sehen erlaubte. Der römische Kaiserkultus war eine Form, über deren wesentlich politische Bedeutung kein Denkender im unklaren sein konnte, deren äußerliche Erfüllung das eigentliche religiöse Leben unberührt ließ, am wenigsten aber den Glauben zu erschüttern vermochte. Denn für den Gläubigen hört das Heilige niemals deshalb auf heilig zu sein, weil er es im einzelnen Falle mißbraucht oder entweiht sehen muß; er gibt vielmehr (wie auch Pausanias tat) den Mißbrauch bereitwillig dem Spott und der Verachtung preis, um an dem ihm ehrwürdigen und teuren Inhalt seines Glaubens um so fester zu halten.

Widerstandskraft des Götterglaubens. Sein Einfluß auf die Christen.

Der beste Beweis für die Stärke und Lebendigkeit des Götterglaubens aber ist, daß er sich Jahrhunderte hindurch dem Christentume gegenüber behaupten, und nicht bloß dies, sondern auch in gewissem Sinne den Christen eine Anerkennung seiner Wahrheit abzwingen konnte. Denn die reale Existenz der heidnischen Götter zu leugnen, kam den Christen im allgemeinen nicht in den Sinn, auch ihr übermenschliches Wesen, die von ihnen vollbrachten Wunder bestritten sie nicht: nur waren sie ihnen natürlich Mächte der Finsternis, Dämonen, abgefallene oder verführte Engel oder deren Nachkommen und sündige Seelen, denen Gott die Fähigkeit zu schaden und Menschen zu verführen gelassen hatte[1]). Auch sie also, die den Vernichtungskampf gegen den Götterglauben führten, standen noch so sehr in seinem Banne, daß sie nicht zur Erkenntnis seiner Wesenlosigkeit durchzudringen vermochten. Wohl mußte die Herrschaft dieses Glaubens eine allgemeine und aufs tiefste im Bewußtsein der Menschen begründete sein, wenn sich selbst seine unversöhnlichsten Gegner ihr nicht völlig entziehen konnten.

Direkte Zeugnisse für die unveränderte Stärke des Volksglaubens. Der Wunderglaube.

Doch all dieser indirekten Beweise sollte es gar nicht bedürfen, wo so zahlreiche und unbestreitbare direkte Zeugnisse für die Allgemeinheit und Stärke des Götterglaubens vorhanden sind. Je fester ein Glaube ist, je tiefer er das ganze Bewußtsein durchdringt, desto eifriger sucht und desto gewisser findet er in Natur und Leben überall Betätigungen des Daseins und Wirkens der geglaubten Mächte; wo der Unglaube nur Zufall oder natürliche Folgen natürlicher Ursachen sieht, erkennt er die Hand der Gottheit. Am leidenschaftlichsten verlangt er nach Tatsachen und Erscheinungen, welche ihr übermächtiges Eingreifen in die Gesetze der Natur unzweifelhaft dartun, und dies Verlangen befriedigt sich notwendig immer selbst: das Wunder ist des Glaubens liebstes Kind. Wenn nun der Wunderglaube ein untrüglicher Gradmesser für die Intensität des Glaubens an die höhere Macht ist, die als die Urheberin des Wunders gilt, so kann es nicht zweifelhaft sein, daß in den ersten Jahrhunderten ein durchaus positiver, von keiner Skepsis angekränkelter Glaube an die Götter der Tradition und des Kultus durch alle Schichten der Gesellschaft verbreitet war, wenn auch in wechselnder Stärke und selbstverständlich immer am stärksten in den von Bildung am wenigsten berührten Kreisen. So bietet einen bedeutsamen Beweis für das Erstarken des Glaubens namentlich in Kleinasien das Einsetzen

1) Orig. c. Cels. III 38. IV 92. V 2. VII 69. VIII 31. 62. Justin. Martyr Apol. I 14, 1. Lactant. Inst. div. II 14 ff. Gibbon, History II 237 f., deutsch von Sporschil S. 363 f. Soldan-Heppe-Bauer, Gesch. d. Hexenprozesse (1912) I 72 ff.

religiöser Selbsthilfe im Rechtsleben durch Eintreten der Verfluchung an Stelle des staatlichen Rechtsverfahrens und die Wirksamkeit dieses Mittels[1]), sowie der in den sogenannten Beichtinschriften namentlich Lydiens und Phrygiens uns entgegentretende Brauch, eine Schuld durch Bekenntnis vor dem Priester der Gottheit und öffentliche Aufstellung einer Urkunde über diesen Akt zu sühnen, der geradezu auf eine sakrale Gerichtsbarkeit hinausläuft[2]).

Leibhaftes Erscheinen der Götter.

Der Anthropomorphismus des antiken Glaubens, mächtig unterstützt durch die Eindrücke der nirgends fehlenden lebensvollen Götterbilder, machte es dem Gläubigen möglich, in dem Vollbringer eines Wunders, das sich vor seinen Augen vollzog, den leibhaft erschienenen Gott selbst zu erkennen: und daß auch dies noch in jener Zeit geschehen konnte, wird durch das bekannte Erlebnis der beiden Apostel zu Lystra über jeden Zweifel erhoben. Wie gewiß mußte diesen Menschen das Dasein ihrer Götter sein, und wie nah mußten sie sich ihnen fühlen, wenn sie in dem Urheber der wunderbaren Heilung des Lahmen und seinem Gefährten nicht Gottgesandte, sondern Götter sahen, sogleich von der Überzeugung erfüllt waren, die Götter seien den Menschen gleich geworden und zu ihnen hernieder gekommen. »Und nannten Barnabam ‚Juppiter' und Paulum ‚Mercurius', dieweil er das Wort führte. Der Priester aber Juppiters, der vor ihrer Stadt war, brachte Ochsen und Kränze vor das Tor und wollte opfern samt dem Volk.« Und die Apostel »stilleten kaum das Volk, daß sie ihnen nicht opferten«[3]). Hier war also damals noch ein Glaube lebendig, so kindlich und felsenfest wie jener der alten Athener, über deren unerhörte Einfalt sich Herodot nicht genug verwundern konnte, da sie in der schönen gerüsteten Frau, in deren Begleitung Pisistratus zurückkehrte, die Göttin Athene leibhaft zu sehen wähnten und anbeteten[4]); ein Glaube so kindlich und felsenfest wie der, welcher in unseren Tagen einen italienischen Bauernburschen in einer jungen, schönen, madonnenhaften Wohltäterin die Mutter Gottes selbst erblicken lassen kann[5]).

Allerdings ist nun im Innern Vorderasiens, wie es Lucian ja von Paphlagonien ausdrücklich bezeugt[6]), der Glaube vielleicht am blindesten, zur Selbstbetörung am meisten geneigt gewesen, wie denn überhaupt in den östlichen Ländern sicherlich die Befangenheit im Glauben und Aberglauben stets größer war als im Westen. Aber wenn der Glaube auch nur selten stark genug sein mochte, um sich zum Schauen der leibhaftigen Gottheit selbst zu erheben, so sah er doch überall die von ihr gewirkten Wunder und entzündete sich an diesen immer von neuem, und auch Zweifelnde wurden durch die Gewißheit und Allgemeinheit des Wunderglaubens mit fortgerissen. Die Wunder, welche sich im Jahre 70 zu Alexandria ereigneten und »die Gunst des Himmels und eine gewisse Zuneigung der Götter für Vespasian andeuteten«, berichtet wie die andern Geschichtschreiber

Andere von den Göttern bewirkte Wunder.

1) K. Latte, Heiliges Recht (1920) S. 80ff. 2) F. Steinleitner, Die Beicht im Zusammenhange mit der sakralen Rechtspflege in der Antike, Leipzig 1913. 3) Acta apostol. 14, 11—18. 4) Herodot. I 60. 5) Ruffini, der in seinem Doctor Antonio eine solche Szene angebracht hat, bemerkt dazu (Tauchnitz ed. S. 166): »*We beg the reader to believe that this is no picture drawn from fancy, but a real sketch from nature. Had not such a scene as we have described, with all the particulars related, come to pass under our own eyes, we should never have ventured to put it on paper.*« 6) Lucian. Alexand. 9.

auch Tacitus mit vollem Glauben[1]). Ein Blinder und ein Lahmer wandten sich nach Eingebungen, die sie von Sarapis in Träumen erhalten hatten, flehend an Vespasian, um den Gebrauch ihrer Glieder durch seine Berührung wiederzuerlangen. Dieser entschloß sich endlich, öffentlich vor den Augen des Volkes das Verlangte zu tun. »Sogleich wandelte sich die Hand zur Brauchbarkeit, und dem Blinden leuchtete wieder der Tag. Beides erzählen noch jetzt Augenzeugen, wo die Lüge keinen Gewinn mehr bringt.« Nun begab sich Vespasian, um seine Zukunft zu erfahren, allein in den Tempel des Sarapis und erblickte dort einen Mann namens Basilides, von dem später festgestellt wurde, daß er in jenem Augenblick viele Meilen entfernt gewesen war. In seinem Namen erkannte Vespasian eine Andeutung der ihm beschiedenen Herrschaft. Kaum konnte, wer diese Wunder glaubte, an der Größe und Macht des Gottes zweifeln, dem sie die Stimme des Volkes zuschrieb.

Steigerung des Wunderglaubens durch den Kampf der Religionen.

Dieses Wunder gehört einer Zeit an, wo auf heidnischer Seite gewiß die Absicht noch nicht vorausgesetzt werden kann, den christlichen Wundern gleich überzeugende entgegenzustellen. Als nun aber das Ringen beider Religionen um die Herrschaft über die Menschheit begonnen hatte, da mußte auch, je länger der Kampf währte und je heißer er wurde, auf beiden Seiten die Wundersucht immer leidenschaftlicher werden[2]). Man darf annehmen, daß um die Wende des 2. und 3. Jahrhunderts das Bedürfnis bereits bestand, dem Stifter der christlichen Religion einen Propheten der alten Götter von ebenso übermenschlicher Natur und gleicher Wunderkraft entgegenzustellen. Wahrscheinlich ist dieses Motiv auf den im Auftrage der Kaiserin Julia Domna († 217) verfaßten Roman des Philostratus von Apollonius von Tyana von Einfluß gewesen[3]). Die Geburt des Apollonius ist hier ebenso wunderbar wie sein Ende und sein Erscheinen nach seiner Entrückung, um einen Jüngling vom Zweifel am Unsterblichkeitsglauben zu heilen. Zu den von ihm vollbrachten Wundern gehört eine Dämonenaustreibung und eine Totenerweckung. Seine Kenntnis des Zukünftigen und Verborgenen grenzt an Allwissenheit. Ein ungenannter christenfeindlicher Schriftsteller, gegen den Lactanz heftig polemisiert[4]), stellte ihn über Christus, dessen Taten von den Aposteln durch Erdichtungen ausgeschmückt seien, während man die des Apollonius aus den Berichten untadliger Zeugen kenne[5]). Dieser blieb nicht bloß bei den Heiden, sondern auch bei den Christen der nächsten Jahrhunderte in hohem Ansehen. In einer zwischen 474 und 491 entstandenen christlichen Sammlung von »Orakelsprüchen hellenischer Götter«[6])

1) Tac. H. IV 81 f. Sueton. Vespas. 7. Cass. Dio LXVI 8, 1. Vgl. dazu W. Weber, Josephus und Vespasian (1921) S. 254ff. Ed. Meyer, Ursprung und Anfänge des Christentums I 114, 2: »es gibt wenig Wunder, die so gut bezeugt sind.« 2) Zur Vergleichung heidnischen und christlichen Wunderglaubens sehr lehrreich ist die kleine Sammlung von P. Fiebig, Antike Wundergeschichten, zum Studium der Wunder des Neuen Testaments zusammengestellt, Bonn 1911. 3) Baur, Apollonius v. Tyana u. Christus (1832) S. 124. 132. 141. Aubé, Hist. d. perséc. de l'église II 462ff. Die Absicht der Entgegenstellung bestreitet Réville, Religion à Rome sous les Sevères S. 227ff. (deutsch S. 226ff.). Vgl. Zeller, Philosophie d. Griechen III 2^4 S. 164ff. Ed. Meyer, Hermes LII 1917 S. 371ff. 4) Lact. Inst. V 3, 7. 16; vgl. Geffcken a. a. O. S. 291, 1. 5) Hierher gehört auch die oben S. 153 A. 5 erwähnte Angabe der Hist. aug. Alex. Sev. 29, 2 von der gemeinsamen Verehrung des Apollonius, Orpheus, Abraham und Christus durch Alexander Severus. 6) Buresch, Klaros (1889) S. 89ff.; die Stelle c. 44 S. 108.

heißt es: Gott gleich seien nur Moses, Hermes Trismegistos und Apollonius gewesen. Der fromme Jansenist Tillemont († 1698) glaubte, der Teufel habe Apollonius, aus Furcht, sein Reich vernichtet zu sehen, fast gleichzeitig mit Jesus geboren werden lassen[1]; Bayles Wörterbuch (1741) nennt ihn »den Affen des Gottessohns«.

Dasselbe Wunder von beiden Seiten in Anspruch genommen.

Aber Heidentum und Christentum setzten nicht bloß Wunder gegen Wunder, sondern auch der Fall, daß dasselbe Wunder von beiden Seiten in Anspruch genommen wurde, kann kein seltener gewesen sein, wenngleich er nur einmal berichtet wird. Im Quadenkriege Marc Aurels sah sich im Jahre 171[2]) das römische Heer einmal in glühender Sonnenhitze schmachtend von einer überlegenen Menge der Feinde eingeschlossen, mit der augenscheinlichsten Gefahr gänzlicher Vernichtung bedroht. Da zogen sich plötzlich dichte Wolken zusammen und ergossen sich in einem reichlichen Regenstrome, während auf der feindlichen Seite ein furchtbares Gewitter Verwirrung und Verderben anrichtete: die Römer waren gerettet, der Sieg wandte sich auf ihre Seite[3]). Die Wirkung dieses Ereignisses war eine überwältigende, es wurde nach damaliger Sitte in bildlichen Darstellungen verewigt, allgemein galt es als ein Wunder, dessen man noch bis in das späteste Altertum gedachte, und auf das sich noch nach Jahrhunderten sowohl Christen als Heiden als einen Beweis für die Wahrheit ihres Glaubens beriefen. Die offizielle Darstellung dieses Ereignisses auf der Marc Aurelssäule führt die regenspendende Gottheit gewissermaßen als Naturelement in einem sehr charakteristischen Bilde ein, ohne einen bestimmten Gott als Urheber der Wunderhilfe zu bezeichnen[4]). Auf einem Gemälde, das Themistius gesehen hatte[5]), war der Kaiser selbst mit erhobenen Händen zu Juppiter flehend dargestellt, während die Soldaten den Regen mit ihren Helmen auffingen; diesem Gebet des Kaisers zu Juppiter wurde, wie es scheint, von den meisten die wunderbare Errettung zugeschrieben; doch behaupteten andre, daß sie der Kunst eines in seinem Gefolge befindlichen ägyptischen Zauberers Arnuphis zu verdanken gewesen sei, der durch eine Beschwörung der Götter, namentlich des »Hermes der Luft«, den Regenguß herabgezogen habe[6]). Aber nach der Erzählung eines christlichen Zeitgenossen war das Wunder durch die Gebete christlicher Soldaten in der zwölften (melitenischen) Legion bewirkt worden. Dasselbe erzählt als ein bekanntes Ereignis 197 Tertullian, der sich dabei (ebenso wie Cassius Dio) auf einen Brief Marc Aurels beruft.

Der Glaube an Vorausverkündigung der Zukunft —

Der Platoniker Celsus hebt in seiner Schrift gegen das Christentum unter den Wundern, die er zum Beweise für das Dasein der Götter anführt, ganz besonders die Orakel sowie die Vorzeichen und Vorbedeutungen aller Art hervor, durch die sie das Künftige warnend oder mahnend vorausverkündeten, und die den Gläubigen nicht bloß die Existenz der Götter, sondern auch ihre Fürsorge für die Menschheit bewiesen[7]). »Wozu«, sagt er, »soll man aufzählen, was alles

1) Tillemont, Histoire des empereurs (1732) II 120 f. 2) So v. Domaszewski, N. Heidelb. Jahrb. V 1895 S. 123; Marcussäule S. 105 ff. W. Weber, Ein Hermestempel des Kaisers Marcus (Sitz.Ber. Akad. Heidelb. 1910 Abh. 7) S. 3 ff. 3) Cass. Dio LXXI 8—10. Hist. aug. M. Aurel. 34, 4. Tertull. apol. 5. Euseb. h. eccl. V 5, 1—6. Mommsen, Ges. Schrift. IV 498 ff. Geffcken, N. Jahrb. f. d. klass. Altert. III 1899 S. 253 ff. 4) Marcussäule (herausg. von Petersen, v. Domaszewski, Calderini) Taf. 16. 5) Themist. or. 15, 191 B. 6) Dazu W. Weber a. a. O. S. 5 ff. 7) Orig. c. Cels. VIII 45. Vgl. Minuc. Felix Octav. 7.

aus Orakelstätten teils Propheten und Prophetinnen, teils andre begeisterte Männer und Frauen mit gotterfüllter Stimme vorhergesagt haben? Was für wunderbare Voraussagungen aus dem Innern der heiligen Räume ertönten? Was alles aus Opfertieren und andern Opfern den Befragenden geoffenbart wurde, was aus andern wunderbaren Zeichen? Manchen sind auch deutliche Erscheinungen zuteil geworden. Von all diesem ist das ganze Leben erfüllt. Wie viele Städte sind durch Orakel emporgekommen und von Seuchen und Hunger befreit worden, wie viele andre, die sie vernachlässigten oder vergaßen, elend zugrunde gegangen! Wie viele Kolonien sind ausgesandt worden und, wenn sie dem Gebote nachkamen, gediehen! Wie viele Fürsten, wie viele Privatpersonen sind auf solche Weise schlimmer oder besser gefahren! Wie viele, die mit Kinderlosigkeit heimgesucht waren, haben erlangt, worum sie baten, wie viele sind dem Zorn von Göttern entgangen oder von Leibesgebrechen geheilt worden! Wie viele, die bei Heiligtümern gefrevelt, sind sogleich von der Strafe ereilt worden, indem sie teils von Raserei ergriffen wurden, teils selbst aussagten, was sie getan hatten, oder Hand an sich selbst legten, oder in unheilbares Siechtum verfielen! Auch hat solche schon eine aus dem Innern des Heiligtums erschallende Donnerstimme der Vernichtung geweiht!«

Der Glaube an wunderbare Zeichen und Verkündigungen der Zukunft, von denen auch damals noch immer »das ganze Leben erfüllt war«, ist allem Anscheine nach wenigstens im späteren Altertum die verbreitetste Form des Wunderglaubens gewesen. Auch ein großer Teil der Philosophen und philosophisch Gebildeten bekannte sich zu ihm: zwar Epikureer, Kyniker und Aristoteliker verwarfen und Akademiker bestritten ihn: um so mehr hielten Platoniker, Pythagoreer und Stoiker daran fest, und namentlich in der Theologie der letzteren bildete er einen integrierenden Bestandteil. »Der Glaube an eine so außerordentliche Fürsorge der Gottheit für die Menschen erschien ihnen viel zu tröstlich, als daß sie darauf hätten verzichten mögen; sie priesen nicht allein die Weissagung als den augenscheinlichsten Beweis für das Dasein der Götter und das Walten einer Vorsehung, sondern sie schlossen ebenso auch umgekehrt: wenn es Götter gebe, müsse es auch eine Weissagung geben, da den Göttern ihre Güte nicht erlauben würde, den Menschen eine so unschätzbare Gabe zu versagen«[1]). Dieser Glaube nun, der in der Tat den Götter- und Vorsehungsglauben notwendig voraussetzte und mit ihm stand und fiel, war auch unter den Gebildeten der damaligen Welt höchst verbreitet.

die verbreitetste Form des Wunderglaubens unter den Gebildeten.

Livius sagt zwar[2]), daß infolge derselben Indifferenz, welche die Ursache des jetzigen allgemeinen Unglaubens an wunderbare, von den Göttern gesandte Vorzeichen sei, Prodigien weder öffentlich bekannt gemacht noch in die Geschichtsbücher eingetragen würden. Aber diese Indifferenz kann nicht lange gewährt haben, denn alle Geschichtschreiber der Kaiserzeit ohne Ausnahme verzeichnen dergleichen Wunder[3]), viele mit besonderer Vorliebe, wie der zeichengläubige Cassius Dio; mit der Zeit sind die Prodigien sogar für die Gläubigen der Gegenstand eines ganz besonderen Interesses geworden, welchem

Berichte über Vorzeichen bei den Geschichtschreibern.

1) Zeller, Philos. d. Gr. III 1⁴ S. 347. Vgl. Wachsmuth, Die Ansichten der Stoiker über Mantik und Daemonen, Berlin 1860. 2) Liv. XLIII 13, 1. 3) Über die Divination bei den Geschichtschreibern der Kaiserzeit s. J. Plew, Festschr. f. L. Friedlaender (1895) S. 360ff.

die Sammlung aller in Italien geschehenen Wunder und Zeichen aus Livius (von einem Julius Obsequens, dessen Zeit wir nicht kennen) ihren Ursprung verdankt[1]).

Tacitus.

Auch Tacitus, der sich dem Glauben an Wunder und Zeichen gegenüber kritisch verhielt und sich ausdrücklich gegen den gemeinen Aberglauben verwahrt, der in jedem auffälligen Ereignisse eine Vorbedeutung sah, hat zwar deshalb ohne Zweifel einen großen Teil der angeblichen Prodigien als solche nicht anerkannt, aber an ihrem Vorkommen im allgemeinen nicht gezweifelt und in den späteren Büchern seiner großen Zeitgeschichte sie auch verzeichnet. Gegenüber der Frage nach der Geschichtlichkeit angeblicher Wunder befindet er sich wie andre Historiker derselben Zeit in einer gewissen Verlegenheit und wagt nicht eine prinzipielle Entscheidung zu fällen, sondern sucht sie von Fall zu Fall zu treffen[2]). Schon in einem seiner ersten Bücher[3]) berichtet er, daß am Tage der Schlacht bei Bedriacum sich bei Regium Lepidum ein Vogel von nie gesehener Gestalt niedergelassen und weder von den Menschen noch von den ihn umschwärmenden Vögeln sich habe verscheuchen lassen, bis Otho sich selbst getötet; dann sei er verschwunden; als man die Zeit nachgerechnet, sei Anfang und Ende der Wundererscheinung mit Othos Tode genau zusammengetroffen. So sehr er es unter seiner Würde halte, fügt Tacitus ausdrücklich hinzu, sein ernstes Werk mit Fabeln zu schmücken, so wage er in diesem Falle doch nicht, dem, was allgemein berichtet werde, den Glauben zu versagen.

Die regelmäßigen Erwähnungen der Vorzeichen, namentlich solcher, die einem Privatmanne die künftige Kaiserwürde, und solcher, die den Tod des Kaisers verkündeten, bei Sueton, Cassius Dio, Herodian, den späteren Kaiserbiographen, lassen an der Fortdauer dieses Glaubens, den die Schriftsteller doch gewiß auch bei der großen Mehrzahl ihrer Leser voraussetzen mußten, keinen Zweifel, und oft genug zeigt die Erzählung, bis zu welchem Grade die hervorragendsten Männer jener Zeit in diesem Glauben befangen waren. Augustus,

Sueton über Augustus.

sagt Sueton, achtete auf gewisse Wahrzeichen, deren Bedeutung ihm für völlig sicher galt. Wenn er morgens einen Schuh auf den falschen Fuß zog, war es ein übles, wenn beim Antritt einer längeren Reise Tau fiel, ein gutes Vorzeichen; auch wunderbare Ereignisse machten immer großen Eindruck auf ihn, wie daß vor seinem Hause aus den Fugen der Steine eine Palme hervorsproßte, und bei seiner Ankunft in Capri die zu Boden gesenkten, schon kraftlosen Äste einer alten Steineiche neue Kraft gewannen[4]). Und hätte Livius bei Sueton das mit wahrem Bienenfleiß aus Büchern und Überlieferungen zusammengetragene Verzeichnis aller der Vorzeichen lesen können, die Augustus künftige Größe, seine Siege und seinen Tod verkündeten, so würde er vielleicht seine Klage über die Gleichgültigkeit gegen solche Dinge zurückgenommen haben. Dieser Starkgläubigkeit wurde jedes Ereignis bedeutungsvoll, und kein Wunder war ihr zu groß oder zu lächerlich: Sueton berichtet ernsthaft, daß Augustus als Kind, da er eben zu sprechen anfing, einmal auf einem Familiengute den quakenden Fröschen zu schweigen befahl, und man versichere, daß die Frösche seit jener Zeit dort nicht mehr quakten[5]).

1) Über Obsequens H. Peter, Die geschichtl. Literatur über die röm. Kaiserzeit (1897) II 347. O. Roßbach, Rhein. Mus. LII 1897 S. 1 ff. 2) Pöhlmann, Sitz.Ber. Akad. Münch. 1910 I 38 ff. 3) Hist. II 50. 4) Sueton. Aug. 92. 5) ebd. 94, 7.

Fortdauer des Glaubens an die herkömmlichen Weissagungsmethoden.

Daß auch bei den Gläubigen verschiedne Arten von Vorbedeutungen in verschiedner Geltung standen, daß das Ansehen der mannigfaltigen Methoden der Prophezeiung nicht zu allen Zeiten dasselbe war, sondern bald jene, bald diese den meisten Glauben fand, ist selbstverständlich. Aber niemals ist doch eine der anerkannten Arten der Weissagung aus Mangel an Glauben ganz außer Gebrauch gekommen.

Die Haruspicin.

Der vernichtende Spott Ciceros über die Haruspicin und Eingeweideschau überhaupt könnte zu der Ansicht verleiten, als sei diese Weissagung in eine zu tiefe Mißachtung versunken gewesen, um (wenigstens bei den Gebildeten) jemals wieder zu Ansehen gelangen zu können: aber nichts würde irriger sein. Cicero führt jene Äußerung des Cato an, er wundere sich, daß ein Haruspex, der einen andern sehe, sich des Lachens enthalten könne; weiter die Frage des Hannibal an König Prusias, der das Liefern einer Schlacht von einer Eingeweideschau abhängig machen wollte: ob er einem Stückchen Kalbfleisch mehr glaube als einem alten Feldherrn! Er erinnert daran, wie namentlich auch im letzten Bürgerkriege fast immer das Gegenteil von dem Prophezeiten eingetroffen sei[1]). Aber der Spott der Ungläubigen machte die Gläubigen ebensowenig irre wie die Tatsachen, die ihren Glauben Lügen straften. Wie immer in ähnlichen Fällen hatten sie nur für die wirklich oder angeblich eingetroffnen Prophezeiungen Gedächtnis, und zahlreiche Zeugnisse aus den folgenden Jahrhunderten bestätigen die Fortdauer des Glaubens an die Eingeweideschau, sowie ihre Verbreitung auch in den gebildeten Klassen.

Schon das Verbot des Tiberius, die Haruspices im geheimen und ohne Zeugen zu befragen[2]), setzt eine sehr allgemeine Benutzung dieser Weissagungsform voraus. Die Besorgnis des Claudius (im Jahre 47), daß diese älteste Wissenschaft Italiens durch Vernachlässigung erlöschen könnte[3]), hat nicht sowohl eine Abkehr des allgemeinen Interesses von der Eingeweideschau als die drohende Gefahr einer Verfälschung der altetruskischen Lehre durch das Eindringen fremder Vorstellungen zur Voraussetzung. Der ältere Plinius sagt ausdrücklich, ein großer Teil der Menschen stecke in dem Glauben, daß die Tiere durch ihre Muskelfasern und Eingeweide uns vor Gefahren warnen[4]). Dem Kaiser Galba meldete an dem Morgen des Tages, an dem er ermordet wurde (15. Januar 69), der Haruspex Umbricius, daß die Eingeweide des Opfers auf gefahrdrohende Nachstellungen und einen Feind im Hause deuteten; was Otho, welcher dabeistand, als ein für ihn frohes und seinem Unternehmen günstiges Zeichen auffaßte[5]). Epictet, der den Lehren seiner Schule gemäß auch hier Offenbarungen der Gottheit erkannte und an der Kunst, die sie deutete, keinen Zweifel hegte, mahnt nur, man solle sich in seinen Handlungen nicht allein durch die Weissagung, sondern vor allem durch das Pflichtbewußtsein leiten lassen; wozu er keine Veranlassung gehabt hätte, wenn das erstere nicht sehr allgemein geschehen wäre. Nur die Angst vor der Zukunft sei es, welche die Menschen so oft zu den Wahrsagern treibe. Man nähere sich ihnen, zitternd vor Aufregung, mit Bitten und Schmeicheleien, als könnten sie unsre Wünsche erfüllen: »Herr,

1) Cic. de div. II 51 ff., vgl. 56. 2) Sueton. Tiber. 63, 1. 3) Tac. A. XI 15. Vgl. Cass. Dio LII 36, 3 (Rede des Mäcenas): πάντως τινὰς καὶ ἱερόπτας καὶ οἰωνιστὰς ἀπόδειξον, οἷς οἱ βουλόμενοί τι κοινώσασθαι συνέσονται. 4) Plin. n. h. VIII 102. 5) Tac. H. I 27.

werde ich meinen Vater beerben? Herr, habe Erbarmen mit mir, mache, daß ich ausgehen darf!« Aber der Eingeweide- oder Vogelschauer kann doch nichts voraussehen, als die bevorstehenden Ereignisse selbst, wie Tod, Gefahr, Krankheit oder dgl. Ob sie dem Betreffenden in Wahrheit heilsam oder schädlich seien, weiß er nicht[1]). Herodian sagt, der tapfere Widerstand der Stadt Aquileja gegen Maximinus sei hauptsächlich infolge der Prophezeiungen der dort anwesenden Haruspices geleistet worden; »denn auf diese Art der Weissagung vertrauen die Bewohner von Italien am meisten«[2]). Daß sie aber auch außerhalb Italiens Ansehen genug hatte, beweist außer den Äußerungen Epictets die Anerkennung, welche ihr der Traumdeuter Artemidor zollt, der neben seiner eignen Kunst nur sehr wenige Methoden der Weissagung gelten ließ: Sterndeutung, Opfer-, Vogel- und Leber- (d. h. Eingeweide-) schau[3]). Und daß es der Haruspicin auch unter den Gebildeten an Gläubigen niemals fehlte, darf man nach einzelnen zufälligen Angaben aus verschiedenen Zeiten schließen. Regulus, der in der Zeit von Nero bis Domitian als Redner und Ankläger in Majestätsprozessen eine unheilvolle Berühmtheit besaß, befragte jedesmal, wenn er auftrat, die Haruspices über den Ausgang des Prozesses[4]). Nach Juvenal wurden sie von vornehmen Frauen wegen der Erfolge der von ihnen bewunderten musikalischen Virtuosen und Schauspieler so viel befragt, daß sie vom langen Stehen Krampfadern in den Beinen bekamen[5]). Der Kaiser Gordian (der erste) war in dieser Wissenschaft über die Maßen erfahren[6]), zu welcher auch Diocletian großes Zutrauen hatte[7]), Constantin gestattete den privaten Gebrauch der Haruspicin, nur den innerhalb des Hauses vorgenommenen verbot er bei Todesstrafe; bei Blitzbeschädigung hat er sie noch selbst (321) von Staats wegen angeordnet[8]). Ammianus Marcellinus zählt unter die Mittel, welche die Güte der Vorsehung den Menschen zur Erforschung der Zukunft verliehen habe, auch die Haruspicin und sagt, daß Julian schon in der Zeit, wo er noch das Bekenntnis des Christentums heuchelte, der Haruspicin und den Augurien ergeben war, »sowie allem übrigen, was die Verehrer der Götter von jeher getan haben«[9]). Noch bei der Einschließung Roms durch Alarich im Jahre 408 wurden — zum letzten Male, soviel uns bekannt — die Ratschläge der Haruspices eingeholt und die von ihnen empfohlenen heidnischen Opfer sogar unter heimlicher Zustimmung des Papstes Innocentius zur Ausführung gebracht[10]). Nach diesen Angaben über die Fortdauer und Verbreitung des Glaubens an die Haruspicin, die sich noch sehr vermehren ließen[11]), läßt sich dasselbe für alle übrigen herkömmlichen Prophezeiungsmethoden voraussetzen.

1) Epictet. Diss. II 7; vgl. I 1, 17. III 1, 37. IV 4, 5. 2) Herodian. VIII 3, 7. 3) Artemidor. Onirocr. II 69. 4) Plin. ep. VI 2, 2; vgl. II 20, 4. 5) Juv. 6, 385—397. 6) Victor Caes. 26, 4. 7) Lact. De mort. persec. 10. 8) Cod. Theod. IX 16, 1 f. XVI 10, 1. Mommsen, Strafrecht S. 862 f. 9) Ammian. XXI 1, 9. 2, 4; vgl. XXIII 5, 10—13. XXV 6, 1. 10) Zosim. V 41, 1—3. Sozom. hist. eccl. IX 6, 3 f. 11) Hist. aug. Alex. Sev. 27, 6; Florian. 15, 2 ff. Cod. Theodos. IX 16. Firmic. Matern. Math. II 30, 4: *scire enim te convenit, quod et haruspices quotiescunque a privatis interrogati de statu imperatoris fuerint et quaerenti respondere voluerint, exta semper, quae ad hoc fuerint destinata, venarum ordinis involuta confusione conturbent.* Prudent. c. Symmach. II 892. Augustin. Conf. IV 2, 3 (s. oben II 233 A. 3). In Inschriften erscheinen außer dem offiziellen römischen *ordo haruspicum LX* (Wissowa a. a. O. S. 548 f.) und den Privatharuspices u. a. auch solche einzelner Städte (z. B. *haruspices publ(ici) c(oloniae) Tr(everorum)* CIL XIII 3694) und Truppenkörper

Unter den Arten die Zukunft zu erforschen setzt nun allerdings die Lieblingswissenschaft jener Zeit, die Astrologie, die namentlich unter den höheren Ständen das meiste Ansehen genoß, den Glauben an die Götter und eine durch sie geübte Vorsehung nicht notwendig voraus, obgleich sie ihn ebensowenig ausschließt[1]): in der vorsehungsgläubigen stoischen Schule war unter den Älteren Panätius der einzige, der sie verwarf: und dieser bestritt die Vorbedeutungen und die Weissagungen überhaupt[2]). Doch liegt es in der Natur der Sache, daß der in der damaligen Welt so ungemein verbreitete Glaube an ein unabwendbares Verhängnis, welcher der Astologie gerade am meisten Vorschub leistete[3]), leicht zur Entfremdung vom Götterglauben führen konnte. Der Glaube, der »alle Ereignisse durch die Gesetze der Geburt ihren Gestirnen zuwies«, und dem, wie Plinius in einer bereits angeführten Stelle sagt, die Menge der Gebildeten wie der Ungebildeten gleich bereitwillig zufiel — dieser Glaube, nach welchem das einmal Beschlossene für alle Zukunft unabwendbar feststand, setzte die Gottheit für immer in Ruhe[4]). Tiberius, sagt Sueton, verhielt sich in bezug auf die Götter und den Gottesdienst ziemlich gleichgültig, da er der Astrologie ganz ergeben und von der Überzeugung durchdrungen war, alles geschehe nach Verhängnis[5]). Die Astrologie.

Aber auch die Weissagung der Orakel, in welcher die Götter gleichsam persönlich den Menschen die Zukunft offenbarten, die also, weil sie die unmittelbarste Eingebung der Gottheit voraussetzte, so auch am meisten den Glauben an sie befestigen und nähren mußte, auch sie hat in den ersten nachchristlichen Jahrhunderten kaum weniger allgemeines Ansehen genossen als zu irgendeiner früheren Zeit[6]); und daß diese Weissagung nicht bloß fortbestand, sondern auch nach einem zeitweiligen Verfall eine vollständige Restauration erleben konnte, ist ein um so unzweifelhafterer Beweis für die Kraft des Götterglaubens. Strabo, der den Verfall und die Vernachlässigung der griechischen Orakel in der Zeit des Augustus ausdrücklich bezeugt, ist zwar zu seinen Äußerungen wohl mit von dem Gedanken an die Zeiten des Glanzes von Delphi bestimmt worden, der doch schon seit Jahrhunderten erloschen war; aber auch für das damals eingetretene Sinken des Ansehens der griechischen Orakel überhaupt gibt er allem Anscheine nach die richtige Ursache an: daß nämlich die Römer sich mit den Weissagungen der sibyllinischen Bücher und der etruskischen Prophezeiung (durch Beobachtung der Eingeweide, des Vogelflugs und der himmlischen Zeichen) begnügten[7]). Es war eine natürliche Folge der Weltherrschaft, daß das Die Orakel. Ihr zeitweiliger Verfall durch das überwiegende Ansehen der italischen Prophezeiung.

(CIL VIII 2586 = Dessau 2381, vgl. v. Domaszewski, Westd. Zschr. XIV 1895, 111; Bonn. Jahrb. CXVII 1908 S. 14. 37).

1) Firm. Matern. Math. I 3, 1 *nos enim timeri deum, nos coli facimus*. 2) Zeller III 1⁴ S. 349, 2. 3) Tac. A. VI 22; vgl. IV 20; H. I 18. 4) Plin. n. h. II 22; vgl. oben S. 123. 5) Sueton. Tiber. 69. Vgl. die Grabschrift eines Gladiators CIL V 3466 = Dessau 5121 (Verona) *Planetam suum procurare vos moneo, in Nemese ne fidem habeatis: sic sum deceptus*. Ps. Manetho apotel. I 196 ff. τίπτε μάτην ἄνθρωπε θυηπολέεις μακάρεσσιν usw. Commodian. Instruct. I 16, 5 *si tribuunt fata genesis, cur deum oratis?* Cumont, Fatalisme astral et religions antiques (Revue d'hist. et de littér. religieuses 1913); Die oriental. Religionen² S. 322, 58. 6) Die wissenschaftliche Diskussion der Philosophen über Wert und Bedeutung der Orakel s. bei F. Jäger, De oraculis quid veteres philosophi iudicaverint (Diss. Rostock 1910) S. 48 ff. 7) Strabo XVII 813. G. Wolff, De novissima oraculorum aetate (1854) S. 1.

Römische auf allen Gebieten zunächst das Unrömische in seiner Bedeutung herabdrückte; und der überwältigende Eindruck römischer Macht und Größe hatte gerade damals auch in der griechischen Welt seine Kulmination erreicht. Doch wenn dieser Eindruck gleich vermochte, dem Glaubensbedürfnisse der Menschen neue Richtungen zu geben, so war er doch keinesfalls stark genug, sie auf die Dauer ganz zu beherrschen. Der alte Glaube stellte sich völlig wieder her, und nicht nur das niedere Volk der von der Kultur weniger durchdrungenen Länder hielt an den landesüblichen Formen der Erkundung der Zukunft fest[1]), sondern auch die altberühmten Orakeltempel füllten sich aufs neue mit Wallfahrern. Dort sagten »von Gott erfüllte, und mit ihm eins gewordene Propheten die künftigen Dinge voraus, gewährten Verhütung von Gefahren, Heilung von Krankheiten, Hoffnung für Betrübte, Hilfe für Unglückliche, Trost in Leiden, Erleichterung in Mühsalen«[2]). Auch die christlichen Schriftsteller, welche behaupteten, mit dem Kommen des Erlösers in die Welt sei die Macht der falschen Götter gebrochen gewesen, der Zauber, durch den sie so lange Bildern von Holz und Stein Sprache verliehen, habe seine Kraft verloren, und ihre Orakel seien verstummt[3]): auch sie mußten bekennen, daß die Dämonen in den Orakeltempeln aufs neue wahre Prophezeiungen und heilsame Warnungen erteilten und Heilungen bewirkten; aber freilich nur, um durch diese scheinbaren Wohltaten denen um so größeren Schaden zuzufügen, welche sie von dem Forschen nach der wahren Gottheit durch Einschwärzung der falschen ablenkten[4]). Daß die Dämonen die Zukunft vorauswußten, erklärte man sich daraus, daß sie als ehemalige Diener Gottes seine Absichten kannten[5]). Noch Petrarca, sonst auffallend frei von Aberglauben, glaubte an die heidnischen Orakel als von Dämonen erteilte[6]).

Ihre Restauration.

Die Verbreitung ihres Ansehens außerhalb der griechischen Länder.

Die Größe des römischen Reichs und der durch die Vortrefflichkeit seiner Kommunikationsmittel höchst entwickelte unaufhörliche Wechselverkehr aller seiner Teile miteinander hatte eine ungeheure Erweiterung des Gebiets zur Folge, auf das sich der Einfluß der angeseheneren Orakel erstreckte. Aus fernen Barbarenländern pilgerten nun Hilfe und Rat Suchende zu den griechischen Tempeln, und die Sprüche der griechischen Götter wurden mit Ehrfurcht in Gegenden vernommen, in die vor der Zeit der römischen Weltherrschaft ihre Namen nie gedrungen waren. Wenn (wie es scheint Ende des 2. Jahrhunderts) eine Kohorte von Tungrern in ihrem Standquartier zu Borcovicium (Housesteads) am Hadrianswall in Britannien »den Göttern und Göttinnen« eine Widmung darbrachte »gemäß der Auslegung des Orakels des klarischen Apollo« (bei Kolophon)[7]), und ähnliche Weihinschriften zu Corinium im nördlichen Dalmatien und in Cuicul in Numidien sich auf den Spruch desselben Orakels berufen[8]): so wird man hier vielleicht an eine von Truppen verschiedner Provinzen ver-

1) Vgl. z. B. F. Heinevetter, Würfel- und Buchstabenorakel in Griechenland und Kleinasien, Diss. Breslau 1912. 2) Minuc. Felix Octav. 7, 6. 3) Euseb. Praep. evang. V 1. Prudent. Apotheos. 435 ff. 4) Minuc. Fel. 27, 1. Tertullian. De anima 46. Orig. c. Cels. VIII 54. 5) Lactant. Inst. div. II 16, 14. 6) Körting, Petrarcas Leben u. Werke S. 613, 1. 7) CIL VII 633 = Dessau 3230. 8) CIL III 2880. VIII 8351 = Dessau 3230a. b. Über das Ansehen des Orakels von Klaros bis ins 4. Jahrhundert Buresch, Klaros (1889) S. 40 ff. Ein Orientale in Vasio (Vaison), der dort dem Bel einen Altar errichtete, τῶν ἐν Ἀπαμείᾳ μνησάμενος λογίων (CIL XII 1277 = Dessau 4333), wird das Orakel vor seiner Reise oder Übersiedelung erhalten haben.

einbarte Befragung dieses Gottes zu denken haben. Jedenfalls kann man nicht zweifeln, daß die berühmten Orakel in der römischen Kaiserzeit aus allen Provinzen des Reichs befragt wurden, und die zahlreichen gelegentlichen Erwähnungen der Schriftsteller bestätigen es. So befragte (um nur einiges anzuführen) Germanicus außer dem eben erwähnten Orakel des klarischen Apollo auch das des Stiers Apis zu Memphis[1]), Tiberius das Losorakel des Geryones bei Patavium[2]), Caligula das der Fortunen zu Antium[3]), Nero das zu Delphi[4]), Vespasian das auf dem Berge Karmel[5]), Titus das der Venus zu Paphus auf Cypern[6]), Caracalla das des Sarapis zu Alexandria und überhaupt alle berühmten Orakel[7]). Wie sehr man in dieser Zeit bestrebt ist, die zukunftskündende Kraft aller Regionen und Völker sich nutzbar zu machen, zeigt die eigentümliche Tatsache, daß uns im Haushalte eines Statthalters von Ägypten eine germanische Prophetin, die semnonische Seherin Waluburg, begegnet[8]). In den Kreisen der Gläubigen führte man Beweise von der Allwissenheit der Orakel an, die das noch überboten, was Herodot von den Antworten des delphischen auf die Fragen des Krösus berichtet. Bei Plutarch erzählt dessen Freund, der gelehrte Demetrius aus Tarsus[9]), als ein selbsterlebtes Ereignis, wie ein ungläubiger Statthalter von Cilicien durch einen Orakelspruch zum Glauben bekehrt wurde. Er sandte auf Veranlassung einiger epikureischer Religionsspötter in seiner Umgebung einen Freigelassenen mit einem versiegelten Täfelchen, das die Frage enthielt, zu dem Traumorakel des Halbgottes Mopsus. Der Bote, der nach der dortigen Sitte im Tempel eine Nacht zubrachte, träumte, daß ein schöner Mann zu ihm trete und spreche: einen schwarzen — sodann sich entferne. Als er dies dem Statthalter meldete, erschrak derselbe, fiel auf die Knie, öffnete das Täfelchen und zeigte den Anwesenden seine Frage: werde ich einen weißen oder einen schwarzen Stier opfern? Auch die Epikureer waren bestürzt, der Statthalter aber brachte das Opfer und verehrte fortan den Mopsus[10]).

Das Orakel des Alexander von Abonuteichos.

Doch nichts zeigt so sehr, welcher Selbstbetörung der Wunderglaube fähig war, und macht zugleich so anschaulich, wie leicht und schnell Orakel in Gegenden Eingang und Geltung finden konnten, in denen sie früher unbekannt waren, als Lucians (allerdings durchaus voreingenommener und feindseliger) Bericht über das von dem Pseudopropheten Alexander in seiner Vaterstadt Abonuteichos in Paphlagonien eingerichtete angebliche Orakel des Apollo und Asklepios[11]).

Alexander (geb. um 105, gest. gegen 175)[12]), schon als Knabe durch Schönheit ausgezeichnet, war von einem Landsmanne des Apollonius aus Tyana, einem Arzt, in den Gaukeleien der Magie unterwiesen worden und hatte diesem als Gehilfe gedient. Nachdem er dann mit einem Gefährten Bithynien und Mazedonien als Zauberer und Wahrsager durchzogen, wählte er zur Gründung eines

1) Tac. A. II 54. Plin. n. h. VIII 185. 2) Sueton. Tib. 14, 3. 3) Sueton. Calig. 57, 3; vgl. Cass. Dio LIX 29, 3. 4) Sueton. Nero 40, 3. Ps. Lucian. Nero 10. 5) Suet. Vesp. 5, 6. Tac. H. II 78. 6) Suet. Tit. 5, 1. Tac. H. II 4. 7) Herodian. IV 8, 6. 12, 3. 8) Auf einem Ostrakon von der Insel Elephantine, vgl. Edw. Schröder, Arch. f. Religionswiss. XIX 1917 S. 196 ff. 9) Über ihn vgl. H. Dessau, Hermes XLVI 1911 S. 156 ff. 10) Plutarch. De def. orac. 45. 11) Ed. Zeller, Vortr. u. Abhdl. II 154 ff. Fr. Cumont, Alexandre d'Abonotichos (Extr. du T. XL des Mémoires couronnés et autr. Mém. de l'Acad. royale de Belgique) 1887. A. Thimme, Philologus XLIX 1890 S. 507 ff. O. Weinreich, N. Jahrb. f. klass. Altert. XLVII 1921 S. 129 ff. 12) Cumont S. 52 f.

eignen Orakels seine Vaterstadt, die dazu durch die krasse Götterfurcht und die Wohlhabenheit ihrer Bewohner besonders geeignet erschien. Erztafeln, von ihm im Apollotempel zu Chalcedon vergraben und wieder aufgefunden[1]), meldeten, daß Apollo mit seinem Sohne Asklepios nach Abonuteichos übersiedeln werde, dessen hocherfreute Bewohner sogleich die Erbauung eines Tempels für den letzteren in Angriff nahmen. Nachdem sodann ein Sibyllenausspruch verbreitet worden war, daß Alexander, ein Abkömmling des Perseus und Asklepios, als Prophet erscheinen werde, hielt er selbst, eine imposante und gewinnende Erscheinung, prachtvoll in Weiß und Purpur gekleidet, die Sichel, wie sie einst Perseus geführt, in der Hand, seinen Einzug. Der Gott Asklepios sollte sich in der Gestalt einer Schlange zeigen. Alexander ließ seine Landsleute in dem Wasser, das sich beim Graben der Fundamente des Tempels gesammelt hatte, ein ausgeblasenes Gänseei finden, in dem sich eine kleine Schlange befand; bald darauf wies er eine längst in Bereitschaft gehaltene große, zahme vor, das schnelle Wachstum des Gottes erschien nur natürlich. Wenn Alexander sich mit der Schlange um den Hals in einem halbdunkeln Raume zeigte, ließ er statt ihres Kopfs einen aus bemalter Leinwand verfertigten Schlangenkopf aus seinem Gewande hervorstehen, der einem Menschengesicht ähnlich war und durch das Ziehen von innen angebrachten Pferdehaaren geöffnet und geschlossen werden konnte. Später wurde auch eine Röhre in den Kopf geführt, durch welche ein Gehilfe den Gott sprechen lassen konnte, doch wurden solche »selbstgesprochnen« Orakel nur ausnahmsweise und für hohe Bezahlung erteilt. Gewöhnlich wurden die Fragen versiegelt eingereicht und ebenso zurückgegeben; beim Eröffnen fand man die Antwort des Gottes darunter geschrieben. Dieser nannte sich selbst Glykon.

Schnell verbreitete sich der Ruf des Orakels in ganz Kleinasien und Thracien[2]), und der Zudrang zu demselben, der während der ganzen Zeit seines Bestehens (über 20 Jahre) nicht abgenommen zu haben scheint, steigerte sich zuweilen so, daß in Abonuteichos Mangel an Lebensmitteln eintrat. Lucian schätzt das Einkommen des Propheten bei einer Gebühr von etwa 1 Mark für den Spruch auf etwa 60000 Mark jährlich, wovon allerdings ein zahlreiches Personal von Gehilfen aller Art zu besolden war; doch zwei Exegeten rätselhafter Orakelsprüche mußten dem Propheten aus ihren Einnahmen eine Pacht von je etwa 4800 Mark jährlich entrichten. Öfters verhieß der Gott die Erfüllung der Wünsche der Fragenden, falls der Prophet für sie bitten würde. Nicht selten waren die Fragen in fremden Sprachen, wie in der syrischen und der (in Galatien sich als Umgangssprache behauptenden) keltischen[3]), verfaßt, und es war nicht immer leicht, Leute zu finden, welche dieselben verstanden. Gelegentliche Miß-

1) Über diese besonders häufige Form göttlicher Offenbarung, besonders bei der Einführung neuer Gottesdienste, s. Weinreich a. a. O. S. 139 f. 2) Wenn die Katastrophe des P. Aelius Severianus Maximus nach Lucian. Alexand. 27 durch dessen törichtes Vertrauen auf das Orakel des Alexander herbeigeführt wurde, so muß dieses schon 161 n. Chr. (Napp, De rebus imp. M. Aurel. Antonino in oriente gestis, Diss. Bonn 1879 S. 15—18) in großem Ansehen gestanden haben. In der Stelle des Lucian ist in den Worten ὑπὸ τοῦ ᾿Οθρυάδου κατακοπείς wohl mit Mommsen RG. V 406, 1 eine attizistische Hellenisierung des Namens Chosroes anzunehmen von der Art, wie Lucian selbst sie gelegentlich verspottet (de hist. conscrib. 18. 21). 3) Vgl. Pausan. X 36, 1. Mommsen RG. V 314, 2.

griffe in der Beantwortung schadeten dem Ansehen des Orakels nicht; seine Göttlichkeit offen zu leugnen, war nicht ohne Gefahr; denn Alexander verstand es, den Schwarm der Gläubigern gegen seine Widersacher (namentlich Epikureer) als »Atheisten und Christen« zu fanatisieren. Die Priester der angesehensten Orakel Kleinasiens machte er sich zu Freunden, indem er öfters die Besucher des seinigen an sie verwies.

Durch Emissäre ließ Alexander auch in andern Provinzen für seinen Gott Propaganda machen, und bald gewann er zahlreiche Gläubige auch in Italien und in Rom selbst. Viele der höchstgestellten und einflußreichsten Männer setzten sich mit ihm in Verbindung. Verfängliche Fragen (d. h. solche, die sich auf den Kaiser oder Staatsangelegenheiten bezogen) behielt Alexander zurück und hatte dadurch die Fragesteller in seiner Gewalt, die seine Verschwiegenheit teuer erkaufen mußten. In dem überaus gottesfürchtigen und abergläubischen P. Mummius Sisenna Rutilianus (consul suff. vor 172)[1]) gewann er einen so blindgläubigen Verehrer, daß der 60jährige Konsular sich auf das Geheiß des Gottes Glykon mit einer Tochter des paphlagonischen Schwindlers vermählte, deren Mutter angeblich die Mondgöttin war. Rutilianus war es auch, der den Kaiser Marc Aurel bewog, im Kampfe gegen die Markomanen, als ein Opfer, welches den Römern den Sieg sichern sollte, zwei Löwen in die Donau werfen zu lassen, worauf sie freilich eine große Niederlage erlitten (wohl unter Furius Victorinus 166). Als Lucian bei dem Statthalter von Bithynien, Lollianus Avitus, eine Klage wegen eines von Alexander gegen ihn gemachten Mordversuchs erheben wollte, beschwor ihn dieser, davon abzustehen, da er den Schwiegervater des Rutilianus nicht verfolgen könne[2]). Mit den Schrecken des Kriegs vereinigten sich damals die verheerenden Wirkungen jener in einem großen Teile des Reichs wütenden Epidemie[3]), um überall auch das religiöse Bedürfnis und die Glaubensseligkeit aufs höchste zu steigern. Überall las man auf den Haustüren einen von Alexanders Sendboten, die seinen Beistand gegen Seuchen, Feuersbrünste und Erdbeben empfohlen hatten, verbreiteten Orakelspruch, der ein sicheres Schutzmittel gegen jene Pest sein sollte[4]).

Alexander starb im Alter von fast 70 Jahren in unangefochtenem Besitz von Ehre, Macht und Reichtum, und noch nach seinem Tode stand eine Statue von ihm auf dem Markt in Parium in Mysien, bei der ihm öffentliche Opfer und Feste gefeiert wurden[5]). Lucians Berichte, die man als übertrieben ansehen könnte, erhalten volle Bestätigung durch Münzen von Abonuteichos mit den Köpfen der Kaiser Antoninus Pius und Marc Aurel, die auf der Rückseite eine Schlange mit einem Menschenkopfe, zum Teil mit der Beischrift »Glykon«, zeigen. Die Legenden dieser Münzen bestätigen ferner, daß Alexander, wie Lucian eben-

1) Waddington, Fastes des provinces Asiatiques nr. 153. Prosopogr. imp. Rom. II 388f. nr. 519. Cumont S. 48 setzt ohne hinlänglichen Grund das Konsulat des Rutilianus nach 161.
2) Lucian. Alexand. 57, wo statt des αὐτός und ἀνεκτός der Hss. Ἀούειτος zu lesen ist; L. Lollianus Avitus (Konsul im J. 144, Prosop. imp. Rom. II 293 nr. 222) ist für das Jahr 165 als Statthalter von Bithynien bezeugt durch die Inschrift von Amastris IGR III 84; im Jahre 169 war Avitus nicht mehr Statthalter von Bithynien, Cumont S. 50, 4.
3) Oben I 31f.
4) Lucian. Alex. 36. Der Vers findet sich noch bei Martian. Capella I 19 und inschriftlich im syrischen Antiochia, Weinreich, Athen. Mitteil. XXXVIII 1913 S. 66.
5) Athenagoras (etwa 177) Leg. de christ. 26.

falls berichtet, (wohl bei L. Verus während dessen Aufenthalts in Asien 162 bis 166) die neue Benennung »Ionopolis« für seine Vaterstadt durchzusetzen vermochte, welche sogar die ältere verdrängt[1]) und sich in wenig veränderter Form (Ineboli) bis heute erhalten hat[2]). Der erwähnte Münztypus findet sich dort bis in die Zeit des Trebonianus Gallus (251—253), und unter Caracalla und Gordian III. auch in Nicomedien, wohin also der Kultus des Gottes Glykon ebenfalls gedrungen sein muß[3]). Andere Zeugnisse für die Verbreitung desselben haben sich in dem hauptsächlich von Kleinasien aus kolonisierten Dacien und dem oberen Mösien gefunden: zwei in Apulum (Karlsburg in Siebenbürgen) zum Vorschein gekommene Inschriften sind dem Gotte Glykon »auf dessen Befehl« geweiht[4]); nicht ganz sicher ist die Deutung einer in Mösien (in Üsküb) gefundenen Weihung »dem Juppiter und der Juno, dem Drachen und der Drachenfrau und dem Alexander«[5]), wonach also Alexander, falls er hier gemeint ist, außer der von Lucian erwähnten Schlange noch ein weibliches Exemplar gehabt haben müßte.

Der Glaube an vorbedeutende Träume.

Wenn ein so plumper Betrug so lange Zeit hindurch ohne ernstliche Bekämpfung und mit so ungeheurem Erfolge geübt werden konnte, so ergibt sich der Rückschluß auf den Glauben an dic anerkannten Orakel und deren Einfluß von selbst. Mehrere derselben waren Traumorakel, wie das des Mopsus und Amphilochus zu Mallos in Cilicien, welches dem S. Quintilius Condianus seine und seines Bruders Ermordung durch Commodus in einem Traume (von dem die beiden Schlangen würgenden Herakleskinde) verkündete[6]). Daß aber nicht bloß dort, sondern überall Träume die Zukunft voraussagten, war unter allen Formen des Glaubens an Vorbedeutungen die allgemeinste und die einzige, die selbst ein Teil derer nicht bestritt, welche den Weissagungsglauben im übrigen durchaus verwarfen. Aristoteles[7]) und Demokrit[8]) gaben das Vorkommen weissagender Träume zu, die aber nicht von den Göttern gesandt, sondern natürliche Wirkungen natürlicher Ursachen seien; und so neigte auch der ältere Plinius, der alle übernatürliche Offenbarung der Zukunft leugnete, zu dem Glauben an bedeutende Träume. In einem der früheren Bücher seiner Naturgeschichte läßt er die Frage unentschieden[9]), aber in einem späteren[10]) berichtet er als unzweifelhafte Tatsache, daß ein Soldat der Kaisergarde in Rom, der durch den Biß eines tollen Hunds wasserscheu geworden war, durch ein Mittel gerettet worden sei, das seiner in Spanien lebenden Mutter ein Traum geoffenbart hatte. Ohne

1) Eckhel D. N. II 383 f. Cumont S. 53. Babelon, Revue numism. 4. sér. IV 1900 S. 1 ff. Waddington, Recueil général des monnaies grecques de l'Asie mineure I 129 ff. (die letzten Münzen mit dem Namen Abonuteichos mit dem Bilde des Antoninus Pius, die ersten mit Ionopolis mit dem des L. Verus). 2) Renan, L'église chrétienne S. 429, 5. 3) Cumont S. 42 f. Amulette, auf denen das Bild des Glykon mit mehr oder weniger Wahrscheinlichkeit erkannt wird, bei Cumont S. 43—45. 4) CIL III 1021 (Dessau 4079). 1022. 5) CIL III 8238 = Dessau 4080; gegen die Beziehung auf Alexander von Abonuteichos E. Groag, Wiener Eranos (1909) S. 251 ff.; eine neue Deutung gibt v. Domaszewski bei Weinreich, N. Jahrb. XLVII 1921 S. 143 f. Vgl. auch CIL VI 112 = Dessau 3988. Sonstige Weihungen an einen oder mehrere *dracones* (CIL VI 143 = Dessau 3896a. CIL VIII 9326. 15247. 15378. 17722 = Dessau 3879) sind wir nicht berechtigt auf Glykon zu beziehen, vgl. Cumont, Real-Encykl. V 1634 f. 6) Cass. Dio LXXII 7, 1; vgl. oben S. 54. 7) W. Reichardt, De Artemidoro Daldiano librorum onirocriticorum auctore (Comm. phil. Jenens. V 1894) S. 116 f. S. Herrlich, Antike Wunderkuren (Progr. d. Humboldt-Gymn. Berlin 1911) S. 19 f. 8) W. Reichardt a. a. O. S. 113 f. 9) Plin. n. h. X 211. 10) ebd. XXV 17.

seinen Unfall zu ahnen, hatte sie ihm dieses in einem Briefe mitgeteilt, der gerade zur rechten Zeit ankam, um den Kranken wider alle Erwartung zu retten. Wenn Plinius sagt, dieses vorher unbekannte Mittel, das sich seitdem stets bewährte, habe »Gott« offenbart, so dachte er wohl an jenes geheimnisvolle Walten der Natur, das sich auch in den Sympathien und Antipathien ihrer Kräfte kund zu geben schien, keinesfalls an die Vorsehung einer persönlichen Gottheit[1]).

Sein Zusammenhang mit dem Vorsehungsglauben.

Setzt aber der Glaube an weissagende Träume auch den Götter- und Vorsehungsglauben nicht notwendig voraus, so haben sicherlich immer nur die wenigsten den einen ohne den andern gehegt, bei der großen Mehrzahl hat sich der Glaube wie der Unglaube auf beide Gebiete zugleich erstreckt. Demokrits Theorie hat allem Anschein nach selbst bei den Epikureern wenig Eingang gefunden, und sie haben im allgemeinen mit der Vorsehung auch die Weissagung der Träume wie alle sonstige geleugnet. Dagegen allen, die eine Vorsehung annahmen, sagt Origenes[2]), war es gewiß, daß es Erscheinungen im Traume gab, die teils ganz eigentlich göttlicher Natur waren, teils die Zukunft offenbarten, sei es deutlich, sei es in Rätseln. Im Schlafe, sagt der Vertreter des Heidentums in dem Dialoge des Minucius Felix[3]), sehen, hören, erkennen wir die Gottheit, die wir am Tage gottlos leugnen, verschmähen, durch Meineid beleidigen. Namentlich die Stoiker legten den größten Wert auf diese von der Vorsehung den Menschen geschenkte »eigentümliche Tröstung eines natürlichen Orakels«; und auch die Christen glaubten, daß nicht bloß von Gott, sondern auch von Dämonen wahre Träume gesandt würden, freilich in der schon erwähnten bösen Absicht, und viel öfter trügerische und unreine[4]). Man wird also nicht sehr irren, wenn man auf die Allgemeinheit und Festigkeit des Götter- und Vorsehungsglaubens aus der Allgemeinheit und Festigkeit auch des Glaubens an Träume schließt.

Seine allgemeine Verbreitung.

Über diese letztere kann nun aber niemand in Zweifel sein, der die Literatur der ersten Jahrhunderte, namentlich die historische, auch nur oberflächlich kennt. Selten wird ein großes Ereignis erzählt, ohne daß zugleich mindestens ein Traum mitgeteilt wird, der es ankündete. Die hervorragenden Männer räumten Träumen den größten Einfluß auf ihre Handlungen ein, man ließ sich durch sie zu Unternehmungen jeder Art bestimmen; so schrieb Galen über Mathematik[5]), der ältere Plinius seine Geschichte der römischen Kriege in Deutschland infolge eines Traums[6]). Träume entschieden über die Wahl des Lebensberufs: Galen war zum Studium der Medizin durch einen Traum seines Vaters bestimmt worden[7]). Er ließ sich auch in der Behandlung seiner Kranken vielfach von Träumen leiten, und zwar mit bestem Erfolge. So hatte er einmal auf die Eingebung zweier deutlicher Träume die Ader zwischen dem Zeige- und Mittelfinger der rechten Hand geschlagen und das Blut so lange fließen lassen, bis es von selbst aufhörte[8]). Ebenso fest war übrigens sein Glaube an die Wissenschaft des Vogelflugs[9]). Sueton wandte sich an den jüngeren Plinius mit der Bitte, den Aufschub eines Termins zu erwirken, an welchem er eine Verteidigung vor Gericht führen sollte, da ein Traum ihm einen unglücklichen Ausgang verkündet

1) Oben S. 122. 2) Orig. c. Cels. I 48. 3) Minuc. Fel. Octav. 7, 8. 4) Tertullian. De anima 46 ff. Vgl. oben S. 164. 5) Galen. III 812. 6) Plin. ep. III 5, 4. 7) Galen. X 609. XVI 223; vgl. VI 833. 8) ebd. XVI 222. 9) ebd. XV 443 ff.

habe. Plinius rät, die Sache nochmals zu erwägen, da es darauf ankomme, ob Suetons Träume die bevorstehenden Ereignisse oder das Gegenteil bedeuten, er selbst befinde sich im letzteren Falle[1]). Augustus, der nicht bloß seine eigenen Träume, sondern auch die auf ihn bezüglichen andrer sorgfältig beachtete, ließ sich durch einen Traum bewegen, alljährlich an einem bestimmten Tage und an einem bestimmten Orte den Vorübergehenden wie ein Bettler die hohle Hand hinzuhalten und die Kupfermünze in Empfang zu nehmen, die sie ihm reichten[2]). Marc Aurel dankte den Göttern, daß sie ihm in Träumen Verordnungen gegen Schwindel und Blutspeien gegeben hatten[3]). Über die Träume und Vorzeichen, welche die Herrschaft des Septimius Severus vorausverkündeten, schrieb Cassius Dio ein Buch, und Severus, der auf seine Träume so großen Wert legte, daß er z. B. einen derselben in Bronze ausführen ließ[4]), nahm dasselbe sehr günstig auf[5]). Einst hatte der spätere Kaiser sich auf eine hohe Warte geführt gesehen, von wo er alles Land und Meer überschaute; er griff hinein wie in die Saiten einer Laute, und Harmonien tönten ihm entgegen[6]). Auch seine große römische Geschichte begann Cassius Dio »auf die Weisung der Gottheit im Traume« und fand den Mut und die Kraft, sie fortzusetzen und zu vollenden, durch neue Träume, in welchen Tyche (welcher als der Beschützerin seines Lebens er sich ganz geweiht hatte) ihm die Unsterblichkeit verhieß[7]).

Die Traumdeutung als Wissenschaft.

Das einzige, aus einer sehr umfangreichen, vorzugsweise griechischen Literatur[8]) auf uns gekommene Traumbuch ist namentlich auch als Beweis dafür interessant, wie sehr die Traumdeutung als eine Wissenschaft anerkannt war, deren Vertreter sich bemühten, auf Grund eines möglichst umfassenden und zuverlässigen Materials die Methode der Auslegung zum höchsten Grade der Strenge und Schärfe auszubilden.

Das Traumbuch des Artemidor.

Der Verfasser, Artemidor von Daldis — so mochte er sich lieber nennen als nach seiner Geburtsstadt Ephesus, da er dem obskuren Geburtsorte seiner Mutter auch den Ruhm gönnen wollte, einen namhaften Mann hervorgebracht zu haben[9]) — lebte gegen Ende des 2. Jahrhunderts und schrieb auf das wiederholte Geheiß des Apollo, der ihm sichtbarlich erschienen war, und auf den Antrieb eines Cassius Maximus[10]), der wahrscheinlich niemand anders ist als der Platoniker Maximus von Tyrus[11]). Auch für Artemidor, der außerdem Schriften über Vogel- und Handbeschauung verfaßte[12]), waren die Träume, welche die Götter »der von Natur prophetischen Menschenseele senden«, eine Betätigung der göttlichen Vorsehung, und seine Gegner setzte er hauptsächlich unter denen voraus, welche weder an diese, noch an Weis-

1) Plin. ep. I 18. 2) Sueton. August. 91; vgl. Cass. Dio LIV 35, 3. 3) M. Aurel. Comm. I 17. 4) Herodian. II 9, 3—6 (oben S. 54). 5) Cass. Dio LXXII 23, 1 f. Im allgemeinen über Träume bei den Historikern der Kaiserzeit H. Peter, Die geschichtl. Literatur über die röm. Kaiserzeit II 314 f. und die oben S. 159 A. 3 angeführte Untersuchung von J. Plew. 6) Cass. Dio LXXIV 3, dazu E. Maaß, Aratea S. 145 f.; vgl. Hist. aug. Sept. Sever. 3, 5. 7) Cass. Dio LXXII 23, 2. 4. 8) Tertullian. De anima 46, 2. Die ältere griechische Literatur der Traumdeutung bei Bouché-Leclercq, Histoire de la divination dans l'antiquité I 277 ff. 9) Artemidor. III 66 p. 196, 19 Herch. 10) Artemidor. I praef. p. 2, 26. II 70 p. 167, 9. 11) Diese Vermutung hat O. Hirschfeld in der Übersetzung des Artemidor von Krauß (1884) S. 8 ausgesprochen, und Diels (Hermes XXIII 1888 S. 287 f.) hat ihr zugestimmt. Vgl. auch oben I 109 A. 7. 12) Suid. s. v. Ἀρτεμίδωρος. Eine Erwähnung bei Galen. XV 444: Ἀρτεμιδώρου τοῦ Φωκᾶ ἄλλων τε τινῶν οἰωνιστῶν ἐνδόξων βίβλους hat Diels a. a. O. nachgewiesen.

sagung überhaupt glaubten. Seine tiefe Ehrfurcht vor dem Walten der Gottheit beweist unter anderm die Mahnung, wenn man Träume von den Göttern erbitte, nicht nach Unnützem zu forschen und ja nicht so zu beten, als wolle man ihnen Vorschriften machen, nach dem Traume aber ein Opfer und Dankgebet zu bringen[1]). Er betrachtete den ihm gewordnen Beruf, die Kundgebungen der Gottheit auszulegen, wie ein Priestertum, seine »Wissenschaft« war ihm heilig. Sein ganzes Leben hatte er an ihre Erforschung gesetzt, Tag und Nacht studiert[2]), alle irgend aufzutreibenden Traumbücher gekauft und auf seinen Reisen in Kleinasien, Griechenland, Italien und auf den Inseln so viel Fachgenossen wie möglich kennen zu lernen und seine Kenntnisse durch Erfahrung zu bereichern gestrebt. Der hohe Begriff von der Wahrheit und Würde seiner Wissenschaft ließ ihn jede Scharlatanerie und Künstelei verschmähen. Streben nach Effekt bei dem großen Publikum und dem Beifalle gewerbsmäßiger Schönredner, sagt er, habe ihm ferngelegen: sonst wäre es ihm leicht gewesen, ebensogut wie andre blendende und frappierende Dinge zu sagen[3]). Stets dringt er auf einfache und leicht verständliche Erklärungen der Träume und verwirft die spitzfindigen und künstlichen, mit welchen den Laien imponiert werde: ja er fand sie gotteslästerlich, weil man damit den traumsendenden Göttern gewissermaßen die Absicht zu täuschen beilege[4]). Stolz war er nur auf die Genauigkeit und Schärfe seiner Auslegung. Von seiner Aufrichtigkeit und Wahrhaftigkeit enthält sein Buch zahlreiche Beweise; auch hatte er die Genugtuung, daß, wenn übelwollende und kleinliche Beurteiler in bezug auf dessen Vollständigkeit und Ausführlichkeit einige Ausstellungen gemacht hatten, doch von niemandem behauptet worden war, daß es an Wahrheit auch nur im geringsten fehle[5]). Je weniger nun dieses Buch (dessen Entstehung und Verbreitung ohne einen gebildeten Leserkreis von gleicher Gesinnung undenkbar ist) auch nur eine Spur von eigentlicher Mystik und Phantasterei zeigt, je konsequenter, verständiger und methodischer es ist, desto schlagender beweist es, wie wenig in jener Zeit auch Nüchternheit und selbst ein gewisser Rationalismus den Glauben an eine fort und fort in Wundern sich offenbarende Vorsehung der Götter ausschloß.

Heilung von Krankheiten durch Träume.

Von diesen Wundern waren nun die Heilungen von Krankheiten durch Eingebungen von Träumen die greifbarsten und überzeugendsten, folglich auch diejenigen, die der Glaube am liebsten und häufigsten schuf und die ihm immer neue Nahrung gaben. Diese Wunder vollzogen sich natürlich ganz vorzugsweise auf dem heiligen Boden der Tempel der Heilgötter Asklepios, Isis, Sarapis, bei deren Heiligtümern unter dem Kultpersonal Traumdeuter nie gefehlt haben werden[6]). Diese Götter taten dort auch andre Wunder. So versichert Aristides von dem unversieglichen »heiligen Brunnen« im Tempel des Asklepios zu Pergamum, daß durch das Baden in seinem Wasser viele ihr Augenlicht wiedererlangten, von Brustkrankheiten, Atembeschwerden, Fußverkrümmungen geheilt wurden, daß ein Stummer, der daraus trank, die Sprache erhielt, manchem

1) Artemidor. IV 2 p. 205, 25. 2) Über seine Studien und Quellen vgl. W. Reichardt a. a. O. S. 126ff. 3) Artemidor. I praef. II 60. 70 p. 1 f. 167 f. 4) ebd. IV 63 p. 240 f. 5) ebd. IV praef. p. 198, 11 ff. 6) Die λυχνάπτρια καὶ ὀνειροκρίτις IG III 162 gehört zum Kultuspersonal der Isis (s. die Anm. von Dittenberger); das von O. Rubensohn, Festschr. f. Joh. Vahlen (1900) S. 3 ff. behandelte Aushängeschild eines Traumdeuters ist beim Sarapeum zu Memphis gefunden.

schon das Schöpfen aus dem Brunnen Heilung brachte[1]). Auch leibhaft erschien der Gott den Gläubigen keineswegs selten. Origenes beschwert sich, daß Celsus, der die Christen wegen ihres Glaubens an die Wunder Jesu einfältig nennt, ihnen zumute, zu glauben, »daß eine große Menge von Hellenen und Barbaren (wie sie versichern) den Asklepios nicht als eine Vision, sondern persönlich Heilungen und Wohltaten vollbringen und die Zukunft vorhersagen gesehen haben und noch sehen«. Diesen Aussagen gegenüber beruft sich Origenes auf eine unzählbare Menge derer, welche die Wunder Christi bezeugen, und fügt hinzu, daß er selbst durch die bloße Anrufung des Namens Gottes und Jesu Menschen von schweren Krankheiten, von Besessenheit und Wahnsinn und vielen andern Leiden habe befreien sehen, »die weder Menschen noch Dämonen heilen konnten«[2]). Auch die beiden halbgöttlichen Söhne des Asklepios waren vielen zu Epidaurus und an andern Orten erschienen[3]). In einer zu Rom inschriftlich erhaltenen Widmung an Pan für Herstellung aus schwerer Krankheit heißt es, daß der Gott dem Geheilten sichtbarlich erschienen war, nicht im Traume, sondern mitten am Tage[4]).

Selbstverständlich aber war in der heidnischen Welt das größere Wunder, daß die Heilgötter in Person zu den Hilfesuchenden herabstiegen, auch das seltenere, und gewöhnlich erfolgten, wie gesagt, die Heilungen durch Träume, und zwar ohne Zweifel nicht bloß bei solchen, die in Tempeln schliefen. Artemidor hat in einem eignen Abschnitte »Von den Verordnungen« auch dieses Wunder auf seinen wahren Gehalt zurückzuführen gesucht, indem er es der schmückenden Zutaten entkleidete, durch welche die geschäftige Phantasie der Gläubigen es zu vergrößern meinte, die aber nach seiner Auffassung der Erhabenheit der Götter unwürdig waren. »In bezug auf die Verordnungen«, sagt er[5]), »daß nämlich die Götter den Menschen (im Traume) Behandlungen von Krankheiten verordnen, ist es unnütz Fragen aufzuwerfen. Denn viele sind in Pergamum, Alexandria und an andern Orten durch Verordnungen geheilt worden, und manche glauben, daß die Wissenschaft der Heilkunde aus ihnen hervorgegangen sei.« Nun aber werden lächerliche und widersinnige Verordnungen berichtet, die niemals geträumt, sondern erdichtet sind. So sollen z. B. einem Kranken im Traume »beißende Mohren« verordnet und damit Pfefferkörner gemeint gewesen sein, weil sie schwarz sind und beißen, einem andern »Jungfrauenmilch« und »Sternenblut«, worunter Tau zu verstehen gewesen sei, und dgl. Diejenigen, die dergleichen ersinnen, zeigen, daß sie kein Verständnis für die Liebe der Götter zu den Menschen haben. Die wirklich von den Göttern in Träumen gegebenen Vorschriften sind einfach und ohne Rätsel: sie verordnen Salben und Einreibungen, Tränke und Speisen mit denselben Namen, mit denen wir sie nennen; kleiden sie einmal eine Vorschrift in Rätsel, so sind diese stets leicht verständlich. Eine Frau z. B., die eine Entzündung an der Brust hatte, träumte, sie lasse ein Schaf daran saugen; sie legte ein Kraut darauf, das Schafszunge heißt, und genas. Und so wird man immer finden, daß die vorgeschriebnen Kuren durchaus nichts der rationellen Medizin Widersprechendes enthalten, daß

1) Aristid. or. 39, 15 (II 323 K.). 2) Orig. c. Cels. III 24. 3) Arist. or. 38, 21 (II 318 K.). 4) IG XIV 1014 = Kaibel, Epigr. gr. 802. 5) Artemidor. IV 22.

also die göttlichen Offenbarungen mit den sicheren Resultaten der Wissenschaft durchaus übereinstimmen. So träumte z. B. der sehr an Gicht leidende Fronto (der bekannte Konsular und Schriftsteller), der um Angabe einer Kur gebetet hatte, er wandle vor der Stadt umher: und in der Tat wurde er durch fortgesetztes Umhergehen erheblich gebessert. Aristides erhielt ganz besonders häufig im Traume die Anweisung von Asklepios, zu dichten und Reden zu halten. Wie der Gott einem Faustkämpfer, der damals im Tempel schlief, die Kunstgriffe angab, durch die er einen berühmten Gegner niederwarf, so hat er »mir Kenntnisse und Lieder und Stoffe zu Reden vorgeschrieben und dazu die Gedanken selbst und den Ausdruck, wie die Lehrer den Knaben die Buchstaben«[1]). Galen erwähnt, daß Asklepios vielen, die infolge heftiger Gemütsaufregungen leidend waren, verordnet habe, Oden, Lieder und Possen zu schreiben; andern, zu reiten, zu jagen und Waffenübungen zu veranstalten, und zwar mit genauer Angabe, in welcher Art die verordnete Übung vorzunehmen sei[2]). Die Patienten, die sich dem Gott in Pergamum in Behandlung gegeben hatten, unterwarfen sich auch den härtesten Verordnungen, welche sie auf den Rat eines Arztes niemals befolgt haben würden, z. B. sich 15 Tage lang aller Getränke zu enthalten[3]). Galen verdankte dem Asklepios seine Heilung von einem lebensgefährlichen Geschwür; und Marc Aurel verzichtete auf seine Begleitung im Markomanenkriege, da der Gott (vermutlich vermittels eines Traums) sich dagegen erklärt haben sollte[4]). Zuweilen sind es an Stelle des Kranken die Priester, welche im Tempel schlafen und im Traume die heilenden Anweisungen für ihn erhalten; so in der unterirdischen Höhle des berühmten Plutonions bei Nysa am Mäander, die in der Regel überhaupt nur von den Priestern betreten werden durfte[5]).

Den Tempelschlaf, der noch jetzt in Griechenland und Süditalien in Krankheiten häufig angewandt wird, übernahm die christliche Kirche aus dem Heidentum, und an die Stelle der im Traume Anweisungen spendenden Götter und Heroen traten die Madonna, der Erzengel Michael und verschiedene Heilige und Märtyrer[6]).

Heilurkunden in Epidaurus.

Ausgrabungen im Asklepiostempel zu Epidaurus in den Jahren 1883 und 1884 haben von den sechs Tafeln, auf denen die von dem Gott an den im Tempel schlafenden Kranken vollbrachten Wunderkuren berichtet waren, zwei zutage gefördert[7]). Diese Aufzeichnungen sind auf den rohesten Wunderglauben berechnet. Außer Heilungen von Lahmen, Blinden und Stummen ist darunter z. B. auch die Genesung einer Frau nach fünfjähriger Schwangerschaft von einem Knaben, der gleich nach der Geburt sich badete und mit der Mutter umherging. Auch fehlt es nicht an Bekehrungen von Leugnern und Zweiflern, sowie an Beispielen der Bestrafung von Frevlern und solchen, die das Honorar nicht bezahlten. Außer diesen aus vorrömischer Zeit stammenden, von den Priestern

1) Aristid. or. 42, 11 (II 337 K.). Vgl. Baumgart, Aelius Aristides S. 50—56. 2) Galen. VI 41. 869: ἀλλὰ τοῦτον μὲν ὁ Ἀσκληπιὸς ἰάσατο. 3) Oben I 200. 4) Galen. XIX 19. 5) Strabo XIV 649 f. (daraus Eustath. z. Dion. Perieg. 1153). Vgl. K. Lehmann-Hartleben, Philol. Wochenschr. 1921 Sp. 1245 ff. W. v. Diest, Nysa ad Maeandrum (Jahrb. d. Arch. Inst. Ergänz.Heft X, 1913) S. 16 f. 6) Deubner, De incubatione (1900) S. 56 ff. 7) IG IV 951. 952 = Dittenberger, Syll.[3] 1168. 1169. Fragment einer weiteren Tafel, veröffentlicht von Cavvadias, Mélanges Perrot (1902) S. 42 ff. Parallelen aus dem modernen Griechenland bei Herrlich a. a. O. S. 34 f.

verfaßten Wundergeschichten, die überall den Gott selber im Traume die Heilung vollziehen lassen, so daß der Kranke genesen das Heiligtum verläßt, ist u. a. auch der Bericht eines gebildeten Mannes aus dem 2. Jahrhundert n. Chr. über seine dort erfolgte Herstellung gefunden worden. Dieser, M. Julius Apellas aus Mylasa in Karien, der viel krank gewesen war und namentlich an mangelhafter Verdauung gelitten hatte, war von dem Gott (im Traume) nach Epidaurus beschieden worden. Auf der Fahrt erhielt er (bei der Insel Ägina) den Rat, sich nicht so viel zu ärgern; dann in dem Heiligtume selbst zahlreiche Verordnungen über die äußerlich und innerlich anzuwendenden Heilmittel, die zu befolgende Diät und die vorzunehmenden heilgymnastischen Übungen (wozu auch Schaukeln gehörte); bei der Anweisung, ohne Hilfe des Badewärters zu baden, unterließ der Gott nicht hinzuzufügen, daß er diesem nichtsdestoweniger ein Trinkgeld von einer Drachme geben solle. Als er den Gott gebeten hatte, ihn schneller abzufertigen, war es ihm, als ginge er mit Senf und Salz am ganzen Körper eingerieben aus dem Heiligtum hinaus, ein kleiner Knabe ging mit einem dampfenden Rauchfasse voran, und der Priester sagte: »Du bist nun hergestellt, mußt aber auch das Honorar bezahlen.« Später erfolgte noch eine Verordnung von Anis und Öl gegen Kopfschmerz. Der Kranke hatte aber keinen Kopfschmerz. Doch infolge von zu eifrigem Studieren bekam er Blutandrang nach dem Kopfe und wurde nun durch das verordnete Mittel davon befreit. »Er befahl mir, auch dies aufzuschreiben. Dankbar und gesund reiste ich ab«[1]). Ein wesentlicher Unterschied gegenüber den ältern Heilberichten ist in denen der Kaiserzeit der, daß nicht mehr die Heilung selber während des Traumes erfolgt, sondern der Kranke hier nur Anweisungen darüber erhält, welche Mittel er anzuwenden und wie er sich überhaupt zu verhalten habe[2]). Von vier Berichten einer an der Stelle des Äsculaptempels auf der Tiberinsel in Rom gefundenen Tafel über Heilungen durch Traumorakel beziehen sich zwei auf Blinde, zwei auf Brustkranke, die von den Ärzten aufgegeben waren[3]).

Inschrift des Julius Apellas.

Die Votivsteine der Minerva Memor.

Auf göttliche Verordnungen in Träumen beziehen sich offenbar auch manche Danksagungen auf römischen Inschriftsteinen für Wiedererlangung der Gesundheit. In der Nähe von Velleja und Placentia war ein Heiligtum der Minerva, die man »die gedenkende« oder »die Ärztin« Minerva von Cabardiacum nannte, weil sie sich in Krankheiten hilfreich erwies. Sie wurde natürlich besonders von Kranken der nächsten Umgegend angerufen, von deren Votivinschriften und Widmungen mehrere sich noch erhalten haben[4]); eine darunter ist von einem Kohortenpräfekten aus Britannien gesandt, der wahrscheinlich aus jener Gegend gebürtig war. Eine Frau dankt der Göttin, daß sie sie »durch gnädige Gewährung von Arzeneien von einem schweren Gebrechen befreit« hatte, eine andre bezahlt ihr Gelübde wegen Wiederherstellung ihrer Haare; ein Mann

1) IG IV 955 = Dittenberger, Syll.³ 1170; vgl. v. Wilamowitz, Isyllos von Epidauros (Philol. Untersuch. IX 1886) S. 116ff.; daß Apellas ein Sophist war, beweist sein φιλολογεῖν nicht. Ähnliche Inschrift des Ti. Claudius Severus aus Sinope vom J. 224 n. Chr. IG IV 956, Verwandtes aus dem Asklepiosheiligtum von Lebene auf Kreta Dittenberger, Syll.³ 1171. 1172. 2) O. Weinreich, Antike Heilungswunder (1909) S. 110ff. 3) IG XIV 966 = Dittenberger, Syll.³ 1173, vgl. Deubner a. a. O. S. 44ff. 4) CIL XI 1292—1309 (Dessau 2603. 3134—3137), vgl. P. Bertolotti, Bull. d. Inst. 1867 S. 219ff. 237ff.

bringt ihr »silberne Ohren« (für Herstellung von einem Gehörleiden) dar[1]). Dieselbe Göttin[2]) hatte einen Tempel in Rom, dessen Lage (in der fünften Region) durch zahlreiche, in einem dazu gehörigen unterirdischen Gewölbe gefundene Darstellungen menschlicher Glieder aus Ton (ebenfalls Darbringungen genesener Kranken) festgestellt ist[3]). Ein Sklave der Pontifices zu Rom bringt laut einer in schlechtem Latein abgefaßten Inschrift der »Guten Göttin« (Bona Dea) das Dankopfer einer weißen Kuh für Herstellung des Augenlichts, »nachdem er von den Ärzten verlassen und nach zehn Monaten durch die Gnade der Herrin mit Arzneien geheilt war«[4]). Außerordentlich groß ist die Zahl der griechischen und lateinischen Inschriften, die von auf Grund eines Traumgesichtes oder der Weisung eines Gottes erfolgten Weihungen Zeugnis ablegen[5]).

Glaube an die Wirksamkeit der Lokalgötter außerhalb ihrer eigentlichen Machtsphäre.

Überall, wo der Gläubige eine höhere Einwirkung erkannte, bezog er sie am natürlichsten und unwillkürlich auf den Gott, zu dem er von Jugend auf gebetet hatte, dessen Heiligkeit, Ansehen und Ruhm in Stadt und Land am größten war, dessen Macht er schon selbst erfahren zu haben glaubte. So hatte Aristides manche sagen gehört, der Gott Asklepios habe ihnen im Sturm auf der See rettend die Hand gereicht[6]). Und wie Asklepios nicht bloß für alle, die in seinem Tempel Heilung gefunden hatten, sondern auch für die Bewohner der näheren und ferneren Umgegend von Pergamum und seinen übrigen berühmten Kultorten, so war für Ephesus die große Artemis, für Alexandria Sarapis, für Cäsarea Panias in Palästina Pan[7]), für ganz Lycien Leto[8]), für Nordafrika die »Himmlische Göttin« von Karthago[9]) usw., überhaupt für jede Gegend die hauptsächlich dort verehrte Gottheit der natürlichste Helfer in aller Not, mochte er nun groß oder gering sein. Pausanias spricht von einem Tempel des Pan unweit Megalopolis in Arkadien und fügt hinzu: gleich den mächtigsten Göttern vermag auch dieser Pan die Gebete der Menschen zur Vollendung zu führen und den Bösen zu vergelten, wie es ihnen gebührt[10]). In Stratonicea war neben Zeus (Panamaros oder Panemerios)[11]) die am höchsten verehrte Gottheit Hekate, die in dem unfern gelegenen Lagina ein berühmtes Mysterienheiligtum besaß[12]). Beide hatten die Stadt von alters her oft aus den größten Gefahren errettet; daher beschloß

1) CIL XI 1295 = Dessau 3136. Vgl. dazu die Weihung aus dem epidaurischen Asklepieion CIL III 7266 = Dessau 3853 (Buecheler, Carm. ep. 866) *Cutius has auris Gallus tibi voverat olim, Phoebigena, et posuit sanus ab auriculis* und die inhaltreichen Ausführungen von O. Weinreich, Athen. Mitteil. XXXVII 1912 S. 46ff. 2) Schon Cic. De divinat. II 123 sagt: *et si sine medico medicinam dabit Minerva, Musae scribendi legendi ceterarum artium scientiam somniantibus non dabunt?* 3) Gatti und Visconti, Bull. arch. comun. XV 1887, 154ff. 167ff. 192ff. XVI 1888, 125 (zweifelnd Hülsen-Jordan, Topogr. I 3 S. 353, 26). Über Weihungen von Nachbildungen menschlicher Glieder und Körperteile vgl. Th. Meyer-Steineg, Darstellungen normaler und krankhaft veränderter Körperteile an antiken Weihgaben (Jenaer medizin-histor. Beitr. II), 1912. 4) CIL VI 68 = Dessau 3513; zu *Bona Dea oclata* CIL VI 75 = Dessau 3508 vgl. Weinreich a. a. O. S. 55. 5) Marquardt StV. III² 100, 7. Weitere Literatur darüber bei Weinreich, Antike Heilungswunder S. 7, 1. 6) Aristid. or. 42, 10 (II 337 K.). 7) Lebas-Waddington 1891—1894. 8) Hier begegnet namentlich die Grabverwünschung ἐὰν δέ τις ἀδικήσῃ ..., ἡ Λητὼ αὐτὸν ἐπιτρίψει Lebas-Waddington 1273, vgl. CIG 4259. 4303 add. Λητῷον bei Xanthos Strabo XIV 665, vgl. Appian. Mithr. 27. 9) z. B. CIL VIII 20743 = Dessau 4431 (Auzia in Mauretanien). 10) Pausan. VIII 37, 11. 11) Deschamps u. Cousin, Bull. corr. hell. XI 1887 S. 373ff. XII 1888 S. 82ff. 249ff. 479ff. XV 1891 S. 169ff. 12) Benndorf u. Niemann, Reisen in Lykien S. 154ff. M. P. Nilsson, Griech. Feste S. 400f.

einmal der Stadtrat nach einer noch vorhandnen Urkunde, daß täglich 30 Knaben aus guten Familien, in weißen Kleidern und mit Oliven bekränzt, beiden Gottheiten im Rathause, wo ihre Bildsäulen standen, unter Kitharabegleitung einen Lobgesang singen sollten[1]). Außer den Göttern wurden (wie bemerkt)[2]) in den griechischen Ländern überall Heroen verehrt; jede Gegend hatte vermutlich ihren besondern Beschützer und Nothelfer, dessen Wirksamkeit in dem kleinen Gebiet, auf das sie sich beschränkte, um so erprobter und anerkannter war. Mochten die Ansprüche dieser Heroen auf Verehrung ursprünglich noch zweifelhaft gewesen sein: wenn ihre Kulte einmal Bestand gewonnen hatten, so behaupteten sie sich mit merkwürdiger Zähigkeit; was sich ja auch bei dem des Antinous zeigt[3]). Ob die für Marathon und Rhamnus aus älterer Zeit bezeugte Verehrung eines »Arzt-Heros« Aristomachus[4]) auch in den späteren Jahrhunderten fortgedauert hat, ist unbekannt. Doch dem Skythen Toxaris, der Athen angeblich von einer großen Epidemie befreit hatte, opferte man noch in Lucians Zeit, und sein Grabstein heilte Fieberkranke[5]). Dem T. Quinctius Flamininus ernannte man in Chalcis auf Euböa noch in Plutarchs Zeit einen Priester, brachte ihm Opfer und sang einen ihm zu Ehren gedichteten Lobgesang[6]). Alexander der Große hatte nicht bloß in Alexandria[7]), sondern auch an andern Orten, namentlich in den ionischen Städten Kleinasiens, Tempel und Priester[8]). Noch bis ins 6. Jahrhundert opferten ihm die Bewohner der Oase Augila im Innern von Marmarica, und eine große Zahl von Tempelsklaven war dort seinem Dienste geweiht: erst Justinian bekehrte diese Heiden und erbaute ihnen eine Kirche der heiligen Jungfrau[9]). Dem Olympiasieger Theogenes opferte man in Pausanias Zeit nicht bloß auf Thasus als einem Gotte, sondern auch an andern Orten in griechischen und Barbarenländern wurden seine Bildsäulen verehrt und heilten Krankheiten[10]). Oft heftete sich die Verehrung an eine bestimmte Statue eines Heros, die ihre Wunderkraft bewährt haben sollte. In Alexandria Troas standen mehrere Statuen des Nerullinus, vermutlich eines Wundermannes vom Schlage des Alexander von Abonuteichos und Peregrinus Proteus, mit denen er zusammen genannt wird; von einer dieser Statuen glaubte man dort (im Jahre 177), daß sie Krankheiten heile und Orakel erteile, man opferte ihr, vergoldete und bekränzte sie[11]). Zuweilen beschränkte sich der Glaube an die Wunderkraft eines Standbilds auf die Bewohner eines Hauses, in dem es sich befand: kleine Münzen und Silberplättchen, zum Teil mit Wachs an dessen

1) Lebas-Waddington 519 f. 2) Oben S. 150 f. 3) Oben S. 153 f. 4) Kutsch, Attische Heilgötter u. Heilheroen (1913) S. 8 ff., der S. 2 ff. 12 ff. auch über andre attische ἥρωες ἰατροί handelt. 5) Lucian. Scytha 2; vgl. L. v. Sybel, Hermes XX 1885 S. 41 ff. und dazu Deneken in Roschers Mythol. Lexik. I 2483 f. 6) Plutarch. Flaminin. 16. 7) Über den dortigen Alexanderpriester vgl. W. Otto, Priester u. Tempel im hellenist. Ägypten I 138 ff. Kaerst a. a. O. S. 392 ff. Plaumann, Real-Encykl. VIII 1424 ff.; Archiv f. Papyrusforsch VI 1913 S. 77 ff. (namentlich über die Unterscheidung des eponymen Landeskultes von dem städtischen Kulte des Gründers von Alexandria). 8) Kaerst a. a. O. S. 387; bezeugt aus römischer Zeit für Teos (Strabo XIV 644), Erythrae (Lebas-Waddington 57 T. Φλ. Αὐρή(λιον) Ἀλέξανδρον ἱερέα θεοῦ Ἀλεξάνδρου) und Bargylia (ebd. 490 = Dittenberger, Or. gr. 3). 496. 9) Procop. De aedif. VI 2 p. 333 Dind. 10) Pausan. VI 11, 8 f. (s. oben S. 151 A. 2). 11) Athenagoras 26, der den Neryllinos ausdrücklich als einen Zeitgenossen (ὁ ἀνὴρ τῶν καθ' ἡμᾶς) bezeichnet. Die Beziehung auf den Prokonsul M. Suillius Nerullinus (Drexler in Roschers Mythol. Lexik. III 278) ist abzuweisen.

Beine geklebt, waren Dankopfer solcher, die durch seine Hilfe das Fieber verloren hatten; ruchlose Sklaven, welche diese frommen Gaben hatten entwenden wollen, waren auf schreckliche Weise umgekommen[1]).

Der Glaube an die Götter als Geber des Guten.

Der Glaube, der so gar nicht durch Zweifel an fortwährenden übernatürlichen Offenbarungen der göttlichen Macht und Güte beirrt wurde, mußte um so bereiter sein, auch in allen dem nüchternen Sinne natürlich oder zufällig erscheinenden Erlebnissen und Ereignissen die waltende Hand der Vorsehung zu erkennen: denn das eigentliche Wunder war ja auch nur eine von ihren unablässig in Leben und Natur eingreifenden Machtäußerungen, freilich die augenfälligste und überzeugendste, gleichsam ihre durch hundertfältige unmerkliche Übergänge vermittelte Kulmination, und sein Begriff kein fester, seine Anerkennung subjektiv, durch das Gefühl der Gläubigen bedingt, also unendlich verschieden. Von den Göttern, die allein das Wunder wirken konnten, von ihnen allein konnte auch alles Gute kommen, vom kleinsten bis zum größten. Epictet schilt die Akademiker, die wie alles übrige so auch das Dasein der Götter in Frage stellten: »wahrlich das sind dankbare und ehrfürchtige Menschen, die, wenn nichts andres, täglich ihr Brot essen und doch auszusprechen wagen: wir wissen nicht, ob es eine Demeter, Kore und Pluto (die Götter der Saat) gibt! Um nicht zu sagen, daß sie an Tag und Nacht, am Wechsel der Jahreszeiten, an den Gestirnen, dem Meer, der Erde und dem Bestande der menschlichen Gesellschaft ihren Anteil haben, ohne daß dies alles auf sie nur den geringsten Eindruck macht, ohne daß sie sich darum kümmern, welche schwere Folgen ihre Zweifel für die Sittlichkeit andrer Menschen haben können«[2]).

Das Gebet.

Allerdings leugneten auch unter den Stoikern manche, wie Seneca, den Nutzen des Gebets[3]), da die Gottheit ihrer Natur nach uns nichts andres als Gutes erweisen könne. Andre, wie Marc Aurel, mahnen, daß man ihr seine Gebete anheimgeben und nur um das wahrhaft Gute bitten solle[4]); ebenso Juvenal: die Götter lieben den Menschen mehr als er sich selbst, sie wissen, wenn wir in unsrer Blindheit um eine Gattin, die Geburt eines Sohnes bitten, welche Folgen die Gewährung unsrer Bitten für uns haben werde; wolle man zu ihnen beten, so sei es um eine gesunde Seele in einem gesunden Leibe[5]). Der jüngere Plinius sagt, die Götter erfreuen sich mehr an der Schuldlosigkeit der Betenden als an wohlgesetzten Gebeten, ihnen ist der gefälliger, der mit reinem Herzen, als der, welcher mit einer wohl eingeübten Litanei in ihre Tempel tritt[6]).

Doch diese Erinnerungen bestätigen nur die Allgemeinheit des Gebets, und wer möchte zweifeln, daß die große Mehrzahl der Gläubigen nicht bloß bei jedem Unternehmen und Anliegen sich an die Götter wandte, sondern auch in regelmäßigen Gebeten ihnen Verehrung und Dankbarkeit bezeigte und sich und andre ihrem Schutz empfahl?[7]) Seneca vermochte sogar den Fatumglauben mit dem Glauben an Gebetserhörungen zu vereinigen. Man würde

1) Lucian. Philopseud. 18—20. 2) Epictet. Diss. II 20, 32 ff. 3) H. Schmidt, Philosophi antiqui quomodo iudicaverint de precibus (Religionsgesch. Vers. u. Vorarb. IV 1, 1907) S. 30 ff., vgl. auch F. Heiler, Das Gebet² (1920) S. 202 ff. 4) M. Aurel. comm. IX 40. 5) Juv. 10, 346 ff. 6) Plin. Paneg. 3, 5. 7) Fronto ad M. Caes. et inv. V 25 p. 83 N. *pro Faustina mane cotidie deos appello: scio enim me pro tua salute optare et precari.*

nicht überall die Stimmen der Betenden und Gelübde Tuenden vernehmen, wenn man nicht wüßte, daß die Götter Wohltaten nicht bloß freiwillig, sondern auch auf Bitten gewähren. Sie haben manches so in der Schwebe gelassen, daß es zum Guten ausschlagen kann, wenn Gebet und Gelübde hinzukommen[1]). Wie Juvenal hat auch Persius die törichten Gebete der Menschen zum Gegenstande einer Satire gemacht[2]). Nicht der Bildner, sagt Martial, sondern der Beter zeigt die Götter, wie sie wirklich sind[3]), gnädig und gütig. Plutarch glaubte ausdrücklich erinnern zu müssen, man möge nicht glauben, mit dem Gebet alles getan zu haben, sondern seine Erhörung und die Hilfe der Götter nur dann erwarten, wenn man sich selbst helfe. Wenn die in Jerusalem belagerten Juden am Sabbat unbeweglich blieben, auch als die Römer schon die Leitern zum Sturm ansetzten, so waren sie in die Bande des Aberglaubens geschlagen. Gott ist die Hoffnung des Muts und der Kraft, nicht eine Entschuldigung für die Feigheit. Der Steuermann auf stürmischem Meer fleht freilich um Entrinnen und ruft die rettenden Götter an, aber zugleich stellt er das Steuer, läßt die Rahen herab und zieht die Segel ein[4]).

Votivinschriften und andre religiöse Denkmäler.

Könnte irgendein Zweifel darüber entstehen,| daß, wie die Gewährung jedes Gutes, so auch die Abwendung jedes Übels, jeder Not und Gefahr, auch in jenen Jahrhunderten fort und fort von den Göttern erbeten und ihnen verdankt wurde, so würde dies schon allein die unübersehbare Menge von Denkmälern und Inschriftsteinen religiösen Inhalts beweisen, die über den ganzen weiten Boden des römischen Reichs zerstreut sind. Sie bezeugen tausendfältig, daß der Glaube an die allgegenwärtige, Welt und Menschenschicksal lenkende Vorsehung der seit dem grauesten Altertum verehrten, sowie der erst in neueren und neuesten Zeiten bekannt gewordenen Götter in den Gemütern der Bevölkerungen fortlebte; daß er Hohen wie Niederen, Hochgebildeten wie Einfältigen in Nöten und Bedrängnissen jeder Art[5]) Trost und Hoffnung gab. Immerhin mag ein Teil dieser Gebete, Gelübde, Danksagungen, Verehrungen und Anbetungen äußerlicher Anbequemung an die Formen des herrschenden Kultus, gedankenloser Gewohnheit, bewußter Heuchelei seinen Ursprung verdanken: in überwiegender Mehrzahl sind diese Steine doch ebensoviele unverdächtige Zeugnisse eines aufrichtigen, naiven und innigen Glaubens. Wenige Beispiele aus ihrer unermeßlichen Fülle werden genügen, um die Natur dieses Glaubens anschaulich zu machen.

Es liegt im Wesen des Polytheismus, daß sich Verehrung, Bitte und Dank in der Regel nicht an die Gesamtheit der göttlichen Mächte wandte, sondern wie im Heiligenkult an einzelne, und die Wahl der einzelnen Götter war, wie gesagt, teils durch deren Machtsphäre und die ihnen vorzugsweise zugeschriebene Wirksamkeit und ihre Gaben, teils durch lokale und individuelle Gründe bedingt. Die letzteren sind selbstverständlich nicht immer mit Sicherheit nachweisbar. Wenn ein Unternehmer von kaiserlichen und Staatsbauten der »heiligen himmlischen Guten Göttin« (Bona Dea) dankt, daß er mit ihrer Hilfe die unterirdische

1) Seneca de benef. IV 4, 2; nat. qu. II 37, 2. 2) Pers. 2. Juvenal 10. 3) Martial. VIII 24, 5 f. 4) Plutarch. De superstit. 8. 5) z. B. Lebas-Waddington 686 (Gordus): Ἐλπὶς Ἀνδρονίκου εὐξαμένη ὑπὲρ τοῦ ἡμιόνου εὐχήν. Zahlreiche Weihungen *de pecoribus* an Saturnus in Numidien (CIL VIII 2232 = Dessau 4441. VIII 2234—2236. 17675. 18897 = Dessau 4442).

Führung eines Arms der Claudischen Wasserleitung vollendet habe, und seinen Dank durch Herstellung einer alten, zerfallenen Kapelle bezeugt[1]), so ist die »Gute Göttin« hier wohl wie öfters[2]) als Beschützerin des Orts oder des Baus gedacht. Wenn auf einem Steine bei Koblenz (spätestens aus der Zeit der Antonine) jemand für Befreiung von schrecklichen Qualen des Körpers und Geistes dem Mars dankt, so ist unter diesem wohl ein keltischer Landesgott zu verstehen[3]).

Anrufung von Landes- und Lokalgottheiten.

Daß Dank und Bitte in unzähligen Fällen eher an Landes- und Lokalgottheiten gerichtet wurde als an diejenigen, in deren Machtsphäre die erbetene Wirkung lag, ist selbstverständlich. So wird einmal zu Smyrna der Dank für Herstellung von einer Epidemie nicht an die Heilgötter, sondern an den Flußgott Meles gerichtet[4]). Dem Genius einer Stadt in Numidien stiftete jemand eine Statue oder ein Heiligtum für 8000 S. an der Stelle, »an welcher er die Hilfe seiner göttlichen Macht gespürt hatte«[5]). Nicht bloß die Einheimischen, auch die Fremden verehrten natürlich die Gottheit, in deren Bereich sie verweilten, und empfahlen sich ihrem Schutze. Ein römischer Kaufmann, der mit feinem Tongeschirr nach Britannien handelte, bringt auf der Insel Walcheren der dortigen Göttin Nehalennia »wegen Erhaltung seiner Waren in gutem Zustande« sein Gelübde dar[6]). Ein kaiserlicher Hausbeamter T. Pomponius Victor, der als Prokurator des kaiserlichen Vermögens zu Axima in den Grajischen Alpen (an der Straße von Lemens nach Aosta) stationiert und wahrscheinlich zu häufigen Dienstreisen verpflichtet war, richtet ein zierliches poetisches Dankgebet an den Waldgott Silvanus, dessen Bild in der Höhlung einer heiligen Esche als einer natürlichen Waldkapelle eingeschlossen war[7]):

Weil auf der Reise über Täler und Alpenhöh'n
Und durch deines duftenden Hains Bewohnerschaft,
Und während das Recht ich pflege in des Kaisers Dienst,
Du mich mit deiner glückverheißenden Gunst beschützt,
So bringe mich und die Meinen auch nach Rom zurück,
Und laß in deinem Schutz Italiens Flur uns bau'n.
Dann will ich gern dir tausend große Bäume weih'n[8]).

Von der Verehrung der nicht römischen Landesgottheiten in den westlichen und nördlichen Provinzen durch die dort ansässigen oder verkehrenden Römer ist bereits die Rede gewesen. Der von ihnen mit Apollo identifizierte carnische Gott Belenus[9]) gewann besondere Bedeutung auch über sein ursprüngliches Verehrungsgebiet hinaus durch ein geschichtliches Ereignis. Als im Jahre 238 der Kaiser Maximinus mit aller Macht die Stadt Aquileja belagerte, wurde der Mut der Verteidiger durch die Zuversicht auf die Hilfe des einheimischen Gottes Belenus aufrecht erhalten, und auch die Belagerer sahen oft seine Gestalt über der Stadt in der Luft schweben. Herodian läßt es unentschieden, ob sie ihnen wirklich erschienen war, oder ob diese nur durch die Erdichtung seines

1) CIL XIV 3530 = Dessau 3512 (88 n. Chr.). 2) Mommsen zu CIL VI 30855. Wissowa, Relig. u. Kultus² S. 218, 8. 3) CIL XIII 7661 = IG XIV 2562 (Dessau 4569. Buecheler, Carm. ep. 850). 4) CIG 3165 = Kaibel, Epigr. gr. 1030. 5) CIL VIII 19688. 6) CIL XIII 8793 = Dessau 4751. 7) Mannhardt, Wald- und Feldkulte II² 121. 8) CIL XII 103 = Dessau 3528 (Buecheler, Carm. ep. 19). Vgl. CIL IX 2164 (*domino Silvano — quot se et suos incolumes habet*). 9) Ihm, Real-Encykl. III 199 ff., dazu Wissowa, Arch. f. Religionswiss. XIX 1917 S. 10, 1.

wunderbaren Beistands die Schande der Niederlage von sich abwälzen wollten. Doch fügt er hinzu, »der unerwartete Ausgang lasse alles glauben«[1]), und auch eine bewußte Erdichtung beweist die Verbreitung des Glaubens an die sichtbare Hilfe der Götter, ohne den sie sinnlos gewesen wäre.

Auch Reisende und Wanderer beteten im fremden Lande zu den Lokalgöttern und brachten an jeder ihnen geheiligten Stelle ihre Verehrung dar. Fromme Wanderer, sagt Apulejus, verweilten, wo sie auf ihrem Wege einen heiligen Hain antrafen oder einen blumenbekränzten Altar, eine laubumschattete Höhle, eine mit Hörnern von Opfertieren behängte Eiche, eine mit deren Fellen geschmückte Buche, einen eingehegten Hügel, einen mit der Axt zum Bilde behauenen Baumstumpf, einen von Opferspenden dampfenden Rasen, einen mit Wohlgerüchen beträufelten Stein[2]). Wenn der Fremde schon an diesen Stätten eines einfach ländlichen Kults seine Andacht verrichtete, so forderte um so unwiderstehlicher die in großen Naturerscheinungen waltende göttliche Macht zur Anbetung auf[3]). »Dem höchsten besten Juppiter, dem Genius des Orts und dem Rhein« löste zu Remagen ein römischer Gefreiter sein Gelübde, laut einem im Jahre 190 gesetzten Stein, der nicht der einzige dieser Art ist[4]). Aber überall war man wohl in der Fremde, den Gefahren und Wechselfällen der Reise ausgesetzt, doppelt »der Götter eingedenk«[5]), freilich auch der heimischen. Ein Stein von Urbisaglia hat die Erinnerung eines Geschenks aufbewahrt, das ein kaiserlicher Prokurator T. Flavius Maximus »den Göttern und Göttinen von Urbssalvia« aus dem Orient sandte[6]). Dagegen löst in Nemausus (Nîmes) ein aus Berytus gebürtiger Primipilus sein Gelübde dem Gotte seiner Heimat, dem Juppiter von Heliopolis, doch zugleich auch dem Gotte Nemausus[7]). Denn am unmittelbarsten fühlte man sich doch immer zur Verehrung der Götter aufgefordert, denen man nahe war, und daher sind die Inschriften von Reisenden, die sich dem Schutz und der Huld der Landesgottheiten empfehlen, zahlreich. Am überwältigendsten scheinen die uralten, kolossalen Heiligtümer Ägyptens auf den religiösen Sinn der fremden Besucher des Landes gewirkt zu haben, wie die an den meisten Orten zu beiden Seiten des Nil auf Tempeln, Obelisken, Pylonen usw. eingehauenen Inschriften von Reisenden bezeugen[8]). Zu Talmis (Kalabsche) in Nubien bringt im Jahre 84 eine Anzahl von dorthin kommandierten römischen Centurionen und Soldaten dem in dieser Gegend verehrten Sonnengott Mandulis in einer im Vorhofe seines Tempels angebrachten Inschrift ihre Huldigung dar[9]).

Anrufung der Götter einer bestimmten Wirksamkeit an bestimmten Orten.

Aber auch als Träger einer besonderen Wirksamkeit wurden die Götter natürlich häufig angerufen, weil und insofern sie diese an einem bestimmten Orte ausübten. So z. B. löst in Apulum in Dacien (Karlsburg) ein römischer Veteran sein Gelübde »nach einem Traumgesicht« zugleich im Namen seiner Frau und

1) Herodian. VII 3, 8 f. Hist. aug. Maximini duo 22, 1—3. 2) Apulei. Florida 1. 3) Oben I 461 ff. 4) CIL XIII 7790 = Dessau 3913; vgl. CIL XIII 8810 = Dessau 9266 *I(ovi) o(ptimo) m(aximo), dis patriis et praesidibus huius loci Oceanique et Reno.* XIII 8811. 5) CIL III 582 *memor q(ui) fuit deorum.* 6) CIL IX 5529 = Dessau 3990. 7) CIL XII 3072 = Dessau 4288. 8) Oben I 442 f. 9) IGR I 1333 und die Menge ähnlicher Inschriften ebd. 1331—1355. Griechische und lateinische Votivinschriften beim Tempel des Baal Markod bei Beirut in Phönizien Lebas-Waddington 1855 ff. CIL III 155 ff. 6680 ff. (Dessau 4327).

Tochter für die Wiederherstellung des Augenlichts »dem Äsculap und der Hygiea und den übrigen Heilgöttern und -göttinen dieses Orts«[1]). In vielen Fällen war die Wirksamkeit des Gottes eben an ein bestimmtes Lokal gebunden. So richtet sich selbstverständlich der Dank der in einem Bad genesenen Kranken an die Nymphen dieser Quelle; bei vielen Bädern sind Votivtafeln römischer Besucher gefunden worden, zahlreich unter andern auf Ischia für Apollo und die »Nymphen der Nitrumquellen«[2]). Andre Heilquellen, bei denen sich Nympheninschriften gefunden haben, sind z. B. die von Les Fumades (Dep. du Gard), Warasdin-Töplitz, Tüffer bei Cilli, Bagnères de Bigorre, Lopresti haspól u. a.[3]). Bei den Quellen der Seine sind zahlreiche steinerne Nachbildungen menschlicher Glieder und andre von geheilten Kranken dargebrachte Votivgaben gefunden worden[4]). Bei den noch heute so genannten Herkulesbädern bei Mehadia in Ungarn richtet sich der Dank an den »heilbringenden Herkules« als den Gott, der auf seinen Weltwanderungen der Entdecker aller warmen Quellen wurde[5]). Ein Jäger, den die Bäder der Solfatara bei Tivoli von einer Gelenkgeschwulst (der Folge einer Verwundung durch den Zahn eines etruskischen Ebers) befreit hatten, ließ zum Dank dafür, daß er wieder zu Pferde steigen konnte, der Gottheit der Quelle (Lymfa) seine marmorne Reiterstatue aufstellen[6]). Den Nymphen dankte man auch für die Auffindung neuer Quellen, deren Gottheiten dann als die »neuen« oder »neu entdeckten Nymphen« verehrt wurden, oder für die Wiederkunft einer versiegten Wasserader[7]). Ein Magistrat von Lambäsis in Numidien weihte einen Altar besonders aus Freude darüber, daß im Jahre seiner Amtsführung die Nymphe »unsere Stadt Lambäsis mit reichlichem Strome getränkt hat«[8]). Eine Inschrift bei Auzia in Mauretanien meldet die Darbringung einer Opfergabe an den Geist eines Bergs, »der die Gewalt der Stürme von unsrer Vaterstadt abhält«[9]). Bei den alten Marmorbrüchen von Martignac in der Nähe der Pyrenäen spricht eine Votivtafel den Dank zweier römischer Unternehmer oder Besitzer, »welche zuerst von dort Säulen von zwanzig Fuß Länge brachen und ausführten«, »dem Silvanus und den Geistern der Nimidischen Berge« aus[10]). Auch ein in Britannien dienender Reiteroffizier, der sein Gelübde dem Silvanus löste, weil er ihn einen gewaltigen Eber fangen ließ, den viele seiner Vorgänger nicht erlegen konnten[11]), dachte sich den Waldgott doch sicherlich in diesem Walde hausend. Ihm brachten auch Holzsäger und Holzhändler ihre Verehrung dar[12]). Ein Legat der 7. Legion errichtete bei deren

1) CIL III 987 = Dessau 3847. 2) CIL X 6786 ff. (Dessau 3873—3875); vgl. u. a. CIL III 1396 f. (Dessau 2630, Thermen von Szász-Város). XI 3286 ff. (Bäder von Vicarello). Devotion an die Nymphae der *aquae ferventes* (gefunden in der Quelle von Poggio Bagnoli) CIL XI 1823 = Dessau 8748. 3) Ihm, Bonner Jahrb. LXXXIII 93 ff. und die reichen Nachweise bei Bloch in Roschers Mythol. Lexik. III 544 ff. 4) CIL XIII p. 437. 5) CIL III 1563 ff., besonders 1572 = Dessau 3437 (*Herculi salutifero*) und 1566 = Dessau 3891 (*Herculi, Genio loci, Fontibus calidis*). 6) CIL XIV 3911 = Buecheler, Carm. ep. 865; vgl. auch R. Engelmann, Österr. Jahresh. IX 1906 Beibl. S. 55 ff. 7) CIL III 1129 (= Dessau 3867). 3047 (*Nymphis Aug. ex voto suscepto pro salute municipii balineo effect(o)*). 3116 (= Dessau 3869 *aquam, quam nullus antiquorum in civitate fuisse meminerit, inventam*). V 3106 (= Dessau 3859). X 4734 (= Dessau 3868 *Nymphis sanct(is) novis repertis*). XIV 2 (= Dessau 3339 *monitu sanctissimae Cereris et Nympharum hic puteus factus*). 8) CIL VIII 2662 = Buecheler, Carm. ep. 252. 9) CIL VIII 9180. 10) CIL XIII 38 = Dessau 3579. 11) CIL VII 451 = Dessau 3562. 12) CIL V 851 = Dessau 3547 (*sectores materiarum Aquileienses*). CIL XI 363 (Rimini): *Silvano . . . negotians materiar(ius)*. Vgl. v. Domaszewski,

Standquartier (Leon im nordwestlichen Spanien) etwa in der Zeit Trajans der Diana einen Tempel, »damit er flüchtige Rehe, Hirsche, borstige Eber und die Nachkommenschaft waldbewohnender Pferde mit dem Wurfspieß zu treffen vermöge«, und brachte ihr von seiner Jagdbeute Eberzähne, Hirschgeweihe und ein Bärenfell dar[1]). Der Göttin von Turobriga danken Inschriften an verschiednen Orten in Spanien für Wiedererlangung der Gesundheit; an dieselbe wendet sich aber auch jemand in Emerita in Lusitanien mit der Bitte, den Dieb von 6 Tuniken, 2 leinenen Überziehmänteln, 1 Hemd usw. zu bestrafen[2]). Dem Gott Nodon (im südwestlichen Britannien) verspricht jemand, der einen Ring verloren hat, im Falle der Wiedererlangung die Hälfte desselben zum Geschenk. Er fügt einen sehr ungrammatisch gefaßten Satz hinzu: »Wenn unter denen, welche sich jetzt des Rings erfreuen, des Senicianus Name ist, so wolle ihm nicht eher Gesundheit verstatten, als bis er den Ring zu deinem Tempel bringt«[3]).

Allgemeine Anrufung der Götter einer bestimmten Wirksamkeit.

Wenn die Zahl der Götter, die an bestimmten Orten entweder in allen Fällen oder wenigstens vorzugsweise angerufen wurden, ungemein groß war, weil sie mindestens der Zahl der angeseheneren Kultusorte und -stätten gleich kam, so wurde doch auch andrerscits überall jeder Gott um die Hilfe oder Gabe angefleht, die er nach dem Glauben vor allen andern zu gewähren vermochte[4]). Dies gilt nicht bloß von den großen, sondern auch von den geringeren und geringsten Göttern. Ein Beispiel für die Verehrung auch ganz untergeordneter und momentan wirkender Schutzgeister bietet das Zeugnis Tertullians, daß man immer noch an dem Tage, an dem das Kind zum erstenmal auf dem Boden feststand, der Göttin Statina gedachte[5]). Noch immer schwuren Fuhrleute und Maultiertreiber bei der ursprünglich keltischen, dann aber durch die römischen Kavalleristen weit über die Grenzen Galliens hinaus verbreiteten[6]) Pferdegöttin Epona, die ihre kleine Kapelle in einer Nische des Hauptbalkens zu haben pflegte, welcher die Decke des Stalles trug. Dort wurde ihr Bild an Feiertagen mit Rosen und andern Blumen bekränzt[7]); auch Bildwerke, die sie darstellen, für Ställe ausgeführt, sind noch vorhanden[8]). An Orten, wo böse oder erstickende Dünste aus dem Boden aufstiegen, wie bei Benevent, Cremona und anderwärts, betete man zu der Göttin Mefitis, und das Fortbestehen der Verehrung der alten Fiebergöttin ist durch inschriftliche Belege auch für die spätere Kaiserzeit gesichert[9]).

Der unteren —

Abhandl. z. röm. Religion S. 61 f. In dem felsigen Dalmatien erscheint Silvanus nach griechischem Vorbilde als Pan, die Votivreliefs des Pan und der Nymphen (*Silvanus et Silvanae*) sind für Dalmatien am meisten charakteristisch. R. v. Schneider, Arch. epigr. Mitteil. aus Österr.-Ung. IX 1885 S. 43 ff., vgl. Wissowa, Archiv f. Religionswiss. XIX 1917 S. 34 f.

1) CIL II 2660 = Dessau 3259 f. (Buecheler, Carm. ep. 1526). 2) CIL II 462 = Dessau 4515. 3) CIL VII 140 = Dessau 4730, vgl. Hübner, Bonner Jahrb. LXVII (1879) S. 29 ff. 4) Unterweltsgötter in Verwünschungen angerufen: Audollent, Defixionum tabellae (1904) S. 461 ff. 5) Tertullian. De anima 39, vgl. ad nat. II 11. 6) Keune, Real-Encykl. VI 228 ff.; Suppl. III 436 ff. 7) Juven. 8, 157. Apul. metam. III 27. Minuc. Fel. Oct. 28, 7. Tertull. apol. 16; ad nat. II 11. Prudent. apoth. 197. 8) Hier ist insbesondere einer verlorenen Malerei aus dem Zirkus des Maxentius an der Via Appia (abgeb. u. a. in Roschers Mythol. Lexik. I 1287 f.) und einer Marmorstatuette aus Rom (Marucchi, Annali d. Inst. 1881 S. 239 ff.) zu gedenken; das von Jordan (Annali d. Inst. 1872 S. 47 ff.) auf Epona gedeutete pompejanische Stallbild scheint eher eine Isis darzustellen (vgl. S. Reinach, Revue archéol. 1895 I 188 f.). 9) Vgl. namentlich die in neuerer

Wie gern aber auch das Volk an den zahllosen dienenden Gottheiten festhalten mochte, weil sie mit ihrer geringen, doch genau bestimmten und darum sehr deutlichen Wirksamkeit einem Teil der Gläubigen näher standen und ihrem Bedürfnisse, mit der übersinnlichen Welt zu verkehren, mehr entsprachen als die oberen Götter, deren Allmacht und Majestät das menschliche Herz eher in scheuer Entfernung hielt, so blieben doch immer diese als gewaltigste, die Welt regierende, die Vorsehung ganz eigentlich ausübende Mächte die überall am höchsten verehrten, am allgemeinsten angerufenen. Überall betete der Soldat zum Vater Mars[1]), der Schiffer zum Neptun[2]), der Kaufmann und Gewerbetreibende, auch der sorgsame Haushalter zum Merkur, »dem Lenker der Gewinne und Erhalter« [3]), der Handwerker und Künstler zur Minerva[4]), der Landmann zur Ceres[5]), die Weinbauer und Weinhändler zu Bacchus[6]), die Jäger zu Diana[7]) und Silvanus[8]), kreißende Frauen zur Diana und Lucina[9]), getrennte Liebende in Griechenland zum Liebesgott: in einem Dialoge Plutarchs erzählt einer der Sprecher, wie seine Eltern bald nach ihrer durch einen Familienzwist lange verzögerten Hochzeit nach Thespiä wallfahrteten, um ihrem beiderseitigen Gelübde gemäß dem Eros zu opfern[10]). Die Götter wurden um so öfter angerufen, je umfassender ihre Machtsphäre und je allgemeiner ihre Verehrung war. Herakles, den unbesiegten Überwinder aller Schrecknisse und Gefahren, rief man im Osten in jeder Bedrängnis zu Wasser und zu Lande, in Seegefahr und Krankheiten an[11]). — der oberen —

Doch die meisten Gebete richteten sich ohne Zweifel überall an den höchsten Gott. Zu ihm betete man als dem Donnerer, dem Blitzeschleuderer, dem Herrn der himmlischen Wetter, des heitern Himmels: in langer Dürre zogen Prozessionen von Frauen mit bloßen Füßen und aufgelösten Haaren auf eine Höhe und flehten ihn um Wasser an[12]). Auf Bergeshöhen fühlte man sich ihm vor allem nahe, dort huldigte man ihm als dem Juppiter des Vesuv, des Appenninus usw. Auf der Paßhöhe des großen S. Bernhard, dessen Umwohner (die keltischen Veragrer) in Hannibals Zeit den Gott Pöninus verehrten[13]), stand bis ins 11. Jahrhundert zwischen dem (seit 962 dem h. Bernhard geweihten) Hospiz und dem See ein Juppitertempel, von welchem der Berg ehemals den Namen Mont-Joux (Mons Jovis) führte. Dort, »wo die Schrecken des Gebirges dem Wandrer in ungleich stärkerem Maße als auf den übrigen Pässen entgegen- — besonders des Juppiter.

Zeit gefundene Inschrift vom Janiculum bei Gatti, Bull. arch. comun. XXXIX 1911 S. 95 und Wissowa, Relig. u. Kultus² S. 245 f.

1) z. B. CIL VIII 2634 = Dessau 2296 (*deo Marti militiae potenti*), vgl. v. Domaszewski, Westd. Zeitschr. XIV 1895 S. 33 ff. 2) z. B. CIL XIII 6324 = Dessau 3286 (für das *contubernium nautarum*), vgl. v. Domaszewski, Abhandl. z. röm. Religion S. 19 ff. 3) CIL V 6596 = Dessau 3199, vgl. CIL IX 3307 = Dessau 5599 (Aufstellung einer Merkurstatue in einem Atrium auctionarium). 4) z. B. CIL XIV 44 = Dessau 3129 *Numini evidentissimo Minervae aug(ustae) sacrum conservatrici et antistiti splendidissimi corporis stuppatorum.* 5) Horat. S. II 2, 124, vgl. auch CIL III 3835 (Weihung eines *frumentarius leg(ionis) XV*). 6) z. B. *I(ovi) o(ptimo) m(aximo) et Libero patri viniarum conservatori* CIL V 5543 = Dessau 3356; ein *collegium Liberi patris et Mercuri* der *negotiantes cellarum vinariarum novae et Arruntianae* CIL VI 8826 = Dessau 7276. 7) Wissowa a. a. O. S. 252, 1. 8) v. Domaszewski, Abhandl. z. röm. Religion S. 63. 9) Tertullian. De anima 39. 10) Plutarch. Amator. 2. 11) So namentlich als Abwehrer alles Unheils (ἀλεξίκακος) in Zaubersprüchen, vgl. R. Heim, Incantamenta magica (Jahrb. f. Philol. Suppl. XIX 1892) S. 509. 12) Petron. sat. 44, 18. Wissowa a. a. O. S. 120 ff. 13) Liv. XXI 38, 9.

treten«[1]), sind außer zahlreichen Münzen und andern Weihgaben große Mengen von bronzenen Votivtafeln von Soldaten und andern römischen Reisenden gefunden worden, die dem höchsten gütigsten Juppiter Pöninus ihr Gelübde für glückliche Hin- und Rückreise lösten[2]). Aber nicht die Natur allein lenkte sein allmächtiger Wille; er war zugleich der »Lenker der göttlichen und menschlichen Dinge und Herr der Geschicke«[3]), und als solcher Schützer, Erhalter, Sieger, Schlachtengott und Friedensbringer, überhaupt Vollender jedes Beginnens, Helfer in jeder Not und Gefahr[4]). Es gab kein großes oder kleines, öffentliches oder privates Anliegen, das ihm nicht anbefohlen, kein Ereignis, in dem nicht die Offenbarung seiner Allmacht erkannt werden konnte[5]). Ein hoher Beamter von senatorischem Stande löst in Campanien dem Juppiter sein Gelübde, »weil er an diesem Orte eine dringende Gefahr bestanden und seine Gesundheit wieder erlangt hat«[6]); ein Verwalter des vornehmen Hauses der Roscier als dem Erhalter der Besitzungen dieser Familie (in der Gegend von Brescia)[7]). In Apollonia in Phrygien weihte ihm ein Galater einen Altar, an dem sich zwei Ochsen in Relief befanden, zum Dank dafür, daß der Gott Menschen und Vieh in einer Hungersnot am Leben erhalten, den Darbringer in sein Vaterland zurückgeleitet, seinem Sohne bei den Trokmern Ansehen verliehen hatte[8]). Ein Bewohner von Apulum (Karlsburg) löste ihm sein Gelübde »für sein und der Seinigen Heil«, weil er durch ihn aus der Gewalt der Karper befreit worden war, die im 3. Jahrhundert häufig in Dacien einfielen[9]). In der umbrischen Stadt Tuder hatte einst »ein verruchter Sklav der Kommune« »mit abscheulicher Arglist« eine Tafel mit den Namen sämtlicher Dekurionen (Stadträte) in einem Grabe vergraben, um dieselben so den Mächten der Unterwelt zu weihen. Aber der höchste Gott hat durch seine Macht das Verbrechen an den Tag gebracht, den Täter der Strafe überliefert und Stadt und Bürgerschaft von der Angst vor den drohenden Gefahren befreit. Darum löste ein von der Stadt besonders ausgezeichneter Freigelassener sein Gelübde für das Wohl der Stadt, des Stadtrats und des Volks von Tuder »dem höchsten besten Juppiter, dem Bewacher und Erhalter«[10]).

Mangel an Angaben über die Menge der Ungläubigen und Indifferenten.

Diese römischen Inschriftsteinen entnommenen Beispiele zu häufen würde überflüssig sein; die gewählten werden genügen, um die Natur des Glaubens an eine durch die Gottheit geübte Vorsehung anschaulich zu machen; ihre Masse, Mannigfaltigkeit und Verbreitung über alle Teile der römischen Welt

1) Nissen, Ital. Landesk. I 160. 2) CIL V 6863—6895 (Dessau 4850). Barnabei, Rendic. d. accad. d. Lincei ser. 4 III 1887 S. 363ff. E. Ferrero, Notiz. d. Scavi 1890 S. 294ff. 1892 S. 63ff. 440ff. 1894 S. 33ff. Vgl. v. Duhn, N. Heidelb. Jahrb. II 1892 S. 77f. A. Schulte, Gesch. d. mittelalterl. Handels u. Verkehrs zwischen Westdeutschl. u. Italien (1900) I 42. 3) CIL III 1090 = Dessau 2998, vgl. CIL VIII 18219 = Dessau 2999. 4) z. B. Dessau 2996 (*exauditori precum generis humani*). CIL III 1918 (*hoc in loco maiestate et numine eius servatus*). 5) Zwei Männer aus Apulum in Dacien setzen dem Juppiter Optimus Maximus den Altar CIL III 7756 = Dessau 3007 mit folgender Begründung: *circumstantes viderunt numen a[q]uilae descidis(s)e monte supra dracone(s) tres valida vi. supstrinxit a[q]uila. hi s(upra) s(cripti) a[q]uila(m) de periculo liberaverunt.* 6) CIL X 3805 = Dessau 2997. 7) CIL V 4241 = Dessau 3018 (224 n. Chr.). 8) Lebas-Waddington 1192 = Kaibel, Epigr. gr. 793 (162 n. Chr.). 9) CIL III 1054. 10) CIL XI 4639 = Dessau 3001.

läßt eine im großen und ganzen entsprechende Verbreitung des Glaubens annehmen, den sie bezeugen: wenn auch immerhin ein Teil dieser Denkmäler von Ungläubigen oder Indifferenten herrühren mag, welche die Erhaltung der herrschenden Kultusformen durch ihre Anerkennung unterstützen oder sich nicht zu ihr in Widerspruch setzen wollten. Eine solche Anbequemung und Nachgiebigkeit konnte aber nur gegenüber einem Glauben stattfinden, dessen Herrschaft unbestritten war. Auch gibt es gegen die Tatsache dieser Herrschaft kein einziges Zeugnis in der gesamten griechischen und römischen Literatur dieses Zeitraums, wohl aber manche unverwerfliche, die sie ausdrücklich bestätigen. Allerdings ist wegen der großen Verbreitung des Epikureismus glaublich, daß die Zahl der Leugner der Vorsehung an sich beträchtlich war; aber das Verhältnis dieser Ungläubigen zu den Gläubigen auch nur annähernd zu bestimmen, war selbst für den sorgfältigsten und weitblickendsten Beobachter in jener Zeit ebenso unmöglich wie in irgendeiner andern, und die unbestimmten Ausdrücke der Schriftsteller, die über die religiösen Zustände der Mitwelt sich im allgemeinen äußern, sagen uns nichts, was wir nicht ohnedies schon wüßten. Wenn Plinius sagt, daß ein Teil der Menschen keine Rücksicht auf die Götter nehme, daß der blinde Zufall als Gottheit verehrt werde[1]); und Juvenal, daß nach manchen alles vom Zufall abhänge, kein Lenker, sondern die Natur den Gang der Weltordnung regele[2]); oder der Jude Philo, daß nach dem Glauben vieler alles in der Welt sich ohne höhere Leitung aus eigner Kraft bewege und Gesetze und Sitten, Rechte und Pflichten der Menschen einzig und allein der menschliche Verstand festgesetzt habe[3]): so sind dies nur ungenaue Umschreibungen der Epikureischen Lehre, die auch Tacitus, als die Ansicht, daß in den menschlichen Dingen der Zufall walte, dem stoischen Vorsehungsglauben entgegenstellt[4]). Der Glaube an ein unabänderliches Fatum, dessen weite Verbreitung er sowohl als Plinius bezeugt, schließt den Vorsehungsglauben keineswegs aus, wie denn auch bekanntlich die stoische Schule den einen mit dem andern zu vereinigen wußte[5]). Auch bei Plutarch, der in einer eignen Schrift[6]) Aberglauben und Unglauben als die entgegengesetzten Abirrungen von der wahren Frömmigkeit behandelt hat, sind unter den Atheisten hauptsächlich Epikureer zu verstehen; eine Andeutung über das Verhältnis ihrer Zahl zu der der Gläubigen gibt er nicht; doch wenn er, dessen religiöse Richtung dem Aberglauben so nah verwandt war, trotzdem den Atheismus für den minder schädlichen Irrtum erklärt, so kann man kaum glauben, daß er von seinem Umsichgreifen eine Gefahr für die Religion befürchtete: hätte sich die materialistische Weltanschauung in einer Besorgnis erregenden und das fromme Gefühl beleidigenden Weise breit gemacht, so würde Plutarch sie schwerlich als eine natürliche Reaktion gegen das Übermaß der Superstition anerkannt[7]) und so milde beurteilt haben.

Die Atheisten eine kleine Minorität.

Daß der Glaube an die Götter allgemein, der Gottesleugner sehr wenige

1) Plin. n. h. II 22. 2) Juv. 13, 86 ff. 3) Philo leg. alleg. III 30. 4) Tac. A. VI 22, vgl. dazu Pöhlmann a. a. O. S. 11 ff. 5) W. Gundel, Beiträge zur Entwickelungsgeschichte der Begriffe Ananke und Heimarmene (Gießen 1914) S. 61 ff. Oben S. 163. 6) Einen Kommentar zu Plutarchs Schrift περὶ δεισιδαιμονίας gibt W. Abernetty, De Plutarchi qui fertur de superstitione libello, Diss. Regimont. 1911. 7) Plutarch. De superst. 13.

waren, sagt nicht bloß Maximus von Tyrus[1]), sondern auch Apulejus: »die in die Philosophie uneingeweihte Masse der Unwissenden, der Heiligkeit ledig, der wahren Erkenntnis bar, arm an Frömmigkeit, unteilhaftig der Wahrheit, mißachtet die Götter teils durch überängstliche Verehrung, teils durch trotzige Verschmähung, jene im Aberglauben, diese im Unglauben, jene voll Furcht, diese voll Selbstgenügsamkeit. Denn diese Gesamtheit der hoch im Äther wohnenden, von menschlicher Berührung abgeschiedenen Götter verehren, doch nicht in gebührender Weise, die meisten: es fürchten sie alle, doch aus Unkenntnis; es leugnen sie wenige, doch aus Gottlosigkeit«[2]). Hiernach erschien also mindestens damals die Zahl der Atheisten und Materialisten, wenn auch an und für sich nicht gering, doch der Masse der Gläubigen gegenüber als eine kleine Minorität: und diese Ansicht bestätigt im wesentlichen Lucian, dessen Zeugnis um so schwerer ins Gewicht fällt, als er ohne Zweifel sehr viel lieber die entgegengesetzte Wahrnehmung konstatiert hätte. Er läßt die um ihre fernere Verehrung besorgten Götter eine öffentliche Disputation zwischen einem Epikureer als Leugner und einem Stoiker als Verteidiger des Vorsehungsglaubens anhören, wobei der letztere eine schimpfliche Niederlage erleidet. »Aber«, sagt Hermes, »was ist denn dabei für ein großes Übel, wenn nur wenige mit dieser Überzeugung nach Hause gehen? Denn groß ist die Zahl derer, welche die entgegengesetzte Ansicht haben, die Mehrzahl der Hellenen, die große Masse, und alle Barbaren«[3]).

Wie viele Erweiterungen auch die antike Götterwelt durch die massenhafte Aufnahme orientalischer und barbarischer Gottheiten erfahren hatte, so war doch im Verhältnis der Gläubigen zur Gottheit keine Veränderung eingetreten. Für die menschliche Schwäche und Hilflosigkeit, die nach Plinius richtigem Ausdruck die Gottheit nicht anders als durch Auflösung in unzählige Einzelwesen begreifen konnte, war durch Vermehrung und Vermannigfaltigung der göttlichen Personen der Verkehr mit der höheren Welt eher erleichtert als erschwert. Nicht bloß der Glaube an eine durch die Götter geübte Vorsehung blieb der ungeheuren Mehrzahl der Menschen unentbehrlich, sondern das Glaubensbedürfnis dieser Mehrzahl forderte und schuf unaufhörlich das Wunder, und es waren nicht allein die Weiber und die große Menge, wie der aufgeklärte Strabo meinte, die der »Legenden und Wundergeschichten« bedurften[4]). Aber auch daß, so weit sich die römisch-griechische Kultur erstreckte, die aus der Verschmelzung der beiden Religionen hervorgegangene Götterwelt trotz des Ansehens der neuen Götter im großen und ganzen die Herrschaft behauptete und trotz aller Mischungen sich in den Gemütern der Menschen immer von neuem herstellte: auch das wird sich hoffentlich aus der bisherigen Darstellung ergeben haben.

Der Kultus und seine Wirkungen auf die Erhaltung des Glaubens.

Zum Schluß ist hier noch der Kultus in Betracht zu ziehen, dessen Wirkung auf unaufhörliche Kräftigung und Neubelebung des Glaubens sehr hoch angeschlagen werden muß. Selbst eine völlige Überschwemmung des Occidents durch die Religionen des Ostens hätte den Glauben an die alten Götter nicht

1) Oben S. 126. 2) Apulei. De deo Socrat. 3. 3) Lucian. Jupp. Tragoed. 53. 4) Oben S. 120.

zu entwurzeln vermocht, solange überall ihre Kulte in den überlieferten Formen fortdauerten, die mit dem ganzen öffentlichen und Privatleben im innigsten Zusammenhange standen, allen bedeutenden Momenten des einen wie des andern Weihe und Verklärung gaben und Sinn, Gemüt und Phantasie aufs mannigfachste fort und fort in Anspruch nahmen und fesselten. Solange überall die Tempel, »mehr erhaben durch die persönliche Gegenwart der sie bewohnenden Gottheiten als reich an Schmuckstücken des Gottesdienstes und Geschenken«[1]), die Beter einluden; solange sehr zahlreiche Feiertage, Festlichkeiten und religiöse Zeremonien aller Art, wie Opfer, Prozessionen, Bittgänge, Schauspiele, an die Macht, Größe und Herrlichkeit der Götter sowie an ihr Verhältnis zu den Menschen fortwährend aufs eindringlichste erinnerten: so lange konnte der Glaube der Menschen unmöglich von den Bahnen weichen, die ihm die ehrwürdige Überlieferung so vieler Jahrhunderte vorzeichnete, und die unzählige Generationen als die zur Wahrheit führenden erprobt hatten.

Nicht bloß die Fortdauer aller angeseheneren römischen und griechischen Gottesdienste bis in das späte Altertum ist eine unbestrittene Tatsache, sondern auch die Erhaltung obskurer und lokaler Kulte sowie unverständlich gewordner religiöser Zeremonien, Gebräuche und Formen durch zahlreiche Nachrichten für so verschiedne Länder bezeugt, daß bei einer so ungemein zähen Lebenskraft der religiösen Überlieferung eine große und wesentliche Verminderung ihres Bestandes im Laufe der Jahrhunderte überhaupt als unannehmbar erscheint.

Erhaltung uralter Kulte und Rituale in Rom.

Das römische Ritual hat sich mindestens zum großen Teil bis in die letzten Zeiten des Altertums in Formen erhalten, die einer jenseits der Anfänge der römischen Geschichte liegenden Zeit ihren Ursprung verdanken und auf jenen urältesten Anschauungen der Götterwelt beruhen, die in Latium lange vor der Überflutung der römischen Religion durch die griechische geherrscht hatten. Die liturgischen Gesänge, auch den Priestern selbst, die sie Jahr für Jahr vorschriftsmäßig absangen, zum Teil unverständlich[2]), enthielten die Anrufungen der Götter mit den längst verschollenen Namen, mit denen die ältesten Ansiedler der Hügel am Tiberufer sie genannt hatten, und jahraus, jahrein wurde ein ebenfalls aus grauer Vorzeit stammendes gottesdienstliches Zeremoniell mit derselben peinlichen Genauigkeit von den Priestern vollzogen. Die Stationslokale für die Prozession der Salischen Priester, in welchen die heiligen Schilde (*ancilia*) über Nacht aufbewahrt wurden, sind noch in der letzten Zeit des Heidentums restauriert worden[3]). Der 354 nach offiziellen Quellen zusammengestellte Kalender des Philocalus führt noch eine nicht geringe Anzahl der angeblich von König Numa gestifteten, d. h. in eine unvordenkliche Zeit zurückreichenden religiösen Feste als damals in Rom gefeierte Staatsfeste auf, die auch selbst aus dem ein Jahrhundert jüngeren (448 aufgestellten) Kalender des Polemius Silvius noch nicht völlig verschwunden sind[4]). Es waren gerade die ältesten Kulte, die noch fortdauerten, »als längst die geistigeren Gottesdienste der histo-

1) Minuc. Fel. Oct. 7, 5. 2) Quintilian. I 6, 40. 3) CIL VI 2158 = Dessau 4944; zur Zeitbestimmung vgl. Borghesi, Oeuvres VII 382. 4) Beide zusammen CIL I² p. 254 ff. Vgl. auch das campanische Festverzeichnis vom J. 387 (CIL X 3792 = Dessau 4918, dazu Mommsen, Ges. Schr. VIII 15 ff.); über die Verengerung des offiziellen Festkreises im praktischen Leben Wissowa, Apophoreton der Graeca Halensis (1903) S. 47 ff.

rischen Zeit der Religion des Kreuzes zum Opfer gefallen waren«[1]): so der Umzug zu den 24 Kapellen der Argeer (Binsen- oder Strohpuppen) am 16. und 17. März, das Hinabstürzen derselben in den Tiber am 14. Mai[2]) und das am 15. Oktober auf dem Marsfelde vollzogene Opfer eines mit Broten bekränzten Pferds (des Oktoberrosses), um dessen Haupt als um ein Heiltum zwei der ältesten Stadtteile Roms sich stritten[3]). Das ebenfalls aus uralter Zeit stammende Fest der Luperkalien bestand noch im Jahre 494, in welchem Papst Gelasius I. gegen seine Begehung aufs kräftigste Einspruch erhob[4]).

Das Ritual der Arvalbrüder.

Doch am deutlichsten ergibt sich die unveränderte Fortdauer tausendjähriger, wie in Versteinerung erhaltener Kultusformen aus den Protokollen der Ackerbrüder (*fratres Arvales*), den einzigen einer geistlichen Genossenschaft, die sich erhalten haben[5]). Diese Brüderschaft, in der Kaiserzeit regelmäßig aus Männern des höchsten Adels und den Kaisern selbst bestehend, feierte im Mai »der göttlichen Göttin« (*Dea Dia* — eine uralte Benennung der mütterlichen Erdgöttin, der Spenderin des Fruchtsegens) ein dreitägiges Fest für das Gedeihen der jungen, sprossenden Saaten, in ihrem Haine mit uralten, von der Axt nie berührten Bäumen, der fünf Miglien von Rom an der »Felderstraße« lag. Jeder Gebrauch einer eisernen Axt in diesem Hain, wenn ein Baum durch Sturm oder Alter brach, überhaupt jeder Gebrauch eines eisernen Gerätes erforderte ein Sühnopfer: das Verbot des Eisens beim Gottesdienst ist aus der Unbekanntschaft der Zeit, aus welcher die Ritualgesetze stammen, mit diesem Metall zu erklären[6]). Zu den Feierlichkeiten des zweiten Festtags gehörte, daß die Priester bei verschlossenen Türen im Tempel gewisse Töpfe berührten und mit frommem Gebet besprachen. Die neuesten Ausgrabungen im Arvalenhain haben Scherben von Gefäßen rohester Fabrik, ohne Drehscheibe aus freier Hand gefertigt, zutage gefördert, wie sie sonst in Latium nur unter dem Peperin (d.h. der Lava der in vorgeschichtlicher Zeit erloschenen Vulkane) des Albanergebirges vorkommen. »Offenbar waren dies die Breitöpfe aus jener Zeit, wo man das Korn noch nicht zum Brote buk, sondern als Brei stampfte«. In einer späteren Stunde desselben Tages gürteten die Priester, nachdem alle nicht zum Kollegium gehörigen Personen den Tempel verlassen hatten, in den heiligen Raum eingeschlossen, ihr Gewand zum Tanze und sangen oder sagten nun ein Gebet an den Mars und die Laren oder Lasen um Abwendung des Verderbens »in einem Latein, welches bereits 400 Jahre vor Cicero eine veraltete Sprache gewesen sein muß«, ihnen selbst »so unverständlich wie das Kyrie Eleison dem Meßner, weshalb auch jedem Priester vorher sein Textbuch von den Dienern überreicht ward«. Der Text dieser Litanei, in einem im Jahre 218 unter Kaiser Elagabal abgefaßten Protokoll erhalten, ist das älteste Dokument der lateinischen Sprache, das wir kennen. Ein Jahrtausend mochte damals vergangen

1) Mannhardt, Wald- u. Feldkulte II² S. XXXV. 2) Wissowa, Ges. Abhdl. z. röm. Religions- u. Stadtgeschichte S. 211 ff. 3) Wissowa, Relig. u. Kultus² S. 144 f. 4) Brief des Papstes Gelasius in Collectio Avellana ed. O. Günther I 453 ff., vgl. Usener, Weihnachtsfest² S. 311 f. 327. 5) Das Folgende hauptsächlich (zum Teil wörtlich) nach Mommsen, Reden u. Aufsätze S. 270 ff. Die Protokolle bei Henzen, Acta fratrum Arvalium, 1874. CIL VI 2023—2119. 32338—32398; vgl. Wissowa, Real-Encykl. II 1463 ff.; Hermes LII 1917 S. 463 ff. 6) Helbig, Die Italiker in der Poebene (1879) S. 80 f.

sein, seit die Ackerbrüder zum erstenmal die Dea Dia mit diesem Gebet angerufen hatten. In diesem Jahrtausend hatten die ungeheuersten Umwälzungen die Gestalt der bewohnten Erde völlig verwandelt. Die Tiberstadt war aus einem Bauerndorf zum Mittelpunkt eines Weltreichs geworden, ihr Morgen und Mittag war vergangen, ihr Abend dämmerte herauf. Auf dem Throne, den Augustus errichtet hatte, saß ein Sonnenpriester aus dem so oft gedemütigten und so tief verachteten Syrien. Und noch immer tönte das alte Lied, dessen Worten schon die Könige Roms mit Andacht gelauscht hatten:

Uns, Lasen, helfet!
Nicht Sterben und Verderben, Mars, Mars, laß einstürmen auf mehrere!
Satt sei, grauser Mars!

Alte Lokalkulte im übrigen Italien.

Mit derselben, allen zerstörenden Einflüssen trotzenden Zähigkeit erhielten sich auch im übrigen Italien uralte Lokalkulte: so in Oberitalien keltische und rätische[1]), in Toscana etruskische, wie namentlich der der Schicksalsgöttin Nortia in Volsinii (Bolsena)[2]). Juvenal spricht von der Nortia als der Schutzgottheit des von dort stammenden Sejan[3]), und noch im 4. Jahrhundert nennt sich der Volsinier Rufius Festus Avienus (Prokonsul von Achaja, auch als Dichter bekannt) einen Verehrer der Nortia[4]). So hielten auch andre aus den Städten Italiens nach Rom übergesiedelte Familien an ihren heimischen Kulten fest, wie die Turpilier an dem der Feronia[5]), die hauptsächlich am Soracte und bei Terracina, doch auch an vielen Orten des übrigen Italiens verehrt wurde[6]). Die Göttin Vacuna, neben deren in der Nähe seines sabinischen Landguts gelegenem, verfallenem Tempel Horaz die Epistel an seinen Freund Aristius Fuscus diktierte, wurde im Sabinerlande an vielen Orten verehrt; ihr angesehenstes Heiligtum war ein Hain in der Ebene von Rieti in der Nähe der Einmündung des Velino in den Veliner See[7]). Dagegen erstreckte sich das Ansehen andrer Lokalgottheiten, wie Tertullian spottet, gleich dem der Ratsherrn kleiner Städte, nicht über deren Weichbilder hinaus: so war der Kultus des Delventinus auf Casinum, des Numiternus auf Atina, des Visidianus auf Narnia, der Ancharia auf Asculum, der Valentia auf Ocriculum, der Hostia auf Sutrium beschränkt[8]). Einen Tempel der an der Küste von Picenum verehrten Göttin Cupra in der gleichnamigen Stadt erneuerte noch Hadrian[9]). Auch sehr eigentümliche Feste, bei welchen Wallfahrer und Schaulustige von allen Seiten zusammenströmten[10]), und seltsame Gebräuche bestanden an verschiedenen Orten fort[11]). Noch in Marc Aurels Zeit fiel das Priestertum der Diana von Nemi dem zu, der, nachdem er von einem bestimmten Baume ihres Hains einen Zweig abgebrochen, den derzeitigen Inhaber der Stelle im Zweikampfe erschlug; die Bewerber um diesen blutigen Preis waren damals flüchtige Sklaven[12]).

1) Beispiele bei Dessau 4888—4905. 2) CIL XI 2686 = Dessau 4036 (Volsinii) *Dis deabusq(ue) Primitivus deae Nort(iae) ser(vus) act(or) ex voto.* 3) Juv. 10, 74ff. 4) CIL VI 537 = Dessau 2944 (Buecheler, Carm. ep. 1530). 5) Borghesi, Oeuvres II 105ff. 6) Wissowa a. a. O. S. 285f. 7) Horat. ep. I 10, 49. CIL IX 4636. 4751f. = Dessau 3484—3486, ferner Dessau 9248; vgl. Wissowa S. 49, 5. 8) Tertullian. Apol. 24; ad nation. II 8, dazu Wissowa a. a. O. S. 50, 2. 9) CIL IX 2594 = Dessau 313. Wissowa S. 216, 5. 10) S. z. B. die Beschreibung des Festes der Diana von Nemi bei Stat. silv. III 1, 52ff. 11) z. B. die Jungfrauenprobe im Kulte der Juno von Lanuvium, Wissowa a. a. O. S. 185, 6. 12) Pausan. II 27, 4. Serv. Aen. VI 136. Wissowa S. 248.

Fortdauer uralter Kulte in Griechenland.

Die erstaunliche Menge und Mannigfaltigkeit der in Griechenland fortbestehenden, großenteils ebenfalls aus einem fernen Altertume stammenden, oft seltsamen, selbst rohen, blutigen und entsetzlichen Lokalkulte lernen wir hauptsächlich aus Plutarch, Pausanias und inschriftlichen Denkmälern kennen. Eine Anzahl von charakteristischen Beispielen wird hinreichen zu zeigen, sowohl wie überreich, bunt und vielgestaltig die Fülle der griechischen Gottesdienste noch immer war, als auch mit wie staunenswerter Zähigkeit auch hier im Kultus uralte Traditionen sich behaupteten. In Paträ feierte man jährlich das Fest der Artemis Laphria folgendermaßen. Um den sehr großen Opferaltar wurden im Kreise grüne Baumstämme von je 16 Ellen Länge aufgepflanzt, inwendig das trockenste Holz gehäuft und ein bequemer Aufgang am Altar durch aufgeschüttete Erde hergestellt. Am ersten Tage fand eine prachtvolle Prozession statt, deren Beschluß die jungfräuliche Priesterin der Artemis auf einem von Hirschen gezogenen Wagen machte. Am zweiten Tage war das Opfer, zu dem sowohl die Stadtgemeinde als die einzelnen wetteifernd beisteuerten. Alle Opfertiere wurden lebendig auf den Altar geworfen, worunter eßbare Vögel, Wildschweine, Hirsche, Rehe, junge und ausgewachsene Wölfe und Bären, hierauf das Feuer angezündet. Man sah dann wohl einen Bären oder ein andres Tier sich losreißen und ausbrechen, worauf es wieder zurückgeschleppt wurde, doch nie war ein Mensch von einem Tier beschädigt worden[1]). In derselben Stadt wurde ein Bild des Dionysos, mit dem Beinamen »der Volksrichter«, in einem Schreine verehrt, der nach der Legende bei der Eroberung Trojas von dort fortgeführt worden war. Neun vom Volke aus den Angesehensten gewählte Männer und eben so viele Frauen besorgten seinen Dienst. In einer bestimmten Nacht während des dem Gotte heiligen Festes trug der Priester den Schrein aus dem Tempel heraus. Dann gingen alle Kinder aus der Stadt mit Ährenkränzen an den Fluß Meilichos: so waren nach der Legende die in alter Zeit der Artemis geopferten Kinder bekränzt worden. Die Kränze legten sie bei der Artemis nieder, badeten im Flusse, setzten Efeukränze auf und gingen so zum Tempel des Dionysos[2]). In der Nähe des Flusses Krathis bei der achäischen Küstenstadt Aegae war ein Heiligtum der »breitbrüstigen Erdgöttin« mit einem uralten Holzbilde. Die Priesterinnen mußten keusch leben, und zugelassen wurden nur solche, die bis dahin nur einen Mann gekannt hatten. Die Wahrheit ihrer Aussage wurde durch einen Trunk von Ochsenblut erprobt, und die, welche die Probe nicht bestanden, sogleich bestraft, unter mehreren gleichberechtigten Bewerberinnen entschied das Los[3]). Das Bild der Artemis Orthia zu Sparta war nach der auch von Pausanias geglaubten Sage dasselbe, das Orest aus dem taurischen Tempel entführt hatte; noch immer forderte die Göttin eine Bespritzung ihres Altars mit Menschenblut, daher wurden noch immer Jünglinge an ihrem Altar blutig gegeißelt. Die Priesterin hielt das kleine Holzbild der Göttin im Arm; wenn die Geißelnden einen Knaben wegen seiner Schönheit oder seines Standes schonten, wurde es ihr so schwer, daß sie es nicht tragen konnte: Plutarch sagt, man habe auch in seiner Zeit viele unter den Hieben sterben ge-

1) Pausan. VII 18, 11—13. Nilsson, Griech. Feste S. 218ff. 2) Pausan. VII 20, 1f., vgl. 19, 6f. Nilsson a. a. O. S. 294ff. 3) Pausan. VII 25, 13. E. Fehrle, Die kultische Keuschheit im Altertum (Religionsgesch. Vers. u. Vorarb. VI, 1910) S. 106ff.

sehen[1]); diejenigen, welche sich durch Standhaftigkeit vor den andern auszeichneten, führten lebenslänglich den Titel »Altarsieger«[2]). Zu Alea in Arkadien wurden bei einem Fest des Dionysos nach einem Spruch des delphischen Orakels Frauen gegeißelt[3]). In Orchomenos in Böotien verfolgte alljährlich an dem Feste der Agrionien der Priester des Dionysos die angeblich von den fluchbeladenen Minyastöchtern stammenden Frauen mit dem Schwert in der Hand; die Frau, die er einholte, durfte er töten, und dies hatte zu Plutarchs Zeiten der Priester Zoilos wirklich getan. Aber für diese fromme Wut traf der Zorn der Götter nicht bloß ihn selbst, der an einer scheußlichen Krankheit starb, sondern auch die Stadt Orchomenos, die in Verlust und Nachteil geriet: die Orchomenier nahmen dem Geschlechte des Zoilos das Priestertum und verliehen es fortan durch Wahl[4]). Auf Cypern waren nach Lactantius dem Zeus Menschenopfer gebracht worden, bis Hadrian sie verbot[5]); doch noch unter Marc Aurel glaubte man, daß sie dem Zeus Lykaios in Arkadien im geheimen gebracht würden[6]), und auch in Rhodus soll Kronos alljährlich ein solches Opfer empfangen haben, wozu man (wie angeblich bei dem Fest des Juppiter Latiaris in Rom)[7]) einen todeswürdigen Verbrecher nahm[8]). Zu Aliphera in Arkadien wurde vor andern Gottheiten Athene verehrt, die nach der Ortslegende dort von Zeus geboren und auferzogen war; vor dem großen Feste, das ihr jährlich gefeiert wurde, opferten die Bewohner dem Heros Myiagros, d. i. Fliegenscheucher, und beteten zu ihm, und wurden dann während des Festes nicht von den Fliegen belästigt[9]). In dem unfern von Sikyon gelegenen Titane war ein von Kranken viel besuchter Asklepiostempel; innerhalb der Mauer des Tempelbezirks standen alte Zypressen. Von dem Bilde sah man nur Kopf, Hände und Füße, im übrigen war es mit einem wollnen Leibrock und Mantel bekleidet; eine daneben stehende Statue der Hygiea war über und über mit Haaren bedeckt, welche die Frauen zu Ehren der Göttin sich abschoren, und mit Streifen babylonischer Teppiche. In der Nähe war ein Altar der Winde, denen der Priester jährlich in einer Nacht opferte, wobei er auch in vier Gruben geheime Opfer warf, um das Toben der Winde zu mildern, wozu er Beschwörungslieder, wie man sagte, von der alten Zauberin Medea sang[10]). Bei Trözen war in der Nähe des Musentempels ein Altar des Schlafs, dem man mit den Musen zusammen opferte, da, wie sie dort sagten, dieser Gott den Musen der liebste sei. Hauptsächlich aber verehrte man zu Trözen Hippolyt, den Sohn des Theseus, in einem glänzenden Tempelbezirk. Die Trözenier leugneten, daß er von Pferden geschleift worden und so gestorben sei, vielmehr sei er zum Himmel aufgefahren und dort im Sternbilde des Wagenlenkers sichtbar. Sein Priester verwaltete das Amt lebenslänglich, jährlich wurde ihm ein Fest gefeiert, und außerdem schnitt jede Jungfrau ihm zu Ehren sich vor der Hochzeit eine Locke ab und legte sie in seinem Tempel nieder[11]). Bei den Dionysosfesten dauerten die äußeren Zeichen der Verzückt-

1) Pausan. III 16, 7—11. Plutarch. Lycurg. 18, 2. F. Schwenn, Die Menschenopfer bei den Griechen u. Römern S. 93 ff.; vgl. dazu Fehrle, Berl. philol. Wochenschr. 1919 S. 158 ff. 2) Hygin. fab. 271; inschriftliche Erwähnungen solcher βωμονῖκαι aus der Kaiserzeit IG V 1 nr. 554. 652 bis 654. 3) Pausan. VIII 23, 1. Nilsson S. 299 f. 4) Plutarch. Qu. Gr. 38, vgl. Nilsson S. 273, 3. 5) Lactant. Inst. div. I 21, 1. 6) Pausan. VIII 38, 7. Schwenn a. a. O. S. 20 ff. 7) Schwenn a. a. O. S. 180 f. 8) Porphyr. de abstin. II 54. Nilsson S. 38. 9) Pausan. VIII 26, 7. Nilsson S. 441. 10) Pausan. II 11, 6. 12, 1. 11) ebd. II 31, 3. 32, 1.

heit, das Rohessen, das Würgen und Zerreißen von Schlangen durch die Bacchen fort[1]).

Aus allem also, was wir über die religiösen Zustände Griechenlands bis zum Ende des 2. Jahrhunderts und zum Teil noch aus späterer Zeit[2]) wissen, gewinnt man, wie gesagt, den Eindruck, daß der alte Bestand der einheimischen Kulte durch die neu eingedrungenen ausländischen eine irgend wesentliche Einbuße oder Veränderung ebensowenig erlitten hatte wie in früherer Zeit durch die des Adonis, der asiatischen Göttermutter und des Ammon[3]). Und doch waren auf dem griechischen Festlande wie auf den Inseln die (wenigstens zum Teil schon im 4. Jahrhundert v. Chr. eingeführten) Dienste der ägyptischen Gottheiten Isis, Osiris und Sarapis ungemein verbreitet und hochangesehen[4]). Zu diesen hatten sich auf Delos bereits seit dem zweiten Jahrhundert vor Chr. die der phönizischen Aphrodite und der syrischen (dort als Sonnengott und Erdgöttin gepaarten) Gottheiten Hadad und Atargatis gesellt[5]); selbst von dem im allgemeinen von Griechenland und Kleinasien fern gehaltenen Mithrasdienste lassen sich vereinzelte Spuren in Athen, Thespiae und Thera nachweisen[6]); und Lucians Spöttereien über die Mischung der Göttergesellschaft lassen voraussetzen, daß noch manche andre Götter des Orients in Griechenland Verehrung gefunden hatten. Jener in Athen stattfindenden Disputation über die Vorsehung wohnen Bendis, Anubis, Mithras u. a. bei. Mindestens in vielbesuchten Häfen wie Korinth und Rhodus werden die fremden Götterdienste zahlreich gewesen sein, während allerdings in dem verödeten und vom Weltverkehr wenig berührten Innern des Landes die alten Kulte eine mehr oder minder ausschließliche Herrschaft behauptet haben mögen[7]).

Fortdauer der allgemeinen Beteiligung am Gottesdienste.

Nicht minder gewiß als die Fortdauer zahlloser alter römisch-italischer und griechischer Kulte in den Zeiten der Theokrasie ist, daß überall die regelmäßige Beteiligung am Gottesdienste eine so allgemeine war, daß die gänzliche Unterlassung der üblichen heiligen Gebräuche Anstoß erregte oder doch als Ausnahme auffiel. Gegen den Philosophen Demonax in Athen erhoben sich sogar Ankläger, weil man ihn niemals opfern sah und er allein von allen nicht in die Eleusinischen Mysterien eingeweiht war: doch verstand er den ihm in der Volksversammlung drohenden Sturm (manche hatten bereits Steine gegen ihn in den Händen) zu beschwichtigen[8]). Der Ankläger des Apulejus, Sicinius Ämilianus,

1) Rohde, Psyche II² 46, 2. Über die ὠμοφαγία Dieterich, Kl. Schrift. S. 465 f. Vgl. über die damaligen Mysterien und Arten der Divination auch die Confessio S. Cypriani (s. dazu Th. Zahn, Cyprian v. Antiochien u. die deutsche Faustsage, 1882), Acta SS. Sept. VII 222. Preller, Philologus I 1846 S. 349 ff. 2) Über die Fortdauer alter Kulte im 4. Jahrhundert Geffcken, Der Ausgang des griech.-röm. Heidentums S. 100 ff. 281 ff. 3) Oben S. 137 A. 1. 4) A. Rusch, De Serapide et Iside in Graecia cultis, Diss. Berol. 1906. Die Arbeit von P. Roussel, Les cultes égyptiens à Delos du 3e au 1er siècle av. J. C. (Annales de l'Est XXIX. XXX 1915. 1916) ist mir nicht zugänglich. 5) Hauvette-Besnault, Bull. corr. hell. VI 1882 S. 495 ff. (vgl. XVI 1892 S. 161). Dittenberger, Syll.³ 1132 Ἴσιδι Σωτείρᾳ Ἀστάρτει Ἀφροδίτῃ καὶ Ἔρωτι Ἁρφοκράτει Ἀπόλλωνι usw. 6) Preller, Ber. d. sächs. Gesellsch. d. Wiss. 1852 S. 186, 100. Thespiae: Eunap. vit. soph. p. 476, 4 Boiss. Thera: Hiller v. Gaertringen, Thera III 194 f. 7) Mommsens Ansicht RG. V 257, daß diese Zeit sich von der alten Landesreligion längst gelöst hatte, und daß diese »immer mehr ein Sonderbesitz der Studierten wurde«, teile ich keineswegs und finde in der angeführten Stelle Plutarch. praec. ger. reip. 30 keinen Anhalt dafür. 8) Lucian. Demonax 11.

hatte zu Öa wegen seiner ihn offenbar auszeichnenden Irreligiosität den Beinamen des aus Vergil bekannten »Verächters der Götter« Mezentius erhalten. Niemals hatte er zu einem Gotte gebetet, nie einen Tempel besucht; ging er an einem Heiligtume vorüber, so dachte er nicht daran, durch eine Kußhand seine Verehrung zu bezeigen. Selbst den Göttern des Lands, die ihn kleiden und nähren, sagt Apulejus, gibt er keinen Teil der Ernte oder die Erstlinge der Herde ab; auf seinem Gut ist kein Heiligtum, kein geweihter Ort oder Hain. Ja die, welche dort gewesen sind, sagen, daß auf seinem Gebiet nicht einmal ein Stein mit Wohlgerüchen beträufelt oder ein Baumast bekränzt ist[1]). Bei seiner Übersiedelung nach Spanien empfahl Martial einem Marius, dem er sein Gütchen bei Nomentum überließ, die auf demselben befindlichen Heiligtümer: die den Faunen geweihten Pinien und Steineichen, die von der wenig geübten Hand der Verwalters errichteten Altäre des Juppiter und Silvanus (»die oft das Blut eines Lamms oder Bocks färbte«); ferner Kapellen oder Tempel der Diana und des Mars und einen Lorbeerhain der Flora. Marius möge bei seinen Opfern stets auch Martial der Gunst der Götter empfehlen und sie bitten, beiden zu gewähren, was der eine wünschen werde[2]). Bei der ungeheuren Mehrzahl übte die Gewöhnung an die gottesdienstlichen Gebräuche ihren unwiderstehlichen Einfluß von Jugend auf. Schon im zartesten Alter, sagt Prudentius (zu Ende des 4. Jahrhunderts), kosteten die Kinder vom Opfermahl, sahen sie die schwarzgeräucherten Bilder der Laren mit Wohlgerüchen beträufeln, die Mutter angstvoll vor der Statue der Schicksalsgöttin mit dem Füllhorn beten, küßten, noch auf dem Arm der Amme, die Götterbilder und richteten kindische Gebete an sie[3]).

Namentlich die Allgemeinheit der Opfer bei allen freudigen Ereignissen ist durch zahlreiche Angaben und Äußerungen bezeugt, und zwar für alle Stände. Opfer.
Persius spottet über Gutsbesitzer, die zu Merkur um Vermehrung ihres Viehstands beten und diesen gleichzeitig durch zahlreiche Opfer junger Kühe vermindern. Bei jeder Beförderung eines Senators zum konsularischen Range »rauchte der Vorplatz des Palastes vom Blut junger Stiere«[4]). Einem Senator Rufus entschlüpfte im Rausch während einer Abwesenheit des Augustus von Rom der Scherz, sämtliche Stiere und Kälber wünschten, daß der Kaiser nicht glücklich zurückkehren möchte[5]). Ein ähnlicher Scherz über die Wünsche der weißen Rinder während der Feldzüge Marc Aurels ist bereits erwähnt worden[6]). Juvenal opferte für die glückliche Errettung seines Freundes Catullus aus Seegefahr den drei kapitolinischen Gottheiten zwei Lämmer und ein junges Rind; wäre er reich, sagte er, so würde er statt des letzteren einen gemästeten Stier von edler Rasse darbringen[7]). Die für den Eintritt in die Tempel, das Darbringen des Opfers, das Einwerfen der Gabe in den Opferkasten (*thesaurus*)[8]) von den Gläubigen gezahlten Gebühren[9]) machten die Priestertümer oft sehr gewinnreich, daher sie

1) Apulei. Apol. 56. 2) Martial. X 92. 3) Prudent. c. Symmach. I 197 ff. 4) Pers. 2, 44 ff. Martial. XIV 4, vgl. oben I 144. 5) Seneca de benef. III 27. 6) Oben S. 130. 7) Juvenal. 12, 1 ff. 8) Inschrift von Lambäsis, Dessau 9260: *religiosi qui stipem ad Aescul[a]pium pon[e]re volunt, in thesaurarium mittant, ex quibus aliquod donum Aesculapio fiat.* Über die *stipes* vgl. Wissowa, Relig. u. Kultus[2] S. 428 f., über Opferkästen H. Graeven, Arch. Jahrb. XVI 1901 S. 163 ff. Hülsen, Röm. Mitteil. XXII 1907 S. 236 ff. R. Herzog, Arch. f. Religionswiss. X 1907 S. 208 ff. 9) *Exigitis mercedem pro solo templi, pro aditu sacri, pro stipibus, pro hostiis, venditis totam divinitatem,* Tertull. ad nat. II 10; apolog. 13. 42. Mommsen StR. II[3] 66 ff.

in bestimmten Gegenden (besonders in Kleinasien und auf den griechischen Inseln) von Staats und Gemeinde wegen verpachtet, teilweise sogar versteigert wurden[1]); in Ägypten geschah es für Rechnung der Kaiser als Nachfolger der Ptolemäer[2]). Aus Rom besitzen wir noch einen Tarif von Opfersporteln[3]). Das Umsichgreifen des Christentums in der Provinz Pontus machte sich, wie Plinius in seinem bekannten Schreiben an Trajan im Jahre 112 berichtet, dadurch bemerkbar, daß (zunächst wohl in der Stadt Amastris[4]) und den benachbarten Orten) die Tempel fast leer standen, die Feier der heiligen Feste unterblieb und die Nachfrage nach Opfertieren fast ganz aufhörte: doch besserte sich dieser für Plinius ebenso auffallende wie Besorgnis erregende Zustand infolge seines Einschreitens gegen die Christen[5]). Wie ungeheuer der Verbrauch von Opfertieren im römischen Reiche war, mag man versuchen sich nach der Angabe Suetons vorzustellen, daß infolge der allgemeinen Freude über Caligulas Regierungsantritt in nicht vollen drei Monaten (selbstverständlich in Rom allein) deren über 160000 geschlachtet wurden[6]). Noch in der Zeit des Prudentius erscholl an Festtagen die heilige Straße vom Gebrüll der (zum Opfer auf das Kapitol geführten) Stiere[7]).

Betätigung der Frömmigkeit durch Tempelbauten —

Daß aber die Frömmigkeit der Gläubigen sich auch fort und fort durch Erbauung und Instandhaltung von Tempeln und deren Ausschmückung mit Götterbildern, Gaben, Widmungen und Stiftungen aller Art aufs eifrigste betätigte, ergibt sich namentlich aus den bezüglichen, so äußerst zahlreich erhaltenen Inschriftsteinen. Selbst in der Zeit, die man als die Periode des tiefsten Verfalls der Religion zu betrachten pflegt, schrieb Lucrez: noch immer sei den Gemütern der Menschen jene Furcht eingepflanzt, die den Glauben und die Verehrung der Götter ins Leben gerufen habe; sie lasse auf dem ganzen Erdkreise neue Göttertempel entstehen und fülle sie an Festtagen mit zahlreichen Besuchern[8]). Daß in einer Zeit unausgesetzter, furchtbarster Erschütterungen der Staatsordnung von einer Menge von Tempeln und Heiligtümern in Rom ein Teil verfiel und ihr Areal selbst von Privatpersonen widerrechtlich in Besitz

1) Dion. Hal. ant. II 21, 3. Das älteste Beispiel, der milesische Stein Dittenberger, Syll.³ 1102, stammt schon aus dem Ende des 5. Jahrhunderts v. Chr. H. Herbrecht, De sacerdotii apud Graecos emptione venditione (Diss. phil. Argentor. X 1 ff.), 1885. B. Lehmann, Quaestiones sacerdotales. P. I. De titulis ad sacerdotiorum apud Graecos venditionem pertinentibus, Diss. Regimonti 1888. Bischoff, Rhein. Mus. LIV 1899 S. 9 ff. W. Otto, Hermes XLIV 1909 S. 594 ff. L. Ziehen, Real-Encykl. VIII 1415 ff. 2) Wilcken, Hermes XXIII 1888 S. 592 ff. Vgl. Otto, Priester u. Tempel I 240 ff. Rostowzew, Gött. gel. Anz. 1909 S. 618 ff. G. Plaumann, Der Idioslogos (Abhdl. Akad. Berlin 1918 nr. 17) S. 39. 3) CIL VI 820 = Dessau 4916. 4) Dafür, daß der Christenprozeß des Plinius sich hier abgespielt habe, tritt mit guten Gründen ein W. Weber, Festgabe für Karl Müller (1922) S. 31 f. 5) Plin. ad Tr. 96, 10. Mommsen, Ges. Schrift. IV 394, 1. 6) Sueton. Calig. 14, 1. Dasselbe zeigen auch die Protokolle der Arvalbrüder, bei denen noch in der Zeit Gordians (wo die Mittel der Bruderschaft bereits beschränkt waren) die Sühnung des Haines bei der Ausholzung ein zweimaliges Opfer von je 4 Rindern, 19 Schafen, Hammeln oder Widdern und einem Schwein erforderte (Wissowa, Hermes LII 1917 S. 324 ff.). Vor der Einschränkung der Loyalitätsopfer (an Gedenktagen des Kaisers und seines Hauses) durch Vespasian ist der Aufwand für diese alljährlich ein ganz enormer. 7) Prudent. c. Symmach. I 218 ff. Verzeichnis der von zwei Priestern des Saturn acht Göttern geopferten acht Tiere CIL VIII 8246 f. = Dessau 4477. 4477ª (aus Azig ben Tellis in Numidien); vgl. eine ähnliche afrikanische Inschrift Compt. rend. de l'acad. d. inscript. 1913 S. 424 ff. 8) Lucret. V 1161—1168.

genommen wurde[1]), kann gewiß kein Beweis für eine allgemeine Abnahme des Glaubens sein; und wenn die Zahl sämtlicher der Herstellung bedürftigen und von Augustus im Jahre 28 v. Chr. wirklich hergestellten sich auf 82 belief[2]), so ist es nicht auszumachen, ob diese Zahl im Verhältnis zur Gesamtzahl für klein oder für groß zu gelten hat.

und andre Stiftungen zu Kultuszwecken —

Auch von der ungeheuren Menge der Bauten, Schenkungen und Stiftungen aus Privatmitteln zu Kultuszwecken, die wir aus den Inschriften Italiens sowie aller Provinzen kennen lernen, wird ohne Zweifel ein Teil aus andern als religiösen Beweggründen herzuleiten sein; aber ebensowenig liegt ein Grund vor zu bezweifeln, daß bei weitem die meisten dieser frommen Gaben und Opfer gebracht worden sind, um die Gnade der Götter zu verdienen oder zu erhalten oder geängstete Gewissen zu beruhigen: sehr viele sind laut den Inschriften »nach einem Gesicht« oder »auf Geheiß« oder »Mahnung« der Gottheit im Traum erfolgt[3]). Man darf nach diesen Zeugnissen annehmen, daß ein sehr großer Teil der Tempel im ganzen römischen Reiche von Privatpersonen auf eigene Kosten erbaut worden ist, die zuweilen überdies ein Kapital zur Instandhaltung des Gebäudes auswarfen[4]). Namentlich in Italien (wo in Appians Zeit, d. h. unter Antoninus Pius, nächst dem kapitolinischen Juppitertempel die der Fortuna zu Antium, der Juno zu Lanuvium, des Herkules zu Tibur und der Diana zu Aricia die reichsten waren)[5]) wetteiferten die wohlhabenden Munizipalen mit ihren zu hohem Range aufgestiegenen Landsleuten in Rom, den Patronen und sonstigen Gönnern ihrer Städte[6]), ihre Munifizenz und Anhänglichkeit an die Heimat vor allem auch durch deren würdige Ausstattung mit Gotteshäusern zu beweisen. Ein P. Lucilius Gamala z. B., dessen Lebenszeit vom Ende der Regierung Trajans bis zum Ende der Regierung Marc Aurels reicht, ließ in Ostia sieben Tempel teils neu erbauen, teils herstellen: des Vulkan, der Dioskuren, der Venus, Spes, Fortuna, Ceres und des Vater Tiberinus[7]). Martials Freund Cäsius Sabinus in Sassina erbaute einen Tempel für die Nymphe eines dortigen Sees[8]). Ein Ehepaar zu Assisi baute einen Tempel, wie es scheint des Castor und Pollux, und fügte auch die Bildsäulen derselben hinzu[9]). Auf der Insel Malta verwandte ein Privatmann auf den Bau eines marmornen Apollotempels die Summe von 110792 1/2 S. (rund 24000 Mark) usw.[10]). Aber auch für die ländlichen Tempel wurde von den großen Besitzern, auf deren Grundstücken sie standen, gesorgt:

1) Marquardt StV. III² 67, 3. 2) Mon. Ancyr. lat. 4, 17 f. (*nullo praetermisso quod eo tempore refici debebat*). Unter Tiberius war abermals eine Restauration erforderlich, Tac. A. II 49. 3) z. B. CIL VIII 2632 = Dessau 3374 (Buecheler, Carm. ep. 1519) *Alfeno Fortunato visus dicere somno Liber pater ... basis hanc novationem Genio domus sacrandam* usw. Vgl. oben S. 175. 4) z. B. 100000 Sest. für einen Tempel der Caiva dea (Gerolstein im Regierungsbezirk Trier) 124 n. Chr. CIL XIII 4149 = Dessau 4741; für einen Tempel zu Gabii im Jahre 140 *in tutela et ornationibus* (sic) *templi* 5000 S. CIL XIV 2795 = Dessau 272. 5) Appian. B. C. V 24: ἐν αἷς μάλιστα πόλεσι καὶ νῦν εἰσι θησαυροὶ χρημάτων ἱερῶν δαψιλεῖς, vgl. dazu CIL XIV 3679. 3679a = Dessau 6245 *sub thens*[*auro*] *Herculis et Augus*[*ti*]. 6) z. B. oben I 48. 127. III 27 f. 7) CIL XIV 375 (= Dessau 6147). 376; vgl. oben S. 72. 8) Martial. IX 58. 9) CIL XI 5372 = Dessau 3398. 10) CIL X 7495. Andere Beispiele CIL VIII 1574 (Mustis, prov. proc. 164 n. Chr. Tempel für 70000 S.). 993 = Dessau 4433 (col. Julia Karpis): ein von einer *flaminica divae Plotinae* gelobter Tempel; *maritus et filius* (*aedem*) *suo sumptu a solo aedificatam d. d. marmoribus et museis* (vgl. VIII 2657 = Dessau 5626 *marmorib*(*us*) *musaeo et omni cultu*) *et statua Pudicitiae aug*(*ustae*) *et thorace Caelestis Augustae ornaverunt*.

so ließ Plinius einen verfallenen Tempel der Ceres auf einem seiner Güter größer und schöner erneuern[1]). Außer vollständigen Neubauten, außer Herstellungen und Ergänzungen verfallener Heiligtümer[2]) sind in Inschriftsteinen Darbringungen und Herstellungen einzelner Teile und Baulichkeiten jeder Art, wie Altäre, Opferküchen[3]), Säulen und Kapitäle[4]), Giebel, Fußböden, Ornamente usw., sowie Schenkungen und Stiftungen zu solchen Zwecken äußerst zahlreich verzeichnet.

besonders von Götterbildern —

Besonders häufig wurden Götterbilder in die Tempel gestiftet, zum Teil sehr kostbare. So schenkte z. B. eine Priesterin zu Äclanum eine silberne Statue der Felicitas[5]); und wenn ein ritterlicher Offizier zu Formiä 100000 S. (21750 Mark) vermachte, um für diese Summe Prozessionswagen der Minerva nebst allem Zubehör aus 100 Pfund (etwa 33 Kilogramm) Silber anfertigen zu lassen[6]), so wird auch die Tempelstatue der Göttin aus Edelmetall gewesen sein. Bei der testamentarischen Bestimmung einer Frau, daß das Bild eines Gottes in einem bestimmten Tempel ihrer Vaterstadt mit ihrer Namensunterschrift aus 100 Pfund errichtet werden sollte, entstand die Frage, ob die Erben eine Broncefigur liefern dürften, oder angehalten werden könnten, eine silberne oder goldene machen zu lassen. Der berühmte Jurist Cervidius Scävola (Lehrer des Septimius Severus) entschied mit Rücksicht darauf, daß sich in dem Tempel nur silberne und bronzene Weihgeschenke befanden, daß eine silberne Statue zu liefern sei[7]). Eine kleine silberne Figur des Merkur in Lambäsis hatte 14000, eine silberne Statue zu Hippo regius über 51000, eine ebensolche zu Vienna 100000 S. gekostet[8]). Fromme, deren Vermögen zu solchen Gaben nicht ausreichte, ließen die Bilder der verehrten Gottheiten wenigstens vergolden, ganz oder teilweise, z. B. die Füße, besonders aber das Gesicht oder den Bart[9]); zu Corfinium ließ z. B. einmal eine »Dienerin der Großen Mutter die Große Mutter ausbessern und vergolden, dem Attis die Haare vergolden und die Bellona ausbessern«, während zugleich der Priester des Attis für diesen einen Altar und silbernen Mond machen ließ[10]).

und deren Ausstattung mit Kleidern und Schmucksachen.

Ferner stattete man die Götterbilder nach Vermögen mit Kleidungsstücken[11]), Attributen oder Schmucksachen und Kostbarkeiten aus. Der Kaiser Galba träumte als Jüngling, Fortuna stehe Einlaß begehrend vor seiner Tür; beim Erwachen fand er eine Bronzestatue der Göttin an der Schwelle, die er persönlich auf sein Gut bei Tusculum brachte und lebenslänglich mit monatlichen Bettagen und einer jährlichen Nachtfeier verehrte. Als Kaiser hielt er kurz vor seinem Ende ein sorgfältig ausgewähltes Halsband aus Perlen und Edelsteinen zum

1) Oben I 127. 2) z. B. CIL VI 56. XI 5805 = Dessau 5453. 3151 u. a. 3) CIL V 781 (= Dessau 3119) *aedem, signa III, portic(um) cum maceris [et] culina et locum in quo ea sunt.* IX 3075 (Sulmo). XIV 3543 = Dessau 3452 (Tibur) *Herculi Saxano sacr. — aedem zothecam culinam.* VIII 1267 = Dessau 5461 (Chisiduo): *aer(eam) cald(ariam) — aram et ollam et urceum et lucernam.* 4) CL III 138 = Dessau 4283 (Heliopolis): *capita columnarum dua aerea auro inluminata.* 5) CIL IX 1154 = Dessau 6486. 6) CIL X 6102 = Dessau 6282. 7) Dig. XXXIV 2, 38 § 2. 8) CIL VIII 17408 (= Dessau 5474). 18233. XII 5864 (= Dessau 6999). 9) Pers. 2, 55 ff., vgl. Juven. 13, 151 f. Cic. De nat. deor. III 83. Lucian. Philops. 19. 10) CIL IX 3146 = Dessau 4107. Dittenberger, Or. gr. 525 = Dessau 8858 (Halikarnaß) ... τὴν Ἀφροδίτην ἐχρύσωσαν. Teilweises Vergolden und Versilbern eines heiligen Bilds im heutigen Griechenland: B. Schmidt, Volksleben der Neugriechen S. 72 f. 11) Dessau 3495 *Aurunceia Sp. f. Acte mag(istra) Bone* (sic) *deae tunicas duas et palliolum rasas calleinas et lucerna aeria* (sic) *d. d.*

Schmuck der Statuette bereit, beschloß dann aber, es der Venus auf dem Kapitol darzubringen; worauf Fortuna ihm im Traum erschien und drohte, ihm nun auch ihrerseits ihre Geschenke zu entreißen[1]). In der Regel waren dergleichen fromme Gaben natürlich für Tempelstatuen bestimmt. In einem Tempel zu Puteoli ließ z. B. jemand nach Eingebung eines Traumes die Schlange (etwa des Äskulap) aus eigenem Gelde machen[2]). Ein Augustale zu Ariminum bestimmte im Testament die Errichtung einer Statue, wie es scheint einer Bacchantin (in einem Bacchustempel), mit einem goldenen Halsbande, einem Thyrsus und einem silbernen Becher von $2\,^1/_2$ Pfund[3]). Zu Reji (Riez im südlichen Frankreich) brachte ein Ehepaar dem Äskulap »wegen der ungemeinen Wirkung der Kraft des Gottes, die sie an sich erfahren hatten«, gemäß ihrem Gelübde eine Bronzestatue des Schlafgottes (vermutlich waren sie von dem Leiden der Schlaflosigkeit befreit worden) und einige Pretiosen dar, wie eine goldene Kette aus Schlänglein und eine silberne Schreibtafel[4]). Zu Acci im Tarraconensischen Spanien schenkte eine Großmutter zu Ehren ihrer Enkelin der Isis eine Statue oder ein andres Weihgeschenk von $112\,^2/_3$ Pfund Silber, und außerdem einen Schmuck von Perlen, Smaragden und andern Edelsteinen für Kopf, Hals und andre Körperteile, unter anderm laut dem Verzeichnis: in den Ohren 2 Smaragde und 2 Perlen, am kleinen Finger 2 Diamantringe, am folgenden einen mit verschiednen Steinen, Smaragden und einer Perle, am Mittelfinger einen mit einem Smaragd, an den Schuhen 8 walzenförmig geschliffene Edelsteine[5]). Häufig wurden (wie in dem angeführten Falle in Reji) in die Tempel andre Statuen als die der dort verehrten Götter gestiftet[6]), und überhaupt Schenkungen gemacht, die nicht auf den Kultus Bezug hatten, sondern zur Erhöhung der Pracht und Schönheit der Tempel, zur Vermehrung ihrer Schätze dienen sollten: so vermachte ein Bürger von Rhegium dem Apollotempel seiner Vaterstadt ein kleines Pergamentbuch mit Elfenbeindeckeln, eine elfenbeinerne Büchse und 19 Gemälde[7]).

Kostbarkeit der Tempelgeschenke.

Erwägt man, wie zahlreiche Angaben über silberne, auch goldene, zum Teil sehr kostbare Weihgeschenke wir selbst aus Mittelstädten des Orients wie des Occidents (z. B. Ostia) besitzen, deren Erhaltung doch nur dem Zufall verdankt wird[8]); ferner daß des Augustus Gaben an fünf Tempel Roms (des kapitolinischen Juppiter, des Divus Julius, des Apollo, der Vesta, des rächenden Mars) aus der Kriegsbeute einen Gesamtwert von etwa 100 Millionen S. ($21\,^3/_4$ Mill. Mark) hatten[9]); daß alte und schadhaft gewordene Tempelgeschenke, aus denen Hadrian (136) in Lanuvium eine Statue herstellen ließ, 3 Pfund Gold und 206 Pfund Silber ergaben[10]) u. a. dgl.: so möchte man glauben, daß es im römischen Reiche

1) Sueton. Galba 4, 3. 18, 2. 2) CIL X 1599. 3) CIL XI 358 = Dessau 3363. 4) CIL XII 354 = Dessau 3855. 5) CIL II 3386 = Dessau 4422. 6) Letronne, Rev. archéol. I 1844 S. 439ff.; z. B. CIL V 6829 = Dessau 3182 *Iovi Iunon(i) Miner(vae) . . . Venerem.* CIL XII 2526: *Castori et Polluci ... Apollin(em) ex stipe dupla.* CIL XIV 2867 = Dessau 3687 . . . *hanc Minervam Fortunae Primigeniae dono dedit* u. a. 7) CIL X 6 = Dessau 5471 (oben I 449). Vgl. das interessante Verzeichnis der in zwei Tempeln der Isis und Bubastis (im Bezirk des Tempels der Diana von Nemi) dargebrachten Gaben, CIL XIV 2215 = Dessau 4423. 8) CIL XIV 3. 8. 21. 34. 35. 36 (= Dessau 3299. 6154. 4373. 4111—4113). 69. 71. 72 (= Dessau 5451 *clupeum argent. cum imagine aurea*). 119 (Gaben von 1 bis 15 Pfund Silber, sämtlich in Ostia). 2861 ($11\,^3/_4$ Pfund, Exvoto für die Fortuna in Präneste). 9) Monum. Anc. lat. 4, 23ff. 10) CIL XIV 2088 = Dessau 316. Vgl. auch die Weihungen goldener und silberner Figuren an die ephesische Artemis

Tempel gab (und vielleicht nicht wenige), deren Reichtum an kostbaren Weihgaben hinter dem ehemaligen der Schatzkapelle der Casa Santa zu Loreto nicht zurückstand. Solche Schätze bedurften eines Schutzes, und zu ihrer Bewachung werden die einige Male erwähnten Militärposten bei Tempeln[1]) bestimmt gewesen sein. Zu den reichsten werden übrigens auch die gehört haben, deren Gottheiten nach Senatsbeschlüssen oder kaiserlichen Erlassen zu Erben eingesetzt werden konnten: wie der kapitolinische Juppiter, der didymäische Apollo zu Milet, Mars in Gallien, die Minerva in Ilium, der Herkules in Gades, die Diana zu Ephesus, die Göttermutter vom Sipylus, die Nemesis in Smyrna und die »Himmlische Göttin« in Karthago[2]).

Zuwendungen für Priester und Tempeldiener.

Aber auch an Zuwendungen für Priester und Tempeldiener fehlte es nicht. Scävola erörterte die testamentarische Bestimmung einer Frau, daß ihre Erben dem »Priester, dem Tempelwächter und den übrigen Freigelassenen« in einem bestimmten Tempel am Tage eines von ihr bei demselben gestifteten Jahrmarktes 10 Denare geben sollten: dies sei als eine jährlich zu leistende Zahlung zu verstehen[3]).

Die Bilderverehrung.

Im ganzen Kultus wirkt ohne Zweifel nichts so mächtig und zugleich so stetig zur Erhaltung und Kräftigung des Glaubens wie der Bilderdienst, das Anschauen der im Bilde gegenwärtigen Gottheit, das selbst widerstrebende oder wankende Gemüter überwältigend ergreifen konnte; die Möglichkeit, sie persönlich zu verehren, mit ihr gewissermaßen von Angesicht zu Angesicht zu verkehren. Wenn auch ein Teil der Philosophen, wie Seneca, den Bilderdienst verwarf, so machten andre, wie Maximus von Tyrus, im Anschlusse an Gedanken des Posidonius, mit vollem Rechte geltend, die Schwäche der menschlichen Natur, deren Abstand von der Gottheit so groß sei wie der der Erde vom Himmel, bedürfe der sinnlichen Zeichen, um die Gottheit zu erfassen, und die wenigsten könnten ihrer entbehren; und von den bei den verschiednen Völkern so verschiednen Symbolen der göttlichen Wesen sei das würdigste, weil das gottähnlichste, die Menschengestalt[4]). Eine Rechtfertigung und wissenschaftliche Begründung des Bilderdienstes hat dann der Neuplatonismus unternommen[5]).

Identifikation des Bilds mit der Gottheit.

Es bedarf nicht erst der Zeugnisse dafür, daß der naive Glaube der Massen das Bild unwillkürlich und unbewußt in den Gott selbst verwandelte[6]), und daß jeder Gott sich für sie in ebensoviele Personen spaltete, als es berühmte und weit und breit verehrte Bilder von ihm gab[7]); wie ja auch jetzt das Volk in Italien an

---

durch Salutaris, 104 n. Chr., CIL III 14195^{4-7} = Dessau 7193f. Silberne Niken in Olbia, oben S. 38 A. 8. *Synopsis* (Inventar) der *res sacrae Cirtensium* CIL VIII 6981—6984 (Dessau $4921^{a.\,b}$), darunter ... *argenteum in kapitolio ex HS CCCXII.* CIL IX 4512 (ager Amiterninus: testamentarisch bestimmtes Geschenk aus 100 Pfund Silber von der Mutter des C. Bruttius Präsens, Konsul 180).

1) Tertullian. Apol 29; de corona 11. Arnob VI 20. Bei Clemens Rom. Homil. X 8: θεοὺς — ὑπὸ κυνῶν φρουρουμένους, ὑπ' ὄχλων φυλασσομένους emendiert P. de Lagarde (Clementina S. 102, 27) richtig ὑπὸ μόχλων (vgl. Recogn. V 15: *sicque et a furibus canum vigiliis et claustrorum munitionibus conservantur*). 2) Ulpian. reg. 22, 6, nach der Herstellung O. Jahns. 3) Dig. XXXIII 1, 20 § 1. 4) Max. Tyr. Diss. 2. 5) Eine Geschichte des 'Bilderstreites' in der antiken Philosophie gibt Geffcken, Arch. f. Religionswiss. XIX 1919 S. 286ff. Vgl. auch B. de Borries, Quid philosophi veteres de idololatria senserint (Diss. Göttingen 1918) S. 68ff. 6) Radermacher, Festschr. f. Gomperz (1902) S. 200ff. Weinreich, Antike Heilungswunder S. 145f. 7) Vgl. die Geschichte von der Eifersucht des Juppiter Capitolinus auf den Juppiter Tonans bei Sueton. Aug. 91, 2.

verschiedne Madonnen, in Griechenland an verschiedne Panagias glaubt[1]). Werden doch sogar in Griechenland und Süditalien noch gegenwärtig antike Götterbilder als örtliche Schutzheilige verehrt, so eine verstümmelte Ariadne bei Mateleone als Santa Venere, die besonders bei Frauenkrankheiten angerufen wird[2]). Die Wegführung einer kolossalen Statue der Demeter aus Eleusis (1801, jetzt in Cambridge), deren Wohlwollen man den Erntesegen zuschrieb, rief dort ein ebenso allgemeines Jammern und Klagen hervor, wie einstmals die Wegführung der Ceres aus Henna durch Verres, welche Freveltat man in ganz Sicilien als den Grund des Darniederliegens des Ackerbaues ansah[3]). Auch im Altertume wurden Lippen, Hände und Füße der Götterbilder von Andächtigen so viel geküßt, daß ihr Umfang merklich abnahm[4]). Die Betenden ließen sich von dem Tempeldiener möglichst nah ans Ohr des Götterbilds bringen, um besser gehört zu werden[5]), und flüsterten ihm Gebete und Gelübde, die geheim bleiben sollten, zu[6]); sie hefteten die Wachstafeln, auf denen ihre Gelübde verzeichnet waren, an die Knie des Bildes, damit der Gott ihr Anliegen nicht vergessen möchte[7]). Aber sie stießen auch, wenn ihre Gebete unerhört blieben, Verwünschungen und Drohungen gegen die Götter aus, wie später die Christen gegen die Heiligen[8]). Paulinus von Nola berichtet, gewiß ganz der Wirklichkeit gemäß, wie ein Bauer dem heiligen Felix in ziemlich grober Weise die bestimmte Erwartung ausspricht, daß er ihm seine zwei entwendeten Ochsen wiederschaffen werde: »der Märtyrer ergötzte sich an dem unhöflichen Beter und belachte mit dem Herrn die an ihn gerichteten Schmähungen«[9]). In ähnlicher Weise fluchten nach Epictet die Landleute bei schlechtem Wetter und die Schiffer im Sturme dem Juppiter[10]) und enthalten ägyptische Papyri Drohungen gegen die Götter, falls sie die an sie gerichteten Bitten nicht erhören sollten[11]).

Mißhandlungen von Götterbildern ein Beweis der Stärke des Glaubens an die Macht der Götter.

Doch damit begnügte man sich im Altertume ebensowenig wie in späteren Zeiten. Wo Bilderdienst in welcher Form auch immer bestanden hat oder noch besteht, haben die Gläubigen zu allen Zeiten ihren Zorn über die Nichterhörung ihrer Gebete und das Ausbleiben des erwarteten Beistands auch an den Bildern ihrer Götter oder Heiligen ausgelassen. Die alten Arkadier prügelten ihren Pan, wenn sie mit leeren Händen von der Jagd heimkehrten[12]); der Ostjake und Lappe mißhandelt seinen Götzen und zerbricht ihn, wenn ihm ein Unglück widerfährt[13]); der Lazzarone in Neapel tritt die Heiligen, mit denen er unzufrieden ist, mit Füßen,

1) B. Schmidt, Volksl. d. Neugriechen S. 49f. Welcker, Gr. Götterlehre II 121. Grimm, D. Mythol.[4] Vorr. XXVIII. 2) Trede, Heidentum in der röm. Kirche I 9. 3) B. Schmidt, Rh. M. XXXI 1876 S. 278f. Cic. Verr. II 4, 114. Vgl. unten S. 242. 4) Lucret. I 316. Cic. Verr. II 4, 94. Eunap. Vit. sophist. p. 487, 52 Boiss. καὶ τὰ στέρνα τοῦ σοφιστοῦ περιλιχμησάμενοι καθάπερ ἀγάλματος ἐνθέου πάντες οἱ παρόντες οἱ μὲν πόδας οἱ δὲ χεῖρας προσεκύνουν, οἱ δὲ θεὸν ἔφασαν, οἱ δὲ Ἑρμοῦ λογίου τύπον. 5) Seneca ep. 41, 1. 6) Jahn zu Pers. 2, 4ff. Seneca ep. 10, 5. Juven. 10, 289f. 7) Juv. 10, 55. Apulei. Apol. 54. Lucian. Philops. 20. Prudent. apoth. 457; hamartig. 403; c. Symm. I 203. 8) H. Rückert, Kulturgesch. des deutschen Volks II 196f. 9) Paul. Nolan. Carm. 18, 315f. 10) Epictet. Diss. III 4, 7. 11) Ἐὰν δὲ ὀλιγωρήσῃς, ὥσπερ [ο]ἱ θεοὶ οὐκ ἐφίσαντό μ[ο]υ, οὕτως κἀγὼ θεῶ[ν] οὐ φί[σ]ομαι, Wilcken, Chrestom. nr. 120, vgl. Porphyr. epist. ad Anebon. 30 p. XXXIX Parthey. Wilcken, Grundz. d. Papyrusk. I 125. 12) Theocrit. 7, 106ff. Vgl. auch die Fabel bei Babrius 119, wo jemand seinen hölzernen Hermes aus Zorn zerschlägt und innen einen Schatz findet. 13) Peschel, Völkerkunde[6] S. 260.

der Spanier wirft die Mutter Gottes ins Wasser[1]), der bayrische Bauer den hölzernen Herrgott, wenn das Hagelwetter nicht nachläßt, auf den Mist[2]). Die französischen Soldaten verbrannten 1692 bei der Belagerung von Namur die Bilder des heiligen Medardus, weil nach dem Volksglauben der Regen am Medardustage ihnen eine Regenzeit von 40 Tagen gebracht hatte[3]). Daß Heilige, die bei großer Dürre den erbetenen Regen nicht senden, mit Stricken gebunden, auch ins Wasser geworfen werden, ist in Süditalien und Sizilien gewöhnlich[4]). Während der Napoleonischen Feldzüge ließ ein altbayrisches Bataillon den heiligen Petrus Spießruten laufen, weil er ihm das erbetene gute Marschwetter versagt hatte[5]). Eine alte hochadlige Spanierin züchtigte (1871) den sonst von ihr hochverehrten heiligen Martial (Feldmarschall der spanischen Armee) an dem Tage, wo die Karlisten die Waffen strecken mußten, mit der Reitpeitsche[6]) usw. Wenn, wie diese Beispiele zeigen, dergleichen Ausschreitungen zu den notwendigen Begleiterscheinungen des Bilderdienstes gehören, kann es nur Zufall sein, daß wir nicht mehr als einen derartigen gegen Heiligtümer und Götterbilder gerichteten Ausbruch der Wut schmerzlicher Enttäuschung aus dem späteren Altertume kennen; auch aus der Art, wie Sueton denselben erzählt, geht hervor, daß er keineswegs etwas Auffallendes zu erzählen glaubte. Als nach den ersten beunruhigenden Nachrichten von der Krankheit des Germanicus sich in Rom das Gerücht von seiner Genesung verbreitete, strömte noch am späten Abend alles mit Lichtern und Opfertieren auf das Kapitol, und die Pforten des Tempels wurden beinahe erbrochen, weil alle meinten, ihre Gelübde nicht schnell genug lösen zu können: am Tage seines Todes wurden Steine gegen die Tempel geschleudert, Altäre der Götter umgestürzt, von manchen die Hauslaren auf die Straße geworfen[7]). Auch hier war der Glaube an die Existenz sowie an die Macht der Götter ein durch nichts zu erschütternder.

Kaum wäre es zu ermessen, wie weit der von keiner Reflexion, geschweige denn einem Zweifel, angekränkelte Volksglaube die Identifikation des Bildes mit der Gottheit durchzuführen und festzuhalten vermochte. Was Senecas Unwillen bei einem gelegentlichen Besuch auf dem Kapitol so sehr erregte[8]), war zum Teil altes Ritual, zum Teil aber erschien ihm eben der Glaube, der in dem Bilde die Gottheit selbst sah, unbegreiflich kindisch, und doch waren die Äußerungen dieses Glaubens kaum seltsamer und lächerlicher als die bisher erwähnten. Nach uraltem gottesdienstlichen Brauche wurde den kapitolinischen Göttern von verschiednen dienenden Personen aufgewartet: Juppiter hatte einen

1) K. A. Mayer, Neapel u. d. Neapolitaner (1842) II 8. Schömann-Lipsius, Gr. Alt.[4] II 194. 2) Schlicht, Bayrisch Land u. bayrisch Volk 1875. 3) Memoiren d. Herzogs von St. Simon, Koll. Spemann I 21. 4) Die Novelle von Schneegans »Die Erlebnisse des heiligen Pancrazius von Evolo« (D. Rundschau XXXIV 1883 S. 441 ff.) beruht nach einer brieflichen Mitteilung des Verfassers auf einer wahren Begebenheit. Trede a. a. O. IV 223 ff. Portugiesische Matrosen schnüren während eines Sturmes die Statue des heiligen Antonius immer fester und fester an den Mast und überhäufen sie mit Injurien, bis endlich der Wind sich legt, Radermacher, Arch. f. Religionswiss. VII 1904 S. 451 f. 5) Treitschke, Deutsche Geschichte I 357. 6) Bernhardi, Reiseerinnerungen aus Spanien S. 476. 7) Sueton. Calig. 5. 6, 1. 8) Seneca bei Augustin. C. D. VI 10.

Diener zum Vorstellen der Verehrer[1]), einen zum Ansagen der Tagesstunden[2]), einen zum Polieren des Bildes, einen andern zum Salben. Wie dieser mit Bewegungen der Arme in der Luft seine Verrichtung nur pantomimisch ausführte, ebenso bewegten Tempeldienerinnen der Juno und Minerva die Hände, als ob sie den Göttinnen die Haare ordneten, andre hielten ihnen den Spiegel vor. Dagegen diejenigen, welche »die Götter zu ihren Terminen vor Gericht einluden, ihnen ihre Klagschriften vorwiesen und ihre Sachen vortrugen«, waren offenbar Betende, die den Beistand der Gottheit anflehten. Seneca sah auch Frauen auf dem Kapitol sitzen, die (vermutlich nach Träumen) glaubten, von Juppiter geliebt zu werden, und dort seinen Willen erwarteten. Alles dieses und ähnliches, wie die Übertragung von Ämtern an Götter[3]), die Bekleidung ihrer Bilder mit der Tracht der Senatoren und hoher Beamten, das Vorausgehen von Liktoren mit Rutenbündeln vor ihnen[4]) (bei Prozessionen), ist nicht befremdender als z. B. Verleihungen der höchsten Orden an Madonnen in Spanien, das Einherziehen des heiligen Georg von Cappadocien am Fronleichnamsfeste zu Lissabon an der Spitze der portugiesischen Armee unter Begleitung von Pagen und Stallmeistern mit Handpferden[5]), oder die Ernennung der heiligen Jungfrau von Guadeloupe zur Feldmarschallin des gegen die Spanier kämpfenden Insurgentenheeres in Mexiko durch dessen Führer Hidalgo, nebst der Anweisung eines Gehalts, das sie volle vierzehn Jahre (bis 1824) bezog[6]), und der h. Jungfrau dos Dolores durch Don Carlos zu der gleichen Würde (1834)[7]). Wie jede Bilderverehrung in ihrer niedrigsten Form gestaltete sich also auch die damalige zu einem rohen Götzendienst. Seltsamer übrigens als jene nur angedeuteten Toiletten der kapitolinischen Gottheiten war eine Zeremonie, die bis 1864 alljährlich in der Kirche S. Maria del Carmine auf dem Mercato in Neapel vollzogen wurde. Einer dort befindlichen Figur des Heilands wurde am zweiten Weihnachtsfeiertage unter großem Zudrange des Volks in Gegenwart obrigkeitlicher Personen feierlich Haar und Bart geschnitten, was man *far la barba di Gesù* nannte[8]).

So genügte also der Götterglaube noch immer dem Bedürfnisse der antiken Menschheit, indem er, dessen unendlich verschiednen Richtungen sowie den unzähligen Entwicklungsstufen des geistigen Bewußtseins entsprechend, sich in ebenso unzähligen Formen gestaltete. So groß der Abstand von dem Glauben

1) Einen Nomenclator; so sind die Worte *alius nomina deo subicit* zu verstehen: nachher ist mit G. Linker *litor* statt *lictor* zu schreiben. 2) Vgl. Marquardt, Privatl.[2] 256, 4. 3) Auf Münzen von Byzanz finden sich neben den Namen lebender Eponymen auch solche von Verstorbenen (ἥρωες) und von Göttern (Demeter, Dionysos, Nike, Tyche, Diva Faustina), die durch vorgesetztes ἐπί als Beamte der Stadt bezeichnet werden und das Amt zum zweiten-, dritten-, ja siebentenmal bekleiden, v. Sallet, Zeitschr. f. Numism. IX 1881 S. 147ff. B. Pick, Numism. Zeitschr. XXVII 1896 S. 27ff. Der Brauch ist in Kleinasien schon alt: in Milet erscheint in Stephanephorenlisten des 4. und 3. Jhdts. wiederholt Ἀπόλλων Διός (Rehm, Milet nr. 122. 123 = Dittenberger, Syll.[3] 272), und das gleiche begegnet mehrfach in Eponymenlisten von Iasos, Priene, Antandros u. a.; vgl. E. Fabricius,' Sitz.Ber. Akad. Berlin 1894 S. 905. Eine Analogie bietet die Inschrift von Samothrake: *Regibus Iov[e et Iunone] iterum M'. [Acilio] Glabrione [C. Bellicio] Torquato cos.* (124 n. Chr.) CIL III 7371 = Dessau 4056 (s. dazu O. Kern, Real-Encykl. X 1436f.). 4) Tertullian. de idolol. 18: *cum praeterea ipsis etiam idolis induantur praetextae et trabeae et laticlavi, fasces quoque et virgae praeferantur.* 5) Bernhardi, Reiseerinnerungen aus Spanien S. 476. 6) Sealsfield, Der Virey. Anm. z. 1. Teil. 7) Treitschke, Deutsche Geschichte IV 505. 8) K. A. Mayer, Neapel u. d. Neapolitaner I 152. II 121f. Gregorovius, Römische Tagebücher S. 277.

eines Plutarch und Marc Aurel zu dem jener Schiffer und Bauern war, die bei schlechtem Wetter dem Juppiter fluchten: diese wie jene glaubten gleich fest an dieselben Götter und an deren Macht und Fürsorge für die Menschheit, und der Unterschied zwischen den voneinander am meisten abweichenden Glaubensformen war kein größerer als zwischen dem höchsten und niedrigsten Verständnis des Göttlichen innerhalb des Christentums.

2. JUDENTUM UND CHRISTENTUM.

Gegensatz des Monotheismus zum Polytheismus.

An der strengen und intoleranten Ausschließlichkeit der monotheistischen Religionen fand die Expansivkraft des Polytheismus ihre Schranke, mit ihnen war keine Vereinbarung möglich. Was den Bekennern des Götterglaubens als das Höchste und Heiligste galt, das verdammte das Judentum wie das Christentum als greuelvoll, fluchwürdig und seelenmörderisch. Unheilig, sagt Tacitus, ist bei den Juden alles, was bei uns heilig ist, wiederum erlaubt bei jenen, was für uns unrein[1]); er nennt sie ein dem Aberglauben ergebenes, der Religion abgeneigtes Volk[2]). Die Götter, zu denen die Heiden beteten, waren den Juden wie den Christen tote Götzen oder böse Dämonen. Griechen und Römer, die die göttliche Lebensfülle als eine Göttergesamtheit, eine Götterwelt, auffaßten, verstanden den Glauben nicht, der die Gottheit zu einer einsamen, kaum zu fassenden Erhabenheit in eine unnahbare Ferne rückt, durch einen unermeßlichen, nicht auszufüllenden Zwischenraum von der anbetenden Menschheit trennt. Der Himmel des Judentums und des Christentums mutete sie an wie »eine erkältete Öde«[3]), der Glaube an Einen Gott war ihnen Entgötterung des Alls, Gottlosigkeit; Christen und Atheisten waren den göttergläubigen Heiden gleich verhaßte und oft nebeneinander genannte Feinde der Religion[4]).

Beide Religionen kommen hier nur in ihrem Gegensatze zum Heidentum, und insofern sie mit ihm in Wechselwirkung standen, in Betracht. Eine Andeutung ihrer Stellung innerhalb des römischen Weltreichs und der wesentlichen Momente, die ihre Verbreitung beförderten oder hemmten, ist für den Versuch, eine Gesamtanschauung der religiösen Zustände auch in der früheren Kaiserzeit zu gewinnen, unerläßlich, doch kann diese Betrachtung nur die Spitzen der Erscheinung streifen.

Verschiedenes Verhältnis des Judentums und Christentums zum Polytheismus.

Das Verhältnis der beiden monotheistischen Religionen zum Götterglauben war ein sehr verschiedenes. Obwohl die Verdammung des Heidentums bei beiden eine gleich unbedingte und uneingeschränkte war, stand doch nur das Christentum dem Heidentum eigentlich feindlich gegenüber. Das Judentum, »eine Religion, wunderbar geeignet zur Abwehr, aber niemals zur Eroberung bestimmt«[5]), schloß sich vielmehr ab, als daß es suchte, sich auf Kosten des

1) Tac. H. V 4. 2) ebd. 13. 3) Lehrs, Populäre Aufsätze² S. 150f. 4) Lucian. Alexand. 25. 38. Wie die Christen sich immer wieder gegen die Bezeichnung als ἄθεοι verwahren müssen (Athenag. 4. Justin. apol. I 6 u. a.; vgl. Mommsen, Röm. Strafr. S. 575, 2. Harnack, Der Vorwurf des Atheismus in den drei ersten Jahrhunderten, Texte u. Untersuch. N. F. XIII 4, 1905) S. 3ff., so heißen die Juden in den ägyptischen Papyri ständig ἀνόσιοι, Wilcken, Abhandl. d. sächs. Gesellsch. d. Wiss. XXVII 1909 S. 785f.; vgl. auch Joseph. c. Ap. II 148. Diod. XXXIV 1 Bekk.
5) Gibbon, Hist. II 224 (deutsch von Sporschil S. 355).

Heidentums auszubreiten [1]). Die überall zerstreuten, innig unter sich zusammenhängenden jüdischen Gemeinden übten allerdings auf das Heidentum eine gewisse Anziehung, taten ihm aber niemals in einer Weise Abbruch, daß seine Existenz hätte gefährdet erscheinen können, und trotz gelegentlicher Reibungen und Konflikte war die Stellung des Judentums zum Heidentum im großen und ganzen eine friedliche. Das Christentum dagegen trat von Anfang an mit dem vollen Bewußtsein seiner welterobernden Mission in die Geschichte ein und kündigte dem Heidentume den Kampf auf Leben und Tod an. Schon in seinen unscheinbaren ersten Anfängen, als seine Bedeutung nur dunkel geahnt werden konnte, wurde sein Gegensatz zur Welt, der als sein eigentliches Wesen erschien, als »Haß des Menschengeschlechts« empfunden [2]) und mit unversöhnlichem Hasse erwidert [3]). Diese Feindseligkeit steigerte sich, je länger der Kampf dauerte, je mehr der noch im Besitz der Herrschaft und weltlichen Macht befindliche Glaube den Boden unter sich schwinden fühlte. Mindestens schon zu Anfang des 3. oder zu Ende des 2. Jahrhunderts, als das Christentum wie eine stetig wachsende Flut nach Überschwemmung der tieferen Schichten der Bevölkerungen mehr und mehr in höhere Lebenskreise eindrang, verbreitete sich unter den Anhängern des alten Glaubens die Neigung, alles öffentliche und allgemeine Unglück vom Zorne der Götter über den zunehmenden Verfall ihres Dienstes abzuleiten und das Christentum und seine Bekenner als die Verschulder dieses Zorns verantwortlich zu machen. Je länger desto mehr gewann die Ansicht Boden, daß mit dem Eintritt des Christentums in die Welt eine ununterbrochene Reihe schwerster Heimsuchungen und Unglücksfälle über das Menschengeschlecht gekommen sei [4]). Bald sollte die Zeit kommen, wo als Ursache des göttlichen Zorns der Irrglaube der Juden und Heiden betrachtet und ihnen nun dieselben Übel und Unglücksfälle zur Last gelegt wurden, als deren Urheber früher die Christen gegolten hatten [5]).

Zerstreuung der Juden in der alten Welt.

Die erste Verbreitung des Christentums ist durch die Zerstreuung der Juden in der ganzen alten Welt [6]) aufs wirksamste gefördert worden. Diese Zerstreuung hatte früh begonnen und schon in der vorchristlichen Zeit einen hohen Grad erreicht. In einem gegen Ende des 2. Jahrhunderts v. Chr. verfaßten Sibyllen-

1) Das Beste über die Wechselbeziehungen zwischen Hellenismus und Judentum bei Wendland, Die hellenistisch-röm. Kultur² S. 192ff. 2) Tac. A. XV 44; vgl. τὸ μῖσος τὸ πρὸς τοὺς ἀνθρώπους von den Juden, Diodor. XXXIV 1 Bekk. 3) Über den Namen *Chrestiani* (über Chrestus und Christus vgl. Blass, Hermes XXX 1895 S. 466ff.) als Schimpfnamen vgl. A. Gercke, Festschr. d. Schles. Gesellsch. f. Volkskunde z. Jahrhundertfeier d. Univ. Breslau (1911) S. 360ff., über die Bezeichnung als *tertium genus* P. Corssen, N. Jahrb. f. klass. Altert. XXXV 1915 S. 158ff. 4) Zuerst Tertull. apol. 40, vgl. ad nat. I 9. Cypr. ad Demetr. 2f. Orig. c. Cels. III 15. Arnob. I 1. Augustin. C. D. III 31. Geffcken, Zwei griech. Apologeten S. 63. 5) Nov. Theodos. Tit. III § 8 (Dekret von 438). 6) Über die Verbreitung der Juden über die alte Welt s. Schürer, Gesch. d. jüd. Volkes III⁴ 2—70. Dazu die Übersicht über das Inschriftenmaterial bei J. Oehler, Monatsschr. f. Gesch. u. Wissensch. d. Judent. LIII 1909 S. 292ff. 443ff. 525ff. (eine Auswahl jüdischer Inschriften bei Diehl, Latein. altchristl. Inschriften² nr. 352ff.). Viel vollständiger, aber wenig übersichtlich J. Juster, Les juifs dans l'empire Romain (1914) I 180ff. M. Radin, The Jews among the Greeks and Romains, Philadelphia 1915. Vgl. auch Mommsen RG. V 489ff. Th. Reinach, Textes d'auteurs grecs et romains relatifs au judaisme, Paris 1895 und bei Daremberg-Saglio, Dictionn. d. antiqu. III 619ff. Harnack, Mission u. Ausbreit. d. Christent.³ I 3ff. Ed. Meyer, Ursprung und Anfänge des Christentums II 353ff.

orakel heißt es, daß jegliches Land und jegliches Meer vom jüdischen Volke erfüllt sei[1]). Strabo sagt, daß »bereits in Sullas Zeit in jede Stadt eine Judenschaft eingedrungen war, und daß man nicht leicht einen Ort der Welt auffinden könne, der diesen Stamm nicht aufgenommen habe und von ihm behauptet werde«[2]); Josephus, daß kein Volk auf der Erde sei, unter dem nicht ein Teil von ihnen lebe[3]). Die Apostelgeschichte nennt als Juden und Judengenossen aus »allerlei Volk, das unter dem Himmel ist«, die in Jerusalem die Apostel in Zungen reden hörten: Parther, Meder, Elamiter, Bewohner von Mesopotamien, Cappadocien, Pontus, Asia, Phrygien, Pamphylien, Ägypten, Cyrene, Rom, Kreta und Arabien[4]). Der König Herodes Agrippa I. zählt in einem Schreiben an Caligula die Länder auf, wo sich jüdische Kolonien befanden: Ägypten, Phönizien, Syrien, Cölesyrien, Pamphylien, Cilicien, den größten Teil von Asia bis Bithynien und die Küsten der innersten Buchten des Schwarzen Meeres; in Europa Thessalien, Böotien, Mazedonien, Ätolien, Attika, Argos, Korinth, die meisten und besten Landschaften des Peloponnes, von Inseln Euböa, Cypern, Kreta; endlich die Länder jenseits des Euphrat[5]).

Die jüdische Emigration keine vorzugsweise handeltreibende.

Dafür, daß die jüdische Emigration vorzugsweise oder auch nur zum großen Teil eine handeltreibende war, fehlen nicht bloß ausdrückliche Zeugnisse, sondern auch Anhaltspunkte irgend welcher Art[6]), und manches spricht dagegen. Daß die Städte, in denen Juden sich nachweisen lassen, großenteils Handelsplätze waren[7]), beweist es keineswegs, da diese zu jedem Erwerb, namentlich zu industriellem, die reichste und mannigfaltigste Gelegenheit boten. Auch zeigt sich eine einseitige Vorliebe für den Handel, der von dem Umsatz fremder Arbeit lebt, bei den Juden im Altertume nirgends; und in den 63 Schriften, aus denen der Talmud besteht (der voll ehrenvoller Anerkennung der Handarbeit und des Handwerks ist), findet man kaum ein Wort zu Ehren des Handels, wohl aber manches, welches auf die Gefahren der Geldmacherei und des vagierenden Lebens hinweist[8]). »Ein arbeitsames Volk waren die Juden immer. Solange sie einen eignen Staat bildeten, waren Feldbau, Gartenbau und Handwerk ihre vorherrschende Beschäftigung. Auch in den ersten Jahrhunderten n. Chr. und nach der Zerstreuung des Volkes blieb dieses seinen alten Sitten getreu. Josephus rühmt noch im Anfange des 2. Jahrhunderts den Fleiß seiner Volksgenossen in Handwerk und Feldbau. In der römischen Literatur und den Gesetzen der Kaiser findet sich keine Spur, daß die Juden dem Schacher und Kleinhandel sich ergeben hätten, oder überhaupt ein Kaufmannsvolk geworden wären.« Dagegen spricht auch die Armseligkeit der Juden in Rom und die großen Aufstände in Ägypten, Cyrene und auf den griechischen Inseln: eine Handel oder Trödel

1) Orac. Sibyll. III 271 (nach Gutschmid 124 v. Chr. verfaßt). Vgl. I Maccab. 15, 16—24 (über die Abfassungszeit Niese, Hermes XXXV 1900 S. 276). 2) Strabo bei Joseph. A. J. XIV 115. 3) Joseph. B. J. II 398. Vgl. auch Philo de exsecrat. 165. 4) Acta apostol. 2, 9—11. 5) Philo Leg. ad Gai. 281 f. 6) Das Vorkommen einzelner jüdischer Kaufleute in Inschriften (Oehler a. a. O. S. 536) beweist natürlich nichts; den Unterschied der östlichen und der westlichen Juden hebt Pârvan, Die Nationalität der Kaufleute im röm. Kaiserreiche (1909) S. 121 richtig hervor. Reiches Material bei Juster a. a. O. II 291 ff., aber in etwas einseitiger Beleuchtung. Vgl. oben I 378. 7) Herzfeld, Handelsgeschichte der Juden des Altertums (1879) S. 204 f. Babylonischer Handel der Juden ebd. S. 218 f. 8) Delitzsch, Jüd. Handwerkerleben zur Zeit Jesu[3] (1879) S. 24 ff. Sklavenhandel der Juden: Herzfeld S. 128.

treibende Bevölkerung pflegt nicht zu den Waffen zu greifen[1]). Inwiefern die von christlichen Schriftstellern des 4. und 5. Jahrhunderts den Juden im allgemeinen gemachten (gewiß mit Vorsicht aufzunehmenden) Vorwürfe der Habsucht, des Betrugs, der Bosheit und Treulosigkeit[2]) schließen lassen, daß diese damals mehr als früher Handel trieben, muß dahingestellt bleiben.

Ihre Ansiedlungen in den östlichen Ländern und Afrika —

Außerhalb des römischen Reichs war es namentlich das parthische, das eine starke jüdische Bevölkerung hatte[3]). In den dortigen Griechenstädten (von denen Seleucia am Tigris, mit angeblich 500000 Einwohnern, der größte Handelsplatz außerhalb der römischen Grenzen war) fehlte es nicht an Konflikten zwischen den drei Nationen, aus denen die Bevölkerung bestand (Griechen, Syrern und Juden): unter Caligula z. B. wurden unter den Augen der parthischen Regierung die Juden aus den größeren Städten ausgetrieben[4]). Sie zählten in Mesopotamien, Medien und Babylonien nach Millionen, Nisibis und Nehardea am Euphrat waren dort ihre Hauptsitze, und nach Unterdrückung der letzten nationalen Bestrebungen in Palästina wurde Babylonien das Zentrum eines neuen jüdischen Lebens, das sich über alle Teile des persischen Reiches verbreitete[5]). Auch in Palmyra wohnten Juden, wahrscheinlich zahlreich[6]); die dortige, im 3. Jahrhundert n. Chr. nachweisbare Gemeinde scheint im Mittelalter fortbestanden zu haben, im 12. Jahrhundert bezeugt Benjamin von Tudela ihr Dasein; Pfeiler und Oberschwelle einer Synagoge mit der Inschrift des Gebets »Höre Israel« sind dort gefunden worden[7]). Zenobia und ihr Sohn Vaballath Athenodorus waren ihnen zum mindesten nicht abgeneigt, wie ihre Bestätigung des — von Ptolemäus Euergetes, wohl dem ersten (247—221), erteilten — Asylrechts einer Synagoge in Unterägypten beweist[8]). In Arabien bieten jüdische, byzantinische und arabische Nachrichten viele Spuren eines weitverzweigten jüdischen Lebens[9]). Die früher unabhängigen Juden, welche die Insel Jotaba im arabischen Meerbusen bewohnten, unterwarf Justinian[10]). Der letzte König der jüdischen Homeriten (Himjariten) im südwestlichen Arabien, Dhu Nuwâs (Dunaas), war ein eifriger Christenverfolger, bis er 525 im Kampfe gegen Elesbaas, den König der christlichen Abessinier (Auxumiten), Reich und Leben verlor[11]). In Abessinien scheinen die Niederlassungen der Juden sehr alt zu sein. Als ums Jahr 330 Frumentius das Christentum dorthin brachte, sollen sie die Hälfte der Bevölkerung ausgemacht haben[12]).

Innerhalb des römischen Reichs mag die jüdische Bevölkerung außer Palästina in Kleinasien, Phönizien und Syrien am dichtesten gewesen sein[13]) Namentlich

1) Das Obige meist wörtlich nach Döllinger, Akad. Vorträge I 224f. 2) Wölfflin, Archiv f. lat. Lexikogr. VII 1892 S. 139. 3) Cass. Dio. LXVI 4, 3. 4) Mommsen RG. V 346. 5) Schürer a. a. O. III[4] S. 6ff. S. Funk, Die Juden in Babylonien 200—500 (1902). Herzfeld S. 336f. Verbrennung einer jüdischen Synagoge in Callinicum (Mesopotamien) durch die Christen: Ambros. ep. 40, 6 (Migne lat. XVI 1103). 6) Ein jüdischer ἀρχέμπορος 257 n. Chr., CIG 4486. Vgl. Lebas-Waddington 2619. Juster a. a. O. I 195, 9. 7) Landauer, Sitz.Ber. d. Berliner Akademie 1884 S. 933f. 8) Wilcken, Chrestom. nr. 54 (CIL III 6583. Dittenberger, Or. gr. nr. 129); vgl. Mommsen, Zeitschr. f. Numism. V 1878 S. 229ff. Derenbourg, Journ. Asiat. 6e sér. XIII (1869) S. 373ff. 9) Schürer a. a. O. S. 11. 10) Procop. B. Pers. I 19, 4. 11) Dillmann, Abhandl. Akad. Berlin 1880 S. 27ff., vgl. W. Fell, Zeitschr. d. d. Morgenl. Gesellsch. XXXV 1881 S. 1ff. 12) Vgl. Rathjens, Die Juden in Abessinien, Hamburg 1921. Harnack, Mission u. Ausbreit. d. Christent.[3] II 156, 5. 13) Philo in Flacc. 245 καθ' ἑκάστην πόλιν παμπληθεῖς Ἀσίας τε καὶ Συρίας. Schürer S. 10ff. Juster a. a. O. I 188ff.

in der Einwohnerschaft von Antiochia bildete die schon von Seleucus Nikator hier angesiedelte jüdische Kolonie ein sehr bedeutendes Kontingent[1]), und die dortige Hauptsynagoge beschreibt Josephus als besonders prachtvoll[2]). Wie in Alexandria war ihnen ein gewissermaßen selbständiges Gemeinwesen und eine privilegierte Stellung eingeräumt, und daß beide Städte Zentren der jüdischen Diaspora waren, ist nicht das schwächste Element in ihrer Entwicklung gewesen[3]). Noch zu Ende des 4. Jahrhunderts war, wie die Predigten des Johannes Chrysostomus wider die Juden bezeugen, ihre dortige Gemeinde durch ihre Anziehungskraft der christlichen Kirche gefährlich. Auch hier waren sie als Ärzte gesucht[4]). In Damascus sollen im jüdischen Kriege 10500 oder 18000 Juden niedergemetzelt worden sein[5]).

Nach Kleinasien, das von alters her ein Hauptsitz der jüdischen Diaspora gewesen war[6]), hatte schon König Antiochus der Große aus Mesopotamien 2000 jüdische Familien verpflanzt, um in Lycien und Phrygien eine zuverlässige und tapfere Bevölkerung zu haben[7]). Zwei von den Synagogen auswärtiger Gemeinden in Jerusalem gehörten den Juden aus Asia und Cilicien[8]). In Ionien hatte Ephesus früh eine zahlreiche Judengemeinde, die schon um die Mitte des 1. Jahrhunderts v. Chr. mannigfache Privilegien zu erwirken vermochte[9]). In Smyrna[10]) und (wahrscheinlich) in Phocäa sind Synagogengemeinden durch Inschriften bezeugt; die letztere ehrte die Erbauerin des Betsaals und der Umfassungsmauer des Hofs der Synagoge durch einen goldenen Kranz und einen Ehrensitz[11]). In Cappadocien ist Meschag, in Cilicien Tarsus, in Groß-Phrygien Apamea (Κιβωτός) als Sitz jüdischer Gemeinden bekannt; den Einfluß der letzteren zeigen Münzen von Apamea aus der Zeit des Septimius Severus, Macrinus und Philipp, auf welchen Noah in der Arche nebst dem Raben und der Taube mit dem Ölzweig geprägt ist[12]). Von der aus Apamea in Bithynien nach Jerusalem zu sendenden Tempelsteuer belegte der Prätor Cn. Flaccus 62 v. Chr. gemäß seinem Verbote der Goldausfuhr fast 100 Pfund Gold öffentlich mit Beschlag, doch war dies schwerlich die ganze Summe; kleinere Summen derselben Steuer wurden in Laodicea, Adramyttium, Pergamum konfisziert[13]). Zu Antiochia in Pisidien wie zu Iconium in Lycaonien predigte Paulus in den Schulen der Juden[14]). Auch in Armenien waren sie zahlreich[15]). Im 2. Jahrhundert n. Chr. sollen sie (aus Persien) in China eingewandert sein; mohammedanische Berichte erwähnen dortige Juden im 9. Jahrhundert, Marco Polo 1286[16]);

1) Renan, Les apôtres S. 223. 2) Joseph. B. J. VII 44f. 3) Mommsen RG. V 470. 4) Usener, Weihnachtsfest² S. 235ff. 5) Jos. B. J. II 561. VII 368. 6) Schürer S. 12ff. Chapot, La province Romaine proconsul. d'Asie (1904) S. 182ff. Ed. Meyer a. a. O. S. 378ff. 7) Joseph. A. J. XII 149. Judengemeinde in Tlos in Lycien, E. Hula, Eranos Vindobonensis (1893) S. 99ff. 8) Act. apost. 6, 9. 9) Bernays, Die heraklitischen Briefe S. 28. Act. apost. 19, 8—20. 10) Ῥουφεῖνα Ἰουδαία ἀρχισυνάγωγος, smyrnaeische Inschrift, veröffentlicht von S. Reinach, Revue des études juives VII 1883 S. 161ff. CIG 9897. 11) S. Reinach, Bull. corr. hell. X 1886 S. 327ff. (zu προεδρία vgl. Ev. Matth. 23, 6. Jacob. 2, 3f.). 12) Eckhel, Doctr. num. III 132ff. Ramsay, Cities and bishoprics of Phrygia II 669ff. A. Reinach, Noé Sangarion, étude sur le déluge en Phrygie et le syncrétisme judéo-phrygien (1913) kenne ich nur durch L. Deubner, Arch. f. Religionswiss. XX 1921 S. 195. Über die Judengemeinde in Hierapolis (Coloss. 4, 13) Cichorius, Altertümer von Hierapolis (1898) S. 46. 13) Cic. pro Flacco 68f. 14) Act. apost. 13, 14. 14, 1. 15) Juster a. a. O. I 299, 2. 16) Marco Polo, Reisen, deutsch von Bürck S. 263 (B. II c. 5 Yule, mit der Anm. S. 337, 3).

die Nachkommen dieser Einwanderer lebten dort nach dem Bericht eines Jesuiten im 18. Jahrhundert »treu ihrer Religion, ihrem Charakter, ihren Gebräuchen«, und sind noch heute nicht ausgestorben[1]).

Von den griechischen Inseln werden Kreta und Melos, wo Katakomben einer christlichen Gemeinde aus dem 3. Jahrhundert gefunden worden sind[2]), als Wohnsitze wohlhabender jüdischer Bevölkerungen genannt, die unter Augustus einen Prätendenten, der sich für den von Herodes ermordeten Alexander ausgab, aufs reichste unterstützten[3]); die zweite Frau des Josephus war eine Jüdin aus Kreta, »von sehr edeln und im Lande sehr angesehenen Eltern«[4]). Cäsar gestattete die religiösen Vereinigungen der Juden auf Delos und anderwärts[5]); auch auf Kos lebten Juden[6]). Euböa und Cypern sind in dem Briefe des Herodes Agrippa[7]) genannt; auf der letzteren Insel (wo namentlich die Gemeinde von Salamis aus der Apostelgeschichte bekannt ist) waren die Juden zahlreich bis zum Jahre 116; seit den in dem damaligen Aufstande verübten Greueln durften sie die Insel nicht mehr betreten[8]). In Griechenland und Mazedonien sind die Gemeinden von Athen, Korinth, Thessalonice, Beröa und Philippi aus der Apostelgeschichte bekannt[9]). Zwei Erlasse von Arcadius (397) und Theodosius II. (412) an den Präfekten von Illyricum (Mazedonien und Dacien) verbieten Beunruhigungen der dortigen Juden und ihrer Synagogen[10]). Vor dem eben genannten Theodosius, der sie aus Konstantinopel verbannte, hatten sie ihre Synagoge dort auf dem von ihren Offizinen benannten Platze der Chalkopratien gehabt[11]). Auch an den nördlichen Küsten des Schwarzen Meeres ist ihre Verbreitung früh erfolgt. Zu Panticapäum bestand eine jüdische Gemeinde ums Jahr 81 n. Chr.: in dortigen griechisch abgefaßten Freilassungsurkunden erfolgt die Freigabe der Sklaven in der Form des Scheinverkaufs an den jüdischen Gott[12]).

Die jüdische Bevölkerung Ägyptens betrug im Anfange des 1. Jahrhunderts eine Million, mehr als ein Achtel der gesamten Einwohnerschaft[13]). Die Anfänge ihrer dortigen Niederlassungen reichen bis in das 7. Jahrhundert v. Chr. Aus Papyrusurkunden wissen wir jetzt, daß in Elephantine schon vor der Eroberung durch Kambyses (525 v. Chr.) eine jüdische Gemeinde bestanden hat, deren Heiligtum 410 v. Chr. auf Betrieb der ägyptischen Priester zerstört wurde, wahrscheinlich aber bald darauf wiederhergestellt worden ist. Wahrscheinlich waren die dortigen Juden, die zum Teil auch in der gegenüber am Nilufer liegenden

1) Tscheng-Ki-Tong, China u. die Chinesen (deutsch) S. 290—292. Auch Richthofen, China I 513, 1 hält die Einwanderung der Juden unter der Han-Dynastie aus Persien für sicher. 2) Ch. Bayet, Bull. corr. hell. II 1878 S. 347ff. 3) Joseph. A. J. XVII 327; B. J. II 103. 4) Joseph. Vita 427. 5) Jos. A. J. XIV 213ff. Jüdische Synagoge auf Delos, A. Plassart, Mélanges Holleaux (1913) S. 201ff. Jüdische Rachegebete auf griechischen Inschriften von Rheneia, A. Wilhelm, Österr. Jahresh. IV 1901 Beibl. S. 9ff., vgl. J. Bergmann, Philologus N. F. XXIV 1911 S. 503ff. Deißmann, Licht vom Osten² S. 315ff. 6) Joseph. A. J. XIV 113. 233. Juster I 189, 3. 7) Philo leg. ad Gai. 282 (oben S. 204). 8) Cass. Dio LXVIII 32, 3. 9) Jüdische Inschriften zu Ägina IG IV 190, Paträ CIG 9896, Athen IG III 3545—3547, weiteres bei Oehler a. a. O. S. 443f. Juster I 187f. Jüdische Inschriften unter den προσκυνήματα des Felsens von Grammata auf Syros (oben I 443 A. 3) IG XII 5 nr. 712, 80. 99. 10) Cod. Theodos. XVI 8, 12. 21. 11) Codin. de aedif. p. 83 Bekk. Griechische Inschrift aus der Gegend von Konstantinopel, Th. Reinach, Revue d. étud. juiv. XXVI 1893 S. 167ff. Vgl. K. Braun-Wiesbaden, Eine türkische Reise (1876) II 275ff. 12) Latyschew, Inscr. orae sept. Ponti Euxini II 52f. (Freilassungsurkunden), vgl. 304—306. IV 404f. Schürer S. 23f. 13) Philo in Flacc. 43; vgl. oben S. 10.

Festung Syene in Garnison lagen, militärische Ansiedler[1]). In Alexandria hatte schon Alexander der Große Juden angesiedelt[2]), wenn auch die spätere Behauptung der Juden, daß er ihnen auch das volle Bürgerrecht verliehen habe, durch die Urkunden widerlegt wird[3]). Nach Alexanders Tode wanderten sie dorthin sehr zahlreich aus. Von den meisten Ptolemäern wurden sie begünstigt[4]). In Philos Zeit bewohnten sie von den fünf Quartieren Alexandrias zwei (im Nordosten der Stadt) hauptsächlich, in der Zeit des Josephus besonders das sogenannte Delta, d. h. den vierten Stadtbezirk[5]), saßen aber auch in den übrigen zerstreut, in allen Stadtteilen sah man ihre von Bäumen umgebenen Synagogen[6]), sie hatten auch ihre eigne Synagoge zu Jerusalem[7]). Die unter Trajan zerstörte Hauptsynagoge in Alexandria, in Form einer Basilika mit doppeltem Peristyl, hatte einen so großen Umfang, daß ein Tempeldiener ein Banner entfalten mußte, wenn die Gläubigen auf den Segensspruch des Vorbeters mit Amen einfallen sollten[8]). Die alexandrinischen Juden trieben Handel und Schiffahrt[9]), aber auch Handwerke[10]). An der mit der Bewachung der Nilschiffahrt (Potamophylacia)[11]) verbundenen Verwaltung des Netzes der Nilzölle waren sie stark beteiligt[12]). Unter den in der Gegend von Theben gefundenen Steuerquittungen auf Tontafeln finden sich zahlreiche Namen jüdischer Steuerpächter[13]). Unter Ptolemäus Philometor (um 170 v. Chr.) gründete Onias, der Sohn eines Hohenpriesters, zu Leontopolis (im heliopolitischen Gau) eine jüdische Kolonie mit eignem Tempel, in welchem seitdem bis zur Zeit Vespasians geopfert wurde. Die hier wohnenden Juden müssen eine ansehnliche Macht dargestellt haben[14]).

Auch auf dem Gebiet von Cyrene, wo schon Ptolemäus Lagi Juden angesiedelt hatte, war eine starke jüdische Bevölkerung[15]), der ebenfalls eine von den fünf erwähnten Synagogen zu Jerusalem gehörte. Einen Aufruhr derselben hatte schon Lucullus zu bekämpfen[16]). An dem Aufstandsversuche eines Jonathas im Jahre 70 n. Chr. nahmen dort ihrer 2000 teil[17]). Die Gemeinde von Berenice hatte (nach einem noch erhaltenen Ehrendekret für einen M. Titius), wie es scheint, im Jahre 13 v. Chr. neun Vorsteher (Archonten)[18]). Bei dem furchtbaren und weitverzweigten Aufstande der Juden, der im Jahre 116 in Cyrene, Ägypten

---

1) Ed. Meyer, Der Papyrusfund von Elephantine (1912) S. 32ff. 75ff. 2) Joseph. A. J. XIX 281; c. Apion. II 42f. 3) Wilcken, Grundzüge d. Papyruskunde I 24. 63; Abhandl. d. sächs. Gesellsch. d. Wiss. XXVII (1909) S. 787f.; gegen ihn Juster a. a. O. II 6ff. 4) Schürer S. 40ff. Weihung einer Synagoge in Schedia ὑπὲρ βασιλέως Πτολεμαίου (Euergetes I., 247—221) καὶ βασιλίσσης Βερενίκης usw. Dittenberger, Or. gr. 726. Προσευχὴ ἄσυλος in Unterägypten unter demselben Könige, oben S. 205 A. 8. 5) Philo in Flacc. 55. Joseph. B. J. II 495; vgl. 488 (über die Bezeichnung der vier alexandrinischen Stadtquartiere mit Buchstaben s. Lumbroso, Ann. d. Inst. 1876 S. 14f.; L'Egitto dei Greci e dei Romani² S. 169). Mommsen RG. V 524, 1. 6) Philo Leg. ad Gai. 132. 7) Acta apost. 6, 9. 8) Graetz, Gesch. d. Jud. IV 142f. Lumbroso, Recherches sur l'écon, polit. de l'Egypte S. 62. 9) Philo Leg. ad Gai. 129; ἐργαστήρια in Alexandria, in Flacc. 56. Herzfeld, Handelsgesch. d. Juden S. 236. 10) Delitzsch, Handwerkerleben z. Z. Jesu³ S. 37ff. 11) S. oben I 152 A. 2. 12) Lumbroso, L'Egitto² S. 30. Joseph. c. Apion. II 64 *fluminis custodiam totiusque provinciae* (überl. *custodiae*), dazu Wilcken, Gr. Ostraka I 283f. Ein Μαλχαῖος unter Trajan Hafenzöllner (ὁρμόφυλαξ) in Syene, Wilcken a. a. O. I 273. Juden als Alabarchen (Oberzollaufseher auf der arabischen Seite des Nils) Schürer a. a. O. S. 132, 42. Juster a. a. O. II 256f. 13) Wilcken a. a. O. I 523f.; Abhandl. a. a. O. S. 788f. 14) Schürer S. 144ff. H. Willrich, Juden u. Griechen vor der makkab. Erhebung (1895) S. 126ff. Ed. Meyer, Ursprung u. Anfänge des Christentums II 156. 15) Joseph. A. J. XVI 160. Thrige, Res Cyrenensium (1828) S. 219ff. 16) Strabo bei Joseph. A. J. XIV 114f. 17) Joseph. Vita 424. 18) IGR I 1024; dazu Schürer a. a. O. S. 79f.

und gleichzeitig auch in Cypern und Mesopotamien ausbrach, sollen dort 220000, in den beiden letzten Ländern 240000 Menschen von ihnen umgebracht worden sein[1]). Die an der großen Syrte gelegene Küstenstadt Boreum war größtenteils von Juden bewohnt und hatte einen besonders heilig gehaltenen, angeblich von König Salomo erbauten Tempel, welchen Justinian nach ihrer Bekehrung zum Christentum in eine Kirche verwandelte[2]). In der Provinz Afrika[3]), wo die jüdische Gemeinde zu Karthago die größte gewesen sein wird, ist kürzlich der Mosaikfußboden der Synagoge einer Stadt Naron entdeckt worden, nebst lateinischen Wandinschriften derer, die ihn machen ließen, aus später Zeit; wobei sich außer dem siebenarmigen Leuchter auch das christliche Monogramm befindet[4]). Im westlichen Afrika hat sich die Spur einer jüdischen Gemeinde zu Sitifi in Mauretanien[5]), jüdischer Einwohner auch anderwärts (namentlich in Cirta) erhalten[6]). »Selbst im äußersten Westen von Mauretanien, in Volubilis, ist eine hebräische Inschrift gefunden worden«[7]).

Die Nachricht des Valerius Maximus, daß im Jahre 139 v. Chr. von dem Prätor Cn. Cornelius Hispalus außer den Chaldäern auch die Juden, »welche die römischen Gebräuche durch den Dienst des Juppiter Sabazius zu verunstalten versucht hatten«, aus Rom und Italien ausgewiesen wurden[8]), bezieht sich höchst wahrscheinlich auf die von Simon Makkabäus 140/139 nach Rom geschickten Gesandten: ansässige Juden gab es also damals in Italien offenbar noch nicht; die Identifizierung des Judengottes mit Sabazius erklärt sich daraus, daß die griechischen Juden den Namen Zebaoth Sabaoth aussprachen[9]). Achtzig bis neunzig Jahre später bildeten sie, teils ohne Zweifel infolge der Kriege des Lucullus und Pompejus als Gefangene massenhaft nach Rom geführt und dort freigelassen, teils infolge der zwischen Orient und Occident so viel inniger und mannigfaltiger gewordnen Beziehungen, eine ansehnliche Masse: durch ihre Zahl, ihr enges Zusammenhalten und ihren Einfluß hofften (im Jahre 59 v. Chr.) die Ankläger des Prätors Flaccus eine Unterstützung zu erhalten[10]). Die ganze Region jenseits des Tiber wurde hauptsächlich von ihnen bewohnt[11]), wahrscheinlich war dort auch eine Synagoge[12]). Eine Gesandtschaft des Judenkönigs Herodes wurde angeblich von 8000 ihrer in Rom ansässigen Glaubensgenossen zu Augustus begleitet, und im Jahre 19 n. Chr. 4000 Freigelassene in waffenfähigem Alter, »die von jüdischem und ägyptischem Aberglauben angesteckt waren«, zur Deportation nach Sardinien verurteilt[13]). Trotzdem spricht Philo im Jahre 40 von einer jüdischen Gemeinde in Rom[14]), und unter Claudius waren die Juden dort wieder zu einer solchen Menge angewachsen, daß ihre infolge der unter ihnen

in Rom —

1) Cass. Dio LXVIII 32, 2. Euseb. Chron. Ol. 224, II 164 Sch., nach dem der Aufstand sich auch auf die Thebaide erstreckte. In die Zeit dieser Kämpfe gehört der zuletzt von A. v. Premerstein, Hermes LVII 1922 S. 266ff. erläuterte Papyrus. 2) Procop. De aedif. VI 2 p. 334 Dind. 3) Monceaux, Revue d. étud. juiv. XLIV 1902 S. 1 ff.; Revue archéol. 1904 I 354ff. 4) CIL VIII 12457. 5) CIL VIII 8499 (*pater synagogae*). 8423. 6) CIL VIII 7155 (Cirta): *Pompeio Restuto Iudeo* usw. Andere dortige jüdische Inschriften CIL VIII 7150. 7530. 7710. 7) Schürer S. 55. 8) Valer. Max. I 3, 3. 9) Schürer S. 58f. Cumont, Die oriental. Religionen[2] S. 77f. Eisele in Roschers Mythol. Lexik. IV 263f. 10) Cic. pro Flacco 66. 11) Philo Leg. ad Gai. 155. 12) Eine Inschrift eines zweimaligen Synagogenvorstehers (Ἰάσων δὶς ἄρχων — so auch sonst) ist in Trastevere gefunden worden, Bull. arch. com. IX 1881 S. 8; vgl. Hülsen-Jordan, Topogr. I 3 S. 628, 17. 13) Oben I 235. 14) Philo Leg. ad Gai. 161.

ausgebrochenen Unruhen[1]) für rätlich erachtete Ausweisung wenigstens nur sehr teilweise ausgeführt werden konnte[2]); jedenfalls fand der Apostel Paulus eine Gemeinde in Rom vor[3]). Auch die römischen Juden hatten eine Synagoge in Jerusalem[4]). Aus den Inschriften geht hervor, daß sie eine größere Anzahl einzelner, selbständig organisierter Gemeinden bildeten[5]), jede mit eigner Synagoge[6]) und einem eignen Rat der Ältesten, an dessen Spitze ein Vorsteher (Gerusiarch) stand, und dessen geschäftsführende Beamte (Archonten) teils auf Zeit, teils lebenslänglich gewählt wurden; auch Unmündige konnten zu diesem Amt designiert werden. Den Gottesdienst leiteten Synagogenvorsteher (ἀρχισυναγωγοί), denen ein Diener (ὑπηρέτης, Chassan) zur Seite stand; die Titel »Synagogenvater, Synagogenmutter« bezeichnen Ehrenstellungen; auch die Schriftgelehrten (γραμματεῖς) waren keine Beamten, und auch für diesen Stand wurden bereits Kinder designiert[7]). Die verschiednen Gemeinden in Rom hatten teilweise gemeinsame Begräbnisplätze[8]). Ein von Bosio entdecktes, hauptsächlich von den Juden der Transtiberinischen Region benutztes Cömeterium (an der via Portuensis bei Colle rosato) ist neuerdings wieder aufgefunden worden[9]); ein andres lag in der Vigna Randanini an der Appischen Straße vor dem Capenischen Tor (wo in Juvenals Zeit der Hain der Egeria und der Camenen von ihnen gepachtet war)[10]), ein drittes an derselben Straße jenseits der Kirche S. Sebastiano in der Nähe des altchristlichen *ad catacumbas*[11]); ein viertes an der Via Labicana im Osten der Stadt, das aus der Zeit der ersten Antonine stammt, zeigt, daß auch der Esquilin und Viminal ein Zentrum der jüdischen Bevölkerung Roms bildeten[12]); ein fünftes ist 1885 an der Via Appia Pignatelli gegenüber dem an zweiter Stelle genannten entdeckt worden[13]). Die Inschriften sind überwiegend griechisch, allerdings zum Teil bis zur Unverständlichkeit jargonartig; daneben finden sich lateinische (manchmal mit griechischen Buch-

1) Sueton. Claud. 25, 4 *Iudaeos impulsore Chresto assidue tumultuantes Roma expulit*; vgl. Acta apost. 18,2. Über Chrestus und Christus oben S. 203 A. 3. 2) Cass. Dio LX 6, 6f. 3) Acta apost. 28, 17. 4) Wenn man Acta apost. 6, 9 die συναγωγὴ Λιβερτίνων (s. unten S. 211 A. 10) so verstehen darf. 5) Schürer, Die Gemeindeverfassung der Juden in Rom in der Kaiserzeit (1879) S. 15—17 und Gesch. d. jüd. Volkes III⁴ S. 81ff. N. Müller, Die jüdische Katakombe am Monteverde S. 107ff. (die neuere Veröffentlichung: Nic. Müller und N. A. Bees, Die Inschriften der jüdischen Katakomben am Monteverde, Leipzig 1920 konnte ich nicht einsehen). Die Gemeinden sind teils nach Personen (Αὐγουστήσιοι, Ἀγριππήσιοι, Βολουμνήσιοι = *Volumni* CIL VI 29756, Herodier, des Severus), teils nach Örtlichkeiten (Καμπήσιοι, Σουβουρήσιοι), teils nach Eigenschaften (Καλκαρήσιοι, Βερνακλήσιοι) benannt. Die συναγωγὴ Ἐλαίας bezieht sich auf Eläa in Mysien, vgl. S. Reinach, Bull. corr. hell. X 1886 S. 330. Unter den *Hebraei* vermutet Derenbourg, Mélanges Renier S. 439f. die (unter Theoderich dem Großen von Cassiodor. Var. III 45, 2, vgl. Schürer, Gesch. d. jüd. Volk. III⁴ S. 66f. erwähnte) samaritanische Gemeinde Roms, doch ist diese Ansicht von N. Müller a. a. O. S. 109ff. als unhaltbar erwiesen worden, es sind vielmehr Juden, die die Sprache ihrer Heimat beibehielten. 6) Alle Synagogen lagen außerhalb des Pomerium. Jordan, Hermes VI 1871 S. 319f. Kirche in Rom von den Juden als alte Synagoge beansprucht, Cassiodor. Var. III 45, 1f.; Verbrennung von Synagogen ebd. IV 43, 2. 7) Schürer, Gesch. d. jüd. Volk. III⁴ S. 88ff.; Gemeindeverfassung S. 18ff. Juster a. a. O. I 442ff. 8) Schürer, Gemeindeverf. S. 17. 9) Nik. Müller, Die jüdische Katakombe am Monteverde zu Rom (1912), wo S. 10 auch die übrigen jüdischen Katakomben Roms aufgezählt werden; vgl. Schürer, Gesch. d. jüd. Volkes III⁴ S. 65f. E. Bormann, Wien. Studien XXXIV 1912 S. 358ff. 10) Juv. 3, 14f. 11) De Rossi, Bull. arch. crist. V 1867 S. 16. Vgl. Schürer, Gemeindeverf. S. 13f. 12) Bull. arch. crist. ser. 4 II 1883 S. 79f. 13) N. Müller, Röm. Mitteil. I 1886 S. 49ff.

staben geschrieben), aber verhältnismäßig nur wenige hebräische[1]). Das Hebräische erhielt sich in jenen Jahrhunderten nur im kirchlichen Gebrauch, die allgemeine Verkehrssprache der jüdischen Diaspora war (mit Ausnahme Syriens, wo Aramäisch gesprochen wurde) Griechisch[2]). In gelegentlichen Erwähnungen erscheinen die römischen Juden armselig und zigeunerhaft, als Bettler und Wahrsager[3]). Die Gräber sowie die ganze Anlage des zuerst von Bosio gefundnen Kirchhofs sind roh und dürftig, nirgends begegnen Fragmente von Marmor oder Malerei außer dem grob aufgemalten siebenarmigen Leuchter. Dagegen auf dem Begräbnisplatz in der Vigna Randanini finden sich Malereien und darunter sogar Figuren der heidnischen Mythologie, mit wahrscheinlich symbolischer, doch noch unenträtselter Bedeutung[4]). Auch in Portus sind Spuren einer früh dort angesiedelten jüdischen Gemeinde vorhanden[5]). Von dort stammte wahrscheinlich auch der zu Anfang des 8. Jahrhunderts geborene Peitan (*poeta*) Elazar, der für einen Dichter liturgischer Gesänge gilt, die noch heute bei dem Gottesdienst an großen Festen in Deutschland, Frankreich und Italien in Gebrauch sind[6]).

im übrigen Italien —

Im übrigen Italien wird Puteoli ein Hauptsitz der Juden gewesen sein[7]), von wo sie sich in die Städte Campaniens verbreiteten. In Pompeji ist der Inhalt eines irdenen Gefäßes als *gar*(*um*) *cast*(*imoniale*) d. h. koschere (aus schuppenlosen Fischen, gemäß »dem Aberglauben der Juden«, sagt Plinius, bereitete) Fischbrühe bezeichnet[8]); eine dortige Wandinschrift in einem Triclinium *Sodoma-Gomora* kann nur von einem Juden oder Christen herrühren[9]); eine (vielleicht alexandrinische) Karikatur des Urteils des Königs Salomo setzt die Bekanntschaft mit jüdischen Traditionen allerdings nicht notwendig voraus[10]); in Wandinschriften kommen die Namen Maria (in einer Liste von Sklavinnen) und Martha vor[11]). Die Existenz einer Gemeinde zu Capua ist durch die Grabschrift eines dortigen Synagogenvorstehers[12]), zu Venusia durch die Entdeckung jüdischer Katakomben (aus dem 6. Jahrhundert) erwiesen[13]), in denen sich u. a. die

1) N. Müller, Jüd. Katakomben am Monteverde S. 91 ff. Vgl. CIG 9901—9926. CIL VI 29756—29763. Lateinische Inschrift eines Juden in Rom CIL VI 18532 (*Samso Barocho*); vgl. 31839: *Aemilio Va*[*l*]*enti eq. Romano metu*[*e*]*nti* (Bernays, Gesammelte Abhandl. II 71 ff. 80). 2) Mommsen RG. V 490 f., welcher glaubt, daß den Judengemeinden der mazedonischen Städte von den Königen das Griechische obligatorisch gemacht wurde. 3) Renan, Les Apôtres S. 289 f. Ein jüdischer Wahrsager δόξαν ἐπὶ τούτῳ πολλὴν ἔχων Procop. B. G. I 9, 3. Viel Weiber, viel Zaubereien, Spruch des Rabbi Hillel, Hausrath, Neutest. Zeitgesch. I 299. 4) N. Müller a. a. O. S. 89 f. 5) De Rossi, Bull. arch. crist. IV 1866 S. 40. 6) J. Derenbourg, Mélanges Renier (1887) S. 429—441. 7) Oben I 425. 8) CIL IV 2569. 2611. 5660—5662; *mur*(*ia*) *cast*(*imonialis*) ebd. 2609. Plin. n. h. XXXI 95: (*garum*) *castimoniarum superstitioni etiam sacrisque Iudaeis dicatum, quod fit e piscibus squama carentibus*. Vgl. dazu aber Zahn, Real-Encykl. VII 843. 9) CIL IV 4976. 10) Mau, Pompeji² S. 16. Lumbroso, Mem. dell' Accad. dei Lincei Ser. 3 vol. XI 1883 S. 303 ff. bezieht das Bild auf den sagenhaften ägyptischen König Bocchoris. Die Verbreitung des Märchens vom Urteil Salomons war nicht auf Ägypten und den Orient beschränkt; es lebte auch in der griechischen Volksüberlieferung. H. Lucas, Festschrift f. Hirschfeld (1903) S. 257 ff. R. Engelmann, Hermes XXXIX 1904 S. 146 ff. De Rossi (Bull. arch. crist. II 1864 S. 92, vgl. 69 ff.) bezieht (wie bereits Marini) auch *princeps libertinorum* in einer pompejanischen Inschrift (CIL IV 117) auf eine Judengemeinde, weil Acta apost. 6, 9 von einer συναγωγὴ ἡ λεγομένη Λιβερτίνων die Rede ist. 11) CIL IV 1507. 5244, vgl. Mau a. a. O. S. 17. 12) CIL X 3905. 13) O. Hirschfeld, Bull. d. Inst. 1867 S. 148 ff. Ascoli, Iscr. inedite o mal note Greche Latine Ebraiche di antichi sepolcri Giudaici del Napoletano, 1880. CIL IX 6195—6241 p. 660 ff. Von 47 Inschriften der unter-

Grabschrift eines Oberarztes (*archiater*) gefunden hat[1]. Bei der Belagerung Neapels durch Belisar erklärten die dortigen Juden, die Stadt mit Lebensmitteln versorgen zu wollen, und leisteten bei der Einnahme hartnäckigen und unerwarteten Widerstand[2]. Auch in Tarent und Fundi sind jüdische Grabschriften gefunden worden[3]. In Apulien und Calabrien (dessen Küstenbeschaffenheit der Midrasch besonders im Auge haben soll) bildeten die Juden im 4. Jahrhundert einen so großen Teil der Bevölkerung, daß nach einem kaiserlichen Erlaß vom Jahre 398 der Bestand der Gemeinderäte in vielen Städten in Frage gestellt war, weil sie zur Übernahme der städtischen Ämter nicht verpflichtet zu sein behaupteten[4]. Im mittleren und nördlichen Italien, wo ihre Ansiedlungen vermutlich ebenso alt sind wie im südlichen, finden sich deren Spuren meist erst spät. In Brixia lassen die Inschriften eines Synagogenvorstehers und einer »Synagogenmutter« mit Sicherheit auf eine jüdische Gemeinde schließen[5]. Den Juden in Genua erlaubte Theoderich, ihre Synagoge herzustellen, doch nicht zu erweitern[6]; er bestätigte die Rechte der Synagoge in Mailand, soweit dadurch der Kirche nicht Eintrag geschehe[7]; während seiner Anwesenheit in Ravenna brach dort zwischen Christen und Juden ein Tumult aus, die ersteren zündeten die Synagogen an, wurden jedoch von dem Könige gezwungen, sie wieder herzustellen[8]. In Bononia waren die Märtyrer Agricola und Vitalis auf einem Grundstücke der Juden unter deren Gräbern bestattet; Ambrosius ließ ihre Überreste von dort fortschaffen[9]. Auch in Pola hat sich eine jüdische Grabschrift erhalten[10]; eine römische Grabschrift nennt Aquileja als Geburtsort eines Gerusiarchen[11]. Gregor der Große (der in seinen Briefen auch die Synagoge in Terracina erwähnt) schreibt an den Bischof von Luna, daß er keinem Juden auf seinen Gütern gestatten solle, christliche Sklaven zu besitzen, was dort vorgekommen war[12]. Daß auch in Sizilien Juden früh in großer Anzahl gewohnt haben, ist an sich wahrscheinlich. Der Quästor und Scheinankläger des Verres, Q. Cäcilius Niger, war ein (von Freigelaßnen stammender) Jude[13]. In den Schreiben der Päpste ist mit Bezug auf die Bewirtschaftung der Patrimonien der Kirche, die sich über beide Sizilien und Sardinien erstrecken, vielfach von ihnen die Rede. Nach den Briefen Gregors des Großen gab es in Palermo, Messina, Agrigent jüdische Gemeinden; er ließ sich 594 ein Verzeichnis aller Besitzungen, auf denen Juden lebten, anfertigen, um jedem einzelnen im

irdischen Grabanlage kommt in 21 Hebräisch vor; die überirdischen hebräischen sind etwa 2 Jahrhunderte jünger.

1) CIL IX 6213. 2) Procop. B. G. I 8, 41. 10, 24f. CIL X 1971 = Dessau 8193: *[Cl]audia Aster [H]ierosolymitana [ca]ptiva, curam egit [Ti.] Claudius Aug. libertus [Mas]culus* usw. 3) CIL IX 6400—6402; vgl. Not. d. scavi 1882 S. 386f. (mittelalterliche in Tarent). CIL X 6299. 4) Cod. Theod. XII 1, 158. 5) IG XIV 2304 (ἀρχισυναγωγός). CIL V 4411 = Dessau 6724 *Coeliae Paternae matri synagogae Brixianorum.* 6) Cassiodor. Var. II 27. 7) ebd. V 37, 2. 8) Anonym. Vales. 81. 9) Ambros. Exhortat. virginitat. 1 (Migne lat. XVI 335ff.). 10) CIL V 88 (Pola): *Aur(eliae) Soteriae matri pientissimae religioni Iudeicae metuenti.* Bernays, Ges. Abhandl. II 74. Zwei jüdische Inschriften aus Mediolanium: Renan et Le Blant, Rev. archéol. N. S. II 1860 S. 348. 11) Garrucci, Cimitero degli antichi Ebrei scoperto in vigna Randanini (1862) S. 62. 12) Greg. M. epist. IV 21 Ewald, vgl. II 6. 13) Plutarch. Cic. 7, 6 (ἀπελευθερικὸς ἄνθρωπος, ἔνοχος τῷ Ἰουδαΐζειν). Vgl. über den Rhetor Caecilius von Calacte Suidas: Καικίλιος Σικελιώτης — ῥήτωρ σοφιστεύσας ἐν Ῥώμῃ ἐπὶ τοῦ Σεβαστοῦ Καίσαρος, καὶ ἀπὸ δούλων, ὥς τινες ἱστορήκασι, καὶ πρότερον μὲν καλούμενος Ἀρχάγαθος, τὴν δὲ δόξαν Ἰουδαῖος, wo eine von Bernhardy angenommene Ver-

Falle der Bekehrung ein Drittel der Steuer erlassen zu können[1]). In Sardinien wird sich sicherlich die von Tiberius dorthin zwangsweise ausgeführte jüdische Kolonie fortgepflanzt haben; in Cagliari war jahrhundertelang ein jüdisches Gemeindeleben[2]).

in den westlichen und nördlichen Ländern.

Nach Spanien, »das in Mischna und Talmud erwähnt wird«, beabsichtigte Paulus zu reisen[3]) — eine Absicht, die er vielleicht auch ausgeführt hat[4]) —, woraus man mit Wahrscheinlichkeit schließen kann, daß schon damals Juden dort lebten. Sonst haben sich in Spanien vor dem Illiberitanischen Konzil (nach der gewöhnlichen Annahme zwischen 300 und 309), das der Juden bestimmt Erwähnung tut[5]), nur sehr schwache Spuren von ihnen erhalten: so eine Grabschrift eines jüdischen Kindes in Abdera (Adra) in Bätica, die nach der Form der Buchstaben dem Anfange des 3. Jahrhunderts anzugehören scheint[6]). Auf Minorca gab es eine ansehnliche jüdische Gemeinde um 417 n. Chr.[7]). Mit Sisebut (612—620) beginnt die Reihe der drakonischen Gesetze des westgotischen Reichs gegen die Juden[8]).

Auch von alten Verbindungen mit Gallien sollen jüdische Nachrichten zeugen[9]). Archelaus, Sohn des Herodes, wurde von Augustus nach Vienna verwiesen[10]), Herodes Antipas von Caligula im Jahre 39 nach Lugdunum Convenarum[11]). Unter den Ländern, die Rabbi Akiba aufgesucht haben soll, um die Juden zur Teilnahme an dem Aufstande Bar-Cochebas zu bewegen, wird auch Gallien genannt[12]). Hilarius vor Poitiers († 366) vermied selbst Begrüßungen von Juden und Ketzern auf der Straße[13]). An die Dekurionen von Köln erließ Constantin im Jahre 321 die Verfügung: die Juden sollten im allgemeinen zur Übernahme des Dekurionats genötigt, nur zwei bis drei (wohl die Geistlichen und Beamten der Gemeinde) davon befreit werden dürfen[14]). Die Kölner Gemeinde (deren Synagoge zuerst 1012 erwähnt wird) war also wohl nicht klein und auch ziemlich alt. Andre Erwähnungen in griechischen oder römischen Quellen vor Sidonius Apollinaris sind spärlich[15]). Im 7. Jahrhundert vertrieb König Wamba

wechslung mit dem Quästor des Verres nicht wahrscheinlich ist (vgl. Mueller, FHG III 331). Jüdische Inschrift in Syrakus CIG 9895. Über jüdische Katakombenfunde bei Syrakus P. Orsi, Röm. Quartalschr. XIV (1900) S. 203ff.

1) Greg. M. epist. V 5. VIII 23. 25. IX 38. 40 Ew. Über die Juden in Sizilien vgl. Zunz, Z. Geschichte u. Literatur I (1845) S. 484f. Hartwig, Aus Sizilien, Kultur- u. Geschichtsbilder II (1869) S. 47ff. 2) Greg. M. epist. IV 9. IX 195 Ew. 3) Ep. ad Rom. 15, 24. 4) So Renan, L'antechrist S. 106, 3 und Ranke, Weltgesch. III 1 S. 192, 1 nach dem Brief des Clemens ad Cor. I 5, 6f. κήρυξ γενόμενος ἔν τε τῇ ἀνατολῇ καὶ ἐν τῇ δύσει — ἐπὶ τὸ τέρμα τῆς δύσεως ἐλθών. 5) Concil. Illib. can. 49. 50. 78 (Mansi, Concil. coll. II 14. 18). 6) CIL II 1982: . . *nia Salonula an(ni) I mens(ium) IIII die I Iudaea.* Inschrift einer Jüdin zu Dertosa (Tortosa) in drei Sprachen (hebräisch, lateinisch, griechisch) etwa aus dem 6. Jahrhundert, Hübner, Inscr. Hisp. Christ. nr. 186. Dahn, Könige d. Germanen VI 418ff. 7) Brief des Severus (oder Severinus), Bischofs von Mallorca (Migne, Patrol. lat. XX 731ff.). Dahn a. a. O. VI 420. 8) Dahn VI 422. 9) Literatur bei Juster I 184, 12. 10) Joseph. A. J. XVII 344. 11) Joseph. A. J. XVIII 252; B. J. II 183. Hirschfeld, Kl. Schrift. S. 173, 2; CIL XIII p. 6. 12) Nach Derenbourg, Essai sur l'histoire et la géographie de la Palestine I 418 soll Akiba die Häfen des Mittelländischen Meeres, Zephyrium in Cappadocien, Nisibis, Iberien oder Georgien und andre Länder besucht haben. 13) Venant. Fortunat. vita sancti Hilarii 3, 9 p. 2, 17 Kr. *quod inter mortales valde videtur difficile, tam cautum esse, qui se a Iudaeis vel haereticis cibo suspendat.* 14) Cod. Theodos. XVI 8, 3. 4. Vgl. Juster a. a. O. II 259f. Aronius, Regesten z. Gesch. d. Juden im fränk. u. deutsch. Reiche (1902) S. 2f., wo auch Simeon, ein Mann jüdischer Herkunft, als siebenter Bischof von Metz nachgewiesen wird. 15) Sidon. Apoll.

die Juden aus Narbo; doch im 9. sollen sie dort sehr reich gewesen sein, die Mühlen der Stadt und viel Land besessen, Weinbau durch christliche Arbeiter, Handel (hauptsächlich mit den Arabern in Spanien) getrieben haben[1]). Aus Gregors von Tours Geschichte der Franken ergibt sich ihre große Verbreitung in ganz Gallien im 6. Jahrhundert, die auf ein hohes Alter ihrer dortigen Niederlassungen schließen läßt. Als z. B. im Jahre 576 das Volk ihre Synagoge in Clermont zerstörte und der Bischof Avitus ihnen die Wahl ließ, ob sie auswandern oder sich taufen lassen wollten, nahmen mehr als 500 den christlichen Glauben an; die übrigen zogen nach Marseille[2]). Der König Chilperich ließ 582 zu Paris viele Juden taufen[3]). Als König Guntram 585 in Orléans einzog, vernahm man in den Lobgesängen der ihn empfangenden Menge auch die Sprache der Juden[4]). Benjamin von Tudela nennt als Städte, in denen Juden wohnten, Narbonne (etwa 300), Béziers, Montpellier Lunelle (300), Beaucaire (400), Bourges de St.-Gilles, Arles (200), Marseille (300)[5]). Unter der Inschriften der Donauländer sind nur wenige jüdische im unteren Pannonien[6]).

In England scheinen die Juden zur Zeit des Erzbischofs Theodor von Canterbury (im Amt 669—691) zahlreich, also wohl mindestens seit der Mitte des 7. Jahrhunderts dort ansässig gewesen zu sein[7]), wahrscheinlich aber schon früher. Denn aus dem Mangel von Nachrichten auf das Fehlen einer jüdischen Bevölkerung zu schließen, ist überall um so weniger zulässig, als dieser vielmehr gewöhnlich seit dem frühen Mittelalter ein Beweis für ihre ungestörte Existenz ist. Hieronymus sagt, daß sie »von Meer zu Meer, vom britannischen bis zum atlantischen Ozean, von Westen zu Süden, von Norden zu Osten, auf der ganzen Welt« wohnten[8]). Sie glaubten, daß, wenn der Messias sie nach Jerusalem zurückführen würde, diejenigen von ihnen, die den senatorischen oder sonst einen hohen Rang hätten, aus Britannien, Spanien, Gallien (selbst von dessen äußersten Grenzen, aus dem Gebiete der Moriner, von den Ufern des Rheins) in Karossen[9]) kommen würden[10]).

Bürgerliche — Seit dem großen jüdischen Kriege hatten die Juden die früher nach Jerusalem entrichtete Steuer von zwei Drachmen an den Tempel des kapitolinischen Juppiter zu entrichten[11]); dies führte namentlich unter Domitian zu Vexationen

epist. III 4, 1. IV 5, 1 (mit Sirmonds Anm.). VI 11, 1. VIII 13, 3. Jüdische Grabschrift zu Narbo aus der Zeit König Egizas (688), besprochen von Th. Reinach, Rev. d. étud. juiv. XIX 1889 S. 75 ff. Vgl. Hirschfeld CIL XII p. 929: »*tituli Iudaici septimo saeculo antiquiores in Gallia Narbonensi adhuc desiderantur*«.

1) Stark, Städteleben in Frankreich S. 162. Über die Geschichte der Juden in Narbonne J. Régné, Revue d. étud. juiv. LV 1908 S. 1 ff. 2) Gregor. Tur. Hist. Francor. V 11; vgl. Venant. Fortunat. Carm. V 5. 3) Gregor. ebd. VI 17. 4) Gregor. VIII 1 (vgl. oben I 379). Vgl. auch Gregor. IV 12. 35. VI 5. VII 23. Über die Zeit von 400 bis 800 vgl. Aronius a. a. O. S. 4—25. 5) Travels of Benjamin of Tudela ed. Asher I 32—36. 6) CIL III 3688: *D. m. Septimae Mariae Iudeae vixit an(nis) XVIII Actia Sabinilla mater.* 10301 = Dessau 3981 *Deo aeterno pro sal(ute) d(omini) n(ostri) Sev(eri) A(lexandri) .... Cosmus pr(aepositus) sta(tionis) Spondilla synag.* (über *deus Aeternus* als Bezeichnung einer syrisch-orientalischen Gottheit vgl. Cumont, Revue archéol. XI 1888 S. 184 ff.). 10599. 10611. Die Inschrift aus Schwarzenbach in Kärnten CIL III 11641 χθὲς ἐμοὶ σήμερον σοί (Sirach 38, 23) erklärt Gomperz (Arch. epigr. Mitteil. IV 1880 S. 213) für christlich oder jüdisch. 7) Juster a. a. O. I 186, 11. 8) Hieronym. Commentar. in Amos III 8 (Migne lat. XXV 1083); vgl. auch in Sophon. 2 (Migne XXV 1364). 9) S. oben I 145 A. 7. 10) Hieronym. ad Isai. 18, 66 (Migne lat. XXIV 672). 11) Joseph. B. J. VII 218. Cass. Dio LXVI 7, 2. Wilcken,

und Bedrückungen, welche Nerva abstellte[1]), ohne jedoch die Steuer zu erlassen. Abgesehen von derselben war die bürgerliche Berechtigung der Juden als solcher im römischen Reiche nicht bloß vollkommen unbeeinträchtigt, sondern sie erfreuten sich auch wichtiger Vorrechte. Septimius Severus und Caracalla erließen ihnen bei der Bestätigung ihrer Befähigung zur Bekleidung städtischer Ämter (die damals allerdings kein Vorzug mehr war) ausdrücklich diejenigen Leistungen, die ihrem »Aberglauben« zuwiderliefen[2]). Ob eine allgemeine und dauernde Befreiung vom Militärdienste, die man auf einen Erlaß Cäsars zurückgeführt hat, bestanden hat, ist strittig[3]). In Hinsicht der Teilnahme am Kaiserkult machte man ihnen, wenn auch nicht rechtlirh, so doch tatsächlich weitgehende Konzessionen[4]): wenn sie hierin und sonst[5]) vor den Christen bevorzugt waren, so rührt dies daher, daß sie immer noch als eine Nation betrachtet wurden, die Christen nur als eine Sekte[6]). Augustus, der Cäsars judenfreundliche Politik im wesentlichen fortsetzte, hatte angeordnet, daß sie am Sabbat nicht gezwungen werden durften, vor Gericht zu erscheinen[7]); daß die Verteilungen von Geld und Getreide in Rom, falls sie auf einen Sabbat fielen, für sie am folgenden Tage stattfinden[8]), daß ihnen statt des von der Kommune gelieferten, für sie unbrauchbaren Öls eine Geldentschädigung gezahlt werden sollte: ein Recht, in dessen Genusse sie der Freund Vespasians Mucianus in Antiochia schützte[9]). Außer der freien Übung ihres Kultus[10]) war den jüdischen Gemeinden das Recht der eignen Vermögensverwaltung und, wenigstens in einem gewissen Umfange, auch die eigne Gerichtsbarkeit gegen ihre Mitglieder eingeräumt worden[11]). »Eine sehr weitgehende Machtbefugnis muß der jüdische Ethnarch oder Patriarch in Palästina gehabt haben, der nach dem Untergange des jüdischen Staatslebens das Oberhaupt der Nation bildete; das Amt war in der Familie Hillels geradezu erblich. Seiner Jurisdiktion scheinen sich die sämtlichen jüdischen Diasporagemeinden freiwillig unterworfen zu haben. Und seine Befugnisse waren so weitgehend, daß die Kirchenväter sich ernstlich Mühe geben mußten zu beweisen, daß trotzdem schon zur Zeit Christi das Szepter von Juda genommen worden sei«[12]). Seine Stellung war ähnlich der des griechischen Patriarchen in Konstantinopel unter der türkischen Herrschaft. Für die Juden war er der alte Hohepriester: und so hatten sie sich trotz der Zerstörung Jerusalems in gewissem Sinne als Nation wieder rekonstruiert[13]).

Wenn nun trotz aller den Juden eingeräumten Rechte und Privilegien Philo sagt, daß sie schon zufrieden sein müßten, wenn sie andern gegenüber nur nicht

und soziale Stellung der Juden. Der Judenhaß.

Chrestom. nr. 61. 295. Rostowzew, Real-Encykl. VI 2403ff. Plaumann, Berichte aus den Königl. Kunstsamml. XXXIV (1912/13) S. 113ff. W. Weber, Hermes L 1915 S. 62ff.

1) Sueton. Dom. 12, 2. Eckhel D. N. VI 404f. 2) Dig. L 2, 3 § 3. Mommsen RG. V 548f. J. Hasebroek, Untersuch. z. Gesch. d. Kaisers Septimius Severus (1921) S. 71f. 3) Joseph. A. J. XIV 204. Juster II 269ff. 4) Juster I 339ff. 5) Hist. aug. Alex. Sev. 22, 4 *Iudaeis privilegia reservavit, Christianos esse passus est.* 6) Beachtenswert ist, daß in einer polizeilichen Liste von Gewerbetreibenden aus dem 4. Jahrhundert (CIL VI 31893) ein Felix Tineosus als *Iudaeus* bezeichnet ist, die Juden also als solche ausdrücklich gekennzeichnet waren (Hirschfeld, Kl. Schrift. S. 585). 7) Joseph. A. J. XVI 163. 168. 8) Philo Leg. ad Gai. 158. 9) Joseph. A. J. XII 120f. 10) Schürer III[4] S. 119f. Juster I 243ff. 11) Juster I 409ff. 12) Schürer, Gemeindeverfassung S. 13; vgl. Gesch. III[4] S. 120. 13) Mommsen RG. V 548. Genaueres bei Juster I 391ff.

zurückgesetzt würden[1]), so erklärt sich dies aus ihrer sozialen Stellung, die allerdings im ganzen eine sehr ungünstige war: am meisten natürlich da, wo, wie in Ägypten, ein besonders starker Nationalhaß gegen sie bestand, oder unmittelbar nach Kriegen und Aufständen, in denen sie Ströme von Blut vergossen hatten; wie denn die Äußerungen des Judenhasses namentlich bei dem älteren Plinius, Quintilian, Tacitus[2]) wohl mit auf Rechnung des Eindrucks zu setzen sind, den der jüdische Krieg hinterlassen hatte. Aber auch abgesehen von dem wilden Fanatismus, der in diesen Verzweiflungskämpfen wütete, reichte schon ihre hochmütige Verachtung aller andern Nationen, Kulturen und Religionen, ihre Absonderung von Tisch und Bett ihrer Nachbarn, verbunden mit ihrem hartnäckigen Zusammenhalten untereinander, hin, sie »allen Menschen zuwider«[3]) zu machen und als ein von Menschenhaß erfülltes Volk erscheinen zu lassen. Die von judenfeindlichen Schriftstellern (hauptsächlich auf Grund ägyptischer Quellen)[4]) verbreiteten Beschuldigungen, Übertreibungen und Erdichtungen[5]) trugen dazu bei, den Judenhaß zu nähren, dessen Ausbrüche nicht selten gewesen zu sein scheinen[6]). Nach Tacitus unterrichteten sie vor allem in Verachtung der Götter, Verleugnung des Vaterlandes, Geringschätzung der Eltern, Kinder und Geschwister[7]). Nach Juvenal lehrte Moses, man solle nur Beschnittenen den Weg weisen, wenn sie verirrt sind, nur sie an die Quelle führen, wenn sie verschmachten[8]). Nach Apio mästeten in der Zeit des Königs Antiochus Epiphanes die Juden jährlich einen Griechen mit Leckerbissen, opferten ihn dann feierlich an einem bestimmten Tage in einem Walde, aßen seine Eingeweide und schwuren dabei den Griechen ewige Feindschaft[9]). Und zu der Feindseligkeit gegen die Juden gesellte sich Verachtung ihrer Niedrigkeit und Armseligkeit, ihrer widrigen Unsauberkeit[10]), ihrer peinlichen, als abergläubisch verspotteten Befolgung so vieler anscheinend grundloser, lächerlicher und seltsamer Gebräuche und Satzungen. Außer der Beschneidung wurde besonders die Enthaltung von Schweinefleisch belacht, zu dessen Genuß sie der tumultuierende Pöbel wohl (wie bei der von Philo beschriebenen Judenhetze zu Alexandria) zu zwingen suchte; ferner das unverbrüchliche Festhalten an der Sabbatruhe, durch die sie, wie Seneca sagt, den siebenten Teil ihres Lebens verloren[11]), sowie die Umständlichkeit der zur Vermeidung jeder Arbeit am Sabbat getroffenen Anstalten. Juvenal erwähnt die mit Heu gefüllten Körbe, in denen die Tags zuvor bereiteten Speisen warm gehalten wurden, als ein unentbehrliches Stück auch der ärmsten jüdischen Haushaltung[12]). Rabbi Abahu klagte, daß

1) Philo Leg. ad Gai. 182. 2) Plin. n. h. XIII 46. Quintilian. III 7, 21. Tac. H. V 4. 5. 8. Aus späterer Zeit ist beachtenswert der wütende Ausfall gegen die Juden bei Rutil. Namat. I 383 ff., vgl. dazu H. Schenkl, Rhein. Mus. LXVI 1911 S. 393 ff. 3) I Thessalonic. 2, 15. Renan, Les Apôtres S. 289, 1. Literatur bei Schürer III[4] S. 150, 1. 4) Joseph. c. Ap. I 223. F. Stähelin, Der Antisemitismus im Altertum (1905) S. 9 ff. Von diesen ägyptischen Quellen ist auch Posidonius (= Diodor. XXXIV 1) abhängig, Stähelin S. 24. 5) Stähelin a. a. O. S. 29 ff. 6) Schürer S. 126 f. 7) Tac. H. V 5. 8) Juv. 14, 103 f. 9) Joseph. c. Apion. II 94 f. 10) Ammian. Marc. XXII 5, 5 (Julian) *cum Palaestinam transiret Aegyptum petens, Iudaeorum faetentium et tumultuantium saepe taedio percitus dolenter dicitur exclamasse: ‘o Marcomanni, o Quadi, o Sarmatae, tandem alios vobis inertiores inveni’*. 11) Die Belegstellen bei Renan, Les Apôtres S. 288—291. 12) Juven. 3, 14. 6, 542, vgl. Rönsch, Jahrb. f. Philol. CXXIII 1881 S. 692 ff. CXXXI 1885 S. 552: in trockne Kräuter dürfen nach rabbinischen Vorschriften die für den Sabbat warm zu haltenden Speisen gesetzt werden.

Sticheleien auf die Juden auch bei dem geringsten Aufwande von Witz die Theater zum Lachen brächten[1]. Dazu kam dann auch der geschäftliche Antisemitismus, dessen erstes Zeugnis ein aus dem Jahre 41 n. Chr. stammender Brief eines alexandrinischen Großkaufmanns ist, der einen Verschuldeten mit den Worten »hüte dich vor den Juden« vor den jüdischen Geldverleihern warnt[2].

Anziehungskraft des Judentums.

Aber es fehlte dem Judentum auch nicht an Freunden, und diese gewannen ihm zum Teil jene Tugenden, die selbst seine Gegner anerkannten, und die Josephus in seiner (unter Trajan verfaßten) Verteidigungsschrift rühmt; ihre unwandelbare Frömmigkeit, ihr strenger Gehorsam gegen das Gesetz, ihre Bedürfnislosigkeit, ihre Mildtätigkeit, ihr einträchtiges Leben untereinander, ihre Todesverachtung im Kriege, ihr Fleiß in Handwerken und im Ackerbau im Frieden, ihr unerschütterliches Gottvertrauen[3]. Sodann zog diese Religion wohl gar manche der aus dem Polytheismus zu einer reineren Gotteserkenntnis Strebenden als die wahrhaft aufgeklärte an[4]: die Verwerfung des griechischen und ägyptischen Bilderdienstes ließ dem Strabo den jüdischen Gesetzgeber als einen wahren stoischen Philosophen erscheinen[5], und der geistvolle Verfasser der Schrift vom Erhabenen (um 40 n. Chr.) führt die Anfangsworte der Genesis als Musterbeispiel des großartigen Stils an und rühmt den Gesetzgeber der Juden als einen nicht gewöhnlichen Mann[6]. Doch vermutlich war die Zahl derer weit größer, deren Glaubensbedürfnis im Judentume vollste Befriedigung fand als dem vor der Entstehung und Verbreitung des Christentums einzigen Bekenntnisse, das ein auf Offenbarung beruhendes, also jedem Zweifel entrücktes Dogma bot; und wie oft war die unerschütterliche Überzeugung, daß es die einzig wahre Religion sei, von seinen Bekennern heldenmütig bewährt worden. Daß es in allen Ländern sehr viele gab, die ganz oder teilweise das mosaische Gesetz befolgten[7], darin stimmen judenfreundliche und judenfeindliche Berichte überein, und namentlich die Frauen erwiesen sich auch hier als »Führerinnen zur Gläubigkeit«[8]. »Solche Macht«, sagt Seneca, »haben die Bräuche dieses höchst verruchten Volks bereits gewonnen, daß sie in allen Ländern eingeführt sind; sie, die Besiegten, haben ihren Siegern Gesetze gegeben«[9]. Horaz, Ovid, Persius und Juvenal bezeugen, daß zu Rom viele sich am Neumondstage und am Sabbat aller Geschäfte enthielten, am letzteren nicht reisten, fasteten und beteten, Lampen anzündeten und Kränze aufhängten; andre studierten auch das mosaische Gesetz, besuchten Synagogen und sandten die Tempelsteuer nach Jerusalem[10].

1) Hausrath, Neutestamentliche Zeitgesch. III 76. 2) βλέπε σα(υ)τὸν ἀπὸ τῶν Ἰουδαίων, Wilcken, Chrestom. nr. 60. 3) Joseph. c. Apion. II 283, vgl. 291 f. 4) Der erste, der sich für jüdische Religion und Denkweise interessierte, war nach dem Zeugnisse seines Schülers Klearch von Soli (FGH II 323 f. = Joseph. c. Apion. I 176 ff.) Aristoteles gewesen, vgl. v. Gutschmid, N. Beitr. z. Gesch. d. alt. Orients S. 77 Anm. 5) Strabo XVI 760 f., vgl. Schürer III[4] S. 156, 24. 6) De sublim. 9, 9, dazu Mutschmann, Hermes LII 1917 S. 161 ff. 7) ὅσοι τὰ νόμιμα αὐτῶν καίπερ ἀλλοεθνεῖς ὄντες ζηλοῦσι Cass. Dio. XXXVII 17, 1. 8) Oben I 304 f. Inschrift der *Beturia Paulla — proselyta an(nis) XVI nominae Sara mater synagogarum Campi et Bolumni* in Rom, CIL VI 29756. 9) Seneca De superst. bei August. civ. dei VI 11. 10) Horat. S. I 9, 69 (*tricesima sabbata* d. i. der Neumondstag, Rosch-Chodesch, d. h. die Ruhefeier am 30. Tage; vgl. Dombart, Archiv f. Lexikogr. VI 1889 S. 272 f.). Ovid a. a. I 415 f.; Rem. 219 f. Pers. 5, 179 ff. (dazu De Rossi, Bull. arch. crist. V 1867 S. 14). Juv. 14, 96 ff. Fronto ad M. Caes. II 7 p. 32 N. *nec aliter Kal. Sept. expecto, quam*

Schon lange, sagt Josephus, hat sich Nacheiferung unserer Frömmigkeit auch unter den Massen verbreitet, und es gibt keine griechische noch barbarische Stadt oder Provinz, wohin nicht unsere Sabbatruhe gedrungen ist, und die Fasten und das Lampenanzünden und die Enthaltung von den uns verbotenen Speisen beobachtet wird. Sie versuchen auch die unter uns herrschende Eintracht nachzuahmen und die Mitteilung vom Eignen und die Arbeitsamkeit in den Handwerken und die Standhaftigkeit in den für das Gesetz zu ertragenden Leiden. Was aber das wunderbarste ist, ohne das Lockmittel der Lust hat das Gesetz sich selbst in sich selbst stark erwiesen, und wie Gott durch die ganze Welt gegangen ist, so ist das Gesetz durch alle Völker gewandert[1]). »Alle Menschen«, sagt Philo, »unterwirft es sich und ermahnt sie zur Tugend, Barbaren, Hellenen, Festlands- und Inselbewohner, die Nationen des Ostens so gut wie des Westens, Europäer, Asiaten, die Völker der ganzen Erde«[2]). Der alexandrinische Philosoph glaubte hoffen zu dürfen, daß das Judentum dereinst die Religion der Welt sein werde.

Religions- und Bekehrungsfreiheit bis auf Hadrian.

Der Übertritt zum Judentum war bis auf Hadrian (jene kurze Zeit der Verfolgung unter Tiberius abgerechnet) gesetzlich durchaus unbehindert[3]), sowie die von Cäsar und Augustus gewährleistete volle Religionsfreiheit der Juden, abgesehen von vorübergehenden Unterdrückungsversuchen, unangetastet. Im Jahre 42 erließ Claudius ein Edikt, »daß die Juden in seinem ganzen Reiche ihre väterlichen Gebräuche unbehindert beobachten sollten, wobei er sie zugleich erinnere, seine freundliche Gesinnung nicht zu mißbrauchen und nicht die Superstitionen andrer Völker zu verachten, sondern sich mit Beobachtung der eignen Gesetze zu begnügen«; und dieses Edikt blieb auch später in Kraft[4]). Daß es auch von seiten der Juden an Bekehrungsversuchen Andersgläubiger nicht fehlte, bezeugt Horaz[5]), und namentlich von den Pharisäern ist bekannt, daß sie »Wasser und Land umzogen, um einen Proselyten zu machen«[6]). Doch nach der Zerstörung Jerusalems wurde mit der Ausbildung des starren Rabbinismus die Abschließung des Judentums gegen das Heidentum eine immer schroffere, und die Kluft zwischen beiden erweiterte und vertiefte sich je länger je mehr: der babylonische Talmud nennt die Proselyten einen Aussatz für Israel[7]). Nachdem Antoninus Pius die von Hadrian verbotene Beschneidung der Juden zwar an ihren Kindern nach wie vor zu vollziehen erlaubt, dagegen die Beschneidung[8]) von Nichtjuden aufs strengste untersagt hatte[9]), können infolge dieses auch später in Kraft gebliebenen Edikts, abgesehen von den gewiß seltnen Übertretungs-

superstitiosi stellam, qua visa ieiunium polluant (vgl. Athen. IV 156 A). Tertullian. De ieiun. 16: *Iudaicum certe ieiunium ubique celebratur — et stellae auctoritatem demorantis suspirant;* Apologet. 16: *eis — qui diem Saturni otio et victui decernunt exorbitantes et ipsi a Iudaico more, quem ignorant;* Ad nationes I 13: *vos — ex diebus ipso* (*die Solis*) *priorem praelegistis, quo die lavacrum subtrahatis aut in vesperam differatis aut otium et prandium curetis. quod quidem facitis exorbitantes et ipsi a vestris ad alienas religiones.*

1) Joseph. c. Apion. II 282 ff. 2) Philo Vita Mos. II 18 f. 3) Vgl. aber Mommsen, Strafr. S. 574, 3. 4) Joseph. A. J. XIX 290; vgl. De Rossi, Bull. arch. crist. III 1865 S. 90 f. 5) Horat. S. I 4, 142: *ac veluti te Iudaei cogemus in hanc concedere turbam.* 6) Ev. Matth. 23, 15. 7) Mommsen RG. V 551 f. Renan, Evangiles S. 9 ff. 8) Sie wurde wohl bei Hadrians Verschärfung des Kastrationsverbots als Kastration aufgefaßt. Mommsen RG. V 549; Strafrecht S. 638. 9) Juster I 263 ff.

fällen, keine förmlichen Übertritte zum Judentum[1]) mehr stattgefunden haben, die Proselyten dieser späteren Zeit also nicht mehr »Proselyten der Gerechtigkeit«, sondern nur sogenannte »Gottesfürchtige« (φοβούμενοι oder σεβόμενοι τὸν θεόν) gewesen sein, die besonders den Sabbat beobachteten und sich der verbotenen Speisen enthielten[2]). Zu dieser Klasse dürfte aber der größte Teil der Anhänger, die das Judentum im Heidentum gewann, schon in der vorhadrianischen Zeit gehört haben. Übrigens reichte der Einfluß des Judentums über die Kreise seiner eigentlichen Anhänger hinaus und führte zu heidnisch-jüdischen Mischbildungen. Zu diesen gehörten die Kultvereine der »Verehrer des höchsten Gottes« (σεβόμενοι θεὸν ὕψιστον), die in Tanais im Bosporanischen Reich zu Anfang des 3. Jahrhunderts bestanden, und die von den Kirchenvätern des 4. Jahrhunderts bekämpfte Sekte der Hypsistarier in Kleinasien ist allem Anschein nach eine gleichartige gewesen[3]).

Das Christentum.

Der Bekehrungseifer der Christen.

Setzte aber die Natur des Judentums als der Religion eines auserwählten Volks seiner Verbreitung auf Kosten des Heidentums an und für sich Schranken, so hatte dagegen das Christentum ebensowohl die Tendenz, alle seinem Weltgange im Wege stehenden Hindernisse zu durchbrechen, als auch die Kraft dazu; und galt den Juden die Bekehrung von Ungläubigen höchstens als ein verdienstvolles Werk, so gab es für die Christen keine höhere und heiligere Pflicht als die Ausbreitung der Lehre des Heils. Das Beispiel der ersten Apostel erweckte unaufhörlich Nachfolger in stets wachsender Zahl, die wohl auch ihre Habe an die Armen verteilten und den Wanderstab ergriffen, um das Wort Gottes von Volk zu Volk zu tragen[4]), und deren Eifer auch unter den größten Schwierigkeiten und Gefahren weder ermattete noch erkaltete. Die Christen waren eifrig, sagt Origenes[5]), in der ganzen Welt das Wort auszusäen. Die Sendboten der neuen Lehre besuchten nicht bloß Städte, sondern auch Dörfer und Gehöfte, ja sie scheuten sich nicht, ins Innere der Familien einzudringen und sich zwischen Blutsverwandte zu stellen. Christliche Sklaven suchten, wie die Heiden ihnen vorwarfen, Frauen und Kinder ihrer Herren zu ihrem Glauben herüberzuziehen; ja die eifrigeren reizten die Kinder, Vätern und Lehrern den Gehorsam zu versagen, um die Seligkeit zu erwerben. So mußten, wie bei jeder welterschütternden und neugestaltenden Bewegung, auch damals nur zu oft Bande der Natur zerrissen, Herzen gebrochen und »Lieb und Treu wie ein böses Unkraut ausgerauft« werden[6]).

Stellung des römischen Staates zum Christentum.

Die der jüdischen Nation als solcher ausnahmsweise zugestandene Toleranz, die eine stillschweigende Entbindung von allen ihrem Aberglauben zuwiderlaufenden Verpflichtungen, also auch vom Götter- und Kaiserkult, zur Folge hatte, konnte nach römischer Ansicht einer vom väterlichen Glauben abgefallenen

1) Orig. c. Cels. II 43: οἱ Σικάριοι διὰ τὴν περιτομὴν ὡς ἀκρωτηριάζοντες παρὰ τοὺς καθεστῶτας νόμους καὶ τὰ Ἰουδαίοις συγκεχωρημένα μόνοις ἀναιροῦνται· καὶ οὐκ ἔστιν ἀκοῦσαι δικαστοῦ πυνθανομένου, εἰ κατὰ τήνδε τὴν νομιζομένην θεοσέβειαν ὁ Σικάριος ἀγωνιζόμενος βιοῦν, μεταθέμενος μὲν ἀπολυθήσεται, ἐμμένων δὲ τὴν ἐπὶ θανάτῳ ἀπαχθήσεται. Ἀλλὰ γὰρ ἀρκεῖ δειχθεῖσα ἡ περιτομὴ πρὸς ἀναίρεσιν τοῦ πεπονθότος αὐτήν. 2) Schürer III[4] S. 165 ff. Juster I 274 ff. 3) Schürer, Sitz.Ber. der Berliner Akad. 1897 S. 200—225, vgl. Gesch. d. jüd. Volk. III[4] S. 174, 70. Cumont, Real-Encykl. IX 444 ff. 4) Eusebius hist. eccl. III 37, 1 f. 5) Orig. c. Cels. III 9. 6) Oben I 307.

Sekte nicht gewährt werden, am wenigsten der christlichen[1]). Dem Christentum gegenüber befand sich der römische Staat im Stande der Notwehr. Die Erkenntnis seiner auf völlige Vernichtung der Staatsreligion zielenden, jeden Kompromiß ausschließenden Tendenz muß seit der Ablösung des neuen Glaubens vom Judentum (der die Zerstörung Jerusalems starken Vorschub leistete) schnell unabweisbar geworden und in die weitesten Kreise gedrungen sein.

Früher und öfter als die Verweigerung des Götterkults hat ohne Zweifel die des Kaiserkults, der zu den fundamentalen Institutionen des Reichs gehörte, Verfolgungen der Christen veranlaßt[2]). Die ersten, von denen wir wissen, fanden in der Provinz Asia statt, die in mehreren Städten (Pergamum, Smyrna, Ephesus u. a.) Tempel für diesen Kult hatte, bei denen die jährlichen Versammlungen der ihm gewidmeten Festgemeinschaften stattfanden. »Es scheint, daß die Entscheidung über die Stellung, die der Staat dem Christentum gegenüber in der Folge einnahm, unter Domitian gefallen ist, wenn die Überlieferung es auch nicht gestattet, bestimmt zu sagen, in welcher Form eine solche Entscheidung, die tatsächlich maßgebend war, erfolgt ist« [3]). Die Offenbarung Johannis, eine unter Domitian entstandene Bearbeitung einer älteren jüdischen Apokalypse, von einem Judenchristen, in der der christliche Fanatismus gegen das Reich zu so lodernder Glut entflammt ist, wie sonst nie wieder[4]), spricht von dem Tode des »treuen Zeugen« Antipas und andrer Christen in Pergamum, »wo der Satan wohnt«, von solchen, »die geköpft sind wegen des Zeugnisses Jesu und wegen des Wortes Gottes, und die da nicht angebetet hatten das Tier noch sein Bildnis« [5]).

Als eine kriminalrechtliche konnte die Bestrafung der Christen erfolgen auf Grund der Auffassung des Majestätsverbrechens, welche die Verletzung der nicht bloß dem Kaiser als Gott, sondern auch den Nationalgöttern zu leistenden Huldigung als Vergehen gegen den Staat auffaßte. Doch ist bis zur Mitte des 3. Jahrhunderts in diesem Sinne nur von einzelnen Kaisern und Statthaltern verfahren worden. Viel häufiger wurde das den Oberbehörden, namentlich den Provinzialstatthaltern, gegen religiöse Kontraventionen zustehende außerordentliche Strafverfahren angewandt, sowohl gegen Proselytenmacher als gegen Proselyten, um den Abfall (zunächst der Bürger) vom nationalen Glauben zu hindern oder doch einzudämmen. Dieses nicht dem Gebiete der Rechtspflege angehörige, administrative, also von Willkür untrennbare Verfahren war seinem Wesen nach »abhängig von der Individualität der einzelnen Beamten und von der jeweiligen Volksstimmung«; deshalb waltete hier »eine Unstetigkeit, wie

1) Mommsen, Strafr. S. 575 f. 2) Über die rechtliche Grundlage des staatlichen Vorgehens gegen das Christentum Mommsen, Ges. Schrift. III 389 ff. Anders R. Heinze, Ber. d. sächs. Ges. d. Wiss. 1910 S. 291 ff. 333 ff. 436 ff., der gegenüber Mommsens Ansicht, daß die Christen entweder als Majestätsverbrecher oder im Wege der administrativen *coercitio* verfolgt worden seien, die Meinung vertritt, daß die Zugehörigkeit zum Christentum als solche gesetzlich verboten und strafbar gewesen sei. Vgl. auch Augar, Die Frau im röm. Christenprozeß, Texte u. Untersuch. N. F. XIII 4 (1905) S. 54 ff. 3) Der in Anführungszeichen eingeschlossene (von Mommsen a. a. O. S. 394 bestrittene) Satz ist von K. J. Neumann. Vgl. Ed. Schwartz, Kaiser Constantin und die christliche Kirche (1913) S. 35. 4) Wendland, Hellenistisch-römische Kultur² S. 252. 5) Apocal. 2, 13. 20, 4. K. J. Neumann, Der römische Staat und die allgemeine Kirche I S. 12. Zur Frage nach der Entstehungszeit der Apokalypse vgl. Boll, Aus der Offenbarung Johannis (1914) S. 94 f.

sie in der Rechtspflege auch in dieser Periode des Verfalls keineswegs wahrgenommen wird«[1]).

Die Volksstimmung aber war den Christen von Anfang an feindlich und wurde es je länger je mehr. Von den Gebildeten wurden sie verachtet wegen ihrer Niedrigkeit, ihrer Unwissenheit, ihrer Geringschätzung von Kunst und Wissenschaft, sowie von allem, was dem Leben Anmut und Schmuck verleiht, wegen ihres Mangels an Patriotismus und ihrer Gleichgültigkeit gegenüber den vitalsten Staatsinteressen. Von den Massen wurden sie gehaßt; ihre Absonderung von der nichtchristlichen Gesellschaft, verbunden mit ihrem festen Zusammenhalten untereinander, ihr Abscheu mindestens vor allen mit dem heidnischen Kultus zusammenhängenden Festlichkeiten, die Strenge ihres Wandels, die wie eine Zensur jeder laxeren Lebensführung erschien, ihre Bedrohung der Andersgläubigen mit ewiger Verdammnis, überhaupt alles, worauf der Gegensatz des Christentums zur Welt beruhte: dies reichte schon hin, um ihnen »Haß des Menschengeschlechts« vorzuwerfen[2]). Aber weit mehr noch machte sie ihr »Atheismus« verhaßt[3]), ihre Feindseligkeit gegen die nationale Religion, ihre Verhöhnung dessen, was Millionen heilig war, ihre Schmähung der Götter, die den römischen Staat seit Jahrhunderten beschützt und zu solcher Größe emporgehoben hatten, und deren Gnade auch der Einzelne alles zu verdanken glaubte, was ihm das Leben wert machte. Je länger je mehr verbreitete sich unter den Anhängern des alten Glaubens die Neigung, alles öffentliche und allgemeine Unglück vom Zorn der Götter über den zunehmenden Verfall ihres Dienstes abzuleiten und das Christentum und seine Bekenner als die Verschulder dieses Zorns verantwortlich zu machen[4]). Die meisten Todesurteile gegen Märtyrer sind in der Zeit vor Decius, »wie das über den Stifter der Religion selbst verhängte, durch den blinden Fanatismus der Massen und die Schwäche der Statthalter herbeigeführt worden«[5]). War der Tiber aus seinem Bette getreten, sagt ein christlicher Autor, hatte der Nil sich nicht auf die Felder ergossen, blieb der Himmel fest und regenlos, bebte die Erde, brach Hunger oder Seuche aus, so erhob sich sofort der Ruf: »Die Christen vor die Löwen!«[6]). Der greise Bischof Pothinus endete zu Lyon im Jahre 177 als Märtyrer unter den Mißhandlungen des Volks: »Alle glaubten sich schwer zu vergehen und gottlos zu handeln, wenn sie sich an dieser Roheit nicht beteiligten, denn ihre Götter würden sie dafür bestrafen«[7]). Je länger desto mehr gewann die Ansicht Boden, daß mit dem Eintritt des Christentums in die Welt ein allgemeiner Verfall des Menschengeschlechts begonnen habe.

Christenhaß.

Das unzweifelhafte Symptom der Stärke und Leidenschaftlichkeit des Christenhasses ist, daß der Glaube an abscheuliche Verbrechen, die man ihnen andichtete, nicht bloß bei den Massen, sondern auch bei den Höchstgebildeten sehr verbreitet war und lange unausrottbar blieb. Allerdings trug dazu auch das Geheimnis bei, mit dem die Christen ihren Gottesdienst umgaben. Von jeher haben geheime religiöse Zusammenkünfte Außerhalbstehenden den Ver-

1) Mommsen a. a. O. S. 406. Friedlaender, Deutsche Rundschau LXXVI 1893 S. 392—398. 2) *naturae totius inimicum* Tertull. apol. 2. 3) Über den Vorwurf des Atheismus s. oben S. 202 A. 4. 4) Oben S. 203. 5) Mommsen a. a. O. S. 415. 6) Tertull. apol. 40; vgl. H. Achelis, Das Christentum in den ersten drei Jahrhunderten (1912) I 294. 7) Euseb. hist. eccl. V 1, 31.

dacht erregt, daß dort unter dem Deckmantel der Religion Dinge geschähen, die das Licht zu scheuen hätten. In der altrömischen Welt hat der Eindruck des großen Bacchanalienprozesses (186 v. Chr.) jahrhundertelang nachgewirkt. Damals war in der Tat ein über Etrurien eingedrungener Geheimdienst des Bacchus als Deckmantel der schändlichsten Ausschweifungen und ärgsten Verbrechen benutzt worden; die endlich gegen die Teilnehmer eingeleitete Untersuchung hatte die Bestrafung von Tausenden, großenteils mit dem Tode, zur Folge gehabt. In ähnlicher Weise wiederholten sich gegen die Christen immer von neuem die Anklagen von »ödipodeischen Verbindungen und thyesteischen Mahlzeiten«, die mit ihrem Gottesdienst verbunden sein sollten, d. h. widernatürlichen Ausschweifungen und Ritualmorden. Man berief sich dabei auf Geständnisse, die von Sklaven, Weibern und Kindern erfoltert waren, doch allerdings auch auf gegenseitige Anklagen der christlichen Parteien und Sekten, die, wie ein heidnischer Autor sagt, einander die schändlichsten Dinge vorwarfen, die man gar nicht nennen könne. Hier sei nur erwähnt, daß Hippolyt, der Gegenpapst des Callistus, dem letzteren in seiner noch erhaltenen »Widerlegung aller Ketzereien« vorwirft, er habe Ehebruch und Mord gelehrt[1]). So erhielt der Glaube an die schamlosen Orgien und Ritualmorde der Christen immer neue Nahrung. Beides hatte Tacitus im Sinne, als er (im Anfange der Regierung Hadrians) schrieb, der verderbliche Aberglaube der Christen, der durch die Kreuzigung des Stifters in Judäa unterdrückt war, sei aufs neue in Rom ausgebrochen, »wohin alles Scheußliche und Schamlose (*cuncta atrocia et pudenda*) zusammenströmt und Anhang gewinnt«[2]). Daß auch der jüngere Plinius in diesem Sinne inquiriert hatte, ergibt sich aus der von ihm an Trajan berichteten Aussage der Christen, sie seien zu einem unschuldigen Mahle zusammengekommen[3]). Noch um das Jahr 200 wurde behauptet und geglaubt, daß bei der Einweihung zum Christentum ein Kind geopfert und mit dem in sein Blut getauchten Brote verzehrt werde. An die Leuchter seien Hunde gebunden; werde ihnen ein Bissen vorgeworfen, so werfen sie die Leuchter um, und in der Finsternis geschehe das Schlimmste[4]).

Nero gegen die Christen.

Dieser Glaube an die Missetaten der Christen ist die Hauptveranlassung der sogenannten Neronischen Christenverfolgung gewesen. Um den Verdacht der Urheberschaft des ungeheuren Brandes von sich abzuwälzen, der im Juli 64 Rom zum größten Teile in Asche legte[5]), gab Nero der nach Opfern verlangenden Volkswut »die durch ihre Schandtaten verhaßten Christen« preis. Man ergriff zuerst diejenigen, die sich zum Christentum bekannten, dann nach deren Angabe eine sehr große Menge andrer. Wenn auch nicht der Brandstiftung, so doch des »allgemeinen Menschenhasses« überwiesen, wurden sie unter so gräßlichen Martern hingerichtet, daß sie Mitleid erregten, »obwohl sie schuldig waren und die härtesten Strafen verdient hatten«. Sie wurden, in Tierfelle gehüllt, von Hunden zerfleischt oder ans Kreuz geheftet oder in Flammen gesetzt,

1) Unten S. 232. 2) Tac. A. XV 44. 3) Plin. ad Trai. 96, 7. 4) Geffcken, Zwei griech. Apologeten (1907) S. 167ff. 231ff. R. Heinze a. a. O. S. 318ff. 5) Oben I 24. Daß der Brand (in der Nacht vom 18./19. Juli 64) zufällig ausbrach, geht daraus hervor, daß am 17. Vollmond war. Eine so helle Nacht würde man zu einer Brandlegung sicherlich nicht gewählt haben. Hülsen, American Journal of Archaeology 2 ser. XIII (1909) S. 45ff.

die die einbrechende Dunkelheit erhellten[1]). Die kaiserlichen Gärten, in denen die »Fackeln des Nero« durch die Stadt leuchteten, lagen in der Gegend der Peterskirche.

Trajan und Hadrian.

Die ersten uns bekannten Normen für die Behandlung der Christenfrage hat Trajan aufgestellt, und zwar in seinem Reskript an den jüngeren Plinius, der, als Statthalter von Bithynien und Pontus, im Jahre 112, von dem Umsichgreifen der neuen »Superstition« erschreckt, Anweisungen erbat, da er noch niemals einer Verhandlung gegen die Christen beigewohnt hatte. Trajan bestimmte, daß jeder des Christentums Beschuldigte und Überführte zu bestrafen sei; wer aber das Christentum ableugne und seine Lossagung von ihm durch ein den Göttern gebrachtes Opfer bestätige, solle ohne Rücksicht auf die Vergangenheit straflos ausgehen. Gefahndet solle auf die Christen nicht werden, auch mißbilligte der Kaiser die Berücksichtigung anonymer Denunziationen[2]). Hadrian ist der einzige Kaiser gewesen, der den Christenglauben freigab, indem er in einem Erlasse an den Statthalter von Asia anordnete, daß der Christ nur wegen eines ihm zur Last gelegten nichtreligiösen Verbrechens zur Rechenschaft gezogen werden dürfe, und den falschen Ankläger auch in diesem Falle unnachsichtlich die gesetzliche Strafe treffen solle[3]). Im allgemeinen hielten jedoch die Kaiser den Standpunkt des religionspolizeilichen Einschreitens auf geschehene Anzeige fest und straften, wo es sich nicht vermeiden ließ. Die Christen befanden sich in stetiger Rechtsunsicherheit.

Verfolgungen seit Trajan.

Unter Marc Aurel verschlimmerte sich ihre Lage. Ein von ihm um 177 erlassenes Reskript, das die Bestrafung derjenigen befahl, die dazu beitragen würden, »die leicht erregbaren Gemüter der Menge durch Wahnglauben in Angst zu versetzen«[4]), fand auch auf die Christen Anwendung. In verschiednen Provinzen brach die Wut der städtischen Bevölkerungen gegen sie los. Wir besitzen das höchst interessante Schreiben der Gemeinden von Vienne und Lyon über die Verfolgungen in der letzteren Stadt (zu deren Opfern der Bischof Pothinus gehörte) an die Brüder in Asia und Phrygien[5]). Von den verurteilten Christen in Lyon wurden die Bürger enthauptet, die Nichtbürger wilden Tieren vorgeworfen. Im Gegensatz zu der Verordnung Trajans hatte der Statthalter auf die Christen fahnden lassen, und dies ist nach der Äußerung eines Zeitgenossen damals allgemein oder doch vielfach geschehen[6]).

Der Ausbruch eines fanatischen Christenhasses in jener Zeit ist sehr begreiflich. Niemals vorher war das Reich von so schwerem Unglück jeder Art heimgesucht worden. Im Jahre 166 waren deutsche Stämme, durch Völkerschiebungen gedrängt, über die Donau eingebrochen, hatten die nordöstlichen Grenzprovinzen von Ungarn und Siebenbürgen bis zur Ostschweiz überschwemmt und verheert und Hunderttausende von Gefangenen fortgeschleppt;

1) Tac. A. XV 44, dazu C. Weyman in der Festgabe f. M. v. Schanz (1912) S. 167ff. Hirschfeld, Kl. Schrift. S. 407ff. K. Linck, De antiquissimis veterum, quae ad Jesum Nazarenum spectant, testimoniis (1913) S. 61 ff. 2) Plin. ad Trai. 96. 97. Dazu W. Weber, Festgabe für Karl Müller zum siebzigsten Geburtstag (1922) S. 24ff. 3) Justin. apol. I 68, 6ff. Mommsen a. a. O. S. 414f. 4) Dig. XLVIII 19, 30, vgl. Paul. sent. V 21, 2. 5) Euseb. hist. eccl. V 1, 3ff., dazu Hirschfeld, Kl. Schrift. S. 154ff. Kahrstedt, Rhein. Mus. LXVIII 1913 S. 395ff. 6) Cels. bei Orig. c. Cels. VIII 69 ὑμῶν δὲ κἂν πλανᾶταί τις ἔτι λανθάνων, ἀλλὰ ζητεῖται πρὸς θανάτου δίκην.

bis Italien und Griechenland waren einzelne ihrer Horden vorgedrungen. Zum ersten Male wankte das Reich in seinen Fugen. Neun Jahre dauerten die schweren, verlustvollen, mit der äußersten Anspannung aller Kräfte geführten Kriege, in denen sie endlich überwältigt wurden. Zugleich wütete seit 162 jene furchtbarste Epidemie des Altertums, die, aus dem Orient eingeschleppt, bis nach dem Rhein und Gallien vordrang, die Lager der Legionen verheerte und ganze Landstriche in Einöden verwandelte[1]). Dazu kamen Mißwachs und Hungersnot, um die Lasten der Bevölkerungen aufs höchste zu steigern. Wenn je, so hatte man damals Grund zu glauben, daß die Götter dem so lange von ihnen sichtbar beschützten Reiche ihre Gnade entzogen hätten; und welche Ursache ihres Zorns lag näher als der immer mehr um sich greifende Abfall vom Glauben der Väter, den die Irrlehren der lichtscheuen, von Menschenhaß erfüllten »Atheisten« verschuldeten? Schwerlich hat Marc Aurel solchen Anschauungen ganz fern gestanden. Er war ein nicht nur sehr gottesfürchtiger, sondern auch starkgläubiger Mann. In einer Welt ohne Götter, hat er gesagt, wolle er nicht leben[2]).

Montanisten. Endlich kommt hier in Betracht, daß damals innerhalb des Christentums eine schwärmerische Glaubensrichtung aufgekommen war, die der Staatsgewalt mit herausforderndem Trotze gegenüberstand. Ihren schärfsten Ausdruck fand sie in der unter dem Einflusse des phrygischen Orgiasmus entstandenen Sekte der Montanisten, deren Stifter Montanus um 156 in Kleinasien mit dem Anspruch aufgetreten war, der erschienene Paraklet zu sein. Die Montanisten, deren Anschauungen sich auch in der abendländischen Kirche verbreiteten, forderten strengste Askese und unbedingte Lossagung von allem Irdischen, verkündeten das nahe Bevorstehen des Weltendes und des tausendjährigen Reichs, legten übermäßigen Wert auf das Märtyrertum und ermahnten dazu. Diese Märtyrersucht, die auch in gemäßigten christlichen Kreisen Mißbilligung fand, erregte in heidnischen nur Spott und Hohn; man empfahl ihnen, sich doch selbst umzubringen, anstatt andern Leute Mühe zu machen. Als der Prokonsul A. Arrius Antoninus (etwa 185) die Christen in seiner Provinz Asia heftig verfolgte, zogen sie (wohl in Ephesus) haufenweise vor sein Tribunal und boten sich freiwillig dar[3]). Einige von ihnen ließ er abführen, zu den andern sprach er: »Ihr Elenden, wollt ihr durchaus sterben, so habt ihr ja Abgründe und Stricke«[4]).

Wie in Gallien und Kleinasien hat die damalige Verfolgung auch in Afrika, wo bisher noch kein Christenblut geflossen war, Opfer gefordert. Wir besitzen das Protokoll einer Verhandlung, die gegen 3 Christen und 3 Christinnen aus Scili in Numidien am 17. Juli 180 in Karthago von dem Prokonsul von Afrika geführt worden ist. Trotz seiner offenbaren Bemühung, ihnen den Rücktritt zum Heidentum zu erleichtern, beharrten die Angeklagten bei ihrem Bekenntnisse, wiesen das Ansinnen, beim Genius des Kaisers zu schwören und für sein Heil ein Opfer zu bringen, zurück und lehnten auch die angebotene Bedenkzeit von 30 Tagen ab. Sie wurden an demselben Tage enthauptet; über ihrem Grabe erhob sich später eine Basilika[5]). In Rom sind damals oder wenig später

1) Oben I 31 f. 2) Oben S. 124. 3) Über Selbstanzeigen und Provokation der Christen vgl. Achelis II 436 f. 4) Tertull. ad Scap. 5. 5) Neumann a. a. O. S. 71 ff.

die Christen zur Zwangsarbeit in den sardinischen Bergwerken verurteilt worden, deren Befreiung die Maitresse des Commodus, Marcia, um 190, erwirkte[1]). Die Bergwerksstrafe war nächst der Todesstrafe die härteste; die Verurteilten waren durch sie zum Sklavenstande degradiert, arbeiteten (auf der einen Seite des Kopfes kahl geschoren) in Ketten und waren körperlichen Züchtigungen ausgesetzt[2]).

Wenn auch die Verfolgung in den nächsten Jahren nach dem Tode Marc Aurels noch fortdauerte, so kam doch nun (zunächst durch Marcias Einfluß) für die Kirche eine bessere Zeit. Sie erfreute sich nun während einer Periode von fast 70 Jahren eines nur durch vereinzelte Verfolgungen unter Septimius Severus und Maximinus Thrax unterbrochenen Friedens. Die Märchen von den Ritualmorden und schamlosen Orgien verstummten allmählich, je mehr das Christentum mit zunehmender Ausbreitung aus der Verborgenheit ans Licht trat, je mehr Christen und Heiden (auch durch Ehen und Familienbeziehungen) in Berührung kamen. Es ist ein Beweis für die Abnahme des Christenhasses, daß die tausendjährige Säkularfeier der Stadt Rom, die im Jahre 248 drei Tage und drei Nächte hindurch aufs feierlichste begangen wurde und unzweifelhaft eine große Steigerung des religiösen Gefühls bewirkte, ohne christenfeindliche Demonstrationen verlief. War nun die Zahl der Märtyrer bis dahin eine an sich nicht geringe gewesen, so war sie es doch (abgesehen von den nicht im eigentlichen Sinne zu ihnen zu rechnenden Opfern der Neronischen Verfolgung) im Verhältnis zu der Größe des Reichs und einem Zeitraum von zwei Jahrhunderten[3]). Dies bestätigt ausdrücklich in einer 248 verfaßten Schrift Origenes, der gelehrteste christliche Schriftsteller der vorconstantinischen Zeit. Er sagt: »Wenige und leicht zu Zählende haben von Zeit zu Zeit den Tod erlitten, um des Glaubens willen und um die übrigen zu mahnen«[4]). Sein Zeugnis wiegt um so schwerer, als seine persönlichen Erfahrungen ihn eher geneigt machen konnten, den Umfang und die Schrecklichkeit der Verfolgungen zu übertreiben. Er hatte selbst deren zwei erlebt und war von der ersten aufs schwerste mitbetroffen worden. Sein Vater Leonidas war im Jahre 202 in Alexandria als Christ zum Tode durch das Schwert verurteilt worden; er selbst, noch nicht 17 Jahre alt, hatte ein so stürmisches Verlangen nach dem Märtyrertum empfunden, daß die Mutter ihm die Kleider verstecken mußte, um ihn zu nötigen, zu Hause zu bleiben. Aber an den Vater im Gefängnis schrieb er einen eindringlichen Brief über das Martyrium, in dem er ihn mahnte, nicht etwa auf seine Familie Rücksicht zu nehmen: »Halt an Dich, daß Du Dich nicht unseretwegen umstimmen lässest!«[5]) Während der Verfolgung unter Maximinus Thrax hat er dann eine Aufforderung zum Martyrium geschrieben, in der er aufs dringendste mahnt, auch unter der Todesdrohung, auch auf der Folter sich mit keinem Worte zu beflecken.

Verhältnismäßig geringe Zahl der Märtyrer.

Eine Bestätigung (deren es allerdings nicht bedarf) findet das Zeugnis des Origenes von der geringen Zahl der Märtyrer bis zur Mitte des 3. Jahrhunderts in der sehr leidenschaftlich (im Jahre 313) geschriebenen Schrift des Lactantius

1) Vgl. oben I 68. 2) Mommsen, Strafr. S. 949 ff. 3) Über die Anzahl der Märtyrer s. Achelis a. a. O. II 445 ff. 4) Orig. c. Cels. III 8. 5) Neumann a. a. O. S. 163.

»Von den Todesarten der Verfolger«. Hier folgt Decius (249—251) unmittelbar auf Nero und Domitian. Wenn Lactantius sagt, die nach Domitian regierenden guten Kaiser seien nicht Feinde der Kirche gewesen, und die Leiden und Bedrängnisse der Christen in der Zeit zwischen Domitian und Decius ganz mit Stillschweigen übergeht[1]), so konnten diese unmöglich einen sehr tiefen Eindruck hinterlassen haben. Aber selbst die Verfolgung des Diocletian ist »kein Schatten von dem gewesen, was Herzog Alba in den Niederlanden getan hat«[2]). Die Zahl der dort unter Karl V. um des Glaubens willen Hingerichteten schätzt Fra Paolo auf 50000, Hugo Grotius auf 10000.

Den Glaubens- und Bekehrungseifer der Christen haben übrigens die Verfolgungen bekanntlich eher entzündet als gedämpft. »Unsre Lehre«, sagt Clemens von Alexandria, »hindern seit ihrer ersten Verkündigung Könige und Herrscher, Vorsteher der Provinzen und Statthalter, indem sie mit all ihren Söldnern und einer ungeheuren Menschenmenge wider uns streiten und unser, so viele sie nur können, zu vertilgen suchen: und doch blüht sie nur immer mehr. Sie stirbt nicht wie eine menschliche Lehre und welkt nicht wie eine schwache Gabe, denn keine Gabe Gottes ist schwach. Sie bleibt und kann nicht gehindert werden, ob man sie gleich, wie geweissagt ist, bis ans Ende verfolgen wird«[3]).

Hauptursachen der schnellen Ausbreitung des Christentums.

Doch trotz des glühendsten Bekehrungseifers der Christen hätte die erhabene — für einen großen, wenn nicht den größten Teil der heidnischen Welt nur zu erhabene — Lehre des Evangeliums nicht verhältnismäßig so schnell sich verbreiten können, wenn nicht noch andre Ursachen zu dieser Verbreitung mitgewirkt hätten, die teils in den Bedürfnissen und Schwächen der menschlichen Natur überhaupt, teils in den Zuständen der damaligen Gesellschaft begründet waren.

Die neue Lehre richtete sich an die ganze Menschheit, sie schloß keinen von der Verheißung des Heils aus, auch nicht den Geringsten und Verachtetsten. Sie fand naturgemäß den günstigsten Boden in der ungeheuren Mehrzahl der Mühseligen und Beladenen, der Armen und Unglücklichen. Die froheste Botschaft brachte sie den Sklaven; sie verkündete ihnen ihre Erhebung aus Niedrigkeit, Verachtung und Rechtlosigkeit, ihre Gleichstellung mit den Freien. In ihren Kreisen muß sie sich am schnellsten fortgepflanzt haben und ist gewiß oft genug aus den Sklavenzellen in die Wohnungen der Herren gedrungen[4]). Sie spendete aber überhaupt den Verzweifelnden und Zagenden einen ungeahnten Trost, sie eröffnete auch dem Schuldbeladensten Aussicht auf Vergebung. Die Heiden spotteten: während zu andern gottesdienstlichen Weihen diejenigen geladen würden, die sich rein von Schuld fühlten, versprächen die Christen, das Reich Gottes werde auch die Sünder und die Toren aufnehmen, kurz gerade die Unseligen[5]). Die Sprache, in der das Evangelium verkündet wurde, konnte hiernach nur die der kleinen Leute sein. Wie das Griechische, in dem die Bücher des Neuen Testaments verfaßt sind, ist auch das Latein, in dem sie zuerst dem Abendlande bekannt wurden, nicht die Schrift- oder Gelehrtensprache,

1) De mort. persec. 3, 4f. 2) Niebuhr, Vortr. über röm. Gesch. III 295. 3) Clem. Al. strom. VI 18 (167, 4f.) p. 518 Stähl. Lact. inst. V 19, 9 *augetur enim religio dei, quanto magis premitur*. 4) Th. Keim, Rom u. d. Christentum 1881 S. 360. 5) Cels. bei Orig. c. Cels. III 59.

sondern die alltägliche des Hauses und der Familie, des Markts und der Straßen, der Werkstätten, des platten Lands, des Feldlagers[1]).

Sehr hoch ist auch der Einfluß anzuschlagen, den die Empfänglichkeit der Frauen für die neue Lehre auf deren Verbreitung übte. Das Christentum erhob die Frau in den griechischen Ländern, wo ihre Stellung eine tief herabgedrückte war, zur ebenbürtigen Gefährtin des Mannes; es gab der Ehe durch die innigere Seelengemeinschaft des gleichen Glaubens und der gleichen Hoffnung eine neue Weihe, dem Jungfrauentum eine neue Heiligkeit, dem ganzen Leben der Frau für die Gesellschaft eine höhere Geltung. Nicht immer hielten die Frauen sich innerhalb der Schranken, die für ihre Stellung auch in der christlichen Gemeinde gezogen bleiben sollten. Paulus hatte zu rügen, daß sie in Korinth mit unbedecktem Haupte beteten und weissagten; er mußte ermahnen, daß sie in der Gemeinde schweigen, nach dem Gesetz den Männern untertan sein sollten[2]).

Was aber dem Christentum die meisten Gläubigen zuführte, das war dasselbe, wodurch selbst das Judentum bei aller seiner Ausschließlichkeit eine so starke Anziehungskraft geübt hatte[3]): die innerhalb des Heidentums vergeblich gesuchte Befriedigung des Glaubensbedürfnisses, die nur ein über jede Skepsis erhabenes, weil auf göttlicher Offenbarung beruhendes Dogma gewähren konnte[4]); und das Unbegreifliche dieses Dogmas entsprach »dem Hange des menschlichen Geistes, am liebsten das Geheimnisvolle zu glauben«[5]), im höchsten Grade. Vielleicht ergriff aber nichts in diesem Dogma die Gemüter so unwiderstehlich wie die nie zuvor mit so überzeugender, alle Zweifel niederschlagender Gewißheit verkündete Verheißung eines bessern Jenseits, einer ewigen Seligkeit, während zugleich mit dieser beglückenden Hoffnung die Furcht vor den ewigen Strafen, die dem Unglauben drohten, nicht minder gewaltig wirkte, um so mehr, als der Glaube an das nahe Bevorstehen des tausendjährigen Reichs bei den Christen bis zur Mitte des 2. Jahrhunderts allgemein war[6]).

Auch Wunder und Zeichen, nach denen die Gläubigen nicht minder als die Zweifelnden und Schwankenden verlangten, geschahen mindestens ebenso zahlreich zur Bekräftigung des christlichen wie des heidnischen Glaubens. Im Namen Jesu, sagt Irenäus, vollbringen seine Schüler, die von ihm die Gabe empfangen haben, Austreibungen von Teufeln, andre sehen und sagen die Zukunft voraus, andre heilen Kranke durch Auflegen der Hände und wecken Tote wieder auf. Es ist unmöglich, die Erweisungen der Gnade zu zählen, welche die Kirche für die ganze Welt von Gott erhalten hat und im Namen Jesu Christi, des unter Pilatus gekreuzigten, zum Wohle der Völker vollbringt, ohne Betrug zu üben oder Bezahlung anzunehmen; denn wie sie diese Gaben als Geschenk von Gott empfangen hat, teilt sie sie auch als Geschenk mit[7]). Arnobius, für

1) Rönsch, Itala u. Vulgata S. 1 f. 2) I Corinth. 11, 5. 14, 34 f. Vgl. Harnack, Mission³ I 59 f. v. Dobschütz, Die urchristlichen Gemeinden (1902) S. 33 ff. 3) Oben S. 217. 4) Mit Recht hat Voltaire, Hist. de l'établissement du christianisme ch. XIII (Oeuvres compl. 1784 XXXV 301) unter den Gründen, die er für die Ausbreitung des Christentums anführt, diesen besonders betont und damit »eine weit tiefere Kenntnis sowohl der Natur des Menschen als der Natur des Christentums verraten denn die Gibbonsche« (J. Bernays, Gesammelte Abhandl. II 225). Von Gibbon sagt Herder (Ideen z. Philos. d. Gesch. d. Menschh., Werke XIV 330 Suphan), daß er »über das Christentum sehr milde urteilt«. 5) Tac. H. I 22. 6) K. J. Neumann a. a. O. S. 56 f. 7) Iren. adv. haeres.

den (wie gewiß für die meisten) die von Christus vollbrachten Wunder die Göttlichkeit seiner Natur erwiesen, legte (auch für die Zurückweisung der heidnischen Behauptung, er sei ein Zauberer gewesen) besondern Wert darauf, daß er durch sein bloßes Wort und durch Handauflegen Kranke zu heilen und Tote zu erwecken vermochte, während die Heidengötter nur, wie Ärzte, Heilmittel verordneten, vielen Tausenden von Kranken aber zu helfen gar nicht imstande waren[1]). Ebenso sagt Origenes, er habe Kranke durch die bloße Anrufung des Namens Gottes und Jesu von ihren Leiden befreit gesehen, »die weder Menschen noch Dämonen zu heilen vermochten«[2]). Augustinus berichtet zahlreiche selbsterlebte Wunder, darunter nicht weniger als fünf Totenerweckungen; besonders viele wunderbare Krankenheilungen hätten sich bei den Grabzellen des heiligen Stephanus zu Calama und Hippo Regius ereignet: über die bei der letzteren, die noch nicht zwei Jahre stand, erfolgte hatte man schon an 70 schriftliche Berichte[3]). Und so sind, wie später im germanischen Norden, dem neuen Glauben unzählige Bekenner durch die Überzeugung gewonnen worden, »daß der Christengott den besseren Willen habe zu helfen als die Heidengötter und vor allem die größere Macht«[4]). Als in Gaza bei einem Pferderennen, bei welchem die Pferde eines eifrigen Christen und eines eifrigen Heiden liefen, »Christus den Marnas schlug«, ließen viele Heiden sich taufen[5]). Daß der Übertritt zum Christentum sich durch die Vorteile empfehle, die der Christengott seinen Bekennern gewähre, spricht aufs naivste ein Gedicht des Rhetors Endelechius im 4. oder 5. Jahrhundert aus. Bucolus hat seine Herden durch eine Rinderseuche verloren, während die des Tityrus verschont geblieben sind. Welcher Gott, fragt jener, hat dich vor diesem Schaden bewahrt? und Tityrus antwortet, das Zeichen des Kreuzes, auf die Stirnen der Tiere gemalt, habe sie gesund erhalten: wolle Bucolus den Beistand des wahren Gottes erbitten, so genüge der bloße Glaube an ihn. Wenn das sich wirklich so verhalte, sagt Bucolus, so zögere er nicht, den wahren Glauben anzunehmen und den Irrtum zu fliehen, und der bei diesem Gespräch anwesende Ägon ist bereit, dasselbe zu tun: »denn warum sollte ich zweifeln, daß dasselbe Zeichen, das diese Krankheit überwindet, auch für die Menschen immerdar heilsam ist?«[6]) Welche Beispiele von wunderbaren Bestrafungen hartnäckigen Festhaltens am Heidentum erzählt wurden, zeigt der Bericht des Augustinus über die Bekehrung des Oberarztes (*archiater*) Dioscorus. Dieser, der gewohnt gewesen war, die Christen zu verhöhnen, rief bei einer Erkrankung seiner Tochter das Erbarmen Christi an und gelobte, falls sie genese, Christ zu werden. Als er nach ihrer Genesung mit der Erfüllung des Gelübdes säumte, wurde er blind, und als er es erneuerte, wieder sehend; eine Zögerung, das christliche Bekenntnis abzulegen, hatte eine Lähmung aller Glieder, auch der Zunge, zur Folge; als er sich dazu bereit zeigte, hörte auch diese Heimsuchung auf[7]).

Sodann erfüllte der felsenfeste, so oft und so heldenmütig bewährte Glaube

II 32, 4. Gibbon, Hist. II 254f., deutsch von Sporschil S. 373f. Andre Stellen bei Renan, Marc-Aurèle S. 529f., vgl. Evangiles S. 65.

1) Arnob. I 42 ff. 2) Oben S. 172. 3) Augustin. C. D. XXII 8. 4) Dehio, Gesch. d. Erzbistums Hamburg-Bremen I 83. 5) Hieronym. vita Hilarionis 20 (Migne lat. XXIII 37). Mommsen RG. V 461f. 6) Anthol. lat. 893 R.² 7) Augustin. Epist. 227.

der Christen mit Ehrfurcht vor einer Religion, die solche Bekenner fand. »Je mehr wir hingemäht werden«, sagt Tertullian, »desto mehr wächst unsre Zahl. Das Blut der Christen ist Samen. Jene starre Hartnäckigkeit, die ihr uns vorwerft, wird zur Lehrerin. Denn wer würde durch ihr Anschauen nicht erschüttert und zum Forschen angeregt, was hier eigentlich verborgen ist? Wer tritt, wenn er geforscht hat, nicht bei? Wer wünscht nicht, wenn er beigetreten ist, selbst zu dulden?«[1]) Die Sittlichkeit der Christen nötigte auch Gegnern Bewunderung ab. Plinius war bei jener Untersuchung, die er als Statthalter von Bithynien gegen die dortigen Christen (zunächst in Amastris) einzuleiten sich veranlaßt sah[2]), in dem allgemeinen Vorurteil befangen, daß sie in ihren geheimen Versammlungen Schandtaten verübten; doch fand er nach einer strengen Untersuchung, bei der auch zwei Sklavinnen gefoltert wurden, keine andre Schuld an ihnen, als einen »verkehrten und maßlosen Aberglauben«. Die Angeklagten beteuerten ihm, ihr Vergehen oder ihr Irrtum habe darin bestanden, daß sie gewöhnlich an einem bestimmten Tage vor Sonnenaufgang zusammengekommen seien, ein Gebet an Christus wie an einen Gott gesprochen und gelobt hätten, keinen Diebstahl, Raub oder Ehebruch zu begehen, die Treue nicht zu brechen, anvertrautes Gut nicht abzuleugnen. Dann wären sie auseinandergegangen und wieder zu einem unschuldigen gemeinsamen Mahle zusammengekommen[3]). Galen fand, daß die Christen ihr Glaube so handeln lehre, wie die Vorschriften der echten Weltweisheit; er erkannte namentlich ihre Verachtung des Todes, ihr keusches, züchtiges, enthaltsames, streng sittliches Leben an: es gebe unter ihnen solche, die in Beherrschung des Gemüts und eifrigem Streben nach Tugend wahren Philosophen nicht nachständen[4]).

Unlautere Elemente in den christlichen Gemeinden.

Daß die christlichen Gemeinden freilich auch unlautere Elemente enthielten, daß nicht alle Sünder, die sie in der Hoffnung auf Besserung aufnahmen, wirklich gebessert wurden, dafür zeugen schon die Vorwürfe, die Paulus und ein in seinem Namen redender Autor den Gemeinden zu Korinth und Kreta machten[5]); sowie »daß Jacobus sich genötigt sah, den sittlichen Mißbrauch der Paulinischen Lehre von der allein selig machenden Kraft des Glaubens zu rügen, und daß die Apokalypse gegen Verführer in Pergamus (Nikolaiten) zu eifern hatte, welche nicht nur die den Heidenchristen gegebenen Speisegesetze, sondern auch das Verbot der Unzucht nicht achteten«[6]). Gerade die werktätige Liebe und Barmherzigkeit, welche die Christen untereinander übten[7]), wurde auch von Heuchlern mißbraucht, die sich der neuen Gemeinschaft in Hoffnung auf Unterstützung und andre Vorteile anschlossen[8]), zumal da mit der Zeit übertriebne Gerüchte von dem Reichtume der christlichen Gemeinden in die heidnische Welt drangen. Man erzählte, daß »die Brüder« ihre Güter verkauften und den

1) Tertullian. Apol. 50. Harnack, Mission³ I 350f. 2) Oben S. 194. 222. 3) Plin. ad Tr. 96. 97. 4) Galen in der in arabischer Übersetzung erhaltenen Schrift Πλατωνικῶν διαλόγων σύνοψις (vgl. Kalbfleisch in der Festschr. f. Th. Gomperz 1902 S. 96f.) bei Harnack, Mission³ II 214f. 5) v. Dobschütz a. a. O. S. 17ff. Vgl. Heinrici, Zeitschr. f. wiss. Theol. XIX 1876 S. 508ff., über die Ausartung der Agapen (Cyprian. Ep. 65, 3) ebd. XX 1877 S. 129f. 6) Gieseler, Lehrb. d. Kirchengesch.⁴ I 1 (1844) S. 112f. Vgl. Achelis a. a. O. I 292. 7) Harnack a. a. O. I 154ff. 8) Solche, die ihren Beruf (z. B. den eines Schauspielers) als mit dem christlichen Bekenntnis unvereinbar aufgaben, wurden von der Gemeinde unterhalten. Cyprian. Ep. 2.

Erlös der Kirche darbrächten, daß es bei ihnen für die höchste Frömmigkeit gälte, die eignen Kinder zu entblößen, um die Kirche zu bereichern[1]). Schon Paulus spricht von wandernden Christen, welche die fremden Gemeinden aufzehren und ihnen das Ihre nehmen[2]), und er selbst mußte sich bei den Korinthern gegen den Vorwurf beabsichtigter Übervorteilung rechtfertigen[3]). In der etwa in Hadrians Zeit verfaßten »Apostellehre« heißt es, daß die reisenden Missionare höchstens zwei Tage an einem Ort bleiben dürfen; wer drei bleibe, sei ein falscher Prophet; ebenso, wer Geld zur Reise verlange; sie dürfen nichts nehmen als Brot, das bis zur nächsten Herberge ausreicht. Nicht jeder, der im Geist redet, sei ein Prophet, als solcher erweise man sich durch einen Lebenswandel, der dem des Herrn ähnlich sei[4]). Lucian hat vom christenfeindlichen Standpunkte die Teilnahme geschildert, die der Philosoph Peregrinus Proteus bei den Christen in Palästina fand, als er sich zu ihrem Glauben bekannte und um seines Bekenntnisses willen ins Gefängnis geworfen wurde. Nachdem sie vergeblich alles aufgeboten hatten, um ihn zu befreien, suchten sie wenigstens seine Gefangenschaft auf jede Weise zu erleichtern. Vom frühen Morgen an sah man bei dem Gefängnisse alte Frauen, Witwen und Waisenkinder. Die Vorsteher erlangten durch Bestechung der Wächter die Erlaubnis, auch die Nächte bei dem Gefangenen zuzubringen. Reichliche Mahlzeiten wurden hineingetragen und bei den Mahlen Gebete gehalten. Selbst von den Gemeinden in Kleinasien kamen Gesandte, um zu trösten, zu raten und zu helfen; denn sie beweisen, sagt Lucian, in solchen Fällen eine unglaubliche Hilfsbereitschaft, sie geben geradezu unbedenklich alles hin. So erhielt Peregrinus viel Geld und machte seine Gefangenschaft zur Quelle einer nicht unerheblichen Einnahme. Denn die Unseligen, heißt es weiter, bilden sich ein, daß sie ewig leben werden, und achten daher dieses Leben und seine Güter nicht; auch hat sie ihr erster Gesetzgeber gelehrt, daß sie alle untereinander Brüder seien, wenn sie nur alle hellenischen Götter verleugnet haben, dagegen jenen ihren gekreuzigten Weisen verehren und nach seinen Gesetzen leben. Sie achten also alles in gleicher Weise gering und halten es für gemeinsam, indem sie solcherlei Lehren ohne irgendeine Bürgschaft annehmen. Kommt nun ein verschmitzter Betrüger zu ihnen, so kann er mit den einfältigen Leuten sein Spiel treiben und in kurzem reich werden[5]). Übrigens rügt auch Tertullian das Übermaß der leiblichen Pflege, das von seiten der Gemeinden den um des Glaubens willen eingekerkerten Brüdern zuteil wurde[6]), und Ambrosius warnt die Priester ernstlich, ihre Gaben nicht an Unwürdige zu verschwenden, die unter den verschiedensten Vorspiegelungen Unterstützung erbaten[7]).

Sektenwesen. Daß falsche Propheten aller Art, sowohl Betrüger als Schwärmer und Fanatiker, in den christlichen Gemeinden für Verbreitung ihrer Irrlehren und damit für die Gewinnung von Ansehen und Macht einen besonders günstigen Boden fanden, ist ebensowenig zu bezweifeln, wie daß Ehrgeizige, denen niedrige Le-

1) Prudent. Peristeph. II 65ff. 77ff. *addicta avorum praedia foedis sub auctionibus successor exhaeres gemit sanctis egens parentibus. haec occuluntur abditis ecclesiarum in angulis, et summa pietas creditur nudare dulces liberos.* 2) II Cor. 11, 13—20. 3) II Cor. 12, 16ff. v. Dobschütz a. a. O. S. 60f. 4) Doctr. apost. 11, 5f. 8. 5) Lucian. Peregrin. 11—13. 6) Tertullian. de ieiun. 12 (vgl. ad martyr. 1). 7) Ambros. De offic. min. II 16 (Migne lat. XVI 123).

bensstellung oder sonstige Ungunst der Verhältnisse die Erreichung ihrer Ziele unmöglich machte, in dieser Genossenschaft eine Rolle zu spielen suchten, die ihnen im Staatsleben versagt war. Von Anfang an wucherte im Christentum das Sektenwesen, und die Kirche verfolgte die Sekten und diese einander mit bitterem Haß und leidenschaftlichen Beschuldigungen, die kaum hinter den von den Heiden gegen die Christen überhaupt gerichteten Anklagen an Heftigkeit zurückblieben. So sehr, behauptete Celsus, seien die Christen unter sich gespalten, daß sie außer dem Namen kaum noch etwas gemein hätten[1]).

Der Verfasser der »Widerlegung aller Ketzereien« (Hippolyt).

Die oben erwähnte, von dem stark zu montanistischer Strenge neigenden Gegenpapst des Callistus (213—228), Hippolyt[2]), um 230 verfaßte[3]) »Widerlegung aller Ketzereien« gibt einen höchst interessanten Einblick in die innerhalb der christlichen Gemeinden, namentlich durch Verschiedenheit der Lehrmeinungen, entstandenen Spaltungen und Gegensätze, sowie in die Übelstände und Schwierigkeiten, die sich aus den Berührungen der christlichen Welt mit der heidnischen ergaben. Hippolyts Angriff gegen das Oberhaupt der römischen Gemeinde beweist nur zu klar, wie häßliche Leidenschaften schon damals Glaubensstreitigkeiten in der christlichen Welt wachriefen und nährten. Sein in mehr als einer Beziehung charakteristischer Bericht ist im wesentlichen folgender[4]).

Seine Darstellung der Laufbahn des Callistus.

Callistus war ein christlicher Sklave eines ebenfalls christlichen Freigelaßnen im Hause des Kaisers Commodus, namens Carpophorus. Dieser vertraute ihm eine nicht unbedeutende Summe an, mit welcher Callistus unter dem Namen seines Herrn, aber zu seinem eignen Vorteil ein Bankgeschäft begründen sollte. Viele Witwen und Brüder legten darin ihr Geld an. Callistus aber geriet an den Rand des Bankrotts; um sich der Rechnungsablegung zu entziehen, floh er nach dem Hafen von Portus und begab sich auf ein zur Abfahrt bereites Schiff. Carpophorus folgte ihm; als jener seinen Herrn am Hafen erscheinen sah, sprang er ins Meer, wurde aber herausgezogen, nach Rom gebracht und von Carpophorus in die Stampfmühle (zu einer gewöhnlichen Strafarbeit der Sklaven) geschickt. Doch ließ sich Carpophorus bewegen, ihn wieder zu entlassen, da mehrere bei der Bank beteiligte Brüder ihm mit Tränen vorstellten, daß sie im Vertrauen auf ihn dem Callistus ihr Geld übergeben hätten, und daß dieser eingestehe, eine Summe in Sicherheit gebracht zu haben. Callistus aber, nicht imstande, seinen Verpflichtungen nachzukommen, wollte seinem Leben ein Ende machen und zugleich die Glorie des Märtyrertums erwerben. Er begab sich, unter dem Vorwande, Geld einfordern zu wollen, am Sabbat in eine Synagoge und störte den Gottesdienst. Die Juden fielen über ihn her und schleppten ihn vor das Tribunal des Stadtpräfekten Fuscianus, der ihn geißeln ließ und zur Arbeit in den Bergwerken Sardiniens verurteilte, wo sich bereits andre wegen ihres Glaubens verurteilte Christen befanden. Die Geliebte des Kaisers Commodus aber, die bereits erwähnte Marcia, ließ in der Absicht, ein gutes Werk zu tun, sich von dem Bischof Victor ein Verzeichnis der dortigen Märtyrer geben und erwirkte deren Befreiung. Callistus, dessen Namen Victor absicht-

1) Orig. c. Cels. III 12. Oben S. 222. 2) Über seine Stellung zu Staat und Welt s. K. J. Neumann, Hippolytus von Rom (1902), namentlich S. 117ff. 131ff. Vgl. auch A. Bauer, N. Jahrb. f. klass. Altert. XXXIII 1914 S. 110ff. 3) Harnack, Chronol. d. altchristl. Literatur II 230. 4) Refut. haeres. IX 12 p. 246ff. Wendl.

lich nicht auf die Liste gesetzt hatte, bewog den Überbringer der Botschaft, den Eunuchen Hyacinthus, der Marcias Pflegevater und damals Presbyter in der Gemeinde war, auch seine Befreiung bei dem Prokurator von Sardinien durchzusetzen. Victor war damit unzufrieden, begnügte sich aber, dem Zurückgekehrten Antium als Aufenthaltsort anzuweisen, wo er von einer monatlichen Unterstützung lebte. Die bisher erzählten Ereignisse fallen in die Zeit zwischen 186 und 190[1]).

Nach Victors Tode wußte Callistus sich bei dessen Nachfolger Zephyrinus, der nach der Versicherung des Autors ein einfältiger, ungelehrter, in geistlichen Doktrinen unwissender, überdies bestechlicher und geldgieriger Mann war, in Gunst zu setzen, so daß ihn Zephyrinus nach Rom berief und über den von ihm neu begründeten Friedhof setzte. Callistus verstand es, jeder der in der Gemeinde hadernden Parteien die Meinung beizubringen, daß er auf ihrer Seite sei, und erreichte so seine Wahl zum Bischof. Als solcher trat er mit einer verderblichen Irrlehre auf, indem er die Einheit des Vaters und des Sohns behauptete, stiftete eine Schule und erklärte, daß, wer dieser beitrete, Vergebung der Sünden erhalte. Viele, die ihr Gewissen schlug, darunter solche, die der Verfasser nach erfolgtem Urteilsspruch aus der Gemeinde gestoßen hatte, traten der Schule bei. Callistus lehrte, daß ein Bischof auch wegen einer Todsünde nicht abgesetzt werden dürfe, setzte Bischöfe, Presbyter und Diakonen ein, die in zweiter und dritter Ehe lebten, und ließ Geistliche, die heirateten, im Amte. Er machte von dem Spruche »Lasset das Unkraut mit dem Weizen wachsen« die Anwendung, daß die Sünder in der Gemeinde bleiben sollten, deren Gleichnis die Arche Noah sei, in der reine und unreine Tiere waren. Er übte eine sträfliche Nachsicht, namentlich gegen vornehme Frauen, denen er gestattete, mit Sklaven oder Männern von niedrigem Stande zu leben, mit denen sie keine gültige Ehe eingehen konnten, ohne ihres Standes verlustig zu werden; und die Abneigung, Kinder von solchen Männern zu erziehen, führte diese Frauen zu neuen Verbrechen[2]). So lehrte jener Gottlose zugleich Ehebruch und Mord. Unter ihm wurde auch von seinen Anhängern zuerst die Wiedertaufe versucht.

An der materiellen Wahrheit der hier berichteten Tatsachen kann kein Zweifel sein, aber ebenso klar ist, daß sie in feindseligster Weise zusammengestellt, gedeutet und beleuchtet sind. Inwiefern die Lehre des Callistus und seine Handhabung der geistlichen Zucht eine günstigere Beurteilung zuläßt, soll hier nicht erörtert werden[3]). Nach der Darstellung des Autors bleibt es unbegreiflich, wie er von derselben Gemeinde, die ihn als gemeinen Verbrecher kannte, zum Oberhaupt gewählt werden konnte. Verschwiegen ist hier mindestens sein Eintritt in die Geistlichkeit, und wahrscheinlich noch manches andre, was eine solche Erhebung nach einer derartigen Vergangenheit verständlich machen könnte. Callistus scheint Archidiakonus des Papstes Zephyrinus gewesen zu sein; als solcher hatte er die Verwaltung der Gemeindekasse, die Austeilung des Gehalts an die Geistlichen, der Almosen an die Witwen und Waisen; in dieser Stellung konnte er schwer vermeiden, Unzufriedenheit zu erregen, aber kaum

1) De Rossi, Bull. arch. crist. IV 1866 S. 7. Vgl. oben S. 225. 2) S. oben I 280. 306. 3) Sehr ausführlich ist dies geschehen von De Rossi a. a. O. S. 1 ff.

zum Bischof gewählt werden, wenn seine (achtzehnjährige) Verwaltung nicht eine im wesentlichen untadelhafte gewesen war[1]).

Mit dem Namen des Callistus ist eine ehrwürdige, für die Geschichte des ältesten Christentums bedeutungsvolle Anlage und zugleich eine der glänzendsten Entdeckungen auf dem Gebiete der Archäologie unzertrennlich verknüpft. Jener von Zephyrinus an der Appischen Straße auf Besitzungen der Cäcilier neubegründete Begräbnisplatz ist allem Anscheine nach der erste staatlich anerkannte Friedhof der römischen Christengemeinde gewesen, während bis dahin die Bestattungen auf den Grundstücken einzelner Mitglieder erfolgten, an deren Besitztitel der Bestand der Begräbnisplätze geknüpft war. Diesen fortan nach Callistus benannten Friedhof, der die Ruhestätte der Päpste bis auf Miltiades (gest. 314) war, hat in unsern Tagen die unermüdliche, geniale und glückliche Forschung De Rossis wiederentdeckt[2]).

Äußerungen christlicher Autoren über Zustände in den christlichen Gemeinden.

Die Erzählung Hippolyts erinnert daran, was zuweilen vergessen wird, daß die christlichen Gemeinden sich von der übrigen Welt unmöglich völlig abschließen konnten, vielmehr fort und fort in die Mitleidenschaft der Gebrechen und Schäden der damaligen Kultur gezogen wurden[3]). Daß freilich die Apologeten des neuen Glaubens dort nur Liebe und Eintracht, hier nur Haß und gegenseitige Verfolgung sahen[4]), ist begreiflich. Man möge, sagt Origenes, die christlichen Gemeinden zu Athen, Korinth und Alexandria mit den dortigen heidnischen zusammenhalten: jene seien sanftmütig und ruhig, weil sie Gott gefallen wollen, diese voll Aufruhr und mit jenen durchaus nicht zu vergleichen; auch die Häupter und Ältesten der Gemeinde Gottes, selbst die Lässigeren und minder Vollkommnen, werde man auf dem Wege der Tugend weiter vorgeschritten finden als die Vorsteher der Bürgerschaften[5]). Doch kann man kaum glauben, daß z. B. die Gemeinde zu Korinth seit jener Zeit, wo Paulus von ihr so viel Übles sagte, sich völlig umgestaltet hätte. Damals gab es in ihren Versammlungen »Uneinigkeit, Eifersucht, leidenschaftliche Ausbrüche, Parteiumtriebe, geschäftige Verleumdung, zischelnde Ohrenbläsereien und gespreizte Aufgeblasenheit, Unbotmäßigkeit«, kurz Unordnungen jeder Art[6]); und auch der gegen das Ende des 1. Jahrhunderts geschriebne Brief des sogenannten Clemens Romanus hat den Zweck, eine dort entstandene Parteiung beizulegen: es sei eine Schande für diese alte und zuverlässigste Gemeinde, daß sie sich wegen einer oder zweier Personen gegen ihre Ältesten auflehne[7]). Nach dem (gegen die Mitte des 2. Jahrhunderts abgefaßten) »Hirten« des Hermas litt damals auch die römische Gemeinde an mannigfachen sittlichen Schäden und Gebrechen. Es fehlte nicht an Streitigkeiten und Feindseligkeiten, und auch gegen Ehrbegier, Hochmut, Habsucht, Ehebruch, Trunksucht u. a. richtet der Verfasser seine Ermahnungen[8]). Der Bischof Cyprianus von Karthago, der 257 den Märtyrertod erlitt, sagt, die Verfolgung (unter Decius, welcher er sich durch die Flucht entzogen hatte) sei vielmehr eine von Gott angestellte Erprobung ge-

1) De Rossi a. a. O. S. 7. 2) Vgl. die gute Übersicht von E. R. Barker, Journ. of Roman Studies I 1911 S. 107ff. 3) Reumont, Gesch. d. St. Rom I 550. 4) So Tertullian. Apol. 39. 5) Orig. c. Cels. III 30. 6) II Cor. 12, 20; vgl. v. Dobschütz a. a. O. S. 57ff. 7) Clem. Rom. Ep. ad Corinth. 47, 6. 8) Harnack, Chronol. I 257ff.; vgl. im allgemeinen Keim, Rom u. d. Christentum S. 338f.

wesen; die Christen hatten durch ihre Sünden mehr zu leiden verdient, der lange Friede hatte die sittliche Zucht untergraben. Bei den Priestern war keine Frömmigkeit, in den Amtsverrichtungen keine lautere Rechtlichkeit, in den Werken keine Barmherzigkeit, in den Sitten keine Strenge. Die Männer verkünstelten den Bart, die Frauen schminkten sich, malten die Augen, färbten die Haare. Er klagt ferner über unersättliche Habsucht, über schlaue Betrügereien zur Täuschung Einfältiger, über Listen zur Hintergehung von Brüdern, über Schließungen von Ehen mit Ungläubigen, leichtsinnig geschworene Eide und Meineide, hochmütige Verachtung der Vorgesetzten, giftige Schmähungen, hartnäckigen gegenseitigen Haß von Entzweiten. Viele Bischöfe waren mit Vernachlässigung ihres geistlichen Amts Agenten (Prokuratoren) weltlicher Herren geworden, hatten ihre Gemeinden im Stiche gelassen, um in andern Provinzen umherreisend gewinnreiche Geschäfte zu machen. Während Brüder in der Gemeinde darbten, jagten sie dem Gelde nach, rissen Grundstücke durch hinterlistigen Betrug an sich, erhöhten ihre Einnahmen durch Wucherzinsen[1]). Johannes Chrysostomus sagt, da Wunder nicht mehr geschehen, seien die Heiden nur durch das Vorbild des Wandels der Christen zu bekehren: aber dieser sei durch und durch verderbt, und auch von Liebe bei ihnen nirgends eine Spur zu finden[2]). Und bei Augustinus erwidert der Heide dem Christen, der ihn bekehren will: »Wie kannst du mir zureden, Christ zu werden? Mich hat ein Christ betrogen, und ich habe es niemals getan; mir hat ein Christ falsch geschworen, und ich habe es niemals getan«[3]). Die äußersten Ausbrüche der Glaubenszwietracht wurden allerdings in den ersten Jahrhunderten noch durch den auf der ganzen christlichen Welt lastenden Druck der Verfolgung niedergehalten; später, als kirchliche Streitigkeiten zu Rom in blutigen Kämpfen ausgefochten wurden (367), äußerte ein wohlwollender und verständiger Heide, daß kein wildes Tier dem Menschen so feindlich und verderblich sei, wie die meisten Christen einander[4]).

Verbreitung des Christentums (besonders in Rom) im ersten —

So viele Ursachen nun auch zur Verbreitung des Evangeliums zusammenwirkten, so hat es doch offenbar in den höheren Ständen vor der Mitte oder dem Ende des 2. Jahrhunderts nur vereinzelte Anhänger gefunden. Hier leistete nicht bloß die philosophische sowie die sonstige, mit dem Götterglauben innig zusammenhängende Bildung den stärksten Widerstand[5]), sondern hier führte das christliche Bekenntnis auch zu den gefährlichsten Konflikten mit der bestehenden Ordnung; endlich mußte die Lossagung von allen irdischen Interessen in den Kreisen, die im Besitz von Ehre, Macht und Reichtum waren, am schwersten fallen. Die Armen und Niedrigen, sagt Lactantius, glauben leichter als die Reichen[6]); bei den letztern wird ohne Zweifel vielfach eine geradezu feindselige Stimmung gegen die sozialistischen Tendenzen des Christentums bestanden haben[7]). Dagegen in den untern Schichten der Gesellschaft muß die (durch die

1) Cyprian. De lapsis 5. 6. Die Bischöfe waren anfangs Handwerker und Kaufleute, Hatch-Harnack, Gesellschaftsverfassung d. christl. Kirche im Altert. (1883) S. 152f. 2) Joh. Chrysost. in I Epist. ad Timoth. hom. X 3 (Migne gr. LXII 551f.). 3) Augustin. in Psalm. XXV 14 (Migne lat. XXXVI 199); vgl. ebd. XXX 6 (Migne 243) *quam multos enim putatis, fratres mei, velle esse christianos, sed offendi malis moribus christianorum?* 4) Ammian. Marcell. XXII 5, 4; vgl. XXVII 3, 12. 5) Zeller, Vortr. u. Abhdl. II 189ff. 6) Lactant. Inst. div. VII 1, 19. 7) Schiller, Nero S. 607. Sozialistische Stellen bei den Kirchenvätern: Baudrillart, Hist. du luxe II 404ff. Le Blant, Rev. arch. N. S. XXXIX 1880 S. 220ff.

Zerstreuung der Juden so ungemein begünstigte) Ausbreitung des Christentums sehr schnell erfolgt sein, namentlich in Rom selbst, wo ihre Menge schon im Jahre 64 sehr groß war[1]). Ein Teil der unterirdischen christlichen Friedhöfe Roms gehört nach ihrer architektonischen Anordnung sowie nach dem Stil ihrer künstlerischen Dekoration wohl noch dem 1. Jahrhundert an. Gerade die ältesten Krypten sind reich an Stukkaturen und Fresken, und zwar im Stil und Geschmack dieser Zeit, wie namentlieh der ursprüngliche Teil des Cömeteriums der Priscilla an der Via Salaria; die Wand- und Deckenmalereien mehrerer Teile des Friedhofs der Domitilla stimmen ganz mit den pompejanischen überein[2]). Auch die ältesten Teile der Krypten der Lucina, des frühesten Bestandteils des Cömeteriums des Callistus, zeigen den klassischen Dekorationsstil und scheinen aus dem 1. Jahrhundert zu stammen[3]).

Weit größere Fortschritte machte das Christentum im 2. Jahrhundert. Jener allgemeine Abfall von der Volksreligion in Bithynien, der dort die Tempel verödete und den jüngeren Plinius erschreckte[4]), wird wenigstens in den östlichen Provinzen damals keine vereinzelte Erscheinung mehr gewesen sein. Das Bestehen christlicher, von Kleinasien aus gegründeter Gemeinden in Vienne und Lyon unter Marc Aurel läßt annehmen, daß auch in den Kulturzentren des Westens die Saat des Christentums verhältnismäßig früh aufgegangen ist[5]). In der zweiten Hälfte dieses Jahrhunderts führten christliche Schriftsteller bereits eine sehr stolze Sprache. Es gibt kein Volk, sagt Justinus (gest. 166), von Barbaren oder Hellenen, oder wie es sonst genannt werden möge, mag es selbst ohne feste Wohnungen auf Wagen umherziehen oder in Zelten ein Nomadenleben führen, in dem nicht im Namen des gekreuzigten Jesus Dank und Gebet an den Vater und Schöpfer des Alls gerichtet wird[6]). Irenäus (Bischof von Lyon 177—202) spricht von christlichen Gemeinden in Germanien, Iberien, Gallien, im Orient, Ägypten, Libyen und im Mittelpunkte der Welt (Rom)[7]). Noch überschwenglicher und schon drohend äußert sich Tertullian. An wen, ruft er den Juden zu, glauben denn alle Völker als an den Gesalbten, der schon gekommen ist? Er zählt außer den Ländern, in denen nach der Apostelgeschichte Juden wohnten, auch Gätulien, Mauretanien, Spanien, »die von den Römern unbetretenen, Christus aber unterworfenen Gegenden Britanniens«, sowie die der Sarmaten, die der Germanen und »viele andre ferne und unbekannte Länder, Provinzen und Inseln« auf. Er behauptet, daß die Christen bereits fast überall die größere Hälfte der Bevölkerungen ausmachten[8]). »Würde es uns etwa«, fragt er (im Jahre 197), »wenn wir nicht Rache im Verborgenen, sondern offene Feindseligkeit üben wollten, an Zahl und Menge fehlen? Sind etwa die Mauren, Markomanen und selbst Parther, und die größten, doch auf eine Gegend und ihr eignes Gebiet beschränkten Völker zahlreicher als die Bevölkerung der ganzen Erde? Wir sind von gestern, und schon haben wir euer ganzes Gebiet erfüllt,

und 2. Jahrhundert.

1) Harnack, Mission³ II 250ff. 2) De Rossi, Bull. arch. crist. III 1865 S. 33ff., bes. S. 36 u. 41 f. (mit Abbildung) u. ser. 2, VI 1875 S. 12ff. 3) De Rossi, Roma sotterr. I 196. 320ff. Reumont, Gesch. d. St. Rom I 382ff. v. Sybel, Christl. Antike I 140ff. 4) Oben S. 194. 5) Hirschfeld, Kl. Schrift. 37ff. 154ff. 6) Justin. dial. c. Tryph. 117. 7) Iren. adv. haer. I 10, 2. 8) Tertull. adv. Judaeos 7; ad Scapul. 2.

die Städte, Inseln, Kastelle, Munizipien, Flecken, selbst die Lager, die Tribus, die Dekurien, den Palast, den Senat, das Forum«[1]).

Verhältnis der Christen zur Gesamtbevölkerung.

Diese Äußerungen sind nun freilich große, vielleicht um das Zehnfache größere Übertreibungen, als sie es heutzutage in bezug auf das Verhältnis der christlichen zu den Gesamtbevölkerungen in allen Weltteilen sein würden[2]). Auch stehen sie im entschiedensten Widerspruche mit der um mehrere Dezennien späteren Äußerung des Origenes, der, in entgegengesetzter Richtung übertreibend, sagt, daß die Christen im Vergleich zur gesamten Bevölkerung des römischen Reichs nur »sehr wenige« waren[3]). Aus den vorhandenen Angaben, deren Erhaltung freilich eine ganz zufällige ist, ergibt sich, daß bis 98 etwa 42, bis 180 etwa 74 Orte nachweisbar sind, in denen es christliche Gemeinden gab; bis 325 mehr als 550[4]).

Verbreitung des Christentums in den höheren Ständen erst seit Commodus.

Im römischen Reiche aber waren die Christen nicht bloß noch im 3. Jahrhundert eine kleine Minorität, sondern diese Minorität gehörte wenigstens bis zu dessen Anfang fast ausschließlich den untersten Schichten der Gesellschaft an[5]). Die Heiden spotteten, daß sie nur die Einfältigsten, nur Sklaven, Weiber und Kinder zu bekehren vermöchten, daß sie ungebildete, rohe und bäurische Menschen seien, ihre Gemeinden vorwiegend aus geringen Leuten, Handwerkern und alten Frauen beständen[6]). Auch bestritten die Christen dies nicht. Nicht aus dem Lyceum und der Akademie, sagt Hieronymus[7]), sondern aus dem niedern Volke (*de vili plebecula*) hat sich die Gemeinde Christi gesammelt. Galen sagt, die Christen, unfähig, ihren Glauben philosophisch zu begründen, hätten ihn aus Parabeln geschöpft, deren die meisten Menschen zu ihrer Belehrung bedürften[8]). Ausdrückliche Zeugnisse christlicher Schriftsteller bestätigen, daß der neue Glaube selbst bis zur Mitte des 3. Jahrhunderts in den höheren Ständen nur vereinzelte Anhänger zählte. Eusebius sagt[9]), der Friede, den die Kirche unter Commodus genoß, habe sehr zu ihrer Ausbreitung beigetragen, »so daß auch von den zu Rom durch Reichtum und Geburt hervorragenden Männern mehrere mit ihrem ganzen Hause und Geschlecht sich dem Heile zuwandten«. Unter Alexander Severus sagt Origenes[10]), daß gegenwärtig auch Reiche und manche der hohen Würdenträger sowie üppige und edelgeborene Frauen die christlichen Boten des Worts aufnahmen: Erfolge also, deren das Christentum sich früher nicht zu rühmen gehabt hatte. Nach Tertullian nahm Severus Männer und Frauen von senatorischem Stande, deren christliches Bekenntnis offenkundig war, in Schutz[11]); und wie bereits erwähnt, erregte in der römischen Gemeinde die von Callistus gegen vornehme Proselytinnen geübte Nachsicht Ärgernis[12]). Der Kaiser Valerianus erließ 258 ein Reskript an den Senat, wonach die dem Senatoren- und Ritterstande angehörigen Christen ihrer Güter verlustig sein und, wenn sie bei ihrem Glauben beharrten, mit dem Tode bestraft werden,

1) Tertull. Apol. 37. 2) Man berechnet gegenwärtig die Gesamtsumme auf etwa 550 Millionen Christen gegenüber etwa 960 Millionen Nichtchristen. Genaueres bei W. Lexis im Handwörterb. d. Staatswissensch. VII[3] 99ff. 3) Orig. c. Cels. VIII 69. 4) Harnack, Sitz.Ber. d. Berliner Akad. 1901 S. 814; Mission u. Ausbreit. des Christentums[3] II 85ff. 341ff. 5) Das ändert sich seit der Mitte des 3. Jahrhunderts, Achelis a. a. O. II 382ff., vgl. auch 366ff. (das Christentum am Kaiserhof). 449f. (das Christentum in der Damenwelt des 3. Jhdts.). 6) Oben I 305. 7) Hieronymus in Epist. ad Galatas III 5 (Migne lat. XXVI 400). 8) An der oben S. 229 A. 4 angeführten Stelle. 9) Euseb. hist. eccl. V 21, 1. 10) Orig. c. Cels. III 9. 11) Tertull. ad Scap. 4. 12) Oben S. 232.

die christlichen Angehörigen des kaiserlichen Hauses und Hofstaats in Ketten zur Strafarbeit auf die kaiserlichen Besitzungen verteilt werden sollten[1]). Von der Zeit des Commodus ab ist also die Verbreitung des Christentums in den höheren Ständen ebenso ausdrücklich und vielfach bezeugt, wie es an solchen Zeugnissen für die frühere Zeit durchaus fehlt.

Seltene Erwähnung und Unkenntnis des Christentums bis ins 3. Jahrhundert.

Damit stimmt vollkommen, daß Christen und Christentum bis gegen Ende des 2. Jahrhunderts in der klassischen Literatur nur sehr selten und beiläufig, gleichgültig und geringschätzig erwähnt werden. Die Äußerungen des jüngeren Plinius und Tacitus zeigen, daß die neue Sekte in Trajans Zeit die Aufmerksamkeit der höheren Kreise Roms noch nicht so weit erregt hatte, daß man es der Mühe für wert hielt, sich genauer über sie zu unterrichten. Epictet und Marc Aurel gedenken zwar des Mutes, mit dem die Christen in den Tod gingen, aber beiden schien dieser Mut nicht auf vernünftiger Überzeugung, sondern auf Gewöhnung und hartnäckigem Trotze zu beruhen; Marc Aurel fand überdies, daß er der Würde ermangle und selbst etwas Theatralisches habe[2]). Daß Lucian in dem Glauben der Christen nichts als Betörung und Einfalt sah, ist bereits angeführt worden[3]). Bei Aristides sind wohl unter den »Gottlosen in Palästina«, mit denen der Redner die verworfenen Philosophen gleichstellt, die Christen zu verstehen; ihm erschien ihre Demut als Niedrigkeit der Gesinnung, ihre Überzeugungstreue als Anmaßung, und die Vereinigung zweier so entgegengesetzter Eigenschaften als für sie besonders charakteristisch[4]). Galen, der die Tugend der Christen anerkannte[5]), hatte für den unbedingten Glauben, mit dem die Anhänger des Moses und Christus an unbewiesenen Sätzen hingen, nur verächtliches Staunen[6]), da ihm wie allen Heiden der Begriff eines religiösen Dogmas etwas völlig Fremdes war. In der weitschichtigen und höchst ausführlichen Geschichte Roms, die Cassius Dio unter Alexander Severus bis auf seine eigne Zeit fortführte, war offenbar der Christen nirgends gedacht: die unter Domitian verfolgten Christen waren nach seiner Angabe »des Atheismus und der Befolgung jüdischer Gebräuche« angeklagt[7]), auch er hielt also das Christentum für eine jüdische Sekte. Auch Herodian nennt sie nicht, und selbst die Verfasser der Kaiserbiographien, die zum Teil schon unter Constantin schrieben, erwähnen sie nur äußerst selten und beiläufig. Die ersten heidnischen Schriften gegen das Christentum erschienen nicht vor der Mitte des 2. Jahrhunderts[8]). Die des Fronto wiederholten noch die absurdesten Erdichtungen des Pöbels[9]); aber auch der Platoniker Celsus[10]), der durch einen Juden über den Inhalt der christ-

1) Cyprian. Ep. 80. 2) Epictet. Diss. IV 7, 6. M. Aur. comm. XI 3. 3) Oben S. 230. 4) Arist. or. 46 (II 402 ff. Dind.), s. dazu unten S. 263 A. 1. Die Stelle bei Arist. or. 22, 13 (II 31 K.) mit Welcker, Gr. Götterlehre II 567 auf die Christen zu beziehen (was Bernays, Lukian und die Kyniker S. 104 billigt; vgl. dagegen die Anm. von Palmer), halte ich für äußerst bedenklich. Vgl. auch die Schilderung einer allen Lastern ergebenen Christin bei Apulei. Met. IX 14 (*certae religionis mentita sacrilega praesumtione*). 5) Oben S. 229. 6) Galen. VIII 579. 657. 7) Cass. Dio LXVII 14, 2. 8) Phlegon scheint (im 13. oder 14. Buch der Chronica) die Sonnenfinsternis und das Erdbeben beim Kreuzestode Christi ohne eine Äußerung des Zweifels erwähnt zu haben, Orig. c. Cels. II 33; eine (in Erfüllung gegangene) Prophezeiung des Petrus hatte er Christus zugeschrieben, ebd. II 14. Bei einem Autor, für den alle Wunder als solche Interesse hatten, ist daraus kein Schluß auf seine Stellung zum Christentum oder auch nur auf eine wirkliche Kenntnis desselben zu ziehen. 9) Minuc. Felix Octav. 9, 6, vgl. 31, 2. 10) Vgl. Aubé, Hist. des perséc.

lichen Lehre genau unterrichtet war, sprach sich in seiner ausführlichen gegen sie gerichteten Schrift dahin aus, daß der Streit zwischen Juden und Christen (der seiner Meinung nach sich einzig darum drehte, ob der prophezeite Heiland bereits erschienen sei oder nicht) ein Streit »um des Esels Schatten« sei[1]).

Heidnische Konvertiten der höheren Stände vor Commodus.

Die einzigen Personen der höheren Stände in der Zeit vor Commodus, deren Bekehrung zum Christentume mit größerer oder geringerer Wahrscheinlichkeit angenommen worden ist, sind der im Jahre 95 hingerichtete Konsul Flavius Clemens und dessen nach Pontia verbannte Gemahlin Flavia Domitilla[2]). Dagegen für die gleichzeitig erfolgte Hinrichtung des Acilius Glabrio (Konsul 91) das Bekenntnis des Christentums als Grund vorauszusetzen, bietet wenigstens das unklare Exzerpt aus Cassius Dios Geschichte keinen hinlänglichen Anhalt; nach Sueton erfolgte seine Verurteilung auf Grund angeblicher Umsturzpläne[3]).

Das angebliche Verhältnis des Seneca zum Apostel Paulus.

Auch für die alte Sage von persönlichen Beziehungen des Philosophen Seneca zu dem Apostel Paulus hat sich trotz eifriger Bemühungen ein tatssächlicher Anhalt bisher nicht auffinden lassen, während andrerseits ihre Entstehung sehr begreiflich ist. Die theologische Anschauung, welche dem Heidentum die Fähigkeit einer sittlichen Erhebung aus eigner Kraft durchaus bestritt, wollte und durfte damals so wenig wie jetzt die mit der christlichen so wesentlich übereinstimmende Sittenlehre Senecas als ein Produkt der heidnischen Philosophie allein gelten lassen. Ihren Ursprung auf die Einwirkung des Apostels zurückzuführen, lag um so näher, als seine zweijährige Gefangenschaft in Rom ihn leicht in Berührung mit Seneca bringen konnte, zumal da der Prokonsul Junius Gallio, der den in Korinth von den Juden vor sein Tribunal geführten Apostel freisprach, dessen Bruder war[4]). Tertullian kennt die Tradition noch nicht, er sagt, Seneca

II 158ff., der bei Tertullian Reminiszenzen an Celsus zu finden glaubt S. 193ff. Keim, Celsus' wahres Wort, älteste Streitschrift antiker Weltanschauung gegen das Christentum vom J. 178 (1873), dazu O. Heine, Philol. Abhandl. f. M. Hertz (1888) S. 197ff. Geffcken, Zwei griech. Apologeten S. 256ff.

1) Orig. c. Cels. III 1. 2) Oben I 305. 3) Cass. Dio LXVII 14, 3. Sueton. Domit. 10, 2. Unbegreiflich ist daher, daß De Rossi, Bull. arch. crist. III 1865 S. 20 sagt: »*Il biografo di Agricola* (c. 45) *manifestamente allude in especie ai consoli Flavio Clemente ed Acilio Glabrione uccisi, alle due*(?) *Domitille esiliate ed agli altri ad un tempo dannati per la causa medesima.*« Ein Aufsatz von ihm: Les nouvelles fouilles du cimetière de Priscille, sépulture des Acilii Glabriones, enthalten in Congrès scientifique international des Catholiques tenu à Paris 8—13 avril 1888 Tome II, Bureaux des Annales de philosophie chrétienne 1888 p. 261—267 war mir leider nicht zugänglich. Die Bodenlosigkeit der Tradition von der Verfolgung Domitians hat Aubé, Hist. des perséc. I² 161—185 vortrefflich nachgewiesen. De Rossi hält auch den unter Commodus als Christen enthaupteten Apollonius (Euseb. h. e. V 21, 2 ἄνδρα τῶν τότε πιστῶν ἐπὶ παιδείᾳ καὶ φιλοσοφίᾳ βεβοημένον) für einen Senator nach der unzuverlässigen Angabe bei Hieronym. De vir. ill. 42; epist. 70, 4, 3. Nach Mommsen, Ges. Schrift. III 447 war Apollonius schwerlich ein Mitglied des Senats, vielleicht nicht einmal römischer Bürger. Vgl. über diese ganze Überlieferung Aubé, Les chrétiens dans l'empire Romain de la fin des Antonins au milieu du IIIe siècle (1881) S. 32ff. Geffcken, Nachr. d. Götting. Gesellsch. d. Wiss. 1904 S. 262ff.; Zwei griech. Apolog. S. 246, 3. Bei der Inschrift εὐμοιρείτω Οὐρανία θυγάτηρ Ἡρώδης denkt De Rossi an keinen geringeren als Herodes Atticus (Bull. arch. crist. ser. 2 III 1872 S. 65 f.). 4) Acta apost. 18, 12ff. Ganz haltlos ist die Vermutung (De Rossi, Bull. arch. crist. IV 1866 S. 62), Seneca könne als Konsul zu den Richtern des Apostels gehört haben: Senecas Konsulat fällt in die zweite Hälfte des Jahres 56 (CIL IV 5514; vgl. Mommsen, Ges. Schrift. III 262), der Aufenthalt des Paulus in Rom sicher erheblich später.

»ist häufig der Unsere«[1]): seine Übereinstimmung mit christlichen Lehren erschien ihm also als keine durchgängige und als die eines außerhalb Stehenden. Ebensowenig kennen sie Lactantius und Augustinus. Der erstere nennt Seneca »des wahren Glaubens unkundig«; er hätte ein Verehrer des wahren Gottes sein können, wenn jemand ihn ihm gezeigt hätte; er würde Zeno und seinen Lehrer Sotion verachtet haben, hätte er einen Führer zur wahren Weisheit gefunden[2]). Augustinus betrachtet seine Freiheit vom Wahnglauben der Heiden, die er aber als römischer Senator nicht öffentlich kundzugeben wagte, als eine Wirkung der Philosophie[3]); über die Ausbreitung des ihm verhaßten Judentums[4]) habe er gestaunt, weil er die Absicht Gottes nicht kannte[5]); die Christen habe er niemals erwähnt, um sie nicht loben oder tadeln zu müssen; das erstere wäre gegen die alte römische Sitte, das letztere vielleicht gegen seine Neigung gewesen[6]). Doch las bereits Hieronymus[7]) Briefe, die zwischen dem Philosophen und dem Apostel gewechselt sein sollten, von denen einige noch vorhanden sind: eine der zahlreichen literarischen Fälschungen, die der christliche Glaubenseifer verursachte[8]). Eine Inschrift etwa vom Ende des 3. oder Anfang des 4. Jahrhunderts zeigt, daß in einer christlichen Familie, die ihren Ursprung auf die Annäus Seneca zurückführte oder doch ihren Namen von ihnen ableitete, jene Tradition wert gehalten wurde: eine Grabschrift zu Ostia ist von einem M. Annäus Paulus seinem Sohne M. Annäus Paulus Petrus gesetzt worden. Die Namen der Apostel waren bei den Christen sehr beliebt, der letztere sowie die Verbindung beider bei Heiden unerhört; ohne Zweifel sind beide Annäus Christen gewesen[9]).

Die oft fast wörtlich mit den Äußerungen des Paulus über die allgemeine Sündhaftigkeit übereinstimmenden Aussprüche Senecas, die freilich »aus gleichartigen Zuständen, Erfahrungen und Stimmungen hervorgegangen« sein müssen, sowie alles, was bei Seneca an christliche Anschauungen streift[10]), erklären sich vollkommen aus einer Entwicklungsform der stoischen Philosophie, die in deren innerstem Wesen begründet war und in milden Geistern sehr natürlich gerade so sich gestaltete, wie wir es nicht bloß bei Seneca, sondern bei Epictet und Marc Aurel finden, von denen keine Tradition behauptet, daß sie aus christlichen Quellen geschöpft haben[11]).

Geringschätzung des Christentums in der heidnischen Welt bis zum 3. Jahrhundert.

Nach allem also, was wir über die ersten Jahrhunderte wissen, ist es kaum denkbar, daß in der heidnischen Welt vor der Zeit der Severe die welthisto-

1) Tertull. De anima 20. Geradezu als den Vertreter heidnischer Weisheit im Gegensatze zur christlichen behandelt den Seneca das Gedicht des neubekehrten Christen Honorius Anthol. lat. 666 R.^{2}, vgl. dazu J. Ziehen, Hermes XXXII (1897) S. 490ff. O. Plasberg, Rhein. Mus. LIV 1899 S. 144ff. 2) Lactant. Inst. VI 24, 13f., vgl. V 22, 11. 3) Augustin. C. D. VI 10f. 4) Oben S. 217. 5) Augustin. C. D. VI 11 *mirabatur haec dicens et quid divinitus ageretur ignorans.* 6) Augustin. a. a. O. Casaubonus sagt: »*multa Seneca scribit quae intelligi aut credi sine verae pietatis sensu non queant: quo bono quum ipse caruerit, sequitur ut ea dicamus ab illo scripta non ex certa scientia aut fide, sed veluti* μαντευόμενον *et more poetarum* ἐνθουσιάζοντα« (Wiese, Ztschr. f. Gymnasialw. V 1851 S. 289). 7) Hieron. de vir. ill. 12. 8) E. Westerburg, Der Ursprung der Sage, daß Seneca Christ gewesen sei (1881). C. Pascal, Rivista di filol. XXXV 1907 S. 33ff. 93f., vgl. auch E. Bickel, Rhein. Mus. LX (1905) S. 508ff. 9) De Rossi, Bull. arch. crist. V 1867 S. 6. Die Inschrift steht CIL XIV 566 unter den heidnischen. 10) Zeller, Philos. d. Gr. III 1^4 S. 740, 1. 748. 11) Vgl. Wendland, Die hellenistisch-römische Kultur^2 S. 94f. K. Deißner, Paulus und Seneca, Gütersloh 1917.

rische Bedeutung der neuen, so wenig beachteten und so geringschätzig beurteilten Religion auch nur geahnt worden ist. Was konnte dieser Haufe geringer, unwissender, weltscheuer Menschen gegen die Ordnung des für die Ewigkeit gegründeten Weltreichs vermögen? Herrschen die Römer, rief man ihnen zu, nicht ohne euren Gott über die ganze Welt und über euch selbst?[1]) »Euer Gott«, sagt Celsus, »hat denen, die sich zu ihm bekennen, seinen Beistand versprochen und noch viel Größeres, wie ihr sagt, und seht nun selbst, wie er jenen (den Römern), und wie er euch geholfen hat. Statt daß ihr Herren der ganzen Erde sein solltet, ist euch nicht einmal eine Erdscholle oder ein Herd geblieben, und irrt ihr noch im Verborgenen umher, so wird nach euch gefahndet, um euch mit dem Tode büßen zu lassen.« Vollends die Idee einer Weltreligion mußte in einem Reiche, wo so viele Religionen nebeneinander bestanden, unbegreiflich erscheinen. »Wäre es nur möglich«, sagt derselbe Autor, »daß alle Hellenen und Barbaren in Asien, Europa und Afrika bis zu den Grenzen der Erde einmütig an ein Gesetz glaubten! Aber wer das für möglich hält, ist ohne allen Verstand!«[2])

Die lange Agonie des Heidentums ein Beweis für seine Lebenskraft.

Als sich aber der Sieg des Christentums mit der Gewährleistung der vollkommenen Religionsfreiheit seiner Bekenner durch Constantin entschieden hatte, und nun auch die siegreiche Religion sogleich ihre Macht zur Unterdrückung des Heidentums zu üben begann[3]), als der alte Glaube nicht nur keinen Vorteil mehr gewährte, sondern seinen Anhängern je länger je mehr Ungemach und Verfolgung brachte: da hätte sein völliger Untergang und der Fortschritt zur Alleinherrschaft des Christentums sich in kürzester Zeit vollziehen müssen, wenn das Heidentum wirklich schon seit Jahrhunderten in Verfall und Auflösung begriffen gewesen wäre. Daß sein Widerstand noch zwei Jahrhunderte währte, obwohl auf beiden Seiten mit den ungleichsten Waffen gekämpft wurde; daß der nun völlig macht- und wehrlose Götterglaube so lange nicht sterben konnte, obwohl das Christentum unermüdlich und je länger desto schonungsloser alle seine Lebensregungen mit Zwang, Plünderung, Zerstörung und Verfolgung jeder Art zu töten fortfuhr: das beweist allein schon, wie gewaltig die Lebenskraft auch des gealterten Heidentums noch war[4]). Nachdem seit den Toleranzedikten Constantins das Christentum sich (mit Ausnahme der kurzen Reaktion unter Julian) während eines Zeitraums von siebzig Jahren der Gunst und Förderung durch die weltliche Macht erfreut hatte, hatte es doch, wie bemerkt, schwerlich auch nur die Hälfte der Bevölkerungen gewonnen. Fast der ganze römische Adel war zur Zeit Julians der alten Religion ergeben, zu der auch noch unter Theodosius etwa die Hälfte des Senats sich bekannte[5]), obwohl das Christentum damals und später in den Städten weit mehr als auf

1) Minuc. Felix 12, 5. 2) Orig. c. Cels. VIII 69—72. 3) Geffcken, Ausgang des Heidentums S. 98f. 4) Einen bedeutsamen Gesichtspunkt, die allmähliche Verdrängung der lokalen Gottesdienste durch die Verehrung der christlichen Märtyrer, betont A. Dufourcq, La christianisation des foules, Paris 1903. 5) Geffcken a. a. O. S. 147. Auch bei dem Astrologen Firmicus Maternus fehlt es nicht an Zeugnissen für ein kräftiges Fortleben des heidnischen Kultus, z. B. III 5, 33: *fabricatores deorum ... vel cultores divinorum simulacrorum vel ornatores deorum vel fabricatores templorum aut hymnologos.* Vgl. III 9, 5. IV 14, 20 (*simulacrorum sculptores*). III 9, 9 (*vestitores divinorum simulacrorum ... aut baiulos divinarum caerimoniarum*) u. a.

dem Lande verbreitet war; im Laufe des 4. Jahrhunderts nahm das Wort *paganus* (Landmann) die Bedeutung Heide an[1]), und noch Endelechius nennt in dem oben erwähnten Gedicht von der Rinderseuche Christus den Gott, der in den großen Städten als einziger verehrt wird[2]). Auch das Judentum in der Diaspora war vornehmlich Städtereligion, wenn auch nicht auschließlich[3]).

Aber auch in der seit 380 von Theodosius begonnenen Verfolgung, die nach dem Falle des von dem Vorkämpfer des Heidentums Nicomachus Flavianus unterstützten Prätendenten Eugenius 394[4]) mit erneuerter Stärke fortgesetzt wurde, erwies der alte Glaube eine ungemein zähe Widerstandskraft. Mit Feuer und Eisen wurden erst im Orient, dann im Occident Tempel, Kapellen und Stätten der alten Kulte in Schutt und Asche gelegt. Doch wenn die zerstreute und wehrlose ländliche Bevölkerung unter bitteren Klagen die Zerstörung der Heiligtümer geschehen lassen mußte, »auf die sie für Mann, Weib und Kind, für ihr Vieh, ihre Saaten und Pflanzungen ihre Hoffnung setzten, und mit denen ihnen alle Freuden des Lebens unterzugehen schienen«[5]): so kam es in den Städten oft genug zu blutigen Kämpfen zwischen den gegen die Tempel wütenden Scharen der Geistlichen und Mönche und dem Volke. Mit Ausnahme der direkten Zwangsbekehrung wurde jede Art der Gewalt zur Unterdrückung des Heidentums angewendet: Verbote aller Opfer und Kulthandlungen sowie des Tempelbesuchs unter Androhung der schärfsten Strafen, Aufhebung der Privilegien der Priester, deren Verweisung aus den Städten, Einziehung der Tempelgüter; doch die wiederholte Einschärfung dieser Anordnungen und Strafen während des 5. und noch im 6. Jahrhundert zeigt, wie äußerst langsam die Ausrottung des alten Glaubens auch dann erfolgte, als ihm scheinbar schon alle Lebensbedingungen entzogen waren. Daß mit der drakonischen Härte der Gesetzgebung sich zur Verfolgung des wehrlosen Heidentums nun auch Frevel und Raubgier verbanden, beweisen die wiederholten Ermahnungen des Augustinus, nicht unter dem Deckmantel der Religion die Heiden zu plündern, und ein kaiserliches Reskript vom Jahre 423[6]). Oft zeigen noch jetzt zu Tage kommende sorgfältig vermauerte Verstecke, in denen heidnische Götterbilder und Kultgeräte verborgen sind[7]), von diesen Jahren schwerster Verfolgung. Auch das Heidentum hatte nun seine Märtyrer[8]), und die scheußliche Ermordung der schönen und tugendhaften Hypatia zu Alexandria im Jahre 415[9]) zeigt, bis zu

1) Eine abweichende Deutung des Wortes *paganus* (= Zivilist im Gegensatze zu dem durch das *sacramentum* verpflichteten *miles Christi*) vertritt neuerdings Harnack, Militia Christi (1905) S. 68f. 122; Mission³ I 401; vgl. Hirschfeld, Kl. Schrift. S. 585, 2. Gegen Harnack J. Zeiller, Paganus, étude de terminologie historique (Collectanea Friburgensia XVII 1917). 2) Anth. lat. 893, 104f. *dei, magnis qui colitur solus in urbibus*; s. oben S. 228. 3) Harnack, Sitz.Ber. Akad. Berlin 1901 S. 816, 1. 4) Ein sehr interessantes Dokument für die Kämpfe dieser Zeit ist das sog. Carmen contra paganos, Anth. lat. 4 R., vgl. dazu De Rossi, Bull. arch. crist. VI 1868 S. 49ff. 61ff. Morel, Rev. archéol. N. S. XVII 1868 S. 451ff. XVIII 1868 S. 44ff. Mommsen, Ges. Schr. VII 485ff. O. Barkowski, De carmine adversus Flavianum anonymo, Diss. Regimont. 1912. 5) Liban. or. 30, 10 (III 92 F.). Lasaulx, Untergang des Hellenismus S. 101f. 6) Cod. Theod. XVI 10, 23f. Lasaulx S. 131f. 7) z. B. unterhalb einer byzantinischen Basilika in Karthago, A. Schulten, Archäol. Anzeiger 1900 S. 63; in dem von den Christen verbrannten Heiligtum syrischer Götter auf dem Janiculum, P. Gauckler, Le sanctuaire Syrien du Janicule (1912) S. 269ff. u. a. 8) Lasaulx a. a. O. S. 140. 9) Ihre Anstiftung durch den Bischof Cyrillus ist stark bestritten; vgl. Kopallik, Cyrillus von Alexandrien (1881) S. 26ff.

welchen Greueln der Fanatismus des christlichen Pöbels fortgerissen werden konnte[1]).

Anderthalb Jahrhunderte hatte der systematische Vernichtungskampf gegen das Heidentum gewährt, und noch immer war sein Leben nicht völlig erloschen. Im Jahre 528 sah Justinian sich veranlaßt, eine große Verfolgung der sogenannten Hellenen anzuordnen. In Constantinopel selbst wurden unter Patriziern, Gelehrten und Ärzten zahlreiche Anhänger des alten Glaubens entdeckt und ergriffen, von denen sich einer den Tod gab, die übrigen das Christentum annahmen[2]). Der Bischof Johannes von Ephesus bereiste 532 in kaiserlichem Auftrage die Provinzen Karien, Lydien und Phrygien und bekehrte und taufte dort 70000 Menschen. Wer auf Götzenopfern betroffen wurde, sollte mit dem Tode bestraft werden[3]). Im Occident hat die Flut der Völkerwanderung, die mit den Fundamenten der antiken Kultur zugleich die des Heidentums zerwühlte, dessen Untergang mächtig beschleunigt; doch wurde der letzte Apollotempel auf Monte Cassino erst 529 (wo die Landbevölkerung der Umgebung noch größtenteils heidnisch war) von dem heiligen Benedikt in ein Kloster umgewandelt[4]), in demselben Jahre, in welchem die sieben letzten athenischen Philosophen, durch ein Edikt Justinians vertrieben, auswanderten, um eine Zuflucht in Persien bei König Chosroes zu suchen. Gregor der Große (Papst 590—604) erfuhr zu seiner Betrübnis, daß alle Bauern in Sardinien Götzendiener seien, und sandte den Bischof Victor zu ihrer Bekehrung; den Bischof von Caralis wies er an, gegen Götzendiener, Haruspices und Sklaven, die sich nicht durch Predigten bekehren lassen wollten, einzuschreiten; Wahrsager sollten körperlich gezüchtigt, Freie durch strenge Haft »zur Reue gebracht werden«[5]). Mit den alten Götterbildern erhielt sich im Verborgenen auch deren Verehrung namentlich in Griechenland bis über die Grenzen des Mittelalters hinaus. Unter Alexius Komnenus (1081—1118) zerstörten Mönche das Bild der Artemis auf Patmos; Michael Apostolius, der Anhänger des Gemistius Pletho, fand um 1465 in Kreta Götterstatuen, an die er seine Gebete richten konnte[6]).

Wenn nun die alte Fabel von der mit der Entstehung des Christentums beginnenden und durch vier Jahrhunderte fortwährenden Auflösung des Götterglaubens trotz aller mit ihr unvereinbaren Tatsachen immer noch (namentlich unter Theologen) zahlreiche Gläubige findet, so ist doch auch die richtige Ansicht, und zwar von keinem Geringeren als J. Burckhardt, ausgesprochen worden. Zum Untergange der Religionen, sagt er, genügt noch lange nicht, was man die innere Zersetzung nennt. Ja, es genügt noch nicht die Anwesenheit einer neuen, dem zeitweiligen metaphysischen Bedürfnis viel besser entsprechenden Religion. Beim Volk ist von alters her die Religion das wesentliche Stück der Kultur. »Eine neue Religion kann sich neben die alte stellen, sich mit ihr in die Welt teilen, aber von sich aus sie unmöglich verdrängen, selbst nicht, wenn

1) Lasaulx S. 128f. Geffcken S. 201. 2) Aber auch Tribonian Ἕλλην ὑπῆρχε καὶ ἄθεος καὶ ἀλλότριος κατὰπάντα τῆς τῶν Χριστιανῶν πίστεως (Suidas s. Τριβωνιανός; die übrigen dort gegen ihn erhobenen Beschuldigungen sind also mit großer Vorsicht aufzunehmen). 3) Geffcken S. 189f. 4) Gregor. M. dial. II 8 (Migne lat. LXVI 152). 5) Gregor. M. Ep. IV 23. V 38. IX 204. XI 12 Ewald. 6) Sathas, Monum. inédits relatifs à l'histoire de la Grèce au moyen âge, Série 1 T. I 1880 p. XIV.

sie die Massen für sich hat, — falls nichts die Staatsgewalt eingreift. Jede ausgebildete Religion höheren Rangs ist vielleicht relativ ewig (d. h. so weit ewig, als das Leben der sie bekennenden Völker), wenn nicht ihre Gegner diese Macht gegen sie aufzubieten vermögen. Vor der Gewalt unterliegen sie alle, wenn dieselbe konsequent gehandhabt wird, und zumal wenn es sich um ein einziges, unentrinnbares Weltreich wie das römische handelt. Ohne Gewalt oder doch ohne gleichmäßig gehandhabte Gewalt leben sie fort und tränken ihre Macht stets neu aus dem Geiste der Massen«. »Ohne die Kaisergesetzgebung von Constantin bis auf Theodosius würde die römisch-griechische Religion noch bis heute leben. Ohne ein wenigstens zeitweises völliges, vom weltlichen Arm gehandhabtes (nötigenfalls mit den äußersten Mitteln verbündetes) Verbot würde die Reformation sich nirgends behauptet haben. Sie hat alle diejenigen Territorien wieder verloren, wo sie diesen Vorteil des weltlichen Arms nicht besaß und irgend eine beträchtliche Quote von Katholiken mußte fortleben lassen. So kann selbst eine junge und kräftig scheinende Religion partiell, gebietweise untergehen, vielleicht für solche Gegenden auf immer« [1]).

Heidnische Elemente, die den Untergang des Heidentums überlebten.

Übrigens konnte die Vernichtung des Heidentums keine völlige sein. In ihm waren Elemente, die aller Zerstörung Trotz boten, weil sie auf unabweisbaren Bedürfnissen eines großen Teils der Menschheit beruhten: und diese haben in neuen Formen innerhalb des Christentums Raum gefunden und so den Untergang des alten Glaubens überdauert. Es war nicht bloß das unter jeder Glaubensform auftretende Streben, durch Anrufung höherer Mächte Unheil von sich und seinem Besitze abzuwenden, das sich auch unter den Anhängern des Christentums der nur wenig abgeänderten Mittel des heidnischen Aberglaubens bediente [2]), sondern auch die heidnische Festlust, die auch im neuen Glauben Befriedigung forderte und die Kirche veranlaßte, Gelage und Lustbarkeiten an den Gräbern der Märtyrer zu dulden [3]) und durch Verlegung christlicher Feste auf die Tage der abgeschafften heidnischen dem Volke für diese Ersatz zu leisten [4]). So ist die Weihnachtsfeier seit dem 4. Jahrhundert auf den 25. Dezember gelegt, weil an diesem Tage im Osten die Wintersonnenwende gefeiert wurde und im römischen Festkalender auf diesen Tag der Geburtstag des von Aurelian zum Reichsgotte erhobenen Sonnengottes fiel [5]); die Lichtmeßprozession des 2. Februar knüpft an den uralten städtischen Sühnumgang, das (*sacrificium*) *amburbale* an [6]), und ähnliches mehr. Doch noch ganz andre Wirkungen übte die tiefe

1) J. Burckhardt, Weltgeschichtliche Betrachtungen, herausgeg. v. J. Oeri³ (1918) S. 55f. 2) z. B. ein griechisch-christliches Amulett gegen Augenkrankheiten, M. Siebourg, Bonn. Jahrb. CXVIII 1909 S. 158ff.; christliche Zauberformeln auf Türstürzen in Syrien, Prentice, Americ. Journ. of Archaeol. 2 Ser. X 1906 S. 137ff.; Verwendung des 80. Psalmes als Schutzzauber auf einer Bleirolle aus Rhodus, Hiller v. Gaertringen, Sitz.Ber. Akad. Berlin 1898 S. 582ff. Vgl. Dieterich, Eine Mithrasliturgie S. 28, 1. R. Boese, Superstitiones Arelatenses c Caesario conlectae, Diss. Marburg 1909. 3) E. Lucius, Die Anfänge des Heiligenkults in der christl. Kirche (1904) S. 318ff. 4) Augustin. Ep. 22, 1. 29. J. Grimm, Deutsche Mythol.⁴ Vorr. S. XXVII. Wachsmuth, Das alte Griechenland im neuen (1864) S. 22ff. Geffcken S. 233. 5) Usener, Weihnachtsfest² S. 348ff. Cumont, Compt. rend. de l'acad. d. inscript. 1911 S. 292ff. Holl, Sitz.Ber. Akad. Berlin 1917 S. 427ff. Über die Fortdauer der heidnischen Saturnalien- und Neujahrsbräuche s. Nilsson, Arch. f. Religionswiss. XIX 1918 S. 50ff., vgl. auch F. Schneider ebd. XX 1920 S. 82ff. 360ff. (die mittelalterlichen Bräuche der Kalendae Januariae und Martiae). 6) Usener a. a. O. S. 310ff.

Sehnsucht, den unendlichen Abstand zwischen Menschheit und Gottheit durch Mittelwesen zu füllen, die den entgötterten Himmel aufs neue mit einem bald ins Unermeßliche wachsenden Chor heiliger Gestalten bevölkerte. Wenn Augustinus die Vergleichung des Kultus der Heiligen und Märtyrer mit dem Polytheismus zurückweist, haben andre Kirchenschriftsteller, wie Basilius, ihnen genau denselben Platz in der Weltordnung angewiesen wie der spätere Platonismus den Dämonen und Heroen, oder, wie Theodoret, zwischen diesem und jenem Kultus geradezu Parallelen gezogen, um nachzuweisen, »daß an die Stelle des Falschen und Irrigen das wahrhaft Göttliche getreten sei«[1]). »An allem demjenigen«, sagt Theodoret[2]), »was an den Gräbern der Märtyrer geschieht, sollten die Griechen am wenigsten sich stoßen; denn von ihnen kommen ja die Libationen, die Sühnungen, die Heroen, die Halbgötter, die vergöttlichten Menschen. Herakles, Asklepios, Dionysos, die Dioskuren und so viele andre sind zu Göttern erhobene Menschen: wie kann man es also den Christen vorwerfen, wenn sie die Märtyrer nicht zu Göttern machen, sondern als Zeugen und Diener Gottes ehren? — wer verdient es besser als sie, die die Vorfechter der Menschen, ihre Helfer und Beschützer, die Abwehrer der Übel, die Vertreiber der von den Dämonen verhängten Plagen sind? Kinderlose und unfruchtbare Frauen bitten sie, daß sie Mütter werden; wer eine Gabe erlangt hat, fleht sie um ihre Bewahrung an; die eine Reise unternehmen, bitten sie um ihre Begleitung auf dem Wege, Zurückkommende bringen ihnen ihren Dank dar; Zeugnisse der erfüllten Wünsche sind die ihnen geweihten Geschenke, goldene und silberne Bilder von Augen, Füßen und Händen. Die Tempel der Götter sind zerstört, denn seine eigenen Toten hat der Herr des Alls statt jener eingeführt, jene hinausgewiesen und ihre Ehren diesen verliehen. Statt der Pandien, Diasien, Dionysien und der andern Feste werden jetzt die festlichen Tage des Petrus, Paulus, Thomas, Sergius, Marcellus und andrer Märtyrer begangen.« Wenn Theodoret hinzufügt, dies geschehe nicht mit heidnischem Gepränge und sinnlicher Lust, sondern mit christlicher Nüchternheit und Sittsamkeit, so ergibt sich auch aus den oben angeführten Zeugnissen christlicher Autoren, daß diese Behauptung mindestens großer Einschränkungen bedarf.

Polytheismus und Heiligenverehrung.

Die im Heiligenkultus der katholischen Kirche enthaltenen antiken Elemente treten so unverkennbar hervor, daß ein moderner Kulturhistoriker behaupten konnte, in Sizilien habe sich »der Polytheismus so vollkommen im Heiligenkulte erhalten, daß man es begreiflich finde, wenn dort gebildete Männer noch heutigentags alles Ernstes dem monotheistischen Islam den Vorzug vor dem Christentum geben«[3]). Aber der Prozeß der Angleichung ist nicht in der Weise vor sich gegangen, daß einfach alte Götter in der Ganzheit ihres Wesens sich in bestimmte christliche Heilige verwandelt hätten[4]), und z. B. eine ganze Anzahl namentlich in der Heilung von Krankheiten und im Schutze gegen Seenot wirksamer Heiligen, insbesondere wenn sie paarweise auftreten, nichts andres wären als die ins Christliche übersetzten Dioskuren[5]): diese Anschauung hat

1) F. C. Baur, Die christl. Kirche vom Anfang des 4. bis Ende des 6. Jahrh. S. 272f. 2) Theodoret. graec. aff. cur. 8, 12ff. 3) Hartwig, Aus Sizilien II 103. 4) Lucius a. a. O. S. 202ff. 5) J. Rendel Harris, The Dioscuri in the christian Legends, 1903. Deubner, Kosmas und Damian

sich, mit soviel Geist und Scharfsinn sie auch verfochten worden ist[1]), nicht als haltbar erwiesen[2]). Aber wie man in späteren Jahrhunderten zuweilen aus einer antiken Statue einen Heiligen gemacht hat[3]), so haben für die Ausgestaltung der Heiligenvorstellungen an bestimmten Orten die dort heimischen Götterdienste des alten Glaubens reiche Beiträge geliefert, und es sind vielfach auch die neuen Heiligen in gewisse Funktionen eingetreten, in denen sie alte Götter und Dämonen ablösten; so hat sich z. B. der bis tief ins Mittelalter hinein fortlebende heidnische Kultus heiliger Bäume vielfach mit der Verehrung bestimmter christlicher Heiligen, wie des heiligen Silvester und des heiligen Silvanus, verbunden[4]). Hier und da in Gallien kehren die »Mütter« des keltischen Volksglaubens als die heiligen drei Marien wieder[5]), und der in der ostjordanischen Landschaft verehrte Lenker des Sonnenwagens HeliosAumu gestaltete sich zu dem mit feurigen Rossen gen Himmel fahrenden Propheten Elias um[6]). In viel weiterem Umfange als die Volksvorstellung war es die literarische Fixierung der Heiligenlegende, die mit Vorliebe an Motive aus dem antiken Mythus anknüpfte, wie sie z. B., um nur ein Beispiel von sehr vielen anzuführen, den christlichen Märtyrer Hippolytus von Pferden zerreißen ließ, weil dies das Ende des attischen Königssohnes war, dessen Namen er trug[7]). Im einzelnen Falle muß immer sorgfältig unterschieden werden, ob es sich um ein Fortleben von Stücken heidnischen Glaubens oder um eine Weiterverwendung allgemein verbreiteter Ausdrucksformen religiösen Denkens oder um die Herübernahme novellistischer Wandererzählungen handelt[8]).

(1907) S. 52ff. K. Jaisle, Die Dioskuren als Retter zur See bei Griechen und Römern und ihr Fortleben in christl. Legenden (Tübingen 1907) S. 36ff.

1) S. namentlich v. Gutschmid, Kl. Schrift. III 173ff. (Mithras = S. Georg). Usener, Legenden der Pelagia 1879; Vorträge u. Aufsätze S. 189 (Aphrodite = Pelagia); Sonderbare Heilige I 1907 (Priapus = Tychon), anderes bei O. Gruppe, Jahresb. über d. Fortschr. d. klass. Altertumswiss. CXXXVII 1908 S. 312ff. 2) G. Anrich, Hagios Nikolaos II (1917) S. 502ff. 3) Amelung, Röm. Mitteil. XII 1897 S. 71ff. 4) G. Stara-Tedde, Bull. arch. comun. XXXV 1907 S. 129ff., vgl. auch Wissowa, Relig. u. Kultus d. Römer² S. 213, 6. 5) Ihm, Bonner Jahrb. LXXXIII (1887) S. 74. 162 (zu nr. 385). E. Maaß, Internationale Wochenschr. f. Wissensch., Kunst und Technik vom 28. Mai 1910. F. Stähelin, Anz. f. Schweizer. Altertumskunde N. F. XXIII 1921 S. 30. Sainte Victoire verdankt ihre Erwählung zur Schutzheiligen des Dorfes Volx (Basses-Alpes) einem 1897 entdeckten gallorömischen, der Victoria gewidmeten Altar. Saintyves, Les saints successeurs des dieux (1907) S. 351. 6) Lebas-Waddington zu nr. 2497. Schürer, Gesch. d. jüd. Volkes II⁴ 47. Über die Neigung, heidnische Gottheiten in den (besonders in der griechischen Kirche verehrten) Kranke heilenden Erzengel Michael umzudeuten, vgl. Gothein, Kulturentwicklung Süditaliens (1886) S. 62ff. 7) Döllinger, Hippolyt u. Callistus S. 54ff. 8) Am besten darüber H. Delehaye, Les légendes hagiographiques (1906) S. 168ff.; Les origines du culte des martyrs (1912) S. 461ff.

XIV. DIE PHILOSOPHIE ALS ERZIEHERIN ZUR SITTLICHKEIT

Der Zusammenhang der antiken Sittlichkeit mit der Religion und ihre angebliche Gefährdung durch den Anthropomorphismus.

Daß auch die ganze antike Sittlichkeit im innigsten Zusammenhange mit der Religion steht, daß die Götter als Lenker der sittlichen Weltordnung und Vollstrecker ihrer Gesetze von den Menschen die Erfüllung der sittlichen Pflichten fordern, das Gute belohnen, das Böse strafen: dieses alles braucht für niemanden, der die antike Literatur auch noch so oberflächlich kennt, erst gesagt zu werden. Nachdem aber oben nachgewiesen worden ist, daß der Götterglaube auch im späten Altertum in den Massen unverändert fortbestand, bedarf die Ansicht der Widerlegung, es habe der Anthropomorphismus der griechischen Religion, der sich dann auch dem römischen Volksglauben mitgeteilt hatte, entsittlichend wirken können, indem er den Göttern menschliche Schwächen und Leidenschaften beilegte und sie die sittlichen Gesetze übertreten ließ. Daß die Christen bei der Bekämpfung des Heidentums sich dieses Arguments mit Vorliebe bedienten, versteht sich von selbst[1]). Die Heiden, sagt Lactantius, können unmöglich tugendhaft sein, selbst wenn sie von Natur gut sind, da ihre Götter sie durch ihr Beispiel zum Laster anweisen, wie Juppiter zum Ehebruch, Mars zum Blutvergießen, Merkur zum Betruge usw.[2]). Augustinus meinte sogar, daß die von den Heiden verehrten Dämonen sich Schandtaten zuschreiben ließen, die sie nie begangen hätten, um die Gemüter der Menschen zu umgarnen und sie mit sich ins Verderben zu reißen[3]). Aber auch unter den Anhängern des Götterglaubens fanden manche jene »Geschichten, welche die Sünde lehrten«[4]), sehr bedenklich. Dionys von Halikarnaß gab der römischen Theologie den Vorzug vor der griechischen, da der Nutzen der Legenden in der letzteren gering sei und sich nur auf die wenigen erstrecke, die ihren wahren Sinn erkannt hätten. Der große, der philosophischen Bildung bare Haufe dagegen werde durch sie zur Verachtung der Götter geführt oder dazu, die den Göttern beigelegten Schändlichkeiten und Verbrechen für erlaubt zu halten[5]). Daß Dionys in seiner Polemik gegen die Unvernunft des Volksglaubens sich zu einer solchen Behauptung hinreißen ließ, ist um so begreiflicher, als man annehmen darf, daß die Sophistik, die ihre Virtuosität auch in der Verteidigung, ja im Preise des Verwerflichen zu zeigen liebte, nicht ver-

Die Quelle der Entschuldigung der Sünde durch das Beispiel der Götter wohl die Sophistik.

1) Geffcken, Zwei griech. Apologeten S. 62. 80. 2) Lactant. Inst. div. V 10, 15 ff. 3) Augustin. C. D. II 10. 25. 4) Horat. carm. III 7, 19. 5) Dionys. Hal. Ant. R. II 20, 2.

schmähte, der Legende Argumente zu entlehnen: wie ja auch bei Aristophanes in den Wolken die »Ungerechte Rede« die Frage aufwirft, warum, wenn es eine Gerechtigkeit gebe, Zeus nicht dafür bestraft worden sei, daß er seinen Vater in Fesseln geworfen[1]. In den Homilien des sogenannten Clemens Romanus soll eine tugendhafte Frau durch ein »Lob des Ehebruchs« verführt werden: vielleicht war auch dies ein Thema der Rhetorenschule zur Übung in der Kunst, das Schlechte als gut, das Unrecht als Recht erscheinen zu lassen. Der Verteidigung des Ehebruchs, die hauptsächlich mit Berufung auf die Liebschaften des Zeus und der andern Götter (auch die Lehren der Philosophen) geführt wird, folgt eine Widerlegung, vielleicht ebenfalls ein Thema für Übungsreden. Dürfe man die Götter in ihren Liebschaften zum Muster nehmen, so auch in ihren Mahlzeiten: Kronos habe seine Kinder, Zeus die Metis verschlungen, Pelops sei sämtlichen Göttern als Speise vorgesetzt worden[2].

In der Tat ist es völlig undenkbar, daß die Taten, welche die Legende von den Göttern berichtet, jemals wirklich im Altertume Menschen in ihrem sittlichen Bewußtsein hätten beirren können, die überhaupt geistig und sittlich zurechnungsfähig waren; daß Ehebrecher, Mörder, Diebe ihre Verbrechen mit den Beispielen Juppiters, Merkurs usw. vor sich und andern im Ernst gerechtfertigt haben sollten. Ovid führt zum Beweise, daß es nichts gebe, was nicht, wenn mißbraucht, Schaden stiften könne, unter anderm an, daß Frauen, die im Entdecken von Gründen zum Sündigen geistreich sind, auch durch die Vergehungen der Göttinnen darauf geführt werden können: »verdorbne Gemüter kann alles irre leiten«[3]. Seneca drückt sich über diesen Punkt so aus, als wenn er die Möglichkeit eines so unbedingten Glaubens an den Inhalt der Legenden, daß er den Menschen die Scheu vor der Sünde benehmen würde, gar nicht befürchtete[4]; und ohne Zweifel mit Recht. Denn wenn die Ungläubigen den Volksglauben gerade wegen dieser Fabeln verwarfen, lösten die Vernunftgläubigen zu allen Zeiten die Widersprüche zwischen der Überlieferung und den Forderungen der Vernunft durch künstliche (euhemeristische oder allegorische) Auslegungen[5] oder durch die Annahme, daß die von den Göttern erzählten unsittlichen Handlungen den nur halbgöttlichen Dämonen beizulegen seien[6]; und die naiv und reflexionslos Gläubigen beschieden sich, hier Mysterien zu erkennen, an die das menschliche Verständnis nicht reichte, aus denen also um so weniger Normen für menschliches Handeln hergeleitet werden konnten.

Gegenüber den so überaus zahlreichen Zeugnissen für den Glauben an eine auf dem Willen der Götter beruhende und durch ihn aufrecht erhaltene sittliche Weltordnung, die in der griechischen und römischen Literatur überall verstreut sind[7], beruft man sich auf einige wenige frivole Scherze in Lustspielen und Liebesgedichten, wo Verliebte für ihre Listen und Verirrungen, selbst für Schändlichkeiten das Beispiel des Zeus und andrer Götter zur Entschuldigung

1) Aristophanes Nub. 904f. 2) Clem. Roman. Homil. V 9—19 (μοιχείας ἐγκώμιον); 21—26 ἀντίγραφον ἐπιστολῆς πρὸς 'Απίωνα ὡς παρ' ἐρωμένης). 3) Ovid. Trist. II 287—302. 4) Seneca de vit. beata 26, 6: *quibus nihil aliud actum est, quam ut pudor hominibus peccandi demeretur, si tales deos credidissent.* 5) Beide auch bei Clemens Rom. Hom. V 23. VI 2 ff. 6) Vgl. was Dionys von Halikarnaß I 57, 3 über die Geschichte von Mars und Rhea Silvia bemerkt. Lehrs, Popul. Aufs.² S. 166. 7) Vgl. z. B. Nägelsbach, Nachhomer. Theol. S. 27 ff.

anführen[1]), ja sogar auf den Monolog der Byblis in Ovids Metamorphosen, die ihre unnatürliche Leidenschaft für ihren Bruder durch die Geschwisterehe der Götter vor sich selbst zu rechtfertigen sucht![2]) Mit demselben oder noch besserem Grunde könnte man die öfters[3]) aufgestellte Behauptung, die schon die christlichen Apologeten des Altertums in Verlegenheit setzte[4]), daß die Vergehungen der Erzväter und andrer gottgefälliger Männer des Alten Testaments als demoralisierende Beispiele gewirkt haben, durch ähnliche scherzhafte oder freche Äußerungen in der neueren Literatur zu stützen suchen, in denen sich »der Teufel auf die Schrift beruft«: hier sei nur an ein sehr gemeines Gedicht Bürgers (Frau Schnips) erinnert. Ist es noch nötig, hervorzuheben, daß nicht bloß die bürgerliche Gesetzgebung jene Vergehungen überall streng bestrafte, sondern daß die Götter auch als Beschützer derselben Gesetze, die sie nach der Legende gebrochen hatten, verehrt und angerufen wurden, wie namentlich der griechische Zeus, der römische Juppiter ein Gott der Ehe war?

Mißverständnis der Natur der Gottheit und ihres Willens ist in keiner Religion ausgeschlossen. Benjamin Constant, dessen Bemerkungen über den Polytheismus überhaupt auch auf den damaligen Polytheismus Anwendung finden[5]), erinnert sehr richtig daran, daß der allgemeine Geist der Kulte oft mit ihren sittlichen Geboten in Widerspruch steht, und daß die Leidenschaften, die jener anregt, diesen hemmend entgegentreten; daß oft genug Morde in gutem Glauben vollbracht worden sind, um einem Gotte zu gefallen, zu dessen Geboten das »du sollst nicht töten!« gehört. »Die Fabeln, die eine Religion heiligt, sind der Gegenstand einer in gewisser Hinsicht mechanischen Gläubigkeit: sie scheinen sich zuweilen in einem besondern Fach der menschlichen Köpfe festzusetzen, ohne es je wieder zu verlassen. Rom führte seinen Ursprung auf die Liebschaft des Mars und der Rhea Silvia zurück, nichtsdestoweniger erlitt jede verführte Vestalin eine furchtbare Strafe.« Constant erläutert den unzweifelhaft richtigen Satz, daß die Freiheiten, die sich die Götter in der Legende inbezug auf das Sittengesetz erlauben, keineswegs ihre Gleichgültigkeit gegen dasselbe beweisen, durch das Beispiel der Könige, deren Ausschweifungen nichts an den Gesetzen gegen die Ausschweifungen der Staatsangehörigen ändern. »In dem mazedonischen Lager wurde der des Mords überführte Soldat von Alexander verurteilt, obwohl er selbst der Mörder des Clitus war. Gleich den Großen dieser Welt haben die Götter einen öffentlichen und einen Privatcharakter. In jenem sind sie die Stützen der Sittlichkeit, in diesem folgen sie nur ihren Neigungen, aber Beziehungen zu den Menschen haben sie nur in ihrem öffentlichen Charakter.« »Die Götter sind nicht Urheber, sondern Gewährleister des Sittengesetzes. Sie beschützen es, aber ändern es nicht, sie erlassen seine Gebote nicht, sondern erhalten sie in Kraft. Sie belohnen das Gute, bestrafen das Böse, aber ihr Wille entscheidet nicht, was gut und böse ist, und die menschlichen Handlungen leiten ihr Verdienst aus sich selbst ab.«

1) Das älteste Beispiel bietet wohl Theogn. 1345 ff. Über die alexandrinische Liebespoesie (zu der auch Martial. XI 43 zu rechnen ist) s. Rohde, Griech. Roman[3] S. 114 f. Über Terent. Eun. 584 ff. vgl. Augustin. conf. I 16, 26; C.D. II 7. 2) Ovid. Met. IX 497 ff. 3) z. B. von Seume (Spaziergang nach Syracus, Ges. Schriften 1823 II 316 f.). 4) Clem. Rom. Homil. II 41 ff. III 38 ff. Sie lösten jedoch die schwierigsten Aufgaben dieser Art; auch Lot und seine Töchter wurden entschuldigt. Ambrosius De Abraham I 6, 56. 5) B. Constant, Du polythéisme Romain (1833) I 57 ff.

Wesen der antiken Sittlichkeit im Gegensatz zur christlichen.

Wenn nun auch der Glaube an das Walten göttlicher Mächte, die Ehrfurcht vor ihrem Willen, die Hoffnung auf ihre Gnade, die Furcht vor ihrem Zorn im ganzen Altertum zu den wesentlichsten Stützen der Sittlichkeit gehört und (wie bemerkt) auch als solche gegolten haben, so war doch die Sittlichkeit nicht eigentlich darauf gegründet. Die Pflichten der Menschen gegen Gottheit, Menschheit und ihr eigenes Selbst waren nicht durch Offenbarungen eines höheren Willens, nicht durch die Lehre eines göttlichen Propheten verkündet; die Heiden hatten das Gesetz nicht von außerhalb empfangen, sie waren, wie der Apostel sagt, sich selbst das Gesetz, und sie waren nicht bloß auf die eigne Erkenntnis ihrer Pflichten, sondern auch auf ihre eigne Kraft gewiesen. Der Begriff einer absoluten, auf übernatürlicher Offenbarung beruhenden Wahrheit fehlte ihnen ganz, und damit das Verständnis dafür, daß der Glaube und vollends die Unterordnung der Vernunft unter den Glauben ein Verdienst sein, eine erlösende und beseligende Kraft haben können. Für sie war die höchste Aufgabe des denkenden Geistes das Suchen nach Wahrheit, dem nach der Überzeugung der Christen die Offenbarung für immer ein Ziel gesetzt hatte, so daß es fortan nicht bloß überflüssig, sondern auch nicht mehr erlaubt war. Wir haben nach Christus keine Wißbegier nötig, noch nach dem Evangelium eine Forschung, sagt Tertullian; wenn wir glauben, verlangen wir nichts, was über den Glauben hinaus ist. Die Heiden bezeichnet Paulinus von Nola als die, die ewig nach der Erkenntnis suchen, aber sie nie finden[1]). Du sollst glauben, das war nach Julian dem Abtrünnigen der letzte Schluß der christlichen Weisheit, und der Arzt Galen, der von der Sittlichkeit der Christen eine hohe Meinung hatte, konnte die Gläubigkeit nicht begreifen, mit der sie, ebenso wie die Juden, an unbewiesenen Sätzen hingen[2]).

Die Moralphilosophie. Die Erkenntnis Grundlage der Glückseligkeit.

Während die Sendboten des Christentums die Erlösung durch den Glauben verhießen, verkündete die heidnische Philosophie die Befreiung durch das Wissen. Die Erkenntnis des Bösen und des Guten (nach der Genesis die Verheißung des Versuchers) war für sie das erreichbare Ziel des menschlichen Strebens, der aus eigner Kraft zu gewinnende Grund, auf dem allein die Sittlichkeit beruhen konnte. Nach Sokrates ist das Wissen die Wurzel alles sittlichen Handelns, die Unwissenheit die aller Verfehlungen; es gibt aber so wenig ein Wissen ohne Tugend wie eine Tugend ohne Wissen, und in demselben Sinne definierten die Stoiker die Tugend als Wissenschaft, die Untugend als Unwissenheit. Durch die Vernunft war also die Tugend und mit ihr die Glückseligkeit schon in diesem Leben erreichbar: durch sie vermochte der Mensch dem Göttlichen in seiner Natur deren niedere Triebe zu unterwerfen; denn daß die menschliche Natur von Grund aus böse sei, davon wußte das Heidentum nichts — selbst nach orphischer Lehre war ja in ihr das dionysische Gute ebensowohl wie das titanische Böse vorhanden —, deshalb war auch das Bedürfnis der Erlösung durch übernatürliche Gnade dem eigentlichen Wesen des antiken Geistes fremd; und erst als das Heidentum gealtert und seine Kraft gebrochen war, hat es je länger je mehr über ihn Macht gewonnen. Unter den heidnischen Tugenden war für die Demut ebensowenig ein Platz wie für jene Geduld, die

1) Tertull. de praescr. haer. 7. Paulin. Nolan. ep. 16, 11. 2) Julian. bei Gregor. Naz. or. 4, 102 (Migne gr. XXXV 827). Galen. VIII 579; vgl. Norden, Die antike Kunstprosa II 453 ff.

dem, der eine Backe schlägt, die andre hinreicht. Und wenn Lucan dem das Leben von sich werfenden Cato die Worte in den Mund gelegt hat, den Göttern habe die Sache der Sieger gefallen, ihm aber die der Besiegten, so steht dieser die himmlischen Mächte des Irrtums zeihende Trotz dem christlichen Gefühl menschlicher Ohnmacht und Nichtigkeit und der demütigen Ergebung in den Willen Gottes gegenüber wie ein Pol dem andern.

Dem Wissenden (dem Weisen) wurden die Übel, welche die Menschheit quälen, wesenlos, oder sie vermochten doch nicht eine in sich selbst ruhende und abgeschlossene Seligkeit zu stören; war doch, wie Sokrates sagt, das ganze Leben der Philosophen eine Vorbereitung auf den Tod, der ihnen unter allen Menschen am wenigsten Schrecken einflößte[1]). Durch die Erkenntnis ward der Mensch über das Niveau menschlicher Schwäche erhoben, den Einwirkungen der Außenwelt entzogen, für ihre Schläge unverwundbar. Jene Seligkeit aber bestand nicht im Besitze, sondern in der Entsagung, der Bedürfnislosigkeit, wie sie mit vollster Konsequenz der Kynismus anstrebte, im Verzichte nicht bloß auf äußere Güter, sondern auch auf die wichtigsten Interessen, auf die angebornen und beglückenden Neigungen und Gefühle der menschlichen Natur. Der Wahlspruch Epictets: Ertrage und entsage! faßt in gewissem Sinne die Summe der Lebensweisheit, also auch der Glückseligkeitslehre aller philosophischen Systeme zusammen. Das Ziel aller Erkenntnis, sagt Seneca, ist, das Leben zu verachten[2]); glückselig, sagt Demonax, ist nur der Freie, und frei nur, wer nichts hofft und nichts fürchtet[3]). In der Abschließung vom Staatsleben kommen Epikureismus und Stoizismus mit dem Christentum überein; wie der Apostel Paulus stellte nicht bloß Epikur, sondern auch Epictet die Ehelosigkeit über die Ehe; die Skepsis gründete die Glückseligkeit auf die Erkenntnis der Unmöglichkeit des Wissens, also eigentlich auf einen Verzicht selbst auf die Erkenntnis.

Die Glückseligkeit Resignation.

Die antike Philosophie überwand also die Schrecken des Todes nicht durch die Hoffnung auf eine überirdische Seligkeit, sondern durch die Erkenntnis des geringen Werts des irdischen Daseins. Und ebensowenig wie den Glauben und die Hoffnung der Christen besaß das Heidentum die Liebe, die aus Ehrfurcht vor dem, was unter uns ist, entspringt. Erst das Christentum hat die Menschheit gelehrt, »auch Niedrigkeit und Armut, Spott und Verachtung, Leiden und Tod als göttlich zu erkennen, ja Sünde und Verbrechen nicht als Hindernisse, sondern als Fördernisse des Heiligen liebzugewinnen und zu verehren«[4]). Die antike Welt ist davon weit entfernt gewesen, wenngleich es auch dort an einzelnen Regungen dieses Gefühls nicht gefehlt hat. Plato und Aristoteles haben für ihren Idealstaat die Tötung gebrechlicher und verstümmelter Kinder in Aussicht genommen. Seneca mißbilligt das Ertränken verkrüppelter und mißgeborener Kinder ebensowenig wie das Ertränken toller Hunde und kranken Viehs, das die ganze Herde anstecken könnte. Daß der Weise nach stoischer Lehre weder Mitleid empfinden noch verzeihen solle, können, wie Seneca meint, nur Unverständige als zu große Härte ansehen. Der Weise darf sich die Heiterkeit der Seele ebensowenig durch Mitleid wie durch andre Affekte trüben lassen, es

1) Plato Phaedon 80 E. Cic. Tusc. I 74. 2) Seneca ep. 111, 5. 3) Lucian. Demonax 20.
4) Goethe, Wilh. Meist. Wanderjahre II 1, Werke XXIV 243 f. d. Weim. Ausg.

ist eine Schwäche kleiner Geister, besonders der Weiber; er wird die Tränen der Weinenden trocknen, aber nicht mit ihnen weinen, er wird nicht bemitleiden, sondern helfen. Ebenso wird er zwar Milde und Gnade walten lassen, aber nicht verzeihen, denn Verzeihung ist der Erlaß einer verdienten Strafe[1]).

Verhältnis zur Gottheit und Menschheit.

Von der Gottheit fühlte der antike Mensch sich schon darum nicht durch einen unermeßlichen Abstand getrennt, weil er ihr nicht als Geschöpf dem Schöpfer gegenüberstand, und das verschiedene Verhältnis zur Gottheit bedingte auch ein verschiednes Verhältnis zur Menschheit. Die christliche Grundanschauung, daß alle Menschen Erschaffene eines Schöpfers, Kinder eines Vaters, folglich durch das Band der Brüderlichkeit verbunden, gleichberechtigt und gleichverpflichtet zu gleicher Liebe sind: diese Anschauung hat sich im außerchristlichen Altertum erst in der Zeit des römischen Weltreichs entwickelt[2]): allgemein ist sie nie geworden. Im Gegensatze zu jener unterschiedslosen Gleichheit aller Geschaffenen vor Gott erkannte das griechische und römische Altertum die zahlreichen Abstufungen der menschlichen Existenz, die politische, nationale und soziale Entwicklungen geschaffen hatten, als zu Recht bestehend an, und weder ein göttliches Gebot noch ein sittliches Gesetz hinderte den Bevorzugten, sein besseres Recht gegenüber dem minder Berechtigten in seiner ganzen Tragweite geltend zu machen. Die Existenz des Menschen war für den Menschen nicht in dem Grade heilig, wie sie es vor einer Gottheit sein muß, von der alles Leben ausgeht, und die das ihr allein zustehende Recht, ihre Geschöpfe zu vernichten, diesen gegeneinander nicht nur nicht eingeräumt, sondern ausdrücklich versagt hat. Aus der Stellung, die dem Menschen die antike Auffassung der Weltordnung anwies, ergab sich ihm mit seiner größeren Freiheit und Selbständigkeit auch eine weitergehende Befugnis, über die eigne Existenz sowie über die der in seine Obhut oder Macht Gegebenen zu verfügen. Nicht bloß der Herr hatte das Recht über das Leben seiner Sklaven, auch der Vater hatte es über das seiner Kinder, deren Aussetzung erst sehr spät für strafbar erklärt worden ist. In der Frage über die sittliche Zulässigkeit des Selbstmords waren die Meinungen geteilt[3]). Plato, auch hierin dem Christentum sich nähernd, verneinte sie (im Anschluß an die Pythagoreer): der Mensch als Eigentum der Gottheit dürfe den ihm angewiesenen Ort nicht eigenmächtig verlassen[4]); doch Plotin fand den Selbstmord nicht unter allen Umständen verwerflich[5]). Die Stoiker und Kyniker erklärten ihn nicht bloß für zulässig, sondern sahen darin die höchste Betätigung der sittlichen Freiheit[6]).

Anerkennung der heidnischen Ethik durch die Christen. Clemens von Alexandria.

Was endlich die Stellung der Christen in den ersten Jahrhunderten zu der heidnischen Ethik betrifft, so haben sie mindestens großenteils den fundamentalen Gegensatz »der Tugend aus Gerechtigkeit und der Tugend aus Gnade« offenbar nicht in seiner ganzen Schärfe empfunden[7]). Für Clemens von Alexandria[8]), wie für alle Christen, die in jener Zeit der Philosophie einen wesentlichen Teil ihrer Bildung verdankten, war es unzweifelhaft, daß auch sie die Wahrheit enthielt, mochte diese Wahrheit von den Philosophen aus dem

1) Friedlaender, Histor. Zeitschr. LXXXV 1900 S. 244. 2) Zeller, Philos. d. Gr. III 1⁴ S. 13. 3) Vgl. dazu Hirzel, Arch. f. Religionswiss. XI 1908 S. 258ff. 277ff. 417ff. 4) Zeller a. a. O. II 1⁴ S. 891. 5) ebd. III 2⁴ S. 656. 6) ebd. III 1⁴ S. 314ff. 752. 800. 7) Renan, L'église chrétienne 386f. 8) z. B. Clem. Alex. strom. I 16, 80, 5f. (p. 52 Stähl.).

Alten Testament entlehnt oder ihnen von niedern Engeln zugetragen worden sein; das Falsche daran rührte aus Mißverständnissen her oder war von Pseudopropheten eingeschwärzt, die der Teufel gesandt hatte. Die Philosophie verhielt sich zum Christentum, wie das Abgeleitete zum Ursprünglichen, wie Bruchstücke und Teile zum Einen und Ganzen; sie war eine Vorläuferin Christi, die zu der in ihm kommenden Vollendung erzog; wie den Juden das Gesetz, so war sie den Heiden gegeben. So wurden von Juden und Heiden einige gerecht vor Gott, vor allen Plato und sein Lehrer Sokrates (die in Luthers Augen gottlose Heiden waren) redeten nach Gottes Geist. Auch für die Christen war sie wertvoll, ja unentbehrlich; die sie verschmähenden Glaubenschristen fürchteten sie, wie die Kinder die Larven, ohne sie beurteilen zu können.

Verbreitung der griechischen Philosophie in der römischen Welt.

Seit der Mitte des 2. Jahrhunderts v. Chr. hatte, wie gesagt, die Verbreitung griechischer Philosophie nach Rom und dem Westen begonnen und trotz aller Versuche sie aufzuhalten stetig zugenommen[1]). Die Vervielfältigung der Beziehungen zu Griechenland, die immer im Steigen begriffene Einwanderung griechischer Gelehrter in Rom, die immer häufigeren, oft mit längeren Aufenthalten verbundenen Reisen der Römer nach Griechenland, alles dies leistete auch dem Eindringen griechischer Kunst und Wissenschaft und namentlich Philosophie mächtigen Vorschub. Als Cicero die unfreiwillige Muße seiner letzten Jahre (45—43) damit ausfüllte, die wichtigsten Resultate der nacharistotelischen Philosophie römischen Lesern in populärer Form zugänglich zu machen, kam er offenbar einem unter seinen gebildeten Landsleuten höchst verbreiteten und lebhaft empfundenen Bedürfnisse entgegen. Seine philosophischen Werke, die so wesentlich dazu beigetragen haben, allen folgenden Jahrhunderten die Kenntnis griechischer Philosophie zu vermitteln, bildeten den Kern der neu entstehenden römischen philosophischen Literatur; ihre gelesensten Schriftsteller zählt Quintilian auf[2]): es waren (außer Lucrez) die Stoiker Brutus, Plautus und Seneca, der Anhänger der (der Stoa nahestehenden) Sextier Cornelius Celsus und der Epikureer Catius, zu denen dann im 2. Jahrhundert noch der Platoniker Apulejus und später die Neuplatoniker Cornelius Labeo und Marius Victorinus hinzugetreten sind.

Die Opposition gegen die Philosophie. Die im römischen Nationalcharakter begründeten Antipathien.

Obwohl nun aber seit dem Untergange der Republik die der Verbreitung griechischer Philosophie in der römischen Welt günstigen Einflüsse sich vermehrten und an Stärke gewannen, so erhielt sich doch jene altrömische Abneigung gegen sie, die im wesentlichen auf dem Gegensatze des auf praktische Zwecke gerichteten Sinns gegen die Theorie, des Realismus gegen den Idealismus beruhte. Die Ansicht, die Ennius eine seiner Personen aussprechen ließ, daß es wohl gut sei, von der Philosophie zu nippen, aber nicht sich in sie zu versenken[3]), war auch die des Tacitus und aller gleichgesinnten römischen Staatsmänner und Patrioten, die notwendig Gegner einer Spekulation sein mußten, die zur Gleichgültigkeit gegen den Staat und seine wichtigsten Inter-

1) G. Boissier, Religion rom. II 6ff. Zeller, Vortr. u. Abhandl. II 106ff. Über die Anfänge der Philosophie in Rom bis auf Augustus s. auch R. Hirzel bei Gardthausen, Augustus I 1296ff. II 881ff.
2) Quintilian. X 1, 123ff. 3) Enn. scaen. 376f. Vahlen².

essen führte. Erkannte man gleich die Forderung an, sich mit den Lehren der Philosophie bekannt zu machen[1]), gestand man ihr auch einen heilsamen, »die Leidenschaften mäßigenden« Einfluß zu: so erschien doch in diesen Kreisen ein allzueifriges Studium ihrer Doktrinen für einen Römer und Senator unerlaubt[2]). Helvidius Priscus, der das Studium der stoischen Philosophie trieb, »um gegen Schicksalsschläge gerüstet sich den Staatsgeschäften zu widmen«, und in allen Lebensverhältnissen den höchsten sittlichen Anforderungen genügte, machte nach Tacitus Ansicht eine Ausnahme, da die meisten die »höheren Studien« nur trieben, um »unter prächtigen Namen einen trägen Müßiggang zu verhüllen«[3]). Der so hoch verehrte Musonius Rufus spielt bei Tacitus die Rolle eines lächerlichen Pedanten, der seine Weisheit im ungeeignetsten Moment auskramt: er versucht (im Jahre 70) durch Vorträge über die Güter des Friedens und die Übel des Kriegs auf die vor den Toren Roms stehenden Legionen des Antonius Primus Eindruck zu machen und entgeht mit Mühe den Mißhandlungen der Soldaten[4]). Auch Quintilian stellt den »bürgerlichen und wahrhaft weisen Mann, der sich nicht müßigen Erörterungen, sondern der Staatsverwaltung widmet«, den Philosophen gegenüber, die ihr wie überhaupt allen bürgerlichen Pflichten so fern wie möglich stehen. »Welcher Philosoph«, fragt er, »ist jemals als Richter oder in Volksversammlungen hervorragend tätig gewesen? Welcher hat sich je mit der Staatsverwaltung, für welche die meisten Regeln geben, befaßt?«[5]) Der jüngere Plinius rühmt den Titius Aristo als einen Mann, der keinem von denen, welche die Philosophie in ihrer äußern Erscheinung zur Schau tragen, an Reinheit, Frömmigkeit, Gerechtigkeit, Seelenstärke nachstehen dürfte. »Doch sucht er nicht Gymnasien und Säulengänge auf und vertreibt sich und andern mit langen Vorträgen die müßige Zeit, sondern ist stets in der Toga und in Geschäften«[6]). Vollends unverträglich mußte eine eingehende Beschäftigung mit der Philosophie Männern dieser praktischen Richtung für einen Regenten erscheinen. Welche Kritik die philosophischen Studien Marc Aurels bei diesen Gegnern der Philosophie erfuhren, davon geben einige Äußerungen des Prätendenten Avidius Cassius eine Probe[7]). Er nannte den Kaiser bald den »Disputierer«, bald das »philosophische alte Weib«: er »stellt Untersuchungen über die Elemente und über die Seelen und über Tugend und Gerechtigkeit an und hat kein Herz für den Staat. — Du hast gehört, daß der Präfekt des Prätorium unseres Philosophen, der drei Tage vor seiner Ernennung bettelarm war, plötzlich reich geworden ist.« Als Alexander Severus auf den Rat seiner Mutter Mamäa das Studium der Musik und Philosophie aufgab, bestärkten ihn in seinem Entschlusse die ihm statt eines Orakels gebotenen Vergilischen Verse, die den Römer zur Beherrschung der Völker berufen nennen, während andre Völker in Kunst und Wissenschaft den Preis erringen mögen[8]).

Mißliebigkeit der Philosophie bei den Regierungen. Verfolgungen der Philosophen.

Wie die Mutter Alexanders, so hatte auch die Mutter Neros ihren Sohn vom Studium der Philosophie abgehalten, zu dem er durch den Stoiker Chäremon[9]),

1) Tac. Dial. 19, 6; vgl. Plato Gorgias 484 C. 2) Tac. Agric. 4. 3) Tac. H. IV 5. 4) ebd. III 81. 5) Quintilian. XII 2, 6 f.; vgl. X 1, 35 f. 6) Plin. ep. I 22, 6. 7) Hist. aug. Avid. Cass. 1, 8. 3, 5. 14, 5. 8. 8) Hist. aug. Alex. Sev. 14, 5 (Verg. Aen. VI 847 ff.). 9) Zeller, Philos. d. Gr. III 1⁴ S. 712 Anm.

dann durch Seneca angeleitet worden war, »weil sie für einen künftigen Regenten schädlich sei«[1]). In den Kreisen, die ein lebhaftes Interesse an der Aufrechthaltung der bestehenden Ordnung hatten, vor allem in Regierungskreisen und an den Höfen, wurde die Philosophie nicht sowohl gering geachtet als gefürchtet: der Cäsarismus erkannte in der »Ideologie« für sich eine Gefahr, und nicht ohne Grund. Die Rede, in welcher Cassius Dio den Mäcenas vor Augustus die Grundsätze der kaiserlichen Politik entwickeln läßt, enthält auch eine Warnung vor den Philosophen[2]), die revolutionäre Ansichten verbreiten. Der Kaiser möge nicht glauben, daß alle wirklichen oder angeblichen Philosophen gute und rechtschaffne Männer seien, weil er Areus und Athenodorus als solche erprobt habe: vielmehr bedienen sich viele dieser Maske, um Staaten und einzelnen unzählige Übel zuzufügen. In der Tat bekannten sich, wie die Mörder des ersten Cäsar, so überhaupt Frondierende und namentlich die hervorragendsten Führer der senatorischen Opposition im 1. Jahrhundert zu den Lehren der stoischen Schule, darunter Republikaner, wie Pätus Thrasea und Helvidius Priscus, die nach einem politischen Märtyrertume strebten, und von den Teilnehmern an der Pisonischen Verschwörung gegen Nero (65) mindestens Lucan und Seneca[3]). Die Verdächtigungen des Stoizismus und der Philosophie überhaupt fanden bei den Kaisern nur zu leicht ein offenes Ohr. Schon im Jahre 62 war Rubellius Plautus im Exil getötet worden, der, wie Tigellinus Nero vorstellte, die »Nachahmung der alten Römer zur Schau trug und die Anmaßung der stoischen Schule angenommen hatte, welche unruhige und die Gefahr aufsuchende Geister bilde und erzeuge«[4]). Zur Verfolgung Thraseas (im Jahre 66) ward Nero von Capito Cossutianus gereizt, der dessen Fernbleiben von den Senatsberatungen als Auflehnung, ihn selbst als ein Parteihaupt schilderte: er habe Anhänger oder vielmehr Trabanten, die noch nicht den Trotz seiner Äußerungen, doch sein Benehmen und seine Manieren nachahmten, starr und finster, als wollten sie den Kaiser der Ausgelassenheit bezichtigen. Entweder möge man jene Grundsätze annehmen, wofern sie die besseren seien, oder den Neuerungssüchtigen ihre Führer und Anstifter entreißen. Diese Sekte habe die Tuberonen, die Favonier, Namen, die sogar dem alten Freistaate verhaßt waren, erzeugt. Um die Monarchie zu stürzen, schützen sie die Freiheit vor; haben sie jene gestürzt, so werden sie die Freiheit selbst angreifen[5]). Der Eidam des Thrasea, Helvidius Priscus, der mit jenem, wie man in Rom erzählte, die Geburtstage des Brutus und Cassius festlich beging[6]), wurde unter Vespasian (zum zweitenmal) verbannt und in der Verbannung getötet. Er, der später zu den gefeierten Idealgestalten der stoischen Schule gehörte[7]), den der jüngere Plinius und auch Tacitus trotz seiner Eingenommenheit gegen das politische Märtyrertum mit Verehrung nennen, wird von konservativen Monarchisten wie Sueton und Cassius Dio verurteilt und sein Untergang als ein selbstverschuldeter dargestellt. Nach der Darstellung des ersteren[8]) bewies Vespasian seinem herausfordernden Trotze gegenüber die äußerste Langmut, wollte seinen Tod, leider

1) Sueton. Nero 52. 2) Cass. Dio LII 36, 4. 3) Zeller a. a. O. S. 713f. Anm. 4) Tac. A. XIV 57. In demselben Sinne nannte Aquilius Regulus den Arulenus Rusticus *Stoicorum simiam*, Plin. ep. I 5, 2. 5) Tac. A. XVI 22. 6) Juv. 5, 36f. 7) Epictet. Diss. I 2, 19. 8) Sueton. Vespas. 15.

zu spät, verhindern und hatte ihm nicht eher gezürnt, als bis er von ihm »durch höchst freche Schmähungen beinahe zurechtgewiesen« worden war. Dios Darstellung ist nur bruchstücks- und auszugsweise erhalten; allerdings sucht er die Gehässigkeit des Verfahrens gegen Helvidius und die Philosophen überhaupt Vespasians mächtigstem Freunde Mucianus aufzubürden [1]), aber Helvidius sei aufrührerisch und ein Pöbelfreund gewesen, habe stets die Monarchie geschmäht, die Demokratie gelobt, demgemäß gehandelt und andre aufgereizt; als ob es die Aufgabe der Philosophie sei, die Regierung mit Kot zu bewerfen, die Massen aufzuregen, das Bestehende umzustürzen und Umwälzungen herbeizuführen. Helvidius habe Thrasea nachgeahmt, ihm aber weit nachgestanden. Thraseas Opposition war gegen einen Nero gerichtet und blieb doch in Rede und Handlung maßvoll, sie beschränkte sich auf passiven Widerstand. Helvidius war mit einem Vespasian unzufrieden und trat ihm öffentlich und in Privatkreisen entgegen, er suchte den Tod und büßte für vielfache Verschuldungen. Auch andre Stoiker und der von Seneca bewunderte Kyniker Demetrius äußerten nach Dio öffentlich Ansichten, die mit dem Bestehenden unverträglich waren, und so erfolgte (wohl im Jahre 74) [2]) eine Ausweisung aller Philosophen aus Rom, mit alleiniger Ausnahme des (von Nero verbannt gewesenen) Musonius Rufus; Demetrius und ein Hostilius wurden auf Inseln verwiesen [3]). Eine zweite Verbannung der Philosophen erfolgte im Jahre 95 durch Domitian, im Zusammenhange mit dem Prozesse des Stoikers Junius Arulenus Rusticus, der Thrasea in einer Lobschrift einen heiligen Mann genannt hatte, und andrer gleichgesinnter Senatoren: »die ganze Verfolgung traf die politische Opposition, insofern sie in der Literatur und auf dem Katheder ihren Ausdruck fand, und während die namhaftesten Schriftsteller und Lehrer kriminell bestraft wurden, wies die Regierung die große Masse derselben aus der Hauptstadt aus« [4]).

Umschlag nach dem Tode Domitians.

Nach dem Tode Domitians änderte sich mit dem ganzen Regierungssystem auch die Stellung der Kaiser gegenüber der Philosophie, die nun nicht bloß aufhörte, als regierungsfeindlich zu gelten, sondern bald auf jede Weise begünstigt wurde. In einem bald nach Domitians Tode (96 oder 97) geschriebnen Briefe äußert Plinius seine Freude über das herrliche Wiederaufblühen des geistigen Lebens in Rom, wovon die Beispiele zahlreich und leuchtend seien; doch genüge es, eines anzuführen, die Vorträge des stoischen Philosophen Euphrates [5]). An Trajan rühmt Plinius, daß er sich die Erziehung der Jugend ganz besonders angelegen sein lasse, den Lehrern der Beredsamkeit und Philosophie große Ehre erweise. »Die Studien, die mit dem Exil von einem Fürsten bestraft worden waren, der im Bewußtsein seiner Laster alle dem Laster feindlichen Bestrebungen mehr aus Scheu als aus Haß verbannte, hegt nun Trajan und zieht sie in seine Nähe. Sie haben Blut und Leben, haben ihr Vaterland wiedergewonnen« [6]). Dio von Prusa, der unter Domitian in der Verbannung gelebt hatte, kehrte nach seinem Tode zurück; die Regierung des ihm von früher befreundeten Nerva war zu kurz, als daß er von seiner Gunst hätte Vorteil ziehen

1) Cass. Dio LXVI 12f. 2) Weynand, Real-Encykl. VI 2661. 3) Cass. Dio LXVI 13. 4) Mommsen, Ges. Schrift. IV 418f. Die Stellen bei Weynand a. a. O. S. 2576f., über das Jahr 95, nicht 93) W. Otto, Zur Lebensgeschichte des jüngeren Plinius (Sitz. Ber. Akad. München 1919, Abh. 10) S. 48f. 5) Plin. ep. I 10, 1. Mommsen a. a. O. S. 371ff. 6) Plin. Paneg. 47, 1.

können; doch Trajan soll ihn geflissentlich ausgezeichnet haben[1]), und Dio sagt in einer seiner für ihn bestimmten paränetischen Reden über die Herrschaft: der Kaiser erfreue sich an Wahrheit und Freimütigkeit, nicht an Schmeichelei und Lüge[2]). Hadrian, welcher den Umgang mit Philosophen wie mit Gelehrten aller Art suchte, hat vielleicht zuerst öffentliche Lehrer der Philosophie in Rom angestellt, und es hängt auch wohl damit zusammen, daß unter demselben Kaiser die Häupter der großen Philosophenschulen in Athen römische Bürger sein müssen[3]), was wohl auch für den Vorsteher des alexandrinischen Museums gilt[4]). Antoninus Pius stellte öffentliche Lehrer der Philosophie in allen Provinzen an, nach seinem Schreiben an den Landtag der Provinz Asien sollte die Abgabenfreiheit, die bei andern Lehrern auf eine nach der Größe der Städte sich bestimmende Zahl beschränkt war, für die Philosophen unbeschränkt gelten, da es ihrer so wenige gebe[5]). Die Besoldungen der ins Museum zu Alexandria berufenen Gelehrten, also auch der dortigen Philosophen, dauerten fort; in Athen wurden durch Marc Aurel aus den vier bedeutendsten Schulen öffentliche Lehrer bestellt[6]).

Begünstigung der Philosophie unter Marc Aurel — Unter diesem Philosophen auf dem Thron wurde die Philosophie Mode, selbst bei den Frauen; der einst so sehr verfolgte Stoizismus galt nun als Empfehlung und wurde von Strebern zum Schein angenommen oder zur Schau getragen[7]). Von den Lehrern des Kaisers in der Philosophie sah man besonders den Stoiker Q. Junius Rusticus und den Peripatetiker Cn. Claudius Severus hochgeehrt und einflußreich. Jener, ein Sohn oder Enkel des von Domitian Hingerichteten, war der Ratgeber Marc Aurels in allen öffentlichen und privaten Angelegenheiten und sein Wort galt im Frieden wie im Kriege; der Kaiser umarmte ihn stets vor den Präfekten des Prätorium, ernannte ihn zweimal zum Konsul und ließ ihm nach seinem Tode durch den Senat Statuen errichten[8]). Cn. Claudius Severus, ein vornehmer Mann, war bereits 146 Konsul gewesen, seinen gleichnamigen Sohn (Konsul 163 und 173) erhob Marc Aurel zu seinem Schwiegersohne[9]).
und Severus. Von den spätern Kaisern legte namentlich Septimius Severus in Befolgung des von Marc Aurel gegebenen Beispiels Interesse für Philosophie an den Tag[10]), und nach Tertullian genossen unter ihm die Philosophen große Redefreiheit; trotz ihrer Angriffe gegen die Kaiser erhielten sie Gehälter und Statuen[11]). Auch des Septimius Severus Gemahlin Julia Domna wandte sich, als sie mit ihm durch

1) v. Arnim, Leben u. Werke des Dio von Prusa S. 223ff. 329f. 2) Dio Chr. or. 3, 2 (I 34 Arn.). 3) Das geht aus der oben I 295 erwähnten Einwirkung der Plotina hervor; s. Mommsen, Ges. Schrift. III 52. Diels, Archiv f. Gesch. d. Philos. IV 1891 S. 490. 4) Mommsen a. a. O. 5) Digest. XXVII 1, 7; vgl. oben I 176. 6) Lucian. Eun. 3. Philostr. v. soph. II 2. Cass. Dio LXXI 31, 3 (vgl. oben I 413). Zeller III 1 [4] S. 708ff. Für spätere Zeit Symmach. ep. X 5 (er schreibt als Stadtpräfekt an Theodosius) *inter praecipua negotiorum saepe curatum est, ut erudiendis nobilibus philosophi praeceptores ex Attica poscerentur. — nunc vestri saeculi bonitas ultro optimatem sapientiae Romanis gymnasiis adrogavit. si quidem Celsus, ortus Archetimo patre, quem memoria litteratorum Aristoteli subparem fuisse sentit, iuventuti nostrae magisterium bonarum artium pollicetur, nullum quaestum professionis adfectans atque ideo dignus in amplissimum ordinem cooptari, ut animum vitiis avaritiae liberum dignitatis praemio muneremur.* 7) Cass. Dio LXXI 35, 2; vgl. oben I 34. 301. 8) Hist. aug. M. Aurel. 3, 2ff. Er war Konsul 133 und 162, Stadtpräfekt vor 168, Prosop. imp. Rom. II 243 nr. 535. 9) Groag, Real-Encykl. III 2868f. nr. 346. 348. 350. 10) Hist. aug. Sept. Sever. 18, 5; Geta 2, 2. 11) Tertullian. Apologet. 46.

die Ränke des Günstlings Plautianus zerfallen war, der Weltweisheit zu und umgab sich mit Philosophen[1]).

Versuche, die Vorwürfe der Regierungsfeindlichkeit der Philosophie zu entkräften.

In der Zeit der Verdächtigungen und Verfolgungen der Philosophie fehlte es übrigens nicht an Philosophen, die sich eifrig bemühten, sich und ihre Wissenschaft den Regierungen als vollkommen ungefährlich darzustellen. Martials Freund und Landsmann, der Sachwalter Decianus aus Emerita, bekannte sich zwar zu den Lehren Thraseas und Catos, d. h. er war Stoiker, aber vernünftig genug, um nicht mit bloßer Brust auf entblößte Schwerter zu rennen, wofür Martial ihn lobt: er will keinen Mann, der den Ruhm mit übereilter Vergießung seines Bluts erkauft, sondern einen, der auch ohne Märtyrertum Lob verdient[2]).

Seneca.

Seneca hat in seinen Briefen die Philosophie wiederholt gegen den Vorwurf der Regierungsfeindlichkeit in Schutz genommen. In einem Briefe, der zur Zeit der beginnenden Verdächtigungen geschrieben sein mag, spricht er so, als wenn es ganz undenkbar sei, daß sie je in diesem Sinne beargwohnt werden könnte, obwohl gerade aus seiner Verteidigung hervorgeht, daß bereits Angriffe erfolgt waren[3]). Man müsse, sagt er, sich aus der Gefahr der Welt flüchten und bei der Philosophie eine sichre Zuflucht suchen, der Wissenschaft, die nicht bloß bei den Guten, sondern auch bei den nicht allzu Schlechten wie eine Priesterbinde schütze, die auch die Schlechtesten ehren. »Niemals wird die Nichtswürdigkeit so stark werden, nie eine solche Verschwörung gegen die Tugend zustande kommen, daß nicht der Name der Philosophie ehrwürdig und heilig bliebe.« Übrigens muß man sie mit Bescheidenheit und Ruhe üben. Er läßt sich einwenden, ob dies etwa Cato getan habe? und mißbilligt dann ausdrücklich dessen Beteiligung nicht bloß am Bürgerkriege, sondern auch an den vorausgehenden Parteikämpfen als fruchtlos. Er verweist auf das Beispiel der Stoiker, die, vom Staatsleben sich ausschließend, in ihrer Zurückgezogenheit sich um die Veredlung des Lebens und die Begründung der allgemeinen Menschenrechte »ohne Beleidigung eines Mächtigeren« bemüht haben. Der Weise werde nicht suchen, durch sein Beispiel die allgemein angenommenen Sitten zu erschüttern, nicht suchen, die Aufmerksamkeit des Volks durch die Neuheit seiner Lebensweise auf sich zu ziehen. Unbedingte Sicherheit kann man freilich auch ihm nicht versprechen. In einem späteren Briefe werden dagegen die Anklagen der Philosophie als schon wirklich erhobene widerlegt[4]). »Diejenigen scheinen mir zu irren, welche glauben, daß die treuen Anhänger der Philosophie hartnäckig und widerspenstig seien und Verächter der Behörden und Könige und Verwalter des Staats.« Im Gegenteil ist niemand diesen dankbarer als gerade sie; denn sie bedürfen am meisten der Ordnung und Ruhe zur Verfolgung ihrer höheren Lebenszwecke und verehren den, der sie gewährt, wie einen Vater, weit mehr als jene unruhigen Ehrgeizigen, die zwar den Fürsten viel verdanken, aber ihnen ihre Dienste auch hoch anrechnen und nie mit dem Lohne zufrieden sind. Aber jener reine und wahrhaftige Mann, der auf die Kurie und das Forum und die ganze Staatsverwaltung verzichtet hat, um sich zu höheren Dingen zurückzuziehen, liebt diejenigen, die es ihm möglich machen,

1) Oben I 301. 2) Martial. I 8, vgl. 39. Nach A. Stein, Real-Encykl. IV 2270 vielleicht identisch mit L. Silius Decianus, Konsul im J. 93 (CIL III p. 2328[66] = Dessau 9053). 3) Seneca ep. 14, 11ff. 4) ebd. 73.

dies in Sicherheit zu tun, er allein legt für sie ein unerkauftes Zeugnis ab und ist ihnen ohne ihr Wissen zu großem Danke verpflichtet. Wie er seine Lehrer verehrt und achtet, durch deren Wohltaten er aus jenen Irrgängen entkommen ist, so auch sie, unter deren Schutz gestellt er edle Wissenschaft übt. Die Wohltat des allgemeinen Friedens wird in höherem Grade denen zuteil, die ihn gut benutzen. Wieder in einem späteren Briefe heißt es[1]): man müsse mit der Philosophie nicht prahlen, denn für viele sei sie eine Ursache der Gefahr geworden dadurch, daß sie mit Anmaßung und Trotz geübt wurde; »sie soll deine Fehler tilgen, nicht andern die ihren vorwerfen. Sie entferne sich nicht von der allgemeinen Sitte, und scheine nicht das zu verdammen, was sie vermeidet. Man kann ohne Prunk, ohne Gehässigkeit weise sein.« Die Aufforderung an die Philosophen, alles Auffallende zu vermeiden, wiederholt sich öfters: schon der Name der Philosophie sei verhaßt, auch wenn sie mit Bescheidenheit geübt werde, um so mehr, wenn man durch Zurschautragen einer übertriebnen Askese und Weltverachtung sich von dem Herkommen ausschließe; leicht werde dann lächerlich und gehässig, was Bewunderung erregen sollte[2]). Man solle die Philosophie nicht gleichsam als ein Aushängeschild brauchen, auch seine Zurückgezogenheit solle man verbergen, vermeiden, daß sie zum Gegenstand des Gesprächs werde, die Aufmerksamkeit der Menschen errege[3]).

Abneigung der großen Menge gegen die Philosophie.

Man sieht, daß Seneca keineswegs nur die Befürchtungen und Anklagen der Vertreter und unbedingten Anhänger des bestehenden politischen Systems gegen die Philosophie als ungegründet darzustellen bemüht ist, welche letzteren übrigens in allen Lebenskreisen schon darum sehr zahlreich gewesen sein müssen, weil alle zu ihnen gehörten, die um jeden Preis Ruhe und Ordnung als Basis allen materiellen Fortschrittes wollten. Der großen Masse mußte die Philosophie auch wegen ihrer hohen sittlichen Anforderungen, ihrer strengen Verurteilung laxer Moral, ihrer die selbstzufriedne Trägheit unaufhörlich aufrüttelnden Strafreden und Ermahnungen im höchsten Grade unbequem, und überdies der Anspruch der Philosophen, besser zu sein und höher zu stehen als andre Menschen, um so beleidigender sein, je auffallender sie sich auch in Erscheinung und Tracht, Lebensweise und andern Äußerlichkeiten zu erkennen gab. In diesem Sinne ist die Anklage gegen den Stoizismus gehalten, die Mucian bei Cassius Dio an Vespasian richtet[4]). Die Stoiker seien von eitler Anmaßung erfüllt. Ein langer Bart, hinaufgezogene Augenbrauen, ein grober Mantel und bloße Füße seien einem genug, um sich für weise, mannhaft, gerecht auszugeben und in die Brust zu werfen, wenn er auch nicht die Anfangsgründe des Wissens besitze. Sie sehen geringschätzig auf alle andern herab, sie werfen dem Schönen Zuchtlosigkeit, dem Reichen Habsucht, dem Armen Servilismus vor usw. Aus demselben Grunde erklärt Dio von Prusa die allgemeine Unbeliebtheit der Philosophie in Griechenland[5]). Die Philosophentracht (Mantel ohne Unterkleid, langes Haar und Bart) zieht, wie er sagt, jedem, der sich darin zeigt, Neckereien, Hohn und Spott, selbst Mißhandlungen zu, denn die meisten Menschen haben die Philosophen in Verdacht, daß sie alle Nichtphilosophen verachten, verdammen

1) Seneca ep. 103, 5. 2) ebd. 5. 3) ebd. 68. 4) Cass. Dio LXVI 13. 5) Dio Chr. or. 55, 2. 7—10 (II 184 ff. Arn.).

und im stillen verlachen wegen ihres Mangels an Erkenntnis dessen, was den Menschen frommt, besonders die von allen beneideten Reichen. Deshalb glauben die meisten, den Philosophen mit Spott und Verachtung zuvorkommen, sie womöglich als Toren und Verrückte darstellen zu müssen, womit sie denn zugleich bewiesen haben, daß die Vernunft auf ihrer Seite ist. Kurz, die Tracht, die jeden, der sie trägt, als schonungslosen Ermahner, Strafredner und Sittenrichter bemerklich macht, wird von allen so ungern gesehen wie die Tracht des Pädagogen von den Kindern.

Ihre Zwecklosigkeit nach der Ansicht der meisten Ungebildeten —

Mit diesen Antipathien wirkte bei der Menge der Halbgebildeten und Ungebildeten ein sehr schlagender Grund zusammen, die mühsamen Studien, auf die so großer Wert gelegt wurde, zu verachten und zu verlachen: sie waren völlig nutzlos, denn durch sie erreichte man weder Beförderung oder Ansehen, noch erwarb man in der Regel Geld. Persius, der die aufgeblasnen Kleinstädter überhaupt als Verächter aller höheren (griechischen) Bildung schildert[1]), legt den Hohn gegen die Philosophie als eine brotlose Kunst den Centurionen in den Mund, die auch sonst in den Städten Italiens als tonangebende Personen erscheinen und wohl überall in mittleren und unteren Lebenskreisen eine tonangebende Rolle spielen[2]). Preist man vor diesen Männern mit geschwollenen Krampfadern die Freiheit des Weisen, so stößt sofort ein riesiger Fulfennius ein fettes Gelächter aus und taxiert 100 Griechen zu einem abgegriffenen Hundertasstück[3]). »Ich«, sagt ein andrer von diesem nach dem Bock stinkenden Volke, »bin für mich klug genug und kümmere mich wenig darum, so zu sein wie Arcesilaus und die sich plagenden Solonen, wenn sie mit gesenktem Kopf, den Blick auf die Erde geheftet, für sich murmeln oder schweigend wie Verrückte die Lippen kauen und mit vorgestreckter Unterlippe Worte auf die Wagschale legen, in tiefem Nachdenken über Delirien irgendeines alten Schwachkopfs: als, daß aus nichts nichts wird, nichts in nichts zurückkehren kann. Darum seht ihr so blaß aus? Darum soll man ein Frühstück versäumen?« »Darüber lacht die Menge, und die prallen jungen Burschen erheben ein wieherndes Gelächter nach dem andern, daß ihnen die Nasen kraus werden«[4]). Ebenso gründlich verachtete natürlich die Masse der Geld- und Geschäftsleute die Philosophen. Trimalchio ordnet an, daß auf seinen Grabstein gesetzt werden soll: »Er hat klein angefangen und ist groß geworden, er hat 30 Millionen Sest. hinterlassen und nie einen Philosophen gehört«[5]).

und vieler Gebildeten.

Aber der Vorwurf der gänzlichen Nutzlosigkeit und Überflüssigkeit wurde gegen die Philosophie auch aus gebildeten Kreisen erhoben, und zwar im Namen und von seiten des gesunden Menschenverstands, der damals, wie zu allen Zeiten, sich zutraute, dieselben Ziele und Resultate, welchen die Spekulation auf weiten, mühsamen Umwegen zustrebte, längst erreicht zu haben, und daher leugnete, etwas von ihr lernen zu können. Wozu namentlich die vielen künstlichen Systeme der Moralphilosophie bei der Einfachheit und Unumstößlichkeit des allen Menschen angebornen Sittengesetzes? Und welche Philosophie lehrte denn die Wahrheit, da jede Schule die Doktrin aller andern für falsch erklärte?

1) Pers. 1, 126—134. 2) Oben I 223. 3) Pers. 5, 189—191. 4) ebd. 3, 77—87.
5) Petron. sat. 71, 12.

Der Gegensatz zwischen Rhetoren und Philosophen.

Von diesem Standpunkte aus wurde die Philosophie besonders von denen angegriffen, welche die Beredsamkeit als Ziel aller Bildungsbestrebungen ansahen, und dies wird im spätern Altertum vielleicht die Mehrzahl der Gebildeten gewesen sein. Die so natürliche, auf innern Gegensätzen beruhende, fort und fort durch äußre Anlässe genährte Eifersucht zwischen Rhetoren und Philosophen, »den Künstlern der reinen Form der Rede und den Ergründern des innersten Wesens der Dinge«[1]), führte zu unaufhörlichen, oft erbitterten Streitigkeiten über den relativen Wert der beiden Wissenschaften. Schon die Schüler wurden zur Teilnahme an diesen Kämpfen vorbereitet. Zu den in der Rhetorenschule deklamierten Kontroversthemen gehörte folgendes: Ein Vater hinterläßt drei Söhne, einen Redner, einen Philosophen und einen Arzt; er setzt im Testament den zum alleinigen oder bevorzugten Erben ein, der nachweisen werde, daß er dem Staat am meisten nütze. Hier wurde dann für jede der drei Wissenschaften und gegen die beiden andern gesprochen und die völlige Nutzlosigkeit der Philosophie an ihren Früchten gezeigt[2]). Die viel erörterte Frage, ob die Tugend gelehrt werden könne, wurde verneint. Die besten Männer, die Fabricier, Curier, Decier, seien ohne Philosophie geworden, was sie waren, aus den Philosophenschulen dagegen die größten Verbrecher hervorgegangen, wie aus der des Sokrates Tyrannen und Vaterlandsfeinde. Selbst zugestanden aber, daß man durch Unterricht zur Weisheit gelangen könne, so bliebe der einzuschlagende Weg ungewiß, denn alle Schulen ständen miteinander in Widerspruch. Viele Philosophen bekennen überdies, daß es trotz aller Bemühungen einen wahrhaft Weisen noch nie gegeben habe. Welchen Nutzen brächte also die Philosophie? Wäre sie im Kriege oder für bürgerliche Ämter zu brauchen? Nichts finde man bei ihnen als Heuchelei, Faulenzerei und Anmaßung, durch die sie sich Ansehen zu verschaffen wissen. Ihre Behauptung, daß sie zur Verminderung der Laster beitragen, widerlegt der Augenschein.

Der ältere Seneca.

Quintilian.

Daß namentlich die Lehrer der Beredsamkeit mindestens zum großen Teil prinzipielle Gegner der Philosophie waren, ist einleuchtend. Gegen solche war eine angeblich von Plutarch verfaßte Schrift gerichtet[3]). Von dem älteren Seneca sagt sein Sohn, daß er die Philosophie haßte[4]); seine Gattin verhinderte er, sich eingehend mit ihr zu beschäftigen[5]). Quintilian, der den vom alten Cato gegebenen Begriff des Redners als »eines sittlich guten, der Rede kundigen Manns« streng festhielt, behauptet, daß die Ethik eigentlich ein Teil der Redekunst, nur durch die Schuld der sie vernachlässigenden Redner von ihr abgelöst, von »schwächeren Geistern« in Besitz genommen und ein eigenes Fach geworden sei: die Redner müßten dies Gebiet als ein ihnen gehörendes zurückfordern[6]). Da der wahre Philosoph nichts andres sein kann als ein sittlich guter Mann, also dasselbe, was der wahre Redner ebenfalls ist, so ergibt sich die Überflüssigkeit einer besondern Philosophie. Quintilian benutzt, obwohl er von seinem Idealredner auch philosophische Studien verlangt, jede Gelegenheit, um seiner

1) Rohde, Der griech. Roman³ S. 345. 2) Quintilian. Inst. VII 1, 38. 4, 39. Ps.-Quintilian. Decl. 268; vgl. Fortunatian. I 9, 21. 3) In dem Katalog des sog. Lamprias (s. dazu K. Ziegler, Rhein. Mus. LXIII 1908 S. 239f.) Nr. 219: πρὸς τοὺς διὰ τὸ ῥητορεύειν μὴ φιλοσοφοῦντας. Vgl. dazu R. Jeuckens, Plutarch von Chaeronea und die Rhetorik 9 ff. (= Dissert. Argentor. XII 347 ff.). 4) Seneca ep. 108, 22. 5) Seneca ad Helv. 17, 4. Oben I 300. 6) Quintil. II 21, 13, vgl. I pr. 10.

Gereiztheit gegen die Philosophen Luft zu machen, ihr sklavisch ängstliches Festhalten an den Schuldoktrinen und -ausdrücken, ihre endlosen und sophistischen Erörterungen, ihre weitläufigen Apparate zur Begründung der einfachsten Sätze, ihre Anmaßung, ihre Heuchelei, ihre dem Staatswohl zuwiderlaufende Weltflucht und Tatenscheu zu geißeln, den einzelnen Schulen ihre Schwächen mit Behagen vorzuhalten[1]). Auch Dio von Prusa hatte als Rhetor die Philosophie, der er sich später zuwandte, leidenschaftlich angegriffen[2]).

Wahrhaft komisch äußert Fronto seinen Ingrimm gegen die Philosophie, die seinen kaiserlichen Schüler Marcus der Beredsamkeit abtrünnig gemacht hatte. Dies war um so mehr zu bedauern, als Marcus sich, wie Fronto an ihn schreibt[3]), schon als Knabe durch Adel des Geistes und Würde der Gedanken auszeichnete, denen nur der Glanz des Ausdrucks gefehlt habe; die Vorbereitungen und Anstrengungen, die gemacht werden mußten, um auch diesen sich anzueignen, seien ihm wohl zu mühsam geworden; so habe er das Studium der Beredsamkeit verlassen und sei zur Philosophie abgesprungen, »wo es keine Einleitung mit Sorgfalt auszuarbeiten, keine Erzählung kurz, deutlich und geschickt anzubringen, keine Beweisgründe aufzusuchen, nichts hervorzuheben« gab. Bei seinen Lehrern der Philosophie hatte er es natürlich leichter. Er brauchte nur ihren Erläuterungen zuzuhören und durch Kopfnicken anzudeuten, daß er verstanden habe; während andre lasen, konnte er meistens schlafen; er mußte viel und lange abzählen hören, »das erste wär' so, das zweite wär' so«, und sich mühsam beweisen lassen, daß es hell sei, wenn es Tag sei, während die Sonne ins Fenster schien. Dann konnte er ruhig nach Hause gehen und brauchte nichts in der Nacht auszudenken oder schriftlich aufzusetzen, nichts seinem Lehrer vorzulesen, nichts aus dem Kopfe aufzusagen, keine Ausdrücke aufzusuchen, keine Synonymen zum Schmuck anzubringen, nichts aus dem Griechischen ins Lateinische zu übersetzen. Was konnte bei einem solchen Studium erreicht werden!« Aber Marcus wollte nun einmal, wie Fronto sagt[4]), lieber reden als beredt sein, und sich lieber mit Zwitschern und Murmeln als mit hellen Klängen vernehmen lassen. Fronto.

Auch Lucian ist trotz all seiner Verstimmungen gegen die damalige entartete Rhetorik, trotz seines im »Zweimal Angeklagten« an sie im Alter von fast 40 Jahren gerichteten Absagebriefs[5]) und seines angeblichen Übergangs zur Philosophie im Grunde ein echter Rhetor geblieben und spricht, wie Quintilian, der Spekulation vom Standpunkte des gesunden Menschenverstands die Berechtigung ab. Auch für ihn bestand die Philosophie in der praktischen Lebensweisheit[6]), die nicht bloß an kein bestimmtes System gebunden, sondern auch Lucian.

1) Vgl. B. Appel, Das Bildungs- und Erziehungsideal Quintilians nach der Institutio oratoria (Diss. München 1914) S. 8ff. 38ff. 2) v. Arnim, Leben u. Werke des Dio von Prusa S. 150—152. 3) Fronto De eloq. p. 150. 154 N. 4) ebd. p. 146 N. 5) Vor dem Bis accusatus sind die Schriften verfaßt, die uneingeschränkte grundsätzliche Angriffe der Philosophie enthalten (Hermotimus, Icaromenippus, Necyomantia, Dialogi mortuorum), unmittelbar nach ihm Vitarum auctio, Piscator, Peregrinus, Fugitivi. I. Bruns, Rhein. Mus. XLIII 1888 S. 86ff. 161ff. (vgl. Vorträge u. Aufsätze S. 228ff.). 6) Zeller III 1 [4] S. 852. Über Lucians Stellung zu den Philosophenschulen vgl. R. Helm, N. Jahrb. f. klass. Altert. IX 1902 S. 188ff. 263ff. 351ff. Th. Litt, Lucians philosophische Entwickelung, Progr. Köln 1909.

jedem denkenden Nichtphilosophen erreichbar war. Ihm waren die Philosophen im allgemeinen verhaßt, wenn er auch einzelne (und zwar den verschiedensten Schulen angehörige) ausnahm; und nicht bloß wegen des Kontrastes zwischen ihren Lehren und ihrem Lebenswandel. Die Eitelkeit, Torheit, Wesenlosigkeit und Lächerlichkeit aller philosophischen Studien ist der Gegenstand des Dialogs Hermotimus. Hermotimus, der schon seit 20 Jahren, in das eifrigste Studium der stoischen Philosophie vertieft, keine Vorlesung versäumt, Tag und Nacht über Büchern sitzt, sich keine Freude gönnt, blaß und abgemagert aussieht, hofft in weiteren zwanzig Jahren an sein Ziel zu gelangen! Doch er muß schließlich zugestehen, daß, um irgend eine Philosophie für die alleinseligmachende zu erklären, zuvor eine Prüfung aller Systeme angestellt werden müßte, die allein etwa zweihundert oder doch hundert Jahre erfordern würde. Und wo ist die Gewißheit, daß die Wahrheit überhaupt in irgend einem System enthalten ist? Und wäre auch die einzig wahre Philosophie zu ermitteln, wie wäre man sicher, den rechten Lehrer für sie zu finden? Und bei alledem sind die Bemühungen derer, die Philosophie studieren, gar nicht auf den eigentlichen Zweck gerichtet, nicht auf die Betätigung ihres Wissens durch Handlungen, sondern auf unselige Wortklauberei, Syllogismen, Trugschlüsse und schwer zu beantwortende Fragen, und sie bewundern ihre Lehrer, wenn sie andre durch Sophismen in Verlegenheit setzen. Anstatt nach der Frucht zu streben, arbeiten sie sich um die Rinde ab und beschütten einander mit Blättern[1]).

Aristides. Aristides endlich hat offenbar eine ihm auch durch seine Stellung in der literarischen Welt auferlegte, heilige Pflicht zu erfüllen geglaubt, indem er in dem Kampfe zwischen Rhetorik und Philosophie für die erstere mit dem ganzen Gewicht seiner Autorität eintrat. In zwei ausführlichen Reden »Für die Rhetorik« hat er sie gegen die Anschuldigungen des Platonischen Sokrates (im Gorgias) in Schutz genommen. Sie ist nicht bloß, was dort geleugnet wird, eine Kunst, sondern steht auch mit allen Kardinaltugenden in unlösbarem Zusammenhange: sie ist von der Weisheit um der Gerechtigkeit willen erfunden und wird von der Tapferkeit und Sittsamkeit beschützt; derjenige, welcher weiß, wie man reden, weiß auch, wie man handeln muß: kurz, die Redekunst ist Fundament und Inbegriff der sittlichen sowohl wie der geistigen Bildung[2]). Zwar versichert Aristides, er sei weit entfernt, die Philosophie selbst anzugreifen, er sei mit den größten und besten Philosophen seiner Zeit umgegangen und betrachte sie als seine Erzieher. Doch in der Tat verbirgt sich hinter diesen konventionellen Anpreisungen eine starke Abneigung, ja ein gewisser Haß des Rhetors gegen die Philosophie[3]). In einer überlangen Rede hat er die vier großen athenischen Staatsmänner, Miltiades, Themistokles, Kimon und Perikles, gegen die Anklagen des Platonischen Idealismus verteidigt, und hier hat er die ganze Schale seines Zorns über die damaligen Philosophen ausgegossen[4]). Wenn man auch dergleichen ungerechte Anklagen von dem großen Plato geduldig hinnehmen möchte, so sei es doch nicht zu ertragen, daß ganz nichtswürdige Menschen

1) Lucian. Hermotim. 2. 6. 48—67. 77. 79. Vgl. auch Paras. 43; Ver. hist. II 17; Dialog. mort. 20, 5. Die Farben zu dem Gemälde Lucians sind vielfach der Komödie entlehnt. Helm, Lucian und Menipp S. 371 ff. 2) Aristid. or. 45, II 128 f. Dind. 3) Baumgart, Aelius Aristides S. 25—35. 4) Aristid. or. 46, II 397 ff. Dind.

sich ein solches Verfahren förmlich zur Aufgabe machten und selbst einen Demosthenes zu lästern wagten. Wer würde die Schmähungen solcher Menschen selbst gegen Lebende dulden, »die mehr Sprachfehler machen, als sie Worte hervorbringen, die auf die übrigen mit der Verachtung herabsehen, die sie selbst verdienen, die die andern prüfen, sich selbst aber niemals, und die Tugenden preisen, aber nicht üben«[1]. »Noch niemals haben sie (gleich den Rhetoren) eine fruchtbringende Rede gesprochen oder erfunden oder verfaßt, nicht Festen Schmuck verliehen, nicht die Götter geehrt, nicht Städten Rat erteilt, nicht Trauernde getröstet, nicht Hadernde versöhnt, nicht die Jugend oder jemand anders ermahnt, nicht auf Schmuck für ihre Reden gedacht. Sondern, in ihre Löcher kriechend, sinnen sie dort ihre herrliche Weisheit aus, indem sie gegen einen Schatten prahlen, Windhalme ernten, aus Sand Seile drehen, ich weiß nicht welches Gewebe auflösen: denn so viel sie an Weisheit gewinnen, so viel vermindern sie ihren Gewinn, indem sie glauben, stolz sein zu dürfen, wenn sie von der Rhetorik übel reden; etwa wie die Sklaven zwischen den Zähnen auf ihre Herren fluchen, besonders die stets geprügelten, oder wie ein Satyr auf der Bühne dem Herakles flucht und sich versteckt, wenn dieser auf ihn losgeht. Es ist aber ganz natürlich, daß sie von allen übel reden, denn daran haben sie Überfluß, und wenn sie auch keiner Person gedenken, sagen sie doch das, was sie sagen, übel: sie teilen also nur von dem Ihrigen mit. Nähme man ihnen die Lüge und die Bösartigkeit, so raubte man die Kraft aus ihrem Leben. Und dabei halten sie der Welt den herrlichen Namen der Philosophie wie ein Schaustück entgegen, als ob der Name es täte; als ob ein Thersites durch den Namen des Hyazinth oder Narziß schön, ein Margites durch den des Nestor weise würde«[2].

Berufung der Gegner der Philosophie auf die Unsittlichkeit der Philosophen.

Aus den bisher angedeuteten Gründen stand also eine große Zahl höchst verschiedner Kreise der Philosophie ablehnend oder feindselig gegenüber: römische Patrioten, Konservative aus Überzeugung, Instinkt oder Interesse, Alltagsmenschen, denen jede Erhebung über die Mittelmäßigkeit Unbehagen erregte, Hasser der Prätention, banausische Utilitarier, Gegner und Verächter aller Spekulation, Vertreter der nichtphilosophischen Bildung, die für ihr eignes Interesse und Gebiet kämpften. Sie alle konnten ihre Ansicht von der Entbehrlichkeit, Wertlosigkeit oder Schädlichkeit der Philosophie nicht besser unterstützen als durch Berufung auf die Erfahrung: diese lehrte, wie sie be-

1) Aristid. or. 46, II 398 (wo statt des sinnlosen τελῶν ein Wort wie ὀνειδιζόντων oder λοιδορουμένων erfordert wird), von Choricius Apol. mimor. c. 6, 27 (ed. Graux, Rev. de philol. I 1877 S. 222): ὁ γ' Ἀριστείδης, οὓς λοιδορεῖ φιλοσόφους καὶ πλείστῃ φησὶν ἀκολασίᾳ συζῆν, τοῖς Σοφοκλέους ἀπεικάζει σατύροις richtig auf die Philosophen (nicht, wie Palmer, Jebb u. a., auf die Christen) bezogen; vgl. Bernays, Lukian und die Kyniker S. 38f. 100ff. Norden, Jahrb. f. Philol. Suppl. XIX 1892 S. 404ff. Mag übrigens auch Aristides hier vorzugsweise an Kyniker gedacht haben, so doch auf keinen Fall, wie Bernays annimmt, an sie allein. Dies beweist schon die Entschuldigung mit der Rücksicht auf Weib und Kind (unten S. 268), die Aristides ja nicht als Ausnahme (Bernays S. 103) anführt. 2) Aristid. a. a. O. p. 404ff. (p. 405, 6 statt ὥσπερ οὐ καὶ τοὺς δούλους etwa ὥσπερ οἴδαμεν καὶ τοὺς δούλους; p. 407, 2 statt εἶδον δ' ἔγωγε καὶ ἐν ψαλμῳδίᾳ θεράποντας l. ἐν κωμῳδίᾳ). Minuc. Felix Octav. 38, 5 und Lactant. Inst. div. III 15 stehen auf demselben Standpunkt, der vielleicht auch bei ihnen durch ihre rhetorische Bildung mit bedingt war.

haupteten, daß die Philosophen im allgemeinen sittlich nicht höher oder sogar tiefer ständen als die Mehrzahl der Durchschnittsmenschen. Der Name eines Philosophen machte daher jeden, der ihn sich beilegte, zum Gegenstand einer scharfen, unnachsichtigen und mißgünstigen Beobachtung von den verschiedensten Seiten her, die seinen sittlichen Gebrechen, Schwächen und Lächerlichkeiten eifrig nachspürte, um sie triumphierend aufweisen zu können. Wenn die Leute, sagt Epictet, einen Mann mit einem groben Mantel und langem Haar sich unanständig betragen sehen, so heißt es sofort: Seht da, was der Philosoph tut; während man doch vielmehr nach seiner Handlungsweise sagen müßte, daß er kein Philosoph ist[1]). Als Gellius von Cassiope nach Brundisium übersetzte, brachte ein furchtbares Unwetter das Schiff in die größte Gefahr. Während alles jammerte und klagte, sah sich Gellius nach einem mitreisenden berühmten stoischen Philosophen um, um aus seinem Aussehen auf seine Gemütsstimmung zu schließen: dieser äußerte zwar keine Klage, verriet aber seine Furcht durch die Farblosigkeit und den Ausdruck seines Gesichts. Als der Sturm nachgelassen hatte, trat sogleich ein reicher asiatischer Grieche, der mit großem Gefolge und luxuriöser Ausstattung reiste, an den Stoiker heran und verhöhnte ihn, daß er sich in der Gefahr gefürchtet habe und blaß geworden sei. Der Philosoph wies diese Impertinenz vornehm ab, das bescheidne von Gellius über denselben Punkt geäußerte Bedenken beschwichtigte er durch Verweisung auf eine Stelle bei Epictet, nach welcher auch dem Weisen das Blaßwerden gestattet war[2]).

Am häufigsten hatten sich vermutlich die Philosophen dafür zu verantworten, daß sie das Geld nicht verachteten. Ulpian sagt bei Erörterung der Prozesse wegen schuldiger Honorare für Unterricht oder sonstige Leistungen von Gelehrten: die Philosophen könnten seines Erachtens Ansprüche auf Honorar gerichtlich nicht verfolgen; sie hätten vor allem zu erklären, daß sie jede »Lohnarbeit« verschmähten[3]). Seneca hat dagegen in einer längeren Abhandlung zu beweisen versucht, daß Philosophen reich sein dürfen. Diejenigen freilich überzeugen zu wollen ist er weit entfernt, die nicht zugeben können, daß überhaupt jemand sittlich gut sei, weil sie die Tugend eines andern als Vorwurf empfinden, die den Namen der Tugend und jeden, der sie übt, hassen; für sie ist selbst der Kyniker Demetrius nicht arm genug. Freilich bleiben die Philosophen weit hinter ihren Idealen zurück, deren Erreichung die menschliche Kraft übersteige, aber schon sie im Geist festzuhalten und ihnen nachzustreben sei löblich. Er selbst macht auf den Namen eines Weisen keinen Anspruch, er ist nur ein der Wahrheit Beflissener, nicht mit den Besten zu vergleichen, doch besser als die Schlechten, und zufrieden, in der sittlichen Vervollkommnung stetig fortzuschreiten. Der Reichtum gehört zu den indifferenten Dingen, die nicht völlig wertlos sind; der Philosoph liebt ihn nicht, zieht ihn aber vor, da er ihm die Möglichkeit gewährt, eine Anzahl guter Eigenschaften zu entwickeln, wie Mäßigung, Freigebigkeit, Sorgfalt, Ordnung, Hochherzigkeit. Auch Cato von Utica, der die gute alte Zeit mit ihrer Armut pries, besaß 4 Mill. Sest.[4]) — Seneca selbst

1) Epictet. Diss. IV 8, 4f. 2) Gell. XIX 1. 3) Dig. L 13, 1 § 4; vgl. Kuhn, Städt. u. bürgerl. Verfass. I 119. 4) Seneca de vita beata 17—25.

freilich 300. Daß solche Entschuldigungen der Widersprüche zwischen Theorie und Praxis, Ideal und Wirklichkeit auf die prinzipiellen Gegner der Philosophie keinen großen Eindruck machen konnten, leuchtet ein, besonders da Philosophen sich nur zu oft noch schlimmere zuschulden kommen ließen. Schon Seneca bekennt, daß es deren gab, denen man Schlemmerei, Maitressen, Annahme von Geschenken vorwerfen konnte, die man in der Kneipe, im Ehebruch, unter den Hofschranzen antraf[1]). Und jede Unwürdigkeit oder Schändlichkeit, die einer von ihnen sich zuschulden kommen ließ, warf einen Makel mindestens auf seine ganze Schule. Der Verrat, den der Stoiker P. Egnatius Celer gegen seinen Patron Barea Soranus im Jahre 66 geübt hatte, war noch ein Menschenalter später in frischem Andenken und wird als Probe der »Schandtaten der großen Mäntel« angeführt[2]).

Wenn aber den vermögenden Philosophen der Reichtum vorgeworfen wurde, so hieß es von den armen, daß für sie eine erhabne Gesinnung wohlfeil sei. Der Stoiker Chäremon verlangt, sagt Martial, man solle ihn wegen seiner Verachtung des Todes bewundern. Diese Seelenstärke gibt ihm seine Bettelarmut: daß er nichts sein nennt, als einen zerbrochnen Krug, einen kalten Herd, eine Matte, eine Wanze, einen nackten Schragen und eine kurze Toga, die ihm auch bei Nacht als Decke dient. Was für ein großer Mann, der sauern Wein, schwarzes Brot und eine Streu aufzugeben vermag. Wenn er nur in Reichtum und Üppigkeit lebte, würde er dreimal Nestors Jahre zu leben wünschen und nichts von diesem Licht verlieren wollen. In der Armut ist es leicht, das Leben zu verachten; stark ist, wer unglücklich zu sein vermag[3]). Appian sagt, wo die Philosophen zur Macht gelangt seien, hätten sie sie mit größerer Härte geübt als die bildungslosen Tyrannen und dadurch auch gegen die übrigen Philosophen Verdacht und Zweifel erregt, ob sie die Philosophie um der Tugend willen oder nur als Trost für Armut oder Tatenlosigkeit erwählt haben. Auch jetzt gebe es viele, die arm und ohne Wirksamkeit, und mit der infolgedessen notwendigen Weisheit angetan, auf die Reichen oder Hochgestellten bitter schmähten, sich dadurch aber nicht sowohl in den Ruf der Verachtung des Reichtums und der Macht, als vielmehr der neidischen Eifersucht auf beides brächten. Die Geschmähten täten am klügsten, wenn sie sie nicht beachteten[4]).

Afterphilosophen in Rom —

Die Verstimmungen und Angriffe gegen die Philosophie vermehrten sich, je größer die Zahl, folglich je gemischter die Gesellschaft der Philosophen wurde, und es ist ein Symptom für die fortschreitende Ausbreitung der Philosophie in Rom in der zweiten Hälfte des 1. Jahrhunderts, daß (mindestens bereits unter Domitian) Heuchler vielfach anfingen, sie als Maske zu benutzen, hinter der sie am ungestraftesten sündigen zu können hofften. Quintilian spricht wiederholt mit Erbitterung von diesen Menschen, die, wenn sie einige Zeit in den Vorlesungen der Philosophen gesessen hätten, mit heuchlerischen Mienen und langen Bärten sich durch Verachtung andrer Ansehen erschwindelten, öffentlich streng und finster taten, zu Hause grobe Ausschweifungen begingen; sie hätten den Namen der Philosophie verhaßt gemacht, unter diesem hätten sich zu seiner

1) Seneca ep. 29, 5. 2) Tac. A. XVI 32. Juv. 3, 115ff. 3) Martial. XI 56. 4) Appian. Mithridat. 28.

Zeit die größten Laster, die ärgsten Schandtaten versteckt[1]). So hatte sich auch der hochbegabte, aber sittlich haltlose Palfurius Sura, der unter Domitian das Delatorengewerbe trieb und deshalb gleich nach Nervas Regierungsantritt zum Tode verurteilt wurde, nach seiner Ausstoßung aus dem Senat durch Vespasian der stoischen Schule angeschlossen[2]). Dürftige Stoiker und Kyniker mit ungeheuren, struppigen Bärten[3]) waren damals in Rom gewöhnliche Erscheinungen, und unter Domitian wie auch unter Trajan wimmelte dort jeder Stadtbezirk von grämlich aussehenden Wüstlingen, die das Wesen der Curier zur Schau trugen und deren Leben in der Tat eine Reihe von Orgien war. Diese Heuchler erregten den Unwillen ehrlicher Leute auch durch ihre Unwissenheit, trotz der zahlreichen Gipsbüsten von Chrysipp und andern Philosophen, mit denen sie ihre Bücherbretter schmückten. Sie waren wortkarg bis zur Stummheit und trugen das Haar noch kürzer geschoren als die Augenbrauen; doch mancher von diesen Stoikern, die gleich einem dritten Cato gegen den Sittenverfall der Mitwelt predigten, verriet seine Üppigkeit durch die ausgesuchten Wohlgerüche mit denen er seinen behaarten Hals einrieb[4]).

und Griechenland —

Wenn nun schon in der Weltstadt Rom die Zahl der Philosophen und Afterphilosophen so groß, ihr Treiben in jenem bunten Gewühl, jenem rastlosen Drängen in die Augen fallend genug war, um in so hohem Grade Aufmerksamkeit und Kritik auf sich zu ziehen, um wie viel mehr in der provinziellen, der Beschaulichkeit so viel günstigeren Stille von Griechenland, das doch nach wie vor die wahre Heimat der Philosophie und der Philosophen war und bis zum Untergange der antiken Kultur blieb[5]). Schon Dio von Prusa sagt an den oben angeführten Stellen, daß man die Philosophentracht überall erblicke, daß die Zahl derer, die sie tragen, fast größer sei als die der Schuster oder Walker oder Spaßmacher oder der Anhänger irgend eines andern Gewerbes; aber, setzt er hinzu, wenn wir auch die Tracht des Sokrates oder Diogenes tragen, stehen wir freilich an Weisheit weit hinter ihnen zurück[6]). Wenn nun die Philosophie im Kulturleben des damaligen Griechenland einen so breiten Raum einnahm, blieb doch selbstverständlich die Zahl der wahren Philosophen klein, die überwiegende Mehrzahl war es nur, wie Epictet sagt, mit Worten, nicht mit der Tat[7]); aber freilich ließen die Gegner es sich nicht nehmen, gerade auf den Lebenswandel dieser bloßen Bart- und Mantelphilosophen hinzuweisen, um die Unfruchtbarkeit der Philosophie für sittliche Vervollkommnung darzutun[8]).

namentlich unter Marc Aurel.

Die größte Ausbreitung gewann mit der Philosophie auch die Afterphilosophie unter Marc Aurel. In Rom klagten wahre Philosophen wie der Freund des Gellius, Macedo, daß Faulenzer mit Bärten und Mänteln den Gehalt der Philosophie in Wortkünsteleien verflüchtigten und beredte Predigten gegen die

1) Quintil. XII 3, 12; vgl. 2, 9. I pr. 15. 2) Schol. Juv. 4, 53. Cass. Dio LXVIII 1, 2 ἐν οἷς καὶ Σέρας (Σούρας Merula) ἦν ὁ φιλόσοφος; vgl. E. Matthias, Dissert. philol. Halens. II 270. 3) Martial. XI 84, 7. 4) Juvenal. 2, 1—43. Martial. IX 47. Dagegen hat Martial vielleicht den offenbar allgemein bekannten Fronto (XIV 106) als einen echten Stoiker anerkannt. 5) Julian. orat. 3 p. 119 B: οὔκουν οὐδὲ ἐξ Ἑλλήνων παντελῶς οἴχεται φιλοσοφία, οὐδὲ ἐπήλιπε τὰς Ἀθήνας οὐδὲ τὴν Σπάρτην οὐδὲ τὴν Κόρινθον, ἥκιστα δέ ἐστι ⟨τούτων⟩ τῶν πηγῶν ἕκητι τὸ Ἄργος πολυδίψιον κτλ. 6) Dio Chr. or. 55, 4. 16 (II 185. 189 Arn.). Oben S. 258. 7) Gell. XVII 19, 1. 8) Epictet. Diss. IV 8, 9.

Laster hielten, von denen sie selbst im Innersten angefressen waren[1]). In Afrika äußerte Apulejus schon unter Antoninus den Wunsch, es möchte nicht jedermann gestattet sein, die Maske der Philosophie vorzunehmen, damit nicht rohe, schmutzige, ungebildete Menschen die königliche Wissenschaft, welche die Rede wie das Leben edel gestalten lehre, durch üble Lehren und einen ebensolchen Lebenswandel beflecken könnten. Wenn er dann Frechheit im Schimpfen und Gemeinheit der Sitten und der äußern Erscheinung als die Haupteigenschaften dieser Afterphilosophen hervorhebt, so ist offenbar, daß er vorzugsweise oder ausschließlich an Kyniker dachte[2]), die nach seiner Ansicht tief unter den Platonikern standen[3]). Vor allem in Griechenland erblickte man nach Lucian auf allen Straßen und Plätzen lange Bärte, Bücherrollen, abgetragene Mäntel und große Stöcke in Masse; Schuster und Zimmerleute verließen ihre Werkstatt, um als Kyniker ein faules Bettlerleben zu führen[4]). Die Entwürdigung der Philosophie durch den Troß ihrer falschen Jünger, der Mißbrauch, der mit ihrem Namen getrieben wurde und der die Nichtphilosophen am meisten erbitterte[5]), verstärkte natürlich die Reihen ihrer Gegner und gab diesen leichtes Spiel. Lucian hat es sich zur besondern Aufgabe gemacht, das Treiben dieser Menschen dem Hohne der Mitwelt preiszugeben. Sie, die Verachtung des Gelds und des Ruhms und Leidenschaftslosigkeit lehrten und Tugend als einziges Gut priesen, unterrichteten für Geld, krochen vor den Reichen, waren zorniger als bissige Hunde, feiger als Hasen, schmeichlerischer als Affen, gröber als Esel, räuberischer als Marder, streitsüchtiger als Hähne[6]). Dabei schmähte jede Schule die andern. Die Stoiker erklärten die Epikureer für Wollüstlinge, die Peripatetiker für zänkisch und geldgierig, die Platoniker für hoffärtig und ehrsüchtig, und ihnen wiederum wurden von den übrigen Wuchergeschäfte, Streitsucht und andre Laster vorgeworfen[7]). Gerieten die Anhänger der verschiednen Schulen in Streit, so gab es keine Schandtat, deren sie einander nicht anklagten[8]). Wenn manche dann noch zur Beschönigung ihrer Laster sich auf die alten Philosophen beriefen, wie namentlich Platoniker den Ehebruch nach Platos Republik, die Trunksucht nach seinen »Gesetzen« entschuldigten[9]), so war es kein Wunder, wenn viele geradezu behaupteten, die ausschließliche Vertiefung in philosophische Bücher leite vom vernünftigen Denken ab[10]).

Auch Aristides hat in der bereits angeführten Rede, von der Verteidigung zum Angriff übergehend, die Philosophen als eine jeder Tugend bare, mit allen Lastern behaftete Menschenklasse geschildert[11]). Sie behaupten, dem Zeus nicht nachzustehen, vermögen aber »dem Obol« durchaus nicht standzuhalten. Sie schmähen auf die übrigen aus bloßem Neide; hielte man ihnen mitten in ihren Vorträgen über Enthaltsamkeit Kuchen und Gebacknes entgegen, so würden sie die Zunge sinken lassen wie Menelaos das Schwert, als er die Helena erblickte. Wenn sie aber Helena sähen — oder vielmehr nur eine Magd wie die Phrygierin

1) Gell. XIII 8, 4f. 2) Apulei. Florida 7. 3) Apulei. Apol. 39: *utrum igitur putas philosopho non secundum Cynicam temeritatem rudi et indocto, sed qui se Platonicae scolae meminerit, utrum ei putas turpe scire ista an nescire* usw. 4) Lucian. Bis accus. 6. Oben I 34. 5) Epictet a. a. O. Taurus bei Gell. VII 10, 5. 6) Lucian. Piscator 34. 7) Lucian. Hermotim. 16ff. 8) Lucian. Lapithae 32ff. 9) Lucian. Fugitivi 18 (oben I 301). Gell. XV 2, 3. 10) Lucian. Lapithae 34. 11) Aristid. or. 46, II 398ff. Dind. Vgl. oben S. 263.

bei Menander —, dann würde das Gebaren der Satyrn bei Sophokles gegen das ihre als bloßer Scherz erscheinen. Um ihre Untreue und Habsucht zu erkennen, braucht man ihnen nichts anzuvertrauen, denn sie nehmen schon selbst, soviel sie können. Das Rauben nennen sie teilen, den Neid philosophische Gesinnung, die Dürftigkeit Verachtung des Gelds. Sie rühmen sich der Menschenliebe, haben aber noch nie einem andern genützt, bringen vielmehr denen Nachteil, die sich an sie wenden. Während sie die übrigen, auch wenn sie ihnen begegnen, nicht sehen, reisen sie um der Reichen willen in die Fremde, wie die Phryger zur Olivenernte; sie wittern sofort ihre Nähe, bemächtigen sich ihrer und verheißen ihnen die Tugend mitzuteilen. Allen übrigen erwidern sie kaum auf eine Anrede freundlich, aber die Köche, Bäcker und sonstigen Diener der Reichen begrüßen sie schon von weitem, noch ehe sie genau zu erkennen sind, als wären sie eigens dazu aus dem Bett aufgestanden. Sie drängen sich vor den Türen reicher Häuser und verkehren mehr mit den Pförtnern als mit den Hausherren, indem sie ihre Kriecherei durch Unverschämtheit unterstützen. Sieht man sie zum erstenmal, so nehmen sie weniger Anstand, zu fordern, was ihnen nicht zukommt, als andre, ihr Eigentum zurückzuverlangen. Denn dies sind ja die, welche die Unverschämtheit Freimütigkeit nennen, die Gehässigkeit Aufrichtigkeit, das Nehmen Menschenliebe. Sie fordern zwar kein Geld, verstehen aber, es zu nehmen. Schickt man ihnen zu wenig, so beharren sie bei ihren Grundsätzen, kommt ihnen aber ein straffes Beutelchen vor die Augen, dann hat Perseus die Gorgo überwältigt; der Vorwand ist äußerst schlau: »die Frau und die Kinderchen«. Ihre Definition der Seelengröße ist in der Tat ganz neu, daß sie nämlich nicht darin besteht, Großes hinzugeben, sondern Kleines nicht anzunehmen. Einige haben es aber bereits zum Grundsatze gemacht, die Gabe sich gefallen zu lassen und nach dem Empfange zu schmähen. Indem sie zugleich wie Parasiten heucheln und wie Höhere sich insolent betragen, verbinden sie, gleich den Gottlosen in Palästina, die entgegengesetzten Fehler, Niedrigkeit und Anmaßung[1]); und wie jene entfernen sie sich weit von dem Wesen der Hellenen, namentlich der besseren, indem sie im übrigen stummer sind als ihr eigner Schatten; wenn es aber auf Schmähen und Verleumden ankommt, möchte man sie nicht mit dem tönenden Erz zu Dodona, sondern mit den im Finstern summenden Mücken vergleichen. Zu dem Notwendigen mitzuwirken sind sie untüchtiger als irgend jemand, dagegen ein Haus zu durchspähen und in Verwirrung zu bringen und seine Bewohner aneinander zu hetzen und zu erklären, daß sie selbst alles verwalten würden, das verstehen sie wie niemand anders.

Die Kyniker. Am meisten wurde der Name der Philosophie durch den Troß der Kyniker in Verachtung gebracht, deren Name und Schule nach langer Unterbrechung im Anfange der christlichen Zeitrechnung wieder auftaucht[2]). Auch unter ihnen fehlte es nicht an edeln Gestalten; aber namentlich im 2. Jahrhundert wurde der Kynismus mehr und mehr zu einem »Aushängeschild, unter dem sich eine Menge unreiner Elemente versteckte«, und die Masse dieser »Bettelmönche« des Altertums durch Gemeinheit, Widerlichkeit und Unverschämtheit wenigstens in Griechenland zu einer wahren Landplage. Eine karikierende Nachahmung des Diogenes und Antisthenes in äußerer Erscheinung,

1) Vgl. oben S. 237 A. 4. 2) Zeller III 1^4 S. 791ff.

Tracht[1]), Lebensweise und Betragen, das war alles, worin sich die auf Bedürfnislosigkeit, Weltentsagung und Erhebung über alle menschlichen Schwächen beruhende sittliche Freiheit bei nur zu vielen bekundete, die man an dem zerlumpten Mantel oder gar einem Bärenfell[2]), dem unverschnittenen Haar und Bart, dem Stab (gelegentlich auch einer Mörserkeule)[3]) und Ranzen als Kyniker erkennen sollte. Die weltbürgerliche Heimatlosigkeit wurde hier zur Landstreicherei, die Rückkehr zum Naturzustande zu ekelhafter Unflätigkeit, von der Epictet in einem besondern Vortrage beweisen zu müssen glaubte, daß sie keineswegs ein Erfordernis für Philosophen sei[4]). Die Besitzlosigkeit mußte als Vorwand für freche Bettelei und niedriges Schmarotzertum dienen, die Selbsternennung zum Erzieher der zurückgebliebenen Menschheit und zum Arzt ihrer Gebrechen Zudringlichkeit und Marktschreierei rechtfertigen, pöbelhafte Grobheit statt derben Humors den Predigten dieser antiken Kapuziner zur Würze dienen.

Die Züge zu diesem abschreckenden Bilde, das Lucian breit ausgeführt hat[5]), finden sich auch bei andern. Schon Petron sagt, daß auch die, welche ihr Leben mit dem kynischen Ranzen hinbringen, zuweilen die Wahrheit für Geld zu verkaufen pflegen[6]). Epictet stellt dem Ideal des Kynikers »die jetzigen« gegenüber, die »Hund' um die Tische des Hausherrn«, die dem Diogenes in nichts nachahmten als in der ungesittetsten Zwanglosigkeit, deren ganzer Kynismus in Stab und Ranzen, großen Kinnbacken, Schlingen und Einsacken, grobem Schimpfen und Zurschaustellen breiter Schultern bestand[7]). Gellius befand sich einmal bei Herodes Atticus, als ein solcher Bettler mit langem Haar und bis über den Nabel herabhängendem Bart an diesen herantrat und mit ausgestreckter Hand Geld »zu Brot« verlangte. Auf die Frage, wer er sei, antwortete er grob: ein Philosoph, das sehe man ihm ja doch an. Jemand aus der Umgebung des Herodes bemerkte, er sei ein Landstreicher und Taugenichts, der sich in schmutzigen Kneipen umhertreibe und die, welche ihm nichts geben, mit schmählichen Schimpfreden anfalle; Herodes ließ ihm jedoch Geld zu Brot für 30 Tage reichen[8]). So ist denn auch an der Angabe Lucians nicht zu zweifeln, daß entlaufne Sklaven und Taugenichtse, denen ein ehrlicher Erwerb durch ein Handwerk zu sauer war, dieses bequeme und einträgliche Bettlerleben wählten, das ihnen zugleich die Möglichkeit gewährte, unter der Philosophenmaske ihren tierischen Neigungen zu frönen. Sie brandschatzten oder schoren nach ihrem eignen Ausdrucke die Schafe überall mit gutem Erfolg, denn die meisten gaben aus Scheu vor der ehrwürdigen Tracht oder aus Furcht vor ihren Schmähungen; und Lucian behauptet nicht bloß, daß man in ihren Ranzen zuweilen Goldstücke, Spiegel, Salben und Würfel fand, sondern auch, daß manche so viel zusammenbettelten, um sich Ländereien und Häuser zu kaufen und in Üppigkeit zu leben[9]).

Anerkennung der Philosophie als Führerin zur Sittlichkeit bei den Römern.

Obwohl nun also in der griechischen wie in der römischen Welt in den verschiedensten Bildungs- und Lebenskreisen teils gegen die Philosophie, teils

1) Zum Spott über die äußere Erscheinung der Philosophen vgl. Geffcken, Kynika und Verwandtes (1909) S. 53ff. 2) Lucian. Demonax 19. 3) ebd. 48. 4) Epictet. Diss. IV 11. 5) Der Entschluß, den Kynismus schonungslos zu bekriegen, scheint um die Zeit, als Lucian die »Philosophen-Versteigerung« veröffentlichte, gereift zu sein. Bernays, Lukian und die Kyniker S. 48. 6) Hetron. sat. 14, 2. 7) Epictet. Diss. III 22, 80 (οὐδὲν μιμοῦνται ἐκείνους ἤ εἴ τι ἄρα πόρδωνες γίνονται). 8) Gell. IX 2. 9) Lucian. Fugitiv. 12ff.; Piscator 45.

gegen die Philosophen berechtigte und unberechtigte Abneigungen der mannigfachsten Art bestanden, so war doch offenbar die große Mehrzahl der Gebildeten auch in Rom und den westlichen Ländern von der Überzeugung durchdrungen, daß die Philosophie die beste Führerin zur höchsten Sittlichkeit sei, und schon die bisher geschilderte, so vielseitige und lebhafte, ja gereizte Opposition ist ohne die allgemeine Verbreitung dieser Ansicht nicht denkbar, sie setzt sie vielmehr voraus. Als den Vertreter der Anschauung, die im späteren römischen Altertum die meisten Anhänger zählte, dürfen wir wohl auch hier Cicero ansehen. Nach ihm[1]) würde es allerdings keiner Philosophie bedürfen, wenn die von der Natur in uns gepflanzten Keime der Tugend sich ungestört entwickeln könnten. Da wir aber von Geburt an unaufhörlich unter dem Einflusse falscher und verkehrter Vorstellungen stehen, sie mit der Ammenmilch einsaugen, von Eltern, Lehrern, Dichtern, endlich dem Volk, in dem wir leben, immer mehr mit Irrtümern angesteckt werden: so bedürfen wir eine Heilung für unsre erkrankte und verbildete Seele: und diese Herstellung unsrer natürlichen Gesundheit kann uns allein die Philosophie geben.

Dem Gewichte der so allgemein anerkannten Autorität Ciceros, der ja in einer Schrift »Hortensius« als Anwalt der Philosophie gegenüber der Beredsamkeit aufgetreten war, konnten sich am wenigsten alle diejenigen entziehen, die in der Beredsamkeit das Ziel und den Inbegriff aller Bildung erkannten. Auch Quintilian, der, den Philosophen feindlich gesinnt, die Philosophie als Magd der Beredsamkeit zu betrachten geneigt ist, erkennt doch an, daß niemand ohne die Lehre von der Tugend und Gerechtigkeit sittlich gut sein könne. Die Behauptung, daß die Tugend ohne Unterricht erworben werden könne, achtet er kaum einer Widerlegung wert. Sein idealer Redner soll nach seiner allseitigen technischen Ausbildung eine ebenso allseitige philosophische, in der Physik (Naturphilosophie), Dialektik und Ethik erhalten[2]). Wenn er hinzufügt, er solle ein Philosoph sein, der sich nicht durch Schuldisputationen, sondern durch Handlungen, durch tatsächliche Beweise seiner Gesinnung als wahrhaft bürgerlicher Mann zu bewähren habe: so werden wir daran erinnert, daß allerdings nicht bloß über die Zwecke, sondern auch über das wünschenswerte Maß der philosophischen Bildung, auch unter denen, die ihre Notwendigkeit oder Nützlichkeit anerkannten, in der römischen Welt die größten Meinungsverschiedenheiten herrschten. Tacitus äußert sich im Sinne jenes starren Römertums, welches das Studium der griechischen Schulweisheit auf ein möglichst geringes Maß beschränkt wissen wollte[3]). Dagegen genügt es, Namen wie Seneca, Persius, Musonius Rufus, Marc Aurel zu nennen, zum Beweise, daß auch in der gebildeten römischen Welt die Forderung einer vollen Hingabe an die Philosophie ihre Vertreter gehabt hat. Die Philosophie, sagt Seneca, läßt sich nicht als Nebensache behandeln. Sie ist eine gebietende Herrin, sie spricht: ich nehme nicht die Zeit an, die ihr übrig behaltet, sondern ihr sollt die frei haben, die ich euch anweise. Gibt man sich ihr ganz hin, richtet auf sie den ganzen Geist, versagt sich allem andern, dann kommt man allen übrigen Menschen weit voraus

Differenzen über das erforderliche Maß philosophischer Bildung.

1) Cic. Tusc. III 1—7. 2) Quintilian. Inst. XII 2. 3) Tac. Agricola 4. Oben S. 252f.

und bleibt hinter den Göttern nicht weit zurück [1]). Sie ist nicht da, um den Tag mit einer angenehmen Unterhaltung hinzubringen, den Müßiggängern die Langeweile zu vertreiben: sie gestaltet und bildet den Geist, ordnet das Leben, gibt den Handlungen Richtung, zeigt, was zu tun und zu lassen ist, sitzt am Steuer und lenkt durch die Gefahren der Wogen die Fahrt. Ohne sie kann niemand furchtlos, niemand ruhig leben, unzählige Ereignisse treten zu jeder Stunde ein, die einen Rat erfordern, den man von ihr holen muß [2]). In zwei sehr langen Abhandlungen hat Seneca die (offenbar viel erörterte) Frage behandelt, ob für das Leben der paränetische Teil der Moralphilosophie, d. h. eine praktische, die Vorschriften für alle wichtigen Verhältnisse enthaltende Pflichtenlehre genüge, oder ob diese auf ein theoretisches System der Grundsätze oder Dogmen begründet werden müsse, aus denen die Normen des Handelns für alle einzelnen Fälle sich ergeben [3]). Die einen erklärten jenen (den paränetischen), die andern diesen (den dogmatischen) Teil für entbehrlich: Seneca führt aus, daß die volle und wahre sittliche Bildung nur durch die Verbindung beider erreicht werden könne. Eine auf Prinzipien begründete Überzeugung muß die Basis und die Quelle aller Handlungen und Gedanken, diese müssen auf ein festes Ziel, das zu erstrebende höchste Gut, gerichtet sein, wie der Lauf der Schiffe sich nach einem Gestirn richtet: ohne eine solche grundsätzliche dogmatische Überzeugung ist eine unwandelbare Beständigkeit in Tun und Denken unmöglich; sie ist auch der Boden, in dem allein die Lebensregeln der Sittenlehre wurzeln, aus dem sie allein immer neue Lebenskraft ziehen können. Aber auch diese speziellen Regeln sind neben jenen allgemeinen Grundsätzen unentbehrlich. Umgeben von verkehrten Vorstellungen, von Irrtümern aller Art, von Lüge und Schein, bedürfen wir einer unablässigen Einschärfung auch der bekannten Wahrheiten, mitten in dem Getöse des Wahns einer warnenden und mahnenden Stimme, in dem Brausen der Städte eines uns zur Seite stehenden Erinnerers, der gegenüber den Lobrednern des Reichtums, der Macht und Gunst uns die dem Studium gewidmete Ruhe und den aus der Außenwelt zu sich selbst zurückgekehrten Geist schätzen lehrt. Die Philosophie kann uns allein die Gesundheit der Seele geben [4]), sie ist die einzige Lehrerin der höchsten Kunst, der Kunst zu leben [5]), und nicht bloß die beste Führerin zur Sittlichkeit, sondern auch die einzige: es gibt keine Tugend ohne Philosophie, ebensowenig wie Philosophie ohne Tugend [6]).

Wer eine so völlige Hingabe an die Philosophie verlangte wie Seneca, der konnte begreiflicherweise ebensowenig mit dem Eifer ihrer Jünger als mit ihrer Zahl leicht zufrieden sein. Niemand, so klagt er (etwa ums Jahr 64), kümmere sich um die Philosophie, außer etwa wenn Schauspiele einen Aufschub erleiden oder ein Regentag eintrete, an dem man die Zeit töten wolle [7]); in den Schulen der Philosophen wie der Rhetoren sei es leer [8]). Doch diese Klagen des stets übertreibenden Schriftstellers würden höchstens beweisen, daß seine idealen Anforderungen unerfüllt blieben. Daß in der Tat die Philosophie auch damals

1) Seneca ep. 53, 8—11 (dazu Haupt, Opusc. III 501). 2) Seneca ep. 16, 3. 3) ebd. 94. 95. 4) ebd. 15, 1. 5) ebd. 90,27. 6) ebd. 89, 8. S. oben S. 249. 7) Seneca nat. qu. VII 32, 1; über die Abfassungszeit Gercke, Jahrb. f. Philol. Suppl. XXII 1895 S. 311 f. Münscher, Philologus Suppl. XVI 1922 S. 71 ff. 8) Seneca ep. 95, 23.

in der Jugend der höheren Gesellschaft zahlreiche eifrige Jünger hatte, zeigt die Verbannung des Musonius Rufus im Jahre 65, den, wie Tacitus sagt, der Ruhm seines Namens vertrieb, da er auf die Bildung der Jugend durch Anleitung zur Philosophie wirkte [1]). Natürlich konnte nur eine erhebliche Anzahl von Schülern aus den höheren Ständen [2]) die Aufmerksamkeit und den Verdacht der Neronischen Regierung erregen.

Die überwiegende Mehrzahl der Philosophen, die in Rom und andern Städten des Westens — namentlich in Massilia, einem Hauptsitze dieser Studien schon in Strabos Zeit [3]) — als Lehrer wirkten, waren allerdings Griechen [4]), und die Anerkennung der Philosophie als einer griechischen Wissenschaft zeigt sich auch darin, daß ein großer Teil der nichtgriechischen Philosophen, wie die beiden Sextier, Cornutus, Musonius Rufus, Favorinus, Marc Aurel, zum Teil auch Apulejus, griechisch schrieb. Wie sehr sie sich jedoch in Rom bereits im letzten Jahrhundert v. Chr. eingebürgert hatte, das zeigt nicht nur die große Anzahl von Anhängern, Verehrern und Gönnern, die sie in der gebildeten Gesellschaft Roms fand, und die Entstehung einer römischen philosophischen Literatur: sondern noch weit mehr die Bildung der römischen Philosophenschule der Sextier [5]). Sie war freilich nur eine Form des Stoizismus, wie er sich im römischen Bewußtsein gestaltete, namentlich insofern als sie sich entschieden auf die Sittenlehre beschränkte, mit einer asketischen, aus dem Pythagoreismus entlehnten Beimischung (wie der Verwerfung der Fleischnahrung); da sie also mit dem Stoizismus und Kynismus des 1. Jahrhunderts im wesentlichen zusammentraf, fehlte die Grundbedingung ihrer selbständigen Existenz; sie löste sich nach kurzer Zeit auf, und ihre Schüler traten, wie Seneca, in die große stoische Gemeinschaft zurück, aus der die Sextier ausgeschieden waren. Während ihres Bestands jedoch hat die Schule bedeutende Vertreter gehabt und bedeutende Wirkungen geübt. Zur ihr gehörten außer ihrem Begründer Q. Sextius, einem Manne von guter Familie (der den ihm von Julius Cäsar angebotenen Senatorenstand und die amtliche Laufbahn verschmähte, um ganz der Philosophie zu leben), und seinem Sohne der fruchtbare Schriftsteller Cornelius Celsus, der gelehrte Grammatiker L. Crassicius aus Tarent (der seine bedeutende Lehrtätigkeit aufgab, um dieser Sekte ganz anzugehören) und Papirius Fabianus, den Seneca als junger Mann gehört hatte und hoch verehrte. Er nennt ihn einen wahren Philosophen nach Art der Alten, nicht der jetzigen Katheder-philosophen, doch rühmt er auch seine öffentlichen Vorträge. Man fühlte sich durch seine Ermahnungen erhoben und zur Nacheiferung angeregt, ohne daß man die Hoffnung verlor, ihn sogar zu übertreffen: und wenn auch im allgemeinen seine Zuhörer ein bescheidnes Schweigen beobachteten, so riß sie doch mitunter die Größe seiner Gesinnung zu begeistertem Beifalle hin [6]).

Teilnahme der Römer an der Philosophie.

Die Schule der Sextier.

Von den Systemen der griechischen Moralphilosophie war unzweifelhaft der Stoizismus dem römischen Nationalcharakter am meisten homogen und zählte

Verbreitung des Stoizismus —

1) Tac. A. XV 71. 2) Plin. ep. III 11, 5. 3) Strabo IV 181. 4) Zeller III 1^4 S. 556f. Der römische Philosoph Italicus (ὁ μάλιστα δοκῶν αὐτῶν φιλόσοφος εἶναι Epictet. Diss. III 8, 7) ist nach Buechelers ansprechender Vermutung (Rhein. Mus. XXXV 1880 S. 390f.) der Dichter Silius Italicus. Daß er Stoiker war, kann durch die von Buecheler angeführten Gründe als so gut wie erwiesen gelten. 5) Zeller a. a. O. S. 699ff. 6) Seneca ep. 100, 12. 52, 11.

daher auch unter den ernst nach sittlicher Vervollkommnung strebenden Römern zu allen Zeiten die meisten Anhänger. In der langen Reihe hervorragender Persönlichkeiten der römischen Geschichte, die wir als Stoiker kennen, erblicken wir die edelsten Gestalten dieser Jahrhunderte und nicht wenige, die durch ihr Leben und ihren Tod den Ernst und die Aufrichtigkeit der aus jener Philosophie gewonnenen Überzeugungen betätigt haben; und auch die uns erhaltenen philosophischen Werke römischer Schriftsteller dieser Periode gehören fast ausschließlich dieser Schule an[1]). Daß der Epikureismus zu allen Zeiten nächst dem Stoizismus wohl die zahlreichsten Anhänger hatte, darf man auch ohne ausdrückliche Zeugnisse von seiner Verbreitung in der römischen Welt unter dem Kaisertume voraussetzen[2]). Daß die Epikureer namentlich im öffentlichen Leben nicht hervortraten, war ja in der Natur dieser Schule begründet, welche die Verborgenheit geflissentlich suchte; ihr Bedürfnis, ihr System in der Literatur geltend zu machen, war gering und hinlänglich durch ältere Schriften befriedigt[3]). Epikureismus —

Die übrigen philosophischen Schulen waren unter den Römern zwar ohne Zweifel weniger verbreitet, ohne Vertetung aber war wohl keine[4]), und die eklektische Richtung der Römer brachte es mit sich, daß jede auch außerhalb des Kreises ihrer eigentlichen Anhänger Interesse und Anziehung übte. Die Vorträge, die der Platoniker Plutarch noch unter Domitian in Rom hielt, wurden von den bedeutendsten Männern Roms besucht[5]); und mehrere von ihnen traten mit dem hochverehrten Philosophen in ein dauerndes Verhältnis, wie der Konsular L. Mestrius Florus[6]), Q. Sossius Senecio (Konsul 99 und 107), dem Plutarch einige der Biographien berühmter Männer und sonstige Schriften widmete[7]), Fundanus (ein Schüler des Musonius[8]), doch wohl Minicius Fundanus Konsul 107), Terentius Priscus[9]) (wohl sicher derselbe, der auch Martials Gönner war)[10]) und und der übrigen Systeme bei den Römern.

1) Inschriften stoischer Philosophen in Rom CIL VI 9784. 9785 (= Dessau 7779). 2) Zeller a. a. O. S. 389f. Außer den dort genannten: der Verfasser der Ciris, Skutsch, Aus Vergils Frühzeit S. 47. 84. Die Dichter Vergil, Horaz, Varius (Quintil. VI 3, 78) und Quintilius (Varus), A. Körte, Rhein. Mus. XLV 1890 S. 172ff. Ein Senator Pompedius Ἐπικούρειος unter Caligula, Joseph. A. J. XIX 32. Ein C. Stallius Hauranus *ex Epicureio gaudivigente choro* CIL X 2971 = Buecheler, Carm. ep. 961. Über Lucilius Junior vgl. Seneca ep. 46, 1 (vgl. unten S. 312). Petron. sat. 132, 15 nennt Epikur *pater veri.* Inschrift eines epikureischen Philosophen in Rom CIL VI 37813, eines andern aus Rhodus in Brundisium IG XIV 674 = CIL IX 48 (Dessau 7780). Οἱ Ἀθήνησιν Ἐπικούρειοι φιλόσοφοι, IGR III 733. Epikureer (πολλοὶ δὲ ἦσαν) als Gegner des Alexander von Abonuteichos, besonders in Amastris, Lucian. Alexand. 25. Über die Plotina-Inschrift s. oben I 295; das Denkmal des Diogenes von Oenoanda (Pisidien), herausgegeben von J. William (1907), vgl. Usener, Rhein. Mus. XLVII 1892 S. 414ff. Fortdauer des Epikureismus im 4. Jahrhundert nach Äußerungen des Hilarius von Poitiers: A. Zingerle, Sitzungsber. der Wiener Akad. CVIII 1884 S. 969. Äußerungen über sein Erlöschen von Gegnern wie Julianus und Augustinus (Usener, Epicurea p. LXXV f.) sind mit Vorsicht aufzunehmen. 3) Über epikureische Züge in der Weltanschauung Senecas E. Howald, N. Jahrb. f. klass. Altert. XXXV 1915 S. 353ff. 4) Philosophen ohne Angabe der Schule CIL VI 9783 = Dessau 7778 (*Iulio Iuliano viro magno, philosopho primo* aus der Zeit des Commodus, vgl. Bang, Hermes LIII 1918 S. 211ff.). IG XIV 1149, 1. 1887; ein [φιλ]όσοφος περιπατητ[ικός] IG XIV 1088. 5) Vgl. über Plutarchs römische Freunde Hertzberg, Gesch. Griechenlands unter d. Römern II 179ff. 6) Plutarch. Otho 14; vgl. Quaest. conviv. I 9, 1. III 4. V 7. VII 4. 6. Prosop. imp. Rom. II 370 nr. 380. 7) Prosop. imp. Rom. III 255 nr. 560. 8) Plut. De cohib. ira 2, vgl. De tranq. an. 1. Prosop. imp. Rom. II 377 nr. 433. 9) Plut. De def. orac. 1. 10) Dessau, Hermes XLVI 1911 S. 160.

andre[1]). Gellius, der in Athen den berühmten Platoniker L. Calvisius (oder Calvenus) Taurus[2]) eifrig hörte, gehörte zu einem großen Kreise dort studierender Männer, die alle dieselben Vorlesungen besuchten[3]). Von der Stellung, die der Kyniker Demetrius in der Zeit von Nero bis Vespasian in Rom einnahm, wird unten die Rede sein. Der Kyniker Crescens, dessen Verleumdungen der Christen Justinus in öffentlichen Vorträgen zu Rom widerlegte, soll die Verfolgung und Hinrichtung des letzteren wegen seines Bekenntnisses herbeigeführt haben[4]). Auch der Kyniker Theagenes, ein eifriger Anhänger des Peregrinus Proteus[5]), der nach Galens Erzählung an der falschen Behandlung des Arztes Attalus (Schüler des Soranus), eines »Esels von der Sekte des Thessalus«, starb, war zu Rom eine sehr bekannte Persönlichkeit, da er täglich in den Thermen des Trajan disputierte. Als Attalus mit zahlreichen Freunden des Patienten in dessen Haus trat, um ihnen denselben als Rekonvaleszenten zu zeigen, waren Kyniker und andre Philosophen gerade beschäftigt, die Leiche des Philosophen zu waschen, der nach den Grundsätzen seiner Schule weder Sklaven noch Familie hatte[6]). Galen begründete seinen Ruf in Rom (im Jahre 162)[7]) durch die Herstellung des 62jährigen Peripatetikers Eudemus[8]). Diesen besuchten während seiner Krankheit »fast alle durch Rang und Bildung hervorragenden Männer«, namentlich Sergius Paullus (zum zweiten Male Konsul 168, auch Stadtpräfekt)[9]), »ein durch philosophische Bildung und Handlungsweise ausgezeichneter Mann«[10]), und der Konsular Flavius Boethus, der eifrig dem Studium der Aristotelischen Philosophie ergeben war[11]). Dieser, sowie (M. Ceionius) Civica Barbarus, Konsul 157, Oheim des Lucius Verus, und der gleichfalls als Aristoteliker bezeichnete[12]) Cn. Claudius Severus (Konsul 163 und 173) ließen sich von Galen anatomische Vorträge halten; denselben wohnten (außer andern Philosophen) der (mehr dem Aristoteles als dem Plato anhängende) Peripatetiker Alexander aus Damascus (im Jahre 162 Lehrer des Boethus, etwa 175 öffentlicher Lehrer zu Athen)[13]) und Demetrius aus Alexandria bei, der letztere ein Freund des Favorinus, der täglich öffentlich in der Weise seines Lehrers über vorgelegte Themata sprach[14]). Favorinus selbst, der Skeptiker war, stand bei Hadrian in Gunst und versammelte unter ihm und seinem Nachfolger eine große Anzahl von Schülern und Bewunderern, zum Teil von hohem Stande[15]). Gellius, der sich an ihn hauptsächlich anschloß, erwähnt als seine Freunde einen Peripatetiker und einen Stoiker, »beides zu Rom angesehene Philosophen«[16]); in einer gelehrten Gesellschaft, in welcher Gellius einmal die heißeste Sommerzeit in Tibur verbrachte, war auch ein Peripatetiker, der den Aristoteles eifrig studierte[17]). Fronto empfiehlt dem Q. Egrilius Plarianus (Legat von Afrika im Jahre 159)[18]) als einem Freunde und Kenner der Philosophie den Platoniker

1) Paccius: De tranq. an. 1; Saturninus (Pompejus Saturninus, Prosopogr. III 70 nr. 491?): Adv. Coloten 1; Sextius Sulla: Plut. Rom. 15, 3. Prosopogr. III 239 nr. 476. 2) S. unten S. 281. 3) Gell. I 2, 1. XVIII 2, 2. 4) Euseb. hist. eccl. IV 16. Hieron. De vir. ill. 23 u. a. 5) Lucian. Peregrin. 4ff. Bernays, Lukian und die Kyniker S. 14ff. 6) Galen. X 909 ff. (unter Septimius Severus geschrieben, Ilberg, Rhein. Mus. XLIV 1889 S. 223. 229). 7) Ilberg, N. Jahrb. f. klass. Altert. XV 1905 S. 286f. 8) Galen XIV 605 ff. 9) Prosop. imp. Rom. III 221 f. nr. 377. 10) Galen. II 218. 11) ebd. XIX 13. 12) ebd. XIV 612 f., vgl. über die Person Prosop. I 398f. nr. 811 und oben S. 256. 13) Gercke, Real-Encykl. I 1452 f. 14) Galen. XIV 627. 15) Philostrat. Vit. soph. I 8, 4. Gell. XII 1, 1—3. 16) Gell. XVIII 1, 1. 17) Gell. XIX 5, 2. 18) Groag, Real-Encykl. V 2011.

Julius Aquilinus, dessen Vorträge in Rom den größten Zulauf gehabt und bei sehr vielen Männern des Senatorenstandes Beifall gefunden und Bewunderung erregt hatten[1]). Apulejus rühmt (etwa 158) den Prokonsul von Afrika, Claudius Maximus, als Kenner der Werke Platos im Original[2]). Alexander von Aphrodisias spricht (zwischen 198 und 211) den Kaisern Severus und Caracalla in der Widmung einer Schrift seinen Dank für seine Ernennung oder Bestätigung als Lehrer der Aristotelischen Philosophie (in Athen) aus und rühmt, daß sie die Philosophie wahrhaft ehren und fördern[3]). Der erste Gordian verbrachte, wie sein Biograph sagt, sein ganzes Leben in der Gesellschaft der Alten, des Plato und des Aristoteles, des Cicero und Vergil[4]).

Diese im Verhältnis zu der Dürftigkeit unserer Kenntnis der damaligen geistigen Zustände zahlreichen Erwähnungen philosophischer Studien in Rom, sowie andre gelegentliche Nachrichten (wie z. B. daß in Trajans Zeit dort bei Mahlzeiten zur Unterhaltung der Gäste Platonische Dialoge aufgeführt wurden)[5]), lassen uns die Vorstellung gewinnen, daß in den höheren Ständen Roms seit dem Ende des 1. Jahrhunderts ein reges und vielseitiges Interesse für Philosophie verbreitet war, und die Berichte des Porphyrius über die Erfolge des Plotin in Rom zeigen, daß es noch bis tief ins 3. Jahrhundert lebendig blieb[6]).

Beginn des philosophischen Unterrichts gewöhnlich im ersten Jünglingsalter.

Die philosophischen Lehrjahre begannen für die meisten jungen Männer nach Beendigung des grammatischen und rhetorischen Unterrichts[7]). Gellius, der diese Studien ungewöhnlich lange fortsetzte, scheint erst im Alter von etwa 30 Jahren sich der Philosophie zugewandt zu haben[8]), während Marc Aurel seine philosophischen Studien im zwölften Jahre ungewöhnlich früh begann[9]). Die große Mehrzahl dürfte mit der Anlegung der Männertoga in die Schule eingetreten sein, die ihre Zöglinge zur sittlichen Mündigkeit entließ, unter die Männer im höheren Sinne des Worts versetzte[10]). Persius, der im Alter von sechzehn Jahren die Bulla und das Knabenkleid ablegte, empfand nun, da ihm die weiße Toga gestattete, seine Augen in dem verwirrenden Gewühl Roms überall frei umherschweifen zu lassen, lebhaft das Bedürfnis, einem bewährten Führer zu folgen, um in dem Labyrinth der vor ihm liegenden verschlungenen Pfade den Weg des Lebens richtig zu wählen; er schloß sich aufs engste an Cornutus an[11]). Auch Seneca stand im ersten Jünglingsalter, als er die Schule des zur Sekte

1) Fronto ad amicos I 4 p. 176f. Naber; dazu Klein, Rhein. Mus. XXXI 1876 S. 639f. Vgl. unten S. 284 A. 3. 2) Apulei. apol. 64; vgl. Rohde, Kl. Schrift. II 44. Groag, Real-Encykl. III 2773. 3) Alex. Aphrodis. de fato 1 p. 164 Bruns (Suppl. Aristot. II 2). 4) Hist. aug. Gordian. 7, 1. 5) Oben I 254. 6) Porphyr. Vit. Plotini 7. 9. Der vornehme Caeionius Rufius Albinus, Stadtpräfekt 335—337, heißt in der Inschrift CIL VI 1708 = Dessau 1222 *philosophus* (vgl. Seeck, Hermes XIX 1884 S. 190f). Sidon. Apollinar. ep. III 6, 2 (an Eutropius praef. praet. Galliarum) *consectanei vestri Plotini dogmatibus inhaerentes.* IV 1, 3 (Probus): *tu sub Eusebio nostro inter Aristotelicas categorias artifex dialecticus atticissabas.* IV 11 (Claudianus): *qui indesinenter salva religione philosopharetur; et licet crinem barbamque non pasceret, pallium et clavam nunc inrideret, nunc etiam execraretur, a collegio tamen Complatonicorum solo habitu ac fide dissociabatur.* Doch Augustin. Conf. IV 16, 28 sagt, daß die Kategorien des Aristoteles kaum von den *magistris eruditissimis — multa in pulvere depingentibus* verstanden würden. 7) Quintilian. XII prooem. 3: *orator a dicendi magistris dimissus — maiora sibi auxilia ex ipsis sapientiae penetralibus petit.* Paulus Aegin. de art. med. I 14 (oben I 178, 5) bezeichnet die Jahre vom 14. bis zum 20. als die Zeit des Unterrichts in der Mathematik und Philosophie. 8) S. Anhang XXI. 9) Hist. aug. M. Aurel. 2, 6. 10) Seneca ep. 4, 2. 11) Pers. sat. 5, 30ff., vgl. Vita Pers. p. 64, 14 Leo.

der Sextier gehörenden Alexandriners Sotion besuchte[1]). Plutarch übersandte seine Schrift »Von der Kunst des Hörens« einem jungen Freunde mit der Erinnerung, daß er mit Anlegung der Männertoga aus der Obhut der früheren bezahlten Lehrer nun in die der Vernunft als einer göttlichen Führerin des Lebens eingetreten sei: den wahren Männerschmuck vermöge allein die Philosophie den Jünglingen anzulegen[2]).

Die große Mehrzahl setzte vermutlich den regelmäßigen Besuch philosophischer Vorlesungen höchstens bis zur Begründung eines eigenen Hausstands fort, obwohl Plutarch in den Sorgen und Geschäften, die dieser mit sich brachte, keine genügende Entschuldigung erkennen wollte, etwas so viel Wichtigeres zu vernachlässigen[3]). Und in der Tat war es offenbar nicht ungewöhnlich, verheiratete und ältere Männer in die Philosophenschule gehen zu sehen[4]); Seneca war schon ein Sechziger, als er in Neapel den Philosophen Metronax hörte. Er schreibt an Lucilius, er gehe nun bereits den fünften Tag in die Schule, um Metronax am Nachmittag (von der achten Stunde ab) vortragen zu hören: diese Schule, sagt er, läßt jedes Alter zu; soll ich etwa erröten, zu einem Philosophen zu gehen? Freilich ist sie sehr wenig besucht, während das Theater, in dem gleichzeitig musikalische Wettkämpfe stattfinden, gedrängt voll ist, und die Schüler des Metronax werden als Toren und Müßiggänger verspottet[5]).

Der philosophische Unterricht bezog sich auf die drei Abteilungen der Philosophie, die alle Schulen anerkannten, Logik, Physik und Ethik. Nur die Platoniker verbanden damit auch damals noch, wie es scheint in der Regel, das Studium der Mathematik; in ihren Studierzimmern sah man Figurentafeln, Kugeln u. dgl.[6]), in ihren Auditorien äußerten die Schüler ihre Wißbegier durch gelehrte mathematische Fragen[7]). In der stoischen Schule, über welche wir aus jener Zeit die meisten Nachrichten haben, wurde in der Regel mit der Logik (und Dialektik) angefangen[8]), wenn auch die stoischen Autoritäten über die Reihenfolge beim Unterricht nicht übereinstimmen. Seneca nennt die Logik die »ABCschule« der Philosophen[9]). Obwohl der Stoizismus und die Philosophie überhaupt damals die Ethik so sehr zum Hauptgegenstande und Zwecke des Unterrichts machte, daß die beiden andern Teile neben ihr als nicht bloß untergeordnet, sondern selbst mehr oder weniger entbehrlich erscheinen konnten[10]), hielten doch auch Männer wie Musonius Rufus[11]) und Epictet[12]), wie sehr sie auch als alleinigen Zweck der Philosophie die sittliche Bildung betrachten, und wie wenig Interesse sie auch an logischen und dialektischen Erörterungen nehmen mochten[13]), die Logik als Grundlage des philosophischen Studiums für unerläßlich; noch weniger konnte über ihre Notwendigkeit und Nützlichkeit für eine allgemeine wissenschaftliche Bildung, namentlich bei solchen, die sich der Beredsamkeit widmeten, ein Zweifel sein.

Logik und Dialektik.

1) Seneca ep. 49, 2 (*puer*). 108, 17 (*iuvenis*). 2) Plutarch. De audiendo 1 f. 3) Plut. de cupid. divit. 7. 4) Plutarch erzählt z. B., wie Arulenus Rusticus in Rom in einer seiner Vorlesungen eine kaiserliche Depesche erhielt, De curiosit. 15. 5) Seneca ep. 76, 1—4. 6) Lucian. Nigrin. 2. 7) Plutarch. De audiendo 10. Vgl. Coni. praec. 48; De adulat. et amico 7: ἂν δὲ (ὁ κόλαξ) θηρεύῃ φιλόλογον καὶ φιλομαθῆ νέον, αὖθις ἐν βιβλίοις ἐστὶ καὶ πώγων ποδήρης καθεῖται καὶ τριβωνοφορία τὸ χρῆμα καὶ ἀδιαφορία καὶ διὰ στόματος οἵ τε ἀριθμοὶ καὶ τὰ ὀρθογώνια τρίγωνα Πλάτωνος. Vgl. auch Pers. 1, 131 ff. 8) Epictet. D. I 17, 6. 9) Seneca ep. 71, 6. 10) M. Aurel. comm. VII 67. 11) Epictet. D. I 7, 32. 12) ebd. I 17, 1—12. II 25. 13) Zeller a. a. O. S. 769.

Dieses trockne Studium war nun für Scharfsinnige, vollends wenn sie zur Spitzfindigkeit neigten, um so anziehender, als man mit der Virtuosität in der Handhabung logischer Formen in Disputationen und sonst leicht glänzen konnte. Hat man sich, sagt Gellius, in diese anfangs abschreckende Wissenschaft erst eingelassen, so leuchtet ihr Nutzen je länger, je mehr ein, und es entsteht eine unersättliche Lust zum Lernen, der man Einhalt tun muß, weil man sonst in Gefahr gerät, in jenen labyrinthischen Irrgängen der Dialektik wie an den Inseln der Sirenen sein Leben zu verbringen[1]). Das Schlimmste an den Sophismen, sagt Seneca, ist, daß sie einen gewissen Reiz ausüben und den durch den Schein des Scharfsinns verlockten Geist aufhalten und fesseln, während eine solche Menge von wichtigeren Dingen uns weiter ruft und kaum das ganze Leben hinreicht, das Eine zu lernen (was der Zweck der Philosophie ist): das Leben zu verachten[2]). Derartige Liebhabereien und Richtungen fanden in einer umfangreichen Literatur reichliche Nahrung, zu der namentlich die älteren Stoiker, die sich um die Auflösung und Widerlegung der von den Megarikern aufgestellten Fangschlüsse bemühten, beigetragen hatten; es gab eigne Bücher über solche Fangschlüsse, die keinen andern Zweck hatten, als einen andern in Verlegenheit zu bringen, wie der Haufenschluß (wie viel Körner machen einen Haufen?), der Hörnerschluß (hast du deine Hörner verloren? im Verneinungsfalle: also hast du noch Hörner? im Bejahungsfalle: also hast du sie gehabt?) und dgl.[3]). Solche Spielereien eines talmudischen Witzes wurden auch damals vielfach ernsthaft behandelt, und namentlich von jungen Leuten viel Zeit damit verschwendet. Alle Anfänger in der Philosophie, sagt Plutarch, legen sich am liebsten auf das, was Ruhm bringt; die einen schwingen sich aus Leichtsinn und Ehrgeiz wie Vögel zum Glanz und zur Höhe der naturphilosophischen Spekulation auf, die andern gehen auf Disputationen, schwierige Fragen und Sophismen aus, wie (nach Platos Ausdruck) Hündchen am Zerren und Schleppen ihre Freude haben; die meisten aber vertiefen sich in die Dialektik, um sich mit der nötigen Ausrüstung für die Sophistik zu versorgen[4]). Diesen falschen Richtungen der Schüler, die ihren Geist, nicht ihren Charakter bilden wollten, kamen leider, wie Seneca sagt, die Lehrer entgegen, »die uns die Kunst des Disputierens anstatt die des Lebens lehren«, und so sei die Philosophie zu einer Wortwissenschaft (Philologie) geworden[5]). Durch die Aufnahme dessen, was in der Philologie und Mathematik entbehrlich ist, habe es die Philosophie dahin gebracht, daß sie besser zu reden als zu leben verstehe[6]). In der Klage, daß zu viel Zeit und Kraft an Logik und Dialektik verwandt werde, die doch nur Außenwerke der Weisheit seien, und daß die Ethik darunter leide, vereinigten sich Philosophen und Nichtphilosophen[7]). Gegenwärtig, sagt z. B. Epictet, ist der größte Fleiß auf die Auflösung von Syllogismen verwandt worden, und hierin werden Fortschritte gemacht; einst verwandte man den größten Fleiß darauf, den besten Teil der Seele im naturgemäßen Zustande zu erhalten, und es wurden darin Fortschritte gemacht[8]).

1) Gell. XVI 8, 16 f. Vgl. Epictet. D. II 23, 41. 2) Seneca ep. 111, 5. 3) Zeller II 1[4] S. 264 ff. Andere Beispiele Seneca de benef. VII 4, 7 f. 7, 1; ep. 48, 6. 4) Plutarch. De prof. in virtute 7. 5) Seneca ep. 108, 23. 6) ebd. 88, 42. 7) Gell. II 8. 8) Epictet. D. III 6, 3.

Besonders in der stoischen Schule war das Streben vieler Studierender mehr oder minder ausschließlich auf Erwerbung der Virtuosität in dialektischer Technik und auf Gelehrsamkeit in der bezüglichen Literatur gerichtet. Die noch in die Schule gehenden oder eben aus der Schule gekommenen Pedanten, die heute schon lehren wollten, was sie gestern gelernt hatten, und »unverdaute Brocken vomierten«[1]), alles besser wußten als andre und ihre Lehrer hauptsächlich in Tadelsucht und Rechthaberei kopierten, erscheinen bei den Schriftstellern des 2. Jahrhunderts nicht selten als die unerwünschten Störer der geselligen Unterhaltungen in Griechenland. Gab es doch, wie Epictet sagt, Leute, die zu keinem andern Zwecke philosophische Vorträge besuchten und Lehrbücher studierten, als um die Bewunderung eines Senators zu erregen, den ihnen das Glück etwa zum Tischnachbar geben würde, oder um die Gäste durch Aufzählung sämtlicher Schriftsteller in Erstaunen zu setzen, die über eine gewisse Schlußform geschrieben hatten[2]). Gellius[3]) fand bei einem Besuche des Herodes Atticus auf seiner Villa am Kephissos einen sehr jugendlichen, sehr redseligen und vorlauten Stoiker, der gewöhnlich in den Gesprächen nach der Tafel das Wort ergriff, um überlange und geschmacklose Vorträge über Philosophie zu halten, von der er mehr zu verstehen versicherte als alle übrigen Griechen und Römer. Er warf mit unbekannten Ausdrücken, mit Syllogismen und Fangschlüssen um sich, rühmte sich, daß niemand ihm im Auflösen dialektischer Probleme gleichkomme, daß niemand wie er in der ganzen Ethik zu Hause sei, und fühlte sich im Besitz der wahren, die höchste Seligkeit verbürgenden Weisheit so unerschütterlich sicher, daß er erklärte, kein Kummer oder Schmerz vermöge über einen Stoiker auch nur so viel, um die Heiterkeit seines Antlitzes zu umwölken. Herodes ließ darauf zu seiner Beschämung eine Stelle aus Epictet vorlesen, worin dieser ehrwürdige Greis den jungen Leuten eine gerechte Strafrede hält, die sich Stoiker nennen und sich keineswegs durch sittlichen Wert und Gehalt auszeichnen, dagegen fortwährend läppische Lehrsätze und den Inhalt elementarer Schulbücher im Munde führen und bei dem Dunst von Worten und Spitzfindigkeiten, den sie vor den Augen der Hörer erregen, fälschlich den Namen jener erhabenen Lehre gebrauchen.

Physik. Die Naturphilosophie (Physik) stand in zu engem Zusammenhange mit der Ethik, um nicht wenigstens bis auf einen gewissen Grad in dieser mit berücksichtigt zu werden: schon die Frage nach der Vorsehung konnte eigentlich nur zugleich mit der Frage nach dem Ursprung der Dinge und der Ordnung des Weltganzen erledigt werden[4]). Je einseitiger und ausschließlicher aber die Konzentration auf die sittliche Aufgabe der Philosophie war, desto geringere Beachtung wurde auch dieser Disziplin geschenkt, und die Ansicht des Sokrates, daß die Untersuchung über die letzten Bestandteile und Gründe der Dinge unser Vermögen übersteige und keinesfalls einen praktischen Wert habe, war vermutlich eine weit verbreitete, wie sie denn auch von einer so hohen Autorität wie Epictet vertreten wurde[5]). Auch Seneca, der selbst für die naturwissenschaftliche Spekulation Liebhaberei und Interesse hatte, will sie doch nur insoweit gelten lassen,

1) Epictet. D. I 26, 16. Plutarch. De prof. in virt. 8. 2) Oben I 266. 3) Gell. I 2. 4) Quintilian. XII 2, 20 f. 5) Zeller III 1⁴ S. 770.

als sie zur sittlichen Vervollkommnung beitragen kann[1]). Der Geist bedarf der Naturbetrachtung zu seiner Erholung, und sie teilt ihm die Erhabenheit der Gegenstände mit, mit denen sie sich beschäftigt. »In der Betrachtung der Welt und ihres Urhebers erhebt man sich über die Bürde des Leibes, man lernt seine höhere Abkunft und Bestimmung kennen, den Körper und das Körperliche geringschätzen und sich von ihm frei machen. Doch freilich ist dabei die Gefahr, daß der Geist sich gewöhnt, lieber sich zu vergnügen als gesund zu werden, und die Philosophie zu einer bloßen Ergötzung zu machen, während sie doch ein Heilmittel ist«[2]). Daß gerade die die Phantasie so sehr anregende Naturphilosophie Dilettanten anzog, denen es um philosophische Bildung ernst war, deutet auch Plutarch an[3]). Properz wollte sich ihr dann zuwenden, wenn das Alter ihn zwingen werde, der Liebe zu entsagen. Dann wollte er die Gesetze der Natur kennen lernen, sich über die Ursache des Mondwechsels, der Luftveränderungen, des Regens, des Regenbogens, der Erdbeben, der Sonnenfinsternisse, der Erscheinungen des Sternhimmels und des Meers, der Jahreszeiten belehren, forschen, welcher Gott dies Weltgebäude kunstvoll regiere, ob der Welt ein Tag des Untergangs bevorstehe, ob es eine Unterwelt und Höllenstrafen gebe oder mit dem Tode das Dasein ende[4]).

Immer aber traten Physik und Logik neben der Ethik so sehr in den Hintergrund, daß die letztere als der wesentliche, wenn nicht als der einzige Inhalt der Philosophie erschien: sie wird geradezu die Kunst, die Wissenschaft, die Richtschnur des Lebens genannt[5]). Wenn dies nach allem Gesagten kaum noch eines Nachweises bedarf, so ist es doch vielleicht nicht überflüssig, zu zeigen, wie auch gerade die Erziehung der Jugend zur Sittlichkeit ganz allein von der Philosophie erwartet wurde. Wie Gymnastik und Heilkunde für die Gesundheit und Kraft des Körpers sorgen, sagt Plutarch in seiner Schrift über die Erziehung[6]), so heilt die Schwäche und Krankheit der Seele allein die Philosophie. Durch sie und mit ihr erkennt man, was edel, was schändlich, was gerecht, was ungerecht, kurz, was zu erstreben, was zu vermeiden ist; wie wir uns gegen die Götter, die Eltern, das Alter, die Gesetze, die Fremden, die Herrscher, die Freunde, die Frauen, die Kinder, die Sklaven zu verhalten haben: daß wir die Götter fürchten, die Eltern ehren, das Alter achten, den Gesetzen gehorchen, den Herrschern willfahren, die Freunde lieben, gegen die Frauen züchtig sein, die Kinder mit Zärtlichkeit, die Sklaven ohne Übermut behandeln sollen; hauptsächlich aber daß wir weder im Glück zu sehr frohlocken noch im Unglück niedergeschlagen sein, daß wir uns weder von der Lust überwältigen lassen noch im Zorn leidenschaftlich und brutal werden sollen. Dies halte ich von allen Gütern, die wir durch die Philosophie gewinnen, für die vorzüglichsten. Törichte Eltern, heißt es an einer andern Stelle[7]), die es versäumt haben, ihren Kindern eine gute Erziehung zu geben, bereuen diese Versäumnis gewöhnlich erst dann, wenn die Söhne ins Jünglingsalter treten und nun, anstatt ein geregeltes und vernünftiges

Ethik.

1) Zeller III 1⁴ S. 725 f. 2) Seneca ep. 117, 33; N. Qu. I prol. 1—3. 12. 17. II 1. 59, 2 u. a. 3) Plut. de profect. in virt. 8. 4) Prop. III 5, 23—46. Ähnliche Gedanken kehren in der augusteischen Poesie häufig wieder, vgl. Verg. Georg. II 475 ff. Horat. epist. I 12, 16 ff. Ovid. met. XV 67 ff. Aetna 228 ff. 5) Wendland, Quaest. Musonianae (Diss. Berol. 1886) S. 12, 2. 6) Plutarch. De educ. puer. 10; vgl. dazu F. Glaeser, Dissertat. philol. Vindobon. XII 1918 S. 51 ff. 7) Plut. De educ. puer. 7.

Leben zu führen, sich in Ausschweifungen und niedrige Lüste stürzen, Schmarotzer und andre Jugendverderber an sich ziehen, Dirnen halten, mit Schlemmerei, Würfelspiel, Gelagen das Ihrige verprassen, Ehebrüche und andre Exzesse begehen, bei denen sie um ihrer Lust willen das Leben aufs Spiel setzen: hätten sie den Unterricht eines Philosophen genossen, so würden sie sich solchem Treiben nicht hingegeben haben. Wie der Landmann oder der Gärtner das Unkraut aus dem Felde, so tilgt der Philosoph die bösen Triebe des Neids, des Geizes, der Wollust, wenn es sein muß mit tiefen Schnitten, die Narben zurücklassen, aus der jugendlichen Seele; in andern Fällen verfährt er behutsam wie der Winzer beim Beschneiden der Reben, um nicht mit dem Unedeln zugleich das Edle auszurotten[1]).

Pflicht und Recht der Lehrer, den ganzen Lebenswandel der Schüler zu beaufsichtigen und zu leiten.

Überall, wo der philosophische Unterricht so aufgefaßt, wo der Philosoph nicht bloß als Lehrer, sondern ganz vorzugsweise als Erzieher, ja geradezu als Seelsorger seiner Schüler betrachtet wurde, galt es notwendigerweise als seine Pflicht, deren sittliches Wohl auch außerhalb des eigentlichen Unterrichts auf jede Weise zu fördern, und folglich als sein Recht, eine Aufsicht über ihren ganzen Lebenswandel zu führen, sie mit Rat und Ermahnung, Warnungen und Vorwürfen, mit Milde und Strenge auf den rechten Weg zu leiten. Allem Anscheine nach haben auch in jener Zeit zahlreiche hervorragende, von dem Bewußtsein der hohen Bedeutung ihres Amts erfüllte Männer, mit solchem Ansehen ausgestattet, auf ganze Generationen die größten sittlichen Wirkungen geübt, um so mehr, als zu den berühmten Lehrern namentlich in Rom und Athen, die, wie Musonius, die Jugend »von allen Seiten wie der Magnet das Eisen an sich zogen«[2]), die Schüler selbst aus weiter Ferne herbeiströmten. Ein Teil derselben trat zu ihren Lehrern in ein näheres Verhältnis, das oft lange über die eigentlichen Lehrjahre hinaus, ja durch das ganze Leben fortdauerte. So blieb Persius seit seinem siebzehnten Jahre mit Cornutus in unzertrennlicher Freundschaft verbunden und lernte auch dessen übrige Schüler kennen, darunter den Dichter Lucan und zwei Griechen, den spartanischen Arzt Claudius Agathemerus[3]) und Petronius Aristocrates aus Magnesia, beides sehr gebildete Männer, von größter Reinheit der Seele, die Persius sich zum Muster nahm. Cornutus war sein Ratgeber auch bei seinen poetischen Arbeiten und ward von ihm in seinem Testament mit einem bedeutenden Legat bedacht[4]). Persius hat seine Dankbarkeit gegen den geliebten Lehrer, »dem ein so großer Teil seiner Seele ganz gehörte«, in Worten voll inniger Empfindung ausgesprochen: mit ihm, der seine zarten Jahre mit Sokratischer Liebe gehegt, seine Seele in der Zeit ihrer Bildsamkeit wie ein Künstler den weichen Ton geformt hatte, glaubte er sich durch die Bestimmung der Gestirne für immer verbunden, und gerne gedachte er der in gemeinsamer Arbeit und Erholung verbrachten Tage und der bis zum Anbruch der Nacht verlängerten, doch bescheidenen Mahlzeiten, welche die ernsten Studien unterbrachen[5]). Der jüngere Plinius schloß sich in Syrien als Militärtribun an den Stoiker Artemidorus an, der später eine Tochter des Musonius Rufus heiratete, und bewahrte ihm eine anhängliche Ergebenheit,

1) Plutarch. De vitioso pudore 2. 2) Suid. s. Μαρκιανός. 3) Seine Grabschrift IG XIV 1750 = Kaibel, Epigr. gr. 554 (s. unten S. 309, 1). 4) Vita Persii p. 64 f. Leo. 5) Pers. 5, 22 ff. 36—51.

die er auch in der Zeit der Gefahr bewährte: bei der Ausweisung der Philosophen aus Rom im Jahre 95 lieh er ihm eine zur Bezahlung seiner aus den edelsten Gründen gemachten Schulden erforderliche größere Summe, ohne Zinsen zu verlangen. Noch als Konsular schaute er zu dem verehrten Lehrer wie zu einem Vorbilde auf. Unter allen, die sich jetzt Philosophen nennen, schreibt er im Jahre 101, werde man kaum einen so echten, so wahrhaften finden. Seine Standhaftigkeit im Ertragen von Hitze und Kälte, in Anstrengungen, seine Beschränkung in Sinnengenüssen auf das Notwendige, seine strenge Selbstzucht — alles dieses erscheine klein, wenn man es mit seinen übrigen Tugenden vergleiche, welche einen Musonius bewogen, ihn vor so vielen Schülern aus allen Ständen als Schwiegersohn zu wählen[1]).

Ein anziehendes Bild von dem Verhältnis des Platonischen Philosophen Calvisius (Calvenus) Taurus[2]) zu seinen Schülern hat Gellius gegeben. Taurus gestattete ihnen nicht bloß oft, nach dem täglichen Unterricht Fragen an ihn zu richten[3]), sondern lud die sich enger an ihn schließenden häufig zu einer frugalen Abendmahlzeit, wobei ein Gericht, von ägyptischen Linsen mit gehacktem Kürbis mit Öl bereitet, die Hauptschüssel zu bilden pflegte[4]). Hier mußten die Schüler gleichsam als »Knabberwerk zum Nachtische« Fragen und Probleme vortragen, besonders Spielereien, wie sie den vom Wein belebten Geistern zusagten, z. B. in welchem Augenblick ein Sterbender eigentlich sterbe, ein Aufstehender aufstehe, ein Lernender seine Kunst verstehe: dergleichen Fragen sollte man nicht verachten, sagte Taurus, da die größten Philosophen sie erörtert hatten[5]). In Krankheiten besuchte Taurus seine Schüler[6]). Seine Mißbilligung alles dessen, was ihm an ihrer Lebens- oder Studienweise mißfiel, sprach er je nach den Umständen mit Freundlichkeit oder Strenge aus. Einem reichen jungen Manne, der mit Flötenspielern und Tragöden umzugehen liebte, sandte er, um ihn von dieser Genossenschaft abzuziehen, eine Stelle aus Aristoteles über den sittlichen Unwert der meisten solcher Künstler zu, mit der Anweisung, sie täglich zu lesen[7]). Einen andern, der plötzlich vom Studium der Beredsamkeit zur Philosophie überging, fuhr er mit harten Worten an und wurde vollends zornig, als dieser sich mit dem Beispiel andrer verteidigte; was ihm auch Veranlassung gab, eine schöne hierauf bezügliche Stelle aus Demosthenes anzuführen. So, sagt Gellius, bediente sich Taurus jeder Art von Ermahnungen und Unterweisungen, um seine Schüler zum Guten und Rechten anzuleiten[8]). Nicht weniger wirkte er ohne Zweifel durch die erziehende Kraft seines Beispiels. Wie er im Verkehr mit Vornehmen seine Würde zu wahren wußte, ohne die Schicklichkeit zu verletzen, zeigt Gellius in der Erzählung von einem Besuche, welchen der Statthalter von Kreta und dessen Vater dem berühmten Philosophen abstatteten[9]). Der Stoiker Attalus, in dessen Schule zu Rom Seneca in seiner Jugend stets als der erste kam und als der letzte blieb, ging auch auf Spaziergängen gern auf die Fragen seiner Schüler ein: wer zu einem Philosophen komme, sagte er, müsse täglich etwas Gutes nach Hause tragen, die Philosophie habe

1) Plin. ep. III 11. 2) S. seine delphische Ehreninschrift Dittenberger, Syll.³ 868 und dazu K. Praechter, Hermes LVII 1922 S. 482 f. 3) Gell. I 26, 2. 4) ebd. XVII 8, 1 f. 5) ebd. VII 13. 6) ebd. XVIII 10, 3. 7) ebd. XX 4. 8) ebd. X 19. 9) ebd. II 2.

die Kraft, nicht bloß durch das Studium, sondern auch im Gespräche Nutzen zu schaffen[1]). Plutarch erörterte mit den jungen Männern, welche von nah und fern behufs ihrer Ausbildung zu ihm nach Chäronea gesandt wurden, gesprächsweise die verschiedensten Themen aus dem Gebiete der allgemeinen Moral und erteilte ihnen auf die Fragen, welche sie an ihn richteten, Bescheid. Einige der von Plutarch später herausgegebenen und uns erhaltnen Vorträge zeigen, daß die Gegenstände namentlich der praktischen Lebensweisheit in ihrem weitesten Umfange entnommen waren, so z. B. »über die Beschäftigung mit der Poesie«, »über die Kunst des Hörens«, »Gesundheitsregeln« usw.[2]).

Wenn die Philosophen das Leben ihrer Schüler bis ins Kleinste regeln und selbst über geringfügige und scheinbar gleichgültige Dinge (insofern auch diese auf sittliche Grundsätze bezogen wurden) Vorschriften erteilen zu müssen glaubten, so wurde ihre Berechtigung dazu offenbar ganz allgemein anerkannt, und nicht selten überließen sich auch Männer, namentlich jüngere, ihrer Leitung mit einer unbedingten Folgsamkeit, wie sie heute nur von Knaben ihren Erziehern gegenüber bewiesen wird. Überhaupt wurde den Lehrern damals von erwachsenen Schülern eine größere Autorität eingeräumt als gegenwärtig. So erzählt Gellius, daß der Rhetor T. Castricius einigen Senatoren, die seine Schule besuchten, einen Verweis erteilte, weil sie an einem Feiertage öffentlich in einer nicht standesgemäßen Tracht erschienen waren[3]). Daß aber den Philosophen die am weitesten gehende Befugnis zugestanden wurde, Vorschriften über alles und jedes zu erteilen, ist selbstverständlich. Attalus empfahl seinen Schülern, auf einem harten Pfühl zu schlafen, und Seneca bediente sich noch im Alter eines solchen, auf den der Körper keinen Eindruck machte[4]). Epictet ermahnte seine Zuhörer, den Bart wachsen zu lassen, nicht nur als einen schönen und würdigen Schmuck, sondern auch als ein von der Vorsehung zur Unterscheidung der Geschlechter bestimmtes Zeichen, das uns nicht wegzuwerfen erlaubt sei[5]). Ein junger Mann, der mit zierlich geordnetem Haar und stutzerhafter Kleidung in die Schule kam, hatte hierüber einen längeren Vortrag anzuhören. Die Aussicht darauf, daß er sich vielleicht beleidigt fühlen, nicht wiederkommen und den guten Rat nicht befolgen werde, konnte den Philosophen nicht von der Erfüllung seiner Pflicht zurückhalten, deren Vernachlässigung jener ihm später mit Recht hätte zum Vorwurf machen können[6]). Aber noch weniger als zu geschmückt wollte Epictet seine Schüler schmutzig und vernachlässigt sehen, stets sollten sie sauber sein, damit die Mitschüler an ihnen Freude hätten, und er hat nicht verschmäht, auf die Einzelheiten der Körperpflege einzugehen, daß man sich schneuzen, die Füße waschen, sich vom Schweiße reinigen, die Zähne putzen solle: »warum? damit du ein Mensch seiest und kein Tier, kein Ferkel!«[7]). Und diese das ganze leibliche wie geistige Wohl vom Größten bis zum Kleinsten umfassende, sich in die privatesten Dinge mengende Fürsorge erstreckten die Philosophen sogar auch auf die Angehörigen ihrer Schüler, ohne, wie es scheint, sich den Vorwurf der Zudringlichkeit zuzuziehen. Favo-

1) Seneca ep. 108, 3 f. 2) Schöne Schilderung bei Hirzel, Plutarch S. 33 ff. Vgl. auch M. Schuster, Untersuchungen zu Plutarchs Dialog de sollertia animalium mit besonderer Berücksichtigung der Lehrtätigkeit Plutarchs (Diss. von München), Augsburg 1917. 3) Gell. XIII 22, 1. 4) Seneca ep. 108, 23. 5) Epictet. D. I 16, 9 ff. 6) ebd. III 1. 7) ebd. IV 11.

rinus erhielt eines Tages die Nachricht, daß die Frau eines seiner Zuhörer, eines Mannes von senatorischem Stande aus vornehmer Familie, von einem Sohne entbunden sei: sogleich begab er sich, begleitet von seinen sämtlichen gerade anwesenden Zuhörern, zu dem jungen Vater, beglückwünschte ihn und sprach dann die Erwartung aus, daß die Wöchnerin das Kind selbst nähren würde. Als deren Mutter sich dagegen erklärte, hielt Favorinus sofort eine große Rede über diesen Gegenstand, die Gellius sich aufzeichnete und später seinen Attischen Nächten einverleibte[1]). Daß die Philosophen, die selbst in solchen Dingen Rat spendeten, bei allen Gewissensskrupeln und in allen schwierigen Lagen des Lebens von ihren Schülern um Rat gefragt wurden, ist selbstverständlich. Als Gellius, sehr jung (doch nicht unter 25 Jahre alt) zum Richter ernannt, sich einmal in einem Prozeß für keine Partei zu entscheiden vermochte, hob er den Termin auf, begab sich stehenden Fußes zu Favorinus, an den er sich damals vorzugsweise angeschlossen hatte, und bat ihn um sein Urteil in diesem Falle und um Belehrung über das Richteramt überhaupt[2]). Allem Anscheine nach hatten die Philosophen eher darüber zu klagen, daß sie zu viel als daß sie zu wenig um Rat gefragt wurden. Man verlangte von ihnen, wie Epictet sagt, Verhaltungsmaßregeln in praktischen Angelegenheiten, wie von einem Schuhmacher oder Gemüsehändler seine Ware, ohne durch eigne Arbeit die sittlichen Prinzipien sich aneignen zu wollen, aus denen die Entscheidungen aller einzelnen Fälle abgeleitet werden mußten[3]).

Dreierlei Stellungen der Philosophen als Lehrer.

In der Regel übten die Philosophen (abgesehen von gelegentlichen Einwirkungen) eine praktische Tätigkeit und damit einen unmittelbaren Einfluß auf die sittliche Bildung ihrer Zeit in dreierlei Verhältnissen: als Erzieher und stete Berater Einzelner, als Lehrer der Moral in öffentlichen Schulen, endlich als Missionare und Volksprediger; dies letztere Feld blieb ausschließlich den Kynikern, die es sich erwählt hatten, überlassen. Die sämtlichen Formen der philosophischen Berufstätigkeit werden von Philosophen und Nichtphilosophen häufig genug erwähnt, so daß sich wenigstens bis auf einen gewissen Grad von ihnen eine Vorstellung gewinnen läßt. Freilich sind es hauptsächlich die Schattenseiten und Übelstände, die Mängel und Schwächen, Mißerfolge und Unzulänglichkeiten der philosophischen Bemühungen und Leistungen, die zur Sprache gebracht werden, und bei denen besonders die so zahlreichen prinzipiellen Gegner der Philosophie mit Vorliebe verweilen. Aber auch aus solchen Ausstellungen und Angriffen ergeben sich die hohen Anforderungen, die man an die Einwirkung der Philosophie auf die sittliche Hebung der Mitwelt stellte, und wenn diese freilich von den meisten nur sehr unvollkommen erfüllt wurden, so wird doch auch teils stillschweigend, teils ausdrücklich zugestanden, daß die besten und reinsten Lehrer sie im höchsten Maße erfüllten und die allergrößte Wirkung übten.

Philosophen als Erzieher und Seelsorger in vornehmen Häusern.

Während die große Mehrzahl sich damit begnügen mußte, die sittliche Bildung durch einen philosophischen Unterricht von einer doch beschränkten Dauer zu erstreben, suchten Vermögendere sehr häufig einen Philosophen ganz und gar

1) Gell. XII 1 (vgl. oben I 268). 2) Gell. XIV 2. 3) Epictet. D. III 9, 10f.

in ihr Haus zu ziehen, nicht bloß zur Erziehung der Kinder[1]), sondern auch um sich für das ganze Leben eines zuverlässigen, steten Beraters, Führers und Seelsorgers zu versichern. Namentlich in großen römischen Häusern scheinen, wie in der letzten Zeit der Republik, so auch in der Monarchie griechische Philosophen diese Stellung oft eingenommen zu haben. In einem solchen Verhältnis hatte allem Anschein nach auch der Stoiker P. Egnatius Celer zu Barea Soranus gestanden, dessen Lehrer, Klient und Freund er genannt wird und dessen Verurteilung im Jahre 66 er durch sein von den Anklägern erkauftes falsches Zeugnis herbeiführte[2]). Ein in der Nähe von Bonn gefundenes Monument ist dem Philosophen Q. Aelius Egrilius Euaretus, »Freunde des Salvius Julianus« (des Konsuls im Jahre 175, der wahrscheinlich nachher Legat im untern Germanien war), von seiner Frau errichtet; der Konsular wollte, wie man sieht, diesen Umgang auch in der Provinz nicht entbehren[3]). Besonders aber erscheinen diese Hausphilosophen, wie die Philosophen überhaupt, als Begleiter und Tröster bei der Vorbereitung zum Tode; auch ließ man es ohne Zweifel oft von ihrer Entscheidung abhängen, ob man das Leben freiwillig enden solle. So ließ sich Tullius Marcellinus, ein Bekannter Senecas, ein junger Mann, der an einer langwierigen und beschwerlichen Krankheit litt, durch das Zureden eines Stoikers bestimmen, sich durch Enthaltung von Speise den Tod zu geben[4]). Von T. Petronius berichtet Tacitus als etwas Ungewöhnliches, daß er bei der Hinzögerung seines Todes durch Wiederverbinden der durchschnittenen Pulsadern sich leichtfertige Gedichte vortragen ließ, dagegen »nichts von der Unsterblichkeit der Seele und den Lehren der Philosophen«[5]). Als Julius Canus, von Caligula zum Tode verurteilt, den Gang zu jenem Hügel antrat, wo, wie Seneca sagt, »unserm Cäsar tägliche Opfer gebracht wurden«, begleitete ihn »sein Philosoph« unter Gesprächen über seine gegenwärtigen Gedanken und den Zustand seiner Seele[6]). Rubellius Plautus, der die Schergen Neros erwartete, ohne einen Fluchtversuch zu machen, war, wie man erzählte, von den Philosophen Musonius Rufus und Cöranus in dem Entschlusse bestärkt worden, den Tod einem angstvollen und ungewissen Leben vorzuziehen[7]). Der Bote, der dem Thrasea das erwartete Todesurteil überbrachte, fand ihn in ein Gespräch mit dem Kyniker Demetrius vertieft: »wie man aus dem Ernst in ihren Gesichtern und aus den Worten, die etwa lauter gesprochen wurden, schließen konnte, erörterten sie die Natur der Seele und die Trennung von Geist und Körper«[8]). Auch der auf den Tod verwundete Kaiser Julianus erging sich mit den Philosophen Maximus und Priscus in schwierigen Erörterungen über die Erhabenheit der menschlichen Seele, solange sein Atem dazu ausreichte[9]).

Die Stellung, die griechische Philosophen durch die Eingehung dauernder Verhältnisse in großen römischen Häusern übernahmen, konnte nur bei der

1) Ein auf der Begräbnisstätte der kaiserlichen Dienerschaft zu Karthago begrabener T. Φλαούιος Μάξιμος Κρὴς Γορτύνιος φιλόσοφος (CIL VIII 12924) kann (als Erzieher) ebensogut zum Personal des Kaiserhauses gehört haben, wie die ebenfalls dort begrabenen *paedagogi* und *medici*.
2) Cass. Dio LXII 26, 1 f. Tac. A. XVI 32; H. IV 10. 40. Juvenal. 3, 116. Oben S. 265.
3) CIL XIII 8159. Das Bürgerrecht hatte Euaretus vielleicht durch Q. Egrilius Plarianus (oben S. 274) erhalten. Vgl. Prosop. imp. Rom. III 166 nr. 104.
4) Seneca ep. 77, 5 ff., wo in § 6 bei *amicus noster* der Name ausgefallen ist.
5) Tac. A. XVI 19.
6) Seneca de tranq. an. 14, 9.
7) Tac. A. XIV 59.
8) ebd. XVI 34.
9) Ammian. XXV 3, 23.

edelsten Auffassung von beiden Seiten auf der Höhe erhalten werden, die der Würde der Philosophie angemessen war. Oft genug waren auch in diesen Verhältnissen die Philosophen selbst nicht einmal imstande, sich die Achtung derer zu bewahren, denen sie vor allem mit ihrem Beispiel vorangehen sollten. Auf der andern Seite konnten die vornehmen Römer wohl selten ganz und gar vergessen, daß die »Lehrer der Weisheit« doch nur ihre Klienten[1]) oder besoldeten Hausbeamten waren. Die Schattenseiten dieser letzteren Stellung in Rom hat Lucian in seiner Weise breit und grell in einer eignen, zur Warnung eines Philosophen Timokles verfaßten Schrift geschildert, der in ein vornehmes Haus einzutreten wünschte[2]). Sie mögen in jener Zeit besonders oft und widrig in die Augen gefallen sein, wo das Beispiel Marc Aurels die Philosophie zur Mode gemacht hatte, und viele, die für sie weder Verständnis noch Achtung hegten, vor Sehnsucht nach der Erhabenheit des Platonischen Idealismus vergehen zu müssen glaubten und in ihrem Gefolge womöglich einen griechischen Philosophen haben wollten, den man an seinem ehrwürdigen Äußern, langen Bart und dem guten Anstande, mit dem er den Mantel trug, auch sofort als solchen erkennen konnte[3]). Die Aussicht, in einem großen, reichen Hause eine geehrte und einflußreiche Stellung einzunehmen, war für viele verlockend genug, sich den Unannehmlichkeiten der Bewerbung und selbst einer Prüfung zu unterziehen, bei der sie von ihrem Wissen und ihrer Leistungsfähigkeit Proben ablegen, sich ein Verhör über ihre Vergangenheit gefallen und sich zuweilen sehr unwürdigen Mitbewerbern gegenüberstellen lassen mußten, von denen manche die Philosophenmaske zur Empfehlung von Beschwörung, Zauberei u. dgl. benutzten[4]). War diese Prüfung glücklich überstanden, so kam es, etwa nach einer Einladung zu einer großen Tafel, bei der sich der Glanz des Hauses für den Neuling ebenso blendend wie einschüchternd entfaltete, zur Feststellung der Bedingungen. Der Hausherr versicherte, alles mit seinem neuen Hausgenossen teilen zu wollen; »denn es wäre ja lächerlich, wenn man den Mann, dem man das Kostbarste, die eigne Seele oder die seiner Kinder, anvertraue, nicht zugleich als Mitbesitzer alles übrigen betrachtete«. Trotzdem wurde ein Jahresgehalt festgesetzt, das aber freilich mit Rücksicht auf die in Aussicht gestellte freundliche und ehrenvolle Behandlung, auf die häufigen Geschenke an Festtagen, namentlich aber auf die erhabne Denkart der Philosophen in Geldfragen überraschend winzig ausfiel[5]). Und so verkauften Weltweise im reifen Alter, uneingedenk aller Lobreden eines Plato, Chrysippus, Aristoteles auf die Freiheit, sich selbst in eine niedrige und schmachvolle Dienstbarkeit; gleich dem übrigen Troß der Hausbedienten, von denen sie durch ihren groben Mantel und ihr kauderwelsches Latein abstachen, rief sie in jeder Frühe die Hausglocke zu ihrem Figurantendienst, der bis zum späten Abend dauerte und Unannehmlichkeiten und Entwürdigungen aller Art mit sich brachte, deren man den geduldigen Griechen nur zu viele bieten zu können meinte[6]). Und waren sie verbraucht oder war man ihrer müde geworden, so wurden sie auf irgendeine aus der Luft gegriffene Anschuldigung hin bei Nacht und Nebel in aller Stille hilflos und von allem entblößt aus dem Hause gestoßen[7]).

Behandlung dieser Hausphilosophen nach Lucians Schilderung.

1) Tac. A. XVI 32: *P. Egnatius — cliens Sorani* (oben S. 284). 2) Lucian. De merc. cond. 2. 4. 3) ebd. 25. 4) ebd. 11. 12. 40. 5) ebd. 19 f. 6) ebd. 24. 40. 7) ebd. 39.

Philosophen am Hofe.

Noch viel mißlicher als in vornehmen Häusern und noch schwerer mit den Idealen der Philosophie vereinbar war die Stellung ihrer Vertreter am Hofe, ja nach der Ansicht vieler war ein Philosoph am Hofe ebensowenig an seinem Platz wie in der Schenke[1]). Plutarch hat in einer eignen Schrift zu beweisen gesucht, daß aller Schwierigkeiten und Gefahren ungeachtet der Weise auch eine solche Stellung unter Umständen nicht ablehnen könne, weil er in ihr unverhältnismäßig mehr Gutes als in jeder andern zu wirken imstande sei. Der Philosoph werde die Sorge für eine Seele, die für viele tätig sein, für viele Weisheit und Gerechtigkeit üben müsse, um so bereitwilliger übernehmen; denn so werde er vielen durch den einen nützen, wie Anaxagoras als Freund und Ratgeber des Perikles, Plato des Dio, Pythagoras der Staatsmänner Italiens. Die Philosophen, die sich der sittlichen Bildung von Privatpersonen widmen, befreien eben nur einzelne von Schwächen und Leidenschaften; der aber, welcher den Charakter eines Regenten veredelt, fördert und bessert damit den ganzen Staat. Um solcher Vorteile willen müsse man es ertragen, Höfling und bedientenhaft gescholten zu werden. Wenn selbst der aller praktischen Wirksamkeit grundsätzlich sich enthaltende Philosoph gebildete und edle Fürsten nicht meiden werde, so werde ein am Staatsleben teilnehmender sich ihrer annehmen, zwar ohne Zudringlichkeit und ohne sie mit unzeitigen und sophistischen Belehrungen zu behelligen, doch bereit, ihrem Verlangen nach seinem Rat und Beistande zu entsprechen[2]).

Nach den gelegentlichen Erwähnungen von Philosophen an den Höfen des Augustus, Nero, Trajan, Hadrian, der Julia Domna[3]), der »Scheinphilosophen« an dem Elagabals[4]) scheint es, daß, wie andre Gelehrte, so auch die Lehrer der Weltweisheit, wenn nicht in der Regel, doch sehr häufig zu den Umgebungen der Kaiser (als συμβιωταί) gehörten: und auch diese Stellungen waren zum Teil besoldet[5]). Von der Persönlichkeit der Kaiser und von dem an ihrem Hofe herrschenden Tone hing es natürlich ab, ob die Stellung der Philosophen eine würdige oder unwürdige war. Während Areus am Hofe des Augustus mit der größten Auszeichnung behandelt wurde, bediente sich Nero seiner Philosophen zur Belustigung, indem er die Vertreter der verschiedenen Schulen bei Tafel zum Gezänke gegeneinander hetzte[6]).

Philosophen als Vorsteher öffentlicher Schulen.

Ohne Zweifel aber zogen die Philosophen, besonders die, welche ihren Wert fühlten, größtenteils eine öffentliche Wirksamkeit auch der glänzendsten Stellung am Hofe oder in einer vornehmen Familie vor. Der Stoiker Apollonius, von Antoninus Pius als Lehrer des jungen Marc Aurel berufen, siedelte, gefolgt von einer Anzahl seiner Schüler, von Chalcis nach Rom über; aber in den Tiberianischen Palast zu ziehen, wo Marc Aurel wohnte, lehnte er ab; der Schüler müsse zum Lehrer kommen; ein Verlangen, dem der Thronerbe wirklich entsprach[7]). Die Eröffnung einer öffentlichen Schule stellte nicht nur eine würdigere Existenz, eine bedeutendere, unter Umständen großartige Wirksamkeit, die sich, wie gesagt, an Zentralpunkten wie Athen und Rom auf die Blüte der Jugend der verschiedensten Provinzen erstrecken konnte, sondern auch sehr glänzende

1) Seneca ep. 29, 5. 2) Plutarch. Cum princip. philosoph. esse 1 f. 3) Oben I 301.
4) Hist. aug. Elagab. 11, 7, vgl. 10, 6. 5) S. oben I 86 f. 6) Tac. A. XIV 16. 7) Oben I 71.

Einnahmen in Aussicht[1]). Denn allem Anscheine nach dachte nur die Minderzahl so streng, wie der Platoniker Nigrinus, der die Schulen der für Geld lehrenden Philosophen Buden und Läden nannte, in denen als Ware die Tugend feilgeboten werde[2]).

Übelstände des Unterrichts in den Philosophenschulen.

Aber auch abgesehen hiervon gab das Verhalten der öffentlich lehrenden Philosophen, namentlich ihre Vorträge und ihre Unterrichtsmethode, zu mancherlei Tadel Veranlassung. Und solchen Tadel sprechen denn auch die philosophischen Schriftsteller dieser Zeit so reichlich, so eindringlich und wiederholt aus, daß man leicht eine zu ungünstige Vorstellung von den damaligen Philosophenschulen gewinnen kann, wenn man sich nicht fortwährend erinnert, daß Männer wie Musonius, Plutarch, Epictet, Taurus, Demonax in der Tat die höchsten Forderungen, denen sie selbst entsprachen, auch den Leistungen andrer gegenüber aufrecht erhalten durften, und daß sie unablässig Lehrer und Schüler mahnen mußten, wie weit sie noch von dem wahren Ziele der Philosophie entfernt seien, um sie ihm näher zu führen. So kommen denn in ihren Schriften immer wieder die Schwächen, Kleinlichkeiten und Mängel zur Sprache, mit denen der philosophische Unterricht behaftet war: Übelstände, die in dieser Schärfe nur empfunden werden konnten, wenn sie mit den Beispielen edlen und großartigen Wirkens und Strebens verglichen wurden, deren jene Zeit in der Tat nicht wenige aufzuweisen hatte[3]).

Vereitelung der Wirkungen des Unterrichts durch die Schuld der Schüler —

Die Wirkungen des philosophischen Unterrichts wurden allerdings ohne Zweifel oft genug sowohl durch die Schuld der Lehrer als der Schüler beeinträchtigt. Eitelkeit und Ruhmsucht, wohl auch Gewinnsucht, verleitete die Lehrer oft, mehr den Beifall ihrer Zuhörer als ihr wahres Heil im Auge zu haben, und auch unter diesen waren nicht wenige, die eine angenehme Unterhaltung, Übung des Scharfsinns und Erwerbung einer zum Prunken geeigneten Gelehrsamkeit dem ernsten Studium und dem schweren und schmerzlichen Ringen nach sittlicher Veredelung vorzogen. Daher trugen viele, die jahrelang philosophische Vorlesungen mit unablässigem Fleiße besucht hatten, auch nicht einmal einen Anflug philosophischer Bildung davon. Manche, sagt Seneca[4]), kamen nur, um zu hören, nicht um zu lernen, der Ergötzung halber, wie man ins Theater geht: für einen großen Teil der Zuhörer ist die Schule ein Ort des Zeitvertreibs. Sie bezwecken nicht, das Laster abzulegen, eine neue Lebensnorm zu gewinnen, sondern sich einen Ohrenschmaus zu verschaffen. Andre kamen mit Schreibtafeln, nicht um den Inhalt, sondern um die Worte aufzufassen, die sie mit ebensowenig Nutzen für andre anwenden, als sie sie ohne Frucht für sich selbst hören. Auf manche machen die erhabnen Stellen der Vorträge Eindruck, der sich auch auf ihren Gesichtern spiegelt, aber nur wie nervenaufregende Musik, keinen bleibenden: nur wenige sind imstande, was sie aufgenommen haben, festzuhalten. Die meisten Schüler waren also nicht in der Gemütsverfassung, die Musonius für den Erfolg des Unterrichts als unerläßlich betrachtete. Ein Zuhörer, der nicht ganz

1) Artemidor. Onirocr. V 83: ἔδοξέ τις ἄρτον ἀποβάπτων εἰς μέλι ἐσθίειν· ἐπὶ λόγους φιλοσοφικοὺς ὁρμήσας καὶ τὴν ἐν αὐτοῖς σοφίαν ἐπορίσατο καὶ περιεβάλλετο χρήματα πολλά. ἐσήμαινε γὰρ τὸ μέλι τὴν εὐέπειαν τῆς σοφίας, ὡς εἰκός, τὸν πορισμὸν δὲ ὁ ἄρτος. 2) Lucian. Nigrin. 25. 3) Über die Art des Lehrbetriebes in der Schule des Epictet zu Nicopolis vgl. I. Bruns, De schola Epicteti, 1897. K. Hartmann, N. Jahrb. f. klass. Altert. XV 1905 S. 255 ff. 4) Seneca ep. 108, 6f.

verloren ist, sagte er, muß während der Rede des Philosophen schaudern, innerlich Scham, Reue, Freude, Bewunderung empfinden, und der Ausdruck seines Gesichts muß wechseln, je nachdem die Behandlung des Philosophen, die bald die kranken, bald die gesunden Teile seiner Seele berührt, ihn und sein Gewissen ergreift [1]). In der Tat bezeugt Epictet, der Musonius gehört hatte, daß er so eindringlich gesprochen, so anschaulich die sittlichen Schäden vor Augen gehalten habe, daß jeder seiner Zuhörer die Rede auf sich bezog und bei dem Lehrer persönlich angeklagt zu sein glaubte [2]). Gerade dies aber war, wie auch Plutarch klagt, den meisten zu viel, die den Vortrag eines Philosophen anhörten wie den eines Tragöden oder eines Rhetors. Solange er sich im Allgemeinen hielt, folgten sie gerne, sobald er aber freimütig und eindringlich ermahnte, nahmen sie dies als Zudringlichkeit übel; und manche waren weichlich genug, nach einer so verletzenden Rede aus der Schule fortzubleiben, wie Kranke, die nach dem Schnitte des Arztes davonlaufen, ohne den Verband abzuwarten [3]). Anfänger ließen sich auch durch die Schwierigkeiten des Studiums oder Vortrags abschrecken oder schämten sich, um Erklärung zu bitten, oder taten, als ob ihnen alles deutlich wäre, auch wenn sie nichts verstanden hatten [4]). Manche hatten sogar die Dreistigkeit, dem Lehrer über die Art des Unterrichts Vorschriften machen zu wollen. »Der eine«, sagte der Platoniker Taurus, »spricht: lehre mich dies zuerst; ein andrer: dies will ich lernen, jenes nicht; einer will mit dem Gastmahl des Plato wegen der dort vorkommenden Nachtschwärmerei des Alcibiades beginnen, ein andrer mit dem Phädrus wegen der Rede des Lysias. Es gibt wahrhaftig solche, die den Plato nicht lesen wollen, um ihr Leben zu veredeln, sondern um ihren Ausdruck zu verfeinern, nicht um sittsamer, sondern um unterhaltender zu werden« [5]) Und daß es Lehrer gab, die sich auch den unberechtigten Wünschen ihrer Schüler fügten, geht aus der Klage des Taurus hervor, daß manche von jenen sich sogar unaufgefordert zu den Türen reicher junger Leute drängten und dort geduldig bis zum Mittag warteten, bis ihre Schüler den Rausch der Nacht völlig ausgeschlafen hatten [6]). Epictet ermahnt seine Zuhörer, wenn sie Menschen in einer Weise reden hören, die eine völlige Unklarheit über die ersten Grundsätze der Sittlichkeit verrate, sich ernstlich zu fragen: bin ich wie diese? »Habe ich das Bewußtsein, nichts zu wissen, wie es dem ziemt, der in der Tat nichts weiß? Gehe ich zum Lehrer wie zu einem Orakel, zu unbedingtem Gehorsam bereit? Oder komme ich voll Stumpfsinn in die Schule, bloß um das äußerliche Beiwerk der Philosophie zu lernen und Bücher zu verstehen, die ich vorher nicht verstand, und sie, wenn es sich so fügt, auch andern zu erklären?« Die Zuhörer, fährt er fort, kommen zwar in Philosophentracht in die Schule, aber nicht mit einer von den Aufregungen und Sorgen der Außenwelt befreiten und gestillten Seele. Der eine hat vielleicht eben erst zu Hause mit einem Sklaven eine Schlägerei gehabt, die ganze Nachbarschaft in Aufruhr versetzt; oder ein auswärtiger Studierender ist voll Verdruß, daß er keine Geldsendungen von Hause erhält, oder denkt daran, was man dort wohl von ihm spricht, daß er gewiß Fortschritte mache und als ein

1) Gell. V 1, 3. 2) Epictet. D. III 23, 29. 3) Plutarch. De audiendo 9. 12. 16. 4) ebd. 17.
5) Gell. I 9, 8—10. 6) ebd. VII 10, 5.

Mann zurückkehren werde, der alles wisse. »Das wollte ich auch gern«, sagt er bei sich selbst; »aber man muß so viel arbeiten, und von Hause schickt mir keiner etwas, und hier in Nicopolis sind die Bäder elend, es ist zu Hause schlecht und hier auch.« »Und dann sagen sie: Niemand hat einen Nutzen von der Schule. Aber wer besucht sie auch, um sich zu heilen und seine Ansichten läutern zu lassen, um sich bewußt zu werden, was ihm not tut? Was ihr in der Schule sucht, das tragt ihr auch davon. Ihr wollt über Lehrsätze schwatzen. Gewähren sie euch etwa nicht Stoff genug, um mit eurem Wissen zu prahlen? Löst ihr nicht Syllogismen auf, versteht ihr nicht Sophismen und Trugschlüsse zu behandeln?«[1]).

durch die Schuld der Lehrer.

Aber es lag nicht an den Schülern allein, daß der philosophische Unterricht oft nicht die erwünschte Frucht trug, sondern häufig genug natürlich auch an den Lehrern, die, wie gesagt, nach Beifall, Ruhm und Geld strebten, und da Äußerlichkeiten, vor allem ein glänzender Vortrag, auf die Mehrzahl am meisten wirkten, über der Form den Inhalt vernachlässigten. Das graue Haar des Redners, sagt Plutarch[2]), die Modulation der Stimme, der Ernst des Gesichts und die selbstbewußte Sicherheit, am meisten aber der Beifallslärm reißt die jungen und unerfahrnen Zuhörer mit fort; auch der Ausdruck hat etwas Trügendes, wenn er anmutsvoll und reich, gewichtig und wohlvorbereitet zu den Gegenständen hinzutritt. Das Lob, das Plinius dem von ihm hochverehrten Stoiker Euphrates erteilt, zeigt, wie wesentlich selbst für das Urteil gebildeter Zuhörer die persönliche Erscheinung und die Redekunst eines Philosophen war. »Er trägt mit Schärfe, Würde und Geschmack vor, häufig erreicht er auch die Platonische Erhabenheit und Fülle. Seine Sprache ist reich und mannigfaltig, besonders voll Lieblichkeit, so daß sie auch Widerstrebende mitzieht und hinreißt. Dazu eine hohe Gestalt, ein schönes Gesicht, herabwallendes Haar, ein sehr langer, grauer Bart: welches alles, mag man es auch für zufällig und bedeutungslos halten, doch viel dazu beiträgt, seine Ehrwürdigkeit zu erhöhen. Sein Anzug ist von strenger Einfachheit, aber ohne Vernachlässigung, ohne asketische Rauheit: man naht ihm mit Ehrfurcht, aber ohne Furcht. Die Reinheit seines Lebens ist die fleckenloseste, ebenso groß seine Liebenswürdigkeit: er bekämpft Laster, nicht Menschen, und straft nicht die Irrenden, sondern bessert sie. Man folgt seinen Ermahnungen mit gespannter Aufmerksamkeit und wünscht sich überzeugen zu lassen, auch wenn man schon überzeugt ist«[3]). Daß vollends Rhetoren meistens nur die Form der philosophischen Vorträge beachteten, ist natürlich. Wir wollen, läßt Epictet einen solchen sagen, im Vorbeigehen, bevor wir uns ein Schiff mieten, noch den Epictet besuchen und hören, was er sagt. Dann beim Herausgehen heißt es: es war nichts an Epictet: er macht Fehler gegen die Konstruktion und die Etymologie. Denn nur um dies zu kritisieren, kommt ihr doch in die Schule[4]).

Schönrednerei und Haschen nach Beifall.

Epictet, der den Wert der Beredsamkeit für die Wirkung des philosophischen Vortrags keineswegs leugnete[5]), würde die prunkende Schönrednerei und das Haschen nach Beifall bei Vorlesungen und Disputationen schwerlich zum Gegen-

1) Epictet. D. II 21, 8 ff. 2) Plutarch. De audiendo 7. 3) Plin. ep. I 10, 5 ff. 4) Epictet. D. III 9, 14. 5) ebd. II 23.

stande einer ausführlichen Erörterung gemacht haben, wenn den damaligen »Kathederphilosophen« [1]) beides nicht häufig vorzuwerfen gewesen wäre. Die kleinen aus dem Leben gegriffenen Szenen, die er seinen Ermahnungen einflicht, sind ganz besonders geeignet, die selbstgefällige Eitelkeit dieser Klasse von Lehrern und die ganze Äußerlichkeit ihres Treibens zu veranschaulichen. Sie wünschten überall, wo sie sich zeigten, den Ruf zu vernehmen: »O der große Philosoph!« und gingen einher, »als ob sie einen Spieß verschluckt hätten« [2]). Fanden die Zuhörer sich spärlich ein und applaudierten nicht, so ging der Lehrer niedergeschlagen fort; war der Beifall reichlich, so ging er umher und fragte jeden: wie fandest du mich? — Bewunderungswürdig, Herr, so wahr es mir wohl gehen möge! — Wie sprach ich jene Stelle? — Welche? — Wo ich den Pan und die Nymphen beschrieb. — Ausgezeichnet. Weshalb, so fährt Epictet in seiner Strafrede an diese philosophischen Rhetoren fort, lobtest du jenen Senator? — Er ist ein talentvoller und strebsamer junger Mann. — Inwiefern? — Er bewundert mich. — Dann hast du allerdings den Beweis geführt! — Sieh, sagt er dann weiter, er ist seit so langer Zeit dein Schüler, er hat deine Disputationen, deine Vorlesungen gehört: ist er demütig geworden? Ist er in sich gegangen? Ist er inne geworden, wie er im Bösen steckt? Hat er den Dünkel von sich geworfen? Verlangt er nach Unterweisung? Ja, sagst du. Nach Unterweisung, wie man leben soll? Nein, Tor, wie man reden soll; denn darin bewundert er auch dich! Höre ihn, was er sagt: »der Mann schreibt wirklich äußerst kunstvoll, viel schöner als Dio!« — Du also, der du dich in einer so übeln Gemütsverfassung befindest, so von Gier nach Beifall erfüllt bist und deine Zuhörer zählst, willst andern nützen? — Heute hatte ich ein sehr viel zahlreicheres Auditorium. — Ja, sehr zahlreich, es mochten fünfhundert sein. — Das ist viel zu wenig, vielleicht tausend. Dio hatte niemals so viel Zuhörer. Wie sollte er auch? Es ist ein recht feines Verständnis für Vorträge vorhanden. Das Schöne, Herr, kann auch einen Stein bewegen. — Da habt ihr die Rede eines Philosophen, da habt ihr den Seelenzustand eines, der den Menschen nützen will, da habt ihr auch einen Mann, der einen Vortrag gehört hat! — Hat etwa Sokrates, indem er seine Schüler begleitete, gesagt: höre den Vortrag, den ich heute im Hause des Quadratus halten werde? — Wozu? Du willst mir zeigen, wie schön du die Worte setzen kannst? Meinetwegen, und was nützt es dir? — Du sollst mir Beifall zollen. — Wie das? — Sage Oh! und Vortrefflieh! — Deshalb also sollen junge Leute auf Reisen gehen, ihre Eltern, Freunde, Verwandte, ihr Hab und Gut verlassen, um bei deinen schönen Redeschlüssen Oh! zu sagen? Taten dergleichen Sokrates, Cleanthes, Zeno? — »Aber«, läßt Epictet sich einwenden, »gibt es nicht einen besonderen Stil für ermahnende Vorträge? — Gewiß! so gut wie für widerlegende und lehrende. Doch wer hat schon jemals einen vierten, den Prunkstil, neben diesen genannt? Worin besteht denn das Wesen eines ermahnenden Vortrags? Darin, daß man einem sowohl als vielen klar machen kann, in welchem Kampfe sie umhergeworfen werden, und daß sie mehr an alles andre denken, als an das, was sie wollen. Sie wollen das, was zur Glückseligkeit führt, suchen es aber anderwärts. Ist es nun zu diesem Zweck

1) Seneca de brev. vit. 10, 1: (Fabianus) *non ex his cathedraris philosophis, sed ex veris et antiquis*.
2) Epictet. D. I 21.

erforderlich, daß tausend Bänke aufgestellt, Zuhörer eingeladen werden, daß du in eleganter Kleidung oder in schäbigem Philosophenmäntelchen auf das Katheder trittst und den Tod des Achill beschreibst? Laßt doch endlich ab, ich beschwöre euch bei den Göttern, schöne Worte und Gegenstände zu mißbrauchen! Welcher Zuhörer deiner Vorträge und Disputationen ist von Seelenangst für sein eignes Heil erfüllt worden oder in sich gegangen? oder hat beim Fortgehen gesagt: tief hat mich der Philosoph getroffen! So muß man ferner nicht handeln! Sagt er nicht vielmehr, falls du großen Beifall hast, zu einem andern: sehr artig hat er das von Xerxes ausgeführt, und ein dritter darauf: nein, aber die Schlacht bei Thermopylä! Und das ist der Vortrag eines Philosophen?« [1]).

Wenn sich nun die Philosophen in ihrer Vortragsweise den Sophisten näherten, so äußerten auch die Zuhörer ihren Beifall in der Art, als wenn sie die Bravourstücke jener Virtuosen, nicht die ernsten Ermahnungen von Sittenlehrern vernähmen. Wenn der Philosoph, sagt Musonius, ermahnt, warnt, rät, schilt oder sonst in irgendeiner Weise lehrt, die Hörer aber gedankenlos und leichthin triviale Lobeserhebungen herschwatzen; wenn sie lärmen, gestikulieren, wenn sie durch Zierlichkeiten des Ausdrucks, durch rhythmischen Tonfall der Worte bewegt und aufgeregt werden, so wisse, daß Redner und Hörer gleich nichtig sind, und daß da nicht ein Philosoph redet, sondern ein Flötenbläser spielt [2]). Ebenso sagt Plutarch, daß der lärmende Beifall in den Philosophenschulen den Außenstehenden glauben lasse, es werde einem Tänzer oder musikalischen Virtuosen applaudiert [3]) Er rügt auch die Ausdrücke des Beifalls, die damals aufgekommen waren. Als wenn die alten Zurufe: Schön! Weise! Wahr! nicht mehr genügten, rief man: Göttlich! Inspiriert! Unerreichbar! und fügte dem Ausruf einen Eid hinzu; man äußerte seine Zustimmung einem Philosophen gegenüber mit: Schlau! einem alten Manne gegenüber mit: Geistreich! oder Glänzend! Aber freilich sollte nach Plutarchs Meinung der Zuhörer auch nicht etwa stumm und teilnahmlos dasitzen und glauben, daß er wie bei einem Gastmahl gleichsam nur sich an die Tafel zu setzen habe, während andre sich abmühten. Allgemein üblich war, auch in Vorlesungen, die sich gar keines Beifalls erfreuten, daß die Zuhörer in gerader, nicht in nachlässiger, übermütiger Haltung dasaßen, den Redner ansahen, lebhafte Aufmerksamkeit zeigten und einen heitern, wohlwollenden Gesichtsausdruck bewahrten, der nicht nur von Verdrießlichkeit fern war, sondern auch eine gänzliche Freiheit von anderweitigen zerstreuenden Gedanken zeigte. Nicht bloß eine finstre Stirn, einen umherschweifenden Blick, eine gebeugte Haltung, ein unschickliches Übereinanderschlagen der Beine, sondern auch ein Winken, ein Flüstern mit einem andern, ein Lächeln, schläfriges Gähnen, den Ausdruck der Abspannung und dgl. — alles dies hatte man sorgfältig zu vermeiden [4]).

Gerade diese bis ins Kleinliche gehende Genauigkeit der Vorschriften, durch welche Männer von so hoher und anerkannter Bedeutung wie Plutarch, Epictet u. a. zur Aufrechterhaltung der Würde des philosophischen Unterrichts beitragen zu müssen glaubten, zeigt nicht am wenigsten, wie tief und weit verbreitet

1) Epictet. D. III 23, 11 ff. 2) Gell. V 1, 1. 3) Plutarch. De aud. 15. 4) ebd. 13—15.

das Interesse an den Vorlesungen und Schulen der Philosophen gewesen sein muß. Und ebenso beweisen die Ansprüche, die von den bedeutendsten Schriftstellern an die Wirksamkeit dieser Schulen fort und fort erhoben wurden, daß sie trotz aller Schwächen, Verirrungen und Mißerfolge vieler Lehrer doch als die eigentlichen Stätten sittlicher Bildung galten, und, wie uns die Werke der so zahlreichen bedeutenden philosophischen Schriftsteller dieser Zeit verbürgen, in der Tat wenigstens teilweise mit Recht.

Philosophen als Missionare der Sittlichkeit und Volksprediger (Kyniker).

Während nun die Leiter öffentlicher Schulen ihre Wirksamkeit auf einen wenn auch noch so großen Kreis von Schülern und Anhängern beschränkten, gab es auch eine Klasse von Philosophen, die sich als wahre Missionare der Sittlichkeit der ganzen Menschheit widmeten, die Kyniker. War auch die große Masse dieser »Bettelmönche des Altertums«, wie sie oben geschildert worden ist, mit Recht verrufen, so waren doch die wahrhaft edlen Persönlichkeiten unter ihnen, die um jener hohen Aufgabe willen allen Gütern des Lebens entsagten, ebenso allgemein bewundert und verehrt; und auch Dio und Epictet, die geachtetsten Lehrer des 2. Jahrhunderts, neigten zum Kynismus und stellten Diogenes neben Sokrates. Epictet namentlich hat von der Mission der wahren Kyniker den allerhöchsten Begriff[1]): niemand dürfe sie sich anmaßen ohne das Bewußtsein, durch göttlichen Willen dazu erkoren zu sein. Alle Leidenschaft, alle Begierde muß der Kyniker von sich tun. Die übrigen Menschen können sich hinter den Mauern ihrer Häuser verbergen, die Hülle des Kynikers, der kein Haus hat und unter dem freien Himmel wohnt, muß die Schamhaftigkeit sein: er muß nichts zu verbergen haben, denn wo und wie sollte er es? Er, »der allgemeine Lehrer und Erzieher«, darf nichts zu scheuen haben, wie sollte er sonst »das Amt eines Aufsehers der übrigen Menschen behaupten können«!

Aber es genügt nicht, daß er für sich selbst Erkenntnis und Freiheit gewinnt; sondern er muß wissen, daß er von Zeus zu den Menschen als Bote gesandt ist, um sie über das Gute und Böse zu belehren; daß sie in die Irre gehen und anderwärts das Wesen des Guten und Bösen suchen, wo es nicht ist, wo es aber ist, es nicht beachten. Und nun läßt er seinen Kyniker dem Volke predigen: »O, ihr Menschen, wohin laßt ihr euch fortreißen? Was tut ihr Unglücklichen? Ihr sucht die Seligkeit, wo sie nicht ist. Warum sucht ihr sie außer euch? Im Leibe, im Reichtum, in der Macht, in der Herrschaft ist sie nicht! Seht die Starken, die Reichen, die Mächtigen an, hört ihre Klagen und Seufzer, blickt auf Nero und Sardanapal, auf Agamemnon!« — Und nachdem er dies alles, namentlich die stete Angst und Not des letzteren, mit dramatischer Anschaulichkeit seinen Zuhörern vorgeführt hat, läßt er diese, ebenfalls völlig wie in einer Kapuzinerpredigt, fragen: »Worin ist denn das Gute, wenn es in all diesem nicht ist? Sage es uns, Herr Bote und Wächter!« »Wo ihr es nicht glaubt noch suchen wollt! Denn wenn ihr wolltet, hättet ihr es schon in euch selber gefunden und nicht nach Fremden wie nach eurem Eigentum gestrebt. In euch, Unglückliche, sucht es! Da bildet es aus, da hegt und pflegt es! Wie es möglich sei, ohne Hab und Gut, nackt, ohne Haus und Hof, ohne Pflege, ohne Knecht, ohne

1) Epictet. D. III 22.

Vaterland glücklich zu leben? Seht da, Gott hat euch den gesandt, der es euch durch die Tat beweisen kann, daß es möglich ist! Alles jenes habe ich nicht, ich liege auf der Erde, ich habe kein Weib, keine Kinder, kein Schlößchen, sondern nur Erde und Himmel und ein einziges grobes Mäntelchen. Und doch, was fehlt mir? Bin ich nicht ohne Trübsal? ohne Furcht? bin ich nicht frei? — Wie begegne ich jenen, die ihr bewundert und ehrt? Nicht wie Sklaven? Wer glaubt nicht, wenn er mich sieht, seinen König und Herrn zu sehen?« — Immer aufs neue wiederholt Epictet dann, daß der Kyniker ganz und unbehindert im Dienste der Gottheit stehen, den Menschen beistehen können muß, daß er durch keine Privatpflichten gebunden, in keine Verhältnisse verflochten sein darf, bei deren Verletzung er die Gebote der Sittlichkeit übertreten, in deren Bewahrung dagegen er das Amt des »Boten, Wächters und Herolds der Götter« aufgeben müßte: wie namentlich die Ehe. Wo bliebe dabei jener König, der sich dem allgemeinen Besten widmet, »dem sich zur Hut die Völker vertraut und mancherlei obliegt«, der über die andern die Aufsicht führen muß, über die Gatten und die Väter, wer seine Frau gut behandelt, wer schlecht, wer straffällig ist, wessen Haus wohl geordnet ist, wessen nicht: wie ein Arzt, der umhergeht und die Pulse fühlt: du hast Fieber, du leidest am Kopf, du an den Füßen; du faste, du nimm Speise, du bade nicht, du mußt geschnitten, du gebrannt werden. Wie hätte der dazu die Muße, der durch Privatpflichten gebunden ist. — Wenn wir die Größe des wahren Kynikers begreifen, werden wir uns nicht wundern, weshalb er kein Weib nimmt, keine Kinder zeugt. Er ist der Vater aller Menschen, er hat alle Männer zu Söhnen, alle Frauen zu Töchtern; er sorgt um sie, er schilt sie als Vater, als Bruder, als Diener des gemeinsamen Vaters Zeus.

In der Tat gab es in jener Zeit Männer, die dieses Ideal wenigstens annähernd verwirklichten, und zwei von ihnen sind uns bekannt, Demetrius, der im ersten Jahrhundert in Rom, und Demonax, der im zweiten in Athen lebte. Der erstere führte die Forderungen der vollen Bedürfnislosigkeit und Rückkehr zum Naturzustande praktisch mitten in der Pracht, Üppigkeit und Überkultur der Weltstadt, des goldnen Rom, buchstäblich durch und verschaffte dem Kynismus bei den Römern Achtung, den noch Cicero als »der Schamhaftigkeit zuwiderlaufend« unbedingt verworfen hatte[1]). Der zerlumpte Bettler, der ein Geschenk Caligulas von 200000 Sest. mit Hohn zurückwies[2]), der Neros Drohungen verachtete[3]), Vespasians Unwillen durch einen zur Schau getragenen Trotz herausforderte, seine Verachtung Andersmeinender mit rücksichtsloser Derbheit äußerte[4]), wurde von den bedeutendsten und höchstgestellten Männern jener Zeit eifrig aufgesucht und mit Ehrfurcht behandelt. Thrasea widmete seine letzten Stunden einem Gespräche mit ihm über die Unsterblichkeit und das Jenseits[5]), und Seneca verehrte seine unbeugsame Seelenstärke um so aufrichtiger, je mehr er ihm gegenüber seine eigne Schwäche fühlte: Demetrius war nach seinem

Demetrius.

1) Cic. de off. I 148. Daß Kyniker im 1. Jahrhundert in Rom gewöhnliche Erscheinungen waren, zeigt Lucill. Anthol. Palat. XI 153—155. Martial. III 93, 13. IV 53. VII 64, 8. XI 84, 7.
2) Seneca de benef. VII 11. 3) Epictet. D. I 25, 22. 4) Suet. Vesp. 13. Cass. Dio LXVI 13.
5) Tac. A. XVI 34. Oben S. 284.

Urteil selbst mit den Größten verglichen noch ein großer Mann[1]). Seneca verließ die Gesellschaft der in Purpur Gekleideten, um das Gespräch dieses herrlichen Manns, den er so sehr bewunderte, stets genießen zu können. Wie sollte er ihn nicht bewundern? Ihm fehlte in der Tat nichts: er lebte nicht, als ob er alles verschmäht, sondern als ob er es andern überlassen habe[2]). Hörte man ihn in seiner Blöße auf seinem Strohlager reden, so machte seine Rede doppelten Eindruck, er erschien nicht bloß als Lehrer, sondern als Zeuge der Wahrheit[3]). »Ihn«, meinte Seneca, »hat die Natur in unsrer Zeit erschaffen, um zu zeigen, daß weder er durch uns verdorben noch wir durch ihn gebessert werden können. Er ist der Mann von vollendeter Weisheit, wenn er es auch selbst in Abrede stellt, und unerschütterlicher Festigkeit in der Ausführung seiner Grundsätze, und von einer Beredsamkeit, wie sie den größten Gegenständen ziemt, die nicht kunstvoll geordnet noch um Worte ängstlich bekümmert ist, sondern mit gewaltigem Schwunge ihren Gegenstand verfolgt, wie die Eingebung sie antreibt. Ich zweifle nicht, daß ihm die Vorsehung ein sittliches Leben und eine solche Macht der Rede verliehen hat, damit es unserem Zeitalter nicht an einem Beispiel und an einem lebendigen Vorwurfe fehle«[4]).

Demonax. Als ein Beispiel und einen Vorwurf für seine Zeit, gleichsam ein in die Erscheinung getretenes, unablässig mahnendes Gewissen seiner Mitbürger schildert eine unter Lucians Namen überlieferte Schrift[5]) auch jenen Demonax, der den größten Teil seines Lebens in Athen verbrachte und es fast hundertjährig durch freiwilligen Hungertod endete. Demonax war im Gegensatz zu Demetrius und seinesgleichen, aber in Übereinstimmung mit dem ihm befreundet gewesenen Epictet bemüht, die Schroffheiten der kynischen Denkweise zu mildern und namentlich seinen Ermahnungen und Strafreden durch Witz und geistige Anmut die abstoßende Härte zu nehmen; seine ganze Philosophie trug den Charakter der Milde, Freundlichkeit und Heiterkeit. Alle Menschen betrachtete er als Angehörige. Seinen Freunden stand er mit der Tat bei, soweit es zulässig war, die Glücklichen mahnte er an die Vergänglichkeit der Glücksgüter, die durch Armut, Verbannung, Alter oder Krankheit Unglücklichen tröstete er. Er bemühte sich, hadernde Brüder zu versöhnen, zwischen Gatten und Gattinnen Frieden zu stiften, auch bei Spaltungen in Gemeinden trat er öfters als Vermittler auf, und meistens mit Erfolg. So lebte er fast hundert Jahre ohne Krankheit, ohne Kummer, ohne jemandem zur Last zur fallen oder einen anzuklagen, seinen Freunden nützlich, ohne je einen Feind zu haben, in Athen und ganz Griechenland allgemein geliebt und verehrt; wo er erschien, stand man auf, auch die höchsten Beamten, und alles wurde still. In seinem höchsten Alter ging er ungeladen zum Essen und Schlafen in das erste beste Haus, und die Einwohner betrachteten es wie eine Erscheinung eines Gottes oder eines guten Geistes. Die Brotverkäuferinnen hängten sich wetteifernd an ihn, jede, von der er ein Brot annahm, glaubte, daß er ihr Glück bringe; die Kinder brachten ihm Früchte und nannten ihn Vater. Als einst in Athen ein Streit ausgebrochen war, reichte

1) Seneca de benef. VII 1, 3. 2) Seneca epist. 62, 3. 3) ebd. 20, 9. 4) Seneca de benef. VII 8. Zeller III 1⁴ S. 794 ff. 5) Für die u. a. von Bernays (Lukian u. die Kyniker S. 104 f.) angezweifelte Echtheit der Schrift ist neuerdings mit guten Gründen K. Funk, Philologus Suppl. X 1907 S. 561 ff. eingetreten.

seine bloße Erscheinung in der Versammlung hin, um die Ruhe wiederherzustellen, und als er sich davon selbst überzeugt hatte, entfernte er sich, ohne ein Wort zu sagen. Die Athener begruben ihn prachtvoll auf Kosten der Stadt und betrauerten ihn lange; den steinernen Sitz, auf dem er auszuruhen pflegte, hielt man heilig und bekränzte ihn ihm zu Ehren. Bei seinem Begräbnis fehlte niemand, am wenigsten von den Philosophen, diese trugen die Bahre zu Grabe[1]).

Peregrinus.

Ein weniger deutliches Bild haben wir von Peregrinus, welcher später Proteus genannt wurde[2]), da die Schilderung Lucians, aus der wir ihn allein kennen, ihn ebensosehr als Narren wie als Schurken erscheinen läßt: doch daß diese Darstellung unmöglich der Wahrheit entsprechen kann, ergibt sich nicht bloß aus dem unverdächtigen Zeugnis eines andern Zeitgenossen, sondern zum Teil aus Lucians eigenen Angaben. Wir werden schwerlich irren, wenn wir die durchweg unlautern oder schändlichen Beweggründe, die Lucian dem Peregrinus bei allen seinen Handlungen unterschiebt, auf gehässige Voraussetzungen und Erdichtungen leidenschaftlicher Gegner zurückführen, denen für die Natur eines solchen Schwärmers alles Verständnis fehlte.

Peregrinus war als Sohn eines wohlhabenden Mannes in Parium am Hellespont geboren und kam auf jahrelangen Reisen auch nach Palästina, wo er sich den Christen anschloß und eifrig (auch durch Schriftstellerei)[3]) für ihre Lehre tätig war, so daß ihm das Amt eines Vorstehers der Gemeinde übertragen wurde. Wegen seines christlichen Bekenntnisses ins Gefängnis geworfen, soll er sich zum Märtyrertum gedrängt haben, doch von dem Statthalter von Syrien als für eine auszeichnende Bestrafung zu unbedeutend freigelassen worden sein. Nach Parium zurückgekehrt, schenkte er den Rest seines in seiner Abwesenheit stark geplünderten Vermögens, das seine Verehrer sehr hoch angaben, während es nach Lucian nur noch die immerhin nicht geringe Summe von 15 Talenten (70725 Mark) betrug, seiner Vaterstadt und begann dann sein Wanderleben von neuem. Mit den Christen zerfallen, trat er in Ägypten zum Kynismus über und übte in Rom öffentlich eine so rücksichtslose Kritik der bestehenden Ordnung, daß der Stadtpräfekt ihn von dort verwies. In Griechenland soll er dann den törichten Versuch gemacht haben, einen Aufstand gegen die Römer zu erregen[4]). Im Jahre 167[5]) endete er sein Leben in Olympia nach dem Schluß der Festspiele durch eine lange zuvor angekündigte Selbstverbrennung; in einer mondhellen Mitternacht stürzte er sich in Gegenwart einer Schar von Kynikern, die Geister seiner Eltern anrufend, auf einen in einer Grube errichteten Scheiterhaufen und verschwand in dieser Flammengruft.

Verwandtschaft zwischen Kynismus und Christentum.

Die Bekehrung des Peregrinus zum Christentum sowie sein Abfall und Übertritt zum Kynismus ist keineswegs unverständlich. »Gerade eine Natur wie die seinige konnte in dem unruhigen Suchen nach Wahrheit und innerer Befriedi-

1) Zeller a. a. O. S. 798 ff. Funk a. a. O. S. 647 ff. 2) Zeller, Vorträge u. Abhandl. II 173 ff. J. Bernays, Lukian und die Kyniker, 1879 (wo S. 89 über den Namen Proteus gesprochen ist). 3) Wir haben keine Kunde von Schriften des Peregrinus; denn die Vermutung (Christ-Schmid, Gesch. d. griech. Literatur II[5] S. 572 A. 9), daß in dem Bücherkatalog aus Memphis eines Petersburger Papyrus bei Wilcken, Chrestom. nr. 155 Z. 15 [Περε]γρίνου ἀπολογίαι zu lesen sei, steht auf sehr schwachen Füßen. 4) Wohl, wie Bernays S. 30 vermutet, der Hist. aug. Antonin. P. 5, 5 (*in Achaia atque etiam in Aegypto rebelliones repressit*) erwähnte. 5) Nissen, Rhein. Mus. XLIII 1888 S. 254 f.

gung dem Christentum ebenso leicht zugeführt, als in der Folge, wenn Unterordnung unter den kirchlichen Glauben und die kirchliche Sitte von ihm verlangt wurde, wieder von ihm weggeführt werden«[1]). Zwischen dem Christentum und dem Kynismus bestand aber nicht bloß in dem unbedingten Gegensatze gegen den Polytheismus die vollste Übereinstimmung, sondern die Lösung von allen irdischen Banden und die Weltverachtung der Kyniker war auch jenem, dem Christentume innewohnenden Elemente nahe verwandt, das später im Einsiedler- und Mönchsleben seinen vollen Ausdruck gefunden hat. Diese Verwandtschaft ist auch im Altertum nicht unbemerkt geblieben. Celsus hatte die Verkünder der christlichen Lehre mit Marktschreiern verglichen, weil sie sich vorzugsweise an die ungebildeten Massen wandten, und Origenes erwidert, die kynischen Volksprediger täten genau dasselbe[2]). Julian der Abtrünnige fand zwischen »den der Welt Absagenden, wie sie die gottlosen Galiläer nennen«, und den Kynikern eine große Ähnlichkeit, nur daß die letztern nicht so gute Geschäfte machten wie die ersteren, die »auf weniges verzichtend viel oder vielmehr alles zusammenscharrten«, da ihnen die Pflicht der Mildtätigkeit einen anständigen Vorwand zum Erheben von Tributen bot. Dieser fehlte den Kynikern, und außerdem waren die Heiden auch vernünftiger als »jene Toren«. In allen übrigen Stücken waren beide Klassen einander gleich. Diese wie jene ließen sich für ihre angebliche Entsagung Ehre und Huldigung erweisen; diese wie jene ließen ihr Vaterland im Stiche, wanderten überall umher und machten sich in den Lagern lästig, die Kyniker noch frecher und zudringlicher als die Mönche[3]). Diesen und ähnlichen Vergleichungen des Kynismus mit dem Christentum gegenüber haben es Johannes Chrysostomus und Gregor von Nazianz für nötig gehalten, aufs nachdrücklichste zu betonen, wie sehr der erstere dem letzteren nachstehe[4]).

Daß Peregrinus die finstre, schroffe und rauhe Seite des Kynismus besonders stark hervorkehrte, geht unter anderm auch daraus hervor, daß Demonax, den er wegen seiner Heiterkeit nicht für einen Kyniker gelten lassen wollte, ihm erwidert haben soll: »Und du bist kein Mensch«[5]). Doch spricht Gellius, der ihn nicht lange vor seinem Ende in seiner Hütte unweit Athen oft aufsuchte, von ihm mit großer Achtung. Er hatte von diesem »würdigen und charakterfesten Manne« manches treffliche und heilsame Wort gehört, unter anderm eine Erörterung darüber, daß der Weise nichts Unrechtes tun werde, wenn auch kein Gott und kein Mensch etwas davon erfahren könnte. Denn nicht aus Furcht vor Strafe oder Schande, sondern aus Liebe zum Guten müsse man das Schlechte unterlassen. Für diejenigen aber, denen es an dieser höhern sittlichen Kraft fehle, sei der Gedanke, daß kein Unrecht verborgen bleibe, sondern die Zeit alles am Ende ans Licht bringe, ein sehr wirksamer Beweggrund zur Vermeidung des Unrechts[6]).

Endlich sollte seine Selbstverbrennung ein Leben, in welchem er dem Herakles, dem großen Vorbilde der Kyniker[7]), nachgeeifert, mit dem Ende dieses Helden

1) Zeller a. a. O. S. 177 f. 2) Orig. c. Cels. III 50. Bernays, Lukian und die Kyniker S. 93 f. 3) Julian. orat. 7 p. 224 B. 4) Norden, Jahrb. f. Phil. Suppl. XIX 1892 S. 393—404. 459. 5) Lucian. Demonax 21. Vgl. auch die Anekdote bei Philostrat. Vit. soph. II 1, 13. 6) Gell. XII 11; vgl. VIII 3. 7) Vgl. E. Weber, De Dione Chrysostomo Cynicorum sectatore, Leipz. Studien XX 1887 S. 236 ff.

krönen, die Menschen Todesverachtung lehren und zugleich der Welt beweisen, daß auch ein Kyniker des viel bewunderten Entschlusses des indischen Weisen Kalanos fähig sei[1]). Die Hinausschiebung des Selbstmords bis nach dem Schlusse der olympischen Spiele, die Wahl der Nachtzeit zu seiner Vollziehung, die Zulassung einer nur kleinen Zahl gleichgesinnter Zuschauer — alles dies spricht nicht dafür, daß Peregrinus seinen höchsten Triumph in einem theatralischen Effekt suchte. Ohne Zweifel war er ein Schwärmer, doch an dem Ernst und der Aufrichtigkeit seiner Überzeugungen zu zweifeln, haben wir keinen Grund, und außer der Schrift Lucians kein Zeugnis dafür, daß es damals oder später im Altertum geschehen ist. Athenagoras sah in Parium etwa zehn Jahre nach seinem Tode seine Statue[2]), und Ammianus Marcellinus nennt ihn bei der Erwähnung seines Selbstmords (den auch die Chronisten verzeichnet haben) einen berühmten Philosophen[3]).

Die kynische Schule hat bis in die letzten Zeiten des Altertums fortbestanden. Auch außer den Reden des Kaisers Julian fehlt es nicht an Zeugnissen, welche ihre Fortdauer verfolgen lassen, und ihre Anhänger sind offenbar noch im Anfange des fünften Jahrhunderts zahlreich gewesen[4]).

Läuterung der sittlichen Anschauungen durch die Entwicklung der Philosophie in den ersten Jahrhunderten.

Wenn es in der Natur der Sache liegt, daß wir aus der damaligen Literatur weit mehr von den Bestrebungen zur Hebung der Sittlichkeit durch die Philosophie als von deren Wirkungen erfahren, so wird sich doch aus allem Mitgeteilten ergeben haben, daß die Philosophie in der Tat der damaligen gebildeten Welt als die wahre und höchste Erzieherin der Menschheit zur Sittlichkeit galt, und selbst die Opposition gegen sie bestätigt nur die Allgemeinheit dieser Überzeugung. Daß die bisher geschilderten, umfassenden und eifrigen Bemühungen tatsächlich bedeutende Wirkungen hervorbrachten, ergibt sich schon allein daraus, daß eine so große Zahl der edelsten Männer dieses Jahrhunderts nach eignem Geständnis oder dem Berichte andrer ihre Charakterbildung der Philosophie verdankten; nicht minder aus der hohen Verehrung, die den hervorragenden Philosophen von Mitwelt und Nachwelt gezollt wurde. In einer Welt, die dem Sklaven die Menschenrechte absprach, gehörte der ehemalige Sklave Epictet zu den am allgemeinsten verehrten Persönlichkeiten, und der Beherrscher dieser Welt, Hadrian, soll sich um seine Freundschaft beworben haben[5]). Die bedeutendsten Lehrer und Schriftsteller dieser Jahrhunderte, der Freigelassene Epictet, der Ritter Musonius Rufus, der Konsular Seneca, der Kaiser Marc Aurel, gingen aus den verschiedensten Ständen und Lebensstellungen hervor. Die Wirkung der Philosophie erstreckte sich auf alle Schichten der

---

1) Euseb. chron. II 170 Schoene (Syncell. p. 664, 17) ἑαυτὸν ἐνέπρησε μιμούμενος Καλανὸν Βραχμανὸν τὸν κατὰ Ἀλέξανδρον γυμνοσοφιστήν. 2) Athenag. 26. 3) Ammian. XXIX 1, 39. Auch Tertullian ad mart. 4 erwähnt ihn. 4) Vgl. außer den von Bernays S. 99 f. angeführten Stellen Macrob. Sat. I 7, 3. Prudent. Hamartig. 401: *hinc gerit Herculeam vilis sapientia clavam ostentatque suos vicatim gymnosophistas*. Augustin. C. D. XIV 20 *et nunc videmus adhuc esse philosophos Cynicos; hi enim sunt, qui non solum amiciuntur pallio, verum etiam clavam ferunt*. Vgl. Zeller, Philos. d. Gr. III 1^4 S. 803 f. Über den Kyniker Sallustius im 5. Jahrh. R. Asmus, N. Jahrb. f. klass. Altert. XXV 1910 S. 504 ff. Auch bei dem Reskript über die *colluvio* der Pseudophilosophen vom J. 369 Cod. Theod. XIII 3, 7 (mit Gothofredus Kommentar) dürfte vorzugsweise an Kyniker zu denken sein. 5) Hist. aug. Hadr. 16, 10.

Gesellschaft, von den niedrigsten bis zu den höchsten[1]). Die Philosophie, sagt Seneca, sieht nicht auf den Stammbaum: der Ritterstand, der Senat, der Kriegsdienst bleibt vielen verschlossen; die Erkenntnis steht allen offen, für diesen Zweck sind wir alle edelgeboren[2]). Eine große Seele kann ebensowohl in einem Sklaven oder Freigelassenen wie in einem römischen Ritter wohnen[3]).

Aber nicht bloß die Scheidewände und Schranken der Stände und Klassen durchbrach die Philosophie, sie hat auch die Ausschließlichkeit des Nationalitätsbewußtseins wenigstens sehr zu schwächen vermocht und in der teilweisen Überwindung dieses in allen Völkern des Altertums, vor allem den Römern, so stark entwickelten und mit so großer Härte geltend gemachten Gefühls sich als eine der realsten bildenden und umgestaltenden Mächte der hier geschilderten Kulturperiode erwiesen. Namentlich der Kynismus und der Stoizismus haben die in ihnen von Anfang an liegende Richtung des Weltbürgertums und der die ganze Menschheit umfassenden Bruderliebe auf dem so höchst günstigen Boden des römischen Universalreichs in einer Weise entwickelt, daß ihre Lehren über das Verhältnis des Einzelnen zur Menschheit ebensosehr einen christlichen Geist atmen, wie sie den entschiedensten Bruch mit den spezifisch antiken Weltanschauungen bezeugen. Man hat diesen Entwicklungsgang der Philosophie von manchen Seiten nur durch direkte christliche Einflüsse erklären zu können geglaubt, aber auch bei Seneca bedarf es ihrer zur Erklärung dieser Erscheinung keineswegs, und der Widerwille, den Epictet und Marc Aurel gegen »die Galiläer« äußern, schließt die Annahme christlicher Einwirkungen auf beide geradezu aus[4]). Auch haben die Christen jener Zeit ja (wie bemerkt) eine selbständige Sittlichkeit der Heiden anerkannt, welche sie teils aus deren Bekanntschaft mit den heiligen Schriften der Juden, teils aus einer Vermittlung der dem Christentum entgegenwirkenden Dämonen herzuleiten versuchten. Zu so seltsamen Erklärungen würden sie gewiß nicht gegriffen haben, wenn sie geglaubt hätten, die Tugenden der Heiden auf christliche Einflüsse zurückführen zu können[5]). In der Tat muß eine vorurteilsfreie Betrachtung zu dem Ergebnis gelangen, daß der Stoizismus und Kynismus aus eigner Kraft sich in dieser Zeit zu einer Höhe und Reinheit der sittlichen Auffassung von Menschenrechten und Menschenpflichten erhoben haben, die im früheren Altertum nicht erreicht worden ist[6]). Den stoischen Grundsatz von der Zusammengehörigkeit aller Menschen, die, wie Epictet es ausdrückt, alle Gott zum Vater haben, also Brüder sind, haben erst die Stoiker dieser Zeit in seiner ganzen Tragweite und bis in seine letzten Konsequenzen verfolgt. Ausdrücklich und wiederholt lehren sie die Feindesliebe, nicht bloß die ertragende Geduld und Nachsicht mit den Irrenden, sondern auch Vergebung des uns getanen Bösen und dessen Vergeltung mit Wohltaten[7]). Doch den untrüglichsten Maßstab für den Fortschritt in der

1) Lehrreich dafür ist das Auftreten neupythagoreischer Anschauungen auf einem Grabsteine aus Philadelphia in Lydien aus dem ersten Jahrhundert der Kaiserzeit, A. Brinkmann, Rhein. Mus. LXVI 1911 S. 616ff. 2) Seneca ep. 44, 1f. 3) ebd. 31, 11. 4) Epictet. D. IV 7, 6. M. Aurel. comm. XI 3. Darüber ausführlich A. Bonhöffer, Epiktet und das Neue Testament, 1911. 5) Boissier, La religion rom. II 426. Oben S. 251f. 6) Vgl. Zeller a. a. O. S. 296. 7) ebd. S. 307 (Seneca). 765 (Musonius). 781 (Epictet). 790 (Marc Aurel). Nur an diese konnte Goethe denken, wenn er die Stoiker »Christen unter den Heiden« nannte (Riemer, Briefe von und an Goethe S. 315).

Auffassung des Verhältnisses des Einzelnen gegenüber der Menschheit gibt die Vergleichung der damaligen Ansichten über die Sklaverei mit denen der älteren Philosophen. Während Plato an diesem »Krebsschaden der alten Welt« keinen Anstoß nahm, den Gedanken einer künftigen völligen Aufhebung der Sklaverei niemals faßte; während Aristoteles sogar den Beweis antrat, daß sie in der Natur begründet sei, die Sklaven als »lebendiges Eigentum« und die Barbaren als geborene Sklaven der Hellenen betrachtete, betont Seneca, daß wir die Sklaven vor allem als Menschen, als niedriger stehende Freunde und, insofern sie mit uns unter derselben höheren Macht stehen, als Mitsklaven ansehen sollen[1]). Daß diese Lehren in der Tat zur Verbesserung des Zustands der Sklaven wesentlich beigetragen haben, ist unbezweifelt[2]). Die von der damaligen Philosophie geübten Wirkungen haben sich weit über ihre eigne Zeit hinaus erstreckt: wir haben aus dem 3. Jahrhundert das ebenso merkwürdige wie unverdächtige Zeugnis des Origenes, daß, während wenige noch Plato lasen, Epictet von jedermann gelesen wurde[3]). Ein interessantes Zeugnis für das Ansehen und die Verbreitung der Lehre Epictets ist ein (etwa in der zweiten Hälfte des 2. Jahrhunderts) bei einem Apolloheiligtum in Pisidien in den Felsen gehauenes Gedicht eines ebenfalls von Sklaven stammenden, stoisch gebildeten Manns. Wahre Freiheit werde nicht durch die Geburt bewirkt, sondern nur durch den Charakter. Epictet, der göttliche Mann, war der Sohn einer Sklavin. Wenn doch jetzt zum Frommen und zur Freude der Welt ein solcher Mann von einer Sklavin geboren würde![4])

Unhaltbarkeit der Annahme eines allgemeinen Sittenverfalls in dieser Zeit.

Eine Zeit, die aus eigener Kraft sich zu höheren und reineren sittlichen Anschauungen erhob als das ganze frühere Altertum, die nicht bloß einen Musonius, Epictet und Marc Aurel hervorbrachte, sondern in der diese Verkünder einer milden, echt menschlichen Sittenlehre auch die allgemeinste Bewunderung, ihre Lehren allgemeine Verbreitung fanden, kann nicht eine Zeit des tiefsten Sittenverfalls gewesen sein, wie sie so oft genannt worden ist. Wenn es überhaupt keinen Gradmesser für die Sittlichkeit einer auch noch so genau bekannten Periode gibt, so am allerwenigsten für diese Jahrhunderte, aus denen uns nur vereinzelte, teils auf bestimmte Gebiete beschränkte, teils gefärbte oder einseitige Berichte vorliegen. Zu den letzteren gehören die rhetorischen Deklamationen des älteren Plinius und Seneca, zu den ersteren die Darstellung der Greuel im Kaiserhause, der entsetzlichen Folgen eines schrankenlosen Despotismus, der furchtbaren Unterdrückung der Aristokratie durch das Cäsarentum bei Tacitus und den übrigen Geschichtschreibern, der Korruption, des Schmutzes und der Sittenlosigkeit, deren Rom, wie jede Weltstadt, ein überreiches Maß in sich barg, bei den Satirikern und Martial. Aus diesen Quellen allgemeine Schlüsse auf die Sittlichkeit des ganzen Zeitalters zu ziehen, würde selbst dann unstatthaft sein, wenn nicht selbst sie unter so viel widrigen, häßlichen und abschreckenden auch gar manche wohltuende und erhebende Eindrücke böten, Eindrücke, die in andern Quellen, wie in den Briefen des jüngeren Plinius, den

1) Zeller II 1⁴ S. 890f. (Plato). II 2³ S. 690ff. (Aristoteles). III 1⁴ S. 308, 5 (Stoiker). 2) Vgl. W. Soltau, N. Jahrb. f. klass. Altert. XXI 1908 S. 335ff. 3) Orig. c. Cels. VI 2. 4) Kaibel, Hermes XXIII 1888 S. 542ff.

Werken des Quintilian, Plutarch, Gellius, sogar entschieden überwiegen. Und wenn man von jenen rhetorischen Deklamationen über den Untergang der guten alten Zeit absieht, wird man in der Literatur schwerlich Zeugnisse dafür finden, daß die Menschen jener Zeit selbst in einer Periode des allgemeinen Sittenverfalls zu leben glaubten, wohl aber für das Gegenteil. Selbst Seneca schließt eine grelle Schilderung der herrschenden Unsittlichkeit mit der Erklärung, daß er die Schuld nicht an seiner Zeit haften lassen wolle. »Darüber haben unsere Vorfahren geklagt, klagen wir und werden unsere Nachkommen klagen, daß die Sitten in Verfall seien, die Schlechtigkeit herrsche, die Menschen immer tiefer in Sündhaftigkeit versinken, die menschlichen Zustände sich verschlimmern. In Wirklichkeit aber bleiben sie unverrückt und werden es bleiben, nur mit geringen Verschiebungen nach der einen oder der andern Seite: gleich Wassern, welche die steigende Flut weiter vorwärts trägt, die sinkende auf einem zurückliegenden Raum des Ufers festhält.« »Die Laster sind nicht den Zeiten eigentümlich, sondern den Menschen. Kein Zeitalter ist von Schuld frei gewesen«[1]). Tacitus war überzeugt, daß nicht alles bei den Früheren besser gewesen sei, sondern daß auch seine Zeit vieles für die Späteren Nachahmungswürdige hervorgebracht habe: vielleicht finde in den Sitten wie in den Dingen überhaupt ein Kreislauf statt[2]). Und Marc Aurel, dessen Weltanschauung ganz vorzugsweise durch die stoische Lehre vom ewigen Kreislauf der Dinge bestimmt wurde, der in der Geschichte nur ein ewiges Einerlei sah, mußte auch die menschliche Schlechtigkeit für etwas sich zu allen Zeiten gleich Bleibendes halten. »Was ist Schlechtigkeit?« fragt er. »Was du oft gesehen hast! Wovon die Häuser und die Städte jetzt voll sind, davon wird man auch die alte, mittlere und neue Geschichte erfüllt finden, und nichts ist neu.« Aber nichts als Schlechtigkeit in der Gegenwart zu sehen, davon war er weit entfernt. Nichts stimmte ihn so froh, wie die Vorzüge der Zeitgenossen sich vor Augen zu halten, und es gab für ihn keine größere Freude, als die Abbilder der Tugenden, die sich in den Charakteren der Mitlebenden offenbarten, in ihrer Gesamtheit zu überblicken[3]).

1) Seneca de benef. I 10, 1; ep. 97, 1. 2) Tac. A. III 55; H. I 3: *non tamen adeo virtutum sterile saeculum, ut non et bona exempla prodiderit.* 3) M. Aurel. Comm. VII 1. VI 48.

XV. DER UNSTERBLICHKEITS-GLAUBE

Das Verhältnis der Gebildeten zum Unsterblichkeitsglauben. Die Leugner.

Überall und zu allen Zeiten hat da, wo der Unsterblichkeitsglaube nicht durch Offenbarungsglauben bestimmt worden ist, neben seinen verschiedenen Formen Zweifel, Unglaube und Leugnung der Unsterblichkeit bestanden[1]; und vermutlich hat es immer Menschen gegeben, für die das Leben nur als ein endliches erträglich war, die der Gedanke einer ewigen Fortdauer sogar mit Schauder erfüllte. Es ist merkwürdig, daß gerade eine der tatkräftigsten Naturen, die wir aus der spätern römischen Welt kennen, der ältere Plinius, den Unsterblichkeitsglauben in fast leidenschaftlicher Weise von sich weist: er, dessen Existenz doch eine bevorzugte war, der mit unermüdlicher Ausdauer jede Minute seines Lebens für den Staat, für die Menschheit, für die Erkenntnis der Wahrheit nutzbar zu machen strebte und in diesem Streben einen edeln, seines Lebens würdigen Tod fand.

Der ältere Plinius.

»Für alle«, sagt er, »tritt mit der letzten Stunde dasselbe ein, was vor der ersten war, und Gefühl und Bewußtsein gibt es für Seele und Körper nach dem Tode so wenig wie vor der Geburt. Menschliche Eitelkeit setzt die Existenz in die Zukunft fort und erlügt ein Leben in die Zeit des Tods hinein, indem sie der Seele bald Unsterblichkeit, bald Umgestaltung, bald den Unterirdischen Bewußtsein beilegt und Manen verehrt und die zu Göttern macht, die sogar Menschen zu sein aufgehört haben: als ob unser Atem sich auf irgendeine Weise von dem aller übrigen Geschöpfe unterschiede, oder als ob man nicht in der Natur so viele länger währende Dinge fände, denen doch niemand Unsterblichkeit prophezeit. Welchen Körper hätte denn aber die Seele an sich? Welchen Stoff? Welches Denkvermögen? Wie Gesicht, Gehör und Tastsinn? Welchen Gebrauch dieser Gaben oder welches Gut ohne sie? Wo ist der Aufenthalt und wie groß in soviel Jahrhunderten die Menge der schattengleichen Seelen? Beschwichtigungsmittel für Kinder und Hirngespinste einer Sterblichkeit, die nie aufzuhören trachtet! — Welcher verwünschte Wahnsinn, daß das Leben durch den Tod erneuert werden soll! Und wo gäbe es jemals Ruhe für die Erschaffenen, wenn in höheren Regionen das Bewußtsein der Seele fortdauerte, und Schatten in der Unterwelt? Wahrlich, dieser angeblich süße Trost und diese

1) Vgl. Lehrs, Populäre Aufsätze² S. 303—362. Im allgemeinen C. Pascal, Le credenze d' oltra tomba nelle opere letterarie dell' antichità classica, Catania 1912.

Glaubensseligkeit nimmt dem eigentlichsten Gute der Natur, dem Tode, seine Kraft und verdoppelt den Schmerz des Sterbenden durch die Aussicht auf eine fernere Zukunft. Denn wenn es süß ist zu leben, für wen kann es süß sein gelebt zu haben? Aber wieviel leichter und sichrer wäre es, daß jeder sich selbst glaubte und die Erfahrung über die der Geburt vorausgehende Zeit als Beweis der Sicherheit für die Zukunft gelten ließe!«[1]).

Die Epikureer. Materialistische Grabschriften.

Diese Äußerung einer an buddhistische Lebensanschauungen streifenden Sehnsucht nach der Vernichtung steht vereinzelt. Aber die materialistische Auffassung der Seele und die darauf beruhende Leugnung der Unsterblichkeit war mindestens ebenso verbreitet wie der Epikureismus, durch den auch die Anschauung des Plinius ohne Zweifel mittelbar oder unmittelbar bestimmt wurde. Die Aussicht auf ein Ende des Daseins war für die überzeugten Bekenner dieser Lehre keine traurige[2]). Es war ihnen ein tröstlicher Gedanke, in einen Hafen zu gelangen, wo sie den Täuschungen der Hoffnung, den Launen des Schicksals für immer entrückt sein würden[3]); ihnen ziemte, als satte Gäste sich gelassen von der Tafel des Lebens zu erheben, um sich dem traumlosen Schlafe zu überlassen[4]). Die »dem ewigen Schlafe«[5]) oder »der ewigen Ruhe« (*Securitati*)[6]) geweihten Grabschriften deuten, streng genommen, eine Leugnung der Unsterblichkeit an, wenn auch bei all diesen Ausdrucksformen nie außer Acht gelassen werden darf, daß sie bei häufiger Verwendung rasch abgegriffen wurden und sich der einzelne ihrer ursprünglichen Tragweite nicht mehr bewußt war: nicht überall ist der Ausdruck so unzweideutig wie in der selbstverfaßten Grabschrift eines Nicomedes auf Kos (der, wie es scheint, ein herumziehender Sänger der Homerischen Gedichte war): »Nach Verhöhnung des Wahns liege ich hier in unerwecklichem Schlaf«[7]). Eine griechische Grabschrift lautet: »Nicht ist ein Kahn im Hades noch ein Charon dort, kein Äacus als Pförtner noch ein Cerberus. Wir alle aber, die der Tod hinabführt, sind morsche Knochen und

1) Plin. n. h. VII 188—191 (über die ausgelassene Stelle vgl. Zeller I^5 905, 2). 2) So erklärte auch Cäsar bei der Frage über die Bestrafung der Catilinarier im Senat: *mortem — cuncta mortalium mala dissolvere, ultra neque curae neque gaudio locum esse* (Sallust. Gatil. 51, 20); *mortem ab dis immortalibus non esse supplicii causa constitutam, sed aut necessitatem naturae aut laborum ac miseriarum quietem* (Cic. Catil. IV 7). 3) Anthol. Palat. IX 49: Ἐλπὶς καὶ σὺ Τύχη, μέγα χαίρετε· τὸν λιμέν' εὗρον; οὐδὲν ἐμοὶ χ' ὑμῖν· παίζετε τοὺς μετ' ἐμέ (vgl. 134. 172). CIL VI 11743 = Buecheler, Carm. ep. 1498 *evasi effugi, Spes et Fortuna valete: nil mihi vobiscum est, ludificate alios.* Vgl. CIL IX 4756 = Buecheler 409, 8ff. *actumst excessi, Spes et Fortuna valete: nil iam plus in me vobis per saecla licebit. quod fuerat vestrum amisi, quod erat meum hic est.* CIL XI 6433 = Buecheler 434, 13ff. Vgl. Lier, Philologus N. F. XVI 1903 S. 471ff. Freilich sind diese Gedanken nicht notwendig epikureisch. 4) Lucret. III 938f. (dazu Heinze) und häufig, z. B. Horat. S. I 1, 119. Das Gleichnis zuerst bei Bio von Borysthenes (Stob. III 1, 98 p. 46, 11 H.): ὥσπερ ἐκ συμποσίου ἀπαλλάττομαι οὐθὲν δυσχεραίνων, οὕτω καὶ ἐκ τοῦ βίου, ὅταν ὥρα ᾖ. Heinze, De Horatio Bionis imitatore (Bonn 1889) S. 21; vgl. auch Pascal a. a. O. I 23ff. 5) Dessau 8021—8024 mit der Anm. zu nr. 8024; vgl. Buecheler, Carm. ep. 481. 6) Die Zeugnisse bei Ilberg in Roschers Mythol. Lexik. IV 597. Dessau 8027ff. Doch war *securi* ein volkstümlicher Ausdruck für die Toten überhaupt, CIL XIV 4276: *secura facta est V Idus Oc[t. sepulta* usw.; vgl. CIL XIV 380 = Dessau 8149 *amici, hoc* (= *huc*) *at securos.* CIL VI 26227 *fecerunt sibi post securitate[m)* (= *post mortem*). 10251[a] = Dessau 7348 *v. v. v. aliquando securus sum,* und *Securitati* (*aeternae*) ist nicht bloß mit *D. m.* verbunden (z. B. CIL III 3654. V 2896), sondern *dis securitatis* CIL VI 2268 = Dessau 8026, *dibus securis* CIL VI 10217 = Dessau 6060 auch für *dis manibus* (*securi manes* CIL III 6414 = Buecheler 588, 8) gesagt worden. 7) IG III 1349 = Kaibel, Epigr. gr. 101.

Asche, andres aber nichts«[1]); in einer andern heißt es von dem Toten, er sei nun nach Durchmessung der Lebensbahn ein Grab, ein Stein, ein Bildnis geworden[2]). Ein viel gebrauchtes Distichon lautet: »Ich war nicht und ward, ich war und bin nicht mehr, so viel ist wahr. Wer anders sagt, der lügt: denn nicht werde ich sein«[3]). Öfters wird noch hinzugesetzt, daß der Tod kein Übel sei, da mit dem Leben auch das Bewußtsein aufhöre. Ein L. Mäcius Marcus, der bei Lebzeiten für sich und die Seinen ein »ewiges Haus« erbaute, sagte in der Inschrift (als noch lebender): »Ich war einst nicht und bin jetzt; ich werde einst nicht sein: es grämt mich nicht«[4]). Einer Verstorbenen sind auf einem Grabstein die Worte in den Mund gelegt: »Ich war einst nicht und bin nicht mehr. Ich weiß nichts davon: es trifft mich nicht«[5]). »Der Tod«, heißt es auf einem andern Stein, »ist das Letzte und auch das Heilsamste«[6]). Dies wurde auch in scherzhafter Weise ausgeführt. Ein Freigelassener Ancarenus Nothus sagt in seiner Grabschrift, er befürchte nicht mehr hungern zu müssen, habe kein Podagra und brauche keine Wohnungsmiete zu bezahlen, da er ein ewiges Quartier unentgeltlich bewohne[7]). Mit der Leugnung der Fortdauer wird auch die Aufforderung zum Genusse des vergänglichen Lebens verbunden, z. B.: »Ich war nichts, ich bin nichts. Und du, der du lebst, iß, trink, scherze, komm!«[8]). »Du, der du dies liesest, Kamerad, freue dich deines Lebens; denn nach dem Tode gibt es weder Scherz noch Lachen noch irgendeine Freude«[9]). Ein Grabmonument, das im Jahre 1626 unter der Konfession der Peterskirche gefunden wurde, eine Statue eines liegenden Mannes mit einer Trinkschale in der Hand, erregte durch den verruchten Inhalt seiner Inschrift so großen Abscheu, daß die Statue versteckt oder (nach andern) in den Tiber geworfen, die Inschrift mit Kalk überstrichen wurde; doch ist eine Abschrift aufbewahrt. Der Verstorbene scheint trotz seines krassen Materialismus ein bürgerlich geregeltes, anständiges Leben geführt zu haben. Er war aus Tibur, hieß Flavius Agricola und hatte sich in der Stellung abbilden lassen, in der er einst im Leben dem Wein zuzusprechen liebte. Mit seiner Frau Flavia Primitiva hatte er dreißig Jahre aufs angenehmste gelebt; sie, eine keusche, fleißige, schöne Frau, war eine Verehrerin der Isis

1) IG XIV 1746 = Kaibel 646, 3ff. (Dessau 8156). 2) Kaibel 311, vgl. Buecheler 801. 3) IG XIV 1201 = Kaibel 1117. Cumont, Festschr. f. Hirschfeld (1903) S. 273f. 4) CIL VI 9258. 5) CIL V 1939 = Buecheler 1585. Vgl. den Zuruf an den Leser der Grabschrift CIL VIII 2885 = Buecheler 800 *Non fueras: nunc es, iterum nunc desines esse* und als Formel in Abkürzungen CIL V 1813 *n(on) f(ui), n(on) s(um), n(on) c(uro)*. 2893 = Dessau 8164. IG XIV 1879 = Kaibel 595: εὐψυχῶ Νικομήδης, ὅστις οὐκ ἤμην καὶ ἐγενόμην, οὐκ εἰμὶ καὶ οὐ λυποῦμαι und mehr bei Dessau 8162ff. Lier a. a. O. S. 590ff. Vgl. Lucret. III 830ff. Plutarch. consol. ad Apoll. 15. Epigramm, dem Ausonius zugeschrieben, »*ex sepulcro latinae viae*«, Auson. ed. Peiper p. 419 *Non nomen, non quo genitus, non unde, quid aevi: mutus in aeternum sum cinis ossa nihil. non sum, nec fueram genitus, tamen e nihilo sum, mitte, nec exprobres singula: talis eris.* 6) CIL V 4654. 7) CIL VI 7193[a] = Buecheler 1247; ein zweites Fragment derselben (also öfters angewandten) Inschrift CIL VI 33241. 8) CIL II 1434 (Grabschrift eines 8jährigen Kinds), vgl. Buecheler, Carm. ep. 1500. Lier a. a. O. XVII 1904 S. 56ff. Lebas-Waddington 977: Ἄνθος τοῖς παροδείταις χαίρειν· λοῦσαι πίε φαγὲ βείνησον· τούτων γὰρ ὧδε κάτω οὐδὲν ἔχεις. CIL VI 19683 = Buecheler 1582 liegt den Schlußworten etwa folgendes Distichon zugrunde: *ecce meo iaceo tumulo neque sentio quicquam, tu, moneo, fruere, dum tibi vita data est.* XI 2547a: *dum vibes homo vibe, nam post mortem nihil est: omnia remanent, et hoc est homo, quod vides.* 9) CIL IX 3473 = Buecheler 186. CIL VI 16169 = Buecheler 85 *ioceris, ludas: hic summa est severitas.*

gewesen. Nach ihrem Tode hatte ihn sein Sohn Aurelius Primitivus durch seine Liebe getröstet und in sein Haus aufgenommen. Zum Schluß ermahnt er die Leser in Versen, die offenbar in allerlei Variationen oft angewandt wurden[1]), sich des Weins und der Liebe zu erfreuen, denn alles übrige verzehre nach dem Tode die Erde und das Feuer[2]).

Es ist sehr glaublich, daß in der Bildungssphäre, welcher die Verfasser dieser und mancher der früher erwähnten Grabschriften angehörten, für Ungläubige der platteste Materialismus auch der einleuchtendste war, und sehr natürlich, daß sie gern ihre starkgeistige Aufklärung und Erhabenheit über die Menge der minder Fortgeschrittenen durch möglichst kräftig abgefaßte Bekenntnisse an den Tag legten, deren Anbringung auf Grabsteinen damals weder die Sitte noch ein Dogma ausschloß. Vielmehr schien dies gerade eine besonders passende Gelegenheit, die Summe der Lebenserfahrungen zu ziehen: und so ist es kein Wunder, daß gerade hier auch jene niedrigste Abart des Epikureismus sich breit macht, die das einzige wahre Gut im gröbsten Sinnengenusse suchte. Öfters wird auf eine in diesem Sinn abgefaßte Grabschrift des Königs Sardanapal hingedeutet oder ihr Inhalt variiert, z. B.: »was ich gegessen und getrunken, habe ich mit mir genommen, was ich zurückgelassen, habe ich verloren«[3]). Nicht anders sind die Grabschriften zu verstehen, in denen Bäder, Wein und Liebe, mäßig genossen, als die Quelle des wahren Lebensgenusses gepriesen werden und von dem Toten gesagt wird, er habe alles mit sich ins Grab genommen, d. h. alles, was das Leben an wirklichen Gütern bieten könne, sei in seinen Besitz übergegangen und damit gleichsam ein Teil seiner selbst geworden[4]).

Die Anzahl der materialistischen Grabschriften[5]) ist nun gegenüber den vielen Tausenden, die keinen Zweifel an der Fortdauer verraten, verschwindend klein,

---

1) Vgl. z. B. Buecheler 118. 190. 562, 8; sehr hübsch 243 *dum vixi, bibi libenter, bibite vos, qui vivitis.* 2) CIL VI 17985ª. 34112 = Buecheler 856. Vgl. H. Lietzmann, Petrus und Paulus in Rom (1915) S. 148ff. 3) CIL VI 18131 = Buecheler 244; vgl. CIL III 14524. G. W. van Bleek, Quae de hominum post mortem condicione doceant carmina sepulcralia latina (Diss. von Amsterdam), Roterodami 1907 S. 24ff. Über die Grabschrift des Sardanapal vgl. Preger, Inscript. graec. metr. S. 183ff. Lier a. a. O. 59ff. 4) CIL VI 15258 = Buecheler 1499 *hic secum habet omnia: balnea, vina, Venus corrumpunt corpora nostra, set vitam faciunt b(alnea), v(ina), V(enus)*; vgl. *cum vives, benefac semper, hoc tecum feres* CIL VI 142 = Dessau 3961. CIL IX 2114 = Buecheler 187 *Dum vixi, vixi quomodo ingenuom decet, quod comedi et ebibi, tantum meum est.* Petron. sat. 43, 8 *hoc solum enim secum tulit.* 5) Zu diesen muß man auch solche rechnen, die eine Auflösung in die Elemente voraussetzen. CIL III 8003 = Buecheler 1207 (vgl. 1206, 5) aus Sirmium: *D. m. Terra tenet corpus, nomen lapis atque animam aer.* IX 2042 = Buecheler 590: *Zoticus hic nomen nudum vanumque reliquit. in cineres corpus et in aethera vita soluta est.* XI 973ª = Buecheler 1108: *quoius ut est lenis patrium diffusus in aer* (sic) *spiritus, hic mater* (d. i. *tellus*) *corpus operta tenet.* Gutes Gedicht aus Küstendsche (Tomi), in dem die Fortdauer des Bewußtseins nach dem Tode geleugnet wird, Arch. ep. Mitt. aus Österr. VI 1882 S. 30 nr. 60: — — ἐξ ὕδατος καὶ γῆς καὶ πνεύματος ἦα πάροιθεν, ἀλλὰ θανὼν κεῖμαι πᾶσι τὰ πάντ᾽ ἀποδούς. πᾶσιν τοῦτο μένει. τί δὲ τὸ πλέον; ὁππόθεν ἦλθον ἰς τοῦτ᾽ [αὖτ᾽] ἐλύθη σῶμα μαραινόμενον. CIL VI 35887 = Buecheler 1532 (Dessau 8168): *mortua heic ego sum et sum cinis; is cinis terra est; si est terra dea, ego sum dea, mortua non sum,* vgl. CIL VI 29609 = Buecheler 974, 4. Ps. Epicharm. frg. 296 Kaib. Lier a. a. O. XVI 1903 S. 586ff. Inschriften, die Zweifel ausdrücken, z. B. Kaibel 700, 4 ἀλλ᾽ εἴ γ᾽ ἐν φθιμένοισί τις αἴσθησις, τέκνον, ἐστίν. 722, 5 εἰ δέ τίς ἐστι νόος παρὰ Τάρτασιν ἢ παρὰ Λήθῃ. Buecheler 179 *si quid sapiunt inferi.* 1028, 5 *si qua fides remanet Telluris amicae.* van Bleek a. a. O. S. 29ff. 128f.

obwohl, wie gesagt, keins von den Hindernissen existierte, welche die Äußerung solchen Unglaubens an dieser Stelle gegenwärtig auch dem rücksichtslosesten Materialisten beinah unmöglich machen, da überhaupt die Empfindung der antiken Welt von der der modernen in bezug auf Grab und Tod eben in mehr als einer Beziehung wesentlich verschieden war: jene fand selbst scherzhafte Äußerungen mit dem Ernste des Grabs nicht unvereinbar[1]). Aber daß der Materialismus verbreitet war, würde man trotzdem annehmen dürfen, selbst wenn nicht bestimmte Zeugnisse über die große Verbreitung des Epikureismus (besonders unter den Ungebildeten[2]), und wir dürfen wohl nach heutiger Analogie vermuten, noch mehr unter den Halbgebildeten) vorhanden wären. Freilich fehlt jede Möglichkeit, das zahlenmäßige Verhältnis der Materialisten zu den Unsterblichkeitsgläubigen für irgendeine Zeit zu bestimmen; daß sie aber auch im spätern Altertum trotz ihrer relativ großen Zahl immer nur eine kleine Minorität gebildet haben, dafür sprechen Gründe genug.

Leugnung der Unsterblichkeit in andern Systemen.

Wenn übrigens auch die Leugnung der Unsterblichkeit nur in der materialistischen Philosophie Epikurs ein Haupt- und Fundamentalsatz des Systems war, so wurde doch die Endlichkeit der Seele auch in andern philosophischen Systemen angenommen. Zwar der Glaube der Stoiker an eine begrenzte, doch unbestimmt lange Fortdauer nach dem Tode hatte in der praktischen Anwendung im wesentlichen denselben Wert und dieselbe Wirkung wie der Unsterblichkeitsglaube. Doch Panätius, der um die Mitte des 2. Jahrhunderts v. Chr. im Kreise der Scipionen zu Rom, später zu Athen lebte, großes Ansehen genoß und namentlich auf die Römer, die sich dem Stoizismus zuwandten, zu allen Zeiten großen Einfluß übte, wich wie in andern Punkten so auch hier von der Überlieferung der Schule ab. Er leugnete die Fortdauer gänzlich, und ebenso bestimmt sprach unter den spätern Stoikern Cornutus (der Lehrer des Persius) aus, daß die Einzelseele mit ihrem Leibe sterbe und vergehe, während Marc Aurel zwischen den Vorstellungen eines Erlöschens der Seele im Tode und eines Übergangs in ein andres Dasein schwankte[3]). Unter den peripatetischen Philosophen, denen sich Panätius vorzugsweise anschloß, hatte auch Dicäarch, ein unmittelbarer Schüler des Aristoteles, die Fortdauer der Seele geleugnet, die ihm das Ergebnis aus der Mischung der körperlichen Stoffe, in ihrem Dasein an den Körper gebunden und durch alle seine Teile verbreitet war. Aristoteles hat zwar eine Fortdauer des denkenden Geistes gelehrt, aber keine persönliche und individuelle, und hat die Vorstellung, als ob die Gestorbnen, die das Volk in Griechenland »die Seligen« nannte[4]), glücklich sein könnten, ausdrücklich zurückgewiesen. Von den späteren Peripatetikern hat Strato aus Lampsacus, der Schüler des Theophrast, allem Anschein nach den Unsterblichkeitsglauben

1) Auch obszöne Vorstellungen nicht: Luxor. Anthol. lat. 319 R.² *de sarcophago ubi turpia sculpta fuerant.* Vgl. z. B. den Sarkophag bei Müller-Wieseler, Denkmäler d. alten Kunst II Taf. XLIV Nr. 548. 2) Cic. Tusc. IV 7; de fin. I 25. 3) Rohde, Psyche II² 326 ff. Über die abweichende Stellung des Posidonius und seine an platonische und in letzter Linie orphisch-pythagoreische Lehren anknüpfende Anschauung von der Präexistenz und dem Fortleben der Seele vgl. Schmekel, Die Philosophie der mittleren Stoa S. 140 ff. 248 ff. W. Gerhaußer, Der Protreptikos des Poseidonios (Diss. Heidelberg 1912) S. 55 ff.; über Nachwirkungen seiner Lehre bei den Christen K. Gronau, Poseidonios u. die jüdisch-christliche Genesisexegese (1914) S. 258 ff. 4) Lehrs, Pop. Aufs.² S. 344 Anm.

ganz aufgegeben; und der mit dem Namen eines zweiten Aristoteles geehrte Alexander von Aphrodisias (in der Zeit der Severe) hat die Leugnung der Unsterblichkeit auch bei Aristoteles nachzuweisen gesucht.

Glaube und Beweis der Unsterblichkeit.

Aber eine Philosophie gab es doch auch, welche die Unsterblichkeit mit ebenso großem Nachdruck behauptete, wie der Epikureismus sie leugnete: die Platonische, die einzige, die sie auch wissenschaftlich zu beweisen unternahm, da für den Pythagoreismus die Lehre von der Unsterblichkeit und Seelenwanderung vielmehr ein Dogma als ein philosophischer Satz war[1]). Wie überhaupt der Platonismus die dem Überirdischen zugewandten Geister unwiderstehlich anzog, so war namentlich seine Seelenlehre ein Trost und eine Beruhigung für alle, die mit dem Bedürfnisse des Unsterblichkeitsglaubens das einer philosophischen Begründung ihrer Überzeugungen verbanden: auch Cato von Utica, dieser »vollendete Stoiker«, wie ihn Cicero nennt, der durch seinen Tod zu einer Idealgestalt des späteren Stoizismus wurde, las, bevor er zum Selbstmorde schritt, den Phädon Platos[2]). Freilich konnte Platos Beweis der Unsterblichkeit niemanden überzeugen, der nicht schon überzeugt war, auch war seine Unbündigkeit durch die Kritik Stratos nachgewiesen worden: aber wie für Cicero, so genügte gewiß für die meisten das Ansehen und der Name Platos als Bürgschaft für die Wahrheit seiner Lehre, und sie wollten lieber mit ihm irren, als mit seinen Gegnern die Wahrheit erkennen[3]). »Es ist unberechenbar, wieviel seine Dialoge zur Kräftigung, Verbreitung und bestimmenden Ausgestaltung des Unsterblichkeitsglaubens, wechselnd im Laufe der Jahrhunderte, aber ununterbrochen bis in unsere Zeit gewirkt haben«[4]). »Mit richtigem Verständnis hat die Nachwelt sein Bild festgehalten, als das des priesterlichen Weisen, der mit mahnender Hand dem unsterblichen Menschengeiste aufwärts den Weg weisen will, von dieser armen Erde hinauf zum ewigen Lichte«[5]).

Platonismus und Neupythagoreismus.

Wenn Plato glaubte, die Unvergänglichkeit der Seele wissenschaftlich begründen zu können, so hat er sich dagegen in seinen Vorstellungen von ihren Schicksalen vor und nach jedem Leben im Leibe je länger je mehr von den mystischen Lehren der orphisch-pythagoreischen Sekten bestimmen lassen[6]). Die orphischen Gemeinden verehrten vor andern Göttern den thracischen Gott Bacchus (Dionysos), und in diesem Kult und in seinen Ekstasen wurzelte die Überzeugung, »daß im Menschen ein Gott lebe, der erst nach der Sprengung der Fesseln des Leibes frei werde«. Im Zusammenhange mit dieser Überzeugung entwickelte sich das Streben nach der Ablösung des Irdisch-Vergänglichen durch Askese (das sogenannte orphische Leben), das dem Glauben und der Seelenstimmung dieser mystischen Separatisten die Richtung gab; und auch der Glaube an eine ausgleichende Gerechtigkeit im Jenseits verdankt ihnen seine Ausführung und Begründung. Diese Lehren, die ihren Weg aus Thracien über Griechenland nach Unteritalien und Sizilien fanden, wurden hier mit denen der

1) Lehrs a. a. O. S. 336ff. 2) Platonisches über die Fortdauer der Seele bei Stoikern, namentlich Seneca: Lehrs a. a. O. S. 339 f. Der wichtigste Vermittler war Posidonius, vgl. u. a. E. Badstübner, Beiträge zur Erklärung u. Kritik d. philosoph. Schriften Senecas (Progr. Hamburg 1901) S. 1 ff. 3) Cic. Tusc. I 39. 49. 4) Rohde a. a. O. S. 265. 5) ebd. S. 295. 6) Zum Folgenden vgl. Rohde S. 103ff. F. Weege, Etruskische Malerei (1921) S. 24ff. (s. aber dazu H. Bulle, Philol. Wochenschr. 1922 Sp. 692ff.).

pythagoreischen Gemeinden verschmolzen und gewannen in ihrer nunmehrigen Gestalt, die sich durch Jahrhunderte unverändert erhielt, die größte Verbreitung in der ganzen griechischen Welt. Das wichtigste unter den orphisch-pythagoreischen Dogmen war die Lehre von der Seelenwanderung, dem Kreislauf immer neuer Geburten, den die Seele durchmessen muß, um die Buße für ihren Sündenfall in das Körperliche zu vollenden und wieder göttlich zu werden wie einst. Hier war also nicht der Tod der Sünde Sold, sondern das Leben. Nach dem irdischen Leben erwartet die Seele im Hades ein Gericht, und nach dessen Ausspruch die Frommen ein seliges Dasein mit den Göttern der Tiefe, die Frevler Strafen im Tartarus, die »in der Absicht zu schrecken, zu bekehren, zu erwecken«[1]), in den eschatologischen Dichtungen der Orphiker ins Fürchterliche ausgemalt waren. Plato hat sich sowohl die Lehre von der Seelenwanderung wie von den Strafen der Seelen angeeignet, die teils als läuternde — namentlich durch Feuer, eine Lehre, die auch Origenes annahm, und die Gregor I. zum Dogma erhob[2]) — gedacht waren, teils als ewige, und er hat großen Wert darauf gelegt, sie mit allem Nachdruck zu verkünden[3]).

Auch Vergil hat die Hauptzüge seines Gemäldes der Unterwelt, namentlich des Elysiums, des Tartarus und des Lethetals (wo die Seelen, die in neue Leiber eintreten sollen, vorher Vergessenheit des Früheren trinken) einer orphischen Dichtung entnommen[4]). Ebenso hat Plutarch in seiner Schilderung des Jenseits aus einer orphischen Dichtung geschöpft; nach Platos Vorgange gibt er sie als Vision eines wieder zum Leben erwachten Toten, dessen Seele die Erinnerung an die während der Trennung vom Körper empfangenen Eindrücke bewahrt hat[5]). Der Ort der Seligen gleicht einer bacchischen, reich mit Grün und Blumen aller Art geschmückten Grotte, die einen sanften, die Seelen wie Wein berauschenden Duft aushaucht und ganz von bacchischer Lust, Lachen, Scherz und Gesang erfüllt ist. Am Orte der Qual sind die Strafen für die Verschuldungen dreifach abgestuft. Am gelindesten sind sie für jene, die schon auf Erden gebüßt haben. Wer aber aus diesem Leben ungestraft und ungeläutert kommt, wird so lange gepeinigt, bis jede Leidenschaft aus ihm durch Schmerzen und Qualen getilgt ist, die an Heftigkeit und Stärke die leiblichen so weit übertreffen, wie die Wirklichkeit den Traum an Deutlichkeit. Narben und Striemen bleiben von den Leidenschaften bei den einen längere, bei den andern kürzere Zeit zurück, daher die Farben der Seelen bunt und mannigfach sind: die blutrote Farbe verrät Grausamkeit, die bläuliche, daß hier die Wollust ausgerottet ist usw. Die Farbe zeigt das Ende der Läuterung und Bestrafung an, nach ihrem Verschwinden erscheinen die geläuterten Seelen gleichfarbig und glänzend. An dem Orte der schwersten Strafen ertönt Jammergeheul der Seelen, die dort die gräßlichsten Martern leiden. Der Erzähler sieht die Seele seines Vaters voll von Malen und Narben aus einem Schlunde hervorkommen und die Hände nach ihm ausstrecken, während sie von ihren Peinigern zu neuen Büßungen (für einen

1) Dieterich, Nekyia S. 161. 2) Gregor. M. Dial. IV 39. 43 f. Ebert, Gesch. d. christl. lat. Literatur I² 548. M. Landau, Hölle u. Fegefeuer im Volksglauben (1909) S. 194ff. 3) Dieterich a. a. O. S. 113ff. 4) Norden, Hermes XXVIII 1893 S. 371ff.; Verg. Aen. VI² 5ff. Dieterich a. a. O. S. 150ff. L. Radermacher, Das Jenseits im Mythos der Hellenen (1903) S. 13ff. 5) Plutarch. De sera num. vind. 22; vgl. Dieterich a. a. O. S. 145ff.

im Leben unentdeckt gebliebenen Giftmord) geschleppt wird. Er sieht Seelen, die, gleich einem Knäuel von Schlangen umeinander geschlungen, sich gegenseitig fressen. Dort sind ferner drei Seen, von siedendem Golde, von kaltem Blei und von rauhem Eisen; Dämonen, die Schmieden gleichen, tauchen mit Werkzeugen die Seelen der Habsüchtigen darin unter und ziehen sie wieder heraus. Nachdem sie in dem Goldsee glühend und durchsichtig geworden, erstarren sie in dem Bleisee zu der Härte von Hagelkörnern, dann werden sie in dem Eisensee schwarz und spröde, so daß sie durch Zerbrechung und Zerreibung neue Gestalten annehmen, hierauf kommen sie aufs neue in den Goldsee und leiden bei diesen Veränderungen unsägliche Qualen. Manche, die schon von Strafe befreit zu sein glaubten, werden auf die Klagen und Vorwürfe der Seelen ihrer Nachkommen, die im Leben für ihre Verbrechen hatten büßen müssen, zu neuen Martern geschleppt. Zuletzt sieht er die Seelen derer, die behufs einer zweiten Geburt von ihren Peinigern mit Werkzeugen aufs gewaltsamste umgestaltet werden. Unter ihnen ist auch die Seele des Nero, die außer andern Qualen mit glühenden Nägeln durchschlagen ist. Sie sollte in einem Vipernleibe leben, aber auf das Gebot einer Stimme, die plötzlich aus einem gewaltigen Lichte erscholl, ward ihr der Leib eines zahmen Tiers zum Aufenthalt angewiesen, das singend an Sümpfen und Seen lebt (etwa eine Unke); »denn die Götter seien dem Nero auch eine Belohnung schuldig, da er das beste und gottgeliebteste Volk unter seinen Untertanen in Freiheit gesetzt habe«.

Auch in den Grabschriften fehlt es nicht an Spuren einer weiten Verbreitung der orphischen Doktrin. Dazu gehört die an den Unterweltsgott Aidoneus oder Osiris, den ägyptischen Herrn der Seele, gerichtete Bitte, den Toten das kalte Wasser zu gewähren[1]), womit ein Wasser des Lebens gemeint ist. Wie die in den Gräbern von Thurii und Petelia (etwa aus dem 4.—3. Jahrhundert v. Chr.) und zu Eleuthernä auf Kreta (etwa aus dem 2. Jahrh. v. Chr.) sowie bei Rom (2. Jahrh. n. Chr.) gefundenen Goldblättchen[2]) (die die Toten in der Hand gehalten zu haben scheinen) zeigen, wurden die Formeln, die der Geweihte bei seinem Eintritt in den Hades kennen mußte, um des Wassers des Lebens teilhaft zu werden, ihm ins Grab mitgegeben, viele Jahrhunderte lang in gleicher Weise. Auch die Christen behielten jene Vorstellung bei, obwohl bald nicht mehr in der ursprünglichen Bedeutung. »Kühlung (*refrigerium*) ist bei ihnen eine für den Zustand der Seligen nach dem Tode typische Bezeichnung, und die Bitte um diese Kühlung wird nicht nur an Christus, sondern auch an Märtyrer gerichtet« [3]).

Auch die Vorstellung von einer Erhebung der Seele in den Äther, zu den Gestirnen, in die Nähe der Götter[4]), die »sowohl in religiösen Ahnungen als in

1) Dieterich a. a. O. S. 95 ff. 2) Die reiche Literatur verzeichnet die Ausgabe von A. Olivieri, Lamellae aureae Orphicae (1915); vgl. auch Diels, Fragmente der Vorsokratiker II³ 175 ff. O. Kern, Orpheus (1920) S. 5, 3. 3) V. Schultze, Die Katakomben (1882) S. 268. 4) Lehrs, Pop. Aufs.² S. 340 ff. van Bleek a. a. O. S. 112 ff. Pascal a. a. O. II 201 ff. P. Capelle, De luna, stellis, lacteo orbe animarum sedibus (Diss. Halle 1917) S. 19 ff. S. z. B. Kaibel, Epigr. gr. 312, 6: καί με θεῶν μακάρων κατέχει δόμος ἆσσον ἰόντα. 324, 3 f. ψυχὴ δ' ἀθανάτων βουλαῖς ἐπιδήμιός ἐστιν ἄστροις καὶ ἱερὸν χῶρον ἔχει μακάρων. 650, 11 τείρεσσι σὺν αἰθερίοισι χορεύει. 288, 2 [εἴρυσεν] ἀθανάτων με χορός. 1024 ψυχὴ δ' ἀθανάτων αἰθέρα ναιετάει. 340, 7 ἐς δὲ θεοὺς ἀνέλυσα καὶ ἀθανάτοισι μέτειμι. Buecheler 1288, 4 *haec abit ad superos*. 1277 *evocor ad superos*. 1438 C *sede*

philosophischen Spekulationen« wurzelte, war mit den orphisch-pythagoreischen Lehren vereinbar; sie scheint die Vorstellung von einem (meist als unterirdisch gedachten) »Ort der Frommen«[1]) je länger je mehr zurückgedrängt und unter dem Einfluß stoischer Anschauung in der späteren Zeit die größte Verbreitung gefunden zu haben. Statius läßt es unentschieden, ob die Seele seines Vaters sich zur Höhe emporgeschwungen habe und in den lichten Regionen weilend die Bahn der Gestirne verfolge, oder auf den lethäischen Gefilden bei den Heroen der Vorzeit und den seligen Manen wohne[2]). Doch in einigen Grabschriften wird die letztere Vorstellung ausdrücklich zurückgewiesen: nicht in der Unterwelt und bei den Manen sei die Seele des Verstorbenen, sondern sie habe sich zu den Gestirnen erhoben[3]). In diesem Sinne läßt Josephus den Titus in einer Anrede an die Tapfersten seines Heeres vor Jerusalem es aussprechen, daß die Seelen der gefallenen Helden das reinste Element, der Äther, aufnehme und sie bei den Gestirnen wohnen lasse, von wo sie ihren Nachkommen als gute Geister und gütige Heroen erschienen, während die in kranken Körpern Dahinsiechenden von der Unterwelt in ihre Nacht eingehüllt würden[4]), und ebenso sagt auch der jüngere Plinius von dem verstorbenen Vater Trajans: seine Wohnung sei entweder auf den Sternen oder doch in ihrer Nähe, von dort schaue er auf seinen Sohn herab und freue sich seines Ruhms und seiner Herrlichkeit[5]).

Doch unter den Gebildeten der römischen Welt war in den ersten nachchristlichen Jahrhunderten wahrscheinlich die Zahl derer am größten, die teils keinem philosophischen Systeme ganz und gar anhingen, sondern nach individuellem Bedürfnis ihre Weltansicht durch Wahl aus verschiednen Systemen bildeten,

beatorum recipit te lacteus orbis. CIL VI 2160 = Dessau 4947 *cuius spiritus inter deos receptus est.* Die Seele selber als Gott gedacht (wie es scheint, erst im späteren Platonismus) Lehrs, Pop. Aufs.[2] S. 351 ff. Buecheler 975 *corpore consumpto viva anima deus sum.* Apotheose oder Heroisierung von Kindern s. oben S. 151 A. 7. Darstellungen von Verstorbenen unter dem Bilde von Göttern s. oben S. 79.

1) Lehrs S. 344 ff. So z. B. die Grabschrift des Freunds des Persius (oben S. 280), des Arztes Claudius Agathemerus (Kaibel 554, 3): μετ' εὐσεβέων δ' ἐσμὲν ἐν ἠλυσίῳ. Die Formeln εὐσεβέων εἰς ἱεροὺς θαλάμους, ἐς δόμον εὐσεβέων, ἐς εὐσεβέων χῶρον, μετ' εὐσεβέεσσι, ἐν εὐσεβέων u. dgl. Kaibel, Epigr. gr. 215, 6. 218, 16. 222, 8: 222b, 12. 253, 6. 338, 6. 569, 12; Elysium 338, 2; Inseln der Seligen 648, 9. 649, 2. 473, 2; vgl. Arch. ep. Mitt. aus Österr. VI 1882 S. 32 f. nr. 63 (νῆσον ἔχεις μακάρων). CIL III 1759 = Buecheler 1311, 5 ... *nam mens aeterna profecto pro meritis potitur sedibus Elysiis.* III 1992 = Buecheler 1465: *vivas, qui dixeris: vivit Elysiis.* VI 12877 und häufig. Doch gehören diese Ausdrücke so fest zum dichterischen Wortschatze der Grabschriften, daß man aus ihnen Schlüsse auf die Anschauungen der Menge nicht ziehen kann. 2) Stat. silv. V 3, 19—27, vgl. Vollmers Anm. 3) CIL VI 10764 = Buecheler 1535, 7 f. *sed non hic Manis nec templa Acherusia visit, ad caeli quoniam tollitur iste Pius.* VIII 8567 = Buecheler 569, 6 *Non tamen ad Manes, sed caeli ad sidera pergis.* XI 2839 = Buecheler 743, 3 ff. ... *corporeos nexus linquens et vincu[la carnis] aeternas sedes meruit complecti pio[rum]. sublimes animas nullus putet ire sub [umbras]. occubat in terris sapiens, sed vivit in al[to].* 6963 = Buecheler 591 *Terrenum corpus, caelestis spiritus in me, quo repetente suam sedem nunc vivimus illic, et fruitur superis aeterna in luce Fabatus.* VI 13528 = Buecheler 1559, 13 ff. *hic corpus vatis Laberi. nam spiritus ivit illuc, unde ortus: quaerite fontem animae. quod fueram, non sum, sed rursum ero, quod modo non sum. ortus et occasus, vitaque morsque itidem est,* wo wohl an ein Wiederaufleben der Seele in anderer Gestalt zu denken ist. Vgl. dazu auch F. Cumont, Revue de philol. XLIV 1920 S. 229 ff. 4) Joseph. Bell. Jud. VI 47 f.; vgl. W. Weber, Josephus und Vespasian (1921) S. 221 f. 5) Plin. Paneg. 89, 2. Eine offizielle Apotheose hatte also damals noch nicht stattgefunden, Hirschfeld, Kl. Schrift. S. 488, 2.

teils von der Philosophie überhaupt nur mittelbar und in geringem Maße beeinflußt waren. Ein großer Teil von diesen wird das Bedürfnis nicht empfunden oder darauf Verzicht geleistet haben, über die Unsterblichkeit zu einer festen Überzeugung zu kommen. Die so ganz entgegengesetzten Resultate, zu denen die verschiednen philosophischen Richtungen gelangt waren, die Bestreitung der von den angesehensten Lehrern aufgestellten Sätze durch andre nicht minder angesehene, mußte namentlich skeptische Geister zu der Ansicht führen, daß die wissenschaftliche Erforschung dieses Gegenstands zu den Aufgaben gehöre, welche die menschliche Kraft übersteigen: eine Ansicht, bei der auch ein Sokrates stehen geblieben war, wenn gleich seine Natur ihn zum Glauben an die Fortdauer hinzog. Es ist sehr natürlich, daß namentlich den Forschern, die den Körper zum Gegenstand ihrer Untersuchung machten, die schwersten Zweifel an der Unkörperlichkeit der Seele aufstiegen. Der Arzt Galen, obgleich nichts weniger als ein Materialist und ein entschiedner Gegner Epikurs, fand doch die Platonische Vorstellung von der Immaterialität der Seele sehr bedenklich; denn wodurch sollten sich, fragt er, unkörperliche Substanzen voneinander unterscheiden, wie kann ein unkörperliches Wesen über den Körper verbreitet sein, wie kann ein solches vom Körper so affiziert werden, wie dies bei der Seele im Wahnsinn, in der Trunkenheit und in ähnlichen Zuständen der Fall ist? »Er getraut sich nicht, diesen Punkt zu entscheiden, und ebensowenig beabsichtigt er, die Unsterblichkeit zu behaupten oder zu leugnen«[1]).

Die Zweifler.

Galen.

Quintilian.

Tacitus.

Doch auch Quintilian rechnet die Frage, ob die vom Leibe gelöste Seele unsterblich sei oder wenigstens eine gewisse Zeit fortdaure, unter die unentschiedenen[2]), und ebensowenig war Tacitus hierüber zu einer festen Überzeugung gekommen, als er im reifen Mannesalter das Leben des Agricola schrieb. Er schließt es mit dem Wunsche, daß der Verstorbne sanft ruhen möge, »wenn es eine Stätte für die Geister der Frommen gibt, wenn, wie die Weisen annehmen, große Seelen nicht mit dem Körper erlöschen« — dies letztere im Hinblick auf die Lehre des Chrysippus, daß nur die Seelen der Weisen bis zum Weltbrande fortdauern[3]). Und selbst Cicero, für den der Unsterblichkeitsgedanke so hohen Wert hatte, fand es doch nicht überflüssig, die Todesfurcht auch für den Fall zu beschwichtigen, daß die Seele im Tode untergehe[4]).

Cicero als Repräsentant der Gläubigen unter den gebildeten Eklektikern.

Aber wenn auch Cicero den Zweifel als berechtigt anerkannte, stand seine eigne Überzeugung so fest, als es ohne Offenbarungsglauben möglich ist, und seine Gründe für die Unsterblichkeit dürfen wir gerade darum als die Gründe der Mehrzahl der Gläubigen unter den Gebildeten voraussetzen, weil sie nicht sowohl auf Dogmen oder wissenschaftlich bewiesenen Resultaten, als vielmehr auf den Instinkten, Bedürfnissen und Empfindungen beruhen, die teils der menschlichen Natur überhaupt eigen sind, teils sich durch die besondern Einflüsse der römischen Kultur entwickelt hatten. Denn obwohl Cicero den Platonischen Beweis der Unsterblichkeit ausführlich mitteilt, sagt er doch, wie bemerkt, ausdrücklich, daß für ihn die Überzeugung eines Plato auch ohne Gründe bestimmend sei, und er führt diesen Beweis allem Anschein nach mehr zur Be-

1) Zeller III 1[4] S. 860f. Vgl. Tertullian. De anima 6: *Soranus — corporalem animae substantiam vindicat, etsi illam immortalitate fraudavit.* 2) Quintilian. V 14, 13. 3) Tac. Agric. 46. Vgl. Zeller a. a. O. S. 205, 4. 4) Cic. Tusc. I 82ff., vgl. ad fam. V 16, 4.

friedigung der Ansprüche andrer als seiner eignen an. Sein Glaube wie der aller verwandten Naturen beruhte vor allem auf einem hohen Begriff von der Größe und Würde des Menschengeistes, auf der Bewunderung und Ehrfurcht vor seinen Kräften und Leistungen. Der Geist, der Sprache und Schrift erfunden, den Menschen zum Menschen gesellt, die Bahnen der Gestirne gemessen, die ganze Kultur, die Künste, Poesie und Philosophie geschaffen hatte, konnte nach seiner Überzeugung unmöglich irdischer und vergänglicher Natur sein. Seine Kraft, seine Weisheit, seine Erfindung, seine Erinnerung erschien ihm göttlich; sein Ursprung konnte nicht auf Erden sein, er mußte vom Himmel stammen und darum ewig sein. Diese Überzeugung bestätigte ihm die Übereinstimmung aller Völker, die hier ebenso vollständig war wie im Glauben an Gottheiten, ferner der Glaube der größten Geister seiner eignen Nation und die Anerkennung der Unsterblichkeit in dem seit so vielen Jahrhunderten unverändert festgehaltenen religiösen Kultus der Toten. Auch in der Sorge der Menschen für die Zeit nach ihrem Tode, in der Aufopferung der Besten für die Nachwelt, in dem so allgemeinen und natürlichen Streben nach Anerkennung bei spätern Geschlechtern und Nachruhm glaubte er einen Beweis für die Fortdauer zu finden: überall und zu allen Zeiten hätten gerade die an Geist und Charakter hervorragendsten Menschen so gehandelt, wie man eigentlich nur in der Aussicht auf eine Fortdauer handeln könne; in dem Glauben aber der Edelsten und Besten dürfe man eine Erkenntnis des Wahren erblicken. Einen fast poetischen Ausdruck hat Cicero seinem Glauben an persönliche Fortdauer in dem »Traum des Scipio« gegeben, in dem die Seligkeit der großen Toten der Vorzeit in höheren Sphären geschildert wird, die aus dem Kerker des Leibes zum wahren ewigen Leben emporgehoben sind[1]).

Aber freilich blieben alle Jenseitshoffnungen, die nicht auf religiöse Überzeugung gegründet waren, sehr schwankende, wie dies namentlich Senecas Beispiel zeigt, der sich doch zu dem eine Fortdauer lehrenden Stoizismus bekannte und überdies in hohem Grade zu platonischen Anschauungen neigte. Es gab eine Zeit in seinem Leben, wo ihm eine Fortdauer ebensowenig denkbar und ebensowenig wünschenswert erschien, wie dem von ihm stets hochgeschätzten Epikur. In einer seiner Tragödien[2]) heißt es: Seneca.

Wes Fuß
Berührt die Fluten des Todesstroms, der ist
Nirgends mehr fortan. Gleich wie vom Feuer der Rauch,
Kaum aufgestiegen, trüb in die Luft verschwimmt,
Wie Wetterleuchten, kaum erst erschaut von uns,
Auch schon zerteilt des stürmischen Nords Gewalt,
So wird der Hauch, der jetzt uns belebt, entfliehn.
Nach dem Tod kommt nichts mehr, selber der Tod ist nichts,
Dem flüchtigen Laufe winkt er als letztes Ziel.
Nicht hofft, ihr Gierigen, Furchtsame, bebt nicht mehr!
Du fragst, wo nach dem Tode du weilen wirst?
Dort, wo das Nichtgeborene ist.

1) Cic. Tusc. I 26ff.; de rep. VI 9ff.; ad Attic. X 8, 8: *tempus est nos de illa perpetua iam, non de hac exigua vita cogitare.* Lehrs a. a. O. S. 349ff. Über Ciceros Quelle (Posidonius) vgl. Schmekel, Die Philosophie der mittleren Stoa S. 132ff. 2) Troad. 390ff.

Die Zeit verschlingt, die gier'ge, das Chaos uns.
Auf jeglichen Leib hat einmal der Tod ein Recht
Und schont auch der Seelen nicht. Tänaron und das Reich
Des finstern Königs, und der die Schwelle wahrt
Als Hüter, Cerberus, dem man fürchtend naht,
Sind leeres Gerede, nichtige Worte nur,
Ein Spuk, der uns ängstigt, wie ein Fiebertraum.

Wenn auch Seneca an dieser unbedingten Leugnung der Fortdauer nicht lange festgehalten hat, so ist er doch zu einem festen, alle Zweifel ausschließenden Unsterblichkeitsglauben niemals gelangt. An seinen Freund, den Epikureer Lucilius, schreibt er einmal, dessen letzter Brief habe ihn aus einem angenehmen Traume erweckt. Er sei im Begriff gewesen, sich dem tröstlichen Glauben an die Ewigkeit der Seelen hinzugeben und sich die Meinungen großer Männer anzueignen, die ja freilich mehr verheißen als beweisen: beim Empfange von Lucilius Brief sei er erwacht, und der hübsche Traum war dahin, doch er wolle ihn zurückgewinnen. In der Tat schließt er seinen Brief mit einem Ausblick auf das längere und bessere Leben, zu dem das irdische nur ein Vorbild sei. Dann werden sich uns die Geheimnisse der Natur enthüllen, der Himmel, den die an den Leib gefesselte Seele nur von ferne ertragen kann, von allen Seiten mit gleichem Glanze leuchten, es wird keinen Wechsel von Tag und Nacht mehr geben, und wir werden erkennen, daß wir in der Finsternis gelebt haben, solange das göttliche Licht nur durch die so äußerst engen Wege der Augen zu uns drang[1]). Vergleicht man diesen Schluß mit dem Anfang des Briefs, so kann man kaum zweifeln, daß die Zuversicht, die er hier zur Schau trägt, eine künstlich eingeredete war. In der Tat erklärt er es in seinen spätesten Schriften oft genug als zweifelhaft, ob es ein andres Leben gebe, ob die Seele fortdauere, ob der Tod nur ein Übergang sei oder das Ende. Über sein Wesen und seine Wirkung würden wir Gewißheit nur dann erhalten, wenn ein Gestorbner wieder auferstände. Aber Seneca wußte von keinem Auferstandenen[2]).

Eine Gewißheit der Fortdauer konnte die philosophische Spekulation nur in Verbindung mit religiösem Glauben, wie im Platonismus und Pythagoreismus, geben. Gewiß war auch unter den Gebildeten die Zahl derer nicht gering, die auf eine philosophische Begründung ihrer Jenseitshoffnungen ganz verzichteten und Trost und Beruhigung über das andre Leben in der Religion allein suchten und fanden.

Mysterien. Am vollkommensten wurde dies Verlangen durch die sehr zahlreichen Geheimkulte befriedigt. Aus den orphisch-dionysischen Mysterien, die in der ganzen griechischen Welt ungemein verbreitet waren und namentlich im 2. Jahrhundert n. Chr. blühten, schöpften Unzählige, wie Plutarchs Gattin Timoxena[3]), ihren festen Unsterblichkeitsglauben. Doch behaupteten unter den griechischen Mysterien die eleusinischen das Ansehen des heiligsten Gnadenfestes, und der Zudrang zu der dortigen Feier der heiligen Nacht ist vielleicht in den letzten Zeiten des Altertums am größten gewesen. Im ganzen römischen Reich gewannen ausländische (thracische, phrygische, ägyptische, syrische, persische)

1) Seneca epist. 102, 1f. 28ff. 2) Friedlaender, Hist. Zeitschr. LXXXV 1900 S. 247—249.
3) Plutarch. Cons. ad uxorem 10.

Geheimkulte durch den Reiz des fremdartig Geheimnisvollen eine immer größere Anziehungskraft: wohl alle verhießen ihren Gläubigen selige Unsterblichkeit. »Wiedergeborene«, »auf ewig Wiedergeborene« heißen diejenigen, die im Geheimdienste der Großen Mutter die Bluttaufe des Taurobolium erhalten haben, und ebenso die Eingeweihten des Isis- und des Mithrasdienstes[1]): der Kern des letzteren war vielleicht der altpersische Glaube an die Auferstehung der Toten[2]). Die Malereien der von einem Priester des phrygischen Gottes Sabazius für sich und seine Gattin errichteten Grabkammer im Bereiche der späteren Praetextatus-Katakomben in Rom zeigen in eigenartiger Mischung heidnischer und jüdischer Anschauungen, wie die verstorbene Vibia einerseits nach dem Vorbilde der Proserpina vom Unterweltsfürsten entführt wird und dann in Begleitung von Mercurius und Alcestis vor dem Throne der unterirdischen Götter erscheint, und andrerseits ein *angelus bonus* sie in den Festsaal geleitet, in dem die Seligen (*bonorum iudicio iudicati*) bekränzt beim frohen Male vereinigt sind[3]). Für gemeinsame Begräbnisstätten der Angehörigen solcher Mysteriendienste fehlt es an Zeugnissen[4]).

Andeutungen des jenseitigen Lebens auf Sarkophagen und andern Grabdenkmälern.

Zu den Zeugnissen des Unsterblichkeitsglaubens und der Hoffnung auf ein höheres Dasein gehören auch zahlreiche bildliche Darstellungen auf Graburnen und -altären, Sarkophagen und sonstigen Grabdenkmälern, von denen die mit künstlerischem Schmuck ausgestatteten vorzugsweise doch nur von Wohlhabenden, also in der Regel höher Gebildeten benutzt werden konnten[5]). Nicht immer freilich ist die Sprache dieser Bildwerke verständlich; die damalige künstlerische Produktion, die ja überhaupt die neuen Kunstbedürfnisse aus dem unermeßlichen Vorrat der vorhandnen Schöpfungen zu befriedigen suchte, hat auch hier vielfach ältere Darstellungen in einem neuen Sinne verwandt. Zu diesen gehört auch die große Masse der figurenreichen mythologischen Szenen, mit denen die Vorderseiten der Sarkophage geschmückt sind: ihrer Arbeit nach rühren sie in überwiegender Mehrzahl aus der Zeit vom 2. bis 4. Jahrhundert her und sind vielfach, vielleicht in der Regel, nicht auf Bestellung geliefert, sondern zur Auswahl für Käufer gearbeitet, also so, wie sie der großen Mehrzahl zusagten und gewöhnlich verlangt wurden[6]). Wenn nun hier die Beziehung der dargestellten Mythen auf Tod, Unsterblichkeit und Jenseits oft nicht mit Sicherheit nachweisbar, und vielleicht in der Tat zuweilen nichts andres bezweckt worden ist als eine gefällige und bedeutende Ausfüllung des Raums durch allgemein beliebte Darstellungen[7]), so ist doch bei einem großen Teile der Gegenstände der Sinn,

1) Dieterich, Eine Mithrasliturgie S. 157ff. Reitzenstein, Die hellenistischen Mysterienreligionen (1910) S. 31ff. 2) Rohde, Psyche II² 399f. 3) Wilpert, Die Malereien der Katakomben Roms (1903) Taf. 132f. Vgl. Wendland, Die hellenistisch-römische Kultur² S. 425ff. Maaß, Orpheus (1895) S. 207ff. Cumont, Compt. rend. de l'acad. d. inscript. 1906 S. 72ff.; Die oriental. Religionen² S. 77f. 4) Denn die Erwähnung der *at religionem pertinentes meam* auf einem Grabmal an der Via Nomentana (CIL VI 10412 = Dessau 8337) ist christlich oder jüdisch; Mommsen, Ges. Schrift. III 213, 1. Eher gehört hierher die alte Inschrift von Cumae (Notiz. d. Scavi 1905, 377ff.) οὐ θέμις ἐντοῦθα κεῖσθαι μἐ τὸν βεβακχευμένον, falls die letzten Worte als τὸν μὴ βεβακχευμένον zu verstehen sind (Kern, Orpheus S. 5, 2). 5) Vgl. z. B. den etwa aus der Antoninenzeit stammenden schönen Unterweltssarkophag aus Ephesus, J. Keil, Österr. Jahresh. XVII 1914 S. 135ff. 6) Vgl. oben S. 91. 7) Dabei werden oft mit ziemlicher Willkür einzelne Personen der Darstellung mit den Porträtköpfen der Bestatteten versehen, so z. B. auf einem Sarkophag

in welchem sie zur Verzierung dieser Steinsärge gewählt sind, nicht zweifelhaft[1]). Die Gestalten des Mythus sind hier gleichsam poetische Typen zum symbolischen Ausdruck abstrakter Ideen; und auch hier herrscht noch jene Tendenz der griechischen Kunst und Poesie, das Menschendasein durch Erhebung in ideale Gebiete zu verklären. Nur selten kommt (wie im Prometheusmythus) die Vereinigung und Trennung von Seele und Körper geradezu zur Darstellung; gewöhnlich wird der Übergang in ein andres Leben und dessen Seligkeit oder Unseligkeit durch die Schicksale der Götter und Heroen versinnbildlicht. Besonders gern wurde die Entführung der Proserpina ins Schattenreich und ihre Wiederkehr zur Welt des Lichts zum Schmucke von Sarkophagen gewählt, desgleichen der Tod des Adonis, dem ja ebenfalls eine Auferstehung folgt; vielleicht ist auch die Entführung der Töchter des Leucippus durch die Dioskuren zu einem höhern Dasein in ähnlichem Sinne zu verstehen. Die Geschichten von Admet und Alcestis, von Protesilaus und Laodamia deuten die Hoffnung auf ein Wiedersehen nach dem Tode, die Fortdauer der Gattenliebe im Jenseits an. Herakles, der durch unablässiges Ringen sich von den Gebrechen der Sterblichkeit befreiende und auch über die Mächte der Unterwelt siegreiche Held, erscheint in seinen Kämpfen und Arbeiten als der eigentliche Überwinder des Todes[2]). Achill auf Skyros, der ein kurzes, glückliches Leben einem langen, tatenlosen vorzog und für diese Wahl mit der Versetzung ins Elysium belohnt wurde, soll, wie es scheint, den Lohn verbürgen, der die Tugend erwartet, die Geschichte des Aktäon, des Marsyas, der Klytämnestra, der Gigantenkampf vielleicht die Strafen, die den Frevler treffen werden. Auf die Freuden der Seligen deuten die mit besondrer Vorliebe dargestellten frohen Vereinigungen, Tänze und Feste des Schwarms, der das Gefolge des Bacchus bildet, jenes bunte Gewühl der Bacchanten, Mänaden, Satyrn, Pane und Kentauren, dessen Fülle nach Goethe auf Sarkophagen und Urnen den Tod überwältigt: »die Asche da drinnen scheint im stillen Bezirk noch sich des Lebens zu freun.« Auch der Gott selbst verbürgte durch seine Wiedergeburt aus dem Tode nach orphischer Lehre den Eingeweihten seiner Mysterien die Unsterblichkeit[3]); die von ihm zum Himmel erhobne Ariadne erschien als ein Vorbild der aus der Endlichkeit befreiten und in eine höhere Welt entrückten Seele, der Jubel und die festliche Freude des bacchischen Kreises, wie gesagt, als ein Sinnbild der zu hoffenden Seligkeit. Den Zustand der Seligen scheinen auch die Züge und Chöre der auf den Wellen des Ozeans sich wiegenden Nereiden und Meergötter, die Spiele von Liebesgöttern zu bedeuten. Zu beiden Seiten der Via Latina sind bei Rom

---

Hippolytus und die als Kupplerin auftretende Amme der Phaedra (Robert, Die antiken Sarkophagreliefs III 2 S. 201), auf einem andern die Personifikationen von Ostia und Portus (Robert, Hermes XLVI 1911 S. 250).

1) Für das Folgende E. Petersen, Annali d. Inst. 1860 S. 358ff. (vgl. auch C. Fredrich, Nachr. d. Götting. Gesellsch. d. Wissensch. 1895, 1ff.); im allgemeinen über Hinweisungen auf ein Fortleben nach dem Tode im Bilderschmuck römischer Grabdenkmäler A. Strong, Journ. of Rom. Stud. I 1911 S. 16ff. Die Untersuchung von V. Macchioro, Il simbolismo nelle figurazioni sepolcrali romane, Memorie d. accad. di archeol., lettere e belle arti Napoli I 1909 S. 11ff. schießt in der Annahme symbolischer Bedeutung rein ornamental gedachter Elemente weit über das Ziel hinaus.

2) Vgl. über die Benutzung der Heraklessage bei den Stoikern Bernays, Die Heraklitischen Briefe (1869) S. 45f. Zeller, Philos. d. Gr. III 1^4 S. 343, vgl. 276.

3) Plutarch. Cons. ad ux. 10.

1857 und 1858 zwei einander gegenüberliegende, stattliche, zweistöckige Grabgebäude entdeckt worden, die der zweiten Hälfte des 2. Jahrhunderts n. Chr. angehören. Die Gewölbedecke des Hauptgemachs im Unterstocke des einen, das drei Sarkophage enthielt, ist reich mit Stuckreliefs verziert: ein Medaillon in der Mitte stellt die Seele des Verstorbenen als verhüllte Gestalt, von einem Greifen emporgetragen, vor, umgeben von 24 Medaillons mit Bacchanten, Nereiden und Liebesgöttern in kleinen viereckigen Feldern[1]). In einem bei Philippi gefundenen lateinischen Gedicht auf den Tod eines Knaben heißt es, daß ihn nun die dem Bacchus geweihten Frauen aufnehmen würden zum Genossen als Satyrn auf blumiger Wiese, oder die Nymphen in ihren von Fackeln geführten Reigen[2]).

Der Glaube der Ungebildeten.

Wenn es also dahingestellt bleiben muß, ob selbst in der kleinen Minorität der Gebildeten der Unsterblichkeitsglaube mehr Gegner als Bekenner zählte, so kann es keine Frage sein, daß in den Massen zu allen Zeiten eine ungeheure Mehrzahl die seit der Urzeit von Jahrhundert zu Jahrhundert fortgepflanzten Vorstellungen von der Fortdauer der Seelen im Jenseits, ungeachtet aller im Laufe der Zeit eingetretenen Modifikationen, im wesentlichen festhielt. Der Glaube an die eigne Fortdauer gehört zu den stärksten und verbreitetsten Instinkten und Bedürfnissen der menschlichen Seele, was ja auch das Studium der Naturvölker[3]) sowie der ältesten Kulturvölker im allgemeinen bestätigt[4]), wenngleich es an Ausnahmen nicht fehlt, zu denen u. a. die Araber vor Mohammed[5]) gehören; er reicht namentlich bei den indogermanischen Nationen weit über die Anfänge aller Überlieferung hinaus. Der Unsterblichkeitsglaube ist der menschlichen Natur ebenso gemäß wie der Glaube an das Walten höherer Wesen; er entspringt aus dem Schauder vor der Vernichtung, der Selbsterhaltungstrieb greift hier instinktmäßig über den Tod hinaus. Der zum Bewußtsein erwachte Mensch sucht im Jenseits die Lösung für die Rätsel des Lebens, den Trost für seine Leiden und Täuschungen, »am Grabe noch pflanzt er die Hoffnung auf«[6]). Der Reflexion, die zum Zweifel und zur Leugnung führt, kann immer nur eine Minderheit fähig sein. Die Sehnsucht nach der Vernichtung, die in Asien seit so vielen Jahrhunderten Millionen erfüllt, entspringt aus der

1) Petersen a. a. O. 1860 S. 348 ff. 1861 S. 190 ff. Ein Deckengemälde, sicher aus einem Grabmal, wahrscheinlich bei Rom, aus dem Codex Pighianus herausgegeben von O. Jahn, Ber. d. Sächs. Gesellsch. 1869 S. 1 ff., ist verwandter Art. Das Hauptbild (Figur auf einem Viergespann, wohl der zum Himmel getragne Verstorbene) ist umgeben von Bildern, die auf das jenseitige Leben Bezug haben: die Danaiden, Herakles und Alkestis, Apoll und Marsyas, Eros und Pan (vor Dionysos und Ariadne), die alle mit Sarkophagreliefs übereinstimmen und wieder von kleineren Bildern umgeben sind, worunter zahlreiche Erotenfiguren. 2) CIL III 686 = Buecheler 1233, 17 ff.; vgl. auch CIL VI 30122 = Buecheler 607 und über den Ausdruck dionysischer Jenseitshoffnungen im Bilderschmuck der Grabsteine B. Schröder, Bonner Jahrb. CVIII/IX 1902 S. 55 ff. 3) Peschel, Völkerkunde[6] S. 270 ff. 4) Über Seelen- und Unsterblichkeitsglauben im Alten Testament vgl. J. Scheftelowitz, Arch. f. Religionswiss. XIX 1919 S. 210 ff. 5) Peschel a. a. O. S. 307 f. 314. Die unter den Buddhistengemeinden zu Recht bestehende Lehre verlangte von ihren Bekennern ausdrücklich den Verzicht auf das Wissen vom Sein oder Nichtsein der vollendeten Seligen. Doch war eben dadurch die Hoffnung ewigen Heils nicht ausgeschlossen. Oldenberg, Buddha[2] S. 299 f. 6) Grabschrift einer Frau aus Carnuntum Dessau 9093 *quae dum explesset fati sui laborem, meliora sibi sperans vitam functa est.*

Angst nicht vor der Fortdauer an sich, sondern vor der Qual endloser Wiedergeburten[1]).

Allerdings sind nun materialistische Strömungen wie zu allen Zeiten so auch im spätern griechisch-römischen Altertum hier und da in die Massen gedrungen: daß sie aber dort jemals sich verbreitet, dem positiven Glauben erheblichen Abbruch getan haben, läßt weder die Analogie ähnlicher Erfahrungen in neuern Zeiten annehmen, noch spricht dafür die, wie gesagt, verhältnismäßig geringe Zahl materialistischer oder Zweifel ausdrückender Grabschriften von Personen der untern Klassen. Auch äußern diesen gegenüber andre ein festes Vertrauen auf eine Fortdauer und ein Wiedersehen nach dem Tode, wie z. B. jene Inschrift auf dem gemeinsamen Grabmal eines Ehepaars, von welchem die Frau zuerst gestorben war: »Ich erwarte meinen Mann«[2]), und die mehrfach auf den Grabschriften wiederkehrende Bitte des Verstorbenen an eine früher verstorbene teure Person, ihm im Jenseits Quartier zu machen[3]). Namentlich aber bestätigen zahlreiche unzweifelhafte Zeugnisse, daß der Volksglaube im großen und ganzen, soweit die römisch-griechische Kultur reichte, noch immer durch die uralten römischen und griechischen Vorstellungen vom Jenseits bestimmt wurde, die sich im Laufe der Jahrhunderte vielfach verschmolzen hatten, und mit denen sich je länger desto mehr orientalische Anschauungen verbanden.

Fortdauer der mythischen Vorstellungen von der Unterwelt.

Zwar haben römische Autoren zu verschiedenen Zeiten versichert, daß an die alten volkstümlichen Fabeln von der Unterwelt niemand glaube. Kein altes Weib sei so schwachsinnig, sagt Cicero, daß es die »acherontischen tiefen Regionen des Orcus, das bleiche, von Finsternis umhüllte Reich des Todes« fürchte[4]). Niemand, sagt Seneca, ist so kindisch, daß er sich vor dem Cerberus und der Finsternis und den Gespenstergestalten der Totengerippe fürchtet[5]). Daß es Manen gibt, sagt Juvenal, und unterirdische Reiche, einen Cocytus und schwarze Frösche im stygischen Schlunde, und daß so viele Tausende in einem Nachen über das Wasser setzen, das glauben selbst von den Kindern nur die kleinsten, die noch kein Eintrittsgeld in den Bädern zahlen[6]). Allerdings ist nun wahr, daß die griechischen Vorstellungen, von denen hier hauptsächlich die Rede ist, in Italien und den westlichen Ländern überhaupt weniger verbreitet waren, obwohl doch auch dort ihre durch die in der Schule allgemein gelesenen Dichter, durch die Theater[7]), durch die bildende Kunst unaufhörlich und tausendfach geförderte Verbreitung keine geringe gewesen sein kann und von den angeführten Autoren unzweifelhaft unterschätzt ward. Konnte doch Lucrez sagen, daß die Furcht vor dem Acheron das menschliche Leben von seinen innersten Tiefen aus aufregt, auf alles den schwarzen Schatten des Tods wirft und keine Freude

1) Peschel a. a. O. S. 285 ff. 2) CIL XII 5193 (oben I 315). Vgl. CIL VIII 9691 (Cartena): *Mi fil(i), mater rogat ut me ad te recipias*, ebenso CIL VI 11252. XII 4938 (Buecheler 150 f.). V 5279 = Dessau 6728 *mater rogat, quam primum ducatis se ad vos.* CIL VI 18817 = Dessau 8806 *ita peto vos, [Ma]nes sanctissimae, commendat[um] habeatis meum carum et vellitis huic indulgentissimi esse, horis nocturnis ut eum videam, et etiam me fato suadere velit, ut ego possim dulcius et celerius aput eum pervenire.* van Bleek a. a. O. S. 125 f. 3) CIL X 2641 = Dessau 8148: *Labeo Thyrso: rogo te, expedi mi hospitium; nam quod hic ad superos mi dedisti, eiectus sum. Thyrsus Labeoni: veni; omnia parata sunt ad me* (vgl. Dessaus Anm.). 4) Cic. Tusc. I 48. 5) Seneca ep. 24, 18; vgl. consol. ad Marc. 19, 4. 6) Juv. 2, 149 ff. (*esse aliquos Manes* mit Anklang an Prop. IV 7, 1: *sunt aliquid Manes*). 7) Plaut. Capt. 998. Cic. Tusc. I 37.

ungetrübt läßt[1]); allerdings mögen ihm bei seiner Ausmalung der allgemein gefürchteten Qualen und »ewigen Strafen« im Tartarus auch orphische Unterweltsbeschreibungen vorgeschwebt haben[2]). Die Fortdauer des römischen Volksglaubens an die Manen zu leugnen, konnte Juvenal im Ernste kaum einfallen[3]), und er hat wohl nur die grobsinnlichen Vorstellungen von ihnen als gänzlich aufgegeben bezeichnen wollen, auch dies freilich sehr mit Unrecht: wie denn Aufgeklärte stets nur zu leicht geneigt sind, die in ihren Kreisen herrschenden Ansichten als die vernünftigerweise einzig möglichen und folglich allgemeinen vorauszusetzen. Am wenigsten konnte Juvenal aber den Unsterblichkeitsglauben überhaupt leugnen wollen. Daß er von den Ansichten seiner gebildeten Zeitgenossen mindestens soviel wissen mußte wie wir, wird wohl niemand in Abrede stellen.

Der Glaube an den Totenfährmann.

Aber wenigstens von einer der von Juvenal verspotteten griechischen Fabeln sind wir imstande nachzuweisen, daß sie damals und später im Volke sehr allgemein und fest geglaubt wurde, und zwar auch in den westlichen Ländern: es ist die Fabel von dem »grausen Fergen des Kahns auf dem kotigen Schlunde«, wie Juvenal selbst ihn ein andres Mal nennt, dem der Tote seinen Heller als Fährgeld mit dem Munde reichen muß[4]). Daß das Volk in den griechischen Ländern allgemein an die Wirklichkeit des Totenfährmanns glaubte[5]), bezeugt ausdrücklich Lucian: »In dieser Vorstellung ist die große Menge so sehr befangen, daß, wenn einer ihrer Angehörigen stirbt, sie ihm zuerst einen Obol in den Mund stecken, der für den Fährmann als Bezahlung für die Überfahrt bestimmt ist, ohne zu prüfen, welche Münze in der Unterwelt gangbar ist usw.«[6]). Noch heute findet sich diese Sitte in Griechenland[7]), und auch Charon lebt, wenngleich in veränderter Gestalt, im Glauben und in den Liedern des Volks fort als Charontas oder Charos, ein Gott des Todes und der Unterwelt überhaupt, der in den verschiedensten Gestalten erscheint, als Schütze, als Schnitter, als ungeheurer, gespenstischer Reiter die Scharen der Verstorbnen entführend, als Adler auf seine Opfer niederstoßend usw., doch hier und da auch noch immer als Totenfährmann[8]). Wie allgemein verbreitet, wie tief gewurzelt mußte ein Glaube sein, dessen Lebenskraft sich als eine so unzerstörbare erweist, obwohl seit anderthalb Jahrtausenden ihm scheinbar alle Bedingungen der Fortdauer entzogen sind. Ursprünglich ist vielleicht das dem Toten mitgegebene Geldstück ein Symbol des Abkaufens der ihm unverkürzt mitzugebenden Gesamthabe gewesen[9]). Diese offenbar alte Sitte, die sich mit der merkwürdigsten Zähigkeit in vielen Gegenden des römischen Reichs bis in späte Zeit, ja durch

1) Lucret. III 37ff. 2) Lucret. III 976ff. I 111. Dieterich S. 140f. 3) z. B. Sueton. Tiber. 75, 1 *morte eius ita laetatus est populus, ut — pars Terram matrem deosque Manes orarent, ne mortuo sedem ullam nisi inter impios darent*, vgl. Aurel. Vict. Caes. 33, 31. 4) Juv. 3, 265. 5) CIL VIII 8992 *deo Charoni Iulius Anabus votum solvit.* 6) Lucian. De luctu 10. Schol. Juven. 3, 267: *et nunc apud Athenienses mortuis solent in ore nummum immittere* (wo das Folgende: *ne apud inferos tamquam inopes errent* ein späterer Zusatz ist), *unde naulum Charo accipere solebat.* 7) Wachsmuth, Das alte Griechenland im neuen S. 117f. K. Mendelssohn-Bartholdy, Gesch. Griechenlands I 46. Waser, Charon, Charun, Charos (1898) S. 36ff. D. C. Hesseling, Charos, ein Beitrag zur Kenntnis des neugriech. Volksglaubens, 1897. 8) Waser a. a. O. S. 87ff. 9) Rohde, Psyche I² 306, 3. Vgl. über die verschiedenen Auffassungen dieses Brauches P. Sartori, Arch. f. Religionswiss. II 1899 S. 205ff. R. Herzog ebd. X 1907 S. 222ff.

das Mittelalter und bis in unsre Zeiten erhalten hat, brachte man mit der Vorstellung vom Totenfährmann in Verbindung, und diese Erklärung ist dann ebenfalls zum Volksglauben geworden.

Zeugnisse für die Verbreitung der volkstümlichen Vorstellungen.

Wenn hiernach also wohl kein Zweifel sein kann, daß etwas, was nach Juvenal nur kleine Kinder glaubten, in der Tat von Tausenden und Abertausenden im ganzen römischen Reiche geglaubt wurde, so werden wir ebensowenig an der Fortdauer und Verbreitung der übrigen volkstümlichen Vorstellungen von der Unterwelt zweifeln dürfen. Den Versicherungen des Gegenteils bei Cicero, Seneca und Juvenal steht die ebenso bestimmte Versicherung Lucians gegenüber. Er sagt, daß die große Menge der gemeinen Leute sich das Jenseits ganz so vorstelle, wie es die Dichter schilderten[1]): ein ungeheures, finstres, von Pluto und Proserpina beherrschtes Totenreich mit dem Cocytus und Pyriphlegethon, dem Acherusischen See, dem diamantenen Tor, das Äacus mit dem Cerberus bewacht, der Asphodeloswiese mit dem Lethestrom, den Totenrichtern, welche die Guten ins Elysium senden, die Schlechten den Furien zu Martern aller Art überliefern, während die große Zahl derer, die weder gut noch böse waren, als Schatten auf der Asphodeloswiese umherirren und sich von den Grabspenden und Totenopfern nähren. Plutarch sagt[2]), daß diejenigen, dic sich vor den Bissen des Cerberus und dem Faß der Danaiden fürchteten, sich durch Weihen und Reinigungen davor zu schützen suchten, durch welche sie die Gewähr zu erhalten glaubten, im Hades an einem hellen Ort in reiner Luft unter Scherz und Tanz fortzuleben. Er meinte allerdings, daß es »nicht sehr viele« waren, die diese »Ammenmärchen« glaubten; natürlich war seine Schätzung ebenso subjektiv und ebenso durch zufällige Eindrücke bestimmt wie die Lucians, dem die Menge der Glaubenden sehr groß erschien, und hierin sind die Angaben beider gleich unzuverlässig. Schwerlich kann man aber bei der großen Menge geläutertere Ansichten vom Leben nach dem Tode voraussetzen als bei einem Manne wie Aristides, der doch auch geglaubt zu haben scheint, daß die in die Eleusinischen Mysterien nicht Eingeweihten in der Unterwelt in Schlamm und Finsternis liegen würden[3]). In seiner Schrift »Vom Aberglauben« zählt Plutarch die Vorstellungen auf von tiefen Pforten des Hades, von Feuerströmen und jähen Abstürzen des Styx, von einer Finsternis voll von Gespenstern, wo Schreckgestalten erscheinen und klägliche Laute sich hören lassen, von Richtern und Henkern, von Schlünden und Abgründen, die von tausend Qualen erfüllt sind — alle solche Vorstellungen zählt er zu den Ausgeburten des Aberglaubens[4]): daß er diesen aber selbst für ein weitverbreitetes Übel hielt, geht, wie gesagt, aus dem Eifer hervor, mit dem er ihn bekämpft.

Daß nun von den griechischen Vorstellungen gar manches, wenn nicht das Meiste, auch in den Volksglauben des Westens übergegangen ist, darf man, wie gesagt, namentlich mit Rücksicht auf die Wirkung, welche die römischen Dichter durch die Schule übten, voraussetzen; seit Ennius waren ausführliche Beschreibungen der Unterwelt ein Lieblingsgegenstand der Epiker (vielleicht

1) Lucian. De luctu 2—10. Über die Fortdauer der antiken Vorstellungen von der Unterwelt im Glauben der Neugriechen B. Schmidt, Volksleben der Neugriechen S. 235 ff. 2) Plutarch. Non posse suaviter vivi 27. 3) Aristid. or. 22, 10 (II 31 K.), vgl. or. 13, I 302 Dind. 4) Plutarch. De superstit. 4.

auch der Tragiker) gewesen, und vor allem wird die so ausführliche Schilderung Vergils mittelbar und unmittelbar die Vorstellungen von Unzähligen beeinflußt haben[1]).

Die Existenz der Seelen als eine materielle gedacht.

Es bedarf nicht erst der Zeugnisse, daß die Vorstellungen einer mehr oder minder materiellen Existenz der Abgeschiedenen, welche die alten, seit undenklichen Zeiten fort und fort überlieferten Fabeln voraussetzen, in den Massen ebenso verbreitet waren wie jene Fabeln selbst. Die ungeheure Mehrzahl der Menschen konnte damals noch weniger als jetzt der Abstraktion fähig sein, welche die Vorstellung einer rein geistigen Existenz erfordert. Bei jedem Versuch zu einem Bilde des unbekannten Lebens mußte und muß die sich selbst überlaßne Phantasie, unwillkürlich und unbewußt, mit den Farben und Formen arbeiten, die sie dem bekannten Leben entlehnt, und ihre zartesten und duftigsten Bilder sind ebensowenig unkörperlich wie die rohesten und gröbsten. Daß diese letztern die einzigen waren, welche die große Menge fassen und festhalten konnte, liegt in der Natur der Sache. Um so weniger dürfen wir an der Versicherung Lucians zweifeln, der Glaube vieler sei, daß die Toten sich von den Spenden, Opfern und Mahlen wirklich nährten, welche die Überlebenden ihnen darbrachten; daß viele Geräte, Kleider, Schmuck in der Meinung mit sich verbrennen oder vergraben ließen, daß sie im andern Leben dieser Dinge bedürfen oder davon Nutzen haben würden[2]). In der Tat stammt ein großer Teil von den Gegenständen des häuslichen Lebens, die unsre Museen bewahren, aus Gräbern, in welche man dem Krieger seine Waffen, dem Handwerker und Künstler sein Handwerkszeug, der Frau ihre Toilettengegenstände, dem Kinde sein Spielzeug mitgab[3]). Der Redner Regulus ließ am Scheiterhaufen seines 14jährigen Sohns dessen zahlreiche Ponygespanne und Reitponys, große und kleine Hunde, Nachtigallen, Papageien und Amseln schlachten[4]). Bei Lucian erzählt ein Mann, er habe seine Liebe zu seiner seligen Frau nicht bloß während ihres Lebens, sondern auch bei ihrem Tode bewiesen, indem er ihren ganzen Schmuck und ihre Kleider mit ihr verbrannt habe; doch erschien sie ihm am siebenten Tage, als er gerade Platos Phädon las, beschwerte sich, daß eine ihrer vergoldeten Sandalen nicht mit verbrannt war, und bezeichnete die Stelle, wo sie unter einem Kasten liege; hier wurde sie gefunden und ihrem Wunsche gemäß nachträglich verbrannt[5]). Die den Toten mitzugebenden Gegenstände waren offenbar nicht selten genau testamentarisch bestimmt. Das wiederholt erwähnte[6]) Testament eines begüterten Manns von Langres verordnet (hier vielleicht nach altkeltischem Gebrauch)[7]), daß all sein Gerät zur Jagd und Vogelstellerei mit ihm verbrannt werden solle, wie Lanzen, Schwerter, Messer, Netze, Schlingen, Leimruten, Vogelleim, Jagdzelte usw., Sänften und Tragsessel, ein aus Binsen geflochtner Nachen, seine sämtlichen buntgewebten und gestickten Kleider und alle Sessel (?) aus Elentiergeweihen[8]). Dasselbe Testament verordnet die Anpflanzung von Obstgärten bei dem Grabmal, die fort und fort durch drei Gärtner und deren Lehrlinge instand gehalten werden sollen. Gärten, Rebenpflanzungen und Parks

1) Vgl. C. Liedloff, De tempestatis, necyomantiae, inferorum descriptionibus, quae apud poetas Romanos primi p. Chr. saeculi leguntur, Diss. Lips. 1884. 2) Lucian. De luctu 14. 3) Marquardt, Privatl.² 366 f. 4) Plin. ep. IV 2, 3, vgl. oben II 363. 5) Lucian. Philops. 27. 6) Oben II 366. III 78. 7) Caes. B. G. VI 19, 4. Mela III 19. 8) CIL XIII 5708 = Dessau 8379.

wurden besonders gern bei Gräbern angelegt[1]), damit die abgeschiedenen Seelen sich an der schönen Natur erfreuen möchten. In einer Grabschrift von Cirta heißt es: auf meinem Hügel werden Bienen von den Blüten des Thymians nippen, die Vögel werden in grünenden Grotten mir lieblich singen, der Lorbeer sproßt an meinem Hügel, und goldene Trauben hängen an den Reben[2]). Man darf glauben, daß von den noch erhaltnen, auf Ausschmückung und Kultus der Gräber bezüglichen testamentarischen Verfügungen gar manche in dem Glauben an eine Teilnahme der Abgeschiednen an den Freuden und Genüssen dieser Welt erlassen worden sind, sehr häufig gewiß in dem Glauben an ein materielles Fortleben der Abgeschiednen, und zwar bei ihren Gräbern[3]), wo die Familie, solange sie bestand, regelmäßigen Seelenkult darbrachte[4]).

Die Allgemeinheit des Geisterglaubens als Beweis für die Allgemeinheit des Unsterblichkeitsglaubens.

Die große Verbreitung des Unsterblichkeitsglaubens auch im spätern Altertume bedarf nach allem bisher Gesagten keines Beweises mehr; sie ergibt sich aber auch schon allein aus einer bisher noch nicht berücksichtigten Tatsache: aus der Allgemeinheit des Glaubens an Geistererscheinungen, also an die Möglichkeit der Wiederkehr der Gestorbenen, überhaupt an einen innigen Zusammenhang der Geisterwelt mit der Welt der Lebenden, an ein stetes Eingreifen der erstern in die letztre. Dieser Glaube war bei den Römern wie bei den Griechen uralt; über seine Entwicklung und die Formen, die er bei beiden Völkern annahm, sind wir nur unvollkommen unterrichtet. Die Vorstellung, daß die guten Geister der Abgeschiedenen als Schutzgeister der Lebenden walten, taucht schon in der ältesten griechischen Poesie auf: Hesiod sagt, die Seelen der Menschen des Goldnen Zeitalters seien nach dessen Ablauf gute Dämonen geworden, die als Wächter der sterblichen Menschen in Nebel gehüllt über die Erde wandeln, über Recht und Unrecht wachen und Reichtum geben. Aber dann verschwindet sie wieder bis zu der Zeit, wo der spätere Platonismus sie mit seiner Dämonenlehre verschmolz[5]). Der diesem Glauben entsprechende an die Geister der Bösen als spukende, »selber gequälte und andere quälende«[6]) Larven und Lemuren läßt sich dagegen als allgemein und fest gewordner Volksglaube nur bei den Römern nachweisen. In andern Beziehungen stimmt der Geisterglaube beider Völker völlig überein. Namentlich heftete er sich hier wie dort an die Geister vor der Zeit oder gewaltsam Umgekommener[7]), deren unversöhnlicher Zorn auch Unschuldige verfolgt und verdirbt, und Unbegrabener. Wenn übrigens auch in den spätern Jahrhunderten der römische und griechische Geisterglaube durch hin und her übertragene Vorstellungen sich immer mehr ausgeglichen haben wird, so fehlt doch dem letztern der feste Anhalt, die bestimmte Form und Richtung, welches alles dem erstern der öffentliche Kultus

1) Serv. Aen. V 760 *nemora enim aptabant sepulcris;* vgl. Lebas-Waddington 2452; oben II 365. Samter, Real-Encykl. III 1966f. Marquardt a. a. O. S. 369f. 2) CIL VIII 7854 = Buecheler 468. Vgl. VI 13528 = Buecheler 1559, 6ff. 3) Über die Fortdauer dieses Glaubens bei den Neugriechen B. Schmidt a. a. O. S. 249f. 4) Rohde a. a. O. S. 344. 362. Marquardt StV. III² 312f. 5) Lehrs a. a. O. S. 167f. Auch Heraklit scheint nach der freilich sehr verdorbenen Stelle Hippolyt. refut. IX 10, 6 (Diels, Vorsokrat. I³ 90 frg. 63) diese Vorstellung gehegt zu haben. 6) Nissen, Das Templum S. 148. 7) Tertullian. De anima 56f. Norden, Hermes XXVIII 1893 S. 372ff.; Verg. Aen. VI² S. 10ff. Dieterich, Kl. Schrift. S. 47, 2. S. Reinach, Archiv f. Religionswiss. IX 1906 S. 312ff.

gab[1]). Die Vorstellung eines ununterbrochenen Wechselverkehrs zwischen Unter- und Oberwelt unterhielt und bestärkte im römischen Volksglauben namentlich die Eröffnung des *mundus*, d. h. der tiefen Grube, die in jeder Stadt den Göttern und Geistern der Tiefe zugleich als Göttern der Saat geweiht war, an drei Tagen im Jahre (24. August, 5. Oktober, 8. November), wo dann die Scharen »der Schweigenden« ungehindert ein- und ausfahren konnten; sodann das Allerseelenfest am 21. Februar (Feralia) und in der vorausgehenden Woche (13.—20., Parentalia), dessen Vernachlässigung einst nach der Legende ein großes Sterben zur Folge gehabt hatte; endlich die Gebräuche, mit denen man in den drei Nächten der Lemurien (9., 11. und 13. Mai) die spukenden Geister beschwichtigte und versöhnte[2]).

Daß nun Unsterblichkeits- und Geisterglaube nicht bloß in innigster Wechselbeziehung standen, sondern daß auch der erstere sich gern durch den letzteren stärkte und befestigte, ist ebenso selbstverständlich, wie daß Zweifler durch Erscheinungen überzeugt wurden oder bereit waren, sich durch sie überzeugen zu lassen. Der Verfasser der Homilien des sogenannten Clemens Romanus erzählt, von Zweifeln über die Unsterblichkeit gequält habe er sich eine unumstößliche Gewißheit durch das Erblicken einer abgeschiedenen Seele mit eignen Augen verschaffen wollen: er gedachte nach Ägypten zu reisen und dort einen Zauberer zu einer Totenbeschwörung zu bewegen; doch von einem Philosophen erinnert, daß dies ein nicht bloß gesetzlich verbotenes, sondern auch gottverhaßtes Tun sei, gab er seine Absicht auf[3]). Ein Monument, das ein Ti. Claudius Panoptes und seine Frau Charmosyne ihren beiden gestorbnen Töchtern »nach einem Gesicht« errichteten, trägt die Inschrift: »Du, der du dies liesest und zweifelst, daß es Manen gibt, gehe mit uns eine Wette ein und rufe uns an, dann wirst du zur Einsicht gelangen«[4]). Aber auch in gebildeten Kreisen fiel Geisterglaube und Unsterblichkeitsglaube vielfach zusammen. Freilich spotteten dort nicht bloß alle, die epikureische und materialistische Anschauungen hegten oder zu ihnen neigten, über den Nachtspuk der Lemuren (so gut wie über Träume, Wunder, Hexen und Zauberei) und behaupteten, daß nur Weiber, Kinder und delirierende Kranke Gespenster sähen[5]), sondern auch ein großer Teil der Unsterblichkeitsgläubigen verhielt sich in bezug auf Geistererscheinungen zweifelnd oder ablehnend, wie z. B. Seneca.

Ob dies aber auch selbst in den Kreisen der philosophisch Gebildeten (namentlich seit dem 2. Jahrhundert) die Mehrzahl war, steht dahin. Die von Lucian im »Lügenfreunde« geschilderte Gesellschaft des Eucrates, in der niemand zweifelt, daß es »Dämonen und Gespenster gibt, und daß die Seelen der Toten auf der Erde umherwandeln und erscheinen, so vielen sie wollen«[6]), besteht, außer einem Arzte, aus einem Peripatetiker[7]), einem Stoiker, einem Platoniker und einem

1) Doch finden sich auch im griechischen Kulte Reste eines solchen Gespensterglaubens, wie die Kerenaustreibung bei den Anthesterien und das dem Ritus des *mundus patet* entsprechende Fest der Pithoigien. Vgl. J. Harrison, Prolegomena to the Study of greek Religion S. 43. A. Dieterich, Kl. Schriften S. 421. 2) Wissowa, Relig. u. Kultus d. Römer² S. 232 ff. 3) Clem. Roman. Homil. I 5; vgl. dazu F. Boll, Zschr. f. neutestam. Wissensch. XVII (1916) S. 139 ff. 4) CIL VI 27365 = Dessau 8201a. 5) Horat. ep. II 2, 208 f. Plutarch. Dio 2, 2. 6) Lucian. Philops. 29. 7) Über den Peripatetiker Antisthenes, den Phlegon Mirab. 3 als Gewährsmann anführt, vgl. Ed. Schwartz, Real-Encykl. I 2537 f.

heiligen Pythagoreer, und Eucrates selbst ist ein Mann, der sich gründlich mit Philosophie beschäftigt hat. Am festesten hielten am Geisterglauben die Neupythagoreer und pythagoreisierenden Platoniker, die in den Erscheinungen eine Bürgschaft für die Wahrheit nicht bloß ihres Unsterblichkeitsglaubens, sondern auch ihrer Dämonenlehre fanden. Der philosophierende Rhetor Maximus aus Tyrus, der ganz auf dem Boden eines bereits zum Neuplatonismus hinneigenden Platonismus steht, betrachtet wie alle Gleichgesinnten die Dämonen, zu denen auch die abgeschiedenen Seelen gehören, als das eigentliche Band zwischen der sinnlichen und der übersinnlichen Welt[1]). Die zu Dämonen gewordnen Seelen, sagt er, sind betrübt über ihr vergangenes Leben, beseligt über ihr jetziges; betrübt aber auch über die verschwisterten Seelen, die noch auf der Erde weilen, und in Menschenliebe zu dem Wunsche gestimmt, sich ihnen zuzugesellen und sie aufzurichten, wenn sie gleiten. Und es ist ihr Auftrag von der Gottheit, die Erde zu besuchen und sich zu beteiligen an aller Menschengeburt, an allem Menschengeschick, Menschendenken und Menschenhandeln und den Guten zu helfen, den Unrecht Leidenden beizustehen, den Unrecht Tuenden aber die Strafe aufzuerlegen[2]). Er erzählt ohne den leisesten Zweifel, daß die Bewohner von Ilium den Hektor oft in Sprüngen mit blitzenden Waffen über das Gefilde eilen sähen, und daß Achilles auf der kleinen Insel im Schwarzen Meer vor der Donaumündung, wo er als verklärter Heros ein Heiligtum hatte, oft den Schiffern erschienen sei: einige sahen ihn in der Gestalt eines jugendlichen Manns mit blondem Haar in goldner Rüstung einherspringen, andre hörten ihn einen Schlachtgesang singen, noch andre hörten und sahen ihn; einen, der auf der Insel eingeschlafen war, hatte Achill selbst aufgeweckt, in ein Zelt geführt und bewirtet; Patroclus schenkte ein, Achill spielte die Kithara, auch Thetis und ein Chor von andern Dämonen war zugegen[3]). Apulejus (der, wie bereits bemerkt, die Dämonenlehre mit besondrer Vorliebe behandelt hat) richtet in seiner Verteidigungsrede wegen der ihm Schuld gegebenen Zauberei gegen seinen Ankläger (nach dessen falscher Angabe er sich der Figur eines Skeletts zu magischen Zwecken bedient haben sollte) folgende Verwünschung: »Dir wende für diese Lüge der Gott, der zwischen der Ober- und Unterwelt hin und her wandelt (Merkur), die Ungunst beider Götterkreise zu und lasse deinen Blick unaufhörlich Gestalten der Toten begegnen, und soviel Schatten, Lemuren, Manen und Larven es irgend gibt, alle Nachterscheinungen, alle Grabgespenster, alle Schrecknisse der Leichenbrandstätten«[4]). Eine Grabschrift zu Puteoli schließt: »Möge den, der diesen Stein von der Stelle rückt, der Zorn der Schatten derer treffen, die hier begraben sind«[5]). Plutarch beruft sich (in der Widmung der Biographien des Dio und Brutus an Sossius Senecio) den Leugnern von Geistererscheinungen gegenüber auf diejenigen, die diesen beiden so seelenstarken und philosophischen Männern ihr Ende nach ihrer eignen Aussage vorher verkündeten. Daß es in einem Bade zu Chäronea, wo zu Lucullus Zeit ein Mord vorgefallen war, gespukt hatte und noch spukte, berichtet er nach den Angaben andrer, ohne, wie es scheint, daran zu zweifeln[6]). Der Geister- und Dämonenglaube war aber auch mit an-

1) Zeller III 2[4] S. 224. 2) Maxim. Tyr. 9, 6. 3) ebd. 9, 7. 4) Apulei. Apol. 64. 5) CIL X 2487 = Dessau 8199 *qui hoc titulum sustulerit, habeat iratas umbras, qui hic positi sunt* u. ö. 6) Plutarch. Dio 2; Cimon 1, 8.

dern philosophischen Anschauungen als der platonischen sehr wohl vereinbar. Der Kyniker Peregrinus Proteus, der sich nach Lucians Bericht mit dem Rufe: »Mütterliche und väterliche Dämonen, nehmt mich gnädig auf!« in die Flammen stürzte, hatte verbreitet, ihm sei bestimmt, nach seinem Tode ein nachthütender Dämon zu werden, und man konnte nicht zweifeln, daß Einfältige genug behaupten würden, ihm nachts begegnet, durch ihn vom Fieber befreit worden zu sein[1]). Der jüngere Plinius, dessen Ansichten hauptsächlich durch stoische Lehren bestimmt waren, erbittet sich die Ansicht seines Freunds Licinius Sura (zum zweiten und dritten Male Konsul 102 und 107) darüber, ob es Gespenster gebe, und ob sie eine eigne Form und ein übermenschliches Wesen (*numen*) haben, oder ob es eitle Einbildungen sind, die nur aus unsrer Furcht ihre Gestalt empfangen[2]). Er glaubte das erstere und erzählt zum Beweise unter anderm eine Gespenstergeschichte, die der des Pythagoreers Arignotus in Lucians »Lügenfreund« sehr ähnlich ist. Ein großes Haus zu Athen wurde durch einen allnächtlichen Spuk unbewohnbar; der Geist erschien in der Gestalt eines abgezehrten alten Mannes mit langem Bart und Ketten an Händen und Füßen, mit denen er furchtbar rasselte. Endlich hatte ein Philosoph Athenodorus den Mut, der Erscheinung standzuhalten, die ihm so lange winkte, bis er ihr mit einem Lichte folgte; im Hofe verschwand sie plötzlich. Am folgenden Tage grub man an dieser Stelle nach und fand ein Geripped in Ketten, nach dessen regelrechter Bestattung der Spuk aufhörte. Diese Geschichte glaubte Plinius, wie er sagt, auf die Versicherung andrer: einen noch kindischeren Spuk berichtet er ohne den leisesten Zweifel als selbst erlebt. Plinius Freund Sueton sagt, es sei hinlänglich bekannt, daß vor dem Begräbnisse Caligulas die Wächter der Lamianischen Gärten, wohin man seine Leiche gebracht hatte, von Gespenstern erschreckt worden, und in dem Hause, in dem er gestorben, keine Nacht ohne Spuk vorübergegangen sei, bis das Haus abbrannte[3]). Noch mehr Beispiele eines krassen Geisterglaubens der Gebildeten im 2. Jahrhundert liefern die Schriften des Pausanias, und doch wird auch seine Glaubensseligkeit, wenn möglich, von der Gespenstersucht des Philostrat und Cassius Dio übertroffen. Was der erstere[4]) von den Erscheinungen und Machtbeweisen der Heroen des trojanischen Krieges berichtet, wird man im wesentlichen als aus volkstümlicher Überlieferung entlehnt betrachten dürfen. Nach dem Heroikos des Philostratus erschienen den Hirten der troischen Ebene die Gestalten der Homerischen Helden riesengroß, in kriegerischer Rüstung, besonders Hektor, der auch Wunder tat, und von den griechischen namentlich Protesilaus, der noch voll lebendig war. Er war bald im Hades, bald in seiner Heimat Phylake in Phthia (wo er auch Orakel erteilte), bald in Troas, erschien zur Mittagszeit, heilte Krankheiten und half auch in Liebespein; einen Widersacher machte seine Erscheinung blind[5]). Cassius Dio berichtet wiederholt ganz ernsthaft, wie bei großen Ereig-

1) Lucian. Peregr. 27f. 36. 2) Plin. ep. VII 27. 3) Sueton. Calig. 59. Antike Geister- und Gespenstergeschichten stellt P. Wendland in der Festschrift der Schles. Gesellsch. f. Volkskunde zur Jahrhundertfeier der Univ. Breslau (1911) S. 33ff. zusammen. Über die von Goethe in der 'Braut von Korinth' verwertete Überlieferung vgl. Wendland, De fabellis antiquis earumque ad christianos propagatione (Götting. 1911) S. 5ff. 4) Paus. I 32, 4. VI 6, 8f. 20, 15. VIII 10, 9. 5) Rohde S. 350. Vgl. F. Huhn und E. Bethe, Hermes LII 1917 S. 613ff.

nissen die Toten in Masse aus den Gräbern aufstanden, z. B. bei der Schlacht von Actium und dem Versuche Neros, den Korinthischen Isthmus zu durchgraben[1]). Er erzählt, daß im Jahre 220 ein Geist, der nach seiner eignen Aussage der Geist Alexanders des Großen war, auch dessen wohlbekannte Gestalt, Züge und Kleidung trug, mit einem Gefolge von 400 als Bacchanten gekleideten Menschen von der Donau bis zum Bosporus zog, wo er verschwand: keine Behörde wagte ihn aufzuhalten, vielmehr wurden ihm überall auf öffentliche Kosten Nachtlager und Nahrung gegeben[2]).

Die Totenbeschwörung.

Auch die häufige Erwähnung der Zaubereien, bei denen Geister beschworen wurden, läßt auf eine große Verbreitung eines unbedingten Geisterglaubens in den höheren und gebildeten Kreisen schließen. Die Geisterbeschwörung wurde allem Anscheine nach sehr häufig Veranlassung zu grauenhaften Verbrechen, da der Zauber angeblich über Seelen von gewaltsam (besonders vor der Zeit) Umgekommenen am meisten Macht haben sollte; daher Morde, namentlich Kindermorde, zu diesem Zweck offenbar nur zu oft verübt wurden[3]). Unter den römischen Kaisern haben Nero, Caracalla, Didius Julianus und Elagabal diese Art der Magie getrieben. Von den beiden letztern berichtet Cassius Dio ausdrücklich, daß sie dabei Kinder schlachten ließen[4]). Caracalla, der keine Art der Zauberei und Wahrsagerei unversucht ließ, beschwor, um sich von den Erscheinungen seines Vaters und seines gemordeten Bruders zu befreien, die ihn verfolgten, unter andern den Geist des erstern und des Commodus, doch vergebens; wie man in Rom flüsterte, war zugleich mit dem Schatten des Septimius Severus auch der des Geta heraufgestiegen[5]). Aus demselben Grunde beschwor Nero den Geist seiner Mutter Agrippina[6]). Er war am leidenschaftlichsten der Geisterbeschwörung ergeben, und da ihm »Menschen zu schlachten ja höchst erwünscht war«, mag er ihr auch die meisten Opfer gebracht haben. Der König Tiridates von Armenien, der im Jahre 66 mit einem Gefolge von Magiern nach Rom kam, weihte ihn in die »magischen Mahlzeiten« und alle Geheimnisse der Magie ein[7]); doch muß Nero dieser Zauberei schon früher gefrönt haben. Denn Lucan († 65) hat eine mit allem Luxus des Gräßlichen ausgemalte Episode der Totenbeschwörung seinem Epos offenbar in keiner andern Absicht eingefügt, als um seiner Verdammung dieser Leidenschaft des Kaisers, dem er damals feindlich gegenüberstand, einen starken Ausdruck zu geben. Es ist Sextus, »der unwürdige Sohn des großen Pompejus«, der in der Pharsalia die Zukunft durch Totenbeschwörung erfahren will; die heiligen und erlaubten Prophezeiungen verschmähend, hat er sich zu »den abscheulichen Geheimnissen der grausamen Magier« und zu den Schrecken der Unterwelt gewandt; »dem Elenden waren die Himmelsgötter nicht allwissend genug!«[8]). Die Hexe Erichtho, die seinem Wunsche willfahrt, ist ein entmenschtes Wesen; ihren Anspruch, von den Unterweltsgöttern erhört zu werden, begründet sie durch die greuelvollsten und unnatürlichsten Verbrechen, die sie in Masse begangen hat, und unter denen

1) Cass. Dio LI 17, 5. LXIII 16, 1. 2) ebd. LXXIX 18. 3) Marquardt StV. III² 113, 1. F. Schwenn, Die Menschenopfer bei den Griechen und Römern S. 190ff. 4) Cass. Dio LXXIII 16, 5. LXXIX 11, 3. 5) ebd. LXXVII 15, 3. Herodian. IV 12, 3. 6) Sueton. Nero 34, 4. 7) Plin. n. h. XXX 14f. 17, vgl. Dieterich, Kl. Schrift. S. 280ff. 8) Lucan. Phars. VI 420—434.

Kindermord ausdrücklich angeführt wird[1]). Die Beschreibung der Totenbeschwörung selbst[2]) macht auch an und für sich betrachtet nicht den Eindruck eines bloßen Phantasiegemäldes, der Dichter hat nicht nur Beschreibungen ähnlicher Vorgänge in der früheren Dichtung, sondern sicher auch magische Bücher von der Art der erhaltenen Zauberpapyri benutzt[3]). Beschwörungen von längst abgeschiednen Geistern mögen wohl am besten ohne Zeugen gelungen sein. So hatte der alexandrinische Gelehrte Apio den Schatten Homers zitiert, um von ihm zu erfahren, in welcher der sieben Städte, die ihn den Ihrigen nannten, er wirklich geboren sei: leider durfte er die ihm gewordene Antwort nicht mitteilen[4]); vielleicht gab der Geist denselben Grund an, wie der des Protesilaus bei Philostrat: weil dann nämlich die übrigen Städte in ihrem Eifer in der Verehrung Homers nachlassen würden[5]).

Übrigens bedienten sich die Zauberer der beschworenen Geister sowie andrer Dämonen auch, um ihre Feinde mit Erscheinungen zu quälen, ihnen Krankheiten und Schmerzen zu senden, ihre Zunge zu fesseln u. dgl.[6]). Solcher Zauber wurde auch durch Beschwörungen geübt, die, auf Bleitafeln geschrieben, in Gräber niedergelegt wurden und von denen eine größere Anzahl sich erhalten hat[7]). Dieser Zauber ist eine Art der sogenannten Devotion, durch die man Lebende den Mächten der Unterwelt weihte, sie beruht auf dem ebenso alten wie verbreiteten Glauben, daß diese Mächte über das Leben Gewalt haben und es hinabzuziehen streben[8]); die zu ihnen gehörenden Geister der Toten, die man gleichsam beschwichtigend die Guten oder die Holden (*Di Manes*) nannte und mit Opfern versöhnen zu müssen glaubte[9]), werden auch in der alten Devotionsformel, durch die der römische Feldherr das feindliche Heer dem Tode weihte, und bei Verwünschungen angerufen[10]). In einer Grabschrift, die ein Mann seiner verstorbenen Frau errichtet hat, versichert er, daß er ihre Überreste angstvoll wie eine Gottheit ehre. »Schone, Liebste, den Mann, ich flehe, schone, daß er ferner noch viele, viele Jahre stets dir Opfer und Kränze bringen möge und mit duftendem Öl die Lampe füllen«[11]). Eine Anrede an eine verstorbne »Herrin oder Patronin« lautet: »Solange ich lebe, ehre ich dich, was nach meinem Tode sein wird, weiß ich nicht. Schone deine Mutter und deinen Vater und deine Schwester Marina, damit sie dir nach mir Ehre erweisen können«[12]). In dem-

Die Devotion.

1) Lucan. Phars. VI 706—711; vgl. 529ff. 560ff. 2) ebd. VI 624ff. Andre Beispiele von Totenbeschwörungen bei Apulei. Metam. II 28f. Heliodor. Aethiop. VI 14. Quintilian. Decl. 10. Anthol. Lat. 406 R.; vgl. L. Fahz, De poetarum Romanorum doctrina magica (Religionsgesch. Vers. u. Vorarb. II 3, 1904) S. 4ff. 3) Fahz a. a. O. S. 41ff. 4) Plin. n. h. XXX 18. 5) Philostrat. Heroic. 18, 3. *Responsa umbrarum* noch bei Augustin. conf. X 35, 56. 6) A. Abt, Die Apologie des Apuleius (Religionsgesch. Versuche u. Vorarb. IV 2) S. 128f. 231. 7) Gesammelt von Audollent, Defixionum tabellae, Paris 1904; Nachträge von M. Besnier, Revue de philol. XLIV 1920 S. 5—30. Defixionsstatuetten Dugas, Bull. corr. hell. XXXIX 1915 S. 413ff. 8) Vgl. dazu CIL II 2255 = Dessau 8007 (vom J. 19 v. Chr.) *dei Manes ad se receperunt Abulliam.* VI 19874 = Buecheler 1224, 3f. *quem quoniam Manes ut alumnum di rapuerunt, ne calcare velis nec grabis esse loco.* IX 175 *quem di Manes properarunt eripere immaturum.* 9) Der Brauch, das Grab den *di Manes* zu weihen, bürgert sich erst seit der Zeit des Augustus ein (das älteste Beispiel CIL XIV 2464 = Dessau 880). Schwarzlose, De titulis sepulcralibus latinis quaest. (Diss. Halle 1913) S. 1ff. 10) Wissowa a. a. O. S. 239. 11) CIL VI 30099 = Buecheler 1508, 8ff. 12) CIL VI 13101.

selben Sinne werden vereinzelt Verstorbene angerufen, die Ihrigen zu erhalten[1]) oder (bei den Unterweltsgöttern) für sie zu bitten[2]).

Kennen wir nun auch von dem damaligen Geisterglauben vorzüglich nur die finstern und unheimlichen Seiten, so zeigt sich doch auch hier, wie weit verbreitet und unwiderstehlich der Hang war, sich in die Geheimnisse des Jenseits und der Geisterwelt zu vertiefen; und wenn auf die Phantasie das Grauen immerhin die unwiderstehlichste Anziehungskraft geübt haben mag, so wird sie sicherlich auch geschäftig gewesen sein, gegenüber den Qualen und der Ruhelosigkeit der Unseligen den Frieden und die Wonnen der Seligen auszumalen.

Unterschiede des christlichen und des antiken Unsterblichkeitsglaubens. Der letztere dem diesseitigen Leben zugewandt.

Doch freilich war der Trost, den der Unsterblichkeitsglaube den Menschen jener Zeit und dem Altertum überhaupt gab, sehr verschieden von dem, den die christliche Hoffnung auf eine ewige Seligkeit den Gläubigen bietet. Nicht bloß, daß dem antiken Unsterblichkeitsglauben die unumstößliche Sicherheit und Gewißheit eines Offenbarungsglaubens und damit auch der feste Anhalt abging, den dieser für die Gestaltung der Bilder des andern Lebens gewährt: er war auch keineswegs so ausschließlich wie der christliche Glaube auf die Ewigkeit gerichtet, sondern wohl ebensosehr, wenn nicht in noch höherem Grade, der Zeitlichkeit zugewandt. Nach dem römischem Volksglauben wie nach der Platonischen Dämonenlehre war ja der Lohn der Guten nicht oder nicht vorzugsweise, zu eigener Seligkeit in ein überirdisches Dasein entrückt zu werden, sondern an den Leiden und Freuden der spätern Menschen schützend, helfend und leitend teilzunehmen. Die Aufopferung der Besten aller Zeiten und Völker konnte Cicero sich kaum anders erklären, als daß sie auch nach ihrem Tode vermögen würden, Zeugen der von ihnen ausgegangnen Wirkungen wie ihres Ruhms zu sein[3]).

Der Wunsch einer Fortdauer im Gedächtnis der Nachwelt.

Der ganze Totenkultus der Griechen und Römer hatte die Tendenz, den Zusammenhang zwischen den Lebenden und den Toten ununterbrochen zu erhalten. Die Wohnungen der Toten waren nicht abgeschiedne, stille, selten besuchte Ruhestätten, wie unsre Kirchhöfe, sondern vor den Toren der Städte zu beiden Seiten der Landstraße wurden sie angelegt, wo der Strom des lebendigen Verkehrs gerade am stärksten vorbeiflutete[4]); sowohl, wie Varro sagt, zur steten Mahnung für die Vorüberziehenden, daß auch sie einst zu dieser Ruhe gelangen würden[5]), als zur unaufhörlichen Erhaltung und Erneuerung des Gedächtnisses der Abgeschiednen, nicht bloß bei Angehörigen und Nachkommen, sondern bei allen später Lebenden. Jene Mahnung las man auf Grabsteinen öfters in dieser Form: »Du müder Wanderer, der an mir vorübergeht, nach langem Wandern kommst du endlich doch hierher«[6]). Um ein freundliches Andenken

1) CIL VIII 2803a = Buecheler 576 (*serva tuos omnes*). 2) CIL VI 12072 = Buecheler 546, 9f. *funde preces subolum ac votis utere nostris, ut longum vitae liceat transducere tempus* (Empfehlung der Gebete der Überlebenden an die Götter durch die Verstorbene); vgl. van Bleek a. a. O. S. 135ff. P. Dörfler, Die Anfänge der Heiligenverehrung nach den röm. Inschriften u. Bildwerken (1913) S. 3ff. 3) Cic. Tusc. I 35. Vgl. oben S. 311. 4) Arch. ep. Mitt. aus Österr. X 1886 S. 64 Πάντας ὅσοι στείχουσιν ἀπ' ἄστεος ἠδὲ πρὸς ἄστυ λεύσσω ἠδ' εἰσορόω. 5) Varro de l. l. VI 49. 6) CIL V 4111 = Buecheler 119 (Cremona): *heus tu viator lasse, qui me praetereis, cum diu ambulareis, tamen huc veniumdumst tibi.* CIL XI 4010 = Buecheler 120

wird für die Toten häufig in den Inschriften gebeten. »Titus Lollius Masculus«, so lautet eine derselben, »ist hier neben den Weg gelegt, damit die Vorbeigehenden sagen: Lollius, sei gegrüßt«[1]). Ebenso werden auch sonst die Wandrer aufgefordert, dem Toten einen solchen ehrenden und freundlichen Nachruf zu gönnen, und ihnen Segen gewünscht, wenn sie es tun würden, z. B.: »Mögest du, der du dies durchlesen wirst, leben und gesund bleiben, lieben und geliebt werden, bis deine Stunde kommt«[2]). Ja es wird selbst dem Toten eine Erwiderung auf ihre Anrede in den Mund gelegt, so daß eine Art Dialog zwischen ihm und dem Vorübergehenden durch den letztern vom Grabstein abgelesen werden konnte[3]).

Wie der Glaube verbreitet war, daß die Toten sich an solchen Zeichen des Anteils von seiten aller Lebenden ohne Unterschied immerfort erfreuen würden, so natürlich nicht minder die Überzeugung, daß die Opfer, Spenden und Festmahlzeiten an ihren Gräbern, der Blumenschmuck, in dem an den »Rosen- und Violentagen« die Denkmäler prangten[4]), das Licht der frisch gefüllten Grabeslampe und der Duft ihres wohlriechenden Öls ihnen mindestens als Beweise eines fortdauernden Andenkens bei den Nachkommen wohltuend sein würden: so erfolgten alle solche Darbringungen in der Voraussetzung, daß es der Wunsch der Abgeschiedenen sei, mit den spätern Geschlechtern gleichsam fortzuleben. In demselben Sinne sind auch auf den griechischen Grabdenkmälern vorzugsweise Szenen aus dem vergangnen Leben der Gestorbnen dargestellt, »ihre Existenz gleichsam fortgesetzt und bleibend gemacht«. Die unmittelbare Gegenwart dieser einfach rührenden, die menschliche Teilnahme in hohem Grade anregenden Darstellungen berührten Goethes auch hier dem antiken verwandten Geist aufs wohltuendste. Ihm sagte es besonders zu, daß die Menschen auf diesen Grabsteinen nicht die Hände falten, nicht in den Himmel schauen, sondern beieinander stehen, wie sie auf Erden beieinander gestanden, einander geliebt haben: »der Wind, der von den Gräbern der Alten herweht, kommt mit Wohlgerüchen wie über einen Rosenhügel«[5]). Auf diese Fortdauer im Gedächtnis der Nachwelt haben im ganzen Altertum auch solche Wert gelegt, die den Glauben an eine persönliche Unsterblichkeit verwarfen oder dessen nicht bedurften[6]). Selbst Epikur, in dessen Glückseligkeitslehre der Satz, daß Sein und Bewußtsein mit dem Tode aufhöre, den eigentlichen Schlußstein bildet, verordnete in seinem Testament, daß sein Geburtstag und der 20. jedes Monats zu seinem und seines Freunds Metrodor Andenken festlich begangen

(Capena): *Eus tu viator veni hoc et queiesce pusilu(m). innuis et negitas. tamen hoc redeu(n)dus* (st. *redeundumst*) *tibi.*

1) CIL V 7464 = Dessau 6746. 2) CIL VI 13075; vgl. VI 2335 = Dessau 1967: *Have Victor Fabiane. Di vos bene faciant amici, et vos viatores habeatis deos propitios, qui Victorem publicum Fabianum a censibus p(opuli) R(omani) non praeteritis. salvi eatis, salvi redeatis, et vos qui me coronatis vel flores iactatis, multis annis faciatis.* 3) z. B. CIL XIV 439 = Dessau 6156. CIL VI 12652. 30112 = Buecheler 995. 543. van Bleek a. a. O. S. 97f. 4) Wissowa a. a. O. S. 434, 3; vgl. Lämmerhirt, N. Heidelb. Jahrb. VIII 1898 S. 1 ff. Nilsson, Beitr. z. Relig.Wissensch. herausg. von der religionswiss. Gesellsch. in Stockholm II 1918 S. 133 ff. Über Blumen- und Kränzeschmuck der Gräber J. Köchling, De coronarum apud antiquos vi atque usu (Religionsgesch. Versuche u. Vorarb. XIV 2, 1914) S. 58 ff. 5) Goethe, Werke XXX 63 d. Weimar. Ausg. 6) Ebenso auch Diderot: Rosenkranz, Diderot II 192.

würden: und in der Tat ist dies noch Jahrhunderte nach seinem Tode von seinen Anhängern geschehen[1]).

Der antike Unsterblichkeitsglaube nicht wie der christliche ein unentbehrlicher Trost.

Wenn der antike Unsterblichkeitsgedanke aber auch an einer persönlichen Fortdauer in einem höheren, reineren, folglich seligeren Dasein festhielt, so setzte er doch keineswegs das jenseitige Leben in einen so schroffen Gegensatz zum irdischen wie der christliche und stand deshalb auch dem Unglauben und dem Zweifel nicht so schroff gegenüber wie dieser. Wenn die griechische Volkssprache die Toten »Selige« nannte[2]), konnten sie ihr schon darum so heißen, weil sie den Mühsalen, Leiden und Täuschungen des Lebens entrückt waren[3]). Der Tod, der diese Erlösung brachte, erschien darum auch dann nicht als ein Übel, wenn er das Ende des Seins war. Den Gegensatz der christlichen und der antiken Auffassung drücken vielleicht am besten die Worte aus, die Sokrates in der Apologie des Plato nach seiner Verurteilung zum Tode zu seinen Richtern spricht: der Tod sei entweder ein ewiger Schlaf oder der Übergang zu einem neuen Leben, in keinem von beiden Fällen aber sei er ein Übel[4]). Beide Aussichten erscheinen hier also als tröstliche, nur die eine in höherem, die andre in geringerem Grade: während der christliche Glaube den Tod, dem keine Auferstehung zur Seligkeit folgt, als das unseligste Los betrachtet[5]). Ihm ist das andre Leben das wahre, von dort empfängt das irdische Dasein sein Licht, ohne dessen Strahlen es völlig düster sein würde. Nicht in der Weise, sagt Lactantius, wie die Philosophen geglaubt haben, wird die Seligkeit dem Menschen zuteil. Selig kann er nicht sein, solange er im Leibe lebt, der notwendig durch Verfall der Auflösung zugeführt werden muß, sondern erst dann, wenn er nach Befreiung der Seele von der Gemeinschaft des Körpers im Geiste allein lebt. Darin allein können wir schon in diesem Leben selig sein, wenn wir es auch noch so wenig zu sein scheinen: daß wir die Verlockungen der Lüste fliehend und allein der Tugend dienend in allen Mühsalen und Kümmernissen leben, welche Übungen und Stärkungen in der Tugend sind; daß wir jenen rauhen und schweren Weg einhalten, der uns zur Seligkeit frei gegeben ist. Also kann das höchste Gut, dessen Besitz selig macht, nur in der Religion und Lehre enthalten sein, welche die Hoffnung der Unsterblichkeit in sich schließt[6]). Augustinus nennt geradezu das ewige Leben das höchste Gut, sowie den ewigen Tod das höchste Übel. Wohl kann auch hienieden der selig genannt werden, dessen ganzes Sein auf jenes Ziel gerichtet ist, der es in glühender Liebe und treuer Hoffnung festhält: doch mehr durch die Hoffnung als durch die Wirklichkeit. Ohne diese Hoffnung gibt es nur falsches Glück, nur Leid und Elend[7]).

Pessimismus und Weltschmerz im Altertum.

Es ist eine verbreitete Ansicht, daß für die Menschen des Altertums dieses Leben deshalb einen höheren Wert gehabt habe, weil ihre Hoffnungen auf das Jenseits weder so felsenfeste, noch so hell leuchtende sein konnten wie die der Christen. Aber der Gesamteindruck der griechischen und römischen Literatur bestätigt diese Ansicht keineswegs. Die angeborne, an der ewig neuen Herrlichkeit der Welt wie an der Größe und Schönheit des Menschenlebens genährte Lust am Dasein ist allerdings echt antik. Aber sie ist nur der eine Pol der an-

1) Zeller III 1^4 S. 391, 2. 2) Rohde S. 308, 1. Oben S. 305. 3) z. B. CIL V 5278 = Buecheler 1274. 4) Plato Apol. 40C. 5) I Corinth. 15, 18f. 6) Lactant. Inst. div. III 12, 35ff., vgl. VII 8. 7) Augustin. C. D. XIX 4. 20.

tiken Weltanschauung, dem als der andre eine aus tiefster Empfindung menschlichen Elends und menschlicher Hilflosigkeit entspringende Resignation gegenübersteht, deren bald schmerzliche, bald ergebungsvolle Äußerungen sich wie ein roter Faden durch die ganze antike Literatur ziehen[1]). Schon Homer, dem doch der Gedanke an das Jenseits so völlig trostlos erschien, läßt den höchsten Gott sagen: Von allem, was auf der Erde atmet und kriecht, ist nichts jammervoller als der Mensch! Aber wenn er noch glaubte, daß im Saale des Zeus zwei Fässer stehen, eines mit den guten, das andre mit den bösen Gaben, so sind es bei den Spätern zwei Fässer des Bösen, nur eins des Guten[2]). Als die Mutter des Kleobis und Biton die Göttin bat, ihren Söhnen das zu gewähren, was den Menschen zu gewinnen das Beste wäre, gab ihnen die Göttin den Tod und offenbarte so, wie Herodot sagt, daß der Tod für den Menschen besser sei als das Leben[3]). Mehrmals war dies durch Offenbarungen andrer Gottheiten bestätigt worden[4]). Es ist gerade die Zeit der Jugend- und Manneskraft des griechischen Geistes, in welcher der schon von Theognis[5]), dann unter andern auch von Sophokles ausgesprochene[6]), von Bacchylides[7]) dem Herakles in den Mund gelegte Gedanke sich in mannigfachen Formen wiederholt: das beste Los sei, gar nicht geboren zu werden, das nächstbeste, so bald wie möglich nach der Geburt zu gehen, woher man kam[8]). Man sollte daher, heißt es in oft angeführten Versen des Euripides, die Gebornen beklagen, die Gestorbnen froh und beglückwünschend bestatten[9]). Auch wenn der Tod ein traumloser Schlaf ist, sagt Sokrates in der Apologie des Plato, ist er dem Leben vorzuziehen; denn jeder, selbst der Perserkönig, wird, wenn er sein Leben überdenkt, finden, daß die Tage und Nächte, die er besser und glücklicher verbracht hat als eine ohne Traum durchschlafene Nacht, sehr leicht zu zählen sind[10]). »Jung rufen die Götter, wen sie lieben, aus der Welt«, heißt es bei Menander, dem geistvollsten Dichter der alexandrinischen Epoche, aus dessen Fragmenten uns ganz vorzugsweise der gedämpfte Ton einer resignierenden Lebensauffassung entgegenklingt[11]); ihm erschien als »des Menschenlebens Zwillingsschwester Traurigkeit«[12]), und der als der Glücklichste, »der ohne Kummer der Welt Erhabenheit geschaut, und eilig dann zurückgekehrt, von wo er kam«[13]).

Auch in der römischen Literatur fehlt es an Äußerungen verwandter Natur keineswegs. So hatte Cicero seinen »Hortensius« mit einer Betrachtung über die

1) E. v. Lasaulx, Stud. d. class. Altertums (1854) S. 459ff. G. Benseler, Der Optimismus des Sokrates bei Xenophon u. Platon gegenüber den pessimistischen Stimmen in der älteren griech. Literatur. Progr. Chemnitz 1882. J. Burckhardt, Griech. Kulturgeschichte II 373ff. W. Nestle, N. Jahrb. f. klass. Altert. XLVII 1921 S. 81ff. H. Diels, Der antike Pessimismus, Berlin 1921. Vgl. J. L. Heiberg, Liv og Død i graesk Belysning, Kopenhagen 1915 (Referat darüber von Th. O. Achelis, Berlin. phil. Wochenschr. 1919 S. 1057ff.). 2) Lehrs, Pop. Aufs.² S. 43f. 3) Herodot. I 31. 4) Cic. Tuscul. I 113ff. Plutarch. Consol. ad Apoll. 14. 5) Theogn. 425ff. (vgl. 1069ff.), dazu Vahlen, Ges. philol. Schrift. I 126f. 6) Soph. Oed. Col. 1224ff. 7) Bacchylides 5, 160ff. 8) Schon Euripides frg. 285 N.² nennt dies Wort τὸ πανταχοῦ θρυλούμενον; über das Epigramm des Posidippus Anth. Pal. IX 359 vgl. Geffcken, Kynika u. Verwandtes (1909) S. 7ff. M. Pohlenz, Χάριτες F. Leo dargebracht (1911) S. 95f. 9) Eurip. frg. 449 N.², vgl. Herodot. V 4. 10) Plato Apolog. 40 D. 11) Menand. frg. 125 Kock. Vgl. J. Horkel, Reden u. Abhandl. (1862) S. 346. 352f. CIL VI 19716 = Dessau 8481 *quem di amaverunt, haec moritur infa(n)s.* 12) Ἆρ' ἐστὶ συγγενές τι λύπη καὶ βίος Menander frg. 281, 8 K. 13) ebd. 481, 2f.

Eitelkeit und Unseligkeit der Menschen geschlossen. Die Irrtümer und Mühsale des Lebens, hieß es dort, scheinen jenen alten Weisen recht zu geben, nach deren Ausspruch wir geboren sind, um die in einem frühern Leben begangnen Sünden zu büßen; sowie dem Aristoteles, der in der Verbindung der Seele mit dem Körper eine Marter erkannte, wie sie die etruskischen Seeräuber an ihren Gefangnen verübt haben sollen, die sie Gesicht auf Gesicht mit Leichen zusammenbanden und so umkommen ließen[1]). Wie sich bei dem älteren Plinius, nach dessen Ansicht kein Sterblicher glücklich, und die Kürze des Lebens das Beste ist, was die Natur den Menschen gewährt hat[2]), wie sich bei ihm das Gefühl der Unseligkeit bis zur Sehnsucht nach der Vernichtung steigerte, und daß ihm der Tod als das beste Geschenk der Natur erschien, ist bereits erwähnt[3]). Als größte Wohltat preist den Tod auch Seneca, der sich darin gefällt, die Unseligkeit des Lebens in immer neuen Wendungen zu schildern. Es ist durchaus beweinenswert[4]); es bietet das Schauspiel einer mit Sturm genommenen Stadt[5]); es ist ein stürmisches Meer, das uns immer umher und oft an Felsen schleudert, und sein einziger Hafen der Tod[6]); es ist eine Sklaverei, wenn die Kraft zum Sterben fehlt[7]); der »grausame Lebensdrang« ist die Kette, die uns gefesselt hält[8]); der Tod allein bewirkt, daß es nicht die schwerste Strafe ist, geboren zu werden[9]). Und wenn einem Marc Aurel die Übel des Lebens wesenlos waren, so waren ihm auch dessen Güter »eitel, morsch und gering«, das Leben selbst »ein Krieg und der Aufenthalt eines Gastes«, seine Zeitdauer ein Punkt, vor und hinter uns der endlose, alles verschlingende Abgrund. Und doch sollte und konnte in dem ewig fortrauschenden Strome der Vergänglichkeit der Mensch feststehen wie ein Fels im Meer: wenn er, um die Außenwelt völlig unbekümmert, mit verehrungsvoller Ergebung gegen das Schicksal sich in die Stille seines Innern wie in eine feste Burg zurückzog; wenn er dem dort wohnenden Gotte treu blieb, wenn er als Teilchen des großen Ganzen die Forderungen der Natur erfüllte. Wenn er so mit heitrer Gelassenheit in jedem Augenblick das Ende erwartete, mochte es Vernichtung oder Wandlung sein, dann schied er sanft aus dem Leben, gleich der reifen Frucht, die in ihrem Falle die Natur als ihre Schöpferin preist und dem Baume dankbar ist, der sie trug[10]).

1) Cic. Hortens. frg. 95 Müller. 2) Plin. n. h. VII 130. 167 f. 3) Oben S. 302. 4) Seneca Consol. ad Marc. 11, 1; vgl. Consol. ad Polyb. 4, 2 f. 5) Seneca de benef. VII 27, 1. 6) Seneca Consol. ad Polyb. 9, 7. 7) Seneca epist. 77, 15. 8) ebd. 26, 10, vgl. Consol. ad Polyb. 9, 6 *omnis vita supplicium est.* 9) Seneca Consol. ad Marc. 20, 2. 10) M. Aurel. comm. II 17. III 5. 16. IV 3. 48. 49. V 23. 32.

REGISTER.

A.

B.

C.

D.

E.

G.

H.

I (J).

K.

L.

M.

N.

O.

P.

Q.

R.

S.

T.

U.

V.

W.

X.

Z.

Ludwig Friedlaender

Darstellungen aus der Sittengeschichte Roms

in der Zeit von Augustus bis zum Ausgang der Antonine

Vierter Band (Anhänge)
Unter Mitwirkung von M. Bang, F. Drexel, U. Kahrstedt und O. Weinreich

9. und 10. Auflage
Herausgegeben von Georg Wissowa

WBG
Wissen *verbindet*

Um ein neues Vorwort von Klaus Bringmann in Band 1 ergänzter reprografischer Nachdruck
der von G. Wissowa besorgten 9./10. Auflage, Leipzig 1921–1923

Die Deutsche Nationalbibliothek verzeichnet diese Publikation in der Deutschen
Nationalbibliographie; detaillierte bibliographische Daten sind im Internet über
http://www.dnb.de abrufbar.

Die Herausgabe des Werkes wurde
durch die Vereinsmitglieder der WBG ermöglicht.

Gestaltung & Satz von Titelei und Vorwort:
Verlag & Anzeigenagentur Schaus, Büttelborn

Einbandabbildung Bd. 4: Aureus mit Porträtkopf des römischen Kaisers Augustus.
akg / Bildarchiv Steffens

Einbandgestaltung: Peter Lohse, Heppenheim

Gedruckt auf säurefreiem und alterungsbeständigem Papier
Printed in Germany

Besuchen Sie uns im Internet: www.wbg-wissenverbindet.de

ISBN: 978-3-534-26801-6

Elektronisch ist folgende Ausgaben erhältlich:
eBook (PDF): 978-3-534-74218-9

VORWORT

Der Schlußband der Neubearbeitung von Friedlaenders Darstellungen aus der Sittengeschichte Roms, der aus praktischen Gründen die bisher über alle Bände des Werkes verteilten wissenschaftlichen Anhänge in sich vereinigt, erscheint zugleich als 9. und 10. Auflage, weil gleichzeitig mit seiner Herausgabe die Drucklegung der 10. Auflage des ersten Bandes beginnt und es weder erforderlich noch zweckmäßig erschien, diesen Anhangband schon nach so kurzer Frist von neuem zu drucken. Da der Wert der meisten der hier vereinigten Anhänge auf der Fülle des von Friedlaender gesammelten, gesichteten und übersichtlich geordneten Stoffes beruht, galt es vor allem, diese Stoffsammlungen zu ergänzen und durch Ausscheidung des Veralteten und Nichtzugehörigen zu entlasten, eine Aufgabe, die nur von solchen Bearbeitern gelöst werden konnte, die mit dem betreffenden Einzelgebiete durch langjährige Arbeit durchaus vertraut waren und das verfügbare Material im vollen Umfange beherrschten. Es lag mir daher ob, mich der Mitwirkung geeigneter Spezialforscher zu versichern, und ich bin den Herren Martin Bang (Berlin), Friedrich Drexel (Frankfurt a. M.), Ulrich Kahrstedt (Göttingen) und Otto Weinreich (Heidelberg, demnächst Tübingen) zum aufrichtigsten Danke dafür verpflichtet, daß sie sich meiner Bitte, die Neugestaltung des größten Teiles der Anhänge nach den von mir aufgestellten Richtlinien zu übernehmen, nicht versagt haben. Ihnen fällt der Löwenanteil an der Leistung dieses Bandes zu, ich selber habe nur einen kleinen Teil der Anhänge (I. IV. XII. XIX. XXI. XXII) bearbeitet und die Gesamtredaktion geführt sowie das Register hinzufügt. Die Stellung der Bearbeiter zur früheren Fassung ist in den einzelnen Abschnitten je nach Lage der Sache eine verschiedene gewesen: während in den meisten Fällen Friedlaenders Text zu Grunde gelegt und nur durch reichliche Zusätze, Streichungen und Einzeländerungen umgestaltet worden ist, sind manche andre Anhänge (so II. III) völlig neu geschrieben worden, zuweilen erschien es auch geboten, zwei der alten Anhänge zu einem zusammenzufassen (z. B. in XVII die alten Anhänge über Darstellung von Gladiatoren auf Kunstwerken und über Kostüm und Bewaffnung der Gladiatoren). Eine besonders wertvolle Ergänzung hat in XVI die von Friedlaender gegebene Liste aller nachweisbaren Amphitheater erfahren, die durch Hinzufügung der Zirkusanlagen und Theater zu einer wenigstens für das Westreich vollständigen Übersicht über die den öffentlichen Schauspielen dienenden Gebäude erweitert worden ist. Eine Sonderstellung nimmt XII (über die Entwicklung des Gefühls für das Romantische in der Natur im Gegensatz zum antiken Naturgefühl) ein: ursprünglich

(1873) als Sonderschrift erschienen, war diese Abhandlung nachher von Friedlaender etwas unorganisch in den Text des zweiten Bandes (als Schlußkapitel des Abschnittes über die Reisen der Touristen) eingeordnet worden, wo sie den Zusammenhang der Darstellung in so störender Weise unterbrach, daß ich mich entschloß, sie herauszunehmen und unter die Anhänge zu stellen. Da aber gerade diese überaus inhaltreichen und anregenden Ausführungen die Eigenart der Friedlaenderschen Betrachtungs- und Darstellungsweise so ausgeprägt zeigen, daß eine Neubearbeitung ohne Gefährdung ihrer großen Vorzüge nicht wohl vorzunehmen war, habe ich in Übereinstimmung mit dem Wunsche der Familie des Verfassers den Text ohne jede Änderung (bis auf ein paar kleine Verbesserungen in den Zitaten) wieder abdrucken lassen.

Nicht alle Anhänge des alten Werkes haben in die Neubearbeitung Aufnahme gefunden. Ausgeschlossen wurden namentlich die Friedlaender seinerzeit von befreundeten Gelehrten (Ferd. Cohn, Otto Tischler, J. K. Rodbertus) zur Verfügung gestellten Beiträge, ferner solche Anhänge, deren Ergebnisse durch neuere Veröffentlichungen als erledigt gelten konnten, wie die Ausführungen über die angeblichen Gladiatorentesseren durch die glänzende Untersuchung von R. Herzog (1919) und die über die Gönner und Freunde des Statius durch die Prosopographia imperii Romani. Die Behandlung eines Verzeichnisses von Leckerbissen in einem Bruchstücke der griechischen neueren Komödie lag von dem Gegenstande des Werkes so weit ab, daß niemand sie an dieser Stelle suchte. Der Inhalt von vielen der kleineren Anhänge, die in der Tat nichts andres waren als über den verfügbaren Raum hinausgewachsene Anmerkungen, ließ sich in knapper Fassung oder in Form einer Verweisung auf neuere Literatur als Fußnote zu der entsprechenden Stelle des Hauptwerkes unterbringen.

Um schon in den früheren Bänden, bei deren Drucklegung der Gesamtplan des Anhangbandes noch nicht feststand, Verweisungen auf die Nummern der Anhänge zu ermöglichen, mußte die bisherige Anordnung der letzteren nach der zufälligen Abfolge der Textstellen, an welche sie anknüpfen, beibehalten werden: diese Anordnung ist entschieden verbesserungsfähig. Eine äußere Scheidung der Zusätze der Bearbeiter von Friedlaenders Text war bei den starken Eingriffen, die häufig in den letzteren gemacht werden mußten, nicht wohl durchführbar: es hat das zur Folge gehabt, daß an dieser oder jener Stelle vielleicht eine Unsicherheit darüber aufkommen kann, ob der in erster Person Redende Friedlaender oder der Bearbeiter ist; doch dürfte, soviel ich sehe, der Schaden kein großer sein. Die Verweisungen auf Stellen der ersten drei Bände geben natürlich die Band- und Seitenziffern der 9. Auflage. Die Band- und Seitenzahlen der 8. Auflage sind an der Innenseite des oberen Seitenrandes angegeben.

Halle (Saale), September 1921.

GEORG WISSOWA

INHALT

I

AUSSTELLUNG VON NATURMERKWÜRDIGKEITEN ZU ROM[1])

Merkwürdige und seltene Erzeugnisse der Natur und Kunst aus fremden Ländern wurden während der Republik besonders bei zwei Gelegenheiten in Rom öffentlich gezeigt: bei Triumphen und bei Spielen. Seit Pompejus, der beim Mithridatischen Triumphe (61 v. Chr.) den Ebenholzbaum zur Schau tragen ließ (Plin. n. h. XII 20), wurden, wie Plinius sagt, auch Bäume in Triumphen aufgeführt, wie im jüdischen des Vespasian und Titus die Balsamstaude (ebd. 111). Die bei Spielen zum Schmuck des Forum und Comitium und sonst verwendeten »Prachtstücke« (*insignia*, Cic. Orat. 134; vgl. Brut. 275; de orat. III 96) waren zwar vorzugsweise Kunstwerke, doch auch Naturseltenheiten. So zeigte Scaurus in seiner Ädilität (58 v. Chr.) außer andern Merkwürdigkeiten (*miracula*) die von Joppe gebrachten Knochen des Ungetüms, dem Andromeda ausgesetzt war, stärker als die Rippen indischer Elefanten (Plin. n. h. IX 11, vgl. oben I 451). Auch Papageien und andere seltene Vögel scheinen zum Schmuck des Forums verwendet worden zu sein (Varro r. r. III 9, 17).

In der Kaiserzeit wurde aus den Provinzen alles Wunderbare und Seltene, wenn möglich, an die Kaiser gesandt, die es öffentlich auszustellen pflegten, worauf es dann später an allgemein zugänglichen Orten, besonders in Tempeln, aufbewahrt wurde, deren Räume im Altertum überhaupt vielfach als Museen jeder Art dienten (vgl. z. B. Plin. n. h. IX 116. XII 94, oben I 447 f.), doch offenbar auch in eigens für diesen Zweck bestimmten Lokalen. Diese wie alle Merkwürdigkeiten hießen *miracula* (Plin. n. h. XXXVI 196: *dicavitque ipse pro miraculo — obsianos IIII elephantes*), θαύματα (Pausan. IX 21, 1), die Aufseher οἱ ἐπὶ τοῖς θαύμασιν (Paus. VIII 46, 5); vgl. Philodems Rhetorik p. 59, 22 ff. Sudh. (dazu Gomperz, Hellenika I 293): ἡ συνήθεια τῶν Ἑλλήνων ... [ἐ]νίοτε καὶ τοὺς ἐν [το]ῖς θα[ύ]μασιν συντ[ό]νους τεχνίτας καλεῖ. Von solchen Ausstellungen gaben die Acta diurna wohl oft Nachricht (Plin. n. h. X 5; vgl. Münzer, Beiträge zur Quellenkritik der Naturgesch. d. Plinius S. 378), aus welchen die Verfasser von Stadtchroniken und andre Schriftsteller schöpften: womit natürlich nicht behauptet wird, daß alle derartigen Notizen mittelbar oder unmittelbar aus dieser Quelle herrühren (Münzer a. a. O. S. 398 f.), da ja z. B. Plinius auch vieles als selbst gesehen berichtet.

1) Vgl. I 15, 4.

Abnormitäten der menschlichen Bildung erregten vielleicht das meiste Interesse. Philodem. π. σημείων καὶ σημειώσεων Col. 2, 3 (Gomperz, Herculan. Studien Heft I S. 4): καὶ σπάνια δ' ἔστιν παρ' ἡμῖν ἔνια, καθάπερ ὁ γενόμενος ἡμίπηχυς ἄνθρωπο[ς] ἐν Ἀλεξανδρείᾳ, κεφαλὴν δὲ κολοσσι[κ]ὴν ἔχων, ἐφ' ἧς ἐσφυροκόπουν, ὃ[ν ἐ]πεδείκνυον οἱ ταρειχευταί, [κ]αὶ ὁ γαμηθεὶς ὡς παρθένος [ἐν Ἐ]πιδαύρῳ κἄπειτα γενό[μενο]ς ἀνήρ, καὶ ὁ γενόμενος ἐ[ν Κρή]τῃ πηχῶν ὀκτὼ καὶ τεττ[αράκ]οντα τοῖς ἐκ τῶν εὑρεθέ[ντων] ὀστῶν σημειουμένοις, ἔτ[ι δ' οὗ]ς ἐν Ἀκώρει πυγμαίους δ[εικνύ]ουσιν, ἀμέλει δ' ἀνα[λ]όγο[υς τοῖς οὓς] Ἀντώνιος νῦν ἐξ Ὑρία[ς (Συρίας?) ἐκο]μίσ[ατο ...]; vgl. das Vorwort des Herausgebers S. XIX; die Pygmäen in Akoris (in Mittelägypten, am östlichen Nilufer) erinnern an die Pygmäendarstellungen auf ägyptischen Landschaften (vgl. oben I 427 f.). Solche Monstrositäten konnten wohl nirgends mit besserem Erfolge zur Schau gestellt werden als in Rom, in einer Zeit, wo dort nicht nur Zwerge in vornehmen Häusern gern gehalten wurden, und man diese Verkrüppelung selbst durch künstliche Vorrichtungen herbeiführte (Ps.-Longin. de sublim. 44, 5: τὰ γλωττόκομα, ἐν οἷς οἱ πυγμαῖοι, καλούμενοι δὲ νᾶνοι, τρέφονται; vgl. Jahn, Archäol. Beitr. S. 430 ff. Marquardt, Privatl.² 152, oben II 369), sondern auch Riesen und Riesinnen (Martial. VII 38); wo echte »Kretins« einen hohen Preis hatten (Martial. VIII 13) und Hermaphroditen äußerst beliebt (*in deliciis habiti* Plin. n. h. VII 34) waren; wo es in Rom einen Markt für Mißgeburten gab, auf dem Liebhaber Exemplare von wadenlosen, kurzarmigen, dreiäugigen, spitzköpfigen Menschen fanden (Plut. de curios. 10: ὥσπερ οὖν ἐν Ῥώμῃ τινὲς τὰς γραφὰς καὶ τοὺς ἀνδριάντας καὶ νὴ Δία τὰ κάλλη τῶν ὠνίων παίδων καὶ γυναικῶν ἐν μηδενὶ λόγῳ τιθέμενοι, περὶ τὴν τῶν τεράτων ἀγορὰν ἀναστρέφονται, τοὺς ἀκνήμους καὶ τοὺς γαλεάγκωνας καὶ τοὺς τριοφθάλμους καὶ τοὺς στρουθοκεφάλους καταμανθάνοντες καὶ ζητοῦντες, εἴ τι γεγέννηται σύμμικτον εἶδος κἀποφώλιον τέρας κτλ.; vgl. advers. Coloten 3 p. 1108 D ὥσπερ ἀγορὰν ἢ πίνακα τεράτων συντίθησι τὸ βιβλίον).

August stellte einen Knaben aus Lycien öffentlich aus, der nicht volle 2 Fuß groß war, 17 Pfund wog und dabei eine Stentorstimme hatte (Suet. Aug. 43, 3). Dagegen gab es damals auch zu Rom (nach Papirius Fabianus) einen Knaben von dem Wuchs eines sehr großen Manns, der aber bald starb, wie allgemein vorausgesagt worden war (Senec. ad Marc. 23, 5). Unter Claudius Regierung wurde ein Riese von 9¾ Fuß (= 2,88 m) gezeigt, der aus Arabien gebracht war, namens Gabbara (auf arabisch Riese; Plin. n. h. VII 74). Vielleicht ist es derselbe, von dem Columella r. r. III 8, 2, der ihn einen Juden nennt, sagt, daß er vor kurzem bei einer Pompa circensis gezeigt worden sei, größer als die größten Deutschen. Auch Tiberius erhielt von Artabanus unter andern Geschenken einen sieben Ellen (= 3,10 m) langen Juden, namens Eleazar, der διὰ τὸ μέγεθος Γίγας ἐπεκαλεῖτο, Jos. Ant. J. XVIII 103. Dergleichen Naturseltenheiten wurden in Rom auch nach ihrem Tode zur allgemeinen Kenntnisnahme aufbewahrt. Plinius sah Körper von Zwergen in Behältern; ein Riese und eine Riesin (Posio und Secundilla) aus der Zeit Augusts waren in einer Gruft in den Sallustischen Gärten zu sehen, VII 75. Zu Claudius wurde aus Antiochia am Mäander ein Wesen gebracht, das bis zum Alter von 13 Jahren Jungfrau gewesen war und sich dann, im Jahre 45, kurz vor der Hochzeit, in einen Mann verwandelt hatte; zu Nero im Jahre 61 ein Kind mit vier Köpfen, dessen übrige Glieder entsprechend gebildet waren. Phlegon Mir. 6. 20.

Wenn merkwürdige und seltene Tiere nach Rom kamen, stellte sie August, der an ihrem Anblick eine besondere Freude hatte (Aur. Vict. epit. 1, 25), auch außer den Spielen an verschiedenen Orten aus: eine Schlange von 50 Ellen Länge auf dem Comitium, ein Rhinozeros bei den Saepta, einen Tiger auf der Bühne (Sueton. Aug. 43, 4). Auch die aus Indien (angeblich vom König Poros) erhaltenen Geschenke (einen Menschen ohne Arme, große Nattern, eine Schlange von zehn Ellen Länge, eine Flußschildkröte von drei Ellen, ein Rebhuhn, das größer war als ein Geier — vielleicht »*the jungle fowl which Forbes describes as having something of the plumage of the partridge*«, O. de Beauvoir Priaulx, Journ. of the R. Asiatic soc. XVII 1860 S. 317, 27) hatte er allem Anschein nach öffentlich ausgestellt (Strabo XV 719: τὸν τε ἑρμᾶν, ἀπὸ τῶν ὤμων ἀφῃρημένον ἐκ νηπίου τοὺς βραχίονας, ὃν καὶ ἡμεῖς εἴδομεν). Den Vogel Phönix ließ Claudius im Jahre 47 auf dem Comitium sehen, doch niemand zweifelte an seiner Unechtheit, Plin. n. h. X 5; vgl. Tac. A. VI 28. Cass. Dio LVIII 27, 1. Auch die weißen Hirsche, die Pausanias in Rom bewunderte (VIII 17, 4), scheinen öffentlich zur Schau gestellt gewesen zu sein; dagegen die IX 21, 1 ff. erwähnten Tiere wird er im Amphitheater oder in Käfigen gesehen haben. Das Modell von dem Gerippe eines Walfisches, der sich ins Mittelmeer verirrt hatte, zeigte Sever im Amphitheater, wie es scheint, bei Schauspielen; 50 Bären hatten darin Platz. Cass. Dio LXXV 16, 5.

So hatte auch Tiber einen Balken von dem längsten bis dahin gesehenen und noch zu Plinius Zeit nicht übertroffenen Baumstamme öffentlich ausgestellt. Er war von einer in Rätien gefällten Lärche bei einer gleichmäßigen Dicke von 2 Fuß (= 0,59 m) 120 Fuß (= 35,5 m) lang. Er wurde bei dem Bau von Neros Amphitheater verwendet. Agrippa hatte in einer Säulenhalle der von ihm gebauten Saepta ebenfalls der Merkwürdigkeit halber einen Balken liegen lassen, der 20 Fuß kürzer und 1 ½ dick war, Plinius hatte ihn noch gesehen. Plin. n. h. XVI 200f. Auch Wunder des Pflanzenreichs wurden gewiß regelmäßig aus den Provinzen an die Kaiser gesandt. An August schickte ein Prokurator aus Byzacium in Afrika beinahe vierhundert aus einem Weizenkorn entsprossene Keime; aus derselben Gegend erhielt Nero 360 Halme aus einem Korn, Plin. n. h. XVIII 94f.; aus Cyrenaica ein Exemplar der Pflanze Silphion, eine große Seltenheit, da sie damals dort völlig ausgegangen war, ebd. XIX 39. Unter Nero wurde in Kappadocien ein durchscheinender Stein von der Härte des Marmors entdeckt, den man bald darauf auch in Rom kennen lernte; denn Nero baute daraus einen Fortunatempel im Goldenen Hause, in dem es bei Tage, auch wenn die Türen geschlossen waren, hell blieb, ebd. XXXVI 163. Galen sagt (XIV 25): κομιζομένων γὰρ τοῖς βασιλεῦσι τῶν ἀρίστων ἁπανταχόθεν und erwähnt p. 64, daß die kostbarsten Medikamente aus den fernsten Ländern in den kaiserlichen Magazinen (ἀποθήκαις) in Masse lagerten.

Mehr als einmal erregten auch Vielfresser das allgemeine Interesse der Stadt Rom. »Unter Nero«, berichtet der Chronist vom Jahre 354 (Mommsen, Chron. min. I 146), »war ein Vielfresser, von Geburt ein Alexandriner, Namens Arpocras, welcher folgendes Wenige verspeiste (*manducavit pauca*): ein gekochtes

Wildschwein, eine lebendige Henne mit ihren Federn (*cum suas sibi pinnas*), 100 Eier, 100 Pinienkerne, Schuhnägel, Glasscherben, Reiser von einem Palmenbesen, 4 Tischtücher, ein saugendes Ferkel, ein Bündel Heu — und dann noch hungrig zu sein schien.« Man erzählte sich, daß Nero gewünscht habe, ihm lebendige Menschen zu zerreißen und zu fressen zu geben (Suet. Nero 37, 2). Ein andrer ließ sich unter Alexander Severus sehen, von dem derselbe Chronist (ebd. I 147) ähnliches berichtet, ein dritter namens Phagon unter Aurelian, der an ihm sehr großes Gefallen fand, Hist. aug. Aurel. 50, 4. Vgl. Mommsen, Ges. Schrift. VII 572, 4.

Auch Beispiele unerhörter Fruchtbarkeit und vielfältiger Geburten wurden in Rom gern zur öffentlichen Kenntnis gebracht und zogen die Aufmerksamkeit auf sich. Pompejus stellte in seinem Theater Bilder von merkwürdigen Personen auf; darunter befand sich das einer Frau, Eutychis aus Tralles, die 30 Kinder geboren, von denen 20 ihre Leiche zum Scheiterhaufen getragen hatten, Plin. n. h. VII 34. Die Acta vom 11. April 5 v. Chr. berichteten, daß ein Bürger aus Fäsulä mit 8 Kindern, 27 Enkeln, 8 Enkelinnen, 18 Urenkeln auf dem Kapitol geopfert habe, ebd. VII 60; was freilich wohl nicht bloß als Merkwürdigkeit mitgeteilt wurde, sondern um der immer zunehmenden Ehe- und Kinderlosigkeit ein leuchtendes Beispiel entgegenzuhalten. Unter Diocletian und Maximian, berichtet die Stadtchronik von 354 (Mommsen, Chron. min. I 148), gebar in Rom eine Frau, namens Irene, Vierlinge, drei Knaben und ein Mädchen. Eine Sklavin Augusts gebar Fünflinge, was nach ihrem bald darauf erfolgten Tode auf Augusts Befehl auf ihrem Grabdenkmale angegeben werden mußte (Gell. X 2, 2). In den Digesten wird wiederholt erwähnt, daß unter Hadrian eine Frau aus Alexandria nach Rom gebracht worden sei, namens Serapias, die vier Kinder in einer Geburt und 40 Tage darauf das fünfte zur Welt gebracht hatte; Paulus Dig. V 4, 3: *Sed et Laelius scribit se vidisse in Palatio mulierem liberam, quae ab Alexandria perducta est, ut Hadriano ostenderetur, cum quinque liberis, ex quibus quatuor eodem tempore enixa dicebatur, quintum post diem quadragesimum*; nach Gajus war es nur eine einzige Geburt, XXXIV 5, 7 (8) pr.; dasselbe gibt Julianus an, der hinzufügt: *et hoc et in Aegypto affirmatum est mihi*, XLVI 3, 36. Es ist doch wohl dieselbe Frau, von der Phlegon von Tralles berichtet, daß ihre Kinder auf Kosten des Kaisers Trajan erzogen wurden (Mirab. 29): καὶ ἑτέρα τις γυνὴ κατὰ τὴν αὐτὴν πόλιν πέντε ἐν ἑνὶ τοκετῷ ἀπεκύησε παῖδας, τρεῖς μὲν ἄρρενας, δύο δὲ θηλείας· οὓς ὁ αὐτοκράτωρ Τραϊανὸς ἐκέλευσεν ἐκ τῶν ἰδίων χρημάτων τρέφεσθαι· πάλιν δὲ μετ᾽ ἐνιαυτὸν ἄλλα τρία ἡ αὐτὴ γυνὴ ἔτεκεν. Derselbe Phlegon erzählt auch, daß er einen Mann von 136 Jahren gesehen, der zum Kaiser Hadrian gebracht worden war (Macrob. 4): Φαῦστος Καίσαρος δοῦλος ἐκ Σαβίνων ἀπὸ πραιτωρίου Παλλαντιανοῦ ἔτη ρλϛ, ὃν καὶ αὐτὸς ἐθεασάμην, Ἀδριανῷ τῷ Καίσαρι ἐπιδειχθέντα[1]). Ein Freund des Neuplatonikers Porphyrius hatte einen Sklaven, der die Sprache der Vögel verstand, aber diese Gabe verlor durch seine Mutter, die aus Furcht, daß man ihn als Geschenk an den Kaiser senden möchte, die Ohren des Schlafenden verunreinigte (Porphyr. de abstin. III 3).

1) Dieser Mann soll auch im Talmud vorkommen, Grünwald, Jüd. Zentralbl. IX S. 20.

Hin und wieder wurden aus dem weiten Reich auch angebliche Geschöpfe aus der Fabelwelt nach der Hauptstadt gebracht. Solche scheint Manilius gesehen zu haben, der (unter Tiberius) die »häufig mit Menschengliedern zusammengewachsenen Tierleiber« erwähnt (Astron. IV 101 f.). Aus der afrikanischen Wüste, in der es wilde Männer und Weiber geben sollte, welche letzteren einige für die Veranlassung der Medusensage hielten, soll einmal ein wilder Mann nach Rom gebracht worden sein; wann, ist nicht zu ermitteln, denn Pausanias, der es erzählt, beruft sich dabei auf einen unbekannten Schriftsteller, den Karthager Procles, Sohn des Eucrates, Paus. II 21, 6. Unter Claudius wurde ein Hippocentaur auf einem Berge in Arabien lebendig gefangen und mit anderen Geschenken für den Kaiser an den Präfekten von Ägypten gesandt; dort starb er, wurde künstlich konserviert (*in melle* Plin. n. h. VII 35, der denselben Fall kurz erwähnt), nach Rom befördert und im kaiserlichen Palast gezeigt. Phlegon beschreibt ihn ausführlich (Mirab. 34) und sagt Mirab. 35, wer es nicht glauben wolle, könne ihn noch sehen: ἀπόκειται γὰρ ἐν τοῖς ὁρίοις (ὅρτοις Xylander, ὁρρείοις Meursius, θησαυροῖς Bochart) τοῦ αὐτοκράτορος τεταριχευμένος ὡς προεῖπον. Ein Satyr wurde an Constantin nach Antiochia gesandt (*sale infuso, — ut ab imperatore videretur*, Hieronym. Vit. Paul. Erem. 8, Migne lat. XXIII 23). Von Tritonen und Nereiden scheint man bis auf Plinius Zeit nur Berichte erhalten zu haben. An Tiber kam eine Gesandtschaft aus Olisippo (Lissabon) mit der Meldung, daß dort ein Triton in bekannter Gestalt in einer Höhle auf einer Muschel blasend gesehen und gehört worden sei; und eine Nereide, gleichfalls in bekannter Gestalt, aber auch an der menschlichen Hälfte des Leibes mit Schuppen bedeckt, war an demselben Ufer gesehen worden, und die Bewohner hatten weithin das klägliche Gewinsel der sterbenden Nixe gehört. Dieses und ähnliches berichtet Plin. n. h. IX 9. Doch Pausanias sah einen Triton zu Rom (ἐν τοῖς Ῥωμαίων θαύμασι IX 21, 1) mit grünen Haaren, Schuppenhaut, großen Zähnen, die Hände mit muschelartigen Schalen bedeckt, in einen Fischschwanz endigend. Noch Poggio berichtet von der Erscheinung eines Tritonen, von dem er ein hölzernes Modell in Ferrara sah (Burckhardt, Kultur der Renaissance II[7] 251 f.).

Eine angebliche Reliquie aus der Heroenzeit erhielt Tiber im Jahre 17, als ein Erdbeben Kleinasien und mehrere andre Gegenden erschütterte. An Orten, wo die Erde auseinanderklaffte, fand man Überreste von Körpern von ungeheurer Größe und schickte zur Probe von einem derselben einen Zahn, der mehr als einen Fuß maß, an Tiber, mit der Frage, ob man den ganzen Heroen nachsenden solle. Tiber wollte die Ruhe der Heroen im Grabe nicht stören, doch ließ er, um sich von ihrer Größe eine Vorstellung zu machen, von einem Geometer, namens Pulcher, das Modell eines Kopfs in der Größe anfertigen, die er nach der Länge des Zahns gehabt haben mußte; dann schickte er den Zahn zurück. Phlegon Mirab. 14.

Ein neues Interesse gewannen diese Naturwunder in der christlichen Zeit. Sie bewiesen die Möglichkeit von manchem, was die Bibel berichtete. Daß die Engel mit sterblichen Weibern Riesen erzeugten, war keineswegs unglaublich, wie Augustinus bemerkte, da kurz vor der Zerstörung Roms durch die Goten (410) dort unter allgemeinem Zulauf eine Riesin gezeigt worden war, deren

Eltern übrigens nur die gewöhnliche Größe hatten. Auch hatte Augustinus bei Utica am Strande den Backenzahn eines Riesen gesehen (Augustin. de civitate dei XV 9. 23). Sodann waren die Naturwunder der Wirklichkeit und der Sage, wie Pygmäen, Skiapoden, *et cetera hominum vel quasi hominum genera, quae in maritima platea Carthaginis musivo picta sunt, ex libris deprompta velut curiosioris historiae* (C. D. XVI 8), von Ungläubigen benutzt worden, um die Möglichkeit der Abstammung aller Menschen von Adam zu bestreiten. Obwohl Augustinus vieles Derartige für erdichtet hielt, so bemerkt er, daß es allerdings wunderbar gestaltete Menschen gebe, die deshalb aber doch Menschen seien und deshalb auch von Adam abstammen. Bei Hippo Diarrhytus sei ein Mensch mit fast mondförmigen Füßen und nur zwei Zehen an jedem, auch ähnlichen Händen. Hermaphroditen gebe es unzweifelhaft, obwohl selten. Ferner hatte vor mehreren Jahren, aber noch zu seiner Zeit, im Orient ein Mensch gelebt mit zwei Köpfen, doppelter Brust und vier Händen, aber von der Mitte des Leibes ab nur mit einfachen Gliedern, und zwar so lange, daß viele dahin gereist waren, um ihn zu sehen. G. W.

II

ÜBER GESANDTSCHAFTEN AUS FREMDEN LÄNDERN AN RÖMISCHE KAISER[1]

VON ULRICH KAHRSTEDT.

Es kann sich hier nicht darum handeln, ein Verzeichnis all der Gesandtschaften zu geben, die nach unsrer Kenntnis von reichsfremden Staaten und Stämmen im Laufe der Jahrhunderte römischer Kaiserherrschaft am Hofe erschienen sind. Es ist selbstverständlich, daß ein großer Staat mit sehr ausgedehnten Landgrenzen in drei Erdteilen eine Fülle von Berührungspunkten mit den verschiedensten fremden Völkern hat und daß, zumal er das einzige Kulturzentrum in Sichtweite der meisten von ihnen darstellte, ständig eine politische Verbindung zwischen diesen und Rom bestand. Die Mehrzahl der Gesandtschaften ist freilich nicht über die lokalen Zentraldienststellen hinausgekommen. Es lag auf der Hand, daß z. B. die Beschwerden und Wünsche transrhenanischer Stämme in Mainz oder Köln entschieden und nicht bis vor die Reichsregierung geschleppt wurden. Gleichwohl müssen ungezählte Missionen auch hier bis zu dieser gelangt sein, und es ist selbstverständlich, daß die große Mehrzahl von ihnen in unserer Überlieferung spurlos verschwunden ist: es knüpften keine erwähnenswerten historischen Vorgänge an sie an.

Die uns zufällig bekannten Gesandtschaften britischer, germanischer, südrussischer Staaten und Stämme, die gleichartigen nordarabischer und nordafrikanischer Beduinen und Oasenbewohner, vor allem die Missionen der parthischen Regierung (später der Sassaniden) und der im Kreis der römisch-parthischen Politik stehenden Staaten (Armenien, Osrhoëne, Albanien, Iberien, Atropatene usw.) aufzuzählen, hieße die Geschichte der auswärtigen Politik des Kaiserreichs in Umrissen darstellen. Hier kann nur die Rede davon sein, die Gesandtschaften ferner exotischer Völker namhaft zu machen, d. h., da alles übrige in den Rahmen der laufenden Politik gehört, die diplomatischen Verbindungen mit Indien, China und Südarabien, mit dem die gegenüberliegende afrikanische Küste zusammengeht, zu verfolgen.

Die Zahl der hier zu erwähnenden Einzelfälle ist überraschend gering: der ständige diplomatische Konnex endete meist sehr nahe jenseits der Reichs-

1) Vgl. I 18, 7.

grenzen; die Verbindung mit Übersee war, abgesehen von Gebieten wie Britannien vor Claudius und dem bosporanischen Staat, sehr sporadisch und bleibt es auch, wenn wir zwischen die uns bekannten Gesandtschaften andre in Vergessenheit geratene einschieben.

Augustus meldet im Mon. Anc. 31 (vgl. Suet. Aug. 21, 3), daß »oft« Gesandtschaften aus Indien zu ihm gekommen seien. Im einzelnen kennen wir genauer eine solche durch Cass. Dio LIV 9, 8f., die Augustus auf Samos 20 v. Chr. empfangen hat[1]), eine frühere in Tarraco (also 26 oder 25 v. Chr.) erschienene ist schlechter überliefert (Oros. VI 21, 19f. Hieron. chron. ol. 188), aber auch leidlich gesichert. Strabon erwähnt ohne Datierung XV 686. 719 (= Nic. Dam. frg. 91) eine Gesandtschaft mit reichen Geschenken, die Aufzählung weicht aber von der des Cassius Dio 20 v. Chr. so weit ab, daß eine Identifizierung unsicher erscheint. Da Dio einen Tiger als Geschenk nennt und der erste Tiger in Rom 11 v. Chr. ausgestellt wurde (Plin. n. h. VIII 65), da ferner Sueton (Aug. 43, 4) nur einen in Rom unter Augustus ausgestellten Tiger zu kennen scheint, kann dies auf eine weitere Gesandtschaft in dieser Zeit deuten, die Dio dann mit der vom Jahre 20 v. Chr. verwechselt hat.

Die Annahme von 3 oder 4 indischen Gesandtschaften genügt, um Augustus stolze Angabe im Mon. Anc. verständlich zu machen: es ist begreiflich, daß er den Mund etwas voll nimmt und von »oft« gekommenen Missionen spricht.

Eine andre Frage ist, ob alle diese Gesandtschaften wirklich politische Missionen darstellen; die von Nicolaus Damascenus erwähnten und von ihm selbst in Antiochia gesehenen Inder behaupteten, von einem über 600 Fürsten gebietenden König Poros (oder Pandion) geschickt zu sein, aber ihr Auftreten in Begleitung einer Mißgeburt, die nebst allerhand Reptilien als Geschenk dienen soll, sowie ihre auf dem in Indien unbekannten Pergament geschriebene Beglaubigung (Beauvoir Priaulx, Journ. As. Soc. XVII 1860 S. 309) machen mißtrauisch. Auch die Angabe, daß die drei Gesandten die einzig Überlebenden einer größeren Schar gewesen sein wollen, ist auffallend. Sie soll doch wohl darlegen, daß die Gesandten eine ganz unerhörte Reise durch endlose unbekannte Länder und Meere zu machen gehabt hatten. Es ist nicht recht glaublich, daß ein indischer Monarch seine Gesandten so mangelhaft versorgt in einer Zeit, wo ein ständiger, sehr intensiver Seeverkehr zwischen Ägypten und Indien hin und her geht. Unter Augustus war, wie Strabon II 118 betont, die Reise nach Indien nichts Unerhörtes mehr. Der Gedanke, daß es sich hier um Gaukler handelt, die sich ein größeres Ansehen geben wollten, liegt nahe. Daß man sie am Hofe ernst nahm, beweist nicht das Gegenteil; noch 1895 hat eine Gruppe abessinischer Betrüger sich in Petersburg als Gesandtschaft Meneliks ausgegeben und sich wochenlang als amtliche Vertretung eines souveränen Staates behandeln lassen. Versuche, die Dynasten festzustellen, von denen die verschiedenen Gesandtschaften ausgingen (z. B. Mommsen, Res gest. d. Aug.[2] S. 133. Lassen, Ind. Altertumsk. III 59f. Beauvoir Priaulx a. a. O.) sind unter solchen Umständen gegenstandslos, zumal unsre Kenntnis des indischen Staatensystems der Zeit

1) Diese wird auch gemeint sein bei Horat. carm. saec. 65; carm. IV 14, 41; desgl. Florus II 34, 62, da er mit Horaz die Übertreibung einer chinesischen Gesandtschaft gemein hat, also von diesem irgendwie abhängt.

unvollkommen ist (vgl. zu der ganzen Frage der indischen Gesandtschaften Letronne, Mem. Acad. inscr. X 226 ff.).

Die letzteren Fragen liegen etwas klarer bei der Gesandtschaft, die Claudius nach Plin. n. h. VI 84 empfing: sie kam aus Ceylon. Vermittelt wurde ihre Entsendung durch einen Freigelassenen des Annius Plocamus, Pächters der Seezölle am Roten Meer. Daß, wie Plinius meldet, dazu nötig war, daß der Freigelassene nach Ceylon verschlagen wurde, scheint unglaublich; Ceylon lag schon geraume Zeit in Sichtweite des römischen Handels und war kein unbekanntes, wildes Gestade. Ihre märchenhaften Erzählungen mögen durch die mangelhaften Sprachkenntnisse des als Dolmetsch dienenden Libertinen zu erklären sein, immerhin mag zur Beurteilung dieser Mission daran erinnert werden, daß auch die abessinische »Gesandtschaft« nach Petersburg 1895 durch einen in das Land verschlagenen russischen Kaufmann veranlaßt wurde, der sich am Hofe wichtig machen wollte (zu der Gesandtschaft an Claudius vgl. Beauvoir Priaulx, Journ. As. Soc. XVIII 1861 S. 345 ff. Lassen a. a. O. S. 61. 216. Emerson Tennent, Ceylon I 532).

Später hören wir von indischen Gesandtschaften an römische Kaiser unter Trajan (Cass. Dio LXVIII 15, 1), Hadrian (Hist. Aug. Hadr. 21, 14: Baktrien), Antoninus Pius (Vict. Epit. 15, 4: Indien, Baktrien, Hyrkanien), Elagabal (Stob. Ecl. I 3, 56), Aurelian (Hist. Aug. Aurel. 42, 10: Indien, Baktrien), Constantin I. (Euseb. Vita Const. IV 7. Porphyr. de abst. IV 17), Julian (Amm. Marc. XXII 7, 10: *Divi et Serendivi*; Serendib ist Ceylon, die *Divi* sind unsicher)[1]. Ob und wieweit dazwischen Gesandtschaften durch die lückenhafte Überlieferung in Vergessenheit geraten sind, steht dahin; da die erwähnten solchen Eindruck machten, daß sie sich bis zu den entlegensten Epitomatoren hindurchretteten, werden es kaum viele gewesen sein.

Gesandtschaften aus China sind nicht sicher belegt. Horat. carm. III 29, 27. IV 15, 23, danach Florus II 34, 62 sprechen unter Augustus zwar von *Seres* neben den Indern, aber Augustus im Mon. Anc. schweigt von ihnen und hätte sie sicher in seinen Aufzählungen am allerwenigsten übergangen. Auch haben die Handelsbeziehungen Chinas nicht bis an das Mittelmeer gereicht. Die Annalen der älteren Han-Dynastie Kap. 88 (vgl. oben I 369 f.). sprechen als von den äußersten Fühlern chinesischer Macht von Einbringung von »Tributen« aus Margiana 87 n. Chr. (§ 17) und Parthien 101 n. Chr. (§ 21), sowie von dem Vorstoß eines chinesischen Kommissars bis an den Indischen Ozean (§ 19 f.). Dieselbe Chronik betont (§ 32) die Unmöglichkeit, mit Ländern jenseits Parthiens Beziehungen anzuknüpfen, und die Beschreibung des römischen Orients — der Leg. Aug. pr. pr. in Antiochia ist ihr deutlich das Haupt des großen Staates im Westen —, namentlich die Schilderung der Art, wie man dort Gesandte empfängt (§ 31), zeigt durch Inhalt und Färbung deutlich, daß keine chinesische Gesandtschaft von alledem berichtet hat. Demgemäß wird die römische Gesandtschaft unter dem Kaiser Antun (Marcus Aurelius Antoninus) 166 n. Chr. (§ 33) ausdrücklich als erste unmittelbare Verbindung mit jenem Reiche hervorgehoben. Danach werden auch die Seres in der Aufzäh-

1) Letronne a. a. O. S. 234. Reinaud, Journ. asiat. 1863, 401.

lung von Gesandten an Aurelian (Hist. Aug. Aurel. 41, 10) nur mit Vorsicht aufzunehmen sein.

Gesandte aus Südarabien begegnen Ende des 1. Jahrh. n. Chr. (Plin. n. h. XII 57); genaueres gibt der Peripl. m. Er. 23, der von häufigen Gesandtschaften der Sabaer und Homeriten an die Kaiser redet.

Zu ihnen zu stellen sind die Vertreter des Reiches von Axum, Abessinien, die unter Aurelian (Hist. Aug. Aurel. 41, 10) namhaft gemacht werden und die auch in den von Euseb. vit. Const. IV 7 unter Constantin genannten Äthiopen stecken mögen, zumal sie von den an Ägypten grenzenden und mit Rom in engerem Konnex stehenden Blemmyern geschieden werden. In noch späterer Zeit wird Cod. Theod. XII 2, 12 ein häufigerer Gesandtenverkehr mit den Axomiten und Homeriten vorausgesetzt.

III

ÜBER DIE BEVÖLKERUNG ROMS[1])

VON ULRICH KAHRSTEDT.

Literatur: Zumpt, Abh. Berl. Akad. 1840, 59 ff. Marquardt StV. II[2] 120 ff. Wietersheim, Gesch. d. Völkerwand. I 1, 242 ff. Pöhlmann, Die Übervölkerung der antiken Großstädte 22 ff. Beloch, Bevölkerung d. griech.-röm. Welt 392 ff.; Jahrb. f. Nationalök. u. Stat. 3. Folge XIII 1896 S. 329. Seeck ebd. 169. Cardinali, Diz. epigr. III 309 ff. Ferner vergleiche die Darstellungen der Kaiserzeit und der römischen Topographie. Die älteren, nicht auf moderner wissenschaftlicher Grundlage aufgebauten Schätzungen siehe bei Beloch, Bevölkerung a. a. O.

Quellen: Wir haben zur Berechnung der Bevölkerungszahl Roms vier verschiedene Gruppen von Angaben, 1. solche, die die Kopfzahl von bestimmten Kategorien der hauptstädtischen Bevölkerung geben, 2. solche über den Getreidekonsum der Hauptstadt, 3. solche über die Zahl der Wohnungen und Häuser, 4. solche über den Umfang der Stadt, die durch Flächenmessungen ergänzt werden können.

Von den überlieferten Kopfzahlen sind die wichtigsten die der Getreideempfänger bei den Frumentationen und der Congiarienempfänger, die sich (Beloch, Bev. 400) decken, und von denen wir aus cäsarisch-augusteischer Zeit eine ganze Reihe besitzen. Bei der Begründung von Cäsars Alleinherrschaft erhielten 320 000 Menschen Getreidespenden (Suet. Caes. 41, 3. Plut. Caes. 55), welche Zahl durch den Diktator auf 150 000 herabgesetzt wurde (Suet. Plut. a. a. O. Liv. per. CXV). Augustus meldet (Mon. Ancyr. 15), daß bei seinen Spenden in den Jahren 44, 29, 24, 23, 12 v. Chr. niemals weniger als 250 000 Menschen bedacht worden seien, im Jahre 5 v. Chr. sogar wieder 320 000. Im Jahre 2 v. Chr. wurde wieder ein Abbau begonnen und die Zahl auf reichlich 200 000 fixiert, um bei der Spende anläßlich des Testaments des Augustus 14 n. Chr. wieder 150 000 zu betragen, wie sich aus den Zahlen bei Suet. Aug. 101, 2 f. Tac. Ann. I 8 (vgl. Beloch 398, 7) ergibt.

Aus den nächsten Generationen fehlt jede Angabe, erst aus Cass. Dio LXXVI 1, 1 erfahren wir, daß 203 einschließlich der Truppen in Rom 2 Mill. Sesterzen aufgewandt werden mußten, um jedermann 1000 Sesterzen zukommen zu lassen. Das setzt 200 000 Empfänger voraus, also ohne die Soldaten trotz

1) Vgl. I 18, 8 und 27, 3. II 370, 1.

Herod. III 13, 4, der von 40000 Mann redet, doch wohl gegen 180000 Zivilpersonen.

Die erste Frage ist nun die, wieweit der von den genannten Zahlen bezeichnete Kreis sich erstreckt. Fest steht, daß es sich nur um männliche römische Bürger handelt, und zwar einschließlich der Libertini (Cass. Dio XXXIX 24, 1). Dagegen ist die untere Altersgrenze der Bedachten strittig gewesen, man hat nach den Angaben Cass. Dio LI 21, 3. Suet. Aug. 41, 2 für die augusteischen Spenden die Knaben bürgerlichen Geblüts vom vollendeten 10. Jahre an einbeziehen wollen. Das ist nach den Darlegungen Hirschfelds, Philol. XXIX 1869 S. 6ff. nicht richtig. Die Zahl ist vielmehr die der erwachsenen männlichen *cives Romani*.

Es bleibt die zweite Frage, wieweit die betreffende Bürgermasse sich territorial verteilt, ob sie nur die Bevölkerung der eigentlichen Stadt umfaßt oder auch die Campagnolen, soweit sie sich eintragen ließen und den Weg nach Rom nicht scheuten, wie Beloch, Bevölk. S. 399f. 402f. annimmt. Auch die letztere Hypothese ist abzulehnen: Augustus spricht (Mon. Anc. a. a. O.) von *plebs urbana*, unter der nun und nimmer Einwohner von Ostia, Tibur, Ardea usw. verstanden werden können. Auch sind die Spenden entstanden und entwickelt worden als Mittel, die hauptstädtischen Massen bei Laune zu erhalten, Clodius hatte schlechterdings kein Interesse an der Stimmung dieser Ackerbürger usw. Es wäre unverständlich, wie eine solche Institution sich auf die Campagnolen hätte ausdehnen können. Der Anspruch auf die Spende ruhte nicht auf der Civität, sondern auf der Ortsansässigkeit, genauer auf der Zugehörigkeit zur *plebs urbana*. Freilich sind die letzteren Begriffe zum mindesten unter Cäsar unsicher; es gab damals keine Verwaltungsgrenze, die wirklich die Hauptstadt ein- und das flache Land ausschloß. Das Pomerium umfaßte nur einen Teil des bebauten Stadtgebiets und kann mit den Frumentationen nichts zu tun gehabt haben. Es ist absurd, anzunehmen, daß z. B. die dichte plebejische Bevölkerung des Aventin, der erst unter Claudius in das Pomerium einbezogen wurde, bis auf diesen bei allen Spenden leer ausgegangen sei. Die alten Gemeindegrenzen gegen Caere und andre Nachbarstädte können auch nicht gemeint gewesen sein, sie waren längst obsolet und hätten außerdem die Leute von Ostia zur *plebs urbana* gestempelt. Es bleibt also nur die Annahme, daß die Spenden bis auf Cäsar sich einfach nach der Ausdehnung des städtisch bebauten Gebietes richteten ohne jede Rücksicht auf rechtliche Grenzlinien, einfach das als *urbs* nehmend, was wirtschaftlich und praktisch Rom war, und damit einen neuen Stadtbegriff zu bestimmten Verwaltungszwecken schaffend, genau wie heutzutage z. B. die postalischen Bezirke sich lediglich nach der tatsächlichen Ausdehnung des großstädtischen Charakter tragenden Areals richten und politische Gemeinden teils zusammenschlagen, teils zerlegen. Diesen Verpflegungsbezirk Rom, der sich mit dem Weichbild Roms also ebensowenig deckte wie die heutigen Postbezirke mit dem Weichbild der Großstädte, deren Namen sie tragen, hat dann offenbar Augustus, als das Gebiet der 14 Regionen, auch rechtlich mit festen Grenzlinien abgesteckt. Mit andern Worten: die voraugusteischen Zahlen beziehen sich ebenfalls auf das, was seit diesem Kaiser die 14 Regionen waren, und alle Angaben der Kaiserzeit sind immer auf das jeweils von den 14 Regionen eingenommene und von der Zollgrenze (Octroi)[1] umzogene Gebiet zu verstehen. Das letztere hat gelegentliche Ausdehnungen erfahren (Richter, Topogr. v. Rom 53 f. 59 f.) und schon unter Augustus einen größeren Raum als die aurelianische Mauer umfaßt, den Zug der letzteren seit Vespasian namentlich im Süden erheblich überschreitend.

Es erhebt sich nun die Frage, inwieweit aus den Zahlen der Getreideempfänger auf die bürgerliche Gesamtbevölkerung der Stadt geschlossen werden darf. Dazu geben die Verschiebungen in der Zahl einen noch unbenutzten Anhalt. Die Zahl von 320000 unter Cäsar bedeutet ungefähr die Gesamtzahl der hauptstädtischen Bürger außer den Senatoren und Rittern: die sinnlose Fütterung der Menge, namentlich seit der Lex Clodia, die jedem Bürger die Spenden zugänglich machte, mußte naturnotwendig dahin führen, daß die ganze bürgerliche Bevölkerung, auch soweit sie es nicht nötig hatte, sich an das Durchgefüttertwerden gewöhnte und daß, wer das Korn selbst nicht brauchte, es als willkommenen Verkaufsartikel mitnahm, um Geld zu verdienen. Setzt nun Cäsar, oder später Augustus, die Zahl der Berechtigten herab, so bedeutet das nicht, wie Beloch, Bevölk. S. 402 meint, eine Auswanderung aller Betroffenen aus Rom. Das ergibt sich aus folgendem: wenn Cäsar von 320 000 Empfängern 170 000 strich, so müßten sich damals — abzüglich der 80 000 in außeritalische Kolonien Deduzierten, Suet. Caes. 42, 1 — 90 000 Menschen, d. h. mit ihrem Anhang über 100 000, plötzlich über die italischen Munizipien ergossen haben. Das wäre eine soziale Revolution gewesen, ähnlich den Vorgängen nach den Entlassungen der Armeen der Triumvirn und des Octavius Cäsar, von denen ganz Italien erschüttert wurde und bei denen es sich auch um keine größeren Massen handelte. Eine soziale Revolution wäre aber erstens ebensowenig spurlos in unsern Quellen verschwunden wie jene andern Erschütterungen, und zweitens gab es 46 v. Chr. nichts, was Cäsar so wenig brauchen konnte und so sorgsam vermieden hat, wie die soziale Revolution in Italien. Ferner: wenn die stadtrömischen Pflastertreter sich in kleine Ackergemeinden zerstreuten, fanden sie dort noch viel weniger Gelegenheit ihr Leben zu fristen, als in Rom, einfach weil weniger Arbeit, die für sie in Betracht kam, verlangt wurde und weil sie wohl hier, aber nicht in jenen die lokalen Verhältnisse kannten, denen sie sich wirtschaftlich anzuschmiegen hatten. Nur wer als Kolonist mitging, hatte außerhalb bessere Chancen, sich das Nötigste zu verdienen, als in Rom, nicht wer auf eigene Faust auswanderte. Und deduzierte Kolonisten gab es im ganzen 80 000; von diesen sind erstens die Veteranen abzuziehen, zweitens sind sicher auch aus andern Städten als gerade Rom, wenn auch weniger, Leute mitgegangen: die Annahme, daß Rom durch die cäsarische Maßnahme 60—70 000 Menschen verlor, ist hoch genug gegriffen, während die von keinen Deduktionen begleiteten Anordnungen unter Augustus überhaupt keinen fühlbaren Rückschlag in der Einwohnerzahl herbeigeführt haben können. Dann versteht man auch, was sonst ganz rätselhaft bliebe, daß 46 v. Chr. 320 000, 44 v. Chr. (Mon. Anc. a. a. O.) über, vielleicht erheblich über 250 000

1) Diese Zollgrenze ist natürlich keine Mauer gewesen, trotz der 37 »Tore« von Plin. n. h. III 66. Jede Octroi-Linie hat Tore, d. h. Hebestellen an den Straßen; deswegen werden aber die letzteren nicht miteinander durch eine Mauer verbunden.

Menschen die Spenden empfingen; wären 46 v. Chr. gegen 170000 abgewandert, bliebe die hohe Zahl ganz unverständlich.

Unter diesen über 250000 Bürgern waren dann 150000 in den Listen der Getreideempfänger Stehende und reichlich 100000 andre, die nicht als bedürftig anerkannt waren, sondern als Handwerker oder sonstwie ihr Geld verdienten, aber bei den aus dem Rahmen der regelmäßigen Frumentationen fallenden Spenden mitberücksichtigt wurden. 40 Jahre später haben wir (s. o.) nach dem erneuten Einströmen Nichtbedürftiger in die Listen bei einer Spende des Jahres 5 v. Chr. 320000 Empfänger, nach einer Neuredigierung der Listen 2 v. Chr. reichlich 200000: mit andern Worten, die Zahl der Kleinbürger war seit 44 v. Chr. von 100000 auf 120000 gestiegen, die der Proletarier von 150000 auf 200000.

Den Kleinbürgern wird man im gleichen Umfange wie auch heute in Ländern mit niedriger Geburtenziffer Frauen und Kinder zuzurechnen, d. h. bei 100000 Männern 300000 Seelen, bei 120000: 360000 Seelen anzunehmen haben. Die eigentlichen Proletarier dagegen dürften nur in seltenen Fällen Familien gehabt haben; wenn man 150000 Männern 200000 Seelen entsprechen läßt und 200000 Männern 270000 Seelen, so ist das hoch genug. Niedriger wird man wenigstens bei der letzten Zahl nicht gehen dürfen, denn unter den 200000 Proletariern vom Jahre 2 v. Chr. waren immer noch viele, die bei schärferer Nachprüfung der Bedürftigkeit aus den Listen verschwanden, wie die weitere Reduktion ihrer Zahl bis 14 n. Chr. lehrt, also noch dem Kleinbürgerstand zugerechnet werden konnten.

Mit den gegebenen Zahlen ist die bürgerliche Bevölkerung im wesentlichen erschöpft. Es treten außer der Garnison nur noch die Ritter- und Senatorenfamilien hinzu und das Wenige, was in Rom dem heutigen Mittelstande entsprach. Der letztere war notorisch zerrieben, was natürlich nicht bedeutete, daß seine Zahl in der Hauptsache gleich Null war, sondern nur, daß er ziffernmäßig neben den regelmäßigen und gelegentlichen Spendenempfängern verschwand[1]). Die Senatorenfamilien waren gegen 600 an der Zahl, die Ritterschaft hatte mehr als 5000 Männer in ihren Reihen, denn nach Dion. Hal. VI 13, 4 zogen bis zu dieser Zahl unter Augustus öffentlich auf, wobei natürlich noch immer genug bei jeder einzelnen Revue fehlten. Die Kinderzahl bei diesen Ständen war gering, wenn auch z. B. die Familie des Germanicus das Vorkommen des Gegenteils beweist. Im ganzen mögen wir 18000 Köpfe des Senatoren- und Ritterstandes annehmen, dazu vielleicht 20000 Seelen des Mittelstandes (ganz frei geschätzt), unter denen wohlhabende Freigelassene den Hauptteil ausgemacht haben werden, und unter Augustus 13000 Mann Besatzung.

Demnach hätte die bürgerliche Bevölkerung Roms betragen:

1) Die unten zu erwähnenden Freunde des Juvenal, die 1—2 Sklaven und bis 20000 Sesterzen Einkommen haben, sind keine Ritter und werden doch wohl nicht mit dem Getreidesack zu den Frumentationen pilgern. Das gleiche gilt von Leuten wie Horaz.

	Bei Cäsars Tod	Bei Beginn unserer Zeitrechnung
Ritter- und Senatorenstand	18 000	18 000
Mittelstand	20 000	20 000
Kleinbürger	300 000	360 000
Proletarier	200 000	270 000
Militär	—	13 000
	538 000	681 000

Für die Zeit vor Cäsars Kolonisationen wären noch 60—70000 Proletarier, mit ihrem Anhang vielleicht noch etwas mehr, hinzuzurechnen. Unter den beiden Summen sind 256000 bzw. 343000 erwachsene Männer, vollkommen genug, um die Angabe vom starken Überwiegen des männlichen Geschlechts unter der freien Bevölkerung in Rom (Cass. Dio LIV 16, 2) verständlich zu machen. Die erwachsenen Männer machten beim Beginn unsrer Zeitrechnung etwa 49,9 Prozent der bürgerlichen Bevölkerung aus, d. h. die Verhältnisse lagen ähnlich wie heute (d. h. vor 1914) in Petersburg und Moskau, also Städten, deren Bedeutung auch auf der Stellung als Residenzen und als Mittelpunkte eines sehr ausgedehnten, aber verhältnismäßig dünn bevölkerten Reiches beruhte und in denen die entsprechenden Zahlen 1900 bzw. 1902: 43,6 bzw. 45,9 waren[1]). Rechnen wir von den 681000 bürgerlichen Seelen 340000 erwachsene Männer, 170000 Frauen und 171000 Kinder, von den letzteren wieder die Hälfte als männlich und weiblich, so kämen in der bürgerlichen Bevölkerung auf 100 männliche Seelen 58 weibliche. Das ist noch krasser als in den russischen Hauptstädten, wo die entsprechenden Zahlen 83,5 und 81,7 waren. Moderne Analogien bieten nur asiatische Städte; Bombay 1905: 61,7 (1895: 58,6, also wie Rom) — Calcutta 1900: 50,7 — Colombo 1900: 68,2, oder einige afrikanische Kolonialstädte, z. B. Kapstadt 1905: 63,1.

Neben die Bürgerschaft treten nun Peregrine und Sklaven. Daß die Zahl der ersteren geringer war als die der Bürger, liegt in der Natur der Sache, ist bei dem Anreiz, nach Rom zu ziehen, den gerade für Bürger die Spenden schufen, doppelt selbstverständlich und wird durch das vielfache Überwiegen lateinischer Eigennamen und lateinischer Texte gegenüber den ausländischen Namen und den griechischen Texten dargetan. Immerhin muß die Ausländerschaft in dem Mittelpunkt des Weltreichs sehr stark gewesen sein, die Analogien moderner europäischer Hauptstädte versagen vollkommen, da die Anziehungskraft Roms sich auf ein viel größeres Gebiet erstreckte als bei diesen.

Für Rom geben aber ein Hilfsmittel die Grabsteine und sonstigen Inschriften (für das einzelne vgl. Real-Encykl. IX 1500 f.): von dem Stande der Handwerker und Kleinindustriellen, die den Hauptteil der Peregrinenschaft ausgemacht haben müssen, waren 66,75 Prozent Freigelassene, d. h. römische Bürger, 6,25 Prozent als Facharbeiter ausgebildete Sklaven und 27 Prozent Freigeborene. Unter den letzteren stecken römische Bürger wie Peregrine, für welche also bestenfalls gegen 20 Prozent übrigblieben. Die Zahl wird sich um etwas verschieben, und

1) In westeuropäischen, besonders romanischen Städten ist der Satz viel niedriger; Paris 1911: 38,3 — Rom 1901: 38,1 — Neapel 1901: 34,2 — Mailand 1911: 32,8 — Barcelona 1910: 34,9.

zwar nach unten, wenn man die übrigen Berufe, Schiffer, Lastträger usw., in Betracht zieht, denn es ist ebenso naheliegend, daß z. B. ein Handwerker aus dem griechischen Osten, der einen in Italien geschätzten Artikel gut herzustellen weiß, nach Rom zieht, wie es unwahrscheinlich ist, daß ein Lastträger aus Antiochia oder Alexandria dorthin wandert. Wir werden auf die 681000 Personen bürgerlicher Bevölkerung demnach kaum mehr als reichlich 100000 Peregrine zu rechnen haben, d. h. gegen 15 Prozent. Vergleichsweise sei bemerkt, daß in modernen Städten mit starker ausländischer Einwanderung der Prozentsatz erheblich höher ist und höher sein muß, da die zuwandernden Industriearbeiter, die hier eine Hauptrolle spielen, im Altertum nicht als Peregrine, sondern als Sklaven kommen. Vergegenwärtigt man sich, daß 1900 in New York 37,2 Prozent, in Boston 35,1 Prozent, in Chikago 34,6 Prozent, in Cleveland 32,7 Prozent eingewanderte Fremde waren, dagegen in New Orleans, wo der Einwanderer auf die Konkurrenz der Negerarbeiter stößt, 10,5 Prozent, und in Washington, das nur die Anziehungskraft als politische Hauptstadt, aber nicht wie Rom zugleich als wirtschaftlicher Mittelpunkt besitzt, 7,2 Prozent, so sind die 15 Prozent für das kaiserliche Rom ein ganz plausibler Satz.

Noch sehr viel schwieriger ist jeder Versuch, die Zahl der Sklaven festzustellen. Eine Industriestadt mit starker Bevölkerung von Arbeitssklaven war Rom nicht, es mag einige Dutzend, vielleicht auch über hundert Mittel- und Großbetriebe gewerblicher Art gegeben haben, die bis zu mehreren Hundert Sklaven beschäftigen konnten. Auch in den Adelshäusern gab es keine riesigen Sklavenscharen: der Pedanius Secundus, der (Tac. Ann. XIV 42) 400 Sklaven in Rom hatte, war einer der reichsten Männer der Stadt; im Mittelstande und unter den Kleinbürgern gab es vollends keine Halter von Sklavenherden. Der Umbricius von Juvenal 3, 286 hat offenbar keinen, oder allenfalls einen Haussklaven, — jedenfalls nimmt er keinen außerhalb des Hauses mit. Nach Juvenal 9, 64 ff. 142 ff. hat der mäßig begüterte Bürger einen, allenfalls zwei Sklaven, eine Einnahme von 20000 Sesterzen trägt jedenfalls nicht mehr, es sei denn, die Sklaven bringen als Arbeiter für den Herrn mehr ein als die Kosten. Verbannte, denen 125000 Denare, also ein sehr anständiges Leben zugebilligt wird, sollen (Cass. Dio LVI 27, 3) bis zu 20 Sklaven haben. Nehmen wir für die Ritterfamilien diesen Durchschnitt an — deren Vermögen ist nach dem augusteischen Satz noch erheblich höher, dafür kostet aber die Erhaltung eines Sklaven in Rom weit mehr als in einem kleinen Verbannungsort —, und geben wir den Senatorenfamilien je zwei- bis dreimal so viel, so wären das gegen 130000 Personen des Sklavenstandes. Dazu kämen bei jeder Familie des Mittelstandes ein bis zwei Sklaven, d. h. im ganzen gegen 10000, einige Tausend Servi publici und die in meist von Peregrinen besessenen Fabriken tätigen Industriesklaven. Nach der oben zitierten Statistik auf Grund der Inschriften (Real-Encykl. a. a. O.) würde die Zahl der gewerblich tätigen Sklaven nur etwa $^1/_3$ der Zahl der Peregrinen betragen haben. Selbst wenn wir annehmen, daß die Inschriften der Sklaven weniger häufig gedenken, als es ihrer Zahl entsprechen würde, und wenn wir berücksichtigen, daß wir es hier mit der augusteischen Zeit, d. h. einer Periode voll entwickelter Sklavenwirtschaft, bei der Inschriftenstatistik dagegen mit einem Durchschnitt durch Jahrhunderte zu tun haben, in denen die Sklaverei abstirbt, so ist doch die Zahl von 50—60000 Industriesklaven für das augusteische Rom hoch genug gegriffen. Das würde im ganzen auf etwa 200000 Unfreie führen, eine Zahl, die hoch genug ist, um die Angabe von Tac. Ann. IV 27 zu verstehen, nach dem die Hauptstadt gelegentlich in Angst vor Unruhen in den »immensen« Sklavenherden schwebte. Das Verhältnis der Unfreien zu den Freien war dann in Rom wie 1 : 4, eine ganz vernünftige Zahl, wenn (Beloch, Bevölk. S. 404) in dem ausgesprochen industriellen Pergamum das Verhältnis wie 1 : 2 war.

Legt man die oben errechneten oder geschätzten Zahlen zugrunde, so erhält man für die Zeit um Christi Geburt reichlich 1 Million Einwohner, für die Zeit von Cäsars Ermordung etwa 900000, für die Zeit vor seinen Deduktionen etwa 960—970000.

Es erhebt sich die Frage, ob eine solche Menschenmenge auf dem Boden der 14 Regionen unterzubringen ist, bzw. ob sie diesen ausfüllt. Der Umfang der Regionenstadt nach der Vermessung des Jahres 74 betrug 13200 Passus (= 19536 m), die aurelianische Mauer mißt (Lanciani, Bull. com. XX 1892 S. 87 ff.) 18837,5 m. Bei dieser Zahl sind aber alle Vorsprünge und aus fortifikatorischen Gründen erfolgte Einbuchtungen mit gemessen; es liegt auf der Hand, daß die Gemarkungsgrenze von 74 eine viel einfachere Linienführung hatte und das von ihr umschlossene Gebiet nicht nur um 4—5 Prozent, sondern um erheblich mehr die aurelianische Stadt übertraf. Die letztere hat 1230 ha, das Weichbild von 74 mag 1400—1500 gehabt haben. Die augusteische Stadt war kleiner, aber, wie oben gesagt, immer noch größer als die aurelianische; wir mögen sie mit 1350 ha in Rechnung setzen.

Bei der Betrachtung der Bevölkerungsdichtigkeit müssen wir von den, namentlich bei Beloch (Bevölk. S. 404 ff.) benutzten Regionsgrenzen ausgehen. Es ist offenbar, daß diese Polizeibezirke, die ganz verschiedene Ausdehnung haben, wenn ihrer Grenzführung überhaupt ein vernünftiges Prinzip zugrunde liegt, wenigstens zur Zeit ihrer Entstehung ungefähr die gleiche Zahl Menschen enthalten haben müssen. Das führt zu folgenden Erwägungen. Bei einer Bevölkerung von 1 Million müßten die 4., 8. und 11. Region, die eigentliche City, das Gebiet der Wolkenkratzer als Wohngebäude[1]), mit ihren 115 ha 214000 Menschen enthalten haben, d. h. 1862 auf 1 ha. Die Hafenquartiere in Neapel hatten vor der großen Cholera 1400—1500 Einwohner auf 1 ha. Wenn die sehr viel mehr Stockwerke aufweisenden römischen Mietskasernen ähnlich dicht bevölkert waren, ist die Zahl 1862 sehr gut möglich.

Eine zweite Gruppe bilden die fünf weiteren Regionen innerhalb der servianischen Mauer. Sie müßten auf 310 ha 357000 Menschen beherbergt haben, = 1162 auf 1 ha. Das ist nicht unmöglich, da dieser Satz auch heute in Neapel, Paris, Rom und gelegentlich sonst für ganze Stadtteile erreicht wird und im Altertum gerade auch die Wohnviertel, die nicht vom Proletariat eingenommen wurden, verhältnismäßig dicht bewohnt gewesen sein müssen, weil hier die Leute lebten, die Haussklaven hatten, welche enger zusammengepfercht wurden, als es modernes Dienstpersonal oder Arbeiter werden.

1) Zur Zeit der Schaffung der 14 Regionen war der Palatin noch nicht von Kaiserpalästen eingenommen, sondern hatte den Charakter der anderen City-Regionen.

Die dritte Gruppe bilden die sechs Regionen außerhalb der servianischen Stadt, für die auf 725 ha 429000 Menschen übrigblieben, d. h. der ganz rationelle Satz von 592 auf 1 ha. Wir können also für die Zeit um den Beginn unserer Zeitrechnung die Bevölkerung Roms mit ziemlicher Sicherheit auf etwa 1 Million schätzen.

Um dieser Zahl eine als Vergleichsgegenstand benutzbare an die Seite zu stellen, müssen wir uns zu der dritten Methode der Berechnung der Einwohnerschaft wenden, der nach dem Kornkonsum. Wir haben da zwei wertvolle Angaben aus dem Beginn des 3. Jahrhunderts[1]). Wir hören Hist. Aug. Sev. 23, 2, daß der Kaiser *moriens septem annorum canonem, ita ut cottidiana septuaginta quinque milia modium expendi possent, reliquit.* Was bedeutet das? Ist das der Satz, der für die in der Liste der Frumentationen Stehenden galt oder eine Spende für die gesamte Bevölkerung? Und wenn letzteres, — ist es der ganze Konsum der Stadt oder ein Zuschuß, den der Kaiser testamentarisch vermacht, und der jeden beliebigen Prozentsatz des Gesamtkonsums darstellen kann? Zunächst ist es nicht der Satz für die Spenden, denn diese trafen einschließlich des Militärs damals gegen 200000 Menschen (s. oben S. 11), d. h. betrugen, da wir von einer Abänderung des Satzes von 5 Modii monatlich nichts hören, 1 Million Modii im Monat = 33000 Modii täglich, nicht 75000. Der Satz meint also die ganze Bevölkerung, — ob aber den ganzen Konsum derselben? Darauf gibt Antwort eine Stelle Hist. Aug. Elag. 27, 7, wo dieser Kaiser *iusserat et canonem p. R. unius anni ... intramuranis dari, extramuranis alio promisso, cum eo tempore iuxta provisionem Severi ... septem annorum canon frumentarius Romae esset.* Diese Bezeichnung *canon* an zwei Stellen, die die gleiche Sache meinen, zeigt, daß hier ein amtlicher Terminus für einen festen Satz vorliegt. Die Angabe in der Vita des Severus meint also keinen Zuschuß. Danach betrug der Konsum der *intramurani*, d. h. der Bewohner der 14 Regionen[2]), zu Beginn des 3. Jahrhunderts 27375000 Modii = ca. 180000 t. Der Verbrauch an Brotgetreide ist in den Mittelmeerländern, namentlich Italien, wo das Brot heute wie im Altertum den Hauptbestandteil der Nahrung ausmacht, rund 3 hl Körner jährlich, d. h. bei Weizen mit 0,75 spezifischem Gewicht 225 kg. Dazu passen auch die

1) Den Kornverbrauch der augusteischen Zeit kennen wir nicht. Wir wissen nur, daß damals (Epit. de Caes. 1, 6) Ägypten 20 Millionen Modii nach Rom lieferte, und daß in der Zeit der Flavier (Jos. Bell. Jud. II 386) Afrika 2/3, Ägypten 1/3 des hauptstädtischen Bedarfs deckten. Daraus können wir lernen, daß in der Zeit von Augustus bis Vespasian in den gewaltig aufblühenden nordafrikanischen Landschaften Produktion und Export enorm anwuchsen. Zur Zeit Cäsars wurden (Plut. Caes. 55) 200000 Modii ausgeführt; es ist ausgeschlossen, daß ein Menschenalter später 40 Mill. exportiert wurden, wie diejenigen annehmen müssen, die die beiden zitierten Angaben kontaminieren. Die Vorstellung ist für jeden, der eine Ahnung von nordafrikanischer Kulturgeschichte hat, geradezu lächerlich: unter Augustus beginnen die ersten Straßen- und Hafenbauten. Damals beginnt man den Grund zu der wirtschaftlichen Ausnutzung des Landes in großem Stil zu legen, damals entstehen die gewaltigen Plantagen erst: das Land mochte wohl damals Sizilien schon den Rang ablaufen, es konnte unmöglich das alte Zentrum des rationellsten Körnerbaus um 100 Prozent übertreffen. Die Vorstellung zeugt von ebensoviel historischem Sinn, wie wenn jemand behaupten wollte, die Verpflegung von London und Paris im 18. Jahrhundert habe auf dem argentinischen Weizen beruht. 2) Eine andre Deutung für den Ausdruck ist nicht möglich; entweder ist er aus der Zeit des Autors, wo die aurelianische Mauer stand, übertragen, oder er war schon damals amtlich für die Leute innerhalb der Octroi-Linie.

aus dem römischen Altertum überlieferten Sätze: die Sklaven erhalten im Durchschnitt 4—5 Modii monatlich, der Legionär 4 Modii, der Spendenempfänger in Rom 5 Modii (Beloch, Bevölk. S. 33 mit Quellen und Literatur). Diese Zahlen entsprechen einer Jahressumme von 315—395 kg. Bei den Sklaven und Soldaten handelt es sich aber um »Schwerarbeiter«, d. h. besonders hohe Sätze; der Spendenempfänger soll seine 5 Modii nicht allein aufessen — das würde ihn nicht befriedigen und vor allem nicht jeder Mühewaltung um seine Existenz entheben, was die Frumentationen notorisch taten —, sondern soll durch sie daneben instand gesetzt werden, durch Verkauf des Überschusses Geld für Unterkunft, Bekleidung und andere Lebensmittel, namentlich Gemüse (Plin. n. h. XIX 52), zu verdienen. Der Durchschnittsverbrauch mit Frauen und Kindern war also erheblich niedriger.

Zum Verständnis der hohen Monatssätze muß man sich ferner vergegenwärtigen, daß bei den primitiven antiken Mühlen die Ausmahlung des Korns nicht entfernt so hoch war, wie sie heute auch in normalen Verhältnissen ist: allenfalls 75 Prozent sind nutzbar gemacht worden gegenüber 85 Prozent in modernen Mühlen. D. h. die 315 kg für einen römischen Sklaven gaben nur so viel Mehl, wie heute 278 kg; der Legionär, der im Feldlager doppelt primitive Mittel anwenden mußte, konnte höchstens 66 Prozent ausnutzen, d. h. aus seinen 315 kg Körnern so viel Mehl gewinnen, wie heute 244 kg liefern. Der Satz für den Durchschnitt der Bevölkerung kann nicht viel über 200 kg jährlich betragen haben. Dann würde der Konsum der *intramurani* unter den Severen gegen 900000 Einwohner voraussetzen, mit den *extramurani* etwas mehr[1]).

In den Scholien zu Lucan I 319 (ed. Weber III p. 53) ist der tägliche Konsum von Rom auf 80000 Modii angegeben, d. h. um $^1/_{15}$ höher als an den zitierten Stellen. Das würde einer Bevölkerung von gegen 1 Million entsprechen; leider wissen wir nicht, welchen Zeitpunkt die Angabe meint. Vielleicht ist der Unterschied von $^1/_{15}$ überhaupt bedeutungslos: jeder Statistiker weiß, daß selbst unter modernen Verhältnissen die Export-, Import-, Produktions- und Konsumstatistiken besonders große Fehlerquellen haben und überraschend weit von der Wahrheit abirren können. Das ist in antiken Verhältnissen natürlich doppelt der Fall gewesen.

Die Methode, die Einwohnerzahl aus der Zahl der Häuser zu berechnen, führt wieder in eine spätere Zeit. Unter Constantin hatte Rom, wie die bekannte Regionenbeschreibung angibt, 46602 *insulae* und 1797 *domus*. Das letztere sind natürlich die großen Wohnhäuser, *palazzi*; daß die ersteren nichts sein können als die Feuerstellen, *fuochi*, der mittelalterlichen Statistiken, ist wohl erwiesen (vgl. Lanciani, Bull. com. XVIII 1890 121 ff. Beloch, Bevölk. S. 407 ff. mit Literatur). Im Mittelalter rechnet man auf 1 *fuoco* etwa 5 Menschen. Selbst wenn wir auf jeden der *palazzi* 100 Seelen rechnen, was im Zeitalter der fast abgestorbenen Sklaverei sehr viel ist[2]), so kommen wir doch nur auf 412710

1) Das Auftreten der *extramurani* ist ganz begreiflich. Im 1. Jahrh. wurden die Grenzen der 14 Regionen schrittweise erweitert, die durch die Bauten in der City an die Peripherie verdrängten Bewohner wurden immer wieder in den Stadtbereich einbezogen. Seit 74 hat keine solche Erweiterung stattgefunden, von den seitdem Verdrängten blieben viele außerhalb des Octroi.

2) Beloch, Jahrb. für Nat. u. Stat. 3. Folge, XIII 322 f. rechnet unter 50 Sklaven auf einen Palazzo, sicher mit Recht.

Menschen, mit den unmittelbar vor der Mauer wohnenden Campagnolen allenfalls 430—440000. Demnach hätte sich die Bevölkerung von Rom in dem Jahrhundert von Severus bis-auf Constantin auf etwas weniger als die Hälfte vermindert.

Die Geschichte der Bevölkerung des kaiserlichen Rom läßt sich also kurz folgendermaßen darstellen. Bei Cäsars Ermordung zählte das Gebiet, das praktisch und wirtschaftlich »Rom« war, aber von keiner rechtlichen Grenze irgendwelcher Art umschlossen, sich teils innerhalb, teils außerhalb des Pomeriums ausdehnte, ungefähr 900000 Einwohner. Bis zum Beginn unserer Zeitrechnung und dem Augenblick, als es durch die Regioneneinteilung eine rechtliche Grenze erhielt, wuchs die Zahl auf etwa 1 Million. Auch in den nächsten Generationen nimmt die Bevölkerung weiter zu; erstens ist nach Tacitus Ann. VI 13 der Kornbedarf der Stadt im Jahre 32 höher, d. h. bei dem geringen Interesse unserer Quellen für wirtschaftliche Einzelvorgänge offenbar sehr beträchtlich höher als bei dem Tode des Augustus, und zweitens hält das ganze Jahrhundert hindurch eine lebhafte Bautätigkeit an von Straßen, Brücken, Märkten, Plätzen, Bädern usw., nicht etwa nur von kaiserlichen Luxusbauten. Es ist nun eine bekannte Tatsache, daß in stagnierenden Städten wohl Luxusbauten, aber keine praktischen Anlagen in großer Zahl zu entstehen pflegen: man vergleiche einfach die Baugeschichte französischer und deutscher Städte in den letzten 50 Jahren. Aus der wiederholten Erweiterung der 14-Regionenstadt allein brauchte man auf eine Bevölkerungszunahme nicht zu schließen: diese würden sich auch durch die Abdrängung der Bevölkerung des Zentrums an die Peripherie durch die kaiserlichen Riesenbauten in der City erklären. Desgleichen beweist die Vermehrung der Zahl der *vici* (zu diesem Terminus vgl. Lanciani a. a. O. S. 121 ff.) gar nichts: die fünf Regionen von CIL VI 975 hatten unter Hadrian 66, unter Constantin 143 *vici*. Eine Bevölkerungszunahme in dieser Zeit wird niemand annehmen wollen; der Umfang eines *vicus* hat sich eben inzwischen geändert, genau wie draußen im Lande der einer Provinz.

Die unzweifelhafte Tatsache, daß die Geburtenzahl in Rom bei dem starken Überwiegen der Männer sehr niedrig war, verbietet nicht die Annahme einer ansehnlichen Volksvermehrung: Lyon hat 1881—1909 im Jahresdurchschnitt einen Überschuß von Todesfällen von 1,5 vom Tausend gegenüber den Geburten gehabt und sich doch von 376613 auf 472114 Einwohner gehoben, Marseille bei einem Überschuß von Todesfällen von 0,6 vom Tausend 1889 bis 1909 von 403471 auf 517498 Einwohner; Hongkong ist von 1895—1909 von 248498 auf 343877 Einwohner gestiegen, trotzdem 18791 Geburten und 99541 Todesfälle registriert wurden[1]).

Selbst wenn das Defizit an Geburten höher war als etwa in Lyon und Marseille, woran man nicht zweifeln wird, kann Rom am Beginn des 2. Jahrhunderts sehr erheblich über 1 Million Einwohner gezählt haben, zumal die 14 Regionen namentlich im Süden sehr beträchtlich erweitert waren.

Seit wann der Rückgang einsetzt, ist nicht sicher. Die große Pest unter Mar-

1) Die erstere Zahl ist wahrscheinlich etwas zu niedrig, da die Chinesen die weiblichen Geburten gern verschweigen.

cus Aurelius wird hier einen Einschnitt bezeichnen; da sie zu wiederholten Malen und durch mehrere Jahre in der Hauptstadt wütete, kann sie einen unerhörten Rückgang der Einwohnerzahl veranlaßt haben. Das gelbe Fieber hat in Rio de Janeiro 1894 und 1896 einen Überschuß der Todesfälle über die Geburten von 1,26 bzw. von 1,03 Prozent zur Folge gehabt, die Cholera in Neapel 1883 von 1,04 Prozent. Dies sind aber Städte mit sehr ansehnlichen Geburtenziffern — Neapel hatte 1883 33,8 Geburten auf 1000 Einwohner —, wie eine Stadt mit geringer Geburtenziffer und überwiegend männlicher Bevölkerung durch eine Epidemie leiden kann, zeigt Bombay, das in einem Jahrzehnt (1897—1906), in dem vier Pestjahre lagen, von 821 764 auf 776 006 Einwohner zurückging; die Sterblichkeit betrug 1900 80,2 auf 1000 Menschen. Bei solchen Analogien darf man annehmen, daß in Pestjahren die Bevölkerung Roms mit seiner niedrigen Geburtenziffer einerseits und seinen das Neapel von 1883 wie das Bombay von 1900 weit übertreffenden hygienischen Anlagen andrerseits 2—3 Prozent seiner Bevölkerung verloren hat: eine Verminderung um über 20, vielleicht bis gegen 30 Prozent während der Regierung des Marcus Aurelius liegt durchaus im Bereich des Möglichen. Man mag sich die Hauptstadt unter Antoninus Pius mit 1 250 000, unter Commodus mit 950 000—1 000 000 Einwohner vorstellen. Für die Zeit des Severus haben wir reichlich 900 000 errechnet; ich setze voraus, daß von ungefähr 180—210 n. Chr. der Rückgang, der im 3. Jahrhundert notorisch stattfand, bereits anhielt.

Um das weitere Sinken von reichlich 900 000 auf die Hälfte in den nächsten hundert Jahren zu erklären, genügt ein verhältnismäßig geringes Defizit an Geburten — reichlich $^2/_3$ Prozent jährlich — und ein starkes Nachlassen der Zuwanderung. Das letztere ist bei der im 3. Jahrhundert sinkenden Einwohnerzahl vieler Provinzen, die keinen Überschuß mehr abzugeben hatten, und bei dem Absterben von Sklaverei und Sklavenimport zweifellos, so daß die Zahlen keine Schwierigkeiten ergeben.

Auch nach der Zeit Constantins hat das Sinken der Bevölkerungszahl sicherlich angehalten und nach dem Wegzuge des Hofes und der Zentralbehörden womöglich noch zugenommen. Um 500 bedeutet die Verteilung von 120 000 Modii Korn (Anon. Vales. 12, 67) durch Theoderich, d. h. nach dem alten Satze des Jahresquantums für 2000 Menschen, eine in der Geschichte zu buchende Unterstützung der stadtrömischen Bevölkerung.

IV

ÜBER DEN GEBRAUCH DER WAGEN IN ROM[1])

An der Ordnung der Republik in bezug auf den Gebrauch des Wagens in der Stadt hat die Kaiserzeit nichts weiter geändert, als daß das Recht zu fahren den Frauen, die es bis dahin gehabt hatten, im allgemeinen entzogen ward (Mommsen StR. I³ 394). Das Munizipalgesetz Cäsars vom Jahr 709 (CIL I² 593 = Dessau 6085 Z. 56—67) enthält ein Verbot, in den Straßen Roms mit Wagen zu fahren, während der ersten zehn Tagesstunden von Sonnenaufgang ab: also in der Zeit, wo der Verkehr der Fußgänger am stärksten war. Ausgenommen werden: 1. Fahrten behufs öffentlicher Bauten, Tempelbauten und Demolierungen; 2. Fahrten gewisser Personen (Vestalen, Rex sacrorum, Flamines bei öffentlichen Opfern, triumphierende Feldherrn; das Recht der Vestalen wurde später auch einigen Kaiserinnen erteilt); 3. Fahrten bei öffentlichen Spielen, namentlich der Zirkusprozession; 4. Fahrten von Wagen, die bei Nacht in die Stadt gekommen waren, aber nur wenn sie leer waren oder den öffentlichen Unrat ausführten (Pöhlmann, Übervölk. der ant. Großstädte S. 131 f.). Vgl. Marquardt, Privatl.² 728 ff.

Diese Verordnung, wonach Lasten, namentlich alles Material für Privatbauten, nur vor Sonnenaufgang oder in den beiden letzten Tagesstunden angefahren werden durften, und der Verkehr von Personen zu Wagen mit wenigen Ausnahmen auf dieselbe Zeit beschränkt war, scheint während der beiden ersten Jahrhunderte durchaus in Kraft geblieben zu sein. Wenigstens ist mir keine Stelle bekannt, aus der das Gegenteil hervorginge. Daß Caligula den Überbringern der Botschaft der angeblichen Eroberung Britanniens auftrug, *ut vehiculo ad forum usque et curiam pertenderent* (Sueton. Calig. 44, 2), berichtet Sueton offenbar als eine Verrücktheit. Wo von schwerbeladenen Wagen die Rede ist, die bei Tage die Stadt passieren, hindert nichts, an öffentliche Bauten zu denken, die in jener Zeit so massenhaft betrieben wurden. Das sind folgende Stellen: Horat. Ep. II 2, 72 ff.: *festinat calidus mulis gerulisque redemptor, torquet nunc lapidem nunc ingens machina tignum, tristia robustis luctantur funera plaustris* (vgl. Sat. I 6, 42 f.: *si plostra ducenta concurrantque foro tria funera magna*). Alfenus Dig. IX 2, 52 § 2: *in clivo Capitolino duo plostra onusta*

1) Vgl. I 21, 9. 292, 3. II 371, 4. Friedlaender, De usu vehiculorum in urbe Roma, Progr. Königsberg 1861.

mulae ducebant; prioris plostri muliones conversum plostrum sublevabant, quo facile mulae ducerent: inter superius plostrum cessim ire coepit, et cum muliones, qui inter duo plostra fuerunt, e medio exissent, posterius plostrum a priore percussum retro redierat et puerum cuiusdam obtriverat; dominus pueri consulebat cum quo se agere oporteret. Plutarch. Galb. 8, 4: Ἀπόνιον δέ τινα τῶν κατηγορικῶν ἀνατρέψαντες ἁμάξας λιθοφόρους ἐπήγαγον. Juv. 3, 254 ff.: *longa coruscat serraco veniente abies, atque altera pinum plostra vehunt; nutant alte populoque minantur. nam si procubuit qui saxa Ligustica portat axis et eversum fudit super agmina montem, quid superest e corporibus?* Wenn also Hadrian (Hist. aug. 22, 6) *vehicula cum ingentibus sarcinis urbem ingredi prohibuit*, so hat dieses ganz unbedingte Verbot (das später erfolgte, als die obige Stelle [unter Trajan] geschrieben ward), wie Dirksen bemerkt (Zivilist. Abhdlgn. II 278), mit dem Gesetz nichts gemein. Das Passieren ungeheurer Lasten wurde aber wohl nicht mit Rücksicht auf die Fußgänger verboten, die durch geringere ebensogut beschädigt werden konnten, sondern wegen der Gefahr, die von der Erschütterung für die Häuser, das Pflaster und die Kloaken zu besorgen war. Plin. n. h. XXXVI 6 vom Transport der Marmorsäulen zum Hause des Scaurus: *satisdari sibi damni infecti coegit redemptor cloacarum, cum in Palatium eae traherentur*; vgl. ebd. XXXVI 106, wo die Unzerstörbarkeit der Kloaken gerühmt wird: *trahuntur moles superne tantae, non succumbentibus cavis operis.* Plin. paneg. 51, 1: *non ut ante immanium transvectione saxorum urbis tecta quatiuntur: stant securae domus, nec iam templa nutantia.* Solche Gefahren veranlaßten offenbar Hadrians Verbot, dessen nähere Bestimmungen und Einschränkungen wir nicht kennen. So allgemein, wie es mitgeteilt wird, hat es gar keinen Sinn; denn es gab ja doch ungeheure Lasten, die sich nicht verteilen ließen, z. B. Monolithe. Hadrian selbst ließ den Koloß Neros von 24 Elefanten transportieren (Hist. aug. Hadr. 19, 12). In Juvenals 3. Satire wartet Umbricius bis zum Spätnachmittage (v. 316 *sol inclinat*) vor dem Tore auf den Lastwagen, der seine Habe enthält, weil dieser nicht vor der zehnten Tagesstunde die Straßen passieren kann.

Daß Personen sich während der beiden ersten Jahrhunderte in Rom des Wagens bedient hätten (abgesehen von den in der Lex Julia und später gemachten Ausnahmen), davon findet sich meines Wissens keine Spur. Vielmehr zeigt Juv. 3, 236 ff. *raedarum transitus arto vicorum inflexu et stantis convicia mandrae eripient somnum Druso vitulisque marinis*, daß die *raedae* auf die Nacht beschränkt waren. Es sind Wagen von Reisenden, die ankommen, abfahren oder die Stadt passieren. Bei Juv. 7, 179 (*anne serenum exspectet spargatque luto iumenta recenti?*) ist von einer Spazierfahrt im Freien, nicht in den Straßen der Stadt die Rede. Domitian sandte die Gäste, die er durch ein scheinbares Totenmahl erschreckt hatte, fort τοὺς μὲν ὀχήμασι, τοὺς δὲ φορείοις παραδούς, Cass. Dio LXVII 9, 4; den Gästen des L. Verus (Hist. aug. 5, 4) *data et vehicula cum mulabus et mulionibus cum iuncturis argenteis, ut ita de convivio redirent*: beides nach der zehnten Tagesstunde, abgesehen davon, daß Kaiser sich vermutlich überhaupt nicht immer an die Vorschrift kehrten. Auf Philostrat. Apoll. Tyan. VIII 7, wo es von den Delatoren Domitians heißt: τὸ μὲν ἱπποτροφεῖν αὐτοὺς κἀπὶ ζευγῶν εἰς τὴν ἀγορὰν ἐκκυκλεῖσθαι· λευκῶν wird wohl niemand Gewicht legen, außer insofern man darin ein Zeugnis für Philostrats eigne Zeit sehen darf. Noch Galen bezeugt ausdrücklich, daß in Rom nicht gefahren wurde (XI 301, wo er erzählt, daß ein reicher Mann aus seiner Wohnung vor der Stadt bis zu der Stelle fuhr, ἔνθα τῶν ὀχημάτων ἀποβαίνειν εἰσὶν εἰθισμένοι; s. dazu oben I 330). Wenn Annia Faustina (Tochter des M. Annius Libo, Konsul 128) den erkrankten Commodus in der dritten Tagesstunde zu Wagen besuchte (Galen. XIV 662—664), so hatte sie wohl dies Vorrecht als Verwandte des kaiserlichen Hauses. Das σκιμπόδιον κατάστεγον, dessen sich nach Cass. Dio LVII 15, 4 die Senatorenfrauen in der Stadt bedienten, war nicht (wie Mommsen StR. II³ 895, 4 annimmt) ein Wagen, sondern eine Art Sänfte.

Zum erstenmal finde ich den Gebrauch des Wagens in Rom 205 n. Chr. bei Plautian, der (allerdings auch in einer sehr späten Tageszeit) zu Sever gerufen, οὕτως ἠπείχθη — ὥστε τὰς ἡμιόνους τὰς ἀγούσας αὐτὸν πεσεῖν ἐν τῷ παλατίῳ, Cass. Dio LXXVI 4, 1. Vielleicht gehörte der Wagen damals schon zu den Auszeichnungen des Praefectus praetorio, wie später überhaupt der kaiserlichen hohen Beamten (z. B. Hist. aug. Aurel. 1, 1. Symmach. epist. X 4. 20. Cassiod. var. VI 3, 2. 4, 6. 15, 2. 20, 2). Doch ist kaum zu bezweifeln, daß am Anfang des 3. Jahrhunderts das Fahren von Privatpersonen in Rom nicht mehr ungewöhnlich war. Bald darauf scheint der Gebrauch des Wagens, und zwar des silberbeschlagenen (vgl. die angeführte Stelle Hist. aug. L. Ver. 5, 4), als Vorrecht des Senatorenstandes festgestellt worden zu sein. Hist. aug. Alex. Sev. 43, 1: *carrucas Romae et raedas senatoribus omnibus ut argentatas haberent permisit, interesse Romanae dignitatis putans ut his tantae urbis senatores vectarentur*; ebd. Aurelian. 46, 3: *dedit praeterea postestatem ut argentatas privati carrucas haberent* (d. h. in Rom benutzen konnten, denn zum Gebrauch außerhalb Roms war nie eine Erlaubnis nötig), *cum antea aerata et eborata vehicula fuissent.* Vielleicht hat man diese Veränderung dem Eindringen orientalischer Sitten zuzuschreiben. In Ammians Schilderung XIV 6 bilden die Karossen (*carrucae solito altiores* § 9) und das gefährliche Jagen in der Stadt (§ 16) einen hervorstechenden Zug.

In den übrigen Städten der Monarchie wurde die Verordnung gewiß häufig übertreten. Claudius erinnerte die Reisenden durch ein Edikt daran, die Städte Italiens nur zu Fuß oder im Tragsessel und in der Sänfte zu passieren (Suet. Claud. 25, 2, vgl. Suidas s. v. Κλαύδιος ... ἀπηγόρευσε δὲ καὶ τὸ καθήμενόν τινα ἐπὶ ἅρματος διὰ τῆς πόλεως ἐλαύνειν, wo τῆς πόλεως, d. h. Ῥώμης, auf Mißverständnis beruht). Doch rechnet Seneca unter Nero zu den Ursachen des unaufhörlichen Lärms in Bajä das Gerassel der vorüberfahrenden Wagen (*essedas transcurrentes*, ep. 56, 4). Aufs neue verbot dann Hadrian (Hist. aug. 22, 6) das Reiten in Städten, dann wieder Marc Aurel (Hist. aug. 23, 8) das Reiten und Fahren, und noch Aurelian (Hist. aug. 5, 4) wagte es (vor seiner Thronbesteigung), obwohl verwundet, in Antiochia nicht im Wagen einzufahren (*quia invidiosum tunc erat vehiculis in civitate uti*), bestieg aber ein Pferd. Doch bedienten sich die kaiserlichen Legaten in ihren Provinzen damals wohl schon des Wagens: *ex quo factum, ut in vehiculo etiam legati sederent, qui antea pedibus ambulabant* Hist. aug. Sever. 2, 7. Wenn übrigens schon Artemidor, der unter

Commodus geschrieben zu haben scheint, das Reiten in den Städten etwas den Freien Eigentümliches nennt, so ist hier wohl an Reiteraufzüge zu denken, um so mehr, als nach derselben Stelle der Gebrauch des Wagens nur Priesterinnen gestattet war, Oneirocr. I 56 p. 54: φημὶ δὲ καὶ γυναιξὶ καὶ παρθένοις ἐλευθέραις ἅμα πλουσίαις ἀγαθὸν εἶναι τὸ διὰ πόλεως ἅρμα ἐλαύνειν· ἀγαθὰς γὰρ ἱερωσύνας αὐταῖς περιποιεῖ· πενιχραῖς δὲ πορνείαν τὸ διὰ πόλεως ἱππάζεσθαι προαγορεύει· δούλοις δὲ ἐλευθερίαν· ἴδιον γὰρ ἐλευθέροις τὸ διὰ πόλεως ἱππεύειν. Nach Philostrat (Vit. Soph. II 10, 2) soll der Sophist Hadrianus, der Nachfolger des Herodes Atticus auf dem Lehrstuhl der Beredsamkeit in Athen, zu seinen Vorträgen gefahren sein. Die Anekdote (Philogelos 138) von einem sidonischen Centurionen, der einen über den Markt fahrenden Fuhrmann bestrafen lassen wollte, kann aus der späteren Zeit stammen, da das Fahren über die Marktplätze auch dann verboten geblieben sein wird, als es in den Straßen gestattet war.

G. W.

V

DIE BEAMTEN *A RATIONIBUS, A LIBELLIS, AB EPISTULIS*[1])

Wie verschieden im ersten und zweiten Jahrhundert die Bedeutung und das Ansehen der drei Ämter *a rationibus*, *a libellis*, *ab epistulis* war, das ergibt sich aufs klarste aus dem Stande der Personen, die sie in den verschiedenen Perioden bekleideten, und aus den Stellungen, welche dieselben vor oder nachher innehatten. Eine soweit möglich chronologisch geordnete Übersicht der betreffenden Beamten aus dieser Zeit mit Angabe ihrer übrigen auf Denkmälern oder sonst namhaft gemachten Ämter, soweit dieselbe erforderlich ist, wird den Sachverhalt am besten veranschaulichen. Das Wesen dieser Ämter (und der *a studiis*, *a cognitionibus*, *a memoria*) ist zuletzt eingehend erörtert worden von Ed. Cuq, Mémoire sur le Consilium Principis d'Auguste à Dioclétien (Mémoires présentés par divers savants à l'académie des inscriptions IX 1884 S. 311—503; vgl. besonders S. 356—401) und von Hirschfeld in der 2. Ausgabe der Kaiserlichen Verwaltungsbeamten bis auf Diocletian (1905).

I. *A RATIONIBUS*[2])

Den unter August noch nicht nachweisbaren, zuerst unter Tiber als Bezeichnung eines kaiserlichen Hausbeamten in untergeordneter Stellung erscheinenden Titel *a rationibus* führten die Dirigenten der Zentralstelle für die kaiserliche Finanzverwaltung, die zwar gewiß seit dem Beginn des Kaisertums existiert hat (Mommsen StR. II³ 1001, 1), aber erst von dem Freigelassenen des Claudius, Pallas, zu einem der angesehensten und einflußreichsten Hofämter erhoben worden ist. Durch Hadrian wurde auch dies Amt den ritterlichen Prokuraturen eingereiht, und die nunmehr den Titel *procurator a rationibus* führenden Inhaber desselben nahmen, wenn auch noch hin und wieder Freigelassene in diesem Amt vorkommen, regelmäßig die oberste Stellung unter den ritterlichen Prokuratoren dem Range wie dem Gehalte nach ein. Ihnen waren ein Gehilfe mit niedrigerem Range und eine bedeutende Anzahl von Bureaubeamten, größtenteils Freigelassene (vgl. Hirschfeld S. 32), beigegeben.

Neben diesen Beamten findet sich in Inschriften aus der zweiten Hälfte des

1) Vgl. I 36, 2. 56, 2. 2) Die folgenden allgemeinen Bemerkungen lehnen sich eng, zum großen Teil wörtlich an Hirschfelds Darstellung S. 29 ff. an.

2. Jahrhunderts der Titel *procurator summarum rationum*, der gewiß nicht mit *procurator a rationibus* identisch ist (wie Marquardt StV. II² 308 f. annimmt). Hirschfeld S. 33 f. glaubt, daß darunter der Unterdirigent der Fiskalverwaltung zu verstehen ist, der wahrscheinlich durch Marc Aurel einen höheren Rang und einen ehrenvolleren Titel erhalten habe. Nicht viel später muß der Titel *procurator a rationibus* dem im 3. Jahrhundert für den Vorsteher des Fiskus üblichen *rationalis* (griechisch καθολικός) gewichen sein (Hirschfeld a. a. O. S. 34 f.).

Bei der Aufzählung der Beamten *a rationibus* sind die Unterbeamten nicht berücksichtigt. Über diese vgl. Hirschfeld S. 32; CIL VI 8417—8431 und die sonstigen Zeugnisse bei Rostowzew, Diz. epigr. III S. 134 ff. Alle, bei deren Namen sich der einfache Zusatz *a rationibus* ohne nähere Bestimmung wie *adiutor*, *tabularius* usw. findet, müssen, solange nicht bestimmte Gründe dagegen sprechen, als oberste Dirigenten gelten, wenn auch freilich Unterbeamte darunter sein können, da auch diesen bisweilen der Titel *a rationibus* gegeben worden zu sein scheint (Hirschfeld S. 32, 1)[1]).

Antemus Ti. Caesaris Aug. l. a rationi[b.], accensus delat(us) ab Aug(usto) (vgl. Mommsen StR. I³ 336, 1) CIL VI 8409.

Ti. Claudius Aug. l. Abascantus a rationibus, vix. ann. XLV CIL VI 8411 = Dessau 1473.

Ti. Claudius Aug. l. Actiacus a rationi[b.] CIL VI 8412.

Ti. Claudius Felix Aug. l. a rationibus (?) CIL VI 8413 = Dessau 7859, wohl kaum hierher gehörig, da es sich in der Inschrift (*libertis et familiae Ti. Ti. Claudiorum Erotis et Felicis Aug. l(ibertorum)* — so wird zu lesen sein — *a rationibus* usw.) vielmehr um zwei Subalternbeamte, offenbar engere Kollegen, des Bureaus *a rationibus* zu handeln scheint.

(*M. Antonius Augustae l.*) *Pallas* (Mommsen Ind. Plin.; bei Joseph. A. I. XVIII 182 ὁ πιστότατος τῶν δούλων αὐτῆς, d. h. der Antonia, genannt) *a rationibus* unter Claudius und unter Nero bis 55, † 62. Vgl. oben I 41. 45. 47. 48. 49. 50 f. 53. 56; auch Schol. Iuv. 1, 109. Auf ihn bezog Matranga, Bull. dell' Inst. 1853 S. 136 die Inschrift CIL VI 11965 (*'litteris optimis'*): *dis manibus M. Antonius Asclepiades Pallantis l. fecit sibi et Iuliae Philumene coniugi carissimae*, gefunden an der Via Tiburtina, wo das Monument des Pallas war (Plin. ep. VII 29, 2), wohl gewiß richtig; auch weisen die Namen Antonius und Iulia eher auf das erste Jahrhundert, dessen Ende auch die Buchstaben und das Relief anzugehören scheinen. Borghesi (Oeuvres VIII 309) hat dagegen an M. Antonius Pallas cos. suff. 167 gedacht, vielleicht nur, weil Pallas von Sueton und Zonaras Freigelassener des Claudius genannt wird. — *Carpus Aug. lib. Pallantianus* CIL VI 143 = Dessau 3896 *a* war nach einer zweiten ihm ge-

1) Sicher zu den Unterbeamten gehört der früher hier mit unter den Oberdirigenten aufgeführte Philotimus der fragmentierten Inschrift CIL VI 8416, wo vielmehr zu lesen ist *Philotimi Aug. l[ib. adiut.* (oder *tabul.*)] *a ration.*, und ebenso dürfte in der Inschrift des *T. Flavius Epaphroditus Eph[e]bianus* CIL VI 33468 Z. 3. 4 nicht *Aug. lib[erto a] rationibus*, sondern *Aug. lib.* [*adiut.* (oder *tabul.*) *a*] *rationibus* zu ergänzen sein. Auch der *Zosimus a rationibus* eines (noch unedierten?) Erzstempels im Kircherschen Museum (zitiert von Hirschfeld, Verw.-Gesch. [1] S. 32, 3) ist wohl kaum Fiskalvorsteher gewesen.

hörigen Inschrift *adiutor* des Claudius Athenodorus *praef. annonae*: CIL VI 8470 = Dessau 1535 (wohl unter Nero, Hirschfeld, Philologus XXIX 1869 S. 28); vgl. auch CIL XIV 2833 = Dessau 1538 (*M. Antonius Pallantis l. Nobilis*) nebst der Anmerkung.

Der dem Namen nach nicht bekannte (vgl. Hirschfeld, Kl. Schr. S. 839) Vater des Ritters Claudius Etruscus, *a rationibus*, wie es scheint, schon unter Nero, verwaltete möglicherweise das Amt noch unter Domitian und starb fast neunzigjährig im J. 92. Vgl. oben I 53.

Phaon Aug. l. a rat. CIL III 14112[2] (Amphorenstempel '*litteris pulchris*'), nach Hirschfelds Vermutung derselbe Phaon, auf dessen Gut Nero sich tötete *iuvante Epaphrodito a libellis* (Sueton. Nero 48, 1. 49, 2. Cass. Dio LXIII 27, 3. Victor Ep. 5, 7).

Atticus Aug. lib. a rationib., bekannt aus der zu Nettuno gefundenen, im elften Konsulat Domitians (85) von seiner Gattin Claudia Attica gesetzten Weihinschrift CIL X 6640 = Dessau 3338 sowie aus der stadtrömischen CIL VI 8410: *dis manib. Fortunati Attici Aug. lib. a rationib. lib. tabular. Fructus imp. Caesaris Domitiani Aug. Germanic. Atticianus tabular. a rationib. amico carissimo* (wo Fructus ein aus dem Besitz des Atticus in den Domitians übergegangener Sklave ist). Ein *Abascantus Aug.* (*servus*) *a rat. Attic*(*ianus*) CIL VI 8408, ein *Epaphra Aug. l. Atticianus tabular*(*ius*) *Caesar*(*is*) (*vicesimae*) *lib*(*ertatis*) CIL VI 8451.

Crescens Aug. l. a rationibus in der Grabschrift seiner Schwester *Flavia Aug. l. Daphne* CIL VI 8414, also wohl der flavischen Epoche angehörig.

Das Fragment aus Ameria CIL XI 4360 (nach Donis Text) ist, so wie überliefert, nicht recht klar; doch scheint nicht ein Vorsteher des Amtes *a rationibus*, sondern drei Unterbeamte, zwei Freigelassene und ein Sklave Neros, darin erwähnt zu sein.

Diadumenus Aug. lib. a rationibus CIL VI 8415 = Dessau 1474, wohl identisch mit *Diadumenus A*[*ug. l.* ?] *a rationib*[*us*] CIL X 3347 (so nach der, wie es scheint, genaueren Lesung La Vegas; Mommsen bezog die Inschrift wegen des Fundortes, Misenum, auf die Verwaltung der misenischen Flottenstation)[1].

Auch nach Hadrian haben neben Rittern Freigelassene das Amt bekleidet. Der älteste der letzteren ist

T. Aurelius Aug. lib. Aphrodisius proc. Aug. a rationibus CIL XIV 2104 = Dessau 1475 (Civita Lavinia).

Ti. Claudius Ti. fil. Secundinus L. Statius Macedo CIL V 867 = Dessau 1339 (Aquileja) war nach Bekleidung der *militiae equestres praef*(*ectus*) *leg. II Tra*(*ianae*), hierauf *proc*(*urator*) (*vicesimae*) *her*(*editatium*) und stieg dann von der

---

1) Die in der vorigen Auflage hier erwähnte Bleiröhre aus Villa Casali in Rom, nach Lancianis mangelhafter Kopie *Diadumeni Aug.* [*l. a ration.*], gehört vielmehr dem *Diadumenu*[*s*] *Aug. l. a libellis* (s. unten S. 33). Ob andre sonst noch bekannte kaiserliche Freigelassene dieses Namens, wie *T. F*(*lavius*) *Diadumenus Lurnesianus praegustator Augusti* CIL VI 602, *Diadumenus Aug. l. praeposit*(*us*) *ordina*[*t*]*us ultro a divo Tito VIII cos.* (J. 80), † im J. 120 CIL VI 9100 = Dessau 1850, *Diadumenus Aug. l. procurator* CIL VI 9017, *Diadumenus Aug. l. proc*(*urator*) *Antonianus* Eph. epigr. VIII 335—337 = Dessau 5798, mit dem oben genannten etwas zu tun haben (Dessau zu Inscr. sel. 1474 u. 5798 identifiziert mit ihm den *procurator Antonianus*), ist gänzlich unsicher und wenig wahrscheinlich.

Prokuratur der Provinzen Lugdunensis und Aquitania zur Stellung des *a rationib. Aug.*[1]), von da zu der des *praef(ectus) an[non(ae)]* auf. Seine Zeit wird durch eine in Portus gefundene Bleiröhre CIL XIV 2008*a* = XV 7740 = Dessau 8686 bestimmt: *Imp. Antonini Aug. Pii sub cur(a) Cl. Secundini ra[t(ionalis) et] Anni Phlegontis Aug. lib. ex off(icina) Demetri liber[t]i.* Ein Sohn von ihm könnte der im jugendlichen Alter gestorbene *Ti. Claudius Ti. filius Secundinus equo pub(lico)* CIL VI 1605 (gesetzt von dessen Mutter Flavia Irene) gewesen sein; ohne Zweifel nahe verwandt mit ihm war *Ti. C]laudius Ti. f. [Ru]fus Statius Macedo* CIL VI 31703.

L. Valerius L. f. Proculus wurde (nach der ihm in Malaca gesetzten Inschrift CIL II 1970 = Dessau 1341) nach Verwaltung verschiedener Provinzialprokuraturen (Z. 12 ff.) vom *proc. provinciarum trium [Gallia]r.* zum *[proc. a rationib.] Aug.*, *[prae]f. [ann]on.*, *[praef. Aegypti]* befördert. Die *praefectura Aegypti* wird bestätigt durch CIL II 1971, die *praef. annonae* (im Jahre 144) durch CIL VI 1002, und so kann auf Grund der Buchstabenreste in Z. 13 und der Analogie der ähnlichen ritterlichen Beamtenlaufbahnen[2]) die Verwaltung der *procuratio a rationibus* durch ihn zum mindesten als wahrscheinlich angenommen werden. Vgl. Hirschfeld, Philol. XXIX 30, 11.

[T.] Furius L. f. Victori[nus] (der Name wird gesichert durch die unten erwähnte Inschrift von Tyrus) wurde nach einer lange für gefälscht angesehenen, von Hülsen, Ausonia II (1907) S. 71 (danach Dessau 9002) als zum Teil echt erkannten und (besonders mit Vergleichung von CIL VI 1599) restituierten Ligorischen Inschrift nach Bekleidung der *tres militiae* und mehrerer Prokuraturen (zuletzt der des *ludus magnus*) Präfekt der ravennatischen, dann der misenischen Flotte, worauf er (sicher unter Antoninus Pius) zum *proc. a rat.* und weiterhin zum *praef. v[igilum]* aufrückte; es folgte noch unter Pius die Statthalterschaft von Ägypten (seine Anwesenheit dort ist für das Jahr 159 oder 160 bezeugt: de Ricci bei Hülsen a. a. O.) und endlich im Anfange der Regierung des Marcus und Verus die Gardepräfektur (bezeugt für das J. 163 durch Not. d. sc. 1915 S. 39 = CIL VI 39449), in welchem Amte er die konsularischen Insignien und *[ob victoriam] Parthicam* hohe Ordensauszeichnungen empfing. Die beiden letzten Staffeln seiner Laufbahn nennt auch die Inschrift von Tyrus (?) IGR III 1103 = Dessau 8846: T. Φουρίωι Οὐικτωρείνωι ἐπάρχωι Αἰγύπτου, ἐπάρχωι πραιτωρίου usw. Im J. 167 fiel er im Kampfe gegen die Markomanen (Hist. Aug. Marc. 14, 5). — Ihn scheint wie in den letzten beiden Ämtern so auch in der Finanzprokuratur abgelöst zu haben

M. Bassaeus M. f. Rufus, der von niederer Herkunft durch militärische Tüchtigkeit sich unter Marc Aurel zu den höchsten ritterlichen Ämtern emporarbeitete (Cass. Dio LXXI 5, 2. CIL VI 1599 = Dessau 1326), wurde, nachdem er in mehreren Provinzen, zuletzt in Belgica und den beiden Germaniae, Prokurator gewesen, *proc. a rationibus*, dann *praefectus annonae* oder *vigilum* (der überlieferte Inschrifttext hat hier eine Lücke), *praefectus Aegypti* (zwischen 161—166), zuletzt *praef. praetorio* (das letztere Amt erwähnt auch CIL IX

1) Vielleicht ist, wie Hirschfeld vermutet, in der Inschrift Z. 10 a. E. hinter *Aquitan.* (Bruchrand) *proc.* zu ergänzen. 2) Vgl. die des Claudius Secundinus, Bassaeus Rufus, Junius Flavianus, Petronius Honoratus.

2438). Vgl. Hirschfeld a. a. O. S. 31, 14. Sein unmittelbarer Nachfolger war vielleicht

P. Licinius M. f. Papirianus procur. Augg. imp. Caes. M. Aureli Antonini Aug. Germanic. Sarmatici maximi (J. 175 ff.) *p(atris) p(atriae) et [di]vi Veri* († 169) *a rationibus* CIL VIII 1641 = Dessau 6818.

Cosmus Aug. lib. verwaltete das Amt, während Bassaeus Rufus *praef. praet.* war. Zu Saepinum (Altilia) befindet sich noch an der alten Stelle des Tores nach Bojano, durch welches der Pfad (»*il tratturo*«) führt, auf dem die Schafe aus Apulien in die Abruzzen zurückgetrieben werden, die Inschrift CIL IX 2438 (nach 166 n. Chr. gesetzt; vgl. die Anm.), welche die Kopien dreier amtlicher Briefe enthält. Der dritte derselben ist von *Septimianus* (*Aug. lib. adiutor a ration.*) an Cosmus gerichtet und betrifft die Beschwerden der *conductores gregum oviaricorum*, *qui sunt sub cura tua* (d. h. des Cosmus; die *oves* sind *dominicae*, kaiserliche, und unterstehen der Fiskalverwaltung) über Übergriffe seitens der Stadtbehörden von Saepinum und Bovianum und der dort stationierten Gendarmen. Cosmus wendet sich nun deshalb an die *praeff. praet.* Bassaeus Rufus und Macrinius Vindex, und diese verfügen nach seinem Wunsch an die Beamten von Saepinum. Denselben *Cosmus a rationibus Augg.* und ein amtliches Schreiben von ihm an den ebenfalls in der Inschrift von Saepinum genannten *adiutor Septumanus* (so hier) erwähnt die leider arg verstümmelte stadtrömische CIL VI 455 v. J. 168, und ihm gehört auch die auf dem Aventin unter S. Sabina gefundene Wasserleitungsröhre mit dem Stempel *Cosmi Aug. lib. a rat*... (CIL XV 7443 [vgl. p. 909 II] = Dessau 1476). Sein unmittelbarer Nachfolger war vielleicht

Euphrates, der als Inhaber des Amtes (nach 168) erwähnt wird von Galen. XIV 4: ἦν δὲ (Kaiser Marcus) τηνικαῦτα διὰ τὸν Γερμανικὸν πόλεμον ἐν τοῖς περὶ τὸν Ἴστρον χωρίοις ἐμοῦ παραιτησαμένου τὴν ἀποδημίαν ἐκείνην. ἐπεὶ δὲ τὴν ὑπὸ Δημητρίου τοῦ ἀρχιατροῦ σκευαζομένην ἀντίδοτον ἐπῄνει, μετὰ θάνατον αὐτοῦ γράψας Εὐφράτει τῷ καθολικῷ (d. i. *rationali*)[1], παρ᾽ οὗ τὰ πρὸς τὴν σύνθεσιν ἐλάμβανεν ἁπλᾶ φάρμακα, δηλῶσαι τίς αὐτῷ παρῆν τῶν λαμβανόντων σύνταξιν αὐτοκρατορικήν, καὶ πυθόμενος ἐμὲ διὰ παντὸς αὐτῷ κατὰ πάσας τὰς συνθέσεις παραγεγονέναι, σκευάζεσθαι μὲν ἐκέλευσεν ὑπ᾽ ἐμοῦ τὴν ἀντίδοτον. Der Aufenthalt Marc Aurels an der Donaugrenze, während dessen Galen in Rom als Arzt und Schriftsteller tätig war, dauerte (mit einer kurzen Unterbrechung im J. 169 und vielleicht einer zweiten 174) von 167 bis 175.

L. Iulius Ve[hil]ius (?) *Gr[atus ?] Iulianus* war laut einer im Tiber bei der Marmorata gefundenen Inschrift CIL VI 31856 = Dessau 1327 (restituiert und vortrefflich erläutert von Barnabei, Not. d. scavi 1887 p. 537 ff.) zunächst (unter der gemeinsamen Regierung des Marcus und Verus) Frontoffizier, als welcher er sich im Partherkriege auszeichnete, dann nach Bekleidung weiterer militärischer und administrativer Posten teils unter Marcus, teils schon unter dessen Nachfolger, Chef der ravennatischen und hierauf der misenischen Flottenstation; von dieser Stellung rückte er zum *a rationib.* und schließlich zum Getreideprä-

1) Ob mit ihm der von Marcus εἰς ἑαυτόν X 31 erwähnte Euphrates und der κράτιστος ἐπίτροπος τοῦ Σεβαστοῦ Aurelius Euphrates der milesischen Inschrift Rev. arch. XXVIII (1874) 110 identisch sind, ist sehr zweifelhaft.

fekten und als Nachfolger Cleanders im J. 189 (Hist. Aug. Comm. 7, 4) zum Gardepräfekten auf; in diesem Amte fiel auch er der Tyrannei des Commodus zum Opfer (Cass. Dio LXXII 14, 1. Hist. Aug. Comm. 11, 3).

Aelius Achilles war *rationalis*, d. h. *procurator a rationibus*, im J. 193 nach den von ihm und Claudius Perpetuus Flavianus Eutychus, wohl dem *proc. summarum rationum*, wiewohl er, anscheinend ungenau, kollegialisch ebenfalls als *rationalis* bezeichnet wird[1]), an die Beamten der öffentlichen Bauten gerichteten Erlassen (*exemplaria litterarum rationalium dominorum nn. scriptarum, pertinentes ad Adrastum Augg. nn. lib.*) CIL VI 1585 *b* (vgl. 1585 *a*) = Dessau 5920 (der unter Flavianus Eutychus eine dritte Person versteht). Vgl. Hirschfeld, Verw.-Beamt.[2] S. 34 f.

Ti. Claudius Vibianus Tertullus, bekannt durch die ihm von *Spectatus Augg. n(ostrorum) lib. adiut(or) tabul(ariorum)* gesetzte bilingue Inschrift von Ephesus CIL III 6574 = 7126 = Dessau 1344: Τι. Κλ. Οὐειβιανὸν Τέρτυλλον τὸν ἐπὶ τῶν Ἑλληνικῶν ἐπιστολῶν καὶ τῶν καθ' ὅλου λόγων τῶν μεγίστων αὐτοκρατόρων καὶ ἔπαρχον οὐιγούλων (von dem lateinischen Text ist nur der Schluß: ... *ab epistulis Graecis et a rationibus Augg. et praef. vigilum* usw. erhalten), gehört vermutlich in die Zeit der Samtherrschaft des Severus und Caracalla, nicht in die des Marcus und Verus.

Ritter aus nicht genau zu bestimmender Zeit:

Αὐρήλιος Φῆλιξ [πράξας στρατείας] τρεῖς (d. i. *tribus militiis perfunctus*), κεντηναρίαν δουκηναρίαν (sc. *procurationes*) καὶ τοὺς καθ' ὅλου λόγους ἐπ[ιτροπεύσας (vgl. Hirschfeld a. a. O. S. 33, 3) der stadtrömischen Grabschrift IG XIV 1480 = IGR I 227 = Dessau 8854 ist 'frühestens dem Ende des 2. Jahrhunderts angehörig' (Hirschfeld a. a. O. S. 435, 1).

Marcus Aurelius Iulianus a rationibus et a memoria ist bekannt durch die ihm gesetzte Inschrift CIL XIV 2463 (= VI 1596) und die ihm gehörige, an der Via Ardeatina gefundene Wasserleitungsröhre CIL XV 7403: *M. Aureli Iuliani a memoria*; nach Hirschfelds Vermutung (Verw.-Gesch.[1] S. 32, 3) ist er vielleicht identisch mit dem *Aurelius Iulianus praef. praet.* der Inschrift von Brescia CIL V 4323 (vgl. auch Dessau zu CIL XIV 2463).

C. Iunius C. f. Flavianus (CIL VI 1620 = Dessau 1342) stieg wie Claudius Secundinus (oben S. 28) von der *procuratio hereditatium* zur Prokuratur der lugdunensischen und aquitanischen Provinz auf (aus dieser Zeit stammt das von Renier scharfsinnig auf ihn bezogene Lyoner Inschriftfragment CIL XIII 1812), wurde dann *proc. a rationibus* und weiterhin *praefectus annonae.*

M. Petronius M. [f.] Honoratus (CIL VI 1625 *a* und *b* = Dessau 1340) war nach Absolvierung der *tres militiae proc. monetae, proc. XX hered., proc. provinci[ae] Belgicae et duarum Germaniarum, proc. a rationibus Aug.* und wurde (nach CIL VI 1625 *b*) von diesem Amt zum *praef. annon.* und endlich zum *praef. Aegypti* (nach Labus in den letzten Jahren Marc Aurels, vgl. Franz CIG III p. 131) befördert.

---

1) Vgl. CIL VIII 23395 = Dessau 5966: *termin]i Aug[ust(ales)] positi ex auctoritate rationalium per (illum) ev[oc(atum)] Aug. n.*

Cn. Pompeius Sex. f. Homullus Aelius Gracilis Cassianus Longinus rückte nach der ihm von seinen Erben, also wohl nach seinem Tode gesetzten Inschrift CIL VI 1626 = Dessau 1385, nachdem er die Offizierslaufbahn durchmessen, zum *proc. Aug. provinciae Britanniae, proc. Aug. provinc. duarum Lugud. et Aquit.* und schließlich zum *proc. Aug. a rationibus* auf.

Ein *proc. A[ug.] a rationib., praef. vig.* wird erwähnt in einem Inschriftbruchstück aus Falerio in Picenum (CIL IX 5440), ein [? *pro*]*c. a rat.*(?) in dem stadtrömischen CIL VI 31499.

Aus dem 3. Jahrhundert sind bekannt (vgl. Hirschfeld, Verw.-Beamt.² S. 36, 3):

Aurelius Eubulus aus Emesa τοὺς καθόλου λόγους ἐπιτετραμμένος unter Elagabal: Cass. Dio LXXIX 21, 1.

Felicissimus rationalis, erwähnt von Vict. Caes. 35, 6. Eutrop. IX 14. Hist. Aug. Aurel. 38, 2, im Zusammenhang mit einem Aufruhr der *monetarii* in Rom unter Aurelian. In die Zeit desselben Kaisers gehört

C. Valerius Sabinus v(ir) p(erfectissimus) rationalis CIL V 6421, dessen Amtszeit bestimmt wird durch die von ihm Aurelian dedizierte Inschrift CIL XI 1214[1];

ferner fünf weitere Inhaber des Amtes, bei denen eine genauere chronologische Bestimmung nicht möglich ist:

P. Aelius Dionysius (genannt *Palladius*) *p. v. rationalis* CIL VI 1587 = Dessau 1446.

Cocceius Minic[ianus] rationalis CIL VI 9031 = 33757.

L. Sep. Antonius Agath[o]nicus v. p. a rat. Eph. epigr. IX p. 415 n. 695 (vgl. Hirschfeld a. a. O. S. 34, 3).

[? *Sep*]*timius Amandus* [*v.*] *p. rationa*[*l*]*is* CIL V 858.

. . . *a ration*[*ibus*] CIL VI 31529 (wegen der Dedikationsformel sicher aus dem 3. Jahrhundert).

Der Zeit Diocletians und Maximians gehören an (vgl. Hirschfeld a. a. O.):

Aimilius Victor v. p. a rat. CIL VI 1120.

Basilius Donatianus v. p. rationalis CIL VI 1121.

Caecilianus p. v. bis ration(alis), urbis Romae et Africae CIL XI 831 = Dessau 1218.

Geminius Festus v. [*p.*] *rationalis* CIL VI 31380 = Dessau 611 m. Add. (dediziert *divo Nigriniano nepoti Cari*); derselbe, *v. p. a r(ationibus)* tituliert, CIL VI 31384 (Dedikation an Maximian).

Iulius Antoninus rationalis unter Maximian CIL III 325.

II. *A LIBELLIS*

C. Iulius Callistus (der volle Name bei Scribon. Larg. praef. 1) war Freigelassener des Kaisers Gaius (Joseph. ant. Iud. XIX 64) und schon unter diesem zu großem Einfluß und Reichtum gelangt (Joseph. a. a. O., wo die Worte ἐπὶ

1) In dem überlieferten, offenbar auf einer sorgfältigen Abschrift beruhenden Text folgt auf den Namen *Val. Sabinus* $\overline{\text{A}}$ · $\overline{\text{V}}$ · RAT, was, da jener sonst untadelig ist, vielleicht zu halten — Bormann emendiert [*p.*] *v.* — und *a(gens) v(ices) rat(ionalis)* aufzulösen ist. Die Inschrift würde dann zeitlich der andern vorangehen.

μέγιστον δυνάμεως ἀφίκετο nicht notwendig auf ein bestimmtes Amt, jedenfalls nicht gerade auf das später von ihm innegehabte Bittschriftenamt bezogen zu werden brauchen[1]). Unter Claudius bildete er als Vorsteher des Hofamtes *a libellis* (Zonar. XI 9 p. 564: ἐπὶ ταῖς βίβλοις τῶν ἀξιώσεων ἐτέτακτο) zusammen mit Narcissus und Pallas das mächtige Libertinentriumvirat, das den Kaiser und die gesamte Staatsverwaltung beherrschte (Tac. ann. XI 29. 38. XII 1 zum J. 48. Zonar. XI 9; vgl. Plin. n. h. XXXVI 60: *Callistus Caesaris Claudi libertorum potentia notus*). Zur Begründung der Vermutung von Bücheler, Rh. Mus. XXXV 1880 S. 327, daß er auch *a studiis* war, reicht die Stelle Scribon. Larg. praef. 23 *tradendo scripta mea latina medicinalia deo nostro Caesari — divinis manibus laudando consecrasti* nicht aus. Vgl. oben I 40. 45. 46.

Polybius, nach Sueton. Claud. 28 *a studiis*, wird als Dirigent des Bittschriftenamtes von Seneca in der vor 44 verfaßten (Jonas, De ordine librorum L. Annaei Senecae philosophi p. 30 ff.), jenem selbst gewidmeten Trostschrift Kap. 6, 5 bezeichnet mit den Worten: *audienda sunt tot hominum milia, tot disponendi libelli. tantus rerum ex orbe toto coeuntium congestus, ut possit per ordinem suum principis maximi animo subici, erigendus tuus est.* Nach demselben (Cons. ad Polyb. 6, 2) scheint es, daß er in den Ritterstand erhoben worden ist: *olim te in altiorem ordinem et amor Caesaris extulit et tua studia deduxerunt. nihil te plebeium decet, nihil humile.* Auf Veranlassung Messalinas, deren Liebhaber er gewesen war, wurde er, 47 oder 48 n. Chr., getötet (Cass. Dio LX 31, 2). Wenn in dem CIL VI 20252 als Patron genannten (*C. Iulius*) *Polybius Caesaris l.* (vermutlich derselbe auch CIL VI 19795. 33838) er zu erkennen ist, so war er aller Wahrscheinlichkeit nach gleich Callistus ein Freigelassener des Gaius. Vgl. oben I 54.

Diadumenus, bekannt durch die in Villa Casali auf dem Caelius gefundene Wasserleitungsröhre mit dem Stempel *Diadumenu[s] Aug. l. a libellis — Ti. Claud. Felix fec.* (CIL XV 7444 nach Dressels Abschrift, der sie nach der Buchstabenform in die Mitte des 1. Jahrh. setzt), könnte der Nachfolger des Callistus und Vorgänger des Folgenden gewesen sein.

Doryphorus ὁ τὰ τῆς ἀρχῆς αὐτοῦ (des Nero) βιβλία διέπων (Cass. Dio LXI 5, 4), einer der mächtigsten Freigelassenen Neros und Genosse seiner Ausschweifungen (Sueton. Nero 29), wurde, wie man sagte, von diesem vergiftet (62 n. Chr.), weil er der Heirat mit Poppäa entgegen gewesen war (Tac. ann. XIV 65). Vgl. oben I 42. Sein Nachfolger war wahrscheinlich

Epaphroditus (*a libellis* Sueton. Nero 49, 3), der Nero bei seinem Selbstmorde behilflich war. Domitian ließ ihn deshalb hinrichten (Sueton. Domit. 14, 4. Cass. Dio LXVII 14, 4 — nach der Reihenfolge von Cassius Dios Erzählung geschah es ein Jahr vor Domitians Ermordung). Epictet, der sein Sklave war, erwähnt ihn bisweilen (Diss. I 1, 20. 19, 16. 26, 11) und an ihn richtete Josephus

1) Völlig ausgeschlossen ist diese Möglichkeit nicht. Freilich könnte dann der im folgenden angeführte Polybius nicht sein Vorgänger gewesen sein. Aber dieser, der nach der nicht zu bezweifelnden Angabe Suetons das von Claudius neu geschaffene Amt *a studiis* innehatte (vgl. Hirschfeld, Verw.-Beamt.[2] S. 332, 2), könnte das ihm von Seneca Cons. ad Polyb. 6, 5 beigelegte Bittschriftenamt zeitweilig in Vertretung des irgendwie behinderten Callistus zugleich mit seinem eigentlichen verwaltet haben.

die Bücher *contra Apionem*. Ob der *Ti. Claudius Aug. l. Fortunatus Epaphroditianus* CIL VI 15082 mit ihm in Verbindung zu bringen ist, ist unsicher, aber naheliegend.

Sex. Caesius Sex. [*f.*] *Propertianus flamen Cerialis Romae, proc. imp. a patrim. et heredit. et a li*[*b*]*ell., tr. mil. leg. IIII Macedonic.* CIL XI 5028 = Dessau 1447 verwaltete, wie Bormann (zu der Inschr.) gezeigt hat, das Amt unter Vitellius.

Entellus, ὁ τὰ τῆς ἀρχῆς βιβλία διέπων unter Domitian, wird von Cassius Dio LXVII 15, 1 als Teilnehmer an der Verschwörung gegen diesen Kaiser genannt, während Sueton ihn nicht erwähnt. Seine Glashäuser hat Martial VIII 68 besungen (oben I 47). Der bei Torre Sapienza gefundene Grabaltar CIL VI 15017: *dis man. Ti. Claudi Aug. l. Entelli* könnte ihm gehört haben, so daß er die Manumission bereits unter Claudius oder Nero erhalten haben würde. Ein *M. Ulpius Aug. lib. Cladus Entellianus* CIL VI 29154.

Hermeros Aug. lib. a libellis und seine Gattin Flavia Irene setzen ihrem Söhnchen T. Flavius Capitolinus die Grabschrift CIL VI 8614 = Dessau 1674. Der Gentilname weist auf die flavische Epoche.

Aus dem 2. Jahrhundert sind nur drei Ritter als Vorsteher dieses Amtes bekannt.

T. Haterius Nepos wurde laut seiner Inschrift CIL XI 5213 = Dessau 1338 (vgl. Borghesi, Annali d. Inst. 1846 S. 313 = Oeuvres V 3) nach der Bekleidung der militärischen Ämter zuerst *censito*[*r*] *Brittonum Anavion*[*ens.*] (vgl. CIL VII 1168 und Eph. epigr. VII 336 n. 1102), dann *proc. Aug. Armeniae mai*[*or.*] (zwischen 114 und 117), *ludi magni, hereditatium et*[1]) *a censibus, a libellis Aug., praef. vigilum, praef. Aegyp*[*ti*]. Das letzte Amt verwaltete er bezeugtermaßen in den Jahren 121 (CIL III 39) bis 124 (nach einem von Bormann zu der Inschr. zitierten Rainer-Papyrus; vgl. auch Dessau 9060 v. J. 122), das Amt *a libellis* also wohl im Anfange von Hadrians Regierung.

C. Iulius C. fil. Celsus (CIL XIII 1808 = Dessau 1454; vgl. CIL IX 4453) stieg nach Verwaltung mehrerer kleinerer Ämter vom *proc. XX hereditat.* zum *proc. patrimoni*, weiter zum *proc. provinciar. Lugud. et Aquitanic.*, endlich zum *a libellis et censibus* auf. Mindestens die beiden letzten Staffeln seiner Laufbahn hat er, wie aus der auf demselben Steine stehenden Inschrift seines Sohnes C. Julius Celsus Maximianus *adlectus annorum quattuor in amplissimum ordinem ab imp. T. Aelio Hadriano Antonino Aug. Pio p. p.* hervorgeht, unter Pius bekleidet. Über die hier und sonstwo (sicher z. B. in dem Fragment CIL III 299 = IGR III 193: ... *a libellis et c*[*ensibus*] ... = [ἐπὶ βιβλειδίω]ν καὶ κήνσων ...) sich findende Kombinierung der Ämter *a libellis* und *a censibus* durch Personalunion vgl. Hirschfeld a. a. O. S. 66 f.

Μ. Αὐρήλιον Παπίριον Διονύσιον τὸν κράτιστον καὶ ἐνδοξότατον ἔπαρχον Αἰγύπτο[υ] καὶ ἔπαρχον εὐθενίας, ἐπὶ βιβλειδίω[ν] καὶ διαγνώσεων τοῦ Σεβαστοῦ, ἔπαρχ[ον] ὀχημάτων καὶ δουκηνάριον ταχ[θέντα] καὶ περὶ τὴν Φλαμινίαν ἐπιτη-[δείων] σύμβουλόν τε τοῦ Σεβαστοῦ nennt die stadtrömische Inschrift IG XIV

1) »Dies *et* soll bezeichnen, daß der vorangehende Titel *proc. Aug.* auf die folgenden Ämter sich nicht bezieht«, Hirschfeld a. a. O. S. 65, 5, nach dem Nepos »das Amt *a censibus* wohl gleichzeitig mit dem *a libellis* ... bekleidet hat«.

1072 = IGR I 135. Offenbar auf denselben bezieht sich, wie Hirschfeld, Verw.-Gesch.[1] S. 101, 1 (2. Aufl. 194, 2) erkannt hat, die im Anfange verstümmelte Inschrift von Antium CIL X 6662 = Dessau 1455: [*a libellis imp. Commodi*?] *Pii Felicis Aug.*, *ducenario praef. vehicul.*, *a copis Aug. per viam Flaminiam*, *centenario consiliario Aug.* usw. Schon Franz (zu CIG 5895) hielt ihn für identisch mit dem *praef. annonae* Papirius Dionysius, der 189 getötet wurde (Cass. Dio LXXII 13, 2. 14, 3); wogegen Henzen (Ann. d. Inst. 1857 S. 97) erinnert hat, daß die Präfektur Ägyptens erst nach der *praefectura annonae* bekleidet werden konnte. Sievers (Philologus XXVI 42), der die Identität festhält, nimmt eine Degradation des Dionysius von der Präfektur Ägyptens zur Getreidepräfektur an, auf welche sich die Stelle bei Suid. s. ἐλοιδόρησε beziehen könnte: Αἰλιανός. ὁ δὲ Κλέανδρος ἐλοιδόρησε τὸν ὕπατον τῆς ἐν Αἰγύπτῳ ἀρχῆς κωμῳδῶν, καὶ παραλύει αὐτὸν τῆς ἀρχῆς οὐδὲν ἀδικοῦντα. Daß eine solche Degradation, wenn auch gewiß äußerst selten, doch keineswegs unmöglich war, beweist der Fall des Arrius Varus *praef. annonae* im J. 71 Tac. H. IV 68: *Varus praetorianis praepositus vim atque arma retinebat. eum Mucianus pulsum loco, ne sine solacio ageret, annonae praefecit* (vgl. Hirschfeld, Verw.-Beamt.[2] S. 447, 4). An der Identität des Papirius Dionysius in der Inschrift und bei Cassius Dio ist also nicht zu zweifeln.

Daß keiner der Genannten über die *praefectura Aegypti* hinaus befördert erscheint, ist entweder zufällig, oder die Inschriften sind vor dem Abschluß ihrer Laufbahn gesetzt. Papinian, der unter Sever das Bittschriftenamt bekleidete (Dig. XX 5, 12 pr.: *libellos agente Papiniano*), wurde bekanntlich später auch *praef. praetorio.* Zu derselben Stellung rückte unter Alexander Severus Ulpian nach der Bekleidung des Amtes *a libellis* auf. Im Laufe des 3. Jahrhunderts nimmt der Dirigent des Bittschriftenamtes den Titel *magister libellorum* an. Bekannt sind aus dieser späteren Zeit ferner:

... [*Pr*]*iscus s*[*ub*(?)*p*]*raef. vigil*[*um*] ... *magister a lib*[*ellis*, *m*]*agister a cen*[*sib.*] CIL VI 1628 = Dessau 1456 (‘*optimis litteris*’ nach Marini);

C. Caelius Saturninus, der nach seiner von Mommsen in den Nuove Mem. d. Inst. 1865 S. 299ff. behandelten Inschrift CIL VI 1704 = Dessau 1214 vom *ducenarius a consiliis* zum *magister libellorum*, *magister studiorum* und dann im weiteren Verlauf seiner langen Laufbahn schließlich (unter Constantin) zum *praef. praet.* aufstieg (CIL VI 1705 = Dessau 1215).

Zeugnisse für das Amt aus dem 4. Jahrhundert CIL VI 510 = Dessau 4152; XII 1524 = Dessau 1279. Über die Unterbeamten *a libellis* (*proximi*, *adiutores*, *custodes*, *scriniarii*) s. Cuq, Le *consilium principis* p. 370. Hirschfeld a. a. O. S. 320, 1. 326, 1.

III. *AB EPISTULIS*[1])

1. VOR HADRIAN

Das kaiserliche Hofamt *ab epistulis* hat sein genaues Vorbild in der vielleich dem hellenistischen ἐπιστολογράφος nachgebildeten[2]) Stellung, die der Vater

1) Vgl. Hirschfeld a. a. O. S. 319ff. Rostowzew, Real-Encykl. VI 210ff. 2) Rostowzew a. a. O. S. 210: »Das wenige, was wir vom hellenistischen Epistolographen wissen, genügt, um die Verwandtschaft desselben mit dem Cäsarischen Sekretariat außer Zweifel zu stellen.«

des Pompeius Trogus im Hofstaat Cäsars bekleidete (Iustin. XLIII 5, 12: [*Trogus ... dicit*] *patrem quoque sub C. Caesare militasse epistularumque et legationum, simul et anuli curam habuisse*).

Von diesem Amt ist das eines kaiserlichen Privatsekretärs verschieden. Das letztere meint (wie Hirschfeld S. 319, 3 bemerkt) Sueton, wenn er sagt, daß August dem Horaz *epistularum officium obtulit.* Er schrieb an Mäcen (Sueton. Vit. Horat.): *ante ipse sufficiebam scribendis* (O. Jahn, Philologus XXVIII 10 *rescribendis* mit Vergleichung von Sueton. Aug. 45, 1: *epistulis libellisque legendis ac rescribendis*) *epistulis amicorum*[1]), *nunc occupatissimus et infirmus Horatium nostrum a te cupio abducere*: *veniet ergo ab ista parasitica mensa ad hanc regiam, et nos in epistulis scribendis adiuvabit.* An *regiam* (das Mommsen StR. II³ 764, 4 für einen Schreibfehler hält) ist als an einem scherzhaften (wie *parasitica* etwa aus der Palliata stammenden) Ausdrucke doch wohl kein Anstoß zu nehmen. Augusts Testament war zum Teil von seinen Freigelassenen Hilario und Polybius (vgl. CIL XIV 3539: *C. Iulius Polybi div*[*i*] *Augusti liberti l. Anthus*) geschrieben (Sueton. Aug. 101, 1), Polybius las es im Senat vor (Cass. Dio LVI 32, 1).

Seit das Amt bestand, wurde es bis zum Beginn des 2. Jahrhunderts vorzugsweise von Freigelassenen geleitet. Daß es gleich anfangs in zwei Abteilungen, eine griechische und eine lateinische, zerfiel, ist an und für sich sehr wahrscheinlich. Trotz dieser Teilung war die oberste Leitung (mindestens seit der Zeit des Claudius, aus der sich die große Bedeutung dieser drei Hofämter datiert) offenbar in die Hand eines einzigen Dirigenten gelegt; dies folgt, wie oben I 55f. bemerkt, aus der hohen Stellung, die Narcissus neben Callistus und Pallas einnahm und nur als alleiniger Chef seines Amtes einnehmen konnte; sodann daraus, daß Abascantus unter Domitian die Korrespondenz sowohl mit den griechisch, wie mit den lateinisch redenden Provinzen führte. Dagegen scheint im 2. Jahrhundert, vielleicht durch Hadrian, jede von beiden Abteilungen als selbständiges Amt konstituiert worden zu sein (s. ebd.). Daß trotzdem auch im 2. Jahrhundert Beamte ohne weiteren Zusatz *ab epistulis* genannt werden, beweist keineswegs das Gegenteil; denn es ist kaum zu bezweifeln, daß nicht bloß die Vorsteher, sondern auch die Unterbeamten, als *adiutores*, *proximi*, *tabularii*, *scriniarii ab epistulis* (vgl. Cuq S. 391 f. Hirschfeld S. 320, 1), der Kürze wegen einfach *ab epistulis* genannt worden sind (so war der *Libanus Caesaris vern. ab epistulis*, gestorben im siebzehnten Jahre, CIL VI 8597, ohne Zweifel nur ein Gehilfe)[2]).

Wenn nun auch im 2. Jahrhundert ausnahmsweise Freigelassene *ab epistulis* (d. h., wie es scheint, als Dirigenten) vorkommen, so könnte dies daraus erklärt werden, daß durch die Teilung des Amtes in zwei selbständige Bureaus jedes einzelne an Bedeutung verloren hatte. Aber wahrscheinlich ist von der Einrichtung Hadrians, diese Stellen nur mit Rittern zu besetzen, wie bei den Be-

1) Ein ebenso frei gebrauchter Genetiv findet sich bei Plinius ep. III 5, 19: *ego autem tantum, quem partim publica partim amicorum officia distringunt?* Friedlaender selbst vermutete: *ipse rescribendo epistulis amicorum sufficiebam.* 2) Auch der *Ianuarius Caesaris Aug.* (*servus*) *ab epistulis* CIL VI 8596 (aus früher, wahrscheinlich julischer Zeit) kann nur einen untergeordneten Posten bekleidet haben.

amten *a rationibus* (s. oben S. 28. 30), gelegentlich auch willkürlich abgewichen worden. Vielleicht würden wir auch Freigelassene *a libellis* aus dem 2. Jahrhundert kennen, wenn wir von den Vorstehern dieses Amtes mehr Inschriften hätten. Ganz ohne Beispiel ist die fragmentierte Inschrift eines Unbekannten senatorischen Standes aus dem 3. Jahrhundert, der nach Bekleidung der Prätur die griechische Abteilung leitete (CIL VI 3836 = 31747). Der Schluß lautet (mit absteigender Ämterreihe): *[misso] ad iuniores legendos per Aemi[liam]...*, *ab epistulis Graecis, cur(atori) Ocric[ulanorum]..., praetori, quaest[ori]*.

Die Beamten *ab epistulis* im 1. Jahrhundert, soweit sie aus Inschriften bekannt sind, hat schon Borghesi größtenteils verzeichnet, Ann. d. Inst. 1846 S. 324. Solche, die unzweifelhaft Unterbeamte waren, sind auch hier nicht berücksichtigt.

[Ti. C]laudius [Au]gusti lib. [Phil]ologus [ab epist]ulis CIL VI 8601. Borghesi, Oeuvres V 297 identifiziert ihn mit dem Philologus, der Schüler des Grammatikers Pudens war, eines Freigelassenen des M. Aemilius Lepidus (Cos. v. J. 6 n. Chr.) und Prokurators seiner Tochter Aemilia Lepida (CIL VI 9449 = Dessau 1848).

Ti. Claudius Aug. lib. Eudaemon ab epistulis CIL VI 8600.

Ti. Claudius Augusti libertus Primio ab epistulis CIL VI 8603 = Dessau 1670.

Narcissus (vgl. oben I 41. 45. 48. 50. 55 f.). Sein von Agrippina erzwungener Tod (Tac. Ann. XIII 1) erfolgte noch vor Claudius Begräbnis: Seneca Apocol. 13, 1. Drei Wasserleitungsröhren mit dem Stempel *Narcissi Aug. l. ab epistulis* CIL XV 7500 *a—c* (*a. b* gef. in der Via Nazionale, *c* nach Al. Donati '*in fundamentis templi Ignatiani*').

Beryllus, genannt von Joseph. Ant. Iud. XX 183 f.: καὶ τῶν ἐν Καισαρείᾳ δὲ οἱ πρῶτοι Σύρων Βήρυλλον[1]) (παιδαγωγὸς δ' ἦν οὗτος τοῦ Νέρωνος τάξιν τὴν ἐπὶ τῶν Ἑλληνικῶν ἐπιστολῶν πεπιστευμένος) πείθουσι πολλοῖς χρήμασιν αἰτήσασθαι παρὰ τοῦ Νέρωνος αὐτοῖς ἐπιστολὴν ἀκυροῦσαν τὴν Ἰουδαίων πρὸς αὐτοὺς ἰσοπολιτείαν· καὶ Βήρυλλος τὸν αὐτοκράτορα παρακαλέσας ἐπέτυχε γραφῆναι τὴν ἐπιστολήν. Er war ohne Zweifel ein aus dem griechischen Osten stammender Freigelassener, der wegen seiner literarischen Bildung dem jungen Nero als *paedagogus* zugeteilt[2]) und dann später von diesem zum Dirigenten des griechischen Sekretariats befördert worden war.

Σεκοῦνδος ὁ ῥήτωρ[3]) ἐπὶ τῶν ἐπιστολῶν γενόμενος τοῦ Ὄθωνος wird von

1) Die zugunsten der Identifikation mit Afranius Burrus (wegen Tac. ann. XIII 2: *hi* [Burrus und Seneca] *rectores imperatoriae iuventae*) von manchen vorgenommene Textänderung Βοῦρρον (so auch hier in den früheren Auflagen) wird von Niese (vgl. auch Schürer, Gesch. d. jüd. V. I$^{3\cdot 4}$ 580, 40) mit Recht verworfen. 2) Vgl. den *M. Livius Augustae lib. Prytanis, Liviae Drusi paedag.* CIL VI 33787 = Dessau 1828, den *Epa[gathus [paedag]ogus puerorum [Agr]ippinae* CIL VI 5563, den *Hymnus paedagogus [I]uliae Germanici filiae* ebd. 3998, den *Malchio Drusi paedagogus* ebd. 3999, den *Philocrate(s) Messallinae paed.* ebd. 4459. 3) »Da der Beisatz ὁ ῥήτωρ ihn als einen bekannten Redner zu bezeichnen scheint, so darf man ihn wohl für den Iulius Secundus halten, der einer der Sprecher in dem Dialog des Tacitus ist und in der Zeit Vespasians zu den *celeberrima ingenia fori* gehörte (Tac. Dial. 2, 2), mit Quintilian, der besonders seine Eleganz rühmt (XII 10, 11), noch befreundet war X 3, 12) und früh starb (X 1, 120)« Hirschfeld.

Plutarch. Otho 9 als Berichterstatter über Othos letzte Entschlüsse angeführt. Er war wohl ein Ritter; denn »daß von Vitellius hervorgehoben wird, er habe dergleichen eigentlich für Freigelassene bestimmte Posten an römische Ritter übertragen (Tac. H. I 58), schließt nicht aus, daß Otho gleichzeitig ebenso verfuhr« (Mommsen, Ges. Schr. VII 249, 3).

Διονύσιος Ἀλεξανδρεύς, ὁ Γλαύκου υἱός, γραμματικός, ὅστις ἀπὸ Νέρωνος συνῆν καὶ τοῖς μέχρι Τραϊανοῦ[1]) καὶ τῶν βιβλιοθηκῶν προὔστη καὶ ἐπὶ τῶν ἐπιστολῶν καὶ πρεσβειῶν ἐγένετο καὶ ἀποκριμάτων[2]). ἦν δὲ καὶ διδάσκαλος Παρθενίου τοῦ γραμματικοῦ· μαθητὴς δὲ Χαιρήμονος τοῦ φιλοσόφου, ὃν καὶ διεδέξατο ἐν Ἀλεξανδρείᾳ Suidas. Ihn mit C. Mueller, Geogr. min. I p. XVI für den Verfasser der Periegese zu halten, ist unmöglich. Dieser schrieb, wie er selbst in dem von G. Laue (Philol. XLII 1882 S. 175 ff.) entdeckten Akrostichon 109—134 und 513—522 angibt (ἐμὴ Διονυσίου τῶν ἐντὸς Φάρου — θεὸς Ἑρμῆς ἐπὶ Ἀδριανοῦ), unter Hadrian. Folgte Dionysius dem Chäremon, der zur Erziehung Neros um 50 nach Rom berufen wurde, 25jährig, so wäre er 117 92 Jahre alt gewesen; doch erlebte er nach Suidas das Jahr 117 nicht. Der Grammatiker könnte Vater und Lehrer des Dichters sein.

Fortunatus Aug. l. verna paternus, *ab epistulis*, *accensus patron. divo Aug. Vespasiano*, *lictor curiat.*, *viat(or) honor(atus) dec(uria) co(n)s(ulari) et pr(aetoria)* CIL VI 1887 = Dessau 1944, und dessen Bruder

Epaphroditus Aug. l. ab epistulis in derselben Inschrift.

[*T.*] *Flavius Aug. lib. Protogenes ab epistulis* CIL XI 3886.

T. Flavius Aug. l. Epictetus ab epistulis, *a copis mil.*, *lictor curiatius* CIL XIV 2840 = Dessau 1571.

T. Flavius Aug. lib. Euschemon, *qui fuit ab epistulis*, *item procurator ad capitularia Iudaeorum* CIL VI 8604 = Dessau 1519.

Flavius Alexander Aug. lib. ab epistulis Latinis CIL VI 8610.

T. Flav(ius) Aug. l. Thal[lus][3]) *ab epistulis Latinis* CIL VI 8611.

Flavius Abascantus, der Kanzleivorsteher Domitians (oben I 56), wird genannt in den beiden Inschriften seiner Freigelassenen CIL VI 8598: *D. m. Lamyro Abascanti Aug. lib. ab epistulis l. Domitia Nereis coniugi optimo* und 8599: *Thallo Abascanti Aug. lib. ab epistulis lib.* Für einen andern hält Hirschfeld, Verwg.[2] S. 209, 1 wohl mit Recht den (gleichzeitigen) Abascantus der Inschrift CIL VI 8628 = Dessau 1679: *Diis manibus T. Flavi Aug. lib. Abascanti a cognitionibus Flavia Hesperis coniugi suo* usw. (auf dem Grabstein ist der unter Domitian berühmte Wagenlenker Scorpus [Mart. IV 67. V 25.

1) D. h. der in der Zeit von Nero bis Trajan lebte. Offenbar schöpfte Suidas aus einer Liste, in der die Gelehrten dieser Zeit verzeichnet waren. 2) Das letztere Amt, das auch Claudius Leibarzt C. Stertinius Xenophon bekleidete (τὸν ἀρχιατρὸν τῶν θεῶν Σεβαστῶν καὶ ἐπὶ τῶν Ἑλληνικῶν ἀποκριμάτων nennt ihn die koische Inschrift von Pela Paton-Hicks, Inscr. of Cos n. 345 = IGR IV 1086 = Dittenberger, Syll.[3] 804; vgl. oben I 71 f.), kann nicht mit dem griechischen Sekretariat identisch sein, wie Mommsen RG. V 333, 2 annimmt, sondern ist das der Erteilung der Bescheide an griechische Gesandtschaften (vgl. Cuq, Consil. principis S. 393 und die dort A. 5 angeführten Stellen), das nach Hirschfeld S. 323, 1 zum Ressort *ab epistulis* gehörte. 3) Einer falschen Lesung des Cognomens entstammt der vordem ebenfalls hier (nach Murat. 901, 3) zitierte *T. Flavius Aug. l. Ilias.*

X 50. 53. 74. XI 1, 16. CIL VI 10048, 19. 10052 = Dessau 5287. 5289] abgebildet, dessen Gönner dieser Abascantus vermutlich war); denn das Amt *a cognitionibus* habe damals sicherlich unter dem *ab epistulis* gestanden, habe also nicht nach demselben bekleidet werden können, wie bei Voraussetzung der Identität angenommen werden müßte (ebenso Dessau zu d. Inschr.). Cuq (Le *magister sacrar. cognit.*, Biblioth. des écoles franç. XXI 113) hält die Identität des Abascantus der beiden Inschriften für wahrscheinlich und das Amt *a cognitionibus* für das zuletzt bekleidete, also für ein höheres als das Amt *ab epistulis*.

Cn. Octavius Titinius Capito praef. cohortis, *trib. milit.*, *donat. hasta pura corona vallari*, *proc. ab epistulis et a patrimonio* (des Domitian)[1]), *iterum ab epistulis divi Nervae*, *eodem auctore ex s(enatus) c(onsulto) praetoriis ornamentis*, *ab epistul. tertio imp. Nervae Caesar. Traiani Aug. Ger.*, *praef. vigilum* CIL VI 798 = Dessau 1448. Vgl. über ihn Mommsen, Ges. Schrift. IV 372, 5. Plin. ep. I 17. VIII 12 und oben I 57; über die Iterierung des Amtes Hirschfeld, Verw.-Beamt.[2] S. 446f. Mommsen, Res gestae d. Aug.[2] S. 179.

M. Ulpius Aug. lib. Verna ab epistulis Latinis CIL XI 1434 = Dessau 1667.

M. Ulpius Aug. l. Eros ab epistulis Graecis CIL VI 8607.

Glyptus Aug. lib. ab epistulis (seine Frau heißt Ulpia Athenais, was auf trajanische Zeit weist) CIL XIV 3909 = Dessau 3892. Wahrscheinlich denselben nennt das Bronzetäfelchen CIL VI 37763 (*b*) = Dessau 9025 (ebenfalls aus der Zeit Trajans): *Glypti Aug. lib. proc. praetori Fidenatium et Rubrensium et Gallinaru(m) [Alba]rum.*

Zeitlich nicht genauer bestimmbar sind:

Acindynus Aug. lib. ab epist. Lat. (Sohn einer Aelia Florentina) CIL VI 8609.

Ionius Aug. l. ab epistulis CIL XV 7837 *a* (Wasserleitungsröhre).

Pistus Aug. l. ab epistulis CIL VI 8605.

Diese Übersicht zeigt nicht nur, daß vor Hadrian das Amt größtenteils von Freigelassenen verwaltet wurde, sondern aus den (freilich spärlichen) Inschriften, die noch andere Ämter derselben anführen, folgt auch, daß es damals in keinem sehr hohen Ansehen stand. Zu erwähnen ist, daß allerdings ein *Bassus Aug. lib. prox. ab epistulis Graecis* ('vielleicht Dirigent der griechischen Abteilung' Hirschfeld a. a. O. S. 320, 1) vordem *proc. tractus Carthaginiensis* war (CIL VI 8608 = Dessau 1485); er war wohl ein Freigelassener des Claudius, da sein Sohn Claudius Comon heißt (vgl. Eichhorst, Quaest. epigr. de procuratorib. p. 28). Da gerade unter Claudius Freigelassene ungewöhnlich bevorzugt wurden, dürfte auch dieser Fall als eine Abweichung von der Regel anzusehen sein. Dagegen hat die Laufbahn des Octavius Capito mit denen der ritterlichen Vorsteher des Amtes *ab epist.* nach Hadrian schon große Ähnlichkeit.

2. SEIT HADRIAN

Unter Hadrian selbst haben die sechs zunächst aufgeführten Sekretäre fungiert:

1) »Der Titel *procurator* gehört zu *a patrimonio* und ist daher auch bei der Iterierung des Sekretariats (ohne die Patrimonialprokuratur) nicht gesetzt« Hirschfeld, Verw.-Beamt.[2] S. 318, 1.

C. Suetonius Tranquillus, Sohn des Suetonius Laetus, der als *tertiae decimae legionis tribunus angusticlavius* an dem Kriege zwischen Otho und Vitellius teilnahm (Suet. Otho 10, 1), erhielt das Amt als Privatmann — das von Plinius für ihn erwirkte Militärtribunat hatte er schließlich ausgeschlagen (Plin. ep. III 8) — wahrscheinlich durch Vermittlung seines Gönners C. Septicius Clarus (*praef. praet.* 119) und wurde, wie es scheint, mit diesem zugleich 121 entsetzt (vgl. Tillemont, H. d. E. II 389), wegen zu vertraulichen Benehmens gegen die Kaiserin Sabina (Hist. aug. Hadr. 11, 3). Reifferscheid (Suet. rell. p. 465) vermutet, daß seine Schrift *de institutione officiorum* durch dies Amt und die Hadrianische Organisation der Hofämter veranlaßt sei. Wenn in der Hist. aug. a. a. O. Sueton *epistularum magister* heißt, so ist das lediglich eine Übertragung des in späterer Zeit (etwa seit dem zweiten Drittel des 3. Jahrhunderts) gebräuchlichen Titels auf die frühere.

C. Avidius Heliodorus (der volle Name CIL III 6025 = Dessau 2615), Rhetor, Vater des Prätendenten Avidius Cassius[1]), aus Syrien gebürtig (Cass. Dio LXXI 22, 2), verwaltete das Amt ebenfalls unter Hadrian (τὸν τὰς ἐπιστολὰς αὐτοῦ [Hadrians] διαγαγόντα nennt ihn Cass. Dio LXIX 3, 5, wo nach der evidenten Emendation von Hirschfeld statt πρὸς τὸν αὐτοῦ ἰδίον Ἡλιόδωρον zu lesen ist πρὸς τὸν Ἀουίδιον Ἡλ.; vermutlich identisch mit dem Hist. aug. Hadr. 15, 5 und 16, 10 unter den Freunden des Kaisers genannten ‘Philosophen’ Heliodor) und stieg bis zur Präfektur von Ägypten, die er laut der Inschrift eines Tempels in der großen Oase im J. 140 bekleidete (CIG 4955 = Dittenberger, Or. gr. 702 = IGR I 1264: ἐπὶ Ἀουιδίου Ἡλιοδώρου ἐπάρχου Αἰγύπτου usw. ἔτους τρίτου[2]) αὐτοκράτορος [folgen die Namen des Pius]; in derselben Stellung nennt ihn die Bauinschrift von Syene CIL III 6025 = Dessau 2615 und Aristid. or. 26, 75 [II 444 K.]: ἧκει δέ μοι καὶ παρὰ Ἡλιοδώρου τοῦ τῆς Αἰγύπτου ὑπάρχου [ἐπάρχου?] γενομένου γράμματα ἅμα τοῖς βασιλικοῖς).

L. Julius Vestinus, sicherlich ein Verwandter des gleichnamigen Freundes des Claudius (vgl. unten Anhang VII), wird genannt in der stadtrömischen Inschrift IG XIV 1085 = IGR I 136: Ἀρχιερεῖ Ἀλεξανδρείας καὶ Αἰγύπτου πάσης (vgl. Mommsen RG. V 568, 1 und Wilcken, Hermes XXIII 1888 S. 600ff.) Λευκίῳ Ἰουλίῳ Οὐηστίνῳ καὶ ἐπιστάτῃ τοῦ μουσείου καὶ ἐπὶ τῶν ἐν Ῥώμῃ βιβλιοθηκῶν Ῥωμαικῶν τε καὶ Ἑλληνικῶν καὶ ἐπὶ τῆς παιδείας (d. i. *a studiis*) Ἁδριανοῦ τοῦ αὐτοκράτορος καὶ ἐπιστολεῖ (d. i. *ab epistulis*) τοῦ αὐτοῦ αὐτοκράτορος ... und von Suidas: Οὐηστῖνος Ἰούλιος χρηματίσας σοφιστὴς ἐπιτομὴν τῶν Παμφίλου γλωσσῶν. Die beiden Inschriften CIL VI 9520 = Dessau 7401: *Dis manibu[s] Niconi L. Iuli Vestini ser. librar.* und 17197: *Ephebo L. Iuli Vestini servo* werden sich eher auf Sklaven des älteren Vestinus beziehen.

Einem vierten, dem Namen nach unbekannten[3]) Sekretär Hadrians gehören zwei Inschriften, eine ephesische (CIL III 431 = Dessau 1449): ... *proc.* [*imp.*]

1) Die Angabe der in ihrem größten Teile gefälschten Vita Avid. Cass. 1, 1 *Avidius Cassius ... ex familia Cassiorum fuisse dicitur, per matrem homine* (Hss. *tamen*) *novo genitus Avidio Severo* (*Syro* Hirschf.), *qui ordines duxerat et post ad summas dignitates pervenerat* ist ganz offenbar fingiert und daher historisch nicht zu verwerten. 2) So Franz; ΠΙΤΟΥ Legrain; ιη΄ τοῦ Schweinfurth.

3) In der weiterhin angeführten griechischen Inschrift ist der Rest seines Cognomens (... ίμονι) erhalten, was die Identifikation mit Vestinus, an die Borghesi dachte, ausschließt.

Caesaris Tra[ia]ni Hadriani [Aug.] ad dioecesin Alexandr., [p]roc. bibliothecar. Graec. et Latin., ab epist. Graec., proc. Lyc. Pamp. Galat. Paphl. Pisid. Pont., proc. heredit. et proc. pro[vin]ciae Asiae, proc. Syriae usw. und eine in Ptolemais in Ägypten gefundene (IGR III 1077, vgl. CIL III 7116 und p. 2235 n. 13674): ... ίμονι, ἐπιτρόπῳ [αὐτοκράτορος Κ]αίσαρος Τραιανοῦ [Ἁδριανοῦ Σεβασ]τοῦ ἐπὶ διοικήσεως [Ἀλεξανδρείας, ἐπ]ιτρόπῳ βυ[β]λιοθηκῶ[ν Ῥωμαικῶν καὶ Ἑλ]ληνικῶν, ἐπὶ ἐπιστολῶν [Ἑλληνικῶν, ἐπ]ιτρόπῳ ἐπαρχειῶν [Λυκίας Παμφ]υλίας Γαλατίας Πι[σιδίας Πόντου Παφλα]γονίας Λυκαονία[ς, ἐπιτρόπῳ κ]ληρονομιῶν [καὶ ἐπιτρόπῳ ἐπαρχείας Ἀ]σίας, ἐπιτρ[όπῳ Συρίας. 'Vielleicht hieß er [Εὐδα]ίμων und war Ägypter (der Name scheint dort besonders häufig gewesen zu sein), wozu der Beginn seiner Laufbahn gut passen würde. Ich möchte ihn für identisch halten mit dem Hist. aug. Hadr. 15, 3 genannten *Eudaemonem prius conscium imperii* (was vielleicht auf sein Amt als Sekretär geht) *ad egestatem perduxit*: um so mehr, als auch Heliodorus an derselben Stelle genannt wird' Hirschfeld.

Celer, τεχνογράφος, d. h. Verfasser eines Lehrbuches der Rhetorik, βασιλικῶν ἐπιστολῶν ἀγαθὸς προστάτης (Philostrat. Vit. sophist. I 22, 3). Ihm wurde eine Rede des Dionysius von Milet beigelegt; da er dessen Zeitgenosse war (Διονυσίῳ τὸν ἐκ μειρακίου χρόνον διάφορον nennt ihn Philostrat), so mag er das Amt (natürlich *ab epist. Graec.*) ebenfalls noch unter Hadrian bekleidet haben. Aus Aristid. or. 26, 57 (II 440 K.) ergibt sich nicht bestimmt, ob er damals noch im Amte war. Aristides sagt, Plato sei ihm im Traume erschienen und habe gefragt, ποῖός τις, ἔφη, σοὶ φαίνομαι εἰς ἐπιστολάς; μὴ φαυλότερος τοῦ Κέλερος; τὸν γραμματέα δὴ λέγων τὸν βασιλικόν. κἀγώ, εὐφήμει, ἔφην, τὸ καὶ μεμνῆσθαί σε τοιοῦτον (l. τοιούτου) ὄντα ὅστις εἶ. Vielleicht ist er identisch mit dem griechischen Rhetor Caninius Celer, der Lehrer des L. Verus war (Hist. Aug. Ver. 2, 5).

L. Domitius L. f. Quir. Rogatus (CIL VI 1607 = Dessau 1450) wurde nach Bekleidung der *tres militiae* zunächst *ab epistul. Lucii Aelii Caesaris* (des Kronprinzen im J. 137; vgl. Hirschfeld a. a. O. S. 32, 4), dann *proc. monetae Aug.*, schließlich *proc. Aug. provinc. Dalmat.*

Aus der Zeit der Antonine ist neben mehreren Rittern auch ein Freigelassener als Inhaber des Amtes bekannt[1]):

M. Aur(elius) Alexander Aug. lib. ab epistulis Graecis CIL VI 8606 = Dessau 1668, nach Hirschfelds Vermutung identisch mit *Aurelius Alexander prox(imus) ab epistul. Lat.* (Bleiröhre aus Gabii CIL XIV 2815 = XV 7832 = Dessau 1669) und *M. Aur(elius) Aug. lib. Alexander p(rae)p(ositus) tabell(ariorum) st(ationis) (vicesimae) her(editatium)* CIL VI 8445 = Dessau 1553, woraus sich seine Ämterfolge ergeben würde[2]).

1) Der als zweiter früher hier (nach Donati 309, 4) angeführte *L. Aurelius Aug. l. Secundinus* ist gefälscht (CIL VI 3378*). Dagegen könnte Acindynus (S. 39) zeitlich hierher gehören.

2) Doch sind auch noch andre kaiserliche Freigelassene namens Aurelius Alexander bekannt: CIL VI 10860. 13159 (derselbe 13360). 28283, so daß bei der relativen Häufigkeit des Namens, zumal er auch zu der severischen Epoche paßt, die Identifizierung sehr problematisch ist. — Vielleicht war auch, wie Cuq S. 385, 6 bemerkt, der Dig. XXIII 2, 57 genannte Mensor (*Divus Marcus et Lucius imperatores Flaviae Tertullae per Mensorem libertum ita rescripserunt*) *ab epistulis*.

Von den Rittern dieser Epoche waren die Römer *ab epist. Lat.*, die Griechen *ab epist. Gr.*, was auch, wo ausdrückliche Angaben fehlen, selbstverständlich ist.

Ab epist. Lat.:

.... [*Quint*?] *ilius C. fil*... [*adlectus in amplissimum*] *ordinem inter praetorios iudici*[*o imp. Antonini Aug.*[1]), *ab epist*]*ulis Latinis*, *procurator summarum ratio*[*num*, *procurator prov. A*]*siae*, *iuridicus Alexandreae*, *ab epistulis* [*M. Aureli Caesaris* (?)[1]), *procurator prov.*] *Macedoniae*, *ab commentariis Corneli Re*[*pentini pr. pr.*] CIL VI 1564 = Dessau 1452 (gef. in der sog. Villa der Quintilier an der Via Appia).

Sex. Caecilius Q. f. Quir. Crescens Volusianus CIL VIII 1174 = Dessau 1451) war zunächst *praefect. fab.*, dann *advocatus fisci Romae*, *proc.* [*X*]*X her.*, *ab epistu*[*l. di*]*vi Antonini*, *ab* [*ep*]*istu*[*l.*] *Augustorum* (d. h. des Marcus und Verus, nach Pius Tode).

T. Varius Clemens wurde laut der ihm in seiner Geburtsstadt Celeja ebenfalls zwischen 161 und 169 gesetzten Inschrift CIL III 5215 = Dessau 1362*b* (vgl. CIL III 5211—5214. 5216. 11690) nach Bekleidung mehrerer militärischer Kommandos und Provinzialprokuraturen (von Cilicien, Lusitanien, Mauretania Caesariensis, Rätien) zuletzt vom *proc. provinciar. Belgicae et utriusq. Germ.* zum *ab epistulis Augustor.* befördert. Als Prokurator von Mauretanien wird er in dem Bericht über den Tunnelbau zu Saldae CIL VIII 2728 m. Add. 18122 = Dessau 5795 mit Anführung eines darauf bezüglichen amtlichen Schreibens von ihm an den Legaten von Numidien (v. J. 151/2) erwähnt[2]).

C. Calvisius C. f. Pob. Statianus populi (erg. *Veronensis*) *advocatus*, *ab epistulis Latinis Augustor.* (CIL V 3336 = Dessau 1453, Verona) war nach CIL III 12048 *praef. Aeg.* im J. 174. Die *Augusti* in der Veronenser Inschrift sind also Marcus und Verus.

Tarrutenius Paternus ὁ τὰς ἐπιστολὰς αὐτοῦ (des Marcus) τὰς Λατίνας διὰ χειρὸς ἔχων, und zwar zur Zeit des ersten Markomanenkrieges (Cass. Dio LXXI 12, 3), war im zweiten (als *praef. praet.*) Armeeführer und erfocht 179 einen großen Sieg (Cass. Dio LXXI 33, 3). Commodus entfernte ihn (183) vom Amt durch Erteilung der Senatorwürde (Hist. Aug. Comm. 4, 7) oder des konsularischen Ranges (Cass. Dio LXXII 5, 1) und ließ ihn dann hinrichten (Cass. Dio a. a. O.). Sein Nachfolger war vielleicht

Vitruvius Secundus, *qui epistulas imperatorias curarat* (Hist. Aug. Commod. 4, 8), der mit ihm eng befreundet war und mit ihm zugleich getötet wurde.

Manilius hieß nach Cass. Dio LXXII 7, 4 der einflußreiche Sekretär des Avidius Cassius (τὰς ἐπιστολὰς αὐτοῦ τὰς Λατίνας διοικήσας), wohl identisch mit dem Pudens, dessen γράμματα τὰ ἐν τοῖς κιβωτίοις εὑρεθέντα Kaiser Marcus ungelesen vernichten ließ (Cass. Dio LXXI 29, 1); vgl. Hirschfeld S. 324, 2.

1) Ergänzungen Hirschfelds S. 32, 4. *Ab epistulis* [*Latinis adiutor*] ergänzt Mommsen an der zweiten Stelle. 2) Seine früher hier vermutete Identität mit dem von Cass. Dio LXXI 12, 1 als Statthalter von Dacien genannten Κλήμης ist unmöglich; in diesem ist vielmehr ohne Zweifel Sex. Cornelius Clemens *consularis et dux trium Daciarum* im J. 170 (CIL VIII 9365. III 7505 = Dessau 1099. 2311) zu erkennen.

Ab epist. Graec.:

Alexander, genannt Πηλοπλάτων. Philostrat. Vit. sophist. II 5, 3: ἐβάδιζε μὲν γὰρ εἰς τὰ Παιονικὰ ἔθνη κατακληθεὶς ὑπὸ Μάρκου βασιλέως ἐκεῖ στρατεύοντος καὶ δεδωκότος αὐτῷ τὸ ἐπιστέλλειν Ἕλλησιν. Ebd. 5, 4: τελευτῆσαι τὸν Ἀλέξανδρον οἱ μὲν ἐν Κελτοῖς φασιν ἔτι ἐπιστέλλοντα, οἱ δ' ἐν Ἰταλίᾳ πεπαυμένον τοῦ ἐπιστέλλειν.

Cornelianus, Rhetor. Vermutlich derselbe, dessen Sohn der Rhetor Metrophanes war (Suid. Μητροφάνης, Κορνηλιανοῦ ῥήτορος, Λεβαδεύς κτλ.; er schrieb unter anderem περὶ τῶν χαρακτήρων Φιλοστράτου). Phrynichus, der dem Cornelianus seine Ekloge dedizierte, spricht von zwei gemeinsam regierenden Kaisern, wohl Marc Aurel und L. Verus (vgl. Kaibel, De Phrynicho sophista S. 14). Epit. p. 418 Lobeck: πρώτιστον μὲν ἐν παιδείᾳ μέγιστον ἀξίωμα ἁπάντων ἔχοντα σὲ καὶ διὰ τοῦτο ἐκ προκρίτων ἀποφανθέντα ὑπὸ τῶν βασιλέων ἐπιστολέα αὐτῶν. Vgl. p. 225: σὺ δὲ βασιλικὸς ἐπιστολεὺς ἐπιφανείς und 379: ἐξελληνίζων καὶ ἀττικίζων τὸ βασιλικὸν δικαστήριον καὶ διδάσκαλος καθιστάμενος οὐ μόνον αὐτῶν τῶν λόγων ⟨ἀλλὰ καὶ?⟩ οἷον χρὴ λέγειν, σχήματος καὶ βλέμματος καὶ φωνῆς καὶ στάσεως. Ob er, wie es hiernach scheint, gleichzeitig das Amt *a cognitionibus* bekleidet hat, was Hirschfeld, Verwg.[1] S. 209, 1 bestreitet, bleibe dahingestellt (vgl. oben S. 39). Mai hielt ihn für identisch mit Sulpicius Cornelianus, Frontos Freund, Haus- und Studiengenossen (Ep. ad amicos I 1 p. 173 N.); Bücheler, Rh. Mus. LXIII 1908 S. 193 für den bei Stobaeus Flor. IV 45 p. 230 H. zitierten Κορνηλιανοῦ κατὰ Βερενίκης (nach Bücheler eine rhetorische μελέτη gegen die Geliebte des Titus).

Hadrianus, Sophist. Philostr. Vit. sophist. II 10, 6: νοσοῦντι δὲ αὐτῷ κατὰ τὴν Ῥώμην, ὅτε δὴ καὶ ἐτελεύτα, ἐψηφίσατο μὲν τὰς ἐπιστολὰς ὁ Κόμμοδος ξὺν ἀπολογίᾳ τοῦ μὴ καὶ θᾶττον, ὁ δὲ ἐπιθειάσας μὲν ταῖς Μούσαις, ὥσπερ εἰώθει (Ἀδριανὸς Μούσαισι μέλων: Kaibel, Epigr. Gr. 888a), προσκυνήσας δὲ τὰς βασιλείας δέλτους, τὴν ψυχὴν πρὸς αὐταῖς ἀφῆκεν ἐπιταφίῳ τῇ τιμῇ χρησάμενος. Doch sagt Suidas s. v.: μαθητὴς Ἡρώδου — ἀντιγραφεὺς τῶν ἐπιστολῶν ὑπὸ Κομμόδου ἐγένετο, d. i. *dictator epistularum* (Salmas. ad Scr. Hist. Aug. II 785), ein Ausdruck, den Suidas nach dem Gebrauch der späteren Zeit anwendet. Nach Hirschfelds Vermutung ist er identisch mit dem von Galen XIV 627 erwähnten Ἀδριανὸς ὁ ῥήτωρ, οὔπω σοφιστεύων, ἀλλ' ἔτι συνὼν τῷ Βοηθῷ.

Unbestimmbar ist die Zeit des ancyranischen Fragments IGR III 188, in dem ein Σεμπρώνιος Ἀκύλας γενόμε[ν]ος ἐπὶ ἐπιστολῶν Ἑλληνικῶν [Σε]β(αστοῦ) genannt wird.

In der Inschrift CIL X 4860: . . . *[Gabini* (?) *Te]r. Aspri pont(ificis), augur(is)*, [. . . . . . *pr]oc. Augg. nn. et graph* [. . . . . .]*ni* usw. mit Borghesi *graph.* in *graph(ei)* (d. h. *ab epist. Gr.*) *[imp. Antoni]ni* aufzulösen, ist, wie auch Mommsen bemerkt, unmöglich[1]).

Aus dem 3. Jahrhundert sind bekannt:

Antipater, Sophist aus Hierapolis, *ab epist. Gr.* bei Sever (Philostr. Vit. soph. II 24, 2), Lehrer des Caracalla und Geta (ebd.). Galen. XIV 218: ὁπότε γοῦν Ἀντίπατρος, ὁ τὰς Ἑλληνικὰς ἐπιστολὰς αὐτῶν πράττειν (τάττειν vermutet

1) Es wird vielmehr zu lesen sein: *[L. Gab]inio L. f. Ter. [Cosmian]o trib. leg. VI* usw. *pa[tri Gabinio]r(um) Aspri pont., augur.*, [. . . . . . . *pr]oc. Augg. nn. et Graph[ici* (?) *Cosmia*(?)*]ni patronor. col.* usw.

Hirschfeld mit Vergleichung von Joseph. A. I. XX 183) πεπιστευμένος, καὶ διὰ τὸ σεμνὸν τοῦ ἤθους καὶ διὰ τὴν ἐν τοῖς ῥητορικοῖς λόγοις ἐντελῆ παιδείαν μεγάλως ὑπ' αὐτῶν (Sever und Caracalla) τιμώμενος, τῇ νεφριτικῇ διαθέσει περιπεσών, δεινὰ καὶ ἀνήκεστα ὑπὸ τοῦ πάθους ἔπασχεν, ἀξιέπαινον αὐτῶν εἶδον τὴν περὶ τοὺς φίλους εἰς τὸ σώζεσθαι σπουδήν, καὶ θαυμαστὴν τὴν περὶ ἰατρικὴν φιλοτιμίαν.

Ti. Claudius Vibianus Tertullus *ab epistulis Graecis et a rationibus Augg.* = ἐπὶ τῶν Ἑλληνικῶν ἐπιστολῶν καὶ τῶν καθ' ὅλου λόγων τῶν μεγίστων αὐτοκρατόρων (vermutlich des Severus und Caracalla) CIL III 6574 = 7126 = Dessau 1344; vgl. oben S. 31.

Marcius Agrippa, unter Caracalla τάς τε διαγνώσεις καὶ τὰς ἐπιστολὰς διοικήσας[1]) καὶ τὸ τελευταῖον ἐς τοὺς βουλευτὰς τοὺς ἐστρατηγηκότας ἀπωσθείς, d. h. *adlectus inter praetorios* (Cass. Dio LXXVIII 13, 4), wurde von Macrinus zum Statthalter von Dacien ernannt (Cass. Dio a. a. O.). In der Erzählung von Caracallas Ermordung Hist. Aug. Carac. 6, 7 heißt es, daß er *classi praeerat.*

Aspasius von Ravenna (Philostrat. Vit. sophist. II 33). Er bekleidete auch die Professur der Beredsamkeit zu Rom, νεάζων μὲν εὐδοκιμώτατος, γηράσκων δὲ ξὺν αἰτίᾳ τοῦ μὴ ἑτέρῳ ἀποστῆναι βούλεσθαι. Über die an ihn gerichtete Schrift Philostrats von der Abfassung der kaiserlichen Briefe vgl. oben I 58.

Maximus von Ägä, Verfasser eines Lebens des Apollonius von Tyana (Philostrat. Apoll. T. I 3, 5); ἠξιώθη δὲ καὶ βασιλείων ἐπιστολῶν οὗτος εὐδοκιμῶν τὴν φωνήν (ebd. I 12, 14).

Numisius Quintianus v. p. ab epistulis Latinis unter Gordian CIL VI 1088 = Dessau 499 v. J. 239.

Ein Sallustius oder Sallustianus, dem die afrikanische Inschrift CIL VIII 15270 gesetzt ist: .....]*sio Sallus*[*ti* ....]*deae, adlecto* [*inter* .... *magis*]*tro epistular*[*um* ....]*bus, a militis* ....

Ein *ab epistulis* .... (der Name ist verloren) in dem wohl aus der zweiten Hälfte des 3. Jahrhunderts stammenden Fragment CIL VI 3819 = 31534.

Claudius Eusthenius, qui Diocletiano ab epistulis fuit Hist. Aug. Carin. 18, 5.

Das *officium a memoria* (*officium memoriae* CIL VI 8619) ist wahrscheinlich von Hadrian eingerichtet worden; jedenfalls wird es bereits in einer sicher noch dem 2. Jahrhundert angehörenden Inschrift (CIL VI 8618 = Dessau 1672: *Ctesiae Aelii Cladei, a memoria et cubiculo Aug., ser.* — der Herr war ohne

1) Mommsen StR. II² 926, 1 (in der 3. Auflage fehlt die Anm.) und Hirschfeld, Verwg.¹ 209, 1 nehmen an, daß er erst *a cognitionibus*, dann *ab epistulis* war; vgl. dagegen Cuq (oben S. 39). Während seines Aufenthaltes im Orient hatte Caracalla die Erledigung seiner Korrespondenz im wesentlichen seiner Mutter Julia überlassen (Cass. Dio LXXVII 18, 2: τὴν τῶν βιβλίων τῶν τε ἐπιστολῶν ἑκατέρων, πλὴν τῶν πάνυ ἀναγκαίων, διοίκησιν αὐτῇ ἐπιτρέψας), was natürlich so zu verstehen ist, daß die einlaufenden Schreiben in Abwesenheit des Herrschers ihr als seiner Vertreterin zur Entscheidung unterbreitet wurden (vgl. Cass. Dio LXXVIII 4, 2. 3: συνέβη ταῦτα μὲν τὰ γράμματα ἐς τὴν Ἀντιόχειαν πρὸς τὴν ⟨μητέρα τὴν⟩ Ἰουλίαν παραπεμφθῆναι, ἐπειδὴ ἐκεκέλευστο αὐτῇ πάντα τὰ ἀφικνούμενα διαλέγειν, ἵνα μὴ μάτην οἱ ὄχλος γραμμάτων ἐν τῇ πολεμίᾳ ὄντι πέμπηται), die amtliche Bearbeitung derselben aber nach wie vor in den Händen der beiden zuständigen Ressortchefs lag.

Zweifel Freigelassener des Hadrian oder Pius) erwähnt (vgl. Cuq, Le Conseil S. 401. Hirschfeld, Verw.-Beamt.[2] S. 334, 6). Daß es nicht aus dem Amt *a studiis* hervorgegangen sein kann, wie Mommsen meinte, ist oben I 55, 7 bemerkt. Allerdings hat die Emendation von Lipsius (Elect. I 12) bei Sueton. Aug. 79, 2: *Iulius Marathus, libertus et a memoria eius* (die Codd. haben *etiam memoriam*) viel Wahrscheinlichkeit (Roth hat sie aufgenommen), aber, auch wenn sie zutrifft, könnte der Titel hier von Sueton irrtümlich aus seiner Zeit auf die augustische übertragen sein. Sicher bezeugt ist das Amt für das 1. Jahrhundert also nicht.

Eine Zusammenstellung der Beamten *a memoria* gibt Cuq S. 397 ff. Bis auf Severus Alexander sind nur kaiserliche Freigelassene in dieser öfters mit dem Oberkämmereramte kombinierten Stellung nachweisbar (Hirschfeld S. 335). Der älteste ist

Aelius Cladeus a memoria et cubiculo Aug. (s. S. 44).

Castor: ἄριστος τῶν περὶ τὸν Σεουῆρον Καισαρείων ἦν καὶ ἐπεπίστευτο τήν τε μνήμην (so mit Hirschfelds Emendation für das überlieferte γνώμην, vgl. Verw.-Beamt.[2] S. 335, 1) αὐτοῦ καὶ τὸν κοιτῶνα (Cass. Dio LXXVI 14, 2); vgl. oben I 61, 4. 5.

Festus: ἦν αὐτῷ (Caracalla) τις τῶν ἀπελευθέρων φίλτατος, Φῆστος μὲν ὄνομα, τῆς δὲ βασιλείου μνήμης προεστώς. οὗτος ὄντος αὐτοῦ ἐν Ἰλίῳ ἐτελεύτησεν (Herodian. IV 8, 4). Mit ihm dürfte, wenn die Überlieferung des Namens richtig ist, identisch sein der *Marcius* (?)[1]) *Festus* [*a cubic.*?] *et a memor*[*ia imp.*] *Antonini Pii* [*Felicis*] *invicti ma*[*ximique*] *Aug.* der tiburtischen Ehreninschrift CIL XIV 3638 (das Original ist verloren). Vgl. auch Cass. Dio LXXVIII 32, 4 (zum J. 218): ὁ Εὐτυχιανὸς τὸν Φῆστον (κατὰ τὸν τοῦ Ταραύτου [d. i. Caracalla] πρόκοιτον ἀντωνομάσθη) ἔπεισεν usw.

Julius Paulus: .... *Pauli et Ulpiani praefecturae, qui Papiniano in consilio fuerunt ac postea, cum unus ad memoriam, alter ad libellos paruisset, statim praefecti facti sunt* (Hist. Aug. Pesc. Nig. 7, 4; vgl. Alex. 26, 5).

Marcus Aurelius Iulianus a rationibus et a memoria CIL XIV 2463, genannt auch auf der Bleiröhre CIL XV 7403: *M. Aureli Iuliani a memoria*; vgl. oben S. 31.

Iulius Calpurnius qui ad memoriam dictabat (unter Carus) Hist. Aug. Car. 8, 4 ist offenbar eine fingierte Person.

Von dem Bureaupersonal sind erwähnenswert der *proximus* des *officium memoriae* Januarius, ein kaiserlicher Freigelassener, an den zwei Reskripte eines unbekannten Kaisers, vermutlich aus dem Anfang des 3. Jahrhunderts, gerichtet sind (CIL VI 8619, s. unten S. 47), der *M. Aurelius Aug. lib. ..... proximus a memoria* CIL XIII 1800, ein *adlectus a memoria* (*Aug. lib.*, gestorben im Alter von 17 Jahren) CIL XIV 4062 = Dessau 1673, ein *oficialis vetus a memoria et a diplomatibus* (*Aug. lib.*) CIL X 1727 = Dessau 1678 (das letztere Amt, das auch CIL VI 8622 = Dessau 1677: *T. Aelius Aug. lib. Saturninus a diplomatibus* erwähnt

1) MARCI könnte verlesen sein für M AVREL. Doch kommen auch Freigelassene von Privatleuten vor, die erst nach erfolgter Manumission in den kaiserlichen Dienst getreten sind und sich unter Beibehaltung ihres früher erlangten Gentilnamens *Aug. lib.* nennen (s. Hirschfeld a. a. O. S. 458, 1). So könnte dieser ein Freigelassener des Marcius Agrippa (oben S. 44) gewesen sein.

wird, bildete wahrscheinlich eine Unterabteilung des *officium memoriae*; vgl. Hirschfeld S. 200).

Das Amt *a memoria*, dem (wie es scheint schon seit dem Anfange des 3. Jahrhunderts) ein wichtiger Teil der Geschäfte zugewiesen wurde, die früher den Ämtern *ab epistulis* und *a libellis* obgelegen hatten, bildete in nachdiocletianischer Zeit das 'kaiserliche Expeditionsbureau, während die andern Bureauchefs nur noch eine vorbereitende Tätigkeit, wesentlich als Referenten', behielten; daher sie durch den später eingesetzten *magister memoriae* mehr und mehr in in den Hintergrund gedrängt und ihm auch im Range nachgestellt worden sind (Hirschfeld S. 336f.; vgl. Cuq S. 473). M. Bang.

VI

DIE REIHENFOLGE DER ÄMTER VON KAISERLICHEN FREIGELASSENEN[1])

Die allmähliche, durch den Kaiser selbst (Hirschfeld, Verw.-Beamt.[2] S. 443, 3. 462, 3) bewirkte Beförderung der Freigelassenen im kaiserlichen Hause von geringeren und untergeordneten zu wichtigeren Diensten und Stellungen machen am besten einige Inschriften anschaulich, bei denen nicht zu bezweifeln ist, daß die angeführten Ämter in derselben (auf- oder absteigenden) Reihenfolge aufgeführt sind, in welcher die betreffenden Personen sie bekleidet haben. Vorausgeschickt seien die Fragmente zweier kaiserlicher Reskripte an einen Freigelassenen Januarius. In dem einen wird ihm nach zufriedenstellender Verwaltung der Stelle eines *proximus* in dem *officium memoriae* (vgl. oben S. 45) ein Jahresgehalt von 40000 S. bewilligt, in dem andern die Beförderung zur *statio voluptatum.* Die Fragmente lauten mit den Ergänzungen von Mommsen und Hirschfeld (CIL VI 8619): ... *Ianuario [lib.] salutem. [Functus es per annos ... ministerio officii m]emoriae. in quo mihi probe et laboriose [e]t ex dis[ciplina mea operam praebuisti, u]t indulgentiae meae praerogativam tanto magis cu[ra tua probaverit, quanto plus amoris tuo min]isterio sit mihi conciliatum; ideoque iustum arbitratus sum [... adaequare te] ceteris proximis, qui in aliis stationibus quadragena millia n. [accipiunt; neque haec indulgentia c]uiquam mira videri potest, cum iudicium meum fidei labori sed[ulitati tuae optimo iure tri]bui a me intellegatur. Bene vale.*

... *Ianuar]io lib. salutem. [Quoniam functus studio pecul]iare ministerio officii memoriae es et fides ac mode[s]tia qu[a semper egisti et commendatio] magistri tui hortantur, ut te ad splendidam voluptatum statio[nem promoveam, defero tibi officium ...] colliber[t]i tui nec dubito operam in[s]umpturum, ut talem te [in eo praebeas, qualis esse debet, qui a]d latus principum tam diu egerit. Bene vale.*

Von den Inschriften, in denen die Laufbahn kaiserlicher Freigelassener verzeichnet ist, sind besonders beachtenswert die folgenden:

1. *Ti. Claudius Aug. lib. Bucolas praegustator, triclinarc.* (so), *proc. a munerib., proc. aquar., proc. castrensis* usw. (Weihinschrift aus Cäre) CIL XI 3612 = Dessau 1567.

1) Vgl. I 39, 1. 52, 4. Großenteils bereits veröffentlicht in dem Programm der Universität Königsberg v. 12. Mai 1861 (Acad. Alb. Regim. 1861, III). Vgl. dazu Hirschfeld, Verw.-Beamt.[2] S. 457ff.

Bucolas begann seine Laufbahn als Vorkoster, ein Amt, das bei Claudius u. a. der Eunuch Halotus versah, der bei seiner Vergiftung tätig gewesen sein soll (Sueton. Claud. 44, 2), und das, wenigstens unter diesem Kaiser, keine geringe Bedeutung unter den höfischen *ministeria* gehabt zu haben scheint (vgl. die Laufbahn des *Ti. Claudiu[s] Epinicus* Dessau 9504, der vom *a secretis Aug.*, einem sonst unbekannten Amte, zum *praegustator* und dann gleich zu einer Prokuratur befördert wurde). Danach wird auch Bucolas vor dieser (offenbar erst nach der Freilassung übernommenen) ansehnlichen Stellung als Sklave einige untergeordnete Posten im Hofhalt bekleidet haben. Andere kaiserliche Vorkoster nennen die Inschriften CIL VI 602. 5355. 9003 = Dessau 1796 (*procurat. praegustatorum*). 9004 = Dessau 1797 (*procurator* und *collegium praegustatorum*). 9005 = Dessau 1795 (*praegustator divi Augusti, idem postea vilicus in hortis Sallustianis*); CIL X 6324 = Dessau 1734 (*praegustator et a c[u]biculo Neronis*); Plutarch. Bruta ratione uti 7 p. 990 A (τῶν βασιλικῶν προγευστῶν σκεπτικώτερον). Vgl. Nipperdey zu Tac. Ann. XII 66 und Marquardt, Privatl.² 147, 8. Sodann wurde er Tafelaufseher, welcher Dienst auch sonst erwähnt wird, sowohl im Kaiserhause (CIL VI 1884 = Dessau 1792: *M. Ulpius Aug. lib. Phaedimus*[1]) *Divi Traiani Aug. a potione, item a laguna et tricliniarch., lictor proximus et a comment. beneficiorum*, † 117, 28 Jahre alt; ebd. 9083; CIL III 536 = Dessau 1575, unten Nr. 6) als auch in Privathäusern. Für einen Tafelaufseher Domitians wird man den Euphemus, ohne Zweifel einen kaiserlichen Freigelassenen, zu halten haben, den Martial IV 8 bittet, dem Kaiser bei der Mahlzeit seine Gedichte zu überreichen: *hora libellorum decima est, Eupheme, meorum, temperat ambrosias cum tua cura dapes* — — — *tunc admitte iocos* usw.

Von diesem Amt wurde Bucolas zur geschäftlichen Leitung der kaiserlichen Gladiatorenspiele befördert. Die Erklärung, die Borghesi von *procurator a muneribus* oder *munerum* (CIL VI 8498 = Dessau 1738, unten Nr. 4) gegeben hat (Bull. d. Inst. 1830 p. 123): »*che amministrava i regali fatti all' imperatore*«, ist unannehmbar, da es kaum denkbar ist, daß für solche Geschenke eine eigne Verwaltung eingesetzt worden sei. Mommsen hat seine frühere Ansicht, daß hier an die *munera* genannten Wasserwerke zu denken sei, selbst aufgegeben (StR. II³ 951, 4. Hirschfeld a. a. O. S. 279, 3). Über die ständigen Beamten zur Verwaltung der kaiserlichen *munera* vgl. Hirschfeld S. 287 f. Ein *tabularius a muneribus* CIL VI 33981 (derselbe ebd. 10162).

Das Amt des *proc. aquarum*, das Bucolas hierauf erhielt, gehört schon zu den höheren Prokuraturen; nach der Inschrift des Sex. Varius Marcellus, des Vaters des Elagabal, CIL X 6569 = Dessau 478, war es mit einem Gehalt von 100000 Sesterzen besoldet. Ausführlich haben über dasselbe Hirschfeld S. 273 ff. und Lanciani, Le acque S. 319 gehandelt; beide nehmen an, daß es von Claudius eingerichtet worden ist (sozusagen als Kontrollinstanz für die senatorische *cura aquarum*). Unter den wenigen Prokuratoren, deren Namen bekannt sind, ist Bucolas der Zeit nach der erste: er verwaltete das Amt unter Domitian

1) Der auf der Bleiröhre CIL X 6773 genannte *M. Ulpius Phaedimus Aug. l.* = *Phaedimus Aug. lib. ab cubiculo* ist, wie auch Mommsen (zu d. Inschr.) bemerkt, offenbar mit dem obigen nicht identisch.

(Wasserröhrenstempel CIL XV 7279: *Imp. Domitiani Caesaris Aug. Germanici sub cura Bucolae l. proc.* usw.; ähnlich ein zweiter n. 7280).

Zuletzt wurde er *proc. castrensis*. Hirschfeld hat seine frühere Ansicht (Das *aerarium militare* in der Kaiserzeit, Jahrb. f. Philol. XCVII 1868 S. 691 ff.), daß die *procuratores castrenses* die bei den Heeren stationierten Unterbeamten des obersten Dirigenten der Verwaltung sämtlicher Heeresgelder, des *procurator rationis castrensis*, waren, aufgegeben (vgl. Verw.Beamte² S. 312, 1). Er hält (ebd. S. 316 f.) ohne Zweifel mit Recht die Titel *procurator castrensis*, *proc. rationis castrensis*, *proc. fisci castrensis* für Bezeichnungen desselben Beamten, des Dirigenten des kaiserlichen Hoflagers, der nach der Inschrift CIL X 5336 = Dessau 1445: *M. Aurelio Basileo viro ducenario, proc. rationis castrensis* ein Gehalt von 200000 S. bezog. Dagegen bemerkt Mommsen StR. II³ 807, 2, daß der städtische Palast niemals *castra* genannt worden sei (s. dagegen Hirschfeld a. a. O. S. 314, 1) und nach der Tendenz des augustischen Prinzipats, die Militärherrschaft zu verhüllen, auch nicht habe so genannt werden können. Er hält den *proc. castrensis* für den über die *vestis castrensis*, die kaiserliche Garderobenverwaltung, und überhaupt über den gesamten kaiserlichen Reise- und Lagerapparat gesetzten Beamten: eine Stellung, die nicht hinreicht, um die Bedeutung zu erklären, die das Amt gehabt haben muß. »Auch ist«, wie Hirschfeld bemerkt, »für die Auffassung des erst seit Claudius nachweisbaren Amts die Tendenz des augustischen Prinzipats wohl nicht unbedingt entscheidend. Und mag auch anfangs zunächst nur an das kaiserliche Hoflager außerhalb Roms gedacht worden sein, so zeigen doch die a. a. O. S. 315 angeführten Beispiele, daß im 3. (und wohl auch 2.) Jahrhundert die Funktionen des *proc. castr.* sich auch auf das Hoflager in Rom erstreckten: besonders die Tätigkeit des *tabularius rat. castrensis* für das im Jahre 219 im kaiserlichen Palast abzuhaltende Maifest der Arvalen.« Die seit der claudischen Zeit nachweisbaren *procuratores castrenses* waren sämtlich kaiserliche Freigelassene. Außer Bucolas sind bekannt *Ulpius Crater Aug. lib. proc. castres.* CIL VI 8512; *Ulpius Ses[. . . quon]dam proc. kastren[sis* CIL VI 8513; .. *Aelius Aug. l. Saturninus procur. castr.* CIL X 6005 = Dessau 1568 (offenbar identisch mit *Saturninus Aug. lib. proc. castrensis* CIL VI 652); *Carpus proc. k(astrensis)*, Freigelassener des Marcus oder Commodus CIL VI 727; M. Αὐρ. Σεβαστῶν ἀπελεύθερος Κρήσκενς ἐπίτροπος Λυγδούνου Γαλλίας καὶ ἐπίτροπος Φρυγίας καὶ ἐπίτροπος καστρῆσις CIG 3888 = Dessau 8856 = IGR IV 749 (nach dieser Inschrift scheint die *procuratio castr.* die Vorstufe zur Prokuratur einer Provinz gewesen zu sein; da eine solche von Freigelassenen selten erreicht wurde [s. oben I 51; Hirschfeld a. a. O. S. 380. 381, 4], ist jene zu den höchsten ihnen zugänglichen Stellungen zu rechnen); *Aurelius Hermias Aug. lib. proc. k(astrensis)* CIL VI 8511 = Dessau 8094; *Epagathus Aug. l. proc. f(isci) c(astrensis)* CIL VI 8514 = Dessau 1570; *Martialis A[ug. lib.] tabulariu[s a rat.*[1])], *proc. fiscorum* [*Gall(icorum)*?[2] *e*]*t*

1) So dürfte nach Analogie von CIL VI 8450 = Dessau 1521, Eph. epigr. VII 1263 = Dessau 1518 (vgl. Hirschfeld a. a. O. S. 429, 6. 461, 1) zu ergänzen sein. 2) Es fehlen anscheinend genau 4 Buchstaben. Ein *fiscus Gallicus provinciae Lugdunensis* ist durch CIL VI 5197 = Dessau 1514 bezeugt; danach hatte wahrscheinlich jede der drei gallischen Provinzen ihre eigene

fisci castr[ensis, pr]oc. h[ereditatium et fisc]i libe[rtatis .... CIL VI 8515 (mit sehr schönen Buchstaben, wohl des 1. Jahrh.; s. Auct. p. 3890); *Paean Aug. lib. proc. castrens., proc. hereditat., proc. voluptat., proc. Alexandr(iae)* CIL XIV 2932 = Dessau 1569; ein namentlich nicht bekannter *proc. Aug. n. stat(ionis) castr(ensis)* CIL VI 33735. Auch der bereits erwähnte *M. Aurelius Basileus vir ducenarius, proc. rationis castrensis* (CIL X 5336 = Dessau 1445) ist höchst wahrscheinlich ein Freigelassener gewesen (so urteilt auch Hirschfeld a. a. O. S. 312 f.).

2. *P. Aelio Aug. lib. Liberali procuratori annonae Ostiensis, procuratori pugillationis et ad naves vagas, tribunicio collegi magni, decuriali decuriae viatoriae consul(aris), decuriali gerulorum, praeposito mensae nummul(ariae) f(isci) f(rumentari) Ost(iensis), ornato ornamentis decurionatus col. Ost., patrono Laurentium vici Augustanor.* CIL XIV 2045 = Dessau 1534.

Von dieser Inschrift, durch welche die Lage des *vicus Augustanus Laurentium* bestimmt wird, hat Henzen, Bull. d. Inst. 1875 S. 6—14 eine vortreffliche Erklärung gegeben, der das folgende entnommen ist. Die Ämter sind in absteigender Reihe genannt. P. Aelius Liberalis, Freigelassener Hadrians[1]), begann seine Laufbahn als Direktor einer Bank, welche die römische Zentralgetreideverwaltung in Ostia errichtet hatte (*mensa nummularia fisci frumentarii Ostiensis*), und erhielt in dieser Stellung von dem dortigen Senat die Insignien der Dekurionen. Er trat dann in die Körperschaft der zu den öffentlichen Apparitoren gehörenden *geruli* (Brief- und Aktenträger, Mommsen, StR. I³ 366, 3 u. 4), hierauf in die oberste (konsularische) Dekurie der *viatores* (ebd. S. 344) ein und bekleidete zugleich die Würde eines Tribunen in dem dem Kult des Kaiserhauses gewidmeten »großen Kollegium« (*collegium magnum Larum et imaginum* usw.). Unter *procurator pugillationis et ad naves vagas* verstand Henzen den Prokurator der amtlichen Briefbestellung (*pugillatio*; bei Sidon. Apoll. ep. IX 14, 4 ist *pugillator* Briefbote) durch die in Ostia stationierten Postschiffe (*naves vagae*). Dagegen bemerkt Mommsen StR. II³ 1030, 3: »mit mehr Wahrscheinlichkeit möchte ein Beauftragter zu verstehen sein für Registrierung (*pugillatio*) der in den latinischen Häfen einzeln anlangenden Schiffe«. Hirschfeld (a. a. O. S. 203) denkt mit Henzen an die »Post zur See, die durch die *naves vagae* nach Ostia geführt wurde: ob das Amt vor Hadrian existiert und sich über seine Zeit hinaus erhalten hat, ist bei der Singularität des Zeugnisses zweifelhaft«. Endlich wurde Liberalis *procurator annonae* zu Ostia. Als Patron der *Laurentes vici Augustani* (vielleicht des *vicus*, den Plin. ep. II 17, 26 als seinem Laurentinum benachbart erwähnt) wurde er von denselben durch diese Inschrift geehrt.

3. Über die die Ämter in aufsteigender Reihe nennende Inschrift CIL III 348 = Dessau 1477: *M. Aur. Aug. liber. Marcioni proximo rationum, proc.*

Kasse unter einem besonderen *dispensator* (vgl. Hirschfeld S. 6, 2), sodaß die hier vermutete zusammenfassende Bezeichnung *fisci Gallici* zum Ausdruck ihrer gemeinschaftlichen Verwaltung in höherer Instanz durch einen Oberdirigenten (*procurator*) wohl möglich und sogar naheliegend wäre.

1) Der *P. Aelius Aug. l. Liberalis*, der seiner Gattin Annia Pyrallis die Grabschrift CIL VI 11814 gesetzt hat, ist kaum mit diesem identisch.

marmorum, *proc. prov. Britanniae*, *proc. summi chorag(i)*, *proc. prov. Fryg(iae)* usw. (wo unter den Prokuraturen von Britannien und Phrygien nicht wirkliche Provinzial-, sondern vielmehr Patrimonialprokuraturen zu verstehen sind) vgl. Hirschfeld S. 294 m. A. 1. 381, 4.

Mit der Laufbahn des Bucolas hat einige Ähnlichkeit die in folgender, aus dem Anfang des 3. Jahrhunderts herrührender Inschrift verzeichnete:

4. *M. Aurelio Augg. lib. Proseneti a cubiculo Aug.*, *proc. thesaurorum*, *proc. patrimoni*, *proc. munerum*, *proc. vinorum*, *ordinato a divo Commodo in kastrense* usw. CIL VI 8498 = Dessau 1738 (Sarkophag, gef. an der Via Labicana).

Da die *procuratio patrimoni* gewiß ein höheres Amt war als die *procuratio vinorum*, muß die Reihenfolge eine absteigende sein. »Vor allem geht dies wohl«, bemerkt Hirschfeld, »auch aus *ordinatus a Divo Commodo in kastrense* hervor: d. h. (zuerst) 'im kaiserlichen Hofstaat von Commodus angestellt'; womit wohl die niederen, nicht prokuratorischen Bedientenstellungen bezeichnet werden, die als bloße Vorstufen zu den Prokuraturen nicht aufgezählt sind« (vgl. Verw.Beamte² S. 313, 3. 443, 1). Das Amt eines Kämmerers (*a cubiculo*) war also das letzte und höchste der von Prosenes bekleideten (über seine große Bedeutung in dieser Zeit s. oben I 37. 59 ff.), und er erhielt diese Stelle, vermutlich von Caracalla, unmittelbar nach der Verwaltung der kaiserlichen Schatzkammern. In diesen wurden Kostbarkeiten ohne Zweifel verschiedener Art, namentlich auch Kleidungsstücke aufbewahrt, wie aus Hist. Aug. Alex. Sev. 40, 3 hervorgeht: *in thesauris vestem numquam nisi annum esse passus est*; vgl. die von Salmasius angeführte Stelle Cod. Iust. XI 8, 14 (v. J. 426): *privatae vel linteae vestis magistri*, *thesaurorum praepositi vel baphiorum ac textrinorum procuratores* usw. und Hirschfeld S. 308 Anm. Denn *praepositus thesaurorum* ist doch wohl nichts anderes als *procurator thesaurorum*. In der spätesten Zeit gehörten die *p(rae)p(ositi) thesaurorum* zu den *sub dispositione comitis sacrarum largitionum* stehenden Beamten (Notit. dign. Or. XIII 10 p. 36 Seeck; vgl. Cod. Iust. XI 8, 14 praescr.). Böcking und ebenso Seeck setzen den Plural, weil Notit. Occ. XI 23 ff. eine ganze Reihe von *praepositi thesaurorum* angeführt werden, wo es sich (abgesehen von dem *praepositus thesaurorum urbis Romae*) um Provinzialthesauren handelt, deren jeder seinen besonderen Vorsteher hatte. Der *praepositus thensauris domini[cis]* CIL VIII 1322 = 14854 = Dessau 2764 aus der Zeit Elagabals oder Alexanders (vgl. CIL X 3342) ist, wie Hirschfeld bemerkt, »ein Offizier und diese zu militärischen Zwecken eingerichteten *thesauri* (vgl. Hist. Aug. Gallien. 3, 4) von den andern zu unterscheiden.«

Über die *procuratio patrimonii*, d. h. Verwaltung des kaiserlichen Krongutes, vgl. Hirschfeld a. a. O. S. 18 ff. 40, 3; oben I 52. Über *procuratio munerum* ist S. 48 gesprochen worden. Es folgt die *procuratio vinorum*. Verschiedene weinreiche Landschaften Italiens mußten nach der Hauptstadt Wein liefern; für diese Lieferungen war eine eigene Verwaltung und Kasse eingesetzt. Der vorgesetzte Beamte hieß später *rationalis vinorum* (über die Benennungen *procurator* und *rationalis* vgl. Hirschfeld S. 35 ff. und bes. 36, 1): Not. dign. Occ. IV 9 p. 114 Seeck: *sub dispositione praefecti urbis*; vgl. Gothofred zu Cod. Theod. XIV 6, 3 (ebd. sind mehrere Stellen angeführt, in denen die *arca vinaria* erwähnt ist). Bei dieser Verwaltung angestellt waren *Erasinus Caes. n. sor. adiutor a vinis* CIL VI 5062 = 9092 = Dessau 1794 und *T. Aelius Aug. lib. Eutychus adiutor a vinis* CIL VI 9091 (der letztere nach Hirschfelds Vermutung vielleicht identisch mit *Eutychus Ca[es.] n. serv. vern. ped[is(equus)] a vinis* CIL VI 8527, wonach er als Sklave einen niedrigeren Posten in derselben Verwaltung bekleidet hätte). Vgl. auch die Dedikation eines *dispensator* Cinnamus, eines Sklaven Trajans, an das *collegium Liberi patris et Mercuri negotiantium cellarum vinariarum novae et Arruntianae Caesaris n.* CIL VI 8826 = Dessau 7276 v. J. 102. Anderes s. bei Jahn, Spec. epigr. 31.

Prosenes starb im Jahre 217, und zwar nach der zweifellos richtigen Annahme von De Rossi (Inscr. Christ. I 5 p. 9) als Christ. Auf der rechten Seite des Sarkophags befindet sich nämlich über einem Greifen folgende Inschrift: *Prosenes receptus ad Deum V non. [Ma]ias* (od. *[Iul]ias*) *Sa[mc in Cephalle]nia* (so mit Mommsens Ergänzung) *Praesente et Extricato II* (*cos.*, J. 217) *regrediens in urbe(m) ab expeditionibus. Scripsit Ampelius lib.*

5. Um eine Reihe von Jahren älter ist die auf einem großartigen Grabdenkmal an der Via Praenestina (bei Casa calda) gefundene Inschrift, ergänzt und mit ausführlichem Kommentar versehen von Henzen, Ann. d. Inst. 1857 S. 86ff. (jetzt CIL VI 1598 = Dessau 1740, vgl. Hirschfeld a. a. O. S. 194, 2):

[L. Aurelius Nicomedes[1]*), qui et] Ceionius et Aelius vocitatus est, L. Caesaris fuit a cubiculo et divi Veri imp. nutr[itor*[1]*); a divo Pio equo publico et sac]erdotio Caeniniensi, item pontif(icatu) min(ore) exornatus, ab eodem proc. ad silic(es) et praef. vehicul. factus, et ab imp. Antonino [Aug. cura copiarum exercit]us*[2]*) ei iniunct[a], hasta pura et vexillo et corona murali donatus, proc. summarum rat. cum Ceionia Laena uxore sua hic situs.*

Die Ämter und Auszeichnungen des Nicomedes sind durchaus ritterlich und, wenn auch die Ergänzung *equo publico et* nicht unbedingt sicher ist[3]), jedenfalls erst nach seiner Erhebung in den Ritterstand verliehen[4]); seine Laufbahn kann also nicht mit der der übrigen kaiserlichen Freigelassenen verglichen werden. Während aber sonst Freigelassene, denen die Ingenuität verliehen war, bei der Aufzählung der bekleideten Stellen diejenigen ignorieren, die die Libertinität in sich schließen, sind hier ganz ausnahmsweise auch diese (*L. Caesaris a cubiculo et divi Veri imp. nutritor*) erwähnt (vgl. Mommsen StR. III 518, 4). Sonst sind alle Priestertümer, Ämter und Dekorationen des Nicomedes ritterlich. Die *sacerdotes Caeninenses* (s. Wissowa, Rel. u. Kult. d. Röm.² S. 520, 8), desgleichen die *pontifices minores* sind immer Männer vom Ritterstande. Ebenso sind die sonst bekannten Direktoren des Postwesens (*praefecti vehiculorum*) sämtlich Ritter (vgl. das Verzeichnis bei Henzen a. a. O. S. 96. Hirschfeld S. 194, 1. Mommsen StR. II³ 1031), die, nachdem sie als Offiziere bis zur *praefectura alae*

1) Ergänzt nach Hist. Aug. Ver. 2, 8: *educatorem habuit Nicomedem.* 2) Die Ergänzung dieser Zeile ist von Mommsen. 3) Es könnte statt dessen auch *a divo Antonino Aug. Pio* auf dem Stein gestanden haben. 4) Ein kaiserlicher Freigelassener, der als *[apparitor Cae]sarum* (?) *[hastis p]uris, coronis aureis* ausgezeichnet worden ist, Dessau 9505.

aufgerückt waren, als kaiserliche Prokuratoren angestellt wurden, und zwar als *sexagenarii*, *centenarii* und (bei der Kombination mit dem Amt *a copiis Aug. per viam Flaminiam*, vgl. Hirschfeld S. 194) *ducenarii*. Über die *procuratio summarum rationum* vgl. oben S. 27, über die *cura copiarum exercitus* Hirschfeld S. 195 Anm.

6. Aus der Zeit des Severus Alexander stammt die zu Korinth gefundene Inschrift CIL III 536 = Dessau 1575, gesetzt von einem kaiserlichen *officialis*, ohne Zweifel der *ratio purpurarum* von Achaja, zu Ehren des

Theoprepes Aug. lib. proc. domini n. M. Aur. Severi Alexandri Pii Fel. Aug. provinciae Achaiae et Epiri et Thessaliae rat. purpurarum, proc. ab ephemeride, proc. a mandatis, proc. at praedia Galliana, proc. saltus Domitiani, tricliniarcha, praepositus a fiblis, praeposit[us] a crystallinis.

Die Ämter sind in absteigender Reihe genannt. Theoprepes war also nach seiner Freilassung (denn die inferioren Posten, mit denen er als Sklave seine Laufbahn im Hofdienst begonnen hatte, sind offenbar in der Inschrift übergangen) zuerst Aufseher der kaiserlichen Kristallgefäße (d. h. des kostbaren Glasgeschirrs), dann der Kleiderschnallen. Goldene Schnallen wurden schon in der letzten Zeit der Republik von den Militärtribunen getragen (Plin. n. h. XXXIII 39: *sed in militia quoque in tantum adolevit haec luxuria, ut M. Bruti e Philippicis campis epistulae reperiantur frementis fibulas tribunicias ex auro geri*). Mit solchen wurde bereits im 2. Jahrhundert n. Chr. ein großer Luxus getrieben. Hadrian wurde seiner Sparsamkeit halber bewundert, da er Schnallen ohne Edelsteine trug (Hist. Aug. Hadr. 10, 5, vgl. die Anm. von Casaubonus und Salmasius); dagegen trug Gallienus in Rom goldene, edelsteinbesetzte Schnallen (Gallien. 16, 4). Aurelian gestattete selbst gemeinen Soldaten goldene Schnallen, während sie früher nur silberne getragen hatten (Aurelian. 46, 5). *Fibulam auream cum gemmis* als Geschenk an einen neuernannten Militärtribunen erwähnt die Inschrift von Thorigny v. J. 238 CIL XIII 1 p. 498 n. 3162 II 10. 11 (vgl. Mommsen, Ges. Schr. VIII 155 ff.). Als Auszeichnung der Tribunen ist die *fibula* wohl auch bei Martial. V 41, 5 (*trabeasque et Idus fibulasque censusque*) zu verstehen. Daß Kameen zum Schmuck von Gürteln, Schnallen u. dgl. sehr häufig verwendet wurden, zeigen zahlreiche Statuen und Büsten aus jener Zeit. Vermutlich waren sowohl der *praepositus a crystallinis* als der *praepositus a fibulis* Unterbeamte des *praepositus thesaurorum*. Über das Amt des *tricliniarcha* ist S. 48 gesprochen worden; nach demselben erhielt Theoprepes die Verwaltung zweier kaiserlicher Domänen, des *saltus Domitianus* und der *praedia Galliana* (*saltus Galliani qui cognominantur Aquinates* in der 8. Region erwähnt Plin. n. h. III 116); vgl. Hirschfeld, Kl. Schr. S. 552; Verw.Beamte² S. 133, 3. Hierauf wurde er *procurator a mandatis*, d. h. er leitete die Ausfertigung der kaiserlichen Instruktionen, welche Prokonsuln, Legaten und Prokuratoren für die Verwaltung der Provinzen erteilt wurden (Cass. Dio LIII 15, 4. Plin. ad Tr. 56, 3. Lucian. Prolapsu inter salut. 13: τί δ'; οὐχὶ καὶ ἐν τῷ τῶν ἐντολῶν βιβλίῳ, ὃ ἀεὶ παρὰ βασιλέως λαμβάνετε, τοῦτο πρῶτον ὑμῖν ἐστι παράγγελμα, τῆς ὑγιείας τῆς ὑμετέρας αὐτῶν ἐπιμελεῖσθαι; öfters in den Digesten, vgl. Puchta, Instit. S. 528 f. Hirschfeld, Verw.Beamte² S. 323, 2). Dieses Amt, wahrscheinlich unter der Zentraldirektion *ab epistulis* stehend, wird, abgesehen von den *custodes a mand(atis)*

CIL VI 8813 (= 33751). 8814, nur hier erwähnt, ebenso das folgende des *procurator ab ephemeride*, das, wie Hirschfeld (S. 324, 1) vermutet, »allem Anschein nach von Alexander Severus in Nachäffung Alexanders des Großen (*quem praecipue imitatus est* Vit. c. 30; *se Magnum Alexandrum videri volebat* c. 64; vgl. 31 sq.), dessen *ephemerides* der Kardianer Eumenes führte, geschaffen worden ist«. Die schon seit August bestehende Einrichtung, daß ein Tagebuch über die Ereignisse des kaiserlichen Hauses geführt wurde (*commentarii diurni*), ist nach Casaubonus Vermutung (zu Sueton. August. 64) dem macedonischen Hofe nachgeahmt worden (welcher sie wieder dem persischen entlehnt hatte): was um so glaublicher ist, da dieser auch in andern Einrichtungen mittelbar oder unmittelbar das Vorbild des römischen gewesen zu sein scheint (vgl. unten S. 57 f.). Das Tagebuch des Trimalchio (Petron. 30) ist vielleicht eine karikierte Nachahmung dieses kaiserlichen Tagebuchs. August wollte, daß seine Tochter und Enkelin nichts sprechen sollten, was nicht in dasselbe eingetragen werden könnte (Sueton. Aug. 64, 2). Der Biograph Aurelians benutzte angeblich dessen auf Leinwand geschriebene Tagebücher (*ephemerides*, *libri lintei*), in welchen er die täglichen Ereignisse hatte verzeichnen lassen (Hist. Aug. Aurelian. 1, 7). Auf Grund dieser Tagebücher sollen denn auch Biographien der Kaiser in Tagebuchform geschrieben worden sein, wie die *ephemerides vitae Gallieni* von Palfurius Sura (Hist. Aug. Gallien. 18, 6) und die *ephemeris* von Turdulus Gallicanus, die der Verfasser der Biographie des Probus benutzt zu haben vorgibt (Hist. Aug. Prob. 2, 2). Verschieden von diesen persönlichen Tagebüchern der Kaiser sind ihre amtlichen, ebenfalls öfters (Sueton. Dom. 20. Tac. H. IV 40. Traian. ad Plin. 95. Dig. IV 6, 32) erwähnten *commentarii*, zu deren Führung Sklaven und Freigelassene mit der Amtsbezeichnung *a commentariis* (*Aug.*) angestellt waren (CIL VI 8623 ff. 33740; ein *a*(*d*)*iutor a comentaris* ebd. 37748); vgl. Hirschfeld S. 325. Mommsen StR. II^3 907, 1. A. v. Premerstein, Real-Encykl. IV 735 ff.

Das letzte Amt des Theoprepes war die Verwaltung der kaiserlichen Purpurfabriken (Marquardt, Privatl.^{2} 514) in Achaja, Epirus und Thessalien. »Vielleicht verdankt die *ratio purpuraria* dem Alexander Severus, der zuerst den Purpur aus den kaiserlichen Fabriken zum Verkauf gebracht zu haben scheint, ihre Entstehung«, Hirschfeld S. 308 Anm. a. E.

Weitere Beispiele für die Ämterfolge kaiserlicher Freigelassener, die übrigens auf den Inschriften derselben, gemessen an ihrer großen Menge, verhältnismäßig selten und auch dann nicht immer mit absoluter Vollständigkeit verzeichnet ist, sind Eph. ep. VII 1263 = Dessau 1518: *T. Flavius Aug. lib. Delphicus* (1) *tabularius a ratio*[*n.*, (2) *p*]*roc. ration. thesaurorum*, (3) *hereditatium*, (4) *fisci Alexandrini* (vgl. Hirschfeld a. a. O. S. 369, 3); CIL II 3235 = Dessau 1555: *M. Ulpius Aug. lib. Gresianus an*(*norum*) *XXXXV*, (1) *tabularius XX hereditatium*, *item* (2) *tabularius provinciae Lugudunensis et Aquitanicae*, *item* (3) *tabularius provinciae Lusitaniae* (vgl. Hirschfeld S. 459, 4, der die umgekehrte Folge der Ämter annimmt); CIL VI 1884 = Dessau 1792: *M. Ulpius Aug. lib. Phaedimus divi Traiani Aug.* (1) *a potione*, *item* (2) *a laguna et* (3) *tricliniarch.*, (4) *lictor proximus et* (5) *a comment*(*ariis*) *beneficiorum*, *vixit ann. XXVIII* (vgl. oben S. 48, 1); CIL VI 8450 = Dessau 1521: *T. Ael. Augg. lib.*

Saturnin. (4) *pr[oc. provinc.] Belgicae [et duar. Germaniar.?]*, (3) *proc. fisci libertatis et peculior.*, (2) *tabul. a rationibus,* (1) *tabul. Ostis ad annona(m)*; CIL II 6085 = Dessau 1560: .... *Fa]ustinus Augusto[rum liber]tus commentar[i]ensis XXXX Gall(iarum), item urbis albei Tiberis, item provinciae Baetice, item Alpium Cotti.* (wo die Reihenfolge der Ämter zweifelhaft ist; vgl. Hirschfeld S. 459, 4); CIL XIII 1800: *M. Aurelius Aug. lib.* ..... (1) *proximus a memoria [e]t* (2 ?) *a co[mmentariis?* (so Mommsen)], (3) *proc. fisci Asiatici*, (4) *proc. h[ereditatium] provinciarum Lugudune[ns. et Aquitan.* M. Bang.

VII

DIE FREUNDE UND BEGLEITER DER KAISER[1]

Nach den grundlegenden Ausführungen Mommsens in der Abhandlung »Die *comites Augusti* der früheren Kaiserzeit« (Hermes IV 1869 S. 120 ff. = Ges. Schr. IV 311 ff.) erscheint unzweifelhaft, daß die kaiserlichen *comites* aus den prokonsularischen hervorgegangen sind[2]), und daß sie für jede Reise oder Expedition von dem Kaiser besonders ernannt wurden, daß es also in der früheren Zeit stetige *comites* der Kaiser nicht gegeben hat. Da nun die Kaiser ihre Reisebegleiter aus dem Kreise der Freunde wählten, so war jeder *comes* auch *amicus*, aber nicht jeder *amicus* auch *comes*[3]).

Auf die Ausbildung der Formen, in welche das Verhältnis der Freunde bald gebracht wurde, hat neben der Sitte der republikanischen Zeit sicherlich auch (und zwar in noch höherem Grade) das Zeremoniell orientalischer Königshöfe als Vorbild eingewirkt, und daß solche orientalischen Formen und Gebräuche, die nicht bloß die römische Staatsordnung völlig unangetastet ließen, sondern sich auch mit der althergebrachten Sitte wohl vertrugen, schon am Hofe Augusts Eingang gefunden haben, ist bei den vielfachen Beziehungen desselben zum Orient und dem wiederholten Aufenthalt orientalischer Fürsten in Rom, wo sie Gäste des Kaisers waren (vgl. Mommsen, Res gestae D. Aug.[2] S. 141 f. Schürer, Gesch. d. jüd. Volkes I[3] 406 ff.) im höchsten Grade wahrscheinlich. August, der die Anrede *domine* wie eine Beschimpfung leidenschaftlich zurückwies (Suet.

1) Vgl. I 73, 8. 2) Vgl. auch Mommsen, Die Gardetruppen der römischen Republik und der Kaiserzeit, Hermes XIV 1879 S. 26 f. (= Ges. Schr. VI 2 f.) über die von Scipio Africanus im J. 620 d. St. = 134 v. Chr. nach Appian Hisp. 84 aus seinen Klienten und Freunden gebildete, 500 Mann starke φίλων ἴλη (*cohors amicorum praetoria*) und Seeck, Real-Encykl. IV 623 ff.

3) Eine dritte Kategorie von Leuten, die dem Kaiser durch persönliche Beziehungen verbunden waren, sind die *hospites*. Auch dieser Ausdruck, seinem materiellen Inhalt nach auf die Verhältnisse der republikanischen Epoche gemünzt, ist in der Kaiserzeit, bezogen auf die Person des Herrschers, gewissermaßen titular gebraucht worden, wie CIL XI 5632 = Dessau 2735: *M. Maenio C. f. Cor. Agrippae L. Tusidio Campestri h o s p i t i d i v i H a d r i a n i, patri senatoris, praef. coh. II Fl. Britton. equitat., electo a divo Hadriano et misso in expeditionem Britannicam, trib. coh. I Hispanor. equitat., praef. alae Gallor. et Pannonior. catafractatae, proc. Aug., praef. classis Brittannicae, proc. provinciae Brittannicae, equo publico* etc. Vgl. die einem unbekannten Kaiser (nach Wilhelms Vermutung Augustus) gesetzte Inschrift von Kyzikus IGR IV 136: ..... δημαρχικῆς ἐξουσίας ἑξάκις Ἀρίστανδρος Εὐμένους τὸν ἑαυτοῦ ξένον.

Aug. 53, 1), würde noch viel weniger die 'barbarische Sitte' der Adoration geduldet haben, zu deren Einführung schon unter seinem zweiten Nachfolger Versuche gemacht wurden (vgl. oben I 94, 10). Dagegen die Sitte, die nächsten Freunde mit einem Kusse zu begrüßen, konnte er ohne die geringste Verletzung des Herkommens aus dem Orient einführen[1]).

Die Begrüßung von Männern mit einem Kusse läßt sich unseres Wissens bei den Römern in der Zeit der Republik nicht nachweisen[2]), kommt aber bereits unter August vor (s. oben I 93). Die, wie es scheint, erste überhaupt bekannte Erwähnung der Sitte bezieht sich auf das Jahr 748 d. St. = 6 v. Chr.: Sueton sagt, daß Tiberius bei der Abreise nach Rhodus sich sehr steif benahm, *ne verbo quidem cuiquam prosequentium reddito paucosque admodum in digressu exosculatus* (Suet. Tib. 10, 2). Daß die Sitte noch unter Claudius sich so gut wie ausschließlich auf die Kreise der Vornehmen beschränkte, bezeugt Plin. n. h. XXVI 3 durch die Bemerkung über den damals grassierenden Gesichtsausschlag: *haec lues* (die *mentagra*) ... *primum Ti. Claudi Caesaris principatu medio inrepsit in Italiam* ... *nec sensere id malum feminae aut servitia plebesque humilis aut media, sed proceres veloci transitu osculi maxime*[3]); ferner Seneca de ira II 24, 1: *ille me parum humane salutavit*; *ille osculo meo non adhaesit.* Da nun die Scheidung der Freunde in zwei Klassen und die hieraus resultierende zwiefältige Abstufung des Zeremoniells bei deren Empfange aus der republikanischen Zeit fortbestanden (Mommsen, Ges. Schr. IV 319), so dürfte sich schon unter August die aus späterer Zeit mehrfach bezeugte Sitte ausgebildet haben, daß die Kaiser die näheren Freunde durch die Ehre des Kusses auszeichneten. Wenn bereits Tiberius die 'täglichen Küsse' durch ein Edikt abschaffte und Valerius Maximus allem Anscheine nach durch das Mißfallen, das diese Verordnung erregte, sich veranlaßt sah, dieselbe in Schutz zu nehmen (oben I 94, 4 u. 5), so darf man vermuten, daß es damals schon eine Anzahl Personen am Hofe gab, die nach dem Herkommen auf die täglichen Küsse des Kaisers Anspruch hatten.

Am persischen Hofe war es ein Vorrecht der 'Verwandten', den König zu küssen (oben I 94, 7), was in Persien unter Leuten gleichen Ranges üblich war

1) Auch Mommsen hat seine Ansicht wesentlich geändert, wenn er RG. V 342 f. sagt, daß die auf die Stellung der Dynastie bezüglichen Ordnungen des persischen und parthischen Reichs »mit wenigen Abminderungen bei den römischen Cäsaren wiederkehren und vielleicht von diesen zum Teil der älteren Großherrschaft entlehnt sind«. 2) Daß sich Familienmitglieder und bei besonderen Veranlassungen (wie Gratulationen, Cic. pro Sest. 111) auch Fernerstehende küßten, versteht sich von selbst, dagegen geschah es in Griechenland auch bei der Begrüßung in der Zeit, wo es in Rom üblich war, nicht. Dio Chrys. or. 13, 59 (I 201 Arn.): ἐγὼ δὲ ἀναμνησθείς, χαῖρε, ἔφην, Σωτάδη· καὶ προσελθὼν ἐφίλουν αὐτὸν καὶ τὸν ἕτερον· ὁ δὲ δῆμος ἐγέλα σφόδρα, ὅτι ἐφίλουν αὐτούς· τότε ἔγνων ὅτι ἐν ταῖς πόλεσιν οὐ φιλοῦσιν ἀλλήλους.

3) Verschieden von dieser ansteckenden Hautkrankheit war eine andere, die zu Tiberius Zeit sich zuerst in Italien bemerkbar machte und von der der Kaiser selbst als einer der ersten befallen wurde (Plin. n. h. XXVI 9: *Ti. Caesaris principatu inrepsit id malum nec quisquam id prior imperatore ipso sensit, magna civitatis ambage, cum in edicto eius excusantis valetudinem legeret nomen incognitum,* nämlich *colum*). Danach ist die oben I 93 f. gegebene Darstellung, wo die hier oben im Text angeführte Plinius-Stelle (XXVI 3) versehentlich auf Tiberius statt auf Claudius bezogen ist, zu berichtigen.

(Duncker, Gesch. d. Alt. IV[4] 526, 4). Alexander der Große scheint dies insofern nachgeahmt zu haben, als er es zu einem Vorrecht seiner nächsten Freunde machte. Chares von Mytilene erzählte, daß er bei einem Gastmahl die Schale, aus der er getrunken, einem der Freunde gereicht habe. Dieser sei dann aufgestanden, habe ihm Bescheid getan und den König erst adoriert, dann geküßt, darauf sich wieder niedergelegt; nur Callisthenes unterließ die Adoration und erhielt deshalb keinen Kuß (Plutarch. Alex. 54, vgl. Droysen, Gesch. Alexanders S. 352 f.). Die Institution der Freunde, die mit dem persischen Hofe der parthische (Megistanen: Athenaeus IV 152 f., vgl. Cleß in Paulys Real-Encykl.[1] V 1209; auch der Titel τῶν πρώτων φίλων findet sich nach einer Inschrift von Delos, ediert von S. Reinach, Bull. corr. hell. VII 1883 S. 349, bei den Arsakiden), der nabatäische (Strabo XVI 779) und vermutlich auch andere orientalische[1]) gemein hatten, ging (vielleicht vom macedonischen) an die Höfe der Diadochen (namentlich der Ptolemäer und Seleuciden) über (Letronne, Rech. p. servir à l'hist. de l'Egypte S. 58 ff. 314). Über die Titel συγγενής und φίλος, die durch sie bezeichneten verschiedenen Rangklassen der Hofwürdenträger (über den einfachen φίλοι stehen die πρῶτοι φίλοι) und die Formen ihrer Verleihung bei den Ptolemäern vgl. Lumbroso, Recherches sur l'économie polit. de l'Egypte S. 189 ff.; Comm. in hon. Mommseni S. 32 ff.; L'Egitto S. 150. 168 ff. und vor allem Strack, Rh. Mus. LV (1900) S. 161 ff. (bes. S. 167 ff.), nach dem die Schaffung einer festen Titulatur und Rangordnung für den ptolemäischen Hofstaat in den achtziger Jahren des 2. Jahrhunderts durch König Epiphanes erfolgt ist[2]).

Finden wir nun die während der Republik nicht nachweisbare Sitte der Begrüßung der Freunde mit einem Kusse, die sicher am persischen, wahrscheinlich auch an den andern orientalischen Höfen bestand, in Rom unter August und Tiber, so scheint die Vermutung nicht zu gewagt, daß sie vom Orient nach Rom übertragen ist. Daß die Römer selbst schon in der ersten Kaiserzeit durch die kaiserlichen Freunde an die königlichen erinnert wurden, zeigt die Anwendung der römischen Ausdrücke auf die letzteren bei Curtius VI 5, 11: *fratremque Darei recepit in cohortem amicorum*, und VI 26, 17: *aliquem amicorum ex prima cohorte* (vgl. die Anm. von Mützell zu der ersten Stelle). Wenn sich diese Vermutung auch nicht beweisen läßt, so erhält sie doch eine gewisse Unterstützung dadurch, daß sich am Hofe Augusts noch eine andere Einrichtung findet, die derselbe ebenfalls mit dem persischen und macedonischen Hofe gemein hatte: die der Führung eines Tagebuchs über alle Ereignisse des Kaiserhauses (vgl. oben S. 54). Daß dies schon in den vornehmen Häusern der Re-

1) Inschriftfragmente in Soada (Syrien), wahrscheinlich aus der Zeit der Idumäischen Könige (Lebas-Waddington 2303): βασιλέων φίλῳ; Inschrift aus Hieropolis in Cilicien (IGR III 901, 66): τῶ[ν] πρώτω[ν καὶ] προ[τ]ιμωμένω[ν φ]ίλων τοῦ [β]ασιλέως. 2) Das unmittelbare Vorbild sucht Strack am Seleucidenhof von Antiochia (S. 174), doch kämen für die Entlehnung außer dem persischen auch noch der altägyptische und der altmacedonische Hof in Betracht (S. 173), für welche letzteren beiden der Titel 'Freund' ebenfalls schon vor der Zeit Alexanders nachweisbar sei (in Ägypten mit der Abstufung 'Freund des Königs' und 'meistgeliebter Freund' nach Erman bereits ca. 2000 Jahre vor den Ptolemäern). Wo für die Diadochenhöfe von Antiochia und Alexandria das Muster der Institution in letzter Linie zu suchen sei, bleibe fraglich. Das urkundliche Material ist S. 182 ff. in tabellarischer Form vollständig verzeichnet.

publik Sitte gewesen wäre, dafür gibt es meines Wissens nicht die geringste Spur, während doch sonst von manchen in ihren Familienarchiven aufbewahrten Aufzeichnungen die Rede ist. Daher sagt schon Casaubonus von dem Tagebuche des August (zu Sueton. Aug. 64): *mos iste a Graecis ortus* (d. h. von den Macedoniern).

Wenn ferner, wie es scheint gewöhnlich, eine Anzahl von Kindern aus edeln Häusern zusammen mit den kaiserlichen am Hofe erzogen wurde (oben I 84)[1]), so darf man im Zusammenhang mit den erwähnten Tatsachen vielleicht vermuten, daß auch hier die persische und ägyptische Sitte das Vorbild war: πάντες γὰρ οἱ τῶν ἀρίστων Περσῶν παῖδες ἐπὶ ταῖς βασιλέως θύραις παιδεύονται (Xenoph. Anab. I 9, 3. Duncker, Gesch. d. Alt. IV[4] 526—528). Diodors (I 53) Schilderung der gemeinsamen Erziehung der mit Sesostris an einem Tage geborenen Kinder gibt ein Bild der entsprechenden Einrichtung am Ptolemäerhof; vgl. Lumbroso, Recherches S. 208 (παῖδες σύντροφοι), 209 (παῖδες τῶν τιμωμένων ὑπὸ τοῦ βασιλέως).

Was endlich die Vortragung des 'Feuers' (d. h. des Feuerbeckens oder der Fackel, M. Aurel. Comment. I 17) betrifft, die unter den Antoninen und noch später als Vorrecht des Kaisers und der Kaiserin erscheint (die Zeugnisse bei Mommsen StR. I[3] 424, 4. 5), so ist auch diese Sitte bereits von Lipsius (zu Tac. A. I 7) von der persischen abgeleitet worden: Xenoph. Cyropaed. VIII 3, 12: καὶ πῦρ ὄπισθεν τοῦ ἅρματος ἐπ᾽ ἐσχάρας μεγάλης ἄνδρες εἵποντο φέροντες (hinter dem Wagen folgte Cyrus). Mit Unrecht führt Mommsen a. a. O. S. 424 diese Sitte auf das Fackelrecht der Beamten (das Recht, sich nachts vorleuchten zu lassen) zurück, welches auf die Kaiser sich erstreckt und später ein ausschließliches Ehrenrecht derselben geworden sei (vgl. II[3] 806. 823)[2]). In der Tat ist es das symbolisch dargestellte himmlische Feuer, das schon für die Perserkönige das Sinnbild der Ewigkeit ihrer Herrschergewalt war und das samt den mystischen Ideen, welche es zum Ausdruck brachte, auf die Diadochen, dann auf die Römer überging[3]).

Mit dem folgenden Verzeichnis der kaiserlichen Freunde und Begleiter aus den ersten beiden Jahrhunderten ist das Königsberger Universitätsprogramm von 1873 *Recensio amicorum et comitum Caesarum usque ad Severi tempora* zu vergleichen, dessen Inhalt hier mit zahlreichen Zusätzen wiedergegeben ist[4]).

1) Zu den dort angeführten Zeugnissen für die Sitte der gemeinsamen Erziehung ausländischer Fürstensöhne mit den Prinzen des Kaiserhauses ist nachzutragen IGR IV 145 (Cyzicus) Z. 6 f.: τοὺς Κότυος παῖδας Ῥοιμητάλκην καὶ Πολέμωνα καὶ Κότυν συντρόφους καὶ ἑταίρους ἑαυτῷ (d. h. dem jungen Caligula) γεγονότας (vgl. den Stammbaum dieser thrakischen Königsfamilie bei Dessau, Eph. ep. IX p. 704). 2) Mommsen StR. I[3] 424, 4: »Daß die persische Sitte (Curtius III 3, 9: *ignis — argenteis altaribus praeferebatur;* Ammian. XXIII 6, 34) auf den Kaisergebrauch eingewirkt hat, ist möglich, aber insofern nicht eben wahrscheinlich, als sie von der nationalen Religion abhängt.« Vgl. dagegen Cumont, Die Mysterien des Mithra, deutsch v. Gehrich[2] S. 90. 3) Cumont a. a. O. 4) Für das biographische Detail bei den einzelnen in der Liste aufgeführten Persönlichkeiten genügt es hier, summarisch auf die römische Prosopographie und die betreffenden Artikel der Real-Encykl. zu verweisen.

Freunde Augusts (vgl. Suet. Aug. 66, 1: *amicitias neque facile admisit et constantissime retinuit*).

Senatoren: L. Cocceius Nerva, in gleicher Weise mit Octavian wie mit Antonius befreundet (App. b. c. V 60), vermittelte, im J. 41 v. Chr. zu dem letzteren gesandt, den Abschluß des Vertrags von Brundisium (App. b. c. V 60—64); 37 v. Chr. ging er (39 *cos. suff.* gewesen) mit Mäcenas wiederum als Abgesandter Octavians zu Antonius (Hor. sat. I 5, 27 ff.). Die Worte Senecas De clem. I 10, 1: *Sallustium et Cocceios et Dellios et totam cohortem primae admissionis ex adversariorum castris conscripsit* sind wohl auf seinen von Octavian nach dem perusinischen Kriege begnadigten Bruder (App. b. c. V 61) — gemeint scheint Marcus, *cos.* 36 v. Chr. — zu beziehen.

Q. Salvidienus Rufus, *quem ad consulatum usque provexerat* (Suet. Aug. 66, 1), starb verurteilt vor dem Antritte des Konsulats, zu welchem er für das Jahr 39 v. Chr. designiert war.

M. Vipsanius Agrippa, Konsul 37. 28. 27 v. Chr.

Paullus Fabius Maximus, Konsul 11 v. Chr., † 14 n. Chr., war als einziger Begleiter des Kaisers bei dessen geheimer Unterredung mit Agrippa Postumus zugegen: Tac. ann. I 5 (vgl. Nipperdey z. d. St.). Plutarch. De garrul. 11 p. 508 A. Plin. n. h. VII 150. Quintilian. VI 3, 52. Henzen, Acta fr. Arv. p. 185. 240. In der Inschrift aus dem phrygischen Apamea CIL III 12240 heißt er (nach Mommsens Ergänzung) *clarissimus vir Caesaris* [*Augusti amicus*] (vgl. Hirschfeld, Kl. Schr. S. 647, 1).

C. Asinius Gallus, Konsul 8 v. Chr., im J. 5 v. Chr. von August nach einem in Astypalaea gefundenen Schreiben desselben an die Cnidier (IG XII 3 n. 174 m. Suppl. 1904 p. 278 = IGR IV 1031) dort mit einer Kriminaluntersuchung beauftragt (Z. 10): ἐγὼ δὲ ἐξετάσαι προστάξας Γάλλῳ Ἀσινίῳ τῷ ἐμῷ φίλῳ usw.

Cn. Calpurnius Piso, Konsul 7 v. Chr.: *patris sui legatum atque amicum* nennt ihn Tiberius bei Tac. Ann. III 12; vgl. ebd. 16.

Cn. Pullius Pollio (CIL XI 7553 = Dessau 916) war nach Bekleidung der gewöhnlichen Ämterreihe *procos.* [*pr*]*ovinciae Narb.*, [*comes* — so ergänzen Hirschfeld und Bormann — *imp.*] *Augus*[*ti i*]*n Gallia Comat*[*a itemque*] *in Aquita*[*nia* (wohl in den Jahren 738—741 d. St. = 16—13 v. Chr.; vgl. Mommsen, Ges. Schr. VIII S. 542 f.).

Nonius Asprenas (vielleicht L. Nonius Asprenas, Suffektkonsul 6 n. Chr.): Sueton. Aug. 56, 3: *cum Asprenas Nonius artius ei iunctus causam veneficii accusante Cassio Severo diceret, consuluit senatum, quid officii sui putaret, cunctari enim se, ne si superesset, eripere legibus reum, sin deesset, destituere ac praedamnare amicum existimaretur*; vgl. Cass. Dio LV 4, 3 (z. J. 745 d. St. = 9 v. Chr.): φίλῳ τε τινὶ δίκην φεύγοντι συνεξητάσθη, προεπικοινώσας αὐτὸ τοῦτο τῇ γερουσίᾳ usw.

Poppaeus Sabinus: Tac. Ann. VI 39: *fine anni* (35 n. Chr.) *Poppaeus Sabinus concessit vita, modicus originis, principum amicitia consulatum* (9) *ac triumphale decus* (26: Ann. IV 46) *adeptus maximisque provinciis per XXIV annos impositus.*

D. Iunius Silanus, *in nepti Augusti adulter, quamquam non ultra foret saevitum, quam ut amicitia Caesaris prohiberetur, exilium sibi demonstrari intellexit* (Tac. Ann. III 24).

Ritter: Q. Dellius (s. die oben angeführte Stelle Seneca De clem. I 10, 1 und Drumann, Gesch. Roms I² 285, 2).

Cornelius Gallus, *quem ad praefecturam Aegypti* (30 v. Chr.; vgl. CIL III 14147⁵ = IGR I 1293 = Dessau 8995: *C. Cornelius Cn. f. Gallu[s eq]ues Romanus .... praefect[us Alex]andreae et Aegypti primus* usw.) *ex infima fortuna provexerat* (Suet. Aug. 66, 1), † 27 (Hieronym.) oder 26 v. Chr.

C. Maecenas L. f. Pom(ptina) (der volle Name CIL VI 21771 = Dessau 7848; vgl. Bormann, Obs. de antiq. Rom. [Ind. lect. Marb. 1883] p. IV).

C. Proculeius, Bruder der Gemahlin des Mäcenas, Terentia, gleich seinem Schwager ἐς τὰ πρῶτα ὑπὸ τοῦ Αὐγούστου τιμώμενος (Cass. Dio LIV 3, 5; vgl. Tac. Ann. IV 40).

Sallustius Crispus, † 20 n. Chr., *incolumi Maecenate proximus, mox praecipuus cui secreta imperatorum inniterentur — aetate provecta speciem magis in amicitia principis quam vim tenuit* (Tac. Ann. III 30).

C. Matius ex equestri ordine, divi Augusti amicus (Plin. n. h. XII 13; vgl. Tac. Ann. XII 60).

Vedius Pollio eques R. ex amicis divi Augusti (Plin. n. h. IX 77; vgl. Tac. Ann. XII 60), Sohn freigelassener Eltern (ἐξ ἀπελευθέρων ἐγεγόνει καὶ ἐν τοῖς ἱππεῦσιν ἐξητάζετο), † 739 (Cass. Dio LIV 23, 1). Von ihm stammt die Beneventer Inschrift CIL IX 1556 = Dessau 109: *P. Veidius P. f. Pollio | Caesareum imp. Caesari Augusto | et coloniae Beneventanae*; ihm zu Ehren ist gesetzt die Inschrift von Ilium IGR IV 215: ἡ βουλὴ καὶ ὁ δῆμος | Πόπλιον Οὐήδιον Πωλ|λίωνα.

Vibius Viscus: Schol. Cruq. aus Porphyrio zu Horat. sat. I 10, 83 (*Viscorum uterque*): *Visci duo fratres fuerunt optimi poetae et iudices critici, quorum pater Vibius Viscus, quamvis divitiis et amicitia Augusti clarus esset, in equestri tamen ordine permansit, cum filios suos senatores fecisset.*

Von ungewissem Stande: M. Artorius Asclepiades, Arzt, einer von den Freunden (τῶν φίλων τις) des jungen Cäsar, rettete diesem, ὡς αὐτὸς (Cäsar) ἐν τοῖς ὑπομνήμασιν ἱστορεῖ, bei Philippi durch einen von einer Traumerscheinung eingegebenen Rat das Leben (Plut. Brut. 41; vgl. Cass. Dio XLVII 41, 3. Val. Max. I 7, 1. Suet. Aug. 91, 1, wo er ebenfalls als *amicus* bezeichnet wird, u. a.). Auch inschriftlich wird er erwähnt: CIG 2283. 3285. IG III 570 und vielleicht in dem Fragment CIL VI 31767 (von Mommsen ebd. p. 3157 f. auf ihn bezogen und ergänzt).

C. Iulius Eurycles, ἡγεμών von Sparta, δόξας ἀποχρήσασθαι τῇ Καίσαρος φιλίᾳ (Strabo VIII 366); vgl. R. Weil, Athen. Mitteil. VI (1881) 10. Kolbe IG V, 1 p. XVI u. p. 307.

A. Licinius Nerva Silianus, P. Silii filius ... amplissimae principis amicitiae (Velleius II 116, 4).

L. Varius Rufus, Epikureer, *Caesaris amicus* (Quintilian. VI 3, 178); vgl. A. Körte, Rhein. Mus. XLV 1890 S. 172.

Freunde des Tiberius.

Senatoren: Cn. Calpurnius Piso (oben S. 60) schreibt vor seinem Tode (20) an Tiberius: *quondam divo Augusto, parenti tuo, probatus et tibi amicus* (Tac. A. III 16).

Lucilius Longus (*cos. suff.* 7 n. Chr., † 23, ein *novus homo*) *omnium illi tristium laetorumque socius, unusque e senatoribus Rhodii secessus comes* (Tac. A. IV 15).

Cn. Cornelius Lentulus (Konsul 18 v. Chr., † 25 n. Chr.), *intimus ipsius* (des Tiberius) *amicus, senectutis extremae* (Tac. A. IV 29; vgl. I 27 und IV 44).

Sex. Vistilius praetorius, quem Druso fratri percarum in cohortem suam transtulerat ... convictu principis prohibitus, tötet sich selbst als bereits alter Mann 32 n. Chr. (Tac. A. VI 9).

Poppaeus Sabinus (oben S. 60).

L. Calpurnius Piso *pontifex*, Konsul 15 v. Chr., Stadtpräfekt 17—32, † 32 achtzigjährig, und

L. Pomponius Flaccus, Konsul 17, † 33 als *legatus pro praetore* von Syrien: Sueton Tiber. 42, 1: *cum Pomponio Flacco et L. Pisone noctem continuumque biduum epulando potandoque consumpsit, quorum alteri Syriam provinciam, alteri praefecturam urbis detulit, codicillis quoque iucundissimos et omnium horarum amicos professus.*

Sentius Saturninus, Gemahl der jüdischen Proselytin Fulvia: Joseph. A. I. XVIII 83: καὶ ὁ Τιβέριος (ἀποσημαίνει γὰρ πρὸς αὐτὸν φίλος ὢν Σατορνῖνος τῆς Φουλουίας ἀνὴρ ἐπισκήψει τῆς γυναικός) κελεύει πᾶν τὸ Ἰουδαϊκὸν τῆς Ῥώμης ἀπελθεῖν (19 n. Chr.).

M'. Aemilius Lepidus, Konsul 11 n. Chr., *aequabili auctoritate et gratia aput Tiberium* (Tac. A. IV 20).

L. Seius Tubero, Bruder des Seian, Konsul 18 n. Chr., *intimus ipsius* (des Tiberius) *amicus* (Tac. A. IV 29).

M. Cocceius Nerva, Sohn des gleichnamigen Konsuls v. J. 718 = 36 v. Chr., *Caesari familiarissimus* (Pompon. Dig. I 2, 2, 48); *unus senator consulatu* (als *suff.*, kurz vor 24 n. Chr.) *functus* als Begleiter Tibers nach Capri (Tac. A. IV 58); bei seinem Tode im J. 33 *continuus principi* und *proximus amicorum* (ebd. VI 26).

L. Salvius Otho (der Vater des Kaisers) *tam carus tamque non absimilis facie Tiberio principi fuit, ut plerique procreatum ex eo crederent* (Sueton. Otho 1, 2). Im Konsulat des Jahres 33 als *suffectus* Galbas Nachfolger (Suet. Galba 6, 1), stand er noch bei Claudius in höchstem Ansehen, so daß *senatus honore rarissimo, statua in Palatio posita, prosecutus est eum et Claudius adlectum inter patricios conlaudans amplissimis verbis hoc quoque adiecit: »vir, quo meliores liberos habere ne opto quidem«* (Suet. Otho 1, 3).

M. Aurelius Cotta Maximus Messalinus wird, angeklagt im Jahre 32, von Tiberius, mit dessen Freundschaft er andern gegenüber geprahlt haben soll (*me tuebitur Tiberiolus meus*), brieflich in Schutz genommen *repetito inter se atque Cottam amicitiae principio crebrisque eius officiis commemoratis* (Tac. A. VI 5).

Sex. Palpellius P. f. Vel. Hister (*cos. suff.* 43) *leg. Ti. Claudi Caesaris Aug.* (*Pannoniae*?), *procos., pr., tr. pl., Xvir stl. iudic., tr. mil. leg. XIIII Geminae, comes Ti. Caesaris Aug. datus ab divo Aug.* CIL V 35 = Dessau 946.

Ritter: L. Aelius Seianus, *praefectus praetorio* 14—31 n. Chr.

Avilius Flaccus, Präfekt von Ägypten 32—37 (CIG III p. 360), ἐν τοῖς ἑταίροις κριθεὶς παρὰ Τιβερίῳ Καίσαρι, Philo in Flacc. 2; κριθεὶς τῶν πρώτων φίλων παρὰ Τιβερίῳ Καίσαρι, ebd. 158.

Curtius Atticus (*unus*) *eques Romanus praeter Seianum ex illustribus* als Begleiter Tibers nach Capri (Tac. A. IV 58).

Vescularius Flaccus, *eques Romanus, cui propior cum Tiberio usus erat* (Tac. A. II 28); er und

Iulius Marinus, *e vetustissimis familiarium, Rhodum secuti et aput Capreas individui* werden 32 n. Chr. getötet (Tac. A. VI 10).

Pompeius Macer: Strabo XIII 618: Theophanes von Mytilene υἱὸν ἀπέλιπε Μάκρον (Μάρκον die Hss.) Πομπήιον, ὃν τῆς Ἀσίας ἐπίτροπον κατέστησέ ποτε Καῖσαρ ὁ Σεβαστὸς, καὶ νῦν (etwa 18 n. Chr.) ἐν τοῖς πρώτοις ἐξετάζεται τῶν Τιβερίου φίλων; offenbar derselbe, dem Augustus *ordinandas bibliothecas delegaverat* (Suet. Caes. 56, 7). Vgl. Nipperdey zu Tac. A. VI 18.

C. Caesius Niger, bekannt durch die Inschrift CIL VI 2169 = Dessau 1320: *Dis manibus sacrum C. Caesio Q. f. Ter. Nigr. ex prima admissione, ex quatuor decuris, curio minor* etc., die wegen der Weiheformel frühestens unter Tiberius (und wohl kaum vor seinen letzten Jahren), wegen der *quattuor decuriae* (Mommsen StR. III 535 f.) auch nicht später gesetzt sein kann.

Von ungewissem Stande: Sex. Marius ὁ φίλος αὐτοῦ καὶ διὰ τοῦτο καὶ πλουτήσας (*Hispaniarum ditissimus* Tac. A. VI 19) καὶ δυνηθεὶς (Cass. Dio LVIII 22, 2) wird 33 n. Chr. getötet.

Iulius Montanus *tolerabilis poeta, notus et amicitia Tiberii et frigore* (Seneca Ep. 122, 11), vielleicht der Vater des Iulius Montanus *senatorii ordinis, sed qui nondum honorem capessisset* († 56: Tac. A. XIII 25; vgl. CIL XI 3884).

Freunde des Gaius.

Senatoren: Valerius Asiaticus, *cos. suff.* unter Tiber, † 47 n. Chr. (Tac. A. XI 3): Seneca De constantia sapientis 18, 2: *Asiaticum Valerium in primis amicis habebat — consularem.*

L. Vitellius (der Vater des Kaisers) *ex consulatu* (34) *Syriae praepositus .... primus C. Caesarem adorare ut deum instituit, cum reversus ex Syria non aliter adire ausus esset quam capite velato circumvertensque se, deinde procumbens* (Suet. Vit. 2, 5); Gaius οὕτως αὐτὸν .... ἱλεώσατο, ὥστε .... ἐν τοῖς πάνυ φίλοις αὐτοῦ νομισθῆναι (Cass. Dio LIX 27, 6).

A. Vitellius, der spätere Kaiser (geb. 15), *Gaio per aurigandi, Claudio per aleae studium familiaris, sed aliquanto Neroni acceptior* (Sueton. Vit. 4).

C. Passienus Crispus (*cos. II* 44): *omnium principum gratiam adpetivit, sed praecipue C. Caesaris, quem iter facientem secutus est per Alpis* (Schol. Iuv. 4, 81).

Ritter: Naevius Sertorius Macro *praet. praet.* (vgl. Nipperdey zu Tac. A. VI 15) wird von Sueton zu Caligulas Freunden gezählt (Calig. 26, 1).

Freunde des Claudius.

Senatoren: Ser. Sulpicius Galba, der spätere Kaiser, *cos.* 33, *gratissimus Claudio receptusque in cohortem amicorum* (Sueton. Galba 7, 1), Begleiter des Claudius bei dem Feldzuge nach Britannien im Jahre 43 *tantae dignationis ... ut, cum subita ei valitudo nec adeo gravis incidisset, dilatus sit expeditionis Britannicae dies* (Suet. a. a. O.).

Fernere Begleiter desselben bei demselben Feldzuge (Hübner, Hermes XVI 1881 S. 525):

Valerius Asiaticus (vgl. oben S. 63).

L. Iunius Silanus, Urenkel Augusts, erster Verlobter der Octavia,

Cn. Pompeius Magnus, Verlobter von Claudius älterer Tochter Antonia (diese beiden brachten die Botschaft von der Unterwerfung Britanniens nach Rom: Cass. Dio LX 21, 5),

Ti. Plautius Silvanus Aelianus (wahrscheinlich ein Neffe des A. Plautius) *cos. suff. I* im J. 45, *II* im J. 74, als Prätorier *legat.*[1]) *et comes Claud. Caesaris in Brittannia* (CIL XIV 3608 = Dessau 986) und vielleicht

Cn. Sentius Saturninus (*cos.* 41) nach Eutrop. VII 13: (*Britannia*) *devicta per Cn. Sentium et A. Plautium, inlustres ac nobiles viros* (vgl. Hübner a. a. O. S. 519).

Auf einen Begleiter bei diesem Feldzug bezieht sich auch CIL IX 2847 = Dessau 971: .... *regi sac*[*ror.*], *flam.* ... *patric.*, *leg. Caesaris pro*[*pr.* (oder *pro*[*vinc.*]) ....., *comiti divi*] *Claudi in Britannia* etc.; desgleichen höchst wahrscheinlich CIL V 7165: ..... *donis dona*]*t. ab Ti. Claud*[*io Caes. Aug. Germ. corona aur*]*ea classica val*[*lari* ...... *ex coh*]*ort. amicorum*, [...... *ho*]*spitium cum leg*(*ione*) *V*[.... *fecit* etc.

Paullus Fabius Persicus (*cos.* 34): *nobilissimum virum, amicum meum* nennt ihn Claudius in der Rede über das *ius honorum* der Gallier CIL XIII 1668 = Dessau 212 Kol. II Z. 24.

P. Suillius Rufus (*cos. suff.* 46) *Claudii principis amicitia diu prospere, numquam bene usus* (Tac. A. IV 31) *in insulas Baleares pellitur* 58 (A. XIII 43).

L. Vitellius (oben S. 63) *formidine C. Caesaris, familiaritate Claudi turpe in servitium mutatus exemplar aput posteros adulatorii dedecoris habetur* (Tac. A. VI 32); er und

Caecina Largus (*cos.* 42) begleiteten Claudius auf der Reise nach Ostia 48 (Tac. A. XI 33).

A. Vitellius (oben S. 63).

P. Petronius, *vetus convictor eius* (also wohl aus der Zeit vor seiner Regierung): Seneca Apocol. 14, 2, vielleicht identisch mit dem *vir consularis* Petronius, dem Schwiegervater des A. Vitellius (Sueton. Vitell. 6).

Iulius Planta, erwähnt in dem Edikt des Claudius über das Bürgerrecht der Anauner vom Jahre 46 CIL V 5050 = Dessau 206 Z. 16ff.: *misi Plantam Iulium amicum et comitem meum, qui cum adhibitis procuratoribus meis .... summa cura inquisierit et cognoverit, cetera quidem, ut mihi demonstrata commentario facto ab ipso sunt, statuat pronuntietque ipsi permitto.* Vgl. Mommsen, Hermes IV 1869 S. 110.

T. Vinius Rufinus (Consul 69) gehörte als Prätorier zur näheren Umgebung des Claudius nach Tac. Hist. I 48: *servili probro respersus est, tamquam scyphum aureum in convivio Claudii furatus, et Claudius postera die soli omnium Vinio fictilibus ministrari iussit.*

L. Salvius Otho, der Vater des Kaisers (oben S. 62).

Seneca Apocol. 13 (vgl. Tac. A. XIII 43) zählt als von Claudius getötete Freunde von konsularischem Range auf:

1) Vgl. Mommsen StR. II^3 853, 5.

Q. Eutetius (?) Lusius Saturninus, wie der folgende *cos. suff.* in einem unbekannten Jahre,

Pompeius Pedo,

Cornelius Lupus (*cos. suff.* 42),

Ser. Asinius Celer (*cos. suff.* 44).

Ritter: Lusius Geta *praef. praet.* (48—51) und

C. Turranius *praef. annonae* heißen *potissimi amicorum* bei Tac. A. XI 31.

L. Iulius Vestinus: Rede des Claudius CIL XIII 1668 = Dessau 212 Kol. II Z. 11 ff.: *ex qua colonia* (Vienna) *inter paucos equestris ordinis ornamentum L. Vestinum familiarissime diligo et hodieque in rebus meis detineo.* Im sechsten Jahre Neros (Aug. 59—Aug. 60) wurde er als Nachfolger des Ti. Claudius Balbillus Präfekt von Ägypten (IGR I 1374. 1379), wo er einige Jahre tätig war (die Zeugnisse, Inschriften und Papyri, verzeichnet von Stein, Real-Encykl. X 870, stammen, soweit sie datiert, aus den Jahren 60—62). Auch bei Vespasian stand er, *auctoritate famaque inter proceres*, in höchster Gunst: Im Jahre 70 betraute der Kaiser ihn, trotzdem er nur Ritter war, mit der Leitung des Wiederaufbaus des Capitols (Tac. hist. IV 53).

Freunde des Nero.

Senatoren: *C. Petronius proconsul Bithyniae et mox consul* (*suff.* in einem unbekannten Jahre) — *dein — inter paucos familiarium Neroni adsumptus est, elegântiae arbiter*, † 66 (Tac. A. XVI 18).

A. Vitellius, der spätere Kaiser (oben S. 63).

Cluvius Rufus *consularis*, unter den *amicorum intimi* genannt Suet. Nero 21, 2; auf der Kunstreise nach Griechenland gehörte er zu den *comites* des Kaisers und fungierte als sein Herold (Cass. Dio LXIII 14, 3).

T. Flavius Vespasianus, der spätere Kaiser, *peregrinatione Achaica inter comites Neronis .... gravissimam contraxit offensam prohibitusque non contubernio modo* (vgl. oben I 78) *sed etiam publica salutatione* (Sueton. Vesp. 4, 4).

L. Annaeus Seneca, *cos. suff.* 56, schreibt an Nero (Tac. A. XIV 54): *uterque mensuram implevimus, et tu, quantum princeps tribuere amico posset, et ego, quantum amicus a principe accipere.*

T. Clodius Eprius Marcellus (*cos. suff.* 61 u. 74) gehörte zu Neros Freunden nach Tac. Hist. IV 7. 8 (wo er sagt *non minus sibi anxiam talem amicitiam quam aliis exilium*).

M. (Iulius?) Vestinus Atticus, vielleicht Sohn des L. Iulius Vestinus *cos.* 65 (im Konsulat bald nach dem 13. April getötet), *ex intima sodalitate* (Tac. A. XV 68).

M. Salvius Otho, der spätere Kaiser (geb. 32), *flagrantissimus in amicitia Neronis habebatur* (Tac. A. XIII 45, vgl. 12; Hist. I 13. Plut. Galba 19); *summum inter amicos locum tenuit* (Suet. Otho 2, 2). *Deicitur familiaritate sueta, post congressu et comitatu* (*memoria Neroniani comitatus*: Tac. Hist. I 23) *Otho et* (obwohl nur Quaestorier: Suet. Otho 3, 2) —*provinciae Lusitaniae praeficitur* (im Jahre 58, Tac. A. XIII 46).

M. Annaeus Lucanus (geb. 39, † 65) *revocatus Athenis a Nerone cohortique amicorum additus atque etiam quaestura honoratus non tamen permansit in gratia* (Suet. Vita Luc.).

Montanus (vielleicht Curtius Montanus, der Vater des Tac. A. XVI 28 u. 33 erwähnten Dichters; vgl. Nipperdey zu der letzten Stelle und unten S. 69): Iuv. 4, 136 f.: *noverat ille luxuriam imperii veterem noctesque Neronis* etc.

Ritter: Afranius Burrus, *praef. praet.* seit 51, † 62, neben Seneca der einflußreichste Mann in der Umgebung Neros (s. bes. Tac. A. XIII 2), gehörte selbstverständlich zu den 'Freunden'.

Ofonius Tigellinus *cum studiose equos aleret quadrigarios amicitiam Neronis nactus primus illum ad studium circensium movit* (Schol. Iuv. 1, 155); *intimis libidinibus adsumptus* (Tac. A. XIV 51) war er bis zum Jahre 62 *praef. vig.*, dann bis zu seinem Tode im J. 69 *praef. praetorio.*

Claudius Senecio *adulescentulus decorus, liberto Caesaris patre genitus*, im Jahre 55 nebst Otho Mitwisser von Neros Liebschaft mit Acte (Tac. A. XIII 12, wo diese beiden den *senioribus principis amicis* gegenübergestellt werden), beteiligte er sich 65, *e praecipua familiaritate Neronis, speciem amicitiae etiam tum retinens*, an der Pisonischen Verschwörung (Tac. A. XV 50).

Cossinus eq. R. amicitia Neronis principis notus (Plin. n. h. XXIX 93), vielleicht identisch mit *M. Ofasius Firmus Marus Cornelius Mari f. Clu. Cossinus praefectus fabrum, tribunus militum leg. XIIII Gemin. Victric.* CIL X 6555 = Dessau 3697 (vgl. CIL XV 7490 [Bleiröhre]: *Mari Corneli Cossini *f.* [*f.* unsicher]); das Cognomen *Cossinus* ist jedenfalls überaus selten.

Freunde des Galba [1]).

Senatoren: T. Vinius Rufinus, Kollege Galbas in dessen 2. Konsulat (69) und neben Cornelius Laco (s. unten) der mächtigste Mann in der Umgebung des Kaisers (Tac. H. I 13), *Galbae amicitia in abruptum tractus* (Tac. H. I 48).

Marius Celsus *consul designatus* (69) *et Galbae usque in extremas res amicus fidusque* (Tac. Hist. I 45).

Ducenius Geminus, *praef. urbi* 69, wurde gleich den beiden Vorhergehenden und Laco (s. unten) von Galba zu der vertraulichen Beratung über die Wahl eines Thronfolgers geladen (Tac. Hist. I 14).

M. Salvius Otho, Galbas Rivale, gehörte zu dessen nächster Umgebung (Tac. Hist. I 24 = Suet. Otho 4, 1, wo erwähnt wird, daß der Kaiser wiederholt bei ihm zu Gaste war; Hist. I 27. Suet. Otho 6, 2: *mane Galbam salutavit utque consueverat osculo exceptus*).

Ritter: Cornelius Laco *praef. praet.*: (*Galba*) *regebatur trium arbitrio, quos una et intra Palatium habitantis nec umquam non adhaerentis* (also ständige *comites*) *paedagogos vulgo vocabant. ii erant T. Vinius* (s. oben) ... *Cornelius Laco ex assessore praef. praet. .... libertus Icelus* (Suet. Galb. 14, 2; vgl. Tac. Hist. I 13. 14. Plut. Galb. 29).

Pompeius Longinus, *praetorianorum tribunus, e Galbae amicis, fidus principi suo* (Tac. Hist. I 31).

Freunde des Otho.

Senatoren: L. Vitellius (*cos. suff.* 48) als *comes* erwähnt von Tac. H. I 88: *multos e magistratibus, magnam consularium partem Otho non participes aut ministros bello* (Mommsen StR. II^3 853, 5), *sed comitum specie secum expedire*

1) Vgl. Tac. hist. I 12: *amicorum cupiditates ipsa Galbae facilitas intendebat.* Suet. Galba 15, 2.

iubet, in quis et Lucium Vitellium, eodem quo ceteros cultu, nec ut imperatoris fratrem nec ut hostis.

Marius Celsus, *cos. des.* und Freund Galbas (s. oben S. 66), wurde nachher von Otho *inter intimos amicos* aufgenommen *mansitque Celso velut fataliter etiam pro Othone fides integra et infelix* (Tac. Hist. I 71).

Suetonius Paullinus (*cos. suff.* 42, *ord.* 66): Plutarch. Otho 6: οἱ δὲ περὶ τὸν Κέλσον καὶ Παυλλῖνον ἄλλως ἐφείλκοντο συμβούλων ὄνομα καὶ φίλων.

Ritter: Licinius Proculus *intima familiaritate Othonis*, von den Soldaten 69 als Nachfolger Lacos zum *praef. praet.* erwählt (Tac. H. I 46).

Freunde des Vitellius (vgl. Tac. H. II 87: *legatorum amicorumque comitatus*; 89. 91. 96 u. sonst).

Senatoren: Cluvius Rufus (*cos. suff.* in einem unbekannten Jahre), der zu den nächsten Freunden Neros gehört hatte (s. oben S. 65), *digressum a Lugduno Vitellium .... adsequitur omissa Hispania* (wo er Statthalter war: Tac. H. I 8. 76); *comitatui principis adiectus, non adempta Hispania* (Tac. H. II 65).

Ti. Catius Silius Italicus (*cos.* 68) *in Vitelli amicitia sapienter se et comiter gesserat* (Plin. ep. III 7, 3); nebst dem vorigen Ohrenzeuge bei den Unterhandlungen des Kaisers mit Flavius Sabinus (Tac. H. III 65).

C. Fabius Valens und

A. Caecina Allienus, die beiden Heerführer des Vitellius, sind als nächste Freunde des Kaisers anzusehen nach der ganzen Rolle, die sie bei ihm spielten (Tac. H. II 59: *Valentem et Caecinam pro contione laudatos curuli suae circumposuit*; 92: *munia imperii Caecina ac Valens obibant .... ambitu comitatu et inmensis salutantium agminibus contendunt comparanturque, variis in hunc aut illum Vitellii inclinationibus*; 100: *Caecina e complexu Vitellii multo cum honore digressus*).

Vibius Crispus (vgl. unter Vespasian und Domitian) war ein regelmäßiger Tischgenosse des Vitellius nach Cass. Dio LXV 2, 3 (πολλοὺς γὰρ ἀεὶ τοὺς πρώτους ὁμοσίτους ἐποιεῖτο).

Freunde des Vespasian.

Senatoren: M. Antonius Primus, *praepositus a Galba septimae legioni* (*Galbianae* in Pannonien: Tac. H. II 86), übernahm als feuriger Parteigänger Vespasians die Leitung des Kampfes gegen die Vitellianer in Italien (Tac. H. III 2 ff.) und erhielt im Dez. 69 auf Senatsbeschluß die konsularischen Insignien (ebd. IV 4); *profectus ad Vespasianum ... ut non pro spe sua excipitur, ita neque averso imperatoris animo .... paullatim levior viliorque haberi, manente tamen in speciem amicitia* (ebd. IV 80). Er lebte noch unter Domitian (mehrmals erwähnt von Martial: Giese, De personis a Martiale commemoratis S. 5 ff.), der ihn im J. 70 unter seine *comites* aufnehmen wollte (Tac. H. IV 80).

Eprius Marcellus (vgl. oben S. 65) und

Vibius Crispus, *per multos iam annos potentissimi sunt civitatis ac .... nunc principes in Caesaris amicitia agunt feruntque cuncta atque ab ipso principe cum quadam reverentia diliguntur* (Tac. Dial. 8, 7); beide waren *coss. suff.* im J. 61, Marcellus *cos. II* 74.

C. Licinius Mucianus (*cos. II* 70, *III* 72); vgl. über ihn und sein Verhältnis zu Vespasian besonders Tac. H. I 10. II 76—77. Cass. Dio LXVI 2, 1—3.

Ritter: C. Plinius Secundus, im J. 79 Präfekt der Flotte zu Misenum, *distentus impeditusque — amicitia principum* (Plin. ep. III 5, 7).

Otacilius Sagitta: CIL X 8038 (Rescript Vespasians an die *magistratus et senatores Vanacinorum* in Corsica v. J. 72 [?]): *Otacilium Sagittam amicum et procuratorem meum ita vobis praefuisse, ut testimonium vestrum mereretur, delector.*

Ti. Iulius Alexander, Präfekt von Ägypten 66—70 und als solcher einer der ersten, die sich für Vespasian erklärten (Tac. H. II 79. Suet. Vesp. 6, 3), begleitete, φίλων δοκιμώτατος (Joseph. b. Iud. V 45), Titus auf dem Zuge gegen Jerusalem als Ratgeber und Generalstabschef (Mommsen, Hermes XIX 1884 S. 645).

Freunde des Titus[1].

Senatorischen Ranges: T. Rutilius Varus war nach der ihm in Nola gesetzten Ehreninschrift CIL X 1258 *trib. mil. leg. V Macedonic., praefectus alae Bos(poranorum)* — in diesen Stellungen wird er als Teilnehmer am jüdischen Kriege zu Titus und vielleicht auch schon zu Vespasian in persönliche Beziehungen getreten sein (die *ala Bosp.* im 1. Jahrhundert in Syrien nach CIL III 6707 = Dessau 2510, die *leg. V Mac.* im Heere Vespasians nach Tac. Hist. V 1) — *q(uaestor) divi Vespasiani, aed(ilis) cur(ulis), com(es) imperato(ris)* (also des Titus).

Ritter: C. Plinius Secundus d. Ä. (s. oben und Plin. n. h. praef. 3. 4).

Ti. Iulius Alexander (s. oben).

Freunde des Domitian (vgl. das Bronzetäfelchen CIL V 7506 = Dessau 270: *ex comitatu imp. Domitiani Aug. Germanici ab Aquis Statiellis*).

Senatoren: Borghesi, Annot. a Giovenale (Oeuvr. V 513 ff.) hält alle bei Iuv. 4 von Domitian zum Rat Berufenen außer den beiden Gardepräfekten für Konsulare wegen v. 72 ff.: *vocantur ergo in consilium proceres, quos oderat ille; in quorum facie miserae magnaeque sedebat pallor amicitiae*; 144: *surgitur et misso proceres exire iubentur consilio*; vgl. v. 83 f.: *maria ac terras populosque regenti quis comes utilior*? Nach Büchelers ansprechender Vermutung (Rh. Mus. XXXIX 1884 S. 283) schwebte Iuvenal bei seiner Schilderung dieses Kabinettsrats (vgl. Mommsen StR. II³ 903, 4) eine ältere des Statius in dessen Gedicht *De bello Germanico* vor (vgl. v. 147: *tamquam de Chattis aliquid torvisque Sygambris dicturus*), woraus die Scholien des Valla zu Iuv. 4, 94 vier Verse aufbewahrt haben (Jahn, Rh. Mus. IX 1854 S. 627 und Bücheler a. a. O.). Die an der Beratung Teilnehmenden waren nach der von Iuvenal beobachteten Reihenfolge die folgenden:

Pegasus, v. 77: *attonitae positus modo vilicus urbi*, also Stadtpräfekt; vgl. Dig. I 2, 2, 53: *temporibus Vespasiani praefectus urbi fuit*[2]. Konsul (*suff.*) war er zusammen mit Pusio in einem unbekannten Jahre *Vespasiani Aug. temporibus* (Iust. inst. II 23, 5).

1) Vgl. Suet. Tit. 7, 2: *Amicos elegit, quibus etiam post eum principes ut et sibi et rei publicae necessariis adquieverunt praecipueque sunt usi.* 2) Friedlaender nimmt auf Grund dieser Angabe eine Iteration des Amtes an, was aber nicht nötig und auch wenig wahrscheinlich ist; vermutlich ist in der Digestenstelle die Stadtpräfektur ungenau oder irrtümlich in dieselbe Zeit wie sein (den Juristen wegen des *SC. Pegasianum* bekanntes) Konsulat gesetzt. Vgl. Borghesi, Oeuvres IX 269 ff.

Vibius Crispus (v. 81, vgl. oben S. 67 und Borghesi S. 520); vgl. Statius a. a. O.: *Nestorei mitis prudentia Crispi* und unten Fabricius Veiento.

M'. Acilius Glabrio (v. 94); vgl. Statius a. a. O.: *et prope Caesareae confinis Acilius aulae.* Sein gleichnamiger Sohn, mit dem ihn offenbar der Scholiast verwechselt, war *cos.* 91.

Rubrius Gallus (v. 105), Konsul vielleicht unter Nero (vgl. Cass. Dio LXIII 27, 1. Borghesi S. 521).

Montanus (v. 107), nach Nipperdey (zu Tac. Ann. XVI 33) der Vater des dort und c. 28 erwähnten Curtius Montanus.

Pompeius (v. 110), vielleicht Cn. Pompeius Ferox Licinianus, *cos. suff.* in einem unbekannten Jahre (CIL VI 468. Borghesi S. 524).

L. Valerius Catullus Messalinus, Kollege Domitians in dessen zweitem Konsulat (73), und

A. Didius Gallus Fabricius Veiento (v. 113), letzterer nach CIL XIII 7253 = Dessau 1010 *cos. III, XV vir sacris faciend., sodalis Augustal., sod. Flavial., sod. Titialis*; über beide vgl. Mommsen, Ind. Plin.; Statius a. a. O.: *prudentia Crispi et Fabius Veiento; potentem signat utrumque purpura, ter memores implerunt nomine fastos*, wonach also Crispus (in seinem zweiten Konsulat) und Veiento vielleicht Kollegen im Konsulat waren (*Fabius* versteht Bücheler, Westd. Ztschr. III [1884] S. 86 hier appellativisch: 'der Bedächtige').

Außerdem sind von Freunden Domitians noch folgende bekannt:

Velius Paullus, unter Domitian Prokonsul von Bithynien: *cum comes Arctois haereret Caesaris armis Velius* (Martial. IX 31); der hier gemeinte Krieg ist der sarmatische, nicht der dacische, doch ist *comes* vielleicht nicht in technischem Sinne zu verstehen.

M. Arrecinus Clemens, *domui Vespasiani per adfinitatem innexus et gratissimus Domitiano*, im J. 70 von Licinius Mucianus, *quamquam senatorii ordinis*, zum Gardepräfekten gemacht (Tac. Hist. IV 68), *cos. suff. I* im J. 73, *II* in einem unbekannten Jahre unter Domitian, gehörte als Konsular zu dessen *familiares* (Suet. Dom. 11, 1).

C. Iulius Bassus (*cos. suff.* 105) *Titum timuit ut Domitiani amicus, a Domitiano relegatus est; revocatus a Nerva sortitusque Bithyniam* (Plin. ep. IV 9, 2).

Palfurius Sura, *consularis filius .... a Vespasiano senatu motus ... abusus familiaritate Domitiani acerbissime partes delationis exercuit* (Schol. Iuv. 4, 53, nach Marius Maximus).

Festus: *huius Caesar amicus erat* (Martial. I 78, 10); vielleicht C. Calpetanus Rantius Quirinalis Valerius Festus, *cos. suff.* 71.

Ritter: Cornelius Fuscus (Iuv. 4, 112), *praef. praet.*, und

Crispinus (ebd. 108), nach Borghesi a. a. O. S. 513 ff. vielleicht sein Kollege. Vgl. Hirschfeld, Verwg.[1] S. 223, 25. 26.

Freunde des Nerva.

Senatoren: L. Verginius Rufus, geb. 15, *cos.* 63, 69, 97, † gegen Ende des Jahres 97, *Caesares, quibus suspectus atque etiam invisus virtutibus fuerat, evasit, reliquit incolumem optimum atque amicissimum* (Plin. ep. II 1, 3); vgl. Mommsen, Ind. Plin.

Fabricius Veiento (vgl. oben) und

Iunius Mauricus werden unter den Tischgästen Nervas erwähnt von Plin. ep. IV 22, 4. 6: *cenabat Nerva cum paucis*; *Veiento proximus atque etiam in sinu recumbebat* usw. (dieselbe Geschichte erzählt die Epit. de Caes. 12, 5).

Freunde des Trajan[1]).

Senatoren: L. Neratius Priscus, *cos.* 83: *frequens sane opinio fuit Traiano id animi fuisse, ut Neratium Priscum, non Hadrianum successorem relinqueret, multis amicis in hoc consentientibus* (Hist. Aug. Hadr. 4, 8).

L. Licinius Sura (*cos. II* 102, *III* 107): Cass. Dio LXVIII 15, 4: τοσαύτῃ δὲ φιλίᾳ καὶ πίστει ὅ τε Σούρας πρὸς τὸν Τραιανὸν ἐχρήσατο καὶ Τραιανὸς πρὸς ἐκεῖνον, ὥστε πολλάκις αὐτὸν .... διαβληθέντα οὔτε ὑπώπτευσέ ποτε οὔτε ἐμίσησεν; vgl. Hist. Aug. Hadr. 3, 10f. Victor Caes. 13, 8. CIL VI 1444 = Dessau 1022 und dazu Cass. Dio LXVIII 15, 3.

Q. Sosius Senecio (*cos. I* 99, *II* 107),

A. Cornelius Palma (*cos.* 99 und 109),

L. Publilius Celsus (*cos. II* 113) gehörten zu den bevorzugten Freunden Traians nach Cass. Dio LXVIII 16, 2: ἔστησε δὲ καὶ τοῦ Σοσσίου τοῦ τε Πάλμου (vgl. CIL VI 1386 = Dessau 1023) καὶ τοῦ Κέλσου εἰκόνας. οὕτω που αὐτοὺς τῶν ἄλλων προετίμησε. Daß die beiden letzteren unter den Freunden Traians eine führende Rolle spielten, ergibt sich auch aus Hist. Aug. Hadr. 4, 3: *in adoptionis sponsionem venit Palma et Celso inimicis semper suis .... in suspicionem adfectae tyrannidis lapsis.*

P. Aelius Hadrianus, der Nachfolger Traians, war nach der ihm in Athen im J. 112 gesetzten Inschrift CIL III 550 = Dessau 308 *quaestor imperatoris Traiani et comes expeditionis Dacicae* (der ersten; vgl. Hist. Aug. Hadr. 3, 2: *ad bellum Dacicum Traianum familiarius prosecutus est*), *donis militaribus ab eo donatus bis*; vgl. Cass. Dio LXIX 1, 1: τό τε σύμπαν συνῆν αὐτῷ καὶ συνδιῃτᾶτο.

T. Iunius Omullus, Konsular nach CIL XII 3168 = Dessau 2404 (vgl. CIL II 3415), ist wohl der Hist. Aug. Alex. 65, 5 offenbar als Freund Traians genannte Homullus (bei Plin. ep. IV 9, 15 falsch *Titius Homullus*: vgl. Mommsen, Ind. Plin. s. Homullus).

C. Plinius Secundus d. J.: ep. IV 22, 1: *interfui principis optimi cognitioni in consilium adsumptus.*

C. Antius A. Iulius Quadratus (*cos. I* 93, *II* 105), Pergamener, in einem Erlaß Traians an die Stadt Pergamum (CIL III 7086 = IGR IV 336) *amicus, clarissimus vir* genannt.

D. Terentius Gentianus Scaurianus, *cos. suff.* in einem unbekannten Jahre (vor 110), wird in der metrischen Inschrift auf der großen Pyramide CIL III 21 = 6625 = Dessau 1046a als *comes tuis, Traiane, triumphis* bezeichnet (im J. 110 war er *leg. Aug.* von Dacien: CIL III Dipl. XXXVII = Dessau 2004).

Ein Unbekannter, [*comes imp.*] *Caesaris Nervae Traiani* usw. [*dum*] *exercitus suos circumit* (a. 98/99?), *leg. pro pr. provinc. Belgic.*, [*adlectus inter*] *patricios ab imperatorib. divis Vespasiano et* [*Tito* .... CIL VI 1548 = Dessau 1019.

1) Vgl. Plin. paneg. 85 und oben I 79.

Ritter: Pompeius Planta: Traian. ad Plin. 7: *Pompeium Plantam, praefectum Aegypti, amicum meum* (vgl. ebd. 10).

Ein *praefectus praetorio, principis amicus*, der, obschon dem Kaiser *carissimus*, seinen Abschied genommen und sich aus dem *contubernium principis* in seine überseeische Heimat ins Privatleben zurückgezogen hat (vor dem J. 100), wird ohne Nennung des Namens erwähnt von Plin. paneg. 86.

Freunde Hadrians (größtenteils genannt Hist. Aug. Hadr. 15, 1—8; vgl. 18, 1 über sein *consilium*).

Senatoren[1]: L. Iulius Ursus Servianus, Gemahl von Hadrians Schwester, *cos. II* 102, *III* 134, getötet im Alter von 90 Jahren 136 (Hist. Aug. Hadr. 15, 8).

T. Aurelius Fulvus Boionius Arrius Antoninus, der spätere Kaiser, *cos.* 120, nachher *procos.* von Asien, *post proconsulatum in consiliis Hadriani Romae frequens vixit* (Hist. Aug. Pius 3, 8); nach Cass. Dio LXIX 20, 1 gehörte er zu den πρῶτοι καὶ ἀξιόλογοι τῶν βουλευτῶν, die Hadrian bei sich empfing und mit 'Freunde' anredete.

L. Catilius Severus, *cos. II* 120, *praef. urbi*, hoffte, der Nachfolger Hadrians zu werden, und nahm deshalb mit andern die Adoption des Antoninus übel auf, weshalb er *successore accepto dignitate privatus est* (Hist. Aug. Hadr. 24, 6; vgl. 15, 7).

L. (Neratius) Marcellus, Bruder des L. Neratius Priscus, *cos. II* 129, von Hadrian zum Selbstmorde gezwungen (ebd. 15, 4).

C. Ummidius Quadratus, *cos. suff.* 118 (ebd. 15, 7).

A. Platorius Nepos, *cos. suff.* 119, später dem Hadrian verdächtig (ebd. 15, 2. 23, 4); mit ihm und

Sosius Papus war Hadrian bereits unter Traians Regierung befreundet (ebd. 4, 2).

T. Atilius Rufus Titianus, *cos.* 127 (ebd. 15, 6: *ut conscium tyrannidis et argui passus est et proscribi*; nach Hist. Aug. Pius 7, 3 erfolgte die Verurteilung erst unter diesem Kaiser).

T. Caesernius Statius Quintius Statianus Memmius Macrinus, *cos. suff.* in einem unbekannten Jahre (vor 150), war nach CIL VIII 7036 = Dessau 1068 *quae[st.] candidatus divi Hadriani, comes eiusdem in [Ori]ente.*

T. Caesernius Statius Quinctius Macedo Quinctianus, vermutlich der Bruder des Vorigen, war nach der Prätur *co[mes imp.* (wahrscheinlich ebenfalls Hadrians)][2] *per Orientem*, dann Legionslegat und später Suffektkonsul (CIL V 865 = Dessau 1069).

Voconius: Apul. Apol. 11: *divus Hadrianus cum Voconi amici sui poetae tumulum versibus muneraretur* usw.; vielleicht C. Licinius Voconius Romanus, der von Traian in den Senatorenstand erhoben wurde (vgl. Mommsen, Ind. Plin.).

Ritter: P. Acilius Attianus (der volle Name[3]) in der Inschrift von Elba Dessau 8999), ehemals Hadrians Vormund (Hist. Aug. Hadr. 1, 4. 4, 2. 9, 3. Cass. Dio LXIX 1, 2) und mit ihm schon unter Traians Regierung befreundet (ebd. 4, 2. 15, 2), war (vielleicht auch schon unter Traian) Gardepräfekt bis zum

1) Vgl. Hist. Aug. Hadr. 8, 1: *optumos quosque de senatu in contubernium imperatoriae maiestatis adscivit.* 2) *Co[m. divi Veri]* ergänzte Borghesi; s. dagegen Mommsen in der Anm. zu der Inschr. 3) *Caelium Tatianum* ist Hist. Aug. Hadr. 1, 4 überliefert (Τατιανός auch Zonar. XI 23).

Jahre 119 (als *praef. pr.* setzt er die oben erwähnte Inschrift), worauf er veranlaßt wurde, den Abschied zu nehmen (Hist. Aug. Hadr. 9, 3 f.) und unter Verleihung der *ornamenta consularia* in den Senat berufen wurde (ebd. 8, 7).

Ti. Claudius Livianus, *praef. praet.* unter Traian im ersten dacischen Kriege (101/2) und

Q. Marcius Turbo Fronto Publicius Severus, 119 als Nachfolger Attians zum *praef. praet.* ernannt und, wie es scheint, noch 135 im Amt, gehörten gleich Attian zu Hadrians Freunden schon vor dessen Thronbesteigung (Hist. Aug. Hadr. 4, 2; vgl. 15, 7 und Hirschfeld, Verwg.[1] S. 224).

C. Septicius Clarus, 119 zum *praef. praet.* als Nachfolger von Attians Kollegen Similis ernannt, abgesetzt 121 (Hist. Aug. Hadr. 9, 5. 11, 3), gehörte zu den Freunden nach Hist. Aug. Hadr. 15, 2.

Freunde des Antoninus Pius.

Senatoren: A. Plotius Sabinus, *praetor*, *sodalis Titialis . . . habens quoq(ue) salutation(em) secundam imp. Antonini Aug. Pii* CIL VI 31746 = Dessau 1078.

M. Valerius Homullus (*cos.* 151), *cuius Homulli multa ioca semper patienter accepit* (Hist. Aug. Pius 11, 8, wo von den Freunden des Kaisers und seiner *civilitas* ihnen gegenüber die Rede ist; vgl. ebd. Marc. 6, 9, wo er als Vertrauter des Pius und Gegner des Cäsars Marcus erscheint).

Freunde der Samtherrscher Marcus und Verus[1]**.**

Senatoren: M. Cornelius Fronto (*cos.* 143), vielleicht schon Freund des Antoninus Pius, jedenfalls auch seiner Nachfolger, obwohl ein ausdrückliches Zeugnis fehlt.

P. Salvius Iulianus, der berühmte Jurist, *bis consul*, *praefectus urbi* nach Hist. Aug. Did. Iul. 1, 1 (seinen vollen Namen und *cursus honorum* gibt die afrikanische Inschrift CIL VIII 24094 = Dessau 8973: *L. Octavio Cornelio P. f. Salvio Iuliano Aemiliano X viro, quaestori imp. Hadriani, cui divos Hadrianus soli salarium quaesturae duplicavit propter insignem doctrinam, trib. pl., praef. aerar. Saturni item mil., cos.* [*ord.* 148], *pontif., sodali Hadrianali, sodali Antoniniano, curatori aedium sacrarum* [150: CIL VI 855], *legato imp. Antonini Aug. Pii Germaniae inferioris, legato imp. Antonini Aug. et Veri Aug. Hispaniae citerioris, procos. provinciae Africae* usw.; vgl. Mommsen, Ges. Schr. II 1 ff.): Ulp. Dig. XXXVII 14, 17 pr. (Reskript der *divi fratres*): *plurium etiam iuris auctorum, sed et Salvi Iuliani amici nostri clarissimi viri hanc sententiam fuisse.*

Q. Iunius Rusticus (*cos. suff.* 133, *ord.* 162) wird als *amicus noster*, *praefectus urbi* erwähnt in einem Reskript der *divi fratres* Dig. XLIX 1, 1, 3.

M. [*I*]*a*[*lli*]*us M. f. Volt. Bassus* [*F*]*abius Valerianus cos., prae*[*f. aer . . . . . le*]*g. Aug. p*[*r.*] *p*[*r.*] *provinc. Pannoniae inferioris* (156: Inschr. aus Aquincum, Österreich. Jahresh. VII 1904 Beibl. Sp. 11), *curator op*[*e*]*r.* [*p*]*u*[*bl.*] (161: CIL VI 1119b), [*leg. Augg. pr. pr. prov.*] *Mysiae inferior.* (zwischen 161 und 166: CIL III 6169), *comes Augustorum Par*[*th*]*i*[*c*]*ae* [*e*]*x*[*ped*(*itionis*) (166), *leg. Augg. pr. pr. prov. Pan*]*noniae superioris* CIL XII 2718 (vgl. 2719).

1) Vgl. Hist. Aug. Marc. 8, 10: *et Verum quidem Marcus Capuam usque prosecutus amicis comitantibus a senatu ornavit additis officiorum omnium principibus.*

T. Pomponius Proculus Vitrasius Pollio [*cos. II* (176), *adfinis* (?)[1]) *Aug*]*ustorum, comes* [*M. Antonini et L. Ver*]*i Augg. expeditio*[*nis primae* (?)[2]) *Germ*]*anicae, item comes* [*M. Antonini et Com*]*modi Augg. expedit*[*ionis Germanicae Sar*]*maticae, bis donis m*[*ilitaribus donatus*] usw., *maritus A*[*nniae Fundaniae Fausti*]*nae imp. Caesaris M.* [*Antonini et div*]*ae Faustinae Piae pa*[*truelis* usw. CIL VI 1540 m. Add. 31675 = Dessau 1112.

Iulius Verus, Statthalter von Syrien: Herstellung einer Straße unter beiden Kaisern 163/165 *per Iul. Verum leg. pr. pr. provinc. Syr. et amicum suum* (CIL III 199 = Dessau 5864).

Ein Unbekannter, ... [*comes imp. Anton*]*ini Aug. et divi Veri bello Germanic., item comes imp. Antonini Aug. Germanici Sarmatici, leg. leg. I Miner.* usw., durch eine auf Staatskosten gesetzte Statue geehrt, CIL VI 1549 = Dessau 1100.

Ritter: L. Volusius Maecianus, als *amicus noster* bezeichnet in einem Reskript der *Divi fratres* Dig. XXXVII 14, 17 pr., getötet wohl als *iuridicus Alexandreae* (*cui erat commissa Alexandria*) im J. 175 (Hist. Aug. Avid. Cass. 7, 4; vgl. Hirschfeld, Verwg.[1] S. 227).

Freunde des L. Verus.

Senatoren: M. Pontius Laelianus Larcius Sabinus *cos.* (163), *pontifex, sodalis Antoninianus Verianus, fetialis, leg. Aug. pr. pr. prov. Syriae, leg. Aug. pr. pr. prov. Pannon. super., leg. Aug. pr. pr. Pannon. infer., comes divi Veri Aug., donatus donis militarib. bello Armeniaco et Parthico ab imp. Antonino Aug. et a divo Vero Aug.* usw. CIL VI 1497 = Dessau 1094.

M. Claudius Fronto *cos.* (*suff.*, 166 oder kurz vorher) — — *leg. Augg. pr. pr. provinciae Moesiae super., comes divi Veri Aug., donatus donis militarib. bello Armeniaco et Parthico ab imperatore Antonino Aug. et a divo Vero Aug.* usw. CIL VI 1377 m. Add. 31640 = Dessau 1098 und (fast gleichlautend) CIL III 1457 = Dessau 1097.

L. Dasumius Tullius Tuscus, wahrscheinlich der Sohn des Suffektkonsuls P. Tullius Varro (CIL XI 3364 = Dessau 1047), adoptiert von L. Dasumius, *cos. suff.* unter Traian und Verfasser des bekannten Testaments, war nach CIL XI 3365 = Dessau 1081 *cos.* (*suff.*), *comes August.* (des Verus oder des Marcus) — die Worte sind auf dem Stein nachträglich hinzugefügt — *augur, sodal. Hadrianalis, sodal. Antoninianus, curat. operum publicorum, legatus pr. pr. provinciar. Germaniae superior. et Pannoniae superior.* und am Anfange seiner senatorischen Ämterreihe *quaest. imp. Antonini Aug. Pii.*

[T. Caesernius Statius Quinctius Macedo Quinctianus s. oben S. 71.]

Freunde Marc Aurels.

Senatoren: L. Fulvius C. Bruttius Praesens *cos. II* (180) .... [*pater C*]*r*[*i*]*spinae Aug., socer imp.* [*Caes. Commodi Aug., sodalis*] *Hadrianalis, sodalis An-*

1) So Hirschfeld, Verwg.[1] S. 227; *amicus* ergänzt Wilmanns (Nr. 639). 2) Diese Ergänzung, die auch dem für den Anfang der Inschr. zu errechnenden Zeilenraum von 29—30 Buchstaben genau gerecht wird, liegt nahe wegen der öfters erwähnten (Dessau, Index p. 511 f.) *expeditiones secunda* und *tertia Germ.*; Borghesi ergänzte *expeditio*[*nis Marcomannicae Germ*]*anicae*, was Henzen mit Recht ablehnte; *comes* [*Antonini et Commod*]*i Augg. expeditio*[*nis secundae* (?) *Germ*]*anicae* Dessau, Ind. p. 354.

tonin[ianus item Verianus item] Marcianus, comes impp. Ant[onini et Commodi Augg.] expeditionis Sarmaticae, p[raet. usw. CIL X 408 = Dessau 1117.

C. Aufidius Victorinus, Schwiegersohn Frontos, Mitschüler und Freund Marc Aurels (Hist. Aug. M. Aurel. 3, 8), *cos. II* 183, *praef. urbi*, ὑπὸ τοῦ Μάρκου ἐν τοῖς πάνυ τιμηθείς Cass. Dio LXXII 11, 2, † 186.

Seius Fuscianus, ebenfalls Schulfreund Marc Aurels (Hist. Aug. Marc. 3, 8), *cos. II* 188, *praef. urbi*.

M. Nonius Macrinus (*cos. suff.* in einem unbekannten Jahre) war nach den Statthalterschaften von Unter- und Oberpannonien πρεσβευτὴς καὶ συναπόδημος (d. i. *legatus et comes*) τοῦ μεγίσ[τ]ου αὐτοκράτορος Μ. Αὐρηλίου Ἀντωνείνου, später *procos.* von Asien (Dessau 8830).

Ein dem Namen nach nicht bekannter *comes imp. Antonini Aug. Germanici Sarmatici, leg. leg. I Miner.* CIL VI 1549 = Dessau 1100 (vgl. oben S. 73).

Ritter: Baebius Longus und

Calenus, gleich den beiden Vorigen Mitschüler Marc Aurels und mit ihm noch später befreundet (Hist. Aug. a. a. O.).

Freunde des Commodus.

Senatoren: T. Vitrasius Pollio: s. oben S. 73.

C. Bruttius Praesens: s. oben S. 73.

Iunius Severus wird Hist. Aug. Clod. Alb. 14, 1 als einer von den *contubernales* des Commodus genannt, den dieser zum Nachfolger des Clodius Albinus in der Statthalterschaft von Britannien bestimmt habe (was sehr zweifelhaft ist).

C. Pescennius Niger, der Gegner des Septimius Severus, soll nach einer sehr fragwürdigen Notiz der Hist. Aug. Pesc. Nig. 6, 8 *in Commodianis hortis in porticu curva pictos de musio inter Commodi amicissimos* zu sehen gewesen sein.

Freunde des Septimius Severus.

Senatoren: C. Fulvius Plautianus *pr. pr., c. v., cos. II, adsumptus inter patr(icias) famil(ias), necessarius dd. nn. Augg. Severi et Antonini* (dieses Prädikat [oder *adfinis dd. nn.*] führt er regelmäßig in den Inschriften) .... *pater Plautillae Aug., omnium praecedentium praef(ectorum) excellentissimus* Dessau 9003; *necessarius Augg. et comes per omnes expeditiones eorum* heißt er CIL VI 1074 = Dessau 456. Er war durch seine Verbindung mit dem Kaiserhause so reich geworden, daß nach seiner Hinrichtung (Ende 204 oder Anfang 205) zur Verwaltung seines zum Krongut geschlagenen Besitzes ein besonderer *procurator ad bona Plautiani* (CIL III 1464 = Dessau 1370) eingesetzt wurde.

L. Fabius Cilo Septiminus *cos.* (*suff.* 193, *ord.* 204), *praef. urb., leg. Augg. pro pr. Pannon. super., dux vexill.* (*dux vexill. per Italiam exercitus imp. Severi* usw. *et ... Antonini Aug.* CIL VI 1408), *leg. pro pr. provinciar. Moesiae super., Ponti et Bithyniae, comes Augg.*(*comes imp. L. Septimi Severi* usw. CIL VI 1408), *leg. Augg. pro pr. prov. Galatiae* usw. (die Ämter in absteigender Reihenfolge) CIL VI 1409 = Dessau 1142, ähnlich CIL VI 1408 = Dessau 1141 (beide Inschriften vor 204 gesetzt); *praefectus urbi amicus noster* heißt er in einem Reskript des Severus und Antoninus Dig. I 15, 4. Unter den Freunden des Severus nennt ihn und die folgenden:

(T. Sextius) Lateranus (*cos.* 197),

(P. Cornelius) Anullinus (*cos. II* 199),

Bassus[1]) die Epit. de Caes. 20, 6.

Q. Hedius Rufus Lollianus Gentianus *cos.* (*suff.* vor 193, in welchem Jahre er als *consularis* erwähnt wird Hist. Aug. Pert. 7, 7), *procos. Asiae* (205), *censitor prov. Lugd. item Lugdunensium, comes Severi et Antonini Augg. ter., leg. Augg. prov. H(ispaniae) c(iterioris)* usw. CIL II 4121 = Dessau 1145.

Ovinius Tertullus, Legat von Niedermösien, heißt in einem Schreiben des Severus und Caracalla vom J. 201 (CIL III 781 = Dessau 423 Z. 27 f.) *legatus et amicus noster v. c.*

Ritter: Aemilius Papinianus, der berühmte Rechtsgelehrte, *a libellis* unter Severus (oben S. 35) und als Nachfolger Plautians *praef. praet.*, wurde 211 von Caracalla seines Postens enthoben und 212 hingerichtet; *amicissimum fuisse imperatori Severo et .... adfinem etiam per secundam uxorem memoriae traditur; et huic praecipue utrumque filium a Severo commendatum* (Hist. Aug. Carac. 8, 2 f.).

C. Iulius Pacatianus [*v. e.*], *proc. Augustorum nostrorum, militiis equestribus perfunctus, proc. provinc. O[sr]hoenae, praefectus legionis Parthicae, pr[o]c. Alpium Co[tti]arum, adlectus inter comit[es A]uggg. nnn.* (209—211, gelegentlich der *expeditio Britannica*) CIL XII 1856 = Dessau 1353.

Freunde des Caracalla.

C. Octavius Appius Suetrius Sabinus, *cos. ord.* 214, war nach CIL X 5398 = Dessau 1159 (vgl. CIL X 5178 und Mommsen, Ges. Schr. VIII 229 ff.) u. a. *legatus* [*Aug.*] *pr. pr. prov. Raet.* und (wohl in dieser Stellung: Mommsen S. 236) *praeposit. vexi*[*ll.*] *Germ(anicae) expedit.* (213), *comes Aug. n.* Seine Freundschaft mit Caracalla, wegen der er Macrinus verdächtig war und von diesem von der Statthalterschaft Niederpannoniens abberufen wurde, erwähnt Cass. Dio LXXVIII 13, 2.

Flavius Maternianus (ὁ τῶν ἐν τῷ ἄστει στρατιωτῶν ἄρχων Cass. Dio LXXVIII 4, 2 zum J. 217), nach Herodian IV 12, 4 τότε πάσας ὑπ᾽ αὐτοῦ ἐν Ῥώμῃ πράξεις ἐγκεχειρισμένος, πιστότατος εἶναι δοκῶν φίλων καὶ μόνος κοινωνὸς τῶν ἀπορρήτων.

Einem Freunde Elagabals, dessen Name verloren ist, ist die in zwei Exemplaren (beide verstümmelt, aber so, daß sie sich zum Teil gegenseitig ergänzen) vorhandene Inschrift CIL VI 3839 = 31776 gesetzt: .... *a studis, leg. leg.* [. . . , *c*]*os., comiti, amico* [. . . . .]*simo, praef. ann.,* [*pontifi*]*ci minori, praef. praet.* [*imp. Caes. M.*] *Aurelli* [*Antonini Pi*]*i Felicis Aug.* usw.

Freunde des Severus Alexander.

Als solche, die zu seinem *consilium* gehörten, werden Hist. Aug. Al. 68, 1 aufgezählt: Fabius Sabinus, Domitius Ulpianus (vgl. Cod. Iust. VIII 37, 4 vom J. 222: *secundum responsum Domitii Ulpiani praefecti annonae ... amici mei*), Aelius Gordianus, Iulius Paulus, Claudius Venacus, Catilius Severus, Aelius Serenianus, Quintilius Marcellus[2]). Bekannt sind ferner

1) Gemeint ist vielleicht der Vater des Pomponius Bassus, des Legaten von Mösien (Cass. Dio LXXVIII 21, 2; vgl. LXXIX 5, 1. 4), welcher letztere vermutlich mit dem Konsul Bassus des J. 211 identisch ist; er könnte der *praef. urbi* Bassus sein, dessen Nachfolger im J. 193 Domitius Dexter wurde (Hist. Aug. Sev. 8, 8). 2) Auf die Namen ist wenig Verlaß; vermutlich ist einer oder der andere (wie *Aelius Gordianus, Gordiani imperatoris filius*) überhaupt fingiert.

Cassius Dio, *cos. II* 229 (über sein Verhältnis zu Alexander LXXX 5).

C. Caesonius Macer Rufinianus, *consularis .... comes imp. Severi Alexandri Aug.* (in höherem Alter, denn er war als Legionstribun *donatus donis militarib. a divo Marco) .... procos. prov. Africae* usw. CIL XIV 3900 = Dessau 1182.

L. Virius Lupus, *cos. ord.* 232 (Eph. epigr. IX p. 345 n. 461), nach CIL VIII 23800: *L. V]irio Lupo v. c. cos. ordinario, legato prov. Lyciae* ... (das folgende ist unleserlich), ... [? *co]miti A[ug]u[sti*?] (die Lesung ist unsicher). Wohl derselbe (oder sein Vater?) ist der Prätor L. Virius Lupus Iulianus CIL VI 31774. 37078.

Zeitlich nicht genau zu bestimmen sind die Senatoren [*I*]*unius Faustinus .... Postumian*[*us*] *c. v.*, [*c*]*os.*, *adlectus inter comites Augg. nn.*, *sacerdos* [*F*]*lavialis Titialis*, *leg. Augg. pr. pr. provinciae Mysiae inferior*[*is* usw. CIL VIII 597 m. Add. n. 11754 und p. 2729 (frühestens aus der Zeit des Marcus-Verus, wahrscheinlich aus dem 3. Jahrhundert).

M. Cn. Licinius Rufinus, ὁ λαμπρότατος ὑπατικὸς, φίλος τοῦ Σεβαστοῦ CIG 3499. 3500 = IGR IV 1216. 1215 (3. Jahrhundert).

C. Sentius Severus Quadratus, *c. v.*, *cos.* (*suff.*), *amicus et comes Aug. n.* CIL V 5811 (wegen des abgekürzten Rangprädikats wohl kaum älter als die zweite Hälfte des 2. Jahrhunderts).

Ein Unbekannter, ... *dux vexil*]*lation. leg*(*ionis*) [....., *comes i*]*mp. in exped*[*itione* ......, ... *qua*]*est*(*or*) CIL VI 31813 = 37057.

Ritter: Ein sonst unbekannter Crepereius, Vater des T. Crepereius Fronto, nach Bekleidung der *tres militiae* ἔπαρχος ἔθνους Δρομ ...., γένους συνκλητικοῦ, φίλος καὶ ἐ[π]ί[τρο]πος γενόμενος τῶν Σεβαστῶν (vielleicht des Marcus und Verus) IGR III 777.

Ein ἔπαρχος, βασιλῆος ἐσθλὸς ὀπάων (= *comes*, in technischem Sinne?) in einem Epigramm aus der syrischen Trachonitis (Kaibel 441).

Ganz unsicher sind die Erwähnungen von *comites* in den dürftigen Fragmenten CIL VIII 24605. XI 3370. M. Bang.

VIII.

DER GEBRAUCH VON *VIR CLARISSIMUS* ALS TITEL DER SENATOREN[1])

Im Laufe des ersten Jahrhunderts wurde *vir clarissimus* allmählich ein offizielles und feststehendes Prädikat der Männer von senatorischem Stande. Bei Seneca de brev. vit. 8, 2 (*annua congiaria homines clarissimi accipiunt*) muß es dahingestellt bleiben, ob das Wort in diesem Sinne aufzufassen sei. Als unzweifelhafter Titel kommt es zuerst vor (wie Naudet, Mém. de l'acad. d. inscript. XXV 2, 1866 S. 72, 1 bemerkt hat) in einem Senatsbeschluß vom Jahre 56 (CIL X 1401 = Dessau 6043 Z. 24): *s. c. quod factum est Hosidio Geta et L. Vagellio cos., clarissimis viris*; da die Bronzetafel, auf der diese und eine gleichartige Urkunde gestanden haben, in Herculaneum gefunden ist, muß sie spätestens unter Vespasian verfertigt sein, der vielleicht die Aufstellung der beiden Senatsbeschlüsse in sämtlichen italienischen Städten anordnete (Mommsen, Ber. d. Sächs. Ges. 1852 S. 276f.). Sodann findet sich das Prädikat in einer Urkunde vom Jahre 69 (CIL X 7852 = Dessau 5947), in der (Z. 13) der *procos.* von Sardinien Caecilius Simplex (J. 67/68) *vir clarissimus*, der vor ihm (66/67) fungierende *procurator Aug.*, also ein Ritter, aber *vir ornatissimus* tituliert wird (Z. 6). Dennoch scheint es auch unter Domitian noch nicht stehender Titel der Senatoren gewesen zu sein; denn in einer Inschrift vom Jahre 82 (CIL VI 3828 = 31692 = Dessau 6105) heißt der Statthalter von Thracien T. Avidius Quietus *leg. Aug. ornatissimus vir* (wie der eben erwähnte ritterliche Prokurator von Sardinien), ein Ausdruck, der hier freilich ohne Frage nicht titelhaft zu verstehen ist, und Statius nennt Praef. Silv. III (etwa 94) den Maecius Celer von senatorischem Stande (vgl. über ihn und die folgenden oben II 242) *splendidissimum iuvenem*, Praef. Silv. IV (95) den Schwiegersohn des Pollius Felix, den doch wohl höchstens dem Ritterstande angehörigen Neapolitaner Iulius Menecrates *splendidum iuvenem*, dagegen den zum Senatorenstande gehörigen Plotius Grypus nur *maioris gradus iuvenem.* Zwar heißt es Silv. V 2, 27 von dem ebenfalls senatorischen Vettius Crispinus: *Sic te, clare puer, genitum sibi curia*

---

1) Vgl. I 144, 5. Hirschfeld in der Abhandlung 'Die Rangtitel der römischen Kaiserzeit', Kl. Schr. S. 647—651.

sensit; doch daß *clarus* auch hier nur als rühmendes Prädikat verstanden werden kann, zeigt, abgesehen von der kurz vorher (V. 8) erfolgten Anrede *puer inclite*, Sueton Galba 14, 3: *quosdam claros ex utroque ordine viros*. Bei Martial. Praef. IX (94): *epigramma — ad Stertinium* (*cos.* 92; vgl. oben II 242) *clarissimum virum* ist die Bedeutung als Titel kaum zweifelhaft[1]). Der erste Schriftsteller, der es ohne Frage so gebraucht, ist der jüngere Plinius, nicht in vertraulicher Korrespondenz mit seinen Standesgenossen, aber einem Geringeren (Sueton) gegenüber ep. III 8, 1: *tribunatum, quem a Neratio Marcello, clarissimo viro, impetravi tibi*; in offizieller Anrede im Senat ep. VII 33, 8: *clarissimi consules*; ebenso IX 13, 19: *et statim Murena tribunus: permitto tibi, vir clarissime Veiento, dicere* und Paneg. 90, 3: *pro collega meo Cornuto Tertullo, clarissimo viro*; desgleichen in der Korrespondenz mit Trajan ep. 56, 2: *a Servilio Calvo, clarissimo viro*; 61, 5: *Calpurnio Macro, clarissimo viro, auctore te scripsi*; 77, 1: *Providentissime, domine, fecisti, quod praecepisti Calpurnio Macro, clarissimo viro* usw.

Auch inschriftliche Zeugnisse für den Gebrauch des Prädikats finden sich aus dem Anfange des zweiten Jahrhunderts, zwar nicht in Menge, aber doch so viele[2]), daß an seiner wirklich solennen titularen Bedeutung in dieser Zeit nicht zu zweifeln ist, um so weniger, als auch gleichzeitig die entsprechenden Standesbezeichnungen *c*(*larissimus*) *i*(*uvenis*) und *c*(*larissimus*) *p*(*uer*), und zwar wie *c. v.* selbst in fester Abkürzung, auftreten (*c. i.* in einer Inschrift aus der Zeit Hadrians, CIL VI 1421 = Dessau 1051, wo es, vom Namen getrennt, am Schluß steht; *c. p.* in der Inschrift eines Urenkels des Antonius Felix, vermutlich des bekannten Prokurators von Iudaea unter Claudius, Freigelassenen von dessen Mutter Antonia, CIL V 34, also offenbar aus der Zeit Traians). Häufiger erscheint der Titel dann im Zeitalter der Antonine (inschriftliche Beispiele bei Hirschfeld a. a. O. S. 648, 5; 649, 1), gelangt aber erst seit der severischen Epoche in dem Maße zu allgemeiner Anwendung und Geltung, daß man ihn als integrierenden Namensbestandteil, vergleichbar unseren Adelsprädikaten, betrachten kann. Seine Bedeutung als allgemein kennzeichnendes Rangprädikat der senatorischen Klasse erhellt namentlich aus den Fällen, wo er generell gebraucht wird, wie CIL VI 1074 (J. 202/4). 22120. 29909 = Dessau 456. 8383. 8282: *pontifices cc. vv.* (oder *vv. cc.* CIL VI 32422 = Dessau 4938); ebd. 2158 = Dessau 4944: *pontifices Vestae vv. cc.*; CIL VIII 5530 = 18864 = Dessau 2956: *clarissimorum vir*[*orum*] *et equit*(*um*) *R*(*omanorum*) *propinq*(*u*)*us*; XI 3943 = Dessau 7789: (ein Arzt, geb. 87, † 157) *probatus a viris clarissimis, adsedit*

1) Bei Quintilian I 7, 29, wo Bonnell hat: *et clarissimos et consules geminata eadem littera legimus*, ist die Lesart ganz zweifelhaft. 2) CIL VI 1492 = Dessau 6106 (Decurionenbeschluß vermutlich vom Jahre 101): *clarissimus vir* zweimal; CIL III 7086 = IGR IV 336 (aus den Jahren 113—116): *clarissimus vir* zweimal; CIL VIII 18042 = Dessau 2487 und Dessau 9134 (Hadrians Armeebefehl an den *exercitus Africanus* vom Jahre 128): *c. v.* (Fr. A, 11) abwechselnd mit [*claris*]*simus vir* (Fr. F) und *v*[*ir*] *clarissimus* (Dessau 9134); CIL VIII 270 = 11451 (Senatsbeschluß vom Jahre 138): *c. v.* zweimal; CIL VIII 98 (aus Hadrians Zeit): *c. v.*; CIL V 532 = Dessau 6680 (Decurionenbeschluß aus der Zeit des Pius): *clarissimus vir* (dreimal) wechselnd mit *c. v.* (zweimal), daneben (von demselben gesagt) *vi*[*r amplissimus adque clarissimus* (I 26) und *amplissimus vir* (II 27; vgl. unten S. 79).

magistratibus populi Romani (*in provinciis*). Daß die entsprechenden weiblichen Rangtitel *clarissima femina* und *clarissima puella* (abgekürzt C · ꟼ) überhaupt erst seit der severischen Zeit begegnen (letzterer, wie es scheint, zuerst in einer Inschrift vom Jahre 208, Dessau 9488; *c. f.* vielleicht schon gegen Ende des 2. Jahrh. auf den Ziegeln CIL XV 419 = Dessau 8661e [*'aetatis fere Commodianae'* Dressel]. 427. 428. 432) beruht gewiß auf Zufall.

Natürlich hat sich der Sprachgebrauch und zumal der provinziale zu allen Zeiten Abweichungen von der titularen Norm gestattet; so wird einzelnen Statthaltern von senatorischem Range das Prädikat *ornatissimus vir* (oben S. 77) oder *clarus et inlustr*(*is*) *v*(*ir*) (CIL VIII 18268 etwa vom Jahre 208), zuweilen auch außer dem Clarissimat noch die Bezeichnung *amplissimus* beigelegt[1]).

Was die Wiedergabe des senatorischen Rangprädikats im Griechischen anlangt, so ist hier ein ganz auffälliges Schwanken der Terminologie, selbst im offiziellen Sprachgebrauch der öffentlichen Denkmäler und Urkunden, zu konstatieren. Der vorherrschende und in seiner genauen sprachlichen Anlehnung an das lateinische Vorbild wohl amtlicher Prägung entstammende Ausdruck ist ὁ λαμπρότατος, ἡ λαμπροτάτη (ἀνήρ bzw. γυνή wird nur ausnahmsweise und nicht vor dem 3. Jahrhundert hinzugefügt, wie in der Inschrift des Sex. Varius Marcellus, des Vaters des Elagabal, CIL X 6569 = Dessau 478 = IG XIV 911 = IGR I 402; ferner IG XIV 19 = IGR I 492: λαμπρ. [so abgekürzt] γυνή). Er findet sich, meist mit dem Amtstitel verbunden, doch auch isoliert vor oder hinter dem Namen stehend (am Schluß der Inschrift, vom Namen getrennt, z. B. IG XIV 1091 = IGR I 140), gleich dem lateinischen Clarissimat häufiger nicht vor dem Ende des 2. Jahrhunderts, in der feststehenden und ausschließlichen Bedeutung des spezifisch senatorischen Rangtitels erst seit dem Ausgange der severischen Epoche[2]).

Mit ihm konkurriert im 2. Jahrhundert stark — wenn es nicht sogar im Ge-

1) CIL VIII 25521. Dessau 9357, beide aus der Zeit Iulians; vgl. den *amplissimus proconsul* CIL VIII 25525 (mit Hinzufügung von *c. v.*). 25528; *vi*]*r amplissimus adque clarissimus* neben *amplissimus vir* auch CIL V 532 = Dessau 6680 I 26. II 27 aus Pius' Zeit; ein *clarissimus vir*, der *in clientelam amplissimae domus suae municipium nostrum recipere dignetur* CIL VI 1492 = Dessau 6106, anscheinend vom Jahre 101. Als (später stehendes) Beiwort des Senats tritt sie in den Inschriften seit dem Anfang des zweiten Jahrhunderts auf (*amplissimus ordo* unter Hadrian: CIL XII 4354 = Dessau 1064, unter Pius: CIL XIII 1808 = Dessau 1454; *amplissimus senatus* zuerst in einer Inschrift vom Jahre 197: CIL VIII 7062 = Dessau 1143), in der Literatur technisch zuerst im Briefwechsel des Traian und Plinius (Mommsen, StR. III 842, 4). 2) So wird in den ägyptischen Urkunden den Statthaltern in der zweiten Hälfte des 2. Jahrhunderts (zuerst im Jahre 150: Pap. Lond. II 358) und unter den Severen häufig oder beinahe regelmäßig das Prädikat ὁ λαμπρότατος beigelegt statt des bis dahin geführten und auch später noch vereinzelt auftretenden ὁ κράτιστος und des ihnen seit der Schaffung einer spezialisierten Rangtitulatur für den Ritterstand durch Marcus oder vielleicht schon durch Hadrian eigentlich zukommenden ὁ διασημότατος, d. i. *vir perfectissimus* (der letztere Titel erscheint zuerst, und zwar neben ὁ λαμπρότατο, Oxy. Pap. II 237 vom Jahre 186 bei Longaeus Rufus [Col. VI 34; VII 6]); vgl. P. M. Meyer bei Hirschfeld a. a. O. S. 651, 5. A. Zehetmair, De appellationibus honorificis in papyris graecis obviis, Diss. Marburg 1912. A. Stein, Wiener Studien XXXIV 1912 S. 160 ff. Es ergibt sich daraus, daß bis weit in das 3. Jahrhundert hinein die technische Bedeutung des Epithetons ὁ λαμπρότατος als eines senatorischen Titels keineswegs allgemein feststand, ebensowenig wie die des gleich zu besprechenden ὁ κράτιστος.

brauch überwiegt — das Epitheton ὁ κράτιστος (ἡ κρατίστη)[1]), das mit Beziehung auf Angehörige des Senatorenstandes zuerst unter Hadrian, und zwar in offizieller Redeweise, in amtlichen Schreiben aus der kaiserlichen Kabinettskanzlei, begegnet (Dittenberger, Syll. ³833, Reskript an die γερουσία von Ephesus vom Jahre 120, wo der Prokonsul Mettius Modestus ὁ κράτιστος, sein Nachfolger Cornelius Priscus ὁ κράτιστος ἀνθύπατος genannt wird; IGR IV 1156 *a. b*, zwei Reskripte an die Stadtgemeinde von Stratonicea-Hadrianopolis vom Jahre 127: τῶι κρ]ατίστωι ἀνθυπάτωι Στερτινίωι Κουάρ[τωι] καὶ τῶι ἐπιτρόπωι μου [Πο]μπηίωι Σεου[ήρωι] — ᾿Αουιδίωι [Κ]ου[ιήτ]ω[ι τ]ῶι κ[ρα]τίστωι). Ebenso erwähnt ein kaiserliches Reskript des Opramoas-Denkmals aus Rhodiapolis (IGR III 739) vom Jahre 146 (XI c. 42) den Statthalter von Lycien Voconius Saxa mit dem Rangtitel ὁ κράτιστος (wie bei Mettius Modestus und Avidius Quietus, entsprechend dem lateinischen *c. v.*, unmittelbar mit dem Namen verbunden); in anderen von demselben Denkmal aus den Jahren 150ff. heißt der Statthalter Rupilius Severus ὁ κ]ράτιστ[ο]ς πρεσβευτής μου (XII c. 46) oder ὁ κράτιστος τοῦ ἔθνους ἡγεμών (so ständig XII c. 44. 46—51). Erwähnt seien ferner ὁ κράτιστος ἀνθύπατος C. Pomponius Bassus Terentianus aus der Zeit des Commodus (IGR III 582), ὁ] κράτιστος πρεσβευτὴς καὶ ἀντιστράτηγος Aufidius Coresnius Marcellus, Legionslegat im Jahre 222 (IGR III 357; derselbe heißt ὁ λαμπρότατος πρ. κ. ἀντιστρ. ebd. 367), ὁ κράτιστος ὑπατικός M. Ulpius Tertullianus Aquila, vielleicht der Statthalter von Niedermösien unter Gordian (IGR III 474), ein sonst unbekannter Q. Caecilius Rufinus ὁ κράτιστος ἀνθύπατος Κρήτης καὶ Κυρ[ή]νης (CIG 2588 = IGR I 968) sowie die seit der zweiten Hälfte des 2. Jahrhunderts öfters vorkommende Titulatur ὁ κράτιστος συγκλητικός (z. B. IGR III 356. 525. 581). — Neben diesem senatorischen Prädikat tritt etwa seit Marcus der Rittertitel ὁ κράτιστος (= *vir egregius*) auf (vgl. z. B. IGR I 573 m. Add. 1417 vom Jahre 184/5, wo dem λαμπρότατος ἡγεμών von Niedermösien ὁ κράτιστος ἐπίτρ[ο]πος Σεβ. gegenübersteht), der im Laufe des 3. Jahrhunderts jenes allmählich verdrängt, so daß ungefähr seit Gordian ὁ κράτιστος regelmäßig den Ritter der untersten der drei diesen Stand scheidenden Rangklassen bezeichnet. Eine besondere Ausnahme bildet dieses Prädikat bei den Präfekten von Ägypten, die es schon im 1. Jahrhundert (zuerst Iulius Vestinus im Jahre 61: Dittenberger, Or. gr. 667 = IGR I 1119) und in der ersten Hälfte des zweiten gleichsam als ein Spezialvorrecht, wohl auf Grund ihrer eigenartigen Stellung als Vizekönige, führen.

Nicht eigentlich Rangtitel, sondern diesem gleichwertige Standesbezeichnung ist συγκλητικός, das seit der Mitte des 2. Jahrhunderts in steigendem Umfange, auch in Verbindung mit κράτιστος (s. oben) oder λαμπρότατος (IGR III 1034. 1035: Odaenathus d. Ä., ca. 250) in den Inschriften erscheint (auch συγκλητική, *senatoria femina*, kommt, entsprechend der ὑπατική, der *consularis femina*, wenn auch selten vor: IGR III 95. 1505); vgl. oben I 110, 14. Bemerkenswert ist der συνκλητικὸς τριβοῦνος IGR III 960, wo das Wort tatsächlich die Bedeutung des Rangprädikats *clarissimus* aufweist.

1) Dies hat schon Marini, Arvali S. 748, 59 bemerkt; vgl. auch Dessau, Hermes XIX (1884) S. 514, 1.

Die Mannigfaltigkeit und Vermischung der senatorischen Betitelung im Griechischen erhellt, um ein besonders auffälliges Beispiel anzuführen, aus der öffentlichen Ehreninschrift von Sidyma in der lycischen Provinz IGR III 581 (aus dem Ende des 2. Jahrhunderts), errichtet für Τιβ. Κλαύ[διον] Τηλέμαχον .... τὸν λαμπρότατον ὑπατικόν .... [πατέρα τοῦ] συνκλητικοῦ Τιβ. Κλ. Στασιθέμιδο[ς] καὶ τῆς κρατίστης Κλ. Ἀρσινόης, πάππον τοῦ κρα. συνκλητικοῦ Τιβ. Κλ. Αὐρ. Τηλεμάχου und Τι[β.] Κλ(αυδίαν) Ἄρσασιν .... τὴν κρατίστην ὑπατικήν, γενομένην γυναῖκα τοῦ λαμπροτάτου ὑπατικοῦ Τιβ. Κλ. Τηλεμάχ[ου], μητέρα τοῦ κρατίστου συν[κ]λητικοῦ Τιβ. Κλ. Στασιθέμι[δος].

M. Bang.

IX

ÜBER DEN GEBRAUCH DER ANREDE *DOMINE* IM GEMEINEN LEBEN[1]).

Über den Gebrauch der Anrede »Herr« im gemeinen Leben während der römischen Kaiserzeit ist zwar von vielen geschrieben worden, aber weder erschöpfend, noch mit gehöriger Unterscheidung der jedesmaligen Veranlassung. Das Beste darüber findet man bei Lipsius, Excurs. ad Tac. Ann. II 87 P.; alle, die Geßner im Thesaurus s. v. *dominus* anführt, haben ihn entweder ausgeschrieben oder doch nichts Neues beigebracht. Für den Versuch einer Feststellung dieses Gebrauchs seien hier hauptsächlich die ersten drei Jahrhunderte in Betracht gezogen. Dabei ist abgesehen erstens von der bekannten Sitte der Liebenden, sich gegenseitig *dominus* und *domina* (maîtresse) zu nennen, die Ovid und seine Nachahmer sogar auf die Heroenzeit übertragen haben (Heroid. 13, 145. 15, 18. 118. 164. 176; Metam. IX 465); zweitens von der Anrede der Kaiser mit »Herr«, über welche nach Spanheim (De usu et praest. num. diss. VII 8 p. 729 sqq. ed. 1671) mit gewohnter Ausführlichkeit und Schärfe Eckhel gehandelt hat (Doctr. numm. VIII p. 364[a])[2]).

Während der Republik ist die Anrede »Herr« im Munde von Freien, wenige Ausnahmefälle abgerechnet, wohl unerhört gewesen. Aber auch in der Kaiserzeit war sie niemals so allgemein gebräuchlich wie etwa heutzutage; sondern teils blieb sie auf gewisse Verhältnisse beschränkt, teils war sie der Ausdruck einer ganz besonderen Höflichkeit und Ehrerbietung, teils sonst durch bestimmte Gründe veranlaßt. Der heutigentags im gesellschaftlichen Verkehr übliche Gebrauch des Prädikats »Herr« vor dem Namen ist, außer in der eigentlichen Anrede (*domine Maxime*, *domine Salvi* unten S. 85), der antiken Redeweise völlig fremd[3]).

---

1) Vgl. oben I 228, 13 und Friedlaenders Programm der Königsberger Universität vom 23. Jan. 1859. 2) Über die Anrede *domine* an die Kaiser von August bis Julian vgl. jetzt Chr. Schöner, Über die Titulaturen der röm. Kaiser (Erlangen 1881) S. 26—33. Mommsen, Staatsr. II³ S. 760 ff. Als Bestandteil der Kaisertitulatur kommt in den lateinischen Inschriften *dominus noster* (in der Regel abgekürzt *d. n.*) mit dem Beginn der severischen Epoche allgemeiner in Aufnahme; vereinzelt begegnet es schon bei Hadrian, Pius und Commodus (s. Wochenschr. f. klass. Phil. 1919 Sp. 129 f.). Das griechische κύριος tritt inschriftlich bereits im 1. Jahrhundert (z. B. IGR III 1086 bei Tiberius), häufiger aber erst im zweiten, bei und seit Traian, auf (ὁ κύριος ἡμῶν streng titular am Anfang der Namenreihe zuerst unter Severus: IGR III 1151, wofür dann seit der 2. Hälfte des dritten Jahrhunderts sich auch ὁ δεσπότης ἡμῶν findet). 3) Auch die Inschriften selbst der späteren Zeit kennen diesen Gebrauch nicht. CIL IX 2803 (Ehreninschr. gesetzt *D. Fl. Severo v. p.*) auf die in der vor. Aufl. I 453 a. E. hingewiesen wurde, macht kaum eine Ausnahme, da hier wohl, eher an das Pränomen *D(ecimus)* zu denken ist.

Daß Kinder ihre Eltern mit »Herr« anredeten, dürfte eine uralte, aus der Natur der väterlichen Gewalt hervorgegangene Sitte gewesen sein, die aber doch wohl nur hier und da sich erhalten hatte oder absichtlich hervorgesucht wurde. Augustus mied sie sorgfältig, da man daraus die Absicht hätte folgern können, sie allmählich als eine dem Kaiser von jedermann gebührende einzuführen. Er duldete es nicht einmal von seinen Kindern oder Enkeln, sagt Sueton (Aug. 53, 1), daß sie ihn im Scherz oder Ernst »Herr« nannten. Daß es in manchen Häusern Sitte blieb, zeigt das Epigramm Martials I 81: *A servo scis te genitum blandeque fateris, cum dicis dominum, Sosibiane, patrem.* In dem Kodizill eines in Sirmium gestorbenen Sohns aus dem Jahre 175 n. Chr. zu Cefalu in Sicilien (CIL X 7457 = Dessau 8377) heißt es: *have mihi, domine pater; vale mihi, domine pater. Domino patri M. Val. Maxentio viro claris.* (dem späteren Kaiser) setzt *Val. Romulus c. p.* die Inschrift CIL XIV 2825 = Dessau 666; ebenso *domino patri* CIL VI 21787 = Dessau 8533, *domino patri nostro fecimus memoria(m)* CIL VIII 19101. Vielleicht redete auch die Frau den Mann in ältester Zeit als Herrn an. Doch sind Beispiele für diese Anrede erst aus einer Zeit bekannt, wo Familienmitglieder einander häufig so anredeten (Paul. Dig. XXIV 1, 57: *ea quae a marito suo pecuniam ex causa donationis acceperat, litteras ad eum misit huiusmodi: 'cum petenti mihi a te, domine carissime, adnuerit indulgentia tua'* usw.; CIL VI 1487 = 31665: *marito dulcissimo ... domi[no amantissimo sui]*; 3500: *domino marito sanctissimo*; 12868: *domino dulcissimo coniux*; 17663. 18221: *coniugi et domino*; 22326: *domin(o) et coniugi*; 38788: *domino compari*; CIL XI 3325: *domino meo sanctissimo coniugi*; Bull. comun. 1912 p. 179 n. 2 (christl. v. J. 327): *domino coniugi dulcissi[m]o*).

Auch in der Zeit nach Augustus ist überall, wo die Anrede gegen gleichstehende oder geringere Personen gebraucht ist, zugleich die Absicht, besonders höflich zu sein, bemerkbar. Bei Epictet werden Ärzte, Philosophen und Wahrsager mehrmals mit »Herr« angeredet, aber von Personen, die ihres Beistands bedürfen und sie für sich möglichst günstig stimmenwollen, so Diss. II 7, 9: διὰ τοῦτο κολακεύομεν τοὺς μάντεις· Κληρονομήσω, κύριε, τὸν πατέρα; Ἴδωμεν, ἐπεκθυσώμεθα. Ναί, κύριε, ὡς ἡ τύχη θέλει. II 7, 12: νῦν δὲ τρέμοντες τὸν ὀρνιθάριον κρατοῦμεν, καὶ τὸν (ὡς?) θεὸν ἐπικαλούμενοι δεόμεθα αὐτοῦ· κύριε ἐλέησον· ἐπίτρεψόν μοι ἐξελθεῖν. II 15, 15: οὐ θέλεις τὰ τοῦ νοσοῦντος ποιεῖν καὶ τὸν ἰατρὸν παρακαλεῖν; Νοσῶ, κύριε· βοήθησόν μοι· τί με δεῖ ποιεῖν, σκέψαι, ἐμόν ἐστι πείθεσθαί σοι. III 10, 15: τί οὖν κολακεύεις τὸν ἰατρόν; τί λέγεις· ἐὰν σὺ θέλῃς, κύριε, καλῶς ἕξω. Nach einer Stelle könnte es scheinen, als ob die Anrede als Beweis unziemlicher Untertänigkeit galt: IV 1, 56: ὅντινα οὖν ἐπ᾽ ἄλλῳ κωλῦσαί ἐστι καὶ ἀναγκάσαι, θαρρῶν λέγε μὴ εἶναι ἐλεύθερον. καὶ μή μοι πάππους αὐτοῦ καὶ προπάππους βλέπε, καὶ ὠνὴν ζήτει καὶ πρᾶσιν· ἀλλ᾽ ἂν ἀκούσῃς λέγοντος ἔσωθεν καὶ ἐκ πάθους, κύριε· κἂν δώδεκα ῥάβδοι προάγωσι, λέγε δοῦλον. Doch hier wird ein sklavischer Geist offenbar nur dem beigelegt, der einen anderen ἔσωθεν καὶ ἐκ πάθους Herrn nennt. Petron. 57, 2: *unus ex conlibertis Trimalchionis — 'an tibi non placent lautitiae domini mei?'*. CIL V 4438: *amico cariss. et — — coniug[i] huius, domine meae sanctissimae et amicae carissimae.* Colloq. schol. ed. Haupt, Opusc. II 445 = Corp. gloss. lat. III 285 (beim Eintritt in ein Haus, wie es scheint, eines

Senators): χαῖρε κύριε, χαῖρε κυρία. βασιλεῦ χαῖρε, βασίλεια χαῖρε, Πόθων ⟨μῆτερ⟩, θύγατερ πελάγους Ἀφροδίτη, πῶς τὰ παιδία; ζῶσιν καὶ καλῶς ἔχουσιν. Philogelos ed. Eberh. (wenn auch nach der Ansicht des Herausgebers erst im 5. Jahrhundert gesammelt, stammen diese allerdings in sehr später Form überlieferten Anekdoten dem Inhalte nach jedenfalls zum Teil, vielleicht durchweg aus einer früheren Zeit, da 87 noch das Bestehen der Gladiatorenspiele voraussetzt): 5 κύριε σχολαστικέ. 144 Εὐτράπελος ἀργὸν δρομέα ἰδὼν εἶπεν· οἶδα τίνος χρῄζει ὁ κύριός μου οὗτος. Vgl. 208 u. 235. Scaevola Dig. XIII 5, 26: *Quidam ad creditorem litteras eiusmodi fecit*: '*Decem*, *quae Lucius Titius ex arca tua mutua acceperat*, *salva ratione usurarum habes penes me*, *domine*'. Fronto nennt seinen Schwiegersohn Aufidius Victorinus *domine* (ep. ad am. I 12), einen Freund, Squilla Gallicanus, *domine frater* (I 25), einen jüngeren Verwandten des Antoninus Pius, Arrius Antoninus, *mi domine fili carissime* (II 7). Scaevola Dig. XXXII 37, 2: '*Lucius Titius Seiae heredi suae ... salutem. ... Publium Sempronium dominum meum* (*pupillum*) *heredem esse volo*'; ebd. 41, 4: *Testamento pueros ita legaverat*: '*Publio Maevio*, *dominulo meo*, *ab heredibus meis dari volo*' usw.; vgl. 37, 5. Die zugleich achtungsvolle und vertrauliche Anrede *domine frater* (z. B. Hygin. de munit. castr. 45) war wohl bis in die späteste Zeit sehr gewöhnlich (Inschrift eines Spielbretts, Boldetti, Osservaz. sopra i cimiterj p. 447 = Ihm, Bonner Studien f. R. Kekulé S. 231 f. nr. 14: *domine frater ilaris semper* usw. Palladas Anthol. Palat. X 44: Ἢν ὁ φίλος τι λάβῃ, δόμινε φράτερ εὐθὺς ἔγραψεν. ἢν αὖ μή τι λάβῃ, τὸ φράτερ εἶπε μόνον. Ὤνια γὰρ καὶ ταῦτα τὰ ῥήματα). Daß übrigens Anreden wie *frater*, *pater*, *mater*, *fili*, zu allen Zeiten üblich gewesen sind, zeigen Stellen wie Cic. Verr. II 3, 155: *volo*, *mi frater*, *fraterculo tuo credas*. Horat. Ep. I 6, 54: '*frater*' '*pater*' *adde*, *ut cuique est aetas*, *ita quemque facetus adopta*; vgl. Sat. II 1, 12. Petron. 98, 8. 100, 5 (ebd. 7, 1 *mater*). Lucian. Luc. 4 (μῆτερ). Martial. IX prooem. X 65, 3. Iuvenal. 5, 135. Epictet. Diss. I 26, 15. IV 13, 18. Quintilian. Declam. 321. Gell. XIII 20, 5 (*mi fili*). Apulei. Metam. IX 27. Hist. Aug. M. Aurel. 18, 1: *cum ... ab aliis modo frater*, *modo pater*, *modo filius*, *ut cuiusque aetas sinebat*, *et diceretur et amaretur*. Paulus Dig. XXVIII 5, 59, 1: *Qui frater non est*, *si fraterna caritate diligitur*, *recte cum nomine suo sub appellatione fratris heres instituitur*. *Desideri frater* in dem Brief eines Pontifex an den *promagister* Iuventius Celsus CIL VI 2120 = Dessau 8380 v. J. 155 n. Chr. Bei Christen: Athenag. suppl. 32. Minuc. Felix Octav. 3, 1 u. a. Cyprianus ep. 21, 1: *Celerinus Luciano. Haec cum tibi scriberem*, *domine frater* usw.; 3 *Rogo itaque*, *domine*, *et peto per dominum nostrum Iesum Christum*, *ut ceteris collegis tuis fratribus tuis*, *meis dominis referas* usw.; 4 *Peto ergo*, *domine carissime Luciane*, — *ut omnibus dominis meis fratribus* usw. 22: *Lucianus Celerino domino si dignus fuero vocari collega in Christo s.* Die wahrscheinlich gallische Pilgerin, die über ihre Reise nach den heiligen Stätten, wie es scheint, an die Frauen eines Klosters berichtet, redet dieselben als *dominae* (*venerabiles*) *sorores* oder *dominae* an (Silviae sive Aetheriae peregrinatio 3, 8. 12, 7. 23, 10. 46, 1. 4); vgl. E. Löfstedt, Philolog. Kommentar zur Peregrinatio Aetheriae (1911) S. 115 f.

In den Metamorphosen des Apuleius wird der Held einige Male *Luci domine* angeredet (II 14. III 11), an der ersten Stelle von seinem Gastfreunde Milo, an der zweiten von dem Magistrat von Hypata, der ihn wegen des Scherzes zu versöhnen wünscht, dessen Gegenstand er gewesen ist. Bemerkenswert ist, daß Apuleius seine Apologie mit folgender Anrede beginnt: *Certus equidem eram — Maxime Claudi quique in consilio estis*, während sein Ankläger nach seiner Anführung (c. 102) begonnen hatte: *Hunc ego, domine Maxime, reum apud te facere instituo.* Man sieht hier, daß die Anrede *domine* auch damals selbst Höheren keineswegs allgemein gegeben wurde; es scheint, daß Apuleius durch ihre Unterlassung dem Prokonsul gegenüber den Schein einer freimütigen Unbefangenheit, vielleicht auch den einer gewissen Ebenbürtigkeit behaupten wollte, während sein Gegner sich untertänig bewies. Nicht zufällig kann es sein, daß in den zahlreichen Gesprächen unter gelehrten oder doch gebildeten Männern bei Gellius die Anrede nicht ein einziges Mal vorkommt, während es sonst an höflichen Anreden, die teils ernst, teils ironisch gemeint sind, nicht fehlt. Jedenfalls wurde sie hier absichtlich vermieden, vielleicht war sie einem Teile der Altertümler als modern zuwider. Die bei Gellius auftretenden Personen nennen sich *magister* (IV 1, 4. XVIII 7, 2. XIX 10, 10. 13, 2. XX 10, 3), *magister optime* (XVIII 4, 2. XIX 10, 13), *vir doctissime* (VI 17, 4), *vir bone* (XVIII 10, 5), *philosophorum amplissime* (I 2, 6), *mi Favorine* (XX 1, 27). Der Philosoph Favorinus nennt sogar eine Frau von Stande nicht *domina*, sondern *mulier* (XII 1, 5).

Auch Geringeren wurde die Anrede seitens Höherer aus besonderer Höflichkeit zuteil, wie den *fabri subaediani Narbonenses* in einem an sie gerichteten Brief ihres Patrons Fadius Secundus v. J. 149 (CIL XII 4393 = Dessau 7259), welcher schließt: *val]ere vos cupio, domini optimi et karissimi mihi.* Ja sogar Sklaven gegenüber, zumal kaiserlichen, die ja nicht selten über einen bedeutenden Einfluß verfügten, kam sie zuweilen mit bewußter Absicht, als Ausdruck affektierter Unterwürfigkeit, zur Anwendung: *Domine Salvi* redet der *colonus* Geminius Eutyches, also ein Freier, in seinem *libellus* den *quinquennalis* Salvius des *collegium magnum arkarum divarum Faustinarum matris et Piae*, einen Sklaven, an (CIL VI 33840 v. J. 227). *Felici Caes. n. ser. Alexandriano fecit M. U(....) Marcellus domino optimo* CIL XI 1470.

Ganz besonders waren die Klienten gehalten, den Patronen gegenüber durch diese Anrede ihre Untertänigkeit zu bezeigen. Daß dies erst bei Martial erwähnt wird, rührt wohl nur daher, daß er gerade dieses Verhältnis am häufigsten berührt; die Bezeichnung des Patrons als »König« (Mart. I 112. II 68, verbunden mit *dominus*) kommt schon bei Horaz vor (ep. I 7, 37: *rexque paterque audisti coram nec verbo parcius absens*); desgleichen bei Columella Praef. lib. I 9. Vgl. Martial. I 112. II 32, 8. II 68. VI 88. IX 92 und oben I 228.

Aber überhaupt dürfte die Anrede von Geringeren gegen Höhere sehr gewöhnlich gebraucht worden sein. Dasumius nennt in seinem Testament vom Jahre 108 CIL VI 10229 (vgl. Dessau 8379*a*) seinen hochgestellten Freund Servianus (*cos. II* i. J. 102) abwechselnd *Servianus meus* (Z. 112. 114) und *S. dominus meus* (Z. 111). Carpophorus, ein christlicher Freigelassener des Commodus, sagt bei Hippolyt. Ref. haeres. IX 12, 9 p. 247 Wendl. zu dem Stadtpräfekten Fuscianus: δέομαι, κύριε Φουσκιανέ κτλ. So nennt Avidius Quietus,

Prokonsul von Asia unter Hadrian (125/6), in einem die Stadt Aezani betreffenden Schreiben an den *procurator Aug.* Hesperus (CIL III 355 m. Add. 7003 u. 14191[1] = IGR IV 571) diesen *Hesper carissime*, während Hesperus ihn *domine* tituliert. Ein Schreiben des Ephesiers L. Pompeius Apollonius an den Prokonsul L. Mestrius Florus (83/84) beginnt: Μυστήρια καὶ θυσίαι, κύριε, κτλ. (Dittenberger Sylloge[3] 820). Der *adiutor a rationibus* Septimianus schreibt an seinen Vorgesetzten Cosmus: *rogo*, *domine* (CIL IX 2438; oben S. 30). In der den Tunnelbau von Saldae unter Antoninus Pius (151/2) erwähnenden lambaesitanischen Inschrift CIL VIII 2728 m. Add. 18122 = Dessau 5795 reden die ritterlichen Prokuratoren von Mauretanien in ihren dort mitgeteilten Schreiben an die senatorischen Statthalter von Numidien die letzteren mit *domine* an, wie denn überhaupt diese Anrede für Senatoren stehend gewesen sein dürfte (Martial. XIV 1, 1: *Synthesibus dum gaudet eques dominusque senator*; vgl. oben I 113). Sie war im Munde eines Geringeren um so natürlicher, wenn der Vornehmere zugleich der Ältere war. Bei Petron. 86, 7 fragt der von dem Begleiter des Quästors verführte pergamenische Knabe den ersteren: *rogo*, *domine*, *ubi est asturco*?, was hier wohl als die (vielleicht regelmäßige) Form der Anrede des Schülers an den Erzieher oder Lehrer zu fassen ist. Corp. Gloss. III 639, 4 χαῖρε, κύριε διδάσκαλε. Quintil. VI 3, 100: *et Fulvius Propinquus legato interroganti*, *an in tabulis quas proferebat chirographus esset*, '*Et verus*', *inquit*, '*domine*'. Die Anrede κύριε ist wohl gemeint Lucian. Gall. 9: ἐντυγχάνω χθὲς τῷ Εὐκράτει, καὶ ἐγὼ μὲν προσειπὼν αὐτὸν ὥσπερ εἰώθειν δεσπότην, ἀπηλλαττόμην.

Versammlungen und Körperschaften wurden von einzelnen, die zu ihnen in einem wirklichen oder fingierten Abhängigkeitsverhältnisse standen, durch diese Anrede geehrt. Tiberius sagte in einer Ansprache an den Senat, ein guter Fürst müsse der Diener des Senats sein: »und ich habe an euch gute, billige und günstige Herren, jetzt wie zuvor« (Suet. Tiber. 29). In einem fingierten Briefe des Heeres an den Senat nach Aurelians Tode (Hist. Aug. Aurel. 41, 2) heißt es: *Hunc inter deos referte*, *sancti domini p. c.* (*sanctus* heißt der Senat schon Enn. Ann. 238 Vahl.[2] Verg. Aen. I 426, vgl. Horat. C. IV 5, 3. Cic. Cat. I 9. Iuven. 11, 29 [*sacer senatus*]; in griechischen Inschriften ganz gewöhnlich ἡ ἱερὰ oder ἱερωτάτη σύνκλητος, auch ἱερωτάτη βουλή: IGR I p. 592; III p. 613). Claudius übertrieb die Herablassung so sehr, daß er bei Gladiatorenspielen die Zuschauer, indem er sie zur Fröhlichkeit aufforderte, wiederholt mit »meine Herren« ansprach (Sueton. Claud. 21, 5). Künstler, die sich dem Publikum auf der Bühne oder sonst durch eine Anrede empfehlen wollten, nannten die Zuschauer »meine Herren«. Nero, der das Benehmen der Zitherspieler bis auf die kleinsten Einzelheiten mit ängstlicher Genauigkeit nachahmte (Tac. A. XVI 4), redete das Publikum bei seinem Auftreten an: »Meine Herren, schenkt mir ein geneigtes Gehör!« (Cass. Dio LXI 20, 1 κύριοι ἐμοί, εὐμενῶς μου ἀκούσατε).

In Neros Zeit war es bereits Sitte, daß man Begegnende, auf deren Namen man sich nicht besann, um auf keinen Fall unhöflich zu sein, mit »Herr« begrüßte (Seneca ep. 3, 1). So konnten selbst Sklaven versehentlich als »Herren« angeredet werden (Martial. V 57: *Cum voco te dominum*, *noli tibi*, *Cinna*, *placere*. *saepe etiam servum sic resaluto tuum*), was ja, wie oben bemerkt, zuweilen auch mit voller Absicht geschah.

Bekannt ist, daß Frauen auch von ihren Männern *domina* genannt wurden: Epictet. Enchir. 40: αἱ γυναῖκες εὐθὺς ἀπὸ τεσσαρεσκαίδεκα ἐτῶν ὑπὸ τῶν ἀνδρῶν κυρίαι καλοῦνται. Dig. XXXII 41 pr. *uxoris fidei commisit in haec verba*: '*peto a te, domina uxor*' usw. Hieronym. adv. Iovin. I 47 (nicht aus Seneca, vgl. Bickel, Diatribe in Senecae philos. fragm. I 16) *vocanda domina* (*uxor*). Vgl. Ovid. Tr. IV 3, 9. V 5, 1. Sueton. Claud. 39, 1. Philogel. 234. CIL V 6039: *dominae et coniug. karissimae*. CIL VI 10853: *dominae optimae*; 14351: *sanctissimae coiugi — — coniux dominae*; 20116: (*vixit*) *cum Donata coniuge prim*(*a*) *an. XV, cum Rhodine domin*(*a*) *an. XXVIII*; 29026: *coniugi dulcis*(*simae*); *have domina, vale domin*(*a*). CIL VIII 3371: *coiugi domine rarissimae*; 7156 (*domina Valeria*). CIL XI 3829: *dominae optimae et sanctissimae suique amantissimae*. CIL XII 682[a]: *dominae et uxori*. CIL XIV 1000: *dominae meae*; 3358: *domin*[*ae*] *optimae*. Aus christlicher Zeit De Rossi, Inscr. Christ. 30 (v. J. 307): τῇ κυρίᾳ καὶ ἀειμνήστῳ; 78 (J. 344): *dominae coniugi*. Daß die Patronin von den Klienten nicht bloß *domina*, sondern auch *regina* genannt wurde, zeigt das an die Witwe Lucans, Argentaria Polla, gerichtete Epigramm Martial. X 64: *Contigeris regina meos si Polla libellos*; vgl. Haupt, Opusc. II 445 = Corp. gloss. lat. III 285 (oben S. 83 f.): βασίλεια χαῖρε.

Schließlich ist der sonderbaren Sitte zu gedenken, daß die nächsten Blutsverwandten einander mit »Herr« anredeten und bezeichneten, zum Teil allerdings im Scherz, aber auch in ehrender und liebkosender Weise. Augustus verbot aus dem oben S. 83 angeführten Grunde dergleichen Liebkosungen (*blanditiae*) unter seinen Kindern und Enkeln (Sueton. Aug. 53, 1). Die Anrede und Bezeichnung der Mutter als *domina* ergab sich freilich aus der entsprechenden des Vaters (oben S. 83) von selbst. CIL VI 1470: *Naeviae M.* [*f.*] *Antonia*[*e*] *Rufinae c*(*larissimae*) *m*(*emoriae*) *f*(*eminae*) *dominae et matri incomparabili Naevia Antonia Rufina c. f.* CIL VIII 573: *Postumii matri dominae*. XIV 2826 = Dessau 667: *Dominae matri Val. Maximillae nob. fem.* (Gemahlin des Maxentius) *Val. Romulus c. p.* CIG 4763 = IGR I 1223: τὸ προσκύνημα πάντων τῶν ἀδελφῶν καὶ τῆς κυρίας μητρός. Aber auch unter Geschwistern war die Anrede üblich. Seneca nennt seinen Bruder *dominus meus Gallio* (ep. 104, 1). Marc Aurel nennt Lucius Verus in Briefen an Fronto (p. 94. 101. 104. 111 Nab.) *dominus meus frater*; ebenso schreibt Verus von M. Aurel (p. 116 Nab.) und Fronto selbst (p. 134 Nab.) von seinem eigenen Bruder. CIL VIII 333 *domino meo fratri rarissimo posui*. CIG III 4781[b] τὸ προσκύνημα τοῦ κυρίου μου Σαπρικίου τοῦ ἀδελφοῦ μου (das Wort κυρίου haben Letronne, La statue voc. p. 274 und Franz p. 1210 nicht verstanden; sie wollen es mit »Lehrer« übersetzen und vor τοῦ ἀδελφοῦ καί ergänzen). CIL VI 20496 *dominae et sorori*. Sogar Eltern nannten ihre Kinder *dominus* und *domina*, und wenn die Anrede Juppiters an Cupido bei Apulei. Metam. VI 22 *domine fili* scherzhaft ist, so schreibt wenigstens Symmachus an seine Tochter ganz ernsthaft *domina filia* (ep. VI 40. 67). Hist. Apollon. r. Tyr. 17 sagt der König zu seiner Tochter: *bene dicis, domina*; ebd. 50 *Apollonius exclamavit*: '*domina Tharsia, nata dulcis*'. M. Aurel. ad Fronton. de fer. Als. 1 p. 223 Nab.: *domnulam meam* ... *febricitantem repperi*. Salvian. ep. 4: *Ad socerum et socrum. Ypatio et Quietae parentibus Salvianus Palladia et Auspiciola salutem* (die Anrede ist: *affectus dilectissimi* [*carissimi*] *vel domini indulgentissimi*): — — *Advolvor vestris, o parentes carissimi, pedibus, illa ego vestra Palladia, vestra gracula, vestra domnula: cum qua his tot vocabulis quondam indulgentissima pietate lusistis, quae vobis per varia nomina nunc fui mater, nunc avicula, nunc domina; cum esset scilicet unum vocabulum generis, aliud infantiae, tertium dignitatis.* Victor Vit. pers. Vandalor. II 30: *conspicimus mulierculam — manu infantulum unum tenentem atque in his sermonibus consolantem: curre, domne meus* usw. Auch inschriftlich ist diese Sitte bezeugt, wie CIL VI 11511: *d. m. pater domino filio Amantio caro dulcissimo* (6 Jahre alt); 17865: *domino filio carissimo.* CIL VIII 2862: *filio et domino meo* (9 Jahre alt). Ebenso nennt CIL VI 13101 der Stiefvater die Stieftochter *domina et patrona*, Dig. XXXII 37, 2 der Vormund sein Mündel *dominum meum*; vgl. auch CIL VI 14190: *alumnae et dominae meae.* Daß dies sich auch in den christlichen Zeiten erhalten hat, zeigen außer der zitierten Stelle des Salvianus sowohl die von Fabretti, Inscr. ant. p. 582, 167 angeführten christlichen Grabschriften (auch CIL V 1706: *domino dulcissimo nepoti — — amita*), als die Stelle in der Passion der h. Perpetua und Felicitas c. 4 (Act. mart. ed. Ruinart p. 89 ed. Veron. 1731): *tunc dixit mihi frater meus: domina soror* usw. M. Bang.

X

DAS MÄRCHEN VON AMOR UND PSYCHE UND ANDERE VOLKSMÄRCHEN IM ALTERTUM[1])

Von jeher hat die eigentlich klassische und noch mehr die pseudoklassische Bildung sich gegen die Volksdichtung mehr oder minder ablehnend verhalten. Ihr, die vollkommene Harmonie der Form und des Inhalts und Vollendung der Form als das Höchste zu betrachten gewohnt ist, widerstrebt das Wesen einer Poesie, die, um die Form ebenso unbekümmert wie unfähig sie zu beherrschen, zwar in ihrer instinktartigen Genialität überwältigende Wirkungen hervorbringen, aber nie ein künstlerisch vollendetes Ganze gestalten kann. Nur die Reflexion kann der klassischen Bildung das Verständnis dieser Poesie vermitteln. Es kann daher nicht wundernehmen, wenn auch in der antiken griechischen und römischen Literatur der Volksdichtung nur ausnahmsweise Erwähnung geschieht; und wenn auch von den Volks- und Kindermärchen sich dort nur sehr vereinzelte Spuren finden, so darf man deshalb nicht mit Welcker (Griech. Götterlehre I 110) glauben, daß die Kindlichkeit dem hellenischen Geiste fremd war, »welche das Wesen des deutschen und slavischen, des persischen Märchens ausmacht, worin sich die bunte Welt der Natur und der menschlichen Gesellschaft wie in Kinderaugen zu spiegeln scheint, indem es die Überlegungen des Verstands und die Erfahrung des weltkundigen Beobachters verleugnet«. Denn auch unsere deutsche Literatur läßt bis zu der Zeit, wo jene 'Einkehr ins deutsche Volkstum' erfolgte, nicht ahnen, daß wir eine reiche Märchendichtung besaßen, und doch war dem so; freilich mußte sie erst entdeckt werden.

Reste des **antiken** Volksmärchens—

Wenn nun aber auch eine große Ausbeute von Märchen von der klassischen Literatur auf keinen Fall zu erwarten steht, so gelingt es doch vielleicht fortgesetzten Bemühungen, weitere Spuren derselben nachzuweisen, wobei eine möglichst ausgedehnte Kenntnis der Märchenliteratur, besonders der stammverwandten Völker, das beste Hilfsmittel wäre. Ich habe den Rat von J. Grimm (Vorrede zum Pentamerone des Basile, übersetzt von Liebrecht S. XI) befolgt, nach

1) Vgl. I 267, 2. Vgl. die Programme Acad. Alb. Regim. 1860 I u. II. Eine größere Anzahl von Beiträgen haben Reinhold Köhler († 1892) und O. Crusius († 1918) zu dieser Abhandlung beigesteuert.

bei Lucian — Fasern griechischer Kindermärchen bei Lucian zu suchen, aber (außer dem Märchen vom Zauberlehrling Philops. 35) nur wenig gefunden; daß »seinem Timon, auf dessen Acker Zeus, Hermes und Plutos einkehren und dem ein Schatz gewiesen wird, eine auch unter uns bekannte Fabel zugrunde liegt«, möchte ich nicht glauben. Dagegen scheinen mir allerdings die Zauberringe, die sich im 'Schiff oder den Wünschen' Timolaus wünscht (Navig. 42), aus Märchen entnommen zu sein[1]), und zwar namentlich, weil jeder nur eine besondere Kraft haben soll: der erste, gesund, stark und unverwundbar, der zweite, unsichtbar zu machen, wie der des Gyges; ein dritter, die Stärke von mehr als zehntausend Männern zu verleihen; ein vierter, zugleich einzuschläfern und jede verschlossene Tür zu öffnen; ein fünfter endlich, unwiderstehlich liebenswürdig zu machen — Wunderkräfte, wie sie auch in unsern Märchen vorkommen. Vielleicht stammt auch die Angabe, daß man mit der rechten Schwanzfeder des Hahns jede Tür öffnen und alles sehen kann, ohne gesehen zu werden (Gall. 28), aus einem Märchen. Auch in den 'Wahren Erzählungen' »sehen wir alte, z. T. nach dem Orient zurückweisende Märchenzüge durchscheinen«: dazu gehören die Weinstöcke, aus welchen oben Mädchen herauswachsen I 8, die in Lychnopolis nachts umherrennenden Lichter[2]) I 29, der ungeheure Fisch, der die Reisenden verschluckt[3]) I 30. Die Schilderung des Landes der Seligen II 13 ff. erinnert an das Schlaraffenland[4]), der riesige Halkyone, der mit seinem Flügelschlage das Schiff zum Sinken bringt II 40, an den Vogel Rock. Die Bewohner des Monds haben Augen, die sie herausnehmen und wieder einsetzen, auch verlieren und dann von andern leihen müssen I 25, wie die Lamia in den unten S. 93 anzuführenden Märchen (Rohde, D. griech. Roman³ S. 205—211). Andre Spuren von Märchen habe ich trotz aufmerksamen Suchens bei Lucian nicht gefunden[5]).

bei Plato. Dagegen die Sage von dem unsichtbar machenden Ringe des Gyges, namentlich wie sie Plato erzählt (Rep. III 359 D–360 B), scheint wenigstens mit märchenhaften Elementen versetzt zu sein. Gyges sieht als Hirt bei einem Wolkenbruch und Erdbeben die Erde sich spalten; er steigt in die Tiefe hinab und findet dort ein ehernes Pferd, das inwendig hohl ist und eine Leiche in sich birgt. Dieser zieht er einen Ring vom Finger und entdeckt bald, daß er unsichtbar wird, sobald er den Kasten des Rings nach innen dreht (vgl. Paroemiogr. gr. ed. Leutsch et Schneidewin II 20). Das Drehen des Rings ebenso Cic. Off. III 38. Plin. n. h.

1) Radermacher, Wien. Stud. XXXIII 1911 S. 231. Ganschinietz, Real-Encykl. I A 838.

2) Die man vielleicht mit den »Lebenslichtern« in den neueren Volksmärchen vergleichen darf. Bolte-Polivka, Anmerkungen z. d. Kinder- u. Hausmärchen d. Brüder Grimm I (1913) S. 388.

3) Dazu vgl. z. B. Ps. Kallisth. II 36. Der Alexander-Roman bietet überhaupt eine Fülle von märchenhaften Zügen.

4) Vgl. die Schilderungen attischer Komödiendichter bei Athen. VI 267 E ff. J. Poeschel, Das Märchen vom Schlaraffenlande, Paul-Braune, Beiträge V (1878) S. 389—427. Bolte-Polivka III (1918) S. 244—258. S. auch unten S. 96.

5) Doch scheint im Philopseudes c. 12, in der Geschichte von dem Zauberer, der dic Sehlangen vernichtet, ein verblaßtes Märchenmotiv in der Herbeiholung der uralten Schlange enthalten zu sein, vgl. die ähnlichen Sagen und Märchen bei Radermacher, Rhein. Mus. LX 1905 S. 315. Bei den ἄγγελοι τοῦ θανάτου (Charon 17) fühlt man sich an die »Boten des Todes« erinnert (Grimm Nr. 177. Bolte-Polivka III 296). Aus Lucian. dial. mort. 23, 1 und de luctu 24 in Verbindung mit Properz IV 11, 1 (*Desine, Paule, meum lacrimis urgere sepulcrum*) und andern antiken Zeugnissen (Rohde, Psyche² 223 A. 2) darf man ähnlichen Volksglauben erschließen wie er sich in den deutschen Märchen vom Totenhemdchen oder Tränenkrüglein ausspricht (Bolte-Polivka II 489).

XXXIII 8, wo vielleicht aus Versehen der Ring dem Midas beigelegt wird[1]). Die Ansicht von E. Müller, daß das eherne Pferd auf die in Lydien blühende Pferdezucht, der unterirdische Schlund auf die dort häufigen Erdbeben hinweise, scheint mir ebensowenig annehmbar, als seine ganze Erklärung der Gygessage (Philol. VII 1852, 239; vgl. jetzt Lehmann-Haupt u. Weicker, Real-Encykl. VII 1965 f.). Die übrigen Platonischen Mythen enthalten, soviel ich sehe, nichts Märchenhaftes. Die Märchenreminiszenzen im antiken Sprichwort hat Crusius (Verhandlungen der 40. Versammlung deutscher Philologen und Schulmänner 1889 S. 31—47) behandelt. Die Spuren des Märchens in der griechischen Komödie hat Zielinski, Die Märchenkomödie (Jahresb. der St. Annenschule zu St. Petersburg 1885) verfolgt. Märchenmotive in Herodots Geschichten behandelte Klinger (Kijev 1903, russisch). Die griechischen Märchen von dankbaren Tieren hat A. Marx bearbeitet (Stuttgart 1889, vgl. auch Bolte-Polivka II 451 ff. 470), und A. Hausrath und A. Marx haben in ihren Griechischen Märchen, Fabeln, Schwänken aus dem klassischen Altertum (Jena 1913) eine gute Auswahl aus solch volkstümlicher Dichtung (wenn auch oft nur dem Inhalt nach volkstümlich, der Form nach der hohen Literatur angehörig) in geschmackvoller Übertragung vorgelegt. Vgl. dazu die sehr eingehende, namentlich für das Motivgeschichtliche reiches Parallelmaterial aus aller Welt gebende Anzeige von H. Lucas, Sokrates VII 1919 S. 349 ff. Zahlreiche Märchenmotive aus der Antike hat L. Radermacher in einer Reihe von Arbeiten zutage gefördert; hervorgehoben seien seine 'Erzählungen der Odyssee' (Sitz.-Ber. Akad. Wien 178 I 1915), andre Aufsätze von ihm werden unten im einzelnen berücksichtigt. Märchenhafte Motive in antiken Mysterienlegenden sucht O. Gruppe aufzuzeigen, Griech. Mythol. und Rel.-Gesch. S. 871 ff. 1333 A. 1. Vgl. außerdem die Literaturnachweise bei O. Waser, Volkskunde und griech.-röm. Altertum (Basel 1916 S. 41 ff. = Schweiz. Arch. f. Volksk. XX 489 ff.) und den Überblick über antike Märchenmotive bei F. v. d. Leyen, Das Märchen² (Leipz. 1917) S. 105 ff.

Sonstige Märchenreminiszen.

Ob gewerbsmäßige Geschichtenerzähler[2]), die ihre Geschichten wohl meistens öffentlich[3]) für Geld vortrugen (Plin. ep. II 20, 1: *assem para et accipe auream fabulam*)[4]), auch Märchen erzählt haben, muß um so mehr dahingestellt bleiben, als diese sonst immer nur als von Müttern und Ammen den Kindern erzählt[5]) oder höchstens als Unterhaltung der Mädchen und Frauen[6]) erwähnt werden,

Ammenmärchen.

1) Es kann sich aber auch um einen anderen Fall handeln, das 'Motiv' (der Zauberring) bleibt, die 'Persönlichkeit' (Gyges-Midas) wechselt. Wir kennen ja ein Rezept für die Anfertigung unsichtbar machender Ringe (Ganschinietz a. a. O. S. 838).

2) *fabulatores* — von denen sich August in Schlaf reden ließ, Sueton. Aug. 78, 2.

3) Unter vielen andern sich in einem Hippodrom Produzierenden nennt Dio Chrys. or. 70, 10 (II 261 Arn.) ἱστορίαν τινὰ ἢ μῦθον διηγούμενον. Lobeck, Aglaoph. p. 1316.

4) Vgl. über dieselben Rohde, Über griech. Novellendichtung (Griech. Roman³ S. 591), der sie wohl mit Recht als Verbreiter griechischer Geschichten im gräzisierten Orient ansieht. Ein andrer Name für die *fabulatores* ist *aretalogi*, hierüber vgl. R. Reitzenstein, Hellenistische Wundererzählungen (1906) S. 8 ff.

5) Grimm III 273 f.; vgl. B. Schmidt, Griech. Märchen, Sagen u. Volkslieder (1877) S. 11, 3 u. 12, 2—4; ferner Plato Rep. II 377 B. Quintilian I 8, 19 (*aniles fabulae*; vgl. Otto, Sprichwörter d. Römer S. 28). 9, 2 (*fabulae nutricularum*). Iulian. orat. 7 p. 204 A (κυνὸς — ὥσπερ αἱ τίτθαι μύθους ᾄδοντος); auch Tac. Dial. 29, 1.

6) Arnob. adv. gent. V 14: *cum historias, quaeso, perlegitis tales, nonne vobis videmini aut textriculas puellas audire taediosi operis circumscribentes moras aut infantibus credulis avocamenta quaeri-*

der Aufmerksamkeit von Männern aber vermutlich im allgemeinen für ebenso unwürdig galten, wie im heutigen Griechenland[1]). Dies ist wohl der Hauptgrund, warum wir so äußerst wenig davon wissen. Doch hat Haupt (Opusc. III 570) sehr richtig bemerkt, daß Persius, der unter Frauen aufgewachsen war, offenbar der in der Kinderstube gehörten Märchen gedenkt, wo er die Wünsche der Großmutter, Tante und Amme für den in der Wiege liegenden Knaben erwähnt (2, 37): »Ein König und eine Königin sollen ihn zum Schwiegersohn wählen! Mädchen sollen ihn entführen! Rosen sollen unter seinem Tritt sprießen!« Der erste und letzte Wunsch sind unzweifelhaft den Kindermärchen entnommen, also vermutlich auch der zweite; daß der letztere in einem neapolitanischen Märchen vorkommt, hat bereits Jahn bemerkt, und Haupt erinnert an die Namen, die diesen und ähnlichen Wünschen ihren Ursprung verdanken, wie Rosentreter und die schon von Grimm, Deutsche Mythol.[4] 1055 erklärten: Rosenlacher, Rosenlächter, Blumlacher, vgl. Reinhold Köhlers Anmerkung in Laura Gonzenbachs Sicilianischen Märchen II 225. Kretschmer, Neugriech. Märchen S. 340. Bolte-Polivka I 100. Pherecrates Pers. frg. 131, 2 K. (Zielinski a. a. O. S. 64, 25) ῥόδα προσσεσηρώς. Im Ponti-Nameh (einer persischen Übersetzung einer indischen Sammlung von Erzählungen) *un roi a un favori, nommé Puṣpahāsa* (»*celui qui rit des fleurs*«); *qui a le don de laisser tomber des fleurs de ses lèvres, toutes les fois qu'il rit, comme d'autres personnages merveilleux pleurent des perles*, Em. Cosquin, Le prologue cadre des mille et une nuits (1909) p. 10[2]).

Aristid. Orat. 36, 96 (II 293 f. K.) vergleicht gewisse geographische Nachrichten über den Nil und Ägypten mit Ammenmärchen, wo von einem süßen Meer, von Pferden in Flüssen, von einem Meer, das in einen Fluß strömt, die Rede ist; man könnte (wie bei Tertullian. adv. Valentin. 19: *puerilia dicibula, in mari poma nasci, in arbore pisces*) an ein Märchen von unmöglichen Dingen, wie Grimm 151 (das Märchen vom Schlaraffenland) denken; vgl. III 239 ff. Wir kennen aus den antiken Märchen fast nur Popanze und Gespenster; einige faßt Strabo I 19 als μῦθος zusammen, nämlich die Lamia (die so notwendig zum Märchen gehörte, daß Demetrius von Soli den König Demetrius Μῦθος nannte, weil er die Hetäre Lamia hatte: Plutarch. Demetr. 27), die Gorgone[3]), den Ephialtes[4]) und die Mormolyken[5]). Bei den 'Türmen der Lamia' (die Tertullian

Gespenstergeschichten.

tantes anus longaevas; vgl. Tibull. I 5, 84: *adsideat custos sedula semper anus. Haec tibi fabellas referat* etc.

1) Hahn, Griech. u. albanes. Märchen, Einl. I S. 9 ff. B. Schmidt a. a. O. 2) Zu »Blumen unterm Fuß« vgl. noch Wlislocki, Volksdichtungen d. siebenbürg. u. südungar. Zigeuner (1890) S. 24 Nr. 75. 314. 316. Weinreich, Heilungswunder (RGVV VIII 1) 68 A. 1. Es ist ein Märchenmotiv, das aber schon früh auch im Mythos begegnet (Hesiod. Theog. 194 καλὴ θεός [Aphrodite], ἀμφὶ δὲ ποίη ποσσὶν ὑπὸ ῥαδινοῖσιν ἀέξετο) und gern von Dichtern gebraucht wird, vgl. Petrarca (von Cicero): *al cui passar l'erba fioriva* (Zielinski, Cicero[3] 340), Goethe im Mahomet: »drunten werden in dem Tal unter seinem Fußtritt Blumen«, Wieland im Agathon: »Blumen, so däucht' es sie, entsprangen unter seinen Fußsohlen«, Spitteler, Olymp. Frühling: »Denn wo auch flüchtig nur der Fürstin Fuß getreten, verblieb ein Farbenschein, als ob ein Kleinod glühte mit Pfauenglanz, das Regenbogensonnen sprühte«, St. George, Siebenter Ring: »Ich seh in dir den Gott ... am Tritte, der die Saat sogleich erblühen ließ«. 3) Gorgo, Gorgyra, vgl. Roscher, Gorgonen und Verwandtes 1879. Rohde, Psyche[2] II 407 ff. 4) Ein Alpdämon, der sehr viel Ähnlichkeit mit volkstümlichen Schreckgeistern des neueren Volksglaubens hat (Roscher, Ephialtes, Abhdl. Sächs. Gesellsch. d. Wiss. XX 3). 5) Vgl. Tümpel in Roschers Lex. II s. v. Mormo und Mormolyke.

adv. Valentin. 3 neben den 'Kämmen der Sonne'[1]) erwähnt) könnte man vielleicht an die Burg einer ähnlichen kinderfressenden Unholdin denken, wie die, welche im deutschen Märchen im Pfefferkuchenhäuschen wohnt. In einem neugriechischen Märchen schleppt die Lamnissa die geraubte Königstochter in ihren Zauberturm, in welchem sie 40 Tage und Nächte bis zu ihrer Erlösung durch einen Königssohn schläft: Schmidt a. a. O. S. 76 ff., der auch S. 226 an die Stelle des Tertullian erinnert. Im altgriechischen Märchen verwahrte die Lamia ihre Augen, wenn sie zu Hause war, in einem Gefäß, war dann also blind, zum Ausgehen setzte sie sie ein; außerdem heißt es, daß sie im Hause sang (Plutarch. De curios. 2: Νῦν δὲ ὥσπερ ἐν τῷ μύθῳ τὴν Λαμίαν λέγουσιν οἴκοι μὲν ᾄδειν τυφλήν, ἐν ἀγγείῳ τινὶ τοὺς ὀφθαλμοὺς ἔχουσαν ἀποκειμένους, ἔξω δὲ προϊοῦσαν ἐπιτίθεσθαι καὶ βλέπειν κτλ.; vgl. Schol. Aristoph. Pax 757. Diodor. XX 41, 5. Suid. s. v.; auch Plautus Miles 347: *nam ego quidem meos oculos habeo nec rogo utendos foris* dürfte aus einer andern Version desselben oder aus einem verwandten Märchen stammen; vgl. Lucian Ver. hist. I 25 oben S. 90). Durch ihren Gesang könnte die Unholdin etwa in dem griechischen Märchen die verirrten Kinder in ihre Burg gelockt und ihre Blindheit diesen dann das Entkommen erleichtert haben. Um sie zu verfolgen, mußte sie natürlich die Augen wieder einsetzen. Das gefressene Kind wurde in dem antiken Volksmärchen lebendig aus dem Bauche der Lamia herausgezogen (Horat. A. P. 340: *neu pransae Lamiae vivum puerum extrahat alvo*, — was vermutlich in einer Atellane vorkam), wie in dem deutschen Märchen (Grimm 5) die Zicklein aus dem Bauche des Wolfs. In Pommern soll dies letztere in einer Form erzählt werden, die mit der von Horaz angedeuteten ganz und gar übereinzustimmen scheint: ein Kind wird, als seine Mutter fortgegangen ist, von einem Kindergespenst, ähnlich dem Knecht Ruprecht, verschlungen. Aber die Steine, die es mit verschlingt, machen das Gespenst so schwer, daß es zur Erde fällt und das Kind unversehrt wieder herausspringt (Grimm III 15). Dem Knecht Ruprecht entspricht wohl am nächsten der Manducus, der ebenso wie die Lamia, Mania (Fest. p. 129 M. *Manias — quas nutrices minitentur parvulis pueris*, vgl. Wissowa in Roschers Lex. II 2323 f.) und andre Popanze (Munk, De Atellanis p. 39 ff.) aus dem Kindermärchen in die Atellane übergegangen sein wird. Die Lamia, die auch in dem neugriechischen Volksmärchen eine große Rolle spielt (Hahn a. a. O. S. 331. Politis, Παραδόσεις, Athen 1904 S. 491—499) erwähnt in einer auch sonst in bezug auf märchenhafte Traditionen zu beachtenden Stelle Dionys. Halic. De Thucyd. iud. 6, wo er von den Fabeln spricht, die frühere Geschichtschreiber vorgebracht hatten: Λαμίας τινὰς ἱστοροῦντες ἐν ὕλαις καὶ νάπαις ἐκ γῆς ἀνιεμένας, καὶ Ναΐδας ἀμφιβίους ἐκ Ταρτάρων ἐξιούσας καὶ διὰ πελάγους νηχομένας καὶ μιξόθηρας, καὶ ταύτας εἰς ὁμιλίαν ἀνθρώποις συνερχομένας (also ganz wie die schöne Melusine und die Neraiden des heutigen griechischen Volksglaubens)[2]). Zu den Gespenstern des altgriechischen Kindermärchens gehören

1) Crusius, Lit. Zentralbl. 1892 S. 62 denkt an die von Roscher (Über Selene und Verwandtes 1890, S. 22 f.) behandelte Vorstellung vom Haar der Lichtgottheiten. 2) In der Vulgata kommt *lamia* zweimal vor: Isaias XXXIV 14, wo die LXX ὀνοκένταυροι hat, und Threni IV 3, wo sie δράκοντες hat. Vgl. auch Maximilian Mayer, Archäol. Zeitung XLIII 1885 S. 119; doch ob auf der dort befindlichen Vase (Taf. VII 2) eine Lamia abgebildet ist, bleibt mindestens zweifelhaft,

auch Akko und Alphito (Plutarch. De Stoicor. repugnantiis 15 p. 1040 B: τῆς Ἀκκοῦς καὶ τῆς Ἀλφιτοῦς δι᾽ ὧν τὰ παιδάρια τοῦ κακοσχολεῖν αἱ γυναῖκες ἀνείργουσιν), vielleicht auch das kinderraubende Gespenst Gello, von dem man in Lesbos erzählte und das Sappho frg. 47 erwähnt hatte, Zenob. III 3 Γελλὼ (l. Γελλοῦς nach Cod. Coisl. bei Montfaucon p. 608 und Suid. s. v.) παιδοφιλωτέρα. Noch heute schreckt die Gello um das Leben ihrer Kinder besorgte Eltern: Wachsmuth, Das alte Griechenland im neuen S. 77 ff.; vgl. Fix in der Pariser Ausgabe des Stephanus unter Γελλώ. B. Schmidt, Volksl. d. Neugriechen S. 139 ff. (Gillo und die Gillouden) und Laistner, Das Rätsel der Sphinx S. 64 f. Über die Gillu oder Gyllu (Γιλλοῦ, Γυλλοῦ) vgl. auch K. N. Sathas, Μεσαιωνικὴ Βιβλιοθήκη V 572 ff., ferner Rohde, Psyche[2] II 410. Maas, Real-Encykl. VII 1005 f. Über Spuren antiker Märchen in der neugriechischen Volkstradition überhaupt vgl. B. Schmidt, Volksleben der Neugriechen S. 94 ff. W. Klinger, Zur Märchenkunde (hauptsächlich nach Politis, Παραδόσεις in der Βιβλιοθήκη Μαρασλῆ) Philologus LXVI 1907 S. 336 ff. R. Wünsch, Was sich das griechische Volk erzählt (Hessische Blätter für Volkskunde V 1906 S. 108 ff., ebenfalls nach Politis) und P. Kretschmer, Neugriechische Märchen (Jena 1917).

Dümmlingstraditionen.

Wie Gello kommt auch Akko im Sprichwort vor, nicht als Gespenst, sondern als eine Törin, die mit ihrem Spiegelbilde wie mit einer andern sprach und ihr Kleid halbfertig vom Webstuhl herabnahm und anlegte (Zenob. I 53, ed. Leutsch et Schneidewin I p. 21); was an die kluge Else (Grimm 34) und Katherlieschen (59) erinnert, die halb träumend ihre Kleider entzwei schneidet, beim Erwachen zu sich selber spricht: »bin ich's oder bin ich's nicht?« und endlich überzeugt wird, daß sie es nicht ist. Nach Crusius (Real-Encykl. I 1172) ist sie ein Popanz, dessen Torheit sich daraus erklärt, daß die niederen Dämonen den Menschen gegenüber den kürzeren zu ziehen pflegen. In ähnlicher Weise mögen auch andre Toren und Törinnen in Sprichwörtern aus Märchen stammen, wie Morychus (Zenob. V 13: μωρότερος εἶ Μορύχου. αὕτη ἡ παροιμία λέγεται παρὰ τοῖς Σικελιώταις ἐπὶ τῶν εὐηθές τι διαπρασσομένων — λέγεται δὲ οὕτως· μωρότερος εἶ Μορύχου, ὃς τὰ ἔνδον ἀφεὶς ἔξω τῆς οἰκίας κάθηται), Ibykos, Koroibos, Meletides, Amphistides (Diogenian. V 12), Mammakythos, Butalion (Didym. ad Aristoph. Ran. 991 ff.), Charixena (Etym. M. 367, 21. App. Proverb. II 82), Makko und Lamo (schol. Aristoph. Eq. 62; vgl. Stephan. Thesaurus s. μακκοάω und Leop. Cohn, De Aristophane Byz. et Sueton. Tranq. Eustathii auctoribus, Jahrb. f. Philol. Supplem. XII 1881 S. 350 f.). Koroibos war so einfältig, daß er die Wellen des Meers zählte (Zenob. IV 58: Κοροίβου ἠλιθιώτερος); Meletides lernte mit Mühe bis drei oder fünf zählen und konnte es nicht weiter bringen; als er geheiratet hatte, berührte er seine Braut nicht, aus Furcht, daß sie ihn bei ihrer Mutter verklagen würde[1]); Amphistides wußte nicht, ob er vom

wie auch andere Darstellungen (aufgezählt in Roschers Lex. II 1820) nicht als gesichert gelten können. Über die Neraiden vgl. Politis, Παραδόσεις 387—490, ebenda auch über die Empusa (382 ff.) und die Striglen (500 ff.).

1) Auf Margites übertragen bei Phot. und Hesych. (Μαργίτης. μωρός τις [ἢ] μὴ εἰδὼς μίξιν γυναικός, κἂν γυνὴ προτρέπηται αὐτόν). Vgl. Sueton. bei Eustath. 1669, 43. Hierzu, sowie zum ganzen Komplex dieser Dümmlingstraditionen Radermacher, Rhein. Mus. LXIII (1908) S. 445 ff. Apulei. apol. 24: *apud socordissimos Scythas Anacharsis sapiens natus est, apud Athenienses catos Meletides fatuus.* Vgl. Tzetzes Chil. IV 836 ff.

Vater oder von der Mutter geboren sei. Auch sonst dürften Personen und Begebenheiten aus dem Volksmärchen in sprichwörtliche Redensarten übergegangen sein. Dazu scheint mir jener Pases zu gehören, der ein so großer Zauberer war, daß er prächtige Mahlzeiten nebst den dazu gehörigen Dienern erscheinen und wieder verschwinden lassen konnte (vgl. Philostrat. Apollon. IV 25, wo das Mahl einer Empusa nebst goldenen und silbernen Gefäßen und der ganzen Dienerschaft verschwindet), und einen Halbheller besaß, der immer wieder zu ihm zurückkehrte, wenn er ihn ausgab (Plutarch. De proverbiis Alexandrinis ed. Crusius 56: τὸ Πάσητος ἡμιοβόλιον· ὁ δὲ Πάσης οὕτως μαλακὸς ἦν τὴν φύσιν, πάντως δὲ ἀνθρώπους ἐν μαγείᾳ διενήνοχεν — καὶ Ἀπίων ὁ γραμματικὸς μνημονεύει αὐτοῦ ἐν τῷ περὶ μάγου. Suid. s. v. Πάσης. Apostol. XVII 6 τὸ Πάσητος ἡμιωβόλιον). An ein Märchen vom Heckpfennig oder Wunschbeutel ist auch wohl zu denken bei Juv. 6, 363: *ac velut exhausta redivivus pullulet arca nummus et e pleno tollatur semper acervo.* Vielleicht war auch der Koer Kissamis, der reiche Herdenbesitzer, dem ein Aal jährlich das schönste Schaf raubte, der dann den Aal tötete, und als derselbe ihm im Traum befahl, ihn zu bestatten, dies unterließ und mit seinem ganzen Geschlechte umkam (Zenob. IV 64 Κίσσαμις Κῷος), ursprünglich eine Märchenfigur; vgl. A. Marx, Griechische Märchen von dankbaren Tieren u. Verwandtes S. 126. — H. Lucas, Ein Märchen bei Petron (Festschr. f. Hirschfeld S. 257 ff.) findet bei Petron. 80 eher eine Anspielung auf eine, schon vor dem Abschluß des hebräischen Kanons vorhandene (Laistner, Rätsel der Sphinx S. 137) Geschichte vom Urteil des Salomo als auf ein Märchen von dankbaren Toten[1]). — Vielleicht enthalten auch manche sprichwörtlich klingende Wendungen bei römischen Dichtern Reminiszenzen an Märchen[2]). Grimm II 204 vermutet bei Martial. XIII 2, 1: *nasus, quantum noluerat ferre rogatus Atlans* eine Erinnerung an eines der Märchen, wo nach dem Genuß eines Krauts oder einer Frucht die Nase zu ungeheurer Länge wächst[3]). Vielleicht kann man bei Plaut. Trinumm. 1023: *quorum eorum surrupuit currenti cursori solum* an ein Märchen wie das vom Meisterdieb (Grimm 192) denken; bei Petron. 45, 9: *milvo volanti ungues resecare* (dazu Friedlaender, Cena Trimalch.[2] S. 266) an ein Märchen wie das von den drei kunstfertigen Brüdern (Grimm 124, vgl. 129), von denen der Barbier einen Hasen im Lauf rasiert, der Schmied einem Pferde im Rennen die Hufeisen abreißt und wieder anschlägt; bei dem in Pompeji an eine Säule geschriebenen Verse: *Moram si quaeris, sparge milium et collige* (CIL IV 2069; Buecheler, Carm. ep. 37) an die unten (S. 113) zu erwähnende, in Märchen so häufig vorkommende Aufgabe, Sämereien auseinander- oder zusammenzulesen, was gewöhnlich Tiere verrichten (Plaut. Trin. 410: *quam si tu obicias formicis papaverem*). Die Redensart *tu si aliubi fueris dices hic porcos coctos ambulare*, Petron. 45, 4, stammt

Vereinzelte Märchenmotive.

1) Material über Märchen vom dankbaren Toten und seine antiken Vorstufen: Bolte-Polivka III 511. 2) Vgl. auch Otto, Sprichwörter der Römer (1890) S. 402: Märchenhaftes.

3) Entschieden märchenhaft wirkt es, wenn in dem unten S. 101 berührten Götterschwank Phaedrus fab. App. 3 die eine der beiden Frauen, der Mercur einen Wunsch freigestellt hatte, wünscht *ut sequatur sese quidquid tetigerit*; schwankhaft ist die Erfüllung des Wunsches: *emungere igitur se volens prendit manu traxitque ad terram nasi longitudinem.* Über Erfüllung törichter Wünsche Märchenmaterial bei Bolte-Polivka II 212 ff.

wohl aus einem Märchen vom Schlaraffenland; das im Griechischen wie im Lateinischen sprichwörtliche Messen des Gelds mit dem Scheffel (Xenoph. Hellen. III 2, 27: μεδίμνῳ ἀπομετρήσασθαι τὸ παρὰ τοῦ πατρὸς ἀργύριον; Horat. Sat. I 1, 96: *dives ut metiretur nummos*; Petron. 37, 2: *nummos modio metitur*, vgl. Otto, Sprichwörter S. 225) kam gewiß öfter in Märchen vor (vgl. Grimm 142, Simeliberg; R. Köhler in L. Gonzenbachs Sicilianischen Märchen II 251 f.); desgleichen das ebenfalls sprichwörtliche (Otto 76) *carbonem pro thesauro*, Phaedrus V 6, 6; Zenobius II 1 m. Schneidewins Anm. (Grimm 182, die Geschenke des kleinen Volks, wo sich Kohlen in Gold, dann wieder in Kohlen verwandeln; Bolte-Polivka I 104 ff. III 326. B. Schmidt, Volksleben d. Neugriechen S. 192, 5: Wer seinen Traum von einem Schatz mitteilt, findet statt dessen Kohlen vor; Politis, Παραδόσεις I Nr. 405); vielleicht auch die 'goldenen Berge' (Plaut. Aulul. 701: *pici divitiis qui aureos montes colunt.* Terent. Phorm. 68: *modo non montis auri pollicens.* Apulei. apolog. 21: *nec montibus auri satiabitur*, vgl. Jahn zu Pers. 3, 67), obwohl man hier auch an *Persarum montes* (Lucret. II 44 f. Varro bei Non. p. 379) denken kann (Reichtum der Perser: Otto 273; goldene Berge: Otto 227; anders: *montes mariaque polliceri* Sallust. Catil. 23, 3). Bei der Redensart *in rutae folium coicere*, Petron. 37, 10, könnte man an ein Märchen vom Däumling denken, wie Grimm 37 und 45, wo der an den Kräutern auf- und abkriechende Däumling mit dem Grase von der Kuh verschluckt wird, besonders da auch griechische Däumlingssagen bekannt sind; Grimm III 71 [1]). Bei Plautus Mil. 803: *non potuit reperire, si ipsi Soli quaerendas dares* könnte man an Märchen denken, in denen die Sonne gebeten wird, den Aufenthalt eines Verborgenen kund zu tun, und bei Persa 41: *nam tu aquam a pumici nunc postulas* an die Märchenaufgabe, aus einem Stein Wasser herauszupressen (der Riese kann es nicht, sein schlauer Gegner zerdrückt einen Käse, Bolte-Polivka I 163. A. Dirr, Kaukasische Märchen, Jena 1920 S. 6).

Am einleuchtendsten ist die Beziehung des Sprichworts zum Märchen Petron. 77, 6: *qui fuit rana, nunc est rex.* »Wer dächte hier nicht an das Märchen von dem Froschkönig und dem eisernen Heinrich, das erste kostbarste Stück der Grimmschen Sammlung [2])!« Ob in dem Fragment des Varro, Sat. Menipp. 432 Buecheler: *Chrysosandalos locat sibi amiculam de lacte et cera Tarentina, quam apes Milesiae coegerint ex omnibus floribus libantes, sine osse et nervis, sine pelle, sine pilis puram putam proceram candidam teneram formosam* eine Reminiszenz an ein Märchen zugrunde liegt, mag dahingestellt bleiben. Die Beflügelung durch den Genuß einer Wurzel (Aristoph. Aves 654: ἔστι γάρ τι ῥίζιον. ὃ διατραγόντ' ἔσεσθον ἐπτερωμένω) könnte allenfalls aus einem Märchen stammen. Ob auch schon im Altertum, wie das Sprichwort ὄνος λύρας vermuten lassen könnte, der musizierende Esel im Märchen vorkam, wie in neueren (Bolte-Polivka III 166)? Auch Καρκίνος λαγωὸν αἱρεῖ, *cancer leporem capit*, erinnert an manche neueren Märchen (Grimm, Hase und Igel. Bolte-Polivka III 350). Vielleicht verdient auch die bei Ovid. Metam. IV 49 ff. erwähnte Geschichte hier angeführt

1) K. Schenkl, Zur Däumlingssage, Germania VIII 384, vergleicht den kleinen Hermes und seine Streiche in den Homerischen Hymnen. Vgl. auch Gaston Paris, Le Petit Poucet et la Grande Ourse, Paris 1875 p. 21 u. 39 ff. Bolte-Polivka I S. 124 u. 396. 2) Crusius, Verhandlungen der 40. Philologenversammlung S. 46.

zu werden: *Nais an ut cantu nimiumque potentibus herbis verterit in tacitos iuvenilia corpora pisces, donec idem passa est.*

Des oben S. 95 erwähnten Zauberers Pases hatte auch Apio in seinem Buch 'vom Zauberer' gedacht, und Bücher über Zauberei enthielten gewiß öfters märchenhafte Traditionen, die ja selbst in naturwissenschaftliche Werke Eingang fanden, wie namentlich die Mitteilungen des Plinius über so viele Wunderkräfte von Tieren, Pflanzen und Steinen zeigen. Auch die Zauberkräuter (Plin. n. h. XXVI 18), durch die man Seen und Flüsse trocknen, alles Verschlossene öffnen, feindliche Heere in die Flucht schlagen, sich alle Dinge im Überfluß sollte verschaffen können, erinnern an die Wundergaben der Märchen. Der zweite und vierte Zauber kommt öfters vor, der erste in dem Märchen von den sechs Dienern, deren einer das Meer austrinkt, »daß es trocken ward wie eine Wiese« (Grimm 134), der dritte Grimm 54 (Ranzen, Hütlein und Hörnlein) und dessen Variationen (III 90ff.), wo das Klopfen auf einen Ranzen große Heere und Geschütze hervorzaubert, die jeden Widerstand unmöglich machen. Das wunderkräftige Kraut Osiritis in Ägypten war nach Apio das homerische Moly: wer es ausgrabe, müsse sofort sterben (Lehrs, Qu. ep. S. 26. Plin. n. h. XXX 18). Nicht bloß diese Eigenschaft der Alraunwurzel, sondern auch die aus dem deutschen Volksglauben bekannte Art, sie ohne Gefahr zu gewinnen (Grimm, Deutsche Mythol.[4] 1005ff.), kannte das Altertum. Nach Joseph. Bell. Iud. VII 180ff. wächst bei Machairus im Osten des Toten Meers an einem Orte Baaras eine gleichnamige Wurzel (nach Cedren. Comp. I p. 535 Bekker, wo sie Battaritis heißt, bei Cäsarea), von welcher abends ein Licht ausstrahlt, das es unmöglich macht, sich ihr zu nähern, weil der, welcher ihr nahe kommt, sogleich stirbt. Man gräbt also die Erde im Kreise umher auf und bindet einen Hund an die Wurzel, der sie herauszieht und dann tot hinfällt. Die Wurzel hängt man Besessenen um und heilt sie damit. Später galt als die Wurzel, die man nur durch das Opfer eines Hunds gewinnen konnte, die der Mandragora, welche dann auf deutschem Boden mit der Alrune in Verbindung gebracht worden ist; vgl. Grimm a. a. O. Rohde, Griech. Roman[3] S. 247, 1 u. oben I 194, 9. Ebenso kann man sich die Springwurzel nach antikem Volksglauben auf dieselbe Art verschaffen wie nach deutschem, indem man nämlich das Nest eines Spechts mit einem Keil verschließt; der Specht, der sie zu finden weiß, holt sie dann und hält sie vor den Keil, der alsbald herausspringt (Grimm a. a. O. 812f. Keller, Tiere d. kl. Altert. S. 285. Neugriechisches über Springwurzeln bei Politis, Παραδόσεις I Nr. 320. 418). — Nach antikem Glauben muß der die Wahrheit sagen, der die Zunge eines Hunds gegessen hat, vgl. Petron. 43, 3: *verum dicam qui linguam caninam comedi*; im Euripideischen Kyklops 314f. erhält Polyphem den Rat, Odysseus' Zunge zu essen, um beredt zu werden, und im Testamentum Porcelli (Buecheler, Petron[5] S. 269) vermacht das Schwein *causidicis et verbosis linguam.* Vgl. Dieterich, Mithraslit. 101. Weinreich, Heilungswunder 34 A. 2. Radermacher, Beitr. z. Volksk. (Sitz.-Ber. Wien 187 III) S. 40. Die Sprache der Vögel oder der Tiere überhaupt, die man im deutschen Märchen durch den Genuß einer weißen Schlange oder eines Drachen- oder Vogelherzens erlernt (Grimm 17, vgl. III 27), hatte Apollonius von Tyana nach Philostr. I 20 von den Arabern gelernt, die Araber aber lernen sie σιτούμενοι τῶν δρακόντων οἱ

Zauber.

μὲν καρδίαν φασίν, οἱ δὲ ἧπαρ[1]). In der prosaischen Edda versteht Sigurd die Sprache der Vögel schon nach dem Genuß des von einem gebratenen Drachenherzen abtropfenden Fettes. Nach Porphyr. De abstinentia III 3 p. 190 Nauck hörte Apollonius von Tyana eine Schwalbe zur andern sagen, sie möchte sich beeilen, vor das Tor zu fliegen; dort sei ein mit Korn beladener Esel gefallen, und das Korn liege noch ausgestreut. Die Vögel wissen vergrabene Schätze (Aristoph. Aves 601). Sie wissen aber auch die Zukunft und reden davon untereinander (wie z. B. auch im Märchen vom treuen Johannes, Grimm 6). Ἑταῖρος δὲ ἡμῶν ἐξηγεῖτό τις, fährt Porphyr fort, οἰκέτου εὐτυχῆσαι παιδός, ὃς πάντα ξυνίει τὰ φθέγματα τῶν ὀρνίθων· καὶ ἦν πάντα μαντικὰ καὶ τοῦ μετ᾽ ὀλίγον μέλλοντος ἀγγελτικά· ἀφαιρεθῆναι δὲ τὴν σύνεσιν, τῆς μητρὸς εὐλαβηθείσης μὴ δῶρον αὐτὸν βασιλεῖ πέμψειεν, καὶ καθεύδοντος ἐς τὰ ὦτα ἐνουρησάσης. Daß Verständnis der Tierstimmen und Sehergabe dadurch gewonnen wird, daß Schlangen die Ohren auslecken, durch Spucken in den Mund aber verloren (wie in den Sagen von Melampus, Glaukos, Kassandra), war gewiß ebenfalls griechischer Volksglaube[2]).

Volksüberlieferungen.

So stoßen wir denn überall auf Spuren einer durchgehenden Übereinstimmung zwischen antikem und deutschem Volksglauben: namentlich aber bekundet die Volksmythologie des Altertums, welche unter der relativ jungen, uns vorzugsweise durch »Poesie und Kunst überlieferten Mythologie der Gebildeten noch durchschimmert, die überraschendste Ähnlichkeit mit den Volksüberlieferungen der nordeuropäischen Bauern«; wie es die ausgezeichneten, an wertvollen Ergebnissen so überaus reichen Forschungen W. Mannhardts (Feld- und Waldkulte 1877) dargetan haben. »Diese Ähnlichkeit erstreckt sich auf Volkssagen, Märchen und Gebräuche; die einzelnen Überlieferungen behandeln dieselben Gegenstände wie die unsrigen und decken sich nach Inhalt und Umfang mit denselben. Da wiederholen sich die Volkssagen vom Tode des Waldgeistes (= Tod des großen Pan)[3]), von der Fesselung der berauschten Waldgeister[4]), von der Selbstbestrafung des Baumschädigers, von den Verwandlungen und dem Verschwinden der Elfen (= Thetissage), von der Wandlung der am Wege harrenden Geliebten des Sonnengottes in die Sonnenblume, von der Metamorphose der im Wirbelwind fahrenden Frau (Harpyie) in ein Roß[5]). Aber auch unsre Volkssagen von der Verwandlung von Schätzen in Kohlen, von dem Lagern des Drachen auf dem Goldhort[6]), von (den Zwergen oder) Kobolden, die sichtbar werden, sobald man ihnen den Hut oder die Mütze ab-

1) Timoth. Gaz. bei Haupt Opp. III 288, 23: ὅτι οἱ Ἰνδοὶ ἐσθίοντες τὴν τῶν δρακόντων καρδίαν ἢ τὸ ἧπαρ νοοῦσι τί τὰ ἄλογα ζῷα φθέγγονται. Es scheint, daß die Märchen vom Erlernen der Tiersprache tatsächlich auf indischen Ursprung zurückgehen, vgl. A. Aarne, Folklore Fellows Communications XV (Helsingfors 1914). v. d. Leyen, Das Märchen[2] (1917) S. 116f. Bolte-Polivka, I 131ff. 2) Vgl. Preller, Griech. Mythol. II^3 472—480, besonders 473, 1. Plin. n. h. X 137: *vel quae Democritus tradit, nominando avis quarum confuso sanguine serperns gignatur, quem quisquis ederit, intellecturus sit avium colloquia.* 3) Dazu s. jetzt die reichhaltige Materialsammlung bei G. A. Gerhard, Sitz.Ber. Akad. Heidelberg 1915, 5. Abhdl.; Wiener Stud. XXXVII 1915 S. 323ff. XXXVIII 1916 S. 343ff. G. Kahlo, Die Verse in Sage u. Märchen (Berlin 1919) S. 68ff. Vgl. oben III 124. 4) Rohde, $Roman^3$ 219 A. 3. Bolte-Polivka II 85 A. 1. III 106 A. 1. 5) Malten, Das Pferd im Totengiauben, Arch. Jahrb. XXIX 1914 S. 179ff. 199ff. 6) Paul. p. 67. Artemidor. Onirocr. II 13. Phaedr. IV 20, 3. B. Schmidt, Volksl. d. Neugr. I 192, 4.

schlägt, müssen bekannt gewesen sein[1]). »Die Sage vom Teumessischen Fuchs war in unverstümmeltem Zustande eine Variante von Grimm KHM. n. 60«[2]). Da finden wir ferner Märchen wie das vom Drachentöter (Peleus)[3]); endlich die übereinstimmenden Gebräuche des Maibaums, des Erntemai, des Ernteeinzugs, der Erntemahlzeit, des Erntewettlaufs, der Laubmänner im Frühlingsbrauch[4]), der Sonnenwendfeuer (Palilien, Hirpi Sorani) usw. Auch dieselben mythischen Personifikationen, unmittelbare Schöpfungen eines primitiven, religiösen Gefühls aus dem Material der Naturanschauung, wie in unserm Volksglauben, treten uns entgegen. Da begegnen uns in ganz analogen Gestalten der wilde Jäger (Zetes, Boreaden), die fahrende Frau (Harpyie), die Moosleute und Holzfräulein (Dryaden), die wilden Männer (Kyklopen, Kentauren, Pane, Satyrn), die Wassermuhme (Thetis), der stiergestaltige Flußgeist (Elfstier). S. Mannhardt a. a. O. II 349 f.

Daß diese Übereinstimmung antiker und moderner Volksüberlieferungen sich auf sehr verschiedenartige Gebiete erstreckt, zeigt ferner auch der dem Altertum und der Neuzeit gemeinsame Glaube an Tarnkappen (Ἄϊδος κυνῆ Preller-Robert, GrM. I⁴ 798 f.), Wünschelruten (Cic. Off. I 158; vgl. Preller-Robert I⁴ 412. Grimm, Deutsche Myth.⁴ 726), Glückshaut (Bolte-Polivka I 288 f.), Gespenster[5]) (z. B. Plin. ep. VII 27. Plutarch. Lucull. 1. Lucian. Philops.) und deren Verschwinden beim Hahnenschrei (B. Schmidt, Griech. Märchen 244. Prudent. Cathem. I 37 ff. Lucian. Philops. 14)[6]), Hexen (Grimm a. a. O. 882 ff.) und Werwölfe (Grimm a. a. O. 915 ff.). Daß Mäuse, deren Stelle im modernen Volksglauben die dem Altertum unbekannten Ratten (vgl. Hehn, Kulturpflanzen und Haustiere⁷ S. 462 f.) eingenommen haben, aus Häusern wandern, deren Einsturz bevorsteht (Cic. ad Att. IX 14. Aelian. Hist. an. VI 41); daß man durch das Lesen von Grabschriften das Gedächtnis verliert (Cic. de sen. 21. Grimm a. a. O. 463, 834)[7]); daß von dem, dessen Ohren klingen, an einem andern Orte gesprochen wird (Grimm a. a. O. 935 f. Plin. n. h. XXVIII 24. Statius Silv. IV 4, 26. Antholog. Lat. 452 R.); daß es wirksam ist, in Gedanken an jemanden, dem man wohlwill, den Daumen einzukneifen (Plin. n. h. XXXVIII 24 f. Otto, Sprichwörter S. 283 *pollex*): alles dieses wurde ebensowohl im Altertume geglaubt, wie es vielfach noch heute geglaubt wird. Auch der moderne Glaube an sympathetische Kuren dürfte mit dem antiken vielfach übereinstimmen[8]): an die Stelle der Gladiatoren, deren Blut nach dem letzteren Epilepsie heilen sollte (Plin. n. h. XXVIII 24), sind im ersteren die Hingerichteten (und Ermordeten) getreten (Wuttke, Der deutsche Volksabergl. der Gegenw.³ S. 136 f.). Nach Aberglaube.

1) Petron. 38, 8. Preller, Röm. Myth. II³ 105, 1. 2) Mannhardt a. a. O. II 58. 3) Radermacher, Zeitschr. f. österr. Gymn. 1909 S. 676 A. 3. 4) A. Dieterich, Sommertag, Kl. Schriften S. 324 ff. 5) P. Wendland, Antike Geister- und Gespenstergeschichten, in d. Festschr. d. schles. Gesellsch. f. Volksk. z. Jahrhundertfeier d. Univ. Breslau 1911 S. 33 ff. und De fabellis antiquis (Index lect. Göttingen 1911). 6) Nach Lucian. Philops. 15 verscheucht der Klang von Erz oder Eisen Gespenster. Vielleicht hängt damit der moderne Glaube zusammen, daß sie es nicht vertragen können, wenn man mit Stahl und Stein Funken schlägt, oder mit Pfannen, Sensen u. dgl. Lärm macht (Wuttke, Der deutsche Volksaberglaube der Gegenwart² S. 453. Abt, Apol. d. Apuleius S. 85 f.). 7) Nach Grünwald, Jüdisches Zentralblatt IX 22 sagt dies auch der Talmud. 8) Ed. Stemplinger, Sympathieglaube und Sympathiekuren in Altertum und Neuzeit, München 1919; Zeitschr. f. österr. Gymn. LXIX 1919 S. 1 ff.

W. Kaden, Skizzen und Kulturbilder aus Italien (1882) gilt in Kalabrien eingekerbtes Schilfrohr als Mittel gegen Warzen, wie bei Cato de agric. 160 gespaltenes, und Urin als Mittel gegen entzündete Augen, wie bei Cato 157, 10 gegen getrübte. Zu den anerkannten Mitteln gegen das Berufen (vgl. hierüber und über den bösen Blick oben I 265. Wuttke S. 153. 155. Seligmann, Der böse Blick und Verwandtes, Berlin 1910) gehört auch gegenwärtig wie im Altertum das Ausspucken (Wuttke S. 171. Abt, Apol. d. Apuleius S. 186f. Dölger, Die Sonne d. Gerechtigkeit, Münster 1918 S. 10ff.).

Überhaupt wird besonders der Aberglaube der Kinderstuben im Altertum und in der Neuzeit vielfach derselbe gewesen sein (Wünsch, Arch. f. Rel.-Wiss. IX[1906] S. 145. R. Samter, Geburt, Hochzeit, Tod, Leipz. 1911). Nach Mannhardts sehr wahrscheinlicher Annahme (Wald- u. Feldkulte II 125, 1) steht die *dea Candelifera* (Preller-Jordan II³ 208. Samter a. a. O. S. 67) dem noch heute in deutschen Bauernhäusern üblichen Brauch vor, neben der Wiege der Neugeborenen ein Licht brennen zu lassen, damit die Unterirdischen, Zwerge usw. es nicht austauschen; in Sicilien sind Mittel gegen die Streghen Lichtanzünden, Salz auf der Schwelle, Besen vor der Tür (Trede, Heidentum in der kathol. Kirche IV 354). Man kann nicht zweifeln, daß eine große Anzahl von Vorstellungen und Gestalten des Volksglaubens in das antike Märchen ebensowohl wie in das moderne aufgenommen worden sind. Die Geschichte von den beiden Hexen bei Apuleius (Metam. I 13), die dem treulosen Geliebten der einen das Herz ausschneiden und statt dessen einen Schwamm hineinstopfen, entspricht genau serbischen Hexengeschichten (s. Grimm a. a. O. 901ff.); die Worte der Panthia: *heus tu spongia cave in mari nata per fluvium transeas* klingen so, als wären sie wörtlich aus einem Volksmärchen entlehnt. Übrigens ist der Glaube an thessalische Zauberinnen noch heute in Griechenland lebendig: Wachsmuth, Das alte Griechenland im neuen S. 34. Auch bei Aristophanes und andern attischen Komikern[1]) finden wir manches über Volksglauben und -aberglauben, desgleichen bei Theokrit[2]), Theophrast und in dem angeblich Plutarchischen Traktat περὶ δεισιδαιμονίας[3]). Von den römischen Autoren[4]) sind Petron und Apuleius, zwei Schriftsteller, deren Richtung auch sonst vielfach von der klassischen abweicht, die einzigen, die es nicht verschmäht haben, direkte Mitteilungen aus dem Volksglauben zu machen; doch jener nur so viel, wie er nötig fand, um den niedrigen Bildungsgrad der von ihm geschilderten Kleinbürger zu charakterisieren, Apuleius weit mehr und mit offenbarem Interesse an den Gegenständen[5]).

Fabel. Auch unter die Äsopischen Fabeln haben sich einige Märchen gerettet, wie

1) Vgl. Crusius in d. Aufsätzen E. Kuhn gewidmet 1916 S. 388ff. Bolte-Polivka III 388 A. 1; 546. 2) Wünsch, Die Zauberinen des Theokrit, Hess. Blätter f. Volksk. VIII 1909 S. 111ff. 3) W. Abernetty, De Plutarchi qui fertur de superstitione libello (Diss. Königsberg 1911). 4) L. Fahz, De poetarum Romanorum doctrina magica (RGVV II 3, 1904). 5) Vgl. A. Abt, Die Apol. d. Apul. u. d. antike Zauberei (RGVV IV 2, 1908; das dem Griechischen entnommene Hauptthema der Metamorphosen des Apuleius, die durch Zauber bewirkte Eselsverwandlung eines Menschen, berührt sich nicht nur mit vielerlei antiken und altchristlichen Erzählungen (Wendland a. a. O.), sondern auch mit neueren Märchen, wo sich sogar auch der antike Zug der Entzauberung des Eselsmenschen durch Genuß von Blumen findet, vgl. Weinhold, Sitz.-Ber. Akad. Berlin 1893 S. 475. Bolte-Polivka III 6f.

das folgende von E. Rohde (Rhein. Mus. XLIII 1888 S. 303 ff. = Kl. Schr. II 212 ff.) nachgewiesene. »Ein Wiesel (γαλῆ) verliebt sich in einen schönen Jüngling, Aphrodite verwandelt das Tierchen auf seine Bitte in ein Mädchen, welches der Jüngling lieb gewinnt und heiratet. Als beide im Brautgemache sind, läuft ein Mäuschen daher, das Wiesel in Mädchengestalt springt auf und will die Maus fangen, um sie zu fressen — und muß alsbald seine Tiergestalt wieder annehmen.« Dies Märchen, welches bereits im 5./4. Jahrhundert allbekannt war, wie das darauf anspielende Sprichwort bei dem Komiker Strattis: οὐ πρέπει γαλῇ κροκωτόν (Zenob. II 93 u. a.) zeigt, gibt eine von Rohde auch aus dem Mahābhārata und in einem Indianermärchen nachgewiesenen Typus wieder: »Liebe eines in Tiergestalt lebenden dämonischen Wesens, Verwandlung in Menschengestalt, um dem Geliebten sich nähern zu können, Rückverwandlung in das Tier, sobald ein Zufall oder bösliche Veranstaltung einen Gegenstand nahe bringt, der die natürlichen Triebe seiner Tiernatur in Tätigkeit setzt.« Zielinski (Das Wiesel als Braut, Rhein. Mus. XLIV 1889 S. 156 f.) vermutet, daß in alter Zeit in der Vulgärsprache νύμφη zugleich Braut und Wiesel bedeutete. Auch folgende von W. Grimm (Kinder- u. Hausmärchen III 347) nachgewiesene Fabel (Plutarch. Conviv. VII sap. 14; daraus Fab. Aesop. 396) ist ein Kindermärchen: »Der Mond bat seine Mutter, ihm ein Röcklein zu weben, das ihm recht wäre. Die Mutter sagte: wie kann ich's dir recht machen, da du bald Vollmond, dann wieder Halbmond und Neumond bist?« Das Märchen, in welchem dem Menschen ein Teil von der Lebenszeit der Tiere geschenkt wird (Grimm 176), findet sich mit einigen Abweichungen bei Babrius (74; vgl. Grimm III 248. W. Grimm, Kleinere Schriften IV 1887 S. 395—99. Reinhold Köhler, Zu dem Märchen von der Lebenszeit, Kl. Schriften I 1898 S. 42 ff.). Auch das Märchen vom Zaunkönig scheint uralt zu sein (Grimm III 246; vgl. Knaack, Ein griechisches Tiermärchen, Berliner philol. Wochenschr. 1888 S. 507 f. Bolte-Polivka III 278 ff.). Ebenfalls aus einem alten und allenthalben verbreiteten Märchenmotiv stammen die Mäuse, die das Eisen fressen (Herondas III 76. Seneca Apocol. 7, 1. Crusius, Unters. zu Herondas 72 f., sowie die zahllosen Parallelen bei Bolte zu Val. Schumanns Nachtbüchlein 11, Biblioth. des Literar. Vereins 197 S. 392; 209 S. 279. Bolte-Polivka II 372 A. 1). Die Fabel Phaedr. App. fab. nov. 3 ed. L. Mueller ist dem deutschen Märchen vom Armen und Reichen verwandt (Grimm 87; vgl. III 151): Mercur wird von zwei Weibern schlecht bewirtet; er gestattet jeder einen Wunsch, der erfüllt werden soll. Die eine wünscht ihr Kind bald mit einem Bart zu sehen, und der Säugling erhält ihn sofort; die andre, eine feile Dirne, wünscht, daß alles, was sie anrührt, ihr folgen müsse, sie schnaubt sich und zieht ihre Nase bis zur Erde hinab (vgl. oben S. 95 A. 3). »Überhaupt gehören die Sagen von der Bewirtung wandernder Götter zu dem ältesten Schatz gemeinsamer indogermanischer Mythenbildung.« Rohde, Der griech. Roman³ S. 541 Anm. Bolte-Polivka II 210 ff. Vgl. überhaupt über Märchenhaftes in den Äsopischen Fabeln Crusius, De Babrii aetate, Leipziger Studien II (1879) S. 208 und Crusius' Einleitung zu Kleukens Buch der Fabeln (Leipz. 1913). Hausrath Neue Jahrb. I 1898, 305. Bolte-Polivka III 339 ff. 346.

Von der größten Wichtigkeit aber für die Erkenntnis auch des antiken Volksmärchens ist die Erweiterung der Forschungen über den bereits mehrfach be- **Märchen und Mythus.**

rührten Zusammenhang zwischen Märchen und Götter- und Heldensage. Märchenhafte Elemente sind im Mythus, mythische im Märchen bereits vielfach nachgewiesen[1]), namentlich von den Brüdern Grimm in den Anmerkungen zu ihren Märchen (vgl. z. B. III 15. 26. 70f. 79. 149. 232. 290 u. a. und überhaupt III 347. Welcker, Griech. Götterl. I 107; besonders aber Hartung, Religion u. Mythologie der Griechen I 144). Ich erinnere an die Übereinstimmung der Sisyphussage (Preller, Griech. Myth. II³ 76) mit dem Märchen von Spielhansl (Grimm 82; vgl. III 131ff.) in der Überlistung des Tods und der Unterweltsgötter (des Teufels) durch beide[2]). Emmanuel Cosquin hat in seinen vortrefflichen Contes populaires de la Lorraine (comparés avec les contes des autres provinces de France et des pays étrangers et précédés d'un essai sur l'origine et la propagation des contes populaires Européens 1886) II 28 (in den Parallelen zu 37 Chatte blanche S. 12ff.) auf die Verwandtschaft des Mythus von Jason und Medea (»*qui du reste a bien l'air d'un conte populaire*«) mit einer Klasse von Märchen hingewiesen, wo einem Jünglinge von einem bösen Wesen scheinbar unlösbare Aufgaben gestellt werden, die er mit Hilfe eines jungen Mädchens (gewöhnlich der Tochter des bösen Wesens) löst; dann entfliehen beide und entkommen trotz der Verfolgung durch Zauberei. In seiner Heimat angelangt, vergißt der Jüngling das Mädchen (wie Theseus Ariadne auf Naxos), doch gelingt es ihr, sich ihm wieder in Erinnerung zu bringen. Da dieser letzte Zug in dem Jason-Mythus bis zur Unkenntlichkeit verändert ist, darf man wohl auch in der Zerstückelung und dem Wiederaufleben des Aeson eine Verschiebung eines Motivs erkennen, das in einer Reihe der hierher gehörigen Märchen wiederkehrt: in diesen ist es nämlich immer das Mädchen, das sich zerstückeln läßt, um ihrem Geliebten beistehen zu können (S. 25)[3]). Mannhardt hat gezeigt, daß der Mythus von Peleus und Thetis sich mit einer Elfen- und einer Siegfriedssage deckt, welche letztere mehreren Märchen, namentlich dem 'von den beiden Brüdern' zugrunde liegt: »ein unumstößlicher Beweis gegen Benfeys Behauptung, daß die Märchenstoffe durchweg buddhistischen Ursprungs und in verhältnismäßig später Zeit nach Europa gelangt seien«[4]), Wald- und Feldkulte II 78; vgl. 53ff. 57. 68 u. 151 Anm. »Unverkennbar wird durch die Übereinstimmung mehrerer in der gleichen Reihenfolge miteinander verbundenen

1) Prinzipielle Darlegungen: Bethe, Mythus, Sage, Märchen, Leipz. 1905 (Sond.-Abdr. aus Hess. Blätter f. Volksk. IV). Wundt, Märchen, Sage und Legende als Entwicklungsformen des Mythus, Arch. f. Rel.-Wiss. XI (1908) S. 200ff.; Völkerpsychologie² V u. VI, Leipz. 1914/15. Wichtig für die prinzipielle Problemstellung (Märchen, Mythus, Sage, Kunstdichtung), aber auch für Kenntnis vieler Erzählungsmotive sind die Arbeiten von F. Panzer (Hilde Gudrun 1900; Beowulf 1910; Sigfrid 1912). — Von Einzelheiten sei aus dem zerstreuten Material bei Bolte-Polivka einiges hervorgehoben: Argonauten II 95; Oinomaos und Freierwettkampf III 368; Mestra (Ovid met. VIII 871) II 67; Erschaffung des Menschen (Hygin. fab. 220) III 54 A. 1, vgl. auch v. d. Leyen, Das Märchen² 122f.; Konon S. 19 Höfer hat seine Parallele im Märchen vom Erdmännchen, II 316f. Das überaus häufige Motiv vom Säugen des jungen Gottes oder Helden durch Tiere ist dem Mythos und dem Märchen gemeinsam, II 317f. Ob der antike Totengott, der die Leichen frißt, wirklich das Urbild des Märchen-Blaubarts ist? vgl. Kretschmer, Das Märchen vom Blaubart, Mitt. d. anthropol. Gesellsch. Wien XXXI 1901 S. 62ff. Bolte-Polivka I 410. Eigenartiges Nachleben des Prometheusmythos: Dirr, Kaukasische Märchen S. 236ff.

2) Bolte-Polivka II 188; zu Sisyphos und Danaiden Märchenparallelen ebenda III 303.

3) Zum Medea-Jason-Aesonkomplex vgl. auch die Nachweise bei Bolte-Polivka II 162. 525. III 198.

4) Vgl. B. Schmidt, Griech. Märchen S. 15ff.

Züge (Kampf gegen Ungeheuer auf einem Berge, Erlangung eines siegreichen Zauberschwerts im Augenblicke des Kampfs, Ausschneiden der Zungen, Bewährung als Sieger durch dieselben, Schlaf auf dem Kampfplatz) die Identität der erwähnten Märchen und Sagen mit dem Abenteuer des Peleus dargetan; am deutlichsten tritt die Verwandtschaft der Traditionen wohl bei der Tristansage hervor« (S. 51). Daß die Elfe (Thetis) sich in Tier- und andre Gestalten verwandelt, um sich dem um sie werbenden Helden zu entziehen; daß sie sich ergebend stumm bei ihm weilt; daß sie auf ein Scheltwort von ihm (oder eine andre Veranlassung) plötzlich verschwindet — alle diese Züge der alten Peleis finden sich in neugriechischen und nordeuropäischen Traditionen wieder. Andre Beiträge zur Erkenntnis der Wechselbeziehungen zwischen Mythus und Märchen hat Rohde geliefert, Der griech. Roman³ S. 132, 2: die Geschichte der Verwandlung des Glaukos durch ein Zauberkraut, auf dessen Kraft ihn die Wiederbelebung darauf gelegter toter Fische aufmerksam gemacht hat (vgl. Grimm 16 und III 26. Cosquin II 80, 1. Bolte-Polivka I 126ff.), das einsame Wohnen der Jungfrauen, wie der Hero und Danae, in einem Turm (S. 143, 1)[1], die Liebe des Vaters zur eigenen Tochter (S. 448, 1) sind ebensowohl beliebte Sagen- als Märchenmotive; vgl. auch Rohde, Sardinische Sage von den Neunschläfern, Rhein. Mus. XXXV 1880, 157ff.=Kl. Schr. II 197ff.). Rohde hat ferner auch auf die Einfügung märchenhafter Züge in den Roman des Achilles Tatius hingewiesen, D. griech. Roman³ S. 515, 1. Zu einem Motiv in Longus' Hirtengeschichten (I 29) gibt Bolte-Polivka II 502f. Märchenparallelen. Vgl. auch Anderson, Eine Märchenparallele zu Antonius Diogenes, Philologus LXVI 1907 S. 606—608. Hahn hat in dem angeführten, wichtigen Werke über die griechischen und albanesischen Märchen den Anfang zu einer umfassenden Zusammenstellung zusammengehöriger Mythen und Märchen gemacht; und ebenso ist die Verwandtschaft des hier ausführlich zu behandelnden Märchens von Amor und Psyche mit einem Mythus (Zeus und Semele) von Felix Liebrecht meines Erachtens überzeugend nachgewiesen worden, worauf ich unten S. 130f. zurückkomme. Über das Mastramärchen in der Erysichthonsage Zielinski, Erysichthon, Philologus N. F. IV (1891) S. 137ff. B. Schmidt hat in den 'Griechischen Märchen, Sagen und Volksliedern' (1877) namentlich die häufige Aufnahme von Elementen des antiken Mythus in das moderne Volksmärchen an zahlreichen, sehr interessanten Beispielen gezeigt: vgl. besonders S. 224. 226f. 229. 231. 236f. 238. 248. Unter den mitgeteilten Märchen, welche meist von der Insel Zakynthos stammen, gewährt besonders 23 'die siebenköpfige Schlange' »in seinen Beziehungen zur Theseussage einen sehr belehrenden Einblick in die Art, wie in den neugriechischen Märchen verschiedene antike Elemente miteinander verschmolzen werden, und zeigt, wie eigentümlich zuweilen ihre Ummodelung und wie bunt ihre Mischung ist« (S. 238). Daß dem Knäuel Ariadnes, mittels dessen Theseus den Weg aus dem Labyrinth findet, so manche wegweisende Garnknäuel aus europäischen Märchen entsprechen, hat Radermacher gezeigt, Wiener Eranos z. 50. Philol.-Vers. Graz 1909 S. 285ff. und Sitz.-Ber.

1) Daß die Verwandtschaft des Perseusmythus mit einer gewissen Klasse von Märchen eine durchgehende ist, zeigt Cosquin in den Parallelen zu Les fils du pêcheur II 66ff.; vgl. besonders 80. E. S. Hartland, The legend of Perseus I—III (1894/96). Bolte-Polivka I 536, 1 und 556.

Akad. Wien 187, 1918 III S. 52f. Als Märchen, die auch bei andern Völkern vorkommen, hat R. Köhler, Über die europäischen Volksmärchen (Aufsätze über Märchen und Volkslieder, hrsg. v. E. Schmidt und J. Bolte 1894 S. 19ff.) außer dem Psychemärchen folgende aus dem Altertum überlieferte nachgewiesen: das von Polyphem[1]), von König Midas[2]), das ägyptische von König Rhampsinit (das griechische von Trophonios)[3]) und ein andres ägyptisches Märchen (bei Mannhardt, Ztschr. f. deutsche Mythol. und Sittenkunde IV 232ff. A. Wiedemann, Altägyptische Sagen und Märchen, Leipz. 1906).

Das Märchen des Apuleius.

Das von Apuleius in seinen Roman aufgenommene Märchen ist nun freilich dort mit fremdartigen Bestandteilen versetzt und durch ungehörigen Ausputz in der Art entstellt, daß sein wahres Wesen vielfach verkannt worden ist, obwohl die Brüder Grimm es längst richtig bezeichnet hatten. Hauptsächlich sind diese Mißverständnisse eben durch die Namen Amor und Psyche veranlaßt worden, welche die meisten Erklärer von Fulgentius Planciades an verleitet haben, die Allegorie von einem Verhältnis der menschlichen Seele zu dem Platonischen Eros für die eigentliche Basis der Apuleianischen Erzählung zu halten, die der Dichter nur willkürlich erweitert und phantastisch ausgeschmückt habe[4]). Die Vorstellung eines Verhältnisses zwischen Eros und Psyche als zwei Liebenden findet sich deutlich ausgesprochen zuerst in den Gedichten des Meleagros[5]) (im letzten Jahrhundert vor Christus), der sie aber schon als bekannt voraussetzt. Sie liegt zahlreichen Kunstwerken zugrunde, die von der jüngeren attischen Schule ausgegangen oder angeregt sein mögen, und welche die Trennungen und Wiedervereinigungen, die Freuden und Leiden der beiden Liebenden zum Gegenstande haben, besonders aber die Qualen, welche sie sich gegenseitig bereiten. Es war, wie O. Jahn in seiner damals erschöpfenden Auseinandersetzung des Gegenstands (Ber. d. sächs. Gesellsch. d. Wiss. 1851 S. 156f.) bemerkte, nicht etwa ein aus der unbewußt schaffenden, sagenbildenden Kraft des Volks hervorgegangener Mythus, sondern eine Allegorie, welche vielmehr einer wenn auch poetischen Reflexion ihren Ursprung verdankt und daher niemals Eigentum des Volks geworden, niemals über den Kreis der Gebildeten hinausgedrungen ist[6]). Nach Dietze, Philol. LIX (1900) S. 136ff. ist das seiner Ansicht nach von Hause aus in Milet lokalisierte Märchen[7]) bei der (nicht erst von Apu-

Allegorische Deutung.

1) Überaus häufig vorkommend, vgl. O. Hackmann, Polyphemsage, Helsingfors 1904. Radermacher, Erzähl. d. Odyssee a. a. O. S. 13ff. Settegast, Das Polyphemmärchen in altfranzös. Gedichten, Leipz. 1917. Bolte-Polivka III 375ff. Dirr, Kaukas. Märchen 248ff. 2) Bolte-Polivka II 213. 3) Der »Meisterdieb« ist über die ganze Erde verbreitet, vgl. die Nachweise bei Bolte-Polivka III 379ff. 395ff. Kretschmer, Neugriech. Märchen zu Nr. 16. Hambruch, Südseemärchen (1916) zu Nr. 66. Meinhof, Afrikan. Märchen (1917) zu Nr. 66. Dirr a. a. O. 260. 4) Daß dem *philosophus Platonicus* Apuleius allerlei Platonreminiszenzen unterlaufen sind, soll und kann nicht bestritten werden, vgl. auch Reitzenstein, Göttin Psyche, Sitz.-Ber. Akad. Heidelberg 1917 X 105. Aber die Ausdehnung und das Gewicht, das man ihnen früher gab, und das auch R. Förster, Philol. LXXV 1919 S. 134—155 ihnen wieder beilegen will, geht zu weit. 5) Nicht schon, wie Schott meinte, bei Poseidippos, vgl. Reitzenstein, Das Märchen von Amor und Psyche bei Apuleius (Leipz. 1912) S. 73f. 6) Vgl. die dagegen gemachten Bemerkungen von Wolters, Archäol. Zeitung XLII 1884 S. 4. Über Amor und Psyche in der bildenden Kunst vgl. noch unten S. 115. 7) Lokalisierung in Milet kann jedoch weder aus der Bezeichnung als *Milesia fabula* noch aus der Tatsache, daß der Apollo von Milet das Orakel gibt, erschlossen werden.

leius vorgenommenen) mit Anlehnung an Motive und Nachbildungen älterer und neuerer und zwar hellenistischer Originale durchgeführten Verschmelzung mit der Allegorie zu einer im Stil der hellenistischen Erotik gehaltenen Liebeserzählung[1]) geworden.

Betrachtet man nun aber das Märchen bei Apuleius unbefangen, so überzeugt man sich bald, daß seine Ähnlichkeit mit der Allegorie eine geringe ist. Sie besteht ganz ausschließlich darin, daß auch in dem Märchen zwei Liebende, die durch eine lange, von der einen Seite verschuldete Trennung unglücklich geworden sind, durch eine beseligende Wiedervereinigung für immer verbunden werden: und dies war ohne Zweifel für Apuleius der Grund, dem Helden und der Heldin seiner Erzählung die Namen Amor und Psyche zu geben. Aber damit hört auch die Ähnlichkeit auf. Wenn Psyche dem Amor Leiden bereitet, so tut sie es absichtslos; wenn sie um seinetwillen Qualen erduldet, so geschieht es sogar ohne sein Wissen. Versucht man nichtsdestoweniger die ganze Erzählung nach jener angeblich zugrunde liegenden Allegorie zu deuten, so muß man zu den gewaltsamsten Erklärungen seine Zuflucht nehmen, und dennoch bleibt eine Menge von Personen und Umständen übrig, die allegorisch zu erklären ganz und gar unmöglich ist. Nach Hildebrand (Apulei. I Prol. p. XXXII) sollen z. B. die Schwestern der Psyche fleischliche Begierden bedeuten, daher sind sie äußerlich schön und anlockend, werden von vielen zur Ehe begehrt und endlich glücklich verheiratet, aber mit Männern, die ihrer Schändlichkeit würdig sind (?) usw. Nach Creuzer, der dem Fulgentius folgt, sind die drei Töchter das Fleisch, der freie Wille und der Geist, nach Carus die Bewußtlosigkeit, das Weltbewußtsein und das Selbstbewußtsein! Nach andern werden darunter sogar die drei Naturreiche verstanden (Stadelmann, Amor und Psyche, Jahrb. f. Phil. XC 1864 S. 202). Ebenso muß ich die Auffassung von Krahner in der Vorbemerkung zu 'Eros und Psyche' (2. Aufl. 1861) für eine von Grund aus irrtümliche halten. Statt einer Wiederherstellung des antiken Mythus, die vielleicht nicht mehr mit Sicherheit auszuführen sein werde, ist hier eine Neugestaltung unternommen, wobei die Absicht war, »gewisse Heilswahrheiten in das Gewand der Ahnung zu hüllen«. Der Verf. ist überzeugt, »daß der antike Mythus allerdings einen tiefen Ideengehalt zu seiner Grundlage gehabt und einstmals in einer viel reineren und folgerichtigeren Gestalt bestanden haben muß, daß aber das Zeitalter des Apuleius ihn in dieser edleren Gestalt weder zu verstehen noch zu überliefern vermocht hat«.

In ähnlichen Bahnen bewegt sich auch ein andrer Beitrag zu der bereits sehr umfangreichen Literatur, eine Abhandlung von J. A. Hartung, Auslegung des Märchens von der Seele und des Märchens von der schönen Lilie, nebst einer kurzgefaßten Naturgeschichte des Märchens überhaupt (Programm Erfurt, 1866). Hartung stimmt mit mir in der Auffassung der Erzählung als eines Volksmärchens überein, betont aber außerdem wohl mit Recht, daß Apuleius damit zugleich »eine Verherrlichung des sittenreinigenden Einflusses der Mysterien« bezweckt habe. »Die Wanderungen und die gefährlichen Aufgaben, welche

1) Das Verhältnis zur hellenistischen Litteratur hat nach Dietze und Schaller, De fabula Apuleiana quae est de Psyche et Cupidine (Diss. Leipz. 1901) S. 45 ff. besonders stark Helm betont, N. Jahrb. f. d. klass. Altert. XXXIII 1914 S. 170 ff. Gut Reitzenstein, Göttin Psyche S. 103. 105 ff.

Psyche zu bestehen hat, gleichen den anfänglichen Prüfungen derer, die sich in die Mysterien einweihen ließen, und schon der Name Seele oder Psyche beweist, daß ein sittlich-religiöser Sinn zugrunde liegt« (vielmehr von Apuleius hineingelegt ist). S. a. a. O. S. 13 f. Freilich geht Hartung in seinem sinnreichen Versuch, jedes Moment der Erzählung symbolisch zu deuten und dem vorausgesetzten Zweck anzupassen, zu weit. Namentlich kann man meines Erachtens unmöglich in der öfteren Wiederholung der Dreizahl, die ja in den Märchen stehend ist[1]), eine Hinweisung auf die Mysterien finden[2]). Weit näher ist der Wahrheit Friedrich Pressel in den 'Erläuterungen' zu seiner freien Übertragung des Märchens gekommen (Psyche. Ein allegorisches Märchen. Nach dem Lateinischen des Apulejus. Ulm 1864), die ich erst durch eine freundliche Mitteilung von Reinhold Köhler kennen gelernt habe. Zwar geht Pressel von dem mindestens schiefen Satze aus, »daß dem klassischen Altertum das Märchen als eigene, kleine Kunstgattung fremd geblieben ist«, und zwar nicht zufällig. Denn seine Voraussetzung ist »die Scheidung des Natürlichen und Göttlichen im Bewußtsein« und, was die Folge davon ist, das Hinausstreben aus der öden, armen Welt in der Einbildungskraft. Die Griechen kannten »eine Poesie der Sehnsucht nicht«, die Römer noch weniger. Erst als »das antike Bewußtsein an sich selbst irre« »und der Glaube an eine unsichtbare Welt Bedürfnis wurde, brachte das neue Zeitbewußtsein (das seinen Ausdruck im Neuplatonismus fand) eine neue Gattung von Poesie, freilich nur das künstliche, das allegorische, nicht das naive Märchen« hervor. Doch dann fährt Pressel, in Widerspruch mit seiner ganzen, hier kurz wiedergegebenen Deduktion fort: »Oder sollte vielleicht die Apulejische Dichtung eine Überarbeitung einer ursprünglich naiven Dichtung sein? Ich bekenne, daß dies meine Meinung ist, und zwar darum, weil ich, wenn man zwischen Erfindung und Ausführung unterscheidet, eine zu große Ungleichheit wahrzunehmen glaube. Die Erfindung, scheint mir, ist zu gut, als daß der, in dessen Kopfe sie entsprang, in der Ausführung Geschmacksverirrungen hätte begehen können, wie sie bei Apuleius gelegentlich mit unterlaufen.«

Typus des Märchens.

Indem ich nun von der sittlich-religiösen Absicht des Apuleius[3]), sowie von den allegorischen[4]) und mythologischen[5]) Bestandteilen seiner Erzählung ganz absehe, ziehe ich nur ihren wesentlichen Inhalt in Betracht. Nach diesem gehört sie in eine große Klasse von Märchen, deren Wesen die Brüder Grimm (Über das Wesen der Märchen, Kinder- und Hausmärchen, Berlin 1819, S. XLV = Wilhelm Grimm, Kleinere Schriften I S. 351) folgendermaßen bezeichnet haben: »In seiner Idee immer dasselbe, wird ein Märchen vier- bis fünfmal jedesmal unter andern Verhältnissen und Umständen erzählt, so daß es äußerlich als ein anderes betrachtet werden kann. Die gute und unschuldige, ge-

1) Viele Beispiele bei K. Spieß, Das deutsche Volksmärchen, Leipz. 1917 S. 66 ff. A. Lehmann, Dreiheit u. dreifache Wiederholung im deutsch. Volksmärchen. Leipziger Dissert. 1914. 2) Der Gedanke an altgriechische Mysterien ist auch von O. Gruppe wieder aufgenommen worden, Griech. Mythol. u. Rel.Gesch. S. 871 ff. 3) Daß eine solche vorliegt, wird man vielleicht doch zugeben können, vgl. die vorsichtige Formulierung bei Reitzenstein, Märchen usw. S. 8 f. 4) Über neuere allegorische Erklärungen siehe die Liter.-Nachweise bei Lehnert, Bursians Jahresber. 175 S. 43 ff. 5) Darüber s. unten das Nachwort S. 131 f.

wöhnlich die jüngste, Tochter wird von dem Vater in der Not einem Ungeheuer zugesagt oder sie gibt sich selbst in seine Gewalt. Geduldig trägt sie ihr Schicksal, manchmal wird sie gestört von menschlichen Schwachheiten und muß diese schwer abbüßen, doch endlich empfindet sie Liebe zu ihm, und in dem Augenblick wirft es auch die häßliche Gestalt eines Igels, eines Löwen, eines Froschs ab und erscheint in gereinigter, jugendlicher Schönheit. Diese Sage, welche auch bei den Indiern einheimisch ist und mit der römischen von Amor und Psyche, der altfranzösischen von Parthenopex und Meliure sichtbar zusammenhängt, deutet die Bannung in das Irdische und die Erlösung durch Liebe an. Stufenweise arbeitet sich das Reine hervor; wird die Entwicklung gestört, so stürzt Elend und Schwere der Welt herein, und nur vor der Berührung der Seelen, vor der Erkenntnis in Liebe fällt das Irdische ab.« Unter den von Hahn a. a. O. S. 45 ff. aufgestellten Märchenformeln ist es allerdings die 'Frejaformel', zu der dies Märchen von Amor und Psyche seinem wesentlichen Inhalte nach gehört; denn die Grundzüge dieser Formel sind folgende: »a) Die Frau oder Braut fehlt und der Mann verläßt sie darum. b) Sie wandert umher, um ihn zu suchen. c) Wiederfinden und Versöhnung.« Aber auch abgesehen davon, daß hier der Schwerpunkt nicht in der Wanderung liegt, sind außerdem Züge und Motive aus andern Formeln zahlreich aufgenommen: wie ja überhaupt die Märchendichtung die scheinbare Fülle ihrer Schöpfungen einer kaleidoskopartigen Vermischung einer nicht großen Anzahl von Grundformen verdankt (Benfey, Pañcatantra Vorr. XXVI. Hahn a. a. O. S. 43).

In dem 'Verzeichnis der Märchentypen', das Anti Aarne ausgearbeitet hat und nach dem jetzt die Märchenformen inventarisiert werden, gehört das Psyche-Märchen zu Nr. 425 (F. F. Communications III, Helsingfors 1911 S. 18): »Das Ungeheuer (Tier) als Bräutigam (Amor und Psyche): das Mädchen sucht den verschwundenen Bräutigam.«

Wenn nun der Gang des Märchens bei Apuleius im wesentlichen genau jener Charakteristik entspricht, wenn seine Grundzüge in den Märchen der verschiedensten Völker wiederkehren: so ist auch klar, daß Apuleius es nicht erfunden hat, sondern daß es in seiner Urgestalt zu den zahlreichen (arischen wie nichtarischen) Völkern gemeinsamen Märchen gehört (vgl. Benfey a. a. O. S. XXVI f.). Apuleius lernte es als römisches oder vielleicht griechisches[1]) Volksmärchen

1) Eine griechische Bearbeitung erwähnt Fulgent. Planciades (mitol. III 6 ed. Helm p. 68, 23): *Aristofontes Atheneus in libris qui disarestia nuncupantur, hanc fabulam inormi verborum circuitu discere cupientibus prodidit.* Auch M. Zink (Der Mytholog Fulgentius, ein Beitrag z. röm. Lit.-Gesch. u. z. Grammatik des afrikan. Lateins II [Würzburg 1867] S. 89) hält das Zitat für kein erfundenes (da der Inhalt des Märchens zu einem Buch »Von der Unzufriedenheit« so wohl paßt, weshalb auch kein Grund ist, mit Rohde, Roman^3 S. 371, 4 Δυσερωτικά als Titel zu vermuten), meint aber, der Name des Verfassers, den Fulgentius in einem Casus obl. gelesen habe, sei Aristophon. Doch ist ja Aristophontes der Name einer Person in Plaut. Captivi, Teuffel, Studien 415 f. Statt *disarestia* vermutet Plasberg (bei Helm) Διὸς ἀριστεία als Titel. B. Schmidt, Griech. Märchen S. 14 Anm., teilt mit, daß ihm auf der Insel Zakynthos von sehr glaubwürdiger Seite versichert wurde, es sei hier ein dem Märchen des Apuleius sehr ähnliches im Munde des Volkes. Daß Apuleius eine griechische Vorlage hatte, wird man auf Grund mancher formaler Parallelen mit griechischer (hellenistischer) Poesie und Prosa annehmen müssen. Wichtig ist z. B. VI 157, 6 *innoxius* (vom Adler), weil, wie Helm erkannte, offenbar ὁ ἀετός in der Vorlage stand.

kennen und hat es nach seiner Weise zugestutzt und umgestaltet. Durch seine Zusätze[1]), Weglassungen und Veränderungen ist es allerdings entstellt, aber doch nicht so, daß es sich nicht schon allein mit Hilfe der deutschen Volksmärchen verwandten Inhalts mit großer Wahrscheinlichkeit wiederherstellen ließe[2]).

Ursprünglicher Verlauf des Märchens.

Der Anfang ist nicht nur dem Inhalt, sondern zum Teil selbst dem Ton nach erhalten. »In einem Lande waren einmal ein König und eine Königin« (vgl. Pers. 2, 37, oben S. 92). Diese hatten drei schöne Töchter, aber bei weitem die schönste war die jüngste, ihre Schönheit war so groß und herrlich, daß es mit Worten gar nicht auszudrücken war[3]). Aber während die beiden älteren mit Königen vermählt werden, muß die jüngste in die Gewalt eines Ungeheuers gegeben werden. Das Motiv zu dieser Wendung des Märchens hat, wie ich glaube, Bolle (Apuleius als Lektüre für die unterste Stufe eines Gymnasiums oder einer Realschule. Progr. Celle 1877 S. 13f.) ganz richtig angegeben[4]). Ein Königssohn, dessen Mutter (wie die Königin in dem Märchen von Sneewittchen) eifersüchtig auf den Ruhm, die Schönste zu sein, zugleich aber eine Zauberin ist, verliebt sich in die jüngste der drei Königstöchter. Seine Mutter, die ihre Schönheit durch die der Prinzessin übertroffen sieht, verfolgt dieselbe nun mit ihrem Hasse und verzaubert ihren Sohn zur Strafe dafür, daß er sie liebt. Nachdem die beiden Liebenden die Namen Amor und Psyche erhalten hatten, mußte Venus die Mutter des Königssohns werden. Auch in einer neugriechischen Variante des Märchens von Sneewittchen ist an die Stelle der schönen, bösen Königin die Liebesgöttin (die Mutter des Erotas) getreten[5]). B. Schmidt, Griech. Märchen (17: Maroula und die Mutter des Erotas S. 110): »Es lebte einmal eine Königstochter, die war unter allen Frauen der Welt weitaus die Schönste. Als das die Mutter des Erotas erfuhr, die nicht dulden mag, daß eine andere schöner sei, denn sie selbst, faßte sie den Gedanken, das Mädchen zu töten« usw. B. Schmidt bemerkt S. 233: »Der Haß der Mutter des Erotas gegen das an Schönheit sie übertreffende Mädchen, die Leiden, die sie ihm deshalb bereitet, und ihre schließliche Beruhigung erinnern jedenfalls an

1) z. B. die aus römischem Milieu, römischem Recht usw. entnommenen, vgl. F. Norden, Apuleius u. d. röm. Privatrecht (Leipz. 1912) S. 190 unter Amor u. Psyche, Überarbeitung u. Romanisierung.

2) Meinen Herstellungsversuch habe ich zuerst im 'Morgenblatt' 1858 Nr. 37 u. 38 veröffentlicht. — Neueste Versuche, eine Urform des Märchens zurückzugewinnen: v. d. Leyen, Das Märchen, Leipz. 1911 S. 98ff.; dagegen Reitzenstein, Das Märchen usw. S. 84ff.; Antwort v. d. Leyens: Bayr. Hefte f. Volksk. I 1914 S. 60ff.; Replik Reitzensteins: Eros u. Psyche 13; etwas modifizierte Darstellung jetzt bei v. d. Leyen, Das Märchen² (1917) S. 107ff. (vgl. auch S. 32). F. A. Schröeder, De Amoris et Psyches fabella Apul., Diss. Amsterdam 1916, dazu Weinreich, Deutsche Lit.-Ztg. 1919 S. 799ff. Vgl. auch die Lit.-Nachweise bei Lehnert, Bursians Jahresber. 175 S. 42.

3) »Eine bildschöne Jungfrau, nein so schön, daß es nicht zu sagen ist« (Grimm 166). »Aber am schönsten war doch die jüngste Tochter, sie war ganz über alle Maßen schön« (Ströbe, Nordische Volksmärchen II 1915 S. 174). Doch sind auch formal die Parallelen aus der Literatur (Roman, Novelle, novellistischem Göttermythos) zu beachten, wie sie Schaller a. a. O. und Helm a. a. O. S. 191ff. verzeichnen.

4) Auch der Versuch, das Märchen in zweckmäßiger Bearbeitung als Schullektüre zu benutzen, dürfte Beachtung verdienen; namentlich für Schullektüre geeignet ist die Ausgabe von F. Norden (Wien 1903, Text und Kommentar).

5) In einem verwandten sicilischen Märchen heißt der Sohn der der Schwiegertochter feindlichen Mutter (hier einer Ogerin) *lu Re d'Amuri* (der Liebeskönig), Cosquin, Contes pop. de la Lorraine II 237.

das Märchen von Amor und Psyche«: und wir sind, wie ich glaube, nach den vorhandenen Analogien zu der Annahme allerdings berechtigt, daß auch Apuleius das Motiv der Eifersucht in dem von ihm benutzten Volksmärchen vorgefunden hat.

In diesem wird vermutlich der in ein Ungeheuer verwandelte Prinz dem Vater der schönen Prinzessin, etwa auf der Jagd, begegnet sein und ihn durch die Drohung, ihn zu töten, zu dem Versprechen ihrer Auslieferung bewogen haben. Apuleius läßt statt dessen die Eltern durch ein Orakel des Apollo zu diesem Entschlusse bestimmt werden. Doch von da ab, wo die schöne Königstochter in Grabesgewändern, unter den Klagen der Ihrigen, in trauervollem Zuge auf die Spitze eines jähen Felsens geleitet und dort allein gelassen wird, ist er wieder dem Märchen gefolgt. Genau entspricht hier eine Stelle im Märchen 'Die zwei Brüder' (Grimm, Kinder- und Hausmärchen 60, Bd. I S. 316): »Der jüngste aber kam mit seinen Tieren in eine Stadt, die war ganz mit Flor überzogen. — Und — der Jäger — fragte den Wirt, warum die Stadt so mit Trauerflor ausgehängt wäre. Sprach der Wirt, weil morgen unseres Königs einzige Tochter sterben wird. — Draußen vor der Stadt ist ein hoher Berg, darauf wohnt ein Drache, der muß alle Jahre eine reine Jungfrau haben, sonst verwüstet er das ganze Land. Nun sind schon alle Jungfrauen hingegeben und ist niemand mehr übrig als die Königstochter.« Dem deutschen Märchen entspricht das griechische 'Die Zwillingsbrüder' (Hahn 22, I 170), wo in einem Lande ein Ungeheuer alle Quellen besetzt hält und die Einwohner nur einmal im Jahre daraus schöpfen läßt, wenn ihm ein Mädchen gebracht wird; was auch dort die Königstochter trifft. Auf diese Weise kann nun freilich die Aussetzung der Königstochter in dem antiken Märchen nicht motiviert gewesen sein, mit dem das Märchen von den zwei Brüdern überhaupt weiter keine Ähnlichkeit hat; und es ist ebenso möglich, daß dieses Geleiten der scheinbar zum Opfer Bestimmten auf einen Berg in mehreren Märchen vorkam, wie daß Apuleius einzelne Züge aus andern Märchen entlehnte. Bei Grimm 88 'Das singende, springende Löweneckerchen' (Bd. II S. 6) gerät ein Vater von drei Töchtern in die Gewalt eines Löwen und kann sich nur dadurch retten, daß er ihm das erste verspricht, was ihm bei seiner Heimkehr begegnen werde: dies ist aber gerade die jüngste Tochter. Überhaupt ist dies in den mannigfaltigsten Gestalten bei verschiedenen Völkern vorkommende Märchen (s. Grimm III S. 152—156. Bolte-Polivka II 229—273) dasjenige, welches dem Märchen bei Apuleius am meisten entspricht, wenigstens nach seinem wesentlichen Inhalt: »Das Herz wird geprüft und vor der Erkenntnis in reiner Liebe fällt alles Irdische und Böse nieder« (S. 155).

Das Ungeheuer, dem die Jungfrau übergeben wird, war, wie gesagt, auch in dem antiken Märchen ein verzauberter Mensch, ein König oder Königssohn. Daß er dort in einen Drachen verzaubert war, hatte ich längst vermutet, ehe ich die unten folgenden, verwandten Märchen kennen lernte, die diese Vermutung durchaus bestätigen. Zwar, wenn das Orakel den der Königstochter bestimmten Gemahl »ein grausames, schlangenartiges Ungetüm« nennt (*saevum atque ferum vipereumque malum* Metam. IV 33), so ist hier vielleicht nur eine Reminiszenz an Sapphos Bezeichnung des Eros als einer »bittersüßen unbändigen Schlange« zu erkennen, obgleich freilich auch Fulgent. ed. Helm 67, 9 sagt: *iubetur puella — pinnato serpenti sponsa destinari*[1]). Aber auch die Schwestern der Psyche geben vor, vernommen zu haben, daß dies seine Gestalt sei, und daß er nur darum sich ihr niemals zeige. Als gewaltige, vielfach gewundene Schlange, mit ungeheurem Rachen, Gift tropfend, beschreiben sie ihn und erinnern an das Orakel, das ihr die Vermählung mit einem entsetzlichen Ungetüm (*trucis bestiae*) vorausgesagt. Viele Bauern und Jäger sollen den Drachen gesehen haben, wenn er des Abends vom Fraße zurückkehrend auf einem nahen Flusse dahinschwamm (Met. V 17, vgl. 20: *postquam sulcatos intrahens gressus cubile solitum conscenderit*). Nur in der Nacht hörte offenbar der Zauber auf, und der Verwandelte erhielt seine eigene Gestalt, die Gestalt eines schönen Jünglings, in der er seine Gemahlin besuchte: wie ja in so vielen Märchen die Verwandelten in gewissen Stunden, Tagen, Wochen, Monaten in ihre wahre Gestalt zurückkehren dürften. Wahrscheinlich hat auch das von Apuleius benutzte Märchen den Zug enthalten, daß den Verwandelten in der Zeit der Rückkehr in die menschliche Gestalt kein Lichtstrahl berühren durfte, weil sonst der Zauber neue Stärke und längere Dauer gewann (Grimm a. a. O. S. XXXIII). So ist es in dem bereits verglichenen Märchen (Grimm 88), wo der Löwe, dem die jüngste Tochter übergeben werden muß, ein verzauberter Königssohn ist: in der Nacht erhält er und alle seine mit ihm verzauberten Leute ihre natürliche Gestalt wieder. Wenn ihn aber der Strahl eines brennenden Lichts berührt, wird er in eine Taube verwandelt und muß sieben Jahre lang mit den Tauben fliegen; dies geschieht einmal, indem durch eine Türritze ein haarbreiter Strahl auf ihn fällt; sogleich ist er verwandelt und fliegt als weiße Taube davon. Wenigstens kann man hierbei sich des Amor erinnern, der, von Psyches Lampe beleuchtet, aus dem Schlaf erwachend schweigend davonfliegt und sie dann von einer hohen Zypresse herab anredet (Met. V 23). So auch Grimm Bd. III S. 157: »Unsere Erzählung stimmt auch darin, daß Licht das Unglück bringt[2]) und die alles entfesselnde Nacht den Zauber jedesmal löst.« Auch in dem unten mitzuteilenden griechischen Märchen 'Goldgerte' (Hahn 7) ist der Königssohn in eine Taube verwandelt und wird infolge der Entdeckung des Geheimnisses durch die Schwestern verwundet.

Zur Vermählung mit einem solchen Gemahl wird also die Königstochter auf der Spitze eines Felsens allein gelassen. Ein sanfter Windhauch trägt die Zagende in ein blühendes Tal hinab, wo sie bald neugestärkt einen Hain mit einem klaren Quell gewahrt und einen mit aller Märchenpracht geschmückten Palast. Auch in der Beschreibung glaubt man noch den Ton des Märchens durchklingen zu hören: so glänzen die Wände der Gemächer von Gold, daß es auch bei Nacht in ihnen hell bleibt (V 1). Ebenso ist in einem neugriechischen Märchen in dem Palast des Drachen, dem die jüngste Königstochter ausgeliefert wird, »das Schlafgemach so prächtig, daß es in der Nacht von selber leuchtet«

1) Doch vgl. Eros als kosmische Gottheit in Drachengestalt: Reitzenstein, Märchen usw. S. 20 und S. 80ff.; Göttin Psyche S. 88f. 91f. 2) In einem litauischen Märchen bei Leskien-Brugmann Nr. 21 zündet das Mädchen in der dritten Nacht Licht an, um zu sehen, wer sie in dem verzauberten Schloß besucht. Damit führt sie das Verderben herbei. Auf die Parallele zum Psyche-Märchen wies Radermacher hin, Wiener Eranos z. 50. Philol.-Versamml. 1909 S. 290f.

(B. Schmidt, Griech. Märchen S. 94). Kein Mensch ist zu sehen, nur die Stimmen der unsichtbaren Dienerschaft vernimmt sie, die all ihre Befehle ausführen, ihre Wünsche erfüllen. Auch dies findet sich im Märchen öfters (Rohde, Der griech. Roman[3] S. 208 Anm.); so in dem Märchen 'Der junge Riese' (Grimm 90, Bd. II S. 27): »Als er ein Weilchen da gesessen hatte, tat sich auf einmal die Tür auf, und kam eine große Tafel herein, und auf die Tafel stellte sich Wein und Braten und viel gutes Essen, alles von selber, denn es war niemand da, der's auftrug. Und danach rückten sich die Stühle herbei, aber es kamen keine Leute, bis auf einmal sah er Finger, die hantierten mit den Messern und Gabeln und legten Speisen auf die Teller, aber sonst konnte er nichts sehen.« Nun warnt der unsichtbare Gemahl die Königstochter, ihre beiden Schwestern, die sie aufsuchen werden, nicht zu sich zu lassen; da sie diesem Wunsch aber nicht zu widerstehen vermag, warnt er sie aufs neue wiederholt und dringend, wenigstens nicht auf ihre Einflüsterungen zu hören und nach seiner Gestalt zu forschen; wenn sie dies tut, muß er sie verlassen, und das Kind, das sie in ihrem Schoße trägt, wird sterblich; bezwingt sie dagegen ihre Neugier, so ist es göttlicher Natur. Doch die Einflüsterungen der Schwestern und die Neugier gewinnen die Oberhand, sie forscht nach dem Verbotenen, und das Vorherverkündete geschieht. — Sehr gewöhnlich ist es in Märchen die Neugier, die zum Übertreten eines Verbots verleitet, worauf dann das bisherige Glück aufhört und Unglück hereinbricht; so z. B. das verbotene Öffnen einer verschlossenen Tür: Grimm 3 (Marienkind), 46 (Fitchers Vogel), vgl. Bd. III S. 8 ff. (den Töchtern des Kekrops bringt das Öffnen der Kiste Unheil, in der Erichthonios liegt). In einer hannöverschen Variation des oben erwähnten Märchens (Grimm 87) ist der Königssohn in einen Raben verwandelt; in der Schlafkammer der Königstochter hängt ein Spiegel, darin kann sie alles sehen, was in ihrem heimatlichen Schloß geschieht, nur darf sie nicht die Kammerfrau hineinblicken lassen. Die Königstochter trägt darum allezeit den Schlüssel bei sich, einmal läßt sie ihn stecken, die Kammerfrau geht hinein und schaut in den Spiegel. Der Rabe zerreißt sie dafür und sagt zur Königstochter: nun mußt du fort, mußt sieben Jahre dienen und für sieben Mägde Arbeit tun (Bd. III S. 154). Mehrfach verwandt mit dem römischen Märchen ist auch das von Aschenputtel (Grimm 21), wo auch die beiden minder schönen, älteren Schwestern gegen die jüngste Bosheit und Hinterlist üben, zuletzt aber auch dafür die Strafe erhalten. In einer hessischen Variation dieses Märchens kommt folgendes vor: nachdem Aschenputtel ein Jahr lang vergnügt mit dem König gelebt, verreist er und läßt ihr alle Schlüssel zurück, mit dem Befehl, eine gewisse Kammer nicht zu öffnen. Als er aber fort ist, wird sie von der falschen Schwester verleitet, die verbotene Kammer aufzuschließen, worin sie einen Blutbrunnen finden. In diesen wird sie hernach, als sie bei der Geburt eines Söhnchens krank liegt, von der bösen Schwester geworfen, die sich an ihrer Stelle in das Bett legt; aber die Wachen hören das Jammergeschrei, retten die rechte Königin, und die falsche wird bestraft (Grimm Bd. III S. 35). — Die mehrmalige Erwähnung des zu erwartenden Kinds bei Apuleius und des Einflusses, den die Standhaftigkeit der Mutter auf seine Natur haben soll, läßt vermuten, daß in dem antiken Märchen der Zauber auch über das Kind Gewalt hatte, wenn die Mutter nicht standhaft blieb, und daß es dann in derselben Gestalt zur Welt kommen mußte, in die der Vater verwandelt war. Dieser ermahnt seine Gattin, sie möge ihn, sich und ihren Kleinen durch treues Beharren vor dem drohenden Unglück bewahren (V 13).

Die Königstochter, in Verzweiflung über die Folgen ihrer Neugier, sucht im Wasser den Tod; vergebens, der Fluß trägt sie wohlbehalten ans Ufer. Nun wandert sie unstet umher, den verlorenen Gemahl zu suchen, und kommt in das Land, an dessen König eine ihrer Schwestern vermählt ist. Diese läßt sich durch die Erzählung täuschen, der Gemahl begehre nun sie statt der Verstoßenen, sie eilt auf den Felsen, von wo sie sonst der Westwind herabtrug, stürzt sich aber zu Tode. Ebenso wird die andere Schwester von der jüngsten getäuscht und für ihre Bosheit und Hinterlist gestraft.

In dem von Apuleius bearbeiteten Märchen kommt die Reuige, Umherirrende nun offenbar an den Ort, wo sie durch harten Dienst, schwere Arbeiten und neue Standhaftigkeit ihren Fehltritt büßt und den Geliebten erlöst. In jenem hannöverschen Märchen kommt die Königstochter, die durch Unachtsamkeit die Trennung von ihrem Gemahl herbeigeführt hat, zu einer bösen Frau, der sie sieben Jahre dienen und für sieben Mägde Arbeit tun mußte (Grimm Bd. III S. 154). In einigen der unten folgenden Märchen ist dieses feindselige Wesen die Mutter des Geliebten. So war es ohne Zweifel auch in dem von Apuleius benutzten: bei ihm ist an die Stelle der Zauberin, die ihren Sohn verwandelt hat und ihre verhaßte Schwiegertochter auf schwere Proben stellte, welche endlich die Erlösung herbeiführten, Venus getreten. Anstatt daß aber die Königstochter ihre Schwiegermutter aufsucht, bei der sie den Gemahl am ersten zu finden erwarten muß (vgl. Met. VI 5), läßt Apuleius sie von Venus gesucht werden, sich vor ihr verbergen und die Entdeckung fürchten, endlich aber doch sich freiwillig ihr überliefern; alles nur, um Raum für ausschmückende Episoden zu gewinnen, wie sie dem Geschmack des Dichters und seiner Zeitgenossen zusagten, denen sie vermutlich als große Verschönerungen der gar zu naiven Erzählung erschienen, während sie dieselbe nach unserem Gefühl verunstalten, wie jede Verkünstelung die einfach schöne Natur. Schon bei dem Selbstmordversuch hat Apuleius eine sehr überflüssige Episode von Pan zugesetzt (VI 24); nun folgt (V 28—VI 10), wie Venus die Ehe ihres Sohns erfährt und ihm heftige Vorwürfe darüber macht, wie Ceres und Juno sie vergebens zu begütigen suchen und wie Psyche die beiden vergebens um Schutz und Aufnahme bittet; wie Venus sie überall suchen läßt, worauf Psyche sich selbst ausliefert und den Dienerinnen der Venus, Traurigkeit und Sorge, übergeben wird, die sie foltern und geißeln müssen. Dieses ganze mythologische Füllstück ist teils gezierte und frostige Allegorie, teils platte Travestie. Venus spricht zu Amor wie eine erzürnte Komödienmutter zu einem liederlichen Sohn, Ceres und Juno wie Gevatterinnen; die Ehe mit Psyche soll ungültig sein, weil sie auf einem Landhause ohne Zeugen geschlossen ist; Mercur verspricht als öffentlicher Ausrufer der Götter dem Finder der Psyche sieben Küsse von Venus usw. Höchstens an einer Stelle wird man allenfalls an die Märchenweise erinnert, wo die herumirrende Königstochter an dem Cerestempel die unordentlich durcheinandergeworfenen Garben, Kränze, Sicheln in Ordnung legt (VI 1); wie in den deutschen Märchen die irrenden guten Mädchen und Frauen oft in menschenleeren

Einöden unaufgefordert ihre ordnende und hilfreiche Hand walten lassen und sich damit den Dank guter Geister verdienen.

Aus diesen unerquicklichen Episoden wird man wieder in das Märchen zurückgeführt, wie aus einem verschnörkelten Garten aus der Zeit des Rokoko in die Ursprünglichkeit der Waldnatur. Die Königstochter muß nun, als Buße ihres Fehltritts und zugleich zur Erlösung ihres Gemahls, drei schwere Arbeiten vollbringen. Zuerst soll sie einen Haufen Gerste, Weizen, Hirse, Mohn, Erbsen, Linsen und Bohnen bis zum Abend auseinanderlesen: Ameisen tun es für sie. Darauf soll sie von bösen, wilden Schafen mit goldenen Vließen Wolle bringen; verzweifelt will sie sich in den Strom stürzen, da flüstert ihr das Schilfrohr zu, zu warten, bis die Schafe die Wolle an den Bäumen abstreifen, und diese sammelt sie dann. Endlich soll sie Wasser aus einer Quelle (bei Apuleius der stygischen) holen, die in einer furchtbaren, unzugänglichen Schlucht fließt und von Drachen bewacht wird: ein Adler füllt ihr das Kristallgefäß mit dem verlangten Wasser.

Die erste Arbeit ist genau dieselbe, die in Aschenputtel (Grimm 91) von der Stiefmutter der Stieftochter auferlegt wird, welcher dort Tauben zu Hilfe kommen. Ganz ähnlich ist die zweite Arbeit in dem indischen Märchen von der Tochter des Holzhauers. Auch in deutschen Märchen kommt ähnliches öfters vor. In der Weißen Schlange (Grimm 17) müssen alle Freier der Königstochter drei Arbeiten verrichten; können sie es nicht, so müssen sie sterben. Eine davon ist, Hirsekörner aus zehn Säcken, die im Garten ins Gras geschüttet sind, von Sonnenuntergang bis Sonnenaufgang zusammenzulesen; auch dort verrichten viele tausend Ameisen die Arbeit. Besonders sind diese Arbeiten eben den Märchen eigentümlich, die zu der 'Brautwettformel' gehören, wo die Werber den Kopf gegen die Braut setzen, deren Erwerbung an die Lösung schwerer Arbeiten geknüpft ist (Hahn S. 54, vgl. II S. 323). Auch in dem griechischen Märchen 'Der Königssohn und der Bartlose' (Hahn 37) lesen Ameisen für den Königssohn vier untereinandergemengte Pferdelasten Weizen, Gerste, Spelt und Mais in einem halben Tage auseinander. Zu der zweiten Arbeit kenne ich keine genau entsprechende Analogie (doch vgl. unten S. 126); auf die dritte komme ich noch zurück (S. 114). Die Tiere, die der Königstochter helfen, mochte sie, wie dies in so vielen Märchen geschieht (auch in dem indischen), durch Barmherzigkeit oder gewährte Hilfe zur Dankbarkeit verpflichtet haben (bei Hahn Formel 32 die dankbaren Tiere S. 57). Apuleius kann dies ausgelassen haben; in seine Erzählung paßt es besser, daß die ganze Natur der Erkorenen des Liebesgottes sich hilfreich erweist. Vielleicht kam es aber auch in dem Märchen nicht vor[1]); die Tiere können sich auch aus Mitleid der Unglücklichen annehmen, wie die unbelebten Wesen, wie das Schilfrohr und später der Turm, von dem sie sich herabstürzen will. Grimm Bd. I[2] S. XXX: »Der Sonne, dem Mond, den Sternen wohnt vor allem eine geistige Natur bei, und wenn sie zu den Bedrängten reden, ihnen Geschenke geben, die sie erretten, so erscheinen

1) Cosquin, der eine Motivierung der Hilfe der Tiere durch Wohltaten von seiten Psyches in dem ursprünglichen Märchen für unentbehrlich hält (Contes pop. d. l. Lorraine II 230), setzt eine buddhistische Fassung desselben voraus (p. 243). Über Tiere, die Aufgaben lösen helfen, s. Bolte-Polivka I 134.

sie als angebetete, göttliche Wesen (*quorum opibus aperte iuvantur* Caes. B. G. VI 21), wie sie es in alten Zeiten den Deutschen wirklich waren. Auch die Bäume und Quellen, deren Verehrung sich lange forterhielt, sind hier beseelt. — Die Quelle, die glänzend über die Steine springt, warnt die Kinder, nicht aus ihr zu trinken, weil sie sonst verwandelt würden.« So ruft in dem römischen Märchen die von Drachen bewachte Quelle der Königstochter zu: Entweiche! was tust du? hab acht! was willst du? hüte dich! fliehe, sonst mußt du sterben! (VI 14, vgl. den warnenden See in dem Märchen von der siebenköpfigen Schlange: B. Schmidt, Griech. Märchen S. 119. Weiteres bei Bolte-Polivka I 80 A. 2).

Auf diese drei Arbeiten folgt nun noch eine vierte. Die Königstochter muß in die Unterwelt hinabsteigen und ein wenig Schönheitssalbe von der Totengöttin heraufholen. Möglich, daß dies nur eine Variation der dritten Arbeit war, die Apuleius aus einer andern Form des Märchens entlehnte; denn nach der Weise der Märchen erwartet man nur drei Arbeiten; möglich auch, daß hier ausnahmsweise noch eine vierte, als letzte, schwerste, durch drei Versuchungen noch erschwerte, hinzukam[1]). Das Wasser der stygischen Quelle, sowie die Schönheitssalbe, d. h. also ein Mittel der Verjüngung, erinnern an das in deutschen Märchen mehrfach vorkommende Wasser des Lebens (Grimm 88. 97, vgl. Bd. I[2] S. XXXVII. Bolte-Polivka I 513 ff. II 400 f. Politis, Παραδόσεις I Nr. 552). Auch Hinabsteigen in die Unterwelt kommt dort vor (Grimm Bd. I[2] S. XXXV. XXXVII). Wie der Turm, von dem die Königstochter in dem antiken Märchen sich herabstürzen will, sie belehrt, auf welche Weise sie das Verlangte erhalten könne, so tut es in dem deutschen (Grimm 97) ein Zwerg: »Es (das Wasser des Lebens) quillt aus einem Brunnen in dem Hofe eines verwünschten Schlosses, aber du dringst nicht hinein, wenn ich dir nicht eine eiserne Rute gebe und zwei Laiberchen Brot. Mit der Rute schlag dreimal an das eiserne Tor des Schlosses, so wird es aufspringen; inwendig liegen zwei Löwen, die den Rachen aufsperren; wenn du aber jedem ein Brot hineinwirfst, so werden sie still, und dann eile dich und hol von dem Wasser des Lebens, bevor es zwölf schlägt; sonst schlägt das Tor wieder zu und du bist eingesperrt.« Der Prinz befolgt alles dieses, aber da er in einem Zimmer ein schönes, frisch gedecktes Bett findet, kann er sich nicht enthalten, darauf auszuruhen. »Also legte er sich und schlief ein; als er erwachte, schlug es dreiviertel auf zwölf. Da sprang er ganz erschrocken auf, lief zu dem Brunnen und schöpfte daraus mit einem Becher, der daneben stand, und eilte, daß er fortkam. Wie er aber zum eisernen Tore hinausging, da schlug's zwölf und das Tor schlug so heftig zu, daß es ihm noch ein Stück von der Ferse mitnahm.« Ganz ebenso stellen sich in dem antiken Märchen Gefahren und Versuchungen dem Gelingen des Unternehmens in den Weg, und

1) Im Altertum, wo das τρὶς καὶ τετράκις ebenso typisch ist wie das *ter quaterque*, kann eine vierfache Arbeit nicht befremden, zumal sie eben als 3 + 1 zu bewerten ist. Das häufigere epische Erzählungsschema ist ja »Dreizahl mit Achtergewicht« (Olrik, Zeitschr. f. deutsches Altertum 1909 S. 7), Betonung des letzten Gliedes der Dreierreihe. Hier ist, wie auch sonst zuweilen, das Achtergewicht gleichsam losgelöst, tritt hinter die Dreiergruppe, das Erzählungsschema der »Rundzahl mit Überschuß« bewirkend. Bemerkenswert ist, wie ja im Text hervorgehoben, daß dies »Achtergewicht« selbst wieder die Dreigliedrigkeit enthält.

ganz ebenso droht es noch im letzten Augenblick, nachdem das Schwerste vollbracht ist, zu scheitern. Die Königstochter muß auf ihrem Wege zu dem Palaste des Totengottes in jeder Hand einen Kuchen aus Mehlbrei und Honigwein und im Munde zwei Kupfermünzen tragen. Dreimal wird sie versucht, den Kuchen fallen zu lassen; tut sie es, dann muß sie in der Unterwelt bleiben; denn sie kann dann den Cerberus nicht beim Hinausgehen, ebenso wie beim Hineingehen, beschwichtigen. Zuerst begegnet ihr ein lahmer, mit Holz beladener Esel, dessen ebenfalls lahmer Treiber sie bittet, die herabgefallenen Holzscheite aufzuheben[1]). Beim Übersetzen über den Totenfluß (wobei ihr Charon die Kupfermünzen selbst aus dem Munde nehmen muß) schwimmt ein toter, alter Mann dem Kahne nach, der seine verwesten Hände ausstreckt, mit der Bitte, ihn in das Fahrzeug zu ziehen. Am andern Ufer sitzen alte Weiber am Webstuhl und bitten sie, mit Hand anzulegen. Sie übersteht alle diese Versuchungen glücklich. Von der Totengöttin wird sie aufgefordert, an einem reichen Mahle teilzunehmen; sie darf aber nichts annehmen als ein Stück Brot, das sie auf der Erde sitzend verzehren muß. Sie empfängt das Verlangte, legt auch den Rückweg glücklich zurück, aber auf die Oberwelt gelangt, kann sie sich trotz des Verbots nicht enthalten, die Büchse zu öffnen, aus der ein betäubender Dampf aufsteigt, der sie in totenähnlichen Schlummer versenkt. Doch ihr Geliebter — nun durch ihre Treue und Standhaftigkeit erlöst — eilt herbei und erweckt sie zum Leben.

Der Schluß, wo Amor und Psyche im Himmel vermählt werden, ist bei Apuleius (Met. VI 22—24) wieder eine niedrig komische Travestie. Psyche gebiert eine Tochter, Voluptas. Auch hier zeigt sich deutlich, daß Apuleius in seiner Erzählung zwei heterogene Elemente, Allegorie und Märchen, verschmolzen hat; denn wo von dem zu erwartenden Kinde die Rede ist, wird es wiederholt als Knabe bezeichnet (V 12. 13), doch wohl nach dem Märchen; was Apuleius hier offenbar wieder vergessen hatte.

Wenn es keine antiken Kunstwerke gibt, die auf der Erzählung des Apuleius beruhen[2]), halte ich dies keineswegs für zufällig. Die klassische Kunst verschmähte ebenso, ihre Gegenstände dem Volksmärchen zu entlehnen, wie die klassische Poesie. Allerdings hätte es geschehen können, seit das Märchen durch Apuleius in die Literatur eingeführt war (die Zeit des von Fulgentius Planciades genannten Aristophontes, oben S. 107 A. 1, ist meines Wissens unbekannt);

1) Dieser Eseltreiber mag ein Nachhall des mythischen Oknos sein (Boll, Arch. f. Rel.-Wiss. XIX 151).

2) Heydemann, Archäol. Ztg. 1869 S. 22 zu Taf. 16 hält den dort abgebildeten Sarkophag, dessen Darstellungen vielleicht auf derselben Quelle beruhen wie die Erzählung des Apuleius, für älter als diese. Die dort erwähnten geschnittenen Steine kenne ich nicht. Die Schrift von M. Collignon, Essai sur les monuments grecs et romains relatifs au mythe Psyché (Paris 1877), wo nach Cosquin, Contes p. d. l. Lorraine II 224 zwei geschnittene Steine mit Darstellungen vorkommen, die direkt der Erzählung des Apuleius entlehnt sein sollen (Psyche mit Hilfe der Ameisen die Körner sichtend und von dem Adler das Wasser der Styx erhaltend), war mir unzugänglich. — Neuere Arbeiten über Eros und Psyche in der bildenden Kunst (vgl. auch oben S. 104): Pagenstecher, Sitz.-Ber. Akad. Heidelberg 1911, 9. Abhdl., dazu Reitzenstein, Märchen usw. S. 89; Eros u. Psyche in d. ägypt.-griech. Kleinkunst, Sitz.-Ber. Akad. Heidelberg 1914, 12. Abhdl.; Göttin Psyche S. 93 ff. (hier auch über altchristliche Darstellungen). Förster, Philol. LXXV 1919 S. 143 ff.

aber damals war die produktive Kraft der bildenden Kunst schon so gut wie erloschen.

Verwandte Märchen andrer Völker.

Daß der Erzählung des Apuleius ein echtes Volksmärchen zugrunde liegt, wird meines Erachtens schon durch die aus den deutschen Märchen beigebrachten Parallelen zur Evidenz bewiesen. Kenner der Märchenliteratur werden diesen Beweis ohne Zweifel sehr vervollständigen können[1]). Von den bei Grimm III 155 angeführten verwandten Märchen ist mir das niederländische (Wodana 3) unbekannt geblieben; das schwedische (Grimm III 325) ist nur entfernt verwandt. Auch die sämtlichen übrigen habe ich erst kennen gelernt, nachdem ich meinen Herstellungsversuch bereits gemacht hatte. Da sie denselben in allem Wesentlichen bestätigen (in der Mehrzahl namentlich auch darin, daß der Geliebte oder Gatte der Heldin in eine Schlange verwandelt ist), gebe ich ihren Inhalt so weit an, wie nötig ist, um die durchgehende Übereinstimmung im Ganzen neben den mannigfachsten Abweichungen im Einzelnen zu zeigen, welche letzteren besonders durch jene der Märchendichtung eigentümliche Vermischung und Zusammenwürfelung von Zügen und Motiven aus verschiedenen Märchen entstanden sind.

Von den neapolitanischen Märchen im Pentamerone des Basile sind mehrere verwandt. In 15 ('Die Schlange') wirbt eine Schlange um die Tochter eines Königs, und er muß sie ihr geben, da die Schlange drei für unmöglich gehaltene Arbeiten vollbringt, deren Vollendung er zur Bedingung des Jaworts gemacht hat. Als das Paar im Brautgemach beisammen ist, sieht der König durch das Schlüsselloch, daß die Schlange sich in einen schönen Jüngling verwandelt; er dringt ein und verbrennt die am Boden liegende Schlangenhaut. Aber der Jüngling verwandelt sich in eine Taube (s. oben S. 110), die beim Entfliehen durch das Fenster sich den Kopf zerstößt. Die Königstochter irrt nun umher, um ihren Gatten zu suchen. Von einem Fuchs erfährt sie, was die Vögel sich im Walde erzählen: ihr Prinz sei von einer Hexe auf sieben Jahre in eine Schlange verwandelt worden, dieser Zeitraum sei seinem Ende nahe gewesen, als durch die Verbrennung der Schlangenhaut die neue Verwandlung herbeigeführt worden sei; bei seiner Flucht in Gestalt einer Taube habe er sich dermaßen verletzt, daß er dem Tode nahe sei. Er kann nur geheilt werden, wenn man seine Wunden mit dem Blute der Vögel, die dies erzählt haben, und dem des Fuchses bestreicht. Das erste verschafft der Königstochter der Fuchs, das zweite erhält sie, indem sie diesen überlistet und tötet. Sie begibt sich dann zu ihrem todkranken Gemahl, den sie heilt, worauf sie aufs neue glücklich mit ihm vereint wird. — In dem 'Hängeschloß' (19) wird die jüngste von drei Töchtern einer armen Mutter die Gemahlin eines verwünschten Prinzen; die neidischen Schwestern bereden sie, seinem Befehl zuwiderzuhandeln, worauf er sie verstößt. Sie irrt umher, bis sie einen Knaben zur Welt bringt, durch dessen Geburt die Erlösung herbeigeführt wird. — In der 'goldenen Wurzel' (44) gerät Parmetella, die jüngste von drei Töchtern eines armen Gärtners, in einen unterirdischen Wunderpalast, wo sich ein Mohr mit ihr vermählt, der aber nachts seine wahre Gestalt, die eines schönen Jünglings, annimmt. Als Parmetella ihn

1) Vgl. unten S. 122 ff. die Beiträge von A. und E. Kuhn sowie S. 128 f.

in dieser Gestalt belauscht, verstößt er sie und sagt ihr, daß seine Verwünschung durch ihre Neugier um sieben Jahre verlängert sei. Parmetella erhält von einer Fee die nötigen Ratschläge und Schutzmittel für ihre nun anzutretende Wanderschaft. Nachdem diese sieben Jahre gedauert hat und ihre Eisenschuhe zerrissen sind, gelangt sie zu einem Hause, worin eine menschenfressende Hexe mit sieben spinnenden Töchtern wohnt, die Mutter und die Schwestern ihres Gemahls. Der Rat der Fee bewahrt sie vor dem Schicksal, gefressen zu werden, welches ihr aber immer von neuem droht, wenn sie nicht imstande ist, die ihr auferlegten drei schweren Arbeiten zu verrichten. Dies vermag sie jedoch durch den Beistand ihres nun zum Mitleid erweichten Gemahls. Das Auslesen durcheinandergemengter Hülsenfrüchte verrichten auf seinen Befehl Ameisen, das Füllen von zwölf Bettüberzügen mit Federn Vögel. Zuletzt schickt die Hexe Parmetella zu ihrer Schwester mit dem Auftrage, von dieser Instrumente zur Hochzeitsfeier ihres Sohns zu holen, in der Tat aber, damit sie dort geschlachtet werden soll. Ihr Gemahl gibt ihr ein Brötchen, ein Bund Heu und einen Stein; mit dem ersten beschwichtigt sie einen Hund, der sie fressen, mit dem zweiten ein Pferd, das sie treten will, mit dem Stein bringt sie eine Tür zum Stehen, die immer auf- und zuschlägt. Sie entgeht glücklich allen Gefahren und erhält die Instrumente, kann sich jedoch auf dem Rückwege nicht enthalten, das Behältnis, in dem sie sich befinden, zu öffnen, worauf sie alle in die Luft fliegen. Doch wird sie endlich wieder mit ihrem Gemahl vereint, der sie mit seinen sieben Schwestern versöhnt; die alten Hexen und die zur Braut bestimmte Tochter der zweiten kommen um.

Unter den Märchen der Gräfin d'Aulnoy ist Le serpentin vert ein ursprünglich verwandtes, in das dann aber noch Züge des Apuleius aufgenommen sind (Cabinet des fées III 174—227). Von zwei königlichen Zwillingstöchtern wird die eine durch Verwünschung einer bösen Fee abschreckend häßlich. Sie zieht sich in die Einsamkeit zurück und vermählt sich nach verschiedenen, im Geschmack der Verfasserin aufs breiteste ausgeführten Zwischenereignissen mit einem unsichtbaren Könige, wobei sie die Bedingung eingeht, ihn nicht sehen zu wollen, bis die Zeit seiner Buße um sei; zur Warnung muß sie die Geschichte der Psyche lesen[1]). Doch ihre Mutter und Schwester, die sie zu sich kommen läßt, bewegen sie, ihren Schwur zu brechen und ihren Gemahl nachts zu belauschen. Sie erkennt in ihm einen grünen Drachen, der ihr schon früher Entsetzen eingeflößt hat, und der nun sogleich verschwindet. Sie gerät darauf in die Gewalt der bösen Fee, die sie verwünscht hat; diese läßt sie enge Eisenschuhe anziehen und legt ihr drei schwere Arbeiten auf. Sie muß eine Spindel voll Spinnweben abspinnen, aus dem Gespinst Fischernetze flechten, endlich mit einem Mühlstein um den Hals einen Berg ersteigen, einen Korb voll Vierklee füllen und in einem tiefen Tal aus einer von Riesen bewachten Quelle einen Krug mit Wunderwasser füllen. Sie vollbringt alles mit Hilfe einer gütigen Fee, und das Wasser gibt ihr ihre Schönheit zurück. Nachdem sie

1) In diesem »Kunstmärchen« zeigt sich ja deutlich der Einfluß der Apuleianischen Erzählung, die als exemplum benutzt wird. Ob und wie weit in wirklichen Volksmärchen der neueren Zeit indirekt die antike Fabel nachwirkt, wäre im einzelnen noch zu untersuchen. Über das Nachleben der Amor-Psychegeschichte vgl. die Literatur bei Lehnert, Bursians Jahresber. 175 S. 68ff.

zuletzt noch in die Unterwelt hinabgestiegen ist, um von Proserpina Lebenswasser zu holen, wird sie mit ihrem Gemahl erlöst. — In dem von Grimm (III 304) verglichenen Märchen Le mouton (Cab. d. f. III 431) gerät ein König, der drei Töchter hat, über die jüngste so in Zorn, daß er sie töten lassen will. Sie wird gerettet und lebt mit einem Prinzen zusammen, der in einen Hammel verwandelt ist. Den Schluß hat die Erzählerin nach eigener Erfindung hinzugefügt. Die Prinzessin vergißt ihren Hammel bei einem Besuche im Hause ihres Vaters, worüber er vor Schmerz stirbt. Gracieuse et Percinet (II p. 5) gehört nur insofern hierher, als die Heldin drei schwere Arbeiten für eine Stiefmutter vollbringen muß. In L'oiseau bleu (II p. 67) wird der in einen blauen Vogel verwandelte Königssohn ohne Schuld seiner Geliebten durch die Veranstaltung der feindseligen Wesen mit Messern verwundet und hält die Geliebte für mitschuldig. Diese gelangt nach einer schwierigen und gefahrvollen Wanderung zu ihm und wird endlich mit ihm vermählt, nachdem sie durch Wundergaben von seiner Braut die Erlaubnis erkauft hat, sich ihm nähern zu dürfen.

In dem magyarischen Märchen »Der Schlangenprinz« (Gaal S. 364) ist dem in einer Schlangenhaut zur Welt gekommenen Prinzen geweissagt worden, daß er diese in seiner Brautnacht zum ersten Male und dann jede Nacht werde ablegen können; an jedem Morgen jedoch muß er sie wieder anziehen. Seine Gemahlin verbrennt sie, während er schläft, worauf er die Verwünschung ausspricht, daß nicht eher ihre Schuhe von ihren Füßen fallen und sie nicht eher das Kind, das sie in ihrem Schoße trägt, zur Welt bringen solle, als bis er sich mit ihr versöhnt habe. Er verläßt sie darauf und gelangt nach langer Wanderung auf eine Insel, vermählt sich mit der dort herrschenden Königin, lebt aber nicht glücklich mit ihr. Unterdessen wandert seine erste Gemahlin in der Welt umher, um ihn zu suchen; sie gelangt erst zum Monde, der nichts von ihm weiß, dann zur Sonne, endlich zum Winde, der sie zu ihm bringt. Sie bewegt die Königin durch Goldgeschenke, die sie von Mond, Sonne und Wind erhalten hat, ihr nachts zweimal Zutritt zum Könige zu gestatten, aber vergebens, da dieser immer durch einen Schlaftrank betäubt wird. Endlich vertauscht ein treuer Diener den Schlaftrank mit einem andern Trank, und der König versöhnt sich mit seiner Gemahlin, die nun einen schönen Knaben gebiert, der im Alter von sechs Jahren zur Welt kommt.

Auch unter den griechischen und albanesischen Märchen, die ja in so überraschender Weise mit den deutschen übereinstimmen, fehlt es nicht an verwandten. In 'Goldgerte' (Hahn 7, aus Epirus) hat ein nach Indien handelnder Kaufmann drei Töchter, die jüngste bittet ihn, ihr von dort eine goldene Gerte mitzubringen. Goldgerte ist aber der Name eines indischen Prinzen, der ihm für die jüngste einen Brief, einen Ring und ein Becken mitgibt. Wenn sie das Becken mit Wasser füllt, den Ring hineinwirft und dreimal ruft: »komm, komm, mein goldenes Gertchen«, kommt er als Taube geflogen, badet sich in dem Wasser und verwandelt sich in einen Mann. Die Schwestern belauschen die Verwandlung und beneiden die jüngste; die älteste ruft die Taube auch, hat aber nicht gesehen, daß in dem Becken ein Messer lag, an dem sich die Taube verwundet und dann davonfliegt. Die jüngste reist nun nach Indien, um ihren Geliebten wiederzufinden; unterwegs hört sie von einem Stoßvogel und einer

Taube, daß er nur mit einer Salbe zu heilen ist, die aus dem Fleische beider Vögel bereitet werden muß. Sie schießt diese, bereitet die Salbe und stellt den Königssohn her. In Filek Zelebi (Hahn 73, aus Kreta) heiratet die jüngste von drei armen Schwestern einen Mohren, der sich nachts in einen schönen Jüngling verwandelt. Als sie ihn auf den Rat ihrer Schwestern in dieser Gestalt belauscht, erklärt er ihr, daß ihre Neugier seine nahe bevorstehende Erlösung vereitelt habe. Sie muß sich jetzt drei Paar Eisenschuhe und drei goldene Äpfel machen lassen, um drei Berge zu ersteigen und, indem sie die Äpfel vor sich herrollt, zu den darauf wohnenden drei Schwestern des Filek Zelebi zu gelangen; nachdem sie diese Wanderung vollbracht hat, bringt sie ihr Kind zur Welt und wird mit ihrem nun erlösten Gemahl vereint. Sehr ähnlich ist 71 Zi, Ba, Achmet Zelebi. 'Der Schlangenprinz' (albanesisch, von der Insel Poros, Hahn 100) stimmt so genau mit dem magyarischen (wie auch mit einem serbischen und einem walachischen Märchen, Hahn II 311 ff.) überein, daß die Angabe des Inhalts überflüssig ist[1]).

Das folgende indische Märchen hat ein Engländer aus dem Munde einer Wäscherin in Benares niedergeschrieben und im Asiatic Journal mitgeteilt; eine deutsche Übersetzung gab das 'Ausland' (Februar 1843), abgedruckt bei H. Brockhaus, Die Märchensammlung des Somadeva Bhatta aus Kaschmir II 191—211. Obwohl es also noch im Munde des Volks lebt, hält es Benfey für sehr alt: Pañcatantra II 255.

Das indische Märchen von Tulisa und Basnak Dau.

In einem Königreiche des Ostens lebte ein armer Mann, namens Nur-Singh, der sich mit seiner Frau und Tochter, Tulisa, durch Holzhauen ernährte. Tulisa, die schon heiratsfähig und schön war, kam einst, als sie um Holz zu lesen in den Wald gegangen war, an einen verfallenen Brunnen; aus diesem ertönte eine Stimme, die sie bei Namen rief und fragte: »Willst du mein Weib sein?« Als sie nach dreimaliger Wiederholung dieser Frage endlich zitternd antwortete, daß darüber nur ihr Vater entscheiden könne, befahl ihr die Stimme, diesen zu rufen. Nur-Singh stellte sich ein und erhielt von der Stimme das Versprechen großen Reichtums, worauf er seine Tochter zusagte. Als der verabredete Hochzeitstag nahte, wurden prachtvolle Hochzeitsgeschenke in die Hütte der Braut getragen, ohne daß man die Träger sah. Die Braut schmückte sich und fand sich mit ihren Eltern bei dem verfallenen Brunnen ein; darauf forderte die Stimme den Vater auf, einen in der Luft schwebenden Ring an den Finger Tulisas zu stecken. Nachdem alle drei in einem prächtigen Zelt ein reichliches Mahl eingenommen, erschien eine Sänfte, welche die Braut furchtsam und zögernd bestieg, unsichtbare Träger trugen sie von dannen; die Eltern folgten und kamen in ein Tal, wo ein großer Palast stand, durch dessen Tor die Sänfte verschwand, worauf sie beruhigt nach Hause zurückkehrten.

Der Holzhauer wurde bald nach der Hochzeit seiner Tochter reich und erregte den Neid seiner Nachbarn; diese verleumdeten ihn beim Könige, er wurde ins Gefängnis geworfen und zum Tode verurteilt. Aber an dem Morgen, an dem er sterben sollte, waren er und der König die einzig Lebenden in der

1) Andre neugriechische Märchen des Amor-Psyche-Typus nennt Kretschmer, Neugr. März. 1917 zu Nr. 5 (Der Krebs) S. 325.

Stadt, alle Einwohner von Schlangen getötet. Der König beschwor den Holzhauer, seine Untertanen ins Leben zurückzurufen; dieser rief seinen Schwiegersohn an, worauf die Stimme den Schlangen befahl, die Getöteten durch Heilmittel gegen ihr Gift, die ihnen allein bekannt seien, wieder zu beleben. Dies geschah, und der Holzhauer wurde reich beschenkt entlassen.

Inzwischen lebte Tulisa sehr glücklich mit ihrem Gatten, den sie aber nur des Nachts sah. Den Palast durfte sie nicht verlassen, aber er war königlich eingerichtet und bot ihr alle Vergnügungen; auch hatte sie Dienerinnen, die sie mit Lautenspiel und Geschichtenerzählen zu unterhalten wußten[1]). Einst sah sie ein Eichhörnchen von einem größeren Tier verfolgt, sie nahm das erstere in Schutz und verjagte das letztere. — Doch empfand sie nach einiger Zeit große Sehnsucht nach menschlichem Umgang. Eines Tags sah sie aus dem Fenster eine alte Frau, die sie mit vielen Schmeicheleien bat, sie einzulassen; und Tulisa ließ sich verführen, ein Bettuch aus dem Fenster hinabzulassen, an dem die Alte mit wunderbarer Behendigkeit heraufstieg. Im Laufe des Gesprächs fragte die Alte Tulisa: ob ihr Gemahl wohl schon jemals mit ihr aus derselben Schüssel gegessen, und als diese es verneinte, stellte ihr die Alte vor, sie müsse das als einen Beweis der ihr schuldigen Achtung von ihrem Manne fordern. Tulisa tat es auch, als ihr Mann am Abend erschien; er erfüllte scheinbar ihre Bitte, genoß aber in der Tat nichts. Nach einiger Zeit sah Tulisa wieder eine alte Frau vor dem Palast und ließ sie wie die vorige zu sich heraufkommen. Diese fragte, ob ihr Gatte schon jemals ein Betelblatt gekaut und ihr dasselbe zum Essen gereicht habe (eine zarte Aufmerksamkeit unter Liebenden). Tulisa mußte auch dies verneinen und ließ sich überreden, ihn nach dem Grunde zu fragen, worauf er ausweichend antwortete. Endlich erschien eine dritte Alte, die sie fragte: ob ihr Mann ihr jemals seinen Namen genannt habe. Tulisa ließ sich verleiten, dies ebenfalls als Beweis seiner Liebe von ihm zu verlangen. Er beschwor sie, davon abzustehen, da es ihr Verderben bringen werde. Vergebens, sie beharrte auf ihrem Begehren. Endlich führte er sie an das Ufer eines Flusses, und nachdem er sie nochmals gefragt, ob sie nicht ablassen wolle, ging er langsam ins Wasser, seine Bitten wiederholend, bis nur noch Kopf und Schulter sichtbar waren. Als sie dennoch ihr Verlangen nicht aufgab, rief er: »Mein Name ist Basnak Dau!« Im Augenblick erschien ein Schlangenkopf auf der Oberfläche des Wassers und versank dann in den Strom.

Tulisa stand wieder in ihren alten, zerlumpten Kleidern, der Palast war verschwunden, ihre Eltern fand sie in der alten Armut in ihrer vorigen Hütte, und zu dem nun ungewohnten Elend quälten sie deren Klagen und Vorwürfe, aber weit mehr ihre eigene Reue und Sehnsucht nach dem verlorenen Glück. Einst schlief sie beim Holzsammeln ein, und als sie erwachte, hörte sie zwei Eichhörnchen sich unterreden. Aus ihrem Gespräch erfuhr sie, daß die Mutter ihres Gemahls all ihre Macht verloren habe, da derselbe König der Schlangen geworden; diese habe sie wiedererlangen können, wenn die ihm vermählte Sterbliche bewogen wurde, ihn nach seinem Namen zu fragen; dies habe ihr

1) Apul. Met. V 15: *iubet citharam loqui: psallitur; tibias agere: sonatur; choros canere: cantatur*

Verbündeter, Sarkasukis, in Gestalt eines alten Weibs vollbracht. Das von Tulisa gerettete Eichhörnchen fragte nun, ob es kein Mittel gebe, Basnak Dau seine Macht zurückzugeben. Darauf antwortete das erste: Tulisa muß ostwärts wandern, bis sie an einen breiten Strom kommt, der voll von Schlangen ist; den muß sie durchschwimmen, dann am andern Ufer das Nest des Vogels Huma suchen und dessen Ei an ihre Brust legen, bis es ausgebrütet ist. Dann muß sie im Palaste der Königin, ihrer Schwiegermutter, ihre Dienste anbieten; dort werden ihr schwere Arbeiten aufgetragen, kann sie diese nicht vollbringen, so wird sie von Schlangen verzehrt. Ist aber das Ei des Huma ausgebrütet, so wird der Vogel, der allen, die ihn besitzen, königliche Macht bringt, der grünen Schlange, die immer den Hals der Königin umkreist, die Augen aushacken. Dann erhält Basnak Dau sein Königreich wieder und versöhnt sich mit seiner Braut.

Tulisa, von so großen Gefahren nicht abgeschreckt, trat mutig ihre Wanderung an. Als sie an den von Schlangen wimmelnden Fluß kam, befestigte sie Rohrstöcke an Krügen, durchflocht sie mit Gras und Zweigen, und auf diesem Flosse kam sie unbeschädigt hinüber; einige Eichhörnchen sprangen ihr voran, um sie zu ermutigen. Von Eichhörnchen und Bienen ward sie dann zu dem Nest des Huma geführt und nahm daraus ein Ei, das sie an ihre Brust legte. Endlich kam sie an den Palast der Königin. Sie ließ sich zu ihr führen und fand sie auf weichen Kissen liegend, mit der grünen Schlange um den Nacken. Die Königin erklärte sich bereit, sie in Dienst zu nehmen; könne sie aber die Befehle ihrer Gebieterin nicht vollführen, so müsse sie sterben. Zuerst erhielt Tulisa eine Kristallvase, in welche sie in einem von hohen Mauern umgebenen, gepflasterten Hofe den Duft von tausend Blumen sammeln sollte. Ein unzähliger Schwarm von Bienen kam geflogen, und jede brachte ein Säckchen mit Duft, das sie in die Vase fallen ließ. Am folgenden Tage brachte man ihr einen großen Krug voll Samen mit dem Geheiß, daraus einen prachtvollen Schmuck zu verfertigen. Eichhörnchen kamen in großer Zahl, jedes legte einige Edelsteine in den Krug und nahm ebensoviel Körnchen heraus, so daß Tulisa auch diese Aufgabe lösen konnte. Von den Eichhörnchen erfuhr sie denn auch, daß ihr gemeinschaftlicher Feind, Sarkasukis, in der Nähe sei und sein Eindringen in das Schloß nur durch das Verbrennen gewisser Kräuter verhindert werden könne, wodurch aber freilich auch die Eichhörnchen ferngehalten und sie auf ihre eigene Wachsamkeit angewiesen sein würde. Tulisa räucherte nun unermüdlich auf die vorgeschriebene Weise, bis der junge Huma aus seinem Ei hervorbrach. Unglaublich schnell wuchs er heran, flog plötzlich auf der Königin Schulter und pickte der grünen Schlange die Augen aus. Die Königin, wohl fühlend, daß ihre Macht zu Ende sei, schrie laut auf, Sarkasukis, in seiner wahren Gestalt als ein häßlicher Teufel, stürzte zu Boden, und lange Züge von Genien, Eichhörnchen und Schlangen führten ihren rechtmäßigen Herrscher Basnak Dau herein. Tulisa, nun Königin eines Geisterreichs, wurde aufs neue für immer mit ihm vereint; ihre Eltern erhielten ihren vorigen Reichtum zurück.

Auch eine Sage in Bessarabien, die sich an den Namen des Kaisers Trajan knüpft (von dem das Volk dort allerlei Sagen erzählt), enthält einen Anklang an das Märchen, wie schon Haxthausen bemerkt hat, der sie in seinen Studien über die inneren Zustände Rußlands II 460 mitteilt: »Jenseits der Donau lebte ein König mit Namen Trajan, der liebte eine Königin diesseits der Donau, Bielajakejina (die weiße Fürstin). Er ritt jeden Abend zu ihr hinüber und verließ sie vor Sonnenaufgang. Die Fürstin wollte ihn aber auch im Lichte des Tags sehen. Sein Roß wieherte stets vor Sonnenaufgang und gab ihm dadurch das Zeichen zum Aufbruch. Da ließ sie einst dem Rosse früh Hafer vorwerfen, nun vergaß dasselbe das Wiehern. Als aber die Sonne aufging, verschwanden Reiter und Roß wie ein Hauch.«

Weitere Parallelen.

Meinem Wunsche, daß Kenner der Märchenliteratur die Parallelen zu der Erzählung des Apuleius in größerer Vollständigkeit nachweisen möchten, als ich, ein Laie auf diesem Gebiet, imstande bin, hat Herr Professor Adalbert Kuhn († 1881) zu entsprechen die Güte gehabt. Ich lasse die Mitteilungen, die ich ihm, sowie seinem Sohne verdanke, hier unverändert folgen, um so mehr, als sie nur zum geringsten Teil auf Märchen beruhen, die ich selbst benutzen konnte:

»Ich bemerke, daß ich mich nur auf zwei Märchengruppen beschränkt habe, die mit dem von Apuleius benutzten in engster Beziehung stehen, um den Beweis, daß es sich nur um Benutzung eines Märchens handle, noch evidenter zu liefern. In beiden Gruppen handelt es sich um einen, gewöhnlich in ein Tier verwandelten Menschen, dem sich eine Jungfrau vermählt, die trotz seiner abschreckenden Gestalt in Liebe bei ihm ausharrt. Das Verraten des Geheimnisses stört in der ersten Gruppe die Erlösung und führt neue Geduldsund Liebesproben herbei, in der zweiten werden in der Regel dadurch unmittelbar die Mittel zur Erlösung herbeigeschafft. Von den Einleitungen, wie die Vermählung herbeigeführt wird, oder wie der Ursprung der Tiergestalt erklärt wird, ist dabei abgesehen, da sie für das Ganze nicht wesentlich sind. In der ersten Gruppe stehen die nordischen Rezensionen (dänisch, schwedisch, norwegisch, isländisch) dem Apuleius entschieden am nächsten, und namentlich die dänische stimmt in den wesentlichsten Zügen. Ich lasse zunächst ein Verzeichnis der von mir benutzten Märchen folgen:

I. 1. Dänisch: bei Grundtvig, Gamle danske minder I 100—105 *Den lille hvide hund* (der kleine weiße Hund).

2. Schwedisch: bei Hyltén-Cavallius och Stephens, Svenska folksagor och äfventyr I 2 S. 323 ff. *Jungfrun som sag på sin käraste vid ljus*, Die Jungfrau, welche auf ihren Liebsten mit Licht sah. Drei Versionen: A. *Ulfprinsen*, Der Wolfprinz (aus Södermanland mit drei Varianten aus Småland und Finland). B. *Prins Hatt under jorden*, Prinz Hut unter der Erde (aus Småland mit Variante aus Westergötland). C. *Den halde hunden*, Der lahme Hund (aus Småland mit einer Variante, ebendaher)[1].

3. Norwegisch: bei Asbjörnsen und Moe, Norwegische Volksmärchen II 102 Nr. 11 Östlich von der Sonne und westlich vom Mond[2].

---

1) Auch bei Stroebe, Nordische Volksmärchen (Jena 1915) I 249 Nr. 13 mit den Nachweisen S. 327. 2) ebd. II 174.

4. Isländisch: bei Jón Arnason, Islenzkar thjódsögur og aefintýri II 334 *Sigurdr kóngsson*, Siegfried der Königssohn.
5. Holsteinisch: bei Müllenhoff, Schlesw.-holst. Sagen usw. S. 385 Nr. III Der weiße Wolf.
6. Böhmisch: bei Waldau, Böhmisches Märchenbuch S. 160 ff. Der weiße Bär.
7. Griechisch: bei v. Hahn, Griechische und albanesische Märchen II 67 Nr. 73 Filek Zelebi (an die Stelle des Tiers tritt ein Mohr)[1].
8. Albanesisch: A. ebd. II 116 ff. Nr. 100 Schlangenkind und B. ebd. II 130 Nr. 102 Taubendiebe, vgl. noch C. ebd. gr. I 97 Nr. 7.
9. Walachisch: bei Schott Nr. 23 *Trandafiru* (an die Stelle des Tiers tritt ein Kürbis).
10. Neapolitanisch: Basile, Pentamerone I 19 S. 246 Das Hängeschloß (stimmt meist mit Nr. 7). Vgl. auch ebd. II 168 Nr. 43 Pintosmauto.
11. Serbisch: bei Wuk, Serbische Märchen Nr. 10 S. 82 Wieder vom Schlangenbräutigam.
12. Siebenbürgisch: bei Haltrich, Siebenbürgische Märchen S. 228 Nr. 43 Borstenkind.
13. Indisch: bei Benfey, Pañcatantra I 255 Tulisa.
14. Kalmükisch: bei Jülg, Kalmükische Märchen S. 39 Erzählung 7.
15. Gälisch: im Auszuge aus Campbell bei R. Köhler in Benfeys Orient und Okzident: Nr. III 2, 114 und Nr. XII 2, 126 (= Kl. Schr. I 175. 187 f.).
16. Schottisch: bei Chambers, Popular rhymes (1. Ausg.) S. 75 *The red bull of Norroway*, in der 3. Ausg. mit der Variante vom Glasberg, nach R. Köhler zu Campbell XII am zuletzt angeführten Orte.
17. Ey, Harzmärchen S. 91.

Das Löweneckerchen bei Grimm Nr. 88, schon oben S. 109 verglichen, ist hier nicht weiter mit aufgeführt.

II. 1. Colshorn, Märchen S. 64 Nr. 20 Vom klinkesklanken Lowesblatt.
2. Ebd. S. 139 Nr. 42 Der verwunschene Frosch.
3. Müller und Schambach, Niedersächsische Sagen und Märchen S. 265 Nr. 5 Das klingende, singende Blatt.
4. Ebd. S. 263 Nr. 4 Die Rose.
5. Aus Holstein bei Müllenhoff S. 384 Nr. II Vom goldenen Klingelklangel.
6. Schwäbisch (bei Grimm III 155 ist »aus Schwaben« statt aus »Schweden« zu lesen) bei Meier, Schwäb. Märchen S. 202 Nr. 57 Drei Rosen auf einem Stiel.
7. Aus Tirol bei Zingerle I S. 182 Nr. 30 Die singende Rose.
8. Ebdher ebd. II S. 173 Die Schlange.
9. Ebdher ebd. S. 391 Der Bär.
10. Flämisch: bei Wolf, Wodana II 61 *Roosken zonder doornen*, Das Röschen ohne Dornen.
11. Serbisch: bei Wuk S. 77 Nr. 9 Der Schlangenbräutigam.

1) Dazu kommen noch bei B. Schmidt, Griech. Märchen 9: Prinz Krebs und 10: Die Schönste. Vgl. auch oben S. 119 A. 1.

12. Russisch: bei Benfey, Orient und Okzident I 539 aus Afanasjews Sammlung, mitgeteilt von Schiefner.
13. Indisch: Paĩcatantra I 8, bei Benfey II 144 Der verzauberte Brahmanensohn.

Ich lasse nun die Vergleichung der einzelnen Züge mit der Erzählung bei Apuleius folgen. »Ein König und eine Königin (Kaufmann, Bauer usw.) haben drei Töchter, von denen die jüngste die schönste und liebenswürdigste ist.« Vgl. schwed. I 2 B, deutsch II 1. 2. 3. 4. 5. 7. 9, griech. I 7. 8 C, fläm. II 10, gäl. I 15. An die Stelle der drei treten vermöge der besonderen Ausführung des Märchens in der isländischen Fassung vier (I 4), im norwegischen (I 3) viele. Die ältesten Schwestern sind hochfahrend und stolz, schwed. I 2 C, schottisch I 16. Umgekehrt ist das Verhältnis im tirolischen Märchen (II 9), wo die älteste gut, die jüngeren stolz und böse sind. Einen Anklang an jenen Gegensatz kennt auch noch das Märchen II 1 am Schluß.

»Die älteren werden Königen vermählt, die jüngste einem (Tier oder) Ungeheuer«. Vgl. schwed. I 2 C, wo die älteste sich einen König mit goldenem Haar und Bart, die zweite sich einen solchen mit silbernem Haar und Bart zum Gatten wünscht, die jüngste zufrieden ist, wenn sie auch nur einen lahmen Hund bekommt. Die Tiergestalt des Bräutigams der jüngsten kennen fast alle Märchen. Schlange oder den Drachen (*vipereum malum*, *immanis coluber*, *multimodis voluminibus serpens*) kennen das schwedische Märchen I 2 A Var. und II 11. I 11. 13. II 13. I 8 A. II 8[1]).

Die Auslieferung an den versprochenen Bräutigam erfolgt fast durchweg in andrer Weise als bei Apuleius, indem in der nächst verwandten ersten Gruppe das Tier die Braut selbst abholt; nur in einer schwedischen Fassung (I 2 B) führt sie der König unter Jammern und Klagen der Begleitung unter den Haselbusch hinaus. Sonst ist eine derartige Hinausführung (vgl. oben S. 109) den Märchen sehr geläufig und bedarf keines weiteren Nachweises.

Ebenso unbekannt ist dem verglichenen Märchenkreise die Herabführung durch den Wind, die von selbst fortfiel, sobald die Hinausbringung auf den Felsen nicht da war. An die Stelle dieses Zugs tritt aber, daß Tier und Jungfrau, nachdem sie in einen dichten Wald gekommen sind, plötzlich tief in die Erde versinken (I 1) oder daß sie zu einer Bergschlucht kommen (I 2 A) oder einer Erdhöhle (I 2 A Var. 1; I 2 B Var.); in I 3 klopft der Bär an einen Felsen, der sich öffnet. Sobald sie dann eintreten, erscheint nun ein prächtiger Palast, in dem alles von Gold und Silber glänzt (I 2 A. B. C; I 1. 3. 10. II 6), und die mit Speisen und Wein reichlich besetzte Tafel (I 1. 3. 10. 17. II 4. 6); die unsichtbaren Dienerinnen, die alle Wünsche der Psyche vollziehen, finden sich in I 3, wo der Bär der Jungfrau eine Silberglocke gibt, mit der sie nur zu klingeln braucht, dann ist alles da, was sie wünscht.

Das Verbot, den Gestaltwechsel nicht zu verraten, ist in der Mehrzahl der verglichenen Märchen vorhanden; der Zug, daß die Schwestern zur Übertretung desselben anreizen, findet sich in I 2 C. 7. 8 C. 10 (in II 6 reizt die ältere Schwester zur Übertretung eines andern Verbotes); auch hier ist der Neid meist

1) Desgleichen ein neugriechisches: B. Schmidt, Griech. Märchen 10: Die Schönste.

das Motiv. Die dreimalige Versuchung wie bei Apuleius findet sich I 2 B. 4. 10; wie Apuleius die erwachenden Muttergefühle benutzt, um zur Übertretung des Gebots zu verlocken, so greift die Stiefmutter in I 2 B die junge Frau auch bei dieser schwachen Seite an, indem sie die Trefflichkeit der zu den Füßen der Mutter spielenden Kinder preist. Bei Apuleius heißt es V 14: *O nos beatas, quas infantis aurei nutrimenta laetabunt! qui si parentum, ut oportet, pulchritudini responderit, prorsus Cupido nascetur*; im schwedischen Märchen: *Hon tillade, at de säckert bråddes uppå sitt fäderne, och att Prins Hat mande vara en mycket fager ungersvenn* (sie fügte hinzu, daß sie sicher nach ihrem Vater schlachteten und daß Prinz Hut ein sehr schöner Jüngling sein müßte). Die nordische Gruppe, mit Ausnahme des isländischen, hat dann übereinstimmend den Zug, daß der jungen Frau der Rat erteilt wird, den Geliebten im Schlaf mit Licht zu beschauen; sie tut es wie Psyche bei Apuleius und weckt so, indem sie über dem himmlischen Anblick alle Warnungen vergißt, den Geliebten. Während I 2 A. B und 3 Licht oder das unschöne Talglicht haben, von dem ein Tropfen oder eine Schnuppe auf den Geliebten fällt, hat I 2 C die Lampe, zieht aber die Katastrophe dadurch hin, daß es die junge Frau den Geliebten so drei Nächte hintereinander betrachten läßt. Das isländische Märchen (I 4) hat statt des Anzündens des Lichts bloß das Schwingen eines Steins über dem Schlafenden. Das Anzünden des Lichts findet sich aber auch noch im neapolitanischen (I 10), wo jedoch die Ausführung etwas anders ist.

Von hier ab nimmt nun die Erzählung in den meisten der oben angeführten Märchen eine von Apuleius abweichende Wendung; am verbreitetsten ist die, nach welcher die Verlassene die Welt nach dem Verschwundenen durchwandert und zu drei verschiedenen Stationen kommt, auf denen sie mitleidige Helfer findet, mittels deren Gaben sie, als sie endlich den Geliebten wiedergefunden, der eben seine Hochzeit mit einer neuen Braut feiert, diese neue Braut zu der Erlaubnis zu verlocken weiß, drei Nächte nacheinander im Gemache des Geliebten weilen zu dürfen; so gelingt es ihr endlich, die bei ihm verschwundene Erinnerung an die Vergangenheit zu wecken, und die endliche Wiedervereinigung findet statt. Die dänische Erzählung dagegen (I 1) stimmt im ganzen Gange zu Apuleius, und ich lasse daher den betreffenden Teil derselben hier kurz folgen.

Als der Geliebte erwacht, sagt er ihr: »Nun müssen wir uns auf eine lange Zeit trennen; du mußt fort von hier, und die Kinder (sie hat deren drei) bekommst du nicht mit. Es soll dir erlaubt sein, sie zu besuchen, aber du darfst nicht mit ihnen spielen«. Im Augenblick stand sie allein im finsteren Wald, in dem fand sie ihre Kinder in drei kleinen Häuschen. Als sie zum ersten und zweiten kommt, sieht sie ruhig ihrem Spiel zu, aber als sie zum dritten kommt und der ihr einen Goldapfel zurollt, da kann sie nicht widerstehen und rollt ihn zurück. Sogleich ist das weiße Hündchen da und sagt, daß sie nun fort müsse und zu der alten Hexe am Saume des Waldes gehen und dort Dienste nehmen solle. Das tut sie, und diese, die Hochzeit haben soll, schickt sie zu ihrer Schwester in die Hölle, um ihr von da Spielleute in einer Schachtel zu holen. Der Hund erscheint nun wieder und gibt ihr Rat; sie solle nur geradeaus gehen bis zu einer Brücke, an der sie eine gelöste Bohle zurechtlegen und dann hinübergehen solle, dann solle sie das Pförtchen, das nur noch an einer Haspe hange, zurechthängen und dann hindurchgehen, so werde sie zur Hölle kommen; im Hofe stehe ein Hund und belle über ein umgefallenes Butterviertel, das solle sie wieder umdrehen; die Hexe werde ihr Kuchen und Wein bieten, davon dürfe sie nichts verzehren. Sie tut darauf alles, wie es ihr gesagt worden, und als die Hexe geht, um die Spielleute zu holen, steckt sie den ihr dargebotenen Kuchen in ihren Ranzen (*mave* bedeutet Ranzen und Magen) und gießt den Wein an sich nieder. Als die Alte wiederkommt und fragt: »Kuchen, wo bist du?« antwortet er: »In des Mädchens *mave*« und der Wein ruft: »Ganz runter beim Mädchen«. Nun gibt ihr die Alte die Schachtel und sagt ihr, sie solle sie nicht aufmachen; als das Mädchen geht, fordert die Hexe den Hund, das Pförtchen, die Bohle auf, sie zu beißen, zu quetschen und ins Wasser zu stürzen, aber sie weigern sich, da ihnen das Mädchen Gutes getan. So kommt sie glücklich wieder in den Wald, und die Neugier erfaßt sie, nachzusehen, ob wirklich in der kleinen Schachtel Spielleute sein können; sie hebt nur den Deckel etwas, da fliegen sie heraus, aber das Hündchen kommt und schafft sie wieder hinein. Sie bringt sie zur Hexe, die ihr sagt: »Nun sollst du zur Hochzeit rüsten.« Sie bekommt eine Kardätsche schwarzer Wolle, die sie weiß waschen soll, und ebenso das Linnen der Hexe zum Waschen, darunter auch das Hemde des Geliebten mit den drei Talgflecken. Bei der ersten Aufgabe hilft ihr das weiße Hündchen ebenso wie bei der zweiten. Die Hexe springt vor Zorn in tausend Stücke, das weiße Hündchen ist aber wieder ein schöner Prinz usw.

Diese dänische Erzählung weicht also einmal in der Zahl der Aufgaben ab, denn sie hat nur drei statt der vier bei Apuleius, dann aber auch in der Beschaffenheit und Reihenfolge derselben; indes darf man in dem Weißwaschen schwarzer Wolle wohl einen Anklang an die Herbeischaffung der Goldwolle bei Apulejus erkennen. Das Hinabsteigen in die Unterwelt aber bietet einige schlagende Parallelen. Wie bei Apuleius Psyche eine Büchse (*pyxis*) erhält, um Schönheitssalbe für Venus zu holen, so wird die Verlassene hier mit einer Schachtel zu der Schwester der Hexe in die Hölle geschickt, um Spielleute zur Hochzeit zu holen. An die Beschwichtigung des Cerberus durch die mitgenommene *polenta* reiht sich hier die Geneigtmachung des Hunds durch das Umkehren des umgefallenen Butterviertels. Dort warnt der Turm, sie solle sich in der Unterwelt weder setzen noch von den prächtigen Speisen genießen (*prandium opipare sumere*), hier das weiße Hündchen, daß sie weder Kuchen noch Wein nehmen solle. Wie dann Psyche bei der Rückkehr ihre Neugier nicht bewältigen kann und die Büchse öffnet, worauf derselben ein dichter Nebel entsteigt, der sie in stygischen Schlaf hüllt, aus dem sie Cupido erweckt, so öffnet sie auch hier die Schachtel, die Spielleute entfliegen, aber das weiße Hündchen bringt dieselben zurück.

An diese Fassung des dänischen Märchens schließen sich dann noch zwei Varianten des schwedischen an. In I 2 A Var. 3 trifft sie auf ihrer Wanderung eine Alte, von der sie einen Ring, ein Kissen und zwei Schinken erhält. Den ersten der letzteren erhält ein Bär, der sie dafür über ein großes Wasser führt. Sie kommt darauf zum Schloß der bösen Hexe, bei der sie in Dienst tritt. Hier muß sie zuerst den Fußboden fegen, daß er so weiß wird wie Schnee; dabei hilft ihr der jetzt erscheinende Wolfsprinz und erhält dafür den Ring, dann wird sie zur Schwester der Hexe geschickt, um sich Geschichten erzählen zu lassen (*för at höra sagor*). Auch hier gibt ihr der Prinz guten Rat, sie soll das Kissen dem Gatter geben, damit es sie nicht zerquetsche, und den zweiten Schinken den Hofhunden, damit sie sie nicht zerreißen. So entgeht sie allen Gefahren, kommt zurück, und die Erlösung tritt ein.

Über die zweite Variante zu I 2 C berichten die Herausgeber, daß sie sich bis auf den Schluß der Fassung des Texts anschließe, der Schluß aber von da ab, wo sich die Prinzessin aufmacht, den Geliebten zu suchen, mit dem zweiten Teil von Nr. 14 B »Der Königssohn und die Prinzessin Singorra« (deutsche Übers. S. 274 ff.) stimme. In diesem Märchen, das in zwei Varianten vorliegt, von denen A »Der Königssohn und Messeria« betitelt ist, gerät ein Prinz auf ähnliche Weise, wie die Prinzessin unserer Märchen, in die Hände einer Meerfrau, die ihm schwere Aufgaben stellt, welche er mit Hilfe ihrer Tochter Messeria oder Singorra ausführt. In 14 A soll er 1) schwarzes Garn weiß und weißes schwarz waschen; 2) eine Tonne Weizen und eine Tonne Korn, die durcheinander gemischt sind, sondern; 3) einen Ochsenstall von 100 Ochsen reinigen. Als er dies mit Hilfe der Messeria ausgeführt, soll er eine der Töchter der Meerfrau wählen und dann wieder heimziehen dürfen. Messeria hat ihm aber gesagt, daß die Töchter der Meerfrau in verschiedene Tiere verwandelt würden, und sie eine kleine Katze sein werde. So wählt er die richtige; die Meerfrau schickt ihn nun aber zu ihrer Schwester, damit er ihr von dort die Hochzeitskleider für die junge Braut hole. Nun gibt ihm Messeria wieder guten Rat, wie er den ihm drohenden Gefahren entgehen solle; hier kehrt das Gattertor des dänischen Märchens wieder, an die Stelle der Hunde treten zwei Geier, die er mit Fleischstücken beschwichtigen soll, auch darf er dort nichts genießen. Er entgeht glücklich allen Gefahren, erhält die Schachtel, öffnet sie, da fliegt ein Funkenstrom heraus, den er mit Hilfe von Däumlingen wieder hineinbannt, kommt zurück usw. In Nr. 14 B sind die drei Aufgaben andre, die Gefahren, die ihm beim Holen der Hochzeitssachen drohen, ähnliche oder gleiche. So teilt er zwei mitgenommene Kuchen zwischen Bär und Wolf, die ihn zu verschlingen drohen, setzt sich nur auf einen bestimmten (schwarzen) Stuhl von den bei der Hexe befindlichen, während Psyche den Rat erhält, sich nur auf die Erde zu setzen, genießt nichts von den ihm gebotenen Speisen und verbirgt sie ähnlich wie im dänischen Märchen.

Hier haben wir also außer dem bereits besprochenen Weißwaschen des Garns noch die erste Aufgabe der Psyche, nämlich das Sondern bestimmter Körner, dann die Beschwichtigung der unterirdischen Wächter durch Kuchen usw., das Wählen eines bestimmten Sitzes und die Enthaltung von Speise und Trank. Endlich kehrt auch die Schachtel und ihre Öffnung wieder.

So finden wir denn auch von dem zweiten Teil des römischen Märchens in der nordischen Gruppe sehr wesentliche Züge bewahrt, denn von den vier Aufgaben stimmen zwei fast genau, eine ist wenigstens der des Apuleius verwandt, und auch die letzte, bis jetzt nicht nachgewiesene, die dritte bei Apuleius scheint mir im isländischen Märchen noch einigermaßen nachweisbar. Psyche soll von dem stygischen Felsen Wasser in einer Urne holen, aber sowohl die ungeheure Höhe, als auch die Schlüpfrigkeit desselben (*saxum immani magnitudine procerum et inaccessa salebritate lubricum*), sowie wilde Steinquellen und grimme Drachen lassen sie erstarrend zurückschrecken; da fliegt der Adler des Zeus hinauf und holt ihr das Wasser. Ähnlich kommt die junge Frau im isländischen Märchen zur dritten Station, einem ungeheuern Berge, dessen steiler Weg so glatt ist wie Glas, also offenbar der so häufige Glasberg andrer Märchen. Ihr Helfer rüstet sie zur Überschreitung desselben mit Eissporen aus und windet ihr ein Tuch um den Kopf, damit sie von den dortigen Wundern und Schrecken nichts sehe und höre. So kommt sie glücklich hinauf und ans Ziel. Vergleicht man dazu, daß in einem polnischen Märchen bei Lewestam S. 117 ein Schüler von einem Falken, der ihn für tot hält und seine Krallen in ihn schlägt, auf den Glasberg getragen wird, daß Śaktideva in Kathāsaritsāgara 26, 30 ff. ebenso von einem Vogel zur goldenen Stadt der Vidjādharas emporgetragen wird und schon bei Konon 35 Geier einen Hirten, der in einen Schlund hinabgestiegen, so emportragen, so wird wahrscheinlich, daß Apuleius einen ähnlichen Zug in seiner Weise zur Herstellung der dritten Aufgabe verwandt habe.«

A. Kuhn.

»Den obigen Zusammenstellungen ist aus neu veröffentlichten Quellen nur weniges hinzuzufügen. An die unter I behandelten Erzählungen schließen sich drei italienische Märchen, nämlich Nr. 14 der Novelline di Santo Stefano, raccolte da Angelo De Gubernatis, Torino 1869; Nr. 15 und 27 in den Sicilianischen Märchen, aus dem Volksmund gesammelt von Laura Gonzenbach, Leipzig 1870; auch Nr. 2 bei De Gubernatis dürfte ursprünglich hierher gehört haben. Zu den unter II behandelten Märchen haben wir zwei merkwürdige Varianten in Nr. 9 und 77 der Gonzenbachschen Sammlung; eine spezielle Klasse dieser Gruppe bilden die an Nr. 13 sich anschließenden Versionen, die von Reinhold Köhler in seinen Anmerkungen zu Nr. 12 in Widter-Wolfs Volksmärchen aus Venetien (Jahrb. für roman. und engl. Lit. VII) behandelt worden sind; dazu kommen noch Gonzenbach Nr. 42. 43.« Ernst W. A. Kuhn.

Neuere Literatur.

Neuere, sehr reichhaltige Übersichten über die verwandten Märchen gibt (ohne die obigen Zusammenstellungen zu kennen) auf Grund eines sehr umfassenden, durch Beiträge aus den verschiedensten Ländern erheblich vermehrten Materials Emmanuel Cosquin in den öfters angeführten Contes populaires de la Lorraine (1886) und zwar in den Anmerkungen zu 63 Le loup blanc II 217—230 und 65 Firosette 236—245. Vgl. auch den Essai sur l'origine et la propagation des contes populaires Européens T. I p. XXII und XXXII.

In übersichtlicher Weise hat Schaller in der oben S. 105 A. 1 genannten Dissertation S. 18—36 zu einzelnen Stellen des Apuleius-Textes die entsprechenden Märchenparallelen angeführt. Allerlei Material bietet Kawczýnski, Amor und Psyche, Anzeiger der Krakauer Akademie 1901 S. 5 ff. 123; Amor i Psyche w básniach (1909) vgl. das Referat von Brückner, Zeitschr. d. Vereins f. Volkskunde XIX (1909) S. 213, und weitere bei Lehnert, Bursians Jahresber. 175 (1919) S. 41 ff. genannte Autoren. Ferner, die Varianten vollständiger als alle Vorgänger verzeichnend, Bolte-Polivka, Anmerkungen zu den Kinder- und Hausmärchen der Brüder Grimm II (Leipz. 1915) S. 229 ff. ('Das singende und springende Löweneckerchen'), besonders S. 234 und 266 ff. Eine neue monographische Gesamtbehandlung der verschiedenen Formen des 'Psyche-Märchens' ist von einem Schüler F. Panzers zu erwarten.

Völkerpsychologische Deutung.

Dagegen sucht Andrew Lang in seiner Einleitung zu einem Neudruck der Übersetzung des Apuleianischen Märchens von William Adlington (1566)[1]) die Verwandtschaft desselben mit so zahlreichen Märchen der verschiedensten Völker darauf zurückzuführen, daß die Grundmotive der Erzählung teils auf allgemein menschlichen Vorstellungen beruhen (Eifersucht der Schwiegermutter auf die Schwiegertochter, Strafbarkeit der Neugier usw. p. XXXI ff.), teils wenigstens auf sehr verbreiteten, zu denen namentlich die von dem freundlichen Beistande gehört, welchen Tiere Menschen leisten können (p. XXXVIII f.); auch der Glaube, daß Lebende in die Unterwelt hinabsteigen und sie wohlbehalten wieder verlassen können, wenn sie nicht von der Speise der Toten gekostet haben, findet sich (ebenso wie bei den Griechen) bei den Tschippewäern und den Maori, in Melanesien und Finnland (p. XXXVI). Endlich das Hauptmotiv des Apuleianischen Märchens, das Verbot nach der Gestalt des Gatten zu forschen, leitet Lang daher ab, daß bei manchen Völkern Glaube oder Sitte dem Umgange Neuvermählter gewisse Einschränkungen, 'eine Art eheliches Tabu' auferlegt, wie ja auch im alten Sparta der junge Ehemann seine Frau nur bei Nacht besuchen durfte usw. (p. XLII ff.)[2]).

Diese letztere Erklärung ist am wenigsten überzeugend. Die Welt des Märchens ist eine durchaus phantastische; sein Reiz sowie sein Wesen beruht nicht zum geringsten Teil auf seiner völligen Unabhängigkeit von den Voraussetzungen der Wirklichkeit, ja seinem Gegensatz zu denselben. Auch hat jenes Motiv ganz den Charakter einer märchenhaften Fiktion, nicht den einer wenn auch noch so sehr entstellten Reminiszenz an etwas Reales.

Sodann sind wir dadurch, daß gewisse Vorstellungen vielen oder allen Völkern gemein sind, noch keineswegs zu der Erwartung berechtigt, sie auch überall in gleicher Weise als Motive der Märchendichtung verwendet zu finden. Vielleicht wäre sogar, da sie wohl bei jedem einzelnen Volke mit andern, nur ihm eigentümlichen Vorstellungen zusammenhängen, eher das Gegenteil zu erwarten.

Endlich sind aber auch die Übereinstimmungen der Märchen so vieler Völker Asiens und Europas so wesentliche und mannigfache, daß sie sich nur durch die Annahme eines gemeinsamen Ursprungs erklären lassen, wenn auch die Ansicht Benfeys, daß die Verbreitung des größten Teils derselben von Indien

1) The most pleasant and delectable tale of the marriage of Cupid and Psyche. Done into English by William Adlington of University College in Oxford. With a discourse on the fable by Andrew Lang, late of Merton College in Oxford. London 1887. 2) Das Werk von Lang, Custom and Myth 1884, wo er dies ausführlich erörtert hat (p. 64—86), kenne ich nicht.

aus erfolgt ist[1]), nicht erweislich, sondern eher die umgekehrte Richtung der Beeinflussung nicht wahrscheinlich ist[2]).

Wenn Gebräuche und Vorstellungen so seltsamer Art, daß man ihre Wiederholung ohne Übertragung für unmöglich halten möchte, sich dennoch in Ländern verschiedener Erdteile, zwischen denen ein Zusammenhang nie bestanden haben kann, ganz in derselben Weise finden (Peschel, Völkerkunde S. 22—27), so reicht diese Tatsache zwar hin, um einzelne auffallende Ähnlichkeiten in den Fiktionen der verschiedenartigsten Stämme als spontane erscheinen zu lassen[3]), aber nicht, um die durchgehende Übereinstimmung der bisher erforschten europäischen und asiatischen Märchen, sowohl in den Hauptmotiven als in deren Verbindung, zu erklären.

So berechtigen auch gewisse Ähnlichkeiten eines von Lang p. LXXVIII f. mitgeteilten Zulumärchens und des Märchens von Amor und Psyche noch nicht zu dem Schlusse, daß die Elemente des letzteren in einem früheren Zustande der Gesellschaft dem ganzen Menschengeschlecht gemein waren. Sein Inhalt ist folgender. Ein Mädchen unternimmt eine gefahrvolle Wanderung nach einem fernen Ort. Nach einem Abenteuer von der 'Verschlingungs (Kronos)-Klasse' erreicht sie den Kral, wo sie vermählt werden soll; doch der Bräutigam fehlt. Der Jüngling, an dem ihr Herz hängt, der jüngste Prinz, ist bereits als Kind verschwunden. Das Mädchen bleibt dort. Speise und Trank, die man in ihre Hütte bringt, werden bei Nacht von einem unsichtbaren Wesen (eben dem verschwundenen Prinzen) genossen. In einer Nacht befühlt er im Dunkeln das Gesicht des Mädchens, am Morgen entfernt er sich, ohne daß sie ihn erblickt hat, da er ihr verbietet, Feuer anzuzünden. In der nächsten Nacht läßt er seinen Körper von ihr befühlen; dieser ist schlüpfrig, so daß die Hand, die ihn fassen will, abgleitet. Seine Mutter hat ihn als Kind in eine Boahaut genäht, um ihn der Eifersucht ihrer Nebenbuhlerinnen zu entziehen, welche Tiere verschiedener Gattungen zur Welt gebracht hatten; auch seine 'älteren Brüder' hatten ihn aus Eifersucht töten wollen. Jetzt Mann geworden, wird er durch die Liebe des Mädchens erlöst und in die königliche Würde eingesetzt.

Amor und Psyche — Zeus und Semele.

Schließlich führe ich aus der bereits oben S. 103 erwähnten Abhandlung von F. Liebrecht: Amor und Psyche — Zeus und Semele — Purūravas und Urvaśī (Kuhns Ztschr. XVIII 56 ff. = Liebrecht, Zur Volkskunde [1879] S. 239 ff.) die wesentlichsten Gründe der dort aufgestellten Ansicht an, daß der Mythus von Zeus und Semele auf derselben Grundlage beruht, wie die Märchen von Psyche und Tulisa, »und daß demgemäß alle drei nur verschiedene Versionen eines

1) Vgl. R. Köhler, Über die Europ. Volksmärchen (Aufsätze über Märchen u. Volksl. herausg. von E. Schmidt u. J. Bolte 1894 S. 21). Rohde, Über griechische Novellistik und ihren Zusammenhang mit dem Orient (Roman[3] S. 579 ff.). G. Meyer, Essays und Studien 1885 S. 222. Benfeys These gewinnt in geläuterter Form bei namhaften Märchenforschern (G. Paris, A. Aarne, E. Cosquin) wieder Boden, vor allem auch bei v. d. Leyen, Aufsätze E. Kuhn gewidmet (1916) S. 404; Das Märchen[2] (1917) S. 111 ff.

2) H. Lucas, Zu den Milesiaca des Aristides, Philologus LXVI S. 34. Laistner, Das Rätsel der Sphinx S. XV. Weinreich, Der Trug des Nektanebos (1911) S. 155 ff. A. Hausrath, Real-Encykl. VI 1324 ff., Sitz.-Ber. Akad. Heidelberg 1918, 2. Abhdl. S. 20 ff.

3) Vgl. Friedlaender, Griechische Mythologie, Deutsche Rundschau Oktober 1887 S. 96 f.

und desselben Gegenstands sind. Zeus nämlich will ebensowenig von der Geliebten in seiner eigentlichen Gestalt gesehen werden, wie Amor in der seinigen, oder wie der Schlangenkönig Basnak Dau von Tulisa seinem Namen nach erkannt sein will, und nur mit Widerwillen fügt Zeus sich in Semeles Begehr, wie Basnak Dau in das der Tulisa. Die Mutter des letzteren entspricht genau der Hera, und so wie diese die Gestalt der Amme Beroë annimmt, um Semele zu ihrer törichten Forderung zu bereden, ebenso begibt der Verbündete der Mutter Basnak Daus, Sarkasukis, sich als alte Frau zu Tulisa und bringt sie dazu, den Geliebten nach seinem Namen zu fragen, den dieser ebenso widerstrebend ausspricht, wie Zeus sich der Semele in seiner eigentlichen Gestalt zeigt; denn beide wissen (gleich Amor), daß aus der Erfüllung des Wunsches nur Unheil erfolgen kann, obwohl Zeus durch seinen Schwur ganz so wie Basnak Dau durch eine höhere Macht sich gezwungen sieht, das an ihn gestellte Verlangen zu erfüllen. Semele wie Psyche und Tulisa handeln also gegen den Wunsch oder das Gebot ihrer Liebhaber, und alle drei büßen dafür, jedoch nur durch zeitweilige Strafe; denn Semele und Psyche steigen nach Ablauf derselben zum Olymp empor, Tulisa wird Königin und mit ihrem Geliebten wieder vereint wie Psyche mit Amor. Man kann hierbei die Frage aufwerfen, ob in der älteren Fassung des Psychemythus Psyche nicht ebenso zunächst mit dem Tode büßte wie Semele; ihr langes Leiden und Suchen, wobei sie selbst in die Unterwelt zu Proserpina hinuntersteigen muß, möchte vielleicht darauf hindeuten«.

Auf eine andre dort behandelte Mythen- oder Märchenreihe einzugehen, in der die Frau oder Geliebte dem Mann entschwindet, weil er sie trotz ihres Verbots (nackt) sehen will (zu welcher der Urvaśīmythus den Übergang bildet): dies liegt, wie überhaupt die weitere Verfolgung des Gegenstands auf dem Gebiet der vergleichenden Mythologie, ebenso außerhalb meines Zwecks wie meines Studienkreises[1]).

NACHWORT. Ein neues Stadium der Forschung, das Friedlaender († 1909) nicht mehr erlebte, führten die in meinen Zusätzen schon oft genannten Arbeiten R. Reitzensteins herbei[2]). Aus vereinzelten Spuren in den griechischen Zauberpapyri und sonstiger hellenistischer und frühchristlicher Literatur, sowie aus einer Reihe von Denkmälern der hellenistisch-ägyptischen Kleinkunst einerseits, orientalischen Mythologumena andrerseits, die sämtlich von Apuleius unabhängig sind, hat Reitzenstein die Existenz einer orientalisch-hellenistischen Göttin Psyche, die überdies K. Preisendanz[3]) auch im Beginne der 'Mithrasliturgie' erkannte, m. E. erwiesen[4]) und allerdings vorläufig noch zerstreute Die Göttin Psyche.

1) Das Buch von Zinzow »Psyche und Eros. Ein milesisches Märchen in der Darstellung und Auffassung des Apuleius beleuchtet und auf seinen mythologischen Zusammenhang, Gestalt und Ursprung zurückgeführt« (1881) beruht auf Anschauungen, die von den meinigen grundverschieden sind; mich haben sie nirgends überzeugt. 2) Die einzelnen Schriften sind mit vollem Titel genannt S. 104 A. 4. 5, 115 A. 2. Reitzenstein faßt seine Auffassung zusammen 'Göttin Psyche' S. 103 ff., vgl. auch Reitzenstein, Das Mandäische Buch des Herrn (Sitz.-Ber. Akad. Heidelberg 1919, 12. Abhdl.) S. 5. 3) Deutsche Lit.-Zeit. 1917 S. 1427—33. Reitzenstein, Die hellenist. Mysterienrelig.[2] 1920 S. 129. 131. 4) Die vorgebrachten Einwände (Literatur bei Lehnert, Burs. Jahr.-Ber. 175 S. 48 ff.) mögen bei manchen Einzelheiten stichhaltig sein, die Existenz einer Göttin Psyche an sich kann aber nicht mehr geleugnet werden. Bezeichnend, daß gerade dieser

Spuren, die sich noch nicht recht zu einem Gesamtbild zusammenfassen lassen, eines orientalisch-hellenistischen Eros-Psychemythos aufgezeigt. Der Nachweis eines solchen Mythenkomplexes ist deshalb so besonders wichtig, weil die erhaltenen Eros-Psyche-Darstellungen (s. oben S. 115 A. 2), wie wohl allseitig zugestanden wird, unmöglich als Märchen-Illustrationen gelten können[1]), also abhängen müssen von diesem, in mannigfachen Spuren nunmehr sichtbar werdenden Mythenkomplex. Wie verhält sich nun unser Psyche-Märchen zum Psyche-Mythos? Angesichts der engen und oben S. 101 ff. besprochenen allgemeinen Verwandtschaft zwischen Märchen und Mythos ist es von vornherein nicht verwunderlich, daß sich in der Amor-Psychefabel Motive sowohl märchenhafter wie mythischer Natur fast unentwirrbar mischen. Welche überwiegen? Für die oben gegebene Betrachtung standen die märchenhaften Züge durchaus und absichtlich (vgl. S. 106 A. 5 und die letzten Worte Friedlaenders S. 131) im Vordergrunde. Der Nachweis eines Mythos kompliziert das Problem, und eine wesentliche Frage, die die künftige Forschung beschäftigen muß, ist wohl diese: Sind die märchenhaften Elemente das Primäre, die mythischen das Sekundäre oder umgekehrt? Oder mit andern Worten: Wurde ein altes Volksmärchen von der oben betrachteten Art mythologisiert, indem ein ursprünglich namenloses Paar die Namen Eros und Psyche aus dem Mythos erhielt und den Märchenmotiven Mythenelemente anwuchsen, oder aber ist ein ursprünglicher Mythos, ein orientalischer Psyche-Mythos, der selbst schon 'märchenhafte' Züge enthalten mochte, dann bei dem Hellenisierungsprozeß inhaltlich zum Volksmärchen geworden, formal aber bereichert worden mit typisch-literarischen Zügen der Kunstdichtung? Eine klare und allgemein überzeugende Beantwortung dieser Frage nach der letzten Endes zugrunde liegenden Urform kann vorerst noch nicht versucht werden, dazu ist das Material mythischer Art noch nicht reich und eindeutig genug. Da die Forschung hier noch durchaus im Fluß ist, mögen diese kurzen Hinweise auf die neue Problemstellung genügen. Sicher ist jedenfalls das, daß die Fassung der Amor-Psyche-Geschichte, die wir bei Apuleius lesen, eine lange und komplizierte Vorgeschichte hat, und daß man gut daran tun wird, mit verschieden gearteten Vorstufen und mannigfach sich kreuzenden Einflüssen (Märchen, Mythos, Kunstdichtung) zu rechnen — nicht zuletzt auch mit der barocken und eigenwilligen, sehr bewußten und berechnenden Gestaltungskraft des Apuleius selbst.

O. Weinreich.

Name bei Apuleius in der griechischen Form erhalten blieb, während sonst die lateinischen Äquivalente für griechische mythologische Namen gebraucht werden.

1) Die Wichtigkeit von Reitzensteins Ausführungen über Märchen und bildende Kunst anerkennt auch v. d. Leyen, Aufs. E. Kuhn gewidmet (1916) S. 410 A. 1.

XI

DAS GEWÖHNLICHE ALTER DER MÄDCHEN BEI DER VERLOBUNG UND VERHEIRATUNG[1])

Die Verlobung erfolgte oft lange vor der Hochzeit: Cass. Dio LIV 16, 7: ὡς δ᾽ οὖν βρέφη τινὲς ἐγγυώμενοι τὰς μὲν τιμὰς τῶν γεγαμηκότων ἐκαρποῦντο, τὸ δὲ ἔργον αὐτῶν οὐ παρείχοντο, προσέταξε μηδεμίαν ἐγγύην ἰσχύειν, μεθ᾽ ἣν οὐδὲ δυοῖν ἐτοῖν διελθόντων γαμήσει τις, τοῦτ᾽ ἔστι δεκέτιν πάντως ἐγγυᾶσθαι τόν γέ τι ἀπ᾽ αὐτῆς ἀπολαύσοντα· δώδεκα γὰρ ταῖς κόραις ἐς τὴν τοῦ γάμου ὥραν ἔτη πλήρη, καθάπερ εἶπον, νομίζεται (vgl. LVI 7, 2 und Sueton. Aug. 34, 2); Modestin. Dig. XXIII 1, 14: *in sponsalibus contrahendis aetas contrahentium definita non est ut in matrimoniis*; *quapropter et a primordio aetatis sponsalia effici possunt*, *si modo id fieri ab utraque persona intellegatur*, *id est*, *si non sint minores quam septem annis*. Doch sind in der früheren Kaiserzeit Mädchen, wie es scheint, nicht selten in noch jüngerem Alter verlobt worden. Vipsania Agrippina, Tochter des Agrippa und der Pomponia, ward schon im ersten Jahre (*vix annicula*) mit Tiberius verlobt (Nep. Att. 19, 4). Die Tochter Sejans, die nach seinem Fall auf Senatsbeschluß getötet wurde, war mit Drusus, dem Sohne des nachmaligen Kaisers Claudius, verlobt, der wenige Tage nach der Verlobung an einer Birne erstickte; beide waren noch Kinder (Suet. Claud. 27, 1. Tac. Ann. III 29. V 9. Cass. Dio LVIII 11, 5; über den Unterschied von *destinare* und *despondere* s. Nipperdey zu Tac. Ann. IV 7). Seine Tochter Octavia (geb. 43) hatte Claudius erst dem L. Silanus verlobt (Tac. Ann. XII 3), im Jahre 49 verlobte er sie mit Nero (ebd. 9). CIL VI 28194: *Diis manibus Valeriae M. f. Fortunatae*, *vixit annos VIIII*, *menses VIII*, *dies XVIIII*, *M. Valerius Anicetus*, *vix. an. XX*, *qui fuit spon(sus) eius*. Eine sechsjährige *sponsa* CIL VI 9534; eine unfreie *sponsa* eines Sklaven, † 12 Jahre alt, CIL VI 12114. Zwei jugendliche Töchter, die eine im Alter von 13 1/2 Jahren, *iam prope nupptum myscrae defunctae sunt ambae* CIL X 2496. Bei Iuv. 3, 111 scheint der *sponsus levis adhuc* im Hause des Schwiegervaters zu wohnen.

Obwohl nun die zur Ehe erforderliche Volljährigkeit erst mit dem vollendeten zwölften Jahre, die Mannbarkeit sogar in der Regel erst mit dem vierzehnten

1) Vgl. I 271, 8. 273, 5.

eintrat (vgl. die unten anzuführende Stelle Macrob. Comm. in Somn. Scipion. I 6, 70), wurden die Mädchen zuweilen noch jünger vermählt: Plutarch. Lycurg. et Numae comp. 4, 2: τῶν δὲ Ῥωμαίων δωδεκαετεῖς καὶ νεωτέρας ἐκδιδόντων· οὕτω γὰρ ἂν μάλιστα καὶ τὸ σῶμα καὶ τὸ ἦθος καθαρὸν καὶ ἄθικτον ἐπὶ τῷ γαμοῦντι γενέσθαι. Doch wurden sie dann erst mit dem Alter von zwölf Jahren rechtmäßige Gattinnen; bis dahin blieben sie *sponsae*: Pompon. Dig. XXIII 2, 4: *minorem annis duodecim nuptam tunc legitimam uxorem fore, cum apud virum explesset duodecim annos.* Ulpian. Dig. XXIV 1, 32, 27: *si quis sponsam habuerit, deinde eandem uxorem duxerit, cum non liceret, an donationes quasi in sponsalibus factae valeant, videamus. et Iulianus tractat hanc quaestionem in minore duodecim annis, si in domum quasi mariti immatura sit deducta; ait enim hanc sponsam esse, etsi uxor non sit.* Vgl. ebd. XXIII 1, 9; XLVIII 5, 14, 8. Octavia, die Tochter des Claudius und der Messalina, stand, als sie ermordet wurde (62 n. Chr.), im 20. Lebensjahre (Tac. Ann. XIV 64), folglich bei ihrer Vermählung mit dem sechzehnjährigen Nero im Jahre 53 (ebd. XII 58) im elften. Von solchen vorzeitig geschlossenen Ehen finden sich Beispiele auch in den Inschriften. Eine Frau, die nach 38jähriger Ehe im Alter von 45 Jahren starb, also mit 7 Jahren geheiratet hatte (wofern nicht die Zahl *XXXVIII* auf dem Stein verschrieben ist für *XXVIII*) CIL VI 21562, eine andre, die bei der Verheiratung 7 Jahre und 7 Monate zählte, CIL IX 3710; Vermählung im Alter von 10—11 Jahren CIL V 630. VI 19062. 21273 (eine elfjährig gestorbene Gattin ebd. 17599 [Echtheit fraglich]). X 155. XI 2657 (Sklavenehe). 3475 vgl. 3476 (desgl.); von 11—12 Jahren CIL III 3572 (Aquincum). VI 18412. 20370. IX 900. 3011. XI 1016.

Als durchschnittliches Alter der Mädchen bei der Verheiratung darf man wohl das von 14 Jahren annehmen, nach der ausdrücklichen Angabe Epictets (Enchir. 40): αἱ γυναῖκες εὐθὺς ἀπὸ τεσσαρεσκαίδεκα ἐτῶν κυρίαι καλοῦνται. Τοιγαροῦν ὁρῶσαι ὅτι ἄλλο μὲν οὐδὲν αὐταῖς πρόσεστι, μόνον δὲ συγκοιμῶνται τοῖς ἀνδράσιν, ἄρχονται καλλωπίζεσθαι κτλ. Auch bei den Alimentationsstiftungen ist wohl vorauszusetzen, daß, wie die Unterstützung der Knaben sich bis zu dem Alter erstrecken sollte, wo sie ihren Lebensunterhalt selbst gewinnen konnten[1]), so die der Mädchen bis zu dem, in welchem ihre Versorgung durch Heirat zu erwarten war. Eine in Terracina gestiftete Alimentation (CIL X 6328 = Dessau 6278) sollte bei Knaben bis zum Alter von 16, bei Mädchen von 14 Jahren dauern; eine andre in Sicca Veneria (CIL VIII 1641 = Dessau 6818 aus den letzten Jahren M. Aurels) bei Knaben *ab annis tribus ad annos XV*, bei Mädchen *ab annis tribus ad annos XIII*. Hadrian setzte die Dauer der Alimente bei jenen bis zum 18., bei diesen bis zum 14. Jahre fest, was Caracalla (*imperator noster*) bestätigte (Ulpian. Dig. XXXIV 1, 14, 1). Auch die Schriftsteller bieten Beispiele von so frühen oder noch früheren Verheiratungen aus verschiedenen Zeiten. Agrippina, die Mutter Neros, geboren am 6. November 16, wurde mit Domitius Ahenobarbus im Jahre 28, also kaum 12jährig vermählt; Augustus Tochter Julia, geboren 715 = 39, mit Mar-

1) Diese Bestimmungen stehen also mit dem oben I 272 angenommenen höheren Durchschnittsalter der Männer bei der Eheschließung keineswegs in Widerspruch.

cellus im Jahre 25, also im 14. Jahre. Die Tochter des Agricola, die er mit Tacitus während seines Konsulats (76) verlobte *ac post consulatum collocavit* (Agr. 9), war während Agricolas Quästur in Asien (65) geboren worden, also bei der Verheiratung schwerlich mehr als 13 Jahre alt. Die Tochter des Minucius Fundanus starb, noch nicht volle 13 Jahre alt, kurz vor der Hochzeit (oben I 271, 1. 3). Im Jahre 33 vermählte Tiberius nach langer Überlegung die beiden Töchter des Germanicus, Iulia und Drusilla, *postquam instabat virginum aetas* (Tac. Ann. VI 15). Iulia war im Jahre 18 geboren (ebd. II 54), also etwa 15 Jahre alt; Drusilla vielleicht 2 Jahre älter (ebd. II 41. Sueton. Calig. 7). Aemilia Lepida, geb. 751, war die Tochter von Augustus Enkelin Iulia, geb. 735, die also auch mit 15 Jahren geheiratet hatte (Mommsen, Ges. Schr. VIII 192). Quintilians Frau starb *nondum expleto aetatis undevicesimo anno duos enixa filios* (inst. or. VI prooem. 4). Beim Tode der Mutter war der jüngere Sohn 5 Jahre alt, der ältere also in ihrem 13. Jahre geboren (Vollmer, Rhein. Mus. XLVI 1891 S. 343 ff.). Vgl. Auson. Epitaph. 32 *in tumulum sedecennis matronae*, die auch bereits als Mutter gestorben war.

Im folgenden sind eine Anzahl von Inschriften zusammengestellt, in denen das Alter der Frauen bei der Verheiratung entweder direkt angegeben ist oder sich durch Abzug der Jahre der Ehe von denen des Lebens ergibt. Sie stammen sämtlich aus Rom und Italien.

Alter bei der Verheiratung 12—13 Jahre.

CIL V 1438 († 30 J. 56 T. alt, verheiratet 18 J. 56 T.). 7539 (*annorum nata XIII, nupta fuit dies C*). CIL VI 3604 (*quam nupsi annor. XII, mesum XI, dierum XIIII*). 10867 (*vixit annis virgo XII, cum marito XXX et menses VI*). 14930 *b* (verh. 32 J. 3 M., † 45 J. alt). 19883 (verh. 43 J., † 55 J. alt). 24072 (verh. 1 J. 9 M. 17 T., † 14 J. 17 T. alt). 29324 (*nupsit an(norum) XII, dierum XXX*). CIL XI 832 (eine *cla(rissima) fem(ina)*, † 13 J. 47 T. alt, verh. 5 M. 20 T.). 1077 († 15 J. 10 M. 20 T. alt, verh. 3 J. 4 M. 2 T.). 3830 († 40 J. 5 M. 25 T. alt nach 28 jähriger Ehe).

Alter bei der Verheiratung 13—14 Jahre.

CIL V 6545 († 26 J. 6 M. 15 T. alt, verh. 12 J. 10 M.). CIL VI 7384 († 16 J. 8 M. alt, verh. 3 J. 7 M.). 13017. 13300 (2 nach 19 jähriger Ehe im Alter von 32 J. gestorbene Frauen). 17475 (verh. 16 J. 3 M. 15 T., † 30 J. alt). 18703 (verh. 6 J., † 19 J. 8 M. alt). 34675 († im Alter von 13 J. 4 M., verh. 23 T.); eine im Alter von 13 J. 6½ M. verstorbene Gattin ebd. 12272, eine andre, † 13 J. 11 M. alt, Not. d. sc. 1914, 397. CIL IX 1852 († 45 J. alt nach 32 jähr. Ehe). CIL X 181 († 41 J. 6 M. 5 T. alt, verh. 28 J. 4 M. 10 T.). 2311 (*[terti]us a decimo cum me produceret annus, [coni]ugis adsumpsi nomen gremiumque resolvi.*) CIL XI 691 († 23 J. 7½ M. alt, verh. 10 J.). 4364 († im 30. Lebensjahr, verh. 16 J.).

Alter bei der Verheiratung 14—15 Jahre[1]).

CIL V 69. 6060. CIL VI 7581. 14534. 15075. 15606. 20440. 23044. 26724. 33668; eine im Alter von 14 J. 10 M. gestorbene Gattin ebd. 20480. CIL XI 489. 896.

Alter bei der Verheiratung 15—16 Jahre.

CIL VI 11682. 13128. 13383. 14377. 17840/1. CIL IX 1983. CIL XI 81. Eine Gattin † 16 J. 9 M. alt CIL XIV 603.

Alter bei der Verheiratung 16—17 Jahre[2]).

CIL VI 10526. 11137. 11939. 12451. 13303. 15519. CIL IX 5478. 5910.

Alter bei der Verheiratung 17—18 Jahre[3]).

CIL V 3593. 6377. 7763 (*univiria*). CIL VI 13853.

Alter bei der Verheiratung 18 Jahre und darüber.

18—19 Jahre: CIL VI 18378. 22791. CIL X 427.
19—20 » CIL V 1250. CIL VI 11082. 16199. 21714. CIL X 7654.
20—21 » CIL VI 11683. 13092. 14622. 25678.
21—22 » CIL VI 18930. 23176. 24337. CIL XI 2451.
22—23 » CIL VI 15615.
23—24 » CIL XI 6146.
24—25 » CIL VI 21314.
25—26 » CIL VI 13582. 15106. 15581. 29890.
26—27 » CIL V 3496. CIL VI 15598.
28 Jahre: CIL VI 17777.
32 » CIL VI 13364.

Als Jungfrauen gestorben.

Im Alter von 12 Jahren: CIL VI 23823. — 13 J. 6 M.: CIL VI 22704. — 14 J.: CIL VI 20167. 20653. — 15 J.: CIL VI 8027; 15 J. 9 M.: CIL XI 2502. — 16 J.: CIL VI 2723. — 18 J.: IG XIV 1648 = IGR I 263; 18 J. 3 M.: CIL VI 24032. — 19 J.: CIL VI 21070; 19 J. 10 M.: CIL VI 13172.

Es ist kein Grund anzunehmen, daß eine große Vermehrung dieser Sammlung wesentlich andre Altersverhältnisse ergeben würde. Von den im Alter von mehr als 18 Jahren verheirateten Frauen ist ohne Zweifel ein großer, wenn nicht der größte Teil schon früher verheiratet gewesen, und die Möglichkeit

1) Ehefrauen, † im Alter von 15—16 Jahren, also verheiratet spätestens im Alter von 14—15: CIL VI 17816. 20367. XI 3895. 5684. 5797. XIV 2737. 3818. 2) Ehefrauen † im Alter von 16—17 J.: CIL V 7191. VI 17582. 18705. 23629. 33158. 34728 (*virginia*). XI 1504. 3) Ehefrauen † im Alter von 17—18 J.: CIL VI 17594. XI 513. 1671. 6080.

einer früheren Ehe ist bei keiner derselben in Abrede zu stellen[1]). Daß die früheren Ehen auf den Grabschriften nur ausnahmsweise angegeben sind, ist sehr natürlich; so CIL V 7453: Inschrift einer 36 Jahre alt gestorbenen Frau, die 2 mal, in zweiter Ehe 16 Jahre verheiratet war[2]). Auch ist zu bedenken, daß diese Frauen größtenteils den mittleren und unteren Ständen angehören, in denen Armut, der Mangel einer Mitgift usw. noch leichter die Verheiratung verzögern konnte, als in den höheren; in diesen wird also um so mehr Verheiratung bald nach vollendetem zwölften Jahre für das gewöhnliche zu halten sein. Darf man aus Terent. Eunuch. 318f., wo ein Alter von sechzehn Jahren als die Blütezeit der Jungfrau bezeichnet ist, auf römische Sitte schließen, so wäre allerdings für die ältere Zeit ein späteres Durchschnittsalter anzunehmen. »Im heutigen Italien ist dasselbe nach einer 6jährigen Zählung auf 23 Jahre 10 Monate für die Braut, 30 Jahre 7 Monate für den Bräutigam gestiegen. Eheschließungen vor vollendetem 15. Jahre kommen auch jetzt noch vor, aber nur in dem minimalen Verhältnis von 1,29 per Mille für das weibliche, 0,02 per Mille für das männliche Geschlecht. Zudem gehören sie vorwiegend Sicilien und den südlichen Provinzen an, wo die Ziffer etwa auf 2 und 0,03 per Mille steigt.« Nissen, Ital. Landesk. I 411.

Aus den Provinzen des römischen Reichs sind nur sehr wenige Grabschriften bekannt, in denen außer den Jahren des Lebens auch die der Ehe angegeben sind. Unter den spanischen Inschriften kommt, wie es scheint, als einzige hier in Betracht CIL II 2752 (Segovia): *nurui an(norum) XIV.* Für Afrika und Ägypten dürfte eher noch ein früheres Alter der Verheiratung anzunehmen sein[3]). Die afrikanischen Inschriften bieten Beispiele für Eheschließungen im Alter von 13 Jahren (CIL VIII 11665: *vix ann. XIIII m. V, ex quo tempore v[ix] ter senum mens[u]m in diem mortis suae cum marito egit*), 14 Jahren (CIL VIII 2756: *XV anno mariti nomen accepit*) — eine 15jährig gestorbene Ehefrau CIL VIII 5554 —, 15 Jahren (CIL VIII 9670: *ne quidem inpleto b[i]enni tempore — — mari[t]ali v[i]nculo disiuncta* † 17 J. 3 M. alt), 16 Jahren (CIL VIII 2857) — eine 16 Jahre alt gestorbene Gattin ebd. 3664 —, 17 Jahren (CIL VIII 21241; vgl. 18374. 18965. 22983 [17jährig gestorbene Ehefrauen]), 19 Jahren (CIL VIII 9638: *tradita marito anorum XVIIII*), 20 Jahren (CIL VIII 3160); ferner Beispiele für Jungfrauen gestorben im Alter von 15 Jahren (CIL VIII 21142), 17 Jahren (CIL VIII 24703. 24941*a*), 21 Jahren (CIL VIII 9686).

Unter den von Garrucci herausgegebenen jüdischen Inschriften aus Rom, größtenteils von dem Kirchhofe in Vigna Randanini (Cimitero degli antichi

1) Dementsprechend wird die Tatsache einer nur einmaligen Vermählung (vgl. oben I 312, 4) zuweilen rühmend hervorgehoben, wie CIL IX 3158 = Dessau 2682: *annos XXXVIIII u[n]i nupta viro*; CIL XIII 2216. *unius marita*; VI 12405. XIV 418 = Dessau 6167: *unibyria* (d. i. *univiria*); VI 9810 = Dessau 7463: *cum quo vixit a virginitate annis XXXV*; XIII 2000 = Dessau 7648: *cum coniuge sua virginia, cum qua vixsit annis XXXXVIII;* VI 18449: *q(uae) mecum vixit a prima aetate sua in diem mortis.* 2) Auch auf den von Witwern ihren Frauen gesetzten Inschriften sind Erwähnungen früherer Ehen (wie CIL VI 15488. 20116. 20564) sehr selten. 3) Vgl. über die Ehen von Maurinnen, Berberinnen, Araberinnen und Jüdinnen in Nordafrika (im Alter von 12—15 Jahren, zuweilen in einem noch früheren): Schwarz, Algerien (1881) S. 361. Hesse-Wartegg, Tunis S. 101. 165. Maltzan, Drei Jahre im Nordwesten von Afrika (1868) I 251. III 44. 240f.

Ebrei etc., Roma 1862, und Dissertazioni archeologiche II [1865] S. 150ff.), geben nur drei das Alter von Frauen bei der Verheiratung an. Cimitero S. 31: Βενερωσα ανρων (*annorum*) *XVII* εκου (?) μαριτους μησις (*menses*) *XV*; S. 50: *vixit annis XVIII dies III — — cum virginiun sun que vixit annis III dies III*; S. 60 (nach Garruccis, wie es scheint, auch hier richtiger Lesung): ἔζησεν ἔτη ιθ, μετὰ τοῦ συμβίου αὐτῆς ἔτη δ (?).

Auch für Griechenland und das griechische Asien möchte man etwa dasselbe annehmen wie für Italien, was ja auch der früheren Sitte (Xenoph. Oecon. 7, 5 ist die junge Frau noch nicht 15 Jahre alt; die Vorschriften Hesiods, Platons und Aristoteles' [Rein in Paulys Realencykl. IV 1648] beweisen nichts für die Praxis) nicht gerade entgegen ist. In dem Roman des Longus sind Daphnis und Chloe beim Beginn der Erzählung 15 und 13, bei der Hochzeit höchstens 16 und 14 Jahre alt; daß die Tochter des Massalioten Zenothemis (Lucian. Toxaris 24) mit 18 Jahren noch unvermählt ist, hat (ebenso wie bei der ebenso alten Tochter des Germanos, Procop. Hist. anecd. 5) einen besonderen Grund. Ohne Zweifel waren jedoch Verheiratungen in diesem und noch späterem Alter nicht selten. Die griechischen Ärzte geben als die Zeit des Eintritts der Menstruation das Alter von 14 Jahren an. Th. Gomperz (Hermes V 1870 S. 393, 1) hat folgende Stelle des Soranus Ephes. De muliebr. affect. c. 4 ed. Ermerins p. 20, 10 angeführt: τὸ δὲ ἔμμηνον ἐπιφαίνεται τὸ πρῶτον περὶ τὸ τεσσαρεσκαιδέκατον ἔτος κατὰ τὸ πλεῖστον ὅτε καὶ τὸ ἡβᾶν καὶ τὸ διογκοῦσθαι τοὺς μαστούς (vgl. c. 8 p. 41, 15) und eine ganz ähnliche des Paulus Aegineta (unter Constantinus Pogonatus 668—685) III 60: ταῖς πλείσταις ἡ κάθαρσις γίνεται περὶ τεσσαρεσκαιδέκατον ἔτος, ὀλίγαις δὲ θᾶσσον, κατὰ τὸ τρισκαιδέκατον ἢ δωδέκατον, οὐκ ὀλίγαις δὲ βράδιοντῶν δεκατεσσάρων ἐτῶν. Der Ausspruch des Soranus, der unter Trajan und Hadrian in Rom praktizierte (Ermerins praef. p. V f.): εὐφυῶς δὴ πρὸς σύλληψιν διακεῖσθαι σημειωτέον τὰς ἀπὸ πεντεκαιδεκαετοῦς ἡλικίας ἕως τεσσαρακονταετοῦς κατὰ τὸ πλεῖστον (p. 43, 4) sollte wohl nicht für die Griechinnen allein gelten. Doch darf man nach inschriftlichen und sonstigen Zeugnissen annehmen, daß auch sie häufig geraume Zeit, und zwar oft zwei Jahre, vor dem Eintritt der Geschlechtsreife vermählt wurden, ebenso wie die Römerinnen, von welchen Macrob. Comm. in Somn. Scipion. I 6, 71 ausdrücklich sagt: *post annos bis septem — purgatio feminarum — de* (*tutela*) *tamen propter votorum festinationem maturius biennio absolvuntur.* Ebenso früh heiraten Mädchen im heutigen Griechenland und zwar offenbar nicht selten. Fahrenheid (Reise durch Griechenland [1841] S. 24) sah in Athen an den Brüsten junger Frauen von 13 Jahren schon die Nachkommenschaft liegen. Altersangaben aus dem Altertum sind folgende: CIG 3118 = Kaibel, Epigr. gr. 227 (Grabschrift einer 14jährigen Jungfrau, bei Teos): ἓν δὴ ἔλαχον σῆμα τόδ' ἀντὶ γάμου. Anthol. Pal. VII 487 (Epigramm des Perses — älter als Meleager — auf den Tod eines Mädchens von 14 Jahren vor der Hochzeit). IX 70 (Leonid. Alexandr. unter Nero): γρῆυν ἔγημε Φιλῖνος, ὅτ' ἦν νέος· ἡνίκα πρέσβυς, δωδέκετιν. VII 547 (von demselben Dichter — ein Vater betrauert seine Tochter): κατέστενε δ' οὐχ Ὑμεναίῳ, ἀλλ' Ἀίδᾳ νύμφαν δωδέκετιν κατάγων. Nach Phlegon Mirab. 6 verwandelte sich in Antiochia am Mäander im Jahre 45 eine Jungfrau von 13 Jahren kurz vor der Hochzeit in einen Mann.

CIL III 6759 (Ancyra, aus der zweiten Hälfte des 2. Jahrhunderts): — *coniugi b. m. ann. XV mens. V dieb. XVIII, quae partu primo post diem XVI relicto filio decessit.* Österr. Mitt. VIII (1884) S. 11, 24 (bei Küstendsche): ἐγάμησα δὲ ἐτῶν ιγ. Auf griechischen Grabschriften sind die Jahre der Ehe niemals angegeben, ausgenommen bei denen einiger in Rom gestorbener Griechinnen oder Asiatinnen, aus denen man aber doch wohl auf Griechenland bzw. den griechisch redenden Osten schließen darf: Alter bei der Verheiratung 12 Jahre IG XIV 1927, 13 Jahre ebd. 1370. 1831. 1866 (= Kaibel, Epigr. gr. 681. 721), 15 Jahre ebd. 1845.

In Dalmatien und in den Donauprovinzen finden sich Beispiele für ein Heiratsalter von 12 Jahren (CIL III 2382. 9178 [Salonae]), 13—14 J. (ebd. 2741 [Dalm.]. 11232 [Pannon.]), 14—15 J. (ebd. 1315 [Dacien]. 2997 [Dalm.]), 17 J. (ebd. 1992 [Dalm.]), 19 J. (ebd. 3989 [Pannon.]), 20 J. (ebd. 2225 [Salonae]), 23 J. (ebd. 2267 [Salonae]).

In den nördlichen und nordwestlichen Ländern werden die Mädchen vermutlich im allgemeinen später verheiratet worden sein (Tac. Germ. 20: *nec virgines festinantur*). In Gallia Narbonensis dürfte das Heiratsalter dasselbe gewesen sein wie in Italien. CIL XII 690 nennt eine 14jährig gestorbene Ehefrau, CIL XII 2398 eine im Alter von wenig mehr als 13 Jahren vermählte. Inschriften aus der Hauptstadt der Lugudunensis erwähnen Eheschließungen im Alter von 12 Jahren (CIL XIII 2068), 12 J. 7 M. (ebd. 2203), 13¼ J. (ebd. 1983), 14 J. 8 M. (ebd. 2273), 16 J. (ebd. 2094), 17 J. (?) (ebd. 2189), 20 J. (ebd. 2244); eine Kölner (CIL XIII 8299) ein Heiratsalter von 15 Jahren. Die britannischen Grabschriften (CIL VII) enthalten keine Altersangaben.

Noch heutzutage sind die Moldau-Walachinnen mit 13 Jahren in der Regel schon verheiratet (Preuß. Jahrbücher XVIII 1866 S. 72); die Fürstin von Montenegro war es mit 13½ (S. Kapper, Deutsche Rundschau IX 1876 S. 383). Die Mädchen der Sachsen in Siebenbürgen heiraten (nach Bergner, Siebenbürgen S. 61) oft mit dem 15. Jahre.

Daß die Sitte, die Mädchen mit oder bald nach dem Eintritt der Mannbarkeit zu verheiraten, auch in der christlichen Zeit fortdauerte, ist ausführlich nachgewiesen von Cavedoni, Dell' età consueta nelle nozze degli antichi Cristiani, woraus hier einiges mitgeteilt sei (vgl. Friedlaender, Königsberger Univ.-Progr. 1864 II). Paul. ad Corinth. I 7, 36: εἰ δέ τις ἀσχημονεῖν ἐπὶ τὴν παρθένον αὐτοῦ νομίζει, ἐὰν ᾖ ὑπέρακμος καὶ οὕτως ὀφείλει γίνεσθαι, ὃ θέλει ποιείτω, οὐχ ἁμαρτάνει· γαμείτωσαν läßt keinen Schluß zu. Das kanonische Recht setzt die Pubertät des weiblichen Geschlechts auf 12, des männlichen auf 15 Jahre fest, und die Inschriften der Katakomben bestätigen die Fortdauer der frühen Eheschließungen für das erstere. Cavedoni fand darin 8 Frauen, die im Alter von 12—13 Jahren verheiratet waren, 9 im Alter von 13, 11 von 14, 16 von 15, 13 von 16, 11 von 17, 9 von 18, 8 von 19, 9 von 20, 6 von 21, 5 von 22 Jahren; wenige in höherem Alter. Von den älteren mögen einige schon früher verheiratet gewesen sein. Weitere zufällig herausgegriffene Beispiele für ein frühes Heiratsalter von Christinnen CIL V 4850 (15 J.). 1661 (17 J.). 1678 (19 J.). CIL X 5897. 7971 (15 J., bzw. 14 J. 9 M.). CIL XI 3757 (12 J.). 2834. 3570 (14 J.). 3054 v. J. 359 (15 J. 8 M.). 4629 v. J. 373 (15 J.). 1730. 2536 (16 J.). 4969 v. J. 420 (16 J. 4 M.). 2872

v. J. 401 (18½ J.). CIL XIII 11918 (16 J. 9 M.). Dagegen eine *sponsa* † 23 J. 6 M. 18 T. alt, *sponsata fuit ann. III men. II di. XVII* CIL V 1620, eine *puella virgo* † 17 J. 5 M. 19 T. alt, *sponsata — — diebus XXV* ebd. 1636. Auch daß Mädchen unter 12 Jahren heirateten, die aber natürlich erst mit vollendetem zwölften Jahre als rechtmäßige Gattinnen betrachtet wurden, ist durch mehrere christliche Inschriften bezeugt (Boldetti Osservaz. sopra i Cimiterj p. 385. 417. 461. Fabretti 269, 130. CIL XIII 3846). Hierher gehört auch die von Cavedoni S. 18 mit Unrecht bezweifelte, von De Rossi, Inscr. Christ. 107 aufgenommene Inschrift v. J. 349: *birginius castae conpari, cum qua fecit annis VIII, que vicsit annis XVIIII menses VIIII dies XVII*; vgl. die Anm. des Herausgebers. Augustin. Conf. VI 13, 23: *puella petebatur, cuius aetas ferme biennio minor quam nubilis erat*; *et quia ea placebat, exspectabatur*; ebd. IX 9, 19: (*Monnica*) *ubi plenis annis nubilis facta est, tradita viro servivit velut domino.* Die heilige Agnes soll ihr Märtyrertum im Alter von 12 (Ambros. De virginib. 2, 7) oder 13 J. (Augustin. Serm. de diversis 101) erlitten haben.

Es mögen noch zwei Epigramme von Agathias und Paullus Silentiarius (beide unter Justinian) folgen, aus denen sich für das oströmische Reich dasselbe ergibt.

Agath. Anth. Pal. VII 568: Ἑπτά με δὶς λυκάβαντας ἔχουσαν ἀφήρπασε δαίμων, ἣν μούνην Διδύμῳ πατρὶ Θάλεια τέκεν. — — — — οἱ μὲν γὰρ γονέες με γαμήλιον εἰς Ὑμέναιον μέλλον ἄγειν, στυγεροῦ δ᾿ εἰς Ἀχέροντος ἔβην.

Paul. Silent. ebd. VII 604 (ἐπὶ τῇ ἰδίᾳ θυγατρί, ἧς ὄνομα Μακηδονία): Λέκτρα σοὶ ἀντὶ γάμων ἐπιτύμβια, πάρθενε κούρη, ἐστόρεσαν παλάμαις πενθαλέαις γενέται. — — — — Δωδέκετιν γὰρ μοῖρα, Μακηδονίη, σε καλύπτει, κάλλεσιν ὁπλοτέρην, ἤθεσι γηραλέην. Aus unbestimmter Zeit stammt die stadtrömische Grabschrift Kaibel, Epigr. 679: Μαρκέλλης τάφος εἰμί· τίς αὐτή, γράμματα λέξει. ἀρτίγαμος κούρη εἴκοσιν οὖσ᾿ ἐτέων.

Erwähnt sei noch, daß in Petrarcas Erzählung *De obedientia et fide uxoria mythologia* (Übersetzung der 100. Novelle in Boccaccios Decamerone) die Tochter der Griseldis, die der Markgraf Walther als seine angebliche Braut kommen läßt, 12 Jahre alt ist (Opera ed. Basil. p. 541 ff.). Karls des Gr. Gemahlin Hildegard, Mutter der Rotrud, war ihm im 13. Jahre vermählt worden (Dahn, Paulus Diaconus S. 47). Lucrezia Borgia, geb. 1480, heiratete 1493 Giovanni Sforza (Gregorovius, Lucrezia Borgia I 36. 49). Sixtus V. vermählte den 12jährigen Marco-Antonio Colonna mit der 10jährigen Orsina Peretti (Hübner, Sixte-Quint II 147). Nach Galateo di Lecce (einem Freunde des Pontanus) pflegten die Mädchen in der Terra di Otranto schon im 12. Jahre verheiratet zu werden (Gothein, Kulturentwicklung Süditaliens S. 390). Anna Melanchthon heiratete Georg Sabinus, den ersten Rektor der Universität Königsberg, 14 Jahre alt, Descriptio Regimontii ex Casp. Steinii Peregrino edita, I (Programm d. Univ. Königsberg 1874) S. 6. Margarethe von Parma wurde 12 Jahre alt mit Alexander von Medici, 20 Jahre alt mit dem 13jährigen Ottavio Parnesio vermählt (Motley, Geschichte des Abfalls der Niederlande, deutsch v. Eltze, I 212). Marie Antoinette, geboren den 2. November 1755, vermählt den 16. Mai 1770. Madame Mère sagt: '*je me mariai à l'âge de treize ans avec Charles Bonaparte*' (Valbert, Rev. des deux mondes CXIV 1892 S. 684). Mme. de Caylus, geboren 1673, heiratete 1686 (Ste. Beuve, Causeries du lundi, éd. 3me Paris 1858 III 58); Henriette Herz, geb. 1764, heiratete 1779 (Fürst, Henriette Herz S. 25). Durch das Gesetz vom 20. September 1792 wurde in Frankreich zur Eingehung einer Ehe jeder Jüngling von 15, jedes Mädchen von 13 Jahren befähigt (Sybel, Gesch. d. Revolutionsz. IV 10). Sadler, Law of population II 281 bei Quetelet, Physique sociale 1869 I 181 gibt in einer Übersicht der Ehen der englischen Peeresses 32 im Alter von 12—15 Jahren geschlossene Ehen mit 141 Kindern an; in einer Übersicht der Geburten in den Haupt-Wohltätigkeitsanstalten Londons 74 im Alter von 13—16 Jahren geschlossene Ehen mit 376 Kindern. Quetelet selbst bemerkt S. 381: '*en Belgique les femmes se marient déjà entre 14 et 16 ans*'. Die Jüdinnen in Litauen heiraten im 11. Jahre und bekommen Kinder im 13. (K. Schwarz, Clausewitz I 522). M. Bang.

XII.

DIE ENTWICKLUNG DES GEFÜHLS FÜR DAS ROMANTISCHE IN DER NATUR IM GEGENSATZ ZUM ANTIKEN NATURGEFÜHL[1])

Der Sinn für die Schönheit der eigentlichen Gebirgslandschaft, sowie für das Romantische in der Natur überhaupt, ist gegenwärtig so verbreitet und erscheint als eine so natürliche, ja notwendige Empfindung, daß man geglaubt hat, ihn auch im Altertum ohne Beweis, ja selbst ausdrücklichen Zeugnissen zum Trotz voraussetzen zu müssen[2]). Zur Unterstützung dieser Annahme wird angeführt, »daß Dinge lange mit Namen wie unheimlich, rauh, wild, erschreckend, furchtbar belegt werden können, ehe die Reflexion gewahrt, wie sehr das Gefühl durch dieselben in Anspruch genommen, erhöht und ergriffen werde, daß Sprache und Empfindung oft lange Zeit verschiedene Wege gehen«[3]). Wenn dies auch (obwohl schwerlich auf lange Zeit) möglich ist, so darf ein solcher Widerspruch zwischen Sprache und Empfindung nur aus den zwingendsten Gründen angenommen werden, die es in diesem Falle nicht gibt.

Im allgemeinen ist jedoch der Mangel an Empfänglichkeit für die bezeichneten Erscheinungen der Natur im Altertum nicht bestritten, sondern wird gerade für eine das antike Naturgefühl im Gegensatz zum modernen kennzeichnende Eigentümlichkeit erklärt. Den Griechen und Römern, sagt Humboldt, schien fast allein das gemächlich Bewohnbare anziehend in der Landschaft, nicht was wir wild und romantisch nennen[4]). Und doch ist diese gegenwärtige Richtung des Naturgefühls auch dem Mittelalter und dem größeren Teil der neueren Zeit entweder ganz fremd gewesen, oder hat sich wenigstens bis in die Mitte des 19. Jahrhunderts nur in vereinzelten Äußerungen kundgegeben; keinesfalls ist ihre allgemeine Verbreitung viel über ein Jahrhundert alt.

---

1) Vgl. I 483, 1. 2) Dies tut Motz in der übrigens an treffenden Bemerkungen reichen Schrift Über die Empfindung der Naturschönheit bei den Alten (1865) S. 113: »Nach den früheren Deduktionen kann es ferner nur als ein *idolum fori* erscheinen, daß man den Alten einen geringen Sinn für die Schönheit einer großartigen Bergnatur beilegte.« Die Schrift von A. Gerber, Die Berge in der Poesie und Kunst der Alten (München 1882) enthält nichts zur Sache. 3) Motz a. a. O. S. 128, 1. 4) Humboldt, Kosmos II 79.

In der deutschen Poesie des Mittelalters tritt das Naturgefühl überhaupt sehr wenig hervor[1]). In den höfischen Epopöen wie in den lyrischen Gedichten wiederholen sich, was die landschaftliche Szenerie betrifft, einige wenige konventionelle Züge: linde Maienlüfte, Vogelschall usw., die eine bloße Dekoration in abstraktem Stil bilden[2]), »aber es ist lauter Vordergrund ohne Ferne. Aus den Gesängen der Minnedichter würde vollends niemand erraten, daß dieser dichtende Adel aller Länder tausend hochgelegene, weitschauende Schlösser bewohnte oder besuchte und kannte. Auch in den lateinischen Gedichten der fahrenden Kleriker fehlt noch der Blick in die Ferne, die eigentliche Landschaft« [3]). »Ihre besonderen Formen, ihre Großartigkeit wie ihre Lieblichkeit, die Pracht ihrer Farben, wenn z. B. der Abendhimmel über einer weiten Landschaft glüht, oder die Schönheit ihrer Linien, das alles fand keine Bewunderer. Stürzende Felsen, Schneegebirge und Gletscher, rauschende Ströme und brausende Wasserfälle, daran ging der Ritter und der Dichter stumm vorüber« [4]).

Geringe Spuren des Naturgefühls im Mittelalter.

Minnegesang und lateinische Poesie.

In der altenglischen Poesie fehlt es nicht an unzweideutigen Äußerungen der Abneigung gegen gebirgige Gegenden. In einer von Cynewulf im 8. Jahrhundert geschilderten idealen Landschaft gibt es nur grüne, blumenreiche, duftende Gefilde, blühende und fruchttragende Bäume, kalte, klare Bäche und Quellen: »keine Berge, schroffe Höhen oder Felsklippen, keine Höhlen und Schluchten, keine Hügel und Erhebungen, nichts Rauhes oder Unebenes«. Ebenso ist in einem Epos des 13. oder 14. Jahrhunderts (Sir Orfeo) eine schöne Gegend »so glänzend wie Sonne am Sommertag«, »glatt eben und ganz grün, Berg und Tal ward dort nicht gesehn«. Wenn bei Chaucer ein schroffes Felsgestade anzuschauen ist »wie ein scheußliches Chaos, nicht wie ein schönes Schöpfungswerk eines allweisen Gottes«, so ist dieser Eindruck allerdings zunächst durch die Gefährlichkeit der geschilderten Klippen für Seefahrer bedingt, doch gewiß nicht durch sie allein; und die gleich folgende Beschreibung eines herrlichen, mit Grün und Blumen prangenden, »von Menschenhänden sorglich ausgeschmückten« Gartens zeigt hinlänglich, welchen Naturszenen die Neigung des Dichters zugewandt war. Auch bei Shakespeare ist von dem Eindruck der Gebirgslandschaft nirgends die Rede, und in Cymbeline findet sich kein Wort über ihren Einfluß auf den Charakter ihrer Bewohner[5]). Auch Dante gibt der weiten, fruchtbaren Ebene den Vorzug vor gebirgigen und felsigen Gegenden, ja er fand diese geradezu häßlich. Die eintönige lombardische Ebene nennt er die liebliche Fläche (*lo dolce piano*), »die sich bis Marzabo senkt von Vercelli«,

Altenglische Poesie.

Italiener.

1) Humboldt a. a. O. II 33. Zahlreiche Belege dafür, daß in der altgermanischen und angelsächsischen Poesie die Gebirgsgegend als wild und unhold, flaches Land dagegen als schön erscheint, gibt Lüning, Die Natur in der altgermanischen und mittelhochdeutschen Epik (Zürich 1888) S. 247 ff. 2) Hehn, Italien² S. 56. 3) Burckhardt, Kultur der Renaissance II⁷ S. 16. 4) J. Falke, Die ritterliche Gesellschaft im Zeitalter des Frauenkultus S. 131. 5) O. Dolch, The love of Nature in the early English poetry (Programm der Annen-Realschule zu Dresden 1882) S. 10. Shakespeare erscheint »noch magisch in der Natur und ihrem nächsten Anblicke gefangen, als wären etwa Bilder aus seiner früheren Jugend, von einem Dickicht am Avon mit blumenreichen Waldlichten in ihm lebendig und über ihn völlig Meister geblieben — — doch für Gebilde der Ferne hat er kaum eins seiner leuchtenden und mächtigen Worte übrig«. Aus einem Brief von Jacob Burckhardt (1889).

die beiden Rivieren führt er als Beispiele der Ungangbarkeit an, »die wüstesten, die jähsten Felsenstrecken, dort von Turbia bis gen Lerici«[1]). Doch für Petrarcas lebhafteren Natursinn erschloß sich der Reiz jener unvergleichlichen Uferlandschaften trotz der Steilheit und Wildheit ihrer Felsen, die Dante abschreckte. Er rühmt die Bergkette an der Riviera di Levante als Höhen »von höchst anmutiger Schroffheit und wunderbarer Üppigkeit der Vegetation« und das Ufer der Bucht von Genua, weil es, »wie ein Mäander sich windend, mannigfachen Ausblick auf seine köstlichen Konturen gewährt und den für Schönheit offenen Sinn mit dem Wechsel reizendster Bilder erfrischt«. Doch wenn sich hier eine Regung eines erweiterten Naturgefühls zeigt, so steht sie vereinzelt, und Petrarcas übrige Naturschilderungen weichen nirgends von der antiken Auffassung ab. Als er 1350 von einem grünen Vorsprunge aus den gleich einem Meer wogenden Gardasee (eine Reminiszenz aus Vergil) betrachtete, weilte sein Blick lange und gern auf der weiten und fruchtbaren Ebene zur Linken. In seiner Beschreibung der römischen Campagna hebt er die Belebung der Hügel durch Wild und Rinderherden, den Quellenreichtum des Bodens, die Beweise menschlicher Arbeit rings auf den Feldern, die Gaben des Bacchus und der Ceres, die Schönheit der nahen Seen und Flüsse und des Meeres hervor; vollends wenn er das Tal von Vaucluse schildert, glaubt man Vergil oder Horaz die Schönheit des Landlebens preisen zu hören. Immer wieder rühmt er seine nur durch Rindergebrüll, Vogelgesang und Wasserrauschen belebte Einsamkeit, die Kristallhelle und das Smaragdgrün der das Tal durchfließenden Sorgue, den Reichtum der Erde an Öl und Wein und allem, was die Erde Köstliches hervorbringt[2]). Auch in den begeisterten Schilderungen der Herrlichkeit der italienischen Landschaft von Enea Silvio Piccolomini (Papst Pius II.) ist nichts, was z. B. der jüngere Plinius nicht auch geschrieben haben könnte[3]).

Wenn nun aber auch die Literatur des Mittelalters keine Spur des Gefühls für das Romantische in der Natur zeigen sollte, so wäre es nichtsdestoweniger möglich, daß auch damals einzelne ihr mit demselben Blick und demselben Gefühl gegenüberstanden, wie gegenwärtig die überwiegende Mehrzahl der Gebildeten im mittleren und nördlichen Europa. »Vor andern wird man zuerst den Künstlern dies zutrauen. Im Übergang vom Mittelalter zur Neuzeit gewann in der Malerei die Darstellung der Landschaft ein durchaus neues Wesen. In der Malerei des Mittelalters hatte sie allein deskriptive Bedeutung gehabt als Kennzeichnung der Örtlichkeit, in der sich menschliche Handlungen abspielen; in der Malerei der Neuzeit will sie unmittelbar auf das Gefühl einwirken, zuerst als Umrahmung und Hintergrund der Handlung, schließlich als vollwertiges

1) Dante, Inferno XXVIII 75; Purgatorio III 50. 2) F. X. Kraus, D. Rundschau LXXXVI 1896 S. 69 f. 3) Vgl. auch Janitschek, Die Gesellschaft der Renaissance in Italien (1879) S. 36 f. Über das Naturgefühl des L. B. Alberti Burckhardt a. a. O. I⁷ S. 151 f., des Lorenzo de' Medici Reumont, Lorenzo de' Medici II 11 ff. Wenn P. Jovius (Descriptio Larii Lacus, Venet. 1559 p. XXII) den Bergvorsprung bei Bellagio (*Bilacium promontorium, quo nihil spectatius iucundius salubriusque reperitur*) wegen der Aussicht auf beide Arme des Sees rühmt, so ist auch dies ganz im Sinne des antiken Naturgefühls. Der heilige Bruno von Köln, der Gründer der Karthause in Grenoble († 1101), zeigt in der Beschreibung der Lage einer zweiten von ihm in Calabrien gegründeten (della Torre) ein von dem antiken nicht abweichendes Naturgefühl. Semmig, Beil. z. Münch. Allg. Zeit. 26. April 1889.

Objekt für sich allein. Dennoch wird man Bedenken tragen müssen, die Geschichte der Landschaftsmalerei ohne weiteres als Maßstab für die Entwicklung des allgemeinen Naturgefühls anzunehmen. Schon ein Blick auf die Gegenwart wird zur Vorsicht mahnen. Keine Zeit hat einen solchen Enthusiasmus für die Hochgebirgsnatur gekannt, wie die unsere, und doch weiß die Kunst des letzten Menschenalters von diesem Enthusiasmus nichts; sie sucht völlig andersartige Naturtypen auf. So wird man auch ein umgekehrtes Verhältnis für möglich halten können. Was in der Scheinwelt der Kunst gefällt, gefällt nicht immer in der Wirklichkeit. Und ferner: Gefühl für das Malerische in der Natur ist nicht identisch mit Naturgefühl überhaupt, sondern nur eine spezielle Form desselben. Man versteht, daß die Künstler als die Elite der ästhetisch produktiven Geister dem Durchschnittsgefühl auch der Gebildeten weit vorauseilen können; aber allerdings werden sie sich schwerlich je auf einer Linie bewegen, auf der ihnen nicht, mit großem Zeitabstand, die Massen nachfolgen. Um die Wende des 15. zum 16. Jahrhundert begegnen uns Maler, in deren Landschaftsdarstellungen das modern romantische Gefühl durchaus etwas Verwandtes wieder erkennt. Bedeutsam ist dabei, daß Deutsche und Italiener in einer wesentlich verschiedenen Stimmung leben. Der eben gebrauchte Ausdruck 'romantisch' paßt nur auf die ersteren: Dürer, Altdorfer, Grünewald, Patinir. Ihnen ist unter den Italienern als einziger Lionardo da Vinci mit seinen grandiosen Alpenlandschaftshintergründen an die Seite zu stellen. Aber der universelle Geist des wunderbaren Manns ragt überall über die Grenzen von Zeit und Nation hinaus. Der spezifische Typus der italienisch-französischen Landschaftsmalerei des 17. Jahrhunderts (Carracci, die Poussins, Claude) ist der 'klassische'[1]). Wo die gleichzeitige nordische Kunst rein germanisch ist, wie bei Ruisdael, da ist sie geläuterte und vertiefte Romantik. Aber die starke Welle der Renaissancekultur drängte sie auf lange hinaus zurück; Ruisdael verfiel in den Kreisen vornehmer Bildung ebenso in Mißachtung wie Rembrandt, und Rubens hat nur in seltenen, stillen Stunden die an sich sehr starke romantische Ader seines Naturgefühls voll ausströmen lassen. Im ganzen werden wir annehmen müsseu, daß alle diese Maler für d i e s e Seite ihres Empfindungslebens nur ein sehr kleines Publikum gefunden haben.« (G. Dehio.)

Von Reisenden sind Gebirgsländer um ihrer Naturschönheit willen schwerlich vor dem 18. Jahrhundert aufgesucht worden; aber auch in den Beschreibungen derer, die genötigt waren, sie zu durchreisen, wird man vor dieser Zeit vielleicht nirgends Empfänglichkeit für die Schönheit der eigentlichen Gebirgsnatur finden. Wenn Magister Thietmar, der 1217 nach dem heiligen Lande pilgerte, den Karmel »ergötzlich zu schauen« (*visu delectabilis*) nennt, so geschieht dies offenbar, weil er »reich an Triften und Kräutern, für Viehzucht trefflich geeignet« war[2]): und wegen derselben Eigenschaften erhält der Libanon in einer Reise von vier Herren nach Jerusalem 1556, sowie in der des Augsburger Arztes und Botanikers Leonard Rauhwolf 1573—1576 das Prädikat 'lustig'[3]).

Äußerungen von Reisenden des Mittelalters über die Alpen.

1) Eine Ausnahme, wohl nicht ohne Einfluß der nordischen Kunst, ist Salvator Rosa. Seine Bilder waren bezeichnenderweise am gesuchtesten in England, doch auch erst im 18. Jahrhundert.
2) Schwarz, Die Erschließung der Berge von den ältesten Zeiten bis auf Saussüre (1885) S. 315.
3) ebd. S. 328. 340.

Enea Silvio hat Schottland besucht und spricht ausführlich von den dortigen Sitten, sagt aber nichts von der Landesnatur[1]). Dagegen hat Leonardo Bruni von Arezzo den Eindruck geschildert, den er von der Alpenwelt empfing, als er (durch Tirol und über den Arlberg, *mons Aquilae*) zum Konzil von Konstanz reiste. »So ungeheuer«, sagt er, »sind die Berge und Felsen, so vielfach und weiterstreckt die Bergrücken, so gewaltig die Gipfel und Spitzen, die überall aufsteigenden Höhen, daß es wohl der Verwunderung wert scheint, was die Mutter und Bildnerin der Welt, die Natur, beabsichtigt haben kann, als sie dies alles erschuf. Als ich diese ewigen und ununterbrochen forlaufenden Massen betrachtete, erfaßte mich oft Grauen (*horror quidam*) und Scheu (*religio*), und noch jetzt kann ich ihrer nicht ohne Grauen gedenken.« Trient nennt er eine »für die Natur dieser Gegend« recht anmutige Stadt; denn oberhalb und unterhalb derselben öffnet sich die Ebene weiter, auch ihre Lage am Flusse ist nicht unschön. Tramin ist ein sehr schöner und reicher Flecken, doch furchtbar (*terribiliter*) von drohenden Felsen überragt. Den Bodensee findet er höchst anmutig[2]).

Die Deutschen, die nach dem heiligen Lande (einem Hauptziele der großen Reisen des Mittelalters) pilgerten, dürften in der Regel den Weg durch Tirol genommen haben; besonders seit Herzog Sigismund von Österreich bald nach 1480 den sehr gefährlichen (noch jetzt nach einem Bürger von Bozen, der ihn im 14. Jahrhundert baute[3]), so genannten) Kunsterweg zwischen Brixen und Bozen in eine bequeme Fahrstraße verwandelt hatte[4]). Der Ulmer Predigermönch Felix Fabri, der diesen Weg auf seinen beiden Pilgerfahrten ins heilige Land 1480 und 1483 vor und nach dem Bau der neuen Straße viermal zurücklegte, sagt über die Alpen folgendes: »Obwohl aber die Berge selbst schrecklich (*horribiles*) sind und starrend von der Kälte des Schnees oder der Glut der Sonne, und bis in die Wolken sich mit ihrer Höhe erstrecken, so sind doch die Täler unter ihnen anmutig (*amoenae*), fruchtbar und überreich an allen Köstlichkeiten (*deliciae*) der Welt, wie das Paradies. Dort wohnen Menschen und Tiere in größter Menge, und fast alle Metalle werden in den Alpen ausgegraben, besonders Silber«[5]).

Äußerungen von Reisenden des 16. und 17. Jahrhunderts.

Auch in den Reise- und Länderbeschreibungen des 16. und 17. Jahrhunderts dürfte die Empfindung des Grausens die einzige oder doch vorwaltende sein, die gegenüber der furchtbaren Majestät des Hochgebirgs zum Ausdruck kommt. Georg Sabinus, der Schwiegersohn Melanchthons und erste Rektor der Universität Königsberg (1544), spricht bei seiner Schilderung der Reise nach Trient nur von den Beschwerden, Gefahren und Schrecknissen der Alpen: den jähen Abgründen, den ungeheuren Schneemassen, der furchtbaren Kälte, den Lawinen, den Stürmen und Bergwassern, die Baum- und Steintrümmer auf die Pfade herabstürzen[6]). Sebastian Münster fühlte sich »bis in die Knochen und

1) Pii II Commentarii p. 4—6; vgl. G. Voigt, Enea Silvio I 91. 2) Leonardi Bruni Arretini Epistolae rec. L. Mehus IV 3. 3) Schwarz a. a. O. S. 312 f. 4) Fel. Fabri Evagatorium I (Bibliothek d. liter. Vereins zu Stuttgart Bd. II) 71. III (Bibl. Bd. IV) 444. 5) ebd. III 443. 9) Sabini Poemata Lips. 1581 p. 57 bei Erich Schmidt, Archiv f. Lit.-Gesch. XI 1882 S. 321 ff. Vgl. dort eine ähnliche Stelle von P. Lotichius. Von einer »echt romantischen Erfassung des Hochgebirgs bei Jacob Balde« ist wenigstens in dessen Oden keine Spur zu finden.

das Herz erzittern«, als er auf dem Gemmipaß stand; in seiner Beschreibung der Schweiz bezeichnet er Täler und angebaute Ebenen als »hübsch« und »lustig«, hohe Berge und Felsen als »grausam« und »erschröcklich“[1]; auch von dem Rheinfall sagt er: »es ist ein grausam Ding anzusehen«[2]. Dieselbe Richtung des Naturgefühls zeigt sich in den Schilderungen des Ulmers Samuel Kiechel, welcher auf seinen großen Reisen in den Jahren 1585—1589 (deren Hauptziel das heilige Land war) unter anderem Preußen, Schweden und Polen besuchte, die Schweiz aber nicht berührte; die Rückreise aus der Levante machte auch er über Venedig und Tirol. Auch ihm war das Gebirge mit seiner Unwegsamkeit und Unwirtlichkeit der Gegensatz zu der 'schönen Landschaft'. Ihm war immer am wohlsten in weiten, gartenartig angebauten Ebenen; so lobt er die »schöne landschafft« um den Haag (»ein mechtig lustig ort«) »bis gehn Delfft«[3]; die Gegend von Verona bis Mantua als »sehr schöne öben fruchtbare und guette landschafft«[4]. Überhaupt war für jene Zeit die lombardische Ebene ein Ideal schöner Landschaft. Kiechel sagt vom Nil, es sei auf seinen beiden Seiten »ein iberaus schöne lust, daß ich vermeine, do es von Christen bewohnet were, sollte es ein so kurzweiliger lustüger passasch sein, als wol von Badua gehn Luza, Fusina gegen Vönedüg zu«[5]. Der Baumeister Heinrich Schickhart (der 1599 den Herzog Friedrich von Württemberg nach Italien begleitete) verläßt »mit Freuden« auf der Heimkehr bei Nesselwang (zwischen Füßen und Kempten) »das gräulich und langweilig Gebürg, darin wir zehen gantzer Tage zugebracht«[6]. Minder auffallend ist, daß J. Furttenbach in seinem Newen Itinerarium Italiä 1627 den gefährlichen Splügen als »ein grawsam abschewliche Wildnuß« bezeichnet. Opitz war viel gereist, auch in Siebenbürgen gewesen, doch Opitz. spricht er weder in seinem zum Lobe des Landlebens verfaßten Gedichte 'Zlatna' noch sonst irgendwo von den landschaftlichen Reizen der besuchten Gegenden. Ebensowenig ist in Paul Flemings Gedichten von den auf seiner P. Fleming. Reise nach Persien empfangenen Natureindrücken die Rede[7]. Der Landgraf Ernst von Hessen-Rheinfels, der in dem Bericht über seine Reisen 1636—1642 weder für das Meer, noch die Alpen, noch Italien ein Wort der Bewunderung hat, rühmt doch die lombardische Ebene, »das schön eben und gut land, da man wie in einem garten stetigs fähret und auf beiden seiten nichts siehet als gut kornland mit in der reihe gepflanzten bäumen«[8].

Wenn aber das in der Anschauung der Ebene erzogene Naturgefühl der Bewohner des Flachlands vor der Wildheit und Furchtbarkeit der Gebirgswelt zunächst zurückschauderte, und für sie eine Gewöhnung an diese neuen Eindrücke um so schwerer war, je mehr deren Aufnahme durch die Gefahren und

1) S. Münsters Cosmographei (1544). Montaigne, Essais III 13: »*Ces humeurs transcendantes m'effroyent comme les lieux haultains et inaccessibles.*« 2) Zehender, Der Rheinfall im Lichte der Naturanschauung verschiedener Zeitalter (Zürich 1866) S. 15. Die erste Erwähnung des Rheinfalls findet sich in einem bekannten Briefe Poggios 1417 (ebd. S. 13 f.). Das neueNaturgefühl zeigt sich zuerst in einer Schilderung Lavaters 1771 (S. 26). 3) Bibliothek des liter. Vereins in Stuttgart Bd. LXXXVI S. 16 f. 4) ebd. S. 237. 5) ebd. S. 342. 6) Beil. z. Allgem. Zeit. v. 9. September 1885. 7) Urbach, Zur Gesch. d. Naturgefühls bei den Deutschen. Progr. d. Kreuzschule zu Dresden 1885 S. XVIII. Winter, Beiträge z. Gesch. d. Naturgefühls. Progr. d. Realgymnas. zu Harburg 1883 S. 17—19. 8) Deutsche Rundschau LII 1887 S. 42.

Konrad Gesner De montium admiratione.

Mühseligkeiten der Gebirgsreisen beeinträchtigt wurde, so gibt es ein sehr merkwürdiges Zeugnis aus dem 16. Jahrhundert dafür, daß die Bewohner der Gebirgsländer sich schon damals sehr wohl ein volles Verständnis auch für dies Gebiet der landschaftlichen Schönheit bilden konnten, in dem eine lange Gewohnheit sie heimisch gemacht hatte. Während noch 1481 der Schweizer Abt Albert von Bonstetten vom Gotthard ein vollkommen den Schilderungen des Silius Italicus entsprechendes Bild entwirft[1]), ist der treffliche, zugleich als Arzt, Naturforscher und Kenner aller Literaturen ausgezeichnete Zürcher Konrad Gesner (1516—1565), der Linné des 16. Jahrhunderts, schon von einem Enthusiasmus für die Großartigkeit und Herrlichkeit des Hochgebirges erfüllt, der auch in unsern Tagen kaum überboten werden könnte[2]). »So lange mir Gott Leben schenken wird«, schreibt er an einen Glarner Freund in seinem Briefe über die Bewunderung der Berge, „habe ich beschlossen, jährlich einige Berge oder doch einen zu besteigen, teils um die Gebirgsflora kennen zu lernen, teils um den Körper zu kräftigen und den Geist zu erfrischen. Welchen Genuß gewährt es nicht, die ungeheuern Bergmassen zu betrachten und das Haupt in die Wolken zu erheben! Wie stimmt es zur Andacht, wenn man umringt ist von den Schneedomen, die der große Weltbaumeister an dem einen langen Schöpfungstage geschaffen hat! Wie leer ist doch das Leben, wie niedrig das Streben derer, die auf dem Erdboden umher kriechen, nur um zu erwerben und spießbürgerlich zu genießen! Ihnen bleibt das irdische Paradies verschlossen.« Von den Bergen war es der Fracmont (*mons fractus*, Brocken) oder wie er auch damals schon genannt wurde 'der Pilatus', der, in jener Zeit viel berühmter als der Rigi, auch Gesner besonders anzog. Die früher (wegen der von dem bösen Geiste des Pilatus den Wanderern drohenden Gefahren) verbotene, noch 1769 an Bedingungen geknüpfte[3]), zuerst 1518 von vier Schweizern (darunter Vadianus und Myconius) ausgeführte Besteigung desselben[4]) wurde mit Erlaubnis der Luzerner Behörden 1555 von Gesner in Begleitung von drei jungen Männern wiederholt; den glücklich zurückgekehrten Reisenden kredenzte man Ehrenwein. In seiner Beschreibung dieser Besteigung rühmt Gesner, daß bei Bergwanderungen alle Sinne zugleich genießen, vor den andern aber das Auge. Nirgends ist die Mannigfaltigkeit der Naturschauspiele so groß wie im Gebirge: man überblickt zugleich Wiesen und Wälder, Felsen und Höhlen, Täler, Schluchten und Höhen, und Bilder aller vier Jahreszeiten. Nirgends in der Natur gibt es für solche, die an Geist und Körper gesund sind, einen edleren, höheren, vollkommeneren Genuß[5]).

J. J. Grasser.

Auch aus der folgenden Zeit sind Äußerungen der Bewunderung für die Alpen eben nur von Schweizern bekannt. Der Basler Jo. Jacob Grasser sagt

1) Jacob Frey, Die Alpen im Lichte verschiedener Zeitalter (Samml. v. Virchow u. Holtzendorff 274 [1877]) S. 10. 2) Osenbrüggen, Wanderstudien in der Schweiz (1867) I 1—78, vgl. S. 3. Vgl. auch Hanhart, Konrad Gesner S. 91—94. 3) Marc Monnier, Un aventurier italien du siècle dernier (1885) S. 110. 4) J. Frey a. a. O. S. 13 f. 5) C. Gesneri De raris et admirandis herbis quae — lunariae nominantur Commentariolus. Eiusdem descriptio Montis Fracti. His accedunt Jo. Du Choul Pilati Montis — Descriptio. Jo. Rhellicani Stockhornias. Tiguri (1555), p. 50: *quod quaeso aliud intra naturae quidem limites honestius, majus et omnibus absolutius numeris oblectamenti genus invenies?* Vgl. Häser, Nord und Süd XXXVIII 1886 S. 100. Schwarz a. a. O. S. 469 ff.

in seiner 1624 erschienenen (lateinisch geschriebenen) Reise (von Frankfurt am Main nach Italien durch die Schweiz) von den Alpen: »Hier findet der Maler seine Augenlust, und dennoch übertrifft die Natur alle Meisterschaft des Künstlers. Selbst die Felsenschluchten, die gewundenen Fußsteige, der Gießbäche wechselnde Wut oder Dürftigkeit, der Brücken gewölbte Bogen, die Wellen der Seen, der Wiesen buntes Kleid, der Bäume mächtiger Wuchs, kurz, was nur immer Himmel und Erde des Neuen zu schauen gewähren, reißt hier die Blicke des Wanderers zum Staunen und zur Kurzweil hin«[1]).

J. Scheuchzer.

Der Züricher Stadtarzt Jacob Scheuchzer (1672—1738), der von 1702—1711 mit seinen Schülern eine größere Anzahl von Alpenreisen unternahm und beschrieb, »konnte von sich bezeugen, daß er von dergleichen sonst wilden und einsamen Orten größere Belustigung und Eifer zur Aufmerkung spüre als bei den Füßen des großen Aristoteles, Epicur und Cartesius. *Etiam hic dei sunt*, sagt jener heidnische Weltweise. Da läßt sich mit Händen greifen die unermeßliche Allmacht, Güte und Weisheit Gottes; auf den Alpgebirgen kann man gleich als in einer wohlverschlossenen Rüstkammer oder Zeughaus die Naturwunder besehen.« Ihm erschienen die Alpen »als ein besonders seltsames, von Gott selbst angelegtes Gebäude«, welches die herrlichsten Werke der Architektur unendlich weit hinter sich läßt. Auch er rühmt den unermeßlichen Reichtum und tausendfältigen Wechsel der Aussichten auf lustige, von hohen Bergen eingeschlossene Täler, anmutige Wälder, blumenreiche Bergwiesen, allerlei Felsgestalten, den blauglänzenden Gletscher oder Firn und ewigen Schnee usw.[2]). Immer aber blieb das Innere der Hochalpen noch sehr unvollkommen bekannt: Scheuchzer (dessen Schriften Schiller für die landschaftliche Szenerie seines Tell benutzte)[3]) glaubte noch, daß ihre tiefsten Schlünde von Drachen bewohnt seien, deren er eine ganze Reihe in seiner 'Naturgeschichte des Schweizerlandes' abbilden ließ[4]). Sogar noch 1751 glaubte man in der Schweiz an ein Eismeer, das sich von Glarus über den Gotthard und die Grimsel bis Lauterbrunn erstrecke und dessen Abflüsse die Gletscher seien[5]). Der Berner G. S. Gruner weiß in seinem sehr gründlichen dreibändigen Werk 'Die Eisgebirge des Schweizerlandes' (1760) nicht Worte genug zu finden für die Schrecknisse des Hochgebirges, in dem alles 'furchtbar, erschrecklich, scheußlich' ist, und z. B. das freundliche Guttannen mit den Worten beschrieben wird: »es scheint, als habe die Natur in diesem kleinen Tal alles Fürchterliche und Scheußliche zusammengetragen«[6]).

Touristentum im 16. und 17. Jahrhundert.

Als im 16. Jahrhundert das Touristentum entstand[7]), war das Augenmerk der Reisenden weit mehr auf Erwerbung nützlicher Kenntnisse als auf Genuß gerichtet: nur der erstere Zweck konnte Unternehmungen gerechtfertigt erscheinen lassen, die damals so viel schwieriger, kostspieliger und gefahrvoller waren. Reisen, meint Muret (1526—1585), sei nützlich und angenehm, doch am besten sei es, zu Hause zu bleiben und nach dem Rat des Horaz fremde Länder dort

1) Beil. z. Allg. Zeit. 11. September 1885. 2) J. Frey a. a. O. S. 24—27. 3) Peppmüller, Arch. f. Liter.-Gesch. I 1870 S. 460 ff. 4) Häser a. a. O. S. 99. 5) J. Frey a. a. O. S. 37. 6) G. Peyer, Geschichte des Reisens in der Schweiz (1885) S. 137. 7) Vgl. Ausland 1871 S. 1105 ff. 1136 ff. 1161 ff.

Justus Lipsius. zu loben[1]). Doch aus den Briefen des Justus Lipsius (1547—1606) geht hervor, daß in der zweiten Hälfte des 16. Jahrhunderts Reisen als wesentliches Bildungsmittel für junge Männer, besonders von Adel, allgemein anerkannt waren; er schreibt 1578 aus Antwerpen an Philipp Lanoy in Douai, dessen Entschluß nach Italien zu gehen er höchlich billigt[2]): »Sowohl im Altertum als in unserer Zeit sind große Männer gewöhnlich auf Reisen gegangen.« Aber man muß es nicht bloß zum Vergnügen, sondern auch mit Nutzen tun. Der Nutzen aber, den jede mit Vernunft unternommene Reise bringen soll, besteht in Gewinn für Klugheit, Kenntnisse und Sitten; durch die Bekanntschaft mit den Einrichtungen, Sitten und Gebräuchen, Staatsverfassungen fremder Länder bildet man das Urteil und den Geist. In der ausführlichen Anweisung zu der Reise in Italien, die er dann gibt, ist von den historisch interessanten Punkten, den Überbleibseln des Altertums, den Sitten und geselligen Zuständen ausführlich, von den Gegenden, »die in ganz Italien schön und mannigfaltig sind«, fast gar nicht die Rede.

Caspar Stein. In ähnlicher Weise spricht sich der Königsberger Arzt Caspar Stein (1592 bis 1652) aus, der die Resultate seiner zwischen 1612 und 1621 durch den größten Teil von Europa gemachten Reisen in einer großen (ungedruckten) Beschreibung aller Länder (unter dem Titel 'Peregrinus sive Peregrinator terrestris et coelestis') verwertet hat[3]). Dieselbe Auffassung der Reisezwecke zeigt Martin Zeiller. sich bei Martin Zeiller, dem Bädeker des 17. Jahrhunderts, der außer einer Reihe von Spezialhandbüchern (für Deutschland, England, Frankreich, Italien, Spanien, Ungarn) eine allgemeine Anweisung für Touristen, den 'Fidus Achates oder Getreuer Reisgefert' (Ulm 1653, in Sedez, 160 Touren durch Europa enthaltend) herausgab. Er beschränkt sich auf die Angabe von Merkwürdigkeiten und Sehenswürdigkeiten (welche letztere in die drei Klassen der geistlichen, weltlichen und Privatgebäude eingeteilt werden[4])) und beschreibt fast durchaus nur die Städte, nicht die Landschaften. Auch in dem 'Mercurius Helvetiae' des Zürichers Dr. J. Wagner (1701), der auf dem Titel »eine ausführliche Beschreibung aller Stätten, Klöstern, Flecken und Schlössern nach dem Alphabet« verspricht, ist von den Bergen nicht die Rede[5]). Nicht daß man auf Reisen den Naturgenuß verschmäht hätte, aber dieser Zweck erschien neben den übrigen nicht wichtig genug, um dafür besondere Anweisungen zu geben[6]).

Bis ins 18. Jahrhundert war die eigentliche Gebirgswelt den Gebildeten aller Länder Europas im großen und ganzen offenbar so gut wie unbekannt[7]), zu-

1) Muret. Var. Lect. VII 8. 2) J. Lipsii Opera (Vesaliae 1675) II 31 ff. Vgl. Ausland 1872 S. 693 ff. 3) Vgl. Disputatio de diversoriis omnium terrarum e Caspari Steinii libro mscr. qui PEREGRINVS inscriptus est nunc primum edita (von Friedlaender), Progr. Königsb. 1873. 4) Zeiller, Fidus Achates, Bedenken von Anstellung der Reysen III. Zeiller benutzte bereits die bei Franz Schnellboltzen in Leipzig erschienenen Handbücher in Taschenformat Deliciae Italiae 1600, Itinerar. per Italiam 1602. Beil. z. Allg. Zeit. 10. Sept. 1885. 5) G. Peyer a. a. O. S. 155 f. 6) Montaigne (1580) erwähnt den Rheinfall gar nicht; »bei Schaffhausen sei nichts Rares zu ehen«. Peyer S. 56. 7) Daß einzelne, namentlich englische Reisende bereits im 17. Jahrhundert die Alpenlandschaft mit Interesse und Verständnis betrachteten, zeigt die unten S. 176 angeführte Stelle aus Evelyn's Diary, June 27, 1654. Die Besteigung des höchsten Gipfels der Karpathen, von dem man eine Aussicht bis auf 30 und mehr Meilen hatte, wurde, obwohl sehr mühselig und gefährlich, im 17. Jahrhundert offenbar öfters unternommen; die Reisenden ließen ihre

nächst allerdings wegen ihrer Unzugänglichkeit und Unwirtlichkeit, dann aber auch, weil das Naturgefühl der wenigen, die sie betraten, sich hier eher zurückgeschreckt als angezogen, höchstens flüchtig angeregt fand, folglich die Gebirgsländer auf die Reiselust überhaupt noch keine Anziehungskraft üben konnten. So fehlte also auch die Möglichkeit der Erweiterung des Naturgefühls durch Erstreckung des Begriffs der Naturschönheit auf dieses Gebiet, mindestens der Verbreitung eines so neugestalteten Naturgefühls in weiten Kreisen.

Es steht damit keineswegs in Widerspruch, wenn sich schon in frühern Jahrhunderten Äußerungen des Gefallens an Fernansichten von Gebirgszügen finden. So wenn Konrad Celtis (1459—1508) nicht bloß eine hochgelegene Burg und die lieblichen Neckarufer Heidelbergs preist, sondern sich auch an dem Panorama der Alpen erfreut, das sich auf der Höhe bei Freising über der rauschenden Isar darbietet[1]). Ebenso wenn Leonhard Rauhwolf (1573—76) gern auf dem platten Dache eines Maronitenklosters im Libanon, »als auf dem schönsten Platz«, verweilt, »ob dem hohe Schneegebürge, sonderlich gegen Morgen, oben bei den Cedernbäumen gar lustig zu sehen, wie auch underhalb etliche andere Berg, darauf sie ihr Viehe hatten, sampt dem tiefen und finstern Tal». Weder hier noch dort ist »der Anfang einer neuen Zeit« zu erkennen[2]). Als Bestandteile, namentlich Hintergründe der schönen Landschaft hatte, wie früher hervorgehoben wurde[3]), schon das antike Naturgefühl die Berge gelten lassen. Ein neues Naturgefühl zeigt sich, wie J. Burckhardt bemerkte[4]), vielleicht zuerst in den Briefen der Frau von Sevigné, die »den vollen Zauber der landschaftlichen Nähen und Fernen empfunden hat«. In vielen Briefen, wenn sie vom Lande schreibt, vernimmt man ihr Entzücken an schönen Bäumen und Pflanzungen, am goldenen Laube des Herbstes, am dämmernden Abendhimmel und seinen Wolkengebilden, endlich an den Mondnächten. Auf ihren Reisen aber erweitert sich ihr Blick, und sie genießt — wie damals kaum sonst jemand — den Anblick der Gelände an der unteren Seine und Loire und bewundert den großen Umriß des Mont St. Michel. Von dem in der Höhe gelegenen Grignan, wo über Languedoc und Provence der Mont Ventoux herrscht, schreibt sie (3. Juli 1689): »*j'aime fort tous ces amphithéâtres*«; selbst in einem harten Winter, wo man auf Grignan nur Schnee atmete (3. Februar 1695): »*nos montagnes sont charmantes dans leur excès d'horreur*«. Sie wünscht, daß ein Maler da wäre, »*pour bien représenter l'étendue de toutes ces épouvantables*

Erstes Erwachen eines neuen Naturgefühls.

Namen, auf Pergament geschrieben, in blechernen Schächtelchen unter Felsen zurück, die Führer richteten Signa auf. Der Berichterstatter »konnte die Wunderwerke Gottes an diesem Gebirge nit genugsam aussprechen»; auf dem Gipfel »dankte er Gott und preisete seine wunderliche Schöpfung mit Verwunderung«. Ungarischer oder Dacianischer Simplicissimus (1683 ohne Druckort). Neue Aufl. von Seiz, Leipzig 1854 S. 61 ff. Auch die Schneekoppe wurde im 17. Jahrhundert bereits öfters bestiegen.

1) Bezold, Histor. Zeitschr. N. F. XIII 1883 S. 44. In der von seinen Freunden verfaßten Biographie wird Celtis ein Freund der Sonne, der Berge und Wälder genannt. Zwei seiner Oden verteidigen den einsamen Gottesdienst in der großen Natur (Od. I 16. 19). In gewissem Sinne war er also allerdings ein Vorläufer Rousseaus. 2) Wie Schwarz a. a. O. S. 342 bei Anführung dieser Stelle sagt. 3) Vgl. I 478. 482. 4) Brieflich.

Addison. *beautés*«. Auch in Addisons Beschreibung seiner in den Jahren 1701—1703 durch die Schweiz und Italien gemachten Reise[1]) glaubt man dies neue Naturgefühl gleichsam in seinem ersten Erwachen beobachten zu können. Die Umgebungen des Genfer Sees, den er in einer fast fünftägigen Fahrt ganz umschiffte, erfüllten ihn mit lebhafter Bewunderung. Er beschreibt die Aussichten aus dem Garten eines Karthäuserklosters zu Ripaille, man sah hier die Alpen unmittelbar vor sich, »die in so viele steile Abhänge und Abstürze zerrissen sind, daß sie die Seele mit einer angenehmen Art von Schauder erfüllen und eine der unregelmäßigsten, mißgestaltetsten Szenen in der Welt bilden«. Der Ausdruck scheint seine Überraschung zu verraten, daß auch das Schreckliche schön sein könne. Auch der Verfasser des 'Irdischen Vergnügens in Gott', B. H. Brockes (1680—1747), empfand beim Anblick der 1703 gesehenen Alpen ein »lustvermischtes Grausen« und nennt den Eisstrom »gräßlich schön«; und viele Jahre später erkannte er im Harz aufs neue, daß »der Berge rauhe Höh'n uns Lust und Schrecken zugleich erwecken können«[2]).

Lady Montague. Auch Lady Mary Wortley Montague (1690—1762) scheint ein volles Verständnis und sogar eine Vorliebe für die wildschöne Landschaft gehabt zu haben. Eine Äußerung über die »schrecklichen Abgründe, die Böhmen von Sachsen trennen«[3]), könnte dies zweifelhaft erscheinen lassen, sowie eine andere über »die furchtbaren Alpen, von denen so viel gesprochen worden ist«[4]). Von dem Übergange über den Mont Cenis schreibt sie (25. September 1718): »Der wunderbare (*prodigious*) Anblick von Gebirgen, die mit ewigem Schnee bedeckt waren, von Wolken, die tief unter meinen Füßen hingen, und gewaltigen Wasserfällen, die mit verworrenem Getöse von den Felsen herabstürzten, würde für mich unterhaltend (*entertaining*) gewesen sein, wenn ich weniger von der außerordentlichen Kälte gelitten hätte, die hier herrscht«[5]). In einem Briefe vom 11. Dezember 1758 aus Venedig äußert sie die Absicht, einen Ausflug in das ihr noch unbekannte Tirol zu machen, wovon sie gehört hatte, daß es ein außerordentlich schönes Land sei: auf allen ihren Reisen habe sie die von hohen Gebirgen umgebenen Täler stets am schönsten gefunden[6]). Ihren Lieblingsaufenthalt, Lovere an dem »von unübersteiglichen Bergen ganz eingeschlossenen« (in seiner Weltabgeschiedenheit in der Tat zauberischen) Iseosee nennt sie die schönste, romantischste Gegend, welche sie gesehen[7]). Bei der Fahrt auf der Donau von Regensburg ab erfreute sie die Abwechslung volkreicher Orte »mit höchst romantischen Einöden, die von allem menschlichen Verkehr fern zu sein scheinen, da die Ufer eine reizende Mannigfaltigkeit von Wäldern, Felsen und Bergen bieten, welche mit Weinpflanzungen, Kornfeldern, großen Städten und Ruinen alter Schlösser bedeckt sind«[8]).

Gray. Völlig modern erscheint das Naturgefühl Thomas Grays (1716—1771) in den

1) Addison, Remarks on several parts of Italy. London 1761 S. 258—261. 2) Vgl. Alois Brandl, B. H. Brockes (1878) S. 20. 53. 3) Lettres of Lady Montague I 310 (21. November 1716). Die Stellen aus den Briefen der Lady Montague verdanke ich fast sämtlich der Güte Munros † 1885); desgleichen die aus den Briefen von Gray; die ersteren sind zitiert nach der Ausgabe von 1837. 4) 12. September 1718. 5) 25. September 1718. 6) III 175. 7) II 387 21. Juli 1747). 8) I 275 (8. Sept. 1716).

Schilderungen des überwältigenden Eindrucks, den auf ihn die Grande Chartreuse bei Grenoble machte. Ein mit überhangenden Bäumen bewachsener Fels auf der einen, eine steile Wand auf der andern Seite, ein donnernder Gießbach in der Tiefe eines ungeheuren Abgrunds — alles dies vereinte sich »zu der feierlichsten, romantischsten und staunenerregendsten Szene, die er jemals sah«. Jeder Absturz, jeder Fels war ihm »von Religion und Poesie erfüllt«; ein solcher Anblick konnte Atheisten zum Glauben führen; man bedurfte keiner lebhaften Phantasie, um dort Geister am Mittag zu sehen[1]). »So nachhaltig war dieser Eindruck, daß Gray die Reise dorthin trotz ihrer damaligen Mühseligkeit noch einmal machte. Auch bei einer späteren Reise an den englischen Seen zeigt er dasselbe innige Gefühl für die malerische Schönheit der Berge und Seen« (Munro).

Fortdauer des früheren Naturgefühls.

Doch nur einzelne empfingen solche Anregungen, solange die Gebirge, namentlich die Alpen, noch nicht Ziele der Touristen waren, sondern in der Regel mehr oder weniger eilig auf Reisen nach andern Ländern überstiegen wurden, wobei ungünstige Umstände aller Art die Wirkung der landschaftlichen Szenerie beeinträchtigen oder aufheben konnten. In Richardsons 'Grandison' (1753) wird der Übergang von Frankreich nach Savoyen (ein Übergang aus blühendem Frühling in starren Winter) den Reisenden durch den Schnee und ungestüme, mit schrecklicher Kälte ihre Gesichter treffende Winde aufs äußerste erschwert: »jeder Gegenstand, der sich hier zeigt, ist grenzenlos elend« (*excessively miserable*) — Savoyen ist eins der scheußlichsten (*of the worst*) Länder unter dem Himmel[2]). Aber auch die unter minder ungünstigen Umständen bei Übersteigung der Alpen empfangenen Eindrücke waren meist zu flüchtig, um eine nachhaltige Wirkung hervorzubringen. Im allgemeinen bestand ohne Zweifel das Naturgefühl in der früheren Beschränkung unverändert fort, und daß bei vielen (vielleicht den meisten) selbst der Anblick der Alpen noch nicht vermochte, das Verständnis für die Schönheit der Gebirgslandschaft zu erschließen, dürfte sich aus den meisten Reisebeschreibungen jener Zeit ergeben.

De Brosses.

Auch der Präsident De Brosses (1709—1777) sieht in seinen 'Lettres sur l'Italie' (1739/40) im Gebirge »ganz wie Misson« (Verfasser der damals gelesensten italienischen Reise in vier Bänden)[3]) nur schlechte, steinige Wege; dagegen findet er an fruchtbaren Ebenen Gefallen, doch zeigt er überhaupt wenig Naturgefühl und spricht selten von der Landschaft Italiens. Die französischen Gärten setzt er über die italienischen, von denen keiner die von St. Cloud und Marly erreiche; den Wasserfall von Tivoli über den von Terni, da »die Wirkung des letzteren weder so angenehm noch so bequem zu betrachten« sei wie die des ersteren[4]).

Keyßler.

Denselben Anschauungen begegnet man in der im vorigen Jahrhundert sehr

1) Briefe Grays an seine Mutter (13. Oktober) und an West (16. November 1739). Doch der von W. Scott (Fair maid of Perth ch. 1), obwohl nicht mit Bestimmtheit, Gray zugeschriebene Ausdruck »*Beauty in the lap of terror*« ist nicht von ihm. Scott schwebte eine Stelle in Shelleys Alastor vor (»*a tranquil spot that seemed to smile even in the lap of horror*«). J. D. Duff.

2) Richardson, Grandison III 39 bei Erich Schmidt, Richardson, Rousseau und Goethe S. 173 f.

3) W. Cart, Im neuen Reich 1873 II 408.

4) Le président de Brosses en Italie (Paris, Didier et Co. 1858) Lettre 39 (II 74 f.) 53 (II 444).

berühmten und vielgelesenen Beschreibung, die J. G. Keyßler von seinen in den Jahren 1729—1731 durch Deutschland, die Schweiz und Italien gemachten Reisen herausgab, und die im Jahre 1776 die dritte Auflage erlebte. Naturschönheiten werden darin häufig besprochen, manches, wie der Wasserfall von Terni, der Anblick Genuas von der See aus, hoch gerühmt. An weiten, heiteren Prospekten findet der Verfasser am meisten Gefallen, und auch er weiß einer schönen Gegend kein höheres Lob zu geben, als daß er sie 'angenehm' nennt; eine fruchtbare, gartenartig angebaute Ebene, mochte sie auch noch so einförmig sein, zieht er der großartigsten Gebirgsgegend unendlich vor, ja er hat offenbar keinen Begriff davon, daß man eine unfruchtbare Gegend überhaupt schön finden könne. Er rühmt z. B. die ganz flache und monotone Gegend bei Mantua. »Man kann sich nicht genug verwundern über die Fruchtbarkeit der Felder und Wiesen, die reihenweise mit Bäumen, um welche sich Weinreben schlingen, bepflanzt sind. Die Menge der Nachtigallen, so sich in diesem Strich aufhalten, gibt ihm in der jetzigen Jahreszeit eine neue Annehmlichkeit. Man wird in Italien der schönen Gegenden fast gewohnt, dergestalt, daß man sie mit der Zeit nicht mehr so sehr, als anfänglich geschieht, achtet. Ich bin aber versichert, daß derjenige, so z. B. im gebirgigen Tirol, Salzburg, auf dem Harz, sächsischen Bergstädten, desgleichen in den Wäldern von Thüringen und Pommern, in den sandigen Gegenden von Schlesien, der Markgrafschaft von Brandenburg und Mecklenburg, oder in den Heiden von Lüneburg oder Westfalen erzogen worden und auf einmal in die auserlesensten Prospekte von Italien gebracht werden sollte, ganz ungemeine Regungen und Vergnügungen empfinden würde«[1]). Hier werden also die Salzburger und Tiroler Alpen mit den Lüneburger Heiden und märkischen Kieferwäldern als gleich unschön zusammengestellt: offenbar weil sie sämtlich gleich unfruchtbar und wild, folglich nicht 'angenehm' gefunden wurden.

Haller. Gerade damals (1729) erschienen Hallers 'Alpen', ein untergeordnetes Ergebnis einer großen, 1728 zu naturwissenschaftlichen Zwecken unternommenen Alpenreise, wie sie damals noch zu den Seltenheiten gehörte[2]). Dies in jener Zeit hochgefeierte Gedicht, das 1777 bereits 30 Auflagen erlebt hatte, »zog die Aufmerksamkeit von Europa auf die Schweiz und veranlaßte jene auf Land und Volk gleichermaßen gerichtete Bewunderung, welche die Schweiz über ein halbes Jahrhundert mit einer merkwürdigen Glorie umstrahlte ... So begann (allerdings erst nach geraumer Zeit) jener ununterbrochene Zug der Wanderer nach der Schweiz, welche nicht nur die in ihrer Art einzige Natur bewundern, sondern auch ein durch Verfassung, Lebensweise und Sitten ebenso ausgezeichnetes Volk in diesen Bergen kennen lernen wollten«[3]).

In der Tat blieb die Aufmerksamkeit der Reisenden, welche die Schweiz fortan immer zahlreicher besuchten, in den nächsten Jahrzehnten noch vorzugsweise auf das Volk, seine Zustände, Sitten und Verfassung gerichtet, auf die Hallers Ode sie hingelenkt hatte: denn der Gegenstand seines Gemäldes war fast ausschließlich die Einfachheit, Unschuld und Seligkeit des Hirtenlebens,

1) Keyßlers Reisen (3. Ausgabe von Schütze 1776) S. 1010. 2) Ludwig Hirzel, Im neuen Reich 1877 II 964. 3) Mörikofer, Die schweizerische Literatur im 18. Jahrhundert S. 24—27.

wozu die mehr in allgemeinen Umrissen angedeutete als anschaulich geschilderte Natur der Alpen nur den Hintergrund bildete. Wie weit entfernt der Dichter von einer Bewunderung ihrer landschaftlichen Schönheit war, wissen wir jetzt aus den Tagebüchern seiner Reisen nach Deutschland, England und Holland (1723 und 1727)[1]. Sein Naturgefühl fand die vollste Befriedigung in Holland, einem »höchst angenehmen« Lande, wo man überall durch den Anblick schnurgerader Kanäle und Alleen, schöner Gärten, Felder und Viehtriften erfreut wurde. Er rühmt, daß »kein Baum in diesem Lande außer der Schnur wächst, kein Fußbreit Boden ohne Ausbeute ist«. Nichts ist für ihn »rührender als eine lange, mit einem Wassergraben durchwässerte, mit doppelten Bäumen begrünte Straße in Leyden bei Mondschein zu sehen«. Auf der Straße von Amsterdam nach Utrecht »befindet man sich völlig in einem bezauberten Lande. Alle Dörfer und sonderlich Marsch sind eitel Gärten und prächtige Lusthäuser, der Fluß schwimmt voller Schwanen, das Land ist aufs Schönste angebaut und Alles scheint eher ein willkürliches Gemälde als etwas Würkliches«. Nicht bloß Berge scheint Haller mit Samuel Johnson als »krankhafte Auswüchse und unnatürliche Geschwülste der Erdoberfläche«[2] betrachtet zu haben, sondern auch Hügel; denn die Lage von Heidelberg findet er »unangenehm, in einem Tale am Neckar zwischen hohen Hügeln«[3].

In der Tat scheinen Alpenreisen von Nichtschweizern in dem auf Hallers 'Alpen' folgenden Menschenalter nicht häufiger gewesen zu sein als in den vorhergehenden[4]. Aber auch auf den Landsitzen der schweizerischen Patrizier »richtete man in dieser Zeit die Öffnung des Gartenpavillons dem Hauptgebäude zu, während die Mauer die sonst unvermeidliche Fernsicht auf die Alpen verschließen mußte; wie auch in Koppet[5] die Gartenanlagen das Panorama des Genfer Sees beharrlich dem Auge verhüllen«. Daß Voltaires Arbeitszimmer in Ferney nicht die Aussicht auf den Montblanc hatte, lag wohl daran, daß er das blendende Schneelicht vermeiden wollte[6]. Aber eine Reise in die Alpen, die er so viele Jahre vor Augen hatte, machte er nie. Auch Klopstock, der sich vom 23. Juli 1750 bis Mitte Februar 1751 in Zürich aufhielt, zeigte zu Bodmers Erstaunen »keine Neugierigkeit, die Alpen von Weitem oder in der Nähe zu betrachten«, und kann den Plan zu einer Alpenreise wohl erst lange nach seiner Ankunft gefaßt haben, wenn diese durch ungewöhnlich frühen Schneefall vereitelt wurde[7]. Wenn selbst ein so enthusiastischer Naturfreund die gebotene Gelegenheit einer Gebirgswanderung nicht benutzte, darf man wohl annehmen, daß in jener Zeit die meisten Besucher der Schweiz sich mit der Ansicht der Alpen aus der Ferne begnügt haben. Ausdrücklich bezeugt dies Gibbon[8], der nach einem zweijährigen Aufenthalt in Lausanne vom 21. September bis 20. Oktober 1755 eine Reise durch die Schweiz machte. »Noch war es bei fremden Gibbon 1755.

1) Herausgegeben von Ludwig Hirzel 1883 S. 27. 35. 55. 58. 2) Johnson, Dictionary (1755) s. v. *Protuberance* zitiert aus More: »*Mountains seem but so many wens and unnatural protuberances upon the face of the earth.*« 3) Hallers Tagebücher S. 23. 4) J. Frey, Die Alpen S. 23. 5) Trevelyan, Macaulay's life and letters III 117 Tauchn. 6) Lady Blennerhasset, Frau von Staël I 173. 7) Mörikofer a. a. O. S. 180. D. Strauß, Kleine Schriften N. F. S. 158—200. Vgl. Winter, Beitrag z. Gesch. d. Naturgefühls S. 27. 8) Gibbons Selbstbiographie (geschrieben 1788), Verm. Werke (deutsch Leipzig 1797) I 102.

Reisenden, welche die erhabenen Schönheiten der Natur aufsuchten, nicht zur Mode geworden, die Gebirge hinaufzuklettern und die Eisberge (*glaciers*) zu durchsuchen.« Auch sein Interesse war vorzugsweise durch die Mannigfaltigkeit der Verfassungen der verschiedenen Republiken in Anspruch genommen, er besucht die hauptsächlichsten Städte und in diesen »die Kirchen, Zeughäuser, Bibliotheken und die angesehensten Leute«; der Zweck der Reise war vorzugsweise, Menschen und Sitten kennen zu lernen. So hat also Hallers Gedicht zunächst nicht zur Erweiterung des Naturgefühls beigetragen, und mittelbar nur, insofern es das Interesse für die Schweiz steigerte und verbreitete.

Wenn sich in den angeführten Äußerungen über die Alpen kaum eine Spur jener Begeisterung zeigt, von der Konrad Gesner erfüllt war, so läßt sich in bezug auf die schottischen Hochlande ein ähnlicher Abstand nachweisen zwischen dem von Jugend auf genährten Gefühl der Eingebornen für die heimatlichen Berge und den ersten Eindrücken, die fremde Besucher hier empfingen.

Thomsons Schilderung Schottlands.

Die warme Empfindung Thomsons für die 'romantische' Schönheit Caledoniens, wie er sie in seinen 'Jahreszeiten' (1729) schildert[1]), ist nicht wesentlich von dem Gefühl verschieden, mit dem Robert Burns ein halbes Jahrhundert später in seinem allbekannten Gedicht die leidenschaftliche Anhänglichkeit des Hochländers an seine heimatlichen Berge in so ergreifender Weise aussprach.

Gleichzeitige Äußerungen von Engländern über die Hochlande. Goldsmith.

Dagegen ein gebildeter Engländer, Kapitän Burt, der um dieselbe Zeit in den schottischen Hochlanden reiste, erklärte sie für so häßlich, daß eine Sandsteppe mit ihnen verglichen lieblich erscheinen müsse. Der Dichter des 'Vicar von Wakefield', der sich im Jahre 1733 in diese Gebirge wagte, sprach mit Abscheu von ihrer scheußlichen Wildheit, während er, ganz wie Haller, die Umgegend von Leyden mit ihren weiten, grünen Wiesen, Landhäusern, Statuen, Grotten, Blumenbeeten und geradlinigen Alleen für unvergleichlich schön erklärte[2]).

Johnson.

Samuel Johnson, der 1773 die großartigsten und nach jetziger Auffassung schönsten Gegenden der Hochlande besuchte, antwortete auf die Frage, wie sie ihm gefielen: »Wem können die Hochlande gefallen?« Nach seiner Schilderung brachte in die traurige Monotonie der baumlosen, mit Heidekraut (und selbst mit diesem kümmerlich) bewachsenen oder völlig nackten Hügel nur hier und da ein steil herabstürzendes Wasser einige Abwechslung. »Ein an blühende Triften und wogende Kornfelder gewöhntes Auge wird durch diesen weiten Bereich hoffnungsloser Unfruchtbarkeit zurückgeschreckt.« Der Eindruck ist der einer Gestaltung unfähigen, zur Nutzbarkeit ungeeigneten Materie, der die Natur ihre Fürsorge und ihre Gunst entzogen, und die sie so gut wie ganz in ihrem ursprünglichen Zustande gelassen hat. Eine solche Einförmigkeit der Öde kann dem Reisenden nur sehr wenig Vergnügen gewähren; Felsen, Heide und Wasserfälle kann er sich bequem zu Hause vorstellen. Dergleichen Reisen sind nutzlose Anstrengungen, die weder die Einbildungskraft befruchten, noch

1) Autumn 789. 2) Daß Swifts Naturgefühl von dem damals herrschenden nicht abwich, zeigt folgende Stelle in Gulliver's Travels (III 4): »*we came into a most beautiful country: farmers houses at small distances neatly built, the fields enclosed, containing vineyards, corngrounds and meadows. Neither do I remember to have seen a more delightful prospect*«.

den Geist erweitern. Von der gepriesensten Gegend der Hochlande, dem Loch Lomond, sagt Johnson: »in einem glücklicheren Klima würde es der Stolz des Reichtums und der Eitelkeit sein, seinen Inselchen alle Künste der Verschönerung zuzuwenden« (wobei er wohl an die Borromäischen Inseln dachte); »in ihrer jetzigen Gestalt erscheinen sie dem Betrachter nur von fern anziehend, in der Nähe widern sie ihn an, wenn er statt sanften Rasens und schattiger Dickichte nichts als unveredelte Wildheit (*ruggedness*) findet«[1]).

Macaulay, der die Äußerungen von Burt und Goldsmith mitgeteilt hat, glaubt den Grund der damaligen Unempfänglichkeit für die landschaftliche Schönheit der Hochlande in ihrer Unsicherheit und Gefährlichkeit suchen zu müssen. Immerhin mögen diese zu dem abschreckenden Eindruck erheblich mitgewirkt haben, den die englischen Besucher empfingen; aber daß Macaulay unrecht hatte, den Grund ihres so entschieden ausgesprochenen Widerwillens hier allein zu suchen, beweist schon die enthusiastische Schilderung Thomsons. Auch waren die deutschen Gebirge, die Keyßler mit so großer Geringschätzung betrachtete, vollkommen sicher und verhältnismäßig bequem zu bereisen: während andrerseits Reisende in unseren Tagen sich durch die augenscheinlichsten Gefahren nicht abhalten lassen, die Schönheit des Libanon oder der Cordilleren oder (wie Stanley) der Gebirge des inneren Afrika vollkommen zu würdigen. »Trotz Dr. Johnson«, ruft eine kühne englische Reisende, Miß Isabella Bird, in den amerikanischen Felsengebirgen aus, »entflammen diese monströsen Protuberanzen die Phantasie und erheben den Geist«[2]): ein Protest des heutigen Naturgefühls gegen das damalige.

In der Tat war im Anfange des 18. Jahrhunderts die Empfindung, die in der Hochlandsnatur eine Quelle ästhetischen Genusses hätte erschließen können, auch in England noch gar nicht oder erst im Keime vorhanden. »Die englischen Offiziere in Fort Augustus sehnten sich hinweg, weil man vor Regen und Sturmwind im Juli an Körper und Geist erkrankte«; »denn statt der Sonne«, schreibt einer von ihnen, »erblickt man nur schwarzen Himmel und düstere Felsenhänge, von nebelndem Regen bedeckt, von schneidenden Winden gepeitscht, mit brausenden Wassern, welche nach heftigen Regengüssen von allen Seiten herabstürzen«[3]). In dem Buche von De Foe, A tour through the whole island of Great Britain (3 voll. 1724), wird man überhaupt kaum dem Ausdruck der Freude an der Naturschönheit begegnen.

Von entschiedenstem Einflusse auf die Entwicklung des Gefühls für den eigentlichen Zauber der Hochlande waren die angeblich Ossianischen Gedichte Macphersons (1760), die in empfänglichen Seelen den Hang weckten und nährten, sich dem schwermütigen Reiz des Wilden, Düstern und Öden in der Natur Macpherson.

1) Johnson's Journey to the Western Isles of Scotland (1775) S. 84. Boswell, Journ. of a tour to the Hebrides with Johnson (1785) S. 373. 473. Ich verdanke diese Stellen der Güte Munros. 2) Isabella L. Bird, Leben einer Dame in den Felsengebirgan (deutsch 1882) S. 63. 3) R. Pauli, Preuß. Jahrb. XXX 1872 S. 320 (nach J. H. Burton, History of Scotland from the revolution etc. [1855] II 365 Note: wörtlicher Auszug aus Journey through England and Scotland along with the Army under the Command of H. R. H. the Duke of Cumberland [1746] S. 93). Pauli († 1882), der auch die Güte gehabt hat Herrn Burton, als den auch in dieser Beziehung kompetentesten Kenner Schottlands im 18. Jahrhundert, über die Entstehungszeit der Bewunderung für die Hochlande zu befragen, verdanke ich die meisten folgenden Nachweisungen.

hinzugeben[1]). Werther, in dessen Herzen Ossian den Homer verdrängte, ruft aus: »Welch eine Welt, in die der Herrliche mich führt! Zu wandern über die Heide, umsaust vom Sturmwind, der in dampfenden Nebeln die Geister der Väter im dämmernden Lichte des Mondes hinführt; zu hören vom Gebirge her im Gebrülle des Waldstroms halb verwehtes Ächzen der Geister aus ihren Höhlen, und die Wehklagen des sich zu Tode jammernden Mädchens um die vier moosbedeckten, grasbewachsenen Steine des edel Gefallenen, ihres Geliebten.« Diesen Stimmungen entsprach keine Natur in höherem Grade als die der Hochlande.

Aber nur allmählich und im Kampfe mit dem früheren Naturgefühl kam auch hier das neue zu allgemeiner Geltung. Wie weit man vor hundert Jahren selbst in Schottland davon entfernt war, die unbedingte Bewunderung der landschaftlichen Schönheit der Hochlande als selbstverständlich anzusehen, mag folgende Schilderung derselben von Dr. Beattie (1735—1803) zeigen[2]). »Sie sind malerisch, aber im ganzen eine melancholische Gegend. Lange Strecken von Bergwildnis, mit dunklem Heidekraut bedeckt, und oft von nebligem Wetter eingehüllt; enge, spärlich bewohnte Täler von schroff abfallenden Felsen begrenzt, von dem Brausen der Wasserfälle widerhallend; der Boden so rauh und das Klima so traurig, daß an manchen Stellen weder Weidewirtschaft noch Ackerbau möglich ist; das schwermütige Rauschen der Wogen längs der Buchten und Seen, welche die Gegend durchschneiden; das schreckliche Getöse, das jedes Umspringen des Windes, jedes Steigen und Fallen des Wassers in einer einsamen Gegend hervorbringen kann, die voll ist von Echos, Felsen und Höhlen; der groteske und geisterhafte Anblick einer solchen Landschaft bei Mondlicht: solche Gegenstände verbreiten eine Düsterkeit über die Phantasie, die wohl mit gelegentlicher und geselliger Heiterkeit verträglich sein kann, aber in der Stunde des Schweigens und der Einsamkeit notwendig den Gedanken der Eingeborenen ihre Farbe geben muß«[3]).

Hatte sich nun das Gefühl für das Wildromantische und furchtbar Erhabene in der Natur und namentlich in der Gebirgslandschaft auch schon in der ersten Hälfte des 18. Jahrhunderts in mannigfachen Regungen kundgegeben, so ist Rousseau doch der erste gewesen, der ihm durch hinreißenden Ausdruck allgemeine Anerkennung sicherte und seine weiteste Verbreitung anbahnte.

Rousseau Haupturheber des Umschwungs im Naturgefühl.

Die Ufer des Genfer Sees, wo er aufwuchs, waren wie kaum eine andere Gegend in Europa geeignet, die Geburtstätte eines neuen Naturgefühls zu werden. In den reizenden Landschaften des nördlichen Ufers hatte von jeher der Natursinn die reichste Befriedigung gefunden: der Genfer See, sagt Sebastian Münster, »ist auf der Helvetier Seite mit einer wunderschönen Landschaft umbzieret — Vivis ist ein gar lustig Ort«[4]). Der durch die unvergleich-

1) Hettner, Literaturgesch. des 18. Jahrhunderts I³ 549. 2) A tour through the island of Great Britain — originally begun by Daniel de Foe, continued by the late Mr. Richardson (8th edition) IV 242. 3) »Das Wachstum der Bewunderung für die Hochlande läßt sich während der zweite Hälfte des 18. Jahrhunderts in Gedichten und Reisebeschreibungen vor W. Scott als stets zunehmend verfolgen. Von letzteren machte Burton namentlich aufmerksam auf Forsyth, The Beauties of Scotland, Edinburgh 1805.» Briefliche Mitteilung von Pauli. 4) Cosmographei S. 493.

liche Schönheit dieser so überaus reich geschmückten Abhänge gefesselte Blick gewöhnte sich gleichsam unwillkürlich, die großartig ernsten Gebirgsszenen des gegenüberliegenden Ufers als eine notwendige Ergänzung und als einen unentbehrlichen Bestandteil des ganzen, wundervollen Bildes anzusehen[1]). Haller betrachtete 1728 mit seinem Freunde Joh. Gesner den Genfer See von einer Terrasse bei Lausanne: »*ce mélange d'affreux et d'agréable, de cultivé et de sauvage a un charme qu'ignorent ceux qui sont indifférents pour la nature.*« Rousseau faßte schon als Jüngling bei seinem ersten Aufenthalt in Vevey eine Zuneigung für diesen Ort, die ihn auf allen seinen Reisen begleitete und ihn denselben später zum Schauplatz seiner 'Neuen Heloise' wählen ließ[2]). Den Helden dieses Romans läßt er bei seiner Heimkehr dies »reiche und fruchtbare Land, diese einzige Landschaft« die schönste nennen, von der das menschliche Auge jemals getroffen wurde, einen bezaubernden Aufenthalt, dessengleichen er auf seiner Reise um die Welt nicht gefunden habe[3]).

Es ist bekannt, wie innig stark und tief Rousseaus Liebe zur Natur war und wie sie durch seine Weltflucht und seinen Haß der Überkultur bis zur Überschwenglichkeit gesteigert wurde. Die Natur war ihm vollkommen überall, wo der Mensch nicht hinkommt mit seiner Qual. Sie scheint, sagt seine Julie, ihre wahren Reize den Blicken der Menschen entziehen zu wollen, welche sie zu wenig fühlen und sie entstellen, wenn sie in ihrem Bereich sind. Sie flieht die belebten Orte: auf den Gipfeln der Berge, in der Tiefe der Wälder, auf den unbewohnten Inseln breitet sie ihren ergreifendsten Zauber aus[4]). Nie war er so glücklich wie in der Wonne seiner Zurückgezogenheit, wenn er eine Waldeinsamkeit gefunden hatte, wo nichts ihm die Hand des Menschen zeigte, kein Dritter trennend zwischen ihn und die Natur trat. Nur im Freien vermochte er zu beten, und sein Gebet bestand in einer aufrichtigen Erhebung des Herzens zu dem Urheber dieser lieblichen Natur, deren Schönheiten vor seinen Augen lagen[5]). In der Einsamkeit der Wiesen und Wälder vergaß er »die Verfolgungen der Menschen, ihren Haß, ihre Verachtung, ihre Beschimpfungen und alle Übel, mit denen sie ihm seine zärtliche und aufrichtige Zuneigung vergolten hatten«.

Seine Vorliebe für die Gebirgslandschaft.

Doch wie sehr sich Rousseaus Liebe auch auf die ganze, sich selbst überlassene Natur erstreckte, so zogen ihn doch ihre wilden und düsteren Szenen am unwiderstehlichsten an. »Man weiß schon«, sagt er, »was ich unter einer schönen Gegend verstehe. Niemals ist eine Landschaft der Ebene, mochte sie noch so schön sein, in meinen Augen so erschienen. Ich verlange Gießbäche, Felsen, Tannen, dunkle Wälder, rauhe auf- und abführende Pfade und recht fürchterliche Abgründe neben mir«[6]). Je tiefer später sein Gemüt erkrankte, desto mehr fühlte er sich gerade in den einsamsten und wildesten Umgebungen wohl. Nirgends, sagt er, habe er sich so glücklich gefühlt wie auf der einsamen

1) Misson, Nouveau voyage d'Italie III[4] (1702) S. 239: »*Genève est dans une charmante situation. Tout est agréable aux environs, on peut même dire que la nature y est magnifique. Le lac, les montagnes, les rivières, les plaines, les côteaux, les promenades, les jolies maisons de campagne: tout contribue à embellir ce séjour.*« 2) Confessions livre IV (Lausanne 1782, I 274). 3) Nouv. Héloïse IV. partie, lettre 6. 4) ebd. IV. partie, lettre 11. 5) Confessions l. VI (II 117). 6) ebd. l. IV (I 308).

Peterinsel im Bieler See. »Seine Ufer sind wilder und romantischer als die des Genfer Sees, weil die Felsen und Wälder das Wasser in unmittelbarer Nähe begrenzen, aber sie sind nicht minder lachend. Wenn es dort weniger Feldbau und Weinberge, weniger Städte und Häuser gibt, so gibt es dafür auch mehr natürliches Grün, mehr Wiesen, von Gehölzen beschattete Asyle, häufige Kontraste und Unregelmäßigkeiten. Da diese glücklichen Ufer keine großen Fahrstraßen haben, ist die Gegend wenig von Reisenden besucht; aber sie ist anziehend für beschauliche Einsiedler, die es lieben, sich ungestört an den Reizen der Natur zu berauschen und sich in einer Stille zu sammeln, die kein anderer Ton unterbricht, als der Schrei der Adler, das stockende Gezwitscher einiger Vögel und das Rauschen der von den Bergen stürzenden Gießbäche«[1]).

Die neue Heloise.

Die 'Neue Heloise' (1761) deckte der ganzen gebildeten Welt in der noch ungekannten Alpennatur eine neue Quelle des reichsten Genusses auf. Zum ersten Male wurde hier durch eine bezaubernde Schilderung das Verständnis für den Reiz von Gegenden erschlossen, wo, wie St. Preux an seine Geliebte schreibt[2]), bald ungeheure Felsen über dem Haupte des Wanderers schweben, bald hohe und rauschende Wasserfälle ihn in eine Wolke dichten Wasserstaubes hüllen, bald ein unversieglicher Gießbach neben ihm einen Abgrund von schwindelerregender Tiefe höhlt; wo er sich bald in der Dämmerung eines Dickichts verliert, bald beim Heraustreten aus einer Schlucht plötzlich durch den Anblick einer lieblichen Matte entzückt wird. Was den Wanderer auf seiner Fußreise durch das Wallis vorzugsweise fesselte, war nicht bloß das überraschende Gemisch von Wildheit und Kultur, sondern noch mehr die seltsamen Kontraste der Naturszenen. Dieser Verbindung aller Jahreszeiten, Klimate und Bodenbeschaffenheiten, dieser Mannigfaltigkeit der Eindrücke schrieb der Wanderer die Ruhe zu, die in seine Seele zurückkehrte; aber als er die Wolkenregion überstiegen und eine heitere Höhe erreicht hatte, in der man Donner und Sturm zu seinen Füßen sah, glaubte er in der Reinheit der Luft die wahre Ursache der Wiederkehr des lange vermißten Friedens zu entdecken.

In einem andern Sinne epochemachend war die 'Neue Heloise' insofern, als sie alle zartorganisierten, von unbefriedigter Sehnsucht erfüllten, kranken und verletzten Seelen in der immer gleichen Reinheit, Stille und Größe der Natur eine stets bereite Zuflucht vor dem Gewühl, dem Schmutz, der Kleinheit des menschlichen Daseins aufsuchen lehrte. Hier wurde zuerst verkündet, daß auch Einöden und Wildnisse von Schönheiten erfüllt sein können, die nur den gefühlvollen Seelen gefallen und den übrigen schrecklich (*horribles*) erscheinen! So war das Asyl am Meillerie, wo St. Preux, von der Geliebten getrennt, in tiefster Einsamkeit ebenso traurige wie köstliche Tage verlebt hatte[3]). »Ein von der Schneeschmelze gebildeter Gießbach stürzte in einer Entfernung von zwanzig Schritten in ein schmutziges Wasser und führte mit Geräusch Schlamm, Sand und Steine mit sich fort. Hinter uns schied eine Kette unzugänglicher Felsen den freien Platz, auf dem wir uns befanden, von dem Teile der Alpen, die man Gletscher nennt, weil ungeheure, unaufhörlich zunehmende Eisgipfel

1) Rêveries V. promenade (VI 120). 2) Nouv. Héloïse I. partie, lettre 23. 3) ebd. IV. part., lettre 17.

sie seit Anfang der Welt bedecken. Schwarze Tannenwälder verbreiteten ihren düsteren Schatten zur rechten, ein großes Eichengehölz war zur linken, jenseits des Gießbachs und zu unsern Füßen trennte uns die unermeßliche Wasserfläche, die der See im Schoß der Alpen bildet, von den reichen Ufern des Pays de Vaud, deren Gemälde der Gipfel des majestätischen Jura krönte.«

So hat Rousseau nicht bloß eine Erweiterung des Naturgefühls durch die Entdeckung der Gebirgslandschaft herbeigeführt; er hat es auch völlig umgestaltet. Die von ihm angeschlagenen Töne klangen in allen gefühlvollen Herzen wieder. Die 'Neue Heloise' hat wesentlich dazu mitgewirkt, »dem Gemütswesen des nachfolgenden Menschengeschlechts« überhaupt, namentlich aber seinem Verhältnis zur Natur »eine tiefere Innerlichkeit« zu geben. Sie hat die allmählich immer allgemeiner gewordene Herrschaft einer ganz subjektiven Naturauffassung verbreitet. Diese leiht der Natur eine Seele, von der die menschliche nur ein Teil oder mit der sie doch innig verwandt ist; sie meint die Sprache der Natur belauschen und verstehen zu können, sie erblickt in ihren unendlich wechselnden Zuständen und Erscheinungen, »in den ragenden Bergen und in der stillen Einsamkeit der Täler und Wälder die stummen Spiegelbilder des eigenen inneren Lebens«[1]). Die ebenfalls von Rousseau angebahnte Anerkennung einer fast grenzenlosen Berechtigung der Individualität gegenüber den in Kunst und Leben bestehenden, vielfach verknöcherten Ordnungen und Regeln, die in Deutschland die Sturm- und Drangperiode heraufführte, gab auch dem Naturgefühl die Richtung auf solche Szenen und Erscheinungen, von denen die frühere Empfindung zurückgestoßen worden war. Zu der brütenden Schwermut, der namenlosen Sehnsucht, der Lust am Schmerz, der Zerrissenheit und Verzweiflung, den titanischen Gefühlen, in welche die damalige und die nächste Generation sich zu versenken liebte, stimmte in der Natur nur das Wilde und Romantische, von dem das klassische Altertum und die von ihm beherrschte Kultur sich abgewendet hatte. Jene von Rousseau beschriebene Einsiedelei am Meillerie war ein Prototyp der Landschaft, die nun mit Vorliebe aufgesucht und mit Meisterschaft geschildert wurde.

Die 'Neue Heloise' und Rousseaus übrige Schriften machten sehr bald die Ufer des Genfer Sees und die westliche Schweiz überhaupt zu einem Ziel für die Touristen von ganz Europa. Schon 1762 schrieb Justus Möser nach der Lektüre der 'Heloise' an Abt, er möchte ihm doch aus der Schweiz »ein Stück von den berühmten Alpen mitbringen, woraus jetzt so viel Wesens gemacht wird«. Goethe konnte sich (1779) in Vevey »der Tränen nicht enthalten, wenn er nach Meillerie hinübersah und den dent du Chamant (so) und die ganzen Plätze vor sich hatte, die der ewig einsame Rousseau mit empfindenden, lebenden Wesen bevölkerte«[2]). Im Jahre 1788 besuchte Meiners »die heiligen Orte der Heloise von Rousseau, wohin jetzt alle Fremden von Lausanne aus wallfahrten[3]), und wo sich besonders Engländer mit der Heloise in der Hand wochen-

1) Hettner, Literaturgesch. des 18. Jahrhunders II^3 486. 2) An Frau von Stein I 264 bei Schmidt, Richardson, Rousseau und Goethe S. 174, 100. Vgl. auch S. 179, 105 (Herder 1770 und Lenz). 3) So z. B. Nicolovius und F. L. v. Stolberg 1791. Denkschr. auf Nicolovius S. 28.

lang aufhalten«[1]). Auch die 'Travels in Switzerland and in the country of the Grisons' (1776, 1779, 1785, 1786) von Coxe, die in der nächsten Zeit hauptsächlich der Wegweiser englischer Reisender waren, verfolgen die Spur Rousseaus in Motiers und auf der Petersinsel[2]).

Das Buch von Coxe wurde von einem tiefen, wissenschaftlichen Kenner der Gebirgswelt, der zugleich ein Meister landschaftlicher Schilderung war, von Ramond de Carbonnières (geboren zu Straßburg von einer deutschen Mutter 1755, † 1827) in einer an Inhalt und Umfang erheblich vermehrten französischen Übersetzung herausgegeben, die daraus ein ganz neues Buch machte. Die Reisen von Coxe hatten sich noch mehr in der Ebene und den niedrigen Tälern bewegt, sie galten vorzugsweise den Städten, der Kenntnis der Menschen und Zustände. Ramond beschrieb zuerst die Höhen, die er als unermüdlicher Fußwanderer erklommen hatte. Sainte-Beuve rechnet seine Alpenschilderung zu dem Vollendetsten, was in dieser Gattung geleistet ist; Buffon hatte ihm gesagt: Sie schreiben wie Rousseau. Ramond, der auch den Versuch machte, in seinen Lenz gewidmeten 'Abenteuern des jungen d'Olban' (1777) die Wertherliteratur nach Frankreich zu verpflanzen, wurde später 'der Maler der Pyrenäen'; seine 'Observations sur les Pyrénées' (1789) und 'Voyage au Mont Perdu' (1801) sind klassische Werke. Hier zeigt sich (nach Sainte-Beuve) 'der Saussure der Pyrenäen' als Künstler in ganz neuen Bildern, an die noch niemand sich gewagt hatte. »Er wollte, daß man den Mut haben sollte, zu sehen und zu empfinden, daß man sich alle großen und natürlichen Empfindungen gestatten und keinen Anstand nehmen sollte, sie auszusprechen.« Auch vor dem überwältigendsten Grauen der Gebirgseinöde schreckt er nicht zurück[3]).

Ramond, der Entdecker der Schönheit der Pyrenäen.

Doch die Wirkung von Ramonds Werken wurde durch die Ungunst der Zeiten, in denen sie erschienen, im höchsten Grade beeinträchtigt, sie wurden verhältnismäßig wenig bekannt, und sein Name ist außerhalb Frankreichs so gut wie verschollen. Dasselbe gilt von den Schriften Etiennes de Sénancour (geb. 1770); die Schilderungen der Alpenlandschaft in seinem 'Oberman' (1804), der ähnliche Stimmungen anregte wie Ossian und Werther, zeigen »eine originale und ernste Darstellungsgabe, die zwischen der Weise Ruisdaels und Salvator Rosas in der Mitte steht«[4]). Derjenige, dem die gebildete Welt nach der Entdeckung der Gebirgslandschaft durch Rousseau die neue, große Erweiterung ihres Naturgefühls durch die Entdeckung des Hochgebirgs verdankt, war ebenfalls ein Genfer, Saussure.

Die drei Zonen der Alpenlandschaft.

Ein dritter Genfer, Töpffer (1799—1846), hat sehr richtig die Alpenlandschaft in drei Zonen abgeteilt. Die niedrigste umfaßt die Hügellandschaften und endet bei der Grenze der Nußbäume; auf sie hat sich Rousseau beschränkt und nur in jener Schilderung der Einsiedelei am Meillerie sich über sie hinausgewagt, doch von der zweiten höheren Zone nur ein ziemlich allgemeines und unbestimmtes Bild gegeben. Diese zweite Zone, ernster, strenger und schwieriger, ist oft kahl; die Vegetation der unteren Region erstirbt hier, Tannen und

1) Meiners, Briefe über die Schweiz (1784—1790) II S. 165. 2) Osenbrüggen a. a. O. S. 20 f. 3) Sainte-Beuve, Causeries du lundi, 3ème édit. (Paris 1857) X p. 362—403. Vgl. J. Schmidt, Französische Literaturgesch. I² 115. 4) Sainte-Beuve, Critiques et portraits littéraires (Bruxelles 1832) II 240—281.

Lärchen bekleiden die Abhänge, fassen Schluchten und Gießbäche ein; hier herrscht nicht mehr der Zauber reizender Ländlichkeit, es ist das Reich des Wildschönen. Die höchste Region ist die der Hörner, der Gletscher, der Eiswüsten, wo nur noch die Alpenrose und ähnliche harte Sträucher am Rande des ewigen Schnees oder in dessen Lücken gedeihen. Diese hohen Regionen sind »die Entdeckung und Eroberung« Saussures[1]). So haben zu allen Zeiten die Naturforscher, die schon im Altertum die ersten Bergwanderer waren[2]), auch zur Erweckung des Sinnes für die Schönheit der Natur am meisten beigetragen, vor allen andern allerdings die Botaniker[3]).

Entdeckung von Chamouny.

Zwar hatten schon 1741 zwei englische Reisende, Pococke und Windham, das Tal von Chamouny entdeckt. Aber noch 20—25 Jahre später wurde die Reise sehr selten und fast nur von Engländern unternommen[4]). In dem prachtvoll ausgestatteten Homannschen Atlas novus reipublicae Helvetiae 1769 findet sich der Name Montblanc ebensowenig wie der ältere Montagne maudite, sondern unter den Glacières de Faucigny nur die Inschrift: »Hier sind abscheuliche Eisberge, Gletscher, *glaciers*, *montagnes glaciales* genannt«[5]).

Saussure.

Saussure, der sich der Erforschung der Hochalpen mit leidenschaftlicher Hingebung widmete, begann seine Wanderungen in Chamouny 1760 und erstieg den Montblanc 1787. Der große Naturforscher, der unermüdliche und unerschrockene Steiger, war zugleich wie Ramond ein Meister der Naturbeschreibung, der in schlichter und darum nur um so unwiderstehlicher wirkender Sprache die ungeheuren Eindrücke jener noch von keinem Menschenauge geschauten Szenen wiederzugeben verstand, »welche mit allem, was man auf der übrigen Welt sieht, nichts gemein haben«; der das »aus Schrecken und Bewunderung« gemischte Gefühl, das ihn bei ihrem Anblick erfüllt hatte, auch seinen Lesern mitzuteilen vermochte[6]). In der Tat empfand er, was noch niemand vor ihm empfunden hatte, wenn er auf jenen, damals zuerst (vor ihm 1786 von Pacard) erklommenen Höhen unter dem Sternenhimmel stand, dessen Glanz die Bergspitzen schwach beleuchtete und nur die Massen und Entfernungen unterscheiden ließ, und nun das tiefe Schweigen in diesem ungeheuren, von der Phantasie noch vergrößerten Bereich ihm eine Art von Entsetzen einflößte: »Mir schien, daß ich allein das Weltall überlebt hatte und seine Leiche zu meinen Füßen ausgestreckt sah«[7]). Zugleich hatte die anspruchslose Schilderung der Gefahren, »die das Leben des Erforschers der Alpen dem des Gemsjägers ähnlich machen«[8]), etwas Aufregendes; und so verhießen Saussures Schilderungen den Mutigen, die sich in diese neuentdeckte Welt wagen würden, den reichsten Lohn.

Bourrit.

Neben den Werken Saussures waren es die Berichte des nicht minder leidenschaftlichen Bergsteigers Bourrit, den Friedrich der Große *l'historien des Alpes* nannte[9]), welche schnell die allgemeine Aufmerksamkeit auf die Hochalpen und besonders auf Chamouny lenkten. Bourrit, ebenfalls ein Genfer, ursprünglich

1) Sainte-Beuve, Causeries VIII 336 f. 2) Oben I 480. 3) F. Cohn, Die Pflanze S. 223, 43. Vgl. auch Schwarz a. a. O. S. 465 und Cohn, Deutsche Rundschau XLVII 1886 S. 364 ff. 4) Saussure, Voyages d. les Alpes III 197 f. 5) Allgem. Zeit. Beil. 15. September 1885. 6) Saussure, Voyages d. les Alpes III 22 ff. 7) ebd. IV 388 ff. 8) ebd. III 211. 9) Osenbrüggen S. 22 ff.

Maler, widmete sein ganzes Leben (1739—1819) der Erforschung des Montblanc; Saussure erkannte 1773 dankbar an, daß er das Publikum auf seine wissenschaftlichen Monographien vorbereitet habe[1]). Goethe, der schon 1775 (als einer der ersten Nicht-Schweizer) den Rigi bestiegen hatte[2]), hörte auf der 1779 in Gesellschaft Karl Augusts von Weimar unternommenen Schweizerreise »so viel von der Merkwürdigkeit der Savoyer Eisgebirge« und daß »es immer mehr Mode werde, dieselben zu sehen«[3]), daß nach Einholung von Saussures Rat der Ausflug nach Chamouny noch im November gemacht wurde. Im Jahre 1784 hatte Gibbon bereits zu klagen, daß man sich in Lausanne nicht mehr der früheren Ruhe erfreue, sondern durch die Lage und Schönheit des Pays de Vaud und »die Mode, die Gebirge und Gletscher (*glaciers*) in Augenschein zu nehmen«, von allen Seiten dem Andrange der Fremden ausgesetzt sei[4]). Er selbst, der 1755 auf seiner Reise durch die Schweiz in der Ebene von Stadt zu Stadt gezogen war, reiste 1791 mit Lord Sheffield über Genf, Chamouny, den Col de Balme (der besonders viel der Aussicht wegen bestiegen wurde)[5]), Martigny, St. Maurice um den Genfer See nach Vevey und Lausanne[6]). Im Jahre 1790 galt die Schweiz, die 60 Jahre früher in Deutschland noch sehr wenig gekannt war, schon als das am meisten von Fremden besuchte Land Europas[7]), und besonders in Chamouny hatte der Zudrang der Fremden die industriöse Dienstfertigkeit der Bewohner zu einem Grade entwickelt, »daß sie sehr lästig wurde«[8]).

Gibbon 1791.

Kant über das Erhabene in der Natur.

Doch Saussures Werke verbreiteten die Vorstellung von der Erhabenheit der Alpennatur weit über die Kreise derer hinaus, welche die Schweiz aus eigner Anschauung kennen lernten. Auch Kant gehörte zu seinen eifrigen Lesern und brachte seinen Schilderungen eine lebhafte Empfänglichkeit entgegen. Er, der nie die Grenzen Ostpreußens überschritt, kannte aus »den tief beschatteten, zum schwermütigen Nachdenken einladenden Einöden« seiner Heimat »die interessante Traurigkeit, welche der Anblick der Einöde einflößt« (Saussure); und die Vorstellungen »himmelanstrebender Gebirgsmassen, tiefer Schlünde und darin tobender Gewässer« beschäftigten seine Phantasie, als er den Begriff des Erhabenen aus der Natur abstrahierte. Er sprach hier (in der Kritik der Urteilskraft) die große Grundwahrheit aus: »daß die Erhabenheit in keinem Dinge der Natur, sondern nur in unserem Gemüte enthalten ist, sofern wir der Natur in uns und dadurch auch der Natur (sofern sie auf uns einfließt) außer uns überlegen zu sein uns bewußt werden können«. Vortrefflich wies er sodann nach, daß eine Einstimmigkeit des Urteils weit weniger über das Erhabene als über das Schöne der Natur zu erwarten sei. Und hätte er gewußt, daß die Empfindung jenes savoyischen Bauern, von dem Saussure erzählt, daß er alle Liebhaber der Eisgebirge Narren nannte, von der Empfindung der Gebildetsten bis zum Anfange des 18. Jahrhunderts nicht wesentlich verschieden war, so würde er

1) Häser, Nord u. Süd XXXVIII 1886 S. 107. Breitinger, Deutsch. Rundsch. XXIX 1881 S. 418 ff. Über die Bergwanderungen der Genfer Brüder de Lüc vgl. J. Frey, Die Alpen S. 36. Die ersten guten Alpenansichten waren die »Merkwürdigen Prospekte aus den Schweizergebirgen« von dem Aargauer Maler Kaspar Wolf, ebd. S. 32. 2) Werke XXIX 118 d. Weim. Ausg. 3) ebd. XIX 240. 4) Gibbon, Nachlaß S. 334. 5) Saussure, Voyages III 114. 6) Gibbon a. a. O. 7) Meiners, Briefe Bd. III Vorrede. 8) ebd. IV S. 189.

das Urteil über das Erhabene als ein nicht bloß von dem Grade, sondern auch von der Richtung der Kultur abhängiges erkannt haben[1]). Wäre der Grund der »ernsten, auch wohl erhabenen Stimmung«, in die uns der Anblick der Gebirge versetzt, mit Schopenhauer darin zu suchen, daß ihre Form die einzige, stets bleibende Linie in der Landschaft ist, so hätte dieser Anblick nicht in verschiedenen Zeitaltern eine wesentlich verschiedene Wirkung üben können[2]).

Die fernere Geschichte des Reisens in der Schweiz bis auf unsere Tage (wo »die Alpenreise als geistiges Bildungsmittel«[3]) allgemein anerkannt ist) gehört nicht hierher. Die immer wachsende Literatur, welche diese Reisen ins Leben riefen, schuf einen Boden, auf dem die Kunst der Naturschilderung sich mit besonderer Vorliebe bewegte. Diese »Naturempfindungswissenschaft«, sagt der Winterthurer Ulrich Hegner (1822), »die weder Naturkunde noch Naturlehre, weder Erdbeschreibung noch Erdmessung ist, und wovon man vor einem halben Jahrhundert noch wenig in Büchern, selbst nicht in Reise- und Liebesgeschichten las, ist als ein neuer Zweig der Gelehrsamkeit in der Schweiz entsprossen, und schon zum reichen Baume gewurzelt, von dessen Früchten nun jeder pflückt, weil sie nicht schwer zu erhaschen und leicht zu verdauen sind«[4]). Endlich hat auch die auf den Bahnen Alexander von Humboldts und Karl Ritters fortschreitende Erdkunde zu einem tiefer als je zuvor eindringenden Verständnis der Alpennatur geführt[5]).

Späte Darstellung der Hochalpen in der Landschaftsmalerei.

Erst sehr viel später als die Naturbeschreibung hat sich die Landschaftsmalerei an die Darstellung der Hochalpen gewagt. Ein Maler aus Neufchatel, Meuron, war der erste, der (um 1820) »es wagte, auf der Leinwand die ergreifende Rauheit eines Alpengipfels wiederzugeben, wie er, von Tau gebadet und sich kaum von der scharfen Nachtkühle lösend, die ersten Morgenstrahlen empfängt. Aber die Calame, Diday und andere, die auf ihren Spuren gingen, waren noch nicht gekommen. Die damaligen Klassiker bewiesen eifrig durch alle Arten von technischen Gründen und Erwägungen, daß die Hochalpen wesentlich ungeeignet seien, auf der Leinwand wiedergegeben und Stoff für Gemälde zu werden. 'Unmöglich' war ihr stehendes Wort«[6]).

Allgemeine Anerkennung der Schönheit der Gebirgslandschaft zu Ende des 18. Jahrhunderts.

So hatte sich also die von Rousseau angebahnte Umwandlung des Naturgefühls durch die Entdeckung der Hochalpen um dieselbe Zeit vollzogen, als in Deutschland die Sturm- und Drangperiode begann. Den Abstand des neuen Naturgefühls von dem älteren wird man inne, wenn man jene Äußerung Keyßlers, der die Salzburger und Tiroler Alpen ebenso reizlos fand wie die Lüneburger Heiden und die märkischen Kiefernwälder, mit Äußerungen aus den letzten Jahrzehnten des 18. Jahrhunderts vergleicht, wo es bereits (wie z. B. in Meiners' Briefen über die Schweiz 1790) als selbstverständlich galt, daß die Schweiz als gebirgigstes Land Europas die meisten Naturschönheiten habe[7]). »Diese Wü-

1) Vgl. Friedlaender, Kant in seinem Verhältnis zur Kunst und schönen Natur, Preuß. Jahrb. XX 1867 S. 113ff. Kants Werke, Ausgabe von Schubert und Rosenkranz IV S. 128f. (vgl. 118). 137. 122. 2) Schopenhauer, Welt als Wille und Vorstellung I² 404. 3) Peschel, Abhandl. z. Erd- u. Völkerkunde II 314ff. 4) U. Hegner, Die Molkenkur II S. 46. 5) Vgl. die schöne Schilderung Peschels (Rückwirkung der Ländergestaltung auf die menschliche Gesittung) a. a. O. I 387f. 6) Sainte-Beuve, Causeries VIII 338. 7) ebd. IV 284.

sten«, schreibt um 1780 K. V. von Bonstetten, »diese Felsen, diese Eistäler, diese hohen, schwarzen Wälder werden Ihnen besser gefallen als die seelenlosen Schönheiten der Ebene«[1]). Selbst ein Nicolai zeigt sich von dem allgemeinen Enthusiasmus ergriffen. Auf der Reise von Wien nach München schreibt er[2]): »Die großen Szenen der Natur machen einen Eindruck, den kein menschliches Schauspiel erregt: nirgends aber sind sie majestätischer als in bergigten Ländern, und nirgends könnten sie für die Naturwissenschaften lehrreicher werden, als daselbst, weil ihre Wirkungen so groß und abstechend sind. Aber nur Wenigen ist das Herz zur Empfindung geöffnet und Wenigen sind Auge und Geist zu Betrachtungen geschärft.« So einleuchtend war also damals bereits auch dem nüchternsten Sinne die Schönheit der Gebirgslandschaft geworden, die ein halbes Jahrhundert früher nur wenige Auserwählte zu erkennen vermocht hatten[3]).

Im 19. Jahrhundert ist die Ansicht, daß das Gebirge an sich schön sei, immer allgemeiner geworden. Die Gebirge, sagt J. Ruskin (in einem The mountain glory überschriebenen Kapitel) scheinen erschaffen zu sein, um uns die Vollendung der Schönheit zu zeigen, deren sämtliche Elemente (Formen, Farben, Mannigfaltigkeit der Szenerien usw.) sie in unvergleichlich höherem Grade vereinigen als die Ebene, so daß sie diese so weit übertreffen, wie ein gemaltes Fenster ein weißes. Er glaubte, sie seien erschaffen, um auf die Menschheit veredelnd und erhebend zu wirken, um zugleich ihre Schulen und ihre Dome zu sein. Bis in sein Alter blieb er der Gewohnheit treu, sobald er die Berge betrat, niederzuknien und anzubeten; seine Naturanschauung war Religion. Auch Sir John Lubbock »teilt mit ihm die Empfindung, daß Berge der Anfang und das Ende aller Naturszenerien sind«[4]).

Gegner des neuen Naturgefühls.

Daß diejenigen Männer der älteren Generation, die von dem neuen Geiste unberührt geblieben waren, auch an dem älteren Naturgefühl festhielten, ist vollkommen verständlich. Noch gegen Ende des 18. Jahrhunderts begriff der Zürcher J. C. Füßli, Verfasser einer »Staats- und Erdbeschreibung der Schweizerischen Eidgenossenschaft« nicht, wie man das Engelberger Tal schön finden könne: dort gebe es nichts als »scheußliche Berge«, »keine Gärten, keine Fruchtbäume, keine das Auge belustigenden Felder«[5]). Um so begreiflicher ist, daß Nichtschweizer ebenso empfanden. Goethes Vater war unzufrieden, daß der Sohn auf der Höhe des Gotthard umgekehrt war, ohne nach Italien hinabzusteigen. »Besonders auch konnte er keine Teilnahme an jenen wilden Felsen, Nebelseen und Drachennestern im mindesten beweisen. Nicht im Gegensatz, aber gelegentlich ließ er doch merken, was denn eigentlich an alle dem zu haben

1) Bonstetten, Schriften, herausg. von Matthison 1793 S. 11. 2) Nicolai, Beschreibung einer Reise durch Deutschland u. die Schweiz im Jahre 1781, VI 465. 3) Moltke, Briefe über Zustände und Begebenheiten in der Türkei S. 231: »Fast jedes Gebirge ist schön; der Caradscha Dag zwischen Frat und Tigris ist das einzige, welches ich bisher gesehen, das eine Ausnahme macht«. Dagegen hat Fürst Bismarck geäußert, »daß er Gebirgsgegenden nicht sehr liebe, erstens wegen der im Tal beschränkten Aussichten, dann wegen des Auf- und Absteigens. Ich bin mehr für die Ebene, wenn auch nicht gerade für die von Berlin. Aber kleine Hügel mit hübschem Laubwald, schnelle klare Bäche, etwa wie in Pommern und überhaupt an der Ostsee« usw. Busch, Graf Bismarck und seine Leute II 178. 4) Ruskin, Modern painters IV 345 ff. 359. 386. Charlotte Broicher, J. Ruskin und sein Werk I (1902) S. 231. Lubbock, The beauties of nature and the wonders of the world (1892). 5) J. Frey, Die Alpen S. 23.

sei; wer Neapel nicht gesehen, habe nicht gelebt«[1]). Goethe selbst scheint sich in seinem höheren Alter der Naturempfindung jener längst vergangenen Zeit wieder genähert zu haben[2]). Er spricht 1823 in einem Briefe an Nees von Esenbeck von seinen »unnützen Reisen in die Schweiz«, »da man glaubte, es sei was Großes getan, wenn man Berge erklettert und angestaunt hatte«. Er hat dieser Ansicht als der »heiteren Paradoxie eines würdigen Mannes« einen scherzhaft gesteigerten Ausdruck geliehen[3]). »Wenn Reisende ein sehr großes Ergötzen auf ihren Bergklettereien empfinden«, läßt er denselben sagen, »so ist für mich etwas Barbarisches, ja Gottloses in dieser Leidenschaft. Berge geben uns wohl den Begriff von Naturgewalt, nicht aber von Wohltätigkeit der Vorsehung.« — »Und diese Zickzackkämme, diese widerwärtigen Felsenwände, diese ungestalteten Granitpyramiden, welche die schönsten Weltbreiten mit den Schrecknissen des Nordpols bedecken, wie sollte sich ein wohlwollender Mann daran gefallen und ein Menschenfreund sie preisen!«

Die vereinzelten Stimmen aber, die aus der Mitte der jüngeren Generation gegen den Enthusiasmus für die Gebirgslandschaften laut wurden, erhoben sich in dem Bewußtsein, daß man mit der herrschenden Ansicht im Widerspruch stehe. Zu den Gegnern des neuen Naturgefühls gehörte Hegel (geb. 1770), als er 1796 die Berner Hochlande durchwanderte[4]). Auf dem Wege von 'Hinterlaken' nach Lauterbronnen hatte die »Enge der Täler, wo ihm durch die Berge alle ferne Aussicht benommen wurde, etwas Einengendes, Beängstigendes für ihn. Er sehnte sich immer nach Erweiterung, nach Ausdehnung, und sein Blick stieß immer an Felsen an; das ewige Geräusch der zwei Litschenen machte ihm Langeweile.« Auf der Scheidegg machte der volle Anblick der Jungfrau und der beiden Aiger »schlechterdings nicht den Eindruck, erregte nicht das Gefühl der Größe und Erhabenheit, den wir erwartet hatten«. Der Besuch der Grindelwaldgletscher gab ihm weiter keine Befriedigung, als die, jetzt einen Gletscher aus unmittelbarster Nähe gesehen zu haben. Von der Gegend um das Grimselhospiz sagt er: »Weder das Auge noch die Einbildungskraft findet auf diesen formlosen Massen irgend einen Punkt, auf dem jenes mit Wohlgefallen ruhen, oder wo diese ein Spiel oder Beschäftigung finden könnte. — Der Anblick dieser ewig toten Massen gab mir nichts als die einförmige, und auf die Länge langweilige Vorstellung: es ist so.« Überhaupt erregte auf der ganzen Reise nichts sein Interesse und seine Bewunderung als die Wasserfälle, und er scheint sehr zufrieden gewesen zu sein, als er die für ihn so genußarme Wanderung beendet hatte, und »gegen Lucern hin zum ersten Mal wieder über die schöne Spiegelfläche des Sees niedrigere Hügel erblickte, die unserem Auge, das bisher teils erhabene, teils graue und traurige Berge und fast nie eine weite Aussicht gehabt hatte, sehr wohl taten«.

Doch dieser Widerspruch eines eigenartigen, der Anempfindung energisch und vielleicht mit einem gewissen Trotz widerstrebenden Geistes gegen eine herrschend gewordene Richtung blieb unbekannt, denn Hegels Tagebuch war nicht für die Öffentlichkeit bestimmt. Einen lauten Protest gegen die Bewun-

1) Goethes Werke XXIX 155 d. Weimar. Ausg. 2) Herzfelder, Goethe in der Schweiz 1891. 3) Goethes Werke, II. Abt. XI 120 d. Weimar. Ausg. 4) Tagebuch der Reise in den Berner Oberalpen, bei Rosenkranz, Hegels Leben S. 470—490.

Chateaubriand 1805.

derung der Gebirgslandschaft erhob 1805 Chateaubriand in seinem Voyage au Mont Blanc. Er habe, so beginnt er, viele Gebirge in Amerika und Europa gesehen, und ihm habe es immer geschienen, daß man in ihrer Beschreibung über die Wahrheit hinausgehe; der Besuch von Chamouny habe diese Überzeugung nur bestätigt. Seine Ansicht ist folgende: wie es keine schöne Landschaft ohne einen Hintergrund von Bergen gibt, so gibt es auch keine das Auge und Herz befriedigende, wo es an Raum und freier Aussicht mangelt; dies ist aber immer im Innern der Gebirge der Fall. Man ist dort den Gegenständen so nahe, daß die Größe der Dimensionen dem Blicke nicht wahrnehmbar wird, und zugleich sind die Berge so riesenhaft, daß sie alles, was ihnen zum Schmucke dienen könnte, vernichten. Ferner haben die Schneeflächen der Alpen den Nachteil, daß sie die ganze Umgebung, sogar das Blau des Himmels, dunkel machen. Man sieht in den Bergen zu wenig vom Himmel, der gleichsam die Leinwand ist, auf welche die Natur die Landschaft malt; wo er fehlt, wird das Bild wirkungslos und verworren: die Maler haben dies sehr wohl gefühlt und daher die Berge nur von ferne gezeigt, indem sie Wälder und Ebenen vor dem Auge ausbreiteten. Nur der Mondschein läßt die Majestät der Gebirgslandschaft zur Erscheinung kommen. Wenn aber hiernach das Großartige (*le grandiose*) und die auf ihm beruhende Erhabenheit im Innern der Gebirge verloren geht, so fehlt das Anmutige (*le gracieux*) ebenso sehr. Die Täler der Schweiz kann man nur vergleichsweise angenehm finden. Das Gefühl, das man in den Bergen empfindet, ist ein sehr peinliches, verursacht durch ihre Rauheit und Unfruchtbarkeit. Die Täler, nach denen Vergil sich sehnt, um der Gemeinschaft der Musen teilhaftig zu werden[1]), sind angenehme, lachende, reizende, die Wälder schöne Eichen-, Ulmen-, Buchen-, nicht traurige Tannenwälder, und sein Tal soll in einer Gegend liegen, wo es schöne, poetische und historische Erinnerungen und harmonische Namen gibt: er würde wenig Gefallen an dem Tal von Chamouny, seinen Gletschern und Nadeln, an den Felsen der Tête noire gefunden haben. Das Altertum, auf das man sich stets berufen muß, wo es sich um die Wahrheit der Empfindungen handelt, dachte nicht wie Rousseau über die Berge: es stellt sie im Gegenteil als den Aufenthalt des Schmerzes und der Verzweiflung dar, womit auch die heilige Schrift übereinstimmt.

Zum Schlusse bemerkt Chateaubriand nochmals, daß die Berge für den Hintergrund der Landschaft unentbehrlich seien: »Ihre beschneiten Häupter, ihre nackten Flanken, ihre riesigen Glieder, scheußlich (*hideux*), wenn man sie aus zu großer Nähe betrachtet, sind bewunderungswürdig, wenn sie sich auf dem Grunde eines dunstigen Horizontes runden und in einem flüssigen vergoldeten Lichte färben.« — »Nur verlange man nicht von mir, daß ich die langen Felsgrate, die Schluchten, die Spalten, die Löcher, die Windungen der Alpentäler bewundern soll.«

Mit vollem Recht beruft Chateaubriand sich auf die Alten. Denn in seinem mit so überraschender Einseitigkeit und Schroffheit ausgesprochenen Widerstreben, die Schönheit der Alpenlandschaft anzuerkennen, stimmt sein Naturgefühl durchaus mit dem klassischen überein. Worauf aber dieser Gegensatz

1) Verg. G. II 485 ff.

der klassischen und romantischen Anschauungsweise hauptsächlich beruht, ergibt sich aus der bisherigen Erörterung; sie zeigt, daß das Naturgefühl wesentlich durch die Natur bestimmt wird, innerhalb welcher es sich bildet. Wenn sich die Bewunderung des Gebirges viel früher in Gebirgsländern, wie in der Schweiz und Schottland, nachweisen läßt, als in der Ebene, und wenn es sich zeigt, daß die Bewohner der letzteren von den neuen Eindrücken der Gebirgslandschaft anfangs keineswegs angezogen wurden und nur allmählich das Verständnis derselben gewonnen haben: so ist um so begreiflicher, daß die Menschen des Südens von der Alpennatur zu allen Zeiten geradezu abgestoßen werden mußten.

Der Gegensatz des antiken und modernen Naturgefühls durch den Gegensatz südlicher und nordischer Natur bedingt.

Der Abstand des Naturgefühls der Alten von dem unsrigen beruht also in diesem Punkte nicht auf dem Gegensatze zwischen Antik und Modern, sondern auf dem Gegensatze zwischen südlicher und nordischer Natur: und wenn dies richtig ist, muß das Naturgefühl der heutigen Bewohner Italiens und des Südens überhaupt mit dem der Römer übereinkommen. In der Tat erscheint ihrem durch eine so viel reichere, lieblichere und harmonischere Naturschönheit verwöhnten Auge das Gewaltige des Hochgebirges ungeheuer und erdrückend, das Ernste finster und trostlos, das Wilde grauenhaft und entsetzlich. »Dort waltet die Natur einsam«, sagt Ugo Foscolo, »und wie mit finsterer Drohung und verjagt jedes lebende Wesen aus ihrem Reiche« [1]). Äußerungen in diesem Sinne wird man in den Alpen von gebildeten Italienern oft, wenn nicht in der Regel, vernehmen können.

Abneigung gegen das Hochgebirge bei Nordländern durch Gewöhnung an südliche Natur.

Selbst Nordländer, die längere Zeit den vollen Zauber der südlichen Natur empfunden haben, sehen das Hochgebirge nicht selten bald mit dem Blick der südlichen Menschen an. »Sie befriedigen Ihre Phantasie«, schreibt die Gräfin von Albany (1816 an Foscolo, der sich nach der Schweiz zurückgezogen hatte), »welche vielmehr von dem Anblick des Schnees erkältet sein sollte, der das von Ihnen bewohnte Land bedeckt. Um ein solches Land zu bewohnen, muß man starke Gründe haben, wenn man auf Zante geboren ist« [2]). In einer Schilderung des Comersees von Beyle-Stendhal heißt es, der Anblick der über dessen Uferhügel ragenden, mit ewigem Schnee bedeckten Alpengipfel erinnere den Betrachter durch ihre ernste Strenge an das Unglück des Daseins nur so weit, als es erforderlich sei, um den Genuß der Gegenwart zu erhöhen [3]). Auch in dem schönen Buche von Victor Hehn über Italien, wo der Eindruck der italienischen Landschaft mit dem tiefsten Verständnis aufgefaßt und mit der vollendetsten Meisterschaft wiedergegeben ist, hat diese Versenkung in die Natur des Südens eine Art von Abneigung gegen die Schweiz zur Folge gehabt. »Hart und gewaltsam sind in diesem Lande auch die Hochgebirge aufgetürmt, hoch oben öde und sumpfige, mit kurzem Grase bewachsene, bald geneigte, bald in sich muldenförmig vertiefte Flächen tragend; von ihren obern Kanten laufen die traurigen Halden, lange Streifen grauen Steingerölls, von den Schneestürzen hinterlassen, ins Tal; Nebel und Wolken hängen an den Flanken und Steinrippen, wie die Wolle am Bauch des Widders, senken sich zu den schwarzen Fichtengürteln nieder und steigen wieder verhüllend und wogend aufwärts zu den kalten

1) Foscolo, Letzte Briefe des Jacopo Ortis, deutsch von Lautsch 1829 S. 145. Vgl. auch die Schilderung der Alpenübersteigung in Manzonis Adelchi (Akt 2 Szene 2). 2) Reumont, Gräfin von Albany II 169; vgl. 168. 3) Stendhal, Chartreuse de Parme T. I ch. 2.

Schneekuppen. Ein Bild form- und schrankenloser Gewalten, beängstigende Zeugen uralter elementarer Kämpfe und Naturrevolutionen!«[1]). In der Gebirgsbildung Italiens dagegen ist »der harte Eigensinn, die ungeschickt auftürmende cyclopische Wut getilgt; in Gestalten und Profilen herrscht eine reife Milde, plastischer Schwung, weicherer Wellenfluß, der aber den Ernst, die Bestimmtheit und Energie nicht ausschließt«. Am Südabhange der Alpen »treten jene geschlossenen Bergbilder auf, deren Anordnung und Konturen dem Auge die reinste Befriedigung gewähren; in fließender Linie, bequem und heiter, bald scharfkantig gegen den Hintergrund des Himmels abgeschnitten, bald wie ein unbeweglich schwebender lichtgetränkter Duft liegt der Hauptzug in der Ferne gelagert und sendet am Bande schmaler niedriger Landzungen blaue, malerische, schwimmende Vorgebirge ins Meer«[2]). Wer Italien gesehen hat, begreift es vollkommen, daß die Erinnerung an »jene Linien der Berge, jene reiche Modellierung des Bodens und der braunen Erde, die luftgefärbten Felsenufer, das klingende Meer, die Meteore des Himmels, die ganze Harmonie und stille Selbstgenügsamkeit der klassischen Gegenden denjenigen, der sie genossen und verstanden, nicht verläßt und häufig für die relativen Reize der nordischen Natur unempfänglich macht«[3]).

Daß in der Tat die Gewöhnung an die Natur des Südens eine ursprünglich vorhandene Empfänglichkeit für die Gebirgslandschaft sogar in Abneigung

Winckelmann 1755—56.

verwandeln kann, dafür fehlt es nicht an Beispielen. Auf Winkelmann hatte der erste Anblick der Tiroler Alpen den größten Eindruck gemacht. Man hat nichts Wunderbares, nichts Erstaunendes gesehen, schreibt er am 7. Dezember 1755, wenn man nicht dieses Land mit denjenigen Augen, mit welchen ich es betrachtet habe, gesehen hat. Er nennt die Berge »erschrecklich schön« (20. Dez. 1755). In Tirol »zeigt sich die Mutter Natur in ihrer erstaunenden Größe, und der Überfluß herrscht zwischen den ungeheuern Klippen. Es ist ein Land der schönen Menschen, und Bozen besonders. Sollte ich einmal zurückgehen, so unterbreche ich gewiß in diesem Lande meine Reise, um entzückende Augenblicke zu genießen« (1. Juli 1756). Doch nun wurde er von dem Zauber der südlichen Natur ergriffen. Immer wieder preist er in seinen Briefen die Pracht der Vegetation in den »himmlischen Villen Roms, die unbeschreibliche Schönheit« der nächsten Orte im Albaner Gebirge und an der Küste von Latium, vor allem die elysische Gegend von Porto d'Anzo.

Winckelmann 1768.

Zwölf Jahre lang hatte sich sein Auge an den Bildern der italienischen Land-

1) V. Hehn, Italien. Ansichten und Streiflichter, 2. Aufl. 1879 S. 2f. 2) Hehn S. 44f. 3) Hehn S. 60. Doch mögen hier auch einige Äußerungen eines entgegengesetzten Gefühls Platz finden. Fr. Preller schrieb im März 1830 aus Rom: »Oft und gern denke ich selbst an unsere Natur zurück, die vordem mir leer und kalt erschien. —— Freudig wird mir die stille, bescheidene Schönheit des Vaterlandes entgegenkommen, und nicht unmöglich scheint mir's, mich über den Verlust der hohen südlichen trösten zu können, da ich ja die teuren Lehren, die diese mir gab, in mir trage und den daraus gezogenen Nutzen überall anwenden kann.« Burckhardt, Beilage zur Allgem. Zeit. 21. Mai 1878. Noch entschiedener Nissen, Ital. Landeskunde I 462; vgl. auch 220, 2. Liebig war (1851) von der Natur Italiens »wenig erbaut«. Der hiesige Himmel, schreibt er aus München, ist ebenso schön wie der italienische, und wo man keine Wiesen mit rieselnden Bächen und keinen Wald hat, da sollte man eigentlich von einer schönen Natur nicht sprechen. Selbst von der Bai von Neapel meint er, die Hauptsache sei doch der Vesuv. Volhard, Justus v. Liebig II 364.

schaft gesättigt, und als er Tirol im Frühling 1768 wiedersah, vermochte er auch nicht einmal »relative Reize« mehr in der Alpenlandschaft zu erkennen. Als er mit Cavaceppi eine Stunde in die Tiroler Berge eingefahren war, bemerkte dieser plötzlich, daß Winckelmanns Züge einen ganz veränderten Ausdruck angenommen hatten. Er rief: »Sehen Sie, mein Freund, was für eine entsetzliche, schaurige Landschaft! Diese unermeßlich emporsteigenden Berge!«[1]) Was ihm früher schrecklich schön erschienen war, erschien ihm jetzt nur schrecklich. Welche Ursachen immer zu der überwältigenden Schwermut zusammen wirkten, die ihn beim Betreten des deutschen Bodens ergriff: daß auch die gänzliche Umwandlung seines Naturgefühls dazu gehörte, kann wohl nicht zweifelhaft sein.

Dieselbe Umwandlung zeigt sich bei Niebuhr. Als er 1823 nach einem siebenjährigen Aufenthalt in Rom die Schweiz betrat, hatten die Berge für ihn »ein peinigendes, rohes und ganz ungestaltes Aussehen in ihren zackigen, ganz disharmonischen Formen«, und er meinte, die Tiroler Gebirge seien viel schöner. Er befand sich in einer sehr lehrreichen Selbsttäuschung. Er hatte sie 1816 vor Italien gesehen, und ihr Anblick hatte ihn ebenso entzückt wie Winckelmann; in der Tat sind sie viel zerrissener als die schweizerischen[2]). Auch Gregorovius wurde nach achtjährigem Aufenthalt in Italien (1860) in der Schweiz von Schwermut ergriffen und wäre am liebsten umgekehrt: diese Natur war ihm fremd geworden. Er nennt (1862) im Engadin die Alpen ein kaltes und stummes Wunder und (1863) die Berge am Vierwaldstätter See wüst und formlos[3]). Auch Rudolf Delbrück machte bei seiner ersten Bekanntschaft mit der Schweiz die Erfahrung, die sich bei späteren Reisen wiederholte: sein Auge war durch die Formen und Farben des Südens dermaßen verwöhnt, daß es an der Schweizer Landschaft keinen Gefallen fand. »Ich konnte eben den blauen Himmel, das strahlende Meer und die Linien von Korfu, Palermo und Neapel nicht los werden«[4]).

Soweit der Charakter der Natur in Südeuropa im wesentlichen derselbe ist, dürfte auch das durch sie bestimmte Naturgefühl der Südländer ein übereinstimmendes sein. Fernan Caballero sagt von der Aussicht von Carmona in Andalusien: »Die Pracht und das Überraschende dieser Aussicht würden in andern Ländern eine allgemeine Berühmtheit und einen weit verbreiteten Ruf haben, und tausendmal in Novellen wie in Gedichten beschrieben sein. Allein in Spanien ist der Geschmack wie die Leidenschaft für landschaftliche Schönheiten wenig verbreitet; man pflegt dieselben zu bewundern, ohne daß an dieser Empfindung Herz oder Enthusiasmus teil hätten. Eine Aussicht, wie schön dieselbe auch sein mag, pflegt man sozusagen in klassischer, nicht in romantischer Weise zu würdigen«[5]). Nach diesem Ausdruck darf man wohl vermuten, daß der hier angedeutete Mangel an Naturgefühl in der Tat nur ein Mangel an romantischem Naturgefühl ist. Und wenn »die spanische Sprache kein Wort für Gletscher besitzt noch auch ein Fremdwort dafür aufgenommen

Naturgefühl der Spanier.

1) Justi, Winckelmann III² 374. 2) Niebuhr, Lebensnachrichten III 51. 3) Gregorovius, Römische Tagebücher S. 124. 211. 237. 4) R. Delbrück, Lebenserinnerungen II 276. 5) F. Caballero, Ausgewählte Werke IV 10.

hat«, obwohl »die Andes ganz in spanischem Gebiet verlaufen«[1]): so läßt sich dies kaum anders als aus Mangel an Interesse für die Erscheinung des Hochgebirgs erklären.

der Orientalen. Was das Naturgefühl der Orientalen betrifft, so dürfte es dem der südeuropäischen Völker um so viel näher stehen als dem der Nordländer, wie ihre Natur der südeuropäischen verwandter ist als der nordischen. Der arabische Gartenbau war dem antiken ähnlich. »Alles sollte Kunst sein, und die Natur ward in die Formen der strengen orientalischen Etikette eingezwängt.« Man liebte gerade, rechtwinklige, steingepflasterte Gänge, länglich viereckige Blumenbeete mit Steineinfassung, kurz geschnittenes, stark duftendes Strauchwerk am Rande, eckige, geradlinige Bäume: alles steif und förmlich angeordnet, dazwischen Wasser in künstlichen Kaskaden in die marmornen Becken niederrauschend. In dem Garten des Fatimidenherrschers Chomârawaih in Kairo waren die Stämme der Palmen mit Metallplatten bekleidet, das in Röhren umher geleitete Wasser schien aus ihnen hervorzuquellen. Auf den größeren Plätzen stellten Blumen Zeichnungen und ganze Inschriften dar. Mandeln waren auf Aprikosenbäume gepfropft. In einem Pavillon flossen Kaskaden von Wandpfeilern, Singvögel hatten dort ihre Nester. Pfauen, Perlhühner und andre seltene Vögel wandelten im Garten umher[2]). Auch der berühmte Garten Schah Jehans (1628—1658) zu Lahor, Shalimar genannt, »ist offenbar von arabischen Künstlern entworfen. In den Vierecken zwischen den Flußwegen bilden Mangroven, indische Feigen und Orangenbäume ein undurchdringliches Dickicht. Marmorne Balustraden umgeben den großen Teich. Brücken von Marmor führen zu dem marmornen Kiosk in seiner Mitte. Und welcher Marmor, weiß und glänzend wie frisch gefallener Schnee! Ringsum Wasser, Kühlung, Schatten. Auf dem Teiche das Spiegelbild von Laub und Stein. Über uns das goldbestaubte Zelt des indischen Himmels«[3]).

Araber —

Alt- und Neuperser. Die Naturliebe der Altperser bekundete sich in den Anlagen jener in den Residenzen der Könige und Satrapen nirgends fehlenden großen, Wiesen und Wasser einschließenden Lust- und Wildparks, deren Name 'Paradiese' (*pairidaeza*) als Bezeichnung des Gartens Eden in alle modernen Kultursprachen übergegangen ist[4]). Von dieser Art waren auch die von Marco Polo beschriebenen Lustparke des Mongolenkaisers Kublai Chan (1214—1294)[5]). Ein von Libanius erwähnter, »mit aller persischen Schönheit ausgestatteter« Königspalast lag an einem Flusse, und seine Gärten prangten mit herrlichen Bäumen und duftenden Blumen[6]). Auch das Naturgefühl der Bewohner Persiens scheint seit Jahrtausenden dasselbe geblieben zu sein. In einem blumenreichen Garten, in Baumgängen zu wandeln, an dem Anblick des frischen Grüns, der Wasser-

1) P. Güßfeldt, Deutsche Rundschau XLI 1884 S. 264. In die deutsche Schriftsprache hat schon Seb. Münster das Wort Gletscher eingeführt. Peschel, Abhandl. z. Erd- u. Völkerkunde II 314 f.
2) v. Kremer, Kulturgesch. d. Orients II 334 f. Vgl. Fleischer, Berichte d. Sächs. Gesellsch. 1885 S. 155 ff. F. Cohn, Die Pflanze S. 465 ff. Tuckermann, Gartenkunst der ital. Renaissancezeit S. 53 (Garten d. Johann von Ibelin in Beirut im 13. Jahrhundert). Maltzan, Sittenbilder aus Tunis und Algerien S. 109 (Garten in Tunis). Kaufmann, Gartenbau im Mittelalter und während der Periode der Renaissance 1892.
3) Baron Hübner, Durch das Britische Reich II 91.
4) Duncker, Gesch. d. Altert. IV⁵ 155. 562.
5) Marco Polos Reisen, deutsch v. Bürck S. 481 ff.
6) Liban. or. 18, 243 (II 342 F.).

spiegel und Bäche sich zu laben: darin finden auch die Neuperser ihre liebste Erholung[1]). Ein Vulkan, eine mit Schnee bedeckte Bergkette, eine eigentümliche Formation der Berge und Täler erregt kaum ihre Aufmerksamkeit, sie huldigen auch hier dem *nil admirari*[2]). — Die Schilderung des Paradieses im Koran hat große Ähnlichkeit mit den Schilderungen des Elysiums bei den Alten, namentlich der andeutenden Schilderung Vergils, der nur die schattigen Haine, die Lager an Flußufern und die von Bächen erfrischten Wiesen hervorhebt[3]). Die vier für die Seligen des Islam bestimmten Gärten sind mit Bäumen geschmückt, deren dunkelbelaubte, weit verbreitete Zweige dichten Schatten geben, in denen stets wasserreiche Quellen strömen, und wo Früchte aller Art von den Zweigen tief herabhangen, so daß sie von den auf prächtigen Polstern ruhenden Seligen leicht gepflückt werden können[4]).

Paradies im Koran.

Dagegen ist das Naturgefühl der Ostasiaten weit mehr dem modernen europäischen verwandt. In China und Japan ist die Liebe zu der schönen Natur ebenso lebhaft und innig wie allgemein. Schon Marco Polo beschreibt die Lustfahrten der Bewohner von Quin-sai (Hang-tschéu-fu) auf dem angrenzènden See, um »ihre Augen an dem Wechsel und der Schönheit der Szenerie, die an ihnen vorüberzieht, zu ergötzen«[5]). Gegenwärtig laden chinesische Familien einander ein, um eine schöne Mondnacht, eine herrliche Aussicht, den Anblick einer seltenen Blume gemeinsam zu genießen. Während der guten Jahreszeit macht man häufig Ausflüge nach den (gewöhnlich prachtvolle Blicke auf die Berge bietenden) Buddhistischen Klöstern. Bei schön gelegenen Tempeln findet man Bauten, die eigens für den Genuß der Aussicht errichtet sind[6]). Aber man scheut auch weite Reisen nach schönen Gegenden nicht, und die Berge von Sutscheu sind ebenso stark besucht wie die Täler von Interlaken[7]). Naturschilderungen chinesischer Dichter des Mittelalters sowie der neuesten Zeit erinnern in auffallender Weise an Matthison und Lamartine[8]); die Beschreibungen chinesischer Gärten durch den Architekten Chambers (1757) haben der Einführung der (durch den Architekten Kent [† 1748] geschaffenen) englischen Gärten den Weg gebahnt und zugleich einen wesentlichen Einfluß auf die Anlage derselben geübt[9]). Der durch die Dynastie der Ming begründete, in China

Naturgefühl der Ostasiaten.

Chinesen.

1) Brugsch, Deutsche Rundschau XLV 1885 S. 133. 2) Polack, Persien (1865) I 91 f. 3) Verg. Aen. VI 673 ff. 4) Koran, deutsch von Ullmann, 55. u. 76. Sure. Laboulaye, Abdallah (deutsch) S. 112: Ein Sprichwort sagt: drei Dinge entzücken das Auge: das lebendige Wasser, das Grün und die Schönheit. 5) Marco Polo S. 473. 6) Richthofen, Tagebücher aus China 1907 II 50. 91. 7) Tscheng-Ki-Tong, China und die Chinesen (deutsch von Ad. Schulze 1885) S. 218 f.

8) Vgl. auch »Sse-ma-kuangs Garten« (Gedicht eines Staatsmanns zu Ende des 11. Jahrhunderts) bei Huc, Das chinesische Reich, deutsche Ausg. I 110 ff. Der Dichter sagt u. a.: »Am Rande des Wassers, im Dunkel eines Gehölzes, auf der Spitze eines Felsens, überall sitze ich gern. — Der Mond ist schon aufgegangen, ich sitze immer noch, das ist ein neues Vergnügen. Das Murmeln des Wassers, das Rauschen der Blätter, die der Wind bewegt, die Schönheit des Himmels versenkt mich in süße Träumerei; die ganze Natur spricht zu meiner Seele, meine ganze Aufmerksamkeit ist davon erfüllt, und die Nacht ist schon halb vorüber, wenn ich kaum die Schwelle meiner Tür erreicht habe.« Vgl. das von Tscheng-Ki-Tong S. 260 mitgeteilte, eine Abendstimmung schildernde, moderne Gedicht. 9) J. Falke, Nord und Süd XXXI 1884 S. 183 ff. A. Springer, Bilder aus der neueren Kunstgesch. II² 1886 S. 257: In Frankreich brach man erst nach den Berichten der Missionäre und dem Buch von Chambers über chinesische Bauten (1757) mit der alten Tradition (hauptsächlich infolge der enthusiastischen Propaganda Rousseaus, der 1766 die großen

noch bestehende Gartenstil ist von archiktonischer Regelmäßigkeit und Steifheit weit entfernt. Felsen- und Baumgruppen sind zu schönen, der Natur abgesehenen Bildern geordnet, Seen und Bäche von blumigen Rändern eingefaßt, schattenspendende Pavillons an Aussichtspunkten erbaut, alles ist durch schön verschlungene Wege und zierliche Brücken verbunden[1]). Schon die Namen der »Zauber-, Schreckens- und Lustgärten« sagen, daß die chinesische Gartenkunst sich die Aufgabe gestellt hat, komponierte Landschaftsbilder von bestimmtem Charakter zu bieten. »In einem Lustgarten«, sagt ein chinesischer Schriftsteller, »sucht man einen Ersatz für die traurige Entbehrung des immer liebenswürdigen, reizvollen und neuen Anblicks der Gefilde, die der natürliche Aufenthalt des Menschen sind. Ein Garten soll also das lebendige und beseelte Abbild alles dessen sein, was man in der Natur findet, um in der Seele gleiche Gefühle zu erzeugen und den Blick mit gleichen Wonnen zu sättigen«[2]).

Japaner. Wie in China, findet man auch in Japan berühmte Aussichtspunkte von Reisenden aus allen Ständen überfüllt. Natur- und Kunstsinn sind bis in die untersten Klassen verbreitet; der erbärmlichste Haushalt zeigt Spuren des angeborenen Schönheitsgefühls. Wer zu arm ist, seine Hütte mit einem Bilde des beschneiten Fujiyama und des obligaten Birnbaums im Vordergrunde zu schmücken, der erfreut sich an seinem blühenden Aprikosenbaum, seiner kleinen Zeder, seiner künstlich hergestellten Kaskade[3]). Es gibt dort Blumenfeste und Blumenausstellungen, und die Landschaftsgärtnerei steht auf einer sehr hohen Stufe[4]).

Mexikaner. Auch im alten Mexiko scheint der Natursinn sehr entwickelt gewesen zu sein. Die zahlreichen Lustschlösser Montezumas waren großenteils mit ausgedehnten Gärten verbunden, die neben schönen Baumgruppen Zierblumen aller Art in Menge boten. Manche derselben waren mit künstlichen Felspartien verziert und als Wild- und Jagdparks eingerichtet, in andern gab es große Galerien und Teiche mit Wasservögeln. Dabei waren menschliche Figuren aus Blättern und Blumen dargestellt, und auch der sonstige Schmuck zum Teil geschmacklos[5]).

Empfänglichkeit aller Völker für die Erscheinungen ihrer Landesnatur. Im ganzen dürfte sich bei einem fortgesetzten Studium als Hauptgrund der Verschiedenheit des Naturgefühls herausstellen, daß bei jedem Volke der Sinn für die Erscheinungen seiner Landesnatur vorzugsweise oder ausschließlich entwickelt ist. Die wilde Grenzlandschaft, die man auf den Höhen von Abbotsford sieht, und die Washington Irving völlig reizlos erschien, fand W. Scott trotz ihrer Nacktheit schön, er liebte seine ehrlichen, grauen Hügel und

englischen Gärten kennen gelernt hatte; F. Cohn, Rousseau als Botaniker S. 369). Nach Falke a. a. O. S. 189 zeigt übrigens trotz der Neuerungen Kents und seiner Nachfolger noch gegen 1750 das illustrierte Prachtwerk Britannia illustrata die Gärten durchweg im alten Stil. Von da ab wurde es rasch anders und der neuere Stil der herrschende.

1) Vgl. auch die Schilderung des von Kubilai (Dschengis Khans Enkel) im 13. Jahrhundert im heutigen Peking angelegten Gartens bei Marco Polo. Ferd. Cohn, Die Pflanze S. 512. 2) Wörmann, Die Landschaft in der Kunst der alten Völker S. 35—52 (nach den Mémoires concernant les Chinois, par les missionnaires de Pé-kin. Paris 1782. T. VIII). 3) v. Hübner, Ein Spaziergang um die Welt. Deutsche Ausg.[2] (1875) II 78. 4) Miß Isabella L. Bird, Unbetretene Reisepfade in Japan I S. 19. II S. 152ff.; vgl. auch 145 (Straßennamen in Tokio). 5) Waitz, Anthropol. d. Naturvölker IV 91.

sehnte sich stets nach ihnen zurück; er glaubte, er stürbe, könnte er nicht wenigstens einmal im Jahre die Heide sehen[1]). Die Empfänglichkeit für die Schönheit seiner Landesnatur fehlt wohl keinem Volk, sie offenbart sich in allen Zonen, auf allen Stufen der Zivilisation. Um die Hütten der Indianer in Mexiko findet man schöne Blumen, für welche sie eine besondere Vorliebe haben, stets in großer Menge[2]); den Polynesiern »sind Blumen zum Leben so nötig wie die Luft, die sie atmen«[3]). Die Indianer in Nicaragua, sagt J. Fröbel, zeigen in der Umgebung ihrer Wohnungen mit Bäumen und Sträuchern einen feinen Sinn und Geschmack, den man bei einer europäischen Landbevölkerung vergebens suchen würde. Was das Land an den schönsten Blumen, Blütensträuchern und Bäumen hervorbringt, findet man nicht selten um ihre Hütten vereinigt[4]). Der Littauer hat die größte Freude an den Birken und Weiden seiner Heimat, die für ihn bis weit ins 18. Jahrhundert Gegenstand eines religiösen Kultus waren[5]); er pflanzt sie um jedes neu aufgeführte Gebäude, sie zu fällen, kann ihn nur die dringendste Not bewegen[6]). Der Gebirgsbewohner fühlt sich nur in seinen Bergen wohl und sehnt sich in der Ebene stets nach ihnen zurück; und ebenso findet sich bei Küstenbewohnern eine Abneigung gegen das Binnenland. Einige von den Italienern, mit denen Goethe in Torre dell' Annunziata zusammentraf, meinten, es müsse ohne den Anblick des Meeres doch gar nicht zu leben sein[7]). Dem Marschbauer »erweckt jeder Gedanke an nicht völlig ebenes Land Unbehagen«[8]), »und zwischen Busch und Wald, und in einem Paradiese wird es ihm eng und bedrückt ums Herz, und er bekommt das Marschweh«[9]): die überwältigende Sehnsucht nach den grünen, baum- und strauchlosen, mit dem goldenen Schimmer der Rapssaat wechselnden Kornfluren und Weidetriften und ihrem unbegrenzten Horizont. Nicht minder stark und lebhaft ist die Empfindung der Südländer für die Pracht ihrer heimischen Natur, und auch dort bis in die untersten Schichten des Volkes verbreitet. Innerstes Glück, schrieb Fr. Preller 1860 in Sorrent, und Liebe für sein paradiesisches Vaterland wohnt heute wie im Altertum im Volke[10]). Der neapolitasche Knabe, der Goethe bei dem Anblick Neapels in seiner Herrlichkeit mit Ufer, Meer und Inseln durch sein »Lustgeschrei und Freudegeheul« erschreckte, und dann zur Entschuldigung sagte: »*Signor perdonate! questa è la mia patria!*« — trieb »dem armen Nordländer etwas Tränenartiges in die Augen«[11]). Nansen

1) Alex. Schmidt, Gesammelte Abhandl. (1889) S. 361. 2) Prinzessin Salm-Salm, Zehn Jahre aus meinem Leben II 12. 3) Mrs. A. Brassey, Segelfahrt um die Welt, deutsch von Helms S. 242. 4) J. Fröbel, Ein Lebenslauf (1890) I 329f. 5) Brosow, Wald- und Feldkulte der littauischen Völkergruppe. Progr. des Altstädt. Gymnasiums zu Königsberg 1887 S. 11. Über den Natursinn der Esthen vgl. Deutsche Rundschau XXX 1882 S. 217. 6) Ernst Wichert, Littauische Geschichten S. 12. 7) Goethe, Werke XXXI 47 d. Weimar. Ausg. 8) Müllenhoff zu Kl. Groth, Quickborn (7. Aufl.) S. XV. 9) Kl. Groth, Vertelln S. 22. 10) Roquette, Fr. Preller (1883) S. 244. 11) Goethe, Werke XXXI 73 d. Weimar. Ausg. Auch was Byron (Don Juan, canto III 56) von dem Inselgriechen Lambro sagt, wird auf Beobachtung beruhen:

A taste seen in the choice of his abode,
A love of music and of scenes sublime,
A pleasure in the gentle stream that flow'd
Past him in crystal, and a joy in flowers
Bedew'd his spirit in his calmer hours.

fand den Sinn für die Schönheit der arktischen Natur bei den Grönländern sehr lebhaft. Als er mit seinem (übrigens von der Kultur ziemlich unbeleckten) Freunde Joel im Kajak an einer Bergspitze vorüberkam und sie plötzlich die Felsen am Ende des Fjords nach Zerteilung der Wolken von der Sonne beleuchtet daliegen und die Schneemassen in ihrem Lichte erglänzen sahen — ein Anblick strahlender Schönheit —, hielt Joel im Rudern inne und brach in den Ruf aus: *binne kack* (wie schön!)[1]).

ANMERKUNG. Einer brieflichen Mitteilung Munros († 1885) verdanke ich den Nachweis, daß das Wort *romantic* in England um die Mitte des 17. Jahrhunderts nicht bloß von Personen gebraucht wurde (in Evelyn's Diary, September 23, 1680 wird z. B. Königin Christine von Schweden so genannt), sondern auch von Naturszenen, und zwar, wie Munro bemerkt, in dem heutigen Sinne, von demjenigen, »*what fills the mind with wonder and delight, by uniting the strangue and uncommon with the beautiful or grand*«. Die für das damalige Naturgefühl sehr interessanten Beweisstellen sind folgende: Pepys' Diary Febr. 26, 1665 (bei der Beschreibung seines ersten Besuchs von Windsor-Castle): *This being done, to the kings house and to observe the neatness and contrivance of the house and gates: it is the most romantique castle that is in the world. But Lord! the prospect that is in the balcone in the Queen's lodgings, and the terrace and walk are strange things to consider, beeing the best in the world, sure!*« Evelyn's Diary, June 27, 1654: »*But what appeared most stupendous to me, was the rock of St. Vincent, a little distance from the toune* (Bristol), *the precipice whereof is equal to anything of that nature in the world. I have seene in the most confragose cataracts of the Alpes, the river gliding between them at an extraordinary depth ... There is also on the side of this horrid Alp a most romantic seate.*« ebd. Aug. 3, 1654: *Hence to Sir Guy's grot (near Warwick), where they say, he did his penances and dyed. T' is the squalid den made in the rock, crowned yet with venerable oakes and looking on a goodly streame, so as, were it improved as it might be, 't were capable of beeing made a most romantiq and pleasant place.*«

Wenn Addison (Remarks on several parts of Italy etc. in the years 1701—1703, London) von der Einöde bei dem kleinen Hafen Cassis (zwischen Marseille und Genua), wo der Sage nach Maria Magdalena zwischen einsamen Felsen und Bergen den Rest ihres Lebens vertrauert hatte, sagt: »*it is so romantic a scene, that is has always probably given occasion to such chimerical relations*«, so kann hier das Prädikat 'romantisch' als eine ganz objektive Bezeichnung des Wilden und Phantastischen ohne eine Beimischung des Wohlgefallens erscheinen. Dagegen läßt der Gebrauch des Worts in Thomsons Jahreszeiten (1729) keinen Zweifel, daß der Dichter sich von den als romantisch geschilderten Szenen angezogen fühlt. Der Liebende, heißt es Spring 1025

restless runs
To glimmering shades and sympathetic glooms
Where the dun umbrage o'er the falling stream
Romantic hangs.

1) Nansen, Auf Schneeschuhen durch Grönland (1891) II 331.

und Autumn 789

and here a while the Muse
High hovering o'er the broad cerulean scene
Sees Caledonia in romantic view

(vgl. oben S. 156)[1]).

Nach Breitinger, Klassisch und Romantisch, Gegenwart XXVII 1885 S. 70f. stammt das englische *romantic* von der dortigen Form *romant* für *roman*. In der New world of worlds, Philips, London 1706 wird *romantick* als Neologism bezeichnet. Die Franzosen kennen bis ins 18. Jahrhundert nur *romanesque* (Dict. de l'acad. 1694 »*Romanesque*: *qui tient du roman*« etc. Mme de Sévigné: »*je vous écris romanesquement au bord d'une rivière*«). Dies haben auch Saussure und Diderot: »*C'est une vue romanesque*, *dont on suppose la réalité quelque part*« (Salon de l'Année 1767, Oeuvres ed. Naigeon XIV 188). Das aus dem Englischen herübergenommene *romantique* haben Marmontel und Rousseau.

Ins Deutsche ging vielleicht zuerst die Form Romanisch über. Neues ausführliches Dictionarium oder Wörterbuch in 3 Sprachen (Teutsch, Französisch und Englisch), Genf 1695: Romanesque: fabelhaft, romanisch (Breitinger a. a. O.). Kant braucht nur diese Form. Wenn in der Ausgabe von Schubert und Rosenkranz XI 1, 224 in einer Anmerkung über Cervantes romantisch steht, so habe ich mich durch Einsicht in das damals in Schuberts († 1868) Besitz befindliche Originalmanuskript überzeugt, daß Kant auch dort unzweifelhaft romanisch geschrieben hat (vgl. den S. 165 A. 1 angeführten Aufsatz). In seinen Beobachtungen über das Gefühl des Schönen und Erhabenen (1764) nennt Kant die Ritter des Mittelalters »eine seltsame Art heroischer Phantasten, welche Abenteuer aufsuchen, Turniere, Zweikämpfe und romanische Handlungen« (Werke IV 461—463); in einer Anmerkung zu dieser Abhandlung (IV 407) sagt er: »Insofern die Erhabenheit oder Schönheit das bekannte Mittelmaß überschreitet, pflegt man sie romanisch zu nennen«. So ist also auch in der Anthropologie (VII^b 254): »(der Spanier ist) von romantischer Stimmung des Geistes, wie das Stiergefecht — beweist« zu lesen »von romanischer«.

Die Form romantisch ist (nach Grimm D. W. s. v.) anscheinend zu frühest bezeugt aus G. Heideggers Mythoscopia Romantica oder Discurs von den sogenannten Romans (Zürich 1698). Der Gebrauch schwankte, wie ja auch die Stellen aus Kant zeigen, zwischen den beiden Formen noch lange. Zur Einbürgerung der Form romantisch hat vielleicht, wie S. Hirzel († 1877) meinte, Toblers Übersetzung von Thomsons Jahreszeiten (Zürich 1765) beigetragen. Er übersetzte (Spring 1028, Summer 459, Autumn 880) *romantic* mit romantisch. Brockes in seiner Übersetzung sagt dafür romanisch. Goethe, bei dem das Wort in einem der Leipziger Zeit angehörenden Briefe vorkommt (Ihr liebes Stübgen — diese liebe romantische Höhle, Schöll, Briefe und Aufsätze S. 25),

1) Lady Montague liebt das Wort *romantic* (vgl. außer den oben S. 152 angeführten Stellen auch den Brief an Pope vom 1. April 1717: »*I no longer look on Theocritus as a romantic writer he has only given a plain image of the way of life amongst the peasants of his country*«); s. auch den Brief von Gray oben S. 153.

mag es aus Toblers Übersetzung gekannt haben. Romantisch im landschaftlichen Sinne verzeichnet bereits Adelung 1777.

Wenn aber das Wort in der deutschen Literatur zunächst durch die Übersetzer Thomsons eingebürgert worden ist, so können es doch einzelne Schriftsteller direkt aus dem Englischen entlehnt haben. Vielleicht gehörte zu diesen Georg Forster, der es mit Vorliebe braucht; z. B. Reise um die Welt in den Jahren 1772—1775 (1777 erschienen) I 136 (Ausg. v. Brockhaus 1843): »Der bezaubernde Gesang (der Vögel) machte die Schönheit dieses wilden romantischen Flecks (auf Neuseeland) vollkommen.«

XIII.

DREI INSCHRIFTEN VON WAGENLENKERN[1]

Die beiden umfangreichsten Inschriften von Wagenlenkern CIL VI 10047 = Dessau 5288 und 10048 = Dessau 5287 verdienen eine eingehende Behandlung, sowohl wegen der zahlreichen Schwierigkeiten, die sie bieten, die sich jedoch fast sämtlich, wenn auch zum Teil nur durch Vermutungen, beseitigen lassen, als wegen der mannigfachen Einzelheiten des Wagenrennens, die sie uns bekannt machen. Einiges, was in der zweiten Inschrift zunächst unverständlich blieb, ist durch eine neu entdeckte dritte aufgeklärt worden: die von der Gräfin Ersilia Lovatelli im Bull. arch. com. VI 1878 S. 164 ff. (wieder abgedruckt in der Verfasserin Antichi monumenti illustrati [Rom 1889] S. 1 ff.) veröffentlichte und erklärte Inschrift des Wagenlenkers Crescens (CIL VI 10050 = Dessau 5285), welche gleichzeitig von Mommsen (Eph. ep. IV S. 247—252 = Ges. Schr. VIII S. 384—390), O. Hirschfeld (Arch. epigr. Mitt. II 188 ff.) und Friedlaender (Festschrift der Königsb. Universität zum fünfzigjährigen Jub. d. Arch. Instituts S. 7 f.) zur Erklärung der Inschrift CIL VI 10048 benutzt worden ist.

1. Die Inschrift CIL VI 10047 (vgl. CIL VI 1 p. XIII nr. 53—55) stammt aus der Handschrift des Anonymus Einsiedlensis Fol. 75^b und 76^a. Sie ist abgeschrieben worden »*in Ipsa Via Flaminea*«. Der folgende Abdruck behält die (übrigens willkürliche) Zeilentrennung des Anonymus bei.

1.

P. Aelius, Mari
Rogati fil., Gutta Calpurnianus equis his vici in
factione veneta: Geminatore[2]) *n. Af. LXXXXII,*
Silvano r. Af. CV, Nitid. gil. Af. LII, Saxone n. Af. LX
et vici praemia m. $\overline{L}$ *I,* $\overline{XL}$ *IX,* $\overline{XXX}$ *XVII.*

3.

Ex numero palmarum supra scriptarum ∞ CXXVII
vici: In factione albata CII, remissus II, $\overline{XXX}$ *I,* $\overline{XL}$ *I,*
a pompa IIII, equorum anagonum I; singularum LXXXIII,

1) Zu II 26, 2 und 3; 27, 4; 28, 2; 31, 2; 46, 5.

2) Die Handschr. hat *germinatore,* doch scheint dies eine Korruptel oder ein Versehen zu sein, da der Name *Geminator* für ein Zirkuspferd so passend ist.

binarum VII, ternarum II. In factione russata vici LXXIIX, remissus semel, $\overline{XXX}$ *I; singularum XLII, binarum XXXII, ternarum III, quaternarum semel. In factione veneta vici DLXXXIII,* $\overline{XXX}$ *XVII, seiuge I,* $\overline{XL}$ *VIIII,* $\overline{L}$ *I, a pompa XXXV, trigas* $\overline{XV}$ *II*[1]*), triga* $\overline{XX}$ *VI*[2]*), equorum anagonum I, sacro quinquennalis certaminis I, remissus semel; singularum CCCXXXIIII, binarum CLXXXIV, ternarum LXV. In factione prasina vici CCCLXIV,* $\overline{XXX}$ *I,* $\overline{XL}$ *II, pedibus ad quadrigam* $\overline{LX}$ *I*[3]*), a pompa VI; singularum CXVI, binarum CLXXXIIII, ternarum LXIII. Hoc monumentum vivus feci.*

2.

P. Aelius, Mari Rogati fil., Gutta Calpurnianus, mille palmas complevi in factione prasina equis his: Danao b. Af. XIX, Oceano n. CCVIIII, Victore r. CCCCXXIX, Vindice b. CLVII, et vici praemia maiora $\overline{XL}$ *III,* $\overline{XXX}$ *III.*

Daß der Einsiedler Mönch nicht alle Inschriften des Denkmals kopiert hat, zeigt die Erwähnung der *palmae supra scriptae* Z. 6; wahrscheinlich hat er eben die Hauptinschrift weggelassen. Ob das Denkmal außer den erhaltenen Verzeichnissen der Siege in der blauen und grünen Partei auch Verzeichnisse der Siege bei den Weißen und Roten enthielt, ist zweifelhaft. Vielleicht wurden die letzteren, wie Mommsen meint, fortgelassen, weil man damals nur noch auf die ersteren Wert legte. Übrigens sind an der Stelle des Denkmals Fragmente eines großen circensischen Reliefs zum Vorschein gekommen, welche zu demselben gehört zu haben scheinen (Visconti u. Vespignani, Bull. arch. com. V 1877 S. 201).

Einige Bemerkungen über die Inschrift hatte Mommsen (Ber. d. Sächs. Ges. 1850 S. 312 = Ges. Schr. VIII S. 92) gemacht; ausführliche Behandlung durch Friedlaender in dem Programm Acad. Albert. Regimont. 1866 II, wo aber noch einige wesentliche Punkte falsch dargestellt sind.

Das Monument ist ein Grabdenkmal (Z. 21), das sich P. Aelius Gutta Calpurnianus, Sohn des Marius Rogatus, an der Flaminischen Straße bei Lebzeiten selbst errichtet hatte, wahrscheinlich nach dem Rücktritte von seiner Laufbahn als Wagenlenker. Daß die Inschrift frühestens dem 2. Jahrhundert angehört, läßt der Name P. Aelius schließen.

Gutta gehörte zu den Wagenlenkern, die mehr als tausendmal gesiegt hatten, war also ein sogenannter *miliarius*; vgl. Z. 5, 6, 23 u. 24. Nach Z. 6 hatte er im ganzen 1127 *palmae* gewonnen. Daß diese 1127 *palmae* nicht etwa mit den Z. 5 aufgezählten *praemia* identisch sind, wird sich unten zeigen.

1) CIL a. a. O.: $\overline{X}$ *VII.* 2) Mommsen, Ges. Schr. VIII 388, 1: $\overline{XXV}$ *I.* 3) Mommsen a. a. O. 387: *LXI.*

Von Z. 6—21 werden nun die 1127 Siege klassifiziert, und wenn bei der Addition der einzelnen Summen zur Gesamtsumme 10 fehlen, erklärt sich diese Differenz nicht bloß durch den Ausfall einer einzigen Ziffer, sondern es läßt sich auch nachweisen, wo diese ausgefallen ist.

Die 1127 Siege werden nach den vier Parteien klassifiziert, innerhalb dieser vier Hauptabteilungen aber wieder nach verschiedenen Einteilungsarten aufgezählt, je nachdem sie in Rennen von vier, acht, zwölf, sechzehn Wagen, und je nachdem sie in gewöhnlichen Rennen oder in gewissen ungewöhnlichen, besonders namhaft gemachten gewonnen sind. Ich behandle jene Einteilung als die leichtere zuerst, obwohl sie an zweiter Stelle steht. Aus den Inschriften geht hervor, daß, wie auch zu erwarten, das Rennen von vier Wagen, d. h. einem von jeder Partei (*certamina singularum* sc. *quadrigarum*), bei weitem das gewöhnlichste war; nach der unten folgenden Inschrift des Diocles (CIL VI 10048) muß der hier gewonnene Sieg auch für den ehrenvollsten gegolten haben. Aber auch Rennen von je zwei, im ganzen acht Wagen (*certamina binarum*) waren noch verhältnismäßig häufig, von je drei, im ganzen zwölf (*ternarum*) schon selten. Rennen von je vier, im ganzen sechzehn Wagen (*quaternarum*) gehörten offenbar zu den größten Seltenheiten, da unter den 1127 Siegen des Gutta nur einer, unter den 47 des Crescens und den 1462 des Diocles keiner in einem solchen gewonnen wurde (vgl. Friedlaender bei Marquardt, Staatsverw. III 513, 1). Gutta gewann nun nach dem Text des Anonym. Einsiedl.

	in der weißen	roten	blauen	grünen Partei
im Rennen von je 1 Wagen	83	42	334	116
» » » » 2 »	7	32	184	184
» » » » 3 »	2	3	65	64
» » » » 4 »	0	1	0	0
	92	78	583	364

Die vier Summen (92 + 78 + 583 + 364) geben die Gesamtsumme 1117. Die Differenz mit der erforderten Summe 1127 zeigt, daß irgendwo das Zeichen X ausgefallen ist. Daß dies bei der ersten Summe der Fall war, wird sich sogleich zeigen.

Wirft man nämlich einen Blick auf diejenigen Summen, die in Z. 7, 10, 13, 18 zunächst auf die Namen der vier Parteien folgen, so sieht man, daß dies die eben durch Addition gefundenen sind: und die Vergleichung dieser mit jenen ergibt für die hier oder dort zweifelhaften oder unrichtigen Zahlen das Richtige mit Gewißheit. Da Z. 7 *in factione albata CII* (Palmen) angegeben sind, muß die in der obigen Aufzählung an der Gesamtsumme fehlende Zehn bei der weißen Partei, wo die Addition 92 gibt, ausgefallen sein, vermutlich ist nach *binarum* st. *VII* zu lesen *XVII.* Nach derselben Aufzählung sind die Siege bei der roten 78, folglich ist Z. 10 zu lesen *LXXIIX*, nicht *LXXII. X.*

Die auf diese vier Summen folgenden Zahlen sind also nicht mit denselben zusammen zu addieren, da sie nur Siege in ausnahmsweise vorkommenden Gattungen des Rennens nachträglich besonders hervorheben, die in jenen Summen bereits enthalten sind.

Schon hierdurch wird es wahrscheinlich, daß die Zahlen *XXX*, *XL*, *L* und

LX, die Z. 7, 10, 13, 18, 19 auf die Hauptsummen in der Aufzählung der besonderen Gattungen folgen, ebenfalls Gattungen von Wettkämpfen bezeichnen. Diese Vermutung wird zur Gewißheit durch andere Inschriften. In der unten folgenden Inschrift des Diocles (CIL VI 10048) heißt es von einem andren Wagenlenker (Z. 17) *primus omnium urbis conditae ad HS L vicit VII*; von drei andern (Z. 18) [*qui*] *ad HS L vicissent XI*; von Diocles selbst (Z. 21) *L vicit X*, *LX I*. Es ist wohl klar, daß die Summen *XXX*, *XL*, *L*, *LX* an diesen Stellen die Preise bezeichnen, um welche gerannt wurde. Ohne Zweifel sind mit den Zahlen *sestertia* gemeint, so daß also z. B. *vicit XXX I* bedeutet: *vicit ad triginta HS* (d. h. in einem Rennen zum Einsatze von 30000 Sest.) *semel*. Es ist begreiflich, daß zu solchen Rennen nur die bewährtesten Lenker zugelassen wurden, und wahrscheinlich, daß sie überdies besonders schwierig waren.

Ebenso heißt es in der Inschrift des M. Aurelius Polynices (CIL VI 10049 = Dessau 5286), nachdem seine 739 Siege nach den vier Parteien klassifiziert sind (rot 655, grün 55, blau 12, weiß 17): *praemia XXXX n. III*, *XXX XXVI*, *pura n. XI*; *octoiug. n. VIII*, *dec. n. VIIII*, *seiug. n. III*, d. h. Preise von 40000 S. drei, von 30000 S. 26, reine (wohl einfache, vielleicht auch die in den Inschriften des Diocles und Gutta vorkommenden von 15000 S.) 11. Auch die Rennen von Sechs-, Acht-, Zehngespannen waren vielleicht immer solche Preisrennen, deren Preise in jener Zeit ein für allemal feststehen mochten, daher sie nicht besonders angegeben wurden. Solche Preisrennen waren es vermutlich, die den Siegern die größten Einnahmen verschafften, wenn auch wohl ein Teil des gewonnenen Preises in die Kasse der Partei floß; man wird an einen solchen Sieg bei Martial X 74,5 zu denken haben: *Cum Scorpus una quindecim graves hora ferventis auri victor auferat saccos.*

Wenn sich nun namentlich aus der Inschrift des Polynices ergibt, daß auch in der des Gutta mehrfach zusammengeschriebene Zahlen zu trennen sind, z. B. Z. 7 statt *XXXI* und *XLI* zu schreiben ist *XXX I* (*ad XXX HS semel*), $\overline{XL}$ *I* usw.: so ist ferner auch klar, daß Z. 5 und Z. 27f. die Zahlen der in der blauen und grünen Partei gewonnenen Prämien von 30-, 40-, 50000 S. angegeben werden. Das $\overline{M}$ in Z. 5 ist wohl nichts anderes als *maiora*, das Z. 27 ausgeschrieben ist.

Die in Z. 5 und 27f. angegebenen *praemia maiora*, die Gutta bei den Grünen und Blauen gewonnen hatte, stimmen zwar bei den Blauen, nicht aber bei den Grünen mit den betreffenden Angaben in dem mittleren Abschnitt. Da unmöglich ermittelt werden kann, wo der Fehler steckt, so sind auch alle Emendationen der einzelnen Zahlen fruchtlos, und der Betrag der Gewinne muß dahingestellt bleiben[1]).

Die übrigen hier genannten Gattungen machen keine Schwierigkeiten: *Remissus* ist offenbar soviel wie *revocatus* CIL VI 10055 = Dessau 5284 (*vicit II*, *revocatus II*) und *rev*(*ocatus*) CIL VI 33950 = Dessau 5278. Die Bedeutung ergibt sich aus Ovid. Am. III 2, 73ff., wo der Dichter, schon die Hoffnung aufgebend, daß der Wagenlenker, für den er sich interessiert, siegen werde, ausruft:

1) Im Kommentar des CIL wird darauf aufmerksam gemacht, daß die Zahl der in Z. 27 genannten *praemia maiora* gleich ist der Summe der in den drei Faktionen außer der blauen gewonnenen *praemia maiora*.

Favimus ignavo. sed enim revocate, Quirites; et date iactatis undique signa togis. en revocant! at, ne turbet toga mota capillos, in nostros abdas te licet usque sinus. iamque patent iterum reserato carcere postes. evolat admissis discolor agmen equis. nunc saltem supera spatioque insurge patenti; sint mea, sint dominae fac rata vota meae. Offenbar wurde also ein Rennen, das unentschieden geblieben oder unterbrochen worden war, auf den durch Schwenken von Tüchern und Gewändern kundgegebenen Wunsch des Volks wiederholt; der Sieger bei dieser Wiederholung hatte also *revocatus* oder *remissus* gesiegt. Vergleichsweise bei Seneca Controv. I 3, 10: *Varus Quintilius .... dixit: .... (dii) incestam, ne cito supplicium transcurreret, revocaverunt? Cestius multa contumeliose dixit in hanc sententiam: sic, inquit, quomodo quadrigas revocaverunt? nam et ante posuisti similitudinem, quia et haec de carcere exierat.* Die Zahlen zeigen, daß solche Wiederholungen damals selten waren.

A pompa: Vielleicht bezeichnet *a pompa* das erste Rennen, das unmittelbar auf die Prozession folgte, und zu welchem zugelassen zu werden eine Ehre sein mochte, auf die nur bewährte Wagenlenker Anspruch hatten. Dies Rennen »stellte auch den Kutschern und Pferden die stärkste Zumutung, wenn sie nämlich stundenlang dem ermüdenden Zuge der Prozession als Teilnehmer ausgesetzt gewesen waren« (G(ustav) F(reytag), Sportbericht eines römischen Jockeis, Grenzboten 1869 II S. 451).

Equorum anagonum: Daß ein Sieg mit Pferden, die noch nie gerannt waren, besonders rühmlich war, ist selbstverständlich.

Seiuge und *triga* oder *trigas* bedürfen keiner Erklärung. Während also der Sieg mit der *biga* nur für Anfänger ein Ruhm war, bewarben sich um den mit der *triga* auch Virtuosen; doch waren die Preise natürlich sehr viel geringer als bei Sechsgespannen. Ob der in Z. 15 erwähnte Preis 20000 oder 25000 S. betrug (im ersteren Falle erhielt ihn Gutta sechsmal, im zweiten einmal), ist nicht zu entscheiden. Dasselbe Schwanken gilt für Z. 14.

Sacro quinquennalis certaminis: Unzweifelhaft ist der Sieg im Agon Capitolinus gemeint. Als das Monument errichtet wurde, muß er das einzige *quinquennale certamen* in Rom gewesen sein.

Pedibus ad quadrigam: Nach dieser meines Wissens nur hier vorkommenden Angabe war also die Art des Rennens noch üblich, die Dionys. Halic. VII 73, 3 beschreibt: ὅταν γὰρ τέλος αἱ τῶν ἵππων ἅμιλλαι λάβωνται, ἀποπηδῶντες ἀπὸ τῶν ἁρμάτων οἱ παροχούμενοι τοῖς ἡνιόχοις .... τὸν σταδιαῖον ἁμιλλῶνται δρόμον αὐτοὶ πρὸς ἀλλήλους. Es war also hier ein doppelter Sieg (durch den Läufer und den Wagenlenker) zu gewinnen. *Pedibus ad quadrigam* bedeutet folglich nicht, daß Gutta so (d. h. laufend) gesiegt habe, sondern es ist eine Bezeichnung der Gattung, in der er wie in den übrigen zu Wagen siegte. Die auf *pedibus ad quadrigam* folgende Zahl *LXI* mit Mommsen für die Zahl der in dieser Gattung gewonnenen Siege zu halten, scheint deshalb bedenklich, weil man dies Rennen bei dem gänzlichen Fehlen sonstiger Erwähnungen für ein sehr seltenes halten muß. Man wird besser annehmen, daß der Abschreiber auch hier irrtümlich die Zahl des Preises (von 60000 S.) und des gewonnenen Siegs (I) verbunden hat, und lesen: *pedibus ad quadrigam $\overline{LX}$ I.*

Gutta hat also nach obiger Erklärung gesiegt

	in der weißen	roten	blauen	grünen Partei
unter	102	78	583	364 Siegen:
Remissus	2	1	1	0 mal
ad XXX HS	1	1	17	1
davon *seiuge*	0	0	1	0
ad XL HS	1	0	9	2
ad L HS	0	0	1	0
a pompa	4	0	35	6
equorum anagonum	1	0	1	0
trigas ad XV HS	0	0	2	0
triga ad XX HS	0	0	6	0
sacro quinq. cert.	0	0	1	0
pedibus ad qu. ad LX HS	0	0	0	1

Wenn nun der mittlere Abschnitt so gut wie vollständig erklärt werden kann, so sind dagegen die Zahlen im ersten und dritten teilweise so unerklärlich, daß eine sichere Herstellung des Richtigen unmöglich ist. Zweierlei wird hier angegeben: erstens die Geldpreise, die Gutta bei den Blauen und Grünen gewonnen, und zweitens, wie oft er bei beiden Parteien mit denselben Pferden gesiegt hatte. Daß die Beträge der ersteren sich nicht sicher ermitteln lassen, ist bereits bemerkt. Aber auch von den Zahlen der letzteren müssen wenigstens die der Siege bei den Grünen (im dritten Abschnitt Z. 23—25) falsch sein. Gutta hatte im ganzen bei den Blauen 583, bei den Grünen 364mal gesiegt. Die Summen der bei diesen beiden Parteien mit denselben Pferden gewonnenen Siege könnten also höchstens diesen beiden Summen gleichkommen; doch ist zu erwarten, daß sie erheblich kleiner sein werden. Denn daß so viele Siege bei den Blauen wie bei den Grünen mit denselben vier Hauptpferden[1]) (Z. 3, 4 und 23—25) gewonnen worden sein sollten, ist an und für sich kaum denkbar. Es war besonders rühmlich, mit e i n e m Hauptpferde eine große Anzahl von Siegen erlangt zu haben, aber natürlich auch fast unmöglich, immer mit einem und demselben zu siegen. Gutta hatte nun bei den beiden Parteien, in deren Dienst er hauptsächlich stand, mit je vier Hauptpferden am häufigsten gesiegt, und die Zahlen dieser Siege sind also nur Bruchteile seiner gesamten Siege bei den Grünen und Blauen. Von den 583 Siegen bei den Blauen hatte er gewonnen:

mit dem Geminator als Hauptpferd des Viergespanns	92
» » Silvanus » » » »	105
» » Nitidus » » » »	52
» » Saxo » » » »	60
	309

Die übrigen 274 Siege bei den Blauen hatten sich offenbar auf so viele verschiedene Hauptpferde verteilt, daß es nicht der Mühe wert schien, die einzelnen Summen aufzuzählen. An der Richtigkeit der Zahlen zu zweifeln, ist keine Veranlassung.

Bei den Grünen hatte Gutta 364mal gesiegt. Die Zahlen der mit den einzelnen Pferden gewonnenen Siege ergeben aber eine viel höhere Summe, nämlich

1) Es sind darunter die linken Außenpferde zu verstehen; vgl. oben II 47.

mit dem	Danaus	als Hauptpferd des Viergespanns				19
»	» Oceanus	»	»	»	»	209
»	» Victor	»	»	»	»	429
»	» Vindex	»	»	»	»	157
						814

Es ist also unzweifelhaft, daß das Zeichen *C* aus irgend einem Mißverständnis mindestens fünfmal zu oft geschrieben ist. Vielleicht betrug die Zahl der Siege mit diesen vier Pferden 314[1]).

Da die Summen 309 und 814 zusammen 1123, also eine der Gesamtzahl der Siege des Gutta (1127) sehr nahe kommende Zahl ergeben, scheint auf den ersten Blick die Vermutung nahe zu liegen, daß auch hier wieder die sämtlichen Siege (nur nach einer anderen Einteilung als bisher) aufgezählt, nämlich die bei den Weißen und Roten zu denen bei den beiden Hauptparteien hinzugerechnet seien, daß also die Inschrift einer Zeit angehöre, in der die Vereinigung jener mit diesen bereits erfolgt war. Aber daß diese Vermutung ganz irrig wäre, beweist (abgesehen von allem Übrigen) schon die Addition der unzweifelhaft richtigen Summen.

Die Siege bei den Weißen und Grünen: 102 + 364 = 466.
» » » » » » Blauen: 78 + 583 = 661.

Von diesen Zahlen, die bei der Voraussetzung der erfolgten Vereinigung erfordert werden, weichen die Zahlen 309 und 814 so sehr ab, daß diese schon allein hinreichen würde, jenen Gedanken auszuschließen. Freytag (a. a. O. S. 455), der in den 1123 Siegen die sämtlichen Siege Guttas mit Ausnahme von 4 nicht durch die beiden genannten Viergespanne gewonnenen sieht, nimmt an, daß *in factione veneta* Z. 3 und *in factione prasina* Z. 24 nur bedeute, »daß die ersten vier Pferde seiner früheren Zeit, die letzteren seiner späteren angehören«. Diese Annahme kann ich nicht für zulässig halten.

2. Der in der Inschrift CIL VI 10048 = Dessau 5287 gefeierte Wagenlenker Diocles ist noch aus einer Inschrift in Präneste bekannt (CIL XIV 2884): *C. Appuleio Diocli | agitatori primo fact. | russat. natione Hispano | Fortunae Primigeniae | d. d. | C. Appuleius Nymphidianus | et Nymphidia filii.* Diese Inschrift dürfte aus der späteren Lebenszeit des Diocles herrühren, der sich vermutlich als wohlhabender Mann aus den Gefahren und Anstrengungen des Zirkus nach Präneste zurückgezogen hatte.

Die Ehrentafel des Diocles CIL 10048 = Dessau 5287 stammt vielleicht aus dem Zirkus des Caligula, wo derartige Monumente offenbar zahlreich aufgestellt waren (vgl. Borsari, Bull. arch. com. XXX 1902 S. 183). Sie ist errichtet, nachdem Diocles (noch im besten Mannesalter) seine Laufbahn als Wagenlenker beschlossen hatte. Der Stein ist längst verloren. Doch besitzen wir den Text der Inschrift in einer vortrefflichen Kopie von Smetius, deren Zuverlässigkeit sich

1) Das CIL erwägt die Möglichkeit, daß, entgegen allerdings dem Wortlaut der Inschrift, die Zahlen der Siege der einzelnen Pferde nicht nur die unter Gutta Calpurnianus errungenen, sondern überhaupt alle ihre Siege umfassen und daß die Inschriften 1 und 2 unter bildlichen Darstellungen angebracht waren, welche Gutta je mit seinen vier Pferden zeigten und gewissermaßen auch die letzteren verherrlichen sollten.

namentlich daraus ergibt, daß alle Zahlen, die sich durch Vergleichung miteinander kontrollieren lassen, richtig sind. Auch sonst kann der Text des Smetius nur unbedeutende Fehler enthalten, jedenfalls ist er eine völlig ausreichende Grundlage der Erklärung. Wir geben ihn daher (abgesehen von den Ergänzungen und einigen unbedeutenden, an den betreffenden Stellen angegebenen Verbesserungen) ohne jede Änderung, außer daß die Zahlen, welche die Summen von Preisen bezeichnen, überall mit einem darüber gesetzten Strich versehen sind und daß sie der Deutlichkeit wegen mit größeren Lettern gedruckt sind.

1 *C. Appu]lejus Diocles, agitator factionis russatae,*

2 *nat]ione Hispanus Lusitanus annorum XXXXII mens. VII d. XXIII.*

p. C. 122. 3 *Pri]mum agitavit in factione alb. Acilio Aviola et Corellio Pansa cos.*

p. C. 124. 4 *Primu]m vicit in factione eadem M'. Acilio Glabrione C. Bellicio Torquato cos.*

p. C. 128. 5 *P]rimum agitavit in factione prasina Torquato Asprenate II et Annio Libone cos. Primum vicit*

p. C. 131. 6 *in faction]e russata Laenate Pontiano et Antonio*[1]) *Rufino cos. Summa: quadriga agitavit annis XXIIII, missus ostio* $\overline{IIII}$ *CCLVII,*

7 *vicit ∞ CCC] CLXII, a pompa CX. Singularum vicit ∞ LXIIII. Inde praemia maiora vicit LXXXXII.* $\overline{XXX}$ *XXXII, ex his seiuges III,* $\overline{XXXX}$ *XXVIII,*

8 *ex his seiuge]s? II,* $\overline{L}$ *XXVIIII, inde septeiuge I,* $\overline{LX}$ *III. Binarum vicit CCCXXXXVII, trigas ad HS* $\overline{XV}$ *III. Ternarum vicit LI. Ad honorem venit ∞*

9 *∞ DCCCC. Tulit s]ecundas DCCCLXI, tertias DLXXVI, quartas ad HS ∞ I, frustra exit ∞ CCCLI. Ad venetum vicit X, ad albatum vicit LXXXXI, inde ad HS* $\overline{XXX}$ *II.*

10 *Retulit quaest]um HS* $\overline{|CCCLVIII|}$ $\overline{LXIII}$ *CXX. Praeterea bigas M vicit III, ad albatu I, ad prasinu II. Occupavit et vicit DCCCXV. Successit et vicit LXVII.*

11 *Praemisit et vici]t? XXXVI. Variis generibus vic. XXXXII. Eripuit et vicit DII, prasinis CCXVI, venetis CCV, albatis LXXXI. Equos centenarios fecit* $\overline{N}$. *VIIII et ducenar. I.*

12 *Insignia eius.*

13 . . . . *to*[2]) *sibi, quo anno primum quadrigis victor exstitit bis, eripuit bis. Actis continetur Avilium Teren factionis suae primum omnium vicisse ∞ XI, ex quibus anno uno plurimum vincendo vicit*

14 . . . . *singularum . . . . at Diocles quo an]no primum centum victorias consecutus est, victor CIII, singularum vicit LXXXIII. Adhuc augens gloriam tituli sui praecessit Thallum factionis suae, qui primus in factione russata*

15 . . . . *at Dio]cles omnium agitatorum eminentissimus, quo anno alieno principio victor CXXXIIII, singularum vicit CXVIII; quo titulo praecessit omnium factionum agitatores, qui umquam*

16 *certaminibus ludorum ci]rcensium interfuerunt. Omnium admiratione merito notatum est, quod uno anno alieno principio, duobus introiugis Cotyno et Pompeiano, vicit LXXXXVIIII,* $\overline{LX}$ *I,* $\overline{L}$ *IIII,* $\overline{XL}$ *I,* $\overline{XXX}$ *II.*

1) Smetius hat versehentlich *Annio*. 2) Bormann: [*Praemio dato annos ... na]to sibi.*

17 *. . . . . fact]ionis prasinae, victor ∞ XXV, primus omnium urbis conditae ad HS $\overline{L}$ vicit VII, Diocles praecedens eum introiugis tribus Abigeio Lucido Parato $\overline{L}$ vicit VIII.*

17 *Item praecedens C]omnunem* (sic) *Venustum Epaphroditum, tres agitatores miliarios factionis Venetae, [qui] ad HS $\overline{L}$ vicissent XI, Diocles Pompeiano et Lucido duobus introiugis $\overline{L}$ vicit*

19 *XII? . . . .] factionis prasinae victor ∞ XXV et Flavius Scorpus, victor $\overline{II}$ XLVIII, et Pompeius Musclosus, victor $\overline{III}$ DLVIIII, tres agitatores victores $\overline{VI}$ DCXXXII, ad HS $\overline{L}$ vicerunt XXVIII,*

20 *at Diocles omnium agitatorum emi]nentissimus, victor ∞ CCCCLXII, $\overline{L}$ vicit XXVIIII. Nobilissimo titulo Diocles nitet, cum Fortunatus factionis prasinae, in victore Tusco victor CCCLXXXVI, $\overline{L}$ vicit IX, Diocles,*

21 *in Pompeiano victore victo]r CLII, $\overline{L}$ vicit X, $\overline{LX}$ I. Novis coactionibus et numquam ante titulis scriptis Diocles eminet, quod una die seiuges ad HS $\overline{XL}$ missus bis utrasque victor eminuit adque amplius*

22 *. . . .] suisque septem equis in se iunctis, numquam ante hoc numero equorum spectato, certamine ad HS $\overline{L}$ in Abigeio victor eminuit, et sine flagello alîs certaminibus ad HS $\overline{XXX}$*

23 *vicit; adque? cum prim]um*[1]) *visus esset his novitatibus, duplici ornatus est gloria. Inter miliarios agitatores primum locum obtinere videtur Pontius Epaphroditus factionis Venetae,*

24 *qui temporibus Imp. nostri Anto]nini Aug. Pii solus victor ∞ CCCCLXVII singularum vicit DCCCCXI. Ad Diocles praecedens eum, victor ∞ CCCCLXII inter singulares* (l. *inter has singularum*)[2]) *vicit ∞ LXIIII. Isdem temporibus*

25 *Pontius Epaphroditus eripuit] et vicit CCCCLXVII: Diocles eripuit et vicit DII. Diocles agitator quo anno vicit CXXVII, Abigeio Lucido Pompeiano introiugis tribus victor CIII, inter*

26 *. . . . Inter em]inentes agitatores introiugis Afris plurimum vicerunt: Pontius Epaphroditus factionis Venetae in Bubalo vicit CXXXIIII, Pompeius Musclosus factionis prasinae*

27 *in . . . vicit] CXV, Diocles superatis eis, in Pompeiano victor CLII, singularum vicit CXXXXIIII. Ampliatis titulis suis, Cotyno Galata Abigeio Lucido Pompeiano introiugis quinque*

28 *victor CCCCXXXXV, singularum vicit CCCLXXXXVII.*

ANMERKUNGEN. Z. 1—6. Diocles trat, wahrscheinlich noch sehr jung, im J. 122 zum ersten Male in der weißen Partei auf (Z. 3), siegte in derselben 124 (Z. 4), fuhr in der grünen zum ersten Male 128, siegte in der roten (vermutlich beim ersten Auftreten) 131 (Z. 6) und scheint dieser von da ab treu geblieben zu sein. Nach Z. 11 hatte er für die Grünen 216 mal, für die Blauen 205 mal,

1) *duabus autem q]um* Mommsen; *cum primus omni]um* Hirschfeld. 2) Vielleicht ist *inter singulares* (sc. *missus*) richtig, oder auch *inter singularum* wie in der Inschrift des Crescens Z. 15.

für die Weißen 81 mal gesiegt, die übrigen 960 Siege also für die Roten davongetragen [1]). Als das Monument errichtet wurde, war er 42 Jahre 7 Monate 23 Tage alt (Z. 2) und hatte 1462 mal gesiegt (Z. 20 usw.). Da nun 100 Siege in einem Jahre schon als sehr rühmlich galten (Z. 14), außerdem natürlich Diocles in den ersten Jahren als Anfänger bei weitem nicht so oft gesiegt haben kann wie später, so dürften sich seine letzten 1400 Siege ungefähr auf die Jahre 130—146 verteilt haben. Mit dem Viergespann war er 24 Jahre gefahren (Z. 6); da er seine Laufbahn im J. 122 begann, muß das Denkmal, wie Hirschfeld bemerkt, nach 146 errichtet sein, oder (frühestens) in eben diesem Jahre. Dann war Diocles 104 geboren und begann die Fahrten mit dem Viergespann mit 18 Jahren, während Crescens sie schon mit 13 begonnen hatte.

Z. 6 f. *Summa: quadriga agitavit annis XXIIII, missus ostio* $\overline{IIII}$ *CCLVII, [vicit ∞ CCC]CLXII, a pompa CX.*

Summa steht hier, wie Hirschfeld bemerkt, für *summa summarum*, vgl. Dessau 5283 Z. 16: *sum(ma) sum(marum) quadr(iga) vic(it) VII.* Die Bedeutung von *missus ostio* ergibt sich aus der Inschrift des Crescens Z. 13: *miss(us) ost(io) DCLXXXVI, vicit XXXVII.* Da *ostio mitti* so viel heißt als am Rennen teilnehmen, so ist $\overline{IIII}$ *CCLVII* die Zahl der sämtlichen von Diocles mitgemachten Rennen, worauf auch hier die Zahl der gewonnenen Siege (1462) folgte, deren letzte Ziffern noch vorhanden sind, so daß die Ergänzung des Anfangs von Z. 7 unzweifelhaft ist. Über *a pompa* vgl. oben S. 183. Es wird hier nur angegeben, wie oft Diocles diese schwierigen und ehrenvollen Rennen mitgemacht hat, deren Zahl (110) also in der Zahl seiner sämtlichen Rennen (4257) enthalten ist; aber nicht, wie oft er in denselben gesiegt habe. Die Aufzählung der Siege beginnt erst

Z. 7 f. *Singularum vicit ∞ LXIIII, inde praemia maiora vicit LXXXXII,* $\overline{XXX}$ *XXXII, ex his seiuges III,* $\overline{XXXX}$ *XXVIII, [ex his seiuge]s? II,* $\overline{L}$ *XXVIIII, inde septeiuge I,* $\overline{LX}$ *III. Binarum vicit CCCXXXXVII, trigas ad HS* $\overline{XV}$ *IIII. Ternarum vicit. LI.*

Die Zahl der Siege des Diocles war im ganzen 1462, in der Tat ergibt die Addition der drei ersten Summen diese Gesamtsumme. Er siegte

(*in certaminibus*)	*singularum*	(*quadrigarum*)	1064 mal
»	»	*binarum*	»	347 »
»	»	*ternarum*	»	51 »
				1462 mal.

Diese Zahlen, deren Richtigkeit durch die Probe feststeht, zeigen wieder die überwiegende Häufigkeit der Rennen von je einem Gespann, sowie daß Rennen von mehr als je dreien äußerst selten vorgekommen sein können (vgl. auch Z. 9); endlich daß die übrigen hier aufgeführten Siege in den größeren Summen schon eingeschlossen sein müssen. Unter den 1064 Siegen in Rennen von je einem Gespann gewann Diocles auch *praemia maiora*, und zwar 92. Von diesen waren:

1) Ein Wagenlenker Musclosus hatte von seinen 682 Siegen 672 für die Roten, 3 für die Weißen, 5 für die Grünen, 2 für die Blauen gewonnen (CIL VI 10063 = Dessau 5281).

Preise von 30000 S.	32 =	960000 Sest.
(darunter 3 für Rennen mit Sechsgespannen)		
Preise von 40000 S.	28 =	1120000 »
(darunter 2 für Rennen mit Sechs- oder Siebengespannen)		
Preise von 50000 S.	29 =	1450000[1]) »
(darunter 1 für ein Rennen mit dem Siebengespann)		
Preise von 60000 S.	3 =	180000 »
	92 =	3710000 »
Ferner im Rennen von je 2 Dreigespannen		
Preise von 15000 S.	4 =	60000 »
Gesamtbetrag der *praemia maiora*		3770000 »

Sehr erklärlich ist, daß gerade bei den *certamina binarum* die Rennen mit *trigae* stattfanden, wo dann 24 Pferde (an acht Wagen) nicht viel weniger Raum in der Bahn hatten als 16 Pferde an vier Wagen bei den *certamina singularum*; erklärlich auch, daß diese Siege viel niedriger (*ad HS XV*) prämiiert wurden, als die mit Sechs- und Siebengespannen.

Da Diocles (nach Z. 10) im ganzen 35863120 S. gewonnen hatte, so ergibt sich nach Abzug der obigen Summe der außerordentlichen Preise (3770000) von dieser Gesamtsumme der Betrag von 32093120 S. als der von ihm gewonnenen ordentlichen Preise. Mommsen hat versucht, hiernach die Preise für die verschiedenen Gattungen der gewöhnlichen Rennen zu ermitteln. Er nimmt mit Verweisung auf die oben S. 182 angeführte Stelle des Martial an, daß die gewöhnlichen ersten Preise in Rennen von je einem Viergespann (die jedenfalls geringer waren als der niedrigste außerordentliche Preis von 30000 S.) 15000 S. betrugen. Dies ist nicht unwahrscheinlich; übrigens aber bieten sich, wie Mommsen selbst bemerkt, der Möglichkeiten zu viele, als daß solche Berechnungen mit einiger Sicherheit angestellt werden könnten.

Z. 8 ff. *Ad honorem venit ∞ [∞ DCCCC. Tulit s]ecundas DCCCLXI, tertias DLXXVI, quartas ad HS ∞ I, frustra exit ∞ CCCLI. Ad venetum vicit X, ad albatum vicit LXXXXI, inde ad HS* $\overline{XXX}$ *II. [Retulit quaest]um*[2]) *HS* $|\overline{CCCLVIII}|$ $\overline{LXIII}$ *CXX. Praeterea bigas M vicit III, ad albatu I, ad prasinu II.*

Da hier mit Ausnahme gewisser Siege Z. 9, die jedenfalls in einer der größeren Zahlen bereits enthalten sind, die Rennen aufgezählt werden, in denen Diocles nur zweite, dritte und vierte Preise oder gar keinen Preis erhalten hatte, muß die Addition dieser Summen mit der Summe der Siege (1462) die Summe seiner sämtlichen Rennen (4257) ergeben. Nun ergibt folgende Addition bereits 4251:

1) Diese werden auch Z. 20 erwähnt. 2) Diese Ergänzung ergibt sich aus der Inschrift des Crescens (S. 196) Z. 19.

Siege	1462
Zweite Preise	861
Dritte Preise	576
Vierte Preise	1 [1])
Kein Preis	1951
	4251

Es fragt sich nun, welches die noch fehlenden 6 Rennen sind. Hirschfeld hat daran gedacht, Z. 8 für *ad honorem venit* ∞ zu lesen: *ad h. v. VI*, Bormann bemerkt dagegen (CIL VI 10048): »*At titulo infra 10055 videtur probari, agitatorem dictum esse ad honorem venisse, quotienscumque non frustra exierit, sed vel vicerit vel tertias vel secundas tulerit.*« Die Inschrift 10055 (Dessau 5284) enthält folgende Aufzählung: *vic[it]* | *quadri. XLVII, secund. CXX..,* | *tertias CXLVI*; *bigas vic[it]* | *VIII, secundas IIX, terti. IIX*; | *adgente quadrig.* (*pedibus ad quadrigam?*) *vicit II,* | *revocatus II, instauratiam* (*instauraticio die?*) | *tertias I. Ad honore veni.* | *CCCLIIII.* Ergänzt man die unvollständige Ziffer der zweiten Preise durch die Hinzufügung von *XI*, so ergibt die Addition aller gewonnenen Preise in der Tat die bei *ad honorem venit* stehende Summe 354. War also die Bedeutung von *ad honorem venit*: er hat Preise irgendwelcher Art erhalten, so muß auf diese Worte die Zahl ∞ ∞ *DCCCC* gefolgt sein, da von 4257 Rennen des Diocles nur 1351 erfolglos geblieben waren und 6, wie es scheint, in Z. 10 besonders gezählt sind.

Die 6 fehlenden Rennen finden Mommsen und Bormann gewiß mit Recht in Z. 10: *Praeterea bigas M vicit III, ad albatu I, ad prasinu II.* Unter *M* kann man mit Mommsen *miliarias* verstehen, d. h. solche Rennen, bei denen der Preis 1000 S. betrug. *Ad albatum vicit* versteht Mommsen von einem Rennen, in dem Diocles zwei Wagenlenker schlug, aber von dem Weißen selbst geschlagen wurde. Es wird vielmehr ein Rennen bedeuten, in dem er mit dem Weißen zugleich am Ziel anlangte, sonst wäre der Ausdruck *vicit* Z. 9 hier schwerlich zulässig gewesen. Ob in diesem Fall die beiden siegreichen Wagenlenker erste oder zweite Preise erhielten, ist ungewiß, doch das letztere wahrscheinlicher. Jedenfalls sind die 10 Rennen, in welchen Diocles (mit dem Viergespann) *ad venetum vicit*, und 91, in denen er mit demselben *ad albatum vicit* (Z. 9), in einer der früheren Summen schon einbegriffen. Sind in Z. 10 alle Zahlen richtig, so werden nach 3 vollständigen Siegen mit dem Zweigespann ebensoviele unvollständige aufgezählt, im ganzen also 6 nicht erfolglos verlaufene Rennen.

Die Zahl der Rennen des Diocles (4257) in 24 Jahren ergibt für das Jahr etwa 177, während im ganzen in jedem Jahr schon, wenn man nur 50 circensische Tage mit je 16 Rennen rechnet, 800 stattfanden, also in Wirklichkeit gewiß viel mehr. Crescens hat in 10 Jahren nur 686 Rennen mit dem Viergespann gemacht.

1) Falls nicht ausnahmsweise von vier Wagen auch der letzte prämiiert wurde, muß es hiernach, wenn auch höchst selten, Rennen von fünf Wagen gegeben haben. Ein Rennen von sieben Wagen in Alexandria erwähnt Philo Alexander 58.

Z. 10	*Occupavit et vicit*	*DCCCXV*	815
	successit et vicit	*LXVII*	67
11	*[praemisit et vici]t?*	*XXXVI*	36
	variis generibus vic.	*XXXXII*	42
	eripuit et vicit	*DII*	
	prasinis *CCXVI*		
	venetis *CCV*		
	albatis *LXXXI*		
	502		502
			1462

Die vorstehende Addition zeigt, daß auch hier wieder sämtliche Siege des Diocles mit *quadrigae* usw. aufgezählt sind, und zwar nach den verschiedenen Arten des Verlaufs, den die Rennen genommen hatten. Daß die Summen bei *prasinis venetis albatis* Teile der Gesamtsumme bei *eripuit et vicit* (502) sind, wie die Addition ebenfalls ergibt, hat Anton Elter (Rhein. Mus. XLI 1886 S. 537 f.) bemerkt, und auf Grund dieser Bemerkung die früher mißverstandene Stelle richtig erklärt: da zu *eripuit* angegeben wird, wem der Sieg 'entrissen' wurde, und zwar immer nur einer, d. h. derjenige, der im kritischen Moment des Anlangens der nächste war, so heißt *eripuit* natürlich 'knapp, nach hartem Kampf gewonnen'. Nach Z. 25 galt dies für das ehrenvollste. Elters Erklärung von *occupavit et vicit*: 'leicht gewonnen' stimmt im wesentlichen mit der meinigen überein: ein Sieg, bei dem der Sieger gleich anfangs die Spitze genommen und behauptet hatte. Plin. n. h. VIII 160: *excusso in carceribus auriga albati (equi) Corace (equo) occupavere, primatum optinuere, opponentes, effundentes, omniaque contra aemulos quae debuissent peritissimo auriga insistente facientes* (vgl. oben II 31, 9). Zweifelhaft ist dagegen die Bedeutung von *successit et vicit* (wohl: 'anfangs der Zweite'; Elter vermutet: 'brillant gehalten', wenig wahrscheinlich) und von *praemisit et vicit.* Gegen meine Erklärung des letzteren von einem Siege, bei welchem der Sieger seinen Mitbewerbern eine Strecke vorausgegeben hatte, hat Elter S. 536 wohl mit Recht eingewandt, »daß solche Ausnahmefälle, die den Charakter des Wettrennens aufheben, wenn sie je vorkamen, nicht wohl zu einer Terminologie führen konnten, die sich den übrigen ohne weiteres einfügte«. *Praemisit* wird also heißen: 'ließ anfangs (absichtlich zurückbleibend) die andern voraus'. Elters Erklärung von einem Siege infolge davon, daß »die andern stürzen, refüsieren oder sonstwie das Rennen aufgeben«, erscheint mir ganz unannehmbar. Denn will man auch zugeben, daß 'vorgelassen' ein passender Ausdruck für einen solchen Sieg wäre, bei welchem der Sieger 'allein über die Bahn geht', so folgt doch aus *praemiss.* Z. 16 der unten S. 196 mitgeteilten Inschrift des Crescens CIL VI 10050 = Dessau 5285 keineswegs, daß *praemissus vicit* die ursprüngliche Form war. Vielmehr ist nach der Analogie der übrigen Bezeichnungen und dem voll ausgeschriebenen *praemisit et vicit* CIL VI 10053 zu ergänzen *praemiss(it)*.

In einer Sethianischen Verfluchungstafel (Wünsch Nr. 49 S. 52) heißt es: μὴ ὀξυμαχήσῃ μὴ παρέλθῃ μὴ πιάσῃ μὴ νικήσῃ μὴ καλῶς κάμψῃ μὴ ἆθλα λάβῃ μήτε πιάσας ἀπονικήσῃ μήτε ὀπίσοθεν ἀκολουθήσας παρέλθῃ. Das ὀξυμαχεῖν entspricht dem *eripuit et vicit*, das παρέρχεσθαι wohl kaum dem *occupavit et vicit*. Unter dem πιάσαντα ἀπονικᾶν versteht Wünsch (S. 70) vielleicht mit Recht das von Silius Italicus (oben II 48, 1) erwähnte Quervorfahren, so daß dadurch dem Nachfolger die Bahn gesperrt wurde, was auch unter dem *opponentes* in der Stelle des Plinius zu verstehen sei.

Z. 11. *Equos centenarios fecit n. VIIII et ducenar. I.*

Equos centenarios, ducenarios fecit heißt natürlich: er gewann mit ihnen 100, 200 Siege. Zwei *centenarii* CIL VI 10069 = Dessau 5295: *Aquilo n. k. Aquilonis, vicit CXXX, secund. tulit LXXXVIII, ter. tul. XXXVII. — Hirpinus n. Aquilonis, vicit CXIIII, secundas tulit LVI, tert. tul. XXXVI.*

Z. 12f. *Insignia eius. ....]to sibi, quo anno primum quadrigis victor exstitit bis, eripuit bis.*

Die Ergänzung des fehlenden Anfangs in der Zeile 13 ist ungewiß. Vgl. oben S. 186 A. 2. Die beiden ersten Siege des Diocles mit Viergespannen gehörten gleich zu den am schwierigsten zu erlangenden (*eripuit et vicit*).

Z. 13f. *Actis continetur Avilium Teren factionis suae primum omnium vicisse ∞ XI, ex quibus anno uno plurimum vincendo vicit [... singularum ... at Diocles quo an]no primum centum victorias consecutus est, victor CIII, singularum vicit LXXXIII.*

Avilius Teres, von dessen Ehrentafel große Fragmente erhalten sind (Borsari, Bull. arch. com. XXX 1902 S. 176ff. = Not. d. Scavi 1902 S. 510, vgl. auch CIL VI 33937), glänzte unter Domitian und Traian. Eine Erwähnung findet sich noch CIL VI 10054; Dessau macht auch auf die Lampe CIL X 8053, 193 (Zangemeister, Ann. d. Inst. 1870 tav. N) aufmerksam, die nach der Beischrift *Teres* darstellen soll. Er war ein Freigelassener, wenn nicht desselben Manns, so doch derselben Familie, zu deren Sklaven der unten (zu Z. 14) zu erwähnende *Thallus agitator L. Avilli Plantae ser(vus)* gehörte. Der Patron des Teres und Herr des Thallus war ein *dominus factionis russatae*, in deren Dienst Thallus stand. Dies ergibt sich aus der Inschrift CIL VI 10077 = Dessau 5311: *D. m. L. Avilio Galatae fact. russ. lib. item Iuliae C. l. Ampliatae* usw. und 10069 = Dessau 5295: *L. Avill(io) Dionysio cond(itori) gr(egis) russatae*. Diocles wird also zuerst mit früheren Wagenlenkern seiner eigenen Partei, dann von Z. 17 ab mit denen der andern verglichen. In welchen Akten die 1011 Siege des Teres verzeichnet waren, läßt sich nicht mit Gewißheit sagen, da offenbar auch die Zirkusfaktionen Akten führten, aus welchen ohne Zweifel die hier und in der Inschrift des Teres gemachten genauen Angaben über die Leistungen früherer Wagenlenker stammen. Doch ist es bei der Wichtigkeit, die den Zirkusangelegenheiten beigelegt wurde, wenigstens nicht unmöglich, daß die Acta diurna gemeint sind (vgl. auch oben II 27, 4 und CIL VI 10054 Z. 6: ... [*actis?*] *script(um) fuit*: *grex prasinus vic[i]t ∞ CLV*). Sogar Cassius Dio gibt die Zahl der Siege eines von Caracalla ermordeten Wagenlenkers an; nur kann die überlieferte nicht richtig sein. LXXVII 1, 2: Καὶ ἐν Ῥώμῃ δὲ αὐτῇ ἄνδρα μὲν ἄλλως οὐκ ἐλλόγιμον, διὰ δὲ τὴν ἐπιτήδευσιν ἐπιφανέστατον ἐξειργάσατο. τὸν γὰρ Εὐπρεπῆ τὸν ἁρματηλάτην, ἐπειδὴ τοὐναντία αὐτῷ ἐσπούδαζεν, ἀπέκτεινε. καὶ ὁ μὲν οὕτως ἐν γήρᾳ ἀπέθανε, πλείστοις ἀγῶσιν ἵππων στεφανωθείς. δύο γὰρ καὶ ὀγδοήκοντα καὶ ἑπτακοσίους ἀνείλετο, ὅσους οὐδεὶς ἄλλος. Daß 782 Siege besonders für einen alten Wagenlenker nicht viel war, mußte Dio wohl wissen; falls die Zahl nicht falsch überliefert ist (nach Z. 19 könnten es 3782 gewesen sein), hat er vielleicht ein ähnliches Verzeichnis wie die uns vorliegenden vor Augen gehabt und aus Versehen statt der Gesamtsumme die Summe irgendeiner Klasse von Siegen gesetzt. Die Gesamtzahl der Siege des oben S. 188 A. 1 genannten Musclosus ist 682, die eines Scorpianus 700 (CIL III 12013, 9), des Avilius Teres 1011. Der im 30. Jahre gestorbene M. Aurelius Polynices (CIL VI 10049 = IG XIV 1474 = Dessau 5286) hatte 739, der im 21. Jahre gestorbene M. Aurelius Mollicius Tatianus (ebendort) 125, doch der im Alter von 27 Jahren gestorbene Scorpus (Martial. X 53) 2048, der mit diesem letzteren in Z. 19 zusammen genannte Pompeius Musclosus 3559 Siege davongetragen. Mit Unrecht glaubte also Mommsen (CIL VI 10058 = Dessau 5296: *M. Aurelio Libero ..... agitatori factionis prasinae Aurelius Caecilius Planeta Protogenes ob* $\overline{III}$ *palmarum hoc donum vovit*), daß 3000 Siege eines Wagenlenkers unwahrscheinlich seien.

Daß es für besonders ehrenvoll galt, hundertmal in einem Jahre gesiegt zu haben, versteht sich von selbst; aus Z. 14 ersieht man aber, daß die Ehre um so größer war, je mehr Siege in *certamina singularum* darunter waren; diese müssen also die geschätztesten gewesen sein. Vgl. auch Z. 27 und 28.

Z. 14 ff. *Adhuc augens gloriam tituli sui praecessit Thallum factionis suae, qui primus in factione russata [........ at Dio]cles omnium agitatorum eminentissimus, quo anno alieno principio victor CXXXIIII, singularum vicit CXVIII; quo titulo praecessit omnium factionum agitatores, qui unquam [certaminibus ludorum ci]rcensium interfuerunt.*

Auch hier wieder wird es als besonders rühmlich hervorgehoben, daß unter 134 Siegen des Diocles in einem Jahre 118 *singularum* waren, was weder Thallus (der offenbar die verhältnismäßig größte Zahl *singularum* aufzuweisen hatte), noch irgendein anderer erreicht hatte. Sodann waren die 134 Siege keine gewöhnlichen, sondern *alieno principio*. Die Bedeutung dieses Ausdrucks läßt sich nur vermuten. Z. 16 heißt es *alieno principio, duobus introiugis Cotyno et Pompeiano vicit* usw. Ich möchte daher glauben, daß, da Cotynus und Pompeianus die Namen der beiden mittleren, im Joch gehenden Pferde sind, *principium* das links gehende Hauptpferd ist (*qui demonstrabat quadrigam*, vgl. oben II 32, 1). Nun zeigten die Wagenlenker zuweilen ihre Bravour darin, mit Pferden einer andern Partei zu siegen (Fl. Caper De orthogr. GL VII 104, 12: *inversis armis gladiatores pugnasse non est dicendum, sed versis, hoc est transmutatis, sic nec inversis pannis agitasse aurigas, sed versis*). Daß die Wagenlenker mit den Farben zugleich die Wagen und Pferde tauschten, welche ja auch die Farben trugen, ergibt die unten (Anhang XV) folgende Beschreibung dieser, in Constantinopel *diversium* genannten Art des Rennens. Ein Beweis der höchsten Virtuosität aber mußte es sein, mit einem fremden Hauptpferde zu siegen. Der Z. 14 genannte Thallus ist ohne Zweifel der von Martial IV 67, 5 (*praetor ait 'Scis me Scorpo Thalloque daturum'*) erwähnte (Scorpus wird Z. 16

genannt). Nach der von Thallus selbst im Jahre 90 n. Chr. gesetzten Inschrift CIL VI 621 = Dessau 3532 war dieser ein Sklave des L. Avilius Planta.

Z. 16. *Omnium admiratione merito notatum est, quod uno anno alieno principio, duobus introiugis Cotyno et Pompeiano, vicit LXXXXVIIII,* $\overline{LX}$ *I,* $\overline{L}$ *IIII,* $\overline{XL}$ *I,* $\overline{XXX}$ *II,*

d. h. er siegte in der angegebenen Weise in einem Jahre 99 mal, darunter in einem Rennen zum Preise von 60000 S., in vier zu 50000, einem zu 40000, zwei zu 30000.

Z. 17. .... *fact]ionis prasinae, victor ∞ XXV, primus omnium urbis conditae ad HS* $\overline{L}$ *vicit VII, Diocles praecedens eum, introiugis tribus Abigeio Lucido Parato,* $\overline{L}$ *vicit VIII.*

Vgl. oben S. 189. Diocles hatte also in diesem schwierigen Rennen mit denselben drei Pferden (doch wohl so, daß jedesmal zwei derselben als *introiugi* liefen) mehr Siege gewonnen, als der Unbekannte überhaupt.

Z. 18 f. *Item praecedens C]omnunem* (l. *Communem*) *Venustum Epaphroditum, tres agitatores miliarios factionis venetae, [qui] ad HS* $\overline{L}$ *vicissent XI, Diocles Pompeiano et Lucido duobus introiugis* $\overline{L}$ *vicit [XII]* (?).

Die Notwendigkeit der Ergänzungen *qui* und *XII* (oder einer größeren Zahl) ist selbstverständlich.

Z. 19 f. ....*]factionis prasinae, victor ∞ XXV, et Flavius Scorpus, victor* $\overline{II}$ *XLVIII, et Pompeius Musclosus, victor* $\overline{III}$ *DLVIIII, tres agitatores victores* $\overline{VI}$ *DCXXXII, ad HS* $\overline{L}$ *vicerunt XXVIII, [at Diocles omnium agitatorum emi]nentissimus, victor ∞ CCCCLXII,* $\overline{L}$ *vicit XXVIIII.*

Diocles stand also den beiden zuletzt genannten Wagenlenkern in bezug auf die Zahl der Siege nach, übertraf sie aber dadurch, daß er allein in Rennen zu 50000 S. 29 mal, sie aber zusammen mit einem dritten *miliarius* im ganzen nur 28 mal gesiegt hatten. Der unbekannte Lenker der grünen Partei (der schon Z. 17 vorkommt) kann nicht der Z. 20 genannte Fortunatus sein, der schon mit dem Pferde Tuscus allein in Rennen zu 50000 S. 9 mal gesiegt hatte, was dem, dessen Name ausgefallen ist, nach Z. 17 nur 7 mal gelungen war. Die Richtigkeit der Zahlen der Siege ergibt die Addition.

Siege des Unbekannten	1025
» » Flavius Scorpus . . .	2048
» » Pompeius Musclosus .	3559
Zusammen	6632

Über Flavius Scorpus vgl. oben II 26. Martial. X 53, 3 sagt von ihm: *Invida quem Lachesis raptum trieteride nona, dum numerat palmas, credidit esse senem.*

Z. 20 f. *Nobilissimo titulo Diocles nitet, cum Fortunatus factionis prasinae, in victore Tusco victor CCCLXXXVI,* $\overline{L}$ *vicit IX, Diocles in [Pompeiano victore victo]r CLII,* $\overline{L}$ *vicit X,* $\overline{LX}$ *I.*

Während also Fortunatus unter 386 Siegen mit dem siegreichen Renner Tuscus nur 9 mal zu 50000 S. gesiegt hatte, hatte Diocles unter 152 Siegen mit dem Pompeianus (die Ergänzung ergibt sich aus Z. 21) 10 zu 50 000, einen zu 60 000 S. gewonnen.

Z. 21 ff. *Novis coactionibus et numquam ante titulis scriptis Diocles eminet, quod una die seiuges ad HS LX missus bis utrasque victor eminuit, adque amplius ...... suisque septem equis in se iunctis, numquam ante hoc numero equorum spectato, certamine ad HS L eminuit, et sine flagello alîs certaminibus ad HS XXX* [*vicit, adque? cum prim*]*um visus esset his novitatibus, duplici ornatus est gloria.*

Wenn auch die Ergänzungen sich mit Sicherheit nicht angeben lassen, ist doch der Sinn im allgemeinen klar. Nur der Ausdruck *coactiones* ist noch nicht sicher gedeutet; Mommsen faßt ihn unter Hinweis auf Gaius IV 15 *causae coniectio quasi causae suae in breve coactio* als *comparationes victoriarum* (nämlich mit denen seiner Konkurrenten), Friedlaender als 'Einnahmen'; im Zusammenhang möchte man gerne 'Kombinationen' übersetzen.

Z. 23 ff. *Inter miliarios agitatores primum locum obtinere videtur Pontius Epaphroditus factionis venetae,* [*qui temporibus Imp. nostri Anto*]*nini Aug. Pii solus victor ∞ CCCCLXVII, singularum vicit DCCCCXL. Ad Diocles praecedens eum, victor ∞ CCCCLXII, inter singulares* (l. *inter singularum*) *vicit ∞ LXIIII. Isdem temporibus* [*Pontius Epaphroditus eripuit*] *et vicit CCCCLXVII: Diocles eripuit et vicit DII.*

Nach den größten Wagenlenkern der Vergangenheit wird hier der größte der Gegenwart mit Diocles verglichen. Obwohl er 5 Siege mehr zählte als dieser, übertraf ihn Diocles weit durch die Zahlen der geschätztesten Siege (*singularum* — die Notwendigkeit der Emendation in Z. 21 ist selbstverständlich — und *eripuit et vicit*). Die Zahlen dieser beiden Klassen sind dieselben wie Z. 7 und Z. 11.

Z. 25 ff. *Diocles agitator quo anno vicit CXXVII, Abigeio Lucido Pompeiano introiugis tribus victor CIII, inter* [..... *Inter em*]*inentes agitatores introiugis Afris plurimum vicerunt: Pontius Epaphroditus factionis venetae in Bubalo vicit CXXXIIII, Pompeius Musclosus factionis prasinae* [*in ...... vicit*] *CXV, Diocles superatis eis, in Pompeiano victor CLII, singularum vicit CXXXXIIII. Ampliatis titulis suis, Cotyno Galata Abigeio Lucido Pompeiano introiugis quinque victor CCCCXXXXV, singularum vicit CCCLXXXXVII.*

Der Sinn der Ergänzungen ist im wesentlichen unzweifelhaft. Z. 25 muß die Zahl einer gewissen Klasse von Siegen unter den 127 in einem Jahre angegebenen gewesen sein, also z. B. *inter* [*singularum vicit CX*]. Z. 27 war der Name des Pferds genannt, mit dem Pompeius Musclosus 115 mal gesiegt hatte, möglicherweise auch noch ein dritter Wagenlenker nebst der Zahl seiner mit einem Pferde gewonnenen Siege. Die Länge des ausgefallenen Stücks läßt sich eben nicht genau bestimmen.

Was den Inhalt dieses letzten Abschnitts anbetrifft, so ist so viel klar, daß es ebenso für einen Ruhm galt, eine große Anzahl von Siegen mit denselben *introiugi*, als mit demselben Hauptpferde erlangt zu haben. Nur wurden die zuletzt genannten fünf *introiugi* offenbar nicht immer zugleich angespannt, da eine so große Anzahl von Rennen mit Sechs- oder Siebengespannen undenkbar ist; vielmehr hatte Diocles jene 445 Siege mit diesen fünf *introiugi* abwechselnd gewonnen. Dasselbe wird von den drei *introiugi* in Z. 24 gelten.

3. Die öfters erwähnte Inschrift des Crescens (s. oben S. 189 A. 2 u. 191) ist, wie auch andere derartige, in der Nähe des Stadiums des Domitian, der heutigen Piazza Navona, gefunden worden und wird daher mit Recht von der ersten Herausgeberin, Gräfin Lovatelli, für eine Ehreninschrift erklärt. Sie lautet wie folgt (CIL VI 10050 = Dessau 5285):

Crescens agit(ator)
factionis ven(etae)
natione Maurus
annorum XXII.
Quadriga primum
a. 115 Nov. 8. *vicit L. Vipstanio*
Messalla cos. natale
divi Nervae miss(u) XXIIII
equis his: Circio, Accep-
tore, Delicato, Cotyno.
a. 124 Mai 10. *Ex Messalla in Glabri-*
onem cos. in natale
divi Claudi miss(us) ost(io)
DCLXXXVI vicit XXXXVII.
Inter sing(ularum) vic(it) XIX, binar(um)
XXIII, tern(arum) V; praemiss(it) I,
occup(avit) VIII, eripuit XXXVIII.
Secund(as) tulit CXXX, tert(ias) CXI.
Quaest(um) ret(ulit) HS |$\overline{XV}$| $\overline{LVIII}$
CCCXXXXVI.

Die Herausgeberin, auf deren Erklärung ich verweise, hat nur darin geirrt, daß sie Z. 16 *praemiss(us)* ergänzte. Mommsen ergänzt *praemiss(u)* (sc. *alius aurigae*), aber nach den folgenden Perfekten und der festen Form dieser Ausdrücke erwartet man *praemisit*. Ohne Zweifel ist also *praemiss(it)* zu lesen.

F. Drexel.

XIV

ÜBER DEN HÄUFIGEN GEBRAUCH BERÜHMTER KÜNSTLERNAMEN[1]

Die bekannte Stelle bei Seneca Nat. qu. VII 32, 3: *at quanta cura laboratur, ne cuius pantomini nomen intercidat? stat per successores Pylades et Bathylli domus, harum artium multi discipuli sunt multique doctores*, hat man längst so erklärt, als wären die Schüler des Pylades *Pyladae*, des Bathyllus *Bathylli* genannt worden (Mommsen zu CIL V 7753). Wir kennen einen Pantomimen Theocritus, der neben diesem Namen auch den Namen Pylades führte, CIL V 5889 = Dessau 5195: *D. M. curante Calopodio locatore. Theocriti Augg. lib. Pyladi pantomimo honorato splendidissimis civitatib. Italiae ornamentis decurionalib. ornat. grex Romanus ob merita eius titul. memoriae posuit*; auf der einen Nebenseite *Iona*, auf der anderen *sui temporis primus* und *Troadas* (die Namen Beischriften zu entsprechenden Gestalten und Bezeichnung von Siegen mit Pantomimen nach den euripideischen Tragöden Ion und Troades). Das mit größeren Buchstaben geschriebene *Theocriti Augg. lib.* gibt als Überschrift den Namen des Geehrten an, der später Pylades genannt wird; doch hatte der neue Name in diesem Falle den früheren nicht so völlig verdrängt, daß der letztere nicht auch zur Bezeichnung hätte angewendet werden können. Pylades und Bathyllus sind aber keineswegs die einzigen Namen, die von späteren Pantomimen angenommen oder ihnen beigelegt wurden. In der Biographie des L. Verus 8, 10 heißt es: *habuit et Agrippum histrionem, cui cognomentum erat Memphi, quem et ipsum e Syria veluti tropaeum Parthicum adduxerat*: *quem Apolaustum nominavit;* und ebd. 8, 7 *histriones eduxit e Syria, quorum praecipuus fuit Maximinus, quem Paridis nomine nuncupavit*[2]). Es ist klar, daß, wie L. Verus diesen Tänzern die Namen berühmter Kunstgenossen beilegte, so auch die Namen Pylades und Bathyllus andern Pantomimen von ihren Herren oder Patronen, von ihren Freunden und Anhängern, um sie aufzumuntern oder zu ehren, beigelegt, oder von ihnen selbst aus Verehrung gegen ihre Vorbilder und Meister oder in dem Gefühl eigner Meisterschaft angenommen wurden: und diese

1) Vgl. II 26, 4. 69, 9. 133, 2. 141, 10. 142, 1. Vgl. zwei Programme Friedlaenders, De nominibus clarorum artificum frequentatis. Königsb. 1859. 2) Dies wird der Paris sein, dem Adrianos von Tyros einen θρῆνος widmete. Liban. or. 64, 41 (IV 445 F.), vgl. Rohde, Rhein. Mus. XLI 189, 1 = Kleine Schriften II 96, 1.

Namen erhielten öfters so allgemeine Geltung, daß sie die ursprünglichen ganz verdrängten[1]).

Zu den berühmtesten Pantomimennamen gehört Paris. Der erste uns bekannte Tänzer, der ihn führte, lebte an Neros Hof und wurde im Jahre 67 hingerichtet (oben II 141); über seine Kunst vgl. oben II 127. Der zweite unter Domitian (oben I 289. II 141), erwähnt bei Juv. 6, 87 (*utque magis stupeas ludos Paridemque reliquit*); Statius verkaufte ihm die Agaue (oben II 125); Grabschrift auf ihn Martial XI 13 (oben II 142). Der dritte ist der eben genannte Günstling des L. Verus (oben II 142), erwähnt von Galen I 492. An ihn denkt man auch zunächst bei dem Οὔλπιος *Αὐγουστιανὸς* ὁ καὶ Πάρις der Inschrift aus Thyatira Rev. d'étud. grecqu. IV 1891 S. 174f. nr. 2 und bezieht die in dieser Inschrift erwähnten μέγιστοι καὶ ἀνείκητοι αὐτοκράτορες auf die Samtherrschaft des Marc Aurel und L. Verus; aber der Name Ulpius weist deutlich auf die Regierung Trajans.

Memphis oder Memphius war der erste Künstlername des Agrippus. Vielleicht ist es dieser Memphis, den Athen. I 20 C τὸν ἐφ' ἡμῖν φιλόσοφον ὀρχηστήν nennt (vgl. oben II 130, 1) und von dem er sagt, daß man ihn Memphis genannt habe ἀπαρχαΐζοντες τὴν διὰ τοῦ σώματος αὐτοῦ κίνησιν τῇ τῶν πόλεων ἀρχαιοτέρᾳ καὶ βασιλικωτέρᾳ, wonach er wohl als der erste Träger des Namens gelten soll. Ein andrer in dem Epigramme des Palladas (4. Jhdt.) Anthol. Pal. XI 255 Δάφνιν καὶ Νιόβην ὠρχήσατο Μέμφις ὁ σιμός, ὡς ξύλινος Δάφνην, ὡς λίθινος Νιόβην.

Ebenso war der zweite Name des Agrippus Apolaustus berühmt. Der erste ausgezeichnete uns bekannte Tänzer, der ihn führte, war ein Freigelassener des Trajan, CIL VI 10114 = Dessau 5184: *M. Ulpius Aug. lib. Apolaustus maximus pantomimorum coronatus adversus histriones et omnes scaenicos artifices XII* (ein *M. Ulpi Apolausti ser. Dionysius* CIL IX 709; ein *M. Ulpius Apolaustianus* CIL VI 10057 = Dessau 5298). Der zweite Apolaustus, der schon genannte Agrippus, kommt mit seinem früheren Namen Memphius CIL VI 10117 = Dessau 5190 vor: *L. Aurelio Apolausto Memphio Augg. lib. hieronicae coronato et ton diapanton Apollinis sacerdoti soli vittato, archieri synodi et Augg. L. Aurelius Panniculus qui et Sabanas patrono optimo.* Ebenso heißt er in Tibur[2]) CIL XIV 4254 = Dessau 5191 (199 n. Chr.; mit Angabe einiger seiner Rollen s. oben II 126, 2): *L. Aurelio Augg. lib. Apolausto Memphio pantomimo hieronicae ter te[m]poris sui primo vittato Augg. sacerdoti Apollinis Herculano Augustali s. p. q. T. item ornamentis decurionatus honorato* (auf der Seite der Basis: ....[3]) *Aug. edente L. Aurel. Augg. l. Apolaus[to] Memphio magistro*), auf einer von ihm selbst gesetzten Inschrift bei Fundi CIL X 6219 = Dessau 5187: *L. Aurelius Apolaustus pantomimus Memfius Mercurio invicto votum solvit* und in einem Fragment zu Veji CIL XI 3822 = Dessau 5192. Dagegen nennen ihn zwei andre Inschriften, die sein Auftreten in Städten

1) Ob die in der übrigens noch nicht sicher gedeuteten Grabschrift aus Nemausus CIL XII 3347 = Dessau 5203 als *administrantes* genannten Memphis und Paris mit einem der berühmten Träger dieser Namen identisch sind, steht dahin. 2) Die Darstellungen des Steins hat Altmann, Die römischen Grabaltäre der Kaiserzeit S. 239ff. besprochen. 3) Hier ist der Name des Commodus getilgt worden.

Italiens bezeugen, nur Apolaustus, CIL IX 344 = Dessau 5188: (Canusium) *L. Aelio Aug. lib. Aurelio Apolausto pantomimo Augustalium qq. hieronice temporis sui primo colonia Aurelia Aug. Pia Canusium d. d.* und CIL X 3716 = Dessau 5189 (Liternum): *L. Aurelio Apolausto hieronico bis coronato et dia panton parasito et sacerdoti Apollinis August. Capuae maximo.* Am Hofe wurde er natürlich auch nur mit dem ihm von Verus erteilten Namen genannt, (Verus bei) Fronto ad L. Ver. Aug. I 2 p. 115 N. *et te si spectaveris teste revincam Pyladem magistro suo istum tanto meliorem esse, quanto sit Apolausto similior.* Überhaupt verdrängte dieser Name wohl den früheren, da es gewiß derselbe ist, von dem es Hist. aug. Commod. 7, 2 heißt: *Apolaustus aliique liberti aulici pariter interempti sunt.*

Der von Verus genannte Pylades ist der dritte uns bekannte dieses Namens. Der zweite war ein Liebling und vermutlich Sklave Trajans, Cass. Dio LXVIII 10, 2 καὶ τοὺς ὀρχηστὰς ἐς τὸ θέατρον ἐπανήγαγε· καὶ γὰρ ἑνὸς αὐτῶν τοῦ Πυλάδου ἤρα. Hadrian ließ ihn frei, CIL V 7753 = Dessau 5185 (Genua): *P. Aelius Aug. lib. Pylades pantomimus hieronica instituit; L. Aurelius Augg. lib. Pylades hieronica discipulus consummavit.* Er war also der ebenfalls von Verus erwähnte Lehrer des dritten Pylades, der offenbar von ihm den Namen angenommen hatte. Dieser, nach der S. 197 angeführten Inschrift CIL V 5889 ursprünglich Theocritus genannt und *Augg. lib.* d. h. Freigelassener des M. Aurel und Verus, ein besonders im Ion und den Troerinnen ausgezeichneter, also tragischer Tänzer, war nach Galen. XIV 631 (vgl. oben I 290) neben Memphius und einem dritten (wahrscheinlich dem zweiten Apolaustus) der berühmteste seiner Zeit. Eine ihm in Puteoli unweit des Amphitheaters gesetzte Inschrift (Mommsen, Röm. Mitt. III 1888 S. 79 = Dessau 5186) lautet: *L. Aurelio Aug. lib. Pyladi pantomimo temporis sui primo, hieronicae coronato IIII, patrono parasitorum Apollinis, sacerdoti synodi, honorato Puteolis d. d. ornamentis decurionalib. et duumviralib., auguri, ob amorem erga patriam et eximiam liberalitatem in edendo muner(e) gladiatorum venatione passiva ex indulgentia sacratissimi princip(is) Commodi pii felicis Aug. centuria Cornelia* (vgl. die Anmerkungen von Mommsen a. a. O. S. 79—83, der Name des Commodus ist getilgt und später wieder eingesetzt). Wahrscheinlich ist es derselbe, mit dem nach Cass. Dio LXXIII 13, 1 Didius Julianus nach der Ermordung des Pertinax Würfel spielte. Übrigens ist es vielleicht nicht zufällig, daß auch der in jener Inschrift vorkommende Name Theocritus noch einmal als der eines Tänzers erscheint, der ein Günstling Caracallas war (Cass. Dio LXXVII 21, 2).

Außer dem ersten Bathyllus (auch Phaedrus V 7, 5; vgl. Jahn zu Pers. 5, 123 und Gensel, Real-Encykl. III 137f.) kennen wir nur noch einen dieses Namens, den von Juv. 6, 63 als Tänzer der Leda erwähnten, der also unter Domitian oder Trajan lebte (vgl. oben II 131, 8). Diese Leda kann zu der heiteren Gattung gehört haben, die der erste Bathyllus erfand, doch ist es sehr möglich, daß berühmte Namen auch von solchen Künstlern angenommen wurden, die nicht gerade in der Spezialität des früheren Trägers glänzten.

Die hier nachgewiesene Sitte beschränkte sich keineswegs auf Pantomimen, sondern war unter Künstlern aller Art verbreitet. Natürlich kehren auch hier manche Namen aus keinem anderen Grunde oft wieder, als weil sie überhaupt gewöhnlich und beliebt waren: so Eutychus, ein Wagenlenker unter Caligula oben II 29, ein anderer Wagenlenker CIL II 4314 = Dessau 5299 (Tarraco), Buecheler, Carm. ep. 1279; ein dritter CIL VI 10080 = Dessau 5291; ein Mime L. Acilius Eutychus CIL XIV 2408 = Dessau 5196, ein Aurelius Eutyches *stupidus greg. urb.* CIL XI 433 = Dessau 5224; Fortunatus und Felix CIL VI 10056 und der von der Plin. n. h. VII 186 (oben II 37, 2) erwähnte Felix, sämtlich Wagenlenker; Gladiatoren dieses Namens CIL VI 10177 = Dessau 5104 und CIL VI 631 = Dessau 5084, auf den Tesseren Faustus, Felix und Fortunatus. Auch solche Namen, die Künstler mit besonderer Beziehung auf ihre Kunst oder ihre Erfolge wählten, wie Lepos (Tänzer Horat. Sat. II 6, 70), Favor (*archimimus* Sueton. Vespas. 19, 2), Crotus (*choraules* Martial. VI 39, 19), können ebensogut von andren Kunstgenossen angenommen worden sein, ohne daß diese dabei an jene Vorgänger dachten; so kommt in dem Mimenverzeichnis CIL XIV 2408 ein Petronius Favor und ein Volumnius Favorabilis vor. Ebenso braucht bei der Häufigkeit des Namens weder der des Mimen Hylas in dem Verzeichnis CIL XIV 2408 noch der des M. Ulpius Hylas *archimimus diurnus* Not. d. Scavi 1888 S. 62 = Dessau 5209 auf den berühmten Pantomimen (oben II 130, 4) zurückzugehen. Dagegen der Name des Freigelassenen des Apolaustus CIL VI 10117 = Dessau 5190 Panniculus, der doch gewiß auch ein Bühnenkünstler war, ist vielleicht entlehnt von dem unter Domitian bekannten Mimen Panniculus (Martial. II 72. III 86. V 61), und so dürfte auch ein Aelius Latinus in jenem Verzeichnis seinen Namen von dem noch berühmteren Mimen, der Domitians Günstling war (oben I 63. II 141), ein Aelius Urbicus den seinen von jenem Urbicus entlehnt haben, der bei Juv. 6, 71 *exodio risum movet Atellanae gestibus Autonoes.* Vielleicht ist auch das zweimalige Vorkommen des Namens Septentrio bei Tänzern (CIL XII 188 = Dessau 5258 und CIL XIV 2113 [Lanuvium] = Dessau 5193 und 2977 [Praeneste] = Dessau 5194) nicht zufällig. Die letztgenannten beiden Inschriften beziehen sich auf einen Pantomimen Agilius Septentrio, der sich *alumnus* der Faustina, der Gattin Marc Aurels, nennt und von Commodus der Bühne zugeführt wurde (vgl. oben III 70).

Der Name Artemidorus wurde unter den Athleten vielleicht zuerst durch den Pankratiasten Artemidorus aus Tralles berühmt, der Ol. 212 (69 n. Chr.) zu Olympia im Wettkampf der Männer siegte (Paus. VI 14, 1). Denselben Namen führt T. Flavius Artemidorus, Bürger von Adana und Antiochia, ebenfalls Pankratiast und Sieger im Agon Capitolinus 86 (CIG 5806 = IG XIV 746); desgleichen M. Aurelius Artemidorus aus Settä in Phrygien, der u. a. Κύζικον Κομμόδεια ἀγενείων siegte unh 26 Jahre alt starb, also etwa zu Anfang des 3. Jahrhunderts (seine Grabschrift IG XIV 738 [Neapel]).

Den Namen des thebanischen Flötenspielers Antigenidas (v. Jan, Real-Encykl. I 2400) führt ein P. Aelius Antigenidas, dessen Ehreninschrift sich auf einer Statuenbasis in Neapel nahe dem antiken Theater gefunden hat (IG XIV 737). Die Entlehnung des Namens hat schon Minervini, Bull. Napol. N. S. VII 1859 S. 73 bemerkt, der auch einen noch späteren Flötenspieler M. Aurelius Septimius Nemesianus Antigenides (κύκλιος αὐλητής CIG 1587) anführt; ein Flötenbläser desselben Namens erscheint bereits 263 v. Chr. in Delos (IG XI 2,

113). Auch der unter Domitian berühmte Musiker Glaphyrus (Martial. IV 5. Juv. 6, 77) trägt wohl nicht zufällig denselben Namen wie der von Antipater von Thessalonike Anthol. Pal. IX 517 mit Orpheus verglichene Flötenspieler, der vielleicht identisch ist mit dem CIL VI 10120 = Dessau 5232 genannten: *Heriae Thisbae monodiariae Ti. Claudi Glaphyri choraulae Actionicae et Sebastonicae* usf. Ein Ibycus *psaltes* CIL VI 10100 = Dessau 5247, ein Amphion *citharoedus* (sein Bruder heißt Zethus) CIL VI 10124[b] = Dessau 5243.

Auch bei den Gladiatoren mag diese Sitte bestanden haben (oben II 69, 9); doch sind die hier bei verschiedenen Individuen wiederkehrenden Namen auch sonst nicht selten, wie Triumphus Seneca de prov. 4, 4 und Martial. Spect. 20, 1, Carpophorus ebd. 23, 27 und CIL VI 631 = Dessau 5084.

Bekannt ist ferner, daß Ärzte häufig den Namen Asclepiades annahmen, und zwar auch als einzigen, z. B. CIG 4566: Ἀσκληπιάδης ἰατρὸς λεγεῶ[νος] β Τρα[ιανῆς] ἰσχυρᾶς (147 n. Chr.) und ebd. III add. 4778d: Ἀσκληπιάδης ἰατρός, IG XIV 2261 = CIL IX 5462: Ὀστᾶ Ἀσκληπιάδου Περγαμηνοῦ ἰατροῦ, CIL XI 3943 = Dessau 7789: *C. Calpurnius Asclaepiades Prusa ad Olympum medicus.* Vgl. M. Wellmann, Real-Encykl. II 1632 Nr. 37 ff. Hippokrates als Name eines Arztes CIL VIII 9618 *Hippocratis medici Bodmilcaris f.*, vgl. auch Martial. IX 94, 2). Der bekannte Arzt Thessalus unter Nero (vgl. oben I 192, 11. 208) nannte sich vielleicht nach einem Sohn des Hippokrates (Galen. XVII A 314. 579). Ebenso führte ein Zeitgenosse Galens, der Arzt Antigenes (Galen. XIV 613), den Namen eines älteren berühmten Kollegen (M. Wellmann, Real-Encykl. I 2399 Nr. 12). Der Themison des Apuleius (Apol. 33: *Themison servus noster, medicinae non ignarus; Themison medicus* c. 48 wohl derselbe) führt den Namen des unter Augustus lebenden berühmten asklepiadeischen Arztes. Zu den von Ärzten öfters geführten Namen gehörte wohl auch Metrodorus; so hieß ein Freigelassener Ciceros, der Arzt war (ad fam. XVI 20; ad Attic. XV 1[a], 2) und ein weiterer CIL XIV 2652 (Tusculum): *A. Clodius Metrodorus mdicus* (sic). Ebenso Heras, ein Name, den vielleicht zuerst der Vorgänger des Andromachus berühmt machte (Gossen, Real-Encykl. VIII 529), vgl. CIL V 6064: *M. Petronius Herasmidicus* (l. *Heras medicus* Gruter) und Martial. VI 78, 3: *Huic Heras medicus 'bibas caveto'*. Allerdings wird man sich bei den dichterischen Erwähnungen stets zu fragen haben, ob hier der Name eines berühmten Arztes immer eine jüngere Persönlichkeit gleichen Namens oder nicht den Arzt schlechthin bezeichnet, eine Warnung, die übrigens auch für die übrigen hier behandelten Kategorien gilt.

Daß die gleiche Sitte auch bei bildenden Künstlern bestand, läßt sich allerdings, wie Löwy (Inschr. griech. Künstler S. 318) bemerkt, nicht beweisen, da Namen wie Praxiteles, Leochares überhaupt häufig waren, und überdies vielleicht eine von dem berühmten Praxiteles stammende Künstlerfamilie durch Jahrhunderte bestanden hat. Erwägt man jedoch, daß Künstler und Kunsthandwerker in der Kaiserzeit häufig dem Sklavenstande angehörten oder aus ihm hervorgingen, so wird man die Anwendung berühmter Namen von seiten der Herren[1]) auch hier ebenso natürlich finden wie die des Namens Amphion für

1) Petron. 70, 2 *et ideo ingenio meo impositum est illi nomen bellissimum; nam Daedalus vocatur.*

einen Kitharöden oder Themiso für einen Arzt, folglich von vornherein für wahrscheinlich halten. Es liegt also wenigstens nahe, bei der Inschrift eines im Jahre 159 n. Chr. aufgestellten ägyptischen Affen im Vatican: Φιδίας καὶ Ἀμμώνιος ἀμφότεροι Φιδίου ἐποίουν (IG XIV 1264, vgl. Brunn, Künstlergesch. I 610 f. Löwy Nr. 382) an eine Künstlerfamilie zu denken, wenn dies auch bei der Häufigkeit des Namens Phidias (Löwy zu Nr. 536) eine bloße Vermutung bleibt. Auch der Decurio und Duumvir Q. Lollius Alcamenes, der auf dem Relief der Villa Albani bei Helbig-Amelung, Führer[3] nr. 1862 (CIL VI 29707) eine Büste in der Hand hält, mag, wenn anders er als Künstler aufzufassen ist, seinen Namen von dem bekannten Bildhauer ableiten. F. Drexel.

XV

DIVERSIUM[1]

Über die im Zirkus von Constantinopel unter dem Namen *diversium* geübte Art des Wagenrennens unterrichtet ein Abschnitt in des Const. Porph. De cerimon. p. 336 d ed. Bonn.

Περὶ διβερσίου.

Δείλης κελεύοντος τοῦ βασιλέως γενέσθαι τὸ διβέρσιον, κατέρχεται ὁ ἀκτουάριος, καὶ φέρει τοὺς δ' ἡνιόχους καὶ τῶν δύο μερῶν τοὺς ἐπιστάτας καὶ τοὺς θεωρητὰς εἰς τὸ πρῶτον σημεῖον, καὶ ἐπιτρέπει αὐτοῖς ποιῆσαι τὸ διβέρσιον καὶ ἀνταλλάξαι τοὺς ἵππους, καὶ φέρουσιν οἱ ἡνίοχοι τοὺς ἀφέτας, τὰ ἱππάρια, τοὺς θυρανοίκτας καὶ τοὺς θεωρητάς, καὶ παραδιδοῦσι ἀλλήλοις τὰ ἅρματα, μὴ ἀναλύοντες τὴν κομβίναν τῆς πρωϊνῆς τοῦ α' βαΐου μηδὲ τὰ κάγκελλα, ἀλλ' ὡς εἴρηται, ἀντιπαραδιδοῦσιν τοὺς ἵππους καὶ τοὺς ὑπουργοῦντας, ὡς γνωρίζοντας τάς τε ἕξεις καὶ τὰ κατάθηκα αὐτῶν. τὰ δὲ σκεύη οὐκ ἀντικαταλλάσσονται, ἀλλ' ἕκαστος εἰς τὸ ἴδιον σκεῦος πατεῖ, καὶ πληροφοροῦσιν ἀλλήλους, μὴ προδοῦναι ἅρμα ἀτάκτως προφάσει δόλου· φοροῦσι δὲ πανία σημεῖα μηνύοντα, ὁ τοῦ βενέτου πράσινον, ὁ τοῦ πρασίνου βένετον, ὁ τοῦ λευκοῦ ῥούσιον, ὁ τοῦ ῥουσίου λευκόν. καὶ οἱ νικῶντες ἀπέρχονται εἰς τὸν δῆμον, ὅθεν εἰσὶν οἱ ἵπποι, καὶ μετὰ τὸ λαβεῖν τὰ ἔπαθλα, στεφομένων αὐτῶν ἐκ τοῦ βασιλέως, ἀπέρχονται εἰς τὸν αὐτῶν δῆμον. λέγουσιν αὐτοὶ ἄκτα. ἐὰν δὲ ἀντιπαραδιδόντες οἱ τέσσαρες ἡνίοχοι τὰ ἅρματα, μὴ ἀντιπαραδώσουσι τοὺς ἀφετοθυρανοίκτας, μηδὲ τοὺς θεωρητὰς εἰς τὰ κάθηκα, καὶ οἱ νικῶντες ἡνίοχοι εἰς τὸν ἴδιον δῆμον ἀπέρχονται μετὰ τῶν ἀντικαταλλαγέντων ἵππων, καὶ ἐκεῖ κράζοντος τοῦ δήμου τὰ ἴδια ἄκτα, λαμβάνουσι τὰ ἔπαθλα, ἐπειδὴ οἱ θεωρηταὶ πρὸς συνήθειαν κατὰ ἱπποδρομίαν παρίστανται, καὶ τὰ κάθηκα ἀλλήλων τηροῦσι διὰ καιρὸν διβερσίου. ἐὰν δὲ νικήσωσιν οἱ λειπόμενοι ἵπποι δι' ἐπιμελείας καὶ μόχθου τῶν μετελθόντων ἡνιόχων, εἰς τὸν δῆμον τὸν ἴδιον ἔρχονται, ἤγουν ὧν τὰ ἱππάρια ὑπάρχουσι, καὶ ἐκεῖ λαμβάνουσι τὰ ἔπαθλα.

Nach dieser freilich nicht völlig klaren Stelle war also damals in Constantinopel der Tausch der Farben und Gespanne für die Wagenlenker nicht beliebig, sondern er geschah zwischen Grünen und Blauen einerseits, und zwischen Weißen und Roten andererseits. Es gab zwei Arten des Diversium: bei der

1) Vgl. II 35, 7. 38, 7. 49, 6. Friedlaender, De certamine circensi diversio appellato, Progr. Königsberg 1872.

einen blieben die Diener und Gehilfen bei den Wagenlenkern ihrer Partei, bei der andern bei dem Gespann, gingen also zu dem Wagenlenker der Gegenpartei über. Im letzteren Fall erhielten die siegreichen Wagenlenker die Preise in der Partei, mit deren Gespann sie gesiegt hatten, im ersteren in ihrer eigenen, wobei auf die näheren Einzelheiten nicht weiter eingegangen sei (vgl. Pollack, Real-Encykl. V 1233 f.). Auf diese Art des Rennens wird auch in mehreren Epigrammen der Anthologie auf den berühmten Wagenlenker (φακτιονάριος) Porphyrios in Constantinopel angespielt, deren zwei sich auch im Original, auf dem Sockel eines ihm gewidmeten Denkmals, erhalten haben[1]). Ausdrücklich genannt wird das Diversium in einem der Zurufe des Volkes, die ebenfalls auf dem Denkmal verewigt worden sind: ὅλους ὧδε, ὅλους ἐκεῖ καὶ διβέρσια δεύτερον μόνος ἐνίκησε Πορφύρις ὁ εὐδόκιμος (Mordtmann S. 304).

Die nach Const. Porph. von den Wagenlenkern vertauschten πανία (*panni*) sind wohl die Tuniken selbst nach der von Kaibel S. 25 gewiß richtig auf das Diversium bezogenen Stelle des 10. Epigramms auf Porphyrius (Anthol. Pal. XV 46), wo es von der Siegesgöttin heißt: χρώμασι καὶ πέπλοις συμμετέβαλλε τύχας. So mögen denn die *versi panni* in der oben S. 193 angeführten Stelle des Flavius Caper einen Anhalt für die Annahme geben, daß bereits im römischen Zirkus eine dem Diversium ähnliche Einrichtung bestand. Die Anregung dazu ist bereits in einer schon oben II 38 erwähnten Äußerung des jüngeren Plinius enthalten (ep. IX 6, 2): *Si tamen aut velocitate equorum aut hominum arte traherentur, esset ratio non nulla: nunc favent panno, pannum amant, et si in ipso cursu medioque certamine hic color illuc, ille huc transferatur, studium favorque transibit, et repente agitatores illos, equos illos, quos procul noscitant, quorum clamitant nomina, relinquent.* Und vom Tausch wenigstens einzelner Pferde scheint auch in der Inschrift des Diocles die Rede zu sein (oben S. 193).

Nach der angeführten Stelle des Const. Porph. fand das Diversium am Nachmittage statt; vgl. auch das 50. Epigramm auf den Wagenlenker Constantinus (Anthol. Pal. XVI 374), der am Morgen 25 mal, dann mit gewechselten Pferden 21 mal siegte. Vermutlich war auch im römischen Zirkus die Trennung des Schauspiels in ein *antemeridianum* und *postmeridianum spectaculum* (Augustin. Conf. VIII 6, 15) durch eine Mittagspause (nach den ersten 10 oder 12 Rennen) alt, und die Stelle bei Cic. Or. 137: *Et 'posmeridianas quadrigas' quam 'postmeridianas' libentius dixerim* (so las bereits Velius Longus De orthogr. GL VII 79) bezieht sich schon darauf. Es ist hier also keine Schwierigkeit, und die Änderung Döderleins durch die Einschaltung von *quadriiugas* nach *postmeridianas* (vgl. Fleckeisen, Krit. Miszellen, Progr. des Vitztumschen Gymn. 1864 S. 48 f.) keine Verbesserung. F. Drexel.

1) Mordtmann, Athen. Mitteil. V 1880 S. 295 ff. mit Taf. XVI. Die Beziehung auf das Diversium hatte schon Kaibel erkannt (De monumentorum aliquot Graecorum carminibus, Diss. Bonn. 1871 S. 18 ff., vgl. auch Epigrammata Graeca S. 388 zu Nr. 935). Mordtmann setzt das Denkmal in die Zeit um 500 n. Chr.

XVI

GEBÄUDE FÜR DIE ÖFFENTLICHEN SCHAUSPIELE IN ITALIEN UND DEN PROVINZEN[1)]

A. AMPHITHEATER

Eine möglichst vollständige Kenntnis der sämtlichen im ganzen römischen Reiche mit hinlänglicher Sicherheit nachzuweisenden Amphitheater würde die Verbreitung der Fechterspiele und Tierhetzen am besten zur Anschauung bringen. Dabei darf natürlich nicht vergessen werden, daß steinerne Amphitheater, von denen allein sich Überreste bis in die neueren Zeiten erhalten konnten, nur da erbaut worden sind, wo solche Schauspiele regelmäßig und mit großer Ausrüstung gegeben wurden. Ein ausdrückliches Zeugnis dafür, daß man sich zu ihrer Veranstaltung vielfach mit Holzbauten begnügte, enthält die Inschrift (aus der Zeit des Antoninus Pius) CIL V 7637 = Dessau 5065 (Saluzzo): (*pecuniam*) . . . . *reliquam* . . . . . *in munus gladiatorium et saepta lignea*; und dies *munus* sollte jährlich stattfinden. Ebensowenig also, wie man an allen Orten, wo *munera* und *munerarii* nachweisbar sind, mit Sicherheit Amphitheater annehmen kann, ebensowenig kann man aus dem Mangel von Amphitheatern auf den Mangel von amphitheatralischen Schauspielen schließen (vgl. das oben II 105 über Griechenland Gesagte).

Nun kann aber jeder Versuch, eine Übersicht der nachweisbaren Amphitheater zu geben, nur ein sehr unvollkommenes Resultat liefern. Die Angaben begründen sich entweder auf Überlieferung oder auf vorhandene Überbleibsel; in beiden Fällen ist die Gefahr zu irren augenscheinlich. Die Nachrichten sind zuweilen zweideutig und unzuverlässig, wie namentlich in den (überdies zum Teil apokryphen) Acta martyrum und Acta sanctorum. Ein angebliches Amphitheater zu Perugia z. B., von dem dortige Schriftsteller sprechen, scheint ausschließlich auf apokryphen Akten des h. Herculanus zu beruhen (Vermiglioli, Iscriz. Perugine S. 254—259). Mißlich ist es ferner, die Existenz von Amphitheatern allein aus dem Vorkommen von Namen zu folgern, mit denen sie im Mittelalter bezeichnet wurden. Der häufigste derselben ist *Arena*. Du Cange s. v. führt aus mittelalterlichen Urkunden Erwähnungen der *Arenae Pe-*

1) Vgl. II 53, 10. 107, 2. 110, 6.

tracoricenses, *Remenses*, *Parisienses* und der *Arènes de Bourges* an. Allerdings lassen sich an allen jenen Orten Amphitheater nachweisen, doch bleiben Annahmen von solchen, die allein auf diesen Namen (oder wie von Valesius, Notitia Galliarum S. 332 auf den Namen *Cavea*) begründet sind, unsicher; so wenn die Existenz eines Amphitheaters zu Aquileja von Bartoli, Antich. d'Aquileja S. 254 allein aus der öfteren Erwähnung einer *torre d'Arena* in alten Schriften der Stadt gefolgert wird.

Der Name *Colosseum* ist ebenfalls, wenigstens in Italien hier und da, auch außerhalb Roms von Amphitheatern gebraucht worden. Am bekanntesten ist dies von dem capuanischen, das der Benediktinermönch Erchempert, der im 9. Jahrhundert in Capua seine langobardische Geschichte schrieb, *Colossus* nennt. Benv. Cellini sagt von dem Amphitheater zu Florenz (Vit. cap. 1): »*trovasi scritto nelle cronache da' nostri Fiorentini molto antichi ed uomini di fede, che la città di Firenze fu fatta ad imitazione della città di Roma, e ciò si vede di alcune vestigie del Colosseo e delle Terme.*« Promis, Memorie della città di Luni S. 225 sagt, daß das dortige Amphitheater von den Landleuten *colosseo* genannt werde, »*nome propagatosi da quello celebre di Roma, e frequente sopra tutto nella Italia inferiore*«.

Noch ein dritter an einigen Orten Italiens üblicher Name verdient Erwähnung. Erchempert nennt das Amphitheater von Capua auch *Berolais*, *Berelasis*, *Berolassi*. In Italien findet sich der Name in der jetzt üblichen Form *Verlasci* nicht bloß zu Capua, sondern auch in Minturnae und in Venafrum (s. u.), sodann in Arezzo und Florenz, an beiden Orten ist mit der Zeit *Parlagio* daraus geworden. Es ist nicht ohne Interesse, diese Veränderungen zu verfolgen, und einige Mitteilungen aus der Schrift von Dom. Maria Manni, Notizie istoriche intorno al Parlagio ovvero anfiteatro di Firenze (Bologna 1746), die Otto Jahns Bibliothek enthielt, dürften um so eher willkommen sein, als diese Schrift wohl in Deutschland sehr selten ist. Die Reste desselben Amphitheaters, das B. Cellini *Colosseum* nennt, heißen in Urkunden des 11., 12., 13. und 14. Jahrhunderts *Perilasium*, *Perlasium*, *Perlagium*, *Perlascio*, *Pierlascio*, *Piarlagio*, *Piarlasgio*. Auffallend ist die Abweichung *Pratolascio* in zwei Pergamenten von 1085 und 1086. Das unverständliche Wort verwandelte sich sehr natürlich in das scheinbar verständliche *Parlagio*; sobald diese Umwandlung erfolgt war, schien auch die Herkunft von *parlare* unzweifelhaft, und das Gebäude galt fortan als ein zu Volksberatungen bestimmtes. Schon Villani erzählt von seiner Erbauung durch Julius Cäsar (Storie I cap. 33): »*Comandò a' suoi, che dovessero andare nella villa di Camarti presso il fiume d'Arno; ed ivi edificassero Parlatorio per poter in quello fare suo parlamento e per una sua memoria lasciarlo. Questo edificio in nostro volgare avemo chiamato Parlagio. Fu fatto tondo e in volte molto maravigliose e con piazza in mezzo; e poi si cominciavano gradi da sedere tutto al torno, e poi di grado in grado sopra volte andavano allargandosi infino alla fine dell' altezza, ch'era alto più di 60 braccia, e avea due porte, ed in questo si ragunava il popolo a far parlamento. E di grado in grado sedeano le genti, al di sopra i più nobili, e poi digradando secondo la dignità delle genti; ed era per modo che tutti quelli del parlamento si vedean l'un l'altro in viso; ed udivasi chiaramente per tutti ciò che uno parlava, e capeavi ad agio infinita moltitudine di gente e' 'l diritto nome era Parlatorio.«* Dieser Glaube erhielt sich bis ins 16. Jahrhundert; das Wörterbuch der Crusca hat *Parlagio dove si tenea Parlamento.* Der erste florentinische Schriftsteller, der die Bedeutung des Gebäudes erkannte, war Borghini (1578). Auch das Amphitheater von Arezzo heißt in einer aretinischen Chronik des 14. Jahrhunderts *i Parlagi.* Der Name findet sich auch in Pisa, wo aber vermutlich ein großer Thermenbau darunter verstanden ward (Manni a. a. O. S. 12). Vielleicht war das Wort eine volkstümliche Bezeichnung für alle antiken Ruinen geworden, wie nach P. S. Bartoli das Volk in Rom »*soleva chiamar Terme tutti i grandi edifizi, dalla grandezza delle Terme di Antonino e di Diocleziano*« (Fea, Miscellanea I S. CCXLIX).

Man hat schließlich mit dieser Bezeichnung auch die Namen Perlach und Berlich in Verbindung setzen wollen, welche bestimmte Gegenden der Städte Augsburg und Köln tragen (Becker, Bonner Jahrb. XLII 1867 S. 64ff.). Diese Vermutung ist, was Augsburg betrifft, unhaltbar, für Köln an sich erwägenswert (dagegen Keussen, Westd. Ztschr. XX 1901 S. 23, dafür Cramer, Röm.-Germ. Studien S. 241), aber auf alle Fälle unsicher, auch wenn man, gewissermaßen als Brücke, die alte volkstümliche Benennung des Amphitheaters von Vindonissa als 'Bärlisgruob' heranzieht.

Den Ursprung aller dieser Namen sucht J. Zacher († 1887) in einem ahd. einen Bärenzwinger, wörtlich ein Bärengelaß, bezeichnenden Wort *bero-laz.*

Auch die auf Baureste begründeten Angaben sind häufig irrig. Ein angebliches Amphitheater zu Doué in Poitou, das Lipsius hat abbilden lassen und beschrieben hat (De amph. c. VI), war nach Montfaucon, Antiq. expliqu. III 258 ein Überbleibsel eines alten französischen Königspalastes. Vollends bei unzweifelhaft antiken Ruinen hat die oberflächlichste Ähnlichkeit oft hingereicht, um ein Amphitheater anzunehmen: »*ogni apparenza di rotondità o di oval figura all' imaginazione d'alcuni ricorda anfiteatro*«, sagt Maffei S. 93. Man wird also alle derartigen Angaben ohne nähere Begründung mit Vorsicht aufzunehmen haben, besonders wenn sie aus dem Mittelalter oder den ersten Jahrhunderten der neueren Zeit stammen. Bei manchen Ruinen dürfte die Entscheidung, ob sie von einem Amphitheater herrühren, überhaupt nicht möglich sein.

Wenn also auf der einen Seite von den Angaben über Amphitheater manche Abzüge gemacht werden müssen, so ist auf der andern Seite doch klar, daß wir nur von einem Teil der im Altertume vorhandenen Kenntnis haben können. Denn sehr viele müssen während des Mittelalters spurlos verschwunden oder bis zur Unkenntlichkeit zerstört worden sein. Nur ausnahmsweise und durch ein Zusammentreffen besonderer Umstände sind von einer Anzahl mehr oder minder bedeutende Ruinen stehen geblieben, oder aus der Zeit vor ihrer gänzlichen Zerstörung eine Kunde auf uns gekommen. Dergleichen Nachrichten dürften in Schriften früherer Jahrhunderte, besonders in städtischen Urkunden, sodann in Länderbeschreibungen und Reiseberichten, vielleicht noch gar manche zu finden sein.

Den ersten Versuch eines Verzeichnisses machte Lipsius in der Schrift De amphitheatris quae extra Romam (1589), worin 15 Amphitheater aufgezählt werden, unter denen aber zwei, die erwähnte Ruine zu Doué und ein angebliches athenisches, fälschlich hier genannt waren. Montfaucon, Antiq. expliquée III 258 nennt 18 außerhalb Roms, mit Ausnahme der Ruine von Italica sämtlich in Italien und Frankreich. Gegen die namentlich bei den Lokalhistorikern auftretenden leichtfertigen und unkritischen Angaben über Amphitheater trat durch Maffeis Werk Degli anfiteatri (Verona illustrata, ed. 2, Milano 1826 vol. V) eine heilsame Reaktion ein; freilich ging Maffei in seiner Hyperkritik so sehr über alles Maß hinaus, daß er überhaupt nur drei Amphitheater (zu Rom, Capua und Verona) anerkannte, das zu Pola für ein Theater erklärte und das zu Nimes wenigstens in Zweifel zog. Clérisseau, Antiquités de la France (1804) S. 90—96 gibt ein Verzeichnis von 62 Amphitheatern, Promis, Memorie della città di Luni (1837) S. 225, 1 zählt 62 allein in Italien, von denen er 55 als unzweifelhaft annimmt. In seiner Storia dell' antica Torino (1869) S. 190 fügt er zu den 62 noch 23 hinzu: »*nè ho dubbio di asserire che una diligente perlustrazione della parte men percorsa d' Italia, come la Puglia e l'ultima Calabria ne porterebbe il numero almeno a cento, non contando quelli delle isole.*« Das neueste mir bekannte Verzeichnis sämtlicher bekannten Amphitheater von Emil Hübner, Monum. ed Ann. d. Inst. 1856 S. 67 enthält zwischen 80 und 90 Namen. Es begreift sich, daß nicht alle in diesen Schriften genannten Amphitheater unten wiederkehren: manche stellten sich bei genauerem Nachsehen als fälschlich aufgenommen, andere als sonst völlig unbezeugt heraus; namentlich Promis gibt eine Reihe von Amphitheatern an, über die schlechterdings sonst keine Nachricht aufzutreiben war. Wenn hingegen im folgenden eine ungleich größere Anzahl neuer Amphitheater auftauchen, so ist das großenteils das Verdienst von Helfern wie R. Bergau, O. Hirschfeld, H. Nissen, E. Hübner und K. Bursian.

Das erste steinerne Amphitheater Roms, das Statilius Taurus im Jahre 31 v. Chr. baute, war nicht das älteste in Italien. Dies ist für uns das Amphitheater von Pompeji, dessen Bauinschrift CIL I 1246 = X 852 = Dessau 5627 noch in die Zeit Sullas gehören dürfte. Eine gewisse innere Wahrscheinlichkeit spricht dafür, daß ihm Capua, Roms Lehrmeister auf diesem Gebiet und überhaupt der offenbare Ausgangspunkt der Festspiele (s. oben II 50, 5), vorangegangen ist, wenn auch die erhaltene Bauinschrift des dortigen Amphitheaters nichts davon weiß.

Nachdem Rom sein steinernes Amphitheater erhalten hatte, werden deren bald mehrere in Italien auch außerhalb Campaniens erbaut worden sein. Etwa augusteischer Zeit gehört die Bauinschrift des Amphitheaters von Falerii an, etwas jünger ist die von Interpromium. Die Beziehung der aus dem Amphitheater von Telesia stammenden Bauinschrift des Jahres 13 v. Chr. ist nicht ganz sicher. Das Amphitheater von Aosta wird gleichzeitig mit der Stadt um 24 v. Chr. angelegt worden sein. In die Zeit des Claudius gehört die Bauinschrift von Praeneste. Vitruv. I 7, 1 gibt die Vorschrift, die Tempel des Hercules in Städten, die weder Gymnasien noch Amphitheater haben, beim Zirkus zu erbauen; doch fanden die Fechterspiele noch vielfach auf dem Forum statt (ebd. V 1, 1): *Italiae urbibus (forum) non eadem est ratione faciendum ideo quod a maioribus consuetudo tradita est gladiatoria munera in foro dari.* Auch Propert. IV 8, 76 bezeugt das: *Tu neque Pompeia spatiabere cultus in umbra, nec cum lascivum sternet harena forum.* Doch scheint sich die Sitte in den größeren Städten bald verloren zu haben, während sie in Landorten noch fortbestanden haben mag. Auch in den Provinzen verbreiteten sich die Amphitheater sehr schnell. In Alexandria gab es ein Amphitheater schon im Jahre 24 v. Chr., da es Strabo XVII 795, der in diesem Jahre in Ägypten war, bereits nennt.

Der Name *amphitheatrum* (wofür Ovid. Metam. XI 25 *structum utrimque theatrum* sagt) findet sich zuerst Vitruv. I 7, 1: *Herculi, in quibus civitatibus non sunt gymnasia neque amphitheatra, ad circum,* dann Mon. Ancyr. lat. 4, 41: *(venationes) in circo aut in foro aut in amphitheatris.* Ἀμφιθέατρος ist ein Adjektivum (ἀμφιθέατρος ἱππόδρομος Dionys. Hal. III 68, 3. IV 44, 1), das ganz der Analogie der von ἀμφί und einem Substantiv gebildeten Adjektiva folgt, wie ἀμφιθάλαμος, ἀμφιθάλασσος, ἀμφίθυρος usw.; also ἀμφιθέατρον sc. οἰκοδόμημα dessen zum Substantiv gewordenes Neutrum. Cass. Dio XLIII 22, 3 (46 v. Chr.): Cäsar θέατρόν τι κυνηγετικὸν ἰκριώσας, ὃ καὶ ἀμφιθέατρον ἐκ τοῦ πέριξ πανταχόθεν ἕδρας ἄνευ σκηνῆς ἔχειν προσερρήθη. Augustus gebrauchte den Plural *amphitheatra* wohl mit Anlehnung an das einheimische *spectacula,* wie Nissen, Pomp. Studien S. 108 bemerkt, während Mommsen, Res gestae divi Aug.[2] S. 94 den Plural daher ableitet, »*cum essent amphitheatra tamquam theatra duo*«. Diese letztere Anschauung über die Entstehung des Amphitheaters, die auch der Bau des Curio (oben II 54, 1) nahezulegen scheint und die sowohl Isidor Orig. XV 2. XVIII 52 wie Cassiodor Var. V 42, 5 vertreten, erscheint indessen reichlich mechanistisch, vgl. darüber Nissen a. a. O. S. 117, dessen Ausführungen überhaupt zu beachten sind.

a. DER WESTEN.

ITALIA.

CAMPANIA. Capua. Das Amphitheater, dessen mächtige Ruine noch heute weithin die Augen auf sich lenkt, stand dem Colosseum an Größe nur wenig nach. Es hatte angeblich vier Stockwerke. Von der Außenmauer stehen nur noch zwei Bogen mit Götterbüsten in den Schlußsteinen. Die Arena wird von ähnlich mächtigen unterirdischen Anlagen wie in Rom durchzogen. Der Bau ist wohl im 1. Jahrhundert n. Chr. errichtet, von Hadrian und Antoninus Pius ausgeschmückt worden (CIL X 3832). Von der zahlreichen Literatur sei erwähnt Alvino, Anfiteatro Campano (Napoli 1842). Rucca im Museo Borbonico XV 1856. Beloch, Campanien S. 351 f. Ein *munus gladiatorium* CIL X 3925. Die *Rosaria ampiteatri* am 13. Mai im Capuaner Festkalender von 387 n. Chr. (CIL X 3792 = Dessau 4918). Über die Capuaner Fechterschule s. oben II 65, 15. 67, 5.

Atella. Das Amphitheater von Atella wird anläßlich des Todes des Tiberius erwähnt (Sueton. Tib. 75, 3). Säulen und Marmorplatten sollen beim Bau der Kathedrale von Aversa und des Museo Nazionale in Neapel verwendet worden sein (Beloch S. 381).

Neapolis. Eine *venatio* wird erwähnt CIL X 1491 = Dessau 6456. Von einem Amphitheater ist nichts bekannt; was es mit den von Garrucci (s. unter Catina) mitgeteilten, auf ein Amphitheater bezüglichen Straßennamen auf sich hat, ist noch festzustellen.

Cumae. Stattliches, aber schlecht erhaltenes Amphitheater im Süden vor der Stadt (Beloch S. 163); nach Baedeker noch 21 Sitzreihen erhalten. Venationen und Gladiatorenspiele CIL X 3704 = Dessau 5054 (unsicher, ob nach Cumae gehörig).

Puteoli. Über das große und verhältnismäßig wohl erhaltene Amphitheater unterrichtet ausführlich Dubois, Pouzzoles antique (Paris 1907) S. 315ff. mit Plänen und Bildern, kurz Beloch S. 137f. Nach der Bauinschrift CIL X 1789 ist es frühestens in flavischer Zeit errichtet worden, doch hat schon Nero im Jahre 66 in Puteoli zu Ehren des Tiridates Gladiatorenkämpfe und Venationen veranstaltet (Cass. Dio LXIII 3, 1). Da zudem auf dem Glasgefäß von Odemira mit seiner Ansicht von Puteoli (Arch. Zeitung XXVI 1867 Taf. 11, darnach Dubois S. 190 Fig. 7) zwei Amphitheater dargestellt zu sein scheinen, vermuten Beloch und Dubois (S. 192f.), daß außer dem bekannten Amphitheater einst noch ein zweites vorhanden gewesen sei; Dubois glaubt Baureste wenig östlich des ersten darauf beziehen zu sollen. Nach neueren Nachrichten ist während des Krieges das gesuchte zweite Amphitheater sicher festgestellt worden (Kunstchronik 1919 Nr. 19 S. 389) — Unter den Spielgebern von Puteoli befand sich auch der Pantomime Pylades, der Freigelassene des M. Aurel und L. Verus (Mommsen, Röm. Mitt. III 1888 S. 79 = Eph. ep. VIII S. 98, 369 = Dessau 5186, s. oben S. 199). Zwei Gavier, Vater und Sohn, als Spielgeber CIL X 1785 = Dessau 6333.

Pompeji. Die Literatur bei Mau, Pompeji[2] Anhang S. 37f., hervorzuheben ist Mau a. a. O. S. 216ff. Overbeck-Mau S. 176ff. Nissen, Pomp. Stud. S. 97ff. (R. Schöne). Das bekannte Bild mit der Schlägerei der Pompejaner und Nuceriner im Amphitheater (Tac. Ann. XIV 17) z. B. bei Durm, Baukunst d. Römer[2] S. 681 Fig. 749. Vgl. auch Schreiber, Bilderatlas Taf. XXVII 2. 4. 5. Verkaufsstände um das Amphitheater: CIL IV S. 202 zu nr. 1096ff. Ankündigung von Gladiatorenkämpfen: CIL IV 1177—1204; Suppl. 3881—84; sonstige auf Gladiatorenkämpfe bezügliche Wandinschriften: CIL IV Suppl. Index S. 775 (siehe auch oben II 62, 3. 67, 4).

Surrentum. Ein Gladiatorenspiel CIL X 688. Von einem Amphitheater ist nichts bekannt (Beloch S. 266).

Nola. Spärlichste Reste eines Amphitheaters westlich vor der Stadt, im Anfang des 16. Jahrhunderts sah man noch große Teile aufrecht stehen (Beloch S. 404). Über das angebliche zweite Amphitheater (*amphitheatrum marmoreum* im Gegensatz zu dem eigentlichen *amphitheatrum latericium*) s. das Verzeichnis der Theater.

Salernum. CIL X 539 = Dessau 5061: ein *munus ferarum Libycarum.*

Abella. Umfang und weniges aufgehendes Mauerwerk sind noch kenntlich (Beloch S. 415). Ein Gladiatorenspiel CIL X 1211 = Dessau 5058 (170 n. Chr., nach dem Ausdruck *obliterato muneris spectac.* hat der Spielgeber einen alten Brauch wieder erneut); auf den Nebenseiten des Steins Reliefs mit Gladiatoren und der Darstellung eines Amphitheaters.

Cales. Reste eines Amphitheaters (Nissen, Ital. Landesk. II 694. Delbrück, Röm. Mitt. XVIII 1903 S. 146).

LATIUM. Sinuessa. Ein Amphitheater bezeugt CIL X 4737 = Dessau

1898[a]: *Sex. Caecilius Sex. f. Quir. Birronianus ..... podium amphitheatri a solo fecit*, vgl. auch 4727 = I 1199 = Dessau 6297 mit Erwähnung eines *munus gladiatorium.*

Suessa Auruncorum. Reste eines Amphitheaters (Nissen II 667). Ein Gladiatorenspiel unter Commodus CIL X 4760 = Dessau 6296.

Minturnae. Ruinen eines Amphitheaters (Nissen II 663), das schon Lipsius nennt (*pars amphitheatri latericii bene conspicua*). Die Örtlichkeit heißt *i Virilasci* (CIL X 6054a, s. oben S. 206). Ein *munus gladiatorium* CIL X 6012 = Dessau 5062, vgl. auch 6090 = Dessau 6295.

Tarracina. Ein kleines Amphitheater (Nissen II 642. de la Blanchère, Terracine, Paris 1884 S. 111 u. Taf. II). Die Bauinschrift CIL X 6329: *T. T. Memmi Rufi pater et filius fecer.*

Casinum. Stattliche Überreste eines größeren Amphitheaters, erbaut von der aus Plin. ep. VII 24 bekannten Ummidia Quadratilla (CIL X 5183 = Dessau 5628, die Inschrift ist im Amphitheater gefunden).

Aquinum. Reste eines Amphitheaters, vgl. Nissen II 676; E. Grossi, Aquinum (Roma 1907) ist mir nicht zugänglich.

Frusino. Hier bestand angeblich ein Amphitheater (Nissen II 655), doch ist es vielleicht nur aus der vermeintlichen Eintrittstessera erschlossen worden (»*uscita dagli ultimi sterri dell' anfiteatro di Frosinone*«, Bull. d. Inst. 1830 S. 265), über deren richtige Lesung vgl. Dessau 8625, 6 und Mommsen, Ges. Schr. VIII 2, 1.

Tibur. Nach Promis, Città di Luni S. 225 hat hier ein Amphitheater bis auf die Zeit Pius' II gestanden. CIL XIV 4259 = Dessau 5630: *huius pater ad amphitheatri dedicationem HS* (*viginti milia*) *p*(*ollicitus*) *e*(*st*) *et operas n. CC.* CIL XIV 3663 = Dessau 6234: *XX paria gladiatorum et venatio* (184 n. Chr.).

Praeneste. CIL XIV 3010 = Dessau 5629 (aus claudischer Zeit) erwähnt den Bau eines Amphitheaters, 3014 = Dessau 6252 den eines *ludus gladiatorius.* Gladiatorenspiele 3014 und 3015 = Dessau 6256, vgl. auch 2991 und 3011 und die Schriftstellerzeugnisse für die Spielleidenschaft der Pränestiner bei Nissen II 624, 2 (s. auch oben II 103, 4).

Roma. Über die Amphitheater Roms vgl. Jordan-Hülsen, Topogr. I 3 S. 282 ff. (Colosseum). 248 f. (*amphitheatrum castrense*). 496 f. (Amphitheater des Statilius Taurus). 501 (*amphitheatrum ligneum* Neros auf dem Marsfeld); Literatur auch bei Kiepert-Huelsen, Formae urbis Romae[2] S. 48 f. Das *amphitheatrum castrense* war für den kaiserlichen Hof bestimmt, vgl. außer Jordan-Hülsen a. a. O. auch Huelsen, Real-Encykl. III 1773 und Hirschfeld, Verwaltungsbeamte[2] S. 313, 3. Zum Colosseum (oben II 110 ff.) s. noch Babucke, Geschichte des Kolosseums (Progr. Königsberg 1899) und Gall, Real-Encycl. VI 2516 ff., Bilder bei Schreiber, Bilderatlas Taf. XXIX 1—5.

Fidenae. Im Jahre 27 n. Chr. brach das von einem spekulativen Unternehmer, der Tiberius Verbot der stadtrömischen Gladiatorenspiele auszunützen suchte, in Fidenae errichtete Amphitheater zusammen und begrub eine Unzahl Menschen unter seinen Trümmern (Tac. Ann. IV 62 f., erwähnt auch Suet. Tib. 40; Cal. 31. Oros. VII 4, 11).

Lanuvium. Hist. Aug. Comm. 8, 5: *appellatus est etiam Romanus Hercules, quod feras Lanuvii in amphitheatro occidisset.* Die Ergänzung der Inschrift CIL XIV 2127: *Ex s. c. de sua pec.* [. . . .]*heatrum refec.* ist unsicher (s. das Verzeichnis der Theater); doch bezeugen nach Benndorf, Bull. d. Inst. 1865 S. 226 »*alcuni scrittori antichi citati dal Volpi Vet. Lat. V p. 87*« die Existenz eines Amphitheaters.

Lavinium. CIL XIV 2080 = Dessau 6186: Ehreninschrift der Gemeinde für einen Wohltäter, *qui pos multum temporis aeditionem debotionis renobabit et iterabit.*

Tusculum. Ältere Aufnahme des Amphitheaters bei Canina, Descr. dell' antico Tuscolo Taf. 22 und 23. Es ist in neuerer Zeit freigelegt worden (vgl. Lanciani, Not. d. Scavi 1885 S. 477 f.).

Albanum. Das in umfangreichen Ruinen erhaltene Amphitheater (Nissen II 588) wird in Verbindung mit dem Lager der zweiten parthischen Legion stehen, vor dessen Nordecke es liegt, vgl. den Gesamtplan Mon., Ann. e Bull. d. Inst. 1854 Taf. XXV. Auf die Existenz eines Amphitheaters in Domitians Villa könnten Suet. Dom. 4, 4 und 19 und Juv. 4, 99 f. weisen.

Velitrae. CIL X 6565 = Dessau 5632 meldet die Wiederherstellung des Amphitheaters unter den Kaisern Valentinian und Valens. Reste sind nicht bekannt.

Setia. Nach Westphal, Röm. Kampagna S. 53 sind dort geringe Überreste eines Amphitheaters, die nur aus einigen Bogen zur Linken der nach Sermoneta führenden Straße bestehen.

Circeji. Sueton. Tiber. 72, 2: ... *Cerceios pertendit. ac ... castrensibus ludis non tantum interfuit, sed etiam missum in harenam aprum iaculis desuper petit* (über *castrensis* s. unter Rom). Bau (?) und Einweihung eines Amphitheaters meldet die Inschrift CIL X 6429.

SAMNIUM. Venafrum. Vom Bau eines Amphitheaters reden die Inschriftbruchstücke CIL X 4892. Nach Cotugno, Memorie storiche di Venafro (Nap. 1824) S. 260 f. hatte das Amphitheater, dessen Ruinen sich *nel così detto Vorlascio* (oben S. 206) befinden, für 8000 Zuschauer Raum. Heute scheinen keine Reste mehr vorhanden zu sein. CIL X 4915 = Dessau 5150: metrische Grabschrift eines *tibicen ludi gladiatorii.*

Allifae. Gladiatorenspiele und Venationen erwähnen die Inschriften CIL IX 2350 (und 2351) = Dessau 5059.

Compsa. Ein *munus gladiatorium* CIL IX 981.

Telesia. »Ein Amphitheater liegt im Westen vor der Stadt« (Nissen II 803). Von ihm stammt angeblich die Bauinschrift CIL IX 2197 = Dessau 3372 aus dem Jahre 13 v. Chr. (*parietem supra arcus de suo fecit* usf.). Venationen und Gladiatorenspiele CIL IX 2237 (= Dessau 5060) und 2249.

Beneventum. Munera und Gladiatorenspiele Tac. Ann. XV 34. CIL IX 1540. 1666. 1703. 1705 = Dessau 4186. 5066—5068 und Dessau 5063[a]. Von einem Amphitheater ist nichts bekannt.

Aeclanum. Reste eines Amphitheaters (Nissen II 818). Munera und Gladiatorenspiele CIL IX 1156. 1175. 1176. 1179. 1184.

LUCANIA. Paestum. Kleines Amphitheater mitten in der Stadt (Nissen II 894).

Grumentum. »Ein Amphitheater von ganz stattlichen Abmessungen (Arena 62,6 × 60 m)« (Nissen II 910). Vgl. Lombardi, Memorie dell' Inst. S. 237 und Patroni, Not. d. Scavi 1897 S. 180. Ein *curator muneris* CIL X 226 = Dessau 6451.

Atina. »Reste eines Amphitheaters« (Nissen II 904).

CALABRIA. Lupiae. CIL IX 21: *Otacilia M. f. Secundilla amphitheatrum* [.....]. Die Überreste liegen unter Piazza S. Oronzo, sie sind neuerdings teilweise freigelegt worden (Pagenstecher, Apulien S. 164).

APULIA. Luceria. »Ein Amphitheater östlich außerhalb ist kaum kenntlich« (Nissen II 843).

Canusium. Unter den Bauwerken ist ein großes Amphitheater (Nissen II 56. Pagenstecher a. a. O. S. 73. 76). *IIII viri (opus faciunt) de munere gladiatorio* CIL IX 326. 327.

Venusia. Reste eines Amphitheaters (Nissen II 830), vgl. Aloe, Bull. d. Inst. 1842 S. 129f. Ein *curator muneris* CIL IX 447. Aus Venusia stammen auch die beiden bekannten Gladiatorenlisten CIL IX 465. 466 = Dessau 5083. 5083ª (s. unten S. 264ff.).

Tarentum. Ein Amphitheater nennt Nissen II 874. Es lag in der östlichen Vorstadt unter der heutigen Piazza Amfiteatro.

FRENTANI. Larinum. Reste eines Amphitheaters (Nissen II 784).

MARSI. Marruvium. Unter seinen Ruinen wird ein Amphitheater erwähnt nach Nissen II 456. Ein Gladiatorenspiel scheint genannt CIL IX 3692.

PAELIGNI. Superaequum. CIL IX 3314 = Dessau 5056: *(Hic) primus huic loco venationem edidit* (271 n. Chr.).

Interpromium. CIL IX 3044 = Dessau 2689: ein ehemaliger *praef. Raetis Vindolicis vallis Poeninae et levis armatur. ...... amphitheatrum d. s. p. fecit* (früheste Kaiserzeit).

AEQUI. Alba Fucens. Das Amphitheater ist fast nur noch im Terrain kenntlich, vgl. Promis, Alba Fucense S. 243ff. Nissen II 59.

VESTINI. Peltuinum. Ein *spectaculum glad.* CIL IX 3437 = Dessau 5063. Das angebliche Amphitheater ist ein Theater (s. dieses).

SABINI. Amiternum. Das Amphitheater ist abgebildet bei Guattani, Mon. Sab. III 14, vgl. Nissen II 470 und Delbrück, Röm. Mitt. XVIII 1903 S. 154. Gladiatorenspiele und Errichtung einer Biga im Amphitheater CIL IX 4208.

Reate. Nach Promis, Luni S. 225 ist das Amphitheater erst im Jahre 1283 zerstört worden. Nissen kennt es nicht.

Trebula Mutuesca. »Man sieht ein Amphitheater und andere Überreste der Stadt bei der Kirche St. Vittoria 1—2 km südwestlich von Monteleone« (Nissen II 478).

PICENUM. Ancona. Reste eines Amphitheaters am Abhang des M. Guasco, der den Venustempel trug (Nissen II 417). Grabinschrift einer Gladiatorenfamilie CIL IX 5906 = Dessau 5128. Vgl. auch Nissen, Bull. d. Inst. 1865 S. 14.

Auximum. CIL IX 5854 = Dessau 5064: alljährliche Gladiatorenspiele; 5855: *Gladiatores edidit.*

Ricina. Unter den ausgedehnten Ziegelruinen von Ricina findet sich auch ein Amphitheater (Nissen II 420).

Urbisalvia. Ansehnliche Ruinen eines Amphitheaters (Nissen II 422).

Firmum. »*Dell' anfiteatro non restano che reliquie informi nella parte orientale del colle, su cui siede la città*« (Deminicis, Ann. d. Inst. 1858 S. 127, vgl. 1846 S. 54 und Bull. d. Inst. 1839 S. 90). Wenn CIL IX 5353 zugehörig, ist der Bau in der Frühzeit des Antoninus Pius errichtet (erneuert? ausgestattet?) worden.

Falerio. Ein Amphitheater nennt Nissen II 423. Beschreibung bei Deminicis, Giorn. arcad. LV 1832 S. 160ff. mit Tafel.

Asculum Picenum. Reste eines Amphitheaters (Nissen II 428).

Interamnia Praetuttianorum. Reste eines Amphitheaters (Nissen II 431), vgl. auch Bull. Nap. II 1844 S. 64[1]) und Not. d. Scavi 1903 S. 54ff. (spärliche Reste der Arkaden).

UMBRIA. Ocriculum. Ruinen eines Amphitheaters, vgl. Nissen II 407 und Guattani, Mon. ant. inediti ovvero notizie per l'anno 1784 S. 83ff.

Interamna Nahars. Größere Reste eines Amphitheaters im Garten des Bischofspalastes (Nissen II 405).

Spoletium. Das Amphitheater, dessen Reste heute innerhalb einer Kaserne liegen, erwähnt Prokop (Bell. Goth. III 23, 3; vgl. Nissen II 404).

Carsulae. Ein Amphitheater nennt Holstenius ad Cluver. S. 99, heute sind keine Reste mehr vorhanden (Nissen II 398). Dessau 1901: *primus munus gladiatorium municipio* [*edidit*].

Mevania. »Ein Amphitheater ist in den Häusern verbaut« (Nissen II 397).

Fulginium. Ein Amphitheater bezeugt die Lokaltradition (vgl. Colucci, Ant. Pic. XI 75), vielleicht mit Recht (Nissen II 401).

Hispellum. Reste eines stattlichen Amphitheaters vor der Stadt an der Straße nach Assisi (Nissen II 396). Vgl. auch CIL XI 5265 = Dessau 705 (oben II 100, 7).

Asisium. Das von Friedlaender herangezogene Zeugnis des Dondi (um 1375) ist sehr unsicher (CIL VI p. XXVII).

Ariminum. Wenige Reste eines großen Amphitheaters (Nissen II 250).

Pisaurum. CIL XI 6357 = Dessau 5057: Ehreninschrift für einen Duumvirn, *quod ex indulgentia Aug. octies spectaculum gladiator. ediderit.*

ETRURIA. Lucus Feroniae. CIL XI 3938 = Dessau 6589: Ehreninschrift für M. Silius Epaphroditus, *quod amphitheatrum col. Iul. Felici Lucofer. s. p. f. dedicavitque*. Reste sind nicht vorhanden (Nissen II 370).

Sutrium. Vor der Stadt liegt die eindrucksvolle Ruine eines in den Felsen gehauenen, von Steineichen beschatteten Amphitheaters (Nissen II 356). Plan bei Canina, Etruria marittima I Taf. 21. 22, ausführliche Beschreibung bei Dennis, Cities and Cemeteries of Etruria c. IV.

Falerii. Das dortige Amphitheater wurde um 1860 außerhalb der Mauern aufgedeckt, vgl. Michaelis, Arch. Anz. 1862 S. 343*ff. Nissen II 365. Am Tor fanden sich die Reste der Bauinschrift CIL XI 3112, mit Buchstaben etwa augusteischer Zeit; vgl. auch 3139.

1) Ebendaselbst: »*Nel circondario di Nereto, in Garrufo, si veggono avanzi di un bello anfiteatro.*« Nereto liegt nordöstl. von Teramo, nahe der Mündung des Tronto, Garrufo (Carrufo) westl. davon (CIL IX tab. IV) an einem angenommenen älteren Zug der Via Salaria (CIL IX p. 584. Persichetti, Röm. Mitteil. XVIII 1903 S. 103). Über bauliche Reste dortselbst ist nichts festzustellen.

Arretium. Reste des Amphitheaters im Garten des Klosters S. Bernardo (Nissen II 317. Dennis c. LV).

Volaterrae. Im Norden vor der Stadtmauer liegt, an den Abhang gelehnt, ein Halbkreis von Sitzen, der meist als Amphitheater, doch auch als Theater gilt (Nissen II 302. Dennis c. XL).

Florentia. Das Amphitheater lag im Südosten der Stadt, wo sich seine Form nahe S. Croce noch heute im Stadtplan abzeichnet (Nissen II 296. Davidsohn, Forschungen zur älteren Geschichte von Florenz I 1896 S. 15 ff.).

Volsinii. Ein kleines Amphitheater ist der bemerkenswerteste Überrest des alten Volsinii (Nissen II 339). Neuere Ausgrabungen haben einen der Haupteingänge freigelegt (Not. d. Sc. 1906 S. 78 ff.).

Luca. Die Arena des außerhalb der antiken Stadt gelegenen Amphitheaters bildet heute die ovale Piazza del mercato, das Mauerwerk der Cavea ist ringsum in den Häusern verbaut (Nissen II 288). CIL XI 1527: *hic HS* (*centum milia*) *in opus amphithe*[*atri dedit*] usf.

Luna. Überreste eines Amphitheaters (Nissen II 284. Promis, Dell' antica città di Luni 1838 S. 62 ff.

GALLIA CISPADANA. Bononia. Tac. Hist. II 67 (im J. 70): *tertiadecimani struere amphitheatra iussi*; *nam Caecina Cremonae*, *Valens Bononiae spectaculum gladiatorum edere parabant* und 71: *exim Bononiae a Fabio Valente gladiatorum spectaculum editur*, *advecto ex urbe cultu*. Doch waren diese Bauten natürlich nicht in Stein errichtet, sondern nur für den vorübergehenden Gebrauch flüchtig aufgebaut, wie schon der *advectus ex urbe cultus* zeigt. Mart. III 59: *Sutor cerdo dedit tibi*, *culta Bononia*, *munus*, *fullo dedit Mutinae*: *nunc ubi copo dabit?*

Parma. Über die Überreste des Amphitheaters von Parma Lopez, Lettera al dott. Emil Braun ... intorno alle ruine di un antico teatro scoperto in Parma (Parma 1844) S. 25 f., vgl. Nissen II 268. Agath. I 14 erwähnt den Bau: Ἀμφιθέατρόν τι οὐ πόρρω τῆς πόλεως ἱδρυμένον. Grabschrift eines Retiariers CIL XI 1070 = Dessau 5118.

Placentia. Tac. Hist. II 21 (im J. 70 n. Chr.): *in eo certamine pulcherrimum amphitheatri opus situm extra muros conflagravit* — *municipale volgus*, *pronum ad suspiciones*, *fraude illata ignis alimenta credidit a quibusdam e vicinis coloniis*, *invidia et aemulatione*, *quod nulla in Italia moles tam capax foret*.

Velleja. Bei den Ausgrabungen des 18. Jahrh. ist auch ein Amphitheater zu Tage gekommen, vgl. Antolini, Rovine di Veleia I S. 20. II S. 21 f. (dagegen Desjardins, Bull. d. Inst. 1856 S. 15 f.) und den Gesamtplan der Grabungen Not. d. Sc. 1877 Taf. V.

LIGURIA. Libarna. Wenige Mauerreste eines Amphitheaters, vgl. den Gesamtplan der Stadt Not. d. Sc. 1914 zu S. 113 ff.

Augusta Bagiennorum. Überreste eines Amphitheaters (Nissen II 155). Ausgrabungsbericht mit Plan Not. d. Sc. 1898 S. 299 f.

Pollentia. Stattliche Ruinen eines Amphitheaters (Nissen II 155). Über Sueton. Tiber. 37, 3 oben II S. 104, 3.

VENETIA ET HISTRIA. Atria. Nach einer von R. Schöne, Antichità del Museo Bocchi di Adria S. 3 angeführten Quelle aus dem Anfang des 18. Jahrh.

»*fu scoperto sotterato un' antico Coliseo ò vogliam dire arena*«. Vgl. das Verzeichnis der Theater.

Ateste. CIL V 2529 Errichtung eines *ludus gladiatorius*, 2541 Grabstein einer *familia venatoria*.

Patavium. Das durch das ganze Mittelalter unter dem Namen Arena bekannte Amphitheater, dessen 1306 errichtete Kapelle Giottos Fresken enthält, ist um 1880 ausgegraben worden, vgl. Ghirardini, Not. d. Sc. 1881 S. 225 ff. mit Taf. IV. CIL V 2884 = Dessau 5107 Grabstein eines Gladiators.

Aquileja. Das in der Südecke des ältesten Stadtrings gelegene Amphitheater ist nach dem Führer durch das K. K. Staatsmuseum in Aquileja (Wien 1910) S. 96 im Winter 1903/4 teilweise ausgegraben worden (s. auch das dort beigegebene Plänchen).

Tergeste. S. das Verzeichnis der Theater. CIL V 563 = Dessau 5123: Grabstätte einer Gladiatorenfamilie.

Pola. Von dem Amphitheater steht nur noch die weithin das Stadtbild beherrschende Umfassungsmauer in drei Stockwerken aufrecht, der Zuschauerraum ist seiner Sitze vollständig beraubt. In der Längsachse der Arena eine unterirdische dreischiffige Halle mit Seitengängen. Ältere Aufnahmen bei Stuart und Revett, Antiquities of Athens IV 1816, Beschreibung, Pläne und Abbildungen bei Gnirs, Führer durch Pola (Wien 1915) S. 33 ff., Nachträge Österr. Jahresh. XVIII 1915 Beibl. S. 163 ff. Gnirs setzt den Kern des Amphitheaters in augusteische Zeit, die (später herumgebaute) Umfassungsmauer etwa in die Mitte des 1. Jahrh. Die Inschriften der Sitzstufen CIL V 86 mit Mommsens Anmerkung.

GALLIA TRANSPADANA. Verona. Das bekannte Amphitheater (s. oben II 109 f.) ist eines der besterhaltenen der antiken Welt. Die zahlreiche, durchweg ältere Literatur bei Mau-Mercklin I 570 ff.; Hauptwerk Maffei, De gli anfiteatri e singolarmente del Veronese libri due (Verona 1728, auch lateinisch u. d. T.: De amphitheatro ac praecipue de Veronensi libri II 1737 erschienen). Der Bau ist stark restauriert, namentlich sind die Sitzreihen erneuert worden; gute Aufnahmen fehlen, soviel mir bekannt ist. Inschriften vom Amphitheater CIL V 3456, Grabsteine von Gladiatoren 3459. 3465—3468. 3471 (Dessau 5117. 5121. 3454—5122). Gladiatorenspiel und Venatio in Verona: Plin. ep. VI 34.

Cremona. Tac. Hist. II 67, vgl. Bononia, oben S. 215. CIL V 4399 (Brescia), die Grabschrift eines *VIvir Flavial. Cremon. et munerar.*

Ticinum. Anon. Vales. 71: (*Theodericus*) *Ticenum palatium, thermas, amphitheatrum et alios muros civitatis fecit.* Doch scheint es erst unter seinem Enkel Athalarich vollendet worden zu sein, CIL V 6418: *D. n. Atalaricus rex gloriosissimus has sedes spectaculi anno regni sui tertio* (528/29) *fieri feliciter precepet. Has sedes spectaculi* bezeichnet natürlich das Amphitheater, nicht die Sitze, wie Fiebiger-Schmidt, Inschriftensammlung z. Gesch. d. Ostgermanen S. 102 wollen. Nach dem Fundort der Inschrift lag er vor dem Osttore der Stadt. Ein *curator muneris* übrigens schon Dessau 6742.

Brixia. CIL V 4392 = Dessau 5631: Ehreninschrift für einen Spender *in opus amp[hitheatri]*; 4502. 4506. 4511 (Dessau 5086. 5108[a]) und Dessau 9343: Grabsteine von Gladiatoren.

Bergomum. CIL 5124 = Dessau 5092: Ankündigung (?) eines Gladiatorenspiels (Mitte 3. Jahrh.).

Mediolanum. CIL V 5933 = Dessau 5115: Grabstein des Secutors Urbicus (s. unten S. 262).

Augusta Praetoria Salassorum. Vom Amphitheater sind in der Nordostecke der Stadt dürftige Reste vorhanden, vgl. Promis, Antichità di Aosta S. 168 ff. mit Taf. XI und Nissen II 172.

Augusta Taurinorum. Die Reste des Amphitheaters, im Westen vor der antiken Stadt, sind im 16. Jahrh. gänzlich zerstört worden (Promis, Storia dell' antica Torino S. 188 f.).

SICILIA.

Syracusae. Das großenteils in den Felsen gehauene Amphitheater bei Serradifalco, Antich. di Sicilia IV Taf. 13—15 (S. 108 ff. 128 ff.), vgl. auch Bull. d. Inst. 1836 S. 101. 1839 S. 148 f. Nur in der Mitte der Arena findet sich ein unterirdischer rechteckiger Raum mit Verbindungsgängen nach der Cavea. Die Inschriften »*in saxis, quae caveam incluserunt*« CIL X 7130. Gladiatorenkämpfe in Syrakus erwähnt Val. Max. I 7, 8, die Leidenschaft der Syrakusaner für diese Spiele erweist ihre Bitte bei Tac. Ann. XIII 49.

Catina. Das unter Piazza Stesicoro gelegene, jetzt großenteils freigelegte Amphitheater bei Serradifalco V Taf. VII—IX (S. 19 ff.), vgl. Garrucci, Sulla origine e sulla costruzione dell' anfiteatro di Catania (Napoli 1854). Kurz Holm, Gesch. Siciliens III 237. Theoderich erlaubte im J. 498 den Einwohnern, unter Benutzung der *saxa — de amphitheatro longa vetustate collapsa* die Stadtmauer auszubessern (Cassiod. Var. III 49).

Panormus. CIL X 7295 = Dessau 5055: lange Ehreninschrift für einen *munerarius*.

Thermae Himerenses. Ein Grundriß eines Amphitheaters zu Termini bei Serradifalco V Taf. 44, vgl. Holm a. a. O. III 252. Die Überreste sind dürftig und in Häusern verbaut, die Kurve des Amphitheaters ist deutlich erkennbar. CIL X 7364 = Dessau 5093: Grabstein eines Traex.

SARDINIA.

Caralis. Das Amphitheater liegt in einer Einsenkung des Stadthügels; die Sitzreihen sind in den Felsen gehauen, nur die offene Südseite ist durch Mauerwerk geschlossen. Vgl. Tocco, Bull. d. Inst. 1867 S. 121 f. Spano, Bull. Sardo VIII 1862 S. 10 ff.; Storia e descrizione dell' anfiteatro di Cagliari (C. 1868). Maltzan, Reise auf der Insel Sardinien (Leipz. 1869) S. 72 ff.: »Dies Amphitheater kann man eigentlich kaum ein Gebäude nennen — es ist der Fels selbst, nur ausgehöhlt zu einem trichterförmigen weiten Oval, über dessen Arena sich 100 Fuß hoch Treppen, Galerien und Sitze in der Runde erheben, alle in den Fels gehauen, wie der Kampfplatz selbst und die unter ihm gelegenen weitläufigen Souterrains.« Die Inschriften der Sitzstufen CIL X 7608. 7610.

Forum Traiani. Schlecht erhaltene Ruinen eines Amphitheaters nennt Baedeker.

DALMATIA

Salonae. Das Amphitheater liegt in der Nordwestecke der antiken Stadt (s. den Plan bei Cichorius, Trajanssäule III 71). Schon früher angeschnitten (Ann. d. Inst. 1849 S. 282. 1850 S. 140), ist es 1909—1914 großenteils freigelegt worden, vgl. den Bericht von Bulić, Bull. Dalmato XXXVII 1914 S. 3 ff. 142 ff. mit Plan Taf. XXIII/XXIV (Taf. XXV die älteren Grabungen) und Ansichten Taf. I—XVI. Dürftige Reste anscheinend der Bauinschrift Taf. XXVI (S. 145 f.). Die Mauern sind im Durchschnitt 2—3 m hoch erhalten, eine Reihe von Bögen steht noch. Grabschriften von Gladiatoren CIL III 8825. 8830. 8835. 12925. Über eine Kuchenform mit Gladiatoren (CIL III 8831) vgl. Röm.-Germ. Korrbl. IX 1916 S. 21, 30.

Aequum. Das Amphitheater vor der Ostmauer der Stadt ist noch nicht näher untersucht worden (Reisch, Österr. Jahresh. XVI 1913 Beibl. S. 136).

Epidaurum. Die Lage der Stadt an der Stelle von Ragusa vecchia beweisen u. a. *amphitheatri ex ipsa rupe excisi reliquiae* (Mommsen CIL III p. 287).

GALLIAE.

a) NARBONENSIS.

Cemenelum. Von dem Amphitheater sind noch umfangreiche, aber unförmige Ruinen vorhanden, vgl. Deycks, Bonner Jahrb. XXXIII 1863 S. 33 f. und Nissen II 137.

Forum Julii. Das seiner Bekleidung vollständig beraubte, aber im Kern großenteils erhaltene Amphitheater (s. oben II 108 f.) ist 1828 freigelegt und von Texier, Mém. sur la ville de Fréjus (Mém. prés. par div. sav. à l'Acad. d. Inscr. 2. sér. II 1849) S. 192 f. 212 ff. mit Taf. III gut veröffentlicht worden. Kurz Caumont, Abécédaire, Ère gallo-romaine² 1870 S. 350 ff. mit Plan und Abbildungen. Über neuere Grabungen Héron de Villefosse, Bull. Ant. France 1904 S. 107 f. Vgl. auch C. Jullian, Fréjus romain (Paris 1886).

Apta Julia. Martin, Antiquités et inscr. des villes de Die, d'Orange, de Vaison, d'Apt et de Carpentras (Orange 1818) S. 85: »*l'amphithéâtre d'Apt, dont il ne reste peut-être que les fondements sous une couche épaisse de terre et de decombres.*« Nach den entdeckten Spuren nimmt er an, daß es etwa 60 Toisen im Durchmesser hatte. Boze, Hist. d'Apt (1813) S. 61 f.: »*on l'a découvert en différentes occasions, dans le vestibule de la maison curiale, le cimetière de la paroisse, dans les caves de quelques maisons.*«

Aquae Sextiae. CIL XII 522: *aedili m[u]nerario.*

Arelate. Über das seiner Bekrönung beraubte, aber sonst vortrefflich erhaltene Amphitheater vgl. Estrangin, L'amphithéâtre romain à Arles (Marseille 1836), Etudes archéologiques ... sur Arles (Aix 1838, vgl. Bull. d. Inst. 1839 S. 140). Jacquemin, Monographie de l'amphithéâtre d'Arles (Arles 1845). Kurz Caumont a. a. O. S. 336 ff. Vgl. auch Durm, Baukunst der Etrusker u. Römer² S. 696 ff. Die Inschriften der Sitzstufen CIL XII 714, ein *negotiator familiae gladiatoricae* 727. Die am Amphitheater selbst angebrachte sehr zerstörte Inschrift CIL XII 697 gibt Nachricht über seine Ausstattung durch einen Duumvirn (1. oder Anfang d. 2. Jahrh.). Die Tessera CIL XII 321* ist eine Fälschung.

Nemausus. Der mit dem Amphitheater von Arelate in Größe und Bauart fast völlig übereinstimmende Bau ist nächst dem von Verona das besterhaltene aller römischen Amphitheater (s. oben II 108). Seine Bauzeit ist ebensowenig wie die der beiden andern festgelegt. Die Cavea ist wie in Arles für Zwecke von Stierhetzen und Aufführungen jetzt großenteils erneuert worden. Ältere Beschreibungen bei Pelet, Description de l'amphithéâtre de Nîmes (Nîmes 1853) und Caumont a. a. O. S. 334 ff., vgl. auch Révoil, Rapport sur les fouilles de l'amphithéâtre de Nîmes, Mém. lus à la Sorbonne 1866 S. 163 ff. mit Taf. 4—6. Durm a. a. O. S. 693 ff. Angebliche Architekteninschrift CIL XII 3315, Inschriften der Sitzstufen u. a. Inschriften des Baues 3316—22 (Dessau 5656), Grabschriften von Gladiatoren 3323—32 (Dessau 5087. 5095. 5096. 5101. 5120).

Baeterrae. Caumont a. a. O. S. 357: »*(L'amph.) de Béziers offrait encore de belles ruines au XVII siècle; il ne reste plus aujourd'hui qu'une partie des constructions qui supportaient le podium et les premiers sièges de l'ima cavea. L'arène avait 234 pieds sur 180. Une partie de la cavea était taillée dans le roc, on avait ainsi épargné les travaux en maçonnerie, d'un côté de l'édifice.*«

Narbo. Millin, Voyage dans le midi de la France IV S. 392 f. gibt an, daß in einigen Kellerräumen der jetzigen Stadt Gewölbe existieren, »*qu'on croit avoir appartenu à un ancien amphithéâtre*«. Sidonius Apollinaris erwähnt es in seiner Aufzählung der Bauwerke von Narbo (carm. XXIII) nicht. Gladiatorenkämpfe auf Reliefs bei Espérandieu, Recueil I nr. 595. 598. 602—6, Darstellung aus einer Venatio nr. 609 (CIL XII 533: s. oben II 102, 1).

Tolosa. Reste eines kleinen Amphitheaters von 262 Fuß Länge (ca. 85 m) vor der Stadt (Millin a. a. O. S. 455. Stark, Städteleben S. 187. 605. Caumont a. a. O. S. 359). Man vermutet die ehemalige Existenz eines zweiten größeren.

Arausio. Das im 17. Jahrhundert noch teilweise aufrechtstehende Amphitheater ist völlig verschwunden, vgl. Chatelain, Monuments romains d'Orange (Paris 1908, mir nicht zugänglich). CIL XII 5836 (= Dessau 5102). 5837: Grabschriften von Gladiatoren.

Vasio Vocontiorum. Nach Millin IV 140 wurden zwei dort existierende Bogen als Reste eines Amphitheaters angesehen.

Dea Vocontiorum. Martin (s. Apta Julia) S. 17 erwähnt Reste eines Amphitheaters. CIL XII 1529. 1585: *Curatores munerum*, 1590 = Dessau 5148: *Coll. venator. Deensium, qui ministerio arenario fungunt* (s. oben II 77, 8), 1596 Grabschrift eines Secutor. Vgl. Hirschfeld, Kl. Schr. S. 71, 5.

Vienna. Das Amphitheater ist fast nur im Gelände noch kenntlich (Stark a. a. O. S. 21. Allmer, Inscr. de Vienne II 413. Bazin, Bull. archéol. 1891 S. 324 ff.), mit ihm wird die Bauinschrift CIL XII 1904 = Dessau 3400 in Verbindung gebracht. CIL XII 1905: Grabschrift eines *T(h)r(aex)*. Über die anscheinend in Vienne hergestellten Krüge mit (u. a.) Gladiatorenbildern (Déchelette, Vases céramiques ornés de la Gaule romaine II 294 ff.) vgl. Röm.-Germ. Korrbl. IX 1916 S. 18, 1.

Octodurus[1]). Nahe Martigny-la-Ville größere Reste eines Mauerovals, des alten Amphitheaters von Octodurus, heute le Vivier genannt. Neuere Aus-

1) Dieser Ort findet, obwohl in den Alpes Poeninae gelegen, am besten hier seinen Platz.

grabungen lassen die Anlage umfangreicher erscheinen als bisher angenommen wurde, vgl. Arch. Anz. 1913 S. 306 und Jahresb. d. Schweiz. Ges. f. Erhalt. histor. Kunstdenkm. 1912/13 S. 37f.

b) AQUITANIA.

Lugdunum Convenarum. Das Amphitheater erwähnt Caumont a. a. O. S. 359.

Aginnum. Vom Amphitheater sind nur geringe Reste vorhanden (Caumont a. a. O.).

Burdigala. Von dem Amphitheater, das fast 1 km vor der römischen Stadtmauer lag, steht außer andern Resten eines der Hauptportale aufrecht (Millin IV 623. Stark S. 228f. Caumont S. 339ff. mit Abb.). Die Bauart, Handquaderverkleidung mit Ziegeldurchschuß, weist wie der Standort auf eine jüngere Entstehungszeit. Im Mittelalter trug die Ruine den volkstümlichen Namen Palais Gallien (s. oben II 108 und Brutails, Rev. Et. anc. XV 1913 S. 285ff.). Das Anfang des 19. Jahrh. niedergerissene zweite Hauptportal nach einer Zeichnung des 17. Jahrh. Mél. de l'Ecole française XIV 1894 S. 479.

Mediolanum Santonum. Das Amphitheater liegt in einem Tälchen vor der Stadt, auf dessen Abhänge sich die Cavea stützt (Millin IV S. 679. Caumont S. 348f. und Cours d'antiquités III 486ff. mit Taf. XLII). Über neuere Grabungen Dangibeaud, Bull. archéol. 1907 S. 207 und Rev. Et. anc. XIV 1912 S. 417f. Im Amphitheater wurde der Rest einer Ehreninschrift des Germanicus gefunden (CIL XIII 1038, vgl. p. 134).

Limonum Pictonum. Über die Reste des Amphitheaters von Poitiers (Palais Gallien, s. oben II 108 und Brutails a. a. O.) Millin IV 712. Stark S. 251. Caumont S. 348 und Cours d'Antiquités III S. 484ff., sowie Bourgnon de Layre, Mém. Soc. Ant. de l'Ouest 1843 S. 137ff. mit Taf. 1—6. Es lag hart vor der Stadtmauer, die Stelle der Arena nimmt der Marché Saint-Hilaire ein. Ältere Ansichten bei Blanchet, Congr. archéol. de France LXXIX 1912 II 104ff.

Augustoritum (Lemovices). Das Amphitheater von Limoges ist jetzt bis auf spärliche Fundamentreste völlig verschwunden (Caumont S. 347f. und Cours d'Antiquités III S. 477ff.).

Vesunna (Petrucorii). Périgueux hat nur wenige Reste seines Amphitheaters bewahrt, vgl. Taillefer, Antiquités de Vésone (Périgueux 1821). Caumont S. 343ff. und Cours d'Antiquités III 480ff. CIL XIII p. 122. Es wurde in der Spätzeit in die Stadtmauer einbezogen.

Divona (Cadurci). Valesius, Notitia Galliarum (1676) S. 111: *In ea urbe vestigia aquaeductuum, rudera amphitheatri et rupes perfossas hodieque cerni aiunt.* Volckmann, Neueste Reisen durch Frankreich II 482: »Man trifft auch noch Überbleibsel eines aus kleinen Quadersteinen gebauten Amphitheaters an.«

Segodunum. Das Amphitheater von Rodez ist fast nur noch im Terrain kenntlich (Caumont S. 357 mit Plan).

Avaricum Biturigum. Die ehemalige Existenz eines Amphitheaters in Bourges ist durch mancherlei Nachrichten bezeugt, vgl. Chénon, Les arènes de Bourges au moyen âge, Mém. Ant. France LXV 1904/5 S. 17ff. Zwei Grabsteine von Gladiatoren CIL XIII 1199. 1200.

c) LUGDUNENSIS.

Lugudunum. Das Amphitheater von Lyon auf der Höhe von Fourvière ist 1887 aufgedeckt worden, vgl. Bazin, Rev. archéol. 1887 II 35 ff. und Lafon, L'amphithéâtre de Fourvière (Lyon 1896) mit Plan und Abbildungen. Ein zweites Amphitheater, zum Bezirk der Ara Romae et Augusti gehörig, erhob sich innerhalb des heutigen Lyon beim Jardin des Plantes (Martin-Daussigny, Congrès archéol. de France XXIX 1862 S. 418 ff. Allmer et Dissard, Musée de Lyon I S. 31 ff. Hirschfeld, Kl. Schr. S. 146; die Inschriften der Sitzstufen, welche die Ehrenplätze der Gesandten der sechzig Civitates bezeichneten, CIL XIII 1667). Über beide Bazin, Bull. archéol. 1891 S. 361 f. (Fourvière) und 375 f. (Ara, s. auch den Plan von Lyon ebd. Taf. XXIV) und Hirschfeld CIL XIII p. 227 ff. Über das Martyrium der Lyoner Christen im Jahre 177/8 im Amphitheater von Fourvière Hirschfeld, Kl. Schr. S. 154 ff., bes. S. 157. Auch die Gladiatorenspiele, die Vitellius im Jahre 69 in Lyon sah (Cass. Dio LXV 1, 3), werden dort stattgefunden haben (CIL XIII p. 229, 6), ebenso die Hinrichtung des Bojers Mariccus durch wilde Tiere im Jahre 70, der ebenfalls Vitellius beiwohnte (Tac. Hist. II 61). Grabschrift eines Gladiators CIL XIII 1997, Weihung eines Gladiators an Mars ebd. 1749.

Augustodunum. Über das Amphitheater von Autun handelt erschöpfend de Fontenay in seinem vortrefflichen Buche Autun et ses monuments (Autun 1889) S. 190 ff. Es ist jetzt völlig verschwunden, nach einer von de Fontenay veröffentlichten Zeichnung standen um 1610 noch beträchtliche Reste des unteren Stockwerks sowie die Ansätze des zweiten in bestem Quaderbau. Eine noch bei Caumont wiedergegebene Ansicht des Amphitheaters als eines dreistöckigen noch zu drei Vierteln erhaltenen Baues aus dem 17. Jahrh. ist apokryph.

Autessiodorum. Nach Leblanc-Davau, Recherches sur Auxerre[2] (1871) S. 51 sah man vor 1830 noch die elliptische Vertiefung der Arena; in Urkunden des 15. Jahrh. wird ein champ des Arènes erwähnt.

Agedincum (Senones). Die Reste des Amphitheaters von Sens, das in der Passio beatae Columbae eine Rolle spielt, wurden 1849 östlich der antiken Stadt an einer Clos des Arènes oder Champ des Chrétiens genannten Stelle aufgedeckt, vgl. Lallier, Bull. Soc. de Sens II 1851 S. 70 ff. mit Plan.

Cenabum (Civitas Aurelianorum). Reste des Amphitheaters von Orléans wurden 1820 und 1821 östlich vor der römischen Stadt aufgedeckt, vgl. Vergniaud-Romagnesi, Histoire d'Orléans II (1830) S. 178.

Caesarodunum (Turoni). Das Amphitheater von Tours ist in der späteren Kaiserzeit als eine Art Citadelle in die Stadtmauer einbezogen worden (s. den Plan bei Blanchet, Enceintes romaines S. 40, wo auch Literatur). Im besonderen werden die Reste behandelt Mém. Soc. archéol. Touraine V 1855 S. 237 ff. mit Plan.

Suindinum (Cenomanni). Von einem Amphitheater haben sich Reste gefunden, vgl. CIL XIII p. 508.

Juliomagus (Andecavi). Über die Reste des Amphitheaters von Angers CIL XIII p. 479 und Blanchet a. a. O. S. 56.

d) BELGICA.

Divodurum (Mediomatrici). Umfangreiche Reste eines großen Amphitheaters sind in den Jahren 1902 und 1903 bei Entfestigungsarbeiten aufgedeckt worden, vgl. den kurzen Bericht Westd. Ztschr. XXII 1903 S. 365 ff. und die ausführlichere Veröffentlichung Lothr. Jahrb. XIV 1902 S. 340 ff. mit Plänen und Abbildungen. Beim Bau der Stadtmauer Ende des 3. Jahrh., vor welche es zu liegen kam, wurde es aufgegeben und durch eine kleine Anlage hart vor der neuen Mauer ersetzt (a. a. O. S. 341 f. mit Taf. II u. III). In den Ruinen errichtete der hl. Clemens im 4. Jahrh. nach der Legende ein Oratorium, von dem sich interessante Reste vorfanden (a. a. O. S. 348 ff.). Auf das Amphitheater oder einen Teil desselben beziehen sich vielleicht die beiden dort gefundenen gleichlautenden Inschriften CIL XIII 4317. 18: *M. Vegisonius Marcellus dicavit.*

Augusta Treverorum. Das Trierer Amphitheater liegt vor der römischen Stadtmauer, zwischen Hügeln eingesenkt, welche die Cavea trugen, und nach außen kaum in die Erscheinung tretend (Hettner, Westd. Ztschr. X 1891 S. 209 ff.). Neuere Ausgrabungen haben namentlich die unterirdischen Räume der Arena kennen gelehrt, vgl. Krüger, Röm.-Germ. Korrbl. II 1909 S. 81 ff. Kurze Beschreibung mit Plan bei Krüger, Die Trierer Römerbauten (Trier 1909) S. 6 f. Im Amphitheater gefunden Inschriften der Sitzstufen (CIL XIII 3708), Inschrift der *arenarii consistentes col. Aug. Tre.* (CIL XIII 3641 = Dessau 7059) und einige Bleiplättchen mit Defixionen (Wünsch, Bonner Jahrb. CXIX 1910 S. 1 ff = CIL XIII 11340). Über christliche Spuren Krüger a. a. O. S. 85.

Durocortorum (Remi). Über das jetzt völlig verschwundene Amphitheater von Reims vgl. CIL XIII p. 522, 4. Über das große Mosaik mit Szenen aus dem Amphitheater s. u. S. 259.

Augustomagus (Silvanectes). Sehr geringe Überreste des durch Tradition bekannten Amphitheaters von Senlis wurden Mitte des 19. Jahrh. aufgedeckt (Magne, Mém. lus à la Sorbonne 1866 S. 155 ff. Caix de Saint-Aymour, Congr. archéol. de France XLIV 1878 S. 69 ff.).

Bononia (Gesoriacum). Reste eines Amphitheaters (CIL XIII p. 561).

GERMANIAE.

GERMANIA SUPERIOR. Aventicum. Das Amphitheater, im Gelände noch wohl kenntlich und selbst gelegentlich zu Aufführungen benutzt, hat nur wenige Reste seines Mauerwerks bewahrt. Anf einem der Haupteingänge erhebt sich als Wahrzeichen der heute als Museum dienende Berner Turm. Vgl. Bursian, Aventicum Helvetiorum (Mitt. Antiqu. Ges. Zürich XVI, I 1) S. 20 f. Secretan, Aventicum (Lausanne 1905) S. 47 ff. und über die neuesten Ausgrabungen um den genannten Turm den sorgfältigen Bericht von W. Cart im Bull. de l'Assoc. Pro Aventico XII 1914 S. 11 ff. mit 10 Tafeln und Anz. f. schweiz. Altert. N. F. XVI 1914 S. 12 ff. mit Tafeln und Abbildungen.

Vindonissa. Die verhältnismäßig wohlerhaltene kleine Anlage ist freigelegt und konserviert worden und dient heute wieder zu gelegentlichen Festaufführungen. In Stein waren, über einem ursprünglichen reinen Holzbau, nur die Umfassungsmauern aufgeführt, der Zuschauerraum muß stets ein Holzbau gewesen sein. Die Zeit der Benutzung deckt sich mit der der Garnison (1. Jahrh., zweite Hälfte des 3. und 4. Jahrh.). Vgl. O. Hauser, Das Amphitheater Vindonissa (Stäfa 1898). Heuberger und Fels, Das römische Amphitheater von Vindonissa (Windisch), Fremdenführer (Brugg 1905[1]. 1907[2]). Heuberger, Aus der Baugeschichte Vindonissas (Aarau 1909) S. 75 ff., sämtlich mit Plänen und Abbildungen. Die nahegelegene sog. Gladiatorenkaserne dürfte vielmehr ein Marktplatz gewesen sein, vgl. Wochenschr. f. klass. Philol. 1919 Sp. 603. 608.

Vesontio. Das Amphitheater ist heute verschwunden; die Erinnerung bewahrt die rue d'Arènes, auch gibt es alte Zeichnungen (Castan, Mém. Soc. Emul. du Doubs, 5. série X 1885 S. 110 ff. mit Plan).

Epamanduodurum. Reste eines Amphitheaters oder Theaters (CIL XIII 2 p. 76).

Mogontiacum. Daß Mainz ein Amphitheater besaß, wird durch ein unsicheres Zeugnis aus dem Mittelalter über Reste eines solchen noch nicht bestimmt erwiesen, doch ist es an sich wahrscheinlich. Vermutungen über seine Stelle bei Neeb, Mainzer Zeitschr. XIV 1919 S. 34 ff.

GERMANIA INFERIOR. Colonia Agrippinensis. Ein angebliches Amphitheater im Nordwesten der römischen Stadt ist nur sehr schlecht bezeugt (Klinkenberg, Röm. Köln S. 225, über die Lokalbezeichnung Berlich s. oben S. 207). In dieser Gegend hat sich, aber verbaut, die Inschrift eines Centurio der 6. Legion gefunden, der *vivarium saepsit* (CIL XIII 8174), nahe dem Dom eine Weihung an Diana von einem Centurio der 1. Legion *intra menses sex captis ursis n. L̄* (CIL XIII 12048), zu welcher v. Domaszewski, Röm.-Germ. Korrbl. II 1909 S. 65 zwei weitere, ebenfalls um den Dom gefundene Weihungen von Centurionen an Diana stellt (CIL XIII 8172. 8175); er vermutet dort Amphitheater und Vivarium. Vgl. zu der Frage auch Bonn. Jahrb. CXXIII 1914 S. 12 ff. — Über das Gladiatorenmosaik von Köln s. u. S. 259.

Vetera. Das Gebiet von Vetera umfaßt zwei Amphitheater. Das eine, ein reiner Holz- und Erdbau, liegt vor der Südostecke des claudisch-neronischen Zweilegionenlagers, zu dem es auch nach Ausweis der Funde gehörte (Lehner, Bonn. Jahrb. CXIX 1910 S. 258 ff.). Seine vortreffliche Erhaltung hat es dem Umstande zu verdanken, daß die Legende hierher den Märtyrertod des hl. Victor und seiner Gefährten im Jahre 286 verlegt hat. Das zweite, steinerne Amphitheater, ungefähr von denselben Abmessungen, liegt in der Nordostecke der Colonia Traiana beim heutigen Xanten, es ist zuletzt 1903/4 sorgfältig untersucht worden (Steiner, Bonn. Jahrb. CXIV/CXV 1906 S. 447 ff.). Bemerkenswert ist, daß seine beiden äußeren Ringmauern in Pfeiler aufgelöst sind. — Weihung eines *ursarius leg. XXX U. v. S(everianae) A(lexandrianae)* CIL XIII 8639.

Halbamphitheater.

Unter dem Namen »*demi-amphithéâtres*« oder »*théâtres mixtes*« faßt man in Frankreich eine Reihe von Anlagen zusammen, welche, bis jetzt anscheinend nur auf gallischem und germanischem Boden gefunden, gewissermaßen Theater und Amphitheater in einem Bau vereinigten und sich dadurch kleineren Gemeinden, welche die Kosten für je ein selbständiges Theater und Amphitheater zu scheuen hatten, zur Ausführung empfehlen mochten. Mit Deutlichkeit sind zwei Typen unterscheidbar. Bei dem einen ist nur die eine Hälfte der Cavea ausgeführt, an Stelle der andern erhebt oder erhob sich jenseits der voll ausgeführten Arena ein Bühnengebäude (Néris, Paris, Vieux, Lillebonne, Chenevières, Grand [?]). Beim zweiten Typus ist der Kreis der Cavea etwa zu drei Vierteln geschlossen, die Bühne erhebt sich wieder jenseits der Arena (Sanxay, Drévant, Valognes, Gennes [?]). Eine Sonderstellung nimmt der Bau von Augst ein.

Aquae Neri (Néris-les-Bains). Caumont, Abécédaire[2] S. 321 mit Plan. Halbkreisförmige Cavea, Spuren einer anscheinend ovalen Arena.

Sanxay (Vienne). Das Amphitheater gehört zu einem großen Tempelbezirk, vgl. den Gesamtplan Trierer Jahresber. III 1910 S. 63.

Drévant (Cher). Über den wohlerhaltenen Bau handelt ausführlich Mallard, Bull. archéol. 1906 S. 43 ff. mit Taf. 37 ff. (Plan Taf. 39). Vgl. auch Caumont a. a. O. S. 316 f. mit Ansicht. Auch dieser Bau gehört zu einem Tempelbezirk, vgl. Caumont S. 241 f.

Lutetia Parisiorum. Über das Amphitheater vgl. de Pachtère, Paris à l'époque gallo-romaine (Paris 1912) S. 76 ff. mit Plan VI. Es dürfte noch dem 1. Jahrh. n. Chr. angehören; im 2. Jahrh. entstand neben ihm mehr im Innern der Stadt ein Theater. Da sich innerhalb seines Bereichs spätrömische Skelettgräber fanden, auch eine Anzahl Sitzstufen in die Stadtmauer verbaut waren, scheint es schon im 3. Jahrh. abgerissen worden zu sein. Die zahlreichen Inschriften der Sitzstufen CIL XIII 3035.

Vieux (Calvados). Plan und Beschreibung bei Caumont a. a. O. S. 319 f.

Iuliobona (Lillebonne). Neuerdings beschrieben von Lantier, Rev. archéol. 1913 I 197 ff. mit Plan auf S. 199. Ältere Behandlungen bei Caumont a. a. O. S. 312 ff. mit Plan und Ansicht und Wieseler, Theatergebäude S. 21 f. mit Taf. II 18 nach Lenormant, Ann. d. Inst. 1830 S. 51 ff. mit Taf. C.

Valognes (Manche), vielleicht das antike Alauna (vgl. CIL XIII p. 495). Das Amphitheater ist schon 1691 ausgegraben und von Montfaucon und Caylus veröffentlicht worden, danach bei Caumont a. a. O. S. 316 f. mit Plan und Wieseler a. a. O. S. 109 mit Taf. A 19.

Chenevières (Loiret). Ausführliche Behandlung bei Jollois, Mém. sur les antiquités du dép. du Loiret (1836) S. 1 ff. mit Taf. 1—7. Kurz beschrieben mit Plan bei Caumont a. a. O. S. 325 f.

Gennes (Indre-et-Loire). Nach Caumont a. a. O. S. 322 befindet sich dort ein »*demi-amphithéâtre*«.

Grand (Vosges). Ein Plan des Gebäudes schon bei Caylus, Recueil VI Taf. 111, über neuere Ausgrabungen Jollois, Antiquités de Gran (1823), vgl. auch desselben Antiquités du dép. des Vosges (1843).

Augusta Rauracorum. Über die noch keineswegs geklärte Baugeschichte des Theaters von Augst, das in seiner mittleren Periode ein Halbamphitheater gewesen sein könnte (auch die älteste scheint kein reiner Theaterbau zu sein), vgl. jetzt die sorgfältige und von guten Plänen begleitete Darstellung von Frey, Führer durch die Ruinen von Augusta Raurica (Liestal 1907) S. 33 ff. Die ältere Abhandlung von Burckhardt-Biedermann, Das röm. Theater zu Aug. Raur. (Basel 1882) ist dadurch überholt.

BRITANNIA.

Britannien besitzt eine Reihe bescheidener Amphitheater, denen sich noch mehr Stätten hinzugesellen, an welchen man aus Gründen der Bodengestaltung das einstige Vorhandensein solcher vermutet: kreisrunde und ovale Vertiefungen oder Umwallungen nahe bei römischen Siedlungen führen zu dieser Deutung, der jeweils um so schwerer zu widersprechen ist, als die schon fertiggestellten Amphitheater Britanniens bestenfalls ein oder zwei Ringmauern aufweisen, sonst aber reine Holzerdboden sind. Zuerst hat sich eingehend mit ihnen beschäftigt J. Strange, An Account of some Roman and other Antiquities in Monmouthshire, Archaeol. Britann. V 1779 S. 67 ff. Neuestens hat sie kurz besprochen J. Ward, Romano-British Buildings and Earthworks (London 1911) S. 228 ff. Die schon bekannten finden sich alle im Südwesten des Landes.

Calleva Atrebatum (Silchester). Das Amphitheater liegt, durch seine Wälle kenntlich, aber anscheinend noch nicht näher untersucht (vgl. Arch. Anz. 1911 S. 307), vor dem Osttore der Stadt, s. den Gesamtplan Arch. Anz. 1909 S. 249.

Durnovaria (Dorchester). Nach Ward S. 229 war der Bau, heute unter dem Namen Maumbury Rings bekannt, ein reines Holzerdwerk, die Maße gibt er mit 345 × 333, für die Arena mit 196 × 176 Fuß an. Ein kleiner rechteckiger Einbau in der Arena soll vorübergehend Tiere aufgenommen haben. Vgl. auch Stakeley, Of the Amphitheatre at Dorchester, London 1723.

Rutupiae (Richborough). Eine etwa meterstarke Mauer schließt die Arena ein. Oval von 200 × 166 Fuß mit drei Eingängen (Ward S. 228 nach Roach Smith, Antiquities of Richborough, London 1850 S. 52. 161).

Durocornovium (Cirencester). Eine ovale Wallanlage mit zwei Eingängen vor der antiken Stadt wird wohl mit Recht als Amphitheater angesehen (Buckman und Newmarch, Remains of Roman Art in Cirencester, London 1850 S. 12 mit Plan).

Venta Silurum (Caerwent). Das Amphitheater steht im Innern der Stadt unregelmäßig über Resten älterer Wohnhäuser, dürfte also ein junger Bau sein (Archaeologia LIX 1, 1904 S. 104 f. mit Plan, vgl. auch den Gesamtplan Arch. Anz. 1911 S. 299 f.). Die Maße der inneren Ringmauer (von der äußeren ist, wenn sie je durchgeführt war, nur ein Torrest erhalten), sind 145 × 121 Fuß.

Isca Silurum (Caerleon). Außerhalb des Lagers der 2. Legion liegen die »gut gebauten und gut erhaltenen Fundamente« des Amphitheaters (83 × 67 m) nach Haverfield, Arch. Anz. 1909 S. 246. Eine äußere und eine innere Ringmauer, erstere 1,70 m stark und außen und innen mit Strebepfeilern besetzt, schlossen die Cavea ein, deren Sitze aus Holz bestanden haben müssen; die Arena maß etwa 204 × 156 Fuß = 62 × 48 m (Ward S. 228 f.). Ein Centurienstein im Mauerwerk erweist die Zugehörigkeit zum Lager (Haverfield a. a. O. = Eph. ep. IX 528 nr. 1017).

Andre Namen findet man bei Ward S. 228 genannt, als sichere Amphitheater betrachtet er noch die Anlagen von St. Albans, Charterhouse-on-Mendips, Colchester, Wroxeter und Aldborough, ohne nähere Angaben zu machen. Verwandte Bauten des englischen Mittelalters, die zu Bären- und Stierhetzen dienten, werden als Nachfahren der römischen Anlagen betrachtet.

DIE ÜBRIGEN NÖRDLICHEN PROVINZEN.

RAETIA et VINDELICIA. Augusta Vindelicorum. Über das Gladiatorenmosaik von Augsburg s. unten S. 259. Die auf Grund der Lokalbezeichnung Perlach geäußerte Vermutung, daß dort ein Amphitheater gestanden habe (Becker, Bonn. Jahrb. XLII 1867 S. 64 ff.), ist völlig haltlos.

NORICUM. Flavia Solva. Das kleine Amphitheater ist neuerdings freigelegt worden, vgl. Schmid, Österr. Jahresh. XIX/XX Beibl. S. 147 mit Plan.

PANNONIA SUPERIOR. Carnuntum. Über die Ausgrabung des geräumigen zum Legionslager gehörigen Amphitheaters unterrichten die sorgfältigen Berichte Archäol.-Epigr. Mitt. XII 1888 S. 151 ff. mit Taf. VIII. IX, XIV 1891 S. 162 ff., XX 1897 S. 205 ff. mit Taf. IV, vgl. auch Röm. Limes in Österreich X 1909 S. 65 ff. (Umgebung des Amphitheaters); eingehende Beschreibung auch in Kubitschek-Frankfurters Führer durch Carnuntum. Die Reste liegen in ihrer vollen Ausdehnung frei. Der Unterbau besteht aus Stein, als Material des Oberbaues wird Holz vermutet; doch hat sich anscheinend auch eine steinerne Sitzstufe mit Inschrift gefunden (a. a. O. XII S. 167 = CIL III 11253). Vor dem Westeingang liegt ein Heiligtum der Nemesis (über diese als Patronin der Arenaspiele v. Premerstein, Philologus LIII 1894 S. 400 ff.) und ein Tierzwinger (a. a. O. XX S. 205 ff.). Die Bauinschrift Röm. Limes in Österreich II 1901 S. 154 ff. = CIL III 14359^2; danach ist das Amphitheater von einem Decurio des Municipium Aelium Carnuntum *impensa sua solo publico* erbaut worden, wahrscheinlich unter Commodus (Bormann a. a. O. S. 157).

Auf dem Pfaffenberge bei Carnuntum liegt ein heiliger Bezirk, bestehend aus Tempel und mehreren Nebengebäuden (Röm. Limes in Österreich I 1900 Taf. VIII). Eines davon, der Bau *U*, ist ein unregelmäßiges Oval von etwas über 40 m größtem Durchmesser mit Anbauten; er könnte trotz den dagegen geltend gemachten Bedenken (a. a. O. S. 82) recht wohl ein primitives Amphitheater darstellen.

PANNONIA INFERIOR. Aquincum. Die wohlerhaltenen Unterbauten des Amphitheaters von Aquincum sind um das Jahr 1880 freigelegt worden, vgl. Henszlmann, Ungar. Revue I 1881 S. 464 ff. mit Taf. I—III, Archäol.-Epigr. Mitt. VIII 1884 Taf. IV (Text dazu IX 1885 S. 233 ff.), Kuzsinszky, Führer durch Aquincum (mehrere Auflagen, z. B. ^{3}1908 S. 8 ff.). Am Westtor lag wie in Carnuntum ein Nemesisheiligtum. Die Inschriften der Sitzstufen Archäol.-Epigr. Mitt. VII 1883 S. 97 f. und CIL III 10493 (vgl. auch 10494); neben bürgerlichen Namen begegnet ein *kar(cerarius) leg(ionis)*.

Sirmium. S. unter Thessalonice.

DACIA. Porolissum. CIL III 836: Wiederherstellung des *amphitheatrum vetustate dilapsum* durch den Procurator Tib. Claudius Quintilianus im Jahre 157 n. Chr. Reste sind nicht bekannt.

Sarmizegetusa. Das Ende des 19. Jahrh. freigelegte Amphitheater ähnelt dem Amphitheater von Aquincum, die Grundmauern sind durchweg in geringer Höhe erhalten. Die Sitzstufen trugen z. T. Inschriften (Archäol.-Epigr. Mitt. VI 1882 S. 113 f., vgl. auch CIL III 12586), ein Nemesisheiligtum schloß sich an (CIL III 13777—80). Ältere Beschreibung bei Benndorf und Hirschfeld, Mitteil. d. Zentralkomm. 1873 und Jung, Romanische Landschaften S. 386.

Drobeta (?). Petersen hält vermutlich mit Recht die beiden bei Cichorius, Reliefs der Trajanssäule Taf. XXV und LXXIII erscheinenden Städte, die beide ein Amphitheater aufweisen, für identisch (Trajans dakische Kriege I 36 f. II 37 f.). Er erblickt darin den mösischen Brückenkopf von Trajans Donaubrücke, Cichorius nennt vermutungsweise die erste Siscia (II 155 ff.), die zweite Drobeta (III 143 ff.). Vielleicht ist letzterer Name der richtige.

HISPANIAE.

a) TARRACONENSIS.

Tarraco. Von dem Amphitheater steht nur ein Teil der Cavea noch aufrecht, vgl. Laborde, Voyage pitt. de l'Espagne I Taf. 53. 54. 56 und Puig y Cadafalch u. a., L'arquitectura romanica a Catalunya I 1909 S. 108 ff.

Aquae Flaviae. Ein *gladiatorium munus* CIL II 2473.

b) BAETICA.

Corduba. Ein *munus gladiatorium editum ob honorem flaminatus* CIL II 5523 = Dessau 5079.

Urso. Über die Bestimmungen des Stadtrechts von Urso auf unserem Gebiete s. oben II 11, 3. 102, 3. 103.

Carmo. Der (handschriftliche) Bericht über die Ausgrabung eines dort 1885/86 aufgedeckten Amphitheaters nebst Plan befindet sich in der Bibliothek der Akademie der Geschichte in Madrid, vgl. das Boletin derselben X 1887 S. 174. Ein *munus* erwähnt CIL II 1380.

Italica. Die Reste des mächtigen Amphitheaters sind nach den damaligen Ausgrabungen beschrieben bei Demetrio de los Rios, Memoria arqueológico-descriptiva del a. de I., Madrid 1861, mit großem Plan (aus Memorias de la R. Acad. de la historia). Die Inschriften der Sitzstufen CIL II 5102—16. Über das hier gefundene Fragment eines Exemplars des SC de sumptibus ludorum gladiatoriorum minuendis a. d. J. 176/7 s. oben II 12, 1.

Gades. Über die Spiele des Balbus 43 v. Chr. vgl. Cic. ad fam. X 32. Grabschrift eines Oplomachus CIL II 1739 = Dessau 5098.

Hasta (?). *XX parium gladiatorum data* CIL II 1305.

c) LUSITANIA.

Emerita. Das wohlerhaltene Amphitheater ist neuerdings freigelegt worden, vgl. Archäol. Anz. 1914 S. 376 f. Eine Ansicht bei Puig y Cadafalch a. a. O. S. 107. CIL II 499 Grabstein eines Retiariers.

MAURETANIAE.

Caesarea. Das zur Zeit der französischen Eroberung noch ausgezeichnet erhaltene Amphitheater ist jetzt nahezu verschwunden. Ältere Aufnahmen bei Ravoisié, Explor. scientif. de l'Algérie III Taf. 29. 30. Kurz Gsell, Monuments antiques de l'Algérie I S. 203 mit Literatur.

Tipasa. Die Ruinen des Amphitheaters sind schlecht erhalten (Gsell, Mél. de l'Ecole franç. XIV 1894 S. 334 f.; Mon. de l'Alg. I 203 f.).

Sitifis. CIL VIII 8482 (361—363 n. Chr.) ist wohl Bau- oder Wiederherstellungsinschrift eines Amphitheaters, vgl. auch 8507. S. auch unter Theater.

NUMIDIA.

Cirta. Die früher noch vorhandenen Reste eines Amphitheaters oder Theaters sind heute völlig verschwunden (Gsell, Mon. I 200, 1). CIL VIII 6995 = Dessau 411: — *statuam, quam promisit ex reditibus locorum amphitheatri — dedit.*

Rusicade. Das Amphitheater wurde im Jahre 1845 abgebrochen (Gsell a. a. O. S. 201 mit Literatur). Aufnahmen bei Ravoisié a. a. O. II Taf. 56—59. CIL VIII 7969 = Dessau 399 (187 n. Chr.): *Munus gladiat. et venat. vari gen. dentatar. ferar. et mansuet., item herbat.* CIL VIII 7983 ist vermutlich von Ausstattung des Amphitheaters die Rede.

Lambaesis. Nur dürftige Reste des Amphitheaters vorhanden (Gsell a. a. O. S. 202). Inschriften der Sitzstufen mit Namen der Curien CIL VIII 3293 = Dessau 6845.

Mesarfelta (?). CIL VIII 2488 (177—180 n. Chr.): Wiederherstellung eines *amphitheatrum vetustate corruptum* durch den Legaten.

Theveste. Das Amphitheater ist fast vollständig zerstört (Gsell a. a. O. S. 203 mit Literatur). CIL III 1887: *Mun. qui*[*nque dierum cum*] *occisioni*[*bus ferarum*], ein *munus* auch 1888. 16656 (= Dessau 6838. 6839).

Cuicul. CIL VIII 8324: *pro editione muneris debiti* (4. Jahrh.).

AFRICA.

Hippo regius. CIL VIII 5276: *Gladiatorium munus, quod civibus suis triduo edidit, quo omnes priorum memorias supergressus est.* Ein *mun. glad.* auch 5232.

Simitthu. Das Amphitheater erwähnt Carton, Bull. archéol. 1908 S. 431.

Carthago. Das Amphitheater von Carthago ist jetzt freigelegt, doch sind die Mauerreste der großen Anlage nur sehr dürftig (vgl. jetzt Oehler, Real-Encykl. X 2214 f. und Leclercq in Cabrols Dict. d'arch. chrét. II 2 Sp. 2277 ff.), während noch Edrisi (12. Jahrh.) eine begeisterte Schilderung von der Pracht des Baues entworfen hat; seit dem 16. Jahrh. wurde es abgebrochen. Es war wahrscheinlich die Stätte des Martyriums der hl. Felicitas und Perpetua. Von einer Bauinschrift können die Fragmente CIL VIII 24550 und 51 mit den Namen des M. Aurel und L. Verus stammen; zahlreiche Inschriften der Sitzstufen und des Podiums ebd. 24659—61. Bleiplättchen mit Defixionen aus dem Arenakeller Comptes rendus de l'Acad. 1897 S. 318 ff. (jetzt bei Audollent, Defixionum tabellae nr. 246 ff., vgl. auch Bonn. Jahrb. CXIX S. 3). Dessau 9406: *spectaculum in amphi*[*theatro*] *gladiatorum et Africanarum quadriduo dedit.*

Thysdrus. Der mächtige Bau des Amphitheaters von Thysdrus stand bis um 1700 nahezu unversehrt; seitdem hat die Zerstörung das Innere stark verwüstet, im Äußeren aber nur eine größere Lücke gerissen. Ältere Aufnahme von Coste, Mon. d. Inst. V Taf. 42—44, dazu Ann. d. I. 1852 S. 241 ff. mit Taf. U; Beschreibung bei Guérin, Voyage arch. dans la rég. de Tunis I 91 ff. Das Innere ist neuerdings großenteils ausgeräumt worden, vgl. Bull. archéol. 1910 S. CLXXXV ff. Ein neu aufgenommener Grundriß findet sich nach Arch. Anz. 1912 S. 392 im Bull. de Sousse 1911 S. 104. Die Aufdeckung eines älteren kleineren Amphitheaters — das große dürfte aus der Blütezeit der Provinz, dem 3. Jahrh., stammen — ist mir nur durch Baedeker bekannt.

Hadrumetum. Aus dem römischen Friedhof stammt das Mosaikbild eines Secutor (Bull. archéol. 1904 S. 433 f. CIL VIII 22918). Ein Amphitheater ist nur unsicher bezeugt (Guérin I S. 108).

Eine große Reihe weiterer Amphitheater im heutigen Tunis verzeichnet das schon angeführte Werk von Guérin, Voyage archéologique dans la régence de Tunis (Paris 1862). Schon damals nur in dürftigen und dürftigsten Resten erhalten, teilweise selbst nur noch als Vertiefungen im Boden kenntlich, sind sie heute fast ganz verschwunden. Es genügt die Aufzählung der antiken Orte: Leptis parva (I 127), Thapsus (I 130), Sufetula (I 383), Mactaris (I 409), Utica (II 6 f.), Thuburbo minus (II 188), Pupput (II 262), Aurelia Vina (II 265), Uthina (II 282 f.), Municipium Seressitanum (II 356), Thuburbo maius (II 370 f.); über das Amphitheater von Leptis parva vgl. auch Bull. archéol. 1897 S. 291, von Sufetula Merlin, Forum et églises de Sufetula (Paris 1912) S. 23 (s. auch CIL VIII 11347 = Buecheler, Carm. ep. 1521). Das heutige Henchir-Badria (I 162 f.) ist wahrscheinlich das antike Achulla (G. Wilmanns CIL VIII p. 11 f.), Meraissa (II 214 f.) das antike Karpis. Ein Amphitheater in Thaenae wird Bull. archéol. 1908 S. 26 erwähnt.

Oea. Apul. Apol. 98: *in ludo quoque gladiatorio frequens visitur, nomina gladiatorum et pugnas et vulnera plane quidem ut honestus puer ab ipso lanista docetur.* CIL VIII 24: *curator muneris pub. munerarius* (163 n. Chr., Bauinschrift des Bogens von Tripolis).

Gabrata. Am Ostende der Stadt lag ein jetzt noch wohlerhaltenes kleines Amphitheater mit 12 Sitzstufen. Die Arena hat etwa 45 m größten Durchmesser. Vgl. de Mathuisieulx, Nouv. Arch. des Miss. scient. XII 1904 S. 9.

Leptis magna. Eine ovale Bodenvertiefung neben dem Circus von etwa 80 m größtem Durchmesser, doch ohne alle Mauerreste, pflegt als Stelle des Amphitheaters betrachtet zu werden (de Mathuisieulx a. a. O. X 1903 S. 267). CIL VIII 22672 = Dessau 9408: *exqu[isita edit]ionum g[e]nera.*

Unter den Spielen in Africa werden die von den Sacerdotes provinciae Africae gegebenen eine besondere Rolle gespielt haben; daß darunter sich auch amphitheatralische befanden, bezeugt Augustin. ep. ad Marcellin. 138: (*Apuleius*) *cui sacerdoti provinciae pro magno fuit, ut munera ederet venatoresque vestiret.* Sie fanden in Carthago gleichzeitig mit den Provinzialversammlungen Ende Oktober statt: Cod. Theod. XII 1, 145. 176. XVI 10, 20. Wie drückend die Last für die spielgebenden Priester war, erhellt aus der Ehreninschrift CIL VI 1736 = Dessau 1256 (376 n. Chr.), in der die Prozinz Africa ihren ehemaligen Prokonsul Hymetius belobt, *quod studium sacerdotii provinciae restituerit, ut nunc a conpetitoribus adpetatur, quod antea formidini fuerat.* Vgl. über diese Priesterschaft und ihre Funktionen Hirschfeld, Ann. d. Inst. 1866 S. 69 ff.

Eine Reihe wichtiger Inschriften, welche Spiele in einzelnen Städten bezeugen, sind oben jeweils angeführt worden.

b. DER OSTEN[1]).

ACHAIA.

Corinthus. Korinth ist die einzige Stadt Griechenlands, in der sich mit Sicherheit ein Amphitheater nachweisen läßt, vgl. Expéd. de Morée III Taf. 77, 3. Curtius, Peloponnes II S. 527. Bursian, Geogr. von Griech. II S. 15. Vischer, Erinnerungen aus Gr. S. 264f. Lampros, Athen. Mitt. II 1877 S. 282ff. Das Amphitheater ist ganz und gar in den Felsen gehauen, indem man eine natürliche Schlucht benutzte und erweiterte. Zur Zeit Dios von Prusa scheint es noch nicht gestanden zu haben, vgl. or. 31, 121 (I 254 Arn.): ὥστε οἱ Κορίνθιοι μὲν ἔξω τῆς πόλεως θεωροῦσιν ἐν χαράδρᾳ τινί (sc. τοὺς μονομάχους), πλῆθος μὲν δυναμένῳ δέξασθαι τόπῳ, ῥυπαρῷ δὲ ἄλλως καὶ ὅπου μηδεὶς ἂν μηδὲ θάψειε μηδένα τῶν ἐλευθέρων, Ἀθηναῖοι δὲ ἐν τῷ θεάτρῳ θεῶνται τὴν καλὴν ταύτην θέαν ὑπ' αὐτὴν τὴν ἀκρόπολιν, οὗ τὸν Διόνυσον ἐπὶ τὴν ὀρχήστραν τιθέασιν, wo ja wohl die Stelle des Amphitheaters, dieses selber aber noch nicht gemeint ist. Auch Pausanias nennt das Amphitheater nicht, erst die Expos. tot. mundi 52 erwähnt es als *opus praecipuum*. Ein dreitägiges *munus* Apul. Metam. X 18, Venationen Julian. Ep. 35. Inschrift der Venatores IG IV 365 = Kaibel, Epigr.gr. 885, s. oben II 68, 8.

Athenae. In Athen fanden Gladiatorenspiele im Dionysostheater statt, vgl. die eben angeführte Stelle des Dio von Prusa (und ihre Fortsetzung), dazu Lucian. Demon. 57 und Philostr. vit. Ap. Tyan. IV 22. An allen drei Stellen erscheint der eifersüchtige Vergleich mit Korinth, an allen drei Stellen der Tadel eines Philosophen (bei Dio bleibt er unbenannt), so daß ihnen wohl allen ein einziges wirkliches oder angebliches Geschehnis, für uns zuerst mit Apollonios von Tyana faßbar, zugrunde liegt. Vgl. auch Judeich, Topographie von Athen S. 278.

Megara. IG VII 106: Ehrung für C. Curtius Proclus ἀγωνοθέτην Πυθαήων usf. φιλοτειμησάμενον μονομάχων ζεύγη κ' (nach Hadrian).

Plataeae. Apulei. Metam. IV 13: *Ibi famam celebrem super quodam nomine Demochare munus edituro gladiatorium deprehendimus. — Gladiatores isti famosae manus, venatores illi probatae pernicitatis: alibi noxii perdita securitate suis epulis bestiarum saginas instruentes. — Qui praeterea numerus, quae facies ferarum? Nam praecipuo studio forensi etiam advexerat generosa illa damnatorum capitum funera* etc.

THESSALIA. Hierher reist Thiasus, *nobilissimas feras et famosos inde gladiatores comparaturus* (Apulei. Metam. X 18).

Larissa. Ebd. I 7: ein Hausierer geht hierher, um ein *gladiatorum spectaculum satis famigerabile* zu sehen.

MACEDONIA.

Dyrrhachium. CIL III 607: [*ludos*] *gladiatorib. p. XII edi*[*dit*]. Reliefs von Gladiatoren: Heuzey und Daumet, Mission archéol. en Macédoine Taf. 27 und 30 (S. 383) und Schreiber, Kulturhist. Bilderatlas Taf. XXXIII 7. 8.

1) Vgl. Friedlaender, De propagatione munerum ac venationum per Graeciam et Orientem Königsberger Univ.-Progr. 1860.

Thessalonice. Heuzey a. a. O. S. 274 n. 112 (143 n. Chr.): Anzeige dreitägiger κυνήγια und μονομαχίαι auf Grund einer Testamentsverfügung. Lucian. Luc. s. asin. 49: ὑπέσχετο τῇ πατρίδι θέαν παρέξειν ἀνδρῶν ὅπλοις πρὸς ἀλλήλους μονομαχεῖν εἰδότων, vgl. auch 52 (ein Weib den Tieren vorgeworfen) und 53 (Verwendung von Bären und Löwen); das Schauspiel findet in einem θέατρον statt. Fechterspiele des Maximian beschreibt die Vita S. Demetrii (Acta SS. Octobr. IV 87 ff.); ihr Schauplatz ist τὸ τῆς πόλεως θέατρον τὸ καλούμενον στάδιον, ebd. ein reisender Gladiator Lyaios οὐ μόνον ἐν Ῥώμῃ πολλοὺς εἰς τὸν λοῦδον ἀνῄρηκεν, ἀλλὰ καὶ ἐν τῷ Σερμίῳ καὶ ἐν τῇ Θεσσαλονίκῃ (s. oben I 384, 9). Grabstein eines Retiariers Kaibel, Epigr. gr. 945!; eines Secutor Athen. Mitt. X 1885 S. 15.

Philippi. CIL III 659 = Dessau 7189 (Drama): Grabschrift des Sohnes eines *IIvir et munerarius Philippis*; CIL III 660 (Kavalla, unsicher, ob nach Philippi gehörig) nennt einen *munerarius* und *flamen divi Vespasiani*.

MOESIA.

Tomi. Archäol.-Epigr. Mitt. VIII 1884 S. 9: Grabschrift des Stierkämpfers Attalos, der nach vielen Siegen einem βοῦς ἄγριος (Auerochs? Wisent?) erlegen war. Tocilescŭ, Fouilles et recherches en Roumanie S. 226 f.: Grabstein des Gladiators Skirtos.

Serdica. IGR I 1453 Ehrung eines ἀρχιερεὺς und seiner Gattin als [ἐπιτελέσαντες κ]αὶ μονομαχί[ας καὶ ....

THRACIA.

CONSTANTINOPOLIS. Über das von Septimius Severus in Constantinopel errichtete Amphitheater, das sog. κυνήγιον, vgl. Unger, Quellen der byzant. Kunstgesch. S. 284 f. und Real-Encykl. III 1126. 1140 (Miller); IV 996 (Oberhummer). Cod. Theod. XIV 6, 5 (419 n. Chr.): Verbot der Kalköfen *inter amphitheatrum et divi Iuliani portum per litus maris .... propter salubritatem urbis amplissimae et nostrarum aedium vicinitatem.* Das Amphitheater lag nahe dem Artemistempel, der sich an der Nordspitze des Serails erhob. Mit ihm ist nicht zu verwechseln das »Jägerviertel«, μέρος τοῦ κυνηγοῦ, bei den Blachernen (Oberhummer S. 970).

Philippopolis. Grabstein eines Gladiators: Arch.-Epigr. Mitt. XIX 1896 S. 233 f.; ein andrer bei Kaibel, Epigr. gr. 529.

Plotinopolis (?). Aus dem heutigen Dimotiko stammt der Grabstein eines Murmillo: Daremberg-Saglio Fig. 3586, die Inschrift Athen. Mitt. IX 1884 S. 213 f. = IGR I 773 (V. 5 Πλωτινοπ]ολειτῶν ?).

KRETA UND DIE ÜBRIGEN INSELN.

CRETA. Auf Kreta sind zwei Amphitheater bekannt, in Gortyn (Real-Encykl. VII 1668, 3 [*H* auf dem Plan]) und Hierapytna (ebd. VIII 1405); vgl. auch Bursian, Geogr. v. Griech. II S. 565. 578 und Falkener, A description of some important theatres and other remains in Crete (London 1854), der sich auf einen Bericht aus dem Ende des 16. Jahrh. stützt. Das Amphitheater von Gortyn war danach ein Ziegelbau, das von Hierapytna unter Benutzung einer

Schlucht angelegt. Ein *munus* auf einer wahrscheinlich aus Cnossus stammenden Inschrift (CIL III 12042).

COS. Aus der Stadt Cos stammen Gladiatorenreliefs mit den Inschriften Paton-Hicks, Inscript. of Cos nr. 138—140 = IGR IV 1072 f. (darunter 138 = 1072 neben dem Bilde eines Retiarius .... κριτος ἀπελύθη ἔξω λούδου) und CIG 2511 = Paton-Hicks nr. 141 = IGR IV 1075 φαμιλία μονομάχων καὶ ὑπόμνημα κυνηγεσίων Νεμερίου Καστρικίου Λευκίου Πακωνιανοῦ ἀσιάρχου καὶ Αὐρηλίας Σαπφοῦς Πλάτωνος Λικιννιανῆς ἀρχιερείης γυναικὸς αὐτοῦ. Biagi hat dies richtig von einem gemeinschaftlichen Begräbnisplatze der Gladiatoren und Venatoren, die diesem Ehepaar gehörten, erklärt, wie solche auch sonst vorkommen (s. unter Lesbos, Tralles, Aphrodisias, Smyrna usf. und CIL IX 465 = Dessau 5083). Vermutlich war der Wohnort des Asiarchen Halikarnaß, und er hatte die Insel Kos nur zum Aufenthalt für seine Gladiatoren oder zur Anlegung eines Begräbnisplatzes für sie gewählt.

RHODOS. Das von P. J. Meier, Athen. Mitt. XV 1890 S. 162 ff. bekannt gemachte Gladiatorenrelief des Triester Museums befand sich vorher in Privatbesitz zu Rhodus. Der Fundort ist unbekannt.

LESBOS. Grabschriften von Gladiatoren IG XII 2, 447—457[1]), darunter 447 die einer φαμιλία μονομάχων Μαρ. Κλάυ. Τρυφωνιανοῦ νέου καὶ ἀρχιερείας Ορφίας Λαιλίας Σωτίου γυναικὸς αὐτοῦ. Gladiatoren- und Venatorenreliefs: Conze, Reise auf der Insel Lesbos S. 5. 16 und Ann. d. Inst. 1842 Taf. Q 7. 9.

THASOS. IG XII 8, 547 Rest einer Liste von Gladiatoren (Murmillonen und Essedarier), 548—551 Grabsteine von Gladiatoren, davon 547. 548. 550 Eigentum einer Hekataia.

ASIA UND DIE ÜBRIGEN KLEINASIATISCHEN PROVINZEN.

Auch von den in den asiatischen Ländern veranstalteten Schauspielen waren die hauptsächlichsten die von den Provinzialverbänden (*communia*, κοινά) der einzelnen Provinzen unter dem Vorsitz und auf Kosten der an der Spitze stehenden Priester gegebenen, vgl. Marquardt StV. I² 513 f. Kuhn, Städt. u. bürgerl. Verfassung I 106 ff. Monceaux, De communi Asiae provinciae (Paris 1885). Brandis, Real-Encykl. II 471 ff. (Archiereus) und 1564 ff. (Asiarches). A. Schulten, Österr. Jahreshefte IX 1906 S. 61 ff. Die letzte Erwähnung dieser Schauspiele ist aus dem Jahre 465, wo die Fechterspiele schon längst aufgehört hatten (Cod. Iust. I 36). Daß in früheren Jahrhunderten dabei auch Gladiatoren nicht fehlten, ist vielfach bezeugt. Fechterspiele, von den Oberpriestern der Provinzen gegeben, erwähnt ausdrücklich ein Schreiben des Kaisers Alexander Severus (Cod. Iust. X 61) und der Bericht über das Märtyrertum des h. Polycarp (im Jahre 155; vgl. Marquardt a. a. O. S. 514 A.) bei Euseb. Hist. eccl. IV 15; Rufinus übersetzt Ἀσιάρχης mit *munerarius* (Kuhn a. a. O. S. 115). Daher kommen in Inschriften öfters Gladiatorenfamilien im Besitz dieser Priester vor: CIG 2511. 3213. 3677. 2194 b. 2759 b. Galen erzählt, daß er nach der Voll-

1) Der Herausgeber bemerkt mit Recht, daß 448—457 sowie eine ganze Reihe andrer Gladiatorengrabsteine der Inseln und Kleinasiens aus einer einzigen, noch zu lokalisierenden Werkstatt zu stammen scheinen.

endung seiner medizinischen Studien zu Alexandria von dem Oberpriester zu Pergamum (158—164) als Arzt für dessen Gladiatoren angestellt worden sei, wobei er sich einer neuen Behandlungsart bedient habe: κατὰ τύχην δὲ πολλῶν τεθνεώτων ἐν τοῖς ἔμπροσθεν ἔτεσιν ἐμοὶ δὲ οὔτε τῶν ὡς εἴρηται τετρωμένων ἀποθανόντος τινὸς οὔτ' ἐξ ἄλλου τραύματος — infolgedessen sei er auch von den späteren Oberpriestern zu demselben Amt erwählt worden, XIII 599 K., vgl. XIII 564. XVIII B 561 (woraus sich ergibt, daß diese Schauspiele in den Sommer fielen).

Die Gladiatorenschulen werden sich hauptsächlich in den Städten befunden haben, in denen die Provinzialfeste gefeiert wurden. In der Tat finden sich solche in Smyrna, Philadelphia, Cyzicus und Pergamum, die sämtlich Vororte der angegebenen Art waren. Aber zum Priestertum wählbar waren auch Bürger der übrigen zu der Festgenossenschaft gehörigen Städte, die ihre Gladiatoren teils an ihren Wohnorten, teils an andern zweckmäßig erscheinenden Orten unterhalten und einüben lassen konnten. Wenn daher an einem Orte Monumente gefunden worden sind, die sich auf Gladiatoren beziehen, so folgt daraus höchstens, daß dort eine Schule war, aber nicht, daß Fechterspiele gegeben worden sind. Daß übrigens in vielen Städten auch außer den Festen der Provinzialverbände bei manchen andern Gelegenheiten Fechterspiele veranstaltet wurden, ist unzweifelhaft Über die kaiserlichen Gladiatoren in diesen Provinzen und auf Cyprus vgl. oben II 66, 2.

Die Orte, in denen sich Spuren von amphitheatralischen Schauspielen oder darauf bezüglichen Einrichtungen nachweisen lassen, sind nach Provinzen geordnet folgende[1]).

CARIA. Halicarnassus. CIG 2663 Inschrift eines Retiariers, der ταῖς Νεμέσεσιν (s. oben S. 226) Weihgeschenke darbringt.

Stratonicea. CIG 2719 Inschrift eines T. Flavius Leontis f. Quir. Aeneas, ἀρχιερατεύσαντος μεγαλοπρεπῶς, ἐν ῑ ἀρχιερωσύνῃ καὶ μονομαχίας ἐπετέλεσεν, nach Böckh aus der Zeit der Antonine. Welches Oberpriestertum hier gemeint sei, ist ungewiß.

Caryanda. Lebas-Wadd. 499: Stierkampf und κυνήγιον.

Mylasa. Bull. Corr. hell. XII 1888 S. 11 f.: sehr verstümmeltes Ehrendekret für einen ἀρχιερεύς, der unter andern auch Gladiatorenspiele gegeben hatte. Ebd. XV 1891 S. 542 f.: Weihung einer Reihe von κυνηγοί (*venatores*) für den ἀρχιερεύς Leon. Hula und Szanto, Bericht über eine Reise in Karien, Wiener Sitz.Ber. CXXXII (1894) S. 17: Weihung eines Λούκιος Βετώνιος Ἀλέξανδρος σουμμαρούδης.

Miletus. CIG 2880 Inschrift eines Propheten des Tempels der Branchiden, eines Sohnes ἀρχιερέων τῶν Σεβαστῶν ποιησάντων θεωρίας ἐπὶ ἡμέρας δέκα καὶ μονομαχίας ἀποτόμους ἐπὶ ἡμέρας δεκαδύο (ἀπότομος auch unter Philadelphia, über diese »grausamen« Kämpfe s. oben II 75, 1). CIG 2889 enthält ein Verzeichnis von drei Myrmillonen, zwei Thrakern, einem Wagenkämpfer, die, wie es scheint, zwei Herren, Samia und Eucarpus, gehörten; die Zahlen der Siege (NI) und Kränze (ΣΤ) sind den Namen beigefügt, das zweimalige ΕΛΕΥ bedeutet

1) Da die Zeugnisse zum größten Teil dem CIG entnommen sind, habe ich dessen Anordnung hier beibehalten.

wohl ἐλευθερωθείς (*liberatus*, oben II 62, 10, s. auch unter Aegae in Mysien). Rev. archéol. N. S. XXVII 1874 S. 112: Grabschrift Ἀβάσκαντε πρωβοκάτωρ χρηστὲ χαῖρε.

Tralles. Lebas-Wadd. 615: Μονομάχοι Ποπλίου Λουκιλίου Πεισωνίνου (Inschrift eines Begräbnisplatzes). CIG II Add. 2942 b und c = Kaibel, Epigr. gr. 290. 291: Grabschriften von Gladiatoren.

Nysa. Das dortige Amphitheater, beschrieben von Strabo XIV 639, lag ἐν χαράδρᾳ, wie das korinthische. Der Name, den ihm Strabo gibt, darf nicht darüber hinwegtäuschen, daß es vielmehr ein Stadion ist, wie denn die Arenakämpfe im Osten überall da, wo kein eigentliches Amphitheater vorhanden war, im Stadion stattfanden (s. unter Smyrna). Über die großartige Anlage v. Diest, Nysa ad Maeandrum (Erg.Heft des Arch. Jahrb. X) Berlin 1913 S. 42 ff.

Aphrodisias. CIG II Add. 2759b: φαμιλία Ζήνωνος τοῦ Ὑψικλέους τοῦ Ὑψικλέους τοῦ φύσει Ζήνωνος Ὑψικλέους, ἀρχιερέως, μονομάχων καὶ καταδίκων καὶ ταυροκαθαπτῶν. Texier, Asie mineure (Paris, Didot 1862) S. 647: »*A l'une des extrémités* (des Stadions) *on voit à fleur de terre un mur circulaire, qui paraît avoir formé un petit amphithéâtre, dont la construction est du temps de la décadence. Je ne mentionne ce fait que parce que j'ai trouvé de semblables constructions dans deux autres stades que j'ai mesurés sur les côtes d'Asie, celui de Perga et celui d'Aspendus.*«

LYDIA. Smyrna. CIG 3213: φαμιλία μονομάχων Λ. Τίμωνος Ἀσιάρχου νεωτέρου; außerdem Inschriften einzelner Gladiatoren: 3275 (Retiarier), 3291 (ἱπποδιώκτης scheint von Böckh richtig für einen Gladiator gehalten zu werden), 3368. 3374 (Thraker), 3392 (Myrmillonen), Kaibel, Epigr. gr. 307a (linkshändiger Gladiator, s. oben II 69, 8). Die Grabstätte einer φαμιλία μονομάχων auch Athen. Mitt. VI 1881 S. 266. Das Martyrium des hl. Polycarp fand im Stadion statt (Eusebius, nach Hieronymus De viris illustr. 27 *in amphitheatro*)[1]. Relief mit inschriftlich bezeugter Darstellung von ταυροκαθάψια (CIG 3212) Arch. Jahrb. VII 1892 S. 72. Reliefs mit Bildern aus einer Venatio: Stark, Nach d. griech. Orient S. 383 f. (auch Keller, Tiere d. klass. Altert. S. 70), Gladiatorenreliefs ebd. S. 388.

Ephesus (?). Zwei angeblich aus Ephesus stammende Gladiatorenreliefs des Berliner Museums bei P. J. Meier, Arch. Zeit. XL 1882 S. 147 ff. mit Taf. VI.

Philadelphia. CIG 3422: — ἀρχιερασάμενον — καὶ δόντα κοντροκυνηγέσιον ἐνόζυγον ἐκ θείας φιλοδωρίας. Francke erklärt: Kampf eines einzelnen Tierkämpfers oder mehrerer einzelnen mit je einem Tier; die Kämpfer mit einem κοντάριον (Jagdspieß) bewaffnet.

MYSIA. Cyzicus. Das Amphitheater liegt vor der Stadtmauer in einem schluchtartigen Tälchen, dessen Abhänge z. T. die Cavea bilden. Der Bach wird unter der Arena durchgeflossen sein (vgl. Pergamum und Nysa), doch scheint auch die Möglichkeit der Ableitung bestanden zu haben (s. den Plan bei Hasluck). Das Gebäude ist in Eile, hauptsächlich aus älteren Materialien, auch Stelen, aufgeführt, nach deren Prüfung sich als Zeit der Erbauung etwa

1) S. auch Nysa. Das Stadion als Schauplatz der Gladiatorenspiele und Venationen nennen die Grabschriften Kaibel, Epigr. gr. 350. 351 (Nicaea Bith.), 407 (Sagalassus) sowie die unter Tomi angeführte.

die Mitte des 3. Jahrhunderts ergibt, wo (nach den erhaltenen Namenlisten) die Romanisierung der Stadt schon sehr vorgeschritten war. Ältere Beschreibung bei Texier a. a. O. S. 169, jetzt Hasluck, Cycicus S. 15 und Rustafjaell, Journ. Hell. Stud. XXII 1902 S. 187 mit Fig. 6 und 7, Bildern der noch stehenden Trümmer. Grabschriften von Gladiatoren CIG 3677 (Gladiatorenfamilie). Lebas-Wadd. 1757 (δεύτερος πάλος Θρᾳκῶν — ἐννεάκις πυκτεύσας ᾤχετο εἰς Ἀΐδην). Athen. Mitt. VI 1881 S. 124 (προβοκάτωρ).

Dardanellen. Grabstein eines Gladiators Galates: Archäol.-Epigr. Mitt. I 1877 S. 7.

Pergamum. Die eindrucksvolle Ruine des Amphitheaters liegt in einer kahlen Schlucht abseits der Stadt, ihre Mauerreste ragen noch bis zu 26 m Höhe empor. Tief unter der Arena floß der überwölbte Bach hindurch. Beschreibung und Pläne bei Texier II S. 227 ff. mit Taf. 120. 121; Band VI des Pergamonwerks, der die römischen Bauten bringen soll, steht noch aus. Aristides or. 50, 16 (II 429 K.) erwähnt eine ταύρων θήρα, vgl. dazu die ταυροκάθαψις Inschr. v. Perg. nr. 523 (oben II 88, 11). Gladiatorenschule oben II 66, 1. Grabschrift eines Gladiators (?): Kaibel, Epigr. gr. 333a = Inschr. v. Perg. nr. 577.

Aegae. Unter der Weihinschrift am Gebälk der bekannten Markthalle ziehen sich eine Reihe Gladiatorennamen hin (fünf Essedarier, zwei Murmillonen, ein Thrax, ein Retiarier), die offenbar bei den zur Einweihung gegebenen Spielen kämpften. Das jeweils hinzugefügte ἐλ(ευθερωθείς) oder δοῦ(λος) bezeichnet die Freilassung nach dem Kampf oder die weitere Knechtschaft (R. Bohn, Altertümer von Aegae S. 25 ff. 67 f. mit Mommsens Kommentar).

PHRYGIA. Laodicea ad Lycum. Cic. ad Att. VI 3, 9: *Hortensius filius fuit Laodiceae gladiatoribus flagitiose et turpiter*. CIG 3935 = IGR IV 845: Errichtung eines ἀμφιθέατρον λευκόλιθον durch Nikostratos im J. 79 n. Chr.; dieselbe Tatsache berichtet CIG 3936, eine Ehreninschrift für seine Tochter Tatia. Da sich von einem Amphitheater in Laodicea keine Reste finden, ist vielleicht das Stadion gemeint (s. unter Nysa). CIG 3942 = IGR IV 857: Μνῆμα μονομαχίδων δοθέντων ὑπὸ ἀρχιερέως καὶ στεφανηφόρου Διοκλέους τοῦ Μητροφίλου.

Ancyra am Macestus. IGR IV 555 = Lebas-Wadd. 1011 (CIG 3847^b) Ehrung eines Menelaos u. a. κυνήγιόν τε πολυτελὲς κ[αὶ παρ]άδοξον μετὰ πάσης σπουδῆς παρα[σχόμε]νον.

Hierapolis. Pfeiler mit Reliefs von Gladiatorenkämpfen und Beischriften: Humann u. a., Altertümer von Hierapolis S. 62. Pfeilerkapitell mit Tierkämpfen: ebd. S. 63 f. Grabschrift eines θηριοτρόφος: ebd. S. 179 = Kaibel, Epigr. gr. 389.

BITHYNIA. Nicaea. CIG 3765. 3766 (IGR III 43. 44) = Kaibel, Epigr. gr. 350. 351: Grabsteine von Retiariern (350 δεύτερος πάλος, 351 vorher Venator).

Nicomedia. Plin. ep. ad Trai. 31 f.: Anfrage an Trajan wegen der Behandlung der Verbrecher, die zu Nicäa und Nicomedia *in ludum damnati* waren, und Antwort; vgl. oben II 54, 5.

GALATIA. Ancyra. Auf dem linken Türpfeiler des Augustustempels befindet sich ein Verzeichnis der pentaeterischen Schauspiele, die Γαλατῶν ο[ἱ ἱε]ρασάμενοι θεῷ Σεβαστῷ καὶ θεᾷ Ῥώμῃ unter Tiberius ausrichteten (CIG 4039 = IGR III 157 = Dittenberger Or. gr. 533, vgl. Rostowzew, Mél. Boissier S. 419 ff.). Neben öffentlichen Mahlzeiten und Schauspielen anderer Art erscheinen Gladiatorenspiele, Tierhetzen, Stierkämpfe, so bei dem ersten Fest μονομάχων ζεύγη τρίακοντα und κυνήγιον ταύρων καὶ θηρίων (vgl. auch Stähelin, Gesch. d. kleinas. Galater S. 102).

PAPHLAGONIA. Amastris. Lucian. Toxaris 57 f. läßt den Scythen Sisinnes hier mit einem Gladiator für den Preis von 10 000 Drachmen kämpfen, um seinen Freund unterstützen zu können. Dem Gladiatorenspiel geht eine Tierhetze voraus. Vgl. oben II 60, 1.

PONTUS. Amisus. Archäol.-Epigr. Mitt. XVIII 1895 S. 230 = IGR III 97 = Cumont, Festschr. f. Hirschfeld S. 271, 5 (209 n. Chr.): Inschrift einer φαμιλία μονομάχων τῶν περὶ Καλυδῶνα. Cumont, Cat. des Sculpt. des Musées du Cinqu.[2] 1913 S. 102 nr. 80: Grabrelief und metrische Grabschrift eines Dimachaerus (s. unten S. 265, σουμμάρου wohl = *summa rudis*).

Sebastopolis. Dittenberger, Or. gr. 529 = IGR III 115 = Cumont, Festschr. f. O. Hirschfeld S. 272, 1: Ehreninschrift für M. Antonius Rufus ἀρχιερασάμενον διὰ βίου τῷ θεωτάτῳ αὐτοκράτορι Ἀδριανῷ — καὶ κυνηγέσια καὶ μονομαχίας διαφερούσας παρεσχημένον.

Amasia. IGR III 1438 (Cumont S. 273) Grabstein des Retiariers Pinnas, und 1439 (Cumont 275): des Bärenkämpfers Troilos.

Sinope. Die Inschrift eines Pontarchen CIG 4157 erwähnt ταυροκαθάψια καὶ κυνηγέσιον καὶ — — μαχίαν.

CAPPADOCIA. Comana. Amphitheater, von dem 10 steinerne Sitzreihen erhalten sind, H. Grothe, Meine Vorderasienexpedition 1906 und 1907 (1911) I S. CCLI, von v. Strzygowski ebd. S. CCXV als Theater bezeichnet. Abbildung bei Grothe, Geograph. Charakterbilder aus der asiat. Türkei (1909) Abb. 43.

LYCIA. Telmessus. IGR III 541 (Benndorf-Niemann, Reisen in Lykien S. 41, Nachtrag S. 157): Grabstein eines Retiariers mit der Inschrift: Ἑρμεῖ Παιτραείτης μετὰ τῶν συνκελλαρίων (ohne Zweifel gab es dort also eine Gladiatorenschule). IGR III 539: Ehrung eines ἀρχιερεύς durch das κοινὸν Λυκίων wegen Veranstaltung von μονομαχίαι und θηριομαχίαι; vgl. IGR III 681 δόντα Τελμησσεῦσιν κυνήγια κτλ.

Rhodiapolis. IGR III 739, XVII A Z. 11 f. und Heberdey, Opramoas S. 46: Ehrung für den Lykiarchen Opramoas wegen Veranstaltung von κυνήγια und μονομαχίαι.

Oenoanda. IGR III 492 (Licinius Longus) ἀγαγόντα κυνηγέσια καὶ μονομαχίας ἡμερῶν δύο ἀρχιερέως Σακέρδωτος (im J. 126 n. Chr., vgl. Heberdey a. a. O. S. 69) πρὸ τῆς Λυκιαρχίας; vgl. ebd. nr. 500 III 35 ff.

Lydae. IGR III 500 (C. Julius Heliodorus) [δόντα δὲ κ]αὶ εἰς ἔργα ἐθνικὰ καὶ [εἰς ἀγῶνας καὶ] μονομαχίας καὶ κυ[νηγεσίας ... (140 n. Chr.).

Xanthus. IGR III 631 (Philippus) δόντ[α δὲ καὶ] ἐν τῷ ἱερῷ τῆς Λητοῦς προκυνηγίας καὶ ταυρομαχίαν καὶ θηρομαχίας κτλ.

Patara. IGR III 681 δόν[τ]α [....... κ]υνήγια καὶ προκυνήγια κτλ.

PISIDIA und LYCAONIA. Sagalassus. CIG 4377 = IGR III 362 = Kaibel, Epigr. gr. 407 (Grabschrift, zugleich Ehreninschrift): ἄρκτους παρδάλιάς τε κατέκτανεν ἠδὲ λέοντας σφῶν κτεάνων πάτρην πρεσβυτέρην θέμενος.

Antiochia Pisidiae. CIL III 6837 = Dessau 5081: *Cn. Dottio Dotti Maryllini fil. Ser. Planciano patr. col. flam. IIvir. IIqq. muner. II* (*munerario iterum*) *et agonothe. perp. certam. qq. talant. asiarc. templ. splend. civit. Ephes.* etc.

Iconium. Ammian. XIV 2, 1: (*Isauri*) *apud Iconium Pisidiae oppidum in amphitheatrali spectaculo feris praedatricibus obiecti sunt.*

PAMPHYLIA. Perge und Aspendus: vgl. oben S. 234 zu Aphrodisias.

Attalia. IGR III 780: ἀρχι[ε]ρασάμενον τετραετίαν καὶ ἐπιτελέσαντα κυνηγεσία[ς] καὶ μονομαχίας μεγαλοπρ[ε]πῶς κτλ.

Selgae. IGR III 382: ἀρχιερασάμενον τοῦ οἴκου τῶν Σεβαστῶν ἐπιφανῶς ἐπί τε διανομαῖς και θεωρίαις καὶ μονομαχίαις καὶ κυνηγεσίοις κτλ.

CILICIA. Aegae. Philostrat. Vit. Apoll. II 14 läßt den Apollonius erzählen: φώκη μέν, ἣν εἶδον ἐγὼ ἐν Αἰγαῖς καθειργμένην εἰς κυνήγια, οὕτως ἐπένθησεν ἀποθανόντα τὸν σκύμνον, ὃν ἐν τῷ οἰκίσκῳ ἀπεκύησεν, ὥς μὴ προσδέξασθαι τριῶν ἡμερῶν σῖτον, καίτοι βορωτάτη θηρίων οὖσα.

Antiochia am Kragos. IGR III 837: in einem κοινὸς τάφος u. a. ein Μωτᾶς Νήσιος μονομάχος.

SYRIA MIT PHOENICIA UND PALAESTINA.

Antiochia. Ein angeblich von Cäsar auf der Akropolis erbautes Amphitheater (Malalas p. 217) soll Valens in einen Schauplatz für Tierkämpfe verwandelt, Theodosius zerstört haben (O. Mueller, Kunstarchäol. Werke V 80, vgl. Liban. or. 11, 219 (I 513 F.): τίς δ᾽ ἂν ἐφίκοιτο διεξιὼν ἕτερα θεάτρων εἴδη, τὰ μὲν ἀθληταῖς ἐναγωνίσασθαι πεποιημένα, τὰ δ᾽ ἀνδράσι πρὸς θηρία). Gladiatoren müssen in Antiochia wenige Jahre nach Constantins Verbot blutiger Schauspiele (325) aufgetreten sein, da der um 314 geborene Libanius De vita sua 5 (I 82 F.) sich rühmt, im Alter von fünfzehn Jahren dies Schauspiel verschmäht zu haben. Er erwähnt Gladiatorenspiele häufig, wie Ep. 218 (vgl. 220), wo er beklagt, daß sein Vetter mit der Anschaffung von Tieren und Tierkämpfern sein Vermögen verschwendet habe. Andre Stellen gibt Gothofred. ad Cod. Theodos. XII 1, 103.

PHOENICIA. Berytus. Julius Agrippa baute hier ein Amphitheater, in dem er zwei Haufen von je 700 Verbrechern miteinander kämpfen ließ (Joseph. Ant. Iud. XIX 336 f.). Ebendaselbst ließ Titus eine große Anzahl von gefangenen Juden durch ein Gladiatorenspiel umbringen (B. I. VII 38—40). Daß nicht zufällig Constantins Verbot der blutigen Schauspiele (325) hier erlassen wurde, bemerkt Gothofred. ad Cod. Theodos. XV 12, 1.

PALAESTINA. Caesarea. Herodes erbaute hier ein Amphitheater, πολὺν ὄχλον δέχεσθαι δυνάμενον καὶ κείμενον ἐπιτηδείως ἀποπτεύειν εἰς τὴν θάλατταν Joseph. Ant. Iud. XV 341. Dort feierte er den von ihm 8 v. Chr. zu Ehren Augusts gestifteten periodischen Agon, παρεσκευάκει δὲ πολὺ πλῆθος μονομάχων καὶ θηρίων, ἵππων τε δρόμον καὶ τὰ πολυτελέστερα τῶν ἐν τῇ Ῥώμῃ καὶ παρ᾽ ἄλλοις τισὶν ἐπιτηδευμάτων.

Hierosolyma. Joseph. Ant. Iud. XV 273 f.: παρασκευὴ δὲ καὶ θηρίων ἐγένετο (bei der Feier desselben Agon) λεόντων τε πλείστων αὐτῷ συναχθέντων καὶ τῶν ἄλλων, ὅσα καὶ τὰς ἀλκὰς ὑπερβαλλούσας ἔχει καὶ τὴν φύσιν ἐστὶ σπανιώτερα· τούτων αὐτῶν τε πρὸς ἄλληλα συμπλοκαὶ καὶ μάχαι πρὸς αὐτὰ τῶν κατεγνωσμένων ἀνθρώπων ἐπετηδεύοντο, τοῖς μὲν ξένοις ἔκπληξις ὁμοῦ τῆς δαπάνης καὶ ψυχαγωγία τῶν περὶ τὴν θέαν κινδύνων, τοῖς δ᾽ ἐπιχωρίοις φανερὰ κατάλυσις τῶν τιμωμένων παρ᾽ αὐτοῖς ἐθῶν. Oros. VII 30, 5: (*Iulianus*) *amphitheatrum Hierosolymis extrui iussit, in quo reversus a Parthis episcopos monachos omnesque eius loci sanctos bestiis — obiceret.* Die Nachricht fehlt, wie Zangemeister bemerkt, in Orosius' Quellen, sie sieht überhaupt wenig glaubhaft aus.

Gerasa. Im Süden vor der Stadt liegt ein mit einer Naumachie verbundenes Stadion, das aber nach Form und Größe (Arena 90 × 55 m) wohl hauptsächlich den Arenaspielen diente (Schumacher, Ztschr. d. deutsch. Palästinavereins XXV 1902 S. 159 ff.).

Hiericus. Nach dem Tode des Herodes (4 v. Chr.) Σαλώμη καὶ Ἀλεξᾶς συναγαγόντες τὸ στρατιωτικὸν εἰς τὸ ἀμφιθέατρον τὸ ἐν Ἱεριχοῦντι πρῶτον μὲν ἐπιστολὴν ἀνέγνωσαν πρὸς τοὺς στρατιώτας γεγραμμένην κτλ. (Jos. A. J. XVII 194). Ders. B. I. J 666: Σαλώμη — συνῆγεν αὐτοὺς (τοὺς στρατιώτας) εἰς ἐκκλησίαν μετὰ τοῦ λοιποῦ πλήθους ἐν τῷ καθ᾽ Ἱεριχοῦντα ἀμφιθεάτρῳ.

AEGYPTUS.

Alexandria. Das Amphitheater in der Vorstadt Nikopolis muß unmittelbar nach der Okkupation Ägyptens durch die Römer gebaut sein, da schon Strabo es kennt (XVII 795: ἀμφιθέατρον καὶ στάδιον καὶ οἱ πεντετηρικοὶ ἀγῶνες ἐκεῖ συντελοῦνται). Auch gab es hier schon unter Augustus eine kaiserliche Gladiatorenschule (s. oben II 65, 17). Joseph. B. I. II 490: καὶ δὴ τῶν Ἀλεξανδρέων ἐκκλησιαζόντων περὶ ἧς ἔμελλον ἐκπέμπειν πρεσβείας ἐπὶ Νέρωνα, συνερρύησαν μὲν εἰς τὸ ἀμφιθέατρον ἅμα τοῖς Ἕλλησι συχνοὶ Ἰουδαίων. Von diesem Amphitheater hatte die *papyrus amphitheatritica*, benannt *a confecturae loco* (Plin. n. h. XIII 75. 78) den Namen (Birt, Antik. Buchwesen S. 248). Ein *ludus monomachorum* Pap. Lips. 57.

CYRENAICA.

Cyrene. Ein Amphitheater beschreibt Beechey, Proceedings of the expedition to explore the N. coast of Africa from Tripoli eastward 1821 and 1822 (1828) S. 529, doch wird wohl eine Verwechselung mit einem der Theater vorliegen, da R. M. Smith u. E. A. Porcher, History of the recent discoveries at Cyrene (London 1864) kein Amphitheater erwähnen. Bilder von Tierhetzen und Gladiatoren in der Nekropolis: C. Pacho, Voyage de la Marmarique Taf. 52. 53.

Ptolemais (Tolmeta). Reste eines Amphitheaters erwähnt nur Beechey a. a. O. S. 381.

Berenice. CIG 5362: Δέκιμος Οὐαλέριος Γαίου υἱὸς Διονύσιος τοὺς οἴκους ἐκονίασεν καὶ τὸ ἀμφιθέατρον κατεσκεύασε τοῖς ἰδίοις δαπανήμασιν [Βερενικέων] τῷ πολιτεύματι. Ebd. 5361: Ἔτους ΝΕ Φαῶφ ΚΕ (nach Böckh 22. Oktober 13 v. Chr.) Ehrendenkmal der jüdischen Gemeinde für einen Μάρκος Τίττιος Σέξτου υἱὸς Αἰμιλίᾳ — παραγενηθεὶς εἰς τὴν ἐπαρχείαν ἐπὶ δημοσίων πραγμάτων κτλ., das εἰς τὸν ἐπισημότατον τόπον τοῦ ἀμφιθεάτρου gestellt werden soll.

MASZE VON 71 AMPHITHEATERN.

Die folgenden Maße können und sollen, auch da, wo sie sowohl für die inneren als die äußeren Achsen angegeben sind, nur eine ungefähre Vorstellung von der Größe der betreffenden Gebäude geben. Denn trotz scheinbarer Genauigkeit stimmen die verschiedenen Messungen derselben Amphitheater fast nie überein. So gibt von dem Amphitheater zu Thysdrus Pellissier folgende Maße (der Längen- und Breitenachse des ganzen Gebäudes): 137,65×115,90 m; Pelet 139,35×119,53 m; Coste 150×130 m; Guérin 149×124 m. Von dem Amphitheater zu Puteoli gibt Pelet folgende Maße der Achsen des Gebäudes und der Arena: 190,95 × 144,87 und 111,95 × 65,85 (welche größer sind als die des Kolosseums); dagegen Beloch, Campanien S. 138: 147×117 und 72×42 mit der Bemerkung, daß die gewöhnlich angegebenen größeren Maße falsch sind. Ich habe die in den landesüblichen Maßen angegebenen Dimensionen überall auf Meter reduziert und die Messungen aus den zuverlässigsten Quellen entlehnt. Auf vollkommene Genauigkeit machen aber nach dem eben Angeführten nur die wenigsten Anspruch; manche werden grobe Fehler enthalten.

	Große Achse	Kleine Achse	Große Achse	Kleine Achse
	des ganzen Gebäudes		der Arena	
Roma Amph. Flavium	187,8	155,6	85,8	53,6
Capua	169,9	139,6	76,1	45,8
Italica	156,5	134		
Augustodunum	154	130	74	49
Verona	153,2	122,9	75,7	44,4
Thysdrus	149	124	64,5	39
Divodurum Med.	148	124,3	65,1	41,4
Aquileia	148	112		
Puteoli	147	117	72	42
Aug. Treverorum	ca. 140	ca. 110	70,6	49,2
Ara Romae et Augusti	140	117		
Limonum Pictonum	138	115	86	68
Augustoritum	137	113		
Arelate	136,5	107,3	69,5	39,4
Pergamum	136,2	128	51	37
Pompei	135,7	104	66,7	35
Caesarodunum	135	120	68	30
Lugudunum	133	110,5		
Pola	132,6	105,1	67,8	41,7
Nemausus	132,2	101,4	69,2	38,6
Burdigala	131,5	110	75	53,6
Tarraco	ca. 130	ca. 102	84,5	55,2
Mediolanum Santonum	129,5	105,3	78	45,6
Catina	126	106	70,7	49,5
Salona	125,9	102,4	66,9	43,2
Luca	123,9	96,4	80,1	53,4
Ariminum	120	91	76	47
Spoletium	119	90		
Aug. Bagiennorum	119	93		

	Große Achse des ganzen Gebäudes	Kleine Achse des ganzen Gebäudes	Große Achse der Arena	Kleine Achse der Arena
Forum Iulii	113,9	82,2	67,7	39,7
Vindonissa	112	98	64	51
Lupiae	110	83		
Emerita	108	83	75,4	52,6
Durnovaria	105,2	101,6	59,8	53,7
Lambaesis	104	94	72	62
Aventicum	103	93		
Urbisalvia	100	76	58	34
Colonia Traiana (Vetera)	100	90	58,5	49
Tipasa	ca. 100	ca. 85		
Patavium	99,3	62,6	74,3	36
Vetera castra	98	84	47,5	34,5
Carnuntum	97,7	75,3	72,2	44,3
Alba Fucens	93	35	79	21
Roma Amph. castrense	90	75	75	60
Libarna	ca. 90	ca. 57		
Caralis	88,5	72,9	47,4	33,1
Cales	87,2	59		
Aquincum	86,5	75,5	53,4	45,5
Aug. Praetoria	86,1	73,9		
Baeterrae	86	70	76	58,5
Isca Silurum	83	67	62	48
Abella	ca. 79	ca. 53		
Rusicade	78	59	50	36
Ocriculum	ca. 75	ca. 53		
Octodurus	74	62		
Tusculum	70	52	48	29
Cemenelum	69	57	51	37
Paestum	56,9	34,4		
Veleia	ca. 54	ca. 45	37	25,5

Von den folgenden Amphitheatern sind nur die Maße der Arena bekannt:

Corinthus	—	—	88,4	57,9
Carthago	—	—	85	53
Augustomagus	—	—	75	68
Syracusae	—	—	70,9	40
Luna	—	—	63	37
Casinum	—	—	ca. 63	
Grumentum	—	—	62,6	60
Rutupiae	—	—	61	50,6
Falerii	—	—	54,3	32,7
Sutrium	—	—	50	40
Tolosa	—	—	48,8	26
Venta Silurum	—	—	44,2	36,9

B. ZIRKUSANLAGEN IM WESTREICH.

Das Verzeichnis stützt sich im wesentlichen auf den Artikel von Pollack und Hülsen, Real-Encykl. III Sp. 2571 ff. (ältere Literatur Sp. 2585). Es umfaßt die in Ruinen noch vorhandenen oder sonst sicher feststellbaren Zirkusbauten.

ITALIA.

Roma. Über die Zirkusanlagen Roms vgl. Hülsen a. a. O. Sp. 2572 ff. Jordan-Hülsen, Topogr. d. Stadt Rom I 3 S. 126 ff. (Circus Maximus), 548 ff. (Circus Flaminius), 657 f. (Circus Caligulae) und Kiepert-Huelsen, Formae urbis Romae antiquae[2] S. 68. Den unbestrittenen Vorrang hat stets der mächtige Circus maximus im Tal zwischen Palatin und Aventin behauptet, in dem als letzter Spielgeber Totila im Jahre 549 rennen ließ. Neben ihm stand seit 221 v. Chr. der jetzt fast völlig verschwundene Circus Flaminius im südlichen Marsfeld unterhalb des Kapitols. Der *circus Gai et Neronis principum in Vaticano*, wie ihn Plinius nennt, war, innerhalb der kaiserlichen Gärten gelegen, zum mindesten ursprünglich der Öffentlichkeit entzogen. Später wird er nicht mehr genannt, der Bau von St. Peter muß ihn beseitigt haben. Über die Ausgrabungen von 1616 vgl. Hülsen, Miscellanea Ceriani (1910) S. 255 ff.

Außerhalb Roms (Hülsen a. a. O. Sp. 2582 f.) lag am 5. Meilenstein der Via Portuensis der Zirkus der Arvalen, der in ihren Inschriften öfters genannt wird, ohne daß seine Spuren kenntlich sind. Hingegen ist noch vortrefflich erhalten der Zirkus des Maxentius an der Via Appia, den Maxentius 309 n. Chr. seinem jung verstorbenem Sohne Romulus geweiht hat, dessen Grab in einem großen Rundbau nahe dem Zirkus zu suchen sein wird. Der Bau mag errichtet worden sein in Nachahmung des Zirkus von Bovillae weiter draußen am 12. Meilenstein der Via Appia, der zum Sacrarium der Gens Julia gehörte (vgl. auch Nissen, Ital. Landeskunde II 586). Auch er ist in Ruinen leidlich erhalten.

Puteoli. Der Zirkus ist noch in seiner ganzen Ausdehnung kenntlich, vgl. Beloch, Campanien S. 142 und Dubois, Pouzzoles antique S. 347.; Plan bei Jorio, Guida di Pozzuoli, Atlas Taf. 4.

Aquileia. Der Zirkus, im Innern der erweiterten Stadt gelegen, lehnte sich mit der einen Langseite an die Stadtmauer an, vgl. Maionica, Führer d. d. Staatsmuseum Aquileia (Wien 1919) S. 96.

SICILIA. Catina. Die Reste des Zirkus liegen unter dem Lavastrom von 1669, vgl. Holm, Gesch. Siciliens im Altertum III S. 239.

GALLIAE.

Arelate. Reste des Zirkus sind mehrfach aufgedeckt worden, vgl. Caumont, Abécédaire d'archéologie, Ere gallo-romaine[2] S. 284 und Héron de Villefosse, Bull. Soc. Ant. France 1909 S. 300 ff. (danach Arch. Anz. 1910 S. 345). Auf seiner Spina stand einst der heute vor S. Trophime aufgestellte Obelisk. CIL XII 670: *Ludi circenses*, vgl. auch Amm. Marc. XIV 5, 1.

Arausio. Reste des Zirkus sind nahe dem Theater noch erhalten, vgl. Caristie, Mon. ant. à Orange Taf. 51 und kurz Caumont S. 284.

Nemausus. Der Zirkus lag im Südwesten der Stadt, vgl. den Stadtplan bei Blanchet, Enceintes romaines de la Gaule S. 206.

Vienna. Über den Zirkus, von dem zu verschiedenen Zeiten noch Reste der Sitzstufen und der Spina gefunden worden sind, vgl. Bazin, Bull. archéol. 1891 S. 334 f. Auf der Spina steht, bis heute erhalten, die sog. Aiguille, ein Obelisk über einem vierbogigen Tore (Abb. bei Caumont S. 285).

Lugudunum. CIL XIII 1919 = Dessau 5659: *Loca n. D in circ. Sex. Iul. Ianuarius aedil. dat*, vgl. 1805: — *loca quae Iulius Ianuarius rei p. donaverat, centonari suo impendio restituerunt.* Ebd. 1921 = Dessau 7024: *Ludi circenses.* Die Lage des Zirkus ist nicht bekannt, vgl. Hirschfeld zu 1805 und Bazin, Bull. archéol. 1891 S. 362 f.

HISPANIAE[1]).

Tarraco. Über die Reste des seltsamerweise in der oberen Stadt gelegenen Zirkus vgl. Puig y Cadafalch, L'arquitectura romanica a Catalunya I 113 ff. mit Plan und Abb., kurz Hübner, Röm. Herrschaft in Westeuropa S. 204. CIL II 4314. 4315 = Dessau 5299. 5301: metrische Grabschriften zweier Wagenlenker Eutyches und Fuscus.

Saguntum. Die Ruinen des Zirkus sind stark verbaut, vgl. Puig y Cadafalch S. 116 f. mit Grundriß und Ansicht.

Aurgi. CIL II 3364 = Dessau 5657: Zwei Sevirn *loca spectaculorum numero CC singuli ex duplici pecunia — dederunt donaverunt*[2]).

Urso. De Lex Ursonensis erwähnt einen Zirkus (c. LXXI).

Zafra. CIL II 984 = Dessau 5660: Zwei Sevirn *podium in circo p. dec.* (*p. DC* Mommsen) — *d. s. p. f. c.*

Emerita. Den Zirkus erwähnt Demiani, Ztschr. f. bild. Kunst XLVIII 1913 S. 62.

Balsa. CIL II 5165. 5166 = Dessau 5658. 5658[a]: zwei Stifter *podium circi p.* (5166: *pedes*) *C sua impensa d. d.*

MAURETANIA.

Caesarea. Unbedeutende Reste eines Zirkus, vgl. Gsell, Mon. ant. de l'Algérie I S. 204.

Auzia. CIL VIII 9065 = Dessau 5661: — *perfectis metis et ovaris* —; 9052: *Ludi circenses.*

Saldae. CIL VIII 8938 = Dessau 5078: *Ludi circenses.*

AFRICA[3]).

Carthago. Der Mitte des 19. Jahrh. schon sehr zerstörte Zirkus ist jetzt völlig verschwunden, vgl. Oehler, Real-Encykl. X Sp. 2215 f. mit Literaturangaben.

Leptis magna. Spärliche Reste des Zirkus, vgl. Nouv. Arch. des Miss. scientif. X 1903 S. 266 f. mit Taf. I H.

---

1) Die zahlreichen Städte, für die *ludi circenses* inschriftlich bezeugt sind, werden hier nicht einzeln aufgeführt, vgl. CIL II Ind. p. 1169 und Pollack a. a. O. S. 2584 f. 2) Die Inschrift kann an sich auch auf ein Amphitheater oder Theater bezogen werden. 3) Auch in Thugga wird ein Zirkus angenommen, doch erscheint die angebliche Spina mit etwa 100 m viel zu kurz (s. CIL VIII zu 15524. 26549).

C. THEATER IN ITALIEN UND DEN PROVINZEN DES WESTENS.

Während die Ruinen der griechischen Theater des 5. und 4. Jahrh. und des Hellenismus seit mehreren Jahrzehnten eine bis ins einzelnste gehende Untersuchung erfahren haben, sind die Theater der römischen Zeit völlig vernachlässigt worden. So begreiflich dieses Verhältnis angesichts der Probleme ist, welche die Geschichte der dramatischen Kunst der Griechen mit Hilfe der Theaterruinen zu lösen sucht, so ist es doch nicht voll zu rechtfertigen. Auch das Schauspielwesen der römischen Kaiserzeit ist, so wenig es an künstlerischen Elementen enthalten mag, ein starker Kulturfaktor gewesen. Seine Geschichte wird ohne eine Kenntnis der vorhandenen Theaterruinen stets lückenhaft bleiben. Aber selbst wenn man auf die hier etwa zu gewinnende Aufklärung verzichten will, bleibt die Beschäftigung mit den römischen Theaterruinen eine Pflicht, und zwar die Pflicht der Architekturgeschichte, die sich in bezug auf diese Bauten jetzt noch mit der von Hand zu Hand weitergegebenen Weisheit verflossener Generationen zu begnügen pflegt. Es genügt im einen wie im andern Falle die Feststellung, daß, wer sich mit den Ruinen der römischen Theater abgeben will, immer noch auf die seitdem natürlich in allen möglichen Einzelheiten überholte, aber namentlich durch ihre sorgfältige Verwertung der älteren Literatur noch heute wertvolle Zusammenstellung Wieselers in seinem Buche über »Theatergebäude und Denkmäler des Bühnenwesens bei den Griechen und Römern« (Göttingen 1847) zurückzugreifen hat. Das soeben erschienene Werk von M. Bieber, Die Denkmäler zum Theaterwesen im Altertum (Berlin u. Leipzig 1920), welches das Wieselersche zu ersetzen bestimmt ist, konnte nur noch bei der Korrektur in einigen kurzen Verweisungen berücksichtigt werden.

Das nur mit dürftigen literarischen Hilfsmitteln hier aufgestellte Verzeichnis sucht einen knappen Überblick über die Theaterruinen der Westhälfte des römischen Reiches zu geben. Für den Osten verweise ich auf die Aufzählung von Theaterruinen in Alb. Müllers Handbuch der griechischen Bühnenaltertümer (K. F. Hermanns Lehrbuch der griech. Antiquitäten III 2, Freiburg i. Br. 1886) S. 4ff., die auch heute noch sehr brauchbar ist und die ich mit dem mir zur Verfügung stehenden Material nur ungenügend ergänzen könnte. Die wenigen Odeen des Westens sind in das Verzeichnis aufgenommen worden[1]). Sein weiterer Ausbau und gegebenenfalls seine Ausdehnung aui die Osthälfte des Reichs müssen späteren Auflagen vorbehalten bleiben.

ITALIA.

CAMPANIA. Neapolis. Von den beiden Theatern, die Statius Silv. III 5, 91 *et geminam molem nudi tectique theatri* erwähnt, ist das offene, das eigentliche Theater wiedergefunden worden, vgl. Bull. Nap. N. S. VII 1859 S. 135f.

1) Über die des Ostens A. Müller a. a. O. S. 65ff. Wiegand-Schrader, Priene S. 231. Mau, Pompeji, Anhang S. 29 f. Pagenstecher, Heidelb. Sitz.Ber. 1917, 12 S. 31ff.

mit Taf. VI. Not. d. Sc. 1881 S. 194. Beloch, Campanien S. 73f. Das *theatrum tectum* war das Odeum der Stadt, wir wissen weiter nichts von ihm.

Pausilypon. Zu der dortigen großen Villenanlage werden ein kleines Theater mit 17 und ein Odeon mit 12 Sitzreihen gehören, die dort am Strande hart beieinander liegen (Wieseler a. a. O. S. 14f. mit Taf. II 9. Beloch S. 86. Guenther, Archaeologia LVIII 2 (1903) S. 518f.).

Bacoli. Kleines Theater, vermutlich Privattheater einer Villenanlage (Paoli, Avanzi delle antichità esistenti a Pozzuoli, Cuma e Baia [Napoli 1768] Taf. 58. Beloch S. 201).

Puteoli. Ein Theater in Puteoli erscheint auf dem Glasgefäß von Odemira (s. oben S. 210), vgl. Beloch S. 139 und Dubois, Pouzzoles S. 193f., der es nach alten Fundberichten zwischen Amphitheater und Serapeum sucht. Gell. XVIII 5, 1: Vorlesungen im Theater von Puteoli.

Misenum. Geringe Reste eines Theaters, vgl. Paoli a. a. O. Taf. 64 und Beloch S. 199.

Herculaneum. Das tief in der harten Lava begrabene Theater ist im 18. Jahrh. mit Hilfe von Schächten und Stollen teilweise untersucht und zugänglich gemacht worden, vgl. Beloch S. 232f. Mau, Pompeji² S. 540ff. und Gall, Real-Encykl. VIII S. 539ff. mit Literatur. M. Bieber, Denkmäler zum Theaterwesen S. 182. CIL X 1443—1446 = Dessau 5637: Bauinschriften des 1. Jahrh. n. Chr.

Pompei. Über Theater und Odeum (*theatrum tectum*) vgl. Mau a. a. O. S. 141ff. 160ff., die Literatur im Anhang S. 27ff. M. Bieber a. a. O. S. 52ff. 181f. mit Taf. 23—25. Wichtig sind die mehrfachen Umbauten im großen Theater. CIL I 1247 = X 844 = Dessau 5636: Bauinschrift des kleinen, X 833—835. 841 = Dessau 5638: Bauinschriften des großen Theaters.

Surrentum. Ein kleines Theater wurde 1655 entdeckt, vgl. Beloch S. 264 nach Bull. Nap. N. S. V 1857 S. 131.

Capua. Das Theater, im Anfang des 18. Jahrh. noch teilweise über dem Boden erhalten, im 19. Jahrh. durch wilde Grabungen untersucht, ist jetzt ganz verschwunden (Beloch S. 350f.). Es gehörte wohl in die Kaiserzeit, eine ältere republikanische Anlage erweisen die Inschriften CIL I 571. 572 = X 3772. 82 = Dessau 6302. 5641. CIL X 3907 = Dessau 6313: Grabschrift eines *exactor operum publ. et theatri a fundamentis*. CIL X 3821 = Dessau 3662: *Genius the[atri]. — Lucceius Peculiaris redemptor prosc[a]eni ex biso fecit* (das Relief über der Inschrift abgebildet Arch. Jahrb. XXVIII 1913 S. 97).

Nola. Das 1514 von Leone erwähnte »*Amphitheatrum marmoreum*«, ein Bau aus Travertinquadern, von dem damals eine Reihe Bogen noch aufrecht standen, war vermutlich das Theater der Stadt (Beloch S. 404).

Abella. CIL X 1217 = Dessau 5651: Ehreninschrift für N. Plaetorius Onirus Augustalis usf., *quod ..... vela in thaeatro cum omni ornatu sumptu suo dederit.*

Suessula. Das Theater war im 18. Jahrh. noch teilweise erhalten, jetzt steht an seiner Stelle die Casina Spinelli, in deren Garten sich noch radial verlaufende Mauerreste und ein Pfeiler mit Gewölbeansatz finden (Beloch S. 386).

Teanum Sidicinum. Ein Theater nennt Nissen, Landeskunde II S. 693.

LATIUM. Roma. Von den drei steinernen Theatern Roms, die nahe beieinander im südlichen Teil des Marsfeldes lagen, ist das älteste das des Pompejus, dediziert im Jahre 55; es hat, mehrfach durch Feuer beschädigt und wiederhergestellt, noch von Theoderich unterhalten, das Altertum überdauert und ist erst seit dem 13. Jahrh. so nachhaltig zerstört worden, daß jetzt nur noch geringe Reste, meist der Fundamente, vorhanden sind. An die Rückseite des Bühnengebäudes schlossen sich die umfangreichen Hallenbauten der *porticus Pompeianae* an.

Erst unter Augustus entstanden etwa gleichzeitig die beiden andern Theater, das des Balbus, vollendet 13, und das des Marcellus, vollendet 11 v. Chr. Beide haben unter ähnlichen Schicksalen wie das Pompejustheater die Kaiserzeit hindurch bestanden. Vom Theater des Balbus sind nur noch unbedeutende Reste erhalten, während die eindrucksvolle Ruine des Marcellustheaters jedem Romfahrer bekannt ist.

Die Fassungskraft der drei Theater geben die Regionsbeschreibungen mit 11510 (B.), 17580 (P.) und 20500 Fuß (M.) an, welche Zahlen halbiert etwa die Zuschauerzahl ergeben werden. Übrigens hat der Zufall von allen drei Theatern Reste ihrer Grundrisse auf der Forma Urbis erhalten, die für das Balbustheater lehren, daß an die Rückwand des Bühnengebäudes wie beim Pompejustheater ein freier Platz anschloß, für das Marcellustheater, daß die von Peruzzi gemachten Aufnahmen später zerstörter Teile zuverlässig sind. Dieses letztere Theater ist uns denn am besten von allen dreien bekannt.

Beschreibung der drei Theater bei Jordan-Hülsen, Topographie I 3 S. 515 ff., Literaturangaben auch bei Kiepert-Huelsen, Formae urbis Romae antiquae[2] S. 137 f. M. Bieber a. a. O. S. 55 ff. 182 mit Taf. 26.

Außer diesen offenen Theatern besaß Rom noch ein bedecktes, ein Odeum, das Domitian im Marsfeld für musikalische Aufführungen hatte errichten lassen. Nach seiner Kapazitätsziffer, 10600 oder 11600 Fuß, faßte es etwa 5000 Zuschauer. Seine Lage ist nicht bekannt. Vgl. Jordan-Hülsen a. a. O. S. 594 f. und Kiepert-Huelsen S. 110.

Ostia. Das trümmerhaft erhaltene Theater ist 1880/81 freigelegt, aber erst in diesem Jahrhundert genauer untersucht worden. Mehrere Um- und Erneuerungsbauten sind kenntlich, der erste Bau wird unter Augustus angesetzt und nach einem Inschriftfragment Agrippa zugeschrieben. Not. d. Scavi 1881 S. 109 ff. mit Taf. I. André, Mél. de l'Ecole franç. XI 1891 S. 492 ff. mit Taf. VIII/IX. Ashby, Journ. of Roman Studies II 1912 S. 178 f. Paschetto, Ostia, colonia Romana (Diss. Acc. Pontif. X 2, 1912). Vaglieri, Ostia (Roma 1914) S. 72 ff. M. Bieber a. a. O. S. 182. CIL XIV 353 = Dessau 6148: — *solus ac p[rimus ludos] scaenicos sua pecunia fecit* (2. Jahrh.).

Portus. Reste eines Theaters erkennt Lanciani, Ann. d. Inst. 1868 S. 172 f. (vgl. Mon. VIII Taf. 49), er rechnet sie zum Kaiserpalast.

Antium. Über das im Jahre 1712 ausgegrabene Theater vgl. Wieseler S. 15 mit Taf. II 10. Es lag nach Not. d. Sc. 1884 S. 240 am Meere, dergestalt, daß Bühne und Orchestra auf ins Wasser vorspringenden Gewölben standen. Es pflegt mit dem Neronischen Palast in Verbindung gebracht zu werden, doch unterstützen die in die Zeit Marc Aurels gehörenden Ziegelstempel (Not. d. Sc. a. a. O. CIL XV 159, 14. 15) diese Annahme nicht.

Lanuvium. Geringe Reste eines Theaters, vgl. Benndorf, Bull. d. Inst. 1865 S. 226. Colburn, Am. Journ. of Arch. N. F. XVIII 1914 S. 367 ff. mit weiterer Literatur. CIL XIV 2127: Wiederherstellung des Theaters (oder Amphitheaters, s. oben S. 211 f.); 2113 = Dessau 5193: Ehreninschrift für den Pantomimen Septentrio.

Bovillae. Zum Sacrarium der Gens Julia gehörte auch ein Theater, von dem Reste erhalten sind, vgl. die Literatur Real-Encykl. III 799 und Ebert, Röm. Mitt. XXVIII 1913 S. 126. Man erkennt es auf dem Gesamtplan Mon. d. Inst. V Taf. 60.

Albanum. Der kaiserliche Palast enthielt ein kleines Theater, vgl. Bull. d. Inst. 1853 S. 6 f. und den Plan Mon., Ann. e Bull. 1854 Taf. 24.

Tusculum. Kleines, wohlerhaltenes Theater, vgl. Canina, Bull. d. Inst. 1839 S. 177 f. und Descr. dell' antico Tuscolo (1841) Taf. XI, danach Wieseler Taf. II 11 (S. 15 f.). Eine Ansicht bei Schrader, Römische Campagna S. 194. CIL XIV 2647—2651: Inschriften von Statuenbasen.

Tibur. CIL XIV 3664 = Dessau 5546: Ein Duumvir errichtet u. a. *porticum pone scaenam.*

Villa Hadriana. Über die drei Theater der Villa vgl. Winnefeld, Villa des Hadrian S. 18. 123 f.

Aquinum. Ein Theater erwähnt Nissen, Landeskunde II S. 676, vgl. E. Grossi, Aquinum (Bibl. di Geogr. stor. de G. Beloch III, Roma 1907).

SAMNIUM. Allifae. Ein Theater nennt Nissen a. a. O. S. 798. CIL IX 2350 = Dessau 5059: ein Duumvir *ludos scaenicos p. s. f.*

Beneventum. Über das Theater von Benevent Meomartini, Monumenti e opere d' arte di Benevento (B. 1889) S. 337 ff. mit Taf. XLVI. Nissen S. 813. Pagenstecher, Apulien S. 8 mit Plan und Ansicht.

Aeclanum. CIL IX 1164 = Dessau 2953: Grabschrift des Duumvirn M. Pomponius Bassulus, der *ne more pecoris otio transfungerer*, *Menandri paucas vorti scitas fabulas*, *et ipsus etiam sedulo finxi novas.* Ob seine Stücke in Aeclanum aufgeführt worden sind, steht allerdings dahin.

Bovianum vetus. Vortrefflich erhaltenes kleines Theater republikanischer Zeit, vgl. Nissen II 791. Delbrück, Röm. Mitt. XVIII 1903 S. 158.

Saepinum. Ein Theater erwähnt Nissen II 794.

Telesia. CIL IX 2252: ein Sevir gibt *ludi scaenici.*

BRUTTIUM. Vibo. Reste eines Theaters (Nissen II 956. Bijvanck, Röm. Mitt. XXIX 1914 S. 166).

FRENTANI. Anxanum. Überreste eines Theaters im Palast des Erzbischofs (Nissen II S. 780).

MARSI. Supinum. CIL IX 3857 = Dessau 5644: einige Stifter *theatrum et proscaenium refecer.*, *ludis scaenicis biduo dedicar.*, *d. s. p.*

PAELIGNI. Corfinium. CIL IX 3173 = Dessau 5642: ein Quattuorvir *theatrum aluendum* (so!), *gradus faciendos curavit* usf.

Pagus Lavernae. CIL I 1280 = IX 3137 = Dessau 5643: drei Magistri *ex pagi d. scaina fac. coir.*

MARRUCINI. Teate. Ein Theater erwähnt Nissen II S. 444.

AEQUI. Alba Fucens. Zwei Theater nach Nissen II S. 459. Promis, Le antichità di Alba Fucense ist mir nicht zugänglich.

AEQUICULI. Nersae. Ein Theater nennt Nissen II 462; Bull. d. Inst. 1859 S. 99: »*Scoperta di un teatro con statue ed iscrizioni*«. CIL IX 4133 = Dessau 5525[a]: *l*]*udos scaenicos quadriduo* usf.

VESTINI. Peltuinum. Das angebliche Amphitheater ist vielmehr ein Theater, vgl. Gardner, Journ. of Roman. Stud. III 1913 S. 224f.

SABINI. Amiternum. »Guterhaltenes kleines Theater ungefähr augusteischer Zeit« (Delbrück, Röm. Mitt. XVIII 1903 S. 154, erwähnt auch bei Nissen II 470).

Aquae Cutiliae. CIL IX 4663: *sc*]*aenam et prosc*[*ae*]*nium et por*[*ticum* .... (Weihinschrift).

PICENUM. Interamnia Praetuttianorum. Überreste eines Theaters, vier Ziegelbögen sind erhalten, die Rundung der Mauer ist kenntlich (Bull. Nap. II 1844 S. 64).

Falerio. Eingehende Beschreibung des Theaters mit Plan bei De Minicis, Ann. d. Inst. 1839 S. 5 ff. mit Mon. III Taf. I (danach Wieseler S. 19f. mit Taf. I 15). CIL IX 5426: Rest einer Bauinschrift; 5428: Errichtung von Statuen *ad exornandum theatrum* unter Antoninus Pius. Mehrere solcher Statuen haben sich noch gefunden.

Firmum. Beschreibung und Plan bei De Minicis', Ann. d. Inst. 1858 S. 125 ff. mit Taf. G H, vgl. auch Napoletani, Fermo nel Piceno (Bibl. di Geogr. stor. da G. Beloch VII, Roma 1907).

Urbisalvia. Ein Theater nennt Nissen II 422. Reste einer Bauinschrift Arch. epigr. Mitteil. XIX 1896 S. 212.

Ricina. Ziegelruinen eines Theaters (Nissen II 420).

UMBRIA. Ocriculum. Über das Theater vgl. Guattani, Mon. antichi inediti per l'anno 1784 Settembre Taf. I (danach Wieseler S. 19 mit Taf. II 14 u. S. 110 mit Taf. A 22).

Interamna. CIL XI 4206 = Dessau 5645: *C. Dexius L. f. Max*[*umus*] *cur. porticum, theat*[*r.*], *cryptam perfi*[*cienda cu*]*ravit* usf.

Spoletium. Dürftige Reste des Theaters unter dem Palazzo Provinciale, mehr hat noch Peruzzi aufgenommen (Not. d. Scavi 1891 S. 50 ff. mit Plan, vgl. auch Röm. Mitt. VI 1891 S. 235).

Hispellum. Größere Reste eines Theaters (Nissen II S. 396). *Ludi scaenici* erwähnt noch das bekannte Reskript Constantins I. (CIL XI 5265 = Dessau 705).

Asisium. Nahe dem Amphitheater Reste eines Theaters.

Iguvium. Stattliche Ruine eines Theaters (Nissen II S. 391, vgl. auch Brunn, Bull. d. Inst. 1863 S. 225 ff.). Einen Grundriß bietet Wieseler Taf. II 16 (S. 20) nach Ranghiassi, Descr. del teatro di Gubbio aus Marinis Ausgabe des Vitruvius vol. IV t. 86 F. 2 (auch andre Literatur wird angeführt). CIL XI 5820 = Dessau 5531: in zwei Exemplaren im Theater gefundene Bauinschrift, sie bezieht sich indessen auf Basiliken und einige spezifizierte Geldspenden. S. Polizzi, Riv. di storia antica N. S. XII 1908 S. 111 ff.: L'epigrafe dell' antico teatro di Gubbio.

Mons Fereter (?). CIL XI 6481: Ehreninschrift a. d. J. 148 n. Chr. Unter den Verdiensten des Gefeierten *theatrum marmoribus ornatum.*

ETRURIA. Veii. *Ludi in orchestra* nennen die Inschriften CIL XI 3798 = Dessau 6581; 3807. 3808 = Dessau 6582[b] und [c].

Falerii. Reste eines Theaters innerhalb der Stadtmauern (Nissen II 365). S. auch oben S. 214.

Caere. Im Theater von Caere, welches selbst nicht näher untersucht worden zu sein scheint, fanden sich 1840 und 1846 eine Reihe von Statuen, Statuenbruchstücken und Inschriften des julisch-claudischen Hauses, vgl. Bull. d. Inst. 1840 S. 5 ff. 1846 S. 129 f. CIL XI 3596 ff. und Helbig-Amelung, Führer[3] II S. 13 ff. Von derselben Stelle stammt CIL XI 3620: ....] *theatrum sca[ena* ..., vgl. auch 3621. CIL XI 3613 = Dessau 5052: eine Anzahl von Spendern *ludos Latinos et Graecos fecer. VI V IIII III pr. K. et K. Mart.* (25 n. Chr.).

Castrum novum. CIL I 1341 = XI 3583 = Dessau 5515: ein Duumvir *curiam tabularium scaenarium subseliarium — f. coeravit.*

Forum Clodii. CIL XI 3303 = Dessau 154: — *ludos — diebus sex p. n. faciendos curavimus* (18 n. Chr.).

Ferentum. Über das wohlerhaltene, großenteils in den Felsen gehauene Theater vgl. Canina, Ann. d. Inst. 1837 S. 62 ff. mit Taf. F. Wieseler S. 107 f. mit Taf. A 16 und, nach alten Aufnahmen und neuen Grabungen, Galli, Boll. d' Arte V 1911 S. 213 ff. M. Bieber a. a. O. S. 182.

Volsinii. *Ludi scaenici* in Volsinii erwähnt die unter Hispellum angeführte Inschrift.

Volaterrae. S. oben S. 215.

Pisae. Das von Nissen II 289 vermutete Theater ist sehr unsicher.

Faesulae. Über das wohlerhaltene und gut konservierte Theater von Fiesole vgl. Wieseler S. 20 f. mit Taf. II 17 (mit älterer Literatur) und Dütschke, Arch. Ztg. XXXIV 1876 S. 93 ff. mit Taf. 8—10.

Florentia. Die römische Stadt besaß zwei Theater (Weiß, Real-Encykl. VIII Sp. 2753 nach Not. d. Sc. 1887 S. 129 und Davidsohn, Forsch. z. ält. Gesch. v. Florenz I S. 15).

Luca. Ein Theater nennt Nissen II 288.

Luna. Reste eines Theaters (Promis, Dell' antica città di Luni S. 71. Nissen II 284).

GALLIA CISPADANA. Parma. Über die Ausgrabung des Theaters Lopez, Bull. d. Inst. 1844 S. 168 ff. 1845 S. 54. Das Theater erwähnt bei Nissen II 269.

LIGURIA. Libarna. Ausgrabungsbericht mit Plan Not. d. Scavi 1914 S. 127 f.

Augusta Bagiennorum. Ausgrabungsbericht mit Plan Not. d. Scavi 1894 S. 155 ff.

Pollentia. Ruinen eines Theaters (Nissen II S. 155).

Album Intimilium. Ruinen eines kleinen Theaters (Not. d. Scavi 1877 S. 229 ff. Nissen II 141).

VENETIA et HISTRIA. Atria. Grundriß bei Wieseler Taf. I 2 (mit S. 1) nach Bocchi, Osservazioni sopra un antico teatro scoperto in Adria, Venezia 1739 (auch in Diss. di Cortona III 1741 S. 67 ff. mit Taf. I—XIII).

Patavium. Dessau 5650: *Clau. Rog[atus] in theatr[o] manu sua deiecit n. CCCC* (vgl. die Anmerkungen). Was bei [S. Stratico], Dell' antico teatro di Padova (Padova 1795) steht, weiß ich nicht.

Vicetia. Das Theater erwähnt Nissen II 218. Die Schrift von [Miglioranza], Relazione intorno gli scavi intrapresi per l' illustr. dell' antico teatro di Berga in Vicenza (Padova 1838) ist mir nicht bekannt; kurz derselbe Ann. d. Inst. 1839 S. 190.

Aquileia. Über die Auffindung eines Theaters kann ich nichts feststellen; Nissens Erwähnung eines solchen (II 233) scheint irrig zu sein. Nach Aquileia wird vermutungsweise die früher in Venedig befindliche Inschrift CIL V 1008[a] = Dessau 5375 gesetzt, in der ein Theater genannt wird.

Tergeste. »*Primeggiano, quantunque soffocati da informi casipole, i ruderi grandiosi e ancora vegeti del teatro romano .... hanno dato il nome di Rena a un quartiere di città vecchia*« (Sticotti, Archeografo triestino XXXIV 1911 S. 208). Der Name *Rena* würde eher auf ein Amphitheater (*arena*) schließen lassen.

Pola. In Pola sind zwei Theater bekannt. Das eine, schon von Serlio 1536 aufgenommen und beschrieben, liegt außerhalb der Stadtmauern am Monte Zaro. Nach diesen älteren Aufnahmen sowie nach neuen Ausgrabungen hat Gnirs, Jahrb. der Zentralkomm. N.F. III 1905 S. 247 ff. es ausführlich beschrieben, vgl. auch dessen Führer durch Pola S. 104 f. Das zweite, innerhalb der Stadt am Nordabhang des Burghügels gelegen, ist erst 1913 ans Licht gekommen; von ihm ist im wesentlichen nur die Bühne bekannt. Vgl. Gnirs, Österr. Jahresh. XV 1912 Beibl. S. 239 ff. und Führer S. 111 f.

GALLIA TRANSPADANA. Verona. Das schon von Palladio aufgenommene Theater von Verona (danach rekonstruiert von Falkener, Mus. Class. Ant. II 184, wonach bei Schreiber, Bilderatlas Taf. XXXIII 4. 5), am linken Etschufer am Abhang des Colle S. Pietro gelegen, ist nach unzureichenden Ausgrabungen im 19. Jahrh. (Ann. d. Inst. 1839 S. 184) seit 1904 durch die Stadt freigelegt worden. Vgl. S. Ricci, Not. d. Scavi 1894 S. 223 ff. und Il teatro Romano di Verona I (Venezia 1895) mit 5 Tafeln. Ghirardini, Not. d. Scavi 1905 S. 259 ff. E. Giani, L'antico teatro di Verona (Verona 1908) mit 19 Tafeln.

Brixia. Ein Theater nennt Nissen II 198.

Augusta Taurinorum. Über die spärlichen Reste des Theaters vgl. d'Andrade, Rel. dell' Uff. regionale per la cons. d. mon. del Piemonte e della Liguria (Torino 1899). Taramelli, Not. d. Scavi 1900 S. 3 ff. Toesca, Boll. d'Arte IV 1910 S. 1.

Augusta Praetoria. Von dem kleinen Theater der Kolonie stehen Teile noch in voller Höhe aufrecht, andre sind völlig verschwunden (Promis, Le antichità di Aosta S. 164 ff. mit Taf. X). Grundriß und Ansicht auch bei Durm, Baukunst[2] S. 665 f.

SICILIA[1]).

Tauromenium. Das bekannte Theater von Taormina verdankt seine heutige Gestalt einem römischen Umbau, dem auch das ganze Bühnengebäude angehört, vgl. Petersen, Röm. Mitt. III 1888 S. 234ff. und Holm, Geschichte Siciliens im Altertum III 1898 S. 234 f. M. Bieber a. a. O. S. 61 f. 182 mit Taf. 27. 28. Außer ihm birgt die Stadt bei S. Caterina noch die Ende des 19. Jahrh. freigelegten Reste eines kleinen römischen Theaters (Odeums, vgl. Holm S. 236).

Catina. Das tief in der Lava steckende Gebäude ist teilweise freigelegt, teilweise durch Stollen zugänglich. Neben ihm liegen die Reste eines Odeums, schlecht erhalten und stark verbaut. Vgl. Holm a. a. O. S. 237f. 238.

Syracusae. Das mächtige in den Felsen geschnittene Theater liegt am Südabhang des Temenites; der Aufsatz von Drerup, Athen. Mitt. XXVI 1901 S. 9ff. behandelt nur seine griechische Periode, vgl. sonst Lupus, Die Stadt Syrakus im Altertum (Straßburg 1887) S. 290ff. M. Bieber a. a. O. S. 49f. 181 mit Taf. 21. CIL X 7124 = Dessau 5643[a]: *Neratius Palmus — etiam frontem scaenae o[....*

Acra. Die Stadt besitzt ein ziemlich wohl erhaltenes kleines Theater, vgl. Holm S. 38 und Puchstein, Griechische Bühne S. 123ff.

Segesta. Das in den Felsen gehauene griechische Theater weist römische Zutaten auf (Maggiore, Bull. d. Inst. 1833 S. 170f. Holm S. 248. Puchstein a. a. O. S. 110ff. M. Bieber S. 50f. 181).

Tyndaris. Über das Theater vgl. Holm S. 254f. und Puchstein S. 117ff.

SARDINIA.

Nora. Über das verhältnismäßig gut erhaltene kleine Theater von Nora vgl. Tocco, Bull. d. Inst. 1867 S. 119f. Ein Grundriß bei Wieseler Taf. A 18 (S. 109) nach Della Marmora, Voyage en Sardaigne Taf. XXXVII 2.

DALMATIA.

Salonae. Das Theater von Salonae ist zwar ausgegraben, aber noch nicht veröffentlicht worden, vgl. Bulić, Bull. Dalm. XXXIV 1911 S. 63f. mit Literatur. Cichorius will es in dem Theaterbau der Seestadt wiedererkennen, in dem Trajan auf der Trajanssäule im zweiten Dakerkrieg landet (Trajanssäule III 59ff. mit Taf. LXIII); zustimmend Bulić, Bull. Dalm. XXXVIII 1915 S. 91ff., ablehnend Petersen, Trajans dakische Kriege II 38ff.

Narona. CIL III 1769 = Dessau 7167: ein Sevir *ludos scaenic. per trid. d.*

GALLIAE[2]),

NARBONENSIS. Antipolis. Über das Theater Bazin, Rev. archéol. 1887 I 129ff. mit Grundriß Taf. V. CIL XII 188 = Dessau 5258: *D. m. pueri Septen-*

1) Die Theater Siciliens, sämtlich schon bei Wieseler nach Serradifalco veröffentlicht, stammen z. T. noch aus griechischer Zeit, sie sind aber alle, bisweilen unter erheblichen Umbauten, bis in die Kaiserzeit hinein benutzt worden. 2) Vgl. auch die Liste der »Halbamphitheater« S. 223f.

trionis annor. XII, qui Antipoli in theatro biduo saltavit et placuit; vgl. auch 190: ...] *opus the[atri*?

Forum Iulii. Vom Theater sind noch unscheinbare Trümmer erhalten, vgl. die oben S. 218 angeführte Literatur und Petit, Bull. monum. XXXI 1865 mit Plan.

Arelate. Das stattliche Theater ist in seinen unteren Teilen verhältnismäßig wohl erhalten; von der Bühnenfassade stehen noch zwei mächtige Säulen mit Gebälk, ebenso steht ein Stück der Umfassungsmauer, eine Arkade umfassend, in voller Höhe aufrecht (»*tour de Roland*«). Kurze Beschreibung bei Caumont, Abécédaire[2] 295 ff.; ältere Literatur bei Stark, Städteleben S. 591. Über bauliche Einzelheiten handelt Formigé, Remarques diverses sur les théâtres romaines à propos de ceux d'Arles et d'Orange (Mém. prés. par div. sav. à l'Acad. XIII) Paris 1914. CIL XII 737 = Dessau 5204: Grabschrift eines *scaenicus ex factione Eudoxi*; IG XIV 2474 ein ὀρχηστής. Amm. Marc. XIV 5, 1: *theatrales ludi* in Arles im J. 353 n. Chr.

Nemausus. Die Stelle des Theaters, das der Stadt nicht gefehlt haben kann, ist nicht bekannt. CIL XII 3347 = Dessau 5203 Schauspielergrabschrift. IG XIV 2495 (= CIL XII 3232 = Dessau 5082) — 2498: Inschriften der *sacra synhodos*, ἱερὰ θυμελικὴ σύνοδος, CIL XII 3183 = Dessau 5274 ein *archiereus synhodi* (sein Name kehrt wieder IG XIV 2497 a). Über diese Synode s. oben I 383 f.

Narbo. CIL XII 4445: ... *ad t]heatri or[natione]m HS* $\overline{LIII}$ *dedit*. Von dem Theater, das auch Sidonius Apollinaris (c. 23, 40) erwähnt, ist keine Spur mehr vorhanden.

Arausio. Das Theater von Orange, das besterhaltene des römischen Westens, liegt in sorgfältigen Aufnahmen vor bei Caristie, Monuments antiques à Orange (Paris 1856), vgl. auch Caumont a. a. O. S. 293 ff. Chatelain, Monuments romains d'Orange (Paris 1908) und die unter Arelate angeführte Schrift von Formigé. M. Bieber a. a. O. S. 65 ff. 182 mit Taf. 32. 33. Die zwei Inschriften CIL XII 1241 = Dessau 5655: *Eq(uitum) g(radus) III* bezeichneten die Sitze der Ritter.

Vienna. Vom Theater sind nur noch geringe Reste vorhanden, doch konnte noch Schneyder Ende des 18. Jahrh. einen Plan aufnehmen (Bazin, Bull. archéol. 1891 S. 339 f.). CIL XII 1929 = Dessau 5205: *Scaenici Asiaticiani et qui in eodem corpore sunt, vivi sibi fecerunt.*

Vasio. Über Ausgrabungen in dem fast völlig zerstörten Theater vgl. Sautel, Bull. archéol. 1912 S. 210 ff. mit Taf. XXXI ff. und 1913 S. 228 ff. mit Taf. XI ff. (Statuenfunde). CIL XII 1380: ... *th]eatrum* [..., vgl. auch 1496.

Boutae. Über das kleine Theater von Boutae vgl. Marteaux et le Roux, Boutae (Annecy 1913) S. 78 ff. mit Grundriß S. 81. CIL XII 2539: ... *th]eatrum et* [..., vgl. darüber Marteaux S. 20.

AQUITANIA. Avaricum Biturigum. Die Stelle des Theaters gibt an Caumont a. a. O. S. 307; Reste sind nicht mehr vorhanden.

Tulle (Corrèze). Bei Tulle ein Tempelbezirk mit Theater, bekannt als »*Arènes de Tintignac*«, vgl. Plantadis, Rev. Et. anc. XV 1913 S. 434 ff.

Mont Jouer (Creuse). Primitives kleines Theater eines Tempelbezirks, vgl. Bull. archéol. 1908 S. 171 f. mit Grundriß und den Gesamtplan ebd. 1903 Taf. III.

LUGDUNENSIS. Lugudunum. Ein kleines Theater lag nahe dem Amphitheater von Fourvière (s. oben S. 221), vgl. Bazin, Bull. archéol. 1891 S. 362 und Lafon a. a. O. Taf. I. Vgl. auch Cass. Dio LXXVII 21, 2 (über einen schlechten Schauspieler, der in Rom durchfiel, aber in Lyon entzückte).

Ambarri. CIL XIII 2462: *Deo Mer(curio) ..... proscaenium omni impendio suo Camulia Attica d. d.* Das Theater gehörte vermutlich zu einem Merkurheiligtum.

Forum Segusiavorum. CIL XIII 1642 = Dessau 5639: — *sacerdos Aug. theatrum, quod Lupus Anthi f. ligneum posuerat, d. s. p. lapideum restituit* (unter Claudius).

Aquae Segete (Moingt). Über die Reste eines Theaters CIL XIII p. 221.

Augustodunum. Das Theater, mit fast 150 m Länge einst das größte in Gallien, ist heute so gut wie verschwunden, vgl. de Fontenay, Autun et ses monuments (Autun 1889) S. 177 ff. mit einer Ansicht der Ruinen aus dem Jahre 1610. Kurz Caumont a. a. O. S. 305 f.

Alesia. Das Theater ist 1906 ausgegraben worden, vgl. Espérandieu, Bull. de la Soc. de Semur XXXV 1906 S. 237 ff. mit Taf. 37 ff. Ein Grundriß auch auf dem Plan Bull. archéol. 1908 Taf. XI (S. 143).

Pitres (Eure). Das Theater ist teilweise untersucht worden (Bull. archéol. 1901 S. 221 f. mit Taf. XX); der Grundriß läßt übrigens eher an ein Amphitheater oder Halbamphitheater denken.

Araines bei Vendôme. Beschreibung und Plan bei Caumont a. a. O. S. 308 f. nach Bull. monum. XXIX 1863.

Chateaubleau (Seine-et-Marne). Beschreibung des Theaters bei Caumont S. 309 nach Bull. monum. XXVI 1860.

Bouzy (Loiret). Über ein kleines dort entdecktes Theater Vignat, Bull. archéol. 1891 S. 32 ff. Der Verf. erwähnt im gleichen Département noch drei Theater, in Bounée, Montbouy und Triquières, über die sich weiter nichts feststellen läßt.

Lutetia. Neben dem mit einem Amphitheater vereinigten älteren Theater bestand in Paris wahrscheinlich seit dem 2. Jahrh. n. Chr. noch ein zweites reines Bühnentheater, vgl. de Pachtère, Paris à l'époque gallo-romaine S. 66 ff. mit Plan IV. Es ist recht schlecht erhalten.

Meaux. CIL XIII 3024: Errichtung eines Theaters durch einen gewissen Orgetorix (erste Kaiserzeit).

Mediolanum (Evreux). Plan des Theaters bei Bonnin, Antiquités gallo-romaines des Eburoviques, Evreux Taf. V. Aus den Ruinen stammt das Fragment einer Ehreninschrift für Claudius CIL XIII 3200.

Gisacum (Vieil-Evreux). Plan bei Bonnin, Antiquités, Vieil-Evreux Taf. XII, vgl. auch Espérandieu, Bull. Soc. franç. des fouilles archéol. III 3 (1913) S. 56 ff. Das Theater gehört zu einem großen Tempelbezirk (Plan auch Trierer Jahresber. III 1910 S. 61).

Arnières (Eure). Plan des Theaters bei Bonnin, Antiquités, Arnières Taf. II. III.

Berthouville. Über das Theater vgl. de la Croix, Bull. archéol. 1897 S. 75f. mit Grundriß Taf. I. Es gehört zu dem Tempelbezirk des Mercurius Kanetonnessis, der den bekannten Schatzfund geliefert hat.

Saint-André-sur-Cailly (Seine-Inf.). Das Theater wird erwähnt von Cochet, Seine-Inférieure S. 430 und Bull. archéol. 1901 S. 222.

Noviomagus (Lisieux). Das Theater ist im Gebäude noch wohl kenntlich, vgl. Bull. archéol. 1911 S. 332f. mit Taf. XXIII.

Jublains (Mayenne). Zum Tempelbezirk von Jublains gehörte auch ein Theater, vgl. den Plan bei Caumont S. 238.

BELGICA.

Noviodunum (Soissons). Über das vor der Stadt gelegene Theater Caumont S. 301f. mit Lageplan.

Caesaromagus (Beauvais). Über das Theater vgl. CIL XIII p. 547 mit Literatur.

Champlieu (Oise). Caumont, Abécédaire a. a. O. S. 300 mit Grundriß; weitere Literatur mit Plan des Tempelbezirks, zu dem das Theater gehörte, bei Espérandieu, Recueil V S. 94f.

Nizy-le-Comte (Aisne). CIL XIII 3450: *Pago Vennecti proscaenium L. Magius Secundus dono de suo dedit.*

Bitburg. CIL XIII 4132 = Dessau 5646: *In h. d. d. et numinibus Augg. I. o. m. L. Ammia[tius] Gamburio proscen[ium] cum tribunali et eo [ampl]ius *XL, ex quorum [usur]is tutela prosceni et ludos omnibus annis pri. Kal. Mai. curatores vici procurare debunt* (so), *fide mandavit. D. d. Saturnino et Gallo cos.* (198 n. Chr.). Der Tag, 30. April, wird das Fest der Floralia bezeichnen, das mit szenischen Spielen gefeiert zu werden pflegte.

Möhn. Ein primitiver kleines Theater enthielt der Tempelbezirk von Möhn in der Eifel, vgl. Hettner, Drei Tempelbezirke im Trevererlande S. 10f. mit Taf. I 1.

GERMANIAE.

GERMANIA SUPERIOR. Mirebeau. CIL XIII 5614: *Attia Sacrata C. f. proscaenium vetustate corruptum de suo restituit.*

Epamanduodurum (Mandeure). S. oben S. 223.

Aventicum. Über die Grabungen am Theater seit 1889 berichtet fortlaufend das Bull. de l'Assoc. pro Aventico (Heft IV. V. VIII—XI). Über den Stand der Forschungen 1905 Secretan, Aventicum, son passé et ses ruines (Lausanne 1905) S. 56ff. mit Grundriß.

Augusta Rauracorum. Die Literatur über die Ruine, deren letzte Periode allein ein unbestrittenes Bühnentheater darstellt, an dem übrigens auch allerhand kleinere Umbauten festzustellen sind, s. oben S. 224.

Mogontiacum. Über das unter dem Südbahnhof liegende, jetzt teils zerstörte, teils verschüttete Theater von Mainz vgl. Germania I 1917 S. 54ff. und

Mainzer Ztschr. XII. XIII 1917/18 S. 68ff., beide mit Grundrissen und Ansichten.

Sumelocenna (Rottenburg). Außerhalb der Stadt wurden 1834 die Mauerzüge eines Theaters festgestellt, vgl. Oberamtsbeschreibung Rottenburg² S. 492f. mit Grundriß (Mettler) und Haug-Sixt, Röm. Inschriften und Bildwerke Württembergs² S. 208.

BRITANNIA.

Th. Wright, The Celt, the Roman and the Saxon³ 1875 nennt S. 221 Theater in Verulamium und Wroxeter, ersteres unter Hinweis auf eine Schrift von R. Grove Lowe, A Description of the Roman Theatre of Verulam. Ich kann nichts weiteres feststellen.

HISPANIAE[1].

TARRACONENSIS. Tarraco. Vom Theater ist ein Teil der Cavea 1885 freigelegt worden, vgl. Puig y Cadafalch, L'arquitectura romànica a Catalunya I (Barcelona 1909) S. 100f. mit Ansicht. CIL II 4280: Inschriften der Sitzstufen (vgl. Huebner, Röm. Herrschaft in Westeuropa S. 205); 4092: Weihinschrift eines *mimographus* an die Tutela.

Saguntum. Über die altberühmte Ruine des mächtigen Theaters vgl. Puig y Cadafalch S. 102ff. mit Ansicht und Grundriß nach Chabret, Historia de Sagunte II 33ff.; kurz Wieseler S. 23f. mit Taf. II 20 nach De La Borde, Voyage de l'Espagne I 2 Taf. 103.

Pollentia (Alcudia, Balearen). Ungenügender Plan des Theaters bei Puig y Cadafalch S. 104.

Castulo. CIL II 3270 = Dessau 5513: Ehreninschrift für einen Prokurator der Baetica, *quod — signa Veneris Genetricis et Cupidinis ad theatrum posuit.*

Termantia. Über das Theater vgl. Schulten, Neue Jahrb. f. d. kl. Altert. XXVII 1911 S. 275.

Clunia. Das Theater erwähnt bei Schulten a. a. O. und Real-Encykl. IV 113.

BAETICA. Urso. Das Theater ist 1902 roh ausgegraben worden, vgl. Nouv. Arch. des Miss. scientif. XIII 1906 S. 375 und den Stadtplan Taf. I. Die Lex Ursonensis kennt *ludi scaenici.*

Acinipo. Vom Theater steht die Bühnenwand noch aufrecht, sonst ist es sehr zerstört; vgl. die Ansicht bei Dieulafoy, Gesch. d. Kunst in Spanien S. 62 (erwähnt auch CIL II p. 181).

Gades. L. Cornelius Balbus d. j., der Erbauer des Theatrum Balbi in Rom (s. oben S. 245), gab 43 v. Chr. in seiner Heimat Gades prächtige Spiele, zu deren Feier er auch ein Theater, wohl einen vorübergehenden Bau, errichtete (Cic. ad fam. II 32, 2).

LUSITANIA. Emerita. Das Theater von Merida ist in den letzten Jahren sorgfältig ausgegraben worden, vgl. Demiani, Ztschr. f. bildende Kunst XLVIII

1) Die Städte, in denen szenische Spiele inschriftlich bezeugt sind, werden hier nicht einzeln aufgeführt, vgl. CIL II Suppl. Ind. p. 1169f.

1913 S. 62 f. mit Abbild. und Arch. Anz. 1912 S. 456 f. 1914 S. 370 ff. mit Abbild. (reiche Statuenfunde). Die Errichtung scheint auf Agrippa zurückzugehen (CIL II 474, bei Demiani Abbild. 8), CIL II 478 scheint auf einen nach einem Brand durch Hadrian veranlaßten Neubau zu gehen (135 n. Chr.).

Olisipo. CIL II 183 = Dessau 5640: ein Augustale errichtet zu Ehren Neros im Jahre 57 *proscaenium et orchestram cum ornamentis.*

MAURETANIAE[1]).

Ad Mercuri. Kleines Theater (de la Martinière, Bull. archéol. 1889 S. 279).

Caesarea (Cherchel). Das Theater ist sehr zerstört, vgl. Gsell, Mon. ant. de l'Algérie I 199 und Ballu, Bull. archéol. 1912 S. 468.

Tipasa. Das Theater ist sehr schlecht erhalten, vgl. Gsell a. a. O. S. 199 und Mél. de l'Ecole franç. XIV 1894 S. 355. Texier sah 1846 noch viel mehr (Rev. archéol. III 1847 S. 728).

Sitifis. Es stehen noch zwei Arkaden eines Theaters oder Amphitheaters (Gsell a. a. O. S. 200). CIL VIII 8438 = Dessau 6873: *ludi scaenici.*

NUMIDIA.

Cuicul. Über das kleine wohlerhaltene Theater vgl. Wieseler S. 109 f. mit Taf. A 20 (nach Ravoisié, Explor. scientif. I Taf. 47) und Gsell a. a. O. S. 186 ff. mit Grundriß Fig. 61 und Ansichten Taf. XLIV f. Seitdem ist das Theater völlig freigelegt worden.

Rusicade. Das Theater ist leidlich erhalten, vgl. Gsell S. 192 ff. mit Grundriß Fig. 63 und Ansicht Taf. XLVIII und Bertrand, Rec. de Constantine XLII 1908 S. 1 ff. mit Tafel. CIL VIII 7960 (= Dessau 5077), 7988 (Dessau 5648), 7989. 7994 (Dessau 5647): Stiftungen zum Bau oder zur Ausschmückung des Theaters. CIL VIII 7988. 7963 (= 19849 = Dessau 5473): *ludi scaenici.*

Cirta. Die Ruinen des Theaters (oder Amphitheaters?) sind jetzt völlig verschwunden. CIL VIII 6948 (= Dessau 6858), 7094—7098 (7095 = Dessau 2933): *Ludi scaenici.*

Thamugadi. Über das völlig freigelegte und jetzt z. T. mit neuen Sitzstufen versehene Theater von Timgad unterrichtet außer Gsell S. 197 ff. mit Plan Fig. 65 und Ansicht Taf. L. Ballu, Les ruines de Timgad (1897) S. 153 ff. mit Plan und Ansicht; über die Wiederherstellung ders., Les ruines de Timgad 1903—1910 S. 17 f. mit Ansicht. Vgl. M. Bieber, Denkmäler zum Theaterwesen S. 62 ff. 182 mit Taf. 29. CIL VIII 17829 = Dessau 484: *ludi scaenici* (Septimius Severus).

Theveste. Nach Gsell S. 200 sind die angeblichen Reste eines Theaters völlig unsicher. CIL VIII 1862: Errichtung oder Wiederherstellung eines Proscaenium unter Diokletian; 1892 = 16511 nennt in unsicherem Zusammenhang die *ingressus theatri*; 16530: *ludi scaenici* (Commodus).

1) Auch hier und bei Africa und Numidia ist auf die Anführung der Städte verzichtet, für die allein die inschriftliche Erwähnung szenischer Spiele auf das einstige Vorhandensein eines Schaugebäudes schließen läßt.

AFRICA.

Calama. Über das Theater Wieseler S. 110 mit Taf. A 21 nach Ravoisié II Taf. 30 und Gsell S. 194 ff. mit Plan und Ansicht. Das Theater ist seitdem vollständig freigelegt und für moderne Aufführungen weitgehend wiederhergestellt worden. CIL VIII 5365 (= 17495). 5366: Ehreninschriften für Annia Restituta wegen einer Geldspende zum Theaterbau.

Thubursicum Numidarum. Ältere Behandlung des wohlerhaltenen Theaters von Khamissa bei Gsell S. 189 ff. mit Plan und Ansichten. Seitdem weitere Grabungen, vgl. Arch. Anz. 1914 S. 266 ff. mit Grundriß und Ansicht und Bull. archéol. 1911 S. 96.

Simitthu. Das offenbar recht gut erhaltene kleine Theater ist von Toutain untersucht worden, vgl. Mél. de l'Ec. franç. XII 1892 S. 359 ff. mit Taf. I—III und Mém. prés. par div. sav. à l'Acad. X 1 (Paris 1893) S. 453 ff. Über neuere Forschungen ist mir nichts bekannt geworden (vgl. die Erwähnung Bull. archéol. 1908 S. 430).

Althiburus. Über das anscheinend bis jetzt noch nicht ausgegrabene, aber gut erhaltene Theater vgl. Saladin, Archives des Miss. scientif. III. Série XIII 1887 S. 193 f. mit Abbild. Weitere Literatur bei Merlin, Forum et maisons d'Althiburos (Notes et Documents VI) 1913 Legende zu Plan I N.

Thugga. Das Theater hat Carton in einer ausführlichen Monographie behandelt: Le théâtre romain de Dougga, Mém. prés. par div. sav. à l'Acad. XI 1902 S. 1—117 mit 18 Tafeln. Vgl. M. Bieber a. a. O. S. 182 Taf. 30. 31. Ein Grundriß auch Arch. Anz. 1910 S. 267 f. Der Bau ist seitdem aus den einst verschleppten Werkstücken in möglichster Vollständigkeit wiederhergestellt worden. Errichtet wurde er unter Mark Aurel von einem aus Thugga gebürtigen Flamen divi Augusti in Karthago, wie große Inschriften über Bühne und Cavea meldeten (CIL VIII 26528. 26528^{a}. 26606 [= Dessau 9364]. 26607).

Ammaedara. CIL VIII 309 = 11532 = Dessau 5649: *Porticus theatri sumptu publico coloniae Ammaedarensium restitutae* (299 n. Chr.).

Carthago. Über Theater und Odeum vgl. Oehler, Real-Encykl. X Sp. 2206 ff. Das Theater ist 1904/5 freigelegt worden (Gauckler, Nouv. Arch. d. Miss. scientif. XV 1907 S. 452 ff. mit Ansichten, s. auch Arch. Anz. 1906 S. 145 f.); die Sitzstufen sind fast völlig verschwunden, die Bühne ist in ihren unteren Teilen leidlich erhalten, sehr reich waren die Funde an Architekturstücken und Skulpturen. Gauckler setzt den Bau in die Zeit Hadrians. Ende des 4. Jahrh. hat der Prokonsul Virius Audentius Aemilianus den Statuenschmuck erneuert (CIL VIII 24588 = Dessau 9356: *redintegrationem theatralibus signis adhibuit*). — Ebenfalls Gauckler hat im Jahre 1901 das zur Zeit Tertullians, der darauf anspielt (de resurr. carnis 42), um 200 erbaute Odeum ausgegraben, das sich bis auf die Fundamente zerstört vorfand, aber aus einer Cisterne unter der Bühne erhebliche Architekturreste des Oberbaues und zahlreiche Skulpturen von seiner einstigen Ausstattung lieferte (Gauckler, Rev. archéol. 1902 II S. 383 ff. mit Plan und Abbild., Nouv. arch. a. a. O. S. 443 ff., vgl. auch Arch.

Anz. 1901 S. 65 ff. 1903 S. 91 f.). CIL VIII 24658: Reste der metrischen Bauinschrift.

Curubis. Dessau 9407: Ehreninschrift für einen lokalen Würdenträger *theatro propria pecunia eius exstructo.*

Ksiba (bei Sussa). Die Auffindung eines kleinen Theaters wird mitgeteilt Arch. Anz. 1904 S. 128.

Leptis parva. Geringe Reste eines kleinen Theaters (Bull. archéol. 1897 S. 291).

F. Drexel.

XVII

KOSTÜM UND BEWAFFNUNG DER GLADIATOREN[1]

Unsere Kenntnis dieses Gegenstands ist in neuerer Zeit sehr durch die Heranziehung der so äußerst zahlreichen bildlichen Darstellungen gefördert worden; namentlich hat hierzu Henzens treffliche Erklärung des Borghesischen Mosaiks beigetragen. P. J. Meier hat den Gegenstand in einer Reihe von Schriften behandelt: De gladiatura Romana quaestiones selectae (Diss. Bonn 1881) S. 13—46 (de gladiatorum armaturis); Gladiatorendarstellungen auf rheinischen Monumenten, Westd. Ztschr. I 1882 S. 153—177; Gladiatorenreliefs des Berliner Museums, Archäol. Zeit. XL 1882 S. 147 ff. (Taf. 6, 1); Dei monumenti rappresentanti gladiatori Bull. d. Inst. 1884 S. 157—160; Gladiatorenrelief des Museums zu Triest, Athen. Mitt. XV 1890 S. 162—166. Zusammenfassend Lafaye bei Daremberg-Saglio II 1583—1590 und K. Schneider, Real-Encykl. Suppl. III Sp. 777 ff. (vgl. auch die Einzelartikel)[2].

Die Sitte, Bilder von Gladiatorenspielen öffentlich auszustellen, stammt schon aus der Zeit der Republik, sie soll nach Plin. n. h. XXXV 52 zuerst von einem L. Terentius Lucanus geübt worden sein, der vielleicht mit dem Münzmeister Babelon, Monnaies de la rép. rom. II 483 identisch ist (vgl. oben II 51, 4). In der Kaiserzeit, wo große Schilderungen merkwürdiger Ereignisse überhaupt beliebt waren, ist sie offenbar verbreitet gewesen; so spricht Plinius a. a. O. von dem Gemälde eines unter Nero gegebenen Gladiatorenspiels in einer Porticus von Antium, gleichartige in einer Basilika aufgestellten Gemälde nennt die Inschrift aus Benevent CIL IX 1666 = Dessau 5068, und das Bild eines *gladiatorium munus* hat auch Trimalchio in seinem Hause (Petron. 29, 9). Mehr der Reklame dienten Bilder wie die von Horaz Sat. II 7, 96 ff. erwähnten. Weitere Stellen bei Lafaye a. a. O. S. 1599.

Den hier angeführten literarisch überlieferten Darstellungen lassen sich unmittelbar vergleichen die Bilder aus dem Amphitheater zu Pompeji Overbeck-Mau S. 181 und die beiden Zweikampfszenen aus einem pompejanischen Privathaus bei Schreiber, Bilderatlas Taf. XXVIII 3. 4, die einzigen Gemälde mit Gladiatorenszenen.

Für unsere Kenntnis der Bewaffnung und Ausrüstung sind besonders wichtig eine Reihe großer Mosaiken, so namentlich das von Henzen, Diss. dell' Accad.

1) Vgl. II 62, 9 (wo durch Druckfehler Anhang XVI steht). 74, 1. 2) Das ganze Gebiet bedarf einer von Grund auf neuen Bearbeitung, auf die hier verzichtet werden muß.

Pontif. di Roma XII 1852 (auch gesondert erschienen 1845) erläuterte Borghesische aus Tusculum (Helbig-Amelung, Führer II 230 ff., die Inschriften CIL VI 10206), ferner das Mosaik Massimi in Madrid (Winckelmann, Mon. ined. Taf. 197. 198, danach Schreiber, Bilderatlas Taf. 31, 3. 4. Hübner, Antike Bildwerke in Madrid S. 196; die Inschriften CIL VI 10205 = Dessau 5140; vgl. auch Arch. Jahrb. XXV 1910 S. 120, 91), das Mosaik von Reims (Loriquet, La mosaïque des promenades, Reims 1862) und einige in Deutschland: das Mosaik von Nennig (v. Wilmowsky, Die römische Villa zu N. und ihr Mosaik, 1865, vgl. Koepp, Römer in Deutschland² S. 134), das von Kreuznach (Kohl, Röm.-Germ. Korrbl. VIII 1915 S. 44 ff.), ein Kölner Fragment (Klinkenberg, Das römische Köln S. 239 f.), das nur noch in Zeichnung erhaltene Augsburger Mosaik (Vollmer, Inscr. Baiuvar. rom. nr. 147 m. Taf. 20); weiteres Material gibt Gauckler bei Daremberg-Saglio III S. 2115, 5.

Von Reliefs sind hauptsächlich die Darstellungen vom Grab des Scaurus in Pompeji zu nennen (Overbeck-Mau S. 188 ff. 420 = Schreiber, Bilderatlas Taf. 30, 2—9), weiter der figurenreiche Fries eines tempelartigen Grabmals aus Chieti (Mon. ant. d. Lincei XIX 1909 Taf. I, Helbig-Amelung, Führer II S. 226), ein Fragment aus dem Kolosseum (Amelung, Vatikan I 319, 12 mit Taf. 32) und eines aus dem Marcellustheater (Mon. d. Inst. III Taf. 38) und die Campanareliefs bei v. Rohden-Winnefeld, Architekt. röm. Terrakotten S. 141 f. mit Taf. 74. Weitere Darstellungen auf Grabmälern CIL IX 1037 (bei Aeclanum), X 1211 = Dessau 5058 (Abella) und 4920 (Venafrum); vgl. auch Petron. 71, 6. Grabsteine von Gladiatoren mit dem Bilde der Verstorbenen: Beschreibung der antiken Skulpturen in Berlin nr. 794 (Ephesus?). Cumont, Cat. Sculpt. Bruxelles² 1913 nr. 80 (Amisos). E. Caetani-Lovatelli, Röm. Mitt. XV 1900 S. 99 ff. (Tralles). Daremberg-Saglio II Fig. 3576 (Mus. Mailand). 3583 (Rom). 3586 (Demotika). Patsch, Das Sandschak Berat S. 158, vgl. auch Altmann, Grabaltäre S. 244.

Von größter Häufigkeit sind Gladiatorenbilder auf Lampen, vgl. außer den älteren Lampenveröffentlichungen Major, Anz. f. schweiz. Altertumskunde N. F. VI 1904/05 S. 99 ff. und Wollmann, Röm. Mitt. XXXII 1917 S. 147 ff. Lampen in Form eines Gladiatorenhelms: Meier, Westd. Zeitschr. I S. 165 f. CIL XV 6450, 17. ORL Nr. 30 Kastel bei Mainz Taf. II 28. Sammlung Niessen Taf. 84.

Noch reicher an Gladiatoren- und namentlich Venatorenbildern ist das Sigillatageschirr. Es erübrigt sich Beispiele anzuführen, als besonders feine Stücke seien die Sigillatakanne aus Rheinzabern bei Ludowici, Stempelbilder römischer Töpfer S. 244 f. und der Becher aus Colchester CIL VII 1335, 3 (abgeb. bei Roach Smith, Coll. ant. IV Taf. 21) hervorgehoben. Gladiatorenkämpfe auf Medaillons von Krügen aus dem Rhonetal bei Déchelette, Vases céram. ornés de la Gaule romaine II S. 294 ff.

Über Glasbecher mit Gladiatorenszenen Kisa, Das Glas im Altertume S. 734 ff. 954 f. Bohn, Anz. f. schweiz. Altertumsk. N. F. V 1903/04 S. 274 ff. Krüger, Bonner Jahrb. 118 S. 353 ff.; über Glasfläschchen in Form eines Gladiatorenhelms Kisa a. a. O. S. 448. 775.

Eine Reihe Bronzestatuetten bei Reinach, Répertoire de la Statuaire II 194 f. III 155 f. IV 112.

Messergriffe mit Gladiatoren in Beinschnitzerei bei Major, Anz. f. schweiz. Altertumsk. N. F. V 1903/04 S. 117 ff.

Wir gehen im folgenden die einzelnen Gattungen von Gladiatoren durch:

1. Retiarii. Da die Abbildungen hier keine Verwechslung mit einer andern Gattung zulassen, sind wir über diese Fechter am genauesten unterrichtet. Ihre Ausrüstung ist unter Heranziehung eines reichen Denkmälermaterials besprochen von Lafaye a. a. O. S. 1585 f. Hug, Real-Encykl. I^A 691 ff. Caetani-Lovatelli, Bull. arch. com. XXIII 1895 S. 253 ff. (vgl. Strena Helbigiana S. 174 ff., die Inschrift CIL VI 33980 = Dessau 5139). Krüger, Röm.-Germ. Korrbl. VIII 1915 S. 17 ff. Wollmann, Röm. Mitt. XXXII 1917 S. 147 ff.

Die Retiarier waren die einzigen Gladiatoren, die ohne jede Kopfbedeckung erschienen (Sueton. Claud. 34, 1. Juv. 8, 200—206). Sie trugen eine Tunika (Sueton. Calig. 30, 3. Juv. 2, 142. 7, 207) oder auch ein bloßes *subligaculum*, welches letztere auf den Monumenten gewöhnlich ist, oder beides (s. Krüger a. a. O.). Ihre Schutzwaffen beschränkten sich der Regel nach (außer etwa Binden um die Beine) auf den breiten Leibgurt (*balteus*) und einen Ärmel am linken Arm, an dem aber immer ein Stück über die Schulter in die Höhe stand, aus Leder oder Metall, zum Ersatz des Schilds. Daß dieses Schulterstück *galerus* hieß, hat Henzen erkannt (Mus. Borg. S. 113) nach dem Schol. Juv. 8, 208: *galerus est umero impositus gladiatoris*. Später hat auch Garrucci in den Schulterstücken den *galerus* erkannt, Bull. Nap. N. S. I 1853 S. 101 ff. mit Taf. 7, wo solche in Pompeji gefundene *galeri* abgebildet sind. Auf dem in Verona gefundenen Grabstein eines Retiariers Glaucus (CIL V 3466 = Dessau 5121) ist der dritte neben Dolch und Dreizack abgebildete und Mommsen unverständlich gebliebene Gegenstand allem Anschein nach der *galerus*. In der Stelle bei Juvenal 8, 207: *Credamus tunicae*, *de faucibus aurea cum se porrigat et longo iactetur spira galero* erklärt Garrucci a. a. O. die *spira* für eine Schnur, die einerseits an dem *galerus*, andrerseits an dem Tau des Netzes angebunden war, so daß sie von dem ersteren um die Brust des Retiariers lief (Schol.: *spira*] *huiusmodi aliquid*, *quo citius sparsum funem vel iactatum retium colligerent*). Nach Meier, De glad. Rom. S. 30 ist vielmehr die *spira* das kreisförmig zusammengerollte (Fest. p. 330 M. *spira* — *funis nauticus in orbem convolutus*) Tau des Netzes, das der Retiarier, wenn er werfen will, an die linke Schulter führen muß, an welcher sich der *galerus* befindet; vermutlich war die *spira* am *balteus* befestigt, doch so, daß sie im Notfall leicht losgerissen werden konnte.

Auch eine von Galen beschriebene Kopfbinde dürfte vorzugsweise oder ausschließlich von den Retiariern angewandt worden sein, da sie keine Helme trugen. Galen. XVIII A 797: Τὸ ἡμιρρόμβιον προσλαβὸν τὰ καλούμενα ὦτα οὕτως ὀνομάζεται. ἐπιδεῖται δ' ἤτοι εὐπρεπείας χάριν ἐν μονομαχίαις ἢ χάριν τοῦ κράτημα γίγνεσθαι τῆς κεφαλῆς ἐπὶ προσώπου τινὸς συμπτώματος μεθοδευομένου· ἀλλ' εἰ μὲν εὐπρεπείας ἕνεκα ἐπιδέοιτο βραχέα εἶναι δεῖ ταῦτα καὶ ἐν μέσῳ τῷ μετώπῳ τετάχθαι. οὕτω γὰρ ἂν τὴν ἐμφέρειαν πρὸς τὸ ζῷον ἀποσῴζοι. Solche Binden hat der Retiarius auf einem pompejanischen Relief (Bull. Nap. IV tav. I = Mon. ant. d. Lincei XIX 1909 Taf. IV, vgl. Meier a. a. O. S. 29). Auf Darstellungen begegnet mehrfach noch eine handschuhartige Schutzvorrichtung der linken Hand (Krüger a. a. O.) sowie ein Brustschutz, den schon Henzen a. a. O. und ihm folgend Krüger mit den bei Tertullian, De spect. 25 genannten *spongiae retiariorum* identifizierten; indessen muß es sich bei diesem Stück nach dem Zusammenhang (*poterit ergo et de misericordia moneri defixus in morsus ursorum et spongias retiariorum*, vgl. auch adv. Marc. V 4) um eine Waffe handeln, vielleicht bezeichnet der Ausdruck als t. t. der Fechtersprache geradezu das Netz selber.

Die Angriffswaffen der Retiarier waren erstens das Netz (*iaculum*), das auf dem Mosaik Massimi so groß erscheint, daß es die Figur des Gegners fast ganz bedeckt. Vermutlich ist es auf Monumenten deshalb so selten, weil die Retiarier es zusammengefaltet trugen, ehe sie es schleuderten; *ferebat occulte rete* sagt Isidor. orig. XVIII 54 (vgl. Wollmann, Röm. Mitt. XXXII 1917 S. 154). Hatten sie fehlgeworfen, so zogen sie sich zurück, bis sie das Netz wieder zum Wurf bereit gemacht hatten und wieder angreifen konnten; daher bedeutet der Retiarier nach Artemidor. II 3 eine Frau καὶ φυγάδα καὶ ῥᾳστα τῷ βουλομένῳ πλησιάζουσαν. Weiter eignen dem Retiarier der Dreizack, die Thunfischharpune, *fuscina*, *tridens* (Juv. 2, 143. 8, 203. Suet. Cal. 30, 3) und der Dolch (Valer. Max. I 7, 8 und die meisten Monumente).

Das Werfen des Netzes mag eine alte Kampfart gewesen sein, die auf einer antiken Paste dargestellt sein könnte (Welcker, Alte Denkmäler II Tafel 16, 32) und in dem Zweikampfe zwischen Phrynon und Pittakos vorkommt (Diog. Laert. I 74. Polyaen. I 25, vgl. auch Diodor. XVII 43, 8, nach welchem die Tyrier gegen die belagernden Macedonier Dreizacke und Fischernetze anwandten). Strabo XIII 600 hat bei jenem Zweikampfe des Phrynon und Pittakos den Dreizack zugesetzt (s. Welcker a. a. O. S. 332, 1), offenbar, um wie die römischen Antiquare (Festus s. *retiarius*) diesen Kampf zum Prototyp der Retiarierkämpfe zu machen. Sei es nun, daß Harpune und Netz der Gladiatoren wirklich vom Fischfang entlehnt waren (Arnob. VI 12: *cum fuscina rex maris, tamquam illi pugna sit gladiatorii obeunda certaminis.* Martial. V 24, 12: *aequoreus tridens*, Aequoreus als Name eines Retiariers CIL X 1927, vgl. auch den Schmuck des Galerus Daremberg-Saglio Fig. 3580) oder nicht: jedenfalls mußten diese Waffen die Vorstellung des Fischfangs erwecken. Bei dem Witz, den Quintilian VI 3, 61 erzählt: *Pedo de mirmillone, qui retiarium consequebatur nec feriebat, Vivom inquit capere volt*, sehe ich keine andre Möglichkeit des Verständnisses als die Konjektur von Leemans, Rev. arch. IX 1852, 82: *de retiario qui mirmillonem* etc., obwohl der Witz auch dann noch sehr frostig ist. Der Fisch, der auf den Helmen der Galli und Murmillones angebracht gewesen sein soll, die mit den Retiariern kämpften, findet sich gerade auf denen andrer Gladiatoren (vgl. Meier S. 36, 3). Das Spottlied der Retiarier an die Murmillonen *Non te peto, piscem peto, quid me fugi' Galle*? besteht, wie Meineke bemerkt hat (Progr. des Joachimsth. Gymn. 1851), aus Ionici a maiore; aus einem ähnlichen, ja vielleicht demselben Gedicht dürfte der von Martial. VIII 75, 16 erwähnte Zuruf (– – ◡ ◡ – – ◡ ◡ –) *mortue Galle* stammen: *Hic mihi de multis unus, Lucane, videtur, cui merito dici »mortue Galle« potest.* Vermutlich sind diese Spottlieder unter entsprechender rhythmischer Bewegung und Musikbegleitung gesungen worden. Daß Musik während der Kämpfe gemacht wurde, ist oben

(II 73) bemerkt. Aber natürlich konnte da nicht nach dem Takt gefochten werden, dies konnte nur bei Scheingefechten geschehen. Von solchen spricht Petron. 36, 6: *processit statim scissor et ad symphoniam ita gesticulatus laceravit obsonium, ut putares essedarium hydraule cantante pugnare*, wovon unten bei den Essedarii die Rede sein wird.

Daß die Retiarier die verachtetsten Gladiatoren waren, schließt Henzen (a. a. O. S. 113) wahrscheinlich daraus, daß sie ohne Bedeckung des Gesichts (Juv. 8, 200) und am leichtesten bewaffnet waren; dagegen Krüger a. a. O. S. 26. Ähnlichkeit mit ihnen hatten:

2. die Laquearii mit einer Schlinge statt des Wurfnetzes, nur bei Isidor. XVIII 56: *quorum pugna erat, fugientes in ludo homines iniecto laqueo impeditos consecutosque prosternere, amictos umbone pelliceo.* Nach unsicheren Bildwerken (einer Gemme und einem Sigillatafragment bei Meier S. 44, vgl. auch Daremberg-Saglio Fig. 3588) hatten auch sie den *galerus*, sonst keine Schutzwaffen.

Die Retiarier kämpften auch *gregatim* (Sueton Calig. 30, 3), aber offenbar nie gegeneinander, sondern gegen die Galli, Murmillones (Valer. Max. I 7, 8. Pedo Albinovan. bei Quintil. VI 3, 61), Samnites (die Samniten kommen als Gegner der Retiarier besonders auch auf den Mosaiken von Bignor und Nennig und dem Borghesischen vor) und Secutores. Die Kämpfe der Retiarier mit diesen letzteren bestanden bis in die späteste Zeit (Meier S. 22). Für die Gegner der Retiarier findet sich auch die (wohl aus Gladiatorenkreisen stammende) Bezeichnung *contrarete* CIL VI 10180 = Dessau 5105; dasselbe bedeutet das CIL VI 631 = Dessau 5084 und 33983 = Dessau 5106 den Gladiatorennamen beigeschriebene >*RET*.

3. Secutores. Zuerst bei Sueton. Calig. 30, 3; über die Konjektur des Victorius bei Cic. ad Att. VII 14, 2 (oben II 57, 3) *secutorum* für *scutorum* vgl. Meier S. 19. Sie waren die Hauptgegner der Retiarier (Isidor. Orig. XVIII 56: *secutor ab insequendo retiarium dictus*; ἀεὶ γὰρ διώκει, sagt Artemidor. a. a. O.), weshalb hier auch auf die bei der Behandlung der letzteren angeführte Literatur verwiesen sei. Ihre Waffen waren Schwert, Schild, Visierhelm und eine Beinschiene. Das letztere ergibt sich aus Philogelos 87: σχολαστικὸς ἐπὶ τῆς οἰκίας σεκούτωρος σχῆμα λαβὼν ἔπαιζεν. ἄφνω δέ τινος ἀπαγγείλαντος αὐτῷ τὴν παρουσίαν τοῦ πατρός, ῥίψας τὸ ὅπλον, ἔλυε τὴν κνημῖδα. φθάσαντος δὲ τοῦ πατρὸς αὐτῷ ἐπιστῆναι, ἔχων τὴν περικεφαλαίαν βιβλίον ἀνεγίνωσκε. Cass. Dio LXXII 19, 4 sagt von dem als Secutor kämpfenden Commodus: οὓς ἐφίλει ὥσπερ εἶχε διὰ τοῦ κράνους; Schol. Juv. 6, 108 *attritus galea*] *apparet eum secutorem fuisse*; über die Form des Helms Meier S. 25; damit stimmt das bei Daremberg-Saglio Fig. 3576 und Schreiber, Bilderatlas Taf. 32, 6 abgebildete Monument eines *Urbicus secutor* (CIL V 5933 = Dessau 5115).

Die Bewaffnung der Secutores ist völlig dieselbe wie die der

4. Samnites (der ältesten Gattung, Meier S. 14 f.). Da nun diese literarisch zuletzt von Horaz erwähnt werden, vermutet Meier S. 19—25, daß sie später als Gegner der Retiarier den zuerst unter Caligula (Sueton. Calig. 30, 3) vorkommenden Namen Secutores, als Gegner der Thraeces den Namen Oplomachi erhalten haben. Die von Liv. IX 40, 2 f. beschriebene Bewaffnung der samnitischen Soldaten, die Weege, Arch. Jahrb. XXIV 1909 S. 141 ff. behandelt

hat, war bei den so genannten Gladiatoren etwas modifiziert. Die charakteristischen Stücke sind: der große oblonge Schild, der allen Gladiatoren gemeinsame Ärmel am rechten Arm, die Schiene am linken Bein, der Gurt, der (auch bei andern Gattungen vorkommende, Meier S. 18) Visierhelm mit Kamm und sehr hohem Federbusch (Varro l. l. V 142) und ein kurzes Schwert. Lanzen führten sie nach Cic. de orat. II 325 (*prolusio — Samnitium, qui vibrant hastas ante pugnam, quibus in pugnando nihil utuntur*) nur im Scheingefecht; später nach Monumenten vielleicht auch im ernsten Kampf (Meier S. 34). Die *spongia pectori tegumentum* (Liv.) wurde weggelassen, wie überhaupt bei den Gladiatoren die Brust in der Regel ungeschützt war (Meier S. 17). Angesichts ihres frühen Verschwindens sind nur wenige Darstellungen mit einiger Sicherheit auf sie zu beziehen, so einige Gestalten von der Brüstungsmauer des Amphitheaters zu Pompeji und andre vom Grabmal des Scaurus.

5. Thraeces. Zuerst bei Cic. Phil. VI 13. VII 17; prov. cons. 9; zuletzt bei Auson. Technop. p. 165, 103 Peiper. Schol. Juvenal. 8, 201; vgl. Meier S. 33. Sie führten den kleinen Schild (*parma*), wodurch sie den mit dem großen (*scutum*) bewaffneten Samniten entgegengesetzt waren. Nach Plin. n. h. XXXIII 129 war die *parma* rund und etwas gewölbt: *plurimumque refert concava sint (specula) et poculi modo, an parmae Thraecidicae*. So erscheint sie auf dem Monument des Scaurus. Häufiger ist sie dagegen nicht rund, sondern viereckig, wie das *scutum*: s. z. B. das Monument des Thrakers Priscus CIG 3374 = Maffei, Mus. Veron. 444, 2 und des M. Antonius Exochus Daremberg-Saglio Fig. 3583 = CIL VI 10194 = Dessau 5088. Nur wenn die *parma* auch viereckig war, konnte sie Martial XIV 213 zum *scutum* für einen Zwerg geeignet finden. Ihre charakteristische Angriffswaffe war die *sica* (die Nationalwaffe der Thraker, Val. Max. III 2, 12), eine Art krummer Säbel (Corp. gloss. lat. II 183ᵇ: *sica* Θρᾳκικὸν ξίφος ἐπικαμπές; Juvenal. 8, 201 nennt sie *falx supina*, umgekehrte Sichel, Plin. n. h. XVIII 2 die Hauer der Eber *dentium sicas*). So erscheint die *sica* auf einem Relief des Amphitheaters zu Nimes (Kampf eines Thrakers und Samniten) bei Pelet, Descr. de l'amph. de N. pl. III 1 (unkenntlich bei Espérandieu, Recueil I nr. 463). Öfter aber ist die Klinge nicht in einer Kurve, sondern in einem Winkel gebogen, wie auf dem Monument des Exochus, auf dem oben angeführten Bilde Overbeck-Mau S. 182, auf den Trophäen von Gladiatorenwaffen in der Gladiatorenschule zu Pompeji Bull. Nap. N. S. I 1853 tav. VII 13; vgl. das. S. 114f. Den Mangel des großen Schilds ersetzte dem Thraker eine vollständigere Rüstung, daher ihnen Artemidor τὸ ἐσκεπάσθαι τοῖς ὅπλοις beilegt. Den Visierhelm und den Ärmel am rechten Arm haben sie mit andern, namentlich den Samniten, gemein, von denen sie aber (außer der *parma* und *sica*) das unterscheidet, daß sie Schienen an beiden Beinen haben. Namentlich auf dem Monument des Scaurus sind die Thraker, die Mazois (Ruines de Pompéi pl. 32) für Samniten hielt, auch hieran zu erkennen. In der Stelle bei Seneca Qu. n. IV praef. 8 ist wahrscheinlich mit Kroll *quamvis staturam habeas [pi]theci cum* (überliefert ist *thecisum*) *Thraece compositi* zu lesen. Daß man diese schwer gerüsteten Kämpfer besonders aus Leuten von großer Statur wählte, ist natürlich; doch bei Petron. 45, 12 *unus alicuius flaturae fuit Thraex* ist die Konjektur von Scheffer, *staturae*, abzuweisen. Wenn man übrigens auf

Monumenten auch *parmati* mit Lanzen (Meier S. 34) und mit geraden Schwertern sieht, wie bei Pacho, Voy. d. l. Cyrénaïque 53, dagegen einen *scutatus* mit einer *sica* bei Avellino, Osservazioni auf einer pompejanischen Kritzelei, so ist zu bemerken, daß es ein vergebliches Bemühen sein würde, alle Darstellungen von Gladiatoren unter die uns bekannten Gattungen verteilen zu wollen. Denn erstens waren diese Bewaffnungen keine festen Uniformen, sondern ohne Zweifel unzähligen, nach Zeit und Ort wechselnden Modifikationen unterworfen; sodann sind die Abbildungen sicherlich nicht immer treu. Die Thraker fochten (nach Denkmälern) auch gegeneinander, außerdem mit Murmillonen (Meier S. 33 f.). Ihre Hauptgegner waren die

6. Oplomachi (dies die Form des Namens in den Inschriften und guten Handschriften, Meier S. 22, 4). Schon Lipsius vermutete, daß dies eine spätere Bezeichnung der Samniten war (die wohl deren *scutum* [ὅπλον] entnommen ist). Wenn in dem Verzeichnis CIL IX 466 = Dessau 5083[a] *Samnes* noch neben *oplomachus* vorkommt, läßt sich dies so erklären, daß der erstere Name für die Gegner der Retiarier noch nicht durch den späteren *secutor* verdrängt war, während die Gegner der Thraker bereits *oplomachi* hießen (oben S. 262). In dem pompejanischen Verzeichnis CIL IV 2508 erscheinen sie nicht bloß als Gegner der *Thraeces*, sondern auch der *murmillones* und *dimachaeri*.

7. Galli und 8. Murmillones (so auf Inschriften, wie es scheint, immer, Meier S. 33, 1). Nach Fest. p. 285 M. (*murmillonicum genus armaturae Gallicum est, ipsique murmillones ante Galli appellabantur*; *quorum in galeis piscis effigies inerat*) bezeichnet auch der zweite (von dem Fische μορμύρος oder μορμύλος abgeleitete) Name die gallischen Fechter, doch kommen auf der Liste CIL IX 466 = Dessau 5083[a] beide nebeneinander vor. Sonst allerdings werden Galli nur in dem S. 261 erwähnten Spottliede der Retiarier, Murmillones häufig und bis in die letzte Zeit genannt. Ihre Hauptgegner waren Retiarier (oben S. 261), außerdem Thraker (Meier S. 37); daß sie auch gegeneinander kämpften, kann man mit Meier S. 41 aus der Inschrift CIG 2164 nicht mit Sicherheit schließen. Über ihre Bewaffnung geben die Stellen bei Ammian. XVI 12, 49 (*seque in modum murmillonum opperiens*) und XXIII 6, 83 (*pedites in speciem murmillonum contecti*) keinen Aufschluß. Lipsius, der daraus auf eine schwere Bewaffnung schloß, dachte zugleich an die *cruppellarii* der Äduer, zur Gladiatur bestimmte Sklaven, *quibus more gentico continuum ferri tegimen* Tac. Ann. III 43; andre Vermutungen bei Meier S. 38 ff. *Murmillonica scuta* nennt ein Fragment des Lucilius (1362 M.). Den Grabstein eines Murmillo aus Demotika hat Lafaye a. a. O. S. 1588 mit Fig. 3586 ans Licht gezogen; der Gladiator trägt hier *subligaculum* und einen kurzen Stab (?), auf einer Säule scheint der Helm zu ruhen (die Inschrift Athen. Mitt. IX 1884 S. 213). Das Bild eines weiteren Grabsteins wird CIL VI 10178 folgendermaßen beschrieben: »*figura del mirmillone, che colla destra tiene un tarsone e colla sinistra una corta spada.*«

9. Dimachaeri. Artemidor. II 32: διμάχαιρος δὲ καὶ ὁ λεγόμενος ὀρβήλας oder ἀρβήλας. Für das letzte offenbar verdorbene Wort hat Hercher ganz willkürlich μορμίλλων in den Text gesetzt; ich vermute, daß zu schreiben ist διμ. δὲ καὶ ὁ λεγόμενος βήλης (*veles*) und daß die Korruptel dadurch entstand,

daß am Rande geschrieben war ὁ καὶ βήλης (καί abgekürzt). *Dymachero sive assidario* CIL XIII 1997 = Dessau 5097 (Lyon). Der Grabstein eines Dimacherus aus Amisos bei Cumont, Cat. Sculpt. Bruxelles[2] S. 104, wenigstens dürfte ihm Cumont nach den beiden Dolchen, die er in den Händen hält, mit Recht diesen Namen gegeben haben. Er trägt außerdem *subligaculum*, *balteus*, einen Brustschutz (*spongia*?), Schiene am linken Bein; der rechte Arm ist bandagiert; neben ihm ovaler Schild, im Felde ein Helm. Sein zu Boden gesunkener Gegner ist genau ebenso gerüstet.

10. Velites. Isidor. XVIII 57: *velitum pugna erat ut ultro citroque tela obiectarent*; unklar ist Non. Marcell. p. 56 M. (*petauristae*): *Idem* (*Varro*) *de vita populi Romani lib. II*: *nec minus alio in genere sunt ludi vellites Galli*, *Germani petauristae*. Im übrigen sind die Stellen, in denen von Velites als Gladiatoren die Rede ist, nicht sicher auszuscheiden, vgl. Ov. Ibis 45 und dazu Friedlaender bei Marquardt, StV. III 562, 2. Ein *vel(es)* in der Liste CIL IX 466 = Dessau 5083[a], ein *doc(tor) vel(itum)* Dessau 9342. Die Bewaffnung wird man sich nach dem Muster der gleichnamigen Truppengattung vorzustellen haben.

11. Provocatores (Cic. pro Sest. 134). Das Monument eines *Anicetus prov(ocator)* CIL VI 10183 = Dessau 5110 zeigt nach Meier, Bull. d. Inst. 1884 S. 158 einen mit Scutum, Schwert und einer Schiene gerüsteten Gladiator, also ebenfalls die samnitische Bewaffnung; eine Abbildung Bull. Soc. Ant. de France 1896 S. 259. Doch vgl. CIL IV 2483: *Mansuetus provocator victor Veneri parmam feret.* Nach der Inschrift eines *prov(ocator) spat(arius)* CIL VI 7659 = Dessau 5109 nimmt man eine besondere Art von Provocatores an, bewaffnet mit den *gladii maiores*, *quos spatas vocant* (Veget. de re mil. II 15).

12. Essedarii, vermutlich von Cäsar eingeführt (Cic. ad fam. VII 10, 2). Ohne Zweifel ahmten sie die britannischen Wagenkämpfer möglichst genau nach, die Caesar De bell. Gall. IV 33, 3 folgendermaßen schildert: *mobilitatem equitum*, *stabilitatem peditum in proeliis praestant*; *ac tantum usu quotidiano et exercitio efficiunt*, *ut in declivi ac praecipiti loco incitatos equos sustinere et brevi moderari ac flectere et per temonem percurrere et in iugo insistere et inde se in currus citissime recipere consueverint.* Aus Petron. 36, 6 *ita gesticulatus laceravit obsonium*, *ut putares essedarium hydraule cantante pugnare* sieht man, daß die Essedarier ihre kunstvollen Bewegungen zuweilen nach dem Takte der Musik ausführten. Daß wie bei den Britanniern auf jedem Wagen sich neben dem Kämpfer ein Lenker befand (Tac. Agric. 12 *honestior auriga*, *clientes propugnant*), hat schon Lipsius, Saturn. II 12 mit Recht aus Sueton. Calig. 35, 3 geschlossen, wo der Essedarius *Porius* seinen Sklaven *ob prosperam pugnam* freiläßt. Die *essedarii* mochten durch die Kriege in Britannien unter Claudius (vgl. das Schauspiel des Claudius Suet. 21) und Nero besonders in Aufnahme gekommen sein; die Frauen der Britannier scheinen öfters im Kampfe erschienen zu sein (Tac. Ann. XIV 35: *Boudicca*, *curru filias prae se vehens — solitum quidem Britannis feminarum ductu bellare testabatur*), was die *mulier essedaria* Petron. 45, 7 vermutlich nachahmte. *Esse(darius)* in den Verzeichnissen CIL IX 466 = Dessau 5083[a] und VI 631 = Dessau 5084, vgl. auch Dessau 5094—5096 (Rom und Nîmes), CIL IV 2508 und S. 521 und den oben angeführten *dymacherus sive*

assidarius. Vgl. Meier S. 43f. Lafaye bei Daremberg-Saglio II 817. Pollack, Real-Encykl. VI 684f.

13. Equites. *Equi gladiatorum* schon bei Cic. pro Sest. 126. *Equites* CIL IX 465 = Dessau 5083, X 7364 = Dessau 5093, VI 10167: *eq. vet. lud. mag.*, Artemidor. a. a. O. Galen. XIII 601 K.: θεασάμενος γάρ τινα μονομάχων τῶν καλουμένων ἱππέων. Petr. 45, 11. Isidor. XVIII 53: *genera gladiatorum plura, quorum primus ludus equestrium. Duo enim equites praecedentibus prius signis militaribus, unus a porta orientis, alter ab occidentis procedebant in equis albis cum aureis galeis minoribus et habilioribus armis, sicque atroci perseverantia pro virtute sua inibant pugnam* usw. Die miteinander kämpfenden Reiter auf dem Monument des Scaurus haben lange Panzer, kleine runde Schilde, Panzerärmel am rechten Arm, Tuniken, Visierhelme und Lanzen. Vgl. auch Meier, Westd. Ztschr. I 165.

14. Andabatae. Cic. ad fam. VII 10, 2; auch der Titel einer Satire Varros war *Andabatae* (Gercke, Hermes XXVIII 1893 S. 135 ff.). Meier S. 43 hat wegen einer Glosse (Mai, Class. auct. VII 551): *andabetae gens quaedam* und der Anführung von ἀνδραβάται· κατάφρακτοι, wo wohl ἀνδαβάται zu lesen ist, unter den Legionssoldaten bei Lyd. De magistr. I 46 an Gladiatoren gedacht, die wie Samnites Galli Thraeces in einer nationalen Rüstung erschienen. Bekannt ist von ihnen weiter nichts, als daß sie fochten, ohne sehen zu können, d. h. also mit einem Visier ohne Augenlöcher[1]): Hieronym. adv. Jovin. I 36; adv. Helvid. 3, 6. Augustin. contra Jul. op. imperf. I 19; zu dieser Eigenheit würde der vollkommene Panzerschutz, den die Stelle bei Lydus mittelbar erschließen läßt, gut passen, da er die törichte Gräßlichkeit des Kampfes mildern und ihn ausdehnen mußte. Auf Inschriften sind sie bis jetzt ebensowenig gefunden worden wie auf Monumenten, auch erwähnt sie kein Schriftsteller der Kaiserzeit — Hieronymus und Augustin haben doch wohl aus Varro geschöpft; vielleicht war also diese Kampfart außer Gebrauch gekommen. Holder, Altkeltischer Sprachschatz s. v. gibt den Versuch einer Herleitung aus dem Keltischen. Vgl. Meier, Real-Encykl. I 2116.

15. Scissores. Nur in dem Verzeichnis CIL IX 466 = Dessau 5083[a], wo ein als *tiro* getöteter oder gestorbener *M. Caecilius scisso(r)* vorkommt. Vgl. Meier S. 43, 2.

16. Sagittarii erscheinen inschriftlich wieder nur in der Liste CIL IX 466. Daß nicht bloß Tierkämpfer, sondern auch eigentliche Gladiatoren Pfeil und Bogen führten, hat Meier S. 45f. aus Pers. 4, 42 und Nux 171 geschlossen; an der letzteren Stelle kann von Gladiatoren die Rede sein, deren Tod das Volk verlangte, und die den Pfeilschützen als Ziel dienen mußten, in der ersteren führt *caedimus* auf die Annahme, daß den Schützen anders gerüstete Gladiatoren (etwa Reiter?) gegenüberstanden.

Gladiatoren konnten sich auch auf mehr als eine Kampfart verstehen, vgl. CIL XIII 1997 = Dessau 5097: *dymachero sive assidario* und Martial V 25, 11: *Hermes belligera superbus hasta, Hermes aequoreo minax tridente, Hermes casside languida timendus.* Die erste und dritte Gattung ist nicht mit Sicherheit zu bestimmen, außerdem war Hermes Retiarius.

1) Vgl. den »*combat à l'aveuglette*« Lacroix, Mœurs etc. au moyen âge S. 236f.

Nicht zu den eigentlichen Gladiatoren sind zu rechnen die Paegniarii. CIL VI 631 = Dessau 5084 und CIL VI 10168 = Dessau 5126 (ein *pegniarius ludi magni*, der beinahe 100 Jahre alt wurde). Sueton. Calig. 26, 5: *tabidas feras vilissimos senioque confectos gladiatores* †*quoque* (*proque* Buecheler) *paegniaris patres familiarum notos in bonam partem sed insignis debilitate aliqua obiciebat.* Vielleicht führten sie *arma lusoria*: einen Kampf von zwei Fechtern, die sich mit kleinen Schilden decken, in der Rechten eine Peitsche, in der Linken einen oben gekrümmten Stab mit breitem Knauf führen, zeigt das Mosaik zu Nennig (Daremberg-Saglio Fig. 3589). Corp. gloss. lat. III 308, 66 ὁπλοπέκτης *armilusor*. Meier, Westd. Ztschr. I 157 glaubt, daß sie in der Mittagspause auftraten, nach Seneca ep. 7, 3 *casu in meridianum spectaculum incidi lusus exspectans et sales et aliquid laxamenti.* Die der Annahme von Henzen, Mus. Borg. S. 117, daß *meridiani* eine eigene Gattung waren, zugrunde liegende Inschrift CIL VI 3168* ist unecht.

Andre Gattungen von Fechtern sind nur aus Irrtum angenommen worden oder lassen sich wenigstens durchaus nicht mit Sicherheit nachweisen. Die *manicarii* CIL VI 631 = Dessau 5084 sind nicht Gladiatoren, sondern Arbeiter von Panzerärmeln, was um so weniger auffallen kann, als auch ein *unctor* Mitglied dieses Kollegiums war.

Tierkämpfer. Zu diesen gehörten *taurocentae* und *taurarii* CIL X 1074 = Dessau 5053; dieselbe Inschrift nennt *succursores* und *pontarii* (Corp. gloss. lat. III 173, 24 *gefirobatis pontarius*, vgl. Funck, Hermes XXVIII 1893 S. 158f.). *Succursores* scheinen Leute gewesen zu sein, die den Stier reizten und dann flohen (Henzen, M. Borg. S. 151). Auf Monumenten wird man die schlecht oder gar nicht gerüsteten Gestalten für Verurteilte (*bestiarii*), die gut gerüsteten für geschulte Tierkämpfer halten dürfen (vgl. oben II 77, 8). Zur Rüstung der letzteren gehörte vor allem die *manica*. Fronto ad M. Caes. ep. V 22 p. 82 N.: *Consul populi Romani posita praetexta manicam induit, leonem inter iuvenes quinquatribus percussit populo Romano spectante.* Gut gerüstete Jäger sieht man besonders auf dem Relief aus dem Marcellustheater (oben S. 259), auf welchem Henzen (Mus. Borg. S. 117, vgl. Ann. d. Inst. 1841 S. 15) eine parthische Rüstung erkennen will. Über Schlingen als Waffen von Tierkämpfern Meier, Bonner Jahrbücher 71 S. 111f. Überhaupt werden dieselben in sehr verschiedenen Rüstungen, zum Teil auch ohne alle Schutzwaffen, nur mit einem Jagdspieß bewehrt aufgetreten sein. Doch scheint *venatores* die allgemeine Benennung aller Tierkämpfer (außer den Verurteilten) gewesen zu sein, und die Vermutung von Meier, Bull. d. Inst. 1884 S. 159, daß so nur diejenigen hießen, »*che facevano uso di brache ed erano muniti completamente d'arnesi da caccia*«, die schwer (samnitisch) gerüsteten Provocatores, ist ebenso willkürlich wie unwahrscheinlich. F. Drexel.

XVIII

ÜBER DIE BEI DEN RÖMISCHEN VENATIONEN VERWANDTEN TIERE[1])

Von den mir bekannten Behandlungen dieses Gegenstands ist (trotz einzelner Irrtümer) die vollständigste, am besten geordnete und belehrendste die Schrift von Mongez, Mémoire sur les animaux promenés ou tués dans les cirques in den Mémoires de l'Institut royal de France X 1833 S. 360—460. Ich habe in der folgenden Übersicht so viel wie möglich die chronologische Ordnung beobachtet und die Tiere in der Reihenfolge behandelt, in der sie in Rom bekannt geworden sind oder doch von den alten Schriftstellern erwähnt werden[2]). Von selbst ergeben sich dabei drei Perioden.

a. VON EINFÜHRUNG DER TIERHETZEN BIS AUF DIE SPIELE DES SCAURUS, 186—58 v. Chr.

Die Elefanten lernten die Römer zuerst im Kriege gegen Pyrrhus in Lucanien kennen, daher das Volk sie »Lucanische Ochsen« nannte; der Ausdruck kam zuerst bei Plautus vor (vgl. K. Meister, Lateinisch-griechische Eigennamen I 42 ff.). M.' Curius Dentatus führte sie im Jahre 275 bei seinem Triumphe in Rom auf (Seneca de brev. vitae 13, 3). L. Cäcilius Metellus, der Besieger der Karthager, der 250 triumphierte, ließ 120 (oder 140 oder 142) Elefanten in den Zirkus führen, die nach Verrius getötet wurden, nach andern Berichterstattern nicht (Plin. n. h. VIII 16 f. Seneca de brev. vitae 13, 8), wonach die Meteller gern den Elefanten auf ihren Münzen anbringen (Babelon, Monn. Rép. rom. I 263 ff.). Kämpfen ließ man sie in Rom zuerst 99, im Jahre 79 gegen Stiere (Plin. ebd. Gran. Licinian. 36). Pompejus, der zuerst auf einem mit Elefanten bespannten Wagen gefahren war (bei seinem afrikanischen Triumph im Jahre 81: Plin. VIII 4, nach Plut. Pomp. 14, 3 war er jedoch durch die Enge des Tors daran verhindert worden), ließ sie auch (bei der Einweihung seines Theaters im Jahre 55) zuerst mit Menschen kämpfen, und zwar nach einigen 20, nach andern 17 oder 18 (Seneca und Plin. a. a. O. Cass. Dio XXXIX 38, 2. Cic. ad fam. VII 1, 3, vgl. oben II 87, 15).

---

1) Vgl. II 78, 1. 88, 1. 2) Es sei hier ein für allemal auf O. Kellers Tiere des klassischen Altertums (Innsbruck 1887) und desselben Antike Tierwelt (Leipzig 1909) sowie die einschlägigen Artikel bei Daremberg-Saglio und in der Real-Encykl. verwiesen.

In der Kaiserzeit, wo sie hauptsächlich zum Ziehen von kaiserlichen Triumph- und Prozessionswagen verwandt wurden (auch ließ Hadrian den Koloß des Nero durch 24 Elefanten von der Stelle bringen: Hist. aug. Hadr. 19, 12), begnügte man sich meistens, sie im Zirkus Kunststücke machen zu lassen, für Tierhetzen wurden sie nur selten preisgegeben. Selbst bei der Einweihung des Flavischen Amphitheaters kämpften nur vier: Cass. Dio LXVI 25, 1 (einer mit einem Stier, Mart. Spect. 17); einer (gegen ein Nashorn) 5 n. Chr.: Cass. Dio LV 27, 3; Commodus tötete zwei: Cass. Dio LXXII 10, 3; einer 202 getötet: Cass. Dio LXXVI 1, 3; einer 212: Cass. Dio LXXVII 6, 2; einer 218: Cass. Dio LXXIX 9, 2. Noch 496 n. Chr. erhielt Anastasius aus Indien einen Elefanten (Marcell. Com. Chron. min. II 94, 33). — Kampf zwischen Elefant und Stier auf Münzen (Froehner, Médaillons S. 188. Sabatier, Descr. gén. des méd. cont. Taf. VIII 11), einem Relief (Matz-Duhn nr. 2250) und einem Mosaik (Montfaucon, Antiqu. expl. II Taf. 16). Vgl. S. Reinach bei Daremberg-Saglio II 543 und Wellmann, Real-Encykl. V 2255.

Afrikanische Bestien (*Africanae* oder *Libycae*, θηρία Λιβυκά, d. h. verschiedene Arten der Gattung *felis*, besonders gefleckte, namentlich Panther und Leoparden; der Name *leopardus* zuerst bei den Script. hist. August., Mongez a. a. O. S. 379f., vgl. Keller, Tiere d. kl. Altert. 144 und Ant. Tierwelt I 64) sah man zu Rom schon bei der ersten Tierhetze im J. 186 (Liv. XXXIX 22, 2), dann in einer zweiten 169 (63 Stück, Liv. XLIV 18, 8). Ein alter Senatsbeschluß, der ihre Einführung verbot, wurde auf Antrag eines Tribunen Cn. Aufidius aufgehoben (Plin. n. h. VIII 64). Scaurus gab in seiner Ädilität 150, alle gefleckt, Pompejus 410, P. Servilius als Prätor im J. 25 nur 300 (Cass. Dio LIII 27, 6). Augustus 420 (Plin. n. h. VIII 64), nach Cassius Dio bei Einweihung des Marcellustheaters (13 v. Chr.) sogar 600 auf einmal (Cass. Dio LIV 26, 1), im ganzen während seiner Regierung etwa 3500 (Mon. Ancyr. lat. 4, 42); Caligula zur Einweihung des Tempels des Augustus 37 n. Chr. 400 (Cass. Dio LIX 7, 3), Claudius 41 n. Chr. 300 (Cass. Dio LX 7, 3) Von den außereuropäischen Tieren waren diese bei den Venationen am häufigsten, auch in Munizipien (in Verona Plin. ep. VI 34, 3, in Allifae CIL IX 2350 = Dessau 5059, in Telesia IX 2237 = Dessau 5060, in Salerno X 539 = Dessau 5061).

Auch Löwen wurden schon bei der ersten Tierhetze von M. Fulvius gezeigt (Liv. XXXIX 22, 2), doch vermutlich nur gezeigt; einen Kampf von mehreren Löwen gab erst Q. Scaevola als Ädil im Jahre 95; auch diese waren wahrscheinlich angebunden; losgelassen wurden sie zuerst im Zirkus von Sulla bei einem Schauspiel, das er als Prätor gab; zu ihrer Bekämpfung hatte er vom König Bocchus Speerwerfer kommen lassen (Plin. n. h. VIII 53. Seneca de brev. vit. 13, 6). Nach Plinius waren dies hundert gemähnte Löwen (*iubati*), worunter vermutlich männliche zu verstehen sind. Pompejus gab im Zirkus 600 (so Cass. Dio XXXIX 38, 2, nach Plut. Pomp. 52 nur 507, darunter 325 gemähnte), Cäsar 400 (Plin. a. a. O.), Augustus zur Einweihung des Tempels des Mars Ultor im Jahre 2 v. Chr. 260 (Cass. Dio LV 10, 7), Germanicus im Jahre 12 200 (Cass. Dio LVI 27, 5), Nero im Jahre 56 300 (Cass. Dio LXI 9, 1). Hadrian soll häufig 100 Löwen im Zirkus gegeben haben (Hist. aug. 19, 7), im Jahre 118 an seinem Geburtstage 100 Löwen und 100 Löwinnen (Cass. Dio LXIX 8, 2). 100 Löwen auf einmal gab auch Antoninus Pius (Hist. aug. 10, 9), wahrscheinlich in den mit besonderer Pracht gefeierten Spielen des Jahres 900 d. St. (Vict. Caes. 15, 4) desgleichen Marc Aurel (Eutrop. VIII 14, 4, vgl. Euseb. Chron. z. J. 179). Commodus soll so viel bei einem einzigen Schauspiel erlegt haben (Herodian I 15, 6. Ammian. Marcell. XXXI 10, 19). Probus ließ 100 gemähnte Löwen, deren Gebrüll dem Donner ähnlich war, im Amphitheater erlegen, desgleichen 100 Löwinnen usw. (Hist. aug. Prob. 19, 5).

Strauße wurden ebenfalls schon bei den ersten Venationen im Zirkus gezeigt. Plaut. Persa 199: *Vola curriculo. — Istuc marinus passer per circum solet.* Commodus erlegte sie im Lauf mit halbmondförmigen Pfeilen (Herodian. I 15, 5, dazu Robert, Sarkophagreliefs III 307, vgl. Cass. Dio LXXII 20, 2). Der erste Gordian gab als Ädil bei einem Schauspiel unter andern 300 rotgefärbte maurische Strauße (Hist. aug. Gord. 3, 7). — Außerdem sind abgerichtete Kraniche die einzigen Vögel, die bei Venationen erwähnt werden (Cass. Dio LXVI 25, 1). Doch wurden Papageien und andre seltene Vögel zu Ausstellungen, wahrscheinlich auch zum Schmuck des Forums bei Schauspielen verwendet. Varro r. r. III 9, 17: *gallinae rusticae — in ornatibus publicis solent poni cum psittacis ac merulis albis, item aliis id genus rebus insitatis.*

Dies waren, soviel wir wissen, die einzigen außereuropäischen Tiere, die vor der Ädilität des Scaurus bei Tierhetzen vorkommen; von europäischen werden folgende erwähnt:

Bären. Aus Lucanien: Varro de l. l. V 100. Martial. Spect. 8. Galen. VI 666: ἐν Λευκανίᾳ δὲ τῆς Ἰταλίας τὸ μεταξύ πως ἄρκτου τε καὶ συός. Aus Apulien: Symmach. ep. X 13 u. 15. Aus Dalmatien ebd. X 20. *Caledonius ursus* Martial. Sp. 7, 3. Hundert numidische Bären gab zuerst L. Domitius Ahenobarbus als kurulischer Ädil 61 v. Chr. An dem durch zahlreiche Stellen der Alten bezeugten Vorkommen von Bären in Numidien (Herodot. IV 191. Plin. VIII 131. Martial. I 104, 5. Juv. 4, 99. Cass. Dio LIII 27, 6 usw.) kann durchaus kein Zweifel sein, da noch Karl der Große von dort einen Bären erhielt (oben II 78), vgl. Keller, Tiere d. klass. Altert. S. 365, 3; Bären auf afrikanischen Mosaiken Arch. Anz. 1913 S. 259 ff. Über die Verbreitung des Bären in Spanien, Gallien, Germanien, Noricum, Pannonien, Thracien, Nordgriechenland, Vorderasien Keller S. 106 ff. — Schon 169 v. Chr. wurden 40 Bären gegeben (Liv. XLIV 18, 8); später öfters ebensoviel wie afrikanische Bestien oder noch mehr. So gab P. Servilius als Prätor 25 v. Chr. 300 Bären (Cass. Dio LIII 27, 6), Caligula 400 (Cass. Dio LIX 7, 3), Nero 400 (Cass. Dio LXI 9, 1). Commodus erlegte 100 (Cass. Dio LXXII 18, 1), Gordian der Erste gab an einem Tage 1000 neben 100 afrikanischen Tieren (Hist. aug. Gord. 3, 6), Probus 300 (ebd. Prob. 19, 7). Auf Inschriften CIL X 1074 = Dessau 5053 (Pompei, um Chr. Geb.). X 6012 = Dessau 5062 (Minturnae). Dessau 5063[a] (bei Benevent).

Stiere werden sehr häufig genannt, wie bereits 79 v. Chr. im Kampf mit Elefanten (so öfter, z. B. Martial. Spect. 17), später besonders mit Menschen. Varro r. r. III 5, 3: *ostium habere (ornithona oportet) humile et angustum et potissimum eius generis quod cocliam appellant, ut solet esse in cavea in qua tauri pugnare solent.* Zahlen werden gewöhnlich nicht angegeben, offenbar weil sie zu gemein waren. Theodosius soll Stierkämpfe in Rom verboten haben (Prudent. adv. Symmach. II 1123). Buckelochsen (Zebus) werden zuerst bei einem Schauspiel Neros erwähnt (Calpurn. Ecl. 7, 60: *vidimus et tauros quibus aut cervice levata deformis scapulis torus eminet.* Plin. n. h. VIII 179: *Syriacis non sunt palearia, sed gibber in dorso. Carici quoque in parte Asiae foedi visu tubere super armos a cervicibus eminente*). Besonders häufig waren sie auf Cypern (Κύπριοι βόες, *tauri Cypriaci*). Mehr bei Keller a. a. O. S. 66—72, der irrtümlich das von Calpurnius beschriebene Schauspiel unter Carinus setzt.

Eber. Martial V 65, 10: *quod tua Maenalios collocat hasta sues?* Gezähmt I 104, 6: *et quantum Calydon tulisse fertur, paret purpureis aper capistris.* Bei den Dezennalien Severs 202 mußten 60 Eber miteinander kämpfen (Cass. Dio LXXVI 1, 3; 150 Eber Hist. aug. Gord. 3, 7; 1000 ebd. Prob. 19, 4).

Wild und zahme Tiere verschiedener Art, die unter dem Gesamtnamen *animalia herbatica* (Hist. aug. Prob. 19, 4, vgl. CIL VIII 7969 (Rusicade) = Dessau 399: *venat. vari gen. dentatar. ferar. et mansuet. item herbat.*) begriffen werden. Dasselbe bedeutet *herbanae* (CIL X 6012 = Dessau 5062, vgl. Henzen, Ann. d. Inst. 1853 S. 116 f.), *herbariae* (CIL X 7295 = Dessau 5055 [Panormus] ... *omni*] *genere herbariarum et numerosas orientales*, ein *p*(*rae*)*p*(*ositus*) *herbararium* CIL VI 10209); Varro r. r. III 13, 3 beschreibt den Wildpark des Q. Hortensius auf dessen Laurentinischer Villa, wo auf ein Hornsignal *tanta circumfluxit nos cervorum aprorum et ceterorum quadrupedum multitudo, ut non minus formosum mihi visum sit spectaculum quam in circo maximo aedilium sine Africanis bestiis cum fiunt venationes.* Plaut. Persa 435: *citius extemplo a foro fugiunt quam ex porta ludis quom emissust lepus.* Ovid. Metam. XI 25: *structoque utrinque theatro ut matutina cervus periturus harena.* Besonders wurden solche Tiere an den Floralien gehetzt, Ovid. Fast. V 371: *imbelles capreae sollicitusque lepus*; an den Cerialien Füchse, ebd. IV 681 f. Augustin. civ. dei X 35, 57 *canem currentem post leporem iam non specto cum in circo fit.*

b. VON DEN SPIELEN DES SCAURUS BIS ZUR EINWEIHUNG DES MARCELLUSTHEATERS, 58—11 v. Chr.

Ägyptische Tiere zeigte in Rom zuerst M. Aemilius Scaurus als kurulischer Ädil bei seinen viel genannten Schauspielen 58 v. Chr.; er mag sie sich bei einem Einfall in das Land der Nabatäer in Petra verschafft haben.

Der damals zuerst gezeigte Hippopotamus (Plin. n. h. VIII 96. Ammian. Marcell. XXII 15, 21) wurde wahrscheinlich zum ersten Male getötet bei der Feier des ägyptischen Triumphs des Augustus 29 v. Chr., Cass. Dio LI 2, 5. Natürlich kam er auch in der Kaiserzeit selten vor; so in den von Calpurnius beschriebenen Schauspielen Neros (Ecl. 7, 66). In den Schauspielen des Antoninus Pius sollen mehrere gezeigt worden sein (Hist. aug. 10, 9), Elagabal mehrere besessen haben (ebd. 28, 3). Nicht weniger befanden sich in Rom unter dem dritten Gordian (ebd. 33, 1).

Auch das Krokodil zeigte Scaurus in Rom zuerst und zwar fünf Exemplare, wie den Hippopotamus in einem eigens dazu gegrabenen Wasserbehälter (Plin. a. a. O.). Augustus ließ bei der Einweihungsfeier des Tempels des Mars Ultor

(2 v. Chr.) in den Flaminischen Zirkus Wasser leiten und 36 Krokodile erlegen (Cass. Dio LV 10, 8; Strabo XVII 815 scheint ein andres Schauspiel zu beschreiben). Neben dem Wasserbehälter befand sich ein Gerüst, auf dem die Krokodile sich sonnen konnten; Tentyriten (vgl. Seneca nat. quaest. IV 2, 15) zogen sie mit Netzen herauf und wieder ins Wasser hinab, in dem sie ohne Schaden zu nehmen sich unter die Tiere mischten. Krokodile gab auch Domitian (Martial V 65, 13: *Saepe licet Graiae numeretur belua Lernae, improba Niliacis quid facit hydra feris?*) und Antoninus Pius (Hist. aug. 10, 9); eins besaß Elagabal (ebd. 28, 3), Symmachus wollte in seinen Schauspielen mehrere geben, die jedoch sämtlich starben (ep. VI 43. IX 141).

Bei den Spielen des Pompejus 55 v. Chr. sah man in Rom das erste Rhinozeros (Plin. n. h. VIII 71). Gehört hatte davon schon Lucil. 116 M. (*dente adverso eminulo hic est, rinoceros*). Augustus ließ zuerst ein Rhinozeros beim Triumph über Kleopatra töten (Cass. Dio LI 22, 5), nachdem er es in den Saepta gezeigt hatte (Sueton. Aug. 43, 4). Mit einem Elefanten kämpfte ein Rhinozeros 5 n. Chr. (Cass. Dio LV 27, 3). Strabo konnte das Tier aus Autopsie beschreiben (XVI 775). Plinius sagt, das einhörnige sei öfter gesehen worden. Das zweihörnige gab vielleicht zuerst Domitian (Martial. Spect. 22); es ist auf seinen Münzen verewigt, kommt übrigens auch auf Bleitesseren vor (Rostowzew, Bleitesserae S. 53). Ein zweihörniges Nashorn sah zu Rom auch Pausanias, man nannte es den äthiopischen Stier (Paus. IX 21, 2). Commodus soll mehrere Rhinozerosse getötet haben (Cass. Dio LXXII 10, 3), auch Caracalla ließ eins töten (ebd. LXXVII 6, 2); eins besaß Elagabal (Hist. aug. 28, 3), eins wurde bei den Säkularspielen Philipps gezeigt (Hist. aug. Gord. 33, 1).

Bei den Spielen des Pompejus sah man auch zuerst den Chama aus Gallien, *quem Galli rufium vocabant*, von der Gestalt des Wolfs mit den Flecken der Parder (Plin. VIII 70), den die Römer auch *lupus cervarius* nannten (VIII 84); es ist der Luchs (loup-cervier der Franzosen), der gegenwärtig in Frankreich ausgestorben ist. Vgl. Mongez S. 401, welcher aus Thevet, Cosmographie du Levant folgendes anführt: »*Les loups-cerviers sont trop plus cruelz que ceux dont nous avons maintenant parlé, et de cette espèce on en vit un en France, n'y ha pas long temps; lequel sortant de la forest d'Orléans, au pays de Berry, l'an 1548, devora plusieurs personnes.*« Wahrscheinlich hatte Pompejus dieses Tier von Cäsar aus Gallien erhalten.

Endlich sah man bei diesen Spielen zum ersten und, wie es scheint, einzigen Male den äthiopischen Cephus (Plin. VIII 70), eine Affenart (κῆβος Aristot. Hist. an. II 8 und sonst).

Die Giraffe zeigte zuerst Cäsar bei den Triumphalspielen 46 v. Chr. (Cass. Dio XLIII 23. Plin. n. h. VIII 69); von dieser reden Varro de l. l. V 100 (*Alexandrea camelopardalis nuper adducta*). Horat. ep. II 1, 194. Plinius sagt, daß das Tier, das die Römer und Griechen *camelopardalis*, auch wildes Schaf (*ovis fera* — wohl ein volkstümlicher Name) nannten, bei den Äthiopen *Nabun* heiße. Auf dem Mosaik von Palestrina sind Νάβους und Καμηλοπάρδαλις verschiedene, aber ähnliche Tiere (IG XIV 1302, vgl. Brandt, Bull. de l'Ac. imp. de St.-Pétersbourg 1860 I 353: Ist der Nabus des Plinius identisch mit seiner camelopardalis?). Der arabische Name ist *zerrafa* (die Liebliche); neugriech.

ζοράφις, bei Albert. Magn. *seraph*: Mongez S. 413 u. 418, der S. 411—422 die vollständigste mir bekannte Zusammenstellung der Nachrichten über die Giraffe aus dem Altertum und der neueren Zeit gegeben hat. Der erste, der sie seit der augusteischen Zeit als Augenzeuge beschreibt, ist Pausanias, der sie in Rom sah und indisches Kamel nennt (IX 21, 3); dann sah sie in Rom Anfang des 3. Jahrh. Florentinus (Geopon. XVI 22), und Cass. Dio LXXII 10, 3, der eine von Commodus erlegen sah. Zehn befanden sich in Rom unter dem dritten Gordian, die bei den Säkularspielen Philipps 247 vorgeführt wurden (Hist. aug. Gordian. 33, 1); einige auch bei dem Triumph Aurelians über Zenobia 278 (Aurelian. 33, 4); zwei wurden 496 n. Chr. aus Indien an Anastasius geschickt, vgl. Marcell. Com. Chron. min. II 94, 33. Über Abbildungen der Giraffe aus dem Altertum O. Keller, Real-Encykl. VII 1368.

c. VON DER EINWEIHUNG DES MARCELLUSTHEATERS 11 v. CHR. BIS AUF DIE LETZTE ZEIT.

Erst unter Augustus sah man zu Rom den Tiger. Noch Varro hatte die Möglichkeit geleugnet, ihn lebendig zu fangen (de l. l. V 100), obwohl schon König Seleukus I. gegen Ende des 4. Jahrhunderts den Athenern einen zum Geschenk gesandt hatte, den Philemon und Alexis bei Athen. XIII 590 erwähnen. Nach Cass. Dio LIV 9, 8 empfing Augustus die ersten durch eine indische Gesandtschaft, die ihn auf der Insel Samos traf, im Jahre 19; nach Plin. n. h. VIII 65 zeigte er zu Rom den ersten am 4. Mai 11 v. Chr. bei der Einweihung des Marcellustheaters gezähmt in einem Käfig; Claudius zeigte ihrer vier. Ein gezähmter Tiger auch Martial. Spect. 18 und I 104, 1—3. Domitian gab eine größere Anzahl von Tigern (wahrscheinlich bei den zur Feier des sarmatischen Triumphs gegebenen Schauspielen, im Anfang des Jahrs 93; Martial. VIII 26, vgl. Friedlaenders Ausgabe I 60); desgleichen Antoninus Pius (Hist. aug. 10, 9); zehn wurden bei einem Schauspiel des Septimius Severus (203) getötet (Cass. Dio LXXVI 7, 5). Bei der Hochzeit des Elagabal (der angeblich sogar mit Gespannen von Hirschen, Löwen und Tigern als Bacchus gekleidet fuhr, Hist. aug. 28, 2) sollen 51 getötet worden sein (Cass. Dio LXXIX 9, 2). Gordian III besaß zehn (Gord. 33, 1), Aurelian vier (Aurel. 33, 4).

Außer diesen Tieren werden bei den Venationen der Kaiserzeit oder sonst als in Rom gezeigt folgende erwähnt:

Bei den Schauspielen Domitians: der *bubalus* (Mart. Spect. 23, 4). Mit diesem griechischen Namen der Antilope bezeichnete nach Plin. n. h. VIII 38 das *imperitum volgus* den Auerochsen, *urus* (*bos urus*, *primigenius*), und die Verwechslung erhielt und steigerte sich; als unter den Langobarden die Büffel in Italien erschienen, wurde der Name auf sie übertragen (Hehn, Kulturpfl.[7] S. 470). Ferner das zweite in Germanien lebende wilde Rind: *bison*, ein Name, den Griechen und Römer dem Germanischen entlehnten, der Wisent (*bos bison*), zuerst bei Seneca Hippol. 65 f.: *villosi — bisontes latisque feri cornibus uri*, dann Mart. Spect. 23, 4; I 104, 8: *turpes esseda quod trahunt bisontes.* Cass. Dio LXXVI 1, 5, eine anschauliche Beschreibung Calpurn. Eclog. 7, 60 ff. Pausanias nennt die sonst βόες ἄγριοι genannten Tiere päonische Stiere (sie waren in Päonien besonders häufig) und beschreibt ihre Jagd ausführlich (X 13, 2); er hatte sie zu Rom gesehen (IX 21, 3); ebenso noch Timoth. Gaz. bei Haupt, Op. III 286, 21 περὶ βουνάσου, ὅτι ὁ βούνασος ἐν Παιονίᾳ θηρίον ἐστὶ μέγα· ὡς βοὸς φυὴν ἔχων καὶ εἶδος. Ein Bison auf einer Bleitessera bei Rostowzew, Bleitesserae S. 53. Gegenwärtig lebt dies »größte Säugetier des europäischen Festlands« nur noch in dem Urwalde von Bialowicza in der russischen Provinz Grodno. Ferner die *damma* Mart. Spect. 30, vielleicht eine Gazelle, vgl. auch Martial. IV 35, 1. 74, 1. XIII 94. Später wird sie öfters erwähnt (Hist. aug. Gord. 3, 7; Prob. 19, 4). Der *oryx* (*matutinarum non ultima praeda ferarum, saevus oryx* Martial. XIII 95) ist eine Antilopenart, vielleicht die Säbelantilope. Auch den *onager*, den Wildesel oder das Wildpferd, nennt Martial. XIII 100 als bei Venationen vorkommend. Er wird später oft genannt, so Cass. Dio LXXVI 1, 5 und Hist. aug. Gord. 3, 7. 33, 1. Auf dem Mosaik von Nennig scheint er dargestellt zu sein (Wilmowsky Taf. I).

Bei den mehr erwähnten Schauspielen des Antoninus Pius, bei welchen »Tiere aus der ganzen Welt« (Hist. aug. 10, 9) zu sehen waren, werden von bisher nicht erwähnten genannt der *strepsiceros*, eine afrikanische Antilopenart, und die *corocotta*. Dieses letztere Tier, welches Cass. Dio LXXVI 1, 3f. bei den Spielen Severs im Jahre 202 beschreibt und das seiner Meinung nach damals zuerst gesehen wurde, hält man für eine Hyäne, die bei Spielen unter ihrem heutigen Namen nur Hist. aug. Gord. 33, 1 erscheint. Nach den Münzen mit der Inschrift *Munificentia* und Löwe oder Elefant auf der Rückseite scheinen die Spiele ins Jahr 149 zu fallen.

Pausanias sah außer den bereits erwähnten Tieren weiße Hirsche (VIII 17, 3) und die gallische *alces* (ἄλκη XI 21, 3), »ein Mittelding zwischen Hirsch und Kamel«, das Elentier. Zehn Elentiere hatte der erste, ebensoviel der dritte Gordian; auch Aurelian besaß deren (Hist. aug. Gord. 3, 7. 33, 1; Aurelian. 33, 4). Henzen glaubt das Tier (*raram silvis etiam quibus editur alcen*, Calpurn. Ecl. 7, 58) auf einem Diptychon (Mon. dell' Inst. V 51) zu erkennen (Ann. d. Inst. 1853 S. 118).

Unter dem von Cass. Dio LXXVII 6, 2 erwähnten, bei den Spielen des Caracalla erlegten *hippotigris* ist gewiß das Zebra zu verstehen, das so als ein die Eigenschaften des Pferds und Tigers vereinigendes Tier genannt wurde, wie die Giraffe *camelopardalis*. Timoth. Gaz. bei Haupt, op. III 283, 22 ὅτι ὁ ἱππότιγρις ἔοικε τοῖς ἀγρίοις ὄνοις· ἔστι δὲ ταχύτατον ζῷον. — ὅτι ἐν τῷ τῆς Ῥώμης θεάτρῳ ἐζεύχθησαν ὑπὸ ἡνιόχων ἐλαυνόμενοι καὶ παρέσχον θαυμαστὴν θέαν. — ὅτι βασιλὶς νύμφη ἐπόμπευσεν ἐπὶ τοιούτῳ ἅρματι.

Bei den Spielen des ersten Gordian (Hist. aug. 3, 7) werden außer den bereits erwähnten Tieren genannt: *oves ferae C, tauri Cypriaci C, ibices CC. Oves ferae* (hier natürlich nicht Giraffen) sind wohl Tiere von der Gattung, die Columella r. r. VII 2, 4 erwähnt: *nam cum in municipium Gaditanum ex vicino Africae miri coloris silvestres feri arietes sicut aliae bestiae munerariis apportarentur* usw.; vgl. auch Ed. Diocl. VIII 25 *pellis obiferi* (ὀβιφέρι). Apic. VIII 352. Ducange s. v. Das auf Hochplateaus in Algerien in kleinen Rudeln lebende Mähnenschaf (Ovis tragelaphus Desm.) wird bis zum Widerrist einen Meter hoch, ist sehr scheu und zeichnet sich besonders durch eine prächtige

Mähne an der Unterseite des Halses, eine viel kürzere, sich über den Widerrist erstreckende, und dichte Kniebüschel aus. *Tauri cypriaci* sind Buckelochsen (oben S. 271). Die *ibices* nennt Plin. n. h. VIII 214 *caprarum genus*; *ibices* und *oves ferae* Hist. aug. Prob. 19, 4. Wahrscheinlich sind darunter Steinböcke zu verstehen.

Bei den von Calpurn. Eclog. 7, 57 ff. beschriebenen Schauspielen kommen folgende noch nicht erwähnte Tiere vor: der weiße Hase oder Alpenhase (lepus variabilis Pall.), der gehörnte Eber (*non sine cornibus apros*, man denkt an den jetzt nur noch in Hinterindien lebenden Hirscheber oder Babirussa) und der Seehund (*aequoreus vitulus*), der mit Bären (!) zu kämpfen hatte.

Symmachus ließ zu seinen Spielen *addaces* (eine Antilopenart) und *pygargos* (vielleicht capra aegagrus Pall.) kommen (ep. IX 144); ferner Hunde aus Schottland (ep. II 77), die schon in Strabos Zeit ausgeführt wurden (Strabo IV 199, britannische Hunde Gratt. Cyneg. 174. Nemesian. Cyneg. 225, vgl. oben II 88, 3).

Schlangen kommen bei Venationen in Rom nie vor und wurden wohl nur zur Schau ausgestellt. Vgl. über solche Ausstellungen oben S. 3. In Alexandrien hatte Philo (Alexander 52) einen Kampf zwischen einer giftigen und einer andern Schlange gesehen. F. Drexel.

XIX

ZUR GESCHICHTE DES KAPITOLINISCHEN AGONS[1])

Als Sueton seine Kaiserbiographien schrieb, d. h. im Jahre 120, waren mehrere der anfangs veranstalteten Wettkämpfe bereits eingegangen, namentlich (Sueton. Domit. 4, 4):

1. der Wettkampf in griechischer und

2. der Wettkampf in lateinischer Beredsamkeit. Hier war das Lob des kapitolinischen Juppiter ein stehender Gegenstand gewesen (Quintilian. III 7, 4); Palfurius Sura hatte einmal den Preis erhalten. Sueton. Domit. 13, 1. Corp. gloss. lat. III 656, 6: Ἐγκώμιον ἔγραψα. Τίνος; Ζηνὸς Καπιτωλίνου. Ἀνάγνωθι. — Μεγάλως εἶπας. ἆρον τὸν στέφανον. οὐδείς σοι ἀντιλέγει.

3. der Wettkampf im Spiel der Chorkithara (der Chorocitharistae);

4. der Wettkampf im Kitharaspiel ohne Begleitung (der Psilocitharistae);

5. der Wettlauf der Jungfrauen.

Es bestanden fort

A. von musischen Wettkämpfen:

1. Der Wettkampf in griechischer Poesie. Zu diesem wollte der Dichter Diodorus im Jahre 94 von Alexandria nach Rom reisen, Martial. IX 40. In diesem Jahre traten nicht weniger als 52 griechische Dichter auf, unter denen auch der römische Knabe Q. Sulpicius Maximus mit 43 über das Thema: »Wie Zeus gesprochen habe, als er den Helios schalt, weil dieser dem Phaethon den Wagen gab« improvisierten Hexametern konkurrierte (oben II 229). Die lateinische Inschrift seines Denkmals lautet (CIL VI 33976 = Dessau 5177): *Deis manibus sacrum. Q. Sulpicio Q. f. Cla. Maximo domo Roma vix. ann. XI m. V d. XII. hic tertio certaminis lustro inter graecos poetas duo et L professus favorem, quem ob teneram aetatem excitaverat, in admirationem ingenio suo perduxit et cum honore discessit. versus extemporales eo subiecti sunt, ne parent(es) adfectib(us) suis indulsisse videant(ur). Q. Sulpicius Eugramus et Licinia Ianuaria parent(es) infelicissim(i) f. piissim. fec. et sib. p. s.*

2. Der Wettkampf in lateinischer Poesie. Im Jahre 86 erhielt den Preis der von Martial. IV 54 besungene Collinus. Der Rhetor P. Annius Florus sagt, die Zuhörer hätten für ihn einmütig den Preis verlangt, *invito quidem Caesare*

1) Vgl. II 148, 6. 149, 5.

et resistente, non quod sibi puero invideret, sed ne Africa coronam magni Iovis attingeret (P. Anni Flor. p. 183 Rossb.). Das geschah unter Domitian (p. 183, 13 Rossb.), und zwar wahrscheinlich im Jahre 90, da mit dem *clarissimus ille de Dacia triumphus* (p. 184, 5), den Florus feierte, doch wohl eben das Preislied gemeint ist, das sich dann auf den dacischen Triumph des Domitian Ende 89 (E. Köstlin, Die Donaukriege Domitians, Diss. Tübingen 1910 S. 77 ff.) bezogen hat. Auf den im Jahre 94 bevorstehenden Agon bezieht sich Martial. IX 35, 10: *destinet aetherius cui sua serta pater.* Wahrscheinlich in demselben Jahre 94 fiel Statius durch (vgl. W. Härtel, Studia Statiana, Diss. Leipz. 1900 S. 77 ff. und unten Anhang XXII). Der Tragödiendichter Memor, der Bruder des Satirendichters Turnus (Martial. XI 10), der bei Martial. XI 9 *clarus fronde Iovis, Romani fama cothurni* heißt (oben II 229), muß den Preis in einem der drei ersten Agone erhalten haben, denn das elfte Buch Martials ist bald nach Domitians Tode erschienen. Im Jahre 106[1]) erhielt den Preis für lateinische Poesie der dreizehnjährige L. Valerius Pudens aus Histonium nach einstimmigem Richterspruch, CIL IX 2860 = Dessau 5178 (oben II 198). Einen Sieger aus dem 3. Jahrhundert kennen wir in Olympius Nemesianus, wenn Casaubonus Hist. aug. Numerian. 11, 2 *omnibus colonis illustratus emicuit* richtig in *omnibus coronis* verbessert hat. Vgl. auch Auson. Prof. V 5 ff. p. 53 Peip. (oben II 198, 4, unten S. 280).

3. Gesang. Inschrift eines Aurelius Charmus aus Philadelphia CIG 3425: ᾠδὸν παράδοξον, περιοδονείκην στεφανωθέντα ἱεροὺς ἀγῶνας τοὺς ἀπὸ τῆς οἰκουμένης πάντας ἀπὸ Καπετωλείων ἕως Ἀντιοχείας τῆς Συρίας.

4. Kitharodik. Juv. 6, 387: *Ianum Vestamque rogabat, an Capitolinam deberet Pollio quercum sperare et fidibus promittere* (vgl. über Pollio Martial. IV 61, 9). Bull. corr. hell. IX (1885) S. 125 (Nysa) — Πο(πλίου) Αἰλίου ... [Κυ]ζικηνοῦ κιθαρῳδοῦ Καπετωλιονείκου.

5. Flötenspiel. Denkmal eines Pythaules aus Nicomedia, der ἐν Ῥώμῃ Καπετώλεια πυθαύλας den Preis erhielt CIG 1720 (Delphi), vgl. 1719 ... Ῥώμην πυθαύλας. IG XIV 2499 (Nemausus): — — χοραύλης ϛ̄ Καπετ[ώλια ἐν Ῥώμῃ]. Nach Minervini wäre auch in der neapolitanischen Inschrift des Antigenidas (IG XIV 737) Ῥώμην β' auf den kapitolinischen Wettkampf zu beziehen. Es muß aber dahingestellt bleiben, ob die in Inschriften griechischer Musiker und Athleten nicht seltene Angabe, daß sie »zu Rom« gesiegt haben, immer diesen Sinn hat.

6. Orgel? Quintilian. IX 4, 11: *in certaminibus sacris (organorum soni) non eadem ratione concitant animos ac remittunt.*

7. Szenische Aufführungen und Vorträge. In der Inschrift CIG 6829 aus der Zeit von 198—210 kommt vor Z. 21 f. κωμῳδοῦ, περιοδανείκου, Καπετωλιονείκου. Artemidor. Onirocr. IV 33: Ἡρακλείδης ὁ Θυατηρηνὸς ὁ τραγῳδὸς μέλλων ἀγωνίζεσθαι ἐν Ῥώμῃ τὸν τῶν τραγῳδῶν ἀγῶνα. Wenn in einer Inschrift an der Appischen Straße IG XIV 1111 die Worte Ῥώμην τραγῳδούς wirklich, wie dort berichtet wird, in einen Lorbeerkranz eingeschlossen sind,

1) Unter *lustro sexto* ist wohl mit Mommsen das beginnende 6. Lustrum, also der sechste Agon zu verstehen.

so wäre die Deutung auf den kapitolinischen Agon, in dem ja Eichenlaubkränze erteilt wurden, unzulässig. Möglich ist, daß auch die in Inschriften von Pantomimen vorkommenden Ausdrücke *coronatus contra omnes scaenicos*, *hieronica coronatus* (*solo in urbe coronato* CIL XIV 2977 = Dessau 5194) auf den kapitolinischen Agon zu beziehen sind. In der Inschrift CIL VI 10114 = Dessau 5184: *M. Ulpius Aug. lib. Apolaustus maximus pantomimorum*, *coronatus adversus histriones et omnes scaenicos artifices XII* kann die Zahl *XII* den 12. Agon (130 n. Chr.) bezeichnen.

8. Wettkampf von Herolden. Dittenberger-Purgold, Inschr. von Olympia nr. 237: Π. Αἴλιος Ἀρτεμᾶς Λαοδικεοὺ[ς (sic) νική]σας Ὀλυμπιάδι σκθ (Ol. 229, 1 = 137/8) Ὀλύμπια κήρυ[κας καὶ τοὺς ὑπογε]γραμμένους ἀγῶνας τὰ ἐν Ῥώμῃ Καπετώλ[εια ....] Ἄκτια usw. — ὑπὸ φωνασκὸν Λ. Τυρρώνιον Λόνγον Εἰκονι[έ]α τὸν καὶ Λαο[δι]κέα. IG III 120: — Τ. Αἴλ(ιος) Αὐρήλ(ιος) Ἀπολλώνιος Ταρσεὺς καὶ Ἀθηναῖος κωμῳδὸς καὶ κῆρυξ περιοδονείκης σὺν Καπιτωλίοις νεικήσας τὸν ἀγῶνα τῶν Ὀλυμπείων. IG III 129: Οὐαλέριος Ἔκλεκτος Σινωπεύς — — κῆρυξ δισπερίοδος νεικήσας ἀγῶνας ἱεροὺς οἰκουμενικοὺς τοὺς ὑπογεγραμμένους — Καπετώλεια ἐν Ῥώμῃ γ', Ἀθηνᾶς Προμάχου ἐν Ῥώμῃ γ', τὸν χειλιετῆ ἐν Ῥώμῃ, ἐφ' ᾧ ἐτειμήθην χρυσῷ βραβείῳ μόνος καὶ πρῶτος τῶν ἀπ' αἰῶνος κηρύκων, Εὐσέβεια ἐν Ποτιόλοις δ', Σεβαστὰ ἐν Νεαπόλει δ' usw. Die Inschrift ist zwischen 253 und 257 gesetzt, wie eine spätere, zu Olympia um 261 gesetzte Inschrift desselben Herolds beweist, worin er κῆρυξ τρισπερίοδος genannt wird und die Siege in Rom (der letzte mit der Benennung Ῥώμης αἰώνια) wie oben aufgezählt sind, Dittenberger-Purgold a. a. O. nr. 243. In einer Papyrusurkunde aus Oxyrhynchus vom J. 275 (BGU IV 1074, vgl. Viereck, Klio VIII 1908 S. 413 ff.) heißt es Z. 17: ἄρχοντος (Vorsitz der ἱερὰ μουσικὴ περιπολιστικὴ Αὐρηλιανὴ οἰκονομικὴ σύνοδος) Σαραπάμμωνος κήρυκος Ἀλεξανδρέως ἱερονείκου Καπιτωλιονείκου παραδόξου.

9. Tuba. In der eben erwähnten Urkunde vom J. 275 (BGU IV 1074) Z. 23 ein Mann, dessen Name zerstört ist, ... Περ]γαμηνὸς καὶ Ῥόδιος σαλπικτὴς Καπιτωλιονείκης ἐπὶ Ῥώμης usw.

B. Gymnische Wettkämpfe: wie sich nach den zufällig erhaltenen Zeugnissen mit Sicherheit annehmen läßt, alle in den heiligen Spielen in Griechenland übliche, und zwar sowohl für Knaben als für Männer.

1. Dauerlauf. CIG 2682 = Lebas-Waddington 301: Inschrift des T. Flavius Metrobius aus Iasos, welcher den Sieg errang τὴν περίοδον ἀνδρῶν δόλιχον Ἰασέων πρῶτος καὶ τὰ ἐν Ῥώμῃ Καπετώλεια πρῶτος ἀνθρώπων (86 n. Chr.). M. Aurelius Abas aus Adada siegt als δολιχοδρομεύς u. a. [Καπιτ]ώ[λια] ἐν Ῥώμῃ IGR III 370 (nach Hadrian).

2. Faustkampf. IG III 128 Inschrift eines Faustkämpfers M. Τύλλιος aus Apamea in Bithynien (frühestens unter Hadrian).

3. Ringkampf. Cass. Dio LXXIX 10, 2 Αὐρήλιος Αἴλιξ ὁ ἀθλητής — τοσοῦτον τοὺς ἀνταγωνιστὰς ὑπερῆρεν, ὥστε πάλην τε ἅμα καὶ παγκράτιον ἐν τῇ Ὀλυμπίᾳ ἀγωνίσασθαι ἐθελῆσαι, κἂν τοῖς Καπετωλείοις καὶ ἄμφω νικῆσαι, — ὃ μηδεὶς ἄλλος ἐπεποιήκει (219 n. Chr.); vgl. oben II 148. 158, 9.

4. Pankration. IG XIV 746: T. Flavius Artemidorus von Adana (vgl. oben S. 200) siegte τὸν ἀγῶνα τῶν μεγάλων Καπετωλείων τὸν πρώτως

ἀχθέντα ἀνδρῶν παγκράτιον (86 n. Chr.). Martial. VI 77: *cum sis tam pauper, quam nec miserabilis Irus, tam iuvenis, quam nec Parthenopaeus erat; tam fortis, quam nec, cum vinceret, Artemidorus, quid te Cappadocum sex onus esse iuvat?* Daß hier derselbe Artemidor gemeint ist, kann kaum zweifelhaft sein, da das sechste Buch Martials im Jahre 96 erschien. Es scheint nach V. 3, daß Artemidor kurz vorher (also im Agon des Jahrs 90) besiegt worden war.

T. Flavius Archibius aus Alexandria τὰ μεγάλα Καπετώλεια τὴν τρίτην [πενταετηρίδα] ἀγενείων παγκράτιον στεφανωθέντα, κα[ὶ τὴν τετάρτην] ἀνδρῶν παγκράτιον νικήσαντα καὶ τὴν πέμπ[την ἀνδρῶν] παγκράτιον στεφανωθέντα καὶ τὴν ἕκτην ὁ[μοίως ἀνδρῶν] παγκράτιον στεφανωθέντα πρῶτον ἀνθρώπων (94, 98, 102, 106 n. Chr.), IG XIV 747.

P. Aelius Aristomachus aus Magnesia am Maeander siegt u. a. Ὀλύμπια παίδων πανκράτιον Ὀλυμπιάδι σκδ (Ol. 224 = 117 n. Chr.) καὶ κατὰ τὸ ἑξῆς Καπετώλεια ἐν Ῥώμῃ usw. (Kern, Inschriften v. Magnesia nr. 180, vgl. 181).

Aelius Aurelius Menander aus Aphrodisias siegte ἐπὶ θεοῦ Ἀντωνείνου, ὡς οὐ μόνον στεφανωθῆναι ταῖς ἐκείνου χειρσὶν ἀλλὰ καὶ [τειμ]αῖς ἐξαιρέτοις τειμηθῆναι (Lebas-Waddington 1620a Z. 7ff.), Καπετώλεια Ὀλύμπια ἀνδρῶν παγκράτιν πρῶτον Ἀφροδεισιέων, ebd. 1620b Z. 28ff. Da die siebente Panathenais, in welcher Menander, wie es scheint, früher gesiegt hatte, in das Jahr 150/51 fällt (Dittenberger, Comment. Mommsen. S. 244. 253), so kann der kapitolinische Agon, in welchem er siegte, entweder der des Jahrs 154 oder der des Jahrs 158 sein (Liermann, Analecta epigraph. et agonistica, Diss. philol. Halens. X 1889 S. 94).

M. Aurelius Corus aus Kyzikos siegte Ῥώμην Καπετώλεια ἀγενείων παγκράτιον (vielleicht 166 n. Chr.). CIG 3674 = IGR IV 160.

M. Aurelius Asclepiades, wie es scheint aus Hermopolis in Ägypten, ein sehr berühmter Pankratiast, siegte Καπετώλια ἐν Ῥώμῃ δίς, τὸ δεύτερον μετὰ πρῶτον κλῆρον στήσας τοὺς ἀνταγωνιστάς (178 u. 182 n. Chr.), IG XIV 1102 Z. 21.

Artemidor. Onirocr. IV 42 Μένιππος ὁ Μάγνης, οὐ πρὸ πολλοῦ τοῦ ἐν Ῥώμῃ ἀγῶνος, ἔδοξε παγκρατιάζοντος αὐτοῦ νύκτα γενέσθαι· οὐ μόνον ἐλείφθη τὸν ἐν Ῥώμῃ ἀγῶνα, ἀλλὰ καὶ πληγεὶς τὴν χεῖρα ἀπώλεσεν.

In der Inschrift eines Siegers aus Megara IG VII 49, der dreimal im kapitolinischen Agon siegte, fehlt die Angabe des Wettkampfs; ebenso in der eines M. Aurelius Thelymitres (καπετωλονείκης), Rayet, Rev. archéol. XXVIII (1874) S. 112f. (Milet).

C. Wagenrennen. Inschrift des Wagenlenkers P. Aelius Gutta Calpurnianus CIL VI 10047 = Dessau 5288 *in factione Veneta vici — sacro quinquennalis certaminis I*; s. oben S. 183.

Nach den Gentilnamen Flavius, Aelius, Aurelius ist anzunehmen, daß die kapitolinischen Sieger das Bürgerrecht von den Kaisern erhielten, falls sie es nicht, wie der Faustkämpfer M. Tullius aus Apamea, bereits besaßen.

Für das dritte Jahrhundert ist uns das Fortbestehen des kapitolinischen Agons durch die Erzählung von der Ermordung des Maximus und Balbinus im Jahre 238 (Herodian. VIII 8, 3, vgl. oben II 148, 5) und vielleicht durch

Hist. aug. Numerian. 11, 2 (s. oben S. 277) bezeugt, außerdem zeigen Münzaufschriften asiatischer Städte aus dieser Zeit, daß man die dortigen Spiele nach dem Vorbilde der kapitolinischen feierte; so unter Gordian auf Münzen von Aphrodisias Γορδιάνηα Αττάληα Καπετώλια (Head, Hist. num.[2] S. 610. Brit. Mus. Catal. of Coins, Caria S. 47 nr. 129 pl. VIII 3), unter Valerian und Gallien in Heliopolis *cert(amen) sacru(m) Capit(olinum) oecu(menicum) isel(asticum)* (Head S. 785. Cohen, méd. impér. V[2] 329 nr. 328f.; 483 nr. 1465. Brit. Mus. Catal., Galatia, Cappadocia and Syria S. 294 nr. 27f. 295 nr. 30—32, p. XXXVI 8. 12), unter Aurelian in Oxyrhynchus ἀγὼν ἱερὸς εἰσελαστικὸς οἰκουμενικὸς πενταετηρικὸς σκηνικὸς γυμνικὸς ἱππικὸς ἰσοκαπιτώλιος τῶν μεγάλων Καπιτωλίων (BGU IV 1074 Z. 16. 20. 22. 25). Auch auf bemalten Glasgefäßen mit Inschriften wird der *Capitolia* gedacht, CIL XV 7015. 7045 = Garrucci, Vetri ornati[2] S. 176ff. 224f. tav. XXXIV 1. XL 2.

Die Verordnung Diocletians und Maximians (Cod. Just. X 54 [53]) über die Athleten, die *coronis non minus tribus certaminis sacri, in quibus vel semel Romae seu antiquae Graeciae merito coronati* sind (oben II 158), ist mit Sicherheit auf den Agon Capitolinus zu beziehen. Dagegen hat die Erwähnung der *coronarum insignia* bei Firmic. Matern. Math. III 5, 18 mit diesem Agon nichts zu tun, es sind priesterliche Insignien, wie die Zusammenstellung mit *praetexta vestis* zeigt (vgl. *praetexta et aureae vestes et aurearum insignia coronarum* VI 31, 14). In der Stelle VI 31, 3 ist ganz im allgemeinen von heiligen Wettkämpfen die Rede: *athletam faciet ista genitura, sed qui in sacris certaminibus victor famosa reportat insignia coronarum* (vgl. VIII 20, 1. 24, 4). Hieraus ergibt sich also die Fortdauer des Agon Capitolinus ebensowenig mit Notwendigkeit wie aus III 10, 3: *sacris certaminibus praepositos*; III 12, 5: *facit in sacris certaminibus esse victores — aut sacri certaminis principes*; IV 14, 19: *sacri certaminis palma coronasque largitur aut sacris certaminibus facit esse praepositos aut templorum fabricatores aut simulacrorum consecratores.* Wahrscheinlich mit Recht wird (wie schon von Scaliger) die allerdings nicht völlig klare Stelle Auson. Prof. V 5ff.: *Tu paene ab ipsis orsus incunabulis dei poeta nobilis sertum coronae praeferens Olympiae puer celebrasti Iovem* auf den Agon Capitolinus bezogen; vgl. z. B. Καπετώλεια Ὀλύμπια Lebas-Waddington 1620b Z. 28. Censorin. 18, 4. Der Schol. Juv. 6, 387 spricht von ihm wie von einer vergangenen Sache (*Pollio quercum*: *coronam dicit*; *inde enim solebant coronari*), und die Gesetze des Honorius und Theodosius II vom November 407 (Cod. Theod. XVI 10, 19. Const. Sirmond. 12 *de paganis sacrificiis et templis*) hat er schwerlich überdauert. G. W.

XX

VERBREITUNG DER GYMNASTISCHEN WETTKÄMPFE IN DEN WESTLICHEN PROVINZEN[1]

Die Verbreitung der gymnastischen Kämpfe erfolgte wohl in ITALIEN, zunächst in Campanien, hauptsächlich von Neapolis aus (vgl. oben II 145, 13). Die dortigen, erst unter Augustus zu größerer Bedeutung gelangten, im 3. Jahre jeder Olympiade gefeierten Ἰταλικὰ Ῥωμαῖα Σεβαστὰ Ἰσολύμπια (so IG XIV 748) waren bis zur Stiftung des kapitolinischen Agon das wichtigste derartige Fest Italiens. Wie die dort gefundenen Reste von Siegerlisten (IG XIV 754. 755 und Add. p. 690 f. Civitelli, I nuovi frammenti d'epigrafi greche relative ai ludi Augustali di Napoli, Atti d. accad. di Archeol. Lettere e Belli Arti XVII, Napoli 1894) zeigen, war der Agon ein dreifacher, musischer, hippischer und gymnischer. Eine Festordnung für den neapolitanischen Agon gibt die olympische Inschrift Dittenberger-Purgold, Inschriften von Olympia nr. 56; vgl. dazu Wissowa, Wochenschr. f. klass. Philol. 1897 S. 763 ff. Sonstige Literatur oben II 228, 4, dazu der Londoner Papyrus bei Wilcken, Chrestomathie nr. 156, 45.

Puteoli. Das von Antoninus Pius zum Andenken Hadrians (Ἀδριάνεια CIG 3208) gestiftete *sacrum certamen iselasticum* (CIL X 515 = Dessau 340 [142 n. Chr.]) *quinquennale* (Hist. aug. Hadrian. 27, 3. Artemidor I 26. IG XIV 737, 7), meist als Εὐσέβεια bezeichnet: CIG 1068. 1720. 5810. 5913, vgl. auch 5853 = IG XIV 830. Der Name Ἀγῶνες Πίοι IG XIV 749 ist schlecht bezeugt. Vgl. auch Mommsen CIL X p. 183. — CIL X 2132 = Dessau 5168a die Grabschrift eines *Augurius gymnicus ... vixit annis II m. VIII* (»*aut in annorum numero erratum est aut infans hic in ludis aliqua ratione exhibitus*« Mommsen).

In Pompeji sind gymnische Agone schon unter Augustus nachweisbar, vgl. CIL X 1074d = Dessau 5053 (oben II 103, 13). Nur mittelbar ist verwendbar das Zeugnis CIL I 1251 = X 829 = Dessau 5706 (wahrscheinlich sullanisch). CIL IV 1177 = Dessau 5144 (bei einem Schauspiel des Cn. Alleius Nigidius Maius [unter Nero, vgl. Dessau a. a. O.]) ... *venatio athletae sparsiones vela erunt*, ähnlich 1181. In Wahlempfehlungen *Pyramus Olympionica* CIL IV 3291 (p. XVII), *Fructus pycta* CIL IV 387.

---

1) Vgl. II 160 Anm.

Beneventum. Das Fragment einer griechischen Inschrift nennt ἀθληταί und einen ξυστάρχης (IG XIV 691 = CIL IX zu 1663). CIL IX 1880 = Dessau 5170 = Buecheler, Carm. epigr. 100 die Grabschrift eines *doctus palaestrae puer*.

DALMATIA. Epidaurum (Ragusa vecchia). *Pugilum spectaculum* CIL III 1745.

GALLIAE. Massilia. IG XIV 2445 (auf Bleiplatte) Κ]λεύδημος Διονυσίου γεραίτερος νικήσας ἐφήβους εὐταξίᾳ καὶ γυμνασιαρχήσας δίς. Vgl. CIL XII 410 (dazu p. 812) *agonothet(a) agoni(s) Iobiani* und CIL V 7914 (Nicaea), die Inschrift eines Quinquennalis von Massilia *agonotheta*.

Arelate. CIL XII 670 ... *[dona]vit, item HS n. CC, [ex quor. usur]is omnibus annis [... ludi] athletar. aut circen[ses ederen]tur* (wahrscheinlich gegen 100 n. Chr.).

Nemausus. CIL XII 3132 *....]rchus synodi[....*, möglicherweise zu *xysta]rchus* zu ergänzen.

Vienna. Plin. ep. IV 22, 1: *interfui principis optimi cognitioni in consilium adsumptus. gymnicus agon apud Viennenses ex cuiusdam testamento celebrabatur: hunc Trebonius Rufus, vir egregius nobisque amicus, in duumviratu tollendum abolendumque curavit: negabatur ex auctoritate publica fecisse. egit ipse causam non minus feliciter quam diserte — — placuit agona tolli, qui mores Viennensium infecerat, ut noster hic omnium.*

Minnodunum. CIL XIII 5042: *Pro salute domus divin. I. O. M. Iunon. regin. aram Q. Aelius Aunus sevir Aug. de suo; item donavit vican. Minnodunens. ✳ DCCL, ex quorum usur. gymnasium ......* (der weitere Text ist stark verwirrt). Zu *gymnasium* vgl. unten.

HISPANIAE. Balsa (Lusitania). CIL II 13 = Dessau 5069: *edito barcarum certamine et pugilum.*

Barcino. CIL II 4514 = Dessau 6957 Legat eines Centurio unter Marc Aurel an die Stadt von ✳ *VIID, ex quorum usuris semissibus edi volo quodannis spectac. pugilum die IV iduum Iuni. usque at ✳ CCL et eadem die ex ✳ CC oleum in thermas public. populo praeberi* usf.

AFRICA. Carthago. Tertullian Scorpiace 6: *adhuc Carthaginem singulae civitates gratulando inquietant donatam Pythico agone post stadii senectutem.* Vgl. über athletische Übungen Tert. de pallio 4. Der vermutlich von Severus gestiftete Agon wurde im Jahre 376 erneuert: Cod. Theodos. XV 7, 3: *non invidemus, sed potius cohortamur felicis populi studia, gymnici ut agonis spectacula reformentur.* Das Auftreten von Musikern neben Athleten bezeugt Tertullian Scorp. a. a. O. (*corporum et vocum praestantiam*). CIL XIV 474 = Dessau 5233 werden *Pythia Karthaginis, Asclepia Karthagini* genannt, in der Inschrift aus Perinth Arch.-epigr. Mitt. VIII 1884 S. 219 Πύθια ἐν Χαρταγέννῃ, vgl. Dessau a. a. O. und Bull. d. Inst. 1881 S. 137 ff.

In den Städten der Provinz werden öfters *gymnasia* in Verbindung mit Bewirtungen (*epula*) der Dekurionen und der Bürgerschaft erwähnt; wohl mit Recht nimmt Toller, De spectaculis, cenis, distributionibus usf. an, daß *gymnasium* hier »*eas res, quae ad exercenda corpora* (τὸ γυμνάζεσθαι) *usui erant, balnea*, *oleum*, *unguenta«* bezeichne; vgl. die Stellen bei Ruggiero, Dizionario epigr. III 596. Ein *spectaculum pugilum* CIL VIII 895 = 12425 = Dessau 5074 und 11998 = Dessau 5072, *pugilum certamina* CIL VIII 1323 und 25836 = Dessau 8926, *pugiles* CIL VIII 12421 = Dessau 5071.

Caesarea. CIL VIII 21441: Griechische Grabschrift eines Athleten (παγκράτιον νικήσας), auch 21440 ist der Rest einer solchen (πυγμ[ή]). *Severia aput Caesariam*, *Commodia aput Caes.* in der oben angeführten Inschrift CIL XIV 474, vgl. Thieling, Hellenismus in Kleinafrika S. 42. F. Drexel.

XXI

CHRONOLOGISCHES ZU GELLIUS[1]

Als Gellius in die Schule ging (*cum in scholis essemus* XVI 1, 1; *cum ad grammaticos itarem* VII 6, 12), war Terentius Scaurus (*divi Hadriani temporibus grammaticus vel nobilissimus* XI 15, 3; vgl. Hist. aug. L. Ver. 2, 5 *grammaticus Hadriani*) allem Anscheine nach schon tot; denn wegen einer Stelle in einem seiner Bücher, die er nicht verstand, befragte Gellius den Sulpicius Apollinaris (XI 15, 8), von dem er sagt, daß er ihn als *adulescens* (*adulescentulus* XX 6, 1) *sectabatur discendi gratia*, XIII 18, 3, *hominem nostrae memoriae doctissimum*, ebd. § 2. Schon hierdurch werden wir erinnert, daß die Jugend des Gellius nicht in die Zeit des (überall von ihm *divus* genannten) Hadrian, sondern in die des Antoninus Pius fiel.

An Sulpicius Apollinaris scheint er sich im 17. und 18. Lebensjahre angeschlossen zu haben: *cum iam adulescentulus praetextam et puerilem togam mutasset magistrosque tunc sibimet ipse exploratiores quaereret* XVIII 4, 1; die Anlegung der Männertoga erfolgte zwischen dem 15. und 17. Jahre (Marquardt, Privatl.[2] 123—131). *Adulescens Romae, cum etiamtum ad grammaticos itarem, audivi Apollinarem Sulpicium, quem in primis sectabar ... Erucio Claro, praefecto urbi, dicere* usw., VII 6, 12: Sex. Erucius Clarus (vgl. über ihn Groag, Real-Encykl. VI 553 ff.) war zum zweitenmal Konsul 146, während sein erstes Konsulat sehr viel früher, wahrscheinlich ins Jahr 117, fällt; die Stadtpräfektur (Gell. XIII 18, 2 *qui praefectus urbi et bis consul fuit*) bekleidete er noch zur Zeit seines zweiten Konsulats.

In denselben Jahren hatte Gellius Unterricht bei den Rhetoren Antonius Julianus und T. Castricius, der letztere (*noster* bei Fronto epist. ad am. II 2 p. 190 N.vgl. p. 163 N.), nach Gell. XIII 22, 1 *vir a divo Hadriano in mores atque litteras spectatus, Romae locum principem habuit declamandi ac docendi* und war *disciplinae rhetoricae doctor* (XI 13, 1. XIII 22, 1), wie Antonius *docendis publice iuvenibus magister* XIX 9, 2. Gellius bezeichnet sich in der Zeit, wo er mit diesem letzteren und seinen Mitschülern die Sommerferien zu Puteoli verbrachte, als *adulescentulus* XVIII 5, 1. Auch mit Fronto hatte er damals schon Umgang, XIX 8, 1 *adulescentulus Romae priusquam Athenas concederem, quando erat a magistris auditionibusque obeundis otium, ad Frontonem Cornelium visendi*

1) Vgl. II 195, 8. III 272, 4. — Vgl. L. Friedlaender, De Auli Gellii vitae temporibus, Königsberg 1869; vorher Baehr in Ersch u. Grubers Encykl. Sekt. I T. LVII (1853) S. 39 ff.

gratia pergebam. Auch sein Umgang mit dem Dichter Annianus (VI 7, 1. IX 10, 1), der auf seinem Landgut im Faliskergebiet die Weinlese zu feiern pflegte (XX 8, 1), scheint in diese Zeit zu gehören; denn Annianus hatte noch den Valerius Probus gehört (VI 7, 3), dessen Blütezeit bekanntlich unter Nero war, der aber wahrscheinlich noch die ersten Jahre des 2. Jahrhunderts erlebt hat (J. Aistermann, De M. Valerio Probo Berytio, 1910 S. 31 f.). Ob Gellius damals schon mit Julius Paullus (*homo in nostra memoria doctissimus* I 22, 9. V 4, 1. XVI 10, 9) in Verkehr stand, ist ungewiß. Dieser *vir bonus et rerum litterarumque impense doctus* lud Gellius auf sein Gütchen im Vaticanischen Gebiet zusammen mit dem Numidier Julius Celsinus ein (XIX 7, 1 f.), der ebenfalls Frontos Freund war (XIX 10, 1).

Wenn Gellius etwa im 18. Jahre den Unterricht bei Sulpicius Apollinaris begann, so dürfte er ihn bei diesem und seinen andern Lehrern etwa 7 Jahre fortgesetzt haben. Denn unmittelbar nach der Beendigung seiner grammatischen und rhetorischen Studien wurde er zum Richter ernannt und dadurch zum juristischen Studium veranlaßt. XIV 2, 1: *Quo primum tempore a praetoribus lectus in iudices sum, ut iudicia, quae appellantur privata, susciperem* (vgl. dazu Mommsen StR. III 538), *libros utriusque linguae de officio iudicis scriptos conquisivi, ut homo a d u l e s c e n s a p o e t a r u m f a b u l i s e t a r h e t o r u m e p i l o g i s a d i u d i c a n d a s l i t e s v o c a t u s.* XIII 13, 1: *cum ex angulis secretisque librorum et magistrorum in medium iam hominum et in lucem fori prodissem, quaesitum esse memini in plerisque Romae stationibus ius publice docentium aut respondentium* usw. Nun sagt allerdings Sueton. August. 32, 3 *iudices a tricensimo* (so die Überlieferung, wofür Cujacius *vicensimo*, andre *vicensimo quinto* vorschlugen) *aetatis anno adlegit id est quinquennio maturius quam solebant* (Mommsen a. a. O. S. 537, 5). Doch steht nicht nur durch das Zeugnis des Ulpian (Dig. XLII 1, 57: *quidam consulebat an valeret sententia a minore viginti quinque annis iudice data* usw.), sondern auch durch eine Papyrusurkunde aus der Zeit des Claudius (BGU 611 = Bruns-Gradenwitz, Fontes iur. Rom. ant. I^7 198 ff.) das 25. Lebensjahr (und zwar sein Beginn, s. dazu Brassloff, Ztschr. d. Savigny-Stift. XXII 1901 Rom. Abt. S. 169 ff.) als *aetas legitima* für den Eintritt in die Richterdekurien fest, und Gellius ist offenbar sofort nach Erreichung dieser Altersgrenze in sie berufen worden.

Um Aufklärung über juristische Fragen wandte sich Gellius auch an Grammatiker, deren einer ihn *adulescens* anredet XX 10, 2, und an Favorinus, *quem in eo tempore Romae plurimum sectabar* XIV 2, 11. In die nächstfolgenden Jahre fällt dann alles, was Gellius von seinem Umgange mit Favorinus (darüber vgl. Hertz, Opuscula Gelliana, 1886 S. 73 ff.) erzählt: ein Besuch bei Fronto II 26, Zusammentreffen mit dem Grammatiker Domitius Insanus XVIII 7, Spaziergang bei den Bädern des Titus III 1, auf dem Trajansforum XIII 25, Ausflug nach Ostia XVIII 1, Besuch in Antium XVII 10.

Da nun zwei Gespräche, an denen Favorinus teilnimmt, und die offenbar in dieselbe Zeit fallen, vor dem kaiserlichen Palast stattfinden, in einem Kreise, der auf den Beginn der *salutatio Caesaris* wartet (IV 1, 1 und XX 1, 1, wo der Jurist S. Cäcilius das Wort führt), so muß dieser Verkehr des Gellius mit Favorinus vor 161 stattgefunden haben, in welchem Jahre Antoninus Pius starb und zwei Kaiser den Thron bestiegen, so daß fortan von einer *salutatio Caesaris* nicht mehr wohl ohne nähere Bezeichnung gesprochen werden konnte.

Sulpicius Apollinaris lebte noch, als Gellius bereits das Richteramt bekleidete; denn *Romae a consulibus iudex extra ordinem datus* (XII 13, 1), wandte er sich an ihn wegen der Bedeutung der Worte *intra Kalendas*. Derselben Zeit wird das Gespräch XIX 13 angehören: *Stabant forte una in vestibulo Palatii fabulantes Fronto Cornelius et Festus Postumius* (Redner aus Numidien, vgl. Fronto epist. ad amic. II 10 p. 200) *et Apollinaris Sulpicius* usw. Bald darauf aber muß Apollinaris gestorben sein, jedenfalls einige Zeit vor 161. Denn der spätere Kaiser Pertinax (geb. 126) war erst sein Schüler und dann sein Nachfolger (Hist. aug. Pertin. 1, 4 *datus ... inde Sulpicio Apollinari*, *post quem idem Pertinax grammaticen professus est*, wo *post quem* doch wohl nichts andres bedeuten kann als: nach seinem Tode). Da Pertinax bei der Schule seine Rechnung nicht fand, bewarb er sich um das Centurionat, das er auch erhielt, diente dann als Kohortenpräfekt in Syrien noch unter Antoninus Pius († 161), Hist. aug. a. a. O. 1, 6; daher muß die Übernahme des Lehramts seines Vorgängers mehrere Jahre früher erfolgt sein. Auch die dialektischen Studien des Gellius (XVI 8, wo er § 2 von einem in der Bibliothek des Friedenstempels gefundenen Buch spricht) mögen in diese Zeit fallen.

Die Reise des Gellius nach Griechenland und sein dortiger Aufenthalt erfolgte sicher nach der zuletzt erwähnten richterlichen Tätigkeit und den damit verbundenen Studien. Gellius muß aber in Athen vor 167 oder spätestens in diesem Jahre gewesen sein, denn Peregrinus Proteus, den er zu Athen sah und hörte (XII 11, 1. VIII 3), starb eben 167 (s. oben III 292). Nun bezeichnet sich Gellius bei diesem Aufenthalt ebenso konstant (wenn auch indirekt) als *iuvenis*, wie in der bisher besprochenen Zeit als *adulescens*: seine Studiengenossen in Athen heißen *iuvenes* II 21, 4. VII 10, 1. XII 5, 4. Eine solche Verschiedenheit des Ausdrucks wird man gerade bei diesem Schriftsteller nicht für zufällig halten, sondern eine bestimmte Altersbezeichnung darin erkennen müssen. Da nun Varro nach Censorin. de die nat. 14, 2 das 30. Jahr als die Grenze der *adulescentia* und *iuventus* ansah[1]), ist es wohl höchst wahrscheinlich, daß sich Gellius bei den Angaben über sein eigenes Alter nach diesem Gebrauche richtete, folglich bei seinem Aufenthalt in Athen diese Grenze bereits überschritten hatte[2]). Da es sich ferner nirgends zeigt, daß der Regierungsantritt der *duo Augusti* (161) schon vor Gellius' Abreise aus Rom erfolgt war, diese also etwa 160 stattfand, muß die Geburtszeit des Gellius, wenn er damals gerade das Alter von 30 Jahren hatte, etwa auf 130 fallen. Dazu stimmt auch sehr gut, daß, wie bemerkt, die Zeit seines Schulbesuchs nach Hadrians Tod (138) angesetzt werden muß.

Die übrigen Angaben, die Gellius in bezug auf seine griechische Reise

1) So sagt noch Augustin. Conf. VII 1, 1 von seinem 31. Jahr: *iam mortua erat adulescentia mea mala et nefanda, et ibam in iuventutem.* 2) Allerdings hat er gemäß dem allgemeinen, schon bei Tacitus stehenden Gebrauch (Th. Vogl, Philolog. Abhandl. M. Hertz dargebracht, 1888 S. 7, 1) die Besucher der Rhetorenschule ohne Rücksicht auf ihr Alter *iuvenes* genannt (XIX 9, 2 *docendis publice iuvenibus magister*, oben S. 284), aber wo er von sich selbst spricht, hat er sich genauer ausgedrückt.

macht, ergeben nichts für die Zeitrechnung. Herodes Atticus (geb. etwa 101, Konsul 143), an den Gellius, wie vermutet worden ist, vielleicht von Favorinus empfohlen war, wird als Konsular I 2, 1 erwähnt. Zu seinen Lehrern in Athen gehörte ganz besonders der Platoniker Calvisius Taurus aus Berytus, *vir memoria nostra in disciplina Platonica celebratus* (VII 10, 1; vgl. oben III 277f.), der auch der Lehrer des Herodes gewesen war (Philostrat. Vit. soph. II 1, 1) und dessen Blütezeit die Chronik des Hieronymus ums Jahr 146 ansetzt (*Taurus Berytius Platonicae sectae philosophus clarus habetur*), damals also schon ein Greis. Die Delphier haben ihn, wie ein in neuerer Zeit gefundener Inschriftstein (Dittenberger, Syll.³ 868) gelehrt hat, aus Anlaß derselben Pythienfeier des Jahres 163, die Gellius (XII 5, 1) zusammen mit ihm besuchte, durch Verleihung der Proxenie und andrer Auszeichnungen geehrt.

Zu der Annahme, daß Gellius' Aufenthalt in Athen zweijährig war, ist nirgends Veranlassung geboten, da alle erwähnten Zeiten und Ereignisse sehr wohl innerhalb eines Jahrs Raum finden. Gellius erwähnt Ausflüge nach Eleusis VIII 10, Aegina II 21, Delphi XII 5, Paträ XVIII 9, 5; den Sommer II 21, 2 und dessen größte Hitze XVIII 10, 1, den sehr heißen Herbst I 2, 2, die Feier der Pythischen Spiele (im August; vgl. A. Kirchhoff, Monatsber. Akad. Berlin 1864 S. 129ff.) XII 5, 1, den Winter XVII 8 und seine langen Nächte Praef. 1, die Saturnalien XVIII 2 u. 13. Von der Rückreise spricht er dreimal: XIX 1 (Überfahrt von Cassiope nach Brundisium bei stürmischem Meer), IX 4, und XVI 6 (Landung in Brundisium).

Von seinem späteren Leben spricht Gellius fast gar nicht. Aus der Vorrede ergibt sich, daß er heiratete und Kinder hatte (Praef. 1). Zu der Annahme, daß er im späteren Lebensalter wieder nach Athen übergesiedelt sei, vielleicht der Erziehung seiner Kinder wegen, und seine Attischen Nächte dort ausgearbeitet habe, kann ich in der Stelle Praef. 4 keinen Grund finden: *sed quoniam longinquis per hiemem noctibus in agro sicut dixi terrae Atticae commentationes hasce ludere ac facere* *e x o r s i s u m u s*; glaube vielmehr, daß Gellius hier von den ersten während seiner Studienzeit gemachten Entwürfen und Aufzeichnungen (*illis annotationibus pristinis* § 3) spricht, die er eben im späteren Alter ordnete und ausführte. Daß diese Aufzeichnungen zum Teil in ihrer ursprünglichen Form in das spätere Werk übergingen, zeigt XVIII 2, 7, wo es heißt: bei der Feier der Saturnalien in Athen seien *n u p e r* verschiedene Fragen aufgeworfen worden, während es doch nach einer früheren Stelle unzweifelhaft ist, daß diese Feier eben in die Studienzeit des Gellius fiel, § 2: *conveniebamus autem ad eandem cenam complusculi, qui Romani in Graecium veneramus, quique easdem auditiones eosdemque doctores colebamus.* Dieser Gebrauch von *nuper* macht es freilich unmöglich, die Ereignisse, welche als *nuper* geschehen bezeichnet werden, mit Sicherheit der Zeit der definitiven Abfassung des Werks zuzuweisen, da die betreffenden Abschnitte ebenfalls schon mehrere Jahre früher niedergeschrieben und später unverändert aufgenommen sein können. XIII 31, 1 *laudabat venditabatque se nuper quispiam in libraria sedens homo ineptus.* XV 4, 1 *in sermonibus nuper fuit seniorum hominum et eruditorum.* II 24, 2 *legi adeo nuper in Capitonis Atei Coniectaneis.* III 3, 7 *nos quoque ipsi nuperrime, cum legeremus* *F r e t u m* u. a. Ebenso möglich ist aber freilich, daß diese

Stellen sämtlich oder teilweise während der eigentlichen Redaktion des Buchs geschrieben sind, die darin erzählten Ereignisse, soweit diese als wirklich geschehen anzunehmen sind und es sich nicht um bloße Formen der Einkleidung handelt (vgl. Kalkmann, Pausanias der Perieget S. 7 f.), sich also kurz vor derselben zugetragen hatten. Denn daß Gellius sein Buch in der Tat nicht in Attica, sondern in oder bei Rom schrieb, scheint mir aus dem Gebrauch des Präsens in folgender Stelle hervorzugehen XI 3, 1 *quando ab arbitriis negotiisque otium est et motandi corporis gratia aut spatiamur aut vectamur, quaerere nonnumquam aput memet ipsum soleo res eiusmodi, parvas quidem minutasque — velut est, quod forte nuper in Praenestino recessu vespertina ambulatione solus ambulans considerabam* usw. Bei diesem Landaufenthalt mag auch der *opicus* die Frage über den Titel der Plutarchischen Schrift περὶ πολυπραγμοσύνης getan haben, was ebenfalls als *nuper* geschehen berichtet wird XI 16, 2, obwohl Gellius natürlich auch in Rom mit *opici* in Berührung gekommen sein kann. Und so werden denn wohl die meisten mit *nuper* eingeführten Erzählungen von kleinen Ereignissen in Rom der Abfassungszeit der Attischen Nächte angehören. Auch XVI 10, 1 *otium erat quodam die Romae in foro a negotiis et quaedam celebritas feriarum* wird sich auf diese Zeit beziehen.

Es ist auffallend, daß Gellius in diesem im höheren Alter geschriebenen Buche so äußerst wenig aus seiner späteren Lebenszeit erwähnt. Wir erfahren nicht, von welcher Art (außer den *arbitria* und der Verwaltung seines Vermögens) die Geschäfte waren, denen er zu seiner Arbeit die Zeit abstehlen mußte (Praef. 12: *per omnia semper negotiorum intervalla, in quibus furari otium potui*). Seine freie Zeit verlebte er dann zum Teil auf seiner Besitzung zu Präneste (XI 3, 1). Er sagt Praef. 22: *volumina commentariorum ad hunc diem viginti iam facta sunt. quantum autem vitae mihi deinceps deum voluntate erit quantumque a tuenda re familiari procurandoque cultu liberorum meorum dabitur otium, ea omnia subsiciva et subsecundaria tempora ad colligendas huiuscemodi memoriarum delectatiunculas conferam. progredietur ergo numerus librorum diis bene iuvantibus cum ipsius vitae, quantuli quique fuerint, progressibus, neque longiora mihi dari spatia vivendi volo quam dum ero ad hanc quoque facultatem scribendi commentandique idoneus.* Da nun Gellius nicht dazu gekommen ist, eine Fortsetzung seines Werkes herauszugeben, scheint er dessen Abschluß nicht lange überlebt zu haben. Klar ist aber, daß er so, wie er hier spricht, nur sprechen konnte, nachdem er die Höhe des Lebens schon überschritten hatte. Fällt also seine Geburtszeit etwa 130, so muß die Abfassung des Buchs nicht zwischen 150 und 160 fallen, sondern in die letzte Zeit des Marc Aurel oder schon unter Commodus, ja Gellius kann sehr wohl noch unter Pertinax, der ja wie er ein Schüler des Sulpicius Apollinaris war, geschrieben und diesen überlebt haben. Wenn, wie Vogel a. a. O. S. 8 bemerkt, die Nichterwähnung der Schriften Frontos annehmen läßt, daß auch er, als Gellius sein Buch schrieb, schon tot war, so stimmt das zu der Ansetzung des Todes dieses Mannes zwischen 175 und 180 (Mommsen, Ges. Schrift. IV 486). Auch ist es möglich, daß (wie Vogel ebenfalls bemerkt S. 11—13) Gellius vom Tode überrascht wurde, bevor er die letzte Hand an sein Buch legen (namentlich die späteren Abschnitte mit den früheren vergleichen) konnte.

Es ergeben sich also hieraus folgende Ansetzungen als wahrscheinlich:

Gellius geboren	etwa 130
» legt die Toga virilis an	» 145
» beginnt den Unterricht bei Sulpicius Apollinaris	» 146
» verkehrt mit Fronto / Erucius Clarus Stadtpräfekt } in derselben Zeit.	
» wird zum Richter ernannt	» 155
» schließt sich an Favorinus an in derselben Zeit. In dieser Zeit ungefähr stirbt Sulpicius Apollinaris, und Pertinax (geb. 126) übernimmt seine Schule.	
» reist nach Griechenland	» 160
» vollendet die Attischen Nächte und schreibt die Vorrede	» 180

Ohne Wert für die Chronologie des Gellius ist die vielfach überschätzte (z. B. Rühl, Die Verbreitung des Justinus im Mittelalter S. 31 ff.) Angabe im Quellenverzeichnis zu der im 13. Jahrhundert abgefaßten englischen Chronik des Radulfus de Diceto (I 20 ed. Stubbs. Monum. Germ. SS. XXVII 256, 19); denn in der überlieferten Form *Agellius scribit anno centesimo nonodecimo* ist sie unsinnig, aber auch aus der abweichenden Lesung einer Handschrift von Ripley Castle *anno CLXIX* läßt sich nichts gewinnen, zumal die Herkunft der ganzen Notiz unbekannt ist. G. W.

XXII

CHRONOLOGIE DER GEDICHTE DES MARTIAL UND STATIUS[1]

Die Chronologie der Epigramme des Martial und der Silven des Statius erfordert schon deshalb eine zusammenhängende Behandlung, weil einige Gedichte beider bei denselben Veranlassungen, also gleichzeitig entstanden sind. Die Ergebnisse der in der Einleitung zu Friedlaenders Ausgabe S. 50—67 enthaltenen Untersuchung über die Zeiten der Abfassung der Epigramme des Martial sind folgende:

Liber spectaculorum 80, zweite vermehrte Ausgabe unter Domitian?

Epigr. XIII. XIV	herausgegeben	Dezember 84/85.
I. II	»	85/86.
III	»	87/88.
IV	»	Dezember 88.
V	»	Herbst 89.
VI	»	Sommer oder Herbst 90.
VII	»	Dezember 92.
VIII	»	Mitte 93.
IX	»	Mitte oder Ende 94.
X^1	»	Dezember 95.
XI	»	Dezember 96.
X. XI (Anthologie)	herausgegeben	97.
X^2	herausgegeben	Mitte 98 (Abreise Martials aus Rom).
XII	»	Anfang 102.

Gegen diese Datierungen hat A. Dau, De M. Valerii Martialis libellorum ratione temporibusque, pars I (Diss. Rostock 1887) mehrere Einwendungen erhoben. Er hat zu beweisen gesucht, daß der größere Teil der Gedichte des Liber spectaculorum unter Domitian, und zwar auf die Triumphalschauspiele nach dem dacischen Kriege (also nach 89) gedichtet, ferner daß die Epigramme der Bücher XIII u. XIV allmählich in der Zeit von 84—92 entstanden seien. Die völlige Unhaltbarkeit beider Behauptungen hat Friedlaender in der Anzeige dieser Dissertation in der Berliner philolog. Wochenschrift 1889 Sp. 1202 ff.

1) Vgl. II 246, 6. 247, 1.

nachgewiesen. Sodann hat Dau die Richtigkeit der Vermutung Schneidewins (ed. mai. p. IIIf.) zu beweisen unternommen, daß wir die Bücher I—VII in einer zweiten Ausgabe besitzen, welche Martial 93 oder 94 in Codexform auf Pergament (namentlich zum Zweck der Reiselektüre, I 2) veranstaltet habe[1]). Der Beweis beruht in erster Linie darauf, daß I 2, 8 das von Domitian erbaute vierte Forum, das *forum Palladium*, bereits erwähnt wird, während von vier Foren (statt der drei älteren) erst X 28, 6; 51, 12 die Rede ist, und das *forum Palladium* in dem (94/95 verfaßten) Gedicht des Statius S. IV 1, 14f. ein neues heißt: der Friede, den der auf diesem Forum wohnende Janus auf Domitians Befehl geschlossen hat und bewahren soll, ist, wie Dau S. 62 bemerkt, der Friede nach dem Sarmatenkriege (92). Daß der Bau des *forum Palladium* bereits 85/86 begonnen war, dann ins Stocken geriet und erst 92/93 energisch gefördert wurde, findet Dau so unwahrscheinlich, daß er die Abfassung von Martial. I 2 mit Sicherheit in die Jahre 93/94 setzen zu können glaubt. Diese Gründe können aber nicht als zwingend anerkannt werden, denn die Geschichte der Architektur bietet aus allen Zeiten unzählige Beispiele von Bauten, die erst nach großen Unterbrechungen zu Ende geführt worden sind. Daß auch im Zentrum des alten Rom ihre Vollendung eine Reihe von Jahren erfordern konnte, ist bekannt. Das im Jahre 54 v. Chr. begonnene Forum Julium, das im Jahre 46 von Cäsar unvollendet dediziert wurde, ist nach seinem Tode von Augustus fertig gebaut worden. Auch der Bau des Forum des Augustus dauerte sehr lange (Jordan, Topogr. I 2 S. 439. 443f.). An und für sich ist es also nichts weniger als unwahrscheinlich, daß die Anlage des erst von Nerva vollendeten Forum Palladium im Jahre 85/86 bereits vorhanden war (vgl. A. Stein, Real-Encykl. IV 147).

Jedoch ist insbesondere nach den die Untersuchung Daus fortsetzenden Ausführungen von O. Immisch (Hermes XLVI 1911 S. 481ff.) nicht zu leugnen, daß vieles für die Annahme einer zweiten Ausgabe der ersten 7 Bücher spricht. Der zuversichtliche Ton des Dichters in I 1 neben dem zaghaften in I 3, die Ankündigung I 2, daß die Pergamentausgabe bei einem andern Buchhändler zu haben war als die Sonderausgabe von I (117), die durch I 1 bezeugte (Crusius, Rhein. Mus. XLIV 1889 S. 455) Ausstattung mit dem Porträt des Verfassers als Titelbild, wie sie insbesondere in Pergamentbüchern üblich war (vgl. XIV 186): alles dies erklärt sich aufs natürlichste, wenn I 1 und 2 erst in einer zweiten Ausgabe hinzugefügt worden sind; ebenso daß Martial ein eigenhändig korrigiertes Exemplar der ersten 7 Bücher an Julius Martialis sandte (VII 17), der mindestens das sechste (und gewiß auch die andern) bereits besaß (VI 1). Gar nichts beweist dagegen VIII 3, 4 *teritur noster ubique liber*, was bei Martials Vorliebe für den Singular statt des Plurals (Friedlaenders Anm. zu IV 64, 16) sicher zu verstehen ist: »meine Bücher werden überall gelesen«; der Plural (*libelli*) steht ja auch an den auf die zweite Ausgabe bezogenen Stellen I 2, 1; VII 17, 6. Die ganze Frage ist für die Datierung der Epigramme von unter-

1) Birt, Kritik u. Hermeneutik (1913) S. 346ff. sucht aus der Praef. I und I 2 vielmehr eine von Martial nach dem Jahre 98 veranstaltete Auslese nur lasciver Gedichte aus allen bis dahin veröffentlichten Büchern seiner Epigramme zu erschließen.

geordneter Bedeutung, da der von Dau unternommene Beweis, daß Martial bei der Veranstaltung der neuen Ausgabe weitere, in der Zwischenzeit entstandene Epigramme eingeschaltet habe, mißglückt ist, wie W. Gilbert in seiner Anzeige (Wochenschr. f. klass. Philol. 1888 S. 1072) bemerkt hat[1]).

Auch der Versuch Daus (a. a. O. S. 86), die auf II 93 beruhende Vermutung Borghesis und Stobbes, II sei vor I erschienen, durch I 111 zu stützen, ist mißlungen. Wenn Martial dem Regulus ein Buch schenkt, liegt es freilich am nächsten, an ein von ihm selbst verfaßtes zu denken; aber daß er es nicht, wie sonst überall, als ein solches bezeichnet, muß schon Zweifel erregen, der sehr dadurch gesteigert wird, daß Martial dieses Buch für ein den Leistungen (*merita*) des Regulus und dem Rufe seiner Weisheit angemessenes Geschenk erklärt: er, der sonst über seine *nugae* sich mit so großer Bescheidenheit äußert. Nach der Art, wie Martial von dem geschenkten Buche spricht, möchte ich eher an ein Buch etwa wie Ciceros Orator oder Brutus denken.

Als Probe für die Richtigkeit dieser Datierungen können auch die Gedichte der Silven benutzt werden, die gleichzeitig mit Epigrammen Martials entstanden sind. Auf dieselben Gegenstände, Personen oder Ereignisse beziehen sich:

Martial.	VI 21	Stat. Silv. I 2:	auf die Hochzeit des Stella und der Violentilla.
»	VI 42	» » I 5:	auf das Bad des Etruscus.
»	VI 28 f.	» » II 1:	auf den Tod des Glaucias, Freigelassenen des Atedius Melior.
»	VII 21—23	» » II 7:	auf den Geburtstag des Lucanus.
»	VII 40	» » III 3:	auf den Tod des Vaters des Claudius Etruscus.
»	IX (11—13). 16. 17. 36.	» » III 4:	auf die von Flavius Earinus dem Aesculap zu Pergamum geweihten Haare.
»	IX 43 f.	» » IV 6:	auf den Lysippischen Herakles des Novius Vindex.

Da Stat. Silv. IV 1 sich auf Domitians siebzehntes Konsulat (95) bezieht, müssen hiernach ebenso wie die drei ersten Bücher der Silven auch die mit ihnen gleichzeitig herausgegebenen Bücher Martials VI—VIII vor diesem Jahre erschienen sein: wie denn in der Tat Martial. VIII im Jahre 93 veröffentlicht ist. Diese Übereinstimmung in der Reihenfolge der Gedichte des Martial und Statius ist nun freilich keine durchaus notwendige, da, wie sich unten zeigen wird, Statius seine Gedichte öfters längere Zeit liegen ließ, ehe er sie herausgab, die Zeit der Abfassung und Veröffentlichung also zum Teil viel stärker differiert als bei Martial.

Martials sechstes, nicht vor dem Sommer 90 herausgegebenes Buch enthält Gedichte, die vom Herbst 89 bis zu dieser Zeit verfaßt sind; in dieselbe Zeit

1) Immisch a. a. O. S. 487 ff. macht es wahrscheinlich, daß ursprünglich jedes der 7 Bücher eine eigene Prosavorrede aufwies, die (außer der des ersten) bei der Gesamtausgabe unterdrückt wurden und von denen sich in unserer Überlieferung durch einen Zufall nur noch die zum zweiten Buche erhalten hat; dagegen Birt (und F. Schuchardt) a. a. O. S. 351 ff.

fällt also auch die Abfassung der oben angeführten Gedichte aus Stat. Silv. I. Wie Stobbe (Philol. XXVI 1867 S. 57 f.) gezeigt hat, enthält kein Gedicht in diesem Buch eine Spur der Abfassung nach dem dacischen Triumph (Ende 89), deren Annahme auch nicht einmal für eines derselben Wahrscheinlichkeit hat, ausgenommen I 5 = Martial. VI 42, das möglicherweise erst im Jahre 90 verfaßt sein kann. Silv. I 1 auf die Errichtung der kolossalen Reiterstatue Domitians[1]) wird etwa zur Zeit des Triumphs und kann sehr wohl sogar noch vorher geschrieben sein, und zwar wahrscheinlich vor dem (im Jahre 88 erfolgten) Tode der Julia. Denn unter den Geistern der verstorbenen Verwandten, die diese Statue bei Nacht umschweben sollen, ist der ihrige nicht. V 97: *ibit in amplexus natus fraterque paterque et soror* — wäre Julia bereits tot gewesen, so hätte sie hier kaum unerwähnt bleiben können. Die Schwester ist die ältere, schon vor Vespasians Regierungsantritt gestorbene Domitilla (Stein, Real-Encykl. VI 2732); der Sohn, der von Domitia in Domitians zweitem Konsulat (73) geboren (Sueton. Domit. 3, 1) war, wird schon von Martial. IV 3, 7 (Oktober 88) als verstorben erwähnt: *quis siccis lascivit aquis et ab aethere ludit? suspicor has pueri Caesaris esse nives*; auch Silius Italicus nennt ihn in den damals (Martial. IV 14), wo nicht ganz, doch bereits teilweise vollendeten Punica III 629: *siderei iuxta radiabunt tempora nati.* Eckhel (D. N. VI 400) hat auf diesen Knaben irrtümlich Martial. VI 3 bezogen. Die Einwendungen von Kerckhoff (Duae quaestiones Papinianae, Diss. Berlin 1884 S. 6—8), der das Gedicht nach dem Tode der Julia setzen will (die V. 98 als Domitians Schwester genannt sein soll!), sind nicht erheblich; daß die Angehörigen, deren Geister herabschweben, sämtlich *divi* sein müssen (zu denen Domitilla nicht gehört habe), liegt in den Worten des Statius nicht. Um die Zeit des Triumphs ist das Gedicht auf die Hochzeit des Stella und der Violentilla geschrieben, in welchem Venus unter andern dem Bräutigam bevorstehenden Auszeichnungen auch verheißt, daß der Kaiser *purpureos habitus iuvenique curule indulgebit ebur Dacasque* (*en gloria maior*!) *exuvias laurosque dabit celebrare recentes*, V. 179 ff. (vgl. Vollmer, Stat. Silv. S. 51, 2); die Feier dieser Spiele wird nirgends erwähnt (die von Stella zur Feier des sarmatischen Triumphs gegebenen Martial. VIII 78, 3: *Hyperborei celebrator Stella triumphi*). Auf die unlängst erfolgte Feier der Säkularspiele (September 88) spielt Stat. Silv. I 4, 17 an: *nec tantum induerint fatis nova saecula crimen aut instaurati peccaverit ara Terenti*; desgleichen V. 96: *neque enim frustra mihi nuper honora carmina patricii pueri sonuistis in ostro* (Nohl, Quaest. Stat., Diss. Berlin 1871 S. 11). Ob das von Domitian gegebene ausgelassene Nachtfest des 1. Dezember (I 6) mit dem von Martial. V 49, 8 erwähnten identisch ist, bleibt zweifelhaft. Die Gründe, nach denen Kerckhoff S. 12 f. das Gedicht ins Jahr 83 setzen will, sind durchweg nicht stichhaltig.

Wenn nun auch die sämtlichen Gedichte von Silv. I (außer vielleicht 5) vor Ende 89 verfaßt sind, so kann doch die Ausgabe erst erheblich später, frühe-

1) An diese ist aber nicht bei Martial. VIII 44, 7 (*colosson Augusti*) zu denken, wie ich in meiner Ausgabe angenommen habe, sondern Martial spricht von dem Koloß Augusts auf dem Palatin; vgl. oben III 82.

stens Ende 91 erfolgt sein. Statius hat, wie bemerkt, nachweislich Gedichte erst längere Zeit nach der Abfassung publiziert. Auch ist der Tod des Rutilius Gallicus (Silv. I praef.) erst ins Jahr 91 oder eher 92 zu setzen (Groag, Real-Encykl. I A 1261).

Von den Gedichten des zweiten Buchs wurde II 1 unmittelbar nach dem Tode des Freigelassenen des Atedius Melior, Glaucias, (*festinanter* praef.) verfaßt, also vor dem Erscheinen von Martials sechstem Buch (Sommer oder Herbst 90), das zwei Gedichte (28. 29) auf dasselbe Ereignis enthält (Nohl a. a. O. S. 14, 13); II 2 nicht vor dem Spätsommer oder Herbst desselben Jahrs. Eine Einladung hatte den Dichter nach Sorrent geführt (Silv. II 2, 6 ff.): *huc me post patrii laetum quinquennia lustri, cum stadio iam pigra quies canusque sederet pulvis ad Ambracias conserva gymnade frondes, trans gentile fretum placidi facundia Polli detulit.* Nach V. 6 hatte also Statius den (im August gefeierten, oben II 145) Augustalien in Neapel beigewohnt, ohne Zweifel im Jahre 90, in welches die 23. Feier dieses Agons (Ἰταλίς) fällt, Beloch, Campanien[2] S. 58. Mie, Quaestiones agonisticae (Diss. Rostock 1888) S. 42.

Das dritte Buch enthält das (wie Nohl a. a. O. S. 16 f. bemerkt hat) nach V. 40 und 143 schon vor Beendigung der 92 edierten Thebais verfaßte Gedicht auf die Reise des Mäcius Celer (III 2); ferner das Trauergedicht auf den Tod des Vaters des Etruscus III 3 = Mart. VII 40, der also vor der Ausgabe von Mart. VII (Dezember 92) und nach Mart. VI (Herbst 90) erfolgt sein muß. Da aber Statius in diesem Gedichte von dem Sarmatenkrieg, aus dem Domitian erst im Januar 93 zurückkehrte, als einem bereits beendeten spricht (170 f. *quae [clementia] modo Marcomanos post horrida bella vagosque Sauromatas Latio non est dignata triumpho*), bezog Stobbe, Philolog. XXVI 55 diese Stelle auf die verunglückte Expedition des Jahrs 89 gegen die Marcomanen (Cass. Dio LXVII 7), denen die Sarmaten Hilfsscharen gesendet und damit den Vorwand zum Kriege von 92 gegeben hätten; während ich annahm, daß Statius diese Verse erst bei einer Überarbeitung zu Anfang 93 hinzugefügt habe (vgl. Nohl S. 16). Doch wie Kerckhoff S. 17 bemerkt, ist das Wahrscheinlichste, daß der Vater des Etruscus (oben I 53 f.) erst im Dezember 92 starb und Statius das Gedicht im Januar 93 verfaßte. In demselben Jahre wird das Gedicht auf die Haare des Flavius Earinus (III 4 = Martial. IX 16. 17. 36) geschrieben sein (nach dem Erscheinen von Martial. VIII in der Mitte des Jahrs). Veröffentlicht kann also das Buch nicht vor Ende 93 sein, doch erschien es wohl erst in der zweiten Hälfte des Jahrs 94. Denn der Agon Capitolinus, in dem Statius durchfiel, ist wahrscheinlich der dieses Jahrs (Silv. III 5, 31 ff. *tu cum Capitolia nostrae infitiata lyrae, saevum ingratumque dolebas mecum victa Iovem*), besonders da dies Ereignis nach der im Agon Albanus erlangten Krönung zuletzt erwähnt wird und zu dem in diesem Gedicht besprochenen Entschluß des Statius, Rom zu verlassen, die Veranlassung gegeben haben kann (vgl. W. Härtel, Studia Statiana, Diss. Leipz. 1900 S. 8 ff.). Dann ist also dies Gedicht, in dem Statius seinen in der Vorrede mit dem Wunsche des Zusammenlebens mit Pollius Felix begründeten Entschluß noch durch die Vorzüge Neapels und seiner Umgegend motiviert, das letzte dieses Buchs (Kerckhoff S. 18; so auch Nohl, Quaest. Stat. S. 18, der aber glaubt, Statius sei im Jahre 86 durchgefallen S. 26 f.).

Das vierte, an Vitorius Marcellus gerichtete Buch gab Statius nach seiner Übersiedelung in Neapel heraus (praef.). Die drei ersten Gedichte sind der Verherrlichung Domitians gewidmet: IV 1 (*XVII consulatus Imp. Aug. Germanici* zum 1. Januar 95); IV 2 *Eucharisticon* (wahrscheinlich, wie Kerckhoff S. 19 bemerkt, vor dem Durchfall im Agon Capitolinus, nach welchem Statius v. 63 *saepe coronatis iteres quinquennia lustris* kaum geschrieben haben würde: wozu auch die Annahme paßt, daß der hier geschilderte Speisesaal der von Martial VIII 39 [erschienen Mitte 93] besungene ist); IV 3 *via Domitiana.* Der Bau dieser Straße (von Sinuessa nach Puteoli) erfolgte nach Cass. Dio LXVII 14, 1 in demselben Jahre, in dem Flavius Clemens hingerichtet wurde, d. h. 95. In der Dedikation an Vitorius Marcellus heißt es von ihr: *cuius beneficio tu quoque maturius epistolam eam accipies, quam tibi in hoc libro a Neapoli scribo* (IV 4, im Sommer geschrieben). Das Gedicht auf den Hercules des Novius Vindex IV 6 braucht nicht notwendig mit den Epigrammen Martials auf denselben (Mart. IX 43. 44) gleichzeitig zu sein, gehört aber doch wohl zu den älteren Gedichten dieses Buchs; sowie IV 9 (*ad Plotium Grypum* vgl. Hirschfeld, Gött. gel. Anz. 1869, 1512; praef. *hendecasyllabos, quos Saturnalibus una* [also doch wohl in Rom, wahrscheinlich Dezembrr 94 — so auch Nohl S. 19] *risimus, huic volumini inserui*). Das Buch erschien also im Laufe (frühestens im Sommer) des Jahrs 95.

Das fünfte Buch ist nicht mehr von Statius selbst, der es unvollendet hinterlassen hatte, herausgegeben (Vollmer a. a. O. S. 3, 7). Das erste Gedicht an Abascantus (nebst dem Fragment der auf dasselbe, nicht auf das ganze Buch bezüglichen prosaischen Vorrede in Briefform, Kerckhoff S. 21) scheint vor der Übersiedelung des Dichters nach Neapel (Ende 94) verfaßt zu sein; denn wohl nur als er noch in Rom war und dort zu bleiben gedachte, konnte Statius an Abascantus schreiben: *quamvis propiorem usum amicitiae tuae iam pridem cuperem* (Kerckhoff S. 21). Hierzu stimmt, daß das *templum gentis Flaviae*, bei Martial zuerst IX 1. 3. 34 (herausgegeben Mitte oder Ende 94) und Stat. Silv. IV 3, 18, hier als unlängst vollendet, erwähnt wird (V 1, 240 *illius, aeternae modo qui sacraria genti condidit*). Das zweite Gedicht, in dem Statius von einer bevorstehenden Rezitation seiner Achilleis spricht (160 ff.), ist etwa gleichzeitig mit IV 4 (94 *Troia quidem magnusque mihi temptatur Achilles*) und IV 7 (23 *primis meus ecce metis haeret Achilles*) geschrieben (Kerckhoff S. 21 f.). Das dritte, das Trauergedicht auf seinen (nicht lange nach dem Ausbruch des Vesuv verstorbenen) Vater, ist drei Monate nach dessen Tode begonnen (V. 29; Vollmer S. 9, 10 hält das für bloße Fiktion), enthält aber deutliche Spuren späterer Zusätze des Dichters (über V. 225—233 Leo, Plautin. Studien[2] S. 44). Vgl. Härtel a. a. O. S. 47 ff. Nichts spricht dafür, daß Statius Domitian († 18. September 96) überlebte; das vierte Gedicht, in dem er klagt, daß ihn der Schlaf schon seit sieben Nächten fliehe, kann in seiner letzten Krankheit geschrieben, das fünfte (*Epicedion in puerum*) von ihm unvollendet hinterlassen worden sein. Die Herausgabe seines poetischen Nachlasses durch seine Freunde erfolgte vermutlich bald nach seinem Tode (Leo a. a. O. S. 43 f.).

Synchronistische Übersicht der Epigramme des Martial und der Silven des Statius.

Martialis.			Statius.		
V	herausgegeben	Herbst 89.	I	verfaßt	vor Ende 89, herausgegeben wohl 92.
VI	»	Sommer oder Herbst 90.	II	»	mindestens teilweise im J. 90, herausgegeben wohl 93.
VII	»	Dezember 92.	III	»	in den Jahren 91—93, herausgegeben (Sommer oder) Herbst 94[1].
VIII	»	Mitte 93.			
IX	»	Mitte oder Ende 94.	IV	»	94 und 95, herausgegeben im Sommer oder Herbst des Jahrs 95.
X[1]	»	Dezember 95.	V	»	94—96? herausgegeben vielleicht 96 oder wenig später.
XI	»	Dezember 96.			

G. W.

1) Gleichzeitige Veröffentlichung der drei ersten Bücher im Jahre 93 oder 94 nimmt Vollmer S. 12 ff. an, da Praef. I *adhuc pro Thebaide mea, quamvis me reliquerit, timeo* die Herausgabe der Thebais voraussetze; dagegen Härtel a. a. O. S. 5 ff.

XXIII

DIE STEUERN DREIER RÖMISCHER PROVINZEN[1])

Josephus gibt über die von Augustus im Jahre 4 v. Chr. veranstaltete Teilung Palästinas unter die Söhne Herodes des Großen und die Einkünfte, welche dieselben aus den ihnen zugewiesenen Gebieten bezogen, folgendes an (A. I. XVII 317 ff.; vgl. Marquardt StV I² 409 f.): Ἀρχέλαον βασιλέα μὲν οὐκ ἀποφαίνεται, τῆς δ' ἡμίσεως χώρας, ἥπερ Ἡρώδῃ ὑπετέλει, ἐθνάρχην καθίσταται .... τὴν δ' ἑτέραν ἡμίσειαν .... παρεδίδου Φιλίππῳ καὶ Ἀντίπᾳ .... καὶ τούτῳ μὲν ἥ τε Περαία καὶ τὸ Γαλιλαῖον ὑπετέλουν, φορά τε ἦν τάλαντα διακόσια τὸ ἐπ' ἔτος. Βατανέα δὲ σὺν Τράχωνι καὶ Αὐρανῖτις σύν τινι μέρει οἴκου τοῦ Ζηνοδώρου λεγομένου Φιλίππῳ τάλαντα ἑκατὸν προσέφερεν· τὰ δ' Ἀρχελάῳ συντελοῦντα Ἰδουμαῖοί τε καὶ Ἰουδαία τό τε Σαμαρειτικόν. τετάρτην μοῖραν οὗτοι τῶν φόρων παραλέλυντο — — προσῄει δὲ Ἀρχελάῳ φορὰ χρημάτων τὸ κατ' ἐνιαυτὸν εἰς τάλαντα ἑξακόσια ἐξ ἧς παρέλαβεν ἀρχῆς. Rechnet man also zu den 900 Talenten, welche die Söhne des Herodes insgesamt bezogen, die 200 hinzu, welche Augustus den Untertanen des Archelaos erlassen hatte, so ergibt sich, daß die angegebenen Gebiete vorher jährlich 1100 Talente an Steuern entrichtet hatten. Dazu kommen noch 60 Talente, welche der Schwester des Herodes, Salome, aus dem ihr testamentarisch zugewiesenen Erbteil (Ἰάμνεια δὲ ἦν ταῦτα καὶ Ἄζωτος καὶ Φασαηλὶς καὶ ἀργυρίου ἐπισήμου μυριάδες πεντήκοντα, wozu Augustus noch τὴν ἐν Ἀσκάλωνι βασίλειον οἴκησιν fügte) als Jahreseinkommen zuflossen (A. I. XVII 321), und vielleicht noch andere Einkünfte, aus welchen die von Herodes für seine Verwandten ausgesetzten Legate bestritten wurden. Palästina entrichtete also an die Nachkommen und Erben des Herodes ungefähr 1200 Talente. Wenn hier, wie auch Marquardt (S. 408, 2) und Mommsen RG. V 511, 1 annimmt, hebräische Talente (nach Hultsch, Metrol.² S. 606 zu 7830 Mark) zu verstehen sind, so würde dies 9396000 Mark ergeben. Jedenfalls bezog der Enkel Herodes des Großen, Herodes (oder M. Iulius) Agrippa, der in den letzten Jahren seiner Regierung (37—44 n. Chr.) wieder über das ganze Reich seines Großvaters als König herrschte (Marquardt S. 411), aus demselben ein Einkommen von 12 Millionen Drachmen (9431500 Mark): Joseph. A. I. XIX 352: προσωδεύσατο δ' ὅτι πλείστας αὐτῶν

1) Vgl. oben II 267, 4 und Friedlaender, De tributis trium provinciarum imperii Romani, Progr. Königsberg 1880.

προσφοράς, διακοσίας ἐπὶ χιλίαις μυριάδας. Daß das Land unter der Verwaltung durch römische Prokuratoren mindestens die gleiche Summe zu zahlen hatte, kann man mit Gewißheit annehmen; wozu die Angabe des Josephus, daß im Frühlinge des Jahrs 64 der Steuerrückstand 40 (hebräische) Talente betrug, sehr wohl stimmt (B. I. II 405: εἰς δὲ τὰς κώμας οἵ τε ἄρχοντες καὶ βουλευταὶ μερισθέντες τοὺς φόρους συνέλεγον. ταχέως δὲ τὰ τεσσαράκοντα τάλαντα, τοσοῦτον γὰρ ἔλειπεν, ἠθροίσθη).

Hiernach läßt sich auch die ungefähre Höhe der Geldsteuern Ägyptens unter Vespasian berechnen; denn sie betrugen nach der Rede, die Agrippa bei Josephus im Jahre 64 an die Juden hält (außer der Naturalabgabe in Getreide) mehr als das Zwölffache der Steuern von Palästina (B. I. II 386): (ἡ Αἴγυπτος) — τοῦ ἐνιαυσιαίου παρ' ὑμῶν φόρου καθ' ἕνα μῆνα πλέον Ῥωμαίοις παρέχει καὶ τῶν χρημάτων ἔξωθεν τῇ Ῥώμῃ σῖτον μηνῶν τεσσάρων). Es läßt sich nachweisen, daß die statistischen Angaben in dieser Rede aus einem offiziellen Dokument, einem *Breviarium totius imperii*, entnommen sind, das nach denselben Rubriken geordnet war, wie das von Augustus verfaßte und nach seinem Tode im Senat verlesene (Sueton. Aug. 101, 4. Tac. A. I 11)[1]). Ein solches Dokument zu benutzen hatte Josephus wohl erst nach seiner Übersiedlung nach Rom Gelegenheit, wo er die Geschichte des Jüdischen Krieges etwa 75 n. Chr. verfaßte. Die jährliche Geldabgabe Ägyptens betrug also damals über 24000 griechische Talente (113170000 Mark).

Die jährliche ägyptische Getreidelieferung, die unter Augustus 20 Millionen Modii (1740000 Hektoliter) betragen hatte (Epit. de Caes. 1, 6), muß unter Vespasian erheblich höher gewesen sein. Da nun der durchschnittliche Getreidepreis in der Zeit von Nero bis auf Traian 4—5 Sesterzen für den Modius betrug[2]), so wird der Wert der Getreidelieferung Ägyptens eher über als unter 100 Millionen Sesterzen (21752000 Mark) gewesen sein. Von dieser Lieferung wird aber, wie Mommsen RG. V 560 bemerkt, ein Teil aus der Domäne geflossen, ein andrer vielleicht gegen Entschädigung geliefert worden sein, so daß sich der Gesamtbetrag der ägyptischen Abgaben nicht berechnen läßt. Das aber kann mit Sicherheit gesagt werden, daß er die Summe von etwa 113 Mill. Mark in heutigem Gelde überstieg. Denn erstens war ein Teil der Getreidelieferung ohne Zweifel wirkliche Naturalabgabe, sodann betrug nach Josephus die Geldabgabe mehr als das Zwölffache der von Palästina zu entrichtenden. Schätzen wir den Gesamtbetrag beispielsweise auf 120 Millionen Mark, so ergibt dies auf den Kopf der Bevölkerung noch nicht ganz 15 Mark. Denn Ägypten hatte unter Vespasian gewiß über 8 Millionen Einwohner.

Diodor gibt I 31, 8 die Gesamtbevölkerung Ägyptens in alter Zeit (ohne Zweifel mit Einschluß der alexandrinischen) auf 7 Millionen an mit dem Hinzufügen καὶ καθ' ἡμᾶς δὲ οὐκ ἐλάττους εἶναι, Josephus B. I. II 385 mit Ausschluß der alexandrinischen auf $7^1/_2$ Millionen. Alexandria hatte in Diodors Zeit 300000 freie Einwohner (XVII 52, 6); da es nun seitdem einen großen Auf-

1) Vgl. L. Friedlaender, De fonte quo Josephus b. iud. 2, 16, 4 usus est, Ind. lect. aest. Regimontii 1873. 2) L. Friedlaender, Ind. lect. Regimont. 1866 V; vgl. Rostowzew, Real-Encykl. VII 149.

schwung genommen hatte und die Leichtigkeit des Erwerbs sowie die lockendsten Genüsse eine fortdauernde Einwanderung vom platten Lande sowie aus den übrigen Städten herbeigeführt haben müssen, wird seine Bevölkerung in der Zeit des Josephus (mit Einschluß der Sklaven) eher über als unter einer Million betragen haben (vgl. oben I 430f.). Daß die *fecundissima gens* (Plin. Paneg. 31, 6; vgl. Plin. n. h. VII 33) in nicht viel weniger als 100 Jahren nur von 7 ½ auf 8 ½ Millionen gewachsen war (während z. B. die Bevölkerung Deutschlands 1815—1865 um fast 54 Prozent zunahm), erklärt sich wohl daraus, daß die Volksdichtigkeit sich schon in der Zeit des Diodor der Grenze genähert hatte, welche durch die Beschränktheit des kulturfähigen Bodens für die Möglichkeit der Ernährung gezogen war. Veranschlagt man den kulturfähigen Boden Ägyptens im Altertum auch sehr hoch, z. B. auf etwa 30 000 Quadratkilometer, so lebten in Diodors Zeit 250, in der des Josephus 280 Menschen auf dem Quadratkilometer[1]) (gegenwärtig im Kulturland nach den Angaben des Statesmans Yearbook für 1913 etwa 360). Übrigens muß es, wenn Diodors Worte von Ägypten buchstäblich zu verstehen sind (I 31, 6 πολυανθρωπίᾳ δὲ τὸ μὲν παλαιὸν πολὺ προέσχε πάντων τῶν γνωριζομένων τόπων κατὰ τὴν οἰκουμένην, καὶ καθ' ἡμᾶς δὲ οὐδενὸς τῶν ἄλλων δοκεῖ λείπεσθαι), noch andre ebenso dicht bevölkerte Länder gegeben haben. Jedenfalls sind Wietersheims (und vollends Belochs) Schätzungen der Bevölkerungszahlen der römischen Provinzen vielfach zu niedrig[2]).

Wenn nun diese Veranschlagung des Gesamtbetrags der ägyptischen Steuern durch die relative Geringfügigkeit der annähernd ermittelten Summen Zweifel gegen ihre Richtigkeit erregt, so stimmt die letztere dagegen sehr gut zu einer Angabe der Steuern Ägyptens unter Ptolemäus Philadelphus. Er erhielt nach Hieronym. in Dan. 11, 5 p. 1122 Bened. aus Ägypten jährlich *quatuordecim milia et octingenta talenta argenti* (57 Millionen Mark) — *et frumenti artabas* (*quae mensura tres modios et tertiam modii partem habet*) *quinquies et decies centena milia* (591 000 Hektoliter). Vgl. Marquardt StV. II² 193, 3 und über diese sowie über die übrigen auf die Einkünfte aus Ägypten bezüglichen Angaben Fr. Rühl, Jahrb. f. Philol. CXIX 1879 S. 621ff. Daß das Land bei erheblich gewachsener Bevölkerung unter den Römern eine doppelt so hohe Geldabgabe und eine etwa dreimal so hohe Getreideabgabe tragen konnte und mußte als unter Ptolemäus Philadelphus, ist nichts weniger als auffallend[3]).

Nun sagt bekanntlich Velleius, daß die Einkünfte, welche der römische Staatsschatz aus Ägypten bezog, beinahe ebenso hoch waren wie die aus dem von Cäsar eroberten Gallien fließenden (II 39, 2: *Divus Augustus praeter Hispanias aliasque gentes, quarum titulis forum eius praenitet, paene idem facta Aegypto stipendiaria, quantum pater eius Galliis, in aerarium reditus contulit*).

1) Mommsen RG. V 578 nimmt höchstens 700 Quadratmeilen, 11000 Menschen auf die Quadratmeile an. 2) Die von Hartel (Griech. Papyri d. Erzh. Rainer S. 22 f. und 58 f.) nach den arabischen Konskriptionen für das Jahr 640 berechnete Summe der Bevölkerung Ägyptens von 15 Millionen erscheint zu hoch gegriffen. 3) Über das Steuerwesen des kaiserlichen Ägypten s. jetzt besonders Wilcken, Gr. Ostraka I; Papyruskde. I S. 186ff. (vgl. S. 287ff. über die Bodenwirtschaft der röm. Zeit und S. 368ff. über die Getreidelieferungen); ferner (über den *fiscus Alexandrinus*) Hirschfeld, Verw.Beamte² S. 369ff., vgl. Rostowzew, Real-Encykl. VI 2402f.

Ebenso bekannt ist die Angabe Suetons (Caes. 25, 1, wo nach Marquardt StV. II[2] 242, 4 statt des im Vatic. überlieferten *CCCC* zu lesen ist $|\overline{CCCC}|$) und des (unzweifelhaft auf Sueton fußenden) Eutropius VI 17, 3, daß Cäsar *Galliae — tributi nomine annuum imperavit sestertium quadringenties*. Nach Velleius hätte Gallien also mehr als 120 Millionen Mark gezahlt, nach Sueton und Eutrop etwa 7. O. Hirschfeld, Kl. Schr. S. 800 hält die Stelle des Velleius für verdorben und will statt *paene idem* lesen *paene vicies* (oder *p. v. tantum*). Vielleicht hat aber Velleius die in seiner Zeit von den gallischen Provinzen gezahlten Steuern im Auge, die der Schatz ja doch deren Eroberer verdankte, wenn dieser sie auch noch nicht selbst erhoben hatte. Daß er sich hierüber aus Augustus *Breviarium totius imperii* unterrichtet hatte, ist nicht unwahrscheinlich, da er auch dessen *Index rerum gestarum* benutzt zu haben scheint (Mommsen, Res gestae d. Aug.[2] p. 3f.). Daß Cäsar dem erschöpften Lande eine sehr geringe Steuer auferlegte, ist begreiflich; daß es nach 60 Jahren eine sehr viel höhere zahlte, selbstverständlich. Gallien gehörte gewiß schon unter Augustus zu den steuerkräftigsten Provinzen, und seine Bevölkerung muß die Ägyptens erheblich überstiegen haben. Veranschlagt man nämlich für Cäsars Zeit in Gallien die durchschnittliche Bevölkerung auch nur auf 1000 Köpfe für die Quadratmeile (Mommsen RG. III[5] 216), so hatte das ganze römische Gallien schon über 10 Millionen, und in 60 Jahren müssen die durch den Krieg herbeigeführten Verluste nicht nur ausgeglichen, sondern die Bevölkerung noch sehr gewachsen sein.

Schließlich sei bemerkt, daß die nach Philostrat. V. Soph. II 1, 3 von der Provinz Asia unter Hadrian als φόρος zu zahlende Summe von 7 Millionen Drachmen (d. h. 28 Millionen Sesterzen, etwa 6 Millionen Mark, Marquardt StV. II[2] 298, 1) nach allem Obigen zu gering erscheint, um als Gesamtbetrag der Steuern dieser Provinz zu gelten. Denn daß das volkreiche, blühende Land mit 500 Städten viel weniger zahlte als Palästina, ist wohl nicht denkbar.

M. Bang.

XXIV

BEZEICHNUNG VON SILBERGERÄT NACH DEM GEWICHT[1]

Martial spricht von Geschenken an Gold und Silber öfters so, daß man glauben könnte, es sei von Barren die Rede, wie XIII 48: *Boleti. Argentum atque aurum facile est laenamque togamque mittere: boletos mittere difficile est.* Besonders ist dies an denjenigen Stellen der Fall, wo das Gewicht von Gold- und Silbergeschenken (an den Saturnalien) angegeben wird: VII 86, 6f.: *nulla venit a me Hispani tibi libra pustulati* (*argentum pustulatum* Suet. Ner. 44, 2). X 14, 8: *Argenti venit quando selibra mihi?* X 57: *Argenti libram mittebas; facta selibra est, sed piperis.* XI 105: *Mittebas libram, quadrantem, Garrice, mittis. Saltem semissem, Garrice, solve mihi.* XII 36: *Libras quattuor aut duas amico algentemque togam brevemque laenam, interdum aureolos manu crepantes — quod nemo, nisi tu, Labulle, donas, non es, crede mihi, bonus.* VII 53 klagt er, daß er von 'Umber' eine solche Menge wertloser Saturnaliengeschenke erhalten habe, daß acht Sklaven sie hätten tragen müssen, und schließt dann V. 11: *Quanto commodius nullo mihi ferre labore argenti potuit pondera quinque puer.* Dieselbe Ausdrucksweise findet sich, wo von Käufen und Vermächtnissen die Rede ist, wie Martial. II 44: *Emi seu puerum togamve pexam seu tres, ut puta, quattuorve libras* usw. II 76: *Argenti libras Marius tibi quinque reliquit.* Vita Persii (p. 65 Leo): *scriptis — ad matrem codicillis Cornuto rogavit ut daret sestertia, ut quidam* ⟨*dicunt*⟩, *C, ut alii* [*volunt*], ⟨*L*⟩ *et argenti facti pondo viginti* (Silberarbeiten im Gewicht von zwanzig Pfund konnten übrigens einen Wert von 100000 Sesterzen haben, aber nur wenn sie einen mehr als gewöhnlichen Kunstwert hatten). Martial. III 62: *Centenis quod emis pueros et saepe ducenis, quod sub rege Numa condita vina bibis; quod constat deciens tibi non spatiosa supellex, libra quod argenti milia quinque rapit — — haec animo magno credis te, Quinte, parare?* CIL VI 10229 (Testament des Dasumius v. J. 108), 15: [*amicis .... heres dare damnas esto singul*]*is auri p*(*ondo*) *libras* (ähnlich Z. 128 und nr. 10229*a*).

In der Tat ist aber an allen oben angeführten Stellen von Silber- und Goldgeschirr die Rede (vgl. CIL VI 10229, 38. 67), ebenso wie bei Martial. XII 66, 7:

1) Vgl. oben II 351, 3. 355, 6 und Friedlaender, De donis saturnaliciis aureis et argenteis (Acad. Alb. Regim. 1876 III). Zu denselben Ergebnissen ist mit denselben Beweisgründen W. Gilbert, Jahrb. f. Philol. CXXV 1882 S. 131f. gelangt, ohne Friedlaenders Abhandlung zu kennen.

argentum atque aurum non simplex Delphica portat (vgl. CIL VIII 27587: *filiam nurumque ... donavit auro atque argento aequaliter vestemque ambabus ... adsignavit*). Die Bezeichnung durch die bloße Gewichtsangabe erklärt sich eben daraus, daß dieselbe meistens auf den Geräten eingraviert und somit als deren hauptsächlich in Betracht kommende Eigenschaft sofort zu konstatieren war. Beweisend hierfür sind vor allem eine ganze Anzahl von antiken Funden, so besonders die aus Pompei (oder Herculaneum) stammenden Stücke CIL X 8071, 7 (2 silberne Amphoren): *Fulloniae Pollittae II* (d. h. *duas amphoras*) *p(endere) p(ondo) XXIII s(emissem)*, *(scriptula) VI* (= 7602 gr)[1]; 8071, 8 (Silbergefäß im Gewicht von 181.50 gr): *Q. Gupaci II* (d. h. *duo vascula*, von denen nur dies eine erhalten) *p(ondo) I*, *(uncias V semunciam)*, *(scriptula) III* (= etwa 481 gr); 8071, 9 (3 Silbergefäße mit derselben Inschrift, 146.75, 151.98, 148.65 gr schwer): *Helvi Amandi p(ondo) I*, *(dextantem semunciam*, d. i. 10½ Unzen), *(scriptula) III*. — *L. Herenni Rustici* (Name des zweiten Besitzers) *p(ondo) I* usw., *(scriptula) II* (= etwa 617 gr); 8071, 12 (Silberschale, 549.85 gr schwer): *M. Mascai p(ondo) V*, *(semunciam)*, *(scriptulum) I* (= etwa 1655 gr, also offenbar ursprünglich 3 Schalen von gleichem Gewicht); 8071, 13 (Silberschale, 316.30 gr schwer): *M. Novi p(ondo) II*, *(deuncem semunciam*, d. s. 11½ Unzen) (= etwa 956 gr); 8071, 15 (Silberbecher, 626.70 gr schwer): *....uthi (pondo) III*, *(uncias V semunciam)*, *(scriptula) II* ... (= 1135 gr); 8071, 17 (Silberschale, 217.06 gr schwer): *(pondo) V*, *(uncias X semunciam)*, *(scriptula) VI* (= 1930.6 gr); 8071, 18 (silberne Schöpfkelle, 527.26 gr schwer): *p(ondo) I*, *(uncias VIII)*, *(scriptula) III* (= 546.9 gr); 8071, 19 (kleines Silbergefäß, 80.30 gr schwer): *p(ondo) (deuncem)*, *(scriptula) III* (= 304 gr); ferner zahlreiche ganz entsprechend signierte Stücke aus den Silberfunden von Boscoreale (Villefosse, Monum. Piot V, 1899) und Hildesheim (Pernice-Winter S. 18ff.), sowie aus dem Silberschatz des Mercur von Berthouville (CIL XIII 3183, 3. 18—20. 23. 27. 29—32). Vgl. auch Petron. sat. 31, 10 und Zahn, Ber. d. Kgl. Kunstsamml. Berlin XXXVIII (1916/17) S. 287f.

Daß an den Saturnalien wirklich nicht rohes Silber oder Gold, sondern stets Geräte geschenkt wurden, geht zudem aus zahlreichen Stellen des Martial hervor. Arme schenkten größere oder kleinere silberne Löffel (VIII 33, 23: *Quid tibi cum phiala, ligulam cum mittere possis, mittere cum possis vel cochleare mihi*; vgl. die unten anzuführende Stelle VIII 71, 9; V 18, 2: *graciles ligulae*; XIV 120: *ligula argentea*), Reichere und Freigebigere Schüsseln und Pokale (Horat. C. IV 8, 1: *Donarem pateras* usw. Mart. VII 72, 4: *lances ferat et scyphos avorum aut grandis reus aut potens amicus*). Am klarsten ergibt sich aus VIII 71, daß unter dem nach dem Gewicht angegebenen Silber überall Silbergerät zu verstehen ist. Martial klagt darin, daß die Saturnaliengeschenke eines Postumianus von Jahr zu Jahr kleiner werden: vor zehn Jahren habe er von diesem 4 Pfund Silber erhalten, bald darauf nur ungefähr 2, im fünften Jahre ein Pfund Septicianisches Silber (dieses, welches auch IV 88, 3 erwähnt wird, hatte den Namen offenbar von einem Fabrikanten, wie die Furnianischen, Clodianischen, Gratianischen Gefäße, Marquardt, Privatl.[2] 696, 1).

1) Über die Tatsache, daß beide Gefäße jetzt zusammen etwa 8021 gr wiegen, s. Mommsens Bemerkung zu d. Inschr.

Dann fährt Martial fort: *Bessalem ad scutulam sexto pervenimus anno, post hunc in cotula rasa selibra data est. Octavus ligulam misit sextante minorem, nonus acu levius vix cochleare tulit.* Ähnlich V 19, 11 ff.: *Saturnaliciae ligulam misisse selibrae e lamnisve Tagi scripula tota decem luxuria est, tumidique vocant haec munera reges* (V. 12 nach Munros Emendation: $^1/_2$ *libra* = 163,73 gr, 10 *scripula* = 11,37 gr; da in jener Zeit der Wert des Goldes mehr als das Zwölffache des Silberwerts betrug [Hultsch, Metrol.[2] S. 238], war eine *selibra* Silber und 10 *scripula* Gold ungefähr gleichwertig). Goldene (und zwar zälierte) Schalen befanden sich unter den Saturnalienlosen der Reichen (XIV 95); daß das Gold mitunter äußerst dünn war, zeigt VIII 33. — Vgl. auch CIL VIII 1858 (Theveste): *arg(enti) lib(ras) CLXX, id est lances IIII ...... [et a]uri lib. XIIII, id est pihal(as)* (so) *III, scyphos II* und andre inschriftliche Erwähnungen von Gold- und Silbergerät mit Gewichtsangaben (CIL III 1769 = Dessau 7167; 4806 = Dessau 4863; CIL V 8242 = Dessau 3769; CIL X 6 = Dessau 5471; CIL XI 358 = Dessau 3363; 3287 = Dessau 3876*a*; 3866; CIL XII 354 = Dessau 3855; CIL XIV 21 = Dessau 4373; Dessau 3774. 5471*b*).

M. Bang.

XXV

PREISE VON GRABDENKMÄLERN[1]

Bei den in dem folgenden Verzeichnis angegebenen Summen ist zu beachten, daß in den verschiedenen Zeiten, denen die einzelnen epigraphischen Zeugnisse angehören (sie erstrecken sich über etwa 3 Jahrhunderte), der Geldwert sehr verschieden gewesen ist.

Etwa 100 Sest. CIL VIII 3042 = 18162 (Lambaesis): Cippus *ex* ✱ *XXIV* (Lesung unsicher).

200 Sest. CIL VIII 2787 (ebd.): Soldatengrabstein (Ara, 1.25 m h.).

400 Sest. CIL VIII 3191 (ebd.): Soldatengrabstein.

— VIII 3006 (ebd.): *ex testam[ento] suo fieri mo[num.]* ✱ *C* — — *procurav[erunt]* — — *liberti*.

— VIII 18316 (ebd.): Soldatengrabstein.

— IX 4017 (Alba Fucens): *ex tes(tamento)* ~~*HS*~~ *CCCC*.

500 Sest. CIL VIII 3572 (Lambaesis): Ara, 1 m h.

— VIII 9801 (Safar).

600 Sest. CIL X 4929 (Venafrum, '*litteris antiquis*'): *ex testamento* ~~*HS*~~ *ƋC*. Dieselbe Summe vielleicht CIL VIII 3055 (Lambaesis).

800 Sest. CIL VIII 3254 (Lambaesis): Soldatengrabstein (Ara, 1 m h.).

900 Sest. CIL VI 25144 = Dessau 8104: *locum emit*, *massam calcavit*, *cupam edificavit*; *de bonis eius omnibus consummat(um)* ✱ *CCXXV*.

1000 Sest. CIL VI 2954 = Dessau 2137: *ex* ✱ *CCL*.

— VIII 2845 (Lambaesis).

— VIII 2896 (ebd.): Cippus, 1 m h.

— VIII 2981 (ebd.): desgl.

— VIII 3001 (ebd.): Grabara eines Centurio mit Reliefporträt und Seitenornamenten.

— VIII 3109 (ebd.).

— VIII 3334 (ebd.): *testamento monimentum sibi fieri iussit ex* ~~*HS*~~ *Ƌ n̄.*, *quod ut fieret adiectis insuper* ~~*HS*~~ *Ƌ n̄.* — — *coniunx* — — *faciendum curavit*.

— VIII 3668 m. Add. 18195 (ebd.): Ara, 1 m h.

— VIII 4332 = Dessau 2448 (Casae): Ara, 1.36 m h.

— XI 2803 (Volsinii): *ex testamento HS* ∾.

— XI 4532 (Ameria).

---

1) Vgl. oben II 362, 13. 365, 2.

1200 Sest. CIL VIII 2815 (Lambaesis).
— VIII 2877 = Dessau 2653 (ebd.): Grabcippus eines Centurio mit Reliefporträt.
— VIII 3016 (ebd.): Ara, 1.10 m h.; *her. ex testam. fecer. ex* ~~SS~~ *Ī CC num.*
— VIII 3654 (ebd.): *monimentum ex* ~~IS~~ *mille ducentis n̄. ex praescripto eius (factum).*
— VIII 4387 m. Add. 18555 = Dessau 8074 (Seriana) *monumentum — — faciendum locavit* ~~SS~~ *CIↃ CC num.*
— X 3608 (Misenum): *expe(n)sav(i)t* ✳ *CCC.*
1500 Sest. CIL VIII 2823 (Lambaesis): Cippus, 1.12 m h., mit Reliefporträt.
— X 380 (Auletta b. Atina).
2000 Sest. CIL VIII 2783 (Lambaesis): sechsseitiger Cippus, 1 m h.
— VIII 2817 = Dessau 2212 (ebd.): Ara, 1 m h.
— VIII 2878 (ebd.): Ara, 1.20 m h.
— VIII 2886 (ebd.): Ara, 1.30 m h.
— VIII 2953 (ebd.): Cippus, 1.22 m h.
— VIII 4055 (ebd.): *it cot* (= *id quod*) *testamento suo legavit, fecit ex* ~~HS~~ *ĪĪ n.*
— VIII 4180 (ebd.).
— VIII 18297 (ebd.).
— IX 5809 (Potentia): *ex* ~~HS~~ ∞ ∞ *praelegatis.*
— X 3360 (Misenum).
— X 4306 (Capua): *e[x te]stament. HS* ∞ ∞.
— X 5530 (Aquinum, alt): *ex testamento* ~~HS~~ ↀ ↀ.
2000—2500 Sest. CIL VIII 3079 (Lambaesis): *cum sibi in funus*[1]) *et monimentum* ~~HS~~ *ĪĪ mil. erogari cavisset — — (illi) adiectis de suo* ~~HS~~ *D n. b. m. f.*
3000 Sest. CIL VIII 15392 (Gegend von Thubursicum Bure).
— IX 4269 (Amiternum): *test. [fie]ri iussit HS* ↀ ↀ ↀ.
— X 1327 (Nola): *ex testamento HS̄* ∞ ∞ ∞.
— X 5753 (Sora): *ex testamento* ~~HS~~ *ĪĪĪ.*
— X 6186 (Formiae): *ex testam.* ~~HS~~ ↀ ↀ ↀ.
— XI 1939 (Perusia): *ex testamento* ~~HS~~ ∼ ∼ ∼.
3400 Sest. CIL IX 1077 (Gegend von Compsa): *ex testamento ĪĪĪCCCC.*
4000 Sest. CIL VI 4787: *ex testamento* ~~HS~~ ∞ IↃↃ.
— VI 27619: *co(n)st(at) cum loco* ~~HS~~ ∞ ꟿ.
— VIII 3025 (Lambaesis).
— X 1273 (Nola): *ex testamento HS* ꟿ (*quattuor milibus* nach Mommsen).
— X 4444 (Capua): *ex testamento* ∞ ∞ ∞ ∞.
4800 Sest. CIL II 1359 = Dessau 5498 (Arunda): *testamento suo caverat sepulcrum sibi fieri ad denarios* ∞ *CC* (wofür dann von dem Erben *sumptu maiore* 2 Statuen gesetzt wurden).

1) Vgl. CIL VI 6221 = Dessau 7449: *sodales ei funus fecerunt hom(ines) CXXX (denariis) CCXXV* und aus späterer Zeit CIL V 4100 = Dessau 2795: *in funus et memori a(m) erog(avit* ✳ *XXX.*

5000 Sest. CIL VIII 811 (Avitta Bibba): *heredes ex HS V̄ mil. n. faciundum curaverunt eo amplius solo a se comparato.*
— VIII 2185 (Umgegend von Theveste).
— IX 707 (Teanum Apulum).
— X 1166 (Abellinum): [*ex*] *testament.* [*HS*] ↁ (?).
6000 Sest. CIL III 5780 (Abudiacum): *heres patri sicud testamento praiceperat sestertis V̄Ī milibus faciendum curavit.*
— VIII 8840 (Tupusuctu in Maur.): Marmorbasis, *secundum voluntatem testamenti eius ex HS VI milib.*
— X 3359 (Misenum): *heredes de HS V̄Ī n. ex testamento eius.*
— XI 4504 (Ameria): [*testa*]*mento HS* Iↄↄ ∞ ...
— XII 324.
— XIV 1307 (Ostia): 'piccolo monumento sepolcrale di peperino', *ex t*[*esta*]*mento HS* Iↄ ∞ (vermutlich verlesen für ↁ ∞).
6400 Sest. CIL VI 21458: (*liberti patrono*) *ex testamento eius HS ĪĪĪ m. n. et ex suo amplius adiectis HS ĪĪĪ CCCC m. n.*
8000 Sest. CIL XI 4721 (Tuder).
— XI 4938 (Spoletium).
9000 Sest. CIL VI 10219 = Dessau 8226: *moni*[*mentum et area*]*m comparavit — — comparatu*(*m*) *autem est de SS V̄ĪĪĪĪ m̄. n̄.*
9200 Sest. CIL VIII 3005 (Lambaesis).
10000 Sest. CIL VI 10027: *ex testamento HS* ccIↄↄ.
— VI 12692: *ex testame. HS* ↂ.
— VI 13037: *ex testamento suo emi iussit — — ex HS X̄ m̄. n̄.*
— VI 16705: *ex testamento HS* ↂ.
— VI 24090: *ex t*]*estamento HS* ccIↄↄ.
— X 336 (Atina): *testamento fieri cavit ex HS* ↂ (so nach Mommsens Vermutung für das überlieferte *HS* ..I..).
— X 3749 (Atella): *ex testamento HS* ↂ.
— X 4815 (Teanum Sidic.): *ex testamento HS* ccIↄↄ.
— XI 1217 (Placentia): *factum ex testamento HS* ↂ (die Inschriftplatte mißt 2×1,29 m).
Über 10000 Sest. CIL VI 1924: Marmordenkmal mit 2 Reliefporträts *de HS X̄, quam summam* (*ille*) *inpendi iussit,* (*illa*) *adiecta impensa consummavit.*
11000 Sest. oder mehr. CIL X 3888 (Capua): Rundes Denkmal *HS n.* ↂ ∼ ...
12000 Sest. CIL VI 3504.
— VIII 2764 ('*in mausoleo posito in via Lambaesi Dianam ducente*'): *testamento suo monimentum sibi ex SS. X̄ĪĪ nummum faciendum delegaverat.*
— X 4727 = I² 1578 = Dessau 6297 (ager Falernus): *monumentum HS* ↂ ↀ ↀ *ex testamento.*
12500 Sest. CIL VI 38696 (= Not. d. sc. 1907 S. 681).
15000 Sest. CIL III 14349³ (Aquincum).
— VI 29971 (Tufffragm. an der Via Appia): [*c*]*onstat HS* ↂ ↁ.
— XI 3352 (Blera): [*ex testa*]*mento HS* ↂ ↁ.
— XI 4358 [= VI 3872 = 32280] (Ameria): *ex testamento HS* ↂ ↁ.

16000 Sest. CIL VI 33846 = Dessau 7660: *in hoc monumento socium habeo nullum; constat cum loco HS* $\overline{XVI}$.

18300 Sest. CIL X 3361 (Misenum): *t(estamento) f(ieri) i(ussit) ex* ~~HS~~ ↂ, *adiecit eo — coniunx* ~~HS~~ ↁ ∞ ∞ ∞ *CCC*.

20000 Sest. CIL III 14701/2 (b. Salonae): [*e*] *denari*[*um quin*]*que mili*[*bus*.

— VI 1828 = Dessau 1887: *ex testamento de HS* $\overline{XX}$.

— VI 11504: *ex testamento fieri iussit HS* $\overline{XX}$.

— VI 29915: *ex testamento* ~~HS~~ ↂ ↂ.

— IX 2365 (Allifae): [*ex*] *testamento suo HS* ↂ ↂ.

— IX 4731 (Reate): *ex testamento eius — de HṠ* $\overline{XX}$.

— X 2402 (Puteoli, '*titulus mausolei rotundi*'): *ex testam. — HS* ↂ ↂ.

— X 4795 (Teanum Sidicinum): *a tesstament. fact.* ~~HS~~ ↂ ↂ.

— XI 3205 = Dessau 4948 (Nepet): *ex testamento* ~~HS~~ ↂ ↂ.

— XI 4009 (Capena): *ex testamento sestertiorum* $\overline{XX}$, *quae eis reliquit ut curent fecerunt.*

Uber 20000 Sest. CIL VI 22107: *ex testamento* ~~HS~~ ↂ ↂ — — *reliq(uam) pecuniam de suo adiecit* (*uxor*).

24000 Sest. CIL III 14827[2] (Salonae): (*illa*) *t(estamento) f(ieri) i(ussit)* — — *ex* ~~HS~~ $\overline{XX}$, *curant*[*i*]*b(us) heredib(us)*; *in quo opere ad*[*ie*]*cer(unt) heredes* ~~HS~~ $\overline{IIII}$.

— VIII 9109 (Auzia) v. J. 233: *mausoleum operae* (so) *quadratario secundum verba testamenti eius super* ~~IS~~ $\overline{XVI}$ *n̄. qua*[*e*] *dependi mandaverat, additis de suo* ~~IS~~ $\overline{VIII}$ *n̈.* — — *marita a solo omnibus inpendis suis extruxit.*

25000 Sest. CIL VI 14215: *HS* ↂ ↂ ↁ (für das überlieferte ↂ ist vielleicht zu schreiben ↈ, d. s. insgesamt 115000 Sest.).

26000 Sest. CIL VIII 2851 (Lambaesis).

— VIII 4524 (Zarai, 2 Bruchstücke eines über 2 m langen, 1/2 m hohen Architravs): *depensa sexs et* $\overline{XX}$ *n.*

27500 Sest. CIL VI 27023 ('*in monumento rotundo marmoreo*'): *testamento suo iussit* ~~HS~~ ..... *monumentum fieri*; *duo heredes* [.... *fecerunt*]; *factum est* ~~HS~~ ↂ ↂ ↁ ∞ ∞ Ɖ.

35000 Sest. CIL VI 27024.

50000 Sest. CIL VI 2165: *testamento fieri iussit sibi et fratri suo HS* $\overline{L}$ *m. n. arbitratu heredum.*

— VI 18960 ('*epistylium, ut videtur, marmoreum*').

— VIII 2841 = Dessau 8097: *maesolaeum Romae in praedis suis ex* ~~HS~~ $\overline{L}$ *m. n. factum est.*

— X 6210 (Formiae): [*t*]*estamento* ~~HS~~ *quinquag*[*inta m. n.*].

— XIV 480 (Ostia): *heres quinquaginta meis millibus, ut volui, hanc aedem posuit.*

60000 Sest. CIL X 5377 (Fratta): *exs testamento de* ~~HS~~ $\overline{LX}$ *m. n. curantibus lib(ertis).*

63000 Sest. CIL VIII 2224 (Mascula) *ex* ~~IS~~ $\overline{LXIII}$ (?) *n.*

80000 Sest. CIL VI 32511: [*constat m*]*ilia se*(*stertium*) *XXC*.
— VIII 21 (Leptis): [*monumentum*], *quod opere Signino* (*ille*) [*f*]*ecerat*, [(*illa*) *restit*]*uit et a fundamento erexit HS* L̅x̅x̅x̅ *milib. n.*
100000 Sest. CIL VI 14706: *ex m*(*ilibus*) *SS C.*
— VI 29972: [*ex testamen*]*to HS* ↀ ...
— VI 32267 (= 1848 + 2176): [*hic cum impensas*] *ex testamento suo monum*[*enti faciendi*] *de HS C mil. n. erogari praecepi*[*sset, liberti*] *et heredes patrono .... adhibuerunt.*
— XIV 397 (Ostia): *ex testamento ita ut is caverat factum HS C̄.*
— XIV 2827 (S. Cesareo, '*lapis marmoreus formae rotundae alt. m. 0,70, lat. m. 1,30*'): *ex testamento fieri iussit HS C̄.*
— XIV 3906 = Dessau 6544 (Lunghezza b. Tibur): *ex testamento factum praeter locum HS C̄.*
{380000 Sest. CIL V 1895 (Concordia): *memor*(*iae*) (*illius*); (*ille*) *in opus ornament*(*a*) *HS CCCC* (*milia*), *ded*(*ucta*) (*vigesima*) *p*(*opuli*) *R*(*omani*) *d*(*edit*).
{400000 Sest. CIL VI 31865: *ex HS CD* (*milibus*) [*monumen*]*tum et aedificia, quae iuncta sunt, t*(*estamento*) *f*(*ieri*) *i*(*ussit*).
500000 Sest. CIL X 5624 (Fabrateria N.): *ex testament. HS Q J.*

Zweifelhafter Lesung ist CIL VIII 10781 = 18664: *monumentum* (*illius*) — — *sumptus erogatus -X-X-* (= ✳ X̄?, oder [HS] XX?); die Preisangaben verstümmelt CIL VIII 2451. 25430. XI 4518.

Aus diocletianischer und späterer Zeit (die Preise in Rechnungsdenaren bzw. Goldwährung):

CIL VI 37213 = Dessau 2044 (Grabstein eines Prätorianers, eines Pannoniers): *de re ipsius — — ex ✳ L milibus* (gemeint sind offenbar diocletianische Denare[1]), also eine Summe im Werte von etwa 913 Goldmark; anders oben II 365).

Lebas-Waddington 1999 (Grabmal zweier Centurionen v. J. 345): ἀνηλώθησαν (δηναρίων) ιγ μ(υριάδες).

Ebd. 2000 — τὸν τάφον ἀνήγειραν· [ἀνήλωσαν ἑπτ]ὰ μυριάδας χιλίας.

Ebd. 2036 v. J. 342 (Mothana): ἀναλώσας δηνάρια μύ[ρια] πεντακισχίλια.

Ebd. 2037 v. J. 350 [ἀνήλωσα δραχμὰς] μ(υρίας) χιλίας Σύρους.

Ebd. 2053 v. J. 350 (Meschquouq): Εὐτυχῶς ἐκοδομήθη ὁ πύργος — — Σουάνιος οἰκοδόμος — — ἀνελόθ[η] ✳ μύρια.

Die Reduktion der Summen auf Mark ergibt in

Nr. 1999	130 000	Rechnungsdenare	etwa	260	Mark
- 2000	71 000	-	-	142	-
- 2036	15 000	-	-	30	-
- 2053	10 000	-	-	20	-

1) Nach Mommsens jetzt allgemein rezipierter Feststellung (Hermes XXV 1890 S. 26 f.) gingen von denselben 50 000 auf das Pfund Feingold im Werte von rund 913 Goldmark, so daß 1 Denar einen Wert von etwa 1,8 Pfennig hat. Nach dem späteren, constantinischen Wertungssystem gilt das Goldpfund zu 72 Solidi (à 12,69 Mark) 432 000 Rechnungsdenare, der Denar also nur noch etwa 1/5 Pfennig. Im Laufe des 5. Jahrhunderts sinkt der Wert des Denars noch weiter, bis auf weniger als 1/7000 des Goldstückes (s. Mommsen a. a. O. S. 33 ff.).

Die Bestimmung der syrischen Drachmen (Nr. 2037) ist noch nicht gelungen (Hultsch, Metrol.[2] 338, 1: »Im ungünstigsten Falle stand diese Rechnungsdrachme dem diocletianischen Denar gleich; möglicherweise auch noch etwas höher«).

CIL VIII 24934 (Carthago): *(illa) istet[ui]t ded(icavit) mos(o)l(eum), qui co(n)s(titit) den(ariis) $\overline{CCC}$ XV* (= 630 Mark? — 5670 Mark?).

CIL VIII 22660 (Ghirsa '*in mausoleo*'): *eroga[tu]m est sum(p)tos merc[e]dibus in nummo (denarium) foll[es] singulares numero quadraginta quinque [milia] sescentos pr(a)eter c[i]b[aria] opera[nt]ibus* (= etwa 2350 Mark).

CIL VIII 22661 (Ghirsa, '*ad unum ex mausoleis ibi extantibus*'): *erogatum est sumptos m[erc]edes in num(m)o (denarium) follis n[onaginta?] milia pr(a)eter cibarias ope[ranti]bus.*

CIL III 14314[4], vgl. 14305 (Salonae, christl.): [? *ar*]*ca solidos quattuor* (= 50,76 Mark).

Bull. archeol. comun. di Roma 1912 S. 191, 37 (Rom, christl.): *se vivos conparaverunt auri solidos quattuor trimise unum X.*

CIL VI 29975: *emit uxori sartophagu(m) aureis IX.*

In einigen von den oben aufgeführten Inschriften (CIL VI 25144. 27619. 33846) wird ausdrücklich vermerkt, daß in den Denkmalskosten der für die Bodenfläche gezahlte Preis einbegriffen ist, zuweilen umgekehrt hervorgehoben, daß er in der angegebenen Summe nicht mit enthalten ist (so CIL VIII 811. XIV 3906). Besonders verzeichnet wird er in folgenden Inschriften:

CIL VI 23851 = 29973: *emerunt*] *locum* ~~*HS*~~ ↀ (100 000 Sest.).

CIL X 4811 (Teanum Sidic.): *locum emit IIS C*[*C*] (oder *C*[*D*]: hinter *C* anscheinend nur Raum für 1 Buchstaben).

CIL VI 32274: *solum emerunt* [~~*HS*~~ ....

CIL VI 34661: *hic loc(us) emt(us) est* [~~*HS*~~ ....

Bull. archeol. comun. di Roma 1912 S. 190, 36 (Rom, christl.): *emptum locum ab Artaemisium visomum hoc est et praetium datum fossori Hilaro, id est fol(les) n̄(ummum)* ∞ *d* (= etwa 80 Mark).

[Orelli 4181 (aus Gruter u. Marini) = Wilmanns 2573 ist gefälscht: CIL VI 937*.]

M. Bang.

XXVI

DAS LATRINENWESEN IN ROM UND DEN PROVINZEN[1)]

Am meisten zu ihrem Vorteil dürften sich die antiken italienischen Städte von den modernen durch ihr Latrinenwesen unterschieden haben[2)]. Bedürfnisanstalten (*amphora in angiporto*) werden in Rom schon in der Rede des Titius für die lex Fannia 161 v. Chr. erwähnt (Macrob. Sat. III 16, 15). Der Raum, in dem Cäsar ermordet worden war, wurde zu einer Latrine umgewandelt (Cass. Dio XLVII 19, 1). In der Kaiserzeit werden öffentliche Latrinen erwähnt bei Sueton Tiber. 58; Nero 24, 1; vita Lucani. Die Regionsbeschreibung nennt 144 öffentliche Latrinen (vgl. Jordan, Topographie I 1 S. 445, 67). Daneben wird die Privatindustrie geblüht haben, wenn auch sichere Zeugnisse fehlen. Daß bei Martial derartige Einrichtungen mehrfach erwähnt werden, kann nicht wundernehmen (*conclavia* V 44, 6 und XI 77, 1; *sellae Patroclianae* XII 77, 9. XII 48, 8). Die einfachste Form bildete ein großes Tongefäß (*amphora* s. o., *testa* Martial XII 48, 8, *dolia curta* Lucr. IV 1019; *curto vetus amphora collo* Properz IV 5, 73; *curtus* bedeutet, daß der enge Hals für die neue Verwendung abgeschlagen worden war). Eine solche Einrichtung hat sich noch in Pompeji im Gebäude der Eumachia gefunden, und da dieses Gebäude irgendwie den Tuchwalkern (*fullones*) diente, die darin der Eumachia eine Statue gesetzt haben, und der Urin in ihrem Gewerbe eine erhebliche Rolle spielte, so ist wohl mit Recht vermutet worden, daß sie von ihnen angelegt worden sei (Mau, Pompeji[2] Anhang S. 22). Martial VI 93, 1 nennt sie *fullonis avari testa vetus*. Auch das berüchtigte *urinae vectigal* des Vespasian (Sueton Vesp. 23, 3) wird eine Abgabe der Walker (und Gerber) sein, gegen die ihnen das Recht zustand, den Inhalt der öffentlichen Latrinen ihrem Gewerbe zuzuführen oder eigene anzulegen[3)]. Neben die vorbeschriebene einfache Anlage werden schon früh stattlichere Einrichtungen getreten sein, worauf Martials

---

1) Vgl. II 372, 2. — Vgl. Thédenat bei Daremberg-Saglio III S. 987—991 (Latrinae), wo das wesentliche Material zusammengestellt ist. 2) Nach Baudrillart, Hist. du luxe III 228 hatten im 17. Jahrh. in der Mehrzahl der Städte Europas nicht einmal die Häuser Abtritte. Franz I. befahl die Anlage derselben beim Bau neuer Häuser in Paris. Madrid wurde erst durch Karl III. purifiziert. »*L'infection était si épouvantable, qu'on la sentait six lieues à la ronde. Il n'y a sorte de difficultés et d'oppositions qu'il n'éprouvât dans son projet. Il fallut faire venir et employer des Napolitains pour établir de force des latrines.*« 3) Versteigerung des Inhalts der Latrinen in Bassora unter den Kalifen: Kremer, Kulturgesch. d. Orients II 332.

sellae Patroclianae weisen. Wir kennen sie in Pompeji, wo sich überhaupt eine große Reihe der allgemeinen Benutzung zugänglicher Latrinen haben nachweisen lassen (Thédenat S. 989. Overbeck-Mau, Pompeji S. 72. 653), in vortrefflichem Erhaltungszustand in Timgad (Thédenat a. a. O. Boeswillwald-Cagnat-Ballu, Timgad S. 13—15. Durm, Baukunst der Römer² S. 480), weiter in Puteoli (Boeswillwald-Cagnat-Ballu S. 212), Pola (Jahrb. f. Altertumskunde IV 1910 S. 181) und Xanten (Bonn. Jahrb. 74, 1882 Taf. IV Raum a, vgl. Wochenschr. f. klass. Philol. 1919 Sp. 604). Es ist natürlich kein Zufall, daß alle diese Beispiele sich am Forum, dem Mittelpunkte des Gemeinwesens, finden; doch pflegen die gleichartigen Einrichtungen der Thermen nicht geringere Dimensionen aufzuweisen, deren Stattlichkeit durch die physische Wirkung des Schwitzbads mit begründet ist (vgl. die Literatur über Pompeji und Timgad). Eine sichtlich öffentliche Latrine in einer Grenzsiedelung: Obergerm.-Rät. Limes Nr. 33 Kastell Stockstadt S. 24, 28. Beispiele aus dem römischen England bei Ward, Romano-British Buildings and Earthworks S. 316 u. d. W. Latrines.

F. Drexel.

XXVII

PREISE VON STATUEN[1])

Von den urkundlich erhaltenen Preisangaben für plastische Werke aus der Blütezeit Griechenlands dürften die ältesten die sein, die sich auf das berühmte, nach mehrjähriger Arbeit im J. 438 v. Chr. zur Aufstellung gelangte goldelfenbeinerne Bild der Athena Parthenos beziehen (IG I 298, vgl. Suppl. 1 p. 37 u. 3 p. 146 [korrekteres und vollständigeres Duplikat von nr. 298]; I 299; Suppl. 3 p. 147 nr. 299a). Für die Herstellung wurden laut der Rechnungsurkunde des ersten Jahres (IG I Suppl. 3 p. 146) bewilligt 100 Talente (etwa 471000 Mark), davon ausgegeben für Gold, und zwar im Gewicht von etwas über $6^1/_4$ Tal., 87 Tal. 4652 Drachm. (etwa 415000 Mark), für Elfenbein 2 Tal. 743 Dr. (rund 10000 Mark). Diesen Dokumenten stehen zeitlich am nächsten die beiden gleichartigen, ebenfalls aus Athen, aus den Jahren 421—17 v. Chr. IG I 318. 319, beide, wie Köhler erkannt hat, denselben Gegenstand betreffend. Es werden darin (besonders in nr. 319) die Kosten für Material, Arbeit und Aufstellung von zwei Statuen (ἀγάλματα) — doch wohl aus Bronze — spezifiziert, nebst allem Zubehör, wie Gerüste und Postament. Der Gesamtbetrag ist 5 Talente 3310 Drachmen = 26178 Mark. Das (Markt-) Talent (= 36,39 kg) Kupfer hatte 35 Drachmen = 27,5 Mark, das Talent Zinn 230 Dr. = 180,8 Mark gekostet[2]). Von letzterem Metall waren $1^1/_2$ Tal. und über 20 Minen (= mehr als 66 kg) zu einer, wie es scheint, aus Blättern bestehenden Ornamentierung (ἄνθεμον), die mit Blei unterhalb des Schildes (ὑπ[ὸ] τὴν ἀσπίδα) einer der beiden Figuren befestigt war, benötigt worden. Die Vergleichung mit den sogleich anzuführenden antiken Preisen ergibt, daß diese Statuen jedenfalls kolossale, vielleicht auch durch Material und Kunst der Ausführung besonders kostbare waren.

Für Bildhauerarbeiten (ἀ[γα]λματοποϊκόν) am Fries des Erechtheions, deren spezialisierte Kostenrechnung mit genauer Bezeichnung der einzelnen Figuren IG I 324 *b* I, 2—9. *c* I, 1—25 enthält (vgl. Löwy, Inschr. griech. Bildhauer S. 356f.), wurden in einem Jahre (408?) aufgewendet 3315 Dr. Der Preis für die einzelne Figur ohne anderes Beiwerk beträgt durchweg 60 Dr. = 47,2 Mark (für einen Mann zu Pferde 120 Dr., für einen Kutschwagen ohne das Gespann 90 Dr., für die zugehörige Frau und die beiden Maulesel 180 Dr., für einen Streitwagen mit 2 Pferden und einem Jüngling 240 Dr., für eine Frau mit einem Kinde 80 Dr.). Die Figuren sind 0,6 m hoch, vorn sehr fein ausgeführt, hinten flach

1) Vgl. III 38, 3. 100, 7. 2) Im Jahre 1870 kostete Paschkoffkupfer 1 Ztr. 126—144 Mark, schwedisches Kupfer 1 Ztr. 81 Mark, Bancazinn 1 Ztr. 120—156 Mark.

gelassen. Die Niedrigkeit der angegebenen Summen läßt vermuten, daß damit nur die Arbeit, nicht auch das Material bezahlt wurde.

Von Diogenes wird die Äußerung berichtet (Diog. Laert. VI 35, ebenso Schol. Pind. Nem. 6), daß die kostbarsten Dinge für die geringsten Preise verkauft würden und umgekehrt: eine Statue für 3000 Drachmen (2358 Mark), eine Metze Mehl für zwei Kupferpfennige; selbstverständlich ist hier eine Ehrenstatue gemeint. Eine ausdrückliche Bestätigung gibt die Inschrift IG II 251 (307 bis 301 v. Chr.): στῆσαι τὸν δῆμον εἰκόνα χαλκῆν ἐν Βυζαντίῳ Ἀσκληπιάδου ἀπὸ τρισχιλίων δραχμῶν. Vgl. die Inschrift von Knidos (aus der Zeit um Christi Geburt) Newton, Discoveries p. 763 n. 49: ἐλέσθαι δὲ καὶ ἄνδρα ὅστις ἀποδεξάμενος παρὰ τοῦ ἐν ἀρχᾷ ἁφεστῆρος (Präsident der βουλή) > γφ′ (3500 Dr.) τὰν ἐπιμέλειαν τᾶς εἰκόνος τᾶς ἀναστάσιος ἐν τάχει ποιησεῖται. Wenn also die Bewohner der euböischen Stadt Oreus dem Demosthenes ein bronzenes Bildnis (χαλκῆν εἰκόνα, ohne Zweifel eine Statue) zu errichten versprachen, falls er ihnen ihre Schuld von einem Talent (6000 Dr.) erlassen wolle (Aeschin. in Ctesiphont. 103f. Köhler, Ges. Schr. VI 346), so hofften sie dadurch mindestens die Hälfte der zu entrichtenden Summe zu ersparen.

Wenn nun Dio von Prusa in seiner rhodischen Rede, wo ausschließlich von bronzenen Ehrenstatuen die Rede ist (vgl. unten S. 326), sagt, man könne für 1000 oder selbst 500 Drachmen Statuen errichten (Or. 14, 59 [I 236 Arn.]), so wird dies durch Angaben auf Statuenbasen aus der Kaiserzeit vollkommen bestätigt. Denn wahrscheinlich rechnete Dio nicht nach attischen Drachmen (in welchen die beiden Preise den Summen von 786 und 393 Mark entsprechen würden), sondern nach Denardrachmen (Hultsch, Metrol.[2] 250—253), meinte also Preise von 4000 und 2000 Sesterzen (870 und 435 Mark), von denen auch der letztere einige Male vorkommt. Die große Differenz zwischen diesem und dem von Diogenes angegebenen Preise erklärt sich ohne Zweifel nicht aus einer Steigerung des Geldwerts, sondern hauptsächlich aus der fabrikartigen Herstellung und schablonenmäßigen Ausführung der gewöhnlichen Dekorations- und Ehrenstatuen in der Kaiserzeit. Auch Ansätze auf einer Rechnung über die für Schauspiele aufgewandten Kosten zu Aphrodisias (CIG 2758) stimmen mit den sonstigen Preisangaben aus der Kaiserzeit. Dort steht zweimal ἀνδριάντος—δην. α,, einmal ἀγαλματοποιοῖς—δην. [α,]φ. (1000 Denare = 4000 Sest.; 1500 = 6000). Ebenso in der Inschrift von Philadelphia in Lydien Lebas-Waddington 648 = CIG 3422 (oben II 379,1): —— φυλαῖς ἑπτὰ ταῖς ἑστακυίαις τοὺς ἀνδριάντας πρὸς δηνάρια χείλια. Dazu stimmt ferner, daß Reiterstatuen schon für 6000 Sest. geliefert werden konnten (CIL VIII 14370 vom Jahre 196 *statuas equestres [dua]s ex HS $\overline{XII}$ n.*) und Porträthermen für 400 (bei den Leonideen zu Sparta erhielten nach der Stiftung des C. Iulius Agesilaus um die Zeit des Nerva die Sieger 100 Drachmen zu einer solchen: IG V 1 nr. 19: καὶ εἰς εἰκόνα λαμβάνοντας > ρ). Bei Preisen unter 2000 Sest. wird man an kleine Figuren zu denken haben, auch wo es nicht ausdrücklich gesagt ist. Im übrigen ist auch bei dem folgenden Verzeichnis daran zu erinnern, daß die zugrunde liegende Sesterz- bzw. Denarwährung bei den teilweise sehr erheblichen zeitlichen Unterschieden, die unter den angeführten Zeugnissen bestehen, keinen einheitlichen, konstanten Wertmesser darstellt. Ob bei den angegebenen Summen der

Preis der Basis in der Regel eingeschlossen ist, bleibt zweifelhaft. Ausdrückliche Angaben (wie CIL VIII 885. 8310 = 20148. 19121: *statuam cum base*, CIL VIII 17829 *statuas cum basibus*) sind nicht gerade häufig, aber doch verhältnismäßig weit häufiger als umgekehrt die Ansetzung eines besonderen Preises für dieselbe (CIL VIII 26239. 26255. XI 978. Dessau 5456. IGR IV 180) und außerdem einer weiteren Summe für die Aufstellungskosten der Statue (*impensa perferendae* [d. i. der Transport] *et constituendae statuae* CIL VIII 26239; gleichartige Vermerke CIL X 39. IGR IV 180. 189: εἰς τὴν ἀνάστασιν). Wenn jedoch eine große, 1 m hohe Basis nur 400 Sest. kostete (CIL VIII 19122), eine kleinere also dementsprechend weniger [1]), so ist die bei der Ab- und Hinzurechnung dieser Summe entstehende Differenz keine sehr erhebliche.

100 Sesterzen.

CIL III 633 = Dessau 5466 (Aufzählung von Tempelgeschenken in Philippi): *sigillum marmurium Liberi ✳ XXV.*

CIL VII 180 (auf der Basis einer sehr eleganten, kleinen bei Lincoln gefundenen Figur des Mars, nach den Buchstaben wohl aus der Mitte des 2. Jahrhunderts): *Deo Mar(ti) et nu(mini)b(us)? Aug(usti) Co[l]asuni Bruccius et Caratius de suo donarunt ad sester(tios) n(ummos) c(entum). Celatus aerarius fecit et aeramenti lib(ram) donavit factam ✳ III.*

Aus griechischer Zeit (Mitte des 3. Jahrhunderts v. Chr.: Löwy, Inschr. griech. Bildh. Nr. 530). Bull. corr. hell. V (1881) 468 (Delos): παρὰ Σαρπηδόνος ἄγαλμα τῷ Διονύσῳ ΔΔΠ.

248 Sesterzen.

CIL II 1163 = Dessau 3905 (Hispalis, kleine Marmorbasis): *Genium Baetis, sig[num aere]um (ille) de salario suo annuo ex ✳ LXII cum base d. d. d.*

400 Sesterzen.

CIL VI 30881 = Dessau 5462 v. J. 118 n. Chr. (kleines Bronzepostament, 17 cm hoch, 14½ cm breit): *(ille) (centurio) de suo dedit manipularibus suis in Genium centuriae suae ponendum HS CCCC n., ad quam summam adiecit (centuria) eius HS CCC n., eisdem qui mensam aeream et protectum fecerunt.*

600 Sesterzen.

CIL XIII 571 (Burdigala, Basisfragment wohl aus dem 1. Jahrh.): *I(ovi) o(ptimo) m(aximo) (illa) poni iussit ✳ CL; h(eres) c(uravit).*

800 Sesterzen.

CIL V 3904 = Dessau 4899 (Basis?, gefunden bei Verona): *Iovi Feluenni (ille) t(estamento) f(ieri) i(ussit) ex HS DCCC.*

1) Wenn zweimal testamentarisch die Errichtung einer Statue für 3200 Sest. angeordnet wird (CIL II 2150. VIII 924 = 11201), liegt es nahe, 200 Sest. für den Preis der Basis zu halten. Die Herstellung einer *ara opere quadratario a fundamentis* kostete 1000 Sest. (CIL VIII 20145 = Dessau 5460), einer andern *ara a solo* 500 Sest. (CIL VIII 1321). — CIL X 825 = Dessau 6385 sollen an Stelle eines *signum Fortunae* 2 Marmorbasen (als diesem ungefähr gleichwertig?) gesetzt werden (im J. 45).

1000 Sesterzen.

CIL V 2795 (Patavium, Basis mit Standspuren von 2 Statuen): *Genio domnor., Cereri*; (*ille*) *Laribus publicis dedit imagines argent*(*eas*) *duas testamento ex HS ∞∞∞.*

Über 1100 Sesterzen.

CIL II 2006 (Nescania, Baetica): *Genio municipi Nescaniensis* (*ille*) *signum Cairae* (? — *caprae*? Momms.) *pecunia sua ex HS ∞ n. fieri et Nescaniae in foro poni iussit*; *quot donum ut consummari posset*, (*ille*) *h*(*eres*) *eius adiectis de suo ad impensas operis HS C*[.] *n. dedicavit* (hinter dem Zahlzeichen ist Raum für einen Buchstaben: *C*[*C*]? — *C*[*D*]?).

1300 Sesterzen.

CIL VIII 14349 (Africa procons.): *Minervae Aug. sacr.* (*ille*) — — *statuam ex HS D CCCC n. adiectis a se HS CCCC n. d. d. faciend. cur.*

2000 Sesterzen.

CIL VI 3736 = 31122 (Marmorbasis): . . . . *icae sacr*(*um*) — — *ob triumph*(*um*) [*Au*]*gustorum* [*sign*]*um aereum tropae*[*is insign*]*e dedi* ✱ *D.*

CIL VIII 8202 = 19980 (Milev): *Gen*(*io*) *col*(*oniae*) *Mil*(*evitanae*) *ex testamento* (*illius*) *inte*[*gris*] (d. h. ohne Abzug der *vicesima*) *HS II m. n.*

CIL VIII 18061 (Lambaesis): *Marti Aug. pro salute imp.* . . . . —*fla*(*tura*?) *s*(*estertium*) *n*(*ummum*) *II* (*milium*) (so Mommsen, mit dem an ein Erzbild zu denken wäre).

2000—3000 Sesterzen.

CIL VIII 1401 = 15202 (Thignica): — *statuam quam* (*ille*) *pater eorum ex HS II suo et liberorum suorum nomine promiserat, ampliata pecunia posuit.*

CIL VIII 11998: [*statuam quam ob honorem*] *flamoni* [*ex summa h*]*onoraria SS II m. n.* [*promis*]*erat, multiplicata pec*[*unia*] *d. d.*

CIL VIII 12018 (Zama regia): *Plutoni reg. mag. sacr.* (*ille*) — *ob h*[*ono*]*rem flam*(*oni*) *ampliata HS IIII mil*(*ium*) *taxatione* (der für ihn abgeschätzten *summa honoraria*) *statuas duas posuit.*

CIL VIII 17259 (Gegend von Zattara): *imp. Caes.* (*Caracallae*) *res publica ex decreto et collatione* [*decu*]*r*(*ionum*) *ex SS II CCCC n. fecerunt.*

CIL VIII 27771 (Althiburus, Basis mit Standspuren): (*ille*) *ob honorem aedilitatis signum Marsyae, quod ex HS II CCCC n. cum legitima sum*(*ma*) *taxaverat, adiect*(*a*) *amplius pec*(*unia*) *posuit.*

CIL VIII 14296 (Basisfragment): — *cum statuam*] — — [*ob*] *honor. aedili*[*tatis e*]*x HS II m. DCXXXXII n.* [*promis*]*isset, adiecta am*[*plius a*] *se pecunia fecit.*

CIL II 1359 = Dessau 5498 (Arunda, Baetica): 2 Statuen, Vater und Sohn darstellend, auf dem Forum unter Verwendung einer testamentarisch zu einem Grabmal bestimmten Summe von 1200 Denaren vom Erben *sumptu maiore* gesetzt.

3000 Sesterzen.

CIL VIII 2527 (Lambaesis): *Genio leg. III Aug. p. v. pro salute impp.*

(Severi et Caracallae) (ille) signifer ex ~~IS~~ *III mil. n. de suo posuit* (im J. 198).

CIL VIII 4601 (Diana): - - *(duum)vir sign(um) quo[d ex* ~~HS~~*] II mil. n. promiser[at], adiectis* ~~HS~~ *I n. sua pec. fecit.*

CIL VIII 26239 (Uchi Maius, Basis 1 m hoch): *Karthagini Aug. sac. ex testamento (illius), qui rei p(ublicae) Uchitanorum Maiorum at statuam [deae ponendam* ~~HS~~ *III?] mil. et in epu[lationem magisteri?] sui* ~~HS~~ *II mil* .... (folgt eine größere Lücke) *[heres? conc]essit et ex HS V mil. fieri curavit; (ille) ad exornandam mun[ifi]centiam fratris basem cum impensa perferendae et constituendae statuae suo sumptu et cura posuit.*

CIL II 1934 (Lacippo? [Alechipe] Baetica): *Fortunae Aug. sacrum (ille) ob honorem seviratus sui ex* ✳ *DCCL, remissis sibi ab ordine* ✳ *D, de sua pecunia d. d.* Die erlassene Summe war das gesetzliche Antrittsgeld, 750 Denare sind 3000 Sesterzen.

3000—4000 Sesterzen.

CIL VIII 8318 vom J. 169 (Cuicul, Basis 1,20 m hoch): *Imp. Caes. M. Aurelio Antonino Aug.* — *(ille) statuam, quam ex* ~~HS~~ *III n. ex liberalitate sua promisit, ampliata pecunia in basilica Iulia, quam a solo pecunia sua extruxit, posuit idemque dedicavit.*

CIL VIII 8319 = Dessau 5533 (ebd., Gegenstück zur vorigen): *Divo Vero* — — usw. wie oben.

CIL VIII 14792: *Serapi Aug. sacrum pro salute imp. Caes. (Commodi) (ille) statuam quam* — — *ex HS III mil. n. promisit, [am]pli[a]ta pecunia fecit.*

CIL VIII 924 = 11201 = Dessau 5494 (civit. Zuccharitana): *qui ex reditu* ~~IS~~ *XXII mil., quae testamento rei publ. dedit, septimo quoque anno statuam sibi poni ex* ~~IS~~ *III CC n.* — *iussit.*

CIL XIII 5061 (Eburodunum): .... *[e]x* ~~HS~~ *n. III* —— *heres [p]on[e]nd. cura[vit]* —— *adi[e]c[t]is* ~~HS~~ *n. CC ad [summam s(upra) s(criptam)?].*

CIL VIII 17257 (= 10833) vom J. 198: *imp.] Caes. (Severo) (ille) ob honorem mag(isterii) ex* ~~SS~~ *II CCCC n. et amplius adiectis a se* ~~SS~~ *∞ n.* —— *ded.*

CIL VIII 19122 (Sigus, 1 m hohe Kalksteinbasis): *Baliddiris Aug. sancti patrii dei statuam, quam (ille) ob honorem fl(amoni) perpetui divi Magni Antonini* (d. i. Caracalla) *ex* ~~SS~~ *II CC n. summae honorariae eius honoris pollicitus est, adiectis at ea(m) quantit[a]te(m) ex sua liberalitate* ~~SS~~ ⋈ *[n.] et at basem* ~~SS~~ *CCCC n., ex* ~~SS~~ *III DC n. posuit.*

CIL VIII 4194 m. Add. 18490 = Dessau 6852 (Verecunda): *Gen(io) vici Aug. (ille) adiectis at legitimam fl(amoni)* ~~HS~~ *II m(ilium) n.* ~~HS~~ *I ƀCC n(ummis) ex* ~~HS~~ *III ƀCC n.* —— *posuit.*

CIL VIII 17838 (Thamugadi, sechsseitige, 1,10 m hohe Basis): *Victoriae Aug. sacr(um) (ille) inlata r. p. legitima aedilitatis statuam, quam ex* ~~HS~~ *III n. pollicitus fuerat, ex HS III DCCCC posuit* (vgl. ebd. 17834).

4000 Sesterzen.

CIL II 1425 m. Add. p. 701 (Sabora, Baetica): *Victoriam Aug.* (*ille*) *testamento fieri ponique iussit ex HS IIII. Huic dono — her*(*es*) *XX* (d. h. *vigesimam*) *non deduxit et alia*(?) *HS VI de suo dedit*(?)

CIL II 1936 (Lacippo? Baetica): (*illi*) *res p. ex* (*denariis*) ∞, *quos caverat ob honorem flamoni, perceptis ab heredib. ponendam decrevit.*

CIL VIII 1548 m. Add. 15550 = Dessau 6827 (Agbia): *Pro salute imp. Antonini Aug. Pii* — — (*ille*) *statuam Genii curiae ex HS IIII m. n. in curia posuit.*

CIL VIII 4193 (Verecunda): *Genio populi* (*ille*) *ob honorem fl*(*amoni*) *p*(*er*)*p*(*etui*) *additis ad leg. summam HS II n. ex HS IIII n. pollicitus fuerat,* (*illi*) *faciendum dedicandumq.* (sc. *Genium*) *cura*(*verunt*).

CIL VIII 4582 (Diana): *Victoriae Augustorum* (Marcus und Verus) *sac.* — — *ex testamento* (*illius*) *ex HS IIII m. n.* — — *heres eius posuit.*

CIL VIII 18234 (Lambaesis): *Minerv*[*ae*] *Aug. sacr. — ob honor. flam. perpet. — ex HS IIII milib. n. ampliata pecun*[*ia*] *praeter legi*[*timam*] *s*(*ummam*) *p*(*osuit*) (147/9 nach Chr.).

CIL VIII 19121 (Sigus, 1,20 m hohe Basis): *Deo patrio Baliddiri Aug. sacrum* (*ille*) *statuam aeream, quam ob honorem flamonii divi Severi* — — *pollicitus erat facturum se ex* ✱ *DL, amplificata liberalitate ex* ✱ *mille cum base* (*illi*) *filii et heredes eius dederunt.*

CIL IX 2553 (Fagifulae) vom J. 140: (*Antonino Pio*) (*ille*)— —*de HS IIII m. n. ex d*(*ecurionum*) *d*(*ecreto*).

CIL XI 1088 (Parma): *Geminiae P. fil. Maximae statua odoramenta ex HS* ∞ ∞ ∞ ∞; *Prima mater miserrima filiae carissimae ann*(*orum*) *XVIIII.*

4000—5000 Sesterzen.

CIL VIII 76 (vgl. Archäol. Ztg. 1872 S. 104): *Imp. Caes. M. Aurelio Commodo* usw. (186 n. C.) (*ille*) *flam. perp. super legitima honoris flam*(*onii*) *perpet. sui et HS duo milia nummorum patris eius, decreto ordinis translata, adiecta amplius pecunia fecit.* »Der *flamen* hat für die Übernahme seines Flaminats 2000 Sest. und ebensoviel für das seines Vaters an die Gemeindekasse einzuzahlen, der Senat gestattet, statt dieser Leistungen eine Statue zu errichten, und der Dedikant schießt dann noch zu. *Translata* (von veränderter Verwendung der Zahlung) steht appositiv zu *legitima* und *duo milia*« Mommsen.

CIL VIII 8300 = Dessau 368 vom J. 166 (Cuicul): *Concordiae Augustor.* (*ille*) *statuam, quam ob honorem aed*(*ilitatis*) *super legitim*(*am*) *ex HS IIII mil. num. pollicitus est, ampli*[*ata*] *pec.* — — *posuit.*

CIL VIII 4196 (Verecunda, 1,35 m hohe Basis): *I*(*ovi*) *o*(*ptimo*) *m*(*aximo*) *conservatori imp. Caes.* (*Caracallae*) — (*ille*) *ob honore*(*m*) *flamoni perpetui* — — *quod ex HS IIII n. promiserat, ampliata summa faciendam dedicandamque* (*sc. statuam*) *curavit* (im J. 212).

CIL VIII 4197 (ebd. vom selben Jahre): *Iunoni Concordiae Aug. pro salute imp. Caes.* (*Caracallae*) *quod* (*ille*) — — *ex* ~~*IS*~~ $\overline{IIII}$ [*n.*] *promiserat,* (*illi*) *ampliata summa faciend. dedicandamque curaverunt.*

CIL VIII 4583 vom J. 198 (Diana): [*V*]*ictoriae Parthic.* (*Severi et Caracallae*) — — *quam* (erg. *statuam*) *ex* [~~*HS*~~] $\overline{IIII}$ *mil. n̄. pollicitus* [*er*]*at, ampliata pecu*[*n*]*ia* — *dedit.*

CIL VIII 14791 = Dessau 6808 vom J. 182: *Apollini Aug. sacrum* — — (*ille*) — — *s*[*t*]*atuam ex HS* $\overline{IIII}$ *mil. n̄. legitimis ampliata pecunia posuit.*

CIL VIII 18214 = Dessau 6847 (Lambaesis): *Fortunae Aug. sacr.* — — (*ille*) *promissa statua ex* ~~*HS*~~ $\overline{IIII}$ *m. n̄. ampliata pecunia fecit* (etwa 147—149 nach Chr.).

CIL VIII 25823 (0,5 m hohe Basis): .... [*ex* ~~*HS*~~] $\overline{IIII}$ *mil. n̄. promissam ampl*[*iata pecunia*] .... [*fecit*].

CIL VIII 17258 (Gegend von Zattara): [*pro salute*] (*Severi, Caracallae, Getae*) — — (*ille*) *mag*(*ister*) *ex pollicitationem suam anno suo statuam ex* ~~*SS*~~ $\overline{III}$ *mil. n̄. fecit amplius adiectis a se* ~~*SS*~~ ↀ *CC n̄. itemque dedicavit.*

CIL VIII 4235 (Verecunda): — *ob honorem* [*a*]*ug*(*uratus*) *ex* ~~*IS*~~ $\overline{IIII}$ *CCCC n̄., ut pollicitus est, sua pecunia fecit.*

CIL VIII 2341 (Thamugadi, 1 m hohe Basis): [*Conc*]*or*[*dia*]*e*(?) [*o*]*rdinis sacr.* (*ille*) *promissis* ~~*IS*~~ $\overline{IIII}$ *ex* ~~*IS*~~ $\overline{IIII}$ ~~*D*~~ *n̄. posuit.*

5000 Sesterzen.

CIL VIII 1400 (Thignica): *Mercurio Aug. sacr*(*um*) (*ille*) — *cum statuam ex HS III* (*mil.*) *promisisset, ad*[*i*]*ecta pecunia .... ex HS V mil. posuit.*

CIL VIII 2350 (Thamugadi): [*S*]*oli Aug. sacr.* (*ille*) — — *statuam,* [*qua*]*m ex* ~~*IS*~~ $\overline{IIII}$ *pro*[*misi*]*t, ex* ~~*IS*~~ $\overline{V}$ *posu*[*it*].

CIL VIII 2362 (Thamugadi): *Imp. Caes.* (*Antonino Pio*) (*ille*) *ob honorem q*(*uin*)*q*(*uennalitatis*), *inlata r*(*ei*) *p*(*ubl.*) *sum*(*ma*) *honoraria, ex* ~~*IS*~~ $\overline{V}$ *n̄. posuit.*

CIL VIII 4187 (Verecunda): *Genio sanctissimo ordinis* (*ille*) *ob honorem fl*(*amoni*) *pp.* — *addit*(*is*) *ad legitima*(*m*) (= 2000 Sest.) ~~*IS*~~ $\overline{II}$ *CCCC n̄., quae pollicitus erat, et amplius* ~~*IS*~~ *DC n̄. ex* ~~*IS*~~ $\overline{V}$ *n̄. faciend*(*am*) *dedic*(*andamq.*) *curavit.*

CIL VIII 4579 (Diana): *Mercurio Aug. sacrum* (*ille*) *statuam, quam ob honorem* $\overline{II}$*viratus ex* ~~*IS*~~ $\overline{V}$ *mil. n̄. pollicitus est, posuit.*

CIL VIII 4874 (Thubursicum Numid.): *Fortunae reduci Aug. sacr.* (*ille*) *ob honorem aedilitatis inlatis rei p.* ~~*HS*~~ $\overline{IIII}$ *n̄. legitimis, amplius ex* ~~*HS*~~ $\overline{V}$ *n̄. posuit.*

CIL VIII 9024 (Auzia, Mauret. Caesar.): *Victoriae Aug. L. Septimi Severi* — — (*ille*) *statuam, quam ob honorem aedilitatis* — —*super legitimam HS V n. sua*(?) [*pec.*? *promisit*?], [*cum*] *bas*[*i*? *posuit*].

CIL VIII 12001 = Dessau 5470: *deo M*[*erc.*] *Aug. sacerdote*[*s*] — —*hanc quoque statuam ex* ~~*HS*~~ *V mil. n. posuerunt.*

CIL VIII 17864 (Thamugadi, 1,20 m hohe Basis): *M. Aurelio Caes. — — (ille) ob honorem q(uin)q(uennalitatis), inlata reip. sum(ma) honoraria, ex HS* $\overline{V}$ *n. posuit.*

CIL VIII 17913 (Thamugadi, Basisfragment): .... *ex sua liberalitate ex HS* $\overline{V}$ *n. donum dedit idemque dedicavit.* — Ebenso CIL VIII 2411 (ebd. gefunden).

CIL VIII 18241 = Dessau 6847*a* (Lambaesis, 1,25 m hohe Basis): *Victoriae Augg. (ille) ob honorem dumviratus — sicut aput acta pollicitus est, ex HS* $\overline{V}$ *milibus nummum posuit.*

CIL VIII 18890 (Thibilis, Basis): *Bono Eventui sacr. ex testamento (illius) per (illos) heredes eius ex HS quinque milibus n.*

5000—6000 Sesterzen.

CIL VIII 1548 m. Add. 15550 = Dessau 6827 (Agbia): — *statuam Fortunae, cum ex HS* $\overline{V}$ *m. promisisset, ampliata pec. d(e) s(uo) p(osuit).*

CIL VIII 2711 vom J. 208 (Lambaesis, Basis): (*Caracallae ille*) *ob honorem flamoni perpetui — — pollicitus ex HS* $\overline{V}$ *n. ampliata pecunia posuit.*

CIL II 2150 (Baetica): — *heredes statuam, quam is testamento ex HS* $\overline{III}$*CC sibi poni iussit, adiectis HS* $\overline{II}$ *posuerunt.*

CIL VIII 19124 (Sigus): *Marti Aug. protectori d(omini) n(ostri) imp. (Severi Alexandri) (ille) ob honorem fla(monii) p(er)p(etui), quem* (sc. *deum*) *se facturum pollicitus est, fecit ex SS* $\overline{V}$ *CC n.*

CIL XIII 5056 (Eburodunum): *Merc(urio) Aug. (ille) — — ex HS n.* $\overline{IIII}$ *t(estamento) p(oni) i(ussit) — — heres ponend. curavit et eo amplius de suo adiecit HS n. ∞ CCCC.* Auf der rechten Seite: *Dona venibunt ad ornamenta eius et ex stipibus ponentur.*

CIL VIII 5299 m. Add. 17479 = Dessau 5475 (Calama): *Quod (ille) codi[c]illis suis statuam [dei Nep]tuni in foro novo ex HS V (milibus) n. poni iussisse[t], id hered(es) — — ex HS* $\overline{V}$*DCXL posuerunt.*

6000 Sesterzen.

CIL II 1424 (Sabora, Baetica): *Iovi Optimo Max. (ille) testamento poni iussit ex HS* $\overline{VI}$.

CIL II 1637 (Iliturgicola oder Ipolcobulcola, Baetica): — — *Fortuna* (Statue?) *ex testamento (illius) relicta, per curatorem operis — — facta ex HS VI mil. — Huic dono (vigesima) ab herede [deducta non est].*

CIL VIII 885 = Dessau 6803: *Iuliae Domnae Aug. — — Q. Silicius Victor et C. Tadius Fortunatus ob honorem flam. sui perpetui statuam cum base ex HS binis milib. n. legitimis, adiectis tertis ex decreto paganor. pagi Mercurialis s. p. f.* Wie es scheint, gab hier jeder 3000 Sesterzen, so daß die Statue 6000 kostete.

CIL VIII 4243 (Verecunda, Basis): .... *(ille) [ob ho]norem fl(amonii) p(er)p(etui) — — addit(is) a[d l]egitimam* (= 2000 Sest.) *HS* $\overline{IIII}$ *mil(ibus) n. [ex] HS* $\overline{VI}$ *mil. n. — — he[re]s eius faciendam [dedi]candamque* (sc. *statuam*) *curavit.*

CIL VIII 4577 (Diana): *Iovi [Vic]tori (ille) — ob hon. IIvir(atus) sui praet. leg(itimam) ex HS VI mil. n̄. ded. dedic.*

CIL VIII 5292 (Calama): *Herculi Aug. sacrum (ille) IIII vir, amplius ad honorariam sum(mam) cum HS III m. promisisset, ex HS VI m. p(ecunia) s(ua) p(osuit).*

CIL VIII 6948 = Dessau 6858 (Cirta): *Genio populi (ille) fl(amen) Divi M. Antonini statuam, quam ob honorem (trium)viratus promisit, ex HS VI mil. n̄. sua pecunia posuit.*

CIL VIII 8466 vom J. 156 (Sitifis, Basis): *Imp. Caes. (Antonino Pio) (ille) ex HS VI n̄., quae in ornamentum civitatis ex liberalitate sua ob honorem aed(ilitatis) praeter legitimam summam promiserat, d(edit) d(edicavit)q(ue).*

CIL VIII 8840 (Tupusuctu [Mauret. Sitif.], Marmorbasis): *(illi) secundum voluntatem testamenti eius ex HS VI milib. patrono (ille) lib. heresq. eius p(osuit) d(edicavit).*

CIL VIII 25861 (Tichilla): *[Mi]nerve [..... pro sa]lute imp. C[aes....] M. Aur[eli ...... (ille)] ex HS VI m. ....*

CIL VIII 14370 (Basisfragment) vom J. 196: *(imp. Severo) (ille) statuas equestres [dua]s* (so eher als *[tre]s*) *ex HS XII n̄, quae —— pater eius duplicata summa honoraria f(lamoni) p(erpetui) ex sua liberalitate promiserat, permissu ordinis po[suit].*

6000—7000 Sesterzen.

CIL VIII 8310 = 20148 (Cuicul): *Victori[ae] Aug. sac. (ille) [statuam q]ua[m o]b honorem [a]uguratus sui [ex] HS VI [m. n.] s[u]per [legi]timam pro[miser]at, amplia[ta p]e[cu]nia cum [basi] posuit.*

CIL VIII 2353 = Dessau 5476 (Thamugadi): *Victoriae Aug. sacr. L. Cestius Successus, fil. et heres L. Cesti Galli, fideiussoris Fl. Natalis pollicitatoris huius statuae, iussus ex decret. Fontei Frontiniani leg. Aug. pr. pr. c. v.* (160 ff. n. Chr.), *adiectis ad HS III n̄., quanti tunc hanc statuam idem Fl. Natalis r(ei) p(ublicae) positurum se pollicitus erat, HS III XXXX n̄. [ex] H[S VI XXXX n̄. posuit].*

CIL VIII 5295 (Calama): *Minervae Aug. (ille) ob honorem pontificatus ex HS VI C m. n. faciendam dedicandamq. curavit.* Reniers Auflösung *c(entum) m(inus)* ist unbefriedigend, Mommsens Vermutung, das Zahlzeichen sei, die Richtigkeit der Lesung vorausgesetzt, als *sescenta milia* zu deuten, ganz unwahrscheinlich. Offenbar ist *m(ilibus)* unter Nichtbeachtung des voraufgehenden Hundertzeichens vom Steinmetz versehentlich hinzugefügt worden, die Zahl also als 6100 zu lesen.

CIL VIII 4198 (Verecunda): *Minervae Aug. (ille) ob honorem pontificatus ex HS VI CXL n̄. faciendam dedicandamq. curavit.*

7000 Sesterzen.

CIL VIII 1842 (Theveste): *Mercurio Aug. sacr. (ille) ob honorem aed(ilitatis) statuam Mercuri cum suis ornamentis, quam ex HS V promi-*

s[e]rat — — dedicavit in[l]atis reip. HS $\overline{IV}$ *legi[t]imis et am[p]lius i[n] pretium statuae im[p]endit* HS $\overline{II}$.

CIL VIII 17408 = Dessau 5474 (Hippo Regius): — — *HS* $\overline{VII}$ *m. n. — in imagines argenteas imp. Caes. Traiani Hadriani Aug. promisit.*

7000—8000 Sesterzen.

CIL VIII 5298 (Calama): *Neptuno Aug.* (*ille*) *statuam ob honorem* $\overline{II}$*vir(atus) promissam* IS $\overline{V}$ *n. amplius ad legitimam summam,* IS $\overline{VII}$ *CCCXXXX posuit.*

CIL II 3390 (Acci, Tarraconensis, '*fragmentum marmoreum permagnum*'): .... *ob honore[m] seviratu[s] ex* HS $\overline{VII}$ *D* .. (Statue ?).

8000 Sesterzen.

CIL II 2060 = Dessau 5496 (Baetica): (*illa*) *poni statuam sibi testamento iussit ex HS VIII (m.) n.*

CIL VIII 858 = Dessau 5073 (Giufi): *Apollini Aug. sac.* (*ille*) — — *hanc statuam imitatus patris exemplum ex* IS $\overline{VIII}$ *millibus n̄. sua liberalitate, numerata prius a se reipublicae summa honoraria, posuit.*

CIL VIII 862 = 12382. 863 (ebd., zwei 1,30 m hohe Marmorbasen aus dem 3. Jahrh.): *Victoriae Aug. sacr.* (*ille*) *ob honorem aedilitatis intermissae et IIviratus sui ex* IS *VIII mil. n., inlatis prius reip. summis honoraris, posuit.*

CIL VIII 8835 vom J. 195 (Tupusuctu, 1,20 m hohe Basis): *Imp. Caes. L. Septimio Severo* usw. (*ille*) *se[cundum] decretum ordinis ex summa honoris flamoni sui, adiecta praeterea ex sua liberalitate pecunia, ex HS VIII mil. constituit.*

CIL VIII 19688 (civit. Celtianens., Numidia): *Genio Celtianis* (so) *Aug. sacr.* (*ille*), *quo(d)* (*quo = quo loco* versteht Mommsen) *numinis eius adiumentum senserit, ex* IS $\overline{VIII}$ *s. p. fecit.*

CIL VIII 24003 vom J. 146 (Sutunurca): *M. Aelio Aurelio Vero Caesa[ri]* — — (*ille*) — — *ex* HS $\overline{VIII}$ ... (die Zahl ist vollständig, die Lesung und Ergänzung des verstümmelten Inschrifttextes im übrigen sehr unsicher).

CIL XIII 6677 (Mainz): *pro salute imp.* (*Commodi*) *Fortunae reduci leg.* $\overline{XXII}$ *Pr(imigeniae) p(iae) f(idelis)* (*ille*) *vet. leg.* — — *m(issus) h(onesta) m(issione), negotiator gladiarius testamento suo fieri iussit ad HS n̄.* $\overline{VIII}$ *mil.*

Dessau 6865 (zwischen Cirta und Milev gefunden): *Genio kastelli Elefant. sacrum* (*illa*) *statuam Geni patriae ka[st.] Elef. cum base, quam de sua liberalitate ad ornandum kastel. pol[l]icita* (*est*) *ex* HS $\overline{VIII}$ *n̄., sua pecunia constituit.*

8800 Sesterzen (ohne Basis).

CIL XI 978 (Reg. Lepidum, Kostenrechnung auf Bronzetafel): — (*illi*) *conductori [statuae] aereae* ✻ ∼∼ *CC.* — (*illi*) *[ad st]ructuram basis* [✻ ....

9000 Sesterzen und darüber.

CIL VIII 4202 vom J. 213 (Verecunda): *Victoriae Germanicae Aug.* (*Caracallae*) (*ille*) *ob honorem fl*(*amoni*) *pp.* — — *statua*(*m*), *quam ex* ꟗ *VIIII n. promiserat, faciend. dedicandamq. curavit.*

CIL VIII 2354 (Thamugadi, 2 gleiche achtseitige Basen, 1,30 m hoch): *Victoriae Parthicae Aug. sacr. Ex testamento* (*illius centurionis*) *missi honesta missione ab imp. Traiano* — — *sing*(*ulas* d. h. *statuas*) *HS VIII* (*vigesima*) *p*(*op.*) *R*(*om.*) *min*(*us*) (*illi tres, liberti*) *adiectis a se HS III ponend*(*as*) *curaver.* Das ergibt für jede von den beiden Statue eine Summe von 8000 — 400 + 1500 = 9100 Sesterzen.

10000 Sesterzen.

CIL V 6955 (Turin): (*ille*) *Iovi Aug. ex HS X test. poni iussit.*

CIL VIII 4594 vom J. 197 (Diana, Basis): *Imp. Caes.* (*Severo*) (*ille*) — — *ob honorem flam*[*oni per*]*petui praeter leg*[*itima*] ꟗ *X mil. n̄., quae rei p*[*ublicae*] *intulit, ex* ꟗ *X n̄. ampliata pecu*[*nia*] *dedit idemque de*[*dicavit*]. — Vgl. CIL VIII 4588.

CIL VIII 4596 vom J. 200 (Diana, Basis): *Divo Commodo* — — (*ille*) *ex* ꟗ *IIII mil. n̄.* (*pollicitus*), *inlatis rei pub. summis honoraris et fl*(*amoni*) *pp., ex* ꟗ *X mil. n̄. ampliata pecunia dedit idemque dedicavit.*

12000 Sesterzen und darüber.

CIL VIII 7001 (Cirta): (*Imp. Caracallae*) [*ex testam.*] (*illius*) (*ille*) *f.* [*et heres*] *eius ex HS XII mil. n̄. adi*[*ectis de suo . . . fecit ide*]*mque dedicavit.*

CIL VIII 17914 (Thamugadi, Basisfragm.): . . . . . (*ille*)] *dicavit ex* ꟗ *XII LXXX n̄.*

CIL VIII 26255 (Uchi Maius, '*basis alta m. 1, lata m. 1.10 statuae equestri, ut videtur, destinata*' vom J. 197): *imp. Caes. L. Septimio Severo* usw. *res p*(*ublica*) *U*(*chitanorum*) *M*(*aiorum*) *p*(*ecunia*) *p*(*ublica*) *p*(*osuit*). *In quam rem* (*ille*) — — *flam*(*en*) *p*(*er*)*p*(*etuus*), *depensis in curam s*(*upra*) *s*(*criptam*) *quam ipse gessit* (d. h. die Herstellung der Statue) *HS XII mil. n̄. summae suae honorariae et amplius pecunia publica erogata, basem cum ornamentis suis sua pecunia fecit et* — — *dedicavit d*(*ecurionum*) *d*(*ecreto*). Für die Herstellung der Statue hatte der als Dedikant genannte Flamen aus der von ihm bei der Übernahme des Amtes zu zahlenden 'Ehrensumme' 12000 Sest., weitere Mittel die Municipalkasse aufgewendet. Die Extrakosten für die Basis trägt der Dedikant allein.

14000 Sesterzen und darüber.

CIL VIII 18233 (Lambaesis): [*s*]*tatuncula argent*[*ea*] *Mercuri ex HS XIIII m.* [*n.*].

CIL VI 32536 (Bruchstücke einer großen, von Soldaten der *coh. III* u. *IV praet. Pa*[*nthe*]*ae* (?) gesetzten Statuenbasis): *Summ*[*a a*] *coh*[*ort*(*alibus conl*(*ata*) *HS m. n.*] *XIV DC . . . Singuli c*[*ont*]*ul*(*erunt*) ✱ *XX, aer*(*is*) (*quadrantem*). Die Gesamtsumme läßt sich auf etwa 14730 Sest. berechnen.

16000 Sesterzen und darüber.

CIL VIII 2344 (Thamugadi): *Fortunae reduci Aug. — (ille) statuam, quam ob honorem aed. suae praeter legitimam pollicitus est, ex* ~~HS~~ *XVI n. posuit ludis editis et dedicavit.*

CIL VIII 25836 (Membressa, Basis 0,53 m hoch, 1 m breit, also für mindestens 2 Figuren bestimmt): *Victoriis Au[g(ustis)] imp. Caes. M. Claudi Taciti .... (ille) .... [statuas? quas] ex HS XVI mil. n. facere promiserat, multi[iplicata pecunia] ..... [fecit].*

17500 Sesterzen.

CIL VIII 17829 = Dessau 434 (Thamugadi, sechsseitige Basis): *Concordiae Augg[g.] dominorum nn[n.] impp. (Severi, Caracallae, [Getae]) et Iuliae Aug. (ille) ob honorem fl(amoni) p(er)p(etui) statuas* (zwei: diese und nr. 17835, siehe unten), *quas ex* ~~SS~~ *XX m. n. cum basib(us) praeter legitim(am) pollicitus est, ampliata pec(unia) ex SS XXXV m. n̄. posuit.* Von dem Gegenstück zu dieser Statue stammt das Oberteil einer völlig gleichartigen, am selben Platze gefundenen Basis, CIL VIII 17835: *Marti Aug. conservatori dominorum nn[n.] impp.* usw.

20000 Sesterzen.

CIL V 4472 (Brixia, Basis): *D. d. (illi) — — pater — — (testamento) in eam* (sc. *statuam) fac(iendam) leg(avit)* ~~HS~~ *XII. (illi duo) libert. posuer. adiectis* ~~HS~~ *VIII.*

CIL VIII 4192 = Dessau 6851 (Verecunda): *Genio patriae Aug. dedicante Iulio Lepido Tertullo leg. Aug. pro praetore* (im J. 194 nach CIL VIII 17726), *quod (ille) testamento suo ex* ~~HS~~ *XX n̄. fieri iussit, ordo Verecun(densium) faciendum* (sc. *signum*) *curavit.*

21200 Sesterzen.

CIL VIII 17837 (Thamugadi, 1 m hohe Basis): *Mercurio Aug. sacrum pro salute (Severi et domus eius) (ille) augur inlatis r(ei) p(ublicae) ob honorem auguratus* ~~HS~~ *XXI mil. et CC n̄. Mercurium ex sua liberalitate posuit.*

22000 Sesterzen.

CIL VIII 17831 = Dessau 5400 (Thamugadi): *Fortunae Aug. (mulieres duae) statuam, quam testamento suo (ille) ex* ~~HS~~ *XXII legaverat, pecunia (illius) et (illius) patris sui comparatam posuerunt et adiecta de suo aede ex HS IIII CCCC dedicaver(unt).* Die offenbar sehr große und wertvolle Statue kostete also genau fünfmal so viel wie die zu ihrer Aufnahme bestimmte Kapelle.

25000 Sesterzen.

CIL XI 1946 (Perusia): — *[Huic municipes e]t incolae in statuam* ~~HS~~ ↀ ↀ ⅠↃ *[contulerunt] — — ei in comitio statua [ut poneretur ordo decrev]it.*

CIL VIII 1887 (Theveste): *(ille) — — [statuas?] deae Caele[stis Augustae et] deae Virtut[is cum basibus* (?) *ex]* ~~HS~~ *L n̄. — — o[mni cultu(?) or]nata[s — — posu]it(?).*

28000 Sesterzen.

CIL VIII 1353 (Bisica): *Genio municipii [pro salute imp.] (Probi) (ille) statuam a[eream?] .... [municipibu]s suis de den(arium) VII (milibus) (dedit).*

30000 Sesterzen.

CIL VI 23149 (*'in basi statuae togatae'*): *P. Nummius P. f. Tro. Bassus ex testament.* ~~*HS*~~ ↀ ↀ ↀ, *arbitr(atu) Caeciliae uxoris.*

CIL VIII 7963 m. Add. 19849 = Dessau 5473 (Rusicade): *Victoriae Augustae sacrum [pro salute (Elagabali?)] (ille) fl(amen) p(er)p(etuus) divi Magni Antonini* (Caracallas) *statuam cum tetrastylo, quam ob honorem flam(oni) — — promiserat, — — ex* ~~*HS*~~ *XXX mil. n. dedit.*

CIL XI 5939 = Dessau 5678 (Tifernum Tiberinum): *(ille) [statuas* (zwei?) *s]ibi et fil(io) suo — — ex* ~~*HS*~~ *LX n. poni iussit (ob dedicatione(m) earum* werden Sporteln verteilt).

IGR III 1050 = Waddington 2596 (Palmyra) vom J. 193 nach Chr.: τὸν ἀνδρ[ιάντα ἀν]έστησαν (*illi*) [συν]οδιάρχῃ οἱ σὺν [αὐτῷ] ἀναβάντε[ς] —— [ἀφειδήσαν]τι αὐτο(ῖ)ς χρυσᾶ παλαιὰ δηνά⟨ι⟩ρ[ια] (d. s. *aurei* alter Währung, vielleicht neronischer) τριακόσια ἀ[ναλωμά]τω[ν usw.

Mehrere Statuen für 30000 Sesterzen:

CIL VIII 26458 (Gebälkinschr. von der Porticus des Caelestis-Tempels in Thugga): *at deas Caelestes argenteas fabricanda[s]* (Fragment 8/9) wird eine Summe gestiftet, vielleicht die in Fragment 26 erwähnten ~~*HS*~~ *XXX mil.*

CIL VIII 26529 (Thugga) vom J. 173: *(illa) colossos ...., quos ex* ~~*HS*~~ *XXX mil. n. prom[isit] (ille) [h]eres dedicavit.*

CIL XI 5400 = Dessau 7812 (Asisium): *hic in statuas ponendas in aedem Herculis dedit* ~~*HS*~~ IIIII IIIII IIIII.

40000 Sesterzen und darüber.

CIL III 10305 = Dessau 7126: *[signum et ar]am Geni — —, quae (ille) [ex tes]t.* ~~*HS*~~ *X (mil.) n. fieri iusserat, (ille) — — in memoriam [patris] — — ex* ~~*HS*~~ *XXXX (mil.) n. fec.*

IGR III 739 XIX 18. 19 (Opramoas-Denkmal in Rhodiapolis aus der Mitte des 2. Jahrh. nach Chr.): ἀνέστησεν δὲ καὶ ἄγαλμα Τυχοπόλεος κεχρυσωμένον ἀναλώσας ὑπὲρ δηνάρια μύρια.

43000 Sesterzen.

CIL XI 6481 vom J. 148: *plebs urbana die ab] excessu eius XXXIII benificior. eius [memor ex aere co]nlato ex* ~~*HS*~~ *XXXXIII posuit.*

51335 Sesterzen.

CIL VIII 17408 = Dessau 5474 (Hippo Regius) aus hadrianischer Zeit: *st]atuam argenteam ex* ~~*HS*~~ *LI CCCXXXV tribus libel(lis) sing(ula) terr(uncio) et aeris quad(rante), cum rei p.* ~~*HS*~~ *L prom(isisset) — — posuit.*

100000 Sesterzen.

CIL VIII 4364 = 18547 (Gibba) vom J. 194 (niedrige und breite Basis, anscheinend für eine [silberne?] Reiterstatuette): *imp. Caes. L. Septimio Severo* usw. *[ex]* ~~*HS*~~ *C (mil.) n. Gib[ben]ses fecer[unt].*

CIL VIII 4365 = 18548 (ebd., Basis?, 0,40 m breit) vom J. 195: *imp. C. L. Septimio Severo* usw. *ex* ~~HS~~ $\overline{C}$ *n. curante* (*illo*) — — [*G*]*ib*(*benses*?) [*f*]*e*[*c.*?] (die Herstellung der letzten Worte ganz unsicher).

CIL X 6102 = Dessau 6282 (Formiae): (*ille*) *testamento suo* ~~HS~~ $\overline{C}$ *m.* $\overline{n}$. *legavit, ex qua summa tensae Minervae* (Wagen, doch wohl mit Statue?) *ex argenti libris centum* [*c*]*um parergis suis to*[*tis fierent*]. Über die *t*(*h*)*ensae deorum* vgl. Marquardt, Staatsverw. III^2 509 und zuletzt Staehlin, Röm. Mitt. XXI (1906) 377 f.

200000 Sesterzen.

CIL XII 5864 = Dessau 6999. 6999a (Vienna): *positum simulacrum Viennae* (sc. *deae*) *argenteum* ~~HS~~ *n.* cccIↄↄↄ cccIↄↄↄ; vgl. oben III 193 (wo versehentlich 100000 Sest. gedruckt ist). — Mindestens ebenso viel wird (bei einem Silberpreis von annähernd 1000 Sest. für das Pfund, vgl. die oben angeführte Inschr. CIL X 6102) die CIL II 3424 = Dessau 6953 erwähnte Concordienstatue gekostet haben: (*ille*) — — *Concordiae decurionum testamento suo fieri iussit* — — *heres* — — *ex CCL libris argenti fecit.*

Mehrere Statuen für 400000 Sesterzen.

CIL II 5523 = Dessau 5079 (Corduba): *statuas, quas ob honores coniunctos promiserat, ex* ~~HS~~ $\overline{CCCC}$ *posuit.*

Etwa 1 1/2 Mill. Sesterzen (Materialpreis).

CIL IX 1619 = Dessau 5502 (Benevent) aus hadrianischer Zeit: *opus quadrigae cum effigie imp. Hadriani Aug.*, hergestellt *ex argenti libris* ∼, *adiectis amplius libris DLXVII*= (im ganzen 1567 1/6 Pfund zu nicht ganz 1000 Sest. das Pfund). M. Bang.

XXVIII

MARMOR UND BRONZE ALS STATUENMATERIAL[1])

Daß die Bronze in Griechenland so gut wie immer das Material für Ehrenstatuen war, beweisen für die ältere Zeit (außer der Redensart χαλκοῦν τινὰ στῆσαι oder ἀναθεῖναι) die von Fraenkel, De verbis potioribus, quibus opera statuaria Graeci notabant (Diss. Berlin 1873) S. 32 angeführten Stellen aus Aristoteles und Anthol. Pal. II 727 ἔπρεπέ μιν χρυσῷ ἐν ἀγάλματι μήδ' ἐνὶ χαλκῷ τοῦτον τοῖς ἄλλοις εἴκελον ἑστάμεναι; für die spätere namentlich die rhodische Rede Dios von Prusa, in der stets von ehernen Standbildern die Rede ist. Daß auch in Rom in älterer Zeit so gut wie alle öffentlich aufgestellten Statuen aus Bronze waren, zeigt Lucilius 486 f. M.: *ut pueri infantes credunt signa omnia ahena vivere et esse homines.* Augustus bestimmte, daß mit der Ehre des Triumphs die Errichtung einer Bronzestatue verbunden sein sollte (Mommsen StR. I^3 450. Horat. Sat. II 3, 183: *Laetus ut in circo spatiere et aeneus ut stes*). Auch später blieb Bronze für Ehrenstatuen das gewöhnliche Material. Seneca Ep. 65, 3: *ergo in statua materia aes fuit, causa opifex.* Apul. Florida 16: *Quid igitur superest ad statuae meae honorem, nisi aeris pretium, artificis ministerium? quae mihi ne in mediocribus unquam civitatibus defuere, ne ut Karthagini desint* usw. Ammian. Marc. XIV 6, 8: *Ex his quidam aeternitati se commendari statuas existimantes eas ardenter adfectant quasi plus praemii ex figmentis aereis sensu carentibus adepturi quam ex conscientia honeste recte factorum: eas auro curant imbracteari* usw. Das Breviarium des Zacharias nennt in Rom nur die 3785 *aenea simulacra regum et ducum* (Jordan, Topographie II 47. 576, s. oben III 82).

Seit dem Anfang der Kaiserzeit, namentlich seit der Verwertung der Brüche von Carrara auch für die Skulptur wurde Marmor (dessen Sorten wie die der Bronze natürlich auch im Preise verschieden waren, vgl. oben III 77, 12) zu Statuen aller Art verwandt. Wenn bei Aufstellung mehrerer Bildnisse derselben Person (ebd. S. 70 f.) zugleich bronzene und marmorne errichtet wurden, mögen bei der üblichsten Ausführungsweise beide im Preise und in der Schätzung etwa gleich gestanden haben: sowohl in Rom, wo z. B. Claudius von den ihm zuerkannten Ehren nur eine Büste von Silber und zwei Statuen in Bronze und Marmor annahm (Cass. Dio LX 5, 4), als in den Provinzen (vgl. das Testament

1) Vgl. oben III 100.

von Langres oben III 77, 12 und die Inschrift von Teos CIG 3085: εἰκόνι χαλκῇ καὶ ἀγάλματι μαρμαρίνῳ καὶ εἰκόνι χρυσῇ). Auch gegenwärtig können Statuen aus Bronze und Marmor zu ungefähr gleichen Preisen hergestellt werden. Nach den Angaben von Professor R. Siemering in Berlin († 1905) waren 1870 für eine Statue von 6 Fuß Höhe die Preise des Materials etwa folgende: Bronze 858 Mark, Tiroler Marmor 720 Mark, carrarischer Marmor 2. Sorte 720 Mark, 1. Sorte 1350—1500 Mark (selbst 1680 Mark, wenn sehr klar). Der Transport des Tiroler Marmors bis Berlin kostete etwa 240 Mark.

Die Häufigkeit der marmornen Ehrenstatuen (besonders in den Munizipien) und Sepulkralstatuen zeigen die so überaus zahlreichen Überreste. Angaben des Materials auf Inschriften sind nicht selten, vgl. Dessau III Index S. 900; in ihnen überwiegt durchaus die Bronze, die denn die Regel gewesen sein wird.

Aus Silber und Gold waren in der Regel außer Götterbildern nur Kaiserstatuen (vgl. Preller-Jordan, Röm. Myth. I³ S. 239, 2 und dazu Mon. Ancyr. lat. 4, 51 ff. Cass. Dio LXXVIII 12, 7. Aur. Victor Caes. 40, 28. CIL VIII 17408 = Dessau 5474), andre offenbar sehr selten, z. B. Sueton. Tib. 65, 1 (Sejan). Plin. ep. IV 7, 1 (vgl. oben III 77, 2) und das unsichere Zeugnis CIL III 8114. Εἰκόνες χρυσαῖ (Fraenkel S. 34) sind in der Regel wohl als vergoldet zu denken.

F. Drexel.

REGISTER

B.

C.

D.

E.

I (J).

K.

L.

M.

N.

O.

P.

R.

S.

T.

U.

Ludwig Friedlaender

Darstellungen aus der Sittengeschichte Roms

in der Zeit von Augustus bis zum Ausgang der Antonine

Zweiter Band
10. Auflage
Besorgt von Georg Wissowa

WBG
Wissen *verbindet*

Um ein neues Vorwort von Klaus Bringmann in Band 1 ergänzter reprografischer Nachdruck
der von G. Wissowa besorgten 9./10. Auflage, Leipzig 1921–1923

Die Deutsche Nationalbibliothek verzeichnet diese Publikation in der Deutschen Nationalbibliographie; detaillierte bibliographische Daten sind im Internet über http://www.dnb.de abrufbar.

Die Herausgabe des Werkes wurde
durch die Vereinsmitglieder der WBG ermöglicht.

Gestaltung & Satz von Titelei und Vorwort:
Verlag & Anzeigenagentur Schaus, Büttelborn

Einbandabbildung Bd. 2: Gladiatorenhelm aus Pompeji, 1. Jh. n. Chr.
Neapel, Museo Nazionale Archeologico. akg-images / MPortfolio / Electa

Einbandgestaltung: Peter Lohse, Heppenheim

Gedruckt auf säurefreiem und alterungsbeständigem Papier
Printed in Germany

Besuchen Sie uns im Internet: www.wbg-wissenverbindet.de

ISBN: 978-3-534-26801-6

Elektronisch ist folgende Ausgaben erhältlich:
eBook (PDF): 978-3-534-74216-5

INHALT

VIII. DIE SCHAUSPIELE S. 1—162.

IX. DIE MUSIK S. 163—190.

X. DIE SCHÖNE LITERATUR S. 191—265.

VIII. DIE SCHAUSPIELE

1. ALLGEMEINES.

Für jeden Versuch, die Kultur der römischen Kaiserzeit zu schildern, ist eine möglichst umfassende Anschauung der Schauspiele unentbehrlich; nicht bloß, weil sie den besten Maßstab für die Großartigkeit des damaligen Rom geben, sondern weil sie in so hohem Grade und in so vielen Beziehungen für die geistigen und sittlichen Zustände der Weltstadt charakteristisch sind.

Die Schauspiele im kaiserlichen Rom eine Notwendigkeit.

Die Schauspiele, ursprünglich größtenteils zur Verherrlichung von Götterfesten eingeführt, hatten ihre religiöse Bedeutung längst so gut wie völlig verloren. Schon in der spätern Zeit der Republik waren sie das wirksamste Mittel zur Erwerbung der Volksgunst gewesen, und so benutzten sie auch die Kaiser, um das Volk in guter Stimmung zu erhalten[1]). Augustus, so wird erzählt, machte einst dem Pantomimen Pylades Vorwürfe wegen seiner Rivalität gegen einen Kunstgenossen, und Pylades durfte antworten: »Es ist dein Vorteil, Cäsar, daß das Volk sich mit uns beschäftigt«[2]). Doch nicht bloß der Zweck, den Interessen der Menge diese Richtung zu geben, wurde völlig erreicht, auch ihre Herzen gewannen prachtvolle Schauspiele den Kaisern am sichersten. Diese wußten ebensogut wie Ludwig XIV., wie sehr die Bewunderung den Völkern die volle Hingebung an den Willen der Monarchen erleichtert, ebensogut wie Napoleon, daß man immer auf die Phantasie der Menschen wirken müsse; auch ihnen waren Pracht und Aufwand in Festen und Schauspielen wie in Bauten unentbehrliche Herrschermittel und haben ihre Wirkung in vollem Maße getan[3]). Selbst Caligula war, wie Josephus[4]) sagt, infolge der Torheit des Volks geehrt und beliebt; namentlich den Weibern und der Jugend war sein Tod unerwünscht, da sie durch das, was der Pöbel liebt, Fleischverteilungen, Schauspiele und Gladiatorenkämpfe, gewonnen waren, welches alles angeblich aus Rücksicht auf die Menge geschah, während wenigstens die letzteren doch nur den Zweck hatten, den Blutdurst seiner Raserei zu sättigen. Daß Neros Andenken im Volke so lange fortlebte, daß man seinen Tod nicht glaubte, seine Wiederkehr noch dreißig Jahre später hoffte und wünschte, daß mehr als ein Pseudonero auftreten konnte[5]), erklärt Dio von Prusa aus seiner verschwen-

1) Über die von den Kaisern außerordentlicherweise gegebenen Schauspiele Hirschfeld, Kais. Verwaltungsbeamt. S. 287ff. 2) Cass. Dio LIV 17, 5. Macrob. Sat. II 7, 19 ναὶ (so Haupt, Opusc. III 633, καὶ Hss.) ἀχαριστεῖς, βασιλεῦ· ἔασον αὐτοὺς περὶ ἡμᾶς ἀσχολεῖσθαι. 3) Döllinger, Akadem. Vorträge I (1888) 279. 4) Joseph. Ant. Jud. XIX 130. 5) Sueton. Nero 57; über die Nerosage in den Sibyllinischen Orakeln Geffcken, Nachr. d. Götting. Gesellsch. d. Wiss. 1889 S. 441ff.

derischen Freigebigkeit, die sich aber eben in seinen Schauspielen am großartigsten bewährte[1]). In seiner Schilderung der Stimmung Roms nach seiner Ermordung sagt Tacitus, der gemeine Haufe, an den Zirkus und die Theater gewöhnt, sei niedergeschlagen und nach Gerüchten begierig gewesen[2]). Otho wurde in den Schauspielen als Nero begrüßt und lehnte diese Benennung nicht ab, um sich die Gunst der Menge zu erhalten[3]).

Aber die Schauspiele hingen bald nicht mehr von dem Belieben der allmächtigen Weltherrscher ab. Sie waren in dem kaiserlichen Rom schnell zur unabweisbaren Notwendigkeit geworden. In der Bevölkerung der Hauptstadt überwog das Proletariat, und dieser Pöbel war wilder, roher und verdorbener als in modernen Weltstädten, weil hier wie nirgends der Auswurf aller Nationen zusammenfloß[4]), und doppelt gefährlich, weil er großenteils müßig war. Die Regierung sorgte durch die großen, regelmäßigen Getreideverteilungen für seinen Unterhalt, und die Folge war, daß sie auch die Sorge für seinen Zeitvertreib übernehmen mußte. In einer von Sallust an Cäsar gerichteten Broschüre über die Neuordnung des Staats[5]) heißt es, der Regent müsse darauf bedacht sein, daß der durch Geschenke und Staatskorn verdorbene Pöbel seine Beschäftigung habe, durch welche er von Schädigung des öffentlichen Wohls abgehalten werde[6]). Diese Beschäftigung gewährten ihm die Schauspiele. Die bekannten Worte, mit denen Juvenal die Wünsche des Volks zusammenfaßt, das einst die höchste Gewalt, Fasces, Legionen, kurz alles vergab, *panem et circenses*[7]), sind nur Wiederholung eines älteren, offenbar als schlagend anerkannten und daher allgemein gebrauchten Ausspruchs. Wie es scheint, war dieser zuerst in bezug auf Alexandria geprägt worden[8]): man müsse der Bevölkerung der Stadt viel Brot und die Schau von Wettrennen vorwerfen[9]), denn um alles Übrige kümmere sich dort niemand. Auf Rom hat dies vielleicht Trajan zuerst angewandt[10]). Brot und Spiele wurden in Rom bald nicht mehr als Gnade der Regierung, sondern als Recht des Volks angesehen; jede neue Regierung mußte wohl oder übel die Hinterlassenschaft ihrer Vorgänger antreten, und in Pracht und Großartigkeit dieser Feste haben die besten Kaiser mit den schlechtesten gewetteifert.

Panem et circenses.

Augustus »übertraf alle durch die Häufigkeit, Mannigfaltigkeit und Pracht seiner Schauspiele«, und sowohl die Ausführlichkeit, mit der er in der Denkschrift über sein Leben von ihnen Bericht gibt[11]), als auch seine umfassenden und eingehenden hierauf bezüglichen Anordnungen zeigen, welche Wichtigkeit der

Sorge der Kaiser für die Schauspiele.

1) Dio Chrys. or. 71, 9f. (II 268 Arn.). 2) Tac. Hist. I 4. 3) Plutarch. Otho 3. 4) Lucan. VII 405: *mundi faece repletam.* 5) Die Echtheit erwiesen von Pöhlmann, Aus Altertum und Gegenwart, Neue Folge (1911) S. 184ff. Ed. Meyer, Caesars Monarchie u. das Principat des Pompejus[2] (1919) S. 563ff. O. Gebhardt, Sallust als politischer Publizist während des Bürgerkriegs. Diss. Halle 1920. 6) Sallust. ad Caes. sen. de rep. I 7, 2. 7) Juv. 10, 81. Die Befriedigung des Volks durch beides ist auf einer Säkularlampe (CIL XV 6221, 7) dargestellt: ein Rennfahrer, ein Gladiator, zwei *modii* mit Ähren und 4 Beutel (ein *congiarium*). Rostowzew, Röm. Bleitesserae (Klio Beih. III 1905) S. 46f. 8) Lumbroso, L'Egitto[2] S. 112. Getreideverteilungen in Alexandrien Joseph c. Apion. II 63f., Gründung eines Zirkus durch Ptolemaeus I. Epiphan. de mensur. et ponder. 12 (IV 16 Dind.). 9) Dio Chrys. or. 15, 31 (I 275 Arn.). Vgl. Lumbroso, Festschr. f. Hirschfeld (1903) S. 109. 10) Fronto Princ. hist. p. 210 Nab.: Trajan wußte, *populum Romanum duabus praecipue rebus, annona et spectaculis, teneri.* 11) Mommsen, Res gest. divi Aug.[2] S. 90ff.

Begründer der Monarchie dem Gegenstande beilegte[1]). Der karge Vespasian baute das größte Amphitheater der Welt; der Wert des im Jahre 1756 am Colosseum noch vorhandenen Travertins wurde von Sachverständigen nach damaligen Preisen auf 3218065 Scudi (rund 13½ Mill. Mark) geschätzt[2]), die Kosten des gesamten Mauerwerks neuerdings von einem italienischen Architekten auf 5 Millionen Scudi (etwa 21 Mill. Mark) veranschlagt[3]). Allerdings mag das Baumaterial größtenteils durch die Demolierung des Goldnen Hauses gewonnen worden sein. Doch machte Vespasian auch für Schauspiele einen ungeheuren Aufwand[4]), den Titus vielleicht noch überbot[5]). Vielleicht am eifrigsten sorgte Trajan für die Befriedigung der Schaulust der Römer. Man müsse es aus der höchsten Staatsweisheit ableiten, sagt ein späterer Schriftsteller, daß dieser Fürst selbst Tänzer und die übrigen Künstler der Bühne, des Zirkus und der Arena nicht unbeachtet gelassen habe, da er wohl wußte, daß das römische Volk vorzüglich an zwei Dingen hänge, an Brot und Schauspielen; daß die Trefflichkeit der Herrschaft sich nicht weniger in Kurzweil als im Ernste erweise: daß zwar der Ernst mit größerem Schaden, die Kurzweil aber zu größerer Unzufriedenheit verabsäumt werde; daß sogar Geldverteilungen mit minder heftigem Verlangen erstrebt werden als Schauspiele; daß durch Geld- und Getreideverteilungen nur ein Teil des Volks und zwar jeder Einzelne besonders beruhigt werde, durch Schauspiele aber das ganze Volk in seiner Gesamtheit[6]). Selbst der Stoiker Marc Aurel gewann es über sich, prächtige Schauspiele zu geben, und verordnete, daß in seiner Abwesenheit für die Belustigungen des Volks durch die reichsten Senatoren gesorgt werde[7]). Auch Septimius Severus, nach Herodian der habgierigste aller Kaiser, ließ sich durch seine Geldgier nicht abhalten, zu diesem Zweck kolossale Summen zu opfern[8]). Die einzige Ausnahme macht auch hier Tiberius, der seine gründliche Verachtung des Pöbels am auffälligsten dadurch bewies, daß er überhaupt keine Schauspiele gab[9]). Andre begnügten sich, was Tiberius namentlich durch Verkürzung des Solds der Schauspieler und Festsetzung einer höchsten Zahl der Fechterpaare in den Gladiatorenspielen ebenfalls getan hatte[10]), dem übermäßigen Aufwande ein Ziel zu setzen, wie Augustus[11]), Nerva, der viele zirzensische und andre Schauspiele aufhob[12]), Antoninus Pius[13]) und Marc Aurel[14]), welche beide die Gladiatorenspiele (der letztere auch die Schenkungen an die Schauspieler) einschränkten. Die öftere Wiederholung dieser Verordnungen zeigt schon allein, daß sie wenig fruchteten.

Die Schauspiele als Ersatz der Volksversammlungen.

Auch insofern erhielten die Schauspiele in der Kaiserzeit eine neue Bedeutung, als sie dem Volke die Möglichkeit boten, sich in Masse zu versammeln und in Gegenwart des Kaisers seine Stimmungen, Abneigungen und Zuneigungen, seine Wünsche, Bitten und Beschwerden laut werden zu lassen; und diese

1) Sueton. Aug. 43—45. 2) Barthélemy, Voyage en Italie² (1802) S. 396. 3) E. L. Tocco, Del velario e delle vele negli anfiteatri S. 20. 4) Cass. Dio LXVI 10, 3. 5) ebd. LXVI 25. Sueton. Titus 7, 3. 6) Fronto a. a. O. 7) Hist. aug. M. Aurel. 17, 7. 23, 4. 8) Herodian. III 8, 9f. 9) Sueton. Tiber. 47. 10) ebd. 34, 1. 11) Cass. Dio LIV 2, 4. 17, 4. 12) ebd. LXVIII 2, 3; die bei Zonaras XI 20. Chron. Paschale I p. 469, 12 Dind. sich findende Angabe, daß unter ihm die Gladiatorenspiele überhaupt aufgehoben wurden, beruht auf Übertreibung. 13) Hist. aug. Anton. P. 12, 3. 14) ebd. M. Aurel. 11, 4. 27, 6.

Äußerungen wurden mit einer sonst nirgends geübten Nachsicht geduldet (im Zirkus und Theater war nach Tacitus die Ausgelassenheit des Volks am größten)[1]; durch den gänzlichen Mangel sonstiger Gelegenheiten zu öffentlichen Kundgebungen erhielten sie eine um so größere Wichtigkeit.

Begrüßung hoher Personen.

Zunächst gehörten dazu die Begrüßungen beim Erscheinen der Kaiser und andrer hoher Personen. Es ist bekannt, welchen Wert schon in der Republik die Staatsmänner dem Empfange beilegten, der ihnen im Theater ward, wie erfreut Cicero war, wenn er bei Schauspielen und Gladiatorenkämpfen »wunderbare Manifestationen ohne jede Beimischung der Hirtenflöte davon trug«[2]). Ausnahmsweise wurde auch einem Dichter eine solche Ehre zuteil; als einst im Theater Verse von Vergil rezitiert wurden, erhob sich das ganze Volk und begrüßte den anwesenden Dichter eben so ehrfurchtsvoll wie Augustus[3]). Zur Kaiserzeit werden solche Begrüßungen, wenn sie auch bei Privatpersonen vorkommen mochten[4]), abgesehen von den Festgebern selbst[5]), sich in der Regel auf die kaiserliche Familie und die höchstgestellten und dem Kaiserhause am nächsten stehenden Personen[6]) beschränkt haben. Das versammelte Volk empfing die hohen und höchsten Personen mit allgemeiner Erhebung von den Sitzen und Klatschen (schon Augustus mußte sein Mißfallen bezeigen, daß seine noch im Knabenalter befindlichen Enkel so geehrt wurden)[7]); mit Schwenken von Tüchern (die Aurelian zu diesem Zweck dem Volke schenkte)[8]) und Zurufen von Ehrennamen[9]) und Glückwünschen, die zum Teil stehend waren und vielmals wiederholt, oft auch nach damaliger Sitte in bestimmten Melodien taktmäßig abgesungen wurden[10]).

Anwesenheit und Herablassung der Kaiser im Schauspiel.

Auch die Kaiser benutzten gern die Schauspiele als die besten Gelegenheiten, mit dem versammelten Volke persönlich zu verkehren und seine Zuneigung durch Huld und Herablassung zu gewinnen. Je mehr sie sich volksfreundlich zu zeigen wünschten, desto öfter erschienen sie bei eignen und fremden Schauspielen. Selbst Tiberius tat das letztere häufig im Anfange seiner Regierung[11]) trotz seiner Abneigung gegen derartige Belustigungen, teils um, wie Cassius Dio sagt, den Festgebern eine Ehre zu erweisen, teils um die Menge in Ordnung zu halten und ihr seine Teilnahme an ihrem Vergnügen zu bezeigen. Augustus hatte das Volk daran gewöhnt, dies von dem Kaiser zu erwarten[12]). So oft er ein Schauspiel besuchte, beschäftigte er sich mit nichts andrem, sei es, sagt Sueton, um den Tadel zu vermeiden, der Cäsar getroffen hatte, weil er dort Depeschen und Eingaben las und beantwortete, sei es aus Schaulust, von der er keineswegs frei war, wie er öfters offen bekannte[13]). Wie Cäsar, so hatte

1) Tac. Hist. I 72. 2) Cic. ad Att. I 16, 11. II 19, 3. XIV 2, 1; pro Sest. 115 ff. Propert. III 18, 18. 3) Tac. Dial. 13, 3. 4) Seneca ep. 29, 12. 5) Diesem galt wohl der Zuruf, den Plin. ep. VI 5, 5 erwähnt: *propitium Caesarem, ut in ludicro aliquo, precabantur.* Vgl. den Zuruf am Schluß der Inschrift des aus Gladiatoren des Commodus gebildeten Collegium Silvani Aureliani CIL VI 632 = Dessau 5084a *Maxime Commodiane* (vielleicht der Procurator des Ludus), *abias propitium Caesarem.* 6) Horat. Carm. I 20, 3. 7) Sueton. Aug. 56, 2. 8) Hist. aug. Aurelian. 48, 5. 9) z. B. Plutarch. Otho 3; das Gegenteil (*seditiosis vocibus strepere*) Tac. Hist. I 72. 10) Tac. A. XVI 4 (*plebs — urbis — personabat certis modis plausuque composito*). Cass. Dio LXXIII 2, 3 ὅσα τε εἰώθεσαν ἐν τοῖς θεάτροις ἐπὶ τῇ τοῦ Κομμόδου θεραπείᾳ εὐρύθμως πως ἐκβοᾶν, ταῦτα τότε μετασχηματίζοντες ἐς τὸ γελοιότατον ἐξῇδον. Die Sitte bestand noch in der Zeit Cassiodors Var. I 31, 4. 11) Cass. Dio LVII 11, 5. 12) Tac. A. I 54. 13) Sueton. Aug. 45. Tac. a. a. O.: *neque ipse abhorrebat talibus studiis et civile rebatur misceri studiis vulgi.*

auch Marc Aurel die Gewohnheit, im Schauspiel zu lesen, Audienz zu geben und zu unterschreiben, weshalb er oft vom Volke mit Witzreden geneckt wurde [1]). Nero schaute anfangs den Spielen liegend aus den Fenstern einer ganz geschlossenen Loge zu, später auf dem offenen Podium [2]), wobei er sich seiner Kurzsichtigkeit halber eines geschliffenen Smaragds bediente [3]). Doch wurde, wahrscheinlich von Domitian, wieder eine kaiserliche Loge hergestellt; Plinius lobt Trajan, daß er sie bei seinem Ausbau des großen Zirkus habe eingehen lassen: »deine Bürger werden also deinen Anblick haben, wie du den ihren; es wird vergönnt sein, nicht bloß die Loge des Fürsten zu sehen, sondern den Fürsten selbst, in voller Öffentlichkeit, unter dem Volke dasitzend« [4]).

Die Herablassung, Güte, selbst Zuvorkommenheit der Kaiser gegen das Volk bei den Schauspielen heben die Geschichtschreiber und Biographen oft hervor; das Gegenteil wird von wenigen berichtet. Das brutale Vergnügen, das Claudius an den Schlächtereien der Arena fand, gab selbst in Rom Anstoß; doch weil er im Schauspiel sehr leutselig war, alle Wünsche gewährte und sich zu seinen Ankündigungen und Antworten möglichst wenig der Herolde bediente, sondern sie auf Tafeln schreiben und umhertragen ließ, wurde er sehr gelobt [5]). Als der seinem Herrn entlaufene und deshalb zur Zerreißung durch wilde Tiere verurteilte Sklave Androclus von dem Löwen, dem er einst in Afrika einen Dorn aus dem Fuß gezogen, in der Arena wiedererkannt und verschont worden war, wurde auch dieses ganze Ereignis, wie der Alexandriner Apio als Augenzeuge berichtet, sofort auf eine Tafel geschrieben, die man im Zirkus umhertrug, um das Volk damit bekannt zu machen [6]). Claudius zählte auch die Goldstücke, welche die Sieger als Lohn erhielten, zugleich mit den Zuschauern an den Fingern ab, und forderte diese oft zur Heiterkeit auf, wobei er sie wiederholt »meine Herren« nannte und ihnen abgeschmackte Scherze zum Besten gab [7]). Auch Titus kam allen Wünschen entgegen, er nahm für eine Gattung der Gladiatoren mit Partei und neckte wie einer aus dem Volke die Gegenparte mit Wort und Gebärde, doch ohne daß die Majestät oder die Billigkeit (gegen die Fechter) darunter litt [8]). Domitian dagegen zeigte sich im Schauspiel öfters herrisch und schroff; man durfte nicht wagen, gegen seine Fechter Partei zu nehmen [9]). Trajan stellte die frühere Freiheit wieder her und bewies sich überhaupt in jeder Beziehung gütig [10]). Strenger war Hadrian, der sogar einmal, wie Domitian, dem Volke, das mit Ungestüm etwas verlangte, durch den Herold Schweigen gebieten ließ, ohne es einer Antwort zu würdigen [11]). Gallienus ließ einem Stierkämpfer, der zehn Stöße auf einen sehr großen Stier geführt hatte, ohne ihn zu erlegen, einen Kranz überreichen; als ein Murren entstand, ließ er durch den Herold sagen: einen Stier so oft zu verfehlen, ist nicht leicht [12]).

Bitten und Beschwerden vom Volke in den Schauspielen vorgetragen.

Die Wünsche, die vom Volke geäußert und von den Kaisern gewährt wurden, bezogen sich zunächst und hauptsächlich auf die Schauspiele selbst. Die Zuschauer begehrten irgendeine bestimmte Aufführung oder Gattung von

1) Hist. aug. M. Aurel. 15, 1. 2) Sueton. Nero 12, 2. 3) Plin. n. h. XXXVII 64. 4) Plin. Paneg. 51, 5. 5) Cass. Dio LX 13, 1. 5. 6) Gell. V 14, 29. 7) Sueton. Claud. 21, 5. 8) Sueton. Titus 8, 2. 9) Sueton. Domitian. 10, 1. 13, 1. 10) Plin. Paneg. 33, 3 f. 11) Cass. Dio LXIX 6, 1. 12) Hist. aug. Gallieni duo 12, 3 f.

Wettkämpfen[1]), das Auftreten berühmter Gladiatoren[2]), die Entlassung eines tapferen Fechters[3]), die Freigebung eines Schauspielers oder Wagenlenkers, die großenteils dem Sklavenstande angehörten, die Begnadigung eines zum Kampfe mit den Tieren verurteilten Verbrechers. So erfolgte auf allgemeines Verlangen die Begnadigung und Freilassung jenes Androclus, der darauf seinen Löwen an einem dünnen Seile führend von einer Taberne zur andern umherzog; überall beschenkte man ihn mit Geld und bestreute den Löwen mit Blumen[4]). Auch Verbrecher, die sich im Tierkampf tapfer erwiesen und die Tiere getötet hatten, wurden zuweilen dem Volke zu Gefallen, das für sie bat, begnadigt und beschenkt[5]). Freilassungen von Sklaven, zu denen dasselbe den Besitzer durch stürmische Zurufe gezwungen hatte, erklärte Marc Aurel für ungültig[6]). Zuweilen wurden die Kaiser selbst angegangen, Sklaven andrer Herren freizulassen. Tiberius gewährte eine solche für einen Schauspieler getane Bitte nur nach erfolgter Einwilligung des Herrn[7]), Hadrian schlug die Bitte um Freilassung eines ihm nicht gehörigen Wagenlenkers ab und ließ die auf eine Tafel geschriebene abschlägige Antwort umhertragen[8]). Seit Tiberius genötigt worden war, einen Komöden Actius freizugeben, vermied er die Schauspiele, um nicht mit Forderungen belästigt zu werden[9]).

Denn auch sonstige Bitten der verschiedensten Art wurden den Kaisern vorgetragen, weil hier Abweisungen nur selten und ausnahmsweise erfolgten. Josephus betrachtet die Gewißheit, hier keine Fehlbitte zu tun, als einen Hauptgrund dafür, daß die Römer so großen Wert auf die Zirkusspiele legten[10]). Bei den im Jahre 9 n. Chr. gegebenen Triumphalspielen baten die Ritter Augustus freilich vergebens um Aufhebung des neu erlassenen strengen Ehegesetzes[11]). Bei einer großen Teuerung im Jahre 32 wurden mehrere Tage hindurch im Theater Forderungen des Volks laut, und zwar mit größerem Ungestüm, als gegen den Kaiser gewöhnlich war[12]). Als Tiberius eine von Agrippa vor seinen Thermen aufgestellte Lysippische Statue, den Athleten mit dem Schabeisen, in seinen Palast hatte schaffen lassen, verlangte das Volk sie im Theater lärmend zurück, und Tiberius gab sie heraus, obwohl er an ihr besonderes Gefallen fand[13]). Caligula wurde im Zirkus kurz vor seiner Ermordung vom Volke um Ermäßigung des Steuerdrucks angegangen, worüber er so in Wut geriet, daß er die lautesten Schreier ergreifen und töten ließ[14]). Als Palfurius Sura, den Domitian aus dem Senat gestoßen hatte, im kapitolinischen Agon den Preis als Redner erhielt, bat die ganze Versammlung einstimmig um Wiederherstellung seines Standes, doch vergeblich[15]). So sehr waren solche Rufe der im Schauspiel versammelten Menge als Ausdruck der Volkswünsche anerkannt, daß Titus während seiner Verwaltung der Gardepräfektur, um Hinrichtungen von Personen zu rechtfertigen, die ihm verdächtig waren, Leute im Theater verteilte, die sie verlangen mußten[16]).

1) Tac. Hist. I 32: *dissono clamore caedem Othonis — poscentium, ut si in circo aut theatro ludicrum aliquod postularent.* 2) z. B. Sueton. Calig. 30, 2 *cumque Tetrinius latro postularetur, et qui postularent Tetrinios esse ait.* 3) z. B. Martial. Spectac. 29, 3: *missio saepe viris magno clamore petita est.* 4) Gell. V 14, 29 f. 5) Fronto ad M. Caes. I 8 p. 21 Nab. Vgl. den Vorfall, der unter Theodosius zu dem Blutbad von Thessalonice führte, Sozom. hist. eccl. VII 25. 6) Paulus Dig. XL 9, 17 pr. 7) Cass. Dio LVII 11, 6. 8) ebd. LXIX 16, 3. 9) Sueton. Tiber. 47. 10) Joseph. Ant. Jud. XIX 24. 11) Cass. Dio LVI 1, 2. 12) Tac. A. VI 13. 13) Plin. n. h. XXXIV 62. 14) Joseph. A. J. XIX 25. 15) Sueton. Domit. 13, 1. 16) Sueton. Titus 6, 1.

Unter Galba verlangte das Volk im Zirkus und Theater unaufhörlich die Hinrichtung des Tigellinus, bis der Kaiser es durch ein Edikt zur Ruhe verwies[1]). Bekanntlich erfolgten auch die Ausbrüche feindlicher Gesinnung gegen die Christen in den späteren Jahrhunderten vorzugsweise im Zirkus und Amphitheater.

Spöttereien und Schmähungen, selbst gegen die Kaiser.

Aber nicht bloß Bitten und Beschwerden des Volks wurden in den Schauspielen laut, auch seiner Spottlust scheint in der Regel eine gewisse Freiheit gestattet worden zu sein, und zwar durfte sie sich nicht allein gegen Privatpersonen, sondern selbst gegen die Kaiser richten. Nicht selten ertönte der Zirkus von Schmähungen und Verwünschungen gegen die Beherrscher der Welt, da hier einzelne die Schwierigkeit der Entdeckung, größere Massen das Bewußtsein ihrer Anzahl die Gefahr solcher Verwegenheit vergessen ließ. Tertullian, welcher dergleichen wiederholt erwähnt, fragt: was ist bittrer als der Zirkus, wo sie nicht einmal die Kaiser oder ihre Mitbürger schonen?[2]) Der Kaiser Macrinus war wegen seiner Grausamkeit verhaßt; wie der alte Etruskerfürst Mezentius ließ er Verurteilte mit Leichen zusammenbinden und so umkommen. Als sein Sohn Diadumenus, ein wegen seiner Schönheit allgemein beliebter Knabe, im Zirkus mit lautem Beifall begrüßt wurde, rief man ihm mit Vergilischen Versen zu: »Der herrliche Jüngling, wert, daß nicht ein Mezentius sein Vater wäre!«[3]). Diocletian beging die zwanzigjährige Feier seiner Regierung in Rom am 20. November 303, doch konnte er, wie ein christlicher Autor sagt, die Freimütigkeit des römischen Volkes (d. h. ohne Zweifel die Äußerung derselben bei den Schauspielen) nicht ertragen und verließ Rom schon im Dezember[4]). Dagegen ergötzte sich Constantius II. bei seinem Besuche Roms im Jahre 357, als er Zirkusspiele gab, oft an dem Witze des Volks, »das weder übermütig war noch die angeborene Freimütigkeit aufgab, wobei er auch selbst achtungsvoll das gebührende Maß beobachtete«[5]). Noch im Jahre 509 schrieb Cassiodor: »was immer im Zirkus von dem frohen Volke gesagt wird, gilt nicht als Beleidigung, der Ort entschuldigt die Ausschreitung. Wird ihre Redseligkeit geduldig aufgenommen, so steht sie selbst den Kaisern wohl an«[6]). Natürlich richtete der Spott der Menge sich auch gegen Privatpersonen, namentlich allgemein bekannte und unbeliebte; obwohl Beleidigungen, die bei den Schauspielen erfolgt waren, als besonders schwere bestraft wurden[7]). Als der ehemalige Sklave Sarmentus unter Augustus auf den Ritterplätzen erschien, wurde er mit einem Spottliede empfangen, das wir noch besitzen[8]). Kaiser Claudius wies das Volk im Jahre 47 durch strenge Edikte zurecht, weil es im Theater gegen den Konsularen P. Pomponius und gegen vornehme Frauen Schmähungen ausgestoßen hatte[9]).

Politische Demonstrationen.

Auch zu eigentlich politischen Demonstrationen wurden die Schauspiele benutzt. Im Jahre 59 v. Chr. wurden Cäsars Gegner im Theater und bei den Gladiatorenspielen überall mit stürmischem Beifall begrüßt, er und seine Anhänger mit Schweigen oder Zischen empfangen, der Schauspieler Diphilus durch das

1) Plutarch. Galba 17; vgl. Tac. H. I 72. 2) Tertullian. De spect. 16; vgl. Ad nat. I 17 *maledicta quae circi sonant.* 3) Hist. aug. Macrin. 12, 9. 4) Lact. De mortib. persecut. 17, 2. 5) Ammian. XVI 10, 13. 6) Cassiodor. Var. I 27, 5. 7) Dig. XLVII 10, 7 § 8; vgl. 9 § 1. 8) Schol. Juv. 5, 3. 9) Tac. A. XI 13.

Geschrei des Publikums genötigt, Verse, in denen man feindselige Anspielungen auf Pompejus finden konnte, »tausendmal« zu wiederholen[1]). Mitten im Bürgerkriege wurde der Vers des Laberius »Wen Viele fürchten, der hat selbst vor Vielen Furcht« durch die Aufnahme, die er bei dem im Theater versammelten Volke fand, zum Ausdruck der herrschenden Stimmung gestempelt[2]). Im Jahre 45 v. Chr. freute sich Cicero über die treffliche Haltung des Volks bei den Zirkusspielen, bei denen man Cäsars Bild in der Prozession von Götterbildern mit aufgeführt hatte; wegen des bösen Nachbars war auch das Bild der Siegesgöttin nicht beklatscht worden[3]). Als man im Jahre 40 v. Chr. in Rom dringend die Beendigung des Krieges wünschte, den die Triumvirn mit Sextus Pompejus führten, wurde das Bild des Neptun, den der tapfere Seemann als seinen Schutzgott verehrte, im Zirkus mit lauten Beifallsbezeigungen empfangen, und als es infolgedessen am andern Tage nicht in der Prozession erschien, entstand ein Tumult[4]). Der Untergang des an Commodus Hofe allmächtigen Oberkämmerers Cleander[5]) wurde durch eine wohlvorbereitete Demonstration im Zirkus eingeleitet. Eine Schar von Knaben, geführt von einer hochgewachsenen, furchtbar anzuschauenden Jungfrau, stürzte in einer Pause des Schauspiels in die Bahn und erhob wilde Verwünschungen gegen den verhaßten Mann; das Volk stimmte ein, und in immer steigender Aufregung stürmte die Menge bis zur Villa des Kaisers, von dem sie die Preisgebung des Günstlings erzwang[6]). Als unter derselben Regierung der spätere Kaiser Pertinax bereits die allgemeine Aufmerksamkeit auf sich gezogen hatte, gewann ein Rennpferd der von Commodus begünstigten grünen Partei, das diesen Namen trug, den Sieg; die Grünen riefen: es ist Pertinax!, die Blauen erwiderten: o daß er es wäre![7]) Solche Ausbrüche der Volksstimmung erfolgten im Zirkus zuweilen teils scheinbar ohne Vorbereitung, teils wirklich durch jene unerklärlichen Impulse, von denen große Massen plötzlich zu einmütigen Äußerungen oder Handlungen unwiderstehlich fortgerissen werden[8]). Cassius Dio berichtet als Ohrenzeuge, wie im Jahre 196 während des Bürgerkriegs zwischen Severus und dem Prätendenten Albinus eine unzählbare Menge im Zirkus mit staunenerregender Einstimmigkeit wiederholte Klagen über den Krieg und Wünsche für die Wiederkehr des Friedens ertönen ließ; es erschien dem Historiker wie eine göttliche Eingebung: »denn ohne eine solche hätten wohl nicht so viele Myriaden von Menschen zugleich angefangen, dasselbe zu rufen, wie ein gut eingeübter Chor, noch es ohne Anstoß zu Ende gesprochen wie etwas Auswendiggelerntes«[9]). Dem allmächtigen Günstlinge des Severus, Plautianus, war kurz vor seinem Sturze (205) vom Volk im Zirkus zugerufen worden: er besitze mehr als die drei andern (Severus und seine beiden Söhne)[10]). Mit Bezug auf die Aussaugung des ganzen römischen Reichs durch Caracalla rief man im Zirkus im Jahre 212 unter anderm: wir werden die Lebenden töten, um die Toten zu begraben[11]). Daß Cassius Dio allein aus seiner

1) Cic. ad Att. II 19, 3. 2) Seneca De ira II 11, 3. 3) Cic. ad Att. XIII 44, 1. 4) Cass. Dio XLVIII 31, 5, gewiß richtiger als Sueton. Aug. 16, 2. 5) Vgl. oben I 62. 6) Cass. Dio LXXII 13, 3 f., vgl. Herodian. I 12, 5. 7) Cass. Dio LXXIII 4, 2. 8) Vgl. Grote, History of Greece V 260: »*the common susceptibilities, common inspiration and common spontaneous impulse of a multitude, effacing for the time each man's separate individuality*«. 9) Cass. Dio LXXV 4, 5 f. 10) ebd. LXXVI 2, 2. 11) ebd. LXXVII 10, 3.

Zeit viele solcher Demonstrationen berichtet, zeigt, wie häufig sie waren. Von den Kundgebungen, die im Theater durch Beziehung von Stellen in den aufgeführten Stücken auf die Gegenwart stattfanden, wird unten die Rede sein.

Etikette, namentlich in bezug auf die Kleidung.

Die Anwesenheit der Kaiser und andrer hoher Personen beim Schauspiel nötigte die Zuschauer zur Beobachtung mancher zum Teil lästigen Rücksichten. Augustus sah dort einen Ritter trinken und ließ ihm sagen: Wenn ich frühstücken will, gehe ich nach Hause; jener antwortete: Du hast auch nicht zu fürchten, daß dir jemand deinen Platz wegnimmt[1]). Schon in der ersten Zeit der Monarchie wurden über den Anzug der Zuschauer ausdrückliche Vorschriften erlassen, die übrigens unter den verschiedenen Regierungen verschieden waren. Namentlich durften römische Bürger nur in ihrem Staats- und Festkleide, der Toga, erscheinen, die besonders in der Sommerhitze so lästig war, daß sie Bequemeren das Schauspiel ganz verleiden konnte. Während der Zirkus ganz Rom faßt, schreibt Juvenal (als Sechziger), soll meine verschrumpfte Haut die Strahlen der Aprilsonne einsaugen und von der Toga verschont bleiben[2]). Schon Augustus, der die alte Sitte überall auch in bezug auf die Kleidung herzustellen bemüht war, gab den Ädilen den Befehl, nur mit der Toga bekleidete Zuschauer im Zirkus zuzulassen[3]). Die beiden höheren Stände mußten in ihrer Standeskleidung, die Beamten in ihrer Amtstracht erscheinen, die nur bei der öffentlichen Trauer um den Tod des Kaisers abgelegt wurde. Daß Commodus bei einem Gladiatorenspiele kurz vor seinem Tode als Tracht der Zuschauer den (auch von Trauernden getragenen) dunklen, zugeknöpften Regenmantel statt der Toga vorschrieb, galt später als Vorzeichen seines Todes[4]). Im Sommer gestattete Augustus, unbeschuht ins Theater zu kommen, Tiberius hob diese Erlaubnis auf, Caligula führte sie von neuem ein und erlaubte auch den Senatoren im Jahre 37 zum ersten Mal, sich zum Schutz gegen die Sonne thessalischer Hüte zu bedienen; bis dahin hatten sie also barhäuptig bleiben müssen[5]). Bei schlechtem Wetter waren Mäntel über der Toga erlaubt, die aber beim Erscheinen hoher Personen abgelegt wurden[6]). Als bei einem Schauspiel Domitians ein heftiger Regenguß eintrat, wurde niemandem gestattet, fortzugehen oder sich umzukleiden, während der Kaiser selbst fortwährend den Mantel wechselte; infolgedessen erkrankten und starben viele der Zuschauer[7]). Domitian hielt überhaupt mit Strenge die Theatervorschriften aufrecht und erneuerte die in Vergessenheit geratenen. Der von seinen Vorgängern geduldete Gebrauch farbiger Kleidungsstücke wurde im allgemeinen wieder aufgehoben[8]), doch außer den weißen, wie es scheint, auch scharlachrote und purpurne gestattet[9]). Außer Sonnenhüten waren auch Sonnenschirme erlaubt[10]). Die Aufrechterhaltung der gesetzlichen Bestimmungen sowie überhaupt der Ruhe und Ordnung in den Schauspielen lag dem Stadtpräfekten ob, der sie nötigenfalls mit Zuziehung der zu diesem Behuf aufgestellten Militärposten handhabte,

1) Quintilian. VI 3, 63. 2) Juv. 11, 203. 3) Sueton. Aug. 40: *negotium aedilibus dedit, ne quem posthac paterentur in foro circove nisi positis lacernis togatum consistere* (wo freilich der Memmianus *circave* hat). 4) Cass. Dio LXXII 21, 3. Hist. aug. Commod. 16, 6. 5) Cass. Dio LIX 7, 7 f. 6) Sueton. Claud. 6, 1. 7) Cass. Dio LXVII 8, 3, vgl. Thiele, Hermes LI 1916 S. 255 ff. 8) Martial. V 23: *herbarum fueras indutus, Basse, colores, iura theatralis dum siluere loci* usw. 9) ebd. IV 2. V 8. XIV 131. 137. 10) ebd. XIV 28 f.

auch Übertretern und Unruhestiftern den Besuch der Schauspiele verbieten konnte[1]).

Kosten der Schauspiele.

Die für Volksvergnügungen verausgabten Summen waren schon in der früheren Zeit der Republik nach heutigen Begriffen keineswegs gering gewesen. Für das viertägige Hauptfest im September, das an den ersten drei Tagen seit 364 v. Chr. mit Bühnenspielen, am letzten mit Wagenrennen gefeiert wurde (die römischen Spiele), war die Summe von 200000 Assen (etwa 35000 Mark) aus der Stadtkasse ausgeworfen, und diese wurde bis zum zweiten Punischen Kriege nicht erhöht[2]). Auch die übrigen Staatsspiele waren auf die Staatskasse angewiesen. Aber allmählich stiegen die Ansprüche, und von den Festgebern wurde ein Aufwand verlangt, der mit den ausgesetzten Dotationen auch nicht annähernd zu bestreiten war, so daß die Ädilen bedeutende Zuschüsse aus ihrem Privatvermögen machen oder die Unterstützung von Freunden in Anspruch nehmen mußten und nicht wenige sich zugrunde richteten, während die meisten das Geld von Bundesgenossen und in den Provinzen erpreßten[3]). In der Mitte des 2. Jahrhunderts v. Chr. kosteten glänzende Gladiatorenspiele 30 Talente (über 141000 Mark)[4]). Doch diese Summe erscheint gering im Vergleich mit der kolossalen Verschwendung, mit der die Schauspiele in der letzten Zeit der Republik gegeben wurden[5]): solche, wie die des Scaurus (58), Pompejus (55), Cäsar, können auch später, wenn überhaupt, nur von den Kaisern überboten worden sein; Milo verschwendete bei seiner Bewerbung um das Konsulat im Jahre 53 »drei Erbschaften, um den Pöbel durch Spiele zu beschwichtigen«[6]); sie gehörten, wie Cicero an seinen Bruder Quintus schreibt, zu den kostspieligsten überhaupt dagewesenen[7]), der dabei gemachte Aufwand war so ungeheuer, daß er Milo für verrückt erklärte[8]). Doch werden sie in der späteren Zeit nicht mehr, wie die andern erwähnten, genannt. In der Kaiserzeit waren die aus dem Staatsschatz für die (allerdings unterdessen sehr verlängerten) Staatsspiele gezahlten Summen erhöht. Nach einer Urkunde aus dem Jahre 51 n. Chr. betrugen sie für die römischen Spiele 760000 Sesterzen (ungefähr 165000 Mk.), für die plebejischen 600000 S. (ungefähr 130000 Mk.), für die Apollinarischen 380000 S. (etwa 82600 Mk.), für die neugestifteten Augustalischen 10000 S. (2175 Mk.)[9]). Doch geben auch diese Summen keinen Maßstab für die Gesamtkosten, da die Zuschüsse der Beamten unberechenbar bleiben. Über diese letzteren sowie überhaupt über den aus Privatmitteln für Spiele gemachten kolossalen Aufwand haben wir nur vereinzelte Nachrichten aus verschiedenen Zeiten. Als Herodes von Judäa zu Ehren des Augustus ein Festspiel begründete, das in Zeiträumen von vier Jahren wiederkehren sollte, erhielt er von Augustus und Livia alles zur Ausstattung desselben Gehörige zum Geschenk: der Gesamtwert wurde auf 500 Talente (2358000 Mk.) geschätzt[10]). Im Anfange der Kaiserzeit

1) Dig. I 12, 1 § 13. 2) Dion. Hal. ant. VII 71, 2; vgl. Ps. Ascon. p. 217, 9 St. 3) Marquardt StV. III² 488. 4) Polyb. XXXII 14, 6. 5) Marquardt StV. II² 85 f. 6) Cic. pro Mil. 95. 7) Cic. ad Qu. fr. III 6 (8), 6 (*ludos apparat magnificentissimos, sic inquam ut nemo sumptuosiores*). 8) ebd. III 7 (9), 2. Die Zahl der Kostensumme ist verdorben. 9) Fasti Antiatini CIL I² p. 248 f.; vgl. Mommsen ebd. p. 300 und über die Abfassungszeit p. 207. 10) Joseph. Ant. Jud. XVI 139. Herodes hatte Augustus bei seiner Anwesenheit in Rom mit 300 Talenten (1415000 Mark) beschenkt, θέας τε καὶ διανομὰς ποιούμενον τῷ Ῥωμαίων δήμῳ. Augustus schenkte ihm dafür den halben Ertrag der cyprischen Erzgruben, ebd. 128.

konnte in einer Stadt Campaniens ein gutes Gladiatorenspiel, das drei Tage dauerte, 400000 S. (87000 Mk.) kosten[1]). In der Regel dürfte aber der Aufwand der munizipalen Spiele kleiner gewesen sein[2]). Nach dem Stadtrecht von Urso erhielten die Duumvirn für die Ausrüstung der viertägigen Spiele zu Ehren von Juppiter, Juno und Minerva jeder 2000 S. (435 Mk.) und mußten mindestens die gleiche Summe aus eigenem Vermögen zulegen, so daß sich die Gesamtkosten auf 8000 S. (1740 Mk.) belaufen; für die ädilischen Spiele ergibt sich dort in gleicher Weise der Betrag von 6000 S. (1305 Mk.)[3]). Die Stadt Pisaurum (Pesaro) erhielt ein Vermächtnis von 600000 S. (130500 Mk.), von dessen Zinsen in jedem fünften Jahre ein Gladiatorenspiel gegeben werden sollte. Bei einer Verzinsung mit 5 Prozent würden also dazu 120000 S. (etwa 26000 Mk.) jedesmal verwandt worden sein[4]). Der Senatsbeschluß vom Jahre 27 n. Chr., daß niemand ein Gladiatorenspiel geben solle, der nicht mindestens 400000 S. (87000 Mk.) besitze[5]), konnte nur den Zweck haben, unvermögende Spekulanten auszuschließen, die dergleichen um des Gewinns willen unternahmen; denn für die übrigen Festgeber war wohl auch in den Munizipien ein höherer Besitz erforderlich. Das Fest der Großen Mutter (4.—10. April) konnte der Prätor in Rom unter Domitian mit einem Zuschuß von 100000 S. (21750 Mk.) aus eignen Mitteln nur dann bestreiten, wenn er den mitwirkenden Künstlern, namentlich den Wagenlenkern, sehr karge Belohnungen gab. In der Regel kam er damit nicht aus, und es kam auch vor, daß ihn die Wagenrennen 400000 S. (87000 Mk.) kosteten[6]). Hadrian erhielt zu den in seiner Prätur (107) zu veranstaltenden Schauspielen von Trajan 2 Millionen S. (435000 Mk.)[7]). Die siebentägigen Spiele, die Symmachus bei der Prätur seines Sohns ausrüstete, sollen 2000 Pfund Gold (1827000 Mk. ungefähr) gekostet haben; doch gehörte Symmachus nicht zu den reichsten Senatoren seiner Zeit; einer von diesen, Maximus, verwandte angeblich die doppelte Summe auf denselben Zweck[8]). Auch die Ausgaben des Konsulats betrugen wegen der dabei zu gebenden Schauspiele in jener Zeit mehr als 2000 Pfund Gold, wozu die Kaiser das Meiste beizusteuern pflegten[9]). Justinian verausgabte in seinem Konsulate im Jahre 521, das alle früheren orientalischen Konsulate an Pracht überbot, zu Schenkungen und Schauspielen im ganzen 288000 Solidi (ungefähr 3630000 Mk.)[10]). Die Gesamtkosten der

1) Petron. 45, 6. 2) [C]*n. Satrius Cn. f. Rufus IIIIvir iur. dic.* in Iguvium, wie es scheint, unter Augustus (Mommsen, Res gest. divi Aug.² p. 67, 1) gab *in ludos victoriae Caesaris Augusti* 7750 Sesterzen (1685 Mark), CIL XI 5820 = Dessau 5531; nach einem Testament aus Auzia in Mauretanien (CIL VIII 9052 Z. 10. 15) sollen dort zweimal jährlich Zirkusspiele von je 6 Rennen mit einem Aufwande von je 135 Denaren (117 Mark) stattfinden. 3) Lex colon. Genet. (CIL II 5439 = I² 594. Dessau 6087) c. 70 f., vgl. Mommsen, Ges. Schr. I 253. 4) CIL XI 6377; vgl. damit die Inschrift von Arelate CIL XII 670, nach der alljährlich aus den Zinsen eines hinterlassenen Kapitals von 200000 Sest. (43000 Mark), also zu 5 v. H. gerechnet 10000 Sest. (2175 Mark), athletische und zirzensische Spiele gegeben werden sollen. Ein ähnliches Vermächtnis in Chios Bull. corr. hell. XVI 1892 S. 321 ff. Über Spielstiftungen im allgemeinen B. Laum, Stiftungen in der griech. u. röm. Antike (1914) I 95 f. 5) Tac. A. IV 63. 6) Martial. X 41, 5. IV 67, 5. V 25, 9. 7) Hist. aug. Hadrian. 3, 8, wo *iterum* vor *vicies* irrtümlich wiederholt ist. Der Brief des Valerian mit der Angabe der dem Aurelian zu seinen Zirkusspielen bewilligten Beiträge (Hist. aug. Aurelian. 12, 1) ist unecht. Mommsen StR. II³ 138 Anm. 8) Olympiodor. bei Phot. bibl. 80 (FHG IV 67 f. § 44). 9) Procop. Hist. arc. 26. Das Pfund Gold ist nach Hultsch, Metrologie² S. 317 auf 913,5 Mark angesetzt. 10) Marcellin. Com. z. J. 521, Mommsen, Chron. min. II 101.

Fechterspiele allein kann man für das ganze römische Reich mit Ausnahme von Rom in der Zeit Marc Aurels auf weit mehr als 20 Millionen Mark jährlich veranschlagen. Die Bestimmungen, die Marc Aurel und Commodus behufs ihrer Ermäßigung (177/8) vom Senate beschließen ließen, taten, wie es in einer bei dieser Gelegenheit gehaltenen Rede heißt, dem drohenden Verfall der Stadtgemeinden Einhalt und sicherten die dem Ruin entgegengeführten Vermögen der vornehmsten Männer, d. h. der aus der Aristokratie der Provinzen gewählten Provinzialpriester und der städtischen Beamten, von denen jene wohl durch gesetzliche Bestimmungen, diese vielfach durch das Herkommen und die Erwartungen ihrer Mitbürger zur Veranstaltung dieser Spiele veranlaßt waren[1]).

Belastung des Senatorenstands.

In Rom lastete die erdrückende Verpflichtung, dem Volke diese äußerst kostbaren Unterhaltungen zu gewähren, so gut wie ganz auf dem Senatorenstande, dem die von der Staatskasse gezahlten Zuschüsse, wie gesagt, dabei eine verhältnismäßig nur geringe Erleichterung gewährten[2]). Es war eine Jahrhunderte hindurch bis zur Grenze der Leistungsfähigkeit getriebene Besteuerung der Aristokratie zugunsten des Proletariats. Fort und fort erkauften ihre Mitglieder Rang, Titel und äußeren Prunk der Ehrenämter durch einen Aufwand, der manche alte und vornehme Familie zugrunde richtete[3]) oder nur mit Hilfe kaiserlicher Beiträge und durch Vorschüsse oder Unterstützung von Standesgenossen bestritten werden konnte[4]). In den ersten Jahrhunderten scheint bei der Mehrzahl der Glanz der senatorischen Würden und Ämter noch immer als hinreichende Entschädigung für eine so schwere Belastung angesehen worden und die Zahl der Senatoren und Senatsfähigen, die sich den erdrückenden Ehren ihres Stands zu entziehen suchten, verhältnismäßig nicht groß gewesen zu sein. Sie wuchs aber ohne Zweifel, je mehr die Ämter ihrer wirklichen Macht entkleidet und ihre ganze Bedeutung auf die Verpflichtung, Schauspiele zu geben, herabgedrückt ward, und es kam die Zeit, wo es an Bewerbern für die so teuer bezahlten Würden und Titel zu mangeln begann. Schon Constantin mußte die Kandidaten, die sich der Ernennung zur Prätur durch Flucht zu entziehen suchten, zur Annahme dieses Amts zwingen[5]), und vielleicht war er nicht der erste Kaiser, der sich zu solchen Gewaltmaßregeln genötigt sah. Eine Reihe von kaiserlichen Erlassen regelte im 4. Jahrhundert die Wahl zur Prätur und Quästur, die in Rom und Constantinopel durch den Senat für die nächsten zehn Jahre aus der Zahl aller Mitglieder, die das fünfundzwanzigste Jahr vollendet hatten, erfolgte, und machte die gültigen Entschuldigungen namhaft, die von der Verpflichtung zur Übernahme entbanden. Es wurden für die verschiedenen Prätúren Summen festgesetzt, unter welche die Ausgabe für die Schauspiele nicht herabgehen durfte. Diejenigen, welche sich ohne genügende Gründe ihrer Verpflichtung entzogen, hatten nicht bloß die Kosten der Schauspiele zu tragen, die der Fiskus nun in ihrem Namen veranstaltete, sondern mußten zur Strafe

1) CIL II 6278 = Dessau 5163, namentlich Z. 23 ff., vgl. Mommsen, Ges. Schrift. VIII 499 ff.; ein kleines Bruchstück der zugehörigen kaiserlichen Botschaft ist in Sardes gefunden worden, Keil u. von Premerstein, Denkschriften der Wiener Akademie LIII 2, 1908 S. 16 ff. = Dessau 9340. 2) Vgl. oben I 128 f. 3) Ambros. De offic. minist. II 21, 109: *quod faciunt qui ludis circensibus vel etiam theatralibus et muneribus gladiatoriis vel etiam venationibus patrimonium dilapidant suum, ut vincant superiorum celebritates.* 4) Oben I. 134 ff. 5) Zosim. II 38, 4; vgl. Symm. epist. IX 126.

überdies eine bedeutende Getreidelieferung an die hauptstädtischen Magazine entrichten. Selbst auf die Erben der erwählten, aber vor dem Antritt des Amts verstorbenen Prätoren ging die Verpflichtung zur Ausrichtung der Schauspiele über[1]).

Zahl der durch die Schauspiele jährlich besetzten Tage.

Auch die Zahl der Tage, die im Laufe des Jahrs durch die Spiele ausgefüllt waren, läßt sich für keine Zeit genau bestimmen, da selbst die jährlich gefeierten Staatsspiele einem gewissen Wechsel unterworfen waren, die außerordentlichen aber sich aller Berechnung entziehen. Die aus der Kaiserzeit erhaltenen Festkalender geben nur von der durch die ersteren besetzten Zeit eine annähernd richtige Vorstellung[2]). Während der Republik hatte es sieben jährliche Schauspiele gegeben, die unter Augustus zusammen 65 Tage dauerten: die römischen Spiele 15, seit Cäsars Tode 16 (4.—19. September), die plebejischen 14 (4. bis 17. November), die der Ceres 8 (12.—19. April), des Apollo 8 (6.—13. Juli), der Großen Mutter 7 (4.—10. April), der Flora 6 (28. April bis 5. Mai), der Sullanischen Siegesfeier 7 (26. Oktober bis 1. November). Von diesen 65 Tagen waren 13 für Spiele der Rennbahn, 2 für Prüfungen der Rennpferde, 2 für Opfermahlzeiten, die übrigen 48 für Bühnenspiele bestimmt; Gladiatoren traten in öffentlichen Spielen während der Republik in der Regel gar nicht auf. Alle genannten Feste, mit Ausnahme des letzten, bestanden, wenn auch zum Teil in verminderter Dauer, noch im 4. Jahrhundert.

Die Vermehrung der Spiele erfolgte nach dem Untergang der Republik anfangs in bescheidener Weise. Bis zum Jahre 4 v. Chr. kamen nur die elftägigen Spiele der Ahnfrau Venus (20.—30. Juli, wovon 4 Tage zirzensich waren) und das eintägige, ebenfalls zirzensische Fest des Mars (12. Mai) hinzu. Noch ein zweites eintägiges zirzensisches Fest des Mars (1. August) wurde unter Augustus, unter Tiberius das Fest zu Ehren des Augustus von 8, später 10 Tagen (3. bis 12. Oktober) eingeführt. Später wurde die Zahl der mit Spielen begangenen Festtage, die also unter Tiberius 88 betrug, aus den verschiedensten Veranlassungen, zur Feier von Siegen, Tempeleinweihungen, kaiserlichen Geburtstagen usw., erheblich vermehrt, und obwohl Nerva (dessen Beispiel Severus und Macrinus nachahmten) sie herabgesetzt hatte, war sie wohl im ganzen stets im Wachsen begriffen. Marc Aurel vermehrte die Zahl der Gerichtstage auf 230[3]), damals können also höchstens 135 Tage zu Spielen bestimmt gewesen sein. Um die Mitte des 4. Jahrhunderts waren es nach dem Kalender des Furius Dionysius Philocalus vom J. 354 im ganzen 176, von denen 10 mit Fechterspielen, 64 im Zirkus, 102 im Theater begangen wurden. Gerade die Gladiatorenkämpfe und Tierhetzen aber, die in früheren Kalendern gar nicht vorkommen, in diesem neusten, wie gesagt, auf zehn Tage (im Dezember) beschränkt sind, müssen nach den so zahlreichen Erwähnungen in der Literatur und den Denkmälern zu Rom in allen Perioden der Kaiserzeit sehr häufig gewesen sein. Alexander Severus hatte die Absicht, die Fechterspiele auf das ganze Jahr zu verteilen, so daß monatlich eins stattfinden sollte; doch führte er sie aus unbekannten Gründen nicht aus[4]). Auch die Zahl der außerordentlichen Schauspiele war immer eine verhältnismäßig große, und diese dauerten zuweilen Wochen und Monate. So gab

1) Cod. Theodos. VI 4 mit Gothofredus Anmerkungen. Vgl. Kuhn, Städt. u. bürgerl. Verfassung I 206 f. 2) Mommsen CIL I^2 p. 299 ff. Wissowa, Religion und Kultus d. Römer² S. 453 ff. 3) Hist. aug. M. Aurel. 10, 10. 4) ebd. Alex. Sever. 43, 4.

Titus zur Einweihungsfeier des Flavischen Amphitheaters im Jahre 80 ein Fest von hundert, Trajan zur Feier des zweiten dacischen Triumphs im Jahre 107 ein Fest von hundertdreiundzwanzig Tagen[1]). Sämtliche größeren Schauspiele begannen mit Tagesanbruch, weshalb schon vor demselben die Zuschauerräume sich füllten, und dauerten (mindestens zum großen Teil) bis zum Sonnenuntergange[2]). Schon Celsus (unter Tiberius) spricht von dem Sitzen in den Schauspielen während des ganzen Tags[3]). Augustinus erwähnt, daß zuweilen Theater- und Zirkusspiele an demselben Tage gegeben wurden[4]).

Die drei Hauptgattungen der Schauspiele.

Ursprünglich waren die Spiele des Zirkus die vornehmsten von allen und darum der Beschluß jedes Volksfestes gewesen. In der letzten Zeit der Republik waren die damals schon mit ungeheurer Pracht und Verschwendung gegebenen Kämpfe der Gladiatoren bei der Masse am meisten beliebt. An drei Orten, sagt Cicero im Jahre 56, gebe sich die Ansicht und der Wille des römischen Volks hauptsächlich kund: bei Volksversammlungen, bei Abstimmungen (*comitia*) und bei den Spielen und Gladiatorenkämpfen; bei den letzteren sei die Menge der Anwesenden aus allen Klassen am größten: denn an diesem Schauspiele finde das Volk am meisten Gefallen[5]). Doch als sich, spätestens zu Anfang der Kaiserzeit, die Organisation der Zirkusparteien vollendet hatte, drängte das Interesse an ihrem Wettstreit jedes andre in den Hintergrund. Die Bühnenspiele, obwohl auch sie noch in der Kaiserzeit eine große Anziehungskraft übten, standen doch erst in dritter Reihe. Wie das Volk, haben offenbar auch die Kaiser auf jene beiden ersten Gattungen bei weitem den größten Wert gelegt, bei denen zur Unterhaltung der Massen so kolossale Mittel verwandt wurden. Den Beweis geben die Münzen, die als eine Art von öffentlichen Dokumenten in Ermangelung andrer Ereignisse sehr häufig die Kundgebungen kaiserlicher Munifizenz verewigen. Bauten und Spiele im Amphitheater und Zirkus finden sich darauf oft, Theaterbauten und Bühnenspiele niemals angedeutet oder erwähnt. Bei den Säkularspielen wurden drei Tage und drei Nächte im Marsfelde szenische Vorstellungen gegeben; doch auf den zum Andenken an die tausendjährige Jubelfeier Roms unter Kaiser Philipp geschlagenen Münzen sind sie nicht angedeutet, während ein Löwe, ein Nilpferd und verschiedenes Wild an die damals gegebenen Tierhetzen erinnern[6]).

Ungewöhnlichere Schauspiele.

Außer diesen drei Hauptgattungen der Schauspiele hatten schon während der Republik Athletenkämpfe und musikalische Aufführungen aus Griechenland in Rom Eingang gefunden, die teils an besonderen periodischen Festen, von denen unten die Rede sein wird, veranstaltet, teils mit andern Schauspielen verbunden wurden. Bei größeren, glänzend ausgestatteten Festen wurde noch auf manche andre Weise für Abwechslung gesorgt[7]). Von Knaben, die bei den Spielen Rad schlugen, hatte bereits Varro in seinem Buch über die Theaterspiele gesprochen[8]). Plinius hatte einen starken Mann[9]) namens Athanatus mit

1) Cass. Dio LXVI 25, 4. LXVIII 15, 1. 2) Sueton. Calig. 18, 3 *edidit et circenses plurimos a mane ad vesperam.* 26, 4; Claud. 34, 2. Cass. Dio LVII 11, 4. LVIII 19, 1. Hist. aug. Elagab. 23, 2. 3) Cels. de med. I 3, 12. 4) Augustin. Conf. VIII 10, 24. 5) Cic. pro Sest. 106. 124 f. 6) Eckhel D. N. VII 323—327. M. Bieber, Röm. Mitteil. XXVI 1911 S. 233 f. 7) Über die verschiedenen Arten von Gauklern und Artisten s. H. Blümner, Sitz. Ber. Akad. München 1918 VI 8 ff. 8) Serv. Aen. X 894. 9) Vielleicht ist ἰσχυροπαίκτης (IG XIV 1535) die Bezeichnung eines solchen.

einem bleiernen, 500 Pfund (= 163,7 kg) schweren Harnisch und ebenso schweren Schuhen angetan über die Bühne schreiten gesehen[1]). Ein bei den *ludi Romani*, dem alten Hauptfeste, auftretender Seiltänzer wird in einer Inschrift erwähnt[2]). Auch bei dem von Claudian besungenen Feste des Konsuls Flavius Manlius Theodorus sah man außer Wagenrennen, Athletenkämpfen, Tierhetzen, Theaterspielen und Musikaufführungen verschiedener Art Gaukler, die sich »gleich Vögeln in die Lüfte schnellten« und Pyramiden bildeten, auf deren Spitze ein Knabe schwebte, ferner künstliche Bühnenverwandlungen, ein Kunstfeuer, das nichts versehrte, und eine Wettfahrt von Kähnen[3]). So wird man auch bei den equilibristischen Leistungen, von denen Manilius wiederholt spricht, an Schauspiele zu denken haben. Er erwähnt außer Seiltänzern Gaukler, die sich von einem Gerüste schnellen und zwar abwechselnd, so daß der eine zu Boden fällt, während der andre in der Luft schwebt, die durch Flammen- und Feuerkreise springen, die gleich Delphinen sich durch den leeren Raum bewegen, ohne Federn fliegen und in der Luft scherzen[4]).

Festliche Beleuchtungen.

Auch prachtvolle Beleuchtungen machten sehr häufig einen Teil der Festlichkeiten aus, wie denn der Gebrauch von brennenden Lichtern, Lampen und Fackeln bei gottesdienstlichen und festlichen Gelegenheiten in Rom und überhaupt im Altertum nichts Seltenes war[5]). Schon in alter Zeit war bei Schauspielen das Forum und das Comitium mit Lampen beleuchtet worden[6]); später wurden zuweilen Feste bei künstlicher Beleuchtung auch in die Nacht hinein oder die ganze Nacht hindurch fortgesetzt. Die von Augustus im Jahre 17 v. Chr. wieder eingeführten Säkularspiele dauerten nach altem Brauch die Nächte durch. Augustus verbot der Jugend beiderlei Geschlechts, diesen nächtlichen Schauspielen anders als in Begleitung älterer Personen beizuwohnen[7]). Während der tausendjährigen Jubelfeier Roms im Jahre 248 legte sich, wie die Chronisten berichten, das Volk drei Nächte lang nicht zur Ruhe[8]). Sodann dürften an den Saturnalien, wo der Gebrauch der Lichter allgemein war (der um die Zeit des kürzesten Tags, wie am Weihnachtsfest, die Erneuerung des Lichts bedeutete)[9]), Beleuchtungen gewöhnlich gewesen sein. Bei dem Fest am 1. Dezember, das Domitian als Vorfeier der Saturnalien (im Jahre 88?) veranstaltete, wurde mitten im Amphitheater bei Einbruch der Nacht ein Kreis von Flammen von oben herabgelassen, der die Nacht zum Tage machte und bei dessen Lichte das Fest fortgesetzt wurde.[10]). Auch das von Nero im Jahre 60 eingeführte, in fünfjährigen Perioden wiederkehrende Fest scheint von Anfang an während der Nächte fortgedauert zu haben, und auf die Bedenken, daß dies Veranlassung zu Unfug

1) Plin. n. h. VII 83. 2) CIL VI 10157 *catadromarius [ludis Ro]manis qui catadrom(um) [decucurrit] CCXXVI in Glauce,* vgl. Suet. Nero 11, 2. Cass. Dio LXI 17, 2. 3) Claudian. paneg. Manl. Theod. 311 ff. 4) Manil. Astron. V 439 ff. 651 ff. 5) E. Caetani-Lovatelli, Varia (1905) S. 1 ff. Eitrem, Opferritus u. Voropfer d. Griechen u. Römer (1915) S. 138 ff.; vgl. Samter, Geburt, Hochzeit u. Tod (1911) S. 70 ff. 6) Lucil. frg. 146 Marx: *Romanis ludis forus olim ornatus lucernis*; die Ädilen schmücken das Forum *signis et luminibus,* Cic. de nat. deor. I 22 (vgl. Verr. II 1, 141); ähnlich beim nächtlichen Einzuge des Tiridates im J. 66, Cass. Dio LXIII 4, 1. Dagegen hat die Höflichkeit des Prätors L. Sejanus, der nach der Theatervorstellung der Floralien des J. 32 dem Publikum durch 5000 Sklaven mit Fackeln heimleuchten ließ (Cass. Dio LVIII 19, 2), damit nichts zu tun. 7) Sueton. Aug. 31, 4. 8) Hieronym. Chron. z. J. 246. 9) Preller-Jordan, Röm. Myth. II 17, vgl. Deubner, N. Jahrb. XXVII 1911 S. 328. 10) Stat. Silv. I 6, 85 ff.

geben würde, wurde geantwortet, daß bei der so hellen Beleuchtung nichts Unerlaubtes verborgen bleiben könne[1]). Übrigens waren Nachtfeste bei den Schauspielen in Rom in der Kaiserzeit wohl überhaupt nicht selten, da selbst in den Städten Italiens »Schauspiele und Illuminationen«[2]) häufig zusammen genannt werden; auch in einem auf der Insel Ebusus (Iviza) gefundenen Vermächtnis wird verordnet, daß an einem gewissen Tage Schauspiele mit Leuchtgefäßen (Pechpfannen) gegeben werden sollen[3]). Caligula gab einmal Nachtschauspiele im Theater, wobei die ganze Stadt erleuchtet war[4]). Das Wagenrennen in Neros Gärten, bei welchem Christen in Pech gehüllt gleichsam als Fackeln verbrannt wurden, scheint ebenfalls ein Nachtschauspiel gewesen zu sein[5]). Domitian veranstaltete sogar nächtliche Tierhetzen und Gladiatorenspiele bei Beleuchtung[6]); auch eine Darstellung der Geschichte von Hero und Leander muß bei Nacht stattgefunden haben, da Martial von der nächtlichen Woge spricht, welcher der letztere entronnen sei[7]).

Bewirtungen. Endlich wurden, wie schon während der Republik[8]), Bewirtungen[9]) und Beschenkungen der Zuschauer in größtem Maßstabe nicht selten mit den Schauspielen verbunden. Seit diese ganze Tage ausfüllten, wurde wahrscheinlich regelmäßig um die Mittagszeit eine Pause gemacht, wobei die Zuschauer entweder sich zur Mahlzeit entfernten[10]) oder im Theater und Zirkus selbst bewirtet wurden, indem Sklaven Speisekörbe und ungeheure Schüsseln, unter deren Last sie schwankten, überall umhertrugen[11]); auch wurden Marken mit Anweisungen auf Speisen und Getränke verabreicht[12]), und es fehlte bei solchen Gelegenheiten im Publikum natürlich nicht an Klagen über Unbescheidenheit und Übervorteilung[13]). Bei größeren, mehrtägigen Festen waren auch ganze Tage ausschließlich zu allgemeinen Schmäusen bestimmt[14]). Die bei den Spielen der beiden städtischen Prätoren stattfindenden Verteilungen hörten mit dem Jahre 217 n. Chr. auf, jedoch mit Ausnahme des Festes der Flora[15]). Bei diesem genügte eine reichliche Bewirtung mit Bohnen- und Erbsenbrei, um die Wünsche des Volks zu befriedigen[16]); bei kaiserlichen Festen war sie natürlich feiner. Bei dem schon erwähnten Dezemberfest Domitians war nach Statius Beschreibung die Zahl der im Amphitheater selbst aufwartenden, durch alle Sitzreihen verteilten jungen, schönen und reich geschmückten kaiserlichen Diener ebenso groß wie die der Zuschauer. Die einen brachten köstliche Mahlzeiten in Körben und weiße Tischtücher, die andern alte Weine herbei. Kinder und Frauen, Volk, Ritter und Senat, alles speiste wie an einer Tafel, der Kaiser selbst geruhte, am

1) Tac. A. XIV 20 f. XVI 5. 2) z. B. *gladiatores dedit lumina ludos* CIL XIV 2121 = Dessau 5683 (Lanuvium); vgl. die Wendung *pro lud(is) lum(inibus)* in den Bauinschriften des Amphitheaters von Pompeji CIL X 854 ff. = Dessau 5653. 3) CIL II 3664 = Dessau 6960 *cum vas(is) lum(inum)*. 4) Sueton. Calig. 18, 2. 5) Tac. A. XV 44. 6) Sueton. Domitian. 4, 1. Cass. Dio LXVII 8, 4. 7) Martial. Spectac. 25; vgl. Rucca, Sull' uso de' sotterranei anfiteatrali (1852) S. 18. 8) Cic. de off. II 55. 9) Dafür der eigentümliche Ausdruck *artocreas* Pers. 6, 50. Corp. gloss. lat. II 209, 48. CIL IX 5309 *artocria populo Cuprensi dedit.* 10) Cass. Dio XXXVII 46, 4. Sueton. Calig. 34, 2. 11) Stat. silv. I 6, 28 ff. Nemesian. de aucup. 16 ff. (PLM III 204). Epictet. Diss. IV 10, 21. Suet. Calig. 18, 2; Domit. 4, 5. 12) Martial. I 11, 1: jeder Ritter erhält 10 *nomismata* (dasselbe Wort auch I 26, 3. VIII 78, 7. XII 62, 11); vgl. Rostowzew, Röm. Bleitesserae S. 56. Marken aus Bein für die Verteilung von Eßwaren Helbig, Bull. d. Inst. 1882 S. 6 f. 13) Martial. a. a. O. u. V 49, 8 ff. 14) Sueton. Domit. 4, 5. 13, 1; vgl. Vell. II 56, 1. 15) Cass. Dio LXXVIII 22, 1. Mommsen StR. II³ 237, 6. 16) Pers. 5, 177; vgl. Horat. Sat. II 3, 182.

Mahle teilzunehmen, und der Ärmste war glücklich in dem Gefühl, sein Gast zu sein[1]). Caligula sandte bei einem solchen Schmause einem römischen Ritter, den er mit ganz besonderem Behagen essen sah, in einer gnädigen Laune seine eigene Portion, einem Senator aus demselben Grunde ein Handschreiben mit der Ernennung zur Prätur außer der Reihe[2]).

Auswerfen von Geschenken und Losen.

Mitunter wurden auch Geschenke, besonders Früchte und andre Eßwaren, in Masse unter die Zuschauer geworfen[3]); so bei jenem Dezemberfest Domitians, wo es am Morgen Feigen, Datteln, Nüsse, Pflaumen, Gebäck, Käse, Kuchen, am Abend Vögel und zwar auch Fasanen und numidische Hühner regnete[4]). Sehr häufig wurden auch Marken geworfen, welche die Empfänger wie Lotterielose auf die verschiedenartigsten, zum Teil wertvollen Gewinne anwiesen[5]); einige solche haben sich erhalten[6]). Domitian bewilligte an einem Feste, wo am ersten Tage der größte Teil der Gewinne auf die Plätze des dritten Stands gefallen war, am folgenden Tage je fünfzig Marken für die einzelnen Abteilungen der Senatoren- und Ritterplätze besonders[7]). Bei einem sehr großen, mehrtägigen Fest, das Nero für die ewige Dauer des römischen Reichs veranstaltete, wurden an jedem Tage tausend Vögel aller Art ausgeworfen, ferner Lose, deren Gewinne vom verschiedensten Wert waren, wie z. B. mannigfacher Hausrat, Getreidemarken, Kleidungsstücke, Gold, Silber, Edelsteine, Perlen, Gemälde, Zugtiere, gezähmte wilde Tiere, zuletzt Schiffe, Miethäuser und Landgüter[8]). Ähnliche Lose ließ Titus bei der Einweihung des Flavischen Amphitheaters auswerfen[9]). Bei einem Fest Elagabals gewann man durch ein Los zehn Bären, durch andere zehn Haselmäuse, zehn Salathäupter, zehn Pfund Gold usw.; nur keine Schweine, da diese der Glaube des Kaisers zu essen verbot[10]). Daß bei solchen Gelegenheiten das Gedränge sehr groß war, daß es ohne Gewalttätigkeiten und Raufereien nicht abging, ist selbstverständlich, und gewiß nicht selten gingen Menschenleben verloren[11]). Vorsichtige entfernten sich, ehe dieser Akt des Festes begann, sie wußten, daß dort geringe Dinge teuer zu stehen kamen[12]). Auch kauften wohl Spekulanten denen, die sich in das Getümmel wagten, alles, was sie erhaschen würden, auf gutes Glück im voraus ab[13]).

1) Stat. Silv. I 6, 28 ff. Vgl. auch Sueton. Domitian. 4, 5. 2) Sueton. Calig. 18, 2. 3) Suet. a. a. O. Joseph. Ant. Jud. XIX 93. 4) Stat. Silv. I 6, 9 ff. 65 ff. 5) Cass. Dio XLIX 43, 4. LIX 9, 6. LXI 18, 1 f. CIL IX 1655 = Dessau 6496 *tesseris sparsis, in quibus aurum argentum aes vestem lentiam* (d. i. *linteam*) *ceteraque*. In Afrika gehören *missilia* zur ständigen Ausrüstung der von den municipalen Ädilen gegebenen Spiele, CIL VIII 14783 = Dessau 5075 *missilia quae aediles edere solent;* 14372 = Dessau 5076 *ob incomparabilem missilium in honorem aedilitatis editionem;* 895 = Dessau 5074 *ob honorem aedilitatis in compensatione*(*m*) *missiliorum;* vgl. CIL VIII 6947 f. 6996. 7094—7098. 7122 f. 7137 (Dessau 2933. 6858), Cirta; 7960. 7963. 7984 (Dessau 5077. 5473), Rusicade. Im allgemeinen s. O. Toller, De spectaculis cenis distributionibus in municipiis Romanis occidentis imperatorum aetate exhibitis, Diss. Leipzig 1889. 6) Henzen, Annali d. Inst. 1848 S. 283 ff. (darunter eine mit der Aufschrift *prandium*). Bemerkenswert sind namentlich die *nomismata lasciva* (Martial. VIII 78, 9), Anweisungen auf den Genuß käuflicher Liebe (*faciles emi puellae* Stat. a. a. O. 67), Rostowzew a. a. O. S. 56 ff. 7) Sueton. Domitian. 4, 5. 8) Suet. Nero 11, 2. Cass. Dio LXI 18, 1 f. 9) Cass. Dio LXVI 25, 5. 10) Hist. aug. Elagab. 22, 2. Herodian. V 6, 9. 11) Herodian. V 6, 10. 12) Seneca ep. 74, 7. 13) Dig. XVIII 1, 8 § 1: *aliquando tamen et sine re venditio intellegitur, veluti cum quasi alea emitur: quod fit cum captum piscium vel avium vel missilium emitur; emptio enim contrahitur, etiamsi nihil inciderit, quia spei emptio est, et quod*

Zuströmen von Fremden.

Daß bei großen, mit ungewöhnlicher Pracht gefeierten Festen nicht bloß ganz Rom zu den Schauplätzen strömte, sondern auch Fremde von nah und fern in Menge herbeikamen, braucht kaum gesagt zu werden. Schon während der Republik versammelten die Schauspiele ebensowohl wie die Komitien und der Zensus einen großen Teil der Bevölkerung Italiens in der Hauptstadt[1]), und seit sie der Mittelpunkt der Welt geworden war, Schaulustige aus allen Ländern. Bei den Triumphalspielen Julius Cäsars war der Zudrang der Fremden so groß, daß die meisten in Buden und Zelten wohnen mußten, die man auf den Straßen aufschlug, und sehr viele Menschen, darunter zwei Senatoren, wurden im Gedränge totgedrückt[2]). Augustus stellte bei seinen größten Schauspielen Wachen an verschiedenen Orten der Stadt auf, um Einbrüche und Raubanfälle in den verlassenen Straßen zu verhüten[3]); zu der von ihm veranstalteten Aufführung einer Seeschlacht kamen, wie Ovid sagt, Männer und Frauen von Osten und Westen, und die ganze Welt war in Rom beisammen[4]). In Martials Schilderung der Schauspiele bei der Einweihungsfeier des Flavischen Amphitheaters heißt es, es gebe kein so fremdes und barbarisches Volk, aus dem nicht Zuschauer herbeigekommen seien. Da war der Ackerwirt vom Fuße des Balkan, der von Pferdemilch genährte Sarmate, der Anwohner der Nilquellen und der Gast vom Ufer des Weltmeers, neben Sabäern und Arabern Sigambrer, die Haare auf dem Scheitel im Knoten gebunden, und krausköpfige Neger: das Gemisch so vieler verschiedener Sprachen vereinte sich zu dem einstimmigen Ruf, der den Kaiser als Vater des Vaterlands begrüßte[5]). Cassius Dio erzählt, daß am Tage der Volcanalien (23. August) im Jahre 217 das Amphitheater vom Blitz getroffen und durch den Brand zerstört wurde: dies Unglück habe nicht nur Rom, sondern die ganze Welt betroffen, deren Bewohner es stets anfüllten[6]).

Die entsittlichenden Einflüsse der Schauspiele nicht auf die unteren Klassen beschränkt.

Aus den bisherigen Mitteilungen ergibt sich schon, welch kolossale Mittel zur Unterhaltung der Bevölkerung Roms aufgeboten wurden. Allerdings war diese Bevölkerung an das Größte in einem Grade gewöhnt, wie nie eine andere. Die damals lebenden Geschlechter hatten nicht vergessen, daß durch eben diesen Zirkus in einer Reihe von Triumphzügen, die Jahrhunderte umfaßte, die besiegten Könige der fernsten Länder als Roms Untertanen, die Reichtümer der Erde als Roms Eigentum geführt worden waren. Ihnen war das Erbteil dieser großen Vergangenheit zugefallen, noch immer gehorchte ihnen die Welt, das Ungeheure war ihnen geläufig, das Unglaubliche alltäglich, und das größte Wunder der alten und neuen Welt, das ewige Rom, hatten sie stets vor Augen. Die Wirkungen der Schauspiele konnten sich aber nicht auf die Massen beschränken, für welche sie zunächst bestimmt waren. Wer hätte sich auch der Gewalt dieser aufregenden und berauschenden, die Sinne berückenden, die Leidenschaften entfesselnden Eindrücke zu entziehen vermocht? Sie erfüllten die geistige Atmosphäre Roms mit einem Ansteckungsstoff, dessen Einflüsse selbst hohe Bildung und bevorzugte Lebensstellung nicht zu brechen vermochte, für die

missilium nomine eo casu captum est, si evictum fuerit, nulla eo nomine ex empto obligatio contrahitur, quia id actum intellegitur.

1) Cic. Verr. I 54. 2) Sueton. Caes. 39, 4. 3) Suet. Aug. 43, 1. 4) Ovid. a. a. I 173 f. 5) Martial. Spectac. 3. 6) Cass. Dio LXXVIII 26, 1.

auch das andere Geschlecht nur zu empfänglich war. Wie nahe der Gedanke an die Schauspiele und alles, was dabei vorging, stets für jedermann lag, zeigen zahlreiche sprichwörtliche Redensarten[1]). Man atmete das leidenschaftliche Interesse für den Zirkus, die Bühne, die Arena gleichsam mit der Lebensluft ein, »es gehörte zu den eigentümlichen Übeln der Stadt, die man schon im Mutterleibe empfing«[2]). So gewiß nun aber die verderblichen Wirkungen der Schauspiele auf die sittlichen Zustände auch der höheren Klassen sich im allgemeinen voraussetzen lassen, so schwer, ja unmöglich ist es begreiflicherweise, sie im einzelnen nachzuweisen.

Öffentliches Auftreten von Personen der höheren Stände als Symptom von Demoralisation.

Doch eine Erscheinung muß hier erwähnt werden, die allerdings hinreicht, um die Tragweite dieser entsittlichenden Einflüsse aufs klarste erkennen zu lassen: das öffentliche Auftreten von Männern und selbst Frauen aus edeln Familien sowie mehrerer Kaiser auf dem Theater, in der Arena und in der Rennbahn. Allerdings wirkten verschiedene Motive zusammen, um eine so beispiellose Abweichung von der Bahn der Sitte und des Gesetzes möglich zu machen, namentlich Verkommenheit und Verarmung eines Teils der höheren Stände und ein von den Kaisern geübter Zwang; aber diese Ursachen reichen nicht hin, um eine solche Erscheinung völlig zu erklären, und schon die persönliche Beteiligung der Kaiser an den Schauspielen genügt, um zu beweisen, daß auch in den höchsten Sphären der Gesellschaft eine zur Manie ausgeartete Leidenschaft für sie verbreitet war, die keine durch Sitte und Gesetz gezogenen Schranken zurückzuhalten vermochten. Wenn mehrere Kaiser sich nicht bloß eifrig bemühten, in den Künsten des Schauspiels, des Tanzes, der Musik, des Wagenlenkens, der Gladiatur sich auszuzeichnen, sondern auch ihre Fertigkeit von kleineren und größeren Kreisen bewundern ließen; wenn Nero wie ein gewerbsmäßiger Künstler in Griechenland umherzog, Commodus aus dem Palast in die Gladiatorenschule übersiedelte, Caracalla ganz öffentlich in blauer Livree seinen Wagen in der Rennbahn lenkte: so kann es nicht zweifelhaft sein, daß auch Personen von edler Geburt vielfach eben durch nichts anderes als durch unbezwingliche Leidenschaft zu solcher Selbstbeschimpfung getrieben wurden.

Allerdings war schon unter Augustus die Gladiatur eine nicht ungewöhnliche letzte Zuflucht ruinierter Wüstlinge aus den beiden höheren Ständen[3]); doch blieb ein so hoher Grad von Verkommenheit gewiß immer vereinzelt und war im ersten Stande noch viel seltener als im zweiten. Auch eine direkte oder indirekte Nötigung der Ritter und Senatoren zur Beteiligung an den Schauspielen von seiten der Kaiser hat nur ausnahmsweise stattgefunden. Abgesehen von dem Wunsche einiger weniger, die Anstößigkeit ihres eigenen Auftretens durch eine möglichst allgemeine Nachahmung zu mindern, mochte freilich dem Cäsarismus mit seinem Haß der Aristokratie, seinem Nivellierungssystem und seiner Pöbelfreundschaft eine solche Herabwürdigung der höheren Stände nicht unerwünscht sein: und was konnte den Pöbel mehr kitzeln, als die Abkömm-

1) Otto, Sprichwörter S. 396. 2) Tac. Dial. 29, 4. 3) Horat. ep. I 18, 35 f. Propert. IV 8, 25. Seneca ep. 87, 9. 99, 13. Vgl. Tac. A. XIV 14: (Nero) *nobilium familiarum posteros egestate venales in scaenam deduxit.* Juv. 8, 183 ff., der die Neronische Zeit im Auge hat.

linge der edelsten Geschlechter ihre Person zu seiner Ergötzung gleich Verbrechern, Sklaven und gemeinen Söldlingen preisgeben zu sehen?

Verhalten der Kaiser dabei.

Doch der Mehrzahl der Kaiser lagen entweder solche Intentionen fern, oder sie wurden durch die Rücksichten auf Herkommen und Gesetz und auf das Verhältnis zu den höheren Ständen in Schranken gehalten. Zwar der erste Cäsar trug seine absolutistische Nichtachtung der Standesehre auch in dieser Beziehung zur Schau. In seinen Zirkusspielen fuhren junge Männer von Adel um die Wette[1]), Zwang und Belohnungen bewogen den Ritter Laberius, auf der Bühne[2]), andere, in der Arena aufzutreten[3]). Bald nach seinem Tode aber wurde (38 v. Chr.) das Auftreten von Senatoren in der Arena verboten[4]); außerdem muß später noch ein Senatsbeschluß erfolgt sein, der auch den Rittern die Mitwirkung auf der Bühne wie in der Arena untersagte. Denn von Augustus sagt Sueton, er habe allerdings Männer des Ritterstands mehrmals in beiderlei Schauspielen verwandt, aber nur bevor es durch Senatsbeschluß verboten war[5]). In den Schauspielen, die Augustus im Jahre 29 v. Chr. zur Einweihung des Tempels Cäsars gab, ritten und fuhren nicht bloß Patrizier um die Wette, sondern es trat auch ein Senator, Q. Vitellius, als Gladiator auf[6]), und der Großvater Neros, L. Domitius Ahenobarbus, ließ in seiner Prätur und in seinem Konsulat (16 v. Chr.) Mimen von Rittern und verheirateten Frauen aufführen[7]). Im Jahre 10 n. Chr. wurde den Rittern sogar ausdrücklich gestattet, als Gladiatoren zu fechten[8]). Tiberius, durch und durch Aristokrat, verachtete den Pöbel noch tiefer, als er den Adel haßte, und er war weit entfernt, irgendwie die höheren Stände ihm zu Gefallen herabzusetzen; er hielt den Senatsbeschluß mit Strenge aufrecht und bestrafte die verkommensten Jünglinge beider Stände, die sich für ehrlos erklären ließen, um ihn zu umgehen, mit Verbannung[9]). Im Jahre 15 n. Chr. fochten allerdings bei einem von Drusus gegebenen Schauspiel zwei Ritter. Tiberius sah es nicht mit an und ließ, nachdem der eine gefallen war, den andern nicht weiter fechten[10]). Bei einigen Spielen Caligulas lenkten ausschließlich Männer von senatorischem Range die Wagen[11]), während derselbe Kaiser andrerseits zur Strafe für wirkliches oder angebliches Auftreten auf der Bühne und in der Arena viele Ritter[12]) und wohl auch Senatoren[13]) umbringen ließ. Claudius scheint nicht bloß den ernsten Willen gehabt zu haben, dem Unwesen ganz und gar zu steuern[14]), sondern es scheint ihm auch gelungen zu sein.

Unter Nero aber, dem ersten Kaiser, der selbst öffentlich auftrat, erreichte es seine größte Höhe; weder Stand noch Geschlecht, weder Reichtum noch makelloser Ruf vermochten damals gegenüber dem kaiserlichen Belieben vor der Schmach der Bühne und der Arena zu schützen[15]). Vitellius erließ ein neues, scharfes Edikt gegen solche Herabwürdigung des Ritterstands[16]); auch Domitian

1) Sueton. Caes. 39, 2. 2) Macrob. Sat. II 7, 2. 3) Cass. Dio XLIII 23, 5. Sueton. Caes. 39, 1. 4) Cass. Dio XLVIII 43, 3. 5) Sueton. Aug. 43, 2. 6) Cass. Dio LI 22, 4. 7) Sueton. Nero 4. 8) Cass. Dio LVI 25, 7. 9) Sueton. Tiber. 35, 2. 10) Cass. Dio LVII 14, 3. 11) Sueton. Calig. 18, 3. 12) ebd. 30, 2. Cass. Dio LIX 10, 2. 13) Cass. Dio LIX 13, 2 πολλοὶ τῶν πρώτων καταδικασθέντες — πολλοὶ δὲ καὶ τῶν ἄλλων μονομαχήσαντες. 14) Cass. Dio LX 7, 1. 15) Sueton. Nero 12 (wo nur *quadringentos senatores* nicht richtig sein kann, wie schon Lipsius bemerkte, auch *sescentos equites* schwerlich). Tac. A. XIV 14. XV 32. Cass. Dio LXI 17, 3 ff. 16) Tac. Hist. II 62.

zeigte sich, wenigstens äußerlich, um Aufrechthaltung der Standesehre bemüht; einen Mann von quästorischem Range (Cäcilius Rufinus) stieß er aus dem Senat, weil er sich seiner Liebhaberei für den Tanz hingab[1]). Acilius Glabrio mußte als Konsul im Jahre 91 auf der albanischen Villa mit einem Löwen kämpfen, und als Grund für seine Hinrichtung im Jahre 95 wurde unter anderm auch seine Teilnahme am Tierkampf angegeben[2]). Am wenigsten kann von den folgenden Kaisern bis auf Commodus angenommen werden, daß sie Männer der beiden ersten Stände zum Auftreten zwangen. Nichtsdestoweniger konnte zu Marc Aurel ein übel berüchtigter Mann von senatorischem Stande sagen, er sehe viele als Prätoren, die mit ihm in der Arena gekämpft hätten[3]), und Septimius Severus im Senat zur Entschuldigung von Commodus Auftreten im Amphitheater fragen, ob denn etwa niemand von den Senatoren als Gladiator fechte, oder wozu sonst einige von ihnen des Commodus Schilde und goldne Helme gekauft hätten[4]). Und doch galt die Arena für noch schimpflicher als die Rennbahn und das Theater. Wenn die Stirn von der Maske lange genug abgerieben ist, sagt Seneca, geht man zum Helm über[5]); und Juvenal: unter einem Kaiser, der als Kitharöde auftrat, könne ein Possenreißer von Adel auf der Bühne nicht wundernehmen; was gebe es darüber hinaus noch anderes als die Gladiatorenschule?[6])

Nach all diesem ist es, wie gesagt, offenbar, daß die Hauptschuld dieser entehrenden Teilnahme der höheren Stände an den Schauspielen (wenn man die Neronische Zeit ausnimmt) nicht auf seiten der Kaiser lag: und damit ist auch ein ebenso unzweideutiges wie schreckenerregendes Symptom jener unwiderstehlich hinreißenden, entsittlichenden Gewalt festgestellt, mit der diese wunderbaren, wie von Zauberhänden bereiteten Feste die Gemüter der Menschen ergriffen und bezwangen.

2. DER ZIRKUS.

Lage und Ausdehnung des großen Zirkus.

Das 650 Meter lange, wenig über 100 Meter breite Tal, das sich zwischen den fast parallel streichenden Abhängen des Aventin und Palatin hindehnt, erscheint zum Schauplatze von Wettkämpfen, namentlich rennender Wagen, wie geschaffen; hier hatten schon in den ältesten Zeiten Wettfahrten der Ackergespanne zu Ehren des Erntegottes Consus in der Nachbarschaft seines unterirdischen Altars stattgefunden, hierher verlegte die Sage auch das Schauspiel, bei dem die ersten Römer sich ihre Bräute raubten. Mit der wachsenden Macht und Größe der Stadt wuchs auch die Pracht und Feierlichkeit des Kultus. Immer häufiger und regelmäßiger wurden die Feste der einheimischen oder der vom Staate anerkannten fremden Götter, die in der Regel eine Zirkuslustbarkeit beschloß; und neben diesen bestimmten Feiertagen

1) Sueton. Domitian. 8, 3. Cass. Dio LXVII 13, 1. 2) Cass. Dio LXVII 14, 3; nach Juven. 4, 99 ff. wäre er freiwillig (im Kampfe gegen Bären) aufgetreten, um durch diese Selbsterniedrigung den Argwohn des Kaisers von sich abzulenken. 3) Hist. aug. M. Aurel. 12, 3. 4) Cass. Dio LXXV 8, 3. 5) Seneca nat. qu. VII 32, 3. 6) Juv. 8, 198 f. Vgl. auch Fronto Ep. ad M. Caesarem et invic. V 22 f. p. 82 Nab. Cass. Dio LXXVIII 21, 4. Philogelos 87.

mehrten sich die außerordentlichen Veranlassungen, die das Volk in der Rennbahn versammelten. Einrichtungen für Sitzplätze sollen hier schon von den Königen getroffen worden sein[1]). Aus hölzernen Gerüsten wurden mit der Zeit steinerne Bauten, endlich ersetzte Marmor den Tufstein, Vergoldung den farbigen Anstrich. Nach dem von Julius Cäsar unternommenen, von Augustus zu Ende geführten Ausbau gehörte der große Zirkus zu den ersten Prachtbauten Roms[2]). Der Zuschauerraum mit seinen, von der Bahn durch einen nahezu 3 Meter breiten Graben getrennten, sich amphitheatralisch erhebenden Sitzreihen bestand aus drei Stockwerken. Nur das unterste war von Stein, die beiden oberen von Holz und blieben auch so, wenigstens zum großen Teil, da Einstürze derselben noch in später Zeit erwähnt werden; unter Antoninus Pius sollen bei einem solchen Unglücksfall 1112 Menschen ums Leben gekommen sein; auch unter Diocletian und Maximian erfolgte ein Einsturz[3]). Unter Augustus war der Bau noch nicht sehr hoch; man konnte aus den Oberstockwerken der benachbarten Häuser zuschauen, was Augustus selbst liebte.

Den ersten umfassenden Neubau scheint Nero unternommen zu haben, da der große Brand im Jahre 64 den Zirkus, in dem er ausbrach, mindestens zum großen Teile zerstörte; er ließ auch den die Bahn umgebenden Kanal zuschütten und benutzte den gewonnenen Raum zur Schaffung besonderer Plätze für die Ritter[4]). Durch Bauten des Domitian und besonders des Trajan[5]) erhielt der Zirkus eine mit einer Verschönerung verbundene bedeutende Erweiterung; Trajan rühmte sich in der Dedikationsinschrift, ihn für das römische Volk geräumig genug gemacht zu haben[6]). Die unermeßliche Länge des Zirkus wetteiferte nun nach dem Ausdruck des jüngeren Plinius (im Jahre 100) mit der Pracht der Tempel; es war ein Raum, würdig der völkerbesiegenden Nation und nicht weniger sehenswürdig als die Schauspiele, die man dort sah[7]). Von späteren Restaurationen und Erweiterungen werden nur wenige beiläufig erwähnt. Die Zahl der Zuschauer, die der Zirkus nach allen Erweiterungen fassen konnte, ist auf 180—190000 berechnet worden[8]). Die untersten, der Bahn zunächst ge-

Anordnung der Plätze.

1) Vgl. Hülsen-Jordan, Topogr. I 3 S. 112 f. 120 ff. Dazu der auf Grund neuer Probegrabungen unternommene Rekonstruktionsversuch von P. Bigot, Bull. arch. com. XXXVI 1908 S. 241 ff. Taf. X—XV. Marquardt StV. III² 504 ff. 2) Die Beschreibung nach Dionys. Halic. III 68, 2 ff. 3) Mommsen, Chron. min. I 146: *Hoc imperatore* (Antoninus Pius) *circensibus Apollinaribus partectorum columna ruit et oppressit homines ∞ CXII* (vgl. Hist. aug. Anton. P. 9, 1). 148 (Diocletian u. Maximian) *partectorum podius ruit et oppressit homines* $\overline{XIII}$. Es scheinen, wie Mommsen bemerkt, unter den nur hier vorkommenden *partecta* die Gerüste zu verstehen zu sein, welche die hinteren Sitzreihen bildeten. 4) Plin. n. h. VIII 21. Tac. A. XV 32. 5) Plin. paneg. 51, 3 ff. Auch die unklare Angabe bei Pausan. V 12, 6 (οἰκοδόμημα ἐς ἵππων δρόμους προῆκον καὶ ἐς δύο σταδίων μῆκος) bezieht sich doch wohl auf Trajans Ausbau des Zirkus. 6) Cass. Dio LXVIII 7, 2. »Der Bau des Trajan ist, wenn auch erweitert und verschönt, im wesentlichen erhalten geblieben. Die Münzbilder des Caracalla wenigstens (Cohen² Carac. 236) zeigen genau dieselbe Darstellung des Zirkus wie die des Trajan (vgl. Chron. von 354 p. 147 M.).« Richter, Topogr. d. Stadt Rom² S. 177. 7) Plin. paneg. 51, 3. Die Inschrift CIL VI 955 = Dessau 286, in der die 35 Tribus für ihre *locorum adiectione* vermehrten *commoda* danken, bezieht sich nicht auf die Plätze im Zirkus, sondern auf die 5000 neuen Stellen, die Trajan der Zahl der Getreideempfänger hinzugefügt hatte; diese meint auch Plin. a. a. O. (*populo, cui locorum quinque milia adiecisti*). Mommsen StR. III 446, 3. 8) Hülsen, Real-Encykl. III 2578; vgl. Bull. arch. com. XXII 1894 S. 321 ff. Hülsen-Jordan a. a. O. S. 132 ff.

legenen Sitzreihen waren für die Senatoren, die zunächst höheren für die Ritter, die übrigen für den dritten Stand bestimmt. Die Frauen hatten hier nicht, wie in den übrigen Schauspielen, gesonderte Plätze, sondern saßen unter den Männern. Der Platz des Kaisers und seiner Familie war unter den Senatoren und eben dort auch die Logen, die sich einige Kaiser erbauen ließen[1]).

Ausstattung.

Der Zirkus war in jeder Beziehung prächtig ausgestattet. In einer Beschreibung aus dem 4. Jahrhundert wird z. B. die überaus reiche Bronzeverzierung der wohlgeordneten Sitzreihen gerühmt[2]). Sein Hauptschmuck aber war der von Augustus in seiner Mitte aufgestellte Obelisk (jetzt auf Piazza del Popolo), zu dem Constantius noch einen zweiten, größeren (jetzt auf dem Platz des Lateran) hinzufügte[3]). Von außen zogen sich um den ganzen Zirkus fortlaufende Arkaden mit Eingängen und Treppen, vermittels derer viele Tausende leicht und ohne Gedränge hinaus und hinein gelangen konnten. Außerdem enthielt diese Halle in ihren Gewölben Läden und für den Verkehr bestimmte Räumlichkeiten jeder Art, über denen sich Wohnungen für die Inhaber befanden; wie es scheint, dienten die Gewölbe abwechselnd das eine als Verkaufslokal, das andere als Eingang. Daher war hier immer ein lebhaftes und buntes, aber nichts weniger als anständiges Treiben. Schon in Ciceros Zeit war der Zirkus ein stehender Aufenthaltsort für Winkelastrologen[4]); Horaz nennt ihn daher den trügerischen; er liebte es, auf seinen Abendspaziergängen dort bei den Wahrsagern stehen zu bleiben[5]), und auch in Juvenals Zeit erteilten derartige Propheten geringen Leuten dort Rat und Bescheid[6]). Die Artisten, die dort die untersten Klassen durch ihre Aufführungen ergötzten, verschmähte Augustus nicht, zur Unterhaltung seiner Gäste auftreten zu lassen[7]). Der Neronische Brand (im Jahre 64) brach in dem Teile des Zirkus aus, der dem Palatin und Cälius zunächst lag, und zwar in den mit leicht entzündlichen Waren gefüllten Läden[8]). Ein Obsthändler vom großen Zirkus ist aus einer Inschrift bekannt[9]). Ganz besonders aber dienten die Gewölbe, die den Zirkus (wie auch diejenigen, welche die Theater und das Stadium) umgaben, feilen Dirnen zum Aufenthalt[10]), daher es in einer christlichen Schrift heißt, der Zugang zum Zirkus führe durch das Bordell[11]). Unter diesen Prostituierten waren viele Syrerinnen und andere Orientalinnen in fremder Tracht[12]), die beim Schall von Handpauken, Cymbeln und Kastagnetten ihre unzüchtigen Tänze tanzten[13]).

Lebhaftigkeit des Verkehrs im und beim Zirkus.

Die Zirkusspiele.

Die Schauspiele des Zirkus[14]) hatten, wie alle übrigen, im Laufe der Jahrhun-

1) S. oben S. 5. Über die Anordnung der Plätze Marquardt StV. III² 506 f. 2) Expos. tot. mundi 55. 3) Hülsen-Jordan a. a. O. S. 124. 132. 4) Cic. de div. I 132. 5) Horat. Sat. I 6, 113 f. 6) Juv. 6, 588 ff. 7) Sueton. Aug. 74. 8) Tac. A. XV 38. 9) *C. Iulius Epaphra pomar(ius) de circo maximo ante pulvinar* CIL VI 9822 = Dessau 7496; die *pars circi inter ul(i)tores* d. h. *olitores* erwähnt das neu gefundene Fastenfragment aus Ostia, Hülsen, Berl. phil. Wochenschr. 1920 Sp. 307. Der *popa Licinius nescio quis de circo* (Cic. Milon. 65) ist ein Opferdiener (*sacrificulus* Ascon. p. 43, 23 St.). 10) Juv. 3, 65: *ad circum iussas prostare puellas.* Anthol. Lat. 190, 7 R. *ille habuit doctas circi prostrare puellas.* Hist. aug. Elagabal. 26, 3. 32, 9. 11) Cyprian. Spectac. 5. 12) Juv. 3, 66; vgl. Sueton. Nero 27, 2. 13) Priap. 27. Das ähnliche, doch anständigere Treiben in einem griechischen Hippodrom schildert Dio Chrys. or. 70, 10 (II 261 Arn.): ἤδη δέ ποτε εἶδον ἐγὼ διὰ τοῦ ἱπποδρόμου βαδίζων πολλοὺς ἐν τῷ αὐτῷ ἀνθρώπους ἄλλο τι πράττοντας, τὸν μὲν αὐλοῦντα τὸν δὲ ὀρχούμενον τὸν δὲ θαῦμα ἀποδιδόμενον, τὸν δὲ ποίημα ἀναγινώσκοντα τὸν δὲ ᾄδοντα τὸν δὲ ἱστορίαν τινὰ ἢ μῦθον διηγούμενον. 14) Marquardt StV. III² 511 ff.

derte an Dauer, Mannigfaltigkeit und Pracht der Ausstattung ungemein zugenommen. Die hauptsächlichsten waren zu allen Zeiten die Wagenrennen. Daneben fanden Wettrennen von Reitern statt, die in Nachahmung einer, wie es scheint, von den Numidern entlehnten[1]) Kampfart während des Laufs von ihrem Pferde auf ein zweites sprangen[2]). Manilius schildert, wie sie bald auf dem Rücken des einen, bald des andern saßen und standen, über sie hinflogen und auf den im Fluge eilenden Kunststücke ausführten, oder auf einem Pferde bald mit Waffen spielten, bald während des vollen Laufs die Siegespreise vom Boden aufhoben[3]). Auch andere Kunstreiterstücke, die öfters erwähnt werden, wie Liegen auf rennenden Pferden oder Sprünge über Viergespanne[4]), waren wahrscheinlich ebenfalls bei Zirkusspielen zu sehen. Faustkämpfer, Läufer und Ringer zeigten sich hier in der früheren Zeit[5]), und zuweilen auch noch in der späteren, wo solche Wettkämpfe gewöhnlich in eigens dazu erbauten Stadien gehalten wurden, wie z. B. im Jahre 44 n. Chr. ein Athletenkampf im Zirkus stattfand[6]). Eine unweit des Arvalenhains gefundene Grabschrift eines im Alter von 24 Jahren gestorbenen Läufers der (hier zum ersten Male erwähnten) Grünen, Fuscus, meldet, daß derselbe 53 mal in Rom, 2 mal im Zirkus der Arvalen, 1 mal zu Bovillä[7]) gesiegt habe (von welchen Siegen er einen bei der Wiederholung des Laufs gewann), und daß er von allen Läufern der erste gewesen sei, der schon bei seinem ersten Auftreten (im Jahre 35) siegte[8]). Plinius berichtet von Dauerläufen, die zu seiner Zeit im Zirkus ausgeführt worden waren; seine Angaben der zurückgelegten Entfernungen klingen freilich unglaublich: im Jahre 59 soll ein achtjähriger Knabe von Mittag bis Abend 75 Millien (111 km), andere sollen 160 Millien (237 km) gelaufen sein[9]), während eine Grabschrift eines kaiserlichen Läufers schon die Zurücklegung von 94 Millien (140 km) an einem Tage als etwas Außerordentliches berichtet[10]). Der englische Läufer Fletcher soll 60 engl. M. (91 km) in 14, Barclay 90 (137 km) in 21 ½ Stunden gegangen sein; die Schnelläufer der Inkas in Peru vermochten gegen 50 Leguas (= 220 km) in 24 Stunden zurückzulegen[11]).

Während der Republik veranstalteten im Zirkus junge Bürger in voller Rüstung Scheingefechte und andere militärische Schauspiele[12]); in der Kaiser-

1) Liv. XXIII 29, 5; vgl. Paul. p. 221 M. 2) Über diese *desultores*, die zuerst 169 v. Chr. erwähnt werden (Liv. XLIV 9, 4), vgl. Pollack, Real-Encykl. V 255 ff. 3) Manil. Astronom. V 85 ff. 4) Firm. Mat. math. VIII 6, 3. 5) Dion. Hal. VII 73, 3. Cic. de leg. II 38; vgl. Liv. I 35, 9. 6) Cass. Dio LX 23, 5. 7) Über diese beiden vgl. Hülsen, Real-Encykl. III 2582 f. Sonst sind Zirkusspiele in Italien außerhalb Roms selten (Nissen, Pompejan. Studien S. 111 ff. und dazu Toller a. a. O. S. 41 ff.), daher fällt dem von der Hauptstadt Scheidenden das *avelli circensibus* besonders schwer (Juven. 3, 223). Über Zirkusanlagen und -spiele außerhalb Roms vgl. Pollack, Real-Encykl. III 2584 f., Liste derer des Westreichs unten Anhang XVI S. 240 ff. In der östlichen Reichshälfte waren um die Mitte des 4. Jahrhunderts berühmt die Zirkusspiele von Antiochia (s. unten S. 30), Laodicea (von wo auch Wagenlenker nach andern Städten verschrieben wurden), Tyrus, Berytus und Cäsarea, Nicomedia; (*habet autem et circenses, structuram valde bonam, in qua circensium spectaculum diligentius spectatur*), Constantinopel, Gortyn, neben denen noch Syrakus und Catana genannt werden (*in quibus spectaculum circensium bene completur*). Expos. tot. mundi 32 (unten S. 30 A. 13). 49. 50. 65. 66. 8) CIL VI 33950 = Dessau 5278. 9) Plin. n. h. VII 84. 10) CIL III 2007; das war jedoch kein Wettläufer, sondern ein Botenläufer der Palastwache, s. Mommsen zu d. Inschr. 11) Th. Waitz, Anthropol. der Naturvölker IV 411, vgl. auch Riepl, Nachrichtenwesen d. Altertums (1913) S. 137, 6. 146. 12) Liv. XLIV 9, 5 ff.

zeit wurden dergleichen öfters von Truppenabteilungen, sowohl Fußvolk als Reiterei, ausgeführt[1]). Andere Schauspiele gab im Zirkus die Ritterschaft, die bei solchen Gelegenheiten in ihren sechs Abteilungen (Turnen), geführt von ebensoviel Hauptleuten, an der Spitze des Ganzen der »Erste der Jugend« (gewöhnlich der Thronfolger), und ohne Zweifel im reichsten Festschmuck erschien[2]). Auch die Knaben aus edlen Geschlechtern zeigten sich dem Volk im Zirkus in dem sogenannten Trojaspiel, das Augustus mit andern abgekommenen alten Gebräuchen wieder in Aufnahme brachte, und das unter den Julischen Kaisern, die ihre Abkunft von Äneas herleiteten, mehrmals wiederholt wurde. Die Knaben, vorzugsweise aus senatorischen Familien (auch die kaiserlichen Prinzen nahmen teil), führten, in Abteilungen von jüngeren (etwa bis zu elf) und älteren (etwa bis zu siebzehn Jahren) geordnet, in glänzendem Waffenschmuck Reiterübungen aus[3]). Auch Tierhetzen und Fechterspiele, deren Schauplatz in der Regel die Arena des Amphitheaters war, fanden zuweilen, besonders wenn sie in sehr großem Maßstabe veranstaltet wurden, im Zirkus statt, wo sie vor der Vollendung des Kolosseums wohl immer gegeben worden waren: wie z. B. die sehr große Tierhetze, bei der die Geschichte des Androclus und seines Löwen sich ereignete[4]).

Das Wagenrennen.

Von den hier genannten Vorführungen, so prächtig und durch die Personen der Auftretenden ausgezeichnet sie zum Teil waren, gewann jedoch, wie gesagt, keine eine Bedeutung und Wichtigkeit, die auch nur entfernt der der Wagenrennen zu vergleichen wäre. Das Interesse für dieses Schauspiel, das in einer so beispiellosen Weise die Neigungen und Leidenschaften der Massen absorbierte, beruhte zunächst nicht, wie bei den heiligen Spielen der Griechen, auf der Teilnahme für die Personen der Wettfahrenden, noch, wie bei modernen Wettrennen, auf dem Interesse an den rennenden Pferden, sondern ganz vorzugsweise auf der Parteinahme für die sogenannten Faktionen, welchen Pferde und Lenker angehörten. Doch mußte mit der Steigerung und Ausbreitung der Leidenschaft für die Rennbahn auch für die letzteren das Interesse zunehmen und, wenn gleich ursprünglich nur ein mittelbares, bald ein intensives werden.

Die Wagenlenker.

In alter Zeit hatten die Bürger sich mit ihren Gespannen und Sklaven am Wagenrennen beteiligt, und der hier erworbene Kranz hatte für so ehrenvoll gegolten, daß er ebenso wie der dem siegreichen Kämpfer zuerkannte dem Besitzer des siegreichen Gespanns auf die Bahre gelegt wurde[5]). Doch an der Preisgebung der eigenen Person zur Belustigung des Volks haftete ein Makel, wenngleich der Wagenlenker niemals wie der Bühnenspieler und der Fechter für ehrlos galt; und so war das schwierige und gefahrvolle Gewerbe geringen Leuten, Freigelassenen und Sklaven zugefallen, von denen die letzteren zuweilen für ihre Siege die Freiheit erhielten[6]); die gewöhnlichen Belohnungen bestanden teils in Palmen und Kränzen[7]), teils in Geldpreisen und später in

1) Der Name dafür ist *armatura* (*pedestris* und *equestris*), vgl. Veget. de re mil. II 23. Claudian. de sexto cons. Honor. 621 ff.; nicht verschieden davon ist die *pyrrhicha militaris* (Hist. aug. Hadr. 19, 8). 2) Hist. aug. M. Aurel. 6, 3. Cass. Dio LV 10, 4; vgl. Mommsen StR. III 524. Rostowzew, Röm. Bleitesserae S. 65. 3) Wissowa, Religion u. Kultus² S. 450. Rostowzew a. a. O. S. 65, 1. 4) Gell. V 14, 5 (oben S. 5). 5) Plin. n. h. XXI 7. 6) Cass. Dio LXXIX 15, 1, vgl. oben S. 6. 7) *victores palmis et coronis argenteis honoravit* heißt es in den Protokollen der Arvalbrüder, CIL VI 2065 II 37 f., vgl. 2075 II 25 f. 2080, 44. 2086, 8.

wertvollen und prächtigen Kleidern[1]). Vielleicht noch mehr als die Freigebigkeit der Festgeber war es die Konkurrenz der Parteien, deren jede die bewährtesten Leute für sich zu gewinnen suchte, wodurch diese nicht selten zu bedeutendem Vermögen gelangten. Unter den Wagenlenkern, die aus ihren Denkmälern bekannt sind, sind Beispiele wie das des Scirtus, der 13 Jahre bei ein und derselben (der weißen) Partei im Dienste blieb[2]), verhältnismäßig selten. Ein andrer (Diocles) wandte sich der roten ausschließlich erst zu, nachdem er sich bei den drei übrigen versucht hatte; und so ergibt sich aus den Inschriften anderer, daß sie für alle vier Parteien gesiegt haben[3]), wofür ihnen hohe Bezahlungen oder reichliche Anteile an den gewonnenen Preisen zufielen. Der unter Domitian berühmte Wagenlenker Scorpus trug nach Martial als Sieger in einer Stunde fünfzehn Beutel Gold davon[4]), und das Einkommen eines andern (von der roten Partei) schätzte Juvenal dem von hundert Rechtsanwälten gleich[5]). Zuweilen waren sie imstande, sich an der Direktion der Parteien zu beteiligen[6]). Doch stiegen ihre Einkünfte später noch sehr, obwohl sie die der berühmtesten Jockeis der Gegenwart schwerlich erreicht haben[7]). Den Reichtum der Wagenlenker im Orient erwähnt noch Libanius[8]).

Wie gesagt, erregten die Helden der Rennbahn die Teilnahme und Aufmerksamkeit des Publikums auch persönlich in hohem Maße. Zurufe und Siegeswünsche empfingen und begleiteten sie in der Bahn. Zum Teil war dieser Beifall freilich ein erkaufter. Hieronymus spricht ausdrücklich vom Kaufen der Volksgunst nach Art der Wagenlenker[9]). Doch fehlte es den berühmteren unter ihnen niemals an einer großen Zahl aufrichtig ergebener Anhänger und Freunde, die überall, wo sie sich zeigten, ihr Gefolge bildeten[10]). Martial hat Scorpus, »den Ruhm des lärmenden Zirkus, die Wonne Roms und den Gegenstand seines Beifalls«, nach seinem frühen Tode im Alter von siebenundzwanzig Jahren in zwei Gedichten besungen. Er fordert die Gottheiten des Sieges, der Gunst, der Ehre, des Ruhms auf, ihn zu betrauern. Die neidische Parze habe ihn für einen Greis gehalten, als sie seine Palmen zählte[11]). Die müßigen Besucher der Porticus des Quirinus hatten sich mit den neusten Epigrammen des Dichters, wie er selbst gesteht, nicht eher beschäftigt, als bis sie der Gespräche und Wetten über Scorpus und den Renner Incitatus müde waren[12]). Vergoldete Bronzebüsten oder Bildsäulen des ersteren sah man schon im Jahre 89 zahlreich

1) Symmach. epist. V 20, 2; die Verleihung von *holosericae vestes* wurde durch kaiserliche Verfügung vom J. 384 (Cod. Theod. XV 9, 1) verboten, vgl. Symm. a. a. O. IV 8, 1. 2) CIL VI 10051 = Dessau 5283. 3) CIL VI 10047—49 = Dessau 5286—5288. Vgl. Anhang XIII. 4) Martial. X 74, 5 f. Über die Preisrennen, welche vermutlich den Siegern die größten Einnahmen verschafften, vgl. den Anhang XIII S. 189. 5) Juv. 7, 113 f. *hinc centum patrimonia causidicorum, parte alia solum russati pone Lacertae;* die besten Handschriften bieten *lacernae*, die Lesung der geringeren Klasse *Lacertae* wird aber als richtig erwiesen durch die Inschrift einer Tonlampe CIL XV 6250 = Dessau 5293 *C. Annius Lacerta nica, Coraci* (Name des Pferdes) *nica.* Über die häufige Anwendung derselben Namen bei dieser Art von Leuten s. den Anhang XIV. 6) *Domino et agitatori factionis* CIL VI 10058. 10060 = Dessau 5296 f. 7) Vgl. unten S. 28 f. 8) Liban. or. 2, 57 (I 257 F.). 9) Hieronym. epist. 69, 9. Vgl. Symm. ep. VI 42. 10) Plin. n. h. XXIX 9: *nullius histrionum equorumque trigari comitatior egressus.* 11) Martial. X 50. 53. 12) ebd. XI 1, 15 f.

in Rom[1]), und ohne Zweifel wurden die Ehrendenkmäler für Siege in der Rennbahn je länger, desto häufiger. Den Fremden, die Rom um die Mitte des 2. Jahrhunderts besuchten, fiel die Menge von Statuen auf, die Zirkuskutscher in ihrem eigentümlichen Kostüm darstellten[2]), und noch heute zeigen zahlreiche Monumente der verschiedensten Gattungen, daß sich alle Künste mit der Verewigung ihres Ruhms und ihrer Siege beschäftigten[3]).

Überdies wurden die Leistungen der »hervorragendsten« Wagenlenker, für welche selbst die Ehre einer Erwähnung in dem öffentlichen Tagesanzeiger der Stadt Rom als nicht zu groß gegolten zu haben scheint[4]), wohl nicht selten (teils von ihnen selbst, teils von ihren Verehrern) in ausführlichen Urkunden auf Steintafeln verzeichnet. Einige derselben haben sich erhalten. Darauf werden die Pferde, mit denen die Siege gewonnen waren, genannt, die erhaltenen Preise klassenweise aufgezählt, die »Auszeichnungen« (*insignia*) der Sieger als wo möglich noch nie dagewesene gerühmt. Aus diesen Inschriften ergibt sich auch die ganz ungeheure Zunahme der Wagenrennen während des 1. Jahrhunderts. Der Wagenlenker Scirtus von der weißen Partei hatte laut seiner Inschrift in den dreizehn Jahren 13—25 n. Chr. (allerdings in der an Schauspielen ärmsten Periode) alles in allem mit dem Viergespann 7 mal gesiegt, und 4 mal beim zweiten Lauf (*revocatus*), 39 mal den zweiten, 60 mal den dritten Preis davongetragen[5]). Hundert Jahre später gab es unter den Wagenlenkern schon eine Klasse von sogenannten »Tausendern« (*miliarii*), d. h. solchen, die tausend Siege und darüber erlangt hatten. Der Wagenlenker Crescens von der blauen Partei, ein Maure, der schon im Alter von dreizehn Jahren mit dem Viergespann gefahren war, war in den zehn Jahren von 115—124 im ganzen 686 mal gerannt, hatte davon 47 mal gesiegt, 130 zweite, 111 dritte Preise davongetragen und im ganzen 1558346 Sesterzen (gegen 339000 Mark) gewonnen, wovon ihm wahrscheinlich ein beträchtlicher Anteil zufiel[6]). In dem unter Antoninus Pius (nach 146) gesetzten Denkmal des spanischen Wagenlenkers C. Apulejus Diocles von der roten Partei werden sogar Flavius Scorpus

Inschriften derselben.

1) Martial. V 25, 9 f. *quam non sensuro dare quadringenta caballo, aureus ut Scorpi nasus ubique micet.* 2) Lucian. Nigrin. 29. Galen. XIV 604 erwähnt τῶν μὲν ὀρχηστῶν καὶ τῶν ἡνιόχων εἰκόνας — τοῖς τῶν θεῶν ἀγάλμασι συνέδρους, ohne Rom ausdrücklich zu nennen, an welches jedoch nach dem Zusammenhange gedacht werden muß. Inschriften von Statuen berühmter *aurigae* aus dem Gajanum, Hülsen-Jordan I 3 S. 662. 3) Berühmte Portraitstatue eines Wagenlenkers im Vatikan, Visconti, Museo Pio-Clement. III 31 = Schreiber, Bilderatlas Taf. 31, 7; Torso einer ähnlichen Statue beschrieben von Gurlitt, Arch. epigr. Mitteil. aus Österr. I 1877 S. 20 nr. 32. Kopf eines noch knabenhaften Wagenlenkers, E. Caetani-Lovatelli, Bull. arch. com. VIII 1880 S. 163 ff. Taf. XI (= Antichi monum. illustrati, 1889 S. 109 ff.). Farbige Darstellung der Wagenlenker aller vier Parteien auf dem Mosaik von Baccano, E. Caetani-Lovatelli, Atti d. Accad. d. Lincei VII 1881 S. 149 ff. (= Antichi monum. illustr. S. 143 ff.). 4) CIL VI 10048 = Dessau 5287 (Monument des Diocles) Z. 13: *actis continetur Avilium Teren factionis suae primum omnium vicisse* ∞ *XI.* Vgl. den Anhang XIII. 5) CIL VI 10051 = Dessau 5283. 6) CIL VI 10050 = Dessau 5285, vgl. E. Caetani-Lovatelli, Bull. arch. com. VI 1878 S. 164 ff. (= Antichi monum. illustr. S. 1 ff.). In einem Artikel »Aus dem Sportleben des klassischen Altertums« in der Wochenschrift »Der Sporn« (Zentralblatt für die Gesamtinteressen des deutschen Sports) XVII 1879 Nr. 5 S. 35 wird das Verhältnis der dem Crescens zugefallenen ersten Preise als kein gerade günstiges bezeichnet und bemerkt, daß mit seinem Gewinn ein fashionabler englischer Jockei sich schwerlich begnügen würde (vgl. unten S. 28 f.).

(ohne Zweifel der von Martial besungene) und Pompejus Musclosus mit den Zahlen von 2048 und 3559 Siegen aufgeführt[1]). Das Monument des Diocles ist von seinen Verehrern und Parteigenossen gesetzt, nachdem er sich im Alter von 42 Jahren von den Wagenrennen zurückgezogen hatte. Er hatte im Alter von 18 Jahren angefangen, mit dem Viergespann zu fahren, war 4257 mal gerannt und hatte 1462 Siege davongetragen (davon 1361 für die Roten): im Rennen von je einem Wagen (jeder Partei, also im ganzen von vier) hatte er 1064 mal, im Rennen von je zweien 347 mal, von je dreien 51 mal gesiegt. Unter den 1064 Rennen von je einem Wagen waren mehrere mit Sechs- und Siebengespannen gewesen, und 92, wo um Geldpreise (von 30000 bis 60000 Sesterzen = 6525—13050 Mark) gerannt wurde. Der Gesamtbetrag seiner Gewinne war 35863120 Sesterzen (über 7 3/4 Mill. Mark). Er hatte 9 Pferde zu »Hundertern« gemacht (d. h. je 100 Siege mit ihnen gewonnen), eins zum »Zweihunderter«. Seine »Auszeichnungen« bestanden in Leistungen, in denen er seine berühmtesten Vorgänger übertraf. Er hatte in einem Jahre unter 134 Siegen 118 in Rennen von je einem Wagen (diese wurden am höchsten geschätzt) davongetragen, also mehr als Thallus, der vor ihm die verhältnismäßig größte Zahl von Siegen in solchen Rennen erreicht hatte. Er war der erste, der seit Erbauung der Stadt in Rennen um Preise von 50000 S. = 10875 Mark) 8 mal und zwar mit denselben drei Pferden gesiegt hatte; überhaupt hatte er 29 solche Preise gewonnen, d. h. einen mehr als seine drei berühmtesten Vorgänger zusammen. Er war an einem Tage 2 mal mit Sechsgespannen um den Preis von 40000 S. (= 8700 Mark) gerannt und hatte ihn beide Male gewonnen, was noch nie vorgekommen war; hatte mit sieben ohne Joch aneinander gespannten Pferden (etwas ebenfalls noch nie Gesehenes) in einem Preisrennen zu 50000 S. (= 10875 Mark) gesiegt, in einem anderen Rennen zu 30000 S. (6525 Mark) ohne Peitsche, und sich durch diese Neuheiten mit doppeltem Ruhm bedeckt usw.[2]).

Vergleichung der römischen Wagenlenker mit einem Jockei der Gegenwart.

Mit diesen Helden der römischen Rennbahn dürfen die großen Jockeis der Gegenwart auch insofern verglichen werden, als sie für die sportsmännischen Kreise von ganz Europa dieselbe Bedeutung haben wie jene für die Faktionen Roms und als sie selbst enorme Summen gewinnen und für Interessenten und Spekulanten enorme Gewinne und Verluste herbeiführen. Ein Bericht über Fred Archer, »den berühmtesten und gleichzeitig glücklichsten Jockei unserer Zeit«, in einer Fachzeitung erinnert in mehr als einer Beziehung an die Inschriften des Diocles und Crescens. Bei der Abfassung desselben war Archer »570 mal in den Sattel gestiegen, hatte 199 mal gewonnen, davon einmal nach totem Rennen, war 5 mal als Sieger über die Bahn gegangen, hatte 126 mal als Zweiter, 80 mal als Dritter und 165 mal unplaciert geendet. Das reine Reitsalair, zu 3 und 5 Lstr. berechnet, würde die stattliche Summe von 2108 Lstr. ausmachen. Man behauptet aber, daß der Jockei sich auf 8—10000 Lstr. jährlich stehe bei den bedeutenden Gratifikationen, welche ihm in Form fester Honorare wie einmaliger Geschenke von Pferdebesitzern zufließen. Ein Haufe

1) CIL VI 10048 = Dessau 5287 Z. 19. 2) CIL VI 10048 = Dessau 5287. Über die angeführten und andre Einzelheiten vgl. den Anhang XIII.

von Wettenden folgt systematisch seinen Ritten. Im ganzen hat dieser unübertroffene Jockei innerhalb 6 Jahren, in denen er an der Spitze der Profession sich behauptet, 1172 Siege gefeiert und alle die großen Rennen auf dem englischen Turf gelandet. Auf Archer folgt Charles Wood, der 458 mal geritten und 89 mal gesiegt hat usw. Die 6 ersten Jockeis in Frankreich bringen unter sich knapp so viel Siege auf, wie Fred Archer allein durchs Ziel getragen hat«[1]). Als er am 8. November 1886 erst 29jährig starb, belief sich die Zahl seiner Siege schon auf 2749, und er hinterließ ein beträchtliches Vermögen[2]).

Interesse der höchsten Kreise in Rom für die Kunst des Wagenlenkens.

Daß das Interesse für die Helden der Rennbahn auch im alten Rom bis in die höchsten Kreise hinaufreichte, war nicht bloß durch die Teilnahme derselben an dem Parteitreiben, sondern auch durch die hier vorzugsweise verbreitete, leidenschaftliche Liebhaberei für die Kunst des Wagenlenkens bedingt, eine Liebhaberei, die mildere Beurteiler wenigstens der Jugend nachzusehen geneigt waren, wenn sie auch an Männern von reifem Alter und hoher Stellung, vollends an Kaisern streng gerügt wurde. Junge Männer aus den edelsten Familien lenkten nicht nur ihre Rosse auf den Landstraßen selbst[3]), sondern legten auch eigenhändig den Hemmschuh an, schütteten Gerste in die Krippen und schwuren gleich Kutschern und Maultiertreibern bei der Pferdegöttin Epona[4]). Neros Vater Cn. Domitius Ahenobarbus war in seiner Jugend »durch die Kunst des Wagenlenkens berühmt« gewesen[5]). Vitellius, den man in seiner Jugend oft in den Ställen der blauen Partei die Pferde striegeln gesehen hatte[6]), gewann die Gunst Caligulas und Neros durch seinen Eifer für die Kunst des Wagenlenkens[7]), in welcher der erstere Dilettant war, der letztere sogar als Virtuose zu glänzen suchte[8]). Zu Caligulas Günstlingen gehörte der Wagenlenker Eutychus von der grünen Partei, dem er nach einem Gelage ein Geschenk von 2 Mill. Sesterzen (435000 Mark) gab[9]), und für dessen Pferde die Prätorianer Ställe bauen mußten[10]). Auch L. Verus[11]), Commodus[12]), Caracalla, Geta[13]) und Elagabal teilten in höherem oder geringerem Grade die Vorliebe für diese Kunst und ihre Virtuosen. Besonders Elagabal wählte unter ihnen seine Günstlinge und erhob die Mutter seines Hauptfavoriten Hierocles aus dem Sklavenstande zu konsularischem Range; einen Wagenlenker Gordius machte er zum Präfekten der Stadtwache[14]).

Daß die Zirkuskutscher, die sich so allgemein als Personen von Bedeutung anerkannt und behandelt sahen, sich durch Unverschämtheit und Frechheit auszeichneten, liegt in der Natur der Sache. Schon im Anfange der Kaiserzeit war die Unsitte eingerissen, daß sie (wahrscheinlich an gewissen Tagen) sich in der Stadt umhertreiben und unter der Maske des Scherzes Betrügereien und Diebstähle verüben durften, was unter Nero verboten ward[15]). Doch natürlich konnten vereinzelte Maßregeln nicht einer Zügellosigkeit Schranken setzen, die,

1) Der Sporn XVII 1879 Nr. 48 S. 369. 2) Leipz. Illustr. Ztg. 20. November 1886. 3) Juven. 1, 59 ff. 4) Juv. 8, 146 ff. Der Zusatz *fecimus et nos hoc iuvenes* (v. 163) zeigt, daß alles, was für den Konsul Lateranus unschicklich war, jungen Männern gern nachgesehen wurde. Tac. A. XIV 14 (*foedum studium*). 5) Sueton. Nero 4. 6) Cass. Dio LXV 5, 1. 7) Sueton. Vitell. 4. 8) Cass. Dio LIX 5, 5. LXIII 6, 3. 9) Sueton. Calig. 55. Buecheler, Rhein. Mus. XXXVII 1882 S. 334 hält ihn für denselben, dem Phädrus sein drittes Buch gewidmet hat. 10) Joseph. Ant. Jud. XIX 257. 11) Hist. aug. L. Ver. 6, 2 ff. 12) ebd. Commod. 2, 9. 13) Herodian. III 10, 2. 14) Hist. aug. Elagab. 6, 3. 12, 1; vgl. Cass. Dio LXXIX 15, 2. 15) Sueton. Nero 16, 2.

auch abgesehen von den Begünstigungen der Kaiser, bei diesen Menschen schon durch das Bewußtsein ihrer Unentbehrlichkeit hervorgebracht und gesteigert werden mußte[1]).

Die Rennpferde.

Die besten Rennpferde wurden aus den Provinzen bezogen, obwohl auch in einigen Landschaften Italiens die Pferdezucht in großem Umfange betrieben ward, namentlich auf den weiten Triften Apuliens und Calabriens. Auf seinen dortigen Besitzungen züchtete Tigellinus mit großem Eifer Zirkuspferde; durch ihn soll Nero in seiner Leidenschaft für die Rennbahn bestärkt worden sein[2]). Am meisten waren die hirpinischen Pferde geschätzt[3]); auch standen die italischen auf den Übungsplätzen nach Plinius Versicherung überhaupt keinen anderen nach[4]). Ungeheure Gestüte besaß Sicilien[5]), wo mit zunehmender Verödung schon zu Anfang der Kaiserzeit die Kornfelder mehr und mehr sich in Weiden verwandelt hatten[6]); noch als Gregor der Große die sämtlichen, auf den dortigen Gütern der römischeu Kirche befindlichen Pferde verkaufen lassen wollte, erschien die Zahl von vierhundert, die zurückbehalten werden sollten, als so gering, daß sie gegen die Gesamtsumme gar nicht in Betracht kam[7]). Auch die sicilischen Renner wurden zu den besten gezählt. In Griechenland, wo ebenfalls infolge der Verödung weite, ehemals bebaute Landstrecken als Weide benutzt wurden, lieferten außer Thessalien namentlich Ätolien, Akarnanien und Epidaurus ausgezeichnete Pferde[8]); auch lakonische werden genannt[9]). Unter denen der übrigen Provinzen kommen auf Verzeichnissen am häufigsten afrikanische vor, von denen maurische und cyrenaische unterschieden werden[10]); namentlich waren die in Afrika aus spanischem Blut gezüchteten wegen ihrer Schnelligkeit berühmt[11]); im 3. und 4. Jahrhundert behaupteten den ersten Rang die kappadocischen[12]) und spanischen Renner. In jener Zeit scheute Antiochia, die üppige Hauptstadt Syriens, deren Zirkusspiele vor andern berühmt waren[13]), die mit der ungeheuren Entfernung verbundenen Schwierigkeiten und Kosten nicht, um in seinen Bahnen die edlen Tiere rennen zu sehen, die auf den Wiesen des Tajo und Guadalquivir geweidet hatten[14]).

Mit dem Training der Rennpferde begann man, nachdem sie das dritte

1) Cass. Dio LIX 5, 3. Ammian. XXVIII 4, 25. 2) Schol. Juv. 1, 155. Vgl. auch Varro r. r. II 7, 1. 3) Martial. III 63, 12. Juven. 8, 63 m. Schol. CIL VI 10069 = Dessau 5295. 4) Plin. n. h. XXXVII 202 *ne equos quidem in trigaris ullos vernaculis praeferunt;* vgl. Corp. gloss. lat. II 201, 45 *trigarium* τόπος ὅπου ἵπποι γυμνάζονται. Pollack, Real-Encykl. VI 268. 5) Horat. carm. II 16, 34f. Hist. aug. Gord. tres 4, 5. 6) Strabo VI 273. Vgl. Cic. Verr. II 1, 28. 7) Gregor. M. epist. II 38 Ewald. Vgl. auch Gregorovius, Gesch. der Stadt Rom im Mittelalter II 64. 8) Hertzberg, Gesch. Griechenlands unter den Römern I 487f. 514. 9) Zwei *Lacones* erscheinen neben einem *Aetolus* und zwei *Thessali* u. a. CIL VI 10053 (s. Anm. 10); vgl. Varro r. r. II 7, 1. 10) Verzeichnisse, in welchen die Farbe und Heimat der Pferde angegeben und vielfach auch ihre Besitzer und Verkäufer aufgeführt sind, CIL VI 10047 (= Dessau 5288). 10053 (vgl. 33937; vollständiger mitgeteilt von L. Borsari, Bull. arch. com. XXX 1902 S. 177ff.). 10056 (= Dessau 5290). 11) Veget. mulom. VI 6, 4. 12) Solin. 45, 5: *terra illa* (Cappadocia) *mansio altrix equorum et proventui equino accommodissima est.* Itiner. Burdig. p. 16, 16 Geyer: *mansio Andavilis* (unfern Tyana): *ibi est villa Pampati, unde veniunt equi curules;* für *Pampati* vermutet Gothofredus *Palmati* (Cod. Theodos. X 6, 1. XV 10, 1). Vgl. Ad. Schlieben, Die Pferde des Altertums S. 97ff. 13) Expos. tot. mundi 32 *habes ergo Antiochiam quidem in omnibus delectabilibus habundantem, maxime autem circensibus. ecce similiter Laodicia circenses et Tyrus et Berytus et Caesarea* (vgl. oben S. 24 A. 8). 14) Symmach. ep. IV 62. Vielleicht waren damals die so nahen kappadocischen Gestüte ausschließlich kaiserlich.

Lebensjahr vollendet, ließ sie aber nicht vor dem fünften Jahre laufen[1]), also erheblich später als bei uns, wo die Rennen der Dreijährigen eine große Rolle spielen. Die auf Verzeichnissen und sonst überlieferten Namen von Zirkuspferden sind der ganz überwiegenden Mehrzahl nach männlich[2]). Auch die Dauerhaftigkeit berühmter Rennpferde war erstaunlich. Wenn der Renner Tuscus als Leitpferd des Fortunatus von der grünen Partei 386 mal[3]), der Victor des Gutta Calpurnianus 429 mal siegte[4]), »so müssen sie nach allen überlieferten Zahlenverhältnissen wenigstens viermal so oft am Viergespann gerannt sein, also etwa 1600 bis 1700 mal, im großen Zirkus weit mehr als ebensoviel Meilen. Doch galten (wie bemerkt) schon 100 Siege eines Rennpferds für eine ausgezeichnete Leistung. Ein solches Roß wurde durch den Titel *centenarius* geehrt, wahrscheinlich auch durch besonderen Schmuck«[5]). Es ist selbstverständlich, daß die Preise dieser Tiere oft sehr hoch waren, und daß sie mehr kosteten als Sklaven[6]), sowie daß auf die Züchtung große Sorgfalt gewandt, und namentlich siegreiche Renner dafür gesucht wurden[7]). Liebhaber und Kenner waren mit Namen, Abkunft, Stamm, Alter, Dienstzeit und bereits gewonnenen Siegen der berühmtesten Zirkuspferde bekannt, wußten ihre Geschlechtsregister[8]) auswendig und hatten manche Anekdote von ihrer Klugheit und Dressur zu erzählen. So geschah es z. B. nach Plinius bei den Säkularspielen des Kaisers Claudius, als ein Wagenlenker von den Weißen gleich beim Ausfahren stürzte, daß seine Pferde die Spitze nahmen und sie trotz aller Bemühungen der übrigen Wettfahrer behaupteten, alles von selbst taten, was sie unter der erfahrensten Leitung hätten tun können, den Sieg gewannen und am Ziele stehen blieben[9]). Ein anderer Schriftsteller sagt, bei den Zirkusspielen zeige sich, daß die Pferde im Lauf angetrieben werden durch Flötenblasen, Tänze, bunte Farben und brennende Fackeln[10]). Bei dem Rennen mit Vierge-

1) Colum. VI 29, 4 *certaminibus autem expleto triennio (equus domatur), sic tamen, ut post quartum demum annum labori committatur.* Plin. n. h. VIII 162. 2) Sichere Ausnahmen wie *Dicaeosyne* CIL VI 33941 = Dessau 5291 (vgl. Wünsch, Sethianische Verfluchungstafeln S. 66) sind sehr selten. Vgl. den Anhang XIII und Friedlaender, De nominibus equorum circensium, Königsberg 1875. Reiches Material für Namen von Rennpferden geben die Verzeichnisse der Pferde auf Denkmälern siegreicher Wagenlenker (oben S. 30 A. 10 und außerdem CIL VI 10048. 10050. 10052 = Dessau 5287. 5285. 5289, ferner Dessau 9349. Kaibel, Epigr. gr. 935; vgl. Roehl CIG IV 3 S. 136), Beischriften von Darstellungen der Wagenrennen auf Sarkophagen (CIL VI 10080 = 33941) und Mosaiken (CIL II 5129. 6180. VIII 10889—10891. 11059), die Verfluchungstafeln (s. unten S. 43 A. 2), Lampeninschriften u. a. (s. unten S. 32 A. 4). 3) CIL VI 10048 = Dessau 5287 Z. 20. 4) CIL VI 10047 = Dessau 5288. 5) G(ustav) F(reytag), Grenzboten 1869 II S. 447. Daß ein Pferd (1876—79) 54 Siege ohne Niederlage gewann (Silberer, Allg. Sportztg. 1883 Nr. 10), gilt als beispiellos (N. Fr. Presse 1883, 7. März). 6) Veget. mulom. praef. 10. 7) Colum. III 9, 5: *sacrorum certaminum studiosi pernicissimarum quadrigarum semina diligenti observatione custodiunt et spem futurarum victoriarum concipiunt propagata sobole generosi armenti.* 8) Über Stammbäume von Rennpferden vgl. Martial. III 63, 12. Juven. 8, 62 f. Stat. silv. V 2, 22 ff. CIL VI 10082 = Buecheler, Carm. epigr. 218 und mehr bei Marquardt StV. III² 523, 6. K. Weyman, Phil. Wschr. 1922 Sp. 55. 9) Plin. n. h. VIII 160. Ein ganz ähnlicher Fall in Alexandria bei Philo Alexander 58; vgl. auch Liban. decl. 28 (VI 573 F.). 10) Solin. 45, 12. Das Antreiben der Pferde war wohl das Geschäft der *hortatores* CIL VI 10074—76. 33949ᵃ (Dessau 5307 f.), vgl. Eugraph. zu Ter. Heaut. 836. Solche sind auf dem Mosaik von Barcelona (Ann. d. Inst. 1863 Tf. D) zù sehen, einer ein Tuch schwenkend. Doch gab es auch noch andre *hortatores*, Corp. gloss. lat. II 395, 7 *hortator* παρακελευστής, vgl. II 585, 3 *iussor: hortator clamando in opere.* Ein *Hilarus hortator Perelliae* CIL VI 33951 gehört wohl nicht zum Zirkuspersonal.

spannen, dem gewöhnlichsten von allen, wurde das beste Pferd immer zum linken Außenpferde gemacht, da es auf dessen Schnelligkeit und Dressur bei der Wendung um das Ziel hauptsächlich ankam: von ihm hing die Erlangung des Preises ab, ihm galt daher die Aufmerksamkeit der Zuschauer fast ausschließlich[1]). Die Namen solcher Pferde waren in aller Munde, auch sie wurden in der Bahn mit lauten Zurufen begrüßt[2]), die Menge wußte sehr genau, ob Passerinus oder Tigris rannte; und Martial war trotz aller Anerkennung, die seinen Gedichten geworden war, in Rom nicht bekannter als der Gaul Andrämon[3]). Noch existieren Denkmäler, auf denen diese und andere berühmte Renner abgebildet sind[4]). Oft artete die Leidenschaft für edle Pferde zur Manie aus. Caligula soll beabsichtigt haben, den Hengst Incitatus zum Konsul zu ernennen; wenn er rennen sollte, wurde tags zuvor in der Nachbarschaft durch Soldaten die Vermeidung von Geräusch anbefohlen, damit seine Ruhe nicht gestört würde[5]). Epictet erwähnt, daß ein Zuschauer, der sein Lieblingspferd in der Bahn zurückbleiben sah, sich in seinen Mantel hüllte und ohnmächtig wurde; als es wider Erwarten die Spitze gewann, mußte er durch Bespritzen mit Wasser zum Bewußtsein zurückgebracht werden[6]). Nero erteilte ausgezeichneten Rennern, die durch Alter dienstunfähig geworden waren, Gnadengehälter. Ähnliches wird von Verus und Commodus erzählt[7]).

Die Parteien.

Da die Festgeber nur ausnahmsweise die Zirkusspiele mit eignen Leuten und Pferden bestreiten konnten, übernahmen Gesellschaften von Kapitalisten und Besitzern großer Sklavenfamilien und Gestüte die Lieferung und Ausrüstung[8]). Wie in der Regel vier Wagen um die Wette rannten, so gab es auch vier solche Gesellschaften, die zu jedem Rennen je einen Wagen stellten und, seit Wagen und Lenker Farben als Abzeichen trugen, je eine dieser Farben zu der ihrigen machten; daher sie Faktionen oder Parteien genannt wurden. An ihrer Spitze standen Direktoren (*domini factionum*)[9]), einzelne oder mehrere, gewöhnlich wie alle Inhaber größerer Geschäfte dem Ritterstande angehörig[10]); doch auch Wagenlenker schwangen sich, wie bemerkt, zu solchen Stellungen auf. Mit diesen Ge-

1) Sil. Ital. XVI 361; wenn die Siegesverzeichnisse nur ein Pferd angeben, ist stets dieses gemeint; vgl. auch Dig. XXXI 65 § 1: *quadrigae legatum equo postea mortuo perire quidem ita credunt, si equus ille decessit, qui demonstrabat quadrigam.* 2) Cass. Dio LXXIII 4, 1 f. 3) Martial. VII 7, 9 f. (vgl. XII 36, 12). X 9, 5. 4) So auf dem Mosaik von Barcelona (CIL II 5129), wo man auch auf den Schenkeln der Pferde die Namen der Züchter oder Besitzer *Concordius* und *Nicetus* liest, uud auf dem von Gerona (CIL II 6180), wo bei jedem der 4 Viergespanne außer dem Namen des Lenkers überall nur der Name eines Pferdes, also des Hauptpferdes, angeschrieben ist. Grabschrift eines Rennpferdes aus Rom IG XIV 1603 = Kaibel, Epigr. gr. 625. Siegreiche Pferde, oft mit beigeschriebenen Namen, sind zahlreich auf Bleitesseren. Triumphzug eines solchen auf einer Lampe: vor ihm geht der *tablifer,* auf der *tabella* steht *Aq(u)ilo* (dazu vgl. CIL VI 10069 = Dessau 5295 und die Lampen CIL XV 6251. 6254. 6258) *vade felix.* Rostowzew, Röm. Bleitesserae S. 54. Dieses *vade felix* in der Abkürzung *va* auch häufig auf Lampen neben dem Namen eines siegreichen Pferdes oder Rennfahrers, Dressel zu CIL XV 6258. Auf einem Glasgefäß, CIL VII 1273, steht neben drei Wagenlenkern *va(le?),* neben dem vierten *ave,* der also als der Sieger aufzufassen ist, vgl. Martial. III 95, 14 *iamiam tu prior es, Naevole, victor, ave.* 5) Suet. Calig. 55, 3. Cass. Dio LIX 14, 7. 6) Epictet. Diss. I 11, 27. 7) Cass. Dio LXI 6, 1. LXXIII 4, 3. Hist. aug. L. Ver. 6, 3 ff. 8) Marquardt StV. III² 517 ff. 9) Vereinzelt findet sich auch der Name *factionarius* CIL VI 10060 = Dessau 5297. Cod. Theod. XV 1, 10. Corp. gloss. lat. II 388, 36. 10) Plin. n. h. X 71.

sellschaften mußten die Veranstalter der Spiele sich über die Lieferung von Pferden, Wagen und Leuten einigen; ihre Forderungen wechselten natürlich nach Umständen. Als Nero gleich im Anfange seiner Regierung die Zirkusspiele so sehr erweiterte, daß sie ganze Tage ausfüllten, wollten die Direktoren der Parteien sich gar nicht dazu verstehen, ihr Personal für Spiele von kürzerer Dauer zu vermieten, und behandelten überhaupt die Anerbietungen der Konsuln und Prätoren mit dem höchsten Übermut. Im Jahre 54 ließ der Prätor Aulus Fabricius, der ihre unbilligen Forderungen nicht zugestehen wollte, Wagen mit abgerichteten Hunden statt mit Pferden in der Bahn erscheinen; durch diese Demonstration ließen sich zwar die rote und die weiße Partei zur Nachgiebigkeit bewegen, aber die blaue und die grüne nicht eher, als bis Nero selbst die Preise bestimmt hatte[1]). Von Commodus wird erzählt, daß er die Zirkusspiele in der Absicht sehr vermehrt habe, die Direktoren der Parteien zu bereichern[2]). Wohl nicht selten erhielten die letzteren Unterstützungen und Geschenke, wie Gordian der Erste noch als Privatmann hundert kappadocische und hundert sicilische Pferde unter sie verteilte (zu deren Annahme eine kaiserliche Erlaubnis erforderlich war), und Symmachus ihnen bei Gelegenheit der quästorischen Spiele seines Sohns je fünf Sklaven schenkte[3]). Nur einmal (im Jahre 12 n. Chr.) wird erwähnt, daß die Vorsteher der Parteien auf eigne Kosten Schauspiele veranstalteten, und zwar, wie es scheint, im Verein mit Pantomimen; doch mag es öfter geschehen sein, da Schauspiele, welche die letzteren gaben, später noch einige Male erwähnt werden[4]).

Das sehr zahlreiche Personal der Parteien bestand teils in Sklaven[5]), teils in besoldeten Freien und umfaßte außer den Rennfahrern (*agitatores*) selber nicht bloß die zum Dienst in den Gestüten, Ställen und in der Bahn erforderlichen Leute, sondern auch eine nicht geringe Anzahl von Handwerkern, Künstlern und Beamten verschiedener Art[6]). Wagner, Schuhmacher, Schneider, ferner Ärzte[7]), Lehrer (im Fahren)[8]), Boten, Läufer[9]), Kellermeister[10]), Beschließer und Verwalter werden in Verzeichnissen und Urkunden als im Dienste der Parteien stehend aufgeführt und gingen auch aus dem Dienste der einen in den einer andern über. Die sämtlichen Stallungen der vier Parteien lagen in der neunten Region beisammen, vermutlich am Fuße des Kapitols in der Nähe des Flaminischen Zirkus[11]). Sie waren, wenigstens zum Teil, von Kaisern erbaut (nament- Ihr Personal.

1) Sueton. Nero 22, 2. Cass. Dio LXI 6, 2f. 2) Hist. aug. Commod. 16, 9. 3) Hist. aug. Gord. tres 4, 5. Symm. epist. II 78. 4) Cass. Dio LVI 27, 4; vgl. LV 10, 11. LIX 24, 7. LX 23, 6. Marquardt StV. III² 490, 1. 5) Daß die Freigelassenen der Parteien die Gentilnamen der *domini factionum* erhielten, zeigt die Inschrift CIL VI 10077 = Dessau 5311 *L. Avilio Galatae fact. russ. lib.;* zur selben Partei gehört auch Avilius Teres (CIL VI 10048 = Dessau 5287 Z. 13) und L. Avillius Dionysius (CIL VI 10069 = Dessau 5295), sowie Thallus (CIL VI 10048 = Dessau 5287 Z. 14), der CIL VI 621 = Dessau 3532 *Thallus agitator L. Avilli Plantae ser*(*vus*) heißt. L. Avillius Planta war also *dominus factionis russatae.* 6) Liste einer *familia quadrigaria* CIL VI 10046 = Dessau 5313; über die *hortatores* oben S. 31 A. 10. 7) s. auch CIL VI 33879 = Dessau 5310. 8) *Doctor factionis* CIL VI 10057 = Dessau 5298. 9) CIL VI 33944 = Dessau 5279: *A. Antonius Albanus cursor et supra cursores factionis prasinae.* CIL VI 33950 = Dessau 5278. 10) CIL VI 33945 = Dessau 5309 *cellarius factionis prasinae.* 11) Über die *stabula factionis prasinae* Hülsen-Jordan, Topographie I 3 S. 595, vgl. 551. Wünsch, Sethian. Verfluchungstafeln S. 67. Inschriften von einem gemeinsamen Grabe der Angehörigen der grünen Partei vor der Porta Salaria CIL VI 33944—33948.

lich hatte auch Vitellius während seiner kurzen Regierung zu solchen Bauten große Summen verwendet) und wohl mit kaiserlicher Pracht ausgestattet, da Caligula sich sehr viel in den Ställen der Grünen aufzuhalten und dort auch zu speisen pflegte[1]). Das Verhältnis der Parteien zum Fiskus und zur städtischen Verwaltung Roms ist ganz unklar[2]).

Die Farben.

Die Farben, deren sich die Parteien als Abzeichen bedienten, waren Weiß, Rot, Grün und Blau[3]). Ursprünglich sollen nur die beiden ersten im Gebrauch gewesen sein, seit wann ist unbekannt; doch fällt die Annahme der Parteifarben kaum vor den Beginn der Kaiserzeit[4]). Domitian führte dazu noch zwei neue Farben, Gold und Purpur, ein, die vielleicht eine ausschließlich kaiserliche Bedeutung hatten, aber bald wieder eingegangen zu sein scheinen, wenigstens werden sie später nie mehr erwähnt[5]). Die Grünen und Blauen hatten schon seit Anfang der Kaiserzeit die beiden älteren Parteien in den Hintergrund gedrängt; zuletzt verbanden diese sich mit jenen (und zwar die weiße mit der grünen, die rote mit der blauen), ohne daß sie ganz zu existieren aufhörten[6]). Vier Farben gab es in Constantinopel noch im 9. Jahrhundert[7]), ein Schriftsteller des 12. spricht von den Parteien als von einer vergangenen Sache[8]).

Das Faktionenwesen in Rom —

Die Parteiung, die sich in der Bevölkerung von Rom und Constantinopel für die Farben der Zirkusfaktionen bildete, ist eine der bedeutsamsten und merkwürdigsten Erscheinungen der Kaiserzeit. Sie spaltete die ungeheure Mehrzahl des Volks von den Beherrschern der Welt bis zum Proletarier und Sklaven[9]) in vier, und später in zwei Lager. Nichts andres ist so bezeichnend für die Unnatürlichkeit der politischen Zustände wie diese Konzentration des allgemeinen Interesses auf diesen Gegenstand, und nichts zeigt so deutlich die wachsende geistige und sittliche Verwilderung Roms. Den Regierungen war dieses Parteitreiben ohne Zweifel erwünscht; daß die Leidenschaften der Massen in eine Richtung abgelenkt wurden, in der sie scheinbar ohne Gefahr für den Thron austoben konnten, darauf wirkten auch wohl die besten hin, und wir erfahren nicht, daß irgend eine versucht hätte, dem Unwesen zu steuern. Vielmehr nahmen mehrere Kaiser aufs unverhohlenste Partei, wie Vitellius[10]) und Caracalla[11])

---

1) Joseph. ant. Jud. XIX 257. Suet. Calig. 55, 2. Tac. hist. II 94. 2) Marquardt StV. III² 521, 3. 3) Tertull. de spect. 9, vgl. Lyd. de mens. IV 30; die Grünen werden zuerst unter Caligula genannt (oben S. 24), die Blauen unter Vitellius (unten A. 10). 4) Vgl. Hirschfeld, Kl. Schriften S. 688. 5) Suet. Domit. 7, 1 *duas circensibus gregum factiones aurati purpureique panni ad quattuor pristinas addidit.* Cass. Dio LXVII 4, 4. Martial. XIV 55, 2. CIL VI 10062 = Dessau 5282 *D. m. Epaphroditus agitator f(actionis) r(ussatae); vicit CLXXVIII et at purpureum liber* (i. e. *manumissus*) *vic. VIII.* An die Bezeichnung der Purpurpartei mit *pannus chelidonius* möchte ich nicht glauben, sondern in der Inschrift CIL VI 10046 = Dessau 5313 wie früher (bei Marquardt III² 518, 4) lesen: *familiae quadrigariae T. At(ei) Capitonis P. Anni Chelidoni;* trotz der bestechenden Analogie von CIL VI 10045 = Dessau 5312 *decurionibus et familiae panni russei C. Ceioni Maxim(i).* 6) Vgl. das Epigramm aus späterer Zeit Anthol. Lat. 191, 5 R. *dilexit genitor prasinum, te russeus intrat.* Eine *factio Garamantinic(iana)* in der interpolierten Fassung der Inschrift CIL VI 10065a ist, wie ich nachgewiesen habe (Ind. lect. hib. acad. Regim. 1858), aus einem Zuruf an ein Zirkuspferd *Garamanti nica* (CIL VI 10058 = Dessau 5296) komponiert. 7) Cedren. II 175 Bekk. 8) Theod. Balsamon in Bekkers Ausg. des Georg. Codin. de offic. Palat. p. 287. 9) Petron. 70, 10. 13. 10) Sueton. Vitell. 7, 1. Cass. Dio LXV 5, 1. 11) Cass. Dio LXXVII 10; vgl. LXXVIII 8, 2.

für die Blauen, Caligula[1]), Nero[2]), Domitian[3]), L. Verus[4]), Commodus[5]), Elagabal[6]) für die Grünen, die in der früheren Kaiserzeit meist den Vorrang behauptet zu haben scheinen[7]). Die Kaiser begnügten sich aber nicht damit, das Parteitreiben durch ihre Teilnahme zu befördern, sondern unterdrückten und terrorisierten zum Teil auch die wehrlosen Gegenparteien mit der brutalsten Gewalt. Beim Volke waren die Faktionen eines weit verzweigten Anhangs schon deshalb gewiß, weil sie eine systematische Organisation hatten, über bedeutende Summen geboten, eine Menge von Menschen unterhielten und beschäftigten und gewiß keine Mittel sparten, um sich zu vergrößern und zu befestigen. Aber von unendlich größerer Wichtigkeit war die Einrichtung der vier Farben an sich, wie geschaffen für das Bedürfnis der Menge, bei jedem Wettstreit, der vor ihren Augen vorgeht, für und wider Partei zu nehmen. Sie will nur ein Feldgeschrei, nach seinem Inhalt fragt sie nicht. Für Pferde und Wagenlenker konnte eine verhältnismäßig nur geringe Zahl von Sachverständigen und Anhängern sich interessieren, für die Farben jedermann. Pferde und Wagenlenker wechselten, die Farben waren permanent[8]). Während eines halben Jahrtausends pflanzte sich das Feldgeschrei der Farben von Geschlecht zu Geschlecht fort, und zwar in einer mehr und mehr verwildernden Bevölkerung, und wenn schon bei allen Schauspielen Exzesse und Tumulte gewöhnlich waren, so war vorzugsweise der Zirkus der Schauplatz wilder, selbst blutiger Szenen[9]). Mochte Nero oder Marc Aurel die Welt regieren, das Reich ruhig oder von Aufstand und Bürgerkrieg zerrüttet sein, die Barbaren die Grenzen bedrohen oder von den römischen Heeren zurückgetrieben werden: zu Rom war für Hohe und Niedre, Freie und Sklaven[10]), Männer und Frauen die Frage, ob die Blauen oder die Grünen siegen würden, immer von derselben Wichtigkeit und der Gegenstand unzähliger Hoffnungen und Befürchtungen. Als das Christentum die alten Götter entthront hatte, denen zu Ehren die Zirkusspiele gestiftet worden waren, kämpften im

1) Sueton. Calig. 55, 2. Cass. Dio LIX 14, 6. 2) Sueton. Nero 22, 1. Cass. Dio LXIII 6, 3. Plin. n. h. XXXIII 90. 3) Martial. XI 33 *saepius ad palmam prasinus post fata Neronis pervenit et victor praemia plura refert. i nunc, livor edax, dic te c e s s i s s e Neroni; vicit nimirum non Nero, sed prasinus*, mit Friedlaenders Anmerkung. 4) Hist. aug. L. Ver. 4, 8. 6, 2. 5) Cass. Dio LXXII 17, 1. 6) Cass. Dio LXXIX 14, 1. 7) Auch Martial (VI 46. XI 33) war ein Anhänger der Grünen, in Juvenals Zeit (11, 198) hatten sie entschieden die Oberhand. Ein Monument der Blauen mit der Inschrift: *Victoria Venetianorum semper constet feliciter* aus unbestimmter Zeit CIL VI 10074 = Dessau 5314; vgl. damit IG XIV 1503 (Zusatz zu einer Grabschrift) ἰς εῶνα Βενετιανοῦ σ(υστήματος) πρίνκιπι. Theoderich sah sich veranlaßt, die Grünen gegen die Blauen in Schutz zu nehmen (Cassiod. Var. I 20, 2f. 27, 2). In Constantinopel hatten die Blauen, die wenigstens seit Justinian stets von den Kaisern begünstigt wurden, den Vorrang (Wilken in Raumers Histor. Taschenbuch I 1830 S. 330ff.). Über das Denkmal des berühmten Wagenlenkers Porphyrius in Constantinopel s. Kaibel, Epigr. gr. 935. Mordtmann, Athen. Mitt. V 1880 S. 295ff. J. Ebersolt, Revue archéol. 1911 II 76ff.; dazu Anhang XV. 8) Die Erwähnung einer *factio veneta* in einer Arvaleninschrift vom J. 69 (CIL VI 2051 II 15) zeigt, daß es auch bei den dort veranstalteten Rennen vier Parteien und Farben gab. Ein Zeugnis für die Anwendung der Farben in den Zirkusspielen der Provinzen gibt außer den Mosaiken von Lyon, Barcelona und Italica die Inschrift aus Tarraco CIL II 4315 = Buecheler, Carm. epigr. 500 *factionis Venetae Fusco sacravimus aram* usw. Die Parteien erwähnt auch die Pass. Perp. et Felic. 13, 6 *et dixerunt* (*angeli*) *Optato: corrige plebem tuam, quia sic ad te conveniunt, quasi de circo redeuntes et de factionibus certantes*. Die Blauen und Grünen in Oxyrhynchus im 6. und 7. Jahrhundert, Oxyrh. Pap. nr. 145. 152; für Karthago s. unten S. 36 A. 3. 9) Vgl. Friedlaender, Jahrb. f. Philol. LXXIII 1850 S. 745ff. 10) Vgl. namentlich die Grabschrift eines Sklaven Crescens, der als *Venetianus* bezeichnet wird (CIL VI 9719).

Zirkus die Parteien noch immer mit der gleichen Leidenschaft um den Vorrang. Auch die Christen ließen sich durch die Ermahnungen ihrer Prediger nicht von dem Besuche des Schauspiels zurückhalten. Sie wandten ein, daß man die Ergötzlichkeiten, die Gottes Güte gewährt habe, nicht verschmähen dürfe. Ja sie beriefen sich auf die heilige Schrift und führten an, Elias sei auf einem Wagen gen Himmel gefahren, folglich könne die Kunst des Wagenlenkens nicht sündlich sein[1]). Noch Leo der Große, Bischof in Rom 440—461, klagte bitter vor seiner Gemeinde, daß die schändlichen Schauspiele mehr Volk versammelten als die Stätten der heiligen Märtyrer, deren Schutz die Stadt vor dem furchtbarsten Untergange durch die Horden Attilas errettet hatte[2]). Als die Völker der Barbaren die Mauern von Cirta und Karthago bedrohten (439), schreibt der Presbyter Salvianus von Massilia, raste die karthagische Gemeinde in den Rennbahnen. Als Trier dreimal erobert und zerstört war, verlangten einige Edle der Stadt, die ihren Untergang überlebt hatten, von den Kaisern Zirkusspiele, die also auf Schutt und Asche über dem Blut und den Gebeinen der Erschlagenen hätten veranstaltet werden sollen[3]).

in Constantinopel.

Seinen höchsten Grad aber erreichte das Faktionenwesen nicht im Westen, nicht in Rom, sondern in Constantinopel, wo schon um die Mitte des 4. Jahrhunderts die leidenschaftliche Teilnahme der Zuschauer Tumulte veranlaßt zu haben scheint[4]). In der Zeit, über die wir näher unterrichtet sind, bestand dort trotz der Fortdauer der beiden schwächeren Parteien ein eigentlicher Wettstreit nur noch zwischen den Grünen und den Blauen. Hier, wo die Zwietracht wenigstens zuzeiten eine religiöse und politische Färbung annahm, raste sie mit verdoppelter Wut und erfüllte das Reich mit Aufruhr[5]). Für die Partei verschwendete man sein Vermögen, ertrug Martern und Tod und beging Verbrechen; das Parteiinteresse stand höher als Verwandtschaft und Freundschaft, Haus und Vaterland, Religion und Gesetz; auch die Frauen, die damals keine Schauspiele besuchten, wurden von dem Schwindel ergriffen; man konnte es nur eine allgemeine Geisteskrankheit nennen. »Die Pferderennen«, sagt Choricius (unter Justinian), »versetzen die Gemüter der Zuschauer mehr in Raserei, als daß sie sie ergötzten, und haben schon viele große Städte zugrunde gerichtet«[6]). Der sogenannte Nikaaufruhr, der im Jahre 532 im Zirkus zu Constantinopel entbrannte, hätte Justinian Thron und Leben gekostet, wäre er nicht durch die Geistesgegenwart seiner Gemahlin Theodora und Belisars Treue gerettet worden; dreißigtausend Menschen sollen dabei ums Leben gekommen sein[7]). Daß übrigens die Anhänger der Parteien deren Farben wenigstens im Zirkus trugen,

1) Tertull. de spect. 1. Cypr. de spect. 2. Wünsch, Sethian. Verfluchungstafeln S. 68 f.; über einen christlichen Wagenlenker Euthymius (CIL VI 10066 = Dessau 5303) vgl. Wünsch a. a. O. S. 57 ff. G. Schneider Graziosi, Röm. Quartalschr. XXIX 1916, 276 ff. (der die Stellung des Christentums zu den Rennspielen eingehend behandelt). 2) Leo M. serm. 84, 1 (Migne lat. LIV 433). Gregorovius, Gesch. d. Stadt Rom im Mittelalter I² 190 f. 3) Salvian. De gubern. Dei VI 12, 69. 15, 85 ff. Auch in den Gedichten des Luxorius, der im Anfang des 6. Jahrhunderts in Karthago lebte, ist vielfach von dem karthagischen Zirkus und seinen grünen und blauen Wagenlenkern die Rede, z. B. Anthol. Lat. 320. 324. 327 f. R. 4) Expos. tot. mundi 50: *nec non vero etiam circensium spectaculum saevissime* (*perniciosa et saevissima contentione* C) *spectatur*. 5) Wilken in Raumers Histor. Taschenb. I 1830 S. 295 ff. 6) Choric. ὑπὲρ τῶν ἐν Διονύσου τὸν βίον εἰκονιζόντων (ed. Graux, Rev. de philol. N. S. I 1877) c. 14, 4 p. 237. 7) A. Schmidt, Epochen und Katastrophen (1874) S. 181 ff.

muß man für sehr wahrscheinlich halten; angedeutet wird es nur ein einziges Mal in einem Epigramm Martials, wo es heißt, ein Scharlachmantel passe nicht für einen Anhänger der Grünen oder Blauen; falle er einem solchen bei einer Lotterie durchs Los zu, so könne er ihn leicht abtrünnig machen[1]).

Allmähliche Entwicklung des Faktionenwesens in Rom.

Der Zirkus Roms und seine Parteien werden von den Zeitgenossen zu selten erwähnt, als daß man im Zusammenhange verfolgen könnte, wie aus unscheinbaren Anfängen das Unheil zu so gigantischer Größe erwuchs. Wir müssen uns begnügen, auf den Grad und das Umsichgreifen der Krankheit aus vereinzelten Symptomen zu schließen. Schon unter Tiberius geschah es, daß bei der Bestattung eines Wagenlenkers von der roten Partei, namens Felix, einer von seinen Anhängern sich mit auf den Scheiterhaufen stürzte. Dies berichtet der ältere Plinius aus dem öffentlichen Anzeiger, einer in diesem Falle ganz unverdächtigen Quelle[2]). Man würde glauben, es sei ein Verrückter gewesen; aber Plinius fügt hinzu, die Gegenpartei habe, um den Ruhm des Künstlers zu verkleinern, behauptet, der Selbstmörder sei durch die bei der Verbrennung angewandten Wohlgerüche betäubt gewesen, während sie doch sicherlich den Selbstmord am liebsten auf Rechnung des Wahnsinns geschoben hätte, wenn es mit einigem Schein möglich gewesen wäre. Doch trotz dieses einzelnen Falls kann die Parteibildung damals noch nicht in der umfassenden Weise organisiert gewesen sein wie eine Generation später. Ovid hat den Zirkus zum Schauplatz einer seiner Elegien gewählt: er sieht neben seiner Geliebten dem Rennen zu; zwar spricht er von der verschiedenfarbigen Schar, die aus den Schranken hervorbricht[3]), aber sein und seines Mädchens Interesse ist nur auf die Person eines Wagenlenkers, nicht auf eine Farbe gerichtet[4]). Horaz, welcher das Interesse für Theater und Gladiatoren öfters erwähnt, spricht kaum je vom Zirkus und nie von den Parteien. Erst im Laufe des 1. Jahrhunderts und zum Teil infolge der leidenschaftlichen Beteiligung der Kaiser Caligula, Nero, Vitellius bildete das Faktionenwesen sich aus. Von Caligulas Parteinahme für die Grünen ist bereits die Rede gewesen; wie Cassius Dio erzählt, ließ er Pferde und Wagenlenker der Gegenpartei vergiften[5]). Nero zog sich schon als Schulknabe eine Rüge von seinem Lehrer wegen seines unaufhörlichen Redens von den Zirkusspielen zu; als er einmal trotz des Verbots gegen seine Mitschüler einen grünen, von seinen Pferden geschleiften Wagenlenker bedauerte, schalt der Lehrer, und der hoffnungsvolle Schüler erklärte, er habe von Hektors Schleifung durch Achill gesprochen[6]). Als Kaiser begnügte er sich nicht, die Grünen aufs parteiischste zu begünstigen; er trat auch selbst in dieser Farbe auf, wobei der Zirkus statt mit Sand mit Kupfergrün (Chrysocolla) bestreut wurde; so bei den Schauspielen, die er dem armenischen Könige Tiridates gab[7]). Vitellius, der, wie erwähnt, nicht verschmäht hatte, bei der blauen Partei die Dienste eines Stallknechts zu tun, soll seine Beförderung zum Statthalter des Untern Germanien dem an Galbas Hofe mächtigen T. Vinius verdankt haben, dem er durch die

1) Martial. XIV 131. 2) Plin. n. h. VII 186; über die Zeit des Vorfalls s. Hirschfeld, Kl. Schrift. S. 685ff. 3) Ovid. am. III 2, 78: *evolat admissis discolor agmen equis.* 4) Ovid. a. a. O. 67ff.; a. a. I 145f. 5) Cass. Dio LIX 14, 5. 6) Sueton. Nero 22, 1. 7) Cass. Dio LXIII 6, 3. Plin. n. h. XXXIII 90 (sonst wurde der Zirkus auch mit Splittern und Blättchen von Marienglas bestreut, Plin. n. h. XXXVI 162).

Parteigenossenschaft verbunden war[1]). Auf den Thron gelangt, buhlte er im Zirkus in unwürdigster Weise mit seiner Parteinahme um die Gunst des gemeinen Pöbels[2]); doch ließ er auch einige Leute aus dem Volke, welche die Blauen laut geschmäht hatten, töten, in der Meinung, dies sei aus Verachtung gegen ihn selbst und in Hoffnung auf eine Staatsumwälzung geschehen[3]). Wenn auch ohne direkte Beteiligung von seiten der folgenden Kaiser, hielt die Entwicklung des Faktionenwesens natürlich mit dem Wachstum und der Ausbreitung der Leidenschaft für die Schauspiele überhaupt gleichen Schritt; und diese Leidenschaft, die schon gegen das Ende des 1. Jahrhunderts so ganz die Gemüter beherrschte, daß sie keinen Raum für edle Bildung ließ, war wohl geeignet, tiefer Blickende mit ernstlicher Sorge zu erfüllen. Man hörte die Jugend zu Hause und in den Hörsälen von nichts andrem reden, und selbst die Lehrer glaubten überall sich zu solchen Gesprächen herbeilassen zu müssen[4]). Auch in den Kreisen gebildeter Männer war die Unterhaltung von den Blauen und Grünen schon wegen ihrer politischen Unverfänglichkeit beliebt[5]). Es war die glänzendste Periode des Kaisertums, in der die Interessen des römischen Volks in dem berühmten *panem et circenses* zusammengefaßt werden konnten[6]). Unter der Regierung Trajans erregte es das Staunen unbefangener Beobachter, wie so viele Tausende im Zirkus sich nicht durch die Schnelligkeit der Pferde noch durch die Kunst der Lenker fesseln ließen, sondern durch ein so oder so gefärbtes Stück Zeug; würde dies mitten im Rennen vertauscht[7]), so würde auch Gunst und Anteil sich wenden, dieselben, die eben Pferde und Lenker von weitem kannten und anriefen, würden sie dann plötzlich verlassen. Und wenn nur der Pöbel an einer elenden Tunika hinge! Aber auch ernste Männer waren unersättlich im Genuß einer solchen Unterhaltung; und der jüngere Plinius, der diese Betrachtungen anstellte, durfte einige Genugtuung empfinden, daß er über solche Interessen erhaben war[8]). Verlören die Grünen im Zirkus, schrieb Juvenal unter Hadrian, so wäre Rom so bestürzt und niedergeschlagen, wie nach der Niederlage bei Cannä[9]). Marc Aurel, der an Hadrians Hofe aufwuchs, glaubte sich seinem Erzieher zu besonderem Danke dafür verpflichtet, daß er ihn davor bewahrt habe, ein Parteigänger der Grünen oder Blauen zu werden[10]). Ohne Zweifel ist dies mit einem Hinblick auf seinen Mitregenten Lucius Verus geschrieben, der nicht nur ein leidenschaftlicher Freund der Zirkusspiele überhaupt war und wegen derselben eine umfassende Korrespondenz mit Provinzialen unterhielt, sondern auch ein leidenschaftlicher Anhänger der Grünen, für die er in der unziemlichsten Weise Partei nahm, weshalb er von den Blauen selbst in Marcus Gegenwart häufige Schmähungen zu erdulden hatte[11]). Auch

1) Vgl. S. 29. 2) Tac. Hist. II 91. 3) Sueton. Vitell. 14, 3. 4) Tac. Dial. 29, 4ff. Liban. or. 3, 12 (I 271 F.): während des Vortrags des Rhetors, unter den Schülern πολλὰ μὲν νεύματα πρὸς ἀλλήλους ὑπὲρ ἡνιόχων καὶ μίμων καὶ ἵππων καὶ ὀρχηστῶν. Die Vermutung von Scholte, Observ. crit. in Juv. (1873) S. 41, daß mit *viridis thorax* Juv. 5, 143 die geschnürte Tunika eines Wagenlenkers der Grünen (als ein beliebtes Geschenk für Knaben) gemeint sei, ist sehr ansprechend, da Juvenal auch 11, 198 *viridis panni* für *prasini panni* sagt. 5) Martial. X 48, 23 f. Vgl. auch Epict. ench. 33, 2. 6) Über diesen Ausspruch vgl. S. 2. 7) Dies geschah wirklich zuweilen, Flav. Caper de orthogr. G. L. VII 104, 12. Wünsch, Sethian. Verfluchungstafeln S. 66; über das *diversium* vgl. den Anhang XV. 8) Plin. ep. IX 6. 9) Juv. 11, 197ff. 10) M. Aurel. Comment. I 5. 11) Hist. aug. L. Ver. 6, 1 f.

den Lehrer beider Kaiser, Fronto, schützte ein Übermaß gelehrter Pedanterie nicht gegen die epidemische Leidenschaft; er stand, wie zu erwarten, auf derselben Seite wie sein kaiserlicher Schüler[1]), und selbst durch ein sehr schmerzhaftes Chiragra ließ er sich vom Besuche des Zirkus nicht zurückhalten[2]). In einer um diese Zeit von einem griechischen Besucher verfaßten Schilderung Roms wird als charakteristisch das Treiben im Zirkus, die Statuen der Wagenlenker, die Gespräche über diese Dinge auf den Straßen und Plätzen und die große Verbreitung einer wahren Hippomanie, die sich vieler anscheinend trefflicher Männer bemächtigt hatte, hervorgehoben[3]); daß die Bedeutung des Faktionenwesens, das hier nicht erwähnt ist, einem fremden Beobachter entgehen konnte, ist allenfalls erklärlich. Doch Galen, der von 162—166 und von 169 ab in Rom war, führt das Interesse für die verschiedenen Farben als Beispiel unvernünftiger Leidenschaft an[4]) und erwähnt gelegentlich, daß die Anhänger der Blauen und Grünen den Mist der Rennpferde berochen, um sich von der Verdaulichkeit und Zuträglichkeit ihres Futters zu überzeugen[5]).

Bei der ungemeinen Dürftigkeit der Nachrichten aus dem 3. Jahrhundert geschieht auch des Zirkus und seiner Parteien in dieser Zeit nur selten und beiläufig Erwähnung, ausführlicher fast nur unter Caracalla, der selbst in schamloser Öffentlichkeit in der Bahn seinen Wagen lenkte[6]) und, als einst gegen einen Wagenlenker seiner (der blauen) Partei Schmähungen ausgestoßen wurden, durch den der Wache gegebenen Befehl, die Schreier zu töten, den Zirkus mit wilder Verwirrung, Gewalttat und Mord erfüllte[7]). Anderthalb Jahrhunderte später schilderte Ammianus Marcellinus die Sitten Roms in einer Zeit, in der die innere Zerrüttung des Reichs aufs höchste gestiegen war und die Gefahren von Osten und Norden immer näher und furchtbarer drohten: auch er, den die Leidenschaft der Römer für den Zirkus so sehr mit Erstaunen und Verachtung erfüllte, läßt seltsamerweise das Treiben der Parteien unerwähnt[8]). Für die Masse war der Zirkus Tempel, Wohnort, Versammlungsort und Ziel aller Wünsche. Überall sah man Gruppen in eifrigster Unterhaltung über die Wettrennen beisammenstehen, bejahrte Männer pochten auf ihre vieljährige Erfahrung und verschworen sich bei ihren Runzeln und grauen Haaren, das Reich könne nicht bestehen, wenn es nicht so gehen werde, wie sie voraussagten. An den Tagen der Zirkusfeste strömte das Volk schon vor Aufgang der Sonne zur Rennbahn, viele verbrachten in Angst und Spannung auch die Nächte schlaflos. Es war ein wunderbarer Anblick, eine so unzählbare Menge in leidenschaftlicher Aufregung den Verlauf dieser Wettkämpfe verfolgen zu sehen. Aber nicht minder lebhaft war die Teilnahme des hochmütigen Adels, in dessen Kreisen Boten, welche die Ankunft neuer Wagenlenker und Pferde meldeten, empfangen wurden, wie einst die Dioskuren, als sie die Nachricht von dem Siege Roms über die Tarquinier brachten[9]). Und wieder nach anderthalb Jahrhunderten, als das

1) Fronto ad amicos I 16 p. 185 Nab.: *Venetus venalis est. scis hoc perpetuum Veneti fatum esse, ut numquam venierit, veniat semper* (etwa *ut numquam venerit, veniat semper:* daß er immer im Kommen, nie angekommen ist?). 2) Fronto ad amicos II 3 p. 191 Nab. 3) Lucian. Nigrin. 29. 4) Galen. XIX 53. 5) ebd. X 478. 6) Cass. Dio LXXVII 10, 2. 7) Herodian. IV 6, 4. 8) Sein Aufenthalt in Rom fällt in sein späteres Alter. Vgl. E. Moeller, De Ammiano Marcellino (Regim. 1863) S. 13 ff. 9) Ammian. XIV 6, 25 f. XXVIII 4, 11. 29 ff. Vgl. Symmach. epist. X, 9, 5 f. 6, 3:

Reich längst von den Wogen der Völkerwanderung in Trümmer geschlagen war und der Gotenkönig Theoderich Rom regierte, tobten im Zirkus immer noch die alten Leidenschaften. Theoderich gewährte den Römern öfters ihre Lieblingsschauspiele und wurde von ihnen dafür mit den Namen des Trajan und Valentinian, deren Regierungen er sich zum Vorbilde wählte, begrüßt[1]). Im Jahre 509 kam es im Zirkus zu einem Gefecht. Zwei Senatoren, Importunus und Theodorus, Anhänger der Blauen, griffen die Faktion der Grünen an, und ein Mensch wurde im Tumult erschlagen. Theoderich nahm die schwächere Partei in Schutz[2]). In einem der von dem gelehrten Geheimsekretär des Königs, Cassiodor, verfaßten, auf den Zirkus bezüglichen Reskripte heißt es, es sei staunenswürdig, wie die Gemüter im Zirkus von einer größeren Aufregung als in allen andern Schauspielen hingerissen würden[3]). Der Grüne gewinnt den Vorsprung, ein Teil des Volks ist niedergeschlagen; der Blaue gewinnt ihn, ein andrer Teil grämt sich; ohne einen Vorteil zu haben, triumphieren sie leidenschaftlich, ohne einen Nachteil zu leiden, fühlen sie den tiefsten Schmerz; man führt die nichtigsten Streitigkeiten mit einem Eifer, als wenn diese Bestrebungen einem gefahrbedrohten Vaterlande gälten. Noch immer vertrieben die Zirkusspiele den sittlichen Ernst, beförderten die eitelsten Kämpfe, vernichteten die Rechtschaffenheit und waren für Hader und Zwietracht eine befruchtende Quelle. Zum Schluß heißt es, mit Recht nehme man an, daß ein Schauspiel, bei dem man sich so weit von der Ehrbarkeit entferne, der Abgötterei geweiht gewesen sei. Der König begünstige es nur mit Rücksicht auf das Volk, das hier Erholung zu suchen gewohnt sei, und man müsse zuweilen töricht sein, um seine Wünsche zu erfüllen. Übrigens wurde unter Theoderich wohl nicht mehr der ganze Zirkus zu den Wagenrennen benutzt. Eines seiner Reskripte erwähnt, daß der Senator Volusianus einen Turm des Zirkus (sowie einen Platz des Amphitheaters) besaß, der nach seinem Tode seinen Kindern unrechtmäßigerweise entrissen wurde[4]).

So hat also der Kampf der Farben das weströmische Reich überlebt und in Rom erst mit den Zirkusspielen selbst geendet. Denn die letzten Wagenrennen veranstaltete in der bereits sehr verödeten und verarmten Stadt im Jahre 549 der Gotenkönig Totila[5]).

Vorbereitungen zu den Zirkusspielen.

Um eine Vorstellung von der Großartigkeit zu gewinnen, mit welcher die hohen Beamten Roms auch in der früheren Kaiserzeit die von ihnen zu gebenden Zirkusspiele ausrüsteten, dürfen wir uns einer sehr viel späteren Quelle bedienen, der noch erhaltenen Korrespondenz, die Symmachus am Ende des 4. Jahrhunderts über die Vorbereitungen zu den prätorischen Spielen seines

expectantur cotidie nuntii, qui propinquare urbi munera promissa confirment; aurigarum et equorum fama colligitur; omne vehiculum, omne navigium scaenicos artifices advexisse iactatur. Ein Zeichen für das weitgehende Interesse an den Zirkusspielen ist auch der in der Literatur seit dem 3. Jahrhundert vielfach sich findende Versuch, den Zirkus mit all den Einzelheiten seiner Ausstattung und seines Treibens symbolisch als ein Abbild des Weltganzen auszudeuten (Tertull. de spect. 9. Coripp. laud. Just. I 314ff. Cassiod. Var. III 51. Lyd. de mens. IV 30. Anth. lat. 197 R.; vgl. dazu Soveri, De ludorum memoria praecipue Tertullianea, 1912 S. 93ff.).

1) Anon. Vales. 60. Cassiodor. Chron. z. J. 519, Mommsen, Chron. min. II 161. Vgl. Gregorovius, Gesch. der Stadt Rom im Mittelalter I² 288ff. 2) Cassiodor. Var. I 20. 27; vgl. 30—33. 3) ebd. III 51, 11ff. 4) ebd. IV 42, 3f. 5) Procop. b. Got. III 37, 4. Gregorovius a. a. O. I² 428.

Sohns geführt hat. Denn schwerlich standen die Senatoren Roms in den ersten Jahrhunderten ihren Nachkommen im Zeitalter des Theodosius an fürstlichem Reichtum und fürstlicher Prachtliebe nach, und die Zurüstungen der einen und der andern zu ihren Schauspielen haben sich vermutlich kaum anders als durch die verschiedene Beschaffung des erforderlichen Apparats, der Menschen und Pferde, unterschieden. Im Anfange der Kaiserzeit scheinen die Parteien diese Lieferungen übernommen zu haben, während Symmachus, wenigstens so viel seine Briefe ergeben, Wagenlenker und Pferde ohne deren Vermittlung kaufte und mietete. Wenn übrigens Symmachus auch (wie erwähnt) nicht zu den reichsten Senatoren seiner Zeit gehörte und die Schauspiele seines Sohns von andern noch sehr überboten wurden[1]), so machten sie doch offenbar großes Aufsehen und können nur für ungewöhnlich glänzende Spiele einen Maßstab geben.

Die prätorischen Spiele des jüngeren Symmachus.

Quintus Aurelius Symmachus[2]), der in Rom drei Paläste besaß[3]), hatte die höchsten Staatsämter bekleidet und war in jedem Sinne einer der hervorragendsten Männer seiner Zeit. Mit einer Anzahl geistesverwandter Verbündeter strebte er mit der äußersten Anstrengung, die schon verlorne Sache des Heidentums gegen das siegreiche Christentum zu behaupten. Seine und seiner Freunde Bemühungen waren auf eine Neubelebung der klassischen Literatur ebensosehr wie des heidnischen Glaubens gerichtet, mit dem die Schauspiele im innigsten Zusammenhange standen; und wie diese von den Christen als abgöttischer Greuel verabscheut wurden, so sah es Symmachus ohne Zweifel gerade deshalb als heilige Pflicht an, ein für seine gefährdete Religion so wichtiges Institut nach Kräften aufrecht zu erhalten, um so mehr, als er zwei der höchsten Priestertümer bekleidete. Andre Gründe von weltlicher Natur erhöhten seinen Eifer: ein hoher Begriff von dem, was der Würde des römischen Volks gebührte, die Größe seines Hauses und der Wunsch, seinen Standesgenossen nicht nachzustehen[4]). So bot er denn alle Mittel auf, über die sein großer Einfluß, sein immerhin sehr bedeutendes Vermögen und seine weitreichenden Verbindungen ihn verfügen ließen, um auch bei der Prätur seines Sohns (im Jahre 401)[5]) die durch den Glanz seiner früheren Spiele hochgespannten Erwartungen womöglich noch zu übertreffen[6]). Die für die Zirkusspiele erforderlichen Pferde bezog er fast ausschließlich aus Spanien. Einem Manne in seiner Stellung konnte es nicht schwer werden, für seine Beauftragten die Benutzung der kaiserlichen Post zu erwirken[7]). So gingen denn zahlreiche Agenten nach Spanien, wohl versehen mit großen Geldsummen[8]), Verzeichnissen und Briefen an die Besitzer der besten Gestüte[9]) und Pferdekenner, die ihnen bei der Wahl behilflich sein sollten[10]), überdies der Unterstützung einflußreicher Personen und der Behörden in Spanien wohl empfohlen[11]). Symmachus glaubte, den Wunsch des

1) Vgl. S. 11. 2) Vgl. über ihn Seeck in seiner Ausgabe des Symmachus (1883) S. XXXIX ff. 3) Der eine lag auf dem Cälius an der Stelle von Villa Casali (Hülsen-Jordan, Topogr. I 3 S. 240, 50), der zweite jenseits des Tiber, die Lage des dritten ist unbekannt. Seeck S. XLV. 4) Symmach. ep. IV 60. 5) Seeck S. LXXII. Die Quästur desselben fiel ins J. 393 (S. LIX f.). 6) Symmach. ep. IV 58—60. V 82. 7) ebd. IV 7 (eine Danksagung an Stilicho, der dazu beigetragen hatte). Vgl. VII 48. 105 f. IX 22. 8) ebd. IX 20. 9) ebd. IV 60 (Euphrasius). IX 18 f. (Pompeja und Flavianus). 10) IX 12. 11) IV 7. V 83. VII 82. 105 f. IX 23.

Publikums nach Abwechslung berücksichtigen zu müssen; er bittet daher einen Gestütsbesitzer Euphrasius, obwohl dessen eigne Herden, wie er sagt, alle übrigen spanischen an edlem Blut übertreffen, ihm auch aus den Ställen eines Laudacius vier Viergespanne auszusuchen[1]). Überhaupt hatten seine Agenten den Auftrag, die vorzüglichsten Renner aus allen Rassen zu wählen[2]). Die Auswahl, die mit so großer Sorgfalt getroffen werden sollte, zog das ohnehin langwierige Geschäft noch mehr in die Länge, so daß der Winter darüber einbrechen und die Schiffahrt und somit den Transport nach Italien verhindern konnte. Für diesen Fall hatte Symmachus an einen Freund im südlichen Frankreich geschrieben, daß er die gekauften Pferde während der drei bis vier Wintermonate in seinen Ställen beherbergen und füttern, und falls sich gerade auf dem Gebiet von Arles vorzügliche Renner befänden, diese dazu kaufen möchte[3]). Aber bei einem so weitläufigen Transport konnte es nicht ausbleiben, daß Krankheiten und andre Unfälle die Zahl der Pferde sehr verminderten; von vier Viergespannen, die ein Sallustius als Geschenk übersandt hatte, waren zwar elf Pferde lebendig angekommen, aber bald darauf auch von diesen ein Teil gefallen[4]). Daher wurden auch Anerbietungen eines Pferdezüchters Helpidius in Italien angenommen, den Symmachus bittet, aus seinen Viergespannen die besten für ihn auszusuchen und mehr auf die Güte als auf die Zahl der Pferde zu sehen, da bei der sicheren Aussicht, eine größere Menge aus Spanien zu erhalten, die Auswahl der aus nächster Nähe zu beziehenden mit um so größerer Sorgfalt getroffen werden könne[5]). Wegen der mangelhaften und unregelmäßigen Verbindung zur See machten auch die Wagenlenker Symmachus große Sorge, obwohl diese nur aus Sicilien verschrieben waren. Sobald ihm sein sicilischer Agent ihre Abreise von dort gemeldet hatte, erteilte er seinem am Golf von Neapel lebenden Schwiegersohn den Auftrag, zuverlässige Leute die Küste entlang bis Salerno zu senden, die sie bei ihrer Landung in Empfang nehmen sollten. Dann sollte ein gemeinschaftlicher Freund sie mit allem Nötigen versehen und ihre Reise nach Rom zu Schiffe fortsetzen lassen. Aber die Zeit verstrich, und von ihrer Ankunft war nichts zu vernehmen, so daß Symmachus für gut fand, einen Beamten zu Nachforschungen längs der Küste zu verlangen. Ob das Schiff zur rechten Zeit angekommen ist, erfahren wir nicht[6]).

Spannung des Publikums.

Das Herannahen von Festen, zu denen so kolossale Vorbereitungen getroffen wurden, erfüllte ganz Rom mit Spannung und Aufregung. Nun vollends war der Gespräche, Streitigkeiten und Wetten über den Ausgang der zu erwartenden Rennen kein Ende[7]).. Wahrsager wurden befragt[8]); Firmicus Maternus gibt dem Astrologen den Rat, den Verlockungen der Schauspiele fern zu bleiben, damit man ihn nicht für den Anhänger einer Partei halte[9]). Auch Zauberei wurde vielfach angewandt, um den Lauf der Pferde zu beschleunigen oder zu lähmen[10]). Man legte Bleitafeln in Gräbern nieder, in denen dort hausende Dämonen beschworen wurden, die namhaft gemachten Wagenlenker und Pferde

Abergläubische Veranstaltungen.

1) Symmach. ep. IV 63. 2) VII 48. 3) IX 20. 24. 4) V 56. 5) V 82. 6) VI 42. 33 (der erste ist früher geschrieben). 7) Juv. 11, 201. Martial. XI 1, 15. Tertullian. De spect. 16. 8) Tzetzes Chil. XIII 197ff. 9) Firmic. Matern. Mathes. II 30, 12. 10) Arnob. I 43. Veget. mulom. V 73. Cod. Theodos. IX 16, 11 mit der Anm. von Gothofredus. Amphiloch. carm. ad Seleuc. 161ff.

beim Rennen zu hemmen und zu beschädigen; eine Anzahl solcher Tafeln ist u. a. an der Via Appia und zu Karthago gefunden worden. Der Dämon, heißt es einmal[1]), solle den Pferden die Kraft nehmen, so daß sie weder laufen noch gehen, nicht aus den Schranken heraus, nicht in der Bahn voran kommen, nicht um die Zielsäulen biegen können, sondern mit ihren Lenkern stürzen. Diesen solle der Dämon das Gesicht rauben, oder lieber sie aus ihren Wagen reißen und auf die Erde werfen, so daß sie geschleift werden, besonders am Ziel, mit Schaden für ihre Leiber, zusammen mit ihren Pferden. Nach einer andern Beschwörung[2]) soll ein Wagenlenker »morgen im Zirkus gefesselt sein, wie dieser Hahn gefesselt ist, an Füßen, Händen und Kopf[3])«. Ammian erzählt unter anderm von einem Wagenlenker, der im Jahre 364 zum Tode verurteilt wurde, weil er geständig war, seinen Sohn, einen Knaben, einem Zauberer zur Erlernung verbotener Magie in die Lehre gegeben zu haben[4]). Ein andrer wandte sich an den heiligen Hilarion mit der Bitte um Schutz gegen einen Zauberer, der durch Geisterbeschwörungen den Lauf seiner Pferde hemmte[5]). Cassiodor erwähnt, daß der aus dem Orient nach Rom gekommene Wagenlenker Thomas wegen der Häufigkeit seiner Siege im Rennen für einen Zauberer galt[6]). Die Zirkusleute, deren Aberglaube durch die Gefährlichkeit ihres Gewerbes ohne Zweifel gesteigert wurde, machten für sich und ihre Pferde einen sehr reichen Gebrauch von Amuletten[7]). Zu diesen hat man auch einen Teil der im 4. und 5. Jahrhundert gearbeiteten und in ihren Darstellungen vielfach auf das Zirkusleben hinweisenden Schaumünzen mit hohem Rande (Contorniaten) gerechnet[8]), namentlich solche mit dem Kopfe Alexanders des Großen, dem ein sehr verbreiteter Glaube eine besondere Schutzkraft zuschrieb[9]). Die Pferde behängte man zum Schutz gegen Bezauberung mit Glocken[10]).

Kam dann endlich der ersehnte Tag der Zirkusspiele, so waren schon mehrere Stunden vor seinem Anbruch die Straßen mit Schaulustigen gefüllt. Caligula wurde einst mitten in der Nacht durch das Getöse der zum Zirkus strömenden Menge im Schlafe gestört, er ließ sie mit Stockhieben auseinandertreiben, und in dem hierdurch entstehenden Gedränge kamen mehr als zwanzig Männer aus dem Ritterstande, ebensoviel verheiratete Frauen und eine unzählbare Menge aus den niederen Ständen ums Leben[11]). Elagabal soll einmal unter das wie gewöhn- Gedränge zum Zirkus.

1) CIL VIII 12508—12510. 2) CIL VIII 12511. 3) Von den zahlreichen griechischen und lateinischen Verfluchungstafeln (gesammelt von Audollent, Defixionum tabellae quotquot innotuerunt, 1904; Auswahl bei Wünsch, Antike Fluchtafeln, 1907) beziehen sich auf Wagenlenker und ihre Pferde namentlich solche aus Apheka in Syrien (Audollent nr. 15 f.), Rom (ebd. nr. 159ff., vgl. Wünsch, Sethianische Verfluchungstafeln aus Rom, 1898), Karthago (Audollent nr. 234ff., vgl. Buecheler, Rhein. Mus. XLI 1886 S. 160. XLV 1890 S. 330 f.) und Hadrumetum (Audollent nr. 275ff.). 4) Ammian. Marcell. XXVI 3, 3. Vgl. XXVIII 1, 27. 4, 25. 5) Hieronym. Vit. Hilarion. 20. 6) Cassiodor. Var. III 51, 2. 7) Vgl. E. Caetani-Lovatelli, Antichi monum. illustr. S. 155 f. 8) De Rossi, Bull. d. arch. crist. VII 1869 S. 60 f.; doch s. über den Zweck der Contorniaten namentlich Fröhner, Annuaire de la société franç. de numismat. 1894, 83 ff. F. Gnecchi, Rivista Italiana di Numismatica VIII 1895 S. 31 ff. 9) Hist. aug. Tyr. trig. 14, 6. Joh. Chrysost. ad illum. catech. II 5 (Migne gr. XLIX 239). 10) Jahn, Columbarium d. Villa Pamfili (Abhdl. d. Akad. München 1857) S. 48, 104. Über den apotropäischen Gebrauch der Glocken und erhaltene Exemplare vgl. Bruzza, Annali d. Inst. 1875 S. 50ff. 1881 S. 296ff.; Bull. d. Inst. 1877 S. 84f.; Commentat. Mommsen. (1877) S. 555 ff. Pease, Harvard Studies XV 1904 S. 29 ff. 11) Sueton. Calig. 26, 4 *fremitu gratuita in circo loca de media nocte occupantium.* Vgl. Buecheler, Carm. epigr. 1159. Oben I 17.

lich bereits vor Tagesanbruch zahlreich versammelte Volk eine Menge Schlangen haben werfen lassen, deren Bisse im Finstern doppelten Schrecken erregten und eine allgemeine Flucht zur Folge hatten, wobei viele beschädigt wurden[1]). Unter Claudius und Nero erhielten die Senatoren und Ritter gesonderte Plätze[2]), zu denen sie natürlich bequem gelangen konnten, während die vielen Tausende des dritten Stands die ihren trotz der zahlreichen Eingänge nur unter gewaltigem Gedränge erreichten, da bei der Größe und Schaulust der Bevölkerung der Zirkus, wenigstens in den früheren Jahrhunderten, nie Raum genug hatte. Der Besitz von zwei handfesten mösischen Sklaven, unter deren Schutz man ungefährdet einen guten Platz erlangen konnte, gehörte in Hadrians Zeit zu den Hauptwünschen der Ärmeren[3]). Sitzkissen mit einer groben Binsenfüllung (der sogenannten Zirkuspolsterung) scheinen den Zuschauern zum Kauf angeboten worden zu sein[4]). Da übrigens der Zuschauerraum nicht mit einem Zeltdach überspannt werden konnte, gab es hier keinen Schutz gegen die Sonne als Hüte und Sonnenschirme, und keinen gegen Wind und Regen als große Mäntel. Nichtsdestoweniger wurde auch der Zirkus von Frauen aufs eifrigste besucht, die trotz Gedränge, Hitze und Staub im besten Putz erschienen, und deren Gegenwart dem Schauspiel auch für die Männer eine Anziehung mehr verlieh, da sie, wie gesagt, unter ihnen saßen[5]).

Die Zirkusprozession.

Die Zirkusspiele leitete eine gottesdienstliche Feierlichkeit ein. Vom Kapitol kam eine große Prozession mit zahlreichen Götterbildern herunter über das festlich geschmückte Forum; dann rechts zwischen den Läden des Tuskerquartiers über das Velabrum und den Ochsenmarkt gehend, zog sie in das mittlere Haupttor des Zirkus ein und die Bahn entlang um die Zielsäulen herum[6]). Der Magistrat, der die Spiele veranstaltete, führte sie an, wenn es ein Prätor oder Konsul war[7]), auf hohem Wagen stehend, in der Tracht eines triumphierenden Feldherrn, von den Falten der weiten, goldgestickten Purpurtoga umwallt, darunter die mit Palmzweigen gestickte Tunika, das Elfenbeinszepter mit dem Adler in der Hand; einen gewaltigen Kranz aus goldnen Eichenblättern, mit Edelsteinen besetzt, hielt ein öffentlicher Sklave über seinem Haupte. Auf dem Wagen oder den Pferden scheinen, ebenfalls wie beim Triumph, seine Kinder gesessen zu haben. Musik und andre Begleitung ging in langem Zuge voraus, eine Schar von Klienten in weißen Togen umgab den Wagen. Augustus ließ sich bei einer Unpäßlichkeit in einer Sänfte vorantragen, um dieser Ehre nicht verlustig zu gehen[8]). Unter dem Schalle der Flöten und Tuben zog die Prozession einher; die Bilder der Götter wurden auf Bahren und Thronen getragen, ihre Attribute (*exuviae*) auf schön verzierten, kostbaren Wagen gefahren, welche Maultiere, Pferde oder Elefanten zogen[9]); zahlreiche Priesterschaften und religiöse Korporationen begleiteten sie. Das Zeremoniell dieser Prozession war bis ins Einzelnste mit der pedantischen Genauigkeit des römischen Kultus vorge-

1) Hist. aug. Elagab. 23, 2 *ante lucem, ut solet populus ad ludos celebres convenire.* 2) Cass. Dio LX 7, 3f. Suet. Claud. 21, 3; Nero 11, 1. Tac. A. XV 32. 3) Juv. 9, 142ff. 4) Martial. XIV 160. Seneca De vit. beat. 25, 2. 5) Vgl. oben I 289f. 6) Dion. Hal. VII 72. Varro de l. l. V 153. Tertull. de spect. 7, vgl. de corona 13. Soveri a. a. O. S. 84ff. Marquardt StV. III² 507ff. 7) Mommsen StR. I³ 394, 4. 413, 2. Wissowa, Religion u. Kultus² S. 452, 4. 8) Sueton. Aug. 43, 5. 9) Darstellung auf einem Sarkophagdeckel, Gerhard, Ant. Bildwerke Taf. 120, 1.

schrieben, und ein kleiner Verstoß konnte die ganze Feier ungültig machen, worauf dann die Spiele von neuem angefangen werden mußten. Da nun diejenigen, die aus einer solchen Wiederholung Vorteil zogen, sie nach Belieben durch Fehler gegen das Zeremoniell herbeiführen konnten, verordnete Claudius, daß die Zirkusspiele nur für einen Tag erneuert werden sollten, womit der Mißbrauch so gut wie beseitigt war[1]). Die Versammlung empfing auch diesen Zug sowie den ihn führenden Magistrat[2]) mit Aufstehen, Klatschen und Beifallrufen, und wie noch heute in Italien bei Prozessionen von Heiligenbildern viele ihre Schutzpatrone anrufen und ihrem Wohlwollen sich empfehlen, so klatschten damals Landleute der Ceres, Soldaten dem Mars, Liebende der Venus zu und glaubten wohl gar, wie Ovid andeutet, wenn ein Bild auf seinem Wagen wackelte, es mit dem Kopfe nicken zu sehen[3]). Doch auch politische Sympathien und Wünsche wurden, wie bemerkt[4]), gelegentlich laut, und dies konnte um so eher geschehen, als in dem Zuge außer den Götterbildern auch Bilder der Kaiser und Personen aus den kaiserlichen Familien aufgeführt wurden, zunächst die, welchen die damals so freigebig gespendeten göttlichen Ehren zuerkannt waren. Wohl mochten dem ernsten Beobachter der Dinge in der Zeit des Titus oder Trajan große und düstere Bilder aus der Vergangenheit aufsteigen, wenn die Gestalten der schönen Männer und Frauen aus der Familie der Cäsaren an ihm vorüberzogen, wenn er in die genialen Züge des ersten Cäsar, das unergründlich tiefe Gesicht des Augustus, auf die makellose Schönheit der Frau blickte, die Augustus beherrschte, den herrlichen Germanicus, die hochherzige Agrippina und alle andern bis auf das rührende Bild des Knaben Britannicus, dessen zarte, hoffnungsreiche Jugend einem so grauenvollen Morde erlegen war. Doch den meisten schien der oft gesehene Zug, der sich in feierlicher Langsamkeit bewegte, gar kein Ende nehmen zu wollen: man verglich ihn mit einer langweiligen Vorrede[5]).

Einrichtung des Rennens.

Um die Richtung des Laufs zu bestimmen, waren sowohl zu Anfang als zu Ende des zu durchmessenden Raums je drei Kegelsäulen aufgestellt[6]), und zwischen diesen beiden Zielen durch die ganze Länge der Bahn eine niedrige Mauer (oder Mauern, die Wasserbecken umgaben)[7]) gezogen, auf der die beiden oben erwähnten Obelisken und außerdem Säulen, Götterbilder und kleine Heiligtümer standen. Der große Zirkus hatte ursprünglich zu beiden Seiten des mittleren Haupttors je vier, im ganzen also acht Tore, deren Zahl vielleicht in Domitians Zeit auf zwölf vermehrt wurde, wie die Zahl der Parteien von vier auf sechs. Nach der Wiederherstellung der Vierzahl der Parteien waren also Rennen mit drei Wagen jeder Partei möglich, doch kamen sie selten vor; viel häufiger waren die Rennen von je zwei, doch bei weitem die gewöhnlichsten

1) Cass. Dio LX 6, 4 f. 2) Sueton. Claud. 12, 2. 3) Ovid. amor. III 2, 43 ff. 4) Oben S. 7 f. 5) Seneca controv. I prooem 24. 6) Über Darstellungen der Zirkusspiele auf Sarkophagen, Mosaiken, Münzen und sonstigen Werken der Kleinkunst (über Glasgefäße De Rossi, Bull. arch. crist. 3. ser. III 1878 S. 151, 5. Dressel zu CIL XV 6258; über Elfenbeindiptychen Graeven, Röm. Mitteil. XXVIII 1913 S. 249 f.) Übersicht bei Hülsen-Jordan, Topogr. I 3 S. 138 f.; vgl. Daremberg-Saglio, Dictionn. I 1187 ff. Zur Erklärung s. namentlich Hübner, Annali d. Inst. 1863 S. 135 ff. Zangemeister ebd. 1870 S. 232 ff. J. Friedlaender, Abhandl. d. Berlin. Akad. 1873 S. 67 ff. Marquardt StV. III² 511 ff. 7) Zangemeister a. a. O. S. 248. Graeven a. a. O. S. 249, 4. Marquardt S. 512, 1.

die von je einem Wagen[1]). Der oben erwähnte Diocles hatte in Rennen der ersten Art 51, der zweiten 347, der dritten 1064 mal gesiegt. Die in der Regel rennenden vier Wagen liefen aus den vier dem Haupttor auf der rechten Seite zunächst gelegenen Toren aus. Um den Unterschied der Bahnen auszugleichen, welche die Wagen zurückzulegen hatten, bildete die die Tore enthaltende Eingangsseite nicht eine gerade, sondern eine gekrümmte Linie, so daß das der Mitte zunächst befindliche Tor am weitesten zurück, die folgenden mehr nach vorn lagen; überdies wurden die Plätze, wie es scheint, verlost[2]). Die Wagen durchmaßen die Bahn auf der rechten Seite der Mauer vom Eingange bis an die hinteren Zielsäulen, bogen um diese herum und fuhren auf der linken Seite der Mauer bis zur Stelle des Ablaufs zurück[3]). Dieser Doppellauf wurde 7 mal wiederholt[4]); damit die Zuschauer in jedem Augenblick wissen konnten, wie viele von den sieben Umläufen eines Rennens bereits gemacht waren, hatte man auf der Mauer zwischen den Zielsäulen in genügender Höhe sieben Delphine und ebenso viele eiförmige Aufsätze angebracht, und nach jedem Umlauf wurde eines dieser Zeichen heruntergenommen. Sieger war der, welcher bei dem siebenten Rücklauf zuerst über eine nah dem Eingange auf dem Boden der linken Seite mit Kreide gezogene Linie fuhr[5]). Außer den Preisen der Sieger wurden auch zweite und dritte Preise erteilt[6]).

Zahl der abgehaltenen Rennen.

Die Zahl der aus je sieben Umläufen bestehenden Rennen (*missus*) war nicht immer dieselbe. Noch in der ersten Kaiserzeit waren in Rom zehn oder zwölf an einem Tage das Gewöhnliche[7]); im Jahre 37 veranstaltete Caligula bei der Einweihungsfeier eines Tempels für Augustus am ersten Tage zum erstenmal 20, am zweiten 24[8]). Diese Zahl, bei welcher das Schauspiel den ganzen Tag von Morgen bis Abend dauerte, wurde bald gewöhnlich[9]) und seit Nero, wie es scheint, stehend, so daß eine geringere nur an untergeordneten Festtagen stattfand[10]). Mehr als 24 Rennen wurden teils bei außerordentlichen Schauspielen veranstaltet[11]), teils wenn zwei Feste auf einen Tag zusammenfielen, wie im 4. Jahrhundert auf den 18. September der Geburtstag Trajans und der Sieg Constantins über Licinius, auf den 8. November die Geburtstage Nervas und Constantius des Zweiten; beide Doppelfeste wurden mit der doppelten Zahl von 48 Rennen gefeiert. An drei andern besonders hochgehaltenen Festtagen fanden je 30 oder 36 statt[12]). Doch mag, wenn die Zahl von 24 erheblich überschritten wurde, die Dauer der einzelnen Rennen nach Bedürfnis abgekürzt worden sein[13]).

1) Rennen von 7 Wagen in Alexandria, Philo Alexander 58. 2) Tertull. de spect. 16. Ti. Claud. Donatus ad Verg. Aen. V 132. Symmach. epist. X 9, 6. Sidon. Apoll. carm. 23, 315; vgl. Soveri a. a. O. S. 112 f. 3) Vgl. E. Pollack, Hippodromica (Diss. Leipzig 1890) S. 36 ff. 4) Varro bei Gell. III 10, 16. Cassiod. Var. III 51, 7. 5) Lucret. VI 92: *ad candida calcis currenti.* Varro Menipp. 288 Buech.: *nemini Fortuna currum a carcere intimo missum labi inoffensum per aecor candidum ad calcem sivit.* Vgl. Pollack, Real-Encykl. III 1421 ff. IV 1708. Daß auch die Glosse λευκὴ τῆς ἱπποδρομίας *creta* (Corp. gloss. lat. II 359, 54) sich auf diese und nicht auf die Ablaufslinie (s. unten S. 48 A. 4) bezieht, scheint mir unzweifelhaft. 6) Vgl. den Anhang XIII. 7) Marquardt StV. III² 515, 2. 8) Cass. Dio LIX 7, 2 f.; vgl. LX 27, 2, s. aber auch LX 7, 3. 23, 5. 9) Mommsen CIL I² p. 301; vgl. Wünsch, Sethian. Verfluchungstafeln S. 69. 10) In den Fasten des Philocalus sind nur am Fest der Carna und der Adoption des Antoninus Pius (Wissowa, Religion u. Kultus² S. 459, 3) 12 angegeben. 11) Martial. VIII 78, 13. Cassiod. chron. z. J. 249, Mommsen, Chron. min. II 147. 12) Mommsen CIL I² p. 301. 13) Vgl. Suet. Domit. 4, 3.

Wagen und Gespanne.

Die gewöhnlichen Rennen waren solche mit Zwei- und Vier-, seltener mit Dreigespannen[1]). Mit Zweigespannen versuchten sich die Anfänger zuerst. Die Grabschrift eines dem Sklavenstande angehörigen, im Alter von 22 Jahren gestorbenen Wagenlenkers in Tarraco lautet: »In diesem Grabe ruhen die Gebeine eines Anfängers in der Rennbahn, der jedoch der Lenkung der Zügel nicht unkundig war. Schon wagte ich Viergespanne zu besteigen, doch blieb ich noch bei den Zweigespannen«[2]). Aber der oben erwähnte Crescens hatte schon als Dreizehnjähriger das Viergespann gelenkt, und die Zügel von Zweigespannen sah man wohl in den Händen von noch viel jüngeren Knaben[3]). Virtuosen der Kunst (die sich überhaupt mit mancherlei ungewöhnlichen Fertigkeiten sehen ließen) fuhren auch mit sechs-, sieben-, acht- und zehnspännigen Wagen um die Wette[4]). Mit einem Zehngespann trat Nero zu Olympia auf, obwohl er in einem seiner Gedichte den König Mithridates (der nach andern sogar mit 16 Pferden gefahren sein soll)[5]) deshalb getadelt hatte, und erhielt den Preis, trotzdem die Fahrt sehr unglücklich verlief[6]). Die zweirädrigen Wagen, deren Form aus zahlreichen antiken Darstellungen allbekannt ist, waren sehr leicht und klein[7]). Bei den beliebtesten Rennen, mit Viergespannen, waren die Pferde nebeneinander gespannt, das beste, wie bemerkt, als linkes Außenpferd, die mittleren gingen im Joch und hießen darum *introiugi*, die nur angesträngten Außenpferde *funales*. Auf den genaueren Abbildungen sind die Schwänze der beiden Außenpferde durchweg aufgebunden oder gestutzt, offenbar um Verwicklungen mit andern Gespannen möglichst zu vermeiden[8]). Die Wagenlenker standen auf den Wagen, bekleidet mit einer kurzen, am Oberkörper mit Binden festumschnürten[9]) Tunika ohne Ärmel, auf dem Kopfe eine helmartige Kappe, die auch Stirn und Wangen deckte und bei einem Sturz einigen Schutz gewähren konnte[10]), in der Hand die Peitsche, in dem Gürtel ein Messer[11]) zum Durchschneiden der Zügel im Falle der Not: eine Vorsicht, die um so nötiger war, als die Zügel am Gürtel befestigt zu sein pflegten. Als Heilmittel bei den gewiß sehr häufigen Verletzungen besonders durch Schleifungen und Überfahrungen wandten die Wagenlenker äußerlich und in Tränken Ebermist an; auch Nero soll die Asche desselben in Wasser getrunken haben[12]). Die Tuniken (sowie gewiß auch Geschirr und Wagen) waren in den vier Farben gehalten[13]).

1) Dion. Hal. VII 73, 2. CIL VI 10047 = Dessau 5288. 2) CIL II 4314 = Buecheler, Carm. ep. 1279, 3 f. CIL VI 33946 = Dessau 5280 *Gigas agit(ator) factionis prasinae vicit primas in biga ... XXVI, maiores II;* vgl. *biga pueril(i) vic(it septies)*, Dessau 9348. 3) CIL VI 10050 = Dessau 5285. Vgl. die Inschrift des *bigarius infans* Florus CIL VI 10078 = Buecheler, Carm. ep. 399. 4) CIL VI 10048 Z. 7f. 21f. 10049. 10051 = Dessau 5287. 5286. 5283. Ein Wagenlenker mit 20 Pferden auf einer Gemme, Daremberg-Saglio, Dictionn. I 1194 Fig. 1529. 5) Appian. Mithr. 112. 6) Sueton. Nero 24, 2. 7) Darstellung eines Rennens mit Zweigespannen auf einem Mosaik von der Via Flaminia, E. Caetani-Lovatelli, Atti d. accad. d. Lincei III 1879 S. 250ff. (= Antichi monum. illustr. S. 43ff.). Über die Wagenformen H. Nachod, Der Rennwagen bei den Italikern und ihren Nachbarn, Diss. Leipzig 1909. 8) Zangemeister a. a. O. S. 259f. 9) Es ist ein prophylaktischer Verband zum Schutze der Rippen bei einem etwaigen Sturze, H. Schoene, Jahrb. d. Arch. Inst. XVIII 1903 S. 68ff. 10) Vgl. oben S. 27 A. 2. 3. 11) Griffe solcher Messer von Wagenlenkern, Lanciani, Bull. arch. com. IV (1876) S. 189 tav. 21, 2; vgl. E. Caetani-Lovatelli, Ricerche archeologiche (1903) S. 15ff. 12) Plin. n. h. XXVIII 237f. 13) Die Ärmel konnten in andern Farben sein, wie z. B. auf dem Mosaik von Baccano, E. Caetani-Lovatelli, Antichi monum. illustr. S. 149ff.; vgl. auch Marquardt StV. III² 519, 4.

Verlauf des Rennens.

Wenn das Schauspiel beginnen sollte[1]), ging durch die aufgeregte Menge ein dumpfes Brausen, gleich dem Getöse des wogenden Meers. Aller Augen hingen an den gewölbten, durch ein Seil gesperrten Toren auf der Eingangsseite, in denen stampfend und schnaubend die zum Rennen bestimmten Gespanne standen. Der Vorsitzende, der sich auf einem über dem Haupteingange angebrachten Balkon befand, gab das Zeichen zum Anfang, indem er ein weißes Tuch in die Bahn warf. Genau so wie Ennius das im Zirkus auf das Zeichen des Konsuls harrende Volk sah und beschrieb[2]), schildert es etwa vierhundert Jahre später ein christlicher Schriftsteller, Tertullian, dem das heidnische Spiel sündhaft und verdammlich und das fallende Tuch wie ein Bild des aus der Höhe herabstürzenden Lucifer erschien[3]). Nun fiel das Seil, das die Tore sperrte[4]), durch einen nicht mehr bekannten Mechanismus wurde für gleichzeitiges Aufgehen der Tore gesorgt, die Wagen stürmten in die Bahn, und ein ungeheures Geschrei erfüllte von allen Seiten die Luft. Bald hüllte, obwohl vermutlich in den Pausen immer mit Wasser gesprengt wurde[5]), eine dichte Staubwolke die rennenden Wagen ein, auf denen die Lenker, weit vorgebeugt, ihre Pferde mit Zurufen antrieben. Die Entfernung, die sie bei dem vierzehnmaligen Durchmessen der Bahn zurückzulegen hatten, betrug etwa 28000 Fuß (etwa 8,3 Kilometer); jedes Rennen mußte in weniger als einer Viertelstunde beendet sein[6]). Zur Gewinnung des Siegs wurden von erfahrenen und geschickten Lenkern die mannigfachsten Künste angewandt. Bald fuhren sie, wenn sie die Spitze genommen hatten, in schrägen Linien, so daß sie den Nachfolgenden die Bahn sperrten; bald beschrieben sie, wenn sie sich in der Mitte der rennenden Wagen befanden, »der freien Bahn vertrauend«, weite Kreislinien auf der rechten Seite; bald lenkten sie gerade auf das Ziel los; besonders aber suchten sie die Entscheidung bis zum Schlusse des Rennens hinzuhalten[7]), sparten die Kraft ihres Gespanns zum letzten Lauf und überholten dann leicht die Neulinge, die anfangs voraus geeilt waren und ihre erschöpften Pferde nun umsonst mit der Peitsche antrieben. Jede Wendung des Rennens, jedes neue Moment in seinem

1) Bei der folgenden Darstellung ist außer einigen Stellen der Kirchenväter (wie Lactant. Inst. div. VI 20, 32. Gregor. Nyssen. De vita Mos., Migne gr. XLIV 297f.) hauptsächlich Sil. Ital. XVI 317ff. benutzt, der offenbar bei seiner Schilderung den römischen Zirkus vor Augen gehabt hat. Vgl. auch Soveri a. a. O. S. 113ff. 2) Ennius ann. 84ff. Vahl.[2] (bei Cic. de div. I 107). 3) Tertull. De spect. 16. 4) Genaueres über die Art des Ablaufs ist nicht bekannt; vgl. Hübner, Annali d. Inst. 1863 S. 150—152. Allerdings ist unzweifelhaft, daß in Cassiodors Zeit die Wagen bis zu einer markierten Linie (*alba linea*) vorfuhren (die Zangemeister a. a. O. S. 242f. wohl richtig auf dem Mosaik von Lyon erkennt) und das Rennen erst von hier begann (Cassiodor. Var. III 51, 7); aber völlig ungewiß, wann diese Einrichtung getroffen wurde. Bei Trabwettfahren gilt gegenwärtig die in Amerika übliche Art des Startens als die zweckmäßigste: die Pferde kommen den Auflauf herangetrabt, und wenn sie, durch den Ablaufsposten gehend, annähernd in gleicher Höhe sind, dann erst wird der Start durch den Ruf *Go on* gegeben (Der Sporn XVII 1879 Nr. 6 S. 42). 5) Frontin. de aquis 97: *circus maximus ne diebus quidem ludorum circensium nisi aedilium aut censorum permissu irrigabatur: quod durasse etiam postquam res ad curatores transiit sub Augusto, apud Ateium Capitonem legimus.* 6) Bei Trabrennen (Wettfahrten) scheint jetzt für die Zurücklegung eines Kilometers eine Durchschnittszeit von 1 Min. 43½ Sek. angenommen zu werden (Sporn a. a. O. S. 43; 5000 Meter in 8 Min. 37 Sek. ebd. S. 208; 4800 Meter in 8 Min. 43 Sek. S. 224). Im römischen Zirkus wurde aber offenbar immer im schärfsten Galopp gefahren. 7) Manil. Astron. V 71—84. Vgl. Philo Alexander 58.

Verlaufe war für die Lenker wie für die kundigen Zuschauer von Wichtigkeit und auf die Schätzung des gewonnenen Siegs von Einfluß. Siege von solchen, die sich anfangs unter den letzten befunden hatten, scheinen höher geachtet worden zu sein, als wenn gleich anfangs die Spitze genommen oder die zweite Stelle behauptet worden war. Oft stürzten die Lenker und wurden von den Pferden geschleift; doch die Hauptschwierigkeit und Gefahr lag in der siebenmaligen Wendung um das hintre Ziel. Durch das Bemühen, hier die kürzeste Wendung zu machen, wurden die Wagen oft aneinander und an das Ziel geschleudert, die folgenden stürzten darüber, die Wagenlenker schlugen aufeinander los, und Menschen, Tiere und Trümmer waren in einen wüsten, blutigen Knäuel geballt[1]).

Die Zuschauer.

Das größere Schauspiel aber waren, wie ein christlicher Schriftsteller mit Recht gesagt hat, die Zuschauer selbst[2]). Die in bedeutender Weite sich hinziehenden, hoch übereinander aufsteigenden Sitzreihen waren von einem wogenden Menschenmeer überflutet, und diese Tausende erfüllte eine Leidenschaft, die in der Tat an Raserei grenzte[3]). Je mehr das Rennen sich seinem Ende näherte, desto mehr steigerten sich Spannung, Angst, Wut, Jubel und Ausgelassenheit. Mit den Augen unablässig die Wagen verfolgend, klatschten und schrien sie aus allen Kräften, sprangen von den Sitzen auf, bogen sich vor, schwenkten Tücher und Gewänder, trieben die Pferde ihrer Partei mit Zurufen an, streckten die Arme aus, als wenn sie in die Bahn reichen könnten, knirschten mit den Zähnen, drohten mit Mienen und Gebärden, zankten, schimpften, frohlockten und triumphierten. Endlich kam der erste Wagen am Ziel an, und das donnernde Jubelgeschrei der Gewinnenden, in das Flüche und Verwünschungen der Verlierenden sich mischten, hallte weit über das verlassene Rom hin, verkündete denen, die in ihren Wohnungen geblieben waren, das Ende des Wettkampfs[4]) und traf noch das Ohr des Reisenden, der die Stadt schon weit hinter sich gelassen hatte[5]). Obgleich das Rennen sehr gewöhnlich mit geringen Pausen (namentlich um die Mittagszeit)[6]) vom frühen Morgen bis zum Abend dauerte, harrte das Volk doch trotz Sonnenglut und Regenschauer unablässig aus und ward nicht müde, das über alles geliebte Schauspiel mit derselben leidenschaftlichen Aufmerksamkeit zu verfolgen.

Die Stätte des großen Zirkus in ihrer jetzigen Gestalt.

Das einst so prachtvoll geschmückte, von so rauschendem Leben erfüllte Tal

1) Choric. a. a. O. c. 19, 8 p. 245: τί δ' ἂν εἴποις περὶ τῶν ἰθύνειν τοὺς ἵππους εἰδότων, οἳ πολλάκις τύπτειν ἀλλήλους ἐξάγονται δυοῖν ἐν ταὐτῷ συμπλεκομένων ἁρμάτων; ἀλλὰ καὶ κίνδυνος ἐκεῖ συνεχὴς ἵππων τε κἀνδρῶν, κἂν ἀνέλῃ τις τοῦτο, συνανεῖλε καὶ τὴν ἐκ τῆς ἁμίλλης ἡδονὴν τῶν θεωμένων. Fred Archer »stürzt sich um die gefährlichsten Ecken herum, drängt sich zwischen den Pferden durch und kommt im entscheidenden Moment mit einem Anprall, häufig hart an der inneren Barriere, wenngleich ihm Raum nicht gelassen scheint, (so?) daß er mit diesen Hilfen und Gewaltmitteln Erfolge aus dem Feuer reißt, die einem der Gegner schwerlich zufallen würden.« Oben S. 29, 1. 2) Lactant. Inst. div. VI 20, 32. 3) Über die häufige Hervorhebung des *furor circi* bei den Kirchenschriftstellern s. Soveri a. a. O. S. 111, 1. Vgl. auch die Inschriften der Spieltafeln (oben I 253, 9) *circus plenus clamor populi* [*gaudia*] *civium* CIL IX 4907 = Dessau 8626[e], dazu Ihm, Bonner Studien f. R. Kekulé (1890) S. 236f. 4) Seneca ep. 83, 7. Juv. 11, 197. 5) Rutil. Namat. I 201 f. 6) *Pomeridiano circensium spectaculo* Augustin. conf. VIII 6, 15. Über die Pausen nach je 6 *missus* bei 24 Rennen (bei 20 Rennen nach je 5, Suet. Claud. 21, 2) Cass. Dio LXXII 13, 3. LXXV 4, 3; vgl. auch Marquardt StV. III² 516 Anm. und den Anhang XV.

zwischen Aventin und Palatin gehört gegenwärtig zu den wüstesten, stillsten und einsamsten Stellen des alten Rom. Auf dem Palatin ragen die weitläufigen Ruinen der Kaiserpaläste, auf dem Aventin stehen einzelne Kirchen und Klöster zwischen Vignen und Gärten zerstreut. Große Schuttmassen von den Trümmern der einst hier prangenden Tempel und Paläste sind auf die Abhänge des Aventin und in das Tal hinabgesunken. Mitten in dieser traurigen Wüstenei liegt eine ärmliche, elende, nicht einmal eingefriedigte Ruhestätte, der Kirchhof der Juden. Die Sohle des Tals durchströmt der Bach la Marrana, auf dessen beiden Ufern ein undurchdringlicher Wald des weit über Manneshöhe wachsenden römischen Schilfrohrs flüstert und rauscht (geschrieben 1864).

3. DAS AMPHITHEATER [1]).

Während an den Spielen des Zirkus das Volk durch das Parteiinteresse in so hohem Grade beteiligt war, daß es beinahe mithandelte, und deshalb hier ein verhältnismäßig geringer Aufwand von Mitteln hinreichte, um es in unablässiger Spannung zu erhalten, war es bei den übrigen Schauspielen, wo es müßig zusah, um so schwerer zu beschäftigen und zu befriedigen. Die ungeheuersten Anstrengungen wurden zu diesem Zweck im Amphitheater gemacht, wo neben Schauspielen der aufregendsten Art eine wahre Feenpracht der Ausstattung, eine Aufeinanderfolge stets wechselnder Überraschungen und der ganze Reiz des »Unzähligen, Seltsamen und Ungeheuern« immer von neuem aufgeboten ward, um die Erwartungen und Ansprüche der in so hohem Grade verwöhnten und übermütigen Hauptstadt zu erfüllen und zu übertreffen.

a. DIE GLADIATORENSPIELE.

Anfänge und allmähliche Erweiterung der Gladiatorenspiele.

Die Gladiatorenkämpfe, die in Campanien, hervorgegangen wohl aus am Grabe gebrachten Menschenopfern [2]), nicht nur bei Leichenfeiern, sondern auch bei üppigen Mahlzeiten zur Ergötzung der Gäste stattfanden [3]) und wohl von dort erst nach Etrurien kamen [4]), waren in Latium ursprünglich unbekannt [5]). In

1) Aus der reichen, aber größtenteils veralteten Literatur über die Gladiatorenkämpfe sind noch heute von Bedeutung W. Henzen, Explicatio musivi in villa Burghesiana asservati, quo certamina amphitheatri repraesentata exstant, Romae 1845 (= Dissertaz. d. pontef. acad. Rom. XII 1852). P. J. Meier, De gladiatura Romana quaestiones selectae (Bonn 1881) und einige andre unten anzuführende Abhandlungen desselben Gelehrten. G. Lafaye bei Daremberg-Saglio, Dict. d. antiq. II 2 S. 1563—1599. K. Schneider, Real-Encykl. Suppl. III 760ff. 2) Schwenn, Menschenopfer bei den Griechen u. Römern (1915) S. 173ff. 3) Strabo V 250. Liv. IX 40, 17. Sil. Ital. XI 51ff.; vgl. Nicol. Damasc. bei Athen. IV 153 F. 4) Außer dem Zeugnisse des Nicol. Damasc. a. a. O. sprechen für das Bestehen der Gladiatorenkämpfe in Etrurien das Wort *lanista* (Henker im Etruskischen nach Isidor. Orig. X 159) und der etruskische Charon, der wie der Seelenführer Mercur (Cass. Dio LXXII 19, 4, vgl. Tertull. apol. 15) zu den Masken des Amphitheaters gehörte (Tertullian. ad nation. I 10; apol. 15), vor allem aber die Wandgemälde aus Corneto-Tarquinii (Micali, Monum. inediti Taf. 66. Monum. d. Inst. XI 25); über Fechterkämpfe auf Aschenkisten des ausgehenden 3. Jahrhunderts v. Chr. G. Körte, Rilievi d. Urne Etrusche III 190ff. P. J. Meier, De glad. S. 36, 1; Müller-Deecke, Die Etrusker II 223f. und Keck, Annali d. Inst. 1881 S. 16ff. sehen in Etrurien die eigentliche Heimat der Fechterspiele. 5) Dafür, daß die Römer ihre Gladiatorenspiele nicht aus Etrurien, sondern aus Campanien entlehnten, spricht sowohl der Name *Samnites* für die älteste

Rom wurden sie fast fünfhundert Jahre nach Erbauung der Stadt zum ersten Male gesehen und bis zum Ausgange des 2. Jahrhunderts vor Chr. Geb. nur zur Feier von Begräbnissen, nicht, wie Wettrennen und Bühnenspiele, bei Staatsfesten veranstaltet. Das anfangs seltene Schauspiel ward mit der Zeit häufiger und häufiger, und je öfter es sich wiederholte, desto größer wurde die Pracht der Ausstattung und die Verschwendung von Menschenleben. Im Jahre 490 = 264 hatten bei der Bestattung des D. Junius Brutus Pera dessen Söhne Marcus und Decimus zum ersten Male auf dem Ochsenmarkte Gladiatoren und zwar drei Paare[1]) fechten lassen[2]). Bei den Leichenspielen des M. Ämilius Lepidus (538 = 216) fochten bereits 22 Paare auf dem Forum, bei denen des M. Valerius Lävinus (554 = 200) 25, bei denen des P. Licinius (571 = 183) 60 Paare. Im Jahre 580 = 174 fanden mehrere kleine Gladiatorenspiele statt, vor welchen sich das von T. Flamininus bei der Bestattung seines Vaters gegebene auszeichnete, wo 74 Mann drei Tage lang kämpften[3]). Ein C. Terentius Lucanus, der die Leichenfeier seines Großvaters durch ein dreitägiges Fechterspiel von 30 Paaren beging und ein Bild desselben in dem Dianatempel zu Aricia aufstellen ließ, gehört vielleicht in den Anfang des 7. Jahrhunderts der Stadt[4]). Im Jahre 649 = 105 gaben die beiden Konsuln P. Rutilius Rufus und C. Manlius zum erstenmal Gladiatorenspiele von Amtswegen: eine vermutlich zunächst durch einen militärischen Zweck (systematische Schulung der Soldaten in der Fechtkunst)[5]) veranlaßte, vielleicht auch mit dem Antagonismus gegen griechische Kultur zusammenhängende Neuerung[6]). Es erfolgten nun gesetzliche Bestimmungen über die Veranstaltung von Fechterspielen durch Beamte in Rom, dann auch in den Munizipien und Kolonien[7]).

Zahlen der Fechter.

In der letzten Zeit der Republik hatten das Buhlen um die Gunst des Pöbels und die demagogischen Wühlereien die Festgeber zu immer größeren Anstrengungen getrieben. Julius Cäsar hatte zu den Schauspielen, die er als Ädil (689 = 65) geben wollte, so viele Gladiatoren zusammengekauft, daß die Besorgnis seiner Gegner erwachte, und auf ihre Anträge die höchste Zahl, die ein Privatmann sollte besitzen dürfen, durch einen Senatsbeschluß bestimmt ward. Obwohl Cäsar hierdurch genötigt wurde, eine sehr viel geringere Menge von Gladiatoren, als er beabsichtigte, zu geben, ließ er doch nicht weniger als 320 Paare fechten[8]). Augustus verordnete (732 = 22), daß die Prätoren nur zweimal im Jahre Fechterspiele, und zwar von nicht mehr als 120 Mann, geben sollten[9]). Bei Privatschauspielen jedoch scheinen 100 Paare damals (wie auch

Gattung der Gladiatoren, wie die Rolle, die Capua auch später noch als Hochschule des Gladiatorenwesens spielte. F. Weege, Jahrb. d. Arch. Inst. XXIV 1909 S. 134 f. Marx, N. Jahrb. XXIII 1909 S. 555.

1) Auson. griph. tern. num. v. 36 f. p. 202 Peip. 2) Val. Max. II 4, 7. Liv. per. 16; vgl. Serv. Aen. III 67. 3) Liv. XXIII 30, 15. XXXI 50, 4. XXXIX 46, 2. XLI 28, 10 f. 4) Plin. n. h. XXXV 52. Mommsen, Gesch. d. röm. Münzw. S. 554, 278; nach der Zahl der Paare (bei einem Schauspiel, das ungewöhnlich prächtig war) möchte man ihn eher ins 6. Jahrhundert d. St. setzen. 5) Um den Mut seiner Soldaten anzufeuern, hatte Hannibal vor der Schlacht am Ticinus (536 = 218) kriegsgefangene Kelten miteinander kämpfen lassen, Polyb. III 62 = Liv. XXI 42. Cass. Dio frg. 57, 4 Boiss. 6) Ennod. paneg. in Theod. 85 p. 213, 25 Vogel (vgl. Val. Max. II 3, 2). Buecheler, Rhein. Mus. XXXVIII (1883) S. 476 ff. 7) Darüber ausführlich Mommsen, Ges. Schrift. VIII 512 ff. 8) Sueton. Caes. 10, 2. Plutarch. Caes. 5. 9) Cass. Dio LIV 2, 4.

später) nicht ungewöhnllch gewesen zu sein. Horaz erwähnt in einem etwa ein Jahrzehnt vor jener Verordnung verfaßten Gedichte, daß ein Staberius seinen Erben die Verpflichtung auferlegt hatte, die von ihm hinterlassene Summe auf seinem Grabmonument zu verzeichnen; falls sie es unterließen, sollten sie dem Volk 100 Fechterpaare und ein Gastmahl geben[1]). Persius läßt einen reichen Mann die Absicht aussprechen, wegen der angeblichen Siege Caligulas in Deutschland zu Ehren der Götter und des Genius des Kaisers 100 Paare auftreten zu lassen[2]). Tiberius Festsetzung einer höchsten zulässigen Zahl von Fechterpaaren[3]) hat die von Augustus getroffene Maßnahme erneuert und vielleicht verschärft. Bei den acht Schauspielen, die Augustus selbst während seiner Regierung gab, haben nach seiner eignen Angabe im ganzen etwa 10000 Mann gefochten[4]). Aber allein bei den Festen, die Trajan im Jahre 107 nach der Eroberung Daciens in Rom gab, und die vier Monate dauerten, sollen 10000 Mann gefochten haben[5]). Auch die Schauspiele der Magistrate waren zuweilen verhältnismäßig nicht minder großartig. Im Jahre 69 feierten die Konsuln Cäcina und Valens den Geburtstag des Kaisers Vitellius durch Fechterspiele in allen Stadtbezirken Roms, deren es damals 265 gab[6]), »mit ungeheurem und bis dahin ungewohntem Aufwande«[7]).

Ausstattung des Schauspiels.

Mit den Zahlen der Fechter wuchs die ganze Anlage und Ausstattung der Spiele. Schon im 2. Jahrhundert v. Chr. veranschlagte man die Kosten eines glänzenden Gladiatorenspiels (wie bereits erwähnt) auf 30 Talente (über 141000 Mark)[8]); bei dem von Julius Cäsar als Ädil gegebenen war der ganze erforderliche Apparat von Silber[9]), bei einem von Nero gegebenen aus Bernstein oder mit Bernstein ausgelegt[10]). Wie die Ausdehnung des Reichs zunahm und immer neue Länder unterworfen wurden, schleppte man die Menschen aus immer weiterer Ferne nach Rom, um sich in der Arena umzubringen. In der Republik hatte man Samniten, Gallier, Thraker aus angrenzenden Landschaften und von einer nahen Küste fechten gesehen; in der Kaiserzeit sah man die tätowierten Wilden Britanniens, die blonden Deutschen vom Rhein und der Donau, die braunen Mauren aus den Kralen des Atlas, Neger aus dem Innern Afrikas und Nomaden aus den russischen Steppen[11]). In dem Triumphzuge Aurelians im Jahre 274 gingen vor dem Wagen des Kaisers gefangene Goten, Alanen, Roxolanen, Sarmaten, Franken, Sueben, Vandalen, Germanen, mit gebundenen Händen; ferner Palmyrener und ägyptische Rebellen, auch zehn Weiber, die in männlicher Tracht kämpfend unter den Goten gefangen worden waren: ein Teil dieser Gefangenen, wenn nicht alle, mußten bei den auf den Triumph folgenden Schauspielen in der Arena kämpfen[12]). Nach dem Triumphe des Probus über die Germanen und Blemmyer (ein äthiopisches Volk) mußten von den aufgeführten Gefangenen 300 Paare miteinander fechten, unter denen außer den Blemmyern und Germanen sich auch Sarmaten und isaurische Räuber be-

1) Horat. Sat. II 3, 84ff. 2) Pers. 6, 48f. 3) Sueton. Tiber. 34. 4) Mon. Anc. lat. 4, 31ff. 5) Cass. Dio LXVIII 15, 1. 6) Plin. n. h. III 66. Jordan, Topogr. I 1 S. 315. 7) Tac. Hist. II 95. 8) Polyb. XXXII 14, 6; s. oben S. 10. 9) Plin. n. h. XXXIII 53. 10) ebd. XXXVII 45. 11) Daker und Sueven 725 = 29 v. Chr. Cass. Dio LI 22, 6, Britannier 47 n. Chr. ebd. LX 30, 3. 12) Hist. aug. Aurelian. 33, 4f. 34, 1; jedoch s. dazu v. Domaszewski, Die Geographie bei den Script. hist. Aug. (S.-Ber. Akad. Heidelb. 1916 Abh. 15) S. 17.

fanden[1]). Zu Ende des 4. Jahrhunderts, wenn nicht früher, fochten auch Sachsen im römischen Amphitheater[2]).

Mit den Fechtern der fremden Länder wurden auch ihre Waffen, Trachten und Kampfarten eingeführt, wie die großen viereckigen Schilde der Samniten, die kleinen runden der Thraker, die Schuppenpanzer der Parther[3]) und die Streitwagen der Britannier; und neben diesen nationalen Bewaffnungen und Kampfarten wurde noch durch phantastische neuerfundene für Mannigfaltigkeit der Schauspiele gesorgt. So traten die Gladiatoren in den verschiedensten Rüstungen und Waffen auf, Mann gegen Mann, oder in ganzen Scharen; aber auch förmliche Schlachten wurden geliefert, in denen Tausende fochten und nach welchen der Boden mit Leichen bedeckt war, und historisch berühmte Seeschlachten teils auf größeren Wasserflächen, teils in der überschwemmten Arena des Amphitheaters in voller Wirklichkeit dargestellt.

Ungewöhnliche Mittel zur Steigerung des Interesses.

Doch selbst die Aufregung blutiger Gefechte und die märchenhafte Pracht der Szenerie reichte zuletzt nicht mehr hin, die abgestumpften Nerven des vornehmen und niedern Pöbels zu reizen; das Seltsamste mußte erdacht, das Unsinnigste und Widernatürlichste hervorgesucht werden, um dem kannibalischen Schauspiel neue Würze zu geben. Domitian gab Tierhetzen und Gladiatorenspiele bei Nacht, und die Schwerter blitzten beim Schein von Lampen und Kandelabern[4]). An dem Dezemberfest (im Jahre 88?) ließ er Zwerge und Weiber fechten[5]). Bei den Schauspielen, die Nero dem Partherkönig Tiridates zu Puteoli gab, traten an einem Tage nur Mohren beiderlei Geschlechts und von jedem Alter auf[6]). Frauen haben nicht selten in der Arena gekämpft, im Jahre 63 unter Nero selbst hochgeborene[7]), und noch im Jahre 200 erfolgte ein Verbot gegen deren Auftreten[8]).

Das Amphitheater.

So waren im Lauf der Jahrhunderte die Gladiatorenspiele aus kleinen Anfängen ins Ungeheure gewachsen. Die Einrichtungen für die Zuschauer vergrößerten und verschönerten sich in demselben Verhältnis. Auf Holzgerüsten, die auf dem engen Markte eilig aufgeschlagen wurden[9]), drängte sich das Volk noch in der letzten Zeit der Republik, als es in Campanien bereits für dies Schauspiel eigens eingerichtete steinerne Gebäude gab, die den Halbkreis des Theaters zum vollen Kreise ergänzend sich um eine elliptische Arena erhoben: die Amphitheater, wie man sie bereits unter Augustus nannte[10]). Im Jahre 53 ließ

1) Hist. aug. Probus 19, 8. 2) Symmach. ep. II 46, 2. 3) Eine parthische Bewaffnung (s. die Beschreibungen bei Ammian. XXIV 4, 15. 6, 8. XXV 1, 12) erkennt Henzen mit Recht auf dem Relief Torlonia, Expl. mus. Burgh. S. 107; vgl. Ann. d. Inst. 1842 S. 18. 4) Sueton. Domit. 4, 1. Cass. Dio LXVII 8, 4. 5) Cass. Dio a. a. O. Stat. Silv. I 6, 51 f. Nach Martial. I 43, 10 und XIV 213 scheinen Zwerge schon früher aufgetreten zu sein. 6) Cass. Dio LXIII 3, 1. 7) ebd. LXI 17, 3. Tac. A. XV 32. Cass. Dio LXVI 25, 1. Martial. Spect. 6 b, 4. 8) Cass. Dio. LXXV 16, 1. Vgl. auch Nicol. Damasc. bei Athen. IV 154 A. 9) Vitruv. X praef. 3: *nec solum id vitium in aedificiis sed etiam in muneribus, quae a magistratibus foro gladiatorum scaenisque ludorum dantur, quibus nec mora neque exspectatio conceditur, sed necessitas finito tempore perficere cogit.* Cass. Dio XXXVII 58, 4 (u. c. 694 = 60 v. Chr.): καί τι καὶ θέατρον πρὸς πανήγυρίν τινα ἐκ ξύλων ᾠκοδομημένον ἀνετράπη· καὶ ἄνθρωποι παρὰ πάντα ταῦτα παμπληθεῖς ἀπώλοντο. Vgl. die Inschrift von Saluzzo aus der Zeit des Antoninus Pius CIL V 7637 = Dessau 5065 *munus gladiatorium [e]t saepta lignea.* 10) Vitruv. I 7, 1. Mommsen, Res gest. d. Aug.² S. 94. Über die Entstehung der elliptischen Form des Amphitheaters vgl. Nissen, Pompejan. Stud. S. 108 ff. F. Weege, Jahrb. d. Arch. Inst. XXXI 1916 S. 123. S. den Anhang XVI.

C. Scribonius Curio nach dem Berichte des älteren Plinius zwei hölzerne Theater bauen, die mit dem Rücken gegeneinander gestellt wurden und drehbar waren. Am Vormittage fanden in beiden Bühnenspiele statt, dann wurden sie mit der ganzen Zuschauermenge auf Zapfen herumgedreht, die halbkreisförmigen Gerüste schlossen sich zum Kreise, die beiden Bühnen verschwanden, und in dem so gebildeten Amphitheater wurden am Nachmittage desselben Tags Gladiatorenspiele gegeben[1]). Das erste wirkliche Amphitheater in Rom erbaute vielleicht Julius Cäsar im Jahre 46 aus Holz[2]), ein von Statilius Taurus im Jahre 29 v. Chr. erbautes steinernes ging wahrscheinlich im Neronischen Brande unter[3]), und noch Nero ließ, wie vorher Caligula, auf dem Marsfelde im Jahre 57 ein hölzernes aufführen[4]). Erst der Ausgang des ersten Jahrhunderts sah die Vollendung des kolossalen Amphitheaters der Flavier, dessen Ruine als der gewaltigste Rest jener versunkenen Welt in die unsrige hineinragt.

Die Gladiatoren.

Die Gladiatoren waren verurteilte Verbrecher, Kriegsgefangene, Sklaven und freiwillig angeworbene. Die Verurteilungen zum Schwerte der Gladiatoren (*ad gladium*)[5]) und zu den wilden Tieren gehörten zu den geschärften Todesurteilen[6]), die nur gegen Nichtbürger und in der spätern Kaiserzeit gegen Personen niedern Stands gefällt wurden[7]). Unter Marc Aurel ließ der Statthalter der Lugdunensis nach Anfrage bei dem Kaiser die verurteilten Christen, die römische Bürger waren, enthaupten, die übrigen den Tieren vorwerfen[8]). Die Verurteilung zur Gladiatorenschule (*ad ludum*) war kein unbedingtes Todesurteil; zum Kampfe geeignete Verbrecher wurden teils an die kaiserlichen, teils an die privaten Anstalten dieser Art abgegeben, und ihnen, falls sie nicht auf dem Kampfplatze blieben, Schonung des Lebens in Aussicht gestellt. Der Schwere nach kam diese Strafe der Bergwerksstrafe gleich und war wie diese mit dem Verlust der Freiheit verbunden[9]). Doch konnten die Verurteilten sich

Verurteilte Verbrecher.

1) Plin. n. h. XXXVI 117. C. L. Stieglitz, Archäol. der Baukunst II S. 301 hegt an der fabelhaft klingenden Nachricht des Plinius ebensowenig einen Zweifel wie neuerdings Durm, Baukunst d. Etrusker u. Römer² (1905) S. 665 f. und beruft sich auf eine Abhandlung des Architekten Weinbrenner (Die beweglichen Theater des Curio, N. teutsch. Merkur 1797 S. 307 ff.). Auch Herr Professor Rudolf Bergau in Nürnberg hält diesen Bau für keineswegs unwahrscheinlich, »da die Konstruktion der römischen Bauwerke und deren technische Ausführung einen sehr hohen Grad der Ausbildung der Maschinen, der Handwerke, der Technik überhaupt voraussetzen läßt. Man denke nur an das über das ganze Colosseum ausgespannte Velarium, die Aufrichtung der Obelisken, die nicht bloß im Jahre 1586 (Hübner, Sixte-Quint II 127 ff.), sondern noch im 19. Jahrhundert in Paris als ein ruhmwürdiges Werk galt, und die Decke der Basilika auf dem Forum Trajans.« Ebenso urteilte auch Herr Paul Laspeyres († 1881), welcher bemerkte, daß die Konstruktion viel einfacher sein würde, wenn man ein Verschieben der Zuschauersitze zugrunde legte; daß sie aber auch, wenn man ein Drehen der großen Gerüstmassen annimmt, mit den Hilfsmitteln jener Zeit durchaus nicht unmöglich erscheine, namentlich wenn man für die betreffenden Bauten nicht allzu große Dimensionen voraussetze. Die Abhandlung von Ninot, Essai de restauration de l'amphithéâtre de Curion, Gaz. archéolog. XIV 1889 S. 11—16 kenne ich nicht. 2) Cass. Dio XLIII 22, 3. 3) Hülsen-Jordan, Topogr. I 3 S. 496 f. 4) ebd. S. 500 f. 5) Über die Verschiedenheit der Verurteilung *ad gladium*, d. h. zur widerstandslosen Tötung im Gladiatorenkampfe sofort oder spätestens binnen Jahresfrist (Paul. sent. V 17, 3. Ulpian. Collat. leg. Mos. XI 7, 4. Cod. Theod. IX 18, 1), von der *ad ludum*, d. h. der Abgabe an die Fechterschule, vgl. Mommsen, Strafrecht S. 925, 3; Ges. Schr. VIII 521 ff. 6) Mommsen, Strafr. S. 925 ff. 7) Paul. Sent. V 23 § 1. 15. 16. 17. fr. 3 § 5. Ulpian. Dig. XLVIII 19, 8 § 12. Marcian. ebd. XLIX 18, 3. 8) Euseb. hist. eccl. V 1, 47. 9) Mommsen a. a. O. S. 953 ff.

frei schlagen und nach drei Jahren das Stockrapier (als Zeichen der Befreiung vom Auftreten in der Arena), nach fünf den Hut (das Zeichen der gänzlichen Freilassung) erhalten[1]. Der jüngere Plinius berichtet an Trajan, daß in vielen Städten Bithyniens, besonders in Nicomedia und Nicäa, manche vor längerer Zeit zur Gladiatorenschule oder zu ähnlichen Strafen verurteilte Verbrecher wie städtische Sklaven zu öffentlichen Arbeiten verwandt wurden, ohne daß ihre Begnadigung durch Prokonsuln oder Legaten nachgewiesen werden konnte. Darauf verfügt Trajan, daß die innerhalb der letzten zehn Jahre Verurteilten in die Fechtschule zurückgeliefert, die früher Verurteilten und schon alt Gewordenen wenigstens zu schweren Arbeiten, wie Kloakenreinigen und Straßenbauten, verwandt werden sollen[2]. Nur die schwersten Verbrechen, wie Raub[3], Mord, Brandstiftung, Tempelschändung[4], Meuterei im Heere[5], wurden mit jenen Strafen belegt, doch die gesetzlichen Bestimmungen auch wohl von der kaiserlichen Willkür überschritten, wenn es an Menschen für die Arena fehlte.

Unschuldig oder ungerecht Verurteilte.

Während der Republik war dies von den Provinzialstatthaltern vermutlich oft genug und in größerem Maßstabe geschehen. So behauptet Cicero, daß L. Piso Cäsoninus als Prokonsul von Macedonien dem P. Clodius zu seinen ädilicischen Spielen eine große Anzahl unschuldig Verurteilter schickte, um sie mit den Tieren kämpfen zu lassen[6]. Der jüngere L. Cornelius Balbus zwang als Quästor in Spanien (in den Jahren 44/43 v. Chr.) einen römischen Bürger und Pompejanischen Soldaten Fadius in Gades, zweimal umsonst als Gladiator zu kämpfen, und ließ, als er sich nicht anwerben lassen wollte und das Volk ihn in Schutz nahm, gallische Reiter einhauen und jenen in der Gladiatorenschule lebendig verbrennen. Den wilden Tieren ließ er römische Bürger vorwerfen, darunter einen Mann aus Hispalis wegen seiner Mißgestalt[7].

Ähnliche Gewalttaten waren wenigstens unter den Regierungen des Caligula und Claudius selbst in Rom nicht unerhört. Der erstere zwang eine große Anzahl von Bürgern, in der Arena zu fechten[8]. Einen Esius Proculus, den Sohn eines Primipilaren, den man wegen seiner Größe und Schönheit Kolosseros nannte, ließ er während des Schauspiels von seinem Platz in die Arena schleppen und nacheinander mit zwei schwer gerüsteten Gladiatoren kämpfen, dann, als er beide besiegt hatte, enthaupten[9]. Claudius, der an Tierkämpfen eine grausame Freude hatte, verurteilte dazu auch solche, die eines größern Betrugs überführt waren, mit Überschreitung der gesetzlichen Strafe[10]; ja er ließ auch aus geringfügigen Ursachen Menschen den Tieren entgegenstellen, wie Zimmerleute und Maschinisten, welche das Mißglücken eines Dekorationswechsels verschuldet hatten[11]. Die erstaunlich großen Zahlen der in der Arena auftretenden angeblichen Verbrecher würden schon allein Verdacht gegen die strenge Rechtmäßigkeit der Urteile erregen. Bei dem Schiffskampfe, den Claudius im Jahre 52 auf dem Fucinersee veranstaltete, waren die beiden kämpfenden Flotten mit 19000

1) Ulpian. Coll. leg. Mos. XI 7, 4. 2) Plin. ep. ad Tr. 31 f. 3) Callistratus Dig. XLVIII 19, 28 § 15: *nonnulli etiam ad bestias hos damnaverunt.* 4) Quintilian. Decl. 9, 21: *in ludo fui — morabar inter sacrilegos, incendiarios et — homicidas.* Vgl. Martial. Spect. 7, 7—10. 5) Hist. aug. Claud. Got. 11, 8. 6) Cic. in Pison. 89. 7) Cic. ad fam. X 32, 3. 8) Cass. Dio LIX 10, 4. 9) Sueton. Calig. 35, 2. 10) Suet. Claud. 14. 11) ebd. 34, 2.

Bewaffneten bemannt, die nach Tacitus sämtlich Verurteilte gewesen wären[1]): eine Zahl, die ungeheuer bleibt, wenn man auch annehmen muß, daß sie aus allen Provinzen nach Italien zusammengebracht waren[2]). Daß in Rom stets eine große Anzahl Verurteilter für die Fechterspiele zur Verfügung stand, darf man auch daraus schließen, daß Hadrian, um seine Verachtung der ihm von dem Ibererkönig Pharasmanes gesandten Geschenke zu zeigen, 300 Verbrecher mit vergoldeten Mänteln, wie sie sich unter jenen Geschenken befunden hatten, bekleidet in der Arena auftreten ließ[3]). Daß Verbrecher auf den Wunsch des Volks, das wegen ihrer Tapferkeit oder auch aus andern Gründen für sie bat, begnadigt wurden, ist bereits erwähnt[4]). Bei dem Schauspiel, das Nero in dem von ihm auf dem Marsfelde erbauten Amphitheater gab, ließ er selbst von den Verbrechern keinen töten[5]).

Kriegsgefangene.

Kriegsgefangene wurden nach glücklichen Feldzügen zu Hunderten in die kaiserlichen Fechtschulen geliefert, und die Schauspiele des Amphitheaters boten die beste Gelegenheit, sich ihrer zu entledigen. So geschah es mit den gefangenen Britanniern bei den Schauspielen zur Feier des britannischen Triumphs unter Claudius im Jahr 44[6]). Nach der Eroberung von Jerusalem schickte Titus einen Teil der über 17 Jahre alten jüdischen Gefangenen in die Bergwerke von Ägypten; die meisten verschenkte er in die Provinzen, wo sie in Fechterspielen oder Tierhetzen sterben sollten, eine große Anzahl ließ er sogleich auf diese Weise zu Cäsarea Philippi und Berytus umbringen[7]). Noch Constantin der Große verfuhr so. Die besiegten Brukterer, »die ihre Treulosigkeit ebenso zum Kriegsdienst wie ihre Wildheit zum Sklavendienst untauglich machte«, ermüdeten (vielleicht im Amphitheater von Trier) durch ihre Menge die wilden Tiere, denen sie vorgeworfen wurden; und der Kaiser ward von seinen Lobrednern gepriesen, daß er »die massenhafte Vernichtung der Feinde zur Ergötzung des Volks benutzte; welcher Triumph hätte schöner sein können?«[8])

Verwendung von Sklaven als Gladiatoren.

Unter den Sklavenheeren der Großen fehlten in der letzten Zeit der Republik Gladiatorenbanden wohl gewöhnlich nicht, sie dienten ihren Herren teils als Leibwachen und Bravi[9]), teils wurden sie in eignen Schauspielen verwandt, oder zu fremden verliehen und vermietet. Schon aus einer Posse eines Dichters der Sullanischen Zeit »der Verdungene« (*Auctoratus*) d. h. Gladiator werden die (wahrscheinlich von einem Gladiator gesprochenen) Worte angeführt: ich gehöre weder dem Memmius, noch dem Cassius, noch dem Munatius Ebria[10]). Cicero erkundigte sich angelegentlich nach der Bande, die sein Freund Atticus im Jahre 56 v. Chr. gekauft hatte, er hörte, daß sie sich ganz herrlich schlügen; hätte Atticus sie vermieten wollen, so würde er nach zwei Schauspielen sein Geld zurückgehabt haben[11]). Mehrere der damaligen Großen hatten eigene Schulen, namentlich zu Capua, in denen sie Hunderte von Gladiatoren ausbilden ließen. Die älteste dort bekannte ist die des C. Aurelius Scaurus, die im Jahre 105 v. Chr. erwähnt wird[12]). Aus der Schule des Cn. Lentulus Batiatus (Vatia?)

1) Tac. A. XII 56. 2) Vgl. Modestin. Dig. XLVIII 19, 31. 3) Hist. aug. Hadrian. 17, 12. 4) Vgl. oben S. 6. 5) Sueton. Nero 12, 1. 6) Cass. Dio LX 30, 3. 7) Joseph. B. J. VI 418. VII 24. 38. 8) Paneg. lat. VI 12, 3. XII 23, 3. 9) Cass. Dio XXXIX 7, 2. 8, 1. Cic. pro Sulla 54; pro Sest. 85. 10) Pompon. frg. 14 f. Ribb. 11) Cic. ad Attic. IV 4a, 2. 8, 2. 12) Valer. Max. II 3, 2.

beschlossen im Jahre 73 v. Chr. 200 Fechter zu entfliehn, aber nur 78 entkamen unter der Führung des Spartacus wirklich[1]). Auch Cäsar hatte seine Gladiatoren in Capua, die er dem Cicero im Jahre 49 empfahl[2]); der Konsul Lentulus rief sie unter der Zusage der Freiheit zu den Waffen und machte sie beritten; doch da diese Maßregel allgemein getadelt wurde, verteilte sie Pompejus, indem er je zwei einzelnen Bürgern zur Bewachung überwies[3]). In Ravenna ließ Cäsar sich unmittelbar vor der Überschreitung des Rubico den Plan einer neu zu erbauenden Fechtschule vorlegen[4]). Im Catilinarischen Kriege wollte man die Gladiatoren aus Rom nach Capua und andern Munizipien überführen und dort internieren. Catilina zählte auf sie, »obwohl sie besser gesinnt waren als mancher Patrizier«[5]). Der Anhänger Catilinas C. Marcellus, der vor dem von Cicero nach Capua gesandten P. Sestius die Flucht ergriff, hatte sich dort mit der zahlreichsten Fechterbande in den Waffen geübt, um unter diesem Vorwande sich ihr nähern und sie verführen zu können[6]). Im Jahre 65 v. Chr. wurde (wie bemerkt) die höchste Zahl, die ein Einzelner besitzen durfte, durch einen Senatsbeschluß bestimmt, da die Menge der von Cäsar zusammengekauften Gladiatoren die Besorgnis seiner Gegner erregt hatte[7]). Caligula erlaubte, dies Maximum zu überschreiten[8]). Vielleicht wurde unter Domitian zugleich mit der Übernahme der Fürsorge für das Fechterwesen durch die Regierung den Privaten das Halten von Gladiatoren in der Hauptstadt untersagt[9]).

Hier hatte die Sitte, sich öffentlich mit einem solchen Gefolge zu umgeben, ohne Zweifel schon viel früher aufgehört, wenn auch noch Nero sich von einem solchen bei seinen Nachtschwärmereien in den Straßen Roms begleiten ließ[10]). In den Provinzen dagegen, wo sich in bezug auf den Privatbesitz von Fechtern in der Kaiserzeit nichts geändert zu haben scheint, mögen Banden derselben öfters im Dienst ihrer Herren verwendet worden sein; bei dem Aufruhr der drei pannonischen Legionen im Jahre 14 n. Chr. behaupteten die Aufwiegler, daß der sie befehligende Legat Junius Bläsus durch seine Gladiatoren, die er zum Verderben der Truppen im Lager halte, Soldaten, die ihm mißliebig seien, ermorden lasse[11]). Nach wie vor erscheinen Gladiatoren in großer Anzahl unter den Sklaven reicher Häuser. Auch Frauen besaßen solche, wie eine Hecatäa auf der Insel Thasos[12]). In Pompeji kennen wir aus Anzeigen von Fechterspielen mehrere Familien, welche den angesehensten Männern der Stadt gehörten; nur ein dort genannter Besitzer, N. Festius Ampliatus, war vielleicht ein umherziehender Fechtmeister[13]). Auch die Legionen, bei deren Standlagern und Garnisonsorten

1) Plut. Crass. 8, 2; vgl. Liv. per. 95. Oros. V 24, 1. Drumann, Gesch. Roms IV² 86, 5. 2) Cic. ad Att. VIII 2, 1. 3) Caes. B. C. I 14, 4f. Vgl. Cic. ad Att. VII 14, 2, wo die Zahl unsicher ist, Drumann III² 382, 7. 4) Sueton. Caes. 31, 1. 5) Sallust. Catil. 30, 7. Cic. Catil. II 26. 6) Cic. pro Sest. 9. 7) Sueton. Caes. 10, 2. Vgl. oben S. 51. 8) Cass. Dio LIX 14, 3. 9) So Mommsen, Hermes XXI 1886 S. 273f., welcher die im Senat ständigen Verhandlungen *de ampliando numero gladiatorum* (Plin. Paneg. 54, 4) nicht auf den Maximalsatz der Privaten verstatteten Fechtersklaven, sondern auf die in den Inschriften nicht selten (z. B. CIL X 1211 = Dessau 5058) hervortretenden gesetzlichen Einschränkungen des munizipalen Spielwesens und die auf Exemtion von demselben gerichteten Petitionen an den Senat oder Kaiser bezieht. Vgl. StR. II³ 1071, 4; Ges. Schrift. VIII 513. 10) Tac. A. XIII 25. 11) ebd. I 22. 12) IG XII 8 nr. 547f.; φαμιλία μονομάχων καὶ ὑπόμνημα κυνηγεσίων eines Asiarchen und seiner Gattin, Paton, Inscr. of Cos. 141 und mehr bei Mommsen, Ges. Schr. VIII 517, 6. 13) CIL IV 1182—1184. Kießling, Jahrb. f. Philol. CV 1872 S. 69.

sich oft Amphitheater befanden[1]), hielten zuweilen ihre eignen Gladiatoren[2]). Diese gingen mit anderm Eigentum durch Kauf, Verkauf und Versteigerung aus einer Hand in die andre. Caligula, der Konsuln und Prätoren zwang, die von seinen Schauspielen übriggebliebenen Fechter zu ungeheuren Preisen zu kaufen[3]), bemerkte bei einer zu diesem Zwecke abgehaltenen Auktion, daß der gewesene Prätor Aponius Saturninus eingeschlafen war. Er machte den Ausrufer darauf aufmerksam, daß derselbe durch sein Kopfnicken mitbiete, und ließ ihm 13 Gladiatoren für 9 Millionen Sesterzen (= 1,96 Millionen Mark) zuschlagen[4]).

Ebenso war im 1. Jahrhundert das Recht der Herren, ihre Sklaven in die Arena zu verkaufen, unbeschränkt; so hatte Vitellius seinen Lieblingssklaven Asiaticus, der ihn durch seine Sprödigkeit und seine Diebereien erzürnte, an einen herumziehenden Fechtmeister verkauft[5]). Erst Hadrian verbot, eine Magd an den Kuppler, einen Sklaven in die Fechtschule ohne Angabe des Grunds zu verkaufen[6]); ein ähnliches Verbot bestand in bezug auf den Verkauf von Sklaven zum Tierkampf, den schon am Anfange der Kaiserzeit, wie es scheint unter Augustus, ein Petronisches Gesetz von richterlichem Urteilsspruch (in Rom des Stadtpräfekten, in den Provinzen der Statthalter) abhängig gemacht hatte[7]). Jener Sklave Androclus, der (wahrscheinlich unter Claudius) im Zirkus von dem Löwen, mit dem er lange zusammen gelebt hatte, erkannt und beschützt worden sein soll, war seinem Herrn entlaufen, als dieser Prokonsul von Afrika war. Ergriffen und nach Rom zurückgebracht, wurde er auf Veranlassung seines Herrn (vom Stadtpräfekten) zum Tierkampf verurteilt[8]). Inwiefern, abgesehen von dieser Beschränkung des Strafrechts der Eigentümer, die Verwendung und Verwertung der Sklaven als Gladiatoren eingeschränkt war, ist nicht ersichtlich. Die Juristen erörterten im 2. Jahrhundert die Frage, ob bei einem Kontrakt, nach welchem dem Besitzer für das Auftreten eines Fechters, wenn er unverletzt blieb, z. B. zwanzig Denare, wenn er getötet oder verstümmelt wurde, tausend gezahlt werden sollten, Verkauf oder Vermietung anzunehmen sei[9]). Sklaven, welche sich der Strafe für Unterschlagung oder ein andres Vergehen durch Selbstübergabe zu den Schauspielen der Arena zu entziehen suchten, sollten nach einem Erlaß von Antoninus Pius ihren Herren, gleichviel ob vor oder nach erfolgtem Kampf mit den Tieren, zurückgegeben werden[10]). Von Macrinus wird als ein Beweis von Härte angeführt, daß er flüchtige Sklaven im Falle der Ergreifung ohne weiteres zum Gladiatorenkampfe bestimmte[11]).

1) Damit hängen die in den Lagern von Carnuntum, Sarmizegetusa, Aquincum u. a. häufigen Denkmäler der von den Gladiatoren und Tierkämpfern des Amphitheaters als Schirmherrin verehrten Göttin Nemesis zusammen, vgl. A. v. Premerstein, Philologus N. F. VII 1894 S. 407ff. Dagegen hat das römische *amphitheatrum castrense* (Not. reg. V) mit den *castra praetoria* nichts zu tun, vgl. Hülsen-Jordan, Topogr. I 3 S. 248. 2) Ein *ursarius leg(ionis) XXX U(lpiae) V(ictricis) S(everianae) A(lexandrinae)* am Niederrhein CIL XIII 8639, ein Retiarius *Valentinus legionis XXX* auf einem Tongefäß in Colchester CIL VII 1335, 3. 3) Cass. Dio LIX 14, 1f. 4) Sueton. Calig. 38, 4. 5) Suet. Vitell. 12; vgl. Petron. 45, 7f. 6) Hist. aug. Hadrian. 18, 8 *lanistae servum vendi vetuit causa non praestita* (dazu Mommsen, Ges. Schr. VIII 524, 4). 7) Dig. XLVIII 8, 11 *servo sine iudicio ad bestias dato non solum qui vendidit poena, verum et qui comparavit tenebitur*. Marquardt, Privatl.² S. 190. 8) Apio bei Gell. V 14, 10. 17. 27. 9) Gai. Instit. III 146. 10) Dig. XI 4, 5. 11) Hist. aug. Macrin. 12, 10.

Freigelassene.

Die Freilassung entband Sklaven, die als Gladiatoren gedient hatten, von der Pflicht des fernern Auftretens, während andre Freigelassene ihren ehemaligen Herrn zu den frühern Dienstleistungen zum Teil verbunden blieben[1]). Doch dürften auch Freigelassene öfters auf den Wunsch ihrer Patrone in der Arena gefochten haben; sie galten in den Augen des Publikums, unter dem die Zahl ihrer Standesgenossen stets sehr groß war, höher als Sklaven, und in der Tat durfte man von freiwilligen Fechtern mehr erwarten als von gezwungenen. Einer der Gäste Trimalchios rühmt, daß man nächstens ein ausgezeichnetes dreitägiges Gladiatorenspiel sehen werde, und zwar nicht von der Bande eines Fechtmeisters, sondern es würden sehr viele Freigelassene auftreten[2]).

Gepreßte.

Übrigens ist es keine Frage, daß auch Freie zu dem blutigen Handwerke gewaltsam gepreßt wurden, wie jener Fadius von dem Quästor L. Cornelius Balbus zu Gades[3]); und schon im Anfange der Kaiserzeit wurde geklagt, daß die Reichen die Unerfahrenheit junger Männer sich zunutze machten, um sie schändlich zu hintergehen und die schönsten und für den Kriegsdienst am besten geeigneten in die Fechtschule zu sperren[4]).

Freiwillig Angeworbene.

Daß Freie sich anwerben ließen, muß in der Kaiserzeit immer häufig gewesen sein; schon in der letzten Zeit der Republik war es offenbar nicht selten[5]). In einem aus dieser Periode stammenden Dokument in Sassina nimmt ein dortiger Bürger von der Bestattung auf einem von ihm den Stadtbewohnern geschenkten Begräbnisplatz diejenigen aus, die sich als Gladiatoren verdungen, durch Erhängen sich selbst entleibt oder ein schmutziges Gewerbe getrieben haben[6]). Auch in der Charakterkomödie (Atellane) kam die Anwerbung für die Fechtschule wiederholt vor[7]). Namen wie L. Sempronius, Q. Petillius, L. Fabius begegnen in einem auf einer pompejanischen Wand eingekratzten Gladiatorenverzeichnis[8]), zwei Bruchstücke von Gladiatorenlisten aus Venusia weisen unter 28 Namen nicht weniger als 9 von Freien auf[9]). Wohl mochte es hin und wieder geschehen, daß ein edles Motiv einen Unglücklichen in die Gladiatorenschule trieb, der kein andres Mittel zum Erwerb hatte[10]). Doch wenn dergleichen in den Themen der Rhetorenschule vorkommt (zu denen z. B. die Rede des edlen Jünglings gehörte, der sich anwerben lassen muß, um mit dem Handgelde das Begräbnis seines Vaters zu bestreiten)[11]), so ist darauf wenig zu geben; denn hier wurden gerade romanhafte Situationen mit Vorliebe gewählt. Roman-

1) Callistrat. Dig. XXXVIII 1, 38. 2) Petron. 45, 4. Cass. Dio LX 30, 3 ὅτι κατὰ τὴν ὁπλομαχίαν (nach dem Triumph über Britannien im J. 44) πολλοὶ καὶ τῶν ξένων ἀπελευθέρων — ἐμαχέσαντο. P. J. Meier, De glad. Rom. S. 48, 2 erklärt die *liberti* bei Petron für *rudiarii*. 3) Vgl. oben S. 55. 4) Seneca Controv. X 4, 18. 5) Liv. XXVIII 21, 2 *ex eo genere hominum, ex quo lanistis comparare mos est, servorum ac liberorum, qui venalem sanguinem habent.* 6) CIL XI 6528 = Dessau 7846. 7) Es gab von Pomponius einen *Auctoratus* (oben S. 56) und einen *Bucco auctoratus.* 8) CIL IV 2508, 14. 25. 33. Die sogenannten Gladiatorentesseren (Ritschl, Opusc. IV 572ff. Dessau 5161, die aus republikanischer Zeit vollständig CIL I^2 889ff.) scheiden hier vollständig aus, nachdem R. Herzog, Aus der Geschichte des Bankwesens im Altertum. Tesserae nummulariae (Gießen 1919) ihre wirkliche Bestimmung (als Prüfungsvermerke an versiegelten Geldsäcken) nachgewiesen hat. 9) CIL IX 465. 466 = Dessau 5083. 5083^a. 10) Tatian. adv. Graecos 23: ἀργίαν τινὲς ἐπανῃρημένοι διὰ τὴν ἀσωτίαν ἑαυτοὺς εἰς τὸ φονευθῆναι πιπράσκουσιν· καὶ πωλεῖ μὲν ἑαυτὸν ὁ πεινῶν, ὁ δὲ πλουτῶν ὠνεῖται τοὺς φονεύσοντας. — ὁ μὲν οὖν ληστεύων φονεύει χάριν τοῦ λαβεῖν, ὁ δὲ πλουτῶν μονομάχους ὠνεῖται χάριν τοῦ φονεῦσαι. 11) *Auctoratus ob sepeliendum patrem* (Quintilian. Decl. 302, vgl. 9); *vir fortis gladiator* (Calpurn. Flacc. 52).

haft klingt auch die Erzählung Lucians von dem Scythen Sisinnes, der, um seinen Freund aus großer Not zu befreien, sich in Amastris für den ausgesetzten Preis von 10000 Drachmen zum Zweikampf mit einem Gladiator stellt[1]).

Ein großer, wenn nicht der größte Teil derer, welche den furchtbaren Eid der freiwillig eintretenden Fechter schwuren, daß sie sich »mit Ruten hauen, mit Feuer brennen und mit Eisen töten lassen wollten«[2]), waren verzweifelte oder verworfene Menschen, für die innerhalb geordneter Zustände kein Raum war. Aber auch die Zahl derer war nicht gering, und es waren dies gewiß nicht die schlechtesten Männer aus dem Volke, die allein die Lust an dem Waffenhandwerk den Fechtmeistern zuführte[3]). Von den Kampflustigen sagt ein Dichter unter Tiberius, daß sie sich zum Tode in der Arena verkaufen und, wenn die Kriege ruhen, sich selbst ihren Feind schaffen[4]). Und Tertullian ruft aus: wie viel Müßige bringt die Waffenlust dazu, sich zum Schwert zu verdingen![5]) Als Severus die Leibgarde der Prätorianer, in der zu dienen bis dahin ein Vorrecht der Italiker gewesen war, aus Legionssoldaten bildete, wandte sich die waffenfähige Mannschaft Italiens in Masse dem Fechterhandwerk zu oder ergab sich dem Räuberleben[6]).

Vorteile des Gladiatorenhandwerks.

In der Tat muß die Gladiatur für rohe Tapferkeit eine große Anziehungskraft gehabt haben, denn sie hatte ihre Vorteile, ihren Gewinn und ihren Ruhm. Die Sieger wurden gut belohnt; der Festgeber sandte ihnen Schalen mit Goldstücken in die Arena[7]), deren Zahl sich die Zuschauer laut zuriefen oder durch die emporgehaltenen Finger der linken Hand angaben[8]); auch die (oft wertvollen) Schalen[9]) waren selbst ein Teil der Belohnung. Bewährte Fechter konnten hohe Preise fordern; so zahlte Tiberius ausgedienten Gladiatoren für das Auftreten in einem seiner Schauspiele 100000 Sesterzen (21750 Mark)[10]). Nero beschenkte den Murmillonen Spiculus mit einem Palast und Besitztümern von Feldherren, die Triumphe gefeiert hatten[11]). Auch die prachtvolle Ausstattung der Gladiatoren wird ihre Wirkung getan haben. In Pompeji und anderwärts haben sich Stücke ihrer reich und künstlerisch verzierten Rüstungen erhalten, wie Helme (darunter ein Visierhelm mit schöner erhabener Arbeit), Schienen, Schulterstücke von Retiariern, ein Leibgurt, Schwert, Panzerstück usw.[12]). Die Helme waren mit wallenden Büschen von Pfauen- oder Straußenfedern geschmückt[13]). Auf Bildern und Mosaiken erscheinen die Fechter in bunten, goldgestickten Kleidern[14]); auch Halsketten (die vielleicht wie die Palmzweige Preise der Sieger waren) ge-

1) Lucian. Toxaris 58. 2) Seneca epist. 37, 1 f. Petron. 117, 5; vgl. Hor. sat. II 7, 58. Juv. 11, 8: *scripturus leges et regia verba lanistae.* 3) Seneca controv. X 4, 11. Seneca epist. 99, 13. Tac. hist. II 62. 4) Manil. Astron. IV 225 f. 5) Tertullian. ad mart. 5. 6) Cass. Dio LXXIV 2, 5. 7) Martial. Spect. 29, 6. 8) Sueton. Claud. 21, 5. 9) Vgl. über *lances* Dig. XII 1, 11 pr. XXX 51; *disci* XVI 3, 26 § 2. Überreichung von Goldstücken auf Schalen auch auf dem Lyoner Zirkusmosaik (Schreiber, Bilderatl. Taf. 31, 2) und bei Juv. 6, 204. 10) Sueton. Tiber. 7, 1. 11) Suet. Nero 30, 2. 12) Aus Pompeji: Mus. Borb. III 60. IV 14. 29. V 29. VII 14. X 31; vgl. Overbeck-Mau, Pompeji[4] S. 456 ff. Ferner in der Sammlung Despuig, Hübner, Antiken von Madrid S. 307, aus der Sammlung Lipperheide, B. Schröder, Arch. Anzeig. 1905 S. 24 f. Abb. 13. Vgl. Rev. archéol. VIII 1851 pl. 165 und das Monument des M. Antonius Exochus (CIL VI 10194 = Dessau 5088), abgebildet bei Fabretti, Col. Traj. 256. 13) Vgl. z. B. eine Lampe aus Constantine Rev. arch. XVI 1859 pl. 371, 2. Der Schol. Juv. 3, 158 nennt Pfauenfedern (sieben bei Lucil. frg. 122 Marx). Doch sind wohl auch die mit Straußenfedern geschmückten Helme (Plin. n. h. X 2) Gladiatorenhelme. 14) Schol. Juv. 8, 207, unter den Monumenten besonders das Borghesische Mosaik.

hörten zu ihrem Schmuck. Pertinax ließ aus dem Nachlasse des Commodus reich vergoldete und mit Edelsteinen besetzte Gladiatorenwaffen, »Herculesschwerter« und Gladiatorenketten verkaufen[1]). Die Helden der Arena waren in Rom nicht weniger populär als die der Rennbahn; sie waren wie diese nicht bloß im Munde des Volks, auch in höhern Kreisen hatten sie Schüler, Bewunderer und Nachahmer.

Dilettantismus mit Gladiatorenwaffen.

Schon in der Zeit der Republik war der Dilettantismus mit Gladiatorenwaffen nichts weniger als unerhört gewesen. Bereits Lucilius erwähnte einen Q. Velocius, der sich trefflich auf die Fechtart der Samniter verstand und jedem Gegner mit dem Rapier hart zusetzte[2]). Daß der Catilinarier C. Marcellus unter dem Vorwande, sich in den Waffen üben zu wollen, mit einer Gladiatorenbande in Capua Verbindungen anknüpfte, ist oben erwähnt worden[3]). Julius Cäsar ließ seine jungen Gladiatoren von römischen Rittern und selbst Senatoren, die gute Fechter waren, einüben; in Suetons Zeit waren noch Briefe vorhanden, in denen er um Übernahme eines solchen Unterrichts bat[4]). Auch mehrere Kaiser bemühten sich, in der Führung der Gladiatorenwaffen Fertigkeit zu erwerben. Caligula focht als Thraker mit scharfen Waffen[5]). Titus war als Jüngling bei den Juvenalia zu Reate in einem Scheinkampfe mit Gladiatorenwaffen gegen Allienus (vielleicht A. Cäcina Allienus, Konsul 69) aufgetreten[6]). Auch Hadrian übte sich mit solchen Waffen[7]); L. Verus tat es in Antiochia, während seine Legaten den Parthischen Krieg führten[8]). Dem Didius Julianus warf man vor, daß er solche Fechtübungen als alter Mann trieb, während es ihm in seiner Jugend nicht nachgesagt worden war[9]). Caracalla und Geta werden die Gesellschaft von Gladiatoren und Zirkuskutschern, die sie als Cäsaren aufsuchten, benutzt haben, um sich in der Kunst der einen wie der andern unterrichten zu lassen[10]).

Commodus als Gladiator.

Am weitesten ließ sich von der Leidenschaft für das Fechtergewerbe Commodus treiben. Er ließ jeden seiner Besuche in der Gladiatorenschule durch den öffentlichen Anzeiger bekannt machen; nach Cassius Dio bewohnte er darin einen Saal und beabsichtigte am 1. Januar 193 von dort aus in der Rüstung eines Secutors das Konsulat anzutreten, doch wurde er tags zuvor ermordet. Er hatte an den Ehrentiteln der Gladiatoren, die ihm beigelegt wurden, die größte Freude; er soll im ganzen 1000 mal (davon 365 mal unter der Regierung seines Vaters), natürlich stets siegreich, gefochten haben[11]), unter anderm auch bei den Schauspielen, die Clodius Albinus als Prätor gab, auf dem Forum und im Theater. Nach Cassius Dio focht er öffentlich nur mit stumpfen Waffen (und zwar mit der linken Hand, worauf er besonders stolz war) als Secutor gegen Fechtmeister und Gladiatoren, doch auch bei einem vierzehntägigen Schauspiel, das er kurz vor seinem Tode gab, gegen den Präfekten des Prätorium Ämilius Lätus und den Kämmerer Eclectus, die bereits seine Ermordung beschlossen hatten. Für jedes Auftreten ließ er sich eine Million Sesterzen

1) Hist. aug. Pertinax 8, 4. 2) Cic. de or. III 86 (Lucil. frg. 1273 f. Marx). 3) Vgl. oben S. 57. 4) Sueton. Caes. 26, 3. 5) Suet. Calig. 54, 1. Cass. Dio LIX 5, 5. 6) Cass. Dio LXVI 15, 2 (dazu Rostowzew, Röm. Bleitesserae S. 85, 3). 7) Hist. aug. Hadrian. 14, 10. 8) ebd. M. Aurel. 8, 12. 9) ebd. Did. Julian. 9, 1. 10) Cass. Dio LXXVI 7, 1. 11) So sind wohl die Angaben bei Cass. Dio LXXII 22, 2. Herodian. I 15, 8. Hist. aug. M. Aurel. 19, 4f.; Commod. 12, 10f. zu vereinigen. Vgl. Meier a. a. O. S. 55, 1; auch E. Caetani-Lovatelli, Strena Helbigiana (1900) S. 178.

(217500 Mark) aus der Gladiatorenkasse zahlen. Cassius Dio berichtet auch die Akklamationen und Glückwünsche, welche die Senatoren (und darunter er selbst) ihm als Sieger zurufen mußten[1]).

Sogar Frauen gab es, die tapfer den Druck des Visierhelms und der Rüstung aushielten und ächzend die Stöße und Hiebe des Schulfechtens nach der Anweisung des Fechtlehrers gegen einen in die Erde gerammten Pfahl in vorschriftsmäßiger Stellung ausführten[2]). Bei den Frauen aller Stände hatten die Gladiatoren Glück. Unter den zahlreichen, auf Fechter bezüglichen Wandkritzeleien auf den Peristylsäulen eines 1880 ausgegrabenen Hauses in Pompeji sind auch einige, die den Thraker Celadus als »Sehnsucht und Stolz der Frauen und Mädchen« (*suspirium* und *decus puellarum*), den Retiarier Crescens als »Herrn« und »Arzt der Mädelchen« (*puparum*) rühmen[3]). Selbst für die höchsten Damen hatte »das Eisen« einen unwiderstehlichen Reiz und ließ ihnen die Kämpfer der Arena als Hyacinthe erscheinen[4]). Ohne Zweifel waren Heldengestalten unter diesen nicht selten. Antonius, der Cicero an einen Gladiator erinnerte, wurde von andern mit seinem Ahnherrn Hercules verglichen[5]). Nymphidius Sabinus, unter Nero Präfekt des Prätorium, galt für den Sohn des Gladiators Martianus, in den sich seine Mutter, eine Freigelassene, wegen seiner Berühmtheit verliebt hatte[6]). Aber auch von der Gemahlin Marc Aurels, Faustina, wurde behauptet, daß sie zu Cajeta Verhältnisse mit Schiffern und Gladiatoren gehabt habe, und daß Commodus die Frucht einer Liebschaft der letztern Art gewesen sei[7]). Die Gladiatoren hörten sich von Dichtern besingen[8]), sie sahen ihre Porträts auf Töpfen und Schüsseln, Lampen, Gläsern und Siegelringen in allen Läden prangen, ihre Taten wurden von müßigen Händen mit Kohlen und Nägeln auf alle Wände gekritzelt. In Rom und in den Provinzen waren Künstler fort und fort beschäftigt, Theater, Grabmonumente, Paläste und Tempel mit Skulpturen, Mosaiken und Gemälden zu schmücken, die ihren Ruhm auf die Nachwelt bringen sollten und wirklich gebracht haben[9]).

Beliebtheit der Gladiatoren bei den Frauen — beim Publikum.

Man begreift hiernach vollkommen, nicht bloß daß der Hang zu dem blutigen Gewerbe verbreitet sein, sondern auch daß er sich zur Leidenschaft steigern konnte. Die Gefahr gab ihm für Verwegene nur einen Reiz mehr, und sie konnten hoffen, aus einer Reihe von Kämpfen frei[10]) und wohlhabend hervorzugehen. Wenn auch manche zufrieden sein mußten, sich nach erhaltenem Abschiede als Bellonapriester in den Straßen umherziehend das Leben zu fristen[11]), so beschlossen andre (wie der von Horaz erwähnte Vejanius), nachdem sie ihre Waffen als Weihgabe im Herculestempel aufgehängt hatten, ihr Leben auf einem Landgute[12]). Daß Caligula einige Thraker zu Anführern, namentlich

1) Hist. aug. Commod. 8, 5. 11, 10ff.; Clod. Albin. 6, 7. Cass. Dio LXXII 17ff. 2) Juv. 6, 246 ff. 3) CIL IV 4280ff. (Dessau 5142). Nach den Tageszeitungen (z. B. Der Tag Nr. 381 vom 14. August 1921, Beiblatt) sind neuerdings in Pompeji Elfenbeintäfelchen mit Liebesbriefen dortiger Damen an gefeierte Gladiatoren gefunden worden. Näheres ist darüber noch nicht bekannt geworden. 4) Juv. 6, 110ff. Petron. 126, 6: *harena alias accendit aut perfusus pulvere mulio aut histrio.* 5) Cic. Phil. II 63. Plut. Ant. 4, 1. 6) Plutarch. Galba 9, 1. 7) Hist. aug. M. Aur. 19, 7. 8) Martial. V 24. 9) Über Gladiatorendarstellungen in der bildenden Kunst und dem Kunsthandwerk s. unten S. 74 Anm. 1 und Anhang XVII. 10) Vgl. z. B. CIL V 4511 = Dessau 5086 *Threci Voluseno lib(erato) VIII* d. h. nach dem 8. Siege freigelassen; s. dazu Dessau a. a. O. Mommsen, Ges. Schr. VIII 524, 1. 11) Schol. Juv. 6, 105. 12) Horat. epist. I 1, 4f.

einen durch Körperstärke ausgezeichneten Sabinus zum Tribunen seiner germanischen Leibwache machte[1]), gehörte allerdings zu seinen Extravaganzen; doch konnten Gladiatoren wohl ohne besondere Schwierigkeit zu ehrenvolleren Berufsarten übergehen: behauptete doch das Gerücht sogar von dem Kaiser Macrinus, er sei einmal Gladiator gewesen[2]). So verlor auch die durch das Gesetz über sie verhängte Infamie bis auf einen gewissen Grad ihre Bedeutung; auch die Beteiligung von Personen aus den höhern Ständen trug dazu bei, das Gefühl für das Schimpfliche des Fechterhandwerks abzustumpfen, und die Schranken fielen mehr und mehr, welche diese verachteten und ausgestoßenen Menschen von der übrigen Gesellschaft trennten.

Vergleichung der spanischen Stierfechter mit den Gladiatoren.

Das Gewerbe der Stierfechter übt gegenwärtig in Spanien[3]) eine ähnliche Anziehungskraft wie im Altertum das Gladiatorenhandwerk, und aus ähnlichen Gründen; allerdings ist es nicht mit Infamie behaftet und auch minder gefährlich, doch immerhin gefährlich genug. Man nahm im Jahre 1833 an, daß jährlich zwei bis drei Stierfechter in ganz Spanien im Zirkus getötet wurden; viele mußten sich früh infolge von Wunden zurückziehen, wenige erreichten ein höheres Alter. Mehr als der hohe Lohn lockte zu diesem Gewerbe der Ruhm und die leidenschaftliche Teilnahme des Publikums (das übrigens ebensowenig wie das altrömische nachsichtig war und das geringste Zeichen von Furcht mit Zischen und Pfeifen bestrafte). Ein Menschenalter später erschienen die Stiergefechte einem deutschen Beobachter, Th. von Bernhardi, als »das einzige, was Geist und Sinn des spanischen Volks mit Macht in Anspruch nahm«, während das Interesse für das Theater ein auffallend geringes war. »Kein siegreicher Feldherr«, sagt derselbe, »kein Staatsmann kann je auf eine Popularität hoffen, die der der berühmten Stierkämpfer gleich käme.« Ganz Spanien kennt die Namen, unter denen die beliebten Toreros auftreten, und die nicht ihre bürgerlichen sind; ihr Ruhm erstreckt sich weit über das europäische Spanien hinaus, sie treten zuweilen auch jenseits des Weltmeers (z. B. in Peru) auf. Die schwere Verwundung eines berühmten Stierfechters versetzte ganz Madrid in eine Aufregung ohnegleichen, wie sie kein politisches Ereignis hervorrufen könnte; alle vornehmen Damen fuhren wiederholt bei ihm vor, sich persönlich zu erkundigen, öfters hielten im Laufe des Tags lange Reihen von Karossen vor seiner Wohnung, und zu Anfang wurden stündlich, später zweimal täglich Bulletins über sein Befinden ausgegeben. Daß Liebhaber von hoher Geburt die Gefahren und den Ruhm der gewerbsmäßigen Toreros teilten, ist in Spanien wohl niemals selten gewesen (wie es auch in der Zeit des Cervantes geschah); Prosper Mérimée sah zu Sevilla einen Marchese und einen Grafen als Picadore auftreten[4]). Graf Schack kannte einen jungen Prinzipe[5]), der in seinem Garten einen Zirkus erbaut hatte und dort sich mit seinen Bekannten in der Kunst der Tauromachie durch Kämpfe mit jungen Stieren auszubilden suchte, auf deren Hörner Holzkugeln geschraubt waren. Im Winter 1869 fanden in Madrid Stiergefechte fünfjähriger,

1) Joseph. Ant. Jud. XIX 122, vgl. Sueton. Calig. 55. Ohne Zweifel derselbe, den Cass. Dio LX 28, 2 τὸν τῶν Κελτῶν ἐπὶ τοῦ Γαΐου ἄρξαντα nennt (früher mißverstanden), und den Messalina im J. 46 vom Tode rettete. 2) Hist. aug. Macrin. 4, 5. 3) Stiergefechte (s. unten S. 88 f.) sind für Spanien wohl zuerst im 7. Jahrh. bezeugt: König Sisebut (612—620) warf dem Bischofe Eusebius von Tarraco seine Leidenschaft für sie vor. Dahn, Könige d. Germanen V 184. VI 286. 4) Mérimée, Lettres d'Espagne 1830 (Mosaique, Paris 1881 S. 279). 5) Graf Schack, Ein halbes Jahrhundert II² 331.

in derselben Weise ziemlich ungefährlich gemachter Stiere für Dilettanten statt, und zweijährige Stiere wurden in einem geschlossenen kleinen Zirkus von Frauen und Mädchen bekämpft (die zum Teil nichts weniger als jung und schön waren)[1].

Gladiatorenhandel.

Bei der ungeheuren Menge von Fechtern, die jahraus, jahrein in Italien und den Provinzen zu den Schauspielen erfordert wurden, muß der Gladiatorenhandel ein gewinnbringendes Geschäft gewesen sein. Nach dem Senatskonsult von 177/178, das die Spielgeber im ganzen Reich mit Ausnahme Roms erheblich entlasten sollte[2], enthielten damals die Ankündigungen der Fechterspiele stets die Angabe der Kostensumme, welche die Editoren durch Kontrakte mit den gewöhnlich die Fechter stellenden Unternehmern (*lanistae*) im voraus bestimmten. Nach den so stipulierten Summen zerfielen die Schauspieler in 5 Klassen: die geringsten zu 30, die übrigen von 30 bis 60, 60 bis 100, 100 bis 150, 150 bis 200 Tausend Sesterzen (= 6525, bis 13050, bis 21750, bis 32625, bis 43500 Mark) und darüber. Das Senatskonsult bestimmte nun Maximalpreise für die in jeder dieser Klassen auftretenden Gladiatoren. Man unterschied gewöhnliche (*gregarii*), die mit Preisen von 1000 bis 2000 S. (217,5 bis 435 Mark), und bessere, die, wiederum nach drei oder fünf Qualitätsstufen unterschieden, mit Preisen von 3000 bis höchstens 15000 S. (652,5 bis 3262,5 Mark) bezahlt werden sollten. Bei jedem Schauspiel der vier höheren Klassen sollte aber an jedem Tage die Hälfte der Fechter aus *gregarii* bestehen: erklärten die Unternehmer, die erforderliche Zahl nicht stellen zu können, so wurden die statt derselben gestellten besseren Fechter ihnen nur zum Preise der *gregarii* angerechnet. Die Preisnormierungen der Gladiatoren sollten aber nur für die (größeren) Städte gelten, in denen bisher höhere Preise gezahlt werden mußten; für kleinere Städte sollten Durchschnittspreise maßgebend sein, die sich aus den Rechnungen der Schauspiele während der letzten zehn Jahre ergaben. Waren außer den Preisen der Fechter noch Prämien für die Sieger zwischen Editoren und Unternehmern bedungen worden, so sollte davon den freiwilligen (*auctorati*) der vierte, den Sklaven der fünfte Teil zufallen. Die sich freiwillig verdingenden (welche dies vor einem Volkstribunen erklären mußten[3]), doch gewiß nur, wenn sie römische Bürger waren) erhielten 2000 Sesterzen (435 M.); die von der Pflicht des Kampfes entbundenen (*liberati*) sollten bei einem nochmaligen Auftreten nicht über 12000 Sesterzen (2610 Mark) geschätzt werden. So wenig den vornehmen Besitzern solcher Banden die Vermietung oder der Verkauf ihrer Fechter zur Unehre gereichte, so sehr galt doch die gewerbsmäßige Betreibung derartiger Geschäfte als ehrlos[4]). Martial wunderte sich, daß ein Mensch, der zu jeder Schändlichkeit bereit war, nicht Geld hatte: er war ja doch Angeber, Verleumder, Betrüger und Gladiatorenhändler[5]). Diese Leute, meist selbst Fechtmeister, waren teils ansässig, teils zogen sie umher[6]), und

1) Bernhardi, Reiseerinnerungen aus Spanien (1869—1871) 1886 S. 35. 247 f. 2) CIL II 6278 = Dessau 5163, dazu Mommsen, Ges. Schr. VIII 499 ff., vgl. oben S. 12, 1. 3) Juvenal 11, 7 f. *non regente quidem, sed nec prohibente tribuno scripturus leges et regia verba lanistae*, vgl. Mommsen a. a. O. 525, 1. 4) Vom Munizipalsenat ist nach der Lex Julia municipalis (CIL I² 593 = Dessau 6085) Z. 123 u. a. ausgeschlossen *queive lanisturam artemve ludic(r)am fecit fecerit;* daher die Zusammenstellung mit den *lenones* Juven. 6, 216. 5) Martial. XI 66. 6) Sueton. Vitell. 12 *circumforano lanistae*.

kauften und verkauften Gladiatoren; teils vermieteten sie ihre Banden an Veranstalter von Spielen, teils werden sie auf eigne Rechnung Spiele für Geld gegeben haben, was ebenfalls als ein schmutziger Gewinn galt[1]). Daß solche Banden unter Augustus Regierung in Rom zahlreich waren, geht daraus hervor, daß sie bei der Teuerung in den Jahren 6—8, wo die Familien der Sklavenhändler und die Fremden ausgewiesen wurden, ausdrücklich mitgenannt werden[2]).

Kaiserliche Gladiatorenschulen in Rom und deren Verwaltung.

Eine Gladiatorenschule gab es in Rom schon zur Zeit des Horaz[3]). Caligula, der eine bedeutende Zahl von Gladiatoren unterhielt[4]), scheint dort ebenfalls eine solche gehabt zu haben; der ältere Plinius erwähnt, daß in derselben der Thraker Studiosus eine rechte Hand hatte, die länger war als die linke, und daß unter zwanzig Paaren, die sich dort befanden, nur zwei Fechter waren, die bei einem Zucken mit der Waffe nicht mit den Augen blinzten[5]). Die vier seitdem oft erwähnten kaiserlichen Schulen[6]) — die große, gallische, dacische und Tierkampfschule (*ludus matutinus*) —, welche das Flavische Amphitheater umgaben, hat Domitian nicht, wie es in der Stadtchronik heißt, neu, sondern wohl nur ausgebaut[7]). Sie umfaßten umfangreiche Baulichkeiten, von denen Rüstkammer, Waffenschmiede und Leichenkammer genannt werden[8]), und hatten ein großes Verwaltungspersonal, namentlich Fechtmeister, Ärzte, Rechnungsführer, Aufseher der verschiedenen Gebäude und Anstalten; an der Spitze der großen und der weniger angesehenen Tierkampfschule standen seit Domitian Prokuratoren aus dem Ritterstande[9]). Zu dieser Stellung wurden teils gewesene Offiziere, namentlich Legionstribunen[10]), teils Verwaltungsbeamte[11]), auch solche, die schon die Oberleitung der fiskalischen Verwaltung einer ganzen Provinz gehabt hatten[12]), befördert; sie war eine Vorstufe für höhere Finanzämter[13]), wie für die Verwaltung der Erbschaftssteuer; selbst die Stellung des Unterprokurators bei einer kaiserlichen Schule war schon eine angesehene[14]).

Kaiserliche Gladiatorenschulen außerhalb Roms.

Auch außerhalb Roms gab es kaiserliche Gladiatorenschulen, von denen vier zu Capua[15]), Präneste[16]), Alexandria (diese bereits unter Augustus bestehend)[17])

1) Tac. A. IV 62 *ut qui — in sordidam mercedem id negotium quaesivisset.* 2) Sueton. Aug. 42, 3 *lanistarum familias.* Cass. Dio LV 26, 1. 3) *Aemilium circa ludum* Horat. Ars poet. 32 und dazu Porf., vgl. Jordan, Hermes IX 1874 S. 416ff. und Urlichs, Archäol. Analekten 1885 S. 19ff., welcher glaubt, daß sie durch das Amphitheater des Statilius Taurus (29 v. Chr.) notwendig geworden und bald nach demselben (wohl in der Nähe) erbaut worden sei. Aus Cic. Cat. II 9 kann auf das Bestehen einer Gladiatorenschule in Rom im Jahre 63 v. Chr. nicht geschlossen werden. 4) Joseph. A. J. XIX 253. 5) Plin. n. h. XI 144. 245. 6) Mommsen, Chron. min. I 146. 7) Hirschfeld, Verw.Beamte S. 289f.; Mommsen StR. II³ 1071, 1 glaubt, daß, da der Ludus magnus erst mit und nach dem Flavischen Amphitheater entstanden sein könne, der Ludus matutinus (unten S. 77) vor Vespasian die einzige Fechterschule in Rom war. 8) Not. reg. II *armamentarium samiarium spoliarium.* Über die Lage der Ludi und ihre Verbindung mit dem Colosseum Hülsen-Jordan, Topographie I 3 S. 298ff. 9) Hirschfeld a. a. O. 10) CIL XIV 160 = Dessau 1428. X 1685 = Dessau 1397. 11) CIL XIV 2922 = Dessau 1420. VIII 7039 = Dessau 1437. 12) CIL XI 5213 = Dessau 1338. Vgl. auch Dessau 9002. 13) So auch CIL VIII 8328 (vgl. add. p. 968). 14) CIL II 1085 = Dessau 1406. 15) Hist. aug. Did. Julian. 8, 3; Mau (Röm. Mitt. V 1890 S. 38f.) vermutet, daß es in Capua zwei von Cäsar und Nero gestiftete Ludi gab, die ihre Gladiatoren (*Iuliani* und *Neroniani*) auch an Private vermieteten und verkauften. 16) Tac. A. XV 46. Daß sie kaiserlich war, ergibt sich aus der Bewachung durch Soldaten. 17) *Procur(ator) famil(iae) glad(iatoriae) Caes(areae) Alexandreae ad Aegyptum* CIL X 1685 = Dessau 1397; vgl. auch Pap. Lips. 57 vom J. 261, dazu Wilcken, Arch. f. Papyrusk. III 1906 S. 566.

und Pergamum[1]) bekannt sind, die (wie vielleicht noch andre) ihre eigne Verwaltung hatten. Im allgemeinen aber war in den Provinzen die Zahl der kaiserlichen Gladiatoren nicht so groß, daß auch nur jede Provinz ihren eignen Prokurator gehabt hätte; die Oberleitung der sämtlichen Familien in Gallien, Spanien, Germanien, Britannien und Rätien lag in der Hand eines einzigen Beamten, ebenso die der Familien in den asiatischen Provinzen einschließlich Cyprus[2]). Diese Beamten bereisten ohne Zweifel von Zeit zu Zeit ihre Bezirke, um die nötigen Anordnungen, namentlich auch in bezug auf die Auswahl der erforderlichen Leute für die Schauspiele Roms zu treffen, und standen überhaupt gewiß mit den Prokuratoren in Rom in steter Korrespondenz. In den einzelnen Provinzen besorgten wahrscheinlich Unterprokuratoren die laufenden Geschäfte. Die Provinzialstatthalter konnten Fechter und Tierkämpfer nur aus ihrer eignen Provinz requirieren[3]); zum Transport derselben aus einer Provinz in die andre bedurfte es nach einem Reskript des Severus und Caracalla kaiserlicher Erlaubnis[4]). Die zum Tierkampf Verurteilten freizugeben hatten die Statthalter nicht das Recht, sondern sollten, wenn jene durch Stärke und Geschicklichkeit »würdig« waren, dem römischen Volk gezeigt zu werden, beim Kaiser anfragen[5]). Ob und wie lange ein im Jahre 57 von Nero erlassenes Edikt in Kraft geblieben ist, daß die Provinzialstatthalter weder Gladiatorenspiele noch Tierhetzen oder andre Schauspiele geben sollten (da sie häufig so die Gunst der Massen zu gewinnen und Anklagen wegen Bedrückung abzuwenden gesucht hatten), ist unbekannt[6]).

Zahlen der kaiserlichen Gladiatoren in Rom.

Die Zahl der kaiserlichen Gladiatoren in Rom selbst war zu allen Zeiten sehr beträchtlich. Josephus, der bei der Erzählung der Ereignisse nach Caligulas Ermordung erwähnt, daß die Masse der in das Lager der Prätorianer geströmten Gladiatoren ansehnlich war[7]), meint offenbar nur die kaiserlichen. Nach Neros Tode waren es 2000, durch welche Otho sein Heer verstärkte[8]), und 200 Jahre später unter dem dritten Gordian ebensoviele, welche der Kaiser Philippus sämtlich bei der Feier des tausendjährigen Bestehens der Stadt fechten ließ[9]); in einem Festzuge des Kaisers Gallienus gingen zwölfhundert[10]), in dem Triumphzuge Aurelians angeblich sechzehnhundert[11]). Da nun die in Italien und den Provinzen befindlichen kaiserlichen Fechter in kurzer Zeit in beliebiger Anzahl nach Rom zu ziehen waren, so konnten bei außerordentlichen Gelegenheiten ohne Schwierigkeit mehrere Tausende verwendet werden.

Einrichtung der Schulen.

Von der Einrichtung der Gladiatorenschulen haben wir eine Vorstellung durch den Grundriß der großen Schule auf einem Fragment des in Marmor gegrabenen Stadtplans von Rom aus der Zeit der Severe[12]); eine viel deutlichere jedoch, seit man entdeckt hat, daß der früher für ein Soldatenquartier oder einen Markt ge-

1) CIL III 14192[12]. 2) CIL III 249 (= Dessau 1396); vgl. 6994 [*proc*(*urator*)] *Aug*(*ustorum*) *ad f*[*amil*(*ias*)] *gladiat*(*orias*) [*per*] *Asiam e*[*t cohae*]*rentes p*[*rovin*]*cias*. Dessau 9014 *proc*(*urator*) *familiarum*) *glad*(*iatoriarum*) *per Aem*(*iliam*), *Transp*(*adanam*), *d*[*uas Pannon*]*ias*, *Delmatiam*. Mommsen a. a. O. 1071, 2. Hirschfeld a. a. O. 292, 2. Hülsen, Röm. Mitt. XXIII 1908 S. 75 f. 3) Cass. Dio LXXVI 10, 3. Acta S. Pionii 18, 8. 4) Modestinus Dig. XLVIII 19, 31. 5) Dig. a. a. O. 6) Tac. A. XIII 31. 7) Joseph. A. J. XIX 253. 8) Tac. Hist. II 11. 9) Hist. aug. Gordian. 33, 1 f. 10) ebd. Gallien. 8, 3. 11) ebd. Aurelian. 33, 4. 12) Jordan, Forma Urbis tab. I 4. XV 102 (dazu Bull. arch. comun. XXVII 1899 Taf. I. II nr. 16).

haltene Platz in Pompeji die Überreste einer durch einen Umbau aus einer älteren Anlage hergestellten Gladiatorenkaserne enthält, was sich namentlich aus den dort gefundenen, eben nur von Gladiatoren getragenen Visierhelmen ergibt[1]). Ein länglich-viereckiger Platz (56 m lang, 45 breit) ist von einer Halle umgeben, deren Dach 74 dorische Säulen trugen. Außer einigen nicht mit Sicherheit zu bestimmenden Räumen enthält das Gebäude eine große Küche, ein Gefängnis, endlich in zwei Stockwerken übereinander 71 (wohl von je 2 Mann zu bewohnende) Wohn- und Schlafzellen, die im Durchschnitt 4 m im Quadrat messen, keine Fenster haben und auf die Säulenhalle münden[2]). Wände und Säulen waren mit Inschriften[3]) und Bildern, die sich auf Gladiatoren beziehen, bekritzelt; an der Außenmauer befand sich unter anderm die Anzeige eines Fechterspiels; zwei Bilder, die Trophäen von Gladiatorenwaffen vorstellen, sind noch erhalten[4]).

Härte der Zucht.

Um Banden im Zaume zu halten, die ganz oder zum Teil aus Verbrechern und Kriegsgefangenen bestanden, aus verzweifelten Menschen, von denen man sich des Äußersten versehen konnte, mußten die wirksamsten Maßregeln getroffen werden. Die Gladiatoren waren völlig entwaffnet, wurden in mehr oder minder strenger Haft gehalten, in kaiserlichen Schulen von Soldaten bewacht. Spartacus und seine Genossen entkamen aus der Schule zu Capua, in der sie gehalten wurden, nach Überwältigung der Wachen, bewaffneten sich mit Schwertern, die sie in Capua raubten, mit Stöcken und Dolchen von Reisenden und selbstgeschmiedeten Waffen[5]). Die gelegentlich berichteten Selbstmorde von Gladiatoren wurden nach Überlistung der Wachen ohne Waffen ausgeführt[6]). Ein im Jahre 64 von den kaiserlichen Gladiatoren zu Präneste versuchter Ausbruch ward durch die dortige Wachmannschaft verhindert[7]). Die Zucht wurde mit der grausamsten Härte betrieben, wie es schon bei der Anwerbung der erwähnte Eid verkündete[8]). Außer den Strafen der Geißelung und des Brennens mit glühendem Eisen wurde besonders Kettenstrafe angewendet. In dem Gefängnis der pompejanischen Fechtschule, in dem man nur sitzen oder liegen konnte, hat man ein zur Fesselung von zehn Gefangenen eingerichtetes Fußeisen und die Gebeine von vier derselben gefunden[9]).

Sorgfalt in der Diät.

Nur eins unterschied die Behandlung der Gladiatoren von der verurteilter Verbrecher: die aufmerksame Fürsorge für ihr körperliches Wohlbefinden. Die Schulen wurden besonders an Orten angelegt, die sich durch gesunde Luft auszeichneten, wie Capua mit seinem paradiesischen Klima, Präneste mit seiner reinen Gebirgsluft, Alexandria, wo die Seewinde die Sommerhitze milderten. Ihre Kost war eine auf übermäßige Herausbildung der Muskeln be-

1) Mus. Borb. V 11; vgl. Garrucci, Bull. Nap. N. S. I (1853) S. 99ff. Minervini ebd. VII (1859) S. 116—120. 175. S. oben S. 60. 2) Nissen, Pompej. Studien S. 253ff. Mau, Pompeji[2] S. 164ff.; der Platz mit der Porticus diente früher dazu, den Besuchern des großen Theaters bei plötzlichem Regen Schutz zu gewähren. 3) CIL IV 2464ff. 4) Bull. Nap. N. S. VII 1859 tav. X. Ein Haus der Nolaner Straße in Pompeji, in dem irgendwann aus unbekannten Gründen Gladiatoren einquartiert gewesen sind, Mau, Röm. Mitt. V (1890) S. 25ff. XVI (1901) S. 288f., die Inschriften CIL IV 4280ff., vgl. A. Stein in Burs. Jahresber. CXLIV 1910 S. 259ff. 5) Appian. b. civ. I 116. Vellei. II 30, 5. Flor. II 8. 6) Seneca ep. 70, 20. Symmach. ep. II 46, 2. 7) Tac. A. XV 46. 8) Oben S. 60. 9) Overbeck-Mau, Pompeji[4] S. 196. Mau, Pompeji[2] S. 169.

rechnete Mast[1]), zu der namentlich Gerstenspeisen verwendet wurden, daher man sie spottweise Gerstenesser (*hordearii*) nannte[2]). Galen sagt, daß die (von ihm ärztlich behandelten) Gladiatoren zu Pergamum Tag für Tag Bohnenbrei mit Gerstengraupen aßen, wodurch sie allerdings nicht straffes und festes, sondern lockeres Fleisch erhielten[3]). Auch das von Juvenal erwähnte »Gemengeessen der Fechtschule«, zu dem sich der Schlemmer entschließen muß, der sein Vermögen verpraßt hat[4]), zeigt, daß die Gladiatorenkost im allgemeinen für schlecht galt. Die Speisen wurden ihnen vorschriftsmäßig bereitet und gereicht[5]); so »aßen und tranken sie, was sie in Blut wieder von sich geben sollten«[6]). Bewährte Chirurgen heilten ihre Verletzungen; mehrere Rezepte solcher Spezialisten für Gladiatorenwunden hat Scribonius Largus aufbewahrt[7]); Ärzte wachten darüber, daß die ganz genau geregelte Diät streng beobachtet wurde[8]); besondere Sklaven (*unctores*) besorgten die Einreibungen, auf die man im Altertum großen Wert legte[9]).

Organisation der Gladiatoren.

Behufs gemeinsamer Verehrung von Schutzgottheiten, vielleicht auch zu andern Zwecken wurde den Gladiatoren ebenso wie andern, namentlich kaiserlichen Sklaven[10]) gestattet, Vereine zu bilden[11]). So bildete eine Anzahl der Gladiatoren des Commodus nach einer Inschrift aus dem Jahre 177 eine Genossenschaft, die den Silvanus verehrte[12]), ebenso hatten sich dort die Träger der *summa rudis*[13]) zu einer Vereinigung zusammengetan[14]). In Dea (Die) bildeten die »Jäger, die in der Arena Dienst tun« (d. h. im Amphitheater bei Tierhetzen auftreten), eine Innung[15]), und ähnliche gab es auch an anderen Orten[16]). Auch die einzelnen Waffengattungen, die unter sich durch strenge Rangabstufung geschieden waren[17]), scheinen kameradschaftlich zusammengehalten zu haben. Einem Thraker wurde z. B. ein Grabmal von der »gesamten Mannschaft (*armatura*) der Thraker« errichtet[18]), einem Secutor von seinem Waffenbruder (*coarmio*)[19]), doch bildeten sich natürlich in denselben Schulen auch freundschaftliche Verhältnisse zwischen Fechtern verschiedener Waffen. Das Grabmal eines Retiariers der großen Schule zu Rom wurde von einem Murmillonen derselben Schule errichtet, dessen Tischgenoß (*convictor*) er gewesen war[20]).

Fechtunterricht.

Jede Waffengattung hatte, wie sich versteht, ihre eignen Lehrer[21]). Die Neu-

---

1) Cyprian. ad Donat. 7: *inpletur in sucum cibis fortioribus corpus, ut arvinae toris membrorum moles robusta pinguescat, ut saginatus in poenam carius pereat.* 2) Plin. n. h. XVIII 72. Vgl. Sueton. de gramm. et rhet. 26. 3) Galen. VI 529. 4) Juv. 11, 20. 5) Tac. Hist. II 88: *singulis in militibus Vitellius paratos cibos ut gladiatoriam saginam dividebat.* 6) Seneca ep. 37, 2. 7) Scribon. Larg. de comp. medic. 101. 203. 207. 208; vgl. Plin. n. h. XXVI 135. 8) Ein *medicus ludi matutini* z. B. CIL VI 10172 = Dessau 5152, mehr bei Hirschfeld a. a. O. 199, 4. Bronzebild, von den θηρεύτορες ἄνδρες = *venatores* zu Korinth ihrem Arzt errichtet, IG IV 365 = Kaibel, Epigr. graeca 885. 9) CIL VI 631 = Dessau 5084 Z. 25. 10) Liebenam, Vereinswesen S. 130ff. 11) Liebenam a. a. O. S. 121f. 12) CIL VI 631f. = Dessau 5084. 5084a. 13) S. unten S. 69 Anm. 10. 14) κολλήγιον ἐν Ῥώμῃ τῶν σουμμαρούδ[ων] IGR III 215 (Ancyra). 15) CIL XII 1590 = Dessau 5148. 16) CIL XI 862 = Dessau 7559 *colleg. harenariorum* (in Rom), vgl. CIL XIII 3941 = Dessau 7059. Auch die Inschrift zu Puteoli CIL X 1589 *Merc(urio) retiari(i) ... mag(istri) curarunt* rührt vielleicht von einem Gladiatorenkollegium her. 17) Juven. 6, 365, 7ff. 18) CIL VI 10197 = Dessau 5089. 19) CIL X 7297 = Dessau 5113. 20) CIL VI 10169 = Dessau 5124 *D. M. Priori retiario lud. mag. Iuvenis murmillo lud. mag. conv(i)ctori b. m. f.* Vgl. CIL XI 1070 = Dessau 5118. 21) *Doctor* allein CIL V 4502. VI 10183 = Dessau 5108a. 5110. CIL VI 10198f.; *doctor Thraec(um)* CIL VI 10192 = Dessau 5091 (vgl. *docet Faustus* CIL V 5124 =

linge übten sich an einem Strohmann oder Pfahl zuerst mit Stockrapieren[1]); die später zur Übung dienenden Waffen waren schwerer als die zum wirklichen Kampf bestimmten[2]); vielleicht haben die in der Schule zu Pompeji gefundenen, außerordentlich schweren zu den erstern gehört. Die Fechtkunst der Gladiatoren war offenbar eine systematisch ausgebildete, ihre technischen Ausdrücke auch dem Publikum geläufig. Quintilian vergleicht die Erwiderungen der Gerichtsredner auf Gegenreden mit den Fechterkünsten der Gladiatoren, »deren Sekunden Terzen werden, wenn die erste geführt war, um den Gegner zu einem Stoß zu veranlassen, und Quarten, wenn die Finte eine zwiefache war, so daß zweimal pariert und zweimal nachgestoßen werden mußte«[3]). Die Kommandos des Schulfechtens (*dictata*), deren sich die Lehrer bei den Übungen bedienten[4]), wurden den Fechtern auch in der Arena aus dem Publikum zugerufen[5]), und solche Zurufe sollen zuweilen selbst den bestgeschulten Gladiatoren von Nutzen gewesen sein[6]). Der Konsul P. Rutilius (105 v. Chr.) ließ durch Lehrer aus der Fechtschule »die feinere Kunst des Parierens und Stoßens« den Legionssoldaten beibringen[7]). Besonderer Wert wurde, wie es scheint, auf die Fertigkeit im linkshändigen Fechten gelegt, durch welche sich auch Commodus auszeichnete[8]).

Rangordnungen.

Die Schulen hatten eine Art militärischer Organisation. Wohlklingende und schmeichelhafte Namen wurden freigebig erteilt, und auch die Namen berühmter Fechter aus früherer Zeit gern aufs neue angewandt[9]). Glückliche Kämpfe erhoben die Gladiatoren zu den höheren Stellen in ihrer Waffe, mit denen vermutlich eine Befehligung der Gemeinen verbunden war[10]), und machten sie zu

---

Dessau 5092); *doctor murmillonum* CIL V 1907. VI 10174. 10175 (= Dessau 5103); *doctor secutorum* CIL VI 4333 = Dessau 5116; *doctor oplomachor(um)* CIL VI 10181 = Dessau 5099 (vgl. Dessau 9341); *doc(tor) vel(itum)* Dessau 9342; vgl. auch den *magister Samnitium* bei Cic. de orat. III 86; dagegen beruht der von M. Haupt, Opusc. III 335 f. verteidigte *ludi [gladiatorii] magister* der Vita Verg. p. 4, 52 Brummer auf Interpolation.

1) Einen solchen *palus* glaubt Henzen auf einer Lampe zu erkennen: Expl. mus. Burg. Tav. VII 1 und Bull. d. Inst. 1843 S. 93. 2) Seneca. controv. IX praef. 4. Veget. r. mil. I 12. 3) Quintilian. V 13, 54. 4) Sueton. Caes. 26, 3. Petron. 45, 12 *Thraex, qui et ipse ad dictata pugnavit,* d. h. ein schulmäßig gebildeter Fechter; vgl. die *dictata magistri* Juven. 5, 122. 5) Hieron. ep. 48, 12 (p. 368, 1 Hilb.) *delicata doctrina est pugnanti ictus dictare de muro,* vgl. Comm. Ezechiel. XIII praef. (Migne lat. XXV 405) *facile est dare dictata de populo et singulos ictus calumniari.* 6) Tertullian. ad martyr. 1. 7) Valer. Max. II 3, 2. 8) Ein Linkshändiger hieß *scaeva* (wovon *Scaevola*). Buecheler, Coniectanea (Bonn 1877) S. 12 führt aus Ulpian. Dig. XXI 1, 12 § 3 an: *sciendum est scaevam non esse morbosum vel vitiosum, praeterquam si inbecillitate dextrae validius sinistra utitur, sed hunc non scaevam sed mancum esse,* und emendiert Seneca Controv. III praef. 10 vortrefflich: *quidam sic cum scaeva componi cupiunt quomodo a l i i t i m e n t* (statt *aliti est*). Vgl. Henzen, Bull. d. Inst. 1879 S. 46 f. CIL VI 10180 = Dessau 5105 *murm(illo) scaev(a)*. Scaeva als Gladiatorenname: Victor Caes. 17, 5 f. CIG 2889 Θρᾷξ Σκευᾶς. Kaibel, Epigr. gr. 529 Βίκτωρ Σκευᾶς. Es beruht daher nicht auf Versehen, wenn bildliche Darstellungen zuweilen Gladiatoren das Schwert in die linke Hand geben, Heuzey, Mission archéol. en Macédoine (1876) S. 83. P. J. Meier, Westd. Ztschr. I 1882 S. 168. Über Commodus (Cass. Dio LXXII 22, 3) s. oben S. 61. 9) Vgl. hierüber den Anhang XIV. 10) In diesem Sinne muß die Bezeichnung als *primus palus* (gebildet nach dem Vorbilde von *primus pilus*) zu verstehen sein; genannt wird ein *palus primus secutorum* (Hist. aug. Commod. 15, 8, vgl. πρωτόπαλος Cass. Dio LXXII 22, 3; *secutori palo primo* CIL V 5933. VI 10189 = Dessau 5115. 5114), *myrmillo primus palus* (CIL X 1926 = Dessau 5100), πᾶλος πρῶτος ἀσσεδαρίων (IG XIV 1832). Die Ausdrücke *summa* und *secunda rudis* (Dessau 5128—5132 mit Dessaus Anm. zu 5128) sind wohl mit Mommsen (Hermes XXI 1886 S. 269) von der Ernennung einzelner emeritierter Gladiatoren (*rudiarii* Suet. Tib. 7, 1) zu Fechtaufsehern (*rudis* ῥάβδος ἡ τῶν ἐπιστατῶν τῶν μονο-

Veteranen. In der zur Verehrung des Silvanus vereinten Genossenschaft der Gladiatoren des Commodus bestand z. B. die erste Dekurie aus Veteranen von 6 verschiedenen Waffen, in der zweiten stand ein Veteran an der Spitze, die übrigen waren meistens Tironen [1]). Endlich erhielten sie als Zeichen der Entlassung das Stockrapier (*rudis*), doch traten auch ausgediente Gladiatoren für gute Belohnung wieder auf [2]), oder taten als Lehrer Dienste.

Anhänglichkeit der Gladiatoren an ihren Stand und Treue gegen ihre Herren.

Gewiß war die Zahl derer nicht klein, die ihren Stand mit keinem andern vertauschen mochten. Unter den kaiserlichen Gladiatoren, sagt Epictet, sind manche unwillig, wenn man sie nicht auftreten läßt. Sie beten deshalb zu den Göttern und bestürmen die Prokuratoren, fechten zu dürfen [3]). Unter Tiberius Regierung, als Spiele selten waren, hörte Seneca einen Murmillonen klagen: »welch hübsche Jahre gehen da verloren!« [4]) Ein Gefühl von Standesehre beseelte sie häufig; sie hielten es für Schande, mit Schwächeren zu fechten [5]). Eine wilde Tapferkeit und die Gewißheit, daß Liebe zum Leben am wenigsten Erbarmen bei den Zuschauern fand, erfüllte sie mit der äußersten Todesverachtung. Sie empfingen die schwersten Wunden ohne Laut [6]), sandten, von Blutverlusten erschöpft, zu ihren Herrn mit der Frage, ob sie aufhören oder sterben sollten [7]); auch die Furchtsamsten wußten zu fallen [8]).

Verwendung von Gladiatoren in Kriegen.

Wo Gladiatoren in Bürgerkriegen verwandt worden sind, was auch in der Kaiserzeit öfters geschehen ist, haben sie auch im offenen Felde vielfach mit Tapferkeit gekämpft, ja sie haben denen, die sie für die Arena mästeten, aufopfernde Hingebung bewiesen. Als nach der Schlacht bei Actium Fürsten und Völker sich von der verlornen Sache Marc Antons abwandten, blieben die Gladiatoren, die er in Cyzicus für seine vermeintlichen Siegesfeste hatte einüben lassen, ihm treu. Auf eigene Hand brachen sie auf, um zu ihm nach Ägypten vorzudringen, ließen sich durch Vorstellungen und Hindernisse nicht zurückhalten, sandten, da sie sich nicht durchschlagen konnten, Botschaft an Antonius, daß er zu ihnen nach Syrien kommen möchte, und gaben ihn erst auf, als er weder kam noch antwortete [9]). Auch L. Antonius [10]) und D. Brutus [11]) verstärkten ihre Scharen durch Gladiatoren. Die zweitausend von Otho in sein Heer eingereihten, »eine häßliche Hilfe, die aber im Bürgerkriege auch von strengen Führern angewendet worden war« [12]), erwiesen im Gefechte nicht dieselbe Standhaftigkeit wie Soldaten [13]); von den zu Terracina überfallenen Gladiatoren des Vitellius waren es nur wenige, die Wiederstand leisteten und nicht ungerächt fielen [14]). Marc Aurel, der in der Not des Markomanenkriegs sogar Sklaven bewaffnete, bildete eine Schar von Gladiatoren, die er die »Gehorsamen« (*obsequentes*) nannte [15]). Auch Didius Julianus ließ bei dem Anmarsche des Severus die Gladiatoren zu Capua bewaffnen [16]).

μάχων Corp. gloss. lat. II 175, 46; vgl. Passio Perp. et Felic. 10, 8 *ferens virgam quasi lanista*) zu verstehen. Ein andrer Erklärungsversuch bei P. J. Meier, Rhein. Mus. XLII 1887 S. 132ff.

1) CIL VI 631 = Dessau 5084; die Wendung ebd. VI 632 = Dessau 5084a *feliciter ordini potestatium et cultis doctoribus* weist deutlich auf die bevorzugte Stellung der höheren Chargen (*summa rudis* u. a.) und Fechtlehrer hin. 2) Sueton. Tib. 7, 1. 3) Epictet. Diss. I 29, 37. 4) Seneca de provid. 4, 4. 5) ebd. 3, 4. 6) Seneca de const. sap. 16, 2. Cic. Tusc. II 46. 7) Cic. Tusc. II 41. 8) Cic. a. a. O. Seneca ep. 30, 8. 9) Cass. Dio LI 7, 2ff., vgl. Joseph. A. J. XV 195; B. J. I 392. 10) Appian. b. c. V 30. 33. Sueton. Aug. 14. 11) Vell. II 58, 2. Appian. b. c. III 49. 12) Tacit. H. II 11. 13) ebd. II 23. 34f. 43. 14) ebd. III 57. 76f. 15) Hist. aug. M. Aurel. 21, 7. 23, 5. 16) ebd. Did. Julian. 8, 3.

Elend — Selbstmorde und Meutereien in den Gladiatorenschulen.

Unter diesen Banden von verworfnen und herabgewürdigten, rohen und stumpfsinnigen Menschen war das Geschick derer, die bessere Tage gesehen hatten, doppelt trostlos. In jener Schulrede des Jünglings, der sich hat anwerben lassen, um seinen Vater bestatten zu können, wird geschildert, wie ihm, der nun eine Sklavenrüstung trägt, im Augenblicke, wo er einen schimpflichen Tod erwartet, die Bilder einer glücklichen Vergangenheit vor die Seele treten, wie er alles dessen gedenkt, was er nie wiedersehen soll, seines Hauses, seiner Familie, seiner Freunde, und daß er einst in bezug auf Abkunft, Vermögen, Bildung über dem Veranstalter des Schauspiels gestanden[1]). Wehe dem, den in der Gesellschaft von Gemeinheit, Laster und Elend solche Erinnerungen überkamen! Ihm ward das Leben zur unerträglichen Qual, er sehnte und suchte den Tod als einziges Glück. Vergebens war dann die strengste Bewachung, vergebens, daß man ihm alle Mittel zum Selbstmorde entzogen hatte, er führte seinen Vorsatz nur mit um so größerem Heroismus aus. Es liegt in der Natur der Sache, daß solche Fälle nur vereinzelt berichtet werden; sie werden deshalb nicht selten gewesen sein. Welche Greuel, die niemand erfuhr, im Innern jener scheußlichen Höhlen vorgehen konnten, davon gibt jene von L. Balbus an Fadius verübte Untat eine Probe[2]). Seneca berichtet (in der letzten Zeit Neros) zwei heroische Selbstmorde von Tierkämpfern, die damals kürzlich vorgefallen waren. Der eine derselben, der am frühen Morgen auf einem Karren zwischen Wachen sitzend zum Schauplatze gefahren wurde, stellte sich, als wenn er vom Schlaf überwältigt einnickte, ließ endlich den Kopf so tief sinken, daß er ihn zwischen die Radspeichen bringen konnte, und hielt sich in dieser Stellung so lange, bis ihm die Umdrehung des Rads das Genick brach[3]). Auch Verschwörungen, Meutereien und gewaltsame Ausbrüche waren in den Gladiatorenschulen vermutlich häufig, wenngleich ein zweiter Spartacus sich nicht mehr fand. Ein Versuch der Gladiatoren zu Präneste, sich zu befreien, erregte im Jahre 64 zu Rom ernstliche Besorgnisse, wurde aber von dem dort zu ihrer Bewachung aufgestellten Militärposten unterdrückt[4]). Unter der Regierung des Kaisers Probus gelang es 80 Gladiatoten, in Rom selbst auszubrechen; erst nach tapfrer Gegenwehr wurden sie überwältigt[5]). Ein Ereignis, das alle erwähnten an Furchtbarkeit weit übertrifft, erwähnt Symmachus gelegentlich in einem Briefe. Ein Teil jener kühnen Sachsen, die sich damals auf kleinen Böten aus der Nordsee in den Ozean wagten und durch ihre Raubzüge die Küsten Galliens mit Schrecken erfüllten, war in die Hände der Römer gefallen. Eine Anzahl von ihnen sollte in den von Symmachus veranstalteten Spielen auftreten. Am ersten Tage hatten sich 29 von ihnen mit bloßen Händen gegenseitig erwürgt[6]).

Anzeigen der Fechterspiele.

Die Fechterspiele wurden durch Anzeigen bekannt gemacht[7]), welche die Festgeber an den Mauern der Häuser und öffentlichen Gebäude, auch an denen der Grabdenkmäler, die sich vor den Toren der Städte zu beiden Seiten der

1) Quintilian. Decl. IX 7; vgl. oben S. 59. 2) Cic. ad fam. X 32, 3 (oben S. 55). 3) Seneca ep. 70, 3 (der Wagen muß, wie die jetzt von den römischen Carrettieri benutzten, sehr hohe Räder gehabt haben); das andre Beispiel (ebd. § 20) betrifft einen Germanen, in welchem Göttling (Annali d. Inst. 1841 S. 60) Thumelicus vermutete, ein Einfall, der mit Recht wieder vergessen worden ist. 4) Tac. A. XV 46. 5) Zosim. I 71, 3. 6) Symmach. ep. II 46, 2. 7) Marquardt StV. III² 561.

Landstraßen hinzogen, durch eigens dazu bestellte Schreiber mit Farbe anmalen ließen; daher in Grabschriften diese Schreiber zuweilen ersucht werden, das betreffende Grab zu verschonen[1]). Auf zwei Grabmonumenten vor dem Nuceriner Tor von Pompeji standen Anzeigen von amphitheatralischen Spielen in Nola und Nuceria[2]). Von den Anzeigen der in Pompeji selbst abzuhaltenden Spiele haben sich an verschiedenen Orten mehrere erhalten[3]), z. B. »Dreißig Gladiatorenpaare des Quinquennalen Cn. Allejus Nigidius Majus und deren Ersatzmänner (die für die Getöteten eintraten) werden in Pompeji vom 24. bis 26. November kämpfen. Es wird auch eine Tierhetze sein. Hoch Majus der Quinquennal!«[4]) »Die Gladiatorenfamilie des Ädilen A. Suettius Cerius wird zu Pompeji am 31. Mai fechten. Es wird eine Tierhetze sein und ein Zeltdach ausgespannt werden«[5]). In andern Anzeigen werden überdies Sprengungen mit Wasser gegen Staub und Hitze verheißen. Statt des Datums heißt es einmal: »wenn das Wetter es erlauben wird«[6]), ein andres Mal: »ohne irgendwelchen Aufschub«[7]). Diese Anzeigen enthielten öfters die Namen der hauptsächlichsten Kämpfer, paarweise geordnet, wie sie gegeneinander fechten sollten[8]), wobei die Festgeber, um die Spannung des Volks rege zu erhalten, auf alle Tage des Fests neue, noch nicht gesehene Paare zu verteilen pflegten[9]); solche Verzeichnisse wurden abgeschrieben, in den Straßen verkauft und nach auswärts versandt[10]).

Die freie Mahlzeit.

Am letzten Tage vor dem Schauspiel wurde den Gladiatoren und Tierkämpfern öffentlich eine sogenannte »freie Mahlzeit« (*cena libera*) gegeben, wobei man sie mit köstlichen Speisen und Getränken aufs reichste bewirtete, und Neugierigen der Zutritt gestattet war. Während hierbei die Roheren und Halbvertierten unter diesen Unglücklichen unbekümmert um den nächsten Morgen sich unmäßiger Schwelgerei überließen, sah man doch auch manche von den Ihrigen Abschied nehmen, ihre Weiber Freunden empfehlen, ihren Sklaven die Freiheit schenken, und Christen, die für ihren Glauben in der Arena bluten sollten, ein letztes Liebesmahl feiern[11]).

Paradezug durch die Arena.

Das Schauspiel begann mit einem Paradezug der Gladiatoren im Festschmuck durch die Arena[12]); vielleicht war dabei der einmal von Sueton[13]) erwähnte Zuruf an den Kaiser: »Heil dir, Imperator, die zum Tode gehen, grüßen dich« ge-

1) Die von Henzen, Archäol. Zeit. 1846 S. 295 und Zangemeister CIL IV p. 10 behandelten Mahnungen an die *scriptores* (z. B. Buecheler, Carm. ep. 194—196. 835. 1466. CIL VI 29942 = Dessau 8207) haben allerdings mehr das Anschreiben von Wahlempfehlungen als von Spielanzeigen im Auge. 2) CIL IV 3881. 3882 (= Dessau 5146). 3) CIL IV 1177ff. 3881ff. Diehl, Pompejan. Wandinschriften Nr. 240ff. Dessau 5143—5147. 4) CIL IV 1179 = Dessau 5143. 5) CIL IV 1190; auch IV 1184 *totius orbis desiderium* gehört offenbar zu einer solchen Anzeige. 6) CIL IV 1181. 7) CIL IV 1180. 8) Cic. ad fam. II 8, 1. 9) Seneca contr. IV praef. 1. 10) Hist. Aug. Claud. 5, 5. Ein solcher *libellus* CIL IV 2508 (vermutlich ist das Verzeichnis vor dem Spiel geschrieben und *v(icit)* und *m(issus)* nachträglich hinzugefügt; sonst würde wohl der Sieger immer voranstehen; aber vgl. Mommsen, Ges. Schr. VIII 526, 4). 11) Plutarch. non posse suav. vivi 17. Tertull. apol. 42. Passio S. Perp. et Felic. 17, 1. 12) Quintil. decl. IX 6. Hist. aug. Gallien. 8, 3 (vgl. ebd. M. Aurel. 19, 2); die Beziehung eines pompejanischen Grabreliefs (Bull. Nap. IV 1846 Taf. 1) auf diese Pompa ist nicht unbestritten (vgl. O. Jahn, Ber. d. sächs. Gesellsch. d. Wiss. 1861 S. 313ff.). Nach Plin. n. h. XXXV 49 (der nach der Erwähnung der Bemalung von Schiffen und Scheiterhaufen fortfährt: *iuvatque pugnatores ad mortem aut certe caedem speciose vehi*) scheinen auch Aufzüge der Gladiatoren zu Wagen (auf dem Wege zum Amphitheater?) stattgefunden zu haben. 13) Sueton. Claud. 21, 6.

wöhnlich. Die neuangeworbenen Gladiatoren mußten, wie es scheint, beim ersten Auftreten eine Art Spießrutenlaufen durchmachen[1]), das auch sonst im Amphitheater öfters vorkam und namentlich unter den Martyrien der Christen erwähnt wird[2]). Dem Festgeber wurden die Waffen zur Prüfung vorgelegt[3]). Eine Gattung der schärfsten Gladiatorenschwerter führte den Namen von Tiberius Sohne Drusus, der bei dieser Prüfung in angeborener Grausamkeit besonders unnachsichtig verfuhr[4]). Auch Domitian scheint Bestimmungen zur Verschärfung der Gladiatorenkämpfe getroffen zu haben. Martial rühmt (im Jahre 93), daß jetzt die alten Gewohnheiten der römischen Arena erneuert werden und die Tapferkeit mit einfacherer Fechtweise kämpfe[5]). Dagegen ließ Marc Aurel bei den von ihm selbst gebotenen Gladiatorenkämpfen nur mit abgestumpften Waffen fechten[6]).

Die Hauptgattungen der Gefechte.

Zuerst fand ein Scheinkampf statt, wobei namentlich auch Lanzen geschleudert[7]) und, zuweilen wenigstens, wie es scheint, nach dem Takte der Musik gefochten wurde[8]). Zu dem Kampfe mit scharfen Waffen gab der düstere Schall der Tuben das Zeichen[9]), und unter dem Schmettern der Trompeten und Hörner, den schrillen Tönen der Pfeifen und Flöten begann er[10]). Die mannigfaltigsten Szenen lösten hier in fortwährendem Wechsel einander ab. Einzeln und in Scharen traten die Retiarier auf, halbnackte bewegliche Gestalten, fast ohne Rüstung, mit Netz, Dreizack und Dolch bewaffnet. Bald von den mit Visierhelm, Schild und Schwert bewaffneten Secutoren verfolgt, bald die Murmillonen umschwärmend, die sie in halb kauernder Stellung erwarteten, suchten sie ihren Gegnern das Netz überzuwerfen, um ihnen dann mit dem Dreizack oder Dolch den Todesstoß zu geben. Die Samniten, von dem großen, viereckigen Schilde von Manneslänge gedeckt, kreuzten ihre kurzen, geraden Schwerter mit den gebognen der schwerer gerüsteten, aber nur mit einem kleinen runden Schilde versehenen Thraker. Die Reiter rannten mit langen Lanzen gegeneinander, die Essedarier fochten auf britannischen Streitwagen, deren Gespanne von einem neben dem Kämpfer stehenden Lenker gezügelt wurden. Noch manche andre Arten von Gladiatoren werden erwähnt, aber zu selten und bei-

1) Seneca Apocol. 9, 3 *proximo munere inter novos auctoratos ferulis vapulare.* 2) Euseb. hist. eccl. V 1, 38 τὰς διεξόδους τῶν μαστίγων τὰς ἐκεῖσε εἰθισμένας. Tertull. ad mart. 5. Passio S. Perpet. et Felic. 18, 9 *populus — flagellis eos vexari per ordinem venatorum postulavit;* vgl. Tertull. ad nat. I 18. Ps. Damas. carm. 71, 15f. 3) Suet. Tit. 9, 2. 4) Cass. Dio LVII 13, 1. Vgl. Lipsius, Exc. ad Tac. A. III 37. 5) Martial. VIII 80, vgl. Spect. 29. 6) Hist. aug. M. Aur. 11, 4. Cass. Dio LXXI 29, 3, dazu Mommsen, Ges. Schrift. VIII 508, 4. 7) Cic. de orat. II 325 (*prolusio*), vgl. 316. Seneca epist. 117, 25 (*lusoria arma*). Ovid. Ibis 47ff. 8) Petron. 36, 6 *ut putares essedarium hydraule cantante pugnare;* auf dem Mosaik von Nennig (Baumeister, Denkm. I 567 Fig. 603) steht neben einer Wasserorgel ein Tubabläser, dessen Instrument genau dieselbe Form (s. unten Anm. 10) hat wie das des Bläsers auf dem Gladiatorenbilde bei Overbeck-Mau, Pompeji[4] S. 182 = Schreiber, Bilderatl. Taf. 30, 1. Vgl. Ghislanzoni, Monum. ant. d. Lincei XIX 1908 S. 569, 6. 9) Quintil. decl. IX 6. 10) Juv. 3, 34f. (*quondam hi cornicines et municipalis harenae perpetui comites*). Grabschrift eines Secundus palus retiariorum Kaibel, Epigr. gr. 350, 3f. οὐκέτι χαλκελάτου φωνὴν σάλπιγγος ἀκούων οὐδ' ἀνίσων αὐλῶν κέλαδον λαῶν ἀνεγείρω. CIL X 4915 = Dessau 5150 (Buecheler, Carm. epigr. 1319, 6f. Venafrum): *tibicinis cantu modulans alterna vocando Martios ancentu stimulans gladiantes in arma vocavi;* vgl. die Anm. von Mommsen. Auch auf bildlichen Darstellungen von Gladiatorenspielen kommt Musik öfters vor. Drei Trompeten der in Anm. 8 erwähnten Form von 1,20 m Durchmesser in einer Schenke zu Pompeji gefunden, Bull. d. Inst. 1885 S. 252.

läufig, um uns von ihrer Bewaffnung und Kampfart eine deutliche Anschauung zu geben[1]).

Tötung oder Entlassung der besiegten Fechter.

Wurde im Einzelkampfe ein Fechter getroffen, so ertönte aus den Reihen der Zuschauer der Ruf: Er hat's[2]). War der eine von beiden überwunden und noch lebend in der Gewalt seines Gegners, so überließ der Festgeber die (selbstverständlich eigentlich ihm zustehende)[3]) Entscheidung, ob er getötet werden sollte, in der Regel den Zuschauern[4]). Die verwundeten, um ihr Leben bittenden[5]) Kämpfer legten den Schild nieder und hoben (nach einer auch in Griechenland bestehenden Sitte)[6]) einen Finger der linken Hand in die Höhe[7]). Von seiten der Zuschauer war das Zeichen der Gewährung, wie es scheint, das Schwenken von Tüchern[8]); das Wenden des Daumens nach unten bedeutete den Befehl zur Erteilung des Todesstoßes[9]). Tapfere Fechter wiesen wohl die Einmischung des Volks zurück und deuteten durch Winke an, ihre Wunden seien nicht erheblich[10]); während sie am meisten Teilnahme fanden, erregten zaghafte gerade die Erbitterung des Volks, das es als eine Art Beleidigung gegen sich empfand, wenn ein Gladiator nicht gern sterben wollte[11]). Mit Peitschen und glühenden Eisen wurden Säumige und Furchtsame in den Kampf getrieben[12]). Aus den Reihen der zur Wut entflammten Zuschauer ertönte es: »Töte, peitsche, brenne! Warum fällt dieser so furchtsam in das Schwert? Warum führt der den Todesstreich so wenig herzhaft? Warum stirbt jener so verdrossen?«[13]) Schauspiele zu geben, bei denen die Entlassung (*missio*) der verwundeten Fechter von vornherein ausge-

1) Unsere Hauptquelle sind die Darstellungen der Gladiatoren auf Denkmälern; am wichtigsten unter diesen sind die Mosaiken Massimi (in Madrid, vgl. Hübner, Die antiken Bildwerke in Madrid S. 196f. Schreiber, Bilderatl. Taf. 31, 3. 4, die Inschriften CIL VI 10205 = Dessau 5140) und Borghese (Henzen, Explicatio musivi in villa Burghesiana asservati, 1845. Helbig, Führer³ II S. 230ff., die Inschriften CIL VI 10206), die Malereien im pompejanischen Amphitheater (Helbig, Wandgem. nr. 1514f. 1519, vgl. auch 1512f. 1516ff. Sogliano, Pitture murali nr. 665ff. Schreiber a. a. O. Taf. 28, 3. 4. 30, 1. 10), die Stuckreliefs vom Grabmale des A. Umbricius Scaurus (CIL X 1024 = Dessau 6366) in Pompeji (Mazois, Ruines de Pompéi I Taf. 30—32 = Schreiber a. a. O. Taf. 30, 2—8) und die von dem des C. Lusius Storax in Teate (Ghislanzoni, Monum. ant. dei Lincei XIX 1908, 541 ff. Helbig a. a. O. nr. 1526) u. a. Vgl. P. J. Meier, De glad. Rom. S. 13ff.; Westd. Zeitschr. I 1882 S. 153ff.; Arch. Zeit. XL 1882, 147ff.; Bull. d. Inst. 1884, 157ff. E. Caetani-Lovatelli, Bull. arch. com. XXIII 1895 S. 253ff. (= Scritti varii S. 64ff.); Strena Helbigiana (1900) 174ff. Lafaye bei Daremberg-Saglio, Dict. II 2 S. 1599f. Anm. und mehr in Anhang XVII. 2) Donat. zu Ter. Andr. I 1, 56. 3) Ovid. ex Ponto II 8, 53. Martial. Spect. 29, 43f. Sueton. Caes. 26, 3. Cass. Dio LXXVII 19, 3f. 4) Das Durcheinanderschreien der Zuschauermenge scheint die Unterschrift unter der Darstellung eines Gladiators wiederzugeben CIL IX 1671 = Dessau 5134 (Benevent): *missos! missos! iug[u]la! iug[u]la!* 5) Hor. epist. I 1, 6. Seneca epist. 37, 2 117, 7. 6) Plutarch. Lycurg. 19, 8: καὶ περὶ τῶν ἀθλημάτων ταῦτα μόνα μὴ κωλύσαντος ἀγωνίζεσθαι τοὺς πολίτας, ἐν οἷς χεὶρ οὐκ ἀνατείνεται. Sittl, Gebärden d. Griechen u. Römer S. 219, 4. 7) Vgl. Schol. Pers. 5, 119. Sidon. Apoll. carm. 23, 129f. Garrucci, Graffiti di Pompei Taf. XI und das Monument des Scaurus Schreiber, Bilderatl. Taf. 30, 3, sowie das pompejanische Bild Schreiber a. a. O. Taf. 30, 10. Daher *digitum tollere* (Martial. V 62, 4 und mehr bei Otto, Sprichwörter S. 117), *manum tollere* (Cic. Consol. bei Lact. Inst. III 28, 9), *ad digitum pugnare* (Martial. Spect. 29, 5. Quintilian. VIII 5, 20; vgl. VIII 5, 12). Meier, De glad. Rom. S. 48, 1. 8) Martial. XII 29, 7f. 9) *verso pollice* Juven. 3, 36; *converso pollice* Prudent. c. Symm. II 1099; vgl. Anth. lat. 415, 28 R. 10) Seneca de const. sap. 16, 2. 11) Seneca de ira I 2, 4. Lactant. Inst. VI 20, 13. In der Grabschrift des Secutor Urbicus CIL V 5933 = Dessau 5115 soll wohl die, wie es scheint, dem Toten in den Mund gelegte Ermahnung: *te moneo, ut quis quem vicerit occidat,* den Siegern empfehlen, nicht auf die Entscheidung des Publikums zu warten; vielleicht war Urbicus durch einen früher von ihm besiegten Gegner gefallen. 12) Quint. decl. IX 6. 13) Seneca epist. 7, 5; das Gegenteil ebd. 30, 8.

schlossen war, und der Kampf so lange fortgesetzt wurde, bis einer von beiden auf dem Platze blieb, hatte Augustus verboten[1]); die Grausamkeit eines von Neros Vater, Cn. Domitius, gegebenen Gladiatorenspiels rügte er, nachdem eine vertrauliche Warnung vergeblich geblieben war, öffentlich durch ein Edikt[2]). Unter Umständen konnte der Kampf unentschieden bleiben, so daß die Gegner ohne Niederlage des einen oder des andern abtreten konnten[3]). Sehr häufig scheint es gewesen zu sein, daß dem Sieger sogleich ein durchs Los bestimmter Ersatzmann als neuer Gegner gegenübergestellt wurde[4]). In den Pausen des Gefechts wurde der blutgetränkte Boden von Knaben umgeschaufelt[5]), und Mohrensklaven schütteten frischen Sand darauf[6]). Die Sieger schwenkten vor den Zuschauern ihre Palmenzweige[7]). Die Gefallenen nahmen Menschen in der Maske des Unterweltgottes Merkur in Empfang, um mit glühenden Eisen zu prüfen, ob sie nicht etwa den Tod nur heuchelten, andre in der Gestalt des etruskischen Unterweltdämons Charon mit dem Hammer schleppten die Leichen weg[8]), für welche Totenbahren bereitstanden[9]), auf denen sie durch das »Tor der Todesgöttin«[10]) hinausgetragen und in die Leichenkammer geschafft wurden[11]). Dort wurden auch die vollends getötet, in denen noch Leben war[12]).

Parteien unter den Zuschauern.

Obwohl sich auch im Amphitheater Parteien unter den Zuschauern bildeten, haben sie doch niemals auch nur annähernd die Bedeutung der Zirkusfaktionen gewonnen, teils weil das Parteiinteresse durch diese schon absorbiert war, teils auch wohl, weil der Anschluß an feste Korporationen und damit die Organisation fehlte. Außer den persönlichen Anhängern berühmter und tapferer Gladiatoren gab es im Amphitheater auch Parteien für die verschiedenen Waffen: wenigstens standen sich »Großschildner« (Anhänger der Murmillonen und Samniten) und »Kleinschildner« (Anhänger der Thraker) feindlich gegenüber[13]). Auch diese Parteien waren durch alle Schichten der Gesellschaft verbreitet[14]), und auch hier beteiligten sich selbst die Kaiser. Caligula[15]) und Titus[16]) begünstigten den

1) Sueton. Aug. 45, 3. Daß dies Verbot nicht überall und zu allen Zeiten galt, zeigt die Inschrift von Minturnae CIL X 6012 = Dessau 5062 (vom J. 249) ... *hic Mint(urnae) diebus IIII edidit paria XI, ex his occid(it) gla(diatores) prim(arios) Camp(aniae) XI.* 2) Sueton. Nero 4. 3) Das ist der Sinn der auf Inschriften nicht selten sich findenden Bemerkung *stans missus*, z. B. CIL VI 10194. 33983. X 7297. XII 2747 (Relief aus Cavillargues in Nîmes, Monum. Piot II 1895, 97). XV 6244[a] = Dessau 5088. 5106. 5113. 5133. 5135, vgl. Meier, De glad. Rom. S. 49f. 4) Dieser *suppositicius* (Martial. V 24, 8. CIL IV 1179 = Dessau 5143 *gl(adiatorum) par(ia) XXX et eor(um) supp(ositicii) pugn(abunt) Pompeis;* vgl. Plin. ep. VIII 14, 21. Lactant. Inst. VI 20, 13) heißt bei Petron. 45, 11 *tertiarius* als der dritte zu den beiden ersten Fechtern. Meier a. a. O. S. 50f. 5) Martial. II 75, 5f. 6) Petron. 34, 4 *duo Aethiopes capillati cum pusillis utribus, quales solent esse qui harenam in amphitheatro spargunt.* 7) Sueton. Calig. 32, 3: *more victorum cum palma discucurrit.* Meier a. a. O. S. 46, 2. 8) Tertull. apol. 15 (vgl. oben S. 50 A. 4); s. auch die Bleiplatte Musée Lavigerie II Taf. 22, 2. 9) Quintil. decl. IX 6; vgl. Plin. n. h. XXXVII 45. 10) Hist. aug. Commod. 16, 7 *porta Libitinensis;* als Gegensatz die *porta sanavivaria* Pass. S. Perp. et Felic. 10, 13. 20, 7. 11) Schol. Juvenal. 8, 175 *sandapilarum capulorum, in quibus gladiatores mortui de amphitheatro eiciuntur.* Corp. gloss. lat. V 578, 28. 12) Seneca epist. 93, 12. Hist. aug. Comm. 18, 3. 5; vgl. Pass. S. Perp. et Felic. 21, 6. 13) Wenn die Überlieferung bei Cic. ad Attic. VII 14, 2: *scutorum in ludo* (des Caesar zu Capua) *IↃↃ fuerunt* richtig ist (Victorius vermutete *secutorum;* vgl. dagegen Meier a. a. O. S. 19), wäre *scuta* damals eine allgemeine Bezeichnung für Gladiatoren gewesen. 14) Quintil. inst. II 11, 2: ein Lehrer der Beredsamkeit wurde gefragt, *Theodoreus an Apollodoreus esset? Ego, inquit, parmularius sum.* 15) Sueton. Calig. 32, 2 (*sica*). 51, 4 (*Thraex*), vgl. 55, 2 (*murmillonum armaturas recidit*). 16) Sueton. Tit. 8, 2 (*studium armaturae Thraecum prae se ferens*).

kleinen Schild, Domitian den großen; daher Martial von dem kleinen, der oft besiegt zu werden, selten zu siegen pflege[1]), sowie von dem »Haufen« seiner Anhänger mit Geringschätzung spricht[2]). Einen Zuschauer, der beim Unterliegen eines Thrakers geäußert hatte, er sei wohl seinem Gegner gewachsen gewesen, aber nicht der Willkür des Festgebers, ließ Domitian von seinem Platz in die Arena schleppen und den Hunden vorwerfen mit einem Zettel am Halse, auf dem geschrieben stand: Ein Kleinschildner, der frech (*impie*) geredet hat[3]). Dieser Vorfall oder andre ähnliche veranlaßten den jüngeren Plinius, zu rühmen, daß unter Trajan die Neigungen der Zuschauer des Amphitheaters wieder frei, ihre Beifallspenden gefahrlos waren. »Niemandem wird, wie früher, Frechheit (*impietas*) vorgeworfen, weil er einen Gladiator haßt, niemand wird aus einem Zuschauer zum Gegenstand des Schauspiels gemacht und hat die jammervolle Lust mit einem Martertode zu büßen. Rasend und der wahren Ehre unkundig war jener, der Stoff zu Anklagen auf Majestätsbeleidigungen in der Arena sammelte und sich verachtet glaubte, wenn wir nicht auch seine Fechter verehrten, der in ihnen seine Göttlichkeit beleidigt fand, indem er sich den Göttern, seine Fechter sich selbst gleichstellte«[4]). Marc Aurel gereichte es zur Befriedigung, daß er den beiden Parteien der Groß- und Kleinschildner ebenso fern stand[5]), wie den Blauen und Grünen im Zirkus. Welche Wichtigkeit diesen Parteistellungen beigelegt wurde, zeigt namentlich die Grabschrift eines dem Sklavenstande angehörigen Ölhändlers Crescens, in der derselbe angibt, daß er im Zirkus zu den Blauen, im Amphitheater zu den Kleinschildnern gehört habe[6]).

Massenkämpfe. Große Massenkämpfe, für welche die Arena des Amphitheaters keinen Raum hatte, fanden an verschiednen andern Orten, natürlich nur selten, statt. Julius Cäsar ließ bei seinen Triumphalspielen eine Schlacht im Zirkus aufführen, wo die Zielsäulen weggenommen und zwei Lager aufgeschlagen waren: auf jeder Seite fochten 500 Mann zu Fuß, 300 zu Pferde und 20 Elefanten, die bemannte Türme auf den Rücken trugen[7]). Im Jahre 7 v. Chr. wurde zu Ehren des (im Jahrs 12 verstorbenen) Agrippa in den von ihm erbauten Saepta ein Massenkampf ausgeführt[8]). Claudius ließ nach der Besiegung Britanniens im Jahre 44 die Eroberung und Plünderung einer dortigen Stadt und die Übergabe der Häuptlinge auf dem Marsfelde in vollster Wirklichkeit vorstellen, wobei er im Feldherrnmantel präsidierte[9]). Ein kleineres Gefecht zweier gleicher Scharen von Fußtruppen veranstaltete Nero im Jahre 57 im Amphitheater[10]), größere Schlachten von Reitern und Fußgängern Domitian bei seinen Triumphalspielen im Zirkus[11]).

1) Martial. XIV 213. 2) ebd. IX 68, 8. 3) Sueton. Domit. 10, 1. 4) Plin. Paneg. 33, 3 f. 5) M. Aurel. Comment. I 5. 6) CIL VI 9719 = Dessau 7492: *Crescens (mulieris) ser(vus) natione Bessus olear(ius) de portic(u) Pallantian(a) Venetian(us) parmul(arius). Vix(i) bene, iaceo secur(us).* 7) Vgl. die nicht ganz übereinstimmenden Angaben bei Appian. Bell. civ. II 102. Cass. Dio XLIII 23, 3. Sueton. Caes. 39, 3. Plin. n. h. VIII 22. 8) Cass. Dio LV 8, 5. 9) Sueton. Claud. 21, 6. 10) Cass. Dio LXI 9, 5. Auch bei der *consummatio gladiatorum* Plin. a. a. O. sind wohl Massenkämpfe zu verstehen. Vgl. Joseph. A. J. XIX 337 (Schauspiel des Herodes Agrippa zu Berytus, wobei auf jeder Seite 700 Mann fochten). 11) Cass. Dio LXVII 8, 2.

b. DIE TIERHETZEN.

Allgemeines.

Die erste bekannte Tierhetze gab in Rom M. Fulvius Nobilior, der Besieger Ätoliens, 568 = 186, etwa 80 Jahre nach Einführung der Gladiatorenspiele[1]). Seitdem wurde dieses Schauspiel, das während der Republik (wie zuweilen auch später) meist im großen Zirkus stattfand, häufig und mit immer größerer Pracht veranstaltet. Die Tiere wurden teils nur gezeigt, teils gehetzt und erlegt, indem man sie abwechselnd miteinander und mit Menschen kämpfen ließ. Auch die Tierkämpfer waren nicht bloß verurteilte Verbrecher und Kriegsgefangene[2]), sondern auch Gemietete und Geworbene; der zugrunde gerichtete Verschwender überlegt bei Seneca, ob er sich als Gladiator oder als Tierkämpfer verdingen soll[3]). Auch dieses Gewerbe, obwohl ebenso ehrlos wie die Gladiatur[4]), hatte seine Anziehungskraft. Sie drängen sich dazu, sagt Tertullian, und dünken sich schöner, wenn sie Narben von Bissen der wilden Tiere tragen[5]); auch Ulpian spricht von solchen, die, um ihre Tapferkeit zu zeigen, diese Kämpfe bestanden haben, ohne Lohn zu empfangen[6]). Es gibt Menschen, schreibt der Bischof Cyprian von Karthago, die sich den wilden Tieren entgegenstellen, ohne daß sie jemand verurteilt hat, im Alter der vollsten Kraft, von schöner Gestalt, in kostbarer Kleidung. Lebend lassen sie sich für das freiwillig erwählte Grab schmücken, und die Elenden rühmen sich noch ihres Unglücks. Sie kämpfen mit den wilden Tieren nicht wegen eines Verbrechens, sondern aus einer Raserei der Leidenschaft[7]). Es gab Truppen (*familiae*) von Tierkämpfern wie von Fechtern[8]), sie werden in besondren Schulen unterrichtet[9]), wie auch unter Ferdinand VII. in Sevilla 1830 mit beträchtlichem Aufwande eine »königliche Schule für Tauromachie« gegründet wurde[10]). Eine der vier von Domitian erbauten kaiserlichen Schulen (oben S. 65) war ganz oder vorzugsweise zur Ausbildung von Tierkämpfern bestimmt, der *ludus matutinus*[11]); denn wenn Tierhetzen mit andern Spielen zugleich stattfanden, gingen sie diesen in der Regel voraus und begannen am frühen Morgen[12]).

Die ersten Tierhetzen.

Auch die Tierhetzen erhielten mit jeder Erweiterung des römischen Reichs immer wachsende Dimensionen, jedes neu eroberte Land sandte seine seltensten

1) Liv. XXXIX 22, 2; bald darauf begegnen auch die ersten Beispiele des *bestiis obici* als Todesstrafe (Val. Max. II 7, 13f. Liv. per. 51; vgl. Mommsen, Strafrecht S. 925f.). 2) Vgl. oben S. 54. 56. 3) Seneca ep. 87, 9; vgl. Apul. Metam. IV 15. Symmach. ep. V 59. Claudian. paneg. Manl. Theod. 294f. 4) Ulpian. Dig. III 1, 1 § 6 (das Recht der Anklage verliert) *et qui operas suas ut cum bestiis depugnaret locaverit.* 5) Tertull. ad mart. 5. 6) Ulpian. a. a. O., vgl. Tertull. ad nat. I 18. 7) Cyprian. ad Donatum 7. 8) CIL V 2541 (Ateste) *famil(ia) venatoria,* wo man mit Henzen eher an Tierkämpfer als an Jäger denken wird. XII 1590 = Dessau 5148: *coll. venator. Deensium, qui ministerio arenario fungunt,* vgl. Sueton. Nero 12, 1 *confectores ferarum et varia harenae ministeria. Venatores* sind geübte Jäger, die in der Regel wohl nicht Verurteilte waren, dagegen *bestiarii* zum Tierkampf bestimmte Verbrecher, daher ihre Leistungen minderwertig (Petron. 45, 11). 9) Schon Seneca ep. 70, 20 erwähnt einen *ludus bestiariorum.* 10) Baumgarten, Gesch. Spaniens III 207 A. 222f. 11) Hülsen-Jordan, Topogr. I 3 S. 299f. 12) Ovid. met. XI 26. Martial. XIII 95. CIL IV 1200 (Anzeige in Pompeji) *matutini erunt;* den Gegensatz bildet das blutige *meridianum spectaculum* (Seneca epist. 7, 3; *bestiariis meridianisque* Suet. Claud. 34, 2). Auch bei Lucian. Toxaris 59 gehen die Tierkämpfe voran. Bei Martial. VIII 67, 4 sind die Venationen an den Floralien in der fünften Stunde noch nicht beendet. Doch CIL X 7295 (Panhormus) scheint die Venatio (dort *missio*) am Mittag zu beginnen.

und wildesten Tiere nach Rom[1]). Das Schauspiel war erst eingeführt worden, nachdem das afrikanische Gebiet Karthagos bereits in die Abhängigkeit der Römer geraten war; 40 Jahre später wurde es zur Provinz. Die wilden Tiere dieses Landstrichs waren die ersten und blieben länger als ein Jahrhundert die einzigen außereuropäischen, die im Zirkus gesehen wurden. Schon bei jener ersten Tierhetze sah man Löwen und Panther in solcher Fülle und Mannigfaltigkeit, daß das Schauspiel, wie Livius meinte, den Venationen der Augusteischen Zeit fast gleichkam[2]); 17 Jahre später (585 = 169) »bei wachsender Pracht« in den Zirkusspielen der Kuruläddilen Scipio Nasica und P. Lentulus 63 afrikanische Tiere (Panther und Leoparden, vielleicht auch Hyänen), 40 Bären und Elefanten[3]). Auch Strauße hatte schon Plautus »im Laufe durch den Zirkus fliegen« gesehen[4]). Außer diesen fremden Tieren wurden Rehe, Hasen und Hirsche, Eber, Bären und Stiere aus den Wäldern Apuliens und Lucaniens, den Pontinischen Sümpfen und den Apenninen im Zirkus gehetzt, und gewiß häufig diese einheimischen Tiere allein; bei den Spielen der Flora (ein stehendes Fest seit 581 = 173) nur das unschädliche Wild[5]).|

Die Tierhetzen im letzten Jahrhundert v. Chr. und in der Kaiserzeit.

Die Schauspiele im letzten Jahrhundert der Republik lassen erkennen, daß die römische Macht bereits bis in die äußersten Fernen der Erde reichte. In den dreizehn Jahren von 58—46 v. Chr. folgten drei Schauspiele von beispielloser Pracht aufeinander, in welchen Tiere dem Volke vorgeführt wurden, deren Namen bis dahin kaum nach Rom gedrungen und deren Fang mit den allergrößten Schwierigkeiten verknüpft war: die Ungeheuer des Nil, Krokodil und Hippopotamus, bei den Festen des Scaurus im Jahre 58[6]); das Rhinozeros, eine weder vorher noch nachher gesehene afrikanische Affenart und der Luchs aus Gallien bei den fünftägigen Venationen, die Pompejus im Jahre 55 zur Einweihungsfeier seines Theaters gab[7]); endlich die Giraffe bei den ebenfalls fünftägigen Venationen, die Cäsar zur Feier seiner Triumphe im Jahre 47 veranstaltete[8]). Auch diese seltensten und kostbarsten Tiere sind später in Rom zu wiederholten Malen und in größerer Anzahl gezeigt, selbst getötet worden: Commodus tötete, wie Cassius Dio als Augenzeuge berichtet, eigenhändig an einem Tage fünf Nilpferde und an verschiedenen andern Tagen zwei Elefanten, eine Giraffe und einige Nashörner[9]). Auch den Tiger, dessen Fang noch Varro für eine Unmöglichkeit gehalten hatte, sah man in Rom schon im Jahre 11 v. Chr. und später nicht selten, wild und gezähmt[10]).

Seltene Tiere in Europa im Mittelalter und in der neueren Zeit.

Im Mittelalter und in neuerer Zeit haben einzelne Exemplare der in Rom verhältnismäßig so oft gesehenen seltensten, aber auch der minder seltnen Tiere, die hin und wieder nach Europa kamen, wiederholt das größte Aufsehen erregt. Daß Karl der Große von Harun al Raschid im Jahre 801 (durch seinen Gesandten, den Juden Isaak) unter andern Geschenken einen Elefanten und Affen erhielt, von einem afrikanischen Emir einen numidischen Bären und einen maurischen Löwen, erzählen der Mönch von St. Gallen, der Karls Leben schrieb, und Einhard in seinen Annalen; der letztere berichtet auch über die Reise des

1) Vgl. den Anhang XVIII. 2) Liv. XXXIX 22, 2. 3) ebd. XLIV 18, 8. 4) Plaut. Persa 199. 5) Ovid. fast. V 371 ff. (Ziegen und Hasen), vgl. Martial. VIII 67, 4. 6) Plin. n. h. VIII 96; vgl. Ammian. XXII 15, 24. 7) Plin. n. h. VIII 70 f. 8) ebd. VIII 69. Cass. Dio XLIII 23, 1. 9) Cass. Dio LXXII 10, 3. 10) Plin. n. h. VIII 65, vgl. Varro de l. l. V 100.

Elefanten und erwähnt seinen im Jahre 810 im Münsterlande plötzlich erfolgten Tod[1]). Heinrich I. von England hatte zu Woodstock Löwen, Leoparden, Luchse und Kamele. Besonders in Italien[2]) machte es der leichte Transport aus den südlichen und östlichen Häfen des Mittelmeers und die Gunst des Klimas möglich, die Tiere des Südens anzukaufen oder von Sultanen als Geschenk anzunehmen. Kaiser Friedrich II. hatte in seinen Gärten Kamele, Löwen, Tiger, Leoparden und eine Giraffe, ein Geschenk eines Sultans von Ägypten, die Albertus Magnus sah und beschrieb. Friedrich pflegte seltne Tiere auf Reisen und Kriegszügen mit sich zu führen; bei seinem Einzuge in Cremona 1237 zog ein Elefant den Fahnenwagen[3]). Bei großen Anlässen dienten ihre Kämpfe gegeneinander und gegen Hunde auch zur Belustigung des Volks. Vor allem hielten Städte und Fürsten gern lebendige Löwen, die bisweilen auch als Vollstrecker politischer Urteile dienten, die Florentiner außerdem schon sehr früh (1291) Leoparden.

Zu Ende des 15. Jahrhunderts aber gab es schon an mehreren Fürstenhöfen Italiens wahre Menagerien (Serragli) als Sache des standesgemäßen Luxus; die von Neapel enthielt unter Ferrante, unter anderm eine Giraffe und ein Zebra. In Florenz sah man eine Giraffe 1459; eine zweite, die der Mamelukensultan Giraffe. Kaytbey nebst andern seltnen Tieren an Lorenzo Magnifico schenkte und die Antonio Costanzio 1487 beschrieb, veranlaßte Polizian zur Zusammenstellung der Nachrichten bei alten Schriftstellern über dies merkwürdige Tier[4]). Seit 1487 aber ist vor dem 19. Jahrhundert (mit Ausnahme der Türkei) keine in Europa gesehen worden. Johannes Schiltberger aus München, der sie Surnasa nennt, sah sie am Anfang des 15. Jahrhunderts in Dily (Delhi)[5]), der Ulmer Predigermönch Felix Fabri zu Kairo[6]). Buffon mußte sich damit begnügen, sie nach Berichten von Reisenden zu beschreiben, ohne daß er wagen konnte, eine Abbildung zu geben. Erst 1827 wurde eine von Alexandria nach Frankreich gebracht[7]). Nach den Berichten des Franzosen Thibaut, der die ersten lebenden Giraffen in den Steppen Kordofans gefangen hatte, erlangt man die Jungen erst, nachdem die Mütter getötet sind, und der Fang verursacht unglaubliche Mühen und Beschwerden. Man muß wochenlang in den Steppen verweilen, vortreffliche Pferde, Kamele und Kühe mit sich nehmen und sich das Geleit geborener Araber zu verschaffen suchen, weil man sonst doch vergeblich ausziehen würde;

1) G. Freytag, Bilder aus der deutschen Vergangenheit I[13] 341 f. Monach. Gall. Gesta Karoli II 8 f. (Pertz, Monum. Germ. II 752). Einhardi Annales z. J. 801 (ebd. I 190): *ipsius anni mense Octobrio Isaac Iudaeus de Africa cum elefanto regressus portum Veneris intravit et quia propter nives Alpes transire non potuit, Vercellis hiemavit.* Vgl. z. J. 817 (p. 197). 2) Das Folgende entlehne ich aus Burckhardts Kultur der Renaissance II[7] 11—15. Über die Tiergärten und Menagerien im Haag (im 14. Jahrhundert), in Amsterdam, Lübeck, Gent (im 15.), die der Hochmeister des Deutschen Ordens in Marienburg und Stuhm, die fürstlichen Menagerien in Dresden und Wien seit der Mitte des 16. Jahrhunderts vgl. Stricker, Im neuen Reich 1879 II S. 539 ff. und in der Schrift Geschichte der Menagerien und der Zoolog. Gärten, 1879 (Sammlung von Virchow u. Holtzendorff, Heft 336). Beil. zur Allgem. Ztg. 15. Oktober 1882 (Menagerie Heinrichs I. von England in Woodstock, Kaiser Friedrichs II. usw.). 3) Kaufmann, Der Gartenbau im Mittelalter S. 67 f. 74. 4) Politiani Miscell. c. 3. Reumont, Lorenzo de' Medici II 467. 5) Reisen des J. Schiltberger (1394—1427), herausg. von Langmantel, Bibl. d. liter. Vereins in Stuttgart CLXXII S. 61. 6) F. Fabri, Evagatorium, ebd. IV S. 30. 7) Mongez, Mémoire sur les animaux promenés ou tués dans les cirques, Mém. de l'Institut X 1833 S. 412 ff. Oken, Allgem. Naturgesch. VII 2 S. 1321 ff.

der Kühe bedarf man, um den jung gefangenen Giraffen sogleich die geeignete Nahrung bieten zu können. Vom inneren Afrika führt man sie mit den Kühen in kleinen Tagereisen der Küste zu, wo eigne Kasten für die Überfahrt hergerichtet werden müssen[1]).

Rhinozeros. Daß man »Anno 1513 am ersten Tage des Mayen dem König von Portugal Emanuel gen Lisbona aus India ein lebendigen Rhinozeros« gebracht, hat Sebastian Münster einer Erwähnung in seiner »Cosmographei« für wert gehalten[2]). Von diesem Rhinozeros gab Albrecht Dürer nach einer schlechten Zeichnung die erste, sehr unvollkommene, doch oft wiederholte Abbildung; erst Chardin († 1713), der ein Nashorn zu Ispahan sah, lieferte zu Anfang des achtzehnten Jahrhunderts eine bessere[3]), obwohl schon 1664 und 1689 Exemplare nach London gekommen waren, was seitdem öfters geschah, wie 1739 und 1741; dies letztere, das auch nach Deutschland gebracht und von Gellert in einer bekannten Erzählung und von Lessing im »Jungen Gelehrten«[4]) erwähnt wurde, galt nach der Unterschrift auf einem guten Kupferstich für den Behemoth der Bibel (Hiob 40, 15). Im Jahre 1793 kam eins nach Paris, 1816 wieder eins nach Deutschland[5]).

Hippopotamus. Der erste Hippopotamus aber, der in Europa seit dem Altertum gesehen worden ist, war der für den zoologischen Garten in London erworbene, der dort am 25. Mai 1850 eintraf. Der ganze Einfluß des englischen Konsuls in Kairo reichte kaum hin, den Pascha von Ägypten zum Versprechen eines so schwer zu beschaffenden Geschenks zu bewegen. Sein Fang beschäftigte eine ganze Truppenabteilung, sein Transport vom Weißen Nil bis Kairo dauerte allein fünf bis sechs Monate; in Kairo kam er am 14. November 1849 an und überwinterte dort. Von Alexandria wurde er in einem eigens zu diesem Zweck erbauten Dampfschiffe befördert, in dem sich ein 400 Gallonen fassender Wasserbehälter befand, dessen Wasser täglich erneuert werden konnte. Zwei Kühe und zehn Ziegen reichten noch nicht hin, um den täglichen Milchbedarf des Tiers zu liefern[6]). Nach solchen Angaben mag man versuchen, sich eine Vorstellung von den kolossalen Anstalten und Kosten zu bilden, welche der Fang und Transport der Tiere für die Arena im römischen Kaiserreiche fort und fort veranlaßte.

Zahlen der Tiere. Am meisten erstaunt man jedoch sowohl über die Zahlen der Tiere von einer Gattung als über die Gesamtzahlen der verschiedenen, die bei einzelnen großen Schauspielen in Rom zusammengebracht worden sein sollen. Wenn diese Zahlen unglaublich klingen, so ist nicht zu vergessen, daß gerade die Gattungen der großen Tiere innerhalb zweier Jahrtausende eine ungeheure, schwer zu bemessende Abnahme erlitten haben. Ohne Zweifel ist zwar die Bemerkung des Cassius Dio richtig, daß alle solche Zahlen übertrieben sind[7]); aber sie bleiben

1) Vgl. Brehm, Tierleben[4] Säugetiere IV 156. 2) Seb. Münsters Cosmographia (Basel 1578) S. MCCCL; vgl. Thausing, Dürer II[2] 126. Es ist ohne Zweifel dasselbe Tier, das Emanuel 1513 nebst einem Elefanten an Leo X. schickte. Burckhardt a. a. O. 13. 3) In Constantinopel sah das Rhinozeros der Ulmer S. Kiechel Ende des 16. Jahrh., Bibl. d. liter. Vereins in Stuttgart LXXXVI S. 414f. 4) 3. Akt 13. Auftritt. 5) Oken a. a. O. S. 1193f. 6) Dickens, Householdwords I (1850) S. 445ff. Vgl. Brehm a. a. O. IV 43 und im allgemeinen über Fang und Transport wilder Tiere in der Gegenwart C. Hagenbeck, Von Tieren u. Menschen (1910) S. 138ff. 7) Cass. Dio XLIII 22, 4.

auch nach großen Abzügen, ja wenn man sie auf die Hälfte herabsetzt, enorm. In dieser Beziehung sind die Spiele des Pompejus und Cäsar später nicht nur nicht übertroffen, sondern nicht einmal erreicht worden. Bei den erstern sah man angeblich 18 oder 20 Elefanten, 500 oder 600 Löwen, 410 andre afrikanische Tiere [1]); bei den letztern 400 Löwen und 40 Elefanten [2]). Doch daß 100 und selbst 200, ja 300 Löwen, 300, 400, 500 Bären, ebensoviel afrikanische Tiere bei einem einzigen Schauspiel gezeigt oder gehetzt wurden — solche Angaben (und von gemeineren Tiergattungen zum Teil noch höhere) sind bei den Geschichtschreibern der Kaiserzeit nichts weniger als selten. Nach der eignen Angabe des Augustus, der »an der unzähligen Menge und unbekannten Gestalt der Tiere« besondre Freude hatte [3]), wurden in den von ihm gegebenen 26 Schauspielen an afrikanischen Tieren allein ungefähr 3500 erlegt [4]). Bei dem hunderttägigen Feste, das Titus zur Einweihungsfeier des Flavischen Amphitheaters im Jahre 80 gab, sollen an einem Tage 5000 wilde Tiere aller Art gezeigt [5]), im ganzen 9000 zahme und wilde getötet worden sein [6]); bei den viermonatigen Festen, die Trajan im Jahre 107 zur Feier des zweiten dacischen Triumphs veranstaltete, sogar 11000 [7]).

Mit den Tieren, die damals in Rom zu einem einzigen großen Feste zusammengebracht waren, könnte man also gegenwärtig alle zoologischen Gärten Europas reichlich versorgen [8]). Auch damals waren sie nicht ganz ohne Nutzen für die Wissenschaft. Galen erwähnt, daß viele Ärzte sich zu der Sektion eines sehr großen Elefanten einfanden; das Herz nahmen die Köche des Kaisers heraus [9]). Auch zur Bereitung von Medikamenten dürften Körperteile von wilden Tieren öfters benutzt worden sein [10]). Natürlich unterließen auch die Künstler nicht, nach denselben ihre Studien zu machen; der berühmte Bildhauer Pasiteles (Zeitgenosse des Pompejus) geriet einmal durch den Ausbruch eines Panthers aus seinem Käfig in große Gefahr, als er einen in einem andern Käfig befindlichen Löwen modellierte [11]).

Da während der Kaiserzeit nicht bloß in Rom, sondern in allen großen und vielen kleinern Städten Venationen gegeben wurden, müssen, um die erforderlichen Tiere zu schaffen, unaufhörlich Jagden in großem Maßstabe nicht nur in den Provinzen des Reichs, sondern auch jenseits seiner Grenzen gehalten worden sein, sowohl für die Kaiser als für Privatpersonen [12]), und zwar nicht nur für Jagden.

1) Cass. Dio XXXIX 38, 2. Plut. Pomp. 52. Seneca de brev. vitae 13, 6. Plin. n. h. VIII 20. 53. 64. 2) Cass. Dio XLIII 23, 3. Appian. b. c. II 102. Suet. Caes. 39, 3. Vellei. II 56, 1. Plin. n. h. VIII 22. 53. 3) Aurel. Vict. Epit. 1, 25. 4) Mommsen, Res g. d. Aug.² p. 94. 5) Sueton. Titus 7, 3. Eutrop. VII 21. 6) Cass. Dio LXVI 25, 1. 7) ebd. LXVIII 15, 1. 8) Zur Vergleichung mögen folgende Zahlen dienen. Nach sachverständiger Mitteilung (Prof. V. Haecker, Halle) besaß der Berliner Zoologische Garten 1912 an Raubtieren aus dem Katzengeschlecht 9 Löwen, 5 Tiger, 6 Leoparden, 2 Schneeleoparden, 2 Geparde, 2 Pumas, 2 Jaguare, zusammen 28 Exemplare von 7 Species; der Zoologische Garten in New York die bedeutendste Großbärensammlung der Welt mit 35 Exemplaren von 14 Species, desgleichen die größte Huftiersammlung mit 124 Hirschen, 27 Antilopen, 25 Wildschafen und Wildziegen, 2 Giraffen, 46 Bisons u. ähnl., 12 Kamelen und Lamas, 7 Wildpferden, 4 Elefanten, 2 Tapiren, 3 Rhinoceros, 1 Hippopotamus, 3 Wildschweinen, insgesamt 256 Exemplaren von 66 Species. 9) Galen. II 619 f.; vgl. IV 349. 10) Vgl. oben I 205. 11) Plin. n. h. XXXVI 40. 12) Der spätere Kaiser Macrinus soll in Afrika Jäger gewesen sein. Hist. aug. Macrin. 4, 6. Firmic. math. IV 14, 14 *bestiarum venatores aut Marsos*

die Festgeber selbst, sondern auch für Kaufleute [1]), die mit den Tieren handelten. Da diese Jagden Jahrhunderte hindurch fortgesetzt wurden und, um junge Tiere zu fangen, die alten in der Regel getötet werden mußten, veränderte sich der Charakter der Tierwelt großer Gebiete völlig; die wilden Tiere wurden teils ausgerottet, teils tiefer in Wildnisse und Wüsteneien hineingetrieben und so für Ackerbau und Zivilisation neuer Boden gewonnen.

Ausrottung und Vertreibung der wilden Tiere in Nordafrika —

Schon in Strabos Zeit konnten die Nomadenstämme der überaus gesegneten Landstriche zwischen Karthago und den Säulen des Hercules sich dem Ackerbau zuwenden, was früher wegen der Menge wilder Tiere nicht möglich gewesen war; jetzt vermochten sie sich ihrer hinlänglich zu erwehren, teils weil sie selbst ausgezeichnete Jäger waren, teils weil die Römer infolge ihrer Leidenschaft für Tierhetzen sie unterstützten [2]). Ihr fernen nasamonischen Länder der Libyer, sagt ein griechischer Dichter, eure dürren Ebenen werden nicht mehr von den Schwärmen der Raubtiere heimgesucht, ihr zittert nicht mehr vor dem Gebrüll der Löwen in der Wüste, da der Cäsar eine unzählbare Menge, in Schlingen gefangen, zu einem einzigen Schauspiel verwendet hat, und die Höhen, die zuvor Lagerplätze wilder Tiere waren, sind nun Viehtriften geworden [3]).

und Ägypten.

Ebenso befreiten die für die römischen Venationen veranstalteten Jagden die Saatfelder Ägyptens von den Verwüstungen der nächtlich weidenden Flußpferde, die in Plinius Zeit noch oberhalb der Präfektur von Sais häufig waren [4]), im 4. Jahrhundert aber sich schon ganz nach Nubien hinaufgezogen hatten [5]). Wir bedauern es, sagt ein Schriftsteller in der zweiten Hälfte des 4. Jahrhunderts, daß die Elefanten aus Libyen, die Löwen aus Thessalien, die Nilpferde aus den Nilsümpfen verschwunden sind [6]). Gegenwärtig sind die letzteren auch in Nubien so gut wie völlig ausgerottet und erst in den Strömen und Wäldern des Ost-Sudan, wie überhaupt im innern Afrika, noch heute eine gewöhnliche Erscheinung [7]).

Fortdauernder Reichtum Asiens an wilden Tieren.

Wenn jedoch die Ergiebigkeit dieser Jagden auch in Afrika bereits im Altertum abnahm, so blieb der Reichtum der asiatischen Länder an wilden Tieren unerschöpflich, mit denen die Könige und Satrapen von Persien fort und fort ihre Tiergärten [8]) und zuweilen auch die nach dem Muster derselben angelegten der römischen Kaiser des 4. Jahrhunderts [9]) versorgten [10]). Noch in Ammians Zeit schweiften zwischen den Rohrdickichten und Dschungeln Mesopotamiens »unzählige Löwen« [11]), und wimmelte Hyrkanien von Tigern und andern wilden Tieren [12]). An der Grenze des römischen Reichs wurde, wie für die übrigen asiatischen Waren, so für die zu den Schauspielen bestimmten Tiere, namentlich Löwen, Löwinnen, Parder, Leoparden, Panther, ein Eingangszoll erhoben [13]).

tales, qui aspides venari consueverunt, agrestium pecorum vel bestiarum magistros; ein ἀρχικυνηγός IGR IV 227 (Ilium).

1) Symmach. ep. V 62 *ursorum negotiatores.* 2) Strabo II 131. 3) Anth. Pal. VII 626. Der Schade, den ein Löwe anrichtet, wird jährlich auf 4500 Mark veranschlagt. Brehm, Tierleben [4], Säuget. III 66. 4) Plin. n. h. XXVIII 121. 5) Ammian. Marc. XXII 15, 24. 6) Themist. or. X 140 a. 7) Brehm a. a. O. IV 37. 8) Philostrat. Apoll. Tyan. I 38. Ammian, XXIV 5, 2. Liban. or. 18, 243 (II 342 F.). 9) Ammian. XXXI 10, 19. Julian. or. II 53 B. 10) Paneg. lat. II 22, 5. X 10, 7. Marcell. Com. Chron. min. II 94, 33. 11) Ammian. XVIII 7, 4f. 12) ebd. XXIII 6, 50. 13) Dig. XXXIX 4, 16 § 7; vgl. Dirksen, Abhandl. Akad. Berlin 1843, 104.

Symmachus erwähnt den Hafenzoll für wilde Tiere (in diesem Falle Bären), von dem aber Festgeber senatorischen Rangs damals befreit waren [1].

Elefanten- und Löwenjagd kaiserliches Vorrecht.

Ein besonderes Jagdrecht des Grundeigentümers kannten die Römer nicht, zum Schutze seiner Interessen genügte das Eigentumsrecht, kraft dessen er das Betreten seines Bodens verwehren konnte; dagegen gehörte nach Völkerrecht dem Jäger das Tier, das er, gleichviel ob auf eigenem oder fremdem Boden, erjagt hatte [2]. Doch war der Besitz der Elefanten ein ausschließlich kaiserliches Vorrecht; der erste Privatmann, der nach dem Untergang der Republik ein Stück von diesem »keinem Untertan zum Eigentume bestimmten Vieh des Kaisers« [3]) besaß, war der spätere Kaiser Aurelian, der einen besonders stattlichen Elefanten von dem Perserkönige zum Geschenk erhalten hatte, und dies galt als Vorbedeutung seiner Herrschaft [4]. Auch die Elefantenjagd konnte daher nur auf Befehl oder mit Erlaubnis des Kaisers stattfinden [5]. Ebenso haben, wenigstens in späterer Zeit, die Kaiser das Recht der Löwenjagd sich allein vorbehalten [6]. Niemand, heißt es in einem Erlasse der Kaiser Honorius und Theodosius vom Jahre 414, der einen Löwen tötet, soll deswegen eine Anklage zu befürchten haben, da das Heil unserer Untertanen unserem Vergnügen notwendig voranstehen muß und dieses überdies keine Einbuße erleidet, insofern wir wohl die Erlaubnis, diese Tiere zu töten, aber nicht zu jagen und zu verkaufen gegeben haben [7]. Unter den »königlichen Tieren«, die Aurelian im Jahre 271 beim Einfall der Barbaren in Italien dem Senat zu liefern sich erbot, falls die Sibyllinischen Bücher ihre Opferung zur Abwendung der Gefahr verlangen sollten, sind also wohl Elefanten und Löwen zu verstehen [8]. Die für die Erhaltung der kaiserlichen Elefanten bestimmte Kasse verwaltete ein eigener Prokurator [9].

Die kaiserlichen Tiergärten in Rom.

Wie reich die kaiserlichen Zwinger und Tiergärten zu Rom mit den seltensten und kostbarsten Tieren versehen waren, mag folgende Aufzählung der unter dem dritten Gordian zu Rom befindlichen Tiere zeigen: 32 Elefanten, 10 Elentiere, 10 Tiger, 60 zahme Löwen, 30 zahme Leoparden, 10 Hyänen, 6 Flußpferde, 1 Rhinozeros, 10 »Bärenlöwen« (?) [10], 10 Giraffen, 20 Wildesel, 40 Wild-

1) Symmach. ep. V 62. 2) Instit. II 1 § 12. Vgl. Schirmer, Ztschr. f. Rechtsgesch. XI 1873, 311 ff.; Ztschr. der Savignystiftung III 1882 Rom. Abt. S. 23—33. 3) Juv. 12, 106. 4) Hist. aug. Aurelian. 5, 6. 5) Aelian. n. a. X 1: ἀνὴρ τῆς τούτων (der Elefanten) ἄγρας οὐκ ἄπειρος, δύναμιν λαβὼν ἐκ βασιλέως τοῦ Ῥωμαίων πάλαι, Ἀλέξανδρος ὄνομα, καὶ σταλεὶς ἐπὶ τὴν θήραν. Über die Organisation der Elefantenjagd unter den Ptolemäern vgl. Rostowzew, Arch. f. Papyrusf. IV 1908 S. 301 ff. Dittenberger, Or. gr. 82 N. 3. Wilcken, Papyruskunde I 263 f. 387. 6) Daher auch die zahlreichen Münzen von Trajan bis auf Gordian, die den Kaiser auf der Löwenjagd darstellen; über Hadrian vgl. Athen. XV 677 E. Oxyrh. Papyr. VIII 1085. W. Hoffa, Röm. Mitt. XVII 1912 S. 97 ff. H. Bulle, Jahrb. d. Arch. Inst. XXXIV 1919 S. 144 ff. 7) Cod. Theod. XII 11, 1. Wenn Symmach. ep. VII 122, 2 bittet, *ut aliarum* (*ferarum*) *Libycarum mihi emptio sacra auctoritate praestetur*, so sind hier vielleicht nur Löwen zu verstehen. 8) Hist. aug. Aurelian. 20, 7. 9) *Ti. Claudius Spectator Aug. lib ... procurator Laurento ad elephantos* CIL VI 8583 = Dessau 1578. 10) Hist. aug. Gordian. 33, 1. Die *arcoleontes* sind wohl als ἀρκτολέοντες zu erklären (ἄρκος spätgriechisch für ἄρκτος), vgl. Polem. Silv. Chron. min. I 543, 11, wo *arcoleon* neben *arcomus* unter Vierfüßern aufgezählt ist. Heräus, Die Sprache des Petron und die Glossen (Gymn. Progr. Offenbach 1899) S. 17, 3. Eine Darstellung solcher 'Bärenlöwen' erkennt Héron de Villefosse, Bull. de la Soc. nat. d. Antiq. de France 1905, 326 ff. auf einem in der Mayenne gefundenen Bronzegefäß (vgl. Archäol. Anzeig. 1906, 182).

pferde und »unzählige« andre Tiere, welche der Kaiser Philipp sämtlich zu den tausendjährigen Säkularspielen im Jahre 248 verwandte. Die Versorgung und Instandhaltung dieser Zwinger erforderte ein großes Verwaltungspersonal [1]) und verschlang jahraus, jahrein erhebliche Summen; Caligula fütterte seine Tiere, als Fleisch einmal teuer war, mit Verbrechern [2]), Aurelian verschenkte die in seinem Triumph aufgeführten, um den Fiskus nicht mit den Kosten für ihre Ernährung zu belasten [3]). Der kaiserliche Zwinger, den noch Procop bei der Bestürmung Roms durch Vitiges im J. 537 erwähnt [4]), lag bei dem pränestinischen Tor (Porta maggiore) und war äußerlich an die Mauer angebaut. Auch in den kaiserlichen Gärten in Rom mögen Tiere gehalten worden sein, wie in einem zu Neros Goldenem Hause gehörigen Park [5]).

Beschaffung der Tiere aus den Provinzen und dem Auslande.

Vermutlich schenkten die Kaiser nicht selten ihren Freunden und andern bevorzugten Senatoren Tiere zu amphitheatralischen Schauspielen. Symmachus erhielt zu den prätorischen Schauspielen seines Sohns auf Stilichos Verwendung von Honorius ein Geschenk von mehreren Leoparden [6]). Übrigens wurde den römischen Großen die Beschaffung der Tiere oft dadurch sehr erleichtert, daß sie in Asien und Afrika Güter besaßen [7]) und außerdem die Hilfe der Provinzialstatthalter in der Regel in Anspruch nehmen konnten, wenn auch die Beiträge an Geld und wilden Tieren zu den von den Freunden der Statthalter zu gebenden Schauspielen nicht mehr wie in der Zeit der Republik [8]) zu den stehenden Abgaben der Provinzialen gehörten. Wie sehr die höheren römischen Beamten gewöhnt waren, die Beschaffung wilder Tiere als eine geringfügige, von den Statthaltern der betreffenden Provinzen mit Sicherheit zu erwartende Gefälligkeit anzusehen, zeigen die hierüber von M. Cälius als Ädil im Jahre 51 mit Cicero als Prokonsul von Cilicien gewechselten Briefe. Da Patiscus an Curio 10 Panther geschickt habe, schreibt der erstere, werde es für Cicero eine Schande sein, wenn er ihm nicht sehr viel mehr schicke; er habe übrigens nichts zu tun, als die erforderlichen Aufträge zu erteilen, da für Transport und Fütterung der erwarteten Tiere bereits im voraus gesorgt sei [9]). Dergleichen Bitten wurden um so weniger abgeschlagen, als man leicht in den Fall kommen konnte, selbst die Gegendienste des Bittenden in Anspruch zu nehmen [10]).

Jagdarten.

So bestanden denn Tausende von kühnen Jägern Jahr für Jahr in allen Zonen Gefahren aller Art, um die zu den überall begehrten Schauspielen nötigen Tiere in der erforderlichen Anzahl zu liefern. Damit ein einziges großes Fest mit der Pracht gefeiert werden konnte, an die man in Rom gewöhnt war, richtete der Hindu seine zahmen Elefanten zur Jagd der wilden ab [11]), stellten die Bewohner der Rheinufer Netze um das sumpfige Rohrdickicht, in dem der Eber hauste [12]),

1) Ein *M. Aurelius Victor Augg. lib. adiutor ad feras* CIL VI 10208 = Dessau 5158, ein *Aurel. Sabinus Augg. lib. p(rae)p(ositus) herbariarum* CIL VI 10209 = Dessau 5159. Über die von Borghesi irrtümlich hierher gezogenen *procuratores a loricata* (CIL VI 8688. 8690—8692 = XV 7143 bis 7145) vgl. Hirschfeld, Verw. Beamte S. 4, 4. 2) Sueton. Calig. 27, 1. 3) Hist. aug. Aurelian. 33, 4. 4) Procop. b. Got. I 22, 10. 23, 14ff.; CIL VI 130 = Dessau 2091 *custos vivari cohh. praett. et urbb.* (241 n. Chr.) hat damit nichts zu tun, vgl. Hülsen-Jordan, Topogr. I 3 S. 366 A. 60. 5) Sueton. Nero 31, 1. 6) Symmach. ep. IV 12, 2. VII 59. 7) S. oben I 123. 8) Liv. XL 44, 12. 9) Cic. ad fam. II 11, 2. VIII 9, 3. Vgl. Plutarch. Cic. 36, 6. 10) Symmach. ep. IX 125. 11) Strabo XV 704f. Plin. n. h. VIII 24. Arrian. Ind. 13. 12) Claudian. de cons. Stilich. III 303ff.; vgl. Stat. Silv. II 5, 28.

fingen in Deutschland liegende Legionen die Bären der germanischen Wälder in großer Zahl [1]), jagten die Mauren auf ausdauernden Wüstenpferden den Strauß in immer engeren Kreisen [2]) und lauerten in den grauenvollen Einöden des Atlas bei ihren Fanggruben auf den Löwen [3]). Waren diese gefährlichen Jagden von glücklichen Erfolgen gekrönt, dann forderte die Sorge für die Fortschaffung der erbeuteten Tiere eine neue Tätigkeit. Nun klang die Axt, knirschte die Säge des Zimmermanns, rauchte die Esse des Schmieds, und bald ließen die furchtbaren Gefangenen ihre Wut an den Gitterstäben ihrer Käfige aus. In seinem Gedicht auf Stilicho besingt Claudian eine von diesem gegebene Tierhetze. Seinem Gönner zu Ehren läßt der Dichter Diana selbst mit ihren Nymphen in allen Wäldern, Wüsten und Gebirgen der Welt jagen, und da freilich reichen die Zimmerleute gar nicht aus, um für alle erforderlichen Käfige auch nur die Balken zu behauen; aus rohen Buchen- und Ulmenstämmen werden sie zusammengefügt und sind von dem darangebliebenen Laube noch ganz grün [4]).

Der Transport erfolgte großenteils zur See [5]), wo dann die betreffenden Schiffe nicht selten durch widrigen Wind zurückgehalten wurden, bis es zu spät war [6]), oder mit ihren kostbaren Ladungen Schiffbruch litten [7]); bei den Werften im Marsfelde waren in der letzten Zeit der Republik Käfige, wo man die ausgeschifften wilden Tiere vorläufig aufbewahrte [8]). Aber auch zu Lande kamen lange Züge schwerfälliger, mit Käfigen beladener Wagen, von Stieren gezogen [9]). Bei den ungeheuren Entfernungen, welche diese Züge zum großen Teil zurückzulegen hatten, waren sie oft monatelang unterwegs, wobei es denn leicht geschehen konnte, daß die Tiere massenhaft umkamen [10]) oder in unbrauchbarem Zustande an ihren Bestimmungsort gelangten [11]). Aus einem Erlasse der Kaiser Honorius und Theodosius vom Jahre 417 geht hervor, daß die Transporte kaiserlicher Tiere von den Städten, die sie durchzogen, während ihres Aufenthalts verpflegt werden mußten, was vermutlich auch früher der Fall gewesen war. Welche Mißbräuche diese Bestimmung zur Folge hatte, zeigt der erwähnte Erlaß, nach welchem ein solcher Zug in der Hauptstadt der damaligen Euphratprovinz Hierapolis sich statt 7—8 Tage 3—4 Monate aufgehalten und die Führer gegen alles Herkommen überdies noch Käfige verlangt hatten: weshalb die Kaiser verordneten, daß fortan kein Zug länger als sieben Tage in einer Stadt bleiben solle [12]). Transport.

Bei den Schauspielen des Amphitheaters wurden die Tiere, wie gesagt, nicht bloß gehetzt und zum Kampf gegeneinander und gegen Menschen losgelassen, sondern auch, namentlich seltenere und unschädliche, nur zur Schau gestellt. Dabei pflegte man sie wie bei Opfern und Prozessionen nach damaligem Geschmack zu putzen. Bei der Feier der Dezennalien im Jahre 263 gingen dem Aufputz der Tiere.

1) *Ursarii* bei den germanischen Legionen CIL XIII 5243. 8639; ein Centurio in Köln fängt in 6 Monaten 50 Bären, ebd. XIII 12048. 2) Aelian. n. an. XIV 7. 3) Claudian. a. a. O. 339 ff. Plin. n. h. VIII 54. Vgl. Xenoph. Cyneg. 11, 4. 4) Claudian. a. a. O. 317 ff. 5) Claudian. a. a. O. 325 ff. Die Einschiffung der Elefanten beschreibt Aelian. n. an. X 17 (vgl. die Schilderung von Hannibals Übergang über den Rhodanus bei Polyb. III 46. Liv. XXI 28, 5 ff. Sil. Ital. III 459 ff.). 6) Plin. ep. VI 34, 3. 7) Symmach. ep. IX 117. 8) Plin. n. h. XXXVI 40. 9) Claudian. a. a. O. 328 ff. 10) Apulei. Metam. IV 14. 11) Symmach. ep. II 76, 2. 12) Cod. Theod. XV 11, 2.

großen Zuge, in dem sich Gallienus auf das Kapitol begab, unter anderm 200 gezähmte, auf jede Art geschmückte wilde Tiere und 200 weiße Opferstiere mit vergoldeten Hörnern voraus, die mit breiten bunten, seidenen Schärpen behängt waren [1]); Abbildungen nicht bloß von Opfern, sondern auch von Tierkämpfen [2]) zeigen die Tiere öfters auf die letztere Weise geschmückt. Auch mit Platten von Goldblech wurden sie behängt [3]). Seneca zieht den ungeschmückten Löwen, dessen Schönheit in seiner Furchtbarkeit liegt, dem vor, dessen Mähne vergoldet ist und der von Goldblech schimmert [4]). Bei dem sechsten der zwölf Schauspiele, welche der erste Gordian zu Rom als Ädil gab, sah man unter anderen 300 mit Zinnober gefärbte Strauße, die wie alle übrigen Tiere dem Volk überlassen wurden [5]).

Zähmung und Abrichtung.

Die Zahlen der im Amphitheater gezeigten gezähmten und abgerichteten Tiere waren ebenso groß [6]) wie die Leistungen der Tierbändiger erstaunlich. Plutarch sagt in einer in der Zeit Vespasians abgefaßten Schrift, die kaiserlichen Schauspiele Roms böten Beispiele in Hülle und Fülle für die Klugheit und Gelehrigkeit der Tiere [7]) Schon unter Augustus und Tiberius wurde die Kunst der Tierbändigung, auf die man sich besonders in Alexandrien verstand [8]), so vielfach geübt, daß Manilius sie unter den Berufsarten nennt, zu denen die unter gewissen Konstellationen geborenen Menschen besonders geschickt sind [9]). Seit Julius Cäsar sich von Elefanten, die Fackeln trugen, hatte nach Hause leuchten lassen [10]), und Marc Anton mit der Schauspielerin Cytheris auf einem löwenbespannten Wagen gefahren war [11]), wurden Löwen, Panther, Bären, Eber, Wölfe, gezähmt oder ungezähmt, in den Palästen der Kaiser und der Vornehmen offenbar sehr häufig gehalten [12]). Abgerichtete Affen, die Stücke aufführten, auf Wagen fuhren, auf Hunden ritten usw., mögen nur zur Unterhaltung des Gassenpublikums gedient haben [13]). Die antiken Tierbändiger scheinen es sich zur Auf-

1) Hist. aug. Gallien. 8, 2f. 2) Mon. d. Inst. III 38, vgl. Henzen, Ann. d. Inst. 1842 S. 20. 3) Auch die Metallplatten, mit denen die Tiere auf dem Borghesischen Mosaik behängt sind (die Henzen für Reizmittel gehalten hat), sind wohl solche *bracteae*. 4) Seneca ep. 41, 6. 5) Hist. aug. Gordian. 3, 7. Bei den von Lucilius und Juvenal (10, 65 u. Schol.) erwähnten, weiß angestrichenen Stieren, die aufs Kapitol geführt werden, handelt es sich um Opfertiere, ebenso bei den Schafen, deren Vliese mit Purpur und Scharlach gefärbt waren (Plin. n. h. VIII 197). 6) Vgl. oben S. 80f. 7) Plutarch. De sollert. anim. 5. Einiges über die Tierzähmung s. bei Jahn, Columbar. d. Villa Pamfili, Abhdl. Akad. München VIII 2 (1857) S. 262 A. 77; über die Vorführung dressierter Tiere Blümner, Sitz.Ber. Akad. München 1918 VI 21f. 8) Lumbroso, L'Egitto² S. 115. Vgl. Philo Alexander 23ff. 9) Manil. IV 234ff. V 700ff. Firmic. mathes. VIII 17, 6. 10) Cass. Dio XLIII 22, 1; vgl. Sueton. Caes. 37, 2. 11) Plin. n. h. VIII 55, vgl. Plutarch. Anton. 9, 8. 12) In dem Edikt der Ädilen Dig. XXI 1, 40 werden Eber, Wölfe, Bären, Panther, Löwen als im Besitz von Privatpersonen vorkommende Tiere angegeben. Vgl. Juv. 7, 76. Plutarch. de cohib. ira 14. Pausan. VIII 17, 3 (weiße Eber und Bären). Epictet. Diss. IV 1, 25. Cass. Dio LXXVIII 7, 2f. Hist. aug. Elagab. 21, 1. 25, 1. 28, 2. Auf einem Mosaik aus Rades (in Afrika) mit Darstellung verschiedener Tiere (Bären, Löwen, Eber, Stiere) sind diesen zum Teil Namen beigeschrieben, es handelt sich also um zahme Tiere, vgl. A. Schulten, Arch. Anz. 1913 S. 260f. 13) Jahn, Archäol. Beitr. S. 435. O. Keller, Tiere d. klass. Altertums S. 3—5. Aelian. n. an. V 26. Cic. ad Att. VI 1, 25 *cynocephalus in essedo* (vgl. damit die Darstellung eines eine Kamelbiga lenkenden Affen auf einem Relief des Thermenmuseums, Helbig, Führer durch die öffentl. Samml. klass. Altert. in Rom³ nr. 1424). Über die Parodie der Großen Mutter und des Attis durch eine zahme Bärin und einen Affen bei Apul. met. XI 8 vgl. Wissowa, Röm. Mitteil. V 1890 S. 8f. Luxor. Anth. lat. 330 R. *de simiis canum dorso impositis*. Philo a. a. O. 23f. (mit einer interessanten Beschreibung der Kunststücke eines

gabe gemacht zu haben, die Tiere gerade zu dem abzurichten, was ihrer Natur am meisten zuwider war. Wilde Stiere (Wisente) ließen Knaben auf sich tanzen [1]), standen auf den Hinterfüßen [2]), zeigten zugleich mit Pferden ihre Kunststücke im Wasser [3]) und blieben auf schnellfahrenden Zweigespannen »als Wagenlenker« unbeweglich [4]). Hirsche lernten dem Zügel gehorchen [5]), Parder im Joch gehen [6]). Kraniche beschrieben im Laufen Kreise [7]) und bekämpften sich gegenseitig [8]). Friedliche Antilopen rannten mit den Hörnern aneinander, bis eine oder beide tot auf dem Platze blieben [9]). Seehunde wurden abgerichtet, das Volk mit Blick und Stimme zu begrüßen, und wenn man sie bei Namen rief, mit einem mißtönenden Gebell zu antworten [10]). Löwen wurden bis zum äußersten Grade hündischen Gehorsams gebracht; in Domitians Schauspielen sah man sie in der Arena Hasen fangen, unversehrt in den Zähnen halten, loslassen und wieder fangen [11]). Elefanten machten vor dem Kaiser die Gebärde der Adoration [12]), ließen sich auf den Wink ihrer schwarzen Lehrmeister [13]) auf die Knie nieder, ließen Knaben und Frauen auf sich tanzen [14]), führten Tänze auf, zu denen einer von ihnen die Zymbeln schlug [15]), lagen zu Tisch, trugen je vier einen fünften wie eine Wöchnerin in einer Sänfte, gingen auf dem Seil [16]) und schrieben griechisch und lateinisch [17]). Plinius versichert, daß, als mehrere zusammen abgerichtet wurden, einer, der einen »langsamen Geist« zum Lernen hatte und deshalb häufig mit Schlägen bedroht wurde, bei Nacht belauscht worden sei, wie er sich selbst das Gelernte einübte [18]). Die Römer hatten eine Art von Zärtlichkeit für die Elefanten, in deren Sanftheit und Gelehrigkeit sie etwas Menschliches fanden. Bei den Schauspielen des Pompejus, wo eine größere Anzahl von Elefanten umgebracht wurde, erregten sie das Mitleid des Volks in so hohem Grade, daß der beabsichtigte Eindruck sich fast in sein Gegenteil verkehrte [19]).

Mit den Produktionen gezähmter Tiere wechselten die Kämpfe der aufeinander gehetzten wilden, wie des Rhinozeros mit dem Elefanten [20]), dem Bären, dem Stier, des Elefanten mit dem Stier [21]) usw. Die natürliche Wildheit der Tiere ward durch scharfe Reizmittel gesteigert. Man trieb sie mit Stacheln [22]) und

Tierhetzen in der Arena.

Bocks, vgl. 90). Affe in Seide mit nacktem Rücken und Hintern als *ludibrium mensis*, Claudian. in Eutrop. I 303—307.

1) Martial. V 31. 2) Aelian. n. anim. VII 4. 3) Cass. Dio LXVI 25, 2. Plin. n. h. VIII 181. 4) Plin. a. a. O. Keller S. 55. 343. 5) Martial. I 104, 4. Calpurn. Ecl. 6, 35. Gezähmte Hirsche werden auch Inst. II 1, 15 erwähnt. 6) Martial I 104, 1 ff. Vgl. Luxor. Anthol. lat. 360 R. *de pardis mansuetis, qui cum canibus venationem faciebant.* 7) Plin. n. h. X 60. 8) Cass. Dio LXVI 25, 1. 9) Martial. IV 35. 74. 10) Plin. n. h. IX 41. 11) Martial. I 6. 14. 22. 48. 51. 104, 12 ff. Stat. Silv. II 5. 12) Martial. de spect. 17. Über Elefanten als Zugtiere vor dem Triumphwagen des Kaisers H. Graeven, Röm. Mitt. XXVIII 1913 S. 277 ff. 13) Martial. I 104, 9 f. VI 77, 8. Seneca ep. 85, 41. Caylus, Rec. d'antiq. VI pl. 50. 14) Seneca de ira II 31, 6. 15) Arrian. Ind. 14, 5. Vgl. Martial. I 104, 9. Plin. n. h. VIII 4 f. Plutarch. de fort. 3. Aelian. n. an II 11. 16) Plin. a. a. O. 5. Sueton. Galba 6, 1; vgl. Cass. Dio LXI 17, 2. Suet. Nero 11, 2. 17) Aelian. n. an. II 11. Plin. n. h. VIII 6. Philo a. a. O. 24 f. 18) Plin. a. a. O. Plutarch. de sollert. an. 12. 19) Vgl. mit dem einfachen Bericht des Augenzeugen Cicero (ad fam. VII 1, 3) die Erzählung bei Plin. n. h. VIII 21 und vollends Cass. Dio XXXIX 38, 2 ff. 20) Cass. Dio LV 27, 3. 21) Martial. Spect. 9. 17. 19. 22. Kampf von Bär und Stier Seneca de ira III 43, 2. Mus. Borb. XIV 48 (im Hintergrunde Felsen, wohl nach einer Dekoration im Amphitheater). 22) Vgl. das Borghesische Mosaik nebst Henzens Kommentar. *Taurocentae* CIL X 1074 = Dessau 5053.

Bränden[1]) an, warf ihnen mit Lappen behängte Strohpuppen vor[2]), die sie wütend in die Luft schleuderten[3]), fesselte sie je an zwei langen Seilen zusammen[4]), und das Volk jauchzte vor Entzücken, wenn sie rasend gemacht einander zerfleischten. Ähnliche, zum Teil noch grausamere Schauspiele haben auch in neueren Zeiten das leidenschaftliche Interesse der Massen erregt: wie diejenigen, deren Schauplatz bis zum Ende des 18. Jahrhunderts das »Hetzhaus« zu Wien war, und noch im Jahre 1850 im Zirkus von Madrid der Kampf des Stiers Senorito mit einem Tiger, wobei der erstere Sieger blieb[5]).

Jäger und Hunde.

Sodann traten im römischen Amphitheater gewiegte und gut bewaffnete Jäger auf, die mit Hunden von guter Rasse einzeln oder in Menge den wilden Bestien standzuhalten vermochten[6]). Die Hunde verschrieb man aus der weitesten Ferne; schon in Strabos Zeit wurden britannische, die zur Jagd vorzüglich geeignet waren, eingeführt; die Gallier bedienten sich ihrer neben den einheimischen auch im Kriege[7]). Symmachus hatte zu den quästorischen Schauspielen seines Sohnes von Flavius sieben schottische Hunde erhalten, die in Rom die allgemeinste Bewunderung erregten, so daß es hieß, sie seien in eisernen Käfigen gekommen[8]). Die Hunde wurden zu den Tierhetzen eigens dressiert: von der Jagdhündin Lydia eines Dexter sagt Martial, sie sei bei den Meistern des Amphitheaters erzogen worden[9]). Durch den Kampf mit ihnen ermüdet, erlagen den Bogen, Jagdspießen und Lanzen (auf deren Führung vor allen Mauren und Parther sich verstanden)[10]) selbst Löwe und Panther, Bär und Auerochs[11]). Man sah auch in der Arena Bären zuweilen durch einen geschickt auf den Kopf geführten Faustschlag töten[12]), Löwen durch einen über den Kopf geworfenen Mantel blenden und dann ohne Schwierigkeit überwinden[13]). Der von Martial besungene Jäger Carpophorus hatte bei einer Tierhetze 20 wilde Tiere erlegt: hätte er in der Vorzeit gelebt, meint der Dichter, so würde er allein die Erde mit leichterer Mühe von allen Ungeheuern befreit haben als Hercules und die übrigen Helden zusammen[14]). Nachdem die an verschiedenen Orten der griechischen Welt üblichen[15]), namentlich aber in Thessalien heimischen[16]) Stierhetzen,

1) Martial. Spect. 19. Euseb. hist. eccl. VIII 7, 5. 2) Cic. pro C. Cornel. bei Ascon. p. 50, 22 St.: *videt homines faeneos in medium ad temptandum periculum proiectos.* Corp. gloss. lat. II 150, 40 *pilae* ταυράριοι, ταυροκαθάπται. Martial. II 43, 5f. *at me (toga velat) quae furias passa est et cornua tauri, noluerit dici quam pila prima suam.* Auch auf einigen Diptychen scheinen dergleichen abgebildet zu sein; vgl. Henzen, Ann. d. Inst. 1853 S. 118. 3) Martial. Spect. 9, 4. 19, 2. 22, 6. 4) Vgl. die Zeugnisse für den Kampf von Bär und Stier oben S. 87 Anm. 21. 5) Fernan Caballero, Ausgew. Werke V 177 A. 6) Vgl. die Reliefs vom Grabmal des Scaurus in Pompeji (Schreiber, Bilderatl. Taf. 30, 2. 5—8). 7) Strabo IV 199f. Vgl. Gratt. Cyneg. 174ff. Nemesian. Cyneg. 225f. 8) Symmach. ep. II 77. 9) Martial. XI 69; vgl. Babr. fab. 153 Cr. Ein *sartor arenarius magister* unklarer Bedeutung CIL VIII 7158 (Cirta). 10) Herodian. I 15, 2. 11) Martial. Spect. 15. 27. 12) Plin. n. h. VIII 130. 13) ebd. VIII 54. 14) Martial. Spect. 27. 15) Ταυροκαθάψια in Smyrna, CIG 3212 mit Reliefdarstellung des Stierfanges (Chandler, Marm. Oxon. II 58), und in Pergamum (Fraenkel, Inschr. v. Pergam. II nr. 523; vgl. Aristid. or. 50, 16, II 429 K. θεωρία τις ἦν ἐν τῇ πόλει πάνυ λαμπρὰ ἡ ταύρων θήρα μοι δοκεῖν ἤ τι τοιοῦτον), wo es auch einen ähnlichen Festbrauch Κριοβόλια gibt (Dittenberger, Or. gr. 764, 27). Beschreibung bei Heliodor. Aeth. X 28—30. Auch der von der Phyle gewählte ταυραφέτης in Caryanda (Lebas-Waddington 499 mit Waddingtons Erläuterung) gehört zu einem ähnlichen Festbrauche, ebenso der Agon der βοηγία in Didyma (Haussoullier, Mélanges Weil [1898] S. 147ff.). 16) Anth. Pal. IX 543. Plin. n. h. VIII 182; ταυροθηρία in Larisa IG IX 2 nr. 528ff.

die dort zunächst dem Einfangen des Opferstieres dienten und von berittenen Jünglingen als Kultbrauch geübt wurden[1]), von Cäsar unter die Veranstaltungen des römischen Amphitheaters eingereiht worden waren[2]), begegnen Stierhetzen und Stierkämpfe häufig sowohl in Rom wie auch im griechischen Osten[3]): den wilden, durch Vorhalten roter Tücher noch gereizten Tieren[4]) standen Kämpfer zu Fuß[5]) und berittene gegenüber; von den letzteren wurden sie nach thessalischer Sitte bis zur Ermattung gehetzt und dann an den Hörnern zu Boden gerissen[6]). Claudius ließ eine Abteilung der berittenen prätorianischen Leibwache unter Anführung ihrer Offiziere gegen afrikanische Panther, Nero dieselben Reiter gegen 400 Bären und 300 Löwen fechten[7]).

Aber zu den Schauspielen des Amphitheaters gehörte auch die öffentliche Bestrafung von Verbrechern durch Ausstellung[8]), Auspeitschung[9]) oder Verbrennung[10]), insbesondere die Vollstreckung jener entsetzlichen Todesurteile, durch welche Menschen teils an Pfähle gebunden und völlig wehrlos[11]), teils zur Verlängerung ihrer Qual mit Waffen versehen den wilden Bestien überliefert wurden, die zuweilen überdies zum Menschenfressen abgerichtet waren[12]). Welch ein Anblick, wenn diese Elenden mit zerrissenen Gliedern, von Blut bedeckt, nicht um Gnade, sondern um Aufschub ihres Martertods bis zum nächsten Tage flehten![13]) Wenn ihre ungeheuren Wunden so weit auseinanderklafften, daß

Hinrichtungen durch wilde Tiere.

1) Vgl. darüber E. Beurlier, Mém. de la Société des Antiquaires de France XLVIII 1887 S. 57ff. O. Liermann, Analecta epigraphica et agonistica (Diss. philol. Hal. X 1889) S. 27ff. F. Cumont, Revue archéol. 1905 I 28ff. Stengel, Opferbräuche d. Griechen S. 108, und über das kretische Stierspiel auf Denkmälern der mykenischen Kunst M. Mayer, Jahrb. d. Arch. Inst. VII 1902, 73ff. A. Reichel, Athen. Mitteil. XXXIV 1909, 85ff. K. Müller, Jahrb. d. Arch. Inst. XXX 1915, 325ff. 2) Plin. n. h. VIII 182. 3) Artemidor (onirocr. I 8 p. 14, 19ff. H.) scheidet ganz richtig von den Stierhetzen der εὐγενέστατοι, für die er Ephesus, Eleusis und Larisa als Belege anführt, diesonstigen Stierkämpfe der ἐπὶ θανάτῳ κατακριθέντες. Berufsmäßige ταυροκαθάπται kennen wir aus Athen (IG III 114, mit Bezug auf das Archontat des Rhoimatalkas, 37/38 n. Chr.), Ancyra (CIG 4039 = Dittenberger, Or. gr. 533, 46) und Aphrodisias (CIG 2759[b]), vgl. auch die ταυροκαδάψια in Sinope CIG 4157 = IGR III 95. Eine Grabschrift aus der Gegend von Tomi (Arch. epigr. Mitt. aus Österr.-Ung. VIII 1884 S. 9 nr. 23) gilt einem κυνηγός, der πολλοὺς ἐν σταδίοις πλήξας βόας zuletzt selber einem βοῦς ἄγριος (Wisent, vgl. Keller, Tiere d. klass. Altert. S. 54) erlag. 4) Ovid. Metam. XII 103. 5) Hist. aug. Gallien. 12, 3. 6) Sueton. Claud. 21, 3. Cass. Dio LXI 9, 1. Vgl. auch P. J. Meier, Bonner Jahrb. LXXI 1881 S. 110ff. mit Taf. 3, 1. 7) Sueton. u. Cass. Dio a. a. O. 8) So der Delatoren (Suet. Tit. 8, 5. Martial. Spect. 4. Plin. paneg. 34, 4). 9) Hist. aug. Hadr. 18, 9. 10) Suet. Calig. 27, 4 *Atellanae poetam ob ambigui ioci versiculum media amphitheatri harena igni cremavit;* vgl. Tiber. 75, 3. Verbrennung heidnischer Bücher und Bilder im Amphitheater (κυνήγιον) zu Constantinopel durch Justinian Malal. XVIII p. 491, 19. 11) Hist. aug. Aurelian. 37, 2 *sane Mnesteus postea subreptus ad stipitem bestiis obiectus est.* Euseb. hist. eccl. VIII 7, 2. Darstellungen von nackten, an Pfähle gebundenen Menschen zwischen wilden Tieren auf Tonscherben bayrischer und französischer Sammlungen, G. Lafaye, Mém. de la Société des Antiq. de France LIII 1893 S. 97ff. Auf einer Lampe, etwa aus dem zweiten Jahrhundert, ein Mann auf einem Pulpitum, nackt an einen Pfahl gebunden, auf den ein Löwe zuspringt, wobei Bruzza ohne Grund an Androclus denkt, Bull. arch. crist. ser. 3. IV 1879 S. 21f. tav. III 1. Quint. Smyrn. VI 532: εὖτε σύες μέσῳ ἕρκεϊ ἠὲ λέοντες ἤματι τῷ, ὅτ᾽ ἄνακτες ἀολλίσσωσ᾽ ἀνθρώπους ἀργαλέως τ᾽ εἰλέωσι κακὸν τεύχοντες ὄλεθρον θηρσὶν ὕπο κρατεροῖς· οἱ δ᾽ ἕρκεος ἐντὸς ἐόντες δμῶας δαρδάπτουσιν ὅτις σφισιν ἐγγὺς ἵκηται; wo die δμῶες doch wohl Wärter sind. In den Hermeneumata Monacensia (Corp. gloss. lat. III 173, 20ff.) werden unter den zum Amphitheater gehörigen Begriffen aufgeführt *paraboli arenarii, theriomachi noxe, catadicos damnatici.* 12) Cass. Dio. LX 13, 4. LXXI 29, 4. Ammian. XXIX 3, 9: *cum duas haberet* (Valentinianus) *ursas saevas hominum ambestrices, Micam auream et Innocentiam.* 13) M. Aurel. Comment. X 8. Joseph. B. J. VII 373: οἱ δ᾽

sie wißbegierigen Ärzten die willkommene, von Celsus wie von Galenus erwähnte Gelegenheit boten, die inneren Teile des Körpers sehen zu können![1]). Und wenn nun vollends dieser gräßlichen Wirklichkeit der Schein einer Theaterszene gegeben wurde! Vielleicht meinte man dieses unmenschliche Schauspiel so minder abschreckend zu machen: für unser Gefühl ist es doppelt empörend, daß Maschinist und Dekorateur aufgeboten wurden, um die Agonien von Delinquenten zu verlängern und mit dem Prunk der Bühne zu umgeben.

Theatralische Ausstattung des Schauspiels.

Schon Strabo erwähnt ein Beispiel einer in solcher Weise zum Schauspiel benutzten Hinrichtung. Ein Räuber, Selurus, Sohn des Ätna genannt, weil er dort sein Wesen getrieben, war zum Tode durch die wilden Tiere verdammt: auf dem Forum war ein Gerüst errichtet, auf dem der Verurteilte stand, das Gerüst fiel auseinander, und er stürzte in die Käfige der Bestien hinab, die ihn zerrissen[2]). Im Flavischen Amphitheater war für eine völlige theatralische Ausstattung der Schauspiele durch Dekoration und Maschinenwesen in der großartigsten Weise gesorgt. Den ganzen für die dortigen wie überhaupt für die kaiserlichen Schauspiele erforderlichen Bühnenapparat enthielt ein, wie es scheint, in unmittelbarer Nähe des Colosseums gelegenes Gebäude[3]), das *summum choragium*; die Verwaltung dieses Apparats leitete ein (vielleicht ebenfalls von Domitian eingesetzter) Prokurator, der, wenn auch ein Freigelassener, doch im Range den Prokuratoren der kleineren Provinzen nicht nachstand und ein zahlreiches Beamtenpersonal unter sich hatte[4]). Wie in den Amphitheatern zu Puteoli und Capua (die beide vermutlich oft zu kaiserlichen Schauspielen benutzt wurden), ruhte auch im Colosseum der Boden der Arena auf kolossalen Substruktionen[5]), welche bis zu 9 m tief unter den jetzigen Boden hinabreichen[6]). In die so gebildeten unterirdischen Räume konnten Menschen, Tiere und Maschinen durch Eingänge außerhalb des Gebäudes von den Zuschauern ungesehen gelangen; beim Amphitheater von Capua, das dem Flavischen an Größe ungefähr gleichkommt, war hier angeblich für tausend Menschen Platz[7]). Der Architekt Apollodorus schlug dem Kaiser Hadrian vor, die Substruktionen des von ihm erbauten Tempels der Venus und Roma mit denen des Amphitheaters zu verbinden, um mehr Raum für den szenischen Apparat der Schauspiele zu gewinnen[8]). Durch diese Unterbauten war es möglich, die ganze Szenerie mit allen handelnden Personen und dazu gehörigen Tieren aus der Tiefe aufsteigen und wieder verschwinden zu lassen und überhaupt die überraschendsten Verwandlungen auszuführen[9]). Die römischen Maschinisten hatten ihre Kunst bis zu

ἀπὸ θηρίων ἡμίβρωτοι πρὸς δευτέραν αὐτοῖς τροφὴν ζῶντες ἐφυλάχθησαν, γέλωτα καὶ παιδιὰν τοῖς πολεμίοις παρασχόντες.

1) Galen. II 385: τῶν τε γὰρ ἐπὶ θανάτῳ κατακριθέντων καὶ θηρίοις παραβληθέντων ἐθεάσαντο πολλοὶ πολλάκις ἐν τοῖς σώμασιν ὅπερ ἐβουλήθησαν ἑκάστοτε διὰ ταχέων. Vgl. auch Cels. praef. 43: die Empiriker erklären Sektionen Lebender für unnütz: *interdum enim gladiatorem in harena, vel militem in acie, vel viatorem a latronibus exceptum* (vgl. oben I 355) *sic vulnerari, ut eius interior aliqua pars aperiatur.* 2) Strabo VI 273. 3) Hülsen-Jordan, Topogr. I 3 S. 302. 4) Hirschfeld, Verw.Beamt. 292 ff. 5) Vgl. über ihre Bestimmung Babucke, Geschichte des Kolosseums (Gymn. Progr. Königsberg 1899) S. 57 ff. 6) Parker, Archaeology of Rome, part VII 1876 pl. III. Vgl. pl. IV—VIII. XVI. XVII und XXVII (das Amphitheater von Capua); der Text ist, abgesehen von den Berichten über die Ausgrabungen, ganz unbrauchbar. 7) G. Rucca, Sull' ipogeo dell' anfiteatro Puteolano (1852) S. 11 f. 8) Cass. Dio LXIX 4, 4. 9) Dafür sind namentlich die erhaltenen

einem hohen Grade von Vollkommenheit gebracht; es war ihnen ein leichtes, ihre Gerüste und Kulissen geräuschlos in die Höhe wachsen und hinabsinken, sich voneinander lösen und zusammenschließen zu lassen[1]). Bei den Schauspielen des Septimius Severus im Jahre 202 war die Arena in die Gestalt eines Schiffs umgeformt, das plötzlich auseinanderfiel und ein Gewimmel der mannigfaltigsten Tiere entlud. Bären, Löwen, Panther, Strauße, Auerochsen rannten und drängten sich durcheinander; 700 Tiere wurden so während des 7 tägigen Festes gezeigt und erlegt[2]). Bei dem Schauspiel Neros, das der Dichter Calpurnius beschreibt, klaffte der Boden auseinander, und aus den unterirdischen Schlünden stieg ein Zauberwald von goldschimmernden Gebüschen mit duftenden Springbrunnen auf, den zugleich aus der Tiefe emporgestiegene Ungeheuer fremder Zonen erfüllten[3]). Claudius ließ Maschinisten, denen etwas mißlang, als Gladiatoren fechten[4])

Hinrichtungen und Foltern in pantomimischen Szenen.

Auch eigentlich theatralische, besonders pantomimische Vorstellungen fanden in der Arena statt, nur daß die Schauspieler verurteilte Verbrecher waren, die eigens dazu unterrichtet und eingeübt wurden, und daß sie Tod und Martern nicht fingierten, sondern wirklich erlitten. In kostbaren, golddurchwirkten Tuniken und Purpurmänteln, mit goldenen Kränzen geschmückt, traten sie auf; doch wie aus den todbringenden Gewändern der Medea fuhren plötzlich Flammen aus diesen prächtigen Kleidern, in denen die Elenden grauenvoll umkamen[5]). In solchen, aus leicht entzündlichen Stoffen gewebten und damit bestrichenen Anzügen, die der grausame Volkswitz die »unbequeme Tunika« (*tunica molesta*) nannte, wurden im Jahre 64 die der Urheberschaft des Brands von Rom beschuldigten Christen in den Gärten Neros dem Feuertode übergeben, oder auch mit Harz und Pech überzogen bei Nacht gleich Fackeln angezündet, andre in Tierfelle gehüllt von Hunden zerrissen[6]). Tertullian versichert, daß sich Menschen sogar anwerben ließen, eine gewisse Strecke in einer brennenden Tunika zurückzulegen[7]). Es gab wohl kaum eine aus der Geschichte und Literatur bekannte Folter oder furchtbare Todesart, mit deren Aufführung das Volk nicht im Amphitheater unterhalten worden wäre. Wir haben, sagt Tertullian, dort die Entmannung des Attis gesehen, und einer, der lebendig verbrannt wurde, erschien in der Tracht des Hercules[8]), dessen Flammentod auf dem Oeta dargestellt wurde; auch ein griechisches Epigramm erwähnt die zu diesem Schauspiele benutzte Verbrennung eines Diebs[9]). Martial sah einen Verbrecher als

Unterbauten der Amphitheater von Puteoli (Ch. Dubois, Pouzzoles antique [1907] S. 317 ff.) und Trier (E. Krüger, Röm.-german. Korr. Bl. II 1909 S. 81 ff.) lehrreich.

1) Seneca ep. 88, 22. 2) Cass. Dio LXXVI 1, 4 f. Vgl. die hierauf geprägte Münze Eckhel D. N. VII 182. Nach Cass. Dio LXI 12, 2 (vgl. Tac. A. XIV 3) hätte ein solches Schiff schon als Modell für das Fahrzeug gedient, in dem Agrippina den Tod finden sollte. 3) Calpurn. Ecl. 7, 69 ff., vgl. Haupt, Opusc. I 398. Über theatralische Dekorationen und Maschinenwesen im 14. und 15. Jahrhundert Baudrillart, Hist. du luxe III 486 ff. 4) Sueton. Claud. 34, 2. 5) Plutarch. De sera num. vind. 9. Daß die Opfer der Arena auch sonst prächtig gekleidet wurden, zeigt die Passio S. Perpetuae et Felic. 18, 4, wo die Christen als Priester des Saturn (also in Scharlach- und Purpurmänteln, Tertull. de testim. animae 2; de pall. 4), die Christinnen als Cerespriesterinnen erscheinen müssen. 6) Tac. A. XV 44; *tunica molesta* Juven. 8, 235 (vgl. 1, 157 ff.). Martial. X 25, 5. Seneca. epist. 14, 5. 7) Tertullian. ad mart. 5; ad nationes I 18. 8) ebd. Apol. 15. 9) Anthol. Pal. XI 184.

Mucius Scävola die Hand über das Kohlenbecken halten, bis sie verzehrt war[1]), einen andern in der Rolle des Räuberhauptmanns Laureolus, dessen Kreuzigung schon unter Caligula im Mimus dargestellt worden war[2]), wie er, am Kreuz hängend, von Bestien zerrissen wurde. Er schildert, wie die Glieder tropfenweis herabfielen und der Körper kein Körper mehr war; wie zu seiner Beruhigung fügt er hinzu, der so Gemarterte sei gewiß ein Vatermörder, Tempelräuber oder Mordbrenner gewesen[3]). Ein anderer Verdammter stieg bei demselben Schauspiel als Orpheus aus der Versenkung auf, wie wenn er aus der Unterwelt zurückkehre. Die Natur schien von seinem Spiele bezaubert, Felsen und Bäume bewegten sich auf ihn zu, Vögel schwebten über ihm, zahlreiche Tiere umgaben ihn; als das Schauspiel lange genug gewährt hatte, ward er von einem Bären zerrissen[4]). Christinnen erlitten in der Rolle der Danaiden oder der vom Stier geschleiften Dirke den Märtyrertod[5]).

Heitere mythologische Pantomimen.

Mit diesen gräßlichen mythologischen Szenen wechselten aber auch heitere, selbst schlüpfrige, wie Darstellungen der Europa mit dem Stier[6]) oder der Pasiphae mit dem Stier[7]). Knaben wurden bis zu dem Zeltdach, das über den Zuschauerraum ausgespannt war, emporgerafft[8]). Dabei kamen wunderliche Änderungen in der Aufführung bekannter Mythen vor, wie z. B. ein von einem Bären zerrissener Dädalus[9]), ein von einem Stier gen Himmel getragener Hercules erwähnt wird[10]). Dann wieder verwandelte sich die Arena plötzlich in eine Wasserfläche, Leander schwamm zu Hero, bunte Züge von Nereiden bildeten wechselnde Gruppen, und über den Häuptern der Dioskuren leuchteten Sterne[11]).

c. DIE NAUMACHIEN[12]).

Schiffskämpfe in der überschwemmten Arena des Amphitheaters.

Auf der unter Wasser gesetzten Arena des Amphitheaters wurden auch Schiffskämpfe veranstaltet. Schon die Arena des von Nero auf dem Marsfelde erbauten Amphitheaters wurde bei einem Schauspiel im Jahre 57 oder 58 überschwemmt, Fische und große Seetiere schwammen im Wasser umher, dann wurde eine Seeschlacht zwischen Athenern und Persern aufgeführt, zuletzt das Wasser abgelassen und auf der trockengelegten Arena Gladiatorenkämpfe und eine Landschlacht gegeben[13]). Ebenso folgten bei einem Fest im Jahre 64 Gladiatorenkämpfe auf eine Seeschlacht in derselben Arena, die zuletzt abermals überschwemmt wurde, um auf dem Wasser Raum für ein üppiges Gelage zu

1) Martial. VIII 30. Auch diese Exekutionen fanden früh am Morgen statt (Martial. X 25, 1), wie auch in Alexandria (Philo in Flacc. 84f.). 2) Suet. Calig. 57, 4. Juven. 8, 187. Joseph. ant. Jud. XIX 94. Vgl. unten S. 113f. 3) Martial. Spect. 7. 4) ebd. 21. 21b; vgl. dazu F. Drexel, Röm.-germ. Korr.Bl. IX 1916 S. 19. 5) Clem. Rom. epist. I 6, 2. 6) Eine solche Darstellung deutet offenbar Aelian. nat. anim. VII 4 an, wo er sagt, daß Stiere abgerichtet wurden, Frauen zu tragen. 7) Sueton. Nero 12, 2 *inter pyrricharum argumenta taurus Pasiphaam ligneo iuvencae simulacro abditam iniit, ut multi spectantium crediderunt.* Dasselbe Schauspiel Martial. Spect. 5. Solche Schaustellungen hat Apul. met. X 23 zur Voraussetzung. 8) Juv. 4, 122. 9) Martial. Spect. 8. 10) ebd. 16f. 11) ebd. 25. 26. 12) Das Wort schon bei Lucilius frg. 457f. Marx *naumachiam licet haec, inquam, alveolumque putare et calces: delectes te, hilo non rectius vivas,* wozu Marx (II 170) treffend auf den attischen Agon der νεῶν ἅμιλλα (vgl. Dittenberger zu Syll.[3] 717 N. 11; 1055 N. 9) verweist. 13) Cass. Dio LXI 9, 6. Dieses (hölzerne, Sueton. Nero 12, 1) Amphitheater war im Jahre 57 erbaut worden. Tac. A. XIII 31 (vgl. Hülsen-Jordan, Topogr. I 3, 501); vielleicht fand das Schauspiel zur Einweihung statt.

bieten, das Tigellinus gab[1]). Im Flavischen Amphitheater[2]) veranstaltete Titus bei der Einweihungsfeier im Jahre 80 außer den andern Wasserschauspielen auch einen Schiffskampf zwischen Corcyräern und Korinthiern[3]). Auch Domitian gab eine Seeschlacht im Amphitheater[4]).

Naumachien des Julius Cäsar —

Den ersten Schiffskampf in größerem Maßstabe veranstaltete Julius Cäsar bei seinen Triumphalspielen im Jahre 708 = 46. Er ließ auf dem Marsfelde, etwa in der Gegend des Palastes Farnese[5]), einen See graben, auf dem eine tyrische und eine ägyptische Flotte, jede aus Zwei-, Drei- und Vierruderern bestehend und mit 1000 Seesoldaten und 2000 Ruderern bemannt, gegeneinander kämpften[6]). Der See wurde im Jahre 711 = 43 wieder zugeschüttet[7]), da man glaubte, daß seine Ausdünstungen zur Erzeugung einer damals herrschenden Epidemie beigetragen hätten. Die zweite große Naumachie gab Augustus im Jahre 752 = 2 bei der Einweihung des Tempels des Mars Ultor, in einem etwa gegenüber der Stelle der cäsarischen Naumachie auf dem jenseitigen Tiberufer gegrabenen See[8]), der (nach seiner eigenen Angabe) 1800 Fuß (= 533 m) Länge und 1206 (= 357 m) Breite hatte; 30 geschnäbelte Zwei- und Dreiruderer und noch mehr kleinere Schiffe, mit 3000 Soldaten (ohne die Ruderer) bemannt, führten hier eine Seeschlacht zwischen Athenern und Persern auf[9]).

und Augustus.

Naumachie des Claudius auf dem Fucinersee.

Diese beiden sowie alle späteren Naumachien wurden weit durch den kolossalen Schiffskampf überboten, mit dem Kaiser Claudius im Jahre 52 die Vollendung der mehrjährigen Arbeiten zur Führung eines Emissars aus dem Fucinersee (Lago di Celano) durch das Gebirge in den Liris (Garigliano) auf dem genannten See feierte[10]). Eine sicilische und eine rhodische Flotte von Drei- und Vierruderern, im ganzen mit 19000 Bewaffneten bemannt, standen einander gegenüber[11]). Ein silberner Triton tauchte aus dem Wasser auf und gab mit der Trompete das Zeichen zum Anfang[12]). Der See, so berichtet Tacitus, war mit Flößen eingefaßt, damit nicht hier oder dort einer entkäme. Doch war Raum genug für die volle Tätigkeit der Ruderer, für Kunst und Gewandtheit im Gebrauche des Steuers, für die Angriffe der Fahrzeuge und das ordentliche Seegefecht. Auf den Flößen standen Abteilungen der prätorischen Kohorten zu Fuß und zu Roß; Brustwehren waren angebracht, von denen die Wasserfläche mit Wurfgeschützen bestrichen werden konnte. Den übrigen Teil des Sees besetzten Flottensoldaten in gedeckten Schiffen. Die Ufer, Hügel und Bergab-

1) So Cass. Dio LXII 15, 2f. Tac. A. XV 37, der nur über das üppige, von Tigellinus auf dem *stagnum Agrippae* (Hülsen-Jordan S. 580) gebotene Gelage berichtet, ohne die Naumachie und sonstigen Schauspiele zu erwähnen. 2) Die Annahme, daß die unterirdischen Bauten des Colosseums (Parker a. a. O. pl. X. XV) zur Unterwassersetzung der Arena bei Naumachien gedient hätten (Rucca, Dell' uso de' sotterranei anfiteatrali S. 15; vgl. Fea, Osservazioni sull' arena e sul podio del anfiteatro Flavio, Roma 1813 S. 2), wird von Hülsen-Jordan a. a. O. 291, 24 abgelehnt. 3) Cass. Dio LXVI 25, 2f. 4) Sueton. Domitian. 4, 1. 5) Hülsen-Jordan a. a. O. S. 494. 6) Sueton. Caes. 39, 4. Cass. Dio XLIII 23, 4. Appian. Bell. civ. II 102. 7) Cass. Dio XLV 17, 8. 8) Hülsen-Jordan a. a. O. S. 652ff. Über dieses Bassin führte ein *pons naumachiarius*, der unter Tiberius verbrannte und wieder gebaut wurde, Plin. n. h. XVI 190. 200. Noch Cassius Dio (LV 10, 7) sah Spuren von dieser Naumachie. 9) Mommsen, Res g. d. Aug.² S. 94f. 10) Tac. A. XII 56f. mit Nipperdeys Anm. 11) Sueton. Claud. 21, 6 gibt je 12 Triremen an, Cass. Dio LX 33, 3 je 50. 12) Sueton. a. a. O.

hänge erfüllte, wie in einem Theater, eine unzählige Menschenmenge, die aus den nächsten Landstädten oder auch aus Rom Schaulust oder Rücksicht auf den Kaiser herbeigelockt hatte. Er selbst in prächtigem Feldherrnmantel und in seiner Nähe Agrippina, in einem ganz aus Gold gewebten Oberkleide, führten den Vorsitz. Gekämpft wurde, obgleich unter Missetätern, mit dem Mute tapferer Männer, und nach vielen Wunden wurden sie dem Tode entzogen. Als aber nach beendetem Schauspiel der Abfluß des Wassers erfolgen sollte, zeigte sich, daß die Arbeiten ungenügend ausgeführt waren und die Kanäle noch vertieft werden mußten. Nach Vollendung dieser neuen Arbeit wurde die Menge abermals (im Jahre 52) durch ein Gladiatorenspiel versammelt, wobei zum Fußgefecht Brücken über das Wasser geschlagen worden waren. Ein an der Stelle des Abflusses veranstaltetes Gastmahl unterbrach der zu heftige Strom, der einen Teil der Holzbauten fortriß und alles mit Schrecken erfüllte.

Naumachien des Titus — Die Naumachie des Augustus benutzte Nero zu einem auf Schiffen dargebotenen Gastmahl[1]) und Titus bei seinen hunderttägigen Festen im Jahre 80 zu glänzenden Schauspielen[2]). Am ersten Tage fand auf der mit Balken zugedeckten Wasserfläche ein Gladiatorengefecht und eine Tierhetze statt, am zweiten ein Wagenrennen, am dritten wurde ein Seegefecht zwischen Athenern und Syrakusanern aufgeführt, wobei die ersteren siegten, zum Schluß eine kleine Insel erstiegen und eine dort erbaute Befestigung erstürmten. Nach diesem Fest, meinte ein Hofdichter, würden alle früheren, selbst das auf dem Fucinersee, vergessen sein[3]). Domitian — Domitian gab, um Titus in jeder Hinsicht zu überbieten, nicht nur wie er einen Schiffskampf in der Arena des Amphitheaters, sondern ließ auch einen neuen, großen See graben[4]) und darauf eine Seeschlacht von so viel Schiffen ausführen, daß ihre Zahl beinahe der wirklicher und regelmäßiger Flotten gleichkam[5]). Obwohl sich während des Schiffskampfs ein Wolkenbruch entlud, durfte das Schauspiel weder unterbrochen werden, noch die Zuschauer sich entfernen oder nur die Kleider wechseln, was vielen Krankheit und Tod brachte[6]). und Philipp. Endlich scheint auch Kaiser Philipp der Araber bei den Festen, mit denen er die 1000jährige Dauer der Stadt Rom feierte, eine Naumachie veranstaltet zu haben[7]), wozu aber wohl nur der von Augustus gegrabene See erneuert wurde[8]).

d. SCHLUSZBETRACHTUNG.

Äußerungen gebildeter Römer über die Schauspiele des Amphitheaters. Nichts zeigt so sehr den ungeheuren Unterschied zwischen der Denk- und Empfindungsweise des römischen Altertums und des heutigen Europa wie die Beurteilung, welche die Schauspiele des Amphitheaters damals und jetzt bei Gebildeten fanden. In der ganzen römischen Literatur begegnen wir kaum

1) Cass. Dio LXI 20, 5; vgl. Tac. A. XIV 15. 2) Cass. Dio LXVI 25, 3f. Sueton. Tit. 7, 3. 3) Martial. Spect. 28, vgl. 24—26. 4) Da die Stadtbeschreibung auf dem rechten Tiberufer *naumachias II* (so richtig statt *V* hergestellt von Sarti) nennt, also neben der des Augustus noch eine zweite, und die ganze Gegend zwischen S. Peter und der Engelsburg im Mittelalter *regio Naumachiae* heißt, liegt es nahe, die dort gefundenen Überreste eines für Wasserschauspiele bestimmten Gebäudes der Naumachie Domitians (vielleicht in einer durch Trajan vorgenommenen Erneuerung) zuzuweisen; s. darüber Hülsen-Jordan a. a. O. S. 660f. 5) Sueton. Domit. 4, 2. Martial. I 5. 6) Cass. Dio LXVII 8, 3; vgl. Sueton. a. a. O. und oben S. 9. 7) Aurel. Vict. Caes. 28, 1. 8) Hülsen-Jordan a. a. O. S. 653f.

einer Äußerung des Abscheus, den die heutige Welt gegen diese unmenschlichen Lustbarkeiten empfindet. In der Regel werden die Fechterspiele mit der größten Gleichgültigkeit erwähnt. Die Kinder spielten Gladiatoren[1]) wie jetzt in Andalusien Stier und Matador, oder sonst in Rom Räuber und Sbirren. Die erwachsene Jugend widmete ihnen ein leidenschaftliches Interesse[2]), Bemerkungen über die Helden der Arena waren Lückenbüßer auch in der Unterhaltung der Gebildetsten, und zahlreiche sprichwörtliche Redensarten zeigen, wie nahe der Gedanke an die Szenen, die sich dort abspielten, für jedermann lag. Es sei Torheit, sagt Horaz, sich bei einem Streit, ob Castor ein besserer Fechter sei als Docilis, zu ereifern[3]); ein anderes Mal sagt er, Mäcenas, für dessen Vertrauten er gelte, würdige ihn zuweilen der Mitteilung, daß es am Morgen für zu leicht Gekleidete schon zu kalt sei, oder der Frage nach der Zeit, oder ob der Thraker Gallina dem Syrus gewachsen sei[4]). Epictet zählt zu den trivialen Gesprächsgegenständen, die man zu vermeiden habe, auch Gladiatorenkämpfe[5]). Noch mehr, Ovid fand nichts Arges darin, das Schauspiel, in dem man sich am Anblick des Mords ergötzte, zur Förderung von Liebesverhältnissen besonders zu empfehlen. Wer, sagt er, im Gespräch mit seiner Nachbarin ihre Hand berührt, sich das Programm erbittet, über den Ausgang des Kampfs wettet, der hat oft selbst die Wunde gefühlt[6])!

Wo diese Schauspiele mißbilligt werden, geschieht es nicht immer aus denselben Gründen, aus denen wir sie verdammen, ja sie werden auch in Schutz genommen oder gepriesen. Daß dies letztere von Dichtern geschah, die alles besangen, was von der Regierung ausging, kann freilich nicht wundernehmen. Statius und Martial, die ihr Talent zu begeisterten Lobeserhebungen der Regierung Domitians mißbrauchten, haben es an Gedichten auf seine Schauspiele nicht fehlen lassen. Martial fand, daß die Leistungen der Tierkämpfer die Taten des Hercules überträfen[7]). Statius verglich die Weiber, die in der Arena als Klopffechterinnen auftraten, mit Amazonen, und unglückliche Zwerge einander zerfleischen zu sehen, war ihm ein guter Spaß, über den Vater Mars und die blutige Göttin der Tapferkeit lachten[8]). Aber auch einseitige und bornierte Verteidiger des Römertums nahmen diese Spiele, zum Teil vielleicht in einer Art von Trotz gegen die griechische Kultur, in Schutz; auch Cicero, dem im Grunde die rohe Metzelei zuwider war, stellt sich gelegentlich auf ihre Seite. »Die Fechterspiele«, sagt er, »erscheinen einigen unmenschlich und grausam, und mögen es auch sein, wie sie jetzt sind. Als aber noch Verbrecher mit der scharfen Waffe auf Tod und Leben fochten, da konnte es für das Ohr vielleicht manche stärkere Lehre gegen Schmerz und Tod geben, für das Auge keine[9]).« Der jüngere Plinius lobt einen Freund, der zum Andenken seiner verstorbenen Frau zu Verona ein glänzendes Fechterspiel mit vielen Panthern veranstalten wollte[10]), und preist Trajan, daß er auch dieses Schauspiel dem Volke gewährt habe: »nicht ein kraftloses, weichliches, das die Seelen von Männern zu entnerven und zu schwächen, sondern das sie zu rühmlichen Wunden und Todes-

1) Epictet. Manuale 29, 3. 2) Tac. Dial. 29, 4. 3) Horat. epist. I 18, 19. 4) Hor. Sat. II 6, 44. 5) Epictet. Manuale 33, 2. 6) Ovid. a. a. I 164 ff. Vgl. jedoch oben I 289. 7) Martial. V 65. Vgl. oben S. 88. 8) Stat. Silv. I 6, 51 ff. 9) Cic. Tusc. II 41. 10) Plin. ep. VI 34.

verachtung zu entzünden geeignet war, da selbst in den Leibern von Sklaven und Verbrechern Liebe zum Ruhm und Begierde nach Sieg sich zeigte[1]).« Mit Recht nennt der englische Geschichtschreiber des sinkenden Reichs dies ein eitles und grausames Vorurteil, so edel widerlegt durch die Tapferkeit des alten Griechenland und des neueren Europa[2]).

Fast noch schlimmer als diese Verteidigungen ist die Art, wie sich Cicero gegen die Venationen ausspricht: »Was kann es für einen gebildeten Mann für ein Vergnügen sein, wenn ein schwacher Mensch von einem ungeheuer starken Tiere zerfleischt, oder ein herrliches Tier von einem Jagdspieß durchbohrt wird?«[3]) Aus einer Satire Varros werden allerdings die Worte angeführt: »Seid ihr nicht Barbaren, daß ihr Verbrecher wilden Tieren vorwerft?«[4]), aber ob er damit seine eigne Ansicht aussprach, muß bei dieser aus dem Zusammenhang gerissenen Frage dahingestellt bleiben. Marc Aurel, der so viel wie möglich dem Blutvergießen Einhalt tat, sagt in seinen Selbstbetrachtungen vom Amphitheater nur, daß man dort immer dasselbe sehe und des einförmigen Anblicks überdrüssig werde[5]). Tacitus bemerkt an der Stelle, wo er die grausame Lust rügt, mit der sich Tiberius Sohn Drusus an dem Morden weidete, er habe, »wenn auch über feiles Blut«, zu große Freude gezeigt[6]). Noch von einem der letzten Vertreter des Römertums, von Symmachus, haben wir eine für die römische Auffassung des Gegenstands höchst charakteristische Äußerung. Über jenen Selbstmord der kriegsgefangenen Sachsen in der Gladiatorenschule[7]) sagt er, keine private Bewachung habe die ruchlosen Hände dieses verzweifelten Volks zurückhalten können, und erklärt die Selbstmörder für noch nichtswürdiger als Spartacus und seine Genossen; er beschließt, den Unfall mit derselben philosophischen Resignation zu tragen, mit der sich Sokrates über die Vereitelung seiner Wünsche zu trösten pflegte[8]).

Seneca allein verdammt sie.

Der einzige unter den uns erhaltenen römischen Schriftstellern[9]), der sich in der Auffassung auch dieses Gegenstands zum allgemein menschlichen Standpunkte erhoben hat, ist der Philosoph Seneca, und auch er vielleicht nur momentan oder erst in seinen letzten Jahren; wenigstens nennt er in einer im reifen Mannesalter geschriebenen Schrift die Gladiatorenspiele unter den leichten Zerstreuungen, mit denen man vergebens den Kummer zu bannen sucht[10]). Da-

1) Plin. Paneg. 33, 1. Vgl. Hist. aug. Maxim. et Balbin. 8, 7 *alii hoc litteris tradunt, quod verisimilius credo, ituros ad bellum Romanos debuisse pugnas videre et vulnera et ferrum, et nudos inter se coeuntes, ne in bello armatos hostes timerent aut vulnera et sanguinem perhorrescerent.* Vgl. oben S. 51 Anm. 5. 2) Gibbon, History (Basil. 1787) V 171 (deutsch v. Sporschil S. 988f.). 3) Cic. ad fam. VII 1, 3. 4) Varro Sat. Menipp. fr. 24 Buech. Die Stelle des Varro bei Non. p. 211: *ab huiusmodi lusionibus radices crudelitas agere solet* kann vielleicht doch auf Gladiatorenspiele bezogen werden (vgl. Varro bei Plin. n. h. XXXVI 203: *licet videre gladiatores, cum deluserunt, hac iuvari potione*), obwohl bekanntlich diese in guter Zeit nur *munera* (*munus* die pflichtmäßige Leistung, Mommsen, Röm. Forsch. I 345, wahrscheinlich ursprünglich das *officium mortuorum honori debitum,* Tert. de spect. 12), nicht *ludi* (in der Inschrift von Corduba CIL II 5523 = Dessau 5079 *edito ob honorem flaminatus munere gladiatorio et duabus lusionibus* sind die *lusiones* keinesfalls amphitheatralische Spiele) heißen, vgl. Ritschl, Opusc. IV 637ff. 5) M. Aurel. Comment. VI 46. 6) Tac. A. I 76. 7) Vgl. oben S. 71. 8) Symmach. ep. II 46. 9) Auch in den Deklamationen, die von Gladiatoren handeln, finden sich keine Äußerungen über die Unmenschlichkeit dieser Schauspiele. 10) Seneca Cons. ad Helv. 17, 1; über die Abfassungszeit vgl. Jonas, De ord. libror. L. Ann. Senecae (Diss. Berol. 1870) S. 30. K. Münscher, Philol. Suppl. XVI (1922) S. 22f.

gegen hat er sich in seinen spätesten Schriften wiederholt mit Unwillen darüber geäußert, daß ein Mensch, eine heilige Sache für den Menschen, zum Zeitvertreib getötet werde[1]), und einmal auch der Empörung über ein Schauspiel von freilich ungewöhnlicher Unmenschlichkeit einen lebhaften Ausdruck gegeben, an dessen Aufrichtigkeit trotz der rhetorischen Färbung nicht zu zweifeln ist. Er erzählt, daß er zufällig um die Mittagszeit ins Amphitheater geraten sei. Aber gerade dann, wenn die meisten Zuschauer sich entfernt hatten, mußten zur Unterhaltung des zurückbleibenden Teiles Verbrecher, die ungeübt und ohne Schutzwaffen waren, sich umbringen, weil ihre Gefechte für das ganze Publikum zu wenig Interesse gehabt hätten. Hiermit verglichen, sagt Seneca, sind alle bisherigen Kämpfe Erbarmen. Jetzt werden alle Spielereien weggelassen, es ist reiner Mord. Sie haben nichts, sich zu schützen; den Wunden mit ganzem Leibe preisgegeben, führen sie Hieb und Stoß niemals vergebens. Dies ziehen die meisten regelmäßigen und auf Verlangen gegebenen Zweikämpfen vor. Und warum auch nicht? Hier wird nicht mit Helm und Schild das Eisen abgewehrt. Wozu diese Schutzwaffen? Wozu die Fechterkünste? Alles das sind ja nur Mittel, den Tod hinzuhalten. Am Morgen werden die Menschen Löwen und Bären, am Mittag ihren Zuschauern vorgeworfen. Mit Hieben werden sie in die Wunden gejagt und empfangen ihre wechselseitigen Stöße mit bloßgegebener und nackter Brust. Das ist die Pause im Schauspiel. Man schlachtet unterdes Menschen, damit sie nicht ungenutzt verfließe[2]).

Gründe der römischen Ansicht.

Wenn der Ausdruck einer für uns so natürlichen Empfindung in der römischen Literatur so vereinzelt steht, so darf man wohl behaupten, daß diese Schauspiele auch den Besten und Gebildetsten unendlich unschuldiger erschienen, als sie waren. Die Ursachen, welche zwischen der sittlichen Auffassung der damaligen und der heutigen Welt einen so unermeßlichen Abstand hervorbrachten, sind hauptsächlich drei: die Scheidung der Menschheit in eine berechtigte und eine unberechtigte Hälfte, die Macht der Gewohnheit und die blendende und berauschende Großartigkeit und Pracht in der Ausstattung der Schauspiele. Dem römischen Altertume war der Begriff der Menschenrechte fremd und deshalb auch die Ehrfurcht vor der Heiligkeit des Menschenlebens an sich, die zarte Fürsorge für seine Erhaltung. Die geringe Entwicklung des Völkerrechts, vor allem aber das Institut der Sklaverei befestigte zwischen der berechtigten und der unberechtigten Menschheit eine weite und unübersteigliche Kluft, nährte bei jener die Gewohnheit, die Existenz dieser mit einem besonderen Maßstabe zu messen und gering zu achten, ihre Leiden und ihren Untergang ohne Teilnahme anzusehen. Die Kämpfer der Arena waren Landesfeinde, Barbaren, Verbrecher, Sklaven oder verlorene Menschen; ihre Existenz war für die Gesellschaft entweder gleichgültig oder schädlich. In einer rauhen und kriegerischen Zeit hatte Rom das fremde Schauspiel bei sich eingeführt; anfangs selten gesehen, war es langsam häufiger und erst nach Jahrhunderten gewöhnlich geworden. Allmählich übte die von Geschlecht zu Geschlecht ver-

Die Sklaverei.

Die Macht der Gewohnheit.

1) Ep. 95, 33; vgl. 90, 45. Über die Schrift De tranq. animi (2, 13: *iuvat iam et humano sanguine frui*) vgl. Gercke, Seneca-Studien (Jahrb. f. Philol. Suppl. XXII) 315ff. Dessau, Hermes LIII 1918 S. 193ff. Münscher a. a. O. S. 59ff. 2) Seneca epist. 7, 3ff.

erbte, tiefer und tiefer wurzelnde Gewohnheit ihre unwiderstehliche Gewalt. Keine Macht ist so ungeheuer wie diese, sie ist die einzige, welche den ursprünglichen Widerwillen am Gräßlichen in Behagen zu verwandeln vermag, und niemand ist imstande, sich dem Einfluß des Geistes zu entziehen, der sein Zeitalter durchdringt. Übrigens sind ja martervolle Hinrichtungen zu allen Zeiten vielbegehrte Schauspiele gewesen. Hier sei nur erwähnt, daß bei einer Hexenverbrennung in Palermo die vornehmsten Zuschauerinnen mit Sorbett und Eis bedient wurden[1]).

Die Pracht des Schauspiels.

Endlich darf man nicht vergessen, daß das Amphitheater auch abgesehen von den Kämpfen der Arena eine große Anziehungskraft zu üben vermochte; denn hier bot sich ein Schauspiel, so überwältigend groß, wie es die Welt nie, weder vorher noch nachher, gesehen hat. Wenn es in der Kaiserzeit noch etwas gab, das den Traum von der vergangnen römischen Größe heraufrufen konnte, so war es der Anblick des im Amphitheater der Flavier versammelten Volks. Das Bewußtsein, einer Nation anzugehören, die auch in ihrem Sinken noch so gewaltig erschien, mochte manche Brust mit einem stolzen Gefühl schwellen[2]). Der Bau der Flavier wurde mit Recht von den Zeitgenossen den Wundern der Welt beigezählt[3]). Auf achtzig mächtigen Bogen gegründet, erhob er sich mit vier Stockwerken bis zur Höhe von über 48 m und vermochte 40—45000 Zuschauer zu fassen[4]). Die innerste und unterste Reihe unmittelbar über der Arena war der Sitz der Senatoren. Hier saßen die Stammhalter der alten fürstlichen Geschlechter, die Würdenträger der Monarchie in ihrer Amtstracht[5]), die Priesterkollegien im Ornat, die Vestalinnen; in der Mitte dieses glänzenden Kreises, auf offenem Sitz oder in einer prachtvollen Loge, der Kaiser mit seinem Hause und Gefolge. Hier zog auch wohl ein orientalischer Fürst in hoher Mütze und weiten, bunten, juwelenbedeckten Gewändern die Blicke auf sich[6]), oder ein deutscher Häuptling in knapp anschließender Tracht erregte durch seine Riesengestalt die Bewunderung und durch sein blondes Haar den Neid der Römerinnen; denn hier war auch der Platz der fremden Könige und Gesandten[7]). Die Tausende und Abertausende der übrigen Stände bedeckten die marmornen Sitze, die sich über dieser ersten Reihe in immer weitern Kreisen erhoben. Unter sie mischten sich die Formen, Farben und Trachten aller Rassen und Nationen. Alle römischen Bürger waren mit Rücksicht auf die kaiserliche Gegenwart und zu Ehren des Festes in die weiße Toga gekleidet und bekränzt[8]). Die Plätze der Frauen befanden sich in den höhern Reihen des

1) Wilh. Tischbein, Aus meinem Leben (herausg. v. K. Schiller 1861) II S. 102 f. 2) Im Jahre 58, als das Colosseum noch nicht existierte, wurden germanische Gesandte ins Pompejustheater geführt, *quo magnitudinem populi viserent.* Tac. A. XIII 54. 3) Martial. Spect. 1. 4) Nach Hülsen-Jordan, Topogr. I 3 S. 297 f., vgl. Hülsen, Bull. arch. com. XXII 1894, 312 ff. 5) Nicht bloß die fungierenden, sondern auch die gewesenen kurulischen Magistrate trugen bei Volksfesten die Prätexta; Mommsen StR. I^3 437, 1. 6) Sueton. Calig. 35, 1 *edente se munus (Ptolemaeum) ingressum spectacula convertisse hominum oculos fulgore purpureae abollae animadvertit.* 7) Joseph. A. J. XIV 210 (in einem Reskript Julius Cäsars): δεδόσθαί τε Ὑρκανῷ καὶ παισὶ τοῖς αὐτοῦ καὶ πρεσβευταῖς τοῖς ὑπ' αὐτοῦ πεμφθεῖσιν ἔν τε πυγμῇ μονομάχων καὶ θηρίων καθεζομένοις μετὰ τῶν συγκλητικῶν θεωρεῖν. Sueton. Aug. 43, 4 *quodam autem muneris die Parthorum obsides tunc primum missos per mediam harenam in spectaculum induxit superque se subsellio secundo collocavit.* Cass. Dio LXVIII 15, 2 (Trajan) τοὺς πρεσβευτὰς τοὺς παρὰ τῶν βασιλέων ἀφικνουμένους ἐν τῷ βουλευτικῷ θεάσασθαι ἐποίει. 8) Sueton. Aug. 58, 1 *patris patriae cognomen — detulerunt ei — plebs —*

Amphitheaters; nur die Vestalinnen und die Frauen der kaiserlichen Familie hatten das Vorrecht, die blutigen Szenen der Arena aus unmittelbarster Nähe anzusehen. Auf den höchsten Plätzen drängte sich die Menge derer, die ihr niederer Stand und zerlumpter, schmutziger Anzug von den unteren Sitzen ausschloß[1]).

Dem Auge, das über den weiten Raum hinschweifte, erschienen diese ungeheuren Massen in einer ebenso einfachen wie imposanten Anordnung. Alle architektonischen Linien waren durch reiche und kunstvolle Verzierung gehoben[2]), und das gewaltige Bild in den würdigsten Rahmen gefaßt. Über den ganzen Zuschauerraum konnte zum Schutz gegen die Sonne ein ungeheures Zeltdach gespannt werden, dessen bunte Felder dann einen farbigen Schimmer über das Innere des Gebäudes gossen[3]); bei einem Schauspiel Neros stellte es den gestirnten Himmel vor[4]). Aus der Arena warfen Springbrunnen Strahlen wohlriechender Wasser bis zu erstaunlicher Höhe und kühlten die Luft, welche sie zugleich mit Düften füllten[5]). Eine rauschende Musik übertönte den Lärm des Gefechts.

Aufhören der Selbständigkeit des Einzelnen in einer aufgeregten Menge.

Alles vereinigte sich also, die Sinne mit einer Trunkenheit zu befangen, die ebenso geeignet war, die Seele für den Eindruck des Wunderbarsten und Ungeheuersten empfänglich zu machen, wie die Regungen sittlicher Empfindung in Schlummer zu wiegen. In einer großen, leidenschaftlich aufgeregten Masse hörte die geistige Selbständigkeit des einzelnen momentan bis zu einem gewissen Grade auf, und auch der Widerstrebende ward in den allgemeinen Taumel fortgerissen. Eine Geschichte, die Augustinus erzählt, gibt hierzu einen merkwürdigen Beleg und ist um so lehrreicher, als sie gewiß die Geschichte von Tausenden gewesen ist[6]). Einer seiner Freunde, namens Alypius, ein junger Mann von guten Sitten, hielt sich in Rom auf, um die Rechte zu studieren. Er begegnete eines Tags einigen Bekannten, die ihn trotz seines Sträubens mit freundschaftlicher Gewalt ins Amphitheater führten; er, ein Christ, rief wiederholt: sie könnten seinen Leib zwar dahin schleppen, aber nicht seine Seele, er werde mit geschlossenen Augen dasitzen und in Wirklichkeit abwesend sein. Er befolgte seinen Vorsatz, aber als ein ungeheures Geschrei, durch irgendeinen Zufall des Kampfs veranlaßt, sein Ohr traf, ließ er sich von Neugier verleiten, die Augen aufzuschlagen; und, sagt Augustin, seine Seele wurde von einer schwereren Wunde getroffen, als der Leib dessen, den zu sehen er begierig war, und er fiel jammervoller als der, bei dessen Fall jenes Geschrei sich erhoben hatte. Denn mit dem Anblicke des Bluts sog er Unmenschlichkeit ein, er wandte sich nicht ab, er heftete den Blick unablässig auf das grausame Schauspiel, er ward von der blutigen Wollust berauscht. Was soll ich noch mehr sagen? Er sah zu, er schrie, er entbrannte, er nahm jenen Wahnsinn mit sich fort, der ihn zum Wiederkehren stachelte.

Vergleichung der amphitheatralischen Spiele mit den spanischen Stiergefechten.

Wie weit auch die spanischen Stiergefechte an Pracht und Großartigkeit so-

ineunti Romae spectacula frequens et laureata. Die Lorbeerbekränzung der Senatoren erwähnt Cass. Dio LXXII 21, 2. Wenigstens bei besonders festlichen Veranlassungen war sie gewiß stehend.

1) Calpurn. Eclog. 7, 26ff., vgl. 80ff. 2) ebd. 7, 47. 3) Lucret. IV 75ff. 4) Plin. n. h. XIX 24. 5) Seneca nat. qu. II 9, 2. Martial. Spect. 3, 3. V 25, 7. IX 38, 5; *sparsiones vela erunt* CIL IV 1177 = Dessau 5144. 6) Augustin. Confess. VI 8, 13.

wie an aufregender Wirkung hinter den Schauspielen des Amphitheaters zurückstehen, so sind sie doch immerhin geeignet, uns die Vorstellung der Eindrücke, die man dort empfing, zu vermitteln. Schon der Anblick der amphitheatralisch gebauten, ganz von Menschen gefüllten Corrida de toros soll ein ganz überwältigender sein, obwohl sie nur 9500 Zuschauer faßt und ganz elend gebaut ist[1]). J. G. Rist konnte sich (1804) dem fremd- und großartigen Reize der Stierkämpfe nicht entziehen. Was ihn bestach, war die Schönheit und äußerste Kraftanstrengung der edlen Stiere, in höchster Wildheit und Wut, und dennoch durch den Instinkt bald mit mehr, bald mit weniger Schlauheit gepaart. Und außerdem der unendliche Reiz eines wahren Volksschauspiels, desgleichen Europa kein andres hat[2]). Prosper Mérimée erklärt die Anziehungskraft der Stiergefechte für geradezu unwiderstehlich. Er beruft sich auf die eben angeführte Erzählung des Augustinus und bekennt, daß keine Tragödie in der Welt ihn in so hohem Grade interessiert, daß er während seines Aufenthalts in Spanien kein Stiergefecht versäumt habe, und daß er die blutigen Kämpfe denen vorziehe, bei denen die Gefahr für die Fechter durch Kugeln, die man auf die Hörner der Stiere setzt, so gut wie beseitigt ist[3]).

Abschaffung der Fechterspiele im Anfang des 5. Jahrhunderts.

Nur sehr langsam und allmählich vermochte das Christentum die alte Welt von den mörderischen Schauspielen der Arena zu entwöhnen[4]). Offenbar hing auch ein großer Teil der Christen an ihnen; wie sehr sie ihre Phantasie beschäftigten, zeigt z. B., daß unter den Erscheinungen, die den Sinn des heiligen Hilarion in der Wüste berücken und der Weltlust wieder zuwenden sollten, außer einem Wagenlenker, der ihm auf den Rücken sprang und ihn wie ein Pferd ritt, auch ein Kampf von Gladiatoren war, von denen einer wie getötet zu seinen Füßen niederfiel und ihn um ein Begräbnis bat[5]). Der Erlaß Constantins aus Berytus vom 1. Oktober 325, welcher die »blutigen Schauspiele« während der Ruhe des Friedens mißbilligt und bei Verurteilungen die Arbeit in den Bergwerken an Stelle der Gladiatorenspiele zu setzen befiehlt[6]), ist wohl nicht als ein eigentliches Verbot zu betrachten[7]). In einem später erlassenen Schreiben an die Stadt Hispellum (Spello) bewilligt Constantin die Bitte derselben, daß es den Priestern Umbriens gestattet sein solle, fortan dort ihre szenischen und Gladiatorenspiele zu geben; die Priester Tusciens aber sollen die ihrigen nach wie vor in Volsinii veranstalten[8]). Der Astrolog Firmicus Maternus, der noch vor Constantins Tode schrieb, gibt die Konstellationen an, unter denen Gladiatoren oder Athleten geboren werden, und spricht von solchen Gladiatoren,

1) Stephan, Raumers Histor. Taschenb. 4. Folge IX 1868 S. 22 A. 2) J. G. Rists Lebenserinnerungen I S. 285. 3) P. Mérimée, Lettres d'Espagne 1830 (Mosaique, Paris 1881 S. 258ff.). Der spätere Kaiser Maximilian von Mexiko (Aus meinem Leben II 67) äußert sich gleichermaßen begeistert für Stiergefechte. 4) Über das allmähliche Aufhören der amphitheatralischen Schauspiele vgl. Wallon, Hist. de l'esclavage dans l'antiquité III² (1879) 397ff. 5) Hieronym. Vita Hilar. 7 (Migne lat. XXIII 32). De Rossi, Bull. arch. crist. V 1867, 77f. glaubt auf einem in Tunis gefundenen Eimer mit der christlichen Inschrift ἀντλήσατε ὕδωρ μετ' εὐφροσύνης einen siegreichen Gladiator (Thrax oder Retiarius) zu erkennen, den er für ein Symbol der siegreichen christlichen Seele hält. Abgesehen davon, daß die Wahl eines Gladiators als christliches Symbol undenkbar erscheint, zweifle ich auch nicht, daß die Figur einen Wagenlenker vorstellt. 6) Cod. Theodos. XV 12, 1 (mit Gothofredus Kommentar). 7) Mommsen, Ges. Schrift. VIII 37. 8) CIL XI 5265 = Dessau 705.

denen durch ihre Nativität bestimmt ist, im Anblick des Volks durch einen schrecklichen, grausamen Tod umzukommen[1]). Ein Gesetz Valentinians vom Jahre 365 verbietet nur, Christen zur Gladiatorenschule zu verdammen[2]). Erst Honorius, den Prudentius vergeblich beschworen hatte, die Todesstrafe nicht ferner zur Ergötzung des Volks dienen zu lassen[3]) und in der Arena nur Tierhetzen zu gestatten, soll im Jahre 404 die Gladiatorenspiele in Rom aufgehoben haben, nachdem ein asiatischer Mönch, Telemachus, der sich mitten unter die Kämpfenden gestürzt hatte, um sie zu trennen, von dem über diese Unterbrechung des Schauspiels zur Wut empörten Volke zerrissen worden war[4]). Die kaiserlichen Gladiatorenschulen waren schon 399 aufgehoben worden[5]). Dennoch mögen die Fechterspiele in den westlichen Provinzen sich noch einige Zeit erhalten haben. Augustinus spricht kurz nach dem Jahre 410 von den Gladiatoren so, als ob sie noch kämpften[6]). Im Orient hatten ihre Kämpfe schon zu Ende des 4. Jahrhunderts aufgehört: Johannes Chrysostomus, der in seinen Predigten wiederholt den Besuch des Zirkus und Theaters als sündhaft und verderblich verdammt, nennt diese Schauspiele, die er mit noch viel größerem Rechte bekämpft haben würde, niemals. Dagegen eifert er und andre christliche Prediger gegen die Tierhetzen, in denen man Fühllosigkeit und Grausamkeit lerne[7]). Ebenso klagt um die Mitte des 5. Jahrhunderts der Presbyter Salvianus von Massilia über die Schauspiele, bei denen es der höchste Genuß für die Zuschauer ist, daß Menschen zerrissen, Tiere mit ihrem Fleisch gefüttert werden: zu diesem Zweck durchstreife man Wildnisse und undurchdringliche Wälder, ersteige die Alpen und dringe in schneebedeckte Täler[8]).

Fortdauer der Venationen im 6. Jahrhundert.

Die Tierhetzen haben sich im Orient wie im Occident mindestens bis ins 6. Jahrhundert erhalten. Im Jahre 469 verboten die Kaiser Leo und Anthemius »die tränenreichen Schauspiele« der Venationen nur für den Sonntag[9]). Auch Turcius Rufius Apronianus Asterius (Konsul 494) rühmt sich in seiner (in der mediceischen Bibliothek zu Florenz befindlichen) Handschrift des Vergil, im römischen Zirkus Bühnenspiele, Wagenrennen und Venationen veranstaltet zu haben[10]). Noch im Jahre 536 verordnete Justinian ausdrücklich, daß die Konsuln unter andern Schauspielen auch Tierkämpfe geben sollten. Er gestattete im ganzen 7 sogenannte *processus consulares*, von denen der erste und der letzte mit dem Tage des Antritts und der Niederlegung des Amtes zusammenfielen, der zweite und sechste (*mappa* genannt)[11]) für die zirzensischen Spiele bestimmt waren, während bei dem dritten eine Tierhetze, bei dem vierten eine besonders

1) Firmic. Matern. math. III 4, 23. VII 8, 7. 26, 2. VIII 7, 5. 10, 4. 23, 4. 24, 7. 2) Cod. Theodos. IX 40, 8, vgl. Mommsen, Strafrecht S. 925, 3. 3) Prudent. contra Symmach. II 1122 ff. 4) Theodoret. Hist. eccl. V 26, jedoch s. dazu J. P. Kirsch, Röm. Quartalschrift XXVI 1912 S. 207* ff. H. Delehaye, Analecta Bollandiana XXXIII 1914 S. 421 ff. 5) Usener, Kl. Schrift. I 258 f. P. J. Meier, Athen. Mitt. XV 1890 S. 165 versteht nicht die Gladiatoren s c h u l e n, sondern die Gladiatoren s p i e l e. Die von De Rossi (Bull. arch. crist. VI 1868, 84) hierher gezogene Inschrift CIL XIV 300 ist von ganz unsicherer Ergänzung und Erklärung. 6) Augustin. C. D. III 14 *pugnant etiam gladiatores — et tamen si in arenam procederent pugnaturi inter se gladiatores, quorum alter filius, alter esset pater, tale spectaculum quis ferret? quis non auferret?* Dagegen Conf. IV 14, 22 nennt er nur *aurigae venatores histriones.* 7) Wallon a. a. O. S. 403. 533. 8) Salvian. De gubern. Dei VI 10. 9) Cod. Just. III 12, 9 § 2. 10) Anth. lat. 3, 7 R. 11) Vgl. Mommsen CIL I² p. 306.

beliebte Art desselben Schauspiels (μονημέριον) [1]), wobei das Volk sich an dem Mute der gegen die Tiere kämpfenden Männer erfreuen sollte, bei dem fünften außer dem Auftreten von Tragödien und Chören theatralische Aufführungen voll Ausgelassenheit (πόρναι) stattfanden [2]). Zwei Jahre früher hatte Justinian in einem Schreiben an den Erzbischof von Constantinopel beklagen müssen, daß Geistliche sich des Besuchs auch dieser Schauspiele nicht enthielten [3]). In derselben Zeit bewunderte Cassiodor in Rom die Gewandtheit und Schnelligkeit, mit der sich die Tierkämpfer den Angriffen der Bestien zu entziehen wußten, sowie die mancherlei künstlichen Vorrichtungen, die zu ihrem Schutze getroffen waren und die wir zum Teil noch auf den geschnitzten Elfenbeindeckeln der Einladungen dargestellt sehen, welche die Konsuln zu ihren Schauspielen versandten: wenigstens war man also damals in Rom bemüht, die Venationen, wenn nicht unblutig, so doch weniger blutig zu machen [4]).

Verbreitung der amphitheatralischen Spiele im römischen Reich.

Soweit die alte Welt das Gepräge römischer Kultur getragen hat, sind auch die Schauspiele des Amphitheaters verbreitet gewesen, und von Jerusalem bis Sevilla, von Schottland bis zum Rande der Sahara hat es gewiß keine bedeutende Stadt gegeben, in deren Arena nicht Jahr für Jahr zahlreiche Opfer geblutet hätten [5]). Daß vielfach gesetzliche Bestimmungen die Beamten der Munizipien und Kolonien zur Veranstaltung wie von andern Spielen so auch von Gladiatorenkämpfen verpflichteten, darf nach dem (vor oder kurz nach dem 15. März 44 verfaßten) Stadtrecht von Urso in Spanien angenommen werden, nach welchem die jedesmaligen Duumvirn zu Ehren der drei kapitolinischen und der übrigen Gottheiten ein Fechterspiel oder Bühnenspiele zu veranstalten hatten, welche 4 Tage dauern und den größten Teil des Tages ausfüllen mußten. Für dieselben Gottheiten sollten die Ädilen dreitägige Schauspiele der einen oder der andern Gattung geben. Jeder Duumvir sollte aus der Stadtkasse 2000, jeder Ädil 1000 Sesterzen aufwenden dürfen, und jeder Spielgeber mindestens 2000 Sesterzen aus eignen Mitteln zuzuschießen verpflichtet sein [6]). Die Beamten und Priester der Munizipien heben daher auf ihren Inschriften mit besonderer Vorliebe die Verdienste hervor, die sie sich durch Ausrüstung der öffentlichen [7]) oder auch aus Stiftungs-

1) Anthol. Pal. IX 581: εἰς τὸ μονημέριον ἤγουν κυνηγέσιον, ἐν ᾧ ἀγωνίζονται ἄνδρες πρὸς θῆρας. 2) Just. Nov. CV c. 1. 3) Cod. Just. I 4, 34 § 1. 4) Cassiodor. Var. V 42. Einige der daselbst erwähnten Vorrichtungen vielleicht auf einer Marmorplatte des Museums von Narbonne bei Espérandieu, Recueil général des bas-reliefs de la Gaule Romaine I 386 nr. 609. Vgl. außer den Diptychen bei Gori, Thes. dipt. (z. B. I 7. 12 = Schreiber, Bilderatl. Taf. 31, 5. 33, 1) ein neues dieser Art in den Mon. d. Inst. V 51 mit Henzens Erklärung Ann. d. Inst. 1853, 116ff. Henzen glaubt dort eine zur Täuschung der Tiere bestimmte Figur zu erkennen; s. auch das Epigramm Anthol. Pal. IX 533 εἰς τὸν ἀπὸ κόντου κατερχόμενον θηριομάχον und die Contorniaten bei Sabatier, Descr. gén. d. méd. cont. pl. VIII 11. IX 4. 6. 5) O. Toller, De spectaculis cenis distributionibus in municipiis Romanis Occidentis imperatorum aetate exhibitis (1889) S. 102ff. 6) Lex col. Genetivae (CIL II 5439 = I² 594. Dessau 6087) c. 70. 71 (oben S. 11); vgl. CIL IX 2350 = Dessau 5059 (Allifae): *duumviratu suo acceptis a re p. XIII [m.] n. venation(es) plenas et gladiatorum paria XXI dedit.* 7) z. B. *curat(or) muneris publici gladiatorii (ter)* CIL XIV 3014 = Dessau 6252 (Praeneste), *munerarius* CIL IX 1540 = Dessau 4186 (Beneventum; vgl. Quintil. VIII 3, 34), *munif(icus)* CIL X 1795 = Dessau 1401 (Puteoli) und mehr bei Mommsen, Ges. Schrift. VIII 515f. Ruggiero, Dizion. epigr. II 1341; vgl. L. Ohnesseit, Philologus XLIV 1885, 543f.

mitteln unterhaltenen[1]) Fechterspiele erworben haben. Andrerseits unterlagen dieselben allerdings auch gesetzlichen Beschränkungen, deren Aufhebung die einzelnen Gemeinden vom Senat oder vom Kaiser auszuwirken hatten[2]). In den Provinzen sind es in erster Linie die Provinzialpriester, die durch Gesetz verpflichtet sind, amphitheatralische Spiele zu geben[3]), die, wenigstens als Tierhetzen, auch dann noch fortbestanden, als Theodosius den Zwang zu dieser Leistung aufhob[4]). Außer gelegentlichen Erwähnungen der alten Schriftsteller lassen Denkmäler verschiedner Art, vor allem die noch erhaltnen Ruinen der Amphitheater in mehreren römischen Provinzen, die Verbreitung dieser Schauspiele einigermaßen verfolgen.

Am häufigsten waren sie, wie natürlich, in Italien, das auch noch jetzt bei weitem die meisten Amphitheater hat. Kaum war dort ein Städtchen so klein und armselig, in dem nicht von Zeit zu Zeit einige Klopffechter aufgetreten oder Wildschweine und Bären gehetzt worden wären, und in größeren Orten fand nach dem Maßstabe, den wir an Volksvergnügungen anzulegen gewohnt sind, für diese Schauspiele eine unverhältnismäßige Verschwendung statt. Wenn auch die gesetzlichen Bestimmungen nur einen mäßigen Aufwand, wie in dem Stadtrecht von Urso 14000 S. (= 3045 Mark) jährlich, verlangten, so zwang doch die Rücksicht auf die Sitte und öffentliche Meinung die Beamten ohne Zweifel zu sehr viel höheren Ausgaben. Wenn in Urso die sämtlichen Schauspiele 3 und 4 Tage dauern sollten, so fehlt es nicht an Zeugnissen, daß in italienischen Städten Fechterspiele und Venationen allein zwei[5]), drei[6]) und vier[7]) Tage dauerten[8]). Es wurden nicht bloß Stiere, Hirsche, Hasen, Wildschweine und Bären, die in den Apenninen häufig waren, gehetzt, sondern auch Leoparden und Panther[9]); und Plinius sagt, daß man in den Munizipien bereits die Tierkämpfer mit silbernen Waffen gerüstet sehe, was hundert Jahre früher in den Schauspielen Cäsars zu Rom großes Aufsehen gemacht hatte[10]). In kleineren und ärmeren Orten traten drei, vier[11]) oder sechs[12]) Fechterpaare, in größeren zehn[13]), zwanzig[14]), dreißig[15]) und mehr[16]) auf. In Pompeji gab ein A. Clodius Italien.

1) z. B. *curator muneris peq(uniae) Aquillianae* (*bis*) in Grumentum CIL X 226 = Dessau 6451, *curator muner(is) Tulliani* in Ticinum CIL V Suppl. ital. 870 = Dessau 6742, *curator muneris gladiatori Villiani* in Dea Vocontiorum (Die) CIL XII 1585 = Dessau 6992. 2) Mommsen StR. II³ 887, 7. 3) Mommsen, Ges. Schrift. VIII 516ff. 4) Liban. or. 33, 15 (III 173 F.). 5) CIL IX 1663 (= Dessau 5179, Beneventum). XIV 2991 (Präneste). 6) CIL IX 3437 = Dessau 5063 (Peltuinum). Petron. 45, 4. CIL IV 1179 (= Dessau 5143). 3881. 7) CIL X 6012 = Dessau 5062 (Minturnae). CIL X 1785 = Dessau 6333 (Puteoli). CIL IV 3882. 3884 (= Dessau 5146. 5145). Dessau 5063ᵃ (Beneventum); vgl. 9406 (Karthago). 8) Die fünftägigen Schauspiele zu Präneste CIL XIV 3015 = Dessau 6256 (8 Tage ebendaselbst im J. 708 = 46 bei Cic. ad Attic. XII 2, 2) sowie die sechstägigen zu Forum Clodii CIL XI 3303 (= Dessau 154) sind *ludi*, nicht *munera*. 9) Das sind die *Africanae bestiae* oder *ferae Lybicae;* vgl. Varro de l. l. VII 40. CIL IX 2350 (= Dessau 5059, Allifae); 2237 (= Dessau 5060, Telesia). X 539 = Dessau 5061 (Salernum). Plin. ep. VI 34, 3 (Verona). 10) Plin. n. h. XXXIII 53. 11) CIL X 3704 (= Dessau 5054, Cumae). IX 4208 (Amiternum). 12) CIL IX 5854 (Auximum). 13) CIL IV 3884 (= Dessau 5145, Pompeji). XI 6357 (= Dessau 5057, Pisaurum). XIV 3015 (= Dessau 6256, Präneste). X 6012 (= Dessau 5062, Minturnae: *paria XI*). 14) CIL IV 3882. 3884 = Dessau 5146. 5145 (Pompeji). CIL IX 2350 (= Dessau 5059, Allifae: *gladiatorum paria XXI*). XIV 3663 (= Dessau 6234, Tibur 184 n. Chr.). 15) CIL XI 6357 (= Dessau 5057, s. unten S. 104). IX 2350 = Dessau 5059. CIL IV 1179 = Dessau 5143. 16) Auf dem Grabsteine eines Freigelassenen, Augustalen von Beneventum (CIL

Flaccus, als er zum zweitenal das Duumvirat (das höchste städtische Amt) bekleidete, unter anderm 30 Paar Athleten und 5 Paar Gladiatoren allein, 35 Fechterpaare und Stierkämpfe und eine Hetze von Ebern, Bären und andern Tieren mit seinem Kollegen gemeinschaftlich[1]). Außerdem kennen wir aus Anzeigen, die sich in Pompeji erhalten haben, sieben Honoratioren dieser Stadt als Veranstalter von Fechterspielen[2]). Ein N. Festus Ampliatus, dessen Bande ebenfalls dort auftrat und in einer Anzeige als »Gegenstand des Verlangens der ganzen Welt« bezeichnet wird, war vielleicht ein umherziehender Unternehmer[3]). Offenbar war es sehr gewöhnlich, daß reiche Munizipalen ihren Mitbürgern dieses Schauspiel gewährten. Die Gäste Trimalchios unterhalten sich von einem solchen, das in ihrer Stadt kürzlich stattgefunden hat, und von einem bevorstehenden dreitägigen[4]). In Pollentia ließ unter Tiberius das Volk die Leiche eines Primipilaren nicht eher bestatten, als bis es von den Erben gewaltsam Geld zu einem Fechterspiel erpreßt hatte[5]). Martial spottet, daß zu Bononia ein Schuster, zu Mutina ein Walker ein solches gegeben habe, er fragt, an welchem Ort es nun wohl ein Schenkwirt tun werde[6]). In Pisaurum wurde einem der Honoratioren, der die höchsten städtischen Ämter bekleidet hatte, eine Statue auf einem Zweigespann gesetzt, weil er außer andern Beweisen großer Freigebigkeit mit kaiserlicher Erlaubnis[7]) 8mal Gladiatorenkämpfe und überdies Floraspiele gegeben hatte; bei der feierlichen Aufsteltung des Denkmals gab der Sohn des Geehrten im Beisein seines Vaters 30 Fechterpaare und eine Tierhetze[8]). In Allifä gab ein »Bürger von großartiger Freigebigkeit« aus Anlaß der Ehre des Duumvirats in dem Jahre, in welchem er es erhielt, 30 Paar Gladiatoren und eine Hetze von afrikanischen Tieren, und in seinem Duumvirat, nach Empfang von 13000 S. (= 2827 M.) von seiten der Stadt, »vollständige« Tierhetzen und 21 Gladiatorenpaare, außerdem nach einem Jahre Theaterspiele auf eigne Kosten[9]). Dergleichen Angaben sind in großer Zahl erhalten. Sie sind in Postamente von Statuen und andern Ehrendenkmälern, auch in Grabmonumente eingehauen, um die ruhmwürdige Pracht und Freigebigkeit der Festgeber auf die Nachwelt zu bringen; und die Inschriften zeigen, wie sowohl die Kommunen als die einzelnen bemüht waren, ihre Vaterstadt bei solchen Gelegenheiten in möglichst großem Glanze erscheinen zu lassen[10]). Die Feste galten aber für um so glänzender, je mehr Menschenleben sie kosteten. Auf dem Postament einer Statue, die im Jahre 249 einem Bürger errichtet ward, der alle Ämter bekleidet und prächtige Schauspiele gegeben hatte, heißt es: Er hat zu Minturnä an vier Tagen elf Paare auftreten und so lange fechten lassen, bis elf von den ersten Gladiatoren Campaniens auf dem Platze geblieben sind; auch hat er zehn grausame Bären tothetzen lassen, wie euch, wohledle Bürger, wohl bewußt ist[11]). In der

IX 1703 = Dessau 5067), heißt es *gladiatores D dedit*, wohl als Summe der bei verschiedenen Spielen im Laufe seines Lebens von ihm gestellten Fechter.

1) CIL X 1074d = Dessau 5053. 2) CIL IV 1177ff. 3881ff. 3) S. oben S. 57. 4) Petron. 45, 4ff. 5) Sueton. Tiber. 37, 3. 6) Martial. III 59, vgl. III 16, 99. 7) Über die kaiserliche Genehmigung (*indulgentia*) privater Gladiatorenspiele in den Munizipien vgl. Mommsen, Ges. Schrift. VIII 513. 8) CIL XI 6357 = Dessau 5057. 9) CIL IX 2350 = Dessau 5059. 10) CIL X 4760 (= Dessau 6296, Suessa) *munus — secundum dignitatem coloniae.* Vgl. CIL IX 4208. 11) CIL X 6012 = Dessau 5062.

Grabschrift eines höchsten städtischen Beamten zu Peltuinum wird gerühmt, daß er ein dreitägiges Gladiatorenspiel »und vier Verbrecher« gegeben habe[1]), deren Exekution also auch als erwünschte Zugabe des Schauspiels angesehen wurde.

Nächst Italien haben Gallien und das nördliche Afrika die meisten Amphitheater, und in diesen Provinzen sowie in Spanien waren die Fechterspiele ohne Zweifel auch am meisten verbreitet. Nach einer Inschrift von Xeres de la Frontera hatte ein Beamter des dortigen Munizipiums für das Wohl und den Sieg der Kaiser ein Schauspiel mit zwanzig Fechterpaaren gegeben[2]). In Karthago wird in der Ehreninschrift eines unter Hadrian bis zum Posten eines Legionstribunen aufgestiegenen Mannes gerühmt, daß er zum Danke für die erreichten städtischen Würden außer einer reichen Spende an die Stadtkasse viertägige amphitheatralische Spiele mit Gladiatoren und afrikanischen Tieren gegeben habe[3]). In den nördlichen Ländern werden diese Schauspiele ohne Zweifel seltener gewesen sein, aber nur weil dort die Armut und Roheit der Bewohner, die Spärlichkeit der Bevölkerung und die Vereinzelung der römischen Städte der Ausbreitung der römischen Kultur überhaupt hinderlich war; doch besaßen auch hier, um von kleineren Bauten abzusehen, z. B. Metz und Trier stattliche steinerne Amphitheater.

Die westlichen Provinzen.

In Griechenland setzte die Bildung und Gesittung des Volks der Einführung der Fechterspiele einen lebhaften Widerstand entgegen, der immerhin so viel vermochte, daß sie dort nicht so allgemein wurden wie in den westlichen Provinzen. Doch freilich bewies die Gewohnheit ihre unwiderstehliche Macht auch hier. Dies hatte sich schon damals gezeigt, als König Antiochus Epiphanes zum erstenmal in Syrien und vermutlich auch in Griechenland Gladiatorenspiele einführte. Zuerst erregten sie mehr Entsetzen als Vergnügen, aber durch häufige Wiederholung, und indem er die Kämpfe anfangs nur bis zu Verwundungen, dann bis zum Fall eines Fechters fortsetzen ließ, brachte er es dahin, daß sie Beifall fanden und bald Freiwillige für geringen Lohn sich zum Kampf anboten[4]). Um so begreiflicher ist, daß die Gladiatorenspiele in Griechenland Eingang fanden, seit mit der Unterwerfung unter die Römer die Beziehungen dieses Lands zu Rom je länger desto inniger und vielfacher wurden und römische Sitten sich dort mehr und mehr einbürgerten. Der Herd, von welchem die Verbreitung dieser fremden Einflüsse ausging, war das von Cäsar als römische Kolonie neugegründete Korinth. Auch abgesehen von dem ungriechischen Charakter dieser Kolonie und ihrer Bevölkerung war es natürlich, daß die Gladiatorenspiele gerade hier, in der üppigen und reichen Handels- und Seestadt, mit einem ohne Zweifel großen, verdorbenen Pöbel, sich am festesten behaupteten: und dies ist auch der einzige Ort in Griechenland, wo sich (wenngleich nicht vor dem 2. Jahrhundert) ein Amphitheater bestimmt nachweisen läßt; seine Ruine steht noch heute. Bald wurde das Schauspiel auch in Athen eingeführt, wie es scheint, weil man dort den Korinthern nicht nachstehen wollte[5]); und obwohl es gegen Ende des 1. Jahrhunderts an einigen Orten, wie Rhodus, noch nicht Eingang gefunden hatte[6]), war es doch damals in Griechenland nicht mehr selten. Plutarch

Griechenland.

1) CIL IX 3437 = Dessau 5063. 2) CIL II 1305. 3) Dessau 9406. 4) Liv. XLI 20, 11 ff. 5) Dio Chrys. or. 14, 121 (I 254 Arn.). Philostr. Apoll. Tyan. IV 22. 6) Dio a. a. O.

empfiehlt den Männern, welche die Leitung der öffentlichen Angelegenheiten in ihren Gemeinden übernehmen wollen, die Gladiatorenkämpfe ganz zu verbannen; wenn dies aber nicht möglich sei, sie doch zu beschränken und der Masse, die solche Schauspiele verlange, Widerstand zu leisten[1]). Doch seine Klagen über die ungebildeten Reichen, die unter andern unedlen Mitteln auch dies nicht scheuten, um eine geehrte Stellung in ihrer Stadt einzunehmen, und so das Volk verdarben, zeigen, daß er selbst an der Ausführbarkeit seiner Ratschläge verzweifelte[2]). Leichter fanden die Tierhetzen Eingang, um so mehr, als die Stierkämpfe bereits üblich waren. Wer die Gunst des Volks erwerben will, sagt Dio von Prusa, muß nicht bloß Gaukler, Spieler und Athleten herbeischaffen, sondern auch einen wilden Löwen oder hundert Stiere, ja diejenigen, welche der Menge gefallen wollen, streben noch nach anderm, was man nicht einmal sagen kann (vermutlich sind Fechterspiele gemeint)[3]). Hadrian ließ bei einem Schauspiel im Stadium zu Athen tausend Tiere hetzen[4]). Aber immer war es in Griechenland nur die Hefe des Volks, die an diesen grausamen Vergnügungen Gefallen fand; die Gebildeten waren, wie es scheint, einstimmig in ihrer Verdammung[5]). Wie Plutarch[6]) äußern sich auch Dio von Prusa und Lucian[7]) mit Abscheu über die Gladiatorenspiele, sie nennen sie roh, tierisch, mörderisch und überdies auch insofern schädlich, als sie das Land gerade der tapfersten Männer berauben. Ein Neupythagoreer, der wider den Fleischgenuß eifert, behauptet, die Entartung des Geschmacksinns habe auch die übrigen Sinne angesteckt und das Auge gelehrt, statt sich an Tänzen, Bildern und Statuen zu erfreuen, Mord, sterbende Menschen, Wunden und Schlachten als das kostbarste Schauspiel zu schätzen[8]). Der Philosoph Demonax soll den Athenern, als sie mit der Einführung dieses Schauspiels umgingen, geraten haben, zuvor den Altar umzustürzen, den sie der Gottheit des Erbarmens errichtet hatten[9]). Der Kaiser Julian, welcher Priestern nicht einmal den Besuch des Theaters gestatten wollte, meinte, daß den Tierhetzen nicht bloß sie selbst, sondern auch ihre Söhne fern bleiben sollten[10]).

Kleinasien und der Orient.

Viel leichter fanden die Fechterspiele in den kleinasiatischen Provinzen mit ihrer halborientalischen Mischlingsbevölkerung Eingang, noch mehr im eigentlichen Orient[11]); in Berytus erbaute der Judenkönig Agrippa I. († 44 n. Chr.) ein

1) Plutarch. Praec. ger. reip. 30 τῶν φιλοτιμιῶν ὅσαι τὸ φονικὸν καὶ θηριῶδες ἢ τὸ βωμολόχον καὶ ἀκόλαστον ἐρεθίζουσι καὶ τρέφουσι, μάλιστα μὲν ἐξέλαυνε τῆς πόλεως, εἰ δὲ μή, φεῦγε καὶ διαμάχου τοῖς πολλοῖς αἰτουμένοις τὰ τοιαῦτα θεάματα. 2) ebd. 5. 29; De cupid. divitiar. 5. 3) Dio Chrys. or. 66, 9 (II 163 Arn.). 4) Hist. aug. Hadrian. 19, 3. 5) Vgl. F. Marx, Zur Geschichte der Barmherzigkeit im Abendlande (Bonn 1917) S. 24f. 6) Vgl. auch Plutarch. Non posse suaviter vivi 17; De sollert. anim. 1 wird die Jagd gerühmt, ὅτι τοῦ πεφυκότος ἐν ἡμῖν ἢ μεμαθηκότος χαίρειν μάχαις ἀνδρῶν πρὸς ἀλλήλους διὰ σιδήρου τὸ πολὺ δεῦρο τρέψασα καθαρὰν παρέχει θέαν. 7) Lucian. Anachars. 37. 8) Pseudo-Plutarch. De esu carn. II 2. 9) Lucian. Demon. 57; wenn Favorinus eine Rede ὑπὲρ τῶν μονομάχων schrieb (Philostrat. Vit. soph. I 8, 4), so tat er das gewiß nur, um in der Verteidigung des allgemein Verdammten seine Kunst zu zeigen; denn Philostrat nennt daneben Reden ἐπὶ τῷ λήρῳ und ὑπὲρ τῶν βαλανείων; Favorinus liebte *infames materias*, Gell. XVII 12, 1. 10) Julian. Fragm. epist. p. 304 D. 11) Den Juden ist es nach der (Ende des 2. Jhdts. n. Chr. redigierten) Mischna verboten, den Heiden Bären, Löwen oder sonst etwas, wodurch den Leuten Schaden entstehen kann, zu verkaufen, oder ihnen eine Basilika, ein Schaugerüst, ein Stadion bauen zu helfen. H. Blaufuß, Aboda Zara, Mischna und Tosefta (Nürnberg 1916) S. 10.

prunkvolles Amphitheater, bei dessen Einweihung er zwei Haufen von je 700 Missetätern gegeneinander kämpfen ließ[1]). In Kleinasien kannte schon Strabo ein Amphitheater zu Nysa in Karien[2]), ein andres zu Laodicea am Lycus wurde im Jahre 79 erbaut[3]); in Ancyra hielt, wie es scheint, der Brauch der Gladiatorenkämpfe und Tierhetzen zusammen mit der Verehrung des (lebenden) Augustus seinen Einzug[4]). Auch Alexandria hatte bereits unter Augustus ein Amphitheater[5]). Der Antiochener Libanius war trotz seiner griechischen Bildung in der Jugend wie im Alter ein Bewunderer der Gladiatorenspiele, »in denen Männer fielen und siegten, die man Schüler der Dreihundert bei Thermopylä hätte nennen können«[6]).

Schicksale der Amphitheater im Mittelalter und in der neueren Zeit.

Ruinen von Amphitheatern sind fast in allen Teilen des römischen Reichs erhalten, die meisten und größten, wie gesagt, in Italien und Südfrankreich, die wenigsten in Griechenland und den andern östlichen Provinzen. Ihre Erhaltung ist nach den Schicksalen, die sie betroffen haben, verschieden. Einige sind schon im Altertum nach dem Aufhören der Gladiatorenspiele verfallen und ihre Steine zur Errichtung neuer Gebäude verwendet worden, wie dies zu Verona unter Gallienus, in Catania unter Theoderich mit dessen ausdrücklicher Erlaubnis geschehen ist[7]). Diese Art der Zerstörung hat an den meisten Orten durch das ganze Mittelalter und die neuere Zeit fortgedauert, durch sie ist ohne Zweifel ein großer Teil der Amphitheater völlig verschwunden, von vielen sind nur geringe, kaum erkennbare Spuren geblieben. In verlassenen Gegenden sind sie unter dem langsam wirkenden Einfluß der Naturkräfte in Trümmer gesunken, und die auf den Ruinen wuchernde Vegetation, die ihre Wurzeln in alle Fugen trieb, hat die Zerstörung vollendet[8]). Sehr viele sind, wo Kriege oder innere Fehden wüteten, besonders während der Stürme des früheren Mittelalters, als Festungen benutzt worden, namentlich auch von den Arabern. Die Verteidiger befestigten sie mit Türmen und Gräben, Mauerbrecher donnerten und Brände und Pfeile flogen gegen die Bogentore, durch die einst eine festlich geschmückte Menge wogte. Mit der Wiederkehr friedlicher Zeiten erfuhren sie neue Zerstörungen, wenn die Armut in den alten Mauern ihre Hütten baute. An manchen Orten fielen sie der Prostitution anheim, die sie zum Schauplatz ihrer Orgien machte. Ihre halbverschütteten und verfallenen Gewölbe und Gänge boten dem Auswurf der Gesellschaft willkommene Schlupfwinkel, und manche Untat ward in dieser Verborgenheit verübt. Schatzgräber durchwühlten ihren Schutt, in der Hoffnung, Reste der alten Herrlichkeit zutage zu fördern, und Zauberer und Beschwörer mochten in den verrufenen und schauerlichen Ruinen gern ihr Wesen treiben[9]). Noch immer wurde hier und da eine Arena zu ritter-

1) Joseph. ant. Jud. XIX 335. 337 ἵν' οἱ μὲν κολασθῶσιν, τὸ πολέμου δ' ἔργον γένηται τέρψις εἰρήνης. 2) Strab. XIV 639. 3) CIG 3935 = IGR IV 845. 4) CIG 4039 = Dittenberger, Or. gr. 533. 5) Strab. XVII 795; s. oben S. 65. 6) Liban. De vita sua 5 (I 82 F.). 7) Belege zu dieser wie zu allen übrigen hier gemachten Angaben enthält das Verzeichnis der Amphitheater im Anhang XVI. 8) Vgl. die Beschreibung des Ampitheaters von Sutri bei Dennis, Cities and Cemeteries of Etruria I[3] (1883) 70ff. 9) Das Colosseum galt als Sitz der Dämonen, Gregorovius, Gesch. d. Stadt Rom VIII 388, 1. S. die Erzählung Benvenuto Cellinis von der Zauberei im Coliseum, der er beiwohnte, Buch 2 Kapitel 1 (Goethes Werke, Weim. Ausg. XLIII 185). Eine *licentia*

lichen Kämpfen, Gottesurteilen und Turnieren benutzt[1]). Anderwärts ward ihr blutgetränkter Boden vom Pfluge durchfurcht, oder er bedeckte sich mit dem Grün der Rebe und des Ölbaums. Wie an alle Reste längst vergangner, verschollner Zeiten heftete sich die Sage auch an diese alten Gemäuer und bevölkerte sie mit den Geistern des Volksglaubens: Grotten der Feen heißen sie noch jetzt an einigen Orten. Das Amphitheater zu Pola, das außen völlig erhalten, innen ganz zerstört ist, gilt dem Volke in der Umgegend als das unvollendete Werk einer Fee; sie sollte in einer einzigen Nacht einen Palast bauen, die Morgendämmerung und der Hahnenschrei setzten ihrer Arbeit für immer ein Ziel[2]). Die Amphitheater zu Bordeaux und Poitiers erhielten den Namen *Palais Gallienne* von einer so genannten spanischen[3]) Prinzessin, die nach mittelalterlichen Ritterromanen von Karl d. Gr. entführt worden war: erst infolge gelehrter Umdeutung wurde der Name in den des Kaisers Gallienus (*Gallien*) verwandelt[4]).

Die Amphitheater zu Nîmes — Die Geschichte einiger von diesen Ruinen läßt sich wenigstens in ihren Hauptmomenten durch das Mittelalter und die neuere Zeit verfolgen. Als die Franken unter Chlodwig 508 in das südliche Frankreich eindrangen, befestigten die Westgoten das Amphitheater zu Nîmes[5]); sie zogen einen breiten Graben herum, erbauten zwei viereckige Türme, die erst 1809 abgebrochen wurden, und im Innern Wohnungen für die Besatzung; fortan hieß das Gebäude *Castrum arenarum*. Von 720 bis 737 diente es den Sarazenen als Festung, die Karl Martell nach heftigem Widerstande daraus vertrieb. Sein Versuch, es durch Feuer zu zerstören, mißlang. Das Amphitheater blieb Festung und bis zum Ende des 14. Jahrhunderts im Besitz einer Art von Ritterorden, der *milites castri arenarum*. Mit der Zeit fiel es dann den unteren Klassen der Einwohnerschaft anheim, sein innerer Raum bedeckte sich mit armseligen Hütten und bildete durch mehrere Jahrhunderte ein eigenes Quartier (*quartier des arènes*), dessen Bevölkerung bis auf 2000 Seelen stieg und sich durch einen eigentümlichen Sprachakzent auszeichnete. Im Jahre 1533 besuchte Franz I. Nîmes, und die Überbleibsel des Altertums erfüllten ihn mit hoher Bewunderung. Man sah ihn kniend über römische Inschriftensteine gebeugt, die er mit seinem Tuche vom Staube reinigte, um sie zu entziffern. Die Stadt beschenkte ihn mit einem silbernen Modell des Amphitheaters, doch sein Befehl, die eingebauten Häuser abzubrechen, blieb unausgeführt. Erst im Jahre 1809 erfolgte die Räumung der Arena. Gegenwärtig werden hier die in Nîmes sehr beliebten Reiterspiele,

---

effodiendi thesauros für das Colosseum vom 28. Februar 1590 bei Lanciani, Storia degli scavi di Roma IV 155 (vgl. 187). Vgl. Allg. Zeitg. vom 10. Dezember 1864: »Im Kolosseum versammelt sich jetzt täglich eine Menge Neugieriger, um den Nachgrabungen eines gewissen Testa zu folgen, der auf die Autorität eines alten Pergaments hin an einer bestimmten Stelle einen ungeheueren, in dem bewußten Pergament bereits katalogisch aufgezeichneten Schatz zu finden überzeugt ist«. S. auch Gregorovius, Röm. Tagebücher 288 f. und Gesch. d. St. Rom I[2] 449, 1.

1) Über vereinzelte Fälle von Gladiatorenkämpfen im Mittelalter und später vgl. Freytag, Bilder aus d. dtsch. Vergangenh. II 1[12] S. 452. Petrarca epist. fam. V 6. Brantôme, Oeuvres compl. III 250 ff. Macaulay, Hist. of England I 418 Tauchn. (deutsch von Bülau I 385). 2) Stancovich, Anfiteatro di Pola (Venedig 1822) S. 10. 3) Oder nach einem alten spanischen Ritterbuche maurischen Prinzessin in Toledo, wo noch ein altes Gemäuer im Volksmunde den Namen »Palast der Galiana« trägt. Graf Schack, Ein halbes Jahrhundert II[2] 405. 4) Brutails, Revue des études anc. XV 1913 S. 285 ff. 5) Clérisseau, Antiquités de la France S. 88 ff. Millin, Voyage dans le midi de la France IV 220 ff. Pelet, Description de l'amphitéâtre de Nîmes (1853) S. 137 ff.

Ringkämpfe und Stiergefechte veranstaltet; bis 15000 Menschen finden noch jetzt in dem Gebäude Platz[1]). Ähnliche Schicksale hat das benachbarte Amphitheater von Arles gehabt, dessen Räumung (sowie die Aufstellung eines im Rhoneschlamme versunkenen Obelisken) schon Heinrich IV. hatte ausführen wollen[2]). Arles —

Als die Sarazenen bei Fréjus landeten, um die Provence zu plündern, errichteten sie in dem dortigen Amphitheater ein verschanztes Lager. Die Bevölkerung, welche die von ihnen völlig zerstörte Stadt verlassen hatte, siedelte sich auf Veranlassung der die dortige Kirche seit dem 7. Jahrhundert leitenden Bischöfe allmählich wieder an; die neu aufgebaute Stadt wurde im 10. Jahrhundert von Bischof Riculph aus Furcht vor Barbaren befestigt. Bei dem Neubau der Kirche diente als Steinbruch besonders das Amphitheater, das man übrigens auch deshalb zerstörte, um nicht den Sarazenen bei ihren Angriffen gegen die Stadt einen Stützpunkt zu lassen. So ward es zur völligen Ruine. Als Karl V. Fréjus mit einer Belagerung bedrohte (zu der es nicht kam), gehörte die Abtragung seines noch aufrecht stehenden Teils zu den Verteidigungsmaßregeln der Stadtbewohner. Im Jahre 1828 wurde es ausgegraben[3]). Fréjus —

Das Amphitheater zu Verona erlitt, wie gesagt, die erste Zerstörung schon im Altertum; Steine daraus befinden sich in der Mauer, die eilig zum Schutz der Stadt aufgeführt wurde, als man unter Gallienus einen Einfall der Barbaren besorgte. Eine Beschreibung der Stadt aus der Zeit des Königs Pipin nennt es das Labyrinth, aus dessen Gängen man nur mit Lampe oder Faden den Ausweg finden könne, der Bischof Ratherius im 10. Jahrhundert »den Zirkus, der Arena genannt wird«. In dieser Zeit und später wird sein Gebrauch als Festung mehrfach erwähnt. Es diente sodann zu gerichtlich verordneten und wohl auch andern Zweikämpfen; noch im Jahre 1263 wird bezeugt, daß einige Visconti das Recht besaßen, für jeden darin abzuhaltenden Zweikampf 25 Lire zu erheben, für welche Summe sie die Pflicht übernahmen, den Kampfplatz durch bewaffnete Leute abzusperren und freizuhalten. Nicht selten fanden auch in der Arena Enthauptungen von bedeutenden Verurteilten statt, namentlich in den Zeiten der Scaliger. Seit dem Anfange des 15. Jahrhunderts und bis zu dessen Ende wurden seine Gewölbe von feilen Dirnen bewohnt, die dafür der Stadt einen Zins zahlten. Wie in allen Städten, wo es Amphitheater gab, hatte man sich seiner Steine fort und fort als Baumaterial bedient; doch ist die Stadt Verona vor allen andern dadurch ausgezeichnet, daß sie schon sehr früh auf Erhaltung der Ruine bedacht war. Schon in einem Statut von 1228 verspricht der Podestà zur Herstellung der Arena in dem ersten halben Jahre seiner Regierung aus der Gemeindekasse 500 Lire anzuweisen, eine für jene Zeit beträchtliche Summe. In einem zweiten, vor 1376 abgeschlossenen Statut wird angeordnet, die Arena zu schließen und die Schlüssel in Verwahrung der Gemeinde zu behalten, da dort viele Übeltaten begangen worden seien und noch ferner begangen werden könnten; zugleich werden Strafen festgesetzt gegen Erbrechung der Tore, Verletzung der Mauern und Verunreinigung des Gebäudes. Ein drittes Verona.

1) E. Germer-Durant, Revue archéol. VII 1850 S. 194. 2) L. Jacquemin, Monographie de l'amphithéâtre d'Arles, 1845. 3) Ch. Texier, Mém. prés. p. div. sav. à l'acad. des inscr. II. Série, T. II (1849) S. 235f.

Statut von 1475 verordnet Strafen gegen Fortschaffung von Steinen und Stufen aus demselben. Doch waren die letzteren damals schon zum größten Teil verschwunden; im Jahre 1480 nennt ein Dichter die Arena von Stufen entblößt (*gradibus vacua*). Mit dem 16. Jahrhundert begann die Restauration. Seit 1545 wurde von Zeit zu Zeit ein Bürger gewählt, der die Erhaltung der Ruine zu überwachen hatte, im Jahre 1568 eine Geldsammlung zur Herstellung der Stufen veranstaltet, 1579 eine jedes vierte Jahr zu erhebende Steuer eingeführt behufs Instandhaltung des Gebäudes, wozu auch der vierte Teil der Geldbußen verwandt werden sollte. Ähnliche Beschlüsse faßte der Rat der Zwölf und der Fünfzig mehrmals. Im 17. Jahrhundert wurden zur Fürsorge für das Gebäude zwei Presidenti dell' Arena ernannt. Turniere wurden damals öfters dort abgehalten, so 1622 und 1654; dies war auch schon im 16.[1]) und in früheren Jahrhunderten nicht selten geschehen; so wird eins vom Jahre 1222 erwähnt. Im Jahre 1712 veranstaltete man dort zu Ehren des Kurfürsten von Bayern ein Ringstechen. Der edle Veroneser, dem wir diese Geschichte des bedeutendsten Monuments seiner Vaterstadt verdanken, Marchese Scipione Maffei, fordert am Schlusse derselben die adlige Jugend Veronas auf, sich dieses einzigen und unvergleichlichen Schauplatzes von Zeit zu Zeit zu bedienen, um ihren Mut zu zeigen und ihre Tapferkeit zu üben[2]). Als Napoleon 1805 die Stadt besuchte, gab man ihm im Amphitheater das Schauspiel eines Kampfes zwischen Hunden und Stieren; die Beifallsrufe von 40000 Zuschauern bei seinem Erscheinen hatten für ihn an dieser Stelle etwas Ergreifendes[3]). Beim Kongreß von 1822 wurde dort zuweilen ein Feuerwerk oder Wettrennen veranstaltet: »dann trieb die k. k. Polizei das Landvolk aus der Nachbarschaft herbei, weil die Bevölkerung des modernen Verona mitsamt ihren erlauchten Gästen nicht ausreichte, um den riesigen Rundbau zn füllen«[4]).

Das Colosseum.

Doch bei weitem die gewaltigste unter all diesen Ruinen ist das Colosseum[5]). Wenn auch von Habsucht und Glaubenseifer früh ihrer Zierden beraubt, blieben seine Mauern doch noch manches Jahrhundert nach dem Untergange des römischen Reichs unangetastet stehen und riefen im achten unserer Zeitrechnung jenes Wort der Bewunderung hervor: Solange das Coliseum stehen wird, wird Rom stehen; wenn das Coliseum fallen wird, wird Rom fallen; wenn Rom fallen wird, wird die Welt fallen![6]) Die erste wesentliche Zerstörung erfolgte vielleicht erst 1084, in welchem Jahre Robert Guiscard den größeren Teil der Stadt zwischen Cälius und Kapitol verwüstete[7]); andere Zerstörungen brachten die inneren Fehden, in denen es während des 12. und 13. Jahrhunderts meist den Frangipani als Festung diente; sie waren Hauptleute der Regione del Colosseo, einer von den damaligen 13 Regionen Roms[8]). Im Jahre 1244 zwang sie Friedrich II.,

1) Vgl. Journ. du voyage de Montaigne en Italie 1580/81, I 152f. 2) Maffei, Verona illustrata IV 85f. (1731, degli anfiteatri l. I c. 15). 3) Mém. de Mme de Rémusat II 150. 4) Treitschke, Deutsche Geschichte III 271. 5) Zum Folgenden vgl. Babucke, Geschichte des Kolosseums, Progr. Königsberg 1899. Hülsen-Jordan, Topogr. I 3 S. 285ff. 6) Beda Excerpt. patr., collect., flores, Migne lat. XCIV 543. Über die Ableitung des Namens Colosseum vgl. den Anhang XVI S. 206. Von Wiederherstellungen im 5. und zu Anfang des 6. Jahrh. zeugen die Inschriften CIL VI 32086—32094 (Dessau 5633—5635). Schon unter Theoderich wurde ein Teil des Gebäudes als Wohnung benutzt, Cassiodor. Var. IV 42, 3. Vgl. oben S. 40. 7) Marangoni, Delle memorie sacre e profane dell' anfiteatro Flavio (1746) S. 46. 8) ebd. S. 49—53.

einen Teil des Gebäudes den Annibaldi abzutreten; bei diesen suchte und fand Konradin 1268 nach der Schlacht von Tagliacozzo hier Schutz und Zuflucht. Im Anfange des 14. Jahrhunderts kam es in die Botmäßigkeit des Senats und Volks von Rom, welche darin am 3. September 1332 ein großes Stiergefecht veranstalteten. Alle Barone der Umgegend wurden eingeladen, drei hohe Damen hatten das Amt, die Frauen der Stadt an ihre Plätze zu führen; die Namen der Kämpfer, die das Los ergab, werden gemeldet, sowie ihre Farben und Mottos. Achtzehn von ihnen blieben auf dem Platze, neun wurden verwundet und elf Stiere getötet; die Leichen der gefallenen Paladine wurden mit großem Pomp und unter allgemeinem Zulaufe des Volks in S. Maria Maggiore und S. Giovanni del Laterano bestattet[1]). Im Jahre 1381 schenkten Senat und Volk den dritten Teil des Colosseums der Brüderschaft der Kapelle Sancta Sanctorum, in Anerkennung der Verdienste, die sich diese um Herstellung der Ordnung in jener Gegend erworben hatte; denn so viele Missetäter hatten sich in die Ruine geflüchtet, daß sie zu einer Räuberhöhle geworden war. Durch Vermauerung der äußeren Bögen in den höheren Stockwerken hatte die Brüderschaft einige Korridore zu einem Hospital eingerichtet, das später mit dem lateranischen vereinigt wurde[2]). Infolge des Zuströmens einheimischer und fremder Gläubigen, welche den mit Märtyrerblut getränkten Boden verehren wollten, wurde aus Almosen eine Kapelle in der Höhe des alten Podiums und daneben die Wohnung eines Eremiten errichtet; über der Kapelle war eine Bühne mit Mauern abgeschlossen, auf der alljährlich am Karfreitage ein Passionsspiel aufgeführt wurde, das in vielen Schriften des 15. und 16. Jahrhunderts erwähnt wird[3]): unter Pius III. wurde es aufgehoben[4]). Unterdessen hatte die Ausbeutung der Ruine als Steinbruch immer fortgedauert. Schon am Anfange des 15. Jahrhunderts klagte Poggio, daß »durch die Torheit der Römer« die Überreste des Colosseums größtenteils zu Kalk verbrannt seien[5]). Paul II. bediente sich seiner Travertinquadern zum Bau des Palastes S. Marco (di Venezia), der Kardinal Riario benutzte sie für die von Bramante erbaute Cancelleria, Paul III. für den Palast Farnese[6]). Der Plan Sixtus V., eine Tuchfabrik nebst Wohnungen für die Arbeiter im Colosseum einzurichten, wurde durch seinen Tod vereitelt[7]). Eine Konzession, Stiergefechte darin zu veranstalten, die im Jahre 1671 zwei Bewerbern auf zwei Jahre erteilt worden war, blieb unbenutzt[8]). Im Jahre des Jubiläums 1675 wurden, um fernere Mißbräuche und Profanationen zu verhindern, die Eingangsbögen durch Vermauerung geschlossen[9]). Aus dem Jahre 1727 hat sich eine Erlaubnis für den Eremiten erhalten, das im Colosseum wachsende Gras zu verpachten[10]). Die für das Gebäude getroffenen Anstalten blieben unzureichend, bis Benedict XIV., zum Teil veranlaßt durch einen Mordanfall auf den Eremiten im Jahre 1741,

1) Marangoni a. a. O. S. 53—55. Gregorovius, Gesch. d. St. Rom VI 689 f. Vgl. die Erwähnung des Colosseums bei Fazio degli Uberti (Dittamondo, geschrieben zwischen 1355 und 1367), Jordan, Topogr. d. St. Rom II 391. 2) Marangoni S. 55 f. 3) Gregorovius a. a. O. VII 614 ff. 4) Marangoni S. 58—60. 5) ebd. S. 47 (die Stelle aus Poggio bei Sallengre, Nov. thes. antiq. Roman. I 502). Strenges Verbot *nec quovis modo permittatis, ut et minimus dicti Colisei lapis seu aliorum edificiorum antiquorum deiiciatur* von Eugen IV. aus dem J. 1439 bei Lanciani, Storia degli scavi di Roma I 51. Zur Zerstörungsgeschichte vgl. E. Müntz, Revue archéol. XXXII (1876) 170 ff. 6) Marangoni S. 46; jedoch vgl. Lanciani a. a. O. II 153 f. 7) Marangoni S. 60 f. 8) ebd. S. 64. 72. 9) ebd. S. 64. 10) ebd. S. 73.

die Erhaltung und Sicherung des Baues zum Gegenstand umfassender und nachhaltiger Fürsorge machte[1]). Mit Pius VII. begann die Zeit der Restauration, die leider vielfach mit dem in Italien so gewöhnlichen Mangel an Verständnis und Schonung für ursprüngliche Gestalt und Charakter des Herzustellenden geschehen ist[2]).

Das Colosseum bietet nicht mehr den Anblik, den es damals gewährte, als Byrons gewaltige Phantasie die Geister der Toten, die diesen Boden mit ihrem Blut getränkt hatten, in die vom Mondlicht beschienenen Trümmer heraufbeschwor[3]). Das auf den Mauern waldartig wuchernde Grün ist verschwunden, die neuen Backsteinbauten stechen häßlich von den alten Travertinquadern ab. Über den höchsten Mauerrand läuft ein Telegraphendraht. Am Eingange steht eine französische Schildwache. An zwei Nachmittagen in jeder Woche erbaut die Predigt eines Kapuziners in der Arena eine Zahl von Andächtigen, meist Frauen aus den untersten Klassen, und die alten Bogen hallen dann von Lob- und Bußgesängen wieder (geschrieben 1864).

4. DAS THEATER.

Verhältnis der Theaterspiele zu den andern Schauspielen.

Wie bereits erwähnt ist, fanden die Schauspiele des Theaters, die von allen am wenigsten Kosten und Schwierigkeiten verursachten, auch bei weitem am häufigsten statt; doch war das Interesse für sie ein weit geringeres als für die beiden andern Gattungen. Zwar besaß Rom seit dem Anfange der Kaiserzeit drei stehende Theater, aber alle drei enthielten zusammen nicht sehr viel mehr als die Hälfte der Plätze des Amphitheaters, nach der Schätzung Hülsens das des Balbus 6—7000, das des Pompejus etwa 12000, das das Marcellus etwa 10000[4]). Vermutlich aber wurde nur ausnahmsweise und an großen Festen in allen drei Theatern zugleich gespielt[5]), für gewöhnliche Aufführungen, genügte wohl das Pompejustheater. Neben den gewaltigen Aufregungen, die Zirkus und Arena boten, konnte die Bühne ihre Anziehungskraft für die Massen nur durch unedle Mittel behaupten, durch rohe Belustigung und raffinierten Sinnenkitzel: und so hat sie, anstatt dem verderblichen Einfluß jener andern Schauspiele die Wage zu halten, zur Korruption und Verwilderung Roms nicht am wenigsten beigetragen.

Die Atellane.

Unter den bereits existierenden Gattungen des Dramas gewannen in der Kaiserzeit die beiden niedrigsten die Herrschaft auf der Bühne, die Atellane und der Mimus. Die erstere, eine Art Pulcinellkomödie, aus Campanien stammend, wo sie noch heute heimisch ist, war schon früh nach Rom verpflanzt worden; ursprünglich improvisiert, wurde sie in Sullas Zeit in die Literatur eingeführt. Eine kurze, wohl in der Regel einaktige Handlung knüpfte sich an vier stehende Masken, welche die Prototypen der modernen italienischen Charakterkomödie sind. Pappus, der Alte, entsprach ungefähr dem Pantalon, Dossennus, der Mann

1) Marangoni S. 67ff. 2) Von den neueren Restaurationen Canina, Ann. d. Inst. 1852, 251ff. 3) Vgl. auch Goethe, Ital. Reise, Werke XXX 265 d. Weim. Ausg. 4) Hülsen-Jordan, Topogr. I 3 S. 516ff. 5) Seneca de clem. I 6, 1: *cogitato in hac civitate, — in qua tribus eodem tempore theatris caveae* (überl. *viae*) *postulantur.*

mit dem Buckel, Karikatur des Gelehrten und Philosophen (da man, wie das Beispiel des Äsopus zeigt, Buckligen besondere Klugheit zuschrieb), der als Schulmeister, Wahrsager u. dgl. auftrat, etwa dem Dottore[1]); dazu kamen noch die beiden Figuren des Fressers und des Dümmlings, Bucco und Maccus. Die zahlreichen erhaltenen Titel von Atellanen, wenn auch aus früherer Zeit stammend, machen uns mit den beliebtesten Gegenständen dieser Gattung bekannt, die wahrscheinlich in der Kaiserzeit im ganzen dieselben waren wie in der Republik. Dazu gehörten auch Travestien von Mythen, z. B. der Geschichte des Pentheus[2]) und »der untergeschobene Agamemnon«[3]). Öfters wurden bestimmte Nationalitäten auf die Bühne gebracht, »die Campaner, die transalpinischen Gallier, die Soldaten von Pometia«, deren provinzielle Sprache und Haltung das städtische Publikum ohne Zweifel sehr belustigte. Den reichsten Stoff lieferte wohl das Landleben: »das Zicklein, der kranke Eber, der gesunde Eber, die Kuh, der Hühnerhof, die Winzer, die Holzbauer« usw., sodann die städtischen Gewerbe: Fischer, Maler, Ausrufer, vor allen die Walker, die überhaupt auf der römischen Bühne eine große Rolle spielten. Eine Anzahl von andern Titeln zeigt die Hauptpersonen in allerlei komischen Situationen und Verwicklungen: »die beiden Maccus, Maccus als Jungfer, als Soldat, als Schenkwirt, als Verbannter, die beiden Dossennus, Pappus als Landmann, die Braut des Pappus, Bucco in der Gladiatorenschule«. Auch Gespenster scheinen oft vorgekommen zu sein[4]). Daß in dieser Volkskomödie die Komik eine durchaus groteske, die Späße sehr derb waren, und daß es namentlich von Zoten wimmelte, versteht sich von selbst.

Auch der Mimus war ein lose zusammenhängendes Charakterbild aus dem gemeinen Leben, possenhaft wie die Atellane, aber ohne ihre stehenden Masken. Der Mimus. Wie die Atellane, wurde er in Ciceros Zeit als Nach- oder Zwischenspiel andrer Aufführungen gegeben und erfreute sich damals größerer Gunst als diese; in der Kaiserzeit tritt der Mimus als eine burlesk-realistische Posse mit eingelegten Couplets immer mehr in den Vordergrund und drängt alle andern Arten der dramatischen Dichtung zurück; er erhielt sich von allen Gattungen des Dramas am längsten und überdauerte das weströmische Reich; im oströmischen beherrschte er bereits unter Justinian die Bühnen völlig, da Tragödienszenen sowie Produktionen von Musikern und Gauklern das größere Publikum langweilten[5]). Nach den erhaltenen Titeln waren die Gegenstände des Mimus im ganzen dieselben wie in der Atellane, nur daß sie mehr dem städtischen als dem bäuerlichen Leben entnommen gewesen zu sein scheinen, besonders dem der unteren Stände und Handwerker, ferner auch hier Schilderungen von fremden Nationalitäten, endlich, wenn auch wohl ebenfalls nur ausnahmsweise, mythologische Gegenstände. In den Mimen des Lentulus und Hostilius wurden nach Tertullian die Götter dem Gelächter preisgegeben; er erwähnt einen Anubis als Ehebrecher, eine männliche Luna, eine ausgepeitschte Diana, die Vorlesung

1) Marx, Real-Encykl. II 1919; dagegen E. Kalinka, Philol. Wochenschr. 1922, 573f., der die Heimat der Atellane in Etrurien sucht. 2) Juv. 6, 71f. 3) A. Dieterich, Pulcinella S. 100ff. 4) Vgl. Reich, Mimus I 590f. 5) Der gesamte Stoff bei H. Reich, Der Mimus, I Berlin 1903, wo S. 616ff. auch reiche Nachweise über das Nachleben des Mimus im Orient und im Abendlande bis auf Shakespeare gegeben sind; vgl. auch J. Horovitz, Spuren griechischer Mimen im Orient, Berlin 1905. P. v. Winterfeld, Deutsche Dichter des latein. Mittelalters (1913) S. 470ff.

des Testaments des verstorbenen Juppiter, die drei gefoppten hungrigen Herkulesse[1]). Der Anubis als Ehebrecher hatte vielleicht die unter Tiberius vorgekommene Verführung einer edlen Frau durch einen Liebhaber in der Maske dieses Gottes[2]) oder ein ähnliches Ereignis zum Gegenstande. Wenigstens wissen wir, daß Ereignisse und Personen der jüngsten Vergangenheit in diesen Stücken auf die Bühne gebracht wurden. In einem Mimus, der am Tage von Caligulas Ermordung gespielt ward, kam die Kreuzigung des berühmten Räuberhauptmanns Laureolus vor, wobei das Fließen des Blutes künstlich dargestellt und von mehreren Spaßmachern nachgeäfft wurde[3]). In einem andern, der im Beisein Vespasians im Theater des Marcellus aufgeführt ward, spielte ein Hund die Hauptrolle, der ein narkotisches Mittel erhielt und sowohl das allmähliche Einschlafen als das Erwachen zu allgemeiner Bewunderung darstellte[4]). Gaunereien und Rabulistenstücke kamen häufig[5]), am häufigsten Liebeshändel und Ehebruchszenen vor. Der überraschte Liebhaber ließ sich in einem Kasten davontragen, um dem betrogenen Ehemanne zu entgehen; der Gatte schickte seine hübsche Frau zu einem mächtigen Feinde, um ihren Reizen seine Sicherheit zu verdanken u. dgl.[6]). Plötzliche Veränderungen des Schicksals erinnern an jetzige Zauberpossen: Bettler wurden mit einem Schlage reich[7]); Reiche, genötigt, ihr Heil in der Flucht zu suchen, liefen über die Bühne, den Kopf mit dem Mantel verhüllt, mit Ausnahme der Ohren, mit denen sie vermutlich angstvoll nach ihren Verfolgern lauschten[8]). Eine große Rolle spielten Schimpfreden[9]) und Prügel im Mimus, und das Klatschen der Ohrfeigen scheint zu den beliebtesten Späßen gehört zu haben[10]). Die Sprache war voll von Ausdrücken und Wendungen, wie sie die untersten Klassen gebrauchten[11]), der Witz häufig possenhaft und gemein[12]), das Spiel karikiert und grobkomisch; Grimassen, skurrile Gebärden, groteske Tänze gehörten notwendig dazu, die Tänze (mit Flötenbegleitung) waren ein Hauptbestandteil dieser Stücke[13]). Die Mehrzahl der Mimen der Kaiserzeit waren Stücke, aus Prosa, Poesie und Gesang gemischt, mit zahlreichen Personen[14]) und wohldurchgeführter Handlung[15]), und vielleicht

1) Tertullian. Apol. 15. Auf einen Mimus Actaeon deutet Varro Sat. Menipp. 513 Buech. *quod si Actaeon occupasset et ipse prius canes suos comedisset, non nugas saltatoribus in theatro fieret.* Vgl. Reich a. a. O. S. 593 ff. 2) s. oben I 303 f. 3) Sueton. Calig. 57, 4. Juv. 8. 187; vgl. oben S. 92 und Reich a. a. O. S. 88 f. 744, 1. 4) Plutarch. De sollert. anim. 19, vgl. Reich S. 587 ff. 5) Cic. Rabir. Post. 35. Prudent. Peristeph. II 318. 6) Juv. 6, 44. Reich S. 89 ff. 7) Cic. Phil. II 65. 8) Seneca ep. 114, 6. 9) Philo ad Gaj. 359 χλευαζόμενοι καὶ κατακερτομούμενοι πρὸς τῶν ἀντιπάλων ὡς ἐν θεατρικοῖς μίμοις. 10) Arnob. VII 33 *delectantur .. stupidorum capitibus rasis, salapittarum* (vgl. Corp. gloss. lat. II 177, 25 *salapitta* ῥάπισμα) *sonitu atque plausu, factis et dictis turpibus, fascinorum ingentium rubore.* 11) Gell. XVI 7. 12) Philo a. a. O. 42 ἢ ἐπὶ μίμοις αἰσχρῶν καὶ σκωμμάτων μὴ ὑπομειδιῶντα σεμνότερον, ἀλλὰ μειρακιωδέστερον καγχάζοντα. Einen Beleg dafür bietet die Rolle, welche die πορδαί in dem in Oxyrhynchos gefundenen Mimenbruchstücke (von Crusius Χαρίτιον betitelt) spielen. Dieser und andre Reste griechischer Mimen abgedruckt bei Crusius, Herondae mimiambi[5] (1914) S. 101 ff. 13) Reich S. 612 ff. 14) Es gibt daher in den Truppen der Mimen (Reich S. 601 ff.) außer dem Direktor (*archimimus*) und der Primadonna (*archimima*) auch *actores secundarum* (CIL X 814 = Dessau 5198), *tertiarum* (CIL VI 10103 = Dessau 5199), *quartarum partium* (CIL VI 10118 = Buecheler, carm. ep. 411, 3 [*quar*]*tarum in mimis saltantibus utilis actor,* vgl. CIL XIV 4198 = Dessau 5200). 15) Quintilian. IV 2, 53. Plutarch. Qu. conv. VII 8, 4, wo innerhalb des Mimus das niedrige παίγνιον und die kunstvolle ὑπόθεσις unterschieden werden; auch der De soll. an. 19 angeführte Mimus war πλοκὴν ἔχων

entlehnte die Posse um so mehr von der kunstmäßigen Komödie, je mehr sie diese auf der Bühne verdrängte. Doch dürften, wie früher, auch damals solche gewöhnlich gewesen sein, wo man es sich mit der Lösung des dramatischen Knotens leicht machte: sollte das Stück aufhören, so lief etwa eine von den Personen (z. B. der ertappte Liebhaber) davon, die Musik fiel ein, und ein Tanz machte den Schluß[1]). Die szenische Ausstattung war sehr einfach. Die Mimen spielten auf dem vordersten, durch einen Zwischenvorhang abgeteilten Raum der Bühne[2]), ohne den auch im Lustspiel üblichen Theaterschuh und ohne Maske[3]); ihr Kostüm war das des Lebens, wenn auch mit einer gewissen Neigung zur Eleganz. Neben dem Hauptspieler, dem die Durchführung der Posse eigentlich oblag[4]), war die Person des Dümmlings (*stupidus*) ständig, der sich durch Pausbacken, kahlen Schädel und buntscheckige Harlekinstracht auszeichnete[5]).

Seine Unsittlichkeit.

In frecher Verhöhnung der Sitte und unzweideutiger, unverhüllter Obszönität überbot offenbar der Mimus die übrigen Possen weit. In der Republik war diese Ausgelassenheit durch den Charakter des Florafestes entschuldigt worden, an dem die Mimen hauptsächlich aufgeführt wurden, später bedurfte es wohl solcher Entschuldigungen nicht mehr. Die weiblichen Rollen wurden hier allein von Frauen gespielt, denen in der Polemik der Kirchenväter unzüchtige Entblößung des Körpers vorgeworfen zu werden pflegt[6]). Ovid fand den seinen Gedichten gemachten Vorwurf der Unsittlichkeit mit Recht unbillig, wenn der Kaiser und Senat, wenn Frauen, Jungfrauen, ja Kinder Mimen sahen, wo unaufhörlich der Ehemann von der Frau und ihrem zärtlichen Liebhaber betrogen wurde, und wo nicht nur die Ohren sich an unkeusche Reden, sondern auch die Augen an Schauspiele gewöhnten, welche die Scham empörten. Die frechsten Szenen wurden am lautesten beklatscht und solche Stücke von den Prätoren am besten bezahlt[7]). Auch Martial konnte sagen, daß Frauen, die Mimen sähen, keinen Anstand nehmen dürften, selbst seine schlimmsten Gedichte zu lesen[8]); in seinem achten Buche hatte er den Epigrammen die sonst gewohnte »mimische Ausgelassenheit der Sprache« nicht gestatten dürfen, da es dem Kaiser gewidmet war[9]), Mit vollem Recht eiferten daher die christlichen Prediger ganz besonders auch gegen den Besuch des Theaters, freilich vielfach ohne Erfolg[10]). Salvianus fragt seine christlichen Leser auf ihr Gewissen, wo, wenn an ein und demselben Tage ein Kirchenfest und Theaterschauspiele stattfinden, die Zahl der Christen größer sei, wieviele den Worten Christi vor denen des Mimus den Vorzug geben; und doch würden im Theater Seele, Auge und Ohr befleckt, und die dort vorgeführten Bilder der Unzucht seien so schändlich, daß man ohne Verletzung der Scham davon nicht einmal reden könne[11]). Was in der

δραματικὴν καὶ πολυπρόσωπος. In der Regel gab der aufgeschriebene Text nur die Unterlage für den Verlauf des Stückes, während die weitere Ausführung der Improvisation überlassen blieb; vgl. S. Sudhaus, Hermes XLI 1906 S. 265ff.

1) Cic. pro Cael. 65. 2) Reich a. a. O. S. 604ff. 3) ebd. S. 598ff. 4) S. darüber S. Sudhaus a. a. O. S. 267ff. 5) Reich S. 578ff. Bei den im J. 212 n. Chr. von einem Detachement der Cohortes vigilum und der misenatischen Flotte veranstalteten Spielen (CIL VI 1063f. = Dessau 2178f.) treten zwei *stup(idi) Greci* auf; ein *stupidus greg(is) urb(ani)* CIL XI 433 = Dessau 5224. 6) Reich S. 170ff. 7) Trist. II 497ff. 8) Martial. III 86, vgl. I 4, 5. 9) ebd. VIII praef. 10) Reich S. 109ff. 747ff. 11) Salvian. De gubern. Dei VI 37f., vgl. Cyprian. De spectaculis 6 und oben I 290.

Tat bei diesen Aufführungen als erlaubt galt, geht z. B. daraus hervor, daß Älian die Frechheit einer Buhlerin der gemeinsten Art in Wesen und Gebärden am besten bezeichnen zu können glaubt, indem er sie »zügelloser als die in den Mimen auftretenden« nennt[1]); auch geben davon Procops Berichte über die mimischen Vorstellungen der Theodora immerhin einen Begriff, wenn auch die spätere Kaiserin des christlichen Byzanz die frechsten Tänzerinnen der römischen Bühne an Schamlosigkeit noch so sehr übertroffen haben mag[2]). Übrigens ist völlige Nacktheit der Darstellerinnen auch im 15. und 16. Jahrhundert bei festlichen Gelegenheiten, auf der Bühne und anderwärts, nicht unerhört gewesen[3]).

Der Mimus in Justinians Zeit nach Choricius.

Eine von dem Rhetor Choricius unter Justinian für die Mimen verfaßte Schutzrede[4]) zeigt, daß damals im oströmischen Reiche die Gegenstände dieser Possen sowie die Art der Aufführung noch immer im wesentlichen dieselben waren, wie früher in Rom. Ehebruchszenen (wobei z. B. der Gatte sich von einem Sklaven ein Schwert bringen ließ, um den ertappten Ehebrecher zu töten, dann aber sich entschloß, ihn lieber zu verklagen) waren auch damals in Mimen stehend, auch kamen unsittliche Verhältnisse zwischen Männern häufig vor. Die unanständigen Gesänge aus diesen Stücken, die sich durch leicht faßliche Melodien den Zuhörern einprägten, hörte man überall auf der Straße singen. Darstellungen aus dem Trojanischen Kriege (Szenen zwischen Trojanern und Myrmidonen) werden Travestien gewesen sein. Es gab in den Mimen Rollen der verschiedensten Art: Herren und Sklaven, Krämer, Wursthändler, Köche, Wirte und Gäste, Leute, welche im Geschäftsverkehr miteinander standen, stammelnde Kinder, Liebhaber, jähzornige junge Männer und andre, die sie beschwichtigten. Viele Stücke waren von Anfang bis zu Ende verständig: man hörte darin Männer ihre Frauen zur Züchtigkeit und zur Vermeidung üblen Leumunds ermahnen, man sah Soldaten und Rhetoren, von welchen letzteren z. B. ein geschickter und ein ungeschickter einander gegenüberstanden und dieser das Gelächter der Zuhörer erregte, während jener beklatscht wurde. Die Mimen mußten eine wohllautende Stimme haben, zu tanzen und mit Blicken zu bezaubern verstehen. Übrigens aber sah man auch die geschorenen Köpfe (der

1) Aelian. frg. 123 (II 245 Herch.) γύναιον ἐκ Συρίας, καθημαξευμένον ὑπὸ παντὸς τοῦ προσιόντος. ἑταίρα γὰρ ἦν ἐμφανὴς καὶ τῶν ἐν τοῖς μίμοις δι᾽ ἀκολασίαν περιπαθεστέρα, τοῖς τε φαινομένοις εἰς τὴν κοινὴν ὄψιν σχήμασιν ἐκκαλουμένη τοὺς ὁρῶντας ἐς τὰ πάθη τοῦ σώματος, καὶ κατατείνουσα τὸν δῆμον καὶ ὅσον μετὰ τοῦ δήμου πρὸς συῴδη καὶ μανικὴν ἀσέλγειαν. 2) Reich S. 173ff. Hieronym. ep. 52, 2 (p. 415, 3 Hilb.) sagt von der Erzählung, daß für den alten König David ein Mädchen zur Erwärmung gesucht worden sei: *nonne tibi videtur — figmentum esse de mimo vel Atellanarum ludicra?* 3) Falke, Deutsche Trachten- und Modewelt I 278. Ludwig XI. empfingen 1461 bei seinem Einzuge in Paris drei der schönsten Mädchen der Stadt ganz nackend mit Gedichten. Unter den Schauspielen, die im J. 1468 in Lille vor Karl dem Kühnen aufgeführt wurden, befand sich auch das Urteil des Paris, wobei die drei Göttinnen ganz der Mythe gemäß völlig nackt erschienen. Noch Dürer weiß bei seiner niederländischen Reise (1520) von ähnlichen Dingen zu erzählen, die er selbst mit angesehen hatte. Der Magistrat von Antwerpen, so berichtet er seinem Freunde Melanchthon, veranstaltete bei dem Einzuge Karls V. auf der Straße allerlei Schauspiele, und dabei befanden sich die schönsten und vornehmsten Mädchen der Stadt, fast ganz nackt, ohne Hemd und nur mit einem dünnen Florkleide bedeckt. Der ernste junge Kaiser sah nicht hin, wohl aber gesteht Dürer, sich dieselben genau betrachtet zu haben, »weil er ein Maler sei«. Vgl. M. Thausing, Dürer II[2] 186. 4) Λόγος ὑπὲρ τῶν ἐν Διονύσου τὸν βίον εἰκονιζόντων, herausgegeben von Ch. Graux, Revue de philol. N. S. I 1877 S. 209ff. = Oeuvres II 35ff., dazu Reich S. 204ff.

Dümmlinge und Parasiten) in diesen Stücken regelmäßig, sowie auch schallende Ohrfeigen darin noch immer reichlich ausgeteilt wurden[1]).

Anspielungen auf die Gegenwart, namentlich auf die Kaiser.

Sowohl die Mimen als die Atellanen wurden in Rom häufig benutzt, um Anspielungen auf öffentliche Angelegenheiten und auf die Kaiser selbst anzubringen. Schauspieler und Publikum kamen einander darin entgegen, Stellen, die auf die Gegenwart gedeutet werden konnten, hervorzuheben und den hineingelegten Sinn unzweideutig zu machen; auch wurden anzügliche Improvisationen und Zusätze gewagt, und die Gewißheit, das Publikum zu elektrisieren, riß wohl nicht selten die Schauspieler und selbst Dichter hin, die Gefahr zu vergessen. Im ganzen scheinen die Kaiser für gut befunden zu haben, solche Anspielungen soviel wie möglich unbeachtet zu lassen. Schon Julius Cäsar hatte eine Anspielung des Mimendichters Laberius auf seinen Staatsstreich zu dulden[2]), und nach seiner Ermordung ließ sich Cicero von Atticus die Witzworte der Mimen und die Aufnahme, die sie beim Volke fanden, berichten[3]). Als einmal in Augustus Gegenwart in einem Mimus die Stelle vorkam: »O der milde und gute Herr!« brach ein lauter Jubel aus, der diese Worte zum Ausdruck der allgemeinen Gesinnung gegen den Kaiser stempeln sollte: eine Schmeichelei, die Augustus sogleich durch Miene und Gebärde und am folgenden Tage durch einen Erlaß zurückwies[4]). Ein andres Mal dagegen gab das Publikum einem unverfänglichen Verse durch einen hineingelegten Sinn eine derbe Beziehung auf Augustus Weichlichkeit[5]). Während Tiberius Aufenthalt auf Capri wurde eine Stelle in einer Atellane, die man auf seine Ausschweifungen deuten konnte, mit rauschendem Beifall aufgenommen[6]). Schon im Jahre 22 oder 23, also einige Jahre vor seiner Entfernung von Rom, hatte Tiberius aus Veranlassung verschiedener von den Prätoren über die Schauspieler erhobenen Beschwerden einen Bericht über deren Frechheit an den Senat gerichtet, worin es hieß, die Atellane, die leichtfertigste Belustigung des Pöbels, sei so schändlich und unbändig geworden, daß die Väter dagegen einschreiten müßten. Ob und in welcher Art dies geschehen ist, wird nicht überliefert, die Geschichtschreiber erwähnen nur die damals aus andern Gründen erfolgte Ausweisung der Pantomimen[7]). Caligula ließ einen Atellanendichter wegen eines Scherzes, der auf ihn bezogen werden konnte, in der Arena des Amphitheaters verbrennen[8]). Nach dem Muttermord Neros wagte ein Atellanenspieler Datus die Worte: Heil dir, Vater! Heil dir, Mutter! mit den Gebärden eines Trinkenden und eines Schwimmenden als Hindeutung auf die Vergiftung des Claudius und die Ertränkung Agrippinens zu begleiten; Nero begnügte sich damit, ihn aus Italien zu verweisen[9]). Als Galba, dem das Gerücht der Härte und Habsucht vorausging, als Kaiser in Rom eintraf, und beim nächsten Schauspiel in einer Atellane ein bekanntes Chorlied angestimmt wurde, in dem, wie es scheint, die Haus-

1) Choricius a. a. O. c. 7, 9 p. 224. 10, 6 p. 229. 13, 6 f. p. 236. 15, 3 p. 239. 16 p. 240 f. 19 p. 244 f. Im Okzident wird es ebenso gewesen sein. Ein von Geiserich als Katholik zum Tode verurteilter, dann begnadigter Archimimus Masculas bei Victor Vit. pers. Vandal. I 15, 47. 2) Macrob. Sat. II 7, 4. 3) Cic. ad Att. XIV 3, 3 (710 = 44) *tu si quid pragmaticum habebis, scribes: sin minus, populi* ἐπισημασίαν *et mimorum dicta perscribito*. 4) Sueton. Aug. 53, 1. 5) ebd. 68. 6) Sueton. Tiber. 45. 7) Tac. A. IV 14. Wegen der Ausweisung der Pantomimen s. oben I 291 und unten S. 146. 8) Sueton. Calig. 27, 4 (oben S. 89 A. 9). 9) Sueton. Nero 39, 3.

genossen über die unwillkommene Ankunft eines alten Sklaven vom Lande klagten, fiel das ganze Publikum ein und wiederholte den Vers mehrmals[1]). Der damaligen Zeit erschien diese Lizenz der Bühne sogar mit dem Ernst einer Totenfeier nicht unvereinbar. Bei Vespasians Bestattung stellte der Archimime Favor die Person des verstorbenen Kaisers vor, dessen Wesen und Reden er der Sitte gemäß zu kopieren suchte; als er auf die Frage, wieviel das Begräbnis koste, die Antwort erhielt: 10 Millionen Sest., rief er aus: man möge ihm nur 100000 S. geben und ihn dann, wenn man wolle, in den Tiber werfen[2]). Helvidius Priscus der Jüngere wurde unter Domitian hingerichtet, weil er in einer Atellane, Paris und Oenone, auf die Scheidung des Kaisers von seiner Gemahlin angespielt haben sollte[3]). Der Mimendichter Marullus durfte M. Aurel und L. Verus ungestraft auf der Bühne verspotten[4]); auf die stadtkundigen Liebschaften der Kaiserin Faustina[5]), auf das schmachvolle Leben des Commodus[6]) wurden in Mimen unzweideutige Anspielungen gemacht; ja der Kaiser Maximinus, der kein Griechisch verstand, sogar in seiner Gegenwart mit griechischen Versen verhöhnt[7]). Auch im oströmischen Reiche blieb den Mimen eine derartige Lizenz gestattet. Nach Choricius erlaubten sie sich freimütige Äußerungen nicht bloß über hohe Beamte, sondern selbst gegen die Kaiser, und bewirkten nicht selten, daß die von ihnen getadelten Übelstände aufhörten oder seltener wurden, oder wenigstens, daß man sie zu verbergen suchte[8]). Übrigens dürften Mimen auf der Bühne nicht selten bekannte Persönlichkeiten kopiert haben. Von einem Hostius Quadra sagt Seneca, er sei ein Mann von einer bis auf die Bühne gebrachten Unzüchtigkeit gewesen[9]). Der Mime Vitalis sagt in seiner selbstverfaßten Grabschrift: Der, den ich darstellte, schauderte, in mir seinen Doppelgänger leibhaft vor sich zu sehen; und wie oft sind Frauen, die sich in meinem Spiel nachgeahmt fanden, rot geworden und im Innersten erregt gewesen![10])

Das kunstmäßige Drama.

Während die Theaterlust der Massen sich an diesen Possen befriedigte, reichte die Teilnahme der kleineren Kreise der Gebildeten kaum hin, das kunstmäßige Drama auf der Bühne zu erhalten, dessen Anziehungskraft für die Ungebildeten nicht groß war. Der Trimalchio Petrons sagt, er habe eine Truppe von Komödienschauspielern gekauft, ziehe es aber vor, sie Atellanen spielen zu lassen[11]). Die Zeit der Produktivität auf dem Gebiete der Tragödie und Komödie, die doch immer nur Reproduktion griechischer Muster war, hatte längst aufgehört; ihre vereinzelten letzten Ausläufer reichen, wie es scheint, nicht über das 1. Jahrhundert hinaus[12]). Auch die klassische Tragödie (Ennius, Pacuvius, Accius) ist

1) Suet. Galba 13, 1 *venit Onesimus a villa.* 2) Sueton. Vespas. 19, 2. 3) Suet. Domitian. 10, 4 (*scaenico exodio*). 4) Hist. aug. M. Aurel. 8, 1 (doch s. dazu v. Domaszewski, Die Personennamen bei den Script. hist. Aug., S.-Ber. Akad. Heidelberg 1918 Abh. 13 S. 82, 5); dieser Marullus wird auch von Galen. II 631. Marius Mercator Subnot. in verba Juliani 1 (Migne lat. XLVIII 127). Hieron. c. Ruf. II 20 (Migne lat. XXIII 444) erwähnt; seine Mimen wurden noch zu Anfang des 5. Jahrhunderts in Südgallien (wohl Massilia) aufgeführt, Paulin. epigr. 79 (Corp. scr. eccl. lat. XVI 506) *accipiunt plausus lyra Flacci et scaena Marulli* (codd. *mapulli*), vgl. Manitius, Rh. M. L 1895 S. 153f. 5) Hist. aug. M. Aurel. 29, 2. 6) ebd. Commod. 3, 4 *appellatus est a mimis quasi obstupratus eosdemque ita ut non apparerent subito deportavit.* 7) ebd. Maximini duo 9, 3ff. 8) Choric. a. a. O. c. 14, 8f. p. 238. 9) Seneca nat. qu. I 16, 1. 10) Anth. lat. 487a, 17ff. R. 11) Petron. 53, 13. 12) An eine Praetexta hat man wohl bei der von Phaedr. V 7, 23ff. erwähnten

seit dem Ende der Republik von der Bühne verschwunden, die letzte bezeugte Aufführung aus diesem Kreise (des Tereus von Accius) fällt in das Todesjahr Cäsars[1]). Der letzte Dichter, von dem es bekannt ist, daß seine Tragödien aufgeführt wurden, der Konsular P. Pomponius Secundus[2]), lebte unter Claudius: die meistens damals geschriebenen Dramen waren nur für den Lesesaal bestimmt. Neue Mimen sind bis in die späteste Kaiserzeit geschrieben worden[3]), und die Gegenstände dürften mit Rücksicht auf die jedesmaligen Tagesereignisse und -interessen gewählt worden sein; die Nachricht, daß der spätere Märtyrer Genesius unter Diocletian (im J. 286) zu Rom in einem Mimus spielte, in dem die christliche Taufe verspottet wurde, klingt an und für sich sehr glaublich[4]). Dagegen wurde der sehr beschränkte Bedarf der Bühne an kunstmäßigen Stücken durch die große Zahl der älteren Lust- und Trauerspiele ohne Zweifel mehr als gedeckt, die man vermutlich in mehr oder minder modernisierten Bearbeitungen aufführte[5]).

Die einzige römische Komödie (*togata*), deren Aufführung in der Kaiserzeit erwähnt wird, ist der »Brand« des Afranius; sie wurde bei einem großen, von Nero gegebenen Feste gespielt, und den Mitwirkenden war gestattet, die Einrichtung des darin, wie es scheint, bei offener Szene abbrennenden Hauses zu plündern und als Eigentum zu behalten[6]). Doch darf man wohl vermuten, daß sich diese ganze Gattung auf der Bühne erhalten hat. Am festesten aber behauptete sich unter den kunstmäßigen Dramen in der Gunst des Publikums die sogenannte Palliata, die neue Komödie der Griechen, zu deren Meistern vor allem Menander gehörte, und von deren römischen Bearbeitungen wir in den Stücken des Plautus und Terenz Muster haben[7]). Nicht bloß in Rom und Italien, auch in den Provinzen

Die Togate.

Die Palliate.

Aufführung (s. unten [S. 179 f.] zu denken, bei der der Chor ein Lied des Sinnes *laetare, incolumis Roma, salvo principe* (v. 27) singt; der Pantomimus, an den man gewöhnlich denkt, ist durch das vorausgehende (v. 24) *di sunt locuti more translaticio* ausgeschlossen.

1) Cic. Philipp. I 36; ad Att. XVI 2, 3. 5, 1. Auf den Astyanax desselben Dichters bezieht sich vielleicht die Darstellung einer tragischen Szene auf einem Terrakottarelief vom Grabe des P. Numitorius Hilarus an der Via Salaria aus cäsarischer oder augusteischer Zeit, G. Rizzo, Oesterr. Jahresh. VIII 1905 S. 203 ff. Taf. V = Bieber, Denkmäler z. Theaterwesen S. 111 f. Taf. 56. 2) Tac. ann. XI 13; vgl. Welcker, Die griech. Tragödien III S. 1440 f. 1458. Ribbeck, Gesch. d. röm. Dichtung III 57 f. 3) Mimographen erwähnt Galen. II 644 τοῦτο μὲν οὖν εἰς γελωτοποιΐαν τοῖς γράφουσι τοὺς μίμους τῶν γελοίων ἀφείσθω als noch damals tätig (vgl. auch oben S. 118 Anm. 4); desgleichen Hieronym. ep. 54, 15 (p. 482, 24 Hilb.): *etiamsi clementissima fueris, omnes comoediae et mimographi et communes rhetorum loci in novercam saevissimam declamabunt.* CIL II 4092 = Dessau 5276 (Tarraco): *Aemilius Severianus mimographus.* 4) Acta SS. Aug. V 122 f. Weiteres über christliche Mimen und über Angriffe auf die Christen im Mimus bei Reich a. a. O. S. 80 ff. 5) Auf dramatische Aufführungen der Kaiserzeit weisen die Darstellungen tragischer Szenen auf Tonformen für die bei den Spielen zu verteilenden Festkuchen (aus Ostia, Anfang des 3. Jahrhunderts, Pasqui, Not. d. Scavi 1906, 357 ff., über verwandte gallische Denkmäler F. Drexel, Röm. germ. Korr.Bl. IX 1916, 17 ff.); vgl. M. Bieber, Skenika, 75. Winckelmannsprogr. d. arch. Gesellsch. Berlin 1915; Die Denkmäler zum Theaterwesen im Altertum (1920) S. 118 Taf. 59, 1. Interessant ist, daß sich hier ein unverkennbares Eindringen von Elementen der Komödie in die Tragödie zeigt, vgl. Robert, Gött. gel. Anz. 1916, 151. 6) Sueton. Nero 11, 2. 7) Als Übersetzer und Nachahmer menandrischer Komödien kennen wir aus Trajans Zeit den Vergilius Romanus (Plin. epist. VI 21, 4) und etwa eine Generation später den M. Pomponius Bassulus aus Aeclanum (CIL IX 1164 = Buecheler, Carm. ep. 97); es waren wohl nur Lesedramen. Aus der Erwähnung eines Freigelassenen des Hadrian, des Atheners Aristomenes, als ὑποκριτὴς ἀρχαίας κωμῳδίας

ergötzte sich ein Jahrhundert nach dem andern an den allbekannten stereotypen Figuren der travestierten Götter, der polternden und gutmütigen Väter, liederlichen Söhne, verschmitzten Sklaven, der Bramarbasse, Dirnen usw.[1]). Eine feine und künstlerische Darstellung war hier nicht bloß durch die Natur dieser Komödien und die Tradition bedingt, sondern auch unerläßlich, um das Interesse für Stücke rege zu erhalten, die ein großer Teil der Zuhörer genau kannte, was mindestens in Rom der Fall war. Die Bildung der Schauspieler für die Komödie war wenigstens am Ende des 1. Jahrhunderts, vermutlich aber auch später, eine streng schulmäßige, und die Lehrer der Beredsamkeit empfahlen sie ihren Schülern zum Unterricht in Korrektheit der Aussprache, Angemessenheit des Vortrags, Modulation der Stimme, Haltung, Mienen- und Gebärdenspiel[2]). Zu den ersten Lehrern M. Aurels gehörte auch der Komöde Geminus[3]), und man darf vermuten, daß bei einer allseitigen Ausbildung in der Regel der Unterricht im Vortrage durch einen Komöden erteilt wurde. Die studierte Eleganz, welche die ciceronische Zeit an einem Roscius bewundert hatte, erschien dem hundert Jahre später lebenden Geschlecht altmodisch und lächerlich: eine finstere, jedes Schmucks bare Altertümlichkeit, sagt Tacitus, würden die Zuhörer bei den Gerichtsverhandlungen ebensowenig ertragen, wie wenn jemand auf der Bühne die Gebärden des Roscius oder Ambivius Turpio kopieren wollte[4]). Das Spiel war ohne Zweifel realistischer geworden, aber noch immer viel weniger realistisch als etwa gegenwärtig auf deutschen Bühnen. Die Schauspieler faßten ihre Aufgabe mit Ernst auf; Quintilian hatte oft gesehen, wie Komöden nach rührenden Szenen selbst weinend die Bühne verließen[5]). Die Deklamation entfernte sich zwar nicht zu weit von der Sprechweise des täglichen Lebens, kopierte sie aber auch keineswegs, sondern stilisierte sie durch eine angemessene Veredlung[6]). Auch das Gebärdenspiel war offenbar durch sehr bestimmte Vorschriften geregelt; die genauen Anweisungen, die Quintilian für die Gestikulation des Redners gibt[7]), lassen mit Bestimmtheit voraussetzen, daß entsprechende, aber wohl umfassendere und schärfer bestimmte für die Bühne existierten. Die größere oder geringere Schnelligkeit des Ganges wurde genau nach dem Charakter der darzustellenden Rolle bemessen. Bei Jünglingen, Greisen, Soldaten, verheirateten Frauen war er langsamer, bei Sklaven, Mägden, Parasiten, Fischern schneller[8]).

Schauspieler der Palliate.

Unter den Schauspielern der Komödie zeichneten sich auf den Theatern Roms in Quintilians und Juvenals Zeit vor allen Griechen aus, diese geborenen Schauspieler, wie der letztere sie nennt; die berühmtesten waren Demetrius und Stra-

Athen. III 315 B kann natürlich nicht auf Aufführungen alter Komödien auf der Bühne geschlossen werden.

1) Die Zeugnisse für Aufführungen von Komödien nach der Zeit Hadrians sind spärlich: M. Aurel. comm. XII 36. Phryn. p. 163 Lob. Cass. Dio LXXVII 12, 5. Donat. zu Ter. Andr. 716. Augustin. c. d. II 8, andres (z. B. Augustin. ep. 91, 5) ist zweifelhaft. 2) Quintilian. I 11. Über Vortragskunst und Stimmübungen der Schauspieler vgl. B. Warnecke, N. Jahrb. f. klass. Altert. XXI 1908, 704 ff. 3) Hist. aug. M. Aurel. 2. 2. 4) Tac. Dial. 20, 5. 5) Quintilian. VI 2, 35. 6) ebd. II 10, 13: *quod faciunt actores comici, qui neque ita prorsus, ut nos vulgo loquimur, pronuntiant, quod esset sine arte, neque procul tamen a natura recedunt, quo vitio periret imitatio: sed morem communis huius sermonis decore quodam scaenico exornant.* 7) Quintilian. XI 3. 8) ebd. XI 3, 112. Bei den Fischern ist vielleicht an den Plautinischen Rudens (290 ff.) gedacht.

tocles. Die Charakteristik, die Quintilian von beiden gibt, zeigt nicht bloß, wie scharf noch in der damaligen Schauspielkunst die Grenzen zwischen dem Erlaubten und Unerlaubten gezogen waren, sondern auch, wie fein und lebhaft die Empfindung für die Überschreitung dieser Grenzen war. Demetrius war durch ein herrliches Organ, große Schönheit und tadellosen Wuchs begünstigt und mehr für ruhigere Rollen beanlagt; sein Fach waren Götter, Jünglinge, gute Sklaven und Väter, Gattinnen und würdige alte Frauen; in gewissen Dingen war er unnachahmlich, wie in leidenschaftlichen Bewegungen der Hände, in lang ausgehaltenen, wohlklingenden Ausrufungen; die Art, wie er im Gehen seine Gewänder durch den Luftzug aufbauschen ließ, die Bewegungen, die er zuweilen mit der rechten Seite machte, standen ihm allein wohl. Stratocles hatte eine schärfere Stimme, er war von der höchsten Beweglichkeit und Geschmeidigkeit, er durfte ein Gelächter wagen, das nicht zu seiner Maske paßte, sogar sich erlauben, den Nacken zusammenzuziehen. Sein Fach waren polternde Alte, spitzbübische Sklaven, Parasiten, Kuppler u. dgl. Die kleinen Überschreitungen der Regel, die beide Schauspieler sich gelegentlich gestatteten, gingen nicht aus Unkenntnis, sondern aus Nachgiebigkeit gegen den Geschmack des Publikums hervor. Übrigens wäre, was bei dem einen die beste Wirkung tat, bei dem andern geradezu häßlich gewesen[1]). Juvenal nennt außer beiden als bewundernswürdige Künstler noch Antiochus und den sanften Hämus, er erwähnt als vollendete Leistungen die drei Frauenrollen der Palliata: die Ehefrau, die Kurtisane und die Magd[2]).

Die Tragödie.

Doch ungleich mehr noch als die Komödie war die Tragödie auf die Teilnahme der kleinen Minorität der Gebildeten ausschließlich angewiesen. Der Menge, welche an die Schauspiele der Arena gewöhnt war, deren Nerven kaum durch die krasseste Wirklichkeit erschüttert werden konnten, blieb der Schein der Bühne natürlich unendlich fern und die Gestalten der idealen Welt wesenlose Schatten: was war ihnen Hecuba? Aber auch unter den Gebildeten war die Zahl derer wohl niemals groß, die nicht lieber die lustigen Szenen des Plautus, Szenen, wie sie die Gegenwart in andrer Form auf allen Seiten bot, auf der Bühne gesehen hätten, als die Schicksale der Könige und Helden aus der Vorzeit Griechenlands. Überdies ließ schon das Kostüm die Tragöden wie Gestalten aus einer andern Welt erscheinen[3]). Diese seltsamen, auf dem Kothurn wie auf Stelzen einhertretenden, ausgestopften, von langen, bunten Schleppkleidern umwallten Figuren, mit hohen künstlichen Haaraufsätzen und einer Maske, deren Mund so weit geöffnet war, als wollten sie die Zuschauer verschlingen, mochten wohl nicht wenigen häßlich oder lächerlich erscheinen[4]). Philostrat erzählt, daß die Bewohner einer Stadt in Bätica, die noch nie einen Tragöden gesehen hatten, vor dem ersten, der dahin kam, erschraken und aus dem Theater liefen[5]). Schon in der letzten Zeit der Republik war eine prunkvolle Ausstattung das beste oder einzige Mittel, um das Publikum im Trauerspiele festzuhalten. Militärische Evo-

1) Quintilian. XI 3, 178—181. 2) Juv. 3, 93—100; vgl. 6, 198 *dicas haec mollius Haemo quamquam et Carpophoro.* 3) Vgl. z. B. Monum. d. Inst. XI 13 = Schreiber, Bilderatl. Taf. 4, 7. Robert, Ann. d. Inst. 1880, 206ff. M. Bieber, Denkmäler z. Theaterwesen S. 120ff. 4) Lucian. de saltat. 27. 5) Philostrat. Apoll. Tyan. V 9. Die Furcht des Kindes vor der Maske wird häufig erwähnt: Seneca de const. sap. 5, 2; de ira II 11, 2; epist. 24, 13. Martial. XIV 176. Juven. 3, 175f.

lutionen großer Scharen zu Fuß und zu Pferde, ungeheure Triumphzüge und andre Prozessionen, wobei fremde, kostbare Trachten und Prachtstücke aller Art in größter Menge gezeigt, Schiffe, Wagen und sonstige Kriegsbeute, sogar Giraffen und weiße Elefanten vorübergeführt wurden, so daß die Stücke vier Stunden und länger dauerten — solche Schauspiele waren es, die auch für die Gebildeten den Hauptreiz der Tragödie in Horaz Zeit ausmachten. Auch bei den Rittern, sagt er, ist die Ergötzung des Ohrs durch eitle Schaulust verdrängt worden[1]). Diejenigen, die einen künstlerischen Genuß im Theater suchten, kamen doch nicht sowohl um des Dramas, sondern um der Darstellung willen, nicht um den Dichter, sondern um den Schauspieler zu bewundern. Die natürliche Folge dieses gänzlichen Schwindens des dramatischen Interesses war eine Auflösung der Tragödie, wobei die den Zuschauern gleichgültig gewordene zusammenhängende dramatische Entwicklung geopfert, und nur solche einzelne Szenen beibehalten wurden, welche die wirksamsten Momente enthielten und zugleich den Darstellern die beste Gelegenheit gaben, ihre Kunst zu zeigen[2]). Zwar werden immer noch vollständige, wenn auch verkürzte Tragödien in Rom wie in den Provinzen (namentlich den griechischen) aufgeführt worden sein; in der Regel aber geschah es wohl, wenigstens seit dem 2. Jahrhundert, nicht mehr, und die Stelle des Trauerspiels nahmen nun Gesangsszenen und pantomimische Tänze ein[3]).

Trennung von Gesang und Tanz in der Tragödie.

Musik und Tanz waren von jeher wesentliche Bestandteile aller dramatischen Aufführungen auf der römischen wie auf der griechischen Bühne. Die eigentliche, durch gesprochene Szenen nicht unterbrochene Oper kannte das Altertum zwar nicht; denn der iambische Dialog wurde immer gesprochen. Doch für einen großen Teil des Dramas war neben dem Dichter auch der Komponist tätig[4]). Im Dialog vermochte der Schauspieler Gestikulation und Vortrag zu vereinigen[5]), im lyrischen Monolog aber trat zuweilen eine solche Steigerung des Ausdrucks ein, daß die erste in Tanz, der letztere in Gesang überging. Hier mußte entweder auf ein Darstellungsmittel Verzicht geleistet oder die Aufführung zwei verschiedenen Darstellern übertragen werden. Es geschah das letztere; und dies zeigt wie nichts andres, wie fern die antike Bühne von dem Streben und die Zuschauer von dem Verlangen nach Illusion waren; die ganze Bühneneinrichtung ließ keinen Augenblick die Täuschung aufkommen, man habe einen wirklichen Vorgang vor Augen, sie entfernte sich mit Absicht weit von der Wirklichkeit, die Darstellung sollte und konnte eben nur als eine Produktion der Kunst verstanden und gewürdigt werden, die nicht nur keine Realität hatte,

1) Horat. ep. II 1. 182 ff., vgl. auch Cicero ad fam. VII 1, 2. 2) Sehr bezeichnend ist es, daß schon im 3. Jhdt. v. Chr. ein am Feste der Πτολεμαῖα zu Alexandria preisgekrönter Faustkämpfer zahlreiche Siege als tragischer Schauspieler davongetragen hat (IG V 2 nr. 118 = Dittenberger, Syll.³ 1080): er hat sich offenbar solche Rollen ausgesucht (als Orestes, rasender Herakles u. a.), in denen er auch auf der Bühne seine Kunst als Preisboxer zeigen konnte. R. Herzog, Philologus N. F. XIV (1901) S. 440 ff. 3) Von den Erwähnungen tragischer Aufführungen in der Kaiserzeit bezeugen nur wenige (wie z. B. Philostr. vit. soph. I 25, 3) unzweifelhaft die Darstellung ganzer Tragödien, die meisten (z. B. auch Lucian. Nigrin. 8. Pausan. I 3, 3. Liban. or. 64, 73, IV 467 F.) lassen sich auch vom Vortrage einzelner Szenen verstehen. 4) Dziatzko-Hauler, Ausg. v. Terenz Phormio⁴ S. 50 f. 5) Über Vortrag und Gestikulation der Tragöden Ribbeck, Röm. Tragödie S. 667 f.

sondern jeden Gedanken an Realität ausschloß. Allerdings haben die tragischen Schauspieler, die immer auch kunstgerechte Sänger sein mußten, oft (vielleicht sogar in den meisten Fällen) die Gesangspartien behalten[1]); aber daneben kam es auch vor, daß man sie ihre Szene in stummem, pantomimischem Tanz ausdrücken sah, während ein Sänger, ruhig daneben stehend, die Worte vortrug, die sie hätten sprechen sollen[2]). Diese für uns höchst seltsame Trennung von Vortrag und Aktion erschien so natürlich, daß in Plinius Zeit Dichter einem geladenen Publikum ihre Gedichte von andern vortragen ließen, die ein gefälligeres Organ hatten, und den Vortrag mit »Gemurmel, Mienenspiel und Gestikulation« begleiteten[3]).

Auflösung der Tragödie in ihre Elemente.

Durch diese Trennung von Gesang und Tanz auf der Bühne war die Auflösung der Tragödie in ihre Elemente schon vorbereitet. Der Verfall des dramatischen Interesses, die Steigerung des Interesses für Gesang und Tanz vollendete sie, und schon in der letzten Zeit der Republik wurden die Leistungen des Sängers, des Tänzers und des begleitenden Flötenspielers als selbständige geboten und aufgenommen[4]). Hier sollen zunächst nur diejenigen Darstellungen in Betracht gezogen werden, die den dramatischen Charakter wenigstens teilweise beibehielten, die Pantomimen und die Vorträge der Tragöden. Zusammenhängende und zu Ganzen abgeschlossene Aufführungen waren, soviel wir wissen, nur die ersteren, während die letzteren immer mehr rhapsodisch geblieben zu sein scheinen. Da sie nie auch nur annähernd zu der Geltung der Pantomimen auf der Bühne wie im Publikum gelangten, sind wir über sie nur sehr unvollkommen unterrichtet.

Halbdramatische Konzertvorträge der Tragöden.

Die Tragöden traten in Maske und vollem Kostüm auf wie im eigentlichen Drama[5]). Ihre Produktion beschränkte sich aber im wesentlichen auf Gesang; zwar begleiteten sie sich natürlich auch mit Gestikulation, doch diese konnte für sie nur ein untergeordnetes Darstellungsmittel bleiben und in der angemessenen Vollständigkeit nur durch einen zweiten Schauspieler ausgeführt werden. Ob dieser, der zuweilen erwähnt wird, gewöhnlich neben dem Sänger

1) Cic. de or. I 254; de leg. I 11; ad fam. IX 22, 1; pro Sestio 120f. 2) Dafür braucht Liv. VII 2, 10 den Ausdruck *ad manum cantare*. 3) Plin. ep. IX 34, 2. »Dieses seltsame Auskunftsmittel kommt sogar noch zu Ende des 16. Jahrhunderts vor, z. B. im Anfiparnasso des Orazio Vecchi (1597), in dem Ballo delle ingrate von Monteverde« Ambros, Gesch. d. Musik I 520, 2. Jugendleben und Wanderbilder der Johanna Schopenhauer (Nachlaß, herausgegeben von ihrer Tochter) 1839, I S. 343ff.: Aufführungen der petits comédiens du roi im Bezirk des Palais Royal 1787, bei welchen alle Schauspieler und Schauspielerinnen das Stück nur pantomimisch aufführten, während hinter der Szene gesungen und gesprochen wurde, wobei die Täuschung eine vollkommene war. Daß Goethe einmal, wenn auch nur aus Not, auf der Bühne zu Weimar etwas Ähnliches wagte (Devrient, Gesch. d. dtsch. Schauspielkunst III 247*), ist für seine Auffassung der theatralischen Darstellung merkwürdig. 4) Vgl. Mommsen RG. III[6] 593. Die Auflösung der Tragödie in ihre Elemente ist im ganzen sehr treffend auseinandergesetzt von G. Boissier, Rev. archéol. N. S. IV 1861, 333—343. L. Brunel, De tragoedia apud Romanos circa principatum Augusti corrupta, Diss. Paris 1884. 5) Tac. A. XV 65 (*tragico ornatu canebat*). XVI 21 (*habitu tragico cecinerat*). Kostüm und Maske des Euripideischen Alkmäon Tatian. orat. ad Graecos 24. Offenbar rechnet Tatian die Aufführungen der Tragöden nicht zu den theatralischen. Diese (Pantomimen und Mimen) behandelt er c. 22; dann die Spiele des Stadiums und Amphitheaters c. 23, und erst hierauf folgt der Vortrag des Tragöden.

auftrat[1]), ob die Einzelvorträge öfters mit einem Chor verbunden waren[2]), ob derselbe Tragöde mehrere Rollen eines Stückes nacheinander vortrug und ob und wie der Zusammenhang zwischen diesen Soli vermittelt wurde, ob stumme Nebenpersonen die Aufführung vervollständigten, ob und wie sich an die Einzelgesänge gesprochene Dialoge anschlossen[3]) — über alle diese Fragen sind wir in völliger Ungewißheit[4]). Nur soviel ist klar, daß die Einzelgesänge der Tragöden den Kern dieser Darstellungen bildeten, und daß sie so gut wie ausschließlich das Interesse des Publikums in Anspruch nahmen. Es war dies die dramatische Gattung, in der Nero aufzutreten liebte, weil er vorzugsweise durch seine Stimme und Gesangskunst glänzen zu können meinte. Er sang, sagt Sueton, Tragödienszenen in der Maske, wobei die Masken der Götter und Helden seinem, die der Göttinnen und Heroinen dem Gesichte der Frauen ähnlich gemacht wurden, die er gerade liebte. Unter anderm sang er die kreißende Kanake, Orest als Muttermörder, den geblendeten Ödipus, den rasenden Herakles. Man erzählte, daß ein junger Soldat, der am Eingang Wache stand, als er ihn für die letztere Rolle ankleiden und mit Ketten belasten sah, herbeieilte, um ihn zu befreien[5]). Man bemerkte, daß in dem letzten Stück, in dessen Szenen er öffentlich auftrat, einer damals sehr berühmten Bearbeitung des verbannten Ödipus, sein Gesang mit den Worten schloß: »Zum Tode treiben Gattin, Vater, Mutter mich«[6]). Die angeführten Textworte sind griechisch, und in dieser Sprache mögen die Texte der Tragöden in Rom damals öfters abgefaßt gewesen sein, da eine fremde Sprache auch die Unkundigen hier kaum mehr stören konnte, als gegenwärtig in der italienischen Oper außerhalb Italiens. Überhaupt wurde die griechische Sprache und selbst andre auf den Bühnen Roms in der Kaiserzeit wohl nicht selten gehört; schon Cäsar und Augustus hatten »Schauspieler von allen Sprachen« auftreten lassen[7]). Bei dem von Nero im Jahre 59 veranstalteten Feste der Juvenalia »befreite weder Adel noch Alter oder verwaltete Ämter irgend jemanden von dem Zwange, als griechischer oder lateinischer Schauspieler aufzutreten«[8]). Doch läßt sich nicht ermitteln, ob ganze griechische Dramen aufgeführt worden sind, was sehr möglich ist, oder ob nur halbdramatische, konzertartige und deklamatorische Vorträge griechische Texte hatten. Übrigens haben sich die Gesangsvorträge aus Tragödien im römischen Reich mindestens bis in die Zeit Justinians erhalten, wo sie freilich (wie bemerkt) das

1) Sueton. Nero 24, 1. Nach Ps.-Lucian. (d. h. Philostratus) Nero 9 ließ Nero bei den isthmischen Spielen einen vorzüglichen, mit ihm rivalisierenden Tragöden Epirotes durch seine Schauspieler umbringen: εἰσπέμπει Νέρων ἐπ᾿ ὀκριβάντων (auf Kothurnen, wie Kayser richtig erklärt, d. h. im Kostüm) τοὺς ἑαυτοῦ ὑποκριτὰς οἷον προσήκοντάς τι τῷ πράγματι. Daß Nero mehrere Schauspieler mit sich führte, ist natürlich; daß mehrere zugleich neben dem Sänger auftreten konnten, kann man aus dieser Gewalttat wenigstens mit Sicherheit schließen. 2) Einen Chor muß man wohl voraussetzen nach Epictet. Diss. III 14, 1 ὡς οἱ κακοὶ τραγῳδοὶ μόνοι ᾄσαι οὐ δύνανται ἀλλὰ μετὰ πολλῶν. 3) Die Stelle des Dio Chrys. or. 69, 5 (II 258 Arn.) kann sich vielleicht auf Dialoge, aber ebensogut auch nur auf iambische Soli (περιᾴδων τὰ ἰαμβεῖα Lucian. de salt. 27) beziehen. 4) Von großem Interesse ist die Darstellung tragischer Leichenspiele auf dem Grabrelief, wie es scheint, eines jugendlichen Dichters CIL VI 18239. M. Bieber, Denkmäler zum Theaterwesen S. 120f. Taf. 59, 3. 5) Sueton. Nero 21, 3; vgl. Juv. 8, 228f. Cass. Dio LXIII 9, 4. 22, 6. Philostrat. Vit. Apollon. V 7. 6) Sueton. Nero 46, 3. 7) Sueton. Caes. 39, 1; Aug. 43, 1. 8) Tac. A. XIV 15.

größere Publikum langweilten[1]). Choricius erwähnt Szenen des Orest und der Medea und sagt, daß es bei den Tragöden auf eine gute Stimme weit mehr ankam als bei den Mimen[2]).

Der Pantomimus als selbständige Kunstgattung.

Zu einer weit andern Bedeutung als diese Tragödengesänge gelangten, wie gesagt, auf der Bühne die pantomimischen Aufführungen. Daß die pantomimische Aktion von jeher für ein wichtigeres Darstellungsmittel galt als Deklamation und Gesang, geht schon daraus hervor, daß im eigentlichen Drama der Schauspieler, der auf eins von beiden verzichten mußte, gerade das letztere dem außerhalb der Handlung stehenden Sänger überließ und den Inhalt der Dichterworte selbst durch das erstere ausdrückte. Die Aktion mußte das Mienenspiel ersetzen helfen, das der Gebrauch der Masken ausschloß, und wieviel reicher, feiner, ausgebildeter und lebendiger die Gebärdensprache der damaligen Pantomimen war als die der heutigen, das können wir uns aus zahlreichen Andeutungen und aus der Gebärdensprache der heutigen Südländer wenigstens annähernd vorstellen. Die allgemeine Verständlichkeit dieser Darstellungen auch für die des Lateinischen und Griechischen Unkundigen[3]) trug vielleicht gerade in Rom mit seiner aus allen Ländern zusammengeflossenen Bevölkerung nicht am wenigsten dazu bei, dieser Gattung auf der Bühne Eingang und bald eine Herrschaft zu verschaffen, die sich am besten mit der der heutigen Kinodarstellungen vergleichen läßt.

Die Texte der Pantomimen.

Aber die neue selbständige Kunstgattung, welche unter Augustus im J. 732 = 22 v. Chr. zuerst in Rom Eingang fand, war nicht eine Ausgestaltung älterer italischer Tänze[4]), sondern eine aus dem Griechisch redenden Auslande, wahrscheinlich aus Ägypten[5]), eingeführte Neuheit. Als ihre Begründer gelten der Cilicier Pylades[6]) und der Alexandriner Bathyllus[7]); neben oder unmittelbar nach beiden glänzten der Syrer Nomius[8]), der Karer Hylas[9]), der Tiburtiner (mit griechischem Namen) Pierus[10]); ein auf der Inschrift einer römischen Tessera zusammen mit diesen als »das Licht und der Besieger der Pantomimen« genannter Gajus Theorus, von dem es weiter heißt, »durch seine Kunst sei selbst der Gott (der Kaiser) gefesselt worden, wie konnten Menschen zögern, dem Gotte nachzufolgen?«[11]), ist wahrscheinlich kein andrer als der eben genannte

1) Oben S. 113. Choric. a. a. O. c. 14, 7 p. 238: ἱπποδρομίας μὲν οὖν κὤρχησιν ὑπεραίρει τὸ πρᾶγμα τῷ μηδὲν στασιῶδες τοῖς δήμοις ἐμβάλλειν, θαυματοποιοὺς δὲ καὶ τραγῳδίας ὑπόκρισιν μετιόντας καὶ λύρᾳ χρωμένους τῷ μὴ κόρον διδόναι· ἐκείνων γὰρ οὕτως ἐνεπλήσθησαν ἄνθρωποι τῶν θεαμάτων, ὡς μόλις δημοσιεύειν. 2) ebd. c. 17, 2 p. 243: μῖμος γὰρ ἅπας, κἂν ἄγαν εὔφωνος ᾖ, τὰ δεύτερα φέρει τραγῳδίας ὑποκριτοῦ, ὃς νῦν μὲν εἰσέρχεται παῖδα φονέα μητρὸς ὑποκρινόμενος, νῦν δὲ μητέρα ξίφος ἐπιφέρουσαν τέκνοις ὑπὸ ζηλοτυπίας ἐρωτικῆς. War also das φωνασκεῖν und eine strenge Diät für die Mimen erforderlich (c. 15, 9 p. 240), so versteht sich beides für die Tragöden um so mehr von selbst. 3) Vgl. das Geschichtchen bei Lucian. de salt. 64. 4) So u. a. H. Wagenvoort, N. Jahrb. f. d. klass. Altert. XLV 1920 S. 103 ff. 5) H. Bier, De saltatione pantomimorum (Diss. Bonn. 1920) S. 10 ff. Schon der Redner Aristides (bei Liban. or. 64, 80, IV 472 F.) nannte τὴν πρώτην τεκοῦσαν τὸ κακὸν (den pantomimischen Tanz) Αἴγυπτον. 6) Hieron. chron. z. J. 22 v. Chr. Macr. Sat. II 7, 18. 7) Athen. I 20 D. 8) Seneca contr. III praef. 10 nach der Verbesserung von Buecheler. Coniectanea (Ind. lect. Bonn. 1877) S. 12 f. 9) Macr. Sat. II 7, 12 ff. Suet. Aug. 45, 4. 10) CIL IV 1901 *M. Pilei Piere, lux Pompeianorum;* vgl. CIL VI 10115 *Pyladem Cilicia, Nomium Suria, Hyla(m) Salmacid(ensem), Pierum Tiburtin(um).* 11) CIL VI 10115 = Buecheler, Carm. ep. 925.

Bathyllus[1]). Aus der Osthälfte des Reiches stammte auch die überwiegende Mehrzahl der bekannten Pantomimen[2]), und griechisch waren auch durchweg oder überwiegend die zur Begleitung ihrer Tänze gesungenen Lieder[3]). Das Wesen der neuen Kunst beruht in der Verbindung stummen und ausdrucksvollen Solotanzes mit Chorgesang und Orchesterbegleitung. Die neue Gattung beschränkte sich bald auf das tragische Fach; komische Pantomimen scheinen allmählich in Abnahme gekommen zu sein, so daß man den Pantomimus geradezu als einen Ersatz für die absterbende Tragödie ansehen kann[4]). Die Bearbeitung geschah in der Art, daß die bedeutendsten und wirksamsten Momente der Handlung in eine Reihe von Soloszenen zusammengefaßt wurden, die ein einziger Pantomime darstellte, der also immer mehrere Rollen, und zwar sowohl männliche als weibliche, hintereinander geben mußte, während der jedem Solo entsprechende Text nicht wie im eigentlichen Drama von einem einzelnen Sänger, sondern von einem ganzen Chor gesungen wurde. Die Textbücher der Pantomimen mögen vielleicht nicht selten eigene Dichtungen gewesen sein, öfter waren sie aber wohl gewiß aus bereits vorhandenen griechischen und römischen Stücken zurechtgeschnitten. Auch bedeutende Dichter verschmähten es nicht, die Texte dieser Tanzstücke (*fabulae salticae*) zu verfassen, Lucan soll ihrer vierzehn geschrieben haben[5]). Sie wurden von den Pantomimen gut bezahlt; Statius, der für seine Thebais nur unfruchtbares Lob einerntete, hatte durch den Verkauf des noch unbekannten Textes zu einer Agaue an den berühmten Tänzer Paris einen namhaften Gewinn[6]). Im allgemeinen aber scheinen die Pantomimentexte für wertlos gegolten zu haben[7]), und gewiß nicht mit Unrecht. Plutarch sagt, die Tanzkunst habe sich eine gewisse Poesie zugesellt und den Zusammenhang mit der erhabenen aufgegeben; so herrsche sie in den unsinnigen und urteilslosen Theatern, doch bei den Verständigen und Edlen habe sie alle Achtung verloren[8]). Die Gegenstände waren, wie es die Entlehnung aus der Tragödie mit sich bringt, fast durchweg mythologisch und nur ausnahmsweise historisch[9]). Zwar erklärt Lucian alle Gegenstände vom Anfange der Welt bis zum Tode der Kleopatra[10]) als geeignet für den Pantomimus; doch

1) Bier a. a. S. 79f. Vgl. namentlich CIL VI 10128 = Dessau 5263 *Sophe Theorobatylliana* (d. h. Mitglied der Truppe des Theorus-Bathyllus, wie CIL IV 2155 = Dessau 4181b *Actiani Anicetiani sinceri* von Actius Anicetus, unten S. 133 Anm. 5) *arbitrix imboliarum.* Was die *Theoriani* der pompejanischen Wandinschrift CIL IV 1891 = Buecheler, Carm. ep. 926 bedeuten, ist nicht zu ermitteln. 2) Liste bei Bier S. 77ff. 3) Bier S. 55f. Einen Philonides als Dichter der Texte für Bathyllus nennt Krinagoras Anth. Pal. IX 542. Vgl. auch Liban. or. 33, 3 (III 166F.). 4) Daher die Namen τραγικὴ ὄρχησις Athen. I 20 D, τραγικὴ ἔνρυθμος κείνησις O. Kern, Inschriften von Magnesia nr. 165. Revue des étud. grecqu. IV 1891 S. 174f. nr. 2, τραγῳδίαν ὀρχεῖσθαι (Cass. Dio LXI 17, 3. Suet. Calig. 57, 4); vgl. Lucian. de salt. 31. Das Wort Pantomimus bezeichnet im antiken Sprachgebrauche nur den Darsteller, nicht die Kunstgattung. 5) Vita Lucani p. 78, 16 Reiff., vgl. Genthe, De M. Annaei Lucani vita et scriptis (Diss. Berol. 1859) S. 64f. 6) Juv. 7, 87. 7) Seneca suas. 2, 19 *Arbronium Silonem ... qni pantomimis fabulas scripsit et ingenium grande non tantum deseruit sed polluit.* 8) Plutarch. Qu. conv. IX 15, 2; vgl. Liban. or. 64, 88 (IV 477f. F.). 9) Ps.-Dosith. Corp. gloss. lat. III 56, 56ff. sagt in der Vorrede zu dem Abschnitt über Mythologie: *fabulae quoque pantomimorum inde accipiunt laudem et testantur in saltatione, vera esse quae scripta sunt.* Daher heißt in einer Inschrift aus Gortyn IGR I 975, ein L. Furius Celsus μύθων ὀρχη[στής], Bier S. 31, der S. 29ff. ausführlich über die Stoffe des Pantomimus handelt. 10) Über den Grund für die Ansetzung dieser unteren Grenze vgl. Helm, Lucian und Menipp S. 369f.

die tragische Geschichte des Polykrates und seiner Tochter und die Leidenschaft des Seleucus für die Geliebte seines Vaters Stratonike sind die einzigen historischen Gegenstände, die er außer dem Tode der Kleopatra anführt[1]); auch sonst werden solche nirgends erwähnt, während die Zahl der uns bekannten mythologischen sehr groß ist. Ausnahmsweise waren sie der römischen Sage entnommen[2]): so wird ein nach Vergil bearbeiteter Turnus erwähnt, in dem Nero auftreten wollte[3]), eine Pantomime Dido, ebenfalls nach Vergil, war noch in späterer Zeit auf der Bühne beliebt[4]); auch der ägyptischen (die Geschichte des Osiris, die Verwandlungen der Götter)[5]); aber der ganz überwiegenden Mehrzahl nach der griechischen, und vermutlich wurden auch von diesen manche als Pantomimen zum ersten Male auf die Bühne gebracht. Darunter waren allerdings hochtragische Gegenstände nicht selten, wie Atreus und Thyest, der rasende Ajax, der rasende Herakles, Niobe, Hektor und ähnliche[6]). Doch bei weitem am häufigsten und beliebtesten waren Liebesgeschichten, und zwar nicht wenige vom bedenklichsten Inhalt, teils aus der Göttersage, wie die Liebesabenteuer und Verwandlungen des Zeus, Aphrodite und Adonis, Aphrodite und Ares im Netze des Hephaistos, Apollo und Daphne usw.; teils aus der Heldensage, wie Phädra und Hippolyt, Meleager und Atalante, Protesilaos und Laodamia, Iason und Medea, Achill auf Skyros, Achill und Briseis, Ariadne auf Naxos, Pasiphae, Kinyras und Myrrha usw.[7]); der zuletzt genannte Pantomimus wurde bei dem Feste aufgeführt, das Caligula am Tage seiner Ermordung im Palatium gab, und das reichlich fließende Blut des sich selbst tötenden Helden galt später als ein Vorzeichen seines Todes[8]). Diese und ähnliche Gegenstände wurden während der ganzen Kaiserzeit von Pantomimen auf allen Bühnen vorzugsweise dargestellt und fesselten überall die Zuschauer am meisten[9]).

Die Musik der Pantomimen.

Da die Textbücher der Pantomimen nach Tragödien bearbeitet oder doch in entsprechender Form gehalten waren, wurde wohl auch die Einheit des Orts beobachtet, so daß kein Kulissenwechsel stattfand; wenigstens wird ein solcher ebensowenig wie die sonstige szenische Ausstattung erwähnt. Vermutlich war diese wie in der Tragödie sehr einfach. Der Chor sang außer den Texten der Tanzstücke vielleicht auch in den Pausen derselben, da die Aufführung doch kaum ohne eine verbindende Erzählung (etwa in der Art des Rezitativs in unseren Oratorien) gedacht werden kann: durch sie würde zugleich der Tänzer die Zeit erhalten haben, Kostüm und Maske zu wechseln. Den Chorgesang hatte statt

1) Lucian. de saltat. 37. 54. 58. 2) Auf römische Stoffe weist die Tatsache, daß unter Augustus ein Stephanio (*togatarius* nennt ihn Sueton. Aug. 45, 4) *primus togatus saltare instituit* (Plin. n. h. VII 159). 3) Sueton. Nero 54. 4) Macrob. Sat. V 17, 5: Vergil habe die Geschichte der Dido so schön behandelt, daß seine Darstellung nicht nur von Bildhauern, Malern, Teppichwebern nachgeahmt werde, sondern auch *histrionum perpetuis et gestibus et cantibus celebretur*. 5) Lucian. de saltat. 59. 6) Auf der Grabschrift des berühmten Pantomimen Apolaustus (CIL XIV 4254 = Dessau 5191; vgl. W. Altmann, Die röm. Grabaltäre der Kaiserzeit S. 239, wo die Lesung der Inschrift vervollständigt ist) stehen innerhalb von Preiskronen die Titel seiner Glanzrollen Ἡρα[κλ]εῖ, Ὀρέστῃ, Τυμπανιστ[αῖς], Τρῳάσιν, Βά[κ]χαις, Ἱππ[ο]λύ[τ]ῳ, mit Ausnahme der Τυμπανισταί (Sophokles) alles euripideische Stoffe (vgl. auch CIL V 5889 = Dessau 5195). 7) Lucian. a. a. O. 37—61. Sidon. Apoll. c. 23, 272 ff. Andres bei Sittl, Gebärden d. Griechen u. Römer S. 248, 6. 8) Joseph. A. J. XIX 94. 9) Vgl. über die späteren Zeiten A. Müller, N. Jahrb. f. klass. Altert. XXIII 1909 S. 44 ff.

des einzelnen Sängers der Tragödie der Begründer der neuen Gattung Pylades eingeführt, und statt der einfachen Begleitung durch den Aulos ein reiches, stark instrumentiertes Orchester[1]). Auf die Frage, worin seine Neuerung bestehe, soll er mit einem homerischen Verse geantwortet haben: »In der Oboen und Pfeifen Getön und der Menschen Getümmel«[2]). Neben dem Aulos gehörten auch Syringen und Zimbeln, Kithara und Lyra zu diesem Orchester[3]), und der Takt wurde durch das Scabillum angegeben, ein Instrument, bestehend aus zwei verbundenen, an der Sohle befestigten Platten, die beim Auftreten lautschallend zusammenschlugen[4]). Natürlich hatte die Musik zugleich den Zweck, die rhythmischen Bewegungen des Tänzers zu leiten. Diese Musik stand nicht höher als die gewöhnlichen Texte, sie war voll Geschmetter und Getriller, weichlich, würdelos und unzüchtig, nur auf gemeinen Ohrenkitzel berechnet, so daß ernstere Kunstfreunde glaubten, den Verfall der Musik überhaupt von der Herrschaft des Pantomimus auf der Bühne herleiten zu müssen[5]).

Der pantomimische Tanz.

Je mehr Musik und Gesang dem Tanz untergeordnet waren, desto ausschließlicher nahm dieser das ganze Interesse der Zuschauer in Anspruch. Zwar ward das Verständnis des Tanzes durch eine die Vorstellung eröffnende Ankündigung des Programms durch einen Herold[6]) und während des ganzen Verlaufes der Handlung durch den Chorgesang unterstützt und vermittelt, doch die eigentliche Aufgabe, die die neue dramatische Gattung sich stellte und löste, war, das stumme Spiel soviel wie möglich auch ohne solche Hilfe verständlich zu machen. Diese Aufgabe war um so schwieriger, als ein Pantomime in demselben Stücke, wie gesagt, mehrere[7]) und zwar die verschiedensten Rollen durchzuführen hatte. Er erschien z. B. erst als rasender Athamas, dann als furchterfüllte Ino; erst als Atreus, dann als Thyest und wieder als Ägisth oder Aërope[8]), oder hintereinander als Bacchus, Cadmus, Pentheus und Agaue[9]), als Hercules, Venus und Cybele[10]). Sodann lag es dem Darsteller ob, durch sein Spiel die Phantasie der Zuschauer zur Ergänzung der übrigen Personen des Stücks anzuregen und deren Beziehungen zu der von ihm dargestellten Hauptperson auszudrücken: er mußte bei der Darstellung des Achill die Person des Paris, bei der der Athene den Poseidon, bei der des Ganymed den Zeus mit andeuten usw.[11]).

1) Cassiod. Var. IV 51, 9 *assistunt consoni chori diversis organis eruditi.* 2) Macrob. Saturn. II 7, 18, vgl. Suet. frg. p. 22, 3 Reiff. 3) Lucian. de salt. 26. 63. 68. 72. Ovid. Remed. 753. 4) Suet. Calig. 54, 2. Arnob. I 42. VII 32 und über die *collegia scabillariorum* Dessau zu nr. 5271 und III p. 717. Auf Monumenten erscheint das *scabillum* häufiger als selbständiges Instrument, das neben dem Tänzer am Boden steht. Jahn, Das Columbar. der Villa Pamfili, Abhandl. Akad. München VIII 2 (1857) S. 252, 47. Die Scabillen scheinen öfters mit Glocken versehen gewesen zu sein, Augustin. de musica 3, 1 *cum symphoniaci scabella et cymbala pedibus feriunt.* Vgl. v. Jan bei Baumeister, Denkm. d. klass. Altert. III 1662. 5) Ovid. a. a. O. Lucian. de salt. 2 (ὑπὸ κρούμασι καὶ τερετίσμασι καὶ ποδῶν κτύπῳ). 6) Augustin. de doctr. christ. II 25, 38 (Migne lat. XXXIV 54) *illa enim signa, quae saltando faciunt histriones, si natura, non instituto et consensione hominum valerent, non primis temporibus saltante pantomimo praeco pronuntiaret populis Carthaginis quid saltator vellet intellegi. quod adhuc multi meminerunt senes, quorum relatu haec solemus audire.* 7) Vier nennt für Bathyllus Krinagoras Anth. Pal. IX 542, 1, fünf in einem Falle Lucian. a. a. O. 66 (τοσούτων γὰρ μερῶν τὸ δρᾶμα ἦν). 8) Lucian. a. a. O. 67. 9) Anthol. Plan. 289. 10) Hieronym. ep. 43: *quomodo in theatralibus scaenis unus atque idem histrio nunc Herculem robustus ostendit, nunc mollis in Venerem frangitur, nunc tremulus in Cybelen.* 11) Liban. or. 64, 113 (IV 494 F.).

Der berühmte kynische Philosoph Demetrius (unter Nero) soll sich einst über die Pantomimen geringschätzig ausgesprochen haben, die, wie er meinte, ohne Chor und Musikbegleitung nichts zu leisten vermöchten. Der damals bedeutendste Pantomime Roms (wahrscheinlich Paris) beschloß, ihn vom Gegenteil zu überzeugen, und tanzte vor ihm den Ehebruch des Ares und der Aphrodite. Er drückte die Anzeige des Sonnengottes an den betrogenen Gemahl, die Nachstellung des Hephaistos und die unsichtbaren Fesseln, die Scham der Aphrodite, die Bitten des Ares, die sämtlichen andern von Hephaistos herbeigerufenen Götter durch sein stummes Spiel so verständlich aus, daß der Philosoph bewundernd die Unrichtigkeit seines Urteils eingestand[1]). Im Achill auf Skyros stellte der Künstler die spinnenden und webenden Jungfrauen und Achill in Weibertracht unter ihnen vor, sein Spiel bewirkte, daß man Odysseus an der Tür erscheinen zu sehen und Diomed in die Trompete stoßen zu hören glaubte; aber auch Achill vor Troja, in der Schlacht die Lanze schleudernd und mordend, mit Hektor kämpfend und seine Leiche schleifend, der Fall Trojas und der Tod des Priamus, die Kämpfe des Theseus, die Arbeiten des Herakles, selbst der Kampf der Kentauren und Lapithen wurde vorgestellt[2]). Der geschickte Darsteller, sagt Manilius, wird durch seinen Tanz jeden Wechsel des Schicksals vorführen, er wird mit seinem Gebärdenspiel hinter dem Gesange des Chors nicht zurückbleiben und bewirken, daß die Zuschauer Troja und den Fall des Priamus vor sich zu sehen glauben[3]). Auch Nonnus, der einen Wettkampf im pantomimischen Tanze zwischen den beiden Begleitern des Bacchus, Maro und Silen, beschreibt, gibt in seiner Schilderung offenbar Eindrücke der Bühne wieder. Maro stellt »mit lautlosen Händen« die Gestalt des Ganymedes dar, der den Göttern beim Mahle einschenkt, und zugleich »in sinnvollem Schweigen« die Nektar spendende Hebe. Der Gegenstand des Tanzes des Silen ist der Streit zwischen Aristäus und Bacchus, welcher von beiden den Göttern das bessere Getränk zu spenden vermöge. Zeus sitzt als Richter da, Eros steht in der Mitte, die Siegespreise, einen Efeu- und Ölzweig, in der Hand. Zuerst bietet Aristäus bei allen Göttern den Honig herum, aber schon beim dritten Becher sind sie dessen überdrüssig und berühren den vierten nicht mehr. Dann reicht Bacchus jedem einen Becher Wein, zuerst dem Zeus, der Hera, dem Poseidon und so allen nach der Reihe, alle sind erfreut, nur Apollo, der Vater des Aristäus, niedergeschlagen. Je mehr sie trinken, desto mehr verlangen sie nach dem Wein, sie erkennen jubelnd dem Bacchus den Sieg zu, und Eros, selbst trunken, kränzt ihn mit dem traubigen Efeu[4]). Noch Cassiodor schildert, wie die Hand des Pantomimen den Gesang des Chors für die Augen der Zuschauer auslegt, wie man gleichsam Schriftzeichen in ihr liest, und wie sie, ohne zu schreiben, dasselbe leistet wie die Schrift. »Derselbe Körper stellt Hercules und Venus, Mann und Weib, einen König und einen Soldaten, einen Jüngling und einen Greis dar; so daß man glauben möchte, es seien in ihm viele Personen enthalten[5]).«

Gewand- oder Manteltanz.

Besondre Wirkungen erzielten die Pantomimen durch verschiedenartige Dra-

1) Lucian. a. a. O. 63. 2) Liban. a. a. O. 68 (IV 462 f. F.). 3) Manil. V 479 ff. 4) Nonnus Dionys. XIX 133 ff. R. Köhler, Über die Dionysiaka des Nonnus S. 29, 2. 5) Cassiodor. Var. IV 51, 9.

pierung des Gewandes, das je nach dem Zusammenhange z. B. »den Schweif des Schwans, das Haar der (aus dem Meer aufsteigenden) Venus, die Geißel einer Furie« andeuten konnte[1]). Diese, offenbar den mimisch-plastischen Darstellungen der Händel-Schütz und den von Goethe beschriebenen[2]) der Maitresse des Ritters Hamilton, Emma Harte, sowie dem Serpentintanz der Loïe Fuller sehr verwandte Tanzart war vermutlich eine Probe großer Virtuosität, und es liegt in der Natur der Sache, daß eine soche nur ausnahmsweise vorkommen konnte.

Die pantomimische Kunst, die solche Aufgaben zu lösen vermochte, mußte um so größer sein, als neben dem einzigen Tänzer auch nicht einmal Statisten als Darsteller von Nebenpersonen aufgetreten zu sein scheinen[3]). Doch die Leistungen, die den Pantomimen nachgerühmt werden, erscheinen überhaupt nur dann begreiflich, wenn man sich erinnert, daß die antike Kunst (und namentlich die Kunst der Bühne) die Phantasie des Betrachters zur Ergänzung des Gebotenen in ungleich höherem Grade aufforderte und an solche Tätigkeit gewöhnte als die moderne. Übrigens kannte man in Augustus Zeit auch pantomimische Szenen, in welchen zwei Darsteller auftraten und jeder von beiden seine Rolle selbständig durchführte; ob solche aber auch auf der Bühne stattfanden, ist unbekannt[4]); keinesfalls scheinen sie sich darauf erhalten zu haben, da sie nie weiter erwähnt werden.

Der Pantomimentanz war kein Tanz im heutigen Sinne, er bestand hauptsächlich in ausdrucksvollen und rhythmischen Bewegungen des Kopfs und der Hände, obwohl natürlich Bewegungen des ganzen Körpers, Biegungen und Wendungen aller Art, und selbst Sprünge dabei nicht fehlen konnten[5]). An dem Syrer Nomius, dem Zeitgenossen und Rivalen des Pylades und Bathyllus, tadelte man die zu langsamen Bewegungen der Hände, während die Schnelligkeit seiner Füße nicht bloß anerkannt, sondern sogar zu groß gefunden wurde[6]). Galen sagt, daß die angestrengten Bewegungen der Tänzer, wobei sie hoch aufspringen, sich sehr schnell herumdrehen, niederkauern und aufschnellen, die Beine zusammenziehen und auseinanderspreizen, wie überhaupt alle sehr heftigen Bewegungen den Körper kräftigen[7]). Dergleichen scheint aber nach der eigentlichen pantomimischen Darstellung stattgefunden zu haben; so beschreibt es auch Nonnus in der angeführten Stelle. Silen springt bald auf einem Fuße in die Höhe, bald auf beiden; er stellt sich fest auf den rechten und hebt den linken bis zur Brust und Schulter; er biegt ihn nach hinten so weit aufwärts, daß er den Nacken berührt; dreht sich nach hinten übergebogen im schnellen Wirbel um sich selbst, so daß sein Kopf im Kreise umhergeschleudert den Boden zu

Bravourleistungen.

1) Fronto ep. ad M. Antonin. de orat. p. 157 N.: *histriones quom palleolatim saltant, caudam cycni, capillum Veneris, furiae flagellum eodem pallio demonstrant.* Beim Schol. Juv. 6, 653: *spectant in theatro parapallium Alcestin pro marito suo morientem* kann wohl in dem verdorbenen Wort kaum etwas Derartiges vorausgesetzt werden. 2) Goethe, Italien. Reise, Werke XXXI 54 f. Weim. Ausg. 3) Einen Ausnahmefall scheint Lucian. de salt. 83 f. darzustellen, vgl. dazu Bier S. 63 f. 4) Quintilian. VI 3, 65: *nam et finitione usus est Augustus de pantomimis duobus, qui alternis gestibus contendebant, cum eorum alterum saltatorem dixit, alterum interpellatorem.* 5) Lucian. de salt. 71. 6) Seneca Contrv. III praef. 10: *Nomio* (so Buecheler, s. oben S. 125 A. 8, Hs. *nomini meo*) *cum velocitas pedum non concedatur tantum sed obiciatur, lentiores manus sunt.* 7) Galen. VI 155.

streifen scheint. Alles dies geschieht aber erst, nachdem er jene Szene »mit weiser Hand webend« zu Ende geführt hat[1]). An besonderen Glanzstellen gebot der Tänzer dem Chor durch einen Wink Schweigen, um ohne die Worte des Textes nur durch seine Ausdrucksmittel zu wirken[2]); oft gipfelte die Darstellung in einer besonders effektvollen Schlußpose[3]).

Ausdrucksfähigkeit des Pantomimus.

Die Sprache der Hände, diese (wie Quintilian sagt) bei so großer Verschiedenheit der Mundarten allen Völkern gemeinsame Sprache[4]), war offenbar im Altertume noch reicher an bezeichnenden und allgemein verständlichen Gesten als die Gebärdensprache der heutigen Südländer. Wir bewundern, sagt Seneca, die Tanzkünstler, weil ihre Hände zu jeder Bezeichnung der Dinge und Empfindungen geschickt sind und ihre Gebärden die Schnelligkeit der Worte erreichen[5]). Jede veränderte Haltung der Hand und der einzelnen Finger drückte einen andern Sinn aus[6]), und diese »Beredsamkeit des Tanzes«[7]) wurde ohne Zweifel durch die fortdauernde Übung der Kunst mehr und mehr erweitert, ausgebildet und verfeinert. Griechische Enthusiasten meinten sogar, daß »philosophische« Tänzer in ihrem Schweigen, gleichsam neue Pythagoriker, beredter seien als Rhetoren in ihren Vorträgen[8]). Natürlich wurden aber die Gebärden der Hände durch entsprechende und ergänzende sonstige Bewegungen unterstützt. Maro tanzt bei Nonnus, »ein vielredendes Schweigen mit sprachloser Hand zeichnend; er wirft nach allen Seiten die Blicke umher, ein Bild der Reden, mit kunstvollem Neigen sinnreichen Rhythmus webend; er schwingt den Kopf und würde die Locken schütteln«, wenn er nicht kahl wäre[9]). Denkende Künstler suchten nicht sowohl die einzelnen Worte als den Sinn des Textes durch entsprechende Bewegungen auszudrücken; sie verschmähten es z. B., Krankheit durch die Gebärde des Pulsfühlens, Kitharaspiel durch die des Saitenschlagens zu bezeichnen[10]). Als Hylas (in einer Probe oder in der Tanzschule) die Textworte: »den großen Agamemnon« dadurch ausdrückte, daß er sich auf die Zehen stellte, tadelte ihn sein Lehrer Pylades, weil er ihn lang, aber nicht groß mache; er selbst nahm bei diesen Worten die Stellung eines Nachdenkenden an[11]). Wie überhaupt in der antiken Kunst sich überall eine ungleich festere Tradition gebildet hat als in der modernen, und wie diese dann für die ganze folgende Entwicklung eine sichere Richtschnur, ein Korrektiv gegen Verirrungen und törichte Experimente der Originalitätssucht geblieben ist: so scheint es auch im Pantomimus der Fall gewesen und so den Künstlern das Spiel, den Zuschauern das Verständnis in hohem Grade erleichtert worden zu sein[12]). Lucian erzählt, daß ein

1) Nonn. Dionys. XIX 261—282. 2) Lucian. de salt. 63. Liban. or. 64, 113 (IV 493 F.). 3) Liban. or. 64, 118 (IV 497 F.). Bier S. 60 ff. 4) Quintilian. XI 3, 87. 5) Seneca ep. 121, 6. 6) Quintilian. XI 3, 92 ff. 7) *Manu puer loquaci* hat schon Petron. frg. 19 Buech. Tac. Dial. 26, 5: *unde oritur illa foeda et praepostera sed tamen frequens ... exclamatio, ut oratores nostri tenere dicere, histriones diserte saltare dicantur.* Anthol. lat. 111, 4 R. *sollerti spondet prodere verba manu.* Cassiod. Var. IV 51, 8 *orchestarum loquacissimae manus, linguosi digiti.* Von Griechen nennt schon Antipat. Thessalon. Anth. Plan. 290, 6 den Bacchus des Pylades παμφώνοις χερσὶ λοχευόμενος. Vgl. IG XIV 2124 = Kaibel, Epigr. gr. 608, 1 ἱστορίας δείξας καὶ χειροῖν ἅπαντα λαλήσας, Lucian. de salt. 63 und über die ganze χειρονομία Sittl, Gebärden S. 247, 3. Bier a. a. O. S. 59 f. Im allgemeinen s. über Gebärdenspiel und Mimik der römischen Schauspieler B. Warnecke, N. Jahrb. f. klass. Altert. XXV 1910, 580 ff. 8) Athen. I 20 D. 9) Nonnus a. a. O. 198—202. Vgl. oben S. 129. 10) Quintilian. XI 3, 88 f. 11) Macrob. Sat. II 7, 13 f. 12) Augustin. de doctr. Christ. II 25, 38

Pantomime bei der Darstellung des kinderverschlingenden Kronos sich in die der Mahlzeit des Thyest, ein andrer bei der Darstellung des Flammentods der Semele in die der Glauke verirrte, welche von dem feurigen Gifte der von Medea gesandten Hochzeitsgewänder verzehrt wurde[1]). Weder eine solche Verirrung aus einer Rolle in die andre ist ohne eine sehr bestimmte Tradition für jede Rolle denkbar noch die Wahrnehmung des Irrtums von seiten der Zuschauer. Nach allen Schilderungen dürfen wir eine feine Charakteristik bei den besseren Künstlern voraussetzen. Mit einer Darstellung des blinden Ödipus durch Hylas soll Pylades unzufrieden gewesen sein, weil seine Bewegungungen die eines Sehenden waren[2]). In rührenden Szenen vermochten die Pantomimen, welche das Leid der von ihnen dargestellten Personen mitzuempfinden schienen[3]), die Zuschauer nicht selten zu Tränen hinzureißen[4]). Weichliche Tänzer, ruft ein christlicher Schriftsteller, flößen die Leidenschaft ein, welche sie heucheln; sie schänden eure Götter, indem sie sie unzüchting, seufzend, haßerfüllt vorführen; durch erlogenen Schmerz erregen sie mit eitlen Gebärden und Winken eure Tränen[5]).

Sein sinnlicher Reiz.

Wenn aber auch die besten Künstler ihre Erfolge einer geistvollen, durchdachten und künstlerisch schönen Darstellung zu verdanken bemüht waren, so beruhte der Zauber, den dies Schauspiel auf den größten Teil der Zuschauer und Zuschauerinnen ausübte, doch in seinem sinnlichen Reiz. Prachtvolle bunte und faltenreiche Gewänder und eine Maske ohne die häßliche Schallöffnung der Tragödenmaske[6]) hoben die Wirkung einer tadellosen jugendlichen Gestalt, die für den Pantomimen unerläßlich war; in ihm sollte man nach Lucians Meinung den Kanon Polyklets verkörpert sehen. Gegen Mängel der äußeren Erscheinung waren die Zuschauer am wenigsten nachsichtig. In Antiochia wurde einem kleinen Tänzer, der als Hektor auftrat, zugerufen: das ist Astyanax, wo ist Hektor?, einem sehr langen, der als Kapaneus die Mauer von Theben zu ersteigen sich anschickte: steige über, du brauchst keine Leiter!, einem dicken, der große Sprünge zu machen versuchte: Schonung für die Bühne!, einem sehr mageren: gute Besserung![7]) Eine reiche, natürliche Lockenfülle, nach antikem Begriff ein noch wesentlicherer Bestandteil jugendlicher Schönheit als nach modernem, durfte nicht fehlen[8]). Toilettenkünste jeder Art unterstützten ohne Zweifel die Natur. Galen teilt das Rezept zu einem sehr wirksamen Enthaarungsmittel mit, das von dem Pantomimen Paris, einem Günstlinge des Kaisers L. Verus, herrührte[9]).

(Migne lat. XXXIV 54) *quod ideo credendum est, quia nunc quoque si quis theatrum talium nugarum imperitus intraverit, nisi ei dicatur ab altero quid illi motus significent, frustra totus intentus est. appetunt tamen omnes quandam similitudinem in significando, ut ipsa signa, in quantum possunt, rebus quae significantur similia sint. sed quia multis modis simile aliquid alicui potest esse, non constant talia signa inter homines, nisi consensus accedat* (vgl. oben S. 128 Anm. 6).

1) Lucian. de salt. 80. 2) Macrob. a. a. O. 15. 3) IG XIV 2124 = Kaibel, Epigr. gr. 608, 3 συμπάσχων κείνοις [οἷσ]περ κινεῖτο προσώποις. 4) Lucian. de salt. 79. 5) Minuc. Felix Octav. 37, 12. 6) Lucian. de salt. 27. 29. Bier S. 71 ff. S. das aus Trier stammende Berliner Elfenbeinrelief mit der Darstellung eines Pantomimen, veröffentlicht von H. Graeven, Bonn. Jahrb. CVII 1901 S. 50ff. Taf. V 1 = Bieber, Denkmäler z. Theaterwesen S. 125 f. Taf. 63, 2. 7) Lucian. de salt. 75 f. Vgl. Anth. lat. 310 R. *in pantomimam pygmaeam, quae Andromachae fabulam frequenter saltabat et raptum Helenae.* 8) Claudian. in Eutrop. II 404 f. 9) Galen. XII 454.

Durch unablässige Übung und Beobachtung einer geregelten Lebensweise, namentlich Enthaltsamkeit im Genusse von Speisen[1]), erlangten die Pantomimen eine unbedingte Herrschaft über ihren Körper, eine Gelenkigkeit, Geschmeidigkeit und Elastizität, die sie in den Stand setzte, jede ihrer Bewegungen mit Anmut, Eleganz und Weichheit auszuführen. Durch diese Eigenschaften entzückten sie am meisten in Frauenrollen, in denen es ihnen gelang, ihr Geschlecht völlig vergessen zu machen[2]). Apulejus sagt von dem Schwiegervater seines Stiefsohns, dem er Schändlichkeiten und Laster aller Art vorwirft, er habe in seiner Jugend als Pantomimentänzer freilich eine so große Geschmeidigkeit gezeigt, als wenn er keine Sehnen und Knochen hätte, aber eine kunstlose und ungeschulte[3]). In schlüpfrigen Szenen, welche die eigentliche Würze dieses Schauspiels waren, verband sich die verführerische Anmut der Darstellung oft mit einer Üppigkeit und Schamlosigkeit, der das Äußerste für erlaubt galt. Wenn der schöne Bathyllus die Leda tanzte, dann fühlte sich selbst die frechste Dirne solcher Meisterschaft in der Kunst des raffinierten Sinnenkitzels gegenüber als ländliche Novize und Schülerin[4]). Schlüpfrigkeit —

Den Vorwurf der Unsittlichkeit und der korrumpierenden Wirkung, der den Pantomimen allgemein gemacht wurde, vermochten auch ihre eifrigsten Verteidiger nicht zu entkräften. Selbst junge Männer von ernster Richtung vermieden, sie zu sehen. Ummidia Quadratilla (die etwa 107 n. Chr. beinahe 80 Jahre alt starb) besaß Pantomimen, für die sie ein lebhafteres Interesse hatte, als sich für eine Frau vom höchsten Range ziemte. Ihr Enkel, ein junger Mann von sehr strenger Lebensweise, sah dieselben weder auf der Bühne noch in ihrem Hause tanzen. Sie selbst schickte ihn, wenn sie sich mit ihren Aufführungen unterhalten wollte, fort, was sie, wie der jüngere Plinius meinte, ebensowohl aus Achtung als aus Liebe für ihn tat[5]). Daß die Pantomimen nicht am wenigsten zur Entsittlichung der Frauen beitrugen, welche den Schauspielen überhaupt leidenschaftlich ergeben waren, würde auch ohne die sehr grelle Schilderung Juvenals[6]) sehr glaublich erscheinen. Aelius Aristides verfaßte eine (verlorene) Invektive gegen die Tänzer[7]), gegen welche sich die erhaltene Verteidigungsrede des Libanius[8]) und wahrscheinlich auch die unter dem Namen des Lucian überlieferte Schrift über den Tanz[9]) wendet. Der Kaiser Julianus, welcher eine Reinigung der Theaterschauspiele von Zuchtlosigkeit und Frechheit für unmöglich hielt, verlangte von den Priestern, daß sie sich des Theaterbesuchs enthalten und keinen Schauspielern, Pantomimen oder Mimen bei sich den Zutritt gestatten sollten[10]). Einer der letzten heidnischen Geschichtschreiber des Kaiserreichs, Zosimus, sah in der Einführung der Pantomimen unter Augustus ein Symptom eines allgemeinen sittlichen Verfalls der Welt, der mit dem Beginne der Monarchie begonnen habe[11]). Dagegen schrieb Augustinus die Er- und korrumpierende Wirkungen dieses Schauspiels.

1) Liban. or. 64, 103ff. (IV 487ff. F.). 2) Columella r. r. I praef. 15. Lactant. Inst. VI 20, 29. 3) Apul. Apol. 74. 4) Juv. 6, 66 *Thymele tunc rustica discit.* 5) Plin. ep. VII 24, 4f.; vielleicht ein Freigelassener von ihr ist *C. Ummidius Actius Anicetus pantomimus,* CIL X 1946 = Dessau 5183 (Puteoli, vgl. CIL IV 3891 *Acti Anicete va(le).* 5399. 2150. 2413[d]. 2155 = Dessau 4181[b]: *Actiani Anicetiani sinceri,* dazu oben S. 126 A. 1). 6) Juv. 6, 63ff. 7) J. Mesk, Wiener Studien XXX 1908, 59ff. 8) or. 64 πρὸς Ἀριστείδην ὑπὲρ τῶν ὀρχηστῶν (IV 420ff. F.). 9) R. Helm, Lucian u. Menipp S. 365ff. 10) Julian. Frg. epist. p. 304 C. 11) Zosim. Hist. I 6, 1.

findung dieses Schauspiels der List der bösen Geister zu, die, voraussehend, daß die Pest des Zirkus einst nachlassen würde, diese viel verderblichere Seuche, an der sie die größte Freude haben, in die Welt sandten[1]).

Tragische und komische Gattung. Pylades und Bathyllus.

Man unterschied zwei Hauptgattungen des Pantomimus, die auf die beiden Urheber dieser Darstellungsart, Bathyllus und Pylades, zurückgeführt wurden[2]). Der letztere, der auch über seine Kunst schrieb[3]), war der Begründer des tragischen Pantomimus. Die von Bathyllus eingeführte Gattung war einfach, heiter, dem burlesken griechischen, der alten Komödie eigentümlichen Tanz Kordax verwandt; ihre Stoffe waren vielleicht laszive Behandlungen von Göttermythen, wie sie in der alten und mittleren Komödie häufig vorkamen, vielleicht auch direkte Parodien von Tragödien[4]). Echo, Pan, ein mit Eros schwärmender Satyr[5]) — von solcher Art waren die Rollen, in denen Bathyllus glänzte, der für die pathetischen, feierlichen, aus vielen Personen zusammengesetzten Pantomimen des Pylades ebensowenig Begabung besaß wie dieser für den leichteren Tanz[6]). Pylades riß besonders als Bacchus die Zuschauer hin; es war, sagt ein griechischer Dichter, als wäre der Gott in ihn übergegangen, dieser Bacchus stammte wahrlich vom Himmel[7]); wäre er so in den Olymp gekommen, sagt ein anderer, so hätte die Götterkönigin selbst ihn als ihren Sohn beansprucht[8]). Als rasender Herakles scheint er sich in der Darstellung des Wahnsinns den Vorwurf der Übertreibung zugezogen zu haben[9]). Aus der Inschrift eines der höchsten Beamten in Pompeji, der dort bei einem Apollofeste Schauspiele mit aller Art von Musik und Rezitation (*acroamata*) sowie »mit allen Pantomimen und Pylades« veranstaltete[10]), sieht man, daß er, ohne Zweifel für hohes Honorar, auch in den Städten Italiens auftrat. Beide Künstler bildeten Schulen[11]), und spätere Virtuosen des Pantomimus führten nach einem damals verbreiteten Gebrauch der Künstler aller Art wiederholt die Namen dieser berühmten Vorgänger[12]). Die von Bathyllus begründete Gattung erhielt sich mindestens bis auf Plutarchs Zeit[13]), doch scheint sie früh von der andern in den Hintergrund gedrängt worden zu sein, die bald allein die Herrschaft auf der Bühne behauptete: Lucian erwähnt in seiner sehr ausführlichen Schrift über den Tanz nur den tragischen Pantomimus.

Sonstige orchestische Aufführungen.

Außer dem Pantomimus sah man auf der römischen Bühne noch mancherlei andre orchestische Aufführungen. Wie die Gesangstücke der Tragödien, wurden auch sonst in Musik gesetzte Gedichte pantomimisch dargestellt oder mit pantomimischen Tänzen begleitet[14]). So waren Gedichte Ovids, obwohl nicht

1) Augustin. civ. Dei I 32. Bier a. a. O. S. 110ff. 2) Athen. I 20 E und Plutarch. Qu. conviv. VII 8, 3 haben aus derselben Quelle, einer Schrift des Aristonicus, geschöpft. Bei Plutarch heißt es: ἀποπέμπω δὲ τῆς ὀρχήσεως τὴν Πυλάδειον, ὀγκώδη καὶ παθητικὴν καὶ πολυπρόσωπον (dies ist auch bei Athenäus statt des unsinnigen πολύκοπος zu lesen) οὖσαν — δέχομαι τὴν Βαθύλλειον αὐτόθεν πέζαν τοῦ κόρδακος ἁπτομένην, Ἠχοῦς ἤ τινος Πανὸς ἢ Σατύρου σὺν Ἔρωτι κωμάζοντος ὑπόρχημά τι διατιθεμένην. 3) Athen. I 20 D. 4) Bursian im Literar. Zentralbl. 1869 S. 492. 5) Vgl. Pers. 5, 123. 6) Seneca Controv. III praef. 10: *Pylades in comoedia, Bathyllus in tragoedia multum a se aberant.* 7) Antipater Thessalon. Anthol. Plan. 290. 8) Boethus Anth. Pal. IX 248. 9) Macrob. Sat. II 7, 16. 10) CIL X 1074 = Dessau 5053. 11) Seneca Qu. n. VII 32, 3 *stat per successores Pyladis et Bathylli domus.* Vgl. Macrob. Sat. II 7, 12. Bier S. 92 f. 12) Vgl. den Anhang XIV. 13) Plutarch. a. a. O. Vgl. auch Juven. 6, 70 und dazu Bier S. 8 ff. 14) Petron. 53, 11 *odaria saltare.* Dazu gehören die *odariarii* (CIL VI 10133 f. = Dessau 5229 f.) und *monodiariae* (CIL VI 10120. 10132 = Dessau 5232. 5231).

für das Theater hestimmt, in Rom aufgeführt worden, und noch in seinem Exil erfreute ihn die Nachricht, daß seine Verse im Theater getanzt und beklatscht würden[1]); so wurden Lobgedichte auf die Kaiser zum Ärgernis strengerer Beurteiler unter Begleitung weibischer Tänze auf der Bühne abgesungen[2]), und Redner, die nach einer marklosen Überzartheit des Ausdrucks strebten, rühmten, daß man ihre Reden singen und tanzen könne[3]). Eine Art des Balletts, die als Zwischenspiel diente (*embolium*)[4]), wurde ganz oder teilweise von Tänzerinnen ausgeführt[5]).

Doch außer dem Pantomimus ist nur einer der damals auf der Bühne vorkommenden Tänze etwas genauer bekannt, die griechische Pyrrhiche. Der Name bezeichnet ursprünglich einen Waffentanz, der sich noch spät in Sparta erhielt[6]); in der Kaiserzeit scheint es verschiedene Gattungen der Pyrrhiche gegeben zu haben, von denen die vorzüglichste in Ionien und andern kleinasiatischen Provinzen heimisch war und dort von Kindern der edelsten Familien öffentlich bei festlichen Veranlassungen getanzt wurde[7]). Solche Knaben ließen die Kaiser zu ihren Schauspielen wiederholt nach Rom kommen[8]) und beschenkten sie öfters nach der Aufführung mit dem Bürgerrechte[9]), doch wurden auch Sklaven[10]) und Sklavinnen, besonders im kaiserlichen Hause, in diesem Tanze geübt[11]). Vielleicht gab es Pyrrhichen, die nur von Knaben, und andre, die von beiden Geschlechtern ausgeführt wurden, die letzteren wohl ausschließlich von Sklaven oder doch gewerbsmäßigen Tänzern und Tänzerinnen. Die Pyrrhichisten erschienen prächtig und bunt in goldgestickte Tuniken, Purpur- und Scharlachmäntel gekleidet und bekränzt[12]). Immer neue Gruppierungen, Verschlingungen und Lösungen folgten in stetem Wechsel aufeinander; bald bildeten sie Kreise, bald Reihen, zerstreuten sich in scheinbar regellose Haufen oder ordneten sich im Viereck[13]). Auch Scheinkämpfe, von Tänzern und Tänzerinnen gegeneinander mit hölzernen Waffen aufgeführt, gehörten zu dieser Gattung[14]), hauptsächlich aber Tänze von bacchischem[15]) und verwandtem Charakter. Die Tanzenden stellten Titanen, Satyrn, Korybanten, Hirten vor[16]) und schwangen als Bacchanten Thyrsusstäbe und Fackeln. Leicht konnte diesen Tänzen ein dramatischer Inhalt gegeben werden, wie die Abenteurer des Dionysos in Indien oder die Geschichte des Pentheus; doch wurden die Gegenstände

Die Pyrrhiche.

Dramatische Pyrrhichen.

1) Ovid. Trist. II 519. V 7, 25. Auch Vita Verg. p. 6, 90 Brummer *bucolica eo successu edidit, ut in scaena quoque per cantores crebro pronuntiarentur* (vgl. Tac. Dial. 13, 3. Serv. Ecl. 6, 11) bezieht sich auf Aufführungen dieser Art. 2) Plin. Paneg. 54, 1. 3) Tac. Dial. 26, 4. 4) Cic. pro Sest. 116. Schol. Bob. p. 135 f. St. 5) Knöcherner Stempel mit der Inschrift: *Sophe Theorobathylliana* (oben S. 126 A. 1.) *arbitrix imboliarum* CIL VI 10128 = Dessau 5263. Eine *emboliaria* Plin. n. h. VII 158. CIL VI 10127 = Dessau 5262, ein *emboliarius* CIL IV 1949. 6) Athen. XIV 631 A. 7) Philostr. v. Apoll. IV 2 (Ephesus). Plut. Qu. conv. IX 15, 1. CIG 2758 F. G. 2759 (Aphrodisias). Über die Geschichte der griechischen Pyrrhiche vgl. K. Latte, De Graecorum saltationibus capita quinque (Religionsgesch. Vers. u. Vorarb. XIII 3) S. 27 ff. 8) Beim Triumphe Cäsars *pyrrhicham saltaverunt Asiae Bithyniaeque principum liberi* (Sueton. Caes. 39, 1), ebenso unter Caligula (Suet. Calig. 58, 1. Cass. Dio LX 7, 2. Joseph. ant. Jud. XIX 104), Claudius (Cass. Dio LX 23, 5) und Nero (Suet. Nero 12, 1). 9) Cass. Dio LX 7, 2. Sueton. Nero 12, 2. 10) *pyrrhicharii* Dig. XLVIII 19, 8 § 11. 11) CIL VI 10141 = Dessau 5261 *Dis man. Naidi Caesaris vernae ex numero pyrrhiche.* 12) Plutarch. De sera num. vind. 9. Fronto ad M. Caes. I 5 p. 12 N. Lucian. Piscator 36. 13) Apulei. Met. X 29. 14) Anthol. lat. 115 R. *De pyrrhicha: In spatio Veneris simulantur proelia Martis, cum sese adversum sexus uterque venit* usw. 15) Athen. XIV 631 A. 16) Lucian. de saltat. 79.

auch andern Sagenkreisen entnommen, wie bei einem Feste Neros die Geschichte der Pasiphae im Amphitheater als Pyrrhiche aufgeführt ward, wobei der von einer Maschinerie hoch emporgetragene Icarus herabstürzte und den Kaiser mit seinem Blut bespritzte[1]).

Das Urteil des Paris als Pyrrhiche nach der Beschreibung des Apulejus.

Wie die an letzter Stelle genannten Stoffe, bei denen eine Person im Mittelpunkte der Handlung steht, eher für den Pantomimus als für den Reigentanz der Pyrrhiche geeignet erscheinen, so haben sich offenbar beide beim Theaterpublikum sehr beliebte Gattungen[2]) eng verbunden und vermengt. Eine ausführliche Beschreibung einer solchen Vorstellung, die dem modernen Ballett sehr ähnlich ist, gibt Apulejus bei der Schilderung eines Festes in der römischen Kolonie Korinth, offenbar nach eigener Anschauung[3]). Eine Pyrrhiche ohne dramatischen Inhalt geht diesem Ballett voraus. Die Bühne zeigt das Idagebirge aus Holz hoch aufgebaut[4]), mit Gebüsch und lebendigen Bäumen bepflanzt, von dem Quellen herabfließen; einige Ziegen grasen darauf, die Paris, ein schöner Jüngling in Barbarentracht mit goldener Tiara, weidet. Mercur, ein schöner blonder Knabe, nur mit der Chlamys bekleidet, Stab und Caduceus in der Hand, goldene Flügel am Haupt, erscheint im Tanzschritt, überreicht Paris einen goldenen Apfel, indem er durch Gebärden den Auftrag Juppiters andeutet, und geht ab. Nun tritt Juno auf, eine schöne Frau mit Diadem und Zepter; dann stürmt Minerva herein, mit blankem, olivenbekränztem Helm, Schild und Lanze schwingend; endlich erscheint Venus, bis auf ein durchsichtiges seidenes, um die Hüften geschlagenes Pallium von blauer Farbe ganz nackt. Juno, die von Castor und Pollux begleitet wird, drückt zuerst unter Flötenbegleitung in gemessenen Tanzbewegungen pantomimisch das Versprechen aus, dem Paris für den Preis der Schönheit die Herrschaft über Asien gewähren zu wollen. Minerva, von den Dämonen des Schreckens und der Furcht begleitet, die nackt einen Schwertertanz aufführen, verspricht in wildbewegten Rhythmen, zu denen kriegerische dorische Weisen gespielt werden, dem Paris Kriegsruhm. Endlich tritt Venus unter lautem Klatschen der Zuschauer hold lächelnd in die Mitte der Bühne, umgeben von einer Schar kleiner Liebesgötter mit Flügeln, Bogen und Fackeln, und von Mädchen, welche die Grazien und Horen vorstellen. Die Flöten stimmen eine sanfte lydische Melodie an, zu der Venus einen verführerischen Tanz aufführt (»zuweilen schien sie nur mit den Augen zu tanzen«), in dem sie Paris die schönste Frau verspricht. Dieser reicht ihr den Apfel, Juno und Minerva drücken im Abgehen Zorn und Verdruß, Venus in einem Schlußtanze mit ihrem ganzen Chor Triumph und Freude aus. Hierauf springt vom Gipfel des Idagebirgs ein Springquell von Krokus und Wein hoch in die Höhe, und nachdem er das ganze Theater mit Wohlgeruch erfüllt hat, versinkt der Berg.

Herrschaft des Pantomimus auf der Bühne.

Unter allen Gattungen des Tanzes nicht bloß, sondern auch unter allen Theaterschauspielen überhaupt war es der Pantomimus, der auf der Bühne der

1) Sueton. Nero 12, 2. Vermutlich bezieht sich auch Juv. 4, 122 *et pegma et pueros inde ad velaria raptos* auf eine ähnliche Vorstellung. Vgl. S. 92. 2) Über die Pyrrhiche Plut. ger. reip. praec. 5. 3) Apulei. Met. X 30—34. 4) Vgl. Gregor. Nyss. epist. 9 (Migne gr. XLVI 1039) πόλιν ἐκ παραπετασμάτων ἐπὶ τῆς ὀρχήστρας δι᾿ ὁμοιότητός τινος σχηματίσαντες und dazu A. Müller, Philolog. N. F. XXI 1908 S. 316ff.

Kaiserzeit die allgemeinste und leidenschaftlichste Teilnahme fand. Wie sehr er die übrigen Gattungen in den Hintergrund drängte, geht schon daraus hervor, daß das Wort, das früher alle Schauspieler bezeichnet hatte (*histrio*), in der damaligen Sprache ganz besonders diese Tänzer bedeutet. Ihre Aufführungen bezeichnet Philostrat (in der Zeit des Commodus) ausdrücklich als die gewöhnlichen Bühnenspiele, die von Senatoren und Rittern eifrig besucht wurden[1]). Wenn die Vorliebe für Pantomimen auch in allen Schichten der Gesellschaft verbreitet war[2]), so wurde sie doch von den unteren Klassen am wenigsten geteilt. Diese ergötzten sich sicherlich mehr an den derben Zoten und Possen der Mimen, auf welche die Anhänger der Pantomimen mit Verachtung herabsahen[3]). Die letzteren setzten schon wegen ihres mythologischen Inhalts eine gewisse Bildung voraus, in ungleich höherem Grade aber war diese für das Verständnis der Feinheiten der Darstellung erforderlich; überdies war kein andres Theaterschauspiel so geeignet, Nerven, die ein Übermaß von Genüssen erschlafft hatte, aufs neue anzuregen. Eine Leidenschaft für die Pantomimen verbreitete sich bald in der höheren Gesellschaft Roms; schon der ältere Seneca spricht von dieser seiner »Krankheit«[4]); sie gehörte nach Tacitus zu den eigentümlichen Übeln der Stadt, die man im Mutterleibe empfing[5]); am meisten ergriff sie die Frauen[6]). Die öffentlichen Schauspiele reichten nicht aus, das Verlangen der Liebhaber zu sättigen, und schon in der ersten Kaiserzeit gehörten zu den Sklaven und Freigelassenen großer Häuser sowie des Hofs neben andern Bühnenkünstlern auch Pantomimentänzer und -tänzerinnen[7]). Diese letzteren besaßen zuweilen die Gunst ihrer Herren in so hohem Grade, daß sie eine Million Sesterzen als Mitgift erhielten[8]).

Zwar beschloß der Senat im Jahre 15 n. Chr., daß Pantomimen sich nur öffentlich sehen lassen dürften[9]); doch sicherlich ist dieser Beschluß nicht lange in Kraft geblieben; ausdrücklich gestattete Domitian, der ihr öffentliches Auftreten verbot, ihnen das Auftreten in Privathäusern[10]). Eine so leidenschaftliche Neigung für die Tanzkunst führte notwendig zum ausübenden Dilettantismus, so sehr auch ein solcher mit den römischen Anstandsbegriffen im Widerspruch stand. Schon in der letzten Zeit der Republik war dieser Dilettantismus so verbreitet gewesen, daß selbst Männer von edler Geburt und hoher Stellung nicht bloß wegen Liebhaberei für den Tanz, sondern auch wegen Fertigkeit in dieser Kunst verspottet wurden, wie Ciceros Freunde M. Cälius Rufus und P. Licinius Crassus (der Sohn des Triumvirn) und sein Gegner A. Gabinius (Konsul 58), dessen Haus, wie Cicero sagt, von Gesang und Getön der Zimbeln widerhallte,

Dilettantismus in der Tanzkunst.

1) Philostrat. Vit. soph. II 10, 5: ὁπότε οὖν σπουδάζοιεν περὶ τὰς ἐγκυκλίους θέας· ὀρχηστῶν δὲ αὗται τὸ ἐπίπαν. Bier S. 65. 2) Plin. Paneg. 46, 1—4. Galen. XIV 604. Kontrakt eines ägyptischen Dorfschulzen mit Pantomimen, Pap. Flor. 74. 3) Liban. or. 64, 11 (IV 427 F.) wirft seinem Gegner vor, daß er beide Gattungen vermenge: ἀλλ' οἶμαι τὸ τοῦ βελτίονος σχήματος ἤλπισε χεῖρον ἀποφανεῖν ἀπὸ τῶν μετιόντων ὃ χεῖρον εἶναι δοκεῖ καὶ τὴν τῶν μίμων δόξαν ἕλξειν ἐπὶ τὴν ὄρχησιν. 4) Seneca Controv. III praef. 10. 5) Tac. Dial. 29, 4. 6) Vgl. oben I 291. 7) Vgl. oben I 62f. CIL VIII 12925 = Dessau 5260: *Thyas saltatrix Metiliae Rufinae vixit annis XIIII Thalamus sponsae suae.* Die Tänzerinnen (*saltatrices* auch bei Amm. Marc. XIV 6, 19) können *emboliariae* (oben S. 135 A. 5) gewesen sein. 8) Seneca Cons. ad Helv. 12, 6. 9) Tac. A. I 77. 10) Sueton. Domitian. 7, 1; vgl. Plin. ep. VII 24, 4ff.; paneg. 46, 1ff.

und der selbst vor seinen Gästen ohne Obergewand tanzte[1]). Auch L. Afranius (Konsul 60) soll ein besserer Tänzer als Staatsmann gewesen sein[2]). Die Ausbildung des Pantomimus zur selbständigen Kunstgattung und die Gunst, die er sich rasch gewann, wird auch die ausübenden Liebhaber vermehrt haben. Unter Augustus strebten gebildete Männer und solche, die gebildet scheinen wollten, nach Fertigkeit im Tanz, die bereits zu den Vorzügen eines guten Gesellschafters gerechnet wurde. Ovid rät dem Liebenden, bei einem Gastmahl, wo er mit seiner Dame zusammen ist, zu tanzen, falls seine Arme zu gefälliger Bewegung geübt sind[3]); ein Zudringlicher, der Horaz bestürmt, ihm bei Mäcenas Zutritt zu verschaffen, führt zu seiner Empfehlung auch an, daß er ein trefflicher Tänzer sei[4]). Manilius rechnet die Gabe des Tanzes neben der Kunst des Gesangs und Saitenspiels zu den Vorzügen der heiteren, durch anmutige Feinheit gewinnenden Geister[5]). Bald ward die Klage laut, daß diese verweichlichenden und unziemlichen Übungen ernsteren Studien bei der männlichen Jugend Abbruch täten[6]). Die Leidenschaft Caligulas für den Tanz[7]) leistete der Verbreitung dieses Dilettantismus Vorschub. Gute Lehrer des Tanzes wie der Musik wurden von Liebhabern eifrig gesucht[8]). Seneca sagt, daß die Kunst des Pylades und Bathyllus zahlreiche Lehrer und Schüler finde, daß überall in Privathäusern Bühnen errichtet seien, die von den Tanzübungen der Männer und Frauen widerhallten[9]). Auch in der späteren Zeit fehlt es nicht an Zeugnissen für die Fortdauer dieses Dilettantismus[10]); so muß man nach einer Äußerung Lucians annehmen, daß zu dem Personal der vornehmen Häuser Roms in der Regel auch ein Tanzlehrer gehörte[11]). Zwar galt die Ausübung der Tanzkunst für hochgestellte Männer immer als unschicklich, selbst beschimpfend[12]), nichtsdestoweniger wird sie von einigen Kaisern berichtet[13]).

Bürgerliche Ehrlosigkeit der Schauspieler.

Die Teilnahme besonders der höheren Stände und der höchsten Personen an den Bühnenspielen konnte auf die gesellschaftliche Stellung der Schauspieler nicht ohne Einfluß bleiben, wenn auch ihre rechtliche Stellung sich nicht veränderte[14]). Noch immer traf jeden, der sich auf öffentlicher Bühne zur Kurzweil des Volks preisgab, bürgerliche Ehrlosigkeit, gleich dem schimpflich entlassenen Soldaten, dem Kuppler, dem überwiesenen Diebe, Betrüger und Verleumder[15]); in einem Einzelfalle entschied Diocletian, daß Personen, die während ihrer Minderjährigkeit die Bühne betreten hatten, nicht der Ehre verlustig sein sollten[16]). Auch in Munizipien und Kolonien waren Schauspieler gesetz-

1) Cic. in Pison. 22, vgl. 18; pro Planc. 87; p. red. in senatu 13; p. domo 60; Catilin. II 23 (von den Anhängern Catilinas): *nudi in conviviis saltare didicerunt;* pro Murena 13; pro rege Deiot. 26. Macrob. Sat. III 14, 15. 2) Cass. Dio XXXVII 49, 3. 3) Ovid. a. a. I 595. 4) Horat. Sat. I 9, 24. 5) Manil. IV 525 ff. 6) Seneca Controv. I prooem. 8. 7) Sueton. Calig. 55, 1. 8) Colum. r. r. I praef. 3. 9) Seneca Qu. nat. VII 32, 3; ep. 90, 19: *itaque hinc textorum, hinc fabrorum officinae sunt, hinc odores coquentium, hinc molles corporis motus docentium mollesque cantus et infractos.* 10) Martial. II 7, 5 *et belle cantas et saltas, Attice, belle.* 11) Lucian. de merc. conduct. 27. 12) Sueton. Domit. 8, 3. Cass. Dio LXVII 13, 1; über öffentliches Auftreten s. oben S. 19 ff. 13) Hist. aug. Commod. 1, 8; Elagabal. 32, 8. Herodian. V 3, 8. 14) Zum Folgenden vgl. B. Warnecke, N. Jahrb. f. klass. Altert. XXXIII 1914 S. 105 ff. 15) Edict. praet. Dig. III 2, 1. Vgl. Cic. de rep. IV 10. Cornel. Nep. prooem. 5. 16) Cod. Just. II 11 (12), 21.

lich von jedem Ehrenamte ausgeschlossen[1]). Mit einem Schauspieler oder dem Sohne eines Schauspielers oder einer Schauspielerin konnten selbst Enkelinnen und Urenkelinnen von Senatoren im Mannesstamme keine gültige Ehe schließen, ebensowenig wie Enkel und Urenkel von Senatoren mit Schauspielerinnen oder Töchtern aus Schauspielerfamilien[2]). Der Ehemann, der einen Schauspieler in seinem eigenen Hause im Ehebruch mit seiner Frau betraf, konnte ihn ebensowohl wie im gleichen Falle seinen Sklaven und Freigelassenen straflos töten[3]). Der Soldat, der sich zum Schauspiel hergab, wurde ebenso mit dem Tode bestraft, als wenn er sich hatte zum Sklaven machen lassen[4]). Das alte Recht der Beamten, die Schauspieler überall und zu jeder Zeit körperlich zu züchtigen, beschränkte erst Augustus auf die Dauer der Schauspiele und den Bereich des Theaters[5]), und bei dieser Bestimmung scheint es später verblieben zu sein[6]). Übrigens war Augustus gegen die Schauspieler, die gegen die Sitte verstießen, unnachsichtig streng. Den Tänzer Stephanio ließ er in den drei Theatern Roms mit Ruten hauen und verbannte ihn wegen eines Verhältnisses mit einer verheirateten Frau, die ihm in Knabentracht mit kurzgeschorenem Haar aufgewartet hatte. Den Pantomimen Hylas ließ er auf die Beschwerde eines Prätors in dem Atrium seines Hauses öffentlich mit Peitschenhieben züchtigen, und den berühmten Pylades verwies er aus Italien, weil er auf einen Zuschauer, der ihn im Theater auszischte, mit dem Finger gewiesen hatte[7]).

Die Schauspieler meist Sklaven oder Freigelassene.

Es war natürlich, daß die Kunst, an welcher der Makel der Ehrlosigkeit haftete[8]), in der Regel nur von Sklaven und Freigelassenen, oder von Freien solcher Länder geübt wurde, in denen das römische Vorurteil nicht bestand, namentlich von Griechen, Asiaten und Ägyptern; und dieser Umstand konnte nicht dazu beitragen, die Schauspieler geachteter zu machen. Übrigens standen sie auch in Griechenland im allgemeinen nicht in gutem Ruf. Gellius erzählt, daß ein Schüler des Philosophen Taurus, ein reicher, junger Mann, den Umgang mit Tragödien, Komöden und Flötenspielern (welche, wie er für seine römischen Leser bemerkt, freie Leute waren) sehr liebte. Taurus empfahl ihm, um ihn von diesem Verkehr abzuziehen, täglich einen Ausspruch des Aristoteles zu lesen, der den sittlichen Unwert der meisten dionysischen Künstler daraus herleitete, daß ihre Kunstübung sie von der Philosophie abhalte und daß sie bald in Ausschweifung, bald in Not leben, da beides zur Verkommenheit führe[9]). In Rom pflegten sich während der Kaiserzeit Pantomimen, Komöden,

1) Lex Julia munic. (CIL I² 593 = Dessau 6085) Z. 123 *queive lanistaturam artemve ludic[r]am fecit fecerit.* 2) Lex Julia Dig. XXIII 2, 44 pr.; vgl. 42 § 1. 3) Dig. XLVIII 5, 25 (24) pr. 4) Dig. XLVIII 19, 14 *si miles artem ludicram fecerit vel in servitutem se venire passus est, capite puniendum Menander scribit.* 5) Sueton. Aug. 45, 3. 6) Tac. A. I 77, wo der Satz *divus Augustus immunes verberum histriones quondam responderat* vielleicht aus den Senatsakten entnommen ist. Sueton gibt die Sache genauer und richtiger an. Der damals (im J. 15) gemachte Vorschlag, *ut praetoribus ius virgarum in histriones esset,* verlangte vermutlich die Herstellung des vor Augustus bestehenden Verhältnisses. Kotzebue, Erinnerungen an eine Reise nach Rom und Neapel (1805) III 235 führt aus einem damals in Rom alljährlich erscheinenden Theateredikt, das freilich nicht befolgt wurde, an, daß Sänger und Tänzer in gewissen Fällen körperlich bestraft werden sollten. 7) Sueton. Aug. 45, 4; vgl. oben S. 127 A. 2. 8) Schauspieler und Söhne von Schauspielerinnen erscheinen verhältnismäßig oft in der Tribus Esquilina, Mommsen StR. III 443. 9) Gell. XX 4.

Tragöden und andre Bühnenkünstler in den Sklavenfamilien großer Häuser zu befinden, teils einzeln, teils in ganzen Truppen[1]); zwar gehörten zur Aufführung von Tragödien[2]) wie Komödien[3]) nur je drei Schauspieler, aber außerdem noch Statisten, so daß Martial von einem »Haufen« junger Komöden sprechen konnte, die alle so anmutig waren, daß keiner sich für den »Verhaßten« Menanders, aber jeder für den »zweimal Betrügenden« desselben Dichters eignete[4]). Die zahlreichsten und vorzüglichsten Schauspieler besaß das kaiserliche Haus. Bühnenkünstler gingen wie andere Sklaven durch Vermächtnis, Kauf und Schenkung aus einer Hand in die andere[5]) und dienten teils zur Unterhaltung ihres Herrn und seiner Gäste, besonders bei und nach der Tafel[6]), teils und vorzugsweise wurden sie zu öffentlichen Schauspielen verwandt, verliehen und vermietet und gewährten für die Kosten ihrer Ausbildung einen reichlichen Ertrag. Freunde des Hauses und Personen, die dem Besitzer ihre Aufmerksamkeit beweisen wollten, versäumten nicht, das Schauspiel zu besuchen, wenn seine Leute auftraten, und eifrig zu klatschen[7]). Sehr häufig erlangten diese Sklaven die Freiheit als Belohnung ihrer Kunstfertigkeit, zuweilen auch auf Verwendung des Publikums[8]). Doch gewöhnlich übernahmen sie bei der Freilassung die Verpflichtung, unter gewissen Bedingungen sich ihrem Patron zur Verfügung zu stellen, auch sich von ihm vermieten zu lassen[9]); in seinen und seiner Freunde Schauspielen mußten sie unentgeltlich auftreten[10]).

Gesellschaftliche Stellung berühmter Schauspieler.

Doch die Mißachtung, welche den ganzen Schauspielerstand drückte, hinderte nicht, daß vorzügliche und beliebte Künstler sich zu sehr glänzenden Stellungen aufschwangen. Schon Roscius und Äsop war dies gelungen; beide hatten großen Reichtum erworben, der erstere überdies von Sulla den goldenen Ring erhalten[11]), den auch der jüngere Balbus als Quästor in Gades einem Schauspieler Herennius Gallus verlieh[12]). Viel leichter war die Gewinnung von Vermögen und Ansehen für große Talente in einer Zeit, wo die Schauspiele eine so viel höhere Wichtigkeit hatten und das Vorurteil gegen die Kunst durch die zunehmende Anpassung an griechische Sitten und Anschauungen und durch die Leidenschaft der höheren Stände für die Bühne mehr und mehr von seiner Schärfe verlor. Der Abstand zwischen der Lebensstellung eines untergeordneten und eines gefeierten und berühmten Schauspielers war damals sehr viel größer als gegenwärtig. Gar mancher der ersteren, der auf der Bühne als Aga-

1) z. B. *pantomimi* Plin. epist. VII 24, 4; *comoedi* ebd. V 19, 3. IX 36, 4. 40, 2. Petron. 53, 13; *tragoedi* Epict. Diss. IV 7, 37. 2) Lüders, Die dionys. Künstler S. 116. Dig. XL 5, 12 pr.: *cum Firmus Titiano tragoedos tres legasset.* 3) Martial. VI 6. 4) ebd. XIV 214. 5) Gai. Inst. III 212. Dig. XXI 1, 34 pr.: *cum eiusdem generis plures res simul veneant, veluti comoedi vel chorus.* In Rußland waren Schauspieler, Sänger und Sängerinnen bekanntlich sehr oft Leibeigene: Ségur, Mémoires III 233. Fürst Nicolai Borissowitsch Jussupow (s. unten [S. 272]) »hatte in seinem Dienst nicht nur ein zahlreiches Orchester, sondern auch eine Oper und ein Ballett, die ganz aus Leibeigenen bestanden«, Bernhardi, Gesch. Rußlands III 677. Noch Haxthausen (Studien üb. d. inn. Zustände Rußl. I 310) sah in Nishnij-Nowgorod eine Oper von einer ganzen leibeigenen Truppe aufführen. 6) Vgl. oben I 255. 7) Plin. ep. VII 24, 7. 8) Sueton. Tiber. 47. Cass. Dio LVII 11, 6. Schol. Pers. 5, 9: *Glyco tragoedus populo mire placuit et ideo a Nerone manumissus est, datis Vergilio tragoedo, domino eius, pro parte dimidia, quam possidebat, sestertiis trecentis milibus.* Vgl. oben S. 6. 9) Dig. XXXVIII 1, 25 § 1. 10) Dig. XXXVIII 1, 27. 11) Macrob. Sat. III 14, 13. 12) Cic. ad fam. X 32, 2.

memnon oder Kreon prächtig im Purpurmantel einhertrat, lebte von einer monatlichen Brotration, wie sie die Sklaven erhielten, und schlief unter einer Decke aus Lumpen, erhielt einen kargen Lohn, wenn er beklatscht, und selbst Peitschenhiebe, wenn er ausgezischt wurde[1]). Das letztere kam wahrscheinlich oft genug vor, da das Publikum schwerlich nachsichtiger war als in Ciceros Zeit, wo jeder falsche Ton, jeder Verstoß gegen Takt und Rhythmus im Vortrage und in den Bewegungen sofort durch Zischen, Pochen und Massenausrufe gerügt wurde[2]). Auf der andern Seite bewegten die Künstler, welche die Bühnen Roms beherrschten, sich in den höchsten Kreisen, besaßen nicht bloß Reichtum, sondern auch Macht, und sahen hochgeborene Männer sich um ihre Gunst und hochgeborene Frauen um ihre Neigung bemühen. Komöden und Pantomimen, sagt Plutarch, die auf der Bühne Glück machen, werden von Freien, ja selbst von Hochgeborenen angestaunt und glücklich gepriesen[3]).

Ehrenbezeigungen und Auszeichnungen.

Es versteht sich von selbst, daß es hervorragenden Schauspielern nicht an Ehrenbezeigungen und Auszeichnungen von seiten ihrer Kollegen fehlte; namentlich pflegten sie in den Gesellschaften, Korporationen und Festgenossenschaften der Bühnenkünstler, besonders den sogenannten heiligen Synoden[4]), Ehrenämter und Priestertümer zu bekleiden[5]). Aber auch die Städte, in deren Theatern sie sich sehen und hören ließen, waren gegen sie freigebig nicht bloß mit Inschriften und selbst Statuen[6]), sondern auch mit kommunalen Auszeichnungen. Zwar die römischen Kommunen waren in ihren Verleihungen, namentlich des Bürgerrechts, an durchreisende Künstler aller Art nicht so verschwenderisch wie die griechischen, die ihr Bürgerrecht aufs freigebigste an Schauspieler verschenkten, wie dies Cicero von den Rheginern, Lokrern, Neapolitanern und Tarentinern sagt[7]). Doch auch die »glänzendsten Städte Italiens« nahmen nicht Anstand, Pantomimen, welche den gebräuchlichen Ehrentitel »der Erste seiner Zeit« beanspruchen durften, die Insignien der Dekurionen, Duumvirn

1) Seneca ep. 80, 7: *ille qui in scaena latus incedit et haec resupinus dicit — servus est, quinque modios accipit et quinque denarios. — ille — diurnum accipit, in centunculo dormit.* Vgl. Lucian. Apolog. 5; Piscator 33; Icaromenipp. 29: γελοῖον ἀνθρώπιον ἑπτὰ δραχμῶν ἐς τὸν ἀγῶνα μεμισθωμένον. 2) Cic. de orat. III 196; Orat. 173; Parad. 3, 26. 3) Plutarch. De tranquill. anim. 13. 4) Vgl. oben I 385f. 5) Eph. ep. VIII 369 = Dessau 5186 (Puteoli): *L. Aurelio Aug. lib. Pyladi, pantomimo temporis sui primo, hieronicae coronato IIII, patrono parasitorum Apollinis, sacerdoti synhodi, honorato Puteolis d. d. ornamentis decurionalib., auguri;* über die *parasiti Apollinis* s. Mommsen, Röm. Mitt. III 1888, 80ff. (seine Herleitung der Benennung von den Parasiten des Mimus erscheint mir unmöglich). G. Cultrera, Notiz. d. Scavi 1915, 159f. Häufig begegnet auch die Würde des *archiereus synhodi* (CIL VI 10117. XIV 2977 = Dessau 5190. 5194) und *sacerdos Apollinis vittatus* (CIL VI 10117 = Dessau 5190, vgl. CIL XIV 4254 = Dessau 5191). 6) CIL XIV 2113. 2977. 4254 = Dessau 5193. 5194. 5191. CIL III 375 = Dessau 5180 *colonia* (Parium) *P. Publilium Ingenuum comoedum ob insignem artis prudentiam et morum probitatem.* Bull. arch. com. XIV 1886 p. 89, 1121 (fehlt im CIL VI) *Primi statuam ... M. Iulio Honorato archim(imo).* CIL X 814 = Dessau 5198 *C. Norbani Soricis secundarum* (scil. *actori*, s. oben S. 114 Anm. 14) *mag(istri) pagi Aug(usti) felicis suburbani. ex d(ecurionum) d(ecreto) loc(us) datus* (Hermeninschrift aus Pompeji, Abbildung des Bronzekopfes bei Bieber, Denkmäler zum Theaterwesen Tf. 109). 7) Cic. pro Arch. poet. 10. Einer der Pantomimen des Namens Paris heißt in einer Inschrift von Thyatira (Revue d. étud. grecqu. IV 1891 S. 174f. nr. 2) Ἀντιοχεὺς καὶ Τραπεζούντιος, ein andrer Pantomime, Myrsimos (Kern, Inschr. von Magnesia nr. 165), Σμυρναῖος καὶ Μάγνης, ein dritter, Celsus, Γορτυνίων πρόξενος καὶ πολίτας (IGR I 975).

und andere Ehren, selbst das Augurat, zuzuerkennen[1]). In dem kleinen Ort Bovillä ist sogar der Direktor einer Mimentruppe, der zugleich Komiker und Tragiker war, trotz der Bestimmung, welche Schauspieler von Gemeindeämtern ausschloß, Dekurio gewesen: bei der feierlichen Errichtung einer ihm von der Mimengenossenschaft gesetzten Statue im Jahre 169 veranstaltete er eine große Geldverteilung an die sämtlichen Einwohner der Stadt[2]).

Belohnungen. Namhafte und gesuchte Schauspieler wurden für ihre Leistungen hoch bezahlt (schon im Jahre 15 waren Beschränkungen ihres Solds nötig befunden worden)[3]); überdies erhielten sie Geschenke von den Festgebern, deren wetteiferndes Bestreben, ihre Prachtliebe und Freigebigkeit auch hierin zu zeigen, zu solcher Verschwendung führte, daß Marc Aurel sich veranlaßt sah, ein Maximum (von zehn Goldstücken) für diese Geschenke zu bestimmen[4]), doch schwerlich mit dem beabsichtigten Erfolge. Auch die Preise für Sieger in den Wettkämpfen, die unter den Bühnenkünstlern stattfanden, bestanden in Gold oder waren sonst wertvoll, namentlich goldene Kränze, obwohl statt deren auch kupferne mit Ochsengalle gefärbte gegeben wurden[5]). Vespasian schenkte bei den Schauspielen, die er zur Einweihung der wiederhergestellten Bühne des Marcellustheaters gab, keinem der mitwirkenden Künstler außer vielen goldenen Kränzen weniger als 40000 Sest. (= 8700 Mark), dem Tragöden Apelles sogar das Zehnfache[6]). Die Günstlinge, an welche Nero 2200 Mill. Sest. (etwa 478½ Mill. Mark) verschenkt hatte (wovon Galba neun Zehntel zurückforderte), wären nach Plutarch und Sueton sämtlich Bühnenkünstler und Athleten gewesen[7]); daß ein beträchtlicher Teil dieser enormen Summe den ersteren zugefallen war, wird man allerdings annehmen dürfen. Es ist hiernach zu glauben, daß beliebte und berühmte Schauspieler gewöhnlich vermögend waren. Pylades war es z. B. in so hohem Grade, daß er in seinem Alter selbst Schauspiele (im Jahre 752 = 2 v. Chr.) in Rom geben konnte[8]); ein späterer Pylades (unter Commodus) wird wegen seiner bei Veranstaltung eines Gladiatorenspiels nebst Tierhetze in Puteoli bewiesenen ungemeinen Freigebigkeit gerühmt[9]). Der ältere Plinius sagt, der höchste für einen Sklaven (den Grammatiker Daphnis) gezahlte Preis (700000 S. = 152250 Mark) sei in seiner Zeit durch das jährliche Einkommen eines Pantomimen weit übertroffen worden, der sich freigekauft habe: womit vermutlich der sogleich zu erwähnende Paris gemeint ist[10]). Der Mime Vitalis rühmt sich in seiner bereits angeführten Grabschrift, daß seine Kunst ihn in der ganzen Welt bekannt gemacht, ihm Geltung, ein stattliches Haus und Reichtum verschafft habe[11]). Auch in Constantinopel erwarben hervorragende Schauspieler viel: die in der ganzen Welt gefeierten Mimen prunk-

1) CIL V 5889 = Dessau 5195 und oben S. 141 A. 5. Mehr bei Bier S. 102f. 2) Inschrift des L. Acilius Eutyches CIL XIV 2408 = Dessau 5196. 3) Tac. A. I 77. 4) Hist. aug. M. Aur. 11, 4, vgl. Juven. 7, 243 m. Schol. 5) Plin. n. h. XXXIV 94. 6) Sueton. Vespas. 19, 1. Vgl. auch Hist. aug. Elagab. 22, 3. 7) Tac. Hist. I 20. Plutarch. Galba 16, 2. Sueton. Galba 15, 1. 8) Cass. Dio LV 10, 11 ἐποίησε μὲν οὖν καὶ Πυλάδης ὁ ὀρχηστὴς πανήγυρίν τινα, οὐκ αὐτὸς χειρουργήσας, ἅτε ὑπεργήρως ὤν, ἀλλὰ τῇ τε σκευῇ τῇ ἀρχικῇ καὶ τοῖς ἀναλώμασιν. 9) Ephem. ep. VIII 369 = Dessau 5186 (oben S. 141 A. 5) — *ob — eximiam liberalitatem in edendo muner(e) gladiatorum, venatione passiva* (i. e. *promiscua*). 10) Plin. n. h. VII 128. 11) Anthol. lat. 487a, 3 R. *his ego praevalui toto notissimus orbi, hinc mihi larga domus, hinc mihi census erat.*

ten nach Choricius mit kostbaren Kleidern, einem Überfluß an Gold, mit Silbergeschirr und zahlreichen Sklaven[1]).

Die gefeiertsten Schauspieler gehörten, wie bereits bemerkt, häufig zum kaiserlichen Hause und genossen schon aus diesem Grunde allgemeines Ansehen, überdies erfreuten sie sich, besonders die Pantomimen, nicht selten der höchsten Gunst der Kaiser und Kaiserinnen[2]). Caligulas Gunst besaß eine Zeitlang der Tragöde Apelles, bis an seinen Tod der schöne Pantomime Mnester, den er leidenschaftlich liebte; derselbe war, obgleich nur gezwungen, der Liebhaber Messalinens, die ihn vom Theater entfernt hielt und von den eingeschmolzenen Münzen Caligulas ihm zu Ehren Bildsäulen gießen ließ; er wurde gleichzeitig mit ihr im Jahre 48 hingerichtet[3]). Der Pantomime Paris stand bei Nero als Genosse seiner Ausschweifungen in so hoher Gunst, daß er nicht bloß wagen durfte, die Kaiserin-Mutter anzuklagen, sondern auch straflos ausging, als Agrippina die Bestrafung ihrer übrigen Ankläger erwirkte[4]). Er forderte von seiner früheren Herrin, der Vaterschwester des Kaisers, Domitia, die Rückerstattung der Summe von 10000 S. (= 2175 Mark), die er ihr für seine Freilassung gezahlt hatte, unter dem Vorgeben, daß sie ihn widerrechtlich als Sklaven besessen habe, und gewann den Prozeß, wie allgemein bekannt war, auf Befehl des Kaisers (56 n. Chr.)[5]). Erst elf Jahre später (67 n. Chr.) ließ Nero ihn hinrichten, weil er selbst auch in der Kunst des Tanzes glänzen wollte und in Paris, der darin sein Lehrer war, einen gefährlichen Gegner fürchtete[6]). Zu Domitians Günstlingen gehörte der Mime Latinus[7]); den berühmtesten Pantomimen jener Zeit, der (nach der bereits erwähnten Sitte der Künstler, die Namen berühmter Vorgänger anzunehmen)[8]) sich ebenfalls Paris nannte, ließ er ermorden, weil er die Gunst seiner Gemahlin Domitia besaß; mit ihrer Leidenschaft für diesen oder einen andern Pantomimen brachte später das Gerücht die Ermordung Domitians in Verbindung[9]). Juvenal soll wegen einer Stelle in seinen Satiren verbannt worden sein, in der er die Gönnerschaft eines Tänzers bei der Bewerbung um Ämter oder Stellen im Heer für wirksamer erklärt hatte, als die aller Großen Roms, weil dies als Anspielung auf einen gerade damals am Hofe in hoher Gunst stehenden Pantomimen erschien, dessen Schützlinge mehrfach befördert worden waren[10]). Auch Trajan, ein großer Freund aller Schauspiele[11]), liebte einen Pantomimen Pylades[12]). Antoninus Pius liebte die Kunst der Pantomimen[13]). Unter den Freigelassenen, die an dem üppigen Hofe des L. Verus eine hervorragende Stellung einnahmen, werden nicht weniger als drei Pantomimen genannt, Memphius oder Apolaustus (eigentlich Agrippius), den der Kaiser aus Syrien mitgebracht hatte, Paris (eigentlich Maximinus) und abermals ein Pylades[14]), und unter denen, die das Stadtgespräch als begünstigte Lieb-

Die Hofschauspieler oft kaiserliche Günstlinge.

1) Choric. Apol. mimor. c. 2, 3 p. 214. 2) Vgl. oben I 62 ff. Über die Stellung der einzelnen Kaiser von Augustus bis Justinian zu den Pantomimen s. Bier a. a. O. S. 103 ff. 3) Vgl. die oben I 291 A. 6 angeführten Stellen. 4) Tac. A. XIII 19—22. 5) Dig. XII 4, 3 § 5. Tac. A. XIII 27. 6) Cass. Dio LXIII 18, 1. Sueton. Nero 54. 7) Vgl. oben I 63 f. 8) Vgl. den Anhang XIV. 9) Vgl. oben I 291. 10) Juven. 7, 88 ff. Vita Juven. p. 276, 3 ff. Leo. Vahlen, Sitz.-Ber. Akad. Berlin 1883 S. 1175 ff. 11) Fronto Princip. hist. p. 209; de fer. Als. p. 226 N. 12) Cass. Dio LXVIII 10, 2. 13) Hist. aug. Antonin. Pius 11, 2. 14) Über den ersten und zweiten Hist. aug. L. Ver. 8, 7. 10, über den dritten Fronto ep. ad L. Ver. I 2 p. 115 N. Bier a. a. O. S. 77 f. (dazu G. Cultrera, Notiz. d. Scavi 1915 S. 161 ff.). 86 f. 88 f. Vgl. den Anhang XIV.

haber der Kaiserin Faustina bezeichnete, waren ebenfalls Pantomimen[1]). Caracalla machte den Tänzer Theokrit sogar zum Befehlshaber eines Heers in Armenien[2]).

Interesse des Publikums für die Schauspieler.

Es kann hiernach nicht wundernehmen, daß die Gesellschaft von Schauspielern auch von Personen der höheren Stände eifrig gesucht wurde. Jener Senatsbeschluß vom Jahre 15 mußte bereits untersagen, daß Senatoren die Häuser von Pantomimen besuchten, daß römische Ritter beim Ausgehen ihr Gefolge bildeten[3]); doch diese Verbote fruchteten nichts. Unter Nero sah man junge Männer aus den edelsten Geschlechtern sich wie ihre Knechte gebärden[4]); die schmählichsten Verhältnisse angesehener Personen mit ihnen waren stadtkundig[5]); auch unter Neros Nachfolgern drängte sich um sie auf den Straßen die größte Menge[6]), und unter den Antoninen brachten viele einen Teil des Vormittags regelmäßig bei Pantomimen oder Zirkuskutschern zu[7]). Auf der Stelle, wo jener Paris, den Domitian ermorden ließ, gefallen war, streuten viele seiner Verehrer Blumen und gossen Wohlgerüche aus[8]), und Martial dichtete ihm folgende Grabschrift: »Wanderer auf der Flaminischen Straße, gehe nicht an diesem edlen Marmorbau vorüber. Die Wonne Roms, der Witz Alexandriens, Kunst und Anmut, Scherz und Freude, die Zierde und der Schmerz des römischen Theaters und alle Liebesgöttinnen und Liebesgötter sind in diesem Grabe mit Paris bestattet[9]).« Vor allem die Frauen auch der höheren Stände standen im Rufe, für die persönlichen Vorzüge der Bühnenkünstler nur zu empfänglich zu sein, ja deren Gunst nicht selten zu erkaufen[10]).

Theaterparteien.

Bei dem so allgemeinen und intensiven Interesse für das Schauspiel und die Schauspieler war es unvermeidlich, daß die Rivalität bedeutender Künstler auch im Theater Parteiungen herbeiführte, um so mehr, als auch zwischen den Schauspielern schon seit alter Zeit ein Wettkampf stattfand, bei welchem die Sieger Palmen, Kränze und sonstige Ehrenpreise erhielten. Schon in der Zeit der Republik suchten die Schauspieler diese Anerkennung durch einen künstlich organisierten Beifall herbeizuführen. Sie sicherten sich eine möglichst große Zahl einflußreicher Anhänger, verteilten gut bezahlte Klatscher unter die Zuschauer und suchten das Publikum durch Leute, die dieses Geschäft gewerbsmäßig betrieben, zu ihren Gunsten zu stimmen[11]). Der Hauptanstifter des Aufruhrs der pannonischen Legionen im Jahre 14 n. Chr., der Soldat Percennius, ein frecher Wühler, hatte die Geschicklichkeit, Massen aufzuwiegeln, in seinem früheren Gewerbe als Leiter der Beifallklatscher erworben[12]). Die Orga-

1) Hist. aug. M. Aurel. 23, 7. 2) Cass. Dio LXXVII 21, 2. Daß dagegen der von Elagabal zum Stadtpräfekten ernannte P. Valerius Comazon ein *histrio* gewesen sei, ist eine falsche Angabe Dios, Hirschfeld, Untersuch. z. röm. Verwaltungsg. I 233f. 3) Tac. A. I 77. 4) Seneca ep. 47, 17. 5) Plin. n. h. VII 184 (*in venere obiere*) *et quos nostra adnotavit aetas duo equestris ordinis in eodem pantomimo Mystico tum forma praecellente; nostra aetas* ist die Zeit Neros, dessen Freigelassener Mysticus vermutlich war. CIL VI 33967 *Claud[ia] Epaenis Mustici pantomimi lib. vix. an. VI.* 6) Plin. n. h. XXIX 9. 7) Galen. X 3. 8) Cass. Dio LXVII 3, 1. 9) Martial. XI 13. Pompejanische Wandinschriften *Paris unio scaenae* (CIL IV 3867 = Dessau 5181a), *[Pa]ris isse* (= *ipse*), *isse Paris Aug(ustiane) va(le)* CIL IV 148, vgl. 1085. 1294. 10) Oben I 291. 11) Petron. 5 v. 10f. *plausor in scaenam sedeat redemptus histrionis ad rictus.* Martial. IV 5, 8. Ammian. XXVIII 4, 32; über die organisierte Claque des Nero Sueton. Nero 20, 3. Tac. A. XIV 14. Cass. Dio LXI 20, 3. 12) Tac. A. I 16 (*dux theatralium operarum*, anders erklärt von S. Reiter, Berl. philol. Wochenschrift 1918 S. 358ff.).

nisation dieser Theaterparteien[1]) erweiterte und befestigte sich in der Kaiserzeit teils unter dem Einflusse der Parteiungen im Zirkus, teils durch die Beteiligung hoher Personen und selbst einiger Kaiser mehr und mehr; ihre Versuche, sich gegenseitig zu terrorisieren und zu unterdrücken, führten auch hier, trotz der im Schauspiel aufgestellten Wache von einer ganzen Kohorte (1000 Mann), nicht selten zu blutigen Schlägereien und Tumulten, infolge deren wiederholte Verweisungen der Schauspieler und Bestrafungen ihrer Anhänger stattfanden. Dieses Unwesen verbreitete sich aus den römischen Theatern auch in die der Provinzen. Der kaiserliche Prokurator von Epirus beklagte sich gegen Epictet, daß er von den Gegnern eines Komöden Sophron im Theater geschmäht worden war, für den er doch selbst in ungebührlicher Weise Partei genommen hatte. Er hatte geschrien, war von seinem Sitze aufgesprungen, seine Sklaven hatten das gleiche getan. Wie konnte er sich wundern, daß ihn die Menge, der er sich gleichgestellt hatte, wie ihresgleichen behandelte[2])? Namentlich scheinen in den Provinzen die Jünglingsvereine (*collegia iuvenum*)[3]) häufig bei Theaterunruhen beteiligt gewesen zu sein. Der Jurist Callistratus, der unter den Severen schrieb, sagt, daß Leute, die sich Jünglinge nennen, sich zur Mitwirkung bei den stürmischen Beifallsbezeigungen des Publikums hergeben. Wenn sie sonst nichts verbrochen haben und nicht bereits von dem Statthalter verwarnt sind, sollen sie nur Stockschläge (eine Strafe für Freie von geringem Stande) erhalten, oder ihnen auch die Schauspiele verboten werden; im Wiederholungsfalle sollen sie verbannt, wenn sie mehrmals Unruhen angestiftet und sich trotz gelinder Bestrafung unverbesserlich gezeigt haben, mit dem Tode bestraft werden[4]). Daß nur Pantomimen als die Veranlasser solcher Parteiungen und Unruhen genannt werden, zeigt wieder deutlich, wie sehr dieses Schauspiel alle übrigen in den Hintergrund gedrängt hatte.

Theatertumulte.

Die Geschichtschreiber haben solchen Vorgängen in den Theatern Roms hinreichende Wichtigkeit beigemessen, um wenigstens über die bedeutenderen und das Verhalten der einzelnen Kaiser dabei zu berichten. Schon die Rivalität des Pylades und Bathyllus hatte (im Jahre 18 v. Chr.) Unordnungen im Theater veranlaßt; doch Augustus hatte die Künstler, welche die Aufmerksamkeit der Menge in so willkommener Weise von den öffentlichen Angelegenheiten abzogen, und von denen der zweite überdies Mäcens Liebling war, mit Schonung behandelt[5]). Auch die unmittelbar nach seinem Tode (im Jahre 14) ihm zu Ehren gefeierten Schauspiele wurden durch die Rivalität der auftretenden Pantomimen gestört, aber Tiberius wagte nicht, das an nachsichtige Behandlung der Theaterfreiheit gewöhnte Volk gleich im Anfang seiner Regierung durch strenges Einschreiten zu erbittern[6]). Doch im nächsten Jahre führte der Kampf der Parteien im Theater, erhitzt durch die Teilnahme des kaiserlichen Prinzen Drusus[7]), abermals zu tumultuarischen Auftritten: die Beamten wurden ver-

1) Paul. p. 86 M. *factiones histrionum.* 2) Epictet. Diss. III 4. 3) A. Floß, De collegiis iuvenum quaestiones epigraphicae, Diss. v. Erlangen, Bonn 1897. H. Demoulin, Musée Belge I 1897, 114 ff. 200 ff. III 1899, 177 ff. Usener, Vorträge und Aufsätze S. 125 ff. M. Rostowzew, Röm. Bleitesserae (Klio Beiheft III 1905) 59 ff. R. Egger, Österr. Jahresh. XVIII 1915 S. 115 ff. 4) Dig. XLVIII 19, 28 § 3. 5) Cass. Dio LIV 17, 4 f. 6) Tac. A. I 54. Cass. Dio LVI 47, 2. 7) Cass. Dio LVII 14, 10.

höhnt, die Wache schritt ein, und im Handgemenge fielen nicht nur mehrere aus dem Volke, sondern auch Soldaten und ein Centurio, der Tribun der wachthabenden prätorischen Kohorte, ward verwundet. Hierauf erfolgte jener bereits erwähnte Senatsbeschluß, durch den die Prätoren unter anderm die Befugnis erhielten, Exzesse der Ruhestörer mit Verbannung zu bestrafen[1]). Doch dieselben Szenen wiederholten sich immer von neuem, und nachdem die Beschwerden der Prätoren mehrmals vergeblich geblieben waren, verhängte Tiberius im Jahre 22[2]) oder 23[3]) die Ausweisung aus Italien über diejenigen Schauspieler, die sich teils der Erregung von Theaterunruhen, teils andrer Vergehen schuldig gemacht hatten[4]), namentlich gegen die Pantomimen, und keine Bitten des Volks konnten ihn bewegen, sie zurückzurufen[5]). Caligula gestattete ihre Rückkehr gleich beim Antritt seiner Regierung[6]), und unter ihm und seinem Nachfolger werden keine gegen die Theaterfreiheit getroffenen Maßregeln erwähnt. Nero entfernte sogar zu Ende des Jahrs 55 die prätorische Kohorte, welche bei den Spielen die Wache hatte, aus dem Theater, angeblich um die Soldaten den Verführungen des Schauspiels zu entziehen[7]); die Folge war, daß die Kämpfe der Parteien sich mit vermehrter Heftigkeit erneuerten, um so mehr, als Nero die Kämpfer durch Straflosigkeit und Belohnungen anfeuerte, ja selbst erst verborgen, dann öffentlich als Anführer teilnahm; bei einem Handgemenge, wo Steine und zerbrochene Bänke als Wurfwaffen umherflogen, warf er eifrig mit und verwundete einen Prätor am Kopfe[8]). Man überzeugte sich nun, daß die Wache im Theater unentbehrlich sei, die beteiligten Pantomimen wurden wieder aus Italien verwiesen, die Hauptschuldigen unter den Zuschauern vom Prätor mit Gefängnis bestraft, und der Versuch eines Volkstribunen, diese unpopuläre Maßregel zu verhindern, vom Senat zurückgewiesen[9]). Doch wurde das Wiederauftreten der Pantomimen sehr bald (schon vor dem Jahre 60) gestattet[10]). Titus enthielt sich der Bezeigungen des Beifalls auch gegen einige seiner Lieblingspagen, die damals als Tänzer die Bühne beherrschten[11]), aufs strengste. Domitian verbot das Auftreten der Pantomimen auf öffentlichen Bühnen ganz[12]), Nerva gestattete es auf dringende Bitten des Volks, Trajan verbot es von neuem im Anfange seiner Regierung[13]); doch hob er das Verbot nach dem zweiten dacischen Triumphe (107) wieder auf[14]). Hadrian bestimmte, wie später Alexander Severus, die Hofpantomimen zum öffentlichen Dienst[15]). Lucius Verus begünstigte gerade diese Gattung des Schauspiels vorzugsweise. Verbote desselben werden aus dem 2. Jahrhundert und später nicht erwähnt, und es ist auch nicht wahrscheinlich, daß sie in jenen Zeiten zunehmender Verwilderung, wo die Schauspiele mehr und mehr alle übrigen Interessen absorbierten, erfolgt sind. Im 4. und 5. Jahrhundert haben die Eifersüchteleien und Umtriebe der Pantomimen in Antiochia, Alexandria und Constantinopel in ähn-

1) Tac. A. I 77. 2) Cass. Dio LVII 21, 3. 3) Tac. A. IV 14. 4) Vgl. oben I 291. 5) Sueton. Tiber. 37, 2. 6) Cass. Dio LIX 2, 5. 7) Tac. A. XIII 24. 8) Tac. A. XIII 25. Sueton. Nero 26, 2. Cass. Dio LXI 8, 2. 9) Tac. A. XIII 25. 28. Sueton. Nero 16, 1. 10) Tac. A. XIV 21. 11) Sueton. Titus 7, 2. 12) Suet. Domitian. 7, 1. 13) Plin. Paneg. 46, 2 *neque enim a te minore concentu ut tolleres pantomimos, quam a patre tuo ut restitueret exactum est.* 14) Cass. Dio LXVIII 10, 2. 15) Hist. aug. Hadrian. 19, 6 *histriones aulicos publicavit;* ebenso Alexand. Sever. 34, 2 *pantomimos populo donavit.*

licher Weise Anlaß zu öffentlichen Unruhen gegeben wie der Streit der Zirkusparteien. Durch Justinian erfolgte die Aufhebung dieser Vorstellungen, erst in Antiochia, dann auch in der Hauptstadt[1]).

5. DAS STADIUM.

Am spätesten bürgerten sich in Rom die griechischen Kämpfe und Spiele von Athleten und musischen Künstlern ein[2]). Während der Republik blieben sie selten, erst in der Kaiserzeit wurden sie mit der zunehmenden Verschmelzung römischer und hellenischer Kultur und Sitten allmählich populär. Hier soll nur von den Athletenkämpfen die Rede sein[3]). Auch dieses Schauspiel hatte (ebenso wie die Tierhetzen) zuerst M. Fulvius Nobilior im Jahre 186 veranstaltet, viele Künstler waren aus Griechenland dazu herübergekommen[4]). Hundert Jahre später gab Sulla zur Feier des Triumphs über Mithridat (81 v. Chr.) Kämpfe von Athleten, deren er so viele nach Rom gezogen hatte, daß in Olympia (es war das Jahr der 175. Olympiade), mit Ausnahme des Wettlaufs im Stadium, aus Mangel an Teilnehmenden keine Spiele stattfinden konnten[5]). Das Schauspiel wiederholten 58 v. Chr. M. Aemilius Scaurus in seiner Ädilität (vermutlich in einem noch nie dagewesenen Umfange, daher ihm Valerius Maximus irrig die Einführung desselben zuschreibt)[6]), Pompejus bei der Einweihung seines Theaters im Jahre 55[7]), C. Scribonius Curio bei den Leichenspielen für seinen Vater (53)[8]). Was damals Cicero an M. Marius schrieb, er werde wohl nach den Athleten kein Verlangen tragen, da er sogar Gladiatoren verschmähe — das bezeichnet gewiß den Geschmack der großen Mehrzahl des damaligen römischen Publikums; und Pompejus gestand selbst, daß er »Mühe und Öl« verschwendet habe[9]). Doch ließ auch Cäsar bei seinen Triumphalspielen im Jahre 46 Athleten in einem auf dem Marsfelde erbauten, später wieder abgebrochenen Stadium drei Tage lang kämpfen[10]).

Athletenkämpfe in Rom vor der Kaiserzeit.

Augustus, der auch diesem Schauspiel besondere Aufmerksamkeit zuwandte und großes Gefallen daran fand[11]), veranstaltete (ebenfalls im Marsfelde) Kämpfe von Athleten, »die von allen Seiten herbeigerufen waren«, zweimal in seinem eigenen Namen, das drittemal in dem seines Neffen[12]). Er gab auch zuerst die Veranlassung nicht nur zu seiner häufigen Abhaltung, sondern auch zu seiner regelmäßigen Wiederkehr. Zur immerwährenden Feier des Siegs bei Actium hatte er die dort seit alter Zeit dem Apollo gefeierten Festspiele erneuert und erweitert, die fortan in dem von ihm neugegründeten Nicopolis in Zwischenräumen von vier Jahren mit gymnischen und musischen Wettkämpfen begangen wurden[13]), im Spätherbst, denn die Athleten begaben sich dorthin nach Beendi-

Die actischen Spiele zu Nicopolis —

1) Bier a. a. O. S. 101 f. 108 f. 2) Aemilius Paullus gab im Jahre 167 in Amphipolis griechische Schauspiele, *ad quae rudes tum Romani erant*, Liv. XLV 32, 9; vgl. Plut. Aemil. Paul. 28. 3) Über musische Kämpfe vgl. unten S. 177 ff. 4) Liv. XXXIX 22, 2. 5) Appian. Bell. civ. I 99. 6) Valer. Maxim. II 4, 7. 7) Cass. Dio XXXIX 38, 1. Plutarch. Pomp. 52. 8) Plin. n. h. XXXVI 120. 9) Cic. ad fam. VII 1, 3. 10) Sueton. Caes. 39, 3. 11) Sueton. Aug. 45, 3. 12) Monum. Anc. 4, 33. Sueton. Aug. 43, 1. Cass. Dio LIII 1, 5. 13) Strabo VII 325. Sueton. Aug. 18, 2. Cass. Dio LI 1, 2. Vgl. Reisch, Real-Encykl. I 1213 f.

gung der Augustalien in Neapel[1]), die, wie es scheint, seit dem Tode des Augustus an dessen Geburtstage (23. September) stattfanden[2]). Dieses periodische Fest wurde dem Zyklus der vier großen heiligen Wettkämpfe Griechenlands als fünfter hinzugefügt[3]), und im Anfange der Kaiserzeit hie und da nach Actiaden wie nach Olympiaden gerechnet[4]). Es erhielt sich bis in das späteste Altertum (noch Julian erneuerte es)[5]) und stand in hohem Ansehen. Zahlreiche Inschriften von Athleten und Musikern aus den verschiedensten Ländern griechischer Zunge[6]) bezeugen, daß die Ehre des dort errungenen Siegs nicht minder hoch gehalten wurde als die des Kranzes zu Olympia und Delphi. Ähnliche periodische Feste stifteten zu Ehren des Augustus Fürsten, wie Herodes von Judäa (im Jahre 8 v. Chr.)[7]), und in vielen Provinzen wurden solche außer Tempeln und Altären beinahe Stadt für Stadt beschlossen[8]).

und Rom. Auch in Rom selbst beschloß der Senat gleich nach der Schlacht bei Actium (724 = 30 v. Chr.) zu Ehren des Siegs ein vierjähriges periodisches Fest[9]), das zum ersten Male im Jahre 726 = 28, in welchem auch die Einweihung des palatinischen Apollotempels stattfand, von Octavian und Agrippa als mehrtägige Feier abgehalten wurde[10]). Diese »für die Wohlfahrt des Cäsar« gelobten und dem actischen Apollo geweihten Schauspiele[11]) wurden fortan in Zwischenräumen von je vier Jahren abwechselnd von den Konsuln und je einem der vier großen Priesterkollegien veranstaltet[12]); doch scheinen sie nicht über den Tod des Augustus hinaus bestanden zu haben; die letzte Feier, die erwähnt wird, ist vom Jahre 762 = 9 n. Chr.[13]). Bei der ersten (im Jahre 726 = 28 v. Chr.) lenkten edle Männer und Knaben wie bei den heiligen Spielen in Griechenland die Wagen in der Rennbahn, und Athleten kämpften in einem auf dem Marsfelde eigens erbauten Stadium; außerdem wurde auch ein Fechterspiel gegeben.

---

1) Stat. Silv. II 2, 6 ff. 2) S. unten [S. 228 Anm. 4]. 3) Dittenberger-Purgold, Inschr. von Olympia nr. 230 καὶ τὴν λοιπὴν περίοδον σὺν Ἀκτίοισι; vgl. nr. 231. CIG 4472, 10: Αὐγούστου Ἄκτια ἐν Νικοπόλει τῆς περιόδου. 4) Joseph. B. J. I 398; Ἀκτιάδος ξη´ in einer Inschrift von Actium, Bull. corr. hell. I 1877, 294. 5) Mamert. grat. actio (Paneg. lat. III) 9, 2 f. 6) s. Reisch a. a. O., der die Zeugnisse vollständig bietet. 7) Joseph. A. J. XVI 137 f., vgl. B. J. I 415. 8) Sueton. Aug. 59. Caligulas Verbot (Sueton. Cal. 23, 1 *Actiacas Siculasque victorias — vetuit sollemnibus feriis celebrari*) wird auf keinen Fall über die Dauer seiner Regierung hinaus gewirkt haben. Ein *certamen ad exemplar Actiacae religionis* im J. 63 bei Poppäas Entbindung in Rom beschlossen, Tac. A. XV 23. Unter den Siegen des T. Flavius Archibius IG XIV 747 ist auch Z. 24 τὸν ἐν Ἀντιοχείᾳ ἱερὸν πεν[ταετηρικὸν ἀγῶνα] Ἀκτιακῶν παίδων παγκράτιον (89 n. Chr.) und Z. 27 καὶ τὸν ἐν Ἀλεξανδρείᾳ ἱερὸν πενταετηρικὸν ἀγῶνα Ἀκ[τιακῶν ἀγενείων] (90 n. Chr.); doch sind hier wohl mit Mie, Quaestiones agonisticae (Rostochii 1888) S. 54 die in Alexandria gefeierten Olympien (IG XIV 1102 Z. 38 f.; auf sie bezieht sich auch CIL II 4136 = Dessau 1399 *agonothetae certaminis pentaheterici bis*) und eine ähnliche antiochenische Festfeier zu verstehen und Ἀκτιακοὶ παῖδες bzw. ἀγένειοι solche, deren Alter nach den Vorschriften der Actia zu Nicopolis bestimmt war. 9) Cass. Dio LI 19, 2. 10) ebd. LIII 1, 4 ff.; vgl. Mommsen, Res g. d. Aug.[2] p. 43. 11) Augustus selbst nennt sie (Mon. Anc. gr. 5, 8 ff.) θέαι ἐκ τῶν εὐχῶν ὑπὲρ τῆς σωτηρίας (*ludi pro salute Caesaris* CIL VI 877), eine Münze vom J. 738 = 16 v. Chr. (Eckhel D. N. VI 104) zeigt einen opfernden Priester mit der Umschrift: *pro valetudine Caesaris s. p. q. R.*, Avers: ein opfernder Apollo mit: *Apollini Actio.* Hieraus hat Mommsen a. a. O. p. 40 mit Recht geschlossen, daß die *ludi pro salute divi Augusti votivi* (762 = 9 n. Chr.) bei Plin. n. h. VII 158 dieser Periode angehören. 12) Cass. Dio LIII 1, 5. LIV 19, 8; vgl. Mommsen a. a. O. p. 42. J. Wilhelm, Das römische Sakralwesen unter Augustus als Pontifex maximus (Diss. Straßburg 1915) S. 23 ff. 13) Plin. n. h. VII 158, s. Anm. 11.

Daß auch bei den späteren Wiederholungen dieses Fests athletische Kämpfe regelmäßig waren, ist wohl unzweifelhaft. Als bei einer solchen Feier, bei der gerade die Pontifices die Leitung hatten, das Volk einen Faustkampf verlangte, verschob Augustus diesen auf den Morgen des folgenden Tags und verbot zugleich den Frauen (die er von allen athletischen Spielen fern halten wollte), vor der fünften Stunde zu erscheinen[1]).

Öftere Wiederholung athletischer Spiele in Rom.

Durch solche öftere Wiederholungen wurden die athletischen Spiele in Rom beliebt, und bald verlangte das Volk »die griechischen Wettkämpfe« von den die Staatsspiele gebenden Beamten[2]), welche diese Wünsche gewiß ebensowohl berücksichtigten wie die Kaiser. Von den letzteren gab Caligula im Jahre 38 gymnische Spiele[3]), desgleichen im Jahre 39 am Geburtstage der Drusilla an mehreren Orten gleichzeitig[4]), und Claudius ließ bei den Spielen zur Feier des britannischen Triumphs im Jahre 44 im Zirkus zwischen den Wagenrennen Athleten auftreten[5]). Doch weit mehr förderte Neros Vorliebe für griechische Sitten und Einrichtungen die Popularisierung dieser Schauspiele in Rom.

Die Neroneen.

Er stiftete hier im Jahre 60 das erste ganz nach griechischem Muster eingerichtete »heilige« Fest mit drei Arten von Wettkämpfen: im Wagenrennen, in Gymnastik, in Gesang, Musik, Poesie und Beredsamkeit; dieses Fest sollte in fünfjährigen Perioden wiederkehren und war auf die Staatskasse fundiert[6]). Die musischen Wettkämpfe, die bei den dem actischen Apoll geweihten Spielen in Rom offenbar gefehlt hatten[7]), bildeten hier den Mittelpunkt, wie denn die ganze Stiftung zunächst durch Neros Wunsch, als Dichter, Sänger und Kitharaspieler zu glänzen, veranlaßt war; sie fanden im Theater statt, Konsulare präsidierten, die vornehmsten Römer beteiligten sich nach dem Beispiele des Kaisers daran, die Sieger wurden bekränzt[8]). Die gymnischen Kampfspiele wurden bei der ersten Feier in den Saepten abgehalten und hierzu die vestalischen Jungfrauen eingeladen, weil auch in Olympia die Priesterinnen der Demeter dem Feste beiwohnten[9]). Der gleichzeitige Bau eines mit seinen Thermen verbundenen Gymnasiums und die bei dessen Einweihung erfolgende Verteilung von Öl an Senat und Ritterschaft[10]) deutete den Wunsch des Kaisers in verständlicher Weise an, daß Männer der höheren Stände auch an diesen Wettkämpfen sich beteiligen möchten. Was die Gegner des Schauspiels als die äußerste Schmach bezeichneten, welche der Adel sich selbst zufügen könnte, sich zu entblößen, Schlagriemen anzulegen und sich in solchen Kämpfen statt im Waffendienste zu üben[11]),

1) Sueton. Aug. 44, 3 (im J. 730 = 24 oder 750 = 4 v. Chr.). 2) Tac. A. XIV 21: *nec perinde magistratus rem familiarem exhausturos aut populo efflagitandi Graeca certamina a magistratibus causam fore, cum eo sumptu respublica fungatur.* 3) Cass. Dio LIX 9, 6. 4) ebd. LIX 13, 9. 5) ebd. LX 23, 5. 6) Tac. A. XIV 20. Cass. Dio LXI 21, 1. Sueton. Nero 12, 3. Eckhel D. N. VI 264: der Revers einer in diesem Jahre geschlagenen Münze mit der Umschrift *cer(tamen) quinq(uennale) Rom(ae) con(stitutum) s. c.* zeigt einen Tisch, darauf eine Urne und ein Kranz, darunter ein Discus und Greife, die einen Schild halten, vgl. Dressel, Festschr. f. O. Hirschfeld (1903) S. 283. CIL IV 1745: *Roma va(le); Neroneis Augusta(libus).* 7) In diesem Sinne sagt Sueton. Nero 12, 3: *instituit et quinquennale certamen primus omnium Romae more Graeco triplex*, nicht wegen der periodischen Wiederkehr, ebensowenig weil hier zuerst anständige Personen um den Preis rangen (so Marquardt, Privatl.[2] 117, 4), denn auch dies war schon bei den Wagenrennen der periodischen Spiele unter Augustus geschehen. 8) Tac. A. XVI 4. Sueton. Nero 12, 3. 21, 1. Vita Lucani p. 77, 17 Reiff. 9) Sueton. Nero 12, 4. 10) Cass. Dio LXI 21, 1. Tac. A. XIV 47. 11) ebd. XIV 20.

ist in der Tat einmal geschehen. Palfurius Sura, der Sohn eines Konsularen, ein ebenso hochbegabter wie sittlich haltloser Mann, trat als Ringer auf, und zwar soll er nach einer Nachricht mit einer lacedämonischen Jungfrau gerungen haben[1]). Doch scheint diese ungeheure Verletzung des römischen Anstandsgefühls keine Nachahmung gefunden zu haben. Während des Fests hatten viele griechische Tracht angelegt[2]). Seit der zweiten Feier im Jahre 65[3]) (und deren Fortsetzung im folgenden Jahre) werden die Neroneen nicht mehr erwähnt, wahrscheinlich sind sie gleich nach Neros Tode abgeschafft worden. Gordian III. erneuerte und erweiterte sie, bevor er (im Jahre 241) gegen die Perser ins Feld zog, vermutlich im Jahre 240, in welches die 37. Feier der Neroneen gefallen sein würde[4]). Das Fest scheint aber von nun ab den Namen »Wettkampf der Minerva« geführt zu haben[5]).

Der kapitolinische Agon. Ungleich höheres Ansehen gewann und behauptete der von Domitian im Jahre 86[6]) gestiftete kapitolinische Agon, der ebenfalls dem olympischen gleichgeachtet ward[7]). Auch er wurde in vierjährigen Perioden abgehalten (und zwar, um die Beteiligung überseeischer Preisbewerber zu ermöglichen, während der Zeit der Schiffahrt, jedenfalls im Sommer)[8]), und auch hier in den drei Hauptgattungen der Wettkämpfe um den Kranz gerungen; einige ungewöhnlichere, die Domitian hinzugefügt hatte, fielen später wieder fort[9]). So ließ man die Bewerbung um den Preis in griechischer und lateinischer Beredsamkeit fallen; aber der Preis für griechische und lateinische Poesie, der in seiner Art einzig war, blieb das höchste Ziel des Ehrgeizes der Dichter im ganzen römischen Reich[10]). Für die musikalischen Aufführungen[11]) ließ Domitian von dem berühmten Architekten Apollodor ein bedecktes Theater, das Odeum, auf dem Marsfelde erbauen, das ungefähr 5000 Zuhörer faßte und noch im 4. Jahrhundert zu den schönsten Gebäuden Roms gerechnet ward[12]).

Die gymnischen Kämpfe waren beim kapitolinischen Agon die überall in Griechenland üblichen, für Knaben wie für Männer; die bei der ersten Stiftung nach spartanischem Muster eingeführten Wettläufe von Jungfrauen hörten bald wieder auf. Die Konkurrenz in diesen Kämpfen blieb natürlich in der Regel den Athleten der griechischen Länder überlassen, deren mehrere in noch erhaltenen Denkmälern sich des hier gewonnenen Kranzes rühmen. Ein T. Fla-

1) Schol. Juv. 4, 53 (wie es scheint, nach Marius Maximus). 2) Tac. A. XIV 21: *Graeci amictus, qui per eos dies plerique incesserant, tum exoleverant.* 3) Tac. A. XVI 4. Das einzige mir bekannte auf die Neroneen bezügliche Monument ist die Tessera Saulini mit der Inschrift Νερώνε(ι)α IG XIV 2414, 43; vgl. auch Rostowzew, Röm. Bleitesserae S. 74. 4) Aurel. Vict. Caes. 27, 7. 5) Mommsen, Chron. min. I 147 *agonem Minervae instituit.* Vielleicht ist dies der ἀγὼν Ἀθηνᾶς Προμάχου: IG VII 49 (jedenfalls nach Hadrian) nennt unter andern Siegen in Agonen auch Ἀθηνᾶς Προμάχου ἐν Ῥώμῃ δʹ (ein viermaliger Sieg in einem Zeitraum von 12 Jahren auch IG XIV 747 Z. 27 ff.). IG III 129 (Inschrift eines Herolds) Ἀθηνᾶς Προμάχου ἐν Ῥώμῃ γʹ (zwischen 253 und 257 gesetzt). 6) Censorin. 18, 15; ein νεικήσας τὸν ἀγῶνα τῶν μεγάλων Καπετωλείων τὸν πρώτως ἀχθέντα IG XIV 746, 4 f. 7) Lebas-Waddington 1620b Z. 28: Ῥώμην Καπετώλεια Ὀλύμπια. Censorin. 18, 4. 8) Die Ermordung des Maximus und Balbinus fand während der kapitolinischen Spiele im J. 238 statt (Herodian. VIII 8, 3); die Ansätze für dieses Ereignis schwanken sehr stark, v. Domaszewski, Die Daten der Script. hist. Aug. (Sitz.Ber. d. Heidelb. Akad. 1917, 1. Abh.) S. 10 setzt es auf den 7. August. 9) Sueton. Domitian. 4, 4. Über die einzelnen Wettkämpfe vgl. den Anhang XIX. 10) s. unten [S. 228 f.]. 11) s. unten S. 178 f. 12) Hülsen-Jordan, Topogr. I 3 S. 594 f.

vius Archibius hatte ihn in vier aufeinander folgenden kapitolinischen Olympiaden (von 94—106 n. Chr.) gewonnen, das erstemal im Pankration der Knaben, die drei andern Male im Pankration der Männer[1]); und der Geschichtschreiber Cassius Dio berichtet, daß der Athlet Aurelius Helix unter Elagabal (219) im kapitolinischen Agon zugleich im Ringen und im Pankration siegte, was in Olympia nur sieben Kämpfern nach Herakles, in Rom noch keinem gelungen war[2]). Für die Athletenkämpfe erbaute Domitian ebenfalls auf dem Marsfelde ein Stadium, das 15000 Zuschauer faßte, von dem im Mittelalter noch bedeutende Reste übrig waren und dessen Andenken Piazza Navona (ursprünglich Agon, Campus Agonis) noch heute in Gestalt und Namen bewahrt[3]). Der griechische Charakter des ganzen Fests sprach sich wenigstens unter Domitian auch äußerlich aus. Der Kaiser führte den Vorsitz in griechischem Purpurmantel und in griechischen Schuhen, auf dem Haupte einen goldenen Kranz mit den Bildern der drei kapitolinischen Gottheiten, Juppiter, Juno, Minerva; Beisitzer und Kampfrichter waren der Flamen des Juppiter und das Priesterkollegium des Flavischen Hauses in gleicher Tracht, nur daß in ihren Kränzen (wohl nach alexandrinischer Sitte)[4]) auch noch das Bild des Kaisers angebracht war[5]). Später hatten die Priesterkollegien unter dem Vorsitze des Kaisers abwechselnd die Leitung der Wettkämpfe. Die Versammlung der Zuschauer und Zuhörer war die glänzendste in der ganzen Welt, deren Beifall einem Kämpfer, Künstler oder Dichter zuteil werden konnte[6]). Die kapitolinischen Spiele erhielten sich bis in die letzten Zeiten des Altertums[7]).

Zwar sind noch mehrere, wohl überwiegend gymnische Agone von verschiedenen Kaisern gestiftet worden[8]): so ein wohl von Antoninus Pius eingesetztes Hadriansfest[9]), ein (wahrscheinlich von Caracalla gestiftetes) Kampfspiel des Hercules zu Ehren Alexanders des Großen, das mindestens noch unter Alexander Severus gefeiert wurde[10]), der schon erwähnte Agon der Minerva von Gordian III.[11]) und der in jedem vierten Jahre gefeierte des Sonnengottes von Aurelian (im Jahre 274)[12]). Ein griechischer Athlet rühmt sich in seiner Inschrift, daß er im Laufe die Römer besiegt und im Stadium wie im Doppellaufe bei den Wettkämpfen des Sonnengottes, der Mondgöttin und des Hercules Kränze und Preise davongetragen habe[13]). Bei der Feier des tausendjährigen Bestehens der Stadt Rom durch Kaiser Philipp den Araber im Jahre 248 wurden unter Wettkämpfen aller Art auch athletische abgehalten[14]). Der Bischof Cyprianus von Karthago († 258) schreibt: Zu dem Wettkampfe des Säkularfestes üben sich die Menschen und bereiten sich vor und rechnen es sich zu hohem Ruhm, wenn es ihnen gelingt, im Angesichte des Volks und in Gegenwart des Kaisers den Kranz zu erhalten[15]). In einer griechischen Anekdote tröstet ein Schulpedant Spätere Agone.

1) IG XIV 747, 8 ff. 2) Cass. Dio LXXIX 10, 2 f. Vgl. unten S. 161 A. 2. 3) Hülsen-Jordan a. a. O. S. 592 ff. 4) Lumbroso, L'Egitto d. Greci e d. Rom.² S. 182 f. 5) Sueton. Domitian. 4, 4. 6) Herodian. I 9, 2 f. 7) Vgl. den Anhang XIX. 8) CIL VI 33992 = Dessau 5167 ... *gymnico agone saepius coronatus.* 9) CIG 3208 erwähnt den Sieg eines Kitharöden in den Ἀδριάνια Ῥώμην β', desgleichen IG III 128 den eines Faustkämpfers Ἀδριάνεια Ῥώμῃ. 10) Hist. aug. Alex. Sever. 35, 4. 11) Mommsen, Chron. min. I 147. CIG 1068. 12) Mommsen, Chron. min. I 148: (Aurelianus) *agonem Solis instituit.* Hieron. Chron. z. J. 275: *primus agon Solis ab Aureliano constitutus.* Julian. or. IV 155 B: ἄγομεν Ἡλίῳ τετραετηρικοὺς ἀγῶνας. 13) IG XIV 1108 = Kaibel, Epigr. gr. 947. 14) Hieron. Chron. z. J. 247: *agon mille annorum actus.* 15) Cyprian. ep. 58, 8.

einen in diesem Wettkampf unterlegenen Athleten: er werde beim nächsten tausendjährigen Agon siegen[1]). Doch von all diesen Agonen ist weiter nichts bekannt, und keiner hat auch nur annähernd die Bedeutung des kapitolinischen erlangt. Aber auch abgesehen von denselben wurde im Laufe der Kaiserzeit, namentlich seit dem 3. Jahrhundert, das Auftreten von Athleten in Rom bei Schauspielen jeder Art ohne Zweifel immer häufiger. So verschrieb Septimius Severus bei seinen Triumphalspielen die musischen und gymnastischen Künstler aus allen Teilen des Reichs[2]); wie die auf diese Spiele geprägte Münze[3]), zeigt auch eine des dritten Gordian vom Jahre 244 Athleten im Zirkus[4]), desgleichen das Zirkusmosaik von Barcelona[5]). Bei den großen von Carinus veranstalteten Schauspielen traten tausend Athleten auf, welche wie die übrigen griechischen Künstler reich mit Gold, Silber und seidenen Kleidern beschenkt wurden[6]). Seit dem 5. Jahrhundert mußten gymnastische Kämpfe zugleich die nun abgeschafften Gladiatorenspiele ersetzen, doch vermutlich zuweilen schon früher: so traten bei den konsularischen Spielen des Flavius Manlius Theodorus Athleten auf, aber keine Gladiatoren[7]). In dem etwa 335 verfaßten astrologischen Buch des Firmicus Maternus kommen die Nativitäten der letzteren weit seltener vor als die der ersteren, die auch als im Dienste vornehmer Personen stehend nebst ihren Vorgesetzten wiederholt erwähnt werden[8]).

Abneigung der Römer gegen Gymnastik und Athletik.

Die Einführung der griechischen Agone in Rom stieß auf einen entschiedenen Widerstand des eigentlichen Römertums, der hauptsächlich gegen die Athletenkämpfe gerichtet war. Zwar waren einige derselben in Italien und sonst im Westen von jeher heimisch gewesen und auch in Rom bei öffentlichen Schauspielen gesehen worden, namentlich Ringen, Wettlauf und Faustkampf[9]). Der letztere, eine in Etrurien[10]), Latium[11]) und Campanien sowie in Afrika[12]) nationale Kampfart, wurde in Italien auch von ganzen Scharen gegeneinander ausgeführt; neben solchen ließ einmal einer der höchsten Beamten von Pompeji (unter Augustus) dort auf dem Forum auch griechische Faustkämpfer auftreten[13]). Dieses Schauspiel war in Rom immer sehr beliebt, nicht bloß in der Zeit des Terenz, dessen »Schwiegermutter« bei der ersten Aufführung im Jahre 165 v. Chr. durchfiel, weil das Publikum durch Faustkämpfer mehr angezogen wurde[14]), sondern auch in der des Horaz, wo die Masse häufig mitten in einem

1) Philogelos 62. Die von Mommsen auf die theatralischen Spiele des tausendjährigen Säkularfestes bezogene Inschrift CIL VI 488 = Dessau 7095 *Praesentiae Matris deum P. Septimius Felix ob coronam millesimi urbis anni* kann sich also ebensogut auf den damaligen gymnischen Agon beziehen. Nach der Inschrift eines Herolds (IG III 129), der auch τὸν χειλιετῆ ἐν Ῥώμῃ siegreich bestand, muß man annehmen, daß damals sämtliche bei griechischen Agonen übliche Wettkämpfe stattfanden. 2) Herodian. III 8, 9. 3) Cohen, Méd. imp. IV² 60 nr. 571. 4) ebd. V² 50 nr. 282. 5) Hübner, Ann. d. Inst. 1864, 158. 6) Hist. aug. Carinus 19, 2. 7) Claudian. paneg. Manl. Theod. 288 ff. Vgl. für diese Zeit CIL VI 10153 f. = Dessau 5164 f. IG XIV 1106. Cassiodor. Var. V 42, 1. 8) Firm. Matern. math. VII 26, 2 ff., vgl. *palaestrici* III 7, 7. 9. VIII 21, 7. V 5, 6 *aut athletis hominibus potentiae alicuius erunt honore praepositi.* 9) Dion. Halic. VII 73, 3. Cic. de leg. II 38. 10) Liv. I 35, 9 *equi pugilesque ex Etruria maxime acciti.* 11) Sueton. Aug. 45, 2. 12) Sueton. Calig. 18, 1 *catervas Afrorum Campanorumque pugilum.* 13) CIL X 1074 = Dessau 5053 *pugiles catervarios et pyctas;* vgl. Suet. Aug. 45, 2 *pugiles et maxime Latinos, non legitimos atque ordinarios modo, quos etiam committere cum Graecis solebat, sed et catervarios oppidanos inter angustias vicorum pugnantis temere ac sine arte.* 14) Terent. Hecyr. prol. 33.

Bühnenstück einen Bären oder Faustkämpfer verlangte; »denn daran hat der süße Pöbel seine Freude«[1]). Doch müssen sich die italischen Wettkämpfe von den griechischen wesentlich unterschieden haben, am meisten wohl durch ihre Kunstlosigkeit. Der Widerwille der Römer gegen die griechische Gymnastik und Athletik beruhte zunächst auf ihrem Schicklichkeitsgefühl, dem Nacktheit für unanständig galt — mit Recht, meint Cicero, habe Ennius gesagt: »Unter Bürgern sich entblößen, Anfang ist's der Schändlichkeit«[2]); ferner auf der Mißbilligung aller nicht auf praktische Zwecke, namentlich Ausbildung für den Kriegsdienst, gerichteten Körperübungen; endlich auch auf der Besorgnis einer Korruption der heranwachsenden Jugend und einer Gewöhnung aller an müßiggängerisches Treiben durch die Gymnasien, welche durch beides nach römischer Ansicht hauptsächlich zum Verfall und Untergange von Griechenland beigetragen hatten[3]).

Trotzdem Einführung der Gymnastik in Rom —

Trotz dieser weitverbreiteten Ansicht hatten die griechischen Übungen bereits in der letzten Zeit der Republik so viel Anhänger gefunden, daß ein Gymnasium auf jeder Villa, wie Varro mit Mißvergnügen bemerkt, kaum für hinreichend angesehen wurde[4]). Dieselben dienten ohne Zweifel hauptsächlich zu Zwecken der Heilgymnastik (*iatraliptice*), durch deren Begründung Prodicus von Selymbria, ein Schüler des Hippokrates, wie der ältere Plinius sagt, auch den Einreibern und Handlangern der Ärzte eine Einnahme verschafft hatte[5]). Bei einem von Q. Asconius in einer besonderen Schrift geschilderten Gastmahle des berüchtigten Schlemmers Apicius, an dem auch Q. Junius Bläsus (Kons. 10 n. Chr.) teilnahm, war die Gymnastik Gegenstand des Tischgesprächs; als lebendiger Beweis ihrer herrlichen Wirkungen auf Erhaltung der Kraft und Gesundheit war ein 91 jähriger, noch völlig rüstiger Palästrit Isidorus anwesend[6]). Celsus erklärt sich entschieden gegen die Anwendung der Heilgymnastik bei Gesunden, wie er auch von eigentlich athletischen Übungen abrät[7]); doch fand sie vermutlich, wie alles Griechische, je länger je mehr Beifall. Der alte Trimalchio läßt sich in dem Roman des Petronius von drei Heilgymnasten ins Bad begleiten[8]).

besonders durch Nero befördert.

Am meisten Vorschub leistete Nero der Verbreitung der Gymnastik, der, wie gesagt, die Athletenkämpfe in ein römisches Staatsfest aufnahm, ein Gymnasium baute[9]), eine lebhafte Vorliebe für diese Übungen zur Schau trug (deren Veranstaltung im Gymnasium zu Neapel er am Tage, wo er die Nachricht von dem Aufstande in Gallien erhalten hatte, mit der größten Teilnahme beiwohnte)[10]) und die Athleten mit reichen Geschenken überhäufte[11]). Er und seine Freigelassenen, namentlich Patrobius, ließen, wie einst die Feldherrn Alexanders des Großen, für ihre Gymnasien Sand vom Nil kommen[12]); die Meldung der Ankunft eines damit befrachteten Schiffs aus Alexandria während einer Hungersnot in Rom steigerte die Wut des Volks aufs äußerste[13]). Das Beispiel

1) Horat. ep. II 1, 185 f. 2) Cic. Tusc. IV 70. 3) Plutarch. Qu. R. 40. 4) Varro r. r. II praef. 2. 5) Plin. n. h. XXIX 4; gemeint ist Herodicus, Lehrer oder nach andern Schüler des Hippokrates, über den vgl. Diels, Hermes XXVIII 1893, 421 f. Jüthner, Philostratos über Gymnastik (1909) S. 9 ff. 6) Aelian. frg. 110 Herch. 7) Celsus De re med. I 1, 3. 8) Petron. 28, 3. 9) Oben S. 149. Ein *Pyrrhus maximus praeceptor certaminis gymnici* Seneca de ira II 14, 3. 10) Sueton. Nero 40, 4. 11) Plut. Galba 16, 2, oben S. 142. 12) Plin. n. h. XXXV 168. 13) Sueton. Nero 45, 1.

des Kaisers und des Hofs verbreitete das Interesse für griechische Gymnastik in weiten Kreisen. Als nun die zur Mode gewordene Kunst von ihren Lehrern und Freunden nicht bloß als unentbehrlich für die vollkommene Gesundheit und naturgemäße Ausbildung des Körpers angepriesen ward[1]), sondern sich auch wohl Stimmen für ihre Aufnahme in die Jugenderziehung erhoben[2]), da wurde in konservativ-römischen Kreisen die Befürchtung rege, es werde mit der griechischen Gymnastik auch griechische Sittenverderbnis in Rom einziehen. Die bereits allmählich in Abgang gekommenen Sitten der Väter, hieß es, würden durch die aus der Fremde eingeführte Zügellosigkeit von Grund aus umgestürzt, damit, was irgend verführbar und verführerisch sei, in Rom zum Schauspiel diene, und die Jugend durch ausländisches Treiben, durch Gymnastik, Müßiggang und schändliche Liebschaften entarte[3]). Schon die Einführung der Gymnastik in die Diätetik der Gesunden erklärten die Vertreter dieser Richtung, denen die Griechen als Urheber aller Laster galten[4]), nicht bloß für unnütz, sondern auch für höchst sittenverderblich[5]) und klagten, daß die römische Jugend durch Übung der Körperkraft die sittliche Kraft einbüße[6]). Auch Lucan hat in der Zeit seiner Ungnade und Opposition gegen den Hof Neros diesen Gesinnungen einen starken Ausdruck gegeben, indem er »die aus griechischen Gymnasien ausgehobene junge Mannschaft schlaff durch das Umhertreiben auf dem Ringplatz und kaum fähig, die Waffen zu tragen« nennt[7]). Martial lobt einen Atticus, daß er sich mit der einfachen Bewegung des Laufens begnüge und die vielen Turnübungen, mit denen nur Zeit verdorben werde, verschmähe, während andre junge Männer sich von einem Lehrmeister mit zerschlagenen Ohren (wie man sie häufig an Faustkämpfern sah) ausbilden lassen und einem schmutzigen Einreiber eine unverdient hohe Besoldung zahlen[8]). Ein andres Mal fragt er, warum die Kraft der Arme mit den »dummen Hanteln« vergeudet werde: eine viel bessere Übung der Männer sei das Graben im Weinberge[9]). In demselben Sinne beklagt der jüngere Plinius, daß die altrömischen, von einem mit der Mauer- oder Bürgerkrone geschmückten Veteranen geleiteten Waffenübungen von Turnübungen verdrängt seien, zu denen ein griechischer Gymnast Anweisung erteile[10]). Selbst Griechen waren der Meinung, daß die Römer die Entblößung zum Schaden ihrer Sitten von den Hellenen gelernt, dann aber freilich ihren Lehrern diesen Schaden mit Zinsen vergolten hätten[11]).

Opposition dagegen.

Der kapitolinische Agon Domitians, der, wie es scheint, die Einrichtungen der griechischen Feste im weitesten Umfange in Rom einführen sollte, rief jene Opposition aufs neue hervor; und sie bestand fort, wenn auch das anstößigste Schauspiel, die Wettläufe der Jungfrauen, wie gesagt, abgeschafft wurde. Als

1) S. besonders Seneca ep. 15, 2 ff. 2) Dies folgt wohl aus der Polemik bei Seneca ep. 88, 18: *aeque luctatores et totam oleo ac luto constantem scientiam expello ex his studiis liberalibus — an liberale studium istuc esse iuventuti nostrae credimus —?* 3) Tac. A. XIV 20. 4) Plin. n. h. XV 19: *usum eius (olei) ad luxuriam vertere Graeci vitiorum omnium genitores in gymnasiis publicando.* 5) Plin. n. h. XXIX 26: *illa perdidere imperi mores, quae sani patimur, luctatus, ceromata ceu valetudinis causa instituta, balineae ardentes* usw. Über die Bedeutung des Wortes *ceroma* (Lehmboden für das Wälzringen) vgl. J. Jüthner, Österr. Jahresh. XVIII 1915 Beibl. S. 323 ff. 6) Plin. n. h. XXXV 168: *ceromatis, quibus exercendo iuventus nostra corporis vires perdit animorum.* 7) Lucan. VII 270 ff. 8) Martial. VII 32. 9) ebd. XIV 49. 10) Plin. Paneg. 13, 5. 11) Plutarch. Cato maior 20, 8.

einst im Kabinettsrate Trajans über die Aufhebung eines gymnischen Agon zu Vienna (in Gallien) abgestimmt wurde, gab Junius Rusticus, ein Mann von hoher Festigkeit und Geradheit, seine Stimme dafür mit dem Zusatz ab: »Ich wünschte, er könnte auch in Rom aufgehoben werden«; was der jüngere Plinius, der selbst an der Sitzung teilnahm, als Beweis von Unerschrockenheit und Entschiedenheit anführt. Er schließt seinen Bericht: »Es wurde beschlossen, den Agon aufzuheben, der zur Sittenverderbnis in Vienna beigetragen hatte, wie der unsere zu einer allgemeinen. Denn die Laster der Viennenser bleiben unter ihnen, die unseren breiten sich weit aus, und wie in den Körpern, so ist in einem Reiche die Krankheit am gefährlichsten, die vom Haupte aus sich dem übrigen Leibe mitteilt« [1]).

Die Beteiligung der Römer an athletischen Kämpfen verhältnismäßig gering.

Solange die national-römische Abneigung und Opposition gegen Athletentum und griechische Agone in Rom bestand (also mindestens noch am Anfange des 2. Jahrhunderts), bewirkte sie wenigstens so viel, daß die Beteiligung an diesen Schauspielen bei den Männern aus den höheren Ständen sich auf ganz vereinzelte Fälle beschränkte und auch in den unteren Ständen Roms keine sehr verbreitete war. Während Ritter und Senatoren im 1. Jahrhundert auf der Bühne, im Zirkus und in der Arena so zahlreich aufgetreten sind, ist jener Palfurius Sura der einzige, dessen Auftreten im Stadium berichtet wird. Geringere Leute ergriffen freilich auch in Rom das Gewerbe der Athleten [2]). Ein Pankratiast Regulus wird als von Titus bevorzugt genannt [3]), Martial war mit einem Liber befreundet, der »mit italischer Hand griechische Schläge führte« und als Sieger im Faustkampf bekränzt worden war [4]), und Juvenal sagt, es sei mit der Ausländerei in Rom schon so weit gekommen, daß die Bürger des Quirinus »am frottierten Halse Athletenprämien« tragen [5]). Aber obwohl Neapel die beste Gelegenheit zur schulmäßigen Ausbildung in der Athletik bot, scheint Italien immer vorzugsweise nur jene Klasse von Kämpfern hervorgebracht zu haben, die, wie Horaz sagt, von Dorf zu Dorf ziehend, an ländlichen Festen ihre Streitbegier ausließen, auf den Kranz in den großen Olympien aber keinen Anspruch machten [6]), während Griechenland und der Orient nach wie vor die Virtuosen in dieser Kunst lieferten. Denn während die Inschriften und Denkmäler griechischer Athleten ebenso häufig sind wie die römischer Wagenlenker und Fechter, fehlt es an Denkmälern römischer Athleten so gut wie ganz [7]).

Dilettantismus in der Athletik in Rom.

War nun aber auch das Interesse der Römer für diese Schauspiele niemals ein so leidenschaftliches wie für die übrigen, so war doch (wie bereits früher er-

1) Plin. ep. IV 22; vgl. dazu G. Thiele, Hermes LI 1916 S. 246 ff. 2) Die Angabe des Phlegon Trall. frg. 12 (FHG III 606), daß schon in der 177. Olympiade (72 v. Chr.) ein Römer in Olympia im Dauerlauf gesiegt habe, ist durch Textverderbnis entstellt, denn Phlegon nennt zwei Sieger für denselben Preis; daß der römische Sieger nur als Γάϊος Ῥωμαῖος bezeichnet ist, würde einen Grund zur Verdächtigung (so Mie, Quaestiones agonisticae S. 20) nicht abgeben, da diese Bezeichnungsweise in hellenistischer Zeit geläufig ist; s. R. Herzog, Histor. Zeitschr. CXXIII 1921 S. 494. 3) Plutarch. De sanitate praec. 5. 4) Martial. IX 72, 2. 5) Juv. 3, 68: *et ceromatico fert niceteria collo.* 6) Horat. ep. I 1, 49; vgl. Sueton. Aug. 45, 2 (oben S. 152 A. 13). 7) Natürlich ist hier nur von inschriftlichen Denkmälern die Rede, aus denen allein sich eine professionelle Beschäftigung von Römern mit der Athletik ergeben kann. Ein bei Varago im Distrikte von Treviso entdecktes Athletenrelief hat die Inschrift (IGR I 479 = Kaibel, Epigr. gr. 942a) Κλαυδιανὸν πύκτην λεντιάριοι ἐνθάδ' ἔθηκαν τειμῶντες καὶ νῦν εἰκόνι καὶ στεφάνοις; λεντιάριοι sind *lintearii*, vgl. Neubauer, Commentationes epigraphicae (1869) S. 76 f. Vielleicht wurden Athleteninschriften auch in Italien oft griechisch abgefaßt.

wähnt) die Liebhaberei für die Athletik seit Nero, noch mehr seit Domitian in Rom sehr verbreitet und führte wohl nicht selten auch zum ausübenden Dilettantismus [1]), da sogar Frauen hie und da athletische Übungen mitmachten. In Neros Zeit nahmen die Freunde dieser Kunst die »neuesten Athleten« gastlich auf und waren eifrige Zuschauer ihrer Übungen [2]), und schon damals scheinen unter den Sklaven vornehmer Häuser Athleten sehr gewöhnlich gewesen zu sein [3]), die dann auch häufig die Diät ihrer Herren regelten und, wenn man sie gewähren ließ, wohl gar vorschrieben, wie man die Beine beim Gehen und die Backen beim Kauen zu bewegen habe [4]). Unter Vespasian schmückten reiche Leute ihre Ringschulen und -plätze mit Athletenbildern [5]). In Domitians Zeit besuchten junge Männer zahlreich die Plätze der griechischen Übungen [6]); auch Lieblingssklaven und -freigelassene ließ man in der Palästra ausbilden, wie Atedius Melior den schönen Glaucias [7]). Auch Quintilian zeigt in einer Vergleichung der Ringerkünste mit der Taktik des Redners Kenntnis des dortigen Unterrichts [8]), den übrigens vorzugsweise die erteilt zu haben scheinen, die in Wettkämpfen unglücklich waren [9]). Es gab in Martials und Juvenals Zeiten Enthusiastinnen auch für diese Kunst, die ihre Vorliebe nicht selten auf die Künstler übertrugen [10]) und ihnen kostbare Geschenke machten [11]), hier und da selbst Mannweiber, welche die schwere zur Athletendiät gehörige Kost aßen [12]), sich mit gelbem Sande einrieben, rangen und schwere Hanteln schwenkten [13]). Im Laufe des 2. Jahrhunderts scheint die Anerkennung der Zweckmäßigkeit griechischer gymnastischer Übungen immer allgemeiner geworden zu sein. Während noch Hadrian trotz der Vielseitigkeit seines Dilettantismus sich auf Waffenübungen beschränkte [14]), war Marc Aurel, der nach Galen von allen Kaisern am meisten Sorgfalt auf den Körper verwandte, ein regelmäßiger Besucher der Palästra, in welcher er sich an den kurzen Tagen bei Sonnenuntergang, an den langen zur neunten oder zehnten Stunde einfand [15]). Er liebte, sagt sein Biograph, Faustkampf, Ringen und Lauf [16]). Desgleichen liebte L. Verus die Palästra und alle Übungen der Jugend [17]). Der Athlet Narcissus, mit dem Commodus sich zu üben pflegte und der sein Mörder wurde, hatte einen so großen Einfluß auf ihn, daß, wie man glaubte, alles durch ihn geschah [18]). Alexander Severus war »ein Ringer vom ersten Range« [19]).

Bürgerliche Stellung der Athleten.

Die bürgerliche Stellung der Athleten war auch in Rom immer eine günsti-

---

1) Dies zeigt schon die Klage des Plin. n. h. XXXV 168. 2) Seneca de brev. vit. 12, 2 *qui in ceromate (nam, proh facinus, ne Romanis quidem vitiis laboramus) sectator puerorum rixantium sedet ... qui athletas novissimos pascit.* 3) Seneca ep. 15, 3: *accedunt pessimae notae mancipia in magisterium recepta.* Martial nennt *palaestritae* unter andern Sklaven III 58, 25. 82, 20. VI 39, 9 vielleicht sind auch bei Pers. 4, 39 Sklaven zu verstehen. CIL VI 5813 = Dessau 5169 *Heracla Caesaris palaestrita*, vgl. CIL VI 10152. IX 1880 = Dessau 5171. 5170. 4) Seneca ep. 15, 7. 5) Plin. n. h. XXXV 5. 6) Martial. VII 32, 5 ff. 7) Stat. Silv. II 1, 110. Die Bedeutung der jugendlichen *gymnici* CIL VI 10158—10160. X 2132 = Dessau 5168. 5168[a. b] (darunter Kinder im zweiten, dritten und sechsten Jahre) ist dunkel. 8) Quintilian. XII 2, 12. 9) Galen. V 894: ἀλλ ὅμως οἱ τούτων ἀτυχέστατοι καὶ μηδεπώποτε νικήσαντες ἐξαίφνης ἑαυτοὺς ὀνομάζουσι γυμναστάς. 10) Tertullian. de spect. 22: *xysticos — quibus feminae corpora sua substernunt.* Martial. VII 57: *Castora de Polluce Gabinia fecit Achillan,* πὺξ ἀγαθὸς *fuerat, nunc erit* ἱππόδαμος. 11) Juv. 6, 356. 12) ebd. 2, 53. 13) ebd. 6, 246. Martial. VII 67, 4 ff. 14) Hist. aug. Hadrian. 14, 10. 26, 2. 15) Galen. VI 406. 16) Hist. aug. M. Aur. 4, 9. 17) ebd. L. Verus 2, 10. 18) ebd. Commod. 17, 2; Pescenn. Nig. 1, 5. Cass. Dio LXXII 22, 5. 19) Hist. aug. Alex. Sev. 27, 10.

gere als die der übrigen in öffentlichen Schauspielen auftretenden Künstler. Die Geltung, die sie in Griechenland genossen, konnte ihnen nicht ganz entzogen werden; auch forderte das Ansehen der von den Kaisern gestifteten »heiligen« Wettkämpfe, daß die hier um den Preis Ringenden mehr Ehre genossen als Schauspieler und Gladiatoren, mindestens von deren Ehrlosigkeit frei blieben: schon die großen Juristen Masurius Sabinus (unter Tiberius) und Cassius Longinus (Konsul 30) hatten sich dahin ausgesprochen, daß die Athleten nicht zu denen zu zählen seien, die ein Spielergewerbe trieben, da sie vielmehr in ihrem Auftreten ihre Bravheit bewiesen[1]). Während in den übrigen Schauspielen so häufig Sklaven auftraten, scheint in den kaiserlichen Agonen (wo die Sieger den Kranz aus der Hand des Kaisers selbst empfingen)[2]) wie in den heiligen Spielen Griechenlands nur Freien die Teilnahme gestattet gewesen zu sein[3]). Sodann fand auch insofern eine Anbequemung an die griechische Sitte statt, als die Athleten von seiten der Behörden und Regierungen mit einer gewissen Rücksicht und Zuvorkommenheit behandelt wurden. Zu den Auszeichnungen, durch welche die Kaiser die hervorragendsten unter ihnen ehrten, gehörte die Ernennung zu dem lebenslänglichen Amt eines Xystarchen[4]).

Unter ihren zahlreichen Genossenschaften, die, von Ort zu Ort ziehend, bei den überall in größeren Städten gestifteten Agonen und sonstigen Festen auftraten[5]) und sich wahrscheinlich noch früher als die dionysischen Technitenvereine zu einem Reichsverbande zusammengeschlossen haben[6]), zeichnete sich im 2. Jahrhundert die »Athletengesellschaft der den Herakles verehrenden bekränzten Sieger in den heiligen Spielen«[7]) aus, welche, wie alle diese Verbindungen, ihre Beamten, Priester und Vorsteher aus ihrer Mitte ernannte. Sie hatte in Rom eine Station, und ihr oberster Beamter erscheint dort einigemal mit dem Amte eines Aufsehers der kaiserlichen Bäder bekleidet[8]). Hadrian und Antoninus Pius bewilligten ihr Versammlungslokale zu Beratungen, Ihre Genossenschaften.

1) Dig. III 2, 4 pr. Tertullian. de spect. 22 nennt offenbar aus Unkunde auch die *xystici* unter den *infames*. 2) Lebas-Waddington 1620a Z. 8. 3) Dig. IX 2, 7 § 4: *si quis in colluctatione vel in pancratio vel pugiles, dum inter se exercentur, alius alium occiderit, si quidem in publico certamine alius alium occiderit, cessat Aquilia, quia gloriae causa et virtutis, non iniuriae gratia videtur damnum datum. hoc autem in servo non procedit, quoniam ingenui solent certare.* Hist. aug. Alex. Sev. 42, 2 *ingenuum currere nisi in sacro certamine non debere.* Joh. Chrysost. hom. in inscript. alt. 5 (Migne gr. LI 76). 4) Dittenberger, Hermes XII 1877 S. 19ff. Vgl. z. B. IG XIV 1103 (Rom) [Μ. Αὐρ. Ἀσκ]ληπιάδην Ἀλε[ξανδρέα, παγκρατιασ]τὴν περιοδονείκη[ν, πρεσβύτατο]ν νεωκόρον τοῦ μεγά[λου Σαράπιδ]ος καὶ τῶν ἐν τῷ Μουσε[ίῳ σειτου]μένων ἀτελῶν φιλοσόφων, [ἀρχιερέ]α τοῦ σύμπαντος ξυστοῦ, [διὰ] βίου ξυστάρχην καὶ ἐπὶ βαλανείων τοῦ Σεβαστοῦ ἡ σύνοδος (s. auch 1102. 1104). 5) Die φιλοσέβαστος καὶ φιλορώμαιος Ἀλεξανδρέων περιπολιστικὴ εὐσεβὴς σύνοδος IG XIV 747. Über die Athletenvereine s. Poland, Gesch. d. griech. Vereinswesens S. 147ff., dazu Papyr. Lond. 1178 (= Wilcken, Chrestom. nr. 156). 6) S. oben I 385f. Dittenberger-Purgold, Inschr. v. Olympia nr. 436 (v. J. 85 n. Chr.) [τῶν ἀπὸ τῆς] οἰκουμένης ἀθλη[τῶν ὅ τε] σύμπας ξυστὸς ... καὶ ἡ ἱερὰ [ξυσ]τικὴ σύνοδος; vgl. dazu die noch ins erste Jhdt. v. Chr. gesetzte Inschrift von Erythrae bei J. Keil, Österr. Jahresh. XIII 1910 S. 70f.: οἱ ἀπὸ τῆς οἰκουμένης ἀθληταί neben οἱ ἀπὸ τῆς οἰκουμένης ἱερονεῖκαι (über diese vgl. C. G. Brandis, Hermes XXXII 1897 S. 518ff. Poland a. a. O. S. 150f.). 7) σύνοδος ξυστικὴ τῶν περὶ τὸν Ἡρακλέα ἀθλητῶν ἱερονεικῶν στεφανειτῶν IG XIV 1054f.; ἡ ἱερὰ ξυστικὴ περιπολιστικὴ Ἁδριανὴ Ἀντωνι⟨νι⟩ανὴ Σεπτιμιανὴ σύνοδος τῶν περὶ τὸν Ἡρακλέα καὶ τὸν ἀγώνιον καὶ αὐτοκράτορα Καίσαρα Λ(ούκιον) Σεπτίμιον Σευῆρον Περτίνακα Σεβαστόν usw. Pap. Lond. 1178 (= Wilcken, Chrest. nr. 156) Z. 37ff. 8) IG XIV 1102 bis 1110.

Opfern und Aufbewahrung von Urkunden, namentlich bei den kapitolinischen Spielen; das von Antoninus Pius bewilligte Lokal lag bei den Thermen des Titus[1]). Einige in griechischer Sprache abgefaßte Schreiben der Kaiser an diese Athletenkorporation sind noch erhalten[2]). In dem Versammlungslokal (*curia athletarum*) wurden auch Statuen hervorragender Athleten aufgestellt. So hatten die Kaiser Valentinianus, Valens und Gratianus (zwischen 367 und 375)[3]) die eines Philumenus dort errichtet, der »vom Aufgang bis zum Niedergang in jedem athletischen Wettkampf« in den aus Ringen und Faustkampf gemischten Kampfarten Sieger gewesen war. Nicht bloß alle Athleten hatten es dankbar aufgenommen, daß er »des Ruhms der Ewigkeit für würdig erklärt worden war«, sondern auch Senat und Volk von Rom hatten dieser Ehre den größten Beifall gezollt[4]). In derselben Athletenkurie ließen die Kaiser zwischen 384 und 392 die Statue eines Johannes[5]) aufstellen; was nicht geschehen wäre, wenn die Christen auch dies Gewerbe, wie die der übrigen in den Schauspielen auftretenden Künstler, verabscheut hätten[6]). Übrigens erhielten berühmte Athleten, wie natürlich, auch in ihren Geburtsorten Statuen. Einem solchen, der in zahlreichen Wettkämpfen auch in Städten von Asien und Afrika gesiegt hatte, votierte der Senat von Ostia »zum erstenmal« auf Verlangen der Bürgerschaft ein auf Gemeindekosten aufzustellendes Standbild »wegen seiner außerordentlichen Virtuosität (*peritia*) und großen Gefälligkeit gegen seine Vaterstadt«[7]).

Verschiedenheit der griechischen Ansicht über Athletik von der römischen.

Doch trotz solcher Bevorzugungen war (wenigstens im 1. Jahrhundert) die Geringschätzung, mit der namentlich Seneca von den Athleten redet, in Rom vermutlich eine sehr verbreitete. Er nennt sie stumpfsinnige, ihr Leben abwechselnd mit Trinken und Schwitzen verbringende Menschen, deren Körper gemästet, deren Geist roh und vernachlässigt sei, deren Kunst aus Öl und Schmutz bestehe[8]). Plinius vergleicht ihre Gefräßigkeit mit der des Viehs[9]). Ein christlicher Schriftsteller sagt, ihr erster Sieg sei, eine über das Maß des menschlichen Magens hinausgehende Eßbegier erworben zu haben; sie verdingen ihr unseliges Gesicht zum Zerschlagen, um ihren unseligen Bauch zu mästen[10]). Anders dachte man in den griechischen Provinzen. Zwar beurteilte man die Athleten auch hier in gebildeten Kreisen ohne Zweifel meist geringschätzig. Plutarch sagt, daß sie, durch ihre Lehrer von Büchern fern gehalten und gewöhnt, ihre Tage mit Späßen und Possen zu verbringen, den Säulen der Gymnasien gleich, nämlich glänzend und steinern werden[11]); und Epictet stellt die »schmutzigen Pankratiasten« sogar mit den Gladiatoren in eine Reihe[12]). Zu den unbedingten Veräch-

1) S. Ricci, Bull. arch. com. XIX 1891, 185 ff. Hülsen-Jordan, Topogr. I 3 S. 314. 2) IG XIV 1054 f., sowie in den oben S. 157 Anm. 5 genannten Papyri. 3) Ein *archiater porticus xysti* bereits vor 368, Cod. Theod. XIII 3, 8. 4) CIL VI 10154 = Dessau 5164; derselbe Philumenos παλαιστὴς auch bei Cramer, Anecd. Paris. II 155. 5) CIL VI 10153 = Dessau 5165; derselbe Johannes wohl auf einem Contorniaten Eckhel D. N. VIII 303 (Sabatier pl. X 5). 6) De Rossi, Bull. arch. crist. V 1867, 87. 7) CIL XIV 474 = Dessau 5233 (falls es nicht ein Musiker ist. 8) Seneca ep. 15, 3. 80, 2. 88, 18 f. 9) Plin. n. h, XVIII 63: *athletarum — quorum capacitas iumentis similis.* Über die Zwangsdiät (ἀναγκοφαγία) der Athleten vgl. Reisch, Real-Encykl. I 2058 ff. 10) Cyprian. de spectac. 8. Nach Hieron. adv. Jov. II 6 (Migne lat. XXIII 293) sind derbe Fleischspeisen erforderlich für *milites, athletae, nautae, rhetores metallorumque fossores.* 11) Plutarch. de sanitate praec. 20. 12) Epictet. Diss. II 18, 22: χαῖρε παράδοξε, οὐχὶ τοὺς σαπροὺς τούτους πύκτας καὶ παγκρατιαστὰς νικήσας, οὐδὲ τοὺς ὁμοίους αὐτοῖς τοὺς μονομάχους. Über die Verwerfung

tern der Athletik gehört Galen [1]): er war durch die Anmaßung ungebildeter Athleten noch besonders gereizt, die es wagten, in einer barbarischen und übellautenden Sprache gegen Ärzte ihr Geschrei zu erheben und sogar über Fragen der Diätetik zu schreiben, von denen sie nichts verstanden [2]). Mit Vorliebe hat er die Gelegenheit benutzt, seine Gesinnung in den stärksten Ausdrücken zu äußern. Nach ihm glich das Leben der Athleten dem der Schweine oder war noch schlimmer wegen des unaufhörlichen Zwangs zu übermäßigem Essen und Schlafen und zu gewaltsamen Körperanstrengungen [3]): es war ein Kreislauf von Essen, Trinken, Schlaf, Ausleerung und Herumwälzen in Staub und Kot [4]). Überdies zerstöre die Athletik die männliche Schönheit und gebe dem Körper eine widernatürliche, aber nur scheinbare Stärke, da er so zu einer Menge von Tätigkeiten untauglich werde und auch den Krankheiten viel weniger Widerstand leiste als im naturgemäßen Zustande; auch würden die Athleten (selbst abgesehen von den unvermeidlichen Beschädigungen und Verstümmelungen) früh untauglich zu ihrem Beruf, und es sei ihnen überdies nicht einmal möglich, Reichtum zu erwerben [5]). Das Gymnasium mache faul, schläfrig und geistesträge; viele würden dort so beleibt, daß sie nur mit Mühe Atem zu holen vermöchten; wichtige Geschäfte würde man eher Schweinen als Athleten anvertrauen [6]). Und nicht einmal in ihrer eigenen Kunst vermöchten sie etwas wirklich Erhebliches zu leisten. In einem gegen sie gerichteten Spottgedichte (wie es scheint eines Zeitgenossen) hieß es: wenn Zeus außer den Menschen auch alle Tiere zu den Wettkämpfen im Stadium berufen ließe, so würde nie ein Mensch bekränzt werden, sondern im einfachen Lauf der Hase, im Doppellauf das Reh, im Dauerlauf das Pferd, in den Kämpfen, welche die größte Stärke erfordern, Elefanten und Löwen, im Faustkampf der Stier, im Pankration der Esel siegen, und in den Geschichtsbüchern würde verzeichnet sein, daß in der 21. Olympiade der Iahschreier die Männer besiegte [7]).

Aber daß solche Ansichten damals in den griechischen Ländern keineswegs allgemein waren, geht schon daraus hervor, daß Galen junge Männer aufs ernstlichste warnen zu müssen glaubte, bei der Wahl ihres Lebensberufs nicht der Athletik vor nützlichen Künsten und Wissenschaften den Vorzug zu geben, wozu namentlich die Berühmtheit, die man dadurch bei der Menge erlange, verleiten könne [8]). Seit das griechische Leben seinen realen Inhalt verloren hatte, füllte ein Spielen mit den Schatten vergangener Herrlichkeit es aus. Mit leicht erklärlicher, zuweilen rührender Zärtlichkeit hingen die Epigonen an den alten Erinnerungen und suchten die trümmerhaften, zum Teil unkenntlich gewordenen Reste der Grundlagen hellenischer Kultur und hellenischen Ruhms zu erhalten. Dazu gehörte die Gymnastik in erster Reihe; sie war nach wie vor als eins der wichtigsten Bildungsmittel anerkannt und fand eine eifrige Pflege

der Athletik durch die Philosophen, namentlich die Stoiker und Kyniker, vgl. Norden, Jahrb. f. Philol. Suppl. XVIII (1891) 298 ff. R. Heinze, Philol. L (N. F. IV 1891) S. 459 ff. Jüthner, Philostratos über Gymnastik S. 46 f.

1) Jüthner a. a. O. S. 51 ff. 2) Galen. V 894 f. 3) ebd. I 28 f. (protr. 11). 4) ebd. V 878 f. 5) ebd. I 20 ff. (protrept. 9—14). 6) ebd. V 905. 7) ebd. I 36 (protr. 13; dazu Haupt, Opusc. III 445 f.). 8) Galen. I 20 f. (protr. 9).

in den Ephebeninstituten, die in allen einigermaßen bedeutenden griechischen Gemeinden von Massilia bis Berytus unverändert fortbestanden[1]).

Ansehen der Athleten in Griechenland.

Gymnasien und Agone erhielten nun eine um so größere Wichtigkeit, je enger der Kreis der höheren und edleren Interessen geworden war. »Die guten Griechen«, schreibt Trajan an den jüngeren Plinius, »hängen an den Gymnasien«[2]). Man konnte in Griechenland nicht bloß »diese spielenden Künste mit Ehren betreiben«[3]); auch hochgebildeten Männern erschienen die hervorragenden Athleten als Ideale von Mannheit, Kraft und Mut, von Schönheit und Keuschheit, die wohl mit den Heroen der Vorzeit verglichen werden könnten[4]). Noch immer strömte ganz Griechenland zu den pythischen und olympischen Spielen zusammen[5]), wo die seit Jahrhunderten bestehenden Ordnungen und Gebräuche im wesentlichen unverändert festgehalten wurden[6]); noch immer galt der Sieg zu Olympia als hoher Ruhm[7]); um ihn zu erlangen, unterzog man sich nicht nur den beschwerlichsten und durch ihre lange Dauer kostspieligsten Übungen, sondern wagte selbst das Leben[8]). Auch die Abstammung von einem Olympiasieger galt, besonders für einen Athleten, als ruhmvoll[9]). Bewährte Kämpfer wurden von ihren Gegnern mit vielem Gelde bestochen, sich besiegen zu lassen[10]). Pausanias, der eine Reihe von Beispielen solcher Bestechungen aus Olympia berichtet, wundert sich, daß dies nicht nur von Ägyptern, also Ausländern, geschehen war, sondern selbst von einem Eleer, der in der 192. Olympiade (12 v. Chr.), um seinem Sohne den Preis im Ringkampf zu verschaffen, dessen Gegner Geld gegeben hatte[11]). Olympiasieger wurden von Festgebern mit hohen Summen zur Mitwirkung bei ihren Schauspielen angeworben; Dio von Prusa gibt als Bezahlung 5 Talente (23575 Mark) an[12]). Die Namen derer, die an einem Tage den Doppelsieg im Ringen und im Pankration gewonnen hatten (Paradoxoniken)[13]), wurden in der ganzen Welt noch von

1) Über das Turnen der Epheben und über Schulagone vgl. Ziebarth, Aus dem griech. Schulwesen² S. 135 ff. 2) Traian. ad Plin. ep. 40, 2 *gymnasiis indulgent Graeculi.* Deshalb gehörten Schenkungen von Öl zu den beliebtesten. Ziebarth a. a. O. S. 63. 73 ff. 3) Tac. Dial. 10, 7. 4) Dio Chrys. or. 78, 6. 14 (II 287. 289 Arn.). 5) Vgl. oben I 387 und Philostrat. Vit. Apoll. VIII 18. 6) Hertzberg, Gesch. Griechenlands II 471 f. 7) Galen. V 463 sagt, den Chrysippos, der gesagt habe, daß verkehrte Neigungen und Abneigungen aus verkehrten Vorstellungen entstehen, müsse man fragen: διὰ τί τὴν μὲν νίκην τὴν [ἐν] Ὀλυμπίασιν καὶ τὴν τῶν ἀνδριάντων ἀνάθεσιν ἐπαινούμενά τε καὶ μακαριζόμενα πρὸς τῶν πολλῶν ἀκουόντων ὡς ἀγαθά, περὶ δὲ τῆς ἥττης καὶ τῆς ἀτιμίας, ὡς κακά, ἑτοίμως πειθόμεθα. Epictet spricht zwar in der oben S. 158 A. 12 angeführten Stelle Diss. II 18, 22 von den Athleten verächtlich; doch sagt er Man. 29, 2 (vgl. Diss. III 15, 2): θέλεις Ὀλύμπια νικῆσαι; κἀγώ, νὴ τοὺς θεούς· κομψὸν γάρ ἐστι. 8) Dio Chrys. or. 14, 21. 110 (I 224. 251 Arn.). 9) Philostrat. Vit. sophist. II 25, 6. Dio Chrys. or 78, 2 f. 79, 12 (II 286. 294 Arn.) rühmt das γένος λαμπρόν des Melankomas, dessen Vater Olympiasieger war. In einer Papyrusurkunde aus Hermupolis (Wilcken, Chrest. nr. 158) vom J. 267 verleiht Kaiser Gallien einem verwaisten Knaben Immunität von allen Ämtern und Liturgien, weil unter seinen Vorfahren berühmte Athleten gewesen sind; vgl. F. Oertel, Die Liturgie (1917) S. 391, 5. 10) Philostrat. De gymnast. 45, dazu Jüthner S. 247 f. 11) Pausan. V 21, 16. 12) Dio Chrys. or. 49, 11 (II 163 Arn.). 13) Plutarch. comp. Cimon. et Lucull. 2: τῶν ἀθλητῶν τοὺς ἡμέρᾳ μιᾷ πάλῃ καὶ παγκρατίῳ στεφανουμένους ἔθει τινὶ παραδοξονίκας καλοῦσιν. Doch wurde das Wort (und παράδοξος) bald in einem sehr viel weiteren Sinne gebraucht, auch von Sängern. Augustin. rhetor. 17 p. 147, 25 Halm: *vulgo etiam Olympionicas et ceteros victores graecorum et sacrorum certaminum paradoxos vocant.* Vgl. Liermann, Anal. epigraph. et agonistica, Diss. phil. Hal. X 91.

Enkeln und Urenkeln mit Bewunderung genannt: wie der des Ciliciers Nicostratus, dem dies zu Olympia in der 204. Olympiade (37 n. Chr.) als siebentem oder achtem nach Herakles[1]), und des Phöniciers Aurelius Helix, des ersten, dem es im kapitolinischen Wettkampfe (219 n. Chr.) gelang[2]).

Privilegien.

Überdies erfreuten sich die Athleten, namentlich die in Kampfspielen gekrönten, mancher Privilegien, die Augustus bestätigte und erweiterte[3]). Vermutlich gehörte schon damals dazu die Befreiung von lästigen und kostspieligen Kommunalämtern, die aber nach einem Reskripte von Diocletian und Maximian nur eintreten sollte, wenn sie sich lebenslänglich an Wettkämpfern beteiligt hatten und mindestens in drei »heiligen« Agonen (und zwar einmal zu Rom oder im alten Griechenland) mit Recht und nicht infolge von Bestechung der Mitbewerber bekränzt worden waren[4]). Heilige Agone waren diejenigen, welche die Kaiser mit dem Privilegium der feierlichen Einholung der Sieger in ihre Vaterstadt und der (auf die Reichskasse übernommenen) lebenslänglichen Speisung derselben ausgestattet hatten[5]). Die Städte, in denen berühmte Kämpfer auftraten, wetteiferten, sie durch Büsten und Statuen, Dekrete, Erteilung des Ehrenbürgerrechts und der Ratsherrenwürde auszuzeichnen[6]).

Zuweilen erwiesen die Athleten auch im Kriege ihre Tapferkeit. Mnasibulus aus Elatea, der in der 235. Olympiade (161 n. Chr.) zu Olympia gesiegt hatte, schlug (wohl 170)[7]) an der Spitze einer Freischar einen Kostobokenschwarm zurück und fiel selbst im Kampf[8]). An der tapferen Verteidigung von Byzanz gegen Septimius Severus (193—195) hatte ein Faustkämpfer einen hervorragenden Anteil[9]). Nach all diesem kann man kaum glauben, daß es in den griechischen Provinzen Anstoß gab, wenn Männer aus guten, selbst angesehenen Familien als Athleten öffentlich auftraten, obwohl freilich nur eine dies bestätigende Inschrift eines aus konsularischer Familie stammenden Athleten Claudius Apollonius Rufus aus dem 4. Jahrhundert bekannt ist[10]). Römer von Stande werden sich nur mit ihren Gespannen am Wagenrennen beteiligt haben, wie in einer der Olympiaden 190—195 (20 v. Chr. bis 1 n. Chr.) ein Viergespann des späteren Kaisers Tiberius[11]), in der 199. Olympiade (17 n. Chr.) eines des Germanicus[12]), in der 227. Olympiade (129 n. Chr.) eines des L. Minicius Natalis, Sohns des

1) Pausan. V 21, 10f. Lucian. Quom. hist. conscr. 9. Tac. Dial. 10, 7. Quintilian. II 8, 14 (*quem adulescentes senem vidimus*). Förster, Die Sieger in d. olymp. Spielen II (1892) nr. 621. 622. 2) S. über ihn oben S. 151. Cass. Dio LXXIX 10, 2. Philostrat. Heroic. 679; Gymn. 46; vgl. Münscher, Philol. Suppl. X (1907) S. 497 f. Jüthner a. a. O. S. 87 f. 284. 3) Sueton. Aug. 45, 3. 4) Cod. Just. X 54 (53); vgl. Pap. Lips. 44 (Mitteis, Chrest. nr. 381). 5) Cass. Dio LI 1, 2 οὕτω (ἱεροὺς) γὰρ τοὺς τὴν σίτησιν ἔχοντας ἀγῶνας ὀνομάζουσιν. Plin. ad Tr. 118 f. (über die *obsonia certaminum iselasticorum*). *Constitutor sacri certaminis iselastici* heißt Antoninus Pius in Puteoli CIL X 515 = Dessau 340. Mommsen RG. V 265, 1. Reisch, Real-Encykl. I 847 ff. 6) Vgl. z. B. IG XIV 1102 (Rom). Lebas-Waddington 1620a. 1620b (Aphrodisias); 1839 (Laodicea Syriae, 214 u. 221 n. Chr.). Tertullian. Scorpiace 6. Philostrat. Heroic. 678. Über Verleihung des Ehrenbürgerrechts vgl. Kuhn, Städt. u. bürgerl. Verfassung I 28, 122. Zahlreiche Anträge siegreicher Athleten an den Rat von Hermupolis auf Anweisung ihrer Pensionen bieten die Papyri, s. Wilcken, Chrestom. nr. 157. Ein Athlet als einer τῶν ἐν τῷ Μουσείῳ σειτουμένων φιλοσόφων IG XIV 1103, oben S. 157 A. 4. 7) A. v. Premerstein, Klio XII 1912 S. 147 ff. 8) Pausan. X 34, 5; vgl. IG IX 1 nr. 146 = Dittenberger, Syll.³ 871. 9) Cass. Dio LXXIV 14, 1. 10) IG XIV 1107. 11) Dittenberger-Purgold, Inschr. v. Olympia nr. 220 = Dittenberger, Syll.³ 782. 12) Dittenberger-Purgold a. a. O. nr. 221 = Dittenberger, Syll.³ 792.

Konsuls 106 oder 107, der später selbst Konsul war[1]), zu Olympia siegte. Auf dieselbe Art siegte gewiß der römische Senator, der dort in der Zeit des Pausanias sein Standbild errichten ließ, falls es ein Römer war[2]).

Schwinden der römischen Abneigung gegen das Athletentum seit dem 3. Jahrhundert.

Im allgemeinen war also die gesellschaftliche Stellung der Athleten während der früheren Kaiserzeit in den griechischen Provinzen eine bei weitem bessere als in Rom und Italien. Doch je mehr die immer massenhaftere Aufnahme griechischer und orientalischer Kulturelemente die allmähliche Zersetzung und endliche völlige Auflösung des eigentlichen Römertums beförderte, desto mehr mußte auch in Rom die Abneigung und Opposition gegen das Athletentum schwinden[3]). Als der Fußboden eines glänzenden Raums in den Thermen des Caracalla mit langen Reihen von Bildern siegreicher Athleten geschmückt ward[4]), als Cassius Dio den Doppelsieg des Aurelius Helix im kapitolinischen Agon in seine Jahrbücher eintrug, standen die Helden des Stadiums in der Hauptstadt und überall im Okzident gewiß in höherer Achtung als in der Zeit, in welcher Seneca, beide Plinius, Tacitus und Juvenal über den Unwert und die Verwerflichkeit der griechischen Übungen und Wettkämpfe sich so einstimmig aussprachen.

1) Dittenberger-Purgold a. a. O. nr. 236 = Dittenberger, Syll.³ 840. 2) Pausan. V 20, 8. 3) Über die Verbreitung der Athletenkämpfe in den westlichen Provinzen s. Anh. XX. 4) Helbig, Führer durch die öffentl. Samml. in Rom³ II 53 nr. 1240. Nach Hülsen-Jordan, Topogr. I 3 S. 195 f. gehören die beiden allgemein bisher in die Zeit Caracallas gesetzten großen Athletenmosaiken wahrscheinlich dem ausgehenden vierten Jahrhundert an. Übrigens wird sich von der nicht geringen Zahl römischer Athletendarstellungen (Verzeichnis der Athletenmosaiken bei H. Lucas, Jahrb. d. Arch. Inst. XIX 1904 S. 127 Anm. 1) wohl nur in den seltensten Fällen die Zeit mit einiger Sicherheit bestimmen lassen. F. Pinders Ansicht, daß das tusculanische Athletenmosaik (Mon. d. Inst. VI/VII 82 = Schreiber, Bilderatl. Taf. 23, 10) der Zeit Hadrians angehöre (Bull. d. Inst. 1862, 179 ff.), erklärt H. Hirzel (Ann. d. Inst. 1863, 412) mit Recht für ganz unsicher. Mutmaßlich in die letzte Zeit der Antonine wird ein Athletenmosaik in der ehemaligen Villa Casali auf dem Cälius gesetzt (Bull. arch. com. XIV 1886, 49 ff.).

IX. DIE MUSIK

Die römische Musik früh durch die griechische verdrängt.

Zwar haben auch die Römer, wie jedes höher organisierte Volk, seit den ältesten Zeiten Musik und Gesang gehabt; aber die bescheidenen Instrumente, die ohne Zweifel einfachen Weisen verstummten in den Tempeln wie auf den Bühnen vor den reicheren und kunstvollen Klängen griechischer Musik. Gegenüber der aus der Fremde eingeführten, hoch entwickelten Kunst konnte die einheimische sich nicht behaupten. Eine römische Musik, insofern damit eine Kunst im höheren Sinne des Worts gemeint ist, hat es nie gegeben, sondern nur eine auf römischen Boden verpflanzte griechische.

Die antike Musik eng mit der Poesie verbunden.

Die Kunst, welche die Römer von den Griechen überkamen, war von der modernen Musik wesentlich verschieden und hatte keineswegs deren Bedeutung, schon wegen ihrer viel geringeren Selbständigkeit, ihrer entschiedenen Unterordnung unter die Dichtkunst, mit der ihr Zusammenhang ungleich inniger und umfassender war als gegenwärtig. Der musikalische Vortrag war für die meisten Gattungen der Poesie ein notwendiger und unentbehrlicher Bestandteil der Kunstform, auch für solche, die nach heutigen Begriffen von der musikalischen Komposition ganz ausgeschlossen sind. Juvenal nennt den Dichter den, welcher tönende Wortkunst mit melodischen Weisen verknüpft[1]).

Es ist bekannt, daß die antike Tragödie und Komödie weit mehr Ähnlichkeit mit Oper und Singspiel hatte als mit unserm rezitierenden Schauspiel. Das römische Drama enthielt außer bloß gesprochenen Szenen musikalische unter Begleitung der *tibia*[2]) vorgetragene (*cantica*), und zwar sowohl rezitativische als eigentliche Gesangsszenen; auch wurde es wohl in der Regel von einer Ouvertüre eingeleitet[3]). Die ganze lyrische Poesie war für musikalischen Vortrag in Begleitung von Saiteninstrumenten bestimmt: es waren eben »Gesänge zur Lyra«[4]). Dies gilt nicht bloß von den Oden der griechischen Lyriker, wie Anakreon, Sappho, Alcäus, die in der Kaiserzeit allem Anschein nach häufig gesungen wurden[5]), sondern auch von denen des Horaz: er selbst nennt sie »Worte, die sich den Saiten gesellen sollen«[6]); und da ihre Bestimmung für Gesang mit Instrumentalbegleitung unzweifelhaft ist[7]), dürfen wir auch ohne ausdrückliche

1) Juv. 7, 18. 2) Die Wiedergabe von αὐλός (*tibia*) und κιθάρα mit Flöte und Zither ist durchaus irreführend und daher im Texte nach Möglichkeit vermieden worden. 3) Dziatzko-Hauler, Ausg. von Terenz Phormio⁴ S. 48ff. 4) Quintilian. I 10, 29. Plin. ep. VII 17, 3 *lyrica — chorum et lyram poscunt* unterscheidet die beiden Gattungen des Einzel- und Chorvortrages. 5) O. Jahn, Hermes II 1867 S. 427, 3; jedoch bei Plutarch. Qu. conv. VII 8, 2 scheint statt Σαπφοῦς ἀναδεχομένης das richtige ἀναλεγομένης zu sein. 6) Horat. C. IV 9, 4. Jahn a. a. O. S. 429. 7) Das von einem Chor gesungene Carmen saeculare hat Horaz selber »nicht nur gedichtet und in Noten gesetzt, sondern auch selbst dirigiert, im Festgewand auf der Kithara selbst den Gesang begleitend«, Elter, Donarem pateras (Bonner Univ.-Progr. 1907) S. 41.

Zeugnisse annehmen, daß sie gesungen wurden[1]). Aristides erhielt von Äskulap im Traume die Anweisung, sich auf Lieder und Gesänge zu legen, zu musizieren und dazu Knaben zu halten: er dichtete auch im Auftrage des Gottes (sowie der Athene) Päane und Hymnen auf verschiedene Götter, welche dann von seinen Knaben gesungen wurden[2]). Und wenn die Hendekasyllaben des jüngeren Plinius unter Begleitung der Lyra und Kithara gesungen wurden[3]), so wird man von den Hendekasyllaben des Catull dasselbe glauben dürfen[4]). Zur anakreontischen Poesie gehören die Verse des Dichterkomponisten Seikilos, die auf seinem in Aidin (bei Tralles im westlichen Kleinasien) gefundenen Grabdenkmal mit darüber gesetzten Noten und rhythmischen Zeichen eingemeißelt sind[5]). Der musikalische Vortrag elegischer Gesänge unter Begleitung des Aulos ist für die ältere Zeit mehrfach ausdrücklich bezeugt: auch die paränetischen Elegien des Theognis wurden so vorgetragen, er selbst sagt, daß junge Männer den Namen des Kyrnos zum Ton der kurzen Auloi singen würden; ebenso sind die Elegien des Mimnermus, Phokylides, Tyrtäus gesungen worden[6]). Ovid spricht die Hoffnung aus, daß seine Heroiden in Zukunft mit kunstvoller Stimme gesungen werden würden[7]). Gellius beschreibt ein Gastmahl, das ein reicher, junger, aus Kleinasien gebürtiger Musikfreund auf dem Lande bei Rom gab. Er besaß vortreffliche Chöre von Knaben und Mädchen, die nach der Tafel »in lieblicher Weise« viele Gedichte von Anakreon und Sappho und anmutige Liebeselegien neuerer Dichter sangen und auf der Kithara begleiteten[8]). Wenn also elegische Distichen auch damals gesungen wurden, so ist der bei demselben Gastmahl stattfindende Vortrag von Distichen der alten römischen Dichter Valerius Aedituus, Porcius Licinus und Q. Catulus durch den Rhetor Julianus ebenfalls als wirklicher Gesang zu denken: nur daß eben der antike, wesentlich rezitativische Gesang sich der Deklamation mehr oder weniger näherte, daher auch die Ausdrücke »singen« und »sagen« abwechselnd von demselben Vortrag gebraucht werden konnten[9]). Die ausdrückliche Nachricht, daß Vergils Eclogen auf dem Theater von Sängern vorgetragen wurden[10]), kann nach all diesem nicht anders als buchstäblich verstanden werden. Solche Vorträge wurden oft von rhythmischen Gesten begleitet[11]), so daß die Darstellung eine halb musikalische, halb ballettartige war. Ovid wurde im Exil durch die Nachricht erfreut, daß

1) Jahn a. a. O. S. 433. Die Frage, inwieweit die einzelnen Lieder auch alle wirklich komponiert und gesungen wurden, die Jahn ausdrücklich offen läßt, ist schwer zu beantworten; darüber Elter a. a. O. S. 41 ff. Die Äußerung von v. Wilamowitz, Textgeschichte der griech. Bukoliker (Phil. Untersuch. XVIII) S. 140: (Horaz) 'sang seine Verse nicht, er rezitierte sie', geht jedenfalls in dieser allgemeinen Fassung zu weit, ebenso wie F. Süß, Zeitschr. f. österr. Gymn. XXX 1879 S. 881 ff. 2) Aristid. or. 50, 38 f. (II 435 K.). 3) Plin. ep. VII 4, 9. IV 19, 4. 4) Es kann also *cantare Catullum* Horat. Sat. I 10, 18 auch buchstäblich verstanden werden. 5) Ramsay, Bull. corr. hell. VII (1883) 277 f., danach bei v. Jan, Musici script. graeci S. 450 ff., Suppl. S. 35 ff., vgl. Crusius, Philologus L 1891 S. 163 ff. LII 1893 S. 160 ff. 6) Theogn. 241. E. Rohde, Der griechische Roman[3] S. 149, 1. K. v. Jan, Jahrb. f. Philol. CXIX 1879 S. 589. 7) Ovid. a. a. III 345. 8) Gell. XIX 9, 3—5. 8 (*cantilenae*). 9) Gell. XIX 9, 10: *voce admodum quam suavi — cecinit* — 13: *dixit.* Bei Petron. 78, 5 sagt Trimalchio zu den *cornicines: dicite aliquid belli.* Ann. Flor. p. 184, 4 f. Roßb. *urbem illam ubi versus tui a lectoribus concinuntur.* Sidon. Apollin. ep. VIII 4, 2: *iambos, elegos, hendecasyllabos et cetera carmina — Narbonensibus cantitanda.* Vgl. Jahn a. a. O. S. 419 ff. 10) Donat. Vita Vergili p. 6, 90 f. Brummer. 11) *Odaria saltare:* Petron. 53, 11. Jahn S. 421 Anm. Tac. Dial. 26, 4: die Moderedner *iactant cantari saltarique commentarios suos.*

seine Gedichte oft auf dem Theater mit Beifall »getanzt« würden[1]). Obwohl wir über diese Darstellungsweise nichts Bestimmtes wissen, ist es doch nach der Analogie der Pantomimen sehr denkbar, daß der Text z. B. der Heroiden etwa von einem Chor gesungen wurde, während ein Tänzer den Inhalt pantomimisch ausführte. Und auch wenn vom »Gesange« der Epen Vergils und Homers die Rede ist[2]), wird man an wirklichen Gesang zu denken haben, der sich freilich der Rezitation hier noch mehr genähert haben mag als bei den übrigen Gattungen[3]).

Ebenso im Mittelalter.

Auch im Mittelalter blieb die Poesie lange mit der Musik aufs engste verknüpft. Die französischen Jongleurs des 12. und 13. Jahrhunderts sangen ihre Romanzen zur Begleitung der Viole oder Rotta (ein der Kithara ähnliches Saiteninstrument)[4]). Wie in Frankreich trat auch in Deutschland erst allmählich eine Scheidung zwischen Singen und Sagen, zwischen dem musikalischen und dem bloß rezitierenden Vortrage der Gedichte ein. Gesang und Instrumentalmusik waren gewöhnlich verbunden, und noch der Dichter der höfischen Zeit hatte nicht bloß die Worte, sondern auch die Weise zu erfinden, die er auf der Harfe, der Rotte oder der Fidel begleitete[5]). Noch zu Ende des 16. Jahrhunderts wurden die Epen des Ariost (wie des Tasso) überall in Italien gesungen und, wie es scheint, mit der Laute begleitet[6]). Der Gesang der Serben ist »mehr ein Sagen als ein Singen: der eintönige Klang des begleitenden Instruments, der Gusle, das nur eine Saite hat, fällt erst zu Ende des Verses ein«[7]).

In der Vokalmusik die Melodie dem Text untergeordnet.

Die Ausdehnung des musikalischen Vortrags auf fast alle Formen der Poesie im Altertum setzt ein Verhältnis zwischen Musik und Text voraus, das von dem gegenwärtig bestehenden ganz verschieden war. Während in der heutigen Gesangskomposition zu Zeiten wenigstens die Musik den Vorrang vor dem Texte behauptet, war es in der antiken gerade umgekehrt. Gegenüber dem poetischen Text hatte die Melodie nur eine sekundäre Bedeutung, wie Rhythmus und Versmaß: wie diese war sie nur ein formelles Element der Komposition, wobei allerdings zu bedenken ist, daß die Form in der alten Kunst einen ganz andern Wert hatte als in der modernen. Also auch in der Vokalmusik, die allein im Altertum eine reiche und kräftige Entwicklung gehabt hat, hatte die Melodie kein selbständiges Leben, ihr Wert lag in der Treue, mit der sie dem Text angepaßt war, in der Wahrheit und Angemessenheit der Deklamation, sie muß eben, wie gesagt, wesentlich rezitativisch gewesen sein[8]). »Dies zeigen besonders die neu entdeckten delphischen Hymnen, wo die Linienführung der Melodie durchaus

1) Ovid. Trist. II 519. V 7, 25. Vgl. oben S. 135. 2) Juv. 11, 180f. und sonst. 3) »Der einfache vokalische Gesang, ein einförmiges Rezitativ, reicht bei den semitischen Völkern ins höchste Altertum zurück und war unzertrennlich mit der Poesie verbunden; denn das, was wir deklamatorischen Vortrag eines Gedichts nennen, besteht bei den Arabern in einer gesangähnlichen, mit gewisser konventioneller Stimmodulation und in stetem Anschluß an das Versmaß stattfindenden Rezitation« v. Kremer, Kulturgeschichte d. Orients I 28. 4) H. Riemann, Handbuch der Musikgeschichte I 2 S. 232ff. F. Beck, La musique des Troubadours, 1907. 5) Weinhold, Die deutsch. Frauen² I 150ff. 6) Montaigne, Journ. du voyage en Italie 1580—81, III 37: »*je fus frappé de voir ces paysans* (*en Toscane*) *un luth à la main et de leur côté les bergères ayant l'Arioste dans la bouche; mais c'est ce qu'on voit dans toute l'Italie*«; vgl. Hübner, Sixte-Quint I 125. 7) Ranke, Sämtl. Werke XLIII. XLIV 46. Vgl. Murko, N. Jahrb. f. klass. Altert. XLIII 1919 S. 285. 8) Ambros, Gesch. d. Musik I 446. Vgl. die dort S. 451 A. I gegebene Transskription des Hymnus des Dionysios an Helios nach Bellermanns Rhythmisierung.

durch den Sprachakzent in ihrem Steigen und Fallen bestimmt ist. Dieser rezitativische Stil scheint der vorherrschende gewesen zu sein. Es gab aber auch schon sehr früh einen Melodienstil, der sich von dieser Bevormundung durch die Sprache frei machte, wie er sich in einem der ältesten und dem jüngsten Beispiele der uns erhaltenen Gesangskompositionen (einem Fragment aus dem Orest des Euripides und dem Liede des Seikilos) zeigt. Soweit wir über diese Fragen ein geschichtlich begründetes Urteil haben, verdankt die Musik diese Emanzipation dem jüngeren Dithyrambos, dem sich Euripides angeschlossen hat. Beide Stilarten scheinen dann bis tief in die römische Kaiserzeit nebeneinander weiter geblüht zu haben« (Crusius)[1]).

Das griechische Tonsystem hatte einen sehr viel geringeren Umfang als das unsere, dessen höchste und tiefste Tonlagen ihm fehlten. Für die Singstimme ward als Äußerstes der Umfang zweier Oktaven angenommen, doch bewegte sie sich am liebsten und besten innerhalb einer einzigen[2]).

Keine Harmonie in der Vokalmusik.

Außer dem Gesange der Einzelstimmen kannte das Altertum nur den Chorgesang. Aber dieser war von jenem nur dadurch verschieden, daß der Vortrag der Melodie durch eine größere Stimmenzahl verstärkt wurde; denn er war unison und Mehrstimmigkeit des Gesangs dem Altertum überhaupt unbekannt (wie es die Harmonie den Griechen[3]) und Orientalen noch heute ist); erst das christliche Mittelalter ist dazu gelangt. Es gab im antiken Chor nur eine Verschiedenheit in Oktaven, wenn Männer und Knaben oder Männer und Frauen zusammen sangen[4]). Der Chor wurde von einem in der Mitte stehenden Dirigenten geleitet, der gewiß immer zugleich Vorsänger war und dem es natürlich hauptsächlich oblag, die Singenden in Takt und Einklang zu erhalten[5]). Während aber über den Mangel dessen, was wir Harmonie nennen, im Gesange kein Zweifel sein kann, scheint nicht bestritten werden zu können, daß die Instrumentalbegleitung sich schon in der klassischen Zeit auch heterophon, also abweichend von der Melodie des Gesangs, bewegen konnte. Nur darf man diese Begleitung (welche höher lag als der Gesang) nicht für eine mehrstimmige halten. Es handelte sich vielmehr lediglich um eine vom Spieler vorgenommene Auszierung der Melodie des Sängers, nicht um eine selbständige Kontrapunktierung[6]).

1) Vgl. O. Crusius, Die delphischen Hymnen, Philol. LIII 1894 Ergänzungsheft. 2) »Das antike Notensystem reicht vom großen F bis zum g″, wenn man die Haupttöne mit den weißen, die Nebentöne mit den schwarzen Tasten unseres Klaviers vergleicht. Die Hauptoktave reicht von f—f′. Dies war die für alle Sänger bequemste Oktave, ihre absolute Tonhöhe muß demnach wohl um 2—3 Töne tiefer gewesen sein, etwa c—c′ oder d—d′. Bellermann, Anonymi scriptio de musica (1841) Einl. S. 12 f.« K. v. Jan. 3) K. Mendelssohn-Bartholdy, Gesch. Griechenl. I 44. Christ u. Paranikas, Anthol. graeca carm. christian. p. CXIII. Auch die altägyptische Musik hat schwerlich die Harmonie gekannt: Ambros a. a. O. I 156 f. 4) Aristot. probl. 19, 14. 17. 39. Riemann a. a. O. I 1 S. 6. 5) Cass. Dio LVI 35, 4 ἐμοῦ ὥσπερ ἐν χορῷ τινι τὰ κεφάλαια ἀποσημαίνοντος καὶ ὑμῶν τὰ λοιπὰ συνεπηχούντων. Dio Chr. or. 39, 4 (II 122 Arn.): κορυφαίους — τοὺς σημαίνοντας τοῖς ᾄδουσι καὶ μέλος ἐνδιδόντας. Julian. epist. 41, 421 B: οἱ τῷ χοροστάτῃ πρὸς τὸ ἀνάκλημα τοῦ ῥυθμοῦ συνομαρτοῦντες. Colum. r. r. XII 2, 4 *ubi chorus canentium non ad certos modos neque numeris praeeuntis magistri consensit.* Apulei. de mundo 35 *quod est in triremi gubernator, in curru rector, praecentor in choris.* Plin. ep. II 14, 6 *cum mesochorus dedit signum*, vgl. Schol. Juven. 11, 172. Sidon. Apoll. ep. I 2, 9. Audollent, Defix. tabul. nr. 15, 22; ἀρχέχορος IG XIV 1618 = Kaibel, Epigr. gr. 603, 1. CIL VIII 22643, 2 (Lampeninschrift) *Vita Donato coro magistro* (dazu Gutjahr-Probst, Archiv f. Lexikogr. II 1885 S. 612 f. gegen Wölfflin ebd. S. 227). 6) Guhrauer, Philolog. Abhandlungen f. M. Hertz (1888) S. 177 f. Gevaert, Histoire et théorie de la musique de

In der Instrumentalmusik lag der Schwerpunkt nicht im Zusammenspiel mehrerer Instrumente, sondern im Solospiel, also in der Wirkung des einzelnen Instruments, der Virtuosität des einzelnen Künstlers: schon dies beweist hinlänglich, daß die ganze Gattung in der klassischen Zeit nur kümmerlich entwickelt war[1]). Ebenso macht die Einfachheit oder vielmehr Dürftigkeit der instrumentalen Mittel es vollkommen begreiflich, wie sehr diese Musik dem Gesange untergeordnet war und bleiben mußte. Denn sie war im wesentlichen auf zwei Instrumente beschränkt, die Kithara und den Aulos, alle übrigen standen außerhalb der eigentlichen Kunst, wie Hörner und Tuba[2]), die besonders zur Schlachtmusik, Zimbeln, Pauken und andere Lärminstrumente, die besonders zu bacchischen Festlichkeiten verwandt wurden. Der Wasserorgel, einem spät erfundenen Luxusinstrument, scheint in der römischen Kaiserzeit ein Platz unter den künstlerischen Instrumenten eingeräumt worden zu sein, wie sie denn auch (allerdings wohl eben nur in Rom) zur Preisbewerbung in musikalischen Wettkämpfen zugelassen wurde. Daß ihre Ausdrucksfähigkeit als nicht unbedeutend galt, bezeugt Quintilian, der ihren Tönen die Macht zuspricht, das Gemüt des Hörers anders zu stimmen, aufzuregen und zu beruhigen[3]). Instrumentalmusik.

Unter den Blasinstrumenten war der Aulos (*tibia*) das eigentliche Instrument der Künstler und Virtuosen[4]), namentlich der alexandrinischen[5]). Es war bekanntlich keine Flöte, sondern ein Rohrblattinstrument, und zwar mit doppelter Der Aulos.

l'antiquité I 370: »*la polyphonie hellénique — se rapprochait de la manière en usage chez les chanteurs au luth du XV. et XVI. siècle*«. K. v. Jan, Jahrb. f. Phil. CXIX 1879 S. 583. Riemann a. a. O. I 1 S. 114ff. Deshalb sind auch alle modernen akkordischen Bearbeitungen der antiken Musikreste zu verwerfen.

1) Vgl. Ambros I 461—494. 2) Die Tuba (σάλπιγξ) glich in ihrem Ton nicht der Trompete, sondern dem Signalhorn der deutschen Armee. K. v. Jan bei Baumeister, Denkmäler d. kl. Altert. III 1657. F. Behn, Mainzer Zeitschr. VII 1912 S. 36f. Der in den griechischen Wettkämpfen (auch den gymnischen, Mie, Quaestiones agonisticae S. 22) seit alter Zeit vielfach bezeugte Agon des (Heroldes und des) σαλπιγκτής (A. Müller, Griech. Bühnenaltert. S. 403, 2; z. B. in Aphrodisias CIG 2758f. σαλπιγκτῇ — κήρυκι — ἐγκωμιογράφῳ — ποιητῇ — πυθαύλῃ usw., in Thespiae IG VII 1772 u. a.) oder *tubicen* (auch *tubocantius* CIL VI 10149 = Dessau 5250) begegnet auch bei den Augustalia in Neapel (Dittenberger-Purgold, Inschr. von Olympia nr. 56 Z. 13), auf die sich auch Seneca ep. 76, 4: *theatrum Neapolitanorum — ingenti studio, quis sit pythaules bonus, iudicatur, habet tubicen quoque Graecus et praeco concursum* bezieht (*encomiographos graecos* erwähnt offenbar bei demselben Agon M. Aurel bei Fronto ep. ad M. Caes. II 6 p. 31). 3) Quintilian. IX 4, 11. I 10, 25; vgl. Cic. Tusc. III 43 *hydrauli hortabere ut audiat voces potius quam Platonis?* Ausführlich über den Bau des Instruments K. v. Jan bei Baumeister I 563ff., welcher S. 569 bemerkt, daß nie ein Orgelspieler in einer Inschrift als gekrönter Sieger erwähnt wird, und die Orgel bei Musikschriftstellern wie Plutarch und Ptolemäus nicht vorkommt; sie scheine besonders im Amphitheater als Signalinstrument verwandt worden zu sein (vgl. die Darstellung von Orgelspieler und Tubabläser auf dem Mosaik von Nennig, ebd. S. 567 und mehr bei Tittel, Real-Encykl. IX 75f.). H. Degering, Die Orgel, ihre Erfindung und ihre Geschichte bis zur Karolingerzeit, Münster 1905. S. unten S. 177 A. 10. 4) Den einfachen Aulos halten für das Instrument der Solisten Ambros I 484 und Guhrauer (Jahrb. f. Phil. CXXI 1880 S. 689ff.), vgl. auch Gevaert a. a. O. II 270ff. Dagegen hält v. Jan (Jahrb. CXIX 1879 S. 581—584) dafür den Doppelaulos, welcher in der Regel zweistimmig gespielt worden sei, indem das eine Instrument die Melodie führte, das andre einen hohen Begleitton aushielt. Vgl. v. Jan, Verhandl. der 39. Philologenvers. in Zürich 1887 S. 80, wo der Aulos als »Doppelklarinette« bezeichnet ist, und bei Baumeister I 553ff. Über die Arten des Doppelaulos der römischen Theatermusik vgl. K. v. Jan, Jahrb. a. a. O. S. 591, 21 und bei Baumeister I 560f. Dziatzko-Hauler a. a. O. S. 51. 5) Crusius, Ad Plut. de proverb. Alex. libell. comment. (1895) S. 12f.

Zunge, unseren Schalmeien und Oboen entsprechend[1]). Sein Ton war nicht sanft und milde, zum Ausdruck der Trauer und Zärtlichkeit geschaffen, sondern wird als keck und leidenschaftlich, wild und aufregend geschildert: doch darf man bei diesen Schilderungen nicht vergessen, daß sie mit Rücksicht auf den farblosen Klang der antiken Saiteninstrumente gemacht sind[2]).

Die Saiteninstrumente.

Die Saiteninstrumente, Lyren und Kitharen (nahe verwandte, daher auch identifizierte Formen derselben Gattung)[3]), waren Instrumente ohne Griffbrett, mit Darmsaiten oder Tiersehnen (Metallsaiten waren dem Altertum unbekannt), deren Zahl sehr allmählich auf elf, dann gelegentlich auf achtzehn stieg. Daneben fand eine Menge von orientalischen Harfen in Griechenland Eingang, die alle mehr oder minder dem assyrisch-hebräischen Psalter ähnlich gewesen zu sein scheinen[4]). Keine derselben erlangte die Bedeutung der Lyren; diese, die man in sehr verschiedenen Größen hatte, »waren in der griechischen Musik, was die Geigeninstrumente in der unsern sind, die auch in allen Größenabstufungen die Töne von den tiefsten Tiefen des Basses an bis zur höchsten Höhe des Diskants beherrschen«. Gespielt wurden die Lyren teils mit den Händen, teils mit einem kleinen Schlaginstrument (Plectrum), das, wie es scheint, nur bei der Begleitung des Gesangs angewandt wurde, nicht bei der instrumentalen Kitharistik, da sich Läufe und schnelle Passagen mit den Fingern besser ausführen ließen[5]). Die Kunst, Saiten mit dem Bogen zu streichen (eine Erfindung der Araber), ist dem Altertum völlig unbekannt geblieben[6]).

Lyra und Kithara nun, deren Tonwirkung und Ausdrucksfähigkeit wir uns nur als eine nach jetzigen Begriffen höchst geringe vorstellen können, nahmen in der griechischen Instrumentalmusik unbestritten den ersten Rang ein. Auch deshalb hatte die Kithara ein höheres Ansehen als der Aulos, weil sie schwerer zu spielen war. Ihr wandten sich die Virtuosen hauptsächlich zu[7]), die Technik war trotz der beschränkten Kunstmittel (wie auch beim Gesange) eine schwierige, um so mehr Bewunderung fand eine vollendete Ausführung. Ausgezeichneten

1) A. Howard, The Αυλὸς or Tibia, Harvard Studies IV 1893 S. 1 ff. Riemann a. a. O. I 1 S. 96 ff. Dagegen erblickt K. v. Jan (bei Baumeister I 553; vgl. Berl. philol. Wochenschr. 1893 S. 207 ff.) in dem griechischen Aulos keine Oboe, sondern eine Klarinette. Über erhaltene αὐλοί T. Lea Southgate, Journ. of Hellen. Stud. XXV 1915 S. 12 ff. 2) Ambros a. a. O. S. 476. H. Abert, Die Lehre vom Ethos in der griech. Musik (1899) S. 61 ff. 3) Über die Unterschiede zwischen beiden vgl. K. v. Jan, Archäol. Zeitung XVI 1858 S. 181 ff; De fidibus Graecorum (Diss. Berol. 1859) S. 5 ff. und bei Baumeister III 1539 ff. Über die älteste Technik des Leierspiels M. C. P. Schmidt, Altphilolog. Beiträge III (1909) S. 13 ff. 4) v. Jan bei Baumeister III 1544 ff. 5) v. Jan, Zürich. Philol.-Versamml. S. 80. 6) Über die Saiteninstrumente Ambros I 461—476. 7) v. Wilamowitz, Timotheos Perser S. 64 ff. Cic. pro Murena 29: *ut aiunt in Graecis artificibus eos auloedos esse, qui citharoedi fieri non potuerint.* K. v. Jan, Jahrb. CXIX 1879 S. 591 erklärt dies aus der geringen Beliebtheit der Aulodik. Unter dieser verstand er den Vortrag eines abwechselnd spielenden und singenden Auleten, Guhrauer (ebd. CXXI 1880 S. 689 ff. und Zur Geschichte d. Aulodik bei den Griechen, Progr. v. Waldenburg in Schl. 1879) wohl richtig den eines Solosängers, der von einem Auleten begleitet wird. Der Gesang einer mittleren Männerstimme unter Begleitung einer Art Oboe, die etwa in der höheren Oktave unison mitging, kann nicht besonders anziehend oder doch nur zu bestimmten Zwecken geeignet gewesen sein. Die Begleitung des Sologesangs fiel der Kithara zu, die auch nicht einen zweiten Musiker erforderte; dem Aulos blieb (außer der Verwendung als Soloinstrument der Auleten) die Aufgabe, die Chöre zu begleiten und mit seinem stärkeren Ton zu halten. Guhrauer, Z. Gesch. d. Aulod. S. 15 f., ebenso jetzt v. Jan, Zür. Phil.-Vers. S. 80.

Kitharaspielern wurde nachgerühmt, daß sie die Saiten mit beredtem Finger durchliefen und sie gleichsam wie mit menschlicher Stimme ertönen ließen[1]).

Zusammenspiel von Instrumenten.

Kithara und Aulos wurden auch verbunden, sowohl zu selbständigem Zusammenspiel als zur Begleitung des Gesangs[2]). Bei den Römern begleitete der Aulos allein mehr den dramatischen, die Kithara den nichtdramatischen Gesang, namentlich lyrische Chöre[3]). Überhaupt war anerkannt, daß dieselbe Gattung des Gesangs nicht für Kithara und Aulos passe[4]). Auch die Verbindung von Instrumenten derselben Gattung zu selbständigem Spiel kannte bereits die ältere griechische Musik; es gab u. a. eine Hochzeitsmusik für zwei in Oktaven gestimmte Auloi, einen größeren und einen kleineren, die durch ihr Zusammenspiel die Harmonie der Ehe und zugleich den Vorrang des Manns ausdrücken sollten[5]).

Dürftigkeit der Instrumentalmusik.

Wie groß der Abstand aber auch vom Zusammenspiel des Aulos und der Kithara zu unserm Orchester, von antiker Instrumentalmusik zur modernen Symphonie ist, braucht nicht erst gesagt zu werden. Zunächst tritt auch hier jene Eigentümlichkeit der antiken Kunst hervor, die durch ihren strengen Idealismus bedingt ist, und durch welche sie sich nicht am wenigsten von der modernen unterscheidet: die ungemeine Sparsamkeit in den Mitteln, mit denen sie ihre Wirkungen erstrebt. Aber auch in ihren Zwecken sind moderne und antike Instrumentalmusik grundverschieden. Gewisse Stimmungen und Empfindungen ausdrücken und hervorrufen, das allerdings wollte und vermochte auch jene; und auch zu einer gewissen Mannigfaltigkeit des Ausdrucks befähigten sie (namentlich in der späteren Zeit) ihre Mittel. Aristides Quintilianus teilt die Instrumente in männliche und weibliche. Unter den Blasinstrumenten gehört zu den ersteren die Trompete (Tuba), zu den letzteren der phrygische Aulos, zwischen beiden stehen der (tiefere) pythische, der mehr Männliches, und der (höhere) Choraulos, der mehr Weibliches hat. Unter den Saiteninstrumenten ist die Lyra männlich, die Sambyke (mit kurzen Saiten und hohen Diskanttönen) weiblich, das Polyphthongon nähert sich der letzteren, die Kithara der ersteren. Zwischen diesen die Hauptcharaktere repräsentierenden Instrumenten stehen dann wieder noch andere[6]). Im allgemeinen galt als Wirkung der Saiteninstrumente eine Erhebung des Geistes in eine Sphäre friedlicher Ruhe und ungetrübter Klarheit, als Wirkung der Blasinstrumente eine Steigerung der Affekte. Der Aulet Canus, der in der zweiten Hälfte des 1. Jahrhunderts als unerreicht galt, und von dem die Äußerung berichtet wird: wenn seine Zuhörer wüßten, wie viel mehr Genuß sein Spiel ihm selbst als ihnen bereite, würden sie ihn dafür nicht bezahlen, sondern sich bezahlen lassen[7]), rühmt bei Philostrat von seinem Instrument (dem pythischen Aulos), daß es vermöge, die Trauer zu lindern, die Freude zu steigern, den Liebenden noch mehr zu entflammen, den Andächtigen zu erheben[8]).

1) Anthol. lat. 113. 114 R. 2) So schon Pindar Ol. 3, 13: φόρμιγγά τε ποικιλόγαρυν καὶ βοὰν αὐλῶν ἐπέων τε θέσιν συμμίξαι πρεπόντως. Eine wechselnde Begleitung von Blas- und Saiteninstrumenten nimmt O. Jahn a. a. O. S. 431 bei Horat. Epod. 9 an (v. 5: *sonante mixtum tibiis carmen lyra, hac Dorium, illis barbarum*). 3) Plin. ep. VII 17, 3. Gell. XIX 9, 3. 4) Aristid. Quintilian. de mus. II 12 p. 55, 34 Jahn: οὐ γὰρ ταὐτὸν ᾠδῆς εἶδος ἔν τε κιθάρᾳ καὶ ἐν αὐλῷ πρέπον. 5) Pollux IV 80; vgl. 83: Ἀθήνησι δὲ καὶ συναυλία τις ἐκαλεῖτο· συμφωνία τις αὕτη τῶν ἐν Παναθηναίοις συναυλούντων, οἱ δὲ τὴν συναυλίαν εἶδος προσαυλήσεως οἴονται ὡς τὴν αὐλῳδίαν. 6) Aristid. Quintilian. II 16 p. 61 f. Jahn, vgl. c. 19 p. 65 f. 7) Plutarch. An seni ger. s. resp. 5; vgl. Galba 16. Martial. IV 5, 8. III 3, 8. 8) Philostrat. Vit. Apoll. V 21. Abert a. a. O. S. 62 f.

Vergleichung mit der modernen Instrumentalmusik.

Aber niemals hat die antike Musik sich die Aufgaben auch nur gestellt, welche die moderne Symphonie mit ihren freilich unendlich reicheren Mitteln löst: sie, die den Hörer auf alle Höhen, in alle Tiefen des Gemütslebens trägt, durch den Ausdruck des Unaussprechlichen erschüttert und rührt, die finstern Geister und die Lichtgestalten beschwört, die um die Herrschaft in der Menschenseele ringen. Schon J. M. Gesner erklärte, daß sein Kollege an der Thomasschule Johann Sebastian Bach allein mit der Orgel Wirkungen hervorzubringen vermöchte, die viele Zitherspieler und sechshundert Flötenbläser nicht zustande bringen würden; und obwohl »ein besonderer Verehrer des Altertums«, meinte er, daß sein einer Bach, und wer ihm etwa gleiche, viele Orpheus und zwanzig Arions in sich vereinige[1]). Vollends von einer Beethovenschen Symphonie mit der elementaren, hinreißenden und schmelzenden Gewalt ihrer Tonfluten zu den einfachen Klängen der Kitharen und Auloi kann der Abstand nicht geringer gedacht werden, als von einem der großen Gemälde von Raffael oder Michelangelo mit ihrer Gestaltenfülle, ihren großen Licht- und Schattenmassen, ihrem gewaltigen Inhalt und hinreißenden Ausdruck zu den einfachen und anspruchslosen, wenn auch oft edlen und anmutigen Figuren griechischer Vasenbilder[2]).

Programmusik.

Doch unternahm allerdings schon die griechische Instrumentalmusik auch ohne Gesangbegleitung Handlungen darzustellen[3]), wie in der für den Aulos ohne Gesang gesetzten sogenannten »pythischen Weise«, die den Kampf Apolls mit dem Drachen zum Gegenstand hatte und aus fünf Sätzen bestand. Im ersten Satz erkor sich der Gott den Kampfplatz, im zweiten forderte er den Drachen heraus, der Gegenstand des dritten war der Kampf selbst: hier ahmte der Aulos die Trompetenstöße der Schlachtmusik und das Zähneknirschen des von Apollos Pfeilschüssen getroffenen Ungeheuers nach. Der vierte Satz enthielt den Sieg, im fünften tanzte der Gott den Siegesreigen[4]). Der als Kitharöde berühmte Milesier Timotheus hatte in seinem Dithyrambus »Nauplios« einen Seesturm musikalisch darzustellen versucht; freilich spottete der Aulet Dorion: er habe schon in siedenden Kochtöpfen größere Stürme gehört[5]).

In Rom Verstärkung und Vermischung der musikalischen Mittel und Wirkungen.

Insofern überhaupt von einer Weiterentwicklung der griechischen Musik bei den Römern die Rede sein kann, ist diese auf keinen Fall ein Fortschritt in künstlerischem Sinne gewesen. Sie bestand, wie bei allen übrigen Künsten, die von griechischem auf römischen Boden verpflanzt worden sind, in einer Verstärkung oder vielmehr Vergröberung der Mittel und in einer Vermischung heterogener Elemente zu zwar stärkeren, aber auch unreineren Wirkungen, wie sie dem roheren Geschmack der Römer zusagten. Schon in Augustus Zeit war

1) Gesner zu Quintilian. I 12; vgl. Spitta, Joh. Seb. Bach II 89 f. 2) Ambros I 510. 3) Vgl. H. Guhrauer, Altgriechische Programm-Musik, Gymn.-Progr. Wittenberg 1904. 4) Ich folge hier H. Guhrauer (Der pythische Nomos, Jahrb. f. Philol. Suppl. VIII 1875 S. 311—351); nur daß ich mit K. v. Jan (Philologus XXXVIII 1879 S. 378 ff. u. Jahrb. CXIX 1879 S. 577), dessen Ansicht sich nachträglich Guhrauer selbst (Jahrb. CXXI 1880 S. 703 ff.) angeschlossen hat, keine Mitwirkung zweier anderer Instrumente (σάλπιγξ und σύριγξ) annehme. Guhrauer gibt m. E. mit Recht (Pyth. Nom. S. 322 f.) dem Bericht des Pollux IV 84 den Vorzug vor dem des Strabo IX 421; auch seine Annahme, daß Strabo den Timosthenes nicht als Komponisten, sondern als Gewährsmann genannt habe und die Stelle durch eine Lücke entstellt sei (S. 316), halte ich für sehr wahrscheinlich. Mit Recht weist er auch darauf hin (S. 341), daß auch die römische Benennung des Solisten als *pythaules* voraussetzt, daß der pythische Nomos ein Solostück war. Vgl. Riemann a. a. O. S. 60 f.
5) Athen. VIII 338 A; vgl. dazu v. Wilamowitz a. a. O. S. 80, 2.

der Aulos durch Verlängerung des Rohrs, Vermehrung der Löcher und Messingbeschlag ein Instrument geworden, das mit der Tuba wetteifern konnte[1]), und unterschied sich wohl vom alten Aulos nicht weniger als ein jetziger Konzertflügel von den kleinen Spinetten unserer Urgroßeltern[2]). Und diese Verstärkung der Klangwirkung beim Aulos dürfte entsprechende Veränderungen im Bau andrer Instrumente sehr bald zur Folge gehabt haben; wenn auch freilich erst Ammianus Marcellinus von Lyren »so groß wie Karossen« spricht[3]).

Außer den Verstärkungen der einzelnen Instrumente war es ebensowohl die massenhafte Vereinigung von Instrumenten derselben Gattung wie das Zusammenspiel von zahlreichen verschiedenen, wodurch starke Wirkungen erzielt wurden. Jenes war mindestens schon in der Diadochenzeit, namentlich am Hofe von Alexandria vorgekommen, wo Ptolemäus Philadelphus bei einer riesenhaften, überprächtigen Prozession unter anderm einen Chor von 600 Männern aufführte, unter denen 300 Kitharisten zusammenspielten, die durchaus vergoldete Kitharen und goldene Kränze trugen[4]). Wahrscheinlich war auch das Zusammenspiel verschiedenartiger Instrumente bereits in Alexandria nicht ungewöhnlich, da es ja der ägyptischen Musik seit urältester Zeit eigentümlich war. Schon in den Monumenten des Alten Reichs sieht man Saiten-, Blas- und Schlaginstrumente zusammenwirken, zuweilen auch gleichartige, z. B. zwei Harfen, acht Flöten usw.[5]). Noch glänzender und prächtiger als im Alten ist das ägyptische Musiktreiben nach den Darstellungen auf den Monumenten im Neuen Reiche. »Die Orchester dieser Epoche sind zahlreicher besetzt, Harfen mischen ihre Töne mit Lyren, mit Flöten, mit Doppelpfeifen, mit Gitarren und Handpauken«; wobei übrigens vorwiegend Frauenzimmer als Spielerinnen und Sängerinnen erscheinen[6]). Schwerlich unterließ der prachtliebende Hof von Alexandria, seinen zauberhaften Festen und Aufzügen durch die deren Charakter so angemessene einheimische Instrumentalmusik noch höheren Glanz zu geben[7]).

Massen zusammenwirkender — und Zusammenspiel verschiedenartiger Instrumente.

In Rom hatte ungriechische Musik schon früh Eingang gefunden. Schon seit den Feldzügen in Kleinasien spielten Weiber (in deren Händen die Musik im Orient von jeher in erster Linie war)[8]) bei Gastmählern und Gelagen die Sambyke[9]), und später strömten syrische Musikantinnen (*ambubaiae*, vom syrischen *abbub* Pfeife), die sich auf öffentlichen Plätzen mit ihren heimischen Instrumenten (Pfeifen, Saitenspiel und Pauken) hören ließen[10]), immer zahlreicher nach Rom. Die babylonische Sackpfeife wird in Rom erst in der Kaiserzeit erwähnt (Nero wollte sich darauf hören lassen)[11]), mag aber ebenfalls dort schon lange bekannt gewesen

Einfluß ungriechischer —

1) Horat. A. P. 202. Vgl. K. v. Jan bei Baumeister I 558. 2) W. v. Kügelgen († 1867), Jugenderinnerungen eines alten Manns S. 348: »Der Klang damaliger (1817) Instrumente verhielt sich zu dem heutigen wie Kindertrommeln zu Kesselpauken.« 3) Ammian. Marcellin. XIV 6, 18. 4) Athen. V 201 F. 5) Ambros I 155. 6) Ambros I 163. 7) Worauf die von Ambros I 313 f. angeführte Angabe O. Müllers (Gr. Litteraturgesch. I³ 275) beruht: »An den Höfen der mazedonischen Herrscher, von Alexander an, wurden Symphonien von Hunderten von Instrumenten aufgeführt, und man muß nach den Angaben der Alten glauben, daß damals die Instrumentalmusik, besonders im Fach der Blasinstrumente, nicht weniger reich und mannigfaltig gewesen ist als die unsere« (?) ist mir unbekannt; bei Plutarch. de mus. 18, welche Stelle Müller zitiert, steht nichts davon. 8) Ambros I 183. 9) Liv. XXXIX 6, 8 *tunc psaltriae sambucistriaeque* (Ambros I 181) *et convivalia ludorum oblectamenta addita epulis.* 10) Horat. Sat. I 2, 1. Juv. 3, 63 ff. 11) Suet. Nero 54. Ambros. I 180 f. (wo aber der *pythaules* mit dem *utricularius* verwechselt wird).

besonders ägyptisch-alexandrinischer Musik.

sein. Am meisten dürfte jedoch seit dem Anfang der Kaiserzeit der Einfluß der ägyptisch-alexandrinischen Musik zur Neugestaltung der römischen, besonders der Instrumentalmusik, beigetragen haben. Alexandria blieb auch unter den römischen Kaisern der Sitz eines reichen und mannigfaltigen musikalischen Lebens[1]). In Rom standen alexandrinische Sänger und Spieler schon seit Augustus Zeit in hohem Ansehen und errangen die größten Erfolge. Ein von dort stammender Virtuose auf dem Trigonon, einem harfenartigen Instrument[2]), der sich etwa zu Ende des 2. oder Anfang des 3. Jahrhunderts in Rom öffentlich hören ließ, erregte eine allgemeine Begeisterung, sehr viele wußten die von ihm vorgetragenen Melodien auswendig[3]). Aber schon 30 Jahre nach der Eroberung Ägyptens sangen in Rom die Frauen alexandrinische Melodien ebenso allgemein wie Theaterarien[4]), und zu Ende des 1. Jahrhunderts wurden die ersteren von römischen Stutzern neben denen der gaditanischen Ballette geträllert[5]).

Das Orchester im Pantomimus.

In der letzten Zeit der Republik werden allerdings »Symphonien«[6]) und die sie ausführenden Musikchöre (*symphoniaci*)[7]) häufig erwähnt, namentlich bei schwelgerischen Gelagen und üppigen Festen. Doch dürften diese Chöre damals ausschließlich aus Kitharisten und Auleten bestanden haben[8]). Zur Einführung einer eigentlichen Orchestermusik in das römische Theater hat vielleicht die Erfindung des Pantomimus (22 v. Chr.) den Anlaß gegeben. Hier wurden die von den Tänzern dargestellten Texte von Gesangschören vorgetragen, und diese Chöre verlangten, zumal in sehr großen, unbedeckten Theatern, dem ganzen Charakter des vorzugsweise auf sinnliche Wirkung berechneten Schauspiels gemäß, eine sehr starke Begleitung. Sein Begründer, Pylades, war auch der Begründer des neuen römischen Theaterorchesters[9]). In diesem wird der Aulos das führende Instrument geblieben sein, wie die Violine in dem unserigen, doch wirkten in rauschenden Tutti Syringen und Zimbeln, Kitharen und Lyren — also wie in den ägyptischen Orchestern — mit ihm zusammen. Der Takt wurde bei der Begleitung der Pantomimen, wie auch zu andern Tänzen, durch das an den Fußsohlen der Choristen befestigte, laut schallende *scabillum*[10]) angegeben: ein Orchester, das durch ein solches, im Chor ausgeführtes Takttreten nicht völlig verschlungen wurde, konnte unmöglich schwach, freilich auch diese Musik kaum etwas andres als eine geräuschvolle Darstellung des Rhythmus sein. Übrigens hat sich die Unempfindlichkeit gegen das Geräusch des lauten Taktierens auch im heutigen Italien bis zu einem für Nordländer erstaunlichen Grade erhalten[11]).

Fortdauer des Zusammenspiels mehrerer Instrumente in Rom.

Allem Anschein nach war also die Veränderung, welche die griechische Musik

1) Oben I 436. 2) Ambros I 161. 3) Athen. IV 183 E. 4) Ovid. a. a. III 318; vgl. auch Prop. IV 8, 39 *Nile, tuus tibicen* und den *Eucaerus natione Alexandrinus canere tibiis doctus* Tac. A. XIV 60. Ein Flavius Terpnus κιθαρῳδὸς ᾿Αλεξανδρεύς (vgl. Sueton. Nero 20, 1; Vesp. 19. 1. Cass. Dio LXIII 8, 4) in der römischen Inschrift IG XIV 2088; s. unten S. 181. 188. 5) Martial. III 63, 5. 6) Cic. in Verr. II 3, 105. 5, 31. 92; pro Cael. 35; fragm. bei Aquila Rom. 2 p. 23, 12 Halm. 7) Cic. Divin. in Caecil. 55; in Verr. II 5, 64; pro Milone 55; in Pison. 83. 8) Cic. pro Rosc. Am. 134. Das *collegium symphoniacorum qui sacris publicis praestu sunt* (CIL VI 2193 = 4416 = Dessau 4966) ist kein andres als das *collegium tibicinum et fidicinum Romanorum qui s. p. p. s.* CIL VI 2191 = Dessau 4965; vgl. Wissowa, Relig. u. Kultus d. Römer² S. 498, 4. *Symphoniaci* in Heer und Flotte, CIL VI 6356. VIII 21101. IX 43 = Dessau 5256. 5255. 2874. CIL VI 23369 = Dessau 9345 *Ode C. Cassi symphoniaci vixi an. XIIX. Moschion contubernali.* Eine *synhodus m(agna) psaltum* CIL VI 33968 = Dessau 5246. 9) Oben S. 127 f. 10) Oben S. 128 A. 4. 11) Ambros I 292, 2. F. Mendelssohn-Bartholdy, Reisebriefe⁵ S. 162.

in Rom erfahren mußte, um den dort an sie gestellten Ansprüchen genügen zu können, wenigstens teilweise eine Orientalisierung. Jedenfalls blieb in der römischen Musik das Zusammenspiel verschiedener Instrumente so gewöhnlich, wie es in der griechischen (abgesehen von der Verbindung von Kithara und Aulos) ungewöhnlich oder unerhört gewesen zu sein scheint, und zwar sowohl bei der reinen Instrumentalmusik als bei der Begleitung des Gesangs. In der Zeit des Horaz hörte man in Tempeln der Venus Gesänge mit Begleitung der Lyra, der Pfeife und des berecyntischen Aulos[1]), und in der Zeit des Athenäus an den Parilien, die seit Hadrian als Fest der Göttin Roma gefeiert wurden (21. April), in der ganzen Stadt Gesänge zum Schall der Auloi, Zimbeln und Pauken[2]). Maximus von Tyrus vergleicht die Homerische Poesie wegen der Mannigfaltigkeit ihrer Eigenschaften und Wirkungen mit einem panharmonischen Instrument, oder besser mit einem Orchester, in dem Aulos, Lyra, Tuba, Syrinx und noch manche andere Instrumente zusammenwirkend einen Gesangschor begleiten[3]).

Monstrekonzerte.

Auch Aufführungen von Vokalmusik fanden im kaiserlichen Rom mit kolossalen Mitteln statt. Seneca sagt, daß in seiner Zeit bei solchen Aufführungen mehr Sänger im Theater versammelt seien als ehemals Zuschauer, daß Sänger und Musiker nicht bloß die Bühne, sondern alle von den Zuschauern nicht besetzten Räume füllten, daß die Begleitung aus einer Menge metallener Blasinstrumente bestand, die im Zuschauerraum, und aus Auloi und Orgeln aller Art, die auf der Bühne aufgestellt waren[4]). Erinnert man sich, daß die Theater Roms 7—12000 Zuschauer faßten, so darf man glauben, daß diese Aufführungen selbst englische Monstrekonzerte an Dimension noch sehr übertrafen. Der Geschmack für musikalische Massenwirkungen scheint auch in der späteren Zeit mindestens nicht abgenommen zu haben. Ammian, der die Aristokratie Roms in seiner Zeit als höchst musikliebend, aber aller übrigen geistigen Interessen bar schildert, sagt, daß in den großen Palästen Wasserorgeln und Auloi aller Art und (jene schon erwähnten) Lyren »so groß wie Karossen« gebaut wurden[5]).

Verfall und Entartung der Musik.

Mit der Verstärkung der Mittel stand es in Wechselwirkung oder doch im Zusammenhange, daß die Musik in Rom je länger je mehr ihre sittliche Würde einbüßte und zu grobsinnlichen Effekten, zu gemeinem Ohrenkitzel mißbraucht wurde. Den Charakter der altrömischen Theatermusik in der Zeit des Livius Andronicus und Nävius bezeichnet Cicero als den einer »lieblichen Strenge«[6]). Sie mag sich zur Musik der Kaiserzeit verhalten haben wie eine vormozartische Oper zu einer Oper von Meyerbeer oder Wagner. An die Stelle der alten Ge-

1) Horat. Carm. IV 1, 22. 2) Athen. VII 361 E. 3) Max. Tyr. Diss. 26, 4. Vgl. auch die Beschreibung der Hochzeitsmusik in dem Epithalamium Laurentii Anthol. lat. 742 R. = Claudian. carm. min. app. 5 (p. 403 ff. Birt, vgl. Haupt, Opusc. III 373) 60—64: *tympana, chorda simul, symphonia, tibia, buxus, cymbala, bambilium, cornus et fistula, sistrum, quaeque per aeratas inspirant carmina fauces, humida folligenas exclament organa voces.* Für das nur an dieser Stelle vorkommende *bambilium* sind verschiedene Änderungsvorschläge (*bombylium, bambylium,* vgl. G. Groeber, Arch. f. Lexikogr. I 1884 S. 248) gemacht worden, K. v. Jan (bei Baumeister I 563) will mit Burmann *bombalium* lesen, was eine tiefe Flöte sein soll. 4) Seneca ep. 84, 10. 5) Ammian. XIV 6, 18. Vgl. oben S. 167. 171. 6) Cic. de leg. II 39: *illa quidem* (sc. *theatra*), *quae solebant quondam compleri severitate iucunda Livianis et Naevianis modis, nunc ut eadem exultent et cervices oculosque cum modorum flexionibus torqueant.*

bundenheit und Dürftigkeit trat bald eine größere Freiheit der Rhythmen und Weisen, Abwechslung und Mannigfaltigkeit der Modulationen, Reichtum und Bewegung der Melodien[1]). Doch diese Emanzipation von der altmodischen Einfachheit der Kunst führte, wie es scheint, schnell zum Verfall; wozu hauptsächlich die Herrschaft des Pantomimus auf der Bühne beitrug, dessen Musik als weichlich, würdelos, lasziv und voll von Geschmetter und Getriller geschildert wird. Ernstere Kunstfreunde in den ersten Jahrhunderten wiederholten — und ohne Zweifel mit viel größerem Recht — die Klagen, die schon in der Zeit des Aristophanes und seitdem stets von neuem laut geworden waren: die Alten hätten die Würde der Kunst zu bewahren gewußt, die jetzigen Komponisten wollten von ihrem Ernste nichts wissen, durch sie sei statt jener mannhaften und göttlichen Musik eine entnervte und plaudernde ins Theater eingeführt worden[2]). Dort, sagt Plutarch, herrsche die Tanzkunst, die sich fast die ganze Musik untertan gemacht habe[3]); und Quintilian meint, daß die weibische und unzüchtige Theatermusik nicht am wenigstens dazu beigetragen habe, den Rest von männlicher Kraft zu vernichten, den das damalige Geschlecht noch besaß[4]). Dagegen heißt es an einer andern Stelle, die Verweichlichung und Verzärtelung des Gehörs, das in schmählicher Weise gestreichelt und gekitzelt sein wolle, sei als eine Krankheit anzusehen, und sie habe die Musik verdorben[5]).

Die Klagen darüber denen neuerer Zeit ähnlich.

Kurz, die Klagen über den damaligen Verfall der Musik lauten denen sehr ähnlich, die im 19. Jahrhundert von den Vertretern einer ernsteren musikalischen Richtung vielfach geäußert worden sind und noch geäußert werden. In der Tat waren die Erscheinungen hier und dort verwandter Natur. Schon vor 100 Jahren sprach es Thibaut in seiner »Reinheit der Tonkunst« aus, daß in der Musik »unvermerkt mit vollen Zügen genossen werde, was durch den Pinsel oder durch Worte dargestellt schon ehrenbalber zurückgestoßen werden müßte«. »Wüßten viele unserer tugendhaften Mädchen, was sie oft hören, oder selbst oft spielen oder singen müssen, so würden sie in Scham und Unmut vergehen«. Schon damals eiferte er gegen das »Nervenschwache, Wilde, Ungereimte und Gemeinverliebte« in der Musik, gegen das »krampfhafte, verzerrte, übertriebene, betrübende, rasende Unwesen, welches in den Menschen alles Schlechte hervorwühlt«; fragte, ob uns die Musik, deren Hälfte Unnatur und eine Mischung ungesunder Elemente ist, nicht mehr schade als nütze; sie könne sich am wenigsten rühmen, daß sie an der jetzigen Verbildung keinen Teil gehabt habe. Not tue es, durch Rückkehr zur Einfalt und Natürlichkeit den erschlafften musikalischen Nerven gehörige Spannkraft zurückzugeben, und neu zu beleben, was am Aussterben sei: »den reinen Sinn für Musik als Musik und den veredelten Sinn, der durch die Musik geläutert und gehoben, aber nicht in Gemeinheit und Unnatur hineingeführt und befestigt sein will«[6]). Sehr denkbar ist übrigens, daß

1) Varro sat. Menipp. 365 Buech. *saepe totius theatri tibiis, crebro flectendo commutari mentes, erigi* (so Buecheler, *frigi* überlief., *frigier* Vahlen) *animos eorum.* Vgl. Horat. A. P. 214 ff. 2) Plutarch. de mus. 15. 3) Plutarch. Quaest. conv. IX 15, 2: ἡ ὄρχησις — τῶν μὲν ἐμπλήκτων καὶ ἀνοήτων κρατεῖ θεάτρων, ὥσπερ τύραννος ὑπήκοον ἑαυτῇ πεποημένη μουσικὴν ὀλίγου τὴν ἅπασαν. 4) Quintilian. I 10, 31. Vgl. oben S. 128. 5) Plutarch. De esu carnium II 2. 6) Thibaut, Über Reinheit der Tonkunst³ (1851, erste Ausgabe 1825) S. 10 ff. 77. 92. 112 ff.

im Altertum der Sitz jener weichlichen Musik, deren Überhandnehmen damals so sehr beklagt wurde, Alexandria war.

Verwertung der Musik zu sinnlichem Genuß.

Wenn aber die Römer die Kunst zum Werkzeuge des Sinnenkitzels herabwürdigten, so muß man ihnen wenigstens den Ruhm lassen, daß sie ihre Ausbeutung zu diesem Zwecke vortrefflich verstanden haben. Wie alle übrigen Künste, haben sie auch die Musik in viel weiterem Umfange zur Erhöhung des Lebensgenusses, zur Verschönerung der Existenz verwandt, als dies gegenwärtig geschieht und geschehen kann. Denn nur durch das Institut der Sklaverei war jene massenhafte Verwendung der Kunst im Dienste des Luxus möglich; nur dadurch, daß die Künste, die wir als ein köstliches Produkt selten vereinter Faktoren, als die höchste Blüte unsres Geisteslebens zu betrachten gewohnt sind, damals von Sklaven auf Befehl der Herren und nach der Anweisung der Aufseher in Masse erlernt und geübt wurden. Unter den Sklavenheeren römischer Großen, die wenigstens zum Teil aus hochkultivierten Ländern stammten, konnten Begabte und Bildungsfähige niemals selten sein: und in der antiken Kunst konnte weit mehr durch Unterricht mitgeteilt und durch Erlernen angeeignet werden als in der modernen. So war es denn auch nicht schwer, aus den Hunderten oder Tausenden von Sklaven eines vornehmen Hauses, wie früher in Rußland aus noch zahlreicheren Leibeigenen[1]), Kapellen von Sängern und Spielern aller Art zu bilden und durch Ankauf neuer Künstler zu ergänzen, die übrigens auch durch Verschenkung und Vererbung aus einer Hand in die andre gingen[2]), was ebenfalls in Rußland geschah, wie z. B. Potemkin dem Grafen Rasumowski ein Musikkorps von 50 Mann für 40000 Rubel abkaufte[3]). Chrysogonus, der reiche Freigelassene Sullas, hatte unter seinen Sklaven so viele Musiker, daß die ganze Umgegend seines Hauses Tag und Nacht von dem Schall der Gesänge, des Saitenspieles und des Aulos erfüllt war[4]). Bei kleinen Ausflügen zu nahegelegenen Orten begleiteten Sänger- und Musikerchöre die Herrschaft[5]); die Villen, die von der vornehmen Welt besuchten Badeorte hallten vom Morgen bis zum Abend von Gesang und Spiel wider[6]). Mäcenas ließ sich durch sanft aus der Entfernung herübertönende Klänge von Symphonien in Schlummer wiegen[7]), Caligula unter dem Schall von Chören und Instrumenten auf Prachtgaleeren von den sanften Wellen des Golfs von Neapel schaukeln[8]).

Gewöhnlichkeit der Tafelmusik.

Vor allem bei Tafel, wo man mit allen Sinnen zugleich genießen wollte, durfte Musik nicht fehlen[9]); sie blieb hier bis in die letzte Zeit des Altertums gewöhnlich[10]) und gereichte nicht selten den Gästen zur Qual. Ihr fragt, sagt Martial, wie ein Gastmahl am besten einzurichten sei? Indem man den Chorgesang mit seiner Begleitung wegläßt[11]). Wenn bei üppigen Festen große Chöre zu den Ka-

1) Oben S. 140 A. 5. 2) Cic. Div. in Caecil. 55; in Verr. II 5, 64. 3) Brückner, Histor. Taschenb. 5. Folge VII 1877 S. 15. 4) Cic. pro Roscio Amer. 134. 5) Cic. pro Milone 55. 6) Cic. pro Cael. 35. Seneca ep. 51, 4. Oben I 409. 7) Seneca de provid. 3, 10. 8) Sueton. Calig. 37. 9) Vielleicht stammte die Sitte aus Griechenland. Cic. ad fam. XVI 9, 3 schreibt 50 v. Chr. an Tiro: *symphoniam Lysonis* (musikalisches Gastmahl in Paträ) *vellem vitasses*. Seneca de vit. beat. 11, 4: *vide hos eosdem — aures vocum sono, spectaculis oculos, saporibus palatum suum delectantes*. Horat. A. P. 374 *ut gratas inter mensas symphonia discors;* C. III 19, 18 ff. Bei dem Gastmahl des Nasidienus ist keine Musik. 10) Liban. or. 2, 61 (I 258 F.) οἱ δὲ περὶ τὰς τραπέζας ὑμῖν ᾄδοντες νέοι καὶ ὑφ᾽ ὧν τοῖς ᾄσμασι πίνετε — εἰσὶν ἡδίους αὐτοῦ τοῦ πόματος. Von Stilicho sagt Claudian. de consul. Stilich. II 141: *nullo citharae convivia cantu, non pueri lasciva sonant*. 11) Martial. IX 77.

stagnettentänzen schöner Andalusierinnen (*Gaditanae*) sangen[1]), bei den heitern Mahlzeiten eines gelehrten Kreises griechische Sänger und Sängerinnen Lieder von Sappho und Anakreon zur Kithara vortrugen[2]), so läßt doch auch der jüngere Plinius dem einzigen Gaste, den er zu einem einfachen Mahle ladet, die Wahl zwischen einer Vorlesung, einer Lustspielszene und Saitenspiel[3]); und Martial, der im dritten Stock zur Miete wohnte, verspricht einem Freunde, die äußerst frugale Kost, die er ihm vorsetzen werde, wenigstens durch das Spiel des kurzen Aulos zu würzen[4]). In welchem Übermaße musikalische Genüsse vollends bei den Festen ungebildeter Emporkömmlinge geboten wurden, zeigt die (schwerlich sehr karikierte) Schilderung des Gastmahls des Trimalchio bei Petron, die freilich aus einer Periode herrührt, in der wirkliche und affektierte Liebe zur Musik besonders verbreitet war. Hier erfolgt die ganze Bedienung der Tafel und der Gäste unter Gesang und Musik, selbst das Auftragen und Herumbieten der Speisen, das Abfegen und Abwischen der Tische usw.: »man mußte glauben, nicht in einem Privathause, sondern im Theater zu sein«[5]).

Kein Unterschied zwischen heiliger und profaner Musik.

Musik fand in Rom von jeher bei allen Kultushandlungen und Schauspielen statt[6]). In der Kaiserzeit scheint es bei den Tempeln griechischer und orientalischer Gottheiten (wie z. B. der Großen Mutter und des Attis) eigene Hymnensänger (*hymnologi*) gegeben zu haben[7]); namentlich im Kult der Isis spielte die Musik eine große Rolle[8]). Doch einen Unterschied zwischen heiliger und profaner Musik hat das Altertum nicht gekannt und konnte ihn nicht kennen, da die Schauspiele einen Teil des Gottesdienstes ausmachten und dieser durchaus einen heiter festlichen Charakter hatte. Vielleicht ist es Mendelssohn in dem Chor des Paulus »Seid uns gnädig, hohe Götter« gelungen, den Eindruck antiker gottesdienstlicher Musik so weit annähernd wiederzugeben, wie es überhaupt mit modernen Kunstmitteln möglich ist. Beruhte doch auch der katholische Gottesdienst bis zu der auf Veranlassung des Tridentiner Konzils von Palestrina unternommenen Reform der Kirchenmusik großen Teils auf volksmäßigen, weltlichen Grundmelodien, daher auch die vor Madonnenbildern gesungenen Lauden gelegentlich nach der Weise von Karnevalsliedern gesungen wurden und man bemerkt findet, daß die Weise dieselbe ist wie bei Tänzen oder Strambotti, volkstümlichen Liederchen, die unsern Gassenhauern am nächsten stehen[9]). Auch im heutigen Italien ist ja ein wesentlicher Unterschied zwischen religiöser und wetlicher Musik bei dem alltäglichen Gottesdienst selbst in Rom kaum noch vorhanden, in Neapel gar nicht mehr.

Verbreitung des musikalischen Interesses durch die Öffentlichkeit der Aufführungen.

Bei der unbeschränkten Öffentlichkeit der Schauspiele im Altertum müssen

1) Juv. 11, 162. S. oben I 255 Anm. 2. 2) Gell. XIX 9, 3 f. 3) Plin. ep. I 15, 2. 4) Martial. V 78, 30. 5) Petron. 31, 4 ff. 32, 1. 33, 4. 35, 6. 36, 1. 41, 6. 47, 8. 6) Über die Musik im römischen Kultus vgl. Marquardt StV. III² 187. Es ist ein Irrtum, wenn Ambros, Gesch. d. Musik I 528 bei Julian. ep. 56 unter ἱερὰ μουσική eine heilige Musik im modernen Sinne versteht, während das Prädikat offenbar der Kunst überhaupt als ein ehrendes gegeben wird. 7) CIL VI 32444 = Dessau 4164 *Ti. Claudio Veloci hymnologo primo M(atris) d(eum) I(daeae) et Attinis publico.* CIL VI 9475: *Ti. Claudio Glypto hymnologo de campo Caelemontano.* Firmic. Mat. math. III 5, 33 *hymnologos et qui deorum laudes cum iactantiae ostentatione decantent;* vgl. VIII 24, 6 *citharoedi vel hymnologi.* Über Musik im Kulte der Großen Mutter vgl. Wissowa, Relig. u. Kultus d. Römer² S. 320, 7. 8) z. B. Apulei. metam. XI 9. 9) Reumont, Lorenzo de' Medici I 597 f.

die Theatermelodien eine sehr viel schnellere und weitere Verbreitung gefunden haben, als es gegenwärtig möglich ist: auf Straßen und Plätzen hörte man das Volk die Weisen singen, die es im Theater gelernt hatte[1]). Es gab bereits in Ciceros Zeit auch Kenner genug, die beim ersten Ton eines Flötenritornells zu sagen wußten, ob das Stück aus der Antiope oder der Andromache sei, worüber Cicero selbst staunte[2]); und schon damals übte das größere Publikum eine scharfe Kritik gegen die Sänger und ließ Fehler nicht ungerügt[3]).

Am deutlichsten aber ergibt sich die Verbreitung musikalischen Interesses in jener Zeit daraus, daß schon konzertartige Aufführungen ohne Unterstützung einer dramatischen Handlung stattfinden konnten, während noch im Jahre 167 v. Chr. das Publikum Roms so völlig roh gewesen war, daß die bedeutendsten griechischen Auleten mit ihren Chören sein Interesse nicht anders erregen konnten, als indem sie eine Art Balgerei aufführten[4]). Doch ein Jahrhundert später war es schon etwas ganz Gewöhnliches, daß musikalische Virtuosen, die ihren Gesang auf der Kithara selbst begleiteten (Kitharöden), in Rom Beifall fanden. Sie traten in der prachtvollen pythischen Festtracht auf: in langem, goldgesticktem Talar und purpurnem, buntverziertem Mantel[5]), einen goldenen, mit großen blitzenden Edelsteinen geschmückten Kranz auf dem Kopf, die kunstvoll gearbeitete, mit Gold und Elfenbein ausgelegte Kithara in der Hand[6]). Neben den Kitharöden ließen sich in der Kaiserzeit Künstler mit Vorträgen auf verschiedenen Instrumenten ohne Gesang hören, namentlich der Kithara[7]) und deren verschiedenen Abarten[8]), dem Aulos[9]), der Orgel[10]) und andern; und außer dramatischen Sängern (Tragöden), deren oft in Maske und Kostüm vorgetragene Arien und Gesangsszenen schon auf der Grenze der dramatischen Aufführung standen[11]), auch lyrische[12]), die namentlich Hymnen auf die Götter gesungen haben werden, wie Nero bei den isthmischen Spielen einen Hymnus auf Poseidon und Amphitrite und ein

Vorträge der Kitharöden und andrer Künstler.

1) Ovid. Fast. III 535; a. a. III 317. 2) Cic. Acad. prior. II 20. 3) Cic. de orat. III 98: *quanto molliores sunt et delicatiores in cantu flexiones et falsae voculae quam certae et severae! quibus tamen non modo austeri, sed, si saepius fiunt, multitudo ipsa reclamat.* 4) Polyb. XXX 14. Athen. XIV 615 A (bei den Triumphalspielen des L. Anicius Gallus 587 = 167). 5) Marquardt, Privatl.² 580 f. 6) Auct. ad Herenn. IV 60; vgl. Cic. de orat. II 325; Tusc. V 116. 7) *Psilocitharistae* Sueton. Domit. 4, 4. CIL VI 10140 = Dessau 5245 *Pothus psilocithar*(*ista*) *palmaris*. 8) Trigonon: oben S. 172. 9) Die beiden Hauptgattungen, des *choraules* und des *pythaules* (Diomed. p. 492 K. Hygin. fab. 273. Hist. aug. Carin. 19, 2. IG VII 1773, 18. 27, vgl. 1776, 17. 21. CIG 2758), vereinigen sich zuweilen in einer Person (CIG 1719. 1720. IG XIV 737); *choraules* allein Dittenberger, Syll.³ 795, 3. Bull. corr. hell. XVIII 1894 S. 98 nr. 15, 2. IG XIV 1865. 2499. CIL VI 10119—10121. XIII 8343 = Dessau 5235. 5232. 5234. 9344; ein *protaules* CIL VI 10136 = Dessau 5237, *hypaules* CIL VIII 21098 = Dessau 5238. 10) Oben S. 167 A. 3. Sueton. Nero 41, 2. 54 *voverat — proditurum se — etiam hydraulam et choraulam et utricularium.* Der *tibicen artifex organ*(*orum*) CIL IX 1719 = Dessau 7716 ist wohl eher Orgelvirtuos als Orgelbauer. Orgelspiel auf Contorniaten: Sabatier, Descr. gén. des méd. cont. pl. X 6—9. Gevaert a. a. O. S. 372: »*La grande vogue du jeu de l'orgue* (*hydraulis*) *sous l'empire romain témoigne d'une certaine culture de l'harmonie. On ne concevrait pas qu'un instrument aussi compliqué que celui dont Héron d'Alexandrie et Vitruve nous ont laissé la description, eût simplement fait entendre une musique homophone, que des instruments moins riches, mais doués de la précieuse faculté de l'expression pouvaient rendre avec infiniment plus de charme.*« 11) Oben S. 122 ff. 12) ᾠδοί z. B. Dittenberger, Or. gr. 56, 69. 352, 44. CIG 3425. Sueton. Nero 42, 2 *iocularia in defectionis duces carmina lasciveque modulata — etiam gesticulatus est.*

kurzes Lied auf Melikertes und Leukothea vorgetragen haben soll[1]. Virtuosinnen und Sängerinnen, die in Alexandria das Publikum entzückten[2], werden auch in Rom öffentlich aufgetreten sein[3]. Ein herculanisches Wandgemälde[4] zeigt eine Konzertszene: in der Mitte sitzt in gesticktem Talar ein Aulet, der den Doppelaulos bläst und mit dem Scabillum den Takt tritt, rechts steht eine Kitharistin, die mit der Linken in die Saiten greift, in der Rechten das Plectrum hält[5], links sitzt eine Sängerin mit einem Textblatt in der Hand, die auf den Augenblick wartet, wo sie einfallen soll; allerdings scheint hier eine öffentliche Aufführung dargestellt zu sein, doch ergibt sich aus dem Bilde nichts Gewisses über Zeit und Ort. Chöre teils allein, teils in Verbindung mit Einzelsängern sangen sehr häufig mit verschiedner, zum Teil (wie bemerkt) sehr reicher Instrumentalbegleitung[6]. Daß Orchestervorträge ohne Gesang bei öffentlichen Aufführungen stattfanden, etwa als Einleitungen zu Instrumentalsoli, ist zwar sehr glaublich, aber nicht bezeugt[7]. Alle diese Darbietungen gehören (ebenso wie die Vorträge der Dichter und Redner) zu den im Gegensatze zu den dramatischen Aufführungen als thymelisch bezeichneten, weil bei ihnen die Darsteller ursprünglich nicht auf der Bühne, sondern in der (unter dem Namen Thymele verstandenen) Orchestra auftraten[8].

Musikalische Wettkämpfe —

Regelmäßig gefeierte »griechische Wettkämpfe«[9] musischer Künstler führte in Rom zuerst Nero ein, der selbst nicht bloß als Dichter, sondern auch als Sänger und Kitharöde zu glänzen wünschte. Bei dem von ihm im Jahre 60 gestifteten periodischen »heiligen« Feste[10] bildeten die musischen Wettkämpfe den Mittelpunkt. Auch sie fanden in konservativ römischen Kreisen Mißbilligung, obgleich sie nicht so viel Anstoß gaben wie die Athletenkämpfe: die Gerechtigkeit, hieß es, würde nicht dadurch gewinnen und die Ritter ihr Richteramt nicht

1) Ps.-Lucian. (Philostr.) Nero 3. Auch in Olympia, dessen Festordnung keine musischen Agone kennt (Mie, Quaest. agonisticae S. 22 ff.), werden in der Kaiserzeit Hymnen vorgetragen: Dittenberger-Purgold, Inschr. v. Olympia nr. 457 (Ὀλύμπιον ὕμνον ἀείσας, 2. Jahrh.), vgl. 482 (ἀμύμονος εἵνεκα μολπῆς, 233 n. Chr.). 2) S. oben I 436. 3) *Citharoeda* CIL VI 10125 = Dessau 5244, *choraule* und χοραυλίς CIL VI 10122 = Dessau 5236; *tibicina* CIL VI 33970 = Dessau 5240. 4) Ant. d. Ercol. IV 42. Helbig, Wandgemälde nr. 1462. 5) v. Jan (bei Baumeister, Denkm. III 1542; Zürich. Philol.-Vers. S. 79) vermutet, daß die Kitharöden nur das Vor-, Nach- und Zwischenspiel (die κρούματα) mit dem Plectrum machten, beim Singen aber (leiser) links spielten (*intus canere*): Ps. Ascon. Verr. p. 237, 3 St. Ambros. enarr. in XII psalm. 12 (Migne lat. XIV 926); vgl. Apul. Flor. 15. Plato Lys. 209 B. 6) *Chorocitharistae* Sueton. Domit. 4, 1. CIG 2758 f.; eine χοροψάλτρια Bull. corr. hell. XVIII 1894 S. 82 f. nr. 6, 3; vgl. z. B. Phaedr. V 7, 25. Für das Zusammenwirken der Musiker mit dem Chor sowie für die Kostümierung der ersteren ist besonders lehrreich ein Wandgemälde aus Kyrene, Wieseler, Theatergebäude Taf. XIII 2 (auch bei v. Jan, Zürich. Philol.-Versamml., Tafel zu S. 73). 7) Daß die *cornicines atque tubarum conventus* Juv. 10, 214 ein Vorspiel für das Solo des Kitharöden sind, ergibt sich aus der Stelle nicht mit Bestimmtheit, wenn es auch sehr möglich ist. *Principium* (Sueton. Nero 21, 2) ist das Vorspiel des Kitharöden selbst. Cic. de orat. II 325: *conexum autem ita sit principium consequenti orationi, ut non tamquam citharoedi prooemium affictum aliquod — videatur.* 8) Vitruv. V 7, 2. Phrynich. p. 163 Lob. J. Frei, De certaminibus thymelicis, Diss. Basel 1900, und über das Verhältnis von θυμέλη und Orchestra E. Bethe, Hermes XXXVI 1901 S. 597 ff. W. Dörpfeld ebd. XXXVII 1902 S. 249 ff. Die Akten der Säcularspiele vom J. 17 v. Chr. (CIL VI 32323 = Dessau 5050 Z. 157) verzeichnen u. a. *ludos .. Graecos thymelicos in theatro Pompei*, vgl. Mommsen, Ges. Schrift. VIII 618. Ein *thymelicus* Paris CIL VI 10161 = Dessau 5166, über die ἱερὰ θυμελικὴ σύνοδος oben I 385 Anm. 9 S. 386 A. 1. 2. 9) Cyprian. de spect. 4 *Graeca illa certamina vel in cantibus vel in fidibus vel in vocibus vel in viribus.* 10) Oben S. 149.

besser versehen, wenn sie weichlichen Gesang und schmelzende Töne mit Kennerschaft angehört hätten[1]).

besonders der kapitolinische.

Viel höher aber stand der von Domitian begründete kapitolinische Wettkampf[2]). In dem für die musikalischen Vorträge neu erbauten geräumigen Odeum auf dem Marsfelde bewarben sich bei dem in jedem vierten Sommer wiederkehrenden Feste neben Dichtern auch Sänger und Musiker um den Kranz von Eichenlaub, den der Kaiser nach dem Ausspruche der Richter eigenhändig erteilte. Diese Ehre sowie die Seltenheit und Feierlichkeit des Festes und die aus den Großen Roms bestehende Zuhörerschaft gab diesen Wettkämpfen der Sänger und Virtuosen in der damaligen musikalischen Welt einen Wert und eine Wichtigkeit ohnegleichen. Hier den Preis erringen hieß in der Tat als der Erste [in seiner Kunst anerkannt werden, nicht bloß in Rom, sondern in der ganzen Welt. Aus weiter Ferne, aus Asien und Ägypten, kamen Künstler, um sich an diesem Wettkampfe zu beteiligen, und noch jetzt sind mehrere Denkmäler vorhanden, deren Inschriften melden, daß dieser oder jener »ruhmreiche« Musiker auch den kapitolinischen Kranz erworben habe. Namentlich erwähnt werden die Wettkämfe im Gesange[3]), der Kitharodik[4]), dem pythischen (Solo-) Aulos und dem Choraulos[5]), sowie in dramatischen Vorträgen[6]); die von Domitian eingeführten Bewerbungen um den Preis für das Spiel auf der Kithara ohne Gesang und auf der Chorkithara gingen bald wieder ein[7]).

Die Musiker oft zugleich Komponisten und Dichter.

Die ausübenden Musiker werden natürlich hauptsächlich die Kompositionen der anerkanntesten Meister vorgetragen haben, wie z. B. der Gesandte der Teier an die kretischen Städte Menekles in Knossos öfters Kompositionen des Timotheus und des (etwa gleichzeitigen) Polyidus sowie der alten kretischen Dichter (z. B. Thaletas) »trefflich und wie es einem technisch gebildeten Manne geziemte« zur Kithara vorgetragen hatte[8]). Übrigens waren die ausübenden Musiker im Altertum nicht bloß viel häufiger als jetzt, vermutlich in der Regel, zugleich Komponisten, sondern sie waren auch nicht selten Dichter, wie es die so viel engere Verbindung von Poesie und Musik mit sich brachte[9]). Die berühmtesten Virtuosen, wie der Sänger Tigellius[10]), der am Hofe des Augustus, die Kitharöden Menecrates[11]) und Mesomedes[12]), die an denen Neros und Hadrians lebten, glänzten durch den Vortrag selbstverfaßter oder doch selbstgesetzter Gesangsstücke: von den Gedichten des Mesomedes hat sich noch einiges, zu drei Hymnen auch die Musik erhalten[13]).

1) Tac. A. XIV 20. 2) Oben S. 150 f.; vgl. auch Anhang XIX. Domitian ist der αὐλήσεως ἐραστής bei Dio Chr. or. 3, 134 (I 55 Arn.). 3) CIG 3425. 4) Bull. corr. hell. IX 1885 S. 124 ff. A 7. Juven. 6, 387 f. 5) CIG 1720, vgl. 1719. IG XIV 2499, vgl. 737. 6) CIG 6829. IG XIV 1111, vgl. Artem. on. IV 33 p. 223 Herch. Ἡρακλείδης ὁ Θυατειρηνὸς μέλλων ἀγωνίζεσθαι ἐν Ῥώμῃ τὸν τῶν τραγῳδῶν ἀγῶνα. 7) Sueton. Domit. 4, 4. 8) Lebas-Waddington 81 = CIG 3053; die Inschrift scheint aus der Mitte des 2. Jahrhunderts v. Chr. zu sein. 9) Vgl. z. B. die Inschrift des ποιητὴς καὶ κιθαριστὴς M. Sempronius Nicocrates IG XIV 2000 = Kaibel, Epigr. gr. 613; P. Aelius Pompejanus, ποιητὴς πλειστονείκης, μελοποιὸς καὶ ῥαψῳδὸς θεοῦ Ἀδριανοῦ (Nysa) Bull. corr. hell. IX 1885 S. 124 ff. A 1 ff. 62. 10) Acro Hor. Sat. I 2, 3: *dicebatur in poematibus suis placere voce, non carminum probitate. Cantor atque optimus modulator* Hor. Sat. I 3, 129. 11) Petron. 73, 3 *Menecratis cantica.* Sueton. Nero 30, 2 *Menecratem citharoedum.* 12) Euseb. Chron. z. J. 146 n. Chr. (II 168 Schöne): Μεσομήδης Κρὴς ποιητὴς κιθαρῳδικῶν νόμων ἐγνωρίζοντο καὶ Ταῦρος usw. Suid. s. v. Μεσομήδης. Anth. Pal. XIV 63. Anth. Plan. 323. 13) Bellermann, Die Hymnen des Dionysius und Mesomedes, Berlin 1840. v. Jan, Musici script.

Virtuosentum.

Im übrigen hat das musikalische Virtuosentum der römischen Kaiserzeit große Ähnlichkeit mit dem heutigen. Auf die Ausbildung durch einen bewährten Gesanglehrer (φωνασκός) wurde selbstverständlich der größte Wert gelegt[1]), und daher auch zuweilen von Sängern in ihren Inschriften der Name desjenigen, dessen Unterricht sie genossen hatten, ausdrücklich erwähnt; ein M. Aurelius Musäus war »der erste und einzige Gesanglehrer«, dem für seine Leistungen im Unterricht in Elis und Delphi Statuen errichtet worden waren[2]). Zu den langen und mühseligen Vorbereitungen, durch die man zur Meisterschaft gelangte, gehörte namentlich das Solfeggieren von den tiefsten zu den höchsten Tönen[3]). Außerdem mußten Gesangskünstler eine streng geregelte, höchst zwangvolle Lebensweise führen, die zur Ausbildung und Stärkung der Stimme als notwendig galt. Sie schonten ihre Kehle so viel wie möglich, setzten nach jeder Anstrengung den Gebrauch der Stimme eine Zeitlang aus und hielten, wenn sie laut sprechen mußten, ein Tuch vor den Mund. Sie beobachteten eine große Enthaltsamkeit, auch im Genusse von Speisen und Getränken, brauchten Purganzen und Einreibungen, hielten auf dem Rücken liegend Bleiplatten auf der Brust, füllten bestimmte Stunden mit Umhergehen aus, nahmen sich vor Sonne und Wind, vor Nebel und trockener Luft in acht u. dgl. m.[4]). In der Tat mußte für Gesangsleistungen in sehr großen, zum Teil unbedeckten Räumen eine sehr viel größere Stärke und Dauerhaftigkeit der Stimme erworben werden, als heutige Sänger sie bedürfen. Und doch strengten Kitharöden und Tragöden beim öffentlichen Auftreten die Stimme zuweilen so stark an, daß sie Gefäße sprengten[5]).

Wanderleben —

Von der Zeit ab, wo sie ihre künstlerische Ausbildung vollendet hatten, befanden sich die Virtuosen fast immer auf Reisen, da eine dauernde Beschäftigung dieser Künstler an ein und demselben Orte im Altertum, in welchem man nicht einmal stehende Theater kannte und alle Aufführungen nur bei besonderen Festen stattfanden, überhaupt nicht möglich war. Die berühmteren griechischen Virtuosen machten offenbar regelmäßig Rundreisen, wenigstens durch Kleinasien, Griechenland und Italien, und wurden oft in den Städten, wo sie enthusiastische Bewunderung gefunden hatten, mit Statuen, dem Bürgerrecht und andern Auszeichnungen geehrt[6]). Die Honorare und Einnahmen bedeutender Künstler

und Einnahmen der Virtuosen.

graeci S. 454 ff., Suppl. S. 40 ff., vgl. Crusius, Real-Encykl. V 927 f. U. v. Wilamowitz-Moellendorff, Griechische Verskunst (1921) S. 595 ff.

1) Suet. Aug. 84, 2 *pronuntiabat dulci et proprio quodam oris sono dabatque assiduo phonasco operam.* 2) Inschrift eines Valerius Eclectus aus Sinope, als κῆρυξ Sieger in vielen Agonen, ὑπὸ φωνασκὸν M. Αὐρ(ήλιον) Μουσαῖον ... τειμηθέντα ὑπὸ Ἠλείων καὶ Δελφῶν ἀνδριᾶσι μόνον καὶ πρῶτον τῶν ἐπὶ φωνασκίᾳ, IG III 129. Vgl. die Inschrift eines Kitharöden M. Ulpius Heliodorus aus Argos, der so viele Siege erlangt hatte, ὅσας οὐδεὶς πρὸ αὐτοῦ κιθαρῳδῶν ὑπὸ φωνασκὸν M. Οὔλπιον Θεόδωρον τὸν ἴδιον ἀδελφόν, IG IV 591. Dittenberger-Purgold, Inschr. von Olympia nr. 68. CIG 3208, 22. CIL XIV 2300 = Dessau 5257 m. Anm. 3) Quintilian. XI 3, 22 *praeparare ab imis sonis vocem ad summos.* 4) Quintilian. XI 3, 19 ff. Sueton. Nero 20, 1. 25, 3. Galen. VIII 451: ὅσοι δ' εὐθὺς ἐξ ἀρχῆς ἢ ἀθλοῦντες ἢ φωνασκοῦντες ἄπειροι τῶν ἀφροδισίων διετέλεσαν. Choricius apol. mim. c. 15, 9 (Rev. de philol. I 240). Über die *infibulatio* (Cels. de med. VII 25, 3) z. B. Martial. XI 75, 3. IX 27, 12. XIV 215. Juv. 6, 73 f. 379 ff. L. Stieda, Anatomisch-archäolog. Studien, III, Wiesbaden 1902. 5) Galen. VIII 287: καί τισιν ἑτέροις ἀγωνιζομένοις κιθαρῳδίαν ἢ τραγῳδίαν ἡ ὀξεῖα καὶ μεγάλη φωνὴ διέρρηξεν ἀγγεῖα. 6) Oben I 386. Statuen von Kitharöden: Strab. XIV 648. Cass. Dio LXIII 8. 5.

waren — auch durch die bei Festspielen zu gewinnenden Preise[1]) — sehr glänzend. Der sonst so karge Vespasian ließ bei den Spielen, die er zur Einweihung des von ihm wiederhergestellten Marcellustheaters gab, mehrere seit lange bewährte Musiker auftreten; von diesen belohnte er einen Tragöden mit 400000, die Kitharöden Terpnus und Diodorus mit 200000, einige mit 100000 (also 87000 bis 21750 Mark), keinen unter 40000 Sesterzen (8700 Mark), überdies wurde noch eine große Anzahl von goldenen Kränzen verteilt[2]). Auch der Musikunterricht in vornehmen Häusern war in Rom sehr einträglich und die Honorare der berühmten Sänger und Kitharöden ein Gegenstand des Ärgers und Neids für die Männer der Wissenschaft und Literatur[3]). Martial, der, seiner mühseligen und fruchtlosen Klientendienste müde, sich aus der Hauptstadt für einige Zeit nach Imola (Forum Cornelii) begab, meldete seinen Freunden von dort, er werde nicht eher wiederkehren, als bis er Kitharöde geworden sei[4]). Derselbe rät voll Bitterkeit einem Vater, seinem Sohne doch ja keine wissenschaftliche Bildung zu geben, ihn ja nicht Bücher von Cicero und Vergil in die Hände nehmen zu lassen; wolle er vollends Verse machen, so möge der Vater ihn enterben: solle er aber eine Kunst lernen, die Brot gebe, so möge er sich auf die Kithara oder auf den Aulos legen[5]).

Bewunderung für sie.

Natürlich hatten die Virtuosen enthusiastische Verehrer und Vehrererinnen in Menge. Namentlich die Begeisterung der Frauen für Sänger und musikalische Virtuosen hat der Skandalsucht sowie der Satire und dem Spottgedicht viel Stoff gegeben. Reiche und vornehme Frauen besaßen Stäbchen, mit denen berühmte Kitharisten die Saiten geschlagen, drückten Küsse auf diese kostbaren Andenken, brachten Opfer für den Erfolg der von ihnen bewunderten Künstler bei einer bevorstehenden Preisbewerbung, und man behauptete sogar, daß sie die Gunst derselben oft teuer erkauften[6]). Auch in hohen Kreisen, selbst an mehreren Höfen, waren Virtuosen geehrte und reich belohnte Gäste. Dem sehr berühmten Kitharöden Anaxenor, den seine Vaterstadt Magnesia am Mäander durch ein Priestertum und öffentlich aufgestellte Denkmäler ausgezeichnet hatte, übertrug der Triumvir Marc Anton die Steuererhebung von vier Städten und gab ihm eine Truppenabteilung bei[7]). Der Sänger und Flötenspieler Tigellius aus Sardinien, der schon zu Cäsars engerem geselligen Kreise gehört hatte, war auch an den Höfen der Cleopatra und des Augustus gern gesehen[8]). Der dramatische Sänger (Tragöde) Apelles aus Askalon, ein vielvermögender Günstling Caligulas, fiel in Ungnade, weil er auf die Frage des Kaisers, ob er oder Juppiter ihm größer scheine, mit der Antwort zögerte. Caligula ließ ihn peitschen und lobte die Stimme des Schreienden, die noch im Schmerzgeheul höchst angenehm klinge[9]). Den Kitharöden Menecrates beschenkte Nero mit einem

1) Preise für Kitharöden von 500, 1500, 3250 Denaren (435, 1305, 2827 M.) in Aphrodisias CIG 2758. 2) Sueton. Vespas. 19, 1; s. oben S. 172 Anm. 4. 3) Juv. 7, 175ff. In einer Stiftung in Teos werden folgende Jahresgehalte ausgesetzt: für 3 γραμματοδιδάσκαλοι (für Knaben und Mädchen) 600, 550, 500 Drachmen (470, 431, 392 Mark); 2 παιδοτρίβαι je 500 Dr. (392 M.); 1 κιθαριστής oder ψάλτης 700 Dr. (549 M.); 1 τοξεύειν καὶ ἀκοντίζειν διδάσκων 250 Dr. (196 M.); 1 ὁπλομάχος 300 Dr. (235 M.). Dittenberger, Syll.[3] 578, 16ff., vgl. Ziebarth, Aus dem griech. Schulwesen[2] S. 58f. 4) Martial. III 4, 8. 5) ebd. V 56, 8f. Vgl. oben I 174. 6) Oben I 291. 7) Strabo XIV 648; vgl. Plut. Anton. 24, 2. 8) Porph. zu Horat. Sat. I 2, 1. Oben I 87 und unten S. 182. 9) Oben I 63.

Palast und einem großen Besitztume[1]). Der oben erwähnte Komponist und Dichter Mesomedes aus Kreta, ein Freigelassener und Liebling Hadrians, auf dessen schönen Antinous er ein Lobgedicht verfaßte, erhielt ein Gehalt, das Hadrians Nachfolger zu vermindern für gut fand[2]).

Künstler-eitelkeit. So vielfache, lebhafte und schmeichelhafte Gunst und Teilnahme konnte nicht anders als Künstlerlaunen, Künstlereitelkeit und Künstlerhochmut nähren und großziehen. Mit großem Behagen erzählt der Fabeldichter Phädrus, wie einer dieser aufgeblasenen Virtuosen sich kürzlich durch seine lächerliche Eitelkeit zum allgemeinen Gespött gemacht habe. Der Flötenspieler Princeps (d. i. Fürst), der den berühmten Pantomimentänzer Bathyllus (Freigelassenen des Mäcenas und Erfinder der komischen Gattung des Pantomimus) zu begleiten pflegte, erlitt bei einem Szenenwechsel (durch Unvorsichtigkeit oder Einsturz einer Kulisse) einen Beinbruch. Sein Krankenlager dauerte mehrere Monate, und das kunstsinnige Publikum vermißte sein Spiel. Als er notdürftig wieder gehen konnte, bewog ihn ein vornehmer Mann, der ein Schauspiel veranstaltete, darin aufzutreten. Der Vorhang fiel, der Donner rollte ab, die Götter sprachen (es scheint ein allegorisches Festspiel gewesen zu sein) nach üblicher Weise; hierauf stimmte der Chor ein dem Virtuosen noch unbekanntes Lied an, dessen Text war: »Laut juble Rom, denn wohlbehalten ist dein Fürst!« Das Publikum erhob sich und klatschte; Princeps, der diesen Beifall auf sich bezog, warf Kußhände, die Ritter bemerkten seine törichte Einbildung und verlangten mit lautem Gelächter das Stück da capo. Es wird wiederholt, Princeps verbeugt sich auf der Bühne bis zur Erde, die Ritter klatschen, um ihn zu verhöhnen. Das übrige Publikum glaubt anfangs, er bewerbe sich um den Kranz. Als man über seine wirkliche Meinung im Theater ins klare kam, wurde der freche Mensch, der die Ehre des göttlichen (d. i. kaiserlichen) Hauses auf sich bezogen hatte, »samt den schönen weißen Binden, mit denen sein Bein verbunden war, den weißen Tuniken und weißen Schuhen«, unter allgemeiner Entrüstung hinausgeworfen[3]).

Künstlerlaunen. Die Launenhaftigkeit sah schon Horaz als eine nie fehlende Eigenschaft der Virtuosen an. Alle Sänger, sagt er, haben den Fehler, unter Freunden sich durch keine Bitten zum Singen bewegen zu lassen, dagegen, wenn sie nicht aufgefordert sind, gar nicht aufzuhören. Er hat namentlich jenen Tigellius aus Sardinien (der durch seine anspruchsvolle Empfindlichkeit im Jahre 45 Ciceros Verdruß erregt hatte)[4]) als einen Typus der Unbeständigkeit und Launenhaftigkeit geschildert. Selbst Augustus, der befehlen konnte, bat ihn öfters vergebens, zu singen, und scheint die Ungezogenheit des schon von Cäsar verwöhnten Künstlers mit Nachsicht ertragen zu haben. Fiel es diesem dagegen ein, sich hören zu lassen, so sang er sein »Io Baccheus« vom ersten bis zum letzten Gange der Mahlzeit in allen Tönen. In nichts blieb er sich gleich. Bald lief er wie auf der Flucht, bald schritt er wie in einer Prozession einher. Bald hatte er zweihundert Sklaven, bald nur zehn. Bald redete er im höchsten Grade großsprecherisch,

1) Sueton. Nero 30, 2. 2) Suid. s. v. Hist. aug. Anton. P. 7, 7. 3) Phaedr. V 7. In der Inschrift von Ameria aus der Zeit des Augustus oder Tiberius CIL X 4424 = Dessau 5239 *L. Mini tibicinis Cassia uxor, L. Cassi Principis tibicinis cappae* hält Buecheler (Rhein. Mus. XXXVII 1882, 333 f.) den letzteren (Vater der mit L. Minius verheirateten Cassia) wohl mit Recht für den Princeps des Phädrus. 4) Cic. ad fam. VII 24; vgl. ad Attic. XIII 49, 1. 50, 3. 51, 2.

bald wünschte er weiter nichts als einen dreifüßigen Tisch, ein Salzfaß und eine grobe Toga, um sich warm zu halten. Erhielt er dann eine Million zum Geschenk, so war in fünf Tagen nichts mehr in seiner Kasse. Mit vollen Händen streute er den leicht erworbenen Reichtum aus und versammelte durch seine Freigebigkeit um sich einen Hofstaat von Quacksalbern, Bettlern, Tänzerinnen, Gassenmusikantinnen und Spaßmachern. Die Nächte wachte er bis zum frühen Morgen und verschlief den Tag[1]).

Künstlerneid.

Der Neid und die Eifersucht der Künstler gegeneinander wurde ganz besonders durch die musikalischen Wettkämpfe, in denen sie um den Preis rangen, rege gehalten. Nebenbuhler beobachteten sich hier gegenseitig und bemühten sich einander zu gewinnen, während sie sich insgeheim verlästerten, auch kam es zu öffentlichen Schmähungen. Gefährliche Mitbewerber suchte man durch Bestechung zu beseitigen oder unschädlich zu machen. Den Preisrichtern und dem Publikum gegenüber wurde die größte Ehrerbietung zur Schau getragen[2]). Nero, der die für das öffentliche Auftreten der Kitharöden üblichen Vorschriften mit ängstlicher Genauigkeit beobachtete (so daß er z. B. ermüdet sich nicht niedersetzte, nicht ausspuckte, den Schweiß der Stirn nur mit der Hand oder dem Gewande abtrocknete)[3]), redete das Volk mit den Worten an: »Meine Herren, schenkt mir geneigtes Gehör!«[4]) Am Schlusse des Vortrags empfahl er sich aufs neue, mit Knie und Hand der Versammlung huldigend, der Gunst der Zuhörer und erwartete mit erheuchelter oder wirklicher Bangigkeit den Urteilsspruch[5]).

Betragen gegen das Publikum.

Bezahlter Beifall.

Auch die berühmtesten Virtuosen betraten nicht leicht die Bühne, ohne vorher für einen bezahlten Beifall gesorgt zu haben. Wenn irgendwo, so war dies (auch abgesehen von der Rücksicht auf die Preisbewerbung) bei Künstlern zu entschuldigen, die vor Tausenden von Zuhörern aus den untersten Klassen sich hören lassen mußten, welche mit Äußerungen ihres Mißfallens keineswegs sparsam waren; wie denn Kitharöden oft genug das Schicksal hatten, im Pompejustheater ausgezischt zu werden[6]), und daher nicht ohne Grund beim Auftreten zitterten[7]). Offenbar war die Zahl derer in Rom, die kein andres Gewerbe hatten, als »einem Canus, einem Glaphyrus Beifall zu klatschen«, nicht klein, und das Gewerbe galt für einträglich[8]).

Der musikalische Dilettantismus.

Eine so lebhafte Empfänglichkeit, wie sie in Rom für Musik verbreitet war, mußte notwendigerweise auch zum ausübenden Dilettantismus führen. Allerdings hatte sich das römische Vorurteil lange dagegen gesträubt, dem für den Freigeborenen, vollends für den Mann von Stande nicht bloß die gewerbsmäßige Fertigkeit in Gesang und Spiel als unanständig galt, sondern auch die spielende Beschäftigung mit solchen Künsten. Doch hatte schon längst infolge des steigenden Einflusses griechischer Kultur und griechischer Sitten die alte Strenge auch in diesem Punkte einer immer weiter ausgedehnten Toleranz Platz gemacht. Schon in der Zeit der Gracchen gab es zu Rom Tanz- und Singschulen, die von Knaben und Mädchen aus guten, selbst adligen Familien besucht

Musikunterricht.

1) Horat. Sat. I 3, 1—19. 2, 1—4. 2) Sueton. Nero 23, 2 f. Vgl. Cass. Dio LXIII 9, 2. 3) Tac. A. XVI 4. Sueton. Nero 24, 1. 4) Cass. Dio LXI 20, 1. 5) Tac. a. a. O. 6) Martial. XIV 166 (*cithara*): *de Pompeiano saepe est eiecta theatro, quae duxit silvas detinuitque feras.* 7) Epictet. Diss. II 16, 9. Vgl. auch Cic. de orat. III 196; Orat. 173; Parad. 3, 26. 8) Martial. IV 5, 8.

wurden, freilich zum tiefsten Unmut des jüngeren Scipio[1]). Doch bald beurteilte man wenigstens die Erwerbung und Übung der Fertigkeit im Gesange milder. Cicero läßt in einem ins Jahr 91 verlegten Gespräch einen der ersten Männer des damaligen Rom, den Redner L. Licinius Crassus (Konsul 95, Zensor 92), ohne alle Mißbilligung erwähnen, daß sein Freund, der Ritter Numerius Furius, ein Familienvater, gelegentlich noch als Dilettant die Kunst des Gesanges übe, die er als Knabe erlernt habe[2]). Wenn freilich ein Mann von Sullas Stellung nicht bloß Schauspieler in seinen Umgang zog, sondern auch das Lob nicht verschmähte, selbst ein sehr guter Sänger zu sein[3]), so gab dies sicherlich großen Anstoß, da noch Cornelius Nepos unter den Verschiedenheiten griechischer und römischer Sitten und Anschauungen hervorhebt, daß nach römischer Ansicht Ausübung der Musik einem Manne von hervorragender Stellung nicht zieme[4]). Die stutzerhafte verdorbene Jugend, die zu Catilinas Anhang gehörte, verstand sich nach Cicero auf Liebeshändel, auf Gesang, Saitenspiel und Tanz[5]). Und so wurde Dilettantismus in der Musik ohne Zweifel damals von vielen unter allen Umständen mißbilligt; eine theoretische Beschäftigung mit dieser Kunst kann aber in dieser Zeit schon nicht mehr selten gewesen sein, da bereits Varro sie in den Kreis der Wissenschaften aufnahm, auf denen die allseitige Bildung beruhte; sein Buch ist die Hauptquelle für die Darstellung der Musik in den späteren enzyklopädischen Sammelwerken, namentlich des Martianus Capella und des Augustinus, gewesen[6]). Seit dem Anfange der Monarchie dürfte die Theorie der Musik nicht bloß ganz allgemein zu den Gegenständen des höheren Unterrichts gerechnet worden[7]), sondern auch die Ausbildung der Knaben in Gesang und Saitenspiel sehr gewöhnlich gewesen sein: Columella nennt Schulen der Musiker neben denen der Rhetoren und Mathematiker[8]). Titus, der, am Hofe des Claudius gemeinsam mit dessen Sohne Britannicus erzogen, »in denselben Wissenschaften und von denselben Lehrern unterrichtet wurde«, machte in allen Fächern schnelle Fortschritte, nicht bloß in der Beredsamkeit und Poesie beider Sprachen, »auch der Musik war er nicht unkundig, er sang und spielte auf der Kithara angenehm und geschickt«[9]). Britannicus (geb. den 12. Februar 41), der Neros Eifersucht durch seine bessere Stimme erregt hatte[10]), war ebenfalls musikalisch gebildet. An dem Saturnalienfest im Dezember 54 war Nero in der Gesellschaft der Altersgenossen durchs Los zum Könige gewählt worden; er gab dem noch nicht 14jährigen Prinzen auf, vorzutreten und einen Gesang vorzutragen, in der Hoffnung, er werde sich lächerlich machen. Aber Britannicus sang ohne Befangenheit ein Gedicht, das deutliche Anspielungen auf den an seinem Thronrechte verübten Raub enthielt. Die allgemeine Rührung, die der Gesang erregte, schärfte Neros Haß und gab den unmittelbaren und nächsten Anlaß zu der scheußlichen Ermordung des hoffnungsvollen Knaben im nächsten

1) Macrob. Sat. III 14, 7. 2) Cic. de orat. III 86 f. spricht über den Unterschied zwischen Dilettanten und Künstlern: *Valerius cotidie cantabat, erat enim scaenicus, quid faceret aliud? at Numerius Furius, noster familiaris, cum est commodum, cantat. est enim pater familias, est eques Romanus, puer didicit quod discendum fuit.* 3) Macrob. Sat. III 14, 10. 4) Cornel. Nepos Epam. 1, 2, vgl. praef. 1. 5) Cic. Catil. II 23. 6) Vgl. E. Holzer, Varroniana, Progr. Ulm 1890. 7) Seneca ep. 88, 9, vgl. 87, 12 ff. Quintilian. I 10, 22. 8) Colum. r. r. I praef. 5. Lucian. Amores 44. 9) Sueton. Tit. 3. 10) Sueton. Nero 33, 2.

Jahre[1]). Daß Nero schon als Knabe wie in den übrigen Fächern so auch in der Musik Unterricht erhalten hatte, sagt Sueton ausdrücklich[2]), und Seneca rühmte schon im Jahre 54, daß er dem Apoll an Gesang und Stimme nicht nachstehe[3]). Unter den Lehrern Marc Aurels wird Andron als derjenige genannt, der ihn in der Musik und zugleich in der Geometrie unterrichtete[4]). Von Commodus sagt sein Biograph, daß ihm der Unterricht der besten wissenschaftlichen Lehrer nichts nützte, daß er dagegen von Kindheit auf Fertigkeit in Dingen bewies, die zur kaiserlichen Würde nicht passen, wie z. B. im Formen von Bechern, Tanzen, Singen und Pfeifen[5]).

Bei den Mädchen wurde natürlich von jeher noch mehr Wert auf die Ausbildung in der Musik gelegt als bei den Knaben. Berühmte Musiker wie Demetrius und Tigellius Hermogenes (vielleicht ein Freigelassener des früher erwähnten Tigellius) brachten schon in der Zeit des Horaz einen großen Teil ihrer Tage neben den Lehnsesseln ihrer Schülerinnen zu[6]). Auch diese lernten nicht bloß singen, sondern auch die Kithara und andre Saiteninstrumente spielen, und scheinen sehr häufig die Fertigkeit erworben zu haben, Texte von Dichtern nach selbst gesetzten Melodien vorzutragen und zu begleiten[7]). Chöre von Knaben und Mädchen, auch von Frauen[8]), aus guten Familien dürften bei religiösen Festlichkeiten nicht selten gesungen haben[9]). Es gab aber auch Veranlassungen, bei denen es für Männer von Stande unbedenklich, ja geboten war, öffentlich zu singen. Ein so ernster und strenger Mann wie Thrasea Pätus hatte bei einem uralten, feierlichen, nur in Zwischenräumen von dreißig Jahren wiederkehrenden Schauspiel in seiner Vaterstadt Patavium eine Tragödienszene und zwar im Kostüm gesungen[10]).

Öffentliche Aufführungen von Knaben- und Mädchenchören.

Auch der Dilettantismus der Frauen und Mädchen in der Musik war in der älteren Zeit von Strengeren wenigstens nur bis zu einem gewissen Grade gebilligt worden; noch Sallust stellt sich auf diesen Standpunkt, wo er von der mit Catilina vertrauten Sempronia sagt, sie habe mit mehr Kunst gesungen, als für eine rechtschaffene Frau erforderlich sei[11]). Doch später verstummte nicht bloß allem Anschein nach jeder derartige Tadel ganz, sondern Fertigkeit in der Musik wurde auch allgemein zu den wesentlichen Erfordernissen weiblicher Bildung gerechnet. Statius zählt unter die Vorzüge, durch welche seine Stieftochter verdiente, einen Mann zu finden, daß sie die Lyra zu schlagen und seine Gedichte nach eigenen Melodien zu singen verstand; der jüngere Plinius rühmt dasselbe von seiner dritten Frau[12]). Lucian preist in überschwenglicher Weise den Gesang und das Saitenspiel der Geliebten des L. Verus, der schönen Smyrnäerin Panthea[13]). Er vergleicht sie mit den Musen und den Sirenen; dieser Stimme gegenüber muß die Nachtigall verstummen, es ist ein Gesang, wie man ihn eben aus einem so schönen Munde zu hören erwarten kann. Am vollendetsten ist ihr

Dilettantinnen.

1) Tac. A. XIII 15. 2) Sueton. Nero 20, 1. 3) Seneca Apocol. 4 v. 23. 4) Hist. aug. M. Aurel. 2, 2. 5) ebd. Commod. 1, 8. 6) Horat. Sat. I 10, 91. 7) Oben I 272. 8) Ovid. Trist. II 23: *ipse quoque Ausonias Caesar matresque nurusque carmina turrigerae dicere iussit Opi.* Dazu vgl. Wissowa, Relig. u. Kultus d. Römer[2] S. 319, 1. 9) Oben I 272. Catull. 34 ist wohl eine Studie nach griechischem Vorbilde, nicht für einen bestimmten Kultakt gedichtet. 10) Tac. A. XVI 21. Cass. Dio LXII 26, 4. Vgl. oben S. 123 f. 11) Sallust. Catil. 25, 2. 12) Oben I 272. 13) Oben I 67.

Gesang zur Kithara: die streng richtige Durchführung der Melodie (ἁρμονία), so daß der Text durchaus festgehalten wird, und der Gesang im wohlgemessenen Wechsel von Hebung und Senkung fortgeht; daß die Kithara dazu stimmt, das Plectrum mit der Kehle gleiches Zeitmaß hält, die Beweglichkeit der Finger, der Wohllaut der Modulation — alles dieses vermöchten selbst Orpheus und Amphion nicht zu erreichen[1]).

Dilettanten. Aber auch gegen den musikalischen Dilettantismus der Männer scheint sich schon in Augustus Zeiten nur noch vereinzelter Widerspruch erhoben zu haben. In der Tat ist der einzige Schriftsteller, der sich nach dem Untergange der Republik mißbilligend dagegen äußert, der ältere Seneca, ein starrer Anhänger der alten Einfachheit und Sittenstrenge. Er klagt, daß die edlen Studien darniederliegen, und Interessen, die noch schlimmer sind als der Müßiggang, sich der Geister bemächtigt haben, daß die unanständigen Beschäftigungen mit Gesang und Tanz die weibisch gewordene Jugend in Anspruch nehmen[2]). Der Tadel des jüngeren Seneca ist nur gegen die Übertreibung dieses Dilettantismus gerichtet. Die leidenschaftlichen Musikliebhaber verbrachten nach seiner Schilderung den ganzen Tag mit Hören, Singen und Komponieren von Arien, quälten ihre Stimme durch künstliche Modulationen zu einem andern als ihrem natürlichen Klange; ihre Finger schlugen fortwährend den Takt zu einem Stücke, das sie im Kopfe hatten, und auch bei ernsten, ja traurigen Veranlassungen konnten sie sich nicht enthalten, eine Melodie zu summen[3]). Ähnlich schildert bereits Manilius den Musikfreund, der beim Gelage den Genuß des Weins durch süßen Gesang erhöht, auch unter Arbeit und Geschäften mit verstohlenem Gemurmel Lieder singt und, wenn er allein ist, sich stets durch Gesang unterhält[4]).

Die große Verbreitung des musikalischen Dilettantismus der Männer in Rom seit dem Anfange der Kaiserzeit bestätigen auch zahlreiche andre Äußerungen und Angaben. Durch eine schöne Stimme konnte man hoffen, den Frauen zu gefallen[5]), als fertiger Sänger Zutritt in gute Gesellschaft zu erhalten[6]): überhaupt wurde musikalisches Talent, wie es scheint, besonders wegen seines Werts für die Geselligkeit geschätzt[7]). Der Trimalchio Petrons fordert einen seiner Gäste, der sonst für einen guten Sänger gegolten hatte, auf, etwas zum besten zu geben; dieser bedauert, nicht mehr singen zu können, in seiner Jugend freilich habe er sich »fast die Schwindsucht an den Hals gesungen«. Trimalchio selbst »mißhandelt« die Arien des in Neros Zeit berühmten Kitharöden und Komponisten Menecrates[8]). Der allseitige Dilettant bei Martial, der alles hübsch, aber nichts gut macht, singt auch hübsch und spielt hübsch die Lyra[9]).

Auch in hohen Kreisen scheint dieser Dilettantismus sehr verbreitet gewesen zu sein. C. Calpurnius Piso, das Haupt der Verschwörung gegen Nero im Jahre 65, spielte nach der Versicherung eines zu seinem Preise verfaßten Gedichts die Lyra so trefflich, daß man glauben konnte, Apollo selbst habe ihn unterrichtet: und er hatte sich in einer Zeit des Friedens der Beschäftigung mit dieser

1) Lucian. Imag. 13 f. 2) Seneca Controv. I prooem. 8. 3) Seneca de brev. vitae 12, 4. Über die Abfassungszeit der Schrift s. Dessau, Hermes LIII 1918 S. 188 ff. Münscher, Philologus Suppl. XVI (1922) S. 32 ff. 4) Manil. V 333 ff. 5) Ovid. a. a. I 595. 6) Horat. Sat. I 9, 25. 7) Manil. IV 525 ff. V 330 ff. 8) Petron. 64, 2 f. 73, 3. Oben S. 179. 9) Martial. II 7, 5 f.

Kunst nicht zu schämen, hatte doch auch Achill die Saiten mit derselben Hand gerührt, mit der er die schreckliche Lanze gegen die Feinde schleuderte[1]). Die Zahl der Kaiser, von denen berichtet wird, daß sie ausübende Dilettanten der Vokal- oder Instrumentalmusik waren, ist verhältnismäßig auffallend groß. Hadrian tat sich auf seine Fertigkeit im Gesang und Kitharaspiel etwas zugute[2]). Fronto, der seine Ermahnung an Marc Aurel, die Muße des Aufenthalts in Alsium zu genießen, mit den Beispielen früherer Kaiser unterstützt, sagt von Hadrian, auch er habe neben seinen Regierungssorgen zu andern Dingen Zeit gehabt; er sei ein Freund trefflicher Mahlzeiten und der Beschäftigung »mit Kompositionen und Auleten« ergeben gewesen[3]). Caracalla übte gleichfalls die Kitharodik und errichtete dem berühmten Kitharöden Mesomedes, der an den Höfen des Hadrian und Antoninus Pius geglänzt hatte, ein Denkmal[4]). Elagabal sang, auch mit Aulosbegleitung (d. h. dramatische Szenen), blies die Tuba und spielte die Pandura (ein Saiteninstrument) und die Orgel[5]). Alexander Severus liebte gleichfalls Musik und spielte Lyra, Aulos und Orgel, »auch die Tuba, auf der er sich jedoch als Kaiser nicht hören ließ«[6]). Man sieht, daß die Kithara, wenn auch ohne Zweifel das gewöhnliche, doch keineswegs das einzige Instrument der Dilettanten war. Nero hatte gelobt, wenn es ihm gelingen würde, der gegen ihn ausgebrochenen Empörung Herr zu werden, bei den Spielen zur Feier des Siegs sich auf der Wasserorgel, der Sackpfeife und dem Choraulos hören zu lassen; die in der Zeit der dringendsten Gefahr berufenen Großen führte er nach einer eilig abgemachten Beratung den ganzen übrigen Tag unter neu erfundenen Wasserorgeln umher, die er ihnen erklärte, wobei er die Schwierigkeiten der einzelnen Instrumente auseinandersetzte[7]). L. Norbanus Flaccus war ein eifriger Tubabläser und übte sich fleißig auf seinem Instrument, selbst am Morgen des Tags, an dem er das Konsulat antrat (1. Januar 19 n. Chr.): von der vor seinem Palast zur Aufwartung versammelten Menge ward es als ein böses Omen aufgefaßt, daß man den Konsul ein Kriegssignal blasen hörte[8]). Daß das Beispiel der Kaiser dazu beitrug, diesen Dilettantismus namentlich in hohen Kreisen zu verbreiten, ist selbstverständlich.

Große Zahl der kaiserlichen Dilettanten.

Nach der Art, wie alle diese Fälle mitgeteilt werden, ist unzweifelhaft, daß in Neros musikalischem Treiben es weder die Liebhaberei für diese Kunst, noch deren dilettantische Ausübung sein konnte, was in den Augen der Mitwelt als unwürdig und schmachvoll erschien: sondern gerade, daß er kein Dilettant, daß er ein Künstler von Fach sein wollte, daß und wie er seine Leistungen dem öffentlichen Urteile preisgab. Die Überzeugung, er sei zum Künstler geboren, beherrschte ihn mit der Stärke einer fixen Idee sein ganzes Leben hindurch; und mit den immer wiederholten Worten: welch ein Künstler geht in mir verloren! ist er ja auch gestorben[9]). Durch welches Übermaß von Äußerungen enthusiastischer Bewunderung er in dieser Überzeugung bestärkt wurde, kann man sich vorstellen. Selbst sein Lehrer Seneca nennt ihn in einem bei seiner Thronbesteigung verfaßten Gedicht (wie erwähnt) dem Apollo »gleich in der Kunst des Gesangs und in der Stimme Gewalt«. Ein andrer Dichter ver-

Neros Streben, nicht Dilettant, sondern Künstler zu sein.

1) Laus Pison. 166—177. 2) Hist. aug. Hadrian. 14, 9. 3) Fronto de fer. Als. 3 p. 226 N. 4) Cass. Dio LXXVII 13, 7. 5) Hist. aug. Elagab. 32, 8. 6) ebd. Alex. Sever. 27, 9. 7) Sueton. Nero 41, 2. 54. 8) Cass. Dio LVII 18, 3 f. 9) Sueton. Nero 49, 1.

gleicht ihn als Kitharöden nicht bloß mit dem seinen Sieg über den Drachen besingenden Apollo, sondern auch mit der das Heptachord der Weltzonen spannenden Gottheit: »gibt es Himmelsgötter, so reden sie mit einer solchen Stimme«[1]). Als die Empörung gegen ihn ausbrach, soll ihn nichts so sehr in Aufregung versetzt haben, als daß er in einer Proklamation des Vindex ein schlechter Kitharöde genannt worden war. Die Falschheit dieses Vorwurfs, durch den ihm die Kenntnis einer mit vollendeter Meisterschaft geübten Kunst abgesprochen werde, betrachtete er als den besten Beweis für die Falschheit der übrigen Anklagen und fragte fortwährend seine Höflinge, ob sie einen bessern kennten. Ihm war schon früh von Astrologen geweissagt worden, er werde abgesetzt werden, worauf er die (in Rom allgemein verbreitete) Antwort gab: die liebe Kunst wird mir dann durchhelfen[2]). Kaum war er Kaiser geworden, so berief er den damals berühmtesten Kitharöden Terpnus[3]), ließ sich Tag für Tag nach der Tafel bis tief in die Nacht vorsingen und vorspielen und suchte durch unablässige Übungen und Studien und die strengste Beobachtung aller diätetischen Vorschriften seine dumpfe und schwache Stimme auszubilden[4]). Zuerst trat er im Jahre 59 (dem fünften seiner Regierung, dem zweiundzwanzigsten seines Alters) in seinem Garten und Palast am rechten Tiberufer[5]), dann im Jahre 64 in der »griechischen Stadt« Neapel[6]), und erst im Jahre 65 in Rom ganz öffentlich bei dem von ihm gestifteten Wettkampf als Kitharöde im Pompejustheater auf[7]); gegen das Ende des Jahrs 66 unternahm er seine Kunstreise durch Griechenland, von welcher er erst zu Anfang des Jahrs 68 zurückkehrte[8]). Neben den kitharödischen waren es vorzugsweise die halbdramatischen Vorträge von Soloszenen aus Tragödien, in denen er sich zeigte, und zwar in diesen letzteren in Kostüm und Maske[9]). Wahrscheinlich war er, wie die Kitharöden wohl gewöhnlich, auch selbst Komponist. Für den Beifall bei seinem Auftreten war stets durch ein ganzes Heer wohlgeschulter und -organisierter Beifallrufer und -klatscher gesorgt. Wie so oft in der Geschichte dieser Zeit mischte sich auch hier in das Lächerliche das Gräßliche. Spione lauerten überall, und wehe dem, der nicht genug geklatscht oder vor Beendigung des kaiserlichen Gesangs sich fortgeschlichen hatte oder eingeschlafen war und sich so als Feind der »himmlischen« (d. i. kaiserlichen) Stimme gezeigt hatte[10]).

Musikalische Zustände in der letzten Zeit des Altertums.

Von den ersten Jahrzehnten des 3. Jahrhunderts bis gegen Ende des 4. sind die Nachrichten über die Kulturzustände äußerst spärlich. Aus den letzten Zeiten des Altertums erfahren wir über die Musik wenigstens, daß Liebe für sie in der heidnischen wie in der christlichen Gesellschaft sehr verbreitet war. Der Astronom Firmicus Maternus erwähnt »öffentliche Musiker, die vom Volke geehrt werden«, »Chormusiker«, spricht wiederholt von Komponisten und außerdem von Erfindern von Melodien für die Bühne[11]). Ammianus Marcellinus sagt, daß die Paläste Roms, die einst durch die Pflege der Wissenschaften be-

1) Seneca Apocol. 4 v. 23. Anthol. lat. 725, 29 ff. R. 2) Sueton. Nero 40, 2. 41, 1. 3) S. oben S. 172 Anm. 4. 181. 4) Sueton. Nero 20, 1. 5) Tac. A. XIV 14 f. Cass. Dio LXI 20, 1. Plin. n. h. XXXVII 19. 6) Tac. A. XV 33. 7) ebd. XVI 4. 8) Hohl, Real-Encykl. Suppl. III 388 f. 9) Tac. A. XV 65. Cass. Dio LXIII 9, 2 ff. 10) Philostr. V. Apoll. IV 39. Sueton. Nero 25, 1. Cass. Dio LXI 20, 3. Tac. A. XIV 15. 11) Firmic. Matern. math. III 6, 2. 21. 12, 1. 10. 17. V 5, 6. VI 31, 84. VII 26, 7. VIII 21, 9. 24, 8 u. a.

rühmt waren, nun von der Kurzweil schlaffen Müßiggangs erfüllt seien, von Gesang und Saitenspiel widerhallen. Statt des Philosophen gehe der Sänger, statt der Lehrer der Beredsamkeit derjenige der Musik ein und aus, und man sehe musikalische Instrumente aller Art, während die Bibliotheken gleich Grüften geschlossen seien[1]). Und in Constantinopel richtete Johannes Chrysostomus von der Kanzel an seine Gemeinde die Frage: Wer von euch könnte einen Psalm oder ein andres Stück aus der heiligen Schrift hersagen, wenn er dazu aufgefordert würde? Wenn man aber nach diabolischen Arien, nach buhlerischen, unzüchtigen Gesängen fragen wollte, dann würde man gar viele finden, die alles aufs genaueste wissen und mit großer Lust vortragen würden[2]). Daß nicht bloß vom christlichen Standpunkt aus diese Verdammung der Musik gerechtfertigt war, daß sie in der Tat nur noch frivolen Sinnengenuß und namentlich die Theatermusik bei der unumschränkten Herrschaft des Pantomimus auf der Bühne nichts als gemeinen Ohrenkitzel bezweckte, läßt der allgemeine Verfall der antiken Kultur in jenen Zeiten voraussetzen[3]).

Je mehr die Musik ihren Ernst und ihre Würde eingebüßt hatte, desto bedenklicher mußte ihre Anwendung für den christlichen Gottesdienst erscheinen, in dem der Kirchengesang doch von Anfang an ein wesentliches Element gewesen war; mindestens wurde die Gefahr seiner Verweltlichung mit Grund befürchtet[4]). Hieronymus warnt die Sänger, deren Amt es ist, in der Kirche zu singen: man müsse Gott nicht mit der Stimme, sondern mit dem Herzen singen, nicht nach Art der Tragöden Hals und Kehle mit Süßigkeiten schmeidigen, damit in der Kirche theatralische Melodien und Arien gehört würden[5]). Aus demselben Grunde nahmen manche an dem Gesange der Frauen in der Kirche Anstoß. Für die meisten, sagt Isidorus von Pelusium[6]), wird auch dies ein Anlaß zur Sünde, da sie, statt sich durch die göttlichen Psalmen zerknirscht zu fühlen, in der Süßigkeit der Melodie einen Anreiz zur Leidenschaft finden und sie nicht höher achten als die Theatergesänge. Wolle man gottgefällig handeln, so müsse man den Weibern, welche die göttliche Gabe so mißbrauchen, das Singen in der Kirche und den Aufenthalt in der Stadt verbieten. Cyrillus, Bischof von Jerusalem († 386), hatte den Gesang der Frauen überhaupt nicht dulden wollen, weil ihnen der Apostel Paulus in der Gemeinde Schweigen auferlege[7]). Den Asketen erschien das Wohlgefallen an der Musik geradezu als unerlaubte fleischliche Lust. Auch Augustinus, der für musikalische Eindrücke sehr empfänglich war und oft bei den Hymnen des Ambrosius Tränen vergoß, fand es gerade darum bedenklich, sich diesen Empfindungen hinzugeben, und fürchtete, der Inhalt der Lieder möchte nur wegen der schmeichelnden Töne bei ihm Eingang finden: in solchen Augenblicken wünschte er allen anmutigen Gesang aus der Kirche fort und wollte die Psalmen, wie Athanasius es in Alexandria eingeführt hatte, mehr hersagen als singen lassen[8]).

Die Musik im christlichen Gottesdienst.

1) Ammian. Marcell. XIV 6, 18 (wo aber *paucae* schwerlich richtig, oder etwas ausgefallen ist). 2) Joh. Chrysost. in Matth. hom. 2, 5 (Migne gr. LVII 30), vgl. in act. apost. hom. 10, 4 (LX 90). 3) Vgl. G. Rauschen, Das griech.-röm. Schulwesen zur Zeit des ausgehenden Heidentums (1901) S. 30. 4) Vgl. H. Achelis, Das Christentum in den ersten 3 Jahrhunderten (1912) II 428. 5) Hieronym. in epist. ad Ephes. 5, 19 (Migne lat. XXVI 528). 6) Isidor. Pelusiota Ep. I 90 (Migne gr. LXXVIII 244 f.). 7) Cyrill. Hieros. procatech. 14 (Migne gr. XXXIII 336). 8) Augustin. Conf. X 33, 49 f.

Ambrosius. Der eifrigste Förderer des Kirchengesangs in der abendländischen Kirche (wie Basilius in der morgenländischen) war Ambrosius. Freilich sollten Christen nicht »die todbringenden Gesänge theatralischer Koloraturen (*chromata*) ergötzen, die das Herz für die sinnliche Liebe empfänglich machen«; desto höher schätzte er den Wert des wahrhaft erbauenden Kirchengesangs. »Was ist lieblicher«, sagt er, »als ein Psalm! Es ist das Lob Gottes und ein wohllautendes Bekenntnis des Glaubens. Der Apostel befiehlt zwar, daß die Weiber in der Kirche schweigen sollen, aber die Psalmen singen sie sehr gut. Zum Psalmensingen ist jedes Alter, jedes Geschlecht geschickt. Die Greise legen beim Singen desselben die Strenge des Alters ab, die jüngeren Männer singen ihn ohne den Vorwurf der Üppigkeit, die Jünglinge ohne Gefahr für ihr empfängliches Alter und ohne Versuchung zur Wollust, die zarten Mädchen ohne Einbuße an frauenhafter Schamhaftigkeit, die Jungfrauen und Frauen lassen ohne Ausgleiten der Sittsamkeit in ernster Würde das Loblied Gottes mit der Lieblichkeit ihrer tonreichen Stimmen melodisch erschallen. Und was hat man für Mühe, das Volk in der Kirche zum Schweigen zu bringen, wenn bloß vorgelesen wird. Sobald aber der Psalm ertönt, wird gleich alles still«[1]).

»Allerdings war in die christliche Musik bereits ein fremdes Element eingedrungen: der hebräische Tempelgesang. Er scheint mit seiner Psalmodie die erste Entwicklung des christlichen Kirchengesanges vorwiegend beherrscht zu haben, bis sich dann, je mehr sich das Christentum auch die gebildete Welt eroberte, mehr und mehr antike Einflüsse hervorwagten. Indes sind die Musikverhältnisse der ersten christlichen Jahrhunderte noch stark umstritten und werden wohl keine sichere Aufklärung finden, solange nicht (was kaum zu hoffen ist) wirkliche Tondenkmäler aus dieser Zeit gefunden werden.« (H. Abert.)

1) Ambros. Enarr. in XII psalmos 9 (Migne lat. XIV 924 f.).

X. DIE SCHÖNE LITERATUR

Die folgende Betrachtung wird versuchen zu zeigen, daß die Bedeutung der Poesie für die Gesamtbildung im späteren römischen Altertum eine wesentlich andre, und zwar umfassendere und tiefer greifende war als gegenwärtig. Zu diesem Zweck ist das Verhältnis der gebildeten Welt zur Poesie, die dieser gestellten Aufgaben, die durch beides bedingte Stellung der Dichter, endlich die Ablösung der Poesie durch die Kunst der Prosa ins Auge zu fassen.

Wirkungen des Jugendunterrichts. Sein Hauptzweck Beredsamkeit.

Das Verhältnis der gebildeten Welt zur Poesie war zum großen Teil durch den Jugendunterricht bestimmt, und hier wurden ganz andre Zwecke verfolgt und auf ganz andren Wegen als gegenwärtig. Wenn der heutige Jugendunterricht eine erste Orientierung auf den wichtigsten Gebieten menschlichen Wissens, ein möglichst vielseitiges Verständnis der mannigfachen wissenschaftlichen Arbeit und die Fähigkeit sich an ihr zu beteiligen bezweckt, so war er im Altertum schon darum sehr viel einfacher, weil die jetzt auf den Schulen gelehrten Wissenschaften teils gar nicht oder nur in ihren ersten Anfängen existierten, teils nicht als zur allgemeinen Bildung gehörig betrachtet wurden. Nicht zu einer möglichst großen Empfänglichkeit, sondern zur eignen Gestaltungsfähigkeit sollte der jugendliche Geist gebildet werden. Das Hauptziel des Unterrichts war die Gewinnung nicht eines umfangreichen Wissens, sondern eines virtuosen Könnens, einer möglichst vollkommnen Herrschaft über den sprachlichen Ausdruck, die Erwerbung der Kunst, das Wort zur klaren und überzeugenden Entwicklung der Gedanken, zum angemessenen und geschmackvollen, wenn möglich reichen, schönen und hinreißenden Ausdruck zu gebrauchen[1]).

Für die Zeit der Republik, wo die Rede mit weit größerem Recht als heute das Wissen »eine Macht« heißen konnte, wo, wie Tacitus sagt, »niemand ohne Beredsamkeit zu großer Macht gelangte«[2]), bedarf dies keiner Erläuterung. Aber wenn auch mit dem Untergange der Republik die politische Beredsamkeit verstummte, so war doch durch die lebhafte Empfänglichkeit der Südländer für das lebendige Wort und durch die ganzen Lebensgewohnheiten des Altertums ein gewisser Grad von Öffentlichkeit und Mündlichkeit für alle Verhältnisse mit Notwendigkeit bedingt, und auch in der Monarchie stand Schrift und Rede in bezug auf Wichtigkeit und Einfluß zueinander im umgekehrten Verhältnis wie in der heutigen Welt. Durch die Macht der Rede, sagt Diodor, haben die Hellenen vor den Barbaren, die Gebildeten vor den Ungebildeten den Vorrang; durch sie allein kann ein einzelner der Masse überlegen sein[3]). Von der Beredsamkeit, sagt der ältere Seneca, ist der Übergang zu allen Kennt-

1) Tac. Dial. 30ff. 2) ebd. 37, 4. 3) Diodor. I 2, 6.

nissen und Fertigkeiten leicht, sie rüstet auch diejenigen aus, die sie nicht für sich selbst erzieht[1]).

Sorge des Staats und der Kommunen für den Unterricht in der Beredsamkeit.

Nicht bloß für den Advokaten und Lehrer, auch für den höheren Offizier oder Beamten, für den Senator oder Staatsmann, überhaupt für jeden, der nach einer hervorragenden Lebensstellung strebte, war Beredsamkeit unentbehrlich. Der beste Maßstab für den Wert, den auch die Monarchie auf die Redekunst legte, der beste Beweis dafür, daß sie auch jetzt als das wichtigste Moment der allgemeinen Bildung galt, liegt darin, daß sie das erste Fach des Unterrichts war und lange das einzige blieb, für das zu sorgen der Staat als seine Pflicht erkannte. Die ersten von der Regierung in Rom begründeten, mit einem reichen Gehalt (von 100000 S. = 21 750 Mark) dotierten öffentlichen Lehrstühle waren die der römischen und griechischen Beredsamkeit, und der Kaiser, der dem Budget diese Last auferlegte und Quintilian, »den Ruhm der römischen Toga«, zu der römischen Professur berief, »ihn zum höchsten Leiter der unsteten Jugend machte«[2]), war Vespasian, der haushälterische, allen idealen Tendenzen abholde, ganz den praktischen Bedürfnissen zugewandte Regent[3]). Bald hatten nicht bloß die größeren, sondern (wenigstens um die Mitte des 2. Jahrhunderts) auch viele kleinere Städte Italiens und der Provinzen ihre von den Kommunen angestellten Professoren der Beredsamkeit; die größten ohne Zweifel so gut wie Rom griechische und lateinische zugleich[4]).

Gegenstand des ersten Unterrichts Lesung und Erklärung der Dichter.

Die Vorbereitung zum Unterricht in der Beredsamkeit war eine sehr intensive und ganz ausschließliche Beschäftigung mit der Poesie. Der Dichter »formte schon den stammelnden Mund des Kindes«[5]), und die Lesung und Erklärung der Dichter war der so gut wie einzige Gegenstand des eigentlichen Schulunterrichts der heranwachsenden Jugend[6]). Daneben wurde nur etwa einige Kenntnis der Geometrie und der Musik als notwendig oder wünschenswert anerkannt; die letztere, in welcher der Unterricht sich häufig auf die Theorie beschränkte, scheint ihre Aufnahme unter die Lehrgegenstände ihrem im Altertume so viel engeren Zusammenhange mit der Poesie verdankt zu haben[7]). Einige andre Kenntnisse wurden dem jugendlichen Geiste durch die Poesie vermittelt, namentlich aus der Geographie, Astronomie (welche daher auch in beiden Sprachen immer von neuem zum Gegenstande poetischer Darstellungen gemacht wurde), Philosophie, Literaturgeschichte und Geschichte, als deren Teile Sage und Mythologie allgemein betrachtet wurden. Zugleich sollten die Kinder auch die Lehren der Sittlichkeit und Lebensweisheit aus den Dichtern sich aneignen und einprägen[8]), deren Sinnspüche zu diesem Zweck wahrscheinlich in zahlreichen, besonders für den Schulgebrauch bestimmten Blütenlesen (Sentenzensammlungen) zusammengestellt waren[9]).

1) Seneca Contr. II praef. 3. 2) Martial. II 90, 1 f. 3) Marquardt StV. II² 106 f. 4) Rohde, Der griech. Roman³ S. 344 f. S. oben I 181. 5) Horat. ep. II 1, 126. Quintilian. I 1, 36 *eorum (poetarum) cognitio parvis gratior est.* 6) Vgl. Friedlaender, De historiarum enarratione in ludis grammaticis, Ind. lect. aestiv. Regim. 1874. Auch Marquardt stimmt dem jetzt bei: Privatl.² 106, 7. Zu der ganzen Frage vgl. auch L. Radermacher, Rhein. Mus. LIX 1904 S. 521 ff. 7) Vgl. oben S. 163 ff. 8) Horat. ep. II 1, 128—131. 9) Hieronym. ep. 107, 8, 1 zitiert einen Vers des Syrus mit dem Zusatz: *legi quondam in scholis puer.* Phaedr. III epil. 33: *ego quondam legi quam puer sententiam: Palam muttire plebeio piaculum est* (Enn. scaen. 331 Vahl.²) — offenbar auch in einer Sentenzensammlung.

Wo eine höhere Bildung bezweckt wurde, erstreckte sich der Schulunterricht selbstverständlich auch auf die griechischen Dichter. Mit Homer begann er zu allen Zeiten[1]), was Quintilian billigt[2]); denn wenn auch für ein volles Verständnis seiner Poesie ein reiferes Alter erforderlich sei, so werde doch jeder diese Gedichte mehr als einmal lesen. Von den übrigen griechischen Dichterwerken nennt er Tragödien und lyrische Gedichte; ausgeschlossen will er, wie es scheint, nur solche wissen, die durch ihren Inhalt Bedenken erregen konnten, wie Elegien; ganz besonders empfiehlt er Menander, dessen Stücke schon in Ovids Zeit in Knaben- und Mädchenschulen gelesen wurden[3]). Noch in der spätesten Zeit des Altertums wurden Homer und Menander den Knaben zum Erlernen des Griechischen in die Hand gegeben[4]). Der Vater des Dichters Statius hielt zu Neapel eine Schule, die, wie der Sohn versichert, nicht bloß von Knaben der nächsten Städte, sondern auch aus Lucanien und Apulien besucht wurde. In dieser Schule wurden Homer, Hesiod, Epicharm, Pindar, Ibycus, Alcman, Stesichorus, Sappho, Corinna, Callimachus, Lycophron, Sophron und andere Dichter gelesen[5]). Eine so ausgedehnte Beschäftigung mit griechischer Poesie mochte freilich außerhalb der eigentlich griechischen Länder[6]) eben nur in einer Stadt wie Neapel vorkommen, wo sich griechische Sprache und Sitte behauptet hatte; daß aber Bekanntschaft mit den bedeutendsten griechischen Dichtern bei jedem Gebildeten — also doch wohl von der Schule her — vorausgesetzt wurde, zeigt auch Senecas Erzählung von jenem Calvisius Sabinus, der, um gebildet zu scheinen, seine Sklaven die Dichter auswendig lernen ließ, aus denen er Zitate anführen wollte[7]): wo außer Homer und Hesiod auch die neun griechischen Lyriker genannt werden.

In der Schule gelesene griechische Dichter.

Während wir aber über die Wahl der griechischen Dichter für den Schulunterricht nicht näher unterrichtet sind, namentlich nicht, ob und inwiefern sie in verschiednen Zeiten verschieden getroffen wurde, wissen wir, daß die lateinischen Dichter, die in der Schule gelesen wurden, im 2. Jahrhundert ganz andre waren als im ersten; und zwar erfolgte diese Veränderung auf Grund der großen Umwälzung der literarischen und Geschmacksrichtung, die sich etwa seit Neros Zeit vorzubereiten anfing und zu Anfang des 2. Jahrhunderts vollzog.

Von den lateinischen Dichtern war im 1. Jahrhundert Vergil der erste, welcher der Jugend in die Hände gegeben wurde, und seine Gedichte ebenso das Funda-

In der Schule gelesene römische Dichter. Im 1. Jahrhundert hauptsächlich die lebenden.

1) Seneca nat. qu. VI 23, 4. Plin. ep. II 14, 2. So noch bei Augustin. Conf. I 14, 23. Paulinus Pell. Euchar. 72ff. 2) Quintilian. I 8, 5. 3) Ovid. Trist. II 369f. Oben I 271. Menander neben Homer als Hauptautor des griechischen Schulunterrichts auch bei Stat. Silv. II 1, 114. Über die Überschätzung des Menander bei griechischen Stilisten Phrynich. Epit. p. 418 Lobeck. 4) Auson. Protrept. ad nepot. 46 (p. 263 Peip.) *conditor Iliados et amabilis orsa Menandri evolvenda tibi.* Vita Fulgent. Rusp. 1, 4 (Migne lat. LXV 119) *quem — mater — graecis litteris imbuendum primitus tradidit, et quamdiu totum simul Homerum memoriter reddidisset, Menandri quoque multa percurreret, nihil de latinis permisit litteris edocere.* 5) Stat. Silv. V 3, 146—175. 6) Über die Interpretation der griechischen Dichter in den griechischen Ländern Aristid. or. 32, 24 (II 222 K.), wo Homer, Archilochus, Hesiod, Simonides, Stesichorus, Pindar, Sappho, Alcäus u. a. als Dichter genannt werden, die Alexander von Cotyäum in der Schule interpretierte. Vgl. auch Galen. XVI 566: καὶ γὰρ ῥήτορος ἤκουσα μελετῶντος ἐν παρακοπῇ καὶ γραμματικοῦ βιβλίον ἀναγινώσκειν οἰομένου Βακχυλίδειον ἢ Σαπφικόν. Aristides träumte, daß er in Schulen von Alexandria seine eigenen Hexameter von den Schülern lesen hörte; er spricht so, als wenn es wirklich hätte geschehen können, or. 49, 4 (II 414 K.). 7) Seneca ep. 27, 6, vgl. unten [S. 368].

ment und der Hauptgegenstand des lateinischen, wie die Homerischen des griechischen Unterrichts. Nächst ihm dürfte Horaz am meisten gelesen worden sein; die Büsten beider schmückten, wie es scheint, noch zu Anfang des 2. Jahrhunderts gewöhnlich die Schulstuben[1]). Mit der Einführung der neuesten Dichter in den Schulunterricht soll der Grammatiker Q. Cäcilius Epirota, ein Freigelassener von Ciceros Freunde Atticus, vorangegangen sein, der seine Schule nach dem Tode seines Gönners, des Dichters Cornelius Gallus, 26 v. Chr. eröffnete. Hier las er Gedichte Vergils (offenbar noch vor dessen Tode 19 v. Chr.) und andrer lebender Dichter vor und erklärte sie, was ihm von einem Epigrammdichter die Benennung »Kinderfrau der Poeten im Säuglingsalter« eintrug[2]). Doch vermutlich machte Cäcilius Epirota durch sein Beispiel nur zur Sitte, was zuvor vereinzelt geschehen war; denn Horaz erklärt es schon in einer um mehrere Jahre älteren Satire für Torheit, wenn ein Dichter den Beifall der Menge wünsche und es gern sehe, daß seine Gedichte in niedrigen Schulen gelesen werden[3]). Allem Anscheine nach las man hier seit dieser Zeit gerade die lebenden neuesten Dichter vorzugsweise. Daß auch Lucans Epos unmittelbar nach seiner Veröffentlichung in der Schule allgemein gelesen wurde, darf man daraus schließen, daß in Vespasians Zeit von dem Redner dichterischer Schmuck, »aus dem Heiligtume des Vergil, Horaz und Lucan entnommen«, verlangt wurde[4]); übrigens bezeugt es Sueton ausdrücklich, sowie daß die Buchhändler übermäßige Sorgfalt auf die Ausstattung seiner Werke verwandten[5]), deren Absatz, wie für den Dichter, heißt es bewies, daß er ein Dichter war[6]). Es sei doch schön Martial sagt, am besten bei Persius, wenn seine Verse hundert lockigen Kindern vordiktiert werden[7]). Statius konnte schon am Schluß seiner Thebaide sich rühmen, daß dieses Werk, die Frucht zwölfjähriger Arbeit, bereits von der Jugend Italiens eifrig gelernt werde[8]). Martial, dessen Gedichte ihr lasziver Inhalt natürlich für Unterrichtszwecke völlig ungeeignet machte[9]), läßt sich von seiner scherzhaften Muse die Frage vorlegen, ob er etwa zum tragischen Kothurn übergehen oder Kriege in epischen Gedichten besingen wolle, »damit ein aufgeblasener Schulmeister ihn mit heiserer Stimme vorlese, und er heranwachsenden Mädchen und guten Jungen zum Gegenstande des Hasses werde«[10]).

Reaktion gegen die moderne Literatur.

Aber damals hatte sich schon längst in den literarischen Kreisen der Streit erhoben, ob die alte oder die neue Literatur den Vorzug verdiene, und die unbedingten Anhänger der ersteren wollten natürlich die letztere auch in der Schule nicht dulden. Schon in Vespasians Zeit hatte sich eine scharfe Opposition gegen

1) Juv. 7, 226f. (der Scholiast versteht vielmehr Exemplare beider Dichter; ebenso Vollmer, Philolog. Suppl. X 1905 S. 267, 15). 2) Sueton. de gramm. 16. 3) Horat. S. I 10, 74f. 4) Tac. Dial. 20, 8. 5) Sueton. Vit. Lucani p. 52 Reiff. 6) Martial. XIV 194. Daher die Benutzung Lucans bei Florus (E. Westerburg, Rhein. Mus. XXXVII 1882 S. 35ff.) und in metrischen Inschriften. So steht Pharsal. VII 1—3 auf einer bei Trier gefundenen Tafel (CIL XIII 3654), vielleicht, wie Buecheler (Bonner Jahrb. LVIII 1876 S. 175ff.) vermutet, Probearbeit oder Aushängeschild eines Quadratarius, nach der guten Schrift schwerlich aus später Zeit (*lux* für *lex* halte ich für ein Versehen). In metrischen Grabschriften tritt die Benutzung Lucans kaum hinter der Vergils und Ovids zurück. Hosius, Rhein. Mus. XLVII 1892 S. 463ff. L 1895 S. 299. 7) Pers. 1, 29. 8) Stat. Theb. XII 810ff. 9) Martial. I 35: *versus scribere me parum severos, nec quos praelegat in schola magister, Corneli, quereris.* 10) Martial. VIII 3, 15f.

die moderne Prosa mit ihren Extravaganzen, ihrer Unnatur und Gespreiztheit[1]) gebildet, auf deren Seite Quintilian sich stellte, dessen Autorität ohne Zweifel für weite Kreise maßgebend war. Er fand beim Antritt seines Lehramts den glänzendsten Autor der Modernen, Seneca, von der Jugend allgemein und enthusiastisch bewundert, und zwar gerade wegen seiner blendenden und verführerischen Fehler, welche die Nachahmer noch vervielfachten und überboten[2]). Quintilian erstrebte und bewirkte mit Gleichgesinnten eine Regeneration der Prosa auf der Basis des ciceronischen Stils, der allerdings, von den Schriftstellern dieser Richtung dem Bedürfnis der Zeit gemäß umgestaltet, mehr Beweglichkeit, Farbigkeit und Glanz erhielt[3]).

Einführung der alten Dichter in die Schule.

Aber dies war schon damals einem Teil der Freunde des Alten viel zu wenig: sie glaubten noch um ein Jahrhundert weiter, selbst zu den Inkunabeln der römischen Literatur zurückgreifen zu müssen, um die Muster zu finden, an denen der entartete Geschmack neu erzogen werden sollte; sie priesen den alten Cato, die alten Chronisten und Redner, wie Gracchus, und die Dichter aus der Zeit der punischen Kriege, Nävius, Ennius, Plautus, Accius, Pacuvius, Lucilius und deren Zeitgenossen, und wollten sie natürlich auch in die Schule eingeführt sehen[4]). Diese Richtung hatte ums Jahr 90 schon so weit Boden gewonnen, daß Quintilian die letzte Forderung als berechtigt anerkannte. Seine Natur war zu maßvoll, sein Blick zu frei, sein Geschmack zu fein, als daß er in diesem Streit überhaupt hätte Partei nehmen sollen; am wenigsten konnte er es für die Altertümler, vielmehr stand er seiner ganzen Richtung nach den Modernen weit näher, er teilte den Enthusiasmus für Ennius und Plautus nicht und wollte dem ersteren nur die Ehrfurcht zollen, die das durch Alter Geheiligte fordern darf, Cato und Gracchus hat er in seiner Übersicht der Musterschriftsteller nicht einmal genannt. Aber doch gab er zu, daß es zweckmäßig sei, die alten Dichter in der Schule zu lesen. Sie seien allerdings geeignet, den Geist des Knaben zu nähren und in seinem Wachstum zu fördern, obwohl ihre Stärke mehr in ihrer Naturanlage als in ihrer Kunst liege; namentlich den Reichtum des Ausdrucks zu vermehren, für welchen die Tragödie Muster des Ernstes und der Würde, das Lustspiel solche der Eleganz biete. Auch sei die künstlerische Komposition sorgfältiger als bei den meisten neueren, welche Sentenzen als die Hauptschönheit aller Dichterwerke ansähen. Sodann müsse man bei ihnen sittlichen Ernst und innerliche Kraft suchen, da der Ausdruck der Modernen zur äußersten Üppigkeit entartet sei. Endlich beruft sich Quintilian auf Cicero und andre große Redner, die doch wohl wußten, was sie taten, wenn sie in ihren Reden so viele Stellen aus Ennius, Accius, Pacuvius, Lucilius, Terentius u. a. anbrachten[5]). Allem Anscheine nach gewann die Partei der Altertümler die Oberhand unter Hadrian: es mußte ihren Sieg entscheiden, daß der Kaiser sich offen zu ihr bekannte, dem Cicero den Cato, dem Vergil den Ennius vorzog[6]), und unter den beiden Antoninen gelangte sie, wie es scheint, zu einer fast unumschränkten Herrschaft in der Schule und in der Literatur, wie schon allein das Ansehen, dessen eine solche

1) Über den neuen Stil der Modernen Norden, Antike Kunstprosa I 270ff. 2) Quintilian. X 1, 125—131. 3) Die beste Charakteristik seiner Stellung bei Norden a. a. O. S. 269. 4) Älteste Zeugnisse Seneca epist. 114, 13. Tac. Dial. 23, 3ff. Vgl. auch Martial. XI 90 (spätestens 96 gedichtet). 5) Quintilian. I 8, 8. 6) Hist. aug. Hadrian. 16, 6.

Null wie Fronto als ihr extremster Vertreter sich erfreuen konnte, schließen läßt.

Fronto. Auch in dieser Partei gab es natürlich verschiedne Richtungen; die ausschließlichste und unbedingte Anbetung der Alten, verbunden mit ebenso unbedingter Ignorierung und Verwerfung der Modernen, lernen wir, wie gesagt, bei Fronto kennen. In seiner Korrespondenz mit seinen fürstlichen Schülern Marc Aurel und Lucius Verus, die von Zitaten aus der alten Literatur wimmelt, wird man selbst die Namen Vergil und Livius vergebens suchen, Horaz erwähnt er einmal[1]). Nur wo er seinen bereits auf den Kaiserthron gelangten Schüler Marcus um Erlaubnis bittet, sein altes Lehrerrecht wieder üben zu dürfen, um ihm mit unbeschreiblich komischer Angst seine ernsten Besorgnisse wegen einer gewissen Neigung zum Modernen auszusprechen, die eine seiner Reden verrate, nennt er Seneca und Lucan, um aufs dringendste vor beiden zu warnen. Es sei ja freilich bei Lucan manches Hübsche, aber auch in Kloaken werden Silberstückchen gefunden[2]), wer werde deshalb dort herumstöbern wollen! Das Sicherste sei, sich solcher Lektüre ganz zu enthalten, denn auf schlüpfrigem Boden gleite man immer leicht aus.

Gellius. Gellius stand zwar im ganzen auf demselben Standpunkt wie Fronto, auch er hat für nötig gefunden, Seneca einmal zu erwähnen, um sich stark und entschieden gegen ihn auszusprechen; es werde wohl genug sein, meint er, wenn er die mißfälligen Urteile dieses »abgeschmackten und törichten« Menschen über Ennius, Vergil und Cicero anführe[3]); Lucan nennt er nirgends. Aber Gellius, obwohl ein großer Pedant, war doch keineswegs ohne Geschmack und nicht so borniert wie Fronto, er bewunderte Vergil nicht minder als Ennius. Sonst erwähnt er allerdings keine Dichter der Augusteischen Zeit, nur daß er dem Horaz die Ehre erweist, eine Erörterung über die Namen der Winde an eine Stelle aus seinen Oden anzuknüpfen[4]).

So hatte sich also im Laufe von etwa 100 Jahren eine völlige Umwälzung des Geschmacks vollzogen, die im 1. Jahrhundert bewunderten und nachgeahmten Schriftsteller und Dichter wurden im 2. verachtet und ignoriert und umgekehrt. Die Zahl der Dichter, in deren Bewunderung sich beide Zeitalter vereinigten, scheint nicht groß gewesen zu sein; es gehörte dazu außer Vergil, dessen Größe auch die Altertümler nicht bestritten, besonders Catull, den auch die Modernen liebten, wie denn Martial ihn vor allen andern nachgeahmt hat. Juvenal ist der letzte der Modernen; er erinnerte sich noch lebhaft, wie Statius, der gepriesene Epiker der Partei in der Domitianischen Zeit, ganz Rom durch die Anzeige erfreute, daß er seine Thebaide vorlesen werde, wie alles zu der Vorlesung strömte, alles hingerissen war und die Sitze unter den rasenden Beifallsbezeigungen der Zuhörer zusammenbrachen[5]). Aber ein Menschenalter später war Statius wie verschollen, und Lucan wurde, wie es scheint, schon unter Hadrian gewöhnlich nicht mehr in der Schule gelesen[6]). Immerhin be-

1) Fronto ad M. Caesarem et invicem I 8 p. 23 N. Anklänge an Vergil und Horaz hat er jedoch, Hertz, Renaissance u. Rokoko S. 47, 76; Analecta ad carm. Horat. hist. III (Ind. lect. aest. Vratisl. 1879) S. 4—6. Brzoska, Real-Encykl. IV 1333. 2) Fronto ad M. Antoninum de orationibus p. 155 f. N. 3) Gell. XII 2, 11. 4) ebd. II 22, 2. 5) Juv. 7, 82—86. 6) Sueton. Vit. Lucani p. 52, 2 Reiff.: *poemata eius etiam praelegi memini.* Doch war er im 4. Jahrhundert wieder Schul-

hielten manche der Modernen Freunde und Leser, wie z. B. Aelius Verus neben Ovid besonders gern Martial las, den er seinen Vergil nannte[1]), und der bis zum Ende des Altertums zu den gelesensten Dichtern gehörte[2]). Aber zahlreich waren die dieser Richtung angehörenden Literaturfreunde im 2. Jahrhundert schwerlich. Ennius, dem Quintilian hinlängliche Pietät erwiesen zu haben glaubte, wenn er ihn als eine ehrwürdige Antiquität gelten ließ[3]), war in aller Munde. Enniusvorleser zogen in Italien von Ort zu Ort, und Gellius beschreibt, wie ein solcher (*Ennianista*) im Theater von Puteoli die Annalen des Ennius vortrug und vom rauschenden Beifalle des Publikums begleitet wurde[4]). Grammatiker (Philologen) mußten vor allem in Ennius Bescheid wissen[5]). Fronto malt sich in einem Briefe an seinen ehemaligen Schüler, den Kaiser Marc Aurel, der auf einige Tage zur Erholung nach Alsium gegangen war, aus, wie derselbe sich nach der Siesta mit angenehmer Lektüre unterhalte, wie er sich »durch Plautus ausglätte oder durch Accius anfülle oder durch Lucretius sänftige oder durch Ennius entzünde«[6]). Plautus, dessen Witze dem Cicero fein und geistreich, dem Horaz dagegen plump und täppisch erschienen waren, ist dem Gellius »der Stolz der lateinischen Sprache«[7]).

Daß sich die wenigen poetischen Talente, die jene Zeit hervorbrachte, in den Formen der Alten bewegten, ist fast selbstverständlich. Gellius Freunde, die Dichter Annianus und Julius Paullus, waren in der alten Sprache und Literatur wohlbewandert, der letztere gehörte zu den gelehrtesten Männern der Zeit[8]); auch ein andrer damals berühmter Dichter, ein Freund des Fronto, war gelehrt und in Plautus und Ennius belesen[9]). Eine kleine, doch immerhin charakteristische Probe der altertümelnden Poesie ist in der selbstverfaßten, allerdings sehr maßvoll plautinisierenden, zierlich altmodischen Grabschrift eines M. Pomponius Bassulus erhalten, der in Aeclanum das höchste städtische Amt bekleidete[10]). Sie lautet etwa wie folgt:

Altertümelnde Poesie im 2. Jahrhundert.

Um nicht in Trägheit hinzubrüten gleich dem Vieh,
Hab' einige von Menanders feinen Stücklein ich
Gedolmetscht, eigne auch verfaßt mit allem Fleiß.
Dies alles, übel oder wohl geraten, ist
Von mir schon lange treuen Blättern anvertraut.
Jedoch von Kümmernis und Ängsten heimgesucht
Und auch von mancher Pein des Leibes so geplagt,
Daß dies wie jenes mir Verdruß schuf ohne Maß,

autor. Hieronym. in Rufin. I 16 (Migne lat. XXIII 410) *puto quod puer legeris ... commentarios ... in ... Persium atque Lucanum.* Vgl. F. Marx, Real-Encykl. I 2234f. Auch Silius Italicus muß zeitweise Schulautor gewesen sein, da es zu ihm Kommentare gab; s. A. Pueschel, De Vibii Sequestris libelli geographici fontibus et compositione (Diss. Halle 1907) S. 32ff. M. Kießling, Berl. philol. Wochenschr. 1910 S. 1469ff.

1) Hist. aug. Ael. Ver. 5, 9. 2) Vgl. Friedlaenders Ausgabe I S. 67f. 3) Quint. X 1, 88. Die Ennianische Sentenz, die Phaedrus in der Schule las (oben S. 192 A. 9), stand ohne Zweifel in einer Sentenzensammlung. 4) Gell. XVIII 5, 2ff. 5) ebd. XIX 10, 13: *tum deinde Fronto ad grammaticum — audistine — Ennium tuum dixisse.* XX 10, 2: *tum ille* (*grammaticus*) —: *si quid — ex Vergilio Plauto Ennio quaerere habes, quaeras licet.* 6) Fronto De fer. Als. p. 224 N. 7) Gell. XIX 8, 6 *linguae latinae decus*; vgl. I 7, 17 *verborum latinorum elegantissimus.* Leo, Gesch. d. röm. Literatur I 134ff. 8) Vgl. den Anhang XXI S. 285. 9) Gell. XIX 8, 3, vgl. 6. 10) CIL IX 1164 = Buecheler, Carm. ep. 97. Mommsen, Hermes III 1868 S. 465ff. setzt ihn aus historischen Gründen etwa in die Zeit Trajans; vgl. auch Ritschl, Opusc. IV 21f.

Hab' endlich ich den langersehnten Tod erwählt,
Um all' der Güter willen, die er schenken mag.
In meinen Grabstein meißelt diese Inschrift ein,
Die allen künftig Lebenden zur Lehre sei,
Daß keiner, der an Lebens Klippen strandete,
Dort allzu ängstlich festgeklammert zappeln soll[1]),
Da offen stets der ew'gen Ruhe Hafen steht.
Genug! Lebt wohl, so lang es euch zu leben frommt!

Selbstverständlich gestaltete diese so gründliche Umwälzung des Geschmacks auch den Schulunterricht völlig um, und die modernen Dichter wurden von den alten teils ganz aus der Schule verdrängt, teils höchstens neben ihnen geduldet[2]). In Quintilians Zeit mochten die alten schon in vielen Schulen neben den neueren gelesen werden; als Gellius in die Schule ging, las man den Ennius überall[3]).

Wirkungen der Beschäftigung mit den Dichtern.

Aber immer blieben es doch Dichter, die der Jugend in die Hand gegeben, die in der Schule gelesen, erklärt und auswendig gelernt wurden. Die Werke der Dichter waren der damaligen Jugend nicht eine Nebenbeschäftigung, eine Unterhaltung freier Stunden, nicht zunächst Gegenstand des Genusses, sondern des Studiums. Es ist schwer, die Wirkungen eines Unterrichts zu ermessen, der die Werke der vaterländischen Dichter und der Dichter eines nahverwandten Volks als wichtigste Bildungsmittel anwandte, ja sie fast zur alleinigen Nahrung des jugendlichen Geistes machte. Notwendig füllte er das Gedächtnis mit poetischen Wendungen und Ausdrücken, regte die Phantasie durch eine Fülle von Bildern zu erhöhter Tätigkeit an, entwickelte früh das Gefühl für Formenschönheit und künstlerische Darstellung und machte es empfänglichen Geistern zur zweiten Natur. Immer aber mußten die in den Jahren der größten Empfänglichkeit in so reichem Maße aufgenommenen und fest eingeprägten Eindrücke ihre Wirkungen für das ganze Leben behalten.

Die Lehrer oft selbst Dichter.

Dazu kam noch der Umstand, daß die Lehrer zuweilen, vielleicht nicht selten, selbst Dichter waren und ihren Schülern Anregung und Anleitung zu poetischen Versuchen geben konnten und wirklich gaben. Gelehrsamkeit und Poesie waren in Rom ebensowenig Gegensätze wie vordem in Alexandria und wieder im Zeitalter des Humanismus, ja es war hier wie dort gewöhnlich, daß der Dichter und Gelehrte in einer Person vereinigt war, und unter den philologischen Größen Alexandrias machte Aristarch eine Ausnahme, indem er der Poesie fern blieb. Nur ein Geist, sagt der Dichter bei Petron, der mit einem gewaltigen Strom der Literatur befruchtet ist, kann eine poetische Geburt empfangen und hervorbringen[4]). Das Lob der »Gelehrsamkeit« gehört zu den gewöhnlichsten ehrenden Prädikaten der Dichter, das freilich nicht in unserem Sinne, sondern von einem durch das Studium der besten Muster erworbenen

1) Ich vermute: *Inmodice ne quis vitae sco[pulis haer]eat.* Ebenso Buecheler, welcher Cic. Consol. frg. 9 Müll. (Lactant. Inst. III 19, 14): *non nasci longe optimum nec in scopulos incidere vitae* vergleicht. Über das häufige Gleichnis von dem Hafen des Tods vgl. Jordan, Annali d. Inst. 1872 S. 20f. 2) Der Mauretanier Terentianus, wahrscheinlich in Diocletians Zeit lebend (vgl. H. Ries, De Terentiani Mauri aetate, Diss. Marburg 1912), hält es für notwendig, sich in seiner Metrik (v. 1973ff.) wegen der Anführung von *exempla novella* zu entschuldigen. 3) Gell. XVIII 5, 7 *cumque aliquot eorum, qui aderant, »quadrupes equus«* (Enn. ann. 232 Vahl.²) *apud suum quisque grammaticum legisse se dicerent.* 4) Petron. Sat. 118, 3.

Besitz aller Formen und Regeln der Kunst zu verstehen ist. Die ältesten Schullehrer Roms waren Dichter gewesen, Livius Andronicus, Ennius, und vermutlich war dies auch in späterer Zeit nicht selten. Valerius Cato, mit dem Beinamen »die lateinische Sirene«, der in der letzten Zeit der Republik lebte, galt besonders für die, welche sich der Poesie befleißigten, als ein sehr geeigneter Lehrer, »der Dichter nicht bloß las (d. h. erklärte), sondern auch machte«. Auch C. Melissus, den Augustus zum Vorsteher der Bibliothek in der Porticus der Octavia machte, war Dichter und erfand eine neue Gattung des römischen Lustspiels[1]). Der Vater des Dichters Statius hatte nicht bloß in seiner Vaterstadt Neapel, sondern auch in Griechenland in poetischen Wettkämpfen den Preis davongetragen; er hatte den Brand des Kapitols im Bürgerkriege des Jahrs 69 besungen und die Absicht gehabt, den Ausbruch des Vesuvs im Jahre 79, durch den Herculaneum und Pompeji verschüttet wurden, zum Gegenstande eines Gedichts zu machen; der Sohn erhielt von ihm zu seiner Thebaide Rat und Anleitung[2]).

Frühreife Dichter häufig.

Aber auch ohne direkte Veranlassung mußte schon für diejenigen Knaben, die Formgefühl und Formtalent besaßen, die so intensive Beschäftigung mit der Poesie in der Schule eine hinreichende Anregung zu eignen poetischen Versuchen sein, und allem Anscheine nach waren die frühreifen Talente damals nicht nur nicht wie jetzt Ausnahmen, sondern äußerst häufig. Schon Catull hatte seine ersten Liebeslieder in der Zeit verfaßt, wo er das Knabenkleid ablegte[3]). Noch früher begann Ovid zu dichten. Ihn zog schon als Knaben die Muse verstohlen an sich, und die Verse flossen ihm von selbst zu, lange ehe er die Männertoga erhielt; als er seine ersten Gedichte öffentlich vorlas, »keimte ihm eben der Bart«[4]). Properz begann seine poetischen Versuche nach Anlegung der Männertoga[5]). Lucan, der ein Lebensalter von nicht voll 26 Jahren erreichte (geb. 39, † 65), verfaßte im Alter von etwa fünfzehn Jahren ein Gedicht (Iliacon), das die Geschichte von Hectors Tod und Lösung behandelte, und ein Gedicht über die Unterwelt (Catachthonion) sowie mehrere weitere Dichtungen, im einundzwanzigsten Jahre erwarb er sich mit einem Lobgedicht auf Nero den Preis in dem von diesem gestifteten Wettkampfe, seine Pharsalia begann er bald darauf[6]). Die Knabengedichte des Persius vernichtete seine Mutter nach seinem Tode auf den Rat des Cornutus[7]). Auch Nero hatte schon als Knabe durch Gedichte bewiesen, daß er die Elemente der Bildung besitze[8]), ebenso liebte Lucius Verus in demselben Alter Verse zu machen[9]). Die von dem ersten Gordianus (wie es scheint noch vor dem Eintritt in die Rhetorenschule) verfaßten Gedichte (darunter eine Antoninias in 30 Büchern) waren noch in der Zeit Constantins vorhanden[10]). Martial sah nicht ungern, daß die poetischen Bagatellen seiner Knabenjahre, die er selbst kaum noch kannte, im Buchladen zu haben waren[11]); der Ruhm des früh verstorbenen Serranus war schon durch seine Knabengedichte, die Großes erwarten ließen, begründet worden[12]). Wie der ältere Statius schon als Knabe sich an dem Wettkampf der Dichter betei-

1) Sueton. de gramm. 11. 21. 2) Stat. Silv. V 3, 133 ff. 195 ff. 233 ff. 3) Catull. 68, 15 ff. (über v. 18 Crusius, Rhein. Mus. XLIV 1889 S. 449 f.). 4) Ovid. Trist. IV 10, 19—28. 57 f. 5) Propert. IV 1, 131 ff. 6) Marx a. a. O. 2227 f. 7) Vita Persii p. 66, 4 ff. Leo. 8) Tac. A. XIII 3. 9) Hist. aug. L. Ver. 2, 7. 10) ebd. Gordiani tres 3, 2 f. 11) Martial. I 113. 12) Quintilian. X 1, 89.

ligte, so daß er allgemeine Bewunderung erregte, und die Eltern ihre Kinder auf sein Beispiel hinwiesen[1]), so rang auch der Rhetor P. Annius Florus als Knabe mit einem Gedicht auf den dacischen Triumph[2]), der elfjährige Q. Sulpicius Maximus im Jahre 94 mit improvisierten griechischen Hexametern[3]) um den kapitolinischen Kranz, und der dreizehnjährige L. Valerius Pudens aus Histonium erhielt ihn 106 n. Chr. nach einstimmigem Richterspruch[4]).

Improvisation. Auch die poetische Improvisation, mit welcher in älterer Zeit griechische Dichter, wie Antipater von Sidon und der Antiochener Licinius Archias geglänzt hatten, und die in Strabos Zeit eine in Tarsus sehr verbreitete Fertigkeit war[5]), dürfte in Rom häufig geübt worden sein, um so mehr, als einerseits der außerordentliche Reichtum der Dichtersprache an festen Formeln und Wendungen, sowie der allgemein zugängliche Vorrat an Bildern und Gleichnissen, Gemeinplätzen, mythologischen Parallelen ihr großen Vorschub leistete, andrerseits ihre Übung sich zur Gewinnung einer völligen Beherrschung des Ausdrucks und der Versmaße empfahl. Der aus Syrien stammende Mimograph Publilius soll die damaligen Bühnendichter zu einem Wettkampf in der Improvisation über gegenseitig aufgegebene Themen herausgefordert und durch seine Virtuosität in der in seinem Vaterlande heimischen Kunst über alle, auch seinen bedeutendsten Rivalen Laberius, den Sieg davongetragen haben[6]). Quintilian nennt die Improvisation eine in seiner Zeit von manchen geübte Kunst[7]). Von Lucan gab es einen (wie es scheint, infolge einer mehreren Dichtern zugleich erteilten Aufgabe) improvisierten Orpheus in Hexametern[8]). Martial, bei dem sich eine spielende Leichtigkeit in der Behandlung der Form mit der Fähigkeit verband, die verschiedensten Tonarten anzuschlagen, hat ohne Zweifel einen nicht geringen Teil seiner Epigramme improvisiert, zum Teil bei lustigen Gelagen und über gegebene Themen[9]). Auch die Gelegenheitsgedichte des Statius, die ihre Entstehung dem Augenblicke verdankten, waren Improvisationen wenigstens im weiteren Sinne[10]). Sidonius Apollinaris, der öfters kleinere Improvisationen erwähnt[11]), teilt auch eine größere, bei einer Mahlzeit entstandene mit, wo er mit drei Freunden in der Behandlung desselben Themas, doch in verschiednen Versmaßen, gewetteifert hatte[12]).

Rhetorenschule. Durch solche Studien vorbereitet, traten reifere Knaben und Jünglinge in die Rhetorenschule ein und studierten nun die Muster der Prosa wie früher der Poesie, zum Teil auch hier unter Anleitung der Lehrer. Natürlich übte die herrschende literarische Richtung hier dieselben Einflüsse auf die Wahl der

1) Stat. S. V 3, 133ff., vgl. 121ff. 2) P. Ann. Flor. p. 183 Roßb. 3) S. unten [S. 229]. 4) CIL IX 2860 = Dessau 5178. Wenn die Stelle bei Auson. Profess. V 5ff. (p. 53 Peip.) *tu paene ab ipsis orsus incunabulis dei poeta nobilis, sertum coronae praeferens Olympiae, puer celebrasti Iovem*, wie es scheint, richtig auf den Agon Capitolinus bezogen wird (s. Anhang XIX S. 280), so gibt sie das vierte Beispiel eines in demselben aufgetretenen Knaben, und man möchte glauben, daß die Beteiligung von so jugendlichen Dichtern nicht bloß ausnahmsweise erfolgte, sondern daß es einen besondern Wettkampf für Knaben in der Poesie gab. 5) Cic. pro Arch. 18; De orat. III 194. Strabo XIV 674. Rohde, Griech. Roman³ 332, 4. 6) Macrob. Sat. II 7, 7. E. Hoffmann, Rhein. Mus. XXXIX 1884 S. 471ff. 7) Quintilian. X 7, 19. 8) Vacca Vita Luc. p. 77, 18 Reiff. Stat. Silv. II 7, 59, vgl. Dieterich, Nekyia S. 134f. Anm. 9) Martial. XI 42. Vgl. die Einl. zu Friedlaenders Ausgabe S. 20. 10) Stat. Silv. Praef. I. Vgl. Kerckhoff, Duae quaest. Statianae (Diss. Berlin 1884) S. 31—61. 11) Sidon. Apoll. ep. I 11, 14. V 17, 9f. IX 14, 6. 12) Sidon. Apoll. ep. IX 13, 4ff.

Autoren wie in der Knabenschule. Quintilian empfahl für junge Anfänger Livius und Cicero (Sallust erst für Gereiftere) und fand bereits nötig, davor zu warnen, daß man Knaben Gracchus und Cato in die Hand gebe[1]). Fronto dagegen empfahl dem jungen Marc Aurel diese und ihresgleichen vor allen, und der junge, damals 21—22jährige Prinz (geb. 121) teilte ganz den Geschmack seines Lehrers; früh gab er das Studium des Horaz auf[2]); er gab sich, wie er sagt, dem Cato ganz hin und war von den Reden des Gracchus höchst erbaut[3]). Doch Cicero wurde auch von den Altertümlern als Muster anerkannt, wenn er gleich nicht ganz ein Redner nach Frontos Herzen war[4]) und von manchen dem Gracchus nachgesetzt wurde, was den Unwillen des Gellius erregte[5]); er behauptete auch im 2. Jahrhundert seinen Platz in der Rhetorenschule mindestens ebenso sicher wie Vergil in der grammatischen.

Schriftliche Arbeiten der Schüler.

Ganz hauptsächlich aber bestand in der Rhetorenschule der Unterricht in den eignen, allmählich vom Leichteren zum Schwereren fortschreitenden Übungen, welche die Schüler unter der Leitung des Lehrers anstellten, und diese knüpften an die in der grammatischen Schule aus den Dichtern gewonnenen Stoffe und Anschauungen an und waren zum Teil sehr geeignet, die dort geweckten poetischen Neigungen zu nähren und weiter zu entwickeln[6]). Zunächst machten die Schüler schriftliche Arbeiten über gegebene Themen. Bei den Erzählungen historischer Ereignisse, in denen sie sich zuerst versuchen mußten, pflegten sie »in Nachahmung der dichterischen Freiheit« Schilderungen herbeizuziehen und übermäßig auszuführen; doch sahen vernünftige Lehrer dergleichen jugendliche Verirrungen, die immerhin Talent bewiesen, lieber als Magerkeit und Trockenheit. Die nächste Aufgabe waren Untersuchungen über Wahrscheinlichkeit und Unwahrscheinlichkeit von Sagen und sagenhaften Erzählungen: ob es glaublich sei, daß sich auf das Haupt des Valerius in seinem Zweikampfe mit einem Gallier ein Rabe gesetzt habe, der diesem mit den Flügeln ins Gesicht schlug und die Augen mit dem Schnabel aushackte; über die Schlange, die Scipio erzeugt haben sollte, oder die Wölfin des Romulus und Remus, oder die Egeria des Numa; besonders reichen Stoff bot hier die ältere griechische Geschichte. Des weiteren Lob und Tadel berühmter Männer und Anstellung von Vergleichen zwischen mehreren Helden; ferner sogenannte Gemeinplätze, d. h. besonders über Laster und Torheiten, z. B.: der Ehebrecher, der Spieler, der Ausgelassene, der Kuppler, der Schmarotzer; der blinde Ehebrecher, der arme Spieler, der ausgelassene Greis; Vergleichungen, z. B. des Stadt- und Landlebens, des Berufs des Rechtsgelehrten und des Soldaten, der Ehe und Ehelosigkeit; Untersuchungen über die Gründe von Gebräuchen und Vorstellungen: warum Venus bei den Lacedämoniern bewaffnet dargestellt, warum Cupido als Kind, geflügelt, mit Bogen, Pfeil und Fackel gerüstet gedacht werde: Themen, die sich zum größten Teil für eine poetische Behandlung eigneten, wie denn z. B. das letzte wirklich von Properz in einer Elegie behandelt ist[7]), und die Vorzüge des Landlebens vor der Stadt ein Lieblingsthema der Dichter waren.

1) Quintilian. II 5, 18—21. 2) Fronto ad Marc. Caes. I 6. II 10 p. 17. 34 N. 3) ebd. II 13. III 18 p. 36. 56. 4) ebd. IV 3 p. 63 N. 5) Gell. X 3, 1. 6) Für das folgende Quintilian. II 4. Sueton. De gramm. et rhet. 25. Vgl. G. Reichel, Quaestiones progymnasmaticae, Diss. Leipzig 1909. 7) Propert. II 12.

Deklamationen. Suasorien.

Nach solchen und ähnlichen Vorbereitungen begannen die Schüler sich in Ubungsreden, sogenannten Deklamationen, zu versuchen. Und zwar hielten die Anfänger Vorträge, in denen sie im Sinne irgendeiner aus der Geschichte bekannten Persönlichkeit Überlegungen darüber anstellten, wie in einer gegebenen Situation zu handeln sei, und nach Erwägung aller für und wider sprechenden Gründe eine bestimmte Entscheidung anempfahlen (Suasorien). Auch hier wurden zuweilen Personen und Situationen aus Gedichten genommen, z. B. Agamemnon überlegt, ob er Iphigenie opfern soll; doch vorwiegend aus der älteren römischen Geschichte: Hannibal überlegt (nach der Schlacht bei Cannä), ob er seine Truppen gegen Rom führen, Sulla, ob er die Diktatur niederlegen, Cicero, ob er bei Antonius Abbitte tun soll, um sein Leben zu retten. Persius hatte sich oft als Knabe Öl in die Augen gerieben, um unter dem Vorwande eines Augenübels die Schule versäumen zu können, wenn er nicht Lust hatte, die pathetische Rede des zum Selbstmorde schreitenden Cato auswendig zu lernen: eine Rede, die ein vernünftiger Lehrer nicht loben konnte, zu der aber der Vater des hoffnungsvollen Sohns seine Freunde einlud und die er selbst schwitzend vor Aufregung anhörte[1]). Wenn solche Aufgaben, bei denen von den jungen Leuten verlangt wurde, sich in die Seelen der Menschen der Vorzeit zu versetzen und die Spannung und Aufregung ihrer entscheidenden Lebensmomente nachzuempfinden, in vollkommner Weise nur von wahren Dichtern gelöst werden konnten, so mußten sie doch die jugendliche Phantasie aufs mannigfachste anregen und zu einer der dichterischen sich nähernden Tätigkeit ausbilden.

Kontroversen.

Dies war aber noch in weit höherem Grade bei den letzten, schwersten und am längsten fortgesetzten Übungen der Rhetorenschule der Fall, die völlig dramatischer Natur waren, den sogenannten Kontroversen, d. h. Streitfällen, in denen die Schüler wie Ankläger und Verteidiger oder wie Advokaten für die eine oder für die andre Partei auftraten. In der älteren Zeit wählte man historisch bekannte Fälle oder doch solche, die sich vor kurzem wirklich ereignet hatten, von denen Sueton folgende zwei anführt. Mehrere junge Leute machten von Rom einen Ausflug nach Ostia und sahen Fischer im Begriff ihr Netz herauszuziehen, sie kauften ihnen ihren Fang im voraus ab und bezahlten das Geld; nach langem Warten kam das Netz ohne Fische in die Höhe, aber mit einem zugenähten Korbe voll Gold. Beide Parteien beanspruchen nun diesen Schatz. Oder: Sklavenhändler schifften bei Brundisium ihre Sklaven aus, und um die Zöllner um den Zoll für einen sehr schönen und kostbaren Sklaven zu betrügen, bekleideten sie ihn mit einer mit Purpur umsäumten Toga und hingen ihm eine goldene Kapsel um den Hals (Tracht und Schmuck eines freien Knaben). In Rom wird der Betrug entdeckt und die Freilassung des Knaben verlangt, da die Anlegung jener Stücke eine Verzichtleistung des Herrn auf seinen Besitz voraussetze[2]).

Romantische Themen.

Aber solche Fälle galten bald nicht mehr für interessant und spannend genug. An die Stelle der Fragen über Mein und Dein traten Kriminalfälle, erdichtete an die Stelle der wirklichen; die zivilrechtlichen wie die historischen bilden einen

1) Pers. Sat. 3, 44ff. 2) Sueton. De gramm. et rhet. 25.

sehr geringen Teil der erhaltnen Sammlungen von Kontroversen, und auch die historischen Fälle sind zum Teil zugunsten des Effekts entstellt[1]). Zwar verlangten vernünftige Lehrer, daß die erdichteten Fälle sich von der Wirklichkeit nicht entfernen, jedenfalls möglichst wahrscheinlich sein sollten[2]), aber allem Anscheine nach hatte ihr Widerstand gegen den herrschenden Geschmack, der packende und pikante Situationen, starke Würzen und drastische Effekte verlangte, so gut wie gar keinen Erfolg, wie schon die erste, aus der Zeit des Augustus stammende Sammlung von Kontroversen, die des älteren Seneca, noch mehr die folgenden, und die wiederholten Klagen über die Herrschaft des Unsinns in der Rhetorenschule zeigen[3]). Die Hauptschuld trugen, sagt ein Schriftsteller der Neronischen Zeit, nicht die Lehrer, die, wenn sie nicht leere Klassen haben wollten, gezwungen waren, mit den Verrückten zu rasen, sondern die Eitelkeit der Eltern[4]). Die Forderung, alle »unglaublichen und im eigentlichen Sinne des Worts poetischen« Themen auszuschließen, fand auch Quintilian zu streng und unerfüllbar, etwas Erholung und Vergnügen müsse man den jungen Leuten gewähren, nur sollten die Gegenstände, wenn auch pathetisch und voll Schwulst, doch nicht geradezu töricht und lächerlich sein.

Beides waren nun aber die Kontroversen nur zu oft in hohem Grade. Sie lagen großenteils weit von der Wirklichkeit ab oder standen mit ihr im Widerspruch, sie setzten als Regel voraus, was höchstens Ausnahme sein konnte, sie bewegten sich an der Grenze der Möglichkeit oder jenseits dieser Grenze. Mit der Zeit schuf sich die Rhetorenschule ihre eigene, vom Leben durch eine weite, nicht auszufüllende Kluft getrennte, phantastische Welt. Ein erdichtetes Recht, erdichtete, ja unmögliche Gesetze wurden hier vorausgesetzt[5]), es gab z. B. eine Anklage auf Undank[6]), eine Anklage auf ein im Gesetz nicht vorhergesehenes Verbrechen. Die Personen und Zustände dieser Fiktionen waren Schatten; ihnen Realität beizulegen, sie als Abbilder des Wirklichen zu betrachten, kam niemandem in den Sinn. Man hat es auffallend gefunden, daß in den Zeiten des schlimmsten kaiserlichen Despotismus, wo der furchtbarste Druck auf den Geistern lastete und die Redefreiheit bis auf die letzte Spur vernichtet war, die Tyrannen zu den stehenden Figuren der Kontroversen gehörten, die Deklamatoren in ihren Reden Tyrannenhaß atmeten und den Tyrannenmord priesen[7]). Aber diese Tyrannen, »die Edikte erließen, daß die Söhne ihren Vätern die Köpfe abhauen sollten«[8]), waren ebenso unschädliche Geschöpfe wie die Puppen eines Marionettentheaters und niemandem furchtbar als dem Lehrer, »wenn in der gefüllten Klasse einer nach dem andern seinen Tyrannen umbrachte«[9]). Wenn Caligula den Rhetor Secundus Carrinas wegen einer solchen Deklamation verbannte, Domitian den Rhetor Maternus aus demselben Grunde hinrichten

Tyrannen- —

1) Über die Themen der Deklamationen vgl. R. Kohl, De scholasticarum declamationum argumentis ex historia petitis, Paderborn 1909. M. Schamberger, De declamationum Romanarum argumentis observationes selectae, Diss. Halle 1917. 2) Quintilian. II 10, 4. X 5, 14. 3) Tac. Dial. 35, 6ff. 4) Petron. Sat. 3, 2. 5) Im einzelnen nachgewiesen von J. Sprenger, Quaestiones in rhetorum Romanorum declamationes iuridicae (Dissert. philol. Halenses XX) 1911. 6) Seneca de benef. III 6, 2: *excepta Macedonum gente non est in ulla data adversus ingratum actio.* 7) W. A. Schmidt, Gesch. der Denk- u. Glaubensfreiheit im 1. Jahrhundert S. 423ff. Vgl. H. Fleskes, Vermischte Beiträge zum literarischen Portrait des Tyrannen im Anschlusse an die Deklamationen (Diss. von Münster), Bonn 1914. 8) Petron. Sat. 1, 3. 9) Juv. 7, 151.

ließ[1]), so war eben Caligula zu jeder Extravaganz fähig und für Domitian kein Vorwand zu einer Gewalttat zu schlecht; beide Fälle stehen ganz vereinzelt, und es zeigt sich nirgends, daß sie einen Einfluß auf die Tyrannenthemen geübt haben.

und Piratenthemen.

Neben den schrecklichen Tyrannen waren die entmenschten Piraten in der Rhetorenschule besonders beliebt, die »mit Ketten rasselnd am Ufer standen«[2]); zuweilen hatten sie liebenswürdige Töchter, wie in folgendem Thema[3]). Ein junger Mann, der Piraten in die Hände gefallen ist, bittet vergebens seinen Vater in einem Briefe, ihn loszukaufen. Die Tochter des Piratenhauptmanns läßt ihn schwören, sie zu heiraten, wenn er frei würde. Er schwört, sie flieht mit ihm, er kommt nach Hause und heiratet sie. Hierauf wird dem Vater die Verheiratung seines Sohns mit einer reichen Waise angetragen, er verlangt, daß der Sohn darauf eingehe und die Piratentochter verstoße; da er es verweigert, verstößt er ihn. Die handelnden Personen wurden überhaupt gern in die denkbar stärksten Konflikte zwischen gleich heiligen Pflichten, gleich starken und berechtigten Empfindungen oder Neigungen versetzt. Ein Kranker verlangt von seinem Sklaven Gift, der es ihm verweigert; er verordnet im Testament die Kreuzigung des Sklaven; dieser ruft den Beistand der Tribunen an. In einem Bürgerkriege steht der Vater und der Bruder einer Frau auf der einen, der Mann auf der andern Seite, sie folgt dem letzteren. Er fällt, sie flüchtet zu ihrem Vater, der sie zurückweist und auf die Frage: wie soll ich dich versöhnen? antwortet: stirb! Sie erhängt sich vor seiner Tür. Der Sohn stellt den Antrag, den Vater für wahnsinnig zu erklären. Ein Vater von drei Söhnen verliert zwei durch den Tod und weint sich die Augen blind. Er träumt, er werde das Gesicht wiedererhalten, wenn der dritte Sohn sterbe. Er erzählt der Frau diesen Traum, sie erzählt ihn dem Sohn, der Sohn erhängt sich. Der Vater wird sehend und verstößt die Frau, diese bestreitet sein Recht dazu. Ein Mann verstößt seine Frau wegen Ehebruchs, der Sohn beider erbittet und erhält vom Vater Geld, angeblich um eine Geliebte zu unterhalten, ernährt aber damit die darbende Mutter, der Vater entdeckt es und verstößt ihn; der Sohn verteidigt sich[4]). Auch sonst wurden möglichst grelle Kontraste gehäuft. Zu den stehenden Figuren gehören auch der Arme und der Reiche in gegenseitiger Feindschaft (einmal z. B. suchen die Bienen des Armen im Garten des Reichen Honig, dieser vergiftet die Blumen und tötet so die Bienen)[5]), während ihre Kinder sich zuweilen zärtlich lieben[6]); edle Jungfrauen werden ins Bordell verkauft[7]), entehrten Jungfrauen steht die Wahl zwischen der Hinrichtung des Verbrechers oder der Verheiratung mit ihm frei; edle Jünglinge sind gezwungen, sich zu dem ehrlosen Handwerke des Gladiators zu vermieten, z. B. um mit dem Handgelde das Begräbnis eines Vaters zu bestreiten[8]). Ungeheure Schicksale treffen Einzelne und ganze Länder, beliebt war namentlich die Pest, die nach dem Orakel erst aufhören soll, wenn einige Jungfrauen geopfert werden[9]); ein Land wird von Hungersnot heimgesucht, und die Bewohner nähren sich zuletzt von den Leichen der Hingerafften[10]).

1) Cass. Dio LIX 20, 6. LXVII 12, 5. 2) Petron. Sat. 1, 3. 3) Seneca Controv. I 6. 4) ebd. III 9. X 3. Calpurn. Declam. 10. Quintilian. Decl. 330. 5) Quintilian. Decl. 13. 6) ebd. 257. 7) Seneca Controv. I 2. 8) Quintilian. Decl. 302; vgl. 9 und Calpurn. Decl. 52. Oben S. 59 f. 9) Petron. Sat. 1, 3. Quintilian. Decl. 326. 384. 10) Quintilian. Decl. 12.

Körperliche und geistige Ausnahmezustände, wie Blindheit (und deren wunderbare Heilung)[1]) und Wahnsinn[2]), Wunder (eine Frau bringt ein Mohrenkind zur Welt und wird des Ehebruchs beschuldigt)[3]), grausame Todesstrafen (wie Herabstürzen vom Felsen) und Folter, Mord und Selbstmord, besonders mit Strick und Gift (das »Durchschneiden des Stricks«, das »Ausgießen des Giftbechers« waren stehende Motive), scheußliche Verbrechen, wie Vatermord, Verstümmlung von Kindern, um sie betteln zu lassen und von dem Ertrage ihrer Bettelei zu leben[4]); namentlich aber Familiengreuel aller Art (selbstverständlich sind »Stiefmütter, noch böser als im Trauerspiel«[5]), oft gebrauchte Figuren) — von solcher Art waren die erprobtesten Ingredienzien zur Anfertigung stark wirkender und begehrter Kontroversen, bei deren Deklamation die Schule von rasendem Beifall erdröhnte.

Es ist bemerkenswert und zeigt am klarsten den novellistischen Charakter dieser Erfindungen, daß das Buch des Seneca in einer zunächst zu erbaulichen Zwecken zusammengestellten, dann aber auch als Unterhaltungsbuch im Mittelalter sehr verbreiteten Sammlung von Novellen und Anekdoten, den Gesta Romanorum, vielfach und mit sichtbarer Vorliebe benutzt ist[6]). Die »Zauberer«, die später auch eine große Rolle in diesen Themen spielten, sind vielleicht erst später eingeführt, denn über sie klagt zuerst Quintilian, während sie bei Seneca, Petron und Tacitus noch nicht vorkommen; dagegen in der Sammlung, die Quintilians Namen trägt, findet sich Erregung von Haß durch einen Zaubertrank, eine astrologische Prophezeiung und ein wahres Prachtstück dieser Gattung: »das bezauberte Grab«. Einer Mutter, die ihren Sohn verloren hat, erscheint der Tote nächtlich im Traum. Als sie dies ihrem Mann erzählt, läßt er einen Magier das Grab bezaubern, die Erscheinungen hören auf, und die Frau klagt nun gegen den Mann »wegen übler Behandlung«[7]). Vielleicht stammt die Zauberei aus der griechischen Rhetorenschule. In einem gegen Ende des 2. Jahrhunderts in Griechenland gebräuchlichen Thema sucht ein Magier einen andern, der seine Frau verführt hat, durch Zauber zu töten und will sich das Leben nehmen, da es ihm nicht gelingt[8]).

Die Zauberer in den Kontroversen.

In der griechischen Rhetorenschule waren die Gegenstände der Übungsreden wesentlich verschiedener Natur[9]). Zwar wurden auch hier Kontroversen deklamiert, und allem Anschein nach in der Regel über dieselben Themen, wie denn außer den Zauberern der Tyrann, der Tyrannenmörder, die Entehrte, der Arme als stehende Figuren gelegentlich auch hier erwähnt werden[10]). Aber als die

Griechische Rhetorenschule.

1) Juv. 7, 170. Seneca Controv. VII 4. 2) Quintilian. Decl. 256 (*furiosus trium filiorum pater*). 3) Calpurn. Decl. 2. 4) Seneca Controv. X 4. 5) Quintilian. Inst. II 10, 5. Juv. 7, 169. Manche Themen werden »in den Kriminalakten einen realen Hintergrund« gehabt haben (Morawski, Wiener Studien IV 1882 S. 166), viele schwerlich. Vgl. darüber Schamberger a. a. O. S. 60ff. 6) L. Friedlaender, De Senecae controversiis in Gestis Romanorum adhibitis, Königsberg 1871. Oesterley, Gesta Romanorum (1872) S. 714ff. Ausdrücklich genannt wird Seneca Gest. Rom. c. 134, außerdem in c. 85 der von W. Dick (Erlanger Beiträge zur engl. Philol. VII 1890) veröffentlichten Fassung der ältesten Innsbrucker Handschrift (= c. 90 Oesterley). 7) Quintilian. Decl. 10; vgl. 4 *Mathematicus*, 14. 15 *Odii potio*. 8) Philostrat. Vit. soph. II 27, 5. 9) Die bei Philostratus in den Vitae sophistarum erwähnten Themen von Deklamationen stellt W. Schmid, Der Atticismus I 34, 10 zusammen. 10) Philostrat. Vit. soph. II 4, 2. Lucian. De saltat. 65. Von Lucian sind zwei regelrechte Kontroversen, der Tyrannenmörder (τυραννοκτόνος) und der Enterbte (ἀποκηρυττόμενος), erhalten, die den römischen völlig gleichstehen.

schwerste und dankbarste Aufgabe für die vorgeschrittensten Schüler und die Meister selbst galten hier offenbar nicht Kontroversen, sondern teils an- oder abratende Reden in der Art der lateinischen Suasorien, teils Verteidigungs- und Anklagereden, teils epideiktische oder Prunkreden, von denen unten ausführlich die Rede sein wird. Diese Verschiedenheit der Methode war in der verschiedenen Geltung der Beredsamkeit bei Griechen und Römern begründet. Diesen war sie zunächst Mittel zu dem Zweck, das eigene Interesse jedem feindlichen gegenüber zu behaupten und durchzusetzen, namentlich vor Gericht; den damaligen Griechen war auch die schöne Form noch immer Selbstzweck und die Virtuosität in ihrer Handhabung ein sehr begehrter, viel bewunderter und eifrig erstrebter Vorzug.

Doch in Rom, Italien und den westlichen Ländern besuchte ohne Zweifel die überwiegende Mehrzahl der Gebildeten die lateinische Rhetorenschule teils allein, teils vorzugsweise, wenngleich die meisten großen Städte sicherlich auch Lehrer der griechischen Beredsamkeit besoldeten, und namentlich in Rom das von Hadrian begründete und fortan von den Kaisern unterhaltene und besetzte Athenäum einen eignen Lehrstuhl auch für dies Fach hatte[1]). Übrigens darf man annehmen, daß in den westlichen Ländern auch die griechischen Rhetoren sich der in der lateinischen Schule herrschenden Methode anbequemt haben werden, und wir sehen sie ja auch bei Seneca in der Behandlung derselben Themen wetteifern und wissen, daß Isäus bei seinem Auftreten in Rom sich Kontroversenthemen zur Improvisation geben ließ[2]). Diese Methode also, namentlich das oft jahrelang fortgesetzte Deklamieren der Kontroversen, übte auf den Charakter der damaligen römischen Bildung immer den wesentlichsten Einfluß, um so mehr, als mit diesen Studien für die meisten die Lehrjahre abschlossen und sie unmittelbar »von den Märchen der Dichter und den Epilogen der Rhetoren«[3]) ins praktische Leben eintraten, um hier das in der Schule erworbene Können zu verwerten.

Poetische Behandlung der Themen der Kontroversen.

Übrigens wurde in der Schule die Behandlung der rhetorischen Themen auch in poetischer Form geübt; sowohl Beispiele von versifizierten Reden bestimmter Personen in gewissen Situationen, die, wie es scheint, öfters improvisiert wurden[4]) (ἠθοποιίαι, *ethicae*, eine Übung für Anfänger), haben sich erhalten, als Kontroversen und Suasorien in Versen[5]). Bis zum Ausgange des Altertums blieben Methoden und Aufgaben in der griechischen wie in der lateinischen Rhetorenschule dieselben[6]); selbst Themen, welche den heidnischen Götter-

1) Vgl. F. Schemmel, Wochenschr. f. klass. Philol. 1919 S. 91ff. S. oben I 182. 2) Plin. ep. II 3, 2. 3) Gell. XIV 2, 1. 4) Ennod. CCVIII (dict. 24) p. 167 Vog. *dictio ex tempore, quam ipse Deuterius iniunxit* (Rede des Diomedes, der zurückkehrend seine Frau an einen andern verheiratet findet). Das Gedicht des Q. Sulpicius Maximus (unten [S. 229]) gehört zu derselben Gattung. 5) z. B. Dracont. Romul. 4. 9. Anthol. lat. 21. 198. 672 R. 6) Tertullian. adv. Valentin. 8 (ein *rhetor latinus* in Karthago behandelt *virum fortem*). Hist. aug. Gordian. 3, 4; XXX tyranni 4, 2. Aur. Vict. Epit. 47, 4. Lactant. Inst. I 1, 8ff. Auson. Prof. I 15 p. 49 Peip. Sidon. Apoll. ep. VIII 11. Erhaltene Übungsreden aus späterer Zeit lateinisch von Ennodius (unter seinen 28 *dictiones* befinden sich 10 *controversiae* und 5 *ethicae* oder *suasoriae*), griechisch von Libanius (προγυμνάσματα im 8. Bande der Försterschen Ausgabe) und Choricius (Literatur bei W. Schmid, Real-Encykl. III 2427ff.); noch im 13. Jhdt. verfaßt Georgius (später Gregorius) Cyprius Deklamationen ganz der gleichen Art (nur zum Teil veröffentlicht, vgl. B. A. Müller, Real-Encykl. VII 1855f.).

glauben und Kultus voraussetzten, wurden von christlichen Schülern fort und fort behandelt[1]): offenbar galten die sonst so streng verpönten Vorstellungen als integrierende Bestandteile des rhetorischen wie des grammatischen Unterrichts. Auch die christliche Predigt der großen Kanzelredner des 4. Jahrhunderts, Basilius, Gregor von Nazianz, Johannes Chrysostomus, steht ganz und gar unter dem Einflusse der heidnischen Rhetorenschule[2]).

Wirkungen der Rhetorenschule.

Die Wirkungen dieser allen Gebildeten gemeinsamen Unterrichtsmethode liegen in der Literatur jener Zeit zutage. Die Gefahren, Verführungen und Abwege des rhetorischen Unterrichts vermochten nur besonders gute und klare Köpfe ganz zu vermeiden. Für die Mehrzahl mußte in der Schule durch das fortwährende Streben nach Effekt, die Gewohnheit, sich in Phrasen zu berauschen und in ein permanentes Pathos hinaufzuschrauben, eine innerlich unwahre Schönrednerei bis auf einen gewissen Grad zur zweiten Natur werden: um so mehr, da hier gerade das Gekünstelte und Gesuchte, das Überraschende und Blendende, auch das Überkühne und Ungeheuerliche des lautesten Beifalls gewiß zu sein pflegte. Ganz konnten sich diesen Einflüssen der Jugendbildung auch die großen Geister jener Zeit nicht entziehen[3]); am meisten treten sie in der Poesie des 1. Jahrhunderts hervor, die beim Mangel eigner Schwungkraft sich selten über den Stelzengang der Rhetorik zu erheben vermocht hat[4]): mit Recht meinte Quintilian, Lucan, das bedeutendste poetische Talent dieser Zeit, verdiene mehr von den Rednern als von den Dichtern nachgeahmt zu werden[5]).

Die Poesie rhetorisch, die Prosa poetisch gefärbt.

Während aber die Poesie eine rhetorische Färbung trägt, hat die Prosa eine poetische, und auch dies war eine notwendige Folge der Erziehung[6]). Die grammatische Schule hatte den Knaben in der Welt der Poesie heimisch gemacht, die rhetorische ließ den Jüngling ihr nicht fremd werden. Es ist klar, wie sehr die ihm dort gestellten Aufgaben mit ihren melodramatischen Situationen, ihren hochromantischen Motiven und abenteuerlichen Gestalten die Phantasie beflügeln, zu poetischer Behandlung herausfordern mußten, und wie die Stoffe werden auch die Darstellungen sich oft auf der Grenze der Poesie bewegt haben oder ganz und gar poetisch gewesen sein. Der Rhetor Arellius Fuscus, ein Lehrer des Ovid, erging sich nach einer von Seneca mitgeteilten Probe gern in völlig poetischen Schilderungen und entlehnte geflissentlich vieles geradezu aus Vergil[7]). Umgekehrt nahm Ovid manche Sätze eines andern Lehrers, des Rhetors Porcius Latro, fast wörtlich in seine Gedichte hinüber; und wenn nach Seneca seine eignen Reden in der Schule, wo er für einen guten

1) Augustin. Conf. I 17, 27 *verba Iunonis irascentis et dolentis, quod non posset »Italia Teucrorum avertere regem«*. Ennod. CCLXXVIII (dict. 20) p. 220 *in eum qui in lupanari statuam Minervae locavit.* CCXXIII (dict. 16) p. 177 *in eum qui praemii nomine Vestalis virginis nuptias postulavit.* 2) Aus der reichen Literatur darüber vgl. u. a. J. Bauer, Die Trostreden des Gregorios von Nyssa in ihrem Verhältnis zur antiken Rhetorik, Diss. Marburg 1892. M. Guignet, Saint Grégoire de Nazianze et la Rhétorique, Thèse Paris 1911. P. Friedländer, Johannes von Gaza und Paulus Silentiarius (1912) S. 99ff. 3) Nachklänge der Rhetorenschule bei Vellejus, Seneca, Tacitus, Morawski a. a. O. S. 167f. 4) Vgl. u. a. für Statius H. Lohrisch, De Papinii Statii silvarum poetae studiis rhetoricis, Diss. Halle 1905 (dazu einschränkend W. Geißler, Ad descriptionum historiam symbola, Diss. Leipz. 1916 S. 36ff.), für Juvenal J. de Decker, Juvenalis declamans, Gent 1913. 5) Quintilian. X 1, 90. 6) Vgl. dazu Norden, Antike Kunstprosa I 286f. II 883ff. 7) Seneca Suas. 3, 1. 3. 4f.

Deklamator galt, nichts als aufgelöste Verse waren[1]), so wird das bei vielen beanlagten Schülern der Fall gewesen sein. Auch diese Gewohnheiten der Schule pflanzten sich notwendig ins Leben fort. Man verlangt jetzt, sagt der Vertreter der Modernen im Dialog des Tacitus, von der Rede poetische Schönheit, die aus dem Heiligtume des Vergil, Horaz und Lucan stammen muß, und die Reden der Gegenwart verhalten sich zu den früheren, wie die neuen, von Gold und Marmor glänzenden Tempel zu den alten, aus rohen Bruchsteinen und unförmlichen Ziegeln aufgeführten[2]). Auch darf man wohl dem Dichter bei Petron glauben, daß viele, die sich als Redner versucht hatten, zur Poesie übergingen, die ihnen wie ein Ruhehafen erschien, da sie glaubten, es sei leichter, ein Gedicht zu machen, als eine von hübschen Sentenzen funkelnde Kontroverse[3]). Die Poesie war der Beredsamkeit nahe verwandt, sie wurde zu den Formen der Wohlredenheit im weitesten Sinne des Worts gezählt[4]), und »beredt« (*facundus*) gehörte zu den gewöhnlichsten ehrenden Prädikaten auch der Dichter. Infolge dieser vielfachen Wechselbeziehungen und Berührungen von Poesie und Prosa schillert die Prosa des nüchternsten und poesielosesten Volks in poetischen Farben wie kaum irgendeine andre und beweist schon allein, daß das in der Schule gewonnene innige Verhältnis zur Poesie für das Leben fortdauerte[5]). Daß auch die siegreiche Reaktion der Altertümler diese Wirkungen zwar zu modifizieren, doch nicht aufzuheben vermochte, zeigt die so sehr poetische Prosa des Apulejus[6]).

Abnahme der Schulbildung — Schließlich ist zu erwähnen, daß die Bedeutung der Schulbildung für das öffentliche Leben seit der Mitte des 2. Jahrhunderts im Sinken begriffen ist. Je länger je mehr bahnten militärisches Verdienst und Geschäftskenntnis auch Niedriggeborenen, also oft Ungebildeten den Weg zu hohen Stellungen, die früher ausschließlich den Abkömmlingen von Familien der beiden ersten Stände offen gestanden hatten. Sodann traten in diese Stände immer mehr Männer aus Provinzen ein, die der römischen Bildung erst in geringerem Grade teilhaft geworden waren. Aus beiden Gründen hörte auch in den höheren Ständen die Schulbildung auf, als ein unumgängliches Erfordernis, ihr Mangel als schimpflich oder lächerlich zu gelten. Von Augustus erzählte man, er habe einen Konsularlegaten wegen Unbildung von seinem Posten abberufen, da er ein Wort von ihm geschrieben sah, wie es von den unteren Klassen gesprochen wurde[7]). Doch je mehr Provinzialen in den Senat eintraten, desto öfter wird man vermutlich auch in Rom selbst bei hochgestellten Personen schlechte Aussprache

1) Seneca Controv. II 2, 8. Vgl. dazu Leo, De Statii silvis (ind. lect. Gotting. 1892) S. 9 f. C. Brück, De Ovidio scholasticarum declamationum imitatore, Diss. Gießen 1909. 2) Tac. Dial. 20, 8 ff. 3) Petron. Sat. 118, 2. 4) Tac. Dial. 10, 5 *ego vero omnem eloquentiam omnesque eius partes sacras et venerabiles puto; nec solum cothurnum vestrum aut heroici carminis sonum, sed lyricorum quoque iucunditatem et elegorum lascivias et iamborum amaritudinem et epigrammatum lusus et quamcunque aliam speciem eloquentia habeat, anteponendam ceteris aliarum artium studiis credo.* 5) Bezeichnend für die Vereinigung rhetorischer und dichterischer Interessen auch in der Bildung der Provinzialen ist der Grabstein eines jungen Mannes aus Thibilis in Numidien (CIL VIII 18864), der bezeichnet wird als *g[rav]is declamator, facilis extemporalitate, di[a]logorum et epistularum e[t] edyliorum conscriptor, quae ex[ta]nt* (dazu Buecheler, Rhein. Mus. XLV 1890 S. 329) *et ... facilis in [componendis egl]ogis.* 6) H. Kretschmann, De latinitate L. Apulei Madaurensis (Diss. Regim. 1865) S. 17 ff. 7) Sueton. August. 88.

und sogar Sprachfehler zu tadeln gefunden haben. Hadrian wurde im Senat als Quästor bei der Verlesung einer kaiserlichen Rede wegen seines Akzents ausgelacht[1]). Als Marc Aurel einst im Felde in lateinischer Sprache einen Befehl erteilte, wurde er von seiner ganzen Umgebung nicht verstanden; allem Anscheine nach, weil seinen Offizieren eine gebildete Ausdrucksweise fremd war; ja der ohne alle Erziehung aufgewachsene Präfekt des Prätorium Bassäus Rufus bemerkte dem Kaiser, der Mann, an den er sich gewandt habe, verstehe kein Griechisch[2]); daß das letztere auch bei manchen Angehörigen der beiden ersten Stände der Fall war, läßt die Angabe Philostrats über den Beifall vermuten, den der Sophist Hadrian in Rom selbst bei denjenigen Rittern und Senatoren fand, die ihn nicht verstanden[3]). Der hochbejahrte Konsul im Jahre 218 Oclatinius Adventus konnte nach Cassius Dio nicht lesen und war der Rede so wenig mächtig, daß er sich krank meldete, wenn er eine Verhandlung leiten sollte[4]).

Schon um die Mitte des 2. Jahrhunderts waren in Rom selbst die Anzeichen des beginnenden Verfalls der lateinischen Sprache zahlreich und erschreckend genug. Von vielen Wörtern war die Bedeutung[5]) oder die Form[6]) zweifelhaft und bestritten, über Grundregeln der Grammatik waren die Gelehrten verschiedner Ansicht; man hörte Ausdrücke aus der Sprache der gemeinen Leute vor den Schranken von Advokaten gebrauchen[7]). Die Barbarismen, die in der Zeit des Severus bereits in die öffentlichen Urkunden und das Gebiet der eigentlichen Steintechnik eindrangen, treten in einzelnen Privatinschriften schon früher auf[8]). Das Gefühl der zunehmenden sprachlichen Unsicherheit und Verwirrung, das Streben, der einreißenden Barbarei entgegenzuwirken, auch das Beispiel der ganz ähnlichen Bestrebungen der Atticisten in Griechenland spornte die Kenner und Freunde der Sprache und Literatur zu eifrigen Nachforschungen in den alten Klassikern, mit denen wir die Kreise des Gellius so viel beschäftigt sehen: mit Hilfe dieser Studien hofften sie einen sicheren Boden wiederzugewinnen, Reinheit und Klarheit des Ausdrucks herzustellen[9]). Aber diese wohlgemeinten Bemühungen konnten im besten Falle doch nur auf kleine Kreise ihre Wirkung üben: den auf dem ganzen Gebiete der lateinischen Sprache

und Verfall der Sprache im 2. Jahrhundert. Bestrebungen zur Herstellung der Korrektheit.

1) Hist. aug. Hadrian. 3, 1. 2) Cass. Dio LXXI 5, 3 (p. 256 Boissev.). Über Bassäus Rufus vgl. oben I 225. 3) S. unten S. 214. Im allgemeinen sprachen damals alle Gebildeten beide Sprachen, Norden I 362ff. Trajan war nach Philostr. v. soph. I 7, 2 des Griechischen nicht mächtig gewesen; vgl. auch v. Apoll. V 36. 4) Cass. Dio LXXVIII 14, 1f. 5) Gell. XVI 5, 1 *pleraque sunt vocabula, quibus vulgo utimur, neque tamen liquido scimus, quid ea proprie ac vere significent, sed incompertam et vulgariam traditionem rei non exploratae secuti videmur magis dicere quod volumus, quam dicimus* (über die Bedeutung von *vestibulum*). 6) ebd. XIV 5 der Streit zweier Grammatiker *non parvi in urbe Roma nominis*, ob der Vokativ von *egregius egregie* oder *egregi* heiße. 7) ebd. I 22, 2 *superesse* (für *advocatum esse*) *dicitur non in compitis tantum nec in plebe vulgaria, sed in foro, in comitio, apud tribunalia.* Vgl. über *deprecari* VII 16. 8) Mommsen CIL III p. 919; vgl. Ges. Schrift. VII 798. In sehr lehrreicher Weise läßt sich an den inschriftlich erhaltenen Protokollen der Arvalbrüder die zunehmende Verwilderung der Orthographie verfolgen; vgl. Mommsen, Ges. Schrift. VIII 215ff. H. Jordan, Krit. Beitr. z. Gesch. d. lat. Sprache S. 189ff. 277ff. P. E. Rosenstock, Die Akten der Arvalbrüderschaft, eine Studie zur lateinischen Rechtschreibung. Gymn.-Progr. Strasburg i. Westpr. 1895. 9) Ein interessantes Dokument solcher Bemühungen ist die sog. Appendix Probi, ein nach Art eines Antibarbarus angelegtes Verzeichnis der richtigen Wortformen und Ausdrücke mit Gegenüberstellung der inkorrekten, am besten herausgegeben von W. Heraeus, Arch. f. Lexikogr. XI 1899 S. 301ff. 451f., vgl. K. Barwick, Hermes LIV 1919 S. 409ff.

arbeitenden, seit dem 3. Jahrhundert übermächtigen, Sprache und Bildung unaufhaltsam zerstörenden Einflüssen gegenüber waren sie völlig bedeutungslos. Doch diese spätere Zeit liegt außerhalb der Grenzen dieser Betrachtung; wir kehren zu den literarischen Zuständen der beiden ersten Jahrhunderte zurück.

Wirkungen der klassischen Poesie der Augusteischen Zeit. Ihre Bedeutung.

Ein zweites Moment, das mit dem Jugendunterrichte zusammenwirkte, der Poesie einen so bedeutenden Einfluß auf die damalige Gesamtbildung zu geben, war, daß diese Zeit die Erbschaft der glänzendsten Epoche der römischen Dichtung, des Augusteischen Zeitalters, antrat. Man darf nur Vergil, Horaz, Tibull, Properz und Ovid nennen (denn von manchen andern gleichzeitig gefeierten Dichtern, wie von Varius, ist uns wenig mehr als der Name geblieben), um die reiche und glänzende Fülle poetischer Produktionen zu vergegenwärtigen, die damals im engen Zeitraum eines Menschenalters nebeneinander reiften. Alle Gattungen waren hier vertreten, Heldengedicht und Scherzlied, die zärtliche oder leidenschaftliche Liebesklage und die Satire, Idyll und poetische Epistel, das beschreibende und Lehrgedicht. Selbst das Drama fehlt nicht, doch wurde hier nichts Lebensfähiges mehr geschaffen, die Zeit der dramatischen Produktion war für immer vorüber, und darum sind diese Stücke für uns völlig verschollen. Auf den sämtlichen übrigen Gebieten aber waren die Leistungen in ihrer Art vollendet. Niemand kann es in den Sinn kommen, sie zu dem Höchsten zu rechnen, was die Poesie überhaupt geschaffen hat; keinen Augenblick kann man sich über ihren Mangel an Ursprünglichkeit täuschen, nie über der reichen Begabung, dem großen Darstellungtalent, der vollendeten Anmut, dem sicheren und reinen Geschmack, der hohen Bildung dieser Dichter ihren Mangel an wahrer Genialität vergessen. Wie damals, als es Hannibal bezwungen, »der Quiriten hartem Volk« die Muse aus Griechenland gekommen war, so wollte auch die neue Poesie auf keinen andern Bahnen wandeln als auf denen der Griechen und bekannte sich laut und entschieden als ihre Schülerin[1]). Aber teils wählte sie andre Vorbilder als jene Alten, namentlich die erreichbareren alexandrinischen, teils war seit jener Zeit das Verständnis für griechische Kunst unendlich feiner und tiefer geworden, und so gelang den Zeitgenossen des Augustus die Reproduktion des Adels und der Schönheit der griechischen Form in ganz andrer Weise als den Zeitgenossen der Scipionen und selbst noch des Sulla und Cicero, deren Werke nun neben den neuen Leistungen unbehilflich, formlos und rauh erscheinen mußten. Für jede Empfindungs- und Darstellungsweise wurden jetzt edle und mustergültige Formen auf allen Gebieten geschaffen, der Versbau, die künstlerische Komposition auf die Höhe gehoben, wie die nun gewonnene Erkenntnis der griechischen Kunst es verlangte, vor allem aber in der Sprache für die Poesie dasselbe geleistet, was Cicero in der Prosa geleistet hatte, und dies war die größte und unvergänglichste Schöpfung jener Zeit.

Schöpfung der Dichtersprache.

Wie Cicero der Begründer einer der fortgeschrittenen Bildung angemessenen Prosa war, so waren die Augusteischen Dichter die Schöpfer einer neuen Dichtersprache. Sie bildeten die poetische Ausdrucksfähigkeit des Lateinischen nach

1) Vgl. W. Kroll, N. Jahrb. f. klass. Altert. XI 1903 S. 1 ff. XXI 1908 S. 513 ff. und im allgemeinen F. Leo, Die Originalität der römischen Literatur, Göttingen 1904, der mit Recht betont, daß es sich nicht nur um Nachahmung, sondern um Fortführung der griechischen Literatur handelt.

allen Seiten hin in einer früher kaum geahnten Weise aus, verliehen ihm Reichtum, Mannigfaltigkeit und Fülle, Schönheit und Grazie, Würde und Kraft. So haben sie nicht bloß auf die poetische und prosaische Literatur der folgenden Jahrhunderte des Altertums einen unermeßlichen Einfluß geübt, sondern auch auf die aller späteren Zeiten, und werden ihn wahrscheinlich auch in Zukunft üben, solange es überhaupt eine Literatur geben wird. Ein wahrer und echt römischer Patriotismus beseelte diese Dichter; sie wollten ihre Nation in den Besitz des Einzigen setzen, um das sie Griechenland noch zu beneiden hatten. Mit den Griechen in den bildenden Künsten oder der Kunde der Gestirne um den Preis zu ringen, das schien des großen Volks nicht würdig, das wie kein andres sich in der Kunst bewährt hatte, die Völker zu beherrschen, die Besiegten zu schonen und die Übermütigen zu bekriegen[1]: aber ihre poetische Kunstform auch zum römischen Besitz zu machen, war ein hohes und erstrebenswertes Ziel. »Auch diesen Ruhm dem großen Volke und der vaterländischen Sprache noch anzueignen, war der große Zweck und das ernste Streben der Augusteischen Dichter«[2]; und soweit es überhaupt gelingen konnte, ist es ihnen gelungen.

Verbreitung dieser Poesie unter den Zeitgenossen.

Bei diesem Streben wurden sie von dem hohen Bewußtsein getragen, daß sie nicht für ein einzelnes Land und Volk, sondern für die Menschheit schufen, daß ihre Werke der Weltliteratur angehörten[3]. Ennius war stolz gewesen, für die Beherrscher Italiens zu dichten, Vergil und seine Zeitgenossen wußten, daß sie für die Menschheit dichteten, und der Blick auf einen so unermeßlichen Horizont war in der Tat schwindelerregend. Bekannt ist die Prophezeiung des Horaz, »daß ihn die fernsten Völker kennen lernen würden«[4]. Buchstäblich hat sich diese, buchstäblich auch Ovids Prophezeiung erfüllt, daß die von ihm im Exil an den öden Ufern des Pontus erhobenen Klagen einst, über Länder und Meere getragen, vom Aufgang bis zum Niedergang vernommen werden würden[5]. Ja diese Dichter haben schon selbst einen Teil dieser Erfüllung erlebt. Ovid durfte sagen, daß er in der ganzen Welt gelesen werde[6]; und Properz, daß der Ruhm seines Namens bis zu den Anwohnern des winterlichen Borysthenes gedrungen sei[7]. In der Tat werden die Werke der lebenden Dichter überall, wo römische Schulmeister einwanderten, gelesen worden sein.

Auch bei der höchsten Vorstellung von der Großartigkeit des neuen weltumfassenden Staatsorganismus, der Unermeßlichkeit seiner Hilfsmittel und der welterobernden Macht der römischen Sprache muß man erstaunen, wie schnell es den Römern gelang, »so viele zwieträchtige und barbarische Zungen durch den Verkehr zu vereinen«[8]. Kaum mehr als zwanzig Jahre waren seit der völligen Unterwerfung Pannoniens vergangen, als Vellejus schrieb, und schon war in diesen wüsten, rauhen und ganz barbarischen Ländern (dem östlichen Teile Österreichs, besonders Ungarn) die Kenntnis römischer Sprache und vielfach

1) Verg. A. VI 847—853. 2) Lehrs, Popul. Aufs.² S. 367. 3) Eyssenhardt, Römisch und Romanisch S. 112f. 4) Horat. c. II 20, 13ff. 5) Ovid. Tr. IV 9, 19—24. 6) ebd. IV 10, 128. 7) Prop. II 7, 18. 8) Vgl. A. Budinszky, Die Ausbreitung der lateinischen Sprache über Italien u. die Provinzen des röm. Reiches (1881), und für den Osten L. Hahn, Rom und Romanismus im griechisch-römischen Osten (1906) S. 110ff. 208ff. Plutarch kann (Platon. quaest. 10, 3) den Ῥωμαίων λόγος als denjenigen bezeichnen, ᾧ νῦν ὁμοῦ τι πάντες ἄνθρωποι χρῶνται.

auch römischer Schrift verbreitet[1]). Ein Teil der älteren Provinzen des Westens gehörte schon zu Augustus Zeit zu dem Gebiet der römischen Literatur. Livius begann eines seiner späteren Bücher mit der Äußerung: Ruhm habe er schon genug erworben, und er setze sein Werk nur deshalb fort, weil der unruhige Geist Nahrung verlange; und dieser Ruhm erstreckte sich damals schon über Italien hinaus, denn er bewog, wie erzählt wird, einen Spanier, aus Gades eigens nach Rom zu kommen, um Livius kennen zu lernen; als er diesen Zweck erreicht hatte, reiste er sogleich wieder ab[2]). Schon damals wurden die nach dem Absatz in Rom übrig gebliebenen Exemplare neuer Werke in die Provinzen gesandt. Horaz entläßt das erste Buch seiner Episteln mit der Aussicht, wenn es von den Händen des römischen Publikums abgegriffen und schmutzig sein werde, entweder in stiller Verborgenheit den Motten als Futter zu dienen oder im Bündel nach Utica oder Ilerda (Lerida in Spanien) geschickt zu werden[3]). Gerade die besten Bücher, die den Buchhändlern am meisten einbrachten, gingen über das Meer[4]).

Wenn die Koryphäen der Literatur also damals in gewissem Sinne ihren Weltruhm schon erlebten, so waren sie um so mehr der vollsten und glänzendsten Befriedigung ihres Ehrgeizes in Rom selbst gewiß, wo ihre Gedichte (die sie nach der kürzlich eingeführten Sitte in größeren Kreisen vortrugen), wie wir gesehen haben, sofort in die Schule übergingen oder auch auf den Theatern unter dem Beifalle vieler Tausende gesungen wurden; wo endlich ein umfassender und tätiger Buchhandel sich deren Vervielfältigung und Vertrieb angelegen sein ließ. Vergil, der die Veröffentlichung seiner Äneide bekanntlich nicht erlebte, hatte mit seinen Erstlingsgedichten, den Eclogen, einen solchen Erfolg, daß sie auf der Bühne häufig von Sängern vorgetragen wurden; eine in den literarischen Kreisen jener Zeit viel genannte Schauspielerin Cytheris, einst die Geliebte Marc Antons, dann des Dichters Cornelius Gallus, der sie unter dem Namen Lycoris besang, soll die sechste Ecloge gesungen haben, in der Vergil den Dichterruhm seines Freunds Gallus preist. Als Vergil bei einer solchen Gelegenheit im Theater anwesend war, erhob sich das ganze Volk und begrüßte den Dichter ebenso ehrfurchtsvoll wie Augustus: in der Tat wurde eine solche Auszeichnung in der Regel sonst nur dem Kaiser und Personen aus der kaiserlichen Familie zuteil[5]). Wenn Vergil in seiner späteren Zeit, die er größtenteils im südlichen Italien, namentlich in Neapel verlebte, ausnahmsweise nach Rom kam und sich öffentlich sehen ließ, so mußte er sich vor der Menge, die ihm folgte und ihn sich gegenseitig zeigte, in ein Haus flüchten[6]).

Popularität Vergils —

Allerdings ist nun der Ruhm und die Popularität Vergils bei der Mitwelt und Nachwelt und folglich auch die Wirkung seiner Poesie so groß wie die keines andern römischen Dichters und in der Tat beispiellos gewesen. Mit der Popularität Schillers kann man die seinige auch darum vergleichen, weil sich in beiden Fällen zeigt, daß das Erhabene, Ideale und Edle in der Kunst die Massen noch in höherem Grade fortzureißen vermag als selbst das Volkstümliche, ob-

1) Vellei. II 110, 5. 2) Plin. ep. II 3, 8. Hieron. ep. 53, 1, 3. 3) Horat. ep. I 20, 11—13. 4) Horat. a. p. 345, vgl. Catull. 95, 5. 5) Donat. vit. Verg. p. 6, 90 Brumm., vgl. Serv. ecl. 6, 11. Tac. dial. 13, 3; oben S. 4. 6) Donat. a. a. O. p. 3, 35ff., vgl. Horat. c. IV 3, 22 *quod monstror digito praetereuntium*. Pers. 1, 28. Lucian. Harm. 1.

wohl man denken sollte, daß nur dies sie anziehen, jenes abstoßen und einschüchtern müsse; aber die Menschen hängen mit größerer Dankbarkeit, Ehrfurcht und Liebe an dem Geist, der sie aus ihrer Niedrigkeit zu sich emporhebt und sie mit dem Gefühle erfüllt, daß auch in ihnen etwas seiner höheren Natur Verwandtes wohnt, als an dem, der sich zu ihnen herabläßt. Vergils Poesie drang in alle Bildungskreise, in alle Schichten der Gesellschaft, auch Handwerker und Krämer führten seine Verse im Munde und gebrauchten sie als Mottos [1]), einige Brocken aus der Äneide waren auch die Ungebildetsten imstande anzubringen, und bei ihren Gastmählern, wo die Gäste mit Jongleurkünsten, Nachahmungen von Tierstimmen, Aufführungen von Possen unterhalten wurden, hörte man doch auch Stellen aus der Äneide, allerdings abscheulich, deklamieren [2]). Wie jetzt die Bibel, wurde damals in schweren Lebensmomenten Vergil aufgeschlagen, und die Stelle, auf die der Blick fiel, als Schicksalsspruch betrachtet [3]), was dann auch in der Zeit der Renaissance wieder geschehen ist [4]). In literarischen Kreisen wurde sein Geburtstag (15. Oktober) wohl von vielen gefeiert [5]), und Tempelorakel (wie noch im 3. Jahrhundert die von Präneste und Patavium) antworteten mit Vergilischen Versen [6]).

Eine so beispiellose Popularität hat nun allerdings, wie gesagt, kein andrer Dichter erreicht; aber daß auch Properz und Ovid schnell in weite Kreise drangen, zeigen die Wände von Pompeji, wo außer Vergilischen (zum Teil sichtlich von Schulknaben geschriebenen) auch Verse dieser und andrer Dichter mit dem Schreibgriffel angekritzelt sind, teils wörtlich zitiert, teils parodiert, namentlich in der Basilika, die von der eleganten Welt zum Spazierengehen benutzt wurde [7]). Zur Erklärung ihrer Popularität mag auch an das erinnert werden, was Jakob Grimm in bezug auf die Schillers gesagt hat, »daß der Menge gerade die Poesie gefällt, die den Stil der gebildeten Gegenwart hält und auf deren Gipfel steht«, da dem Volke »gleichfalls die alte Weise der Vergangenheit fremd geworden ist, und es nun in den jetzigen Standpunkt vorschreiten und sich darin einweihen lassen will«. »Die Menge, auf die ein schönes Gedicht einwirkt, will es gerade mit allen neuen Vorteilen genießen und ist den alten zu entsagen bereit [8]).«

und der übrigen klassischen Dichter.

Auch im Altertume darf man bei dem Volke Italiens dieselbe überaus lebhafte und weitverbreitete Empfänglichkeit für Poesie voraussetzen wie zu Ende des 16. Jahrhunderts, wo Tassos Befreites Jerusalem so schnell populär wurde [9]), und Montaigne erstaunt war, von Schäferinnen überall die Stanzen Ariosts zu

1) Oben I 170. 2) Petron. sat. 39, 3. 68, 4. Vgl. auch Teuffel RLG.[7] 231, 2. 3) *Vergilianae sortes* Hist. aug. Hadr. 2, 8; Alex. Sev. 14, 5; vgl. Augustin. conf. IV 3, 5. 4) Burckhardt, Kultur d. Renaissance II[7] 252. 5) Martial. XII 67. Plin. ep. III 7, 8. 6) Hist. aug. Alex. Sev. 4, 6; Claud. 10, 4ff. Über die Sympathie der Christen für ihn vgl. G. Boissier, Relig. rom. I 351 f., über Vergilverse in christlichen Grabschriften Le Blant, L'épigraphie chrét. de la Gaule (1890) S. 73 ff., über Vergilcentonen, namentlich christliche, C. Schenkl, Poetae christ. minores I (1888) S. 530 ff. 7) S. das Register CIL IV p. 776 (Diehl, Pompejan. Wandinschriften nr. 781 ff.). Buecheler, Carm. ep. 1785. 1786, wo auch Inschriften andern Fundortes zusammengestellt sind; vereinzelt steht das Enniuszitat *Romulus in caelo* (ann. 115 Vahl.[2]) CIL IV 3125 und das aus Seneca (Ag. 730) CIL IV 6698, sowie Verse des Statius in der afrikanischen Inschrift Buecheler 1787. Vgl. Haupt, Opusc. III 201 ff. C. Hosius, Rhein. Mus. L 1895 S. 286 ff. R. Ilewycz, Wiener Stud. XL 1919 S. 68 ff. 138 ff. 8) J. Grimm, Kl. Schr. I 391 f. Treitschke, Deutsche Gesch. I 199. 9) Hübner, Sixte-Quint I 112.

hören[1]). Wieviel allgemeiner mußte im 1. und 2. Jahrhundert die Verbreitung der Poesie des Augusteischen Zeitalters schon durch die Einflüsse der Schule sein, die in der neuern Zeit so gut wie ganz fehlten! Mit der Schule wirkte im Altertum das Theater zusammen, in welchem allem Anscheine nach Gedichte häufig gesungen wurden[2]); und ihre Wirkungen beruhten zum Teil auch auf der großen Freude der Südländer am Wohllaut und Rhythmus, wie denn auch gegenwärtig das Entzücken und der Genuß selbst gebildeter Italiener an ihrer vaterländischen Poesie eine sinnliche Beimischung hat. Im Altertum war aber das Gefühl für Wohllaut und Rhythmus noch feiner und entwickelter und verlangte auch in der Prosa seine Befriedigung, allerdings bei den Griechen in noch höherem Grade als bei den Römern. Doch wie lebhaft auch bei diesen der Sinn für die bloße Schönheit des Klangs war, zeigt u. a. der Bericht Philostrats über den Beifall, den der Phönizier Hadrianus (Professor der Beredsamkeit unter Marc Aurel und Commodus) in Rom fand. Ritter und Senatoren ließen sich aus dem Theater abrufen, wenn er seine Vorträge begann, und strömten ins Athenäum, selbst solche, die nicht Griechisch verstanden: man bewunderte die wohltönende Stimme, den Tonfall, die Modulation und den Rhythmus seiner Rede und hörte ihn mit demselben Entzücken wie eine schön schlagende Nachtigall[3]).

Poetischer Dilettantismus, hervorgerufen durch die klassische Poesie.

Aber auch abgesehen von allen begünstigenden Nebenumständen mußten die Wirkungen der klassischen Poesie der Augusteischen Epoche auf die gebildete Welt des folgenden Zeitalters unermeßlich sein. Diese Periode war im wesentlichen unproduktiv, besaß aber die zarte Empfänglichkeit einer hohen Kultur. In einer solchen Zeit mußte die Entstehung der zahlreichen vollendeten poetischen Kunstwerke, die Herstellung mustergültiger Formen auf den verschiedensten Gebieten, vor allem die Erschaffung einer neuen poetischen Sprache voll hinreißender Schönheit und blendenden Glanzes den Trieb der Aneignung und Nachahmung aufs stärkste und im weitesten Umfange hervorrufen. »Zum Genuß der Kunstwerke«, sagt Goethe[4]), »haben alle Menschen eine unsägliche Neigung; der Mensch aber erfährt und genießt nichts, ohne sogleich produktiv zu werden. Dies ist die innerste Eigenschaft der menschlichen Natur selbst.« So ist in jeder hochkultivierten Zeit ein weit verbreiteter Dilettantismus eine notwendige Folge einer hohen und reichen Kunstentwicklung. Auch wir haben dies vor allem auf dem Gebiete der Poesie erlebt. Auch wir haben eine dichterische Blütezeit ohnegleichen gehabt, auch wir sind durch sie erst mit einer poetischen Sprache beschenkt worden, auch bei uns sind die Epigonen bis zum Übermaß eifrig und geschäftig gewesen, sich des ererbten kostbaren Besitztums in unaufhörlichem Gebrauch und Mißbrauch zu versichern, das Empfangene immer von neuem zu reproduzieren. Dieselben Erscheinungen würden sich auch ohne ausdrückliche Zeugnisse in der nachaugusteischen Zeit voraussetzen lassen. Die Versuchungen einer gebildeten Sprache, »die für uns dichtet und denkt«, waren damals ebenso unwiderstehlich und die Illusionen der Dilettanten über ihre Leistungen dieselben wie heute, weshalb sich unbefangenen

1) Montaigne, Journal du voyage en Italie 1580—81, III 37. 2) Vgl. oben S. 164f. 3) Philostrat. vit. soph. II 10, 5. Rohde, Griech. Roman³ S. 337, 1. Norden a. a. O. I 375ff. 4) Goethe (über den Dilettantismus) Werke XLVII 323 d. Weim. Ausg.

Zuschauern des literarischen Treibens auch dieselben Wahrnehmungen aufdrängten. »Viele«, sagt ein geistreicher Schriftsteller unter Nero, »hat die Poesie in die Irre geführt. Sobald einer einen Vers richtig zustande gebracht und einen einigermaßen zarten Gedanken in eine Periode eingewebt hat, glaubt er schon auf den Helikon gestiegen zu sein[1])». Überdies begünstigte den Dilettantismus auch die innigere Verbindung der Poesie mit der Schule, die wohl die Folge haben mußte, daß poetische Übungen mit oder ohne Veranlassung der Lehrer mehr oder weniger allgemein stattfanden, zu keinem andern Zweck, als um eine vollendetere Herrschaft über die Form zu gewinnen und sich zur Virtuosität in blühender und schwungvoller Prosa vorzubereiten. Auch für diejenigen, die hierbei nicht der Täuschung verfielen, Reminiszenzen, Angelerntes uud Anempfundenes für originell und für ihr Eigentum anzusehen, mußte es doch einen Reiz haben, die erworbne formelle Fertigkeit weiter zu üben und sich zu erhalten. Aber ohne Zweifel verführte nicht wenige die Freude an dem wirklichen oder vermeintlichen Gelingen solcher poetischen Exerzitien (die übrigens eine Hauptveranlassung zu Interpolationen der gelesensten Dichter wurden), die Beschäftigung, die nur Mittel hatte sein sollen, als Zweck zu behandeln. Selbst unter den Oden des Horaz, der doch eine fast zu strenge Selbstkritik übte, befinden sich Übungsstücke, deren Verdienst ein rein formelles ist. Wenn Horaz aber nach Quintilians Urteil der einzige des Lesens werte römische Lyriker war, so dürfen wir wohl annehmen, daß die Lyrik der nachaugusteischen Zeit ganz vorzugsweise Schul- und Dilettantenpoesie gewesen ist.

Wirkungen der politischen Zustände der Monarchie.

Mit den Einflüssen der Schule und der klassischen Poesie im Zeitalter des Augustus wirkten die politischen Zustände der Monarchie, die Interessen und Neigungen der Regierungen, der Höfe und Hofkreise zusammen, um die literarischen Neigungen, Liebhabereien und Beschäftigungen vorzugsweise der Poesie zuzuwenden. Der allgemeine Friede nach der Schlacht bei Actium und das Absterben des politischen Lebens seit der Alleinherrschaft des Augustus verschlossen die beiden Gebiete fast ganz, auf denen sich die geistige Kraft des römischen Volks während so vieler Jahrhunderte aufs reichste und kräftigste entfaltet hatte. Eine Masse von Talent, Kraft und Regsamkeit, die durch diese Revolution aus ihrer natürlichen Bahn gedrängt war, warf sich nun auf die Literatur. Aber selbst hier standen die Felder, die in der Republik am glücklichsten angebaut worden waren, nur teilweise offen: die Redefreiheit war verkümmert, die Geschichtschreibung bis zu der Zeit Nervas und Trajans, die das »seltene Glück« brachte, »daß man denken durfte, was man wollte, und sagen, was man dachte«, gefahrvoll, und dies bereits unter der toleranten Regierung des Augustus. Titus Labienus, einer der letzten Republikaner und unversöhnlicher Gegner der neuen Zustände, überschlug, als er seine Geschichte der neuesten Zeit öffentlich vorlas, große Stücke mit den Worten: »dies wird man nach meinem Tode lesen.« Dennoch wurde über sein Werk das bisher unerhörte Urteil der Verbrennung ausgesprochen: er wollte dessen Untergang nicht überleben; wie einen lebendigen Toten ließ er sich in das Begräbnis seiner Ahnen bringen und dort einschließen[2]). Elf Jahre nach Augustus Tode wurde Cremutius Cordus an-

1) Petron. sat. 118, 1. 2) Seneca contr. X praef. 4—8.

geklagt, weil er in seinen Jahrbüchern Brutus und Cassius die letzten Römer genannt hatte, er kam der sicheren Verurteilung durch freiwilligen Hungertod zuvor; auch seine Bücher wurden verbrannt[1]). In solchen Zeiten bot die Poesie den friedlichen Geistern, die einen idealen Inhalt für ihr Leben suchten und der Wirklichkeit zu entfliehen strebten, ein doppelt willkommenes Asyl. Völlig sicher war freilich auch dieses nicht, die »Gemüter der Mächtigen« waren leicht gereizt, zuweilen schon durch die Wahl der Stoffe und durch scheinbare oder wirkliche Beziehungen einzelner Stellen auf die Gegenwart. So brachte unter Tiberius dem letzten des erlauchten Geschlechts der Scaurer seine Tragödie »Atreus« den Tod, in der besonders der Vers: »Der Herrscher Torheit muß man tragen mit Geduld« strafwürdig erschien[2]). Doch solche Gefahren drohten natürlich den Dichtern, die wirklich die Absicht hatten, sie zu vermeiden, nur in den allerseltensten Fällen und konnten den poetischon Neigungen dieses Zeitalters keinen Eintrag tun. Ausdrücklich heißt es in dem Dialoge des Tacitus, daß der Beschäftigung mit der Poesie zur Rechtfertigung hauptsächlich diene, daß sie weniger der Gefahr, Anstoß zu geben, ausgesetzt sei als die der Redner[3]). So füllte die Poesie vor allem die große Leere aus, die der Untergang der Republik in dem Leben Roms zurückließ, und es lag in nichts weniger als in der Wandelbarkeit der menschlichen Neigungen, wie es Horaz in seiner Epistel an Augustus darstellt, daß das früher auf so ganz andre Zwecke gerichtete römische Volk nun allein von dem Eifer der Schriftstellerei glühte, daß Söhne und strenge Väter ihre Stirn mit Laub umkränzten, und Gelehrte und Ungelehrte überall Gedichte schrieben[4]).

Parallelen aus der Literatur des ersten Kaiserreichs.

Die französische Literatur des ersten Kaiserreichs bietet manche Parallelen mit der damaligen. Diejenigen Dichter, die nicht (wie Fontanes und so viele andere) »sich in den vorgeschriebenen und belohnten Lobpreisungen erschöpften«, gingen (wie Delisle) »politischen und sozialen Problemen sorgfältig aus dem Wege und hielten sich an untergeordnete oder gleichgültige Stoffe«, die sie — wie zum Ersatz — in gefälliger Form behandelten, zu deren hoher Schätzung in Frankreich »diese Periode eingeschränkten Denkens und gehemmter Phantasie« wohl nicht wenig beigetragen hat. Dem Theater schenkte der Kaiser eine ganz besondere Aufmerksamkeit. Zwei Dichter wurden (1805) beauftragt, Corneille, Racine und Voltaire zu »verbessern«: doch die ausgemerzten Verse traten gerade, weil sie vermißt wurden, um so bedeutungsvoller hervor. Napoleon wollte keine Stücke aufgeführt sehen, deren Gegenstände naheliegenden Zeiten entnommen waren; die Bühne »bedürfe etwas Altertümlichkeit«; die Zeit Heinrichs IV. lag seiner Ansicht nach noch nicht fern genug, um nicht Leidenschaften zu erwecken. Aber auch der »Tiberius« von Joseph Chénier durfte nicht aufgeführt werden, weil einige Stellen darin auf die Gegenwart bezogen werden konnten, und auch in dem »Ajax« von Ugo Foscolo entdeckte

1) Tac. A. IV 34f., vgl. Sueton. Calig. 16, 1. 2) Cass. Dio LVIII 24, 3f. Sueton. Tib. 61, 3; vgl. Tac. dial. 2, 1 *nam postero die quam Curiatius Maternus Catonem recitaverat, cum offendisse potentium animos diceretur, tamquam in eo tragoediae argumento sui oblitus tantum Catonem cogitasset.* 3) Tac. dial. 10, 8 *illud — quod plerisque patrocinatur, tamquam minus obnoxium sit offendere poetarum quam oratorum studium.* 4) Horat. ep. II 1, 108ff.

die Napoleonische Polizei in Mailand (1812) politische Anspielungen, was dem Verfasser nicht geringe Unannehmlichkeiten zuzog[1]).

Teilnahme der Kaiser an der Poesie und Literatur. Augustus.

In solcher Weise die Poesie uniformieren und disziplinieren zu wollen, davon war Augustus weit entfernt. Er verstand es, sie durch bereitwilliges Entgegenkommen seinen Zwecken dienstbar zu machen. Nächst der langersehnten Wohltat der »Ruhe und Ordnung«, welche die Monarchie brachte, sollten Schutz und Förderung geistiger Bestrebungen, insofern sie sich innerhalb der gezogenen Schranken hielten, die Gebildeten mit dem Cäsarentum aussöhnen, wie die Massen in Rom durch große Fortschritte in der Verbesserung ihrer materiellen Lage und durch Feste und Schaugepränge für den Verlust der Freiheit schadlos gehalten wurden. Die Pflege, die Augustus und die ihm zunächst stehenden Großen, wie Messalla und vor allen Mäcenas, der neu erblühenden Poesie angedeihen ließen und an der sich auch die Frauen des kaiserlichen Hauses beteiligten[2]), ist mit Recht sprichwörtlich geworden. Noch folgenreicher als die Gunst dieser Kreise, denen sich auch der frondierende Asinius Pollio anschloß, wirkte wohl ihr Beispiel. Augustus stand auf der Höhe der damaligen Bildung; sein Interesse an der Literatur war ein aufrichtiges, und er bekundete es nicht bloß durch Beförderung und Unterstützung der Dichter und Schriftsteller, sondern, was mehr war, durch die lebhafte Teilnahme an ihrem Schaffen, die er an den Tag legte; »wohlwollend und geduldig« hörte er ihre Vorlesungen an[3]). Ihm verdankte das vierte Buch der Horazischen Oden seine Entstehung, Vergils Äneide ihre Erhaltung, an ihn durfte Horaz die Epistel richten, in der er die alte und neue Poesie gegeneinanderhielt. Aber auch an eigenen Versuchen ließ es Augustus nicht fehlen; großenteils waren diese zwar in Prosa, mit der Poesie befaßte er sich, wie Sueton sagt, »nur obenhin«. Ein größeres Gedicht in Hexametern existierte von ihm über Sicilien, und eine kleine Sammlung von Sinngedichten, die er im Bade auszudenken pflegte. Eine Tragödie »Ajax« vernichtete er vor der Vollendung; »sein Ajax«, sagte er, »habe sich in den Schwamm gestürzt«. Für einen Staatsmann, auf dem die Aufgabe lastete, die Welt in ihre Fugen einzurichten, sind dies immerhin Poesien genug. Auch Asinius Pollio, Messalla, Mäcen machten Verse; die Gedichte des letzteren lieferten nach den Berichten einen Beleg für die auch auf andern Kunstgebieten zu machende Beobachtung, daß der reinste Geschmack und die vollste Sicherheit des Urteils über fremde Leistungen nicht immer vor Geschmacklosigkeit und Affektation in eigenen Versuchen bewahrt. Mäcens poetische Spielereien zeigten, wie alles, was er schrieb, eine korrupte, schwülstige Manier, Augustus spottete über die »salbentriefenden Löckchen« seines gleichsam »mit dem Brenneisen gekräuselten« Stils. Seneca[4]) hat eine Probe davon aufbewahrt, in welcher der merkwürdige Mann die Lust an der Gewohnheit des Daseins mit einem an Heine erinnernden Zynismus malt:

Mäcenas.

1) Mém. de Mme de Rémusat II 131. 163. 406—409. Reumont, Gräfin v. Albany II 14.
2) Oben I 297. 3) Sueton. Aug. 89, 3. 4) Seneca epist. 101, 11; vgl dazu P. Lunderstedt, De C. Maecenatis fragmentis (Comment. phil. Jenens. IX, 1911) S. 46ff. O. Roßbach, Berl. philol. Wochenschr. 1920 Sp. 356ff.

Mache lahm mich an Hand und Fuß,
Lahm an Schenkel und Hüfte;
Lade Schwär' und Buckel mir auf,
Gib mir wackelnde Zähne,
Darf ich leben nur, ist's genug!
Leben laß mich, und müßt' ich
Hocken auf spitzigem Marterholz!

Tiberius. Tiberius, der die zur allgemeinen Bildung erforderlichen Studien mit dem größten Eifer trieb, war ein Bewunderer der Alexandriner und hatte eine besondere Liebhaberei für die mythologische Gelehrsamkeit, mit der sie ihre Werke zu putzen pflegten; in seinen griechischen Gedichten ahmte er Euphorion, Rhianus und Parthenius nach; er verfaßte ein lyrisches Gedicht in lateinischer Sprache: Klagen über den Tod des Lucius Cäsar (755 = 2 n. Chr.) — ein Ereignis, das den damals dreiundvierzigjährigen Mann dem Thron um einen großen Schritt näher brachte [1]); auch gab es von ihm Gedichte leichtfertigen Inhalts [2]). Schwerlich hätte eine so groß angelegte und auf die größten Zwecke gerichtete Natur wie die des Tiberius sich zu poetischem Dilettantismus herbeigelassen, wenn nicht sein Streben, sich die damalige Bildung im weitesten Umfange anzueignen, beinahe mit Notwendigkeit darauf geführt hätte. Auch der edle Germanicus fand in seinem vielbewegten Leben Muße zur Poesie, er hinterließ unter anderm griechische Lustspiele [3]); seine Bearbeitung des astronomischen Lehrgedichts des Aratus ist noch vorhanden. Caligula beschränkte sich auf das Studium der Beredsamkeit, in der er es zu einer guten Fertigkeit brachte; Claudius verfaßte zahlreiche gelehrte Werke, doch nur in Prosa.

Nero. Nero war der erste und blieb der einzige Kaiser, der die Poesie nicht als Übung, Spiel oder zur Ausfüllung müßiger Augenblicke trieb, sondern mit dem Anspruch, in der Dichterwelt eine hervorragende Stelle einzunehmen [4]). Ernste und gründliche Bildung war ihm fremd geblieben, teils hielt ihn sein Naturell, teils seine Umgebung davon zurück. Von dem Studium der Philosophie soll ihm seine Mutter abgeraten haben, da es für einen künftigen Regenten unzuträglich sei, von dem Studium der älteren Literatur sein Lehrer Seneca, um ihn desto länger in der Bewunderung seiner eignen Werke zu erhalten. Obgleich er vor und nach seiner Thronbesteigung (im noch nicht vollendeten siebzehnten Lebensjahre) sich vor großen Versammlungen mit Prunkreden hören ließ, mußte er sich doch seine öffentlichen Reden von Seneca schreiben lassen, was viel Aufsehen erregte: er war der erste Kaiser, der sich einer fremden Feder bediente [5]). Je weniger aber seine Bildung wissenschaftlich war, desto vielseitiger war sein Dilettantismus in den schönen Künsten. Von seiner Beschäftigung mit der Musik, in der er seine Hauptstärke zu haben glaubte, ist bereits die Rede gewesen [6]); er tändelte mit Meißel und Modellierstab und dichtete fast ebenso eifrig, wie er sang und spielte; die Dichtkunst sollte zugleich (wie Tacitus meint) seinen andern, einem Fürsten weniger anständigen Kunstübungen in der öffentlichen Meinung das Gegengewicht halten. Ob und wieviel Talent zur Poesie er hatte, ist nicht mit völliger Sicherheit zu entscheiden. Tacitus spricht es ihm ganz und gar ab. Nach ihm »umgab er sich mit solchen, die im Dichten eine

1) Sueton. Tiber. 70. 2) Plin. ep. V 3, 5. 3) Sueton. Calig. 3, 2, vgl. Claud. 11, 2. 4) Für das folgende Sueton. Nero 52. Tac. A. XIV 16. Cass. Dio LXII 29, 1 f. 5) Tac. A. XIII 3. 6) Oben S. 187 f.

gewisse Leichtigkeit, aber keine hervorragende Berühmtheit besaßen. Diese kamen zusammen, verbanden die mitgebrachten oder auf der Stelle gedichteten Verse zu einem Ganzen und ergänzten seine irgendwie hingeworfenen Worte. Dies zeigt auch der Charakter dieser Gedichte, die ohne Schwung und Ursprünglichkeit und nicht aus einem Gusse sind.« Man wird nicht irren, wenn man annimmt, daß so manche Gedichte der vornehmen Dilettanten, die »Elegien«, die sie während der Verdauung auf Ruhebetten von Citrusholz liegend diktierten, auf diese Art zustande kamen, da sie ohne Zweifel hier ebensogut wie auf wissenschaftlichem Gebiete die Leistungen ihrer Klienten, Sklaven und Freigelassenen als ihr rechtmäßiges Eigentum ansehen und verwerten zu können glaubten [1]). Auch bei den Gedichten des Lucius Verus hatten, wie man sagte, seine talentvollen Freunde das Beste getan [2]). Nero nimmt freilich Sueton in Schutz: er habe um so weniger nötig gehabt, sich mit fremden Federn zu schmücken, als ihm die Verse leicht geflossen seien. Von Neros Hand geschriebene Entwürfe, die er vor Augen gehabt hatte, waren, wie er sagt, offenbar keine Nachschriften oder Abschriften, sondern trugen alle Spuren eigner Abfassung, so vieles war ausgestrichen, übergeschrieben und hineinkorrigiert. Neros Gedichte [3]) waren zahlreich und mannigfaltig: kleine Tändeleien (in einer derselben war von Poppäas »Bernsteinhaaren« [4]) die Rede), Spottgedichte, lyrische für den Gesang zur Kithara gedichtete Poesien, darunter vermutlich auch Soli aus Tragödien, ein großes Epos Troica [5]), in dem Paris als Held auftrat und bei einem Ringkampf unerkannt alle Ringer, selbst Hektor, überwand [6]); ein andres Epos sollte die ganze römische Geschichte umfassen, doch scheint es nie zur Ausführung gekommen zu sein. Martial, der Nero sonst geflissentlich schmäht, spricht von seinen Gedichten mit Anerkennung [7]). Einige zufällig erhaltene Verse [8]) zeugen wenigstens von Gewandtheit:

Wenn er der Perser Gebiet durchirrt, dann schwindet der Tigris
Tief in gähnender Kluft: fortrauschend unter dem Boden
Taucht der verlorene Strom erst auf, wo er nimmer gesucht wird.

Bei dem von Nero zum ersten Male nach griechischem Muster gestifteten Festspiel [9]), das sich in fünfjährigen Perioden wiederholen sollte, aber nur zweimal (60 und 65) gefeiert worden zu sein scheint, bildeten die musischen Wettkämpfe den Mittelpunkt; und die Verteidiger dieser neuen Stiftung meinten, daß die Siege der Redner und Dichter ein Sporn für Talente sein würden [10]). Doch in der Tat wollte Nero hier allein als Dichter wie als Musiker glänzen; die auf seinen Wunsch erfolgte Beteiligung der Vornehmsten sollte nur seinen Ruhm erhöhen, ihm wurde der Kranz zugesprochen. Bei der zweiten Feier las er die Troica vor. Er vermochte überhaupt keinen Dichterruhm neben dem seinigen zu dulden; Lucan, den er in seinen poetischen Kreis gezogen hatte,

1) Pers. sat. 1, 51 ff. 2) Hist. aug. L. Ver. 2, 8. 3) Jahn, Prol. ad Pers. p. LXXV ff. 4) Plin. n. h. XXXVII 50. Eine wohl durch die Ergebnisse der Sendung nach der Bernsteinküste (oben I 373) nahegelegte Bezeichnung. 5) Die mehrfach erwähnte Ἰλίου ἅλωσις, die Nero beim Brande Roms *in illo suo scaenico habitu* vorgetragen haben soll (Suet. Nero 38, 2. Cass. Dio LXII 18, 1; vgl. Tac. A. XV 39), war wohl ein Abschnitt der Troica (Buecheler, Rhein. Mus. XXVI 1871 S. 238 f.; anders Birt, N. Jahrb. f. klass. Altert. XXVII 1911 S. 357). 6) Serv. Aen. V 370. 7) Martial. VIII 70, 8: *carmina docti Neronis*. 8) Schol. Lucan. III 261. 9) Oben S. 149 f., vgl. 178. 10) Tac. A. XIV 21.

erregte bald seine Eifersucht; der Kaiser verließ in auffallender Weise eine Vorlesung des Dichters und untersagte ihm sogar, wie es scheint, sich öffentlich hören zu lassen [1]). Dieser ließ sich zu offener Feindschaft gegen den Hof fortreißen und nahm Anteil an der Pisonischen Verschwörung, deren Entdeckung ihm den Tod brachte. So gefährlich es aber unter Nero war, auf wirklichen Dichterruhm Anspruch zu machen [2]), so ratsam, ja für jeden, der zu ihm in Beziehung stand, notwendig war es, seine Teilnahme und Neigung zur Poesie zur Schau zu tragen, womöglich sich mit poetischen Versuchen sehen zu lassen, die geeignet waren, den seinen zur Folie zu dienen. Niemand, der jene Zeit kennt, kann zweifeln, daß auch dieses Bestreben die Regsamkeit auf dem Gebiete der Poesie sehr gesteigert hat. Unter den gegen Seneca von seinen Feinden erhobenen Vorwürfen war auch, daß er eifriger und häufiger Verse mache, seit Nero Liebe zur Dichtkunst zeige [3]).

Titus. Dies änderte sich völlig unter Vespasian, der der Poesie ganz fern stand, dagegen gerade hervorragende, auch poetische Talente begünstigte und freigebig unterstützte. Titus aber, der als Knabe an Neros Hof gelebt hatte, besaß für lateinische und griechische Poesie ein leichtes, selbst zur Improvisation ausreichendes Talent und besang unter anderm einen Kometen, wie der ältere Domitian. Plinius sagt, »in einem herrlichen Gedichte« [4]). Unter Domitian wiederholten sich in vieler Beziehung die Zustände der Neronischen Zeit, ja ein noch furchrbarerer Druck lastete auf den Geistern, aber poetische Bestrebungen wurden aufrichtig gefördert und aufgemuntert; vor allem durch den im Jahre 86 gestifteten kapitolinischen Wettkampf, in dem die Talente sich frei entfalten konnten; überhaupt machte dieser zweite Nero als Kaiser auf dichterischen Ruhm keinen Anspruch, obwohl er in seiner unfreiwilligen Muße als Prinz eine eifrige Beschäftigung mit der Poesie zur Schau getragen hatte. Natürlich wurden an seinem Hofe auch seine Jugendgedichte für unübertrefflich erklärt. Quintilian sagt, es habe den Göttern zu gering geschienen, daß er weiter nichs sein sollte als der größte Dichter, und deshalb haben sie ihn durch Übertragung der Sorge für den Erdkreis von diesen Beschäftigungen abgelenkt [5]). Ob er ein Epos über den jüdischen Krieg, von dem Valerius Flaccus spricht, auch nur begonnen hat, ist zweifelhaft [6]): sicher dagegen, daß er den Kampf um das Kapitol in den Dezembertagen des Jahrs 69, während dessen er in großer Gefahr geschwebt hatte, zum Gegenstand eines Gedichts machte; denn Martial erwähnt im Jahre 89 das himmlische (d. h. in der damaligen Hofsprache »allerhöchste«) Gedicht vom »kapitolinischen Kriege« [7]). Domitian ließ sich also nicht ungern an seine poetischen Versuche erinnern, wenn er sie auch ganz aufgegeben hatte; und Martial huldilgt ihm als »dem Herrn der neun Schwestern« [8]).

1) Sueton. vit. Luc. p. 51, 3ff. Reiff. Vacca p. 77, 15ff. Tac. A. XV 49. Cass. Dio LXII 29, 4; vgl. dazu E. Westerburg, Rhein. Mus. XXXVIII 1883 S. 95f. 2) Tac. A. XVI 29 *Montanum — quia protulerit ingenium, extorrem agi*; vgl. XVI 28 mit Nipperdeys Anm. 3) Tac. A. XIV 52. 4) Suet. Tit. 3, 2. Plin. n. h. praef. 5. II 89. Eutrop. VII 21, 1. 5) Quintil. X 1, 91. 6) Valer. Flacc. Argon. I 12ff. 7) Martial. V 5, 7 *ad Capitolini caelestia carmina belli grande cothurnati pone Maronis opus*. Über die Bedeutung von *caelestis* vgl. Fincke, De appellationibus Caesarum honorificis (Regim. 1867) S. 42, wo aber diese Stelle, die noch nie richtig verstanden zu sein scheint, übersehen ist, und die Anm. in Friedlaenders Ausgabe. 8) Martial. V 6, 18.

Auch Domitians Nachfolger Nerva rechneten die Dichter zu den ihrigen, Plinius nennt ihn unter denen, die mutwillige, scherzhafte Kleinigkeiten geschrieben hatten [1]). Martial bezeichnet ihn als den »Tibull unsrer Zeit«, ein aus einem Gedichte Neros, zu dessen Kreise Nerva einst gehört hatte, entlehnter Ausdruck; Martials in demütigem Kliententon auf ihn verfaßte Epigramme zeigen, daß er sich damals (in der letzten Zeit Domitians) noch gern als Dichter loben hörte [2]). Trajans großartige Soldatennatur hatte keine poetische Faser, ihm scheint auch jedes Interesse für Poesie gefehlt zu haben; Hadrian dagegen, der allseitigste Dilettant, der je auf dem römischen Throne gesessen hat, war in Vers und Prosa gleich gewandt, auch laszive Gedichte las man von ihm [3]); einige seiner Kleinigkeiten haben sich erhalten [4]). Noch auf seinem qualvollen Sterbebette hatte er Laune genug zu jenen bekannten Versen, aus denen man, nach der Angabe seines Biographen, den Durchschnittswert seiner Dichtungen kennen lernen kann [5]):

Nerva.

Hadrian.

Unstetes, zärtliches Seelchen, du,
So lange des Leibes Gesellin und Gast,
Wohin, du arme, wanderst du jetzt,
Bleich, ohne Hülle, schaudernd vor Frost?
Vorbei ist Scherzen und Kosen nun! [6])

Hadrians Beispiel scheint übrigens die Poesie an seinem Hofe zur Mode gemacht zu haben, auch sein Adoptivsohn Aelius Verus war versgewandt [7]), der auf seine Veranlassung von Antoninus Pius adoptierte Lucius Verus hatte, wie erwähnt, sich ebenfalls als Knabe der Poesie beflissen; auch Marc Aurel hat noch im Alter von 22 Jahren (143) Hexameter gemacht, die er so liebte, daß ihnen nicht, wie seinen übrigen Versuchen, die Gefahr drohte, in Rauch aufzugehen [8]).

Mit ihnen schließt aber diese Reihe von fürstlichen Dichtern, die wohl kaum in der Geschichte und Literatur ihresgleichen hat, und die Poesie blieb nun lange dem Hofe fern; denn der nächste Kaiser, von dem berichtet wird, daß er (griechisehe) Verse machte, ist erst Alexander Severus, dessen Bildung und poetischer Dilettantismus, wie der des Balbinus, der beiden älteren Gordiane, des Gallienus und Numerianus [9]), dafür zeugt, daß auch noch im 3. Jahrhundert die alten literarischen Traditionen, die Pflege geistiger Interessen sich in einzelnen Kreisen der vornehmen Gesellschaft — gleichsam Inseln in der immer höher schwellenden Flut der Barbarei — erhielten.

Aufhören des poetischen Dilettantismus an den Höfen im 2. Jahrhundert.

Wenn nun aber in der Zeit von Augustus bis Hadrian beinahe Regel war, was sonst eine seltene Ausnahme ist, die Beschäftigung der Regenten, zum Teil in ihrer Prinzenzeit, zum Teil nach ihrer Thronbesteigung, mit der Poesie, so ist diese Erscheinung ohne Zweifel ebensowenig zufällig, wie daß die spätere Zeit

Gründe dieser Erscheinung.

1) Plin. ep. V 3, 5. 2) Martial. VIII 70. IX 26. 3) Apulei. apol. 11. 4) Namentlich einige inschriftliche Epigramme, CIL XII 1122 = Buecheler, Carm. epigr. 1522. Kaibel, Epigr. gr. 811. 888a. 1089; vgl. Teuffel RLG.[6] 346, 4. 5) Hist. aug. Hadr. 25, 9; vgl. Ribbeck, Gesch. d. röm. Dichtung III 315ff. 6) Zur Erklärung O. Immisch, N. Jahrb. f. d. klass. Altert. XXXV 1915 S. 201ff., vgl. auch S. 412ff. J. Sajdak, Berliner philol. Wochenschr. 1916 Sp. 765ff. 7) Hist. aug. Ael. Ver. 5, 2. 8) Fronto ad M. Caes. II 10 p. 34 N. 9) Hist. aug. Alex. Sev. 18, 5. 38, 5f.; Gord. tres 3, 2f. 20, 6; Maxim. et Balbin. 7, 5; Gallien. 11, 6ff.; Numer. 11, 2; vgl. auch Macrin. 14, 4.

der Antonine und die der Severe bis auf Alexander auch nicht einen einzigen fürstlichen Dichter aufzuweisen hat, obwohl auch diese Kaiser großenteils auf der Höhe der damaligen Bildung standen. Vielmehr teilten offenbar diese wie jene eben nur die herrschenden Richtungen und Interessen ihrer Zeit, und auch ihr Verhältnis zur Poesie war im wesentlichen kein andres als das des gebildeten Teils der Mitlebenden überhaupt. Man darf daher schon hieraus allein mit ebenso großer Sicherheit auf eine sehr allgemeine Verbreitung des poetischen Dilettantismns in der gebildeten Gesellschaft des 1., wie auf dessen starke und auffallende Abnahme gegen die Mitte des 2. Jahrhunderts schließen.

In der Tat kann nicht bezweifelt werden, daß überhaupt in der Hadrianischen Zeit eine neue geistige Strömung in der Zeitbildung die Oberhand gewann, die jene im 1. Jahrhundert herrschende Richtung auf Poesie zurückdrängte. Die Geschichte der römischen Poesie ist bis zu der Grenze der beiden Jahrhunderte an Namen ebenso reich wie in den folgenden Zeiten arm, ja fast völlig leer. Der Grund dieser Erscheinung ist nicht etwa in einer Abnahme der schöpferischen Kraft, in einer Abnahme des Originalgenies zu suchen, die Gibbon zu den charakteristischen Erscheinungen des 2. Jahrhunderts zählt[1]), denn auch die Dichter der nachaugusteischen Zeit waren doch nur sehr gebildete und begabte Dilettanten (freilich im höheren und besseren Sinne des Worts); auch hat es an Dichtern in den spätern Jahrhunderten keineswegs ganz gefehlt[2]). Beigetragen hat ohne Zweifel zur Abnahme der poetischen Tendenzen die Herrschaft, welche die Altertümelei in der Literatur gewann, da die Beschäftigung mit den alten Dichtern auch nicht entfernt die Anregung zu eigner Produktion und Reproduktion bieten konnte wie die mit den modernen. Sodann fiel die Wirkung fort, welche die Beschäftigung der Kaiser mit der Poesie, die, wie gesagt, selbst nur eine Wirkung der herrschenden Zeitrichtung gewesen war, als ein für die höheren Stände maßgebendes Beispiel geübt hatte, und damit ein erhebliches Motiv des poetischen Dilettantismus. Der Hauptgrund dürfte aber in dem großen Eindruck der in Griechenland entstandenen kunstvollen Prosa der Sophisten zu suchen sein, die auch die Römer mächtig zur Bewunderung und Nachahmung anregte und einen großen Teil der empfänglichen Geister in ihre Bahnen fortriß, wovon weiter unten die Rede sein wird. Außerdem ist nicht zu vergessen, daß, je mehr sich (namentlich infolge von Hadrians neuer Organisation) der Militär- und Beamtenstaat ausbildete und gliederte, je mehr Kräfte er in Anspruch nahm, je glänzendere Aussichten er in der amtlichen Laufbahn bot, desto mehr sich Talent und Streben von der schönen Literatur überhaupt ab- und dem Kriegsdienst, der Verwaltung und dem Rechtsstudium zuwandten, während Beredsamkeit, wo nicht als Zweck, so doch als Mittel, und auf andern Wegen als früher allgemein erstrebt wurde, und auch die Fachwissenschaften, darunter namentlich die mit der neu aufblühenden Rechtswissenschaft eng zusammenhängende Philologie, eine eifrige Pflege fanden.

1) Gibbon, History of the decline I 75 f. (Basel 1787), deutsch von Sporschil S. 45. 2) Eine sehr interessante, leider nur in sehr schwachen Umrissen erkennbare Erscheinung bildet die geschlossene Gruppe der sog. *poetae novelli* (oder *neoterici*), die von der Antoninenzeit bis in die Mitte des 3. Jahrhunderts reicht, vgl. Ribbeck, Gesch. d. röm. Dichtung III 321 ff.

Folgen der neuen Bedeutung der Poesie und Literatur.

Die neue Bedeutung, die Poesie und Literatur überhaupt mit der Begründung der Monarchie gewannen, zeigt sich hauptsächlich in folgenden drei Dingen: in der Entstehung eines ausgebreiteten Buchhandels und der Begründung öffentlicher Bibliotheken, in der Einführung öffentlicher Vorlesungen der neuen Werke (Rezitationen), endlich in der Stiftung einer ganz neuen, den Dichtern eigentümlichen Ehre, der Dichterkrönungen, dieses letzte in der Zeit Neros und Domitians, während alles übrige bereits der Zeit des Augustus angehört.

Entstehung des Buchhandels als eigenen Geschäfts.

In Rom begegnen uns die Anfänge eines berufsmäßigen Buchhandels, wie ihn zuerst Alexandrien zur Entwicklung brachte, in der Zeit Ciceros[1]). Sein Freund Atticus, der erste, von dem bekannt ist, daß er Vervielfältigung und Vertrieb von Büchern in größerem Umfange unternahm[2]), hatte in diesem von ihm neben vielen andern betriebenen Geschäfte bereits Konkurrenten[3]). Spätestens unter Augustus war der Buchhandel in Rom schon ein selbständiges Geschäft, bald auch in den Provinzen. Die Sortimentsbuchhandlungen lagen in Rom in den belebtesten Gegenden, sie waren an Pfeilern und Eingängen mit ausgestellten Exemplaren und Anzeigen dekoriert und bildeten (wie noch im heutigen Rom) einen Versammlungsort für Freunde der Literatur, die sich teils die neuen Bücher ansahen, teils Unterhaltung suchten. Die Sklavenarbeit setzte diese Industrie in den Stand, ihre Ware schnell, wohlfeil und massenhaft zu liefern. Hunderte von Schreibern, die gleichzeitig nach einem Diktat schrieben, leisteten, was heute eine Presse vollbringt, vielleicht in wenig längerer Zeit, wenn auch freilich sehr viel unvollkommener; die Inkorrektheit war der Hauptfehler der antiken Bücher. Da zwei Stunden jedenfalls genügten, um Martials zweites Buch nach Diktat zu schreiben[4]), konnte ein vollständiges Exemplar seiner Epigramme in wenig mehr als dreißig Stunden geliefert werden; ein Buchhändler, der fünfzig Schreiber gleichzeitig arbeiten lassen konnte, vermochte also in zwei Monaten bequem eine Auflage von 1000 Exemplaren dieses Werkes herzustellen[5]). Da von einer Gelegenheitsschrift, die ein rein persönliches und ganz vorübergehendes Interesse hatte, eine so starke, von dem Verfasser auf eigene Kosten veranstaltete Auflage erwähnt wird[6]), darf man annehmen, daß große Buchhändler von beliebten und vorzüglichen Werken sehr viel größere gemacht haben.

Leistungsfähigkeit der handschriftlichen Vervielfältigung.

In unsrer Zeit ist man leicht geneigt, die Leistungsfähigkeit der handschriftlichen Vervielfältigung zu gering anzuschlagen, indem man sie mit der der Presse vergleicht. Doch hat sich bei verschiedenen Gelegenheiten, wo Abschrift an Stelle des Drucks treten mußte, gezeigt, daß der Abstand zwischen den Leistungen beider nicht so groß ist, wie man gewöhnlich annimmt. Von Voltaires

1) Hänny, Schriftsteller u. Buchhändler in Rom² 1885. Dziatzko, Untersuch. über ausgewählte Kapitel des antiken Buchwesens (1900) S. 162ff. 2) Über die Ἀττικιανὰ ἀντίγραφα (des Demosthenes, Aeschines, Plato) Christ, Die Atticusausgabe des Demosthenes, Abh. der Bayrischen Akademie XVI 3, 1882. Usener, Kl. Schr. III 143ff. 3) Cic. ad Attic. XIII 12, 2 *Ligarianam praeclare vendidisti. posthac quidquid scripsero, tibi praeconium deferam*, vgl. XIII 22, 3. 4) Martial. II 1, 5 sagt übertreibend: *haec una peragit librarius hora nec tantum nugis serviet ille meis*. Birt, D. antike Buchwesen S. 356, 1: »Nach einer selbstgemachten Probe taxiere ich 450 Hexameter auf 2 Stunden«. 5) Vgl. dazu Birt, Kritik und Hermeneutik S. 309f. 6) Die Lobrede des M. Regulus auf seinen frühverstorbenen Sohn, Plin. ep. IV 7, 2.

Pucelle wurden in Paris in einem Monat vielleicht 2000 Abschriften verbreitet[1]). Von dem (zwei Druckbogen starken) Memorandum von Burgos an den König (Januar 1826) sollen in Spanien 5000 Abschriften zirkuliert haben[2]). Von dem Protest der Göttinger Sieben existierten bereits am zweiten Tage, nachdem A. Oppermann das erste Exemplar erhalten hatte, Tausende von Abschriften[3]). Kossuth ließ seine Reichstagszeitung, die er nicht drucken lassen durfte, mit dem größten Erfolge in ganz Ungarn abschriftlich verbreiten[4]). Daß die handschriftliche Vervielfältigung im Altertum bei einer umfassenden, auf vielhundertjährigen Erfahrungen beruhenden Organisation und mit Benutzung der Sklavenarbeit ungleich mehr zu leisten vermochte, versteht sich von selbst. So konnte denn auch die Verbreitung der Bücher in weite Fernen in kurzer Zeit erfolgen. Schon Cicero sagt, er habe die Zeugenaussagen in dem Prozeß des Catilina von allen Schreibern abschreiben, in Rom verbreiten, in ganz Italien verteilen, in alle Provinzen senden lassen: so daß es keinen Ort im römischen Reiche gebe, wohin sie nicht gelangt seien[5]). Varro hatte nach Plinius den 700 Personen, deren Porträts sich in seinem großen Bilderwerk befanden, durch dessen Versendung in alle Länder eine Art Allgegenwart verliehen[6]). Das Buch des Sulpicius Severus über das Leben des heiligen Martinus, das der Bischof Paulinus von Trier nach Rom gebracht hatte, wurde dort sogleich allgemein begehrt, und die Buchhändler waren sehr erfreut über die guten Geschäfte, die sie damit machten; nichts wurde teurer, nichts schneller verkauft. Ein Freund des Autors, der von dort nach Afrika reiste, fand, daß es ihm vorausgeeilt war und in ganz Karthago gelesen wurde. Als er darauf nach Alexandria kam, fand er es auch hier in den Händen aller und ebenso in ganz Ägypten, dem Natrontal und der Thebaide; in der Wüste sah er einen Greis darin lesen[7]).

Preise der Bücher.

Eine Vergleichung der alten Bücherpreise mit den modernen ist nicht mit Sicherheit durchführbar, weil es unmöglich ist, die Verschiedenheit der Kaufkraft des Geldes richtig in Anschlag zu bringen[8]). Das erste Buch Martials (über 700 Verse in 118 Gedichten) kostete in elegantester Ausstattung 5 Denare (4,36 M.), in wohlfeiler, wie es scheint, nur 6—10 Sesterzen (1,30—2,18 M.); das Buch seiner Xenien (274 Verse unter 127 Titeln), das jetzt in der Teubnerschen Ausgabe 14 Druckseiten, also noch nicht einen Druckbogen, füllt, verkaufte der Buchhändler Tryphon für 4 Sesterzen (87 Pf.), wie Martial sagt zu teuer, er konnte es zu 2 (43 Pf.) verkaufen und doch noch einen Gewinn machen[9]). Das führt auf einen Preis von etwa 1 Mark für den Umfang eines heutigen Druckbogens, ein Ansatz, der jedoch unter Berücksichtigung des gesunkenen Geldwertes wohl verdoppelt bis verdreifacht werden muß. Bei einem von Statius an Plotius Grypus gesandten Büchlein hatte der von dem Dichter selbst geschriebene Text nichts, der Purpurumschlag, das neue Papier und die beiden Knöpfe des Stabs,

1) Taine, Origines de la France contemporaine, L'anc. rég.[2] S. 370. 2) Baumgarten, Gesch. Spaniens III 52f. 3) Braun-Wiesbaden, Beil. d. Augsb. Allg. Ztg. 5. Februar 1881. 4) Helfert, Gesch. Österreichs vom Ausgange des Wiener Oktoberaufstandes IV 1, 222. 5) Cic. pro Sulla 42f. 6) Plin. n. h. XXXV 11. 7) Sulpic. Sever. Dial. I 23, 4ff. 8) Die Ansätze von Schmidt, Gesch d. Denkfreiheit S. 136f. sind zu niedrig, die von Birt, Die Buchrolle in der Kunst (1907) S. 29f.; Kritik und Hermeneutik S. 322 wohl etwas zu hoch; vgl. Dziatzko, Real-Encykl. III 984. 9) Martial. I 117, 15ff. 66. XIII 3.

um den die Rolle gewickelt war, im ganzen einen Decussis (55 Pf.) gekostet[1]). Die Makulatur wanderte teils in die Schule, wo die Knaben die leergelassenen Rückseiten der Blätter zu ihren Exerzitien benutzten, teils in die Läden der Höker und Gewürzkrämer, wo sie zu Pfeffer- und Weihrauchtüten oder zum Einwickeln eingesalzener Fische diente[2]).

Gründung öffentlicher Bibliotheken.

Aber auch unentgeltlich waren für jedermann reiche Bücherschätze in beiden Sprachen zugänglich[3]). Den Plan Julius Cäsars, in Rom öffentliche Bibliotheken zu stiften, der wie so mancher andre durch seinen Tod vereitelt worden war, führte Asinius Pollio aus, dem Rom die erste öffentliche (griechische und lateinische) Bibliothek verdankte, der dann Augustus zwei andre (in der Halle der Octavia und auf dem Palatin) und spätere Kaiser (namentlich Vespasian und Trajan) immer neue hinzufügten[4]), so daß man im 4. Jahrhundert 28 zählte[5]). Auch sie dienten natürlich zu Versammlungsorten für Freunde der Literatur. Die Räume der Bibliotheken benutzte ebenfalls Asinius Pollio zuerst, um den Größen der Literatur in einer früher unbekannten Weise zu huldigen. Ihre Statuen, mit Bücherbehältern zu ihren Füßen (wie wir deren noch von Sophokles und andern besitzen), und Büsten mit Efeu, »dem Lohn der Denkerstirnen«, bekränzt, zum Teil aus Bronze, aber auch aus Gold und Silber, schmückten diese Hallen und Säle. In der von Asinius Pollio gestifteten Bibliothek war das einzige Bildnis eines Lebenden das des Varro[6]), doch wurde diese Ehre, wie es scheint, bald sehr allgemein[7]). Noch Sidonius Apollinaris konnte sich rühmen, daß seine Statue unter den in der Trajansbibliothek errichteten Bildsäulen von Dichtern und Schriftstellern stand[8]).

Einführung der Rezitationen.

Doch daß öffentliche Bibliotheken die anerkanntesten, also vorzugsweise ältere Werke allgemein zugänglich machten, ein umfassender und betriebsamer Buchhandel eifrig für schnelle Verbreitung des Neuen sorgte, reichte in jener Zeit eines außerordentlich reichen und bewegten literarischen Lebens und eines ebenso regen und verbreiteten literarischen Interesses zur Vermittlung zwischen den Gebenden und Empfangenden, zwischen den Dichtern und Schriftstellern auf der einen und dem Publikum auf der andern Seite noch nicht aus: namentlich da diese Zeit noch immer in so hohem Grade an mündlichen Vortrag und lebendiges Wort gewöhnt war und das Lesen schon darum nie so allgemein werden konnte wie in den Perioden der lebhaftesten literarischen Entwicklung in neueren Zeiten, weil es bei den ohne Interpunktion und Trennung der Wörter, sicher sehr oft mit Abkürzungen, nicht selten schlecht und inkorrekt geschriebenen Texten fast immer eine Mühe war, die den Genuß beeinträchtigte. Am

1) Statius silv. IV 9, 7: *noster purpureus novusque charta et binis decoratus umbilicis praeter me mihi constitit decussi* (überlief. *decussis*). 2) Catull. 95, 8. Horat. ep. II 1, 270. Pers. 1, 43. Martial. III 2, 3ff. 50, 9. IV 86, 7ff. XIII 1, 1ff. Sidon. Apoll. c. 9, 320. 3) Über die öffentlichen Bibliotheken in Rom vgl. M. Ihm, Centralbl. f. Bibliothekswesen X 1893 S. 513ff., in den Munizipien R. Cagnat, Mém. de l'acad. d. inscr. XXXVIII 1 (1909) S. 1ff., vgl. auch Poland, Histor. Untersuch. E. Förstemann gewidmet (1894) S. 7ff. 4) Dem Kaiser Alexander Severus hatte bei seinen Thermen im Pantheon S. Julius Africanus, der Verfasser der Κεστοί, eine (öffentliche) Bibliothek eingerichtet, Oxyrh. Pap. III 412 Z. 63ff. 5) Oben I 16. 6) Plin. n. h. VII 115. 7) Marquardt, Privatl.[2] 615. Horat. s. I 4, 21: *beatus Fannius ultro delatis capsis et imagine;* c. I 1, 29: *doctarum hederae praemia frontium.* Juv. 7, 29: *ut dignus venias hederis et imagine macra.* Pers. prol. 5 mit Jahns Anm. 8) Sidon. Apoll. epist. IX 16, 3 v. 25ff., vgl. carm. 8, 8 (s. unten [III 78]).

meisten verlor die Poesie, wenn sie nicht durch das Ohr aufgenommen werden konnte. Denn da sie (namentlich die lyrische) entweder geradezu für den Gesang mit Musikbegleitung oder doch für einen musikalischen oder dem musikalischen sich nähernden Vortrag bestimmt war, da Wohlklang und Rhythmus zu ihren wesentlichen, am allgemeinsten und feinsten empfundenen Eigenschaften gehörten: so mußten wohl Gedichte, die man las, statt sie zu hören, für die antike Empfindung etwas Wesenloses und Schattenhaftes erhalten, und selbst Prosa verlor (wenn auch in geringerem Maße) beim bloßen Lesen von ihrer Wirkung. Wenn Juvenal sagt, auf die Anzeige, daß Statius seine Thebaide vorlesen werde, sei man herbeigeströmt, um das angenehme Organ und das beliebte Gedicht zu hören, so sieht man, daß auch das erstere seine Anziehungskraft übte. Auch in der hellenistischen Periode waren die Werke der Dichter und Geschichtschreiber, wie überhaupt alle künstlerisch angelegten, weniger für das Lesen als für das Hören in mehr oder minder großen Versammlungen bestimmt[1]). Asinius Pollio führte die Sitte der Rezitationen[2]), d. h. Vorlesungen neuer Werke durch ihre Verfasser vor größeren, geladenen Kreisen, in Rom ein und kam damit ohne Zweifel einem allgemeinen Bedürfnisse entgegen. Das immer zunehmende Publikum, das sich für die neuesten Erzeugnisse der Literatur aufs lebhafteste interessierte, lernte diese so aus erster Hand und in unzweifelhaft authentischer Form kennen und befriedigte zugleich die natürliche Neugier nach der Person des Autors. Gleich willkommen war es natürlich für Schriftsteller und Dichter, sich dem Publikum persönlich vorzustellen, sich von der Wirkung ihrer Werke überzeugen, aus dem Urteil der Gebildeten Nutzen ziehen, vor allem den Beifall der Mitwelt unmittelbar und in möglichst reichem Maße genießen zu können, Vorteile, die ja auch in neuester Zeit das Vorlesen eigener Werke durch die Dichter wieder stark in Aufnahme gebracht haben. Doch tritt bei den modernen, gegen Eintrittsgeld stattfindenden Vorlesungen das Moment des Gelderwerbs hinzu, das bei den antiken Rezitationen völlig fehlt.

Ihr Überhandnehmen.

Daß die an und für sich so höchst zweckmäßige neue Sitte sehr bald ausartete, war unvermeidlich bei der Masse der Müßiggänger, denen jede neue Ausfüllung leerer Stunden sehr erwünscht war, bei der Menge der Dilettanten und Dichterlinge, die vor allem für ihre Eitelkeit Befriedigung suchten und die dem Dilettantismus eigentümliche Nachsicht und Gunst, die sie selbst übten, selbstverständlich auch von andern erwarteten. »Ich soll dir meine Epigramme vorlesen, Celer?« so lautet ein Epigramm Martials. »Ich habe keine Lust! Du wünschest nicht zu hören, sondern selbst zu lesen[3]).« Während Dilettanten wie der jüngere Plinius selbst in der heißesten Jahreszeit nicht müde wurden, Tag für Tag Rezitationen zu besuchen und Beifall zu spenden, litten wirkliche Dichter am meisten unter der je länger je mehr um sich greifenden Vorlesewut. Schon für Horaz war das Schrecklichste der Schrecken der Dichter in seiner Raserei; er wütet wie ein Bär, dem es gelungen ist, das Gitter seines Käfigs zu durchbrechen, Gelehrte und Ungelehrte jagt der bittere Vorleser in die Flucht, wen

1) Rohde, Griech. Roman³ S. 326f.; vgl. Norden, Kunstprosa I 4ff. 2) Lehrs, Populäre Aufsätze² S. 368ff. M. Hertz, Schriftsteller und Publikum in Rom, 1853. Th. Herwig, De recitatione poetarum apud Romanos, Diss. Marburg 1864. L. Valmaggi, Rivista di filol. XVI 1888 S. 65ff. 3) Martial. I 63.

er aber gepackt hat, den hält er fest und bringt ihn mit Lesen um, gleich dem Blutegel, der die Haut nicht losläßt, bis er sich vollgesogen hat. »Der Vorleser«, sagt Seneca, »bringt eine gewaltige Geschichte, sehr klein geschrieben, sehr enge zusammengefaltet, und wenn er einen großen Teil gelesen, sagt er: ich will aufhören, wenn es gewünscht wird. Der Zuruf: lies! lies! erschallt von seinen Zuhörern, welche doch wünschen, er möchte augenblicklich stumm werden.« Zu den Figuren des Petronischen Romans gehört ein alter, von der Wut des Improvisierens und Rezitierens besessener Dichter, der noch auf einem untergehenden Schiffe im Angesicht des Tods fortfährt, Verse zu brüllen und auf ein ungeheures Pergamentblatt zu schreiben. An allen belebten öffentlichen Orten, in Portiken, Bädern, Theatern beginnt er sofort seine Vorträge, wird aber überall durch Steinwürfe verjagt. Der Dichter mit seinem Manuskript, sagt Martial, sei furchtbarer und mehr gefürchtet als die Tigerin, der die Jungen geraubt sind, die giftigste Schlange und der Skorpion. Er hält sein Opfer auf der Straße fest, folgt ihm bis ins Bad, bis an den Tisch, bis in das geheime Gemach, weckt ihn aus dem Schlaf. Wo er sich sehen läßt, flieht alles, man meidet seine wohlbesetzte Tafel, wie der Sonnengott sich von der Mahlzeit des Thyest abwandte, um ihn entsteht eine weite Einsamkeit. Durch die Schauspiele des Amphitheaters, meint derselbe, befriedigte der Kaiser in noch höherem Grade die Ohren als die Augen des Publikums; denn solange sie dauerten, konnten die mit zuschauenden Dichter nicht vorlesen. Juvenal läßt seinen Freund Umbricius unter den Gründen, die ihn aus Rom vertreiben, außer den unaufhörlichen Bränden und Häusereinstürzen die Vorlesungen der Dichter im Monat August anführen; ihn selbst hat, wie er es in einem Ausbruch komischer Verzweiflung schildert, der Wunsch, sich für diese Qual zu rächen, zu dem Entschlusse gebracht, nun auch seinerseits das Papier nicht zu schonen, das ja doch sonst von andern verdorben würde, da es überall von Dichtern wimmele [1]).

Auftreten und Benehmen der Vorleser.

Wenn die Eitelkeit die Dichter verführte, die Geduld der Hörer durch die Länge und Häufigkeit ihrer Vorträge auf die Probe zu stellen, so verfielen sie überdies nur zu oft bei dem Streben, ihre Person und ihr Werk auf die vorteilhafteste Weise darzustellen, in schauspielerhafte Affektation aller Art. Eine Versuchung dazu lag schon in den hohen Ansprüchen, die an schönen Vortrag und angemessenes Gebärdenspiel gemacht, dem großen Wert, der auf beides wie auf andre Äußerlichkeiten gelegt wurde. Quintilian gibt für den angehenden Redner ausführliche Vorschriften über die Stimmbildung, über die erforderlichen Eigenschaften eines guten Organs, das die ganze Stufenleiter der Töne enthalten soll, über Vermeidung der höchsten und tiefsten Tonlagen sowie der Eintönigkeit; er warnt vor einem gesangartigen Vortrag, in den damals die meisten Redner verfielen, und behandelt ebenso ausführlich die Gestikulation und Gebärdensprache, die Tracht und die ganze äußere Erscheinung des Redners, für dessen Ausbildung er den Unterricht nicht nur eines Musikers, sondern auch eines Schauspielers empfiehlt [2]). Selbstverständlich galten alle diese oder entsprechende Regeln auch für den Vorleser. Als der jüngere Pli-

1) Horat. a. p. 472—476. Seneca ep. 95, 2. Petron. sat. 90. 91, 3. 115, 1 ff. Martial. III 44. 45. 50. IX 83. Juv. 3, 9; 1, 1 ff. 2) Quintilian. XI 3, 14 ff.; vgl. I 10, 22 ff. 11, 1 ff.

nius erfuhr, daß er schlecht Verse lese, beschloß er, seine Gedichte vor einem befreundeten Kreise von einem Freigelassenen vorlesen zu lassen, war jedoch im Zweifel, ob er selbst ganz wie unbeteiligt dabei sitzen oder, wie es manche machten, den Vortrag mit Gemurmel, Mienenspiel und Gestikulation begleiten solle: er glaubte aber, daß er ebenso schlecht gestikuliere wie lese, und bittet Sueton, ihm in dieser Verlegenheit Rat zu erteilen [1]). Die Affektation der Vorleser schildert Persius, wie sie in einer glänzend weißen Feiertagstoga, wohlfrisiert, einen Ring mit großem Edelstein am Finger, ihren erhöhten Sitz einnahmen und nun mit schmachtenden Blicken und Hin- und Herwenden des Halses ihren Vortrag begannen, in den schmelzendsten Tönen, deren die durch langes Solfeggieren wohlgeschmeidigte Kehle fähig war [2]); zuweilen erschienen sie mit einer wollenen Binde um den Hals, um die Stimme zu schonen oder eine Heiserkeit anzudeuten; in der Tat gaben sie dadurch zu erkennen, wie Martial meint, daß sie ebensowenig zu sprechen imstande waren wie zu schweigen [3]).

Beifalls-äußerungen.

Wie das Auftreten der Vorleser erinnerte auch der Beifall der Zuhörer an das Theater. Obwohl diese persönlich oder brieflich Eingeladenen größtenteils befreundet oder doch höflich genug waren, um reichlichen Beifall zu spenden, besonders wenn sie selbst schrieben und ein gleiches auch bei eignen Vorlesungen erwarteten, sorgten doch viele, vielleicht die meisten, noch für Verstärkung des Applauses durch gedungene Bravorufer und Klatscher; in Trajans Zeit geschah dies auch von Sachwaltern, doch mag die Unsitte in die Gerichtsverhandlungen erst aus den Rezitationen eingedrungen sein. Ein Gönner des Dichters stellte hier Freigelassene mit starken Stimmen zur Verfügung, die an geeigneten Stellen, namentlich an den Ecken der Bänke, ihre Plätze erhielten und auf ein von dem »Chordirektor« gegebenes Zeichen in lärmenden Beifall ausbrachen, oder es wurden applaudierende Zuhörer durch Geschenke, etwa eines getragenen Mantels, durch das Versprechen einer guten Mahlzeit (weshalb sie mit einem unübersetzbaren Wortspiel »Laodicener« genannt wurden, was im Lateinischen fast genau so klingt wie »Mahlzeitlober«), auch wohl geradezu durch Geld geworben. Wenn dieses in den Basiliken (wo die Gerichtsverhandlungen stattfanden) ganz öffentlich gezahlt wurde (Plinius erzählt, daß zwei seiner jüngeren Sklaven kürzlich für je drei Denare zu diesem Zwecke gemietet worden seien), so darf man es auch bei der Rezitation voraussetzen; die Preise werden sich nach der Fertigkeit in der Kunst des Applaudierens gerichtet haben, die sich unter anderm auch in der Modulation der Zurufe zeigte. So wurden also die Vorlesungen von den Zuhörern mit Händeklatschen, Akklamationen aller Art und Gebärden des Entzückens begleitet, man erhob sich, um dem Vortragenden zustimmende Bewunderung auszudrücken, und warf ihm Kußhände zu [4]).

Der jüngere Plinius über die Rezitationen.

Aber auch das lebhafteste Interesse, der beste Wille und die größte Höflichkeit reichten bei den meisten nicht aus, um die Qual unaufhörlicher, oft ganze Tage (und zwar in den heißesten Monaten Juli und August) [5]) füllender Vor-

1) Plin. ep. IX 34. 2) Persius 1, 15—18. 98; über *plasma* vgl. Quintil. I 8, 2. Prob. zu Verg. ecl. p. 328, 30 Hagen. 3) Martial VI 41; vgl. III 18. XIV 142. 4) Plin. ep. II 14, 4ff. Juven. 7, 43f. Sueton. Nero 20, 3. Horat. epist. I 19, 37f. 5) Plin. ep. VIII 21, 2. Juv. 3, 9.

lesungen immer mit guter Miene durchzumachen. Plinius, dessen Begeisterung für Literatur und Schriftstellerei keine Grenzen kannte, ermüdete freilich selbst nie und lehnte nicht leicht eine Einladung zu einer Vorlesung ab, aber er hatte betrübende Wahrnehmungen zu machen. »Dieses Jahr« (97), schreibt er, »hat eine reiche Dichterernte gebracht. Im ganzen Monat April verging fast kein Tag, ohne daß jemand las. Es ist mir eine Freude, daß die Wissenschaft blüht, die Geister sich hervortun und sehen lassen. Doch kommt man zum Hören träge zusammen. Die meisten sitzen auf nahen Posten, unterhalten sich und lassen sich von Zeit zu Zeit Botschaft bringen, ob der Vorleser schon eingetreten, ob er die Vorrede gesprochen, ob er schon ein großes Stück abgerollt; dann erst kommen sie und dann auch langsam und zögernd; und doch bleiben sie nicht durch, sondern gehen vor dem Ende fort, einige versteckt und heimlich, andre offen und ohne Umstände. Die größten Müßiggänger, wenn sie auch lange zuvor eingeladen und wiederholt erinnert sind, kommen entweder gar nicht, oder wenn sie kommen, klagen sie über den verlorenen Tag, eben weil sie ihn einmal nicht verloren haben. Um so mehr Lob und Billigung verdienen die, welche von dem Eifer des Schreibens und Vorlesens der Übermut und die Trägheit der Zuhörer nicht zurückschreckt [1].« Ein anderes Mal berichtet er einem Freunde mit großem Unwillen, daß kürzlich bei der Vorlesung eines ganz vortrefflichen Werks zwei oder drei wie stumm und taub dagesessen hätten. Welche Trägheit, Anmaßung, Unschicklichkeit, ja welche Verrücktheit, ruft er aus, den ganzen Tag damit zuzubringen, daß man jemanden beleidigt, daß man den als Feind verläßt, zu dem man als zu einem besonders Befreundeten gekommen ist [2].

Gewiß war die Regel Epictets nicht überflüssig, Einladungen zu Vorlesungen nicht unbedacht anzunehmen; habe man es aber getan, ihnen mit Würde und Ruhe beizuwohnen und keinen Anstoß zu geben [3]. Plinius war ein Muster in Beobachtung aller Rücksichten. Er erzählte, wie er nach einer Vorlesung an den jungen Dichter herantrat, ihn umarmte, ihm Lob spendete, ihn zum Beharren auf dem eingeschlagenen Wege ermunterte. »Auch die Familie, die Mutter, der Bruder des jungen Mannes waren zugegen: der letztere hatte durch seine innige und lebendige, erst ängstliche, dann freudige Teilnahme die allgemeine Aufmerksamkeit erregt; auch an sie wandte sich Plinius mit seinem Glückwunsche, und zu Hause angelangt, schrieb er eines jener zierlichen Briefchen über diese kleine Begebenheit, das die Kunde von dem glücklichen Erfolge des jungen Dichters auch auswärts verbreitete [4]«. Eine solche Vorlesung war für die literarischen Kreise das Ereignis, mit dem man sich in den nächsten Tagen beschäftigte, die weitere Verbreitung des so eingeführten Werks übernahm dann der Buchhandel.

Anwesenheit der Kaiser.

Bei der großen Bedeutung der Rezitationen für das literarische Leben Roms darf man annehmen, daß die Kaiser sie häufig mit ihrer Gegenwart beehrten, wie dies von Augustus bereits erwähnt ist [5]. Claudius ließ als Kaiser seine zahlreichen Werke durch einen Vorleser vortragen [6], Nero las bald nach seiner

1) Plin. ep. I 13. 2) ebd. VI 17, 2 f. 3) Epictet. Man. 33, 11. 4) Plin. ep. V 17, 4 f. Hertz a. a. O. S. 38. 5) Oben S. 217 6) Sueton. Claud. 41, 2.

Thronbesteigung seine Gedichte selbst im Theater [1]) vor, was so große Freude erregte, daß ein Dankfest beschlossen und die vorgelesenen Gedichte mit goldenen Buchstaben im kapitolinischen Juppitertempel angebracht wurden [2]). Auch Domitian ließ als Prinz sich öffentlich hören [3]). Seit dem 2. Jahrhundert scheinen die Vorlesungen besonders im Athenäum stattgefunden zu haben [4]), wo ein amphitheatralischer Raum dazu benutzt wurde [5]). Pertinax hatte am Tage seiner Ermordung die Absicht gehabt, sich dahin zu begeben, um einen Dichter zu hören [6]); Alexander Severus wohnte dort häufig den Vorträgen der griechischen und lateinischen Rhetoren und Dichter bei [7]).

Vorlesungen im Mittelalter und der neueren Zeit.

Übrigens haben auch im Mittelalter und selbst nach Erfindung der Buchdruckerkunst Dichter und Schriftsteller ihre Werke oft zuerst durch Vorlesungen bekannt gemacht. So las Giraldus Cambrensis 1200 nach seiner Rückkehr aus Irland seine Topographie dieser Insel öffentlich in Oxford vor. Die Rederijkskamers (poetische Korporationen der Niederlande) und die italienischen Akademien des 15., 16. und 17. Jahrhunderts bieten ebenfalls Analogien zu den altrömischen Rezitationen. Bojardo las seinen Verliebten Roland am Hofe von Ferrara vor, und Frau von Sévigné spricht von den Vorlesungen Racines und andrer klassischer Autoren [8]).

Dichterkrönungen —

Endlich wurde auch durch die Einführung der griechischen Sitte regelmäßig wiederkehrender poetischer Wettkämpfe in Rom den Dichtern die lockende Aussicht auf die früher unerhörte Ehre der Dichterkrönung eröffnet und damit dem poetischen Ehrgeiz ein ganz neuer Sporn gegeben. Für griechische Poesie bestand ein solcher Wettkampf bereits an den Augustalien in Neapel, die im Jahre 2 n. Chr. zu Ehren des Augustus gestiftet, in vierjährigen Perioden zunächst im August, später zur Erinnerung an den Geburtstag des Augustus am 23. September [9]) gefeiert und in der griechischen Welt zu den glänzendsten und berühmtesten Festspielen dieser Art gezählt wurden [10]). Claudius ließ hier ein griechisches Lustspiel seines Bruders Germanicus, dessen Andenken er auf jede Weise ehrte, aufführen und erteilte demselben nach dem Ausspruche der Richter den Preis [11]), er erschien dabei in griechischer Tracht [12]). Auch Statius erhielt hier einmal den Preis (einen Ährenkranz) [13]). In Rom war der erste poetische Wett-

1) Theater scheinen auch außerhalb Roms gewöhnlich zu Rezitationen benutzt worden zu sein. Petron. sat. 90, 5 *immo quoties theatrum, ut recitarem aliquid, intravi, hac me adventicia excipere frequentia solet.* Vorlesung eines *Ennianista* im Theater zu Puteoli Gell. XVIII 5, 2. Das sogenannte Auditorium des Mäcenas (Hülsen-Jordan, Topogr. I 3 S. 351 f.) ist weder ein Auditorium noch ein Theater. 2) Sueton. Nero 10, 2. 3) Sueton. Domitian. 2, 2. 4) Oben S. 206. Die Lage des Gebäudes ist unbekannt. Jordan, Topogr. I 2 S. 61 A. 62a. 5) Sidon. Apoll. epist. II 9, 4. IX 14, 2. 6) Hist. aug. Pertin. 11, 3. 7) ebd. Alex. Sever. 35, 2. 8) Mayor zu Juv. 3, 9 S. 181. 9) Bei Augustus Lebzeiten muß die Feier in den Anfang des August gefallen sein, denn der Kaiser wohnte ihr kurz vor seinem Tode (19. August) bei (Sueton. Aug. 98, 5). Aber eine griechische Papyrusurkunde vom 23. September 194 (Pap. Lond. 1178 = Wilcken, Chrestom. nr. 156 Z. 45f.) ist datiert ἐν Νεαπόλει τῆς Ἰταλίας ἐπὶ τῆς μ̄θ πενταετηρίδος [ἀγῶ]νος ἀγομένου τῶν μεγάλων Σεβαστῶν Ἰταλικῶν Ῥωμα[ί]ων. Die Verlegung auf den Geburtstag des Augustus ist wahrscheinlich unmittelbar nach dem Tode des Kaisers erfolgt. 10) Über diesen offiziell als Ἰταλικὰ Ῥωμαῖα Σεβαστά bezeichneten Agon s. Beloch, Campanien² S. 57 ff. F. Mie, Quaestiones agonisticae (Diss. Rostock 1888) S. 25 f. 43 ff., vgl. Wissowa, Relig. u. Kultus d. Römer² S. 341, 10. 11) Sueton. Claud. 11, 2. 12) Cass. Dio LX 6, 2. 13) Stat. silv. V 3, 225 *Chalcidicae Cerealia dona coronae;* an der Stelle II 2, 6 berechtigt das Wort *laetum* nicht zu der Annahme eines Sieges, vgl. Vollmer z. d. St.

kampf der Neronische, doch dieser war, wie bemerkt, nur zur Verherrlichung Neros bestimmt und ging für die römische Poesie so gut wie spurlos vorüber.

besonders die kapitolinischen.

Desto größere Bedeutung erlangte der von Domitian im Jahre 86 gestiftete kapitolinische Agon (Wettkampf)[1]), der ebenfalls in vierjährigen Perioden abgehalten wurde: die anfangs hierbei stattfindende Bewerbung um den Preis in griechischer und lateinischer Beredsamkeit (wobei das Lob des kapitolinischen Juppiter ein stehendes Thema war) ging bald ein. Dagegen der Preis für griechische und lateinische Poesie, der in seiner Art einzig war, blieb das höchste Ziel des dichterischen Ehrgeizes im ganzen römischen Reich, und die Hoffnung, diesen aus Eichenzweigen geflochtenen Kranz[2]) nach dem Ausspruche der Richter[3]) unter der lebhaftesten Teilnahme der Zuhörer aus der Hand des Kaisers[4]) zu empfangen, führte die talentvollsten Dichter aus fernen Provinzen über das Meer in die Hauptstadt. Im Fall des Mißlingens konnten sie sich damit trösten, daß man in Rom den Provinzialen den Preis nicht gönne; der Afrikaner P. Annius Florus, der in einem der ersten Agone mit einem Gedicht über den dacischen Triumph durchfiel, versichert, die Zuhörer hätten einmütig für ihn den Preis verlangt, der Kaiser aber ihn abgelehnt, damit nicht der Kranz des großen Juppiter an Afrika falle[5]). Natürlich war es in den literarischen Kreisen Roms ein Gegenstand häufiger Erörterungen, wer das nächste Mal den kapitolinischen Kranz erhalten werde[6]). Auch Statius bewarb sich um ihn vergebens[7]). Ein Collinus, der ihn im Jahre 86 erhalten zu haben scheint[8]), ist uns gar nicht, der Tragödiendichter Scaevus (oder Scaevius) Memor, der ihn ebenfalls noch unter Domitian erhielt (ein Bruder des Satirendichters Turnus), fast nur dem Namen nach bekannt[9]).

Q. Sulpicius Maximus.

Zu Rom ist das Grabdenkmal eines römischen Knaben (wie es scheint von freigelaßnen Eltern), Q. Sulpicius Maximus, entdeckt worden, der im Alter von noch nicht elfeinhalb Jahren starb: laut seiner Grabschrift im kapitolinischen Agon im Jahre 94 unter 52 griechischen Dichtern aufgetreten, hatte er »die Gunst, die er durch sein zartes Alter erregt, durch sein Genie zur Bewunderung gesteigert und war mit Ehren aus dem Kampf hervorgegangen«. Seine über das in der Rhetorenschule vermutlich öfter behandelte Thema: »Wie Zeus gesprochen habe, als er Helios schalt, weil dieser dem Phaethon den Wagen gab« improvisierten 43 griechischen Hexameter sind in das Monument eingehauen, »damit man nicht glaube, daß die Eltern bei ihrem Urteil durch ihre Liebe beeinflußt worden seien«; sie zeigen ein fleißiges Studium der griechischen Epik. Von zwei griechischen Epigrammen zum Lobe des Verstorbnen berichtet das eine, daß Krankheit und Erschöpfung ihn hingerafft haben, weil er Tag und Nacht seinen Geist den Musen hingab[10]). Im Jahre 106 erhielt den Preis, wie

1) Oben S. 150f. 2) Stat. silv. V 3, 231 *mixta quercus — oliva* (das letztere der Kranz im Agon Albanus). Martial. IV 1, 6. 54, 1. IX 23, 5. Juven. 6, 387 *Capitolinam — quercum.* 3) CIL IX 2860 (Inschrift von Histonium) = Dessau 5178 *Romae certamine sacro Iovis Capitolini lustro sexto — coronatus est inter poetas latinos omnibus sententiis iudicum.* 4) Martial. IV 1, 6: *perque manus tantas plurima quercus eat.* 5) P. Ann. Flor. p. 183 Roßb. 6) Martial. IX 35, 90. 7) Stat. silv. III 5, 31. V 3, 231ff., dazu Vollmer S. 19, 11. 8) Martial. IV 54. 9) Martial. XI 9, vgl. M. Hertz, De Scaevo Memore poeta tragico, Ind. lect. Breslau 1869. 10) C. L. Visconti, Il sepolcro del fanciullo Q. Sulpicio Massimo, Roma 1871. CIL VI 33976 = Dessau 5177. IG XIV 2012 = Kaibel, Epigr. gr. 618.

bemerkt[1]), nach einstimmigem Richterspruche der dreizehnjährige L. Valerius Pudens aus Histonium. Von den späteren Dichterkrönungen, obwohl diese wahrscheinlich regelmäßig in jedem vierten Jahre erfolgten und bis in die späteste Zeit des Altertums fortgesetzt wurden, wissen wir nichts.

Der Glanz und die Feierlichkeit der Festversammlnng, die Anwesenheit der höchsten Personen des Hofs und der Würdenträger der Monarchie, die Erteilung des Kranzes durch die Hand des Kaisers, die weltgeschichtliche Bedeutung des Orts — alles dieses vereinigte sich, um die Ehre der Dichterkrönung in ihrer Art zu einer einzigen und berauschenden zu machen. Die Erinnerung an sie erhielt sich im Mittelalter lebendig, und der Gebrauch wurde seit dem Ende des 13. Jahrhunderts in italienischen Städten erneuert, in Padua und Prato wurden Dichter schon vor Petrarca gekrönt, und Dante hoffte im Exil, dieser Ehre einst in der Kapelle St. Johann zu Florenz teilhaft zu werden. Petrarca, der in Vaucluse gleichzeitig von der Pariser Universität und dem römischen Senat die Aufforderung erhielt, den Lorbeerkranz öffentlich zu empfangen, entschied sich dafür, ihn in Rom »über der Asche der alten Sänger« zu nehmen. Am Ostersonntage des 8. April 1341 erfolgte seine feierliche Krönung auf dem Kapitol in dem Saale des Senats durch den Senator Ursus, worauf der Dichter in Prozession nach St. Peter zog und den empfangenen Lorbeer in Demut auf den Altar des Apostelfürsten niederlegte[2]). Die kapitolinischen Dichterkrönungen, welche die Akademie der Arkadier noch im 18. Jahrhundert an Bernardino Perfetti (1725) und der Dichterin Corilla (1776) vollzog, brachten die altehrwürdige Zeremonie in dauernden Verruf[3]).

Dichterkrönungen im Mittelalter.

Albanischer Wettkampf Domitians.

Neben dem kapitolinischen Wettkampf feierte Domitian noch einen andern jährlich am 19. März, dem Feste der von ihm besonders verehrten Minerva, auf seinem Landsitz bei Alba. Die Veranstaltungen und Anordnungen zu diesem Feste hatte ein durch Los zum Vorsitz bestimmtes Miedglied eines vom Kaiser gestifteten Kollegiums zu treffen; außer Bühnenspielen und prachtvollen Tierhetzen fanden auch hierbei Wettkämpfe von Rednern und Dichtern statt[4]). Statius erhielt hier (vor dem Jahre 94) für Gedichte auf die germanischen und dacischen Feldzüge den Preis, den goldenen Olivenkranz[5]), der aber selbstverständlich nicht so hoch geschätzt wurde wie der kapitolinische Kranz von natürlichem Eichenlaub. Ohne Zweifel hörte das Fest mit Domitians Tode auf. Über andre poetische Wettkämpfe[6]) in der späteren Zeit Roms, sowie über die Erneuerung des Neronischen durch den dritten Gordian und die poetischen Agone in den Städten Italiens und der Provinzen ist nichts Näheres bekannt; doch dürfte die Zahl der letzteren keine geringe gewesen sein. Bei Petron sagt

1) Oben S. 200. 2) Gregorovius, Gesch. d. St. Rom VI 207—216. Koerting, Petrarcas Leben u. Werke S. 155ff. Rodocanachi, Le Capitole Romain (1904) S. 24ff. 3) Rodocanachi a. a. O. S. 184ff. 4) Sueton. Domit. 4, 4. 5) Stat. silv. III 5, 28f. (wo A. Poliziano mit Recht *tu* für *ter* schreibt). IV 2, 65ff. 5, 22ff. V 3, 227ff.; vgl. Vollmer S. 19, 10. Martial. IX 23, 5f. an einen dort gekrönten Carus, der eine Büste Domitians mit diesem Kranz bekränzt hatte: *Albanae livere potest pia quercus olivae, cinxerit invictum quod prior illa caput.* 6) Den Schauplatz eines solchen bildete namentlich in Domitians Zeit vor Gründung des albanischen Wettkampfes nach v. Premerstein, Hermes XLIII 1908 S. 321ff. eine seit Claudius in kaiserlichem Besitze befindliche Villa an der Via Labicana, zu deren Überresten u. a. die Hermeninschrift IG XIV 1011 = Kaibel, Epigr. gr. 829 gehört und auf welche v. Premerstein die *Frontonis platani* des Juvenal 1, 12 bezieht.

Eumolpus, er sei ein Dichter, und zwar kein unbedeutender, »wenigstens wenn etwas auf die Kränze zu geben ist, welche freilich durch Gunst auch solchen zugewandt werden, die sie nicht verdienen«[1]). Ein römischer Ritter in Benevent wird in seiner Grabschrift »lateinischer Dichter, gekrönt bei dem Festspiele seiner Vaterstadt« genannt[2]). Daß bei dem pythischen Agon in Karthago neben Athleten und Musikern noch gegen Ende des 4. Jahrhunderts auch Dichter auftraten, kann nach Augustins Erwähnung seiner eigenen Dichterkrönung durch den Prokonsul nicht zweifelhaft sein[3]).

Unsichere äußere Lage der Dichter.

Es fehlte also den Dichtern in jenen Jahrhunderten weder an Gelegenheit, sich hören zu lassen und zu glänzen, noch an Teilnahme und Interesse, an Beifall, Ehre und Ruhm; alles dieses wurde ihnen vielleicht sogar in reicherem Maße zuteil als zu irgendeiner andern Zeit. Materielle Vorteile dagegen, namentlich ein Einkommen, gewährte die Poesie nicht, da die Buchhändler in einer Zeit, die noch keinen Rechtsschutz des literarischen Eigentums kannte[4]), im Ankauf von Manuskripten sehr zurückhaltend waren und natürlich in der Regel keine hohen Preise für sie zahlen konnten[5]). Auch die Befreiungen von städtischen Leistungen, die Lehrern und Ärzten gewährt wurden, erstreckten sich nach einem Reskript des Kaisers Philipp nicht auf die Dichter[6]). Ein reicher Dichter mochte freilich seine Gedichte im Selbstverlage herausgeben[7]) und sich mit dem Ruhme begnügen, wie Lucan, der in marmorprangenden Gärten auf seinen Lorbeeren ruhte[8]), oder der Konsul Silius Italicus, welcher der Poesie erst den Abend seines Lebens widmete, den er auf seinen mit zahlreichen Statuen und Büsten glänzend ausgestatteten Villen an der paradiesischen Küste Campaniens verbrachte[9]). Doch die Poesie nicht zum Schmucke, sondern zum Inhalte des Lebens zu machen, war für jeden, der sich nicht in einer gesicherten Lebensstellung befand, äußerst bedenklich.

1) Petron. sat. 83, 8. 2) CIL IX 1663 = Dessau 5179 *C. Concordius Syriacus, eq(ues) R(omanus), comm(entariensis) rei p(ublicae) Benevent(anae), munerarius bidui, poeta Latinus coronatus in mune(re) patriae suae et* (ein zweiter Ortsname ist ausgefallen). 3) Augustin. conf. IV 1, 1 erwähnt *contentiosa carmina et agonem coronarum faenearum*, woran er sich beteiligte. Das Anerbieten eines Haruspex, ihm in diesem *theatrici carminis certamen* den Sieg zu verschaffen, lehnte er ab, befragte dagegen einen Astrologen. Er erhielt den Preis durch den Prokonsul, *qui manu sua coronam illam agonisticam imposuerat non sano capiti meo* (ebd. 2, 3. 3, 5). 4) Dziatzko, Rhein. Mus. XLIX 1894 S. 559ff. zeigt, daß es weder Autor- noch Verlagsrecht im Altertume gab. 5) Das Zeugnis des Seneca de benef. VII 6, 1 *libros dicimus esse Ciceronis; eosdem Dorus librarius suos vocat, et utrumque verum est: alter illos tamquam auctor sibi, alter tamquam emptor asserit* geht freilich nicht auf den Ankauf des Originalmanuskripts durch den Verleger vom Autor. Aber trotz Dziatzko a. a. O. S. 566 kann die Tatsache, daß römische Schriftsteller am Erfolge ihrer Werke auch materiell interessiert waren, also Honorareinnahmen hatten, nicht in Abrede gestellt werden. Vgl. Immisch, Hermes XLVI 1911 S. 481, 2. Birt, Kritik u. Hermeneutik (1913) S. 315ff.; Rhein. Mus. LXXII 1917 S. 311ff.; Aus dem Leben der Antike (1918) S. 122ff. Nach Birt ging bei der Dedikation eines Werkes das Eigentum an den Empfänger der Widmung über, der dann die Sorge für die Veröffentlichung übernahm und zu diesem Zwecke seinerseits das Manuskript an einen Verleger verkaufte. 6) Cod. Just. X 53 (52), 3 *Imp. Philippus A. et Philippus C. Ulpiano: poetae nulla immunitatis praerogativa iuvantur.* 7) Der Vertrieb wurde in diesem Falle durch einen dafür bezahlten Vermittler (*mercennarius bibliopola* Sidon. Apoll. ep. II 8, 2) besorgt, der also den Erlös an den Verfasser abzuführen hatte. 8) Juv. 7, 79. 9) Plin. ep. III 7, 4ff. Martial. VII 63, 11: *emeritos Musis et Phoebo tradidit annos.*

Trotzdem war die Zahl derer, die das Bewußtsein eines wirklichen oder eingebildeten Talents auf diesen Weg führte, offenbar sehr groß, wie es bei der ungewöhnlichen Menge und Stärke der Anregungen und Versuchungen zur Poesie auch nicht anders sein konnte; aber ihr Glück zu machen gelang freilich den wenigsten, und die nüchternen, auf praktische Zwecke gerichteten Verächter dieser brotlosen Kunst konnten sich auf die armselige Lage der meisten Poeten und deren eigne Klagen berufen. Ovid konnte von der Poesie nicht lassen, trotz der Ermahnungen seines Vaters, eine so unnütze Beschäftigung aufzugeben, selbst Homer habe nichts hinterlassen[1]); aber obwohl er der Sorge für den Erwerb überhoben war, klagte er doch über das Los der Dichter. Einst, meinte er, in der guten alten Zeit des Ennius, war der Dichtername ehrwürdig und stand in hohem Ansehen, und reiche Schätze flossen den Dichtern zu; jetzt ist die Poesie in Mißachtung gesunken, und der Dienst der Muse wird als Müßiggang gescholten[2]).

Wenn diese Klage in der glänzendsten Zeit der römischen Poesie von einem der ersten und gefeiertsten Dichter erhoben werden konnte, so ist es klar, daß die altrömische Geringschätzung der Dichtkunst und der Dichter zu allen Zeiten eine große Verbreitung behielt. Auch in dem Dialoge des Tacitus wird diese Ansicht mit größerer Eindringlichkeit vorgetragen, als die Poesie gepriesen wird. Außer dem Ruhme wird dort als Glück der Dichter anerkannt, daß sie, dem sorgen-, drang- und schuldvollen Getriebe der Welt entrückt, ihr Leben in der Abgeschiedenheit der Natur, in der Einsamkeit der Wälder und Haine verbringen, ihr Geist sich in reine, unschuldige Räume flüchten, an heiligen Stätten leben darf[3]). Gerade nach der Lebensauffassung des Tacitus aber ziemte dem Manne diese Weltflucht nicht, wenn er auch der Poesie nicht so abgeneigt war wie ihr Gegner in seinem Dialog. Gedichte und Verse, läßt er den Gegner der Poesie sagen, verschaffen ihrem Urheber keinerlei Würde, bringen ihm keinen dauernden Nutzen: man erreicht damit ein kurzes Vergnügen, eitles und unfruchtbares Lob. Ja wenn der Dichter ein ganzes Jahr, in dem er manche Nacht durchwachte, mit der Vollendung eines Werks vollbracht hat, muß er noch obendrein umhergehen und bitten, daß es jemand anzuhören würdige, und das nicht einmal ohne Kosten: denn er muß ein Haus mieten, einen Hörsaal einrichten, Leihgeld für Bänke bezahlen und Einladungen herumtragen lassen: und wenn der glücklichste Erfolg seine Vorlesung krönt, so hat er seinen ganzen Lohn in einem oder zwei Tagen dahin; und alles, was er davonträgt, ist unbestimmter Beifall, leere Worte und eine kurze, momentane Freude. Selbst der Ruhm des Dichters ist ein geringer, die mittelmäßigen kennt niemand, die guten wenige, äußerst selten verbreitet sich der Ruf einer Vorlesung in der ganzen Stadt, geschweige denn in den Provinzen. Die wenigsten, die aus fernen Provinzen, wie Spanien und Kleinasien, nach Rom kommen, suchen selbst die berühmtesten Dichter auf, und wenn sie es tun, sind sie mit einer oberflächlichen Bekanntschaft zufrieden. Wie ganz anders ist in jeder Beziehung die Stellung eines hervorragenden Redners, ihm wird Reichtum, Ehre, Einfluß und Weltberühmtheit zuteil[4]). Jener Eumolpus Petrons, der sich rühmt, ein anerkannter

1) Ovid. Trist. IV 10, 21 f. 2) Ovid. a. a. III 403 ff. 3) Tac. dial. 12 f. 4) ebd. 9 f.

Dichter zu sein, antwortet auf die Frage, warum er so schlecht gekleidet sei: »Gerade deshalb[1]).« Auch Martial rät einem Freunde, den Helikon, der nur laute, aber unfruchtbare Bravorufe zu bieten habe, zu verlassen und sich dem Forum zuzuwenden: »dort klingt bares Geld, aber um unsere Bühnen und nichts einbringenden Sessel nur der Schall von Kußhänden«. Sah man Leute in dünnen Mänteln, so konnte man sicher sein, daß es die Ovide und Vergile des damaligen Rom waren: der rechtschaffene, gelehrte, liebenswürdige Mann ging frierend in einer braunen Kapuze einher, weil er den einen, aber freilich großen Fehler hatte, ein Dichter zu sein: wenn ein Sohn Verse machte, mochte der Vater sich nur von ihm lossagen[2]).

Juvenals Schilderung.

Am breitesten hat Juvenal die Not und das Elend des Dichterlebens geschildert. Bevor der Kaiser (Hadrian) den trauernden Camenen seine Huld zuwandte, war es in Rom schon so weit gekommen, daß bekannte und berühmte Dichter im Begriffe standen, zur Fristung ihres Lebens industrielle Unternehmungen der niedrigsten Art zu versuchen, eine Badestube in Gabii, einen Backofen in Rom zu pachten, oder Auktionatoren zu werden. Denn die Reichen waren nur mit ihrem Lobe freigebig; wenn ein Dichter einem reichen Gönner seine Verehrung darbrachte, erfuhr er, daß dieser selbst Verse mache und allein dem Homer wegen seines tausendjährigen Alters den Vorrang lassen müsse. Zu Luxusausgaben fehlte es ihnen nie an Geld, einen zahmen Löwen konnten sie füttern, aber für den Dichter hatten sie nichts übrig, als ob dieser einen größeren Magen hätte. Höchstens liehen sie ihm ein leerstehendes, lang verschlossen und verriegelt gewesenes Haus mit stockfleckigen Wänden zu einer Vorlesung, doch nicht einmal das Geld zur Bezahlung der aufzuschlagenden Bühne, zur Miete der Sessel und Bänke gaben sie her. Was nützte aber dem armen Dichter der größte Ruhm, wenn es eben nichts als Ruhm war? Selbst der gefeierte Statius hatte nichts zu essen, wenn er nicht dem Tänzer Paris ein noch unbekanntes Libretto zu einem Pantomimus Agaue mit einer dankbaren Hauptrolle verkaufen konnte. Und doch ließ das unheilbare chronische Übel des Schreibens so viele nicht los und alterte mit dem kranken Geiste, und die Dichter hörten nicht auf, beim Scheine der nächtlichen Lampe in kleiner Zelle erhabene Gedichte zu verfassen, um ihr mageres Gesicht in einer efeubekränzten Porträtbüste verewigt zu sehen. Aber wie war es möglich, daß der Geist sich zu poetischer Begeisterung aufschwang, während der Leib darbte und Tag und Nacht an die Befriedigung seiner Bedürfnisse mahnte? Große dichterische Anschauungen konnte der Geist nicht haben, den die Sorge um Anschaffung eines Betttuchs beunruhigte; selbst Vergils Phantasie würde erlahmt sein, wenn ihm ein Sklave zur Aufwartung und eine leidliche Wohnung gemangelt hätte: und man verlangte, daß ein Rubrenus Lappa sich zur Höhe des alten Kothurns erhebe, der, um sein Trauerspiel Atreus zu schreiben, sein Geschirr und seinen Mantel hatte verpfänden müssen. Der wahren Dichterweihe konnte doch nur ein von allen Erdensorgen befreites, ganz von Sehnsucht nach der Einsamkeit der Wälder, der Grotten und Quellen der Musen erfülltes Gemüt teilhaft werden. So verflossen die zum Erwerb durch Landwirtschaft, Seefahrt und Kriegsdienst ge-

1) Petron. sat. 83, 9. 2) Martial. I 76. III 38, 7ff. V 56, 7. X 76, 7ff.

eigneten Lebensjahre in eitlem Bemühen, ein Alter mit Nacktheit und Blöße kam heran, und der Dichter verwünschte nun trotz der erworbenen Wohlredenheit sich selbst und seine Muse. Einst war es anders, in der Zeit der Mäcenas, Cotta, Fabius brachte es vielen Gewinn, blaß auszusehen und selbst in der Karnevalszeit des Dezember nüchtern zu bleiben[1]). Die Blässe gehörte nämlich ebenso notwendig zur Erscheinung der Gelehrten überhaupt, besonders aber der Dichter, wie der Bart zu der des Philosophen[2]); als Oppianus übel aussah, sagt Martial, fing er an, Verse zu schreiben[3]).

Ihre Abhängigkeit von der Freigebigkeit der Reichen und Großen.

Doch die Schilderung Juvenals gibt, abgesehen davon, daß bei ihm überall die Farben zu stark aufgetragen sind, auch darum kein richtiges Bild, weil sie Not und Mangel als das unvermeidliche und ausschließliche Los der Dichter erscheinen läßt, wenn sie nicht Vermögen besaßen oder sich zu einem Erwerb entschließen konnten. Allerdings waren sie in diesem Falle wie in allen Zeiten, in denen literarische Produktion nicht unmittelbar verwertet werden kann, ganz und gar auf die Gunst und Freigebigkeit der Reichen und Mächtigen angewiesen. Aber diese wurden ihnen damals auch vielleicht in größerem Umfange zuteil als zu irgendeiner andern Zeit. Denn auch damals bestand noch die im ganzen griechischen und römischen Altertum allgemein verbreitete Ansicht, daß Reichtum, Adel und hohe Stellung große Verpflichtungen auferlege, und daß namentlich der Besitz eines großen Vermögens zu großen Leistungen verbinde, nicht bloß für öffentliche Zwecke, sondern auch zu reichlicher Mitteilung von dem eignen Überfluß an Ärmere[4]). Fürstliche Freigebigkeit wurde besonders von den Großen Roms erwartet, und wie hätte in einer Zeit, in der das Interesse für Poesie so lebhaft und allgemein war, diese nicht den Dichtern ganz besonders zugute kommen sollen? Allerdings wurde sie nicht mehr in der großartigen Weise geübt wie ehemals. Auch klagt der jüngere Plinius, daß die gute alte Sitte, Dichter, von denen man gelobt worden, mit Geld zu belohnen, allmählich in Abnahme gekommen sei; indessen er selbst beobachtete sie und glaubte ein für ihn ehrenvolles Gedicht Martials durch das Geschenk eines Reisegelds für den in seine Heimat zurückkehrenden Dichter erwidern zu müssen[5]), und auch sonst fehlte es Martial keineswegs an freigebigen Gönnern. Und selbst Juvenals Klagen über die Knauserei der Reichen zeigen doch, daß Unterstützung der Dichter nach wie vor gewissermaßen als eine ihrer Pflichten erschien, deren Vernachlässigung in literarischen Kreisen Unzufriedenheit erregte und ihnen üble Nachrede zuzog. Der Eintritt eines Dichters in das Klientelverhältnis zu einem der Großen vollzog sich gewöhnlich in der Form der Widmung eines oder mehrerer Werke an ihn, wodurch der Beschenkte sich moralisch verpflichtet fühlte, die Sorge für den Lebensunterhalt seines Schützlings ganz oder teilweise zu übernehmen und sich auch wohl um Veröffentlichung und Verbreitung seiner Werke zu bemühen[6]). Vielfach haben diese Gönner auch auf die Wahl der dichterischen Stoffe, die ihre Klienten wählten, eingewirkt[7]).

Die Gegenseitigkeit dieser Verhältnisse.

Auf der andern Seite waren die Dichter in diesen Verhältnissen keineswegs

1) Juv. 7, 1—7. 22—97. 2) Pers. prol. 4 *pallidamque Pirenen* mit dem Scholion: *pallidam autem ideo, quod poetae palleant scribendi lassitudine;* vgl. Pers. 1, 26. 124. 3, 85. 5, 62. Quintil. I 2, 18. VII 2, 14. Plin. n. h. XX 160. Mart. Cap. I 37. 3) Martial. VII 4. 4) S. unten [S. 377 ff.]. 5) Plin. ep. III 21, 2 f. 6) S. oben S. 233 Anm. 5. 7) Vgl. z. B. Verg. ecl. 6, 9 *non iniussa cano* (an Alfenus

nur die Empfangenden, sie konnten sogar das ihnen Gewährte mehr als vergelten; denn Ehre und Ruhm bei der Mitwelt, ewiges Gedächtnis und Unsterblichkeit des Namens bei den Nachkommen zählten die Menschen dieser Zeit, wie des Altertums überhaupt, zu den höchsten Gütern: und wer konnte dies in vollkommenerer Weise gewähren als die Dichter?[1]) Aber auch durch das ganze Leben wollten die Großen von der Poesie geleitet sein, vor allen andern Künsten sollte sie jeden bedeutenden Moment des Daseins erhöhen und verklären. Die Auffassung, daß auch der bevorzugtesten Existenz ohne diesen Schmuck etwas fehle, blieb verbreitet und verlor sich nie ganz, wenn sie auch allmählich selten wurde. Jn diesem Sinne bedurften die auf die Höhe des Lebens Gestellten der Dichter und waren im eignen Interesse gern bereit, sie sich zu verpflichten und an sich zu fesseln. Nur freilich lag es in der Natur der Sache, daß die Zahl der Gunst und Freigebigkeit suchenden Poeten immer unverhältnismäßig größer war als die der Großen, die das Dichterlob zu erkaufen wünschten.

Freigebigkeit der Kaiser gegen die Dichter.

Die Kaiser gingen auch hier mit ihrem Beispiele voran. Auch sie erwarteten und verlangten natürlich von den mitlebenden Dichtern vor allem die Verherrlichung ihrer Regierung und ihrer Taten, ihrer Person und ihres Hauses, ihrer Bauten und sonstigen großen Unternehmungen, Feste und Schauspiele, und forderten, wie namentlich auch Augustus, direkt dazu auf. Sicherlich hat jede Regierung ihre eigne, ausschließlich ihrer Verherrlichung gewidmete poetische Literatur gehabt. Schon zwei Jahre nach Trajans Thronbesteigung gab es (im Gegensatz zu den »weichlichen Lobgedichten auf Domitian«) »ernste Gedichte«, in denen er gefeiert wurde[2]). Ja die Verherrlichung des Kaisers galt so sehr als die natürlichste Aufgabe der Poesie, daß hervorragende, besonders epische Dichter, die in der Regel doch andre, hauptsächlich mythologische Stoffe als die unverfänglichsten wählten, nötig fanden, dies zu entschuldigen oder zu erklären: sie seien jener hohen Aufgabe überhaupt nicht oder jetzt noch nicht gewachsen, sie wollten es einst mit besserer Kraft versuchen usw.[3]). In der Tat hatte Statius, der sich im Eingange seiner Thebais sowie seiner Achilleis in dieser Weise äußert, bereits Gedichte über Domitians deutsche und dacische Kriege verfaßt, doch vermutlich waren sie kurz gewesen[4]). Schon die Dichter der Augusteischen Zeit meinten solche Erklärungen abgeben zu müssen. Vergil sagt in seinem Gedicht über den Landbau, er wolle nach dessen Beendigung sich gürten zum Gesang tobender Kämpfe und des Kaisers Ruhm den spätesten Geschlechtern verkünden. Ich würde die Kriege des Kaisers besingen, sagt Properz, Mutina, Philippi, den sicilischen, perusinischen und alexandrinischen Krieg, sowie den actischen Triumph, wenn ich es vermöchte[5]). Und noch dreihundert Jahre später verspricht Nemesianus im Eingange seines Lehrgedichts über die Jagd, einst »mit besserer Lyra« die Triumphe der Söhne des Carus zu besingen[6]). Noch Julian der Abtrünnige sagt in seiner Lobrede auf den Kaiser

Varus). 8, 9f. *accipe iussis carmina coepta tuis* (an Asinius Pollio); Georg. III 40f. *interea Dryadum silvas saltusqe sequamur intactos, tua, Maecenas, haud mollia iussa.*

1) Cic. pro Archia 20. 28ff. Horat. carm. IV 8, 11ff. 2) Plin. paneg. 54, 2. 3) Stat. Theb. I 17—33; Achill. I 18f., vgl. silv. IV 4, 94ff. 4) Oben S. 232. 5) Vergil. Georg. III 46ff. Propert. II 1, 25ff. Horat. ep. II 1, 250ff.; c. IV 15, 1ff. Norden, N. Jahrb. f. klass. Altert. VII (1901) S. 315f. 6) Nemesian. Cyneg. 63ff.

Constantius, daß alle, die sich mit Literatur befassen, ihn in Vers und Prosa preisen, und daß das Lob seiner Taten den Dichtern besonders leicht falle[1]).

Aber auch abgesehen von dem Ruhme, den sie erwarteten, erkannten die Kaiser offenbar in der Regel für sich eine gewisse Verpflichtung an, ihr Interesse an der Poesie auch durch Unterstützungen und Ehrengaben an hervorragende Dichter zu betätigen, und man war gewohnt, sie als die natürlichsten höchsten Gönner, Förderer und Beschützer der Poesie und der Poeten anzusehen, daher sich diese mit ihren Dedikationen und Huldigungen vor allen an sie wandten. Dabei verdient bemerkt zu werden, daß, während Rhetoren öfters zu einträglichen und einflußreichen Ämtern erhoben wurden, von einer solchen Beförderung und Versorgung eines Dichters kein einziges Beispiel bekannt ist. Vielmehr waren bedeutende Geldgeschenke offenbar das Gewöhnlichste.

Augustus. Welche Ansprüche und Erwartungen das so entschieden kundgegebene Interesse des Augustus für die neu aufblühende Poesie in der damaligen Dichterwelt erregte, würden wir uns auch ohne die Äußerung des Horaz vorstellen können: schon sei die Hoffnung allgemein, es werde dahin kommen, daß es für Augustus nur der Nachricht bedürfe, man widme sich der Poesie, um ihn sofort zur Gewährung eines ausreichenden Unterhalts und zu der Aufforderung zu veranlassen, man möge nur ja fortfahren[2]). Nach einer Anekdote darf man sich die Zudringlichkeit und die Unverblümtheit der Gesuche der ihn mit Widmungen und Huldigungen bestürmenden Dichter groß genug vorstellen. Ein Grieche überreichte ihm einmal mehrere Tage hintereinander, wenn er aus dem Palatium heraustrat, kleine schmeichelhafte Gedichte, ohne daß Augustus darauf zu achten schien: als er denselben wieder auf sich zukommen sah, schrieb er selbst einige Verse auf und ließ sie ihm durch einen aus seinem Gefolge überreichen. Der Grieche las sie, drückte mit Mienen und Gebärden die höchste Bewunderung aus, dann näherte er sich der Sänfte des Augustus und überreichte ihm einige Denare mit dem Bedauern, daß ihm seine Mittel nicht mehr zu geben erlaubten: dieser Einfall trug ihm ein Geschenk von 100000 Sest. (21750 Mark) ein[3]).

Augustus bewährte, wie Horaz rühmt, auch bei seinen Spenden an die Dichter die Feinheit und Sicherheit seines Urteils, vor allem gereichten ihm die Vergil und Varius gewährten fürstlichen Geschenke zum Ruhm. Dieser hatte für seinen bei den Schauspielen zur Feier des actischen Triumphs aufgeführten Thyest eine Million Sest. (217500 Mark) erhalten[4]); Vergil wurde namentlich für das sechste Buch der Äneide, welche das Haus der Cäsaren verherrlicht, reich belohnt und soll zehn Millionen hinterlassen haben[5]). Horaz, dem im Leben eine bescheidene Verborgenheit über alles ging, hatte sich der Anerbietungen des Augustus förmlich zu erwehren, ihm wäre Reichtum und Glanz vor allen andern zugefallen, wenn er nicht beides verschmäht hätte; sterbend setzte er Augustus zu seinem Erben ein[6]).

Die späteren Kaiser. Daß auch die Freigebigkeit der späteren Kaiser von den Dichtern in der Regel in großem Umfange in Anspruch genommen wurde, darf man um so mehr annehmen, als fast alle Dichter dieser Zeit sich in Dedikationen oder ge-

1) Julian. orat. 1 p. 2 D. 2) Horat. ep. II 1, 226—228. 3) Macrob. Sat. II 4, 31. 4) Didaskalie bei Schneidewin, Rhein. Mus. I 1842 S. 107. Mommsen, Ges. Schrift. VII 218. 5) Donat. vit. Verg. p. 3, 40ff. Brummer; vgl. Serv. Aen. VI 861. 6) Sueton. vit. Horat. p. 6, 3ff. 8, 5 Vollm.

legentlichen schmeichelhaften Anreden und Erwähnungen an die Kaiser wenden; so daß also auch bei den nicht eigentlich zu der (sicherlich ungeheuer massenhaften) panegyrischen Fest- und Gelegenheitspoesie[1]) gehörigen Gedichten meist von vornherein eine Überreichung an die Kaiser, wenn nicht geradezu beabsichtigt, doch in Aussicht genommen war. Eine Probe der von bedürftigen Poeten an die Kaiser gerichteten Huldigungen geben z. B. die Eclogen des Calpurnius. Zwar hatte der Dichter einen Gönner (»Meliböus«, vielleicht C. Calpurnius Piso † 65) gefunden, der selbst Dichter war; dieser schützte ihn vor Mangel und enthob ihn der Notwendigkeit, Rom mit der Provinz (Bätica) zu vertauschen. Aber immer klagt er noch über Armut, die ihn zwinge, an den Erwerb zu denken, und hindere, so Gutes zu leisten, wie er wohl vermöchte. Meliböus möge seine Gedichte dem Kaiser überreichen und ihm so das werden, was Mäcen dem Vergil war: er habe ja Zutritt zu den »heiligen Gemächern« des Kaisers, »des palatinischen Phöbus« (Nero). Diesen, der eben erst den Thron bestiegen hatte, läßt der Dichter von dem Gotte Faunus preisen und durch den Wechselgesange der Hirten feiern. Ihn betet die ganze Erde, alle Völker an, ihn lieben die Götter, mit seiner Regierung ist ein neues goldenes Zeitalter angebrochen, er ist ein vom Himmel gesandter Gott in Menschengestalt usw. Ein andres Gedicht beschreibt ein prachtvolles Schauspiel, das »der jugendliche Gott« in dem im J. 57 erbauten hölzernen Amphitheater gegeben hatte[2]).

Daß die Kaiser die ihnen gewidmeten Poesien in der Tat nicht unbelohnt ließen, geht aus manchen, wenn auch vereinzelten gelegentlichen Nachrichten hervor. Tiberius belohnte den Ritter Clutorius Priscus glänzend für eine Elegie auf den Tod des Germanicus, die allgemeinen Beifall fand. Als nun im Jahre 21 Tiberius Sohn Drusus erkrankte, verfaßte der Dichter, in der Hoffnung einer neuen Belohnung, für den Fall seines Todes im voraus ein neues Trauergedicht und ließ sich verleiten, es in einem großen Kreise vornehmer Frauen vorzulesen; er wurde denunziert und vom Senat wegen Majestätsverletzung zum Tode verurteilt[3]). Auch Claudius muß gegen die Dichter freigebig gewesen sein, da die »neuen Dichter« seinen Tod betrauerten[4]). In einem Epigramm eines in Rom lebenden griechischen Dichters heißt es: »Hätte nicht bares Geld mir der Kaiser Nero gegeben, übel, ihr Töchter des Zeus, Musen, erging' es mir dann[5]).« Vespasian unterstützte hervorragende Dichter reichlich, namentlich erhielt der bedürftige Salejus Bassus ein Geschenk von 500000 Sest. (108750 Mark)[6]). Juvenal begrüßt den eben auf den Thron gelangten Kaiser Hadrian als die einzige Hoffnung der Dichter: er allein beschützt noch in dieser Zeit, wo sie von andern Seiten Gunst und Unterstützung nicht zu erwarten haben, die trauernden Musen, er wird nicht zulassen, daß ein Dichter in Zukunft auf eine seiner unwürdige

1) Hist. aug. Alex. Sev. 35, 1 *poetae panegyricos dicentes;* Gallien. 11, 7 *cum omnes poetae Graeci Latinique epithalamia dixissent, idque per dies plurimos.* 2) Calpurn. ecl. 4, 5ff. 1, 42ff. 7, 23ff., dazu Haupt, Opusc. I 384ff. Vgl. das Lob Neros in den sog. Carmina Einsiedlensia Anth. Lat. 725. 726 R. Buecheler, Rhein. Mus. XXVI 1871 S. 235ff. 491ff. St. Lösch, Die Einsiedler Gedichte, Diss. Tübingen 1909. 3) Tac. A. III 49—51. Cass. Dio LVII 20, 3. Daß derselbe Mann auch der Verfasser des erhaltenen Trostgedichtes an Livia über den Tod des älteren Drusus sei, ist ein ganz haltloser Einfall von A. v. Domaszewski, Zeitgeschichte bei röm. Elegikern (Sitz. Ber. Akad. Heidelberg 1919, Abh. 2) S. 14. 4) Seneca apocol. 12, 3 v.2 5. 5) Lucillius Anth. Pal. IX 572, 7f. 6) Sueton. Vespas. 18. Tac. dial. 9, 10.

Weise für das Brot sorgen und arbeiten müsse; möge seine Huld und Gnade, die nach würdigen Gegenständen umherblickt, für jüngere Talente ein Sporn sein[1]). Der griechische Dichter Oppianus soll von dem Kaiser (Marc Aurel) für jeden Vers seiner vorgelesenen Gedichte ein Goldstück erhalten haben[2]).

Freigebigkeit der Großen. Mäcenas.

Nächst den Kaisern, die auch bei der größten Freigebigkeit doch nur einen geringen Teil der an sie gerichteten Wünsche und Bitten befriedigen konnten, waren es, wie gesagt, die Großen Roms, von denen die Dichter Schutz und Unterstützung erwarteten und erhielten. Doch unter all diesen Gönnern der Poesie kam keiner Mäcenas gleich, dessen Bedeutung als Diplomat, Staatsmann und Mitbegründer der neuen Ordnung schon für die nächste Generation hinter dem Ruhm zurücktrat, der edelste Beschützer der Dichter gewesen zu sein. Dazu mag außer dem einstimmigen, begeisterten Preise der bedeutendsten Dichter jener Zeit auch der Umstand beigetragen haben, daß Mäcenas in seinem späteren Alter, wo er nach Tacitus mehr den Schein des fürstlichen Vertrauens als eigentliche Macht besaß, in seiner Zurückgezogenheit von den Geschäften sein Interesse vermutlich in der Tat vorzugsweise der Literatur zuwenden konnte[3]).

Mit bewundernswerter Sicherheit des Takts erkannte er in der Masse der Poeten die wirklich bedeutenden Talente, zum Teil lange vor ihrer Entfaltung, heraus, was in jener Zeit des wuchernden poetischen Dilettantismus an und für sich nicht leicht war und noch schwerer wurde, seit man wußte, daß poetische Begabung ein Mittel sei, die Gunst des mächtigen Manns zu gewinnen. Die Zahl derer, die sich in dieser Absicht mit größerer oder geringerer Berechtigung den Dichternamen beilegten, muß groß gewesen sein, wenn selbst die plumpe, zudringliche Gemeinheit sich dieses Mittels bedienen zu müssen glaubte; wenn Menschen sich an ihn drängten, die zu ihrer Empfehlung sich rühmten, niemand könne schneller oder mehr Verse schreiben als sie[4]). Mäcenas wählte seine Freunde und Gesellschafter ohne Rücksicht auf Geburt, Rang und äußere Verhältnisse, aber er sah auch nicht auf Talent und Bildung allein; er wußte nicht bloß unlautere, sondern auch störende Elemente fernzuhalten. Es gab, so sagt Horaz, kein reineres, kein von Ränken freieres Haus in Rom; jeder hatte seinen Platz, und keiner suchte den andern zu verdrängen[5]). Der Zutritt war darum nicht leicht. Horaz, der nach der Schlacht bei Philippi sich auf sein Talent angewiesen sah und, wie er sagt, durch die Not dreist genug wurde, um Verschen zu machen, wurde Mäcen durch Vergil und Varius empfohlen, diese lautersten Seelen, deren Freundschaft ihm über alles ging. Die erste Vorstellung war kurz; der damals etwa im sechsundzwanzigsten Jahre stehende Dichter war so befangen, daß er sich nur stockend über seine Verhältnisse äußern konnte, Mäcen sprach überhaupt wenig. Schon glaubte Horaz sich vergessen, als er nach drei Vierteljahren die Aufforderung erhielt, in ein vertrauliches Verhältnis zu Mäcen zu treten, das von da ab bis an den fast gleichzeitigen Tod beider über 30 Jahre ungestört dauerte[6]). Mäcen gab dem Dichter so viel und mehr, als er bedurfte[7]), eine sorgenfreie Lage und ein Fleckchen in reizender Einsamkeit mit Garten, Quelle und Wald, sein »süßes Versteck« im Sabinergebirge:

Sein Verhältnis zu Horaz.

1) Juv. 7, 1—21. 2) Vit. Oppian. p. 64, 18. 66, 22 Westerm. Suid. s. Ὀππιανός. 3) Tac. A. III 30. XIV 53. 55. 4) Horat. s. I 9, 23 f. 5) ebd. I 9, 48—52. 6) ebd. I 6, 49 ff.; vgl. I 5, 40 ff. 7) Hor. epod. 1, 31 f.

und was er gab, gab er in der zartesten Weise. Und wenn in späteren Jahren der immer kränkelnde (namentlich an Schlaflosigkeit leidende), oft von trüben Stimmungen heimgesuchte Mann an Horaz, dessen Gesellschaft er so wenig wie möglich entbehren wollte, zu große Ansprüche machte, konnte dieser sie bei aller Feinheit und Herzlichkeit doch sehr unumwunden ablehnen, ohne daß Mäcen zürnte[1]): noch in seinem Testament richtete er an Augustus die Bitte: »des Horatius Flaccus sei wie meiner selbst eingedenk!«[2]) Offenbar stand ihm Horaz unter den Dichtern jener Zeit am nächsten; doch alle, die er an sich zog, fesselte er nicht bloß durch Geist, Feinheit der Bildung und lebendige, anregende Teilnahme an ihren Arbeiten, sondern wohl nicht am wenigsten durch die Meisterschaft in der Kunst, die auch in neueren Zeiten die Großen Italiens vor denen anderer Länder besessen haben, mit geistig bedeutenden Menschen auf gleichem Fuße zu verkehren. So war er wie kein anderer geeignet, der Mittelpunkt eines aus dem höchsten geistigen Adel seiner Zeit gebildeten Kreises zu sein. Wie manche Paläste sich später auch den Dichtern öffneten, eine so glänzende Versammlung sah keiner mehr; aber keiner bot auch wieder denselben gastlichen Empfang wie das Haus Mäcens, das in imponierender Masse mitten in weiten Park- und Gartenanlagen auf der Höhe des Esquilin emporragte und aus seinen oberen Stockwerken einen weiten, reichen Blick auf das Getümmel der Stadt, auf die Campagna und das Gebirge, auf Tibur, Aefulae und Tusculum gewährte[3]). Dort erhob sich später der Grabhügel Mäcens und daneben der des Horaz. Nach Mäcens Tode ging Garten und Palast in kaiserlichen Besitz über (Nero sah aus seinen Fenstern dem Brande von Rom im Jahre 64 zu), später in den des Fronto[4]).

Klientelstellung der späteren Dichter zu ihren Gönnern.

Wenn die Stellung der Dichter zu ihren vornehmen Beschützern später in der Regel eine Klientenstellung war, so lag dies zwar zum Teil daran, daß, je mehr der Glanz dieses unvergleichlichen Blütenalters der römischen Poesie erblaßte, auch die edle Würdigung dichterischer Größe, die zur Signatur der Augusteischen Periode gehört, sich in den hohen Kreisen verlor. Aber einen großen Teil der Schuld trugen ohne Zweifel die Dichter selbst, denen bei aller Selbstüberschätzung doch das sicher machende Gefühl des eignen Werts sowie das Selbstgefühl der Männer fehlte, »die noch die Republik gesehen hatten«; jenes Selbstgefühl, das der arme Sohn des Freigelassenen von Venusia seinem mächtigen, von etruskischen Fürstengeschlechtern stammenden Wohltäter gegenüber zu behaupten wußte. Daß dies freilich auch schon damals mittelmäßigen und von Armut gedrückten Poeten fehlte, beweist, wenn es des Beweises bedürfte, das Lobgedicht eines Ungenannten auf Messalla, ein aus Phrasen zusammengestoppeltes, dürftiges, mit mythologischer oder sonstiger Schülergelehrsamkeit überladenes, stellenweise bis zur Albernheit geschmackloses Machwerk, das dennoch der Aufbewahrung in der unter Tibulls Namen vereinigten Sammlung für wert gehalten worden ist. Der Dichter bittet, mit seinem guten Willen vorlieb zu nehmen, er sei sich seiner schwachen Kräfte, der Mangelhaftigkeit seines Gedichts wohl bewußt. Er war, wie er sagt, einst wohlhabend gewesen, dann

Das Lobgedicht auf Messalla.

1) Hor. epist. I 7. 2) Sueton. vit. Horat. p. 6, 1 Vollm. 3) Horat. c. III 29, 6ff. Hülsen-Jordan, Topogr. I 3 S. 346f. Über die Lage von Aefulae A. Rosenberg, Hermes LIV 1919 S. 133f. 4) Fronto ad M. Caes. I 8 p. 23 N., vgl. Schol. Juv. 1, 12. Hertz, Renaissance und Rokoko S. 5ff.

verarmt, und stellt sich nun seinem Gönner ganz zur Verfügung; wenn Messalla sich auch nur ein wenig um ihn kümmern wolle, werde dies für ihn ebensoviel Wert haben wie das Gold Lydiens und der Ruhm Homers. Wenn dem Gepriesenen seine Verse auch nur zuweilen auf die Lippen kommen, solle ihn das Schicksal nie abhalten, dessen Lob zu singen; aber er sei bereit, noch mehr zu tun, für Messalla wolle er selbst durch die reißenden Fluten des Meers schreiten, sich allein dichten Reitergeschwadern entgegenstellen und seinen Leib den Flammen des Ätna anvertrauen[1]).

Das Lobgedicht auf Piso.

Um die Mitte des 1. Jahrhunderts war unter den großen Häusern Roms das vornehmste und glänzendste das jenes Piso, der sich an die Spitze einer Verschwörung gegen Nero stellte, die ihn auf den Thron erheben sollte, ihm aber in der Tat den Tod brachte (65 n. Chr.); seine fürstliche Freigebigkeit scheint er ganz besonders auch den Dichtern zugewandt zu haben[2]). Denn er selbst war der Poesie nicht fremd, die Verse flossen ihm, wie in einem Lobgedichte auf ihn gerühmt wird, leicht[3]), auch die Kithara spielte er meisterhaft[4]), sein ganzes Haus »ertönte von den mannigfachen Leistungen der Bewohner«, alles trieb dort Kunst und Wissenschaft. Das recht leidliche Gedicht, mit dem ein noch sehr junger Poet sich bei Piso einführen wollte, gibt eine nicht uninteressante Probe dieser Klientenpoesie. Zuerst wird der Ruhm des Geschlechts gepriesen, dann die Trefflichkeit des jetzigen Herrn, vor allem seine Beredsamkeit, die ihm bereits zuteil gewordene Ehre des Konsulats hervorgehoben; seine edle Erscheinung, sein lauterer Sinn, seine Freigebigkeit und Leutseligkeit gerühmt, ferner seine feine Bildung, sein Talent für Poesie und Musik, seine Kunst im Fechten, Ball- und Brettspiel: eine Schilderung, die im wesentlichen mit der von Tacitus gegebenen durchaus übereinstimmt. Am Schluß erklärt der Dichter, um nichts zu bitten, als daß Piso ihn der Aufnahme in sein Haus würdigen möge; denn ihn erfülle nicht Gier nach Gold, sondern nur Ruhmliebe. Er werde glücklich sein, wenn er sein Leben mit Piso verbringen und seine Gedichte mit dessen Tugenden wetteifern lassen dürfe; wolle Piso ihm die Bahn des Ruhms eröffnen, ihn aus dem Dunkel hervorziehen, so werde er hoch emporsteigen. Selbst Vergil würde vielleicht ohne einen Beschützer wie Mäcenas unbekannt geblieben sein: und Mäcenas begnügte sich nicht damit, dem einen sein Haus zu öffnen, er begründete auch den Ruhm des Varius und Horaz, unter seinem Schutz hatten die Dichter niemals ein darbendes Alter zu fürchten. Wolle Piso die Wünsche des Dichters erhören, so werde dieser ihn in wohlgerundeten Versen als seinen Mäcen besingen: er vermöge wohl einen Namen der Ewigkeit zu überliefern, wenn es erlaubt sei, etwas der Art zu versprechen. Er fühle den Mut und die Kraft, Größeres zu leisten, nur möge Piso dem Schwimmenden die Hand reichen, ihn aus der Verborgenheit emporziehen, in der seine niedere Geburt und Dürftigkeit ihn halte. Sein Geist sei stärker, als man es bei seinen Jahren erachten

1) Ps.-Tibull. IV 1, 1—8. 16f. 177ff. Nicht sehr viel höher steht die in die Sammlung von Vergils Catalepton (9) aufgenommene elegische Verherrlichung Messallas, vgl. W. Kroll, N. Jahrb. f. d. kl. Altert. XXI 1908 S. 528ff. P. Sommer, De Vergilii Maronis Catalepton carminibus (Diss. Halle 1910) S. 37ff. 2) Vgl. oben I 125. 3) Laus Pison. 163ff. Eine beachtenswerte Vermutung sucht in Piso den Verfasser der anonym überlieferten Einsiedler Gedichte (oben S. 239 A. 2), Groag, Real-Encykl. III 1379. 4) Vgl. oben S. 186f.

könne, da ihm eben der erste Flaum die Wangen bedecke und er noch nicht den zwanzigsten Sommer erlebt habe[1]).

Verschlechterung der Lage der Dichter nach Neros Zeit.

Nach Nero änderte sich mit der Stellung der Aristokratie auch die der von ihr abhängigen Dichter, und zwar zu deren Nachteil. Manche von den großen Familien hatten sich durch Prunk und Verschwendung zugrunde gerichtet, andre waren dem Argwohn, dem Haß oder der Habgier des kaiserlichen Despotismus zum Opfer gefallen. Mit Vespasian kamen in Rom neue Männer aus den Städten Italiens und den Provinzen herauf, die ihre aus den früheren engeren Verhältnissen mitgebrachten Lebensgewohnheiten beibehielten, und Vespasian ging mit dem Beispiel der haushälterischen Sparsamkeit voran; unter Domitian war überdies die Entfaltung von Glanz und Freigebigkeit und der Verdacht, nach einer ausgebreiteten Klientel zu streben, für die Angehörigen der ersten Kreise überaus gefährlich. So hatten die damaligen Dichter allerdings Grund, die gute Zeit nicht nur des Mäcenas, sondern auch der Seneca und Piso zurück zu wünschen. Als Martial um 63 als junger Mann nach Rom kam, stand ihm die von Ahnenbildern erfüllte Halle der Pisonen und die drei Häuser seiner Landsleute, der drei Seneca (des Philosophen, des Junius Gallio, des Annäus Mela, Vaters des Lucan), offen[2]). Alle diese fielen in den Jahren 65 und 66, und von der großen Familie der Seneca war gegen Ende des Jahrhunderts die einzige Überlebende die Witwe Lucans, Argentaria Polla, die Martial noch im Jahre 96 durch die Anrede »Königin« als seine Patronin bezeichnet[3]). Unter Domitian gab es solche Gönner der Literatur, wie die Piso und Seneca, wie Vibius Crispus (cons. suff. unter Nero) und Memmius Regulus (Konsul 63)[4]) nicht mehr: wenigstens sehen wir die beiden hervorragendsten Dichter, Martial und Statius, sich um die Gunst einer großen Anzahl von Personen bemühen, ohne doch erlangen zu können, was früher ein einziger gewährt hatte.

Bemühungen Martials um Gönnerschaften —

Zum Hofe hatte Martial mindestens schon unter Titus in Beziehung gestanden, von ihm hatte er die Privilegien der Väter von drei Kindern erhalten, die Domitian bestätigte[5]); auch war er (vielleicht schon von Titus) durch Verleihung des Titulartribunats in den Ritterstand erhoben worden[6]). Wenn wir seinen Worten[7]) Glauben schenken, so reichte sein Fürwort hin, um mehreren Petenten das Bürgerrecht zu verschaffen, aber auf die von ihm in den höchsten Tönen gepriesene[8]) Ehre, zur kaiserlichen Tafel eingeladen zu werden, hat er allem Anscheine nach vergebens gewartet, und ein Gesuch um einige tausend Sesterzen lehnte der Kaiser, wenn auch nicht ungnädig, ab[9]). Überhaupt scheint er von

1) Das Gedicht *de laude Pisonis* bei Baehrens PLM I 225ff.; Haupts Hypothese (Opusc. I 391 f.), daß der Verfasser kein anderer als der Eclogendichter Calpurnius (oben S. 239) sei, wird von Skutsch (Real-Encykl. III 1404 f.) gestützt. 2) Martial. IV 40. 3) ebd. X 64, 1. VII 21—23. Sie hat später wieder, und zwar abermals einen Dichter geheiratet, Sidon. Apoll. carm. 23, 165: *quid quos duplicibus iugata taedis Argentaria Polla dat* (überlief. *pallidat*) *poetas?* In der Zeit, wo Martial sie ansang, kann sie aber noch nicht wiedervermählt gewesen sein. 4) Martial. XII 36, 8f. 5) Martial. I 101, 1 f. (von einem im Alter von 19 Jahren verstorbenen Sklaven): *illa manus quondam studiorum fida meorum et felix domino notaque Caesaribus*, d. h. doch wohl: Titus und Domitian. Diese sind dann auch zu verstehen III 95, 5: *praemia laudato tribuit mihi Caesar uterque, natorumque dedit iura paterna trium.* Ebenso IX 97, 5: *tribuit quod Caesar uterque ius mihi natorum.* Die Bestätigung erbittet er von Domitian II 91, 5: *permitte videri, natorum genitor credar ut esse trium.* Vgl. die Einleitung zu Friedlaenders Ausg. S. 6. Anders Mommsen StR. II³ 888, 4. 6) Oben I 157. 7) Martial. III 95, 11 f. 8) ebd. IX 91. 9) ebd. VI 10.

ihm nie eine wirkliche Besserung seiner Umstände erlangt zu haben, um die er »weder blöde noch befangen« in immer neuen Wendungen bettelte, denn wir finden nie, daß er sich für empfangene Geschenke bedankt; nicht einmal die Vergünstigung der Leitung eines Rohrs des Marcischen Aquädukts auf sein Landgut und in sein Haus in der Stadt scheint er erhalten zu haben[1]). Dies ist um so auffallender, als Domitian seine Gedichte gern las; sonst hätte sich Martial nicht wiederholt auf seinen Beifall berufen dürfen[2]). Auch war er unermüdlich bestrebt, die Gunst der am Hofe einflußreichen Freigelassenen und andrer Hofleute, zum Teil durch die niedrigsten Schmeicheleien, zu gewinnen, er preist sie im allgemeinen und schmeichelt außerdem in mehreren Gedichten jedem besonders: wie dem Kämmerer Parthenius, dem Vorsteher des Amts der Bittschriften Entellus[3]), dem Tafelaufseher Euphemus[4]), dem Mundschenken Earinus, dem kaiserlichen Günstlinge Crispinus, dem alten, bereits in den Ruhestand versetzten Vater des Etruscus[5]), einem Sextus, der kaiserlicher Studienrat gewesen zu sein scheint[6]).

am Hofe —

in der Aristokratie —

Doch Martial hatte während eines zwanzigjährigen Aufenthalts in Rom sich auch in der Aristokratie zahlreiche Beziehungen verschafft und suchte sie zu erhalten und zu vermehren, indem er möglichst vielen hochgestellten Männern durch ehrenvolle Erwähnung in seinen Gedichten, wie er selbst sagt, dauernden Ruhm verlieh, wenn ihm auch diese Huldigungen nichts einbrachten[7]). Wohl infolge seines alten Verhältnisses zu den Seneca war er befreundet mit Q. Ovidius, der Cäsennius (oder Cäsonius) Maximus, einen Freund des Philosophen Seneca, nach Sicilien in die Verbannung begleitet hatte[8]). Zu der großen Zahl von Männern des senatorischen Standes, denen Martial in seinen in die letzten 12 Jahre seines römischen Aufenthalts (86—98) und die dann noch in Spanien bis 101 oder 102 verlebte Zeit fallenden Epigrammen huldigt oder schmeichelt, bei denen er bettelt oder sich bedankt, gehören der Dichter Silius Italicus (Konsul 68) und dessen Söhne[9]), der spätere Kaiser Nerva[10]), der als Ankläger in Majestätsprozessen berüchtigte, reiche Redner M. Aquilius Regulus[11]), die ungeheuer reichen Brüder (beide Konsulare) Domitius Tullus und Domitius Lucanus[12]), der Dichter Stertinius Avitus (Konsul 92), der im Jahre 94 das Bild Martials in seiner Bibliothek aufstellen ließ[13]), der als Schriftsteller bekannte S. Julius Frontinus (zum zweitenmal Konsul 98, zum drittenmal 100)[14]), der

1) Martial. IX 18. 2) ebd. IV 27. V 6. VI 64, 14f. VII 12. Über die Stellung Domitians zu Martial und Statius vgl. G. Thiele, Hermes LI 1916 S. 249ff. 3) Oben I 48. 61. 4) Martial. IV 8, 7ff. 5) Oben I 54f. 64. 112. 6) Martial. V 5. Dagegen Thiele a. a. O. S. 253f. 7) Martial. V 15. 8) ebd. VII 44f. (Seneca ep. 87, 2). IX 52f. X 44 (auf eine Reise des schon alten Ovid nach Britannien). Er war Martials Gutsnachbar bei Nomentum: VII 93; vgl. I 105. IX 98. XIII 119. Über die doppelte Form des Gentilnamens des Maximus Groag, Real-Encykl. III 1307. 9) Mart. IV 14 (vielleicht das Einführungsgedicht). VI 64, 10. VII 63. VIII 66. IX 86. XI 48f. 10) Oben S. 221 und Martial. V 28, 4. 11) ebd. I 12. 82. 111. II 74. 93. IV 16, 6. V 10. 21. 63, 4. VI 38. VII 16. 31; vgl. V 28, 6. VI 64, 11. 12) ebd. I 36. III 20, 17. VIII 75, 15. IX 51 (auf den Tod des Lucanus; über den des Tullus s. Plin. ep. VIII 18). Vgl. V 28, 3. Kappelmacher, Real-Encykl. V 1428ff. 1433ff. Gamurrini, Rendic. d. accad. d. Lincei ser. 5. XXVI 1917 S. 91ff. 13) Martial. IX praef. I 16, 2. VI 84. X 96. 102. XII 24, 9. 75. CIL XIV 245 = Dessau 6126. 14) Mart. X 48, 20. 58. Kappelmacher, Real-Encykl. X 591ff.

jüngere Plinius (Konsul 100)[1], der Dichter Arruntius Stella (Konsul 101)[2], L. Norbanus Appius Maximus (zweimaliger Konsul), der Besieger des L. Antonius Saturninus[3]), Licinius Sura (zum zweitenmal Konsul 102, zum drittenmal 107), der mächtige Freund Trajans[4]), der ehemalige Parteigänger Vespasians M. Antonius Primus aus Tolosa[5]) und mehrere andre. Natürlich suchte und fand Martial auch im Ritterstande Gönner[6]). Diesem mögen der elegante Atedius Melior, der in seinem schönen Hause und Garten auf dem Cälius so vortreffliche Mahlzeiten gab[7]), und andre wohlhabende Freunde des Dichters angehört haben. Aber zu seinen am häufigsten besungenen Freunden gehört auch ein Centurio Aulus Pudens, der zwar die Primipilarenstelle, aber nicht das Ziel seines Strebens, die Ritterwürde, erlangt zu haben scheint; auch mit andern Centurionen stand Martial in Beziehungen, auf die er Wert legte, wie die ehrenvollen Erwähnungen in seinen Gedichten zeigen[8]). im Ritterstande.

Zum Teil in denselben Kreisen wie Martial bewegte sich Statius und bewarb sich zum Teil um die Gunst derselben Männer, vor allen natürlich des Kaisers; er veröffentlichte nichts, »ohne dessen Gottheit anzurufen«[9]). Auch ihm scheinen jedoch immer von neuem wiederholte demütige Huldigungen und ins Lächerliche übertriebene Schmeicheleien von seiten Domitians außer gnädigem Beifalle nichts eingetragen zu haben als eine Einladung zur Tafel[10]) und eine Versorgung seines Hauses bei Alba mit Wasser aus einer öffentlichen Leitung[11]). Wie Martial schmeichelte Statius auch den kaiserlichen Freigelassenen, er besang außer Etruscus und dessen Vater und dem jungen Eunuchen Earinus namentlich den kaiserlichen Sekretär Abascantus[12]). Von den Gönnern Martials gehörten auch zu denen des Statius Arruntius Stella, Argentaria Polla, Lucans Witwe, und Atedius Melior. Bei den von ihm, wie es scheint, häufig veranstalteten Vorlesungen fanden sich Senatoren zahlreich ein[13]). Mehrere seiner senatorischen Gönner und Freunde hat Statius besungen, wie den bejahrten Konsular und Stadtpräfekten Rutilius Gallicus, den jungen Vettius Crispinus und Mäcius Celer; aber auch mit Männern vom Ritterstande, wie Septimius Severus, dem Urgroßvater des gleichnamigen Kaisers, und auch mit reichen Literaturfreunden, die er in seiner Vaterstadt Neapel gekannt hatte, blieb er in freundlichem Verkehr[14]). Gönner des Statius.

Doch trotz so vieler eifrig gesuchten und sorgsam bewahrten Beziehungen zu den Großen und Reichen und trotz des auch in diesen Kreisen allgemeinen Beifalls blieben beide Dichter arm. Von Statius wissen wir es durch die oben Armut beider Dichter.

1) Mart. X 19. Der Caecilius Secundus VII 84 ist ein andrer: Mommsen, Ges. Schrift. IV 413, 4. Dagegen der *doctus Secundus* V 80, 7. 13 ist vielleicht Plinius. 2) Martial. I 7. 44. 61, 4. IV 6, 5. V 11. 59. VI 21. 47. VII 14, 5. 36. VIII 78. IX 42. 55. 89. X 48, 5. XI 52, 15. XII 3, 11. v. Rohden, Real-Encykl. II 1265f. 3) Martial. IX 84. CIL VI 1347. v. Rhoden a. a. O. S. 243ff. 4) Mart. I 49, 40. VI 64, 13. VII 47. Prosop. imp. Rom. II 285. 5) Mart. IX 99. X 23. 32, 3f. 73. v. Rohden a. a. O. I 2635ff. Die Identifikation wird nach Berl. Philol. Wochenschr. 1920 Sp. 658 von A. E. Housman in einem mir nicht zugänglichen Aufsatze, Classic. Quaterly XIII 68ff., abgelehnt. 6) Mart. IV 40, 3f. 7) ebd. II 69, 7. IV 54, 8. VI 28f. VIII 38. Stat. silv. II praef. II 1. 3. 4. 8) Vgl. oben I 157. 9) Stat. silv. IV praef. 10) Oben I 100. 11) Stat. silv. III 1, 61ff. 12) Oben I 57f. 13) Stat. silv. V 2, 160f. 14) Vgl. W. Ruediger, Quibuscum viris fuerit Statio poetae usus, consuetudo, familiaritas, Diss. Marburg 1887 und Vollmers Ausgabe der Silvae (1898), sowie die Artikel der Prosopographia imperii Romani.

angeführte Äußerung Juvenals; er selbst war nicht so würdelos, um wie Martial fortwährend in seinen Gedichten zu klagen und zu betteln. Er besaß zwar ein Gütchen bei Alba, vermutlich das Geschenk eines Patrons, aber es war dürftig und ohne Viehstand[1]), und daß er auf der Höhe seines dichterischen Ruhms wieder in die Heimat zurückkehren und in der Vaterstadt sein Alter verbringen wollte[2]), dazu bewog ihn schwerlich allein der Mißerfolg bei dem kapitolinischen Agon. Auch Martial besaß ein kleines Weingut bei Nomentum[3]), aber es war trocken, holzarm, und außer einem geringen Wein scheint nur schlechtes Obst (»bleierne Äpfel«) dort gewachsen zu sein[4]); freilich war Martial auch nichts weniger als ein Landwirt. Wenn ihm nicht sein Freund Stella Ziegel schickte, um das Dach seines Häuschens zu decken, so regnete es ein[5]), und der Hauptvorteil, den er von diesem Besitz hatte, war, daß er zuweilen dort von den Plagen seiner Klientenstellung sich erholen und ausschlafen konnte[6]). In der letzten Zeit seines römischen Aufenthalts hatte er auch ein Maultiergespann zum Geschenk erhalten[7]) und besaß ein kleines Haus auf dem Quirinal[8]), wo er früher drei Treppen hoch[9]) zur Miete gewohnt hatte. Aber eine unabhängige und sorgenfreie Existenz gewann er nicht, bis er sich im Alter von 57 Jahren[10]) entschloß, Rom, dessen Atmosphäre für ihn die Lebensluft war, zu verlassen und seine Tage in seiner Heimat Spanien zu beschließen, wo ihm die Wohlfeilheit des Lebens und die Freigebigkeit heimischer Gönner (namentlich Terentius Priscus und Marcella) den Vollgenuß der lang ersehnten Faulheit und Bequemlichkeit möglich machte[11]).

Niedrige Gesinnung Martials.

Wenn nun schon bei dem Abhängigkeitsverhältnis der Dichter von einem Patron nur die edelste Auffassung von beiden Seiten die Gefahr der Erniedrigung für die ersteren ganz ausschließen konnte, so wuchs diese Gefahr natürlich mit der Unsicherheit und Gedrücktheit ihrer Lage, und das Beispiel Martials zeigt, daß bei minder edlen Naturen die Klientenstellung fast mit Notwendigkeit zum Mißbrauch der poetischen Begabung und zu persönlicher Herabwürdigung führte. Martial erinnert nicht bloß wiederholt seine Leser im allgemeinen und seine Gönner insbesondere daran, daß ein Dichter vor allen Dingen Geld brauche[12]), er bettelt auch fortwährend, selbst um eine Toga, einen Mantel und dergl.[13]). Er schreibt einmal an Regulus, es fehle ihm so sehr an Geld, daß er genötigt sei, dessen Geschenke zu verkaufen; ob Regulus etwas kaufen wolle[14]). Ja er hat es auch mit zynischer Offenheit ausgesprochen, daß seine Poesie jedem zur Verfügung stand, der sie bezahlen wollte: »Einer, den

1) Stat. silv. IV 5, 13ff. 2) ebd. III 5, 121. 3) Martial besaß sein Nomentanum bereits im J. 84 (XIII 42. 119); falls I 55 abgefaßt ist, bevor er es besaß, ist dies eines seiner älteren ins 1. Buch aufgenommenen Gedichte, für dessen Weglassung der Besitz des Nomentanum kein genügender Grund war. Seneca hatte ein großes Weingut bei Nomentum gehabt (oben I 180), und da auch Q. Ovidius, der mit Senecas intimstem Freunde Cäsennius Maximus befreundet war (oben S. 244), ein Weingut bei Nomentum hatte (Mart. I 105. VII 93. X 44), liegt die Vermutung nahe, daß Senecas Erben Teile des Hauptguts an beide geschenkt hatten. 4) Martial. VII 91. X 48, 7ff. 58, 9. 94, 4. XIII 15. 5) ebd. VII 36. 6) ebd. II 38. VI 43. XII 57. 7) ebd. VIII 61. 8) Zuerst IX 97 erwähnt. Es lag wie die frühere Mietwohnung (I 117. V 22. VI 27) auf dem Quirinal (X 58, 10). 9) ebd. I 117, 7. 10) ebd. X 24. 11) ebd. XII 18. Ein von Marcella (XII 21) geschenktes Besitztum XII 31. 12) ebd. I 107. V 16. VIII 56. 73. XI 108. 13) ebd. VI 82. VII 36; vgl. VIII 28. IX 49. X 73. 14) ebd. VII 16.

ich in meinem Gedichte gelobt habe, tut so, als ob er mir nichts schuldig sei: er hat mich angeschmiert[1]).« Er läßt sich von dem Kaiser fragen, was es ihm denn genützt habe, daß er so vielen durch ehrende Erwähnung in seinen Epigrammen ewigen Ruhm verliehen, und antwortet: freilich nichts, aber es mache ihm doch Vergnügen[2]). Vermutlich dachten eben nicht alle so wie der jüngere Plinius, der (wie bemerkt) für ein lobendes Gedicht Martials glaubte sich durch Übersendung eines Reisegeldes erkenntlich erweisen zu müssen: denn welche Gabe könne größer sein als die von dem Dichter empfangene, des Ruhms, »des Preises, der Unsterblichkeit«[3])? Doch ein großer Teil der von Martial Gepriesenen hat sicherlich für die erwiesene Ehre bezahlt, wenn auch nicht immer so viel, wie er erwartete.

Die Poesie als Mittel der geselligen Unterhaltung.

Ganz hauptsächlich verwertete er sein Talent aber, wozu es sich am besten eignete, zu geistreicher und witziger Unterhaltung geselliger Kreise, und hier würdigte er es zum Teil kaum weniger herab als durch seine kriechendsten Schmeicheleien. Es war ihm freilich nicht übelzunehmen, daß er auf Bestellung oder auf gegebene Themen Gedichte lieferte, so viel man wollte[4]); wie denn namentlich seine Xenien allem Anschein nach ursprünglich gemacht sind, um als Etiketten für Saturnaliengeschenke in reichen Häusern zu dienen. Aber da den lustigen Gästen bei den Trinkgelagen der Saturnalien[5]) und den meisten Lesern überhaupt nichts so sehr mundete wie Obszönitäten, so richtete sich Martial auch in dieser Beziehung nach dem Geschmacke seines Publikums. Die Anstandsbegriffe jener Zeit gestatteten allerdings dem Dichter jede Obszönität in eleganter Form: es ist eben die unverhältnismäßig große Menge von schmutzigen Gedichten, welche zeigt, wie sehr Martial bereit war, sich auch den gemeinsten Neigungen der Masse dienstbar zu machen, und seine Beschönigungen lassen erkennen, daß auch er sich bewußt war, die Grenze des Erlaubten überschritten zu haben.

Würdigere Haltung des Statius. Die höhere Gelegenheitspoesie —

Martial erinnert mit seiner lustigen Saturnalienpoesie trotz seines glänzenden Talents etwas an jene Vaganten der alten Zeit, die sich bei Gastmählern einzustellen pflegten und gern gesehen, aber gering geachtet waren. Den Dichter Statius bewahrte vor ähnlicher Erniedrigung die Natur seiner auf das Pathetische und Feierliche gerichteten Begabung; aber er hatte auch mehr Gefühl der eignen Würde und einen höheren Begriff von der Poesie. Die Sammlung seiner kleineren Gedichte macht uns mit der höheren Gelegenheitspoesie jener Zeit und ihren gewöhnlichen Gegenständen und Veranlassungen bekannt. Von den drei Hauptgattungen der Gedichte, bei Hochzeiten, Geburten und Todesfällen, war es die letzte, in der Statius seine besondere Stärke hatte; die vier »Trostgedichte« seiner Sammlung sind aus der großen Anzahl der überhaupt von ihm verfaßten ausgewählt. Er nennt sich »den milden Tröster der Trauernden, der so oft den Schmerz der offnen Wunden von Vätern und Müttern gelindert, liebenden Söhnen am Grabe der Väter Trost gespendet, der so viele Tränen getrocknet habe, dessen Stimme um trauervolle Grabhügel von den ab-

1) Martial. V 36. 2) ebd. V 15. 3) Plin. ep. III 21, 2 f. Oben S. 236. 4) Martial. XI 42. 5) ebd. V 16: *seria cum possim, quod delectantia malo scribere, tu causa es, lector amice, mihi,* — — *at nunc conviva est commissatorque libellus.* Vgl. II 1, 9. 6, 8.

scheidenden Geistern vernommen worden sei«[1]): offenbar hatte er also solche Gedichte in Menge geliefert. Übrigens bestellten reiche Leute auch für die Leichenfeiern von Lieblingssklaven und -freigelassenen, selbst von Lieblingstieren Klage- und Trostgedichte; Statius hat zwei solche, auf den Tod eines grünen sprechenden Papageien des Atedius Melior und eines in der Arena von einem andern wilden Tiere zerrissenen zahmen Löwen des Kaisers, in seine Sammlung aufgenommen[2]). Überhaupt wurde offenbar in vornehmen Häusern in der Regel jedes frohe oder traurige Ereignis von den Hauspoeten und dichterischen Klienten besungen. Die Gedichte des Statius auf die Genesung des Rutilius Gallicus von schwerer Krankheit, auf das siebzehnte Konsulat Domitians, auf die Abreise des Mäcius Celer in seine Garnison in Syrien[3]) geben nur einige Beispiele der unzähligen Veranlassungen zu Gelegenheitsgedichten. Ganz besonders aber wurden Poeten zur Verherrlichung von Festen[4]), großen Bauten[5]), Kunstunternehmungen in Anspruch genommen. Statius erhielt nach dem Tage der Aufstellung der kolossalen Reiterstatue Domitians auf dem Forum den Befehl, dem Kaiser sein Gedicht darauf zu überreichen[6]).

auch ein Surrogat der Journalistik.

In solchen für weitere Kreise bestimmten Anpreisungen vertrat die Gelegenheitspoesie die Stelle der fehlenden Journalistik[7]); reiche Leute bedienten sich ihrer gern, um rühmende Beschreibungen ihrer schönen Villen und Gärten, ihrer Bäder, ihrer Prachtbauten, Kunstsammlungen und Kostbarkeiten in die Öffentlichkeit gelangen zu lassen[8]), und es fehlte wahrscheinlich nie an Dichtern, die gern bereit waren, ihren Wünschen zuvorzukommen. »Du lobst, Sabellus,« sagt Martial, »das Bad des Ponticus, der so gute Mahlzeiten gibt, in einem Gedicht von dreihundert Versen: du willst nicht baden, sondern speisen[9]).« Aber auch ohne besondre Veranlassung von einem berühmten Dichter angesungen zu werden, war natürlich den meisten sehr erwünscht und ist auch auf direkte Aufforderung geschehen[10]).

Massenhaftigkeit der Gelegenheitsgedichte.

Je größer und vornehmer ein Haus war, desto zahlreicher werden in der Regel auch die Dichter gewesen sein, die sich beeiferten, allen bedeutenden Erlebnissen seiner Mitglieder, traurigen wie freudigen, die Weihe der Poesie zu geben. Octavia verschloß in ihrer leidenschaftlichen Trauer um ihren Sohn Marcellus ihr Ohr »den zur Verherrlichung seines Andenkens verfaßten Gedichten«[11]). Das an die Kaiserin Livia beim Tode ihres Sohnes Drusus gerich-

1) Stat. silv. II 1, 30ff. V 5, 38ff. Hochzeitsgedicht (für Stella) I 2 = Mart. VI 21. Auf Geburten von Söhnen: IV 7. 8 (für Vibius Maximus und Julius Menecrates). Trostgedichte: II 1 (*Glaucias Atedii Melioris delicatus* = Mart. VI 28f.); III 3 (*Consolatio ad Claudium Etruscum* = Mart. VII 40); II 6 (*Consolatio ad Flavium Ursum de amissione pueri delicati*); V 1 (an Abascantus *Epicedion in Priscillam uxorem*), dazu die Epicedien auf den eigenen Vater und Pflegesohn V 3. 5.
2) Stat. silv. II 4. 5.
3) ebd. I 4. IV 1. III 2.
4) ebd. I 6 (*Kalendae Decembres*).
5) ebd. IV 3 (*Via Domitiana*).
6) ebd. I praef. (I 1).
7) So auch Renan, L'antechrist S. 131, 2: »*Les epigrammes de Martial — représentent en beaucoup d'égards les petits journaux du temps*«. Ribbeck, Gesch. d. röm. Dichtung III 213ff.
8) Stat. silv. I 3 (*Villa Tiburtina Manilii Vopisci*); I 5 (*Balneum Claudii Etrusci* = Mart. VI 42); II 2 (*Villa Surrentina Pollii Felicis*); II 3 (*Arbor Atedii Melioris*); III 1 (*Hercules Surrentinus Pollii Felicis*); IV 6 (*Hercules Epitrapezios Novii Vindicis* = Mart. IX 43f.).
9) Mart. IX 19.
10) Stat. silv. IV 4 (*Epistula ad Vitorium Marcellum*); IV 5 (*Ode lyrica ad Septimium Severum*); V 2 (*Laudes Crispini Vettii Bolani filii*). Martial. IV 31: *Quod cupis in nostris dicique legique libellis et nonnullus honos creditur iste tibi* usw.
11) Seneca cons. ad Marciam 2, 5.

tete Trostgedicht und die von dem gleichen Verfasser herrührenden beiden Elegien auf den Tod des Mäcenas[1]) bieten Beispiele solcher Gelegenheitsdichtungen aus Augusteischer Zeit. Bei einem Vermählungsfeste im Hause des Kaisers Gallienus trugen alle griechischen und lateinischen Dichter viele Tage hindurch Hochzeitsgedichte vor: aber »unter hundert Dichtern« gewann der Kaiser mit wenigen Versen den Preis[2]). Selbstverständlich ist die Zahl 100 hier nicht buchstäblich zu nehmen; liefen doch nach der Geburt des Königs von Rom in weniger als 8 Tagen über 2000 Oden, Hymnen und sonstige poetische Huldigungen in den Tuilerien ein, die von Napoleon mit 100000 Francs honoriert wurden[3]). Wenn nun auch die Beteiligung der Dichter an der Verherrlichung von Festen im Kaiserhause natürlich am größten war, so scheint sie doch überhaupt in den vornehmen Häusern Roms groß gewesen zu sein, und man erfreute sich wohl nach römischem Geschmack auch hierbei an der Masse der dargebrachten Kunstleistungen. Bei dem Hochzeitsfest des Stella und der Violentilla fordert Statius die ganze »Schar« der Poeten auf, in verschiednen Weisen des Gesanges zu wetteifern, wie ein jeder der Lyra mächtig sei, vor allem aber die Elegiendichter, die Sänger der Liebe[4]). Von der gewiß nicht kleinen Zahl von Gedichten, mit denen die damaligen Poeten Roms dieser Aufforderung entsprechend die Hochzeit ihres vornehmen Kollegen in allen Tönen besangen, ist uns (außer dem des Statius) nur das des Martial erhalten.

Gelegenheitsgedichte des Martial und Statius bei denselben Veranlassungen.

Wie hier haben aber auch sonst bei den verschiedensten Veranlassungen beide Dichter für dieselben gemeinsamen Gönner und Freunde Gedichte über dieselben Themen geliefert. Beide haben den Tod des Lieblingsfreigelassenen des Atedius Melior und des alten Vaters des Claudius Etruscus beweint, beide das von dem letztern erbaute kostbare Bad und die kleine Lysippische Bronzestatue des Novius Vindex gerühmt, beide der Witwe Lucans Gedichte zur Feier seines Geburtstags überreicht; und als der Eunuch und Mundschenk Domitians Flavius Earinus sein abgeschnittenes Haar in einem mit Edelsteinen besetzten Behältnisse nebst seinem Spiegel an den Tempel des Äsculap zu Pergamum sandte, verfaßte Statius auf seinen Wunsch über dies Ereignis ein längeres, Martial dagegen sechs kleine Gedichte[5]). Wenn wir nun die beiden einzigen Dichter jener Zeit, deren Gelegenheitsgedichte wir kennen, so oft und geflissentlich dieselben Gegenstände behandeln sehen, dürfen wir wohl annehmen, daß außergewöhnliche Veranlassungen in der Regel auch eine Menge von Poeten begeisterten, und daß es dann kleine und große Gedichte in allen Versmaßen regnete.

Mißverhältnis zwischen Martial und Statius.

Obwohl nun Statius und Martial so vielfach in denselben Häusern aus und ein gingen, und jeder oft genug Zeuge des Beifalls gewesen sein muß, den der

1) Skutsch, Real-Encykl. IV 933ff. F. Lillge, De elegiis in Maecenatem quaestiones, Diss. Breslau 1901. 2) Hist. aug. Gallien. 11, 7ff. 3) Mém. sur Napoléon et Marie-Louise. Par la générale Durand 1886 (deutsch von Ebeling 1887) S. 58f. 4) Stat. silv. I 2, 247ff. Bei Lucian. Lapithae 21 schickt ein Stoiker, der am Erscheinen beim Hochzeitsmahl verhindert ist, eine Schrift mit der Bitte, sie vorzulesen. Φιλ. Ἤπου, ὦ Λυκῖνε, τῆς νύμφης ἐγκώμιον ἢ ἐπιθαλάμιον, οἷα πολλὰ ποιοῦσιν; Λυκ. ἀμέλει καὶ ἡμεῖς τοιοῦτον ᾠήθημεν. Nachher (c. 40f.) liest ein anwesender Grammatiker ein lächerliches elegisches Hochzeitsgedicht vor. 5) *Genethliacon Lucani* Stat. silv. II 7 = Martial. VII 21—23; *Capilli Flavii Earini* Stat. silv. III 4 = Martial. IX 11—13. 16. 17. 36. Die übrigen parallelen Gedichte beider s. oben S. 248, 1. 8 und Anhang XXII.

andere erntete, erwähnt doch keiner jemals den andern, während beide sonst zahlreichen dichterischen Kollegen das reichste Lob spenden. Offenbar liebten sie einander nicht, was bei dem tiefen innerlichen Gegensatz ihrer Naturen auch kaum sein konnte, selbst wenn der alternde spanische Dichter bei dem neuen Ruhme des Neapolitaners, der den seinen zu verdunkeln drohte, sich jeder mißmutigen und eifersüchtigen Regung hätte erwehren können. Er hat sich aber wiederholt wegwerfend über große mythologische Epopöen geäußert, wenn er auch die Thebaide des Statius nie genannt hat. Sie würden freilich allgemein gepriesen und bewundert, aber seine Epigramme würden gelesen. Dort seien nur ungeheuerliche Ausgeburten der Phantasie zu finden, er greife ins volle Menschenleben; ihn müsse lesen, wer sich selbst, wer seine Zeit verstehen wolle. Wer Epigramme für Tändeleien halte, verkenne ihr Wesen: in Wahrheit tändle der Dichter, der Fabeln und Sagen behandle. Die Figuren der Epopöen seien Riesen, aber tönerne; er schaffe kleine Figuren, aber sie seien lebendig. Von seinen kleinen Büchern sei Schwulst und Bombast fern, und seine Muse stolziere nicht in einem verrückten, aufgebauschten Schleppkleide. Möchten denn immerhin jene ernsten, überstrengen Leute, welche die Mitternacht noch bei der Lampe findet, die hochtragischen, erhabenen Gegenstände der griechischen Mythologie behandeln; er wolle echt römische Gedichte mit Witz würzen und sei zufrieden, gleichsam eine bescheidene Hirtenflöte zu spielen, wenn ihr Ton die Trompetenstöße so mancher übertreffe. Gegenüber diesen Äußerungen aber, die in denselben Jahren getan wurden, in denen Statius vor großen Kreisen die letzten Gesänge seiner Thebaide und die ersten der Achilleis unter rauschendem Beifalle vorlas[1]), hat der letztere sich zu keinem mißfälligen Urteil über Epigramme herbeigelassen. Von seinen eignen »in der Art von Epigrammen« verfaßten kleinen Gedichten spricht er als von unbedeutenden, gelegentlich hingeworfenen Bagatellen; man hatte getadelt, daß er dergleichen herausgegeben, aber er war der Meinung, daß auch der Scherz seine Berechtigung habe. Am Schlusse seiner Thebaide klagt er über die Nebelwolken, die der Neid auftürmt, um ihren Glanz zu verdunkeln[2]).

Neid und Eifersucht der Dichter gegeneinander.

In jener Zeit wurde Neid und Eifersucht der Dichter gegeneinander nicht bloß, wie zu allen Zeiten, durch ihre leicht gereizte Eitelkeit, ihre Selbstüber-

1) Martial. IV 49 (wo aber, wie auch V 53, auch Tragödien gemeint sein können). VIII 3. IX 50. X 4. Vgl. auch XIV 1. Die Epigramme fallen in die Zeit von 88—97. Die Thebais, an der Statius 12 Jahre arbeitete, war im Jahre 89/90 noch unvollendet (silv. I 5, 8), doch 92/93 schon herausgegeben (silv. I praef.), was Kerckhoff, Duae quaest. Papinianae (Diss. Berol. 1884) S. 25—27 mit Unrecht bestreitet. In der im Sommer 95 geschriebenen Stelle silv. IV 4, 87ff. gibt Statius dem Vitorius Marcellus Nachricht von der begonnenen Achilleis; was die Thebais betreffe, so sei sie bereits im Hafen und habe ein Dankopfer dargebracht, ohne Zweifel für die günstige Aufnahme, die sie beim Publikum gefunden; nicht von ihrer Vollendung ist also hier die Rede, sondern von ihrem Erfolge. Vgl. Nohl, Quaest. Statianae (Diss. Berol. 1871) S. 23f. und den Anhang XXII. Eine Berichtigung des Martial bei Statius s. unten [S. 333. A. 6]. In den von E. Wagner, De Martiale poet. Aug. aetat. imitatore (Regim. 1880) S. 38, 1 und H. Nohl, Philol. Rundschau I 1881 S. 633 angeführten Parallelstellen beider Dichter beruht die Übereinstimmung auf der Unvermeidlichkeit gewisser poetischer Ausdrücke, Wendungen und Reminiszenzen, während die Abweichungen (z. B. Martial. I 41, 4f. $\sim$ Stat. silv. I 6, 73f.) eher die Absicht verraten, den Ausdruck des andern zu vermeiden oder zu überbieten. 2) Stat. silv. praef. II. IV; Theb. XII 818f.

schätzung und Ruhmsucht hervorgerufen: auch ihre Klientenstellung, ihre wetteifernden und sich notwendig oft kreuzenden Bemühungen um die Gunst und den Beifall der Großen, von denen ihre Existenz abhing, waren nur zu sehr geeignet die häßlichen Leidenschaften unedler Naturen aufzuregen, und haben gewiß oft genug zu Hetzereien, Verfolgungen und Verleumdungen, zu Ränken und Kabalen aller Art geführt. Martial hatte von Feinden, Neidern und mißgünstigen Kritikern verschiedner Art zu leiden. Die Kritik, die in den literarischen Kreisen Roms geübt wurde, war überhaupt nichts weniger als wohlwollend[1]), manche (Neider, wie Martial sagt) tadelten noch die Unanständigkeit seiner Epigramme[2]); größer war vermutlich, wie zu allen Zeiten, die Zahl derer, die lebende Dichter überhaupt nicht anerkannten und nur die älteren lobten[3]). Im allgemeinen sah Martial den Tadel der Dichter als einen Beweis mehr für die Allgemeinheit des Beifalls an, den er fand[4]), und wollte mit Recht lieber, daß seine Gerichte den Gästen, als daß sie den Köchen gefielen[5]). Unter denen, die »vor Neid bersten wollten«, daß ihn ganz Rom las, daß man sich ihn mit Fingern zeigte, daß er bei vielen ein gern gesehener Gast, daß er zu einiger Wohlhabenheit gelangt war[6]), befand sich auch ein jüdischer Dichter, der überall seine Gedichte tadelte und sie nichtsdestoweniger plünderte[7]). Aber daß dieser und andre Plagiatoren seine Verse für die ihrigen ausgaben und vorlasen, machte Martial wenig Sorge, besonders da der Abstand des Seinigen von dem Fremden so groß war, daß man den Diebstahl sofort bemerken mußte[8]). Viel schlimmer, und nicht bloß für seinen Dichterruhm, sondern für seine ganze Stellung, war, worüber er wiederholt klagt, daß anonyme Dichter aus sicherer Verborgenheit unter seinem Namen giftige Schmähungen und pöbelhafte Verunglimpfungen gegen edle Männer und Frauen verbreiteten[9]). Diese Perfidie konnte ihm um so eher in der Meinung seiner Gönner schaden, als er ohnedies fortwährend besorgen mußte, daß Personen, an deren Gunst ihm gelegen war, den Spott seiner Epigramme auf sich bezogen; daher seine wiederholten Beteuerungen, daß er nie eine bestimmte Person im Auge habe[10]).

Außer solchen und ähnlichen Einblicken, die uns Martials Gedichte in das Treiben der Kreise gestatten, welche sich in dem »Klub der Dichter« (*schola poetarum*)[11]) oder in der Säulenhalle des Quirinustempels[12]) zusammenfanden, geben sie noch manche andre Belehrungen über die damaligen literarischen Interessen und Bestrebungen. Durch sie, durch die gleichzeitigen Gedichte des Statius (90—96) und die sich an beide unmittelbar anschließenden Briefe des jüngeren Plinius (97—108/109) kennen wir namentlich das Verhältnis der gebildeten Gesellschaft zur Poesie in der Zeit Domitians, Nervas und zum Teil in der früheren Trajans genauer als in irgendeiner andern Periode. Doch die Erscheinungen, die hierbei wie überhaupt auf literarischem Gebiet als charakteristisch hervortreten, sind nicht etwa dieser Periode besonders eigentümlich, sondern dürfen im wesentlichen für die ganze Zeit von Augustus bis Hadrian vorausgesetzt werden. Auch hier bestätigt sich die Wahrnehmung, daß der Poesie eine

1) Martial. I 3. 2) ebd. XI 20. 3) ebd. VIII 69. V 10 (an Regulus, der vermutlich dieselbe Klage führte). 4) ebd. XI 24, 8. 5) ebd. IX 81. 6) ebd. IX 97. VIII 61. VI 61. 7) ebd. XI 94. 8) ebd. I 29. 38. 52. 53. 66. 72. Vgl. XII 63. 9) ebd. VII 12. 72. X 3. 5. 33. 10) Vgl. auch I praef. 11) ebd. III 20, 8. IV 61, 3. 12) ebd. XI 1, 9.

höhere Wichtigkeit, ein größerer Einfluß auf die Gesamtbildung zugestanden wurde als gegenwärtig.

Überproduktion in der poetischen Literatur.

Zunächst erhält man den Eindruck einer übermäßigen Emsigkeit und Produktivität auf dem ganzen Gebiet der poetischen Literatur, dessen sämtliche Felder von Dichtern und Dilettanten wetteifernd angebaut wurden; wie ja auch Juvenal in seinem Verzweiflungsausbruch über die unaufhörlichen Rezitationen Gedichte der verschiedensten Art nennt, die man täglich anhören müsse: der eine liest eine Theseide, der andre römische Lustspiele, der dritte Elegien vor, eine Tragödie Telephus, ein endloser Orest nehmen den ganzen Tag in Anspruch, unaufhörlich hallen die Säulen und Platanen eines von den Vorlesern benutzten Peristyls wider von den Schilderungen der Centaurenkämpfe, des Totengerichts, der Erbeutung des goldenen Vließes[1]). Manche versuchten sich in mehreren Gattungen zugleich. Ein Varro z. B. war nach Martial als Tragiker und Mimendichter, als Lyriker und Elegiker gleich ausgezeichnet[2]), nicht minder vielseitig scheint der Gaditaner Canius Rufus gewesen zu sein[3]). Manilius Vospicus schrieb lyrische und epische Gedichte, Satiren und Episteln[4]), Pollius Felix Hexameter, Epoden oder Distichen und Iamben[5]). Außer den gangbarsten Gattungen werden auch seltenere und ungewöhnlichere, wie die Aristophanische Komödie und der Mimiambus, erwähnt[6]); viele dichteten griechisch[7]). Daß wir übrigens aus Martial, Statius und Plinius doch nur einen kleinen Teil der damaligen Dichter kennen lernen, ist selbstverständlich; nach Quintilians Äußerungen scheint die Zahl der namhaften Satiriker und lyrischen Dichter nicht klein gewesen zu sein[8]).

Vorwiegen des mythologischen Epos.

Von allen Gattungen aber dürfte die epische diejenige gewesen sein, der sich die meisten zuwandten, besonders das mythologische Epos: wie auch aus jener Zeit hauptsächlich große Epopöen sich erhalten haben, die außer dem Punischen Kriege des Silius sämtlich zur letzteren Art gehören, die Argonautica des Valerius Flaccus, die Thebaide und Achilleide des Statius. Auch nach Juvenals Äußerungen über die Rezitationen darf man ein Vorwiegen des Epos annehmen. Seine Gegenstände waren die unverfänglichsten: der Dichter, der Äneas mit Turnus kämpfen ließ, war sicher, nirgends Anstoß zu geben, und über einen verwundeten Achill oder einen ertrinkenden Hylas konnte sich niemand beschweren[9]). Sodann leitete auch die Schule notwendig die dichterischen Bestrebungen auf das Gebiet der griechischen Sage hin. Auch schien die Fülle des in ihr enthaltenen poetischen Stoffs vermutlich die Behandlung, für die man überdies (auch außer Vergil) die zahlreichsten, besonders alexandrinische Muster hatte, zu erleichtern und den Mangel an Erfindung und Gestaltungskraft zu er-

1) Juv. 1, 1 ff. 2) Martial. V 30. 3) ebd. III 20, 5: *an aemulatur improbi iocos Phaedri? lascivus elegis an severus herois? an in cothurnis horridus Sophocleis?* Vgl. über ihn I 61. III 64. 4) Stat. silv. I 3, 101 ff. 5) ebd. II 2, 114 ff. 6) Plin. ep. VI 21, 2. 4 (Vergilius Romanus). 7) So Brutianus, Martial. IV 23 (Epigramme); Arrius Antoninus, Plin. ep. IV 3, 3. 18, 1 (desgleichen); Vestricius Spurinna, ebd. III 1, 7 (Lyrisches); Caninius Rufus, ebd. VIII 4 (Epos über den dacischen Krieg). 8) Quintilian. X 1, 94: *Sunt clari hodieque, et qui olim nominabuntur* (Lyriker). 96: (*Caesium Bassum*) *longe praecedunt ingenia viventium.* 98 (Tragödiendichter): *eorum, quos viderim, longe princeps* (Pomponius Bassus). Lyriker außer den Genannten auch Septimius Severus, Stat. silv. IV 5, 60, und Passennus Paulus, Plin. ep. IX 22, 2. Von Satirendichtern wird nur noch Turnus genannt. 9) Juv. 1, 162—164.

setzen. Dann bot diese Gattung den weitesten Spielraum zur Entwicklung aller Vorzüge, die auch ein minder begabter Dilettant sich aneignen konnte, wie Schönheit der Sprache und Tadellosigkeit des Versbaus, rhetorisches Pathos, vor allem lebhafte Schilderung. Schon Horaz spricht von Naturschilderungen, die als »Purpurlappen« angewendet würden, um manche Blößen in großen Gedichten zu verdecken: »ein Hain und Altar der Diana, der sich schlängelnde Lauf einer Quelle durch lachende Gefilde, der Rheinstrom, der Regenbogen« [1]); Seneca nennt als derartige Gemeinplätze der Dichter den Ätna und die Sonnenauf- und -untergänge [2]). Juvenal sagt, niemandem sei sein eignes Haus so bekannt wie ihm die Höhle des Vulkan und der Hain des Mars [3]). Der Dichter des Ätna erklärt, er wolle einen ungewohnten Weg betreten, denn die alten Sagen seien schon zu oft behandelt. Jedermann kenne das goldene Zeitalter besser als seine eigne Welt. Wer habe nicht den Argonautenzug, den trojanischen Krieg, das Schicksal der Niobe, des Atridenhauses, die Abenteuer des Kadmos, die verlassene Ariadne besungen? [4]) In ähnlicher Weise kündigt Nemesianus zu Ende des 3. Jahrhunderts im Eingange seines Gedichts über die Jagd an, nicht »auf dem bekannten Pfade« wandeln zu wollen. Er zählt eine lange Reihe von mythologischen Gegenständen auf: »dies alles hat schon eine Menge großer Dichter vorausgenommen, und die alten Sagen der Vorzeit sind schon allbekannt« [5]). Von größter Bedeutung war endlich auch die Autorität Vergils, dessen maßgebende Form man hier am leichtesten reproduzieren zu können meinte. Übrigens ist zu glauben, daß von seinen Werken nicht bloß die Äneide, sondern auch seine Eclogen und sein Gedicht vom Landbau zahlreiche Nachahmungen hervorriefen. Columella machte den Gartenbau nur deshalb zum Gegenstande eines Gedichts, weil »der göttliche Maro«, »der am höchsten zu verehrende Dichter«, seine Nachfolger zur poetischen Behandlung dieses Teils der Landwirtschaft ausdrücklich aufgefordert hatte [6]). Martials Freund Julius Cerealis hatte außer einer »Gigantenschlacht« auch ländliche Gedichte verfaßt, »die dem ewigen Vergil nahe kamen« [7]). Auch die von dem Gegenkaiser des Septimus Severus, Clodius Albinus, verfaßten Georgica waren wohl ein Gedicht [8]).

Einfluß Vergils.

Poetische Tändeleien.

Doch die Mehrzahl der Gebildeten, welche die Poesie nicht zu ihrem Berufe machten, sondern nur, wie Atticus, den Reiz nicht entbehren wollten, den sie dem Leben verleiht [9]), die ihre poetischen Beschäftigungen zur Erholung, Zerstreuung und Unterhaltung oder zur Übung trieben, hatte natürlich zu langatmigen epischen Dichtungen in der Regel keine Zeit. Der jüngere Plinius empfiehlt einem Freunde, der sich zum Redner ausbildete, zuweilen auch etwas Historisches oder einen Brief zu schreiben. »Man darf sich auch manchmal an einem Gedicht erholen, nicht an einem zusammenhängenden, langen, fortlaufenden (denn dies kann nur bei ganz freier Zeit ausgeführt werden), sondern an den geistreichen Kleinigkeiten, die für Beschäftigung und Arbeit jeder Art eine passende Abwechslung bieten. Man nennt sie Tändeleien; aber diese Tände-

1) Horat. a. p. 15ff. 2) Seneca epist. 79, 5; Apocol. 2, 3 mit Buechelers Anmerkung. 3) Juv. 1, 7ff. Die Taten des Hercules besang oder wollte besingen Novius Vindex, Stat. silv. IV 6, 99ff. 4) Aetna 9ff. 5) Nemesian. Cyneg. 12—47. 6) Colum. X praef. 3f., vgl. v. 433f. 7) Martial. XI 52, 17f. 8) Hist. aug. Clod. Albin. 11, 7. 9) Cornel. Nepos Atticus 18, 5: *attigit quoque poeticam: credimus ne eius esset expers suavitatis.*

leien erzielen zuweilen größeren Ruhm als der Ernst. Daher haben die größten Redner, ja die größten Männer sich in dieser Weise teils geübt, teils ergötzt, oder vielmehr beides zugleich. Denn es ist erstaunlich, wie bei diesen Kleinigkeiten der Geist sich zugleich spannt und doch auch erfrischt, denn hier ist Raum für den Ausdruck von Liebe, Haß, Zorn, Witz, Mitleid, kurz allem, was im Leben und auch auf dem Forum und vor Gericht vorkommt. Sie bieten auch denselben Vorteil wie andre Gedichte, daß man sich um so mehr an der Prosa erfreut, sobald man von dem Zwange des Versmaßes entbunden ist, und sie lieber schreibt, nachdem der Vergleich gezeigt hat, daß sie leichter ist[1]).«

Die Poesie großenteils Reproduktion.

Auch abgesehen von diesen poetischen Exerzitien bestand die Dilettantenpoesie und selbst die der eigentlichen Dichter ohne Zweifel zum großen, wenn nicht zum größten Teil in Reproduktionen der klassischen römischen oder griechischen Muster und war im letzteren Falle wohl sehr oft nur mehr oder minder freie Übersetzung. Und diese Reproduktion war keineswegs eine unbewußte. Während gegenwärtig auch die poetischen Dilettanten nach dem Schein der Orginalität um so mehr streben, je weniger sie einer wirklichen fähig sind, lag dies Streben den römischen Dichtern der späteren Zeit um so ferner, als es ja das Ziel ihrer größten Vorgänger von jeher gewesen war, die Blüten der griechischen Poesie auf den heimischen Boden zu verpflanzen. Und war in der ganzen antiken Kunst auf allen Gebieten die Ehrfurcht vor der Tradition groß, so daß die einmal gefundnen und als mustergültig anerkannten Formen gleichsam die Kraft von bindenden Gesetzen hatten, gegen die kein Künstler sich aufzulehnen wagte, die jede Willkür ausschlossen; erschien Nachahmung, Kopie und Reproduktion als berechtigt und zulässig, und Fleiß und Studium bis zu einem gewissen Grade als ausreichender Ersatz für mangelnde Ursprünglichkeit: so gilt dies alles ganz besonders von der römischen Poesie der ganzen nachaugusteischen Zeit, für welche nichts so charakteristisch ist wie die beispiellose Häufigkeit der Nachahmungen und Wiederholungen, der Anklänge und Reminiszenzen jeder Art[2]). Gab es doch sogar »Ovidische« und »Vergilische Dichter«[3]), d. h. wie es scheint solche, die ihre Gedichte nur in Wendungen, Phrasen und Versen Ovids und Vergils verfaßten.

Nachahmung des Vergil —

Der unermeßliche Einfluß des letzteren auf die spätere Poesie, vor allem aber auf das Epos ist bereits hervorgehoben worden. Wie Ennius und Vergil Homer nachgestrebt hatten, so dichteten die späteren Epiker unter dem Banne des Zaubers, den Vergil auf ihre ganze Zeit übte. Silius Italicus verehrte sein Bild vor denen aller andern großen Männer, feierte seinen Geburtstag gewissenhafter als den eignen, betrat sein Grabmal zu Neapel wie einen Tempel[4]). Statius, der am Schlusse seiner Thebaide für sie die Unsterblichkeit erfleht, fügt hinzu, sie möge sich begnügen, der göttlichen Äneide von fern zu folgen und ihre Fußspuren mit heiliger Scheu zu verehren[5]). Und auch auf andern Gebieten gereichte es den Dichtern zum höchsten Lobe, ein großes Vorbild mit Glück nachgeahmt zu haben. Passennus Paulus, ein Freund des jüngeren Plinius,

1) Plin. ep. VII 9, 8—15. 2) C. Hosius, De imitatione scriptorum Romanorum, imprimis Lucani, Greifswald 1907. 3) CIL VI 638. X 6127 = Dessau 2954f. 4) Plin. ep. III 7, 8. 5) Stat. Theb. XII 816f.

eiferte überhaupt den Alten nach, kopierte, reproduzierte sie, vor allen Properz, aus dessen Familie er stammte und dem er gerade in der Gattung am nächsten kam, in welcher Properz sich besonders auszeichnete; seine Elegien waren ein »ganz im Hause des Properz geschriebenes Buch«. Später wandte er sich zur Lyrik, indem er den Horaz mit derselben Treue wiedergab[1]).

Für die große Zahl derer, die ihre dichterische Lust an Kleinigkeiten, Epigrammen, poetischen Tändeleien aller Art büßten[2]), war offenbar Catull das auch damals wie ja schon in der Augusteischen Zeit am allgemeinsten kopierte Vorbild; selbst die Epigramme eines Dichters wie Martial, der doch zu den originellsten der späteren gehörte, sind von Reminiszenzen an ihn voll: er sende seine kleinen Gedichte an Silius, sagt er, wie vielleicht auch der zärtliche Catull gewagt habe, dem großen Vergil sein mit der Klage über den toten Sperling beginnendes Gedichtbuch zu senden[3]). Dieses Sperlingsgedicht Catulls ist für alle ähnlichen Gegenstände das unvermeidliche Muster gewesen und allem Anschein nach unendlich oft nachgeahmt worden[4]): Stella, so schmeichelt Martial, habe in seiner »Taube« Catull um so viel übertroffen, wie die Taube größer sei als der Sperling[5]). Der Spanier Unicus, ein Verwandter Martials, schrieb Liebesgedichte wie die Catulls an Lesbia oder Ovids an Corinna[6]). Der Freund des Plinius Pompejus Saturninus, der als Redner und Geschichtschreiber ausgezeichnet war, machte nebenbei auch Verse »wie Catullus oder Calvus, voll Anmut, Süßigkeit, Bitterkeit, Leidenschaft; unter das Zärtliche und Spielende mischte er etwas Strenges ein: auch dies wie Catullus oder Calvus«[7]). Es würde also höchst unbillig sein, ihn weniger zu bewundern, weil er noch lebe. Einen andern Freund, Sentius Augurinus, hörte Plinius mit dem größten Vergnügen, ja mit Bewunderung drei Tage hintereinander seine kleinen Gedichte vorlesen; alles war darin fein, vieles erhaben, vieles anmutig, vieles zart, vieles voll Süßigkeit, vieles voll Galle: in mehreren Jahren, meinte Plinius, sei in dieser Gattung nichts Vollendeteres geschrieben worden, falls ihn nicht das Lob parteiisch mache, das der Dichter ihm selbst gespendet habe. Denn er hatte gesagt, er singe in kurzen Versen, wie einst Catull und Calvus und die Alten. Aber wozu diese nennen? Plinius, der ja auch Verschen machte, gelte ihm allein soviel wie alle Früheren[8]).

und Catull.

Das Beispiel des Plinius, der erst als Konsular und im Alter von mehr als vierzig Jahren »die Pfade Catulls« zu wandeln begann und die Entstehungsgeschichte dieses »einigermaßen spät eingetretenen Liederfrühlings« mit größter Ausführlichkeit erzählt[9]), zeigt aufs deutlichste, wie damals jede lebhafte Teilnahme an der Literatur auch die nüchternsten und poesielosesten Naturen

Poetischer Dilettantismus des jüngeren Plinius.

1) Plin. ep. IX 22; vgl. VI 15, 1. 2) Plin. ep. IV 14, 9: *proinde sive epigrammata sive idyllia sive eclogas sive ut multi poematia — vocare malueris* usw. Von dem allseitigen Dilettanten sagt Martial. II 7, 3: *componis belle mimos, epigrammata belle.* Epigrammendichter: Cosconius (ohne Obszönität), Martial. III 69; Cerrinius, ebd. VIII 18; Arrius Antoninus, Plin. ep. IV 3, 3. 18, 1. V 15 (griechische Epigramme und Iamben). *Poematia* in der Art Catulls Sentius Augurinus, Plin. epist. IV 27. Auch die Gedichte des Silius Proculus (Plin. ep. III 15) und des Faustinus (Martial. I 25) gehörten zu den kleineren Gattungen (*libelli*). 3) Martial. IV 14, 13f. Vgl. die Einl. zu Friedlaenders Ausgabe S. 24f. 4) ebd. I 109; vgl. CIL XIII 488. XIV 3565 = Buecheler, Carm. ep. 1512. 1504. 5) Martial. I 7. 6) ebd. XII 44. 7) Plin. ep. I 16, 5. 8) ebd. IV 27. IX 8. 9) Mommsen, Ges. Schrift. IV 439f.

zur Poesie mit Notwendigkeit hinzog. In Versen hatte er sich schon früher mehrfach versucht, wie dies in einer Zeit, deren Bildung so sehr mit poetischen Elementen gesättigt war, bei seinem von jeher auf literarische Auszeichnung gerichteten Streben kaum anders sein konnte. »Du sagst,« schreibt er an einen Freund, »du habest meine Hendekasyllaben gelesen, und fragst, wie ich dazu gekommen sei, dergleichen zu schreiben, da ich doch, wie du meinst, ein ernster und, wie ich selbst zugebe, gerade kein törichter Mann bin. Niemals (denn ich muß etwas weit ausholen) bin ich der Poesie fremd gewesen. Ich habe sogar im Alter von vierzehn Jahren ein griechisches Trauerspiel geschrieben. Wie war es? fragst du. Das weiß ich nicht, genug, es hieß Trauerspiel. Dann auf der Rückkehr aus dem Kriegsdienst, als ich auf der Insel Ikaria durch widrige Winde zurückgehalten wurde, schrieb ich lateinische Elegien auf jene See und die Insel selbst. Ich habe mich auch einmal in Hexametern versucht, in Hendekasyllaben jetzt zum erstenmal, deren Veranlassung und Ursprung folgender ist. Auf meiner Villa bei Laurentum ließ ich mir einmal das Buch des Asinius Gallus über die Vergleichung seines Vaters und des Cicero vorlesen; darin kam ein Epigramm des Cicero auf seinen Lieblingsfreigelassenen Tiro vor. Als ich mich darauf mittags zur Siesta zurückzog (denn es war im Sommer) und der Schlaf sich nicht einstellen wollte, fing ich an zu bedenken, daß die größten Redner diese literarische Tätigkeit zum Vergnügen geübt und sich zum Ruhm angerechnet haben. Ich sann nach, und zu meiner Überraschung gelang es mir, obwohl ich so lange außer Übung gewesen war, in äußerst kurzer Zeit beides, was mich zum Schreiben angeregt hatte, in Versen auszudrücken.« Die Hexameter, in denen er auseinandersetzt, wie er sich durch Ciceros Beispiel veranlaßt fühle, sich in Gedichten ausgelassen und schalkhaft zu zeigen, sind durch und durch prosaisch und unbeholfen, die Hendekasyllaben werden vermutlich in noch abschreckenderer Weise gezeigt haben, was entsteht, wenn »einen Pedanten es juckt, locker und lose zu sein«. »Ich machte mich darauf«, fährt er fort, »an elegische Gedichte; auch diese brachte ich nicht minder schnell zustande; durch meine Fähigkeit ließ ich mich verführen, noch andre hinzuzufügen, und als ich in die Stadt zurückkam, las ich sie meinen Bekannten vor und fand Beifall. Später versuchte ich verschiedne Versmaße, wenn ich gerade Zeit hatte, besonders auf der Reise. Zuletzt beschloß ich nach dem Beispiele so vieler, eine Sammlung von Hendekasyllaben besonders abzuschließen, und es tut mir nicht leid. Sie wird gelesen, abgeschrieben, auch gesungen und sogar von Griechen, die aus Liebe zu diesem Büchlein Latein gelernt haben, bald zur Kithara, bald zur Lyra vorgetragen. Doch wozu diese Ruhmredigkeit? Freilich Dichtern ist etwas Schwärmerei gestattet, und doch rede ich ja nicht von meinen eignem Urteile, sondern von dem andrer, das, sei es nun richtig oder unrichtig, mir angenehm ist. Ich kann nur wünschen, daß auch die Nachwelt ebenso urteilen oder ebenso irren möchte[1]).« Späterhin hat Plinius noch eine Sammlung kleiner Gedichte in verschiednen Versmaßen, wenn nicht herausgegeben, so doch zur Herausgabe vorbereitet[2]). Die Vorlesung dauerte auf den Wunsch der Zuhörer zwei Tage, denn Plinius machte es nicht

1) Plin. epist. VII 4. 2) ebd. VIII 21.

wie andre, die einen Teil überschlugen und dies den Zuhörern als eine Wohltat anrechneten; er las alles, denn es war sein Wunsch, alles zu verbessern, und wie konnte er dies, wenn er nur Ausgewähltes der Kritik seiner Freunde unterwarf?[1]) So schnell konnten damals Dilettanten, die der Wunsch einer geistreichen Unterhaltung in müßigen Stunden, Nachahmungstrieb, literarische Belesenheit, Versgewandtheit, das Beispiel andrer, das Streben nach allseitiger Vervolkommnung zu poetischen Versuchen geführt hatte, sich einbilden, Dichter zu sein, wenn sie so eitel wie Plinius und wie er vornehm oder reich waren: doch an Gunst und Nachsicht fehlte es überhaupt bei einer so allgemeinen Verbreitung des Dilettantismus nicht leicht.

Poetischer Dilettantismus in den höheren Ständen häufig.

Es war aber damals offenbar keine Ausnahme, daß Männer von Stande, in hoher Stellung, in geschäftsvollen Ämtern selbst noch im höheren Alter ihre Mußestunden der Poesie widmeten. Wenn Plinius den glänzenden Erfolg, den Calpurnius Piso mit seinen elegischen Gedichten über die Sternbilder gehabt habe, mit der Bemerkung berichtet, er erzähle es um so lieber, je schöner es bei einem jungen Manne, je seltener bei einem vom Adel sei[2]): so ist dies so zu verstehen, daß freilich unter der Masse von Dichtern, die sich monatelang Tag für Tag hören ließen, verhältnismäßig wenige aus vornehmeren Familien gewesen sein, und besonders daß die Dilettanten der höheren Stände selten zu größeren poetischen Unternehmungen Zeit und Trieb gehabt haben werden. Von den Konsularen jener Zeit kennen wir als poetische Dilettanten, außer Plinius und Silius Italicus, Stertinius Avitus, Arruntius Stella und den hochbejahrten Arrius Antoninus; auch der bis zum Amte des Stadtpräfekten aufgestiegene Rutilius Gallicus war Dichter[3]). Vestricius Spurinna, der die höchsten Ämter (das Konsulat zwei- oder dreimal) verwaltet hatte und durch eine Ehrenstatue in Triumphaltracht (wahrscheinlich von Nerva) ausgezeichnet worden war, widmete im Alter von 77 Jahren zwischen dem Spaziergange und dem Bade täglich einige Zeit der Abfassung lyrischer Gedichte in griechischer und lateinischer Sprache, die nach Plinius vortrefflich waren[4]). Der Ritter Titinius Capito, der unter Domitian, Nerva, Trajan das höchst geschäftsvolle Amt eines kaiserlichen Sekretärs bekleidete, war nebenbei auch eine Hauptstütze der Literatur, Gönner und Beförderer aller Schriftsteller und Dichter, er gab sein Haus zu Vorlesungen her, er besuchte die Vorlesungen andrer, er las selbst und schrieb auch ausgezeichnete Gedichte auf große Männer[5]). Der Freigelassene Parthenius, Oberkämmerer Domitians und noch unter Nerva einflußreich, war nach Martial ein Geliebter des Apoll und der Musen; wer trank reichlicher aus ihrer Quelle als er? Leider hatte er zur Poesie zu wenig Zeit[6]). Daß der poetische Dilettantismus auch in den höheren Ständen der Städte Italiens verbreitet war, lassen die Beispiele des Puteolaners Pollius Felix, des Comensers Caninius Rufus voraussetzen[7]). Er gehörte damals nicht etwa zu den Symptomen eines geistigen Klärungsprozesses der unreifen Jugend, zu

1) Mommsen a. a. O. S. 440. 2) Plin. ep. V 17. 3) Stat. silv. I 4, 29f., s. über ihn Groag, Real-Encykl. I A 1255ff. Ein andrer vornehmer Dichter CIL IX 1571. 1572 = Dessau 2939 (Benevent): *M. Caecilio Novatilliano c. v. oratori et poetae inlustri allecto inter consulares.* 4) Plin. ep. III 1, 7. Prosop. imp. Rom. III 409 nr. 308. 5) Plin. epist. I 17, 3. VIII 12. Prosop. II 429 nr. 41. Oben 1 58. 6) Martial. XII 11. Vgl. oben I 61. 7) Oben S. 252 mit A. 7.

den Entwicklungskrankheiten: die Poesie begleitete einen sehr großen Teil der Gebildeten durch das Leben. Sie wurde nicht bloß geübt, um das geistige Leben zu veredeln und zu schmücken, sondern auch weil sie als wesentliches Bildungsmittel geschätzt war, und die Fähigkeit, die poetische Form zu handhaben, galt daher auch als Beweis einer höheren Bildung. Wie auch Frauen der höheren Gesellschaftskreise dieser allgemeinen Neigung folgten, sehen wir an Sulpicia, die »die Schlüpfrigkeit der damals modernen Hendekasyllaben- und Sotadeenpoesie mitmachte« und in ihren Gedichten »in gesuchter Ehrbarkeit die Geheimnisse ihres ehelichen Lagers preisgab«[1]). Sogar Menschen von der Klasse, die der Trimalchio des Petron repräsentiert, glaubten eigne Gedichte aufweisen zu müssen, um als gebildet erscheinen zu können[2]): um so begreiflicher ist es, daß kluge Dichter, die das Geld dem Ruhm vorzogen, für ihre Verse zuweilen Käufer fanden[3]).

Umschwung in Hadrians Zeit durch die griechische Sophistik.

Während nun im Anfange des 2. Jahrhunderts die Richtung auf die Poesie in der Zeitbildung noch so mächtig wirkte, daß auch prosaische Naturen wie Plinius sich ihrem Einflusse nicht entziehen konnten, trat schon in der Zeit Hadrians der große Umschwung ein, durch den die Prosa wieder so sehr das Übergewicht gewann, daß nicht nur die Poesie mehr und mehr aufhörte, das Hauptgebiet der literarischen Bestrebungen für Dilettanten und Künstler zu sein, sondern selbst poetisch beanlagte Geister wie Apulejus sich der Prosaschriftstellerei vorzüglich zuwandten. Dieser Umschwung vollzog sich, wie bereits bemerkt, hauptsächlich unter dem Einflusse der sogenannten zweiten Sophistik.

Die griechische Sophistik und ihre Wirkungen in der griechischen Welt.

Die vollendete Kunst des griechischen Vortrags, deren Virtuosen mit dem alten Namen der Sophisten bezeichnet wurden, tritt seit dem Ende des 1. Jahrhunderts mit besonderer Deutlichkeit als für das allgemeine geistige Leben bestimmende Kraft in den Vordergrund[4]); und die Bedeutung, die sie gewann, die große Zahl der Talente, die sich ihr zuwandten, die allgemeine, leidenschaftliche, ans Unglaubliche grenzende Bewunderung, die sie in der griechischen Welt hervorrief[5]) — alles dies beweist, daß sie dort nicht bloß dem Zeitgeschmacke völlig entsprach, sondern auch eine tief empfundene Leere im geistigen Leben in einer für die große Mehrzahl der Gebildeten befriedigenden Weise ausfüllte. Der unersättliche Drang nach immer neuer, geistreicher Unterhaltung, die Empfänglichkeit für Kunst lebte in der alternden Nation mit unverminderter Stärke fort; aber das reine und sichere Gefühl für wahre Kunst, das in den Jahrhunderten griechischer Geistesblüte sich auf allen Gebieten an einer so wunderbaren Fülle der herrlichsten Schöpfungen hatte bilden können, war verlorengegangen[6]).

1) Thiele, Hermes LI 1916 S. 239; s. oben I 299. 2) Petron. sat. 34, 9f. 41, 6. 55, 2f. 3) Martial. II 20: *Carmina Paulus emit: recitat sua carmina Paulus. nam quod emas, possis iure vocare tuum.* XII 46: *Vendunt carmina Gallus et Lupercus: sanos, Classice, nunc nega poetas.* Vgl. I 29. 66. XII 63. VII 77. 4) Daß mit der Flavischen Zeit nicht eine vollkommen neue Bewegung einsetzt, sondern »eine ununterbrochene Continuität der praktischen Übung in Schule und Leben von der alten Sophistik bis in die neue und weit über sie hinaus« herrscht, hat v. Wilamowitz, Hermes XXXV 1900 S. 9ff. nachgewiesen. 5) Rohde, Der griechische Roman[3] S. 335f. 338, 1. Mommsen RG. V 335—337. Vgl. Arist. or. 51, 32 (II 459 K.). 6) Über das Bildungsideal der zweiten Sophistik v. Arnim, Leben u. Werke des Dio von Prusa (1898) S. 132ff.

Die Kunst der Sophisten, die dem entarteten Geschmacke der späteren Jahrhunderte so sehr zusagte, war eine Afterkunst. Sie schuf schwer zu handhabende, bis ins Kleinste ausgebildete Formen, genaue und kleinliche Regeln für »jede Art des Stils, jede Art Gedankenform, Satzbildungen und Rhythmen«; auch auf die Korrektheit des Ausdrucks, die man durch Studium und (nicht selten verkehrte und pedantische) Nachahmung der alten, besonders attischen Muster zu erreichen strebte, wurde großer Wert gelegt[1]). Die Virtuosität der Sophisten bestand (wie die der Meistersinger) zum großen Teil in der scheinbar mühelosen Überwindung der technischen Schwierigkeiten ihrer Kunst: »wenn Polemo eine Periode drechselte, brachte er das letzte Kolon derselben mit Lächeln vor, um zu zeigen, wie leicht es ihm wurde«[2]). Die in dem gebildeten Publikum je länger je mehr verbreitete Kenntnis der Technik der neuen Prosakunst schärfte das Verständnis und erhöhte die Bewunderung der Zuhörer. Vor allem aber bewunderte man die Kunst der Improvisation, die freilich nicht alle Sophisten erreichen konnten, und auf die einer der größten, Herodes Atticus, mehr Wert gelegt haben soll als auf seinen konsularischen Rang und seine Abstammung aus einer konsularischen Familie[3]). Dazu kam eine studierte Deklamation, die nur zu oft wie Auftreten, Mienenspiel und Gebärden ins Theatralische fiel oder sich dem musikalischen Vortrage zu sehr näherte.

Alles dies aber, verbunden mit der auch damals noch unersättlichen Empfänglichkeit des griechischen Ohrs für den Zauber kunstvoller Rede, erklärt vielleicht noch nicht hinreichend die erstaunlichen Erfolge dieser Prunkreden, deren anspruchsvolle Formenkünstelei durch den Mangel an wahrem Inhalt auf uns immer abstoßend wirkt, und die es überdies oft genug mit ihrer süßlichen Affektation, ihrer gespreizten Unnatur, ihrem Schwulst und Bombast nur zu einer widerlichen Karikatur jener alten großartigen Beredsamkeit bringen, die sie in erneuerter Gestalt reproduzieren wollen. Der Enthusiasmus für die Sophisten und ihre Leistungen, der sich auch in Ehrenbezeigungen aller Art kund gab, das Zuströmen der bildungsbeflissenen Jugend zu den Städten, wo sie sich als Lehrer niederließen, die Bedeutung, die man ihnen zugestand, die sie als Strafredner, Ermahner und Versöhner aufzutreten berechtigte, und ihre eigne, an Verrücktheit grenzende Einbildung von der Wichtigkeit und Wirkung ihrer Tätigkeit: alles dieses wäre wenigstens in diesem Grade nicht möglich gewesen, wenn die Sophistik nicht auch der Nationaleitelkeit der Griechen eine neue, lang entbehrte Befriedigung geboten hätte. Die Griechen »hatten noch immer die Neigung, sich für die große Nation zu halten«, und wurden in dem Stolze, die Lehrer auch der Römer gewesen zu sein, von diesen bestärkt; nun hatte Griechenland eine neue glänzende Bildungsform hervorgebracht, aufs neue aut dem Gebiete der Literatur den Ton angegeben. Aber was der Sophistik vor allem die leidenschaftliche Teilnahme der griechischen Welt gewann, war, daß sie die Verherrlichung der großen Vorzeit Griechenlands zu ihrer Hanptaufgabe machte: die herabgekommene Nation kannte keine größere Freude, als sich in diesen Erinnerungen zu spiegeln[4]).

1) Lehrs, Popul. Aufs.² S. 372 ff. Norden, Kunstprosa I 351 ff. Wendland, Die hellenistisch-römische Kultur² (1912) S. 64 ff. 2) Philostrat. Vit. soph. I 25, 7. 3) ebd. I 25, 6. 4) Vgl. Norden I 345 ff.

Ihr patriotisches Pathos.

Die Themen der Improvisation wurden von den Sophisten wie von ihren Zuhörern am liebsten aus der griechischen Geschichte gewählt. »Die Taten der Vorfahren waren durch die Geschichte überliefert, und diese konnte man feiern. Aber ihre Reden bei hundert Gelegenheiten waren nicht überliefert. Also konnte man reden, was sie hätten reden können, und was man ihnen hätte erwidern können, und was sie bei der oder jener Gelegenheit, wo sie gar nicht geredet, hätten sie geredet, würden geredet haben. Einige solche Themen waren z. B.: Demosthenes nach der Schlacht bei Chäronea. Wie verteidigte sich Demosthenes gegen die Anklage des Demades, vom Perserkönig mit fünfzig Talenten bestochen zu sein? Rede an die Griechen nach Beendigung des Peloponnesischen Kriegs als eines Bürgerkriegs, daß man die Tropäen niederreißen müsse. Beratung der Lacedämonier, ob man die aus Sphakteria ohne Waffen heimkehrenden Spartiaten in Sparta wieder aufnehmen dürfe. Ob man Sparta, das nach Lykurgs Gesetzen ohne Mauer sein sollte, beim Herannahen der Perser mit einer Mauer schützen solle«. »Die meisten dieser genannten Themata und ähnliche waren beliebt: man hörte sie gern, und die Sophisten behandelten sie wetteifernd. Aber keine trugen es davon über die sogenannten medischen oder attischen Themata. In jenen ließ man den Darius und Xerxes ihre barbarischen Prahlereien gegen die Griechen sprechen. In den attischen waren es Salamis und Marathon mit ihren einzelnen Akten und Helden, die gefeiert wurden. Das schildert Lucian, indem er einem Rhetor den spöttischen Rat gibt, worauf es ankomme. 'Vor allem erwähne Marathon und Cynägirus, ohne welche nichts geschehen darf; immer laß den Athos beschiffen und den Hellespont beschreiten, die Sonne werde von den Pfeilen der Perser verfinstert, Xerxes fliehe, Leonidas werde bewundert, immer lese man die Schrift des Othryades und nenne Salamis, Artemision und Plataä' [1]).« Noch in der Leichenrede auf Proäresius, einen berühmten Sophisten des 4. Jahrhunderts, hieß es: »O Marathon und Salamis! Welche Posaune eurer Tropäen habt ihr verloren!« [2])

Poetische Prosa.

Diese Rhetorik strebte nach einer Alleinherrschaft im Gebiet der redenden Künste. Sie wollte die Poesie verdrängen oder vielmehr in ihr eigenes Gebiet hinüberziehen. In dieser Neigung scheint jene Vermischung des prosaischen und poetischen Stils der Rede und des Ausdrucks zu wurzeln, jene poetische Prosa, die wir in fast allen Erzeugnissen der damaligen und späteren Sophistik wahrnehmen. Aber auch der Gegenstände der Poesie glaubten die Rhetoren sich bemächtigen zu können. In Festreden auf Götter und Heroen, die man auch geradezu »Hymnen« nannte[3]), in Lobreden auf bedeutende und mächtige Menschen der Gegenwart und Vergangenheit konnte man einen Ersatz für die Lyrik großen Stils der Vorzeit erblicken. Auch in der Gattung der »Beschreibungen« knüpfte man an die Schilderungen der Dichter wetteifernd an. Dieses Bestreben, eine eigne rhetorische Poesie zu erschaffen, trieb denn auch aus dem Boden der neuen Sophistik dessen eigentümlichste Blüte hervor: ihre Neugestaltung des griechischen Liebesromans[4]).

1) Lehrs a. a. O. S. 374f. 2) Eunap. Vit. sophist. p. 494, 18 Boiss. 3) Aristid. or. 44, 2 (II 347 K.). Philostrat. Vit. soph. I 25, 3. Gute Analyse des prosaischen Zeushymnus des Aristides von O. Weinreich, N. Jahrb. f. klass. Altert. XXXIII 1914 S. 602ff. 4) Das Obige, großenteils wört-

Obwohl nun die Bedeutung dieser Kunst für die griechische Welt eine wesentlich nationale war, übte sie doch auch auf die römische große Wirkungen, vermöge der althergebrachten Ehrfurcht der Römer vor der Autorität der Griechen auf dem ganzen geistigen und namentlich literarischen Gebiet, ihrer Abhängigkeit von griechischem Urteil, ihrem Streben, sich griechische Bildung anzueignen, das damals vielleicht eifriger war als in irgendeiner früheren Zeit. Wie sie von jeher bei den Griechen in die Schule gegangen waren, seit sie angefangen hatten, ihre Beredsamkeit zur Kunst auszubilden, so bemühten sie sich auch damals eifrig, von den neuesten Vervollkommnungen der griechischen Darstellungskunst Vorteil zn ziehen. Junge Männer reisten aus Italien und den westlichen Ländern zahlreich nach Athen und andern griechischen Bildungsstätten, um sich durch Hören der gefeiertsten Lehrer den feinsten Schliff anzueignen[1]); aber diese traten auch selbst auf ihren Kunstreisen regelmäßig in Rom und andern großen Städten des Westens auf oder ließen sich dort für die Dauer nieder, und namentlich den Lehrstuhl der griechischen Beredsamkeit am Athenäum in Rom inne zu haben, rechneten auch die berühmtesten sich zur Ehre[2]).

Ihre Einwirkung auf die römische Welt.

Zur Erhöhung ihres Ansehens bei den Römern trug auch das Interesse bei, das die Kaiser für sie kundgaben, die Auszeichnungen und Geschenke, die sie ihnen reichlich zuteil werden ließen, der Wert, den sie auf den von ihnen den Thronfolgern zu erteilenden Unterricht legten[3]), die hohen Stellungen, zu denen sie sie beförderten (namentlich die griechische Abteilung des kaiserlichen Sekretariats), die Höflichkeit, Nachsicht und Geduld, mit der sie ihre lächerliche Prätention und selbst Insolenz ertrugen; sowie andrerseits schon allein dieses ganze Verhalten der Kaiser gegen die Sophisten eine in der gebildeten römischen Gesellschaft sehr verbreitete hohe Achtung für ihre Leistungen voraussetzen läßt, welche die Kaiser nicht minder teilten als andre in der Zeitbildung herrschende Richtungen und Interessen.

Interesse der Kaiser —

Hadrian, zugleich der größte Verehrer der Griechen und der eifrigste literarische Dilettant, war auch ein besondrer Freund der Sophisten, deren Lebensbeschreiber Philostrat ihm das Lob erteilt, daß er von allen früheren Kaisern am meisten Sinn dafür hatte, ausgezeichnete Talente zu fördern[4]). Das von Trajan dem berühmten Polemo verliehene Recht der Abgabenfreiheit bei allen seinen Reisen dehnte er auf dessen Nachkommen aus, nahm ihn in die Akademie (das Museum) zu Alexandria auf, bezahlte für ihn unaufgefordert eine Schuld von 250000 Denaren usw. Ob diese Angabe zuverlässig ist, muß freilich dahingestellt bleiben, um so mehr, als andres, was Philostrat erzählt, offenbar abgeschmackt erfunden oder doch lächerlich übertrieben ist; daß es Glau-

lich, entlehnt aus Rohde, Der griech. Roman³ S. 357—361, der aber mit Unrecht den Liebesroman erst für eine Schöpfung der zweiten Sophistik hält, während sein erheblich höheres Alter durch neuere Funde und Untersuchungen gesichert ist.

1) Gell. XVII 20, 4: *Taurus mihi: heus, inquit, tu rhetorisce — sic enim me in principio recens in diatribam acceptum appellitabat, existimans eloquentiae unius extundendae gratia Athenas venisse.*
2) Inhaber dieser Professur (s. oben I 182) waren der Cilicier Philagros, Philostrat. Vit. soph. II 8, 2; der Phönicier Hadrianus, ebd. II 10, 5; der Cappadocier Pausanias aus Cäsarea, ebd. II 13; der Smyrnäer Euhodianus, ebd. II 16; Aspasius aus Ravenna, ebd. II 33, 2. 3) Hist. aug. M. Aur. 2, 4; L. Ver. 2, 5 (Herodes Atticus). Philostrat. a. a. O. II 24, 2 (Antipater). 4) Hist. aug. Hadrian. 16, 10. Philostrat. Vit. soph. I 8, 2. 22, 3. 24, 3.

ben fand, zeigt die kindische Einbildung der Sophisten von ihrer Wichtigkeit und ihrer Stellung zu den Kaisern. Polemo soll einst Hadrians Nachfolger Antoninus Pius, als dieser noch Prokonsul von Asia war, in der gröbsten Weise bei Nacht aus seinem Hause in Smyrna gewiesen haben; um nun Polemo gegen eine etwaige Rache von seiten des Antoninus zu schützen, habe Hadrian in seinem Testament ausdrücklich gesagt, daß Polemo ihm zur Adoption des Antoninus geraten, auch habe dieser nach seiner Thronbesteigung dem Polemo alle Ehre erwiesen![1])

Von solchen und ähnlichen Geschichten ist das Buch des Philostrat voll. Der Sophist Aristides machte Marc Aurel bei einem Aufenthalte desselben in Smyrna seine Aufwartung nicht früher, als bis der Kaiser nach ihm verlangte; er habe, sagte er, seine Studien nicht unterbrechen wollen. Als Smyrna später durch ein Erdbeben zerstört worden war, gab er durch seine (noch vorhandene, ganz aus Exklamationen bestehende) »Klage über Smyrna« Veranlassung zur Wiederherstellung der Stadt. Bei der schönen Stelle: »die Abendwinde wehen über eine Öde«, hatte Marc Aurel Tränen vergossen[2]). Obwohl es nun unmöglich ist, zu entscheiden, wieviel in der angeführten Darstellung Philostrats im einzelnen Wahrheit und wieviel Lüge, oder doch Entstellung, Übertreibung und Einbildung ist, so kann doch weder die auffallende Höflichkeit der Kaiser im 2. und zum Teil im 3. Jahrhundert gegen die Sophisten noch ihr Interesse für deren Kunst bezweifelt werden: hiernach allein würde schon, wie gesagt, dasselbe für die gebildete Welt Roms vorauszusetzen sein.

und der Römer überhaupt für die Kunst der Sophisten.

Es fehlt aber auch sonst nicht an unverdächtigen Zeugnissen für das große Interesse, das diese an den Sophisten nahm. Einer der Begründer der neuen Kunst, der Assyrer Isäus, trat (wohl kurz vor dem Jahre 100) in Rom auf; welchen Eindruck er mit seinem gewaltigen Redeflusse[3]) machte, zeigt die Schilderung des jüngeren Plinius: »dem Isäus war ein großer Ruf vorangegangen, größer hat er sich bewährt. Da ist höchste Fertigkeit, Reichtum, Fülle. Er spricht immer nur aus dem Stegreif und doch ebenso, als hätte er es lange geschrieben. Sein Ausdruck ist echt griechisch, ja attisch. Die Vorreden sind zierlich, einschmeichelnd, bisweilen würdig und in höherem Ton. Dann läßt er sich mehrere Kontroversthemen geben, überläßt aber den Zuhörern die Wahl, oft auch die Bestimmung, ob er für oder gegen reden solle. Er erhebt sich, macht den Mantelwurf, beginnt. Augenblicklich ist ihm alles zur Hand: entlegene Gedanken stellen sich ihm zu Gebote und die Worte: und was für Worte! Ausgesuchte und gebildete. Viel Belesenheit, viel schriftliche Übung ist in diesen unvorbereiteten Ergüssen ersichtlich. Seine Einleitung ist dem Gegenstande angepaßt, seine Widerlegung scharf, seine Beweisführung energisch, das Schmuckwerk erhaben. Kurz, er lehrt, unterhält, ergreift. Häufig sind bei ihm die sogenannten Enthymemata, häufig die Syllogismen; und diese scharf umgrenzt und abschließend. Was er aus dem Stegreif gesprochen, faßt er streckenweit wiederholend zusammen und irrt sich mit keinem Wort. Zu solcher Fertigkeit hat er es durch frühe Übung gebracht. Denn Tag und Nacht treibt, hört und spricht er nichts anderes. Er ist über das sechzigste Jahr hin-

1) Philostrat. Vit. soph. I 25, 3. 2) ebd. II 9, 2. 3) Juv. 3, 74 *Isaeo torrentior*.

aus und immer noch bloß ein Mann der Schule«[1]. Nach dieser Schilderung darf man den Angaben Philosrats buchstäblichen Glauben beimessen, daß die Feindschaft der beiden Sophisten Favorinus und Polemo dadurch genährt wurde, daß Konsuln und Söhne von Konsuln teils für diesen, teils für jenen Partei nahmen; daß der Sophist Hadrianus solche Bewunderung erregte, daß Ritter und Senatoren sich ins Athenäum drängten, um ihn zu hören, und selbst solche, die des Griechischen unkundig waren[2].

Einfluß der griechischen Sophistik auf die römische Literatur des 2. Jahrhunderts.

Daß die großen, durch den griechischen Lehrstuhl in Rom energisch unterstützten Wirkungen der sophistischen Beredsamkeit in der gebildeten römischen Welt nicht ohne Einfluß auf die dortigen literarischen Betrebungen blieben, zeigen selbst die geringen Überbleibsel der römischen Literatur in der nachhadrianischen Zeit des 2. Jahrhunderts deutlich genug. Ja, vielleicht sind diese Überbleibsel auch darum so gering, weil manche Römer sich durch den Glanz der neuen griechischen Prosa verführen ließen, griechisch statt lateinisch zu schreiben. Bei Marc Aurel ist, wie vorher bei dem Volsinier Musonius, die Wahl der ersten Sprache zwar ohne Zweifel durch das Studium der Originalwerke griechischer Philosophen veranlaßt worden; doch daß der Arelatenser Favorinus und der Pränestiner Claudius Aelianus nach dem Ruhme strebten, nicht in ihrer Muttersprache, sondern in der griechischen als Stilkünstler zu glänzen, wie sie denn in der Tat zu den hervorragenden griechischen Sophisten gezählt wurden: das gehört zu den unzweideutigsten Symptomen des Einflusses der griechischen Sophistik auf die literarischen Kreise der römischen Welt. Römische Prosaschriftsteller besitzen wir aus dieser Zeit nur drei, von denen Gellius, der nichts als eine Sammlung von gelehrten Ergötzlichkeiten bieten wollte, kaum den Namen eines Schriftstellers verdient, aber doch auch in der studierten Eleganz, besonders seines Erzählens, wohl die Nachahmung gleichzeitiger griechischer Muster verrät; sein großer Freund Herodes, dieser »durch anmutigen Geist und griechische Beredsamkeit berühmte Mann«[3], hatte ähnliche Sammlungen gelehrter Art herausgegeben. Fronto, der Bewunderer des Polemo[4], hat sich in mehreren Formen versucht, in denen die Sophisten ihre Kunst zur Schau stellten; außer der zierlichen Erzählung[5] gehörten dazu besonders Briefe, die teils im eignen Namen, teils im Namen und Charakter der verschiedensten Personen, Stände, Klassen geschrieben wurden; von Fronto haben wir auch griechisch geschriebene. Auch seine Lobreden auf den Staub, den Rauch und die Faulheit sind Versuche in der bei den Sophisten beliebten Aufgabe, schädliche, verächtliche und unnütze Dinge zu preisen.

Apulejus.

Apulejus endlich, der in Athen, wie er selbst sagt, griechische Bildung im weitesten Umfange sich aneignete, hat es geradezu zu seiner Lebensaufgabe gemacht, in der Kunst der lateinischen Prosa dasselbe zu leisten wie die Sophisten in der griechischen[6]. Die Verbindung der Philosophie mit der Beredsamkeit, durch die er hauptsächlich sein großes Ansehen bei der Mitwelt und Nach-

1) Plin. ep. II 3; vgl. Lehrs, Popul. Aufs.² S. 372f. 2) Philostrat. Vit. soph. I 8, 3. II 10, 5. Vgl. oben S. 209. 214. 3) Gell. IX 2, 1. Philostr. a. a. O. II 1, 14. 4) Fronto ep. ad M. Caes. II 10 p. 34 N. *Polemonis tui quoniam meministi.* Vgl. den Brief des Verus über ihn ebd. II 5 p. 29f. N. 5) Fronto De fer. Als. p. 228 und die Geschichte von Arion p. 237 N. 6) Bezeichnend ist es, daß er sich selbst mit dem vielseitigen Sophisten Hippias vergleicht, Florida 8.

welt gewann, war auch bei den griechischen Sophisten nicht ungewöhnlich; wie sie reiste er von Ort zu Ort und ließ sich mit wohlvorbereiteten Vorträgen hören (eine Sammlung sorgfältig ausgearbeiteter Glanzstellen und Einleitungen hat sich erhalten); wie sie verwertete er seine Kunst auch vor Gericht. Auch sein Hauptwerk, der Roman des in einen Esel verwandelten Lucius, ist ein sophistisches Schau- und Prachtstück. Denn auch diese Form wurde (wie bemerkt) von den Sophisten benutzt, um die Vorzüge der prosaischen Darstellungskunst auf verschiedenen Gebieten zu entfalten: auch hier war die Darstellung der Zweck, der Gegenstand nur das Mittel. Wie die griechischen Romane besteht auch der des Apulejus aus lose aneinander geknüpten Szenen und Abenteuern aller Art, die dem Darsteller Gelegenheit bieten, seine Kunst bald in komischen und tragischen, schmutzigen und schaudervollen Geschichten, bald in Schilderungen von Naturszenen und Kunstwerken, bald in Dialogen und Reden zu entfalten.

Wenn der Versuch des Apulejus, die griechische Sophistik in die römische Literatur zu verpflanzen, der schlagendste Beweis der ungemeinen Wirkung ist, welche die neue griechische Kunst auf die gebildete Welt auch des Westens übte, so zeigt zugleich seine ganze Schriftstellerei, wie die Herrschaft dieser Form notwendig die bisherige Bedeutung der Poesie beeinträchtigte. Daß Apulejus eine poetisch beanlagte Natur war, wird niemand bestreiten; er war es wohl in höherem Grade als der größte Teil der uns bekannten nachaugusteischen Dichter; schon die Wahl eines Volksmärchens (Amor und Psyche) zum Gegenstand der Darstellung und dessen liebevolle Behandlung zeigt ein in jener Zeit wohl sehr seltenes Verständnis auch für die wilden Blumen der Poesie, welche die poetischen Kunstgärtner und deren Bewunderer hochmütig ignorierten. Allerdings hat sich nun Apulejus auch in Gedichten aller Art versucht, wie er sagt, Epen, Lyrisches, Komödien, Tragödien, Satiren und Rätsel geschrieben[1]); aber seinen Ruhm suchte und fand er doch in der Prosaschriftstellerei. Hundert oder fünfzig Jahre früher würde er höchst wahrscheinlich als Dichter geglänzt haben, aber wie die herrschende Richtung der früheren Zeit stark genug gewesen war, selbst nüchterne Pedanten wie Plinius auf poetische Pfade zu locken, so zog jetzt die Prosakunst unwiderstehlich das Talent an und vermochte es selbst aus der ihm zusagenden Sphäre zu reißen. Freilich hat es Apulejus in ungewöhnlicher Weise verstanden, die Doppelnatur des poetisierenden Rhetors, des in Prosa darstellenden Dichters festzuhalten.

Bedeutung der Poesie für Gesamtbildung und Kultur seit der Renaissancezeit.

Mit der Wiedergeburt der antiken Kultur gewann die römische Poesie der Augusteischen und nachaugusteischen Zeit aufs neue eine so hohe Geltung, wie sie nur je im Altertum besessen. Während Homer, Pindar, Aeschylus, Sophokles, Theokrit Jahrhunderte hindurch wenig gekannt und noch weniger verstanden wurden, waren Vergil, Horaz, Ovid, Juvenal allgemein als höchste Muster anerkannt. Mit der Herstellung der Geltung der römischen Dichtung und ihres Einflusses auf die Gesamtbildung kehrten aber auch manche Erscheinungen wieder, die in dem Verhältnisse der gebildeten Welt des späten Alter-

1) Apulei. Florida 9.

tums zur Poesie ihren Grund hatten. Zunächst stellte der Humanismus die innige Verbindung der Poesie mit der Wissenschaft und Gelehrsamkeit her; auch ihm galt ihr Studium als wichtiges, ja unentbehrliches Bildungsmittel, die Virtuosität in der Handhabung ihrer Formen und ihres Ausdrucks als feinste Blüte edler Bildung[1]): »Poeten« hießen geradezu die Humanisten in befreundeten wie in feindlichen Kreisen[2]), und nicht mit Unrecht. »Wer nicht die Poesie getrieben hat,« sagt Melanchthon in einem Brief an Micyllus 1526, »der hat in keinem wissenschaftlichen Fach ein rechtes Urteil, und auch die Prosa derer, welche nicht von der poetischen Kunst einen Geschmack haben, hat keine Kraft.« Die Poesie galt den Humanisten als erlernbare Kunst, die, wie jede andere, durch Fleiß und Übung von jedermann erworben werden könne[3]). Zugleich erhielt sie die Aufgabe zurück, das Leben der Bevorzugten zu schmücken und jedem bedeutenden Moment eine höhere Weihe zu geben. Zum Teil haben diese Richtungen bis zum Ende des 18. Jahrhunderts und selbst darüber hinaus fortgewirkt. Die Poesie blieb ein regelmäßiger Unterrichtsgegenstand an den Universitäten und begleitete oft genug Männer, die eine höhere Bildung erworben hatten, durchs Leben, indem sie ihnen in Mußestunden eine geziemende Ergötzung und Erholung bot: auch die offizielle wie die nicht offizielle Gelegenheitspoesie behielt eine gegenwärtig kaum noch verständliche Bedeutung und Breite. Erst um die Mitte des 18. Jahrhunderts vollzog sich jene große geistige Revolution, die der Poesie wie der Kunst überhaupt das hohe Ziel steckte, die Befreierin des menschlichen Gemüts von den dunklen Mächten der Leidenschaft zu werden. Diese gewaltige Bewegung, die aus Künstlichkeit, Konvenienz und Formenwesen so mächtig zur Natur zurückstrebte, die das Verständnis der Griechen, Shakespeares und der Volkspoesie erschloß: sie hat, wie sie das ganze Verhältnis der gebildeten Welt zur Poesie völlig umgestaltete, auch die Schätzung der römischen Dichter sehr herabgedrückt, doch freilich weit weniger bei den romanischen als bei den germanischen Völkern.

1) Raumer, Gesch. der Pädagogik I (1907) S. 135. G. Voigt, Enea Silvio II 266; Wiederbelebung d. klass. Altert. II² 399. Fr. Haase, Philologie, in Ersch u. Grubers Enzykl. 3. Sect. XXIII S. 379, 17. Melanchthon (Corp. Reform. XI 61) weist zur Verteidigung der lateinischen Poesie besonders darauf hin, daß, wie in römischer Zeit auf die Verachtung der Poesie allgemeine Unwissenheit und die äußerste *infantia* gefolgt sei, so bei den Deutschen die Versöhnung mit den *meliores litterae* erst eingetreten sei, seitdem die gebildetsten Männer sich nicht gescheut hätten, *versiculos* zu machen. 2) So heißt die im J. 1501 von Maximilian I. errichtete humanistische Fakultät an der Universität Wien *collegium poetarum*, Paulsen, Gesch. d. gelehrten Unterrichts I² 127 f. 3) Melanchth. epist. 364 (Corp. Reform. I 783). Paulsen a. a. O. I² 352, vgl. S. 353: der Glaube, daß die Poesie erlernbar sei, »ist eine der Grundansichten des Humanismus, sie beherrscht die ganze poetische Literatur bis zu der sogenannten Sturm- und Drangepoche, die von diesem Gesichtspunkt gesehen sich darstellt als die Empörung gegen die ästhetische Anschauung des Humanismus«.

XI. DER LUXUS

VORBEMERKUNG.

Vor mehr als einem Menschenalter schickte ich diesem Abschnitt folgende Bemerkung voraus: »Ich habe versucht, allgemein verbreitete Ansichten vom römischen Luxus als unhaltbar zu erweisen. Als ich meine Untersuchungen über diesen Gegenstand begann, teilte ich diese Ansichten durchaus; je weiter ich aber darin fortschritt, desto unmöglicher schien es mir, sie festzuhalten. Ihre Unhaltbarkeit glaubte ich namentlich auch durch Vergleichungen mit dem Luxus anderer Zeiten dartun zu müssen. Ohne Zweifel würde mich eine bessere Kenntnis der mittelalterlichen und neueren Kulturgeschichte in den Stand gesetzt haben, bessere Parallelen zu wählen und Irrtümer zu vermeiden, die bei der Benutzung eines nur durch den Zufall gebotenen und großenteils aus abgeleiteten Quellen geschöpften Materials fast unausbleiblich sind. Da ich überdies hier auch dadurch der Gefahr zu irren ausgesetzt gewesen bin, daß ich nicht umhin konnte, das mir fremde Gebiet der Nationalökonomie zu streifen, habe ich um so mehr Grund, diesen Abschnitt, als einen ersten Versuch der Vergleichung des römischen Luxus mit dem Luxus anderer Zeiten, der Nachsicht sachkundiger Leser zu empfehlen.«

Ich bin seitdem fortwährend bemüht gewesen, zur Beurteilung des römischen Luxus aus dem Luxus anderer Zeiten zahlreichere und sicherere Anhaltspunkte zu gewinnen, namentlich mit Hilfe neu erschienener Arbeiten. Freilich habe ich dabei je länger je mehr die Mißlichkeit aller solcher Vergleichungen eingesehen, da man selten oder nie die wirkenden Kräfte und Einflüsse, durch welche die zu vergleichenden Erscheinungen bedingt waren, auch nur in einiger Vollständigkeit übersieht und daher gewiß nur zu oft genötigt ist, Tatsachen zu verwerten, die, aus ihrem natürlichen Zusammenhange gerissen, einen täuschenden Eindruck zu machen und das Urteil eher irre zu leiten als zu berichtigen geeignet sind.

Trotzdem halte ich diese Vergleichungen nicht nur nicht für wertlos, sondern auch für unentbehrlich. Auch die Beurteilung des römischen Luxus beruht vorzugsweise auf solchen aus dem Zusammenhang gerissenen, zum Teil überdies von den alten Schriftstellern tendenziös ausgewählten Tatsachen. Wenn ich zur Verbreitung der Überzeugung beigetragen haben sollte, daß es einer größeren Vorsicht als der bisher angewandten zur Beantwortung der hier aufzuwerfenden schwierigen Fragen bedarf, und wenn es mir außerdem gelungen sein sollte, den römischen Luxus von dem Nimbus des Fabelhaften und Unerhörten zu befreien, so würde meine Arbeit nicht fruchtlos gewesen sein.

Wer eine seit Jahrhunderten herrschende Ansicht zu bekämpfen unternimmt, muß auf vielfachen und entschiedenen Widerspruch gefaßt sein. Ich erkenne aber auch bereitwillig an, daß er sehr der Gefahr ausgesetzt ist, eine Vorliebe für die neu gewonnene Ansicht zu fassen und denjenigen Momenten, die zu ihren Gunsten zu sprechen scheinen, einen zu großen Wert beizulegen. Wie weit es mir gelungen ist, mich von einer solchen Befangenheit frei zu halten, muß ich dem Urteil meiner Leser überlassen.

Der Vorwurf, daß ich den römischen Luxus zu günstig aufgefaßt habe, ist mir wiederholt gemacht, aber bisher nicht hinlänglich begründet worden, um mich zu einer Änderung meiner Ansicht zu veranlassen. Die sehr allgemein gehaltenen Einwendungen von Baudrillart in seiner (sonst überaus wohlwollenden) Anzeige der französischen Bearbeitung dieses Buchs[1]) und in seiner Histoire du luxe II 393 ff.[2]) haben meine Überzeugung ebensowenig erschüttert wie folgende Bemerkung von Nissen in den Pompejanischen Studien S 667: »Man kann den römischen Luxus erklären, vielleicht entschuldigen, aber mit keinen Künsten der Interpretation hinwegdeuten. Die Klagen patriotischer Schriftsteller sind doch ganz anders begründet, als uns z. B. Friedländer glauben machen will. Der Luxus hat die Freiheit der Römer vernichtet. Und wer das Verschwinden der Atrien Pompejis in den Gärten der Sullaner verfolgt, dem mag wohl das trübe Wort des Plinius in den Sinn kommen: *latifundia perdidere Italiam.*«

Daß ich »Künste der Interpretation« wenigstens nicht wissentlich angewandt habe, brauche ich hoffentlich nicht erst zu versichern. Ich wiederhole, daß meine Resultate sich mir nicht bloß als ungesuchte ergeben haben, sondern auch als unerwartete. Welche der von mir für unbegründet erklärten Klagen römischer Schriftsteller Nissen für begründet hält, geht aus seinen Worten nicht hervor. Die Klage des Plinius über die Latifundien aber kann unmöglich dazu gehören, da ich bei den meiner Arbeit gesteckten Grenzen ihre Berechtigung ebensowenig zu prüfen als die Frage zu beantworten hatte, ob und inwiefern der Luxus die Freiheit der Römer vernichtet habe. Ich würde sie allerdings anders beantworten als Nissen. Ohne zu leugnen, daß auch der Luxus zum Untergange der Republik mitgewirkt habe, halte ich ihn doch weit mehr für ein Symptom als für eine Ursache, für eine der notwendigen Folgen der großen volkswirtschaftlichen und sozialen Umwälzungen, die seit den punischen Kriegen die Fundamente der Republik untergraben haben: der Anhäufung großer Kapitalien neben der Abnahme des Mittelstands und der Zunahme des Proletariats einerseits, und der Zerstörung der alten Einfachheit und Sittenstrenge durch die Steigerung der Bedürfnisse, die Vermehrung der Genußmittel und das Überhandnehmen der Genußsucht andrerseits. (Geschrieben 1909.)

1) Journal des Savants 1875, 752 ff. 1876, 46 ff. 2) Die Histoire du luxe privé et public depuis l'antiquité jusqu'à nos jours, par H. Baudrillart, membre de l'Institut, Paris 1879—80, 4 Bände, ist im folgenden stets mit dem Namen des Verfassers allein zitiert. Aus der sonstigen reichen Literatur über den Gegenstand sei hier auf W. Sombart, Luxus und Kapitalismus (1913) S. 70 ff. hingewiesen.

1. ALLGEMEINES.

Die herrschende Ansicht zum Teil auf Ausnahmen und Anomalien begründet.

Die sehr verbreitete Ansicht, das der Luxus des späteren römischen Altertums ein ebenso beispielloser und fabelhafter wie unsittlicher und törichter gewesen sei[1]), ist noch heute nicht wesentlich anders begründet, als es von Meursius in seiner 1605 erschienenen kleinen Schrift: »Roma luxurians sive de luxu Romanorum[2])« geschehen ist; denn sie beruht auf dem Gesamteindruck einer Anzahl bunt zusammengewürfelter, durchaus heterogener Tatsachen, von denen die erstaunlichsten und ungeheuerlichsten auch die bekanntesten sind. Bei dem Gedanken an das kaiserliche Rom drängen sich der Erinnerung jene so oft wiederholten Erzählungen auf von den Bauten im Meer, den Gärten auf hohen Dächern, der Verwendung von Gold und Silber zu den Hufbeschlägen der Maultiere sowie zu den Behältern für Kot, von den Bädern in Eselsmilch und wohlriechenden Essenzen, den Getränken, in denen kostbare Perlen aufgelöst waren, den aus Pfauengehirnen und Flamingozungen bereiteten Gerichten, und was dergleichen mehr ist.

Zur Festhaltung übertriebener Vorstellungen hat übrigens auch hier wie anderwärts die Neigung beigetragen, die Erscheinungen des römischen Lebens im Guten wie im Bösen von vornherein im Verhältnis zu den entsprechenden der modernen Welt als riesenhaft anzusehen: eine Neigung, von der selbst die besten Altertumskenner keineswegs immer frei gewesen sind, wie C. G. Zumpt, welcher meinte, daß wir in der Kunst des Genießens gegen die Alten Kinder sind[3]), und W. A. Becker, dem gegenüber der verschwenderischen Pracht Roms der ausschweifendste Luxus aller Zeiten als ärmliches Unvermögen erschien[4]). Bei näherer Betrachtung ergibt sich jedoch, daß die Tatsachen, auf die man sich zu berufen pflegt, wenigstens zum Teil falsch aufgefaßt oder falsch gruppiert sind, und daß die herrschende Ansicht wesentlicher Einschränkungen bedarf. Dies würde selbst dann der Fall sein, wenn die betreffenden Angaben überall den vollen Glauben verdienten, der ihnen zum Teil ihrer Natur nach von vornherein versagt werden muß.

Übrigens würden auch diejenigen, die vor ein paar Menschenaltern den römischen Luxus als einen beispiellosen und ungeheuerlichen ansahen, heute wahrscheinlich anders urteilen. Gerade seit den ersten Jahrzehnten des 19. Jahrhunderts, noch mehr seit dessen Mitte ist in der ganzen zivilisierten Welt eine außerordentlich große Zunahme des Luxus eingetreten, und unser Maßstab dadurch ein völlig andrer geworden. Der Luxus des ersten französischen Kaiserreichs, der damals die Welt in Erstaunen setzte, erscheint mit dem des zweiten verglichen sehr bescheiden. Ein englischer Autor, Alfred Austin,

1) W. Roscher, Ansichten der Volkswirtschaft I³ S. 156 (das großartigste Beispiel eines solchen — unklugen und unsittlichen — Luxus bietet uns Rom in der Kaiserzeit). Goethe (Materialien zur Gesch. d. Farbenlehre, Weimar. Ausg. II Abt. III 127) vergleicht den Luxus der Römer mit dem ungebildeter Menschen, die, zu großem Vermögen gelangt, sich dessen auf eine lächerliche Weise bedienen, und bezeichnet ihn als ungereimt und übertrieben. Dagegen Gibbon (History of the fall and decline, Basel 1787, I 70f.; deutsch von Sporschil S. 42) urteilt günstig über den Luxus in der Zeit vor Commodus. 2) Auch in J. G. Graevii Thesaur. antiquitatum Romanarum VIII (1698) 1215 bis 1402. 3) Zumpt, Über den Stand der Bevölkerung und die Volksvermehrung im Altertum (Abhdl. Akad. Berlin 1840) S. 70f. 4) Becker, Gallus II³ 284 (in der Bearbeitung von Göll weggelassen).

sagte im Jahre 1883, daß im letzten Menschenalter in England das Wachstum des Luxus mit dem des Reichtums gleichen Schritt gehalten habe, und (nach Gladstone) die Vermehrung des letzteren in den letzten fünfzig Jahren größer gewesen sei als in allen früheren Jahrhunderten seit der normannischen Eroberung. Die ganze Lebensführung der Reichen biete ein Schauspiel, wie es die Welt nicht gesehen habe, seit Rom sich seinem Falle zuneigte[1]).

Sodann ist die durch die Natur der Überlieferung auf dem ganzen Gebiete der Altertumswissenschaft bedingte Gefahr, aus einzelnen zufällig berichteten Fällen falsche Schlüsse zu ziehen und Ausnahmen für die Regel anzusehen, auch von den Beurteilern des römischen Luxus keineswegs immer vermieden worden. Aber man hat überdies auch, wie gesagt, seit dem Vorgange von Meursius Berichte aus den verschiedensten Zeiten und von der verschiedensten Art durcheinandergeworfen: Berichte von den Extravaganzen berüchtigter Verschwender, der fürstlichen Lebensweise prachtliebender Großen, den raffinierten Schwelgereien der Virtuosen des Genusses — und zwar gewöhnlich ohne Rücksicht auf den Standpunkt der Berichterstatter und auf den Zusammenhang, in dem die Tatsachen mitgeteilt werden.

Vor allem hätte immer ganz von der Betrachtung ausgeschlossen bleiben sollen, was von dem Luxus einzelner Kaiser berichtet wird[2]). Der Luxus eines Caligula und Nero erhielt seinen Ausnahmecharakter dadurch, daß er eine Dokumentation ihres Allmachtschwindels war. Sie wollten auch hierin die übermenschliche Macht und Größe des Cäsarentums, den unermeßlichen Abstand des Weltherrschers von seinen Untertanen zur Anschauung bringen, für sie sollte es keine Unmöglichlichkeit, für ihren Willen keine Schranke geben[3]). In diesem Sinne ließ Caligula — dessen Cäsarenwahnsinn übrigens vielleicht nicht ohne eine Beimischung wirklicher Verrücktheit war[4]) — an tiefen und gefährlichen Stellen des Meeres Bauten aufführen und verpraßte den Tribut dreier Provinzen[5]) (10 Mill. Sesterzen, d. h. über 2 Mill. Mark) an einem Tage[6]); in diesem Sinne unternahmen er und Nero, bei ihren Festen, in ihren Prachtschiffen und Palästen die Träume einer ausschweifenden Phantasie zu verwirklichen[7]). Luxus der Kaiser.

Doch Caligula und Nero sind auch in dieser Beziehung unter den Kaisern der beiden ersten Jahrhunderte fast alleinstehende Ausnahmen, da man ihnen nicht einmal Lucius Verus an die Seite stellen kann, und der Luxus des Vitellius sich auf die Befriedigung einer monströsen Gefräßigkeit beschränkte. Dagegen sind Tiberius, Galba, Vespasian, Pertinax bis zur Kargheit sparsam, und unter den übrigen keiner ein eigentlicher Verschwender gewesen. Und es fragt sich wohl noch, ob selbst der Luxus Caligulas und Neros widersinniger und

1) A. Austin, National Review, December 1883 S. 466f. Auch dieser Autor hält also den römischen Luxus für den größten dagewesenen und kaum zu überbietenden. 2) Dies bemerkt schon Meierotto, Über Sitten und Lebensart der Römer[3] (1814), Vorrede S. XXXf., der auch das Buch von Meursius richtig beurteilt. 3) Sueton. Calig. 37, 2: *nihil tam efficere concupiscebat, quam quod posse effici negaretur.* 4) Tac. A. XIII 3; H. IV 48. Seneca Cons. ad Polyb. 17, 5. Sueton. Calig. 50, 2. Niebuhr, Vorträge über römische Geschichte III S. 178. v. Domaszewski, Gesch. d. röm. Kaiser II 1ff. Ebenso der Arzt Wiedemeister, Der Cäsarenwahnsinn S. 87ff., dagegen Schiller, Gesch. d. röm. Kaiserzeit I 306. Willrich, Klio IV 1904 S. 459ff. 5) Vielleicht Sicilien, Sardinien, Corsica. Marquardt StV. II[2] 298, 3. 6) Sueton. Calig. 37, 3. Seneca Cons. ad Helv. 10, 4. 7) Tac. A. XV 42: *Nero tamen, ut erat incredibilium cupitor, effodere proxima Averno iuga conisus est.*

Luxus der kleinen deutschen Despoten im 17. und 18. Jahrhundert.

verderblicher war als der mancher kleinen deutschen Despoten des 17. und 18. Jahrhunderts. Denn wenn August der Starke allein für eine einzige Oper 80000 Tlr.[1]), für das Lustlager von Mühlberg 5 Millionen verausgabte[2]); wenn Karl Eugen von Württemberg (der Stifter der Karlsschule) seinen Hof zum glänzendsten in ganz Europa machte, die ersten Künstler in seinen Schauspielen auftreten, unter seinen Gästen die kostbarsten Geschenke verlosen, für die Menge Weinfontänen springen ließ, Feuerwerke gab, die eine halbe Tonne Golds kosteten, Seen auf Bergen graben ließ und Schlittenfahrten veranstaltete, zu denen der Schnee meilenweit herbeigeschafft werden mußte[3]): so wurden die Mittel zu dieser rasenden Verschwendung doch in Ländern erpreßt, deren Steuerkraft schwerlich die einer einzigen größeren römischen Provinz erreichte[4]). Unter August dem Starken beliefen sich die Einkünfte Sachsens auf 6 Mill. Taler[5]). In Württemberg (einem Lande mit 152 Quadratmeilen und etwa 650000 Einwohnern) deckten unter Herzog Karl Eugen (1737 — 1793) die ordentlichen Einnahmen aus dem Kammergut und den Steuern die Ausgaben nicht[6]). Jedenfalls aber würde ein Schluß von dem Luxus Caligulas und Neros auf den des damaligen Rom ebenso unzulässig sein, wie ein Schluß von den Ausschweifungen der absolutistischen Höfe auf die Sitten des damaligen Deutschland.

Luxus der Nabobs in der letzten Zeit der Republik.

Ebensowenig wie auf die Beispiele der römischen Kaiser kann man sich bei der Beurteilung des römischen Luxus ohne weiteres auf die jener Großen in der letzten Zeit der Republik berufen, die in siegreichen Feldzügen reiche, zum Teil noch unerschöpfte Länder plünderten und von dort ungeheure Schätze heimbrachten. Die kolossale Verschwendung eines Lucullus, Scaurus, Pompejus, Cäsar war durch Umstände und Veranlassungen bedingt, die später im Altertum nicht wieder eingetreten sind; sie ist selbst von den Kaisern kaum jemals überboten worden. Plutarch sagt, daß die Gärten des Lucullus trotz der großen seitdem erfolgten Zunahme des Luxus zu den prachtvollsten unter den kaiserlichen gezählt wurden[7]); Plinius, daß ein Privatmann wie Scaurus durch sein Theater die Bauten des Caligula und Nero an unsinniger Verschwendung übertroffen habe[8]). Es mag dahingestellt bleiben, ob die seit Jahrhunderten von orientalischen Despoten aufgehäuften Gold- und Juwelenschätze[9]), die den römischen Besiegern Asiens zufielen, der Beute der spanischen Konquista-

1) E. Devrient, Geschichte der deutschen Schauspielkunst II 306 (die Oper Suleiman in Dresden 1753). 2) Keyßler, Reisen durch Deutschland³ (1776) S. 1326. 3) Vehse, Gesch. der deutschen Höfe XXV 247—290. Nicht alle Angaben Vehses mögen zuverlässig sein, aber so viel Glauben wie die meisten Angaben der römischen Schriftsteller über den Luxus verdienen sie sicherlich und vielleicht noch mehr. Vgl. auch Devrient a. a. O. II 301 über die Kosten des Balletts und der Oper unter Karl Eugen. Nach der Oper Semiramis wurden allein für 15000 Fl. Geschenke verteilt. 4) Vgl. über die Steuern dreier römischen Provinzen den Anhang XXIII. 5) K. Reichard, Im neuen Reich 1877 II S. 327. 6) Cl. Perthes, Polit. Zustände und Personen in Deutschland z. Zeit d. franz. Herrschaft I 506. A. v. Haller (Tagebücher seiner Reisen 1723—1727, herausg. v. L. Hirzel 1883 S. 8) veranschlagt unter Eberhard Ludwig (1677—1733) die Einkünfte des Herzogtums auf etwa 1,2 Millionen Gulden. Vgl. Herzog Karl Eugen von Württemberg u. seine Zeit. Herausgegeben vom württemberg. Geschichtsverein (1907—1909), besonders I 103 ff. 7) Plutarch. Lucull. 39, 2. 8) Plin. n. h. XXXVI 113. 9) Über die Goldschätze des Cyrus Plin. n. h. XXXIII 51. Die von Alexander d. Gr. in Ecbatana deponierten, aus den Eroberungen von Susa und Persepolis stammenden Schätze beliefen sich auf 180000 Talente (etwa 848 Mill. Mark), größtenteils in Barren. Grote, History of Greece XII 245.

doren, der englischen Eroberer Ostindiens nachstanden. Das Lösegeld für den Inka Atahualpa von Peru wird auf 23300998 Frcs. angegeben (eine Summe, deren damaliger relativer Wert das Vierfache des heutigen betragen soll); auf Pizarros Anteil kam ein Wert von 1402748 Frcs.[1]). Für Clive wäre es in Bengalen während seiner zweiten Verwaltung, wie Macaulay sagt, leicht gewesen, Reichtümer aufzuhäufen, wie sie kein Untertan in Europa besaß. Ohne die reichen Bewohner der Provinz einem stärkeren Drucke zu unterwerfen, als an den sie ihre mildesten Beherrscher gewöhnt hatten, hätte er Geschenke im Belauf von 300000 Lstr. jährlich empfangen können; die benachbarten Fürsten würden gern jeden Preis für seine Gunst gezahlt haben[2]). Den römischen Feldherrn und Beamten im Orient boten sich dieselben Gelegenheiten wie Clive und Warren Hastings; von der Mäßigung und verhältnismäßigen Uneigennützigkeit des ersteren aber waren sie ebenso weit entfernt wie der letztere. Wie ungeheure Summen ihnen zuströmten, mögen einige Angaben zeigen. Der Judenfürst Aristobulus bestach bei seinem Streite mit seinem Bruder, dem Hohenpriester Hyrcanus, den Legaten A. Gabinius mit 300, den Quästor M. Aemilius Scaurus mit 400 Talenten, und versuchte dasselbe auch bei Pompejus mit einem goldenen Weinstock im Wert von 500 Talenten (nahezu 2½ Mill. Mark)[3]). Ptolemäus Mennäi, Fürst eines Raubstaats am Libanon, kaufte von Pompejus Freiheit und Fortbestand seiner Herrschaft für 1000 Talente (4,7 Mill. Mark), die Pompejus zur Besoldung seiner Truppen verwandte[4]). Ariobarzanes von Cappadocien zahlte an ihn monatlich 33 Talente (155600 Mark), die noch nicht zur Abtragung der Zinsen seiner Schulden hinreichten[5]). Gabinius hatte als Prokonsul in Syrien über 100 Millionen Denare (70 Millionen Mark) erpreßt[6]). Dem Könige von Ägypten Ptolemäus Auletes hatte er angeblich seine Unterstützung für 10000 Talente (47 Millionen Mark) zugesagt[7]), nachdem Cäsar in seinem eigenen und Pompejus Namen demselben bereits gegen 600 Talente (über 28 Millionen Mark) abgenommen hatte[8]). Crassus raubte aus dem Tempel zu Jerusalem an Geld und Geldeswert 10000 Talente[9]). Auch Gallien, dessen Reichtum bei den Römern sprichwörtlich blieb[10]), war in Cäsars Zeit ein goldreiches Land[11]). Der von Q. Servilius Cäpio (etwa 106) aus der Tektosagenstadt Tolosa geraubte Tempelschatz hatte nach Posidonius 15000 Talente (über 70 Millionen Mark) betragen[12]). Im ganzen Gebiete des Rheins und in dem der Loire und Seine ist bis auf Cäsar in großer Menge, ja vielleicht an vielen Orten allein Gold geschlagen worden[13]), und

Ihre Einnahmen enorm —

1) P. Chaix, Histoire de l'Amérique mérid. au XVIme siècle II 67f. 2) Das Vermögen Clives wurde bei seiner ersten Rückkehr 1760 auf 1200000 Lstr. geschätzt, Vehse, Gesch. d. Höfe XIX 220. Sir John Malcolm gibt sein Jahreseinkommen auf 40000 Lstr. an, nach Macaulay (Essays IV 62 Tauchn.) zu niedrig. 3) Joseph. A. J. XIV 34. 37. 4) ebd. XIV 39. 5) Cic. ad Att. VI 1, 3; vgl. 3, 5. 6) Cass. Dio XXXIX 55, 5. 7) Cic. pro Rabir. Post. 21. 8) Sueton. Caesar 54, 3. 9) Joseph. A. J. XIV 105. 10) Manil. Astron. IV 693 *Gallia per census, Hispania maxima belli.* 793 *Gallia dives.* Joseph. B. J. II 364 ὑμεῖς πλουσιώτεροι Γαλατῶν. Mommsen RG. V 97, 1. 11) Diodor. V 27. 12) Strabo IV 188. 13) Mommsen, Röm. Münzw. S. 678, vgl. S. 683 (Goldprägung der Inselbriten). Nissen, Bonn. Jahrb. XCVI 1895 S. 3ff. Noch der Frankenkönig Theodebert schlug Münzen aus dem Golde einheimischer Bergwerke, Procop. B. G. III 33, 5. Gold- und Silberbergwerke in Britannien CIL VII p. 220. Gold- und Silberbeute von Decebalus: Dierauer, Beitr. z. Geschichte Trajans, in Büdingers Untersuchungen I 102f. Goldwäschereien in den Flüssen der Alpen: Planta, Das alte Rätien S. 14. Marquardt, Privatl.² S. 671, 4. Im allgemeinen vgl. Blümner, Technol. IV 22ff. v. Lippmann, Entstehung u. Ausbreitung der Alchemie (1919) S. 518ff.

Cäsar brachte von der gallischen Beute dessen so viel auf den Markt, daß das Pfund zu 3000 (statt 4000) Sesterzen in Italien und den Provinzen verkauft wurde, also um 25 Prozent gegen Silber fiel[1]).

desgleichen ihre Ausgaben —

Ebenso groß wie die Beute jener Römer in der letzten Zeit der Republik waren aber auch die Ausgaben, zu denen ihre Stellung und die Ruchbarkeit ihrer Verbrechen sie nötigte. Oft mußten sie, wie Warren Hastings, die geraubten Schätze ganz oder teilweise opfern, um eine Freisprechung von den gegen sie erhobenen Anklagen zu erwirken[2]). Immer aber verschlang der zu den großen politischen Unternehmungen erforderliche Aufwand, die kolossalen Bestechungen, die Unterhaltung eines ungeheuren Trosses von Anhängern und die Schauspiele, deren Pracht ans Fabelhafte grenzte, enorme Summen. Die Ädilität des Scaurus erschöpfte sein Vermögen und stürzte ihn in Schulden[3]).

ihr wirklicher Besitz nicht verhältnismäßig groß.

So zerrannen jene Schätze zum großen Teil so, wie sie gewonnen waren, und der wirkliche Besitz der damaligen Nabobs stand weder zu ihren Erwerbungen noch zu ihrer Verschwendung im Verhältnis. Selbst Crassus, dessen Reichtum in seiner Zeit als beispiellos gegolten zu haben scheint, war nicht so reich wie mehrere Freigelassene der ersten Kaiserzeit, wie Pallas, Callistus und Narcissus[4]). Er besaß vor dem parthischen Kriege etwa 7100 Talente (33 ½ Millionen Mark)[5]). Dem älteren Plinius erschien die letzte Zeit der Republik, mit der Gegenwart verglichen, als eine Zeit der Armut[6]). Wahrscheinlich erreichten in der Tat die großen Kapitalansammlungen in der Kaiserzeit nicht nur eine größere Höhe, sondern waren auch häufiger als in der Republik. Die Ursachen, die eine Hebung des Wohlstands überhaupt bewirkten, trugen auch zur Bildung kolossaler Einzelvermögen bei: namentlich die Ausbeutung zahlreicher neuer, noch unerschöpfter Provinzen, der Aufschwung des Handels, besonders mit Völkern, die in der Kultur tiefer standen[7]), die Sicherung und die vielfachen Erleichterungen des Verkehrs, wohl auch die Beschleunigung des Geldumlaufs.

Die größten Einzelvermögen des Altertums stehen hinter den größten der neueren, besonders der neuesten Zeit zurück.

Aber auch die Summen der größten Reichtümer in der Kaiserzeit stehen (obwohl sie ein dem modernen Reichtum in der Regel fehlendes, sehr bedeutendes Wertobjekt, die Sklaven, in sich schlossen) hinter den Summen, zu welchen die höchsten Vermögen und Einkünfte in neueren und neuesten Zeiten geschätzt worden sind, zurück. Wenn ein Freigelassener Neros einen Besitzer von 1,3 Millionen Mark für einen seiner Armut wegen beklagenswerten Mann erklärte[8]), so beweist dies (die Wahrheit der Erzählung vorausgesetzt) nicht, daß ein solches Vermögen als Armut galt, sondern daß der Übermut der damaligen Millionäre ebenso groß war wie der der heutigen: nur daß diesen ganz andere Reichtümer, mit ihrem so viel größeren Maßstabe gemessen, ärmlich

1) Sueton. Caes. 54, 2; vgl. Hultsch, Metrologie² S. 301. 2) Sehr bezeichnend dafür ist die Äußerung Ciceros Verr. I 41 *me arbitrari fore uti nationes exterae legatos ad populum Romanum mitterent, ut lex de pecuniis repetundis iudiciumque tolleretur; si enim iudicia nulla sint, tantum unumquemque ablaturum putant, quantum sibi ac liberis suis satis esse arbitraretur; nunc, quod eiusmodi iudicia sint, tantum unumquemque auferre, quantum sibi, patronis, advocatis, praetori, iudicibus satis futurum sit; hoc profecto infinitum esse. se avarissimi hominis cupiditati satis facere posse, nocentissimi victoriae non posse.* 3) Ascon. Argum. orat. pro Scauro p. 22 St. Vgl. über die Schulden andrer Großen Marquardt StV. II² 57. 4) Plin. n. h. XXXIII 134. 5) Plut. Crass. 2, 3. 6) Plin. n. h. XIII 92. 7) Oben I 367. 8) Epictet. Diss. I 26, 11 f.

erscheinen. Von einem Kapitalisten, dessen Vermögen bei seinem Tode 2 Millionen Lstr. betrug, soll »der größte Bankier Europas« gesagt haben: »Ich glaubte nicht, daß er so arm war« [1]). Die größten bekannten Vermögen des römischen Altertums betragen 300 und 400 Millionen Sesterzen (65 1/4 und 87 Millionen Mark); nur zwei Personen werden genannt, welche die letztere Summe besessen haben sollen, der Augur Cn. Lentulus und der Freigelassene Neros Narcissus. Als Zinsen für sichere Anlagen finden wir (mit Ausnahme von Griechenland und Kleinasien, wo sie 8 bis 9 Prozent betrugen) im ganzen römischen Reiche 3 bis 15, doch das typische Niveau lag überall und zu allen Zeiten zwischen 4 und 6, mit einer schwachen Senkung gegen 4 unter Caracalla bis Alexander Severus, die aber wieder dem früheren Stande wich, endlich unter Justinian vielleicht mit einem schwachen Steigen (gegen 6 und 7) [2]). Das höchste aus dem Altertum bekannte Jahreseinkommen ist dasjenige, welches die reichsten römischen Familien am Anfang des 5. Jahrhunderts bezogen haben sollen: etwa 4000 Pfund Gold bar, und Naturalien im Werte des dritten Teils dieser Summe; im ganzen nach heutigem Gelde 4872480 Mark [3]).

Die größten Einzelvermögen im Mittelalter und den folgenden Jahrhunderten —

Zur richtigen Schätzung dieser Summen können einige Angaben der größten Vermögen und Einkünfte in verschiedenen Zeiten und Ländern als ein zwar sehr unvollkommenes, aber doch nicht ganz wertloses Hilfsmittel dienen; mehrere derselben sind, wie gesagt, höher als die Angaben aus der römischen Kaiserzeit, und zwar zum Teil beträchtlich. Ungeheure Reichtümer, die ebenso schnell zerrannen, wurden von einzelnen im Reiche der Kalifen gewonnen. Unter Kalif Mahdy hatte ein reicher Hâshimide in Bassora ein tägliches Einkommen von 100000 Dirhem (soviel wie Francs); er soll 50000 Klienten gehabt haben [4]). Ein Lorenzo de' Medici hinterließ bei seinem Tode (1440) 235137 Goldgulden (etwa 2 1/3 Mill. Mark) [5]). Jacques Cœur (etwa 1400—1456), der reichste Mann Frankreichs im Mittelalter, der das ganze Bankgeschäft sowie fast den ganzen Ein- und Ausfuhrhandel des Landes in seiner Hand vereinigte, in zahlreichen Häfen der Levante Kontore, in der Mehrzahl der französischen Städte Niederlassungen hatte, Kupfer-, Blei- und Silbergruben besaß, war imstande, Karl VII. zur Vertreibung der Engländer aus der Normandie 200000 écus (entsprechend 13—16 Millionen Mark in heutigem Gelde) zu leihen. Er erwarb mehr als 20 Herrschaften und Kastellaneien, hatte Häuser und Schlösser in den größeren Städten Frankreichs und stattete mehrere der letzteren mit Bauten aus. Die ihm durch eine ungerechte Verurteilung auferlegte Buße betrug 400000 écus [6]). Der Bankier von Julius II., Agostino Chigi, der mehr als 100 Schiffe auf den Meeren und

1) Alfr. Austin, National Review, December 1883 S. 467. 2) Billeter, Gesch. d. Zinsfußes im griech.-römischen Altertum bis auf Justinian S. 180. 367f. 3) Marquardt StV. II² 56. Die Reduktion überall nach Hultsch, Metrol.² 348. Der Gotenkönig Theodahat wollte sich die Herrschaft Italiens für ein Einkommen von 1200 Pfund Gold (1 096 200 Mark) abkaufen lassen. Procop. B. G. I 6, 18. 4) v. Kremer, Kulturgesch. d. Orients II 190. 5) Burckhardt, Kultur d. Renaissance I⁷ 321f. Nach seiner Angabe ist der Münzwert des Ducato, Zecchino, Fiorino d'oro, Scudo d'oro annäherungsweise derselbe, 9—10 Mark heutigen Gelds. Ebenso (»*à peu près 12 fr.*«) nach genauen Wägungen Vast, Le cardinal Bessarion S. 368, 3, der aber glaubt, daß der Sachwert 4- bis 5mal größer anzunehmen sei. 6) P. Clément, Jacques Cœur et Charles VII ou la France au XVe siècle (1853) I p. If. II p. 1—46; vgl. I p. LXIff. (*notice sur la valeur relative des anciennes monnaies françaises*).

Handelshäuser in Lyon, London, Constantinopel, Amsterdam, selbst in Babylon besaß und mehr als 20000 Menschen unterhielt, soll ein Einkommen von 70000 Dukaten gehabt haben[1]). Das Vermögen der Fugger, das 1511 rund 250000 Gulden betrug und bis Ende 1527 auf 2 Millionen gestiegen war, erreichte 1546 mit 4³/₄ Millionen Gulden seinen höchsten Stand; in der ersten Hälfte des 17. Jahrhunderts erfolgte nach einem Verlust von 8 Millionen der Bankrott des Hauses[2]). Mazarins Vermögen schätzt Voltaire auf etwa 200 Millionen Fr. nach damaliger Währung[3]). Unter Ludwig XIV. besaß der Bankier Samuel Bernard 33 Millionen Livres[4]), der ehemalige Steuereinnehmer Bretonvilliers ein Jahreseinkommen von über 3 Mill. Fr. in heutigem Gelde[5]). Das Barvermögen des Fürsten Alexei Danilowitsch Menschikow († 1729) soll bei seiner Verbannung 5, nach andern 10 Millionen Rubel betragen haben. Er hatte allein in Kleinrußland 4 Städte, 88 Kirchdörfer, 99 Dörfer, 15 kleine Flecken und 87 Fischereien besessen, in Ingermanland 16 Güter, 98 Dörfer, Diamanten und Wertsachen für eine Million Rubel, 72 Dutzend silberne Teller, 105 Pud (= 1720 Kilogr.) Tischservice in Gold[6]). Potemkin brachte, unter kolossalen Verschwendungen bei einem Prasserleben, dessen Muster in den Märchen von 1001 Nacht zu suchen ist, in 16 Jahren ein Vermögen von 90 Mill. Rubel zusammen, während damals die ganze Jahreseinnahme des Reichs etwa 50 Millionen betrug[7]). Der jährliche Verbrauch des Grafen Brühl wurde auf 6 Millionen Mark geschätzt[8]). Die Einkünfte des Kardinals Ludwig Rohan werden auf ungefähr 5 Millionen Mark angegeben[9]). Das Privatvermögen Talleyrands schätzte man auf 18 Millionen Fr.[10]). Von den spanischen Granden hatte im 18. Jahrhundert der Herzog von Alba eine Revenue von 8 Mill. Realen (über 1600000 Mark), der Herzog von Berwick nahe an 2 Mill., aber diese Einkünfte wurden größtenteils durch ungeheure Dienerschaften aufgezehrt[11]). Der Herzog von Ossuna hatte (nach Bismarck 1859) ein Einkommen von Millionen; er besaß prächtige Gärten und Schlösser in Spanien, Italien, Belgien und Sardinien, die er selbst nur im Bilde kannte[12]). Unter den polnischen Ma-

1) Gregorovius, Gesch. der St. Rom VIII 113ff. 2) R. Ehrenberg, Deutsche Rundschau, Bd. 107 (1901) S. 71. »Mit 16 Goldgulden konnte man nach einem Brief von Capito an Zwingli vom 29. Januar 1526 die Kosten eines einzelnen Menschen für das Jahr bestreiten. Also wird der Goldgulden etwa 10 Gulden gleichgekommen sein«, K. Hagen, Deutschlands liter. und religiöse Verhältnisse im Reformat.-Zeitalter (1844) III 195, 6. Die Ausgaben eines Junkers für sich und seinen Hofmeister in Erfurt betrugen für Kost, Wohnung, Kleidung, Wäsche, Kollegienhonorare und sonst im ganzen Jahre 1451/52 26 Gulden. Ein Pensionär des Freiburger Professors U. Zasius zahlte im Anfang des 16. Jahrhunderts für Kost und Wohnung 10 Gulden, Janssen, Gesch. d. deutschen Volks seit dem Ausgang d. Mittelalters I²⁰ 34. Hiernach muß der Goldgulden erheblich mehr gegolten haben als 10 Gulden ehemaliger süddeutscher Währung. In der Zeit von 1500—1560 erfolgte eine Geldentwertung von etwa 50 Prozent, Schmoller, Tübinger Ztschr. f. Staatswissenschaft XVI 1860 S. 511. 3) Voltaire, Siècle de Louis XIV ch. 6 (Oeuvres 1784, XX 310). 4) Lacroix, XVIII. siècle, Institutions S. 197. 5) Baudrillart IV 69. Die Einkünfte des Herzogs von Lerma, des Günstlings Philipps III. von Spanien, gibt Baudrillart IV 212 zusammen mit denen seines Sohns auf 700000 écus (?) jährlich an, »*sans compter la garderobe et les richesses du luxe mobilier, qui montaient à plus de 6 mill. d'or*«. 6) Brückner, Histor. Taschenbuch 5. Folge VII 1877 S. 38f. 7) Sybel, Kleine histor. Schr. I² 170f. 8) Vehse, Gesch. d. Höfe XXXIII 332. 9) Carlyle, Ausgew. Schriften, deutsch von Kretzschmar I 189. 10) Gildemeister, Essays II 248. 11) Baumgarten, Gesch. Spaniens zur Zeit d. französ. Revolution (1861) S. 183. 12) Bismarcks Briefe an seine Braut und Frau S. 419.

gnaten in der Zeit Stanislaw Augusts konnte Felix Potocki 30 Meilen ohne Unterbrechung auf eigenem Grunde reiten, sein Besitz brachte ihm trotz der großen vom Vater her darauf lastenden Schulden anfangs jährlich 700000 Mark, machte ihn aber bald zum reichsten Mann Kronpolens[1]). Die Czartoryski hatten 15 Städte, 11 schloßähnliche Landsitze, 2 Paläste in Warschau, die Hinterlassenschaft August Czartoryskis brachte etwa 1800000 Mark Einkünfte[2]). Karl Radziwill hinterließ trotz einer echt polnischen Mißwirtschaft einen Besitz von gegen 3 Millionen Mark jährlicher Einkünfte[3]).

im 19. Jahrhundert — in Rußland —

In Rußland bildeten bekanntlich bis 1863 die Leibeigenen (nahezu ein Drittel der Gesamtbevölkerung) einen sehr bedeutenden Teil der großen Vermögen. Fürst Nicolai Borissowitsch Jussupow gab bei dem Besuche Friedrich Wilhelms III. in Moskau nach der Geburt Alexanders II. (1818) auf seinem dortigen Gute Archangelsk ein Fest, bei dem er unter anderm seine Gäste durch 40000 Leibeigene in festlichen Gewändern mit Salz und Brot, den russischen Symbolen der Gastfreiheit, empfangen ließ[4]). Das Vermögen der Jussupows[5]), obwohl mehrmals zur Strafe für Verschwörungen halb konfisziert, war im Jahre 1870 immer noch größer als das der meisten deutschen Fürsten und hatte dadurch, daß zwei Leibeigene, Vater und Sohn, die nacheinander als Verwalter fungierten, während ihrer Dienstzeit 3 Millionen an sich gebracht hatten, keine sehr merkliche Verminderung erlitten[6]). Die Demidows sollen unter anderm einen ungeheuren Felsen von Malachit besessen haben, von dem jedes Pud 800 Rubel kostete; der enorm reiche Astaschew hatte allein im Jahre 1843 in Sibirien 111 Pud Gold brutto, d. h. einen Wert von 5104890 Mark gewonnen; das Vermögen des Fähnrichs Jakubow, »1847 vielleicht das kolossalste auf dem Kontinent«, schätzte man auf mehr als 300 Millionen Mark[7]).

in England und Amerika.

Im übrigen Europa (besonders in England) sowie in Amerika hat sich seit der Mitte des 19. Jahrhunderts eine Anhäufung ungeheurer Kapitalien in den Händen einzelner in einem Umfang und bis zu einer Höhe vollzogen wie vielleicht nie zuvor. Wohl niemand in Frankreich würde heute, wie Frau von Rémusat 1818, ein Einkommen von (höchstens) einer Million Fr. »ein unermeßliches« nennen[8]). In England, wo in Johnsons Zeit der Gesamtverbrauch eines Mannes von hohem Range mit 5000 Lst. vollständig bestritten werden konnte[9]), und wo nach Macaulay[10]) um 1760 ein Einkommen von 40000 Lstr. mindestens ebenso selten war wie 1840 eines von 100000, gab es noch 1854 kaum 20 Mitglieder des Hauses der Gemeinen, die ein Einkommen von 10000 Lstr. hatten; im Jahre 1888 konnte man deren unschwer 5 mal soviel zählen, die ein drei- und vierfaches Einkommen besaßen[11]), und »Zehntausend jährlich« galten nicht mehr wie damals als großer Reichtum[12]). In der Stadt New York zählte man 1847 nicht mehr als 25 Personen, die ein Vermögen von einer Million Dollar

1) E. v. d. Brüggen, Polens Auflösung S. 193. 2) ebd. S. 136. 213. 3) ebd. S. 150. 4) Bernhardi, Gesch. Rußlands III 677. 5) Haxthausen, Studien über die inneren Zustände Rußlands (1847) II 226. III 26. 6) Busch, Graf Bismarck und seine Leute I 217. 7) Haxthausen, a. a. O. 8) Mém. de Mme. de Rémusat III 346: »*Le prince de Neufchâtel, comblé des dons de l'empereur, jouissait d'un immense revenu (il a eu jusqu'à un million de revenu).*« 9) Lady John Manners, National Review, March 1884 S. 16 (daselbst das Budget der Frau von Philipp Francis). 10) Essays IV 62 Tauchn. 11) A. Austin a. a. O. (oben S. 269 A. 1) S. 466. 12) Der Roman von S. Warren, Ten thousand a year erschien 1841.

hatten; unter diesen »bescheidenen Millionären« ragte Johann Jakob Astor hervor, der bei seinem Tode (1848) auf 20 Mill. Dollar geschätzt wurde[1]). Die Bildung kolossaler Einzelvermögen begann mit dem gewaltigen Aufschwung Amerikas nach dem Sezessionskriege. Alexander T. Stewart gab 1865 sein Jahreseinkommen auf 4071256 Dollar an und zahlte an Einkommensteuer 407000[2]). Cornelius Vanderbilt, der 1846 nur 750000 Dollar besaß, soll, als er 1877 im Alter von 81 Jahren starb, gesagt haben, daß er seit seiner Geburt im Durchschnitt jährlich 1 Million erworben habe; er hinterließ seinem Haupterben 90 Millionen, außerdem Legate im Betrage von 15 Millionen[3]). Jay Gould, der 1884 für den reichsten Mann der ganzen Welt galt, besaß angeblich 275 Millionen, J. W. Mackay, der in der Liste der größten Millionäre die zweite Stelle einnahm, 250 Mill. Dollar[4]); bei J. Pierpont Morgan wurde allein der Gewinn, den er bis 1909 durch den Zuckertrust gemacht hatte, auf 660 Mill. Dollar geschätzt[5]); auf das Vermögen Andrew Carnegies läßt die Tatsache einen Schluß zu, daß sich die von ihm gemachten Stiftungen gegenwärtig auf ungefähr 157 Mill. Dollar belaufen[6]).

Wenn aber Amerika die höchste Ziffer der Einzelvermögen aufweist, so ist England nichtsdestoweniger das reichste Land, auf welches man gegen Ende des 19. Jahrhunderts von den 700 Besitzern von einer Million Lstr., die damals auf der ganzen Erde leben sollten, nicht weniger als 200 rechnete[7]). Ein Einkommen von mehr als 10000 Lstr. oder 200000 Mark jährlich hatten dort 2418 Personen, in Frankreich 7—800, in Deutschland nur 144[8]). Nach jener 1884 aufgestellten Liste der 12 größten Millionäre, die 7 Amerikaner und 5 Engländer enthält, besaß der reichste Mann in England, Rothschild, ein Vermögen von 800, der Herzog von Westminster 320 Mill. Mark[9]); die drei übrigen waren die Herzöge von Sutherland und Northumberland und der Marquis von Bute, der mit einem Vermögen von 80 Mill. Mark die letzte Stelle in der Liste einnahm[10]).

Schwierigkeit der Vergleichung des antiken und modernen Reichtums.

Alle solche Angaben genügen nun freilich nicht zur Beantwortung der Frage, ob die reichsten Leute des Altertums reicher waren als die reichsten der neueren Zeiten. Diese Frage wäre selbst dann nicht leicht zu beantworten, wenn es gelänge, den Sachwert festzustellen, den das Geld in den beiden verglichenen Perioden hatte. Daß nun der Sachwert des Gelds im Altertum weit höher gestanden habe als heute, ist eine Ansicht, zu der auch die Untersuchung von Rodbertus über diesen Gegenstand gelangt. Zwar wird dort zugestanden, daß er die letzten Jahrhunderte der Republik hindurch bis jedenfalls zu Nero etwas sank, doch

1) G. Myers, Die großen Vermögen in Amerika (1916) I 123f. 2) Nationalztg. v. 23. August 1866. 3) De Varigny, Revue des deux mondes Bd. 87 (1888) S. 171. Myers a. a. O. I 316. 4) De Varigny a. a. O. S. 161f. 5) Myers a. a. O. II 570. 6) ebd. II 678. 7) De Varigny, Revue des deux mondes Bd. 89 (1888) S. 74. 8) ebd. S. 76. 9) Nach Zeitungsnachrichten (Wiener N. Freie Presse vom 6. Dezember 1918) ergab sich bei der Einschätzung auf Grund des neuen Einkommensteuergesetzes in England im J. 1918 als größtes Vermögen das eines Schiffsbauunternehmers Kohn Ellermann, jetzt Sir John Ellermann Baronet, in der Höhe von 800 Mill. Francs. 10) De Varigny, Rev. d. deux mondes Bd. 87 (1888) S. 162. Ich füge noch einige (selbstverständlich ganz unzuverlässige) Angaben hinzu, die Zeitungen bei Todesfällen von Millionären über deren Hinterlassenschaften brachten. Baron James Rothschild († November 1868) 2000 Mill. Fr. (!), Baron Sina († 1876) 80 Mill. Gulden, Baron Alexander v. Stieglitz († November 1884) 100 Mill. Rubel, Fürst Alexander Torlonia († Februar 1886) 100, aber auch 250 Mill. Lire, Baron Mayer Karl v. Rothschild († in Frankfurt 16. Oktober 1886) 500 Mill. Mark.

nur für Rom und Italien; von da ab sei er aber wieder im ganzen römischen Reiche gestiegen[1]). Doch abgesehen von manchen andern sich hier aufdrängenden Bedenken, erscheinen die zugrunde gelegten Angaben aus dem Altertum zur Aufstellung so weitgehender Folgerungen keineswegs ausreichend. Immer ist nicht zu vergessen, daß im Altertum die Genußmittel wie die Fabrikate überhaupt einerseits (wenigstens großenteils) durch die verhältnismäßige Unvollkommenheit der Fabrikation und des Transports verteuert wurden, andrerseits durch ihre verhältnismäßige Seltenheit, da der sehr viel geringeren Masse von Edelmetall, die im römischen Reiche zirkulierte, auch eine sehr viel geringere Masse von Genußmitteln wie von Wertobjekten überhaupt gegenüberstand. Freilich war die Entwicklung der Geldsurrogate eine verhältnismäßig sehr geringe, und die Schnelligkeit des Geldumlaufs, die in so vieler Hinsicht ähnlich wirkt wie die Geldmenge, bleibt völlig unmeßbar. Ob aber die Masse der durch Fabrikation erzeugten oder durch Handel eingeführten Genußmittel seit dem Untergang des Altertums nicht in demselben Maße gewachsen ist wie die Masse des Edelmetalls, wird zwar wohl nie zu ermitteln sein, doch für unmöglich kann es gewiß nicht erklärt werden. Ebensowenig wird sich wahrscheinlich jemals feststellen lassen, worauf es bei dem Vergleich der heutigen Reichtümer mit den damaligen hauptsächlich ankommt: ob die größten Einkommen in der Kaiserzeit eine mittlere Jahresrente höher überragten als in der Gegenwart. Jedenfalls sind gegenwärtig alle Angaben über den relativen Wert derselben Geldsummen im Altertum und in irgendeiner Periode der neueren Zeit ganz willkürlich[2]).

Fernere Ausnahmen. Apicius.

Doch nicht bloß der Luxus der Kaiser und der Großen in der letzten Zeit der Republik ist ein exzeptioneller; auch von den übrigen Beispielen des Luxus, auf die man sich zu berufen pflegt, werden manche ganz offenbar als einzeln stehende Ausnahmen berichtet. Jener M. Gavius Apicius[3]), der unter Augustus und Tiberius ungeheure Reichtümer (60 oder 100 Millionen S.) in raffinierter Schwelgerei verpraßte, und als er sein Vermögen bei einer Überrechnung auf 10 Millonen S. (über 2 Million Mark) herabgeschwunden fand, sich nach glaubwürdiger Mitteilung den Tod gab, weil er angeblich mit einer so geringen Summe zu leben nicht für möglich hielt, und vielleicht noch mehr, weil er alle Genüsse bis zum Ekel ausgekostet hatte[4]), galt auch seiner Zeit als ein Wunder von Üppigkeit. Ein gelehrter Vielschreiber (Apio) gab ein Buch über seinen Luxus heraus[5]), sein Name ward sprichwörtlich, er selbst zum Mythus, und durch diesen zu einer Art von Typus der vollendetsten Schwelgerei; noch zweihundert Jahre

1) Zur Frage des Sachwerts des Geldes im Altertum vgl. Rodbertus in Hildebrands Jahrb. f. Nationalökonomie und Statistik XIV (1870) S. 341ff. XVI (1870) S. 182ff., besonders S. 198. 232f. Meine in ders. Zeitschr. XII 1869 S. 306—308 (über den Kornpreis und den Sachwert des Gelds in der Zeit von Nero bis Trajan) geäußerte Ansicht sehe ich durch diese Untersuchung als völlig widerlegt an. Vgl. oben I S. XXXIV. 2) Nach Mitteilungen von W. Roscher und J. K. Rodbertus. 3) Dessau, Prosopogr. imp. Rom. II 111f. nr. 53. Nach Posidonius bei Athen. VI 168 D ist Apicius ein Beiname, der dessen berühmtem Träger (wie nachher noch einem späteren unter Trajan, Athen. I 7 D) von einem früheren Virtuosen in der Schlemmerei (in der Zeit des Marius) gegeben worden war. Vgl. jetzt F. Vollmer, Studien zu dem römischen Kochbuche des Apicius (Sitz.Ber. Akad. München 1920, Abh. 6) S. 29ff. 4) Seneca Consol. ad Helv. 10, 9. Cass. Dio LVII 19, 5. Seneca gibt 100 Mill., Martial. (III 22) 60 als verschwendet an. 5) Athen. VII 294 F.

später wählte ein Elagabal ihn zum Vorbilde[1]). Von den Anekdoten, deren Gegenstand er war, genügt als Probe die folgende (vielleicht aus Apios Buch entlehnte): er habe eigens eine beschwerliche Seereise von Minturnä nach Afrika unternommen, weil er gehört hatte, daß dort die Krebse sehr groß seien, und als er sich vom Gegenteil überzeugt, sei er sofort wieder umgekehrt[2]). Wenn es aber überall unzulässig ist, aus Anomalien und Ausnahmen auf allgemeine Zustände zu schließen, so gilt dies ganz besonders für das kaiserliche Rom, auf dessen Boden, unter Einflüssen und Bedingungen, wie sie so nie wiedergekehrt sind, Laster und Ausschweifungen die Tendenz hatten, ins Kolossale und Monströse auszuarten: und so mögen freilich Apicius und seinesgleichen die berüchtigsten Verschwender neuerer Zeiten hinter sich zurücklassen, wie den Grafen Brühl und den durch den Halsbandprozeß bekannten Kardinal Rohan, von dem die Äußerung berichtet wird: er begreife nicht, wie man mit weniger als anderthalb Million Livres als Einkommen leben könne[3]).

Der Luxus der mutwilligen Zerstörung wertvoller Dinge.

Vollends jener widersinnige Luxus, der nicht im Genuß, sondern in der Herabwürdigung und Zerstörung des Kostbaren und Wertvollen seine Befriedigung findet, kann der Natur der Sache nach nie anders als vereinzelt vorgekommen sein, und nichts spricht dafür, daß er in Rom verhältnismäßig häufiger war als in modernen Weltstädten, wo zu allen Zeiten großer Reichtum und Übermaß des Genusses Übersättigung und einen mit dem Frevel prahlenden Übermut erzeugt hat. Übrigens fehlt es auch an sonstigen Beispielen dafür nicht. Auch die Großen des Mittelalters suchten ihren Ruhm in völliger Nichtachtung des Besitzes und betätigten diese nicht bloß durch rücksichtslose Verschwendung, sondern auch durch Zerstörung. Bei einer 1174 von Heinrich II. von England nach Beaucaire berufenen Versammlung, wo eine außerordentliche Menge von Freiherrn und Rittern zusammenkamen, ließ Bertram Rambaut ein Stück Land pflügen und 30000 Sols in Pfennigen aussäen, Wilhelm von Martell, der 300 Ritter im Gefolge hatte, alle Speisen in seiner Küche an Wachsfackeln bereiten, Raimund von Venous 30 Pferde herbeiführen und lebendig verbrennen[4]). Als Joachim I. von Brandenburg 1500 nach Frankfurt kam, um die Huldigung der Stadt zu empfangen, schritt ein Herr von Belkow in Samtstiefeln, die mit Perlen geschmückt waren, zur Seite seines Pferdes mitten durch den Kot. Derselbe pflegte mit seinen Brüdern auf den Töpfermarkt zu reiten, sie ließen das sämtliche Geschirr von ihren Pferden zertrümmern und zahlten den doppelten Preis dafür, dann führten sie die Pferde in den Ratskeller und wuschen sie mit Malvasier[5]). Erwägt man, daß in Rußland gewisse Festlichkeiten, wo es hoch hergeht, ohne das Zertrümmern des Geschirrs nicht für vollständig gelten[6]); daß Tanzen auf Porzellan auch zu den Extravaganzen unserer Seeleute gehört, wenn sie sich am Land befinden[7]); daß Kreolinnen in Habana »ihre neuen, soeben aus Paris bezogenen Kleider im Werte von vielen Hundert Talern über die Räder ihrer Wagen breiten, um sie in wenigen Minuten total zu verderben und dadurch

1) Hist. aug. Elagabal. 18, 4. 2) Athen. I 7 B. Suid. s. Ἀπίκιος (Aelian. II 240 frg. 110 Herch.). 3) Vehse a. a. O. XLVII 283; über Graf Brühl XXXIII 332. 4) Bouquet, Recueil des historiens des Gaules et de la France XII 444. 5) Buchholtz, Versuch einer Gesch. der Churmarck Brandenburg (1767) III 349. 6) L. Tolstoi, Anna Karenina, deutsch von Graff (1885) II 74. 7) R. Werner, Seebilder (1876) S. 252.

mit ihrem Reichtum zu prunken[1])«: so muß man glauben, daß der Hang zu dieser Art der Perversität nicht ein gewissen Kulturperioden eigentümlicher und für sie bezeichnender, sondern ein der menschlichen Seele tief eingepflanzter ist.

Fast die einzigen auffallenden Beispiele dieser Form des Luxus, die aus dem alten Rom berichtet werden, sind (wenn man von den Kaisern absieht) das des Verspeisens von Singvögeln, abgerichteten und sprechenden Vögeln, und des Schlürfens aufgelöster Perlen. Nach Valerius Maximus soll der Sohn des großen, durch seine Kunst sehr reich gewordenen tragischen Schauspielers Äsop das letztere zu tun gepflegt, nach Plinius soll er jedem von seinen Gästen eine aufgelöste Perle vorgesetzt haben. Nach Horaz schlürfte er selbst eine solche, die Metella im Ohr getragen, um auf einmal eine Million hinabzuschlucken. Auch das Braten von Singvögeln und sprechenden Vögeln schreibt Valerius Maximus dem Sohn, Plinius dagegen dem Vater Äsopus zu; der letztere gibt sogar den Preis der einzelnen auf 6000, den Preis der ganzen berühmten Schüssel auf 100000 S. an; bei Horaz endlich sind es die beiden Söhne des Q. Arrius, die teuer gekaufte Nachtigallen zu speisen pflegten[2]). Die Abweichungen der Berichterstatter zeigen, wie diese und ähnliche Anekdoten sich im Munde jedes Erzählers anders gestalteten, daß daher ihre Zuverlässigkeit in Einzelheiten äußerst gering ist, und ihr Wert nur darin besteht, daß sie allgemein geglaubt wurden. Weil sie nun unendlich oft wiederholt worden sind (wobei zuweilen auch die Perle der Cleopatra auf die Rechnung des römischen Luxus gesetzt wurde)[3]), bildete man sich nicht selten unwillkürlich ein, sie müßten auch oft vorgekommen sein. In der Tat aber haben diese und andre »Solözismen der Wollust«[4]) eben auch damals für Anomalien gegolten. Augustus, erzählte man, habe Eros, seinen Prokurator in Ägypten, weil er eine in allen Kämpfen siegreich gebliebene Wachtel kaufte und braten ließ, an einen Schiffsmast nageln lassen[5]). Solche und ähnliche Extravaganzen (wie das Zerbrechen eines Silbergefäßes von Mentor, einem antiken Cellini, um dessen Reliefs an dem Nachtgeschirr einer Maitresse anbringen oder gar es daraus anfertigen zu lassen)[6]) kennzeichneten außer dem unsinnigen Verschwender höchstens noch den ungebildeten Emporkömmling: bei Trimalchio sind die Kissen mit Purpurwolle gestopft[7]), und ein Sklave, der dessen verletzten Arm mit weißer statt mit Purpurwolle verbindet, wird gepeitscht[8]). Zur Charakteristik des damaligen Luxus im allgemeinen kann dergleichrn ebensowenig benutzt werden, wie man auf den Luxus des 18. Jahrhunderts etwa daraus schließen darf, daß der Prinz von Conti die Tinte eines Billetts mit Diamantenstaub bestreute[9]), und die Töchter des Bankiers Tepper in Warschau (um 1790) ihren Kaffee auf einem Feuer von Sandelholz bereiten ließen[10]).

1) R. Werner, Erinnerungen und Bilder a. d. Seeleben² (1881) S. 374ff. 2) Valer. Max. IX 1, 2. Plin. n. h. IX 122. X 141. Hor. Sat. II 3, 239—246. 3) z. B. von Baudrillart I 131. 4) Lucian. Nigrin. 31. 5) Plutarch. Apophthegm. Rom. Caesar August. 4. 6) Martial. XI 11, 5f. 7) Petron. sat. 38, 5. 8) ebd. 54, 4. 9) »*La pincée de poudre coûtait 4 ou 5000 livres*«, Taine, Origines de la France contemp. L'ancien régime² S. 170. 10) E. v. d. Brüggen, Polens Auflösung S. 305. Troels Lund, Das häusliche Leben in Skandinavien im 16. Jahrhundert S. 143 (Heizen der Kamine mit wohlriechendem Holz galt für ein angemessenes Zeugnis des Wohlstands und für sehr gesund): »Somit klingt die alte Sage gar nicht so unglaublich, daß Ole Bager zu Odense im Jahre 1580, als Friedrich II. sein Gast war, gerade wie 40 Jahre früher Anton Fugger zu Augsburg für Kaiser

Überstrenge Ansichten unserer Hauptberichterstatter Varro, Seneca und Plinius —

Zu Irrtümern hat es ferner geführt, daß man öfters ohne Prüfung in die verdammenden Urteile römischer Schriftsteller über manchen Luxus eingestimmt hat, der einer unbefangenen Betrachtung tadelfrei und vernünftig, ja selbst als erfreuliches Symptom fortgeschrittener Kultur und vermehrten Wohlstands erscheint. Bekanntlich ist der Begriff des Luxus ein durchaus relativer. »Jeder einzelne und jeder Stand, jedes Volk und jedes Zeitalter erklärt alle diejenigen Konsumtionen für Luxus, welche ihm selbst entbehrlich scheinen[1]).« Im ganzen war nun aber die Ansicht des Altertums in dieser Beziehung eine strengere als die neuerer Zeiten. Das Leben der Alten war (und das der Südländer ist, wenn auch in geringerem Grade, noch heute) weit mehr an die Natur gebunden und darum naturgemäßer als das der Modernen. Jede durch die steigende Kultur herbeigeführte künstliche Befriedigung der Bedürfnisse erschien jenen darum viel eher nicht bloß als überflüssig, sondern selbst als widernatürlich[2]), während bei den hochkultivierten Nationen der nördlichen Zonen, die von vornherein auf einen künstlichen Ersatz der ihnen zu ihrem Wohlbefinden von der Natur versagten Bedingungen gewiesen sind, eine Erhöhung dieser Künstlichkeit nicht nur als unschuldig, sondern sogar oft mit Recht als ein Fortschritt erscheinen muß. Dazu kommt, daß zufälligerweise gerade die drei Schriftsteller, denen wir hauptsächlich die Nachrichten über den römischen Luxus verdanken, Varro, Seneca und der ältere Plinius, Männer von besonders einfachen und strengen Gewohnheiten, ja von einer grundsätzlichen Enthaltsamkeit waren, deren Ansichten die durchschnittlichen ihrer Zeitgenossen gewiß an Strenge übertrafen[3]). Namentlich gilt dies von Seneca, der sich in seiner Jugend sogar ein Jahr lang der animalischen Nahrung enthielt, sich auf den Rat des Attalus nicht bloß unerlaubte, sondern auch überflüssige Genüsse versagte und, wenn er gleich allmählich in der Strenge seiner Lebensweise nachließ, sich doch selbst im höheren Alter der Austern und Pilze, der Wohlgerüche, des Weins, der warmen Bäder enthielt und auch in den Genüssen, die er sich gestattete, eine an Enthaltsamkeit grenzende Mäßigkeit beobachtete. Sein Körper war, wie sich bei seinem Tode zeigte, durch die dürftige Ernährung abgemagert[4]). Er, Plinius und Varro verdammen mehr oder minder unbedingt jede Bequemlichkeit, jede Verfeinerung des Genusses, ja sogar jeden entbehrlichen Genuß, und sind selbst von Anwandlungen einer Sehnsucht nach dem ursprünglichen Naturzustande nicht frei[5]). Plinius, bei dem die Betrachtung des unergründlichen Reichtums der sich selbst überlassenen Schöpfung diesen Hang nährte und steigerte, geht unter anderm so weit, die Erfindung des Segelschiffs als einen frevelhaften Eingriff in die Ordnung der Natur zu verwünschen[6]). Varro mißbilligt das Herbeischaffen von Nahrungsmitteln aus fremden Ländern[7]). Plinius findet in der künstlichen Spargelzucht den Be-

Karl V., mit Kaneelrinde den Kamin heizen ließ.« Im 18. Jahrhundert war es ohne Zweifel eine gewollte Extravaganz.

1) Roscher, Ansichten I³ S. 112. 2) Seneca ep. 122, 5: *omnia vitia contra naturam pugnant — hoc est luxuriae propositum, gaudere perversis, nec tantum discedere a recto, sed quam longissime abire, deinde etiam e contrario stare.* Ähnlich 90, 19. Plin. n. h. XIX 55: *nihil utique homini sic quomodo rerum naturae placet.* 3) Plin. ep. III 5, 10 (von seinem Oheim): *cibum — interdiu levem et facilem veterum more sumebat.* 4) Seneca ep. 108, 13—17. Tac. A. XV 45. 63. 5) Plin. n. h. XXXIII 3, vgl. Roscher a. a. O. I³ 106. 6) Plin. n. h. XIX 5 f. 7) Gell. VI (VII) 16.

weis einer monströsen Schlemmerei[1]); er und Seneca deklamieren, der letztere wiederholt, gegen das Kühlen von Getränken mit Schnee, als einen naturwidrigen Luxus[2]), während dies heutzutage im Süden auch dem Ärmsten als unentbehrlicher Genuß gilt und schon seit Jahrhunderten gegolten hat; Addison, der Neapel in den ersten Jahren des 18. Jahrhunderts besuchte, meinte, ein Mangel an Schnee würde dort ebensogut wie anderswo ein Mangel an Korn einen Aufstand erregen[3]). Gewiß ist es aber auch ein sehr naturgemäßer Genuß; auch rühmt der Arzt Galenus die Leichtigkeit der Beschaffung von Schnee als einen Vorzug von Rom[4]). In Sicilien soll mit dem zunehmenden Gebrauch des Schnees sich auch der Gesundheitszustand gehoben haben[5]). Die Bereitung des Gefrorenen von Fruchtsäften und andern wohlschmeckenden Substanzen ist übrigens eine französische) Erfindung aus dem Ende des 17. Jahrhunderts[6]). Auch der kolossale Aufschwung, den Eishandel und Eisfabrikation in der neuesten Zeit genommen haben, ist wohl geeignet, an den Abstand des heutigen Luxus von dem antiken und die engen Schranken, in die der letztere gebannt war, zu erinnern. Der amerikanische Eishandel, der um die Mitte des 19. Jahrhunderts seinen Höhepunkt erreichte, indem er jährlich für mehr als 1 Million Mark Natureis von den nördlichen Seen bis in die Äquatorialgegenden regelmäßig lieferte, hat auf den meisten Märkten der Konkurrenz des künstlichen Eises weichen müssen; und man erwartet, daß die Eismaschinen, die bereits die mannigfachste Verwendung finden, bald zu den Utensilien jedes wohl eingerichteten Haushalts gehören werden[7]).

z. B. über die Kühlung von Speisen und Getränken mit Schnee —

Begründeter als gegen den Luxus der Kühlung durch Schnee ist das Bedenken des Plinius gegen die Verweichlichung durch den Gebrauch von Federkissen[8]): doch schwerlich kann diese nordische, dem wärmeren Klima durchaus nicht zusagende Sitte[9]), die bereits Varro und Cicero erwähnen[10]), im Altertum jemals große Verbreitung gefunden haben. Ein Übermaß des Luxus aber vermögen wir auch hierin keineswegs zu erkennen. Ein Volkswirtschaftslehrer des 18. Jahr-

und den Gebrauch der Federkissen.

1) Plin. n. h. XIX 54 *heu prodigia ventris!* 2) ebd. XIX 55. Seneca N. Q. IV 13; ep. 78, 23 und öfter. 3) Addison, Remarks on several parts of Italy (1700—1703)[5], London 1736 S. 145. Nach Gallo, Annali di Messina III 3 (bei Hartwig, Aus Sicilien [1867] I 12) ist das Eisessen erst seit Mitte des 16. Jahrhunderts in Sicilien (wieder) eingeführt worden. In Spanien aß man schon zur Zeit der Mauren Eis. 4) Galen. XII 508: καὶ γὰρ εὐπορία ψυχρῶν πηγῶν ἐν Ῥώμῃ πολλὴ καὶ χιόνος (gelegentlich der Anweisung, ein kühlendes Heilmittel anzufertigen). 5) Roscher, Grundlagen d. Natonalökonomie § 102, 1. 6) Daremberg, Oeuvres d'Oribase I 626 bemerkt, daß man sich nur des Schnees, nicht des Eises bediente: »*l'on ne paraît pas avoir connu nos véritables glaces, qui font aujourd'hui les délices des gourmets du monde entier*«. Über diese vgl. Beckmann, Beitr. z. Gesch. der Erfindungen IV 201. Abraham a Sancta Clara († 1709) scheint sie schon gekannt zu haben; er spricht im Wunderwürdigen ganz neu ausgeheckten Narrennest III 6 (Werke, Passau 1840, XIII 62) von »abkühlender Frescade oder gefrorenem Saft, deren sie sich in der Fastnacht nach allzugroßer Strapezierung zu bedienen pflegen«. In Frankfurt a. M. waren sie 1759 noch sehr ungewöhnlich. Goethes Mutter goß das Gefrorene, das man den Kindern von der Tafel des Grafen Thorane sandte, weg, »weil es ihr unmöglich vorkam, daß der Magen ein wahrhaftes Eis, wenn es auch noch so durchzuckert sei, vertragen könne«. Goethe, Dichtung und Wahrheit III, Werke XXVI 135 Weim. Ausg. 7) Neumann-Spallart, Deutsche Rundschau XVIII 1879 S. 88 f. 8) Plin. n. h. X 53 f. Oft schlechthin *pluma* genannt, z. B. Tibull. I 2, 77. Prop. III 7, 50. Juven. 1, 159. 6, 88. 10, 362. Martial. IX 92, 4. X 13, 6. XII 17, 8. XIV 146. 159. 161. Apul. met. X 34. Anth. lat. 444, 5 R. 9) Hehn, Kulturpflanzen u. Haustiere[7] S. 66. 10) Varro bei Nonius p. 86, 3. Cic. Tusc. III 46: *culcita plumea.*

hunderts sieht sogar darin einen Beweis für die Armseligkeit des römischen Handels, daß die Römer sich zur Füllung ihrer Kissen und Pfühle nur der Federn deutscher Gänse und der Schwäne bedienten, während die Daunen der Eidergänse aus den Polarländern ihnen unzugänglich blieben. Den Preis der Gänsefedern gibt Plinius auf 5 Denare (ca. 4 1/3 Mark) für das römische Pfund (327 gr.) an. Ein Pfund der feinsten Eiderdaunen kostete in Frankfurt a. M. im Jahre 1786 sechs Taler[1]).

Die Deklamationen über Verweichlichung und Üppigkeit eine rhetorische Gewohnheit.

Außerdem darf man nicht vergessen, daß die meisten römischen Schriftsteller dieser Zeit die Tendenz haben, die Vergangenheit zu preisen und zu rühmen, die Gegenwart auf deren Kosten herabzusetzen. Durch die ganze spätere römische Literatur zieht sich wie ein roter Faden die Klage über Verschlimmerung der Zeiten, wobei die Klage über das Überhandnehmen der Üppigkeit und Schwelgerei, wie berechtigt auch in vieler Hinsicht, doch viel zu sehr verallgemeinert und übertrieben wird. Man glaubt in diesen »Kapuzinerpredigten«, wie sie Goethe genannt hat[2]), eine der von der Rhetorenschule anhaftenden Gewohnheiten zu erkennen, wo derartige Vergleichuugen zu den Gemeinplätzen gehört haben mögen: eine Gewohnheit, der sich selbst die nicht immer entziehen konnten, die wie Seneca überzeugt waren, daß der Zustand der menschlichen Dinge im wesentlichen zu allen Zeiten derselbe gewesen sei und bleiben werde[3]). Namentlich Plinius entlehnt den Maßstab zur Beurteilung des Luxus im kaiserlichen Rom den Zuständen der Zeit, in der Mehlbrei, aus irdenen Töpfen gegessen, die Hauptnahrung der Römer war, die Wände der Wohnungen noch keinen Bewurf hatten und ein einziger Sklave den Dienst eines großen Hauswesens besorgte. Er und andere reden so, als wenn es auch nur denkbar wäre, daß diese Einfachheit hätte dauern können, nachdem Rom eine Weltstadt geworden war, in der die Genußmittel aller Zonen zusammenströmten, nachdem eine hoch entwickelte Kultur Bedürfnisse und Genüsse unendlich vervielfacht, verfeinert und verallgemeinert hatte. Ihnen erscheint der Glanz und die Pracht, die Anmut und das Behagen, mit denen diese Kultur das Leben geschmückt hatte, kaum minder bedauernswert als ihre schlimmsten Schattenseiten. Ihre Klagen haben deshalb oft keine größere Berechtigung, als wenn jemand heutzutage die Zustände der Jahrhunderte zurückwünschen wollte, wo die Straßen der Städte weder Pflaster noch Beleuchtung, die Fenster der Wohnhäuser keine Glasscheiben hatten und der Gebrauch der Gabel beim Essen unerhört war[4]).

1) Beckmann, Vorbereitung zur Warenkunde (1794) I 277 f., welcher vermutet, daß der Handel mit Eiderdaunen um die Mitte des 17. Jahrhunderts begonnen habe. 2) Goethe, Materialien z. Geschichte der Farbenlehre, Weim. Ausg. II Abt. III 128: »Bloß indem man diese Betrachtungen (über den albernen und übertriebenen Luxus der Römer) anstellt, begreift man, wie Seneca, der ein so bedeutendes Leben geführt, dagegen zürnen kann, daß man gute Mahlzeiten liebt, sein Getränk dabei mit Schnee abkühlt, daß man sich des günstigen Windes bei Seeschlachten bedient, und was dergleichen Dinge mehr sein mögen.« 3) Seneca de benef. I 10, 1. 4) Auf dem Standpunkt des Plinius steht in der Beurteilung des Luxus seiner Zeit (namentlich was die Einführung fremder Waren betrifft) im wesentlichen Ulrich von Hutten (De Guaiaci medicina c. 19, Opera ed. Boecking V 459 f.), desgleichen Luther (Von Kaufshandlung, Werke, Weimar. Ausg. XV 293 ff., vgl. Schmoller, Tübinger Ztschr. f. Staatswissensch. XVI 1860 S. 633 ff.) und Abraham a Sancta Clara (Lösch' Wien, Werke, Passau 1836 VIII 244 f., vgl. Karajan, Abraham a Sancta Clara S. 192). Über Straßenpflaster und -beleuchtung (ersteres in Paris unter Philipp August, Baudrillart III 163, in deutschen Städten nicht vor dem 14. Jahrhundert, letztere sehr viel später; Dresden erhielt z. B. 1559 Pflaster,

Auch dieser Gebrauch, der in Frankreich im 14., in Italien zu Anfang des 15. Jahrhunderts aufkam, hat seinerzeit Anstoß gegeben; ein alter Chronist Dandolo erzählt, daß die Gemahlin eines Dogen, die sich einer goldenen Gabel bediente, zur Strafe für diese Üppigkeit lange vor ihrem Tode einen Leichengeruch aushauchte. Ebenso wird über jede Neuerung, die eine Erhöhung der Bequemlichkeit oder Annehmlichkeit bezweckte, in den Chroniken des 14. und 15. Jahrhunderts als über ein Symptom des Sittenverfalls geklagt; so über die Einführung der Matratzen statt der Strohsäcke, der Betthimmel und -vorhänge, der Beleuchtung durch Talg- und Wachskerzen statt durch Fackeln; desgleichen in der Einleitung von Hollindsheds Chronik 1577 über die Errichtung von Kaminen in England und die Einführung zinnerner Schüsseln statt irdener und hölzerner[1]).

Eine gesonderte Betrachtung der Gattungen des Luxus notwendig.

Endlich ist die Beurteilung des Luxus dadurch erschwert worden, daß man seine verschiedenen Gattungen nicht auseinandergehalten und aus der Größe gewisser Arten der Verschwendung auf die Größe des Luxus überhaupt geschlossen hat. Aber bei demselbem Volke und in derselben Zeit kann sehr wohl neben großem Luxus auf einem Gebiete Sparsamkeit und Dürftigkeit auf einem andern bestehen. So waren nach Wilhelm von Malmesbury die Bankette der Angelsachsen sehr verschwenderisch, aber ihre Wohnungen armselig; dagegen waren die Normannen im Essen sehr mäßig, aber bauten sich prachtvolle Schlösser[2]). In Deutschland hatte man in den früheren Jahrhunderten (mindestens seit dem sechzehnten) in den dürftig ausgestatteten Häusern wenig Komfort; der Hauptluxus bestand in der Kleiderpracht, welche so zahlreiche Kleiderordnungen veranlaßte[3]). Auch in Rußland zeigte sich im 17. Jahrhundert der Luxus, außer in verschwenderischem Gebrauch der Edelmetalle, fast ausschließlich in der Kostbarkeit der (meist orientalischen) Kleiderstoffe, besonders Seidenzeuge. Der Patriarch Nikon gab 1652 in 7 Monaten 700 Rubel (= 150000 Pfund Roggen) für seine Kleidung aus, während er sich mit einer bäurischen Kost begnügte und auch seine sonstigen Ausgaben für Hausgerät u. dgl. überaus gering waren. Selbst am Hofe hatte man zwar goldene Schüsseln, aber ebensowenig Teller wie Servietten[4]). In der Existenz der spanischen Großen des 17. Jahrhunderts war Prunk und Knauserei überall verbunden. Ihr Luxus bestand in einer kolossalen Verschwendung des aus den Gruben von Mexiko und Peru

1705 Beleuchtung, die Nürnberg 1781 noch nicht hatte. Neues Gemälde von Dresden 1817 S. 7f. Nicolai, Beschreib. einer Reise durch Deutschland I 227) vgl. Klemm, Allgem. Kulturgesch. IX 127. In Bremen begann die Straßenbeleuchtung 1698, und es ging damit sehr langsam vorwärts, Kohl, Alte und neue Zeit S. 22ff. In Skandinavien scheint die Straßenpflasterung um 1500 aus Holland eingeführt worden zu sein. Glasfenster (die sich bereits in Pompeji und zahlreich in römischen Villen der Rheinlande finden, vgl. F. Cramer, Röm.-german. Studien S. 208ff.) fingen in Europa in Wohnungen erst im 15. Jahrh. an allgemein zu werden (Falke, Die Kunst im Hause S. 65ff. Wachsmuth, Kulturgesch. II 302, 17), in Skandinavien wurden sie erst im Laufe des 16. eingeführt (in welchem auch der Brauch, sich morgens zu waschen, aufkam). Troels Lund a. a. O. S. 45. 116f. 174—176. Über den Gebrauch der Gabeln Beckmann, Beiträge zur Gesch. der Erfindungen V 294ff. Marquardt, Privatl.[2] 316f. Baudrillart III 232.

1) Baudrillart I 36f. Roscher, Ansichten I[3] S. 113. Strohlager (selbst der Könige von Frankreich) im 14. Jahrh., Baudrillart III 149f. 2) Th. Wright, Homes of other days S. 358. 3) Kohl, Alte und neue Zeit S. 193. 4) Brückner, Beiträge z. Kulturgesch. Rußlands im 17. Jahrh. (1887) S. 80—84.

massenhaft einströmenden Edelmetalls, namentlich zu Tafelgeschirren; in einer Anhäufung kostbarer Möbel und Zimmerdekorationen; in ungeheuren, aber schlecht bezahlten (daher ärmlich lebenden, selbst hungernden) Dienerschaften; in entsprechend großartigen Wohnräumen; in prachtvollen Sänften und reich behangenen Maultieren mit silberbeschlagenen Hufen, Karossen und Pferden zu enormen Preisen (erstere z. B. zu 12000, letztere zu 25000 écus); in einer unglaublichen Überladung der Frauentrachten mit Edelsteinen, Perlen usw. Dagegen die sehr hoch geschätzte feine Wäsche war so selten, daß mancher nur ein einziges Hemd besaß und, während dies gewaschen wurde, im Bett bleiben oder ohne Hemd gehen mußte. Überhaupt verbarg sich hinter all jener Pracht vielfach die größte Armseligkeit; denn bares Geld fehlte überall, und man bewahrte es hinter Schloß und Riegel, statt es zinsbar anzulegen[1]). Der Präsident de Brosses bemerkt (1739/40), daß die Begriffe von Glanz und Pracht bei Italienern und Franzosen sehr verschieden waren. »Bei uns in Frankreich besteht, was wir ein großes Haus, eine große Figur nennen, gewöhnlich in einer wohl besetzten Tafel.« Reiche Leute hielten ein zahlreiches Küchenpersonal, große Livréen, ließen dreimal mehr Gerichte als nötig, den Nachtisch sehr zierlich geordnet auftragen; die Italiener verwandten ihr Vermögen auf die Ausschmückung ihrer Vaterstadt mit einem Monument oder schönen Gebäude, das ihren Namen und Kunstsinn auf die Nachwelt brachte[2]). Derselbe sagt, daß die venezianischen Patrizierinnen, die bei Festlichkeiten im Glanze der kostbarsten Geschmeide strahlten, sich mit einer sehr geringen Kost begnügten und die einfachsten Zimmer jener stolzen Paläste bewohnten, von denen ein einziger in weniger als sieben Stunden das glänzende und imposante Schauspiel von 40 prachtvoll möblierten Gemächern bieten konnte[3]).

Die verschiedenen Gattungen des Luxus hängen also keineswegs notwendig miteinander zusammen. Der Luxus der Tafel, der Kleidung und des Schmucks, der Wohnungen und der häuslichen Einrichtung, der Bestattungsluxus, der Sklavenluxus, der Kunstluxus im römischen Altertum beruhten zum Teil auf sehr verschiedenen Bedingungen und fordern eine gesonderte Betrachtung. Ebenso ist der öffentliche und der Privatluxus jener Zeit zu trennen. Hier soll nur der letztere der Gegenstand einer eingehenden Behandlung sein.

Die erste Periode eines enormen Luxus in Rom war jene Zeit der Nabobs, und Lucull, den die Beute zweier orientalischen Königreiche in den Stand setzte, als »Xerxes in der Toga« zu leben, galt damals wie später als ihr Hauptrepräsentant, der die ungeheure Verschwendung besonders in Bauten und Gastmählern in Rom eingeführt habe[4]). Doch blieb diese während der Republik natürlich vereinzelt oder auf kleine Kreise beschränkt und verbreitete sich erst nach Begründung der Monarchie, in der auch, wie oben bemerkt, der Reichtum größer war. Darum sagt Tacitus ohne Zweifel mit Recht, die Periode des größten Luxus in Rom sei das Jahrhundert von der Schlacht bei Actium bis zum Regierungsantritt Vespasians gewesen, der, selbst ein Mann von altertümlicher Lebensweise, durch sein Beispiel mehr zur Einschränkung der Üppigkeit beitrug, als Ver-

Zeit des größten Luxus in Rom 31 v. Chr. bis 69 n. Chr.

1) Vgl. die vortreffliche Schilderung bei Baudrillart IV 208—241. 2) A. v. Reumont, Die Gräfin v. Albany I 158f. 3) Molmenti, Vie privée à Venise S. 539f. 4) Vgl. Cic. de off. I 140. Nicol. Damasc. bei Athen. VI 274 F. XII 543 A. Vellei. II 33, 4 und Drumann, Gesch. Roms IV² 180ff.

ordnungen und Gesetze vermocht hätten[1]). Dazu kam, daß vielen großen Familien gerade die Sucht, sich durch Glanz und Pracht hervorzutun, unter den Julischen Kaisern den Untergang gebracht hatte, wodurch die übrigen weiser und vorsichtiger geworden waren. Endlich waren aus den Städten Italiens und der Provinzen viele »neue Männer« in die römische Aristokratie eingetreten, welche die heimische Sparsamkeit mitbrachten und, auch wenn sie reich wurden, den früheren Sinn bewahrten. Alle diese Bedingungen zur Einschränkung des Luxus haben durch das ganze 2. Jahrhundert fortbestanden: das Beispiel der Kaiser (mit Ausnahme des L. Verus), eine stete Abnahme des alten, eine stete Zunahme des neuen Adels. Es ist daher nicht anzunehmen, daß nach Trajan, in dessen letzter Zeit Tacitus jene Äußerung tat, in dieser Beziehung eine wesentliche Änderung eingetreten wäre.

2. DER TAFELLUXUS UND DIE EINFÜHRUNG VON NAHRUNGSMITTELN AUS DEM AUSLANDE.

Mäßigkeit der Südländer.

Nur mit großer Vorsicht darf man die Klagen der Alten über den Luxus der Tafel aufnehmen. Das Nahrungsbedürfnis der Südländer ist so gering, ihre Mäßigkeit im Genuß von Speise und Trank so groß, daß ihnen sehr leicht als Völlerei erscheint, was uns als erlaubter Genuß gilt, um hier nur an das Trinken des ungemischten Weins zu erinnern[2]). Selbst die Philosophie Epikurs machte ja ihren Schülern die größte Einfachheit der Genüsse, die größte Genügsamkeit zur obersten Regel. Der »Lehrer der Wollust« pries den dem Zeus gleich, der sich an Wasser und Brot genügen lasse, und befolgte diesen Grundsatz so streng, daß er nur, wenn er schlemmen wollte, sich ein Töpfchen Käse gestattete; ja er versuchte (wie Pascal in Port Royal) das geringste Maß der zur Fristung des Lebens erforderlichen Nahrung zu ermitteln, um sich darauf zu beschränken[3]). Er rühmte sich, daß seine Beköstigung noch nicht einen ganzen As (5 ½ Pfg.) koste, während Metrodor, der es nicht so weit gebracht hatte, für die seinige einen ganzen brauchte[4]).

Bescheidene Anfänge des Tafelluxus im letzten Jahrhundert v. Chr.

In Rom erhielt sich die größte Einfachheit des Tisches sehr lange. Auch nachdem das aus Kleinasien zurückkehrende Heer (im Jahre 188) Rom zuerst mit orientalischer Üppigkeit und Schwelgerei bekannt gemacht, nachdem man erfahren hatte, daß es eine Kochkunst gebe[5]), und nun anfing, für Köche, sonst die verachtetsten Sklaven, gute Preise zu zahlen[6]), auch da kann der Luxus der Tafel (mindestens während der nächsten hundert Jahre) noch nicht groß gewesen sein. Denn bis zum Jahre 174 bereiteten die Hausfrauen das Brot selbst, und es

1) Zwar spricht Tac. A. III 55 nur von dem *luxus mensae*, doch geht aus den vorhergehenden Kapiteln hervor, daß er den Luxus überhaupt im Sinne hat. 2) Galen. XV 699: οἱ πολλοὶ τῶν ὑγιαινόντων πίνουσιν οἶνον ὑδατωμένον. 3) Diog. Laert. X 11 (= Usener, Epicur. p. 365, 5; zum Texte vgl. Diels, Abhandl. Akad. Berlin 1916 Nr. 6 S. 84, 2). Seneca ep. 18, 9. 25, 4. Stob. Ecl. III 17, 29. 33 H. 4) Seneca ep. 18, 9. 5) Für ihr Eindringen in Rom (vgl. Ennius *Hedu-phagetica*, Leo, Gesch. d. röm. Lit. I 204f.) waren namentlich die Beziehungen zu Sicilien wichtig. J. Burckhardt, Vorträge (1919) S. 103ff. 6) Liv. XXXIX 6, 9. *Collegia* von Köchen aus älterer Zeit CIL XI 3078 (= Dessau 3083. Buecheler, Carm. ep. 2; Falerii). XIV 2875 (= Dessau 3683[a]; Präneste).

gab keine Bäcker in der Stadt[1]), und noch im Jahre 161 erregte das Mästen von Hühnern so viel Anstoß, daß es durch eine eigene zensorische Verordnung verboten und dies Verbot seitdem in allen folgenden Luxusgesetzen wiederholt wurde: man umging es dadurch, daß man Hähne mästete[2]). Noch viel später wurden ausländische Vögel und Muscheln in Rom eingeführt: eine Verordnung, die beides (und außerdem Haselmäuse) verbietet, ist im Jahre 115 erlassen worden[3]). Noch um das Jahr 100 wurde auch bei prächtigen Mahlzeiten griechischer Wein nie mehr als einmal herumgegeben[4]): was bei der Leichtigkeit des Verkehrs zwischen Italien und Griechenland am besten für die große Bescheidenheit der damaligen Tafelgenüsse zeugt. Der Stoiker Posidonius berichtet nach seinen zu Anfang des letzten Jahrhunderts v. Chr. gemachten Beobachtungen, daß die Wohlhabenden in Italien ihre Kinder an eine überaus einfache Kost gewöhnten, so daß sie aßen, was es gerade gab, und meist Wasser tranken; »und oft fragte der Vater oder die Mutter den Sohn, ob er Obst zur Mahlzeit haben wolle, und wenn er davon etwas gegessen hatte, war er zufrieden und legte sich schlafen« [5]).

Einführung ausländischer Nahrungsmittel infolge der Zunahme des Wohlstandes und Handelsverkehrs.

Doch der aufblühende Handel erhob mit den übrigen Waren auch die Nahrungsmittel der Fremde zum Bedürfnis. Infolge der immer ausgedehnteren Beziehungen Roms zu den überseeischen Ländern, des immer lebhafteren Verkehrs, in welchem die Küsten des Mittelmeers ihre Produkte austauschten, wußte man in Rom bald sehr gut, daß die Böckchen in Ambracia, die Eselfische in Pessinus, die Austern in Tarent, die Datteln in Ägypten usw. in größter Vollkommenheit zu finden seien. Strengere Zeitgenossen, wie Varro, bemerkten dies mit der größten Mißbilligung [6]), weil sie offenbar — ganz wie in Deutschland im 16. Jahrhundert Luther und Hutten [7]) — schon darin eine tadelnswerte Üppigkeit fanden, daß man sich nicht an den doch so vortrefflichen einheimischen Nahrungsmitteln genügen ließ. Schwerlich ist aber eine so strenge Auffassung selbst im Altertum zu irgendeiner Zeit allgemein gewesen. Thucydides hebt es als Vorzug Athens hervor, daß dort die Erzeugnisse aller Länder eingeführt würden und seinen Bewohnern der Genuß fremder Güter nicht minder eigentümlich sei als einheimischer [8]); und Dichter der späteren attischen Komödie, wie Antiphanes, und der von Ennius bearbeitete Archestratus von Gela (in einer gastronomischen Reise um die Welt) haben Verzeichnisse von Leckerbissen verschiedener Länder mit einem ähnlichen Behagen zusammengestellt wie Brillat-Savarin, der die Mahlzeiten von Paris als kosmopolitische rühmt, weil jeder Weltteil dazu seine Erzeugnisse beigesteuert habe [9]).

Angaben darüber aus dem Mittelalter und der neueren Zeit.

Am wenigsten dürfte Varros Ansicht heutzutage auf Zustimmung zu rechnen haben, wo »bei einem Frühstück des deutschen Mittelstands ostindischer Kaffee, chinesischer Tee, westindischer Zucker, englischer Käse, spanischer Wein,

1) Plin. n. h. XVIII 107. 2) ebd. X 139: *gallinas saginare Deliaci coepere, unde pestis exorta opimas avis et suopte corpore unctas devorandi.* 3) ebd. VIII 223, vgl. Gibbon, History V 397 Basil. (deutsch von Sporschil S. 1021 Anm. y) »*it is reported that they (glires) are still esteemed in modern Rome and are frequently sent a present by the Colonna princes.*« 4) Varro bei Plin. n. h. XIV 96. 5) Athen. VI 275 A. 6) Gell. VI (VII) 16. Doch vgl. Varro r. r. II 6, 2. 7) Oben S. 282 A. 4. 8) Thucyd. II 38, 2. 9) Brillat-Savarin, Physiologie du goût (Classiques de la table, Nouv. éd. Didot 1855) I S. 252.

russischer Kaviar vereinigt sein können, ohne als Luxus aufzufallen«[1]). Der Erdball, sagt Gulliver (der sich hier auf den Standpunkt Varros stellt) muß dreimal umkreist werden, ehe eines unserer besseren Yahooweibchen (d. h. eine Engländerin der höherer Klassen) ihr Frühstück oder die Tasse hat, in die sie es hineintun kann[2]). Gegenwärtig aber, wo man in dem täglichen Genusse von Nahrungsmitteln aus andern Weltteilen nicht nur keinen tadelnswerten, sondern überhaupt gar keinen Luxus erblickt, können Varros Klagen um so weniger Zustimmung finden, als wir nicht den mindesten Grund haben zu glauben, daß die Beschaffung von Nahrungsmitteln aus Asien, Amerika und Afrika heute für Deutschland leichter und weniger kostspielig ist, als damals von den nahen Küsten des Mittelmeers für Rom, das fast eine Seestadt war. Vollends die Bevorzugung der an gewissen Orten in anerkannter Vorzüglichkeit erzeugten Eßwaren ist zu allen Zeiten eine der notwendigen Folgen der Zunahme des Wohlstands und der Erweiterung der Handelsbeziehungen gewesen[3]). In Paris z. B., das im 13. Jahrhundert in so vielen Beziehungen für die erste Stadt Europas galt, war damals die Lebhaftigkeit des Verkehrs schwerlich so groß, der Reichtum sicherlich sehr viel geringer als zu Rom in Varros Zeit: doch »in Hinsicht auf die Bezugsquellen der einzelnen Nahrungsmittel herrschte keineswegs Gleichgültigkeit, man wußte gar wohl, welche Landschaft das eine oder das andre Produkt am besten erzeuge, und woher der Feinschmecker seine Speisekammer versorgen müsse. So hielt man die Erbsen von Vermandois über alle andern, holte die Kresse aus dem Orléanais, die Rüben aus der Auvergne, die Zwiebeln aus Corbeilles, die Schalotten aus Estampes und schätzte den Käse aus der Champagne und Brie namentlich hoch, sowie Fische aus den Teichen von Bondi, Burgunder Birnen und Äpfel aus der Auvergne. Die besten Kastanien wurden aus der Lombardei, Feigen aus Malta und Rosinen aus der Levante bezogen«; von fremden Weinen waren außer dem Moselwein besonders die spanischen, die von Cypern, griechische und italienische Sorten beliebt[4]). Ähnlich Angaben werden sich aus allen Zeiten und Ländern mit einigermaßen entwickelten Handelsbeziehungen machen lassen, über welche wir genügend unterrichtet sind. Nicolai läßt im Leben des Sebaldus Nothanker[5]) einen gräflichen Eßkünstler die besten Nahrungsmittel nur der deutschen Provinzen aufzählen: aber dies ist ein deutscher Patriot, der das französische Essen nicht leiden kann. Er erhält posttäglich pommersche große Maränen, dreiviertel Ellen lang, Flundern von der Insel Hela, berlinische Sander; kalte Pasteten aus Hanau und gewürzte Schwartenmagen aus Frankfurt a. M. muß man nach ihm im März, Krammetsvögel vom Harz desgleichen, Fasanen aus Böhmen im Februar beziehen; Krebse aus Sonnenburg, westfälische Schinken, in Champagner gekocht, Kaviar aus Königsberg, astrachansche Melonen und Ananas gehören ebenfalls zu seinen

1) Roscher, Ansichten I³ S. 133, 25. 2) Swift, Gulliver's Travels IV 6. 3) Bei italischen Nahrungsmitteln (mit Ausnahme von Delikatessen) scheint Varro selbst hieran keinen Anstoß genommen zu haben. Macrob. Sat. III 16, 12: *M. Varro ... pisci Tiberino palmam tribuit his verbis in libro rerum humanarum undecimo: ad victum optima fert ager Campanus frumentum, Falernus vinum, Cassinas oleum, Tusculanus ficum, mel Tarentinus, piscem Tiberis.* 4) A. Springer, Paris im 13. Jahrh. (1856) S. 32. 34. Lacroix, Mœurs, usages et costumes au moyen âge S. 111ff. (über die fremden Käse S. 147; über die fremden Weine S. 165). Vgl. die carte gastronomique de la France bei Lacroix, Directoire, Consulat et Empire S. 151. 5) Nicolai, Leben des Seb. Nothanker I 64ff.

Bedürfnissen. Ein wie überaus armes Land Deutschland und wie unentwickelt seine Verkehrsmittel damals waren, ist allbekannt.

Übertreibende Verurteilungen dieses Luxus im Altertum.

Liest man freilich die Äußerungen römischer Schriftsteller über die »verabscheuungswürdigen Jagden«, das Durchsuchen aller Länder und Meere nach Leckerbissen[1]), die Ausstattung einer einzigen Tafel durch das, was viele Schiffe aus mehr als einem Meer herbeiführen[2]): so möchte man glauben, es seien besonders umfassende Anstalten getroffen, ganze Scharen auf weite, schwierige und gefahrvolle Expeditionen ausgesandt worden, um die Tafeln der römischen Schwelger zu versorgen. In der Tat ist dies von Vitellius geschehen, der die Ingredienzien zu einer vielberufenen Riesenschüssel, Makrelenlebern, Fasanen- und Pfauengehirne, Flamingozungen, Muränenmilch, durch die römischen Flotten bis aus Spanien und Parthien holen ließ[3]). Aber Vitellius scheint selbst unter den römischen Kaisern nur einen Nachahmer gefunden zu haben, Elagabal[4]); viel zahlreicher dagegen unter den französischen Schlemmern des 18. Jahrhunderts. Einer derselben, Verdelet, ließ sich z. B. eine Schüssel aus den Zungen von 2000 oder 3000 Karpfen bereiten, die 1200 Livres kostete, und der Prinz von Soubise speiste oft eine von dem Koch Marin für Ludwig XV. erfundene omelette royale aus Hahnenkämmen und Karpfenmilch, die jedesmal 100 écus kostete[5]). Sieht man aber von jenen Ungeheuerlichkeiten der kaiserlichen Schwelgerei im alten Rom ab, so ist allem Anschein nach dort nicht mehr geschehen, als daß unter den Produkten aller Länder auch ihre Nahrungsmittel und Leckerbissen auf den Markt kamen und guten Absatz fanden[6]). Und fragt man, welches denn die Köstlichkeiten waren, deren Beschaffung aus weiter Ferne so großen Anstoß erregte, so findet man fast überall nur einige Geflügelarten genannt, den Fasan und das numidische Huhn (Perlhuhn), den Flamingo und wenige andre[7]), die aber zum großen Teil schon in Italien gezogen

1) Varro bei Gell. VI (VII) 16, 2. Sallust. Catilina 13, 3 *vescendi causa terra marique omnia exquirere.* Seneca Consol. ad Helv. 10, 3: *epulas quas toto orbe conquirunt;* ep. 89, 22: *vos — quorum profunda et insatiabilis gula hinc maria scrutatur, hinc terras.* Lucan. X 155 ff. Juv. 11, 14: *gustus elementa per omnia quaerunt.* Plin. n. h. XXVI 43: *huius (ventris) gratia praecipue avaritia expetit, huic luxuria condit, huic navigatur ad Phasim, huic profundi vada exquiruntur.* Drepan. Paneg. lat. II 14, 2 *cibis — quos — famosa naufragiis maria misissent, quos invitae quodammodo reluctantique naturae hominum pericla rapuissent.* 2) Seneca ep. 60, 2. 3) Sueton. Vitell. 13, 2; vgl. Cass. Dio LXV 3, 1. 4) Hist. aug. Elagab. 18, 4 *cum ipse privatus diceret se Apicium, imperator vero Othonem et Vitellium imitari.* 5) Lacroix, XVIII. siècle, Institutions S. 390. Ein Gericht aus Zungen von Fischen bei einer Bewirtung des Kalifen Rashyd für 1000 Dirhem (Francs), v. Kremer, Kulturgeschichte des Orients II 198 f. 6) Cassiodor. Var. XII 4, 1 zählt die für die Tafel Theoderichs verschriebenen Fische auf: *destinet carpam Danuvius, a Rheno veniat anchorago, exormiston* (vgl. XII 14, 5) *Sicula quibuslibet laboribus offeratur, Bruttiorum mare dulces mittat acernias — sic decet regem pascere, ut a legatis gentium credatur paene omnia possidere.* XII 12, 1 *cum apud rerum dominum sollemni munere pranderemus et diversae provinciae de suis deliciis laudarentur, ad vina Bruttiorum et Silani casei suavitatem — perventum est.* 7) Varro r. r. III 9, 18: *gallinae Africanae — quas meleagridas appellant Graeci. haec novissimae in triclinium cenantium introierunt e culina propter fastidium hominum. veneunt propter penuriam magno;* den Fasan nennt er ebensowenig wie den Flamingo. Die *meleagris* (Perlhuhn) ist identisch mit dem numidischen Huhn, Horat. Epod. 2, 53: *non Afra avis descendat in ventrem meum, non attagen Ionicus* (zusammen mit Lucriner Austern, *rhombus* und *scari*). Manil. V 376 f. (numidische Hühner und Fasanen). Columella VIII 8, 10: *illos qui Ponticum Phasin et Scythica stagna Maeotidis eluant. iam nunc Gangeticas et Aegyptias aves temulenter eructant.* Petron. sat. 93, 2 (numidische Hühner, Fasanen, *scari*). 119, 33 ff. (*scari*,

wurden[1]) und dann schwerlich sehr teuer gewesen sein können: wie denn der Fasan in dem Maximaltarif Diocletians zu einem nur um ein Viertel höheren Preise angesetzt ist als die Gans[2]). Beide Vögel lieferten Festbraten; auf der für eine kaiserliche freilich sehr frugalen Tafel des Alexander Severus, wo täglich zwei Hähne, ein Hase und viel Wild aufgetragen wurden, erschien eine Gans nur an gewöhnlichen, ein Fasan (wie auch auf der Tafel des Kaisers Tacitus) nur an hohen Festtagen[3]).

Faktische Seltenheit ausländischer Nahrungsmittel vor der Schlacht bei Actium.

Übrigens ist nicht bloß die Akklimatisation ausländischer Tiere und Gewächse, von welcher später ausführlich die Rede sein soll, sondern auch deren Beschaffung im Handelswege für die Tafeln Roms in größerer Ausdehnung sicher erst seit Begründung der Monarchie erfolgt, und es waren eben nur die Anfänge dieses Luxus, die Varros Unmut in so hohem Grade erregten. Denn in seiner Zeit scheinen ausländische Gerichte selbst bei üppigen Mahlzeiten noch selten gewesen zu sein. Wir haben das Verzeichnis der Speisen bei einer zwischen 74 und 63 v. Chr. gehaltenen[4]) priesterlichen Antrittsmahlzeit, und darunter ist nur eine zum Teil ausländische, und keine seltene oder kostbare Schüssel. Die Mahlzeit fand am 24. August statt. Das Voressen bestand aus Meerigeln, rohen Austern nach Belieben, zwei Muschelarten, einer Drossel auf Spargeln, einer gemästeten Henne, einem Auster- und Muschelragout, schwarzen und weißen Maronen; dann wieder verschiedene Muscheln und Meertiere mit Feigenschnepfen, Lenden von Rehen und Wildschweinen, Geflügel in einer Teigkruste, Purpurschnecken mit Feigenschnepfen. Die Hauptmahlzeit: Saueuter, Schweinskopf, Frikassee von Fischen, Frikassee von Saueuter, Enten, eine andere Art Enten gesotten, Hasen, gebratenes Geflügel, eine Mehlspeise, picentinische Brote. Das Verzeichnis des Nachtischs fehlt[5]). Diese Mahlzeit, an der die vornehmsten Männer und Frauen des damaligen Rom (unter andern Julius Cäsar als Pontifex), teilnahmen, muß doch wohl selbst unter den wegen ihrer Schwelgerei sprichwörtlichen priesterlichen Gastmählern[6]) sich besonders ausgezeichnet haben: sonst würde ein vier bis fünf Jahrhunderte später lebender Schriftsteller den Bericht über sie kaum der Mitteilung wert gehalten haben. Es würde jedoch leicht sein, aus verschiedenen Perioden der neueren Zeit Mahlzeiten anzuführen, deren Luxus

Austern, Fasanen). Plin. n. h. XIX 52: *avis ultra Phasim amnem peti — alias in Numidia Aethiopiaque in sepulchris aucupari.* Martial. III 77, 4: *nec Libye mittit, nec tibi Phasis aves.* XIII 71 (*phoenicopteri*). 72 (*phasiani*). 73 (*Numidicae*). 45: *si Libycae nobis volucres et Phasidis essent, acciperes, at nunc accipe chortis aves.* Stat. silv. I 6, 77f. Juv. 11, 139: *et Scythicae volucres et phoenicopterus ingens,* 142f. *Afrae aves.* Lucian. Navig. 23: ὄρνις ἐκ Φάσιδος καὶ ταὼς ἐξ Ἰνδίας καὶ ἀλεκτρυὼν ὁ Νομαδικός. Clemens Alex. Paedag. II 1, 3 p. 155, 14 St.: ὄρνεις — ἀπὸ Φάσιδος, ἀτταγᾶς Αἰγυπτίους, Μῆδον ταῶνα.

1) Martial. III 58, 12ff. *vagatur omnis turba sordidae chortis, argutus anser gemmeique pavones, nomenque debet quae rubentibus pinnis, et picta perdix Numidicaeque guttatae et impiorum phasiana Colchorum; Rhodias superbi feminas premunt galli.* 2) Edict. Diocl. 4, 17—23. 32 *fasianus pastus* ✳ 250, *fasianus agrestis* ✳ 225, *fasiana pasta* ✳ 200, *fasiana non pasta* ✳ 100, *anser pastus* ✳ 200, *anser non pastus* ✳ 100, *pullo(rum par unum)* ✳ 60, *lepus* ✳ 150 (100 Denare = 2,54 Mark nach Hultsch, Metrol.[2] 348, nur 1,83 Mark nach Blümner, Maximaltarif des Diocletian S. 59). 3) Hist. aug. Alexand. Sever. 37, 6; Tac. 11, 5. 4) Mommsen, Röm. Forsch. I 87, 34. 5) Macrob. Sat. III 13, 10ff., beginnend *cenam quae scripta est in indice quarto Metelli illius pontificis maximi in haec verba.* Vgl. Böttiger, Kl. Schr. III 217ff. 6) Marquardt StV. III[2] 231, 7.

ebenso groß war, ohne daß sie besonderes Aufsehen erregten: vollends mit solchen, die im 18. und 19. Jahrhundert als ungewöhnlich köstlich, reich und verschwenderisch gegolten haben, hält jene berufene römische Priestermahlzeit nicht entfernt den Vergleich aus[1]). In der Zeit, die zwischen ihr und den Äußerungen Varros liegt, könnte nun freilich der Bezug von Leckerbissen aus der Fremde sehr zugenommen haben. Aber auch bei dem von Horaz[2]) geschilderten Gastmahl, mit dem der reiche Nasidienus Mäcen und dessen Freunde bewirtet, kommen nur inländische Schüsseln vor, und die Satire des Dichters richtet sich hier und anderwärts nicht sowohl gegen den übermäßigen Aufwand der Tafel als gegen die lächerliche Wichtigkeit, mit der die Koch- und Eßkünstler ihre Kunst betrieben, und die dem mit den einfachsten Speisen, am liebsten mit Pflanzenkost sich begnügenden Freunde Epikurischer Lehre[3]) doppelt töricht erscheinen mußte.

Steigen des Tafelluxus nach dem Frieden.

Erst nach der Schlacht bei Actium begann, wie Tacitus in der oben angeführten Stelle bestätigt, die Periode des größten Tafelluxus, wozu der Aufschwung des Handels nach Wiederherstellung des Weltfriedens und namentlich die Eröffnung des Verkehrs mit Ostindien und ganz Asien über Alexandria ohne Zweifel sehr wesentlich beitrug. Nun erst wurde Rom eine Stadt, welcher der Welthandel jahraus jahrein im Überfluß zuführte, »was bei allen Völkern erzeugt und bereitet ward», »wo man die Güter der ganzen Welt in der Nähe prüfen konnte«[4]): nun erst konnten auch die seltensten und köstlichsten Erzeugnisse aller Zonen für die Tafelgenüsse der Schwelger in reichem Maße verwertet werden[5]). Nun wurden, sagt Plinius, die verschiedenen Ingredienzien in der Art vermengt, daß jedes durch einen ihm eigentlich fremden Geschmack den Gaumen zu reizen genötigt ward, und so auch die verschiedenen Erd- und Himmelsstriche miteinander vermischt. Bei einer Speise wird Indien hinzugenommen, bei einer andern Ägypten, Cyrene, Kreta und so fort. Und selbst vor den Giften bleiben die Menschen nicht stehen, um ja nur alles zu verschlingen[6]).

Einschränkende Bemerkungen.

Wenn nun aber auch der Luxus der Tafel in Rom während der Periode von Augustus bis Vespasian ohne Zweifel einen sehr hohen Grad erreichte, so war er doch sicherlich weder so ausschweifend und ungeheuerlich, noch so allgemein, wie man nach manchen Äußerungen von Zeitgenossen, namentlich eben des älteren Plinius und des jüngeren Seneca, vielfach angenommen hat. Manches, was ihnen als unbedingt verdammenswert galt, erscheint uns in milderem Lichte, manches, was ihnen neu und unerhört war, sind wir gewohnt und finden es natürlich, andres hat nicht die Bedeutung, die es zu haben scheint.

Die Kostspieligkeit großer Gastmähler nur zum Teil durch den Luxus der Tafel veranlaßt.

Wenn große Gastmähler ungeheure Summen kosteten, so wurden diese keineswegs allein für die Bewirtung, sondern auch (und vielleicht zum größten Teil) für Ausstattung, Dekoration u. dgl. ausgegeben und gestatten daher keinen un-

---

1) Vgl. S. 301 ff. 2) Sat. II 8, vgl. die Quintessenz kulinarischer Weisheit in Sat. II 4. 3) Hor. S. I 6, 114: *inde domum me ad porri et ciceris refero laganique catinum;* vgl. C. I 31, 16. 4) Vgl. oben I 14 f. 5) Die Verbreitung des Tafelluxus erfolgte von Italien aus nach Philo De vita contempl. 48: ἴσως δὲ ἄν τις ἀποδέξαιτο τὴν ἐπιπολάζουσαν νυνὶ τῶν συμποσίων πανταχοῦ διάθεσιν κατὰ πόθον τῆς Ἰταλικῆς πολυτελείας καὶ τρυφῆς, ἣν ἐζήλωσαν Ἕλληνές τε καὶ βάρβαροι. 6) Plin. n. h. XV 105. Die von Marquardt, Privatl.[2] 326 für römisch gehaltene Sitte, daß dem Wirt eine Speisekarte vorgelegt wurde, ἐφ᾽ ᾧ εἰδέναι ὅτι μέλλοι ὄψον φέρειν ὁ μάγειρος (Athen. II 49 D), scheint vielmehr griechisch zu sein.

bedingten Schluß auf den Luxus der Tafel. Bei Meimers, holländischem Gesandten in Madrid (1804—1806), wischten sich, nachdem er drei Jahre Haus gehalten und täglich Leute gesehen, seine Gäste noch stets mit neuen Servietten den Mund[1]). Zur Herstellung eines eleganten Desserts, das auf 10000 Taler geschätzt wurde, war in Paris (1804) außer der Arbeit des Zuckerbäckers die des Dekorateurs, Malers, Architekten und Blumisten erforderlich[2]). Bei den Lordmayorsessen in London betrug die Ausgabe für Speisen und Getränke früher die Hälfte, unter Georg III. ein Drittel, bei dem Citybankett 1853 für Napoleon nur noch ein Viertel der Gesamtausgabe; bei dem letzteren Fest wurden 1000 Lstr. für Beleuchtung, 1860 für die Anordnung der Stühle und Sitze, 1750 für die Dekoration des Raums ausgegeben[3]). Auch das üppige Fest des Q. Metellus Pius in Spanien (72 v. Chr.) zeichnete sich vorzugsweise durch die Pracht der Dekoration und des übrigen Zubehörs aus[4]). Bei einem Gastmahl eines der Freunde Neros kosteten die (ohne Zweifel im Winter und in großen Massen verschwendeten) Rosen mehr als 4 Millionen S. (870000 Mark)[5]), wie denn überhaupt Gastmähler und Gelage eine Hauptveranlassung eines oft ausschweifenden Blumenluxus waren[6]), der in neueren Zeiten schwerlich jemals auch nur annähernd erreicht worden ist. Bei einem berühmten, von dem großen Condé im April 1676 zu Chantilly gegebenen Feste kosteten die Narzissen *(jonquilles)*, mit denen alle Räume förmlich tapeziert waren, nur 1000 écus[7]). Allerdings hat auch dieser Luxus in den letzten Jahrzehnten außerordentlich zugenommen. In England werden zuweilen 2000 Lstr. auf Blumen für einen Ball verwendet. Zu dem (von Sachverständigen angeordneten) Schmuck der Tafel auf den Landsitzen der vornehmen Welt kommen Blumenkörbe aus Paris oder Nizza, um das Mittelstück einer aus dem Garten oder Treibhaus gelieferten Gruppe zu bilden. Die seltensten Orchideen schmücken »Bankette, die eines Lucull nicht unwürdig sind«, und riesige Blumensträuße finden auch außerhalb der Saison Käufer zu Preisen, die von drei Guineen bis zum Fabelhaften steigen[8]).

Dekoration.

Blumen.

Eine andre Verschwendung wurde im Altertum bei großen Bewirtungen durch die Sitte veranlaßt, Geschenke unter die Gäste zu verteilen oder zu verlosen. Bei den Verlosungen wählte man öfters Gewinne von sehr verschiedenem Werte: so gewann man bei Festen Elagabals zehn Kamele oder zehn Fliegen, zehn Pfund Gold oder Blei, zehn Strauße oder zehn Hühnereier u. dgl.[9]). Auch bei den von Martial für solche Verlosungen gedichteten Distichen sind immer zwei Gewinne, je ein wertvoller und ein geringer, paarweise zusammengestellt. Dazu gehören Schreibmaterialien, Toilettengegenstände, Kleider, Geräte, Geschirre und Instrumente aller Art (auch musikalische), Eßwaren, Spiele, Käfigvögel, Möbel, Waffen, Kunstwerke, Bücher, Tiere (auch ein zur Jagd abgerichteter Habicht) und Sklaven; es sind Gegenstände von bedeutendem Werte darunter, wie Scharlachmäntel, Pokale von alten Meistern, Gefäße aus Kristall und Murrha, goldene und silberne Statuetten, auch Sklaven mit besonderen Eigenschaften:

Verteilungen und Verlosungen von Geschenken.

1) Igerist, Lebenserinnerungen I 313. 2) Kotzebue, Erinnerungen aus Paris (1804) S. 254. 3) Nach einer Mitteilung von Roscher aus einer mir nicht zugänglichen Schrift von Mangoldt. 4) Valer. Max. IX 1, 5. Macrob. Sat. III 13, 6 ff. 5) Sueton. Nero 27, 3. 6) Vgl. z. B. Hist. aug. Ael. Ver. 5, 7 f. 7) Baudrillart IV 152. 8) Lady J. Manners, National Review, March 1884 S. 10. 13. 15. 17. 9) Hist. aug. Elagab. 22, 1.

eine Tänzerin, ein Stenograph, ein Zwerg, ein Narr, ein Koch, ein Kuchenbäcker[1]). Bei einem Gastmahl, das L. Verus für 6 Mill. S. (1 305 000 Mark) gab, scheinen die Geschenke sämtlich kostbar gewesen zu sein; genannt werden schöne Sklaven, lebendige Tiere, Gefäße aus den wertvollsten Materialien, Kränze aus Blumen andrer Jahreszeiten mit goldenen Bändern, silberbeschlagene Wagen mit Maultiergespannen und den dazu gehörigen Treibern[2]).

Wenn also die Kosten jenes Mahls des Lucullus im Apollosaal auf 200 000 S. (35 000 Mk.) angegeben werden[3]), wenn die Arvalen bis auf die Zeit Gordians zu 100 Denaren (87 Mk.) das Kuvert speisten[4]): so bleibt es ungewiß, wieviel von solchen Summen[5]) auf Kränze, Blumen, Wohlgerüche (mit denen bei Gelagen vielleicht der größte Luxus getrieben wurde), Beleuchtung, Schmuck des Lokals[6]) und der Dienerschaft, Aufführungen und Schauspiele, Gastgeschenke usw. verwandt wurde. Daß aber die Pracht und der Aufwand bei römischen Gastmählern ebenso wie das Raffinement derselben in späteren Zeiten vielfach überboten worden sind, wird sich aus zahlreichen, unten anzuführenden Angaben und Beschreibungen ergeben. Hier sei nur erwähnt, daß die Verlosungen von Geschenken in Frankreich im 17. Jahrhundert aus Italien eingeführt wurden. Bei einem zu Ehren der Königin von England im Louvre veranstalteten Feste Mazarins, wo alle Lose gewannen, war der Hauptgewinn ein Diamant im Werte von 4000 écus; bei einem von dem Oberintendanten Foucquet am 17. August 1661 dem Könige gegebenen Feste waren die Gewinne Juwelen, prachtvolle Anzüge, kostbare Waffen und Luxuspferde[7]).

Die hohen für Leckerbissen gezahlten Preise zum Teil Eitelkeitspreise.

Übrigens kommt die Verschwendung für üppige Gastmähler im kaiserlichen Rom, namentlich aber die hohen Preise, die für einzelne Leckerbissen gezahlt wurden, nicht allein auf Rechnung der Schwelgerei, sondern auch auf die der Mode, der Prahlerei, der Sucht, sich hervorzutun und in den Kreisen der Genußkünstler von sich reden zu machen, und dasselbe gilt von vielen andern Erscheinungen des damaligen Luxus. »Die Verschwender«, sagt Seneca, »streben danach, ihr Leben fortwährend zum Gegenstand der Gespräche zu machen. Bleibt es verschwiegen, so glauben sie, ihre Mühe verloren zu haben. Sooft etwas, was sie tun, dem Gerücht entgeht, sind sie mißvergnügt. Es giebt viele, die ihr Vermögen verprassen, viele, die Maitressen halten: um sich unter diesen einen Namen zu machen, genügt es nicht, üppig zu leben, man muß es in auffallender Weise tun, eine gewöhnliche Verschwendung verursacht in einer so beschäftigten Stadt kein Gerede[8]).« »Du bist nicht zufrieden, Tucca,« sagt Martial, »ein Schlemmer zu sein, du wünschest auch als solcher zu erscheinen und genannt zu werden[9]).« Eben das Bestreben Gerede zu verursachen ist es gerade gewesen, was z. B. mehr als einen Verschwender bewogen hat, jene großen Summen für Exemplare der Seebarbe (*mullus*) von ungewöhnlichem Gewicht

1) Friedlaenders Ausgabe des Martial II S. 295 ff. 2) Hist. aug. L. Ver. 5, 2 ff. 3) Plutarch. Lucull. 41, 7; vgl. 40, 1 τὰ δεῖπνα τὰ καθ' ἡμέραν οὐ μόνον στρωμναῖς ἁλουργέσι καὶ διαλίθοις ἐκπώμασι καὶ χοροῖς καὶ ἀκροάμασιν ἐπεισοδίοις usw. 4) Henzen, Acta fr. Arv. S. 45. 5) Vgl. Tertull. Apol. 6: *video enim et centenarias cenas, a centenis iam sestertiis dicendas.* Seneca ep. 95, 41: *et deciens* (so Hermes; Hss. *totiens*) *tamen sestertio aditiales cenae frugalissimis viris constiterunt.* 6) Lucret. IV 1131 f. *eximia veste et victu convivia, lychni, pocula crebra, unguenta, coronae, serta parantur.* 7) Baudrillart IV 70. 76. Lacroix, XVIII. siècle, Lettres S. 534. 8) Seneca ep. 122, 14. 9) Martial. XII 41.

zu zahlen, die so oft als Beweise beispielloser Üppigkeit angeführt worden sind[1]). So erkaufte ein P. Octavius, ein hochgestellter Mann[2]), mit der Summe von 5000 S. (1087 Mk.) für ein $4^1/_2$ Pfund (römisch = 1,47 kg.) schweres Exemplar den Ruhm, einen Fisch erstanden zu haben, der nicht nur dem Kaiser Tiberius, sondern auch seinem Rivalen Apicius zu teuer gewesen war[3]), »und erlangte damit unter seinesgleichen großes Ansehen«. Diese und gewiß noch manche andere Preise gehören also zu den Eitelkeitspreisen, deren Höhe nur von den Zahlungsmitteln der Käufer begrenzt wird[4]). Juvenal spricht von Leuten, die ohne Rücksicht auf die Preise alle Elemente nach Leckerbissen durchsuchen und im Grunde das am liebsten haben, was am meisten kostet; sie richten sich zugrunde, um Schüsseln auftragen zu lassen, die 400 S. kosten[5]). Daß eine solche Summe (87 Mk.) für enorm galt, zeigt wieder, daß der damalige Maßstab für die Preise von Luxusnahrungsmitteln ein kleinerer war als der gegenwärtige. In der Tat kostete von einer der teuersten Delikatessen, der nur in geringen Quantitäten zu verwendenden, aus den inneren Teilen der Makrele (*scomber*) bereiteten Fischsauce (*garum*), ein Liter aus der berühmtesten Fabrik in Cartagena (*garum sociorum*) nur 33 Mk. im heutigen Gelde[6]). Um 1596, in der Zeit einer Hungersnot, gab es in Paris Bankette, bei denen die Schüssel 45 écus (etwa 440 Frcs. in jetzigem Gelde) kostete; bei einem Abendessen des Marschalls de l'Hospital (in der Zeit Mazarins) kosteten einzelne Schüsseln 400 écus[7]). In Petersburg gaben in Potemkins Zeit die Großen für die den Glanzpunkt schwelgerischer Gastmähler bildende, aus Stör bereitete Fischsuppe, in deren Preisen man einander zu überbieten suchte, bis 300 Rubel aus; bei seinen eigenen Bällen (1791), deren jeder 14000 Rubel gekostet haben soll, erschien auf der Tafel jedesmal eine Fischsuppe im Werte von 1000 Rubeln in einem Silbergefäß, das gegen 300 Pfund wog[8]). Die Kosten einer von der Stadt Genf dem Erzkanzler Cambacérès gesandten Riesenforelle nebst Sauce sollen vom Rechnungshof auf 6000 Frcs. veranschlagt worden sein[9]). Plinius sagt mit übertreibender Phrase, daß Köche in seiner Zeit mehr kosteten als vormals ein Triumph[10]), und schon der Geschichtschreiber Sallust soll dem Koch Dama, Freigelassenen des Nomentanus, ein Jahresgehalt von 100000 S. (17550 Mk.) gezahlt haben[11]); aber schwerlich erhielten die Köche damals so hohe Bezahlungen wie im 19. Jahrhundert in London und Paris. Anton Carême, der bei Lord Stewart, Talleyrand, Rothschild und Kaiser Alexander angestellt war, erhielt bei letzterem monatlich 2400 Frcs. Gehalt, und seine Ausgaben für die Küche beliefen sich monatlich auf 80—100000 Frcs.[12]); nach dem Fürsten von Pückler-Muskau gab es in England Köche, die ein Gehalt von 1200 Lstr. bezogen[13]). Seneca erzählt von einer

Kunststücke der Köche.

1) Marquardt, Privatl.[2] 434, 9. 2) Entweder der Präfekt von Ägypten unter Augustus oder dessen Sohn, der Prokonsul von Kreta und Cyrenaika. Dittenberger, Eph. ep. I p. 112f. 3) Seneca ep. 95, 42. 4) Roscher, Grundlagen § 131. 5) Juv. 11, 19. 6) Nach Plin. n. h. XXXI 94 erhielt man *singulis milibus nummum*, d. h. für 1000 S. (217 Mark), nicht 1000 Denare, wie Marquardt, Privatl.[2] 440, 9 sagt, ungefähr 2 *congii* (6,55 Liter). Vgl. oben I 381. 7) Baudrillart IV 14. 71. 8) A. Brückner, Baltische Monatsschr. N. F. I S. 518. Haxthausen (Studien über die inneren Zustände Rußlands III 160) gibt den Preis eines Störs selbst am Ural auf 400 Rubel Banco an. 9) Grenzboten 1852 I 151. 10) Plin. n. h. IX 67. 11) Porphyrio ad Horat. sat. I 1, 102. Vielleicht der Cassius Dama der Grabschrift CIL VI 14502, Bücheler Rh. Mus. LXIII 1908 S. 195. 12) v. Vaerst, Gastrosophie II 111; s. unten S. 305. 13) Briefe eines Verstorbenen (1826—28) III 401.

»berühmten, zum Stadtgespräch gewordenen Schüssel« wie von einer Monstrosität: es waren darin die feinsten Leckerbissen, die sonst auch bei großen Gastmählern nacheinander aufgetragen wurden (wie Austern und andre Schaltiere, Seeigel, ausgegrätete Seebarben), so durcheinander gemischt und mit der gleichen Brühe übergossen, daß man das einzelne nicht unterschied: »der Auswurf eines Erbrechenden könnte nicht mehr durcheinander gemengt sein«[1]). Wenn ein solches Gericht wirklich großes Aufsehen erregte, möchte man glauben, daß die Kochkunst der Neronischen Zeit an Raffinement der modernen französischen sehr nachgestanden habe. Auch der rohe (als Plinius schrieb, gewöhnliche) Luxus, den P. Servilius Rullus etwa in Sullas Zeit eingeführt hatte und der in der Zeit der Regentschaft in Paris wieder Mode wurde[2]), ganze Eber für wenige Gäste auftragen zu lassen[3]), erregt Zweifel an dem Raffinement der römischen Tafelgenüsse, zu denen das wilde und zahme Schwein, das man auf fünfzig Arten zu bereiten verstand[4]), zu allen Zeiten sehr beliebte Beiträge geliefert hat[5]). Ein vielgenanntes, von Aelius Verus erfundenes Lieblingsgericht Hadrians[6]), der ein Freund guter Mahlzeiten war[7]), das noch auf der Tafel des Alexander Severus erschien[8]), bestand aus Fasanen, Pfauen, Eberfleisch oder Saueuter und Schinken in einer Teigkruste.

Der Gebrauch der Vomitive nach Tisch zum Teil rein diätetisch.

Endlich muß hier noch erwähnt werden, daß der Gebrauch von Brechmitteln nach der Mahlzeit keineswegs ein so unbedingter Beweis für Unmäßigkeit und Völlerei ist, wie es nach heutigen Begriffen scheint. Wenn Cäsar, der nichts weniger als unmäßig war[9]), nach einem reichlichen Mahle bei Cicero ein Brechmittel nahm und der letztere dies ohne jede Mißbilligung erwähnt[10]), so folgt daraus nicht, daß damals eine viehische Maßlosigkeit im Genusse so allgemein war, daß sie niemandem mehr auffiel, sondern vielmehr, daß das gegenwärtig nur in Krankheitszuständen angewandte Mittel damals auch als ein rein diätetisches angesehen und gebraucht wurde[11]), wie in der Zeit unserer Großväter der Aderlaß und das Purgieren. Ein jeder, sagt Seneca, kennt die Mängel seiner

1) Seneca ep. 95, 26ff. 2) S. unten S. 301. 3) Plin. n. h. VIII 210. Juven. 1, 140f. Martial. VII 59. 4) Plin. n. h. VIII 209. 5) Marquardt, Privatl.² 429f. Auf keinen Fall waren die Preise des Schweinefleisches hoch genug, um es hieraus erklären zu können, daß dies »in der späteren Römerzeit das fashionabelste Essen war« (Roscher a. a. O. § 132, 8); ebensowenig war es aber, wie Preller, Regionen d. Stadt Rom S. 139 meint, das wohlfeilste Fleisch. Vgl. Rodbertus in Hildebrands Jahrb. f. Nationalök. u. Statist. XVI 1870 S. 226. Blümner, Maximaltarif des Diocletian S. 73. 6) *Tetrapharmacum seu potius pentapharmacum*, Hist. aug. Ael. Ver. 5, 4; Hadrian. 21, 4. 7) *Prandiorum opimorum esor optimus*, Fronto de fer. Als. 3 p. 226 Naber. 8) Hist. aug. Alex. Sev. 30, 6. 9) Sueton. Caesar 53. Plutarch. Caesar 17. Drumann, Gesch. Roms III² 663. 10) Cic. ad Attic. XIII 52, 1, vgl. pro rege Deiot. 21 von Cäsar: *cum — vomere post cenam te velle dixisses.* Auch von dem sehr mäßigen Augustus sagt Sueton. Aug. 77: *quotiens largissime se invitaret, senos sextantes* (0,54 Liter) *non excessit aut, si excessisset, reiciebat.* 11) Daremberg hat in den Anmerkungen zum Oribasius Vol. II S. 829ff. vom diätetischen Gebrauch der Vomitive im Altertum gehandelt, welcher belehrenden Abhandlung ich die folgenden Stellen entlehne. Aus derselben scheint mir hervorzugehen, daß der Gebrauch des Vomitivs keineswegs von den Ärzten »mit Rücksicht auf die einmal vorhandene Völlerei« als nötig anerkannt wurde, wie Marquardt sagt, Privatl.² 230. Baudrillart II 396 hat mich ganz mißverstanden. Er sagt: »*Comment ne pas sourire, en voyant Mr. Fr. dépassant trop cette fois les bornes, aller à justifier presque au nom de l'hygiène l'usage ignominieux des vomissements pendant les repas?*« Aus dem Obigen geht hoffentlich klar hervor, daß ich, weit entfernt, den Mißbrauch der Vomitive entschuldigen zu wollen, nur behaupte, daß ihr Gebrauch im Altertum nicht notwendig Unmäßigkeit voraussetzt.

Leibesbeschaffenheit; daher erleichtert der eine den Magen durch ein Brechmittel, ein andrer stärkt ihn durch reichliche Nahrung, ein dritter leert und reinigt ihn durch Einschaltung eines Fastens[1]). Auch die alten Ägypter, nach Herodot die gesündesten Menschen, brauchten in jedem Monate drei Tage hintereinander Brechmittel und Klystiere[2]), und das regelmäßige Purgieren auch durch Vomitive war von der größten ärztlichen Autorität des griechischen Altertums, von Hippokrates, ebenfalls empfohlen worden[3]): ihm schließen sich die späteren Ärzte, die nur den Mißbrauch widerraten, wenigstens zum großen Teil an. Daß Asklepiades den diätetischen Gebrauch der Brechmittel in seinem Buche über Erhaltung der Gesundheit ganz verworfen habe, wollte Celsus nicht tadeln, wenn er durch die Unsitte mancher, sie täglich zu nehmen, dazu veranlaßt worden sei: der Schlemmerei wegen dürfe es allerdings nicht geschehen, doch wußte Celsus aus Erfahrung, daß das Mittel, hin und wieder angewandt, der Gesundheit nur zuträglich sein könne[4]). Auch der berühmte Arzt Archigenes (unter Trajan) erklärt den zwei- bis dreimaligen Gebrauch im Monat für erstaunlich heilsam[5]), Galen rät ihn mehr vor als nach der Mahlzeit an[6]). Zu denen, die das Mittel nur in Krankheiten angewandt wissen wollten, gehören Plinius[7]) und Plutarch[8]). Immerhin mag unter den Schlemmern, für welche das Essen ein Lebenszweck war, die für sich allein sieben Gänge auftragen ließen[9]), sich auf die Zubereitung feiner Schüsseln verstanden[10]) und eine so große Kennerschaft erwarben, daß sie beim ersten Biß zu sagen wußten, von welcher Küste eine Auster stammte[11]), — unter solchen mag auch die Zahl derer groß genug gewesen sein, welche »spien, um zu essen, aßen, um zu speien, und die aus allen Weltteilen zusammengebrachten Mahlzeiten nicht einmal verdauen wollten«[12]), wenigstens in Neros Zeit, wo Seneca dies schrieb. Aber die Äußerungen einiger zum Übertreiben und Generalisieren geneigter Schriftsteller berechtigen schwerlich zu dem Glauben, daß die ekelhafte Unsitte des täglichen Vomierens mit all ihren schlimmen und widerlichen Folgen auch nur in größeren Kreisen allgemein war[13]), selbst

1) Seneca ep. 68, 7. 2) Herodot. II 77. Diodor. I 82, 1. 3) Daremberg a. a. O. S. 830f.: »*Du temps d'Hippocrate les vomissements après le repas paraissent avoir été plus usités que les vomissements à jeun.*« 4) Cels. I 3, 17f. Über Asklepiades vgl. auch Plin. n. h. XXVI 17. 5) Oribas. Coll. med. VIII 23 (ed Daremb. II p. 202): Περὶ ἐμέτου ἀπὸ σιτίων ἐκ τῶν Ἀρχιγένους. Εμέτῳ δὲ τῷ ἀπὸ σιτίων ὑπὸ ἀνάγκης μὲν μὴ διεθίσῃ· ὄνησις δὲ θαυμαστὴ δὶς ἢ τρὶς ὡς ἂν παρήκῃ κατὰ μῆνα παραλαμβάνειν· καὶ γὰρ τῷ δι' ἀνάγκην ἐπίμετρός τις ἀκολουθεῖ ῥᾳστώνη, ἀπὸ ἧς προήχθησαν ἤδη τινὲς καὶ εἰς ἔθος ἐνδελεχοῦς ἀποφορτισμοῦ τῶν σιτίων, οἱ μὲν ἀκριβοῦς οἱ δε ὁλοσχεροῦς καταστῆναι. 6) Daremberg a. a. O. S. 831f. 7) Plin. n. h. XXVIII 54: *rara vomitione.* Den diätetischen Gebrauch hält er für schädlich: XI 282. XXIX 26. 8) Plutarch. De sanit. praec. 22 Ἐμέτους δὲ καὶ κοιλίας καθάρσεις ὑπὸ φαρμάκων, μιαρὰ παραμύθια πλησμονῆς, ἄνευ μεγάλης ἀνάγκης οὐ κινητέον, ὥσπερ οἱ πολλοὶ κενώσεως ἕνεκα πληροῦντες τὸ σῶμα καὶ πάλιν πληρώσεως κενοῦντες παρὰ φύσιν, ταῖς πλησμοναῖς οὐχ ἧττον ἢ ταῖς ἐνδείαις ἀνιώμενοι, μᾶλλον δὲ ὅλως τὴν μὲν πλήρωσιν ὡς κώλυσιν ἀπολαύσεως βαρυνόμενοι, τὴν δ' ἔνδειαν ὡς χώραν ἀεὶ ταῖς ἡδοναῖς παρασκευάζοντες. 9) Juv. 1, 94. 10) Juv. 14, 6ff. 11) Juv. 4, 140ff. 12) Seneca Consol. ad Helv. 10, 3. 13) Dies ist Marquardts Ansicht a. a. O. S. 330, wo die Römer, die Plinius und Galen beschreiben, geschildert werden »als ein Geschlecht mit blassen Gesichtern, hängenden Wangen, geschwollenen Augen, zitternden Händen und dicken Bäuchen, schwachem Verstande und ohne Gedächtnis« usw. Die Folgen der Ausschweifungen, die Plin. n. h. XIV 142, Seneca ep. 95, 15ff. und Martial. XII 48, 10 (*sulphureusque color carnificesque pedes*) schildern (Galen. X 3f. spricht nur von Ausschweifungen,

in der Zeit der größten Schwelgerei, geschweige denn in einer späteren. Von den Kaisern, deren Lebensgewohnheiten die Biographen bis ins kleinste angeben, ist, außer dem durch beispiellose Gefräßigkeit ausgezeichneten Vitellius, Claudius der einzige, von dem berichtet wird, daß er sich der Brechmittel gewohnheitsmäßig bediente[1]). Vielleicht war er nicht unmäßiger als Karl V., dessen »Heldentaten ekelhafter Schlemmerei« bei seinen vier täglichen Mahlzeiten im Kloster San Juste seinen »entsetzten« Arzt zur Verordnung reichlicher Senna- und Rhabarbertränke nötigten[2]).

Vergleichung des römischen Tafelluxus mit dem späterer Zeiten.

Wie die bisherige Betrachtung ergibt, hat der Tafelluxus der Kaiserzeit hauptsächlich deshalb als ausschweifend und unnatürlich gegolten, weil man auch hier Ausnahmen für die Regel angesehen, die Klagen der Alten über die Maßlosigkeit der Schwelgerei als durchaus berechtigt und die von ihnen angeführten Tatsachen als vollgültige Beweise für die Richtigkeit ihrer Urteile angenommen hat, ohne sie zu prüfen und ohne den Maßstab anzulegen, den die Vergleichung derselben Form des Luxus in andern Zeiten und Ländern bietet. Zur Beantwortung der Frage, ob und inwieweit der römische Tafelluxus seit dem Untergange der antiken Kultur überboten worden ist, mögen außer den bereits mitgeteilten Angaben noch folgende als Anhaltspunkte dienen.

Tafelluxus im Mittelalter. Im Kalifenreich —

Im frühen Mittelalter ist im Reich der Kalifen sowohl das Raffinement der Schwelgerei als die Pracht und der Aufwand bei festlichen Bewirtungen sehr groß gewesen. Der Sohn Gabriels, des Leibarztes des Kalifen Harun Rashyd, speiste im Sommer in einem durch Schnee gekühlten Raume, im Winter in einem Gewächshause, dessen Wärme durch Kohlen von wohlriechendem Holze unterhalten wurde; unter den für ihn aufgetragenen köstlichen Speisen waren gebratene Hühner, die man mit Mandeln und Granatäpfelsaft gefüttert hatte[3]). Bei dem Beschneidungsfeste des Sohns des Kalifen Motawakkil war der Boden mit Teppichen aus Goldstoff belegt, die mit Edelsteinen gestickt waren; darauf waren Figuren aus einer Paste von Ambra, Aloe und Moschus angeordnet; vor den Gästen wurden Haufen von Gold- und Silberstücken ausgeschüttet, mit denen sie nach Belieben ihre Taschen füllen konnten, zum Schluß erhielt jeder ein Ehrenkleid[4]). Auch in dem durch alle Künste des Luxus ausgezeichneten maurischen Spanien scheint das Raffinement der Kochkunst groß gewesen zu sein[5]).

im christlichen Europa —

Im christlichen Europa, und so auch in Deutschland, waren überall die Klöster Hauptstätten des Tafelluxus. Auch dort gehörten Fasanen und Pfauen zu den ausgesuchten Speisen großer Tafeln, beide kommen in den Küchenzetteln der Klöster am Bodensee im 11. Jahrhundert vor. Auch dort verwandte man aus-

---

nicht von ihren Folgen), mögen in seiner Zeit immerhin nur zu häufig gewesen sein — daß sie in größeren Kreisen allgemein waren, ist, wie mir scheint, auch an und für sich unglaublich.

1) Sueton. Claud. 33, 1; Vitell. 13, 1. Julian. Misopog. p. 340 C sagt von sich selbst: οὐδὲ ἐπιτρέπω πολλῶν ἐμπίμπλασθαι σιτίων αὐτῇ. ὀλιγάκις οὖν ἐμοὶ τῶν πάντων ἐμέσαι συνέβη. καὶ μέμνημαι αὐτὸ παθὼν ἐξ ὅτου Καῖσαρ ἐγενόμην ἅπαξ ἀπὸ συμπτώματος, οὐ πλησμονῆς. Martial stellt das Vomieren mit den schimpflichsten Lastern zusammen: IX 92, 11 *Quod nec mane vomis nec cunnum, Condyle, lingis;* II 89, 5 *Quod vomis, Antoni,* von einem *fellator,* mit Beziehung auf Cic. Philipp. II 63. 2) Motley, Abfall der Niederlande (deutsch 1861) I 128. 3) v. Kremer, Kulturgesch. des Orients II 182. 4) ebd. II 84f. 5) ebd. II 318ff.

ländische Nahrungsmittel und Ingredienzien; im Kloster zu Hirsau kannte und brauchte man unter Abt Wilhelm (1069—1091) eine Anzahl von ausländischen Fischen, von fremden Früchten (Zitronen, Feigen, Kastanien), von fremden Gewürzen (Pfeffer und Ingwer). Peter von Clugny klagt um 1130, daß manche Mönche sich nicht mit den auserlesenen heimischen Speisen begnügen, sondern ausländische suchen[1]). Übrigens war auch der Aufwand der adligen Herren im Mittelalter für ihre Tafeln nicht gering[2]), und sogar die (wie im Goldenen Hause Neros) zum Herabschütten von wohlriechenden Essenzen und Zuckerwerk auf die Gäste eingerichteten Zimmerdecken nicht unbekannt[3]).

In Frankreich war die Kochkunst schon im 14. Jahrhundert verhältnismäßig entwickelt[4]); noch größere Fortschritte machte sie im fünfzehnten. Die Köche aus der Schule des berühmten Kochs Karls VII., Taillevent, bestrebten sich, durch künstlerische Dekoration der Schüsseln einen gefälligen Anblick zu bieten und zugleich die Natur der Speisen durch künstliche Bereitung unkenntlich zu machen. Der Hauptgang der Mahlzeit bestand aus süßen Speisen, unter denen ein Pfau, Fasan oder Schwan, in Haut und Federn, mit vergoldetem Schnabel auf einer Erhöhung hervorragte. Die Pfauen, die man unter Trompetenschall und Händeklatschen der Anwesenden auftrug, lieferten die geschätztesten Braten bis ins 16. und 17. Jahrhundert, wo die Truthähne und Fasanen sie allmählich verdrängten[5]). Bei der Hochzeit des Tirolers Adam Geizkofler, Rats und Anwalts der Fugger, im Jahre 1590, wurden neben sechs Indianen noch sieben Pfauen aufgetragen[6]). Am längsten sind sie in Spanien beliebt geblieben; in Sevilla war in altmodischen Häusern noch 1815 ein mit Nüssen gemästeter Pfau die Hauptschüssel bei großen Mahlzeiten[7]). in Frankreich —

In England zeichnete sich bereits die Zeit Richards II. durch eine große Neigung zur Schwelgerei aus; eine gewöhnliche anständige Mahlzeit eines Manns von Stande bestand zu Ende des 14. Jahrhunderts aus drei Gängen von je sieben, fünf und sechs Schüsseln; bei größeren Festen wurden neun, elf und zwölf Schüsseln aufgetragen. Auch im 15. Jahrhundert war die Schwelgerei groß. Bei der Ernennung von George Neville zum Erzbischof von York, im Jahren 1466, fand ein ungeheures Bankett statt, bei dem außer 4000 kalten Wildpasteten usw. 104 Pfauen und 200 Fasanen verzehrt wurden[8]). in England —

Von dem größten italienischen Fest- und Tafelluxus des 15. Jahrhunderts gibt die Beschreibung des Gastmahls eine Vorstellung, welches der Florentiner Benedetto Salutati, ein Enkel des berühmten Kanzlers, mit seinen Handelsgenossen am 16. Februar 1476 den Söhnen König Ferantes I. in Neapel gab[9]). Die Treppe des Hauses war mit gewirkten Teppichen und Taxusgewinden behangen, der in Italien.

1) Weinhold, Die deutschen Frauen im Mittelalter II² 69ff. Volz, Beitr. z. Kulturgesch. S. 205ff. 412ff. 471ff. 2) Alwin Schultz, Höf. Leben z. Zeit d. Minnesinger I² 427ff. Baudrillart III 453ff. 3) Baudrillart III S. 459. 4) Auch das Mästen von Geflügel in finstern Käfigen war sehr gebräuchlich; desgleichen das Mästen von Schnecken. Baudrillart III 471. 5) Lacroix, Mœurs, usages et costumes au moyen âge S. 110—190. Alw. Schultz a. a. O. S. 386f. 6) Adam Wolf, Lucas Geizkofler und seine Selbstbiographie (1873) S. 149. Über andre Hochzeiten in derselben Familie ebd. S. 150. Auf den nur im Überfluß bestehenden Luxus derartiger Feste (vgl. darüber Janssen, Gesch. d. deutschen Volks I²⁰ 466ff.) gehe ich nicht ein. 7) Fernan Caballero, Ausgew. Werke (Paderborn 1865) VII 68f. VIII 67. 8) Th. Wright, Homes of other days S. 360. 267. 9) A. v. Reumont, Lorenzo de' Medici II 423—426.

große Saal mit figurenreichen Teppichen geschmückt, während von der mit Tuch in den aragonischen Farben überzogenen Decke zwei Wachslichter tragende Kronleuchter von geschnitztem, vergoldetem Holz herabhingen. Dem Haupteingang gegenüber stand auf einer mit Teppichen belegten Estrade die Speisetafel, feinste Leinwand war darauf über einer gewirkten Decke ausgebreitet. Eine andre Seite nahm der große Kredenztisch ein, gefüllt mit etwa achtzig Schaustücken, meist silbern, einige golden, außer dem silbernen Tischgeräte (gegen dreihundert Teller verschiedener Art, Näpfe, Becher, Schalen). Unter dem Schall der Trommeln und Pfeifen nahmen die Gäste Platz. Erst kam die Vorkost, für jeden eine kleine Schüssel mit vergoldetem Kuchen von Pinienkernen und ein kleiner Majolikanapf mit einer Milchspeise. Es folgten acht Silberschüsseln mit Gelatine von Kapaunenbrust, mit Wappen und Devisen verziert, die für den vornehmsten Gast, den Herzog von Calabrien, bestimmte Schüssel mit einer Fontäne in der Mitte, welche einen Regen von Orangenblütenwasser sprühte. Die erste Abteilung des Mahls bestand aus zwölf Gängen verschiedener Fleischgattungen, Wild und Kalb, Schinken, Fasanen, Rebhühner, Kapaune, Hühner, Blankmanger: am Schluße wurde vor den Herzog eine große silberne Schüssel hingestellt, aus welcher bei Aufhebung des Deckels zahlreiche Vögelchen emporflogen. Auf zwei mächtigen Präsentierschüsseln sah man zwei Pfauen, dem Anscheine nach lebend und das Rad schlagend, im Schnabel brennende, duftende Essenzen, auf der Brust an seidenem Bande des Herzogs Wappenschild. Die zweite Abteilung bestand aus neun Gängen süßer Speise verschiedener Art, Torten, Marzipane, leichtes zierliches Backwerk mit Hippokras (wie man den mit Zucker, Zimt und andern Gewürzen vermischten Wein nannte). Die Weine waren meist einheimische, italienische und sicilische, und zwischen je zwei Gästen lag eine Liste der fünfzehn Gattungen. Am Ende des Mahls wurde jedem wohlriechendes Wasser zum Händewaschen gereicht, und dann das Tischtuch weggenommen, worauf man eine große Schüssel auf die Tafel stellte; darin war ein aus grünen Zweiglein geformter Berg mit kostbaren Essenzen, deren Duft sich durch den Saal verbreitete. Während und nach der Mahlzeit wurden die Gäste durch Musik und eine Mummerei unterhalten. Der nach etwa einer Stunde aufgetragene Nachtisch bestand aus verschiedenem Zuckerwerk in silbernen Schüsseln mit Deckeln aus Wachs und Zucker, auf denen sich Wappen und Devisen befanden. Gegen die fünfte Stunde der Nacht schieden die Gäste, nachdem sie beinahe vier Stunden verweilt hatten.

Im 16. Jahrhundert sind vielleicht die Feste der Venezianer die prachtvollsten in ganz Italien gewesen. Bei einem 1552 von dem Kardinal Grimani, einem Neffen des Papstes, dem Ranuccio Farnese gegebenen Bankett wurden auf einer Tafel, die hundert Gäste faßte, 90 Schüsseln aufgetragen, und das Essen dauerte vier Stunden. Bei gewöhnlichen Festschmäusen gaben die venezianischen Bürger in der Regel 4—500 Dukaten aus. Nicht bloß Gewürze und Wohlgerüche wurden bei der Bereitung der Speisen verschwenderisch angewandt, sondern auch Gold hinzugetan. Bei einem dem Könige Heinrich III. in den Gemächern der Zehn gegebenen Frühstück bestand alles aus Zucker, aus dem auch Tischtücher, Gedecke, Teller, Brot aufs täuschendste hergestellt waren. Die Dekoration der Speisesäle und Tafeln war überaus kunstvoll, prächtig und mannigfaltig. Zu den Tafelaufsätzen gehörten z. B. einmal weiße, radschlagende Pfauen, über und über mit Bändern von Gold und Seide in allen Farben und mit vergoldetem Zuckerwerk behängt, die ganz wie lebend aussahen, in ihren brennenden Schnäbeln Wohlgerüche und zwischen den Füßen Liebesdevisen hatten; ferner drei 4 Palmen hohe Figuren aus Marzipan usw. Gesänge, Gedichte, Aufführungen von Opern und andre der verschiedensten Arten erheiterten diese Mahlzeiten[1]). Von den Gastmählern Agostino Chigis hat seine Biographie drei beschrieben, bei denen Papst Leo X. zugegen war. Nach einem derselben (das verhältnismäßig bescheiden sein sollte, aber 2000 Dukaten kostete) fehlten 11 schwere Silberschüsseln; doch Chigi verbot der Dienerschaft, danach zu forschen, und äußerte seine Verwunderung, daß von so vielen nicht mehr vermißt würden. Vor einem andern, im Sommer in einer Kolonnade am Tiber veranstalteten waren Netze im Wasser unter der Oberfläche gespannt worden, und nach jedem Gange wurde das gesamte dabei gebrauchte Silbergeschirr vor den Augen der Gäste in den Fluß geworfen, so daß kein Stück zweimal auf die Tafel kam, und die übrig gebliebenen Speisen unter das zahlreich versammelte Volk verteilt. Bei einem dritten, wo außer dem Papst zwölf Kardinäle und andre Vornehme zugegen waren, fand jeder Gast auf dem Silber, von dem er speiste, sein Familienwappen fehlerlos eingraviert, und rechtzeitig abgegangene, an diesem Tage wieder eintreffende Läufer brachten jedem aus seiner Heimat das dort am meisten geschätzte Gericht in der landesüblichen Zubereitung ganz frisch[2]).

Gegen Ende des 16. Jahrhunderts bestanden in Rom, nach dem Kochbuch des Bartolomeo Scuppi, Leibkochs von Pius V. (1566—72)[3]), Festmahle aus vier Gängen, und zwar der erste aus verzuckerten Früchten und Pasteten, welche die Wappen des Papstes darstellten und mit kleinen Vögeln gefüllt waren. Die übrigen waren aus einer Menge von Speisen aller Art gebildet: das Geflügel mit seinen Federn, in Flaschen gekochte Kapaunen, Fisch, Wildbret, Fleisch und süße Speisen wechselten ab in einer unseren kulinarischen Begriffen widerstrebenden Weise. Es gab Gerichte, welche mit Rosenwasser bereitet wurden, und auf derselben Schüssel fand man die heterogensten Stoffe zu einem Ganzen verarbeitet. Die Vereinbarung der Gegensätze galt für die höchste Leistung der Kochkunst. Vor dem Nachtische ward abgedeckt, man wusch sich die Hände, und die Tafel wurde mit verzuckerten Eiern und Syropen besetzt, welche betäubende Wohlgerüche verbreiteten. Am Ende der Mahlzeit ließ der Hausherr Blumensträuße verabreichen. Welche Rolle wohlriechende Substanzen in der damaligen Küche spielten, ergibt sich namentlich aus ihrer Anwendung bei Fleischspeisen, die Montaigne, ein großer Freund der Wohlgerüche, mit Beifall erwähnt. Bei einem Besuche, den der Bei von Tunis Karl V. in Neapel abstattete, hatte man die Speisen des ersteren mit wohlriechenden Spezereien von solcher Kostbarkeit gefüllt, daß ein Pfau und zwei Fasanen auf hundert Dukaten zu stehen kamen; und als man sie zerlegte, erfüllten sie nicht nur den Saal, sondern alle Gemächer des Palastes und selbst die Häuser der Nachbarschaft mit einem sehr lieblichen Duft, der sich nicht so bald verlor[4]). Bei der

Italienische Küche im 16. Jahrhundert.

1) Molmenti, La vie privée à Venise S. 287—298. 2) Cugnoni, Archivio storico della società romana di storia patria II (1879) S. 66f. 3) Hübner, Sixte-Quint II 103ff. 4) Montaigne, Essais I 55. Die spanische Küche des 17. Jahrhunderts war für Fremde durch ein Übermaß von scharfen

sehr prachtvollen Hochzeit eines Signor Gottofredo in Rom (1588) kostete das Abendessen 500 Scudi[1]).

Überhaupt nahm Italien im 16. Jahrhundert in der Kochkunst ebenso unbestritten die erste Stelle unter den Ländern Europas ein wie in allen übrigen Künsten. Montaigne erzählt, daß ihm der Haushofmeister des Kardinals Caraffa, ein Italiener, »eine Rede von dieser Wissenschaft des Schlundes hielt, mit einer magisterhaften Haltung, als wenn er von einem großen Problem der Theologie gesprochen hätte. Er enträtselte mir die Verschiedenheit des Appetits, den man vor der Mahlzeit und den man nach dem zweiten und dritten Gange hat; die Mittel, ihn in kunstloser Weise zu befriedigen und ihn zu erregen und zu reizen. Er erörterte die Behandlung seiner Saucen, erstens im allgemeinen, und dann die Eigenschaften und Wirkungen der Ingredienzien im besondern; die Verschiedenheit der Salate nach den Jahreszeiten, und welche kalt und welche warm aufgetragen sein wollen; die Art, sie zu schmücken und zu verschönern, um sie dem Auge gefällig zu machen. Dann vertiefte er sich in schöne und wichtige Betrachtungen über die Anordnung der Tafel, und alles das in mannigfachen und prächtigen Ausdrücken, auch solchen, die man anwendet, wenn man von der Regierung eines Reichs zu reden hat[2]).«

Französische Küche im 17. —

Zwar hatte auch die französische Kochkunst im 16. Jahrhundert große Fortschritte gemacht[3]), aber erst unter Ludwig XIV. »unterwarf Frankreich ganz Europa den Gesetzen seiner Küche«. Dennoch gilt den Geschichtschreibern der französischen Kochkunst die damalige Küche (welche im wesentlichen noch mmer die von Taillevent begründete war, aber auch der italienischen des 16. Jahrhunderts viel verdankte) als eine sehr unvollkommene. Von ihrer Reichhaltigkeit gibt das Menu einer Mahlzeit eine Vorstellung, die der Kriegsminister Ludwigs XIV., Louvois, dem Dauphin und mehreren andern Mitgliedern der königlichen Familie gab: 11 potages différents, 11 entrées, 13 hors-d'œuvre pour le premier service, 24 plats d'entremets, 11 hors-d'œuvre de légumes, d'omelettes, de crêmes, de foi gras et de truffes (das Dessert wird nicht erwähnt)[4]). Bei jenem von dem Oberintendanten Foucquet am 17. August 1661 dem Könige gegebenen Feste[5]) schätzte man die Kosten des für 6000 Personen bereiteten Gastmahls auf 120 000 Livres; dasselbe wurde von dem berühmten Vatel angeordnet[6]). Es waren 80 Tafeln und 30 Büfetts errichtet, man verwandte 120 Dutzend Servietten, 500 Dutzend silberne Teller, 36 Dutzend silberne Schüsseln und ein Tafelgeschirr von massivem Golde. Nach der Tafel wurde im Garten Molières Lustspiel »Les Fâcheux« aufgeführt, wobei Molière selbst auftrat; ein prachtvolles Feuerwerk machte den Schluß. Welch hohe Bedeutung man der Kochkunst und ihren Adepten bereits einräumte, beweist der Bericht der Frau von Sévigné über den Selbstmord dieses unvergleichlichen Kochs im April 1676. Bei jenem Feste, das der große Condé Ludwig XIV. zu

Gewürzen und Safran ungenießbar. Vgl. die Beschreibung eines großen Gastmahls von 700 Schüsseln bei Baudrillart IV 218.

1) Hübner a. a. O. II 108. 2) Montaigne, Essais I 51. 3) Vgl. die Mitteilungen aus dem Mémoire pour faire un écriteau pour un banquet bei Baudrillart III 500f. 4) Lacroix, XVIII. siècle, Institutions S. 383ff. 5) Oben S. 292. Lair, Nicolas Foucquet (1890) II 47. 6) Baudrillart IV 76.

Chantilly gab[1]), und das 180000 Livres kostete (das Feuerwerk allein 16000)[2]), waren schon einige kleinere Unglücksfälle vorgekommen, als auch die Seefische, welche aus allen Häfen verschrieben waren, nicht eintrafen: »der große Vatel, dieser Mann von einer so hervorragenden Begabung, dessen Kopf alle Sorgen einer Staatsverfassung in sich zu fassen hingereicht hätte, konnte die Schmach, die ihm, wie er glaubte, bevorstand, nicht ertragen: er hat sich erstochen[3])«. Mit ihm beginnt die Reihe der großen französischen Köche, deren Namen die Geschichte verzeichnet hat: eine Ehre, die auch in den Zeiten der ausschweifendsten Schwelgerei des kaiserlichen Rom, aus welchen Namen von Gladiatoren und Zirkuskutschern zahlreich überliefert sind, keinem ihresgleichen zuteil geworden ist.

Die Zeit der Regentschaft war vielleicht nicht die Zeit der besten Küche, aber die des größten Tafelluxus: »man dachte an nichts als an Essen«, sagte ein Zeitgenosse. In der Mitte der damaligen Tafeln prangten große Fleischmassen und Pyramiden von Wild und Geflügel: ein ganzes junges Wildschwein, ein Kalbsnierenbraten, von drei Hühnern und sechs Tauben, eine Rehkeule, von allerlei Wildbret, ein großer Stör, von Seebarben umgeben. Am weitesten wurde auch diese Art der Verschwendung in der Lawschen Periode getrieben. Für einen Liter Erbsen wurden bis 100 Pistolen bezahlt. In der Fastenzeit von 1720 reichten die Vorräte der Fleischer zur Befriedigung der Nachfrage nicht aus. Bei einer Dame in Paris wurde täglich ein Ochse, zwei Kälber, sechs Hammel verzehrt usw.[4]).

und im 18. Jahrhundert.

Unter Ludwig XV. war die Küche bereits ausgezeichnet; Kenner haben sogar behauptet, daß sie zu Ende seiner Regierung ihre höchste Vollendung erreicht habe. Doch sind gewichtige Autoritäten der Ansicht, daß ihre Kulmination erst unter Ludwig XVI. erfolgte. Im Jahre 1783 sprach ganz Paris vierzehn Tage lang von einem Abendessen, welches der große Gastronom Grimod de la Reynière (Sohn) für zweiundzwanzig Personen gab. Von den neun Gängen desselben bestand jeder nur aus einer Gattung Fleisch, das aber auf zweiundzwanzig verschiedene Arten zubereitet war.

Jedenfalls war das 18. Jahrhundert die Zeit »der großen Küche und der großen Köche«, unter welchen Marin, der Koch des Prinzen Soubise, der Verfasser der »Dons de Comus« (mit einer Vorrede des gelehrten Jesuiten Pater Brumoy, Übersetzers des »Théâtre de Grecs« 1748), hervorragt. Unter dem Befehl des chef de cuisine stand in großen Häusern eine ganze Schar von Gehilfen und Unterbeamten. Die Leitung des Dienstes bei der Tafel hatte der maître d'hôtel, der in reicher Kleidung, einen Degen an der Seite, einen Diamantring am Finger, eine Dose mit parfümiertem Tabak in der Hand, erschien; zuweilen hatte er zu konstatieren, daß der gnädige Herr im vergangenen Jahre 100000 écus verzehrt habe. Ein einziges Diner, das Soubise dem Könige und dem Hofe gab, kostete mehr als 80000 Livres. Zahlreiche Rezepte trugen die Namen hoher Personen, welche sie angegeben hatten. In der Küche des Prin-

1) Oben S. 291. 2) Feuerwerke, in Frankreich unter Heinrich II. aufgekommen, von den Italienern des 16. Jahrhunderts sehr vervollkommnet, waren seit dem Anfang des 17. ein wesentliches Element großer Festlichkeiten. Baudrillart III 523. 3) Lettres de Mme de Sévigné (Paris 1862) II 186. Baudrillart IV 152f. 4) Baudrillart IV 266f.

zen Condé wurden wöchentlich 120 Fasanen gebraucht. Dem Herzog von Penthièvre reisten, als er die Stände von Burgund eröffnen sollte, 152 »hommes de bouche« voraus.

In der Dekoration der Tafel lösten die verschiedensten Moden einander ab. Auf künstlerisch geordnete und ornamentierte Tafelaufsätze folgten Nachahmungen von Blumenbeeten durch Tonlagen, die mit abgeschnittenen Blumen bepflanzt waren; dann Darstellungen von Gebäuden, Statuengruppen und Landschaften. Ein gewisser Carade erfand einen künstlichen Reif, den die Wärme der Mahlzeit zum Schmelzen brachte: »man sah dann den Fluß auftauen, die Bäume grünen, die Blumen erblühen, kurz den Frühling auf den Winter folgen«. Unter Ludwig XVI. führten sogenannte »sableurs« mit gefärbtem Sande, Marmor-, Glas- oder Zuckerstaub unmittelbar vor dem Eintritt der Gäste mit unglaublicher Schnelligkeit persische Teppichmuster und andere Bilder aus, die ein Hauch, ein Wassertropfen zerstörte.

Die Revolution verursachte nur eine sehr vorübergehende Einschränkung des Tafelluxus: schon in der Zeit des Direktoriums war die Schwelgerei so groß wie nur je zuvor. Barras soll seine Pilze mit Extrapost von der Rhonemündung haben kommen lassen, übrigens auch Danton Mahlzeiten zu 400 Francs das Kuvert gegeben haben[1]).

Tafelluxus im 18. Jahrhundert in Deutschland —

Die höhere Gesellschaft in Deutschland nahm, wie in allen Stücken, so auch in der Einrichtung der Mahlzeiten die französische Sitte zum Vorbild. Lady Montague wurde bei ihrem Aufenthalte in Wien 1716 bei Gastmählern des hohen Adels wiederholt mit mehr als fünfzig in Silber angerichteten Schüsseln und einem entsprechenden Nachtisch auf dem feinsten Porzellan bewirtet; wozu öfters bis achtzehn feine Weinsorten gereicht wurden, von welchen Verzeichnisse neben den Gedecken lagen[2]). Aber auch in bürgerlichen Kreisen war in jener überaus armen Zeit der Tafelluxus nicht gering. Bei einem gewöhnlichen Freundschaftsgebot, sagt ein Schriftsteller 1730, seien 5—6 delikate Speisen genug; ein großes Bankett müsse aus 12—16 Gängen ohne das Dessert bestehen. Für Überfluß halte er es, wenn manche Private bis zu 50, 60, 80 Gerichten gäben. Bei Standespersonen (Ministern u. dgl.) sei es freilich etwas anderes[3]). Um 1780 bestand in Wien die tägliche Tafel der Leute vom Mittelstande, der geringeren Hofbedienten, Kaufleute, Künstler und besseren Handwerker aus 6, 8 bis 10 Gerichten, wozu 2, 3 bis 4 Gattungen Wein aufgesetzt wurden[4]). In der Speiseliste einer bei der Investitur des Superintendenten Deyling zu Leipzig am 13. August 1721 veranstalteten Mahlzeit[5]) ist der Einfluß der damaligen französischen Tafelsitte unverkennbar. An der ersten Tafel von vierundzwanzig Personen, wo die hohe evangelische Geistlichkeit, der Rat, der Rector magnificus speisten, bestand der erste Gang aus sieben Schüsseln: Wildbretpastete; Potage mit angeschlagenen Rebhühnern; große Forellen gesotten; Pörsche mit Butterbrühe, Birangen, Pistazien, Meerrettich; Hamburger

1) Über die Entwicklung der französischen Kochkunst Grenzboten 1852 I 141—155. 2) Letters of Lady Montague 7. 3) v. Rohr, Einleitung zur Zeremonialwissenschaft der Privatpersonen S. 435, bei K. Biedermann, Deutschland im 18. Jahrhundert II[2] 530***. Über öffentliche Schmäuse in Bremen vgl. Kohl, Alte und neue Zeit 354 ff. 4) Scheube, Aus den Tagen unserer Großväter S. 387. 5) Mitgeteilt (aus den Ratsakten der Enge zu Leipzig) von Bitter, J. S. Bach I 163 ff.

Fleisch und Bohnen; zwei Schöpskeulen mit Satellerbrühe; zwei Krebstorten. Der zweite Gang bestand aus fünf Schüsseln: Schweinsrücken mit sechs Fasanen belegt; ein ganzes gebratenes Reh; Schweinskopf mit Rindszunge belegt; allerlei Salate; zwei Babtißtorten. Die Aufstellung der Speisen und Konfitüren erfolgte nach einer vorher angefertigten Zeichnung. An drei Tafeln zu je vierundzwanzig Personen, wo die Geistlichen speisten, wurden nur je sechs Schüsseln aufgetragen. Außerdem erhielt die Frau Superintendentin folgendes »Köstgen für sechs Personen«: eine Truthühnerpastete, eine Rehkeule mit zwei gebratenen Rebhühnern, gesottene Forellen, Johannisbeertorte. Die zwölf Musikanten und die zweiunddreißig Aufwärter erhielten je vier Schüsseln. An Konfekt wurde verzehrt: dreißig Mandeltorten, dreißig Krafttorten, dreißig Schälchen Konfekt (an der ersten), achtzig Krafttorten (an den drei übrigen Tafeln), ein Korb Konfekt, eine Mandeltorte, eine Krafttorte und Obst an dem Tische der Superintendentin. Getrunken wurden drei Eimer und sechs Kannen Rheinwein, ein Eimer alter Rheinwein, zwei Faß Wurzener Bier, drei Achtel Faß Lobgünner Bier. War diese Bewirtung freilich auf Kosten der Stadt veranstaltet, so läßt sie doch immerhin einen Schluß auf den Zuschnitt der Gastmähler in den wohlhabenden Bürgerhäusern des damaligen Leipzig zu.

Doch nirgends war in Deutschland der Tafelluxus so groß wie in Hamburg, wo ihn ein Berichterstatter um 1780 »überschwenglich« fand[1]). Ein »ländliches« Abendessen bei einem Hamburger Kaufmann (1778) hat J. H. Voß in einer eigenen Idylle besungen[2]). Die Schilderung des vom »Kanditor« kunstvoll geformten Tafelaufsatzes (eine große, äußerst mannigfaltige Landschaft mit zahlreichen Figuren von Menschen und Tieren) geht der Beschreibung der Gerichte voraus, von denen zwölf beim Beginn der Mahlzeit bereits auf der Tafel stehen, »einige kalt nach der Regel und einige bräteInd auf Marmor, heißem, in Silber gefaßtem geründetem«. Das Menu ist folgendes: Fasan mit indischen Vogelnestern und Azia[3]), junge Kalkuten mit Soja; Forellen in Wein gesotten, Kabeljau mit Austernsauce; ein Spanferkel in Gallert; eine getrüffelte Rebhühnerpastete aus Bordeaux; verschiedene Gemüse mit frischen Heringen, Hummer, Elblachs, Paderborner Schinken und Göttinger Mettwurst; Ragout von Hahnenkämmen, Lämmerzungen usw. mit Pinienkernen und Kapern; der Rücken eines Rehbocks aus dem Harz, ein Häschen, ein Birkhahn aus dem Erzgebirge, Ortolane; ein überaus reiches Dessert (wobei Aprikosen und Pfirsiche aus Potsdam). Die Zahl der Weinsorten ist verhältnismäßig sehr klein: sechziger Rheinwein, Pontac und Burgunder; Sillery, Tokaier und Kapwein. In der Regel wurde in Hamburg nach dem oben erwähnten gleichzeitigen Berichte nicht bloß bei Festen, sondern auch bei den täglichen Mahlzeiten der Reichen zu jeder Speise ein besonderer Wein gegeben: »zu jungen grünen Bohnen (die Schüssel oft für einen Dukaten) mit neuen Heringen Malaga, zu neuen grünen Erbsen Burgunder, zu Austern Champagner, zu köstlichen gesalzenen Fischen Port oder Madeira«[4]).

Beispiele des sarmatischen Tafelluxus mit seinem rohen Überflusse, seiner in Polen —

1) Scheube a. a. O. S. 394f. 2) J. H. Voß, Sämtliche Gedichte (1802) II 214ff. 3) Indische eingemachte Kräuter und Wurzeln, besonders junge Wurzelschößlinge des Bambusrohrs in Kokos- und Palmessig, J. H. Voß a. a. O. S. 377. 4) Scheube a. a. O.

massiven, aber geschmacklosen Pracht und seiner grenzenlosen Verschwendung bieten im 18. Jahrhundert vor allem die schwelgerischen Feste des polnischen Adels unter Stanislaw August in Warschau. Eines der prachtvollsten gab 1789 Fürst Karl Radziwill. Viertausend Einladungen waren dazu ergangen. In dem Saale, wo der König speiste, war alles Geschirr von Gold; in den drei zu einem Ganzen verbundenen Nebensälen auf einer endlosen Tafel das herrlichste Silbergerät von Augsburger Filigranarbeit gehäuft, die ebenso langen Kredenztische an den Wänden ebenfalls mit Silber überfüllt, die Tapeten, der Schmuck der Dienerschaft entsprechend prachtvoll. Die Bewirtung war die reichste. Der Imbiß begann mit Austern, die auf eigenen Wagen von Hamburg gebracht waren; einige hundert Schüsseln wurden davon geleert. Man schätzte die Kosten des Festes auf eine Million Mark[1]).

in Rußland — Die Feste Potemkins, von denen oben beiläufig bereits die Rede gewesen ist, übertrafen vielleicht an Pracht alles schon Dagewesene. Mit der ausschweifendsten Verschwendung in der Bewirtung verband sich ein Luxus der Ausstattung, der die Schilderungen der Feenmärchen zur Wirklichkeit zu machen schien. Bei einem Feste, das Potemkin der Kaiserin Katharina am 1. April 1791 in Petersburg gab, lieferte das Hofkontor 16000 Pfund Wachs für die Illumination, und man erzählte, daß außerdem noch für 70000 Rubel Wachs aus Moskau gekommen sei. Der Wintergarten, (sechsmal so groß als der im kaiserlichen Palais) hatte künstlichen Rasen, mit Kies bestreute Wege, zahllose Fruchtbäume, zum Teil allerdings mit gläsernen Früchten behangen, Jasminsträucher, Grotten mit Spiegeln, einen Springbrunnen mit eau de lavande, einen mit Kristallen und Edelsteinen geschmückten Obelisken: im Rasen sah man Nester mit Singvögelchen und große Glaskugeln mit Goldfischen, ferner Laternen in Form von Melonen und Ananas, endlich einen Tempel, dessen von sechs Säulen getragene Decke das Bild der Kaiserin überwölbte. Gegen dreitausend Gäste waren eingeladen. An das Volk wurden für mehrere tausend Rubel Geschenke verteilt; die Ballettmeister La Pica und Canziani erhielten je fünftausend und sechstausend Rubel. Die Gesamtkosten des Fests schätzte man auf 200000 Rubel, gewiß viel zu niedrig[2]).

in Nordamerika. Von der Verschwendung für Tafelgenüsse in Nordamerika gibt die Angabe eine Vorstellung, daß im Jahre 1775, wo das Papiergeld noch wenig entwertet war, bei einem Gastmahl in Philadelphia für die Pasteten allein 800 Lstr. ausgegeben wurden[3]).

Tafelluxus im 19. Jahrhundert. Die bewährten Traditionen der Koch- und Eßkunst des 18. Jahrhunderts wurden im 19. vor allem von den großen Gastronomen Frankreichs festgehalten und fortgepflanzt. Im Jahre 1803 erschien der von Grimod de la Reynière herausgegebene »Almanac des Gourmands«, der einen ungeheuren Absatz fand und mehrere Auflagen erlebte, nach dem Zeugnis des Herzogs von York «das angenehmste Buch, das je die Presse verlassen hat[4])«. Macaulay

1) E. v. d. Brüggen, Polens Auflösung S. 303. 2) A. Brückner, Baltische Monatsschr. N. F. I S. 518—522. Oben S. 293. 3) Fr. Kapp, Aus und über Amerika (1876) I 16f. 4) Almanac des Gourmands ou Calendrier nutritif — par un vieux amateur. Paris, An XI—1803. 18° (2. u. 3. Ausg. 1803 u. 1804, die sieben folgenden Jahrgänge bis 1812). Vgl. Rumohr, Geist der Kochkunst (1822) S. 14.

wußte vieles Ergötzliche aus diesen acht Bänden auswendig, womit er seine Tischgäste zu unterhalten liebte, z. B. daß die Austern nach dem sechsten Dutzend aufhören, den Appetit anzuregen; er konnte die Gerichte dort beschriebener erlesener Mahlzeiten vom *potage brulant tel qu'il doit être* bis zum *biscuit d'ivrogne* herzählen[1]). In Frankreich war das Haus Talleyrands auf dem Gebiete der Gastronomie das erste (*la première maison dinante*), und die Diners im Hotel des auswärtigen Ministeriums in der Rue de Varennes hatten nicht ihresgleichen, am wenigsten konnten die des (nach dem Urteil Carêmes) als Eßkünstler unendlich überschätzten Erzkanzlers Cambacérès mit ihnen rivalisieren[2]). Auch die Köche dieser Zeit waren würdige Nachfolger ihrer großen Vorgänger, sie wurden nicht minder hochgeschätzt und waren von der Bedeutung ihrer Kunst für die menschliche Gesellschaft nicht minder durchdrungen als jene. Der Marquis de Cussy, ein Hof- und Küchenbeamter Napoleons, rühmte sich, ein Huhn auf 365 Arten zubereiten zu können[3]). Anton Carême wies die Stelle eines Chef de cuisine bei Georg IV. von England zurück, obwohl ihm ein Jahresgehalt von 500 Lstr. nebst ganz freier Verfügung über die für die Küche erforderlichen Summen, fünfzehn Ruhetage in jedem Monat und eine lebenslängliche Pension angeboten wurde[4]). Er hat sein Werk »über die französische Kochkunst im 19. Jahrhundert« der Lady Morgan gewidmet, welche in ihrem Buch über Frankreich ein von der Baronin Rothschild am 6. Juli 1829 unter seiner Leitung gegebenes Diner verherrlicht und u. a. gesagt hatte, daß es weniger Genie bedurft habe, um manche epische Gedichte, als um ein solches Diner zu schaffen[5]). In dieser Widmung erklärt er, daß ihn ein höheres Streben als das nach Reichtum beseele. Zu allen Zeiten habe es uneigennützige Charaktere gegeben, die alles für die Entwicklung und den Fortschritt der Künste und Gewerbe geopfert hätten. Er werde sich glücklich schätzen, durch sein großes Werk das Los derjenigen verbessert zu haben, die sich dem schwierigen und mühevollen Gewerbe des Kochs widmen.

Auch der Aufwand für Gastmähler war bereits in der ersten Hälfte des 19. Jahrhunderts schwerlich geringer als in irgendeiner früheren Zeit. Macaulay, der im Jahre 1833 das jährliche Mittagessen der Londoner Fischhändler zwar sehr gut, aber nicht so überaus glänzend fand, wie er erwartet hatte, bemerkt, daß bei demselben das Gedeck in früherer Zeit auf 10 Guineen zu stehen gekommen sei[6]).

Die Bedeutung, welche der Gastronomie schon in der Zeit unserer Väter zugestanden wurde, reflektiert sich in einer umfangreichen Literatur, die ihre klassischen Autoren wie Grimod de la Reynière, Rumohr und Brillat-Savarin hat, und für die es bei weitem mehr Analogien im griechischen als im römischen Altertum gibt[7]). Selbst ein Byron hat nicht verschmäht, ein großes Diner in einer Reihe von Stanzen zu beschreiben.

---

1) Trevelyan, Life and letters of Macaulay IV 189f. Tauchn. Kotzebue a. a. O. S. 138f. 2) A. Carême, L'art de la cuisine française au 19. siècle (1833) XIIff. Oben S. 293. 3) Grenzboten 1852 I S. 150. 4) Carême a. a. O. IX. 5) Lady Morgan, La France en 1829 et 1830. Trad. p. A. Sobry (Stuttgart 1830) II 268. 6) Trevelyan a. a. O. II 105 Tauchn. 7) Columella XII 4, 2: *M. Ambivius et Menas Licinius, tum etiam C. Matius, quibus studium fuit pistoris et coci nec minus cellarii diligentiam suis praeceptis instituere.* XII 46, 1: (C. Matius) *illi enim propositum fuit urbanas*

Wenn nun der Tafelluxus schon in der ersten Hälfte des 19. Jahrhunderts hinter dem des vorigen nicht zurückstand, so hat er seitdem infolge der gewaltigen Steigerung des Weltverkehrs, die ihm in so hohem Grade Vorschub geleistet hat und noch leistet, erheblich zugenommen. Bei einem am 5. Februar 1877 in Berlin bei Gelegenheit der ersten Berliner Kochkunstausstellung veranstalteten Festessen gehörten zu den aufgetragenen Gerichten u. a.: Perigordtrüffeln, Austern vom Rocher de Cancale, Kaviar von der Wolga, Forellen aus dem Gardasee, Sterlets aus dem Schwarzen Meere, Elenziemer aus dem Bialowiczer Forst, indische Vogelnester aus Bombay, Langusten aus Ostende, Schnepfen aus den Pyrenäen, schottische Rebhühner, Wachteln aus Florenz, italienische Birnen, tiroler Äpfel, spanische Weintrauben[1]). Die von Zola in Pot-Bouille beschriebenen Diners im Café anglais, die für jeden Teilnehmer 300 Frcs. kosten, bestehen ebenfalls aus den Köstlichkeiten ferner Länder nebst einer »wahrhaft königlichen« Auswahl von Weinen; außerdem aber auch aus gastronomischen Merkwürdigkeiten, »selbst ungenießbaren«, und aus Seltenheiten, die mit unverhältnismäßigen Kosten außer der Zeit erzeugt oder herbeigeschafft sind, wie Rebhühner im Juli und Pfirsiche im Dezember[2]). U. Sinclair beschreibt ein Diner in New York, zu dem die Pfirsiche aus Südafrika, die Weintrauben aus Hamburger Treibhäusern, andere Früchte aus Japan gekommen sein sollen; ferner Wachteln aus Ägypten, Champignons aus den Gängen verlassener Gruben in Michigan, Limabohnen aus Portorico, Artischocken aus Frankreich. Man höre jetzt von Diners, die 100 Dollars das Kuvert kosten[3]), Auf seltene, mit Überwindung der größten Schwierigkeiten aus den weitesten Fernen bezogene Leckerbissen scheint aber die chinesische Gastronomie noch größeren Wert zu legen als die europäische und amerikanische, wenn folgende Angaben über eine am 6. März 1877 in Hongkong veranstaltete Mahlzeit Glauben verdienen: »eine Pilzart stammte von den Eisbergen des Südpolarmeers, die Walfischsehnen sollten aus dem nördlichen Eismeer, die Haifischflossen von den Südseeinseln gekommen sein; die Vogelnester waren von einer Art, die nur in einer gewissen Höhle, auf einer gewissen Insel gefunden wird[4])«.

Wieviel mehr Grund hätten heutzutage Deklamationen über das Durchsuchen aller Länder und Meere nach Leckerbissen, als in den Tagen des Varro und Sallust, des Plinius und Seneca, und wie klein würde Apicius sich erscheinen, wenn er dem Gastmahl eines großen Gastronomen in einer heutigen Weltstadt beiwohnen könnte!

Die Einführung und Verbreitung eßbarer Tiere und Gewächse.

Der Tafelluxus hat auch im römischen Altertum keineswegs nur schädliche oder gleichgültige Wirkungen geübt; sondern dadurch, daß er die Hauptver-

mensas et lauta convivia instruere, libros tres edidit, quos inscripsit nominibus Coci et Cetarii et Salgamarii. Sueton. Tiber. 42, 2 *Asellio Sabino sestertia ducenta donavit pro dialogo, in quo boleti et ficedulae et ostreae et turdi certamen induxerat.* Über das unter dem Namen des Apicius erhaltene Kochbuch vgl. F. Vollmer, Sitz.Ber. Akad. München 1920, 6. Abhandl., namentlich S. 29ff.

1) Nationalzeitung vom 7. Februar 1877. 2) Zola, Pot-Bouille (1882) S. 240. 3) Upton Sinclair, Metropolis, deutsch von Kraatz (1908) S. 85f. 136. Ich habe einige von Sinclairs großenteils unglaublich klingenden Angaben über den Luxus in New York angeführt, da er doch erwartet haben muß, daß sie bei seinen Lesern Glauben finden würden. 4) Mrs. A. Brassey, Eine Segelfahrt um die Welt, deutsch von Helms (1879) S. 338f.

anlassung zur Einführung fremder Kulturgewächse und eßbarer Tiere in den Ländern des Okzidents und somit zur Veredelung und Verfeinerung der Nahrungsmittel überhaupt war, ist er ebenso wie in neueren Zeiten ein nicht unwichtiger Faktor zur Verbreitung und Hebung der Gesamtkultur gewesen[1]).

Einführung von Tieren zur Luxusnahrung.

Schon in der Zeit der Republik war ein großer Teil der zur Luxusnahrung dienenden Tiere und Gewächse in Italien eingeführt worden. Bei den unbedingten Gegnern des Luxus fand nun freilich die Akklimatisation fremder Fische und Vögel zur Bereicherung der Tafelgenüsse ebenso strenge Mißbilligung wie deren Beschaffung auf dem Handelswege. Unter Tiberius gelang es dem Flottenpräfekten Ti. Julius Optatus Pontianus, einen sehr hochgeschätzten Fisch, den Scarus, aus dem Meere zwischen Kreta und Rhodus an die Westküste Italiens zwischen Ostia und Campanien zu verpflanzen; Plinius, in dessen Zeit er dort schon häufig war, sagt darüber: »So hat sich also die Schlemmerei durch Aussäen von Fischen Leckerbissen herbeigeschafft und dem Meere einen neuen Bewohner gegeben, damit man nicht erstaune, daß ausländische Vögel in Rom Eier legen![2])« Aus dem Tafelluxus Gewinn zu ziehen, haben freilich auch seine größten Tadler nicht für Unrecht gehalten, wie denn Varro nicht verschmäht hat, zur künstlichen Zucht von Wild, Geflügel, Fischen und Schaltieren die ausführlichsten Anweisungen zu geben, auch von solchen, die aus der Fremde eingeführt waren, wie afrikanische Perlhühner, gallische und spanische Hasen und Kaninchen, illyrische und afrikanische Schnecken[3]).

Künstliche Austernzucht.

Auch zu der Erfindung der künstlichen Austernbassins im Lucrinersee (durch Sergius Orata) gab nach dem Zeugnis des Plinius nicht Schlemmerei die Veranlassung, sondern Gewinnsucht[4]). Übrigens war die künstliche Austernzucht schon früher, doch ohne Erfolg, versucht worden. Nach Aristoteles[5]) hatten einige Chier aus Pyrrha in Lesbos lebendige Austern mitgenommen und in einigen ganz ähnlichen Stellen ihres Meers versenkt. Nach längerer Zeit hatten diese zwar an Größe bedeutend zugenommen, aber ihre Zahl hatte sich nicht vermehrt. Außerhalb Italiens sind aus dem Altertume Austernparks nur in Bordeaux bekannt[6]). Doch was im Altertume nur gewinnbringende Spekula-

1) Ich hatte diesen Gegenstand bereits in einer ausführlichen Abhandlung, hauptsächlich mit Benutzung des inhaltreichen Buchs von K. W. Volz (Beiträge zur Kulturgeschichte. Der Einfluß des Menschen auf die Verbreitung der Haustiere und der Kulturpflanzen, 1852) behandelt, als das ausgezeichnete, in so vieler Beziehung ganz neues Licht verbreitende Werk von Victor Hehn, Kulturpflanzen und Haustiere in ihrem Übergang aus Asien nach Griechenland und Italien sowie in das übrige Europa (1870) erschien. Da hier alle in Betracht kommenden Punkte mit einer noch nicht dagewesenen Sach- und Quellenkenntnis, Gründlichkeit und Schärfe behandelt waren, blieb mir nichts übrig, als meine Abhandlung beiseite zu werfen und die Resultate dieser neuen Forschung in der meinem Zweck entsprechenden Anordnung wiederzugeben, was ich meist mit den eigenen Worten Hehns getan habe. Ich habe mich auch der Verweisung auf Volz und die alten Autoren enthalten, da Hehn die Belegstellen am vollständigsten gibt, nur hier und da habe ich einige unbedeutende Zusätze gemacht. Die Zitate sind nach der 7. Auflage des Hehnschen Buchs (1910) angegeben; über einzelne Punkte, in denen Hehns Darstellung heute überholt ist, vgl. O. Schrader, Die Anschauungen V. Hehns von der Herkunft unserer Kulturpflanzen und Haustiere im Lichte neuerer Forschung, Berlin 1912. 2) Plin. n. h. IX 62 f.; vgl. Lyd. de mag. III 63. Macr. Sat. III 16, 10, über Pontianus Prosop. imp. Rom. II 202 nr. 296. 3) Varro r. r. III 9, 18. 12, 5 ff. 14, 4. Dureau de la Malle, Economie polit. des Romains II 175 ff. 4) Plin. n. h. IX 168; anders freilich Valer. Max. IX 1, 1. 5) Aristot. De gener. animal. III 11 p. 763^b 1. 6) Marquardt, Privatl.[2] 443. Die

tion einzelner war, gilt der heutigen Volkswirtschaft als wichtige Erwerbsquelle für ganze Bevölkerungen, als erhebliche Vermehrung des Nationalvermögens, und der Naturwissenschaft als ein ihrer eifrigsten Bemühungen würdiges Problem. In Frankreich ist die durch Coste erfolgte Erneuerung und Einführung der künstlichen Austernzucht (die noch jetzt im Lago di Fusaro in ursprünglicher Einfachheit und Zweckmäßigkeit fortgetrieben wird) vom Staate kräftig unterstützt und glänzend belohnt worden[1]).

Die eingeführten Geflügelarten.

Die Tiere, deren Einführung in Italien der Tafelluxus veranlaßte, waren größtenteils Vögel. Der Pfau, den Hortensius zuerst gebraten auf die Tafel brachte, war damals dort nicht mehr neu. Bei steigendem Begehr wurde die Pfauenzucht nun Gegenstand landwirtschaftlicher Industrie. Die kleinen Eilande um Italien wurden schon zu Varros Zeiten zu Pfaueninseln eingerichtet, und auch auf dem Festlande Pfauenparks angelegt. Zu Athenäus Zeit war Rom voll von Pfauen[2]). Das Perlhuhn (*Numidica, gallina Africana*), das in Varros Zeit bereits gegessen wurde, war damals in Italien noch selten, folglich teuer; in Martials Zeit dürfte es auf größeren Geflügelhöfen schon gewöhnlich gewesen sein[3]). Die Fasanen, die schon zur Zeit des Ptolemäus Euergetes II. (Physkon, 145—116) aus Medien, d. h. den südkaspischen Landen, nach Alexandria kamen, nennt weder Varro noch auch Horaz unter den Leckerbissen der römischen Schwelger, sondern dies geschieht erst seit Anfang der Kaiserzeit. Wenn nun auch immer so gesprochen wird, als wenn der Fasan aus seinem fernen Heimatlande bezogen worden sei, so wissen wir doch aus Martials ausdrücklicher Angabe, daß er mindestens im vorletzten Jahrzehnt des 1. Jahrhunderts schon in Italien gezüchtet wurde[4]). Dasselbe bezeugt Martial für den Flamingo, der übrigens selten erwähnt wird; seinen Genuß hatte vielleicht Apicius eingeführt, wenigstens machte er zuerst auf den vorzüglichen Geschmack seiner Zunge aufmerksam[5]).

Weil die Geflügelzucht übrigens ganz eigentlich im Gebiete der kleinen Gartenkultur gedeiht, nahm sie auch in Italien die größten Dimensionen an, wie noch heute in Europa »die romanischen Völker nach ihrem Wohnort und ihrer Tradition die vögelessenden und vögelerziehenden« sind[6]). »In Italien hatte zur Zeit der Römer von reicher Jagdbeute nicht die Rede sein können, und das Hochwild der germanischen Wälder, das Federwild der Moore des Nordens nach Italien zu schaffen, wurde durch die Entfernung und das warme Klima unmöglich. So sahen sich die Römer auf künstliche Zucht delikater Wildvögel angewiesen, die denn auch in oft kolossalen Anstalten der Art betrieben wurde und auf verschiedenen Stufen zu mehr oder minder erreichter Zähmung führte. Diese Versuche sind von der neueren Tierzucht nicht wiederholt worden, und wenn auch in Europa die Wildnis immer weiter gerückt ist,

ostriaria auf einem in Piombino (Populonia) gefundenen Glasgefäße (CIL XI 6710, 18. Bull. arch. Nap. I 1853 Tf. 9, 2 = Schreiber, Bilderatlas Taf. 72, 12) sind wohl die von Bajä (s. oben I 408. 424, 2). Reste römischer Einrichtungen zur Schneckenzucht (*cochlearia*) in Deutschland: Schaafhausen, Bonn. Jahrb. XC (1891) S. 208—211.

1) Molin, Die rationelle Zucht der Süßwasserfische (Berlin 1864) S. 229ff. 2) Hehn, Kulturpflanzen und Haustiere S. 355. 3) ebd. S. 360. Vgl. oben S. 288. 4) Fasanenwärter (*phasianarii*) erwähnt Paulus sent. III 6, 76 und Dig. XXXII 76. 5) Plin. n. h. X 133; vgl. O. Keller, Die antike Tierwelt II 209ff. 6) Hehn S. 364.

so führen jetzt die Eisenbahnen die erlegten Jagdtiere der fernsten Einöden blitzschnell den großen Konsumtionszentren zu: der Markt von Paris bezieht seine Rebhühner schon aus Algier und dem nördlichen Rußland[1]). «

Einführung von Kulturgewächsen in Italien — In weit größerem Umfang als die Einführung von Tieren erfolgte in Italien die Akklimatisation von Fruchtbäumen und eßbaren Gewächsen, die sich dann von dort in andere Länder verbreiteten. Aber auch hier hat das spätere Altertum nur fortgesetzt, erweitert und vervielfacht, was das frühere angebahnt und begonnen hatte, die Wanderungen der Kulturpflanzen nur auf fernere Gebiete ausgedehnt, und so freilich im Laufe der Jahrhunderte den Charakter der Vegetation von Süd- und Mitteleuropa völlig umgestaltet.

Wenn auch die Rebenkultur in Italien uralt ist[2]), so werden doch die an seinen Küsten landenden griechischen Seefahrer zu ihrer Verbreitung nicht wenig beigetragen haben, und der Weinstock »gedieh an den Bergen Unteritaliens so üppig, daß schon im 5. Jahrhundert Sophokles Italien das Lieblingsland des Bacchus nennen konnte[3]).« Auch die Ölkultur erhielten die Römer von den Griechen, und zwar, wenn die von Plinius mitgeteilte Nachricht des Chronisten Fenestella richtig ist, erst in der Zeit der Tarquinier[4]). Der Feigenbaum dagegen ist dort wahrscheinlich so alt wie die griechische Kolonisation. Zu Varros Zeit waren chiische, lydische, chalcidische, afrikanische und andere ausländische Feigenarten in Rom eingeführt[5]). Noch unter Tiberius wurden syrische direkt nach Italien versetzt[6]). Cato kennt bereits die Mandel unter dem Namen der griechischen Nuß, vielleicht auch die Kastanie (*nux calva*?); »auf jeden Fall kann bei dem Mangel fester Namen an eine allgemeine Kultur dieser Bäume im damaligen Italien nicht gedacht werden«. Den Namen Kastanie nennt zuerst Vergil, die Walnüsse (Juppiters Eicheln, *iuglandes*) Varro und Cicero[7]). Der Name *amygdalum* findet sich zuerst unter Augustus[8]). Auch von einer allgemeinen Kultur des Pflaumenbaums war in der Zeit Catos, der ihn einmal nennt, noch nicht die Rede; dagegen bestand sie bereits unter Augustus. Plinius, der eine verwirrende Menge von Varietäten nennt, sagt, daß die edelste, die Damascenerpflaume, schon längst, eine andere syrische Art erst seit kurzem in Italien wachse[9]). Die Granate dagegen war in Catos Zeit in Italien schon gewöhnlich[10]). Ebenso war die Quitte, welche die Griechen zunächst aus Kreta erhielten, in Italien alt[11]). Die Kirsche, die bei Cato fehlt, brachte bekanntlich Lucullus von der pontischen Küste nach Rom; Varro nennt sie einmal, bei Späteren ist sie häufig. Diese für Italien neue Frucht mag eine edlere, größere, saftreiche Sauerkirsche gewesen sein; die wilde Süßkirche (Prunus avium L.) war dort heimisch; unzweifelhafte Reste davon sind in den Pfahldörfern der Poebene nachgewiesen[12]); eine veredelte Süßkirsche scheint es in Kleinasien schon in der Zeit des Königs Lysimachus gegeben zu haben. »Beide Hauptarten wurden rasch vermehrt, aus Asien vielfach bezogen, auf die einheimischen wilden gepfropft, und eine Menge Varietäten erzeugt[13]).«

1) Hehn S. 367f. 2) Das Vorkommen des Weinstocks in den Pfahldörfern der Aemilia ist zweifellos festgestellt. Helbig, Die Italiker in der Poebene S. 109f. 3) Hehn S. 73. 4) ebd. S. 112. 5) Varro r. r. I 41, 6. 6) Hehn S. 97. 7) ebd. S. 390. 8) Ovid. a. a. III 183. Priap. 51, 13. 9) Hehn S. 377. 10) ebd. S. 242. 11) ebd. S. 246. 12) Helbig a. a. O. S. 16. 13) Hehn S. 399.

von Blumen — Von den Blumen »kam die orientalische Gartenrose früh mit den griechischen Kolonien nach Italien, und mit ihr auch wohl die Lilie«, um von hier aus in alle Welt zu gehen[1]). »Neben Rosen, Lilien, Violen finden wir in römischen Gärten auch den orientalischen (besonders in Cilicien heimischen) Krokus.« »Doch war die Blume fremd, und sie zu erziehen ein Triumph der Akklimatisationskunst, wie die Erziehung der Casia, des Weihrauchs, der Myrrhe in römischen Gärten, mit welchen Columella den Krokus zusammenstellt. Nach Plinius lohnt es sich nicht, in Italien den Safran anzupflanzen«, doch muß es geschehen sein[2]).

und Futterkräutern. Von den aus dem Orient eingeführten Futterpflanzen kennt Cato die *medica* und den *cytisus* noch nicht; Varro aber erwähnt sie bereits, sie waren also in dem zwischen beiden liegenden Jahrhundert in Italien verbreitet worden[3]).

Orientalisierung der Vegetation und Landschaft während der Republik — Man sieht, daß auch Italien schon in den letzten Jahrhunderten v. Chr., wie die antike Welt überhaupt, »in einer selbstgeschaffenen Bodenwirtschaft lebte«. Varro konnte bereits sagen, Italien sei ein großer Obstgarten, während die älteren Griechen (im Peloponnesischen Kriege und noch bis in die alexandrinische Zeit) »die Halbinsel als ein Land kennen, das im Vergleich mit ihrem eigenen und mit dem Orient einen nordischen, primitiven Charakter trug, und dessen Produktion hauptsächlich in Getreide, Vieh und Holz bestand. An die Stelle von ungeheueren, unwirtlichen Wäldern und Wildnissen mit ihren Holz- und Pech-, Jagd- und Weideerträgen war jetzt eine Waldung orientalischer Obstbäume, an Stelle der Fleisch- und Breinahrung der Alten der orientalisch-südliche Genuß von erfrischendem Fruchtsaft getreten. Die Vermittler dieser Umwandlung waren großenteils asiatische Sklaven und Freigelassene, Syrer, Juden, Phönicier, Cilicier: Gartenkunst und Freude an dem stillen, liebevollen Geschäft der Erziehung und Pflege der Pflanzen war ein Erbteil des aramäischen Stamms von alters her[4]).«

und während der Kaiserzeit. Das ungemeine Anwachsen des Weltverkehrs seit Augustus steigerte natürlich auch die Erwerbungen an orientalischen Kulturgewächsen. Schon Columella rühmt von Italien, daß es durch den Fleiß seiner Bebauer die Früchte fast der ganzen Welt tragen gelernt habe[5]). Zu den in der früheren Kaiserzeit eingeführten Gewächsen gehört vielleicht die afrikanische Lotusfrucht[6]), die Schalotte aus Askalon[7]), gewiß die Pfirsichmandel und der Pfirsichnußapfel, die S. Papinius, Konsul 36 n. Ch., in der letzten Zeit des Augustus aus Afrika und Syrien nach Italien verpflanzte[8]), die Colocasia aus Ägypten[9]), der Rettich aus Syrien, die Hirse aus Ostindien (jener nicht lange, diese weniger als zehn Jahre, bevor Plinius schrieb, in Italien eingeführt)[10]); Reis und Mais wurde erst zu Ende des 15. oder Anfang des 16. Jahrhunderts dorthin verpflanzt. Die Aprikose und den Pfirsich »hatten gegen die Mitte des 1. Jahrhunderts n. Ch. gewerbsame Gärtner in Italien angepflanzt und ließen sich die ersten gewonnenen per-

1) Hehn S. 251. 2) ebd. S. 263. 3) ebd. S. 406. 4) ebd. S. 428ff. 5) ebd. S. 482. 6) Plin. n. h. XIII 104: *eadem Africa — arborem loton gignit, quam vocat celthim et ipsam Italiae familiarem, sed terra mutatam.* 7) Plin. n. h. XIX 107. Volz, Beitr. z. Kulturgesch. S. 110. 8) Plin. n. h. XV 47 *aeque peregrina sicut zizipha et tubures* (die Übersetzung nach Volz a. a. O. S. 98). *S. Papinius — primus utraque attulit — aggeribus praecipue decora, quoniam et in tecta iam silvae scandunt.* 9) Plin. n. h. XXI 87. 10) ebd. XIX 81. XVIII 55. Andres s. bei Marquardt, Privatl.[2] 328.

sischen Äpfel und armenischen Pflaumen teuer bezahlen[1]).« Die Pistazie verpflanzte L. Vitellius (der Vater des Kaisers), der unter Tiberius Legat in Syrien gewesen war, unter mancherlei andern Gartenfrüchten von dort auf sein Landgut bei Alba[2]). Die Melone scheint im Laufe des ersten christlichen Jahrhunderts von den Oasen am Oxus und Jaxartes in die Gärten Neapels gebracht worden zu sein; Plinius beschreibt zuerst die neuen, wunderbaren campanischen *melopepones*; die späteren Quellen nennen die Frucht *melo*[3]). Ob die Naturalisation des Johannisbrotbaums zur Römerzeit bereits begonnen habe, ist zweifelhaft[4]). Der Zitronenbaum dagegen, welcher die lange als Hesperidenfrucht bewunderten medischen Äpfel trug (*arbor citri*, die Zitronatzitrone, Citrus medica Riss.), ist im Laufe der ersten christlichen Jahrhunderte in Italien wirklich naturalisiert worden. Plinius erwähnt mißlungene Versuche, Bäumchen in tönernen, durchlöcherten Kübeln nach Italien überzuführen; doch Florentinus (wohl zu Anfang des 3. Jahrhunderts) schon eine Treibhauskultur der Zitronenbäume (wie jetzt in Oberitalien, durch Mauern gegen Norden, im Winter durch Bedeckung geschützt), endlich Palladius (im 4. oder 5. Jahrhundert) Zitronenbäume völlig im Freien auf Sardinien und in Neapel, doch nur auf erlesenem Boden. Auch der neueste, ebenso geistvolle wie gelehrte Forscher auf diesem Gebiet, der in der Kaiserzeit nur eine Epoche unrettbaren, beschleunigten Verfalls sieht, erkennt hier an, daß diese Jahrhunderte »doch auch in manchen Zweigen menschlichen Handelns, die weniger den Blick auf sich zu ziehen pflegen, wie in Austausch und technischer Verwertung der Naturobjekte der verschiedensten Länder, eine aufwärts gerichtete Entwicklung zeigen[5]).« Von den übrigen Agrumi ist die Limone (die wir fälschlich Zitrone nennen, arabisch limûn) und die bittere Pomeranze (orange) in der Zeit der Kreuzzüge, die süße Pomeranze (Apfelsine, portogallo) im 16. Jahrhundert (durch die Portugiesen aus China), eine neue Varietät, die Mandarine, erst im 19. Jahrhundert aus China nach Europa gekommen[6]).

Veredlung, Vervielfältigung der Früchte und Gewächse und Akklimatisation.

Die Veredlung der Früchte und Gewächse, die Vervielfältigung der Arten hatte schon in der ersten Kaiserzeit einen so hohen Grad erreicht, daß Plinius meinte, sie sei bereits auf ihrem Gipfel angelangt, und fernere Erfindungen nicht mehr möglich[7]). Von seinem Standpunkt aus hätte er die Akklimatisation der ausländischen Gewächse ebensosehr mißbilligen müssen, wie er in der Tat ihren Bezug durch den Handel (z. B. des Pfeffers aus Indien) vom Übel fand[8]). Doch tut er es nirgends, teils wohl, weil die Gegner des Luxus der pflanzlichen Nahrung vor der tierischen den Vorzug gaben[9]) und daher auch ihre künstliche Vermehrung und Verfeinerung eher dulden mochten, teils weil er den Widersinn einer Mißbilligung der seit Jahrhunderten im weitesten Umfange und mit offenbarstem Nutzen betriebenen Verbreitung der Gewächse zu emp-

1) Hehn S. 424f. 2) ebd. S. 416. 3) ebd. S. 314. 4) ebd. S. 451. 5) ebd. S. 443. Vgl. Olck, Real-Encykl. III 2612ff. 6) Hehn S. 444ff. 7) Plin. n. h. XV 57. 8) ebd. XIX 58: *pars eorum* (der Gartengewächse) *ad condimenta pertinens fatetur domi versuram fieri solitam, atque non Indicum piper quaesitum, quaeque trans maria petimus.* Vgl. Marquardt, Privatl.[2] 328, 12. 783, 14. Zwar kam der Pfefferstrauch auch in Italien fort (Plin. n. h. XII 29. XVI 136), aber die Beeren hatten nicht die nötige Schärfe. 9) Plin. n. h. XIX 52: *ex horto plebei macellum, quanto innocentiore victu!*

finden unmöglich umhin konnte. In welchem Grade auch sie einst den Zwecken einer ausgesuchten Schwelgerei dienstbar gemacht werden würde, konnte man damals noch nicht ahnen. Ein Beispiel der modernen Akklimatisation im ausschließlichen Interesse des Tafelluxus mag hier genügen. Im Jahre 1806 berichtete der Almanac des gourmands als einen Triumph der Zivilisation, daß das große Problem der Fabrikation des echten Maraschino auf französischem Boden gelöst sei! Ein Fabrikant in Grasse hatte den Kirschbaum, dessen Frucht in Zara dazu verwendet wird, auf seinen Besitzungen angepflanzt: nach 15jährigen angestrengten und kostspieligen Bemühungen war es ihm gelungen, ihn zu akklimatisieren, und der aus seinen Früchten bereitete Maraschino übertraf nach dem Urteil mehrerer großer Kenner sogar den dalmatischen. Derselbe Industrielle hatte auch persönlich eine bei der Destillation von Likören angewandte Wurzel aus England geholt und mit Erfolg in Grasse naturalisiert. »Gesegnet«, ruft der Berichterstatter aus, »sei der arbeitsame und intelligente Bürger, dessen tätige Industrie das allgemeine Wohl mit seinem Privatinteresse zu verbinden weiß, der zugleich die Genüsse der verwöhntesten Feinschmecker verdoppelt und das Wohl seines Lands fördert. Darin besteht der wahre Patriotismus, und Herr Fargeon verdient den Namen eines Patrioten in der ehrenvollsten Bedeutung des Worts, welches der vorgebliche Zivismus unserer republikanischen Revolutionäre schließlich herabgewürdigt hatte, das aber all seine Rechte und seine wahre Bedeutung unter einer Regierung der Wiederherstellung wieder aufnehmen soll«[1]).

Wenn Plinius auch die Akklimatisation nicht tadelte, so konnte er sich doch nicht entschließen, die künstliche Garten- und Obstkultur im allgemeinen gut zu heißen, da ja in der Tat jeder ihrer Fortschritte die Entfernung von der ursprünglichen Natur vergrößerte, nach seiner Ansicht also die Unnatur der neugeschaffenen Genüsse immer augenfälliger machte. Zwar erkennt er das Verdienstliche der Veredlung der eßbaren Gewächse und Früchte gelegentlich an[2]), klagt aber, daß infolge »der ehebrecherischen Verbindung der Bäume« (des Pfropfens), durch die man es so weit gebracht, daß ein Obstbaum in unmittelbarer Nähe Roms mehr einbringe als ehemals ein Landgut (2000 S. = 435 Mark), das Obst den Armen entzogen würde[3]). Und wenn es auch zu ertragen sei, daß Früchte wachsen, die ihre Größe, ihr Geschmack, ihre ungewöhnliche Gestalt den Armen unerschwinglich macht, »mußten selbst bei den Kräutern Unterschiede erfunden werden, und der Reichtum auch in Speisen, die einen As kosten, Abstufungen einführen? Müssen Spargel bis zu solcher Dicke gezüchtet werden, daß der Tisch der Armen sie nicht mehr faßt? Die Natur hat wilde Spargel wachsen lassen, die jeder überall ernten konnte; jetzt sind künstliche zu sehen, und in Ravenna wiegen drei ein Pfund« (327 gr.). »O über die Monstrositäten der Schlemmerei!«[4]) Vollends von der gewinnreichsten Kultur könne man nicht ohne Beschämung reden: kleine mit Artischocken *(cardui)* bepflanzte Felder bei Karthago und besonders bei Corduba bringen jährlich 6000 S. (= 1305 Mark) ein, »da wir ja sogar die Mißgeburten des Bodens zur Völlerei verwerten, welche

1) Almanac des gourmands IV. année (1806) S. 78—89. 2) Plin. n. h. XVI 1. 3) ebd. XVII 8. 4) ebd. XIX 53f.

selbst das Vieh verschmäht«. Ja wahrhaftig, man befördert ihr Wachstum durch Düngen und macht sie mit Essig und verdünntem Honig nebst einigen Zutaten ein, um die Artischocke nicht einen Tag im Jahre zu entbehren[1]).

Vergleich mit der heutigen Gartenkultur.

So großes Staunen übrigens die Leistungen der Gärtnerei damals erregten, so waren sie doch im Vergleich zur heutigen Gartenkultur wohl nur sehr dürftig. Im größten Handelsgarten der Umgegend Londons sah man im Jahre 1828 unter andern 435 Arten Salat, 261 Erbsen, 240 Kartoffeln usf. in gleichem Verhältnis mit allen Gegenständen des Gartenhandels[2]). Auch dürfte die Verwertung der von der heutigen Gartenkultur erzielten Resultate eine höhere sein als im Altertum. Bei einem Rothschildschen Diner in London kostete schon damals das Dessert allein 100 Lstr.[3]). Die Trüffel, die im Altertum wenig beliebt war, da die schwarze unbekannt gewesen zu sein scheint[4]), ist jetzt in Frankreich der Gegenstand einer Kultur und eines Exporthandels, der von Jahr zu Jahr größere Verhältnisse annimmt, und wird deshalb als »schwarzer Diamant« gepriesen[5]). Die Ausfuhr betrug im Jahre 1865: 104000, 1866: 120000, 1867: 140000 Pfund nach Rußland, England und Amerika. In einem Geschäft in Carpentras, wo 1832 nur 18000 Pfund umgesetzt wurden, betrug der Umsatz 1866: 109000 Pfund[6]). Nur beiläufig sei hier noch an den ebenfalls modernen Luxus der narkotischen Genußmittel erinnert. Für Tabak wurden in Deutschland 1882/83 etwa 313 Mill. Mark ausgegeben (während die Gesamtausgabe für das Heer etwa 345 betrug)[7]), und in England beläuft sich in einzelnen Fällen die Ausgabe für Zigarren auf 5 Lstr. täglich[8]).

Verbreitung der Kulturgewächse aus Italien in die Provinzen.

Bisher ist nur von den Erwerbungen Italiens an Kulturgewächsen die Rede gewesen. Von diesen teilte es, nachdem es das Zentralland eines Weltreichs geworden war, je länger je mehr auch den Provinzen mit und gestaltete so auch deren Vegetation sowie die Nahrung ihrer Bevölkerungen allmählich um. Daß fort und fort Akklimatisationsversuche aller Art gemacht wurden, zeigt unter anderm die Bemerkung Galens, daß Gewächse bei der Verpflanzung aus einem Boden in den andern, selbst nur ein wenig (2 Stadien) entfernten, auch ihre Natur verändern, wie denn namentlich die Reben auf neuem Boden auch andern Wein geben; von Nährpflanzen finde man dasselbe in landwirtschaftlichen, von andern in botanischen Werken erwähnt[9]). Die Fruchtbäume gingen zum Teil erstaunlich schnell über die Alpen. Die Kirsche war nach Britannien schon 47 n. Chr. (4 Jahre nach der Eroberung des Lands, 120 Jahre nach der Anpflanzung in Italien) gekommen; in Belgica (zwischen Seine, Saône, Rhône, Rhein und Nordsee) und an den Rheinufern galten in Plinius Zeit lusitanische Kirschen für die beste Sorte[10]). Die von L. Vitellius nach Italien gebrachte Pistazie führte sein Waffengefährte, der römische Ritter Pompejus Flaccus, in Spanien ein[11]). In Plinius und Columellas Zeit war in der Provence schon eine

1) Plin. n. h. XIX 152f. 2) Briefe eines Verstorbenen IV 390. 3) ebd. IV 37. 4) Marquardt, Privatl.[2] 325, 14. 5) J. E. Planchon, Revue des deux mondes VIII (1875) S. 633ff. Über die Wirkung der Trüffeln auf die Waldkultur s. ebd. S. 653. 6) Ausland 1870 S. 576. 7) Bähr, Eine deutsche Stadt vor 60 Jahren (1884) S. 53. Die Ausgabe für Bier betrug in ganz Deutschland rund 922 Mill. Mark im Jahre. 8) Lady John Manners, Nat. Rev., March 1884 S. 17. 9) Galen. VII 227f. 10) Plin. n. h. XV 102f. 11) ebd. XV 91.

große Art des Frühpfirsichs erzeugt worden[1]). Eine ihres Wohlgeruchs halber gezogene Casia gedieh in Plinius Zeit bereits »am äußersten Rande des Reichs, wo der Rhein anspült«, man pflanzte sie dort in Bienengärten[2]). Ein in der Gegend von Boulogne neu angepflanzter Schattenbaum war nicht, wie Pliuius angibt, die Platane, sondern wahrscheinlich der nordische Ahorn[3]). Auch die Anfänge seiner jetzt so blühenden Obstkultur verdankt Deutschland, das Tacitus dazu noch für zu kalt hielt, so gut wie Frankreich und England den Römern[4]).

Verbreitung des Ölbaus — Am folgenreichsten und wichtigsten waren die Einflüsse der römischen Kultur auf die Verbreitung des Öl- und Weinbaus. »Als das römische Weltreich fertig war, fielen seine Grenzen ungefähr mit denen des Weins und Öls zusammen«[5]). Doch nur sehr allmählich hatte sich das Gebiet dieser beiden Nahrungsmittel auf Kosten des Biers und der Butter erweitert. Mit der Ausbreitung der griechischen, dann der römischen Kultur war auch »die edle Olive von ihrem Ausgangspunkt, dem südöstlichen Winkel des Mittelländischen Meeres, über alle Länder verbreitet worden, die ihren heutigen Bezirk bilden«[6]). Von Massilia war sie in Gallien bis an ihre nördliche Grenze vorgerückt, von dort aus hatten sich auch die ligurischen Küsten mit Ölpflanzungen erfüllt; und wenn im Gebiet der Pomündungen der niedrige, wasserreiche Boden ihre Einführung verbot, so gediehen sie desto besser in Istrien und Liburnien; das istrische Öl wetteiferte mit dem des südlichen Spaniens. Auf der pyrenäischen Halbinsel hatte der Ölbau sich mit der von den Küsten ins Innere fortschreitenden Zivilisation verbreitet und Bestand gewonnen[7]).

und des Weinbaus. Weit nördlichere Gebiete vermochte der Weinstock zu erobern und zu behaupten. »Columella führt aus dem älteren landwirtschaftlichen Schriftsteller Saserna den Ausspruch an, das Klima habe sich geändert, denn die Gegenden, die sonst zum Wein- und Ölbau zu kalt gewesen, hätten jetzt Überfluß an beiden Produkten.« Aber dies ist nicht geschehen, nur der Anbau beider Gewächse im Lauf der Jahrhunderte allmählich immer weiter nach Norden gerückt, während umgekehrt in neueren Zeiten sich der Weinbau aus nordischen Landstrichen, wo er nicht mehr vorteilhaft war (dem nördlichen Frankreich, südlichen England, der Mark Brandenburg, Westpreußen usw.), zurückgezogen hat[8]). Von den Ufern des Adriatischen Meers aus erstieg die Rebe nicht bloß die Abhänge der Euganeen, sondern früh auch die Vorhügel und Südabhänge der Alpen: schon Cato hatte die rätischen (Tiroler und Veltliner) Weine gelobt[9]).| In Nordafrika war der erst durch den Islam vernichtete phönizische Weinbau uralt[10]). Der pyrenäischen Halbinsel fehlte der Wein sowie Feigen und Oliven mit Ausnahme des Südens und Ostens[11]) nach Strabo so gut wie ganz, der Nordküste wegen der Kälte, dem Binnenlande wegen der Barbarei seiner Bewohner[12]). Bei den biertrinkenden Lusitanern war der Wein noch selten, der aber doch damals schon in das Land des Portweins vorzudringen begann[13]), und noch in Plinius Zeit galt Spanien als ein vorzügliches Bierland. Wir kennen einen kaiserlichen Beamten vom Ritterstande in Bätica (Granada, Sevilla, überhaupt Andalusien)

1) Hehn S. 426. 2) Plin. n. h. XII 98. 3) Hehn S. 295. 4) ebd. S. 433. 5) ebd. S. 142. 6) ebd. S. 115. 7) ebd. S. 114f. 8) ebd. S. 75f. 9) ebd. S. 74f. 10) ebd. S. 80f. 11) Varro r. r. I 8, 1. 13. Plin. n. h. XIV 71 u. a. 12) Strabo III 164. 13) Hehn S. 144f.

»zur Anpflanzung von Falernerreben[1]).« Auf gallischem Boden wurde auch die Rebe ohne Zweifel zuerst in Massilia gepflanzt, verbreitete sich mit dessen Kolonien östlich und westlich längs der Küste und drang allmählich ins Innere, so daß die Römer bald im Interesse der italienischen Ausfuhr den gallischen Öl- und Weinbau beschränkten[2]). Unmittelbar nach der Eroberung Cäsars, mit der die Romanisierung von ganz Gallien begann, gab es dort außerhalb der römischen Provinz neben dem Bier nur importierten Wein[3]), und noch Strabo sagt, daß jenseits des Gebiets der Feige und Olive und gegen die Cevennen hin der Wein nicht mehr gut gedeihe[4]). Doch bei Plinius und Columella erscheint »das heutige Frankreich bereits als ein selbständiges, rivalisierendes Weinland, mit eigenen Trauben und Weinsorten, mit Ausfuhr und Verpflanzung nach Italien«; sie nennen unter andern Burgunder, auch Bordeauxweine. Im Laufe der Kaiserzeit bemächtigte sich der Weinbau der Täler der Garonne, der Marne und der Mosel, verbreitete sich auch in der Schweiz, wo sich am nördlichen Ufer des Genfer Sees bei St. Prex zwischen Rolle und Morges eine inschriftliche Spur davon erhalten hat[5]), und längs der ganzen Mosel, scheint aber am linken Rheinufer spärlich geblieben zu sein und erstreckte sich nicht auf das rechte[6]). Vom Kaiser Probus wird berichtet, er habe den Provinzen Gallien, Spanien und Britannien, nach andern Gallien, Pannonien und Mösien den uneingeschränkten Weinbau erlaubt[7]). Durch Pflanzung von Reben am Südabhange der Karpathen, auf dem Berge Alma bei Sirmium (Mitrovitza), wurde er der Begründer des ungarischen Weinbaus[8]). Schon hundert Jahre nachher besang Claudian die »von Weinbergen beschattete Donau[9]).« Doch im Altertum blieb Italien das erste Weinland der Welt. Jetzt ist es das mittlere und südliche Frankreich, und der Weinstock bringt ganz nahe an der Nordgrenze seiner Verbreitungssphäre (als Burgunder, Johannisberger usw.) den edelsten Fruchtsaft hervor[10]).

So vollendete sich im römischen Kaiserreich unter Einflüssen, |die sich nur in ihm vereinigen und wirksam erweisen konnten, der lange Assimilationsprozeß, dessen Resultat die Gleichartigkeit der Bodenkultur in allen Uferländern des Mittelmeers war. Und wenn wir zugestehen, daß das mittlere Europa auch auf diesem Gebiet das meiste dem Süden, »in dem alle Quellen unserer Bildung liegen«, verdankt, so dürfen wir doch auch nicht vergessen, welchen Anteil an dieser Kulturarbeit die bisher mit zu großer Ungerechtigkeit beurteilte römische Kaiserzeit gehabt hat.

3. DER LUXUS DER TRACHT UND DES SCHMUCKS.

Der Luxus der Tracht war in jenen Jahrhunderten größtenteils auf andre Dinge gerichtet als im Mittelalter und in neueren Zeiten. Kostbare Stoffe gab es bei der geringen Entwicklung der Manufaktur und Fabrikation nur

Der Luxus der kostbaren Stoffe im Altertum sehr beschränkt.

1) CIL II 2029 = Dessau 1405: *proc. Aug. per Baetic. ad Fal(ernas) veget(andas).* 2) Hehn S. 77. 3) Diodor. V 26, 2 f. 4) Strabo IV 178. 5) CIL XIII 5032 (*Libero patri Cocliensi*), vgl. Mommsen, Ges. Schrift. V 383, 2. J. J. Müller, Mitt. d. Zürich. Antiq. Gesellsch. XVIII 1875 S. 214. 6) Die Neumagener Monumente (etwa aus dem Anfang des 3. Jahrhunderts) setzen eine hohe Blüte des Weinbaus an der Mosel und Weinhandel voraus. F. Hettner, Westd. Zeitschr. II 1883 S. 22f. 7) Hehn S. 79. 8) Volz S. 142. 9) Claudian. De consul. Stilich. II 199. 10) Hehn S. 83f.

wenige. Die ältesten Kleiderstoffe waren wollene gewesen, doch wurden leinene von Frauen schon in der Republik getragen, während Männer sich der feinen Leinwand in deren letzter Zeit sowie später hauptsächlich zu Taschentüchern bedienten[1]). Leinene Tuniken trug man allgemein in Rom mindestens schon im 3. Jahrhundert n. Chr.[2]), vielleicht schon früher[3]). Die feinste Leinwand (Byssus) kam aus Ägypten, Syrien und Cilicien[4]). Die ostindische Baumwolle (skr. *carpāsā*, *carbasus*) war in Rom wo nicht früher so mindestens seit den asiatischen Kriegen (191 v. Chr.) eingeführt, und Musseline wurden vielleicht auch zur Kleidung verwandt[5]). Die chinesische Seide wurde anfangs nur als Garn und Rohseide eingeführt, aber auch die fertigen Zeuge aufgelöst, gefärbt und mit Leinen oder Baumwolle zu einer leichten Halbseide verwebt[6]). Diese durchsichtigen, bunten, halbseidenen Zeuge wurden im 1. Jahrhundert nicht nur von Frauen, sondern auch von weichlichen Männern getragen; und erst viel später brachte die zunehmende Handelsverbindung mit dem Orient die schweren, ganzseidenen Stoffe nach Europa: Elagabal war der erste, welcher solche trug[7]). Atlas und Samt aber sind im Altertum ganz unbekannt gewesen, der erstere (*atlas* arabisch = glatt) ist in der Zeit der sarazenischen Herrschaft nach Europa gekommen[8]). Der ebenfalls orientalische Luxus der mit Gold durchwirkten, besonders seidenen Stoffe verbreitete sich zugleich mit dem übrigen Gebrauch der Seide[9]). Dagegen beschränkte sich die Goldstickerei teils auf Teppiche, Vorhänge und Decken und die Prachtgewänder der triumphierenden Feldherrn, teils auf Borten und Auf- oder Einsatzstücke an Frauenkleidern[10]). Kleider aus Gold- und Silberstoffen, die in neueren Zeiten so häufig waren, scheinen im Altertum selten gewesen zu sein. Der Mantel »aus gewebtem Golde ohne andern Stoff«, den die Kaiserin Agrippina bei dem Schiffskampf auf dem Fucinersee trug, war ein beispielloses Prachtstück, das nicht bloß Plinius, sondern auch Cassius Dio und Tacitus als Merkwürdigkeit erwähnen[11]), während z. B. Karl der Kühne zur Schlacht von Granson 400 Kisten mit Silber- und Goldstoffen, darunter allein 100 gestickte goldene Röcke, für sich mitgenommen hatte[12]). Pelzkleider hat es zwar auch in Italien seit alter Zeit zu besonderen

1) Hehn S. 173. 2) Marquardt, Privatl.² 486. 3) Daß die Tunika in der Regel aus Wolle war, sieht man aus Petron. sat. 56, 4f. Martial. XIV 143. 211. 4) Über Byssus vgl. Olck, Real-Encykl. III 1108ff. 5) Marquardt a. a. O. S. 488. 6) Vgl. O. Schrader, Linguistisch-histor. Forschungen zur Handelsgeschichte und Warenkunde I (1886) S. 220ff. 7) Marquardt a. a. O. S. 497. 8) v. Kremer, Kulturgesch. d. Orients II 339. Nach Alw. Schultz, D. höfische Leben z. Z. der Minnesinger I² 343 ist Samît (ἑξάμιτος) nicht Samt, sondern »ein sehr starkes, festes Seidengewebe, das gewöhnlich mit Gold- und Silberfäden broschiert ist, also dem später Brokat genannten Stoffe entspricht« und in den verschiedensten Farben, gewöhnlich rot und grün, vorkommt. Vgl. Heyd, Gesch. d. Levantehandels im Mittelalter II 689 (Hüllmann, Gesch. d. byzant. Handels S. 69, 2: *purpura quae vulgariter dicitur samyt*). 9) Marquardt a. a. O. S. 535. 10) ebd. S. 542ff. 11) Oben I 289. Vgl. Marquardt a. a. O. S. 536, 2. Kleid des Herodes Agrippa aus Silberstoff Joseph A. J. XIX 344; vgl. Hist. aug. Elagab. 23, 3 *usus est aurea omni tunica, usus et purpurea, usus et de gemmis Persica.* Eine *auri netrix* CIL VI 9213 = Dessau 7691, vgl. CIL VI 9214 = Dessau 7692: *Sellia Epyre de sacra via auri vestrix.* 12) Falke, Deutsche Trachten- u. Modenwelt (1858) I 262; vgl. über die Gold- und Silberstoffe im Anfang des 16. Jahrhunderts ebd. II 76ff. Eine Robe der Montespan »*d'or sur or, rebrodée d'or et par dessus un or frisé, rebrochée d'or mêlé avec un certain or, qui fait la plus divine étoffe qui ait été jamais imaginée*« (Frau von Sévigné bei Baudrillart IV 130).

Zwecken gegeben[1]); eine gewöhnliche Tracht aber sind sie vor der germanischen Einwanderung im Süden nie gewesen[2]), und auch von einem Luxus des Pelzwerks wissen wir aus dem Altertume nichts. Im Mittelalter erreichte dieser Luxus eine enorme Höhe. Marco Polo gibt den Preis der Zobelfelle, mit denen Hallen und Gemächer Kublai Chans (1214—1294) geschmückt waren, auf 2000 goldene Byzantiner an, wenn sie fehlerlos und so groß waren, daß sie ein Kleid(?) gaben; wenn sie nicht ganz ohne Fehler waren, auf 1000[3]). Zur Fütterung eines Mantels des Königs Johann II. von Frankreich (1350—64) verwandte man 670 Marderbäuche, einer seiner Söhne ließ deren 10000 kommen, um fünf Mäntel und fünf Frauenwämser zu füttern. Die Fütterung eines Kleids für einen seiner Enkel erforderte 2790 Felle von grauen Eichhörnchen. Der ungeheure Verbrauch des Pelzwerks steigerte die Preise entsprechend[4]). Das der Kaiserin Eugenie gehörige, ihr 1870 nach England nachgesandte Pelzwerk hatte einen Wert von 600000 Francs[5]).

Der Luxus der Tracht überhaupt in vielen Punkten geringer als in späteren Zeiten.

Dem Altertume war auch die Verschwendung der Stoffe zu übermäßiger Weite und Länge der Kleider unbekannt, sowie alle jene geflissentlichen Entstellungen der Gestalt, welche der mittelalterlichen und neueren Mode so häufig beliebt haben (wie Schnabelschuhe, Pumphosen, Hüftpolster, Fischbeinröcke, Schleppkleider, Allongeperücken), und die zum Teil sehr kostspielig waren[6]); die gewöhnliche Allongeperücke, welche der vornehme Mann trug, kostete 150 Mark, doch gab es deren auch, die 3000 Mark kosteten[7]). Die antiken Trachten waren aber im ganzen nicht nur naturgemäßer und geschmackvoller, sondern, wenngleich auch im Altertum die Mode vielfach wechselte, sehr viel stabiler als die modernen. Die Unterschiede zwischen Generationen erscheinen hier zuweilen größer als dort zwischen Jahrhunderten[8]). Der Luxus also, der durch den fortwährenden Wechsel der Mode bedingt ist, war im Altertume sicherlich viel geringer als im Mittelalter und in neueren Zeiten. Endlich war die antike Tracht insofern viel einfacher als die moderne, als sie aus einer geringeren Zahl von Stücken bestand. Den Luxus der Handschuhe kannte man ebensowenig wie den der Hüte und sonstigen Kopfbedeckungen; eine solche kommt z. B. im heutigen Persien wegen der drei- bis viermaligen Erneuerung auf nahe an 60 Dukaten das Jahr zu stehen[9]). Von den an der ganzen Südwest-

1) Marquardt a. a. O. S. 587. 2) Paulinus von Pella (geb. 376) sagt (Eucharisticos 148), er habe in seiner Jugend nach schönen, neuen Kleidern gestrebt, *quaeque Arabi muris leni fragaret odore*, vgl. Hieronym. Epist. 127, 3 (Migne lat. XXII 1088) *illae enim solent purpurisso et cerussa ora depingere — fragrare mure;* adv. Jovin. II 8 (Migne XXIII 297)Beispiele der *odoris suavitas: peregrini muris pellicula.* Nach der Ansicht meines Kollegen, Prof. Zaddach (✝ 1881), ist hier an ein Tier aus der Gattung der stark nach Moschus riechenden Bisamrüßler (Myogale) zu denken, und zwar wohl eher an den 25 cm langen, im südlichen Rußland heimischen Desman (M. moschata), als an die kleinere M. pyrenaica; die Felle des Desman werden auch heute noch zur Verbrämung von Mützen und Kleidungsstücken benutzt. 3) Marco Polos Reisen B. II c. 20 ed. Yule (deutsch von Bürck, 1845 S. 319). 4) Lacroix, Mœurs, usages et costumes au moyen âge S. 575 f. Vgl. über denselben Luxus auch Abraham a Sancta Clara bei Karajan S. 193. 5) D'Hérisson, Journal d'un officier d'ordonnance S. 130—132, der ein Verzeichnis davon gibt. 6) Falke a. a. O. II 47 (über Pluderhosen). 7) ebd. II 233 f. 8) Vgl. Falke I 192 f. über den auffallend schnellen Wechsel der Moden um die Mitte des 14., II 115 über die Unbeständigkeit der deutschen Trachten im 16. Jahrhundert. 9) Polack, Persien I 151. Ein Hut des Grafen Amadeus VI. von Savoyen (um 1350) kostete 1000 Dukaten (20666 Frcs.), Baudrillart III 214.

küste von Amerika allgemein getragenen (allerdings fast unvergänglichen) Panamahüten kostet die beste Sorte 340 Dollar, auch 50 Lstr.; die am häufigsten gewählte 20—30 Lstr.[1]). Auch waren die durch den Wechsel der Jahreszeiten herbeigeführten Veränderungen der Kleidung im Süden bei weitem nicht so vielfach und durchgreifend wie im Norden. Daß sie jedoch von manchen in lächerlicher Weise bis ins kleinste durchgeführt wurden, zeigt der Spott Juvenals über den Stutzer, der eigene Sommerringe an den schwitzenden Fingern spielen läßt, da er daß Gewicht eines größeren Edelsteins nicht zu ertragen vermag[2]).

Der Luxus des häufigen Kleiderwechsels.

Ein häufiger Kleiderwechsel war im Sommer durch das Klima bedingt und ohne Zweifel (wie im heutigen Persien)[3]) die Garderobe der besser Gekleideten sehr umfangreich. Ihre Kleiderpressen enthielten Mäntel von so viel verschiedenen Farben wie die Blumen einer Wiese; ebenso bunt war das Innere der mit Tafelkleidern gefüllten Truhen, und mit den Togen aus apulischer Wolle konnte man eine ganze Tribus bekleiden[4]). Natürlich wird man auch an demselben Tage die Kleider oft gewechselt haben. Erwähnt aber wird dies nur ein einziges Mal, und zwar ist es ein Repräsentant der ungebildeten reichen Emporkömmlinge bei Martial, der während einer Mahlzeit elfmal seine Synthesis wechselt, angeblich um nicht vom Schweiße zu leiden, in der Tat aber doch nur, um den Reichtum seiner Garderobe zu zeigen[5]). In neueren Zeiten dagegen ist der Luxus des täglichen mehrmaligen Kleiderwechsels auch ohne eine durch das Klima herbeigeführte Nötigung nicht nur nicht selten gewesen, sondern zuweilen bis ins Lächerliche übertrieben worden. Gegen das Ende des 16. Jahrhunderts klagen in Deutschland die Geistlichen darüber; im Anfange des 17. hinterließ eine Ehefrau 32 vollständige Anzüge, während ihr Mann Hans Meinhard von Schönberg deren 72 besaß, nebst ungefähr einer gleichen Anzahl mit Gold und Silber gestickter Handschuhe und 21 Hüten, wozu 26 Stück farbige Federn gehörten[6]). Clive bestellte (zwischen 1767 und 1770) 200 Hemden, so gut und fein sie irgend für Geld und gute Worte zu haben waren[7]). Bis zum Unsinn trieb diesen Luxus Graf Brühl[8]), der ein Kleid nie mehr als zweimal anzulegen pflegte, und dessen Sammlungen von abgelegten Kleidungstücken zu einem unglaublichen Umfange anschwollen. In der Revolutionszeit wurde von Frauen auch mit den Perücken täglich mehrere Male je nach der Beschaffenheit der Toilette gewechselt[9]). Am Anfange des 19. Jahrhunderts brauchte ein englischer Dandy wöchentlich 20 Hemden, 24 Schupftücher, 9—10 Sommertrousers, 30 Halstücher, wenn er nicht schwarze trug, 1 Dutzend Westen, und Strümpfe à la discrétion[10]).

Der Luxus der Farben. Purpurluxus.

Der dem Süden so sehr zusagende Luxus mit prächtigen und kostbaren Farben tritt auch in dem Kleiderluxus der römischen Kaiserzeit am meisten hervor, und zwar in der Tracht beider Geschlechter. Bei Persius trägt ein vornehmer Stutzer einen hyazinthfarbenen Mantel (*laena*)[11]). Bei Martial ist jemand, der für Männer nur dunkle, graue oder braune Mäntel für anständig hält, violette oder Scharlachmäntel für weibisch erklärt, ein Heuchler, der seine Lasterhaftig-

1) Mrs. Brassey, Eine Segelfahrt um die Welt, deutsch von Helms (1879) S. 170f. 2) Juv. 1, 28f. 3) Polack a. a. O. 4) Martial. II 46. 5) ebd. V 79. 6) Falke II 149. 7) Macaulay, Essays IV 83 Tauchn. 8) Vehse, Gesch. d. Höfe XXXIII 331. 9) Falke II 312f. 10) Briefe eines Verstorbenen IV 39. 11) Pers. 1, 32.

keit unter der Maske der Sittenstrenge verbirgt[1]). Einem nachts vom Gelage heimkehrenden vornehmen jungen Manne aus dem Wege zu gehen, macht (bei Juvenal) sein großes Gefolge mit vielen Fackeln und sein Scharlachmantel[2]) rätlich. Der Freund des Statius, Atedius Melior, ließ seinen Lieblingspagen Glaucias immer die schönsten Kleider tragen, bald rote, bald grüne oder purpurne[3]). Scharlach[4]), vor allem aber die verschiedenen Purpursorten waren am meisten geschätzt. Ein Pfund beste (tyrische, doppelt gefärbte) Purpurwolle kostete über 1000 Denar (870 Mark), eine geringere Sorte (Amethyst- oder Veilchenpurpur) nur den zehnten Teil[5]). Martial gibt als Preis für einen tyrischen Purpurmantel von bester Farbe nur 10000 Sesterzen (2175 Mark) an[6]). Der Preis müßte also, wenn auch hier die in Augustus Zeit am höchsten geschätzte Sorte gemeint wäre, in einer Weise gesunken sein, wie es kaum glaublich ist, so daß der von Martial gemeinte Purpur wohl nur eine Mittelgattung gewesen sein kann. Die so höchst kostbare echte Purpurwolle war aber auch von fast unvergänglicher Dauer, und die daraus gefertigten Gewänder konnten also wohl, wie im Orient Schale, auf Generationen vererbt werden[7]). Allem Anschein nach sind aber ganz purpurne Kleider in der früheren Kaiserzeit sehr selten gewesen[8]). Gewöhnlich diente der Purpur nur streifenweise oder in Bandform zu Galonierung, als Besatz, Tresse, Saum, Falbel und Franse. Den Gebrauch ganz purpurner Gewänder schränkte schon Cäsar auf gewisse Personen und gewisse Tage ein[9]). Augustus gestattete das Ganzpurpurgewand nur den ein Amt bekleidenden Senatoren[10]) bei den von ihnen zu veranstaltenden Spielen. Tiberius suchte der vielfach übertretenen Verordnung durch sein Beispiel Nachdruck zu geben[11]). Nero verbot sogar den Verkauf des tyrischen und Amethystpurpurs[12]); doch unter Domitian (vermutlich schon früher) muß er wieder erlaubt gewesen sein[13]). Marc Aurel und Pertinax ließen die kaiserlichen, jedenfalls an Purpurgewändern reichen Garderoben öffentlich versteigern[14]).

Vergleich mit dem Kleiderluxus in neueren Zeiten: im 15. und 16. Jahrhundert in Italien —

Mit dem Kleiderluxus[15]) neuerer Zeiten hält auch der Purpurluxus des römischen Altertums keinen Vergleich aus. In Italien war in der Zeit der Renaissance »die Kleidung so kostbar wie schön, und nur mit Verachtung würden die damaligen Kleiderkünstler auf die unsrer Gegenwart herabsehen, denn im Zeitalter der höchsten Kunstentfaltung waren auch jene wirkliche Künstler; sie arbeiteten mit den herrlichsten Stoffen von Samt, Seide und Goldstickerei, während die Farbenstimmung, den Faltenwurf und die Form der Gewänder Maler angaben. Die Kleidung war daher etwas, worauf man als eine wesent-

1) Martial. I 96. 2) Juvenal 3, 283. 3) Stat. silv. II 1, 128ff. 4) *Coccum* nennt Plin. n. h. XXXVII 204 unter den kostbaren Naturprodukten. 5) Cornel. Nepos bei Plin. n. h. IX 137. Bei der besten Sorte gehen für die Wolle 100 S. (= 21,75 Mark) ab; soviel kostete die beste vom Padus (Plin. VIII 190), und geringere wurde schwerlich mit tyrischem Purpur gefärbt. 6) Martial. VIII 10. IV 61, 4f. 7) Polack, Persien I 153 (ein einziger Schalanzug kostet dort zuweilen 200 Dukaten). 8) W. A. Schmidt, Forschungen auf dem Gebiete des Altertums I 157f. 9) Sueton. Caes. 43, 1. 10) Cass. Dio XLIX 16, 1. Mommsen StR. I³ 409ff. 11) Cass. Dio LVII 13, 5. 12) Sueton. Nero 32, 3. 13) Wie sich aus Martial. a. a. O. ergibt. 14) Hist. aug. M. Aurel. 17, 4; Pertinax 8, 2. 15) Über den Kleiderluxus des 13. und 14. Jahrhunderts vgl. Alw. Schultz, Das höfische Leben z. Z. d. Minnesinger I² 318ff. Es gab Frauengürtel, die 1000 Mark (soviel wie 40000 Reichsmark) kosteten (S. 276); der Krönungsanzug König Wenzels II. von Böhmen 1297 soll 4000 Mark (160000 Reichsmark) gekostet haben (S. 317).

liche Bedingung der Erscheinung schöner Persönlichkeit den höchsten Wert legte«[1]). Deshalb schreiben die Berichterstatter großer Feste jener Zeit über die Kleidung nicht bloß der hervorragenden Frauen, sondern auch der Männer mit der größten Genauigkeit. Bei einem berühmten Turnier, das Lorenzo de' Medici 1469 auf der Piazza Sta. Croce zu Florenz veranstaltete, und das ihn nach seiner eigenen Angabe gegen 10000 Goldgulden kostete, war auch die Pracht der Anzüge sehr groß; den des Giuliano de' Medici schätzte man auf 8000 Dukaten[2]). Benedetto Salutati hatte zur Verzierung von Schabracke und Geschirr seines Pferds 168 Pfund feinen Silbers zum Preise von 16 Dukaten das Pfund verwendet, und den Wert des Geschmeides berechnete man auf 8000 Dukaten. Daß sein silberner Helm von der Hand Antonios del Pollajuolo war, zeigt, daß mit der Verschwendung Kunstliebe Hand in Hand ging[3]). Zu der Aussteuer der Lucrezia Borgia bei ihrer Vermählung mit Alfons von Este (1501) gehörte nach dem Berichte des Agenten des Markgrafen Gonzaga an seinen Herrn unter anderm auch ein besetztes Kleid von mehr als 15000 Dukaten an Wert, und 200 kostbare Hemden, von denen manches Stück einen Wert von 100 Dukaten hatte; jeder einzelne Ärmel (mit Goldfransen u. dgl.) kostete allein 30 Dukaten. Ein andrer Berichterstatter schätzt ein einziges Kleid der fürstlichen Braut auf 2000, einen einzigen Hut auf 10000 Dukaten[4]). Welchen Wert man auf Kleiderpracht legte, ergibt sich namentlich aus folgendem. Die beiden Abgesandten Venedigs zu dieser Hochzeitsfeier mußten sich vor dem versammelten Senat in ihren neuen Mänteln von karmoisinrotem Samt mit Pelzbesatz und ähnlichen Kapuzen öffentlich vorstellen. Mehr als 4000 Personen bestaunten sie im Saale des großen Rats, und auf dem Markusplatze drängte sich das Volk, um sie zu sehen. Eben diese Mäntel (von 28 und 32 Ellen Samt) brachten die Gesandten der Herzogin Lucrezia als Brautgabe dar[5]).

in Deutschland, England und Frankreich —

In Deutschland war der Kleiderluxus in der zweiten Hälfte des 15. Jahrhunderts »auf eine fast unglaubliche Höhe gestiegen«. Nach Geiler von Kaisersberg trug manche Bürgersfrau an Kleidern und Kleinodien oft über 300 und 400 Gulden an Wert und hatte in ihren Schränken deren für mehr als 3000[6]). In England war es in der Zeit der Königin Elisabeth nach dem Bericht eines Zeitgenossen etwas ganz Gewöhnliches, daß 1000 Eichenstämme und 100 Ochsen zur Herstellung eines Anzugs draufgingen, und daß ein Modenarr sein ganzes Vermögen am Leibe trug[7]). Unter Franz I. ruinierten sich die Höflinge durch ihren Kleiderluxus; sie trugen »ihre Güter und ihre Wälder auf ihren Schultern«; wenn man nicht 30 Anzüge hatte, um an jedem Tage des Monats zu wechseln, galt man in den Kreisen des Adels für nichts[8]). Der Luxus mit Kleiderstoffen wurde gegen Ende des 16. Jahrhunderts noch sehr überboten durch die Verzierung mit Spitzenbesatz, Stickerei und Goldborten, Perlen und Juwelen, wodurch sich zugleich der Lohn der Arbeit ins Unglaubliche steigerte, so daß dieser allein bei einem männlichen Gewande 1800 Mark betragen konnte. Ein Kleid

1) Gregorovius, Lucrezia Borgia I 236f. 2) Reumont, Lorenzo de' Medici I 267f. 3) ebd. II 423. 4) Gregorovius a. a. O. S. 189. 5) ebd. S. 237. 6) Janssen, Gesch. d. deutschen Volks I[20] 458ff. (über den Wert des Guldens oben S. 274 A. 2). G. v. Buchwald, Deutsches Gesellschaftsleben im endenden Mittelalter (1885) I 55f. 7) Falke a. a. O. II 109. 8) Louandre, Rev. d. deux mondes XV 1876 S. 315.

des Marschalls Bassompierre (um 1620), an dem die Stickerei so hoch zu stehen kam, kostete 42000 Mark[1]). Kaum minder groß war die Kleiderpracht im 17. und 18. Jahrhundert. Bei dem Einzuge der Königin Christine von Schweden in Rom (1655) sollen die Anzüge der sie empfangenden römischen Damen 5—600000 Scudi, die der Prinzessin von Rossano sogar 700000 Scudi wert gewesen sein[2]). Bei der Ankunft der Infantin Maria Theresia Antoinette von Spanien, der Braut des Dauphins, in Paris (1745) waren die Toilettenzurüstungen so kostspielig, daß man die Kleider nur mietete. Der Marquis von Mirepoix mietete drei für 6000 Livres, von denen er jedes nur einen Tag anlegte; bei einem Galakleide des Marquis von Stainville, aus Silberstoff mit Gold gestickt, kostete das Futter aus Marderfell allein 25000 Livres usw.[3]). Eine Modedame jener Zeit kaufte eine bestellte Robe, deren Preis sie nicht erschwingen konnte, für eine lebenslängliche Jahresrente von 600 Livres und schloß einen Kontrakt, nach welchem ihr für 24000 Livres jährlich an jedem Tage ein neues Kleid geliefert wurde[4]). In Frankreich herrschte von der Regentschaft bis zur Revolution der Geschmack für Spitzen, der sich oft bis zur Leidenschaft steigerte. Selbst ernste Männer huldigten ihm, man sah Magistrate von jedem Alter, die deren an Halstuch, Jabot und Manschetten bis zum Wert von 15000 oder 20000 Livres trugen[5]). Kurfürst Johann Philipp von Trier (1756—68) trug Spitzen-Manschetten, von denen das Paar 30, 40, auch 60 Carolines gekostet hatte[6]). Der nordische Kleiderluxus bestand wohl vorzugsweise in der Verschwendung kostbarer Stoffe, besonders des Pelzwerks, und Kleinodien. Bei dem überaus prachtvollen Aufzuge, den Adam Rzewuski bei seiner Abschiedsaudienz als Gesandter in Kopenhagen beim Könige hielt, soll der Sattel des Pferdes 45000 Goldgulden (405000 Mark) wert gewesen sein[7]). Der Preis von ein Paar Zobelfellen stieg zu Ende des 18. Jahrhunderts in Rußland bis auf 170 und mehr Rubel, ein Zobelpelz soll damals zuweilen bis 20000 Rubel gekostet haben[8]).

im 17. und 18. Jahrhundert —

Im 19. Jahrhundert ist der Luxus der männlichen Tracht, wenn man von außerordentlichen Veranlassungen absieht[9]), vielleicht geringer gewesen als in irgendeiner früheren Zeit; ob auch der der weiblichen, mag dahingestellt bleiben. Die Preise einzelner kostbarer Stücke von Prachttoiletten — ein Kaschmirschal 6000 Mark[10]), der Spitzenschleier einer reichen Braut 14700 Mark[11]) — sowie die fabelhaft klingenden Schätzungen der jährlichen Gesamtausgaben

im 19. Jahrhundert.

1) Falke a. a. O. S. 149. 152. 2) W. H. Grauert, Christine Königin von Schweden und ihr Hof II 87, 19. Eine Frau von Puysieux trug unter Ludwig XIV. für 50000 écus Genueser Spitzen, Baudrillart IV 153. Über den Spitzenluxus der Gabriele d'Estrées und unter Ludwig XIII. Lacroix, XVII. siècle, Lettres S. 514. 3) Lacroix, XVIII. siècle, Lettres S. 486. 4) Baudrillart IV 291. 5) Lacroix, XVIII. siècle, Lettres S. 544ff. 6) Vehse, Gesch. d. Höfe XLVI 59. 7) E. v. d. Brüggen, Polens Auflösung S. 316f. 8) Beckmann, Warenkunde II 263. Sinclair, Metropolis S. 138 gibt als Preis eines Zobelpelzes 50000 Dollar an, einer soll 200000 Dollar gekostet haben. 9) Die Robe für einen Pair bei der Krönung Georgs IV. von England 1820 kostete an 3000 Tlr. (Eberty, W. Scott I 350); die Galauniform eines preußischen Ministers (1879) gegen 2000 Mark. Der Wert der von Fürst Nicolaus Esterhazy bei der Krönung König Georgs IV. getragenen ungarischen Nationaltracht wurde auf einige Millionen Gulden geschätzt, Liszt, Fr. Chopin, deutsch v. La Mara S. 26, 1. 10) Ausland 1865 S. 970 (die teuersten imitierten französischen Longschals kosten bis 1500 Frcs.). 11) Der Schleier, den Miß Hannah Rothschild bei ihrer Vermählung mit dem Earl von Roseberry trug, kostete 700 Guineen. Nationalzeitung vom 7. April 1878.

der Königinnen der Mode in den größten Städten[1]) sprechen für das Gegenteil. Auch haben wohl in keiner Zeit die großen, künstlerisch denkenden und schaffenden Frauenschneider solche Bezahlungen erhalten und eine solche Stellung eingenommen wie in Paris unter dem zweiten Kaiserreich, wo ihnen von den Damen der höchsten Kreise eine grenzenlose Verehrung und Unterwürfigkeit entgegengebracht wurde. Dem Toilettenluxus dieser Periode gegenüber erscheint der des ersten Kaiserreichs, wo die Ausgaben der elegantesten Damen (Frau von Savary und von Maret) dafür 50—60000 Francs jährlich betrugen, fast ärmlich[2]).

Der Import orientalischer Luxuswaren ins römische Reich —

Im römischen Altertume war der Luxus mit orientalischen Stoffen, Produkten und Fabrikaten, die zum Schmuck im weitesten Sinne dienten (Seide, Byssus, Edelsteine, Perlen, Wohlgerüche), schon insofern beschränkt, als er ganz vorzugsweise nur von Frauen getrieben wurde; aber auch abgesehen hiervon scheint er sich nicht über enge Kreise hinaus erstreckt zu haben. Plinius macht die (wahrscheinlich auf Verzeichnissen der Grenzsteuerämter beruhende) Angabe, daß in keinem Jahre für weniger als 55 Millionen Sest. (etwa 12 Millionen Mark) indische Waren in das römische Reich eingeführt, und daß für arabische, indische und serische Waren dem Reich auch bei der geringsten Berechnung jährlich 100 Mill. (21 3/4 Mill. Mark) entzogen wurden; »so viel kosten uns unsere Liebhabereien und unsere Frauen!«[3]). Selbst wenn man dieses Zusatzes wegen annehmen dürfte, daß hier nicht von allen orientalischen Luxuswaren die Rede ist, die aus Asien eingeführt wurden[4]), sondern vorzugsweise nur von denen, die zum Schmuck, besonders der Frauen, gehörten, so würde man diese Einfuhr nicht nur nicht sehr groß, sondern auffallend gering finden müssen, wenn sie wirklich mit den angegebenen Summen ganz bezahlt worden wäre; wobei freilich der Unwille römischer Patrioten, daß jahraus, jahrein solche Summen ins Ausland, sogar in feindliche Länder flossen[5]), immer noch sehr berechtigt wäre. Denn diesem Goldabfluß stand keine entsprechende Goldproduktion gegenüber, und seine Jahrhunderte hindurch währende Fortdauer hat ohne Zweifel zum Verfall des römischen Münzwesens im 3. Jahrhundert n. Chr. erheblich beigetragen[6]). Freilich betrug um die Mitte des 19. Jahrhunderts die Metallausfuhr nach Asien neben einem sehr bedeutenden Warenexport jährlich durchschnittlich etwa 12mal so viel als in der Zeit des Plinius

nach modernem Maßstab sehr gering —

1) Sinclair, Metropolis S. 121 gibt 100000 Dollar jährlich an (vgl. 117. 127f. 130). 2) Mme de Rémusat, Mém. II 347. 349. 379. Lady J. Manners, Nat. Rev., March 1884 S. 2 sagt, daß viele Damen von nicht großem Vermögen jährlich 600 Lstr. für ihre Toilette ausgeben, solche, die viel in Gesellschaft gehen, oft 1000; 60 Guineen für ein Hofkleid ist kein ungewöhnlicher Preis. 3) Plin. n. h. VI 101: *digna res nullo anno minus HS* |*DL*| *imperi nostri exhauriente India et merces remittente, quae apud nos centuplicato veneant.* XII 84: *minimaque computatione miliens centena milia sestertium annis omnibus India et Seres et paeninsula illa* (Arabia) *imperio nostro adimunt. tanti nobis deliciae et feminae constant. quota enim portio ex illis ad deos quaeso iam vel ad inferos pertinet?* 4) Zu denen nach dem Verzeichnis des Aelius Marcianus Dig. XXXIX 4, 16 § 7 auch Gewürze, Gummi, Laser, Opium, Eunuchen und wilde Tiere gehörten. Übrigens zeigt auch der letzte Satz in der angeführten Stelle des Plinius, daß er selbst keineswegs bloß an den Verbrauch für Toilette und Schmuck dachte. 5) Tac. A. III 53: *atque illa feminarum propria, quis apidum causa pecuniae nostrae ad externas aut hostilis gentis transferuntur.* 6) Nissen, Bonner Jahrb. XCV 1894 S. 19.

(13 2/3 Mill. Lstr.)[1]). Nach Johann von Horneck[2]) entzogen im Anfange des 18. Jahrhunderts die wollenen, leinenen und französischen Waren, »diese wahren Blutegel des österreichischen Staats«, demselben wenigstens 15—20 Millionen Gulden (und zwar die Seidenwaren 7, französische 3 Millionen). An Deutschland setzte Frankreich schon in der zweiten Hälfte des 18. Jahrhunderts allein an Seide- und Galanteriewaren für 67 Millionen Livres ab[3]), und im Jahre 1913 belief sich der Wert seiner Ausfuhr allein nach Deutschland an pflanzlichen Spinnstoffen und daraus gefertigten Waren, sowie Schmuckfedern, Fächern und Hüten auf über 123 Millionen Mark[4]).

An dem Maßstabe des modernen Verkehrs gemessen, erscheint also der Verbrauch asiatischer Luxusartikel für das ganze römische Reich überraschend gering: mögen auch die Summen der Ausgaben für den asiatischen Gesamtimport bei Plinius deshalb hinter der Wirklichkeit zurückgeblieben sein, weil der Wert der eingeführten Waren behufs der Versteuerung an der Grenze viel zu niedrig angegeben wurde, und mag die Kaufkraft des Gelds auch damals erheblich größer gewesen sein als jetzt. Denn andrerseits waren die Preise der einzelnen orientalischen Produkte damals zum Teil sehr hoch und wohl durchweg höher als gegenwärtig. Seide wurde noch in der zweiten Hälfte des 3. Jahrhunderts mit Gold aufgewogen[5]) (eine auch in der chinesischen Literatur erwähnte Tatsache)[6]); ein römisches Pfund (327 g) Malabathrumöl konnte bis 400 (348 Mark)[7]), ein Pfund Zimtsaft bis 1500 Denar (1305 Mark) kosten[8]): es gab Perlen, die mit einigen Millionen Sesterzen bezahlt wurden[9]). Zu solchen Preisen veranschlagt, würde die ganze jährliche Einfuhr von Luxusartikeln aus dem Orient in einem einzigen Kaufladen der Heiligen Straße oder auf dem Forum des Friedens bequem Raum gehabt haben. Nun überstiegen freilich die in Rom gezahlten Preise die Einkaufspreise um ein Bedeutendes (nach Plinius um das Hundertfache). Aber bei der Verzollung der Waren an der römischen Grenze war schon ein großer, in vielen Fällen der größere Teil des Transports zurückgelegt, folglich eine entsprechende Preiserhöhung bereits eingetreten: auf den Angaben dieser höheren Preise aber müßte die Veranschlagung der gesamten Einfuhr auf hundert Millionen bei Plinius eben beruhen. Kostete sie wirklich nicht mehr, so müßte der damalige Luxus mit orientalischen Waren und Produkten auf Rom und einige große Städte beschränkt gewesen sein.

und der damit getriebene Luxus auf Rom und die größten Städte beschränkt.

1) Vgl. die Handelsgeschichte des Jahres 1869 (Ausland 1870 S. 290), wonach in den 9 Jahren 1861—69: 122 1/3 Mill. Lstr. Silber und Gold nach Asien gewandert sind, also durchschnittlich 13 2/3 Mill.; weitaus das meiste nach Britisch-Indien, nur etwa 20 Mill. Lstr. (in 9 Jahren) nach China. A. v. Humboldt veranschlagte (nach Untersuchungen über die Jahre 1803—1806) die jährliche Metallausfuhr aus Europa nach Asien auf 5 318 750 Lst., Jacob für die Zeit von 1788—1810 nur auf 1 Mill. Jacob, Produkt. u. Konsumt. d. edlen Metalle (deutsch v. Kleinschrod) II 130—132.
2) Bedenken über die Manufakturen in Deutschland S. 113 ff.; Österreich über alles (1708) S. 95.
3) Randel, Annalen der Staatskräfte von Europa (1792) S. 13. In der Zeit Colberts kosteten die französischen Galanteriewaren England jährlich mehr als 11 Mill. in französischem Gelde, Baudrillart IV 437. 4) Statist. d. Deutsch. Reiches Bd. 271 X 2. 5) Hist. aug. Aurel. 45, 5. 6) Unten S. 324 A. 4. 7) Plin. n. h. XII 129; vgl. Marquardt, Privatl.² 784, 9—12. 8) Plin. n. h. XII 93: *pretia (iuris cinnami) quondam fuere in libras denarium milia, auctum id parte dimidia est, incensis, ut ferunt, silvis ira barbarorum.* In Jerusalem kostete nach Marc. 14, 5; Joh. 12, 3 eine Litra (327 g) Nardenöl 300 Denar; Herzfeld, Handelsgesch. d. Juden S. 100, vgl. 191. 9) Sueton. Caes. 50, 2.

Dies scheinen allerdings noch für das Ende des 2. Jahrhunderts einige Äußerungen Galens zu bestätigen. Er sagt, daß Seide »bei den reichen Frauen« an vielen Orten des Reichs zu finden sei, besonders in den großen Städten, wo es deren viele gebe[1]), und bezeichnet die Nardenessenz als einen der Wohlgerüche, »die in Rom für die reichen Frauen fabriziert werden«[2]). Im 4. Jahrhundert war infolge völlig veränderter Handelsverhältnisse der Gebrauch der Seide bei allen Ständen üblich geworden[3]).

Warenausfuhr nach China.

Vielleicht hat nun aber Plinius nur angeben wollen, was der Orienthandel dem römischen Reich an barem Geld entzogen. Denn chinesische Produktenverzeichnisse des Lands Ta-Tsin (Syrien) führen zu der Annahme, daß ein nicht geringer Teil der asiatischen Einfuhr durch eine Ausfuhr aus dem Westen gedeckt wurde. Die längste dieser Listen enthält 60 Artikel, unter denen die charakteristischen Industrieerzeugnisse des syrisch-phönizischen, auch des alexandrinischen Markts leicht zu erkennen sind. Dazu gehören die Stoffe aus Ta-Tsin (die nach einem chinesischen Autor die babylonischen weit übertrafen) mit gestickten und gewirkten Mustern von Tieren, Menschen, Bäumen, Wolken usw. in verschiedenen Farben; die Glaswaren (besonders die farbigen), die in China bis zum Anfange des 5. Jahrhunderts sehr gesucht gewesen sein müssen, da sie sehr beliebt waren und die Chinesen erst damals anfingen, von indischen, vielleicht syrischen Arbeitern unterrichtet, ihren eigenen Bedarf zu decken; die sämtlichen im römischen Reiche verarbeiteten Metalle; Auripigment und Realgar (Spezialitäten Syriens); Juwelen, Gemmen und alle zum Schmucke dienenden Artikel (wie Bernstein und Korallen), von welchen das Schönste und Beste von Händler aus Ta-Tsin gebracht wurde; endlich Drogen[4]). Je umfangreicher man sich die Ausfuhr dieser Waren vorstellt, desto höher muß man natürlich den Wert und die Menge der in das römische Reich eingeführten asiatischen veranschlagen. Doch möchte man nach jenen Äußerungen Galens glauben, daß Einfuhr und Ausfuhr damals noch nicht sehr bedeutend waren: beide mögen erst seit dem 3. Jahrhundert große Dimensionen angenommen haben.

Luxus der Edelsteine.

Der Luxus mit Perlen und Edelsteinen kam in Rom seit dem Triumphe des Pompejus über Mithridates auf[5]). Der Diamant, obwohl nach römischer Schätzung das kostbarste unter allen Juwelen[6]), ist, soviel wir wissen, zum Schmucke so gut wie gar nicht verwendet worden, mit Ausnahme der Ringe, und auch diese scheinen nicht häufig gewesen zu sein. Der Diamant, den Trajan als designierter Thronfolger von Nerva, und Hadrian von Trajan empfing, war allem Anschein nach in einen Ring gefaßt[7]); einen in Juvenals

1) Galen. X 942 ἔχουσι γὰρ αἱ πλούσιαι γυναῖκες αὐτὰ πολλαχόθι τῆς ὑπὸ Ῥωμαίων ἀρχῆς, καὶ μάλιστα ἐν μεγάλαις πόλεσιν, ἐν αἷς εἰσὶ πολλαὶ τῶν τοιούτων γυναικῶν. 2) Galen. VI 440: τῶν μύρων τὰ ἐν Ῥώμῃ σκευαζόμενα ταῖς πλουσίαις γυναιξίν, ἃ φουλίατά (*foliata*) τε καὶ σπικᾶτα προσαγορεύουσιν. XII 429: τὸ τῶν πλουσίων γυναικῶν μύρον, ὃ καλοῦσιν ἐν Ῥώμῃ φουλίατον. 604: τό τε κάλλιστον νάρδινον μύρον — καὶ μετὰ τοῦτο τὸ Κομμαγηνόν τε καὶ Σουσινὸν καὶ τὰ πολυτελῆ μύρα τῶν πλουσίων γυναικῶν, ὃ καλοῦσιν αὗται σπικᾶτα καὶ φουλίατα. Vgl. Marquardt, Privatl.[2] 783 f. Dies schließt natürlich nicht aus, daß es Händler mit Parfümerien (*seplasiarii*) vermutlich in allen wohlhabenderen Orten gab, ebd. 782, 16. 3) Marquardt a. a. O. S. 498. 4) Alles Obige nach Fr. Hirth, Verhandl. der Berliner Gesellsch. f. Erdkunde XVI 1889 S. 46—64. Vgl. oben I 371 f. 5) Plin. n. h. XXXVII 12. 6) ebd. XXXVII 55. Vgl. Blümner, Technol. III 227 ff. King, Precious stones and precious metals S. 47 ff. 7) Hist. aug. Hadr. 3, 7.

Zeit vielbesprochenen Diamantring hatte die Jüdin Berenice, die Geliebte des Titus, von ihrem Bruder, dem Judenkönig Agrippa II., zum Geschenk erhalten[1]). Den nächsten Rang behauptete unter den Steinen der Smaragd. Die nach Plinius besten (scythischen) kamen vielleicht aus den Gruben des Ural und Altai, die auch in neuester Zeit sehr schöne Smaragde geliefert haben[2]). An dritter Stelle schätzte man den Beryll und Opal (diese beiden scheinen besonders von Frauen getragen worden zu sein), dann folgte der (auch für die Siegelringe sehr geeignete) Sardonyx: soweit stand nach Plinius, hauptsächlich auf Grund der Entscheidung der Frauenwelt, die Rangordnung fest[3]). In der Schätzung des Diamanten sind die Römer den Indern gefolgt. Die Perser setzten ihn im 13. Jahrhundert an die fünfte Stelle, nach der Perle, dem Rubin, Smaragd und Chrysolith. Benvenuto Cellini setzt ihn nach dem Rubin und Smaragd und nur zum achten Teil des Preises des ersteren an. Auch Garcias ab Horto (1565) erklärt den Diamant zwar für den König der Edelsteine in betreff seiner Härte, doch in bezug auf Wert und Schönheit stehen der Rubin an erster, der Smaragd an zweiter Stelle[4]). Der bis ins 16. Jahrhundert sehr hohe Wert des Smaragd (Cellini schätzt ihn auf 400 Goldscudi das Karat) sank beträchtlich durch die Zufuhr aus den Gruben Perus und ist jetzt wieder durch das völlige Aufhören der Zufuhr aus Amerika gestiegen, so daß ein vollkommener Smaragd auf dem Juwelenmarkte zu London von allen Edelsteinen im höchsten Preise steht[5]).

Aus dem römischen Altertum ist von Preisen edler Steine äußerst wenig bekannt. Der angebliche Smaragd, in den eine Amymone geschnitten war, und den der Flötenspieler Ismenias mit 4 Goldstücken bezahlte, kann nur ein Chrysopras gewesen sein. Geschnittene Smaragde kommen kaum vor Hadrians Zeiten vor, die besten sollen Porträts von ihm und Sabina sein; vielleicht hatte Hadrian eine Vorliebe für diesen Stein, die eine eifrigere Bearbeitung seiner Hauptfundstätte (der Gruben von Dschebel Zaburah in Ägypten) veranlaßte[6]). Der Preis eines Jaspisrings, mit dem die Statue einer Frau im südlichen Spanien von ihrem Sohn geschmückt worden war, wird auf 7000 S. (über 1500 Mark) angegeben[7]), was einen geschnittenen Stein voraussetzen läßt. Der Senator Nonius besaß einen zum Ring gefaßten Opal von der Größe einer avellanischen (Lamberts-, d. h. lombardischen)[8]) Nuß; wegen dieses Rings wurde er von Antonius proskribiert und nahm ihn von all seinen Besitztümern allein auf der Flucht mit. Der Preis, zu dem er geschätzt war, betrug 2 Mill. Sesterzen (435 000 Mark)[9]).

Imitierte Edelsteine.

Über Nachahmung von Edelsteinen macht Plinius zahlreiche und genaue Angaben und spricht von Schriften, die Anleitung dazu gaben[10]), namentlich falschen Smaragd durch Färbung von Kristall, Sardonyx aus Karneol herzu-

1) Juv. 6, 156f. Vgl. CIL II 3386 = Dessau 4422 an einer silbernen Isisstatue *in digito minimo anuli duo gemmis adamant(inis)*. Martial. V 11, 1f.: *Sardonychas zmaragdos adamantas iaspidas uno versat in articulo Stella, Severe, meus.* 2) King S. 282—284. Über die Verwendung des Smaragd, Sardonyx, Jaspis u. a. zu geschnittenen Steinen vgl. Furtwängler, Die antiken Gemmen III 308ff. 3) Plin. n. h. XXXVII 85. 4) King S. 48f. 5) King S. 304f. 6) King S. 297f. 7) Hübner, Hermes I 1866 S. 356f. 8) Hehn, Kulturpfl.[7] S. 390. 9) Plin. n. h. XXXVII 81f. 10) Anweisungen zur künstlichen Herstellung von Metallen, Perlen und Edelsteinen enthalten zwei griechische Papyri in Leiden und Stockholm. Genaueres bei E. O. v. Lippmann, Entstehung u. Ausbreitung der Alchemie (1919) S. 1ff.

stellen: es sei dies unter allen betrügerischen Industrien die gewinnreichste[1]). Der Kunst der Fälschung entsprechend vervollkommneten sich auch die Methoden der Untersuchung der Echtheit: die Experten unterwarfen die zu prüfenden Steine mehr als einer Probe[2]). Unter den äußerst zahlreich erhaltenen antiken Arbeiten in gefärbten Glasflüssen zeichnen sich ganz besonders die Glassmaragde aus, die an Farbe, Glanz und Härte die modernen Glaspasten weit übertreffen und noch gegenwärtig von Gemmenhändlern häufig als wirkliche Smaragde verkauft werden[3]). Übrigens hat auch im Altertum die Industrie der imitierten Edelsteine sicherlich nicht allein in betrügerischer Absicht gearbeitet, sondern auch um ein unter den ärmeren Klassen verbreitetes Bedürfnis nach buntem und augenfälligem Schmuck zu befriedigen.

Perlenluxus. Der größte und deshalb am meisten gerügte Luxus wurde von Frauen mit Perlen getrieben[4]); für diese wurden höhere Preise als für irgend welche Edelsteine bezahlt[5]). Die Verwendung der Perlen zum Schmuck verbreitete sich in weitere Kreise erst seit der Eroberung von Alexandria[6]), dessen Handel die Erträge der Fischereien im persischen Meerbusen und im indischen Ozean nun wohl ganz vorzugsweise nach Rom führte. Durch diese regelmäßig fortgehende Einfuhr mögen sich die Perlen in Rom in ähnlichen Massen gehäuft haben wie zu Ende des 16. Jahrhunderts in Venedig, wo die dortigen Patrizierinnen ungeheure Schätze davon besaßen, die Frucht des alten Handelsverkehrs mit Ormuz am persischen Golf und all den übrigen Ländern des fernen Orients, die Venedig so lange allein ausgebeutet hatte[7]). Die Verbote der Provveditori delle Pompe (der 1514 zur Überwachung des Luxus eingesetzten Magistrate) waren hauptsächlich gegen den Perlenluxus gerichtet[8]). Gegenwärtig ist das an Perlen reichste Land Rußland, wo man in dem einzigen Kloster Troitza an Meßgewändern, bischöflichen Kleidungen, Altar- und Grabdecken deren vielleicht mehr findet als im übrigen Europa zusammengenommen; wo in manchen Gouvernements jede Bäuerin an ihrem Kopf- und Halsschmuck wenigstens 2—300 oft aber 1000 und mehr echte Perlen trägt, und in Nischnij Nowgorod selbst die ärmsten Fischweiber zwei bis drei Schnüre echter Perlen um den Hals haben[9]). Nero konnte sogar ganze Sänften (*cubilia viatoria*) von Perlen erbauen, d. h.

1) Plin. n. h. XXXVII 197, vgl. 83 (imitierter Opal). 98 (*carbunculus*). 117 (Jaspis). 128 (*leucochrysus*). Seneca ep. 90, 33. Marquardt, Privatl.² 151. Beckmann, Gesch. d. Erfindungen I 373 ff. Blümner, Technol. IV 391 ff. *Sardonyches veri* Martial. IV 61, 6. IX 59, 19. X 87, 14. 2) Julian. orat. 2 p. 91 C: τούτοις (τοῖς λιθογνώμοσι) γὰρ οὐ μία ὁδὸς ἐπὶ τὴν ἐξέτασιν ἀπόχρη, ἀλλὰ συνιέντες οἶμαι τῶν πανουργεῖν ἐθελόντων ποικίλην καὶ πολύτροπον τὴν μοχθηρίαν καὶ τὰ ἐπιτεχνήματα εἰς δύναμιν ἅπασιν ἀντετάξαντο, καὶ ἀντέστησαν ἐλέγχους τοὺς ἐκ τῆς τέχνης. 3) King S. 291. 4) Plin. n. h. XIII 91: *mensarum insania, quas feminae viris contra margaritas regerunt.* Plin. ep. V 16, 7 nennt *vestes margaritas gemmas* als vom Vater der Braut zur Hochzeit anzuschaffende Dinge. 5) King S. 266. Blümner a. a. O. II 379 ff. 6) Plin. n. h. IX 123 *Romae in promiscuum ac frequentem usum venisse Alexandria in dicionem redacta, primum autem coepisse circa Sullana tempora minutas et viles Fenestella tradit, manifesto errore, cum Aelius Stilo Iugurthino bello unionum nomen impositum maxume grandibus margaritis prodat.* Fenestella irrte also nur im zweiten Teil seiner Angabe, nur diesen widerlegt Plinius. 7) Hübner, Sixte-Quint I 109. 8) Yriarte, Vie d'un patricien de Venise au XVI. siècle S. 50. Molmenti, Vie privée à Venise S. 255: der Schmuck von 25 Fräulein, die (im 15. Jahrhundert) eine vornehme Wöchnerin besuchten, auf 100000 Dukaten geschätzt. 9) Haxthausen, Studien über die inneren Zustände Rußlands I 87. 309.

ohne Zweifel ihre Wände damit tapezieren[1]). Die römischen Frauen trugen sie besonders als Ohrgehänge; nach Plinius strebten auch »arme« Frauen nach solchen, da, wie sie sagten, eine große Perle im Ohr auf der Straße die Stelle eines vorausgehenden Liktors vertrete; doch wurden sie auch an den Schuhen angebracht und nicht bloß deren Schnüre und Bänder, sondern ganze Pantöffelchen mit Perlen besetzt[2]). Ohne Zweifel waren die dafür gezahlten Summen oft sehr hoch, Seneca sagt wohl ohne große Übertreibung, daß Frauen zuweilen zwei oder drei Besitztümer in den Ohren trügen[3]). Nähere Angaben fehlen. Julius Cäsar kaufte in seinem ersten Konsulat im Jahre 59, wo Perlen in Rom noch selten waren, der von ihm sehr geliebten Mutter des Marcus Brutus, Servilia, eine Perle für 6 Mill. S.[4]) (1305000 Mark); ein solches Liebesgeschenk des ersten Manns der damaligen Welt, der auch durch großartige Extravaganzen imponieren wollte, läßt keinen Schluß auf die durchschnittlichen höchsten Preise zu. Ebensowenig gibt einen Maßstab, was Plinius von einer der Gemahlinnen Caligulas, Lollia Paulina, berichtet. Er hatte sie, und zwar nicht bei einer großen Feierlichkeit, sondern bei einem bescheidenen Verlobungsfeste, mit einem Schmuck von Smaragden und Perlen gesehen, der den ganzen Kopf, Haare, Ohren, Hals und Finger bedeckte und einen Wert von 40 Mill. Sest. (8,7 Mill. Mark) hatte, was sie sogleich durch Vorzeigen von Dokumenten zu beweisen bereit war. Dieser Schmuck war nicht ein Geschenk ihres kaiserlichen Gemahls, sondern ein Familienerbstück, und stammte aus den Plünderungen, die ihr Großvater M. Lollius im Orient verübt, und deren Ruchbarkeit ihm die Ungnade des C. Cäsar zugezogen und ihn gezwungen hatte, sein Leben durch Gift zu enden[5]) (im Jahre 2 v. Chr.).

Der Juwelenreichtum der Konquistadoren und Nabobs.

Dem enormen Juwelenreichtum in den Familien jener Männer, deren Willkür die Schatzkammern orientalischer Fürsten überlassen gewesen waren, kann man aus neueren Zeiten wohl nur den Juwelenreichtum der spanischen Konquistadoren des 16. und der englischen Nabobs des 18. Jahrhunderts zur Vergleichung gegenüberstellen Das Hochzeitsgeschenk des Cortez an seine Braut im Jahre 1529 waren fünf, von mexikanischen Juwelieren höchst kunstvoll aus Smaragden geschnittene, mit Perlen und Gold verzierte Juwelen: für eins derselben hatten genuesische Kaufleute zu Sevilla 40000 Dukaten geboten. Der ganze Schmuck ging durch einen Schiffbruch bei der Expedition gegen Algier 1541 verloren[6]). Die Beute Nadir Schahs bei der Einnahme Delhis, die hauptsächlich aus Edelsteinen bestand, wurde in Europa auf 70 Mill. Lstr. geschätzt[7]). Clive, der in den Gewölben von Murshadabad zwischen Haufen von Gold und Juwelen umhergewandert war, mit voller Freiheit zu nehmen, was

1) Plin. n. h. XXXVII 17. 2) ebd. IX 114. Solche Schuhe trug auch Caligula, ebd. XXXVII 17; *margaritarum sacculi* ebd. XXXIII 14. In der Türkei zahlt man für Indschi Tschipschip (mit Perlen gestickte Pantoffeln, welche die Frauen nur im Hause tragen) nicht selten 200—400 Mark, doch gibt es deren auch zu 200 Piaster (etwa 40 Mark), gold- und silbergestickte zu 600 und 800 Mark: White, Drei Jahre in Constantinopel, übers. von Gottl. Fink (1851) I 81. 3) Seneca de remed. fort. 16, 7; de benef. VII 9, 4. 4) Sueton. Caes. 50, 2. 5) Plin. n. h. IX 117: *smaragdis margaritisque opertam, alterno texto fulgentibus toto capite, crinibus, spira, auribus, collo, monilibus digitisque.* Vgl. den reichen Perlenschmuck einer Isisstatue CIL II 3386 = Dessau 4422. 6) King, Precious stones S. 299f. Geschmeide- und Juwelenluxus der Spanierinnen im 17. Jahrhundert Baudrillart IV 222f. 7) Barthold, Die geschichtl. Persönlichkeiten in Casanovas Mem. II 48.

ihm beliebte, hatte hier und sonst in Indien große Mäßigung bewiesen; doch seine Diamantenankäufe beliefen sich in Madras allein auf 25000 Lstr.[1]), und ein Schmuckkästchen seiner Gemahlin wurde auf 200000 Lstr. geschätzt[2]). Vielleicht besaß Lady Clive mehr Juwelen als die größten Fürstinnen jener Zeit. Sophie Charlotte trug bei ihrer Krönung als erste Königin von Preußen (1701) einen Schmuck von Diamanten und Perlen über eine Million Taler an Wert[3]). Das berüchtigte Halsband, das Marie Antoinette für sich zu teuer gefunden hatte, kostete nur 1600000 Frcs.[4]). Noch heute ist im Orient der Perlen- und Juwelenluxus, der dort unter den Kalifen enorm war, nicht gering. In Persien tragen Frauen außer anderm Schmuck Arm- und Fußbänder von Perlen, Damen vornehmen Stands auch einen Diamantstrauß von hohem Wert; Gürtelschnallen, mit Edelsteinen besetzt, haben oft einen Wert von 1—2000 Dukaten[5]); auch Sättel und Pferdegeschirre sind mit Gold, Perlen und Juwelen überladen. Man trägt 15—16 Ringe, je 5—6 an einem Finger, und der Schah von Persien ist noch immer der größte Besitzer von Diamanten in der Welt[6]).

Sonstiger Luxus mit Perlen und Edelsteinen in neueren Zeiten.

Übrigens wurde in Europa auch im Mittelalter mit Perlen, mit welchen man z. B. Texte von Liedern auf Kleider stickte[7]), und Edelsteinen großer Luxus getrieben, der größte am Hofe Karls des Kühnen von Burgund. Sein mit Perlen und Edelsteinen besetztes Prachtgewand wurde auf 200000 Dukaten geschätzt; die Hofdamen seiner Gemahlin erhielten für ihren Putz jährlich 40000 Brabanter Taler[8]). Der Luxus mit kostbarem Geschmeide stieg aber sehr nach der Entdeckung der neuen Welt. Maria von Medici hatte sich zu der Taufe ihres Sohnes 1606 einen Brautrock machen lassen, der mit 3200 Perlen und 3000 Diamanten besetzt war und auf 60000 écus geschätzt wurde; aber er war so schwer, daß sie es unmöglich fand, ihn zu tragen[9]). In dem Inventar der Schmucksachen des Meinhard von Schönberg († 1625) füllt der Schmuck an Perlen allein zwei enggeschriebene Folioseiten; darunter kommen 3 Halsbänder mit Rosen von Perlen vor, 15 große Perlen wurden für 3286 Gulden verkauft[10]). Die Kunst, Perlen nachzuahmen, ist erst 1680 von Jacquin in Paris erfunden worden, der jährliche Export dieses Fabrikats von dort soll sich auf 40000 Lstr. belaufen[11]).

Luxus der Tracht in den unteren Ständen.

Inwiefern der Luxus der Tracht und des Schmucks im Altertum sich auch auf die unteren Klassen erstreckt hat, namentlich inwiefern die in vielen, besonders halbzivilisierten und südlichen Ländern bestehende Sitte, einen Teil des Vermögens (zugleich als Reservekapital) am Leibe zu tragen[12]), verbreitet ge-

1) Macaulay, Essays IV 62 Tauchn. (»*he had invested great sums in jewels, then a very common mode of remittance from India*«). 2) Vehse, Gesch. d. Höfe XIX 220. 3) Schubert, Jubelfeier der Stadt Königsberg 1855 S. 76, 1. 4) King S. 116. Ludwig XIV. trug bei den Festen zu Ehren des persischen Gesandten für $12^{1}/_{2}$ Mill. Livres Juwelen an seiner Kleidung (Baudrillart IV 86). Die Diamanten der Frau von Duroc, welche deren unter den Damen am Hofe Napoleons I. am meisten besaß, wurden auf mehr als eine halbe Million Francs geschätzt, Mém. de Mme de Rémusat III 18. Bei Sinclair, Metropolis S. 151 tragen 9 Damen der Newyorker Gesellschaft zusammen Brillanten im Wert von 5 Millionen Dollar zur Schau. 5) Polack, Persien I 146. 157. 162. 6) Baudrillart I 331. 7) ebd. III 289. 8) Falke a. a. O. I 262 f. Vgl. die Beschreibung seines Huts ebd. S. 269 und King S. 63—66. 9) Lacroix, XVII. siècle, Lettres S. 531. 10) Falke a. a. O. II 153. 11) King S. 267 f. 12) Jede toscanische »Zitella« strebt nach einem Halsband mit vielen Schnüren von (wenn auch unregelmäßigen und mißfarbigen) Perlen: dieser Besitz genügt meist zu ihrer Mitgift. King S. 268. Die Jacke einer reichen Bäuerin im Gouvernement Wologda von trefflichem weißen Seidenstoff, mit Gold durchwirkt, hatte allein 500 Rubel Silber gekostet. Haxthausen I 229, vgl. 236. Die

wesen ist, darüber fehlt es so gut wie ganz an Nachrichten. Doch das lange Goldgeschmeide, das nach Juvenal die in Schenken aufwartenden Mädchen in Rom am bloßen Halse trugen[1]), war ohne Zweifel ebenso echt wie der Goldschmuck der Frauen und Mädchen der unteren Klassen im gegenwärtigen Italien[2]). Die Bernsteinhalsbänder, die in der Zeit des älteren Plinius die lombardischen Bäuerinnen im Norden des Po (zugleich als angebliches Mittel gegen Anschwellungen des Halses) trugen[3]), waren schwerlich kostbar.

Der Luxus der Wohlgerüche ist seit den ältesten Zeiten im Orient heimisch gewesen[4]). Arabien war, wie bereits Herodot wußte, das mit Wohlgerüchen am meisten gesegnete Land und selbst im höchsten Altertume dort die Vorliebe für feines Räucherwerk und Wohlgerüche allgemein verbreitet[5]). Nach dem Buch Esther wurden die für das Bett des großen Königs bestimmten Frauen ein ganzes Jahr lang mit Wohlgerüchen »geschmückt«; sechs Monate mit Balsam und Myrrhen und sechs Monate mit »guten Spezereien«[6]). Nach dem Talmud war es der jungen Ehefrau gesetzlich gestattet, ein Zehntel ihres eingebrachten Guts hierauf zu verwenden[7]). In Rom ist dieser Luxus aber nicht erst mit dem übrigen asiatischen Luxus aus dem Orient, sondern schon viel früher aus Großgriechenland eingedrungen[8]). In der Kaiserzeit dürfte er außerhalb Roms, wie gesagt, nur in den größten Städten vorgekommen sein[9]). Nach Plinius wandten die Römerinnen Wohlgerüche so reichlich an, daß die Nähe einer vorübergehenden Frau (wie jetzt einer vornehmen Araberin)[10]) durch die aus ihren Haaren und Kleidern strömenden Düfte sich auch denen bemerkbar machte, deren Aufmerksamkeit anderweitig in Anspruch genommen war. Er fand diesen Luxus um so törichter, als der teuer erkaufte Genuß nicht nur bloß ein augenblicklicher sei, sondern auch andern weit mehr zugute komme als dem, der ihn bezahlt habe[11]). Auch Männer machten von Parfümerien reichlichen Gebrauch, namentlich von Balsam[12]) und Zimt[13]); der Günstling Domitians, Crispinus, duftete nach der Morgentoilette stärker als zwei Leichenbegängnisse[14]). Dasselbe ist dann wieder in der Renaissancezeit geschehen; der Vetter des Marchese von Pescara, Alfonso d'Avalos, wollte Wohlgerüche selbst im Kriege nicht entbehren, sogar die Sättel seiner Pferde dufteten von Essenzen[15]). Die hohen Preise der teuersten Wohlgerüche im alten Rom sind bereits angegeben. Martial überlegt, ob er seiner Phyllis »10 Gelbe aus der Münze des Kaisers« (etwa 210 Mark) oder 1 Pfund (327 g) aus den Läden der damals

Luxus der Wohlgerüche.

arabischen Kaufleute tragen stets einen verhältnismäßig großen Teil ihres Vermögens in Kostbarkeiten an sich. H. v. Maltzan, Drei Jahre im NW. v. Afrika III 55. Diamanten (rohe oder sehr einfach geschliffene) bilden den Ehrgeiz selbst der ärmsten Frau in Tunesien. v. Maltzan, Sittenbilder aus Tunis und Algerien (1869) S. 21f.

1) Juv. 6, 589, wo Madvig (Opusc. II 198) irrtümlich an eine reiche Frau denkt. 2) Gregorovius, Wanderjahre in Italien I⁷ S. 335. 3) Plin. n. h. XXXVII 44. 4) Durch orientalische Einflüsse ist er zu den Homerischen Griechen gekommen. Helbig, Das homer. Epos² S. 257f. 5) v. Kremer, Kulturgesch. d. Orients II 208. 6) Buch Esther 2, 12. 7) Herzfeld, Handelsgesch. d. Juden S. 100f. 8) Marquardt, Privatl.² 785. 9) Oben S. 323f. 10) (Emily Rüte), Memoiren einer arabischen Prinzessin (1886) II 18: »Unseren Weg kann jeder noch lange nachher verfolgen, so intensiv und nachhaltig durchdringt die Menge unseres Parfüms die passierten Straßen«. 11) Plin. n. h. XIII 20. 12) Martial. XIV 59: *Balsama me capiunt: haec sunt unguenta virorum. delicias Cosmi vos redolete nurus;* vgl. Juv. 2, 41. 13) Martial. III 63, 4: *Balsama qui semper, cinnama semper olet.* 14) Juv. 4, 108f., vgl. unten S. 361. 15) Reumont, Vittoria Colonna S. 40f. (nach Brantôme).

berühmtesten Salben- und Essenzenhändler Cosmus oder Niceros schenken solle[1]). In diesen Läden mögen manche Frauen ebenso hohe Rechnungen gehabt haben, wie Marion de Lormes, die in einem Jahre einem einzigen Parfümeur 150000 Mark schuldig war[2]). Von der Verschwendung der Wohlgerüche bei Totenbestattungen wird unten die Rede sein.

Doch dem orientalischen Luxus der Wohlgerüche ist der europäische offenbar weder im Altertum noch in neueren Zeiten gleichgekommen. In den Gemächern der reichen Araber standen in der Zeit der Kalifen immer, besonders an Empfangstagen, Gefäße mit stark duftendem Inhalt (meistens Moschus) oder Rauchpfannen mit Aloeholz. Selbst die strengen Gesetzesgelehrten hielten nach dem Beispiel des Propheten (dem außer den Weibern Wohlgerüche als das einzige galten, was immer für ihn Reiz hatte) darauf, stets gut parfümiert zu sein. Vor und nach dem Speisen hielt man die Kleider über eine Rauchpfanne oder beugte den Körper über dieselbe. Ebensowenig wie starkriechende Blumen durfte feines Räucherwerk an der Tafel fehlen; es wurde mit Gold aufgewogen, und man bediente sich dessen zu kostbaren Geschenken. In reichen Häusern hatte man stets einen Vorrat der verschiedenen Arten, wie graue Ambra, Aloeholz, Moschus, Kampfer, gelbe Ambra (Bernstein), und verschiedener Mischungen von wohlriechenden Stoffen, namentlich Zibet[3]). In der Industrie der Parfümerien beherrschten in der ersten Zeit des Kalifats Irak und Persien, dessen Rosenwasser bis Spanien und China versandt wurde, den Markt, später nahm in dieser wie in allen Luxusindustrien das maurische Spanien die erste Stelle ein[4]). Gegenwärtig gibt manche arabische Dame jährlich 500 Dollar für Parfümerien aus[5]).

Die Nachrichten über den römischen Luxus der Tracht und des Schmucks lassen, unzusammenhängend und dürftig wie sie sind, auch nur eine sehr unvollkommene Beurteilung zu. Zu der Annahme, daß die antike Welt die moderne in diesem Luxus im allgemeinen überboten habe, geben sie durchaus keinen Anlaß, vielmehr lassen sie weit eher glauben, daß auch hier der Luxus der römischen Kaiserzeit den mancher Periode der neueren Zeit keineswegs erreicht hat.

4. DER LUXUS DER WOHNGEBÄUDE.

a. STÄDTISCHE PALÄSTE.

Anfänge des Bauluxus in Rom sehr spät.

Die ersten Anfänge des Luxus in der inneren Einrichtung der Wohngebäude reichen in die Zeit zwischen dem ersten und zweiten punischen Kriege zurück: schon damals gab es Häuser, die »mit Citrus, Elfenbein, punischen Estrichen« geschmückt waren[6]). Doch der Luxus der Bauten scheint erst im letzten Jahrhundert v. Chr. begonnen zu haben; bis dahin waren die Wohnungen selbst der Vornehmen ebenso einfach wie wohlfeil. Sulla (geb. 138), der allerdings als junger Mann in sehr knappen Verhältnissen lebte, bewohnte noch

1) Martial. XII 65; vgl. XI 27, 9: *at mea me libram foliati poscat amica.* 2) Falke II 204f. 3) v. Kremer a. a. O. II 208f. 4) ebd. II 316ff. 5) (Rüte), Memoiren einer arabischen Prinzessin II 37. 6) Cato bei Fest. p. 242 M.

ein Erdgeschoß (das vornehmste Stockwerk) für eine Jahresmiete von 3000 S. (525 Mark), im Oberstock desselben Hauses wohnte ein Freigelassener für 2000 S. (348 Mark)[1]. Der Travertin wurde bereits im letzten Jahrhundert der Republik je länger je mehr bei Bauten, besonders zur Verkleidung der Fassaden, verwandt[2]; dagegen der Marmor noch so gut wie gar nicht[3]. Noch ums Jahr 92 v. Chr., nach so vielen Feldzügen und Siegen in den an Säulenbauten überreichen griechischen und orientalischen Ländern, hatte nach Plinius kein öffentliches Gebäude in Rom Marmorsäulen[4]. Um so mehr Anstoß gab es, daß der damalige Zensor L. Crassus, einer der ersten Männer des Staats, das Atrium seines Hauses auf dem Palatin zuerst mit sechs Säulen aus hymettischem Marmor schmückte, die er übrigens nicht zu diesen Zwecke, sondern für das in seiner Ädilität erbaute Theater hatte kommen lassen; er wurde deshalb von Cn. Domitius, seinem Kollegen in der Zensur, scharf getadelt, von M. Brutus mit dem Spottnamen »Palatinische Venus« belegt[5]. Das Haus des Crassus stand jedoch dem Hause des Besiegers der Cimbern, Q. Catulus, Konsul 102 (ebenfalls auf dem Palatin), und dem des rechtsgelehrten Ritters C. Aquilius (auf dem Viminal) nach, welches letztere damals allgemein für das schönste in Rom galt[6]. Dann war im Jahre 78 das Haus des damaligen Konsuls M. Lepidus das schönste[7], dessen Schwelle aus dem bisher in Rom unbekannten numidischen Marmor (Giallo antico) ebenfalls viel üble Nachrede veranlaßte.

Aber 35 Jahre später gab es schon mehr als hundert schönere Häuser in Rom. Diese riesenhafte Zunahme der Pracht und des Luxus der Bauten, die ihm bei der Kürze des menschlichen Lebens doppelt töricht erschien, berichtet Plinius als eins der größten Wunder in der Geschichte der Stadt[8]. Das Wunderbare ist vielmehr, daß Rom, schon so lange seiner Bedeutung nach die erste Stadt der Welt, in baulicher Hinsicht bis dahin so sehr zurückgeblieben war[9], so daß nun die Veränderungen der Privatbauten plötzlich in großem Umfange erfolgten, die sonst in aufblühenden Städten mehr allmählich einzutreten pflegen, wie sie z. B. Macaulay für die englischen in seiner Darstellung der seit dem Ende des 17. Jahrhunderts so gewaltig fortgeschrittenen Kultur mehrfach nachgewiesen hat[10]. In Rom wurde die Versäumnis aller früheren Zeiten in einem einzigen Menschenalter nachgeholt. Jene 35 Jahre vom Konsulat des Lepidus (dem Todesjahre Sullas) bis zum Todesjahre Julius Cäsars (78—44) waren eine Zeit der größten Eroberungen und Erwerbungen im Orient und Okzident. Es war die Zeit der Kriege des Q. Metellus Creticus, P. Servilius Isauricus, Pompejus und Lucullus im Osten, des Julius Cäsar in Gallien; das Reich erhielt die neuen Provinzen Bithynien und Pontus, Kreta, Cilicien und Syrien. In diesen Kriegen erbeuteten

Schnelle Zunahme des Bauluxus 78 bis 44 v. Chr.

1) Plutarch. Sulla 1. Über Vellei. II 10, 1 vgl. Mommsen RG. II[6] 401 Anm. 2) Jordan, Topogr. v. Rom I 1 S. 7ff. Das erste ganz daraus aufgeführte Bauwerk ist das Marcellustheater. 3) Semper, Der Stil I[2] 456f. 4) Plin. n. h. XVII 6: *tam recens est opulentia*. Hierbei hat Plinius mindestens den von Metellus Macedonicus gebauten Tempel (oben I 2) vergessen. 5) Plin. n. h. XXXVI 7; an dieser Stelle, ebenso XXXVI 114, gibt Plinius 6, vorher XVII 6 dagegen 4 Säulen an, doch beruht das wohl nur auf Verschreibung (vgl. Münzer, Beitr. z. Quellenkritik d. Naturgesch. d. Plin. S. 328f.); Valer. Max. IX 1, 4 spricht von 10 Säulen, die zusammen 100000 S. gekostet haben sollen. 6) Plin. n. h. XVII 2. 7) ebd. XXXVI 49. 109. 8) ebd. XXXVI 110. 9) Oben I 2. 10) Macaulay, History of England (Tauchnitz ed.) I 341f. über Bath, 352f. über London (deutsch v. Bülau I 312f. 323f.).

Feldherrn, Offiziere, Zivilbeamte und Geschäftsleute — wie Pompejus Freigelassener Demetrius, der 4000 Talente, d. i. 18860000 Mark hinterlassen haben soll[1]) — ungeheure Reichtümer, die zum Teil zu den glänzendsten öffentlichen Bauten (selbst temporären, wie das überprächtige Theater des Scaurus 58) verwandt wurden. Doch diese Pracht und Großartigkeit teilte sich schnell auch den Privatbauten mit. Die größten der 360 Säulen (von mehr als 11 Meter Höhe), mit denen er seine Bühne geschmückt hatte, ließ Scaurus in dem Atrium seines Hauses auf dem Palatin aufstellen[2]); sie waren aus dem schwärzlichen Marmor von der Insel Melos, den zuerst Lucull in Rom eingeführt hatte, und der daher der Lucullische hieß[3]). Der erste, der in seinem ganzen Hause (auf dem Cälius) nur Marmorsäulen hatte, und zwar Monolithe aus grün geädertem Cipollino (aus Carystus auf Euböa) und carrarischem Marmor, war der römische Ritter Mamurra aus Formiä, Cäsars Feldzeugmeister in Gallien. Sein Haus legte, wie Plinius sagt, ein beredteres Zeugnis von seinen schamlosen Plünderungen in Gallien ab als die bitteren Verse, in denen Catull sie ihm vorwarf. Er war auch der erste, der ganze Wände mit Marmortafeln auslegte, also die (alexandrinische) Inkrustation in Rom einführte[4]). Sallust konnte bereits von Palästen sprechen, die nach Art ganzer Städte gebaut seien[5]). Mit der Zunahme der Bauten stieg auch der Wert des Baugrunds — der Boden des in der belebtesten Gegend von Julius Cäsar erbauten Forums kam auf 100 Millionen S., d. h. 17 ½ Mill. Mark zu stehen[6]) — und die Höhe der Wohnungsmieten. Sie war in Rom durchschnittlich viermal so hoch als in den Städten Italiens[7]). Cälius wohnte in einem Miethause des Clodius nach Ciceros Angabe für 10000 S. (1750 Mark) bescheiden, seine Ankläger hatten das Dreifache angegeben und ihm dies als Verschwendung vorgeworfen, zugleich damit Clodius sein Haus höher verkaufen könne[8]). Cicero kaufte sein Haus auf dem Palatin von Crassus für 3 ⅓ Millionen Sest. (614000 Mark)[9]). Als er es bei seiner Rückkehr aus der Verbannung als Ruine wiederfand, bot ihm der Senat 2 Millionen Entschädigung, wobei also der Wert des Bodens auf 1 ½ Millionen (= 43 Prozent der Gesamtsumme) veranschlagt worden wäre[10]).

Neue Steigerung des Bauluxus seit 31 v. Chr.

Einen neuen großen Aufschwung nahm das Bauwesen in Rom nach der Schlacht bei Actium[11]), nicht bloß infolge des durch den Weltfrieden wiederkehrenden Gefühls der Sicherheit, des steigenden Wohlstands, des Wachstums der Bevölkerung, des Zuströmens von Kapitalien, sondern auch infolge des von

1) Plutarch. Pompej. 2. 2) Plin. n. h. XXXVI 5 f. 3) ebd. XXXVI 49. 4) ebd. XXXVI 48; s. unten S. 335. 5) Sallust. Catilin. 12, 3. 6) Sueton. Caes. 26, 2. Plin. n. h. XXXVI 103. Pöhlmann, Übervölkerung d. antik. Großstädte S. 87. 7) Sueton. Caes. 38, 2 (vgl. Cass. Dio XLII 51, 1 f. Erlaß der Miete im Jahre 46). Cass. Dio XLVIII 9, 5 (Erlaß im Jahre 41). Oben I 20. Cic. ad Att. I 6: *Domum Rabirianam Neapoli quam tu iam dimensam et exaedificatam animo habebas, M. Fontius emit HS CCCIↃↃↃ XXX* (130000 S. = 22800 Mark). 8) Cic. pro Caelio 17. 9) Cic. ad fam. V 6, 2; vgl. Gell. XII 12, 2. Hülsen-Jordan, Topogr. I 3 S. 58. 10) Cic. ad Attic. IV 2, 5: *nobis superficiem aedium consules de consilii sententia aestimarunt HS viciens; cetera valde illiberaliter.* In der Angabe des Plin. n. h. XXXVI 103, daß Clodius von Scaurus ein Haus auf dem Palatin für 14800000 S. (= 2597400 M.) kaufte, nimmt Drumann ohne ausreichenden Grund einen Irrtum an, Gesch. Roms II² 308. Northumberlandhouse hat die Stadt London zum Abbruch für 500000 Lstr. gekauft, um eine neue Straße anzulegen, Rodenberg, Deutsche Rundschau VI 1876 S. 231. 11) Oben I 2 f.

Augustus ausgehenden Strebens, Rom mit dem Glanz und der Pracht auszustatten, welche die Würde der Hauptstadt einer Weltmonarchie erforderte, die Lehmstadt in eine Marmorstadt zu verwandeln. Im Zusammenhang mit diesem steigenden Bauluxus stand die, wie es scheint, im großen wohl erst in der späteren Zeit des Augustus betriebene Ausbeutung der von Vitruv noch gar nicht erwähnten[1]) Brüche von Carrara, deren Blöcke und Balken sowie sonstiges Baumaterial zur See nach Ostia und von da stromaufwärts nach Rom geschafft wurden[2]).

Äußerungen des Horaz über den neuen Bauluxus.

Die Gedichte des Horaz, Tibull und Properz, die diesem Zeitraume angehören[3]), sind voll von den Eindrücken, die der nun in weiten Kreisen sich verbreitende Bauluxus auf die Freunde der früheren Einfachheit machte. Die »in neuer Art« gebauten Atrien großer Paläste imponierten durch ihre Höhe; vielleicht war das des Scaurus das erste derselben gewesen, der Abstand seiner Höhe von 38 röm. Fuß (= 11,25 m) von der des Atrium des Crassus (12 röm. F. = 3,5 m) entspricht dem Abstande des Palastes vom Bürgerhause und hatte notwendigerweise auch eine Vergrößerung der übrigen Dimensionen zur Folge. In diesen Atrien erregten Wandpfeiler von phrygischem (violett geflecktem) Marmor (Pavonazzetto) neidisches Staunen. Balken aus (weißem) hymettischem Gestein belasteten Säulen aus rötlich-gelbem und aus grün geädertem Marmor und aus Serpentin, die in Numidien, auf Euböa und am Vorgebirge Tänarum gebrochen waren[4]). An den vergoldeten Felderdecken[5]), wie man sie zum ersten Male nach der Zerstörung Karthagos am kapitolinischen Juppitertempel gesehen hatte[6]), glänzte Elfenbein. Zwischen den bunten Säulen der Höfe standen Gebüsche und Baumgruppen[7]), plätscherten Springbrunnen[8]), und Purpurdecken, von einem Säulendach zum andern gespannt, hielten die Sonnenstrahlen ab und warfen einen roten Schimmer auf das Pflaster oder den Moosteppich des Bodens[9]). Wie allgemein die unter Sulla in Rom aufgekommenen[10]) Mosaikfußböden damals waren, mag man daraus entnehmen, daß Cäsar sie sogar auf Feldzügen mit sich führte, um sie in seinen Zelten auslegen zu lassen[11]). Mit den Schilderungen des Horaz, Properz und Tibull stimmen die gleichzeitigen Angaben und Vorschriften für den Bau eines vornehmen Hauses, die Vitruv

1) Vitruv. II 7. Doch schon der palatinische Apollotempel (28 v. Chr. dediziert) war aus Quadern von carrarischem Marmor gebaut; vgl. Bruzza, Annali d. Inst. 1870 S. 166ff. Jordan, Topographie I 1, 16ff. Liste eines Vereins, wie es scheint, von Steinarbeitern aus den Jahren 16—22 n. Chr. in den Brüchen von Carrara 1810 gefunden, CIL XI 1356 = Dessau 7228. 2) Strabo V 222. 3) Die drei ersten Bücher der Oden edierte Horaz 23 v. Chr., die Episteln von 20 bis etwa 13 v. Chr. 4) Horat. Carm. II 18, 3f. 17f. III 1, 41—46. Tibull. II 3, 43. Propert. III 2, 9. 5) Horat. Carm. II 16, 11. 18, 1f. 17—19; vgl. Lucret. II 28 mit der Anmerkung von Munro. Seneca N. Q. I prol. 7. Marquardt, Privatl.[2] 721f. Vergoldete Decken und Fußböden in Skandinavien im 16. Jahrhundert, Troels Lund S. 209. 212f. 6) Plin. n. h. XXXIII 57. Manil. Astron. V 289f. Vgl. auch Varro r. r. III 1, 10. 2, 4. 7) Horat. ep. I 10, 22: *nempe inter varias nutritur silva columnas;* Carm. III 10, 5: *nemus inter pulchra satum tecta.* Tibull. III 3, 15. Propert. III 2, 11. Statuen in der *silva* im Hause des Verres Cic. in Verrem II 1, 51; *silva* in der *domus Tamphiliana* Nepos Atticus 13, 2. 8) Ich kenne zwar nur eine Erwähnung eines Springbrunnens im Hofe aus jener Zeit, Sueton. Aug. 82: *aestate — saepe in peristylo saliente aqua — cubabat.* Doch wird man sie, nach Analogie der pompejanischen Häuser, in Rom um so eher voraussetzen dürfen, als die Anlage hier leicht war (vgl. unten S. 341 A. 8). 9) Ovid. Metam. X 595f. Plin. n. h. XIX 24. 10) Plin. n. h. XXXVI 189. 11) Sueton. Caes. 46.

gibt, wohl überein[1]). Für Männer von hohem Stande, sagt er, muß man königliche hohe Vorhöfe, sehr weite Atrien und Peristylien, Parks und geräumige Wandelbahnen von imposanter Wirkung, ferner Bibliotheken, Gemäldegalerien, Basiliken in derselben Großartigkeit wie bei öffentlichen Bauten anlegen. Der Palast des Freundes des Augustus, des Ritters Vedius Pollio, bedeckte »mehr Raum, als viele Städte mit ihren Mauern umschließen«; seine Stelle nahm später die von Augustus erbaute Kolonnade der Liva ein. Auch in bescheidenen Wohnungen war, wie man es in Pompeji sieht, die Zahl der für einzelne Lebenszwecke hergerichteten Zimmer eine verhältnismäßig große, die freilich bei der Kleinheit der nicht für die Repräsentation bestimmten Räume doch nur einen beschränkten Flächenraum einnahmen[2]).

Zunahme des Bauluxus bis 69 n. Chr.

Der Luxus der Paläste war aber während der Zeit von Augustus bis auf Neros Tod in vielen Stücken noch sehr im Steigen begriffen, da die großen Familien damals noch durch fürstliche Pracht zu glänzen und einander zu überbieten strebten[3]); und wenn auch seit Vespasian eine Abnahme des Luxus überhaupt eintrat, so werden nichtsdestoweniger auch später noch Prachtbauten genug entstanden sein, die sich mit den früheren messen konnten. Gegen das Ende von Tiberius Regierung sagt Valerius Maximus, daß ein Palast, der mit seinem ganzen Zubehör (d. h. namentlich Garten) vier Morgen (= 1 Hektar) Lands einnahm, für eine enge Wohnung galt[4]). Wenn dies übertrieben sein mag, so ist die gleichzeitige Äußerung des Vellejus Paterculus gewiß buchstäblich zu nehmen: wer für eine Jahresmiete von 6000 Sest. (1305 Mark) wohne, werde kaum für einen Senator gehalten[5]). Diese Äußerung ist freilich zugleich geeignet, vor zu weit gehenden Vorstellungen von der Allgemeinheit des Luxus der Wohnungen zu warnen, da im heutigen London, Paris, Wien oder Berlin auch wohl die drei- oder vierfache Summe für einen Würdenträger von dem Range eines römischen Senators zur Jahresmiete kaum hinreichen würde. Im Jahre 1462 betrug dieselbe für die von Edelleuten bewohnten Häuser in Venedig 50—120 Dukaten (600—1440 Frcs.)[6]); 1658 zahlte der venezianische Gesandte für das von ihm bewohnte Haus in Paris jährlich 400 Doppie (4400 Frcs.); diese wie jene Summen entsprechen höhern in heutigem Gelde[7]). Dagegen zahlte die Gemahlin des russischen Gesandten in Wien dort 1852 für ihre Wohnung eine Miete von 11100 Gulden Konventionsmünze (damals etwa so viel wie 9000 Mark)[8]). Bismarck wohnte als Bundestagsgesandter in Frankfurt 1851 für 4500 Fl. (für Frankfurt billig) und zahlte in Petersburg für das möblierte Hotel Stenbak 7000 Rubel als Miete, der Herzog von Ossuña für das seine (ebenfalls möblierte) 12000[9]). Im Jahre 1883 gab es in Paris 9985 Steuerzahler, deren

1) Vitruv. VI 5, 2. 2) Nissen, Pompejan. Studien S. 605. 3) Tac. A. III 55. 4) Valer. Max. IV 4, 7. 5) Vellei. Paterc. II 10, 1. 6) Molmenti, Vie privée à Venise S. 247. 7) Yriarte, Vie d'un patricien de Venise au XVI. siècle S. 106f. Daß auch damals das Geld einen höheren Wert hatte als jetzt, folgt wohl daraus, daß in diesem Haushalt für die tägliche Kost der Kammerdiener, des Majordomus und des Sekretärs nur je 2 Frcs. angesetzt sind. Frau von Maintenon veranschlagte die Ausgaben ihres Bruders, des Grafen d'Aubigné, für seinen ganzen Haushalt auf 12000 Livres, wovon nur 1000 für die Miete des herrschaftlichen Hauses in der Nähe des Louvre. Baudrillart IV 162. 8) H. v. Poschinger, Preußen im Bundestag 1851—1859 IV 76. 9) Bismarck, Briefe an seine Braut u. Gattin S. 319. 416. 418.

Wohnungsmiete 4—8000 Frcs. betrug; 1413 Wohnungen kosteten 10—25000 Frcs. jährlich, etwas über 400 mehr als die letztere Summe[1]).

Größe der Paläste.

Ob in Rom der Umfang der Paläste seit der Zeit des Tiberius noch zugenommen hatte, läßt sich mindestens aus der Phrase Senecas, daß sie Städten gleich waren[2]), die Ausdehnung von Landgütern hatten[3]), nicht entnehmen, da ja schon Sallust[4]) sich ähnlich ausdrückt. Die Bauart der großen römischen Häuser rechtfertigt diese rhetorischen Übertreibungen wenigsten einigermaßen[5]). Schon weil sie in der Mitte immer, zuweilen wohl auch auf den Flügeln, nur ein Stockwerk hatten, nahmen sie stets ein verhältnismäßig großes Areal ein, sodann weil ihnen wohl gewöhnlich Gärten und Parks nicht fehlten und sie auch sonst eine Menge von Baulichkeiten und Anlagen umschlossen, wie sie ja zum Teil Vitruv schon erwähnt, wie Springbrunnen, Bäder, Säulenhallen und Fahrbahnen[6]); wo denn freilich zuweilen bei aller Pracht und Großartigkeit die eigentlichen Wohnräume zu kurz gekommen waren[7]). Den von seinem Gönner Sparsus bewohnten Petilianischen Palast nennt Martial ein Königreich[8]). In dem Palast der Violentilla ruhten die Giebeldächer auf unzähligen Säulen, hauchten alte Haine Kühlung aus, sprangen lebendige Quellen in Marmorbecken, war es in der Hundstagshitze kühl und im Winter lau[9]).

Preise von Häusern und Palästen

Angaben über Werte und Preise solcher Besitzungen in Rom fehlen. Für den Preis von 100000 S. (= 21750 Mark), den Martial einmal angibt[10]), kann nur ein kleines, ohne Luxus gebautes Haus, und auch für den doppelten Preis[11]) kein glänzendes zu haben gewesen sein. Denn nach Juvenal konnte ein Bad allein 600000 S. (130500 Mark) kosten, ein Säulengang noch darüber[12]); und daß diese Summen nicht zu hoch, vielmehr für manche derartige Bauten zu niedrig gegriffen sind, zeigt die Angabe, daß Fronto, ein nicht reicher Senator, ein Bad für 350000 S. (76125 Mark) baute[13]), noch mehr aber die unten anzuführende Beschreibung des Bads des Claudius Etruscus.

Luxus der architektonischen Dekoration.

Inkrustation der Wände mit buntem Marmor —

Ein Luxus aber, der wohl in der ganzen Geschichte der Baukunst ohne Beispiel ist, wurde mit der architektonischen Dekoration getrieben. Mit dem Gebrauch des farbigen Marmors zu Säulen kam auch die altasiatische Bekleidung der Wände mit bunten Steinarten und andern kostbaren Materialien auf, die sich ebenfalls unter Augustus zu verbreiten anfing[14]). Vitruv berücksichtigt sie noch nicht; zuerst eifert Seneca gegen den Luxus der Wände, »die von mächtigen und kostbaren Marmorfüllungen strahlen, in denen alexandrinische Tafeln mit numidischen kontrastieren«[15]). Neben den Bekleidungen der Wände mit Marmortafeln aus dem Vollen wurde es bereits unter Claudins Mode, Stücke aus ganzen Platten herauszuschneiden und die Vertiefungen mit andern Steinen auszulegen; so war man imstande, allerhand Gegenstände und Tiere darzustellen und, wie Plinius sagt, »mit dem Steine zu malen«. Zwei in dieser Weise

1) De Varigny, Rev. des deux mondes Bd. 89 (1888) S. 76. 2) Seneca ep. 90, 43, vgl. de benef. VII 10, 5. 3) Seneca ep. 114, 9. 4) Sallust. Catil. 12, 3. 5) Über die bauliche Anlage der Paläste und Luxusvillen s. K. M. Swoboda, Römische und romanische Paläste, Wien 1919. 6) Olympiodor. bei Phot. bibl. 80 (FHG IV 67 § 44). 7) Martial. XII 50. 8) ebd. XII 57, 19, vgl. oben I 124. 9) Stat. silv. I 2, 152ff. 10) Martial. XII 66. 11) ebd. III 52. 12) Juv. 7, 178f. 13) Gell. XIX 10, 4. 14) Semper, Der Stil I² 459ff. Blümner, Technol. III 184ff. 15) Seneca ep. 86, 6.

eingelegte Marmorinkrustationen sind auf dem Palatin gefunden worden. Unter Nero wurden dann durch Einsetzen von bunten Adern und Drusen in Tafeln von anders gefärbten Gesteinarten Phantasiemarmore hergestellt[1]).

überhaupt Verschwendung kostbarer farbiger Steinarten.

Überhaupt aber nahm die Verschwendung kostbarer und seltener, namentlich farbiger Steinarten im Laufe des 1. Jahrhunderts ungemein zu. In einem von dem Freigelassenen Caligulas, Callistus, erbauten Speisesaal sah Plinius dreißig Säulen aus orientalischem Alabaster; vier kleinere Säulen aus diesem Stein hatte Cornelius Balbus in seinem (unter Augustus erbauten) Theater der Merkwürdigkeit halber aufstellen lassen[2]). Mit den Erwerbungen neuer Länder wuchs auch die Zahl der von den Römern ausgebeuteten Steinbrüche. So gewannen sie aus den Brüchen des Gebirgsrückens in der arabischen Wüste Ägyptens am Dschebel Dokhan Porphyr, am Dschebel Fatireh Granit, bei Hamamat die in Rom sehr beliebte ägyptische Breccia, am Dschebel Urakan den begehrten honigfarbenen orientalischen Alabaster[3]). Doch sind die beiden ersteren Brüche erst unter Claudius eröffnet[4]) und so ohne Zweifel im Laufe der Kaiserzeit zahlreiche neue (wie unter Marc Aurel in Numidien[5])) in Angriff genommen worden. Nach den vorhandenen Überresten müssen mehr als vierzig in Betrieb gewesen sein, die für die Architektur Roms Luxusmaterial lieferten[6]). In dem kleinen prachtvollen Bade, das Claudius Etruscus erbaute, waren nach der Beschreibung des Statius oft gesehene, wenn auch kostbare Marmorarten angeblich als zu gering gar nicht verwendet, wie der thasische, carystische, der Schlangenmarmor (*ophites*) und jener Alabaster (*onyx*)[7]). Kaum war der grüne lakonische Serpentin zugelassen, um große Tafeln des weißen, violett gefleckten synnadischen (Pavonazzetto) in langen Leisten einzufassen; auch sah man hier einen schneeweißen phönizischen Marmor, den Plinius noch nicht zu kennen scheint. Die Gewölbe glänzten mit bunten Bildern aus Glasmosaik, aus silbernen Röhren sprang das Wasser in silberne Becken, durch das von Marmor eingefaßte Bassin war fließendes Wasser geleitet, so klar, daß man das bloße Marmorpflaster zu sehen glaubte; der Ballspielsaal hatte einen von unten zu erwärmenden Fußboden[8]). Daß die Verschwendung bunter Steinarten bei Prachtbauten damals durchaus gewöhnlich war, zeigen andre Beschreibungen des Statius und Martial. Nach dem ersteren prangte der Palast der Violentilla mit afrikanischem, phrygischem und lakonischem Stein, mit Onyx und Marmorarten, die mit der Farbe des Meers und des Purpurs wetteiferten[9]). Bei dem letzteren baut ein reicher Mann Thermen aus carystischem, synnadischem, numidischem,

1) Blümner, Technol. III 339f. Helbig, Rhein. Mus. XXV (1870) S. 397f.; Führer durch die Sammlungen klass. Altertümer in Rom[3] I S. 577. II S. 111f. und nr. 171. 991. 992. Plin. n. h. XXXV 2f. 2) Plin. n. h. XXXVI 60. 3) Seneca ep. 115, 8 *nos (delectant) ingentium maculae columnarum, sive ex Aegyptiis harenis sive ex Africae solitudinibus advectae.* Stephan, Das heutige Ägypten S. 43ff. 4) Letronne, Recueil I 136ff. (über den Porphyr). Bruzza a. a. O. S. 160 (über den Granito bigio im Mons Claudianus). 5) *Novae lapicaedinae Aurelianae* Dessau 8719. 6) Das reichste Material bei H. W. Pullen, Handbook of ancient Roman marbles, London 1894; vgl. Marquardt, Privatl.[2] 620ff. 7) Wenn Martial in der Beschreibung desselben Bades sagt VI 42, 14f.: *siccos pinguis onyx anhelat aestus et flamma tenui calent ophitae*, so gibt Stat. silv. I 5, 35 mit den Worten *maeret onyx longe, queriturque exclusus ophites* offenbar eine geflissentliche Berichtigung dieses Irrtums seines Nebenbuhlers; anders Vollmer, Stat. Silv. S. 5, 7. 298. 8) Oben I 47. 9) Stat. silv. I 2, 148ff.

lakonischem Marmor[1]). Von den Villen jener Zeit und von Domitians Palast wird unten die Rede sein. Unter Hadrian mag der Luxus der farbigen Steinarten seine größte Höhe erreicht haben, beliebt aber ist er bis ins späte Altertum geblieben.

Reichtum des Marmorlagers am Aventin.

Erst im Jahre 1867 hat die Entdeckung des antiken Marmorlagers am Flußhafen des Tiber[2]) unter dem Fuße des Aventin einen neuen, überraschenden Einblick in die Marmorpracht das kaiserlichen Rom gewährt. Man hat dort ungefähr 1000 Steinmassen gefunden, unter den Arten herrschen die zu architektonischen Zwecken dienenden farbigen ganz überwiegend vor[3]). Wahrscheinlich ist der Neronische Brand im Jahre 64 die Veranlassung zur Einrichtung dieses Marmorlagers gewesen; doch bildete es nur den Teil des kaiserlichen Depots, in welchem sich die Sendungen aus Asien, Afrika und Griechenland (und selbst diese nicht vollständig) befanden, wogegen ägyptischer und carrarischer Marmor dort ganz fehlt. Benutzt wurde die Niederlage bis zum Anfang des 3. Jahrhunderts[4]), und was hier an Marmor gefunden ist, kann man als den Überschuß ansehen, der von den ungeheuren Lieferungen aus den Steinbrüchen bei den Bauten der Flavier und Antonine nicht zur Verwendung gekommen ist[5]). Daneben geben auch die wenngleich dürftigen Überreste des Marmorschmucks des Kaiserpalastes von der Größe und Mannigfaltigkeit dieser Pracht eine Vorstellung. Auch in den Provinzen ist neben einheimischen Steinarten fremder, namentlich carrarischer und griechischer Marmor, und wahrscheinlich in sehr reichem Maße, zur Verwendung gekommen. Die Wände der römischen Villen in der Gegend von Zürich sind bis zur Brusthöhe mit schön geschliffenen Tafeln von Juramarmor bekleidet, doch die reicheren, sowie die Bäder zu Baden, auch mit italienischen geschmückt[6]). In dem Garten des erzbischöflichen Palastes zu Narbonne erinnern großartige Architekturtrümmer aus den Brüchen der Pyrenäen, Afrikas, Carraras und Griechenlands an den einstigen Glanz der römischen Marsstadt Narbo[7]).

Anwendung des Glases sowie des Gold- und Silberblechs zu dekorativen Zwecken.

Die Anwendung des Glases zu dekorativen Zwecken wurde ebenfalls früh übertrieben. Schon Seneca spricht von gewölbten Decken, die hinter Spiegelglas verschwinden[8]). »Der Boden Roms ist gleichsam übersäet mit Glasscherben, Resten von Wand- und Fußbodenbekleidungen aus künstlich gemustertem und skulpiertem Glase. Zu Veji fand man einen Fußboden von kompaktem Glase von der Größe des Zimmers. Kameenartig geschliffene, zweifarbige Gläser (nacch Art der Portlandvase) finden sich zum Teil noch mit den Stucküberresten der Mauer, in die sie gefügt waren. Auch fehlt es nicht an Bruch-

1) Martial. IX 75, 6ff. 2) In Ostia gab es ein *corpus treiectus marmorariorum* CIL XIV 425 = Dessau 6170. Hirschfeld, Kaiserl. Verw.-Beamt. S. 162ff. 3) Vgl. darüber die grundlegende Abhandlung von L. Bruzza, Annali d. Inst. 1870 S. 106ff. Einige Proben der Inschriften bei Dessau 8713ff. 4) Die Daten auf den Marmorblöcken beginnen mit verschwindenden Ausnahmen mit dem Jahre 64 und reichen bis 206, Bruzza a. a. O. S. 138. Die Ziffern, welche die in einem bestimmten Gange eines Bruchs oder im Laufe eines Jahrs gebrochenen Blöcke angeben, reichen auf Porta Santa bis auf 1095, Bruzza a. a. O. S. 110. 5) Dort gefundenes Lager von Elfenbein, von Meersand und Bimsstein zum Schleifen und Polieren des Marmors: Not. d. scavi 1885 S. 224 bis 251. 6) F. Keller, Mitteil. d. Zürich. Antiquar. Gesellsch. XV 1864 S. 50. Vgl. das Testament von Langres (CIL XIII 5708 = Dessau 8379) unten S. 366. 7) Stark, Städteleben im südl. Frankreich S. 155f. 8) Seneca ep. 86, 6.

stücken echter Glasmalerei[1]).« Die Übertragung von Glasmosaik auf Gewölbe erwähnt Plinius als neue Erfindung[2]). Derselbe erwähnt auch bereits die Bekleidung der Wände mit vergoldeten Platten[3]), einen Luxus, der in dem Goldenen Hause Neros seinen Höhepunkt erreichte. »Auf dem Palatin fand man unter andern Trümmern eine ganz mit Silberblech inkrustierte Stube, und in das Silber waren edle Steine eingelassen... Im 17. Jahrhundert fand man auf dem Aventin eine Stube, deren Wände hinter vergoldeten Bronzeplatten mit inkrustierten Medaillen verschwanden«[4]). Auch andre Erfindungen eines ausschweifenden Luxus der Architektur rühren wohl aus Neros Zeiten her: so die Konstruktion beweglicher Felderdecken, besonders in Speisesälen, die dann bei jedem Gange der Mahlzeit einen andern Anblick boten[5]). Zuweilen kontrastierten in den Palästen jener Zeit mit dieser Überpracht sogenannte »Armenzimmer«, deren künstliche Einfachheit ohne Zweifel den Glanz der übrigen Räume noch wirksamer machen sollte[6]).

Bewegliche Felderdecken.

Sogenannte Armenzimmer.

Das Goldene Haus des Nero.

Doch all dieser Glanz erblich vor der Feenpracht der beiden Paläste Caligulas und Neros, »welche die ganze Stadt umfaßten«[7]). Von dem ersteren wissen wir wenig[8]). Der letztere, das »Goldene Haus«, nach dem Brande im Jahre 64 von neuem begonnen[9]), lag im wesentlichen auf der Velia, dem Esquilin und dem zwischen beiden gelegenen Tale; auf dem Esquilin schloß er sich an die kaiserlichen Gärten des Mäcenas an und wurde von mehreren Straßen durchschnitten. Auf dem Vorplatz stand ein Koloß Neros von 120 Fuß (=35 m) Höhe. Der Palast schloß unter andern dreifache Säulenhallen von der Länge einer römischen Meile (1480 m) ein; einen Teich »gleich einem Meer« (an dessen Stelle später das Flavische Amphitheater stand)[10]), umgeben von Gebäuden, nach Art einer Stadt; ländliche Anlagen mit Feldern, Weingärten, Wiesen und Wäldern, darin eine Menge zahmer und wilder Tiere aller Art. Säle und Zimmer waren mit Gold überzogen, mit Edelsteinen und Perlmutter ausgelegt. Die herrlichsten, aus Griechenland und Kleinasien zusammengeraubten Bildwerke waren zur Dekoration verwandt[11]). Von den damaligen bei der Ausschmückung beschäftigten Künstlern nennt Plinius einen durch seine blühende Farbe ausgezeichneten Maler Famulus (vielleicht Fabullus)[12]). Reste von bemalten Wänden, die unter den Thermen des Titus und Trajan verborgen waren, zeigen einen dem letzten pompejanischen Stil verwandten, doch vornehmeren und gehalteneren Charakter, sowohl in den umrahmten Bildern wie in der Ornamentik[13]), aus der Raffael und Giovanni da Udine Anregungen und Vorbilder für ihre »Grottesken« entnommen haben[14]). Neue Erfindungen und Entdeckungen wurden hier ver-

1) Semper a. a. O. I² 471. 2) Plin. n. h. XXXVI 189. 3) ebd. XXXV 2. 4) Semper a. a. O. S. 471. Schreiber, Brunnenreliefs aus Palazzo Grimani (1888) S. 34. Kaiser Karl IV. belegte die Wände zweier Kapellen in der Burg auf dem Karlstein (1348—57), wo er die Herrlichkeit des Gralschlosses nachahmen wollte, mit gewaltigen Mengen von Jaspis, Onyx, Amethyst und Karneol und ließ die Fugen zwischen den Steinen dick vergolden; ebenso schmückte er die Wenzelskapelle im Veitsdom zu Prag. Schnaase, Gesch. d. bild. Künste VI² 281. Alw. Schultz, Höf. Leben z. Z. d. Minnesinger II² 487. 5) Seneca ep. 90, 15. 6) Seneca Consol. ad Helv. 12, 3; epist. 18, 7. 100, 6. Martial. III 48. 7) Plin. n. h. XXXVI 111. 8) Hülsen-Jordan, Topogr. I 3 S. 85f. 9) Sueton. Nero 31, 1. Ausführliche Beschreibung und Geschichte bei Hülsen-Jordan a. a. O. S. 273ff. nebst Taf. VI. F. Weege, Jahrb. d. Arch. Inst. XXVIII 1913 S. 127ff. 10) Martial. Spect. 2, 5f. 11) Plin. n. h. XXXIV 84. 12) ebd. XXXV 120. 13) Weege a. a. O. S. 155ff. 14) ebd. S. 141ff.

wertet: ein Fortunatempel war aus einem in Kappadocien gefundenen, so durchscheinenden Steine erbaut, daß er auch bei geschlossenen Türen hell blieb[1]). Die elfenbeinerne Täfelung der Decken der Speisesäle konnte verschoben werden, um Blumen oder aus Röhren wohlriechende Wasser auf die Speisenden herabzuschütten. Der Hauptspeisesaal war ein Kuppelsaal, der sich Tag und Nacht um seine Achse drehte[2]). Die Bäder enthielten Meer- und Mineralwasser. Als der Palast soweit vollendet war, daß Nero ihn beziehen konnte, äußerte er seine Zufriedenheit dahin, daß er sagte, er fange nun an, wie ein Mensch zu wohnen. Otho bewilligte zur Fortsetzung des Baus 50 Mill. Sesterzen (gegen 11 Mill. Mark)[3]), Vitellius fand das bereits Fertige einer kaiserlichen Wohnung unwürdig[4]), Vespasian ließ den größten Teil einreißen, und er und Titus ersetzten das Zerstörte durch Gebäude, die dem Vergnügen des Volks gewidmet waren. Das Amphitheater erhob sich, wie gesagt, an der Stelle des Teichs, die Thermen des Titus auf dem Esquilin[5]). Den Koloß Neros verwandelte Vespasian in einen Sonnengott, sein Postament ist noch vorhanden[6]).

Der Palast Domitians.

Unter den Palastbauten der späteren Kaiser zeichneten sich die Domitians durch ihre Pracht aus[7]). Plutarch sagt, daß in dem von ihm erbauten (vierten) Juppitertempel auf dem Kapitol die Vergoldung mehr als 12000 Talente (etwa 56½ Mill. Mark) gekostet habe; doch wer erst in seinem Palast einen Säulengang oder eine Halle, ein Bad oder eine Wohnung seiner Maitressen sähe, der müsse sagen: der Erbauer habe gleich Midas seine Freude daran gefunden, durch seine Berührung alles in Gold zu verwandeln[8]). Die Decke des Speisesaals in diesem Palaste, von kolossaler Spannweite, mit einer großen Lichtöffnung, ruhte nach Statius preisender Schilderung nicht auf sehr zahlreichen Säulen, aber auf so gewaltigen, daß sie den Himmel stützen könnten; dort wetteiferte numidischer, synnadischer, chiischer, carystischer Marmor und Granit aus Syene, nur die Postamente der Säulen waren aus carrarischem Stein: die Höhe so groß, daß der ermüdete Blick kaum die vergoldeten Deckenfelder erreichen konnte[9]).

b. VILLEN UND GÄRTEN.

War aber in Rom selbst der Bauluxus durch die verhältnismäßige Beschränktheit des Stadtgebiets und den hohen Wert des Bodens vielfach behindert, so konnte dagegen auf den ungeheuren Gütern der Großen die Leidenschaft des Bauens sich an den Villen um so schrankenloser befriedigen[10]). Durch die Un-

1) Plin. n. h. XXXVI 163. 2) Vgl. Varro r. r. III 5, 15. 3) Sueton. Otho 7, 1. Die Ausgabe Ludwigs XIV. für Versailles (1661—1690) wird auf 107 Millionen damaligen Gelds geschätzt, welche einer Summe von mehr als 400 Millionen heutigen Gelds entsprechen sollen. Saint-Simon warf dem Könige vor, »*de s'être plu à tyranniser la nature*«. Alles mußte hier erst geschaffen werden, bis auf die Erde an Stelle von Sumpf und fliegendem Sand. Von 1684 auf 1685 arbeiteten dort 22000 Soldaten und 6000 Pferde, durch die ungesunden Ausdünstungen des Bodens gingen die Arbeiter massenhaft zugrunde. Baudrillart IV 96—105. 4) Cass. Dio LXV 4, 1. 5) Martial. Spect. 2. 6) Hülsen-Jordan S. 320f. 7) ebd. S. 87ff. 8) Plutarch. Poplic. 15, 3ff. 9) Stat. silv. IV 2, 18—31; über *impetus* (23 *effusaeque impetus aulae liberior*) in der Bedeutung »Spannweite« vgl. Nohl, Analecta Vitruviana (Gymn.-Progr. Berlin 1882) S. 14. 10) Tac. A. III 53 *villarum infinita spatia.*

gesundheit Roms im Sommer und Frühherbst wurde die Neigung zum Landleben genährt, eine regelmäßige Villeggiatur für die höheren Stände zum Bedürfnis. Ausgedehnte Besitzungen gewährten schon in der letzten Zeit der Republik die Wahl zwischen verschiedenen, gleich anmutigen Aufenthalten[1]). Die Zunahme der Villenbauten trieb die Preise der günstig gelegenen Grundstücke sehr in die Höhe. Wenn freilich Lucull für die Misenische Villa des Marius, die von Cornelia, der Mutter der Gracchen, mit 75000 Denar bezahlt worden war, 2500000 Denar zahlte, so ist unberechenbar, wieviel Verschönerungen und Bauten zu einer so enormen Preissteigerung beigetragen haben mögen[2]).

Zunahme und gesteigerter Luxus der Villenbauten seit 31 v. Chr.

Noch mehr griff nach der Schlacht bei Actium die Baulust in ganz Italien um sich. Bald, meinte Horaz, würden die fürstlichen Paläste dem Pfluge nur wenige Morgen Lands übrig lassen, überall künstliche Teiche, größer als der Lucrinersee, sich ausdehnen, die Platane überall die rebenumschlungene Ulme verdrängen, an Stelle fruchtbarer Ölpflanzungen Myrten- und Lorbeerhaine Schatten und Violenbeete Duft verbreiten, an Stelle des naturwüchsigen Rasens Säulenhallen, vor Sonne und Nordwind Schutz gewährend, sich erheben[3]). Die Senatoren wurden überdies wiederholt durch Senatsbeschlüsse und kaiserliche Verordnungen zu Güterankäufen in Italien genötigt, und diese Erwerbungen bewirkten natürlich auch eine Vermehrung der Villenbauten. Wollten sie im Hochsommer die reine Gebirgsluft des Sabiner- oder Albanergebirgs atmen, im Frühling oder Spätherbst von der schmeichelnden Wärme des süditalischen Himmels umfangen sein, in der berauschenden Schönheit und Pracht der Küste des Golfs von Neapel schwelgen, in der Abgeschiedenheit und Stille der Platanenhaine an einem oberitalischen See das Getriebe Roms vergessen: überall standen wohnliche Landhäuser oder glänzende Paläste zu ihrem Empfange bereit[4]). Der jüngere Plinius, der nur ein mäßiges Vermögen besaß, hatte Besitzungen in Etrurien (bei Tifernum Tiberinum), bei Comum, im Beneventanischen, mehrere Villen am Comersee und einen Landsitz bei Laurentum[5]). Der in jener Zeit viel genannte Redner Regulus, dessen Vermögen sich auf beinahe 60 Millionen Sest. (über 13 Millionen Mark) belief[6]), besaß Güter in Umbrien, in Etrurien, bei Tusculum und in der Campagna an der Straße nach Tibur[7]).

Überwindung von Bodenschwierigkeiten.

Nicht selten wurde der Luxus und die Kostspieligkeit der Villenbauten durch die Überwindung von Bodenschwierigkeiten gesteigert. Schon Sallust spricht von den Reichtümern, die durch das Ausbauen des Meers und Ebnen der Berge verschwendet werden[8]). Von der Villa des Pollius Felix bei Sorrent rühmt Statius, daß die Natur sich dort dem Willen des Menschen unterworfen und Dienste tun gelernt habe. »Wo du jetzt eine Ebene siehst, war ein Berg, wo du unter Dach wandelst, eine Wildnis; wo du hohe Bäume erblickst, war nicht einmal Erde — schau hier, wie das Gestein sein Joch tragen lernt, der Palast vordringt, der Berg auf das Geheiß des Herrn zurückweicht.« Klippen im Meere waren in Weinberge verwandelt, und die Nereiden pflückten hier im Schatten der Nacht süße Trauben[9]). In der Villa am Lago Fusaro, in welcher Servilius

1) Oben I 124. 399. 2) Plutarch. Marius 34, 4. Vgl. Cic. ad Att. IV 2, 5 *consules — aestimarunt — valde illiberaliter: Tusculanam villam quingentis milibus, Formianum HS ducentis quinquaginta milibus.* 3) Horat. Carm. II 15. 4) Oben I 123. 5) Oben I 126. 6) Plin. ep. II 20, 13. 7) Oben I 123. 8) Sallust. Catilina 20, 11. 9) Stat. silv. II 2, 52ff. 98ff.

Vatia, ein reicher Mann von prätorischem Range, unter Tiberius sein Alter in tatenlosem Genusse verbrachte, waren zwei mit großer Arbeit ausgeführte künstliche Höhlen von der Ausdehnung der größten Atrien; die eine traf die Sonne niemals, die andre beschien sie bis zum späten Abend. Ein Kanal, vom Meere zum Acherusischen See geführt, durchschnitt einen Platanenhain; hier wurde gefischt, wenn das Meer zu stürmisch war. Die Villa bot die Annehmlichkeiten des benachbarten Bajä ohne dessen Unannehmlichkeiten[1]).

Bauten im Meer.

Die Vorliebe für das Meer und der Wunsch, es aus unmittelbarster Nähe zu genießen[2]), veranlaßte, wie es scheint, häufig kostbare Wasserbauten, deren Mauern, wie Ovid sagt, die blauen Wellen verdrängten[3]). Auch Horaz spricht wiederholt von den das Meer füllenden Quadermauern[4]). Wo immer sich das Meer zu einer Bucht krümmt, sagt Seneca, da legt ihr sogleich eure Fundamente und schafft künstlich neuen Boden[5]). Noch sind Überreste dieser ins Meer gebauten Paläste bei Antium und sonst unter dem Wasserspiegel sichtbar. Auch an den Küsten der Provinzen gab es künstliche Wasserbauten. Auf den Gütern des reichen Sophisten Damianus von Ephesus am Meer waren künstliche Inseln und Hafendämme, die für landende und abfahrende Lastschiffe die Ankerplätze sicherten. Seine Häuser in der Vorstadt waren teils nach Art der Stadtwohnungen, teils grottenartig eingerichtet, all seine Ländereien mit schattigen Fruchtbäumen bepflanzt[6]).

Die Villen des jüngeren Plinius.

Wir haben beinahe gleichzeitige Schilderungen sowohl prachtvoller als bescheiden eingerichteter Villen, die letzteren von dem jüngeren Plinius[7]), die ersteren von Statius. Die laurentische und toscanische Villa des Plinius waren durch ebenso schöne wie gesunde Lage, die eine am Meer, die andre im Tale des Tiber am Abhange der Apenninen, ausgezeichnet; sie boten die mannigfachsten, für alle Tages- und Jahreszeiten passenden Räume und aus allen Fenstern andre, immer reizende Aussichten. Die Einrichtung war freundlich, bequem und zierlich, doch fast ganz ohne eigentlichen Luxus. Mit Ausnahme von vier kleinen Säulen aus carystischem Marmor, die einen Weinstock in der toscanischen Villa stützten, war hier wie dort nur weißer Marmor, und selbst dieser allem Anschein nach spärlich verwendet, oder die Wände mit einfachen Malereien geschmückt; in der laurentischen Villa waren die Öffnungen von zwei bedeckten Gängen mit Frauenglas geschlossen. Sie hatte keinen Springbrunnen[8]), die toscanische mehrere. Die Gärten und Anlagen enthielten nur die gewöhnlichsten dem Boden zusagenden Pflanzen und Bäume: dort Violen, Bux, Rosmarin, Weinstöcke, Maulbeer- und Feigenbäume; hier Rosen, Acanthus, Bux, Weinstöcke, Lorbeer, Platanen, zum Teil mit Efeu bekleidet, und Zypressen.

Die von Statius beschriebenen Villen bei Sorrent —

Die eine der beiden von Statius geschilderten Villen, die sich der reiche Puteolaner Pollius Felix auf der Punta della Calcarella in der Bucht zwischen den

1) Seneca ep. 55, 6f. Oben I 402. 2) Oben I 473ff. 3) Ovid. a. a. III 126. 4) Horat. Carm. III 24, 3. III 1, 33; ep. I 1, 84. Manil. Astr. IV 263. 5) Seneca ep. 89, 21. 6) Philostrat. Vit. soph. II 23, 3. 7) Plin. ep. II 17. V 6. Vgl. oben I 471f. 475f. und die I 476 A. 1 angeführte Literatur. Dazu jetzt auch K. M. Swoboda, Römische u. roman. Paläste (1919) S. 77ff. 8) Die Allgemeinheit der Springbrunnen in Gärten zeigt Quintilian. VIII 3, 8: *an ego fundum cultiorem putem, in quo mihi quis ostenderit lilia et violas et anemonas, fontes surgentes, quam ubi plena messis aut graves fructu vites erunt? Sterilem platanum tonsasque myrtos quam maritam ulmum et uberes oleas praeoptaverim? Habeant illa divites.*

Kaps von Massa und Sorrent erbaut hatte, ist bereits wegen der großen, bei ihrer Anlage ausgeführten Bodenarbeiten erwähnt worden. Die zu ihr gehörenden Bauten, Gärten, Parks usw. bedeckten die ganze Küste zwischen der Marina di Puolo und der Ostseite des Kaps von Sorrent[1]). Unmittelbar am Ufer erhob sich ein warmes Bad mit zwei Kuppeln, ein Tempel des Neptun und einer des Hercules; ein Säulengang führte einen gewundenen Weg entlang zur Villa hinauf. Ihre Gemächer boten die mannigfachsten Blicke auf das Meer und die Inseln. Vor allen andern Teilen des Gebäudes ragte ein Saal oder Flügel hervor, der die Aussicht gerade über den Golf nach Neapel hatte; er war mit buntem Marmor aus den gesuchtesten Brüchen Griechenlands, Kleinasiens, Numidiens und Ägyptens verschwenderisch ausgestattet. Man sah überall kostbare Gemälde und Skulpturen alter Künstler und Porträts von Feldherrn, Dichtern und Philosophen[2]). Geringe Reste dieser Pracht, wie Fußböden von buntem Marmor, Säulen usw., sind zu verschiedenen Zeiten auf den Anhöhen der dortigen Küste und an der Marina di Puolo gefunden worden[3]).

und bei Tivoli.

Auf der Besitzung des Manilius Vopiscus bei Tibur[4]) standen zwei Paläste an den beiden Ufern des Anio einander gegenüber, an einer Stelle, wo der Strom ruhig dahinfloß, während er ober- und unterhalb mit lautem Krachen schäumend über Felsen stürzte; man konnte von einem Ufer zum andern sich sehen und sprechen, fast die Hände reichen. Dichter und hoher Wald trat bis an den Rand des Wassers, dessen Fläche das Laub widerspiegelte, weithin lief die Welle durch Schatten. Hier war es auch in den Tagen der Siriushitze kühl, und der Brand der Julisonne vermochte nicht ins Innere der Wohnräume zu dringen. Diese prangten mit vergoldeten Deckenbalken, mit Türpfosten aus gelbem Marmor, mit Wandbekleidungen, auf denen Malereien durch Einlegung bunter Adern ausgeführt waren[5]), mit kostbaren Mosaikfußböden, zahlreichen Kunstwerken aus Bronze, Elfenbein, Gold und Edelsteinen von berühmten Meistern; eine Wasserleitung versah jedes Gemach mit seinem eigenen Quell. Auch hier wechselte in jedem Zimmer die Aussicht, bald blickte man auf uralte Haine, bald auf den Strom; überall war Ruhe und Stille, und das sanfte Gemurmel der Wellen wiegte die Schläfer ein: dicht am Ufer des Anio war ein warmes Bad. Mitten in einem der beiden Paläste stand ein schöner Baum, dessen Wipfel über das Dach hinausragte. Ein Obstgarten, der dem Dichter die Gärten des Alcinous und der Circe zu übertreffen schien, lag bei der Villa[6]). Niebuhr erteilt den Gedichten des Statius das Lob, daß sie die rechte Farbe des Lands an sich tragen, daß man sie in Italien besonders gern liest[7]); und wohl mag man sich in jenen Gegenden in sie vertiefen, wenn man sich aus Trümmern ein Schattenbild der Pracht heraufrufen will, die sich einst mit dem Zauber einer

1) Beloch, Campanien S. 269 ff., Atlas Taf. X. Oben I 404. 2) Stat. silv. II 2. 3) Beloch a. a. O. S. 274. 4) Stat. silv. I 3. Oben I 473. Über neuerdings gefundene Reste einer römischen Prachtvilla, die man nicht ohne Wahrscheinlichkeit auf die des Pollius Felix bezieht, Alda Levi, Notiz. d. Scavi 1918, 246 ff.; Mon. d. Lincei XXVI 1920, 181 ff., vgl. F. v. Duhn, Arch. Anzeig. 1921, 126 f. 5) Stat. silv. I 3, 36 *picturata lucentia marmora vena;* offenbar ist die oben S. 335 f. beschriebene Malerei gemeint, und Bentleys Konjektur *Luna* statt *vena* falsch; vgl. auch Vollmer zu d. St. 6) Stat. silv. I 3, 81 ff. 7) Niebuhr, Vortr. über röm. Gesch. III 209.

herrlichen Natur verband, um das Dasein der Reichen und Großen beneidenswert zu machen[1]).

Vielleicht nirgends fühlt man sich zu solchen Betrachtungen so sehr aufgefordert, als wenn man die weite, von unermeßlichen Trümmern erfüllte grüne Wildnis durchwandert, die einst die tiburtinische Villa Hadrians war. Die mit zusammenhängenden baulichen Anlagen bedeckte Fläche umfaßt etwa zwei Drittel Quadratkilometer, ist also etwa viermal so groß als der ganze Palatin[2]). Sie enthielt architektonische und ohne Zweifel auch landschaftliche Nachbildungen der Orte und Gegenden, die das Interesse Hadrians auf seinen mehrjährigen Reisen durch alle Provinzen seines Reichs am meisten erregt hatten: es gab dort ein Lyzeum, eine Akademie, eine Poikile, ein Prytaneum, ein Canopus, ein Tempe; auch eine Unterwelt[3]). Vielleicht waren solche Nachbildungen auf den Villen der fast immer viel gereisten Großen nicht selten, wenigstens befand sich auf einer Besitzung des Septimius Severus, der die Denkmäler Ägyptens mit besonderer Aufmerksamkeit in Augenschein genommen hatte, ein Memphis, auf einer andern ein Labyrinth[4]). Galen erzählt, daß ein reicher Mann aus dem Toten Meer eine zur Füllung eines Bassins hinreichende Quantität Wasser nach Italien gebracht habe[5]). Unter den Villen der späteren Zeit verdient die der Gordiane an der Pränestinischen Straße Erwähnung. Sie enthielt unter anderm einen viereckigen, mit 200 Säulen von gleicher Höhe geschmückten Raum (*tetrastylum*), von denen je fünfzig aus Giallo antico, Cipollino, Pavonazzetto und rotem Porphyr waren; dreihundert Fuß lange Basiliken, Thermen, wie es deren außer Rom nirgends in der Welt gab, und alles übrige in demselben Maßstabe und Stil[6]). Von dem Luxus der Villen in den Provinzen wird später die Rede sein.

Die tiburtinische Villa Hadrians.

Die Villa der Gordiane.

Eine Vergleichung des römischen Palast-, Villen-, Park- und Gartenluxus mit dem der neueren Zeiten wäre schon darum schwierig, weil dieser Luxus im Altertum zum Teil durch ganz andere Einflüsse bedingt und auf ganz andere Dinge gerichtet war als im modernen Europa; auch bedürfte es dazu zahlreicher genauer Beschreibungen. Hier kann nur auf einige Prachtbauten und -anlagen in verschiedenen Zeiten und Ländern hingewiesen werden.

Vergleichung der römischen Villen mit modernen Schlössern.

Unter den italienischen Palästen der Renaissancezeit zeichneten sich die venezianischen schon gegen Ende des 15. Jahrhunderts durch ihre Pracht aus. In einem Gemach von nur 12 Ellen Länge, in dem eine vornehme Wöchnerin Besuche empfing, hatte die bauliche, niet- und nagelfeste Ausstattung allein

Venezianische Paläste.

1) Das Grundschema der als Vorbild auch für provinziale Villenanlagen maßgebenden italischen Luxusvillen (über ihre Anlagen vgl. M. L. Gothein, Geschichte der Gartenkunst I 87ff.) zeigen pompejanische Landschaftsbilder im Hause des Lucretius Fronto, vgl. Rostowzew, Jahrb. d. Arch. Inst. XIX 1904, 103ff. Über Reste antiker Villen in der Umgebung Roms Lanciani, Bull. arch. comun. XII 1884 S. 141ff. (Villa des Q. Voconius Pollio) und Grossi-Gondi, ebd. XXVI 1898 S. 312ff. (Villa der Quintilier in Tusculum, vgl. Ashby, Ausonia IV 1909 S. 49ff.). Über eine herrschaftliche Villa in Boscoreale bei Pompeji F. Barnabei, La villa Pompejana di P. Fannio Sinistore scoperta presso Boscoreale, Roma 1901. 2) Winnefeld, Die Villa des Hadrian bei Tivoli (1895) S. 24f. 3) Hist. aug. Hadr. 26, 5. 4) Oben I 430. 5) Galen. XI 692. 6) Hist. aug. Gordian. 32, 2f. (vgl. dazu Wissowa, N. Jahrb. f. klass. Altert. XLI 1918 S. 459, 2). Über die auf sie bezogenen Überreste bei Tor de' Schiavi s. Tomassetti, La Campagna Romana III 463ff.

2000 Dukaten (24000 Frcs.) gekostet. Gegen Ende des 16. Jahrhunderts zählte man in Venedig fast hundert Paläste, von denen mehrere mit einem Aufwande von je 200000 Dukaten erbaut worden waren[1]).

Französische — Dem noch existierenden Hause, das sich Jacques Cœur um 1450 in seiner Vaterstadt Bourges erbaute, kam nach dem Urteil eines Zeitgenossen kein Schloß des Königs gleich; noch vor seiner Vollendung wurden die Kosten des Baus auf 100000 écus (gleich 8—10 Mill. Frcs. jetzt) geschätzt[2]); außen und innen war es mit kunstvollen Skulpturen überreich geschmückt, die Gemächer mit kostbaren gestickten Tapeten, Gold- und Silbergeschirr ausgestattet. Unter den herrlichen Privatbauten Frankreichs aus der Zeit der Renaissance, von denen der Vandalismus der ersten Revolution einen großen Teil zerstört hat, ragte das Schloß Gaillon hervor, das der Minister Ludwigs XII., Georg von Amboise, Erzbischof von Rouen, erbauen ließ[3]). Richelieu gab für sein Schloß, »die glänzendste Wohnung in Frankreich vor der Erbauung von Versailles«, 10 Millionen aus[4]). Für die königlichen Bauten wurde unter Ludwig XIV. eine Summe ausgegeben, die sich nach heutiger Währung auf rund 300 Mill. Francs berechnet, etwa ein Drittel davon fällt allein auf das Schloß Versailles mit seinen Gärten und Wasserkünsten[5]). Das Schloß und die Gärten des 1661 gestürzten Ministers Ludwigs XIV., Foucquet, zu Vaux hatten 18 Millionen Livres gekostet, die nach Voltaires Schätzung den Wert der doppelten Summe in seiner eigenen Zeit hatten. Die unermeßlichen Gärten nahmen den Flächenraum von drei Dörfern ein, die Foucquet behufs dieser Anlagen angekauft hatte. Sie waren zum Teil eine Schöpfung Le Nôtres und galten für die schönsten Europas; ihre springenden Wasser erschienen damals als Wunderwerke, und selbst die königlichen Lustschlösser von St. Germain und Fontainebleau waren mit dem von Vaux nicht zu vergleichen[6]). Die Bleiröhren für Wasserleitungen wurden später für beinahe eine halbe Million verkauft[7]). In der zweiten Hälfte des 18. Jahrhunderts verschlang die Anlage englischer Gärten in unmittelbarer Nähe von Paris ungeheure Summen. Man nannte dieselben daher *folies*; die folie Brumoy richtete ihren Gründer, den Marquis de Brumoy, einen zehnfachen Millonär, zugrunde. Der Generalpächter und Hofbankier Joseph de la Borde gab für seine folie Méréville 30 Millionen aus; er hatte dort, mitten in der Beauce, eine Alpennatur mit Wasserfällen und Tannenwäldern geschaffen; eine Teufelsbrücke über einem Abgrund fehlte nicht, welche zu einem Marmortempel der Freundschaft führte[8]).

und sonstige Lustschlösser im 18. Jahrhundert. Die französischen Lustschlösser des 18. Jahrhunderts waren die Vorbilder für die des übrigen Kontinents. Auf Roßwalde bei Hotzenplotz in Mähren hatte Graf Hoditz mit einem Aufwande von 3 Millionen Gulden einen Feensitz ge-

1) Molmenti, Vie privée à Venise S. 247. 254. 261 f. 2) Clément, Jacques Cœur II 5 ff. 261 ff. 3) Burckhardt bei Lübke, Gesch. d. Renaissance in Frankreich (Kugler, Gesch. d. Baukunst IV 2) S. 44 ff. Der Preis wird auf 153600 Livres angegeben. Nach Baudrillart III 422, 1 hatten die Livres tournois um 1550 den Wert von 12 Francs heutigen Gelds (ebd. S. 175, 1 wird für die Mitte des 13. Jahrhunderts ihre »*valeur intrinsèque*« auf 19 Frcs. 75 Cent. angegeben, die »*puissance de l'argent*« 5 mal höher geschätzt als die jetzige). 4) Baudrillart IV 54. 5) Sombart, Luxus u. Kapitalismus S. 84. 6) Voltaire, Siècle de Louis XIV. ch. 25 (Oeuvres 1784, XXI 92). 7) Baudrillart IV 75. 8) Lacroix, XVIII. siècle, Institutions S. 463.

gründet[1]). Pulawy, die Residenz Adam Czartoryskis, war ein kleines Versailles inmitten ungeheurer Gärten[2]). Das von Felix Potocki in Tulczyn mit dem Aufwande vieler Millionen erbaute weitläufige Schloß glich mehr der Residenz eines Königs als dem Hause eines Privatmanns[3]). Mit ebenso großem Aufwande und mit der Verwendung von 10000 Arbeitern schuf Potocki in den letzten 10 Jahren seines Lebens (1795—1805) für seine Sophie das Schloß Sofijowska, »eine aus dem Nichts entstandene Zauberwelt[4]).«

Englische Schlösser.

Von den Lustschlössern des 19. Jahrhunderts sind uns die der englischen Großen besonders durch die Beschreibungen des Fürsten Pückler bekannt. Woburn Abbey, ein Schloß der Familie Bedford, bildet »mit seinen Ställen, Reitbahn, Statuen- und Bildergalerie, Gewächshäusern und Gärten eine kleine Stadt« und ist ein »so vollendetes Ganze des raffiniertesten Luxus«, wie es nur eine seit Jahrhunderten darauf gerichtete Kultur hervorbringen konnte. Unter den verschiedenen Gärten besteht z. B. eine unermeßliche Pflanzung nur aus Azaleen und Rhododendron; in dem chinesischen Garten zeichnet sich der Milchkeller aus, der als chinesischer Tempel gebaut ist, mit einem Überfluß von weißem Marmor und buntem Glase, in der Mitte ein Springbrunnen usw. Das Aviary besteht aus einem sehr großen, eingezäunten Platz und hohen Pflanzungen und einer Cottage nebst einem kleinen Teich in der Mitte; die Wohnungen der unzähligen, zum Teil ausländischen und seltenen Vögel sind von Eichenzweigen mit Draht umflochten, die Decke gleichfalls von Draht, die Sträucher Immergrün. Der Park hält vier deutsche Meilen, Ashridge Park, der Sitz der Grafen von Bridgewater, über drei im Umkreise; den letzteren zieren 1000 Stück Wild und unzählige Gruppen von Riesenbäumen; pleasureground und Gärten sind noch größer als in Cashbury Park[5]). Und doch kostet die Unterhaltung von Cashbury Park (Sitz des Grafen Essex) mit prachtvollem Park, Gewächshäusern und Gärten jährlich 10000 Lstr.[6]). Warwick Castle (am 3. Dezember 1871 teilweise abgebrannt) war »ein Zauberort«. Die Gesellschaftszimmer zogen sich auf beiden Seiten der Halle 340 Fuß in ununterbrochener Reihe hin. Acht bis vierzehn Fuß dicke Mauern bildeten in jedem Fenster, welche auch 10—12 Fuß breit sind, ein förmliches Kabinett mit den schönsten und mannigfaltigsten Aussichten[7]). Auch in bezug auf die Zahl ihrer Landsitze haben die Mitglieder der englischen Aristokratie den Vergleich mit denen der römischen nicht zu scheuen, wenn als glaubhaft erzählt wird, ein englischer Lord habe 1848 einem französischen Freunde als Zufluchtsort eines seiner Schlösser angeboten, das er zwar noch nicht kenne, das aber für sehr schön gelte, und wo täglich für den Fall seiner Ankunft eine Tafel mit 12 Gedecken und eine angespannte Kutsche bereit stehe[8]).

Andere Schlösser aus dem 19. Jahrhundert.

Unter den Schlössern des Kontinents ragt das 1860 in Ferrières von dem englischen Architekten Paxton erbaute des Barons Alfons Rothschild durch mehr als fürstliche Pracht hervor; »der Mittelstand kann's nicht«, soll König

1) H. Fechner, Grenzboten 1878 II 451 f. 2) v. d. Brüggen, Polens Auflösung S. 211. 3) ebd. S. 189. 4) ebd. S. 198 f. 5) Briefe eines Verstorbenen III 213. 216 ff. L. v. Ompteda, Bilder aus dem Leben Englands (1881) S. 78 ff. 6) Briefe eines Verstorbenen III 208 ff. 7) ebd. III 223 ff. 8) De Varigny, Rev. des deux mondes Bd. 87 (1888) S. 876.

Wilhelm gesagt haben, der es bekanntlich 1870 bewohnte[1]). Der feenhafte Anblick seiner Halle mit ihrer gewaltigen, von herrlichen Teppichen bedeckten Galerie, in der Beleuchtung von 1100 Gasflammen, ist nach Drumont allein eine Reise dorthin wert. Freilich zeigt die geschmacklose Überfüllung aller Räume mit den Wunderwerken aller Künste und Kunstgewerbe aus vielen Jahrhunderten nur den brutalen Triumph des Reichtums und bewirkt mehr Ermüdung als Bewunderung. Im Park sind die Treibhäuser und Vogelhäuser überaus anziehend. Eins der prachtvollsten russischen Schlösser ist die palastartige, in italienischem Stil erbaute Villa zu Archangelsk bei Moskau, die der Fürst Jussupow dem Fürsten Michael Galitzin für 6 Mill. Rubel abkaufte[2]). Sie ist von einem weiten Park umgeben, gewährt herrliche Fernsichten auf Wälder und Fluren, enthält eine große Galerie von wertvollen Bildern alter Meister, eine reich ausgestattete Hauskapelle, einen Konzertsaal, ein 500 Zuschauer fassendes Theater, zahlreiche mit kostbaren Skulpturen geschmückte Gesellschaftsräume usw. In Alupka, einer Besitzung des Fürsten Woronzow auf der Krim, sah Haxthausen 1843/44 einen Palast, der bis dahin schon 7 Millionen Rubel gekostet haben sollte und im Innern noch lange nicht vollendet war[3]). Nach einer Beschreibung des Grafen E. M. de Vogüé aus dem Jahre 1886 übertrifft er die umfangreichen Paläste des Sultans auf beiden Seiten des Bosporus »an Pracht gewisser Einzelheiten, Schönheit der Lage und der Gärten«. Die Prachtliebe des Erbauers strebte mit Tausend und einer Nacht zu wetteifern. »Nur ein Russe aus der ersten Hälfte dieses Jahrhunderts konnte dieses orientalische Feenmärchen erdenken und ausführen. Man liebt in Rußland nur das Unmögliche und wird es schnell müde.« Die hohen maurischen Säle, die labyrinthischen Gänge des Parks von Alupka sind verödet[4]).

Der römische Bauluxus vielleicht unerreicht. Die Baulust die Hauptleidenschaft der Reichen und Großen.

Während die Pracht der englischen Schlösser das Produkt einer fortgesetzten Arbeit von Jahrhunderten ist, waren die römischen Paläste der Kaiserzeit sehr junge Bauten, da Rom, wie bemerkt, erst im letzten Jahrhundert v. Chr. palastartige Gebäude erhielt. Nichtsdestoweniger ist vielleicht der Bauluxus der Zeit von Augustus bis auf Vespasian in keiner andern Zeit erreicht worden. Vieles vereinigte sich damals, um den Luxus gerade auf diesem Gebiete zu einem beispiellosen zu machen. Die im römischen Wesen tief begründete, durch die Weltherrschaft aufs höchste entwickelte Richtung auf das Imposante und Kolossale, die leicht ins Maßlose und Ungeheure ausschweifte, konnte sich in der »Massenhaftigkeit und Weiträumigkeit« der Gebäude, und nicht bloß der öffentlichen, volles Genüge tun. Mit dem Triebe, die eigene Existenz würdig, glanzvoll und prächtig zu gestalten und darzustellen, verband sich die stolze Lust des Triumphs über scheinbar unübersteigliche Hindernisse und die durch die Sklaverei genährte und gesteigerte Gewohnheit, selbst augenblickliche Launen und Phantasien zu verwirklichen: Tendenzen, die in dem kaiserlichen Allmachtsschwindel gipfelten, aber in minder ungeheuerlichen Formen bei den Reichen und Großen dieser Zeit, die sich als Herren der Erde fühlten und fühlen durften, sehr verbreitet waren. Julius Cäsar ließ in einer Zeit, wo er noch arm und

1) Denkwürdigkeiten aus dem Leben des Grafen von Roon[4] III 226. Drumont, La France juive II 110ff. 2) Bodenstedt, Erinnerungen aus meinem Leben I 200f. 3) Haxthausen a. a. O. II 443. 4) E. M. de Vogüé, Rev. des deux mondes Bd. 78 (1886) S. 503.

verschuldet war, eine mit großem Aufwande ganz neu erbaute Villa niederreißen, weil sie seiner Erwartung nicht entsprach[1]). Cassius Dio erzählt, daß ein Sextus Marius, der als Freund des Tiberius zu großem Reichtum und großer Macht gelangt war, einen Nachbar, auf den er zürnte, zwei Tage lang bei sich bewirtete und während dieser Zeit die Villa desselben erst niederreißen, dann schöner und größer wieder aufbauen ließ, um ihm zu zeigen, wie sehr er als Freund zu nützen und als Feind zu schaden vermöge[2]). Bei Horaz heißt es[3]): wenn ein reicher Mann sein Entzücken an der Küste von Bajä geäußert hat, empfindet auch sogleich der See und das Meer die Leidenschaft des ungeduldigen Bauherrn; wandelt ihn eine neue Laune an, so müssen die Arbeiter morgen ihre Gerätschaften nach Teanum schaffen. Strabo bemerkt, daß die unaufhörlichen Verkäufe von Häusern in Rom fortwährend Veranlassungen zu Um- und Neubauten gaben[4]). Selbstverständlich stürzte die ganz eigentlich zu den noblen Passionen dieser Zeit gehörende Leidenschaft des Bauens viele in Schulden oder richtete sie völlig zugrunde. Ein kostbares Haus, sagt Plutarch, macht manchen zum Borger[5]). Cretonius, heißt es bei Juvenal, hatte die Bausucht (*aedificator erat*) und ließ bald am gekrümmten Ufer von Gaeta, bald auf der Höhe von Tivoli, bald in den Bergen von Palestrina hochragende Villen entstehen, die mit griechischen und sonst aus der Ferne herbeigeschafften Marmorarten die Tempel der Fortuna und des Hercules überboten. So verminderte er sein Vermögen beträchtlich, immer aber blieb noch viel übrig; doch der verrückte Sohn, der neue Villen aus noch kostbarerem Marmor erbaute, ruinierte sich ganz[6]). Auf die Kleinen, die es im Bauen den Großen gleich zu tun suchten, wenden Horaz[7]) und Martial[8]) die Fabel von dem Frosch an, der sich zur Größe des Ochsen aufblasen wollte. Bei dem letzteren ist der Gerngroß ein Bezirksvorsteher (*vici magister*), der mit einem Konsul wetteifert. Jener besitzt einen Palast 4 Millien vor der Stadt: auch dieser kauft sich 4 Millien vor der Stadt ein Stückchen Land; jener baut elegante Thermen aus buntem Marmor, dieser ein Bad von der Größe eines Kessels; jener hat eine Lorbeerpflanzung auf seinem Gute, dieser säet hundert Kastanien.

Der Luxus der farbigen Materialien später nie wiederholt.

Die (wie bemerkt) bis zum Übermaß getriebene, für den damaligen Bauluxus besonders charakteristische Verschwendung der kostbarsten farbigen Materialien war eben nur im Mittelpunkt eines Weltreichs möglich, dem zur See Säulen, Balken und Blöcke aus den so überaus zahlreichen und mannigfaltigen Steinbrüchen der Mittelmeerländer zugeführt werden konnten, die seit dem Untergange der antiken Kultur größtenteils der Barbarei und der Verödung anheimgefallen sind. Dennoch wunderte sich Macaulay bei seinem Besuche des Vatikanischen Museums im Jahre 1838 nicht mit Unrecht, daß es in unserm so reichen und verschwenderischen Zeitalter niemand versuche, Brüche gleich denen zu eröffnen, aus welchen sich die Alten versorgten. »Der Reichtum des modernen Europa ist weit größer als der des römischen Reichs; und diese Materialien werden hoch geschätzt und enorm bezahlt. Und doch begnügen wir uns, sie in den Ruinen dieser alten Stadt und ihrer Umgebungen auszugraben,

1) Sueton. Caes. 46. 2) Cass. Dio LVIII 22, 2f. 3) Horat. ep. I 1, 83—87. 4) Oben I 173. 5) Plutarch. de cupid. divitiar. 2. Vgl. auch Martial. III 48. 6) Juv. 14, 86—95. 7) Horat. sat. II 3, 307ff. 8) Martial. X 79.

und es fällt uns nicht ein, sie in den Felsen zu suchen, aus denen die Römer sie brachen.« Seine Erwartung, daß die Niederlassung der Franzosen in Afrika und die Regierung eines bayrischen Prinzen in Griechenland derartige Unternehmungen veranlassen würden, hat sich bis jetzt nur in sehr geringem Maße erfüllt[1]). In den Brüchen des numidischen Marmors bei Schimtu (Simitthu) werden die von den Römern begonnenen, seit einem Jahrtausend verlassenen Stollen fortgeführt, und der von römischen Meißeln behauene Block von einer Dampfsäge zerschnitten[2]).

Die römischen Parks und Gärten im Vergleich mit modernen einförmig und dürftig.

Mag aber die Pracht altrömischer Paläste die der englischen und sonstigen modernen Schlösser überboten haben, so standen dagegen die römischen Gärten und Parks hinter den englischen unzweifelhaft sehr zurück. Schwerlich hatten die ersteren den Umfang der letzteren. Es muß dahingestellt bleiben, ob den Großen des römischen Reichs zu derartigen Anlagen ebensoviel Raum zur Verfügung stand wie den britischen. Nach John Bright gehörte im Jahre 1866 die Hälfte des Bodens von England 150, der gesamte Boden von Schottland 10 oder 12 Personen; der Herzog von Sutherland, der größte englische Grundeigentümer, besitzt 482676 Hektare, der Marquis von Breadalbane kann 150 Kilometer (30 lieues) in gerader Linie reiten, ohne seine Ländereien zu überschreiten[3]). Jedenfalls befriedigte sich aber das antike Naturgefühl mehr an gartenartigen, künstlich gestalteten Szenen als an großen Landschaftsbildern und war also der Entstehung einer »Parkomanie« nicht günstig. Sodann fehlte dem Altertume der Luxus der Gewächshäuser und damit die Möglichkeit, die Vegetation fremder Zonen und Weltteile im kleinen zu reproduzieren.

Römischer und moderner Blumenluxus.

Im Gegensatz zur Buntheit der Palastdekoration mangelte den römischen Gärten gerade die bunte Pracht der modernen Flora. Der Blumenluxus des römischen Altertums war nicht auf Mannigfaltigkeit der Arten, sondern auf eine zu verschwenderischem Gebrauch verfügbare Fülle einer verhältnismäßig kleinen Anzahl von Gattungen, besonders Lilien, Rosen[4]) und Violen, gerichtet. Das Übermaß dieses in seiner Art beispiellosen Luxus lernt man aus der bereits angeführten Angabe kennen, daß bei einem Gastmahl eines der Freunde Neros die Rosen mehr als 4 Mill. S. (870000 Mark) kosteten[5]), sowie aus den Berichten über die ganz aus Rosen und Lilien hergestellten Ruhebetten und Eßtische des Aelius Verus[6]). Schon in Varros Zeit war die Anlage von Rosen- und Violengärten in unmittelbarer Nähe Roms einträglich[7]), und allmählich umgab die Stadt ein immer ausgedehnterer Gartenrayon[8]). Aber auch im weiteren Kreise bis nach Campanien und Pästum hin sorgten Blumenanlagen für ihr Bedürfnis. Bereits unter Nero verlangte man Rosen auch im Winter, die dann

1) Trevelyan, Life and Letters of Lord Macaulay III 38 Tauchn. Eine Notiz von H. Gurlitt über die Wiederentdeckung der antiken Marmorbrüche in Lakonien durch H. Siegel († 1883 zu Athen), Berliner philol. Wochenschr. 1886 Sp. 1555. 2) Schulten, Das römische Afrika (1899) S. 58. 3) De Varigny a. a. O. S. 872. 875. 4) Auch im Mittelalter waren Rosen und Lilien die beliebtesten Blumen (Alw. Schultz, Höfisches Leben z. Z. d. Minnesinger I^2 S. 50), die auch (so wie Minze und Aglei) bei Festen gestreut wurden (ebd. S. 79). 5) Oben S. 291. 6) Hist. aug. Aelius Verus 5, 7. Hehn, Kulturpfl.^{7} S. 254. 7) Varro r. r. I 16, 3. Vgl. die im Heiligtum der Fors Fortuna vor der römischen Porta Portuensis gefundene Weihinschrift der *rosaries violaries coronaries* CIL VI 169 = Dessau 3682 und Jordan, Topogr. II 219f. 8) Rodbertus in Hildebrands Jahrb. f. Nationalökonomie II 1864 S. 220; vgl. Olck, Real-Encykl. VII 814ff.

teils zu Schiff aus Ägypten gebracht, teils ebenso wie Lilien unter Glas getrieben wurden[1]). Im Winter 89/90 war die Fülle Pästanischer Rosen in Rom so groß, daß alle Straßen von den überall feilgebotenen Kränzen rot schimmerten; Ägypten, sagt Martial, das sonst in dieser Jahreszeit der Hauptstadt Rosen lieferte, hätte sie damals aus ihr beziehen können[2]).

Einführung von Blumen aus der Türkei und Amerika.

Das neue Europa verdankt einen großen Teil seiner prächtigen Gartenflora der Blumenlust der Türken. Aus Stambul wanderte die Tulpe, der duftende Syringenstrauch, die orientalische Hyazinthe, die Kaiserkrone, die Gartenranunkel über Wien und Venedig in die Gärten des Okzidents; aber auch der Kastanienbaum (Aesculus hippocastanum), der Kirschlorbeer und die Mimosa oder Acacia Farnesiana. Die Nelke verbreitete sich in der Renaissancezeit aus Italien über die Alpen. Dann begann mit der Entdeckung von Amerika eine neue, sehr viel massenhaftere Einführung von Blumen und Ziergewächsen: wie der wilde Wein, die peruanische Kapuzinerkresse, die lombardische oder Pyramidalpappel, die amerikanische Platane, die nordamerikanische Akazie, die Bignonia Catalpa, der Tulpenbaum, jenseits der Alpen die Magnolie, der Pfefferbaum usw. Der Opuntienkaktus und die Aloe »haben den Typus der mediterranen Landschaft, die längst vom Orient her ihr strenges, stilles Kolorit erhalten hatte, durch ein völlig einstimmendes Element wesentlich ergänzt[3]).«

Luxus der Varietäten und exotischen Gewächse.

Auch die so überaus große, durch Kunst ins Unendliche gesteigerte Vermehrung der Gattungen und Arten hat einen dem Altertum völlig unbekannten Luxus ins Leben gerufen, und die von Liebhabern für gesuchte oder seltene Blumen in neueren Zeiten gezahlten Preise (z. B. 70000 Fr. 1838 für ein Georginenbeet in Frankreich, 100 Lstr. 1839 für eine vorzügliche Varietät in England)[4]) können nur mit den im Altertume für Seltenheiten und Gegenstände der Liebhaberei gezahlten Preisen verglichen werden. Ebenso unbekannt war den Alten der Luxus der exotischen Gewächse, der ebenfalls allmählich kolossale Dimensionen angenommen hat. Von den Araukarien der Villa Pallavicini in Pegli wurde 1865 kein Stück unter 10000, eines sogar auf 30000 Frcs. geschätzt[5]). Eine Londoner Handelsgärtnerei (James Veitch and Sons), deren Spezialität Orchideen und fleischfressende Pflanzen sind, hatte 1879 sechs Gärtner, welche jahraus jahrein die Länder in den Tropen und im inneren Asien, in den Dschungeln, Sümpfen und den Wäldern der Ebene sowie bis hoch in den Himalaja, nach neuen und interessanten Exemplaren durchstreiften[6]).

5. DER LUXUS DER HÄUSLICHEN EINRICHTUNG.

Charakter des Luxus der häuslichen Einrichtung im römischen Altertum.

Die Ausstattung der Wohnungen war im Altertum — und ist zum Teil noch heute im Süden — von der gegenwärtig in Nord- und Mitteleuropa gewöhnlichen wesentlich verschieden, sie stand zwischen dieser und der orientalischen in der Mitte. Sie war nicht auf behaglichen Aufenthalt, nicht auf Kom-

1) Hehn[7] S. 253. 2) Martial. VI 80. 3) Hehn[7] S. 514. 4) Volz, Beitr. z. Kulturgesch. S. 505. 5) Peschel, Abhandl. z. Erd- u. Völkerkunde II 478. 6) L. v. Ompteda, Bilder aus dem Leben Englands S. 72.

fort berechnet, den der Süden ebensowenig kennt, wie seine Sprachen ein Wort dafür besitzen, sondern auf möglichst imposante und glanzvolle Darstellung der Würde des Besitzers. Waren schon die eigentlichen, am Tage wenig benutzten Wohnräume nach unsern Begriffen mit Hausrat und Mobilien nur spärlich ausgestattet[1]), so enthielten vollends die hohen, weiten, zum Empfange bestimmten Räume, die sich morgens dem Schwarm der Besucher, gegen Abend den zur Mahlzeit geladenen Gästen öffneten, verhältnismäßig wenige, dafür aber um so kostbarere und gediegenere, ausschließlich oder vorzugsweise zur Dekoration bestimmte Prachtstücke: wie Tische mit Citrusplatten auf Elfenbeinfüßen, Ruhebetten mit Schildpatt ausgelegt oder reich mit Gold und Silber verziert und mit babylonischen Teppichen behängt, Prachtvasen aus korinthischer Bronze und Murrha, äginetische Kandelaber, Schenktische mit alten Silberarbeiten, Statuen und Gemälde berühmter Künstler.

Enorme Preise von Luxusmöbeln und Luxusgeräten.

Von mehreren der beliebtesten Luxusmöbel und -geräte werden Preise angegeben, die durchweg sehr hoch, zum Teil enorm sind. Äginetische Kandelaber wurden mit 25000 S. (5437 Mark) und zuweilen selbst der doppelten Summe bezahlt[2]). Gefäße aus Murrha, einem schon den Alten rätselhaften, orientalischen, dem Golde gleich geachteten Material (vielleicht einer Art des Achats)[3]), die zuerst Pompejus nach dem Siege über Mithridat nach Rom brachte, gab es im Privatbesitz bis zum Preise von 300000 S. (65250 Mark). Nero ließ daraus eine Schale machen, die eine Million kostete[4]). Mit diesen Preisen dürften sich allenfalls die des Porzellans im 18. Jahrhundert vergleichen lassen. Graf Brühl soll ein Service für eine Million Taler besessen haben[5]). In Paris war 20000 Livres für ein Service von sächsischem Porzellan schon ein hoher Preis[6]), doch gibt es auch gegenwärtig einzelne Porzellanvasen, die 15000 Mark kosten[7]). Auch für Bergkristalle hegten in Rom manche eine unsinnige Leidenschaft; Plinius erzählt, vor wenigen Jahren habe eine nicht reiche Frau eine Schöpfkelle daraus für 150000 S. (32625 Mark) gekauft[8]). Unter Nero wurden zwei auf eine neu erfundene Art verfertigte, nicht große künstliche Trinkgläser zu 6000 S. (1305 Mark) verkauft[9]). Die Leidenschaft für kunstvolle Silberarbeiten war schon seit dem 2. Jahrhundert v. Chr. in Rom verbreitet. Schon der Redner L. Crassus (Konsul 95) besaß Gefäße, bei denen das Pfund auf 6000 S. (damals 1053 Mark) zu stehen kam, so daß der Preis der Fasson mehr als zwanzigfach den Wert der Masse überstieg[10]); 5000 S. (1087 Mark) auf das Pfund scheint in Martials Zeit ein hoher Preis gewesen zu sein[11]).

---

1) Vgl. Marquardt, Privatl.² 723. 2) Falls, wie man wohl annehmen darf, das Gehalt eines Tribunen schon in der Zeit des älteren Plinius sich auf diese Summe belief (oben I 151). Plin. n. h. XXXIV 11: *nec pudet tribunorum militarium salariis emere.* 3) Marquardt, Privatl.² 767 nach King, Hist. of precious stones S. 239. Das von Propert. IV 5, 26 erwähnte Kochen der *murrea pocula* könnte ein zur Hervorbringung oder Steigerung der Farben des Achats angewendetes Kochen oder Glühen sein, das auch jetzt vorkommt. Gergens bei B. Fabricius, Der Periplus d. Erythräischen Meeres (1883) S. 121. 4) Plin. n. h. XXXVII 18 f. 5) Vehse, Gesch. d. Höfe XXXIII 326. 6) Lacroix, XVIII. siècle, Lettres S. 485. 7) Buß, Im neuen Reich 1879 II 532. 8) Plin. n. h. XXXVII 29 (*alius et in his furor*). 9) ebd. XXXVI 195. 10) ebd. XXXIII 147 (*nec copia argenti tantum furit vita, sed valdius paene manipretiis*). Bei englischen Silberarbeiten übersteigt der Wert der Fasson oft zehnfach den Wert der Masse. Briefe eines Verstorbenen IV 322. 11) Martial. III 62, 4: *libra quod argenti milia quinque rapit.*

Doch wurden angebliche oder wirkliche Arbeiten berühmter Künstler meist höher bezahlt[1]). Babylonische gestickte Teppiche zur Bedeckung der Ruhebetten in einem Speisesaal waren schon im 2. Jahrhundert v. Chr. für 800000 S. (damals 140400 Mark) verkauft worden, Nero besaß solche, die 4 Millionen (870000 Mark) gekostet hatten[2]). Doch am weitesten ging die »Raserei« für Citrustische, die den Männern von den Frauen entgegengehalten wurde, denen jene ihre Verschwendung für Perlen zum Vorwurf machten. Schön gemaserte große Scheiben vom Stamme des Citrus, einer am Atlas wachsenden Thujaart, wurden mit unsinnigen Preisen bezahlt, da die Stämme selten die für Tischplatten erforderliche Dicke erreichten; es gab deren aber bis zu 4 Fuß Durchmesser. Cicero besaß einen noch in Plinius Zeit existierenden Citrustisch für 500000 S. (damals 87750 Mark), was Plinius wegen des Geistes jener Zeit noch auffälliger findet als wegen ihrer relativen Armut. Es gab später noch teurere, bis zum Preise von 1300000 S. (282750 Mark)[3]); Seneca soll 500 Citrustische besessen haben[4]).

Die Durchschnittspreise viel niedriger.

Daß alle diese Preise keine Durchschnittspreise sind, sondern ungewöhnlich hohe, ist selbstverständlich; als solche und ihrer Merkwürdigkeit halber werden sie ja gerade berichtet; sie können daher auch nur mit den höchsten Preisen von Luxusgeräten und -möbeln, die aus andern Zeiten bekannt sind, verglichen werden. Bedarf es noch eines Beweises, daß die Durchschnittspreise der zur häuslichen Einrichtung gehörigen Luxusartikel erheblich niedriger waren, so liefert auch diesen ein Gedicht Martials[5]). Er schildert jemanden, der damit groß tut, daß alles, was er besitzt, von ausgezeichneter Güte und teuer bezahlt ist. Er kauft Sklaven zu hundert- und zweihunderttausend Sesterzen, trinkt uralten Wein, hat Silberarbeiten, von denen das Pfund auf fünftausend Sesterzen zu stehen kommt, eine vergoldete Karosse von dem Werte eines Grundstücks, ein Maultier, das mit dem Preise eines Hauses bezahlt ist: und seine ganze. nicht umfangreiche häusliche Einrichtung kostet ihn eine Million (217500 Mark), Diese Summe galt also damals als hinreichend, um ein Haus (vielleicht einen Palast) glänzend auszustatten[6]).

Die sehr hohen Preise meist Affektionspreise.

Aber die von Plinius mitgeteilten Preise sind nicht bloß ungewöhnlich hohe, es sind größtenteils auch sogenannte Affektionspreise, d. h. solche, die nur für Gegenstände einer besonderen Liebhaberei oder, wie Plinius wiederholt sagt, Raserei gezahlt werden. In der Tat steigern sich ja derartige Modeleidenschaften nicht selten zum Unsinn und äußern sich in krankhaften Erscheinungen. Plinius berichtet von einem Konsularen, bei dem die Leidenschaft für Murrhagefäße zur Sammelwut ausartete, daß er den Rand eines großen, fast 3 Sextarii (1,64 Liter) fassenden, mit 700000 S. (152250 Mark) bezahlten murrhinischen Kelchs aus Liebe angenagt habe, infolgedessen sei dieser noch sehr

1) Plin. a. a. O. In Martials Zeit wurde gerade mit solchen viel Luxus getrieben. Dies geschah noch im 4. Jahrhundert. Paulin. Pell. Eucharistic. 209 zählt zur Einrichtung seines Hauses: *argentumque magis pretio quam pondere praestans.* 2) Plin. n. h. VIII 196. Vgl. Marquardt, Privatl.[2] 537ff. Eine nach Carlo Dolce mit der Nadel genähte Tapete mit 3000 Guineen bezahlt: Briefe eines Verstorbenen IV 125. 3) Plin. n. h. XIII 91f. 4) Cass. Dio LXI 10, 3; aber s. dazu Blümner, Röm. Privataltert. S. 125, 4. 5) Martial. III 62. 6) Das Haus der Marschallin Ney (*»une des plus somptueusement meublées«*) kostete *d'achat et d'ameublement* 1100100 fr. Mém. de Mme de Rémusat II 383.

im Preise gestiegen[1]). Auch in neueren Zeiten sind für Seltenheiten ganz anderer Art, die aber ebenfalls »durch die Raserei einiger weniger kostbar waren« (wie Seneca von den korinthischen Bronzen sagt)[2]), von Liebhabern, namentlich englischen, ungeheure Preise gezahlt worden: z. B. 600 Lstr. für einen Heller aus der Zeit Heinrichs VII.[3]), 2260 Lstr. (im Jahre 1812) für einen Dekameron[4]) u. dgl.; während im Altertum unter derartigen Kuriositäten hauptsächlich Gegenstände, die im Besitze berühmter Personen gewesen waren, für hohe Summen gekauft wurden, wie die Lampe des Epictet für 3000 Drachmen (2340 Mark), der Stock des Peregrinus Proteus für ein Talent (4715 Mark)[5]). Doch scheint allerdings die Höhe der damaligen Affektionspreise niemals wieder selbst annähernd erreicht worden zu sein: wie es denn überhaupt auf diesem wie auf andern Gebieten gerade vereinzelte Extravaganzen sind, in denen jene Zeit alle andern überboten hat.

Vergleichung des römischen Luxus der häuslichen Einrichtung mit dem modernen —

Was dagegen den Luxus der Ausstattung der Wohnungen betrifft, so dürfte die größere Kostbarkeit verhältnismäßig weniger Prachtstücke in den römischen Palästen durch die ungleich größere Menge und Mannigfaltigkeit der Luxusgeräte und -möbel in modernen mehr als aufgewogen worden sein: um so mehr, als die Kostbarkeit auch dieser nicht selten eine sehr große, zum Teil enorme war und noch ist[6]).

im 16. bis 18. Jahrhundert —

In der Renaissancezeit war in Italien der Zimmerschmuck nicht weniger prachtvoll als künstlerisch schön. Es gehörten dazu, außer reich ornamentierten Plafonds und Marmorkaminen, Tapeten von Goldleder oder von Seide und Samt, mit Gold und Silber gemustert, Arrazzi, Bilder in kostbaren Rahmen, Möbel von der edelsten Holzarbeit, schwere Vorhänge, orientalische Stickereien, Gefäße aus vergoldetem und emailliertem Silber, Kristall, Glas (von Murano) und Majolika, Figuren und Geräte aus Bronze, Arbeiten aus Elfenbein und andere Erzeugnisse der Kleinkunst[7]). Unter den Palästen Venedigs, in denen der Luxus der inneren Einrichtung, namentlich des künstlerischen Schmucks, im 16. Jahrhundert die größte Höhe erreichte, zeichnete sich der Palast Vendramin Calergi durch die Verwendung kostbarer Steinarten zu Kaminen und Säulen und die Ebenholz- und Elfenbeininkrustation seiner Türen aus. In dem »Goldenen Zimmer« des Hauses Cornaro war ein prachtvoller Kamin mit goldenen Karyatiden geschmückt, die Wände mit Tapeten von Goldstoff bedeckt, die Vergoldung des Gebälks schätzte man auf 18000 Zechinen[8]). Im Palaste des Kardinals Wolsey waren die 8 Gemächer, die man durchschreiten mußte, um in sein Audienzzimmer zu gelangen, sämtlich mit kostbaren Tapeten behängt, welche jede Woche gewechselt wurden[9]).

In Frankreich wurde der Luxus der Wohnungseinrichtungen gegen das Ende der Regierung Ludwigs XIV. hauptsächlich durch die Geldmänner wieder ins Leben gerufen, die ihre Gemächer mit Tapeten aus Beauvais und Gobelins, Möbeln des berühmten Ebenisten Boulle, chinesischen und japanesischen Ar-

1) Plin. n. h. XXXVII 19. 2) Seneca de brev. vit. 12, 2. 3) Roscher, Grundlagen § 100, 7. 4) Vehse, Gesch. d. Höfe XXI 148. 5) Lucian. adv. indoct. 13f. 6) Vgl. zum Folgenden auch Sombart, Luxus u. Kapitalismus S. 118ff. 7) Falke, Die Kunst im Hause S. 120. Vgl. auch die Beschreibung der Einrichtung reicher Bürgerhäuser in Paris im 14. Jahrhundert bei Baudrillart III 226ff. 8) Molmenti, Vie privée à Venise S. 260. 9) Baumgarten, Gesch. Karls V. I (1885) S. 180.

beiten, venezianischen und Nürnberger Spiegeln, Bildern von französischen und fremden Meistern, Silbergeschirr und kostbarem Porzellan anfüllten[1]). Dieser Luxus, der unter der Regentschaft und Ludwig XV. noch sehr zunahm, war je länger je mehr auf eine auch den Ansprüchen der äußersten Verwöhnung genügende Vereinigung von Geschmack und Komfort gerichtet. In dem Boudoir einer mit der raffiniertesten Verschwendung ausgestatteten Wohnung (1758) waren die Wände durchaus mit Spiegeln bekleidet, deren Fugen künstliche, wie in der Wirklichkeit gruppierte und belaubte Baumstämme verdeckten. Die Bäume waren mit Porzellanblüten und vergoldeten Armleuchtern geschmückt, deren rosenfarbene und blaue Kerzen ein sanftes, von den zum Teil mit Gaze verhüllten Spiegeln in stufenweise abnehmender Stärke zurückgeworfenes Licht verbreiteten. In einer ebenfalls mit Spiegeln bekleideten Nische stand ein üppiges, mit Goldfransen geschmücktes Ruhebett auf einem Parkettboden von Rosenholz. In die Farben, mit denen die Täfelung und Skulptur gemalt war, hatte man wohlriechende Ingredienzien gemischt, so daß das künstliche Boskett die Gerüche von Veilchen, Jasmin und Rosen zugleich aushauchte. Und ebenso reiche und künstlerisch geschmückte Boudoirs besaß Paris damals ohne Zweifel mehrere hundert[2]). Unter Ludwig XVI. war der Luxus der ziselierten und vergoldeten Bronzen so groß, daß ihr Wert dem des Golds gleichkam. Die Ziselierung eines von dem berühmten Gouthière gearbeiteten Piedestals wurde von dem Künstler selbst auf 50000 Livres geschätzt, und die Gräfin Dubarry war ihm bei ihrem Tode 756000 Livres schuldig[3]). Bei reichen Häusern wurden die Kosten des Rohbaus nur auf ein Viertel der Gesamtkosten veranschlagt: »die ganze Pracht der Nation offenbarte sich im Innern«[4]). In Beaumarchais durch seine architektonische und Gartenpracht hervorragendem Palast glichen die luxuriös ausgestatteten Prunkzimmer wahren Kunstsammlungen; sein reich bemalter Schreibtisch soll 30000 Frcs. gekostet haben[5]). Bonaparte hatte 1796 für die prachtvolle Einrichtung des kleinen Hotels seiner Gemahlin, das nur 40000 Frcs. wert war, 120—130000 zu zahlen[6]). Auch dieser Luxus verbreitete sich aus Frankreich auf den übrigen Kontinent. Der Kurfürst Max Emanuel II. von Baiern z. B. zahlte (im Anfang des 18. Jahrhunderts) 60—100000 Tlr. für einen Kamin und zwei Tische im Rokokostil aus Paris[7]); die Möbel in dem für die Gräfin Kosel eingerichteten Lustschloß Pillnitz kosteten 200000 Tlr.[8]) usw.

Von dem Luxus der Wohnungseinrichtungen im 19. Jahrhundert, der in dessen letzten Dezennien so sehr gewachsen ist (auf Pariser Ausstellungen sah man Bücherschränke für 25000, Schreibtische für 10—15000 Frcs.[9]), auf der Berliner Gewerbeausstellung 1879 Einrichtungen einzelner Zimmer zum im 19. Jahrhundert.

1) Lacroix, XVII. siècle, Lettres S. 556; XVIII. siècle, Lettres S. 450. 2) Lacroix, XVIII. siècle, Lettres S. 459f. Die (in einem Roman La petite maison gegebene) Beschreibung der sämtlichen Räume eines reichen Hauses (S. 454—460) gibt ein treues Bild des Luxus der Wohnungseinrichtung unter Ludwig XV. 3) ebd. S. 471ff. 4) ebd. S. 474. 5) Bettelheim, Beaumarchais (1886) S. 543. 6) Lacroix, Directoire, Consulat et Empire S. 516. 7) Keyßler, Reisen durch Deutschland³ S. 60. 8) Vehse, Gesch. d. Höfe XXXII 152. Vgl. über die Einrichtung des Palastes Esterhazy ebd. XLII 166ff.; die Kostbarkeiten des Kurfürsten von Köln Clemens August ebd. XLV 319. Über die Ausstattung eleganter bürgerlicher Wohnungen in Deutschland: Biedermann, Deutschland im 18. Jahrh. II² 53 f. 9) Baudrillart IV 604.

Preise von 4000—14000 Mark), soll hier nicht weiter die Rede sein. Nur von der Pracht, die auch das Innere der englischen Schlösser schmückt, mögen einige Mitteilungen des Fürsten Pückler eine Vorstellung geben. Der Wert der Einrichtung von Northumberlandhouse wird auf mehrere hunderttausend Lstr. veranschlagt. In den Zimmern von Warwick Castle glaubte man sich »völlig in versunkene Jahrhunderte versetzt«. Fast alles war dort »alt, prächtig und originell«. Man sah »die seltsamsten und reichsten Zeuge, die man jetzt gar nicht mehr auszuführen imstande sein möchte, in einer Mischung von Seide, Samt, Gold uud Silber, alles durcheinander gewirkt. Die Möbel bestehen fast ganz aus alter, außerordentlich reicher Vergoldung, geschnitztem braunem Nuß- und Eichenholz oder jenen alten französischen, mit Messing ausgelegten Schränken und Kommoden. Auch sind viele herrliche Exemplare von Mosaik wie von ausgelegten kostbaren Hölzern vorhanden. Die Kunstschätze sind unzählbar und die Gemälde fast alle von den größten Meistern«[1]). Diese und ähnliche Beschreibungen englischer Schlösser erinnern daran, daß die römische Kaiserzeit (trotz aller Liebhabereien für Altertümer) auch den Luxus der Durchführung bestimmter historischer Stile in der Zimmereinrichtung, durch Vereinigung von gleichzeitigen Möbeln und Geräten oder künstlerische Nachbildung derselben, allem Anschein nach nicht gekannt hat.

Luxus des Silbergeschirrs —

Eine besondere Betrachtung verdient der Luxus des Silbergeschirrs. Den Gebrauch des goldenen Geschirrs hatte Tiberius bei Privatpersonen auf Opferhandlungen beschränkt, erst Aurelian gestattete ihn wieder allgemein[2]). Doch scheint Tiberius Bestimmung nicht streng aufrechterhalten worden zu sein, wenigstens wird goldenes Geschirr hin und wieder erwähnt[3]) und war wohl kaum seltener als in neueren Zeiten[4]). Mit Silbergeschirr wurde großer Luxus getrieben[5]), auch abgesehen von dem schon erwähnten Luxus derjenigen Silbergefäße, deren Hauptwert in ihrem Alter und der Kunst der Arbeit (Cälatur) bestand, und die vorzugsweise als Prunkstücke dienten. In der früheren Zeit der Repubiik war Silbergeschirr in Rom so selten gewesen, daß einmal die karthagischen Gesandten bei jeder Mahlzeit, zu der sie geladen wurden, dasselbe von Haus zu Haus geliehene fanden: eine lange Reihe von Erwerbungen und Eroberungen machte es allmählich allgemein[6]). Die Eroberung Spaniens, des Peru der alten Welt (206 v. Chr.), brachte unter anderm die Silbergruben bei Neu-Karthago in den Besitz des Staats, in denen (nach Polybius) 40000 Menschen arbeiteten, und die einen täglichen Reingewinn von 25000 Drachmen (etwa 19500 Mark) abwarfen[7]). Dann häuften die Feldzüge in Syrien und Macedonien, die Eroberung von Karthago und Korinth, die Erwerbung der Provinz Asia, die Eroberung der Provence, endlich die Kriege gegen Mithridates ungeheure Massen von Edelmetall in Rom an. Ist auch die infolge der Entdeckung

in den letzten Jahrhunderten der Republik sehr gesteigert.

Zunahme des Silberluxus seit der Entdeckung von Amerika —

1) Briefe eines Verstorbenen III 229f. 2) Oben I 102. 3) Manil. Astr. V 293 (vielleicht vor dem Verbot): *iam vescimur auro*. Seneca ep. 87, 7: *aurea supellex etiam in via sequitur*. Vgl. auch den Anhang XXIV S. 303. 4) Goldenes Service des 1476 ermordeten Galeazzo Maria Sforza: J. Burckhardt bei Kugler, Gesch. d. Baukunst IV 1 S. 314; des Herzogs von Newcastle: Vehse XXII 280. 5) Marquardt, Privatl.² 696ff. Plin. n. h. XXXIII 139ff. 6) Marquardt a. a. O. S. 680f. 7) Strabo III 147. Vgl. Marquardt S. 671, 4.

von Amerika erfolgte Einfuhr desselben, durch welche die sich bis dahin in Europa auf 34 Mill. Lstr. belaufende Masse am Schlusse des 16. Jahrhunderts auf 130 Mill., am Schlusse des siebzehnten auf 297 Mill. gestiegen sein soll[1]), ohne Vergleich größer gewesen, so war dagegen im römischen Altertum die Anhäufung des Edelmetalls auf ein kleineres Gebiet beschränkt und konnte darum ähnliche Wirkungen hervorbringen wie jene in den Jahrhunderten vom sechzehnten zum achtzehnten. Einige freilich sehr vereinzelte Tatsachen mögen von dem Gold- und Silberluxus in der letzteren Periode eine Vorstellung geben.

Schon im 15. Jahrhundert war derselbe keineswegs gering. Zwar in Florenz liehen bei Festlichkeiten die befreundeten Familien einander das kunstreiche Silbergeschirr; für den gewöhnlichen Gebrauch bediente man sich neben silbernen Löffeln und Gabeln meist messingenen Tischgeräts[2]). Doch welche Massen von Edelmetall sich in dem Besitze einzelner befanden, zeigt das Verzeichnis der von dem Kardinal Pietro Riario, als er 1473 die Braut des Herzogs von Ferrara in seinem Palaste zu Rom beherbergte, zur Schau gestellten Kostbarkeiten: vier Leuchter der Kapelle nebst zwei Engelfiguren von Gold, der Betstuhl mit Löwenfüßen ganz von Silber und vergoldet, ein vollständiges Kamingerät ganz von Silber, ein silberner Nachtstuhl mit goldenem Gefäß darin usw.; im Speisesaal ein großes Büfett von zwölf Stufen voll goldener und silberner, mit Edelsteinen besetzter Gefäße; außerdem das Tafelgeschirr lauter Silber und nach jeder Speise gewechselt[3]). In Frankreich nahm unter Ludwig XII. der Luxus der Vergoldung an Bauten und architektonischen Ornamenten ebensosehr zu wie der des Silbergeschirrs: große Herren und Prälaten hatten vergoldetes oder massiv goldenes[4]). In Deutschland, das nach den Erträgen seiner Bergwerke im 15. Jahrhundert das damalige Peru Europas genannt worden ist, staunte Aeneas Silvius über die Allgemeinheit des Luxus in edlen Metallen, namentlich an Geschirren, Waffen und Schmuck. An den Tafeln der Kaufleute aß man nach Wimpheling nicht selten aus Gefäßen von Silber und Gold, und bei Reisen ins Ausland ließen sie sich solche von 30, 50, 150 Pfund Gewicht nachsenden[5]).

Im 16. Jahrhundert erwähnt Guicciardini das massive Silbergeschirr der Bürger in Flandern, und beklagt Holinshed die Einführung silberner Löffel in England[6]). Das Silbergeschirr des Kardinals Wolsey schätzte man auf 150000 Dukaten[7]). Im 17. Jahrhundert war in Spanien namentlich unter Karl II. (1665—1700) der Luxus des Silbergeschirrs enorm, während (wie bemerkt) zugleich der größte Geldmangel herrschte[8]). Als der Herzog von Albuquerque starb, brauchte man 6 Wochen, um sein silbernes und goldenes Tafelgeschirr zu wiegen und zu verzeichnen: darunter waren u. a. 1400 Dutzend Teller, 500 große, 700 kleine Schüsseln und 40 silberne Leitern, deren man sich bei der Benutzung der Silberschränke bediente. Der Herzog von Alba, der nach seiner Ansicht nicht reich genug an Tafelsilber war, besaß 600 Dutzend Teller und 800 Schüsseln von Silber. All dies Gerät wurde schon fertig aus Mexiko und

in Spanien —

1) Jacob, Produktion u. Konsumtion II 47. 87. 2) Reumont, Lorenzo de' Medici II 421f. 3) J. Burckhardt a. a. O. S. 315. 4) Baudrillart III 395f. 5) Janssen, Gesch. d. deutschen Volks I[20] 434ff. 6) Jacob a. a. O. II 44. 7) Baumgarten, Gesch. Karls V. I 180. 8) Oben S. 283f.

in England und Frankreich im 17. und 18. —

Peru bezogen[1]). In England nahm in dieser Zeit die Verwendung des Edelmetalls zu Verzierungen und Gerätschaften sehr zu. Die Zivil- und Militärtrachten wurden mit Gold- und Silberborten und Stickereien verschwenderisch ausgestattet. Man sah bei Adligen und bei reichen Bürgern Spiegel und Gemälde in silbernen Rahmen, auch Tische, wenn nicht von massivem Silber, doch mit Silberblech bedeckt[2]). In Frankreich besaßen viele adlige Familien Silber im Wert von 4—500000 Frcs., das man um so höher schätzte, je mehr es geschwärzt und verbogen war[3]). Im Jahre 1689 verordnete Ludwig XIV. zur Bestreitung der Kosten des Kriegs gegen die große Allianz, daß alle Möbel von massivem Silber, die man bei den Großen in ziemlich beträchtlicher Zahl sah, in die Münze wandern sollten. Er selbst beraubte sich aller seiner Tische, Kanapees, Kandelaber und sonstiger Möbel aus massivem Silber (Meisterwerke des ausgezeichneten Goldschmieds Balin nach Zeichnungen von Le Brun); sie hatten 10 Millionen gekostet und brachten 3 ein. Der Ertrag aus den Silbermöbeln der Privatpersonen belief sich auf dieselbe Summe[4]). Neue Einschmelzungen im Jahre 1711 lieferten wieder 3 Millionen, doch wurde beide Male ein großer Teil der Geräte durch Verheimlichung gerettet. Einen kurzen Aufschwung erlebte dieser Luxus in Laws Zeit (1716—20): 20—25 Millionen Edelmetall wurden für Goldschmiedearbeiten verwandt[5]). Ein Maler, der sich durch unsinnige Verschwendung auszeichnete, besaß außer einem fürstlichen Tafelgeschirr auch Tischchen, Spiegel, Orangenkübel, Blumentöpfe, Küchengeräte aus massivem Silber[6]). Zu den häufig in Silber gearbeiteten Gegenständen gehörten u. a. Wasserkrüge, Lichtputzer, Salzfässer usw.[7]). In England scheint die Manufaktur von Silbergeschirr unter Königin Anna einen plötzlichen Aufschwung genommen zu haben, worauf der vermehrte Gebrauch des Tees großen Einfluß übte. In der Zeit von 1765—1780 nahm der Gebrauch von silbernen Teemaschinen, Terrinen, Tee- und Kaffeekannen, Präsentiertellern und Weinkühlflaschen sehr zu; silberne Teller und Deckel verbreiteten sich bis in die untersten Klassen, Uhren bis zu den Ärmsten, und die Vergoldungen der inneren Wohnungsräume absorbierten bereits viel Gold[8]). »Das Haus manches Amsterdamer Kaufherrn tat es (1792) in schwerem Prunk fürstlichen Palästen zuvor, und im Haag sah man wohl einzelne Gärten durch massive Silbergitter von der Straße geschieden«[9]). Professor Gottfried Sell, der eine reiche Holländerin geheiratet hatte, hielt (1735) in seinem Hörsaal in Göttingen silberne Spucknäpfe und silberne Kandelaber[10]). Die Juwelen des Grafen Wartenberg wurden bei der Taxation seines Vermögens nach seinem Tode (1711) auf 100598 Tlr., der Metallwert der silbernen Geräte und Möbel auf 18896 Tlr. geschätzt[11]).

in Rußland im 18. —

Auch in den Palästen der russischen und polnischen Großen sah man im 18. Jahrhundert in Zimmern mit getünchten Wänden, rohem Holzwerk, plumpem und schlecht gearbeitetem Gerät große Massen von Edelmetall. Fürst

1) Baudrillart IV 215—217 (nach den Memoiren der Gräfin d'Aulnoy). 2) ebd. IV 439. 3) Lacroix, XVIII. siècle, Lettres S. 532f. 4) Voltaire, Siècle de Louis XIV. ch. 30 (Oeuvres 1784, XXI 229). 5) Lacroix, XVIII. siècle, Lettres S. 500f. 6) Baudrillart IV 266f. 7) Jacob a. a. O. II 135. 8) ebd. II 137ff. 9) v. Sybel, Gesch. d. Revolutionszeit II^4 41. 10) Justi, Winckelmann I 77. 11) Droysen, Gesch. d. preuß. Politik IV 1, 363f.

W. W. Golizyn (1643—1714) besaß 400 silberne Schüsseln[1]. In dem Palast Karl Radziwills zu Nieswiesch waren tausend goldene und silberne Kostbarkeiten zur Schau gestellt, darunter Tische aus gegossenem Silber, vor allem die Statuen der zwölf Apostel, jede zwei Fuß hoch, aus lauterem Golde gegossen[2].

In den dreißiger Jahren des 19. Jahrhunderts befanden sich in England wahrscheinlich 10000 Familien, deren jede von Artikeln verschiedener Art in Gold und Silber einen Wert (bloß nach dem Metallgewicht) von 500 Lstr., und ungefähr 150000 Familien, deren jede für 100 Lstr. (Anschaffungskosten) Luxusartikel aus Gold und Silber besaß; kleine Artikel solcher Art, wie Ohrringe, Löffel und dgl., besaßen auch die ärmsten Tagelöhnerfamilien[3]. Frankreich verbrauchte 1855 (nach M. Chevalier) für 60 Millionen Frcs. Gold und Silber außer der Verwendung beider Metalle als Zirkulationsmittel; 1880 wohl mehr als 70 Millionen. Fast ebenso groß ist der Bedarf Englands, wo übrigens die Verarbeitung des Golds für Schmuck und Geräte sich in einem Jahrzehnt (1870 bis 1880) mehr als verdoppelt hat, während die des Silbers in der gleichen Zeit stationär blieb[4].

in England und Frankreich im 19. Jahrhundert.

In welchem Verhältnis der Silberluxus in Rom seit dem Ende des 2. Jahrhunderts v. Chr. zu dem des modernen Europa stand, wird nach den ungenügenden und vereinzelten Angaben, die wir besitzen, schwerlich mit einiger Sicherheit beurteilt werden können. Wenn es schon vor den Sullanischen Kriegen in Rom über 100 Schüsseln von je 100 Pfund (röm., fast 33 Kilogr.) gab, deren manche ihren Eigentümern die Proskription zuzogen; und wenn ein Sklave des Claudius, Rotundus, Dispensator im diesseitigen Spanien, eine Silberschüssel von 500, mehrere seiner Begleiter solche von 250 römischen Pfund (164 bzw. 82 Kilogr.) besaßen[5]: so hat man auch hier vielleicht eine diesen Zeiten eigentümliche Art des Luxus zu erkennen, der Mode und Eitelkeit eine ungewöhnliche Verbreitung gaben, wie z. B. in Paris im 13. Jahrhundert mit Prachtgefäßen (aus Gold, Silber, Kristall, mit Edelsteinen besetzt oder emailliert), »in deren Fertigung die mittelalterliche Goldschmiedekunst ihresgleichen suchte«, großer Luxus getrieben wurde, während die Zimmer sehr dürftig möbliert waren. »Der größte Teil des Vermögens wurde in Gold und Edelsteinen angelegt — Fürsten und Grafen häuften in Frankreich Goldmassen auf, die oft an die angestaunten orientalischen Reichtümer erinnern«[6].

Die großen Silberschüsseln der Römer —

Vermutlich wirkte aber hier, und so vielleicht auch bei dem Silberluxus des römischen Altertums, die Absicht mit ein, sich einen Reservefonds oder einen stets bereiten, der Verminderung nicht wie Geld ausgesetzten, leicht umzusetzenden oder zu verpfändenden und im Notfalle leicht fortzuschaffenden Schatz zu sichern[7]. So legten die Bauern in Schweden zu Ende des 16. Jahrhunderts erübrigtes Geld in »starken döllpischen« silbernen Löffeln im Gewicht von 3 bis 4 Reichstalern an; selbst arme Bauern, die kein Bett besaßen, hatten deren

dienten vielleicht zugleich als leichttransportabler Reservefonds.

1) Brückner, Beitr. zur Kulturgesch. Rußlands im 17. Jahrhundert S. 306f. 2) E. v. d. Brüggen, Polens Auflösung S. 144. 3) Jacob a. a. O. II 245f. 4) Baudrillart IV 655. 5) Plin. n. h. XXXIII 145. 6) A. Springer, Paris im 13. Jahrh. S. 28f. 7) Auch Alwin Schultz, Das höf. Leben z. Z. d. Minnesinger I² 372 glaubt, daß die Geräte der Großen aus Edelmetall im 12. und 13. Jahrhundert zum Teil als Reservefonds dienen sollten.

mindestens für sich und ihre Frauen, reiche sollen bis 50, ja in älterer Zeit eine halbe Tonne voll gehabt haben[1]). Ebenso schafften im Anfange des 19. Jahrhunderts und noch später reiche Hofbesitzer im Weichseldelta, wenn sie bereits silbernes Tee-, Kaffee- und Tischgeschirr, silberne Wagenverzierungen und Pferdegeschirr besaßen, silberne Spucknäpfe (nach glaubwürdiger Mitteilung auch silberne Nachttöpfe) an[2]). Im Jahre 1720, wo der Lawsche Aktienschwindel sich seinem Ende näherte, ersetzte in Paris Gold und Silber das Kupfer und Zinn auch in den gemeinsten Geräten, selbst Nachttöpfen[3]): auch diese Verwendung der Edelmetalle war doch wohl nicht allein durch das Übermaß des Luxus, sondern auch durch das Sinken der Aktien veranlaßt. Bei den jetzigen russischen und polnischen Juden sind Ankäufe von Juwelen und Geräten aus Edelmetall, die für ihr Vermögen und ihren sonstigen Besitz unverhältnismäßig groß sind, auch gegenwärtig ganz gewöhnlich; bettelhafte, mit Walnüssen handelnde Juden kaufen in Königsberg silberne Leuchter u. dgl., »um ein Pfandstück zu besitzen«. Wie im heutigen Orient, wo es »die Bedingung alles Reichtums ist, daß man ihn flüchten könne«[4]), scheint auch im römischen Kaiserreich die Vorliebe für die Anlage in Juwelen, wenigstens in den östlichen Provinzen, bestanden zu haben: in einem Gleichnis Christi steckt der Kaufmann sein ganzes Vermögen in eine einzige Perle[5]). Nicht wenige mögen auch ebensoviel Grund gehabt haben, stets auf alles gefaßt zu sein, wie der spätere Kaiser Galba, der unter Nero nicht einmal eine Spazierfahrt unternahm, ohne in einem zweiten Wagen eine Million Sesterzen in Gold mit sich zu führen[6]). Die Anschaffung von Silber als Reservekapital mag infolge der seit Nero eingetretenen Münzverschlechterung je länger desto beliebter geworden sein. Der früher aus möglichst reinem Silber geprägte Denar erhielt nun einen Zusatz von unedlem Metall, der unter Nero 5—10, unter Trajan 15, unter Hadrian beinahe 20, unter Marc Aurel 25, unter Commodus 30, unter Septimius Severus 50—60 Prozent betrug; und obwohl er so zu einer immer weniger vollwertigen Scheidemünze herabsank, blieb sein Münzwert doch der frühere[7]). Schon zu Ende des 1. Jahrhunderts wurde bei größeren Summen Goldzahlung ausbedungen[8]).

Gewichtsangaben bei Silbergerät.

Auf die Absicht einer Verwendung des Silbergeräts als Wertobjekt läßt auch die Sitte der genauen Eingravierung von Gewichtsangaben schließen[9]), die offenbar auch bei Inventarisierungen dienten, da der Besitz in Silber regelmäßig nach dem Gewicht angegeben wird; ferner die Sitte, bei festlichen Gelegenheiten vorzugsweise Silbergerät zu schenken. An den Saturnalien schenkten Arme oder Sparsame silberne Löffelchen, Reiche und Freigebige silberne

1) Sam. Kiechels Reisen (1585—1589), Bibl. d. liter. Vereins in Stuttgart LXXXVI 75. Sehr auffallend ist daher, daß man bei der Hochzeit Gustav Adolfs zinnernes Geschirr zur Aushilfe leihen mußte. Grauert, Christine Königin von Schweden I 531. 2) Passarge, Aus dem Weichseldelta S. 28f. (im Jahre 1806 gab es auf reichen Höfen dort auch vergoldete Wetterfahnen). 3) Baudrillart IV 265. 4) Moltke, Briefe a. d. Türkei S. 49. 5) Ev. Matthaei 13, 46. Vgl. auch oben S. 328. 6) Sueton. Galba 8, 1. 7) Hultsch, Metrol.² S. 312. 8) Martial. XI 23, 3. 9) Petron. sat. 31, 10. 33, 6. 59, 6. 67, 7. Pernice-Winter, Hildesheimer Silberfund S. 19. Héron de Villefosse, Monum. Piot V 1889 S. 42f. 84. 87. 90. 94. 97ff.; vgl. R. Schöne, Philol. XXVIII 1868 S. 369ff. und Hermes III 1868 S. 469ff. Mommsen, Hermes IV 1869 S. 377. R. Zahn, Amtl. Berichte aus den preuß. Kunstsamml. XXXVIII 1916/17 S. 287ff. Vgl. den Anhang XXIV.

Schüsseln und Pokale, selbst goldene Schalen. Martial klagt über die jährliche Abnahme der Saturnaliengeschenke eines Freunds: vor 10 Jahren habe er Silbergerät im Gewicht von 4 Pfund erhalten, im fünften Jahre ein Geschenk von 1 Pfund Gewicht, im sechsten nur noch ein Schüsselchen im Gewicht von $^2/_3$ Pfund, im siebenten ein Schälchen, das knapp $^1/_2$, im achten und neunten Löffelchen, die weniger als $^1/_6$ Pfund und als eine Nadel wogen[1]. Bei Juvenal verschafft sich der Schlemmer die für seine kostspieligen Mahlzeiten erforderlichen Summen durch Verpfändung silberner Schüsseln und Zerbrechen eines Porträtmedaillons seiner Mutter[2]. Ambrosius läßt den Wucherer zum Borger sprechen: er wolle, um ihm das gewünschte Geld zu schaffen, ererbtes Silbergerät zerbrechen; es sei kunstvoll gearbeitet, er werde viel verlieren, keine Zinsen könnten die getriebenen Figuren ersetzen, aber um eines Freundes willen wolle er den Verlust nicht scheuen, nach der Zurückzahlung werde er es wieder zurecht machen lassen[3].

Silberluxus der Kaiserzeit.

Einen Begriff von der Größe des Silberluxus in der früheren Kaiserzeit gibt die Nachricht des Plinius, daß Pompejus Paullinus (Schwiegervater des Seneca) als Befehlshaber der Armee im unteren Germanien (im Jahre 58) 12000 Pfd. (also beinahe 4000 Kilogr.) Silber mit sich geführt habe[4]. Ein so großer Vorrat war ohne Zweifel selten. Alexander Severus, dessen Haushalt für einen kaiserlichen äußerst bescheiden war, hatte an seiner Tafel auch bei Gastmählern kein goldenes Geschirr, und silbernes nicht über 200 Pfund ($65^1/_2$ Kilogr.)[5]. Doch mögen die Kredenztische in manchen großen Häusern sehr viel glänzender ausgestattet gewesen sein. Im Jahre 1868 hat der Silberfund in Hildesheim (im ganzen etwa 60 Stück) daran erinnert, wie reich die Tafeln römischer Feldherrn, Beamten, Offiziere und Kaufleute auch in Germanien mit Silbergeschirr besetzt waren, wovon natürlich manches als Kriegsbeute oder sonst in die Hände der rechtsrheinischen Deutschen kam[6].

Verbreitung des Silberluxus in den mittleren und unteren Ständen.

Die übrigen Angaben des Plinius sind wenig geeignet, bestimmte Vorstellungen gewinnen zu lassen, zum Teil weil sie zu hyperbolisch sind, z. B. daß Frauen andere Badewannen als silberne verschmähten[7]. Er bestätigt aber auch, daß der Gebrauch des Silbers bis zu einem gewissen Grade in den mittleren und unteren Ständen verbreitet war. Soldaten hatten Silberbeschlag an Schwertgriffen und Gürteln, silberne Kettchen an den Schwertscheiden, Frauen aus dem Volke trugen silberne Spangen an den Füßen[8], und selbst Sklavinnen besaßen silberne Handspiegel[9]. Die Ausgrabungen von Pompeji, dessen Bewohner nach der Verschüttung die meisten Häuser durchsucht und das Wertvollste daraus fortgeschafft haben, haben aus diesem Grunde an Silbergefäßen nur eine verhältnismäßig bescheidene Ausbeute ergeben; doch der 1894 in der noch unberührten Villa eines Pompejaners bei Boscoreale gefundene Silberschatz be-

1) Martial. VIII 71. 2) Juv. 11, 17ff. 3) Ambros. De Tobia 3, 10 p. 523, 6ff. Schenkl. 4) Plin. n. h. XXXIII 143; vgl. Nipperdey zu Tac. A. XIII 53. 5) Hist. aug. Alex. Sever. 34, 1. 6) E. Pernice u. F. Winter, Der Hildesheimer Silberfund der Kgl. Museen zu Berlin, 1901. Vgl. das Inventar des Silberschatzes eines römischen Offiziers oder Beamten in Ägypten BGU III 781, dazu Wilcken, Arch. f. Papyrusforsch. VI 1913 S. 302. 7) Plin. n. h. XXXIII 152. 8) Petron. 67, 7: Trimalchios Frau Fortunata trägt *compedes* von $6^1/_2$ Pfund, doch wohl silberne. 9) Plin. n. h. XXXIV 160.

steht allein aus 109 Stücken (wovon gegen 100 zum Tafelgeschirr gehören)[1]). Auch in den Provinzen, namentlich Spanien und Gallien, sind Silbergefäße in nicht geringer Anzahl gefunden worden: der Fund von Bernay in der Normandie (1830) bestand aus 69 Gegenständen in getriebener Arbeit[2]).

6. DER LUXUS DER TOTENBESTATTUNG.

Im Luxus der Totenbestattungen hat das römische Altertum wohl alle späteren Zeiten weit überboten. Manche im Wesen der römischen Kultur begründete Momente wirkten mit der Neigung, die Größe des Schmerzes auch durch Verschwendung zu betätigen, und mit der Prachtliebe zusammen, um diesen Luxus zu einer außerordentlichen Höhe zu steigern: die Auffassung der Pflichten der Lebenden gegen die Toten, die Vorstellungen von deren Fortdauer und der Wunsch, ihr Andenken bei der Nachwelt als ein unvergängliches zu erhalten. Schon die Zwölftafelgesetze enthielten eine Anzahl von Bestimmungen zur Einschränkung des Bestattungsluxus. Eine derselben, daß man den Leichen kein andres Gold auf den Scheiterhaufen oder in die Gruft mitgeben solle als das, mit welchem ihre Zähne befestigt seien, zeigt zugleich, wie früh die Zahnheilkunde in Rom geübt worden ist[3]).

Die Leichenzüge.

Jede feierliche Bestattung[4]) verursachte beträchtliche Kosten schon durch den Leichenzug, dem Chöre von Flöten-, Horn- und Tubabläsern vorausgingen[5]), und in welchem andre Chöre von Tänzern und Mimen Tänze und dramatische Szenen aufführten, wobei auch (wenigstens zuweilen) der Verstorbene selbst dargestellt wurde. Ganz besonders prachtvoll aber und entsprechend kostspielig waren die Leichenbegängnisse von Personen des hohen Adels, bei welchen ein den Toten zu Grabe geleitender Zug der Ahnen das Hauptschauspiel war. Zu Darstellern derselben wählte man Personen (hauptsächlich Schauspieler), welche ihnen an Gestalt und Größe soviel wie möglich glichen. Diese trugen die in den Atrien vornehmer Häuser oft seit Jahrhunderten aufbewahrten Bilder der Ahnen, d. h. deren dem Leben möglichst treu nachgebildete Wachsmasken, vor dem Gesicht und erschienen in den ehrenvollsten Trachten, zu deren Anlegung jene berechtigt gewesen waren: die kurulischen Magistrate in der purpurumsäumten Toga, die Zensoren in der Purpurtoga, die Triumphatoren im goldgestickten Purpur, unter dem Vortritt von Liktoren mit Rutenbündeln und Beilen und umgeben von allen übrigen Attributen der bekleideten Ämter und Würden. Die Zahl der Tragbahren und Wagen, auf welchen diese Gestalten der Vorzeit der Totenbahre voraus zogen, belief sich oft auf mehrere Hundert. Als im Jahre 22 n. Chr. Junia Tertulla, die Schwester des Marcus Brutus, Gemahlin des Gajus

Die Ahnenbilder.

1) Monuments Piot V 7ff., vgl. Michaelis, Preuß. Jahrb. Bd. 85 (1896) S. 17ff. 2) Monum. Piot a. a. O. S. 170f. E. Babelon, Le trésor d'argenterie de Berthouville près Bernay (Eure) conservé au département des medailles antiques de la Bibliothèque Nationale. Paris 1916. 3) Übrigens kommen auch im Talmud falsche Zähne mit Gold- und Silberdraht zur Befestigung vor. Delitzsch, Handwerkerleben z. Z. Jesu[3] (1879) S. 57. 4) Überall, wo keine Belegstellen angeführt sind, vergleiche man Marquardt, Privatl.[2] 340—385, s. auch Mau, Real-Encykl. III 345ff. 5) So in der Darstellung eines Leichenzuges auf einem Relief aus Amiternum, N. Persichetti, Röm. Mitteil. XXIII 1908 S. 15ff. Taf. IV.

Cassius, starb, »gingen die Bilder von zwanzig der erlauchtesten (verwandten) Familien ihr voran, die Manlier, Quinctier und andre von ebenso hohem und altem Adel, doch vor allen glänzten Brutus und Cassius, gerade darum, weil ihre Bilder nicht zu sehen waren«[1]). Auch bei dem Leichenbegängnisse des Sohns des Kaisers Tiberius, Drusus, (im folgenden Jahre) war das Schauspiel durch das Gepränge der Ahnenbilder überaus prachtvoll. Man sah Aeneas als Stammvater des Julischen Geschlechts, die sämtlichen Könige von Alba, den Gründer Roms, König Romulus, sodann den sabinischen Adel, Attus Clausus, den Urahnen des gewaltigen Stamms der Claudier, und dessen übrige Häupter in unermeßlicher Reihe vorüberziehen[2]). Mochte auch der Apparat solcher Darstellungen größtenteils von den verwandten Familien geliefert werden, welche die Masken aus ihren Ahnensälen hergaben, so erforderte der ganze Zug doch selbstverständlich einen nicht geringen Aufwand.

Verschwendung von Wohlgerüchen.

Sodann wurde ein großer Luxus mit Wohlgerüchen sowohl bei dem Leichenzuge selbst als bei der Bestattung getrieben, wo man sie auf den Scheiterhaufen oder bei Begräbnissen auf die Leiche selbst schüttete und träufelte. Deshalb wurden auch von solchen, die den Toten und dessen Familie ehren wollten, Wohlgerüche zur Bestattung gesandt[3]). Am allgemeinsten wurde der Weihrauch angewandt, »den man den Göttern körnerweise streute, zu Ehren der Leichen in Massen darbrachte«[4]). In Ostia wurden z. B. bei der Bestattung eines dem Dekurionenstande angehörigen Jünglings auf Gemeindekosten zwanzig römische Pfund (6,55 Kilogramm), bei der Bestattung einer Frau aus der städtischen Aristokratie fünfzig Pfund (16,37 Kilogramm) Weihrauch verbraucht[5]). Nach Plinius kostete von den drei im Handel befindlichen Sorten des Weihrauchs das römische Pfund je 6, 5 und 3 Denar (etwa 5,20, 4,35, 2,60 Mark)[6]). Andre kostbarere Wohlgerüche scheinen, wie überhaupt[7]), so auch bei Leichenbegängnissen, außerhalb Roms selten gebraucht worden zu sein[8]). In Rom dagegen war bei Bestattungen der Reichen und Vornehmen die Verschwendung der teuersten Wohlgerüche Arabiens und Indiens oft eine ungeheure. Der Günstling Domitians, Crispinus, der an jedem Morgen von Amomum triefte, duftete nach Juvenal »stärker als zwei Leichenbegängnisse«[9]). Bei Sullas Bestattung sollen die Frauen Roms so viel Spezereien und Wohlgerüche herbeigebracht haben, daß zwei sehr große Figuren, Sullas und eines Liktors, »aus teurem Weihrauch und Zimmet« hergestellt werden konnten; beide wurden, wie es scheint, in dem aus 210 Wagen bestehenden Zuge der Ahnen mit aufgeführt[10]). Bei der Bestattung Poppäas im Jahre 65 n. Chr., deren nach orientalischer Sitte mit Spezereien gefüllter Leib im Mausoleum des Augustus beigesetzt wurde, soll Nero nach der Schätzung

1) Tac. A. III 76. 2) ebd. IV 9. 3) Plutarch. Cato min. 11. CIL V 337 = Dessau 6679. 4) Plin. n. h. XII 83. 5) CIL XIV 321 (= Dessau 6136). 413. Drei Pfund bei der Bestattung eines 14jährigen Knaben in Parentium (Istrien) CIL V 337 = Dessau 6679. Bei dem von einer Mutter in Parma für ihre verstorbene Tochter Gewährten: *statua, odoramenta ex HS* ∞∞∞∞ CIL XI 1088 sind die 4000 S. wohl die Bezahlung für beides. Bei Jesu Bestattung wurden 100 Litren (32,8 Kilo) einer Mischung von Myrrhen und Aloe verwendet, Ev. Joh. 19, 39. Herzfeld, Handelsgesch. d. Juden S. 101 Anm. 6) Plin. n. h. XII 65. 7) Oben S. 323 f. 8) Zehn Pfund *folei* (doch wohl *foliati*, Plin. n. h. XIII 15) beim Funus publicum einer angesehenen Frau in Puteoli 187 n. Chr. CIL X 1784 = Dessau 6334. 9) Juv. 4, 109; auch Martial. XI 54; vgl. oben S. 329. 10) Plutarch. Sulla 38; vgl. auch Mau, Real-Encykl. III 351 f.

Sachverständiger mehr Wohlgerüche haben verbrennen lassen, als Arabien in einem Jahre erzeugte[1]). Bei der Bestattung der Annia Priscilla, Gemahlin des Flavius Abascantus, Freigelassenen und Sekretärs des Kaisers Domitian, im Jahre 95, deren Leib ebenfalls mumisiert in einem Marmorsarkophage beigesetzt wurde, erfüllten (nach einer poetischen Beschreibung) die Ernten Arabiens und Ciliciens, der Sabäer und Inder, sowie Safran und Myrrhen und der Balsam von Jericho mit ihren Düften die Luft[2]).

Scheiterhaufen.

Auch die Ausstattung der Scheiterhaufen war ein Gegenstand des Luxus. Allerdings wissen wir nur von denen der Kaiser, daß sie (wenigsten im 3. Jahrhundert) in mehreren Stockwerken pyramidalisch aufgebaut, über und über mit goldgestickten Teppichen, Gemälden und Reliefs bedeckt, den Flammen preisgegeben wurden[3]). Doch da Plinius von der Bemalung der Scheiterhaufen spricht[4]), darf man vermuten, daß zuweilen auch bei der Bestattung von Privatpersonen diese Pracht nach Vermögen nachgeahmt wurde.

Urnen und Sarkophage.

Die Urnen, in welchen die Asche, sowie die Sarkophage, in welchen die Leichen beigesetzt wurden, waren oft durch Material und Arbeit kostbar. Goldene und silberne Urnen werden selten gewesen sein (Trajans in dem Postament seiner Ehrensäule beigesetzte Aschenurne war aus Gold)[5]), dagegen waren sie offenbar häufig aus teuern und seltenen Steinarten. Eine Urne aus orientalischem Alabaster umschloß die mit Setinerwein gelöschte Asche und die Gebeine des Philetus, eines Sklaven des Flavius Ursus (etwa im Jahre 90)[6]). In einem Kolumbarium kaiserlicher Freigelassener und Sklaven aus den beiden ersten Jahrhunderten ist (außer mehreren plastisch verzierten marmornen Aschengefäßen) eine ebenfalls aus orientalischem Alabaster gearbeitete Urne eines kaiserlichen Sklaven Africanus gefunden worden, der sich dort auch laut der Inschrift »eine kleine Kapelle mit Gitter und bronzenen Ornamenten« hatte machen lassen[7]). Eine in einem Grabe zu Pompeji gefundene gläserne Aschenurne mit weißen, erhabenen Figuren auf dunkelblauem Grunde, welche eine Weinlese von Genien darstellen, gehört zu den schönsten aus dem Altertum erhaltenen Glasarbeiten[8]). Der Sarkophag, der die Überreste Neros enthielt, welche von seiner ehemaligen Geliebten Acte und seinen beiden Wärterinnen Ecloge und Alexandria bestattet wurden, war aus ägyptischem Porphyr; darauf stand ein Altar von carrarischem Marmor, rund herum lief eine Einfassung von thasischem (weißem) Marmor[9]). Wie überaus reich Sarkophage und Urnen oft mit künstlerischem Schmuck ausgestattet waren, ist allbekannt.

Verbrennen und Begraben von Gebrauchsgegenständen.

Eine andre Art der Verschwendung wurde durch die Sitte veranlaßt, zugleich mit den Toten Gegenstände aller Art zu begraben oder zu verbrennen, deren sie sich im Leben bedient hatten, wie Kleider, Waffen, Schmuck, Geräte, Kinderspielzeug usw. Diese Sitte beruhte auf der Vorstellung einer körperlichen Fortdauer der Abgeschiedenen, zugleich aber wollte man ganz besonders in dieser

1) Plin. n. h. XII 83. 2) Stat. silv. V 1, 210—214; vgl. II 1, 157—162 (Bestattung des Glaucias, Pagen des Atedius Melior); II 6, 85—90 (des Philetus, Sklaven des Flavius Ursus); III 3, 33—37 (des Vaters des Claudius Etruscus). 3) Herodian IV 2, 6ff. Vgl. dazu H. Graeven, Röm. Mitt. XXVIII 1913 S. 283ff. 4) Plin. n. h. XXXV 49. 5) Eutrop. VIII 5, 2. 6) Stat. silv. II 6, 90ff. 7) CIL VI 5306 = Dessau 7930. 8) Mau, Pompeji² S. 434f. Kisa, Das Glas im Altertume (1908) S. 582f. Taf. VIII. IX. 9) Sueton. Nero 50.

Verschwendung die Größe und Leidenschaftlichkeit des Schmerzes über den erlittenen Verlust offenbaren[1]). Bei Lucian sagt ein Witwer, daß er seine Liebe zu seiner seligen Frau durch Verbrennung ihres ganzen Schmucks und ihrer Kleider bei ihrer Bestattung bewiesen habe[2]). Der Redner Regulus, der bei dem Verlust eines etwa 14 oder 15 jährigen Sohns mit seinem Schmerze Ostentation trieb, ließ an dessen Scheiterhaufen die zahlreichen Ponys und Ponygespanne, großen und kleinen Hunde, Nachtigallen, Papageien und Amseln schlachten, die der Knabe besessen hatte[3]). Namentlich wurden die Leichen in möglichst prachtvolle Gewänder gehüllt dem Scheiterhaufen oder der Gruft übergeben. Selbst ein so strenger Philosoph wie Cato von Utica zeigte bei dem Tode seines geliebten Halbbruders Quintus Servilius Cäpio zu Aenus in Thracien, wie sehr ihn der Schmerz überwältigte, »auch durch den Aufwand bei der Bestattung und die Verbrennung von kostbaren Gewändern und Wohlgerüchen«[4]). Die Erben des in der weltbekannten Pyramide zu Rom bestatteten Gajus Cestius (eines Zeitgenossen des Augustus) legten den Erlös der Attalischen (mit Gold durchwirkten) Teppiche, welche sie ihm nach dem Edikt der Ädilen nicht, wie er im Testament bestimmt hatte, ins Grab mitgeben durften, zu der für die Erbauung der Pyramide erforderlichen Summe hinzu[5]). Eine ernstliche Handhabung der den Bestattungsluxus einschränkenden Gesetze, welche den Ädilen oblag[6]), hat übrigens in der Kaiserzeit wohl ebensowenig stattgefunden wie bei den übrigen Luxusgesetzten. Nero wurde in weißen, golddurchwirkten Teppichen bestattet, deren er sich beim Empfange am letzten Neujahr vor seinem Tode bedient hatte[7]); die oben erwähnte Annia Priscilla in tyrischem Purpur[8]).

Gesamtkosten der Bestattungen.

Über die Gesamtkosten sowohl glänzender als bescheidener Bestattungen haben wir einige Angaben. Die Kurie d. h. der Stadtrat von Pompeji bewilligte bei dem Tode eines dortigen Ädilen außer dem Boden für das Grabmal 2000 Sesterzen (435 Mark) für das Leichenbegängnis[9]), dieselbe Summe (und überdies eine Reiterstatue) bei dem Tode eines Duumvirn (des höchsten städtischen Beamten)[10]): dies galt also für die Ausrichtung einer ehrenvollen Bestattung dort schon als hinreichend. Ein Veteran in Lambäsis hatte für Bestattung und Grabmal zusammen in seinem Testamente nur 2000 Sesterzen ausgesetzt, doch die Hinterbliebenen fügten noch 500 hinzu[11]). Aber für die Bestattung eines Sorrentiners, der in seiner Vaterstadt die höchsten Ämter und Priestertümer bekleidet hatte, bewilligte der dortige Stadtrat (außer zwei Statuen und dem Boden für das Grabmal) 5000 Sest. (1087 Mark)[12]). Ganz andere Summen wurden natürlich in Rom ausgegeben[13]). Ein Freigelasener Cäcilius Isidorus, der in seinem vom 27. Januar 8 v. Chr. datierten Testament angab, daß er trotz großer Verluste 4117 Sklaven, 3600 Joch Ochsen, 257000 Stück andern Viehs und 60 Millionen Sesterzen (über 13 Millionen Mark) bar hinterlasse, hatte für seine Bestattung

1) Daher wirft in den Scheiterhaufen Cäsars das Leichengefolge, was es gerade zur Hand hat, die eigenen Kleider und Waffen, die Matronen ihren Schmuck und die *bullae* ihrer Kinder (Sueton. Caes. 84, 4), in den des Augustus die Soldaten ihre Ehrenzeichen (Cass. Dio LVI 42, 2). 2) Lucian. Philops. 27. 3) Plin. ep. IV 2, 3. 4) Plutarch. Cato min. 11. S. unten S. 368. 5) CIL VI 1375 = Dessau 917a. 6) Mommsen StR. II³ 510, 1. 7) Sueton. Nero 50. 8) Stat. silv. V 1, 225; vgl. oben S. 362. 9) CIL X 1019. 10) CIL X 1024 = Dessau 6366. 11) CIL VIII 3079. 12) CIL X 688. 13) z. B. 16000 Sest. CIL VI 33846 = Dessau 7660, 20000 S. CIL VI 1828 = Dessau 1887, 50000 S. CIL VI 37213 = Dessau 2044, 100000 S. *praeter locum* CIL XIV 3906 = Dessau 6544.

eine Million Sest. (gegen 218000 Mark) ausgeworfen[1]). Diese Summe, welche Plinius ihrer Merkwürdigkeit wegen berichtet, war ohne Zweifel eine ganz exorbitante, denn auch die offenbar beträchtlichen Kosten der Bestattung Neros beliefen sich nur auf 200000 Sest. (43500 Mark)[2]). Bei der Bestattung Vespasians erhielt der Schauspieler, welcher den verstorbenen (wegen seiner Sparsamkeit viel gescholtenen und verspotteten) Kaiser darstellte, auf seine Frage, wieviel der Zug und das Leichenbegängnis koste, von den Prokuratoren zur Antwort: 10 Mill. Sesterzen; worauf er ausrief, man möchte ihm 100000 Sest. geben, dann möge man ihn in den Tiber werfen[3]). Wie groß die Pracht der Kaiserbestattungen auch schon damals gewesen sein mag, so ist es doch mindestens zweifelhaft, ob hier nicht, um die beabsichtigte komische Wirkung herbeizuführen, absichtlich eine fabelhafte Summe genannt wurde[4]).

Bewirtungen und Schauspiele bei Bestattungen und Totenfeiern.

Einen noch größeren Aufwand aber als die Leichenbegängnisse selbst verursachte die Sitte angesehener und vornehmer Familien, die ganze Gemeinde an der Totenfeier teilnehmen zu lassen, indem man bei der Bestattnng selbst oder später zum Gedächtnis der Verstorbenen Bewirtungen und Schauspiele, namentlich Gladiatorenkämpfe, veranstaltete. Zahlreiche Beispiele solcher Totenfeste sind bereits aus der Zeit der Republik bekannt[5]). Oft wurden sie letztwillig angeordnet. Nach Horaz hatte ein Staberius in seinem Testamente verfügt, daß seine Erben die Summe der Hinterlassenschaft in das Grabmal einhauen, falls sie dies unterließen, ein Kampfspiel von 100 Fechterpaaren und eine öffentliche Mahlzeit nach der Bestimmung eines bekannten Verschwenders Arrius geben sollten[6]). Auch in den Städten Italiens bestand diese Sitte schon in der Zeit der Republik. So bewirtete z. B. ein Duumvier zu Sinuessa beim Tode seines Vaters die Bürger der Stadt mit Honigwein und Gebackenem (wohl bei der Bestattung selbst), veranstaltete für sie und die Bewohner eines nahen Fleckens ein Gladiatorenspiel, und für die Bürger und alle Angehörigen seines Geschlechts ein Gastmahl[7]). Allem Anschein nach blieb dergleichen in der Kaiserzeit häufig. Der jüngere Plinius lobt einen Freund, daß er der Stadt Verona ein Fechterspiel versprochen habe, da er dort so allgemeine Liebe und Achtung besitze und überdies dem Andenken seiner verstorbenen Frau, einer Veroneserin, eine solche Feierlichkeit schuldig sei. Freilich habe man auch so allgemein in ihn gedrungen, daß er es nicht abschlagen konnte. Doch verdiene seine Freigebigkeit in der Ausstattung noch besonderes Lob, denn gerade in solchen Dingen zeige sich ein großer Sinn. Unter anderm war zu diesem Schauspiel eine Anzahl von Panthern aus Afrika verschrieben worden[8]). Unter Tiberius ließ einmal in einer Stadt Italiens der Pöbel den Leichenzug eines Offiziers den Marktplatz nicht eher überschreiten, als bis er den Erben das Versprechen eines Fechterspiels abgetrotzt hatte[9]). Statt der Bewirtungen bei Totenfeiern erfolgten auch Geldverteilungen. In Gabii verteilte ein Seidenhändler bei der Einweihung des seiner Tochter errichteten Grabtempels (im Jahre 168) an die Honoratioren des ersten Stands je 5, an die des zweiten je 2, an die Ladeninhaber innerhalb der Stadt-

1) Plin. n. h. XXXIII 135. 2) Sueton. Nero 50. 3) Sueton. Vespasian. 19, 2; vgl. oben S. 118. 4) Über den Luxus der Bestattungen im Mittelalter Baudrillart III 613f. 5) Marquardt StV. III² 554, 5. 6. 6) Horat. sat. II 3, 84ff. 7) CIL X 4727 = Dessau 6297. 8) Plin. ep. VI 34. 9) Sueton. Tiber. 37, 3.

mauern je 1 Denar und zahlte außerdem 100000 Sesterzen (21750 Mark) an die Stadtkasse, von deren Zinsen jährlich am Geburtstage seiner Tochter die Honoratioren der beiden ersten Stände öffentlich an besonderen Tafeln gespeist werden sollten[1]). Ähnliche Urkunden über Stiftungen zur Bestreitung jährlicher Gedächtnismahle für Tote sind zahlreich erhalten[2]).

Grabdenkmäler.

Endlich stand die Pracht und Großartigkeit der Grabdenkmäler sowie der Reichtum ihrer äußeren und inneren Ausstattung und Dekoration nicht bloß im Verhältnis zu dem übrigen, in seiner Art einzigen Kunstluxus jener Zeit, sondern wurde durch mannigfache Rücksichten noch sehr erhöht; auch hier haben gesetzliche Einschränkungen[3]) allem Anschein nach so gut wie nichts gefruchtet. Den so allgemeinen, oft bis zur Leidenschaft gesteigerten Wunsch, im Andenken der Nachwelt fortzuleben und auch seinen Angehörigen ein solches Fortleben zu sichern, meinte man am besten durch Bauten zu erreichen, deren hochragende, für die Ewigkeit gegründete, mit architektonischem und plastischem Schmuck aufs reichste ausgestattete Massen die staunenden Blicke noch der spätesten Geschlechter auf sich ziehen sollten. Sodann forderte der Kultus der Toten nicht bloß Räumlichkeiten und Vorrichtungen für die am Grabe abzuhaltenden Opfer, sondern veranlaßte auch öfters die Errichtung der Grabmäler in Form von Tempeln und tempelartigen Gebäuden[4]). Endlich führte die Vorstellung von einem körperlichen Fortleben der Toten zur Anlegung der letzten Ruhestätten (der »ewigen Behausungen«) in der Art von Wohnungen (sowie ihrer Ausstattung mit Gegenständen des Gebrauchs im Innern), welche auch oft mit Gärten umgeben wurden[5]).

Flächenraum.

Bei dem Mangel an allgemeineren Begräbnisplätzen mußten diejenigen, welche nicht auf ihrem eigenen Grund und Boden Grabstätten errichten konnten, geeignete Grundstücke, gewöhnlich an den Landstraßen, erwerben. Diese häufigen Familienbegräbnisse waren in der Regel nicht bloß für die Angehörigen und Nachkommen des Stifters, sondern auch für seine männlichen und weiblichen Freigelassenen und deren Nachkommen bestimmt. In der Schenkung eines Begräbnisplatzes an die Gemeinde zu Sassina in Umbrien werden für jedes einzelne Grab hundert Quadratfuß bestimmt[6]). Dieser Raum genügte aber schon für ein Familienbegräbnis: das eines Freigelassenen des Trajan, welcher Direktor des kaiserlichen Postbureaus in Rom war[7]), hatte nicht mehr als $10^1/_4$ Fuß im Quadrat[8]) Doch waren größere auch in der Zeit des Verbrennens nicht ungewöhnlich. Das Grabmal des N. Istacidius zu Pompeji z. B. hat einen Flächeninhalt von $15 \times 15 = 225$ Quadratfuß[9]). Der Gemüsegärtenpächter Geminius Eutyches in Rom wollte das seine auf einer Fläche von 20 Fuß im Quadrat erbauen[10]), Grabstätten von $25 \times 25 = 625$ Quadratfuß[11]), von $25 \times 30 = 750$ Quadratfuß,

1) CIL XIV 2793 = Dessau 5449. 2) B. Laum, Stiftungen in der griech. u. röm. Antike (1914) I 75ff. 3) Cic. ad Attic. XII 35. 36, 1. 4) CIL XIV 166. XI 15594 = Dessau 8063c *huic monumento cedet hortus in quo tricliae viniola puteum aediculae, in quibus simulacra Claudiae Semnes in formam deorum;* vgl. Brunn, Kl. Schrift. I 88. Petersen, Ann. d. Inst. 1860 S. 350. 5) Vgl. unten [III 316]. Über die Anlage von Parks bei Herrschergräbern E. Kornemann, Mausoleum u. Tatenbericht d. Augustus (1921) S. 7f. 94f. 6) CIL XI 6528 = Dessau 7846 *singuleis in fronte p. X in agrum p. X.* 7) Hirschfeld, Verw.-Beamt. 193. 8) CIL VI 8542. 9) CIL X 1027 (= Dessau 6379), ebenso IX 5038. VI 9583. 10) *Memoriolam ver ped(es) XX in quadrato* CIL VI 33840. 11) CIL VI 12892 = Dessau 8064.

von 26 × 35 = 910 Quadratfuß (die beiden letzteren in Ostia)[1]) waren offenbar nicht ungewöhnlich[2]). Es gab deren aber auch, die einen Morgen (28000 Quadratfuß) umfaßten[3]), und noch größere[4]). Der Trimalchio des Petronius bestimmt seine Grabstätte, auf welcher sich außer dem Monumente Wein- und Obstpflanzungen, auch ein Wächterhäuschen, befinden sollten, auf 20000 Quadratfuß[5]). Als Preis des für das zu errichtende Grabmal gekauften Bodens werden einmal 100000 Sest. angegeben[6]).

Grabdenkmäler in Italien —

Von der Pracht so vieler Mausoleen, die an den Landstraßen Roms und der übrigen Städte Italiens aus der unabsehbaren Menge der geringeren Grabmäler in imposanter Masse und Höhe emporragten, stehen nur noch einzelne, wie die Grabtürme der Cäcilia Metella und des Plautius (an der Straße nach Tivoli), das Torre d'Orlando genannte Denkmal des Munatius Plancus bei Gaeta und die Pyramide des Cestius. Die meisten sind spurlos oder bis auf mehr oder weniger dürftige Trümmer verschwunden, und Martials Wort hat sich erfüllt, daß man seine Gedichte noch lesen werde, wenn Feigenbäume ihre Wurzeln in die hohen Marmordenkmäler des Licinus und Messalla treiben, ja wenn diese Massen zu Staub zerfallen sein würden[7]). Daß auch an kleineren Orten Italiens der Aufwand für Grabdenkmäler verhältnismäßig groß war, zeigen in Pompeji unter anderm die Überreste des einst sehr stattlichen Monuments der Mamia, eines tempelartigen Bauwerks mit Pilastern auf erhöhtem Unterbau[8]). Das im Jahre 168 von dem oben erwähnten Seidenhändler in Gabii seiner Tochter errichtete Grabmal war laut der Inschrift ein Tempel mit der Bronzestatue der Verstorbenen als Venus und vier andern in Nischen aufgestellten Bronzestatuen, mit bronzenen Türen, einem Bronzealtar und sonstigen Schmuck[9]).

und in den Provinzen.

Auch in den Provinzen fehlt es nicht an bedeutenden, ja prachtvollen Denkmälern. Das Grabgebäude eines begüterten Manns in Langres[10]), wohl aus der früheren Kaiserzeit, enthielt nach dessen noch erhaltenen testamentarischen Bestimmungen in einem vorspringenden Raum wahrscheinlich zwei Statuen des Verstorbenen, wohl beide sitzend, aus bestem griechischem Marmor und bester Bronze zweiter Sorte. Vor dem Gebäude stand ein Altar »aus bestem carrarischem Marmor bestens gearbeitet«, der Asche und Gebeine des Toten in sich schloß[11]). Auf dem dazugehörigen Grundstück befand sich ein Teich und Obstgärten, welche drei Gärtner mit ihren Lehrlingen in Ordnung zu halten hatten.

---

1) CIL XIV 331. 166. Angaben über die Grundflächen der Gräber von Aquileja von 6 × 6 bis 160 × 300 Fuß bei Pichler, Virunum S. 119. 2) CIL X 3943 = Dessau 6312 *huic monimento cedunt ex agro quoquo versus pedes quinquageni*, ebenso CIL V 1211 = Dessau 8318. 3) CIL XIV 730 = Dessau 8348 (300 × 96 Fuß). 4) CIL VI 1396 = Dessau 8343: *huic monumento cedent agri puri iugera X.* CIL XI 3895 = Dessau 8347 (Capena): Grabdenkmal mit *rosaria* und *viniolae;* am Schlusse: *et collige iug(erum)*, d. h. im ganzen ein *iugerum;* $2^5/_{12}$ *iugera* CIL XIV 396 = Dessau 8346. CIL XI 3932 = Dessau 5770 (*iugera agri Cutuleniani p(lus) m(inus) IIII ita uti depalatum est*). CIL VI 2204 = Dessau 4998 (*locus sepulchri continet per cippos dispositos iuger(a) quattuor*). CIL XIV 3342 (Praeneste): [*ager ad*] *aedifici defens*[*ionem relic*]*tus — continet p(lus) m(inus) iug(era) XI p(edes) DC terrae cultae, praeterea et silvae p(lus) m(inus) iug(era) V.* 5) Petron. sat. 71, 6. 6) CIL VI 23851. Vgl. Anhang XXV S. 309. 7) Martial. VIII 3, 5ff. X 2, 9. 8) Mau, Pompeji[2] S. 429. 9) CIL XIV 2793 = Dessau 5449; vgl. oben S. 364f. und S. 365, 4. 10) CIL XIII 5708 = Dessau 8379. 11) Vgl. CIL VI 13830 = Dessau 7990 *Caeciliae Sex. f. Iustae — ossa — tute tecta Tiburtino Lunense Lesbio lapillo.*

Für die Instandhaltung des ganzen Komplexes von Gebäuden waren (wie ohne Zweifel in der Regel) Bestimmungen getroffen.

Erhaltene Grabdenkmäler außerhalb Italiens.

Hier und da haben sich römische Grabdenkmäler auch in den Provinzen erhalten. Das 23 Meter hohe, aus festem grauem Sandstein aufgeführte, reich ornamentierte und mit (ehemals polychromen) Bildwerken geschmückte der Secundinier zu Igel bei Trier[1]) gehört zu einer großen, in der Maas- und Moselgegend offenbar sehr beliebten (in kleineren Exemplaren aber auch im rechtsrheinischen Germanien bis nach Regensburg hin verbreiteten) Klasse von Denkmälern. Von vielen ähnlichen (skulpierten, mindestens 3 Meter hohen Pfeilergräbern, die auf der Vorderseite Porträts der Verstorbenen, auf den übrigen sehr realistische, ehemals bemalte Reliefdarstellungen aus ihrem Leben enthielten) sind Bruchstücke vorhanden, die teils aus Luxemburg, teis aus Arlon in Belgien stammen, besonders zahlreich aber durch Ausgrabungen in Neumagen (seit 1877/78) zutage gefördert worden sind[2]). Die vom Volke für ein Grabmal des Pilatus gehaltene sogenannte Aiguille zu Vienne ist »eine hochragende, auf einen Janusbogen gesetzte Pyramide, von gewaltigen Steinen getürmt, ohne allen ornamentistischen Schmuck«[3]). Das bis zur Spitze des Kegeldachs 17,90 m hohe römische Mausoleum der Julier zu St. Remy (in der Nähe von Tarascon) ist in der Zeit des Übergangs der Republik zur Monarchie einem Ehepaare von seinen drei Söhnen errichtet worden. Ein auf Stufen emporsteigender, mit malerisch bewegten Reliefdarstellungen der Taten und des Ruhms des verstorbenen Vaters geschmückter viereckiger Unterbau trägt eine ebenfalls viereckige, nach allen Seiten offene korinthische Bogenhalle, und diese wieder einen offenen Rundtempel von zehn korinthischen Säulen mit einer kegelartigen Kuppel, welcher die Statuen der beiden Gatten enthielt[4]). Der sogenannte Turm der Scipionen bei Tarragona, ein großes, freistehendes Denkmal, rührt wohl aus Augusteischer oder wenig späterer Zeit her[5]). In der ostjordanischen Landschaft stehen noch zahlreich die dort als römische Grabmonumente beliebten viereckigen Türme, die zugleich als Taubenhäuser dienten[6]). Das Denkmal des Präfekten der in Lambäsis stationierten dritten Legion, Titus Flavius Maximus, ein viereckiger, auf einem Sockel stehender, von einer Pyramide gekrönter Steinbau (im ganzen 6—7 Meter hoch), wurde nach einer Erschütterung durch ein Erdbeben 1849 von der dortigen französischen Garnison von Grund aus restauriert. Die in einer bleiernen Urne (welche bei der Berührung auseinanderfiel) gefundene Asche des Toten ward in einer Umhüllung von Zink aufs neue bestattet, und ein ganzes Bataillon erwies durch eine Salve den Manen des römischen Offiziers die letzten militärischen Ehren[7]). Das weit südlich von den Salzseen gelegene, 1894 ent-

1) CIL XIII 4206 (mit Literaturverzeichnis), vgl. E. Krüger, Röm. germ. Korr.Bl. II 1909 S. 57ff. A. Strong, Journ. of Roman Stud. I 1911 S. 24ff. Taf. V—VII. Über die Verbreitung dieses Typus von Grabtürmen vgl. E. Krüger, Germania V 1921 S. 44f. F. Drexel, Röm. Mitt. XXV 1920 S. 27ff.
2) F. Hettner, Rhein. Mus. XXXVI 1881 S. 435ff.; Illustr. Führer durch das Provinzialmuseum in Trier (1903) S. 2ff. Espérandieu, Recueil des basreliefs VI 317ff. S. unten [III 52f. 84]. Mommsen RG. V 105. 3) Stark, Städteleben im südl. Frankreich S. 21. 4) Senz u. Hübner, Jahrb. d. Archäol. Instit. III 1888 S. 1—36; dazu Antike Denkmäler Taf. 13—17. Noack, Die Baukunst d. Altert. Taf. 146. Die Inschrift *Sex. L. M. Iuliei C. f. parentibus sueis* CIL XII 1012. 5) Hübner, Römische Herrschaft in Westeuropa S. 207. 6) Lebas-Waddington 2145. 2381 (= Kaibel, Epigr. gr. 452, 13. 450, 2). 2412[k]. 2474 (= Kaibel 441, 9). 7) Rev. archéol. VI 1849 S. 797. VII 1850 S. 186.

deckte Mausoleum eines Appulejus Maximus von Amruni ist mit einer Darstellung des Abschieds von Orpheus und Eurydice geschmückt[1]). Heinrich Barth kam (1850) auf seinen Wanderungen von Tripoli in das Innere des Lands und auf der Reise nach Mursuk an zahlreichen, zum Teil sehr imposanten Ruinen römischer Grabdenkmäler vorüber, die in früheren Jahrhunderten Gegenstände der religiösen Verehrung der Berberstämme gewesen waren[2]). Am nördlichen Rande der Hamâda (31—30° n. Br.) fand er deren zwei von etwa 15 und 8 Meter Höhe, die, »wie einsame Leuchttürme der Macht und Bildung aus der meerähnlichen Fläche der wüsten Hochebene ragten«, beide vortrefflich erhalten. Die Bauart ist bei beiden dieselbe: auf einer mehrstufigen Basis (welche die Grabkammer einschließt) erheben sich zwei vierseitige, mit korinthischen Ecksäulen geschmückte, reich mit Ornamenten und Skulpturen (darunter Porträts der Verstorbenen) ausgestattete Stockwerke, die von einer Pyramide gekrönt werden[3]). Das südlichste dieser Monumente (ein vierseitiger, einstöckiger, von korinthischen Pilastern eingefaßter Bau mit hohem Hauptgesimse, auf dreistufiger Basis) bei Alt-Djerma (Garama 26° 22′ n. Br.) beweist, daß die Römer längere Zeit die tripolitanische Wüstenstraße beherrscht haben[4]).

Kosten der Denkmäler.

Die Kosten der Grabdenkmäler, die oft testamentarisch bestimmt waren (wo dann zuweilen die Erben zu den ausgesetzten Summen freiwillig Zuschüsse machten), sind in einer Anzahl von Grabinschriften genau angegeben[5]). Die Summen steigen von 200 bis 100000 S. (43,5 bis 21750 Mark). Das Grabmal eines Dekurionen des römischen Augsburg, welcher zu Epfach starb und bestattet wurde[6]), kostete 600 S. (130 Mark); das des Legionspräfekten Flavius Maximus zu Lambäsis das Doppelte[7]). Die Grabmäler, deren Preise wir kennen, sind aber so gut wie sämtlich für Soldaten und Offiziere niederer Grade (höchstens Legionstribunen) in Algerien und für Honoratioren der Städte Italiens und der Provinzen errichtete. Daß die Monumente der Großen Roms ganz andre Summen erforderten, zeigt schon der Preis desjenigen, das der jüngere Cato seinem Halbbruder zu Aenus in Thracien aus thasischem Marmor aufführen ließ[8]), gegen 38000 Mk.; doch in der Kaiserzeit wird auch diese Summe schwerlich für eine ungewöhnlich hohe gegolten haben. Wenigstens verwendet die Witwe eines Sulpicius Similis — es kann wohl kaum der früher erwähnte Gardepräfekt unter Hadrian gemeint sein[9]) — in Rom auf das Grabmal ihres Gatten und ihrer beiden Söhne nebst den zugehörigen Baulichkeiten nicht weniger als 400000 Sest. (87000 Mark)[10]).

Das Grabmal Hadrians.

Das prachtvollste Mausoleum des gesamten römischen Altertums war das Hadrians; und mag es auch alle übrigen so weit hinter sich zurückgelassen haben wie seine Villa bei Tivoli alle andern Villen, so gibt es immerhin einen hohen Begriff von der Pracht und Großartigkeit der Denkmäler, die in der Herrlichkeit dieses unvergleichlichen Baus gipfelte. Hadrian hatte ihn schon 6 Jahre vor seinem Tode begonnen, aber erst Antoninus Pius vollendete ihn im Jahre 139.

1) Schulten, Das röm. Afrika S. 80. 2) H. Barth, Reisen und Entdeckungen in Nord- und Zentralafrika I 39; vgl. 73—75. 121 und über die Mausoleen von Ghirza A. Schulten, Archäol. Anz. 1906 S. 146 f. 3) H. Barth a. a. O. S. 125—133. 4) ebd. S. 164—166. 5) Vgl. den Anhang XXV. 6) CIL III 5780. 7) CIL VIII 2764. 8) Plutarch. Cato min. 11 (8 Talente). S. oben S. 363. 9) S. oben I 153. 224. A. Stein, Hermes LIII 1918 S. 432. 10) CIL VI 31865.

Er konnte sich wohl mit den Pyramiden Ägyptens messen und hat vielleicht selbst gewisse Details der inneren Anlage denselben entlehnt[1]). Der jetzt verschüttete quadratische Unterbau aus parischen, ohne Bindemittel zusammengefügten Marmorquadern überragte die Stadtmauer; jede seiner Seiten war nach Procopius[2]) eine Steinwurfsweite (104 Meter) lang. Der zylindrische Mittelbau von 73 Meter Durchmesser und Höhe (die Engelsburg) gibt nur von den kolossalen Dimensionen des Ganzen eine Vorstellung, über die architektonische Gestaltung und sonstige Ausstattung der höheren Teile ist nichts Gewisses bekannt. Eine Kolossalstatue Hadrians (vielleicht auf einem Viergespann) krönte dieses Mausoleum, in welchem mit Ausnahme des Didius Julianus sämtliche Kaiser und Mitglieder des Kaiserhauses von Hadrian bis auf Commodus bestattet worden sind[3]). Die herrlichen, wohl sämtlich kolossalen Bildwerke »von Männern und Rossen«, mit denen es ausgestattet war, standen entweder auf der Plattform des Unterbaus oder (nach der neuesten Rekonstruktion) über dem Hauptgesimse des zylindrischen Geschosses[4]). Dieses plastischen Schmucks wurde die Plattform ganz oder größtenteils schon im Jahre 537 beraubt. Als die Römer sich damals hier gegen die unter Witigis Rom belagernden Goten verteidigten, stürzten sie die Statuen auf die Köpfe der anstürmenden Feinde herab. Eine einzige derselben ist, wenn auch verstümmelt, noch vorhanden: der sogenannte Barberinische schlafende Faun, der beim Aufräumen des die Engelsburg umgebenden Grabens gefunden wurde und jetzt zu den Zierden der Glyptothek in München gehört. Im übrigen blieb das Denkmal bis zum Jahre 1379, wo es von den Römern zerstört wurde, im ganzen wohlerhalten[5]).

7. DER SKLAVENLUXUS.

Der Sklavenluxus durch die Massenhaftigkeit des Sklavenimports und die Einträglichkeit des Sklavenbesitzes befördert.

Die Anfänge des Sklavenluxus fallen mit dem Aufschwunge des Sklavenhandels infolge der Eroberungen von Karthago und Korinth zusammen, die zugleich große Reichtümer und große Massen von Gefangenen nach Rom führten[6]). Die große Vermehrung des Sklavenbesitzes führte mit Notwendigkeit zum Sklavenluxus: der Verkauf des Überschusses der Sklavenfamilien, die sich um so schneller vermehrten, je zahlreicher sie waren, und das Einkommen aus den Nutzungssklaven, deren Kaufpreise nicht hoch und deren Unterhaltung sehr wohlfeil war, gewährte zur Bestreitung dieses Luxus reichliche Mittel. Der Ertrag der Sklavenarbeit war ein sehr viel größerer als in neueren Zeiten, weil die Sklaven Geschäfte, Handwerke und Künste aller Art teils im Dienste und für Rechnung ihrer Herren betrieben, teils von ihnen an andre zu denselben Zwecken vorteilhaft vermietet wurden, so daß in der Tat der größte Teil von dem, was im jetzigen Europa durch freie Arbeit geleistet wird, im römischen Altertume von Sklaven getan wurde. Die Sklaverei war es auch, die jenen in der modernen Welt undenkbaren Kunstluxus möglich machte, von dem später zu reden sein wird.

1) Gregorovius, Kaiser Hadrian² S. 502ff. Hirschfeld, Kl. Schriften S. 465. Kornemann a. a. O. S. 9f. Beschreibung nach den neuesten Ausgrabungen Hülsen-Jordan, Topogr. Roms I 3 S. 663 bis 667. 2) Procop. Bell. Got. I 22, 12. 3) Hirschfeld a. a. O. S. 467. 4) Hülsen, Röm. Mitt. VI 1891 S. 137ff. 5) De Rossi, Bull. arch. com. XIV 1886 S. 355f. 6) Strabo XIV 668: πλούσιοι γενόμενοι Ῥωμαῖοι μετὰ τὴν Καρχηδόνος καὶ Κορίνθου κατασκαφὴν οἰκετείαις ἐχρῶντο πολλαῖς.

Verschwendung der Arbeitskraft durch übertriebene Arbeitsteilung —

Der Sklavenluxus bestand teils in der Unterhaltung nutzloser Sklaven zu Luxuszwecken, teils (da sich der Luxus vorzugsweise auf die wohlfeilsten Waren wirft)[1]) in der Verschwendung der Arbeitskraft, namentlich durch eine bis zum Übermaß getriebene Arbeitsteilung, wobei auch die geringfügigsten Dienste durch besondere Sklaven versehen wurden. In dieser Beziehung glichen die römischen großen Haushaltungen denen aller Länder, in denen die Arbeitskraft fast wertlos ist, namentlich denen des früheren Rußland. Zu Anfang des 19. Jahrhunderts hatten manche Paläste in Moskau bis 1000 Bediente und darüber, die so schwach beschäftigt waren, daß einer vielleicht nur das Mittagstrinkwasser, ein andrer nur das Abendtrinkwasser zu holen hatte[2]). Auch in Bukarest, wo man 1866 bei einer Bevölkerung von etwa 100000 Seelen 30000 Dienstleute zählte, wimmelten damals die Häuser von Domestiken. Jeder Diener hatte eine engbegrenzte Sphäre von Pflichten, und jede Bojarenfamilie von einigem Anspruch ihre Wäscherinnen, Bleicherinnen, Plätterinnen, ihre Badefrauen, Haarkräuslerinnen, Kammermädchen und Kinderwärterinnen, und ihren Schwarm von Lakaien, Köchen, Küchenjungen, Läufern, Kutschern, Pferdewärtern, Jägern usw.[3]). In den Inschriften der gemeinsamen Begräbnisstätten von Sklaven und Freigelassenen großer römischer Häuser kommen z. B. vor: Fackelträger, Laternenträger, Obersänftenträger, Begleiter auf der Straße, Verschließer der Kleider zum Ausgehen — die Besetzung dieser einen Abteilung des Dienstes für die Ausgänge der Herrschaft gibt einen Begriff von der der übrigen[4]).

und infolge des Mangels an Maschinen und Instrumenten.

Die Verschwendung der Arbeitskraft wurde auch dadurch befördert, daß manches, was jetzt durch Maschinen oder Instrumente geschieht, damals durch Menschen geleistet wurde: so hatte man statt der Uhren Sklaven, die stets die Tageszeit anzugeben wußten[5]). Als Maßstab für die Zahl der Sklaven in großen Häusern mag es dienen, daß unter Augustus der Sänger Tigellius, der aus einem Extrem ins andre fiel, bald 200, bald 10 Sklaven hatte[6]), und daß im Jahre 61 sich in dem Palast des Stadtpräfekten Pedanius Secundus (des höchstgestellten Manns in Rom) 400 befanden[7]).

Die Arbeit soviel wie möglich von den Herren auf die Sklaven abgewälzt.

Sodann suchte man soviel wie möglich sich von persönlichen Anstrengungen und Bemühungen, auch geistigen, durch Übertragung auf Sklaven zu befreien. »Bediene dich der Sklaven wie der Glieder deines Leibs, eines jeden zu einem andern Zwecke«, hatte schon Demokrit gesagt[8]); doch »das römische Haus war eine Maschine, in der dem Herrn auch die geistigen Kräfte seiner Sklaven und

1) Roscher, Ansichten I³ S. 118. 2) Haxthausen, Studien I 59. Über die ungeheuren Dienerschaften der spanischen Großen (die Herzogin von Ossuña hatte z. B. 500 Frauen und Mädchen zu ihrer Bedienung) Baudrillart IV 225 f. 3) Preuß. Jahrb. XVIII 1866 S. 65. »*Ce luxe s'est beaucoup réduit toutefois, depuis l'émancipation des Tsigaïnes surtout, et il est rare de trouver, aujourd'hui, plus d'une vingtaine de domestiques des deux sexes dans des maisons où ils se comptaient, jadis, par centaines*« fügt der französische Übersetzer des vorliegenden Werks, Ch. Vogel, Mœurs Romaines III 139 hinzu. Wallon, Hist. de l'esclavage II² 150, 7: »*Nos colonies, toute proportion gardée, nous donnent une image de cette multitude d'esclaves dans le service intérieur*«. 4) Vgl. namentlich die Inschriften des großen Kolumbariums der Dienerschaft der Statilii aus der Zeit von Augustus bis auf Claudius auf dem äußeren Esquilin CIL VI 6213 ff. (dazu Hülsen-Jordan, Topogr. I 3 S. 363). 5) Juvenal. 10, 216. 6) Horat. sat. I 3, 11 ff. Daß 20 eine geringe Zahl bedeutet, zeigt die Verordnung des Augustus, daß die Verbannten nicht mehr als 20 Sklaven oder auch Freigelassene in ihren Diensten haben sollten. Cass. Dio LVI 27, 3. 7) Tac. A. XIV 43. 8) Stob. Ecl. IV 19, 45 H. (Diels, Vorsokr.³ II 115 frg. 270).

Freigelassenen zuwuchsen; ein Herr, der diese zu regieren verstand, arbeitete gleichsam mit unzähligen Geistern«[1]). Nicht nur diktierte man Sekretären und Stenographen und ließ sich vorlesen, man hatte auch wahrscheinlich sehr häufig »Studiensklaven«, die für ihren Herrn lasen, Notizen, Auszüge, Vorarbeiten und Untersuchungen aller Art machten. Bezeugt ist dies allerdings nur von den Kaisern, doch bei dem großen Werte, der auf literarische Bildung und Beschäftigung gelegt wurde, darf man annehmen, daß diese Abteilung in den Sklavenfamilien vornehmer Haushaltungen gewöhnlich nicht fehlte. Nur so läßt sich z. B. die gewaltige schriftstellerische Tätigkeit des älteren Plinius bei einem durch geschäftsvolle Ämter scheinbar ganz ausgefüllten Leben begreifen, und namentlich zu seiner Naturgeschichte sind die massenhaften und vielartigen Vorarbeiten gewiß größtenteils, wenn nicht durchweg, von Sklaven und Freigelassenen gemacht worden. Und wenn Quintilian sagt, daß Seneca von denen, die in seinem Auftrage Untersuchungen anstellten, öfters durch falsche Angaben betrogen worden sei[2]), so ist auch hier gewiß an Sklaven und Freigelassene zu denken.

Studiensklaven.

Das Streben, so wenig wie möglich selbst zu tun, ja zu denken, wurde bis zur Lächerlichkeit übertrieben. Man wälzte nicht bloß die Mühe des Behaltens der Namen von Klienten und Anhängern auf das Gedächtnis der Nomenklatoren ab (»wir grüßen mit fremdem Gedächtnis«, sagt Plinius): es gab auch Leute, die sich von Sklaven erinnern ließen, um welche Zeit sie ins Bad, wann zur Tafel gehen sollten. Sie sind, sagt Seneca, so völlig erschlafft, daß es sie zu viel Anstrengung kostet, sich bewußt zu werden, ob sie Hunger haben. Einer von diesen Weichlingen hatte, als er aus dem Bade gehoben und in einen Ruhesessel niedergelassen worden war, gefragt: Sitze ich schon[3])? Hundert Jahre später berichtet Lucian mit Erstaunen und Widerwillen, daß es bei den Vornehmen in Rom Sitte war, sich auf der Straße von vorausgehenden Sklaven benachrichtigen zu lassen, wenn irgendeine Unebenheit oder ein Anstoß zu vermeiden war, wenn der Weg eine Anhöhe hinauf oder einen Abhang hinab führte: »sie lassen sich erinnern, daß sie gehen, und wie Blinde behandeln«. Die ihnen Nahenden mußten zufrieden sein, wenn sie stumm angeblickt und statt von dem Herrn von jemandem aus dem Gefolge angeredet wurden[4]). So konnte man auf den Gedanken kommen, selbst den Mangel eigener Bildung durch die Bildung von Sklaven zu ersetzen. Seneca erzählt, daß ein reicher Mann, den er noch gekannt hatte, Calvisius Sabinus[5]), für unterrichtet zu gelten wünschte, obwohl er ganz ungebildet und ohne Gedächtnis war. Er ließ nun einen seiner Sklaven den ganzen Homer auswendig lernen, einen andern den Hesiod, andre die neun lyrischen Dichter: diese Sklaven mußten bei seinen Gastmählern hinter ihm stehen und ihm Verse angeben, die er in der Unterhaltung passend anbringen konnte. Jeder kam ihm auf 100000 S. zu stehen: »ebensoviele Bücherkisten«, sagt einer seiner Parasiten, »würden dich weniger gekostet haben«. Derselbe Spötter forderte ihn auf, zu ringen, obwohl er im höchsten Grade krank und hinfällig war. Wie ist das möglich?

Übertreibungen und Lächerlichkeiten.

1) Mommsen RG. III^{6} 490. 2) Quintilian. X 1, 128. 3) Seneca de brev. vit. 12, 6f. 4) Lucian. Nigrin. 34. 5) Borghesi, Oeuvres V 156f. hält ihn für C. Calvisius C. f. Sabinus cos. 4 v. Chr.

fragte jener, ich lebe ja kaum! Sage das nicht! war die Antwort. Vergißt du denn, daß du so viele riesenstarke Sklaven hast[1])?

Luxussklaven. Die eigentlichen Luxussklaven wurden besonders bei großen Gastmählern zur Schau gestellt, wo sie nicht nur die Gäste bedienen, sondern ihnen auch zur Augenweide und Unterhaltung dienen sollten. Sie waren nach Farbe, Rasse und Alter in Scharen abgeteilt, in welchen keiner durch einen stärkeren Flaum am Kinn, durch krauseres oder gelockteres Haar von den übrigen abstechen durfte. Schöne Knaben, »die Blüte Kleinasiens«, mit 100000 oder gar 200000 S. (21750 bzw. 43500 Mark) bezahlt, dienten als Mundschenken[2]); man liebte es, an ihren Haaren die Hände abzutrocknen[3]). Dagegen wurden Knaben aus Alexandrien verschrieben, weil die Bewohner dieser Stadt durch schlagfertigen und beißenden Witz berühmt waren: zu boshaften Antworten förmlich abgerichtet, hatten sie das Recht, ihren Spott voll frühreifer Verdorbenheit nicht bloß gegen den Hausherrn, sondern auch gegen seine Gäste zu richten[4]). Frauen ließen kleine Kinder nackt um sich spielen und sich durch ihr unschuldiges Geschwätz unterhalten[5]). Doch wurden auch, wie an den Höfen früherer Jahrhunderte[6]), Zwerge, Riesen und Riesinnen, »echte« Kretins, angebliche Hermaphroditen und andere Abnormitäten und Mißgeburten gehalten und vorgeführt; es gab selbst in Rom einen »Markt der Naturwunder«, auf dem »wadenlose, kurzarmige, dreiäugige, spitzköpfige« Menschen zu kaufen waren[7]); die Zwerggestalt wurde durch künstliche Vorrichtungen hervorgebracht[8]), und zahlreiche groteske Bronzefigürchen aus jener Zeit, welche die verschiedensten Verkrüppelungen und Verkrümmungen darstellen, bezeugen die Verbreitung einer so scheußlichen Liebhaberei[9]).

Zwerge, Riesen, Mißgeburten.

8. SCHLUSZBETRACHTUNG.

Grund der relativ geringen Entwicklung des römischen Luxus —

Was uns an dem römischen Sklavenluxus hauptsächlich empört, ist nicht das Übermaß der Verschwendung und Üppigkeit, sondern die frevelnde Nichtachtung der Menschenwürde: also nicht eine der Seiten des damaligen Luxus, sondern eine der jederzeit und überall eintretenden Folgen der Sklaverei. Mit Ausnahme des Sklavenluxus, für den die jetzige Welt zum Glück wenig

1) Seneca ep. 27, 5—8. 2) Marquardt, Privatl.[2] 147. 3) Petron. 27, 6. 4) Seneca de const. sap. 11, 3. Stat. silv. V 5, 66. 5) Th. Birt, De Amorum in arte antiqua simulacris et de pueris minutis apud antiquos in deliciis habitis commentariolus Catullianus alter (Marpurgi 1892) p. IXff. Die Kinder, die manche sich nachts der Verdauung halber auf den Bauch legen ließen (Galen. XI 724), waren ohne Zweifel auch Sklavenkinder. 6) Roscher a. a. O. I[3] S. 162. Vgl. z. B. über die Zwerge und Riesen Augusts des Starken Vehse, Gesch. d. Höfe XXXIII 141. Lady Montague schreibt 1717 (Letter 21): »*All the* (*German*) *princes keep favourite dwarfs*«. 7) Plutarch. de curios. 10. Vgl. Anhang I S. 2. 8) Ps.-Longin. de sublim. 44, 5. 9) O. Jahn, Arch. Beitr. S. 430ff. Marquardt a. a. O. S. 152, 4. — Über andre Arten des römischen Luxus sind wir zu wenig unterrichtet, um Vergleiche zwischen Altertum und Neuzeit anstellen zu können, z. B. über den Luxus des Sports, namentlich der Jagd und der Rennen. Nach einer 1892 angestellten Berechnung erforderten die Kosten für Parforcejagden in ganz Großbritannien einen jährlichen Aufwand von $4^1/_2$ Millionen Lstr. (90 Mill. Mark) ohne die Kosten für Wagen und deren Bespannung, Reisen usw. Tägl. Rundschau 10. September 1892 (Unterhaltungsbeilage); vgl. auch Lady J. Manners, National Review, March 1884 S. 13f.

Analogien mehr bietet, ergeben die Vergleichungen des antiken und modernen Luxus selten, daß der erstere den letzteren überbot, öfter das Gegenteil. Dieses Resultat kann nicht überraschen, wenn man erwägt, daß die zur Entwicklung des Luxus erforderlichen Bedingungen im Altertum fast auf allen Gebieten in ungleich geringerem Grade vorhanden waren als in der Gegenwart.

die relative Kleinheit und Armut der antiken Welt.

Man vergißt nur zu leicht, nicht bloß wie klein die Welt der Alten im Vergleich zu der jetzigen, sondern auch um wie viel ärmer sie war, um wie viel weniger damals die Erde den Menschen bot. Das römische Reich hatte noch nicht zwei Dritteile des Flächeninhalts von Europa, und von der übrigen Welt war nur ein geringer Teil zugänglich. Die Länder des Ostens, wie überhaupt die barbarischen Länder, gaben an das römische Reich nur einen kleinen Teil ihrer kostbaren Erzeugnisse ab. In einem großen Teile seiner Provinzen hatte die Kultur erst begonnen, ihre Produktionskraft war noch wenig entwickelt und stand auch in den am höchsten kultivierten in vielen Beziehungen weit hinter der heutigen zurück. Die Ausbeutung der Natur für die Zwecke des Menschen, die künstliche Entwicklung und Steigerung ihrer Kräfte war trotz großer Fortschritte verhältnismäßig noch unvollkommen. Die wichtigsten Erfindungen waren noch nicht gemacht, tausend Quellen zur Erhöhung des Lebensgenusses noch unentdeckt oder noch nicht erschlossen. Der Verkehr der Länder, der gegenseitige Austausch ihres Überflusses, trotz der kolossalen, mit Recht bewunderten Anstrengungen des Römertums für diese Zwecke, kam doch nicht entfernt dem heutigen gleich, und Handel und Industrie waren in vielen Beziehungen noch in der Kindheit. Dieselben Genüsse zu schaffen — mit Ausnahme derer, welche die Natur mit reicher Hand spendete —, erforderte deshalb damals fast überall größere Mittel, größere Anstrengungen und Anstalten als heute.

Daher der Maßstab der Alten für den Luxus kleiner.

Die relative Kleinheit und Armut der römischen Welt bewirkte mit Notwendigkeit, daß der Maßstab der Alten für eine große Anzahl von Erscheinungen ein anderer, geringerer war als der unsere: was ihnen kolossal, enorm erschien, ist es nicht immer auch für uns. Selbst die Riesenstadt Rom, die Hauptstadt der Welt, übertraf an Größe vielleicht niemals das heutige Paris und stand weit hinter dem heutigen London zurück, von dessen Bevölkerung sie schwerlich selbst in ihrer glänzendsten Zeit auch nur die Hälfte gehabt hat[1]). Daß aber der Luxus Roms den Zeitgenossen größer erschien, als er der heutigen Welt erscheinen würde, dazu trug außer der Verschiedenheit des Maßstabs und außer jener durch die größere Naturgemäßheit des antiken Lebens bedingten Verschiedenheit der Auffassung noch der Umstand bei, daß, wie es scheint, der höchste Grad des Luxus viel ausschließlicher auf Rom beschränkt war, als er es jetzt auf die größten und reichsten Städte ist.

Der größte Luxus wesentlich auf Rom beschränkt.

Je mehr der Luxus Roms in der damaligen Welt im vollen Sinne des Worts beispiellos war, um so eher konnte er auch unermeßlich und ungeheuer erscheinen. Sehr richtig sagt Höck, daß »der Luxus des Altertums sich in sehr viel engeren Grenzen sowohl der bürgerlichen Gesellschaft als auch der Verbrauchsgegenstände hielt und mit dem in unseren Tagen, wo eine Menge ausländischer Nahrungs- und Kleidungs-

1) S. Anhang III.

gegenstände in die armseligste Hütte eingedrungen ist und den Charakter des Unentbehrlichen angenommen hat, in keine Vergleichung zu stellen ist«[1]).

Die guten Seiten des römischen Luxus.

Wenn die bisherige Betrachtung ergeben hat, daß der römische Luxus nicht so maßlos und fabelhaft war, wie er nach den Äußerungen der Alten erscheinen muß, so wird sie auch gezeigt haben, inwiefern die Ansicht Roschers der Einschränkung bedarf, daß Rom in der Kaiserzeit das großartigste Beispiel des unklugen und unsittlichen Luxus bietet, wie er bei verfallenden Nationen einzutreten pflegt[2]). Es kann dies um so weniger unbedingt zugestanden werden, als ein großer Teil der Erscheinungen, die Roscher als charakteristisch für den gesunden Luxus reifer und blühender Nationen hervorhebt, auch in der damaligen Kultur hervortreten. Er bezeichnet als solche namentlich: die Rückkehr zur verlassenen Natürlichkeit, die Verbindung des Luxus mit Sparsamkeit, einen hohen Grad des Luxus der Reinlichkeit, die Liebe zur freien Natur. Die Erfüllung des ganzen Lebens und aller Klassen des Volks von diesem Luxus zeigt sich namentlich darin, daß gewisse feinere, zum Leben entbehrliche Waren Gegenstände der Volkskonsumtion werden. Eine solche Art des Luxus ist nur da möglich, wo keine allzu schroffe Ungleichheit des Vermögens im Volke stattfindet. Der Luxus des Staats richtet sich in Perioden höchster Kultur vornehmlich auf solche Dinge, welche vom ganzen Volke genossen werden können[3]).

Gleichförmigkeit und Natürlichkeit der Kleidertracht —

Die Dürftigkeit unserer Nachrichten läßt freilich nur sehr unvollkommen erkennen, inwiefern diese Erscheinungen der römischen Kultur in der früheren Kaiserzeit eigentümlich waren. Die verhältnismäßig große Natürlichkeit der Kleidertracht ist schon erwähnt; der einheitliche Charakter tritt hier noch weit mehr hervor als selbst in unserer jetzigen Tracht, wie vorteilhaft diese sich auch gerade dadurch vor der Tracht früherer Jahrhunderte auszeichnet. Doch freilich fand im römischen Altertume keine Rückkehr zu einer verlassenen Natürlichkeit statt: vielmehr blieb erstens das antike Leben selbst in Zeiten der Entartung der Natur vielfach näher als das moderne, sodann trat hier wie in so vielen andern Beziehungen das Kaiserreich nur die Erbschaft der Republik an, deren durch ein halbes Jahrtausend in Kraft gewesene Sitten wenigstens während der ersten Jahrhunderte der Monarchie noch ihre Nachwirkung übten. Man brauchte eben nur einen Zustand festzuhalten, zu dem die neuere Zeit erst auf weiten Umwegen gelangt ist. Dasselbe auch dem Armen erschwingliche Kleidungsstück, die Toga, blieb die Feiertracht aller Bürger, vom Kaiser bis zum ärmsten Tribulen. Vielleicht war dieser fortdauernde Hang zur Gleichförmigkeit der Grund, daß der Gedanke des Alexander Severus, den Beamten und Würdenträgern auszeichnende Trachten zu geben[4]), nicht zur Ausführung kam.

und andrer Lebensgewohnheiten.

Eine »Kutschenaristokratie« kann es erst seit dem 3. Jahrhundert gegeben haben[5]); vorher konnte in antiken Städten davon um so weniger die Rede sein, als man dort während der ersten Jahrhunderte nicht einmal reiten,

1) Höck, Röm. Gesch. I 2, 288. 2) Roscher, Ansichten I³ S. 156ff. 3) ebd. S. 135ff. 4) Hist. aug. Alex. Sever. 27, 1. 5) Paulinus Pell. Eucharistic. 212 zählt unter dem Zubehör eines glänzend eingerichteten Hauses in Burdigala auch Kutschen auf (*tunc et carpentis evectio tuta decoris*). *Carucae* als Kennzeichen senatorischer Familien bei Hieronym. in Isai. 18, 16 (Migne lat. XXIV 672), s. oben I 145, 7 und unten [III 211].

geschweige denn fahren durfte[1]). Trottoirs anzulegen wurden die römischen Städte durch Cäsars Stadtrecht verpflichtet und sind dieser Verpflichtung auch nachgekommen: »hierin wie in allen Dingen, die Wege- und Straßenbau betreffen, steht die Neuzeit durchaus auf den Schultern der Römer«[2]). Wenn Roscher ferner auch die Verdrängung der französischen Gärten durch die englischen als Symptom der Rückkehr zur Natürlichkeit anführt[3]), so ist zu bemerken, daß die unter Augustus aufgekommene Mode der geschorenen Hecken (und ohne Zweifel auch der übrigen architektonischen Gartenanlagen) nicht mit dem damaligen Luxus zusammenhängt, sondern ihren Grund vielmehr in einer Richtung des Naturgefühls hat, die dem Süden vorzugsweise eigen ist[4]).

Verbindung des Luxus mit Sparsamkeit, wohlfeile Surrogate —

Inwiefern der römische Luxus mit Sparsamkeit verbunden war, läßt sich nur in einigen Punkten beurteilen. Daß in Rom, wo es soviel »glänzende Armut«, soviel Scheinwesen aller Art gab[5]), die Industrie tätig war, »wohlfeile Ersatzmittel für kostbare Prunkgegenstände« zu schaffen, ist an und für sich wahrscheinlich. So hatte der Luxus mit Tischen aus kostbarem Holze schon in der ersten Kaiserzeit zur Anwendung des Fournierens geführt[6]).

besonders im Kunstluxus.

Am massenhaftesten ist der Gebrauch wohlfeiler Ersatzmittel in der künstlerischen Dekoration sowohl der Wohnungen als der öffentlichen Gebäude gewesen, wie ihn vor allem die Mittelstadt Pompeji zeigt, wo Stuck, Ton, Terrakotta, Gips und Glas den Marmor und das Elfenbein, Bronze die edeln Metalle, lebhafter Anstrich das bunte Gestein, Kopien die Originale ersetzen, und der Schein einer heiteren Pracht überall mit verhältnismäßig sehr geringem Aufwande hervorgebracht ist. Wie das Kunstbedürfnis damals in einem neueren Zeiten kaum begreiflichen Umfange verbreitet war, Befriedigung verlangte und fand, daran kann hier nur im Vorübergehen erinnert werden: diese edelste Seite des römischen Luxus muß einer besonderen Besprechung vorbehalten bleiben.

Luxus der Reinlichkeit. Allgemeinheit der Wasserleitungen —

Am großartigsten entwickelt war der Luxus der Reinlichkeit. Die in römischen Städten so überaus häufigen, zum Teil so imposanten Überbleibsel und Spuren von Wasserleitungen sind beschämend für die moderne, erst so spät zur vollen Erkenntnis der Wichtigkeit dieser Anstalten gekommene Welt. Ihre Allgemeinheit in allen Teilen des römischen Reichs sowie ihre Vortrefflichkeit kann hier nur durch Beispiele veranschaulicht werden. »Pompeji war eine wasserreiche Stadt; in allen nicht ganz geringen Häusern sprang das Wasser, zum Teil in größtem Überfluß; z. B. nicht weniger als 16 Strahlen im Hause der Vettier. Große Massen absorbierten die öffentlichen Bäder«[7]). In einer Anzahl

in Italien —

1) S. Anhang IV. 2) Nissen, Pompej. Studien S. 534. Die Trottoirs heißen *crepidines* (Petron. 9, 1 *vidi Gitona in crepidine semitae stantem.* CIL VIII 7046, Cirta: *viam com[meanti]bus incomm[odam par]tim adstruct[is crepi]dinibus.* IX 442, Venusia. 1138, Aeclanum. XI 1062, Parma. 3003a, Viterbo. V 2116, Tarvisium [Dessau 5370. 5372. 5771]) oder *margines* (CIL XIV 4012 = Dessau 5387, Ficulea), auch *semitae* (CIL X 5807 = Dessau 5348, Aletrium). In Sicca Veneria »ein Teil einer alten Straße mit Trottoiren ähnlich denen von Pompeji«, Barth, Wanderungen durch die Küstenländer d. Mittelmeers I 224. CIG 2570 (Lyttus auf Kreta): Kaiser Claudius stellte durch den Prokonsul C. Paconius Agrippinus τὰς ὁδοὺς καὶ τοὺς ἀνδροβάμονας her. 3) Roscher a. a. O. I³ S. 136. 4) Oben I 476 f. 5) Oben I 20. 6) Marquardt, Privatl. S. 722 f. Von den unechten Schmuckgegenständen ist oben (S. 325 f.) die Rede gewesen. Die Vergoldungskunst Plin. n. h. XXXIII 61) war noch sehr zurück (vgl. oben I 163). 7) Mau, Pompeji² S. 234 ff.; über die öffentlichen Latrinen vgl. den Anhang XXVI.

von Städten Italiens bezeugen teils Bogenreihen, teils Inschriften, die als Erbauer öffentlicher Aquädukte Kaiser, Patrone, Magistrate, Privatpersonen, auch die Gemeinden selbst nennen[1]), teils Röhren mit städtischen Stempeln[2]) das Vorhandensein von Leitungen, deren nicht für städtische Zwecke erforderliches Wasser zum Besten der Stadtkasse verwertet wurde[3]). Zu dieser Einnahme der Städte »steuerten außer den reicheren Hausbesitzern, die sich das Wasser ins Haus leiten ließen, und den Grundbesitzern, welche (soweit dies überhaupt aus dem Aquädukt zulässig war) ihre Felder vermittels desselben bewässerten, hauptsächlich die Handwerker, welche des Wassers zu ihrem Gewerbe bedurften, besonders die Walker; dann aber auch diejenigen, welche auf ihr Kosten Bäder (sei es für den Privatgebrauch, sei es aus Munifizenz für die Ärmeren) anlegten«[4]).

in den Provinzen.

Auch in den Provinzen war die Beschaffung guten und reichlichen Wassers überall eine Hauptsorge der Kommunen. Libanius rühmt von seiner Vaterstadt Antiochia, daß sie alle andern Städte durch die Fülle und Trefflichkeit ihres Wassers übertreffe. Die (achtzehn) Stadtbezirke suchten einander durch die Vorzüglichkeit ihrer Badeanstalten zu überbieten. »Soviel der Wohnhäuser, soviel sind auch der fließenden Wasser, ja sogar in den einzelnen Häusern oft mehrere, und auch die Mehrzahl der Werkstätten hat den gleichen Vorzug«. »Bei uns fließen die öffentlichen Brunnen zur Zierde, da jeder innerhalb der Türen sein Wasser hat. Und es ist dies Wasser so klar, daß der Eimer leer scheint, und so anmutend, daß es zum Trinken einladet[5]).« In der Quantität des zugeführten Wassers, das gibt Libanius indirekt zu, war anderwärts ebenso Bedeutendes geleistet worden, und von Smyrna z. B. wissen wir, daß dort jedes Haus seine eigene Leitung und manche mehr als eine hatten[6]). In den Städten Pamphyliens und Pisidiens waren im 2. Jahrhundert n. Chr. Nymphäen besonders beliebt, eine Art von »Wasserschlössern«, wo aus zahlreichen Mündungen reich verzierter Fassadenbauten Ströme sich in geräumige Bassins ergossen; das besterhaltene ist das (dem Septizonium des Septimius Severus in Rom sehr ähnliche) Nymphäum von Side, wo das Wasser aus drei Nischen einer prächtigen, säulengeschmückten Marmorwand in neun Strömen in ein 4—500 Quadratmeter großes Becken fiel[7]). In Alexandrien mußte in Cäsars Zeit, wo das den Privathäusern zugeführte Nilwasser dort einen Klärungsprozeß durchmachte, die Masse des Volks sich seiner in ungereinigtem Zustande bedienen, in dem es gesundheitsschädlich war; doch wird später für eine Versorgung der ganzen Bevölkerung mit gereinigtem Wasser gesorgt worden sein[8]).

Antiochia und andre Städte Asiens.

Alexandria.

Afrikanische Städte.

Auch in den afrikanischen Provinzen haben, soweit die biserigen Forschungen urteilen lassen, selbst kleine Orte die dort doppelt segensreiche Wohltat der

1) Liebenam, Städteverwaltung im röm. Kaiserreich S. 153ff. Lanciani, Memorie dell' accad. d. Lincei ser. 3 IV 1880 S. 583ff. Über die Wasserleitung von Alatri CIL X p. 980f. Bassel, Ann. d. Inst. 1881 S. 204ff. 2) z. B. CIL XI 3155. 3817. IX 343 = Dessau 8702. 8704. 8703. 3) Mommsen, Ges. Schrift. III 86f., vgl. Liebenam a. a. O. S. 408ff. 4) Mommsen a. a. O. S. 92. 5) Liban. or. 11, 245ff. (I 523f. F.); vgl. Mommsen RG. V 458. 6) Oben I 422. Über die Wasserleitung von Smyrna vgl. G. Weber, Arch. Jahrb. XIV 1899 S. 4ff. 167ff. 7) Lanckoronski, Städte Pamphyliens und Pisidiens I 139ff., dazu die Anzeige von G. Hirschfeld, Berliner philol. Wochenschrift 1890 S. 1585f.; vgl. auch O. Puchstein, Jahrb. d. Arch. Inst. XVII 1902 S. 121ff. Oben I 13f. 8) Pöhlmann, Übervölkerung der antiken Großstädte S. 150. Bell. Alexandrin. 5, 1ff.

Versorgung mit gutem Wasser nirgends entbehrt[1]). Verecunda erhielt seine Wasserleitung durch Antoninus Pius[2]), in Lambäsis wurden Aquädukte durch Diocletian und Maximian hergestellt[3]). Eine 25 Millien (37 km) lange Leitung hatte dort 226 die dritte Legion ausgeführt[4]). Einer ihrer Ingenieure war 152 nach Saldä (Bougie) gesandt worden, um einen Tunnel für eine dahin zu führende, schon 147—149 begonnene Wasserleitung zu bohren, der den dortigen Technikern nicht gelungen war[5]). Die Stadt Thysdrus hatte ein vom Kaiser zur Leitung ihrer Verwaltung eingesetzter Kommissar mit genügendem Wasser versehen, es durch die Straßen in Bassins geleitet und unter gewissen Bedingungen auch den einzelnen Häusern gewährt[6]). In Groß-Leptis, wo man das gute und schmackhafte Wasser des Flüßchens, an dem die Stadt liegt, in einem verdeckten Kanal hätte leiten können, zog man es vor, reines Bergwasser hoch über der Erde in die Stadt zu führen, und leitete außerdem noch das Wasser des Cinyps herbei; von beiden Leitungen sind bedeutende Reste vorhanden[7]). Die Lage der südlichsten römischen Stadt in dem noch wenig erforschten Mauretanien, Sala (Rebat-Saleh, 34° n. Br. am Atlantischen Meere), ist durch die Ruine eines Aquädukts bezeichnet[8]). Bogenreihen von solchen, zum Teil sehr großartige, stehen noch bei Cäsarea (Scherschell), Cirta (Constantine) und anderwärts[9]). In dem Nymphäum von Bulla regia fiel das Wasser der mitten in der Stadt entspringenden Quelle über mehrere Terrassen in ein Bassin, um von hier aus weitergeleitet zu werden[10]). Die Ruinen der riesenhaften Wasserleitung von Karthago begleiten den Reisenden in einer geraden Entfernung von 60 Kilometer, die aber durch deren Windungen mindestens verdoppelt wird[11]). Zahlreich haben sich Systeme von Behältern und Zisternen erhalten, die zum Teil noch benutzt werden[12]).

Städte Spaniens, Galliens und Germaniens.

Nicht anders war es in den westlichen und nördlichen Provinzen. Die Wasserleitung von Segovia, »frisch, wie sie aus der Hand des Meisters hervorgegangen, erhalten, erhebt sich leicht und schlank in den edelsten Verhältnissen, und doch fest und unerschütterlich über der schmutzigen Stadt und tränkt noch nach zwei Jahrtausenden die späten Abkömmlinge mit erquicklichem Wasser« [13]). Von den 4 mächtigen Aquädukten des alten Tarraco versorgt der dritte noch heute Tarragona mit Wasser, und die Bogen, auf denen der Kanal des zweiten über eine Schlucht geleitet war, stehen noch zum größten Teil[14]). In Merida ist eine römische Wasserleitung erhalten, eine zweite bis auf wenige, sehr großartige Bogen zerstört[15]). Ausonius kann nicht Worte genug finden, um in Burdigala die marmorüberdachte, herrlich klare Quelle Divona zu preisen, »die stürmisch mit dem bis

1) Vgl. Friedlaender, Deutsche Rundschau XXXIV (1883) S. 55f. Die französische Verwaltung in Tunis hat durch die von P. Gauckler geleitete umfassende Enquête sur les installations hydrauliques romaines en Tunisie (1897ff.) alle Reste von den Römern für Sammlung und Verteilung des Wassers angelegter Bauten festgestellt; für Algier vgl. St. Gsell, Nouv. archives des missions scientif. X 1903 S. 1ff. 2) CIL VIII 4205 = Dessau 5752. 3) CIL VIII 2572 (= Dessau 5786). 2660f. 4) ebd. 2658. 5) ebd. 2728 = Dessau 5795. 6) ebd. 51 = Dessau 5777. 7) Barth, Wanderungen I 312f. 8) Maltzan, Drei Jahre im NW. von Afrika IV 134. 9) Boissière, Esquisse d'une histoire de la conquête — Romaine dans le nord de l'Afrique 1878 S. 72. 10) Schulten a. a. O. S. 111 Anm. 119. 11) Vgl. oben I 463. 12) Schulten a. a. O. S. 55ff. 13) J. G. Rist, Lebenserinnerungen (1804) I 306. 14) E. Hübner, Röm. Herrschaft in Westeuropa S. 205. 15) Aus dem Leben Th. v. Bernhardis IX 306. 333.

zum Rande sie füllenden Strome durch zwölf Öffnungen hervorbricht, nie erschöpft durch des Volks vielfältige Nutzung«[1]); im Jahre 1855 hatte Bordeaux keine stattliche Fontäne[2]). Der großartige, in einer wilden, einsamen Talschlucht den Gardon in drei Stockwerken von Arkadeu überbrückende Pont du Gard ist ein Rest der Wasserleitung, die das treffliche Wasser der Quellen Airan und Eure 9 Lieues weit nach Nîmes führte[3]). Ein Gelehrter in Lyon macht (1854) bei Gelegenheit der von ihm herausgegebenen Inschriften der dortigen alten Röhren die bittere Bemerkung, »daß unsere Zeit, so stolz auf den Fortschritt der Mechanik und im Besitz ganz andrer Mittel, als die Alten hatten, z. B. der Dampfkraft, selbst für große Städte in dieser Hinsicht bei weitem nicht das leistet, was die Römer selbst für die kleinsten Orte unter den erheblichsten Schwierigkeiten geleistet haben. Das alte Lyon lag auf einer Höhe und war reichlich versorgt mit reinem und gesundem Quellwasser; das neue Lyon liegt in der Ebene, zwischen zwei Flüssen, die es überschwemmen, ohne ihm Trinkwasser zu gewähren, und muß sich mit stinkendem Wasser, unreinen Gräben und ungesunder Luft begnügen«[4]). Die römische Leitung ging von den Wassern des Mont Pila aus und nahm dann die des Gien Jaunon und Furand auf; sie überschritt die Täler, zum Teil Abgründe von 70—100 Meter, auf 14 hohen Brückenbauten und durchlief eine Strecke von 15 Lieues[5]). Die Leitungen von Trier, Metz, Mainz, Köln und manch andre führten den Städten meist kalkhaltiges, für die Römer an seiner schönen, der der Alpenseen gleichen, blaugrünen Farbe erkennbares Wasser zu, das Risse und andre kleine Schäden durch den Kalksinter, den es absetzte, bald selbst ausbesserte. Die Leitung von Köln schöpfte ihr treffliches Wasser in der Eifel 52 Kilometer von der Stadt und führte es ihr in einem fast 80 Kilometer langen, meist unterirdischen Kanale zu[6]). Als man in neuerer Zeit bei Remagen zwei Wasserläufe zur Leitung faßte, ahnte man nicht, daß dies schon von den Römern genau an derselben Stelle geschehen war, und bewunderte nun ebensosehr die geniale Einfachheit ihres Verfahrens wie die Sorgsamkeit der technischen Ausführung[7]). In Rom[8]) wie an manchen andern Orten hat sich an die Reste der Aquädukte die Sage geheftet, daß sie zur Leitung von Wein bestimmt gewesen seien: sie findet sich in Avenches und in Köln[9]). Diese Sage, charakteristisch für die Vorstellung von der Größe und Herrlichkeit der untergegangenen römischen Kultur, zeigt doch zugleich auch, wie ganz das Verständnis für die wirklichen Zwecke solcher Bauten späteren Zeiten verloren gegangen war.

1) Auson. Ordo nob. urb. 20, 22 ff. Wahrscheinliche Ergänzung [*Div*]*onae* CIL XIII 586; vgl. auch Keune, Korr.Bl. d. Westd. Ztsch. 1896 S. 104. 2) Stark, Städteleben im südl. Frankreich S. 221. 3) Stark a. a. O. S. 97 ff. Über die römischen Wasserleitungen von Nîmes und Arles Stübinger, Zeitschr. f. Gesch. d. Architektur 1909 Beih. III 237 ff. Abbildung des Pont du Gard bei Noack, Baukunst d. Altert. Taf. 132. 4) Boissieu, Inscr. de Lyon S. 446, vgl. Marquardt, Privatl.[2] S. 716. 5) B. Bauer, Vierteljahrsschr. f. Volks- und Kulturgesch. LII 1876 S. 87 ff. 6) C. A. Eick, Die röm. Wasserleitung aus der Eifel nach Köln, Bonn 1867. v. Veith, Bonn. Jahrb. LXXX 1885 S. 1 ff. F. Cramer, Römisch-germanische Studien (1914) S. 181 ff. 7) Reuleaux, Bonn. Jahrb. LXXX 1885 S. 176 ff. 8) Felix Fabri, Evagatorium (1483), Bibl. d. liter. Vereins Stuttgart IV 61: *nonnulli volunt dicere quod non fuerit aquae ductus, cum urbs alias abundet aquis Tiberis, sed per illum ductum de Neapoli olim intromittebatur vinum in urbem et oleum per longum viae spatium.* 9) Mitteil. d. Zürich. Antiquar. Gesellsch. XVI 1867 S. 12 A. 1. Eick a. a. O. S. 5.

Die Wasserleitungen versorgten, wie gesagt, die in Italien schon seit alter Zeit weit verbreiteten[1]), später wohl nirgends fehlenden öffentlichen und Privatbäder[2]). In Italien gab es selbst dorfartige Orte, die mehr als eine für Geld zu benutzende Badeanstalt hatten[3]); und vielleicht für keinen Zweck sind in den Inschriften der Städte Italiens sowie sämtlicher Provinzen Stiftungen und Vermächtnisse häufiger bezeugt als für Erbauung, Erhaltung, Ausstattung und unentgeltliche Freigebung öffentlicher warmer und kalter Bäder für Männer und Frauen, zuweilen sogar für Sklaven und Sklavinnen[4]). Auch in den Provinzen erkannten selbst die kleinsten Kommunen es als Pflicht, ihren Angehörigen wohlfeile und gute Bäder zur Verfügung zu stellen. Nach der Gemeindeordnung eines Bergmannsdorfs im südlichen Portugal mußte der Pächter des dortigen öffentlichen Bads dasselbe von Tagesanbruch bis zur ersten Nachmittagstunde für Männer, von da ab bis zur zweiten Nachtstunde für Frauen geöffnet halten; die ersteren hatten ein Eintrittsgeld von etwa 3, die letzteren von etwa 6 Pf. zu zahlen (das Doppelte der in Rom üblichen Sätze); frisches, fließendes Wasser mußte in den kalten und warmen Bassins vor- und nachmittags vorhanden sein und bis zu einer bestimmten Höhenmarke reichen; die Kessel mußten monatlich gereinigt und frisch mit Fett eingerieben werden[5]). Die Sitte des täglichen Bads war nach Galen selbst für Landbewohner allgemein geworden: hierin erkennt er insofern mit Recht eine Verweichlichung, als die Entbehrung sehr schwer ertragen wurde[6]), während Seneca, seinem Standpunkte getreu, auch in der Zunahme der Reinlichkeit ein Symptom des Sittenverfalls erblickt, da man doch in der guten alten Zeit nur Arme und Beine täglich wusch, ein Bad aber nur am achten Tage nahm[7]). Der Gebrauch der Seebäder, der sich bei uns so spät und mühsam durchgekämpft hat (das älteste deutsche Seebad Doberan ist erst 1793 eröffnet)[8]), war wohl an allen Küsten des Mittelmeers verbreitet, wie es von denen Italiens, Griechenlands und Ägyptens ausdrücklich bezeugt ist. Bäder.

Daß auch auf den Naturgenuß — soweit das römische Altertum dafür empfänglich war[9]) — sich keine Zeit besser verstanden hat als die damalige, und daß es mindestens schon im letzten Jahrhundert der Republik »für die höheren Stände eine fast ausnahmslose Sitte geworden war, die schöne Jahreszeit auf dem Lande zuzubringen« [10]), ist bereits ausgeführt worden. Schon damals konnten die Reichen und Vornehmen in der Regel aus verschiedenen Naturszenen und Klimaten für jede Jahreszeit das zusagendste wählen[11]), aber auch in der Stadt war ein großer Garten der geschätzteste Teil eines Palasts und verdoppelte dessen Wert[12]). Die Fenster der Speisesäle sollten eine Aussicht ins Grüne ge- Naturgenuß.

1) Gell. X 3, 3: öffentliche Bäder in Cales, Teanum Sidicinum, Ferentinum in einer Rede des Gracchus. 2) Vgl. Liebenam a. a. O. S. 93ff. 3) Plin. ep. II 17, 26 von einem Vicus bei Laurentum: *in hoc balinea meritoria tria.* 4) CIL V 376. 6522. XI 720 (Dessau 5674). 6167 (Dessau 5673). XIII 3162. XIV 2979 (Dessau 5672). 5) Lex metalli Vipascensis CIL II 5181 = Dessau 6891 Z. 19ff. 6) Galen. XIII 597 schreibt in einem gewissen Falle die viertägige Enthaltung vom Bade vor: ἐπεὶ δὲ ἀπόλωλεν ἐν τῷ νῦν βίῳ ἡ καρτερία πάντων (τῶν παλαιῶν?) ἀνθρώπων, ἤδη μέχρι καὶ τῶν ἐν τοῖς ἀγροῖς καθ' ἡμέραν εἰωθότων λούεσθαι, τοὺς μὲν μὴ πάνυ τρυφῶντας, εἶεν δ' ἂν οἱ πένητες οὗτοι, πειθομένους ἔχομεν ὡς τὸ πολύ, τοὺς πλουσίους δὲ καὶ μάλιστα αὐτῶν ὅσοι πολὺ δύνανται ἢ δυσπειθοῦντας ἢ τελείως ἀπειθοῦντας. 7) Seneca ep. 86, 12. 8) Roscher a. a. O. I[3] 141ff. 9) Vgl. oben I 467ff. 10) Roscher a. a. O. S. 144. 11) Oben I 399. 12) Oben I 469f.

währen. Selbst auf flachen Dächern und Balkonen blühten Sträucher und Blumen[1]), und mag auch dieser Luxus in einzelnen Fällen übertrieben worden sein, so darf man doch die hyperbolischen Schilderungen der beiden Seneca gewiß nicht buchstäblich nehmen. Auch an den Fenstern bescheidener Wohnungen sah man Blumen und Grünes[2]); übrigens fehlte es Rom auch nicht an großen Gärten und Parks, diesen »Lungen der großen Städte«, von denen ein Teil dem Volke offen stand[3]). Und wenn zwei Kommunalbeamte von Signia (Segni) der Stadt einen Platz mit Gartenanlagen schenkten[4]), so wird eine derartige Fürsorge für Gesundheit und Behagen der Stadtbewohner nicht vereinzelt gewesen sein.

Die unteren Klassen.

Über die Verbreitung des Luxus in den unteren und mittleren Schichten der Gesellschaft haben wir nur sehr spärliche Nachrichten, und diese beziehen sich fast ausschließlich auf Italien. Ihrem glücklichen Klima verdanken die Mittelmeerländer, daß das feinste Brotkorn, dessen Genuß im Norden erst nach großen Fortschritten der Kultur und des Wohlstands allgemein geworden ist[5]), seit alter Zeit die Volksnahrung bildete. Von Wein, Öl und Weizenmehl lebten in Italien selbst die Sklaven schon in Catos Zeit, und wie die römische Kultur den Wein in den Bierländern verbreitete, ist oben gezeigt worden. Die Ungleichheit des Vermögens war allerdings zwar nicht so groß wie in der gegenwärtigen Welt, doch immer noch groß genug. Aber erstens ist im Süden Armut nicht notwendig auch Elend. Sodann trug die Nachwirkung republikanischer Sitten in hohem Maße dazu bei, den Abstand zwischen Reichtum und Armut auszugleichen.

Ihr Mitgenuß an dem Vermögen der Reichen.

Von den Reichen und Großen wurde immer noch erwartet, daß sie ihren Überfluß nicht bloß zur Unterstützung der Armut verwenden würden — was ja namentlich durch das so umfassend organisierte Institut der Klientel auch in hohem Grade geleistet wurde —, sondern auch, daß sie die Armen an ihren Genüssen in reichem Maße teilnehmen lassen, ihnen Vorteile und Vergnügungen aller Art gewähren würden, von denen sie in der modernen Welt meist ausgeschlossen sind. Die Menge, sagt Plutarch, haßt mehr den Reichen, der von seinem Vermögen nicht mitteilt, als den Armen, der öffentliche Gelder stiehlt; dieses entschuldigen sie mit der Not, in jenem erblicken sie eine hochmütige Verachtung des Volks[6]). Und nach Lucian[7]) übten die Armen sogar oft eine Tyrannenherrschaft über die Reichen aus: diese mußten für jene Bäder bauen, Wettkämpfe und andre Schauspiele veranstalten, sie durch Geldverteilungen günstig stimmen und lebten doch immer in Angst und Schrecken vor der Unzufriedenheit ihrer Mitbürger[8]). In wie großartiger Weise die Wohlhabenden überall im römischen Reiche durch Anlagen und Bauten für den Nutzen und die Annehmlichkeiten der Gemeinden sorgten, wird später ausgeführt werden:

Häufigkeit der Schenkungen für gute Zwecke —

1) Über Söllergärten in Rom M. L. Gothein, Gesch. d. Gartenkunst I 130f. 2) Oben I 22. 3) Oben I 12. 4) CIL X 5971 = Dessau 5916a *cruptam et locum ubi crupta est et aream ubi viridia sunt municipio Signino de sua peq(unia) deder(unt).* Auch bei Tempeln waren Parks und Gartenanlagen häufig, wenn nicht gewöhnlich: oben I 448. CIL VIII 16532 = Dessau 5432 (Tebessa): *lucum a solo cum signis et ornamenti suis.* 5) Roscher a. a. O. S. 146f. 6) Plutarch. praec. ger. reip. 30. 7) Lucian. Gall. 22. 8) Friedlaender, Deutsche Rundschau Bd. 100 (1899) S. 267ff.

und diese Leistungen kamen zum Teil (wie die schon erwähnten Bäder) ganz besonders den Armen zugute. »Bauen und schenken« ziemte nach der damaligen Ansicht dem reichen Manne vor allem[1]). Wie auf dem Gebiete der öffentlichen Anstalten und Bauten, so ging auch in der Sorge für die Ernährung des ärmeren Teils der Bevölkerung die Freigebigkeit der Wohlhabenden mit den Maßregeln der Kommunalbehörden Hand in Hand. Stiftungen, Schenkungen und Vermächtnisse zu Ankäufen von Öl und Mehl behufs unentgeltlicher Verteilung oder Lieferung zu Durchschnittspreisen waren häufig[2]), auch Stiftungen, durch welche arme Eltern in den Stand gesetzt werden sollten, ihre Kinder bis zum erwerbsfähigen Alter zu erziehen, keineswegs ungewöhnlich; unter den uns bekannten gehört eine schon der Zeit des Augustus an[3]). Ferner gab es deren für das hilflose Greisenalter[4]). Begräbnisplätze für Arme wurden nicht bloß von den Gemeinden, sondern auch von einzelnen angelegt[5]). Endlich wurden die Kommunen auf dem Gebiete des Unterrichtswesens durch den Gemeinsinn reicher Bürger unterstützt. Um das Jahr 100 n. Chr. gab es in Como noch keine Lehrer für die höchste Stufe des Unterrichts, die Beredsamkeit, und die jungen Leute, die sich darin ausbilden wollten, mußten in dem freilich sehr nahen Mailand studieren. Der jüngere Plinius zeichnete, obwohl kinderlos, den dritten Teil der für die Besoldung eines Lehrers erforderlichen Summe[6]); und da er der Stadt auch eine Bibliothek von bedeutendem Werte schenkte und ein Kapital zur Erhaltung und Vermehrung derselbeu hinzufügte[7]), dürfen wir annehmen, daß die Freigebigkeit der Munizipalpatrioten nicht selten auch für die Lehrmittel sorgte[8]).

Freilich wurde aber noch mehr als auf diese edlen Zwecke auf öffentliche Vergnügungen und Feste verwandt, nicht bloß von den Kommunen, sondern namentlich von Reichen, welche sich die Gunst ihrer Mitbürger zu erwerben wünschten[9]). Von diesen forderte überdies die Sitte, daß sie auch bei ihren Privatfesten einen großen Teil der Gemeinde zuzogen. Feierte ein reicher Mann seinen Geburtstag, ließ er seinen Sohn mit der Männertoga bekleiden, richtete er die Hochzeit einer Tochter aus, trat er ein städtisches Amt an, weihte er einen auf eigene Kosten erbauten öffentlichen Bau ein: in allen solchen Fällen mußte er in der Regel den Gemeinderat, oft auch noch einen großen Teil der Bürgerschaft, im ganzen viele hundert, ja tausend Personen und darüber zu Gast laden, oder ihnen statt der Bewirtung eine Gabe in Geld verabreichen[10]). Die öffentlichen Lustbar-

für Vergnügungen und Feste.

1) Martial. IX 22, 16. 2) z. B. CIL II 1573. 2782. 4468 (= Dessau 6949). VIII 9250 (= Dessau 6879). IX 4686. XI 5635 (= Dessau 6640). 6117. IG III 687. Hirschfeld, Philologus XXIX (1869) S. 84. Liebenam, Städteverwaltung S. 112. 3) CIL X 5056 = Dessau 977, vgl. Marquardt StV. II² 142ff. Hirschfeld, Kaiserl. Verw.Beamt. S. 224, 1. CIL XIV 350 (Ostia). 4) Paul. Dig. XXX 122 pr. *hoc amplius, quod in alimenta infirmae aetatis, puta senioribus vel pueris puellisque relictum fuerit.* Orelli 114 = CIL XI 426* ist unecht. 5) CIL IX 5570. XI 6528 = Dessau 7847. 7846. 6) Plin. ep. IV 13, 5. 7) ebd. I 8, 2. Oben I 127. Vgl. CIL XI 2704 (Volsinii): — *is bybliothecam a solo ... mque libris et statuis ... [t]estamento dedit.* Ähnliche Bibliotheksstiftungen in Ephesus (Heberdey, Österr. Jahrb. VII 1904 Beibl. S. 52ff. VIII 1905 Beibl. S. 61ff.), Thamugadi (Dessau 9362) und sonst, vgl. Cagnat, Mém. de l'acad. d. inscript. XXXVIII 1909 S. 1ff. 8) Für die griechische Welt s. E. Ziebarth, Aus dem griech. Schulwesen² S. 45ff. Laum, Stiftungen I 105f. 9) Laum a. a. O. I 107ff. O. Toller, De spectaculis, cenis, distributionibus in municipiis Romanis occidentis imperatorum aetate exhibitis, Diss. Lipsiae 1889. 10) Plin. ad Tr. 116. Cic. Cluent. 166. Apulei. Apol. 87.

keiten waren hauptsächlich Bewirtungen der ganzen Gemeinde, für deren jährliche Wiederholung auch nach ihrem Tode reiche Leute zuweilen durch Stiftungen und Vermächtnisse sorgten[1]), und Schauspiele, unter denen die des Amphitheaters, d. h. Tierhetzen und Gladiatorenkämpfe, die beliebtesten waren. Ohne Zweifel wurden die Wohlhabenden durch die Rücksicht auf die öffentliche Meinung und die keineswegs blöde geäußerten Volkswünsche zur Veranstaltung solcher Feste oft geradezu gezwungen[2]). In der Stadt am Golf von Neapel, in welcher ein Teil des Petronischen Romans spielt, erwartet man von einem der Honoratioren eine Bewirtung und Geldverteilung, von einem andern ein dreitägiges Gladiatorenspiel; da er von seinem Vater 30 Millionen S. geerbt habe, könne er sehr wohl 400000 S. (87000 Mark) draufgehen lassen: dann werde er auch ewig mit Ruhm genannt werden[3]).

Schließlich mögen aus der sehr großen Zahl von Inschriften aller Provinzen, in denen die Schenkungen von Bürgern an ihre Städte namhaft gemacht sind, beispielsweise zwei angeführt werden, um zu zeigen, welche Summen auch in Städten zweiten Rangs die Reichen für den Nutzen und das Vergnügen der Gemeinden opferten. In Philadelphia in Lydien gab von zwei Bürgern, welche die höchsten Ämter und Priestertümer bekleideten, der eine (außer einem ungenannten Beitrag an die Stadtkasse) beim Antritt der Ädilität 10000 Denar; für ein »Kochen von 15 Tagen« (vermutlich eine Volksküche) 5000, zur Errichtung der Vorhalle der Basilika 50000, im ganzen 65000 Denar (über 56000 Mark); der andre (außer mehreren nicht namhaft gemachten Schenkungen und Leistungen für sich und seine Söhne und der Veranstaltung einer Tierhetze) zum Ankauf von Getreide in verschiedenen Zahlungen 610000 Denar, zur Erbauung eines Dachs des Theaters 10000, den sieben Zünften der Stadt zur Errichtung je einer Statue 7000, im ganzen 627000 Denar (etwa 545000 Mark)[4]). In einer Stadt Pamphyliens (Sillyon oder Aspendos) spendete eine Familie (außer Geld- und Getreideverteilungen an 8 Gruppen der Stadtbewohner) zur Auferziehung von Kindern 300000 Denar (261000 Mark)[5]). Und so bezeugen Hunderte von munizipalen Inschriften, daß in allen Städten des Reichs die ganze Einwohnerschaft von dem Vermögen der Reichen einen erheblichen Teil mitgenoß, und daß diese viel mehr davon für die Gemeinde freiwillig opferten, als es bei der höchsten Einkommensteuer der Fall gewesen wäre.

Der Luxus der Regierungen und der Kommunen demokratisch.

Auch der Luxus des Staats und der Regierungen war in hohem Grade »auf solche Dinge gerichtet, welche vom ganzen Volke mitgenossen werden konnten«[6]). Auch die zum allgemeinen Gebrauche bestimmten kaiserlichen Prachtbauten Roms (vor allen die Thermen), die Schauspiele der Kaiser und Beamten, die Congiarien und Frumentationen — wie verwerflich dies alles auch zum größten Teil vom sittlichen wie vom volkswirtschaftlichen Standpunkte aus war — kamen doch einer ganzen Bevölkerung zugute; während bei den Luxusbauten und üppigen Festen moderner Höfe ungeheure Mittel nur zum Vorteil und Genuß einer kleinen Anzahl von Begünstigten verwandt wurden. Und denselben

1) Dig. XXXIII 1, 23; z. B. CIL IX 2226 (= Dessau 5595). XI 379 (= Dessau 6664). 6377.
2) Sueton. Tiber. 37, 3. 3) Petron. 45, 6. 4) Lebas-Waddington 647. 648 = CIG 3419. 3422.
5) Lanckoronski a. a. O. I 175 ff. Nr. 58—61. G. Hirschfeld, Berl. philol. Wochenschr. 1890 S. 1587.
6) Roscher a. a. O. S. 155.

demokratischen Charakter hatte der öffentliche Luxus der Kommunen im ganzen römischen Reiche.

Ohne Zweifel hat der Luxus wie die ganze Kultur der früheren Kaiserzeit große Schattenseiten. Aber er war weder so töricht und unsittlich, wie ihn der einseitige Rigorismus damaliger Schriftsteller dargestellt hat, noch so fabelhaft und ungeheuerlich, wie er in der ungesichteten Kompilation von Meursius erscheint. Trotz aller Schäden und Gebrechen war jene Kultur doch eine sehr hohe und reiche: »sie hat unzählige Keime ausgestreut, die noch heute Frucht tragen«. In der Verfeinerung des Lebensgenusses wie in der Verbreitung und Verallgemeinerung des Wohlstands und der übrigen materiellen Bedingungen eines gesunden Luxus hat diese Zeit nicht bloß das ganze übrige Altertum übertroffen: ihr Luxus hat auch gar manches hervorgebracht, was (zum Teil in verkümmerter Gestalt) in späteren Jahrhunderten segensreich fortgewirkt und das Dasein in unserem Weltteile menschenwürdiger gemacht hat; ja die damalige Menschheit hat manches Gut besessen, dessen späte Wiedererlangung noch in unserm Jahrhundert hoch angeschlagen oder gar erst angestrebt wird. So gilt denn auch hier das Wort Mommsens: »daß die römische Kaiserzeit mehr geschmäht als gekannt ist« [1]). Schluß.

1) Mommsen, Ges. Schrift. V 384, vgl. RG. V 5: »wenn einmal ein Engel des Herrn die Bilanz aufmachen sollte, ob das von Severus Antoninus beherrschte Gebiet damals oder heute mit größerem Verstande und mit größerer Humanität regiert worden ist, ob Gesittung und Völkerglück im allgemeinen seitdem vorwärts oder zurückgegangen sind, so ist es sehr zweifelhaft, ob der Spruch zugunsten der Gegenwart ausfallen würde«.